中華人民共和國國務院批准的重大文化出版工程

國家文化發展規劃綱要的重點出版工程項目

新聞出版總署列爲「十一五」國家重大工程出版規劃之首

國家出版基金重點支持項目

中華大典

宗教典

河北出版傳媒集團
河北人民出版社

《中華大典》工作委員會

主　任：柳斌傑　金人慶

副主任：李　彥　于永湛　鄔書林　張少春
李衛紅　周和平　陳金泉　李靜海

委　員：張小影　伍　傑　朱新均　吳尚之　孫　明
王家新　徐維凡　劉小琴　毛群安　遲　計
曹清堯　彭常新　王志勇　潘教峰　姜文明
王　正　石立英　安平秋　陳祖武　詹福瑞
戴龍基　宋煥起　孫　顒　陳　昕　魏同賢
王建輝　朱建綱　高紀言　莫世行　段志洪
李　維　何學惠　甄樹聲　馮俊科　譚　躍
羅小衛　王兆成

《中華大典》編纂委員會

《中華大典》前言

《中華大典》是運用我國歷代漢文古籍編纂的一部大型工具書。其目的是爲學術界及願意瞭解中國古代珍貴文化典籍的人士提供準確詳實、便於檢索的漢文古籍分類資料。

中國是世界文明古國之一，幾千年來纂寫和聚集的文化典籍浩如烟海。我國歷代都有編纂類書的優良傳統，具有代表性的《永樂大典》等大多已佚失，現存《古今圖書集成》編就距今也已數百年。爲了適應今天和以後研究和檢索的需要，一九八八年海内外三百多位專家學者和各古籍出版社同仁倡議，在已有類書的基礎上，用現代科學方法編纂一部新的類書《中華大典》。

國務院在關於編纂《中華大典》問題的批覆中指出，編纂《中華大典》「是我國建國以來最大的一項文化出版工程」。本書所收漢文古籍上起先秦，下迄清末，約三萬種，達七億多字，分爲二十四個典，近百個分典，内容廣博，規模宏大，前所未有。

《中華大典》的編纂工作堅持科學態度和百花齊放、百家争鳴方針。儘量採用古精校精刻本，優先採用我國建國後文獻學和考古學的優秀成果。對傳統文化中重要的不同學派的資料，兼收並蓄。運用現代圖書分類的方法，對收集到的資料，精選、精編，力求便於檢索、準確可信。

這項工作從開始起就受到中共中央、國務院和有關部門的重視和支持。國家主席江澤民、國務院總理李鵬分别爲《中華大典》題詞。江澤民的題詞是：「同心同德群策群力認真編好中華大典爲建設有中國特色的社會主義服務」。李鵬的題詞是：「繼承和弘揚民族優秀傳統文化」。全國政協主席李瑞環、國務委員李鐵映也作了重要指示，要求抓緊辦理。一九九零年五月，國務院批准

《中華大典》爲國家重點古籍整理項目。一九九二年九月，正式成立了《中華大典》工作委員會和《中華大典》編纂委員會，召開了《中華大典》工作、編纂會議。自此，《中華大典》的編纂工作由試點轉入正式啓動，逐步鋪開。

編纂《中華大典》，學術性很强，工作量很大，工程十分艱鉅，全賴廣大專家學者和全國各有關高等院校、科研院所、圖書館、出版單位的鼎力支持與積極參與。大家本着弘揚中華民族優秀文化的心願，發揚奉獻精神，克服各種困難，團結協作，給這部巨大類書的出版提供了根本保證。在此謹表示誠摯的謝意。

對本書的批評與建議，我們將十分歡迎。

《中華大典》編纂委員會

一九九七年四月

二〇〇六年十一月修訂

《中華大典》編纂通則

一、性質：《中華大典》（以下簡稱《大典》）是對漢文古籍（含已翻譯成漢文的少數民族古籍）進行全面的、系統的、科學的分類整理和彙編總結的新型類書，是在繼承歷代類書優良傳統、攷慮漢文古籍固有特點的基礎上，借鑒和參照近代編纂百科全書的經驗和方法編纂而成。編纂《大典》的目的，是爲學術界及願意瞭解中國古代珍貴文化典籍的人士提供各種分門別類的、準確詳細的古代漢文專題資料。

二、規模和體例：《大典》所收古籍的時限，上自先秦，下迄辛亥革命。全書共收各類漢文古籍三萬餘種，七億多字。全書體例，着重汲取清代《古今圖書集成》所採用的經目和緯目相交織這一統一框架結構的模式，同時參照現代科學的學科、目録分類方法，並根據各類學科内容的實際情況，一般將每一大類學科輯爲一典，也有將幾個相關學科共輯爲一典的。對各典名稱，均以現代學科命名，對於所收入的各種古籍資料，亦儘可能納入現代科學分類體系之中。

三、經目：大典共分二十四個典，即哲學典、宗教典、政治典、軍事典、經濟典、法律典、教育典、語言文字典、文學典、藝術典、歷史典、歷史地理典、民俗典、數學典、物理化學典、天文典、地學典、生物學典、醫藥衛生典、農業典、林業典、工業典、交通運輸典、文獻目録典。典以下以分典、總部、部、分部分級，分部之下的標目根據各學科特點由各典自行擬定。

四、緯目：共設置九項緯目，用以包容各級經目的具體内容：

①題解：對有關學科的名稱、概念、涵義、特點等作總體介紹的資料。

②論説：有關理論部分的資料。

③ 綜述：有關學科或事物的系統性資料，凡有關學科或事物的性狀、制度、範疇、特點及學科地位、發展情況等具體内容均編入此緯目中。

④ 傳記：有關人物的傳記資料。

⑤ 紀事：有關學科或事物的具體活動或事例的資料。

⑥ 著録：重要人物或文獻的有關著作資料，如專集介紹、序跋、藏書題記，以及有關著作的成書經過、版本源流等。

⑦ 藝文：有關屬於文學欣賞性的散文或韻文。

⑧ 雜録：凡未收入以上各緯目，而又有較高參攷價值的資料，均入雜録。

⑨ 圖表：根據有關經目的内容需要，圖與表附於相關專題之下，或集中彙總於某級經目之後。

《大典》以内容分類安排各級緯目，各級緯目的正文，一般以原書爲單位，按時代順序排列。每一條資料前標明出處，包括書名或作者名、篇名或卷次，以利讀者核對原書。

五、書目：每分典後附有該分典所收書之書目，書目包括書名、作者、時(年)代、版本等内容。時代以成書時代爲準，成書時代不詳者，以作者主要活動時代爲準，並遵從歷史習慣。

六、版本：《大典》在選用版本時儘量採用古人的精校精刻本，亦採用學術界通用的近、現代整理圈點本及現代學者校點整理本。

七、校點：爲儘可能保存古籍原貌，《大典》祇對底本中明顯的脱、訛、衍、倒進行勘正。古本中的避諱字一般不作改動，祇對缺筆字補足筆畫。後人刻書時避當朝人諱而改動的字，據古本改回。《大典》採用新式標點法。

一九九六年八月

二〇〇六年十一月修訂

《中華大典·宗教典》編纂委員會

主　編：任繼愈

副主編：李　申（常務）　方廣錩

編　委：任繼愈　杜繼文　闞　韜　李　申

方廣錩　王　卡　秦惠彬　郭熹微

段啓明　鄭萬耕　張新鷹　李　勁

《中華大典·宗教典》編纂説明(代序)

李 申

不幸，這本來是由任繼愈先生撰寫的文字，如今衹能由我來代寫了。

遵照任繼愈先生的意見，本典也不稱序言，而僅稱「編纂説明」。雖小違大典體例，但更合編纂初衷。大典的編纂，本意就是要用材料説話。僅做編纂説明，也就盡了編纂者的責任，也利於讓讀者自己從原始材料中做出判斷。

《宗教典》共分四個分典：儒教分典，佛教分典，道教分典，伊斯蘭、基督與諸教分典。分典根據具體情況，設若干總部、部、分部。所收材料，儒佛道三教主要取自《四庫全書》、《大藏經》和《道藏》系統；佛教與伊斯蘭、基督和諸教分典所取材料，有的本是外文著作，但早已譯成漢文，成爲中華傳統文化的一部分，也加收録。由於宗教的特殊情況，同一緯目下，均仿照儒教分典按經史子集順序和時間先後，排列材料。

我們把《四庫全書》的文字和現代整理本、明清精校精刻本、《四部叢刊》本進行比較後發現，《四庫全書》本除去在某些涉及民族問題上文字小有改動之外，絶大部分資料的選材是精良的，文字也比較準確，故作爲工作用本。

標題一般依大典規定。但文集部分一般先標作者加篇名，其下用括弧標出文集名和卷數。

標點必用句、逗和書名號，少用頓號、冒號、問號、分號等；一般不用引號、感嘆號、省略號。現代整理過的典籍，如二十四史等，保留原標點符號，發現明顯錯誤者，慎重改動。

書名號，混略稱用的，兩頭加書名號，中間用頓號隔開，如《大、小戴禮記》，《論語、孟子集注》等；類名不加，如「五經」、「三史」；指意稱名者，一般不加，如隋唐志、前書（指《漢書》），新書（指《新唐書》）等；卦名一律不加書名號，以免造成「《乾》上《坤》下」等問題。其他更爲複雜的情況，則由編纂者依據實際情況，妥善處理。

甲骨文和金文幾乎可説全是宗教文獻。由於其内容大多已包含在其後形成的儒教文獻之中，加之儒教文獻繁多，《語言文字典》等對該文字有專門收録，所以本典没有選用甲骨和金文材料。新出土的有關原始宗教的資料，由於多是現代文字，也不在本典選用範圍。

宗教教義中的理論部分，許多已經收入《哲學典》。爲避免重複，本典僅在確有必要的情況下收録。所以讀者欲瞭解中國古代宗教，宜將本典和《哲學典》參照研究。

由於「宗教」概念一直被認為非中國原有，所以於《儒教分典·釋義稱名總部》後特設一《宗教釋義部》，説明「宗教」概念乃中國固有。

根據古代實際，本典給予《儒教分典》以較多的篇幅。並且認爲，講中國古代宗教如果忽略儒教，則必不能準確反映古代宗教面貌。

二〇〇九年七月十一日，對於本典，是一個黑色的日子，主編任繼愈先生在這一天最終離開了他尚未完成的事業。後繼者，只能以完成先生未竟之業，告慰先生之靈。

二〇〇九年九月九日

《中華大典·宗教典》編纂體例説明

本典依照大典統一體例，根據本典實際，補充如下：

一、由於宗教經典特别意義，本書内容排序一般先經後論及其他。在儒教，首先依《四庫》經史子集，經書依《易》《書》《詩》《禮》《春秋》等，史書依正史、編年史等順序排列；然後再按時代排列。其他宗教資料依此原則具體安排。

二、材料僅收集一九一一年及其以前的漢文材料。外來經典一九一一年前已譯成漢文的，已經成爲傳統文化一部分，應收録。

三、標題

（一）經書、二十四正史，一般標：書名加卷數（或篇名），用括弧注明注疏者。如取義以注疏爲主，則標：注疏者加書名加卷數或篇名。

（二）論或儒教子書，一般爲三級：作者加書名加卷數（或篇名），特殊情況可標四級：作者加書名加卷數加篇名。

（三）文章出於文集者，一般標：作者加篇名（文集名加卷數）。

（四）漢及漢以前書，不標作者，只標書名加篇名（或卷數）。歷代欽定、官修書，一般不標作者。需要時標出時代。

四、標點

（一）依大典規定，結合本典實際，書名號、句號、逗號必標；少用頓號、冒號、問號、分號等；一般不用引號、感嘆號、省略號。現代整理過的典籍，如二十四史等，保留原標點符號；發現明顯錯誤者，慎改。

（二）依據現在古籍整理狀況。本典規定對卦名不加書名號。即：乾、坤、艮、兑等。否則將出現「《乾》上《坤》下」等問題。但引用《周易》書中文字時例外。如《周易・彖傳・乾》。

（三）編選者不明確處，書名號寧缺勿濫。如易、詩等。

（四）混略稱書名者，兩頭加，中間用頓號隔開。如《大、小戴禮記》，《論語、孟子集注》。類名不加，如「五經」，「三史」。

（五）指意稱名者，一般不加。如隋唐志、詩書禮樂、論孟荀揚、前書（指《漢書》）、新書（指《新唐書》）等。

中華大典·宗教典

總目

中華大典·宗教典

佛教分典

主　編：杜繼文

《中華大典·宗教典·佛教分典》編纂委員會

佛教分典主編：杜繼文

佛教分典編委會：杜繼文　呂有祥　呂建福　李　申　李力安　陳永革

佛教基礎總部主編：李力安　副主編：陳永革

譯經總部主編：呂建福　副主編：許　瀟

編　委：呂建福　黨　措　張文卓　眾　慧　劉　峰　許　瀟　林　嘯

　　　　裴　培　常凱華　許立權　杜　悅　任　瑾　張　興　李　亮

　　　　顧旭恒

傳承與宗派總部主編：陳永革

教義總部主編：呂有祥

編　委：呂有祥　魏建中　吳隆升　方　永

佛教與傳統總部主編：李　申　副主編：閻　韜　鄭萬耕

編　委：任文利　李　申　李　勁　郭　彧　馮大北　常崢嶸　閻　韜　鄭萬耕

《中華大典·宗教典·佛教分典》編纂説明

《佛教分典》設佛教基礎、譯經、傳承與宗派、教義、佛教與傳統等五個總部。

佛教基礎總部分人物、要事、部派、聖地以及周邊分佈傳播五部，介紹佛教在傳入中國以前的基本情況，包括釋迦牟尼和原始佛教、部派佛教以及在周邊地區的傳播狀況。這些情況是中國佛教的基礎，故稱為佛教基礎總部。

譯經總部分阿含經、本緣經、般若經、法華經、華嚴經、寶積經、涅槃經、經集、密教經典以及律藏、論藏、中觀論、瑜珈論、論集、史傳等部，分別介紹譯進經典的情況。

佛教是外來宗教，在長期演化中，雖然已經融入中華文化並成為傳統文化的組成部分。但其教義的源頭，是外來的佛典。因此，介紹這些從開始翻譯就具有中國特色的經典輸入狀況，反映中國對佛教的記述和闡釋，包括翻譯方法和翻譯組織、所譯典籍及其所反映的佛教基本狀況和基礎內容，就十分必要，故單設一總部。

傳承與宗派總部分歷史、翻譯家、經録、天臺宗、法相宗、禪宗、華嚴宗、三論學派、淨土學派、戒律學派以及佛教石窟名山等部，分別介紹佛教在中國的傳播以及分派分宗情況。各個中國派別，不僅介紹它們的創宗（派）人、傳承、著述和教理，而且介紹該宗分化為小宗的狀況。

中國佛教包括漢傳佛教、藏傳佛教和南傳上座部佛教。受文獻和研究狀況的制約，本分典僅限於漢傳部分，即其經典是用漢語書寫和傳承的佛教部分；漢傳佛教實際還包括朝鮮、日本和越南的佛教，但本分典僅限於中國部分。

教義總部分概念、命題和名數三部。概念部介紹如業、色、受、想、行、識、空、有、顯色、形色、有為法、無為法等概念，約四百個；命題部介紹色不異空、唯識無境、煩惱即菩提等命題，約五十條；名數部介紹如二諦、三法印、四緣、五陰、六趣、七覺意、八聖道等以數字開頭的佛教概念，約四百五十個。比較全面地反映了中國佛教教義的概況。

佛教與傳統總部分詔令、非正史紀佛、金石紀佛、儒教論佛、佛道論衡等部，較為全面地反映了佛教和中國政治、原有宗教的交互影響，對於研究佛教在傳入中國以後的演變情況，具有重要意義。

漢傳佛教指以漢文為載體的佛教，從有文字記載算起，已近二千二百年，歷史悠久，廣傳於朝鮮半島、日本和越南等漢文化圈國家，典籍繁多，編譯者與作者輩出，僅漢文《大藏經》，不止有中國歷代所編的諸種版本，亦有朝鮮之《高麗藏》、日本的《大正藏》等多種，收有多種韓人和日人的漢文撰著。本分典所收，止限於中國僧俗的著作，不包括對外的輻射和影響。

杜繼文　二〇一五年四月二十二日

佛教分典

簡目

目次

要事部

部派部

譯經總部……一六一

阿含經部……一六三

本緣經部

其他般若經分部

法華經部

華嚴經部

寶積經部

寶積分部

涅槃經部

大集經部

經集部

密教經典部

戒律小經分部……七五五

菩薩戒分部……七六六

論集部

翻譯家部

經錄部……一〇一九

天台宗部……一一〇六

禪宗部……一二七〇

華嚴宗部……一四二七

三論學派部

四

名數部……二七六九

『一』分部……二七六九

『三』分部

『五』分部……三二九五

『六』分部

五

佛教與傳統總部

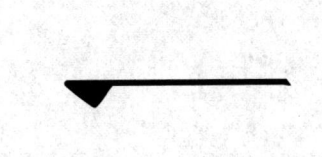

佛教基礎總部

人物部

釋迦牟尼

解題

《七佛父母姓字經》卷一 佛言：皆聽！第一佛字維衛佛，般泥洹已來九十一劫。第二佛字式佛，般泥曰已來三十一劫。第三佛字隨葉佛，般泥曰已來同三十一劫。是跋陁羅劫中，當有兩五百佛。第一者拘樓秦佛，第二佛者拘那含牟尼佛，第三者迦葉佛，第四者我字釋迦文尼佛。

維衛佛姓拘隣【略】今我作釋迦文尼佛姓瞿曇。

維衛佛刹利種【略】今我作釋迦文尼佛刹利種。

維衛佛，父字槃裱刹利王，母字槃頭末陁，所治國名刹末提。【略】今我作釋迦文尼佛，父字閱頭檀刹利王，母字摩訶摩耶，所治國名迦維羅衛，先大王名槃提。

維衛佛在世壽八萬歲【略】今我作釋迦文佛裁壽百歲或長或短。

維衛佛子字須曰多鞬陁【略】今我作釋迦文尼佛子字羅云。

維衛佛得道爲佛時，於波陁羅樹下。【略】今我作釋迦文尼佛時，於阿沛多樹下。

侍維衛佛者字阿輪【略】今我作釋迦文尼佛，侍者字阿難。

維衛佛第一弟子字爲塞，第二弟子字賔含。【略】今我作釋迦文尼佛第一弟子字舍利弗羅，第二弟子字摩目乾連。

維衛佛前後三會諸比丘說經，第一會說經，有十萬比丘皆得阿羅漢，第二會說經，有九萬比丘皆得阿羅漢，第三會說經，有八萬比丘皆得阿羅漢。【略】今我作釋迦文尼佛一會說經，有千二百五十比丘皆得阿羅漢。

普德立科、智一拾遺《法華經科拾》卷一 由方便體同，感應相宜故，蒙現贊言。第一者，緣現身五濁，曲濟慈悲，化所難化。故據大論，稱釋迦文尼，則文字乃牟字之楚夏也。

從義《四教儀集解》卷二 釋迦文者，亦云釋迦牟尼，釋迦文尼，梵音不同耳。文尼，此云寂默也。

傳記

竺大力共康孟詳譯《修行本起經》卷上 於是能仁菩薩，化乘白象，來就母胎。用四月八日，夫人沐浴，塗香著新衣畢，小如安身，夢見空中有乘白象，光明悉照天下，彈琴鼓樂，絃歌之聲，散花燒香，來詣我上，忽然不現。夫人驚寤，王即問曰：何故驚動？夫人言：向於夢中，見乘白象者，空中飛來，彈琴鼓樂，散花燒香，來在我上，忽不復現，是以驚覺。王意恐懼心爲不樂，便召相師隨若那，占其所夢。相師言：此夢者，是王福慶，聖神降胎，故有是夢。生子處家，當爲轉輪飛行皇帝；出家學道，當得作佛，度脫十方。王意歡喜。於是夫人，身意和雅，而說偈言：

今我所懷胎，必是摩訶薩，婬邪嫉恚止，身心清淨安。心常樂布施，持戒忍精進，定意入三昧，智慧廣度人。觀察大王身，敬如父以兄，瞻愍人民類，亦如己赤子。疾病醫藥療，飢寒施衣食，憐貧敬尊老，樂令生老滅。諸在獄閉繫，毒苦愁怖惱，願王加大慈，一時赦罪過。今我不欲聞，世俗音樂聲，志趣山林宴，清淨寂默定。

於是粟散諸小國王，聞大王夫人有娠，皆來朝賀，各以金銀珍寶衣被花香，敬心奉貢稱吉。無量夫人，舉手攘之，不欲勞煩。自夫人懷妊，天獻眾味，補益精氣，自然飽滿，不復饗王廚。十月已滿太子身成，到四月七日，夫人出遊，過流民樹下，眾花開化，明星出時，夫人攀樹枝，便從右脅生墮地。行七步，舉手而言：天上天下，唯我爲尊。三界皆苦，吾當安之。應時天地大動，三千大千刹土莫不大明。釋梵四天與其官屬，諸龍、鬼神、閱義、揵陀羅、阿須倫，皆來侍衛。有龍王兄弟，一名迦羅，二名鬱迦羅，左雨溫水，右雨冷泉，釋梵摩持天衣裹之，天雨花香，彈琴鼓樂，熏香燒香，擣香澤香，虛空側塞。夫人抱太子，乘交龍車，幢幡伎樂，導從還宮。王聞太子生，心懷喜躍，即與大衆、百官群臣、梵志、居士長者、相師，俱出往迎。王馬足觸地，五百伏藏，一時發出，海行興利，於時集至梵志相師，普稱萬歲，即名太子，號爲悉達（漢言財吉）。時未至王見釋梵四王、諸天龍神彌滿空中，敬心肅然，不識下馬禮太子。時未至城門，路側神廟一國所宗，梵志相師咸言：宜將太子禮拜神像。即抱入廟，諸神形像，皆悉顛覆。梵志相師、一切大衆皆言：太子實神實妙，威德感化，天神歸命。咸稱太子，號天中天。

於是還宮，天降瑞應，三十有二：一者、地爲大動坵墟皆平；二者、道巷自淨臭處更香；三者、國界枯樹皆生花葉；四者、苑園自然生奇甘果；五者、陸地生蓮花大如車輪；六者、地中伏藏悉自發出；七者、中藏寶物開現精明；八者、篋笥衣被在椸架；九者、衆川萬流停住澄清；十者、風霽雲除空中清明；十一者、天爲四面細雨澤香；十二者、明月神珠懸於殿堂；十三者、宮中火燭爲不復用；十四者、日月星辰皆住不行；十五、沸星下現侍太子生；十六、天梵寶蓋彌覆宮上；十七、八方之神奉寶來獻；十八、天百味飯自然在前；十九、寶甕萬口懸盛甘露；二十、天神牽七寶交露車至；二十一、五百白象子自然羅在殿前；二十二、五百白師子子從雪山出羅住城門；二十三、天諸婇女現伎女肩上；二十四、諸龍王女繞宮而住；二十五、天萬玉女把孔雀拂現宮牆上；二十六、天諸婇女持金瓶盛香汁列住空中侍；二十七、天樂皆下同時俱作；二十八、地獄皆休毒痛不行；二十九、毒蟲隱伏吉鳥翔鳴；三十、漁獵怨惡一時慈心；三十一、境內孕婦生者悉男，聾盲瘖啞，癃殘百疾，皆悉除愈；三十二、樹神人現低首禮侍。當此之時，十六大國，莫不雅奇歎未曾有。【略】

於是王深知其能相，爲起四時殿，春、秋、冬、夏，各自異處，於其殿前列種甘果樹，樹間七寶浴池，池中奇花，色色各異，譬如天花。水類之鳥，數十百種，宮城牢固，七寶樓觀懸鈴幡幢，門戶開閉，聲聞四十里，選五百妓女，擇取獨雅禮儀備者，供養娛樂，育養太子。太子生日，國中八萬四千長者，生子悉男，八萬四千廄馬生駒，其一特異，毛色絕白，髦鬣貫珠，以是之故，名爲騫特。廄生白象，八萬四千，其一白象，七肢平跱，髦尾貫珠，口有六牙，是故名爲白象之寶。白馬給乘，奴名車特。

太子生七日，其母命終，以懷天師功德大故，生忉利天，封受自然。太子在宮，不樂憒鬧，志思閑燕。王問侍女：太子樂乎？侍女白言：供養伎樂，不失時節，觀省太子，不以歡樂。王用愁憂，即召群臣：阿夷相言，必成佛道。以何方便，使太子留，令無道志。有一臣言：唯教書疏，用繫志意。即與其僕五百人，共詣師門。師聞太子至，即出拜迎。太子問言：此爲何人？臣言：是國教書師也。太子問言：閻浮提書凡有六十四種，即數書名，今用何書，以相教示？梵志惶怖，答太子言：六十四種，己所未聞，唯持二書，以教人民。即時歸命，願赦不及。

地婆訶羅譯《方廣大莊嚴經》卷三　是時輸檀王與諸眷屬聚會，作是念言：我子生已，一切事物皆悉增長成就，我當與子名薩婆悉達多。

闍那崛多譯《佛本行集經》卷一一　爾時太子既以誕生，適滿七日，其太子母摩耶夫人，更不能得諸天威力，復不能得太子在胎所受快樂，以力薄故，其形羸瘦，遂便命終。【略】

時，淨飯王見其摩耶國大夫人命終之後，即便喚召諸釋種親年德長者，皆令雲集，而告之言：汝等眷屬並是國親，今是童子嬰孩失母，乳哺之寄將付囑誰，教令養育使得存活？誰能依時看視瞻護？誰能至心令善增長？誰能憐愍，愛如己生，攜抱捧持？以慈心故，功德心故，歡喜心故。時有五百釋種新婦，彼等新婦各各唱言：我能養育，我能瞻看。時釋種族語彼婦言：汝等一切，年少盛壯，意耽色慾，汝等不能依時養育，亦復不能依法慈憐；唯此摩訶波闍波提，親是童子眞正姨母，是故堪能將息養育童子之身，亦復堪能奉事大王。彼諸釋種一切和合，勸彼摩訶波闍波提，爲母養育。

時，淨飯王即將太子，付囑姨母摩訶波闍波提，以是太子親姨母故，而告之言：善來夫人！如是童子，應當養育，善須護持，應令增長，依時澡浴。又別簡取三十二女，令助養育，以八女人擬抱太子，以八女人洗浴太子，以八女人令乳太子，以八女人令其戲弄。【略】

是時摩訶波闍波提，太子姨母，白淨飯王作如是言：謹依王勅，不敢乖違。時波闍波提依於王命，養育太子。譬如日月，從初一日，至十五日，清淨圓滿，養育太子，亦復如是，漸漸增長。又復譬如尼拘陀樹，得種好地，而漸增長，後成大樹，太子如是，日日增長。

闍那崛多譯《佛本行集經》卷一一 時，淨飯王知其太子年已八歲，即會百官群臣宰相，而告之言：卿等當知！今我化內，誰最有智？誰具技能，種種悉通，堪爲太子作於師匠，教使學書及餘諸論？時諸臣等，即報王言：大王！當知，今有毗奢婆蜜多羅，善知諸論，最勝最妙，如是大師，堪教太子種種書論。時，淨飯王即遣使人召彼毗奢婆蜜多羅，而告之言：尊者大師！汝能爲我，教此太子一切技藝諸書論不？時蜜多羅報言：大王！謹依王命，我今堪能。時淨飯王心生歡喜，即占好日善宿吉時，共大釋種耆舊有德，令其莊飾一切禮儀，種種所須悉令充備。復嚴五百諸釋種童，前後左右周匝圍繞，更復別有無量無邊童男童女，隨從太子，將昇學堂。【略】

時，淨飯王又復集聚群臣議言：卿諸臣等！一切誰知，何處有師，最便武技善巧軍戎兵仗智略，堪教於我悉達太子？時諸臣等，奉報王言：大王！當知，此處有釋，名爲善覺，其善覺子，羼提提婆（隋言忍天），堪教太子兵戎法式。其所解知，一切凡有二十九種，善巧善妙，技術精微，所作輕便，勁捷勤勇。二十九者，所謂騰象跨車，跳坎越馬，射妙走疾，志猛性剛，身體輕便，所爲諦審，善能調習，捉象搭鈎，巧解安施，擲象羂索，又工將養，飲飼畜生，處分指撝，善捻兵馬，諳練曲直，斜正山川，手握拳牢，腳踢地穩，梳頭結髻，靳固甚牢，能破能開，能劈能斬，射不虛落，挽革卯無雙，遙聞響聲，射即懸著，所放之處，箭入甚深，黠慧聰明，辭清辯捷，謀謨策算，巧解多知，討古論今，方便善詐。諸如是等，所有兵家祕要神能，悉皆通達，唯應是彼乃可堪教大王太子一切戎技。【略】

時，淨飯王聞是語已，心大歡喜，即勅諸臣，令喚忍天。其忍天至，王勅之言：羼提提婆！汝能教我悉達太子戎仗智不？是時忍天，即白王言：臣甚能教。王復勅言：汝若知時，好教我子，令得成就。時，淨飯王爲於太子，欲遊戲故，造一園苑，名曰勤劬。是時太子，入彼苑內，遊戲歡娛，或令按摩。時彼五百諸釋種臣，悉爲其兒，各造園苑，擬以戲笑，按摩遨遊。時忍提婆，將引太子入勤劬園，教戎仗智；彼諸釋種，各各自入其園苑中，遊戲學習。時忍提婆，將其數種兵戎器仗，欲教太子。太子見已，悉皆棄捨，即語忍天，作如是言：汝教其餘諸釋種子，我自解此，不須更學。時忍提婆，即以教於其餘釋種此戎仗智。而彼學已，不久人人悉得成就二十九種，並皆通達。所謂騰跳白象車馬，乃至挽強，於一切處，皆成就得最第一智，輕便最能，聰明智慧。又如是等諸王技中，最善最勝，所謂書算，解諸計數，雕刻印文，宮商律呂，舞歌戲笑，□（士洽反）鹹（魚洽反）漫談，或造諸珍，瓌奇異寶，染衣出色，圖畫草葉，種種諸事，和合薰香，或弄手筆，草正諸書，能制文章，又復能於白象背上，能迴能轉，旋鞍騙（芳面反）馬，所有象馳。

頭項尾腳，種種諸技，並悉便能。又於車邊，亦善巧弄，出諸異法，刀槊弓箭，身中得悉，意氣容與，相撲拗腕，捔力稱斤，按摩築擠（耻皆反），拗脛搦臂。能擲能走，乃至不空，及聞聲射，入革卯挽強，箭連如雨。太子於此，一切諸技，皆悉棄捨，更不肯學，云：我自解，何假須教？復欲教習諸王要法，所謂天文祭祀占察，懸射前事，謬語巧誦，知諸獸音，達於聲論，造作諸技，因伎報答，呪術雜事，十餘種名，治化古先，一切書典，教於太子，及自他釋亦如是教。又復世人，積年累月所學問者，或成不成，彼等眾技，一切諸論，太子能於四年之中，及餘釋種，皆悉學得通達無礙，一切自在。

竺大力共康孟詳譯《修行本起經》卷下 於是王告太子：當行遊觀。太子念言：久在深宮，思欲出遊，審得所願。王敕國中，太子當出，嚴整道巷，灑掃燒香，懸繒幡蓋，務令鮮潔。太子導從，千乘萬騎，始出東城門，時首陁會天，名難提和羅，欲令太子速疾出家，救濟十方三毒火然，願雨法水，以滅毒火。難提和羅，化作老人，踞於道傍。軀體戰慄，惡露自出，坐臥其上。

太子問言：此爲何人？天神寤仆言：老人。何等爲老？曰：夫老者，年耆根熟，形變色衰，氣微力竭，食不消化，骨節欲離，坐起須人，目冥耳聾，便旋即忘，言輒悲哀，餘命無幾，故謂之老。太子歎曰：人生於世，有此老患，愚人貪愛，何可樂者？物生於春，秋冬悴枯，老至如電，身安足恃。即說偈言：老則色衰，病無光澤，皮緩肌縮，死命近促。老則形變，喻如故車，法能除苦，宜以力學。命欲日夜盡，及時可勤力，世間諦非常，莫惑墮冥中。當學燃意燈，自練求智慧，離垢勿染污，執燭觀道地。

於是太子，即迴車還，愍傷一切，有此大患，憂思不樂。王問其僕：太子出遊，何故速還？其僕答言：道逢老人，傷念不樂。還宮愁思，數年小差，復欲出遊。王敕國中，太子當出，禁諸臭穢，莫在道側。於是太子，駕乘出城南門。天化爲病人，在于道側，身瘦腹大，軀體黄熟，咳嗽嘔逆，百節痛毒，九孔敗漏，不淨自沒，目不見色，耳不聞聲，呻吟呼吸，手足摸空，唤呼父母，悲戀妻子。太子問曰：此爲何等？其僕答言：病人也。何如爲病？答言：人有四大，地、水、火、風，大有百一病，展轉相鑽，四百四病，同時俱作，此人必以極寒、極熱、極飢、極飽、極飲、極渴，將節失所，卧起無常，故致斯病。太子嘆曰：吾處富貴，極世所珍，飲食快口，放心自恣，婬於五欲，不能自覺，亦當有病，與彼何異？即説偈言：是身爲脆哉，常俱四大中，九孔不淨漏，有老有病患。生天皆無常，人間老病憂，觀身如雨泡，世間何可樂。

於是太子，迴車還宮，思念一切有此大患。王問其僕：太子出遊，今者何如？其僕答言：逢見病人，於是不樂。數年小差，復欲出遊。王敕國中，太子當出，平治臭處，無令近道。出西城門，天作死人，扶輿出城，室家隨車，啼哭呼天，奈何捨我，永爲别離。太子問曰：此爲何等？僕言：死人。何如爲死？答言：死者盡也，精神去矣。四大欲散，魂神不安，風去息絶，火滅身冷，風先火次，魂靈去矣。身體挺直，無所復知，旬日之間，肉壞血流，膖脹爛臭，無一可取。身中有蟲，蟲還食之，筋脈爛盡，骨節解散，髑髏異處，脊脅肩臂，髀脛足指，各自異處，飛鳥走獸，競來食之。天龍鬼神，帝王人民，貧富貴賤，無免此患。太子長嘆，而説頌曰：觀見老病死，太子心長歎，人生無常在，吾身亦當然。是身爲死物，精神無形法，假令死復生，罪福不敗亡。終始非一世，從癡愛久長，自此受苦樂，身死神不喪。非空非海中，非入山石間，無有地方所，脱止不受死。

於是太子，迴車還宮，愍念衆生有老、病、死苦惱大患，憂思不食。王問其僕：太子出遊，寧有樂乎？即答王言：逢見死人，遂致不樂。數年小差，復欲遊觀，嚴駕出北城門。天復化作沙門，法服持鉢，行步安詳，目不離前。太子問曰：此爲何人？其僕答曰：沙門也！何等爲沙門？蓋聞沙門之爲道，捨家妻子，捐棄愛欲，斷絶六情，全戒無爲，得一心者，則萬邪滅矣。一心之道，謂之羅漢，羅漢者眞人也。聲色不能污，榮位不能屈，難動如地，已免憂苦，存亡自在。太子曰：善哉！唯是爲快。即説偈言：痛哉有此苦，生老病死患，精神還入罪，經歷諸勤苦。今當滅諸苦，生老病死除，不復與愛會，永令得滅度。

於是太子，即迴車還，齋思不食。王問其僕：太子又出，意豈樂乎？僕言：行見沙門，倍更憂思，不向飲食。王聞大怒，舉手自擊，前敕修道，復令太子輒見不祥，罪應刑戮。即召群臣，各使建議，設何方術，當令太子不出學道。有一臣言：宜令太子監農種殖，役其意思，使不念道。便以農器犁牛千具，僕從大小相率上田，令監課之。太子坐閻浮樹下，見耕者墾壤出蟲，天復化令牛領興壞，蟲下淋落，烏隨啄吞。又作蝦蟆，追食曲蟬，蛇從穴出，吞食蝦蟆，孔雀飛下啄吞其蛇，有鷹飛來，搏取孔雀，鵰鷲復來，搏撮食之。菩薩見此衆生品類展轉相吞，慈心愍傷，即於樹下得第一禪。日光赫奕，樹爲曲枝，隨蔭其軀。

王念太子，常在宫中，未曾執苦，即問其僕：太子何如？對言：今在閻浮樹下，一心禪定。王曰：吾令監作欲亂其思，然故禪定，在家何異？王敕嚴駕便往迎之。遥見太子，樹枝曲蔭，神曜非常。不識下馬，爲作禮時，即與俱還。未及城門，無數千人，華香奉迎，相師一切，稱壽無量。王問：何故？梵志答言：明旦日出，七寶當至。王大歡喜，必成聖王。【略】

是時太子，還宮思惟，念道清淨，不宜在家，當處山林，研精行禪。至年十九，四月七日，誓欲出家。至夜半後，明星出時，諸天側塞虚空，勸太子去。時裘夷見五夢，即便驚覺，太子問之：何故驚寤？對曰：向者夢中，見須彌山崩，月明落地，珠光忽滅，頭髻墮地，人奪我蓋，是故驚覺。菩薩心念：五夢者應吾身耳，念當出家。告裘夷言：須彌不崩、月明續照、珠光不滅、頭髻不落、傘蓋今在，且自安寐，莫憂失蓋。於是諸天言：太子當去，恐作稽留。召烏蘇慢（漢名厭神），適來入宮，國内厭寐。時難提和羅，化諸宮殿盡爲塚墓，裘夷伎女皆成死人，骨節解散，髑髏異處，膖脹爛臭，青瘀膿血，流漫相屬。太子觀視宮殿，悉作塚墓，鵄鵂狐狸，豺狼鳥獸，飛走其間。太子觀見一切所有，如幻如化如夢如響，皆悉歸空，而愚者保之。即呼車匿，急令被馬。【略】

太子即上馬，出行詣城門，諸天、龍神、釋梵四天，皆悉導從，蓋於虛空。時城門神人現，稽首言：迦維羅衛國，天下最爲中。豐樂人民安，何故捨之去？太子以偈答言：生死爲久長，精神經五道，使我本願成，當開泥洹門。

於是城門自然便開，出門飛去。天曉，行四百八十里，到阿奴摩國（漢言常滿）。太子下馬，解身寶衣纓絡寶冠，盡與闡特，告言：汝便牽馬歸，上謝大王及國群臣。闡特言：今當隨從，供給所須，不可獨還放馬令去。山中多有毒蟲虎狼師子，誰當供養飲食水漿床卧之具？當何從得，要當隨從與幷身命。騫特長跪，淚出舐足，見水不飲，得草不食，鳴啼流涕徘徊不去。太子復說偈言：身強得病摧，氣盛老至衰，死亡生別離，云何樂世間。【略】

太子得離俗，踴躍欣喜，安徐步行入城。國人覩太子，歡喜無有厭。太子離恩愛，遠諸苦惱根，思欲剃鬚頭髮，倉卒無有具。帝釋持刀來，天神受髮去，遂復前行。國中人民，隨而觀之。於是出國，小復前行，到摩竭國，從右門入左門出。國中人民，男女大小，見太子者，或言天人，或言帝釋梵王、天神龍王，歡喜踴躍，不知何神。太子知其所念，便下道坐樹下，人民圍繞，歡喜觀視。時國王瓶沙，即問臣吏：國中何以寂默，了無音聲？對曰：朝有道士，經國過去，光相威儀，非世所有。國人大小，追出而觀，于今未還。

於是王與群臣，出詣道士。遙見太子光相殊妙，便問太子：是何神乎？太子答言：吾非神也！若非神者，從何國來？何所姓族？太子報言：吾出香山之東，雪山之北，國名迦維，父名白淨，母名摩耶。瓶沙問言：將非悉達乎？答言：是也！驚起禮足：太子生多奇異，形相炳著，當君四天下爲轉輪聖王，四海顒顒冀神寶至。何棄天位，自投山藪？必是異見，願聞其志。太子答言：以吾所見，天地人物，出生有死，劇痛有三，老、病、死苦，不可得離。身爲苦器，憂畏無量，若在尊寵，則有憍逸，貪求快意，天下被患，此吾所厭故欲入山。【略】

竺大力共康孟詳譯《修行本起經》卷下 於是菩薩，行起慈心，遍念眾生老耄專愚，不免疾病死喪之痛，欲令解脫，以一其意；而起悲心，愍傷一切，皆有飢渴寒暑得失罪咎艱難之患，欲令安隱，以一其意；而起喜心，念諸世間，皆有憂苦恐怖遭逢之患，欲令淡泊，以一其意；而起護心，欲度五道八難眾生，愚蔽矇闇，不見正道，念欲成濟使得無爲，以一其意；得善不善，逢惡不憂，捨世八事，利衰毀譽稱譏苦樂，不以傾動，成二禪行。

竺大力共康孟詳譯《修行本起經》卷下 復前到斯那川，其川平正，多眾果樹，處處皆有流泉浴池，其中淨潔，無有蚑、蜂、蚊、虻、蠅、蚤。川中道士，名爲斯那，教授弟子等五百人，修其所術。於是菩薩坐娑羅樹下，便爲一切志求無上正眞之道。諸天奉甘露，菩薩一不肯受，自誓日食一麻一米，以續精氣。端坐六年，形體羸瘦，皮骨相連，玄精靜漠，寂默一心，內思安般。一數、二隨、三止、四觀、五還、六淨。遊志三四出十二門，無分散意，神通妙逆，棄欲惡法，無復五蓋，不受五欲，眾惡自滅，念計分明，思視無爲，譬如健人得勝怨家，意以清淨，成三禪行。

求那跋陀羅譯《過去現在因果經》卷三 爾時太子，調伏阿羅邏、迦蘭二仙人已，即便前進迦闍山苦行林中，是憍陳如等五人所止住處；即於尼連禪河側，靜坐思惟：觀眾生根，宜應六年苦行，而以度之。思惟是已，便修苦行；於是諸天，奉獻麻米。太子爲求正眞道故，淨心守戒，日食一麻一米；設有乞者，亦以施之。

求那跋陀羅譯《過去現在因果經》卷三 爾時菩薩，以慈悲力，於二月七日夜，降伏魔已，放大光明；即便入定思惟眞諦，於諸法中，禪定自在；悉知過去所造善惡，從此生彼，父母眷屬，貧富貴賤，壽夭長短，及名姓字，皆悉明了，即於眾生，起大悲心。而自念言：一切眾生，無救濟者，輪迴五道，不知出津，皆悉虛偽，無有眞實，而於其中，橫生歡樂。於是思惟，至初夜盡。

闍那崛多譯《佛本行集經》卷一二 爾時，太子生長王宮，孩童之時，遊戲未學，年滿八歲，出閣詣師，入於學堂。從毗奢蜜及忍天所，二大尊邊，受讀諸書，幷一切論，兵戎雜術，經歷四年，至十二時，種種技能，遍皆涉獵。既通達已，隨順世間，悅目適心，縱情放蕩，馳逐聲色。曾於一時，在勤劬園，遨遊射戲，自餘五百諸釋種童，亦各在其自己園內，優遊嬉戲。

闍那崛多譯《佛本行集經》卷一三 爾時，釋種所有童子，皆悉端正，殊妙可喜，世間少雙，多爲衆人之所樂見，並皆先通一切諸技，無有能勝。所謂書畫算計造印，及聞聲著諸神射等，一切悉解，捷利巧智，聰明黠慧。彼童子內，其悉達多最爲初首，第二難陀，第三即是提婆達多，唯除於此童子三人，餘更無勝。

時迦毗羅城內，有一釋種大臣，姓檀荼氏，名曰波尼。【略】時彼波尼有於一女，名瞿多彌，彼女端正，可喜少雙，不短不長，不肥不瘦，不白不黑，不偉不纖，處在幼年，爲國內寶。時淨飯王聞其化內有釋大臣檀荼波尼有如是女，聞已選擇良善宿日，即喚國師諸婆羅門，使向波尼大臣之家，作如是言：聞汝有女，名瞿多彌，彼女今可與我太子悉達爲妃。其難陀父復聞大臣檀荼波尼有女，欲爲悉達太子求娉爲妃，聞已亦遣使人，語彼檀荼大臣，作如是言：汝瞿多彌！可與我子難陀作妻，若不與者我必損汝。提婆達多復聞檀荼波尼大臣有女，欲爲悉達太子求娉作妃，彼亦遣使，語檀荼言：汝瞿多彌！今可媒嫁與我作妻，若不與我，我當爲汝生於大禍。【略】是時檀荼波尼大臣如是不悅，憂惱懷愁，顏色不怡，思惟而坐，自念：我今作何方便？【略】

時瞿多彌語其父言：阿耶莫愁！我當自作智慧方便，必使一人爲我作主。事理雖然，阿耶但且放女寬恣，我當自嫁。爾時，檀荼波尼大臣聞瞿多彌作是言已，即奏王知，然後乃於迦毗羅城四衢道頭，振鈴告白：一切遠近，從今日後，至第七日，釋種有女，名瞿多彌，當求自嫁。誰欲取者，過六日後，至第七日，當共集聚。聞此語已，至第七日，五百釋種諸童子輩，悉達爲首，皆悉在於宮門集聚。時淨飯王將諸耆舊釋種大臣，復有無量無邊人衆，若男若女、童男童女，並皆集聚在王宮門。是時悉達所有左右，自餘童子，所有左右皆共觀看，瞿多彌女取誰作夫？

爾時，釋氏女瞿多彌六日已過，至第七日，於晨朝時，澡浴清淨，將好種種微妙之香，用塗其身，著於種種雜色衣服，種種瓔珞，莊嚴其身，復著種種香華之鬘，多將侍從左右圍遶。復有乳母及諸宮監，部領導引，前後遮擁，漸至宮門，安庠而行，入宮門內。彼諸釋種童子，難陀、提婆達多，最爲上首，皆於晨朝，香湯沐浴，以種種香，用塗其身，如前所說莊嚴之事。唯除悉達不莊嚴身，服於常服，唯著耳璫，頭上三重，細金華鬘。時瞿多彌有一乳母，語瞿多彌作如是言：女欲取誰以爲夫主？其瞿多彌次第觀看五百童子，報乳母言：阿母當知！此諸童子極大瓔珞莊嚴其身，猶如婦女，我女人意情下所見，此相怯弱，非是男兒大丈夫相，此是婦女媚惑之飾，男兒不假莊嚴其身。丈夫相者自有服飾，悉達太子自身威光，不以瓔珞莊嚴其身，非假外物用爲容飾，自有內潤丈夫之相，是故我心樂彼悉達以爲我夫。時瞿多彌右手執持須摩那鬘，遍歷大衆，向悉達所，到已立住，將此華鬘繫悉達頸，串已抱項，而作是言：悉達太子！我今取汝以爲我夫。悉達答言：如是如是，如汝所言。是時，悉達還復將一須摩那鬘，繫於彼女瞿多彌頸，作如是語：我今取汝用以爲妃，汝今應當作於我妃。

時，淨飯王見於如是希有之事，心生歡喜，踴躍無量，遍滿其體，不能自勝。時其衆中。所有人民，或有心中愛悉達者，彼等一切高聲唱喚，跳躑躃轉，大叫大呼，大歡大喜，儛弄珠璣衣冠服飾。自餘諸釋五百童子，及其左右，彼等眷屬，所圍遶者，面失顏色，慘慘無光，皆悉不歡，佢頭赧愧，各懷悵快，四散而還。是時悉達稱意所有珍寶資財，衆雜廣營種種禮事，莫不辦具，復以種種妙好瓔珞，莊嚴顯飾瞿多彌身，即遣使將五百婇女，圍遶迎入宮內，爲妃娛樂，受於五欲之樂。

竺大力共康孟詳譯《修行本起經》卷下 菩薩意念，欲先沐浴然後受糜，行詣流水側，洗浴身形。浴訖欲出水，天神按樹枝，二女奉乳糜。得色氣力充，呪願福無量，令女歸三尊。食畢洗手漱口，澡鉢已還擲水中，逆流未至七里，天化作金翅鳥飛來捧鉢去，并髮一處，供養起塔。即復前行，當度尼連然河。【略】

於是復前行，當過瞽龍池時，龍大歡喜，踴出見菩薩，便說偈言：善哉見悉達，來救何以晚，本請一切衆，無上甘露漿。行步地震動，衆樂自然鳴，正與過佛等，於我無有疑。今持無上慧，降伏諸魔怨，今當佛日照，覺諸群生眠。

於是復前行，望見叢林山，其地平正，四望清淨，生草柔軟，甘泉盈流，花香茂潔，中有一樹，高雅奇特，枝枝相次，葉葉相加，花色蓊鬱，如天下飾，天幡在樹頂，是則爲元吉，衆樹林中王。於是小前行，見一刈草人，菩薩便問曰：今汝名何等？我名爲吉祥，今刈吉祥草。今汝施我草，十方皆吉祥。【略】

於是菩薩，安坐入定，棄苦樂意，無憂喜想，心不依善，亦不附惡，正在其中，如人沐浴淨潔覆以白㲲，中外俱淨，表裏無垢，喘息自滅，寂然無變，成四禪行。以得定意，不捨大悲，智慧方便，究暢要妙，通三十七道品之行。【略】

菩薩心念言：今當降魔官屬。即放眉間毛相光明，感動魔宮。魔大惶怖，心中不寧，觀見菩薩，已在樹下，清淨無欲，精思不懈，心中煩毒，飲食不甘，伎樂不御，念是道成，必大勝我，欲及其未作佛，壞其道意。

於是三女，嚴莊天服，從五百玉女，到菩薩所，彈琴歌頌，婬欲之辭欲亂道意。三女復言：仁德至重，諸天所敬，應有供養，故天獻我。我等好潔，年在盛時，願得晨起夜寐供侍左右。菩薩答言：汝宿有福，受得天身，不惟無常，而作妖媚，形體雖好，而心不端。譬如畫瓶中盛臭毒，將以自壞。有何等奇，福難久居，婬惡不善，自亡其本，福盡罪至，墮三惡道，受六畜形，欲脫致難。汝輩亂人道意，不計非常，經歷劫數，展轉五道。今汝曹等，未離勤苦。吾在世間，處處所生，觀視老者如母，中者如姊，小者如妹，諸姊等各各還宮，勿復作是曹事。菩薩一言，便成老母，頭白齒落，眼冥脊傴，柱杖相扶而還。

魔見三女還皆成老母，益大忿怒，更召鬼神王，合得十八億，皆從天來下，圍繞菩薩，三十六由旬，皆使變成師子、熊羆、兕虎、象、龍、牛、馬、犬、豕、猴猿之形，不可稱言。蟲頭人軀蚖蛇之身黿龜之首，而六目，或一頸而多頭，齒牙爪距，擔山吐火，雷電四繞，擭持戟鉾。菩薩慈心，不驚不怖一毛不動，光顔益好，鬼兵不能得近。【略】

菩薩累劫清淨之行，至儒大慈，道定自然，忍力降魔，鬼兵退散，定意如故，不以智慮，無憂喜想，是日夜半後，得三術闍（三術闍者漢言三神滿具足），滿盡結解，自知本昔久所習行，四神足念，精進定、欲定、意定、戒定，得變化法，所欲如意，不復用思；身能飛行，能一身作百作千至億萬無數，復合爲一；能徹入地，石壁皆過，從一方現，俯沒仰出，譬如水波；能身中出水火；能履水行虛，身不陷墜；坐臥空中，如飛鳥翔；立能及天，手捫日月，欲身平立，至梵自在；眼徹視，耳洞聽，意豫知，諸天人龍鬼神蚑行蠕動之類，身行口言心所念，悉見聞知。諸有貪婬無貪婬者，有瞋恚無瞋恚者，有愚癡無愚癡者，有愛欲無愛欲者，有大志行無大志行者，有內外行無內外行者，有念善不念善者，有一心無一心者，有解脫意無解脫意者，一切悉知。

菩薩觀天上、人中、地獄、畜生、鬼神五道，先世父母、兄弟、妻子中外姓字，一一分別，一世十世，百千億萬無數世事，至于天地一劫崩壞空荒之時，一劫始成，人物初興，能知十劫百劫至千萬億無數劫中，內外姓字，衣食苦樂，壽命長短，死此生彼，展轉所趣，從上頭始，諸所更身，生長老終，形色好醜，賢愚苦樂，一切三界，皆分別知。見人魂神，各自隨行，生五道中，或墮地獄，或墮畜生，或作鬼神，或生天上，或入人形，有生豪貴富樂家者，有生卑鄙貧賤家者。知衆生或五陰自弊，一色像，二痛癢，三思想，四行作，五魂識，皆習五欲，眼貪色，耳貪聲，鼻貪香，舌貪味，身貪細滑，牽於愛欲，或於財色思望安樂，從是生諸惡本，從惡致苦。能斷愛習，不隨婬心，大如毛髮，受行八道，則衆苦滅，譬如無薪亦無火，是謂無爲度世之道。

菩薩自知，已棄惡本，無婬怒癡，生死已盡，五陰諸種悉斷，無餘災孽，所作已成，智慧已了。明星出時，廓然大悟，得無上正眞道，爲最正覺，得佛十八法，有十神力，四無所畏。【略】

是時佛在摩竭提界善勝道場貝多樹下，德力降魔，覺慧神靜，三達無礙。度二賈客，提謂、波利，授三自歸，及與五戒，爲清信士。

竺大力共康孟詳譯《修行本起經》卷下　念昔錠光別我爲佛：汝後百劫，當得作佛，名釋迦文如來、至眞、等正覺、明行成爲、善逝、世間解、無上士、道法御丈夫、天人師，號佛、世尊，度脫衆生，如我今也。

吾從是來，建立弘誓，奉行六度、四等、四恩、三十七品，善權隨時，一切諸法，積累不倦，高行殊異，忍苦無量，功報不遺，大願果成。

僧伽跋澄等譯《僧伽羅剎所集經》卷下　如是世尊於波羅奈國而轉法輪，初轉此法時，多饒益衆生，即於此夏坐有益於摩竭國王，第二三於靈鷲頂山，第五脾舒離，第六摩拘羅山（(白善)爲母故，第七於三十三天，第八鬼神界，第九拘苦昆國，第十枝提山中，第十一復鬼神界，第十二摩伽陁閑居處，第十三復還鬼神界，第十四本佛所遊處，於舍衛祇樹給孤獨園，第十五迦維羅衛國釋種村中，第十六還迦維羅衛國，第十七羅閱城，第十八復羅閱城，第十九柘梨山中，第二十夏坐在羅閱城，第二十一還柘梨山中，於鬼神界不經歷餘處連四夏坐。十九年不經歷餘處，於舍衛國夏坐。如來如是最後夏坐時，於跋祇境界毗將村中夏坐。世尊已度愛淵如是，曩昔諸佛所作惠施利根皆悉成就，諸行普至志性柔和皆悉度已，次度中根，次度軟根，漸漸使至須陁洹。與外學演說，世尊皆周遍。爾時便取涅槃。

闍那崛多譯《佛本行集經》卷一七 爾時，太子從迦毗羅城門出已，勑其車匿作如是言：謂汝車匿！我今語汝，汝於我前，引導直向羅摩村行。是時車匿白太子言：如太子勑，不敢有違。引前直向羅摩村邊，其馬乾陟，輕便行疾，舉足安隱，從夜半行，至明星出，行十二由旬。（摩訶僧祇師如是言：馬半夜行十二由旬。或復諸師作如是言：從夜半起，至明星出，行百由旬。）

至一聚落，名彌尼迦，至日出時，到跋伽婆仙人居處。到彼處已，問車匿言：謂汝車匿！此何處所？爾時車匿報太子言：大聖太子！此之處所，去羅摩村，勢不遙遠。

闍那崛多譯《佛本行集經》卷一七 太子復言：汝善車匿！我今棄捨聖王之位，不以其餘畏怖他故，唯求解脫，離繫縛故。車匿！我今不取如是王位，而心歡喜。車匿！一切王位，是大恐怖。我今內心，如是明見。車匿！我見出家有如是利，故割斷彼，來入山林，莫復更爲生死所拘，我今欲求解脫生死。汝善車匿！今可迴還，將馬乾陟歸向王宮，我今出家，心意已決。

闍那崛多譯《佛本行集經》卷二〇 爾時，太子自手執刀，割於頭髻，剃除鬚髮，身著袈裟，即時無量百千諸天，生大歡喜，遍滿其體，不能自勝，以喜歡心，齊出聲叫，大歌大嘯，弄諸衣裳，口大唱言：悉達太子！今已出家。悉達太子！今已出家。其定當得阿耨多羅三藐三菩提，得已一切生法眾生，當得解脫於彼生法，乃至應受苦惱別離諸眾生等，悉得解脫於此繫縛。

爾時，菩薩割髻之處，其後起塔名割髻塔；菩薩身著袈裟之處，後起塔稱受袈裟塔；車匿乾陟，辭別迴還向宮之處，後起塔名車匿乾陟迴還之塔。菩薩行路，諦視徐行，有人借問，默然不答。彼等人民，各相語言：此仙人者，必釋種子。因此得名釋迦牟尼。

闍那崛多譯《佛本行集經》卷二〇 爾時，菩薩從彼阿尼彌迦聚落，漸漸欲向於毗耶離中，路有一仙人居處，彼舊仙人名跋伽婆（隋言凡師）。菩薩入彼仙人處時，光明顯赫，照彼山林，菩薩既除諸瓔珞具，并捨一切迦尸迦衣，直是身威猶尚出光，耀彼山林諸仙人眼。【略】

是時菩薩，還彼仙人所居之處，一夜停宿，後日天曉，更餘處行。彼等諸仙，隨菩薩後，次第而行。

爾時，菩薩少時行已，見彼諸仙隨後而行。菩薩見已，即便依一樹下而坐，彼等諸仙，圍遶菩薩，或坐或立。【略】

爾時菩薩，得彼諸仙上首請欲同求解脫，見其意已，即說自心本所誓願，兼復讚歎彼等苦行一切諸仙，而語之言：仁者諸仙！今者已得無礙之辯，而身久來習行如法，內心淨故，能於未曾所識人邊，生大慇重敬念之心。今若欲捨，猶如親愛，乃生大愁。其事雖然，但仁者輩所求之法，爲生天果，我不然也。【略】

爾時，彼眾其中有一梵志仙人，恆卧灰中，或編椽上，身著死屍，糞掃衣服，耳目青黃，鼻長身白，手執軍持。聞菩薩說如是語已，向菩薩面，歡喜以報歎菩薩言：仁者所語，極大微妙，最上誓願。汝今乃能年少之時，未受五欲，見諸過患，若不渴仰欲生天者，豈能得知天上後患，如是觀已而求解脫，彼人不久，便得解脫。若當仁者，有如是意，決定欲求彼解脫者，汝今宜應速疾而行。去此不遠，有一仙人住止之所，名曰穿藏，彼有一仙，名阿羅邏，彼仙已得決定正智清淨之眼。仁者可至彼邊諮問，應聞至眞方便行路。【略】

爾時，菩薩報彼梵志仙人等言：願如仁者所述可也。是時菩薩捨彼仙人慇懃勸請，背之而行，意欲向於阿羅邏所。

闍那崛多譯《佛本行集經》卷二一 爾時，菩薩捨其父王大臣使人，并及國師婆羅門時，兩俱流淚，既分別已漸漸前行，安庠而向毗舍離城。未至彼城，於其中路，有一仙人，修道之所，名阿羅邏，姓迦藍氏。時彼仙人，有弟子，遙見菩薩，向己而來，見已生大希有之心，從生未曾覩見斯事。見已速疾走向其師所坐之處，至已向彼諸同學等摩那婆邊，大聲唱喚彼等姓名，各各自言仁者跋伽婆！仁者彌多羅摩！仁者設摩！諸如是類摩那婆等，皆悉告言：汝等今者可各喜歡，心應捨離祭祀之法，今此處所有遠方客大德仁來，應須迎接。然此仁者，已能厭離諸結煩惱，欲求最上至眞解脫，即是釋主淨飯王子！諸相端嚴，猶如金柱，身光明曜，巍巍堂堂，脩臂下垂，手過于膝，足趺下蹈，千輻之輪，行步安庠，如牛王視，圓光威德，猶如日輪，身若黃金，衣袈裟服。我等福利，最上之尊，漸漸自來，向我等邊。我等今者應須辦具，隨力所有供養承事，勿令虧少，恭敬尊重，頂戴奉迎。爾時，彼摩那婆即以偈頌歎菩薩言：安庠善巧能行步，顧眄猶若大牛王，衆相滿足莊嚴身，一切諸毛皆上靡，足下圓輪具千輻，眉間宛轉妙白毫，脩臂洪直自在垂，此是人中大師子。【略】

爾時，菩薩安庠而行，忽然來至阿羅邏邊。其阿羅邏仙人，遙見菩薩，近來見已，不覺大聲告言：善來聖子！菩薩前至阿羅邏所，二人對面，相共問訊：少病少惱，安隱已不？相慰問訖，其阿羅邏請菩薩坐草鋪之上。

闍那崛多譯《佛本行集經》卷二二　爾時，於此閻浮提地，復更別有一大導師，名曰羅摩。其命已終，彼徒衆主，即摩長子，名曰優陁羅羅摩子，主領彼衆。其優陁羅，常爲彼衆，說生非想非非想法，近王舍城，一阿蘭若林中而住。是時菩薩，遙聞其名勝前羅邏所說之法，聞已思惟：我今應當至優陁羅羅摩子邊，行於梵行。

爾時，菩薩從阿羅邏居處而出，安庠而行，渡於恆河，借問既知，即到其所，而白之言：仁者優陁！我於仁邊，欲受教誨，行於梵行。【略】

爾時，菩薩於優陁羅羅摩子邊受法行行，求沙門法，沙門事故，恭敬合掌白言：仁者！未審仁者所行之法，至何境界，爲我解說。其優陁羅告菩薩言：大德瞿曇！凡取於相及非相者，此是大患，大癰大瘡，大癡大闇，若細思惟，即得受彼微妙有體，能作如是次第解者，此名寂定，微妙最勝最上解脫。其解脫果，謂至非想非非想處，我行於此最勝妙法。其優陁羅又復更言：於此非想非非想處，過去之世，無勝寂定，現在既無，當來亦無，此行最勝最妙最上，我行此行。

爾時菩薩聞此法已，思惟不久即證此法。【略】

爾時菩薩證是法已，白優陁羅羅摩子言：仁者父昔於此非想非非想處，自證知見，向他說耶？【略】其優陁羅，雖得如是寂靜之法奢摩他行，而不辦求最上勝法，唯口稱言：我父羅摩，作如是說。菩薩如是思惟：此法非是究竟，我今不應專著此法。捨優陁羅，即便背行。

闍那崛多譯《佛本行集經》卷二二　爾時，菩薩從優陁羅羅摩子處辭別而行，安庠漸至向般茶婆山（隋言黃白色）。到彼山已，於山麓間，求平整處，於一樹下加趺而坐，端身住心，正念不動。譬如有人，頭上火燃，急疾速滅，而擲於地，是時菩薩，心求斷除煩惱邊際，亦復如是。

闍那崛多譯《佛本行集經》卷二四　爾時菩薩從般茶婆山林而出，安庠徒步向伽耶城，既到彼已，登上伽耶尸梨沙山（隋言象頭），欲攝身心，滅除諸惡。上彼山已，選平整處，在一樹下，鋪草而坐。是時菩薩，內心思惟三種譬喻，悉是世間希有之事，未曾聞說、未曾覩見、未曾證知。

闍那崛多譯《佛本行集經》卷二四　爾時菩薩從彼伽耶尸梨沙山下，來摩伽陁聚落內，次第而行，借問人言：此處有何功德可行？有何非法宜須除斷？我今欲求最上寂定取妙音辭。如是前行至伽耶南，有一聚落，其聚落名優婁頻螺。及至彼處，日以食時。菩薩著衣入彼聚落，詣一陶家，從乞瓦器，得已手持，歷彼聚落，次第乞食，到一村主長者之家，然其長者，名難提迦（隋言自喜）。至彼家已，卻立一面，默然而住。其難提迦自喜村主有一善女，名須闍多（隋言善生），彼女端正，可喜無雙，爲諸世人之所樂見。其善生女遙見菩薩手持瓦器默然立住，欲乞求食，善生見已，從其二乳，自然汁出。

闍那崛多譯《佛本行集經》卷二四　爾時，菩薩從善生女乞得食已，於空靜處，如法而食。食已經行，漸到一處，地方平整，清淨可喜，心樂欲觀，樹林蓊鬱，枝條繁茂，多饒花果，清淨流渠，香美諸水，河池泉沼，映發交橫，種種豐饒，無所乏少。彼等諸水，不淺不深，澄清皎潔，易度易取，其內無有毒惡諸蟲，周匝具足妙好禽狩。去離聚落，不近不遙，往來乞求，無疲無乏。其間道陌，土地坦平，不下不高，易行易步。若當有人欲求無上最勝利益，易得易成，速辦速證，兼絕蚊虻，及諸蟲蝎，又不喧鬧，晝少行人往來擾亂，夜斷音響，安靜清閑，冷暖調和，風雨順節，堪可修道禪定修心。又往昔時有一王仙，名曰伽耶（隋言象），在中停止，是彼王仙舊城居處。

爾時菩薩見此地已，如是思惟：此中地勢，快好方平，暫覩即便爲人所樂，乃至堪可修道行禪。若有丈夫欲求無上最勝之利、斷諸惡者，此地足堪安止而住。我今既欲摧伏諸惡、修諸善根，宜應停止，坐於此處，以求菩提，必令成就。

闍那崛多譯《佛本行集經》卷二四　爾時菩薩在彼蘭若，所用心處作苦行時，即得成於最大苦行。是時菩薩坐處，四面周匝，所有隣比聚落諸人，皆來見於菩薩如是苦行，作如是言：此沙門既行大苦行，是故立名言大沙門。大沙門名，起於彼唱，以是義故，有此名稱。

闍那崛多譯《佛本行集經》卷二四　爾時菩薩斷彼諸天如是意已，日別止食一粒烏麻，或一粳米，小豆大豆，綠豆赤豆，大麥小麥，如是日日各別一粒。

闍那崛多譯《佛本行集經》卷二五　爾時，菩薩欲求於彼麤食之時，止欲令身少得氣力。當於是時，而彼善生村主之女，從初始見菩薩已來，起於彼日，爲菩薩作布施熟食幷及器皿，若布施他。或復於前，未至日中，若見沙門若婆羅門乞食來者，所乞熟食幷及食器，而悉布施，復心口念如是之願：藉此施食所有功德，迴施於彼釋種太子所苦行者，願令成就早得諸通，願速成就菩提妙果，願令苦行如心所願，悉具足滿。如是布施行食幷器經過六年。

爾時，菩薩六年既滿，至春二月十六日時，內心自作如是思惟：我今不應將如是食食已，而證阿耨多羅三藐三菩提。我今更從阿誰邊求美好之食？誰能與我如彼美食，令我食已，即便證取阿耨多羅三藐三菩提。時菩薩心作於如是思惟之時，有一天子知菩薩心如是思惟，速往詣於善生村主二女之邊，至彼處已，即告之言：汝善生女！汝若知時，菩薩今欲求好美食，菩薩今須最上美食，食美食已，然後欲證阿耨多羅三藐三菩提。汝等今可爲彼備辦足十六分妙好乳糜。

闍那崛多譯《佛本行集經》卷二五　爾時菩薩至於二月二十三日，於晨朝時，齊整著衣，欲向優婁頻螺聚落而行乞食，漸漸至於難提迦村。至彼村邑，在村主家大門之外默然而立，欲求食故。是時善生村主之女，見於菩薩在其門邊默然求食，見已即便取一金鉢，盛貯安置和蜜乳糜，滿其鉢中，自手執持，向菩薩前，到已即白菩薩言：唯願尊者！受我此鉢和蜜乳糜，憐愍我故。

爾時菩薩見彼乳糜調和於蜜，內心如是思惟念言：我今得好封瘡之藥，是故我今應須強發精進之行，欲證甘露及正法故。又我久來失此法體及是法行，今日應須生道路故，我今發是誓願之相，我辦是意，如我今日此所和蜜功德乳糜，依時奉持揣食之食，依法食已，我應須度死命鬼界，伏彼死命鬼軍之眾，渡於彼岸。

菩薩如是思惟念已，受彼乳糜，而問善生村主女言：善姊仁者！我若食此乳糜訖後，將此鉢器，付囑與誰？善生女言：付與仁者！菩薩復言：我如是器，無有用處。善生女言：仁者隨意思念所作，又我從來布施他食，恆常備辦幷器布施。

爾時，菩薩受彼食已，從於優婁頻螺聚落正念而出，安庠漸至尼連河岸。到已即便持所得食，安置一邊清淨之地，脫衣入彼河中澡浴，除身熱氣。菩薩澡浴身體之時，虛空諸天，以天種種微妙香末和彼水雨，種種雜下雨於水上。

爾時彼處尼連禪河，以諸末香種種眾花彌滿水上，合雜而流。是時菩薩，於彼水中既澡浴已，取其袈裟，於水中濯出振曬乾，著於體上，欲渡彼水，波流湍疾，身體尫羸，不能得越，兼復六年精勤苦行，身力劣弱，不能得濟彼河之岸。

爾時，彼河有一大樹名頞誰那（隋言今者），彼樹之神，名柯俱婆（隋言小峯），住依彼樹。時彼樹神，以諸瓔珞莊嚴之臂，引向菩薩。是時菩薩，執樹神手，得渡彼河。菩薩所浴河內香水，一切諸天各各分取，將還宮殿，以此功德吉祥水故，將灑自宮。

爾時，彼河尼連禪主有一龍女，名尼連茶耶（隋言不寡），從地踴出，手執莊嚴天妙筌提，奉獻菩薩。菩薩受已，即坐其上。坐其上已，取彼善生村主之女所獻乳糜，如意飽食，悉皆淨盡。菩薩既食彼乳糜已，緣過去世行檀福報業力熏故，身體相好，平復如舊，端正可喜，圓滿具足，無有缺減。【略】

爾時菩薩食糜已訖，從坐而起，安庠漸漸向菩提樹，彼之筌提其龍王女，還自收攝，將歸自宮，爲供養故。而有偈說：菩薩如法食乳糜，是彼善生女所獻，食訖歡喜向道樹，決定欲證取菩提。

闍那崛多譯《佛本行集經》卷二七　爾時，菩薩坐彼菩提樹下之時，發是要誓：我不成道，不起此座。

闍那崛多譯《佛本行集經》卷二九　是時魔軍夜叉衆等，以諸形貌種種身體，如是恐怖菩薩之時，菩薩爾時，不驚不怖，不動不搖。而彼魔王波旬，更復增瞋恚心，內懷愁憂，遍滿其體不能自安。而有偈說：魔家眷屬大可畏，各作種種恐怖形，見彼菩薩不驚惶，波旬心愁劇瞋恨。【略】

是時菩薩，不畏不驚，不怯不弱，專注不亂。以柔軟心，捨諸恐怖，身毛和靡，視瞬安庠，伸其右手，指甲紅色，猶如赤銅。兼以種種諸相莊嚴具足，無量千萬億劫，諸行功德善根所生，舉手摩頭。手摩頭已，復摩腳趺，摩腳趺已，以慈愍心，猶如龍王，欲視舉頭。既舉頭已，善觀魔衆，觀魔衆已，以千萬種功德右手指於大地，而說偈言：此地能生一切物，無有相爲平等行，此證明我終不虛，唯願現前眞實說。

爾時，菩薩手指此地作是言已，是時此地所負地神，以諸珍寶，而自莊挍，所謂上妙天冠耳璫手鐶臂釧及指環等，種種瓔珞莊嚴於身，復以種種香華滿盛七寶瓶內，兩手捧持，去菩薩坐不近不遠，從於地下忽然湧出，示現半身，曲躬恭敬向於菩薩，白菩薩言：最大丈夫！我證明汝，我知於汝。往昔世時，千億萬劫，施無遮會。作是語已，是時其地遍及三千大千世界，六種震動，作大音聲，猶如打於摩伽陁國銅鍾之聲，震遍吼等，如前所說，具十八相。

爾時，彼魔一切軍衆及魔波旬，如是集聚，皆悉退散，勢屈不如，各各奔逃，破其陣場，自然恐怖，不能安心，失腳東西南北馳走。當是之時，或復白象頓蹶而倒，或馬乏卧，或車腳折，狼藉縱横。或軍迷荒不能搖動，或復弩槊弓箭長刀羂索、劍輪三叉戟翣小斧鉞鈇，從於手中自然落地。又復種種牢固鎧甲，自碎摧壞去離於身。如是四方爭競藏竄，或覆其面，踣地而眠，或仰倒地，乍左乍右，宛轉屍移。或走投山，或入地穴，或有倚樹，或入闇林，或有迴心歸依菩薩，請乞救護養育於我，其有依倚於菩薩者，不失本心。

闍那崛多譯《佛本行集經》卷三〇　爾時，菩薩既已降伏一切魔怨，拔諸毒刺建立勝幢，坐金剛座已，滅一切諸世間內諍鬪之心。滅諍鬪已，內外調伏，心清淨行，爲令一切世間衆生作利益故，爲令一切世間衆生得安樂故，爲令一切諸惡衆生發慈心故，爲斷一切諸惡衆生結垢行故。自已滅除睡眠纏蓋，心得清淨，光明現前，正念圓滿，亦教衆生，令斷一切睡眠覆障。自已斷除一切調戲，得清淨心，無有濁亂，亦教衆生，令滅一切調戲之心，使得清淨。自斷一切疑悔之心，離暗弊行，於諸善惡一切法中，無有疑滯，得清淨心。

爾時，菩薩得斷如是五種心已，煩惱漸薄。所以者何？此等五法，能爲智慧作覆障故，能爲智慧作不佐助，遮於涅槃微妙善路。如是一切悉皆棄捨，離諸欲心及不善法，分別內外，思惟觀察，一心寂定，欲證憙樂入於初禪法中而行。

爾時，菩薩如是思惟：我今已證初增上心，現得安樂微妙之法，心不放逸，應當正念捨離聚落，依阿蘭若所行法者，盡令得之。是時菩薩，欲捨一切諸分別觀，清淨內心，一無分別，從三昧生歡喜樂已，證第二禪法中而行。

爾時，菩薩復如是念：我今已生此二增心，乃至捨離一切諸惡，成衆行已入二禪。時菩薩厭離歡喜，捨行清淨，正念正慧，身受安樂，如聖所歎，捨於諸惡。已得安樂，如是增上，證第三禪法中而行。

爾時，菩薩復如是念：此我第三增益之心，乃至在於蘭若行者。是時菩薩，欲捨樂欲捨苦，如前所捨分別苦樂，無苦無樂，悉捨正念清淨，證第四禪法中而行。

闍那崛多譯《佛本行集經》卷三〇　爾時，世尊既成阿耨多羅三藐三菩提已，即作如是師子音吼，而說偈言：往昔造作功德利，心所念事皆得成，速疾證彼禪定心，又復到於涅槃岸。所有一切諸怨敵，欲界自在魔波旬，不能惱我悉歸依。以有福德智慧力，若能勇猛作精進，求聖智者得不難，既得即盡諸苦邊，一切衆罪皆除滅。爾時，如來初成佛已，最先說此口業之偈。

闍那崛多譯《佛本行集經》卷三一　爾時，世尊初始得成於菩提道，在樹下坐，經七日夜，加趺不起，以念解脫快樂爲食。爾時，世尊過七日已，一心正念，從三昧起，坐師子座，初夜正觀十二因緣，下觀至上，上觀至下，善念善觀，不失不異，因彼生此，因有於彼則復有此，所謂緣無明有諸行，緣諸行有識，緣識有名色，緣名色有六入，緣六入有觸，緣觸有受，緣受有愛，緣愛有取，緣取有有，緣有有生，緣生有老病死憂悲惱等苦生。爾時，世尊知此法已，而說偈言：若有梵行觀諸法，即見如是法相生，若見諸法從相生，即知諸法因緣有。

爾時，世尊還彼夜半，觀十二緣，從始至終，逆觀至心，善觀善念，不失不亂。因無彼故則此自無，因滅彼故則此自滅，所謂無明滅即行滅，行滅乃至生老病死憂悲苦惱一切悉滅。爾時，世尊知此法已，而說偈言：若有梵行觀諸法，即見如是法相生，若見諸法從相生，即知諸法因緣滅。

爾時，世尊還彼後夜，觀十二緣，從始觀終，從終觀始，善觀善念，不失不亂。所謂彼生已復生此，因有彼復有此，因無彼此亦無，彼滅已此亦滅。所謂因無明緣諸行，緣諸行已，乃至一切生老病死諸苦惱等，皆悉相生；彼無已此亦無，彼滅已此亦滅。爾時，世尊知此義已，而說偈言：若有梵行觀世間，即見相生乃至滅，既散諸魔建立住，若彼日天曜虛空。

爾時，世尊從彼師子座上而起，離菩提樹相去不遠，還加趺坐，七日不動，以解脫行，用爲安樂。七日諦觀於菩提樹，目不暫捨，復作是念：我此處盡無邊際苦，以捨重擔。爾時，世尊過七日後，正念正知，從三昧起。其後有人，在於如來觀道樹處起塔，名曰不瞬目塔。

闍那崛多譯《佛本行集經》卷三一　爾時，世尊從眼不瞬塔所起已，安庠漸至向摩梨支（隋言陽炎）經行之處。到經行已，加趺而坐，經七日，受解脫樂。爾時，世尊過七日已，正念正知，從三昧起。爾時，迦羅龍王（隋言黑色）詣於佛所，到佛所已，頂禮佛足，卻住一面。住一面已，即白佛言：世尊！我此宮殿，往昔已曾布施過去一切諸佛，諸佛受已，各住於此，憐愍我故。其諸佛者，所謂拘留孫世尊、拘那含牟尼世尊、迦葉世尊，今日世尊，善哉知時！憐愍我故，少時住此。所以者何？我已將此宮殿布施過去三佛，今日世尊，第四爲我受此宮殿，即名四佛受我宮殿具足功德。爾時，世尊即受迦羅龍王宮殿，受已入中，加趺而坐，復經七日，一定不起，受解脫樂。爾時，世尊過七日已，正念正知，從三昧起，告彼迦羅大龍王言：汝龍王來從我邊，受佛等三歸并及五戒，汝當長夜受大安樂。時迦羅龍即白佛言：謹隨佛敎，心不敢違，如世尊勑。時，迦羅龍聞佛語已，合掌向佛，即從佛受三自歸依，歸依佛、歸依法、歸依僧，復受五戒，於世間中，最初而得優婆塞名；於畜生中，再說三歸，受三歸已，所謂即是迦羅龍王。

闍那崛多譯《佛本行集經》卷三三　爾時，世尊從菩提樹隨多少時住已，漸向波羅㮈國。而有偈言：世尊欲說羅摩子，發心觀察其所生，知今命終在於天，心念五仙欲至彼。

闍那崛多譯《佛本行集經》卷三三　爾時，世尊從道樹下起已，安庠漸漸行到旃陁羅村（隋言嚴熾），從旃陁羅，安庠行至純（之詢反）陁私洟（他梨反）羅聚落（隋言無角埴）中。於其路上，見有一乞婆羅門，名優波伽摩（隋言來事），兩逆相逢，彼見佛已，即白佛言：仁者瞿曇！身體皮膚，快好清淨，無有垢膩。仁者！面貌圓極莊嚴，諸根寂定。仁者瞿曇！師爲是誰？從誰出家？意喜所樂，是於誰法？爾時，世尊隨行隨說。

闍那崛多譯《佛本行集經》卷三三　爾時，優波伽摩婆羅門復白佛言：長老瞿曇！今欲何去？世尊報彼婆羅門言：我今欲向波羅㮈國。彼婆羅門復問佛言：長老瞿曇！仁者至彼欲作何事？世尊更復以偈答彼優波伽摩婆羅門言：我今欲轉妙法輪，故至於彼波羅㮈，幽瞑眾生悉令曉，擊唱甘露鼓之門。

闍那崛多譯《佛本行集經》卷三三　爾時，世尊安庠漸行，從周蘭那娑陁羅去（即是無角埴）至迦蘭那富羅聚落（隋言耳城）；從迦蘭那富羅聚落安庠而去，漸漸而至娑羅洟聚落（隋言調御城）；從娑羅洟聚落而去，至盧醯多柯蘇兜聚落（隋言閉塞城）；從閉塞城至恆河岸。

闍那崛多譯《佛本行集經》卷三三　爾時，世尊飛度恆河，達到彼已，從於彼岸，復作神通，飛騰而向波羅㮈城。是時彼處，有一龍池，時其龍王名曰商佉（隋言蠡）。世尊至彼池邊而下。世尊足步所下之處，龍王起塔，其塔因稱名彌遲伽（隋言土塔）。如來在彼經由一宿，待後食時。於待時處，復起一塔，其塔復名宿待時塔。而有偈說：諸佛夜不入人間，要待齋時而乞食，非時行者有大患，是故眾聖候於時。

爾時，世尊依三摩耶依摩伽陁齋欲到，時從西門入波羅㮈城，次第乞食。於波羅㮈乞食得已，從城東門安庠而出。既出城外，在一水邊，端坐而食。食訖澡洗，北面而行，安庠漸至向鹿苑林。

闍那崛多譯《佛本行集經》卷三三　爾時，世尊以如是敎誨彼五仙。彼仙所有外道之形、外道之意、外道之藏，皆悉滅隱不現，身上所著之服即成三衣，手執鉢器，頭髮髭鬚，自然除落，猶如剃來經於七日，威儀即成，形容譬如百夏比丘，威儀行步，坐起舉動，如是而住。

爾時，世尊善能教誨彼五比丘，令其內心各生歡悅，使其獲證，隨順正理，各各歡喜。時五比丘，心開意解，隨順世尊，諮承世尊，聽世尊教，隨世尊心，不違世尊所說教法，聞說諦受奉侍世尊，無暫時捨。

闍那崛多譯《佛本行集經》卷三六 爾時長老耶輸陁許，即便共彼波羅㮈城四大長者，往詣佛所。到佛所已，頂禮佛足，禮佛足已，卻坐一面。時耶輸陁即白佛言：大覺世尊！此四長者，在本居家各爲朋友，最爲殊勝善男子輩！所謂無垢善臂滿足，并牛主等。今日故來，歸依世尊。善哉！世尊！唯願爲此四大長者，如應說法教誨示導。爾時，世尊發大慈悲，起憐愍故，即爲彼等四大長者，次第方便說微妙法，所謂佈施持戒忍辱，乃至爲說種種法要。彼等長者，聞世尊說如是法相，即於坐中，遠離塵垢，乃至所有一切集法，皆悉得知，及滅相法，亦如實知。譬如淨衣無有垢膩，入於汁中，正受其色。如是如是，彼四長者即於坐處，乃至得知一切結惑集滅相法，如實證知。彼四長者，悉各如是見諸法相，得諸法相，證於法相，入於法相，度煩惱磧，心無障礙，越諸疑網，除滅結使，得無畏處，不隨他知，依佛法行。從坐而起，頂禮佛足，在於佛前，胡跪合掌，而白佛言：大覺世尊！我等今從佛世尊邊，乞求出家，依佛教法，受具足戒。爾時，世尊即告彼等四長者言：汝輩比丘！清淨善來，入我法中，行於梵行，滅諸苦故。是時世尊作此語已，彼波羅㮈四大長者，頭髮自落，髭鬚猶若七日剃來，身體自然披服三衣，手擎鉢器，彼四長者即成出家，受具足戒。

闍那崛多譯《佛本行集經》卷三六 時，耶輸陁即便共彼五十在家往昔善友，詣於佛所，到佛所已，頂禮佛足，禮佛足已，卻坐一面。其耶輸陁即白佛言：大善世尊！我昔在家，有此五十友朋知識，或在前後，一切皆悉是善男子，其意並樂歸依如來。唯願世尊！大慈憐愍，爲說法要，教照示導。

爾時，世尊即爲彼等，隨順說法。而其彼等諸長者輩，聞佛所說，乃至如實一切悉知。彼等長老悉成漏盡諸阿羅漢，心善解脫。於時世間合成六十一阿羅漢，謂佛世尊，及五比丘，并耶輸陁，其耶輸陁波羅㮈城有四善友，無垢、善臂、滿足、牛主，其耶輸陁在家朋友，諸大長者有五十人，並是別國相召集來，或前或後，善男子等。

闍那崛多譯《佛本行集經》卷三六 爾時，世尊遊歷他國，迴還至彼舍婆提城，住祇陁林精舍之內。時其長老耶輸陁，身經於多時，夏罷訖已，即共五百諸比丘衆相隨而去。聞佛在於祇陁精舍，欲往詣彼見如來故，彼客比丘至祇陁園。

闍那崛多譯《佛本行集經》卷三六 爾時，世尊在舍婆提祇陁精舍，少時住已，欲更行歷其餘聚落。從此聚落，到彼聚落，漸漸而行，到毗耶離。至彼城已，往獼猴池，其池岸邊，有草精舍，即便停住。

闍那崛多譯《佛本行集經》卷三七 時，富樓那苦行仙人，舉身即共三十朋友，從雪山下，飛昇而行猶如鴈王騰於虛空，至波羅㮈鹿野苑下，往詣佛邊。到佛所已，頂禮佛足，以兩手執世尊之足摩娑頂戴，舉頭以口嗚如來足，起在佛前胡跪【略】富樓那等若干仙人，舉聲從佛，乞求出家，如是白言：唯願世尊！哀愍我等！我等心願，欲得出家，慈悲憐故，度脫我等。

爾時，佛告富樓那言：汝富樓那！今可速起，當隨汝意，我與汝等，從心所願。時富樓那得如來聽其出家已，乞受具足，及其朋友二十九人。彼長老輩，既得出家受具戒竟，未久之間，各各用心，獨臥獨行，獨坐獨立，勇猛精進，行坐空閑阿蘭若處，各各別行用心謹慎，不曾放逸，恆住空閑，時節不久。若善男子，求大利故，正心正信，捨家出家，爲欲求於無上梵行，已盡慾邊，見諸法相，欲修諸通，即證彼法，已斷諸生，得梵行報，所作已訖，不受後有。彼等一切，諸長老輩，既證知已，悉成羅漢，以心善得一切解脫，皆成大德，一切皆悉能作大事，利益衆生。

爾時，世尊告諸比丘，作如是言：汝等當知！說法人中最第一者，即此富樓那彌多羅尼子是也。

闍那崛多譯《佛本行集經》卷三九 爾時世尊波羅㮈城夏安居竟，隨多少時，然後重告諸比丘等，使更遊方隨緣教化。而世尊從波羅㮈城，遊行漸至優婁頻螺聚落之所，是昔如來行苦行處。其村有一大婆羅門，名曰兵將，達到彼村，從舊往來道路而行，爲教化故。

闍那崛多譯《佛本行集經》卷四九 爾時，婆伽婆度長老舍利弗及目揵連五百人等，得出家已，具足衆戒，從摩伽陁國，次第遊行，從一聚落，至一聚落，歷諸村邑隨意而行，漸漸歸還到王舍城（摩訶僧祇師作如是說）。（其迦葉惟師復作異說，乃言：如來至南方山處處遊行，而復迴還至王舍城。）於時多有大威神者，有大威力，諸善男子，於如來所行於梵行。於時多人，道說毁呰，各各唱言：沙門瞿曇，當令我等無有子息，令我等輩，破家散宅，絕我後胤。沙門瞿曇！已度髻髮一千人等，令遣出家。沙門瞿曇！從刪闍耶波離婆闍迦邊亦復劫奪五百弟子，令使出家。今者復有摩伽陁國諸大威德大威力等諸善男子，當至其所，行於梵行。彼諸人輩，見諸比丘來於前者，各各說偈，而相謂言：是大沙門還，踰南山詣此，已度波闍等，今復將誰去？

闍那崛多譯《佛本行集經》卷四九　爾時，世尊過彼半月布薩已訖，與諸比丘，涉歷諸國。爾時，世尊至王舍城，飯食已訖，迴還以足蹋城門閫，時彼大地六種震動，動已復動，涌已復涌。時摩伽陁彼國之王頻婆娑羅，與諸人眾，俱詣佛所，即隨佛行，遊涉諸國觀看聚落。時虛空中，無量諸天千億萬眾，見佛將欲遊歷國土，皆來集會，歡喜踴躍，遍滿其體，不能自勝，口出種種微妙音聲，歌嘯喜樂，呼唱大喚，旋裾舞袖，拂弄天衣。復以天上優鉢羅華、拘物頭華、波頭摩華、分陁利華，以散佛上。復持種種末香塗香及香華鬘，亦散佛上，散已復散。

時，婆伽婆所行至處，觀看諸國，一切眾類，皆悉恭敬，尊重供養。如來到處，得諸衣服，最勝最妙，飲食湯藥床褥卧具，如是資物不可稱計，利養殊妙無所乏少，名聞流布遍滿世間。而佛於此名聞利養，不生染著，猶如蓮華處於濁水。

爾時，世尊有如是等無量威德，於諸世間，威德最勝，殊妙第一。

時婆伽婆、多他阿伽度、阿羅呵、三藐三佛陁、明行足、善逝、世間解、無上士、調御丈夫、天人師、佛、世尊，此世彼世，若天若魔、梵沙門等，及婆羅門，諸天人境，以神通智皆悉證知。而彼世尊，爲世說法，辭義巧妙，初中後善，悉令具足清淨梵行。

爾時，世尊知諸眾生堪受化者即教化之，宜建立者敎令建立，隨其住處便得成就，應受三歸授三歸法，應受五戒授與五戒，應受八關齋戒之法即授八關齋戒之法，應受十善授十善法，應出家者令得出家，應受具戒授具足戒。如是次第，展轉漸進，至迦毗羅婆蘇都城園林而住。

闍那崛多譯《佛本行集經》卷五五　爾時，羅睺羅母遣羅睺羅，往向父邊，乞取父封。時，羅睺羅隨佛而行，且行且語，作如是言：惟願沙門！與我封邑，唯願沙門！與我封邑。

爾時，世尊自授手指與羅睺羅，時羅睺羅執佛指已，傍佛而行。

爾時，世尊將羅睺羅，至於靜林，遙喚長老舍利弗言：汝舍利弗！將羅睺羅，令其出家。時舍利弗而白佛言：如世尊教。承佛敎已，度羅睺羅而出家也。爾時，世尊爲諸比丘制禁戒時，其羅睺羅甚大歡喜，遂受禁戒，如法奉行。所以者何？教法應爾，其舍利弗，依佛教戒，攝受敎示。當爾之時，有善男子，皆悉獲得正信正見。何以故？並欲出家求無上道諸梵行故，利益現自證見法故，自證知已，口自唱言：諸漏已盡，梵行已立，所作已辦，不受後有。其羅睺羅，亦復如是，自證其心，得正解脫。世尊即記，告諸比丘：當知我之聲聞弟子持戒之中，其羅睺羅，最爲第一（此摩訶僧祇師作如是說）。

紀事

支謙譯《佛說義足經》卷下　諸釋悉聞舍衛國王興四種兵，欲來攻是國，近去城數十里，恐明日來到，即遣輕足上騎，到佛所道：是願佛教我曹，作何方便？佛即告諸釋：堅閉城門，王終不能得勝。開門內者，惟樓勒王即煞諸釋不疑。是騎人聞佛敎，便禮佛，上馬如去。

是時，賢者摩訶目犍連在佛後住，便白佛言：明慧莫以諸釋爲憂，我今欲舉一釋國，移置異天地間，若以鐵籠籠之，悉一天下共者，當奈之何？佛即告摩訶目犍連言：耐能爾，當奈其罪何？目犍連言：但說有形事，無奈無形罪何？佛爾時說偈言：作善惡終無腐，從福樂在冥苦，善惡栽向日出，久遠來身受止。

舍衛國王即摩飾鬪具，俱便前當攻釋城。諸釋悉共興四種兵：象兵、馬兵、車兵、步兵，亦出城欲拒扞惟樓勒王。諸釋亦復摩飾兵，當與舍衛國王及兵共鬪。尙未相見，諸釋便引弓，以利刃箭射斷車，當應亦射斷車軛、亦射斷車轂、亦截車軸、射斷馬毛、亦射斷人身、珠寶，無所傷害。

舍衛國王大恐怖，顧問左右：汝曹寧知諸釋已出城迎鬭死，我曹終不得其勝，不如早還。旁臣即白王言：我曹先曰：聞諸釋皆持五戒，盡形壽不犯。生至使當死，不敢有所傷害，有所傷害，爲犯戒，但前自可得其勝。王即引兵而前，突釋兵陣。諸釋見王前甚進，便入城閉門。

爾時，舍衛王以遣人語諸釋：舅氏與我有何仇怨，而不開門？小欲有所借入，即出城不久留。

諸釋中信佛所言，本行經法無疑向道，便言：不須開門。釋中未淨心歸佛、歸法、歸比丘僧，無諦，有疑，便以爲可開門，復共言：我人不得爾，恐是中有外對。我曹悉坐者老行籌，不受籌者，爲當不欲內王；受籌者，爲欲內王。多者，我又當隨適行。籌悉受不受者少耳。衆人言：當開門內王。諸釋便開門內，惟樓勒王適入迦維羅衛城，便生取諸釋，當將出城煞之。

爾時，釋摩男白舍衛王：願天子與我小願。王言：將軍欲何願？我願今沒是池中頃，以其時令，諸釋得出城走。諸大臣白言：王當與釋摩男願，令在水中能幾頃。王即與其所願。釋摩男即沒池中，以髮繞樹根而死。王怪在水甚久，便令使者按視：釋摩男在水中何等作？如王言，往按視之，見釋摩男在水底死，便還白王：天子！寧知釋摩男持髮繞樹根而死。王即絞城中餘釋，復問：所生得釋悉死未？臣白言：悉已象蹈煞之。王便從處還國。

瞿曇僧伽提婆譯《增壹阿含經》卷二六　聞如是：

一時，佛在舍衛國祇樹給孤獨園。爾時，世尊與諸比丘五百人俱。

爾時，頻毗娑羅王勅諸群臣：速嚴駕寶羽之車，吾至舍衛城親覲世尊。

是時，群臣聞王敎勅，即駕寶羽之車，前白王言：嚴駕已訖，王知是時。

爾時，頻毗娑羅王乘寶羽之車出羅閱城，往詣舍衛城。漸至祇洹精舍，欲入祇洹精舍，夫水灌頭王法有五威容，悉捨之一面，至世尊所，頭面禮足，在一面坐。

爾時，世尊漸與說微妙之法。爾時，王聞法已，白世尊言：唯願如來當在羅閱城夏坐！亦當供給衣被、飯食、床敷臥具、病瘦醫藥。

爾時，世尊默然受頻毗娑羅王請。是王以見世尊默然受請，即從坐起，頭面禮足，繞三匝便退而去，還詣羅閱城入於宮中。

瞿曇僧伽提婆譯《增壹阿含經》卷二六　爾時，世尊出舍衛國，及將五百比丘，漸漸人間遊化，至羅閱城迦蘭陀竹園所。是時，頻毗娑羅王聞世尊來至迦蘭陀竹園中，尋時乘羽寶之車，至世尊所，頭面禮足，在一面坐。爾時，頻毗娑羅王白世尊言：我在閑靜之處，便生此念：如我今日能供辦衣被、飯食、床臥敷具、病瘦醫藥，便念下劣之家。即告群臣：汝等各各供辦飲食之具，次第飯佛。云何，世尊！此是其宜？爲非其宜？

世尊告曰：善哉！善哉！大王！多所饒益，爲天、世人而作福田。

爾時，頻毗娑羅王白世尊言：唯願世尊明日就宮中食。

爾時，頻毗娑羅王以見世尊默然受請。時王尋起，頭面禮足，便退而去。

爾時，世尊明日清旦，著衣持鉢，入城至王宮中各次第坐。爾時，王給以百味食，手自斟酌，歡喜不亂。爾時，頻毗娑羅王見世尊食訖，除去鉢器，便取一卑座，在如來前坐。

爾時，世尊漸與王說微妙之法，令發歡喜之心。爾時，世尊與諸大王及群臣之類，說微妙之法，所謂論者：施論、戒論、生天之論，欲不淨想，淫爲穢惡，出要爲樂。

爾時，世尊以知彼衆生心開意解，無復狐疑，諸佛世尊常所說法：苦、習、盡、道，爾時，世尊盡與說之。當於坐上六十餘人諸塵垢盡，得法眼淨，六十大臣及五百天人諸塵垢盡，得法眼淨。

瞿曇僧伽提婆譯《增壹阿含經》卷二六　聞如是：

一時，佛在舍衛國祇樹給孤獨園。

爾時，生漏梵志往至世尊所，頭面禮足，在一面坐。是時，生漏梵志白世尊言：云何，瞿曇！有何因緣，有何宿行，使此人民之類有盡、有滅、有減少者？本爲城郭，今日已壞；本有人民，今日丘荒。

世尊告曰：梵志！欲知由此人民所行非法故，使本有城郭，今日磨滅，本有人民，今日丘荒，皆由生民慳貪結縛習行，愛欲之所致故，使風雨不時，雨以不時，所種根栽，不得長大，其中人民死者盈路。梵志當知，由此因緣，使國毀壞，民不熾盛。【略】

是時，生漏梵志白世尊言：瞿曇！所說甚爲快哉！【略】設我偏露右肩時，唯願世尊受我禮拜！設我步行時，見瞿曇來，我當去履，唯願世尊受我等禮。

爾時，世尊儼頭可之。是時，生漏梵志歡喜踴躍，不能自勝，前白佛言：我今重自歸沙門瞿曇！唯願世尊聽爲優婆塞。

爾時，世尊漸與說法，使發歡喜之心。梵志聞法已，即從坐起，便退而去。

爾時，生漏梵志聞佛所說，歡喜奉行。

僧伽跋澄等譯《僧伽羅刹所集經》卷下　曾聞如是，世尊在摩竭國界，是時世尊無量功德具足，到時著衣持鉢，大衆圍繞諸根具足，觀察己身亦無衆亂，行步庠序亦不卒暴，持諸無數比丘衆欲往詣彼。當於爾時摩竭國王有象，名檀那波羅，形貌極端政，頭生三埵，聲響清徹意欲所至難可制持，若聞異聲便懷瞋恚，若自顧見影亦懷瞋恚，無能當前者，隨意所欲，若彼戰鬪亦不毀其力亦不減少。爾時世尊便入彼城，卻敵樓櫓睥睨皆悉具足，人民熾盛，或有愁者或有歡喜者，恐害如來欲得親近如來。是時禘婆達兜飲象子使醉而放彼象。是時調達放象已，便說此偈：自稱有大力，及身十種力，今日已集會，盡當於此滅。

爾時世尊無所畏懼，便說此偈：伊羅鉢有千，無能勝我者，況當此小蟲，欲害人中上？【略】

爾時檀陁波羅熟視如來形，顏色極黑，見彼象翹尾，身體方正覩者皆懷恐怖，奔走向如來。爾時諸比丘蒙如來恩力，順如來教戒當避此惡象，各自馳走遠如來所，唯尊者阿難在如來後，無數生常與如來共幷，既自不惜身命亦不捨如來。是時檀那波羅象，瞋恚熾盛火纏絡其身欲害如來，是時瞋恚之火漸漸休息，廣說契經。是時以手輪相甚微妙無有比，爾時如來舉手著象頭上，以慈悲心無瞋恚之心，聞如來語，即便涕零，頭面著如來足上，以舌舐足亦不可移動。是時彼象便懷此恐懼，形體無有力勢不覺便利。然後世尊以此賢聖，便說此偈：無有欲憍慢，世尊無此塵，時發慈悲心，必當生天處。

爾時世尊以此音響，倍懷歡喜和顏悅色，於如來所以額鼻著如來足還入本國。人民衆多見此未曾有，象以降伏，歡喜無恐懼之心，皆有信樂於如來。

僧伽跋澄等譯《僧伽羅刹所集經》卷下　是時世尊臨欲般涅槃時，告諸比丘：汝等比丘！有所狐疑，便可時問，乃至一切行無淨常云何？尊者阿那律：世尊般涅槃耶？是密迹金剛力士立如來後，觀如來顏色支節筋骨，皆悉牢固堪任重任，亦堪任說微妙之法，即啼泣而作是說：無垢無衆瑕，世間失覆蓋，猶彼紫磨金，今當捨衆去。猶如此世間，年熟時已過，釋種釋迦文，無想永寂滅。

僧伽跋澄等譯《僧伽羅刹所集經》卷下　如是世尊於波羅奈國而轉法輪，初轉此法時，多饒益衆生，即於此夏坐有益於摩竭國王，第二三於靈鷲頂山，第五脾舒離，第六摩拘羅山（白善）爲母故，第七於三十三天，第八鬼神界，第九拘苫毗國，第十枝提山中，第十一復鬼神界，第十二摩伽陁閑居處，第十三復還鬼神界，第十四本佛所遊處，於舍衛祇樹給孤獨園，第十五迦維羅衛國釋種村中，第十六還迦維羅衛國，第十七羅閱城，第十八復羅閱城，第十九拓梨山中，第二十夏坐在羅閱城，第二十一還拓梨山中，於鬼神界不經歷餘處連四夏坐。十九年不經歷餘處，於舍衛國夏坐。如來如是最後夏坐時，於跋祇境界毗將村中夏坐。世尊已度愛淵如是，曩昔諸佛所作惠施利根皆悉成就，諸行普至志性柔和皆悉度已，次度中根，次度軟根，漸漸使至須陁洹。與外學演說，世尊皆周遍。爾時便取涅槃。於是便說此偈：欲度外學故，大尊無與等，自覺復度彼，無有溺此淵。逕度種種樂，漸漸有長益，於是生歡喜，皆悉度彼處。

雜記

支謙譯《佛說義足經》卷下　佛在王舍國於梨山中。爾時，七頭鬼將軍與鵰摩越鬼將軍共約言：其有所治處生珍寶，當相告語。爾時，鵰摩越鬼將軍所治處池中，生一蓮華千葉，其莖大如車輪，皆黃金色。鵰摩越鬼將軍便將五百鬼來到七頭鬼將軍所，便謂七頭言：賢者！寧知我所治池中生千葉蓮花，但莖大如車輪，皆黃金色。七頭鬼將軍即報言：然賢者寧知我所治處，亦生神珎寶。如來正覺行度三活，所說悉使世人民得安雄，生無上法樂，賢無比。已生寶何如賢者寶？

復以月十五日，說戒解罪。【略】

七頭鬼將軍及鵙摩越等，各從五百鬼，合爲千衆，俱到佛所，皆頭面禮佛，住一面。【略】

爾時，座中有梵志，名兜勒，亦在衆中，便生意於泥洹脫者支體因緣，因是便意生疑。

佛即知兜勒意生所疑，便化作一佛，端正形好無比，見莫不喜者，形類過天，身有三十二大人相，紫磨金色，衣大法衣。弟子亦作化人，化人適言，弟子亦言；弟子適言，化人亦言。佛所作化人，化人言，佛默然；佛言，化人默然。何故？一切制念度故。

支謙譯《佛說義足經》卷下 聞如是：佛在釋國，從千弟子梵志、故道人皆老年，悉得應眞六達，所求皆具。佛從敎授縣國，轉到迦維羅衛城外尼拘類園中。迦維羅衛諸釋，聞佛從老年應眞千比丘，轉行教授，已到是國，近在城外園中，便轉相告語：先雞鳴悉當會。自共議言：諸賢者！正使太子不樂道，當作遮加越王。我曹悉當爲其民耳，今棄七寶作道，自致作佛。我人今悉取長者家出一人，亦從佛求作沙門。諸釋如是，衆爲復增。便從迦維羅衛城出，欲見尊德，欲聞明法；諸釋女人，亦復聚會，俱到佛所，欲聞明法。爾時，佛取神足，定意適定，便在空中步行。爾時，諸釋見佛步行虛空中，悉歡喜生敬愛心。

爾時，悅頭檀王便以頭猗著佛足，作禮竟，便一面住。【略】

佛爾時攝神足，下座比丘僧前，咸坐上。諸釋及釋諸女人，皆頭面禮佛，各就座。【略】

爾時，佛爲王及諸釋女人廣說經法，先現布施、持戒、現天徑微說，善痛道其苦，導現達世近親三十七品，從可得安如。

佛以道意，知悅頭檀王意滿喜已性濡，無亂縛解，可爲說善度法，便說苦諦習盡道諦。佛說是四諦法，王即在座開解，三毒垢除，於法中得諦眼，譬如淨繒投於染中，即受色好，王亦入法如是。

爾時王見諦疑斷，在法開解，便起座向佛，叉手白言：已近已近、已遠已遠，今我身歸佛法及比丘僧，受我爲清信士，盡形壽，悉不犯已淨。故釋中亦有身歸佛者、歸法者、歸僧者；釋諸女人，自歸亦如是，中有持不煞戒者、持不盜戒、持不婬戒、持不欺戒、中有遠酒不飲酒戒。

《毗尼母經》卷四 提婆達多破僧有五法：一者盡形壽乞食；二者糞掃衣；三者不食酥鹽；四者不食肉魚；五者露坐。以此五法僧中行籌，可者受籌。爾時座中有百比丘受籌，阿難即衆中脫僧伽梨擲地唱言：此是非法。有五十大上座亦脫僧伽梨擲地。諸比丘以此因緣具白世尊。佛言：此便是地獄人，當入阿鼻地獄一劫。不可救也。此破僧犍度中廣明。上提婆達多五法不違佛說，但欲依此法壞佛法也。

法賢譯《佛說八大靈塔名號經》 爾時，世尊告諸苾芻：我今稱揚八大靈塔名號，汝等諦聽，當爲汝說。何等爲八？所謂第一迦毗羅城龍彌你園是佛生處，第二摩伽陁國泥連河邊菩提樹下佛證道果處，第三迦尸國波羅柰城轉大法輪處，第四舍衛國祇陁園現大神通處，第五曲女城從忉利天下降處，第六王舍城聲聞分別佛爲化度處，第七廣嚴城靈塔思念壽量處，第八拘尸那城娑羅林內大雙樹間入涅槃處，如是八大靈塔。

淨飯王

傳記

《大方便佛報恩經》卷三 白淨王種，豪尊第一，從劫初已來，嫡嫡相承，作轉輪王。近來二世不作轉輪王，雖不作轉輪王，而作閻浮提王。兄弟三人，其最長者號曰淨飯王；其次弟名曰斛飯王；其最小者名曰甘露飯王。淨飯王生二子，長者名悉達，小者名難陁。

沮渠京聲譯《佛說淨飯王般涅槃經》 時，舍夷國王名曰淨飯。治以正法，禮德仁義，常行慈心。時被重病，身中四大，同時俱作，殘害其體，支節欲解，喘息不定，如駃水流。輔相宜令國中明醫，皆悉集會，瞻王所疾，隨病授藥，種種療治，無能愈者，瑞應已至，將死不久。

沮渠京聲譯《佛說淨飯王般涅槃經》 難陁受教，長跪作禮：唯然，世尊！淨飯王者，是我曹父，所作奇特，能生聖子，利益世間，今宜往詣，報育養恩。阿難合掌前白佛言：我隨世尊貪共相見，淨飯王者是我伯父，聽我出家爲佛弟子，得佛爲師，是故欲往。

闍那崛多、達摩笈多等譯《起世經》卷一〇　諸比丘！彼時有迦葉如來、阿羅呵、三藐三佛陁，出現世間，菩薩於彼修行梵行，生兜率天。枳梨祁王息名爲善生，子孫相承，還在逋多羅城中治化，有一百一王，其最後王，名耳其耳王。有二息：一名瞿曇，次名婆羅墮闍。【略】師子頰，紹繼王位，生於四子：一名淨飯，二名白飯，三名斛飯，四名甘露飯；又生一女，名爲不死。諸比丘！淨飯王生於二子：一悉達多，二名難陁。

闍那崛多譯《佛本行集經》卷五　師子頰王，生於四子：第一名曰閱頭檀王（隋言淨飯），第二名爲輸拘盧檀那（隋言白飯），第三名爲途盧檀那（隋言斛飯），第四名爲阿彌都檀那（隋言甘露飯），復有一女，名甘露味。

《大方便佛報恩經》卷三　兄弟三人，其最長者號曰淨飯王；其次弟名曰斛飯王；其最小者名曰甘露飯王。淨飯王生二子，長者名悉達，小者名難陁。斛飯王復生二子，長者名提婆達多，小者名阿難。甘露飯王生一女，名甘露味女。

闍那崛多譯《佛本行集經》卷五　時，淨飯王即遣使人，往詣善覺大長者家，求索大慧，爲我作於波闍波提（波闍波提者，隋言生活本）。爾時，善覺語彼使言：善使仁者，爲我諮啟大王是言：我有八女，一名爲意，乃至第八名爲大慧。何故大王求最小者？大王且可待我處分七女竟已，當與大王大慧作妃。時，淨飯王復更遣使語長者言：我今不得待汝一一嫁七女訖，然後取於大慧作妃，汝八頭女，我盡皆取。時，善覺釋報大王言：若如是者，依大王命，隨意將去。時，淨飯王即遣使人，一時迎取八女向宮。至於宮已，即納二女，自用爲妃，其二女者，第一名爲意，及以第八名大慧者。自餘六女，分與三弟，一人與二並妻爲妃。時淨飯王納意姉妹，內於宮中，縱情嬉戲，歡娛受樂，依諸王法，治化四方。

志磐撰《佛祖統紀》卷二　觀釋迦第一甘蔗聖王之後，觀白淨王夫妻眞正堪爲父母（白淨，或云淨飯。梵云首圖馱那，《本行經》云：謂財德純備。然諸經未見。白淨、淨飯其義何謂？）

法雲《翻譯名義集》卷五　首圖馱那，或名閱頭檀，此云淨飯。或翻眞淨，或云白淨。

摩耶夫人

傳記

瞿曇僧伽提婆譯《增壹阿含經》卷二八　爾時，如來母摩耶將諸天女至世尊所，頭面禮足，在一面坐。並作是說：違奉甚久，今來至此，實蒙大幸，渴仰思見，佛今日方來。是時，母摩耶頭面禮足已，在一面坐；釋提桓因亦禮如來足，在一面坐。三十三天禮如來足，在一面坐。是時，諸天之衆見如來在彼增益天衆，減損阿須倫。

《大方便佛報恩經》卷三　佛告阿難：善聽！吾當爲汝分別解說摩耶夫人宿世行業因緣。乃往過去無量阿僧祇劫，爾時有佛出世，號毗婆尸如來、應供、正遍知、明行足、善逝、世間解、無上士、調御丈夫、天人師、佛、世尊，在世教化。滅度之後，於像法中，爾時有國號波羅奈。其國有一婆羅門，唯生一女。其父命終，婆羅門婦養育此女，年轉長大。其家唯有一果園，其母以女守園，自往求食。既自食已，後爲其女而送食分，日日如是。其母一日而便稽遲，過時不與。其女悒遲，飢渴所逼，而便恚心言：我母今日何因緣故，不與我食，不來見看。乃至煩冤再三，尋復恚言：我母今者不如畜生。我見畜獸野鹿，子飢渴時，心不捨離。如是未久，母將食至。正欲飲食，有一辟支佛沙門，從南方來，飛空北過。爾時其女見此比丘，心生歡喜，即起合掌，頭面作禮，即便請之，爲敷淨座，取好妙華，減其食分，奉施比丘。比丘食已，爲說妙法，示教利喜。爾時其女即發願言：願我來世，遭遇賢聖，禮事供養，使我面首端正，尊榮豪貴，若經行時，蓮華承足。

求那跋陀羅譯《過去現在因果經》卷一　摩耶夫人，壽命脩短，懷抱太子，滿足十月，太子便生，生七日已，其母命終。

雜記

求那跋陀羅譯《過去現在因果經》卷一　摩耶夫人，於眠寤之際，見菩薩乘六牙白象騰虛而來，從右脇入，影現於外如處琉璃；夫人體安快樂，如服甘露，顧見自身，如日月照，心大歡喜，踴躍無量。

闍那崛多《佛本行集經》卷一〇　是時童子，見於其母摩耶夫人手攀枝已，從彼胎中，一心正念，安庠徐起，從右脇出；其母右脇，亦無瘡痛，亦無患難，不劈不裂。

慧立本、釋彦悰箋《大唐大慈恩寺三藏法師傳》卷三　從此東南行八百餘里，至劫比羅伐窣堵國（舊曰迦毗羅衛國也）。國周四千餘里，都城十餘里，並皆頽毀，宮城周十五里，壘塼而成，極牢固。內有故基，淨飯王之正殿，上建精舍，中作王像。次北有故基，是摩耶夫人之寢殿，上建精舍，中作夫人之像。

法雲《翻譯名義集》卷五　摩訶摩耶。《西域記》云：唐言太術，或云大幻。晉《華嚴》：摩耶夫人答善財言：我已成就大願智幻法門，得此法門故，爲盧舍那如來母。於閻浮提迦毗羅城，淨飯王宮，從右脇生悉達太子，顯現不可思議自在神力。《本行經》云：爾時太子誕生，適滿七日，其太子母摩耶夫人，遂便命終。《因果經》云：太子姨母摩訶波闍波提，乳養太子如母無異。

摩訶波闍波提

雜記

瞿曇僧伽提婆譯《增壹阿含經》卷二八　爾時，大愛道瞿曇彌便往至世尊所，頭面禮足，白世尊曰：願世尊長化愚冥，恆護生命。

世尊告曰：瞿曇彌！不應向如來作是言：如來延壽無窮，恆護其命。是時，大愛道瞿曇彌即說此偈：云何禮最勝，世間無與等，能斷一切疑，由是說此語？

爾時，世尊復以偈報瞿曇彌曰：精進意難缺，恆有勇猛心，平等視聲聞，此則禮如來。

是時，大愛道白世尊曰：自今以後當禮世尊，如來今勅禮一切衆生，意無增減。天上、人中及阿須倫，如來爲最上。

是時，世尊可大愛道所說。即從坐起，頭面禮足，便退而去。

爾時，世尊告諸比丘：我聲聞中第一弟子廣識多知，所謂大愛道是。

佛陀耶舍共竺佛念等譯《四分律》卷四八　爾時，世尊在釋翅瘦尼拘律園。時摩訶波闍波提，與五百舍夷女人俱，詣世尊所。頭面禮足卻住一面，白佛言：善哉世尊，願聽女人於佛法中得出家爲道。佛言：且止，瞿曇彌，莫作是言。欲令女人出家爲道，何以故？瞿曇彌，若女人於佛法中出家爲道，令佛法不久。爾時，摩訶波闍波提，聞世尊教已，前禮佛足遶已而去。爾時，世尊從釋翅瘦，與千二百五十弟子人間遊行，往拘薩羅國，從拘薩羅還至舍衛國祇桓精舍。時摩訶波闍波提，聞佛在祇桓精舍，與五百舍夷女人俱共剃髮被袈裟，往舍衛國祇桓精舍，在門外立步涉破腳塵土坌身涕泣流淚。

佛陀耶舍共竺佛念等譯《四分律》卷四八　我出世令摩訶波闍波提受三自歸，乃至決定得入正道亦如是。

求那跋陀羅譯《過去現在因果經》卷一　爾時太子姨母摩訶波闍波提，乳養太子，如母無異。

釋僧祐撰《釋迦譜》卷二　摩訶波闍波提，齊言大愛道也，亦名瞿曇彌。《雜阿含經》云：是難陁親母。又《增一阿含經》云：佛告阿難難陁羅云：汝等舉大愛道身，我當躬自供養。

地婆訶羅譯《方廣大莊嚴經》卷三　諸釋耆舊咸作是言：汝等年少色盛心舉，不堪依時養育太子。摩訶波闍波提，親則姨母有慈有惠，唯此一人堪能養育。是諸釋種皆共和合，請摩訶波闍波提爲養育主。時輪檀王躬抱菩薩，付於姨母而告之言：善來夫人！當爲其母。摩訶波闍波提奉王勅已，命三十二養育之母，八母抱持、八母乳哺、八母洗浴、八母遊戲，養育菩薩。譬如白月從初一日至十五日清淨圓滿，亦如尼拘陁樹植彼膏腴沃壤之地，漸漸增長。

曇果共康孟詳譯《中本起經》卷下　阿難復言：今大愛道，多有善意。佛初生時，力自育養，至于長大。佛言：有是。阿難！大愛道信多善意，於我有恩。我生七日而母終亡，大愛道自育養我至于長大。今我於天下爲佛，亦多有恩德於大愛道。大愛道但由我故，得來自歸佛、自歸法、自歸比丘僧，又信佛、信法、信比丘僧，不復疑苦，不復疑集，不復疑盡，不復疑道，方成其信，成其禁戒，成其多聞，成其布施，成其智慧。亦能自禁制，不殺生，不盜竊，不婬泆，不妄語，不飲酒。如是，阿難！正使人終身相給施衣被、飲食、臥具、病困醫藥，不及我此恩德也。【略】

賢者阿難受佛語已熟諦，便作禮而出，報大愛道言：瞿曇彌！可勿復愁，已得捨家之信、去家就戒。佛說女人作沙門者，有八敬之法，不得踰越，但當終身勤意學行之耳。持心當如防水，善治堤塘勿漏而已。阿難便一一爲伯母，說佛所教勅八敬之事。言：能如是者，可入佛法律。大愛道即歡喜而言：唯諾阿難，聽我一言。譬如四姓家女，沐浴塗香，衣莊嚴事，而人復欲利益之，安隱不怖，以好華香珍寶，結爲步搖，持與其女，豈不愛樂頭首受之耶？今佛所教勅八敬法者，我亦歡心，願以首頂受之。爾時，大愛道便受大戒爲比丘尼，奉行法律，遂得應眞。

耶輸陀羅

紀事

求那跋陀羅譯《過去現在因果經》卷一　有一釋種婆羅門，名摩訶那摩，其人有女，名耶輸陁羅，顔容端正，聰明智慧，賢才過人，禮儀備舉，有如是德，堪太子妃。

求那跋陀羅譯《過去現在因果經》卷二　爾時太子，聞父王言，心自思惟：大王所以苦留我者，正自爲國無紹嗣耳。作是念已，而答王言：善哉！如勅。即以左手，指其妃腹，時耶輸陁羅，便覺躰異，自知有娠。王聞太子如勅之言，心大歡喜，當謂太子七日之內，必未有兒，若過此期，轉輪王位，自然而至，不復出家。

闍那崛多譯《佛本行集經》卷一二　有一婆私吒族釋種大臣摩訶那摩，其女名爲耶輸陁羅，前後侍從衆多婢媵，圍遶而來。遥見太子，俄俄注睛，舉目雅步，瞻覩直眄，目不斜視，漸進前趍，來近太子。如舊相識，曾無愧顔，即白太子，作如是言：太子！今可與我雜寶無憂器來。太子報言：汝來既遲，皆悉施盡。彼女復更白太子言：我有何過？汝今欺我不與寶器。太子答言：我不欺汝，但汝後來，自不及耳。是時太子指邊有一所著印環，價直百千，從指脱與耶輸陁羅。耶輸陁羅白太子言：我於汝邊可止直於爾許物耶？太子報言：我之所著，自餘瓔珞，任意所取。彼女白言：我今豈可剝脱太子？只可莊嚴於太子身。語於太子，作是言已，心不喜歡，即迴還去。

地婆訶羅譯《方廣大莊嚴經》卷四　有一大臣名爲執杖，其人有女名耶輸陁羅，相好端嚴姝妙第一，不長不短不麁不細，非白非黑具足婦容，猶如寶女。於是大臣詣執杖家，見耶輸陁羅。爾時耶輸陁羅拜於大臣，而問之言：以何緣故而來至此？大臣以菩薩書授耶輸陁羅，而說頌曰：釋氏大王之太子，顔容端正甚可愛，大人之相三十二，八十種好皆圓滿，太子書中述婦德，如是之女可爲妃。爾時，耶輸陁羅，見菩薩書取而讀之，怡然微笑報大臣曰：書載德行今悉備，唯應太子爲我夫。當以斯意速啟知，無令不肖而共居。

雜記

吉迦夜共曇曜譯《雜寶藏經》卷一〇　時耶輸陁羅，著白淨衣，抱兒在懷，都不驚怕，面小有垢，於親黨中，抱兒而立。【略】耶輸陁羅，都無慚恥，正直而言：從彼出家釋種名曰悉達，我從彼邊，而得此子。悦頭檀王，【略】即掘火坑，以佉陁羅木，積於坑中，以火焚之，即將耶輸陁羅至火坑邊。

時耶輸陁羅，見火坑已，方大驚怖，譬如野鹿，獨在圍中四向顧望，無可恃怙。耶輸陁羅便自呵責：既自無罪受斯禍患。遍觀諸釋，無救己者，抱兒長嘆，念菩薩言：汝有慈悲，憐愍一切，天龍鬼神，咸敬於汝。今我母子，薄於祐助，無過受苦，云何菩薩不見留意？何故不救我之母子今日危厄？諸天善神，無憶我者。菩薩昔日，處眾釋中，猶如滿月在於眾星，而於今者，更不一見。即時向佛方所，一心敬禮，復拜諸釋，合掌向火，而說實語：我此兒者，實不從他而有斯子，若實不虛，猶六年在我胎中者，火當消滅終不燒害我之母子。作是語已，即入火中，而此火坑，變為水池，自見己身，處蓮花上，都無恐怖，顏色和悅，合掌向諸釋言：若我虛妄，應即燋死，以今此兒實菩薩子，以我實語，得免火患。其子，猶如生時，等無有異。

【略】時諸釋等，將耶輸陁羅還歸宮中，倍加恭敬讚嘆，為索乳母，供事

釋曇景譯《佛說未曾有因緣經》卷上 耶輸陁羅，答目連曰：釋迦如來，為太子時，娶我為妻。奉事太子，如事天神，曾無一失。共為夫婦，未滿三年，捨五欲樂。騰越宮城，逃至王田。王身往迎，違戾不從。乃遣車匿白馬令還。自要道成，誓願當歸，披鹿皮衣。譬如狂人，隱居山澤。勤苦六年，得佛還國。都不見親，忘忽恩舊。劇於路人，遠離父母。寄居他邦，使我母子守孤抱窮，無有生賴，唯死是從。人命至重，不能自刑。懷毒抱恨，強存性命。雖居人類，不如畜生。禍中之禍，豈有是哉。今復遣使，欲求我子為其眷屬，何酷如之。太子成道，自言慈悲。慈悲之道，應安樂眾生。今反離別，人之母子，苦中之甚，莫若恩愛，離別之苦。以是推之，何慈之有。

闍那崛多譯《佛本行集經》卷一三 爾時大臣摩訶那摩，見於太子一切技藝、勝妙智能最為上首，而作是言：唯願太子！受我懺悔。我於先時，謂言太子不解多種技巧藝能，令我心疑不嫁女與。我今已知，願受我女，用以為妃。爾時，太子占良善日及吉宿時，稱自家資而辦具度，持大王勢、將大王威，而用迎納耶輸陁羅，以諸瓔珞，莊嚴其身。【略】

爾時，世尊得成道已，尊者優陁夷白佛言：世尊如來！云何往昔之時，初欲納於耶輸陁羅，不以其生大家故取，不以種姓大故而取，不以富貴多財故取，不以端正華色故取，唯出技藝，而取得彼耶輸陁羅，用以為妃？

是時佛答優陁夷言：汝優陁夷！至心善聽。非但今日耶輸陁羅我取之時，不以大姓尊豪故取，乃至不為端正故取，唯用技藝而取得之，往昔亦然。

法賢《佛說眾許摩訶帝經》卷四 爾時，太子有三夫人：耶輸陁羅、虞閉迦、蜜里誐惹，及六萬宮人朝夕供侍，心無愛著專求捨棄。

五比丘

紀事

瞿曇僧伽提婆譯《中阿含經》卷五六 我初覺無上正盡覺已，作如是念：我當為誰先說法耶？我復作是念：昔五比丘為我執勞，多所饒益，我苦行時，彼五比丘承事於我，我今寧可為五比丘先說法耶？我復作是念：昔五比丘今在何處？我以清淨天眼出過於人，見五比丘在波羅㮈仙人住處鹿野園中，我隨住覺樹下，攝衣持鉢，往波羅㮈加尸都邑。

釋法顯譯《大般涅槃經》卷下 我年二十有九，出家學道，三十有六，於菩提樹下，思八聖道究竟源底，成阿耨多羅三藐三菩提，得一切種智。即往波羅㮈國鹿野苑中仙人住處，為阿若憍陳如等五人，轉四諦法輪，其得道跡。爾時始有沙門之稱，出於世間福利眾生。

釋法顯譯《大般涅槃經》卷下 爾時，世尊告阿難言：汝今當知，我於道場，成阿耨多羅三藐三菩提。最初說法，度阿若憍陳如等五人。

求那跋陀羅《過去現在因果經》卷三 爾時太子，作此語已，即從座起，與王師大臣，辭別北行，詣阿羅邏、迦蘭仙人。于時王師大臣，見太子去，啼泣懊惱：一者、念太子情深；二者、奉受王使，來太子所，而復不能移轉其意。徘徊路側，不能自反，互共議言：既被王使，而無力效，今者空歸，云何奉答？我等當留所從五人，聰明智慧，心意柔軟，為性忠直，種族強者，密令伺察，看其進止。作此言已，顧瞻其傍，見憍陳如等五人，而語之言：汝等悉能留止此不？五人答言：善哉！如勅；進止去來，當密伺察。即便辭別，趣太子所；王師大臣，還歸宮城。

求那跋陀羅《過去現在因果經》卷三 爾時憍陳如等五人，既見太

子，端坐思惟，修於苦行，或日食一麻，或日食一米，或復二日，乃至七日，食一麻米。時憍陳如等，亦修苦行，供奉太子，不離其側；既見此已，即遣一人，還白王師及以大臣，具說太子所行之事。

求那跋陀羅《過去現在因果經》卷三　爾時世尊，又自思惟：彼王師大臣所遣憍陳如等五人瞻視我者，皆悉聰明，又過去世，於我發願應先聞法；我今宜當爲此五人先開法門。又自思惟：古昔諸佛轉法輪處，皆悉在於婆羅㮈國鹿野苑中仙人住處，又此五人，所止住處，亦在於彼；我今應往至其住處，轉大法輪。思惟是已，即從座起，詣婆羅㮈國。

慧詢《菩薩本生鬘論》卷三　今此上首憍陳如等五大比丘，最初遇佛成等正覺，趣鹿野苑說四諦法，先得悟解。

雜記

求那跋陀羅《過去現在因果經》卷三　爾時世尊，即復前行，往婆羅㮈國，至憍陳如、摩訶那摩、跋波阿捨、婆闍、跋陁羅闍所止住處。時彼五人，遙見佛來，共相謂言：沙門瞿曇，棄捨苦行，而還退受飯食之樂，無復道心。今既來此，我等不煩起迎之也，亦勿作禮敬、問所須、爲敷坐處，若欲坐者，自隨其意。作此語竟，而各默然。爾時世尊，來既至已，五人不覺，各從坐起，禮拜奉迎，互爲執事；或復有爲持衣者；或有取水供盥漱者；或復有爲澡洗腳者；各違本誓，猶故稱佛，以爲瞿曇。爾時世尊，語憍陳如言：汝等共約見我不起，今者何故，違先所誓，而即驚起，爲我執事。時彼五人，聞佛此語，深生慙愧，即前白言：瞿曇行道，得無疲曆？爾時世尊，語五人言：汝等云何，於無上尊，而以高情，稱喚姓耶？我心如空，於諸毀譽，無所分別；但汝憍慢，自招惡報。譬如有子，稱父母名，於世儀中，猶尚不可，況我今是一切父母。時彼五人，又聞此語，倍生慚愧，而白佛言：我等愚癡，無有慧識；不知今者已成正覺。所以者何？往見如來日食麻米苦行六年，而今還受飲食之樂；我以是故，謂不得道。爾時世尊，語憍陳如言：汝等莫以小智輕量我道成與不成。何以故？形在苦者，心則惱亂；身在樂者，情則樂著。是以苦樂，兩非道因。譬如鑽火，澆之以水，則必無有破暗之照。鑽智慧火，亦復如是。有苦樂水，慧光不生，以不生故，不能滅於生死黑障。今者若能棄捨苦樂，行於中道，心則寂定，堪能修彼八正聖道，離於生老病死之患。我已隨順中道之行，得成阿耨多羅三藐三菩提。時彼五人，既聞如來如此之言，心大歡喜，踴躍無量，瞻仰尊顏，目不暫捨。

爾時世尊，觀五人根堪任受道，而語之言：憍陳如！汝等當知，五盛陰苦，生苦、老苦、病苦、死苦、愛別離苦、怨憎會苦、所求不得苦、失榮樂苦。憍陳如！有形、無形、無足、一足、二足、四足、多足，一切衆生，無不悉有如此苦者；譬如以灰覆於火上，若遇干草，還復燒燃。如是諸苦，由我爲本；若有衆生，起微我想，還復更受如此之苦。貪欲瞋恚，及以愚癡，皆悉緣我根本而生。又此三毒，是諸苦因；猶如種子能生於芽，衆生以是輪迴三有。若滅我想及貪瞋癡，諸苦亦皆從此而斷。莫不悉由彼八正道，如人以水澆於盛火。一切衆生不知諸苦之根本者，皆悉輪迴，在於生死。憍陳如！苦應知，習當斷，滅應證，道當修。憍陳如！我以知苦，以斷習，以證滅，以修道故，得阿耨多羅三藐三菩提。是故汝今應當知苦，斷習，證滅，修道。若人不知四聖諦者，當知是人不得解脫。四聖諦者，是眞是實；苦實是苦，習實是習，滅實是滅，道實是道。憍陳如！汝等解未？憍陳如言：解已，世尊！知已，世尊！以於四諦得解知故，故名阿若憍陳如。

當佛三轉四諦十二行法輪時，阿若憍陳如，於諸法中，遠塵離垢，得法眼淨。時虛空中，八萬那由他諸天，亦離塵垢，得法眼淨。爾時地神，見於如來，在其境界，而轉法輪，心大歡喜。高聲唱言：如來於此，轉妙法輪。虛空天神，既聞此言，又生踴躍，展轉唱聲，乃至阿迦膩吒天，諸天聞已，欣悅無量，高聲唱言：如來今日於婆羅㮈國鹿野苑中仙人住處，轉大法輪。一切世間，天、人、魔、梵、沙門、婆羅門，所不能轉。爾時大地，十八相動；天龍八部，於虛空中，作衆伎樂，天鼓自鳴；燒衆名香，散諸妙花，寶幢幡蓋，歌唄讚歎。世界之中，自然大明。阿若憍陳如，於弟子中，以始悟故，爲第一弟子。時彼摩訶那摩等四人，聞佛轉法輪已，阿若憍陳如，獨悟道跡，心自念言：世尊若更爲我說法，我等亦當復悟道跡。作此念已，瞻仰尊顔，目不暫捨。

佛陀耶舍共竺佛念等譯《四分律》卷三二　爾時，世尊説此法時，五比丘阿若憍陳如，諸塵垢盡得法眼生。爾時，世尊已知阿若憍陳如心中所得，便以此言而讚曰：阿若憍陳如已知，阿若憍陳如已知。從是已來名阿若憍陳如。時地神聞如來所説，便即相告語：今如來至眞等正覺，於波羅㮈仙人鹿苑所，轉無上法輪本所未轉，沙門婆羅門魔若魔天天及人，不能轉者。地神唱聲，聞四天王忉利天焰天兜術天化樂天他化天，展轉相告語言：今如來至眞等正覺，於波羅㮈仙人鹿苑中，轉無上法輪，沙門婆羅門魔若魔天天及人所不能轉。爾時一念須須臾間，展轉相告語聲乃徹梵天。爾時，尊者阿若憍陳如，見法得法成辦諸法已獲果實，前白佛言：我今欲於如來所修梵行。佛言來比丘：於我法中快自娛樂，修梵行盡苦原。時尊者憍陳如，即名出家受具足戒，是謂比丘中初受具足戒，阿若憍陳如爲首。時尊者阿若憍陳如，前白佛言：我今欲入波羅㮈城乞食，願聽。佛言：比丘宜知是時。時尊者阿若憍陳如，即從座起，頭面禮世尊足已，著衣持鉢入波羅㮈城乞食。

闍那崛多譯《佛本行集經》卷三四　爾時，佛告憍陳如言：善來比丘！入我法中，行於梵行，盡苦邊故。是時長老憍陳如，身即便出家，成具足戒；餘四比丘，各説法要，隨機教授。而彼衆中，有三比丘，乞食他行，唯二比丘，稟受教誨；其後三人，既將食來，合有六人，相共坐食。彼等已得如來説法教化承受，當是之時，次一長老跋提梨迦（隋言小賢），其次長老名婆沙波（隋言起氣），是等二人，即於坐中，遠塵離垢，盡諸結惑，淨煩惱界，於諸法中，得法眼淨，所有結惑，一切皆盡，識無常法，如實證知。譬如淨衣，無有黑縷，無有脂膩，隨所欲染，正受其色。如是如是，而彼長老跋提梨迦，并及長老婆沙波等，在於彼坐，遠塵離垢，得淨法眼，略説乃至，即成出家，得具足戒。

《毗尼母經》卷四　爾時，佛在波羅奈國，阿若憍陳如等五比丘，往到佛所白世尊言：聽諸比丘，何等處住，敷何等敷具？佛告憍陳如：聽比丘阿練若處樹下塚間河邊山谷間空閑處住，敷草木葉以爲坐具。此敷具犍度中廣明。住處總明有二：一者聚落中，二者空靜處。

玄奘譯、辯機撰《大唐西域記》卷八　菩薩苦行卑鉢羅樹側有窣堵波，是阿若憍陳如等五人住處。初，太子之捨家也，彷徨山澤，棲息林泉，時淨飯王乃命五人隨瞻侍焉。太子既修苦行，憍陳如等亦即勤求。憍陳如等住處東南有窣堵波，菩薩入尼連禪那河沐浴之處。河側不遠，菩薩於此受食乳糜。

志磐《佛祖統紀》卷二　大臣具告王意，太子答曰：豈不知恩，但以生老病死四患爲苦耳，我今終無返步。大臣即留憍陳如等五人，密令伺察。

迦葉

紀事

瞿曇僧伽提婆譯《增壹阿含經》卷二〇　其婦報言：向者，後來比丘即是。其身捨此玉女之寶，出家學道，今得阿羅漢，恆行頭陀，諸有頭陀之行具足法者，無有出尊迦葉上也。世尊亦説：我弟子中第一比丘頭陀行者，所謂大迦葉是。今長者快得善利，乃使賢聖之人來至此間乞食。我觀此義已，故作是言：善自護口，莫誹謗賢聖之人，言作幻化。此釋迦弟子皆有神德，當説此語。

瞿曇僧伽提婆譯《增壹阿含經》卷三五　我今持此法付授迦葉及阿難比丘。所以然者，吾今年老以向八十，然如來不久當取滅度，今持法寶付囑二人，善念誦持，使不斷絶，流布世間。其有遏絶聖人言教者，便爲墮邊際。是故，今日囑累汝經法，無令脱失。【略】

世尊告迦葉曰：我於天上、人中，終不見此人，能受持法寶，如迦葉、阿難之比。然聲聞中亦復不出二人上者，過去諸佛亦復有此二人受持經法，如今迦葉、阿難比丘之比，極爲殊妙。所以然者，過去諸佛頭陀行比丘，法存則存，法沒則沒。然我今日迦葉比丘留住在世，彌勒佛出世然後取滅度。由此因緣，今迦葉比丘勝過去時比丘之衆。又阿難比丘云何得勝過去侍者？過去時諸佛侍者，聞他所説，然後乃解。然今日阿難比丘，如來未發語便解，如來不復語是，皆悉知之。由此因緣，阿難比丘勝過去時諸佛侍者。是故，迦葉！阿難！吾今付授汝，囑累汝此法寶，無令缺減。

瞿曇僧伽提婆譯《增壹阿含經》卷四四　爾時，迦葉去如來不遠，結加趺坐，正身正意，繫念在前。爾時，世尊告迦葉曰：吾今年已衰耗，年向八十餘。然今如來有四大聲聞，堪任遊化，智慧無盡，衆德具足。云何爲四？所謂大迦葉比丘、君屠鉢漢比丘、賓頭盧比丘、羅云比丘。汝等四大聲聞要不般涅槃，須吾法沒盡，然後乃當般涅槃。大迦葉亦不應般涅槃，要須彌勒出現世間。所以然者，彌勒所化弟子，盡是釋迦文佛弟子，由我遺化得盡有漏。摩竭國界毗提村中，大迦葉於彼山中住。又彌勒如來將無數千人衆，前後圍遶，往至此山中，遂蒙佛恩，諸鬼神當與開門，使得見迦葉禪窟。

是時，彌勒伸右手指示迦葉，告諸人民：過去久遠釋迦文佛弟子，名曰迦葉！今日現在，頭陀苦行最爲第一。是時，諸人民見已，歎未曾有，無數百千衆生，諸塵垢盡，得法眼淨。或復有衆生，見迦葉身已，此名爲最初之會，九十六億人，皆得阿羅漢。斯等之人皆是我弟子。所以然者，悉由受我教訓之所致也。亦由四事因緣：惠施、仁愛、利人、等利。爾時，阿難！彌勒如來當取迦葉僧伽梨著之。是時，迦葉身體奄然星散。

求那跋陀羅譯《雜阿含經》卷四一　爾時，尊者摩訶迦葉住舍衛國東園鹿子母講堂，晡時從禪覺，詣世尊所，稽首禮足，退坐一面。

爾時，世尊告摩訶迦葉言：汝今已老，年耆根熟，糞掃衣重，我衣輕好，汝今可住僧中，著居士壞色輕衣。

迦葉白佛言：世尊！我已長夜習阿練若，讚歎阿練若、糞掃衣、乞食。

佛告迦葉：汝觀幾種義，習阿練若，讚歎阿練若、糞掃衣、乞食，讚歎糞掃衣、乞食法？

迦葉白佛言：世尊！我觀二種義，現法得安樂住義，復爲未來衆生，而作大明。未來世衆生當如是念：過去上座六神通，出家日久，梵行純熟，爲世尊所歎，智慧梵行者之所奉事。彼於長夜阿練若，讚歎阿練若、糞掃衣、乞食，讚歎糞掃衣、乞食法。諸有聞者，淨心隨喜，長夜皆得安樂饒益。

佛告迦葉：善哉！善哉！迦葉！汝則長夜多所饒益，安樂衆生，哀愍世間，安樂天人。

求那跋陀羅譯《雜阿含經》卷四一　爾時，尊者摩訶迦葉久住舍衛國阿練若床坐處，長鬚髮，著弊納衣，來詣佛所。爾時，世尊、無數大衆圍繞說法。

時，諸比丘見摩訶迦葉從遠而來，見已，於尊者摩訶迦葉所起輕慢心，言：此何等比丘？衣服麁陋，無有儀容而來，衣服佯佯而來。

爾時，世尊知諸比丘心之所念，告摩訶迦葉：善來！迦葉！於此半座，我今竟知誰先出家，汝耶？我耶？

彼諸比丘心生恐怖，身毛皆豎，並相謂言：奇哉！尊者！彼尊者摩訶迦葉，大德大力，大師弟子，請以半座。

爾時，尊者摩訶迦葉合掌白佛言：世尊！佛是我師，我是弟子。

佛告迦葉：如是！如是！我爲大師，汝是弟子，汝今且坐，隨其所安。

尊者摩訶迦葉稽首佛足，退坐一面。

舍利弗

紀事

迦留陀伽譯《佛說十二遊經》　五年去，未至舍衛時，舍利弗作婆羅門，有百二十五弟子，坐一樹下。

時，目連爲彌夷羅國中，作承相將軍，出行見舍利弗坐樹下，便問舍利弗：何爲在此坐？舍利弗答言：吾欲學道。目連言：願以君爲伴。即遣百官、群臣還去，唯留百二十五人，二人合有二百五十人。

舍利弗入城分衛，見佛弟子馬師比丘，問之：爲何道士，衣服不與常同？馬師比丘答言：吾是佛弟子。舍利弗問言：佛云何說法？馬師言：諸法從因，緣滅諸苦盡滅。於是舍利弗便得須陁洹道，歡喜便還，報目連言：世間有神人。目連言：云何說法？舍利弗具說本末，目連便復得須陁洹道。

二人便相將及弟子至佛所。未至，佛已豫知，便告比丘言：今當有二賢士，一人名智慧比丘，一人名神足比丘，須臾來到。佛爲說四諦，舍利弗七日得阿羅漢，目連以十五日得阿羅漢。

闍那崛多譯《**佛本行集經**》**卷四八**　爾時，長老優波低沙母名舍利（隋言鶖鴿），以是因緣，世間號曰舍利弗多（弗多者，隋言子）。【略】又復，世尊而記之言：汝諸比丘！於我聲聞弟子之中，大智慧者，舍利弗多最爲第一。【略】

世尊復記：於大智慧聲聞之中舍利弗勝，神通之中目連爲最。作是語已，佛告比丘作如是言：諸比丘！我憶往昔，於波羅㮈城，時有二人，一者是兄，二者是妹，其兄名曰蘇畢利耶（隋言善愛），其妹亦名蘇畢利耶。時兄善愛，捨家出家，既出家已，既得成其辟支佛道。其妹善愛，於波離婆闍迦外道之中，出家學道。其兄善愛辟支佛尊，於一時間，往詣外道妹善愛所，既到彼已，敷座而坐。其妹善愛，備辦百味飲食之具，手自供設，令食飽滿飯食已訖，復持一刀及以一針，奉施其兄辟支佛尊。其辟支佛飯食已訖，將妹善愛所施之物刀子及針，於彼妹前，飛騰而去。其妹善愛，眼自見彼尊者辟支佛騰空而去，歡喜踴躍，遍滿身心，不能自勝，合十指掌。遙敬禮彼辟支佛尊，尋作是願：願我將來值是教師及勝此者，彼所說法，速得解悟，不生惡道，如施利刀無不割者，以此斷割因緣業故，令我來世一切煩惱，莫不斷壞。又如此針，遍能貫穿，令我來世一切煩惱，具足穿徹。汝等比丘！於彼時中，善愛外道波離婆闍迦施辟支佛刀子及針，豈異人乎？即舍利弗比丘是也。【略】

諸比丘！此舍利弗、目揵連延，往昔種彼諸善根故，今得出家，證羅漢果，我復授記：於我聲聞諸弟子中，智慧勝者，舍利弗是，神通勝者，目揵連是。

法賢譯《**佛說眾許摩訶帝經**》**卷一二**　舍利弗即與攝受度爲沙門，後修梵行斷盡煩惱，雖居三界而離貪毒，其心平等由如虛空，觀金如土而無別異，於後修習得三明六通，證阿羅漢果，乃得帝釋諸天而來供養。【略】

時舍利弗知眾心意及其種性，即爲廣說苦、集、滅、道四聖諦法。是會大眾有發三歸心者，有發聲聞菩提心者，有發辟支菩提心者，有發無上菩提心者；亦有出家證得須陀洹果，有證斯陀含果，有證阿那含果，有證阿羅漢果。【略】

時舍利弗察其追悔，又知根性成熟時分，乃呼近前便與說法，即爲演說苦、集、滅、道四聖諦法。外道聞已，所有身見如二十山峯，以金剛智悉破無餘，應時獲得須陀洹果。復言：尊者！欲於正法出家爲僧。舍利弗攝受度爲沙門，漸漸進修精持梵行，見於輪迴趣其究竟，斷盡煩惱證阿羅漢果，其心平等猶如虛空，觀彼金土兩物不異，棄捨世利得大清涼，當受帝釋諸天一切供養。

目犍連

紀事

瞿曇僧伽提婆譯《**增壹阿含經**》**卷三六**　世尊告曰：吾昔有弟子名目犍連，神足之中最爲第一。

求那跋陀羅譯《**雜阿含經**》**卷一九**　一時，佛住王舍城迦蘭陀竹園。爾時，尊者大目揵連在耆闍崛山。

曇無讖譯《**大般涅槃經**》**卷二九**　王有一子名悉達多。爾時，王子不由師教，自然思惟得阿耨多羅三藐三菩提。有二弟子：一名舍利弗，二名大目犍連，給侍弟子名曰阿難。

曇無讖譯《**大般涅槃經**》**卷三三**　目犍連者即是姓也。因姓立名，故名目犍連。

鳩摩羅什譯《**大智度論**》**卷四一**　如舍利弗於智慧中第一，目揵連神足第一，摩訶迦葉頭陀第一，須菩提得無諍三昧中第一。得無諍定阿羅漢者，常觀人心，不令人起諍；是三昧，根本四禪中攝，亦欲界中用。

闍那崛多譯《**佛本行集經**》**卷四八**　其彼長老目揵連延，是彼種姓，以是義故，世間號曰目揵連延。

玄奘譯《**大寶積經**》**卷三七**　尊者大目揵連於聲聞僧中神通第一。

宗密《**佛說盂蘭盆經疏**》**（別本）**　二酬今請者，謂大目犍連因心之孝，欲度父母，報乳哺之恩故，出家修行，神通第一。觀見亡母，墮餓鬼中，自救不能，白佛求法。佛示盆供，救母倒懸。緜愛其親，施及一切故。爲道俗弟子，請佛留此法門，酬目連所請，即是説經之由致也。

支婁迦讖譯《佛説無量清淨平等覺經》卷二　如是猛師子中王，百千億萬倍，尚復不如我第二弟子摩訶目揵連勇猛百千億萬倍也。無量清淨國，諸菩薩阿羅漢，皆勝我第二弟子摩訶目揵連也。佛言：如摩訶目揵連勇猛，於諸佛國諸阿羅漢中，最爲無比。如摩訶目揵連，飛行進止。智慧勇猛，洞視徹聽。知八方上下去來現在之事，百千億萬倍都合爲一智慧勇猛，當在無量清淨佛國。

智旭疏、道昉參訂《佛説盂蘭盆經新疏》卷一　目犍連，此翻采菽氏，尊者之姓。此姓尊貴，故人多以姓稱之。十大弟子中，神通第一。

元照《觀無量壽佛經義疏》卷二　目犍連，此翻採菽氏。上古仙人，採菽豆而食，因以命族，是王門師，故稱親友。

元照《佛説阿彌陀經義疏》卷一　摩訶目犍連，摩訶翻大，同名者眾，加大簡之，下皆類之。目犍連，《文殊問經》翻萊茯根（萊茯讀爲蘿蔔），眞諦云：勿伽羅，翻胡豆，二物古仙所嗜，因以命族，名尼拘律陀，乃是樹名，父母禱神樹得子，因以名焉。

阿那律

紀事

瞿曇僧伽提婆譯《中阿含經》卷一八　世尊問曰：阿那律陀！汝等小時年幼童子，清淨黑髮，身體盛壯，樂於遊戲，樂數澡浴，嚴愛其身，於後親親及其父母皆相愛戀，悲泣啼哭，不欲令汝出家學道。汝等故能剃除鬚髮，著袈裟衣，至信、捨家、無家、學道，阿那律陀！汝等不畏王而行學道，亦不畏賊，不畏負債，不畏恐怖，不畏貧窮不得活故而行學道，但厭生、老、病、死、啼哭、憂苦，或復欲得大苦聚邊。阿那律陀！汝等不以如是心故出家學道耶？

答曰：如是。

阿那律陀！若族姓子以如是心出家學道者，爲知所由，得無量善法耶？

尊者阿那律陀白世尊曰：世尊爲法本，世尊爲法主，法由世尊，唯願説之，我等聞已，得廣知義。

竺法護《佛五百弟子自説本起偈經》　昔我曾不食，彼世時施與，遭遇見沙門，大通和莅吒。以故生釋種，號曰阿那律，功德自娛樂，俳伎之所娛。時見等正覺，即喜慕世尊，覩之心踴躍，捨家爲寂志。宿世行精進，方便常堅彊，已脱三達智，具足如佛教。自識本宿命，造行所更歷，於忉利天上，積七世在彼。七返還人間，人間轉勢尊，富貴君子家，金珠寶自然。於是七彼七，生死凡十四，本悉識知之，前世之所行。如是所與果，曾無慳嫉意，世世所生處，常求不生死。時尊阿那律，處于眾僧中，於阿耨達池，自説本所作。

瞿曇僧伽提婆譯《增壹阿含經》卷三一　聞如是：一時，佛在舍衛國祇樹給孤獨園。

爾時，世尊與無央數百千萬眾而爲説法。爾時，阿那律在彼坐上。是時，阿那律在眾中睡眠。【略】

佛告阿那律：汝何故出家學道？

阿那律白佛言：厭患此老、病、死、愁、憂、苦、惱，爲苦所惱，故欲捨之，是故出家學道。

世尊告曰：汝今，族姓子！信心堅固，出家學道。世尊今日躬自説法，云何於中睡眠？

是時，尊者阿那律即從座起，偏露右肩，長跪叉手，白世尊言：自今已後形融體爛，終不在如來前坐睡。

爾時，尊者阿那律達曉不眠，然不能除去睡眠，眼根遂損。爾時，世尊告阿那律曰：勤加精進者與調戲蓋相應，設復懈怠與結相應，汝今所行當處其中。

阿那律白佛：前已在如來前誓，今不能復違本要。【略】

爾時，阿那律縫故衣裳。是時，眼遂敗壞，而得天眼，無有瑕穢。

佛陀什共竺道生等譯《五分律》卷一五　斛飯有二子：一名摩訶男，

二名阿那律。

闍那崛多譯《佛本行集經》卷一二　甘露飯王，亦有二子：第一名爲阿尼盧豆，第二名爲摩訶那摩。

闍那崛多譯《佛本行集經》卷五八　爾時，多有大威勢力釋種童子，家別一人佛邊出家。時，迦毗羅婆蘇都城有二兄弟，小者名曰摩尼樓陁（舊作阿尼婁陁），大者名曰摩訶那摩摩尼樓陁。

惠琳《一切經音義》卷二六　阿㝹樓馱（亦名阿那律陁，亦云阿泥婁豆，並由梵音輕重有異。此云無滅，佛弟子中得天眼者，此人最第一也）。

慧琳《一切經音義》卷三二　阿泥律陁（梵語言阿那律，或云阿㝹樓馱。唐言無滅，又云如意。往昔曾施辟支佛一食，人天受樂于今，不滅所求如意，故以名也）。

道液、整理者黎明《淨名經集解關中疏》卷一　肇曰：阿那律，秦言如意，刹利種也，弟子中天眼第一。又云無滅，一燈照佛，九十劫來善根不滅。今得天眼第一，又常受如意報，故生刹利種，乃至得道。

法雲《翻譯名義集》卷二　舍利弗智慧，目犍連神通，大迦葉頭陁，阿那律天眼，須菩提解空，富樓那說法，迦旃延論義，優波離持律，羅睺羅密行，阿難陀多聞。《淨名疏》云：今十弟子各執一法者，人以類聚，物以群分，隨其樂欲，各一法門，攝爲眷屬。雖各掌一法，何曾不具十德，自有偏長，故稱第一。

法雲《翻譯名義集》卷二　阿那律，或云阿那律陀，此云無滅。若施食福，人天受樂，于今不滅。《淨名疏》云：或云阿泥盧豆，或阿（音遏）㝹（乃侯切）樓馱（唐賀切）。如楚夏不同耳。此云如意，或云無貧。過去餓世，曾以稗飯施辟支佛，九十一劫天人之中受如意樂，故名如意。爾來無所乏斷，故名無貧。佛之從弟。《西域記》云：阿泥律（虚骨切）陁，舊曰阿那律者，訛也。

釋寶雲譯《佛本行經》卷七　弟子天眼最，號名阿難律，愛憎意已竭，勞盡生死斷。

須菩提

雜　記

瞿曇僧伽提婆譯《增壹阿含經》卷三　喜著好衣，行本清淨，所謂天須菩提比丘是。

沙門慧覺共威德《賢愚經》卷六　時須菩提次後復來，作七寶山，坐瑠璃窟，身放種種雜色光明，照曜天地，來至其國。羨那問曰：是汝師不？答言：非也。是師弟子，名須菩提，廣智多聞，解空第一。即以華香，供養畢訖，即自過去。

達磨笈多譯《大方等大集經菩薩念佛三昧分》卷四　我諸聲聞大弟子中解空第一，則須菩提其人也。

慧琳《一切經音義》卷一〇　善業。（梵言須菩提，或云藪浮帝，或言蘇部底。此譯云善實，或云善業，或云善吉，皆一義也。言空生者，晉沙門康法邃雜譬喻經云：舍衛國有長者名鳩留，産生一子，字須菩提，有自然福報食器皆空，因以名焉。所欲即滿，後遂出家，得阿羅漢道是）。

道述《淨名經關中釋抄》卷二　須菩提云善吉，亦曰空生，亦曰善現。以初生時屋舍皆空，父母謂其不吉將問相師。相師占云：大吉甚善，故云善現。或曰：空生善相現，故名善現。然此正爲表，解空第一，故現空也。

工布查布譯解《佛說造像量度經解》卷一　十八聖徒者：一上行第一聖摩訶迦葉，二多聞第一聖阿難陁，三智慧第一聖舍利弗，四解空第一聖須菩提，五說法第一聖富樓那，六神通第一聖目犍連，七論議第一聖迦旃延，八天眼第一聖阿那律，九持戒第一聖優波離，十密行第一聖囉睺羅。（以上稱十大弟子）

富樓那

紀事

求那跋陀羅譯《雜阿含經》卷一三　佛告富樓那：我已略說法教，汝欲何所住？

富樓那白佛言：世尊！我已蒙世尊略說教誡，我欲於西方輸盧那人間遊行。

佛告富樓那：西方輸盧那人兇惡、輕躁、弊暴、好罵。富樓那！汝若聞彼兇惡、輕躁、弊暴、好罵、毀辱者，當如之何？

富樓那白佛言：世尊！若彼西方輸盧那國人，面前兇惡、訶罵、毀辱者。我作是念：彼西方輸盧那人賢善智慧，雖於我前兇惡、弊暴、罵、毀辱我，猶尚不以手、石而見打擲。佛告富樓那：彼西方輸盧那人但兇惡、輕躁、弊暴、罵辱，於汝則可脫，復當以手、石打擲者，當如之何？

富樓那白佛言：世尊！西方輸盧那人脫以手、石加於我者，我當念言：輸盧那人賢善智慧，雖以手、石加我，而不用刀杖。

佛告富樓那：若當彼人脫以刀杖而加汝者，復當云何？

富樓那白佛言：世尊！若當彼人脫以刀杖，而加我者，當作是念：彼輸盧那人賢善智慧，雖以刀杖而加於我，而不見煞。

佛告富樓那：假使彼人脫煞汝者，當如之何？

富樓那白佛言：世尊！若西方輸盧那人脫殺我者，當作是念：有諸世尊弟子，當厭患身，或以刀自煞，或服毒藥，或以繩自繫，或投深坑；彼西方輸盧那人賢善智慧，於我朽敗之身，以少作方便，便得解脫。

佛言：善哉！富樓那！汝善學忍辱，汝今堪能於輸盧那人間住止，汝今宜去度於未度，安於未安，未涅槃者令得涅槃。

爾時，富樓那聞佛所說，歡喜隨喜，作禮而去。

爾時，尊者富樓那夜過晨朝，著衣持鉢，入舍衛城乞食，食已還出，付囑卧具，持衣鉢去，至西方輸盧那人間遊行。到已，夏安居，爲五百優婆塞說法，建立五百僧伽藍，繩床、卧褥、供養衆具悉皆備足。三月過已，具足三明，即於彼處入無餘涅槃。

求那跋陀羅譯《雜阿含經》卷一六　時，尊者富樓那與衆多比丘於近處經行，皆是辯才善說法者。

闍那崛多譯《佛本行集經》卷三七　爾時憍薩羅聚落，去迦毗羅婆蘇都城邑其間不遠，有一村陌，彼村有一大婆羅門，爲淨飯王作於國師，其家巨富，多饒財寶，乃至屋宅，猶如北方毗沙門天宫殿無異。彼婆羅門有於一子，名富樓那彌多羅尼子（隋言滿足慈者），極大端正，可喜少雙，爲諸衆人之所樂覩。巧智聰慧，細意細心，能誦一切韋陁論徹，既自解已，復能教他。具解三種韋陁舊解尼乾陁論，祁輸婆論，解破字論，又能宣說往昔諸事五明之論，一句半句，一偈半偈，皆能分別，亦復通解受記之論，於世辯中，悉皆具解六十種事，有大人相。

淨飯大王悉達太子當生之日，其彌多羅尼子亦共同時而生。彼人本性，厭離世間，志求解脫，於煩惱中，恒有驚怖，心常寂定。往昔已曾見諸佛來，彼諸佛邊，種諸善根，作多福業，薰習其心，志涅槃門，不樂煩惱。於一切有諸生死内，皆悉遠離，已作於行，諸纏壞爛，取因爲力，至成熟地，到聖法故。時富樓那，獨坐思惟：我父既爲輸頭檀王而作國師，須多經營，備多種技，處王法中，代王斷事。又復其兒悉達太子，決定與彼輸頭檀王一種無異，應當必作轉輪聖王。我父若無，我身決定與彼悉達轉輪聖王而作國師。我父既爲小王國師，今以如是無暫閑時，況復欲作轉輪聖王大國之師，普於國内，辨事有閑，終無是處。我今預前，當作何事？當作何計？我今唯有捨家出家。

時富樓那如是念已，當菩薩夜出家之時，夜半默然，不諮父母，共其朋友，足三十人，從家而出，逕往至於波梨婆遮迦法之中，請乞出家，居在雪山，苦行求道。彼等諸人，勇猛精進，不暫休息，其三十人，一時成就，獲得四禪并及五通。

時富樓那苦行仙人，自思惟言：我今應可内自觀察悉達太子受聖王位時節至未？而富樓那以天眼觀，覩見世尊在波羅㮈鹿野苑中，證得無上阿耨多羅三藐三菩提，已轉無上微妙法輪，爲諸天人分別說法。見已即至諸朋友邊而告之言：汝等今可生歡喜心作大踴躍，今彼悉達大聖太子出家，已證無上菩提，證菩提已，已轉無上清淨法輪。世尊今日，現在於彼波羅㮈城鹿野苑內，爲諸天人說法開示，汝等今可共我相隨至於彼邊行於梵行。是時，彼等諸朋友輩，歡喜報言：仁語善也，我等順從。

時，富樓那苦行仙人，舉身即共三十朋友，從雪山下，飛昇而行猶如鴈王騰於虛空，至波羅㮈鹿野苑下，往詣佛邊。到佛所已，頂禮佛足，以兩手執世尊之足摩挲頂戴，舉頭以口嗚如來足，起在佛前胡跪，以偈讚歎佛言：昔在兜率陁天上，正念化作白象形，託身欲入摩耶胎，來至釋種家作子。如妙蓮花不著水，在於母胎不污身，彼母受樂無量歡，不貪五欲唯樂法。唯行善行捨諸惡，觀尊在胎如鑄金，歡喜踴躍不知厭，看不知足更復覩。尊在胎內常說法，諸天人起慈悲心，皆悉歡喜飲法膏。世尊初生發妙語，我脫眾生生死苦，右脇出已七步行，無畏猶如師子王，我是如來終滅苦。世尊初生浴池水，水不冷煖彌岸平，浴訖塗香莊嚴身，空中自然蓋拂現，世間希有見此事，是故我等頂禮尊。

說是偈已，富樓那等若干仙人，舉聲從佛，乞求出家，如是白言：唯願世尊！哀愍我等！我等心願，欲得出家，慈悲憐故，度脫我等。

爾時，佛告富樓那言：汝富樓那！今可速起，當隨汝意，我與汝等，從心所願。時富樓那得如來聽其出家已，乞受具足，及其朋友二十九人。彼長老輩，既得出家受具戒竟，未久之間，各各用心，獨卧獨行，獨坐獨立，勇猛精進，行坐空閑阿蘭若處，各各別行用心謹愼，不曾放逸，恆住空閑，時節不久。若善男子，求大利故，正心正信，捨家出家，爲欲求於無上梵行，已盡慾邊，見諸法相，欲修諸通，即證彼法，已斷諸生，得梵行報，所作已訖，不受後有。彼等一切，諸長老輩，既證知已，悉成羅漢，以心善得一切解脫，皆成大德，一切皆悉能作大事，利益眾生。

爾時，世尊告諸比丘，作如是言：汝等當知！說法人中最第一者，即此富樓那彌多羅尼子是也。而有偈說：世尊在於波羅㮈，微妙語告諸眾言，此是滿足眞比丘，說法人中最第一。

爾時，世間一切合成九十一阿羅漢，謂佛世尊，并五比丘，長老耶輸陁，及耶輸陁波羅㮈國同時所生有四朋友最勝長者，勝中復勝諸善男子，謂毗摩羅、善臂、滿足并及牛主；又耶輸陁，在家估客，行賈商人，五十朋友；次善男子長者老富樓那彌多羅尼子，并及知舊二十九人。

雜記

求那跋陀羅譯《雜阿含經》卷一三　爾時，尊者富樓那來詣佛所，稽首禮足，退住一面，白佛言：善哉！世尊！爲我說法，我坐獨一靜處，專精思惟，不放逸住，乃至自知不受後有。

佛告富樓那：善哉！善哉！能問如來如是之義。諦聽，善思，當爲汝說。若有比丘！眼見可愛、可樂、可念、可意，長養欲之色；見已欣悅、讚歎、繫著，欣悅、讚歎、繫著已歡喜，歡喜已樂著，樂著已貪愛，貪愛已阨礙。歡喜、樂著、貪愛、阨礙故，去涅槃遠。耳、鼻、舌、身、意亦如是說。

富樓那！若比丘，眼見可愛、樂、可念、可意，長養欲之色；見已不欣悅、不讚歎、不繫著，不欣悅、不讚歎、不繫著故不歡喜，不歡喜故不深樂，不深樂故不貪愛，不貪愛故不阨礙。不歡喜、不深樂、不貪愛、不阨礙故，漸近涅槃。耳、鼻、舌、身、意亦如是說。

達磨笈多譯《大方等大集經菩薩念佛三昧分》卷三　我大聲聞諸弟子中說法第一，則富樓那彌多羅尼子其人也。

般若譯《大乘本生心地觀經》卷一　一時，佛住王舍城耆闍崛山中，與大比丘眾三萬二千人，皆是阿羅漢。心善解脫，慧善解脫，所作已辦，離諸重擔，逮得己利，盡諸有結，得大自在，住清淨戒，善巧方便智慧莊嚴，證八解脫到於彼岸。其名曰：具壽阿若憍陳如、阿史波室多、摩訶那摩、波帝利迦、摩訶迦葉、憍梵波提、離波多、優樓頻螺迦葉、那提迦葉、伽耶迦葉、舍利弗、大目揵連、摩訶迦旃延、摩訶迦毗那、眞提那、富樓那彌多羅尼子、阿尼樓馱、微妙臂、須菩提、薄拘羅難陁、孫陁羅難陁、羅睺羅。如是具壽阿羅漢，有學阿難陁等，各與若干百千眷屬俱，各禮佛足退坐一面。

慧琳《一切經音義》卷九　彌窒。（丁結反。彌窒耶尼子或作富樓那彌多羅尼子。正言富囉拏梅低梨夜富多羅富囉拏，此云滿是其名也。梅低梨夜，此云慈是其母姓也。富多羅者，子也，兼從母姓爲名，故此云滿慈子，或譯云滿願子，皆一義也。與佛同日而生也）。

慧琳《一切經音義》卷二三　富樓那。（具云富樓那彌多羅尼子，言富樓那者，此云滿也。彌多羅者，此云慈也。滿慈是尊者母，稱子即尊者自身從母立名，故名滿慈子也）。

慧琳《一切經音義》卷二七　富樓那彌多羅尼子。（補剌拏梅怛利曳尼弗怛羅，此云滿慈子。補剌拏滿也，梅怛利曳尼女聲中呼慈也弗怛羅，子也。慈是母滿是自名。此滿尊者，是慈女之子。或滿及慈，俱是母號。云滿，慈子也。更有他釋，皆不正也）。

法賢譯《佛說阿羅漢具德經》　復有聲聞於大眾中能說妙法，富樓那彌多羅尼子苾芻是。

法賢譯《佛說阿羅漢具德經》　爾時，世尊說是頌已，復告諸苾芻曰：於此眾中而有十大聲聞，我今稱說，汝應善聽。

所謂憍陳如苾芻、迦旃延苾芻、富樓那苾芻、薄拘羅苾芻、離婆多苾芻、盎堀摩羅苾芻、耶輸那苾芻、蘇惹多苾芻、酤胝羯蘭拏苾芻吠舍羅苾芻，如是十大聲聞，於此眾中而爲上首。

《大方便佛報恩經》卷一　一時，佛住王舍城耆闍崛山中，與大比丘眾二萬八千人俱。皆所作已辦，梵行已立，不受後有，如摩訶那伽，心得自在，其名曰：摩訶迦葉、須菩提、憍陳如、離越多訶多、富樓那彌多羅尼子、畢陵伽婆蹉、舍利弗、摩訶迦旃延、阿難、羅睺羅等。

迦旃延

紀　事

瞿曇僧伽提婆譯《中阿含經》卷一九　尊者眞迦旃延白曰：尊者阿那律陁！彼光天生在一處，可知有勝如、妙不妙耶？

尊者阿那律陁答曰：賢者迦旃延！可說彼光天生在一處，知有勝如、妙與不妙。

尊者眞迦旃延復問曰：尊者阿那律陁！彼光天生在一處，何因何緣知有勝如、妙與不妙耶？

尊者阿那律陁答曰：賢者迦旃延。若有沙門、梵志在無事處，或至樹下空安靜處，依一樹，意解作光明想成就遊，心作光明想極盛，彼齊限是心解脫不過是。若不依一樹者，或依二三樹，意解作光明想成就遊，心作光明想極盛，彼齊限是心解脫不過是。賢者迦旃延！此二心解脫，何解脫爲上、爲勝、爲妙、爲最耶？

尊者眞迦旃延答曰：尊者阿那律陁！若有沙門、梵志不依一樹者，或依二三樹，意解作光天想成就遊，心作光明想極盛，彼齊限是心解脫不過是。尊者阿那律陁！二解脫中，此解脫爲上、爲勝、爲妙、爲最。

闍那崛多譯《佛本行集經》卷三七

閻浮南天竺地有一國土，名阿槃提，彼國土中有一聚落，名彌猴食。其聚落內，有一巨富婆羅門，姓大迦旃延，其家多有資財珎寶，奴婢六畜，穀麥豆麻，屋宅園林，種種豐足，乃至如彼毗沙門宮，無有殊異。彼婆羅門，聰明智慧，讀誦受持三韋陁論，博通諸物，一事十名祁輈婆等，文句字論，往昔過去，一切諸事，五明之論，知句半句，分別世間諸受記論，及六十種大丈夫相，皆悉具足讀誦通知，與嚴熾王作國大師。

神清撰、慧寶注《北山錄》卷七　舍利目連，爲阿毗曇，而迦旃延專論義之號也。（阿毗曇，此云無對法，郎論藏也。目連舍利俱造此論，而迦旃延稱論議第一。亦云：迦多演此云翦剃種。上古有仙，山中既久髮長無人剃。婆羅門法，污人不剃髮。有一仙爲剃髮諸仙願護得道，爾來號剃髮種，尊者即其後也。）

道宣撰、讀體續釋《毗尼作持續釋》卷五　迦旃延，華言不空，南天竺婆羅門種，善解論議，於十大弟子中，故稱論議第一也。

朱時恩《佛祖綱目》卷二　南天竺有婆羅門，姓大迦旃延，第二子名那羅陁。其父令習韋陁諸論，不久通解。長兄忌之，欲害其命。父令往阿私陁仙人處，洞解諸論，得四禪五通。仙人命終，那羅陁貪世利養，不信三寶。有伊羅鉢龍王商佉龍王，爲夜叉金齊言。彼城先有一偈云：在於何自在，染著名爲染；彼云何清淨，云何得癡名。癡人何故迷，云何名智人；何會別離已。名曰盡因緣。龍王至那羅陁仙所，問此偈義，不能解了。那羅陁乃詣佛，佛爲開解，說種種法，生大歡喜，遂求出家。因其種族本姓，名大迦旃延，論議第一。

優婆離

雜記

瞿曇僧伽提婆譯《增壹阿含經》卷三　能造誦偈，優婆離長者是。

弗若多羅譯共羅什譯《十誦律》卷四〇　佛在舍衛國。長老優婆離有二沙彌：一名陁薩，二名波羅。當受戒時，沙彌陁薩語波羅言：汝先受戒，我供汝所須。波羅語陁薩言：汝先受戒，我供汝所須。時長老優波離問佛：得二沙彌一時羯磨受具戒不？佛言：得應如是作，一心和合僧。是中一比丘唱言：大德僧聽，是陁薩波羅，優波離與受具戒，從僧乞受具戒，長老優波離作和上。若僧時到僧忍聽，僧與陁薩波羅受具戒，長老優波離作和上。如是白，白四羯磨，僧已與陁薩波羅受具戒，長老優波離作和上竟。僧忍默然故，是事如是持。

闍那崛多譯《佛本行集經》卷五四　爾時，諸比丘作是念言：其優波離，昔作何業？乘彼業報，生剃髮師下賤之家。復作何業？秉其業報，而得出家，受具足戒，獲羅漢果，今得如來授其記言：汝諸比丘於我聲聞弟子之中，持律最者，謂優波離比丘是也。

宗鑑《釋門正統》卷三　如來鶴林既滅，法付聲聞，則唯迦葉。其付菩薩，則有文殊領受。言教則在阿難。故阿難與文殊在鐵圍山則結集大乘，與迦葉在石室則結集小乘，乃與優婆離結集毗尼。

宗鑑《釋門正統》卷三　是後迦葉等五弟子，次第任持，各二十載，無有支別（豎五師）。蓋其體權達道，不相是非，通奉優婆離所誦滿八十偏，只號僧祇律也。

羅睺羅

雜記

釋曇景《佛說未曾有因緣經》卷上　時耶輸陁羅，聞佛遣使來至王所，未知意趣，即遣青衣，令參消息。青衣還白，世尊遣使，取羅睺羅，度爲沙彌。耶輸陁羅聞是消息，將羅睺羅登上高樓，約勑監官，關閉門閤，悉令堅牢。時大目連既到宮門，不能得入，又無人通。即以神力飛上高樓，至耶輸陁羅坐前而立。耶輸陁羅見目連來，憂喜交集，迫不得已。即起恭敬，禮拜問訊，冒涉遠途，得無勞也。勑爲敷座，請目連坐。問目連曰：世尊無恙，教化衆生，不勞神也。遣上人來，欲何所爲？目連白曰：太子羅睺年已九歲，應令出家，修學聖道。所以者何？母子恩愛，少時如意，一旦命終，墮三惡道。恩愛離別，窈窈冥冥，母不知子，子不知母。羅睺得道，當還度母，永度生老病死憂患，得至涅槃，如佛今也。

闍那崛多譯《佛本行集經》卷五五　其羅睺羅，如來出家六年已後，始出母胎，如來還其父家之日，其羅睺羅，年始六歲。

闍那崛多譯《佛本行集經》卷五五　爾時，羅睺羅母別作一枚大歡喜丸，喚羅睺羅，內著手裏，作如是言：汝羅睺羅！往至比丘僧衆之內是汝父者，施歡喜丸。羅睺羅母，復告一切諸眷屬言：是羅睺羅，今當覓父。時羅睺羅，持歡喜丸，遍觀一切諸比丘已，直往佛邊，而白佛言：如是沙門！陰涼快哉？如是沙門！蔭涼快哉？

爾時，輸頭檀王白佛言：世尊！此事云何？耶輸陁羅頗有如此過患已不？

爾時，世尊告輸頭檀王作如是言：大王今日，莫作是疑。耶輸陁羅無此過患，其羅睺羅，眞我之子。但是往昔業緣所逼，在胎六年。

爾時，輸頭檀王及諸眷屬，聞佛此語，皆悉歡喜，踴躍遍身，不能自勝，各各以手持諸種種飲食餚饍，供佛及僧，令得充足。自恣飽已，佛及大衆，洗鉢澡手，各將小座，遶佛左右，卻坐一面。爾時，輸頭檀王以敬佛故，不能廣問如上因緣，而白衆中諸比丘言：願諸師等！請問世尊，其睺羅睺羅及耶輸陁羅，往昔造業因緣之事。爾時，諸比丘即白佛言：是羅睺羅，往昔造作何業因緣？以何業報，處胎六歲？耶輸陁羅，復作何業，懷孕六年？

法賢譯《佛説衆許摩訶帝經》卷六 耶輸陁羅，生子之時，月有蝕障，名羅護羅。時淨飯王言：耶輸之子，非佛之種。耶輸聞已恆懷憂惱。王宮後園池岸一石，名菩薩石，羅護羅坐石作戲。母忽見之而立誓言：若是佛種願水不溺，如非佛種即沉水下。作是誓已，以手推石，子亦隨落，石浮水面，子猶作戲。時淨飯王，與諸眷屬來至岸上，見子如是，心大歡喜，讚言：善哉！甚爲希有。爾時大地振動，佛光普照幽闇之處，所有衆生互得相覩，歸命頂禮。

智旭《佛説阿彌陀經要解》卷一 羅睺羅，此云覆障，佛之太子，密行第一。

阿難陀

紀事

求那跋陀羅譯《雜阿含經》卷四四 爾時，世尊臨般涅槃，告尊者阿難：汝於堅固雙樹間敷繩床，北首，如來今日中夜於無餘涅槃而般涅槃。時，尊者阿難奉世尊教，於雙堅固樹間爲世尊敷繩床，北首已，還世尊所，稽首禮足，白言世尊：以爲如來於雙堅固樹間敷繩床，令北首。於是，世尊往就繩床，右脇着地，北首而卧，足足相累，繫念明想。爾時，世尊即於中夜，於無餘涅槃而般涅槃。

鳩摩羅什譯《大智度論》卷三 大德阿難本願如是：我於多聞衆中最第一；亦以諸佛法，阿羅漢所作已辦，不應作供給供養人，以其於佛法中能辦大事，煩惱賊破，共佛在解脱床上坐故。

鳩摩羅什譯《大智度論》卷三 釋迦文佛先世作瓦師，名大光明。爾時，有佛名釋迦文，弟子名舍利弗、目伽連、阿難，佛與弟子俱到瓦師舍一宿。爾時，瓦師布施草坐，燈明，石蜜漿，三事供養佛及比丘僧，便發願言：我於當來老、病、死、惱五惡之世作佛，如今佛名釋迦文；我佛弟子名，亦如今佛弟子名。以佛願故，得字阿難。

復次，阿難世世立願：我在釋迦文佛弟子多聞衆中，願最第一，字阿難。

復次，阿難世世忍辱除瞋，以是因緣故，生便端正。父母以其端正，見者皆歡喜故，字阿難（阿難者，秦言歡喜）。

鳩摩羅什譯《大智度論》卷三 王言：我子雖捨轉輪聖王，今得法轉輪王，定得大利，無所失也。王心大歡喜。是時，斛飯王家使來，白淨飯王言：貴弟生男。王心歡喜言：今日大吉，是歡喜日！語來使言：是兒當字爲阿難。是爲父母作字。云何依因緣立名？阿難端正清淨，如好明鏡，老少好醜，容貌顔狀，皆於身中現。其身明淨，女人見之，欲心即動，是故佛聽阿難著覆肩衣。是阿難能令他人見者心眼歡喜，故名阿難。

西域三藏吉迦夜共曇曜譯《付法藏因緣傳》卷二 摩訶迦葉垂涅槃時，以最勝法付囑阿難而作是言：長老當知，昔婆伽婆以法付我，我年老朽將欲涅槃，世間勝眼今欲相付，汝可精勤守護斯法。阿難曰：諾，唯然受教。於是阿難演暢妙法化諸衆生。

闍那崛多譯《佛本行集經》卷一一 其斛飯王，亦有二子：第一名阿難多，第二名爲提婆達多。

玄奘譯、辯機撰《大唐西域記》卷七 菴沒羅園側有窣堵波，是如來告涅槃處。佛昔在此告阿難曰：其得四神足者，能住壽一劫。如來今者，當壽幾何？如是再三，阿難不對，天魔迷惑故也。阿難從坐而起，林中宴默。時魔來請佛曰：如來在世教化已久，蒙濟流轉，數如塵沙，寂滅之樂，今其時矣。世尊以少土置爪上，而告魔曰：地土多耶？爪土多耶？對曰：地土多也。

安世高譯《佛説阿難同學經》 一時，婆伽婆在舍衛城祇樹給孤獨園。爾時，舍衛城有比丘名掘多，是尊者阿難少小同學，甚愛敬念親昵，未曾恚怒，然不樂修梵行，欲得捨戒還爲白衣。是時阿難，至世尊所，到已頭面禮足，在一面立。時阿難白世尊言：於此舍衛城，有比丘名曰掘多，是我少小同學，不堪任修梵行，欲捨戒還爲白衣。願世尊，與掘多比丘説法，使於此現法中清淨修梵行。

時世尊告阿難：阿難！汝自往詣彼掘多比丘所。對曰：如是。世尊！阿難從佛受教，便至掘多比丘所：世尊呼。對曰：如是。時，掘多比丘從阿難教，至世尊所，到已頭面禮足，在一面坐。

法賢譯《佛說衆許摩訶帝經》卷二 甘露飯王有二子：一名阿難陀；二名提婆達多。

雜記

瞿曇僧伽提婆譯《增壹阿含經》卷三八 彼佛侍者名曰滿願，多聞第一，如我今日阿難比丘多聞最勝。

瞿曇僧伽提婆譯《增壹阿含經》卷四九 爾時，世尊告諸比丘：我聲聞中博有所知，有勇猛精進，念不錯亂，多聞第一，堪任執事，所謂阿難比丘是。

竺佛念譯《鼻奈耶》卷二 調達聞此不入神懷，意故念神足。復作是念：舍利弗者大智慧人，當往問神足道，當不逆我。即往問舍利弗神足道，見佛不然故不向說。復作是念：此目揵連者於聲聞中大神足第一，當往問神足道。便往問神足道，目揵連亦不與說。復作是念：此阿難者是我小弟，世尊亦說，於聲聞中多聞第一，當往問神足道，必向我說神足道。往詣阿難所問神足道。時阿難未得神通不慮此事，又已垢未盡，所聞神足便向說。時調達從阿難稟受神足道不忘，便向空靜處樹下深山園果處所，習行此法晝夜不懈，便得世俗四禪。

提婆達多

紀事

求那跋陀羅譯《雜阿含經》卷一六 時，提婆達多與衆多比丘於近處經行，一切皆是習衆惡行，是名比丘常與界俱，與界和合，是故，諸比丘！當善分別種種諸界。

求那跋陀羅譯《雜阿含經》卷三八 爾時，提婆達多有利養起，摩竭陁王阿闍世毗提希子日日侍從五百乘車，來詣提婆達多所，日日持五百釜食，供養提婆達多，提婆達多將五百人別衆受其供養。

時，有衆多比丘晨朝著衣持鉢，入王舍城乞食，聞提婆達多有如是利養起，乃至五百人別衆受其供養。乞食已，還精舍，舉衣鉢，洗足畢，往詣佛所，稽首佛足，退坐一面，白佛言：世尊！我等晨朝著衣持鉢，入王舍城乞食，聞提婆達多有如是利養起，乃至五百人別衆受其供養。

佛告諸比丘：汝等莫稱是提婆達多所得利養。所以者何？彼提婆達多別受利養，今則自壞，他世亦壞。譬如芭蕉、竹、蘆，生果即死，來年亦壞；提婆達多亦復如是，受其利養，今世則壞，他世亦壞。譬如駏驉，受胎必死；提婆達多亦復如是，受諸利養，今世亦壞。他世亦壞，彼愚癡提婆達多隨幾時受其利養，當得長夜不饒益苦。是故，諸比丘！當如是學：我設有利養起，莫生染著。

罽賓三藏佛陀耶舍共竺佛念等譯《四分律》卷一四 爾時，佛在羅閱祇耆闍崛山中。爾時，提婆達多教人害佛，復教阿闍世王殺父，惡名流布利養斷絕。時與五比丘俱家家乞食，三聞他羅達多騫馱達婆拘婆離迦留羅提舍。爾時，諸比丘聞提婆達多教人害佛，復教阿闍世王殺父，惡名流布利養斷絕，與五比丘俱家家乞食。爾時，諸比丘往世尊所，頭面禮足在一面坐，以此因緣具白世尊。世尊爾時以此因緣集比丘僧知而故問提婆達多言：汝實與五比丘家家乞食耶？對曰：實爾世尊。世尊爾時以無數方便呵責提婆達多言：汝所爲非，非威儀非沙門法非淨行非隨順行所不應爲。云何提婆達多與五比丘家家乞食耶？提婆達多我以無數方便利益慈愍諸白衣家。云何提婆達多癡人與五人家家乞食耶？爾時世尊以無數方便呵責提婆達多已告諸比丘言：此提婆達多癡人多種有漏處最初犯戒，自今已去與比丘結戒，集十句義乃至正法久住，欲說戒者當如是說。若比丘別衆食者波逸提，如是世尊與諸比丘結戒。

弗若多羅譯共羅什譯《十誦律》卷四 佛在王舍城。爾時，提婆達多求破和合僧，受持破僧事。是人有嫉妬心，方便作是念，我獨不能得破沙門瞿曇和合僧壞轉法輪。是提婆達多有四同黨：一名俱伽梨，二名騫陁陁驃，三名迦留陁提舍，四名三丈達多。提婆達多到是四人邊已作是言：汝當共破沙門瞿曇和合僧壞轉法輪。時彼四人語提婆達多言：沙門瞿曇諸弟子，有大智慧大神通，得天眼知他心念。是人知見我等欲破和合僧壞轉法輪，我等云何能破沙門瞿曇和合僧壞轉法輪。提婆達多語四人言：沙門瞿曇年少弟子，新入彼法出家不久，我等到邊用五法誘取。語諸比丘言：汝盡形壽受著納衣，盡形壽受乞食法，盡形壽受一食法，盡形壽受露地坐法，盡形壽受斷肉法。若比丘受是五法，疾得涅槃。若有長老上座比丘多知多識久習梵行得佛法味者，當語之言：佛已老耄年在衰末，自樂閑靜受現法樂，汝等所須事我當相與。我等以是方便能破沙門瞿曇和合僧壞轉法輪。四比丘言：如是，提婆達多。受提婆達多語。

闍那崛多等譯《起世經》卷一〇 甘露飯王亦生二子，一阿難陁，二提婆達多。

闍那崛多譯《佛本行集經》卷一三 爾時，戲場爲阿難陁童子，置立安施鐵鼓，去於射所二拘盧奢，以爲其表；提婆達多童子所射，安置鐵鼓四拘盧奢；乃至爲於難陁童子，安置鐵鼓六拘盧奢；爲於大臣婆私吒氏摩訶那摩，安置鐵鼓八拘盧奢。如是次第，自餘童子，各各相去，隨遠及近，安置射表；爲於悉達太子，安置十拘盧奢，牢剛鐵鼓以爲射表。時，阿難陁彎弓射彼二拘盧奢所置鐵鼓纔得中及，以外更遠則不能過。提婆達多童子所射四拘盧奢安置之鼓，射而即著，更不能過。

闍那崛多譯《佛本行集經》卷一三 時，提婆達以釋意氣種姓尊豪，我慢興盛，倚身力強，縱逸放蕩，無諸忌憚，兼復妬嫉，於彼象前，少許地走，便以左手，執於象鼻，右手築額，一下倒地，宛轉三匝，遂即命終。白象卧地，塞彼城門衆人往來，不通出入道路填咽。

求那跋陁羅譯《過去現在因果經》卷二 爾時，太子至年十歲，諸釋種中，五百童子，皆亦同年。太子從弟提婆達多，次名難陁，次名孫陁羅難陁等；或有三十相、三十一相者，或復雖有三十二相，相不分明；各閑伎藝，有大筋力。時提婆達多等五百童子，既聞太子諸藝皆通，名徹十方，共相謂言：太子雖復聰明智慧，善解書論，至於力膂，詎勝我等！欲與太子較其勇健。爾時父王，又訪國中善知射者，而召之來，令教太子，即往後園，欲射鐵鼓；提婆達多等五百童子，亦悉隨從。

雜記

《毗尼母經》卷四 提婆達多破僧有五法：一者盡形壽乞食，二者糞掃衣，三者不食酥鹽，四者不食肉魚，五者露坐。

玄奘譯、辯機撰《大唐西域記》卷六 伽藍東百餘步，有大深坑，是提婆達多欲以毒藥害佛，生身陷入地獄處。提婆達多（唐言天授），斛飯王之子也。精勤十二年，已誦持八萬法藏。後爲利故，求學神通，親近惡友，共相議曰：我相三十，減佛未幾；大衆圍繞，何異如來？思惟是已，即事破僧。舍利子、沒特伽羅子奉佛指告，承佛威神，說法誨喻，僧復和合。提婆達多惡心不捨，以惡毒藥置指爪中，欲因作禮，以傷害佛。方行此謀，自遠而來，至於此也，地遂坼焉，生陷地獄。

頻婆娑羅

紀事

安法欽《阿育王傳》卷一 頻婆娑羅王子名阿闍世，阿闍世子名優陁那拔陁羅。

法賢譯《佛說頻婆娑羅王經》卷一 時摩伽陁國頻婆娑羅王，聞佛世尊與諸耆舊大阿羅漢數滿千人，住杖林山靈塔之處。時王思念欲往聽法，即令嚴駕不同常時，乃有從車萬二千乘，妙服寶器萬八千床，八樂四兵導前從後，眷屬臣佐圍繞而行。時王出城往杖林山，詣於佛所親近供養，復有婆羅門及長者等，亦隨於王詣於佛所。爾時，世尊見王到來示現五相，謂頂相、傘蓋相、摩尼相、拂相、寶劍等相，莊嚴佛身。爾時，大王到佛會已，除去王者自在之相，至於佛前偏袒右肩，右膝著地合掌向佛，以妙言辭讚於佛德，頭面著地禮佛足已，旋遶三匝住立佛前，自稱己名白世尊言：我是摩伽陀國頻婆娑羅王。又復白言：我是摩伽陀國頻婆娑羅王。如是三白。佛三報言：如是，如是。汝是摩伽陀國頻婆娑羅王。又以軟語勞慰於王，請王就座。

弗若多羅譯共羅什譯《十誦律》卷六一 頻婆娑羅王，請佛及僧與粥田。諸比丘守穀不肯取，以上埸不淨故。

鳩摩羅什譯《大智度論》卷一一 於閻浮提中第一安樂，有摩伽陀國，是中有大城名王舍，王名頻婆娑羅，有婆羅門論議師，名摩陀羅，王以其人善能論故，賜封一邑，去城不遠。

曇無讖譯《大般涅槃經》卷三一 羅閱耆王頻婆娑羅，其王太子名曰善見。業因緣故生惡逆心，欲害其父而不得便。

慧立本、釋彥悰箋《大慈恩寺三藏法師傳》卷三 時，吠舍釐王聞頻婆娑羅野居於外，欲簡兵襲之。候望者知而奏，王乃築邑。以王先舍於此，故名王舍城，即新城也。後闍王嗣位，因都之。

雜記

法賢譯《佛說阿羅漢具德經》 珍寶具足庫藏豐盈，廣聚人民多聞第一，摩伽陀國頻婆娑羅王是，都於王舍城。

《雜阿含經》卷一 如來往至善住天寺祠祀林中，頻婆娑羅王聞佛到彼祠祀林間，時，頻婆娑羅王即將騎隊，有萬八千輦輿，車乘萬有二千，婆羅門居士數千億萬，前後圍遶，往詣佛所。至佛所已，捨象馬車，釋其容飾，往至佛所，長跪合掌，白佛言：世尊！我是摩竭提王頻婆娑羅。三自稱說。佛言：如是，如是，摩竭提王頻婆娑羅。時，頻婆娑羅禮佛足已，在一面坐。摩竭提國諸婆羅門，及以長者，禮佛足，各前就坐。時，此坐中，或有舉手，或嘿然坐。

施護譯《大乘寶月童子問法經》 頻婆娑羅王子名寶月童子，因爲事故乘大龍象出王舍大城。

阿闍世

紀事

沙門白法祖譯《佛般泥洹經》卷上 一時，佛在王舍國鷂山中，與千二百五十比丘俱。時，摩竭國王，號名阿闍世，與越祇國不相得，欲往伐之。

法炬譯《阿闍世王授決經》卷一 阿闍世王太子，名旃陀和利，時年八歲，見父授決甚大歡喜，即脫身上眾寶以散佛上曰：願淨其所部作佛時，我作金輪聖王得供養佛，佛般泥洹後，我當承續爲佛。其所散寶，化爲交露帳正覆佛上。

法炬譯《阿闍世王問五逆經》 世尊告曰：比丘！摩竭國王阿闍世，二十劫中，不趣三惡道，流轉天人間，最後受身，剃除鬚髮，著三法衣，以信堅固，出家學道，當成辟支佛，名無穢。

法顯譯《大般涅槃經》卷下 爾時，韋提希子阿闍世王，聞彼力士收佛舍利，置高樓上，而嚴四兵防衛守護，心大悲惱，又復忿怒諸力士輩，即便遣信，語力士言。

曇無讖譯《大般涅槃經》卷一九 爾時，王舍大城阿闍世王，其性弊惡，憙行煞戮，具口四惡。貪恚愚癡，其心熾盛，唯見現在，不見未來。純以惡人而爲眷屬，貪著現世五欲樂故。父王無辜，橫加逆害。因害父已心生悔熱，身諸瓔珞伎樂不御，心悔熱故遍體生瘡，其瘡臭穢不可附近。尋自念言：我今此身已受花報，地獄果報將近不遠。爾時，其母字韋提希，以種種藥而爲傅之，其瘡遂增無有降損。

佛陀耶舍共竺佛念譯《佛說長阿含經》卷二 摩竭王阿闍世欲伐跋祇，王自念言：彼雖勇健，人眾豪強，以我取彼，未足爲有。時，阿闍世王命婆羅門大臣禹舍，而告之曰：汝詣耆闍崛山，至世尊所，持我名字，禮世尊足，問訊世尊：起居輕利，遊步強耶？又白世尊：跋祇國人自恃勇健，民眾豪強，不順伏我，我欲伐之，不審世尊何所誡勅？若有敎誡，汝善憶念，勿有遺漏，如所聞說。如來所言，終不虛妄。

大臣禹舍受王敎已，即乘寶車詣耆闍崛山，到所止處，下車步進，至世尊所，問訊畢，一面坐，白世尊曰：摩竭王阿闍世稽首佛足，敬問慇懃：起居輕利，遊步強耶？又白世尊：跋祇國人自恃勇健，民眾豪強，不順伏我，我欲伐之，不審世尊何所誡勅？

《雜阿含經》卷一　佛住王舍城迦蘭陀竹林。爾時，提婆達多獲得四禪，而作是念：此摩竭提國誰爲最勝？覆自思惟：今日太子阿闍世者，當紹王位，我今若得調伏彼者，則能控御一國人民。時，提婆達多作是念已，即往詣阿闍世所，化作象寶，從門而入，非門而出。又化作馬寶，亦復如是。又復化作沙門，從門而入，飛虛而出。又化作小兒，眾寶瓔珞，莊嚴其身，在阿闍世膝上。時，阿闍世抱取嗚唼，唾其口中。提婆達多貪利養故，即嚥其唾。提婆達多變小兒形，還伏本身。時，阿闍世見是事已，即生邪見，謂提婆達多神通變化，踰於世尊。時，阿闍世於提婆達多所，深生敬信，日送五百車食而以與之。提婆達多與其徒眾五百人，俱共受其供。

雜記

法炬譯《阿闍世王問五逆經》　時彼比丘，告王阿闍世言：世尊說王，作是言：摩竭國王，雖殺父王，彼作惡命終已，當生地獄如拍毱。從彼命終，當生四天王宮。從彼命終，當生三十三天。從彼命終，當生炎天、兜術天、化自在天、他化自在天。從彼命終，復當生化自在天、兜術天、炎天、三十三天、四天王宮，復當生此間受人形。如是大王，二十劫中，不趣三惡道，流轉人間，最後受人身，當剃除鬚髮，著三法衣，以信堅固，出家學道，成辟支佛，名曰無穢。所以然者，如是大王，當得是無根之信。時彼比丘，說是語已，便退而去。

佛陀跋陀羅共法顯譯《摩訶僧祇律》卷一　時，阿闍世王生一童子，字優陁夷跋陁羅。此兒陰爲蟲所食，以種種藥治不能令差。

佛陀跋陀羅共法顯譯《摩訶僧祇律》卷一二　爾時，韋提希子阿闍世王煞父王已，深懷愁毒，常日三詣世尊懺悔。淸旦日中晡時，晨朝懺悔。

罽賓三藏佛陀耶舍共竺佛念等譯《四分律》卷五六　摩竭王阿闍世，在二國中間共戰。波斯匿王破阿闍世王軍。時大目連告諸比丘：波斯匿王阿闍世王，二國中間共戰，波斯匿王勝。後阿闍世王，復更起軍共戰，阿闍世還得勝。時王舍城告令國內，阿闍世王破波斯匿王。諸比丘語目連言：汝言：波斯匿王與阿闍世王共戰，波斯匿王破阿闍世王。而今摩竭國內告令言：阿闍世王破波斯匿王。目連虛稱得上人法，波羅夷非比丘。諸比丘白佛。佛言：有如是事，波斯匿王破阿闍世王，阿闍世王後更起軍，破波斯匿王。目連見前不見後，是故目連無犯。阿闍世王，與毗舍離共戰，亦如是。

波斯匿王

紀事

瞿曇僧伽提婆譯《增壹阿含經》卷二六　爾時，如來成道未久，世人稱之爲大沙門。爾時，波斯匿王新紹王位。是時，波斯匿王便作是念：我今新紹王位，先應取釋家女。設與我者，乃適我心；若不見與，我今當以力往逼之。爾時，波斯匿王即告一臣曰：往至迦毗羅衛至釋種家，持我名字，告彼釋種云：波斯匿王問訊起居輕利，致問無量。又語彼釋：吾欲取釋種女，設與我者，抱德永已；若見違者，當以力相逼。

爾時，大臣受王敎勅，往至迦毗羅國。爾時，迦毗羅衛釋種五百人，集在一處。是時，大臣即往至五百釋種所，持波斯匿王名字，語彼釋種言：波斯匿王問訊慇懃，起居輕利，致意無量。吾欲取釋種之女，設與吾者，是其大幸；若不與者，當以力相逼。

時，諸釋種聞此語已，極懷瞋恚：吾等大姓，何緣當與婢子結親？其眾中或言當與，或言不可與。

爾時，有釋集彼眾中，名摩呵男，語眾人言：諸賢勿共瞋恚。所以然者，波斯匿王爲人暴惡，設當波斯匿王來者，壞我國界。我今躬自當往與波斯匿王相見，說此事情。

時，摩呵男家中婢生一女，面貌端正，世之希有。時，摩呵男沐浴此女，與著好衣，載寶羽車，送與波斯匿王，又白王言：此是我女，可共成親。

時，波斯匿王得此女極懷歡喜，即立此女爲第一夫人，未經數日，而身懷妊，復經八九月生一男兒，端正無雙，世所殊特。時，波斯匿王集諸相師與此太子立字。

時，諸相師聞王語已，即白王言：大王當知，求夫人時，諸釋共諍，或言當與，或言不可與，使彼流離；今當立名，名曰毗流勒。相師立號已，各從坐起而去。

時，波斯匿王愛此流離太子，未曾離目前。然流離太子年向八歲，王告之曰：汝今已大，可詣迦毗羅衛學諸射術。

是時，波斯匿王給諸使人，使乘大象往詣釋種家，至摩呵男舍，語摩呵男言：波斯匿王使我至此學諸射術，唯願祖父母事事教授。

瞿曇僧伽提婆譯《增壹阿含經》卷一八　爾時，王波斯匿即勅臣佐，嚴寶羽之車，欲出舍衛城觀地講堂。當於爾時，波斯匿王母命過，年極衰老，垂向百歲，王甚尊敬，念未曾離目。是時，波斯匿王邊有大臣，名不奢蜜，高才蓋世，世人尊重。時，大臣便作是念：此波斯匿王母年向百歲，今日命終；設當聞者，王甚愁憂，不能飲食而得重病。我今當設方便，使王不愁憂，亦使不病。

瞿曇僧伽提婆譯《增壹阿含經》卷二八　波斯匿王白佛言：有何因緣，令此閻浮里內烟火乃爾？

世尊告曰：難陁、優槃難陁龍王之所造。然今，大王！勿懷恐懼，今日更無烟火之變。

是時，波斯匿王便作是念：我今是國之大王！人民宗敬，名聞四遠。今此二人爲從何來？見吾至此，亦不起迎。設住吾境界者當取閉之，設他界來者當取殺之。

是時，龍王知波斯匿心中所念，便興瞋恚。爾時，龍王便作是念：我等無過於此王所，更欲反害吾身；要當取此國王及迦夷國人，盡取殺之。

是時，龍王即從坐起，禮世尊足即便而去。離祇洹不遠，便不復現。

是時，波斯匿王見此人去，未久，白世尊言：國事猥多，欲還宮中。

世尊告曰：宜知是時。

是時，波斯匿王即從坐起，便退而去。告群臣曰：向者二人爲從何道去？速捕取之。是時，諸臣聞王教令，即馳走求之而不知處，便還宮中。

求那跋陀羅譯《雜阿含經》卷四六　波斯匿王有祖母，極所敬重，忽爾命終。出城闍維，供養舍利畢，弊衣亂髮，來詣佛所，稽首佛足，退坐一面。

爾時，世尊告波斯匿王：大王！從何所來，弊衣亂髮？

波斯匿王白佛：世尊！我亡祖母，極所敬重，捨我命終，出於城外闍維，供養畢，來詣世尊。

佛告大王：極愛重敬念祖親耶？

波斯匿王白佛：世尊！極敬重愛戀。世尊！若國土所有象馬七寶，乃至國位，悉持與人，能救祖母命者，悉當與之。既不能救，生死長辭，悲戀憂苦，不自堪勝！曾聞世尊所說：一切眾生、一切蟲、一切神，生者皆死，無不窮盡，無有出生而不死者。今日乃知世尊善說。

求那跋陀羅譯《雜阿含經》卷四六　爾時，舍衛國有長者，名摩訶男，命終無有兒息。波斯匿王以無子、無親屬之財，悉入王家。波斯匿王日日校閱財物，身蒙塵土，來詣佛所，稽首佛足，退坐一面。

爾時，世尊告波斯匿王：大王！從何所來？身蒙塵土，似有疲惓。

波斯匿王白佛：世尊！此國長者摩訶男命終，有無子之財，悉入王家。瞻視料理，致令疲勞，塵土坌身，從其舍來。

佛問波斯匿王：彼摩訶男長者大富多財耶？

波斯匿王白佛：大富，世尊！錢財甚多，百千巨億金錢寶物，況復餘財！世尊！彼摩訶男在世之時，麤衣惡食【略】如上廣說。

求那跋陀羅譯《雜阿含經》卷四六　波斯匿王普設大會，爲大會故，以千特牛行列繫住，集眾供具，遠集一切諸異外道，悉來聚集波斯匿王大會之處。

時，有眾多比丘亦晨朝著衣持鉢，入舍衛城乞食。聞波斯匿王普設大會【略】如上廣說，乃至種種外道皆悉來集。聞已，乞食畢，還精舍，舉衣鉢，洗足已，往詣佛所，稽首佛足，退坐一面，白佛言：世尊！我等今日眾多比丘晨朝著衣持鉢，入舍衛城乞食，聞波斯匿王普設大會【略】如上廣說，乃至種種異道集於會所。

求那跋陀羅譯《雜阿含經》卷四六　波斯匿王忿諸國人，多所囚執，若刹利，若婆羅門，若鞞舍，若首陁羅，若旃陁羅，持戒、犯戒，在家、出家，悉皆被錄，或鎖、或持械、或以繩縛。

時，有眾多比丘晨朝著衣持鉢，入舍衛城乞食，聞波斯匿王多所攝錄，乃至或鎖、或縛，乞食畢，還精舍，舉衣鉢，洗足已，往詣佛所，稽首佛足，退坐一面，白佛言：世尊！我等今日眾多比丘入城乞食，聞波斯匿王多所收錄，乃至鎖縛。

求那跋陀羅譯《雜阿含經》卷四六　波斯匿王、摩竭提國阿闍世王韋提希子共相違背。摩竭提王阿闍世韋提希子起四種軍，象軍、馬軍、車軍、步軍，來至拘薩羅國。波斯匿王聞阿闍世王韋提希子四種軍至，亦集四種軍，象軍、馬軍、車軍、步軍，出共鬭戰。阿闍世王四軍得勝，波斯匿王四軍不如，退敗星散，單車馳走，還舍衛城。

時，有眾多比丘晨朝著衣持鉢，入舍衛城乞食，聞摩竭提王阿闍世韋提希子起四種軍，來至拘薩羅國；波斯匿王起四種軍出共鬭戰，波斯匿王四軍不如，退敗星散，波斯匿王恐怖狼狽，單車馳走，還舍衛城。聞已，乞食畢，還精舍，舉衣鉢，洗足已，往詣佛所，稽首佛足，退坐一面，白佛言：世尊！我等今日眾多比丘入城乞食，聞摩竭提主阿闍世王韋提希子起四種軍【略】如是廣說，乃至單車馳走，還舍衛城。

曇果共康孟詳譯《中本起經》卷下　是時如來，還舍衛國在祇樹給孤獨園，與比丘僧千二百五十人俱。王波斯匿心自念言：佛是釋種，出家處山，以成無上正眞等覺。威景神妙，天龍鬼神無不宗仰。爲人說法，上中下言悉善。其聞所說莫不歡喜，開福塞禍，言入泥洹。即便嚴出，導從如常，至門下車，群臣俱前，直揖卻坐而白佛言：頃承釋子，端坐六年，道成號佛。爲實爾不？是世所美乎？佛語王曰：吾眞是佛，世不虛傳。王復言曰：瞿曇！自稱爲佛，故非佛也。佛復答王：過去久遠，時世有佛，名曰定光。授拜吾決：汝於來世九十一劫，當得作佛，字釋迦文。有三十二相、八十種好、十八特妙之法、十種神力、四無所畏。一事不足不名爲佛，吾今具有。故爲如來、無所著、正眞、覺也。

王迷情疑，重質言曰：瞿曇年少，學日甚淺。所以者何？世有婆羅門，修治水火，精勤苦體，不去晝夜，九十六術，靡不經涉，年高德遠。不蘭迦葉等六子輩，名稱蓋世，猶未得佛。佛者實尊！以是推之，惟疑不信。佛告王曰：吾今爲王說法眞諦，善聽勿疑。王曰：善哉！佛答王曰：小有四事，皆不可輕。何謂爲四？一者、太子雖小，當爲政君，此不可輕。二者、小火燒草，草盡乃止，此不可輕。三者、龍子雖小，能爲風雨雷電礔礰，此不可輕。四者、道士雖小，已入道要深妙之慧，飛行教化，度脫人民，此不可輕。

給孤獨長者

紀事

瞿曇僧伽提婆譯《增壹阿含經》卷四　我弟子中第一優婆塞好喜布施，所謂須達長者是。

紹德、慧詢等譯《菩薩本生鬘論》卷四　舍衛城中須達長者，有一老母名毗低羅，勤謹家業常所信用，出納取與一切委之。忽於一日長者請佛及諸比丘就舍供養，有病比丘多所求索，老母慳惜而生瞋恚，意不欲與而作是言：我大長者受沙門術，彼諸乞士多求無厭，何道之有？復發惡言：何時當得不聞佛名，不聞法名，不見剃髮染衣之人？

求那跋陀羅譯《雜阿含經》卷三四　有一外道語給孤獨長者言：如汝所說，若有見彼，則眞實、有爲、思量、緣起者，是無常法，若無常者是苦。是故，長者所見亦習近苦，得苦，住苦，深入於苦？

長者答言：我先不言所見者，是眞實、有爲、思量、緣起法，悉皆無常，無常者是苦，知苦已，我於所見無所得耶？

彼外道言：如是，長者！

爾時，給孤獨長者於外道精舍伏彼異論，建立己論，於異學眾中作師子吼已，往詣佛所，稽首禮足，退坐一面，以向與諸外道共論事向佛廣說。

佛告給孤獨長者：善哉！善哉！宜應時時摧伏愚癡外道，建立正論。

求那跋陀羅譯《雜阿含經》卷一七　給孤獨長者來詣佛所，稽首禮足，卻坐一面，佛爲說法，示、教、照、喜，說種種法。示、教、照、喜已，從座起，整衣服，爲佛作禮，合掌白佛言：唯願世尊與諸大眾受我三月請衣被、飲食、應病湯藥。

爾時，世尊默然而許。

時，給孤獨長者知佛默然受請已，從座起去，還歸自家，過三月已，來詣佛所，稽首禮足，退坐一面。佛告給孤獨長者：善哉！長者！三月供養衣被、飲食、應病湯藥。汝以莊嚴淨治上道，於未來世當獲安樂果報，然汝今莫得默然樂受此法，汝當精勤，時時學遠離喜樂，具足身作證。

時，給孤獨長者聞佛所說，歡喜隨喜，從座起而去。

爾時，尊者舍利弗於眾中坐，知給孤獨長者去已，白佛言：奇哉！世尊！善爲給孤獨長者說法，善勸勵給孤獨長者，言：汝已三月具足供養如來大眾，淨治上道，於未來世，當受樂報；汝莫默然樂著此福，汝當時時學遠離喜樂，具足身作證。世尊！若使聖弟子學遠離喜樂，具足身作證，得遠離五法，修滿五法。云何遠離五法？謂斷欲所長養喜、斷欲所長養憂、斷欲所長養捨、斷不善所長養喜、斷不善所長養憂，是名五法遠離。云何修滿五法？謂隨喜、歡喜、倚息、樂、一心。

沙門慧覺共威德譯《賢愚經》卷一三　爾時，須達長者，末下小女，字曰蘇曼，面首端正，容貌最妙，其父憐愛，特於諸子，若遊行時，每將共去。於是長者，將至佛所，其女見佛，情倍欣踴，願得好香，塗佛住室。斯女手中，有賓婆菓。佛從索之，奉敎便與。佛尋於上，書香種稷，還以與之。女共其父，還歸城裏，便行推買種種妙香，如佛所須，持詣祇洹，躬自擣磨，日日如是。

西域三藏吉迦夜共曇曜譯《雜寶藏經》卷二　昔佛在世，須達長者，最後貧苦，財物都盡，客作傭力，得三斗米，炊作飲食。時炊已訖，值阿那律來從乞食。須達之婦，即取其鉢，盛滿飯與。後須菩提，摩訶迦葉，大目揵連，舍利弗等次第來乞，其婦悉亦各取其鉢，盛飯施與。末後世尊，自來乞食，亦與滿鉢。於是須達，在外行還，從婦索食，婦答夫言：其若尊者阿那律來，汝當自食施於尊者？答言：寧自不食，當施尊者。若復迦葉大目揵連、須菩提、舍利弗等，乃至佛來，汝當云何？答言：寧自不食，盡以施與。婦語夫言：朝來諸聖，盡來索食，所有之食，盡用施之。夫語婦言：我等罪盡，福德應生。即發庫中，穀帛飲食，悉皆充滿，用盡復生。

西域三藏吉迦夜共曇曜譯《雜寶藏經》卷七　昔舍衛國，有一長者，於祇洹林，求空閑地，欲造房舍。須達長者，遍已作竟，無復空處，便於祇洹大門之中，以好淨水，用種種蜜種種之麨作漿，供給一切行人。九十日後，佛亦受之。於是命終，生於天上，有大威德，乘天宮殿，來供養佛，佛爲說法，得須陁洹。

菩提流支譯《金剛仙論》卷一　祇樹給孤獨園者，上雖云在舍婆提城，其處猶寬，是以第二指其別處也。祇者，外國音，其國太子名祇陁鳩摩羅。祇陁者，魏播云太子。鳩摩羅者，魏播云童子。樹者，此方之名也。此園先屬太子，須達長者後時以黃金布地，買得此園，廣集貧窮孤老，於中養濟。又復於中造立精舍，時人因名給孤獨園，雙舉兩主，並置胡漢之名，故曰祇樹給孤獨園也。

阿夷多・翅舍欽婆羅

雜記

佛陀耶舍共竺佛念譯《佛說長阿含經》卷一七　王又命典作大臣而告之曰：今夜清明，與晝無異，當詣何等沙門、婆羅門所能開悟我心？典作大臣白言：有阿耆多翅舍欽婆羅，於大眾中而爲導首，多有知識，名稱遠聞，猶如大海無不容受，衆所供養。大王！宜往詣彼問訊，王若見者，心或開悟。

釋僧肇《維摩詰所說經注》卷三　阿耆多翅舍欽婆羅。肇曰：阿耆多，字也；翅舍欽婆羅，麄弊衣名也。其人著弊衣自拔髮，五熱炙身以苦行爲道。謂今身併受苦，後身常樂者也。

鳩摩羅什譯《維摩詰所說經》卷上　若須菩提不見佛，不聞法，彼外道六師：富蘭那迦葉、末伽梨拘賒梨子、删闍夜毗羅胝子、阿耆多翅舍欽婆羅、迦羅鳩馱迦旃延、尼犍陁若提子等，是汝之師。

定寳《四分律疏飾宗義記》卷七　四阿夷頭（梵云阿耆多，此云天勝也。此外道自云，世天勝我也）。五翅舍欽婆羅（梵云繫麥欽婆羅，此云髮衣也。此外道著此衣也）。

法雲編《翻譯名義集》卷五　阿耆多翅舍欽婆羅。什曰：阿耆多翅舍，字也；欽婆羅，麄衣也。其人起計，非因計因。著麄皮衣，及拔髮煙熏鼻等，以諸苦行爲道也。肇曰：翅舍欽婆羅，麄弊衣名也。其人著弊衣自拔髮，五熱炙身，以苦行爲道，謂今身併受苦後身常樂。

希麟集《續一切經音義》卷四　阿耆陁翅舍欽婆羅（阿耆陁，此云無勝；翅舍欽婆羅，此衣名，此外道以人髮爲衣，五熱炙身也。）

弘贊輯《四分律名義標釋》卷二三　阿夷頭翅舍欽婆羅。阿夷頭，亦作阿耆多。什師曰：阿耆多翅舍，字也；欽婆羅，麤衣也（即麤毛衣）。其人起計，非因計因，著麤皮衣，及拔髮，煙薰鼻等，以諸苦行而爲道也。肇曰：欽婆羅，麤弊衣名也。其人著弊衣，自拔髮，五熱炙身，以苦行爲道。謂今身併受苦，後身常樂。

浮陀・迦旃延

雜　記

瞿曇僧伽提婆譯《中阿含經》卷四三　彼復作是念：諸賢！誰能廣分別世尊向所略說義？彼復作是念：尊者大迦旃延常爲世尊之所稱譽，及諸智梵行人，尊者大迦旃延能廣分別世尊向所略說義，諸賢共往詣尊者大迦旃延所，請說此義。若尊者大迦旃延爲分別者，我等當善受持。

於是，諸比丘往詣尊者大迦旃延所，共相問訊，卻坐一面，白曰：尊者大迦旃延！當知世尊略說此教，不廣分別，即從座起，入室宴坐。

瞿曇僧伽提婆譯《增壹阿含經》卷二二　爾時，須菩提遶城三匝，往詣長者家。時，尊者大迦旃延復化作五百鵠，色皆純白，往詣彼城。是時，長者遥見已，以此偈問女曰：今此五百鵠，諸色皆純白，盡滿虛空中，此是汝師耶？時，女復以此偈報曰：佛經之所說，分別其義句，又演結使聚，此名迦旃延。是時，尊者大迦旃延遶彼城三匝，往詣長者家。是時，離越化作五百虎；在上坐，而往詣彼城。

法顯譯《大般涅槃經》卷下　今者世間沙門婆羅門外道六師，富蘭那迦葉、末伽利拘賒梨子、删闍夜毗羅眂子、阿耆多翅舍欽婆羅、迦羅鳩馱迦旃延、尼揵陁若提子等，各各自說，是一切智，以餘學者，名爲邪見。言其所行，是解脱道，說他行者，是生死因。互相是非，云何而得知其虛實？何師應得沙門之稱？何師定是解脱之因？

佛陀耶舍共竺佛念譯《佛說長阿含經》卷一七　有婆浮陀伽旃那，於大衆中而爲導首，多有知識，名稱遠聞，猶如大海無不容受，衆所供養。大王！宜往詣彼問訊，王若見者，心或開悟。

釋僧肇《維摩詰所說經注》卷三　迦羅鳩馱迦旃延。什曰：外道字也。其人應物起見，若人問言有耶答言有，問言無耶答言無也。

般剌密帝譯、德清述《大佛頂如來密因修證了義諸菩薩萬行首楞嚴經通議》卷二　匿王先事外道姓迦旃延，名迦羅鳩馱，計一切法亦有亦無。又外道名删闍夜毗羅胝子，而毗羅胝乃母號也，故云子。此計諸法自然。

定寳《四分律疏飾宗義記》卷七　七迦旃延（梵云迦多衍那，此云算數也。上古有仙，常念算數，因爲姓也）。

法雲編《翻譯名義集》卷五　迦羅鳩馱迦旃延。迦羅鳩馱，此云牛領。迦旃延，此云翦髮。肇曰：姓迦旃延，字迦羅鳩馱。其人謂諸法，亦有相亦無相。

希麟集《**續一切經音義**》**卷四** 鳩馱迦旃延。（具足應云迦羅鳩馱迦旃延。迦羅鳩馱，此云黑領；迦旃延彌，姓也。此外道應物而起，人若問有答有，若問無答無也。）

弘贊輯《**四分律名義標釋**》**卷二三** 末提侈婆休迦旃延。或云迦羅鳩馱迦旃延。迦羅鳩馱，此云牛領。什師曰：字也。其人應物起見，若人問言有，其即答有，無等皆然。肇師曰：姓迦旃延。其人謂諸法，亦有相，亦無相（迦旃延，亦翻翦髮）。

富蘭那・迦葉

雜記

法顯譯《**大般涅槃經**》**卷下** 須跋陁羅即問佛言：今者世間沙門婆羅門外道六師、富蘭那迦葉、末伽利拘賒梨子、刪闍夜毗羅眡子、阿耆多翅舍欽婆羅、迦羅鳩馱迦旃延、尼犍陁若提子等，各各自說，是一切智，以餘學者，名爲邪見。言其所行，是解脫道，說他行者，是生死因。互相是非，云何而得知其虛實？何師應得沙門之稱？何師定是解脫之因？

瞿曇僧伽提婆譯《**增壹阿含經**》**卷三二** 是時，毗舍離城內，有六師在彼遊化。所謂六師者：不蘭迦葉、阿夷耑、瞿耶樓、波休迦栴、先比盧持、尼揵子等。是時，六師集在一處，而作是說：此沙門瞿曇住此毗舍離城，爲人民所供養，然我等不爲人民所供養。我等可往與彼論議，何者得勝？何者不如？不蘭迦葉曰：諸有沙門、婆羅門不受他語，方便致詰，此非沙門、婆羅門之法；然此瞿曇沙門不受他語，方便致難，我等那得與彼論議？

瞿曇僧伽提婆譯《**增壹阿含經**》**卷三九** 無畏王子報曰：今不蘭迦葉，明諸算數，兼知天文地理，眾人所宗仰。可往至彼問此疑難，彼人當與尊說極妙之理，永無留滯。

求那跋陀羅譯《**雜阿含經**》**卷三五** 時，商主外道出家受天所問，持詣富蘭那迦葉所，以此意論偈問富蘭那迦葉。彼富蘭那迦葉尚自不解，況復能答？彼時，商主外道出家復至末迦梨瞿舍利子所、刪闍耶毗羅坻子所、阿耆多枳舍欽婆羅所、迦羅拘陁迦栴延所、尼乾陁若提子所，皆以此意論偈而問，悉不能答。

時，商主外道出家作是念：我以此意論問諸出家師，悉不能答，我今復欲求出家，爲我今自有財寶，不如還家，服習五欲。復作是念：我今可往詣沙門瞿曇。然彼耆舊、諸師、沙門、婆羅門、富蘭那迦葉等，悉不能答，而沙門瞿曇年少出家，詎復能了？然我聞先宿所說莫輕新學年少出家，或有沙門年少出家，有大德力，今且當詣沙門瞿曇。詣已，以彼意論心念而問，如偈所說。

佛陀耶舍共竺佛念譯《**佛說長阿含經**》**卷一七** 今夜清明，與晝無異。有不蘭迦葉，於大眾中而爲導首，多有知識，名稱遠聞，猶如大海多所容受，眾所供養。大王！宜往詣彼問訊，王若見者，心或開悟。

竺佛念譯《**出曜經**》**卷一三** 王當以此言報之：不蘭迦葉等少出家學年在耆艾，形熟神疲猶不得佛道，汝今學以來日淺，二十九出家，自云六年苦行，云何能成等正覺乎？

僧肇選《**注維摩詰經**》**卷三** 富蘭那迦葉。什曰：迦葉，母姓也；富蘭那，字也。其人起邪見，謂一切法無所有，如虛空不生滅也。肇曰：姓迦葉，字富蘭那。其人起邪見，謂一切法斷滅性空，無君臣父子忠孝之道也。

闍那崛多譯《**佛本行集經**》**卷三八** 時，娑毗耶波梨婆闍次第而行，漸漸至彼波羅㮈城。爾時，彼城有六大師，各各唱言：我於世間，最爲第一。謂富蘭那，并三迦葉尼、乾子等。時娑毗耶即便往詣彼富蘭那迦葉等邊，到已即共彼富蘭那面相慰喻言語問訊，言說訖已卻住一面。

定賓《**四分律疏飾宗義記**》**卷七** 第一不蘭迦葉（正梵音云布剌拏迦葉波也。布剌拏，此云滿也，此是名也；迦葉波，此云飲光，此是姓也。）

曇果共康孟詳譯《**中本起經**》**卷下** 王迷情疑，重質言曰：瞿曇年少，學日甚淺。所以者何？世有婆羅門，修治水火，精勤苦體，不去晝夜，九十六術，靡不經涉，年高德遠。不蘭迦葉等六子輩，名稱蓋世，猶未得佛。佛者實尊！以是推之，惟疑不信。佛告王曰：吾今爲王說法眞諦，善聽勿疑。王曰：善哉！佛答王曰：小有四事，皆不可輕。何謂爲四？一者、太子雖小，當爲正君，此不可輕。二者、小火燒草，草盡乃止，此不可輕。三者、龍子雖小，能爲風雨雷電霹靂，此不可輕。四者、道士雖小，已入道要深妙之慧，飛行教化，度脱人民，此不可輕。

法雲編《翻譯名義集》卷五　富蘭那迦葉。什曰：迦葉，母姓也；富蘭那，字也。其人起邪見，謂一切法，無所有，如虛空不生滅也。肇曰：其人起邪見，謂一切法，斷滅性空，無君臣父子忠孝之道也。《事鈔》云：色空外道，以外道用色破欲有，以空破色有，謂空至極。

希麟集《續一切經音義》卷四　富蘭那迦葉（富蘭那，此云滿也，迦葉，姓也，此云龜氏。此外道計無因也。）

弘贊輯《四分律名義標釋》卷二三　不蘭迦葉。或云富蘭那迦葉。什師曰：迦葉，母姓也；富蘭那，字也。其人起邪見，謂一切法無所有，如虛空，不生不滅也。肇師曰：其人起邪見，謂一切法斷滅性空，無君臣父子忠孝之道也（富蘭那，此翻故舊，又云宿舊。新云晡刺拏，或云布刺拏，此翻圓滿）。

末伽黎·拘舍羅

雜記

佛陀耶舍共竺佛念譯《佛説長阿含經》卷一七　今夜淸明，與晝無異。有末伽梨瞿舍利，於大眾中而爲導首，多有知識，名稱遠聞，猶如大海無不容受，眾所供養。大王！宜往詣彼問訊，王若見者，心或開悟。

釋僧肇《維摩詰所説經注》卷三　末伽梨拘賒梨子。什曰：末伽梨，字也；拘賒梨是其母也。其人起見云，眾生罪垢無因無緣也。

義淨譯《根本説一切有部毗奈耶雜事》卷二六　魔王波旬即便化作晡刺拏形，往末羯利瞿舍梨子處，即於其前現諸神變，身出水火降雨雷電。時末羯利瞿舍梨子問言：晡刺拏，汝能成就如是希奇殊勝之德。答言：我證如是。復往珊逝移咥刺知子處，復往阿市多雞舍甘跋羅處，復往腳拘陁迦多演那處，復往昵揭爛陁愼若低子處，皆於其前現諸神變身出水火降雨雷電。又復變作末羯利瞿舍梨子形，皆往其處即於其前現諸神變，身出水火降雨雷電。彼皆問言：末羯利瞿舍梨子，汝能成就如是希奇殊勝之德。答言：我證。

定寶《四分律疏飾宗義記》卷七　二末佉梨（正梵音云末薩羯梨，此云常行也，此外道常行不住。）

三劬奢離（梵云瞿舍梨，此云牛舍也，此是母名也。其母本生牛舍之中，因爲名也。子名應云牛舍子也。）

希麟集《續一切經音義》卷四　拘賒梨子（具足應云末伽梨拘賒梨子。末伽梨是姓，拘賒是母名也。此外道計苦樂不由因即自然外道。）

弘贊輯《四分律名義標釋》卷二三　末佉梨劬奢羅亦云末佉羅瞿奢羅，又云末伽梨拘賒黎。末伽黎，此云不見道。什師曰：末伽黎，字也；拘賒黎是其母也。其人起計，眾生罪福，無有因緣。肇師曰：其人起見，謂眾生苦樂，不因行得，皆自然而爾。

散惹耶·毗羅梨子

雜記

佛陀耶舍共竺佛念譯《佛説長阿含經》卷一七　有散若夷毗羅梨沸，於大眾中而爲導首，多所知識，名稱遠聞，猶如大海無不容受，眾所供養。大王！宜往詣彼問訊，王若見者，心或開悟。

釋僧肇《維摩詰所説經注》卷三　删闍夜毗羅胝子。什曰：删闍夜，字也；毗羅胝，母名也。其人起見謂，要久逕生死，彌歷劫數，然後自盡苦際也。肇曰：其人謂，道不須求，逕生死劫數苦盡自得。如轉縷丸於高山縷盡自止，何假求耶。

希麟集《續一切經音義》卷四　毗羅胝子（具足應云毗羅胝子刪闍邪。毗羅胝，母名也；刪闍邪，此云等勝。此外道不須修道，經八萬劫自盡生死，如轉縷丸也）。

弘贊輯《四分律名義標釋》卷二三　訕若毗羅吒子。或云刪闍夜毗羅胝子。刪闍夜，此云正勝；毗羅胝，此云不作。什師曰：刪闍夜，字也。毗羅胝，母名也。其人起見，謂要久經生死，彌歷劫數，然後任運自盡苦際也。肇師曰：其人謂道不須求，經生死劫數，苦盡自得，如縷丸轉於高山之上。縷盡自止，何假求耶（訕，山字去聲，亦音刪）。

《翻梵語》卷二　刪闍耶毗羅茶（應云刪闍耶毗蘭茶。譯曰：刪闍耶者，勝也；毗蘭茶者，不作。）

尼乾子・若提子

雜記

佛陀耶舍共竺佛念譯《佛說長阿含經》卷一七　有尼乾子，於大眾中而爲導首，多所知識，名稱遠聞，猶如大海無不容受，眾所供養。大王！宜往詣彼問訊，王若見者，心或開悟。

希麟集《續一切經音義》卷四　尼乾陁若提子（尼乾陁，此云無繼。若提，母名，亦云親友，母名親友也。此外道計苦未有定因，要必須受非道能斷。）

釋僧肇《維摩詰所說經注》卷三　尼犍陁若提子等。什曰：尼犍陀，字也；若提，母名也。其人起見謂，罪福苦樂盡由前世，要當必償。今雖行道不能中斷。此六師盡起邪見。裸形苦行自稱一切智，大同而小異耳。凡有三種六師，合十八部。第一自稱一切智，第二得五通，第三誦四韋陀經，上所說六師是第一部也。

定寶《四分律疏飾宗義記》卷七　十尼揵子（梵云尼犍爛徒，此云離繫也。此外道裸形無衣，以手乞食，常行不住，執爲離繫。佛毀爲無慚外道。）

定寶《四分律疏飾宗義記》卷七　列六師名：一富蘭那（當此第一），二末伽梨拘賒梨子（當此第二第三），三刪闍夜比羅胝子（當此第八第九），四阿耆多翅舍欽婆羅（當此第四第五也），五迦羅鳩馱迦旃延（似當第六第七也），六尼乾陀若提子（當第十。律中闕無若提子也）。

賓作《飾宗義記》卷七　列六師名：一富蘭那（當此第一），二末伽梨拘賒梨子（當此第二第三），三刪闍夜比羅胝子（當此第八第九），四阿耆多翅舍欽婆羅（當此第四第五也），五迦羅鳩馱迦旃延（似當第六第七也），六尼乾陀若提子（當第十。律中闕無若提子也）。

優波笈多

雜記

安法欽《阿育王傳》卷三　佛於摩突羅國告阿難言：我百年後，摩突羅國有毱多長者之子名憂波毱多，教授禪法，弟子之中最爲第一。雖無相好化度如我，我涅槃已後當大作佛事，其所教化阿僧祇眾生皆令解脫，得阿羅漢者人使捉一四寸之籌，擲著窟裏積滿其中，此窟長短三十六尺，廣狹則有二十四尺。復告阿難言：汝今見是青樹林不？唯然已見。阿難，此是優留慢茶山。我百年後有比丘名商那和修，於優留慢茶山當作僧房而度優波毱多。摩突羅國有二長者子：一名那羅，二名拔利。於優留慢茶山當起僧房，閑豫清淨能生禪定，房舍臥具悉皆具足，遂名那羅拔吒阿練若處。阿難白佛言：世尊，優波毱多所化度者多所利益。佛告阿難：優波毱多非但今日多所化度，乃於往昔無量劫時亦多所利益，欲得聞者至心聽之當爲汝說。

西域三藏吉迦夜共曇曜譯《付法藏因緣傳》卷二　時，憂波毱多有五百弟子，猶處生死不得解脫，心生憍慢甚大貢高。憂波毱多即入三昧，觀此諸人與己無緣，唯有吾師乃能化度，便至心念商那和修。商那和修即以神力，如大鵝王從空飛來至其所止。憂波毱多行至餘處，唯諸弟子而獨見之。商那和修衣裳麁弊髮爪長利，至毱多房坐其座上，毱多弟子咸生瞋忿，是何弊人，處我師座？即欲驅逐使令出外，如須彌山不可傾動。欲出惡言口自噤閉，即共相將至毱多所，白言大師：有老比丘形容憔悴，到師坐處跏趺而坐。毱多念言：自非吾師，無能坐者。至房便見商那和修，頭面著地稽首作禮。弟子念言：師雖爲禮，盛德勝之。商那和修知其弟子憍慢未息，手指虛空便下香乳，如高山頂懸泉流注。問言毱多：是何定相？憂波毱多即入三昧，深心觀察不能曉了，即問其師：是何三昧？和修答言：此即名爲龍奮迅定。如是次第五百三昧，問其名字都不了知，商那和修一一爲說。毱多白言：我之所得盡從師受，唯是三昧我非其器。毱多當知，如來三昧諸辟支佛不識其名，緣覺三昧一切聲聞莫能解了，大目揵連舍利弗等所入三昧，其餘羅漢不能測度。吾師阿難三昧定相我悉不知，今我三昧，汝亦不識。如此三昧我涅槃後皆隨吾滅，七萬七千本生諸經滿足，一萬阿毗曇藏有八萬數清淨毗尼，如斯之法亦隨我滅。是故毱多，如來滅後賢聖隱沒，如是法藏漸當衰損，乃至末後一切都盡，汝今應當勤加守護。時諸弟子方自悔責，我無智慧輕慢大聖，始知吾師定不及彼。於是商那即爲說法，五百弟子得羅漢道。爾時，尊者商那和修，於諸眾生所應作已，飛騰虛空作十八變，還就本座而入涅槃。憂波毱多與諸眷屬積諸香木，以火耶旬，收取舍利起塔供養。

《舍利弗問經》 迦葉傳付阿難，阿難復付末田地，末田地復付舍那婆私，舍那婆私傳付優波笈多，優婆笈多後，有孔雀輸柯王。

扶南三藏僧伽婆羅《阿育王經》卷二 此摩偷羅國如來涅槃百年之後，當有賣香商主名曰笈多。其後生兒名優波笈多，最勝敎化爲無相佛，我涅槃後當作佛事。

扶南三藏僧伽婆羅《阿育王經》卷二 阿育王遣使往優波笈多所白優波笈多言：我欲至大德處。優波笈多聞使語已即便思惟：若阿育王來必多人隨從當損此國。思惟已，即語使言：我當至彼不須王來王即造船迎優波笈多，處處道路無不修治，至摩偷羅國。是時，優波笈多將一萬八千阿羅漢，爲攝受阿育王。故一切入船乃至往波吒利弗多國。時阿育王民白大王言：優波笈多爲攝受王，故已至此國。大王當知佛法如地，王今修善由之得正渡三有海至無爲岸，優波笈多至明清且當步至王所。王聞歡喜即解瓔珞價直千萬以賞此人。

扶南三藏僧伽婆羅《阿育王經》卷二 時王出城至半由旬共諸臣民嚴持香花，種種伎樂迎優波笈多。時阿育王遥見優波笈多已在岸上，與一萬八千阿羅漢，如半月形而自圍繞，即便下象步至優波笈多處。時阿育王一足在船一足在岸，以兩手捧優波笈多以置船中，五體投地敬禮其足猶如大樹摧折墮地。

扶南三藏僧伽婆羅《阿育王經》卷六 是時佛欲涅槃化阿波羅囉龍王，及瞿波囉旃陁利龍王竟，至摩偷羅國，於彼國告阿難言：於此摩偷羅國我入涅槃百年後，當有賣香商主名笈多，有兒名優波笈多。無相佛當作佛事敎化多人證阿羅漢果。此處石窟，長十八肘，廣十二肘，令其弟子人捉一四寸籌投石窟中使滿石窟。阿難當知：我後敎化弟子優波笈多最爲第一。阿難，汝今見彼遠青林不？阿難答言：已見世尊。佛言：彼山名優樓漫陁，如來入涅槃百年後，當有舍那婆私比丘於彼山起寺，又說法敎化，優波笈多令其出家。於摩偷羅國有長者子兄弟二人，名那哆婆哆，其當於優樓漫陁山爲起寺檀越，故名此寺爲那哆婆哆。阿難當知：此寺最爲第一禪處。阿難驚惋優波笈多饒益多人。

扶南三藏僧伽婆羅《阿育王經》卷八 舍那婆私復更思惟：此是優波笈多不？見其非是，語笈多言：如是。乃至第三兒生，端正好色甚可愛樂，過人之色不及天色，是故名爲優波笈多。是兒長大，其父留之以法治生多獲其利。時舍那婆私往笈多處語言：善男子，汝先願第三兒生當以與我，今兒已生，汝當聽其隨我出家。笈多答言：我當作誓令其治生，若長若退不得出家，不長不退乃聽出家。是時魔王令摩偷羅國一切人眾悉買其物令其得利，乃至舍那婆私往笈多所。時優波笈多正在賣香，長老語言：汝心心法生，云何爲善，云何爲惡？優波笈多答言：我今不知心心法，云何爲善，云何爲惡。長老語言：若心心法與貪嗔癡相應，是名爲惡；與不貪不瞋不癡相應，是名爲善。乃至長老復於異時更往優波笈多所語言：善男子，汝云何心心法生，爲善爲惡？答言：我今不知心心法，云何爲善，云何爲惡。長老言：汝今欲知心心法爲善惡者，若能受道除心心法惡，我當作事。時長老以黑白土爲丸而語之言：若汝黑心起取黑丸，若白心起取白丸，當作不淨觀，如所說念佛應當思惟。是時優波笈多欲善作心心法而取多黑丸，乃至不得一白丸。復更思惟取二分黑丸一分白丸。復更思惟取半黑丸半白丸。復更思惟取二分白丸，一分黑丸。復更思惟乃至一切白心起悉取白丸。是時摩偷羅國有婬女，名婆娑婆達多（翻天主與）。其有一婢，往優波笈多處買香，多得香還。其主問言：汝於何處得此多香，將不於估客偷此香來？婢答言：有估客名優波笈多，形色具足言語微妙，以法賣物。其主聞已，於優波笈多起婬欲心。復令其婢至優波笈多處，汝當語彼云：我欲與汝共相娛樂。乃至其婢白優波笈多，優波笈多言：汝可答彼，我今相見，未是其時。婢還白其主，其主云：彼不能以五百銀錢與我，是故不來。復令婢往而語之言：我不須錢，但須汝來共相娛樂。其婢復往優波笈多所說其此言。優波笈多猶答言：我今相見，未是其時。乃至別有長者子，往婆娑婆達多所。復有一商主，從北天竺來，將五百匹馬及種種物至摩偷羅國，至已問摩偷羅國人，此國何處有第一端正女人。國人答言：有女人第一端正，名婆娑婆達多。商主又言：我今欲以五百銀錢及種種寶物往至其處。是時婬女貪其物故，殺長者子取其身骸置不淨處，與後商主共相娛樂。是長者子親善知識於不淨處覓得身骸往白國王。國王語言：汝可取彼婆娑婆達多，截其手腳及以耳鼻散置野外，乃至如王教令截其手腳散置野外。是時優波笈多聞婆娑婆達多手腳被截散在野外，即便思惟：我於本時不樂見之共受五欲，今時欲見觀其手腳及其耳鼻。

大天

雜記

瞿曇僧伽提婆譯《增壹阿含經》卷一　爾時，王摩訶提婆以王之位授太子已，復以財寶賜與劫比，便於彼處剃除鬚髮，著三法衣，以信堅固，出家學道，離於眾苦。於八萬四千歲善修梵行，行四等心，慈、悲、喜、護，身逝命終，生梵天上。

沙門慧覺共威德譯《賢愚經》卷一　乃往久遠阿僧祇劫，此閻浮提，有大國王，名曰摩訶羅檀囊，秦言大寶，典領小國，凡有五千。王有三子，其第一者，名摩訶富那寧，次名摩訶提婆，秦言大天，次名摩訶薩埵，此小子者，少小行慈，矜愍一切，猶如赤子。

曇無讖譯《金光明經》卷四　過去之世有王名曰摩訶羅陁，修行善法善治國土無有怨敵。時有三子端正微妙，形色殊特，威德第一。第一大子名曰摩訶波那羅，次子名曰摩訶提婆，小子名曰摩訶薩埵。是三王子，於諸園林遊戲觀看，次第漸到一大竹林憩駕止息。第一王子作如是言：我於今日心甚怖懼，於是林中將無衰損？第二王子復作是言：我於今日不自惜身，但離所愛心憂愁耳。第三王子復作是言：我於今日獨無怖懼亦無愁惱，山中空寂神仙所讚，是處閑靜能令行人安隱受樂。

鳩摩羅什譯《大智度論》卷二五　佛從本已來，常生轉輪聖王種中，所謂頂生王，快見王，娑竭王，摩訶提婆王，如是等名日王白種家中生，亦以是故無所畏。

真諦譯《部執異論》　次有外道，名摩訶提婆。於摩訶僧耆柯部中出家，自分成兩部：一支底底與世羅（上聲反）部，二欝多羅世羅（同上）部。

《翻梵語》卷四　摩訶提婆王子（經曰大天）。

耶舍

紀事

《毗尼母經》卷四　以是因緣故，迦蘭陀子耶舍欲除滅此過患，於毗舍離集七百羅漢。眾僧集已，迦蘭陀子耶舍問尊者離婆多言：比丘入聚落中食，得兩指抄飯食不？尊者離婆多答曰：不得兩指抄飯食。耶舍問曰：何處制此不得兩指抄飯食也？離婆多答曰：舍衛國制殘食處制之。耶舍復問尊者離婆多言：若比丘食足已不作殘食法得食不？答言：不得。耶舍復問尊者：界裏作法事得不？尊者即問：界裏作何等法事？答曰：群品作法事。尊者答曰：不得。問：何處制？答曰：王舍城中布薩犍度中制。耶舍復問：界裏群品作法事，說言好得，作如是語不？答言：不得。此亦王舍城中布薩乾度中制。耶舍復問尊者：前所作事更得重作不？尊者答曰：云何名爲重作。耶舍說曰：此事今作曾作。尊者答曰：若此事以阿毗曇毗尼修妬路不合者，已作不應作，未作不應作，今作不應作。若此事與三藏合者，已作應作，未作應作，今作應作。耶舍復問尊者：得食美食不？答曰：何者美食？耶舍說曰：蘇油蜜石蜜與酪和之，是爲美食。尊者答曰：不得食也。何處制也？舍衛國中制，殘食處制耳。耶舍復問尊者：所受鹽得食不？尊者答曰：何者所受鹽？耶舍說曰：昨所受鹽今日得和飯食不？尊者答曰：不得食也。何處制也，舍衛國藥草犍度中制。復問尊者：得飲奢留伽酒不？答言：不得。何處制？拘睒彌國因莎提比丘制。耶舍復問尊者言：得畜不剪鬚敷具不？答言：不得。何處制之？舍衛國因六群比丘制。

罽賓三藏佛陀耶舍共竺佛念等譯《四分律》卷三二　爾時，世尊遊波羅㮈國。時波羅㮈國有族姓子名耶輸伽。父母只有此一子，愍念瞻視不去目前。時父母與設三時殿，春夏冬使其子常遊戲其中五欲娛樂。時，童子於五欲中極自娛樂已。疲極眠睡，眠睡覺已。即觀第一殿，又見諸妓人所執樂器縱横狼藉，更相荷枕頭髮蓬亂，卻臥鼾睡齘齒寱語。見已恐怖身毛爲竪，即生厭離意不欲與會。此爲苦哉有何可貪，即捨所居殿，更詣中殿，到彼觀其殿舍并妓人。如前無異，倍生恐怖身毛爲竪，即生厭離不欲與會。此爲苦哉有何可貪，即捨去詣第三殿，所見亦復如上，倍生恐怖身毛爲竪，生厭離心不欲與會亦復如上。即還出殿詣尸佉城門。時尸佉門神，遥見童子來，見已便生是念：此童子來必欲見如來，更無餘道，我當開門使去。即與開門。時童子出尸佉城門已，詣婆羅河側，到已於河岸上。解金屐度婆羅河，詣仙人鹿苑所。爾時，世尊在露處經行，遥見童子來，即敷座而坐，諸佛常法圓光遍照。耶輸伽童子遥見如來顔貌端正，生喜悦心，前至世尊所。到已白言：我今苦厄無所歸趣，願救濟我。佛告童子：來此處無爲，此處無厄，此處安隱，欲求永寂無爲者，欲盡無愛處，滅盡涅槃也。爾時，耶輸伽童子禮世尊已，在一面坐，世尊漸與說法，勸令發歡喜心。所謂法者，布施持戒生天之法，呵欲不淨，讚歎出離爲樂。即於座上諸塵垢盡得法眼淨，見法得法成就諸法，自身得果證。前白佛言：我欲於如來所淨修梵行。佛言：比丘來，於我法中快自娛樂，修梵行盡苦源。時，耶輸伽即受具足戒。第一殿舍宫人妓女，盡皆睡覺，覺已求覓耶輸伽不見，往至中殿求之亦不見，復至第三殿舍求索亦復不見。時諸宫人妓女往至其母所白言大家：今者耶輸伽不知所在。時，母即速疾至其父所，告言：知不？今不知兒爲何所在。時父在彼中殿前，沐浴梳頭速疾斂髮，即勅左右人言：於波羅㮈國斷諸巷道，自出尸佉城門，至婆羅河所。見子金屐在河側，便作是念：我子必當渡河。即尋迹渡河，往仙人鹿苑中。爾時，如來遥見耶輸伽父來，即以神力使耶輸伽父見佛不見其子，至佛所白言：大沙門，頗見我子耶輸伽不？佛言：汝今且坐，或當見汝子。耶輸伽父念言：此大沙門甚奇甚特，乃見慰勞如是也。時，耶輸伽父禮佛足已，在一面坐。世尊漸與說法，令發歡喜心呵欲不淨，讚歎出離爲樂。即於座上諸塵垢盡得法眼淨，見法得法成辨諸法，自審得果證已。前白佛言：我今歸依佛歸依法歸依僧，唯願世尊聽爲優婆塞，自今已去盡形壽，不煞生乃至不飲酒，是爲最初優婆塞三自歸，耶輸伽父爲首。爾時，世尊與耶輸伽父說法。時耶輸伽身漏盡意解，得無礙智解脱。爾時世間有七羅漢，弟子有六佛爲七。爾時，世尊即攝神足，使耶輸伽父見子去佛不遠坐，即到耶輸伽所語言：汝母在後失汝，不知所在極懷愁憂，乃欲自害，汝可往瞻省，勿令自害。時，耶輸伽瞻視世尊顔。時世尊告耶輸伽父言：云何族姓子？學智學道諸塵垢盡得法眼淨，彼作如是觀已，有漏心得解脱。云何長者，汝已捨欲還復能習欲不耶？對曰：不也。如是耶輸伽族姓子，已學智學道，諸塵垢盡得法眼淨，彼作如是觀已有漏心得解脱，終不復習欲如本在俗時也。今耶輸伽族姓子，善獲大利，學智學道無漏心解脱，諸塵垢盡得法眼淨，作是觀已有漏心解脱。唯願世尊，今受我請，及耶輸伽并侍比丘。爾時，世尊默然受請。然耶輸伽不肯受别請，世尊未聽，我受别請。佛言：自今已去聽受别請，請有二種。有僧次請，有别請。時，耶輸伽父知如來默然受請，即從坐起禮佛足而去。語耶輸伽母及其本二言：汝今知不？耶輸伽身在大沙門所修梵行，我今日請大沙門及耶輸伽侍從，後來汝今知時，可供辦所須。耶輸伽母及其本二，即辦具種種所須飲食已，往白時到。爾時，世尊到時著衣持鉢，耶輸伽侍從通已二人往其父舍，到已就座而坐。時耶輸伽母及本二奉世尊種種所須飲食，食訖攝鉢，更取一小座於如來前坐。爾時，世尊漸次與說微妙法，勸令發歡喜心，即於座上諸塵垢盡得法眼淨，見法得法成就諸法。即白佛言：自今已去歸依佛法僧，聽爲優婆夷，我自今已去盡形壽，不煞生乃至不飲酒，是謂最初受三自歸優婆夷。耶輸伽母及其本二爲首。時，世尊與耶輸伽母及其本二說法已，即從坐起而去。爾時，世尊遊波羅㮈國。時耶輸伽有少小同友四人在波羅㮈住。一名無垢，二名善臂，三名滿願，四名伽梵婆提。聞耶輸伽在大沙門所修梵行，各念言：此戒德必不虛，修沙門梵行亦不虛。何以故？乃使此族姓子從其受學修梵行，彼族姓子能於彼修梵行，我等寧可於大沙門所修梵行耶？爾時，同友四人即往詣耶輸伽所語言：汝今於大沙門所修梵行爲勝耶？耶輸伽報言：我從大沙門所修梵行，甚爲微妙。此四人語耶輸伽言：我亦欲於大沙門所出家修梵行。時，耶輸伽即將往世尊所，頭面禮足在一面坐，白世尊言：此四同友在波羅㮈住今欲從如來出家修梵行，願慈愍聽出家修梵行。時世尊即聽，漸次爲說勝法。勝法者，布施持戒生天之法，呵欲不淨讚歎出離爲樂，即於座上諸塵垢盡得法眼淨，見法得法成就諸法得果證。前白佛言：我等欲從如來所修梵行。佛言：來比丘，於我法中快修梵行盡苦源，即名爲出家受具足戒，即如先所見重觀察，便得盡有漏心得解脫無礙解脫智生。時，此世間有十阿羅漢，弟子如來爲十一。爾時，世尊遊波羅㮈國。時，耶輸伽少小同友有五十人在波羅㮈城外住，聞耶輸伽在大沙門所修梵行，各生念言：此戒德所修梵行不虛，何以故知？今此族姓子，在大沙門所修梵行，以是故知。彼族姓子，能於彼修梵行，我今寧可往詣大沙門所修梵行耶？爾時，同友五十人等往詣耶輸伽所語言：此處勝耶，修梵行妙耶？耶輸伽報言：此處勝修梵行亦妙。此五十人語耶輸伽言：我亦欲於大沙門所出家修梵行。時，耶輸伽即將往世尊所，頭面禮足在一面坐。坐已白世尊言：此五十同友在波羅㮈城外住，今欲從如來出家修梵行，願世尊慈愍，聽出家修梵行。

雜記

《翻梵語》卷二　耶舍（亦云耶世鶤，譯曰名聞。）

《翻梵語》卷五　耶舍輸陁（譯曰名聞與也。）

《翻梵語》卷六　耶輸伽（譯曰：耶輸者，名，須伽者，往，亦云行。）

曇果共康孟詳譯《中本起經》卷上　於時波羅奈城中，有長者名阿具利，有子，字曰蚍蚍（晉言寶稱），時年二十四。稱生奇妙，有琉璃屐著足而生。父母貴異，字曰寶稱。別作屋宇，寒暑易處，妓女娛樂，不去左右。寶稱中夜欻覺，見諸妓女，皆如死狀，膿血流溢，支節斷壞，屋室衆具，皆似冢墓，驚走趣戶，戶輒自開，天地大冥，唯覩小光，趣東城門，門復自開，明照鹿園，尋光詣佛，瞻覩相好，巍巍煌煌，怖止迷解。舉聲歎曰：久在恩愛獄，縛著名色，於今馳趣神尊，寧得解脫不？佛言：童子，善來覺矣！斯處無憂，衆行畢竟，前禮佛足，卻住一面。佛爲說法，逮無垢法眼，退席白佛：願爲弟子。佛言：善來！比丘。便成沙門。

明旦眾女，不見丈夫，周慞遍求，欷歔並泣，大家驚怔，問其狀變。答言：不知寶稱今爲所在？長者怖悸，即遣馬騎，四出推索，父乘子車，速出而求。道過一水，水名波羅奈，度水見子寶屐脫置岸邊，即尋足迹，徑趣鹿園。佛以方便，令其父子兩不相見。長者見佛尊儀相好，喜懼交至，亡失修敬，而問佛言：我子寶稱，足迹赴此，瞿曇寧見？佛告長者：若子在斯，何憂不見？

佛爲說法：生死由癡，恩愛有離，破二十億惡，入須陁洹。寶稱心解，便得羅漢。父子相見，恩愛微薄，長者歡喜，退坐白佛：今日心悅。情有二喜：一者遇佛解喜、二者離愛快喜。

於時寶稱親友四人：一名富耨、二名惟摩羅、三名憍炎鉢、四名須陁，聞寶稱已作沙門，驚喜毛豎曰：其人德高，明遠震國，吾等咸歸。今爲沙門，其道必眞，乃使斯人忽棄榮利。共出詣佛，并省寶稱，即便俱行。見佛景則乘本願行，心喜即解，頭面作禮。前白世尊：飢渴道化，虚心日久，不以鄙陋，願爲弟子。佛言：善來！比丘。皆成沙門。爲説本心，旨解清淨，聞義心了，便得羅漢。

弘贊輯《四分律名義標釋》卷二三　耶輸伽。或云耶舍，或云夜輸。《中本起經》云：長者名阿具利，子字曰蚍陁。有琉璃屐，著足而生，父母貴異，字曰蚍陁。此言寶稱。時年二十四歲，往見世尊，即得阿羅漢道（耶舍，此云名，亦云稱）。

阿育王

紀　事

安法欽《阿育王傳》卷一　王言：我是剎利，汝身卑賤何由交會？女答王言：我非下賤，我是婆羅門女。婆羅門本以我與王爲妻，宮人妬嫉教我賤業。王即語之自今已後莫爲此事，遂便立作第一夫人，共相愛樂而生一子。母言：我憂患盡除。即爲作字名阿恕伽。阿恕伽者（晉言無憂）復生一子名爲盡憂。阿恕伽身體麁澀父不愛念，頻頭莎羅亦於諸妃多生子息，集諸相師相諸子等。有一相師名賓陵伽婆嗟。王語此相師：占我諸子誰中爲王？相師答言：王將諸子向金地園就彼相之。王與諸子至金地園中。母勑阿恕伽言：今王相子於金地園，汝亦可往。阿恕伽言：王不愛我，何爲至彼。母復告言：汝當必去。阿恕伽言：我去。之後送食與我即辭而去，出花氏城見輔相子羅提掘多。羅提掘多問阿恕伽言：欲何處去？答言：王集諸子詣金地園，我今欲往。爾時，掘多乘一老象語阿恕伽言：可乘此象。阿恕伽即乘此象向金地園，即到園所從象而下，於諸子邊在地而坐。諸子皆食種種餚饍，阿恕伽食粳米飯，盛以瓦器用酪和之渴則飲水。王語相師言：和上願相諸子，我死之後誰中爲王？相師念言：阿恕伽者必應爲王。我答王言彼應王者，王不愛之必當殺我。便答王言：不中説名字可説形相，其所服用事第一者相應爲王。諸王子等各自以，乘第一乘，坐第一坐，食第一食，用第一器，飲第一漿。阿恕伽念言：我應爲王。所以者何？象爲第一乘，地爲第一座，粳米第一飯，瓦器爲第一盛，酪爲第一味，水爲第一漿。以是義故，我應爲王。相師相已，王將諸子還入城中。相師語阿恕伽母言：阿恕伽必得爲王。母語相師言：且莫復道，並遠藏避如護身命，待阿恕伽得紹王位汝可來出。頻頭婆羅王以得叉尸羅城叛逆不順，即遣阿恕伽往討彼國，唯與四兵不與刀杖。時阿恕伽受命即出華氏之城，左右人言無有刀杖，如何得共怨敵鬬戰。阿恕伽言：我有福力應爲王者，所須刀杖自然當有。作是語已地神開地授刀杖與，遂便前進四兵圍繞到得叉尸羅國。國中人民聞阿恕伽來自然歸伏。莊嚴城地平治道路，各各持瓶盛滿中物以花覆上名爲吉瓶，以現伏相。半由旬迎而作是言：我不叛於王，亦不叛王子，唯逆王邊諸惡臣耳。供養恭敬隨從入城，人民調順還來歸國。王復遣阿恕伽罰佉沙國，彼國人民承迎調順如前無異，既調順已即還本國。有二大力士親近阿恕伽，阿恕伽即與二人封邑。天神爾時即護國土，天神作是唱言：愼莫叛逆。何以故？阿恕伽應爲轉輪王。王四分之一，漸漸征罰，四海之内悉皆歸伏。阿恕伽兄名蘇深摩者，方入華氏城，第一輔臣復欲出城。道中相逢，輔臣頭禿落。蘇深摩戲笑故以手打輔臣頭。輔相念言：此王子者未紹王位，便用權勢毆我頭上，若紹王位必當以刀而斬我首。即向五百輔相説蘇深摩過狀，言：不中爲王，唯阿恕伽者相師記言當作轉輪聖王四分之一，我等諸臣應共立之。後得義尸羅國爲惡臣所教復還叛逆，王即遣蘇深摩往彼討之。蘇深摩到不能令彼人民調順。頻頭莎羅王聞其不能調伏彼國，即生疾病便勑諸臣喚蘇深摩以爲太子，令阿恕伽而往討罰。時輔臣爲其作計，便以黄物塗阿恕伽身，以羅叉汁洗盛而棄之，詐稱阿恕伽得吐血病不任征罰。爾時頻頭莎羅王，疾病唯篤餘命無幾，輔相莊嚴阿恕伽已而白王言：請當並立阿恕伽爲王以理國事。蘇深摩來當還廢之。阿恕伽念言：我若有福德力應爲王者，天當以天繒結我頂上。作是語已，應言即結。王見阿恕伽天繒結頂，極大瞋恚沸血從面出而便命終，立阿恕伽爲王，羅提掘多作第一輔相。蘇深摩聞父王命終，阿恕伽得立爲王，心生忿怒還花氏城。阿恕伽聞蘇深摩來，嚴備一大力士置第一門下，第二力士置第二門下，第三力士置第三門下，

一百年後，有阿輸迦王於毛梨家生，出現於世，作轉輪王王閻浮提而得自在，得具足力，善能降伏剛強衆生。彼王爾時，必觀察我，能憶念我，護持我法，於我身上得尊重心。

文殊師利！彼阿輸迦王有一比丘，名淨目在，王子中生，出家求道。阿輸迦王以爲門師，有大神通力、有大威德力，護諸佛法、護大方廣。阿輸迦王深心尊重淨自在比丘故，不令餘處，常在王家身自供養。

僧伽跋陀羅譯《善見毗婆沙律》卷一 爾時，賓頭沙羅王生兒一百，賓頭沙羅王命終，阿育王四年中誅煞兄弟，唯置同母弟一人。過四年已，然後阿育王自拜爲王，從此佛涅槃已一百一十八年。後阿育王即統領閻浮利地，一切諸王無不降伏，王之威神，統領虛空及地下，各一由旬，阿耨達池諸鬼神，恆日日獻水八擔合十六器，以供王用。爾時，阿育王已信佛法，以水八器施比丘僧，二器施通三藏者，二器供王夫人，餘四器自供。

僧伽跋陀羅譯《善見毗婆沙律》卷二 問曰：帝須是誰？答曰：是王弟同生。爾時，阿育王登位，立弟爲太子。

僧伽跋陀羅譯《善見毗婆沙律》卷二 阿育王登位四年，太子出家。

《分別功德論》卷三 昔阿育王奉法精進，常供養五百衆僧，於宮內四事無乏，兼外給五百乞食。阿練若復送五百人餉，就供養之。

玄奘譯、辯機撰《大唐西域記》卷八 王故宮北有石柱，高數十尺，是無憂王作地獄處。釋迦如來涅槃之後第一百年，有阿輸迦（唐言無憂，舊曰阿育，訛也）王者。

《翻梵語》卷四 阿輸伽王（亦云阿育王，亦云阿輸迦。譯曰：阿輸迦者，無憂，亦云木華）

《龍樹五明論》卷一 如來滅後一百餘年，有王名阿諭伽，亦名阿育王。王閻浮提諸國競來問訊，問其除橫之法。爾時阿育王國中人民，多患貧窮困飢寒裸露，不能存立。

雜記

安法欽《阿育王傳》卷三 時，阿育王第一夫人名帝失羅叉，向駒那羅提掘多東門之下。阿恕伽而自當之，置機關白象，象上畫作阿恕伽像，周匝四邊造大火坑糞草覆上。蘇深摩來向第三門下，羅提掘多語蘇深摩言：今阿恕伽在東門下從彼入去，若得入者即爲汝臣，若不能害阿恕伽從此門入亦無所能。於是蘇深摩即往東門，直趣象上欲捉阿恕伽，不覺墮於火坑而自滅沒。時蘇深摩有一力士名曰賢踴，將數萬軍衆入佛法中，出家得阿羅漢道，諸輔相大臣輕蔑阿恕伽，阿恕伽密欲治之，即語諸大臣斫取好花果樹圍於棘刺。大臣白言：由來正聞以諸棘刺圍花果林，不聞以好花果之樹以圍棘刺。乃至三勅臣固不從，王極瞋恚即便煞此五百大臣，更至後春時與諸宮人共相圍繞至園林，聞有樹名阿恕伽，華極可愛。阿恕伽以此樹與己同名愛念此樹。阿恕伽身體麁澀，諸婇女等以阿恕伽身體麁澀，情不愛敬，不喜親近，伺其眠時園中遊戲。見阿恕伽樹即時折其花枝，王於眠覺見樹毀壞問左右言：誰毀此樹？答言：宮人毀之。王大忿怒捉五百宮人遶樹燒煞，舉國人民皆稱暴惡，遂號名爲惡阿恕伽。時羅提掘多而啟王言：自行煞害，非王所宜。王今應當簡選惡人以治有罪。王可其言，即便遣使募覓惡人。於國邊陲山下有一織師，生育一子名曰耆梨。爲人極惡，罵父罵母，手則挈網，腳則頓機。毒塗草葉蟲獸，觸者無不即死，凡是衆人稱爲大惡，舉國號之爲惡耆梨。使往其所語耆梨言：汝能爲阿恕伽王治罪人不？耆梨答言：天下惡人使我治者，猶故能爲，何況一阿恕伽，豈可不能？使聞此語，具以啟王，王即召之。耆梨聞使來召，即辞父母，父母不聽即便煞之。使問耆梨：何以故遲？耆梨答言：父母不聽，我乃煞之以是故遲。於是隨使見王而白王言：爲我作獄極令嚴峻使可愛樂，作獄已竟名愛樂獄。又白王言：若有人入要不聽出。王即聽可。

元魏沙門慧覺共威德《賢愚經》卷三 佛告阿難：向者小兒，歡喜施土，土足塗污佛房一邊，緣斯功德，我般涅槃百歲之後，當作國王，字阿輸迦。其次小兒，當作大臣，共領閻浮提一切國土，興顯三寶，廣設供養，分布舍利，遍閻浮提，當爲我起八萬四千塔。

釋僧祐撰《釋迦譜》卷五 我般涅槃百歲之後，當作國王字阿輸迦（阿育之別名也）。其次小兒當作大臣，共領閻浮提一切國土，興顯三寶廣設供養，分布舍利遍閻浮提，起八萬四千塔。

菩提流支譯《大薩遮尼乾子所說經》卷一〇 文殊師利！我入涅槃

羅所見其獨坐。

求那跋陀羅譯《雜阿含經》卷二三　如是乃至一日之中，立八萬四千塔，世間民人，興慶無異，共號名曰法阿育王。

鳩摩羅什譯《大智度論》卷二〇　阿育王弟違陁輸，七日作閻浮提王，得上妙自恣五欲。

扶南三藏僧伽婆羅《阿育王經》卷二　時，阿育王聞是語已悶絕躄地，乃至以冷水灑面尋得醒寤，從地而起以十萬兩金，供養如來涅槃之處及起塔已。禮優波笈多足而說言：我是世尊所說大弟子，我欲供養舍利。優波笈多答言：善哉善哉，王心極善。是時優波笈多將阿育王入祇洹林，舉右手指言：大王，此是舍利弗塔，自當供養。阿育王問優波笈多言：舍利弗功德智慧其事云何？答言：是第二佛，爲法之將，能隨如來而轉法輪，佛弟子中智慧第一，一切世間所有智慧，十六分中不及其一，唯除如來。

扶南三藏僧伽婆羅《阿育王經》卷三　爾時，阿育王於佛生處得道轉法輪入般涅槃，於一一處，各以十萬金供養於菩提樹，倍生信樂，作是思惟，此是世尊得阿耨多羅三藐三菩提處。日日之中最勝珍寶，供養此樹。是時阿育王第一夫人名微沙落起多（翻光護）生嗔恚心，大王既愛念我，云何以好珍寶與菩提樹。即喚旃陁利女（翻下姓）而語言：菩提樹是我怨，汝能殺不？答言：能，汝當與我金。夫人語言如是。時旃陁利女即便呪樹以綖縛之，是菩提樹漸漸枯死。

扶南三藏僧伽婆羅《阿育王經》卷三　時阿育王兒名鳩那羅（鳥名，不解翻）住王右邊。

扶南三藏僧伽婆羅《阿育王經》卷四　時，阿育王身遇重病，糞從口出，諸不淨汁從毛孔出，一切良醫所不能治。時阿育王即語諸臣：召鳩那羅還，我當灌頂授以王位。我於今者，不貪身命。時微沙落起多即便思惟：若鳩那羅得作王者，我必當死。思惟已，白阿育王言：我能令王病得除愈，一切醫師不須令進。時阿育王即受其語斷諸醫師。時微沙落起多語諸醫師，門外男女病如王者可將其入。時阿毗羅國有一人病，如王不異。時病人婦爲覓醫師說其病狀。醫師答言：將此人來我欲見之，當爲處藥。乃至婦人將此病者送與醫師，醫師復送與王夫人。時，王夫人將此病者置無人處，令破其腹出生熟二藏，於熟藏中有一大蟲，蟲若上行糞從口出，蟲若下行便從下出。若左右行諸不淨汁從毛孔出。時王夫人磨摩梨遮以置蟲邊，而蟲不死。復以畢鉢以置蟲邊，蟲亦不死。復以乾薑以置蟲邊，蟲亦不死。乃至以大蒜置於蟲邊，蟲便即死。時王夫人以如此事具以白王：王於今者應當食蒜，病即除愈。王答言：我是刹利，不得食蒜。夫人復言：爲身命故作藥意食之。乃至阿育王遂便食之，蟲死病除便利如本。時阿育王清淨洗浴語夫人言：汝於今者當何所求，隨意與之。夫人白王：願王七日聽我爲王。王語夫人：若汝爲王必當殺我。夫人又言：過七日已我當還王。時阿育王遂便許之。夫人思惟：我欲治鳩那羅，今正是時。是時夫人即便假作阿育王書，與德叉尸羅人令取鳩那羅眼。

扶南三藏僧伽婆羅《阿育王經》卷一　時，阿育王於其城中出多兵眾守城四門，令二勇猛大力之將領諸兵眾守南西二門，復令大臣成護領諸兵眾守城北門，時阿育王自領兵眾守城東門。大臣成護以諸方便於城東門作諸機關，刻木以爲阿育王身及諸軍眾，掘地作坑與無烟火以物覆之，復以燥土用置其上。時修私摩領諸兵眾欲攻北門，成護語言：汝莫攻我，當攻東門。汝若得殺阿育王者，我自降伏。時修私摩便從其語，即迴軍眾往攻東門，見機關人悉皆不動，於是直前即墮火坑自燒而死。修私摩死，已彼有軍主，名跋陁羅（翻賢）由他（翻伏），大力勇猛領諸軍眾，其數過千，於佛法中出家修道即得阿羅漢果。時，阿育王領理國事有五百大臣，於阿育王起輕慢心，阿育王語諸大臣：汝可折取花菓樹以護棘刺樹。諸臣答言：大王不爾，當折取棘刺樹以護花菓樹。阿育王復言：不如是，當折取花樹護棘刺樹。如是至三時，諸大臣不受其敎，阿育王瞋即自拔刀斬五百臣首。乃至阿育王復於一時將五百婇女入於後園，園中有樹名阿輸柯，樹生花葉，阿輸柯王見而說言：此樹與我同名，是故歡喜。時，阿育王身體麁澁，諸女人等不欲近之。王園中眠，諸女人等爲欲令王不歡喜故，折樹花葉乃至令盡。阿育王覺見無花葉而問諸女：樹花脫盡誰之所作？諸女答言：我等所爲。阿育王瞋，即以竹箔裹諸女人以火燒之，以其惡故，時人謂爲旃陁阿輸柯王（翻可畏）。

真諦譯《十八部論》卷一　佛滅度後百一十六年，城名巴連弗。時阿育王，王閻浮提匡於天下。爾時，大僧別部異法。

《雜譬喻經》卷上　昔佛般泥洹去百年後，有阿育王愛樂佛法，國中有二萬比丘，王恆供養之。

新羅慧超（唐）圓照等著《遊方記抄》卷一　此國伽藍三百餘所，靈塔瑞像其數頗多，或阿育王及五百阿羅漢之所建立也。

道宣《廣弘明集》卷一三《阿育王經》云：王煞八萬四千宮人，夜聞宮中有哭聲，王悔爲造八萬四千塔，今此震旦亦有在者。

海印《思覺集-如來廣孝十種報恩道場儀文》卷四　昔阿育王造金幡千二百首懸諸刹土，遂延壽二十五年，故名續命神幡。

目犍連子帝須

雜　記

僧伽跋陀羅譯《善見毗婆沙律》卷一　今次第說師名字：優波離、大象拘、蘇那拘、悉伽符、目揵連子帝須。五人得勝煩惱，次第閻浮利地中持律亦不斷，乃至第三一切諸律師，皆從優波離出，此是連續優波離。

僧伽跋陀羅譯《善見毗婆沙律》卷一　於是諸大德往至梵天，梵天人名帝須。諸大德至，語帝須：從此百年後十八年中，如來法極大垢起，我等觀一切世間及欲界，不見一人能護佛法，乃至梵天見汝一人。善哉，善人！若汝生世間，以十力法汝當整持。諸大德作是言已，大梵帝須聞諸大德佛法中垢起我當洗除，聞已，歡喜踴躍答曰：善哉！對已，與諸大德立誓，於梵天應作已罷，從梵天下。爾時，有大德和伽婆、栴陀跋闍二人，於眾少年，通持三藏，得三達智、愛盡阿羅漢，是二人不及滅諍。諸大德語二長老：汝二人不及滅諍，眾僧今依事罰汝。當來有梵大人名帝須，當託生目揵連婆羅門家，汝二人可一人往迎，取度出家，一人教學佛法。於是諸大德阿羅漢，隨壽長短各入涅槃。

僧伽跋陀羅譯《善見毗婆沙律》卷一　帝須答王言：佛在世時諸人供養，不及於王，唯王一人無能過者。

王聞帝須此語，心中懽憘不斷，而作念言：於佛法中作大布施，無與我等，我當受持佛法如子愛父，則無有狐疑。於是大王問比丘僧：我於佛法中得受持不？爾時帝須聞王語已，又見王邊王子，名摩哂陀，因緣具足，便作念：若是王子得出家者，佛法極大興隆。念已而白王言：大王！如此功德猶未入佛法，譬如有人從地積七寶上至梵天，以用布施，於佛法中亦未得入，況王布施而望得入！王復問言：云何得入法分？帝須答言：若貧若富，身自生子，令子出家得入佛法。作是言已，王自念：我如此布施，猶未入佛法，我今當求得入因緣。

僧伽跋陀羅譯《善見毗婆沙律》卷二　眾僧已受，即推目揵連子帝須爲和尚；摩呵提婆爲阿闍梨，授十戒。

《善見律毗婆沙》卷二

僧伽跋陀羅譯《善見毗婆沙律》卷二　爾時，目揵連子帝須自念言：諍法起已，不久當盛，我若住僧眾，諍法不滅。即以弟子付摩哂陀已，目揵連子帝須入阿休河山中，隱靜獨住。

僧伽跋陀羅譯《善見毗婆沙律》卷二　諸比丘答言：有目揵連子帝須，能斷狐疑豎立佛法。於是即遣法師四人，人各有比丘一千侍從而去；復遣大臣四人，人各有一千人將從，往迎大德目揵連子帝須，須得而歸。

是時，二部眾往至阿休河山中，迎取目揵連子帝須，到已而言：王喚帝須！帝須不去。王復更遣法師八人，人各有比丘一千侍從；大臣八人，人各一千侍從。到已復言：王喚帝須！帝須不去。王遲望二使，經久未反，王心狐疑。王復問諸大德：大德！我已遣二使，往迎目揵連子帝須，使已經久而不見至？眾僧答言：恐迎者僻宣王意，言喚帝須！是故不來。王復問言：云何作請語而得來耶？眾僧答王，當作是言：佛法已沒，願屈大德來，更共豎立。乃可得來。

僧伽跋陀羅譯《善見毗婆沙律》卷二　王去之後，眾僧即集眾六萬比丘。於集眾中，目揵連子帝須爲上座，能破外道邪見徒眾。

僧伽跋陀羅譯《善見毗婆沙律》卷二　從第三之後，目揵連子帝須臨涅槃，付弟子摩哂陀，摩哂陀是阿育王兒也，持律藏至師子國。

念常《佛祖歷代通載》卷九　悉伽婆付弟子目犍連子帝須，帝須付弟子旃陀跋闍，如是師師相付。

摩哂陀

紀事

僧伽跋陀羅譯《善見毗婆沙律》卷一　王觀看左右見摩哂陁，而作是念：我弟帝須已自出家。即立摩哂陁爲大子，王復籌量立爲太子好？令出家好？即語摩哂陁：汝樂出家不？摩哂陁見叔帝須出家後，心願出家，聞王此言心大歡喜，即答：實樂出家。若我出家，王於佛法得入法分。爾時王女名僧伽蜜多，立近兄邊，其婿先已與帝須俱出家。王問僧伽蜜多：汝樂出家不？答言：實樂。王答：若汝出家大善。王知其心，心中懽憙向比丘言：大德！我此二子，衆僧爲度，令我得入佛法。

僧伽跋陀羅譯《善見毗婆沙律》卷二　衆僧已受，即推目揵連子帝須爲和尚；摩呵提婆爲阿闍梨，授十戒；大德末闡提爲阿闍梨，與具足戒。是時摩哂陁年滿二十，即受具足戒，於戒壇中得三達智，具六神通漏盡羅漢。僧伽蜜多，阿闍梨名阿由波羅，和尚名曇摩波羅。是時僧伽蜜多年十八歲，度令出家，於戒壇中即與六法。王登位以來，已經六年，二子出家。於是摩哂陁於師受經及毗尼藏，摩哂陁於三藏中，一切佛法皆悉總持，同學一千，摩哂陁最大。

雜記

僧伽跋陀羅譯《善見毗婆沙律》卷三　王聞已，心中暢然，白大德：阿㝹羅夫人今欲出家，願大德爲度。摩哂陁答言：我等沙門，不得度女人。我今有妹，名僧伽蜜多，在波吒利弗國，可往迎來。往昔三佛菩提樹，皆來種此國，今我等師菩提樹，亦應種此間。是故大王，當遣使者到阿育王所，請比丘尼僧伽蜜多，求菩提樹來此間種。

慧琳《一切經音義》卷五八　摩哂陁（尸忍反，梵語阿羅漢名也。）

《翻梵語》卷四　摩因陀羅西那王（應云應顯陀羅西那，譯曰天主軍也）

僧加密多

雜記

僧伽跋陀羅譯《善見毗婆沙律》卷二　僧伽蜜多，阿闍梨名阿由波羅，和尚名曇摩波羅。是時僧伽蜜多年十八歲，度令出家，於戒壇中即與六法。

僧伽跋陀羅譯《善見毗婆沙律》卷三　摩哂陁答言：我等沙門，不得度女人。我今有妹，名僧伽蜜多，在波吒利弗國，可往迎來。往昔三佛菩提樹，皆來種此國，今我等師菩提樹，亦應種此間。是故大王，當遣使者到阿育王所，請比丘尼僧伽蜜多，求菩提樹來此間種。王答：善哉！受教勅已，即喚諸臣共議。

須那

雜記

僧伽跋陀羅譯《善見毗婆沙律》卷二　法師問曰：三集衆誰爲律師？於閻浮利地，我當次第說名字：第一、優波離，第二、馱寫拘，第三、須那拘，第四、悉伽婆，第五、目揵連子帝須。

僧伽跋陀羅譯《善見毗婆沙律》卷二　須那迦鬱多羅至金地國。摩哂陁、鬱帝夜參婆樓拔陁！至師子國。各豎立佛法。於是諸大德各各眷屬五人，而往諸國豎立佛法。

僧伽跋陀羅譯《善見毗婆沙律》卷二 大德須那迦那欝多羅，往至金地國。到已，於金地中，有一夜叉尼，從海中出，往到王宮中，夫人若生兒已，夜叉即奪取而食。爾時，王夫人生一男兒，見大德須那迦來，即大恐怖，而作念言：此是夜叉尼伴也。即取器仗往欲煞須那迦。須那迦問言：何以持器仗而來？諸人答言：王宮中生兒，而夜叉尼伴奪取而食。君將非其伴耶？須那迦答言：我非夜叉尼伴，我等名爲沙門，斷殺生法，護持十善勇猛精進，我有善法。

是時夜叉尼聞王宮生兒，相與圍遶從海中出，作如是言：今王生兒，我當往取食。王宮中國人，見夜叉衆來，皆大驚怖，往白大德。是時須那迦，即化作夜叉大衆，倍於彼衆而圍遶之。夜叉尼等見化夜叉，而作念言：彼夜叉者當已得國，今將欲來取食我等。作是念已，即各走去不得迴顧。於是化夜叉衆，隨後而逐，不見而上。大德須那迦，即誦咒防護國土，使諸夜叉斷不得入，即爲國人民說《梵網經》，說已，六萬人皆得道果，復有受三歸五戒者，三千五百人爲比丘僧，一千五百人爲比丘尼，於是佛法流通。

《翻梵語》卷二 須那迦欝多羅（譯曰：須那迦者，淨；欝多羅者，勝。）

馬鳴菩薩造、（陳）真諦譯《大宗地玄文本論》卷二 云何爲十眞金剛心。一者鳩摩羅伽。二者須何伽一婆。三者須那迦。四者須陁洹。五者斯陁含。六者阿那含。七者阿羅漢。八者阿尼羅漢。九者阿那訶訶。十者阿訶羅弗。是名爲十。

那先

紀事

《那先比丘經》卷上 其一人前求作國王者，生於海邊爲國王太子字彌蘭。其一人前世欲剃頭作沙門求羅漢泥洹者，生於天竺字陁獵，與肉袈裟俱生其家。有一大象同日生。天竺名象爲那，父母便字爲那先。年十五六，那先有舅父字樓漢，學道作沙門，大高才世間無比，已得阿羅漢道，能出無間入無孔，自在變化無所不作。天上天下人民及蠕動之類，心所念皆豫知之，生所從來死趣何道。那先至舅父所自說言：我喜佛道，欲作沙門，爲舅父作弟子，寧可持我作沙門？樓漢哀之，即聽作沙彌受十戒。日誦經思惟經戒便得四禪，悉知諸經要。時國中有佛寺舍名和戰，寺中有五百沙門皆得羅漢道。其中有第一羅漢名頞波曰，能知天上天下去來現在之事。那先年至二十，便受大沙門經戒，便到和戰寺中，至頞波曰所。時五百羅漢適以十五日說大沙門戒經，在講堂上坐，大沙門皆入，那先亦在其中。諸沙門悉坐，頞波曰悉視坐中諸沙門心皆是羅漢，獨那先未得羅漢。頞波曰言：譬若揚米，米正白中有黑米，即揚爲不好。今我坐中皆白清淨，獨那先黑未得羅漢耳。那先聞頞波曰說如是，大憂愁起爲五百沙門作禮出去，自念：我不宜在是座中坐，譬若衆師子中有狐狗，我從今以後不得道不入中坐。頞波曰知那先意，以手摩那先頭言：汝得羅漢道不久莫愁憂。便止留那先。那先復有一師，年八九十，字加維曰。其中有一優婆塞大賢善，曰飯加維。那先且爲師持鉢行取飯食具。師令那先口含水，行到優婆塞家取飯食具。優婆塞見那先年少端正與人絕異有名字，智慧廣遠有志能說經道。優婆塞見那先前爲作禮叉手言：飯諸沙門日久，未曾爲我說經者。今我從那先求哀願，與我說經解我心意。那先自念：我受師教戒令我口含水不得語，我今吐水者爲犯師要，如是當云何？那先知優婆塞亦高才有志，我爲其說經想即當得道。那先便吐水卻坐爲說經言。人當布施作福善奉行佛經戒，死後生世間得富貴。人不犯經戒者，後不復入地獄餓鬼畜生中貧窮中，得生天上。優婆塞聞那先說經心大歡喜，那先知優婆塞心歡喜，便復爲說經。世間萬物皆當過去無有常，諸所作皆勤苦，萬物皆不得自在，泥洹道者不生不老不病不死不愁不惱，諸惡勤苦皆消滅。那先說經竟，優婆塞便得第一須陁洹道，那先亦得須陁洹道。優婆塞大歡喜，便極與那先作美飯具，那先語優婆塞，先取飯具置師鉢中。那先飯竟澡漱訖畢，持飯具還與師。師見言：汝今日持好飯具來，以犯衆人要，當逐出汝。那先大愁憂不樂，師教言：會比丘僧，悉會皆坐。師言：那先犯我曹衆人要來，當逐出無令在衆中止。頞波曰說：經言：譬若人持一箭射中兩準。那先自得道，亦復令優婆塞得道，不應逐出。師迦維曰：政使一箭射中百準，會爲犯衆人，要不得止，餘人持戒不能如那先得道。如效那先，當用絕後。衆坐中皆默然，師教即逐出那先。那先便以頭面禮師足起，遍爲比丘僧作禮訖竟，便出去入深山坐樹下，晝夜精進思惟道不懈，自成得羅漢道。能飛行徹視徹聽，知他人心所念善惡，自知前世所更從來生。得羅漢道已，便來還入和戰寺中，詣諸比丘所，前頭面悔過求和解，諸比丘僧即聽之。那先作禮訖竟，便出去轉行入諸郡縣街曲里巷，爲人說經戒，教人爲善。中有受五戒者，得須陁洹道者；中有得斯陁含道者；中有得阿那含道者；中有作沙門得羅漢道者。第二忉利天帝釋，第七天王梵第四天王皆來到那先所作禮，以頭面著足卻坐。那先便爲諸天說經，名字聞四遠。那先所行處，諸天人民鬼神龍見那先無不歡喜者，皆得其福。那先便轉到天竺舍竭國，止泄坻迦寺中。

《那先比丘經》卷上　那先來到舍竭國，其所相隨弟子皆復高明，那先如猛師子。沾彌利白王：有沙門字那先，智慧微妙諸經道。要能解人所疑無所不通，能與王難經說道。王問沾彌利：審能與我共難經道不？沾彌利言。唯然常與第七梵天共難經說道。何況於人王。即勑沾彌利。便行請那先來。沾彌利即到那先所白言。大王欲相見。那先言大善。即與弟子相隨行到王所。王雖未嘗見。那先在衆人中披服行步。與人有絕異。王遙見隱知那先。王自說言。我前後所更見衆大多。入大坐中大多。未嘗自覺恐怖。如今日見那先。今日那先定勝我。我心惶惶不安。沾彌利居前白王言。那先以發旦到。王即問沾彌利。何所是那先者。沾彌利白。因指示王。王即大歡喜。正我所隱意是。那先即到。王因前相問訊語言。王便大歡喜。因共對坐。那先語王言。佛經說言。人安隱最大利。人知足最爲大富。人有所信最爲大厚。泥洹道最爲大快。王便問那先卿字何等。那先言。父母字我爲那先。人呼我爲那先。有時父母呼我爲羅那先。有時父母呼我爲維迦先。用是故人皆識知我。世間人皆有是耳。王問那先。誰爲那先者。王復問言。頭爲那先耶。不爲那先。王復言。耳鼻口爲那先耶。不爲那先。王復言。頤項肩臂手足爲那先耶。不爲那先。王復言。髀腳爲那先耶。不爲那先。王復言。顏色爲那先耶不爲那先。王復言。苦樂爲那先耶。不爲那先。王復言。善惡爲那先耶。不爲那先。王復言。身爲那先耶。不爲那先。王復言。肝肺心脾腸胃爲那先耶。不爲那先。王復言。顏色。爲那先耶。不爲那先。苦樂善惡身心合。是事寧爲那先耶。言不爲那先。王復言。無有苦樂無有顏色無有善惡無有身心。無是五事。寧爲那先耶。那先言。不爲那先。王復言。聲響喘息寧爲那先耶。言不爲那先。何等爲那先者。那先問王。何所爲車者。軸爲車耶。不爲車。那先言。轂爲車耶。王言轂不爲車。那先言。輻爲車耶。不爲車。那先言。輞爲車耶。不爲車。那先言。轅爲車耶。不爲車。軛爲車耶。不爲車。那先言。輿爲車耶。不爲車。那先言。蓋爲車耶。不爲車。那先言。合聚是材木著一面。寧爲車耶。不爲車。那先言。音聲爲車耶。不爲車。那先言。何等爲車耶。王默然不語那先言。佛經說。合聚是諸材木。用作車因得車。人亦如是。合聚頭面目耳鼻口頸項肩臂骨肉手足肺肝心脾腎腸胃顏色聲響喘息苦樂善惡合爲一人。王言。善哉善哉。

道世《諸經要集》卷一七　如《那先比丘問佛經》云：時有彌蘭王，問羅漢那先比丘言：人在世間作惡至百歲，臨欲死時念佛，死後生天，我不信是語。復言殺一衆生，死即入泥犁中，我亦不信是也。那先比丘問王：如人持小石置在水上，石浮耶沒耶？王言：其石沒也。那先言：如令持百枚大石置在船上，其船沒不？王言：不沒。那先言：船中百枚大石因船故不得沒，人雖有本惡，一時念佛，用是不入泥犁便生天上，何不信耶？其小石沒者，如人作惡不知佛經，死後便入泥犁，何不信耶？王言：善哉善哉。那先比丘言：如兩人俱死，一人生第七梵天，一人生罽賓國。此二人遠近雖異，死則一時俱到。如有一雙飛鳥，一於高樹上止，一於卑樹上止。兩鳥一時俱飛其影俱到地耳。那先比丘言：如愚人作惡得殃大，智人作惡得殃小。譬如燒鐵在地，一人知爲燒鐵，一人不知。兩人俱取，然不知者手爛大，知者小壞，作惡亦爾。愚者不能自悔故，其殃得大。智者作惡，知不當爲日自悔過故，其殃少耳。

彌蘭陀

紀　事

康僧會譯《六度集經》卷三　昔有五百商人入海採利，中有智者名曰彌蘭，爲眾師御。海有神魚，其名摩竭，觸敗其船，眾皆喪身，彌蘭騎板，僅而獲免。風漂附岸，地名鼻摩，登岸周旋庶自蘇息，覩一小徑尋之而進。遙見銀城，樹木茂盛，間有浴池，周旋四表，甘水遶之。有四美人，容齊天女，奉迎之曰：經涉巨海，厥勞多矣，善賀吉臻。今斯銀城，其中眾寶，黃金白銀，水精琉璃，珊瑚虎珀，車磲爲殿，妾等四女給仁使役，晚息夙興，惟命所之，願無他遊。彌蘭入城昇七寶殿，懽娛從欲，願無不有，處中千餘年。彌蘭惟曰：斯諸玉女不令吾邁，其有緣乎？伺四女寢，竊疾亡去。

《那先比丘經》卷上　其一人前求作國王者，生於海邊，爲國王太子，字彌蘭。

《那先比丘經》卷上　有前世故知識一人在海邊，作國王子，名彌蘭。彌蘭少小好讀經學異道，悉知異道經法，異道人無能勝者。彌蘭父王壽盡，彌蘭立爲王。王問左右邊臣言：國中道人及人民誰能與我共難經道者？邊臣白言：有學佛道者，人呼爲沙門，其人智慧妙達，能與王共難經道。北方大臣國名沙竭，古王之宮，其國中外安隱人民皆善，其城四方皆復道行，諸城門皆刻鏤，及餘小國皆多高明，人民被服五色焜煌，國土高燥珍寶眾多，四方賈客賣買皆以金錢，五穀豐賤家有餘畜樂不可言。其王彌蘭以正法治國，高才有智謀明於官事，戰鬭之術無不通達，能知九十六種道，所問不窮人適發言，便豫知其所趣。

真諦譯《阿毗達磨俱舍釋論》卷二二　有大德那伽斯那阿羅漢，旻隣陁王，至大德所說云：我今欲問大德，沙門多漫言，如我所問，若大德直答，我當問大德。大德言：王但問。王即問：命者爲即是身，爲命者異身異？大德言：此義非所記。王言：大德，我先爲不令大德立誓耶？謂不應說別語，我有別語，此義非可語。大德言：我今欲問大王，諸王多漫言，如我所問，王若直答，我當問王。王言：大德但問。大德即問。

玄奘譯《阿毗達磨俱舍論》卷三〇　昔有大德名曰龍軍，三明六通具八解脫。于時有一畢鄰陁王，至大德所作如是說：我今來意欲請所疑，然諸沙門性好多語，尊能直答，我當請問。大德受請。王即問言：命者與身爲一爲異？大德答言：此不應記。王言：豈不先有要耶，今何異言不答所問？大德質曰：我欲問疑，然諸國王性好多語，王能直答，我當發問。王便受教。大德問言：大王宮中諸菴羅樹所生果味爲酢爲甘。王言：宮中本無此樹，大德復責，先無要耶？今何異言不答所問。王言：宮內此樹既無，寧可答言果味甘酢。大德誨曰：命者亦無，如何可言與身一異。

咫觀《水陸道場法輪寶懺》卷二　佛滅度後，有彌蘭王向那先比丘種種問難，比丘一一答之。

惟昔定光佛之時，國中有一梵志，字彌蘭，博學多知，國中儒學者皆師仰之。梵志彌蘭常將五百弟子以爲左右，常修梵行。時適講堂，菩薩過之，一一解釋經中要事，令五百人各得開解。終日竟夜，門徒皆悅，菩薩捨之而去。後日同時俱見錠光佛，佛授菩薩決，五百梵志亦發無上正眞道意。

鳩摩羅多

紀　事

法寶撰《俱舍論頌疏論本》卷二　論：此中大德至此是所許，第八述經部計也。鳩摩羅多，此云豪童，是經部祖師，於經部中造《喻鬘論》、《癡鬘論》等。中有此頌，明有對，與有部不同。

延壽《宗鏡録》卷九七　伽耶舍多後付鳩摩羅多傳法偈曰：有種有心地，因緣能發萌；於緣不相礙，當生生不生。第十九祖鳩摩羅多尊者傳法偈云：性上本無生，爲對求人說；於法既無得，何懷決不決。

宗寶編《六祖大師法寶壇經》　第一摩訶迦葉尊者、第二阿難尊者、第三商那和修尊者、第四優波毱多尊者、第五提多迦尊者、第六彌遮迦尊者、第七婆須蜜多尊者、第八佛馱難提尊者、第九伏馱蜜多尊者、第十脇尊者、十一富那夜奢尊者、十二馬鳴大士、十三迦毗摩羅尊者、十四龍樹大士、十五迦那提婆尊者、十六羅睺羅多尊者、十七僧伽難提尊者、十八伽耶舍多尊者、十九鳩摩羅多尊者、二十闍耶多尊者、二十一婆修盤頭尊者、二十二摩拏羅尊者、二十三鶴勒那尊者、二十四師子尊者、二十五婆舍斯多尊者、二十六不如蜜多尊者、二十七般若多羅尊者、二十八菩提達磨尊者（此土是爲初祖）、二十九慧可大師、三十僧璨大師、三十一道信大師、三十二弘忍大師。

圓暉述《俱舍論頌疏論本》卷二　依經部宗中，大德鳩摩羅多作如是說。鳩摩羅多，此云豪童也。是處心欲生他，礙令不起。應知是有對，無對此相違。此頌意者，如有色處，其心欲生，被他聲礙，心遂不起。心不起時，名爲有對。心正生時，即名無對。不同有宗於心生位說名有對，論主意朋鳩摩羅多釋故。

馬鳴

傳記

鳩摩羅什《馬鳴菩薩傳》　夫含情受化者天下莫二也。佛道淵弘，義存兼救。大人之德亦以濟物爲上，世教多難故王化一國而已，今弘宣佛道自可爲四海法王也。比丘度人，義不容異；功德在心，理無遠近。宜存遠大，何必在目前而已。王素宗重敬用其言，即以與之月氏王使還本國。諸臣議曰：王奉佛鉢故其宜矣。夫比丘者天下皆是當一億金，無乃太過。王審知比丘高明勝達，導利弘深辯才說法乃感非人類，將欲悟諸群惑。餓七匹馬至於六日旦，普集內外沙門異學請比丘說法，諸有聽者莫不開悟。王繫此馬於衆會前以草與之（馬嗜浮流，故以浮流草與之也），馬垂淚聽法無念食想，於是天下乃知非恆，以馬解其音故，遂號爲馬鳴菩薩。於北天竺廣宣佛法，導利群生善能方便，成人功德四輩敬重，復咸稱爲功德日。

西域三藏吉迦夜共曇曜《雜寶藏經》卷七　時月氏國有王，名栴檀罽尼吒，與三智人以爲親友。第一名馬鳴菩薩，第二大臣，字摩吒羅，第三良醫，字遮羅迦，如此三人，王所親善，待遇隆厚，進止左右。馬鳴菩薩而白王言：當用我語者，使王來生之世，常與善俱，永離諸難，長辭惡趣。第二大臣復白王言：王若用臣密語，不漏泄者，四海之中，都可剋獲。第三良醫復白王言：大王若能用臣語者，使王一身之中，終不橫死，百味隨心，調適無患。王如其言，未曾微病。於是王用大臣之言，軍威所擬，靡不摧伏，四海之內，三方已定，唯有東方，未來歸伏，即便嚴軍，欲往討罰。先遣諸胡及諸白象，於先導道，王從後引，欲至蔥嶺，越度關嶮。

不空譯《佛說金毗羅童子威德經》卷一　會中復有一菩薩名曰馬鳴，即從座起前詣佛所，白如來：如來有無量智慧，無邊知見。世尊，我亦有神妙章句，衆生得聞之者亦得離苦，唯願如來許我說之。時如來讚言：善哉善哉，汝發大弘願憐愍衆生，今正是時，汝當速說。爾時，馬鳴菩薩及諸大衆皆大歡喜大悲。世尊我今速說，馬鳴白言：世尊世間衆生多處塵俗，恆常流轉無時停息，我今說此方法悉得解脫。

通潤《起信論續疏》卷一　馬鳴大士者，波羅奈國人也。昔爲毗舍利國王，以其國有一類裸人，如馬裸露，王遂運神通，分身爲蠶以衣之。後生中印土，馬人感戀悲鳴，故號馬鳴。亦名功勝。以有作無作諸功德，最爲殊勝，故名焉。時十一祖富那夜奢尊者至其國，有一長者來趣法會。祖謂衆曰：汝等識此來者耶？佛記聖者馬鳴紹吾法者也。於是馬鳴致禮。問曰：我欲識佛。何者即是？祖曰：汝欲識佛，不識者是。彼曰：佛既不識，焉知是乎？祖曰：既不識佛，焉知不是。曰：此是鋸義。祖曰：彼是木義。祖問：鋸義者何？曰：與師平出。鳴卻問：木義者何？祖曰：汝被我解。馬鳴豁然省悟，遂求剃度。祖謂衆曰：如來懸記滅度後六百年，馬鳴當於波羅奈國摧伏外道，度人無量，遂得付法。後於華氏國轉妙法輪，顯諸神力，降伏魔事。時有外道索師論義，集王大臣及四眾，俱會論場。師曰：汝義以何爲宗？曰：凡有言說，我皆能破。師乃指國王曰：當今國王康寧，大王長壽，請汝破之。外道屈服。後造卄蔗論十萬偈，復集百部大乘經義以造斯論，可謂于羣藥中，但取阿陁之妙。向眾寶內，唯探如意之珠，舉一蔽諸，以本攝末矣。

紀事

鳩摩羅什譯《大智度論》卷一 夫萬有本於生生而生，生者無生；變化兆於物始而始，始者無始。然則無生、無始，物之性也。生、始不動於性，而萬有陳於外，悔吝生於內者，其唯邪思乎！正覺有以見邪思之自起故，阿含爲之作；知滯有之由惑故，般若爲之照。然而照本希夷，津涯浩汗，理超文表，趣絕思境。以言求之，則乖其深；以智測之，則失其旨。二乘所以顛沛於三藏，雜學所以曝鱗於龍門者，不其然乎！

是以馬鳴起於正法之餘，龍樹生於像法之末。正餘易弘故，直振其遺風瑩拂而已。像末多端故，乃寄跡凡夫示悟物以漸，又假照龍宮以朗搜玄之慧，託聞幽秘以窮微言之妙，爾乃憲章智典作茲釋論。其開夷路也，則令大乘之駕方軌而直入；其辯實相也，則使妄見之惑不遠而自復。

其爲論也，初辭擬之，必標眾異以盡美；卒成之終，則舉無執以盡善。釋所不盡，則立論以明之；論其未辯，則寄折中以定之。使靈篇無難喻之章，千載悟作者之旨，信若人之功矣！

有鳩摩羅耆婆法師者，少播聰慧之聞，長集奇拔之譽，才舉則亢標萬里，言發則英辯榮枯，常杖茲論爲淵鏡憑高、致以明宗。以秦弘始三年，歲次星紀，十二月二十日，自姑臧至長安。秦王虛襟既已蘊在，昔見之心豈徒則悅而已！晤言相對，則淹留終日；研微造盡，則窮年忘倦。又以晤言之功雖深，而恨獨符之心不曠；造盡之要雖玄，而惜津梁之勢未普。遂以莫逆之懷，相與弘兼忘之慧，乃集京師義業沙門，命公卿賞契之士五百餘人，集於渭濱逍遙園堂。鑾輿佇駕於洪涘，禁禦息警於林間。躬覽玄章，考正名於梵本；諮通津要，坦夷路於來踐。

經本既定，乃出此釋論。論之略本有十萬偈，偈有三十二字，并三百二十萬言。梵夏既乖，又有煩簡之異，三分除二，得此百卷。於大智三十萬言，玄章婉旨，朗然可見，歸途直達，無復惑趣之疑，以文求之無間然矣。

故《天竺傳》云：像、正之末，微馬鳴、龍樹，道學之門其淪胥溺喪矣！其故何耶？寔由二末契微邪法用盛，虛言與實教並興，嶮徑與夷路爭轍，始進者化之而流離，向道者惑之而播越，非二匠其孰與正之！是以天竺諸國，爲之立廟，宗之若佛。又稱而詠之曰：智慧日已頹，斯人令再曜；世昏寢已久，斯人悟令覺。若然者，真可謂功格十地，道侔補處者矣！傳而稱之，不亦宜乎！幸哉！此中鄙之外，忽得全有此論。

雜記

釋曇景《摩訶摩耶經》卷下 六百歲已，九十六種諸外道等，邪見競興破滅佛法。有一比丘名曰馬鳴，善說法要降伏一切諸外道輩。

智愷《大乘起信論序》（陳）真諦《大乘起信論》 時有一高德沙門，名曰馬鳴，深契大乘窮盡法性，大悲內融隨機應現，愍物長迷故作斯論，盛隆三寶重興佛日，起信未久迴邪入正，使大乘正典復顯於時，緣起深理更彰於後代，迷群異見者捨執而歸依，闇類偏情之黨棄著而臻湊。

釋僧肇《維摩詰所說經注》卷八 名曰馬鳴，利根智慧，一切經書皆悉明練；亦有大辯才，能破一切論議。聞脇比丘名，將諸弟子往到其所，唱言：一切論議悉皆可破，若我不能破汝言論，當斬首謝屈。脇比丘聞是論，默然不言。馬鳴即生憍慢。此人徒有空名，實無所知。與其弟子捨之而去。

鳩摩羅什《馬鳴菩薩傳》 又大師名馬鳴菩薩，長老脇弟子也。

西域三藏吉迦夜共曇曜《付法藏因緣傳》卷五 昔富那奢臨涅槃時，以法付囑弟子馬鳴。

真諦《婆藪槃豆法師傳》 馬鳴菩薩是舍衛國婆枳多土人，通八分毗伽羅論，及四皮陁六論，解十八部，三藏文宗學府允儀所歸。迦旃延子遣人往舍衛國，請馬鳴爲表文句。馬鳴既至罽賓，迦旃延子次第解釋八結。諸阿羅漢及諸菩薩，即共研辯義意若定。馬鳴隨即著文，經十二年造毗婆沙方竟，凡百萬偈，毗婆沙譯爲廣解。

慧立本、釋彦悰箋《大唐大慈恩寺三藏法師傳》卷五　是時東有馬鳴，南有提婆，西有龍猛，北有童壽，號爲四日，能照有情之惑。

宗寶編《六祖大師法寶壇經》　十一富那夜奢尊者、十二馬鳴大士、十三迦毗摩羅尊者、十四龍樹大士。

契嵩《傳法正宗記》卷二　佛昔記云：吾滅後將六百年，當有聖者號馬鳴出於波羅奈國，說法於花氏城，摧伏異道，度人無量。今其人也。然吾亦夜夢，大海遍溢乎一隅，方欲決之。其水遂沛然流潤諸界。今此來者，蓋其大海者也。將從吾出家以法濟人，其流潤者也。於是馬鳴致禮，前而問曰：我欲識佛，何者即是？尊者曰：汝欲識佛，不識者是。曰：佛既不識焉知是乎？尊者曰：既不識佛，焉知不是。曰：此是鋸義。尊者曰：彼是木義，卻問鋸義者何？馬鳴曰：與師平出。卻問：木義者何？夜奢曰：汝被我解。馬鳴遂悟其勝義，忻然即求出家。夜奢乃爲度之以受具戒，然其會中因之而證第四果者，凡二百人。其後命馬鳴曰：汝當轉法輪爲十二世祖，昔如來大法眼藏，今以付汝，汝其傳之。

袾宏《往生集》卷三　馬鳴菩薩，西天第十二祖。嘗著起信論，後明求生淨土，最爲切要。

道忞《禪燈世譜》卷一　馬鳴大士，波羅奈國人，亦名功勝，以其功德殊勝故也。攝伏迦毗摩羅爲弟子，遂以法付之，周顯王世趣大寂滅。

毘琉璃

雜記

瞿曇僧伽提婆譯《增壹阿含經》卷二六　時，波斯匿王得此女極懷歡喜，即立此女爲第一夫人，未經數日，而身懷妊，復經八九月生一男兒，端正無雙，世所殊特。時，波斯匿王集諸相師與此太子立字。時，諸相師聞王語已，即白王言：大王當知，求夫人時，諸釋共諍，或言當與，或言不可與，使彼此流離；今當立名，名曰毗流勒。相師立號已，各從坐起而去。

時，波斯匿王愛此流離太子，未曾離目前。然流離太子年向八歲，王告之曰：汝今已大，可詣迦毗羅衛學諸射術。是時，波斯匿王給諸使人，使乘大象往詣釋種家，至摩呵男舍，語摩呵男言：波斯匿王使我至此學諸射術，唯願祖父母事事教授。時，摩呵男報曰：欲學術者善可習之。是時，摩呵男釋種集五百童子，使共學術。時，流離太子與五百童子共學射術。

爾時，迦毗羅衛城中新起一講堂，天及人民、魔、若魔天在此講堂中住。時，諸釋種各自相謂言：今此講堂成來未久，畫彩已竟，猶如天宮而無有異。我等先應請如來於中供養及比丘僧，令我等受福無窮。是時，釋種即於堂上敷種種坐具，懸繒幡蓋，香汁灑地，燒眾名香，復儲好水，燃諸明燈。是時，流離太子將五百童子往至講堂所，即昇師子之座。時，諸釋種見之，極懷瞋恚，即前捉臂逐出門外，各共罵之：此是婢子，諸天、世人未有居中者，此婢生物敢入中坐？復捉流離太子撲之著地。是時，流離太子即從地起，長歎息而視後。是時，有梵志子名好苦。是時，流離太子語好苦梵志子曰：此釋種取我毀辱乃至於斯，設我後紹王位時，汝當告我此事。是時，好苦梵志子報曰：如太子教。時，彼梵志子日三時白太子曰：憶釋所辱。便說此偈：一切歸於盡，果熟亦當墮，合集必當散，有生必有死。是時，波斯匿王隨壽在世，後取命終，便立流離太子爲王。是時，好苦梵志至王所，而作是說：王當憶本釋所毀辱。是時，流離王報曰：善哉！善哉！善憶本事。是時，流離王便起瞋恚，告群臣曰：今人民主者爲是何人？群臣報曰：大王！今日之所統領。流離王時曰：汝等速嚴駕，集四部兵，吾欲往征釋種。諸臣對曰：如是。大王！是時，群臣受王教令，即運集四種之兵。是時，流離王將四部之兵，往至迦毗羅越。【略】

爾時，眾多比丘聞流離王往征釋種，至世尊所，頭面禮足，在一面立，以此因緣具白世尊。是時，世尊聞此語已，即往逆流離王，便在一枯樹下，無有枝葉，於中結加趺坐。是時，流離王遙見世尊在樹下坐，即下車至世尊所，頭面禮足，在一面立。爾時，流離王白世尊言：更有好樹，枝葉繁茂，尼拘留之等，何故此枯樹下坐？世尊告曰：親族之蔭，故勝外人。是時，流離王便作是念：今日世尊故爲親族；然我今日應還本國，不應往征迦毗羅越。是時，流離王即辭還退。是時，好苦梵志復白王言：當憶本爲釋所辱。是時，流離王聞此語已，復興瞋恚：汝等速嚴駕，集四部兵，吾欲往征迦毗羅越。是時，群臣即集四部之兵，出舍衛城，往詣迦毗羅越征伐釋種。是時，衆多比丘聞已，往白世尊：今流離王興兵衆，往攻釋種。爾時，世尊聞此語已，即以神足，往在道側，在一樹下坐。時，流離王遙見世尊在樹下坐，即下車至世尊所，頭面禮足，在一面立。爾時，流離王白世尊言：更有好樹，不在彼坐，世尊今日何故在此枯樹下坐？世尊告曰：親族之蔭，勝外人也。是時，世尊便說此偈：親族之蔭涼，釋種出於佛，盡是我枝葉，故坐斯樹下。是時，流離王復作是念：世尊今日出於釋種；吾不應往征，宜可齊此還歸本土。是時，流離王即還舍衛城。是時，好苦梵志復語王曰：王當憶本釋種所辱。是時，流離王聞此語已，復集四種兵出舍衛城，詣迦毗羅越。

【略】

是時，流離王往詣迦毗羅越。時，諸釋種聞流離王將四部之兵來攻我等，復集四部之衆，一由旬中往逆流離王。是時，諸釋一由旬內遙射流離王；或射耳孔，不傷其耳；或射頭髻，不傷其頭；或射弓壞；或射弓弦，不害其人；或射鎧器，不傷其人；或射床座，不害其人，或射車輪壞，不傷其人；或壞幢麾，不害其人。是時，流離王見此事已，便懷恐怖，告群臣曰：汝等觀此箭爲從何來？群臣報曰：此諸釋種，去此一由旬中射箭使來。流離王報言：彼設發心欲害我者，普當死盡，宜可於中還歸舍衛。是時，好苦梵志前白王言：大王勿懼，此諸釋種皆持戒，蟲尚不害，況害人乎！今宜前進，必壞釋種。是時，流離王漸漸前進向彼釋種。是時，諸釋退入城中。時，流離王在城外而告之曰：汝等速開城門。若不爾者，盡當取汝殺之。爾時，迦毗羅越城有釋童子，年向十五，名曰奢摩，聞流離王今在門外，即著鎧持仗至城上，獨與流離王共鬭。是時，奢摩童子多殺害兵衆，各各馳散，並作是說：此是何人？爲是天也？爲是鬼神也？遙見如似小兒。是時，流離王便懷恐怖，即入地孔中而避之。時，釋種聞壞流離王衆。是時，諸釋即呼奢摩童子而告之曰：汝年幼小，何故辱我等門戶？豈不知諸釋修行善法乎？我等尚不能害蟲，況復人命乎？我等能壞此軍衆，一人敵萬人。然我等復作是念：然殺害衆生不可稱計。世尊亦作是說：夫人殺人命，死入地獄。若生人中，壽命極短。汝速去，不復住此。

是時，奢摩童子即出國去，更不入迦毗羅越。是時，流離王復至門中語彼人曰：速開城門，不須稽留。是時，諸釋自相謂言：可與開門，爲不可乎？爾時，弊魔波旬在釋衆中作一釋形，告諸釋言：汝等速開城門，勿共受困於今日。是時，諸釋即與開城門。是時，流離王即告群臣曰：今此釋衆人民極多，非刀劍所能害盡，盡取埋腳地中，然後使暴象蹈殺。爾時，群臣受王敎勅，即以象蹈殺之。時，流離王勑群臣曰：汝等速選面手釋女五百人。時，諸臣受王敎令，即選五百端正女人，將詣王所。是時，摩呵男釋至流離王所，而作是說：當從我願。流離王言：欲何等願？摩呵男曰：我今沒在水底，隨我遲疾，使諸釋種並得逃走。若我出水，隨意殺之。流離王曰：此事大佳。是時，摩呵男釋即入水底，以頭髮繫樹根而取命終。是時，迦毗羅越城中諸釋，從東門出，復從南門入；或從南門出，還從北門入；或從西門出，而從北門入。是時，流離王告群臣曰：摩呵男父何故隱在水中，如今不出？爾時，諸臣聞王敎令，即入水中出摩呵男，已取命終。爾時，流離王以見摩呵男命終，時王方生悔心：我今祖父已取命終，皆由愛親族故。我先不知當取命終，設當知者，終不來攻伐此釋。

是時，流離王殺九千九百九十萬人，流血成河，燒迦毗羅越城，往詣尼拘留園中。是時，流離王語五百釋女言：汝等愼莫愁憂，我是汝夫，汝是我婦，要當相接。是時，流離王便舒手捉一釋女而欲弄之。時女問曰：大王欲何所爲？時王報言：欲與汝情通。女報王曰：我今何故與婢生種情通。是時，流離王甚懷瞋恚，勑群臣曰：速取此女，兀其手足，著深坑中。諸臣受王敎令，兀其手足，擲著坑中。及五百女人皆罵王言：誰持此身與婢生種共交通？時，王瞋恚盡取五百釋女，兀其手足，著深坑中。是時，流離王悉壞迦毗羅越已，還詣舍衛城。

曇無讖譯《大般涅槃經》卷一六　復次善男子，琉璃太子以愚癡故，廢其父王自立爲主。復念宿嫌多害釋種，取萬二千釋種諸女，刵劓耳鼻斷截手足推之坑塹。

罽賓三藏佛陀耶舍共竺佛念等《四分律》卷四一　時毗琉璃太子最初坐上，諸釋種皆共瞋嫌。我新作堂舍，佛未得坐，下賤婢子先坐中。時有不信樂婆羅門侍從語言：舍夷諸釋子，罵汝作下賤婢子，汝乃能忍耶？答言：我今無力，不得自在，若我父亡，我作王時當語我。後王波斯匿失王位，琉璃太子即自作王。

釋僧祐撰《釋迦譜》卷二　大王當知求夫人時，諸釋共諍或言不與，使彼此流璃，今當立名，名曰流璃。時波斯匿王，愛此琉璃太子未曾去前，年向八歲，王告之曰：汝今已大，可詣迦毗羅衛學諸射術。是時波斯匿王給諸使人，乘大象往詣釋家至摩訶男，報言：波斯匿王使我至此學諸射術，唯願祖父母事事教授。時摩訶男報言：欲學術者善可習之。是時摩訶男釋種，集五百童子使共學術。時琉璃太子共學射術，爾時迦毗羅城中新起一講堂，自相謂言：今此講堂成來，未久畫彩已竟，猶如天宮，我等先應請如來於中供養及比丘僧，令我等受福無窮。然後我等當入此堂。是時釋種即於堂上，敷種種坐具懸繒幡蓋，香汁灑地燒眾名香，復儲好水然諸明燈。是時琉璃太子往至講堂，即昇師子之座。時諸釋種見之極懷瞋恚，即前捉臂逐出門外，各共罵之此婢生物敢入座，撲之著地。是時琉璃太子即從地起，長歎息而視後。是時有梵志子名曰好苦。琉璃太子語好苦梵志子曰：此諸釋種罵我毀辱，乃至於斯，我後紹王位時，汝當告我此事。是時好苦梵志子報曰：如教。是時波斯匿王命終，便立琉璃太子爲王。

迦膩色迦

雜記

西域三藏吉迦夜共曇曜《雜寶藏經》卷七　時月氏國有王名栴檀罽尼吒，與三智人以爲親友，第一名馬鳴菩薩，第二大臣字摩吒羅，第三良醫字遮羅迦，如此三人，王所親善，待遇隆厚，進止左右。馬鳴菩薩，而白王言：當用我語者，使王來生之世，常與善俱，永離諸難，長辭惡趣。第二大臣復白王言：王若用臣密語，不漏泄者，四海之中，都可剋獲。第三良醫復白王言：大王若能用臣語者，使王一身之中，終不橫死，百味隨心，調適無患。王如其言，未曾微病。於是王用大臣之言，軍威所擬，靡不摧伏，四海之內，三方已定，唯有東方，未來歸伏，即便嚴軍，欲往討罰。先遣諸胡及諸白象，於先導道，王從後引，欲至葱嶺，越度關嶮。先所乘象馬，不肯前進，王甚驚怪，而語馬言：我前後乘汝征伐，三方已定，汝今云何不肯進路？時大臣白言：臣先所啟，莫泄密語，今王漏泄，命將不遠。如大臣言，王即自知定死不久。是王前後征伐，殺三億餘人，自知將來罪重必受無疑，心生怖懼，便即懺悔，修檀持戒，造立僧房，供養眾僧，四事不乏，修諸功德，精懃不曆。時有諸臣，自相謂言：王廣作諸罪殺戮無道，今雖作福，何益往咎？時王聞之，將欲解其疑意，即作方便，勅語臣下：汝當然一大鑊，七日七夜，使令極沸，莫得斷絕。王便以一指鐶擲於鑊中，命向諸臣：仰卿鑊中得此鐶來。臣白王言：願更以餘罪，而就於死，此鐶叵得。王語臣言：頗有方便可得取不？時臣答言：下止其火，上投冷水，以此方便，不傷人手，可取之耳。王答言：我先作惡，喻彼熱鑊，今修諸善，慚愧懺悔更不爲惡，胡爲不滅？三塗可止，人天可得。即時解悟，群臣聞已，靡不歡喜，智人之言不可不用。

西域三藏吉迦夜共曇曜《付法藏因緣傳》卷五　月支國王威德熾盛名

曰栴檀罽昵吒王。志氣雄猛勇健超世，所可討罰無不摧靡，即嚴四兵向此國土，共相攻戰然後歸伏，即便從索九億金錢。時彼國王即以馬鳴及與佛鉢一慈心雞，各當三億，持用奉獻罽昵吒王。馬鳴菩薩智慧殊勝，佛鉢功德如來所持，雞有慈心不飲蟲水，悉能消滅一切怨敵，以斯緣故當九億錢。王大歡喜爲納受之，即迴兵眾還歸本國。彼罽昵吒王有大功德，被弘誓鎧志願堅固，曾以涅團置於塔上，因立誓曰：若吾來世千佛數中得成正覺，令此泥團變爲佛像。作是願已應時尋成，儀相奇特狀若圖畫，心大歡喜踴躍無量。王於後時在路遊行，見外道塔七寶莊嚴，便大歡喜謂如來塔。

西域三藏吉迦夜共曇曜《付法藏因緣傳》卷五 時寶塔分散崩落，王見驚怖而作是言：我於今者福將欲盡失王位乎？何故我適禮此寶塔而便頽毀。有人語言：王所禮者是外道塔，以其威德微末尠少，不堪受王福德人禮，是故爾耳。即發塔下得尼乾屍。眾人歎曰：奇哉大王德力深厚，禮此邪塔，令其毀壞，王之功德比於梵天。又罽昵吒曾於一時，命剃鬚師教剃已鬚。

西域三藏吉迦夜共曇曜《付法藏因緣傳》卷五 時安息王性甚頑暴，將統四兵伐罽昵吒，罽昵吒王亦即嚴誡。兩陣交戰刀劍繼起，罽昵吒王尋便獲勝，煞安息人凡有九億。問群臣曰：今我此罪可得滅不？諸臣答言：大王煞戮凡九億人，罪既深重云何可滅。

西域三藏吉迦夜共曇曜《付法藏因緣傳》卷五 爾時，有一羅漢比丘見罽昵吒造斯惡業，欲令彼王恐怖悔過。即以神力示其地獄，所謂斫刺劍輪解形，悲叫哀號苦痛難忍。王見是已極大惶怖，心自念曰：我甚愚癡造此罪業，未來必受若斯之苦。若吾先知如是惡報，正使我身支節分解，終不起心加害怨賊，況於善人生一念惡。爾時，馬鳴即語王言：王能至心聽我說法，隨順吾教頂戴受持，令王此罪不入地獄。罽昵吒言：善哉受教。於是馬鳴廣爲彼王說清淨法，令其重罪漸得微薄。

慧立本、釋彥悰箋《大唐大慈恩寺三藏法師傳》卷二 從此復與伴合，東南山行五百餘里，至健陁邏國（舊云健陁衛，訛也。北印度境也）。其國東臨信度河，都城號布路沙布羅。國多賢聖，古來作論諸師：那羅延天、無著菩薩、世親菩薩、法救、如意、脇尊者等，皆此所出也。王城東北有置佛鉢寶臺。鉢後流移諸國，今現在波剌挐斯國。城外東南八九里有畢鉢羅樹，高百餘尺，過去四佛，並坐其下，現有四如來像，當來九百九十六佛，亦當坐焉。其側又有窣堵波，是迦膩色迦王所造，高四百尺，基周一里半，高一百五十尺，其上起金銅相輪二十五層，中有如來舍利一斛。大窣堵波西南百餘步有白石像，高一丈八尺，北面立，極多靈瑞，往往有人見像夜遶大塔經行。

迦膩色迦伽藍東北百餘里，渡大河至布色羯羅伐底城，城東有窣堵波，無憂王所造，即過去四佛說法處也。城北四五里伽藍內有窣堵波，高二百餘尺，無憂王所立，即釋迦佛昔行菩薩道時，樂行惠施，於此國千生爲王，即千生捨眼處。此等聖跡無量，法師皆得觀禮。自高昌王所施金、銀、綾、絹、衣服等，所至大塔、大伽藍處，皆分留供養，申誠而去。

玄奘譯、辯機撰《大唐西域記》卷一 大城東三四里北山下有大伽藍，僧徒三百餘人，並學小乘法教。聞諸先志曰：昔健馱邏國迦膩色迦王威被隣國，化洽遠方，治兵廣地，至葱嶺東，河西蕃維畏威送質。迦膩色迦王既得質子，特加禮命，寒暑改館，冬居印度諸國，夏還迦畢試國，春、秋止健馱邏國。故質子三時住處，各建伽藍；今此伽藍即夏居之所建也。故諸屋壁，圖畫質子，容貌服飾，頗同中夏。其後得還本國，心存故居，雖阻山川，不替供養。故今僧眾，每至入安居、解安居，大興法會，爲諸質子祈福樹善，相繼不絕，以至于今。

玄奘譯、辯機撰《大唐西域記》卷四 昔迦膩色迦王之御宇也，聲振隣國，威被殊俗，河西蕃維，維畏威送質。迦膩色迦王既得質子，賞遇隆厚，三時易館，四兵警衛。此國則冬所居也，故曰至那僕底（唐言漢封）。質子所居，因爲國號。此境已往，洎諸印度，土無梨、桃，質子所植，因謂桃曰至那爾（唐言漢持來），梨曰至那羅闍弗呾邏（唐言漢王子）。故此國人深敬東土，更相指語：是我先王本國人也。

法界《佛說十力經序》（唐）勿提提犀魚譯《佛說十力經》 後出迦溼蜜國入乾陀羅城，於如羅灑王寺中安置。其寺王所建立，從王爲名。王即上古罽膩吒王之胄胤也。次有可忽哩寺王子名也，續芝寺王女名也。復有旃檀忽哩寺王弟名也。此皆隨人建立，從彼受名。次有特勤灑寺突厥王子造也，可敦寺突厥皇后造也。復有阿瑟吒寺、薩緊忽哩寺、罽膩吒王聖塔寺、罽膩吒王演提灑寺，此寺有釋迦如來頂骨舍利，復有罽膩吒王伐龍宮沙彌寺。

圓暉述《俱舍論頌疏論本》卷二　健馱羅國有王名迦膩色迦。其王敬信尊重佛經，味道忘疲，傳燈是務。有日請僧入宮供養，王因問道，僧說莫同，王甚怪焉。

脅尊者

傳記

玄奘譯、辯機撰《大唐西域記》卷三　健馱邏國迦膩色迦王，以如來涅槃之後第四百年，應期撫運，王風遠被，殊俗內附。機務餘暇，每習佛經，日請一僧入宮說法，而諸異議部執不同。王用深疑，無以去惑。時脅尊者曰：如來去世，歲月逾邈，弟子部執，師資異論，各據聞見，共爲矛楯。時王聞已，甚用感傷，悲歎良久，謂尊者曰：猥以餘福，聿遵前緒，去聖雖遠，猶爲有幸，敢忘庸鄙，紹隆法教，隨其部執，具釋三藏。脅尊者曰：大王宿殖善本，多資福祐，留情佛法，是所願也。王乃宣令遠近，召集聖哲。於是四方輻湊，萬里星馳，英賢畢萃，叡聖咸集。七日之中，四事供養。既欲法議，恐其諠雜。王乃具懷白諸僧曰：證聖果者住，具結縛者還。如此尚衆。又重宣令：無學人住，有學人還。猶復繁多。又更下令：具三明、備六通者住，自餘各還。然尚繁多。又更下令：其有內窮三藏、外達五明者住，自餘各還。於是得四百九十九人。王欲於本國，苦其暑濕，又欲就王舍城大迦葉波結集石室。脅尊者等議曰：不可。彼多外道，異論糺紛，酬對不暇，何功作論？衆會之心，屬意此國。此國四周山固，藥叉守衛，土地膏腴，物產豐盛，賢聖之所集往，靈仙之所遊止。衆議斯在，僉曰：允諧。其王是時與諸羅漢自彼而至，建立伽藍，結集三藏，欲作《毗婆沙論》。

契嵩《傳法正宗定祖圖》卷一　第九祖伏馱蜜多，提伽國人。姓毗舍羅氏，生已五十歲矣。口未嘗言，足未嘗履。遇佛陀難提至其舍，父母將以見之。既見難提，忽自發語，趨其前而行，即願師之出家，尋亦成道。戒已遊化至中印土，得香蓋長者子，即脅尊者也，以爲弟子。將滅度，遂以法付之。說偈曰：眞理本無名，因名顯眞理；受得眞實法，非眞亦非僞。

第十祖脅尊者，中印土人。在胎凡十六年乃生，因名難生。多有異迹。會佛陀難提至其國，父香蓋攜詣之，求與攝受。及爲比丘修潔精苦，晝夜脅不至席，故號脅尊者。遊化至花氏國，先示瑞相，後果得富那夜奢，出家爲之弟子。及其垂滅，乃以法付之。說偈曰：眞體自然眞，因眞說有理；領得眞眞法，無行亦無止。

第十一祖富那夜奢，花氏國人，姓瞿曇氏。生有道性，自知當遇聖師。及脅尊者至其國，乃詣其法會，語論相契，即從之出家。得道遊化至波羅奈國，得馬鳴爲之弟子，然正合佛記。及臨入滅，乃以法付之。

念常《佛祖歷代通載》卷四　第十祖脅尊者，中印度人也。本名難生。初將誕，父夢一白象背有寶座，座上安一明珠，從門而入，光照四衆。既覺遂生。後值伏馱尊者，執侍左右，未嘗睡眠，謂其脅不至席，遂號脅尊者焉。初至華氏國憩一樹下，右手指地而告衆曰：此地變金色，當有聖人入會。言訖即變金色。時有長者子富那夜奢合掌前立。尊者問曰：汝從何來？夜奢曰：我心非往。尊者曰：汝何處住？曰：我心非止。祖曰：汝不定耶？曰：諸佛亦然。祖曰：汝非諸佛。曰：諸佛亦非。祖因說偈曰：此地變金色，預知於聖至，當坐菩提樹。覺華而成已，夜奢復說偈曰：師坐金色地，常說眞實義，回光而照我，令入三摩諦。祖知其意，即度出家，復具戒品。乃告之曰：如來大法眼藏今傳於汝，汝護念之。乃說偈曰：眞體自然眞，因眞說有理；領得眞眞法，無行亦無止。傳法已，即現神變入于涅槃化火自焚。四衆以衣裓盛舍利，隨處興塔焉。即貞王二十七年己亥歲也。

世友

紀事

慧立本、釋彥悰箋《大唐大慈恩寺三藏法師傳》卷二　時，衆中有大乘學僧毗戍陁僧訶（唐言淨師子）、辰那飯茶（唐言最勝親）、薩婆多學僧蘇伽蜜多羅（唐言如來友）、婆蘇蜜多羅（唐言世友）、僧祇部學僧蘇利耶提婆（唐言日天）、辰那呾邏多（唐言最勝救），其國先來尚學，而此僧等皆道業堅貞，才解英富，比方僧稱雖不及，比諸人足有餘。既見法師爲大匠褒揚，無不發憤難詰法師，法師亦明目酬詶酢，無所蹇滯，由是諸賢亦率慚服。

其國先是龍池，佛涅槃後第五十年，阿難弟子末田底迦阿羅漢教化龍王捨池立五百伽藍，召諸賢聖於中住止，受龍供養。其後健陁羅國迦膩色迦王，如來滅後第四百年，因脇尊者請諸聖衆，內窮三藏、外達五明者，得四百九十九人，級尊者世友，合五百賢聖於此結集三藏。先造十萬頌《鄔波第鑠論》（舊曰《優波提舍》，訛也）釋《素呾纜藏》（舊曰《修多羅》，訛也）。次造十萬頌《毗柰耶毗婆沙論》，釋《毗柰耶藏》（舊曰《毗耶》，訛也）。次造十萬頌《阿毗達磨毗婆沙論》，釋《阿毗達磨藏》（或曰《阿毗曇》，訛也）。凡三十萬頌，九十六萬言。王以赤銅爲鍱，鏤寫論文，石函封記，建大窣堵波而儲其中，命藥義神守護。奥義重明，此之力也。如是停留首尾二年，學諸經、論，禮聖跡已，乃辭出。

玄奘譯、辯機撰《大唐西域記》卷三　是時尊者世友，戶外納衣。諸阿羅漢謂世友曰：結使未除，淨議乖謬，爾宜遠迹，勿居此也。世友曰：諸賢於法無疑，代佛施化，方集大義，欲製正論。我雖不敏，粗達微言，三藏玄文，五明至理，頗亦沉研，得其趣矣。諸羅漢曰：言不可以若是。汝宜屏居，疾證無學，已而會此，時未晚也。世友曰：我顧無學，其猶涕唾，志求佛果，不趨小徑。擲此縷丸，未墜于地，必當證得無學聖果。時諸羅漢重訶之曰：增上慢人，斯之謂也。無學果者，諸佛所讚，宜可速證，以決衆疑。於是世友即擲縷丸，空中諸天接縷丸而請曰：方證佛果，次補慈氏，三界特尊，四生攸賴，如何於此欲證小果？時諸羅漢見是事已，謝咎推德，請爲上座，凡有疑議，咸取決焉。是五百賢聖，先造十萬頌《鄔波第鑠論》（舊曰《優波提舍論》，訛也），釋《素呾纜藏》（舊曰《修多羅藏》，訛也）。次造十萬頌《毗柰耶毗婆沙論》，釋《毗奈耶藏》（舊曰《毗那耶藏》，訛也）。後造十萬頌《阿毗達磨毗婆沙論》，釋《阿毗達磨藏》（或曰《阿毗曇藏》，略也）。凡三十萬頌，九百六十萬言，備釋三藏，懸諸千古，莫不窮其枝葉，究其淺深，大義重明，微言再顯，廣宣流布，後進賴焉。迦膩色迦王遂以赤銅爲鍱，鏤寫論文，石函緘封，建窣堵波，藏於其中。命藥叉神周衛其國，不令異學持此論出，欲求習學，就中受業。於是功既成畢，還軍本都。出此國西門之外，東面而跪，復以此國總施僧徒。

雜記

慧琳《一切經音義》卷二三　婆須蜜多（此云世友，亦曰天友，或云寶，亦曰財）。

法雲編《翻譯名義集》卷二　和須蜜多，亦云婆須蜜多。《西域記》云：伐蘇須蜜呾多，唐言世友。舊曰和須蜜多，訛也。觀法師云：亦翻天友，隨世人天方便化故。

龍樹

傳記

鳩摩羅什《龍樹菩薩傳》　龍樹菩薩者，出南天竺梵志種也。天聰奇悟，事不再告。在乳餔之中，聞諸梵志誦四圍陁典各四萬偈，偈有三十二字，皆諷其文而領其義。弱冠馳名，獨步諸國。天文地理圖緯祕讖，及諸道術無不悉綜。契友三人亦是一時之傑。相與議曰：天下理義可以開神明悟幽旨者，吾等盡之矣。復欲何以自娛，騁情極欲最是一生之樂。然諸梵志道士勢，非王公何由得之，唯有隱身之術斯樂可辦。四人相視莫逆於心，俱至術家求隱身法。術師念曰：此四梵志擅名一世，草芥羣生。今以術故屈辱就我，此諸梵志才明絕世，所不知者唯此賤法。我若授之，得必棄我不可復屈。且與其藥使用，而不知藥盡必來永當師我。各與青藥一丸告之曰：汝在靜處以水磨之，用塗眼瞼汝形當隱，無人見者。龍樹磨此藥時，聞其氣即皆識之，分數多少，錙銖無失。還告藥師，向所得藥有七十種分數，多少皆如其方。藥師問曰：汝何由知之？答曰：藥自有氣，何以不知。師即歎伏，若斯人者，聞之猶難，而况相遇。我之賤術，何足惜耶！即具授之。四人得術縱意自在，常入王宮。宮中美人皆被侵淩。百餘日後宮中人有懷妊者，懅以白王庶免罪咎。王大不悅，此何不祥爲怪乃爾。召諸智臣以謀此事。所有舊老者言：凡如此事應有二種，或是鬼魅或是方術，可以細土置諸門中，令有司守之斷諸行者。若是術人其跡自現，可以兵除。若是鬼魅入而無跡，可以術滅。即勑門者備法試之，見四人跡驟以聞王。王將力士數百人入宮，悉閉諸門，令諸力士揮刀空斬三人即死。唯有龍樹斂身屏氣依王頭側，王頭側七尺刀所不至。是時始悟欲爲苦本衆禍之根，敗德危身皆由此起。即自誓曰：我若得脫，當詣沙門受出家法。既出，入山詣一佛塔，出家受戒，九十日中誦三藏盡，更求異經都無得處。遂入雪山，山中有塔，塔中有一老比丘，以摩訶衍經典與之，誦受愛樂，雖知實義，未得通利。周遊諸國更求餘經，於閻浮提中遍求不得。外道論師沙門義宗咸皆摧伏。外道弟子白之言：師爲一切智人，今爲佛弟子，弟子之道諮承不足將未足耶，未足一事非一切智也。辭窮情屈，即起邪慢心。自念言：世界法中，津塗甚多。佛經雖妙以理推之故有未盡，未盡之中可推而演之，以悟後學於理不違，於事無失，斯有何咎？思此事已即欲行之。立師教戒更造衣服，今附佛法而有小異，欲以除衆人情示不受學擇日選時當與。謂弟子受新戒著新衣，獨在靜處水精房中。大龍菩薩見其如是惜而愍之，即接之入海，於宮殿中開七寶藏，發七寶華函，以諸方等深奧經典無量妙法授寶華之。龍樹受讀九十日中通解甚多，其心深入體得寶利。龍知其心而問之曰：看經遍未？答言：汝諸函中經多無量，不可盡也。我可讀者，已十倍閻浮提。龍言：如我宮中所有經典，諸處此比復不可數。龍樹既得諸經，一箱深入無生，二忍具足。龍還送出於南天竺，大弘佛法摧伏外道。廣明摩訶衍作優波提舍十萬偈。又作莊嚴佛道論五千偈，大慈方便論五千偈，中論五百偈，令摩訶衍教大行於天竺。又造無畏論十萬偈，中論出其中。時有婆羅門，善知呪術欲以所能與龍樹諍勝。告天竺國王：我能伏此比丘，王當驗之。王言：汝大愚癡。此菩薩者，明與日月爭光，智與聖心並照。汝何不遜，敢不宗敬。婆羅門言：王爲智人，何不以理驗之，而見抑挫。王見其言至爲請龍樹。清旦共坐政聽殿上，婆羅門後至，便於殿前呪作大池，廣長清淨。中有千葉蓮華，自坐其上而訶龍樹，汝在地坐與畜生無異，而欲與我清淨華上大德智人抗言論議。爾時，龍樹亦用呪術化作六牙白象，行池水上趣其華座，以鼻絞拔高舉擲地。婆羅門傷腰，委頓歸命龍樹，我不自量毀辱大師，願哀受我，啓其愚蒙。又南天竺王總御諸國信用邪道，沙門釋子一不得見，國人遠近皆伏其道。龍樹念曰：樹不伐本則條不傾，人主不化則道不行。其國政法王家出錢雇人宿衛，龍樹乃應募爲其將，荷戟前驅整行伍勒部曲，威不嚴而令行，法不彰而物隨。王甚嘉之，問是何人。侍者答言：此人應募，既不食廩又不取錢，而在事恭謹閑習如此，不知其意何求何欲？王召問之：汝是何人？答言：我是一切智人。王大驚愕而問言：一切智人，曠代一有。汝自言是，何以驗之？答言：欲知智在說，王當見問。王即自念：我爲智主，大論議師問之能屈，猶不是名一旦不如此非小事，若其不問便是一屈。遲疑良久不得已而問之：天今何爲耶？龍樹言：天今與阿修羅戰。王聞此言：譬如人噎既不得吐，又不得咽，欲非其言，復無以證之。欲是其事，無事可明。未言之間，龍樹復言：此非虛論，求勝之談，王小待之，須臾有驗。言訖，空中便有干戈兵器相係而落。王言：干戈矛戟雖是戰器，汝何必知是天與阿修羅戰？龍樹言：搆之虛言，不如校以實事。言已，阿修羅手足指及其耳鼻從空而下。又令王及臣民婆羅門衆見空中清除兩陣相對。王乃稽首，伏其法化。殿上有萬婆羅門，皆棄束髮受成就戒。是時有一小乘法師，常懷忿疾。龍樹將去此世，而問之曰：汝樂我久住此世不？答言：實所不願也。退入閑室經日不出，弟子破戶看之，遂蟬蛻而去。去此世已來至今，始過百歲。南天竺諸國爲其立廟敬奉如佛。其母樹下生之，因字阿周陁那。阿周陁那，樹名也。以龍成其道，故以龍配字，號曰龍樹也（依《付法藏經》，即第十三祖師也。假餌仙藥現住長壽二百餘年，住持佛法，其所度人不可稱數，如法藏說）。

鳩摩羅什譯《中論》卷一釋僧叡《序》 中論有五百偈，龍樹菩薩之所造也。以中爲名者，照其實也；以論爲稱者，盡其言也。實非名不悟，故寄中以宣之；言非釋不盡，故假論以明之。其實既宣，其言既明，於菩薩之行道場之照，朗然懸解矣。夫滯惑生於倒見，三界以之而淪溺；偏悟起於厭智，耿介以之而致乖。故知大覺在乎曠照，小智纏乎隘心。照之不曠，則不足以夷有無一道俗；知之不盡，則未可以涉中途泯二際。道俗之不夷，二際之不泯，菩薩之憂也。是以龍樹大士，析之以中道，使惑趣之徒望玄指而一變，括之以即化，令玄悟之賓喪諮詢於朝徹蕩蕩焉。

智者大師說、灌頂記《摩訶止觀》卷一 南岳事慧文禪師，當齊高之世獨步河淮。法門非世所知，履地戴天莫知高厚。文師用心一依釋論，論是龍樹所說。付法藏中第十三師。智者《觀心論》云：歸命龍樹師，驗知龍樹是高祖師也。疑者云：《中論》遣蕩，止觀建立，云何得同？

湛然《止觀輔行傳弘決》卷九 若偏若圓若正若助，若因若果若自若地，無不攝在因緣觀中。是故於此別立觀法，於中初龍樹下引，龍樹明用觀意也。龍樹《中論》通申大小，論意亦觀因緣爲宗，論師下明諸師謬解，但以二諦爲中論宗。

釋道世《法苑珠林》卷三八 《西域志》云：波斯匿王都城東百里大海邊有大塔，塔中有小塔，高一丈二尺，裝眾寶飾之。夜中每有光，曜如大火聚。云佛般泥洹五百歲後，龍樹菩薩入大海化龍王，龍王以此寶塔奉獻龍樹。龍樹受已將施此國，王便起大塔以覆其上。自昔以來有人求願者，皆叩頭燒香奉獻華蓋，其華蓋從地自起徘徊漸上。當塔直上乃至空中，經一宿變滅，不知所在。

《西域志》云：龍樹菩薩於波羅柰國造塔七百所，自餘凡聖造者無量，直於禪連河上建塔千有餘所，五年一設無遮大會。

延壽《宗鏡錄》卷九七 第十四祖龍樹尊者，行化到南印土。彼國人多修福業，不會佛理，唯行小辯，不具大智。及問佛性，而云：布施，我求福業，非解佛性。汝會佛性，爲我說之。師曰：汝欲學道，先除我慢，生恭敬心方得佛性。眾曰：佛性大小？師曰：非汝所知，非說大小。若說大小，即是大小，非佛性也。彼眾曰：我欲棄小辯歸于大海。龍樹即爲說法，對大眾而現異相，身如月輪，當於座上，唯聞說法，不覩其形。彼眾有一長者，名曰提婆，謂諸眾曰：識此瑞不？彼眾曰：非其大聖，誰能識也。爾時提婆，心根宿淨，亦見其相，默然契會。乃告眾曰：師現佛性之義，非師身者，無相三昧。形如滿月，佛性之義也。語未訖，師即現本身。座上說偈曰：身現滿月相，以表諸佛體，說法無其形，用辯非聲色。又傳法偈云：爲明隱顯法，方說解脫理；於法心不證，無瞋亦無喜。

志磐《佛祖統紀》卷五 十三祖龍樹尊者，南天竺國梵志之裔。始生之日在於樹下，由入龍宮始得成道，故號龍樹（《西域記》：梵云那迦閼樹，此翻龍猛）。佛去世後七百年出。天姿聰悟，在乳哺中聞諸梵志誦四韋陁典，有四萬偈，偈各三十二字，皆達句義。弱冠馳名獨步諸國，天文地理星緯圖讖及餘道術無不綜練。嘗與契友三人議曰：世間義理可以開神明發幽旨者，吾輩悉達之矣。更以何方而自娛樂。復云：人生唯有追求慾色爲至樂耳。乃俱往術家學隱身法。師念曰：此四梵志才智高遠，今以術故屈辱就我。若授其方則永見棄。乃各與青藥一丸水磨塗眼形自當隱。龍樹聞香，便識此藥有七十種，名字兩數皆如其方。師聞大驚，即以其法具授四人。既得其藥翳身遊行，相與入王後宮數月，美人懷妊者眾。王問智臣，臣曰：若非鬼魅則是方術，可以細土置諸門中。若是方術其跡當見，設是鬼魅入必無迹，人可兵除，鬼當呪滅。王用其計，果四人足迹。乃令勇士揮劍空中，斬三人首，近王七尺刀所不至，龍樹斂身依王不能加害，始悟慾爲苦本。即自誓曰：若免斯難，當詣沙門受出家法。既得出宮便入山至一佛塔。摩羅來訪，龍樹迎之曰：深山孤寂，大德至尊何枉神足？摩羅曰：我非至尊來訪賢者耳。龍樹默念，此師得決定性否，明道眼否，是大聖繼眞乘否？摩羅曰：汝雖心語我已意知，但辨出家何慮吾之不聖。龍樹悔謝即求出家。於九十日誦通三藏，閻浮所有皆悉通達。辯才無礙，自謂一切智人。欲從瞿曇門入，門神告曰：今汝智慧，何異螢火齊於日月，以須彌山等亭歷子。我觀仁者非一切智，云何欲從此門而入？龍樹情屈心自念言：世界佛經雖妙句義未盡，我當更敷演之開悟後學。復欲立師教戒，更造衣服令少不同。欲除眾情選擇良日，便欲成造。獨處靜室水精房中。大龍菩薩愍其心念，即以神力，接入大海宮殿，開七寶函與諸方等經典，九十日中通解甚多。龍曰：汝今閱經爲遍未耶？師曰：汝經無量不可得盡，我今所讀，足過閻浮十倍。龍曰：忉利天上諸經，復過此中百千萬倍，師於宮中修行豁然通達，善解一相深入無生法忍。龍知悟道送師出宮（《輔行》云：龍接入宮，一夏但誦七佛經目）南天竺國王深染邪見，師欲化之，躬持赤幡在王前行經歷七載。王問：何人？答曰：我是一切智人。王曰：諸天今者何所作爲？答曰：天今正與阿修羅戰。須臾空中刀劍相繼而墜，修羅耳鼻從空而下。王始驚悟稽首作禮。是時殿上萬婆羅門，歎其神德除髮出家。諸外道眾來共議論，一言便屈降伏出家。有婆羅門善知呪術，白王求與捔力。婆羅門化大池蓮華自坐其上，龍樹化白象入池，鼻絞蓮華高舉擲地，婆羅門傷背，白師悔過，因求出家。龍樹造大悲方便論五千偈，大莊嚴論五千偈，大無畏論十萬偈（《輔行》云：大悲論明天文地理，作寶、作藥。大莊嚴論，明修一切功德法門。大無畏論，明第一義。中觀論者，是其一品，即《大智度論》也）優波提舍論十萬偈。有小乘法師，見師高明常懷忿嫉。師所作已辦問小乘言：汝今樂我久住世否？答曰：仁者實不願也。忽一日入月輪三昧，唯聞法音不見形相。唯弟子提婆識之曰：師示佛性，非聲色也。龍樹乃付法提婆。復入閒室經日不出，弟子破戶視之，見入三昧蟬蛻而去。天竺諸國並爲立廟敬事如佛（《付法藏經》、《摩訶摩耶經》、智者云：樹生生身，龍生法身，故名龍樹。孤山慈雲皆稱龍樹爲十三代，凡即西土正統，不收末田地也）。

提婆

傳記

鳩摩羅什《提婆菩薩傳》　提婆菩薩者，南天竺人，龍樹菩薩弟子，婆羅門種也。博識淵攬，才辯絕倫，擅名天竺，爲諸國所推。賾探胸懷，既無所愧，以爲所不盡者，唯以人不信用其言爲憂。其國中有大天神，鑄黃金像之座身長二丈，號曰大自在天，人有求願能令現世如意。提婆詣廟求入拜見。主廟者言：天像至神人有見者既不敢正視，又令人退後，失守百日。汝但詣問求願，何須見耶？提婆言：若神必能如汝所說，乃但令我見之；若不如是，豈是吾之所欲見耶？時人奇其志氣伏其明正，追入廟者數千萬人。提婆既入於廟，天像搖動其眼怒目視之。提婆問：天神則神矣，何期爾也。當以威靈感人，智德伏物。而假黃金以自多，動頗梨以熒惑非所望也。即便登梯，鑿出其眼。時諸觀者咸有疑意。大自在天何爲一小婆羅門所困，將無名過其實理屈其辭也。提婆曉眾人言：神明遠大，故以近事試我，我得其心，故登金聚出頗梨，令汝等知神，不假質精不託形。吾既不慢神，亦不辱也。言已而出，即以其夜求諸供備，明日清旦敬祠天神。提婆先名既重加以智參神契，其所發言聲之所及無不響應。一夜之中供具精饌，有物必備。大自在天貫一皮形高數四丈，左眼枯涸而來在坐，遍觀供饌歎未曾有，嘉其德力能有所致，而告之言：汝得我心，人得我形；汝以心供，人以質饋。知而敬我者汝，畏而誣我者人。汝所供饌盡善盡美矣。唯無我之所須能以見與者，眞上施也。提婆言：神鑒我心，唯命是從。神言：我所乏者左眼，能施我者便可出之。提婆言：敬如天命。即以左手出眼與之。天神力故出而隨生，索之不已，從旦終朝出眼數萬。天神讚曰：善哉，摩納眞上施也。欲求何願，必如汝意。提婆言：我稟明於心不假外也。唯恨悠悠童矇，不知信受我言。神賜我願，必當令我言不虛設。唯此爲精，他無所須。神言：必如所願。於是而退詣龍樹菩薩，受出家法，剃頭法服，周遊揚化。南天竺王總御諸國信用邪道，沙門釋子一不得見，國人遠近皆化其道。提婆念曰：樹不伐本則終不傾，人主不化則道不行。其國政法王家出錢雇人宿衛，提婆乃應募爲其將，荷戟前驅。整行伍勒部曲，威不嚴而令行，德不彰而物樂隨。王甚喜之而問是何人。侍者答言：此人應募，既不食廩，又不取錢，而其在事恭謹，閑習如此。不知其意，何求何欲？王召而問之：汝是何人？答言：我是一切智人。王大驚愕而問之：言一切智人，曠代一有。汝自言是，何以驗之。答言：欲知智在說，王當見問。王即自念：我爲智主，大論議師，問之能屈，猶不足名。一旦不如，此非小事。若其不問，便是一屈。持疑良久，不得已而問：天今何爲耶？提婆言：天今與阿修羅戰。王得此言，譬如人噎，既不得吐，又不得咽。欲非其言，復無以證之；欲是其事，無事可明。未言之間，提婆復言：此非虚論，求勝之言，王小待須臾有驗。言訖，空中便有干戈來下，長戟短兵相係而落。王言：干戈矛戟雖是戰器，汝何必知是天與阿修羅戰？提婆言：構之虚言，不如校以實事。言已，阿修羅手足指及其耳鼻從空而下。王乃稽首，伏其法化。殿上有萬婆羅門，皆棄其束髮受成就戒。是時提婆於王都中建、高座立三論言：一切諸聖中，佛聖最第一；一切諸法中，佛法正第一；一切救世中，佛僧爲第一。八方諸論士有能壞此語者，我當斬首以謝其屈。所以者何？立理不明，是爲愚癡。愚癡之頭，非我所須，斬以謝屈甚不惜也。八方論士既聞此言，亦各來集，而立誓言：我等不如，亦當斬首，愚癡之頭亦所不惜。提婆言：我所修法，仁活萬物，要不如者，當剃汝鬚髮以爲弟子，不須斬首也。立此要已，各撰名理，建無方論，而與酬酢。智淺情短者，一言便屈；智深情長者，遠至二日。則辭理俱匱，即皆下髮。如是日日，王家日送十車衣鉢終竟，三月度百餘萬人。有一邪道弟子凶頑無智，耻其師屈形雖隨衆，心結怨忿囓刀自誓：汝以口勝伏我，我當以刀勝伏汝。汝以空刀困我，我以實刀困汝。作是語已，挾一利刀伺求其便。諸方論士英傑都盡，提婆於是出就閑林，造百論二十品，又造四百論以破邪見。其諸弟子各各散諸樹下坐禪思惟，提婆從禪覺經行。婆羅門弟子來到其邊執刀窮之曰：汝以口破我師，何如我以刀破汝腹。即以刀決之，五藏委地命未絶間，愍此愚賊而告之曰：吾有三衣鉢釪在吾坐處，汝可取之。急上山去愼，勿下就平道，我諸弟子未得法忍者，必當捉汝或當相得送汝於官，王便困汝，汝未得法利。惜身情重，惜名次之。身之與名患累出焉，衆釁生焉。身名者乃是大患之本也。愚人無聞爲妄見所侵，惜其所不惜，而不惜所應惜，不亦哀哉。吾蒙佛之遺法不復爾也。但念汝等爲狂心所欺，忿毒所燒罪報未已，號泣受之，受之者實自無主。爲之者實自死人，無人無王哀酷者，誰以實求之，實不可得。未悟此者，爲狂心所惑。顚倒所迴見得心著。而有我有人有苦有樂，苦樂之來但依觸著。解著則無依，無依則無苦，無苦則無樂。苦樂既無，則幾乎息矣。說此語已弟子先來者失聲大唤，門人各各從林樹間集。未得法忍者驚怖號咷拊匃扣地，冤哉，酷哉！誰取我師，乃如是者？或有狂突奔走追截要路，共相分部號叫追之聲聒幽谷。提婆誨諸人言：諸法之實，誰冤誰酷誰割誰截，諸法之實實無受者亦無害者。誰親誰怨誰賊誰害，汝爲癡毒所欺，妄生著見而大號咷種不善業。彼人所害害諸業報，非害我也。汝等思之，愼無以狂追狂以哀悲哀也。於是放身，脱然無矜，遂蟬蛻而去。初出眼與神，故遂無一眼，時人號曰迦那提婆也。

玄奘譯、辯機撰《大唐西域記》卷四　閻牟那河東行八百餘里，至殑伽河河源，廣三四里，東南流入海處廣十餘里。水色滄浪，波流浩汗，靈怪雖多，不爲物害，其味甘美，細沙隨流。彼俗書記，謂之福水，罪咎雖積，沐浴便除；輕命自沉，生天受福；死而投骸，不墮惡趣；揚波激流，亡魂獲濟。時執師子國提婆菩薩深達實相，得諸法性，愍諸愚夫，來此導誘。當是時也，士女咸會，少長畢萃，於河之濱，揚波激流。提婆菩薩和光汲引，俯首反激，狀異衆人。有外道曰：吾子何其異乎？提婆菩薩曰：吾父母親宗在執師子國，恐苦飢渴，冀斯遠濟。諸外道曰：吾子謬矣！曾不再思，妄行此事。家國綿邈，山川遼夐，激揚此水，給濟彼飢，其猶卻行以求前及，非所聞也。提婆菩薩曰：幽途罪累，尚蒙此水；山川雖阻，如何不濟？時諸外道知難謝屈，捨邪見，受正法，改過自新，願奉教誨。

契嵩《傳法正宗記》卷三　迦那提婆者，南天竺國人也，姓毗舍羅，天性才辯。幼習其國風，喜修福業。及趣龍樹大士方至其門。龍樹試之，遣以滿鉢水先置其前。大士即以一針投之，而進相見，忻然契會。龍樹現月輪以表佛性，衆皆罔測，獨大士識之，遂以諭其衆人，尋亦相與師龍樹出家，而提婆果爲其高足弟子。及龍樹大士垂入泥洹，遂以大法眼傳之。其後大士以其所證，廣化乎他方。

契嵩《傳法正宗定祖圖》卷一　第十五祖迦那提婆，南天竺國人，姓毗舍羅。會龍樹至其家及門，龍樹先遣以滿鉢水置其前。那提即以一針投之水中，遂師龍樹出家，爲其高足弟子。其後行化至迦毗羅國，得羅睺羅多爲徒。將入滅以法付之，說偈曰：本對傳法人，爲說解脱理；於法實無證，無終亦無始。

無著

紀事

菩提流支譯《金剛仙論》卷一〇　若此金剛般若句義次第難解，非圖度境者。論主何由得解，而造論解釋也。故云：從尊者聞。明論主自云：此金剛般若甚深法門義釋，非自智力解，乃近從尊者，胡名阿僧佉，漢云無障礙。比丘邊聞，復遠從彌勒世尊邊聞。明仰推功有在，非是謬傳故，言從尊者聞也。及廣説者，明無障礙比丘乃是性地菩薩，多聞強記，能流通大乘，折伏外道故。彌勒世尊，愍此閻浮提人，作金剛般若經義釋幷地持論，齎付無障礙比丘，令其流通。

真諦《婆藪槃豆法師傳》　阿僧伽譯爲無著。爾後，數上兜率多天諮問彌勒大乘經義，彌勒廣爲解説隨有所得。還閻浮提，以己所聞爲餘人説。聞者多不生信，無著法師即自發願：我今欲令衆生信解大乘，唯願大師下閻浮提，解説大乘令諸衆生皆得信解。彌勒即如其願於夜時下閻浮提，放大光明廣集有緣衆，於説法堂誦出十七地經，隨所誦出隨解其義。經四月夜解十七地經方竟。雖同於一堂聽法，唯無著法師得近彌勒菩薩，餘人但得遙聞夜共聽彌勒説法。晝時無著法師更爲餘人解釋彌勒所説，因此衆人聞信大乘彌勒菩薩敎。無著法師修日光三摩提，如説修學即得此定從得此定。後昔所未解悉能通達，有所見聞永憶不忘。佛昔所説華嚴等諸大乘經悉解義，彌勒於兜率多天，悉爲五著法師解説諸大乘經義，法師並悉通達皆能憶持。後於閻浮提造大乘經優波提舍，解釋佛所説一切大敎。

玄奘譯、辯機撰《大唐西域記》卷五　城西南五六里大菴沒羅林中，有故伽藍，是阿僧伽（唐言無著）菩薩請益導凡之處。無著菩薩夜昇天宮，於慈氏菩薩所受《瑜伽師地論》、《莊嚴大乘經論》、《中邊分別論》等，晝爲大衆講宣妙理。菴沒羅林西北百餘步，有如來髮、爪窣堵波。其側故基，是世親菩薩從覩史多天下見無著菩薩處。

慧立本、釋彦悰箋《大唐大慈恩寺三藏法師傳》卷三　城西南五六里有故伽藍，是阿僧伽菩薩説法處。菩薩夜昇覩史多天，於慈氏菩薩所受《瑜伽論》、《莊嚴大乘論》、《中邊分別論》，晝則下天爲衆説法。阿僧伽亦名無著，即健陁邏國人也。佛滅度後一千年中出現於世，從彌沙塞部出家，後信大乘。弟世親菩薩於説一切有部出家，後信大乘。兄弟皆稟明聖之器，含著述之才，廣造諸論，解釋大乘，爲印度宗匠。如《攝大乘論》、《顯揚聖教》、《對法》、《唯識》、《俱舍論》等，皆其筆也。

慧立本、釋彦悰箋《大唐大慈恩寺三藏法師傳》卷二　從此復與伴合，東南山行五百餘里，至健陁邏國（舊云健陁衛，訛也。北印度境也）。其國東臨信度河，都城號布路沙布羅。國多賢聖，古來作論諸師：那羅延天、無著菩薩、世親菩薩、法救、如意、脇尊者等，皆此所出也。王城東北有置佛鉢寶臺。鉢後流移諸國，今現在波剌拏斯國。城外東南八九里有畢鉢羅樹，高百餘尺，過去四佛，並坐其下，現有四如來像，當來九百九十六佛，亦當坐焉。其側又有窣堵波，是迦膩色迦王所造，高四百尺，基周一里半，高一百五十尺，其上起金銅相輪二十五層，中有如來舍利一斛。大窣堵波西南百餘步有白石像，高一丈八尺，北面立，極多靈瑞，往往有人見像夜遶大塔經行。

慧立本、釋彦悰箋《大唐大慈恩寺三藏法師傳》卷三　從此西南入大林，多逢惡獸、野象。經五百餘里，至憍賞彌國（舊曰俱睒彌，訛。中印度）。伽藍十餘所，僧徒三百餘人。城內故宮中有大精舍，高六十餘尺，有刻檀佛像，上懸石蓋，鄔陁衍那王（唐言出愛，舊云優塡王，訛）之所造也。昔如來在忉利天經夏爲母説法，王思慕，乃請目連將巧工升天觀佛尊顔容止，還以紫檀雕刻以像眞容，世尊下來時，像迎佛，即此也。城南有故宅，是瞿史羅（舊曰瞿師羅，訛）長者故居也。城南不遠有故伽藍，即長者之園地。中有窣堵波，高二百餘尺，無憂王所造。次東南重閣是世親造《唯識論》處。次東菴沒羅林有故基，是無著菩薩作《顯揚論》處。

慧沼撰《能顯中邊慧日論》卷三　《楞伽經》説當得涅槃，明彼非是，《涅槃經》中常沒之人，亦非莊嚴畢竟之者，豈經中自説當得涅槃。無著菩薩説爲畢竟無涅槃者。

慧沼撰《能顯中邊慧日論》卷三　彌勒菩薩於聲聞地及菩經地幷決擇

分，無著菩薩顯揚論等，皆說無性。

法雲編《翻譯名義集》卷二 阿僧伽，《西域記》：唐言無著，是初地菩薩，天親之兄。佛滅千年，從彌沙塞部出家。《三藏傳》云：伩升覩史陁天，於慈氏所，受《瑜伽師地論》、《莊嚴大乘論》、《中邊分別論》，晝則下天爲衆說法。

世親

傳記

眞諦《婆藪槃豆法師傳》 婆藪盤豆法師者。北天竺富婁沙富羅國人也。【略】此土有國師婆羅門姓憍尸迦，有三子同名婆藪槃豆。婆藪譯爲天，槃豆譯爲親。天竺立兒名有此體，雖同一名，復立別名以顯之。第三子婆藪槃豆，於薩婆多部出家得阿羅漢果。【略】婆藪槃豆是菩薩根性人，亦於薩婆多部出家，後修定得離欲。【略】第二婆藪槃豆，亦於薩婆多部出家，博學多聞遍通墳籍，神才俊朗無可爲儔，戒行清高難以相匹。兄弟既有別名，故法師但稱婆藪槃豆。【略】阿僧伽法師住在丈夫國，遣使往阿緰闍國報婆藪槃豆云：我今疾篤，汝可急來。天親即隨使還本國，與兄相見，諮問疾源。兄答云：我今心有重病，由汝而生。天親又問：云何賜由？兄云：汝有不信大乘，恆生毀謗，以此惡業必永淪惡道。我今愁苦，命將不全。天親聞此驚懼，即請兄爲解說大乘，兄即爲略說大乘要義。法師聰明殊有深淺，即於此時悟知大乘理，應過小乘。於是就兄遍學大乘義。後如兄所解，悉得通達解意，即明思惟。前後悉與理相應，無有乖背。始驗小乘爲失，大乘爲得。若無大乘，則無三乘道果。昔既毀謗大乘不生信樂，懼此罪業必入惡道，深自咎責欲悔先過。往至兄所陳其過迷今欲懺悔。先曾未知，何方得免？云：我昔由舌故生毀謗，今當割舌以謝此罪。兄云：汝設割千舌，亦不能滅此罪。汝若欲滅此罪，當更爲方便。法師即請兄說滅罪方便。兄云：汝舌能善以毀謗大乘，汝若欲滅此罪當善以解說大乘。阿僧伽法師但殂後，天親方造大乘論，解釋諸大乘經，華嚴涅槃法華般若維摩勝鬘等。諸大乘經論悉是法師所造。

又造唯識論，釋攝大乘三寶性甘露門等諸大乘論。凡是法師所造，文義精妙有見聞者靡不信求。故天竺及餘邊土學大小乘人，悉以法師所造爲學本，異部及外道論師聞法師名莫不畏伏。於阿緰闍國捨命，年終八十。雖迹居凡地，理實難思議也。

法雲編《翻譯名義集》卷二 婆藪（蘇后）盤豆，《西域記》云：伐蘇畔度，唐言世親；舊曰婆藪盤豆，譯曰天親，訛謬。言天親者，菩薩，乃是毗紐天親，故云天親。於說一切有部，出家受業，本自北印度至於此也。無著命其門人，令往迎候，至此伽藍遇而會見。無著弟子，止戶牖外。夜分之後，誦十地經，世親聞已，感悟追悔，甚深妙法昔所未聞，毀謗之愆源發於舌。舌爲罪本，今宜斷除。即執銛（息廉）刀，將自斷舌，乃見無著往立。告曰：夫大乘教者，至眞之理也。諸佛所讚，衆聖攸宗。言欲誨汝，爾今自悟，悟其時矣，何善如之。諸佛聖教斷舌非悔。昔以舌毀大乘，今以舌讚大乘，補過自新猶爲善矣，杜口絕言其利安在。作是語已，忽復不見。世親承命，遂不斷舌，且詣無著諮受大乘，於是研精覃思，製大乘論，凡百餘部並盛宣行。

雜記

菩提流支等譯《十地經論》卷一崔光《十地經論序》 北天竺大士，婆藪槃豆，魏云天親。挺高悟於像運，拔英規於季俗，故能徽蹤馬鳴，繼迹龍樹。

眞諦譯《攝大乘論》卷上 本論即無著法師之所造也。法師次弟婆藪槃豆，此曰天親。道亞生知，德備藏性，風格峻峙，神氣爽發。稟厥兄之雅訓，習大乘之弘旨。

闍那崛多譯《大威德陀羅尼經》卷二 名主將，亦名勝導師，亦名世親，亦名不離福，亦名勝陣，亦名勇健，亦名善丈夫，亦名最丈夫，亦名最極丈夫，亦名最雄猛丈夫，亦名商主，亦名師子，亦名須彌山，亦名不動者，亦名普眼，亦名金剛，亦名如金剛，亦名善宿，亦名宿王。

慧立本、釋彥悰箋《大唐大慈恩寺三藏法師傳》卷二　從此復與伴合，東南山行五百餘里，至健陁邏國（舊云健陁衛，訛也。北印度境也）。其國東臨信度河，都城號布路沙布羅。國多賢聖，古來作論諸師：那羅延天、無著菩薩、世親菩薩、法救、如意、脅尊者等，皆此所出也。王城東北有置佛鉢寶臺。鉢後流移諸國，今現在波剌拏斯國。城外東南八九里有畢鉢羅樹，高百餘尺，過去四佛，並坐其下，現有四如來像，當來九百九十六佛，亦當坐焉。其側又有窣堵波，是迦膩色迦王所造，高四百尺，基周一里半，高一百五十尺，其上起金銅相輪二十五層，中有如來舍利一斛。大窣堵波西南百餘步有白石像，高一丈八尺，北面立，極多靈瑞，往往有人見像夜遶大塔經行。

慧立本、釋彥悰箋《大唐大慈恩寺三藏法師傳》卷二　德光伽藍南三四里有伽藍，僧二百餘人，並小乘學。是眾賢論師壽終處。論師本迦濕彌羅國人，博學高才，明一切有部《毗婆沙》。時世親菩薩亦以睿智多聞，先作《阿毗達磨俱舍論》，破毗婆沙師所執，理奧文華，西域學徒莫不讚仰，爰至鬼神亦皆講習。眾賢覽而心憤，又十二年，覃思作《俱舍雹論》二萬五千頌，八十萬言。造訖，欲與世親面定是非，未果而終。世親後見其論，歎有知解。言其思力不減《毗婆沙》之眾也。雖然甚順我義，宜名《順正理論》，遂依行焉。眾賢死後，於菴沒羅林中起窣堵波，今猶現在。

普光述《俱舍論記》卷一　蓋俱舍論者，筏蘇槃豆之所作也（筏蘇，名世；槃豆，名親。印度有天俗號世親。世人親近供養，故以名焉。菩薩父母，從所乞處爲名也。舊譯爲天，此翻謬矣。若言天，應號提婆也。）

窺基《成唯識論掌中樞要》卷上　時有筏蘇畔徒菩薩，唐言世親，無著菩薩同母弟也。位居明得道隣極喜，亦博綜於三乘，乃遍遊於諸部。知小教而非極，遂迴趣於大乘。因聞誦華嚴十地品、阿毗達磨攝大乘品，悔謝前非流泣先見，持刀截舌用表深衷。其兄處遠三由旬，遙舒一手止其自割說以利害：汝雖以舌謗法，豈截舌而罪除。早應讚釋大乘以悔先犯。菩薩敬從兄諾，因歸妙理。兄乃囑以十地經，制以攝大乘本，令其造釋。故此二論菩薩創歸大乘之作。

從義《法華經三大部補注》卷一　梵云婆藪槃豆也，又云伐蘇畔度，翻爲世親，言天親者，即毗紐天居於此地，菩薩乃是毗紐天之親也，故以名焉。

親勝

雜記

窺基《成唯識論述記》卷一　四梵云畔徒室利，唐言親勝。天親菩薩同時人也。本頌初行先爲略釋。妙得作者之意。後德因而釋焉。

窺基《成唯識論述記》卷一　九百年間天親菩薩出世造此頌本，眞諦法師中邊疏，亦云凡百年中天親生也，同時唯有親勝、火辨二大論師造此頌釋。

王肯唐《成唯識論證義》卷一　梵言達磨波羅，唐言護法。本達羅毗荼國大臣之子，少而爽慧。弱冠之後，王愛其才，欲妻以公主。菩薩久修離欲，無心愛染。將成之夕，特起憂煩，乃於佛像前，請祈加護，願脫茲難，志誠所感。有大神王，攜負而出，送離此城數百里，置一山寺佛堂中。僧徒來見，謂之爲盜。菩薩自陳由委，聞者驚嗟，無不重其高志，因即出家。爾後專精正法，遂能究通諸部，閑於著述等者。該親勝、火辯、德慧、安慧、難陁、淨月、勝友、陳那、智月，九大論師也。佛圓寂後九百年中，天親造頌，親勝火辯同時造釋。千一百年後，餘八論師相次造釋，各成十卷，故卷有百。三藏翻後，糅成十卷。

火辯

雜記

窺基《成唯識論述記》卷一 七梵云質呾羅婆拏，唐言火辨，亦世親同時也。尤善文辭，深閑注述。形雖隱俗而道高眞侶。

昱俗詮《成唯識論俗詮科》卷一 梵語達磨波羅，唐言護法。本達羅毗茶國大臣之子，少而爽慧。弱冠之後，王愛其才，欲妻以公主。菩薩久修離欲，無心愛染。將成之夕，特起憂煩，乃於佛像前，請祈加護，願脱茲難，志誠所感。有大神王，攜負而出。送離此城數百里，置一山寺佛堂中。僧徒來見，疑之爲盜。菩薩自陳其由，聞者驚嗟，無不高尙其志，因即出家。爾後專精正法，遂能究通諸部，閑於著述，獨超眾表等者。等於親勝、火辯、德慧、安慧、難陁、淨月、勝友、陳那、智月，九大論師也。《唯識開蒙》云：佛圓寂後九百年中，天親造頌，親勝火辯同時造釋。千一百年後，餘八論師，相次造釋，各成十卷，故卷有百。奘師翻譯，糅成十卷。《掌中樞要》云：天親作後，復有護法等菩薩，賞翫頌文，各爲義釋。雖分峰崿岫，竦幹瓊枝，而獨擅光輝。顯標芬馥者，其唯護法一人乎。菩薩果成先劫，位克今賢，撫物潛資，隨機利見，春秋二十有九。

佛護

雜記

玄奘譯《阿毗達磨大毗婆沙論》卷一 化地部說：慧能照法故，名阿毗達磨。如契經說：一切照中我說慧照最爲上首。譬喻者說：於諸法中涅槃最上，此法次彼故，名阿毗達磨。聲論者言：阿謂除棄，毗謂決擇，此法能除棄決擇故，名阿毗達磨。何所除棄，謂結縛隨眠隨煩惱纏。何所決擇？謂蘊界處緣起。諦食及沙門果菩提分等，尊者佛護作如是說。

玄奘譯《阿毗達磨大毗婆沙論》卷一 尊者佛護作如是說：阿毗者，是助言顯現前義，此法能引一切善法，謂諸覺分皆現在前故，名阿毗達磨。

清辯

雜記

神泰《俱舍論疏論本》卷一 十尊者佛護說：本音云阿毗，此云現前，非正目無漏慧但是助言。本音云達磨，此云法，正目無漏慧以阿毗言助達磨故名阿毗達磨。此云現前法，謂此自性無漏慧法，能以一切善法皆現在前，故名阿毗達磨。

慧立本、釋彥悰箋《大唐大慈恩寺三藏法師傳》卷四 從此南行千餘里，至馱那羯磔迦國（南印度境）。城東據山有弗婆勢羅（唐言東山）僧伽藍，城西據山有阿伐羅勢羅（唐言西山）僧伽藍，此國先王爲佛造立，窮大廈之規式，盡林泉之秀麗，天神保護，賢聖遊居。佛涅槃千年之內，每有千凡夫僧同來安居，竟安居已，皆證羅漢，陵虛而去。千年之後，凡聖同居，自百餘年來，山神易質，擾惱行人，皆生怖懼，無復敢往，由是今悉空荒，寂無僧侶。城南不遠有一大石山，是婆毗吠迦（唐言清辯）論師住阿素洛宮，待慈氏菩薩成佛擬決疑處。法師在其國逢二僧，一名蘇部底，二名蘇利耶，善解大眾部三藏，法師因就停數月，學大眾部《根本阿毗達摩》等論，彼亦依法師學大乘諸論，遂結志同，行巡禮聖迹。

玄奘譯、辯機撰《大唐西域記》卷一〇 城南不遠有大山巖，婆毗吠伽(唐言清辯)論師住阿素洛宮待見慈氏菩薩成佛之處。論師雅量弘遠，至德深邃，外示僧佉之服，内弘龍猛之學。聞摩揭陁國護法菩薩宣揚法教，學徒數千，有懷談議，杖錫而往。至波吒釐城，知護法菩薩在菩提樹，論師乃命門人曰：汝行詣菩提樹護法菩薩所，如我辭曰：菩薩宣揚遺教，導誘迷徒，仰德虛心，爲日已久。然以宿願未果，遂乖禮謁。菩提樹者，誓不空見，見當有證，稱天人師。

窺基撰《大般若波羅蜜多經般若理趣分述讚》卷一 佛滅度後九百年間有應眞大士，厥名清辨。身同數論之儀，示無朋黨之執，心處釋迦之理宗無偏滯之情，時人號爲妙吉祥菩薩。

法藏撰《入楞伽心玄義》卷一 此土南北諸師各執空有，不足爲會。但西域清辨論主依般若等經習龍猛等宗，造般若燈及掌珍等論，確立比量辨依他空。護法等論師依深密等經習無著等宗，造唯識等論，亦立比量顯依他不空。

法藏撰《入楞伽心玄義》卷一 是以清辨破違空之有，令蕩盡歸空，方顯即空之有，因果不失。護法等破滅有之空，令因果確立，方顯即有之空，眞性不隱。此二士各破一邊共顯中道，此乃相成非相破也。

宗密撰《圓覺經大疏釋義鈔》卷二 至佛滅後千一百年，清辨護法二宗論師，便興鬪淨，各執空有。展轉流傳至於晨旦，後學不知根源者，隨學即黨，故有異同。

宗密撰《圓覺經大疏釋義鈔》卷二 法相宗黨有斥空，或癈或興者。清辨護法及諸徒屬，互望興癈，住空者有癈故也。住相者空癈故也。

安慧

雜記

窺基《成唯識論述記》卷一 三梵云悉耻羅末底，唐言安慧，即糅雜集。救俱舍論，破正理師。護法論師同時先德，南印度境羅羅國人也。妙解因明善窮内論，扇徽猷於小運，飛蘭蕙於大乘，神彩至高固難提議。

慧立本、釋彦悰箋《大唐大慈恩寺三藏法師傳》卷四，沙門慧立本，釋彦悰箋 從此復往杖林山居士勝軍論師所。軍本蘇剌侘國人，刹帝利種也。幼而好學，先於賢愛論師所學《因明》，又從安慧菩薩學《聲明》、大小乘論，又從戒賢法師學《瑜伽論》，爰至外籍群言、四《吠陁》典、天文、地理、醫方、術數，無不究覽根源，窮盡枝葉。既學該内外，德爲時尊，摩揭陁主滿胄王欽賢重士，聞風而悦，發使邀請，立爲國師，封二十大邑，論師不受。滿胄崩後，戒日王又請爲師，封烏荼國八十大邑，論師亦辭不受。王再三固請，亦皆固辭，謂王曰：勝軍聞受人之禄，憂人之事。今方救生死縈纏之急，豈有暇而知王務哉？言罷揖而出，王不能留。自是每依杖林山養徒教授，恆講佛經，道俗宗歸，常逾數百。法師就之，首末二年，學《唯識決擇論》、《意義理論》、《成無畏論》、《不住涅槃》、《十二因緣論》、《莊嚴經論》，及問《瑜伽》、《因明》等疑已。於夜中忽夢見那爛陁寺房院荒穢，並繫水牛，無復僧侶。法師從幼日王院西門入，見第四重閣上有一金人，色貌端嚴，光明滿室。内心歡喜，欲登上無由，乃請垂引相接。彼曰：我曼殊室利菩薩也。以汝緣業未可來也。乃指寺外曰：汝看是。法師尋指而望，見寺外火焚燒村邑，都爲灰燼。彼金人曰：汝可早歸。此處十年後，戒日王當崩，印度荒亂，惡人相害，汝可知之。言訖不見。法師覺已怪歎，向勝軍説之。勝軍曰：三界無安，或當如是。既有斯告，任仁者自圖焉。是知大士所行，皆爲菩薩護念。將往印度，告戒賢而駐待；淹留未返，示無常以勸歸。若所爲不契聖心，誰能感此？

圓測撰《解深密經疏》卷四 八識及諸心所有偏攝者，能遍計虛妄分別，爲自性故，皆似所取能取現故，説阿賴耶。以遍計所執自性妄執種爲所緣故。(此是安慧論師義也)有義。

智周撰《成唯識論了義燈記》卷二 西明云安慧三釋等者，西明假敘此二師説，不斷得失。又云：安慧(至)故名唯識者，此並法師破不正，及自述正述思準可解。

義淨《南海寄歸内法傳》卷四 近則陳那、護法、法稱、戒賢及師子月、安慧、德慧、慧護、德光、勝光之輩，斯等大師。無不具前内外衆德，各並少欲知足，誠無與比。

護法

紀事

窺基《成唯識論述記》卷一　梵云達磨波羅，唐言護法。此大論師，南印度境達羅毗荼國建至城中帝王之子。學乃泉於海濬，解乂朗於曦明，內教窮於大小，聲論光於眞俗。外道、小乘咸議之曰：大乘有此人也，旣猶日月之麗天皎皎而垂彩，亦如溟渤之紀地浩浩而無竭。大親以後一人而已。製作破斥，具如別傳。年三十二而卒於大菩提寺。臨終之日天樂霄迎，悲聲慟城，空中響報婆羅門曰：此是賢劫之一佛也。故諸神異難以僃言。

玄奘譯、辯機撰《大唐西域記》卷五　龍窟東北大林中，行七百餘里，渡殑伽河，北至迦奢布羅城，周十餘里，居人富樂。城傍有故伽藍，唯餘基址，是昔護法菩薩伏外道處。此國先王扶於邪說，欲毀佛法，崇敬外道。外道衆中召一論師，聰敏高明達幽微者，作僞邪書千頌，凡三萬二千言，非毀佛法，扶正本宗。於是召集僧衆，令相摧論。外道有勝，當毀佛法；衆僧無負，斷舌以謝。是時僧徒懼有退負，集而議曰：慧日已沉，法橋將毀，王黨外道，其可敵乎？事勢若斯，計將安出？衆咸默然，無豎議者。護法菩薩年在幼稚，辯慧多聞，風範弘遠，在大衆中揚言贊曰：愚雖不敏，請陳其略。誠宜以我疾應王命。高論得勝，斯靈祐也；徵議墮負，乃稚齒也。然則進退有辭，法、僧無咎。僉曰：允諧。如其籌策。尋應王命，即昇論座。外道乃提頓綱網，抑揚辭義，誦其所執，待彼異論。護法菩薩納其言而笑曰：吾得勝矣！將覆逆而誦耶？爲亂辭而誦耶？外道憮然而謂曰：子無自高也。能領語盡，此則爲勝，順受其文，後釋其義。護法乃隨其聲調，述其文義，辭理不謬，氣韻無差。於是外道聞已，欲自斷舌。護法曰：斷舌非謝，改執是悔。即爲說法，心信意悟。王捨邪道，遵崇正法。護法伏外道側，有窣堵波，無憂王所建也，基雖傾陷，尚高二百餘尺。是如來昔於此處六月說法。傍有經行之迹及髮、爪窣堵波。自此北行百七八十里，至鞞索（山格反）迦國（中印度境）。

玄奘譯、辯機撰《大唐西域記》卷一〇　逮志補羅城者，即達磨波羅（唐言護法）菩薩本生之城。菩薩，此國大臣之長子也。幼懷雅量，長而弘遠。年方弱冠，王姫下降。禮筵之夕，憂心慘悽，對佛像前殷懃祈請。至誠所感，神負遠遁，去此數百里，至山伽藍，坐佛堂中。有僧開戶，見此少年，疑其盜也，更詰問之，菩薩具懷指告，因請出家。衆咸驚異，遂允其志。王乃宣命，推求遐邇，乃知菩薩神負遠塵。王之知也，增深敬異。自染衣已，篤學精勤，令問風範，語在前記。

雜記

新羅太賢集《成唯識論學記》卷一　達摩婆羅，此云護法。基云：南印度達羅弭茶國建至城中帝王之子（測云臣子）。年二十九，菩提樹下禪禮之時，造此論釋。年三十二命終，與清辨同時而出。

法藏《入楞伽心玄義》卷一　此土南北諸師各執空有，不足爲會。但西域清辨論主依般若等經習龍猛等宗，造般若燈及掌珍等論，確立比量辨依他空。護法等論師依深密等經習無著等宗，造唯識等論，亦立比量顯依他不空。

法藏《入楞伽心玄義》卷一　是以清辨破違空之有，令蕩盡歸空，方顯即空之有，因果不失。護法等破滅有之空，令因果確立，方顯即有之空，眞性不隱。此二士各破一邊共顯中道，此乃相成非相破也。

宗密撰《圓覺經大疏釋義鈔》卷二　至佛滅後千一百年，清辨護法二宗論師，便興鬪淨，各執空有。展轉流傳至於晨旦，後學不知根源者，隨學即黨，故有異同。

宗密撰《圓覺經大疏釋義鈔》卷二　法相宗黨有斥空，或癈或興者。清辨護法及諸徒屬，互望興癈。住空者有癈故也，住相者空癈故也。

清遠《圓覺疏鈔隨文要解》卷五　天親菩薩說《唯識三十本頌》而有

之十解釋。一護法；二德慧，即宗慧之師；三安慧；四親勝，天親同時；五難陁；六淨月；七火辨，亦天親同時；八勝友；九勝子；十智月。

戒賢

雜記

沙門慧覺共威德《賢愚經》卷六 有一大國王，名旃陁婆羅脾（晉言月光），統閻浮提八萬四千國，六萬山川，八十億聚落。王有二萬夫人婇女，其第一夫人，名須摩檀（晉言花施）；一萬大臣，其第一者，名摩旃陁（晉言大月）。王有五百太子，其最大者太子，名曰尸羅跋陁（晉言戒賢）。王所住城，名跋陁耆婆（晉言賢壽），其城縱廣，四百由旬，金銀琉璃頗梨所成，四邊凡有百二十門，街陌里巷，齊整相當。

慧立本、釋彦悰箋《大唐大慈恩寺三藏法師傳》卷三 既至，合衆都集。法師共相見訖，上座頭別安牀，命法師坐，徒衆亦坐。坐訖，遣維那擊犍稚唱。法師住寺，寺中一切僧所畜用法物道具咸皆共同。仍差二十人非老非少，閑解經律，威儀齊整者，將法師參正法藏，即戒賢法師也，衆共尊重不斥其名，號爲正法藏。於是隨衆入謁。

慧立本、釋彦悰箋《大唐大慈恩寺三藏法師傳》卷五 法師報曰：無垢稱言：夫日何故行瞻部洲？答曰：爲之除冥。今所思歸，意遵此耳。諸德既見不從，乃相呼往戒賢法師所具陳其意。戒賢謂法師曰：仁意定何如？報曰：此國是佛生處，非不愛樂。但玄奘來者，爲求大法，廣利群生。自到已來，蒙師爲説《瑜伽師地論》，決諸疑網，禮見聖跡，及聞諸部甚深之旨，私心慰慶，誠不虚行。願以所聞，歸還翻譯，使有緣之徒同得聞見，用報師恩，由是不願停住。戒賢喜曰：此菩薩意也。吾心望爾，爾亦如是。任爲裝束，諸人不須苦留。言訖還房。

經二日，東印度鳩摩羅王遣使奉書與戒賢法師曰：弟子願見支那國大德，願師發遣，慰此欽思。戒賢得書，告衆曰：鳩摩羅王欲請玄奘，但此人衆差擬往戒日王所，與小乘對論，今若赴彼，戒日儻須，如何可得？不宜遣去。乃謂使曰：支那僧意欲還國，不及得赴王命。使到，王更遣來請曰：師縱欲歸，暫過弟子，去亦非難。必願垂顧，勿復致違。

戒賢既不遣往，彼王大怒，更發別使齎書與戒賢法師曰：弟子凡夫，染習世樂，於佛法中未知迴向。今聞外國僧名，身心歡喜，似開道芽之分，師復不許其來，此乃欲令衆生長淪永夜，豈是大德紹隆遺法，汲引物哉？不勝渴仰，謹遣重諮。若也不來，弟子則分是惡人，近者設賞迦王猶能壞法毁菩提樹，師謂弟子無此力耶？必當整理象軍，雲萃於彼，踏那爛陁寺，使碎如塵。此言如謬，師好試看。

戒賢得書，謂法師曰：彼王者善心素薄，境内佛法不甚流行。自聞仁名，似發深意。仁或是其宿世善友，努力爲去。出家以利物爲本，今正其時。譬如伐樹，但斷其根，枝條自殄。到彼令王發心，則百姓從化。苦違不赴，或有魔事。勿憚小勞。法師辭，與使俱去。至彼，王見甚喜，率群臣迎拜讚歎，延入宫，日陳音樂，飲食花香，盡諸供養，請受齋戒。如是經月餘。

玄奘譯、辯機撰《大唐西域記》卷八 德慧伽藍西南二十餘里，至孤山，有伽藍，尸羅跋陁羅（唐言戒賢）論師論義得勝，捨邑建焉。竦一危峯，如窣堵波，置佛舍利。

慧立本、釋彦悰箋《大唐大慈恩寺三藏法師傳》卷一〇 到中天竺那爛陁寺，逢大法師名尸羅跋陁，此曰戒賢。其人體二居宗，神鑒奥遠，博閑三藏，善四韋陁。於《十七地論》最爲精熟，以此論該冠衆經，亦偏常宣講，元是彌勒菩薩所造，即《攝大乘》之根系，是法師發軔之所祈者。

月稱

紀事

曇無讖譯《大般涅槃經》卷一九 爾時，王舍大城阿闍世王，其性弊惡意行殺戮具口四惡，貪恚愚癡其心熾盛，唯見現在不見未來。純以惡人而爲眷屬，貪著現世五欲樂故。父王無辜横加逆害，因害父已心生悔熱。身諸瓔珞妓樂不御，心悔熱故遍體生瘡，其瘡臭穢不可附近。尋自念言：我今此身已受花報，地獄果報將近不遠。爾時，其母字韋提希，以種種藥而爲傅之，其瘡遂增無有降損。王即白母如是瘡者，從心而生非四大起。若言衆生有能治者，無有是處。時有大臣名曰月稱，往至王所在一面立，白言：大王，何故愁悴顔容不悦，爲身痛耶爲心痛乎？王即答言：我今身心豈得不痛，我父無辜横加逆害，我從智者曾聞是義，世有五人不脱地獄，謂五逆罪，我今已有無量無邊阿僧祇罪，云何身心而得不痛，又無良醫治我身心。臣言：大王，莫大愁苦。

宗密《圓覺道場修證禮懺廣文》卷一六　一日，月稱問云：王何愁悴，爲身痛邪，爲心痛邪？二藏德問：大王何故面貌憔悴，脣口乾焦，音聲微細？三實德問：王何脱瓔珞，首髪蓬亂，戰慄不安恚？四智惑問：如失國者，如泉枯涸。五吉德問：面無光澤，如日中燈，如（盡）時月。六無畏問：何憂愁？如失侶客，其身痛、心痛之言。六皆（聞）也。

寂天菩薩造，傑操大師註解，隆蓮法師譯《入菩薩行論廣解》卷一　三轉法輪，初於四聖諦，三轉十二行宣説，有具聲聞種姓相續成熟者，唯説四諦，便能悟入緣生，離戲論邊際。如龍樹菩薩之論及月稱論師《六十正理論釋》，於小乘諸經中，亦曾多次正説細分無我也。

寂天菩薩造，傑操大師註解，隆蓮法師譯《入菩薩行論廣解》卷一〇　中觀緣生離二邊深義，如其依怙龍猛所開示，佛護月稱寂天諸論師，同一密意如是顯明釋。

要事部

佛滅年代

綜　述

弗若多羅譯共羅什譯《十誦律》卷五六　五百人集比尼者，佛初滅度後，五百比丘和合一處，集一切修多羅一切比尼一切阿毗曇，是名五百人集比尼。七百人集比尼者，佛滅度後百一十歲，毗耶離十事出，非法非比尼非佛教。是十事不入修多羅比尼中，與法相違威儀相違。是十事七百比丘和合一處滅，是名七百人集比尼。

玄奘譯、辯機撰《大唐西域記》卷六　城西北三四里，渡阿恃多伐底河（唐言無勝，此世共稱耳。舊云阿利羅跋提河，訛也。典言謂之尸賴拏伐底河，譯曰有金河）。西岸不遠，至娑羅林。其樹類槲，而皮青白，葉甚光潤。四樹特高，如來寂滅之所也。其大甎精舍中作如來涅槃之像，北首而卧。傍有窣堵波，無憂王所建，基雖傾陷，尚高二百餘尺。前建石柱，以記如來寂滅之事，雖有文記，不書日月。聞諸先記曰：佛以生年八十，吠舍佉月後半十五日入般涅槃，當此三月十五日也。說一切有部則佛以迦剌底迦月後半八日入般涅槃，此當九月八日也。自佛涅槃，諸部異議，或云千二百餘年，或云千三百餘年，或云千五百餘年，或云已過九百，未滿千年。

慧立本、釋彥悰箋《大唐大慈恩寺三藏法師傳》卷三　出此林（已至拘尸）那揭羅國。處極荒梗。城內東北隅有窣堵波，無憂王所建，準陁故宅（舊曰純陁，訛）。宅中有井，將營獻供時鑿也，水猶澄映。城西北三四里，渡阿恃多伐底河（唐言無勝，舊曰阿利跋提河，訛也）。河側不遠至娑羅林，其樹似槲而皮青葉白，甚光潤，四雙齊高，即如來涅槃處也。有大塼精舍，中有如來涅槃之像，北首而卧。傍有大窣堵波，高二百餘尺，無憂王所造。又立石柱記佛涅槃事，不書年月，相傳云：佛處世八十年，以吠舍佉月後半十五日入涅槃，當此二月十五日。說一切有部復云：佛以迦剌底迦月後半八日入涅槃，當此九月八日。自涅槃已來，或云千二百歲，或千三百，或千五百，或云過九百，未滿千年。

道宣《釋迦方志》卷上　拘尸那揭羅國（中印度）城頹荒人物少也。內東北角塔是準陁故宅，其井猶美營供所穿。城西北四里，度阿恃多伐底河，此云有金也。近西岸娑羅林，兩林間相去數十步，中有四樹特高。大甎精舍中，作佛涅槃像，北首而卧。旁塔高二百餘尺，前有石柱記佛滅相。有云：當此土三月十五日者。說有部云：當此九月八日。諸部異議云：至今貞觀二十年，則經一千二百一十二年矣。此依菩提寺石柱記也。或云：千三百年，或千五百餘年。或云：始過九百，未千年者。

衆聖點記

紀　事

費長房《歷代三寶紀》卷一一　僧賢《師資相傳》云：佛涅槃後優波離既結集律藏訖，即於其年七月十五日受自恣竟。以香花供養律藏，便下一點置律藏前，年年如是。優波離欲涅槃持付弟子陁寫俱，陁寫俱欲涅槃付弟子須俱，須俱欲涅槃付弟子悉伽婆，悉伽婆欲涅槃付弟子目揵連子帝須，目揵連子帝須欲涅槃付弟子旃陁跋闍，如是師師相付至今三藏法師。三藏法師將律藏至廣州臨上，舶反還去，以律藏付弟子僧伽跋陁羅。羅以永明六年共沙門僧猗，於廣州竹林寺譯出此《善見毗婆沙》，因共安居。以永明七年庚午歲七月半夜受自恣竟，如前師法，以香花供養律藏訖即下一點，當其年計得九百七十五點。點是一年，趙伯休梁大同元年於廬山値苦行律師弘度，得此佛涅槃後衆聖點記年月。訖齊永明七年，伯休語弘度云：自永明七年以後云何不復見點？弘度答云：自此已前，皆是得道聖人手自下點，貧道凡夫止可奉持頂戴而已，不敢輒點。伯休因此舊點下。推至梁大同九年癸亥歲，合得一千二十八年。房依伯休所推從大同九年至今開皇十七年丁巳歲，合得一千八十二年。若然則是如來滅度始出千年，去聖尚邇深可慶歡，願共勵誠同宣遺法。

智圓《維摩經略疏垂裕記》卷二 依趙伯休梁大周元年於廬山遇弘度律師，得佛滅後衆聖點記推，則當前周第二十九主貞定王亮二年甲戌。

志磐《佛祖統紀》卷三七 大同元年，帝幸同泰寺設無遮大會，智者約法師亡。帝輟朝三日，素服哭之。從師受戒者，四萬八千人，皆服緦麻哭送。塔于誌公之左，勅於重雲殿爲善慧大士別設一榻。講三慧般若經，公卿畢集，天子至，衆皆起迎，大士不動，御史問其故。答曰：法地若動一切法不安。帝善之。隱士趙伯休於廬山遇律師弘度，得衆聖點記云：佛滅後優波離結集律藏。以其年七月十五日自恣竟，於律藏子便下一點，年年如是。波離以後師師相付，至僧伽跋陀羅。將律藏至廣州，當齊永明七年庚午七月十五日自恣竟，即下一點，其年凡得九百七十五點。伯休問曰：永明七年後，云何不點？度曰：已前皆得道人，手自下點，吾徒凡夫，止可奉持耳。伯休因點記推至大同初，凡一千二十年，與傳記參合，世尊生滅之年皆不同，蓋其宗承有異也。

初轉法輪

紀事

鳩摩羅什譯《佛垂般涅槃略說教誡經》 釋迦牟尼佛初轉法輪，度阿若憍陳如，最後說法度須跋陀羅，所應度者皆已度訖，於娑羅雙樹間將入涅槃。

菩提留支《大薩遮尼乾子所說經》卷一〇 爾時會中一切大衆皆大歡喜踴躍，各各脫身所著上衣，奉施如來而作是言：如來世尊！今於世間第二轉法輪。如來昔於波羅㮈城初轉法輪，今復於此鬱闍延城第二轉法輪。復作是言：世尊！我等願常不離聞此妙寶法門，願常不離薩遮善男子。

僧伽跋陀羅譯《善見毗婆沙律》卷二 大德末示摩、大德迦葉、大德提婆純毗帝須，復大德提婆，往雪山邊。到已，說《初轉法輪經》。說法已，八億人得道。大德五人，各到一國教化，五千人出家，如是佛法流通雪山邊。而說偈言：大德末示摩，有大神通力，往到雪山邊，說《初法輪經》，衆生得道果，出家五千人。

浮陀跋摩共道泰等譯《阿毗曇毗婆沙論》卷二一 佛在波羅㮈國，初轉法輪。問曰：菩提樹下，已轉法輪。何以言波羅㮈國初轉法輪。答曰：轉法輪有二種，一在自身，二在他身。在菩提樹下，是自身轉法輪。波羅㮈國，是他身轉法輪。以在波羅㮈國他身中初轉法輪故，名初轉法輪。復有說者，轉法輪有二種，有共不共。如聲聞辟支佛，是共法輪。佛是不共法輪，以轉共法輪故。言初轉法輪。復有說者，以最初得無我證人故，言初轉法輪。復有說者，若是時得勝辟支佛者，言初轉法輪。所以者何？辟支佛亦於自身，能轉法輪，不能於他身而轉法輪，唯佛能於他身而轉法輪。復有說者，若於三阿僧祇劫所行得其果處，名初轉法輪。所以者何，佛若欲於過去諸佛所般涅槃者，即得隨意，所以身心不解，作百千苦行者，但欲利益他故。若我得無上智時，當令無量衆生，於生死牢獄，而得解脫。如是願行，於波羅㮈國，而得滿足，故名初轉法輪。

結集

紀事

菩提流支譯《金剛仙論》卷一 昔如來滅後，凡有三時結集法藏。初在王舍城因陁羅窟中，五百比丘結集法藏。舍利弗等諸羅漢比丘各自稱言：某甲經如是我聞佛在某處說。後時爲惡國王壞滅佛法。自此以後復有七百比丘，重結集法藏。皆云某甲經我從某甲比丘邊聞，不云我從佛聞。

此之再集並是小乘之人結集法藏，又復如來在鐵圍山外不至餘世界，二界中間，無量諸佛共集於彼。說佛話經訖，欲結集大乘法藏。復召集徒眾，羅漢有八十億那由他，菩薩眾有無量無邊恆河沙不可思議，皆集於彼。當於爾時，菩薩聲聞皆云：如是我聞如來在某處說某甲經。

那連提耶舍譯《大悲經》卷五 爾時，慧命阿難白佛言：世尊！我今云何修行法眼？若我修行佛正法眼，云何久住於諸天人廣行流布？世尊！我復云何結集法眼？云何顯說？作是語已，佛告阿難：我滅度後，有諸大德諸比丘眾集法毗尼時，彼大德摩訶迦葉最爲上首。阿難！時彼大德諸比丘眾當如是問：世尊何處說大阿波陁那？何處說摩訶尼陁那？何處說大集法？何處說五三法？何處諸天來問？何處天帝釋問？何處諸天來下？何處說梵網經？如是次第，彼諸比丘復當問汝：阿難！佛在何處說修多羅？何處說祇夜？何處說毗耶迦羅那？何處說伽陁？何處說憂陁那？何處說尼陁那？何處說伊帝毗利多迦？何處說闍多迦？何處說毗弗略？何處說阿波陁那？何處說阿浮陁達磨？何處說憂波提舍？阿難！佛在何處說聲聞藏？佛在何處說緣覺藏？佛在何處說菩薩藏？

阿難！時彼比丘如是問已，汝應如是答：如是我聞：一時佛在摩伽陁國菩提樹下初成正覺；如是我聞：一時佛在伽耶城；如是我聞：一時佛在摩伽陁國阿闍波羅尼拘陁樹下修苦行處；如是我聞：一時佛在波羅㮈仙人住處鹿野苑中；如是我聞：一時佛在耆闍崛山；如是我聞：一時佛在毗富羅山；如是我聞：一時佛在摩伽陁國鞞提訶山；如是我聞：一時佛在王舍城仙人山中大黑方石；如是我聞：一時佛在舍衛國祇樹給孤獨園；如是我聞：一時佛在毗舍離城菴羅樹園；如是我聞：一時佛在毗舍離獼猴池邊大林精舍重閣講堂；如是我聞：一時佛在瞻波城竭伽池邊；如是我聞：一時佛在伽耶城伽耶山頂；如是我聞：一時佛在拘睒彌國瞿師羅園；如是我聞：一時佛在娑枳多城阿踰闍園迦羅迦林；如是我聞：一時佛在釋種住處迦毗羅城尼拘陁園；如是我聞：一時佛在波離弗城鳩鳩吒園；如是我聞：一時佛在摩偷羅城頻陁林中；如是我聞：一時佛在拘尸那城力士生地阿利羅跋提河邊娑羅雙樹間。

阿難！以如是次第，在在處處佛所說法、在在處處大眾所集，隨其時節、隨其句義、隨其因緣、隨其問答發起因緣；隨所爲人、隨所爲事，爲欲分別顯其智故，隨其名味句義次第種種演說；隨彼由緒、有因、有緣，善義、善味廣爲人說；佛說經已，一切大眾皆大歡喜，頂戴奉行。

阿難！汝應如是結集法眼，如是分別種種顯說如來、應供、正遍知說如是語，如是我聞。

《大方便佛報恩經》卷六 問曰：佛云何一切說？爲應時適會隨宜說耶？爲當部黨相從說耶？

答曰：佛隨物適時說一切法。後諸弟子結集法藏，以類撰之。佛或時爲諸弟子制戒輕重，有殘無殘，撰爲律藏；或時說因果相生、諸結使及以業相，集爲阿毗曇藏；爲諸天、世人隨時說法，集爲《增一》，是勸化人所習；爲利根眾生說諸深義，名《中阿含》，是學問者所習；說種種隨禪法，是《雜阿含》，坐禪人習；破諸外道，是《長阿含》。

《毗尼母經》卷三 跋難陁釋子忽作是言：如來在世法律切急，如來滅後各任其性何須懊惱。諸外道等若聞此語，當作是言：諸釋子，世尊在世奉教修行，如來滅後皆已廢捨，我等應當聚集結集經藏使法不絕。諸羅漢答言：我等集於經藏須於阿難。迦葉答言：阿難結漏未盡，云何得在此眾。諸羅漢言：所廢忘處應當問之。迦葉言：若爾者當作求聽羯磨使入僧中，五百僧坐已。取五部經集爲三藏，諸經中有說比丘戒律處，集爲比丘經。諸經中有說戒律與尼戒相應者，集爲尼經。諸經中乃至與迦絺那相應者，集爲迦絺那揵度，諸犍度母經。增一比丘經，比丘尼經，總爲毗尼藏。諸經中所說，與長阿含相應者，總爲《長阿含》。諸經中所說，與中阿含相應者，集爲《中阿含》。一二三四乃至十一數增者，集爲《增一阿含》。與比丘相應，與比丘尼相應，與帝釋相應，與諸天相應，與梵王相應，如是諸經，總爲《雜阿含》。若法句若說義若波羅延如來所說，從修妬路乃至優波提舍。如是諸經與雜藏相應者，總爲雜藏。如是五種名爲《修妬路藏》。有問分別無問分別，相攝相應處所此五種，名爲《阿毗曇藏》。此十五種經集爲三藏。

徐昌智《醒世錄》卷二 此中廣明結集，具有四時。第一依《智度》、《金剛仙》二論。如來在此鐵圍山外，共文殊師利，及十方佛，結集大乘法藏。第二依《菩薩處胎經》，及《四分律》等。如來初入涅槃，始經七日，大迦葉共五百羅漢，令到十方世界，召得八億八千衆，共爲集三藏。第三依《智度論》。如來入涅槃後，至夏安居初十五日，大迦葉共千羅漢，在王舍城，結集三藏。第四依《四分律》。如來入涅槃後，一百年內，爲跋闍子擅行十事，大迦葉共七百羅漢，在毗舍離城，結集三藏。

第一次結集 五百結集

紀事

佛陀跋陀羅共法顯譯《摩訶僧祇律》卷三二 尊者阿難誦如是等一切法藏。文句長者集爲《長阿含》，文句中者集爲《中阿含》，文句雜者集爲《雜阿含》。所謂根雜力雜覺雜道雜，如是比等名爲雜。一增二增三增乃至百增，隨其數類相從，集爲《增一阿含》。雜藏者，所謂辟支佛阿羅漢自說本行因緣，如是等比諸偈誦，是名雜藏。爾時長老，阿難說此偈言：

所有八萬諸法藏，如是等法從佛聞，所有八萬諸法藏，如是等法從他聞，如是等法我盡持，是佛所說趣泥洹，是名撰集諸法藏。

次問：誰復應集比尼藏者？有言長老優波離。優波離言不爾。更有餘長老比丘。有言：雖有長老比丘，但世尊說長老成就十四法，除如來應供正遍知。持律第一優波離言：諸長老，若使我集者，如法者隨喜，不如法者應遮。若不相應應遮，勿見尊重，是義非義願見告示。皆言：長老優波離但集。如法者隨喜，非法者臨時當知。尊者優波離即作是念：我今云何結集律藏。五淨法，如法如律隨喜，不如法律者應遮。何等五：一制限淨，二方法淨，三戒行淨，四長老淨，五風俗淨。制限淨者：諸比丘住處作制限，與四大敎相應者用，不相應者捨，是名制限淨。方法淨者：國土法爾，與四大敎相應者用，不相應者捨，是名方法淨。戒行淨者：我見某持戒比丘行是法，若與四大敎相應者用，若不相應者捨，是名戒行淨。長老淨者：我見長老比丘尊者舍利弗目連行此法，與四大敎相應者用，不相應者捨，是名長老淨。風俗淨者：不得如本俗法，非時食飲酒行姪，如是一切本是俗淨，非出家淨，是名風俗淨。如是諸長老，若如法者隨喜，若不如法應遮。諸比丘答言：相應者用，若不相應者臨時應當遮。時尊者優波離語阿難：長老有罪，清淨衆中應當悔過。阿難言：有何等罪？答言：世尊乃至三制不聽度女人出家，而汝三請，是越比尼罪。時尊者大迦葉擲籌置地言：是第一籌。即時震動三千大千世界。復次佛在毗舍離，佛告阿難：毗舍離般樂放弓杖塔可樂，若得四神足者可住，壽一劫一劫有餘。若佛在世世人得見汝言：如是世尊，如是修伽陁，汝不請佛住世，越比尼罪，次擲第二籌。復次汝右脚指躡世尊僧伽梨衣縫而汝不知是僧伽梨，是諸天世人塔應恭敬耶，是越比尼罪，次下第三籌。復次佛告阿難取水來，如是至三汝不與，世尊取水，是越比尼罪，下第四籌。復次佛告阿難，我臨般泥洹時當語我，我當爲諸比丘捨細微戒，而汝不白，越比尼罪，下第五籌。復次佛般泥洹，而汝以佛陰馬藏示比丘尼，是越比尼罪，下第六籌。復次佛般泥洹已，力士諸老母臨世尊足上滴，淚墮足上，汝爲侍者不遮，是越比尼罪，下第七籌。爾時阿難不受二罪作是言：長老，過去諸佛皆有四衆，是故三請度比丘尼。佛在毗舍離，三告不請佛住世者。我爾時是學人，爲魔所蔽，是故不請，是中犯五越比尼罪。長老如法作已。時尊者優波離作是言：諸長老是九法序。何等九？一波羅夷，二僧伽婆尸沙，三二不定法，四三十尼薩耆，五九十二波夜提，六四波羅提提舍尼，七衆學法，八七滅諍法，九法隨順法。世尊在某處爲某甲比丘制此戒，不皆言如是，優波離如是。優波離復言：比尼有五事記。何等五？一者修多羅，二比尼，三義，四教，五輕重。修多羅者，五修多羅。比尼者，二部比尼略廣。義者，句句有義。教者，如世尊爲剎利婆羅門居士說四大敎法。輕重者，盜滿五重。減五偸蘭是名五事記比丘。長老如是應學。復有五比尼，何等五？一者略比尼，二者廣比尼，三者方面比尼，四者堅固比尼，五者應法比尼。略比尼者，五篇戒。廣比尼者，二部比尼。方面比尼者，輸奴，邊地聽五事。堅固比尼者，受迦絺那衣捨五罪別衆食乃至，不白離同食。應法比尼者，是中法羯磨和合羯磨，是名應法比尼。餘者非羯磨，如是集比尼藏竟。喚外千比丘入，語言諸長老：如是集法藏，如是集比尼藏。有比丘言：諸長老，世尊先語阿難：欲爲諸比丘捨細微戒，爲捨何等？有比丘言：世尊若捨細微戒者，正當捨威儀。有言：不正捨威儀亦當捨。衆學有言：亦捨四波羅提提舍尼。有言：亦應捨九十二波夜提。有言：亦應捨三十尼薩耆波夜提。有言：亦應捨二不定法。時六群比丘言諸長老，若世尊在者一切盡捨，大迦葉威德嚴峻猶如世尊。作是言：咄咄莫作是聲。即時一切咸皆默然。大迦葉言：諸長老，若已制復開者，當致外人言：瞿曇在世儀法熾盛，今日泥洹法用頹毁。諸長老，未制者莫制，已制者我等當隨順學。此法從何處聞，從尊者道力聞。比尼阿毗曇雜阿含，增一阿含，中阿含，長阿含。道力復從誰聞？從尊者弗沙婆陀羅聞。尊者弗沙婆陀羅復從誰聞？從尊者法勝聞。法勝從誰聞？從尊者僧伽提婆聞。僧伽提婆從誰聞？從尊者龍覺聞。龍覺從誰聞？從尊者法錢聞。法錢從誰聞？從尊者提那伽聞。提那伽從誰聞？從尊者法護聞。法護從誰聞？從尊者耆婆伽聞。耆婆伽從誰聞？從尊者弗提羅聞。弗提羅從誰聞？從尊者耶舍聞。耶舍從誰聞？從尊者差陀聞。差陀從誰聞？從尊者護命聞。護命從誰聞？從尊者善護聞。善護從誰聞？從尊者牛護聞。牛護從誰聞？從尊者巨舍羅聞。巨舍羅從誰聞？從尊者摩求哆聞。摩求哆從誰聞？從尊者摩訶那聞。摩訶那從誰聞？從尊者能護聞。能護從誰聞？從尊者目哆聞。目哆從誰聞？從尊者巨醯聞。巨醯從誰聞？從尊者法高聞。法高從誰聞？從尊者根護聞。根護從誰聞？從尊者耆哆聞。耆哆從誰聞？從尊者樹提陀娑聞。樹提陀娑從誰聞？從尊者陀娑婆羅聞。陀娑婆羅從誰聞？從尊者優波離聞。優波離從誰聞？從佛聞。佛從誰聞？無師自悟更不從他聞。佛有無量智慧，爲饒益諸衆生故授優波離。優波離授陀娑婆羅，陀娑婆羅授樹提陀娑，樹提陀娑如是乃至授尊者道力，道力授我及餘人。我等因師教，從無上尊聞，聞持誦比尼，賢聖所行法，世尊內法藏，紹繼釋迦後，各各共護持，令法得久住。是名五百結集法藏竟。

弗若多羅譯共羅什譯《十誦律》卷五六　五百人集比尼者。佛初滅度後，五百比丘和合一處，集一切修多羅一切比尼一切阿毗曇，是名五百人集比尼。

罽賓三藏佛陀什共竺道生等《五分律》卷三〇　爾時，世尊泥洹未久，大迦葉在毗舍離獼猴水邊重閣講堂與大比丘僧五百人俱，皆是阿羅漢，唯除阿難。告諸比丘：昔吾從波旬國向拘夷城，二國中間聞佛世尊已般泥洹，我時中心迷亂不能自攝。諸聚落比丘比丘尼優婆塞優婆夷或躄或踴宛轉于地，莫不哀號嘆速嘆疾，世間虛空世間眼滅。時跋難陀先遊於彼，止衆人言：彼長老常言：應行是不應行是，應學是不應學是。我等於今始脫此苦，任意所爲無復拘礙，何爲相與而共啼哭。吾聞其語倍復憂毒，佛雖泥洹比尼現在，應同勗勉共結集之，勿令跋難陀等別立眷屬以破正法。諸比丘咸以爲善。白迦葉言：阿難常侍世尊聰叡多聞具持法藏，今應聽在集比丘數。迦葉言：阿難猶在學地，或隨愛恚癡畏不應容之。時阿難在毗舍離恆爲四衆晝夜說法，衆人來往殆若佛在。有跋耆比丘於彼閣上坐禪，以此鬧亂不得遊諸解脫三昧。作是念：阿難今於學地應有所作爲無所作，而常在憒鬧多有所說。既入定觀見應有所作。復作是念：我今當爲說厭離法使其因悟。便往阿難所爲說偈言：靜處坐樹下，心趣於泥洹，汝禪莫放逸，多說何所爲。諸比丘亦語阿難言：汝應速有所作，大迦葉今欲集比尼法，而不聽汝在此數中。阿難既聞跋耆比丘所説偈，又聞迦葉不聽在集比尼數，初中後夜勤經行思惟望得解脫，而未能得。後夜垂過身體疲極，欲小偃臥頭未至枕，豁然漏盡。諸比丘知即白迦葉：阿難昨夜已得解脫，今應聽在集比尼數。迦葉即聽。於是迦葉作是念：何許多有飲食床坐臥具，可得以資給集比尼，唯見王舍城足以資給。便於僧中唱言：此中五百阿羅漢應往王舍城安居，餘人一不得去。作是制已，五百羅漢至王舍城，於夏初月補治房舍臥具，二月遊戲諸禪解脫，三月然後共集一處。於是迦葉白僧言：大德僧聽，我今於僧中問優波離比尼義。若僧時到僧忍聽。白如是。時優波離亦白僧言：大德僧聽，我今當答迦葉比尼義，若僧時到僧忍聽。白如是。迦葉即問優波離：佛於何處制初戒？優波離言：在毗舍離。又問：因誰制？答言：因須提那迦蘭陀子。又問：以何事制？答言：共本二行婬。又問：有二制不？答言：有。有比丘共獼猴行婬，迦葉復問：於何處制第二戒？答言：在王舍城。又問：因誰制？答言：因達膩吒。又問：以何事制？答言：盜瓶沙王材。迦葉復問：於何處制第三戒？答言：在毗舍離。又問：因誰制？答言：因衆多比丘。又問：以何事制？答言：自相害命。迦葉復問：於何處制第四戒？答言：在毗舍離。又問：因誰制？答言：因婆求摩河諸比丘。又問：以何事制？答言：虛稱得過人法。迦葉作如是等問一切比尼已，於僧中唱言：

此是比丘比尼，此是比丘尼比尼，合名爲比尼藏。

迦葉復白僧言：大德僧聽，我今欲於僧中問阿難修多羅義，若僧時到僧忍聽。白如是。阿難亦白僧言：大德僧聽，我今當答迦葉修多羅義，若僧時到僧忍聽。白如是。迦葉即問阿難言：佛在何處說增一經？在何處說《增十經》《大因緣經》《僧祇陀經》《沙門果經》《梵動經》？何等經因比丘說？何等經因比丘尼優婆塞優婆夷諸天子女說？阿難皆隨佛說而答。迦葉如是問一切修多羅已，僧中唱言：此是長經今集爲一部，名《長阿含》。此是不長不短今集爲一部，名《中阿含》。此是雜說爲比丘比丘尼優婆塞優婆夷天子天女說，今集爲一部名《雜阿含》。此是從一法增至十一法，今集爲一部名《增一阿含》。自餘雜說今集爲一部，名爲《雜藏》。合名爲《修多羅藏》。我等已集法竟，從今已後，佛所不制不應妄制。若已制不得有違，如佛所教應謹學之。

阿難復白迦葉言：我親從佛聞，吾般泥洹後若欲除小小戒聽除。迦葉即問：汝欲以何爲小小戒？答言：不知。又問：何故？答言：不問世尊。又問：何故不知不問？答言：時佛身痛恐以惱亂。迦葉詰言：汝不問此義犯突吉羅，應自見罪悔過。阿難言：大德，我非不敬戒不問此義，恐惱亂世尊，是故不敢。我於是中不見罪相，敬信大德今當悔過。迦葉復詰阿難言：汝爲世尊縫僧伽梨以脚指押犯突吉羅，亦應見罪悔過。阿難言：我非不敬佛，無人捉綦是以脚押，我於是中亦不見罪相，敬信大德今當悔過。迦葉復詰阿難言：汝三請世尊求聽女人於正法出家，犯突吉羅，亦應見罪悔過。阿難言：我非不敬法，但摩訶波闍波提瞿曇彌，長養世尊至大出家致成大道，此功應報是以三請。我於此中亦不見罪相，敬信大德今當悔過。迦葉復詰阿難言：佛臨泥洹現相語汝，若有得四神足，欲住壽一劫若過一劫便可得之。如來成就無量定法，如是三反現相語汝。汝不請佛住世一劫若過一劫，犯突吉羅，亦應見罪悔過。阿難言：我非不欲請佛久住，惡魔波旬厭蔽我心。是故致此，我於此中亦不見罪相，敬信大德今當悔過。迦葉復詰阿難言：佛昔從汝三反索水，汝竟不奉，犯突吉羅，亦應見罪悔過。阿難言：我非不欲奉，時有五百乘車上流厲渡水濁未清，恐以致患是以不奉。我於此中亦不見罪相，敬信大德今當悔過。迦葉復詰阿難言：汝聽女人先禮舍利，犯突吉羅，亦應見罪悔過。阿難言：我非欲使女人先禮舍利，恐其日暮不得入城，是以聽之。我於此中亦不見罪相，敬信大德今當悔過。阿難敬信大迦葉故，即於衆僧中作六突吉羅悔過。

迦葉復詰阿難言：若我等以衆學法爲小小戒。餘比丘便言：至四波羅提提舍尼亦是小小戒。若我等以至四波羅提提舍尼爲小小戒。餘比丘便復言：至波逸提亦是小小戒，若我等以至波逸提爲小小戒。餘比丘便復言：至尼薩耆波逸提亦是小小戒，俄成四種何可得定？迦葉復言：我等不知小小戒相而妄除者，諸外道輩當作是語。沙門釋子其法如烟，師在之時所制皆行，般泥洹後不肯復學。迦葉復於僧中唱言：我等已集法竟，若佛所不制不應妄制若已制不得有違，如佛所教應謹學之。

時長老富蘭那在南方，聞佛於拘夷城般泥洹諸長老比丘共集王舍城論比尼法，自與眷屬如屈伸臂頃來到衆中語迦葉言：我聞佛泥洹上座比丘皆共集此論比尼法，爲實爾不？迦葉答言：大德實爾。富蘭那言：可更論之。迦葉即如上說論。論已，富蘭那語迦葉言：我親從佛聞：內宿內熟自熟自持食從人受自取果食就池水受無淨人淨果除核食之。迦葉答言：大德，此七條者，佛在毗舍離時世飢饉乞食難得故權聽之。後即於彼還更制四，至舍衛城復還制三。富蘭那言：世尊不應制已還聽聽已還制。迦葉答言：佛是法主於法自在，制已還聽聽已還制有何等咎？富蘭那言：我忍餘事於此七條不能行之。迦葉復於僧中唱言：若佛所不制不應妄制，若已制不得有違，如佛所教應謹學之。爾時拘舍彌闡陀比丘觸惱衆僧不共和合，有一比丘安居竟往迦葉所，具以事白。迦葉語阿難言：汝往拘舍彌，以佛語僧語作梵壇法罰之。阿難受使，與五百比丘俱往。闡陀聞阿難與五百比丘來出迎，問阿難言：何故來此？將無與我欲作不益耶？答言：乃欲益汝。闡陀言：云何益我？答言：今當以佛語僧語作梵壇法罰汝。即問：云何名梵壇法？答言：梵壇法者。一切比丘比丘尼優婆塞優婆夷不得共汝來往交言。闡陀聞已悶絕躄地，語阿難言：此豈不名殺於我耶？阿難言：我親從佛聞，汝當從我得道，汝起爲汝說法彼便起聽。阿難爲說種種妙法示教利喜，即遠塵離垢於諸法中得法眼淨。

集比丘法時，長老阿若憍陳如爲第一上座，富蘭那爲第二上座，曇彌爲第三上座，陁婆迦葉爲第四上座，跋陀迦葉爲第五上座，大迦葉爲第六上座，優波離爲第七上座，阿那律爲第八上座。凡五百阿羅漢不多不少，是故名爲五百集法。

罽賓三藏佛陀耶舍共竺佛念等《四分律》卷五四　時大迦葉燒舍利已，以此因緣集比丘僧，告言：我先在道行時，聞跋難陁語諸比丘，作如是言：長老且止，莫復愁憂啼哭，我等今於彼摩訶羅邊得解脱。彼在世時教呵我等，是應爾是不應爾，應作是不應作是。今我等已得自在，欲作便作，不作便不作。我等今可共論法毗尼，勿令外道以致餘言譏嫌。沙門瞿曇法律若烟，其世尊在時皆共學戒，而今滅後無學戒者。諸長老，今可料差比丘多聞智慧是阿羅漢者，時即差得四百九十九人，皆是阿羅漢多聞智慧者。時諸比丘言：應差阿難在數中。大迦葉言：勿以阿難在數中，何以故。阿難有愛恚怖癡。有愛恚怖癡，是故不應令在數中。時諸比丘復言：此阿難是供養佛人，常隨佛行，親從世尊，受所教法，彼必處處疑問世尊。是故今者應令在數，即便令在數。諸比丘皆作是念。我等當於何處集論法毗尼多饒飲食卧具無乏耶。即皆言：唯王舍城房舍飲食卧具衆多，我等今宜可共往集彼論法毗尼。時大迦葉即作白：大德僧聽，此諸比丘爲僧所差，若僧時到僧忍聽，僧今往王舍城集共論法毗尼。白如是。作白已，俱往毗舍離。時阿難在道行，靜處心自念言：譬如新生犢子猶故飲乳，與五百大牛共行。我今亦如是學人有作者，而與五百阿羅漢共行。時諸長老皆往毗舍離，阿難在毗舍離住。諸比丘比丘尼優婆塞優婆私國王大臣種種沙門外道，皆來問訊多人衆集。時有跋闍子比丘，有大神力，已得天眼知他心智，作如是念：今阿難在毗舍離，比丘比丘尼優婆塞優婆私國王大臣種種沙門外道，皆來問訊多人衆集，我今寧可觀察阿難，爲是有欲無欲耶。即便觀察阿難，是有欲非是無欲，復念言：我今當令其生厭離心，將欲令阿難生厭離心。即説偈言：靜住空樹下，心思於涅槃，坐禪莫放逸，多説何所作。

時阿難聞跋闍子比丘説厭離已，即便獨處精進不放逸寂然無亂，是阿難未曾有法。時阿難在露地敷繩床夜多經行，夜過明相欲出時身疲極。念言：我今疲極，寧可小坐。念已即坐，坐已方欲亞卧。頭未至枕頃於其中間心得無漏解脱。此是阿難未曾有法。時阿難得阿羅漢已，即説偈言：多聞種種説，常供養世尊，已斷於生死，瞿曇今欲卧。

時諸比丘，從毗舍離往王舍城作如是言：我等先當作何等，爲當先治房舍卧具，先論法毗尼耶。皆言：先當治房舍卧具。即便治房卧具。時大迦葉以此因緣集比丘僧，中有陁醯羅迦葉作上座，長老婆婆那爲第二上座，大迦葉爲第三上座，長老大周那爲第四上座。時大迦葉，知僧事即作白：大德僧聽，若僧時到僧忍聽，僧今集論法毗尼。白如是。時阿難即從坐起偏露右肩右膝著地合掌，白大迦葉言：我親從佛聞，憶持佛語，自今已去，爲諸比丘捨雜碎戒。迦葉問言：阿難汝問世尊不，何者是雜碎戒？阿難答言：時我愁憂無賴失，不問世尊。何者是雜碎戒。時諸比丘皆言：來我當語汝雜碎戒。中或有言：除四波羅夷，餘者是雜碎戒。或有言：除四波羅夷十三事，餘者皆是雜碎戒。或有言：除四波羅夷十三事二不定法，餘者皆是雜碎戒。或有言：除四波羅夷十三事二不定法三十事，餘者皆是雜碎戒。或有言：除四波羅夷乃至九十事，餘者皆是雜碎戒。時大迦葉告諸比丘言：諸長老，今者衆人言各不定，不知何者是雜碎戒。自今已去，應共立制。若佛先所不制，今不應制。佛先所制，今不應卻，應隨佛所制而學。時即共立如此制限。

大迦葉語阿難言：汝於佛法中先求度女人得突吉羅罪，今應懺悔。阿難答言：大德，此非我故作。摩訶波闍波提於佛有大恩，佛母命過長養世尊。大德迦葉，我今於此不自見有罪，以信大德故，今當懺悔。大迦葉復言：汝令世尊三反請，汝作供養人，而言不作，得突吉羅罪，今當懺悔。阿難答迦葉言：我不故作，爲佛作供養人難，是故言不能耳。我於此中不自見有罪，以信大德故，今當懺悔。迦葉復言：汝爲佛縫僧伽梨，脚躡而縫，得突吉羅罪，今應懺悔。阿難答言：大德迦葉，非我慢而故作，更無人捉故爾耳，我於此不自見有罪，信大德故，今當懺悔。迦葉復言：世尊欲取涅槃三反告汝，汝不請世尊住世若一劫若過一劫令無數人得利益慈愍世間諸天人民令得安樂，汝得突吉羅罪，今應懺悔。阿難答言：大德迦葉，非我故作，魔在我心，令我不請佛住世，我於此中不自見有罪，信大德故，今當懺悔。迦葉復言：世尊在時，從汝索水，汝不與，得突吉羅罪，今應懺悔。阿難答言：非我故作，時有五百乘車從水中過，其水甚濁，恐世尊飲之作患，是故不與。迦葉復言：汝但應與，若佛威神或復諸天能令水清淨。阿難言：我於此中不自見有罪，信大德故，今當懺悔。迦葉復言：汝不問世尊，何者是雜碎戒，得突吉羅罪，今應懺悔。阿難言：

我非故作，時我愁憂無賴失不問世尊，何者是雜碎戒，我於此中不自見有罪，信大德故，今當懺悔。迦葉復言：汝不遮女人，令污佛足，得突吉羅罪，今應懺悔。阿難答言：非我故作，女人心軟禮佛足時泣淚手污佛足，我於此中不自見有罪，信大德故，今當懺悔。時大迦葉即作白言：大德僧聽，若僧時到僧忍聽，僧今問優波離法毗尼。白如是。時優波離即作白：僧大德僧聽，若僧時到僧忍聽，僧今令上座大迦葉問我答。白如是。時大迦葉即問言：第一波羅夷，本起何處，誰先犯。優波離答言：在毗舍離須提那迦蘭陁子初犯。第二復本起何處。答言：在王舍城陁尼伽比丘陶師子初犯。復問：第三本起何處。答言：在毗舍離婆裘河邊比丘初犯。復問：第四本起何處。答言：在毗舍離婆裘河邊比丘初犯。復問：第一僧殘本起何處。答言：在舍衛國迦留陁夷初犯，如是展轉隨所起處，如初分說。復問：第一不定法本起何處。答言：在舍衛國迦留陁夷初犯，第二亦爾。復問：尼薩耆本起何處。答言：在舍衛國六群比丘初犯，如是展轉亦如初分說。復問：初波逸提本起何處。答言：在釋翅瘦象力釋子比丘初犯，如是展轉如初分說。復問：波羅提提舍尼本起何處。答言：在舍衛國因蓮花色比丘尼起。第二第三第四如初分說。復問：第一眾學法本起何處。答言：在舍衛國六群比丘初犯。如是展轉如初分說。比丘尼別戒如律所說。復問：最初聽受大戒本起何處。答言：在波羅㮈五比丘。復問：最初聽說戒在何處。答言：在王舍城爲諸少年比丘。復問：初聽安居本起何處。答言：在舍衛國因六群比丘起。復問：初自恣本起何處。答言：在舍衛國因六群比丘起，如是展轉問乃至毗尼增一。時彼即集比丘一切事并在一處，爲比丘律。比丘尼事并在一處，爲比丘尼律。一切受戒法集一處爲受戒犍度。一切布薩法集一處，爲布薩犍度。一切安居法集一處，爲安居犍度。一切自恣法集一處，爲自恣犍度。一切皮革法集一處，爲皮革犍度。一切衣法集一處，爲衣犍度。一切藥法集一處，爲藥犍度。一切迦絺那衣法集一處，爲迦絺那衣犍度。二律并一切犍度調部毗尼增一都集，爲毗尼藏。時大迦葉即作白：大德僧聽，若僧時到僧忍聽，僧今問阿難法毗尼。白如是。時阿難即復作白：大德僧聽，若僧時到僧忍聽，僧今令大迦葉問我答。白如是。大迦葉即問阿難言：梵動經在何處說，增一在何處說，增十在何處說，世界成敗經在何處說，僧祇陁經在何處說，大因緣經在何處說，天帝釋問經在何處說。阿難皆答。如長阿含說，彼即集一切長經，爲長阿含。一切中經，爲中阿含。從一事至十事，從十事至十一事，爲增一。雜比丘比丘尼優婆塞優婆私諸天雜帝釋雜魔雜梵王，集爲雜阿含。如是生經本經善因緣經，方等經未曾有經譬喻經，優婆提舍經句義經，法句經波羅延經，雜難經聖偈經，如是集爲雜藏。有難無難繫相應作處，集爲阿毗曇藏。時即集爲三藏。時長老富羅那，聞王舍城五百阿羅漢共集法毗尼，即與五百比丘俱，往王舍城，至大迦葉所。語如是言：我聞大德與五百阿羅漢共集法毗尼，我亦欲豫在其次聞法。時大迦葉，以此因緣集比丘僧，爲此比丘，更問優波離，乃至集爲三藏。如上所說。彼言：大德迦葉。我盡忍可此事，唯除八事。大德，我親從佛聞，憶持不忘，佛聽內宿內煮自煮自取食，早起受食，從彼持食來，若雜菓，若池水所出可食者，如是皆聽不作餘食法得食。大迦葉答言：實如汝所說，世尊以穀貴時世人民相食乞求難得，慈愍比丘故，聽此八事。時世還豐熟飲食多饒，佛還制不聽。彼復作是言：大德迦葉，世尊是一切知見，不應制已還開開已復制。迦葉答言：以世尊是一切知見故，宜制已還開開已復制，富羅那，我等作如是制，是佛所不制不應制，是佛所制則不應卻。如佛所制戒應隨順而學，在王舍城五百阿羅漢共集法毗尼，是故言集法毗尼有五百人。

義淨譯《根本說一切有部毗奈耶雜事》卷四〇　爾時，迦攝波告鄔波離曰：世尊於何處制第一學處？鄔波離以清徹音答曰：世尊於波羅痆斯，此爲誰說，即五苾芻其事云何，謂齊整著裙不太高不太下，應當學。說是語已，諸阿羅漢俱入邊際定，以願力故觀察世間還從定起。爾時，摩訶迦攝波作如是念：我已結集世尊所說最初學處，於同梵行無有違逆亦無訶厭。是故當知，此毗奈耶是佛所說。復告鄔波離：世尊何處說第二學處？時鄔波離以清徹音答曰：於婆羅痆斯。此爲誰說，即五苾芻。其事云何？謂齊整披三衣，應當學。說是語已，諸阿羅漢俱入邊際定，以願力故觀察世間還從定起。時迦攝波作如是念：我已結集世尊第二學處。廣如上說。復告鄔波離：世尊何處說第三學處？鄔波離以清徹音答曰：於羯蘭鐸迦村爲誰說？即羯蘭鐸迦子蘇陣那苾芻。其事云何？謂若苾芻受禁戒。於餘苾芻乃至畜生行婬欲者，得波羅市迦罪。亦不得同住說是語已。諸阿羅漢俱入邊際定，以願力故觀察世間還從定起。時迦攝波作是如念：我已結集，廣說如前，自餘學處。世尊或於王宮聚落，爲諸苾芻廣制學處。時鄔波離悉皆具說。諸阿羅漢既結集已，此名波羅市迦法，此名僧伽伐尸沙法，此名二不定法，三十捨墮法，九十波逸底迦法，四波羅底提舍尼法，眾多學法，七滅諍法。此是初制，此是隨制，此是定制，此是隨聽。如是出家，如是受近圓，如是單白白二白四羯磨，如是應度，如是不應度，如是作褒灑陁如是作安居，如是作隨意及以諸事乃至雜事。此是尼陁那目得迦等。既結集毗奈耶已，具壽鄔波離從高座下。時迦攝波作如是念：後世之人少智鈍根，依文而解不達深義。我今宜可自說摩窒里迦，欲使經律義不失故。作是念已，便作白二羯磨，白眾令知。眾既許已，即昇高座告諸苾芻曰：摩窒里迦我今自說，於所了義皆令明顯。所謂四念處四正勤四神足五根五力七菩提分八聖道分，四無畏四無礙解四沙門果四法句無諍願智，及邊際定空無相無願雜修諸定正入現觀，及世俗智苫摩他毗鉢舍那法集法蘊。如是總名摩窒里迦。說是語已，諸阿羅漢俱入邊際定，次第觀已還從定起，如前廣說。是故當知，此是蘇怛羅，此是毗奈耶，此是阿毗達磨，是佛眞教如是集已。

時地上藥叉咸發大聲作如是說：仁等應知，聖者大迦攝波爲上首，與五百阿羅漢，共集如來三藏聖教。由是因緣天眾增盛阿蘇羅減少。居空藥叉聞是說已，亦發大聲徹四大王眾三十三天，夜摩覩史多樂變化他化自在，梵眾梵輔大梵少光無量光極光，淨少淨無量淨遍淨，無雲福生廣果，無煩無熱善現善見天等，須臾之間其聲上徹色究竟天。此諸天等咸發聲言：諸天增盛阿蘇羅減少。時五百阿羅漢既結集已。此即名爲五百結集。

釋道世《法苑珠林》卷一二《菩薩處胎經》云：爾時迦葉見眾集已，語優波離：卿爲維那唱阿難下。即受敎唱下，罰阿難不請佛住壽等已。阿難心意荒亂內自念言：佛滅度未久，恥我乃爾。即自思惟四諦法已。便於眾前成阿羅漢，諸塵垢滅朗然大悟，聖眾稱善諸天歌歎，爾時大地六返震動。時大迦葉，即使阿難昇七寶高座。迦葉告言：佛所說法，一言一字，汝勿使有缺漏。菩薩藏者，集著一處。聲聞藏者，集著一處。戒律藏者，亦集著一處。爾時，阿難最初出經，胎化藏爲第一，中陰藏第二，摩訶衍方等藏第三，戒律藏第四，十住菩薩藏第五，雜藏第六，金剛藏第七，佛藏第八。是爲釋迦文佛經法具足矣。

爾時，阿難發聲唱言：我聞如是，一時說佛所居處。迦葉及一切聖眾，墮淚悲泣不能自勝。咄嗟老死，如幻如化，昨日見佛，今日已稱言我聞。又《四分律》云：爾時，世尊在拘尸城末羅國娑羅林間般涅槃，諸末羅子洗佛舍利已具辦闍維。時大迦葉燒舍利已，以此因緣集比丘言：我等今可共論法毗尼，勿令外道以致餘言譏嫌沙門瞿曇法律若煙，其世尊在時皆共學戒。而今滅後無學戒者，諸長老今可科差比丘多聞智慧是阿羅漢者。時即差得四百九十九人，皆是阿羅漢多聞智慧者。時諸比丘言：應差阿難在數中。大迦葉言：勿以阿難在數中，何以故？阿難有愛恚怖癡，是故不應令在數中。時諸比丘復言：阿難是供養佛人，當隨佛行，親從世尊受所教法，必處處疑問世尊，是故今者應令在數。即便令在數。諸比丘皆作是念：我等當於何處集論法毗尼，多饒飲食臥具無乏耶？即皆言：唯王舍城房舍飲食臥具眾多，我等今宜可共往集彼論法毗尼。時大迦葉即作白令集王舍城。時阿難在道行靜處，心自念言：譬如新生犢子猶故飲乳與五百大牛共行，我今亦如是。學人有作者，而與五百阿羅漢共行。時諸長老皆往毗舍離，阿難在毗舍離住。時諸道俗皆來問訊阿難，多人眾集。時有跋闍子比丘，有大神力，已得天眼知他心智，今觀阿難，爲是有欲，無欲人耶。即便觀察，是有欲非是無欲，今當令其生厭離心。即說偈言：靜住空樹下，心思於涅槃，坐禪莫放逸，多說何所作。

時阿難聞說已，即便獨處精進不放逸寂然無欲。時在露地夜多經行，遇明相欲出。時身疲極方欲偃臥，頭未至枕頃於其中間心得無漏解脫，此是阿難未有法。時阿難得阿羅漢已，即說偈言：多聞種種說，常供養世尊，已斷於生死，瞿曇今欲臥。

時大迦葉集比丘僧，即作白集論法毗尼。時阿難即從座起，偏露右肩右膝著地，合掌白大迦葉：我親從佛聞憶持佛語，始從初篇乃至一切揵度諸部毗尼增一，都集爲毗尼藏。彼即集一切長經爲長阿含。一切中經爲中阿含。從一事至十事，從十事至十一事，爲增一阿含。集於雜事爲雜阿含。如生經本經乃至偈經等，如是集爲雜藏。有難無難繫相應作處，集爲阿毗曇藏。時即集爲三藏。在王舍城，五百阿羅漢共集法毗尼。是故言集法毗尼有五百人。

第二次結集 七百結集

紀事

佛陀跋陀羅共法顯譯《摩訶僧祇律》卷三三　七百集法藏者，佛般泥洹後，長老比丘在毗舍離沙堆僧伽藍。爾時諸比丘從檀越乞索，作如是哀言：長壽，世尊在時得前食後食衣服供養。世尊泥洹後，我等孤兒誰當見與，汝可布施僧財物。如是哀聲而乞，時人或與一罽利沙槃二罽利沙槃乃至十罽利沙槃，至布薩時盛著瓫中，持拘鉢量分次第而與。時持律耶舍初至次得分，問言：此是何物？答言：次得罽利沙槃醫藥直。耶舍答言：過去。問言：何故過去施僧？耶舍答言不又問何故過去答曰：不淨。諸比丘言：汝謗僧言不淨，此中應作舉羯磨。即便爲作舉羯磨。作舉羯磨已，時尊者陁娑婆羅在摩偷羅國，耶舍即往詣彼作是言：長老，我被舉行隨順法。問言：汝何故被舉？答言：如是如是事。彼言：汝無事被舉，我共長老法食味食。耶舍聞是語已作是言：諸長老，我等應更集比尼藏，勿令佛法頹毀。問言：欲何處結集？答言：還彼事起處。時摩偷羅國僧伽舍羯丙者舍衛城沙祇。爾時中國都有七百僧集，有持一部比尼二部比尼者。又從世尊面受者，又從聲聞受者。時有凡夫學人無學人三明六通得力自在七百僧集毗舍離沙堆僧伽藍，嚴飾床褥。爾時大迦葉達頭路優波達頭路尊者阿難皆已般泥洹。爾時尊者耶輸陁僧上座，問言：誰應結集律藏？諸比丘言：尊者陁娑婆羅應結集。陁娑婆羅言：長老，更有餘長老比丘應結集。諸比丘言：雖有諸上座，但世尊記長老和上成就十四法，持律第一，汝從面受，應當結集。陁娑婆羅言：若使我結集者，如法者隨喜，不如法者應遮。若不相應者應遮，勿見尊重，是義非義願見告示。皆言：爾時尊者陁娑婆羅作是念：我今云何結集律藏，有五淨法。如法如律者隨喜，不如法者應遮。何等五？一者制限淨乃至風俗淨。作是語，諸長老，是九法序。何等九？從四波羅夷乃至法隨順法，世尊在某處某處爲某甲某甲比丘制戒，我從和上聞，爲如是制此戒不皆言如是如是。五事記比尼廣說如上。乃至諸長老，是中須鉢者求鉢須衣者求衣，須藥者求藥無有方便得求金銀及錢，如是諸長老應當隨順學。是名七百結集律藏。

罽賓三藏佛陀什共竺道生等《五分律》卷三〇　佛泥洹後百歲，毗舍離諸跋耆比丘始起十非法。一鹽薑合共宿淨，二兩指抄食食淨，三復坐食淨，四趣聚落食淨，五酥油蜜石蜜和酪淨，六飲闍樓伽酒淨，七作坐具隨意大小淨，八習先所習淨，九求聽淨，十受畜金銀錢。【略】

跋耆比丘先求四人：一名一切去，二名離婆多，三名不闍宗，四名修摩那。波利邑比丘亦求四人：一名三浮陁，二名沙蘭，三名長髮，四名婆沙藍。諸上座被僧差已共作是議，何許地閑靜平曠，可共於中論比尼法。即遍觀察，唯毗羅耶女所施園好，離婆多即使弟子達磨往彼敷座。若上座至，汝便避去。受勑即敷。諸上座至次第而坐。於是離婆多問一切去上座言：鹽薑合共宿淨不？答言：不淨。又問：在何處制？答言：在王舍城。又問：因誰制？答言：因一阿練若比丘。又問：犯何事？答言：犯宿食波逸提。離婆多言：此是法此是律此是佛教。跋耆比丘所行非法非律非佛教，令下一籌。離婆多復問：兩指抄食淨不？上座問：云何名兩指抄食淨？離婆多言：比丘足食已更得食以兩指抄食之。答言：不淨。又問：在何處制？答言：在王舍城。又問：因誰制？答言：因跋難陁。又問：犯何事？答言：犯不作殘食法食波逸提。離婆多言：此是法乃至非佛教，令下第二籌。復坐食淨越聚落食淨亦如是，下第三第四籌。離婆多復問：酥油蜜石蜜和酪淨不？上座問：云何名酥油蜜石蜜和酪淨？離婆多言：非時飮之。答言：不淨。又問：在何處制？答言：在舍衛城。又問：因誰制？答言：因迦留陁夷。又問：犯何事？答言：犯非時食波逸提。離婆多言：此是法乃至非佛教，令下第五籌。離婆多復問：飮闍樓伽酒淨不？上座問：云何名闍樓伽酒？離婆多言：釀酒未熟者。答言：不淨。又問：在何處制？答言：在拘舍彌。又問：因誰制？答言：因沙竭陁。又問：犯何事？答言：飲酒波逸提。離婆多言：此是法乃至非佛教，令下第六籌。離婆多復問：作坐具隨意大小淨不？答言：不淨。又問：在何處制？答言：舍衛城。又問：因誰制？答言：因迦留陁夷。又問：犯何事？答言：犯波逸提。離婆多言：此是法乃至非佛敎，令下第七籌。離婆多復問：習先所習淨不？上座問：云何名習先所習。離婆多言：習白衣時所作。上座言：或有可習或不可習。離婆多言：此是法乃至非佛敎，令下第八籌。離婆多復問：求聽淨不？上座問：云何爲求聽？離婆多言：別作羯磨然後來求餘人聽。答言：不淨。又問：何處制？答言：在瞻婆國。又問：因誰制？答言：因六群比丘。又問：犯何事？答言：隨羯磨事。離婆多言：此是法乃至非佛敎，令下第九籌。離婆多復問：受畜金銀及錢淨不？答言：不淨。又問：在何處制？答言：在王舍城。又問：因誰制？答言：因難陀跋難陀。又問：犯何事？答言：犯受畜金銀及錢尼薩耆波逸提。離婆多言：此是法乃至非佛敎，令下第十籌。問竟共還更都集僧，離婆多於大衆中，更一一如上問一切去，下一籌乃至第十籌。於是離婆多唱言：我等已論比尼法竟，若佛所不制不應妄制，若已制不得有違，如佛所敎應謹學之。爾時論比尼法衆，第一上座名一切去，百三十六臘。第二上座名離婆多，百二十臘。第三上座名三浮陀。第四上座名耶舍，皆百一十臘。合有七百阿羅漢，不多不少，是故名七百集法。

弗若多羅譯共羅什譯《十誦律》卷六〇 佛般涅槃後一百一十歲，毗耶離國十事出。是十事非法非善，遠離佛法，不入修妬路，不入毗尼，亦破法相，是十事。毗耶離國諸比丘，用是法行是法言是法清淨，如是受持。何等十事？一者鹽淨，二者指淨，三者近聚落淨，四者生和合淨，五者如是淨，六者證知淨，七者貧住處淨，八者行法淨，九者縷邊不益尼師檀淨，十者金銀寶物淨。毗耶離諸比丘，又持憍薩羅國大金鉢，出憍薩羅國，入毗耶離國，次第乞錢，隨多少皆著鉢中。時人或以萬錢，或千五百五十乃至以一錢，悉著鉢中。是時有長老耶舍陁迦蘭提子，毗耶離住，得三明持三藏法，修妬路毗尼阿毗曇。耶舍陁是長老阿難弟子，耶舍陁聞毗耶離國十事出已，非法非善遠離佛法，不入修妬路，不入毗尼，亦破法相，是十事。毗耶離國諸比丘，用是法行是法言是法清淨，如是受持。

何等十：一者鹽淨乃至金銀寶物淨，毗耶離國諸比丘。又持憍薩羅大金鉢，出憍薩羅國，入毗耶離國，次第乞錢，隨多少皆著金鉢中。時人或以萬錢，千五百五十一錢著鉢中。長老耶舍陁聞是事已，知是事作非法，遣使詣毗耶離諸白衣所。語言：沙門釋子不應乞金銀寶物畜，佛種種因緣爲摩尼周羅聚落主說法。從今日比丘，須薪乞薪，須草乞草，須乘借乘，須作人借作人。沙門釋子，是中佛不聽乞金銀寶物畜。毗耶離國諸比丘，聞耶舍陁遣使詣毗耶離諸白衣所言：沙門釋子，不應乞金銀寶物畜，佛種種因緣爲摩尼周羅聚落主說法。從今日諸比丘，須薪乞薪，須草乞草，須乘借乘，須作人借作人，沙門釋子乃至佛不聽乞金銀寶物畜。聞已集會，所有金銀寶物當分。【略】

是時毗耶離國少一比丘，不滿七百滿七百集會，爲滅是非法非善非佛語惡事滅故。是時有長老，名級闍蘇彌羅，在婆羅梨弗國住，持三藏得三明，有名稱大阿羅漢，喜用天眼，是長老阿難弟子。以天眼遙見少一比丘，不滿七百，在毗耶離國集，爲滅非法非善非佛語惡事故，即入三昧，如力士屈申臂頃。於婆羅梨弗國沒，毗耶離國僧住處門下出住，是級闍蘇彌羅出三昧。

罽賓三藏佛陀耶舍共竺佛念等《四分律》卷五四 爾時世尊般涅槃後百歲，毗舍離跋闍子比丘行十事，言是法清淨。佛所聽應兩指抄食，得聚落間，得寺內，後聽可。得常法，得和，得與鹽共宿，得飲闍樓羅酒，得畜不截坐具，得受金銀。彼於布薩日，檀越布施金銀，而共分之。【略】

離婆多即問言：大德長老，得二指淨不？彼問言：云何得二指淨？答言：大德長老，足食已，捨威儀不作餘食法，得二指抄食食。答言：不應爾。問言：在何處制？答言：在舍衛國，不作餘食法食，是故制。此是第一事，非法非毗尼非佛所敎。於僧中檢校已，下一舍羅。如是一一檢校乃至十事，非法非毗尼非佛所敎。於僧中檢校已，皆下舍羅。在毗舍離，七百阿羅漢集論法毗尼，故名七百集法毗尼。

義淨譯《根本說一切有部毗奈耶雜事》卷四〇 苾芻曰：善來善來今可入來。既入院已，諸苾芻皆起相迎。問訊頂禮還依次坐，時具壽名稱。見諸尊者坐已陳說十事，白言諸具壽，合作如是，共許淨法不？問曰：何謂共許淨法？答曰：如有苾芻作非法不和羯磨，又作非法和羯磨，又作法不和羯磨，名爲共許淨法。是事合不？尊者曰：不應爾。問曰：在何處制？答曰：瞻波城。復問：爲誰？答：爲六衆苾芻。問：得何罪？答：得惡作罪。尊者此是第一事，斯乃違背佛敎。廣說十事問答同前已，即共結集。以言白已，即鳴揵稚。住廣嚴城所有苾芻，皆來集會次第而坐。時尊者名稱復爲大眾廣陳十事，論說是非悉皆共許。時有七百阿羅漢共爲結集，故云七百結集。

釋道世《法苑珠林》卷一二 《四分律》云：爾時，世尊般涅槃後百歲，毗舍離跋闍子比丘行十事，言是法清淨，佛所聽，應兩指抄食。得聚落間，得寺內，後聽可。得常法，得和，得與鹽共宿。得飲闍樓羅酒，得畜不截坐具，得受金銀。彼於布薩日檀越布施金銀，而共分之。如是揀擇，一一撿校，乃至十事非法，非毗尼，非佛所教，已皆下舍羅在毗舍離。七百阿羅漢集論法毗尼，故名七百集法毗尼。

志磐《佛祖統紀》卷四 世尊滅後百年，毗舍離城，跋闍子比丘，擅行十事。聽兩指抄食，得聚落間，得寺內，後聽可。得常法，得受金銀，彼於布薩日，檀越有施金銀，而共分之。如是簡擇，一一檢校。乃至十事非法，非毗尼非佛所教。七百阿羅漢集論法毗尼，故名七百結集。

第三次結集

紀事

僧伽跋陀羅譯《善見毗婆沙律》卷二 王去之後，眾僧即集眾六萬比丘。於集眾中，目揵連子帝須爲上座，能破外道邪見徒眾。眾中選擇知三藏、得三達智者一千比丘，如昔第一大德迦葉集眾，亦如第二須那拘集眾，出毗尼藏無異，一切佛法中清淨無垢。第三集法藏九月日竟，大地六種震動，所以一千比丘說，名爲第三集也。

法師問曰：三集眾誰爲律師？

於閻浮利地，我當次第說名字：第一、優波離，第二、馱寫拘，第三、須那拘，第四、悉伽婆，第五、目揵連子帝須。此五法師於閻浮利地，以律藏次第相付不令斷絕，乃至第三集律藏。從第三之後，目揵連子帝須臨涅槃，付弟子摩哂陀，摩哂陀是阿育王兒也，持律藏至師子國。摩哂陀臨涅槃，付弟子阿栗吒。從爾已來，更相傳授至于今日，應當知之。我今說往昔師名，從閻浮利地五人持律藏至師子國：第一名摩哂陀，第二名一地臾，第三名鬱帝臾，第四名參婆樓，第五名拔陀沙。此五法師智慧無比，神通無礙得三達智，於師子國各教授弟子。

摩哂陀臨涅槃，付弟子阿栗吒，阿栗吒付弟子帝須達多，帝須達多付弟子伽羅須末那，伽羅須末那付弟子地伽那，地伽那付須末那，須末那付伽羅須末那，伽羅須末那付曇無德，曇無德付帝須，帝須付提婆，提婆付須末那，須末那付專那伽，專那伽付曇無婆離，曇無婆離付企摩，企摩付優波帝須，優波帝須付法叵，法叵付阿婆耶，阿婆耶付提婆，提婆付私婆。如此諸律師，智慧第一，神通無礙，得三達智，愛盡羅漢，如是師師相承至今不絕。

法師曰：我今更說根本因緣。爾時，於波吒利弗國，集第三毗尼藏竟。往昔目揵連子帝須，作如是念：當來佛法何處久住？即以神通力觀看閻浮利地，當於邊地中興。於是目揵連子帝須，集諸眾僧，語諸長老：汝等各持佛法，至邊地中豎立。諸比丘答言：善哉！即遣大德：末闡提！汝至罽賓、揵陀羅吒國中。摩呵提婆！至摩醯娑末陀羅國。勒棄多！至婆那婆私國。曇無德！至阿波蘭多迦國。摩訶曇無德！至摩呵勒棄多！至臾那世界國（是漢地也）。末示摩！至雪山邊國。須那迦鬱多羅！至金地國。摩哂陀、鬱帝夜參婆樓拔陀！至師子國。各豎立佛法。於是諸大德各眷屬五人，而往諸國豎立佛法。

僧伽跋陀羅譯《善見毗婆沙律》卷四 爾時塔園中摩哂陀，與比丘一千人俱，敷摩哂陀坐具南向坐，又敷大德阿摽扠北向坐，大德摩哂陀，請阿栗扠爲法師，阿摽扠仍依往昔大德優波離無異，摩哂陀與大僧六十八人圍遶法座。王弟比丘，名末多婆耶，與五百比丘俱欲學律藏，悉圍遶阿栗扠高座，餘諸比丘，與王各次第而坐。於是大德阿栗扠，即便爲說：爾時佛住毗蘭若那隣羅賓洲曼陀羅樹下說律。敘說已，於虛空中天大叫稱：善哉！善哉！非時而雷電霹靂，地即大動種種神變。

於是大德阿栗扠及摩哂陀，與愛盡六十人俱，復有六萬比丘圍遶，於塔園寺中說如來功德。如來哀愍眾生三業不善，是故說毗尼藏，以制伏身口意業，如來在世爲聲聞弟子說律藏竟，然後入無餘涅槃。爾時衆中，而說偈言：一切別衆住，大德六十八，共知律藏事，法王聲聞衆。愛盡得自在，神通三達智，以無上智慧，教化師子王。光照師子國，周遍無不覩，譬如大火聚，薪盡入涅槃。

諸大德涅槃後，諸弟子眷屬，名帝須達多、迦羅須末那、毗伽修摩那，此是大德阿栗扠弟子，如是師師相承展轉至今，是故第三集衆，衆中而問：誰將律藏至師子國？答：是摩哂陁，摩哂陁之後阿栗扠、阿摽扠弟子，如是次第受持。譬如白琉璃器盛水，內外明徹水無漏落，諸大德持律藏，亦復如是。乃至于今，若人有信心恆生慚愧好學戒律者，佛法得久住。是故人欲得佛法久住，先學毗尼藏。何以故？有饒益行者故。何謂饒益？若善男子好心出家，律藏即是父母。何以故？與其出家令得具足教學威儀，依止律藏自身持戒，能斷他疑，若入僧中無所畏懼，若有犯罪依律結判，令法久住。

闍那崛多譯《佛說諸法本無經》卷上　善家子，於先過去阿僧祇劫，復過無數廣大無量不可思不可量。過已復過，於彼時節有佛出世。名迷留上王、如來、應正、遍知、明行、具足、善逝、世間解、無上士、調御丈夫、天人教師、佛、婆伽婆。彼如來壽量九十九俱，致那由多百千歲。彼世界名金焰影，其彼佛土皆用金作，亦以三乘令衆生涅槃。何者爲三：所謂聲聞乘、獨覺乘、菩薩乘。彼如來第一集會，聲聞有八十俱致那由多百千，彼皆阿羅漢。諸漏已盡應作者作，所作已辦棄捨重擔。得到自利盡諸有結，以平等智得善解脫。第二集會，比丘有七十俱致那由多百千。第三集會，比丘有六十俱致那由多百千。第四集會，比丘有二十五俱致那由多百千，又倍上數比丘尼集，又倍上數憂波塞迦集，又倍上數憂波斯迦集，又倍上數諸菩薩集。彼諸菩薩具足無生法忍，巧出無邊三摩地道。得無邊門總持，轉不退轉法輪。何況初乘發行菩薩，於中復有無量無數獨覺乘者。善家子，於彼時節，彼佛有無量無數無算諸聲聞衆。善家子，彼金焰影世界，若樹若柱，彼皆七寶所成。彼樹出如是聲，所謂空聲、無相聲、無願聲、無生聲、無所有聲、無相貌聲。彼出如是等聲，於中如是等聲出時。彼諸衆生其心解脫，彼如來滅度千歲正法住已，彼聲亦不復出。

第四次結集

紀　事

玄奘譯《阿毗達磨大毗婆沙論》卷二〇〇　三藏法師玄奘譯斯論訖說二頌言：佛涅槃後四百年，迦膩色加王贍部，召集五百應眞士，迦濕彌羅釋三藏，其中對法毗婆沙，具獲本文今譯訖，願此等潤諸含識，速證圓寂妙菩提。

眞諦《婆藪槃豆法師傳》　佛滅度後五百年中有阿羅漢，名迦旃延子，母姓迦旃延從母爲名。先於薩婆多部出家。本是天竺人，後往罽賓國。罽賓在天竺之西北，與五百阿羅漢及五百菩薩，共撰集薩婆多部阿毗達磨，製爲八伽蘭他，即此間云八乾度。伽蘭他，譯爲結，亦曰節，謂義類各相結屬故云結。又攝義令不散故云結，義類各有分限故云節，亦稱此文爲發慧論以神通力及願力，廣宣告遠近。若先聞說阿毗達磨隨所得多少可悉送來，於是若天諸龍夜叉乃至阿迦尼師吒，諸天有先聞佛說阿毗達磨。若略若廣乃至一句一偈悉送與之，迦旃延子共諸阿羅漢及諸菩薩簡擇其義。若與修多羅毗那耶不相違背，即便撰銘若相違背即便棄捨，是所取文句隨義類相關。若明慧義則安置慧結中。若明定義則安置定結中，餘類悉爾。八結合有五萬偈，造八結竟復欲造毗婆沙釋之。

玄奘譯、辯機撰《大唐西域記》卷三　健馱邏國迦膩色迦王，以如來涅槃之後第四百年，應期撫運，王風遠被，殊俗內附。機務餘暇，每習佛經，日請一僧入宮說法，而諸異議部執不同。王用深疑，無以去惑。時脇尊者曰：如來去世，歲月逾邈，弟子部執，師資異論，各據聞見，共爲矛楯。時王聞已，甚用感傷，悲歎良久，謂尊者曰：猥以餘福，聿遵前緒，去聖雖遠，猶爲有幸，敢忘庸鄙，紹隆法教，隨其部執，具釋三藏。脇尊者曰：大王宿殖善本，多資福祐，留情佛法，是所願也。王乃宣令遠近，召集聖哲。於是四方輻湊，萬里星馳，英賢畢萃，叡聖咸集。七日之中，四事供養。既欲法議，恐其諠雜。王乃具懷白諸僧曰：證聖果者住，具結縛者還。如此尚眾。又重宣令：無學人住，有學人還。猶復繁多。又更下令：具三明、備六通者住，自餘各還。然尚繁多。又更下令：其有內窮三藏、外達五明者住，自餘各還。於是得四百九十九人。王欲於本國，苦其暑濕，又欲就王舍城大迦葉波結集石室。脇尊者等議曰：不可。彼多外道，異論糾紛，酬對不暇，何功作論？眾會之心，屬意此國。此國四周山固，藥叉守衛，土地膏腴，物產豐盛，賢聖之所集往，靈僊之所遊止。眾議斯在，僉曰：允諧。其王是時與諸羅漢自彼而至，建立伽藍，結集三藏，欲作《毗婆沙論》。是時尊者世友，戶外納衣。諸阿羅漢謂世友曰：結使未除，淨議乖謬，爾宜遠迹，勿居此也。世友曰：諸賢於法無疑，代佛施化，方集大義，欲製正論。我雖不敏，粗達微言，三藏玄文、五明至理，頗亦沉研，得其趣矣。諸羅漢曰：言不可以若是。汝宜屏居，疾證無學，已而會此，時未晚也。世友曰：我顧無學，其猶涕唾，志求佛果，不趨小徑。擲此縷丸，未墜于地，必當證得無學聖果。時諸羅漢重訶之曰：增上慢人，斯之謂也。無學果者，諸佛所讚，宜可速證，以決眾疑。於是世友即擲縷丸，空中諸天接縷丸而請曰：方證佛果，次補慈氏，三界特尊，四生攸賴，如何於此欲證小果？時諸羅漢見是事已，謝咎推德，請爲上座，凡有疑議，咸取決焉。是五百賢聖，先造十萬頌《鄔波第鑠論》（舊曰《優波提舍論》，訛也）。釋《素呾纜藏》（舊曰《修多羅藏》，訛也）。次造十萬頌《毗柰耶毗婆沙論》，釋《毗奈耶藏》（舊曰《毗那耶藏》，訛也）。後造十萬頌《阿毗達磨毗婆沙論》，釋《阿毗達磨藏》（或曰《阿毗曇藏》，略也）。凡三十萬頌，九百六十萬言，備釋三藏，懸諸千古，莫不窮其枝葉，究其淺深，大義重明，微言再顯，廣宣流布，後進賴焉。迦膩色迦王遂以赤銅爲鍱，鏤寫論文，石函緘封，建窣堵波，藏於其中。命藥叉神周衛其國，不令異學持此論出，欲求習學，就中受業。於是功既成畢，還軍本都。出此國西門之外，東面而跪，復以此國總施僧徒。

五

紀事

玄奘譯《阿毗達磨大毗婆沙論》卷九九　昔末土羅國有一商主，少娉妻室生一男兒，顏容端正，與字大天。未久之間商主持寶遠適他國，展轉貿易經久不還，其子長大染穢於母，後聞父還心既怖懼，與母設計遂煞其父。彼既造一無間業已，事漸彰露，便將其母展轉逃隱波吒梨城。彼後遇逢本國所供養阿羅漢苾芻，復恐事彰，遂設方計煞彼苾芻。既造第二無間業已，心轉憂慼。後復見母與餘交通，便憤恚言：我爲此故造二重罪，移流他國跉跰不安，今復捨我更好他人，如是倡穢誰堪容忍。於是方便復煞其母，彼造第三無間業已。由彼不斷善根力故，深生憂悔寢處不安，自惟重罪何緣當滅。彼後傳聞沙門釋子有滅罪法，遂往鷄園僧伽藍所，於其門外見一苾芻徐步經行，誦伽他曰：若人造重罪，修善以滅除。彼能照世間，如月出雲翳。

時彼聞已歡喜勇躍，如歸佛教定能滅罪，因即往詣一苾芻所，慇懃固請求度出家。時彼苾芻既見固請，不審撿問遂度出家，還字大天，教授教誡。大天聰慧，出家未久，便能誦持三藏文義，言詞清巧善能化導，波吒梨城無不歸仰。王聞召請數入內宮，恭敬供養而請說法。彼後既出在僧伽藍，不正思惟夢失不淨。然彼先稱是阿羅漢，而令弟子浣所污衣。弟子白言：阿羅漢者諸漏已盡，師今何容猶有斯事。大天告言：天魔所嬈，汝不應怪。然所漏失略有二種：一者煩惱，二者不淨。煩惱漏失阿羅漢無，猶未能免不淨漏失。所以者何？諸阿羅漢煩惱雖盡，豈無便利涕唾等事。然諸天魔常於佛法而生憎嫉，見修善者便往壞之。縱阿羅漢亦爲其嬈故我漏失，是彼所爲，汝今不應有所疑怪，是名第一惡見等起。又彼大天欲令弟子歡喜親附，矯設方便次第記別四沙門果。時彼弟子稽首白言：阿羅漢等應有證智，如何我等都不自知？彼遂告言：諸阿羅漢亦有無知，汝今不應於己不信，謂諸無知略有二種：一者染污，阿羅漢已無；二者不染污，阿羅漢猶有。由此汝輩不能自知，是名第二惡見等起。時諸弟子復白彼言：曾聞聖者已度疑惑，如何我等於諦寶中猶懷疑惑？彼復告言：諸阿羅漢亦有疑惑。疑有二種：一者隨眠性疑，阿羅漢已斷；二者處非處疑，阿羅漢未斷。獨覺於此而猶成就，況汝聲聞於諸諦寶能無疑惑而自輕耶，是名第三惡見等起。後彼弟子披讀諸經，說阿羅漢有聖慧眼，於自解脫能自證知。因白師言：我等若是阿羅漢者應自證知，如何但由師之令入都無現智能自證知。彼即答言：有阿羅漢但由他入不能自知，如舍利子智慧第一，大目乾連神通第一。佛若未記彼不自知，況由他入而能自了。故汝於此不應窮詰，是名第四惡見等起。然彼大天雖造衆惡，而不斷滅諸善根故。後於中夜自惟罪重，當於何處受諸劇苦，憂惶所逼數唱苦哉。近住弟子聞之驚怪。晨朝參問，起居安不？大天答言：吾甚安樂。弟子尋白：若爾昨夜何唱苦哉？彼遂告言：我呼聖道，汝不應怪。謂諸聖道若不至誠，稱苦召命終不現起，故我昨夜數唱苦哉，是名第五惡見等起。大天於後集先所說五惡見事，而作頌言：餘所誘無知，猶豫他令入，道因聲故起，是名眞佛教。

於後漸次鷄園寺中，上座苾芻多皆滅歿，十五日夜布灑他時，次當大天昇座說戒，彼便自誦所造伽他。爾時，衆中有學無學多聞持戒修靜慮者，聞彼所說無不驚訶，咄哉愚人寧作是說，此於三藏曾所未聞，咸即對之翻彼頌曰：餘所誘無知，猶豫他令入，道因聲故起，汝言非佛教。

於是竟夜鬬諍紛然，乃至終朝朋黨轉盛。城中士庶乃至大臣，相次來和皆不能息，王聞自出詣僧伽藍，於是兩朋各執己誦。時王聞已亦自生疑，尋白大天：孰非誰是，我等今者當寄何朋？大天白王：戒經中說若欲滅諍依多人語。王遂令僧兩朋別住，賢聖朋內耆年雖多而僧數少，大天朋內耆年雖少而衆數多，王遂從多依大天衆，訶伏餘衆，事畢還宮。

玄奘譯《異部宗輪論》　佛薄伽梵般涅槃後，百有餘年去聖時淹，如日久沒。摩竭陁國俱蘇摩城王號無憂，統攝贍部，感一白蓋，化洽人神。是時佛法大衆初破，謂因四衆共議大天五事不同。分爲兩部：一大衆部，二上座部。四衆者何？一龍象衆，二邊鄙衆，三多聞衆，四大德衆。其五事者，如彼頌言：餘所誘無知，猶豫他令入，道因聲故起，是名眞佛教。【略】

栖復《法華經玄贊要集》卷五　第二分部緣由者，有總有別。總即大天五事，別者疏中所烈。然內教大小乘，合二十二宗，且小乘教，依文殊問經及宗輪論者。此二皆敘分部所由，其中亘細非無少異。雖標三教，烈即宗輪。今且依《宗輪論》說云：如是傳聞，佛薄伽梵般涅槃後，百有餘年去，世時淹如日久沒。摩竭陁國俱蘇摩城王號無優，統攝贍部，盛百蓋化洽人民。是時佛法初破，謂因四衆共議大天五事，遂有乖諍。大天者，昔末土羅國有一商主，少聘妻室，生一男子，顔容端正，字曰大天。未久之間，商主遠適他國，展轉貿易，經久不還。其子長大，染穢於母。後聞父還，心既怖懼，與母設計，遂煞其父。彼既造無間業已，事漸彰露，便謂其母，展轉逃隱，至波吒釐城。後遇本國所供養無學苾芻，復恐事彰，遂設計煞彼羅漢。後復見母與餘人交通，復煞其母。雖造三逆，由不斷善根，深生憂悔，何緣當滅？傳聞沙門有滅罪法，遂往鷄園迦藍所。於其門外，有一比丘，徐步經行，誦伽陁曰：若人作重罪，修善已滅除，能照世間苦，如月出雲翳。往詣苾芻所，慇懃固請，求度出家，還字大天。未久便能念持三藏，言詞請功，善能化導。波吒釐城無不歸仰。時無憂王聞已召請，數入內宮，恭敬供養，而請說法。出在伽藍，不正思惟，夢失不淨。然彼稱羅漢，而令弟子洗所漏衣。弟子自言：羅漢者諸漏已盡，師今何容猶有斯漏？大天告曰：天魔所嬈，汝不應恠漏失。有弟子歡喜，矯設方便，次第記別四沙門果。弟子白言：阿羅漢應有證智，如何我等都無自知？大天告言：無知有二：一染汙，無學已無；二不染汙，羅漢猶有。此汝輩不能自知。時諸弟子復白師言：曾聞聖者，已度疑惑，如何我等於諦實中，猶有疑惑？彼復告言：諸阿羅漢亦有疑惑。疑惑有二：一隨眠性疑，無學已斷；二處非處疑，無學未斷猶有。後弟子披讀諸經，說阿羅漢，有聖慧眼，於自解脫，能自證知。因白師言：我等若是阿羅漢者，應自知。如何但由師之令入，都無現智能自知之？彼即答言：有阿羅漢，但由他入，不能自知，如舍利弗智慧第一。佛若未記，彼不自知，況由他人，而能自了。故汝於此不應而窮詰。大天彼於中夜，自思惟罪重，當於何處，受諸劇苦，憂皇所逼，數唱苦哉。弟子聞之驚怖，晨朝參問：起居安樂否？大天答言：吾甚安樂。弟子尋白師言：昨夜何唱苦哉？大天答言：我呼聖道。汝不應恠。於後集先所說五惡見事。而作頌言：餘所誘無知，猶預他令入，道因聲故起，是名眞佛教。然於後時鷄園寺中，十五日夜，次當大天昇座說戒，彼便自誦所造伽他。爾時衆中學無學，多聞持誦，修靜慮者，聞彼所說，無不驚可。咄哉愚人，寧作是說。此經於三藏，曾所未聞。咸即對之。翻彼頌曰：餘所誘無知，猶預他令入，道因聲故起，汝言非佛教。於是竟夜鬪諍芬紜。無憂王聞已，自出詣伽藍，尋白大天，就非就是。大天白王：戒經中說：若滅諍法，依多人語。王遂令僧兩朋別住。賢聖朋內，耆年則多，而僧數少。大天朋內，耆年雖少，而衆數多。王遂從依大天衆，訶伏餘衆，事畢還宮。

後隨異見，遂分二部：一上座部，二大衆部。佛初入滅，七葉巖中，二部結集。界內即有迦葉波，此云飲光。時爲上座，界外亦有萬數無學，無別標首，但總言大衆，皆由未生怨王，爲大檀越主。種種供養，界內人多，難爲和合。所以兩處弘宣。時雖兩處結集，人無異諍，法無異說，及至大天衆乖諍。昔時界外少年之僧，共爲一朋，名大衆部，取昔爲名。往者界內耆舊之僧，共爲一徒，名上座部。結集時迦葉是也。此二乃是根本諍起之先首，言五事者：一餘所誘，二無知，三猶預，四令他入，五道因聲起。問此五事皆空，亦有實否？答準眞諦疏，有虛有實。如魔王天女，能以不淨染羅漢。羅漢之人，不斷習氣，無一切智，即爲無明所覆蔽。須陁洹人，於三解脫，雖無起疑，於餘事中，猶有疑惑。若鈍根初果，亦有疑惑，不知得不得，問善知識事相。若善友爲設，方知得不得。若三寶四諦，得不壞信者。此人雖得須陁洹果，更自觀方知定得聖道。亦有因言顯者，如舍利弗等口誦偈時，即得聖道。若不爾者，名爲虛也，既有實，分成兩部（大衆部二上座部）。

曇曠撰《大乘百法明門論開宗義決》卷一 時諸弟子自怪無知所得果證，咸來請問。彼答：無學亦有無知，以此無知有二種故。染污無知無即無，染無知者是煩惱障。能障涅槃，令諸衆生受三界身。不染污無知無學猶有，不染污無知者是所知障，於境不了，令諸菩薩及二乘等受變易身。汝雖得果不能自知。又於一時弟子啟白：曾聞聖者已度諸疑，如何我等尚疑諦寶？彼答：羅漢亦有疑惑，以諸疑惑有二種故。隨眠性疑羅漢即無，處非處疑無學猶有。汝於諦實豈得無疑。後諸弟子又復問言：經說聖者得眞慧眼自證解脫，我等今者如何但由師言悟入？彼即答言：有阿羅漢但由他入不能自知，如舍利子智慧第一。佛若不記當不自知，況汝等輩不由他入。彼雖造罪不起邪見，自懷罪重當受何苦，憂惱所逼夜唱苦哉。近住弟子聞之驚怪，且問安知。彼答：甚善。又問：昨夜何唱苦哉？彼矯答言：我呼聖道，謂有聖道若不至誠稱苦命喚終不現前，故我昨夜喚聖道耳。大天於後集先所說五惡見事而作頌曰：餘所誘無知，猶豫他令入，道因聲故起，是名眞佛教。十五日夜灑陁時次，當大天昇坐誦戒，後便自誦所造伽他。爾時衆中有學多聞持戒修靜慮者，聞彼所說無不驚呵，咸即翻對所說誦云，改第四句言非佛教。於是竟夜鬪諍紛然，乃至崇朝朋黨轉盛，城中士庶乃至大臣相次來和皆不止息。時王聞見亦復生疑，由斯乖諍分成兩部。賢聖用內耆年雖多而僧數少名上坐部，大天用內耆年雖少徒衆即多名大衆部。

法寶撰《俱舍論頌疏論本》卷一 四部執前後者，於中有二：一述部分前後，二述執義不同。一述部分前後者。佛涅槃後一百年中，衆雖有四法唯一宗。言四衆者：一龍象衆，二邊鄙衆，三多聞衆，四大德衆。至百餘年，因其四衆共議大天五事不同，分爲兩部（五事者：一餘所誘，二無知，三猶豫，四他令入，五道因道故起。言二部者：一大衆部，二上座部也）。

十事

雜記

僧伽跋摩譯《薩婆多部毗尼摩得勒伽》卷五 佛般涅槃後一百一十年，毗耶離諸比丘十惡事起非法，非毗尼非佛教，離佛法與毗尼阿毗曇法相相違。以是爲淨，何等爲十？謂鹽淨，二指淨，聚落淨，酥酪淨，如是淨，隨喜淨，生酒淨，習淨，縷尼師檀淨，受金銀淨。云何鹽淨？以自盡壽受持鹽雜食得食。佛言：食者犯突吉羅。佛在舍衛國，藥法中制是罪。二指淨者，食自恣已得二指挑食。佛言：食者犯波夜提。佛在毗耶離，食法中制是罪。聚落淨者，一聚落請食已自恣，復得至餘聚落食。佛言：食者波夜提。佛在毗耶離，食法中制是罪。酥酪淨者，食自恣竟，復得酥酪已得飲。佛言：飲者波夜提佛在毗耶離，食法中制是罪。如是淨者，界外咸衆羯磨界内隨喜。佛言：犯突吉羅，瞻婆國羯磨事中制是罪。隨喜淨者，界外先不語作羯磨，作已）語隨喜。佛言：犯突吉羅，亦瞻婆制是罪。生酒淨者，穀作酒未熟得飲。佛言：飲者波夜提，枝提國因娑伽陁比丘制此戒。修習淨者，修習煞生不修習煞生，殺生無罪。佛言：隨事犯。縷尼師檀淨者，尼師檀頭不接縷。佛言：不接縷者，犯波夜提，迦留陁因緣制此罪。金銀淨者，毗耶離諸比丘自手受金銀。佛言：受者波夜提，王舍城制此罪。毗耶離諸比丘行是十事，七百比丘集滅是罪。

僧伽跋陀羅譯《善見毗婆沙律》卷一　於是衆聖，日夜中次第而去。世尊涅槃已一百歲時，毗舍離跋闍子比丘，毗舍離中十非法起。何謂爲十？一者、鹽淨，二者、二指淨，三者、聚落間淨，四者、住處淨，五者、隨意淨，六者、久住淨，七者、生和合淨，八者、水淨，九者、不益縷尼師壇淨，十者、金銀淨。此是十非法。於毗舍離現此十非法，諸跋闍子修那伽子名阿須，阿須爾時作王，黨跋闍子等。爾時長老耶須拘迦，是迦乾陁子，於跋闍中彷徉而行毗舍離，跋闍子比丘毗舍離中現十非法，聞已：我不應隱住壞十力法，若爲方便滅此惡法？即往至毗舍離。到已，爾時長老耶須拘迦乾陁子，於毗舍離大林鳩吒伽羅沙羅中住。爾時，跋闍子比丘說戒時，取水滿鉢置比丘僧中。爾時，毗舍離諸優婆塞來詣，跋闍子比丘作如是言，語諸優婆塞：應與衆僧錢，隨意與半錢若一錢，使衆僧得衣服。

弗若多羅譯共羅什譯《十誦律》卷六〇　佛般涅槃後一百一十歲，毗耶離國十事出。是十事非法非善，遠離佛法，不入修妬路，不入毘尼，亦破法相，是十事。毘耶離國諸比丘，用是法行是法言是法清淨，如是受持。何等十事？一者鹽淨，二者指淨，三者近聚落淨，四者生和合淨，五者如是淨，六者證知淨，七者貧住處淨，八者行法淨，九者縷邊不益尼師檀淨，十者金銀寶物淨。毘耶離諸比丘，又持憍薩羅國大金鉢，出憍薩羅國，入毘耶離國，次第乞錢，隨多少皆著鉢中。時人或以萬錢，或千五百五十乃至以一錢，悉著鉢中。是時有長老耶舍陀迦蘭提子，毘耶離住，得三明持三藏法，修妬路毘尼阿毘曇。耶舍陀是長老阿難弟子，耶舍陀聞毘耶離國十事出已，非法非善遠離佛法，不入修妬路，不入毘尼，亦破法相，是十事。毘耶離國諸比丘，用是法行是法言是法清淨，如是受持。

弗若多羅譯共羅什譯《十誦律》卷六〇　長老三菩伽，住摩偷羅國僧伽遮僧伽藍阿波大羅林中烏頭波羅樹下，持三藏得三明。有名稱大阿羅漢，聞已遣使詣三菩伽言：長老知不？毗耶離國有十事出，非法非善遠離佛法，不入修妬路，不入毗尼，亦破法相。毗耶離諸比丘，用是法行是法，言是法清淨，如是受持。何等十？一者鹽淨，二者指淨，三者近聚落淨，四者生和合淨，五者如是淨，六者證知淨，七者貧住處淨，八者行法淨，九者縷邊不益尼師檀淨，十者金銀寶物淨。毗耶離國諸比丘，又持憍薩羅大金鉢，出憍薩羅國，入毗耶離國，乞錢次第乞，隨多少皆著鉢中，或得萬錢千五百五十乃至一錢。諸長老比丘，應集會是諸惡法當滅，今若不滅後必將大。長老三菩伽聞是事已，即遣使詣達嚫那國阿槃提國，如是諸國皆遣使語言：汝知不？毗耶離國十事出，何等十？一者鹽淨乃至金銀寶物淨，是諸惡法，今若不滅後將必大。

弗若多羅譯共羅什譯《十誦律》卷六〇　爾時，長老三菩伽思惟：是梨婆多大法師，或能難問我阿毗曇，我或不疾解。我今當先問梨婆多毗耶離比丘十事。即合手問：鹽淨應受不？梨婆多還問：三菩伽，云何名鹽淨？大德梨婆多，毗耶離諸比丘，鹽舉殘宿著淨食中噉，言是事淨。我問長老：實淨不？梨婆多答：不淨不應食。若食得何罪？答：得突吉羅罪。三菩伽又問：佛何處結戒？是事不應食。答：舍婆提毗尼藥法中說。三菩伽問：大德梨婆多，應受二指淨不？還問：云何名二指淨。答言：毗耶離諸比丘，食竟從座起，不受殘食法，兩指抄食噉，言是事淨。我問長老：實淨不？梨婆多答：不淨。不淨得何罪？答：得波逸提罪。又問：佛何處結戒？是事不應行。答：毗耶離國爲不受殘食法故結戒。三菩伽言：大德梨婆多，近聚落淨實淨不？還問：云何名近聚落淨？答言：毗耶離諸比丘，近聚落邊得食，不受殘食法噉。言是事淨。我問長老：實淨不？梨婆多答：不淨。不淨得何罪？答：得波逸提罪。又問：佛何處說是事不應行？答：毗耶離國佛爲不受殘食法結戒。三菩伽言：

大德梨婆多，應受生和合淨。實淨不？還問：云何名生和合淨？答言：毗耶離諸比丘，食竟從座起，不受殘食法，乳酪酥共和合而噉，言是事淨。我問長老：實淨不？答：不淨。不淨得何罪？答：得波逸提罪。又問：佛何處結戒？是事不應行。答：毗耶離，佛爲不受殘食法結戒。三菩伽言：大德梨婆多，如是淨實淨不？梨婆多還問：云何名如是淨？答：毗耶離諸比丘，內界共住處別作羯磨竟，入僧中唱言，彼住處作羯磨，長老是事淨。今我問：是事實淨不？答：不淨。不淨得何罪？答：得突吉羅罪。又問：佛何處結戒？答：占波國毗尼行法中。三菩伽言：大德梨婆多，證知淨實淨不？梨婆多還問：云何名證知淨？答：毗耶離諸比丘，各各住處作不如法羯磨竟，入僧中白，我等處處作羯磨，諸僧證知，言是事證知淨。今我問長老：實淨不？答：不淨。不淨得何罪？答：得突吉羅罪。又問：佛何處結戒？答：占波國毗尼行法中。三菩伽言：大德梨婆多，貧住處淨實淨不？梨婆多還問：云何貧住處淨？答：毗耶離諸比丘言，我等住處貧作酒飲，言是貧住處淨。實淨不？答：不淨。不淨得何罪？答：得波逸提罪。又問：佛何處結戒？答：支婆提國颰陁羅婆提城，爲長老娑伽陁阿羅漢結戒，不得飲酒。三菩伽言：大德梨婆多行法淨實淨不？梨婆多答：有行法淨，行亦淨，不行亦淨。有行法不淨，行亦不淨，不行亦不淨。何等行法不淨，行亦不淨，不行亦不淨？答：殺罪，行亦不淨，不行亦不淨。偷邪婬妄語兩舌惡口綺語慳貪瞋恚邪見，行亦不淨，不行亦不淨，是爲行法不淨，行亦不淨，不行亦不淨。何等行法淨，行亦淨，不行亦淨？答：不殺不偷不邪婬不妄語兩舌惡口綺語慳貪瞋恚邪見，是爲行法淨，行亦淨，不行亦淨。三菩伽言：大德梨婆多，不益縷邊尼師檀淨。實淨不？還問：云何不益縷邊尼師檀？答：毗耶離諸比丘，作不益縷邊尼師檀，言是事淨。爲淨不？答：不淨。問不淨得何罪？答：得波逸提罪。又問：佛何處結戒？答：舍婆提國，佛爲長老迦留陁夷，聽縷邊益一搩手，尼師檀結戒。三菩伽言：大德梨婆多，金銀寶物淨。實淨不？還問：云何金銀寶物淨。答：毗耶離諸比丘，取金銀寶物，又問是淨，實淨不？答：不淨。不淨得何罪？答：得波逸提罪。佛何處結戒？答：毗耶離，佛爲跋難陁結戒，不得取金銀寶物。三菩伽言：善哉善哉，大德梨婆多，善說十事。三菩伽言：此諸比丘當云何？梨婆多答：當共勤方便滅是不善法。

罽賓三藏佛陀耶舍共竺佛念等《四分律》卷五四　爾時世尊般涅槃後百歲，毗舍離跋闍子比丘行十事，言是法清淨。佛所聽應兩指抄食，得聚落間，得寺內，後聽可。得常法，得和，得與鹽共宿，得飲闍樓羅酒，得畜不截坐具，得受金銀。彼於布薩日，檀越布施金銀，而共分之。

義淨譯《根本說一切有部毗奈耶雜事》卷四〇　又問尊者：合作如是鹽事淨法不？尊者問曰：何謂鹽事淨法？答曰：此諸苾芻，以筩盛鹽守持而用，和合時藥噉食隨情，將爲鹽淨。是事合不？尊者曰：不應如是。問曰：如來何處制不許爲？答曰：於王舍城。復問：爲誰？答：爲具壽舍利弗。問：得何罪？答言：得波逸底迦罪？尊者此是第四事，斯乃違背佛教，廣說如前。乃至尊者不應縱捨如斯惡事，默然而住。此事已知，又問尊者：合作如是道行淨不？尊者問曰：何謂道行淨法？答曰：此諸苾芻或行一驛半驛，便別眾食，將爲道行淨。是事合不？尊者曰：不應如是。問曰：如來何處制不許爲？答曰：於王舍城。復問：爲誰。答：爲天授。問：得何罪？答言：得波逸底迦罪？尊者此是第五事，斯乃違背佛教，廣說如前。乃至尊者不應縱捨如斯惡事，默然而住。此事已知，又問尊者：合作如是二指淨法不？尊者問曰：何謂二指淨法？答曰：此諸苾芻不作餘食法，而以二指食噉，將爲二指淨法。是事合不？尊者曰：不應如是。問曰：如來何處制不許爲？答曰：於室羅伐城。復問：爲誰。答：爲善來。問：得何罪？答言：得波逸底迦罪？尊者此是第六事，斯乃違背佛教，廣說如前。乃至尊者不應縱捨如斯惡事，默然而住。此事已知，又問尊者：合作如是治病淨法不？尊者問曰：何謂治病淨法？答曰：此諸苾芻以水和酒，攪而飲用，將爲淨法。是事合不？尊者曰：不應如是。問曰：如來何處制不許爲？答曰：於室羅伐城。復問：爲誰？答：爲善來。問：得何罪？答言：得波逸底迦。尊者此是第七事，斯乃違背佛教，廣說如前。乃至尊者不應縱捨如斯惡事，默然而住。此事已知，又問尊者：合作如是酪漿淨法不？尊者問曰：何謂酪漿淨法？答曰：此諸苾芻以乳酪一升，和水攪之非時飲用，將爲酪漿淨法。是事合不？尊者曰：不應如是。問曰：如來何處制不許爲？答曰：於室羅伐城。復問：爲誰？答：爲十七眾苾芻。問：得何罪？答曰：得波逸底迦。尊者此是第八事，斯乃違背佛敎，廣說如前。乃至尊者不應縱捨如斯惡事，默然而住。此事已知，又問尊者：合作如是坐具淨法不？尊者問曰：何謂坐具淨法？答曰：此諸苾芻作新坐具，不以故者，佛一張手重帖而自受用，將爲坐具淨法。是事合不？尊者曰：不應如是。問曰：如來何處制不許爲？答曰：於室羅伐城。復問：爲誰？答：爲六眾苾芻。問：得何罪？答言：得波逸底迦。尊者此是第九事，斯乃違背佛敎，廣說如前。乃至尊者不應縱捨如斯惡事，默然而住。此事已知，又問尊者：合作如是金寶淨法不？尊者問曰：何謂金寶淨法？答曰：此諸苾芻莊飾妙鉢，持以巡門，乞諸金寶貝齒之類，眾共分張，將爲金寶淨法。是事合不？尊者曰：不應如是。問曰：如來何處制不許爲？答曰：於毗柰耶。復問：爲誰？答：爲六眾苾芻及餘苾芻。問：得何罪？答言：得捨墮罪？尊者此是第十事。

弘贊輯《四分律名義標釋》卷三七　十事：一者。得兩指抄食，謂足食已。捨威儀，不作餘食法。得二指抄食食（言足食已，時人持食來，而欲食者，不勞作餘食法，即以二指抄食之，名爲淨法）。二者。得村間，謂足食已。捨威儀，不作餘食法。兩村中間得食（言足食竟，不勞作法，在兩村中間即得食之，名爲淨法。《五分》云：越聚落食淨）。三者。得寺內，謂在寺內。得別眾羯磨（《雜事》云：諸苾芻作非法不和羯磨，非法和羯磨，法不和羯磨。是諸大眾，聞此說時，高聲共許，此即名爲高聲共許淨法）。四者。得後聽可，謂在界內。別眾羯磨已，聽可（《五分》云：求聽淨，謂別作羯磨，然後來求，餘人聽雜事云諸苾芻如上作三種非法羯磨，而大眾見，時悉皆隨喜，即名爲淨法）。五者。得常法，謂此作事已。言是本來所作（《五分》云：習先所習，謂習白衣，所作雜事云舊事淨，謂時苾芻，自手掘地，或復敎人，而大眾將爲舊事）。六者。得和，謂足食已。捨威儀，以酥、油、蜜、生酥、石蜜、酪和一處，得食（言足食已，不作餘食法，以此六種物和在一處，得食。《五分》云：酥、油、蜜、石蜜和酥，非時飲之，名爲和淨）。七者。得與鹽共宿，謂得用共宿鹽，著食中食（《雜事》云：以筒盛鹽，自手捉觸，守持而用，和合時藥噉食隨情）。八者。得飲闍樓羅酒（《五分》云：闍樓伽酒，謂釀酒未熟者。《摩得勒伽》云：生糟淨者，謂穀作酒，未熟得飲）。九者。得畜不割截坐具（《五分》云：作坐具隨大小淨。《雜事》云：作新坐具不以故者，一張手重帖而受用）。十者。得受取金銀（詳如律說）。

道宣撰、讀體續釋《毗尼作持續釋》卷二　七百中論乃至上座答白：此五單白羯磨，按第四分云。世尊涅槃後百歲，毗舍離城跋闍子比丘行十事言：是法清淨。佛所聽，謂足食已捨威儀，不作餘食法。得二指抄食食（一），足食已捨威儀，不作餘食法。兩村中間得食（二）。在寺內得別眾羯磨（三）。在界內別眾羯磨聽可（四）。此作是已言是本來所作（此作是已者，即指以前非制而制事也。言是本來所作者。猶云從未如此也，以後是相似法）（五）。足食已捨威儀，以酥油蜜生酥石蜜酪和一處得食（六）。得用共宿鹽著食中食（七）。得飲闍樓羅酒（八謂黑酒也）。得畜不割截坐具（九）。得受取金銀（十）。有耶舍伽那子比丘聞知，不與跋闍子比丘同行，即往諸國覓如法多聞廣解毗尼智慧上座問之，以證是制非制，得一切去上座，是閻浮提中第一上座，即居第一座。三浮上座居第二上座，離婆多上座居第三上座，沙留上座居第四上座。此四上座阿難皆爲和尚。一切去上座知僧事，即作白差次平論。有七百阿羅漢比丘，在毗舍離城集論法毗尼，離婆多上座問，一切去上座答。如是一一檢校，乃至十事皆非法非毗尼非佛所教，各下一籌。復往僧中亦如是檢校，令眾人知，故有此五法。然前六法是大迦葉準例聖制單白羯磨，其後五法是遵效最初結集也。佛世未制，此事今無，故不續入，廣載律藏，請閱自知。

部派部

綜述

神清撰，慧寶注《北山錄》卷二 曁大長老摩訶提婆（即大天也，本土火羅國商主之子，因父他往染其母，父歸殺之。後殺其母及阿羅漢，懼罪而求出家，聰明博達三藏），竊聖人之譽，怙王者之力（自云：我得羅漢入，無憂王宮常爲王者之師，怙恃也。），鄙爭爲心離析是謀。增損佛語，黷亂聖典（因僧十五日說戒而妄有稱說，黷亂聖言與僧不和也），群聖叱其庸違僭而不經（上座聖衆責其違亂佛語遂成爭競，王不能和也）。其徒蜎張剪爲冠𩯔（大天之徒如蜎毛而張熾，與聖衆共爲寇𩯔也），群聖不克禦侮（克，能也。大天部强盛，聖衆部不能制止也）。遂彼爲二部（大天爲大衆部，聖衆部爲上座部）。二部派流有蕩不返，迨數百年浸爲二十部（大衆內分出成九部：一、說部，二、說出世部，三、雞胤部，四、多聞部，五、說假部，六、制多山部，七、西山住部，八、北山住部，并本部成九也。上座部分成十一部：一、說一切有部，二、雪山住部，三、犢子部，四、法上部，五、賢胄部，六、正量部，七、密林山部，八、化地部，九、法藏部，十、飲光部，十一、經量部（雪山部），則本部也成二十部）。哀哉化醇爲醨，大義於是乖矣（醇濃醨薄也，佛滅度自百年之後分爲二十部，法味澆薄也）。析金爭氎分河，於是飲矣（譬如一金杖分爲五段，段段皆金，如佛法分爲五部也。迦葉佛父吉利枳王曾作十夢，皆表釋迦遺教弟子內一夢見一張白氎，二十人爭此氎，氎終不破，表此二十部大小乘爭後遂分河而飲水也）。故諸部云：如是契經，我部不誦。而於自部，皆至于解脫者也（各以自部教是佛語，他部則非也）。

窺基《妙法蓮華經玄贊》卷一 然《文殊問經》及《宗輪論》說小乘有廿部。謂大衆部、說部、說出世部、雞胤部、多聞部、說假部、制多山部、西山住部、北山住部、說一切有部、雪轉部、犢子部、法上部、賢胄部、正量部、密林山部、化地部、法藏部、飲光部、經量部。

窺基注《大乘百法明門論解》卷一 法無去來宗，攝七全部，謂大衆部、鷄胤部、制多山部、西山住部、北山住部、法藏部、飲光部，兼取化地部，根本一分之義。

栖復《法華經玄贊要集》卷五 言謂大衆部者，說五蘊涅槃，皆假名非眞實有。上座部說，五蘊及涅槃，皆是實有。故分爲二。然大衆部，凡多聖少。所以二百年中猶有乖諍。於此時內，立義不同，又分三部。

言一說部者，世出世法，皆無實體，但有假名。意謂，諸法唯一假名，無體可得。既乖本旨，可以別分。名一說部，即持業釋，如呼火時，不燒口等。

言二說出世部者，此部意明，世間之法，從顛倒生。但有假名，都無實體。出世之法，非顛倒起。道及道果，皆是實有。既乖本宗，所以別分出世部。

言三胤部者，上古有仙，貪欲所逼，遂於染鷄。後所生強，因名鷄胤部。此部唯弘對法，不弘經律。經律世尊方便言教，出家講經，必起憍慢。憍慢起故不得解脫，唯有對法。是甚正理，即第一時。大衆部中，分出三部也。

言多聞部者，第五多聞部。此部師多聞精進，速得出要。廣學三藏，深悟佛旨。從德彰名，名多聞部。

言說假部者，當第六部。意言世出世法，皆有假實，蘊實處假亦從所立爲名。此部意云：現法之中，道有假處。言假者，如眼根處，七極微成，又如一微上有無常等四義，故名爲假。五蘊體非聚，故名爲實也。

言制多山部者，梵云制多，此云雲廣，安置聖靈之廟處也。山有制多，山得此名。人依山住者，制多山之北。故從處爲第四分也。第二百年滿時，有出家外道。捨本之邪教，歸如來之正法。亦名大天。前第一百年時，有大天比丘爲乖諍之旨。今此同前之名，故稱爲大天。亦從大衆部中出家，形入僧流，受持具戒，廣學精進。今此大天，與彼大衆部僧。重詳所我大天五事有可不可，因茲乖諍分爲三部。一制多山部，即大天所居山。二西山住部，三北山住部。此二部與大天不知，因茲便居山西，山從處立名。如是本末共分九部。其上座部，二百年一味和合。此部根本迦葉住持。復有漏慈度喜，助揚其化，相繼不斷。由是二百年前，殊無乖諍。至三百年初，因迦葉多衍尼子，於上座部出家，先弘對法。後經律既乖本旨，遂有諍興。上座本弘經教，此先弘論。故是相違也。

言説一切有部者，一切有二。所謂有爲，及無爲也。有爲墮世，無爲離世。其體皆有，名一切有。

言雪轉部者，六轉名部。上座弟子，本弘經教。因説一切有部起，多弘對法。既闕義理，能伏上座。上座既弱，移入雪山。約處爲名，名雪山部。攝云上座部漸次而行，如雪因風飄流摩措。從喻爲名，名雪轉部。

犢子部者，律主之姓。上古有仙，居山靜雪。欲染母牛，因而有子。自後仙種，皆犢子姓。部從遠裔，故以爲名。

言法上部者，律主之首。有法可上，或有出衆人上。並名法上部，從人立稱。

言賢胄部者，賢者部主之名。胄者苗裔之義，是羅漢之苗，故從襲爲名。

言正量部者，權衡刊定，名之爲量。量無邪謬，目之爲正。此部所立。甚深法義，刊定無邪。自稱正量，從所立法，以爲部名也。

言密林部者，林木蓊鬱繁密，從居處爲號。或有釋言，此等四部。釋舍利弗阿毗曇，義有少者。以義足之，後名造論，取經義添。既乖本旨趣，遂即部分。

言化地部者，部主之身。本是國王，王所統攝國界地。化地上人，故云化地。捨國出家，弘宣佛法。從本爲號，號化地部。

言法藏部者，亦名法密。密是藏義含受正法，如藏之密，從德立名。此部師立五法藏，經律論呪五菩薩本事。既乖化地，遂分宗。

言飲光部者，梵云迦葉波。此云飲光，婆羅門姓。上古有仙，身光映蔽日月。故云飲光部。是彼之胤，故言飲光。

言經量部者，此師唯依經爲正量。不依律論，即經部。依彼所立，而爲部名（分別部了）。

明分部時者。溭云：初大衆部四破本五破，即於二百年初。大衆部中，分出三部。一説部，二説出世部，三鷄胤部。次於大衆部，二百年中，又出一部，名多聞部。三於第二百年中，大衆部中出一部，名説假部。四於二百年末，有出家外道，捨邪歸正，亦名大天。居在制多山，後與天衆，重議首時五事，因茲乖諍，分出三部。一制多山部，二西山住部，三北山住部，上座部經爾許時，一味和合。至三百年初，有少乖諍，流出一部，名一切有部。二次有部中出一部，名犢子。三於犢子部中出四部。一法上部，二賢胄部，三正量部，四密林部。四又於三百年中，有部中出一部，名化地部。五於第三百年，從化地部中出一部，名法藏部。自稱龍衆，我大採菽氏爲師。六三百年末，有部中出一部，名飲光部。七四百年初，於有部中出一部，名經量部，自稱慶喜爲師。從三百年初，至四百年初，分二十部訖。頌曰：佛滅百年餘，二部本初破。年經侵四百，分部二十終。於中初大衆，四破從成八。初從後各三宗，三二皆唯一，兼本成九部。從初三百年，上座時分七。從三四部分，從單各立宗。法上賢胄正量，飲光密林經量法藏，亦名單立。本末成十一，初分已後破，各檀一方行。細分部所由，廣如諸章杪説。

宗鑑《釋門正統》卷三　止因長老大天（執大衆部）倚王者之力，於鷄園寺（白月晦日）説偈鼓衆（龍象邊鄙二衆），別行布薩，由此諍競不已。上座部（大德、多聞二衆屬）不與相通，始乃破律爲二部。二部派流有蕩不返，迨數百年，子孫繁衍，展轉異執爲十八部，乃至五百部焉。哀哉化醇爲醨，大義於是乖矣，析金爭氈飲河，於是分矣。故諸部云：如是契經，我部不誦。而於自部，皆至于解脱者也。

延壽《宗鏡錄》卷五一　問：眞故之言，簡世間及違教等過，極成二字，簡何過耶？

答：置極成言，簡兩般不極成色。小乘二十部中，除一説部，説假部，説出世部，雞胤部等四，餘十六部，皆許最後身菩薩染污色。及佛有漏色，大乘不許，是一般不極成色。大乘説他方佛色，及佛無漏色。經部雖許他方佛色，而不許是無漏，餘十九部皆不許有。并前兩師不極成色，若不言極成，但言眞故色，是有法，定不離眼識是宗。且言色時，許之不許，盡包有法之中。在前小乘許者，大乘不許。今若立爲唯識，便犯一分自所別不極成，亦犯一分違宗之失。又大乘許者，小乘不許。今立爲有法，即犯他一分所別不極成，及至舉初三攝眼所不攝因，便犯自他隨一一分所依不成。前陳無極成色爲所依故，今具簡此四般故，置極成言。

小乘

綜述

鳩摩羅什譯《小品般若波羅蜜經》卷九 阿難！汝若因小乘法，爲小乘人說，三千大千世界衆生，皆以是法，證阿羅漢。汝爲弟子，功德蓋少不足言；若以六波羅蜜，爲菩薩說，汝爲弟子，功德具足，我則喜悅。阿難！若人以是小乘法，教三千大千世界衆生，得阿羅漢證，是諸布施持戒，修善福德，寧爲多不？

鳩摩羅什譯《大智度論》卷七六 問曰：佛及菩薩、六波羅蜜，能成菩薩故，應是善知識；小乘道異，云何能與作善知識？

答曰：有小乘人先世求佛道故利根，雖是小乘，有憐愍心，觀應成大乘者爲說大乘法，知報佛恩故，令佛種不斷。

菩提流支等譯《十地經論》卷七 小乘可化有六種：一爲根未熟衆生故，知世諦方便。二爲根熟衆生故，知第一義諦方便。三爲疑惑深法衆生故，知相諦方便。四爲謬解迷惑深法衆生故，知差別諦方便。五爲成利正念衆生故，知說成諦方便。六爲正見衆生義故，知事諦方便，知生諦方便，知盡無生智諦方便，知令入道智諦方便，事諦等四諦苦諦等所攝。

真諦譯《攝大乘論釋》卷二 論曰：由此名小乘中，是阿梨耶識已成王路。

釋曰：由此衆名廣顯本識。是故易見猶如王路，言王路者有三義：一直無歧，二廣平熟，三光明無障。本識亦爾，直無歧譬定無疑。廣平熟譬大小乘俱弘此義，光明無障譬引無量道理以證此識故譬王路。

論曰：復有餘師，執心意識此三但名異義同，是義不然。

釋曰：此義約小乘還反質小乘。小乘云：阿梨耶識阿陁那識，由自僻執於同義異名中立爲異義。此說不然，何以故？

論曰：意及識已見義異，當知心義亦應有異。

釋曰：小乘中立意及識，名義俱異能了別名識，若了別已謝能爲後識生方便，名爲意故。識以了別爲義，意以生方便爲義，如小乘中二名有二義，本識有體無名。故知心名應目本識。此義不可違。

論曰：復有餘師，執是如來說世間喜樂阿梨耶。

釋曰：小乘諸師約阿梨耶名，起執不同，阿梨耶者欲顯何義，愛著境界名阿梨耶。

論曰：迷阿梨耶。由阿含及修得是故作如此執。

釋曰：如此小乘中諸師，不了別阿梨耶識，云何不了別。不了別有二種：一由教，二由行。教謂小乘阿含是，阿含不如理決判此識義故，依阿含迷於此識，行謂麁淺道，無道理能證此識義故，由行亦迷此識。

論曰：由隨小乘教及行，是師所立義不中道理。

釋曰：諸師依小乘教，及離阿梨耶識立別名。若約小乘道推度，此義亦不中，小乘理爲自悉檀所違故。

真諦譯《佛性論》卷一 復次佛性有無，成破立義應知。破有三種：一破小乘執，二破外道執，三破菩薩執。初破小乘執者，佛爲小乘人說有衆生不住於性，永不般涅槃故。於此生疑，起不信心。

吉藏《法華義疏》卷一 問：小乘法中何故不說總持？

答：小乘人畏生死苦速欲證涅槃，不欲廣修諸行，是故不說。菩薩既遍度衆生備修諸行，欲令終身不失歷劫逾明，故佛爲說此法也。總持二義：一持善令不失，二持惡使不生。

般剌蜜帝譯《大佛頂如來密因修證了義諸菩薩萬行首楞嚴經》卷三 爾時，世尊告阿難言：汝先厭離聲聞、緣覺諸小乘法，發心勤求無上菩提，故我今時爲汝開示第一義諦。如何復將世間戲論、妄想因緣而自纏繞？汝雖多聞如說藥人，眞藥現前不能分別，如來說爲眞可憐愍。汝今諦聽，吾當爲汝分別開示，亦令當來修大乘者通達實相。阿難默然，承佛聖旨。

玄奘譯《大般若波羅蜜多經》卷五六八 天王當知！諸菩薩摩訶薩行深般若波羅蜜多，護持如來無上法藏聽受正法，爲護法故，不爲利養；爲三寶種不斷絕故，不爲恭敬；爲欲守護大乘行故，不爲名譽；無歸依者令得歸依，無救濟者令得救濟，無安樂者令得安樂，無慧眼者令得慧眼；

修小乘者示聲聞道，學中乘者示獨覺道，行大乘者示無上道，如是聽法爲無上智，終不爲得下劣之乘。

大乘

綜述

求那跋摩譯《菩薩善戒經》卷七　云何名大乘？有七事大故名大乘：一者法大。法大者，菩薩法藏於十二部經最大最上故名毗佛略。二者心大。心大者，謂發阿耨多羅三藐三菩提心。三者解大。解大者，解菩薩藏毗佛略經。四者淨大。淨大者，菩薩發心已其心清淨乃至得阿耨多羅三藐三菩提。五者莊嚴大。莊嚴大者，菩薩具足功德莊嚴智慧莊嚴，得阿耨多羅三藐三菩提。六者時大。時大者，菩薩摩訶薩爲阿耨多羅三藐三菩提故，三阿僧祇劫修行苦行。七者具足大。具足大者，菩薩具足三十二相八十種好以自莊嚴，得阿耨多羅三藐三菩提。法大、心大、解大、淨大、莊嚴大、時大，如是六大名之爲因，具足大者名之爲果。有八法能攝一切大乘，一者演說菩薩法藏，說菩薩藏義，說菩薩藏中諸佛菩薩不可思議、思惟其義、修集其義、得具足義、得修集果、解甚深義，是名爲八。菩薩摩訶薩如是學者，得阿耨多羅三藐三菩提。

鳩摩羅什譯《大智度論》卷四　欲辯二乘義故：佛乘及聲聞乘。聲聞乘陿小，佛乘廣大；聲聞乘自利自爲，佛乘益一切。

復次，聲聞乘多說衆生空，佛乘說衆生空、法空。如是等種種分別說是二道故，摩訶衍經聲聞衆、菩薩衆兩說。如讚摩訶衍偈中說：得此大乘人，能與一切樂，利益以實法，令得無上道！得此大乘人，慈悲一切故，頭目以布施，捨之如草木！得此大乘人，護持清淨戒，如犛牛愛尾，不惜身壽命！得此大乘人，能得無上忍，若有割截身，視之如斷草！得此大乘人，精進無厭惓，力行不休息，如抒大海者！得此大乘人，廣修無量定，神通聖道力，清淨得自在！得此大乘人，分別諸法相，無壞實智慧，是中已具得！不可思議智，無量悲心力，不入二法中，等觀一切法。

驢馬駝象乘，雖同不相比；菩薩及聲聞，大小亦如是。大慈悲爲軸，智慧爲兩輪，精進爲駛馬，戒定以爲銜，忍辱心爲鎧，總持爲轡勒，摩訶衍人乘，能度於一切！【略】

問曰：如聲聞經初但說比丘衆，摩訶衍經初何以不但說菩薩衆？

答曰：摩訶衍廣大，諸乘諸道皆入摩訶衍；聲聞乘陿小不受摩訶衍。譬如恆河不受大海，以其陿小故；大海能受衆流，以其廣大故。摩訶衍法亦如是。如偈說：摩訶衍如海，小乘牛跡水；小故不受大，其喻亦如是。

道泰等譯《入大乘論》卷上　問曰：如來世尊不說阿難於多聞中爲第一耶？答曰：佛於聲聞衆中，假說阿難以爲第一，非謂菩薩。又復汝等於阿難所持尙不盡聞，況於大乘具足深義。汝意若謂是聲聞乘即大乘者，此事不然。何以故？因果異故。若聲聞乘因與大乘因，而不異者，果亦應不異，現見果異故，當知因亦異。何以故？聲聞學者，但斷結障，觀無常行，從他聞法，菩薩所斷微細諸習，乃至空竟觀一切法。不從他聞得自然智，無師智，以是義故，非以聲聞乘同大乘也。

曇無讖譯《菩薩地持經》卷八　云何名大乘？有七種大故名爲大乘。一者法大，謂十二部經，菩薩方廣藏，最上最大。二者心大，謂發阿耨多羅三藐三菩提心。三者解大，謂解菩薩方廣藏。四者淨心大，謂過解行地入淨心地。五者衆具大，謂福德衆具智慧衆具得無上菩提。六者時大，謂三阿僧祇劫得無上菩提。七者得大，謂得無上菩提身無與等者。況復過上，彼法大、心大、解大、淨心大、衆具大、時大，此六大謂因種得大謂果處，菩薩有八法攝一切摩訶衍菩薩藏所說。

智顗說、灌頂記《摩訶止觀》卷七下　是十種法名大乘觀，學是乘者名摩訶衍。云何大乘？如《法華》云：各賜諸子等一大車，其車高廣衆寶莊校，周匝欄楯四面懸鈴。又於其上張設幰蓋，亦以珍奇雜寶而嚴飾之。寶繩交絡垂諸華纓，重敷綩綖安置丹枕。駕以白牛肥壯多力，膚色充潔形體姝好，有大筋力行步平正其疾如風，又多僕從而侍衛之。止觀大乘亦如是。

玄奘譯《大般若波羅蜜多經》卷五五六　爾時，善現便白佛言：諸菩薩摩訶薩發趣大乘，云何大乘？云何菩薩發趣大乘？如是大乘從何處出至何處住？誰復乘是大乘而出？

佛告善現：言大乘者，即是無量無數增語，無邊功德共所成故。云何菩薩發趣大乘者，謂諸菩薩勤修六種波羅蜜多，能從一地進趣一地，是名菩薩發趣大乘。如是大乘從何處出至何處住者，謂此大乘從三界中出，至一切智智中住，然以無二爲方便故無出無住。誰復乘是大乘出者？都無乘是大乘出者。所以者何？能乘、所乘如是二法俱無所有，無所有中誰乘何法可名乘者？

大衆部 僧祇部

佚名《法華問答》卷一　問：云何名大乘？何者爲一乘？答：一是攝五之總名大是四三之別稱故。下經云：十方世界由唯有一乘法，唯此一事實餘二則非眞，除佛方便說。五乘雖復殊分究竟同歸一法。言大乘者，爲對三根故稱大也。下文又言：菩薩求此乘故名爲摩薩，言一者一味平等理也。

綜述

吉藏《大乘玄論》卷五　如是隔世五師，至二百餘年，分爲二部：一者摩訶僧祇部，此云大衆部；二者多羯羅部，此云上坐部。從大衆部分爲九部：一名大衆部、二名一說部、三名出世部、四名窟居部、五名多聞部、六名施設論部、七名枝提部、八名阿婆羅部、九名欝他羅部。

吉藏《中觀論疏》卷一　《部執論》云：一百一十六年分爲兩部：一上坐部，謂佛畢竟涅槃，此小乘執也。二大衆部

窺基《妙法蓮華經玄贊》卷一　然《文殊問經》及《宗輪論》說小乘有廿部。謂大衆部、說部、說出世部、雞胤部、多聞部、說假部、制多山部、西山住部、北山住部、說一切有部、雪轉部、犢子部、法上部、賢冑部、正量部、密林山部、化地部、法藏部、飲光部、經量部。

普光述《俱舍論記》卷八　若復不誦至實有極成者，論主傷歎無中有家結成無上法王。所謂如來諸大法將，舍利子等，已成多部執見不同于今轉盛，至今造論九百年時。問：於何時代分成多部？答：《異部宗輪論》意云：佛涅槃後百有餘年，無憂王時，創分二部：一大衆部、二上座部。次即於此第二百年，大衆部中流出三部：一一說部、二說出世部、三鷄胤部。次復於此第二百年，大衆部中復流出一部，名多聞部。次復於此第二百年，大衆部中復流出一部，名說假部。至第二百年，滿復於大衆部中分爲三部：一制多山部、二西山住部、三北山住部。如是諸部本末別說總有九部：一大衆部、二一說部、三說出世部、四鷄胤部、五多聞部、六說假部、七制多山部、八西山住部、九北山住部。

窺基《成唯識論述記》卷四　論：謂大衆部至有如是義。

述曰：《攝論》亦同。摩訶僧祇名大衆部，釋此部等名如《宗輪記》。於此部中名根本識。是諸識所依止故，非六轉識可名根本。不能發起六轉識故，其喻可知。阿笈摩者，此翻爲教，展轉傳說故名爲傳。唯第八識有如是義，結喻可知。

窺基《大乘法苑義林章》卷三　大衆部說，四大爲能造，四塵爲所造，無別五根，即四塵故，俱通有漏及以無漏，許佛有故。

玄奘譯《異部宗輪論》　佛薄伽梵般涅槃後，百有餘年去聖時淹，如日久沒。摩竭陁國俱蘇摩城王號無憂，統攝贍部。感一白蓋，化洽人神。是時佛法大衆初破，謂因四衆共議大天五事不同，分爲兩部：一大衆部，二上座部。四衆者何？一龍象衆，二邊鄙衆，三多聞衆，四大德衆。其五事者，如彼頌言：餘所誘無知，猶豫他令入，道因聲故起，是名眞佛教。

後即於此第二百年，大衆部中流出三部：一一說部，二說出世部，三雞胤部。次後於此第二百年，大衆部中復出一部，名多聞部。次後於此第二百年，大衆部中更出一部，名說假部。第二百年滿時，有一出家外道，捨邪歸正，亦名大天。大衆部中出家受具，多聞精進，居制多山，與彼部僧重詳五事，因茲乖諍分爲三部：一制多山部，二西山住部，三北山住部。如是大衆部四破或五破，本末別說合成九部：一大衆部，二一說部，三說出世部，四雞胤部，五多聞部，六說假部，七制多山部，八西山住部，九北山住部。

慧立本、釋彥悰箋《大唐大慈恩寺三藏法師傳》卷三 又此西二十里有窣堵波，無憂王所建，即大眾部共集之處。諸學、無學數千人，大迦葉結集時不預者，共集此中，更相謂曰：如來在日，同一師學。世尊滅度，驅簡我等，我等豈不能結集法藏報佛恩耶？復集《素怛纜藏》、《毗奈耶藏》、《阿毗達磨藏》、《雜集藏》、《禁呪藏》，別爲五藏，此中凡、聖同會，因謂之大眾部。

玄奘譯、辯機撰《大唐西域記》卷九 阿難證果西行二十餘里，有窣堵波，無憂王之所建也，大衆部結集之處。諸學、無學數百千人，不預大迦葉結集之衆，而來至此，更相謂曰：如來在世，同一師學，法王寂滅，簡異我曹。欲報佛恩，當集法藏。於是凡、聖咸會，賢智畢萃，復集素呾纜藏、毗奈耶藏、阿毗達磨藏、雜集藏、禁呪藏，別爲五藏。而此結集，凡、聖同會，因而謂之大衆部。

釋道世《法苑珠林》卷一二 依道宣律師《感應記》云：律師問天人曰：世尊涅槃後結集法藏儀式云何？天人答曰：惟大聖隱顯隨機生滅，三藏遺迹結集，是因衆集多少律論不等。如律中五百七百皆尊大迦葉，最爲衆首。如大論中，高選千人皆同無學。至結集已，召外衆集重敘所結。有不同者分爲二部，依尊迦葉名上座部，餘外衆多名大衆部。

上座部 銅鍱部

綜　述

真諦譯《十八部論》 佛滅度後百一十六年，城名巴連弗。時阿育王，王閻浮提匡於天下。爾時大僧別部異法，時有比丘，一名能，二名因緣，三名多聞，說有五處以教衆生，所謂從他饒益無知。疑由觀察言說得道。此是佛從始生二部：一謂摩訶僧祇，二謂他鞞羅（秦言上座部也）。即此百餘年中，摩訶僧祇部，更生異部：一名一說，二名出世間說，三名窟居。又於一百餘年中，摩訶僧祇部中，復生異部，名施設論。又二百年中，摩訶提婆外道出家住支提山。於摩訶僧祇部中復建立三部：一名支提加，二名佛婆羅，三名鬱多羅施羅。如是摩訶僧祇中分爲九部：一名摩訶僧祇，二名一說，三名出世間說，四名窟居，五名多聞，六名施設，七名遊迦，八名阿羅說，九名鬱多羅施羅部。至三百年中，上座部中因諍論事，立爲異部，一名薩婆多，亦名因論先上座部。二名雪山部。即此三百年中，於薩婆多部中更生異部，名犢子。即此三百年中，犢子部復生異部。一名達摩鬱多梨，二名跋陁羅耶尼，三名彌離，亦言三彌底，四名六城部。即此三百年中，薩婆多中更生異部，名彌沙部。彌沙部中復生異部，因師主因執連名曇無德。即此三百年中，薩婆多部中更生異部，名優梨沙，亦名迦葉惟。於四百年中，薩婆多部中更生異部，因大師鬱多羅，名僧迦蘭多，亦名修多羅論。如是上座部中，分爲十二部：一名上座部，二名雪山，三名薩婆多，四名犢子，五名達摩鬱多梨，六名跋陁羅耶尼，七名彌離底，八名六城部，九名彌沙塞，十名曇無德，十一名迦葉惟，十二名修多羅論部。

灌頂《大般涅槃經疏》卷一五上 佛滅度後一百餘年育王設會，上座他鞞羅立義。摩訶僧祇大衆不同，分爲二部。後上座部更生二部。謂雪山，薩婆多。雪山絕後，薩婆多更習僧祇生於三部。謂彌沙塞，曇無德，迦葉遺。

普光述《俱舍論記》卷八 若復不誦至實有極成者，論主傷歎無中有家結成無上法王。所謂如來諸大法將，舍利子等，已成多部執見不同于今轉盛，至今造論九百年時。問：於何時代分成多部？答：《異部宗輪論》意云：佛涅槃後百有餘年，無憂王時，創分二部：一大衆部、二上座部。【略】其上座部經爾所時一味和合。至三百年初上座部中分爲二部：一說一切有部，亦名說因部；二即本上座部，轉名雪山部。復即於此第三百年，從說一切有部中復流出一部，名犢子部。次復於第三百年，從犢子部中復流出四部：一法上部、二賢冑部、三正量部、四密林山部。次復於此第三百年，從說一切有部中復流出一部，名化地部。次復於此第三百年，從化地部中流一部，名法藏部。至三百年末，從說一切有部中復流出一部，名飲光部，亦名善歲部。至第四百年初，從說一切有部中復流出一部，名經量部，亦名說轉部。如是諸部本、末別說總有十一部：一說一切有部、二雪山部、三犢子部、四法上部、五賢胄部、六正量部、七蜜林山部、八化地部、九法藏部、十飲光部、十一經量部。

玄奘譯《阿毗達磨大毗婆沙論》卷九九 於是竟夜鬭諍紛然，乃至終朝朋黨轉盛。城中士庶乃至大臣，相次來和皆不能息。王聞自出詣僧伽藍，於是兩朋各執己誦。時王聞已亦自生疑，尋白大天：孰非誰是我等今者當寄何朋？大天白王：戒經中說若欲滅諍依多人語。王遂令僧兩朋別住。賢聖朋內耆年雖多而僧數少，大天朋內耆年雖少而衆數多，王遂從多依大天衆，訶伏餘衆。事畢還宮。爾時鷄園諍猶未息

後隨異見遂分二部：一上座部，二大衆部。

法藏《華嚴經探玄記》卷一五 難提拔檀那者，難提，此云喜。跋檀那，此云增長，即南印度。梯羅浮訶者，此云上座，即尊者之名。以居此窟故，因以爲目，文殊問經體毗裏部，此云上座部，同此名也。

澄觀《大方廣佛華嚴經疏》卷四七 增長歡喜城。古釋云，即南印度。尊者窟者，即上座部所居之所。

遁倫《瑜伽論記》卷一 若上座部立九心論：一有分識、二引發、三觀見、四尋求、五貫徹、六安立、七勢用、八變緣、九還是有分識。

吉藏《大乘玄論》卷五 三百年中，上座部因諍論事分爲十一部：一名薩婆多部、二名雪山部、三名犢子部、四名達磨欝多部、五名跋陁耶尼部、六名三彌底部、七名六城部、八名彌沙塞部、九名曇無德部、十名迦葉唯部、十一名修多羅論部。

玄奘譯、辯機撰《大唐西域記》卷六 於是迦葉揚言曰：念哉諦聽！阿難聞持，如來稱讚，集素呾纜（舊曰修多羅，訛也）藏。優波釐持律明究，衆所知識，集毗奈耶（舊曰毗那耶，訛也）藏。我迦葉波集阿毗達磨藏。兩三月盡，集三藏訖。以大迦葉僧中上座，因而謂之上座部焉。

志磐《佛祖統紀》卷四 如來滅後，於畢鉢羅窟立三座部主結爲三藏。阿難誦出經藏，迦葉誦出論藏，優波離誦出律藏。此即上座部。更有一千賢聖，命婆尸迦，於窟外結集名大衆部。此二部通稱爲僧祇律，是爲根本。

念常《佛祖歷代通載》卷三 傳曰：百歲已前，人傳雖異法味一如。五師傳敎首迦葉波，傳之阿難，阿難傳商那和修，商傳優波毱多，優傳末田底迦。自此百年之後，法疎一味水乳兩和，析氈分金各宗異見，源流派別二部斯興。一上座部，二大衆部。三百年來展轉分破，大衆本末別成九部：大衆部，一說部，說出世部，雞胤部，多聞部，說假部，制多山部，西山住部，北山住部。上座本末成十一部：說一切有部，上座部，犢子部，法上部，賢胄部，正量部，密林山部，化地部，法藏部，飲光部，經量部。嗚呼！正法加絲以麻，嘉謨增乳以水，慕道者惑于異端。孰非曷是，悲哉。

一說部 猗柯毗部、婆訶利柯部、鞞婆訶羅部、執一語言部

綜述

吉藏《中觀論疏》卷七 十八部內有二部，初名一說部，謂生死涅槃同是假名不實，故名一說，從大衆部出也。

吉藏《三論玄義》卷一 言三部者：一一說部，此部執生死涅槃皆是假名，故云一說。二出世說部，此部言：世間法從顛倒生業，業生果，故是不實。出世法不從顛倒生，故是眞實。三灰山住部，前二從執義受名，此因住處爲目（此山有石，堪作灰，此部住彼山中修道，故以爲名）。其執毗曇是實敎，經律爲權說故。

窺基《異部宗輪論述記》卷一 一說部，此部說世出世法皆無實體，但有假名，名即是說意，謂諸法唯一假名，無體可得，即乖本旨。所以別分名一說部，從所立爲名也。

窺基《大乘百法明門論解》卷一 諸法但名宗，即一說部，此二通於大小乘。

窺基《大乘法苑義林章》卷三 依、緣竝皆體積聚故，通有無漏。一說部說，能造、所造唯有一名都無實體。

曇曠《大乘百法明門論開宗義決》卷一 至佛滅後二百年初，大衆部

中因有乖諍前後四破分成九部，初第一破分出三部：一者，說世出世法皆是假，名一說部；二者，世法顛倒出世法是實，名說出世部；三者，部主乃是鷄之種胤，名鷄胤部。

說出世部

綜述

窺基《妙法蓮華經玄贊》卷一　宗有八者：一我法俱有宗，犢子部等。二有法無我宗，薩婆多等。三法無去來宗，大衆部等。四現通假實宗，說假部等。五俗妄眞實宗，說出世部等。六諸法但名宗，說一部等。七勝義皆空宗，般若等經。龍樹等說中百論等，八應理圓實，此法華等、無著等說中道教也。

窺基《異部宗輪論述記》卷一　說出世部，此部明世間煩惱從顛倒起，此復生業，從業生果。世間之法既顛倒生，顛倒不實故。世間法但有假名，都無實體。出世之法，非顛倒起。道及道果皆是實，有唯此是實，世間皆假，從所立爲名，既乖本旨，所以別分，名說出世部。文殊經注，可稱讚者，此猶非也。眞諦法師云，出世說者，隨順梵言，於此便倒。

法藏《華嚴經探玄記》卷一　俗妄眞實宗，謂說出世部等。彼說世俗法假以虛妄故。出世法實以非虛妄故。

澄觀《大方廣佛華嚴經疏》卷三五　緣起，有別有通。別謂十二因緣故。分別論者大衆。一說雞胤化地，說出世部。皆五皆立十二緣起。以爲無爲，彼意以其次第作緣。恆無雜亂故，說爲常。有佛無佛此法自爾，名曰無爲。

玄奘譯、辯機撰《大唐西域記》卷一　梵衍那國，東西二千餘里，南北三百餘里，在雪山之中也。人依山谷，逐勢邑居。國大都城據崖跨谷，長六七里，北背高巖，有宿麥，少花果，宜畜牧，多羊馬。氣序寒烈，風俗剛獷，多衣皮褐，亦其所宜。文字、風教，貨幣之用，同都貨邏國。語言少異，儀貌大同。淳信之心，特甚隣國。上自三寶，下至百神，莫不輸誠，竭心宗敬。商估往來者，天神現徵祥，示祟變，求福德。伽藍數十所，僧徒數千人，宗學小乘說出世部。

曇曠《大乘百法明門論開宗義決》卷一　至佛滅後二百年初，大衆部中因有乖諍前後四破分成九部。初第一破分出三部：一者，說世出世法皆是假，名一說部；二者，世法顛倒出世法是實，名說出世部；三者，部主乃是鷄之種胤，名鷄胤部。

鷄胤部

綜述

法寶撰《俱舍論頌疏論本》卷一　今應略說大衆部，一說部，說出世部，鷄胤部，本宗同義者。一切如來無有漏法，諸如來語皆轉法輪，佛以一音說一切法，世尊所說無不如義，如來色身實無邊際，諸佛壽量亦無邊際。無色界具六識身，五種色根肉團爲體，在等引位有發語言，第八地中亦得久住。

窺基《異部宗輪論述記》卷一　憍矩胝部，此婆羅門姓也，此云雞胤。上古有仙，貪欲所逼，遂染一雞，後所生族因名雞胤，婆羅門中仙人種姓。

窺基《成唯識論述記》卷二　然大衆部、一說部、說出世部、雞胤部，亦緣自心，亦緣心外法，今非一分故無過也。故宗輪云諸預流者心，心所法能了自性。

寶達集《金剛暎》卷一　大衆部中流出三部：一一說部（此部所計如錄所說），二說出世部（亦如錄說），三鷄胤部（上十八有仙染鷄生子是此之族），次復大衆部中後出一部。

曇曠《大乘百法明門論開宗義決》卷一　至佛滅後二百年初，大衆部中因有乖諍前後四破分成九部。初第一破分出三部：一者，說世出世法皆是假，名一說部；二者，世法顛倒出世法是實。名說出世部；三者，部主乃是鷄之種胤，名鷄胤部。

多聞部

綜述

吉藏《三論玄義》卷一　至二百年中，從大眾部內又出一部，名多聞部。大眾部唯弘淺義棄於深義。佛在世時有仙人，值佛得羅漢。恆隨佛往他方及天上聽法，佛涅槃時其人不見。在雪山坐禪，至佛滅度後二百年中。從雪山出覓諸同行，見大眾部唯弘淺義不知深法。其人具足誦淺深義，深義中有大乘義，成實論即從此部出。時人有信其所說者，故別成一部，名多聞部。於二百年中，從大眾部更出一部，名多聞分別部。佛在世時，大迦旃延造論解佛阿含經。至二百年，大迦旃延從阿耨達池出，更分別前多聞部中義，時人有信其所說者，故云多聞分別部。

澄觀《大方廣佛華嚴經隨疏演義鈔》卷一三　《宗輪》敘多聞部云：餘義多同一切有部，並不立我計法有實故，言一少分者。化地部末計彼云：過去未來並皆實有，亦於中有一切法所知所識故，名法有我無。

求那跋陀羅《雜阿含經》卷一　佛告比丘：諦聽，善思，當爲汝說。比丘當知，若聞色是生厭、離欲、滅盡、寂靜法，是名多聞；如是聞受、想、行、識，是生厭、離欲、滅盡、寂靜法，是名多聞比丘，是名如來所說多聞。

窺基《大乘百法明門論解》卷一　法有我無宗，攝三部全，謂一切有部、雪山部、多聞部，更兼化地部末計一分之義。

窺基《大乘法苑義林章》卷一　多聞部宗說，佛五音是出世教，餘即世間。一無常、二苦、三空、四無我、五涅槃寂靜。餘義多同說一切有部。

寶達集《金剛暎》卷一　多聞部（多弘深義，稍以大乘成實論等從此出也）。

曇曠撰、法燈書《大乘二十二問本》卷一　第二破者，又因乖諍流出一部。此師學廣玄悟佛經，勝過本部，名多聞部。

定賓《四分律疏飾宗義記》卷三　多聞部（眞諦云：佛在世時有一羅漢，名祠皮衣。昔作仙人，披樹皮衣以祠天故。後出家已，隨佛說法，皆能誦持。佛未涅槃，遂住雪山坐禪，不覺佛已涅槃。至佛滅後第二百年，從雪山出。見大眾部所弘義淺，其甚驚怍，更爲具足。誦出淺義及以深義，深義中有大乘義也。其中有不信者，其有信者，即別成部，名多聞部。《成實論》從此部出，故參涉大乘義也）。

窺基《異部宗輪論述記》卷一　次後於此第二百年，大眾部中復出一部，名多聞部。

述曰，此第二時分，文亦有二，準前可解廣學三藏深悟佛言，從德爲名，名多聞部。當時律主具多聞德也。又有釋言佛在世時，有無學名祀皮衣爲仙人，時恆被樹皮爲衣，以祀天，故先住雪山。佛入涅槃，其祀皮衣入定，不覺至二百年。已從雪山來，於大眾部中弘其三藏，唯見大眾部弘其淺義，不能弘深。此師具足更誦深義，時有弘其說者，有不弘者，所以乖競所弘之教，深於大眾過，舊所聞者故名多聞也。

希迪《華嚴一乘教義分齊章集成記》卷一　多聞部，《宗輪》敘多聞部云：餘義多同一切有部，並不立我計法有實故，言一少分者。化地部末計，彼云：過去未來並皆實有，亦有中有一切法，所知所識故。名法有我無，以無我故，異外道計。

普瑞集《華嚴懸談會玄記》卷三五　多聞部者，以部主學通三藏，深悟佛旨，故云多聞。

說假部

綜述

法藏《華嚴經探玄記》卷一　現通假實宗，謂說假部等，彼說無有去來二世。於現在法中在蘊可實在界處爲假，隨應諸法假實不定，成實論及經部別師亦同此類。

澄觀《大方廣佛華嚴經隨疏演義鈔》卷一四　四現通假實宗等者，一全一少分，一全者，即說假部。

窺基《成唯識論述記》卷四　分別論者，舊名分別說部。今說假部，說有分識。體恆不斷，周遍三界。爲三有因，其餘六識時間斷故。有不遍故。故非有分，世親攝論無文。唯無性釋有九心輪，此是阿賴耶識。九心者：一有分、二能引發、三見、四等尋求、五等觀徹、六安立、七勢用、八反緣、九有分心。餘如樞要說。

智周《成唯識論演祕》卷二　薩婆多等麁細俱實者，等說出世、及說假部。說假部計蘊門皆實，說出世言出世並實。故麁細色在蘊，出世悉皆實故。故疏等言等此二宗各小分也。餘部全同，或復全異。故不等之。

曇曠撰、法燈書《大乘二十二問本》卷一　第三破者。又有一師，說世出世亦有少假，不同一說及說出世，名說假部。

智周《法華玄贊攝釋》卷一　說假部。部主意言，世出世法，皆有假實。蘊實處假，亦從所立，而部得名。

栖復《法華經玄贊要集》卷五　言說假部者，當第六部。意言世出世法，皆有假實。蘊實處假亦從所立爲名。此部意云：現法之中，道有假處。言假者，如眼根處。七極微成，又如一微上有無常等四義，故名爲假。五蘊體非聚，故名爲實也。

志鴻《搜玄錄解四分律刪繁補闕行事鈔錄》卷二　次第二百年，大衆部中，復出一部，名說假部。說世出世法，有假有實，不同一說。一向說假，又不同出世，一切皆實有也。

定寶《四分律疏飾宗義記》卷三　次後於此第二百年，更出一部，名說假部（基法師云：世出世法皆通假名及以眞實，不同一說部及說出世部也。眞諦名分別說部。大迦旃延，佛在作論，分別解說。佛滅之後，來至大衆部中，分別三藏，此佛假說，此眞實說，此是眞諦，此是俗諦，此是因果。有不信者，別爲此部，經中脫此一部也）。

智周《大乘法苑義林章決擇記》卷一　說假部宗說苦非蘊等。苦義非蘊義，名苦非蘊，之中不攝苦受，名苦非蘊。又此師計一切諸法有實有假，界、處攝者。緣積聚是假蘊中攝者。我積聚故便是實有，處雖是緣等，計今是實，從多分言，爲假無失。

制多山部

綜述

窺基《大乘法苑義林章》卷一　制多山部、西山住部、北山住部三部宗說。一切菩薩不脫惡趣，供養塔廟不得大果，餘義多同大衆部說。

玄奘譯《異部宗輪論》　制多山部，西山住部，北山住部，如是三部本宗同義。謂諸菩薩不脫惡趣，於窣堵波興供養業，不得大果，有阿羅漢爲餘所誘。此等五事及餘義門，所執多同大衆部說。

寶達集《金剛暎》卷一　名說假部（所計如錄）第二百年滿時。又分出三部。一制多山部（此云靈廟山也），二西山住部，三北山住部（制多山西及北從此爲名，此三皆部之所在）。如是大衆部四破戒五破（後根本四義根本五也）本末別說合成九部。一大衆部，二一說部，三說出世部，四鷄胤，五多聞，六說假，七制多山，八西山住，九北山住部也。

曇曠撰、法燈書《大乘二十二問本》卷一　第四破者。二百年滿有一外道，捨邪歸正，亦名大天。重詳五事分出三部。一者此人所居山似靈廟，即依本處名制多山部。二者又有一類，與此乖違住制多山西，名西山住部。三者又有一類，乖前二見住制多山北，名北山住部。故大衆部四破別分，本末別說有其九部。其上座部賢聖住持，經爾所時一味和合。

定寶《四分律疏飾宗義記》卷三　制多山部（制多翻爲靈廟也。佛於一世，初生成道，法輪涅槃。四處皆有靈廟供養，此山即靈廟處也。經名只底柯，注云山名，律主居之也。只底柯即制多也）。

西山住部

綜　述

曇曠撰、法燈書《大乘二十二問本》卷一 第四破者，二百年滿有一外道，捨邪歸正，亦名大天。重詳五事分出三部。一者此人所居山似靈廟，即依本處名制多山部。二者又有一類，與此乖違住制多山西，名西山住部。三者又有一類，乖前二見住制多山北，名北山住部。故大衆部四破別分，本末別說有其九部。

智周《法華玄贊攝釋》卷一 西山住部。山在制多山之西故，從處爲名。

普光述《俱舍論記》卷八 至第二百年滿復於大衆部中分爲三部。一制多山部。二西山住部。三北山住部。

從義《天臺三大部補注》卷一四 西山住部，居多山西，名西山住也。

北山住部

綜　述

僧祐《出三藏記集》卷三 佛滅度二百年後，薩婆多部分出婆蹉部。彌沙塞部分出中間婆蹉部又分出三部：一者法盛，二者名賢，三者六成。迦葉維部分出二部：一者僧伽提，二者式摩（一本三摩提）。摩訶僧祇部四百年時分出六部：一者維跡，二者多聞，三者施設，四者毗陁，五者施羅，六者上施羅。又一本曇無德部（此十八部見有同異文，煩不復備寫）。

玄奘譯《異部宗輪論》 佛薄伽梵般涅槃後，百有餘年去聖時淹，如日久沒。摩竭陀國俱蘇摩城王號無憂，統攝贍部。感一白蓋，化洽人神。是時佛法大衆初破，謂因四衆共議大天五事不同，分爲兩部：一大衆部，二上座部。四衆者何？一龍象衆，二邊鄙衆，三多聞衆，四大德衆。其五事者，如彼頌言：餘所誘無知，猶豫他令入，道因聲故起，是名眞佛教。

後即於此第二百年，大衆部中流出三部：一一說部，二說出世部，三雞胤部。次後於此第二百年，大衆部中復出一部，名多聞部。次後於此第二百年，大衆部中更出一部，名說假部。第二百年滿時，有一出家外道，捨邪歸正，亦名大天。大衆部中出家受具，多聞精進，居制多山，與彼部僧重詳五事，因茲乖諍分爲三部：一制多山部，二西山住部，三北山住部。如是大衆部四破或五破，本末別說合成九部：一大衆部，二一說部，三說出世部，四雞胤部，五多聞部，六說假部，七制多山部，八西山住部，九北山住部。

玄奘譯《異部宗輪論》 制多山部，西山住部，北山住部，如是三部本宗同義。謂諸菩薩不脫惡趣，於窣堵波興供養業，不得大果。有阿羅漢爲餘所誘，此等五事及餘義門，所執多同大衆部說。

曇曠《大乘百法明門論開宗義決》卷一 第四破者：有一外道大衆部中出家多聞住制多山，重譯五事分成三部：一者，即此徒衆依本所居制多山部；二者，一類住在制多山西，名西山住部；三者，一類住在制多山北，名北山住部。故大衆部四破分別本末別說共成九部。

栖復《法華經玄贊要集》卷五 言制多山部者，梵云制多，此云雲廣，安置聖靈之廟處也。山有制多，山得此名，人依山住者，制多山之北，故從處爲第四分也。第二百年滿時，有出家外道，捨本之邪敎，歸如來之正法，亦名大天。前第一百年時，有大天比丘爲乖諍之旨，今此同前之名，故稱爲大天。亦從大衆部中出家，形入僧流，受持具戒，廣學精進。今此大天，與彼大衆部僧，重詳所我大天五事有可不可，因茲乖諍分爲三部：一制多山部，即大天所居山。二西山住部、三北山住部，此二部與大天不知，因茲便居山西，山從處立名。

部，說一切菩薩不脫惡趣，供養塔廟不得大果。

大覺撰《四分律行事鈔批》卷二　且如制多山部，西山住部，北山住部，說一切菩薩不脫惡趣，供養塔廟不得大果。

懷素《四分律開宗記》卷一　我滅度後二百年中，因於異論，生起鞞婆訶羅部（此云一說），盧迦尉多羅部（此云說出世），拘拘羅部（此云雞胤），婆收婁多柯部（此云多聞），鉢蠟若帝婆耶那部（此云說假）。三百年中，因諸異學，於此五部，復生摩訶提婆部（此云大天，此與根本大天名同，但是人名，非是部稱。依宗輪論，此當制多山部），質多迦部（此云西山），末多利部（此云北山）。

從義《天臺三大部補注》卷一四　北山住部，在制多山北，名北山住也。

說一切有部

綜　述

玄奘譯《異部宗輪論》　說一切有部本宗同義者，謂一切有部諸是有者，皆二所攝，一名二色。

窺基《妙法蓮華經玄贊》卷一　然《文殊問經》及《宗輪論》說小乘有廿部。謂大衆部、說部、說出世部、雞胤部、多聞部、說假部、制多山部、西山住部、北山住部、說一切有部、雪轉部、犢子部、法上部、賢胄部、正量部、密林山部、化地部、法藏部、飲光部、經量部。

窺基《大乘法苑義林章》卷一　大類小乘教體有六：一大衆部等、二一說部、三多聞部、四說假部、五說一切有部、六經量部。

玄奘譯、辯機撰《大唐西域記》卷一　阿耆尼國，東西六百餘里，南北四百餘里，國大都城周六七里，四面據山，道險易守。泉流交帶，引水爲田。土宜穈、黍、宿麥、香棗、蒲萄、梨、柰諸菓。氣序和暢，風俗質直。文字取則印度，微有繒絹。服飾氈褐，斷髮無巾。貨用金錢、銀錢、小銅錢。王其國人也，勇而寡略，好自稱伐，國無綱紀，法不整肅。伽藍十餘所，僧徒二千餘人，習學小乘教說一切有部。

普光述《俱舍論記》卷八　至三百年初，上座部中分爲二部：一說一切有部，亦名說因部；二即本上座部，轉名雪山部。復即於此第三百年，從說一切有部中復流出一部，名犢子部。

曇曠《大乘百法明門論開宗義決》卷一　三百年初四百年末，本末七破爲十一部。第一破者，有一大德造《發智論》，本部被難，移入雪山，名雪轉部，即學論者說諸法有，名說一切有部。

智周《法華經玄贊攝釋》卷一　十說一切有部，一切有二：一者有爲，三世法等；二者無爲，非三世攝。二皆體有，亦從所立，而爲部名。

崇俊《法華經玄贊決擇記》卷二　次於三百年，從說一切有部，復出一部，名化地。

道暹《涅槃經疏私記》卷八　上座部至三百年，初迦多衍尼子於上座出家，盛弘一味法，少弘經律。既卒部旨，遂分爲兩部。一說一切有部者有二：一有爲三世，二無爲離世。即虛空擇滅非擇滅，其體皆有名一切有，亦名說因部，謂此部立義廣出所因也。

普瑞集《華嚴懸談會玄記》卷三四　說一切有部，亦名說因部，謂此部立義廣出，因故也。

讀體集《毗尼止持會集》卷一　西國相承大綱唯四：一聖大衆部，分出十部。二聖上座部，分出三部。三聖根本說一切有部，分出四部。四聖正量部，分出四部。

雪山部

綜　述

澄觀《大方廣佛華嚴經隨疏演義鈔》卷一三　疏：二法有我無等者。疏文有二：先正立，後顯功能。今初言等者：等取餘二部半，謂此計都有三全。一少分，謂一切有部。二雪山部，此即上座部。《宗輪論》云：

多同說一切有故，亦等取也。三多聞部。《宗輪》敘多聞部云：餘義多同一切有部，並不立我計法有實故。言一少分者。化地部末計彼云：過去未來並皆實有，亦於中有一切法所知所識故，名法有我無。

窺基《**大乘法苑義林章**》**卷一**　雪山部宗說，謂諸菩薩猶是異生，菩薩入胎不起貪愛，無外道得五通，無天中住梵行。

寶達集《**金剛暎**》**卷一**　雪山部（謂因從居雪山從處爲名也）。

崇俊《**法華經玄贊決擇記**》**卷二**　雪山部，言一切有者。有有二種：一有爲三世實有，二無爲離世實有。言雪山者，上座從眾爲說因所依，轉入雪山。又云：既爲他依，師宗微弱，乍似雪風。次於三百年，從說一切有，流出一部。

棲復《**法華經玄贊要集**》**卷五**　言雪轉部者，六轉名部。上座弟子，本弘經教，因說一切有部起。多弘對法，既闕義理，能伏上座。上座既弱，移入雪山，約處爲名，名雪山部。攝云：上座部漸次而行，如雪因風飄流摩措，從喻爲名，名雪轉部。

定賓《**四分律疏飾宗義記**》**卷三**　雪山部（上座部盛弘經，藏少弘律論。至此時中，迦多衍尼子造發智論。盛弘對法，故乖諍也。說一切有者，有有二種：一有爲，三世實有；二無爲，離世實有。說因者，此部立義，廣出所因故也。《文殊問經》名一切語言，注云：一切，可措語言也，語言即是說也。雪山者，上座徒眾。爲說因所伏，移入雪山。又釋既爲他伏，師宗冷弱，乍比雪風，論中即是上座部，轉名雪山。經中乃於體毗履外更數雪，謬也）。

玄奘譯《**異部宗輪論**》　其上座部經爾所時一味和合，三百年初，有少乖諍，分爲兩部：一說一切有部，亦名說因部；二即本上座部，轉名雪山部。

景霄《**四分律行事鈔簡正記**》**卷一**　雪山部（謂有部起時，多弘論藏。能伏上座，上座劣弱，移入雪山雜爾無是根本，不可言分。今且據移入雪山義用分故，是以爲二也）。

犢子部

綜　述

浮陀跋摩共道泰等譯《**阿毗曇毗婆沙論**》**卷一七**　涅槃當言：學無學非學非無學耶。答曰：涅槃當言非學非無學。復有說者，涅槃是學無學非學非無學者，此是犢子部所說。

吉藏《**淨名玄論**》**卷八**　犢子部云：人成結成事成，事成者，即六塵等事，此明實有一質。

窺基《**成唯識論述記**》**卷一**　筏蹉氏外道名犢子外道，男聲中呼，歸佛出家名犢子部。筏雌子部，女聲中呼，即是一也。上古有仙居山寂處，貪心不已，遂染母牛，因遂生男流諸苗裔，此後種類皆言犢子，即婆羅門之一姓也。《涅槃經》說，犢子外道歸佛出家，此後門徒相傳不絕。今時此部是彼苗裔，遠襲爲名名犢子部。

波羅頗蜜多羅譯《**般若燈論釋**》**卷九**　復次，犢子部言：如我立義陰入界等，若一若異，若常無常，皆不可說，人亦如此。汝先所說二種過失不能破我，何以故？如是人者有流轉故。

玄奘譯《**異部宗輪論**》　後即於此第三百年，從說一切有部流出一部，名犢子部。次後於此第三百年，從犢子部流出四部：一法上部，二賢胄部，三正量部，四密林山部。

神清撰，慧寶注《**北山錄**》**卷七**　犢子眾（上古有仙，染牸而生，故謂犢子部）。

曇曠撰，法燈書《**大乘二十二問本**》**卷一**　第二破者，於有部中流出一部。上古有仙染牛生子，是部性名犢子部。第三破者，從犢子部流出四部：一謂部主有法可上，法在人上名法上部；二顯部主姓賢，善賢聖苗裔，名賢胄部；三顯部主善立法義，刊定無邪其量必正量部；四謂部主所居近山，林木蓊欝，繁而且密，名密林山部。

宗密撰《圓覺經大疏釋義鈔》卷六　犢子部者：上古有仙，在山寂處，貪心不已，遂染母牛，因遂生男，流諸苗裔。此後種類皆言犢子，即婆羅門之一姓也。《涅槃經》說：犢子外道，歸佛出家，此後門徒相傳不絕。今時此部是彼苗裔，遠襲爲名，名犢子部。彼立五法藏，謂三世無爲及我，言不可說者，以不可說言是有爲及無爲故，已如懸談宗趣中說。

智周《大乘法苑義林章決擇記》卷一　犢子部等者，犢子可知，言法上者。此師計云：我部所行一切諸法更無過者，名法上部。言賢胄者：胄，子胤之義，上古有仙大賢德，此是賢人之苗裔，故言賢胄部。言正量者：指定之義，此部主所行，每能正指定，名正量部。密林山者：謂此部主所居之山樹林茂密，名密林山部。

慧琳《一切經音義》卷五一　犢子部（梵言跋私弗多羅，此云可住子部，舊云犢子者，猶不了梵音長短故也。長音呼私則是可住，若短音呼則言犢。從上座部中一切有部出也）。

慧琳《一切經音義》卷七一　婆雌子部（婆音蒲賀反。此云犢子部，舊名跋私弗多羅。上古仙人名跋私，其母是此仙人種，故姓跋私。有羅漢是此女人子，從母作名，說一切有部中出也）。

法上部

綜　述

吉藏《三論玄義》卷一　次三百年中，從可住子部復出四部，以嫌舍利弗毗曇不足，更各各造論取經中義足之。所執異故，故成四部：一法尙部，即舊曇無德部也。

寶達集《金剛暎》卷一　法上部（有可上故以爲名焉也）。

曇曠《大乘百法明門論開宗義決》卷一　一者部主有法過人可上，名法上部。

智周《法華經玄贊攝釋》卷一　法上部，律主之號，有法可上。或復有法，出眾人上，並名法上，部從人稱。

崇俊《法華玄贊決擇記》卷二　次於三百年，從犢子流出四部：一法上部，有法可上，故以名焉；二賢胄部，孟部主賢，徒眾是胄，胄苗族故；三正量部，刊正邪謬；四密林山部，山有密林，林主居之。

栖復《法華經玄贊要集》卷五　言法上部者：律主之首，有法可上。或有出眾人上，並名法上部，從人立稱。

定賓《四分律疏飾宗義記》卷二　曇無德者：《部執疏》中，曇摩毱多，翻爲法護。《宗輪論》中，名法藏部。舊人亦翻法敬、法密，並是一也。然《部執疏》云：法上部，舊名曇無德者，蓋似不然，至下當辨。

定賓《四分律疏飾宗義記》卷三　法上部（經名法勝一也，有法可上故名焉）。

定賓《四分律疏飾宗義記》卷四　四分律即是法上部，舊云。律師等亦云：此律是法敦部。

大覺撰《四分律行事鈔批》卷三　法上部者，舊名曇無德者，蓋似不然也。

從芳《百法論顯幽鈔》卷一　法上部，律主之號，有法可上。或可有法出眾人之上，或善能說法名法上，或是部主之名也。

曇曠撰、法燈書《大乘二十二問本》卷一　從犢子部流出四部：一謂部主有法可上。法在人上名法上部。

從義《法華經三大部補注》卷一四　次第三百年，從犢子部流出四部：一法上部，有法可上，名法上部也。

化地部

綜　述

普光述《俱舍論記》卷八　化地部，經至唯遍五十者。敘異部說，彼部說，此圓生樹香順風至百，無風五十。

窺基《**成唯識論述記**》**卷二**　大衆等四部立九無爲，化地部亦執有九，各各不同。此下方破，此等無爲。離心、心所躰非實有，許無爲故。如三無爲，如是一切準前應破。

智周《**成唯識論演祕**》**卷二**　化地部九無爲者，擇滅等三，三體各一，定障名動，是散動也。由斷此動而得無爲，名爲不動，善等眞如，三體各一，性皆是善，道支、緣起同大衆部。

玄奘譯《**異部宗輪論**》　次後於此第三百年，從說一切有部，復出一部，名化地部。次後於此第三百年，從化地部流出一部，名法藏部。自稱我襲採菽氏師。至三百年末，從說一切有部，復出一部，名飲光部，亦名善歲部。至第四百年初，從說一切有部，復出一部，名經量部，亦名說轉部。自稱我以慶喜爲師，如是上座部七破或八破，本末別說成十一部：一說一切有部，二雪山部，三犢子部，四法上部，五賢胄部，六正量部，七密林山部，八化地部，九法藏部，十飲光部，十一經量部。

慧琳《**一切經音義**》**卷五〇**　化地部（梵語也，第三百年中，從一切有部出。梵言磨醯奢娑迦，亦名彌喜捨婆柯。此云化地，亦云敎地，或言正地，人名也。但此羅漢在俗爲王國主化土境，故名化地。今入佛法，如地又匡化之，故以名也。舊名彌沙塞者，訛也）。

曇曠撰、法燈書《**大乘二十二問本**》**卷一**　第四破者，復從有部流出一部，謂此部主身雖出家本是國王，名化地部。

栖復《**法華經玄贊要集**》**卷五**　言化地部者，部主之身。本是國王，王所統攝國界地，化地上人，故云化地。捨國出家，弘宣佛法，從本爲號，號化地部。

智昇《**開元釋教錄**》**卷一三**　化地部毗奈耶藏。佛圓寂後三百年中，從說一切有部之所出也。

曇曠撰、法燈書《**大乘二十二問本**》**卷一**　彌沙塞者：唐言化地部。四部中無，是二十中第十七部。

曇曠撰、法燈書《**大乘二十二問本**》**卷一**　如是東西共行六部：一上坐部，二說有部，三大衆部，四正量部，五化地部，六法藏部。餘十四部，兩處不行。其化地部本出印度，印度已滅，于闐盛行。

延壽《**宗鏡錄**》**卷四七**　化地部中說有窮生死蘊，緣此第八遍三界九地。恆常有故，但有生死處。即常遍爲依，直至大乘金剛心末。煩惱盡時方捨故，名窮生死蘊。若諸轉識，即無此功能。以第六識體多間斷故，入五位無心時。六識皆間斷不行，此時應不名有情。以無識任持故，即應爛壞。

普瑞集《**華嚴懸談會玄記**》**卷三五**　言化地部者，部主昔作國王化治地上人。庶後捨位出家修道從本爲名，曰化地部。言亦有中有者此有二解：一云言中有者是生死；二有中間之中有也。然準法苑，化地部說定無中有應是末計。

正量部

綜述

吉藏《**中觀論疏**》**卷八**　又依正量部義。正量本是律學，佛滅後三百年中，從犢子部出。辨不失法體是無記明了論，是覺護法師造。而依正量部義論云：正量部有二種：一至得二不失法，不失法但善惡有之，外法則無，又但是自性無記，又待果起方滅，若是至得逐法通三性。通內外法皆有，果未起時若懺悔則至得便滅，而不失法雖懺悔罪不滅，要須更待果起方滅也。

普光述《**俱舍論記**》**卷八**　次復，於第三百年，從犢子部中復流出四部：一法上部，二賢胄部，三正量部，四蜜林山部。

曇曠《**大乘百法明門論開宗義決**》**卷一**　部主量法刊正無邪，名正量部。

栖復《**法華經玄贊要集**》**卷五**　言正量部者，權衡刊定，名之爲量。量無邪謬，目之爲正。此部所立，甚深法義，刊定無邪，自稱正量，從所立法，以爲部名也。

窺基解（**明**）**明昱贊言**《**大乘百法明門論贊言**》**卷一**　正量部（又名一切所貴，律主爲通人所重也）。

智周《**大乘法苑義林章決擇記**》**卷一**　言正量者，指定之義。此部主所行，每能正指定，名正量部。

懷素《**四分律開宗記**》**卷一**　沙摩帝部（此云正量）。

密林山部

綜　述

普光述《**俱舍論記**》**卷八**　次復，於第三百年，從犢子部中復流出四部：一法上部、二賢胄部、三正量部、四密林山部。

寶達集《**金剛暎**》**卷一**　密林山部（山有密林部主居之）。

曇曠《**大乘百法明門論開宗義決**》**卷一**　犢子部分出四部：一者，部主有法過人可上，名法上部；二者，部主性賢是賢聖種，名賢胄部；三者，部主量法刊正無邪，名正量部；四者，部主所居山林繁密，名密林山部。

智周《**法華經玄贊攝釋**》**卷一**　密林山部，近山林木。蓊鬱繁密，從處爲號。

定寶《**四分律疏飾宗義記**》**卷三**　密林山部（山有密林，部主居之，經名彷山也）。

定寶《**四分律疏飾宗義記**》**卷四**　犢子部、法上部、賢胄部、正量部、密林山部、五部，皆弘舍利弗阿毗曇，如《部執疏》及《智度論》第二說。

栖復《**法華經玄贊要集**》**卷五**　言密林部者，林木蓊鬱繁密，從居處爲號。或有釋言，此等四部。釋舍利弗阿毗曇，義有少者，以義足之。後名造論，取經義添。既乖本旨趣，遂即部分。

法藏部

綜　述

普光述《**俱舍論記**》**卷八**　次復，於此第三百年，從化地部中流一部，名法藏部。

玄奘譯《**異部宗輪論**》　次後於此第三百年，從化地部流出一部，名法藏部，自稱：我襲採菽氏師。

道液《**淨名經集解關中疏**》**卷一**　法藏部立五藏，謂四藏外別立菩薩藏。

曇曠撰、法燈書《**大乘二十二問本**》**卷一**　部本出西方，西方不行，東夏廣闡。

崇俊《**法華經玄贊決擇記**》**卷二**　次於三百年，從化地部流出一部，名法藏部，自稱：我習採菽氏師。或名法密。《慈恩》云：是部主名也。

栖復《**法華經玄贊要集**》**卷五**　言法藏部者，亦名法密。密是藏義，含受正法，如藏之密，從德立名。此部師立五法藏，經律論呪五菩薩本事。既乖化地，遂分宗。

道暹《**涅槃經疏私記**》**卷八**　次第三百年，從化地部流出一部，名法藏部。或名法蜜經。及眞諦，名法護部。此羅漢，是目連弟子。目連滅從法護習師所說，以爲五藏：一經藏、二律藏、三論、四呪藏、五菩薩藏。

定寶《**四分律疏飾宗義記**》**卷三**　次後於此第三百年，從化地部流出一部，名法藏部。自稱：我習林菽氏師（或名法密。基法師云：是部主名者非也。前大集經，以隱密故，是法名也。菽者豆也，上古有仙，採綠豆爲食，目連是彼種，故名採菽氏師也。此部立五藏，三藏如常，第四呪藏，第五藏。由他不信引，目連爲證故，枉爲師也。經名法護。注云：律主名，亦譯者謬釋也）。

景霄《**四分律行事鈔簡正記**》**卷一**　次三百八十年，從化地部中流出一部，名法藏部。或云法蜜（部謂生含容正法，如藏之密，此師白言：我襲採菽氏爲師。謂目連也。採，拾也。菽者，衆苜也。上古有仙，拾衆苜而飡得道，目連是苗裔也。此傍執前四分宗，因有人云：四分從五分中流出也。謂前法藏部是四分元從化地部流來，以化地部，是五分律故。今詳斯解，未究根由。前化地部，但是偏執五分之宗，非是五分律，法藏亦然，名同〔發〕別。四分一律始終不分，可以思之也）。次三百年末，從一切有部分出一部，名飲光部。或名善歲（言飲光，是迦葉波姓，上古〔有〕身眞金色。部主是彼裔。言善歲者，部主小名歲，便有賢德故，德以彰名故也。此傍執前解脫律宗）。次四百年初，從一切有部分出一部，名經量部。亦云說轉部（部主依經爲量，自言我以慶喜爲師，今小乘中經部是此也。言說轉者，部主說一種子現在相續。轉至後世，此成論宗。四分依此假名，許有種子義也）。如是上座七破，或八破，本末別說，成十一也。今四分律，五部之內，曇無德部所收。二部之中，上座部攝。二十部內，與法藏部名同，即非二十中律也。又準《續高僧傳》云：上座大衆，籾分結集之場，五部十八，流宗百載之後，僧祇是根本。大衆所傳，非是百載五宗生也。統敘五部支分，此方已獲其四。若據攝末從本，此方獲其一，自餘群部，多是西土賢聖贊述行事。其中聚類，自有區分辨拱，不可備述。

賢胄部

綜　述

普光述《俱舍論記》卷八　次復，於第三百年，從犢子部中復流出四部：一法上部、二賢胄部、三正量部、四密林山部。

寶達集《金剛暎》卷一　賢胄部（謂部主是賢徒胄。胄者，苗也）。

栖復《法華經玄贊要集》卷五　言賢胄部者，賢者部主之名。胄者，苗裔之義，是羅漢之苗，故從襲爲名。

崇俊《法華玄贊決擇記》卷二　賢胄部，孟部主賢，徒衆是胄，胄苗族故。

栖復《法華經玄贊要集》卷五　言賢胄部者，賢者部主之名。胄者，苗裔之義，是羅漢之苗，故從襲爲名。

志鴻《搜玄錄解四分律刪繁補闕行事鈔錄》卷二　賢胄部：賢者，部主之名。胄者，苗裔之義。

定寶《四分律疏飾宗義記》卷三　賢胄部（蓋部主是賢，從衆是胄，胄尙族也）。

智周《大乘法苑義林章決擇記》卷一　言賢胄者：胄，子胤之義。上古有仙大賢德，此是賢人之苗裔，故言賢胄部。

景霄《四分律行事鈔簡正記》卷一　賢胄部（賢謂賢和。胄者，胄族苗裔之稱故也）。三正量部（謂權衡刊定名量，量無疑，謬名正，部主自言我法無邪謬，此明了論宗也）。

從芳《百法論顯幽鈔》卷一　賢胄部，賢謂部主之名，胄謂苗裔之義，即是羅漢之苗也。

曇無德部

綜　述

吉藏《大乘玄論》卷五　三百年中，上座部因諍論事分爲十一部：一名薩婆多部、二名雪山部、三名犢子部、四名達磨欝多部、五名跋陁耶尼部、六名三彌底部、七名六城部、八名彌沙塞部、九名曇無德部、十名迦葉唯部、十一名修多羅論部。問：經言本二及十八皆從大乘中出，何者爲本二及十八耶？答：上座大衆兩部爲本二，其後弟子分爲十八部。又經言五部者，佛三藏中毗尼藏多有此名。又十八部中五部盛行，五部者：一薩婆多部、二曇無德部、三僧祇部、四彌沙塞部、五迦葉唯部。五部之中，薩婆多部盛行。故佛滅後二百年中，從上座部出薩婆多部，偏弘毗曇。佛滅後三百餘年，迦旃延子作毗曇、八犍度。六百年五百阿羅漢，造毗婆沙論百卷。七百年爲婆沙太廣，法勝造毗曇論，爲法勝太略。千年之間，達磨多羅造雜心論十一卷，故毗曇盛行。成實論主，從曇無德部出。

神清撰，慧寶注《北山錄》卷九　曇無德部（此云法鏡部，即化他部分出也）。俗藝呪術爲防己害，兼以閑邪開學不犯也（其宗立五藏：一律、二經、三論、四呪、五菩薩藏也）。

安世高《大比丘三千威儀》卷下　曇無德部者，奉執重戒斷當法律，應著皂袈裟。

釋僧祐《出三藏記集》卷三　曇無德者，梁言法鏡，一音曇摩毱多。如來涅槃後，有諸弟子顛倒解義覆隱法藏，以覆法故名曇摩毱多，是爲四分律。蓋罽賓三藏法師佛陁耶舍所出也。

元照《四分律行事鈔資持記》卷二　曇無德部名爲空宗，亦號假名宗，即成實所宗也。

志磐《佛祖統紀》卷三　其後百年，毱多尊者有五弟子，各執一見。曇無德部，法名四分（此云法密）。薩婆多部，法名十誦（此云一切有）。迦葉遺部，法名五分（此云重空）。彌沙塞部，法名五分（此云不著有無觀）。婆蹉富羅部，律本不來（此云犢子）。此五部律，皆以僧祇律爲根本。

法雲編《翻譯名義集》卷一〇　曇無德，亦名曇摩毱多，此翻云法密，隱覆即密義，又翻云法藏。《大集》云：我涅槃後，我諸弟子，受持如來十二部經，書寫讀誦，顛倒宣說，以倒說故，隱覆法藏。人名曇摩毱多，法名四分，天音折埵理。

元賢《四分戒本約義》卷一　四分者：一比丘戒；二比丘尼戒，并受戒說戒；三安居自恣等；四房舍并雜犍度等。故名四分。犍度，此云法聚，即分義也。戒本乃是初分比丘戒中，佛制戒之語，半月衆所共誦者也，其源出曇無德部。曇無德，此云法密，部主之號也。先是佛成道後三十八年，赴王舍城國王齋，齋畢，羅睺羅洗鉢失手墮地，碎爲五片。佛云：此表我滅度後，諸惡比丘，將我律分爲五部也。後佛滅度百年後，有優婆毱多尊者弟子五人，各執己見，果分律爲五部：一曇無德部、二薩婆多部、三迦葉遺部、四彌沙塞部、五婆蹉富羅部。其古律則摩訶僧祇也。

飲光部

綜述

普光述《俱舍論記》卷八　至三百年末，從說一切有部中，復流出一部，名飲光部，亦名善歲部。

道暹《涅槃經疏私記》卷八　次至三百年末，從說一切有部流出一名飲光部，梵云迦葉波，此云飲光。迦葉是性上，古有仙人身光極盛，飲弊餘光令不現故，此部主是彼苗裔也。

慧琳《一切經音義》卷七〇　飲光部（梵言迦葉波。迦葉，此云光；波，此間語名飲光。飲光有二義：一迦葉波，是上古仙人，此仙人身有光明，能飲餘光，令不復現此羅漢，是彼種故，因以名焉；二此阿羅漢，人身作金色，常有光明，以閻浮檀金爲人，並此阿羅漢身光餘，金人光不復現，故名飲光也）。

寶達集《金剛暎》卷一　次至三百年末，從說一切有部流出一部，名飲光部（上十八有仙身光捨成一，是此云同也。或云此部主身光飲餘光也）。

智周《法華玄贊攝釋》卷一　飲光部，梵云迦葉波。此云飲光，婆羅門姓。上古有仙，身有金光，影蔽餘暉，故名飲光。部主是彼飲光之胤，故言飲光。又此部主，身有金光，能飲餘光，從自立名。

栖復《法華經玄贊要集》卷五　言飲光部者，梵云迦葉波。此云飲光，婆羅門姓。上古有仙，身光映蔽日月，故云飲光部。是彼之胤，故言飲光。

道暹《涅槃經疏私記》卷八　次至三百年末，從說一切有部流出一部，名飲光部，梵云迦葉波，此云飲光。迦葉是性上，古有仙人身光極盛，飲弊餘光令不現故，此部主是彼苗裔也。

定寶《四分律疏飾宗義記》卷三　至三百年末，從說一切有部出一部，名飲光部，亦名善哉部（梵云迦葉波，翻飲光。上古有仙，身光極盛，飲蔽餘光，是此之裔也。又云此部主身光飲餘光也。又約有賢德義，其年小而有賢德，故云善哉）。

景霄《四分律行事鈔簡正記》卷一 次三百年末，從一切有部分出一部，名飲光部，或名善歲（言飲光，是迦葉波姓。上古有身眞金色，部主是彼裔，言善歲者。部主小名歲，便有賢德故，德以彰名故也。此傍執前解脱律宗）。

從芳《百法論顯幽鈔》卷一 次從三百年末，從有部中更分出一部，名飲光。飲光是婆羅門姓，上古有仙，身有金色，映蔽飲光，名爲飲光。部主是彼之胤，從本立名也。

經量部

綜述

法寶撰《俱舍論頌疏論本》卷一 至四百年初，從說一切有部流出一部（名經量部，自稱：我以慶喜爲師）。

窺基《大乘法苑義林章》卷二 經量部師唯立二藏：一素呾纜藏，二毘奈耶藏。彼部師說，經律二藏有別部類。佛及弟子俱無別部說對法藏，但諸經中詮於慧處，名爲對法，弟子等論但釋經。

玄奘譯《異部宗輪論》 至第四百年初，從說一切有部復出一部，名經量部，亦名說轉部，自稱：我以慶喜爲師。

寶達集《金剛暎》卷一 至第四百年，初從一切有部復出一部，名經量部，亦名說轉部（立名依經故，又執有種子，墮在相續轉至後世，故名說轉也）。

慧苑《續華嚴略疏刊定記》卷一 又經量部，唯立經律二藏，經詮慧處，是對法故。大眾部師，說有四藏。三藏之外更立雜藏，通詮三學故。

崇俊《法華玄贊決擇記》卷二 至四百年初，從一切有復出一部，名經量部，亦名說轉部。自稱：我以慶喜爲師。立義依經，故執有種子。墮在相續，轉至後世，故名說轉。

栖復《法華經玄贊要集》卷五 言經量部者，此師唯依經爲正量，不依律論，即經部。依彼所立，而爲部名（分別部了）。

栖復《法華經玄贊要集》卷一〇 經量部：虧盈路別，行著盈路，月即缺，準此前十五日在盈路行，後十五日在虧路行。

定賓《四分律疏飾宗義記》卷三 至第四百年初，從一切有部復出一部，名經量部，亦名說轉部。自稱：我以慶喜爲師（立義依經故。執有種子，墮在相續，轉至後世，故名說轉。經名脩妬路，即契經也）。

窺基解、明昱贊言《大乘百法明門論贅言》卷一 經量部（又名修妬路，律主執修妬路義也）。

景霄《四分律行事鈔簡正記》卷一 次四百年初，從一切有部分出一部，名經量部，亦云說轉部（部主依經爲量，自言：我以慶喜爲師。今小乘中經部是此也。言說轉者，部主說一種子現在相續，轉至後世，此成論宗，四分依此假名，許有種子義也）。

空宗

綜述

法藏《大乘起信論義記》卷一 先敘諸教，後隨教辨宗。前中此方諸德立教開宗紛擾多端，難可具陳，略述十家。如《華嚴疏》中，又古代譯經，西來三藏，所立教相，亦有多門，略舉五家，亦如彼說。今中天竺國三藏法師地婆訶羅，唐言日照，在寺翻譯。余親問說，云：近代天竺那爛陁寺，同時有二大德論師：一曰戒賢，一曰智光。並神解超倫，聲高五印。六師稽顙，異部歸誠。大乘學人仰之如日月。獨步天竺，各一人而已。遂所承宗異，立教互違。【略】二，智光論師遠承文殊龍樹，近稟提婆清辯。依般若等經中觀等論，亦立三教，以明無相大乘爲眞了義。謂佛初鹿園爲諸小根說於四諦，明心境俱有。次於中時，爲彼中根說法相大乘，明境空心有唯識道理，以根猶劣未能令入平等眞空故作是說。於第三時，爲上根說無相大乘，辨心境俱空，平等一味爲眞了義。又初則漸破外道自性等，故說因緣生法決定是有，次則漸破小乘緣生實有之執，故說依他因緣假有。以彼怖畏此眞空故，猶在假有而接引之。後時方就究竟大乘，說此緣生即是性空平等一相，是故即判法相大乘有所得等，爲第二時非眞了義也。此三教次第，如智光論師般若燈論釋中，引大乘妙智經說。

宗密《**原人論**》　460 破相之談，不唯諸部般若，遍在大乘經。前之三教依次先後，此教隨執即破，無定時節。故龍樹立二種般若：一共，二不共。共者，二乘同聞信解，破二乘法執故。不共者，唯菩薩解，密顯佛性故。故天竺戒賢、智光二論師，各立三時教，指此空教，或云在唯識法相之前，或云在後。今意取後。

法藏《**華嚴經探玄記**》**卷一**　一切皆空宗，謂大乘初教。說一切法悉皆性空超於情表無分別故，如般若等皆辯。

澄觀《**大方廣佛華嚴經隨疏演義鈔**》**卷一四**　八眞空絕相宗，即是大乘法師勝義，俱空宗。

裴休《**大方廣圓覺修多羅了義經略疏序**》**卷一**　三性空：有空宗、有謂依計空、謂圓成性宗。即遍計情有理無，依他相有性無，圓成情無理有，相無性有。

宗密《**禪源諸詮集**》**卷三**　空宗性宗有其十異：一法義眞俗異，二心性二名異，三性字二體異，四眞智眞知異，五有我無我異，六遮詮表詮異，七認名認體異，八二諦三諦異，九三性空有異，十佛德空有異。

元照《**四分律行事鈔資持記**》**卷二**　曇無德部名爲空宗，亦號假名宗，即成實所宗也。

延壽《**萬善同歸集**》**卷一**　諸佛如來一代時教，自古及今，分宗甚眾。撮其大約，不出三宗：一、相宗，二、空宗，三、性宗。若相宗多說是，空宗多說非。性宗惟論直指，即同曹溪見性成佛也。

子成《**折疑論**》**卷一**　次演空宗，由是向室羅筏城祇園等處。八部般若次第興焉（室羅筏城，即舍衛國城也。祇園者，即祇樹給孤獨也。八部般若者：大品般若、中品般若、放光般若、光贊般若、道行般若、金剛般若、勝天王般若、文殊般若也。八部般若多以破有歸空，故曰空宗是也）。

有宗

綜述

般若譯《**大乘本生心地觀經**》**卷八**　爾時，薄伽梵，能善安住清淨法界，三世平等無始無終，不動凝然常無斷盡，大智光明普照世界，善巧方便變現神通，化十方土靡不周遍。是薄伽梵告文殊師利菩薩摩訶薩言：瑜伽行者觀月輪已，應觀三種大祕密法。云何爲三？一者心祕密，二者語祕密，三者身祕密。云何名爲心祕密法？瑜伽行者，觀滿月中出生金色五鈷金剛，光明煥然猶如鎔金，放於無數大白光明，以是觀察名心祕密。

般若譯《**諸佛境界攝眞實經**》**卷一**　爾時，佛薄伽梵告金剛手菩薩言：善哉，善哉，金剛手，如是如是如汝所說。汝起大悲，爲未來世一切眾生，示如實道。善男子諦聽諦聽善思念之，我今爲汝次第廣說此曼陁羅大道場法。善男子，若有修學諸佛境界此金剛界瑜伽大曼陁羅法者，最初第一作何等事？瑜伽行者最初入道場時，先結滅罪印。以左右大母指頭指，更互相叉，以左右中指，直豎。次以二中指頭相屈，更互拄著，其左右無名指小指，如大拇指頭指，更互相叉，即持眞言。

般若譯《**諸佛境界攝眞實經**》**卷二**　復次，瑜伽行者，結金剛縛印，作菩提心相狀之觀，幷習眞言，是諸化佛告菩薩言：善男子，應發無上大菩提心。菩薩問言：云何名爲大菩提心？諸佛告言：無量智慧猶如微塵。三阿僧祇一百劫中，精進修習之所成就。遠離一切煩惱過失，成就福智猶如虛空。能生如是最勝妙果，即是無上大菩提心。譬如人身心爲第一，大菩提心亦復如是。三千界中最爲第一，以何義故名爲第一？謂一切佛及諸菩薩，從菩提心而得出生。

金剛智《**念誦結護法普通諸部**》**卷一**　如是供養讚歎竟，以本尊三昧觀，令心不散。瑜伽行者以一切如來身口意金剛差別契加持已身，又想一切隨形好，盡莊嚴其身。即應誦摩訶三摩耶印百字言，令身堅固，便結本尊三昧耶契，毗盧遮那法身三昧耶契。

彌勒菩薩説、玄奘譯《瑜伽師地論》卷三二　云何初修業者？始修業時，於修作意，如應安立。隨所安立正修行，時最初觸證，於斷憙樂心一境性，謂善通達。修瑜伽師最初於彼依瑜伽行。初修業者，如是教誨，善來賢首，汝等今者應依三種取相因緣，或見或聞或心比度。

一行《大毗盧遮那成佛經疏》卷三　若弟子修瑜伽行，則能見此上人天龍八部恭敬供養。或見十方諸佛稱其名號，勸發大眾，如釋迦牟尼，説菩薩薩陁波崙求法因緣也。

遁倫《瑜伽論記》卷一　有處説，緣諸地所攝無倒智名瑜伽，行中勝故。

施護譯《佛説祕密相經》卷上　爾時，世尊大毗盧遮那如來，讚金剛手菩薩摩訶薩言：善哉，善哉，金剛手，汝今善問祕密法儀甚深廣大，我今爲汝要略而説。謂若修習瑜伽行者，凡入舍中先當觀想祕密文字，作已護淨。謂於舌端想有阿字，其字想成淨妙月輪，於月輪上想有吽字。其字復成五股白色大金剛杵，如是觀想已。

施護譯《佛説一切如來金剛三業最上祕密大教王經》卷二　修瑜伽行者，當了諸法空，縱説非法語，亦得住淨智。

施護譯《佛説一切如來金剛三業最上祕密大教王經》卷四　修瑜伽行者，欲求成就法，於一切時中，作金剛法想。

法護譯《佛説除蓋障菩薩所問經》卷一四　善男子，菩薩若修十種法者。成瑜伽行，何等爲十？一者多修不淨觀行，二者多修慈心觀行，三者多修緣生觀行，四者於諸過患善能除斷，五者多修空觀，六者多修無相觀行，七者多修瑜伽觀行，八者常能勤加修習，九者心不變悔，十者戒行具足。

聖地部

紀事

迦毗羅衛 劫比羅伐窣堵

瞿曇僧伽提婆譯《增壹阿含經》卷二四　時王問曰：今佛在何處？那羅陁曰：大王當知，迦毗羅衛大國，轉輪聖王種出於釋姓。彼王有子，名曰悉達。出家學道，今自致成佛，號釋迦文。當自歸彼。

求那跋陀羅譯《雜阿含經》卷四三　如是我聞，一時，世尊釋氏人間遊行，至迦毗羅衛國，住尼拘婁陁園。爾時，迦毗羅衛釋氏作新講堂，未有諸沙門，婆羅門，釋迦年少及諸人民在中住者。聞世尊來至釋氏迦毗羅衛人間遊行，住尼拘婁陁園。論苦樂義。此堂新成，未有住者。可請世尊與諸大衆於中供養，得功德福報。長夜安隱，然復我等當隨受用，作是議已。悉共出城，詣世尊所。稽首禮足，退坐一面。

曇無讖譯《大般涅槃經》卷二九　善男子，我念往昔過無量劫，此城爾時名迦毗羅衛，其城有王名曰白淨，其王夫人名曰摩耶，王有一子名悉達多。爾時，王子不由師教，自然思惟得阿耨多羅三藐三菩提。有二弟子：一名舍利弗，二名大目犍連。給侍弟子名曰阿難。

佛陀耶舍共竺佛念譯《佛說長阿含經》卷一　我父名淨飯，刹利王種，母名大清淨妙，王所治城名迦毗羅衛。佛時頌曰：父刹利淨飯，母名大清淨，土廣民豐饒，我從彼而生。此是諸佛因緣、名號、種族、所出生處。

闍那崛多譯《佛本行集經》卷五　彼等王子，是故立姓，稱爲釋迦。以釋迦住大樹蓊蔚枝條之下，是故名爲奢夷耆耶。以其本於迦毗羅仙處所住故，因城立名，故名迦毗羅婆蘇都。

慧立本、釋彦悰箋《大唐大慈恩寺三藏法師傳》卷三　從此東南行八百餘裏，至劫比羅伐窣堵國（舊曰迦毗羅衛國），國週四千餘裏，都城十餘裏並皆頹毁，宮城周十五裏。壘塼而成極牢固，內有故基，淨飯王之正殿。上建精舍，中作王像。次北有故基，是摩耶夫人之寢殿。上建精舍，中作夫人之像。其側有精舍，是釋迦菩薩降神母胎處。中作菩薩降生之像，上坐部云：菩薩以嗢怛羅頞娑荼月三十日夜降神母胎，當此五月十五日。諸部則以此二十三日，當此五月八日。東北有窣堵波，阿私陁仙相太子處。於城左右有太子共諸釋種捔力處，又有太子乘馬踰城處。及先於四門見老病死及沙門，厭離世間回駕處。

道宣《續高僧傳》卷四　又東將七百里，至劫毗羅伐窣堵國，即迦毗羅衛淨飯王所治之都也，空城十余無人棲住。故宮甎城周十五裏，荒寺千餘，惟宮中一所在焉。王寢殿基上有銘塔，即如來降神之處也。彼有說云：五月八日神來降者。上座部云：十五日者與此方述微復不同，豈有異耶。至如東夏所尚素王爲聖，將定年算。前達尙迷，況復曆有三代。述時紀號猶自差舛，顧惟理越情求赴機應感。皆乘權道適變爲先，豈以常人之耳目用通於至極也。城之南北有過去二佛生地諸塔，育王石柱銘記甚多。都城西北數百千塔，並是流璃所誅諸釋。既是聖者，後人爲造。當斯時也有四釋子，忿其見逼不思犯戒。出外拒軍，琉璃遂退。後還本國，城中不受。告曰：吾爲法種誓不行師，汝退彼軍非吾族也。既被放斥遠投諸國，本是聖胤，競宗樹之。今烏仗梵衍等王，並其後也。

法雲編《翻譯名義集》卷七　迦毗羅皤窣都，迦毗羅，此雲黄色。皤窣都，此雲所依處。上古有仙，曰黄頭，依此修道。《西域記》云：劫比羅伐窣堵，舊曰迦毗羅衛，訛也。或名迦維衛，或名迦夷，此云赤澤，或名婆兜釋翅搜，此云能仁住處，音訛也。竺法蘭對漢明云：迦毗羅衛者，大千之中也。宋沙門慧嚴與南蠻校尉何承天，共論華梵中邊之義，乃引周公測景之法，謂此土夏至之日，猶有餘陰，天竺則無也。言測景者，周公攝政四年，欲求地中，而營王城，故以土圭測景，得潁川陽城，於是建都。土圭長尺有五寸，夏至日晝漏半，立八尺之表，表北得景尺有五寸，景與土圭等，此爲地中。鄭司農云：凡日景於地，千里而差一寸，當知陽城蓋就此土，自爲中耳。既有表景，豈非余陰耶？況此土東垂大海。

念常《佛祖歷代通載》卷四（二甲寅）二月八日，世尊生於迦毗羅衛國藍毗尼園沙羅叉樹下，從母摩耶夫人右脅而出。姓刹利，父淨飯天，母大清淨，生時九龍吐水，金盤沐已周行七步。自言：吾受最後生身，天上天下唯吾獨尊。相好莊嚴具三十二大人之相，諸經有別（且依一文，三十二者，一足下平滿，二千輻輪紋，三手柔軟如兜羅綿，四指間網鞔猶如鵝王，五諸指纖長，六足跟充滿，七足趺相承，八雙臂修直，九雙腨圓滿如伊尼延鹿王，十陰峰藏密如象馬王，十一毛青右旋，十二發毛上靡，十三身皮金色，十四皮間離垢，十五七處充滿，十六肩項殊妙，十七膊腋□直，十八容儀紅滿，十九身相端嚴，二十量圓孤柳，二十一頷臆獅子，二十二常光一尋，二十三齒白齊密，二十四牙鮮鋒利，二十五常得上味，二十六舌覆面輪，二十七梵音頻伽，二十八眼睫紺青，二十九眼睛如牛王，三十面如滿月，三十一眉間白毫，三十二烏瑟膩毗猶如天蓋。更有八十隨好，具如般若等說）

藍毗尼

紀事

法顯譯《大般涅槃經》卷中　爾時如來告阿難言：若比丘、比丘尼、優婆塞、優婆夷，於我滅後，能故發心，往我四處，所獲功德不可稱計，所生之處，常在人天，受樂果報，無有窮盡。何等爲四？一者如來爲菩薩時，在迦比羅旆兜國藍毗尼園所生之處；二者於摩竭提國，我初坐於菩提樹下，得成阿耨多羅三藐三菩提處；三者波羅㮈國鹿野苑中仙人所住轉法輪處；四者鳩尸那國力士生地熙連河側娑羅林中雙樹之間般涅槃處，是爲四處。若比丘、比丘尼、優婆塞、優婆夷，并及餘人外道徒眾，發心欲往到彼禮拜，所獲功德，悉如上說。

闍那崛多譯《佛本行集經》卷七　時彼善覺大臣長者，共自眷屬，從城而出，逆前迎女摩耶夫人，又持無量莊嚴之具，引夫人前。是時善覺大臣，有妻名嵐毗尼，彼婦諮白夫善覺言：大聖釋子！若當知時，諸釋種族，各皆自有園果樹林，遨遊觀瞻，至於其中，自相娛樂。我大聖子！今可造作清淨園林，我等當共聖子娛樂，受於歡樂。時善覺釋摩耶大妃夫人之父，於迦毗羅，及提婆陁訶，兩城之間，近自境內，爲婦造作一大園林，以善覺婦名嵐毗尼，爲彼造立此園林故，以是因緣，即名之爲嵐毗尼園。彼園樹木，蓊鬱扶踈，世間無比，其中多有種種花樹種種果樹，以爲莊嚴。復有種種渠流池沼，種種雜樹，無量無邊，摩尼諸寶，遍滿園苑。

釋道世《法苑珠林》卷九　如《因果經》云：菩薩處胎垂滿十月，身諸支節及以相好皆悉具足。夫人憶入園遊觀，王勅後宮端正婇女，凡有八萬四千，以用侍摩耶夫人。又擇取八萬四千端正童女，齎持香華往藍毗尼園。王又勅諸群臣百官夫人皆悉徒從，於是夫人即昇寶輿，與諸官屬及婇女，前後道從往藍毗尼園。爾時復有天龍八部，亦皆隨從充滿虛空。十月滿足於四月八日日初出時。夫人見後園中有一大樹，名曰無憂。華色香鮮枝葉分布，極爲茂盛。即舉右手欲牽摘之，菩薩漸漸從右脇而出。《菩薩處胎經》云：佛告彌勒，當知汝復受記五十六億七千萬歲，於此樹王下成無上正等覺。我以右脇生，汝彌勒從頂生。如我壽百歲，彌勒壽八萬四千歲。我國土土，汝國土金，我國土苦，汝國土樂。

玄奘譯、辯機撰《大唐西域記》卷六　箭泉東北行八九十里，至臘伐尼林，有釋種浴池，澄清皎鏡，雜華彌漫。其北二十四五步，有無憂華樹，今已枯悴，菩薩誕靈之處。菩薩以吠舍佉月後半八日，當此三月八日；上座部則曰以吠舍佉月後半十五日，當此三月十五日。次東窣堵波，無憂王所建，二龍浴太子處也。菩薩生已，不扶而行，於四方各七步，而自言曰：天上、天下，唯我獨尊。今茲而往，生分已盡。隨足所蹈，出大蓮花。二龍踴出，住虛空中，而各吐水，一冷一煖，以浴太子。

慧琳《一切經音義》卷五三　尼拘蔞園中（縷誅反，梵語園名，亦名藍毗尼之園）。

求那跋陀羅譯《過去現在因果經》卷一　菩薩處胎，垂滿十月，身諸支節及以相好，皆悉具足，亦使其母諸根寂定，樂處園林，不喜憒鬧。時白淨王，心自思惟：夫人懷妊，日月將滿，而不見其有生產相。作此念時，會遇夫人遣信白王：我今欲出園林遊觀。時王聞此益懷歡喜；即勅於外，令淨掃灑藍毗尼園，更使栽植諸妙花果；流泉浴池，悉令清潔；欄楯階陛，皆以七寶而爲莊嚴。翡翠鴛鴦，鸞鳳凰鷺，異類衆鳥，鳴集其中；懸繒幡蓋，散花燒香，作諸伎樂，猶如帝釋歡喜之園。又勑中間所經行處，皆令嚴淨種種莊嚴。又勑嚴辦十萬七寶車輦，一一車輦，雕玩殊絕；又復勑外，嚴辦四軍，象兵、馬兵、車兵、步兵；又復選取後宮婇女，容顏端正，不老不少，氣性調和，聰慧明了，其數凡有八萬四千，以用給侍摩耶夫人。又復擇取八萬四千端正童女，著妙瓔珞嚴身之具，齎持香花，先往住彼藍毗尼園。王又勑諸群臣百官，夫人去者，皆悉侍從。於是夫人，即昇寶輿，與諸官屬幷及婇女，前後導從，往藍毗尼園。爾時復有天龍八部，亦皆隨從，充滿虛空。

法雲編《翻譯名義集》卷二〇　林微尼，或流彌尼，或藍毗尼，或嵐毗尼。此云解脫處，亦翻斷，亦翻滅。華嚴音義翻樂勝圓光，由昔天女來故立此名。新云藍奮（扶晚）尼，此云監，即上古守園女名。

菩提伽耶 菩提迦耶

紀事

安法欽《阿育王傳》卷一　阿恕伽王於佛生處塔、菩提樹塔、轉法輪塔、般涅槃塔，雖各各施與百千兩金。於菩提塔其心最重。所以者何？佛於此處成正覺故。於是已後所得珍寶，常以奉施菩提之塔。王第一夫人帝舍羅叉心自念言：王得好寶盡與菩提，曾不見與。即語旃陁羅摩登伽言：汝能爲我壞怨嫉不？答言：若與我金則能壞之。便許金錢。時摩登伽不解其意，謂爲導彼菩提之樹，即結呪索繫菩提樹，而欲呪殺轉轉乾枯。

瞿曇僧伽提婆譯《中阿含經》卷五六　我復作是念：此法不趣智，不趣覺，不趣涅槃，我今寧可捨此法，更求無病無上安隱涅槃，求無老、無死、無愁憂慼、無穢污無上安隱涅槃。我即捨此法，便求無病無上安隱涅槃，求無老、無死、無愁憂慼、無穢污無上安隱涅槃已，往象頂山南，鬱鞞羅梵志村，名曰斯那。於彼中地至可愛樂，山林鬱茂，尼連禪河清流盈岸。我見彼已，便作是念：此地至可愛樂，山林鬱茂，尼連禪河清流盈岸，若族姓子欲有學者，可於中學，我亦當學，我今寧可於此中學。即便持草往詣覺樹，到已布下敷尼師檀，結跏趺坐，要不解坐，至得漏盡，我便不解坐，至得漏盡。我求無病無上安隱涅槃，便得無病無上安隱涅槃。求無老、無死、無愁憂慼、無穢污無上安隱涅槃，便得無老、無死、無愁憂慼、無穢污無上安隱涅槃。生知生見，定道品法，生已盡，梵行已立，所作已辦，不更受有，知如眞。

法顯《昔道人法顯從常安行西至天竺傳》　出舊城北東下三里（有調達石窟，離此五十步有大方黑石窟）。昔有比丘在上經行，思惟是身無常苦空，得不淨觀厭患是身，即捉刀欲自煞。復念：世尊制戒不得自煞。又念：雖爾我今但欲殺三毒賊。便以刀自刎，始傷（其命已）肉得須陁洹。既半得阿那含，斷已成阿羅漢果般泥洹。從此西行四由延到伽耶城，城內亦空荒。復南行二十里到菩薩本苦行六年處，處有林木，從此西行三里到佛入水洗浴天案樹枝得攀出池處，又北行二里得彌家女奉佛乳糜處。從此北行二里，佛於一大樹下石上東向坐食糜，樹石今悉在，石可廣長六尺高二尺許，中國寒暑均調。樹木或數千歲乃至萬歲。從此東北行半由延到一石窟，菩薩入中西向結加趺坐。心念：若我成道當有神驗，石壁上即有佛影現，長三尺許。今猶明亮。時天地大動。諸天在空中白言：此非是過去當來諸佛成道處。

曇摩蜜多譯《觀虛空藏菩薩經》　人間四塔者：第一所生塔，在拘薩羅國迦毗羅城嵐鞞林；第二道場塔，在摩伽陁國伽耶城菩提樹下；第三轉法輪塔，在伽尸國波羅㮈城鹿野苑中；第四般涅槃塔，在摩羅國拘尸羅城雙樹間。

求那跋陀羅譯《雜阿含經》卷三九　一時，佛住鬱鞞羅處尼連禪河側大菩提樹下，初成佛道。天魔波旬作是念：此沙門瞿曇在鬱鞞羅住處尼連禪河側菩提樹下，初成佛道。我今當往，爲作留難。即自變身，作百種淨、不淨色，詣佛所。

玄奘譯、辯機撰《大唐西域記》卷八　戒賢伽藍西南行四五十里，渡尼連禪河，至伽耶城。甚險固，少居人，唯婆羅門有千餘家，大仙人祚胤也，王所不臣，眾咸宗敬。城北三十餘里，有清泉，印度相傳謂之聖水，凡有飲濯，罪垢消除。

道宣《續高僧傳》卷四　殑伽南岸有波吒釐城，周七十里，即經所謂華氏城也。王宮多花，故因名焉。昔阿育王自離王舍遷都於此。左側聖所其量彌繁。城之西南四百餘里，度尼連禪河至伽耶城，人物希少可千餘家，又行六里有伽耶山，自古諸王所登封也。故此一山世稱名地，如來應俗就斯成道。頂有石塔高百餘尺，即寶雲等經所說之處。周迴四十里內聖迹充滿，山之西南即道成處，有金剛座周百餘步，其地則今所謂菩提寺是也。寺南有菩提樹，高五丈許，遶樹周垣壘甎爲之，輪迴五百許步。東門對河，北門通寺，院中靈塔相狀多矣。如來得道之日，互說不同。或云：三月八日，及十五日者。垣北門外大菩提寺，六院三層，牆高四丈皆甎爲之。師子國王買取此處興造斯寺，僧徒僅千，大乘上座部所住持也。有骨舍利狀人指節，肉舍利者大如眞珠。彼土十二月三十日，當此方正月十五日，世稱大神變月。若至其夕必放光瑞，天雨香花充滿樹院。奘初到此，不覺悶絕，良久蘇醒，歷覩靈相。昔聞經說，今宛目前。恨居邊鄙，生在末世，不見眞容，倍復悶絕。旁有梵僧，就地接撫相與悲慰。雖備禮謁恨無光瑞，停止安居迄於解坐，彼土常法。至於此時，道俗千萬，七日七夜競伸供養，凡有兩意。

神清撰，慧寶注《北山錄》卷二　佛初成道於伽耶城菩提樹下金剛座上，以智慧力降魔之後法界肅靜也。

聞達《妙法蓮華經句解》卷五　我於伽耶城菩提樹下坐。伽耶，此云山城，即中印土摩竭提國城之西南佛成道處菩提樹下。

法賢譯《佛說八大靈塔名號經》　爾時世尊告諸苾芻：我今稱揚八大靈塔名號，汝等諦聽，當爲汝說。何等爲八？所謂第一迦毗羅城龍彌儞園是佛生處，第二摩伽陁國泥連河邊菩提樹下佛證道果處，第三迦尸國波羅奈城轉大法輪處，第四舍衛國祇陁園現大神通處，第五曲女城從忉利天下降處，第六王舍城聲聞分別佛爲化度處，第七廣嚴城靈塔思念壽量處，第八拘尸那城娑羅林內大雙樹間入涅槃處。如是八大靈塔。

來舟《大乘本生心觀經淺註》卷一　《八大靈塔經》中說：在泥連河邊成正覺，故建塔供養。此經云：在伽耶城邊，而兩不同者，非不同也。泥連河是伽耶屬境，河近此城，即是城邊。成佛如前解，此處建塔，令後人見塔仰德，發心修道也。

鹿野苑

紀事

法顯譯《大般涅槃經》卷中　爾時如來告阿難言：若比丘、比丘尼、優婆塞、優婆夷，於我滅後，能故發心，往我四處，所獲功德不可稱計，所生之處，常在人天，受樂果報，無有窮盡。何等爲四？一者如來爲菩薩時，在迦比羅旆兜國藍毗尼園所生之處；二者於摩竭提國，我初坐於菩提樹下，得成阿耨多羅三藐三菩提處；三者波羅㮈國鹿野苑中仙人所住轉法輪處；四者鳩尸那國力士生地熙連河側娑羅林中雙樹之間般涅槃處，是爲四處。若比丘、比丘尼、優婆塞、優婆夷，并及餘人外道徒眾，發心欲往到彼禮拜，所獲功德，悉如上說。

法顯《昔道人法顯從常安行西至天竺傳》　復順恆水西行十二由延到迦尸國波羅㮈城，城東北十里許得仙人鹿野苑精舍，此苑本有辟支佛住，常有野鹿栖宿。世尊將成道，諸天於空中唱言：白淨王子出家學道，卻後七日當成佛。辟支佛聞已即取泥洹，故名此處爲仙人鹿野苑。世尊成道已後，人於此處起精舍。佛欲度拘驎等五人，五人相謂言，此瞿曇沙門六年苦行，日食一麻一米尚不得道，況入人間恣身口意，何道之有？今日來者愼勿與語。佛到五人皆起作禮處。

竺佛念譯《出曜經》卷一四　昔佛在婆羅㮈國仙人鹿野苑中，河名婆梨，因彼名故，故名婆羅㮈國。仙人鹿野苑者，諸有神仙得道五通學者，皆遊學彼國，純善之人非凡夫所住。時，彼國王出野遊獵，值群鹿千頭悉入網裏，王布步兵圍繞一匝，群鹿驚懼有失聲唐突於㝠，或有伏地自隱形者。釋迦文佛昔爲菩薩時，生彼群鹿中爲眾導首，告諸群鹿：汝等安意，勿懷恐懼，吾設方便向王求哀，必得濟命各令無他。時鹿王即向人王下膝求哀，王遙見之勅諸左右，各勿舉手傷害此鹿。鹿復舉聲跪向王曰：今觀王意欲殺千鹿一日供廚，今且盛熱肉叵久停，願王哀愍，日殺一鹿以供廚宰，不煩王使，鹿自當往詣廚受死，肉供不斷鹿得增多。王問鹿曰：汝在群鹿中最爲長大耶？答曰：如是。最爲長大。王復問鹿：汝審實不？答曰：審實。王即捨鹿攝陣入城。時，菩薩將鹿五百，調達亦將鹿五百，日差一鹿詣王供廚。

慧琳《一切經音義》卷一　鹿苑（上勒木反，下悤遠反。《西域記》云：婆羅痆斯國之苑名也。亦名鹿野苑，亦名施鹿林。舊譯云：波羅柰國，即如來初轉法輪處也。）

玄奘譯、辯機撰《大唐西域記》卷七　其側不遠，大林中有窣堵波，是如來昔與提婆達多俱爲鹿王斷事之處。昔於此處大林之中，有兩群鹿，各五百餘。時此國王畋遊原澤，菩薩鹿王前請王曰：大王校獵中原，縱燎飛矢，凡我徒屬，命盡茲晨，不日腐臭，無所充膳。願欲次差，日輸一鹿。王有割鮮之膳，我延旦夕之命。王善其言，迴駕而返。兩群之鹿，更次輸命。提婆群中有懷孕鹿，次當就死，白其王曰：身雖應死，子未次也。鹿王怒曰：誰不寶命！雌鹿歎曰：吾王不仁，死無日矣。乃告急菩薩鹿王。鹿王曰：悲哉慈母之心，恩及未形之子！吾今代汝。遂至王門。道路之人傳聲唱曰：彼大鹿王今來入邑。都人士庶莫不馳觀。王之聞也，以爲不誠。門者白王，王乃信然。曰：鹿王何遽來耶？鹿曰：有雌鹿當死，胎子未產，心不能忍，敢以身代。王聞歎曰：我人身鹿也，爾鹿身人也。於是悉放諸鹿，不復輸命，即以其林爲諸鹿藪，因而謂之施鹿林焉。鹿野之號，自此而興。

地婆訶羅譯《方廣大莊嚴經》卷一〇　諸比丘！爾時有四護菩提樹天：一名受法，二名光明，三名樂法，四名法行。是四天子頂禮佛足而白佛言：世尊當於何處轉于法輪？爾時如來告彼天言：我於波羅奈國仙人墮處鹿野苑中轉正法輪。彼天子言：世尊！此波羅奈鹿野苑中，文物鮮少林泉非勝，然有無量諸餘城邑土地豐饒，人民殷盛園林池沼清淨可樂，何故如來於鹿野苑中而轉法輪？

爾時，世尊告諸天子言：仁者不應作如是說。所以者何？我念往昔於此波羅奈城，供養六十千億那由他諸佛如來，以要言之，九萬一千拘胝諸佛，皆於是處轉正法輪，一切甚深微妙之法皆從中出，是故此地常爲天、龍、夜叉、乾闥婆、羅刹等之所守護。以是義故，如來於彼鹿野苑中而轉法輪。

道誠《釋氏要覽》卷一　鹿苑：又名鹿林，在波羅柰國。佛成道初，轉法輪，度憍陳如等五比丘處。

求那跋陀羅譯《過去現在因果經》卷三　爾時世尊，又自思惟：彼王師大臣所遣憍陳如等五人瞻視我者，皆悉聰明，又過去世，於我發願應先聞法；我今宜當爲此五人先開法門。又自思惟：古昔諸佛轉法輪處，皆悉在於婆羅㮈國鹿野苑中仙人住處，又此五人，所止住處，亦在於彼；我今應往至其住處，轉大法輪。思惟是已，即從座起，詣婆羅㮈國。

拘屍那伽

紀事

安法欽《阿育王傳》卷二　尊者將王復至拘尸那城，舉手而言，此是如來化緣已訖入涅槃處。王聞是語懊惱悶絕，以水灑面令得醒悟。施百千兩金於此起塔，而更合掌敬禮尊者足。

瞿曇僧伽提婆譯《增壹阿含經》卷三七　是時，世尊廣爲說法，發遣使歸。是時，五百摩羅眾即從座起，繞佛三匝，便退而去。爾時，世尊告阿難曰：吾最後受證弟子，所謂拘尸那竭五百摩羅是也。

瞿曇僧伽提婆譯《中阿含經》卷八　一時，世尊遊拘尸那竭，住惒跋單力士娑羅林中。爾時，世尊最後欲取般涅槃時告曰：阿難！汝往至雙娑羅樹間，可爲如來北首敷床，如來中夜當般涅槃。尊者阿難受如來教，即詣雙樹，於雙樹間而爲如來北首敷床，敷床已訖，還詣佛所，稽首禮足，卻住一面，白曰：世尊！已爲如來於雙樹間北首敷床，唯願世尊自當知時。

瞿曇僧伽提婆譯《增壹阿含經》卷三六　爾時，世尊欲使毗舍離城人民還歸，即化作大坑，如來將諸比丘眾在彼岸，出國人民而在此岸。是時，世尊即擲己鉢在虛空中與彼人民，又告之曰：汝等，好供養此鉢，亦當供養高才法師，長夜之中獲福無量。是時，世尊與彼鉢已，即時詣拘尸那竭國。

是時，拘尸那竭國人民五百餘力士集在一處，各作此論：我同共造奇特之事，使後命終之時，名稱遠布，子孫共傳：昔日拘尸那竭力士勢叵及。斯須，復作是念：當造立何功德？爾時，去拘尸那竭國不遠有大方石，長百二十步，廣六十步。我等當共豎之。盡其筋力，欲得豎立，而不剋獲，亦不動搖，何況能舉乎？是時，世尊便往至彼所，而告之曰：諸童子，欲何所施爲？

佛陀耶舍共竺佛念譯《佛說長阿含經》卷四 爾時，世尊在拘尸那竭城本所生處，娑羅園中雙樹間，臨將滅度，告阿難曰：汝入拘尸那竭城，告諸末羅：諸賢！當知如來夜半於娑羅園雙樹間當般涅槃，汝等可往諮問所疑，面受教誡，宜及是時，無從後悔。

曇無讖譯《大般涅槃經》卷一 如是我聞：一時，佛在拘尸那國力士生地阿利羅跋提河邊娑羅雙樹間。爾時世尊，與大比丘八十億百千人俱，前後圍遶。二月十五日臨涅槃時，以佛神力出大音聲，其聲遍滿乃至有頂，隨其類音普告眾生：今日如來應正遍知，憐愍眾生覆護眾生。等視眾生如羅睺羅，爲作歸依屋舍室宅。大覺世尊將欲涅槃，一切眾生若有所疑。今悉可問，爲最後問。爾時世尊，於晨朝時從其面門放種種光，其明雜色，青黃赤白頗梨馬瑙光，遍照此三千大千佛之世界。乃至十方亦復如是。其中所有六趣眾生遇斯光者，罪垢煩惱一切消除。是諸眾生見聞是已，心大憂愁。同時舉聲悲啼號哭，嗚呼慈父，痛哉苦哉。舉手拍頭，搥胸叫喚，其中或有身體戰慄涕泣哽咽。爾時，大地諸山大海，皆悉震動。時諸眾生共相謂言：且各裁抑莫大愁苦，當疾往詣拘尸那城力士生處，至如來所頭面禮敬，勸請如來莫般涅槃。住世一劫若減一劫。互相執手復作是言：世間空虛眾生福盡，不善諸業增長出世。仁等今當速往速往，如來不久必入涅槃。復作是言：世間空虛，世間空虛。我等從今無有救護無所宗仰，貧窮孤露，一旦遠離無上世尊，設有疑惑當復問誰。

僧旻寶唱等集《經律異相》卷三 拘夷那竭國在迦維羅國之東南一千里，王舍國在迦維羅衛國之東南二千二百里，佛得道處在王舍城東南二百里。

《翻梵語》卷六 拘夷那竭摩羅（應云拘尸那伽羅末羅。譯曰：拘尸者茅，那伽羅者城，末羅者力。）

慧立本、釋彥悰箋《大唐大慈恩寺三藏法師傳》卷三 出此林（已至拘尸）那揭羅國。處極荒梗。城內東北隅有窣堵波，無憂王所建，準陁故宅（舊曰純陁，訛）。宅中有井，將營獻供時鑿也，水猶澄映。城西北三四里，渡阿恃多伐底河（唐言無勝，舊曰阿利跋提河，訛也）。河側不遠至娑羅林，其樹似槲而皮青葉白，甚光潤，四雙齊高，即如來涅槃處也。有大塼精舍，中有如來涅槃之像，北首而卧。傍有大窣堵波，高二百餘尺，無憂王所造。又立石柱記佛涅槃事，不書年月，相傳云：佛處世八十年，以吠舍佉月後半十五日入涅槃，當此二月十五日。

玄奘譯、辯機撰《大唐西域記》卷七 伽藍北三四里有窣堵波，是如來將往拘尸那國入般涅槃，人與非人隨從世尊，至此佇立。次西北不遠有窣堵波，是佛於此最後觀吠舍釐城。其南不遠有精舍，前建窣堵波，是菴沒羅女園持以施佛。菴沒羅園側有窣堵波，是如來告涅槃處。佛昔在此告阿難曰：其得四神足者，能住壽一劫。如來今者，當壽幾何？如是再三，阿難不對，天魔迷惑故也。阿難從坐而起，林中宴默。時魔來請佛曰：如來在世教化已久，蒙濟流轉，數如塵沙，寂滅之樂，今其時矣。世尊以少土置爪上，而告魔曰：地土多耶？爪土多耶？對曰：地土多也。佛言：所度者如爪上土，未度者如大地土。卻後三月，吾當涅槃。魔聞歡喜而退。阿難林中忽感異夢，來白佛言：我在林間，夢見大樹，枝葉茂盛，蔭影蒙密，驚風忽起，摧散無餘。將非世尊欲入寂滅？我心懷懼，故來請問。

舍衛國

紀事

佛陀耶舍共竺佛念譯《佛說長阿含經》卷三 佛言：止！止！勿造

斯觀，無謂此土以爲鄙陋。所以者何？昔者，此國有王名大善見，此城時名拘舍婆提，大王之都城，長四百八十里，廣二百八十里。是時，穀米豐賤，人民熾盛，其城七重，遶城欄楯亦復七重，彫文刻鏤，間懸寶鈴。其城下基深三仞，高十二仞，城上樓觀高十二仞，柱圍三仞，金城銀門，銀城金門；琉璃城水精門，水精城琉璃門。

鳩摩羅什譯《大智度論》卷三　波羅柰、迦毗羅婆、瞻婆、婆翅多、拘睒鞞、鳩樓城等，雖有住時，多住王舍城、舍婆提。云何知多住二處？見佛諸經多在二城説，少在餘城。

鳩摩羅什譯《大智度論》卷三　舍婆提一處，祇洹精舍。更有一處，摩伽羅母堂，更無第三處。

鳩摩羅什譯《大智度論》卷三二　亦爲遮諸鬼神龍王惱亂衆生故，坐滿虚空，令衆生安隱。如難陀婆難陀龍王兄弟，欲破舍婆提城，雨諸兵杖、毒蛇之屬；是時目連端坐，遍滿虚空，變諸害物，皆成華香、瓔珞。

曇無讖譯《大般涅槃經》卷二〇　阿闍世王復於前路聞舍婆提毗流離王乘船入海遇火而死。

曇無讖譯《大般涅槃經》卷二九　師子吼言：世尊，十六大國有六大城，所謂舍婆提城、婆枳多城、瞻婆城、毗舍離城、波羅㮈城、王舍城。如是六城世中最大。

菩提流支譯《金剛仙論》卷一　此是八部之名，前之七部遺相未盡但稱般若，此第八部遺相最盡故別立金剛之名也。初第一部如來成道五年在王舍城説，次五部亦王舍城説，第七第八部舍婆提城説。

菩提流支譯《金剛仙論》卷一　此舍婆提城者，昔劫初有仙兄弟二人，弟名舍婆，魏云幼小，兄阿婆提，魏云不可害。此二人住彼處求道，即因爲名。弟略去婆，兄略去阿，二名雙存，故曰舍婆提城，亦言舍衛城。

菩提流支譯《金剛仙論》卷一　入舍婆提大城者，傳云：祇園在此城東，從外而入也。大城者，此城寬博縱廣十二由旬，居民凡有十八億家，故曰大城也。

闍那崛多譯《佛本行集經》卷三六　爾時，世尊遊歷他國，迴還至彼舍婆提城，住祇陁林精舍之內。

智顗《金剛般若經疏》　憍薩羅國舍衛名聞物國，勝物多出此境嘉名遠振諸國，故名聞物。又舍婆提者昔有二仙，弟名舍婆此云幼小。兄名阿跋提此名不可害，合此二人以名城也。

道宣《續高僧傳》卷四　又東北千餘里至室羅伐悉底國，即舍衛舍婆提之正名也。周睇荒毁纔有故基，斯匿治宫須達故宅，趾墌存焉。城南五里有逝多林，即祇陁園也，勝軍王臣善施所造，全寺頽滅尚有石柱，舉高七丈。

義淨譯《根本説一切有部毗奈耶》卷四　室羅伐城王舊有令，知者税不知者不税，無極重税云何惣奪。

義淨譯《根本説一切有部毗奈耶》卷一七　時憍薩羅國勝光大王，與淨飯王國界隣近，信物雖絶使尚往還，於時時間遣使相問，所遣使人是國大臣名曰密護。是時密護至淨飯王所，論國事已便於大臣鄔陁夷舍而爲停止，若淨飯王遣使往問勝光王。時便遣大臣鄔陁夷往，時鄔陁夷至室羅伐城，見勝光王論王事已，於密護舍而爲停止。時密護有婦名曰笈多，顔貌端嚴人所樂見。是時鄔陁夷便與笈多共行非法。時彼密護聞婦與鄔陁夷私有交密，便作是念：此二惡人當斷其命。後更思念：我若煞者擾亂王城爲大驚怖，如河爲此罪過婦女殺婆羅門耶？即便捨而不問。後於異時密護身死，時勝光王以無子故，所有資財收入王庫。時鄔陁夷聞斯事已，便作是念：我今存在如何令彼笈多無所憑託？便於夜中思利害事，曉便往詣淨飯王所。作如是白：王與勝光王國界隣接，見有如是不穩便事，應遣使人往彼籌度。若不問者當招禍敗。王便報曰：若如是者，卿當爲使往彼商量。時鄔陁夷即便往詣室羅伐城，作如是念：我今爲當先見大王先見臣耶。作是念已，復更思量。求事之法理從下起，即便往至國大臣所陳其本意。云：我啟主欲取笈多，幸願仁恩助我言及。大臣聞已然可其事。時鄔陁夷即便詣勝光王所，共論國事即白王曰：幸願大王賜與停處。王曰：卿已曾來何處停止？白言：我先停在密護之舍。王曰：今者宜應還停彼處。便白王曰：密護身死。王曰：家主雖死，宅豈死耶？鄔陁夷曰：宅雖不死，産業皆無。王命臣曰：可覓停處安鄔陁夷。鄔陁夷出已。臣白王曰：豈鄔陁夷更無停處，然彼先與笈多交通，本意緣斯欲爲啟白，王今若能攝受此人，即是攝受淨飯王矣。時勝光王即令使者命鄔陁夷至，便告之曰：

鄔陁夷，我實不知卿與笈多先有交密，今以笈多與卿爲婦，宅及財物亦並相供。時鄔陁夷拜謝而去。是時笈多聞鄔陁夷來詣其舍，即出當門大聲啼哭。鄔陁夷至門問笈多曰：何意啼泣？笈多報曰：我之所愛夫主身亡，仁豈於今亦當棄我？鄔陁夷曰：我本相爲而來至此，已白王訖，汝及家資悉皆相與，汝爲此住爲向劫比羅城。笈多自念：我今若往劫比羅者，婆羅門婦不存我命，我今宜應留住於此於其本宅。是時鄔陁夷便有兩宅：一在劫比羅，一在室羅伐城。

義淨譯《根本說一切有部毗奈耶》卷三七 佛在室羅伐城逝多林給孤獨園。時憍薩羅國邊隅叛逆，王命討罰同前被破，大臣白王：廣說乃至罰錢五百。于時大王親帥軍旅自往邊城。

子璿《金剛經纂要刊定記》卷二 舍衛亦云舍婆提，新云室羅伐悉底，此但梵音楚夏耳。此城在中印土憍薩羅國，緣南天亦有憍薩羅國，恐濫彼國故，以城爲國名。聞物者，謂名聞勝德、珍奇寶物多出此國。

王舍城

紀事

瞿曇僧伽提婆譯《中阿含經》卷三六 一時，佛般涅槃後不久，尊者阿難遊王舍城。爾時，摩竭陁大臣雨勢治王舍城，爲防跋者故。於是，摩竭陁大臣雨勢遣瞿默目揵連田作人，往至竹林加蘭哆園。

鳩摩羅什譯《大智度論》卷三 王告諸臣：我前所聞空中聲言：汝行若見希有難值之處，汝應是中作舍住。我今見此希有之處，我應是中作舍住。即捨本城，於此山中住。是王初始在是中住，從是已後次第止住。是王元起造立宫舍，故名王舍城。

鳩摩羅什譯《大智度論》卷三 復次，以坐禪精舍多故，餘處無有。如竹園、鞞婆羅跋恕、薩多般那求呵、因陁世羅求阿、薩簸恕魂直迦鉢婆羅。王舍城，有五精舍，竹園在平地；餘國無此多精舍。

鳩摩羅什譯《大智度論》卷三 以王舍城多精舍，坐禪人所宜，其處安隱，故多住此。

鳩摩羅什譯《大智度論》卷三 以是大智多聞人皆在王舍城故，佛多住王舍城。

復次，頻婆娑羅王到伽耶祀舍中近佛，及餘結髮千阿羅漢。是時中佛爲王說法，得須陁洹道，即請佛言：願佛及僧就我王舍城，盡形壽受我衣被、飲食、卧具、醫藥，給所當得。佛即受請，是故多住王舍城。復次，閻浮提四方中，東方爲數，始以日初出故；次第南方、西方、北方。東方中，摩伽陁國最勝。摩伽陁國中，王舍城最勝，是中有十二億家。佛涅槃後，阿闍貰王以人民轉少故，捨王舍大城，其邊更作一小城，廣長一由旬，名波羅利弗多羅，猶尚於諸城中最大，何況本王舍城！

菩提流支譯《金剛仙論》卷一 金剛般若波羅蜜者，總括八部之大宗，契眾經之綱要，其所明也。唯論常果佛性及十地因，因滿性顯，則有感應應世，故說八部般若。以十種義，釋對治十。其第一部十萬偈（大品是），第二部二萬五千偈（放光是），第三部一萬八千偈（光讚是），第四部八千偈（道行是），第五部四千偈（小品是），第六部二千五百偈（天王問是），第七部六百偈（文殊是），第八部三百偈（即此金剛般若是）。此是八部之名。前之七部遣相未盡但稱般若，此第八部遣相最盡故別立金剛之名也。初第一部如來成道五年在王舍城說，次五部亦王舍城說，第七第八部舍婆提城說。

慧琳《一切經音義》卷二三 室羅筏國（舊云舍衛國，具稱室羅筏悉底，此翻爲好道或曰聞物。此乃城名非是國號，以其城中多出人物好行道德，五天共聞故曰聞物。或曰室羅筏悉底者，此云聞者城。《西域俗聞傳記》云：昔於此處有一老仙，修習仙道，後有少仙從其受學厥號聞者。老仙歿後少仙建立此城，即以少仙之名爲其城稱。然國都號爲憍薩羅，但以就勝易彰故城取國號耳也）。

慧立本、釋彦悰箋《大唐大慈恩寺三藏法師傳》卷三 次東北三四里至曷羅闍姞利呬多城（唐言王舍城）。外郭已壞，內城猶峻，周二十餘里，面有一門。初頻毗娑羅王居上茅宫時，百姓殷稠，居家鱗接。數遭火災，乃立嚴制，有不謹慎，先失火者，徙之寒林。寒林即彼國棄屍惡處也。頃之，王宮忽復失火。王曰：我爲人主，自犯不行，無以懲下。命太子留撫，王徙居寒林。時吠舍釐王聞頻婆娑羅野居於外，欲簡兵襲之。候望者知而奏，王乃築邑。以王先舍於此，故名王舍城，即新城也。後闍王嗣位，因都之。至無憂王遷都波吒釐，以城施婆羅門。今城中無雜人，唯婆羅門千餘家耳。宮城內西南隅有窣堵波，是殊底色迦長者故宅（唐言星曆，舊云樹提伽，訛），傍又有度羅怙羅處（即佛子也）。

玄奘譯、辯機撰《大唐西域記》卷九　石柱東北不遠，至曷羅闍姞利呬城（唐言王舍）。外郭已壞，無復遺堵，內城雖毀，基址猶峻，周二十餘里，面有一門。初，頻毗娑羅王都在上宮城也，編戶之家頻遭火害。一家縱逸，四隣罹災，防火不暇，資產廢業，衆庶嗟怨，不安其居。王曰：我以不德，下民罹患，修何德可以禳之？群臣曰：大王德化邕穆，政教明察，今茲細民不謹，致此火災，宜制嚴科，以清後犯，若有火起，窮究先發，罰其首惡，遷之寒林。寒林者，棄屍之所，俗謂不祥之地，人絕遊往之迹。今遷於彼，同夫棄屍。既恥陋居，當自謹護。王曰：善，宜遍宣告居。頃之，王宮中先自失火。謂諸臣曰：我其遷矣。乃命太子監攝留事，欲清國憲，故遷居焉。時吠舍釐王聞頻毗娑羅王野處寒林，整集戎旅，欲襲不虞。邊候以聞，乃建城邑。以王先舍於此，故稱王舍城也。官屬、士、庶咸徙家焉。

吠舍離城

紀事

玄奘譯、辯機撰《大唐西域記》卷七　吠舍釐國，周五千餘里。土地沃壤，花菓茂盛，菴沒羅菓、茂遮菓既多且貴。氣序和暢，風俗淳質，好福重學，邪正雜信。伽藍數百，多已圮壞，存者三五，僧徒稀少。天祠數十，異道雜居，露形之徒，寔繁其黨。吠舍釐城已甚傾頹，其故基趾周六七十里，宮城周四五里，少有居人。宮城西北五六里，至一伽藍，僧徒寡少，習學小乘正量部法。傍有窣堵波，是昔如來說《毗摩羅詰經》，長者子寶積等獻寶蓋處。其東有窣堵波，舍利子等於此證無學之果。

慧立本、釋彥悰箋《大唐大慈恩寺三藏法師傳》卷三　從此順殑伽河流東行三百餘里，至戰主國。從此東北渡殑伽河行百四五十里，至吠舍釐國（舊曰毗舍離，訛）。國周五千餘里，土壤良沃，多菴沒羅果茂遮果。都城荒毀。故基周六七十里，居人甚少。宮城西北五六里有一伽藍，旁有窣堵波，是佛昔說《毗摩羅詰經》處。次東北三四里有窣堵波，是毗摩羅詰故宅，其宅尚多靈異。去此不遠有一室，積石所作，是無垢稱現疾說法處。其側亦有寶積故宅、菴摩羅女故宅。次北三四里有窣堵波，是佛將往拘尸那國般涅槃，天、人隨從佇立處。次西復有佛最後觀吠舍釐處，次南又有菴摩羅女持園施佛處，又有佛許魔王涅槃處。

道宣《釋迦方志》卷上　吠舍釐國（中印度古云毗舍離也）。周五十餘里，邪正兼半寺數百，現存五三僧少耳，天祠數十露形多之。城已頹毀故基周七十許里，宮城周五里許，少人居住。宮城西北六里，寺塔是說《淨名》處。

慧琳《一切經音義》卷六　吠舍釐國（釐音離，古名毗舍離，亦名毗耶離皆訛也。此國有維摩詰居士故宅及說法處方丈室，靈跡頗多，及鹿女千子神迹七百羅漢結集聖教處等）。

湛然《維摩經略疏》卷一　毗耶離菴羅樹園，此明方所，即是顯示說經之處，助成勸信也。今爲二：一通方所即毗耶離，二別方所即菴羅園。通方所復爲三：一約事者，此云：廣博嚴淨，其國寬平，名爲廣博，城邑華麗故名嚴淨。有師翻爲好稻，出好粳糧勝於餘國故也。有言好道國有好路，平正砥直。又言好平道，其國人民好樂正道自敦仁義，不須君主，五百長者共行道法，率土人民莫不歸德故云好道。次對法門釋者隨前所翻即以對之，廣博嚴淨者即是釋迦法身，本居寂光其性廣博猶若虛空，功德智慧無諸穢惡故云嚴淨，迹居人間託廣博嚴淨之土，是知非本無以垂迹，故居人間嚴淨之國。

法雲編《翻譯名義集》卷七　毗耶離，亦名維耶離、鞞舍隸、吠舍離。此云廣嚴。《西域記》云：吠舍釐國，舊訛曰毗舍離。什師云：毗言稻，土之所宜也；離耶言廣嚴，其地平正莊嚴。《淨名略疏》云：此云廣博嚴淨，其國寬平，名爲廣博。城邑華麗，故名嚴淨。有師翻爲好稻，出好粳糧，勝於餘國故也。有言好道，國有道砥直（砥音旨平直也）有言好道，其國人民好樂正道，自敦仁義，不須君主。五百長者，共行道法，率土人民，莫不歸悅。

弘贊輯《四分律名義標釋》卷三　毗舍離，此云廣嚴。《淨名略疏》云：此言廣博嚴淨，其國寬平，名爲廣博，城邑華麗，故名嚴淨。或云吠舍釐，又云毗耶離。什師曰：毗言稻土之所宜也。耶離言廣嚴，其地平廣莊嚴也。

華氏城

紀事

佛陀耶舍共竺佛念譯《佛說長阿含經》卷二　爾時，世尊於後夜明相出時，至閑靜處，天眼清徹，見諸大天神各封宅地，中神、下神亦封宅地。是時，世尊即還講堂，就座而坐，世尊知時故問阿難：誰造此巴陵弗城？阿難白佛：此是禹舍大臣所造，以防禦跋祇。

釋僧祐《出三藏記集》卷一五　後至華氏城，是阿育王舊都。

費長房《歷代三寶紀》卷一　《育王傳》云：佛泥越後百十六年，閻浮提王名阿輸伽，出東天竺治華氏城。收佛舍利散起八萬四千寶塔，匝閻浮提。頗欲周遍天竺傳載，可得略言。

道宣《續高僧傳》卷四　殑伽南岸有波吒釐城，周七十里，即經所謂華氏城也。王宮多花，故因名焉。昔阿育王自離王舍遷都於此。左側聖所其量彌繁。城之西南四百餘里，度尼連禪河至伽耶城。

釋道世《法苑珠林》卷二九　又東行至濫波國，即是印度之北境。言印度者，即是天竺之正名，亦名申毒、賢豆，此並訛號。北背雪山，三垂大海，地形南狹如月上弦，川平廣衍。周萬九千里，七十餘國，依一王命。又東行百餘里逾大嶺大河，至那伽羅曷國，屬北印度，名華氏城。城東二里有石塔，高三百尺編石特起雕鏤非常，此即昔時值然燈佛授記，敷鹿皮衣髮布掩泥之地。經劫猶存此無憂王建此石塔，每於齋日天輒雨華。又城內大塔故基，舊有佛齒。別塔高三丈餘，云從空而來，既非人工寔多靈異。城西南十餘里有塔，是佛自中印度陵空來降迹處。次東有塔，是昔值然燈佛買華處。又城東二十餘里小石嶺上有塔，高二百餘尺。東岸石壁大洞穴，是龍王所居。昔佛於此化龍留影，煥若眞形，至誠請者乃暫明現。窟外方石有佛足迹，輪相發光。窟西北隅塔者佛經行處。又側有髮爪塔，窟西石上有濯袈裟文。又城東三十餘里有醯羅城，中有重閣，上安佛頂骨。周尺二寸，其色黃白髮孔分明。欲知善惡用香泥印之，反觀香泥隨心而現。又有佛髑髏，狀如荷葉，色同頂骨，有佛眼精，大如柰許，清白映徹，並用七寶盛。

玄奘譯、辯機撰《大唐西域記》卷八　殑伽河南有故城，周七十餘里，荒蕪雖久基址尚在。昔者，人壽無量歲時，號拘蘇摩補羅城（唐言香花宮城）。王宮多花，故以名焉。逮乎人壽數千歲，更名波吒釐子城（舊曰巴連弗邑，訛也）。

志磐《佛祖統紀》卷三二　自毗耶離南度殑伽河，至摩竭提（又名摩伽陁），中印境，王舍城在此國中。華氏城在河南岸，西南度尼連禪河，即伽耶城。城西六里，至伽耶山，俗呼靈山。

從義《法華經三大部補注》卷一一　華氏城，殑伽河南岸有波吒釐城，周七十里，即華氏城也。王宮多華，故以名焉。

熙仲《歷朝釋氏資鑑》卷一　《育王傳》云：泥越後百六十年，閻浮提王，名阿輸伽，出東天竺，治華氏城。收舍利，散起八萬四千寶塔，匝閻浮提，頗欲周徧天竺。

祇樹給孤獨園

紀事

鳩摩羅什譯、宗泐、如玘同注《金剛般若波羅蜜經註解》卷一　祇樹給孤獨園者，祇陀太子施樹，給孤長者買園，共立精舍請佛而住，此說法處也。

菩提流支譯《金剛仙論》卷一　祇樹給孤獨園者，上雖云在舍婆提城，其處猶寬，是以第二指其別處也。祇者，外國音，其國太子名祇陁鳩摩羅。祇陁者，魏播云太子。鳩摩羅者，魏播云童子。樹者，此方之名也。此園先屬太子，須達長者後時以黃金布地，買得此園，廣集貧窮孤老，於中養濟。又復於中造立精舍，時人因名給孤獨園。雙舉兩主，並置胡漢之名，故曰祇樹給孤獨園也。

吉藏《金剛般若疏》卷一　今言祇樹給孤獨園者，此是君臣兩舉，通別二名。祇陁是君名，給孤獨即是臣稱，樹是其別所，園即是通處。又祇樹是門處故前明，園是精舍故後舉。又祇陁是本稱，給孤是末名。

吉藏《勝鬘寶窟》卷一　祇樹給孤獨園者，此第二別處。就文爲二：一者祇樹，二給孤獨園。祇謂祇陁。《三藏》云：外國云鳩摩羅陁，此云童真太子。又言祇陁者，此翻戰勝。昔有賊欲破舍衛，舍衛國主與賊交戰遂使勝賊，因戰勝日仍生太子，故字爲戰勝。太子捨此樹處，爲佛起立門樓，故云祇樹也。給孤獨園者，有長者名須達多。有人言，須謂須陁洹，其人得須陁洹果，故以爲名。今謂不爾，未見佛時，已名須達也。須達是外國語，此名善與。彼家父母乞子，禱祠神祇，遂生此子。以善神授與，故名善與。彼土曾十二年不雨，其人巨富，拔濟孤獨，從德立名，稱給孤獨也。以黃金布地，市得此園，名給孤獨園。又給孤獨，敘其下愍，以金市園，標其上敬。又給孤獨，敘其能濟悲田，市園造寺，敘其能供敬田。又給孤獨，敘其未見佛時修善，市園，明其見佛已後殖福，必是大權，故有斯盛德。問：國爲通處，園爲別處，而前通後別。樹爲別處，園爲通處，何故前別後通？答：祇陁爲君，須達爲臣，是君臣次第，不就通別前後也。又祇樹是門處故前明，園是精舍故後舉，又祇陁是本稱，給孤是末名。

智顗《阿彌陀經義記》卷一　祇樹給孤獨園者，祇陀捨樹創起門坊，須達賑貧金布地共立精舍也。

慧淨《阿彌陀經義述》卷一　園是依止之處，爲接出家眾。祇陁太子云戰勝，太子載誕之時，王破敵軍之賊宮人聞奏因以爲名。給孤獨本須達，此云善慈，內外慈而富，賑貧而恤寡，鄉人美之，因以號焉。人有上下，不可先稱獨園。園總樹別，不可俱言祇樹。二人同心共造精舍，含爲名。故云祇樹給孤獨園。

明空《勝鬘經疏義私鈔》卷一　祇樹給孤獨園者，樹屬太子，祇達園屬給孤長者，二人共立精舍，今以兩主標名，故云祇樹給孤獨園。

曇果共康孟詳譯《中本起經》卷下　於是眾祐，與大比丘僧千二百五十人俱，遊於舍衛國，應須達請。威神震動，國內咸喜，男女大小塡路而出。給孤獨氏及王弟祇陁，前禮佛足，共上精舍。佛受呪願，故曰祇樹給孤獨園。

遇榮《盂蘭盆經疏孝衡鈔》卷二　祇陁園林須達精舍，即住其中。佛告阿難：園地須達所買，林樹祇陁所施，二人同心共崇勝福。自今已後，應謂此地爲祇樹給孤獨園。

袾宏《佛說阿彌陀經疏鈔》卷二　祇樹給孤獨園者，梵語祇陁，亦云逝多。言祇者，省文也，此云戰勝。給孤，表德，即須達多。園者，梵語僧伽藍摩，此云眾園。安眾僧故，蓋祇陁施樹。給孤買園，兼二爲名。故云祇樹給孤獨園也。

竹林精舍

紀事

瞿曇僧伽提婆譯《中阿含經》卷二一　一時，佛遊王舍城，在竹林精舍，與大比丘眾共受夏坐，尊者滿慈子亦於生地受夏坐。是時，生地諸比丘受夏坐訖，過三月已，補治衣竟，攝衣持鉢，從生地出，向王舍城，展轉進前，至王舍城，住王舍城竹林精舍。

僧旻寶唱等集《經律異相》卷三五　（在）迦蘭陁竹林精舍（《十誦律》云寒林）

慧立本、釋彥悰箋《大唐大慈恩寺三藏法師傳》卷一〇　至五年春正月一日，起首翻《大般若經》。經有二十萬頌，文既廣大，學徒每請删略，法師將順衆意，如羅什所翻，除繁去重。作此念已，於夜夢中即有極怖畏事以相警誡，或見乘危履嶮，或見猛獸搏人，流汗戰慄，方得免脱。覺已驚懼，向諸衆說，還依廣翻。夜中乃見諸佛菩薩眉間放光，照觸己身，心意怡適。法師又自見手執華燈供養諸佛，或昇高座爲衆說法，多人圍繞，讚嘆恭敬。或夢見有人奉己名果，覺而喜慶，不敢更删，一如梵本。佛說此經凡在四處：一，王舍城鷲峯山；二，給孤獨園；三，他化自在天王宮；四，王舍城竹林精舍。總一十六會，合爲一部。

玄奘譯、辯機撰《大唐西域記》卷九　山城北門行一里餘，至迦蘭陀竹園。今有精舍，石基甎室，東闢其戶。如來在世，多居此中，說法開化，導凡拯俗。今作如來之身。初，此城中有大長者迦蘭陀，時稱豪貴，以大竹園施諸外道。及見如來，聞法淨信，追昔竹園居彼異衆，今天人師無以館舍。時諸神鬼感其誠心，斥逐外道，而告之曰：長者迦蘭陀當以竹園起佛精舍，汝宜速去，得免危厄。外道憤恚，含怒而去。長者於此建立精舍，功成事畢，躬往請佛，如來是時遂受其施。

迦蘭陀竹園東有窣堵波，阿闍多設咄路王（唐言未生怨，舊曰阿闍世，訛略也）之所建也。如來涅槃之後，諸王共分舍利，未生怨王得以持歸，式遵崇建，而修供養。無憂王之發信心也，開取舍利，建窣堵波，尚有遺餘，時燭光景。

慧立本、釋彦悰箋《大唐大慈恩寺三藏法師傳》卷一〇　佛說此經凡在四處：一、王舍城鷲峯山，二、給孤獨園，三、他化自在天王宮，四、王舍城竹林精舍。

《薩婆多毗尼毗婆沙》卷四　大迦葉凡經營五大精舍：一者耆闍崛山精舍，二者竹林精舍，餘有三精舍。

惟顯《律宗新學名句》卷二　五大精舍（聖賢録）：一給孤獨園，二鷲嶺，三獼猴江，四菴羅樹園，五竹林精舍。

來舟《大乘本生心觀經淺註》卷四　竹林精舍，在耆闍崛山中。其地平坦嚴淨，勝於餘處，佛曾於中說法，故有精舍。迦蘭無翻，即園名。精舍，謂精雅堂舍即法堂也。

雞園寺

紀　事

玄奘譯、辯機撰《大唐西域記》卷八　故城東南有屈（居勿反）吒阿濫摩（唐言鷄園）僧伽藍，無憂王之所建焉。無憂王初信佛法也，式遵崇建，修殖善種，召集千僧，凡、聖兩衆，四事供養，什物周給。頽毁已久，基址尚在。

慧立本、釋彦悰箋《大唐大慈恩寺三藏法師傳》卷三　故城東南有屈吒阿濫摩（唐言鷄園）僧伽藍故基，無憂王所造，是召千僧四事供養處。是等聖跡，凡停七日，禮拜方遍。又西南行六七由旬，至低羅磔迦寺。寺有三藏數十人，聞法師至，皆出迎引。

玄奘譯《阿毗達磨大毗婆沙論》卷九九　大天於後集先所說，五惡見事，而作頌言：餘所誘無知，猶豫他令入。道因聲故起，是名眞佛教。於後漸次鷄園寺中，上座苾芻多皆滅歿。十五日夜布灑他時，次當大天昇座說戒，彼便自誦所造伽他。

道誠《釋氏要覽》卷一　雞園：在摩竭陁國無憂王造是。小乘大衆部主，大天比丘出家（寺也）。《中阿含經》云：佛滅後衆多上尊名德比丘皆住雞園。

善卿《祖庭事苑》卷四　梵語僧伽藍摩，此云衆園。《西域》有給孤獨園、祇園、金園、雞園之名。園以群生種植福慧爲義，皆佛祠之通稱。紺園，即紺宇也。釋名曰：紺，含也，謂青而含赤色也。內教多稱紺目、紺髮。取此義也。

那爛陀寺

紀　事

慧立本、釋彦悰箋《大唐大慈恩寺三藏法師傳》卷三　那爛陁寺者，此云施無厭寺。耆舊相傳，此伽藍南菴沒羅園中有池，池有龍名那爛陁，傍建伽藍，故以爲號。又云：是如來昔行菩薩道時，爲大國王建都此地，憐愍孤窮，常行惠捨，物念其恩，故號其處爲施無厭也。地本菴沒羅長者園，五百商人以十億金錢買以施佛，佛於此處三月說法，商人多有證果。佛涅槃後，此國先王鑠迦羅阿迭多（唐言帝日也）敬戀佛故，造此伽藍。王崩後，其子佛陁毱多王（唐言覺護）纂承鴻業，次南又造伽藍。至子怛他揭多王（唐言如來），次東又造伽藍。至子婆羅阿迭多（唐言幼日），次東北又建伽藍。後見聖僧從此支那國往赴其供，心生歡喜，捨位出家。其子伐闍羅（唐言金剛）嗣立，次北又建伽藍。其後中印度王於側又造伽藍。

道宣《釋迦方志》卷下　那爛陁寺（言施無厭）本南菴沒羅園也。昔有五百商人買以施佛，於中三月說法，前後五王之所合造。一鑠迦羅阿迭多王，此言帝日，創造此寺。二佛陁毱多王，此云覺護，次南造寺。三怛陁揭多王，此言如來，次東造寺。四婆羅阿迭多王，此言幻日，次東造寺。五伐闍羅王，此言金剛，次北造寺。周垣峻峙高五丈許，總有七院。院別三層同爲一門，歷代興建窮壯極麗。寺立嚴制，立寺已來女人不至。知事十人每夕巡檢，未具受者齒敘爲次。僧徒數千，遊學名僧通數將萬，多是俊才通學。聲馳異域者，其人數百。故印度諸僧皆仰則焉。其有不談藏旨者，形骸自愧。故殊方來議守門者詰問多屈而返，或客遊後進詳論藝能，其退飛者固十有七八矣。所以高才博達強識多能，明德引人聯暉接物。至如護法護月指績芳塵，德惠德堅流譽物表，光支清論勝友高談，智月風鑒戒賢志業。皆純粹於當時，並昭彰於遂古。既學冠舊儀述作論釋，各數十部盛世流布。故寺聖跡略而可敘。寺西精舍佛曾三月說法。次南百步小塔，遠方僧見佛處。又南有觀自在菩薩立像，或見執香爐繞精舍右旋者。次南一塔，佛曾三月住剃鬚處，疾繞多愈。

義淨《南海寄歸內法傳》卷三　那爛陁寺有十餘所大池，每至晨時，寺鳴健稚，令僧徒洗浴人皆自持浴裙。或千或百俱出寺外，散向諸池各爲澡浴。

志磐《佛祖統紀》卷三二　自毗耶離南度殑伽河至摩竭提（又名摩伽陁，中印境，王舍城在此國中，華氏城在河南岸，西南度尼連禪河，即伽耶城。城西六里，至伽耶山，俗呼靈山。西南菩提樹，佛成道處，樹高五丈，周垣五百步，中有金剛座，千佛坐之入金剛定。雞園伽藍，無憂王建，常供千僧。那爛陁寺，五王共造，僧徒數千，並俊才高學）。東至瞻波，東至揭朱祇，東度殑伽河至奔那伐（已上並中印度），東至迦摩縷（其國已歷千世，至今不信佛法。國之東境山阜連接，可兩月行入蜀西南境），南至三摩怛（東印），東北大海濱至室利羅，東南大海隅至迦摩浪，東至墮羅鉢。又東至伊賞補，又東至摩訶瞻波（即此方林邑）。又西南至閻摩那（此六國道阻不及往）。

法雲編《翻譯名義集》卷二〇　那爛陁。《西域記》曰：唐云施無厭。此伽藍南，菴沒羅園中有池，其龍名那爛陁。旁建伽藍，因取其稱，從其實議。是如來昔行菩薩道時，爲大國王，建都此地。憐愍衆生，好樂周給。時美其德號施無厭。《大宋僧傳》云：那爛陁寺，周圍四十八里，九寺一門，是九天王所造，西域伽藍無如其廣矣。

弘贊輯《四分律名義標釋》卷三九　至如那爛陁寺，人衆殷繁，僧徒數出五千，造次難爲翔集。寺有八院，房有三百。但可隨時，當處自爲禮誦。然此寺法，差一能唱導師。每至晡西，巡行禮讚。淨人童子，持雜香華，引前而去。院院悉過，殿殿皆禮。每禮拜時，高聲讚歎。三頌五頌，響皆遍徹。迄乎日暮，方始言周。此唱導師，恆受寺家，別料供養。或復獨對香臺，則隻坐而心讚。或翔臨於梵宇，則衆跪而高闡。然後十指布地，叩頭三禮，斯乃西方。承籍禮敬之儀，而老病之流。任居小座，其讚佛者，而舊已有，但爲行之稍別，不與梵同。且如禮，佛之時。云歎佛相好者，即合直聲長讚。或十頌，二十頌，斯即其法也。又如來等偈，元是讚佛，良以音韻稍長，意義難顯。或可因齋靜夜，大眾悽然。令一能者，誦一百五十讚，及四百讚，幷餘別讚。斯誠佳也。

曲女城

紀事

慧立本、釋彥悰箋《大唐大慈恩寺三藏法師傳》卷二 從此西北行二百里，至羯若鞠闍國（唐言曲女城，中印度）。國周四千里，都城西臨殑伽河，長二十餘里，廣五六里。伽藍百餘所，僧徒萬餘人，大小俱學。其王吠奢種也，字曷利沙伐彈那（唐言喜增）。父字波羅羯邏伐彈那（唐言作增），先兄字遏羅闍伐彈那（唐言王增），喜增在位仁慈，國人稱詠。時東印度羯羅拏蘇伐剌那（唐言金耳）國設賞迦王（唐言同上），惡其明略而為隣患，乃誘而害之。大臣婆尼（唐言明了）及群僚等，悲蒼生之無主，共立其弟尸羅阿迭多（唐言戒日）統承宗廟。王雄姿秀傑，算略宏遠，德動天地，義感人神，遂能雪報兄讎，牢籠印度，威風所及，禮教所霑，無不歸德。天下既定，黎庶斯安，於是戢武韜戈，營樹福業，勅其境內無得殺生，凡厥元元普令斷肉。隨有聖迹，皆建伽藍，歲三七日遍供眾僧。五年一陳無遮大會，府庫所積並充檀捨，詳其所行，須達拏之流矣。

慧立本、釋彥悰箋《大唐大慈恩寺三藏法師傳》卷二 從此西北行二百里，至羯若鞠闍國（唐言曲女城，中印度）。國周四千里，都城西臨殑伽河，長二十餘里，廣五六里。伽藍百餘所，僧徒萬餘人，大小俱學。其王吠奢種也，字曷利沙伐彈那（唐言喜增）。

法雲編《翻譯名義集》卷七 羯若鞠闍。《西域記》云：唐言曲女城，中印度境。大樹仙人，棲神入定，經數萬歲，從定而起，見王百女，詣宮求請。唯幼稚女，而充給使。仙人懷怒，便惡呪曰：九十九女，一時腰曲。從是之後，名曲女城。

來舟《大乘本生心觀經淺註》卷一 安達羅，未見翻譯。曲女城者，因曲女立名，中印度境。昔有大樹仙人，棲神入定，經數萬歲，從定而起。見王百女，詣宮來請，唯幼稚女，而充給使。仙人懷怒，便惡呪曰：九十九女，一時腰曲，從是之後名曲女城。

徐昌智《醒世錄》卷四 又從此北行二百餘里，至羯若鞠闍國，是中印度，曲女城也。都城西，近殑伽河，長二十餘里，廣四五里，即統五印度之都王也。又城東南，百餘里，有塔佛曾七日說法處。

靈鷲山

紀事

玄奘譯、辯機撰《大唐西域記》卷八 城西南五六里至伽耶山。谿谷杳冥，峯巖危險，印度國俗稱曰靈山，自昔君王馭宇承統，化洽遠人，德隆前代，莫不登封而告成功。山頂上有石窣堵波，高百餘尺，無憂王之所建也，靈鑒潛被，神光時燭，昔如來於此演說《寶雲》等經。

玄奘譯、辯機撰《大唐西域記》卷九 宮城東北行十四五里，至姞栗陁羅矩吒山（唐言鷲峯，亦謂鷲臺。舊曰耆闍崛山，訛也）。

慧立本、釋彥悰箋《大唐大慈恩寺三藏法師傳》卷三 次火坑東北山城之曲有窣堵波，是時縛迦大醫（舊曰耆婆，訛也）於此為佛造說法堂處。其側現有時縛迦故宅。宮城東北行十四五里，至姞栗陁羅矩吒山（唐言鷲峰，亦云鷲臺，舊曰耆闍崛山，訛也）。其山連崗北嶺，隆崛特高，形如鷲鳥，又狀高臺，故取為稱。泉石清奇，林樹森鬱，如來在世多居此山說《法華》、《大般若》等無量眾經。

道宣《釋迦方志》卷下 宮城東北十五里許，至姞栗陁羅矩吒山（言鷲峯，亦鷲臺，古耆闍崛也）接北山陽，孤起頂上東西長臨崖，西陲甎室廣高奇製，其戶東開，佛住世五十年，多居斯室說法。

智昇《開元釋教錄》卷一八 王舍城靈鷲山者，靈鷲，山名，古譯經有。奘法師譯皆曰鷲峯。今言靈鷲一偽彰也。一偽經初又云：靈鷲山屍陁林側者。按諸傳記，其鷲峯山在摩伽陁國山城之內宮城東北十四五里，豈有都城之側，而安棄屍之處，事既不然，二偽彰也。

慧琳《一切經音義》卷四三 靈鷲山（中齊袖反，中天竺國靈山名也，在摩伽陁國。彼有鷲鳥似鵰而形小，群飛常食死屍，恠鳥也。棲止此山，故名靈鷲。舊云祇闍崛，梵語譌也，音吾戈反）。

法雲編《翻譯名義集》卷七 伽耶，此云山城，去菩提道場，約二十里。《西域記》云，城甚險固，城西南五六里，至伽耶山。谿谷杳冥，峯巒危嶮。印度國俗，稱曰靈山。

智旭《占察善惡業報經義疏》卷一 王舍城耆闍崛山者。王舍，梵稱羅閱祇伽羅，中天竺境，阿闍世王所都。耆闍崛，此翻靈鷲。離王舍城東北有三四里。此城此山，乃同居土一切衆生共相識種所變器界，即是各各自第八識之相分境。更互爲增上緣，更互爲質爲影，和合似一，而實各得其全以爲依報，無雜無障礙也。一切智人亦在其中者，大慈悲力，應可化機，不離常寂光土，而垂凡聖同居穢土之相。秪此穢土，若在衆生分中，則是有漏相分，若在諸佛分中，則是無漏相分也。以神通力示廣博嚴淨無礙道場者，秪此靈山。

周邊分布傳播部

天竺、西域分部

天竺國

《後漢書》卷八八《西域傳》 天竺國，一名身毒，在月氏之東南數千里。俗與月氏同，而卑濕暑熱。其國臨大水。乘象而戰。其人弱於月氏，修浮圖道，不殺伐，遂以成俗【略】和帝時，數遣使貢獻，後西域反叛，乃絕。至桓帝延熹二年、四年，頻從日南徼外來獻。

世傳明帝夢見金人，長大，頂有光明，以問群臣。或曰：「西方有神，名曰佛，其形長丈六尺而黄金色。」帝於是遣使天竺問佛道法，遂於中國圖畫形像焉。楚王英始信其術，中國因此頗有奉其道者。後桓帝好神，數祀浮圖、老子，百姓稍有奉者，後遂轉盛。

《北史》卷九七《西域》 初，熙平中，明帝遣賸伏子統宋雲、沙門法力等使西域，訪求佛經。時有沙門慧生者，亦與俱行。正光中，還。慧生所經諸國，不能知其本末及山川里數，蓋舉其略云。

朱居國，在于闐西。其人山居，有麥，多林果。咸事佛，語與于闐相類，役屬厭噠。

渴槃陁國，在葱嶺東，朱駒波西【略】亦事佛道，附於厭噠【略】

賒彌國，在波知之南。山居，不信佛法，專事諸神。亦附厭噠。東有鉢盧勒國，路險，緣鐵鎖而度，下不見底。熙平中，宋雲等竟不能達。

烏萇國，在賒彌南【略】事佛，多諸寺塔，極華麗【略】西南有檀特山，山上立寺，以驢數頭運食山下，無人控御，自知往來也。

乾陀國，在烏萇西【略】所都城東南七里有佛塔，高七十丈，週三百步，即所謂雀離佛圖也。

康國者，康居之後也，遷徙無常【略】國立祖廟，以六月祭之，諸國皆助祭。奉佛，爲胡書。【略】女國，在葱嶺南【略】俗事阿修羅神，又有樹神，歲初以人祭，或用獼猴。【略】（隋）煬帝時，乃遣侍御史韋節、司隸從事杜行滿使於西藩諸國，至罽賓得瑪瑙杯，王舍城得佛經，史國得十舞女、師子皮、火鼠毛而還。

《南史》卷七八《夷貊上・天竺迦毗黎國傳》 天竺迦毗黎國，元嘉五年，國王月愛遣使奉表，獻金剛指環、摩勒金環諸寶物，赤白鸚鵡各一頭。明帝泰始二年，又遣使貢獻，以其使主竺扶大、竺阿珍並爲建威將軍。元嘉十八年，蘇摩黎國王那羅跋摩遣使獻方物。孝武孝建二年，斤陀利國王釋婆羅那鄰陀遣長史竺留陀及多獻金銀寶器。後廢帝元徽元年，婆黎國遣使貢獻。凡此諸國皆事佛道。

《梁書》卷五四《諸夷・中天竺國傳》 中天竺國，在大月支東南數千里，地方三萬里，一名身毒【略】郁金獨出罽賓國，華色正黄而細，與芙蓉華裏被蓮者相似。國人先取以上佛寺，積日香槁，乃糞去之，賈人從寺中征雇，以轉賣與佗國也【略】至桓帝延熹二年、四年，頻從日南徼外來獻。魏、晉世，絕不復通。唯吳時扶南王范旃遣親人蘇物使其國，從扶南發投拘利口，循海大灣中正西北入歷灣邊數國，可一年餘到天竺江口，逆水行七千里乃至焉。天竺王驚曰：「海濱極遠，猶有此人。」即呼令觀視國內，仍差陳、宋等二人以月支馬四匹報旃，遣物等還，積四年方至。其時吳遣中郎康泰使扶南，及見陳、宋等，具問天竺土俗，云「佛道所興國也【略】」

天監初，其王屈多遣長史竺羅達奉表曰：「伏聞彼國據江傍海，山川周固，從妙悉備，莊嚴國土，猶如化城。宮殿壯飾，街巷平坦，人民充滿，歡娛安樂。大王出遊，四兵隨從，聖明仁愛，不害衆生。國中臣民，循行正法，大王仁聖，化之以道，慈悲群生，無所遺棄。常修淨戒，式導不及，無上法船，沉溺以濟。百官氓庶，受樂無恐。諸天護持，萬神侍從，天魔降服，莫不歸仰。王身端嚴，如日初出，仁澤普潤，猶如大雲，於彼震旦，最爲殊勝。臣之所住國土，首羅天守護，令國安樂。王王相承，未曾斷絕。國中皆七寶形像，衆妙莊嚴，臣自修檢，如化王法。臣名屈多，奕世王種。惟願大王聖體和平。今以此國群臣民庶，山川珍重，一切歸屬，五體投地，歸誠大王。使人竺達多由來忠信，是故今遣。大王若有所須珍奇異物，悉當奉送。此之境土，便是大王之國，王之法令善道，悉當承用。願二國信使往來不絕。此信返還，願賜一使，具宣聖命，備敕所宜。款至之誠，望不空返，所白如允，願加採納。今奉獻琉璃唾壺、雜香、古貝等物。」

《隋書》卷四八《西域傳》　煬帝時，遣侍御史韋節、司隸從事杜行滿使於西蕃諸國。至罽賓，得瑪瑙杯；王舍城，得佛經；史國，得十舞女、師子皮、火鼠毛而還。帝復令聞喜公裴矩於武威、張掖間往來以引致之。

《隋書》卷一五《音樂志下》　胡戎歌非漢魏遺曲，故其樂器聲調，悉與書史不同。其歌曲有《永世樂》，解曲有《萬世豐》，舞曲有《于闐佛曲》。

《舊唐書》卷一九八《西戎·天竺國傳》　五天竺所屬之國數十，風俗物產略同。有伽沒路國，其俗開東門以向日。王玄策至，其王發使貢以奇珍異物及地圖，因請老子像及《道德經》。那揭陀國，有醯羅城，中有重閣，藏佛頂骨及錫杖。【略】

（開元八年）九月，南天竺王尸利那羅僧伽寶多枝摩爲國造寺，上表乞寺額，敕以歸化爲名賜之。十一月，遣使冊利那羅伽寶多爲南天竺國王，遣使來朝。十七年六月，北天竺國三藏沙門僧密多獻質汗等藥。十九年十月，中天竺國王伊沙伏摩遣其大德僧來朝貢。

《舊唐書》卷一九八《西戎·天竺國傳》　中天竺據四天竺之會，其都城週迴七十餘里，北臨禪連河。云昔有婆羅門領徒千人，肄業於樹下，樹神降之，遂爲夫婦。宮室自然而立，僮僕甚盛。於是使役百神，築城以統之，經日而就。此後有阿育王，復役使鬼神，累石爲宮闕，皆雕文刻鏤，非人力所及。阿育王頗行苛政，置炮烙之刑，謂之地獄，今城中見有其跡焉【略】其王與大臣多服錦罽。上爲螺髻於頂，餘髮翦之使拳。俗皆徒跣。衣重白色，唯梵志種姓披白疊以爲異。死者或焚屍取灰，以爲浮圖；或委之中野，以施禽獸；或流之於河，以飼魚鱉。無喪紀之文【略】有文字，善天文算歷之術。其人皆學《悉曇章》，云是梵天法。書於貝多樹葉以紀事。不殺生飲酒。國中往往有舊佛跡【略】貞觀十年，沙門玄奘至其國，將梵本經論六百餘部而歸。

《新唐書》卷二二一上《西域上·天竺國傳》　天竺國，漢身毒國也，【略】尚浮圖法，不殺生飲酒，國中處處指曰佛故跡也。信盟誓，傳禁咒，能致龍起雲雨。

隋煬帝時，遣裴矩通西域諸國，獨天竺、拂菻不至爲恨。武德中，國大亂，王尸羅逸多勒兵戰無前，像不弛鞍，士不釋甲，因討四天竺，皆北面臣之。會唐浮屠玄奘至其國，尸羅逸多召見曰：「而國有聖人出，作秦王破陣樂，試爲我言其爲人。」玄奘粗言太宗神武，平禍亂，四夷賓服狀，王喜，曰：「我當東面朝之。」貞觀十五年，自稱摩伽陀王，遣使者上書，帝命雲騎尉梁懷璥持節慰撫，尸羅逸多驚問國人：「自古亦有摩訶震旦使者至吾國乎？」皆曰：「無有。」戎言中國爲摩訶震旦。乃出迎，膜拜受詔書，戴之頂，復遣使者隨入朝。詔衛尉丞李義表報之，大臣郊迎，傾都邑縱觀，道上焚香，尸羅逸多率群臣東面受詔書，復獻火珠、郁金、菩提樹。

《宋史》卷五《太宗紀二》　（雍熙二年）冬十月辛丑朔，慮囚。丙午，以天竺僧天息災、施護、法天並爲朝請大夫、試鴻臚少卿。

《宋史》卷四九〇《外國傳》（六）　天竺國舊名身毒，亦曰摩伽陀，復曰婆羅門。俗宗浮圖道，不飲酒食肉。漢武帝遣使十餘輩間出西南，指求身毒，爲昆明所閉，莫能通。至漢明帝夢金人，於是遣使天竺問佛道法，由是其教傳於中國。梁武帝、後魏宣武時，皆來貢獻。隋煬帝志通西域，諸國多有至者，唯天竺不通。唐貞觀以後，朝貢相繼。則天天授中，五天竺王並來朝獻。乾元末，河隴陷沒，遂不復至。周廣順三年，西天竺僧薩滿多等十六族來貢名馬。

乾德三年，滄州僧道圓自西域還，得佛舍利一水晶器、貝葉梵經四十夾來獻。道圓晉天福中詣西域，在途十二年，住五印度凡六年，五印度即天竺也；還經于闐，與其使偕至。太祖召問所歷風俗山川道里，一一能記。四年，僧行勤等一百五十七人詣闕上言，願至西域求佛書，許之。以其所歷甘、沙、伊、肅等州，焉耆、龜茲、于闐、割祿等國，又歷布路沙、加濕彌羅等國，並詔諭其國令人引導之。開寶後，天竺僧持梵夾來獻者不絕。八年冬，東印度王子穰結說羅來朝貢。

天竺之法，國王死，太子襲位，餘子皆出家爲僧，不復居本國。有曼殊室利者，乃其王子也，隨中國僧至焉，太祖令館於相國寺，善持律，爲都人之所傾向，財施盈室。衆僧頗嫉之，以其不解唐言，即僞爲奏求還本國，許之。詔既下，曼殊室利始大驚恨，衆僧諭以詔旨，不得已遲留數月而後去。自言詣南海附賈人船而歸，終不知所適。

太平興國七年，益州僧光遠至自天竺，以其王沒徙曩表來上。上令天竺僧施護譯云：「近聞支那國内有大明王，至聖至明，威力自在。每慚薄倖，朝謁無由，遥望支那起居聖躬萬福。光遠來，蒙賜金剛吉祥無畏坐釋迦聖像袈裟一事，已披掛供養。伏願支那皇帝福慧圓滿，壽命延長，常爲引導一切有情生死海中，渡諸沉溺。今以釋迦舍利附光遠上進。」又譯其國僧統表，詞意亦與沒徙曩同。

施護者，烏塡曩國人。其國屬北印度，西行十二日至乾陀羅國，又西行二十日至曩哦羅賀羅國，又西行十日至嵐婆國。【略】

《宋史》卷四九〇《外國傳》（六）（乾德）八年，僧法遇自天竺取經回，至三佛齊，遇天竺僧彌摩羅失黎語不多令，附表願至中國譯經，上優詔召之。法遇後募緣制龍寶蓋袈裟，將復往天竺。【略】雍熙中，衛州僧辭澣自西域還，與胡僧密坦羅奉北印度王及金剛坐王那爛陀書來。又有婆羅門僧永世與波斯外道阿里煙同至京師。永世自云：本國名利得，國王姓牙羅五得，名阿喏你縛，衣黃衣，戴金冠，以七寶爲飾，出乘象或肩輿，以音樂螺鈸前導，多游佛寺，博施貧乏。其妃曰摩訶你，衣大紬縷金紅衣，歲一出，多所振施。

《宋史》卷四九〇《外國傳》（六）至道二年八月，有天竺僧隨舶至海岸，持帝鍾、鈴杵、銅鈴各一，佛像一軀，貝葉梵書一夾，與之語，不能曉。

《宋史》卷四九〇《外國傳》（六）天聖二年九月，西印度僧愛賢、智信護等來獻梵經，各賜紫方袍、束帛。五年二月，僧法吉祥等五人以梵書來獻，賜紫方袍。景佑三年正月，僧善稱等九人貢梵經、佛骨及銅牙菩薩像，賜以束帛。

《宋史》卷四九〇《外國傳》（六）乾德四年，僧行勤游西域，因賜其（大食國）王書以招懷之。

《宋史》卷四九〇《外國傳》（六）紹聖三年，（龜茲）使大首領阿連撒羅等三人以表章及玉佛至洮西。熙河經略使以其罕通使，請令於熙、秦州博買，而估所織物價答賜遣還，從之。

《宋史》卷四九〇《外國傳》（八）乾德四年，知西涼府折逋葛支上言：「有回鶻二百餘人、漢僧六十餘人自朔方路來，爲部落劫略。僧云欲往天竺取經，並送達甘州訖。」詔褒答之。

回紇

《舊唐書》卷一一《代宗紀》（永泰元年）冬十月己未，復講《仁王經》於資聖寺。吐蕃至邠州，與回紇相遇，復合從入寇。

《宋史》卷二《太祖紀二》（乾德三年）十一月丙子，甘州回鶻可汗遣僧獻佛牙、寶器。

《宋史》卷四九〇《外國傳》（六）雍熙元年四月，西州回鶻與婆羅門僧永世、波斯外道阿里煙同入貢。

《宋史》卷四九〇《外國傳》（六）景德元年，（甘、沙回鶻可汗）夜落紇遣使來貢。四年，又遣尼法仙等來朝，獻馬。仍許法仙遊五臺山。又遣僧翟入奏，來獻馬，欲於京城建佛寺祝聖壽，求賜名額，不許。

《宋史》卷四九〇《外國傳》（六）熙寧元年入貢，（回鶻）求買金字《大般若經》，以墨本賜之。

《宋史》卷四九〇《外國傳》（六）乾德三年十一月，西州回鶻可汗遣僧法淵獻佛牙、琉璃器、琥珀盞【略】雍熙元年四月，王延德等還，敘其行程來獻，云：【略】凡八日，至澤田寺。高昌聞使至，遣人來迎。次歷地名寶莊，又歷六種，乃至高昌【略】佛寺五十餘區，皆唐朝所賜額，寺中有《大藏經》、《唐韻》、《玉篇》、《經音》等，居民春月多群聚遨樂於其間。游者馬上持弓矢射諸物，謂之禳災。有敕書樓，藏唐太宗、明皇御札詔敕，緘鎖甚謹。復有摩尼寺，波斯僧各持其法，佛經所謂外道者也【略】其王遣人來言，擇日以見使者【略】又明日游佛寺，曰應運太寧之寺，貞觀十四年造。

訶陵國

《舊唐書》卷一五《憲宗紀下》（元和十年）八月己亥朔，日有蝕之。丙寅，訶陵國遣使獻僧祇僮及五色鸚鵡、頻伽鳥並異香名寶。

吐蕃

《舊唐書》卷一七上《敬宗紀》（長慶四年九月）甲子，吐蕃遣使求《五臺山圖》。

《新唐書》卷二一六《吐蕃傳上》（吐蕃）喜浮屠法，習咒詛，國之政事，必以桑門參決。

于闐國

《魏書》卷一〇二《西域・于闐國傳》于闐城東三十里有首拔河，中出玉石。土宜五穀並桑麻，山多美玉，有好馬、駝、騾。其刑法，殺人者死，餘罪各隨輕重懲罰之。自外風俗物產與龜茲略同。俗重佛法，寺塔僧尼甚眾，王尤信尚，每設齋日，必親自灑掃饋食焉。城南五十里有贊摩寺，即昔羅漢比丘盧旃爲其王造覆盆浮圖之所，石上有辟支佛跣處，【略】雙跡猶存。于闐西五百里有比摩寺，云是老子化胡成佛之所。俗無禮義，多盜賊，淫縱。自高昌以西，諸國人等深目高鼻，唯此一國，貌不甚胡，頗類華夏。

《梁書》卷五四《諸夷・于闐國傳》（于闐國）尤敬佛法【略】大同七年，又獻外國刻玉佛。

《北史》卷九七《西域・于闐國傳》于闐國，在且末西北【略】自外風俗物產，與龜茲略同。俗重佛法，寺塔、僧尼甚眾。王尤信尚，每設齋日，必親自灑掃饋食焉。城南五十里有贊摩寺，即昔羅漢比丘盧旃爲其王造覆盆浮圖之所。石上有辟支佛跣處，雙跡猶存。于闐西五百里有比摩寺，云是老子化胡成佛之所。俗無禮義，多盜賊淫縱。自高昌以西諸國人等，深目高鼻，唯此一國，貌不甚胡，頗類華夏。

《周書》卷五〇《異域下・于闐國傳》于闐國在蔥嶺之北百餘里，東去長安七千七百里【略】自外風俗物產與龜茲略同。俗重佛法，寺塔僧尼甚眾。王尤信向，每設齋日，必親自灑掃饋食焉。城南五十里有贊摩寺，即昔羅漢比丘比盧旃爲其王造覆盆浮圖之所。石上有辟支佛趺處，雙跡猶存。

《隋書》卷八三《西域・于闐國傳》于闐國，都蔥嶺之北二百餘里【略】俗奉佛，尤多僧尼，王每持齋戒。城南五十里有贊摩寺者，云是羅漢比丘比盧旃所造，石上有辟支佛徒跣之跡。于闐西五百里有比摩寺，云是老子化胡成佛之所。

《舊唐書》卷一九八《西戎・于闐國傳》于闐國，西南帶蔥嶺，與龜茲接【略】其國出美玉。俗多機巧，好事祆神，崇佛教。

《新唐書》卷二二一上《西域上・于闐傳》于闐，或曰瞿薩旦那【略】俗機巧，言迂大，喜事祆神，浮屠法，然貌恭謹，相見皆跪。

《宋史》卷四九〇《外國傳》（六）乾德三年五月，于闐僧善名、善法來朝，賜紫衣。其國宰相因善名等來，致書樞密使李崇矩，求通中國。太祖令崇矩以書及器幣報之。至是冬，沙門道圓自西域還，經于闐，與其朝貢使至。四年，又遣其子德從來貢方物。

開寶二年，遣使直末山來貢，且言本國有玉一塊，凡二百三十七斤，願以上進，乞遣使取之。善名復至，貢阿魏子，賜號昭化大師，因令還取玉。又國王男總嘗貢玉把刀，亦厚賜報之。四年，其國僧吉祥以其國王書來上，自言破疏勒國得舞像一，欲以爲貢，詔許之。

大中祥符二年，其國黑韓王遣回鶻羅廝溫等以方物來貢。廝溫跪奏曰：「臣萬里來朝，【略】昔時道路嘗有剽掠，今自瓜、沙抵于闐，道路清謐，行旅如流。願遣使安撫遠俗。」上曰：「路遠命使，益以勞費爾國。今降詔書，汝即賚往，亦與命使無異也。」

《新五代史》卷七四《四夷附錄三》（于闐）俗喜鬼神而好佛。（國王李）聖天居處，嘗以紫衣僧五十人列侍。

疏勒國

《魏書》卷一〇二《西域·疏勒國傳》 疏勒國，在姑默西，白山南百餘里，漢時舊國也。去代一萬一千二百五十里。高宗末，其王遣使送釋迦牟尼佛袈裟一，長二丈餘。高宗以審是佛衣，應有靈異，遂燒之以驗虛實，置於猛火之上，經日不然，觀者莫不悚駭，心形俱肅。其王戴金師子冠。

又《北史》卷九七《西域·疏勒國傳》 疏勒國，在姑默西，白山南百餘里，漢時舊國也。去代一千二百五十里。文成末，其王遣使送釋迦牟尼佛袈裟一，長二丈餘。帝以審是佛衣，應有靈異，遂燒之以驗虛實，置於猛火之上，經日不然。觀者莫不悚駭，心形俱肅。其王戴金師子冠。

波斯國

《梁書》卷五四《諸夷·波斯國傳》 波斯國，其先有波斯匿王者，子孫以王父字爲氏，因爲國號。國有城【略】城外佛寺二三百所【略】中大通二年，遣使獻佛牙。

小月氏國

《魏書》卷一〇二《西域·小月氏國傳》 小月氏國，都富樓沙城【略】其城東十里有佛塔，週三百五十步，高八十丈。自佛塔初建，計至武定八年，八百四十二年，所謂「百丈佛圖」也。

《北史》卷九七《西域·小月氏國》 小月氏國，都富樓沙城。其王本大月氏王寄多羅子也。【略】其城東十里有佛塔，週三百五十步，高八十丈。自佛塔初建計至武定八年，八百四十二年，所謂百丈佛圖也。

高昌國

《魏書》卷一〇一《高昌國傳》 高昌者，車師前王之故地，漢之前部地也【略】俗事天神，兼信佛法。

《隋書》卷八三《西域·高昌國傳》 高昌國者，則漢車師前王庭也，去敦煌十三日行【略】俗事天神，兼信佛法。

《北史》卷九七《高昌國傳》 （高昌國）多蒲桃酒。俗事天神，兼信佛法。

康國

《隋書》卷八三《西域·康國傳》 康國者，康居之後也【略】俗奉佛，爲胡書。

《北史》卷九七《西域傳》 康國者，康居之後也【略】國立祖廟，以六月祭之，諸國皆助祭。奉佛，爲胡書。

《舊唐書》卷一九八《西戎·康國傳》 康國，即漢康居之國也。其王姓溫，月氏人。先居張掖祁連山北昭武城，爲突厥所破，南依葱嶺，遂有其地。枝庶皆以昭武爲姓氏，不忘本也。其人皆深目高鼻，多鬚髯【略】有婆羅門爲之占星候氣，以定吉凶。頗有佛法。至十一月，鼓舞乞寒，以水相潑，盛爲戲樂。

《新唐書》卷二二一上《西域上·康國傳》 （康國）尚浮圖法，祠祆神，出機巧技。

女　國

《隋書》卷八三《西域・女國傳》　女國，在葱嶺之南，其國代以女爲王【略】俗事阿修羅神，又有樹神，歲初以人祭，或用獼猴。

《北史》卷九七《西域傳》　女國，在葱嶺南【略】俗事阿脩羅神，又有樹神，歲初以人祭，或用獼猴。

焉耆國

《隋書》卷八三《西域・焉耆國傳》　焉耆國【略】其俗奉佛書，類婆羅門。婚姻之禮有同華夏。死者焚之，持服七日。

《北史》卷九七《焉耆國傳》　焉耆國，在車師南，都員渠城，白山南七十里，漢時舊國也【略】婚姻略同華夏。死亡者，皆焚而後葬，其服制滿七日則除之。丈夫並翦髮以爲首飾。文字與婆羅門同。俗事天神，並崇信佛法也。尤重二月八日、四月八日。是日也，其國咸依釋教，齋戒行道焉。

《周書》卷五〇《異域・焉耆國傳》　焉耆國在白山之南七十里，東去長安五千八百里。【略】死亡者皆焚而後葬，其服制滿七日則除之。丈夫並剪髮以爲首飾。文字與婆羅門同。俗事天神，並崇信佛法。尤重二月八日、四月八日。是日也，其國咸依釋教，齋戒行道焉。

吐火羅國

《隋書》卷八三《西域・吐火羅國傳》　吐火羅國，都葱嶺西五百里，與挹怛雜居【略】其俗奉佛。

挹怛國

《隋書》卷八三《西域・挹怛國傳》　挹怛國，都烏滸水南二百餘里，大月氏之種類也。【略】多寺塔，皆飾以金。

附　國

《隋書》卷八三《西域・附國傳》　附國者，蜀郡西北二千餘里，即漢之西南夷也【略】其巢高至十餘丈，下至五六丈，每級丈餘，以木隔之。基方三四步，巢上方二三步，狀似浮圖。於下級開小門，從内上通，夜必關閉，以防賊盜。

《北史》卷九六《附國傳》　附國王字宜繒【略】俗好復讎，故壘石爲巢，以避其患。其巢高至十餘丈，下至五六丈，每級以木隔之，基方三四步，巢上方二三步，狀似浮國。

龜茲國

《舊唐書》卷一九八《西戎・龜茲國傳》　龜茲國【略】學胡書及婆羅門書、算計之事，尤重佛法。其王以錦蒙項，著錦袍金寶帶，坐金獅子床。

《新唐書》卷二二一上《西域上・龜茲傳》　龜茲【略】俗善歌樂，旁行書，貴浮圖法。産子以木壓首。俗斷髮齊頂，惟君不翦髮。姓白氏。居伊邏盧城，北倚阿羯田山，亦曰白山，常有火。王以錦冒頂，錦袍、寶帶。歲朔，鬥羊馬橐駝七日，觀勝負以卜歲盈耗云。

罽賓國

《舊唐書》卷一九八《西戎·罽賓國傳》　罽賓國，在蔥嶺南，去京師萬二千二百里。常役屬於大月氏。其地暑濕，人皆乘象，土宜粳稻，草木凌寒不死。其俗尤信佛法。

《新唐書》卷二二一上《西域上·罽賓國傳》　罽賓，隋漕國也，居蔥嶺南，【略】地暑濕，人乘象，俗治浮屠法。

渴槃陁國

《魏書》卷一〇二《西域志》　渴槃陁國，在蔥嶺東，朱駒波西。河經其國，東北流。有高山，夏積霜雪。亦事佛道。附於厭噠【略】

烏萇國，在賒彌南。北有蔥嶺，南至天竺。婆羅門胡爲其上族。婆羅門多解天文吉凶之數，其王動則訪決焉。土多林果，引水灌田，豐稻麥。事佛，多諸寺塔，事極華麗。人有爭訴，服之以藥，曲者發狂，直者無恙。爲法不殺，犯死罪唯徙於靈山。西南有檀特山，山上立寺，以驢數頭運食，山下無人控御，自知往來也。

乾陀國，在烏萇西，本名業波，爲厭噠所破，因改焉【略】所都城東南七里有佛塔，高七十丈，週三百步，即所謂「雀離佛圖」也。

朱居國

《魏書》卷一〇二《西域·朱居國傳》　朱居國，在于闐西。其人山居，有麥，多林果，咸事佛。語與于闐相類。

西南諸國分部

林邑國

《梁書》卷五四《諸夷·林邑國傳》（林邑）其王著法服，加瓔珞，如佛像之飾。出則乘象，吹螺擊鼓，罩吉貝傘，以吉貝爲幡旗。國不設刑法，有罪者使象踏殺之。其大姓號婆羅門。嫁娶必用八月，女先求男，由賤男而貴女也。同姓還相婚姻，使婆羅門引壻見婦，握手相付，咒曰「吉利吉利」，以爲成禮。死者焚之中野，謂之火葬。

《北史》卷九五《林邑國傳》　林邑，其先所出，事具《南史》【略】王死，七日而葬；有官者，三日；庶人，一日。皆以函盛屍，鼓舞導從，輿至水次，積薪焚之。收其餘骨，王則內金甕中，沉之於海；有官者，以銅甕，沉之海口；庶人以瓦，送之於江。男女皆截髮，哭至水次，盡哀而止，歸則不哭。每七日，燃香散花，復哭盡哀而止，百日、三年，皆如之。人皆奉佛，文字同於天竺。

《南史》卷七八《夷貊上·林邑國傳》（林邑國）其國俗，居處爲閣，名曰干闌。門戶皆北向，書樹葉爲紙。男女皆以橫幅古貝繞腰以下，謂之干漫，亦曰都漫。穿耳貫小環。貴者著革屣，賤者跣行。自林邑、扶南以南諸國皆然也。其王者著法服，加瓔珞，如佛像之飾。出則乘象，吹螺擊鼓，罩古貝傘，以古貝爲幡旗。國不設刑法，有罪者使象蹋殺之。其大姓號婆羅門，嫁娶必用八月。女先求男，由賤男而貴女。同姓還相婚姻。使婆羅門引壻見婦，握手相付，咒曰「吉利吉利」爲成禮。死者焚之中野，謂之火葬。其寡婦孤居，散髮至老。國王事尼乾道，鑄金銀人像大十圍。

《隋書》卷八二《南蠻·林邑國傳》（林邑國）王死七日而葬，有官者三日，庶人一日。皆以函盛屍，鼓舞導從，輿至水次，積薪焚之。收其餘骨，王則內金罌中，沉之於海；有官者以銅罌，沉之於海口；庶人以瓦，送之於江。男女皆截髮，隨喪至水次，盡哀而止，歸則不哭。每七日，然香散花，復哭，盡哀而止，盡七七而罷，至百日，三年，亦如之。人皆奉佛，文字同於天竺。

《舊唐書》卷一九七《南蠻・林邑國傳》（林邑國）俗有文字，尤信佛法，人多出家。父母死，子則剔髮而哭，以棺盛屍，積柴燔柩，收其灰，藏於金瓶，送之水中。

訶羅陀國

《南史》卷七八《夷貊上・西南夷訶羅陀國傳》西南夷訶羅陀國，宋元嘉七年，遣使奉表曰：「伏承聖主信重三寶，興立塔寺，周滿世界，今故遣使二人，表此微心。」

呵羅單國

《南史》卷七八《夷貊上・呵羅單國傳》呵羅單國都闍婆洲，元嘉七年，遣使獻金剛指環，赤鸚鵡鳥、天竺國白疊、古貝、葉波國古貝等物。十年，呵羅單國王毗沙跋摩奉表曰：「常勝天子陛下，諸佛世尊，常樂安隱，三達六通，爲世間導，是名如來，是故至誠五體敬禮。」其後爲子所簒奪。十三年，又上表。

闍婆達國

《南史》卷七八《夷貊上・闍婆達國傳》闍婆達國，元嘉十二年，國王師黎婆達呵陁羅跋摩遣使奉表曰：「宋國大主大吉天子足下，教化一切，種智安隱，天人師降伏四魔，成等正覺，轉尊法輪，度脱眾生。我雖在遠，亦沾靈潤。」

驃國

《舊唐書》卷一九七《南蠻・驃國傳》驃國，在永昌故郡南二千餘里，去上都一萬四千里【略】其羅城構以磚甃，週一百六十里，濠岸亦構磚，相傳本是舍利弗城。城內有居人數萬家，佛寺百餘區。其堂宇皆錯以金銀，塗以丹彩，地以紫礦，覆以錦罽。其俗好生惡殺【略】男女七歲則落髮，止寺舍，依桑門，至二十不悟佛理，乃復長髮爲居人。

扶南國

《梁書》卷五四《諸夷・扶南國傳》（扶南）王亦能作天竺書，書可三千言，說其宿命所由，與佛經相似，並論善事【略】天監二年，跋摩復遣使送珊瑚佛像，並獻方物【略】（扶南）今其國人皆醜黑，拳髮。所居不穿井，數十家共一池引汲之。俗事天神，天神以銅爲像，二面者四手，四面者八手，手各有所持，或小兒，或鳥獸，或日月。其王出入乘象，嬪侍亦然。王坐則偏踞翹膝，垂左膝至地，以白疊敷前，設金盆香爐於其上。國俗，居喪則剃除鬚髮。列者有四葬：水葬則投之江流，火葬則焚爲灰燼，土葬則瘞埋之，鳥葬則棄之中野，人性貪吝，無禮義，男女恣其奔隨【略】普通元年，中大通二年，大同元年，累遣使獻方物。五年，復遣使獻生犀。又言其國有佛髮，長一丈二尺，詔遣沙門釋雲寶隨使往迎之。

先是，三年八月，高祖改造阿育王寺塔，出舊塔下舍利及佛爪髮，髮青紺色，眾僧以手伸之，隨手長短，放之則旋屈爲蠡形。案《僧伽經》云：「佛髮青而細，猶如藕莖絲。」《佛三昧經》云：「我昔在宮沐頭，以尺量髮，長一丈二尺，放已右旋，還成蠡文。」則與高祖所得同也。

阿育王即鐵輪王，王閻浮提，一天下，佛滅度後，一日一夜，役鬼神造八萬四千塔，此即一也。吳時有尼居其地，爲小精舍，孫綝尋毀除之，塔亦同泯。吳平後，諸道人復於舊處建立焉。晉中宗初渡江，更修飾之，至簡文咸安中，使沙門安法師程造小塔，未及成而亡，弟子僧顯繼而修立。至孝武太元九年，上金相輪及承露。

其後西河離石縣有胡人劉薩何遇疾暴亡，而心下猶暖，其家未敢便殯，經十日更蘇。說云：「有兩吏見錄，向西北行，不測遠近，至十八地獄，隨報重輕，受諸楚毒。見觀世音語云：『汝緣未盡，若得活，可作沙門。洛下、齊城、丹陽、會稽並有阿育王塔，可往禮拜。若壽終，則不墮地獄。』語竟，如墮高巖，忽然醒寤。」因此出家，名慧達。遊行禮塔，次至丹陽，未知塔處，乃登越城四望，見長干里有異氣色，因就禮拜，果是阿育王塔所，屢放光明。由是定知必有舍利，乃集眾就掘之，入一丈，得三石碑，並長六尺。中一碑有鐵函，函中有銀函，函中又有金函，盛三舍利及爪髮各一枚，髮長數尺。即遷舍利近北，對簡文所造塔西，造一層塔。十六年，又使沙門僧尚伽爲三層，即高祖所開者也。初穿土四尺，得龍窟及昔人所捨金銀鐶釧釵鑷等諸雜寶物。可深九尺許，方至石磉，磉下有石函，函內有鐵壺，以盛銀坩，坩內有金鏤罌，盛三舍利，如粟粒大，圓正光潔，函內又琉璃碗，內得四舍利及髮爪，爪有四枚，並爲沉香色。至其月二十七日，高祖又到寺禮拜，設無礙大會，大赦天下。是日，以金鉢盛水泛舍利，其最小者隱鉢不出，高祖禮數十拜，舍利乃於鉢內放光，旋回久之，乃當鉢中而止。高祖問大僧正慧念：「今日見不可思議事不？」慧念答曰：「法身常住，湛然不動。」高祖曰：「弟子欲請一舍利還臺供養。」至九月五日，又於寺設無礙大會，遣皇太子王侯朝貴等奉迎。是日，風景明和，京師傾屬，觀者百數十萬人。所設金銀供具等物，並留寺供養，並施錢一千萬爲寺基業。至四年九月十五日，高祖又至寺設無礙大會，豎二刹，各以金罌，次玉罌，重盛舍利及爪髮，內七寶塔中。又以石函盛寶塔。分入兩刹下，及王侯妃主百姓富室所捨金、銀、鐶、釧等珍寶充積。

十一年十一月二日，寺僧又請高祖於寺發《般若經》題，爾夕二塔俱放光明，敕鎮東將軍邵陵王綸制寺《大功德碑》文。

先是，二年，改造會稽鄮縣塔，開舊塔舍利，遣光宅寺釋敬脫等四僧及舍人孫照暫迎還臺，高祖禮拜竟，即送還縣入新塔下，此縣塔亦是劉薩何所得也。

晉咸和中，丹陽尹高悝行至張侯橋，見浦中五色光長數尺，不知何怪，乃令人於光處捞視之，得金像，未有光趺。悝乃下車，載像還，至長干巷首，牛不肯進，悝乃令馭人任牛所之，牛徑牽車至寺，悝因留像付寺僧。每至中夜，常放光明，又聞空中有金石之響。經一歲，捕魚人張係世，於海口忽見銅花趺浮出水上，係世取送縣，縣以送臺，乃施像足，宛然合。會簡文咸安元年，交州合浦人董宗之採珠沒水，於底得佛光艷，交州押送臺，以施像，又合焉。自咸和中得像，至咸安初，歷三十餘年，光趺始具。

初，高悝得像後，西域胡僧五人來詣悝，曰：「昔於天竺得阿育王造像，來至鄴下，值胡亂，埋像於河邊，今尋覓失所。」五人嘗一夜俱夢見像曰：「已出江東，爲高悝所得。」悝乃送此五僧至寺，見像噓欷涕泣，像便放光，照燭殿宇。又瓦官寺慧邃欲模寫像形，寺主僧尚慮虧損金色，謂邃曰：「若能令像放光，回身西向，乃可相許。」慧邃便懇到拜請，其夜像即轉坐放光，回身西向，明旦便許模之。像趺先有外國書，莫有識者，後有三藏那求跋摩識之，云是阿育王爲第四女所造也。及大同中，出舊塔舍利，敕市寺側數百家宅地，以廣寺域，造諸堂殿並瑞像周回閣等，窮於輪奐焉。其圖諸經變，並吳人張繇丹青運手。繇丹青之工，一時冠絕。

《南史》卷七八《夷貊上・扶南國傳》　齊永明中，（扶南國）王憍陳如闍邪跋摩遣使貢獻。梁天監二年，跋摩復遣使送珊瑚佛像，並獻方物，詔授安南將軍、扶南王。

其國人皆醜黑拳髮，所居不穿井，數十家共一池引汲之。俗事天神，天神以銅爲像，二面者四手，四面者八手，手各有所持。或小兒，或鳥獸，或日月。其王出入乘象，嬪侍亦然。王坐則偏踞翹膝，垂左膝至地，以白疊敷前，設金盆香爐於其上。國俗，居喪則剃除鬚髮。死者有四葬：水葬則投之江流，火葬則焚爲灰燼，土葬則瘞埋之，鳥葬則棄之中野。人性貪吝無禮義，男女恣其奔隨。

十年、十三年，跋摩累遣使貢獻，其年死。庶子留陀跋摩殺其嫡弟自立。十六年，遣使竺當抱老奉表貢獻。十八年，復遣使送天竺旃檀瑞像、婆羅樹葉；並獻火齊珠、郁金、蘇合等香。普通元年、中大通二年、大同元年，累遣使獻方物。五年，復遣使獻生犀。又言其國有佛髮，長一丈二尺。詔遣沙門釋雲寶隨使往迎之。

先是，三年八月，武帝改造阿育王佛塔，出舊塔下舍利及佛爪髮，髮青紺色，衆僧以手伸之，隨手長短，放之則旋屈爲蠡形。按《僧伽經》云：「佛髮青而細，猶如藕莖絲。」《佛三昧經》云：「我昔在宮沐頭，以尺量髮，長一丈二尺。放已右旋，還成蠡文。」則與帝所得同也。阿育王即鐵輪王，王閻浮提一天下。佛滅度後，一日一夜，役鬼神造八萬四千塔，此即其一。吳時有尼居其地爲小精舍，孫綝尋毀除之，塔亦同滅。吳平後，諸道人復於舊處建立焉。晉元帝初度江，更修飾之。至簡文咸安中，使沙門安法程造小塔，未及成而亡。弟子僧顯繼而修立，至孝武太元九年，上金相輪及承露。

其後，有西河離石縣胡人劉薩何遇疾暴亡，而心猶暖，其家未敢便殯，經七日更蘇。說云：「有兩吏見錄，向西北行，不測遠近。至十八地獄，隨報重輕，受諸楚毒。觀世音語云：『汝緣未盡，若得活可作沙門。洛下、齊城、丹陽、會稽並有阿育王塔，可往禮拜。若壽終則不墮地獄。』」語竟如墜高巖，忽然醒悟。因此出家名慧達。遊行禮塔，次至丹陽，未知塔處，及登越城四望，見長干里有異氣，因就禮拜，果是先阿育王塔所，屢放光明，由是定知必有舍利。乃集衆就掘入一丈，得三石碑，並長六尺。中一碑有鐵函，函中有銀函，函中又有金函，盛三舍利及髮爪各一枚，髮長數尺。即遷舍利近北對簡文所造塔西造一層塔。十六年，又使沙門僧尚加爲三層。即是武帝所開者也。初穿土四尺，得龍窟及昔人所捨金銀環釧釵鑷等諸雜寶物。可深九尺許至石頭磉，磉下有石函，函內有鐵壺以盛銀坩，坩內有金鏤罌盛三舍利如粟粒大，圓正光潔。函內有琉璃碗，碗內得四舍利及髮爪。爪有四枚，並爲沈香色。至其月二十七日，帝又到寺禮拜，設無礙大會，大赦。是日以金鉢盛水泛舍利，其最小者隱不出，帝禮數十拜，舍利乃於鉢內放光，旋回久之，乃當中而止。帝問大僧正慧念曰：「見不可思議事不？」慧念答曰：「法身常住，湛然不動。」帝曰：「弟子欲請一舍利還臺供養。」至九月五日，又於寺設無礙大會，遣皇太子王侯朝貴等奉迎。是日風景明淨，傾都觀屬。所設金銀供具等物，並留寺供養，並施錢一千萬爲寺基業。至四年九月十五日，帝又至寺設無礙大會，豎二剎，各以金罌，次玉罌，重盛舍利及爪髮內七寶塔內。又以石函盛寶塔，分入兩剎剎下，及王侯妃主百姓富室所捨金銀環釧等珍寶充積。十一年十一月二日，寺僧又請帝於寺發《般若經》題。爾夕二塔俱放光明，敕鎮東邵陵王綸制寺《大功德碑》文。先是，二年改造會稽鄮縣塔，開舊塔中出舍利，遣光宅寺釋敬脫等四僧及舍人孫照暫迎還臺。帝禮拜竟，即送還縣，入新塔下，此縣塔亦是劉薩何所得也。

晉咸和中，丹陽尹高悝行至張侯橋，見浦中五色光長數尺，不知何怪，乃令人於光處得金像，無有光趺。悝乃下車載像還至長干巷首，牛不肯進，悝乃令馭人任牛所之，牛徑牽至寺，悝因留付寺僧。每至夜中，常放光明，又聞空中有金石之響。經一歲，臨海漁人張係世於海口忽見有銅花趺浮出，取送縣，縣人以送臺，乃施像足，宛然合。會簡文咸安元年，交州合浦人董宗之採珠沒水底，得佛光焰，交州送臺，以施於像，又合焉。自咸和中得像，至咸安初，歷三十餘年，光趺始具。

初高悝得像，後有西域胡僧五人來詣悝曰：「昔於天竺得阿育王造像，來至鄴下，逢胡亂，埋於河邊。今尋覓失所。」五人嘗一夜俱夢見像曰：「已出江東，爲高悝所得。」悝乃送此五僧至寺，見像歔欷涕泣，像便放光，照燭殿宇。又瓦官寺慧邃欲摸寫像形，寺主僧尚慮損金色，謂邃曰：「若能令像放光，回身西向，乃可相許。」慧邃便懇拜請。其夜像即轉坐放光，回身西向。明旦便許摸之。像趺先有外國書，莫有識者，後有三藏那跋摩識之，云是阿育王爲第四女所造也。

及大同中，出舊塔舍利，敕市寺側數百家宅地以廣寺域，造諸堂殿並瑞像周回閣等，窮於輪奐焉。其圖諸經變，並吳人張繇運手。繇丹青之工，一時冠絕。

狼牙修國

《梁書》卷五四《諸夷・狼牙修國傳》 狼牙修國，在南海中【略】天監十四年，遣使阿撤多奉表曰：「大吉天子足下：離淫怒凝，哀愍衆生，慈心無量。端嚴相好，身光明朗，如水中月，普照十方。眉間白毫，其白如雪，其色照曜，亦如月光。諸天善神之所供養，以垂正法寶，梵行衆增，莊嚴都邑。城閣高峻，如乾陁山。樓觀羅列，道途平正。人民熾盛，快樂安穩。著種種衣，猶如天服。於一切國，爲極尊勝。天王愍念群生，民人安樂，慈心深廣，律儀清淨，正法化治，供養三寶，名稱宣揚，布滿世界，百姓樂見，如月初生。譬如梵王，世界之主，人天一切，莫不歸依。敬禮大吉天子足下，猶如現前，忝承先業，慶嘉無量。今遣使問訊大意。欲自往，復畏大海風波不達。今奉薄獻，願大家曲垂領納。」

婆利國

《梁書》卷五四《諸夷·婆利國傳》 婆利國，在廣州東南海中洲上**【略】**王乃用班絲布，以瓔珞繞身，頭著金冠高尺餘，形如弁，綴以七寶之飾。帶金裝劍，偏坐金高坐，以銀蹬支足。侍女皆爲金花雜寶之飾，或持白毦拂及孔雀扇。王出，以象駕輿，輿以雜香爲之，上施羽蓋珠簾，其導從吹螺擊鼓。王姓憍陳如，自古未通中國。問其先及年數不能記焉，而言白淨王夫人即其國女也。

天監十六年，遣使奉表曰：「伏承聖王信重三寶，興立塔寺，校飾莊嚴，周遍國土。四衢平坦，清淨無穢。臺殿羅列，狀若天宮，壯麗微妙，世無與等。聖王出時，四兵具足，羽儀導從，布滿左右。**【略】**學徒皆至，三乘競集，敷說正法，雲布雨潤**【略】**大梁揚都聖王無等，臨覆上國，有大慈悲，子育萬民。平等忍辱，怨親無二。加以周窮，無所藏積。靡不照燭，如日之明；無不受樂，猶如淨月。宰輔賢良，群臣貞信，盡忠奉上，心無異想。伏惟皇帝是我眞佛，臣是婆利國主，今敬稽首禮聖王足下，惟願大王知我此心。此心久矣，非適今也。山海阻遠，無緣自達，今故遣使獻金席等，表此丹誠。」

槃槃國

《梁書》卷五四《諸夷·槃槃國傳》 槃槃國，宋文帝元嘉，孝武孝建、大明中，並遣使貢獻。大通元年，其王使使奉表曰：「揚州閻浮提震旦天子：萬善莊嚴，一切恭敬，猶如天淨無雲，明耀滿目，天子身心清淨，亦復如是。道俗濟濟，並蒙聖王光化，濟度一切，永作舟航，臣聞之慶善。我等至誠敬禮常勝天子足下，稽首問訊。今奉薄獻，願垂哀受。」中大通元年五月，累遣使貢牙像及塔，並獻沉檀等香數十種。六年八月，復使送菩提國眞舍利及畫塔，並獻菩提樹葉、詹糖等香。

《南史》卷七八《夷貊上·槃槃國傳》 槃槃國，元嘉、孝建、大明中，並遣使貢獻。梁中大通元年、四年，王使使奉表累送佛牙及畫塔，並獻沉檀等香數十種。六年八月，復遣使送菩提國舍利及畫塔圖，並菩提樹葉、詹糖等香。

丹丹國

《梁書》卷五四《諸夷·丹丹國傳》 丹丹國，中大通二年（同書《武帝紀》在大通三年六月），其王遣使奉表曰：「伏承聖主至德仁治，信重三寶，佛法興顯，衆僧殷集，法事日盛，威嚴整肅。朝望國執，慈愍蒼生，八方六合，莫不歸服。化鄰諸天，非可言喻。不任慶善，若暫奉見尊足。謹奉送牙像及塔各二軀，並獻火齊珠、古貝、雜香藥等。」

《南史》卷七八《夷貊上·丹丹國傳》 丹丹國，中大通三年，其王遣使奉表送牙像及畫塔二軀，並獻火齊珠、古貝、雜香藥等。大同元年，復遣使獻金銀、琉璃、雜寶、香藥等物。

乾陀利國

《梁書》卷五四《諸夷・乾陀利國傳》 乾陀利國，在南海洲上【略】天監元年，其王瞿曇修跋陁羅以四月八日夢見一僧，謂之曰：「中國今有聖主，十年之後，佛法大興。汝若遣使貢奉敬禮，則土地豐樂，商旅百倍；若不信我，則境土不得自安。」修跋陁羅初未能信，既而又夢此僧曰：「汝若不信我，當與汝往觀之。」乃於夢中來至中國，拜覲天子。既覺，心異之。陁羅本工畫，乃寫夢中所見高祖容質，飾以丹青，仍遣使並畫工奉表獻玉盤等物。使人既至，模寫高祖形以還其國，比本畫則符同焉。因盛以寶函，日加禮敬。後跋陁死。子毗邪跋摩立。十七年，遣長史毗員跋摩奉表曰：「常勝天子陛下：諸佛世尊，常樂安樂，六通三達，爲世間尊，是名如來。應供正覺，遺形舍利，造諸塔像，莊嚴國土，如須彌山。邑居聚落，次第羅滿，城郭館宇，如忉利天宮。具足四兵，能伏怨敵。國土安樂，無諸患難，人民和善，受化正法，慶無不通。猶處雪山，流注雪水，八味清淨，百川洋溢，周回屈曲，順趨大海，一切衆生，咸得受用。於諸國土，殊勝第一，是名震旦。大梁揚都天子，仁陰四海，德合天心，雖人是天，降生護世，功德寶藏，救世大悲，爲我尊生，威儀具足。是故至誠敬禮天子足下，稽首問訊。奉獻金芙蓉、雜香藥等，願垂納受。」普通元年，復遣使獻方物。

《南史》卷七八《夷貊上・乾陀利國傳》 乾陀利國，在南海洲上，其俗與林邑、扶南略同，出斑布、古貝、檳榔【略】宋孝武世，王釋婆羅那鄰陀遣長史竺留陀獻金銀寶器。梁天監元年，其王瞿曇修跋陀羅以四月八日夢一僧謂曰：「中國今有聖主，十年之後，佛法大興。汝若遣使貢奉禮敬，則土地豐樂，商旅百倍；若不信我，則境土不得自安。」初未之信，既而又夢此僧曰：「汝若不信我，當與汝往觀。」乃於夢中至中國拜覲天子。既覺心異之，陀羅本工畫，乃寫夢中所見武帝容質，飾以丹青，仍遣使畫工奉表獻玉盤等物。使人既至，摸寫帝形以還其國，比本畫則符同焉。因盛以寶函，日加敬禮。

嘉維、舍衛、葉波等國

《南史》卷七八《夷貊上・乾陀利國傳》 郁金獨出罽賓國，華色正黃而細，與芙蓉華裏被蓮者相似。國人先取以上佛寺，積日槁乃糞去之，賈人以轉與他國也【略】其時吳遣中郎康泰使扶南，及見陳、宋等，具問天竺土俗，云：「佛道所興國也。人敦龐，土饒沃，其王號茂論。所都城郭，水泉分流，繞於渠塹，下注大江。其宮殿雕文鏤刻，街曲市里，屋舍樓觀，鐘鼓音樂，服飾香華，水陸通流，百賈交會，器玩珍瑋，恣心所欲。左右嘉維、舍衛、葉波等十六大國，去天竺或二三千里，共尊奉之，以爲在天地之中。」

師子國

《梁書》卷五四《諸夷・師子國傳》 師子國，天竺旁國也【略】晉義熙初，始遣獻玉像，經十載乃至。像高四尺二寸，玉色潔潤，形制殊特，殆非人工。此像歷晉、宋世在瓦官寺，寺先有征士戴安道手制佛像五軀，及顧長康維摩畫圖，世人謂爲三絕。至齊東昏，遂毀玉像，前截臂，次取身，爲嬖妾潘貴妃作釵釧。宋元嘉六年，十二年，其王刹利摩訶遣使貢獻。

大通元年，後王伽葉伽羅訶梨邪使奉表曰：「【略】我先王以來，唯以修德爲本，不嚴而治。奉事正法道天下，欣人爲善，慶若己身，欲與大梁共弘三寶，以度難化。信還，伏聽告敕。今奉薄獻，願垂納受。」

《南史》卷七八《夷貊上・師子國傳》 師子國，天竺旁國也【略】晉義熙初，始遣獻玉像，經十載乃至。像高四尺二寸，玉色潔潤，形制殊特，殆非人工。此像歷晉、宋在瓦官寺，先有征士戴安道手制佛像五軀，及顧長康《維摩畫圖》，世人號之三絕。至齊東昏遂毀玉像，前截臂，次取身，爲嬖妾潘貴妃作釵釧。

高麗等國分部

臨兒國

《三國誌》卷三〇《烏丸鮮卑東夷傳・史評》臨兒國，《浮屠經》云其國王生浮屠。浮屠，太子也。父曰屑頭邪，母云莫邪。浮屠身服色黃，髮青如青絲，乳青毛，蛉赤如銅。始莫邪夢白象而孕，及生，從母左脅出，生而有結，墮地能行七步。此國在天竺城中。天竺又有神人，名沙律。昔漢哀帝元壽元年，博士弟子景盧受大月氏王使伊存口受《浮屠經》曰復立者其人也。浮屠所載臨蒲塞、桑門、伯聞、疏問、白疏問、比丘、晨門，皆弟子號也。浮屠所載與中國《老子經》相出入，蓋以爲老子西出關，過西域之天竺，教胡。浮屠屬弟子別號，合有二十九，不能詳載，故略之如此。

高麗

《舊唐書》卷一九八上《東夷・高麗傳》（高麗）其所居必依山谷，皆以茅草葺舍，唯佛寺、神廟及王宮、官府乃用瓦。

《宋史》卷四八七《外國傳》（三）（淳化）二年，（高麗）遣使韓彥恭來貢。彥恭表述治意，求印佛經，詔以《藏經》並御制《秘藏詮》、《逍遙詠》、《蓮華心輪》賜之。先是，（高麗國王）治遣僧如可繼表來覲，請《大藏經》，至是賜之，仍賜如可紫衣，令同歸本國。【略】（高麗）無羊、兔、橐駝、水牛、驢。氣候少寒，暑差多。有僧，無道士。民家器皿，悉銅爲之。【略】（天禧）三年【略】（高麗）元信等入見【略】又進中布二千端，求佛經一藏。詔賜經還布。【略】（元豐）八年，（高麗王）遣其弟僧統來朝，求問佛法並獻經像。【略】（高麗）男女二百十萬口，兵、民、僧各居其一。【略】王出，乘車駕牛，歷山險乃騎。紫衣行前，捧《護國仁王經》以導。【略】崇尚釋教，雖王子弟亦常一人爲僧。信鬼，拘陰陽，病不相視，斂不撫棺。貧者死，則露置中野。歲以建子月祭天。國東有穴，號禭神，常以十月望日迎祭，謂之八關齋，禮儀甚盛，王與妃嬪登樓，大張樂宴飲，賈人曳羅爲幕，至百疋相聯以示富【略】王城有佛寺七十區而無道觀，大觀中，朝廷遣道士往，乃立福源院，置羽流十餘輩【略】婦人、僧、尼皆男子拜【略】性仁柔惡殺，不屠宰，欲食羊豕則包以蒿而燔之。

《元史》卷二三《武宗傳》（二）（至大二年二月）癸亥，皇太子幸五臺佛寺。【略】三月己丑，遼陽行省右丞洪重喜訴高麗國王王（章）（璋）不奉國法恣暴等事，中書省臣請令重喜與高麗王辯對。敕中書毋令辯對，令高麗王從太后之五臺山。

《元史》卷三三《文宗本紀》（二）（天曆二年十二月乙未）詔：「諸僧寺田，自金、宋所有及累朝賜予者，悉除其租。其有當輸租者，仍免其役。僧還俗者，聽復爲僧。」【略】己亥，遣使驛致故帝師舍利還其國，給以金五百兩、銀二千五百兩、鈔千五百錠、幣五千匹。加謚漢長沙王吳芮爲長沙文惠王。壬寅，命江浙行省印佛經二十七藏。【略】甲辰，以明年正月武宗忌辰，命高麗、漢僧三百四十人，預誦佛經二藏於大崇恩福元寺。丁未【略】中書省臣言：「在京酒坊五十四所，歲輸課十餘萬錠。比者間以賜諸王、公主及諸官寺。諸王、公主自有封邑、歲賜，官寺亦各有常產，其酒課悉令仍舊輸官爲宜。」從之。

《明史》卷三二〇《外國傳》（一）（洪武二年）帝從容問（高麗使者）：「王居國何爲？城郭修乎？兵甲利乎？宮室壯乎？」頓首言：「東海波臣，惟知崇信釋氏，他未遑也。」遂以書諭之曰：「古者王公設險，未嘗去兵。民以食爲天，而國必有出政令之所。今有人民而無城郭，人將何依？武備不修，則威弛；地不耕，則民艱於食；且有居室，無廳事，無以示尊嚴。此數者朕甚不取。夫國之大事，在祀與戎。苟闕斯二者，而徒事佛求福，梁武之事，可爲明鑒。」

百濟

《梁書》卷五四《諸夷・百濟國傳》 百濟者，其先東夷有三韓國，一曰馬韓，二曰辰韓，三曰弁韓【略】中大通六年，大同七年，累遣使獻方物；並請《涅槃》等經義、《毛詩》博士，並工匠、畫師等，敕並給之。

《南史》卷七八《夷貊上・百濟國傳》 （百濟）中大通六年、大同七年，累遣使獻方物，並請《涅槃》等經義、《毛詩》博士並工匠畫師等，並給之。

《南史》卷七《梁本紀中七》 （大同七年）是歲，宕昌，蠕蠕、高麗、百濟、滑國各遣使朝貢。百濟求《涅槃》等經疏及醫工、畫師、《毛詩》博士，並許之。

《隋書》卷八一《東夷・百濟傳》 （百濟）有僧尼，多寺塔。

《舊唐書》卷八四《劉仁軌傳》 百濟爲僧道琛，舊將福信率眾復叛，立故王子扶餘豐爲國王，引兵圍仁願於府城。詔仁軌檢校帶方州刺史，代文度統眾，便道發新羅兵合勢以救仁願。轉鬥而前，仁軌軍容整肅，所向皆下。道琛等乃釋仁願之圍，退保任存城。尋而福信殺道琛，並其兵馬，招誘亡叛，其勢益張，仁軌乃與仁願合軍休息。

《新唐書》卷一〇八《劉仁軌傳》 初，蘇定方既平百濟，留郎將劉仁願守其城，左衛中郎將王文度爲熊津都督，撫納殘黨。文度死，百濟故將福信及浮屠道琛迎故王子扶餘豐立之，引兵圍仁願。詔仁軌檢校帶方州刺史，統文度之眾，并發新羅兵爲援。仁軌將兵嚴整，轉鬥陷陣，所向無前。信等釋仁願圍，退保任存城。既而福信殺道琛，並其眾，招還叛亡，勢張甚。仁軌與仁願合，則解甲休士。

日本分部

扶桑

《梁書》卷五四《諸夷・扶桑國傳》 扶桑國者，齊永元元年，其國有沙門慧深來至荊州，說云：「【略】其俗舊無佛法，宋大明二年，罽賓國嘗有比丘五人遊行至其國，流通佛法、經像，教令出家，風俗遂改。」【略】慧深又云：「扶桑東千里有女國【略】」

《梁書》卷五四《諸夷・朝鮮國傳》 扶桑國，在昔未聞也。普通中，有道人稱自彼而至，其言元本尤悉，故並錄焉。

倭國

《隋書》卷八一《東夷・倭國傳》 （倭國）男女多黥臂黠面文身，沒水捕魚。無文字，唯刻木結繩。敬佛法，於百濟求得佛經，始有文字。知卜筮，尤信巫覡。【略】大業三年，其王多利思比孤遣使朝貢。使者曰：「聞海西菩薩天子重興佛法，故遣朝拜，兼沙門數十人來學佛法。」其國書曰「日出處天子致書日沒處天子無恙」云云。帝覽之不悅，謂鴻臚卿曰：「蠻夷書有無禮者，勿復以聞。」明年，上遣文林郎裴清使於倭國。

《北史》卷九四《倭國傳》 （倭國）敬佛法，於百濟求得佛經，始有文字。【略】大業三年，其王多利思比孤遣朝貢。使者曰：「聞海西菩薩天子重興佛法，故遣朝拜，兼沙門十人來學佛法。」

《舊唐書》卷一九八上《東夷・倭國傳》 （倭國）地多女少男。頗有文字，俗敬佛法。

《舊唐書》卷一九八上《東夷・日本國傳》 貞元二十年，（日本國）遣使來朝，留學生橘逸勢、學問僧空海。元和元年，日本國使判官高階眞人上言：「前件學生，藝業稍成，願歸本國，便請與臣同歸。」從之。

《元史》卷一〇《世祖本紀》（七）（至元十六年八月）戊子，範文虎言：「臣奉詔征討日本，比遣周福、欒忠與日本僧繼詔往諭其國，期以來年四月還報，待其從否，始宜進兵。」又請簡閱舊戰船以充用。皆從之【略】（甲辰）置大護國仁王寺總管府，以散扎兒爲達魯花赤，李光祖爲總管。

《元史》卷一四〇《鐵木爾塔識傳》 俄有日本僧告其國遣人刺探國事者。鐵木兒塔識曰：「刺探在敵國固有之，今六合一家，何以刺探爲。設果有之，正可令睹中國之盛，歸告其主，使知嚮化。」

《元史》卷二〇《成宗傳》（三）（大德三年三月癸巳）命妙慈弘濟大師、江浙釋教總統補陀僧一山繼詔使日本，詔曰：「有司奏陳：向者世祖皇帝嘗遣補陀禪僧如智及王積翁等兩奉璽書通好日本，咸以中途有阻而還。爰自朕臨御以來，綏懷諸國，薄海內外，靡有遐遺，日本之好，宜復通問。今如智已老，補陀寧一山道行素高，可令往諭，附商舶以行，庶可必達。朕特從其請，蓋欲成先帝遺意耳。至於惇好息民之事，王其審圖之。」

安南等國分部

綜　述

《隋書》卷八二《南蠻·赤土國傳》 赤土國，扶南之別種也。【略】其王姓瞿曇氏，名利富多塞，不知有國近遠。稱其父釋王位出家爲道，傳位於利富多塞，在位十六年矣。有三妻，並鄰國王之女也。居僧祇城，有門三重，相去各百許步。每門圖畫飛仙、仙人、菩薩之像，懸金花鈴毦，婦女數十人，或奏樂，或捧金花。又飾四婦人，容飾如佛塔邊金剛力士之狀，夾門而立。門外者持兵仗，門內者執白拂。夾道垂素網，綴花。王宮諸屋悉是重閣，北戶，北面而坐。坐三重之榻。衣朝霞布，冠金花冠，垂雜寶瓔珞。四女子立侍，左右兵衛百餘人。王榻後作一木龕，以金銀五香木雜鈿之。龕後懸一金光焰，夾榻又樹二金鏡，鏡前並陳金甕，甕前各有金香爐。當前置一金伏牛，牛前樹壹寶蓋，蓋左右皆有寶扇。婆羅門等數百人，東西重行，相向而坐【略】其俗敬佛，尤重婆羅門。

《北史》卷九五《赤土國傳》 赤土國，扶南之別種也。【略】每門圖畫菩薩飛仙之象，懸金花鈴毦，婦人數十人，或奏樂，或捧金花。又飾四婦人，容飾如佛塔邊金剛力士之狀，夾門而立，門外者持兵仗，門內者執白拂。夾道垂素網，綴花【略】其俗，皆穿耳翦髮，無跪拜之禮，以香油塗身。其俗敬佛，尤重婆羅門。

《北史》卷九五《真臘國傳》 眞臘國在林邑西南，本扶南之屬國也【略】多奉佛法，尤信道士。佛及道士，並立像於其館。

《隋書》卷八二《南蠻·真臘國傳》（眞臘國）其喪葬，兒女皆七日不食，剔髮而哭，僧尼、道士、親故皆來聚會，音樂送之。以五香木燒屍，收灰以金銀瓶盛，送於大水之內。貧者或用瓦，而以彩色畫之。亦有不焚，送屍山中，任野獸食者【略】（眞臘）多奉佛法，尤信道士，佛及道士並立像於館。

《舊唐書》卷一九七《南蠻·真臘國傳》（眞臘）國尚佛道及天神，天神爲大，佛道次之。

《宋史》卷二《太祖紀二》（乾德三年）三月癸酉，罷義倉。甲戌，占城國遣使來獻。癸未，僧行勤等一百五十七人，各賜錢三萬，游西域。

《元史》卷三八《順帝傳》（一） 時浸冗濫失實，惟泰亨在中書時，安南請佛書，乞以《九經》賜之，使高麗不受禮遺，爲尚書貧不能自給，故特賜是謚。

《宋史》卷四八九《外國傳》（五）（淳化三年，占城國）僧淨戒獻龍腦、金鈴、銅香爐、如意等，各優賜之。

《宋史》卷四八九《外國傳》（五）（眞臘）有銅臺，列銅塔二十有四、銅像八以鎮其上，像各重四千斤。

《明史》卷三二四《外國傳》（五）（眞臘）其國城隍周七十餘里，幅員廣數千里。國中有金塔、金橋、殿宇三十餘所。王歲時一會，羅列玉猿、孔雀、白象、犀牛於前，名曰百塔洲。【略】婚嫁，兩家俱八日不出門，晝夜燃燈。人死置於野，任烏鳶食，俄頃食盡者，謂爲福報【略】俗尚釋敎，僧皆食魚、肉，或以供佛，惟不飮酒。

《明史》卷三二四《外國傳》（五）（暹羅國）崇信釋敎，男女多爲僧尼，亦居庵寺，持齋受戒。衣服頗類中國。富貴者，尤敬佛，百金之產，即以其半施之。【略】富貴者死，用水銀灌其口而葬之。貧者則移置海濱，即有群鴉飛啄，俄頃而盡，家人拾其骨號泣而棄之於海，謂之鳥葬。亦延僧設齋禮佛。

《明史》卷三二六《外國傳》（七）（錫蘭山）相傳釋迦佛昔經此山，浴於水，或竊其袈裟，佛誓云：「後有穿衣者，必爛其皮肉。」自是，寸布掛身輒發瘡毒，故男女皆裸體。但紉木葉蔽其前後，或圍以布，故又名裸形國。地不生谷，惟啖魚蝦及山芋、波羅密、芭蕉實之屬。自此山西行七日，見鸚哥嘴山。又二三日抵佛堂山，即入錫蘭國境。海邊山石上有一足跡，長三尺許。故老云，佛從翠藍嶼來，踐此，故足跡尚存。中有淺水，四時不幹，人皆手蘸拭目洗面，曰「佛水清淨」。山下僧寺有釋迦眞身，側臥床上。旁有佛牙及舍利，相傳佛涅槃處也。其寢座以沉香爲之。飾以諸色寶石，莊嚴甚。王所居側有大山，高出雲漢。其顚有巨人足跡，入石深二尺，長八尺餘，云是盤古遺跡【略】王，瑣里國人。崇釋敎，重牛，日取牛糞燒灰塗其體，又調以水，遍塗地上，乃禮佛。手足直舒，腹貼於地以爲敬，王及庶民皆如之。不食牛肉，止食其乳，死則瘞之，有殺牛者，罪至死。

其他諸國與民族分部

雜録

《新唐書》卷二二二中《南蠻中・南昭下》（高）駢以其俗尚浮屠法，故遣浮屠景仙攝使往，酋龍與其下迎謁且拜，乃定盟而還。遣淸平官酋望趙宗政、質子三十入朝乞盟，請爲兄弟若舅甥。詔拜景仙鴻臚卿、檢校左散騎常侍。駢結吐蕃尚延心、嗢末魯耨月等爲間，築戎州馬湖、沐源川、大度河三城，列屯拒險，料壯卒爲平夷軍，南詔氣奪。

《舊唐書》卷一七下《文宗紀下》（大和五年五月）戊午，西川李德裕奏：南蠻放還先虜掠百姓、工巧、僧道約四千人還本道。

《舊唐書》卷二九《音樂志二》後魏有曹婆羅門，受龜茲琵琶於商人，世傳其業，至孫妙達，尤爲北齊高洋所重，常自擊胡鼓和之。周武帝聘虜女爲后，西域諸國來媵，於是龜茲、疏勒、安國、康國之樂，大聚長安。胡兒令羯人白智通敎習，頗雜以新聲。張重華時，天竺重譯貢樂伎，後其國王子爲沙門來游，又傳其方音。

《新唐書》本傳（《舊唐書》卷九九《嚴挺之傳》）睿宗好樂，聽之忘倦，玄宗又善音律，先天二年正月望，胡僧婆陀請夜開門燃百千燈，睿宗御延喜門觀樂，凡經四日。（嚴挺之）上疏諫曰：「【略】恐無益於聖朝。」

《新唐書》卷二二一上《西域上・摩揭陀傳》高宗又遣王玄策至其國（摩揭陀）摩訶菩提祠立碑焉。後德宗自製鐘銘，賜那爛陀祠。

《舊五代史》卷三《太祖紀三》（開平元年）五月【略】泉州僧智宣自西域回，進辟支佛骨及梵夾經律。

《舊五代史》卷一三七《外國列國傳》天祐末，阿保機乃自稱皇帝，署中國官號。其俗舊隨畜牧，素無邑屋，得燕人所教，乃爲城郭宮室之制於漠北，距幽州三千里，名其邑曰西樓邑，屋門皆東向，如車帳之法。城南別作一城，以實漢人，名曰漢城，城中有佛寺三，僧尼千人。其國人號阿保機爲天皇王。

《宋史》卷四八五《外國傳》（一）（西夏李明德）請修供五臺山十寺，乃遣閤門祇候袁瑀爲致祭使，護送所供物至山。

《宋史》卷四八五《外國傳》（一）宋寶元元年，（西夏）表遣使詣五臺山供佛寶，欲窺河東道路。

《宋史》卷四八五《外國傳》（二）（熙寧五年）十二月，（西夏）遣使進馬贖《大藏經》，詔賜之而還其馬。

《宋史》卷四八九《外國傳》（五）（元豐中，三佛齊國史）畢羅乞買金帶、白金器物，及僧紫衣、師號、牒，皆如所請給之。

《宋史》卷四八九《外國傳》(五)（闍婆國人）疾病不服藥，但禱神求佛。

《宋史》卷四八九《外國傳》(五) 其年（大中祥符八年）承天節，（注輦國使）三文等請於啟聖禪院會僧以祝聖壽。

《宋史》卷四九〇《外國傳》(六)（拂菻國）鑄金銀爲錢，無穿孔，面鑿彌勒佛，背爲王名，禁民私造。

《金史》卷一六《宣宗紀下》 秋七月壬寅朔，夏人犯積石州，羌界寺族多陷沒，惟桑逋寺僧看逋、昭逋、廝沒，及荅那寺僧奔鞠等拒而不從。詔賞諸僧鈐轄正將等官，而給以廩祿。

《元史》卷一六九《高觿傳》 （至元十八年）三月十七日，觿宿衛宮中，西蕃僧二人至中書省，言今夕皇太子與國師來建佛事。省中疑之，俾堂出入東宮者，雜識視之，觿等皆莫識也，乃作西蕃語詢二僧曰：「皇太子及國師今至何處？」二僧失色。又以漢語詰之，倉皇莫能對，遂執二僧屬吏。訊之皆不伏，觿恐有變，乃與尚書忙兀兒、張九思，集衛士及官兵，各執弓矢以備。頃之，樞密副使張易，亦領兵駐宮外。觿問：「果何爲？」易曰：「夜後當自見。」觿固問，乃附耳語曰：「皇太子來誅阿合馬也。」夜二鼓，忽聞人馬聲，遥見燭籠儀仗，將至宮門，其一人前呼啟關。觿謂九思曰：「他時殿下還宮，必以完澤、賽羊二人先，請得見二人，然後啟關。」觿呼二人不應，即語之曰：「皇太子平日未嘗行此門，今何來此也？」賊計窮，趨南門。觿留張子政等守西門，亟走南門伺之。但聞傳呼省官姓名，燭影下遥見阿合馬及左丞郝禎已被殺。觿乃與九思大呼曰：「此賊也！」叱衛士急捕之，高和尚等皆潰去，惟王著就擒。黎明，中丞也先帖木兒與觿等，馳驛往上都，以其事聞。帝以中外未安，當益嚴武備，遂勞使遣亟還。高和尚等尋皆伏誅。

《明史》卷三二四《外國傳》(五) 賓童龍國，與占城接壤。或言如來入舍衛國乞食，即其地。氣候、草木、人物、風土，大類占城，惟遭喪能持服。葬以僻地，設齋禮佛，婚姻偶合。酋出入乘象或馬，從者百餘人，前後贊唱。民編茅覆屋。貨用金、銀、花布。

《明史》卷三二六《外國傳》(七) 白葛達【略】其國，土地瘠薄，崇釋教，市易用鐵錢。

《明史》卷三二九《西域傳》(一)（火州）其地多山，青紅若火，故名火州。氣候熱。五穀、畜產與柳城同。城方十餘里，僧寺多於民居。東有荒城，即高昌國都，漢戊巳校尉所治。

《明史》卷三三〇《西域傳》(二) 初，西寧番僧三剌爲書招降罕東諸部，又建佛剎於碾白南川，以居其衆，至是來朝貢馬，請敕護持，賜寺額。帝從所請，賜額曰瞿曇寺。立西寧僧綱司，以三剌爲都綱司。又立河州番、漢二僧綱司，並以番僧爲之，紀以符契。自是，其徒爭建寺，帝輒錫以嘉名，且賜敕護持。番僧來者日衆。

永樂時，諸衛僧戒行精勤者，多授剌麻、禪師、灌頂國師之號，有加至大國師、西天佛子者，悉給以印誥，許之世襲，且令歲一朝貢，由是諸僧及諸衛土官輻輳京師。其他族種，如西寧十三簇、岷州十八族、洮州十八族之屬，大者數千人，少者數百，亦許歲一奉貢，優以宴賚。西番之勢益分，其力益弱，西陲之患亦益寡。

宣德元年，以協討安定、曲先功，加國師吒思巴領占等五人爲大國師，給誥命、銀印，秩正四品，加剌麻著星等六人爲禪師，給敕命、銀印，秩正六品。

《明史》卷三三〇《西域傳》(二) 時烏斯藏僧有稱活佛者，諸部多奉其教。丙兔乃以焚修爲名，請建寺青海及嘉峪關外，爲久居計。廷臣多言不可許，禮官言：「彼已采土興工，而令改建於他所，勢所不能，莫若因而許之，以鼓其善心，而杜其關外之請。況中國之御戎，惟在邊關之有備。戎之順逆，亦不在一寺之遠近。」帝許之。丙兔既得請，又近脅番人，使通道松潘以迎活佛。四川守臣懼逼，乞令俺答約束其子，毋擾鄰境。俺答言，丙兔止因甘肅不許開市，寧夏又道遠艱難，雖有禁令，不能盡制。宜大總督方逢時亦言開市爲便。帝以責陝西督撫，督撫不敢違。

萬曆二年冬，許丙兔市於甘肅，賓兔市於莊浪，歲一次。既而寺成，賜額仰華。

《明史》卷三三一《西域傳》(三) 烏斯藏，在雲南西徼外，去雲南麗江府千餘里，四川馬湖府千五百餘里，陝西西寧衛五千餘里。其地多僧，無城郭。群居大土臺上，不食肉娶妻，無刑罰，亦無兵革，鮮疾病。佛書甚多，《楞伽經》至萬卷。其土臺外，僧有食肉娶妻者。元世祖尊八思巴爲大寶法王，錫玉印，既沒，賜號皇天之下一人之上宣文輔治大聖至德普覺眞智佐國如意大寶法王西天佛子大元帝師。自是，其徒嗣者咸稱帝師。

洪武初，太祖懲唐世吐蕃之亂，思制御之。惟因其俗尙，用僧徒化導爲善，乃遣使廣行招諭。又遣陝西行省員外郎許允德使其地，令舉元故官赴京授職。於是烏斯藏攝帝師喃加巴藏卜先遣使朝貢。五年十二月至京。帝喜，賜紅綺禪衣及鞋帽錢物。明年二月躬自入朝，上所舉故官六十人。帝悉授以職，改攝帝師爲熾盛佛寶國師，仍錫玉印及彩幣表裏各二十。玉人制印成，帝視玉未美，令更制其崇敬如此。暨辭還，命河州衛遣官繼敕偕行，招諭諸番之未附者。冬，元帝師之後鎖南堅巴藏卜、元國公哥列思監藏巴藏卜並遣使乞玉印。廷臣言已嘗給賜，不宜復予，乃以文綺賜之。

七年夏，佛寶國師遣其徒來貢。秋，元帝師八思巴之後公哥監藏巴藏卜及烏斯藏僧答力麻八剌遣使來朝，請封號。詔授帝師後人爲圓智妙覺弘教大國師，烏斯藏僧爲灌頂國師，並賜玉印。佛寶國師復遣其徒來貢，上所舉土官五十八人，亦皆授職。九年，答力麻八剌遣使來貢。十一年復貢，奏舉故官十六人爲宣慰、招討等官，亦皆報允。十四年復貢。

其時喃加巴藏卜已卒，有僧哈立麻者，國人以其有道術，稱之爲尙師。成祖爲燕王時，知其名。永樂元年命司禮少監侯顯、僧智光繼書幣往征。其僧先遣人來貢，而躬隨使者入朝。四年冬將至，命駙馬都尉沐昕往迎之。既至，帝延見於奉天殿，明日宴華蓋殿，賜黃金百，白金千，鈔二萬，彩幣四十五表裏，法器、裀褥、鞍馬、香果、茶米諸物畢備。其從者亦有賜。明年春，賜儀仗、銀瓜、牙仗、骨朵、魫燈、紗燈、香合、拂子各二，手爐六，傘蓋一，銀交椅、銀足踏、銀杌、銀盆、銀罐、青圓扇、紅圓扇、拜褥、帳幄各一，幡幢四十有八，鞍馬二，散馬四。

帝將薦福於高帝后，命建普度大齋於靈谷寺七日。帝躬自行香。於是卿雲、甘露、青鳥、白象之屬，連日畢見。帝大悅，侍臣多獻賦頌。事竣，復賜黃金百，白金千，寶鈔二千，彩幣表裏百二十，馬九。其徒灌頂圓通善慧大國師答師巴囉葛羅思等，亦加優賜。遂封哈立麻爲萬行具足十方最勝圓覺妙智慧善普應佑國演教如來大寶法王西天大善自在佛，領天下釋教，賜印誥及金、銀、鈔、彩幣、織金珠袈裟、金銀器、鞍馬。命其徒孛隆逋瓦桑兒加領眞爲灌頂圓修淨慧大國師，高日瓦禪伯爲灌頂通悟弘濟大國師，果欒羅葛羅監藏巴里藏卜爲灌頂弘智淨戒大國師，並賜印誥、銀鈔、彩幣。已，命哈立麻赴五臺山建大齋，再爲高帝后薦福，賜予優厚。六年四月辭歸，復賜金幣、佛像，命中官護行。自是，迄正統末，入貢者八。已，法王卒，久不奉貢。弘治八年，王葛哩麻巴始遣使來貢。十二年兩貢，禮官以一歲再貢非制，請裁其賜賚，從之。

正德元年來貢。十年復來貢。時帝惑近習言，謂烏斯藏僧有能知三生者，國人稱之爲活佛，欣然欲見之。考永、宣間陳誠、侯顯入番故事，命中官劉允乘傳往迎。閣臣梁儲等言：「西番之教，邪妄不經。我祖宗朝雖嘗遣使，蓋因天下初定，藉以化導愚頑，鎭撫荒服，非信其教而崇奉之也。承平之後，累朝列聖止因其來朝而賞賚之，未嘗輕辱命使，遠涉其地。今忽遣近侍往送幢幡，朝野聞之，莫不駭愕。而允奏乞鹽引至數萬，動撥馬船至百艘，又許其便宜處置錢物，勢必攜帶私鹽，騷擾郵傳，爲官民患。今蜀中大盜初平，瘡痍未起。在官已無餘積，必至苛斂軍民，鋌而走險，盜將復發。況自天全六番出境，涉數萬之程，歷數歲之久，道途絕無郵置，人馬安從供頓。脫中途遇寇，何以御之？虧中國之體，納外番之侮，無一可者。所繼敕書，臣等不敢撰擬。」帝不聽。禮部尙書毛紀、六科給事中葉相、十三道御史周倫等並切諫，亦不聽。

允行，以珠琲爲幢幡，黃金爲供具，賜其僧金印，犒賞以鉅萬計，內庫黃金爲之罄盡。敕允往返以十年爲期，所攜茶鹽以數十萬計。允至臨清，漕艘爲之阻滯。入峽江，舟大難進，易以艑□，相連二百餘里。及抵成都，日支官廩百石，蔬菜銀百兩，錦官驛不足，取傍近數十驛供之。治入番器物，估直二十萬。守臣力爭，減至十三萬。工人雜造，夜以繼日。居歲餘，始率將校十人、士千人以行，越兩月入其地。所謂活佛者，恐中國誘害之，匿不出見。將士怒，欲劫以威。番人夜襲之，奪寶貨、器械以去。將校死者二人，卒數百人，傷者半之。允乘善馬疾走，僅免。返成都，戒部下弗言，而以空函馳奏，至則武宗已崩。世宗召允還，下吏治罪。

嘉靖中，法王猶數入貢，迄神宗朝不絕。時有僧鎖南堅錯者，能知已往未來事，稱活佛，順義王俺答亦崇信之。萬曆七年，以迎活佛爲名，西侵瓦剌，爲所敗。此僧戒以好殺，勸之東還。俺答亦勸此僧通中國，乃自甘州遺書張居正，自稱釋迦摩尼比丘，求通貢，饋以儀物。居正不敢受，聞之於帝。帝命受之，而許其貢。由是，中國亦知有活佛。此僧有異術能服人，諸番莫不從其教，即大寶法王及闡化諸王，亦皆俯首稱弟子。自是西方止知奉此僧，諸番王徒擁虛位，不復能施其號令矣。

大乘法王者，烏斯藏僧昆澤思巴也，其徒亦稱爲尚師。永樂時，成祖旣寺哈立麻，又聞昆澤思巴有道術，命中官繼璽書銀幣征之。其僧先遣人貢舍利、佛像，遂偕使者入朝。十一年二月至京，帝即延見，賜藏經、銀鈔、彩幣、鞍馬、茶果諸物，封爲萬行圓融妙法最勝眞如慧智弘慈廣濟護國演教正覺大乘法王西天上善金剛普應大光明佛，領天下釋教，賜印誥、袈裟、幡幢、鞍馬、傘器諸物，禮之亞於大寶法王。明年辭歸，賜加於前，命中官護行。後數入貢，帝亦先後命中官喬來喜、楊三保繼賜佛像、法器、袈裟、禪衣、絨錦、彩幣諸物。洪熙、宣德間並來貢。

成化四年，其王完卜遣使來貢。禮官言無法王印文，且從洮州入，非制，宜減其賜物。使者言，所居去烏斯藏二十餘程，涉五年方達京師，且所進馬多，乞給全賜，乃命量增。十七年來貢。

弘治元年，其王桑加瓦遣使來貢。故事，法王卒，其徒自相繼承，不由朝命。三年，輔教王遣使奉貢，奏舉大乘法王襲職。帝但納其貢，賜賚遣還，不命襲職。

正德五年遣其徒綽吉我些兒等，從河州衛入貢。禮官以其非貢道，請減其賞，並治指揮徐經罪，從之。已，綽吉我些兒有寵於帝，亦封大德法王。十年，僧完卜鎖南堅參巴爾藏卜遣使來貢，乞襲大乘法王。禮官失於稽考，竟許之。嘉靖十五年偕輔教、闡教諸王來貢，使者至四千餘人。帝以人數逾額，減其賞，並治四川三司官濫送之罪。

初，成祖封闡化等五王，各有分地，惟二法王以游僧不常厥居，故其貢期不在三年之列。然終明世，奉貢不絕云。

大慈法王，名釋迦也失，亦烏斯藏僧稱爲尚師者也。永樂中，既封二法王，其徒爭欲見天子邀恩寵，於是來者趾相接。釋迦也失亦以十二年入朝，禮亞大乘法王。明年命爲妙覺圓通慈慧普應輔國顯教灌頂弘善西天佛子大國師，賜之印誥。十四年辭歸，賜佛經、佛像、法仗、僧衣、綺帛、金銀器，且御製贊詞賜之，其徒益以爲榮。明年遣使來貢。十七年命中官楊三保繼佛像、衣幣往賜。二十一年復來貢。宣德九年入朝，帝留之京師，命成國公朱勇、禮部尚書胡濙持節，冊封爲萬行妙明眞如上勝清淨般若弘照普慧輔國顯教至善大慈法王西天正覺如來自在大圓通佛。

宣宗崩，英宗嗣位，禮官先奏汰番僧六百九十人，正統元年復以爲請。命大慈法王及西天佛子如故，餘遣還，不願者減酒饌廩餼，自是輦下稍清。西天佛子者，能仁寺僧智光也，本山東慶雲人。洪武、永樂中，數奉使西國。成祖賜號國師，仁宗加號圓融妙慧淨覺弘濟輔國光范演教灌頂廣善大國師，賜金印、冠服、金銀器。至是復加西天佛子。

初，太祖招徠番僧，本藉以化愚俗，弭邊患，授國師、大國師者不過四五人。至成祖兼崇其教，自闡化等五王及二法王外，授西天佛子者二，灌頂大國師者九，灌頂國師者十有八，其他禪師、僧官不可悉數。其徒交錯於道，外擾郵傳，內耗大官，公私騷然，帝不恤也。然至者猶即遣還。及宣宗時則久留京師，耗費益甚。英宗初年，雖多遣斥，其後加封號者亦不少。景泰中，封番僧沙加爲弘慈大善法王，班卓兒藏卜爲灌頂大國師。英宗復辟，務反景帝之政，降法王爲大國師，大國師爲國師。

成化初，憲宗復好番僧，至者日衆。劄巴堅參、劄實巴、領占竹等，以秘密教得幸，並封法王。其次爲西天佛子，他授大國師、國師、禪師者不可勝紀。四方奸民投爲弟子，輒得食大官，每歲耗費鉅萬。廷臣屢以爲言，悉拒不聽。孝宗踐阼，清汰番僧，法王、佛子以下，皆遞降，驅還本土，奪其印誥，由是輦下復清。

弘治六年，帝惑近習言，命取領占竹等詣京。言官交章力諫，事乃寢。十三年命爲故西天佛子著乩領占建塔。工部尚書徐貫等言，此僧無益於國，營墓足矣，不當建塔，不從。尋命那卜堅參三人爲灌頂大國師。帝崩，禮官請黜異教，三人並降禪師。

既而武宗蠱惑佞倖，復取領占竹至京，命爲灌頂大國師，以先所降禪師三人爲國師。帝好習番語，引入豹房，由是番僧復盛。封那卜堅參及劄巴藏卜爲法王，那卜領占及綽即羅竹爲西天佛子。已，封領占班丹爲大慶法王，給番僧度牒三千，聽其自度。或言，大慶法王，即帝自號也。

綽吉我些兒者，烏斯藏使臣，留豹房有寵，封大德法王。乞令其徒二人爲正副使，還居本土，如大乘法王例入貢，且爲二人請國師誥命，入番設茶。禮官劉春等執不可，帝不聽。春等復言：「烏斯藏遠在西方，性極頑獷。雖設四王撫化，而其來貢必爲節制。若令繼茶以往，賜之誥命，彼或假上旨以誘諸番，妄有所幹請。從之則非法，不從則生釁，害不可勝言。」帝乃罷設茶敕，而予之誥命。帝時益好異教，常服其服，誦習其經，演法内廠。綽吉我些兒輩出入豹房，與權倖雜處，氣焰灼然。及二人乘傳歸，所過驛騷，公私咸被其患。

世宗立，復汰番僧，法王以下悉被斥。後世宗崇道教，益黜浮屠，自是番僧鮮至中國者。

闡化王者，烏斯藏僧也。初，洪武五年，河州衛言：「烏斯藏怕木竹巴之地，有僧曰章陽沙加鹽藏，元時封灌頂國師，爲番人推服。今朵甘酋賞竹監藏與管兀兒勾兵，若遣此僧撫諭，朵甘必内附。」帝如其言，仍封灌頂國師，遣使賜玉印、彩幣。明年，其僧使酋長鎖南藏卜貢佛像、佛書、舍利。是時方命佛寶國師招諭番人，於是怕木竹巴僧等自稱輦卜闍，遣使進表及方物。帝厚賜之。輦卜闍者，其地首僧之稱也。八年正月設怕木竹巴萬戶府，以番酋爲之。已而章陽沙加卒，授其徒鎖南扎思巴噫監藏卜爲灌頂國師。二十一年上表稱病，舉弟子吉剌思巴監藏巴藏卜自代，遂授灌頂國師。自是三年一貢。

成祖嗣位，遣僧智光往賜。永樂元年遣使入貢。四年封爲灌頂國師闡化王，賜螭紐玉印，白金五百兩，綺衣三襲，錦帛五十匹，巴茶二百斤。明年命與護教、贊善二王，必力工瓦國師及必里、朵甘、隴答諸衛，川藏諸族，復置驛站，通道往來。十一年，中官楊三保使烏斯藏還，其王遣從子劄結等隨之入貢。明年覆命三保使其地，令與闡教、護教、贊善三王及川卜、川藏等共修驛站，諸未復者盡復之。自是道路畢通，使臣往還數萬里，無虞寇盜矣。其後貢益頻數。帝嘉其誠，覆命三保繼佛像、法器、袈裟、禪衣及絨錦、彩幣往勞之。已，又命中官戴興往賜彩幣。

宣德二年命中官侯顯往賜絨錦、彩幣。其貢使嘗毆殺驛官子，帝以其無知，遣還，敕王戒飭而已。九年，貢使歸，以賜物易茶。至臨洮，有司沒入之，羈其使，請命。詔釋之，還其茶。

正統五年，王卒。遣禪師二人爲正副使，封其從子吉剌思巴永耐監藏巴藏卜爲闡化王。使臣私市茶彩數萬，令有司運致。禮官請禁之，帝念其遠人，但令自僦舟車。已，王卒，以桑兒結堅昝巴藏卜嗣。

成化元年，禮部言：「宣、正間，諸貢不過三四十人，景泰時十倍，天順間百倍。今貢使方至，乞敕諭闡化王，令如洪武舊制，三年一貢。」從之。五年，王卒，命其子公葛列思巴中柰領占堅參巴兒藏卜嗣。遣僧進貢，還至西寧，留寺中不去，又冒名入貢，隱匿所賜璽書、幣物。王使其下三人來趣，其僧閉之室中，剜二人目。一人逸，訴於都指揮孫鑒。鑒捕置之獄，受其徒賄，而復以聞。下四川巡按鞫治，坐僧四人死，鑒將逮治，會赦悉免。

十七年以長河西諸番多假番王名朝貢，命給闡化、贊善、闡教、輔教四王敕書勘合，以防奸僞。二十二年遣使四百六十人來貢，守臣遵新例，但納一百五十人。禮官以使者已入境，難固拒，請順其情概納之，爲後日兩貢之數，從之。

弘治八年遣僧來貢，還至揚州廣陵驛，遇大乘法王貢使，相與殺牲縱酒，三日不去。見他使舟至，則以石投之，不容近陸。知府唐愷詣驛呼其舟子戒之，諸僧持兵仗呼噪擁而入。愷走避，隸卒力格鬥乃免，爲所傷者甚衆。事聞，命治通事及伴送者罪，遣人諭王令自治其使者。其時王卒，子班阿吉江東劄巴請襲，命番僧二人爲正副使往封。比至，新王亦死，其子阿往劄失劄巴堅參即欲受封，二人不得已授之，遂具謝恩儀物，並獻其父所領勘合印章爲左驗。至四川，守臣劾其擅封，逮治論斬，減死戍邊，副使以下悉宥。

正德三年，禮官以貢使逾額，令爲後年應貢之數。嘉靖三年偕輔教王及大小三十六番請入貢。禮官以諸番不具地名、族氏，令守臣核實以聞。四十二年，闡化諸王遣使入貢請封。禮官循故事，遣番僧二十二人爲正副使，序班朱廷對監之。至中途大騷擾，不受廷對約束，廷對還白其狀。禮官請自後封番王，即以誥敕付使者繼還，或下守臣，擇近邊僧人繼賜。封諸藏之不遣京寺番僧，自此始也。番入素以入貢爲利，雖屢申約束，而來者日增。隆慶三年再定令闡化、闡教、輔教三王，俱三歲一貢，貢使各千人，半全賞，半減賞。全賞者遣八人赴京，餘留邊上。遂爲定例。

萬曆七年，貢使言闡化王長子札釋藏卜乞嗣職，如其請。久之卒，其子請襲。神宗許之，而制書但稱闡化王。用閣臣沈一貫言，加稱烏斯藏怕木竹巴灌頂國師闡化王。其後奉貢不替。所貢物有畫佛、銅佛、銅塔、珊瑚、犀角、氆氌、左髻毛纓、足力麻、鐵力麻、刀劍、明甲胄之屬，諸王所貢亦如之。

贊善王者，靈藏僧也。其地在四川徼外，視烏斯藏爲近。成祖踐阼，命僧智光往使。永樂四年，其僧著思巴兒監藏遣使入貢，命爲灌頂國師。明年封贊善王，國師如故，賜金印、誥命。十七年，中官楊三保往使。洪熙元年，王卒，從子喃葛監藏襲。宣德二年，中官侯顯往使。正統五年奏稱年老，請以長子班丹監剉代。帝不從其請，而授其子爲都指揮使。

初，入貢無定期，自永樂迄正統，或間歲一來，或一歲再至。而歷朝遣使往賜者，金幣、寶鈔、佛像、法器、袈裟、禪服，不一而足。至成化元年始定三歲一貢之例。

三年命塔兒把堅粲襲封。故事，封番王誥敕及幣帛遣官繼賜，至是西陲多事，禮官乞付使者繼回，從之。

五年，四川都司言，贊善諸王不遵定制，遣使率各寺番僧百三十二種入貢，且無番王印文，今止留十餘人守貢物，餘已遣還。禮官言：「番地廣遠，番王亦多，若遵例並時入貢，則內郡疲供億。莫若令諸王於應貢之歲，各具印文，取次而來。今貢使已至，難拂其情。乞許作明年應貢之數。」報可。

十八年，禮官言：「番王三歲一貢，貢使百五十人，定制也。近贊善王連貢者再，已遣四百十三人。今請封請襲，又遣千五百五十人，違制宜卻。乞許其請封襲者，以三百人爲後來兩貢之數，餘悉遣還。」亦報可。遂封喃葛堅粲巴藏卜爲贊善王。弘治十六年卒，命其弟端竹堅昝嗣。嘉靖後猶入貢如制。

護教王者，名宗巴斡即南哥巴藏卜，館覺僧也。成祖初，僧智光使其地。永樂四年遣使入貢，詔授灌頂國師，賜之誥。明年遣使入謝，封爲護教王，賜金印、誥命，國師如故。遂頻歲入貢。十二年卒，命其從子幹些兒吉剌思巴藏卜嗣。洪熙、宣德中并入貢。已而卒，無嗣，其爵遂絕。

闡教王者，必力工瓦僧也。成祖初，僧智光繼敕入番，其國師端竹監藏遣使入貢。永樂元年至京，帝喜，宴賚遣還。四年又貢，帝優賜，並賜其國師大板的達、律師鎖南藏卜衣幣。十一年乃加號灌頂慈慧淨戒大國師，又封其僧領眞巴兒吉監藏爲闡教王，賜印誥、彩幣。後比年一貢。楊三保、戴興、侯顯之使，皆繼金幣、佛像、法器賜焉。

宣德五年，王卒，命其子綽兒加監巴領占嗣。久之卒，命其子領占叭兒結堅參嗣。成化四年從禮官言，申三歲一貢之制。明年，王卒，命其子領占堅參叭兒藏卜襲。二十年，帝遣番僧班著兒繼璽書勘合往賜。其僧悍行，至半道，僞爲王印信、番文覆命，詔逮治。

正德十三年遣番僧領占劄巴等封其新王。劄巴等乞馬快船三十艘載食鹽，爲入番貿路之資。戶科、戶部並疏爭，不聽。劄巴等在途科索無厭，至呂梁，毆管洪主事李瑜幾斃，恣橫如此。迄嘉靖世，闡教王修貢不輟。

輔教王者，思達藏僧也。其地視烏斯藏尤遠。成祖即位，命僧智光持詔招諭，賜以銀幣。永樂十一年封其僧南渴烈思巴爲輔教王，賜誥印、彩幣，數通貢使。楊三保、侯顯皆往賜其國，與諸法王等。景泰七年，使來貢，自陳年老，乞令其子喃葛堅粲巴藏卜代。帝從之，封爲輔教王，賜誥敕、金印、彩幣、袈裟、法器。以灌頂國葛藏、右覺義桑加巴充正、副使往封。至四川，多雇牛馬，任載私物。禮官請治其罪，英宗方復辟，命收其敕書，減供應之半。

成化五年，王卒，命其子喃葛劄失堅參叭藏卜嗣。六年申舊制，三年一貢，多不過百五十人，由四川雅州人。國師以下不許貢。弘治十二年，輔教等四王及長河西宣慰司並時入貢，使者至二千八百餘人。禮官以供費不貲，請敕四川守臣遵制遣送，違者卻還，從之。歷正德、嘉靖世，奉貢不絕。

西天阿難功德國，西方番國也。洪武七年，王卜哈魯遣其講主必尼西來朝，貢方物及解毒藥石。詔賜文綺、禪衣及布帛諸物。後不復至。

又有和林國師朶兒只怯烈失思巴藏卜，亦遣其講主汝奴汪叔來朝，獻銅佛、舍利、白哈丹布及元所授玉印一、玉圖書一、銀印四、銅印五、金字牌三，命宴賚遣還。明年，國師入朝，又獻佛像、舍利、馬二匹，賜文綺、禪衣。和林，即元太祖故都，在極北，非西番，其國師則番僧。與功德國同時來貢，後亦不復至。

尼八剌國，在諸藏之西，去中國絕遠。其王皆僧爲之。洪武十七年，太祖命僧智光繼璽書、彩幣往，並使其鄰境地湧塔國。智光精釋典，負才辨，宣揚天子德意。其王馬達納羅摩遣使隨入朝，貢金塔、佛經及名馬方物。二十年達京師。帝喜，賜銀印、玉圖書、誥敕、符驗及幡幢、彩幣。二十三年再貢，加賜玉圖書、紅羅傘。終太祖時，數歲一貢。成祖覆命智光使其國。永樂七年遣使來貢。十一年命楊三保繼璽書、銀幣賜其嗣王沙的新葛及地湧塔王可般。明年遣使來貢。封沙的新葛爲尼八剌國王，賜誥及鍍金銀印。十六年遣使來貢，命中官鄧誠繼璽書、錦綺、紗羅往報之。所經罕東、靈藏、必力工瓦、烏斯藏及野藍卜納，皆有賜。宣德二年又遣中官侯顯賜其王絨錦、紵絲，地湧塔王如之。自後，貢使不復至。

又有速睹嵩者，亦四方之國。永樂三年遣行人連迪等繼敕往招，賜銀鈔、彩幣。其酋以道遠不至。

朵甘，在四川徼外，南與烏斯藏鄰，唐吐蕃地。元置宣慰司、招討司、元帥府、萬戶府，分統其眾。

洪武二年，太祖定陝西，即遣官繼詔招撫。又遣員外郎許允德諭其酋長，舉元故官赴京。攝帝師喃加巴藏卜及故國公南哥思丹八亦監藏等於六年春入朝，上所舉六十人名。帝喜，置指揮使司二，曰朵甘，曰烏斯藏，宣慰司二，元帥府一，招討司四，萬戶府十三，千戶所四，即以所舉官任之。廷臣言來朝者授職，不來者宜弗予。帝曰：「吾以誠心待人。彼不誠，曲在彼矣。萬里來朝，俟其再請，豈不負遠人歸鄉之心。」遂皆授之。降詔曰：「我國家受天明命，統御萬方，恩撫善良，武威不服。凡在幅員之內，咸推一視之仁。乃者攝帝師喃加巴藏卜率所舉故國公、司徒、宣慰、招討、元帥、萬戶諸人，自遠入朝。朕嘉其識天命，不勞師旅，共效職方之貢。已授國師及故國公等爲指揮同知等官，皆給誥印。自今爲官者務遵朝廷法，撫安一方。僧務敦化導之誠，率民爲善，共享太平，永綏福禳，豈不休哉。」並宴賚遣還。初，元尊番僧爲帝師，授其徒國公等秩，故降者襲舊號。

鎖南兀即爾者歸朝，授朵甘衛指揮僉事。以元司徒銀印來上，命進指揮同知。已而朵甘宣慰賞竹監藏舉首領可爲指揮、宣慰、萬戶、千戶者二十二人。詔從其請，鑄分司印予之。乃改朵甘、烏斯藏二衛爲行都指揮使司，以鎖南兀即爾爲朵甘都指揮同知，管招兀即爾爲烏斯藏都指揮同知，並賜銀印。又設西安行都指揮使司於河州，兼轄二都司。已，佛寶國師鎖南兀即爾等遣使來朝，奏舉故官賞竹監藏等五十六人。命增置朵甘思宣慰司及招討等司。招討司六：曰朵甘思，曰朵甘隴答，曰朵甘丹，曰朵甘倉溏，曰朵甘川，曰磨兒勘。萬戶府四：曰沙兒可，曰乃竹，曰羅思端，曰列思麻。千戶所十七。以賞竹監藏爲朵甘都指揮同知，餘授職有差。自是，諸番修貢惟謹。

八年置俄力思軍民元帥府。尋置隴答衛指揮使司。十八年以班竹兒藏卜爲烏斯藏都指揮使。乃更定品秩，自都指揮以下皆令世襲。未幾，又改烏斯藏俺不羅衛爲行都指揮使司。二十六年，西番思曩日等族遣使貢馬，命賜金銅信符、文綺、襲衣，許之朝貢。

永樂元年改必里千戶所爲衛，後置烏斯藏牛兒宗寨行都指揮使司，又置上邛部衛，皆以番人官之。十八年，帝以番悉入職方，其最遠白勒等百餘寨猶未歸附，遣使往招，亦多入貢。帝以番俗惟僧言是聽，乃寵以國師諸美號，賜誥印，令歲朝。由是諸番僧來者日多，迄宣德朝，禮之益厚。九年命中官宋成等繼璽書、賜物使其地，敕都督趙安率兵送之畢力術江。

正統初，以供費不貲，稍爲裁損。時有番長移書松潘守將趙得，言欲入朝，爲生番阻遏，乞遣兵開道。詔令得遣使招生番，相率朝貢者八百二十九寨，悉賜賚遣歸。天順四年，四川三司言：「比奉敕書，番僧朝貢入京者不得過十人，餘留境上候賞。今蜀地災傷，若悉留之，動經數月，有司困於供億。宜如正統間制，宴待遣還。」報可。

成化三年，阿昔洞諸族土官言：「西番大小二姓爲惡，殺之不懼。惟國師、刺麻勸化，則革心信服。」乃進禪師遠丹藏卜爲國師，都綱子瑺爲禪師，以化導之。六年申諸番三歲一貢之例，國師以下不許貢，於是貢使漸希。

初，太祖以西番地廣，人獷悍，欲分其勢而殺其力，使不爲邊患，故來者輒授官。又以其地皆食肉，倚中國茶爲命，故設茶課司於天全六番，令以馬市，而入貢者又優以茶布。諸番戀貢市之利，且欲保世官，不敢爲變。迨成祖，益封法王及大國師、西天佛子等，俾轉相化導，以共尊中國，以故西陲宴然，終明世無番寇之患。

長河西魚通寧遠宣慰司，在四川徼外，地通烏斯藏，唐爲吐蕃。元時置碉門、魚通、黎、雅、長河西、寧遠六安撫司，隸吐蕃宣慰司。

洪武時，其地打煎爐、長河西土官元右承剌瓦蒙遣其理問高惟善來朝，貢方物，宴賚遣還。十六年復遣惟善及從子萬戶若剌來貢。命置長河西等處軍民安撫司，以剌瓦蒙爲安撫使，賜文綺四十八匹，鈔二百錠，授惟善禮部主事。二十年遣惟善招撫長河西、魚通、寧遠諸處，明年還朝，言：安邊之道，在治屯守，而兼恩威。屯守既堅，雖遠而有功；恩威未備，雖近而無益。今魚通、九枝疆土及嚴州、雜道二長官司，東鄰碉門、黎、雅，西接長河西。自唐時吐蕃強盛，寧遠、安靖、嚴州漢民，往往爲彼驅入九枝、魚通，防守漢邊。元初設二萬戶府，仍與盤陀、仁陽置立寨柵，邊民戍守。其後各枝率眾攻仁陽等柵。及川蜀兵起，乘勢侵陵雅、邛、嘉等州。洪武十年始隨碉門土酋歸附。嚴州、雜道二長官司自國朝設，迨今十有餘年，官民仍舊不相統攝。蓋無統制之司，恣其猖獗，因襲舊弊故也。其近而已附者如此，遠而未附者何由而臣服之。且嚴州、寧遠等處，乃古之州治。苟撥兵戍守，就築城堡，開墾山田，使近者向化而先附，遠者畏威而來歸，西域無事則供我徭役，有事則使之先驅。撫之既久，則皆爲我用。如臣之說，其便有六。

通烏斯藏、朵甘，鎮撫長河西，可拓地四百餘里，得番民二千餘戶。非惟黎、雅保障，蜀亦永無西顧憂。一也。

番民所處老思岡之地，土瘠人繁，專務貿販碉門烏茶、蜀之細布，博易羌貨，以贍其生。若於嚴州立市，則此輩衣食皆仰給於我，焉敢爲非。二也。

以長河西、伯思東、巴獵等八千戶爲外番掎角，其勢必固。然後招徠遠者，如其不來，使八千戶近爲內應，遠爲鄉導，此所謂以蠻攻蠻，誠制邊之善道。三也。

天全六番招討司八鄉之民，宜悉蠲其徭役，專令蒸造烏茶，運至嚴州，置倉收貯，以易番馬。比之雅州易馬，其利倍之。且於打煎爐原易馬處相去甚近，而價增於彼，則番民如蟻之慕羶，歸市必眾。四也。

嚴州既立倉易馬，則番民運茶出境，倍收其稅，其餘物貨至者必多。又魚通、九枝蠻民所種水陸之田，遞年無征。若令歲輸租米，並令軍士開墾大渡河兩岸荒田，亦可供給戍守官軍。五也。

碉門至嚴州道路，宜令繕修開拓，以便往來人馬。仍量地里遠近，均立郵傳，與黎、雅烽火相應。庶可以防遏亂略，邊境無虞。六也。

帝從之。

後建昌酋月魯帖木兒叛，長河西諸酋陰附之，失朝貢，太祖怒。三十年春謂禮部臣曰：「今天下一統，四方萬國皆以時奉貢。如烏斯藏、尼八剌國其地極遠，猶三歲一朝。惟打煎爐長河西土酋外附月魯帖木兒、賈哈剌，不臣中國。興師討之，鋒刃之下，死者必眾。宜遣人諭其酋。若聽命來覲，一以恩待，不悛則發兵三十萬，聲罪徂征。」禮官以帝意爲文馳諭之。其酋懼，即遣使入貢謝罪。天子赦之，爲置長河西魚通寧遠宣慰司，以其酋爲宣慰使，自是修貢不絕。初，魚通及寧遠、長河西，本各爲部，至是始合爲一。

永樂十三年，貢使言：「西番無他土產，惟以馬易茶。近年禁約，生理實艱，乞仍許開中。」從之。二十一年，宣慰使喃哩等二十四人來朝貢馬。正統二年，喃哩卒，子加八僧嗣。成化四年申諸番三歲一貢之令，惟長河西仍比歲一貢。六年頒定二年或三年一貢之例，貢使不得過百人。十七年，禮官言：「烏斯藏在長河西之西，長河西在松潘、越巂之南，壤地相接，易於混淆。烏斯藏諸番王例三歲一貢，彼以道險來少，而長河西番僧往往詐爲諸王文牒，入貢冒賞。請給諸番王及長河西、董卜韓胡敕書勘合，邊臣審驗，方許進入，庶免詐偽之弊。或道阻，不許補貢。」從之。十九年，其部內灌頂國師遣僧徒來貢至千八百人，守臣劾其違制。詔止納五百人，餘悉遣還。二十二年，禮官言：「長河西以黎州大渡河寇發，連歲失貢，至是補進三貢。定制，道梗者不得再補。但今貢物已至，宜順其情納之，而量減賜繼。」報可。

弘治十二年，禮官言：「長河西及烏斯藏諸番，一時並貢，使者至二千八百餘人。乞諭守臣無濫送。」亦報可。然其後來者愈多，卒不能卻。嘉靖三年定令不得過一千人。隆慶三年定五百人全賞、遣八人赴京之制，如闡教諸王。其貢物則珊瑚、氆氌之屬，悉準《闡化王傳》所載。諸番貢皆如之。

董卜韓胡宣慰司，在四川威州之西，其南與天全六番接。永樂九年，酋長南葛遣使奉表入朝，貢方物。因言答隆蒙、碉門二招討侵掠鄰境，阻遏道路，請討之。帝不欲用兵，降敕慰諭，使比年一貢，賜金印、冠帶。

正統三年奏年老，乞以子克羅俄堅粲代，從之。凶狡不循禮法。七年乞封王，賜金印，帝不許。命進秩鎮國將軍、都指揮同知，掌宣慰司事，給之誥命。益恃強，數與雜谷安撫及別思寨安撫饒蛒構怨。十年八月移牒四川守臣，謂：「別思寨本父南葛故地，分界饒蛒父者。後饒蛒受事，私奏於朝，獲設安撫司。邇乃僞爲宣慰司印，自稱宣慰使，糾合雜谷諸番，將侵噬己地。已拘執饒蛒，追出僞印，用番俗法剜去兩目。謹以狀聞。」守臣上其事。帝遣使繼敕責其專擅，令與使臣推擇饒蛒族人爲安撫，仍轄其土地，且送還饒蛒，養之終身。

十三年十月，四川巡按張洪等奏：「近接董卜宣慰文牒言：『雜谷故安撫爲標小妻毒殺其夫及子，又賄威州千戶唐泰誣己謀叛。今備物進貢，欲從銅門山西開山通道，乞官軍於日駐迓之。』臣等竊以雜谷内聯威州、保縣，外鄰董卜韓胡。雜谷力弱，欲抗董卜，實倚重於威、保。董卜勢強，欲通威、保，卻受阻於雜谷。以此仇殺，素不相能。銅門及日駐諸寨，乃雜谷、威、保要害地。董卜欺雜谷妻寡子弱，瞰我軍遠征麓川，假進貢之名，欲別開道路，意在吞滅雜谷，搆陷唐泰。所請不可許。」乃下都御史寇深等計度，其議迄不行。

時董卜比歲入貢，所遣僧徒強悍不法，多攜私物，強索舟車，騷擾道途，詈辱長吏。天子聞而惡之，景泰元年賜敕切責。尋侵奪雜谷及達思蠻長官司地，掠其人畜，守臣不能制。三年二月朝議獎其入貢勤誠，進秩都指揮使，令還二司侵地及所掠人民。其酋即奉命，惟舊維州之地尚爲所據。俄饋四川巡撫李匡銀罌、金珀，求《御制大誥》、《周易》、《尚書》、《毛詩》、《小學》、《方輿勝覽》、《成都記》諸書。匡聞之於朝，因言：「唐時吐蕃求《毛詩》、《春秋》。於休烈謂，予之以書，使知權謀，愈生變詐，非中國之利。裴光廷謂，吐蕃久叛新服，因其有請，賜以《詩》、《書》，俾漸陶聲教，化流無外。休烈徒知書有權略變詐，不知忠信禮義皆從書出。明皇從之。今茲所求，臣以爲予之便。不然彼因貢使市之書肆，甚不爲難。惟《方輿勝覽》、《成都記》，形勝關塞所具，不可概予。」帝如其言，尋以其還侵地，賜敕獎勵。

六年，兵部尚書于謙等奏其僭稱蠻王，窺伺巴蜀，所上奏章語多不遜，且招集群番，大治戎器，悖逆日彰，不可不慮，宜敕守臣預爲戒備，從之。

克羅俄堅粲死，子劄思堅粲藏卜遣使來貢，命爲都指揮同知，掌宣慰司事。天順元年遣使入貢，乞封王。命如其父官，進秩都指揮使，仍掌宣慰司事。

成化五年，四川三司奏：「保縣僻處極邊，永樂五年特設雜谷安撫司，令撫輯舊維州諸處蠻塞。後與董卜構兵，維州諸地俱爲侵奪，貢道阻絕。今雜谷恢復故疆，將遣使來貢，不知貢期，未敢擅遣。」帝從禮官言，許以三年爲期。四年申諸番三年一貢之例，惟董卜許比年一貢。

六年，劄巴堅粲藏卜卒，子綽吾結言千嗣爲都指揮使。弘治三年卒，子日墨劄思巴旺丹巴藏卜遣國師貢珊瑚樹、氆氌、甲冑諸物，請嗣父職，許之，賜誥命、敕書、彩幣。九年卒，子喃呆請襲，亦遣國師貢方物，詔授以父官。卒，子容中短竹襲。嘉靖二年再定令貢使不得過千人，其所隸別思寨及加渴瓦寺別貢。隆慶二年，董卜及別思寨貢使多至七百餘人，命予半賞，遣八人赴京，爲定制。迄萬曆後，朝貢不替。

法顯《昔道人法顯從長安行西至天竺傳》（《佛國記》） 鄯鄯國其地崎嶇薄瘠，俗人衣服粗與漢地同，但以氈褐爲異。其國王奉法，可有四千餘僧，悉小乘學。諸國俗人及沙門盡行天竺法，但有精麤。從此西行所經諸國，類皆如是。唯國國胡語不同。然出家人皆習天竺書，天竺語。【略】夷國僧亦有四千餘人，皆小乘學。法則齊整，秦土沙門至彼，都不豫其僧例也。【略】

于闐國。其國豐樂，人民殷盛，盡皆奉法，以法樂相娛。衆僧乃數萬人，多大乘學。皆有衆食。彼國人民星居，家家門前皆起小塔。最小者可高二丈許，作四方僧房，供給客僧及餘所須。國主安頓供給法顯等於僧伽藍。僧伽藍名瞿摩帝，是大乘寺，三千僧共犍槌食。入食堂時，威儀齊肅，次第而坐，一切寂然，器鉢無聲。淨人益食，不得相喚，但以手指麾。慧景、道整、慧達先發，向竭義國。法顯等欲觀行像，停三月日。其國中十四大僧伽藍，不數小者。從四月一日，城裏便掃灑道路，莊嚴巷陌。其城門上張大幃幕，事事嚴飾。王及夫人婇女皆住其中。瞿摩帝僧是大乘學，王所敬重，最先行像。離城三四里，作四輪像車，高三丈餘，狀如行殿。七寶莊校，懸繒幡蓋。像立車中，二菩薩侍作諸天侍從，皆金銀彫瑩，懸於虛空。像去門百步，王脫天冠，易著新衣，徒跣持華香，翼從出城。迎像頭面，禮足散華燒香。像入城時，門樓上夫人婇女遙散衆花，紛紛而下。如是莊嚴供具，車車各異。一僧伽藍則一日行像。四月一日爲始，至十四日行像乃訖。行像訖，王及夫人乃還宮耳。其城西七八里，有僧伽藍名王新寺，作來八十年，經三王方成。可高二十五丈，彫文刻鏤，金銀覆上，衆寶合成。塔後作佛堂，莊嚴妙好，梁柱戶扇窻牖，皆以金薄。別作僧房，亦嚴麗整飾，非言可盡。嶺東六國諸王，所有上價寶物，多作供養。【略】

（子合國）其國國王精進，有千餘僧，多大乘學。

（竭叉國）其國王作般遮越師。般遮越師，漢言五年大會也。會時請四方沙門，皆來雲集。集已，莊嚴衆僧坐處，懸繒旛蓋，作金銀蓮華，著僧座後，鋪淨坐具。王及群臣如法供養。或一月二月，或三月，多在春時。王作會已，復勸諸群臣設供供養，或一日二日三日五日。供養都畢，王以所乘馬鞍勒自副，使國中貴重臣騎之，并諸白氎種種珍寶，沙門所須之物，共諸羣臣發願布施。布施已，還從僧贖。其地山寒不生餘穀，唯熟麥耳。衆僧受歲已，其晨輒霜。故其王每讚衆僧令麥熟，然後受歲。其國中有佛唾壺，以石作之，色似佛鉢。又有佛一齒，其國中人爲佛齒起塔。有千餘僧，盡小乘學。

（陀歷國）亦有衆僧，皆小乘學。【略】

（烏萇國）佛法甚盛，名衆僧住止處爲僧伽藍，凡有五百僧伽藍，皆小乘學。若有客比丘到，悉供養三日。三日過已，乃令自求所安。【略】

弗樓沙國。佛昔將諸弟子遊行此國，語阿難云，吾般泥洹後，當有國王名罽膩伽於此處起塔，後罽膩伽王出世出行遊觀時，天帝釋欲開發其意，化作牧牛小兒，當道起塔。王問言，汝作何等。答曰，作佛塔。王言大善。於是王即於小兒塔上起塔，高三十餘丈，衆寶校飾。凡所經見塔廟壯麗威嚴，都無此比。傳云閻浮提塔，唯此塔爲上。王作塔成已，小塔即自傍出大塔南，高三尺許，佛鉢即在此國。昔月氏王大興兵衆來伐此國，欲取佛鉢。既伏此國已，月氏王等篤信佛法，欲持鉢去故興供養，供養三寶畢，乃校飾大象，置鉢其上，象便伏地不能得前。更作四輪車載鉢，八象共牽，復不能進。王知與鉢緣未至，深自愧歎。即於此處起塔，及僧伽藍，并留鎮守。種種供養，可有七百餘僧。日將中，衆僧則出鉢與白衣等種種供養，然後中食。至暮燒香時，復爾可容二斗許，雜色而黑多，四際分明，厚可三分，甚光澤。貧人以少華投中便滿。有大富者欲以多華供養，正復百千萬斛，終不能滿。【略】

那竭國。醯羅城，城中有佛頂骨。精舍盡以金薄七寶校飾，國王敬重頂骨，慮人抄奪，乃取國中豪姓八人，人持一印，印封守護。淸晨八人俱到，各視其印，然後開戶。開戶已，以香汁洗手，出佛頂骨，置精舍外高座上，以七寶圓碪碪下琉璃鍾覆上，皆珠璣校飾。骨黄白色，方圓四寸，其上隆起。每日出後，精舍人則登高樓，擊大鼓吹螺敲銅鈸。王聞已，則詣精舍，以華香供養。供養已，次第頂戴而去。從東門入，西門出。王朝朝如是，供養禮拜，然後聽國政居士長者亦先供養，乃修家事，日日如是，初無懈惓。供養都訖，乃還頂骨於精舍中，有七寶解脫塔，或開或閉，高五尺許以盛之。精舍門前，朝朝恆有賣華香人，凡欲供養者，種種買焉。諸國王亦恆遣使供養。精舍處方四十步，雖復天震地裂，此處不動。【略】

羅夷國。近有三千僧，兼大小乘學。【略】

跋那國。亦有三千許僧，皆小乘學。【略】

（毗荼國）佛法興盛，兼大小乘學。見秦道人往，乃大憐愍。作是言，如何邊地人能知出家爲道，遠求佛法。悉供給所須，待之如法。從此東南行減八十由延，經歷諸寺甚多，僧衆萬數。【略】

（摩頭羅國）河邊左右有二十僧伽藍，可有三千僧。佛法轉盛，凡沙河已西天竺諸國，國王皆篤信佛法，供養衆僧。時則脫天冠共諸宗親羣臣，手自行食。行食已，鋪氈於地，對上座前坐，於衆僧前不敢坐床。佛在世時，諸王供養法式相傳至今。從是以南，名爲中國。中國寒暑調和，無霜雪，人民殷樂，無戶籍官法，唯耕王地者乃輸地利。欲去便去，欲住便住。王治不用刑斬有罪者，但罰其錢，隨事輕重。雖復謀爲惡逆，不過截右手而已。王之侍衛左右，皆有供祿。舉國人民悉不殺生，不飲酒，不食葱蒜。唯除旃荼羅。旃荼羅名爲惡人，與人別居。若入城市，則擊木以自異，人則識而避之，不相搪揬。國中不養豬雞，不賣生口。市無屠行及酤酒者。貨易則用貝齒，唯旃荼羅漁獵師賣肉耳。自佛般泥洹後，諸國王長者居士，爲衆僧起精舍，供給田宅園圃，民戶牛犢，鐵券書錄。後王王相傳，無敢廢者，至今不絕。衆僧住止房舍牀褥飲食衣服，都無缺乏，處處皆爾。衆僧常以作功德爲業，及誦經坐禪。客僧往到，舊僧迎逆，代擔衣鉢，給洗足水塗足油與非時漿。須臾息已，復問其臘數，次第得房舍臥具，種種如法。衆僧住處，作舍利弗塔，目連阿難塔并阿毗曇律經塔。安居後一月，諸希福之家，勸化供養。僧作非時漿，衆僧大會說法。說法已，供養舍利弗塔，種種香華，通夜然燈，使伎樂人作舍利弗大婆羅門，時詣佛求出家，大目連大迦葉亦如是。諸比丘尼多供養阿難塔，以阿難請世尊聽女人出家，故諸沙彌多供養羅云。阿毗曇師者供養阿毗曇，律師者供養律。年年一供養，各自有日。摩訶衍人，則供養般若波羅蜜，文殊師利觀世音等。衆僧受歲竟，長者居士婆羅門等各持種種衣物沙門所須，以布施衆僧。僧受，亦自各各布施。佛泥洹已來，聖衆所行威儀法，則相承不絕。

（拘薩羅國）出城南門千二百步，道西長者須達起精舍。精舍東向開門戶，兩邊有二石柱。左柱上作輪形，右柱上作牛形。精舍左右，池流清淨，林木尙茂。衆華異色，蔚然可觀，即所謂祇洹精舍也。佛上忉利天爲母說法九十日，波斯匿王思見佛，即刻牛頭栴檀作佛像，置佛坐處。佛後還入精舍，像即避出迎佛。佛言還坐，吾般泥洹後，可爲四部衆作法式像。即還坐。此像最是衆像之始，後人所法者也。佛於是移住南邊小精舍，與像異處，相去二十步。

祇洹精舍本有七層，諸國王人民競興供養。懸繒幡蓋，散華燒香，然燈續明，日日不絕。鼠銜燈炷燒幡蓋，遂及精舍，七重都盡。諸國人民皆大悲惱，謂栴檀像已燒卻。候四五日開東邊小情舍戶，忽見本像，皆大歡喜。共治精舍，得作兩重，還移像本處。

（摩竭提國）阿育王昔作小兒時，當道戲遇迦葉佛行乞食。小兒歡喜，即以一掬土施佛。佛持還泥經行地，因此果報，作鐵輪王。王閻浮提，乘鐵輪案行閻浮。見鐵圍兩山間地獄治罪人，即問羣臣，此是何等。答言是鬼王閻羅治罪人。王自念言，鬼王尙能作地獄治罪人，我是人主，何不作地獄治罪人耶。即問臣等，誰能爲我作地獄主治罪人者。臣答言，唯有極惡人能作耳。王即遣臣遍求惡人。見池水邊有一人長壯黑色，髮黃目青，以腳鉤魚，口呼禽獸，禽獸來便射殺，無得脫者。此人將來與王，王密勑之，汝作四方高牆，內殖種種華果，作好浴池，莊嚴校飾，令人渴仰。牢作門戶。有人入者輒捉，種種治罪，莫使得出。設使我入，亦治罪莫放。今拜汝作地獄主。

時有比丘次第乞食入其門。獄卒見之，便欲治罪。比丘惶怖求請，須與聽我中食。俄頃得有人入獄，卒內置碓臼中擣之，赤沫出。比丘見已，思惟此身無常，苦空如泡如沫，即得阿羅漢果。既而獄卒捉內鑊湯中，比丘心顏欣悅，火滅湯冷，中生蓮華比丘坐上。爾時獄卒即往白王，中有奇怪，願王往看。王言我前有要令，不敢往。獄卒言，此非小事，王宜疾往，更改先要。王即隨入，比丘爲說法，王得信解，即壞地獄，悔前所作衆惡。由是信重三寶。常至貝多樹下悔過自責，受八戒齋。王夫人問王常遊何處，羣臣答言，恆在貝多樹下。夫人伺王不在，遣人伐其樹倒。王來見之，迷悶躃地。諸臣以水灑面，良久能蘇。王即以塼累四邊，以百甖牛乳灌樹，根身四枝布地，作是誓言，若樹不生，我終不起。作是誓已，樹便即根上而生，以至於今，高減十丈。【略】

（師子國）其國前王遣使中國，取貝多樹子於佛殿旁種之。高可二十丈，其樹東南傾。王恐倒，故以八九圍柱拄樹。樹當拄處心生，遂穿柱而下，入地成根，大可四圍許。柱雖中裂，猶裹其外，人亦不去。樹下起精舍，中有坐像，道俗敬仰無倦。城中又起佛齒精舍，皆七寶作。王淨修梵行，城內人信敬之情亦篤。其國立治已來，無有飢荒喪亂，衆僧庫藏多有珍寶無價摩尼。其王入僧庫遊觀，見摩尼珠，即生貪心，欲奪取之。三日乃悟，即詣僧中稽首悔前罪。心因白僧言，願僧立制，自今已後，勿聽王入庫看。比丘滿四十臘，然後得入。其城中多居士長者，薩薄商人屋宇嚴麗，巷陌平整。四衢道頭皆作說法堂。月八日十四日十五日，鋪施高座，道俗四衆，皆集聽法。其國人云，都可六萬僧，悉衆食。王別於城內供六千人。衆食須者，則持大鉢往取，隨器所容，皆滿而還。

佛齒常以三月中出之。未出前十日，王莊校大象，使一辯說人著王衣服騎象上，擊鼓唱言，菩薩從三阿僧祇劫作行，不惜身命，以國城妻子及挑眼與人，割肉貿鴿，截頭布施，投身餓虎，不悋髓腦。如是種種苦行，爲衆生故成佛。在世四十五年，說法教化，令不安者安，不度者度。衆生緣盡，乃般泥洹。泥洹已來，一千四百九十七年。世間眼滅，衆生長悲。卻十日，佛齒當出，至無畏山精舍。國内道俗欲植福者，各各平治道路，嚴飾巷陌，辦衆華香供養之，具如是。

唱已，王便夾道兩邊作菩薩五百身已來，種種變現。或作須大拏，或作睒變，或作象王，或作鹿馬。如是形像，皆彩畫莊校，狀若生人。然後佛齒乃出中道而行，隨路供養，到無畏精舍佛堂上，道俗雲集，燒香然燈，種種法事，晝夜不息。九十日乃還城內。精舍齊日，則開門戶，禮敬如法。

無畏精舍東四十里有一山，中有精舍名支提可，有二千僧。僧中有一大德沙門，名達摩瞿諦。其國人民皆共宗仰。住一石室中四十許年，常行慈心，能感蛇鼠使同止一室而不相害。城南七里有一精舍，名摩訶毗訶，有三千僧。住有一高德沙門，戒行清潔。國人咸疑是羅漢。臨終之時，王來省視，依法集僧而問，比丘得道耶。其便以實答言。是羅漢既終，王即案經律，以羅漢法葬之。於精舍東四五里，積好大薪，廣可二丈，餘高亦爾。近上著栴檀沈水諸木，四邊作階上，持淨好白氎周帀蒙積，作大轝床，似此間輲車，但無龍魚耳。當闍維時，王及國人四衆咸集，以華香供養。從轝至墓所，王自華香供養。供養訖，轝著積上，蘇油遍灌，然後燒之。火然時，人人敬心，各脫上服及羽儀傘蓋，遥擲火中，以助闍維。闍維已，收斂取骨，即以起塔。法顯至，不及其生存，唯見葬時工篤信佛，欲爲衆僧作新舍。先設大會，飯食供養。已乃選好上牛一雙，金銀寶物莊校角上，作好金犂，王自耕墾規郭四邊，然後割給民戶田宅，書以鐵券。自是已後，代代相承，無敢廢易。

譯經總部

阿含經部

長阿含經分部

佛說長阿含經

題解

僧祐《出三藏記集》卷九　《長阿含經序》夫宗極絕於稱謂，賢聖以之沖默；玄旨非言不傳，釋迦所以致教。是以如來出世，大教有三：約身口則防之以禁律，明善惡則導之以契經，演幽微則辨之以法相。然則三藏之作也，本於殊應，會之有宗，則異途同趣矣。禁律，律藏也，四分十誦。法相，阿毗曇藏也，四分五誦。契經，四阿含藏也。《增一阿含》四分八誦，《中阿含》四分五誦，《雜阿含》四分十誦，此《長阿含》四分四誦，合三十經以爲一部。阿含，秦言法歸。法歸者，蓋是萬善之淵府，總持之林苑。其爲典也，淵博弘富，韞而彌廣，明宣禍福賢愚之迹，剖判眞僞異齊之原，歷記古今成敗之數，墟域二儀品物之倫。道無不由，法無不在。譬彼巨海，百川所歸，故以法歸爲名。開析修途，所記長遠，故以長爲目。翫茲典者，長迷頓曉，邪正難辨，顯如晝夜；報應冥昧，照若影響；劫數雖遼，近猶朝夕；六合雖曠，現若目前。斯可謂朗大明於幽室，惠五目於衆瞽，不闚戶牖，而智無不周矣。

大秦天王滌除玄覽，高韵獨邁，恬智交養，道世俱濟。每懼微言翳於殊俗，以右將軍、使者、司隸校尉晉公姚爽，質直清柔，玄心超詣，尊尙大法，妙悟自然。上特留懷，每任以法事。以弘始十二年歲次，上章閹茂，請罽賓三藏沙門佛陀耶舍出律藏四分四十卷，十四年訖。十五年歲次昭陽奮若，出此《長阿含》訖。涼州沙門佛念爲譯，秦國道士道含筆受。時集京夏名勝沙門於第校定，恭承法言，敬受無差，蠲華崇樸，務存聖旨。余以嘉遇，猥參聽次，雖無翼善之功，而預親承之末，故略記時事，以示來賢焉。

綜述

智旭《閱藏知津》卷二九　《佛說長阿含經》二二卷　姚秦罽賓國沙門佛陀耶舍共竺佛念譯。第一分《初大本緣經》第一，說七佛事。《遊行經》第二，因阿闍世王問伐隣國事，廣爲比丘說七法、六法，乃至歷叙入涅槃分舍利事。《典尊經》第三，般遮翼子述梵童爲忉利天說過去大典尊臣事，以之問佛，佛爲說究竟梵行法。《闍尼沙經》第四，此云勝結使，乃摩竭國王命終生四王天，爲毘沙門作子，述梵童爲諸天所說法，佛即以之酬阿難請。

第二分《四姓經》第一，爲二出家婆羅門說四姓平等，作惡墮落，作善超昇，見諦證道。《轉輪聖王修行經》第二，誡敕比丘當自熾然，當自歸依，謂修四念處觀，并說古先聖王治世，末後出家，至第七王，不如法治，漸生惡法，致成滅劫，刀兵劫後，漸次修善，倍倍壽增，至八萬歲時，慈氏出世，是故比丘當修善法，則壽命延長，謂四神足，顏色增益。謂具戒品，安隱快樂。謂成四禪，財寶豐饒。謂行四等，威力具足。謂見四諦，力能降魔。《弊宿經》第三，童女迦葉爲弊宿婆羅門種種說法，破其斷見，皈依設會，死得生天。《散陀那經》第四，此居士往梵志尼俱陀處，梵志毀佛，佛至其處，爲說苦行，淨不淨法，折伏梵志。《衆集經》第五，佛敕舍利弗說法，因說種種增一之法。《十上經》第六，佛敕舍利弗說法，因說十上法，謂多成法、修法、覺法、滅法、退法、增法、難解法、生法、知法、證法，各各增一至十，共五百五十法。《增一經》第七，佛爲比丘說多成法、修法、覺法、滅法、證法，皆增一至十。《三聚經》第八，佛爲比丘說三法聚，謂趣惡趣，趣善趣，趣涅槃法，各增一至十。

《大緣方便經》第九，爲阿難廣説十二因緣，甚深義。釋提桓因問經第十，爲帝釋説因調有想，因想有欲，有愛憎，有貪嫉，乃至共相傷害。《阿㝹夷經》第十一，爲房伽婆梵志説善宿比丘事，及説破世見事。《善生經》第十二，爲善生長者子，説離四惡行，禮敬六方法。《清淨經》第十三，因周那沙彌述外道徒衆鬭諍事，佛爲説無諍正法。《自歡喜經》第十四，舍利弗向佛師子吼，稱説如來難及之法。《大會經》第十五，諸天集會佛爲結咒。

第三分《阿摩晝經》第一，沸伽羅娑羅遣其弟子，阿摩晝觀佛相好，阿摩晝輕慢釋種，佛出其種姓之因，并爲説妙法，如大小持戒，犍度所明，次令得見相好，還白厥師，師來見佛，覩相設供，爲阿摩晝悔過，除白癩病，自復悟道，生不還天。《梵動經》第二，佛誡比丘，於毁三寶者不得懷忿，於稱讚者亦勿歡喜，凡夫寡聞，直讚小緣，威儀戒行。唯賢聖弟子能以甚微妙大法，光明讚佛，謂佛善知六十二見、本末因緣，知已不著而得解脱。《種德經》第三，種德婆羅門見佛，佛問以婆羅門法，於五法中，以次揀去生、誦、端正，惟持戒、智慧，缺一不可。佛讚印之，并爲説比丘戒慧，彼即受三歸五戒。《究羅檀頭經》第四，佛爲此婆羅門説大祀法及説歸戒慈心出家功德。此婆羅門即放牛羊等物，受歸戒，供佛證果，生不還天。《堅固經》第五，堅固長者子三請，佛敕弟子現神足。佛言，我但敎弟子於空閑處靜默思道，覆德露過，以現神足，能起謗故。《倮形梵志經》第六，爲此梵志説苦行亦有善惡二趣，不皆訶責，但非出要，惟如來大師子吼，能令人出家成道，此梵志即出家證果。《三明經》第七，爲二梵志弟子破三明所説，梵道虛妄，及爲正説梵道。《沙門果經》第八，爲阿闍世説沙門現在得果，并受其懺。《布吒婆樓經》第九，破梵志相違論，爲説有因緣想生，有因緣想滅。《露遮經》第十，此婆羅門見佛，請佛，尋起惡見，謂不應爲人説法，佛受供時破之。

第四分《世記經》第十一，閻浮提洲品第一，鬱單越品第二，轉輪聖王品第三，地獄品第四龍鳥品第五，阿須倫品第六，四天王品第七，忉利天品第八，三災品第九，戰鬭品第十，三中劫品第十一，世本緣品第十二。

著録

僧祐《出三藏記集》卷四 《長阿含經》三卷，疑是殘缺，詳校羣録，名數已定，並未見其本，今闕此經。

又卷二 《長阿含經》二二卷，秦弘始十五年出，竺佛念傳譯晉安帝時，罽賓三藏法師佛馱耶舍以姚興弘始中於長安譯出。

道宣《大唐内典録》卷七 《長阿含經》二二卷，四二六紙東晉後秦弘始年佛陀耶舍於長安譯。

智昇《開元釋教録》卷一三 《長阿含經》二二卷，二帙。

佛説七佛經

智旭《閲藏知津》卷二九 《佛説七佛經》，宋中印土沙門法天譯。佛在祇園爲比丘説七佛氏族名字及大弟子等，又廣説毘婆尸佛降生瑞應。《長阿含》初《大本緣經》前分同本。

毘婆尸佛經

智旭《閲藏知津》卷二九 《毘婆尸佛經》上下合卷 佛爲苾蒭説過去毘婆尸佛遊觀四門，出家轉法輪事。《長阿含》初《大本緣經》後分同本。

佛般泥洹經

彦琮《衆經目録》卷二 《佛般泥洹經》二卷，是《遊行經》晉出，竺法護譯。《長阿含》別品異譯。

道宣《**大唐内典録**》**卷七**　《佛般泥洹經》二卷，五十五紙，亦是《遊行經》，西晉竺法護譯。

智昇《**開元釋教録**》**卷一三**　《佛般泥洹經》二卷，或直《大泥洹經》西晉河内沙門白法祖譯。

智旭《**閲藏知津**》**卷二九**　《佛般泥洹經》二卷西晉河内沙門白法祖譯。

因阿闍世王遣雨舍大臣問伐越祇國事，佛爲説七不衰法，大臣去後，爲比丘説七七之法，次説四痛、八戒之法，乃至受奈女供。殿轉遊行至雙樹間入滅，焚身、起塔，結集經典。

佛説大堅固婆羅門緣起經

智旭《**閲藏知津**》**卷二九**　《佛説大堅固婆羅門緣起經》上下同卷宋北印土沙門施護譯。《長阿含·典尊經》同本。

佛説人仙經

智旭《**閲藏知津**》**卷二九**　《佛説人仙經》，宋中印土沙門法賢譯。頻婆娑羅王命終，作毘沙門天王太子，名曰人仙，來述忉利天梵王説法事。《長阿含·闍尼沙經》同本。

佛説白衣金幢二婆羅門緣起經

智旭《**閲藏知津**》**卷二九**　《佛説白衣金幢二婆羅門緣起經》上中下合卷宋北印土沙門施護譯。二婆羅門近佛而恆見佛問法，佛爲説世界四姓起因，即出家證果。《長阿含》初《四姓經》同本。

佛説尼拘陀梵志經

智旭《**閲藏知津**》**卷二九**　《佛説尼拘陀梵志經》上下合卷和合長者至拘尼陀梵志所，彼方止其世論，長者問之，反言瞿曇慧何能轉佛往問之，彼則默不能答。《長阿含·散陀那經》同本。

佛説大集法門經

智旭《**閲藏知津**》**卷二九**　《佛説大集法門經》二卷　佛遊末利城有末利優婆塞新造一舍，請佛及僧安止，佛示安卧舍利子，説增一至十法。《長阿含·衆集經》同本。

長阿含十報法經

智昇《**開元釋教録**》**卷一三**　《長阿含十報法經》二卷一名《多增道章經》，或直云《十報經》，後漢安息三藏安世高譯。　右出《長阿含經》第九卷，與第二分《十上經》同本異譯廣略少異。

智旭《**閲藏知津**》**卷二九**　《長阿含十報法經》二卷，今作一卷後漢安息國沙門安世高譯。即《十上經》五百五十法。

佛説人本欲生經

僧祐《**出三藏記集**》**卷四**　《人本欲生經》一卷漢桓帝時，安息國沙門安世高所譯出。其《四諦》、《口解》、《十四意》、《九十八結》，安公云，似世高撰也。

智昇《開元釋教錄》卷一三　《人本欲生經》一卷後漢安息三藏安世高譯。右出《長阿含經》第十卷，與第二分《大方便經》同本異譯。

智旭《閱藏知津》卷二九　《佛說人本欲生經》一卷《長阿含・大緣方便經》同本。

道安《人本欲生經序》　《人本欲生經》者，照乎十二因緣而成四諦也。本，癡也；欲，愛也；生，生死也。略舉十二之三以爲因也。人在生死，莫不浪滯於三世，飄縈於九止，綢繆於八縛者也。十二因緣於九止，則第一人亦天也。四諦所鑒，鑒乎九止；八解所正，正乎八邪。邪正則無往而不恬，止鑒則無往而不愉。無往而不愉，故能洞照傍通；無往而不恬，故能神變應會。神變應會，則不疾而速；洞照傍通，則不言而化。不言而化，故無棄人；不疾而速，故無遺物。物之不遺，人之不棄，斯禪智之由也。故經曰：『道從禪智，得近泥洹。』豈虛也哉！誠近歸之也。

斯經似安世高譯爲晉言也。言古文悉，義妙理婉。覩其幽堂之美，闕庭之富者或寡矣。安每攬其文，欲罷不能。所樂而玩者，三觀之妙也；所思而在者，想滅之辭也。敢以餘暇爲之撮注，其義同而文別者，無所加訓焉。

佛說尸迦羅越六方禮經

智旭《閱藏知津》卷二九　《佛說尸迦羅越六方禮經》《長阿含・善生經》同本。

佛說信佛功德經

智旭《閱藏知津》卷二九　《信佛功德經》八紙，宋中印土沙門法賢譯。

佛在菴羅園中，舍利弗歎佛種種最勝功德。《長阿含・自歡喜經》同本。

佛說大三摩惹經

智旭《閱藏知津》卷二九　《佛說大三摩惹經》宋中印土沙門法天譯。

佛在迦毘羅林，四梵王各以頌讚。大衆雲集有大黑神祖蹲那作惡，佛說聲聞法調伏之。《長阿含・大會經》同本。

佛說梵志阿颰經

智昇《開元釋教錄》卷一三　《梵志阿颰經》一卷一名《佛開解字》，一名《阿颰摩納經》，吳月支優婆塞支謙譯。

智旭《閱藏知津》卷二九　《佛說梵志阿颰經》一卷吳月支國優婆塞支謙譯。《長阿含・阿摩晝經》同本。

佛說梵網六十二見經

智昇《開元釋教錄》卷一三　《梵網六十二見經》一卷一名梵經，吳月支優婆塞支謙譯。右出《長阿含經》第十四卷，與第三分《梵動經》同本異譯。

智旭《閱藏知津》卷二九　《佛說梵網六十二見經》一卷，《長阿含・梵動經》同本，吳月支國優婆塞支謙譯。

佛說寂志果經

僧祐《出三藏記集》卷四　《寂志果經》一卷，新集所得，今並有其本，悉在經藏。

道宣《大唐内典錄》卷三 《寂志果經》孝武帝世西域沙門竺曇無蘭晉言法正於揚都謝鎮西寺蘭取世要，略大部出。唯二經是《僧祐錄》載，自餘離見，別錄雖並有正本，既復別行，故悉列之，木有所據。

智昇《開元釋教錄》卷一三 《寂志果經》一卷，東晉西域沙門竺曇無蘭譯。出《長阿含經》第十七卷，與第三分沙門果經同本異譯。

智旭《閱藏知津》卷二九 《佛說寂志果經》一卷東晉西域沙門竺曇無蘭譯。《長阿含・沙門果經》同本。

佛說樓炭經

僧祐《出三藏記集》卷二 《樓炭經》六卷《別錄》所載，《安錄》先闕。晉惠、懷帝時沙門法炬譯出。其《法句喻》、《福田》二經，炬與沙門法立共譯出。

道宣《大唐内典錄》卷七 《樓炭經》六卷，一百三十紙，或八卷，是《世記經》西晉沙門法炬等譯。

智昇《開元釋教錄》卷一三 《樓炭經》六卷，出《長阿含經》第十八至二十二卷，與第四分記世紀同本異譯。

智旭《閱藏知津》卷二九 《佛說樓炭經》六卷，西晉沙門釋法炬共法立譯，即《長阿含・世記經》，品稍不同，文亦簡拙。

起世紀

智昇《開元釋教錄》卷一三 《起世經》十卷一帙，隋天竺三藏闍那崛多等譯出經題上，第五譯。

智旭《閱藏知津》卷二九 《起世經》十卷，隋北天竺沙門闍那崛多譯，亦即《世記經》而品次稍異，文義俱暢。

起世因本經

智昇《開元釋教錄》卷一三 《起世因本經》卷一〇。

智旭《閱藏知津》卷二九 《起世因本經》卷一〇隋北天竺沙門達摩笈多等譯，與上經同。

中阿含經分部

中阿含經

題解

僧祐《出三藏記集》卷二 《中阿含經》六〇卷晉隆安元年十一月十日於東亭寺譯出，至二年六月二十五日訖，與曇摩難提所出本不同。晉孝武帝及安帝時，罽賓沙門僧伽提婆所譯出。

綜述

道安《中阿含經序》 《中阿含經記》云：『昔釋法師於長安出《中阿含》、《增一》、《阿毗曇》、《廣說》、《僧伽羅叉》、《阿毗曇心》、《婆須蜜》、《三法度》、《二衆從解脫緣》。』此諸經律凡百餘萬言，並違本失旨，名不當實，依悕屬辭，句味亦差。良由譯人造次，未善晉言，故使爾耳。會燕秦交戰。關中大亂。於是良匠背世，故以弗獲改正。乃經數年，至關東小清，冀州道人釋法和、罽賓沙門僧伽提和，招集門徒，俱遊洛邑。四五年中，研講遂精。其人漸曉漢語，然後乃知先之失也，於是和乃追恨先失，即從提和更出《阿毗曇》及《廣說》也。自是之後，此諸經律漸皆譯正，唯《中阿含》、《僧伽羅叉》、《婆須蜜》、《從解脫緣》未更出耳。

會僧伽提和進遊京師，應運流化，法施江左。于時晉國大長者尙書令、衛將軍東亭侯優婆塞王元琳，常護持正法以爲己任，即檀越也。爲出經故，造立精舍，延請有道釋慧持等義學沙門四十許人，施諸所安，四事無乏。又預請經師僧伽羅叉長供數年，然後乃以晉隆安元年丁酉之歲，十一月十日，於揚州丹陽郡建康縣界，在其精舍更出此《中阿含》。請罽賓沙門僧伽羅叉令講胡本，請僧伽提和轉胡爲晉，豫州沙門道慈筆受，吳國李寶、唐化共書。至來二年戊戌之歲，六月二十五日草本始訖。

此《中阿含》，凡有五誦，都十八品，有二百二十二經，合五十一萬四千八百二十五字，分爲六十卷。時遇國大難，未即正書，乃至五年辛丑之歲，方得正寫，校定流傳。其人傳譯，準之先出，大有不同。於此二百二十二經中，若委靡順從，則懼失聖旨；若從本制名，類多異舊，則逆忤先習，不愜衆情。是以其人不得自專，時有改本，從舊名耳。然五部異同，孰知其正？而道慈愚意，怏怏於違本。故諸改名者，皆抄出注下，新舊兩存，別爲一卷，與目錄相連，以示於後。將來諸賢，令知同異，得更採訪。脫遇高明外國善晉胡方言者，訪其得失，刊之從正。

智旭《閱藏知津》卷二八　《中阿含經》六〇卷，東晉罽賓國沙門瞿曇僧伽提婆譯。　七法品第一，　一《善法經》，謂知法、知義、知時、知節、知己、知衆、知人勝如。　二《晝度樹經》，以天樹從葉萎至華敷，喻比丘從捨家至證四果。　三《城喻經》，以王舍城七事具足，四食豐饒，喻比丘七財具足，四禪成就七財，謂信、慚愧、進、聞、念、慧。　四《水喻經》。以常卧水中乃至住岸等七人，喻常作惡，乃至成四果者。　五《木積喻經》，寧抱火木，不抱女人。寧斷骨髓，不以破戒身受按摩。寧截髀，不以破戒身受禮敬。寧鍱絡身，不以破戒身受衣服。寧呑鐵丸，不以破戒食人信施。寧卧鐵牀，不以破戒身受卧具。寧倒入釜中，不以破戒入溫室等。　六《善人往來經》，七種那含喻。　七《世間福經》，施房、牀、座、衣等，爲世間七種福。聞佛名及弟子極喜，乃至受戒，爲出世七種福。　八《七日經》，以劫盡七日並出，而觀無常。　九《七車經》，滿慈子爲舍梨子說波斯匿七車速行之喻，喻戒淨、心淨、見淨疑蓋淨、道非道知見淨、道迹知見淨、道迹斷智淨、展轉施設無餘涅槃。　十《漏盡經》，謂有漏或從見斷，或從護斷，或從離斷，或從用斷，或從忍斷，或從除斷，或從思惟斷。

業相應品第二，　一《鹽喻經》，不修身戒心智者，作不善業，必招地獄之報。能修身戒心智者，設有不善業，受現輕報。如一兩鹽，投少木中，則不可飲。投恒水中，則不覺鹽。又作奪羊負債二喻。　二《和破經》，佛爲和破外道說無明盡者，不受後有，及說六善住處，謂眼見色不喜不憂等。　三《度經》，破外道宿命、尊祐、無因緣三種論，顯正教六處法、六界法。　四《羅云經》，傾水覆器，誡羅云莫妄語，又說象護鼻，喻人照鏡喻。　五《思經》，說故作十惡，必受惡報。若不故作，則不定受，及勸修四無量心。　六《伽藍經》，爲伽藍國衆人說戒十惡，修慈悲喜捨，得四安隱住處。　七《伽彌尼經》，爲伽彌尼天子說黑白果報，如石如油，一沉一浮。　八《師子經》，爲師子大臣說宗本不可作、可作等義。　九《尼犍經》，爲比丘說破尼犍義，說尼犍五可憎惡，如來得五稱譽。　十《波羅牢經》，爲波羅牢說知幻非即幻，及說現法不定受報，幷示四無量心遠離法，定能斷疑惑。

舍梨子相應品第三，　一《等心經》，舍梨子爲諸比丘分別內結、外結等心，天以此白佛，佛於衆中讚之。　二《成就戒經》，舍梨子說成就戒定慧者，現法證滅定，設不究竟，生意生天中，必知滅定，烏陀夷非之，如是至三，次於佛前亦三說三非，佛乃訶烏陀夷，幷訶阿難，次因白淨尊者說五法可愛敬尊，重勅諸比丘，尙重舍梨子。　三《智經》，舍梨子荅黑齒比丘之問，黑齒白佛，佛設種種問，舍梨子一一善荅，佛讚許之。　四《師子吼經》，有一梵行於佛前誣舍梨子，輕慢之。佛召舍梨子故，問虛實。舍梨子說截角牛，截手旃陀羅，地、水、火、風，掃箒，晡旃尼、破膏瓶、死屍、繫等喻，明無此事。彼比丘乃求悔過，佛勅舍梨子受之。　五《木喻經》，舍梨子說五除惱法，謂於身口意淨不淨等，皆莫生惱，四喻於水，一喻曠野病人。　六《瞿尼師經》，瞿尼師比丘，在無事室調笑憍擾。舍梨子乃於衆中說無事比丘，當學敬重、不調笑、不畜生論、不憍傲、護根、食知止足、精進、正念智、知時、知善坐，論律阿毗曇，論息解脫，論漏盡智通，人間比丘亦爾。七《梵志陀然經》，舍梨子爲知友陀然說法令信佛，次又爲其病時，說四無量心。八《教化病經》，舍梨子爲給孤長者說法，令病得愈，長者自說造園因緣。九《大拘絺那經》，舍梨子問比丘成就見得正見入正法事於拘絺那，拘絺那荅之，知不善不善根，知善善根，知食集滅道，知漏集滅道，知苦集滅道，乃至從老死一一說至無明。若無明已盡，明已生，無所復作。十《象迹喻經》，一切善法皆四聖諦所攝，如諸迹中，象迹第一，因廣說内外四大觀。

十一《分別聖諦經》，佛讚舍梨子善能說法已，入於靜室，舍梨子即爲大衆廣釋四諦義。

未曾有法品第四，一《未曾有經》，阿難述佛種種，未曾有事，佛敎令更受持，如來知生住滅智。二《侍者經》，目連勸阿難侍佛，阿難乞三願，佛讚其種種未曾有法。三《薄拘羅經》，因一異學問薄拘羅，八十年來行欲事否，薄拘羅爲說種種未曾有，知足之行。四《阿修羅經》，阿修羅說大海八未曾有法，佛亦爲說佛法中八未曾有法。五《地動經》，說三因緣地動，及說如來於天人中說法，不可思議。六《瞻波經》，目連牽犯戒比丘去，佛爲目連重說八種海喻。七《郁伽長者經》上，郁伽大醉，見佛得醒，聞法證果。以妻施人，佛讚其八未曾有法。八《郁伽長者經》下，長者恆設大施，海中沒失大船，衆比丘令阿難辭其施會，郁伽但願如轉輪王希求出家。九《手長者經》上，以四攝攝衆，修四無量心，天讚之而不喜，佛歎其七未曾有法。十《手長者經》下，佛又讚其八未曾有法少欲、信、慚愧、進、念、定、慧。

習相應品第五，一《何義經》，阿難問持戒爲何義，佛言令不悔義。如是展轉問不悔，歡悅、得喜、得止、得樂、得定、見知如實、得厭、無欲，即得解脫婬怒癡。二《不思經》，明持戒便得不悔，不須思量等。三《念經》，謂多忘無正智，便害正念正智，害護諸根護戒，乃至害涅槃。四《慚愧經》上，明有慚愧，便習愛恭敬，便有信，有正思惟，正念、正智，護根護戒，乃至涅槃。五《慚愧經》下，舍梨子復說壞樹皮喻。六《戒經》上，明犯戒，便害不悔等。七《戒經》下，舍梨子復說害樹根喻。八《恭敬經》上，明恭敬能具威儀，具學法，具戒身定慧等，乃至涅槃。九《恭敬經》下，明恭敬能展轉護根，乃至無欲涅槃。

十《本際經》，謂無明爲愛習，五蓋爲無明習，三惡行爲五蓋習，不護根爲惡行習，不正念智爲不護根習，不正思惟爲不正念智習，不信爲不正思惟習，聞惡法爲不信習，近惡知識爲聞惡法習，惡人爲近惡知識習。七覺爲明脫習，四念處爲七覺習，三妙行爲念處習，護根爲妙行習，乃至正念智、正思惟、正信、聞法、近善知識，善人，展轉爲習。十一《食經》上，食與習同，而說大海以大河爲食，乃至雨爲食喻。十二《食經》下法同，喻稍略。十三《盡智經》，謂盡智以解脫爲習，乃至不悔以護戒爲習，護戒又以護根爲習，如是正念智、正思惟、正信、觀法忍、玩誦法、受持法、觀法義、耳界聞善法，往詣奉事善知識，展轉爲習。十四《涅槃經》，明涅槃以解脫爲習，乃至正信以苦爲習，苦以無明爲習，徧觀十二因緣而得涅槃。十五《彌醯經》，彌醯侍佛，辭佛往靜處求斷，反起欲恚、害，三惡念，乃歸佛所。佛爲說心解脫未熟，欲令熟者，有五習法，一與善知識俱，二護戒威儀，三說聖法，四精進斷惡修善，五觀興衰法。又修四法，惡露斷欲，慈斷恚，出入息斷亂，無常斷慢，而皆以與善知識俱，乃得成後四事，及四法。十六《即爲比丘說經》，重說上義也。

王相應品第六，一《七寶經》，佛法有七覺，如輪王七寶。二《三十二相經》。三《四洲經》，說頂生王不知足而死之事。四《牛糞喻經》，佛以手爪抄少牛糞而告比丘，不見有少色，常住不變，而一向樂也，覺想行識亦復如是。五《頻鞞娑羅王迎佛經》，爲說無常等法，令證果。六《鞞婆陵耆經》，說迦葉佛時，難提波羅陶師，勸優多羅童子見佛出家事。七《天使經》，說閻王以生、老、病、死治罪。五種事詰責罪人，名爲五天使者，及說地獄衆苦初一日誦竟。八《烏鳥喻經》，說比丘莫如獺，究暮、鷲、食吐鳥、豺、烏，當如猩猩。九《說本經》，阿那律說過去因，佛更爲說未來彌勒佛事。十《大天㮈林經》，說往古大天輪王，髮白出家，敎子孫亦如是出家。凡八萬四千世，最後王名尼彌，廣行戒善，帝釋請到天上事。幷囑阿難轉相繼法，莫令佛種斷。十一《大善見王經》，說往古王於拘尸城修四無量，六返捨身，今如來入滅爲第七。十二《三十喻經》，戒德爲嚴飾具，乃至心解脫爲珠寶，自觀已心，爲身極淨。十三《轉輪王經》，說增減劫由善惡業。誡諸比丘應如螺轉輪王，謂念處爲自境界。如意足爲壽，戒爲色，禪爲樂，無漏爲力，能降伏魔。　十四《蜱肆經》，鳩摩羅迦葉以種種喻斷蜱肆王無後世見，又以種種喻令捨見，捨欲恚怖癡，乃受三歸，行布施，但不至心，僅生業樹林空宮殿中，反不如典布施人，得生四王天。

長壽王品第七，　一《長壽王本起經》，爲鬭諍比丘說長壽王，及長生太子事。比丘不改過，佛以神足至阿那律等三人住處，見其習行無事，而讚之，并爲說修天眼法。　二《天品經》，佛爲比丘說自己修行得光明事，凡八行，謂見形色，乃至知曾生此天等。　三《八念經》，阿那律陀作是七念，道從無欲，非有欲得，及知足、遠離、精勤、正念、定意、智慧，一一對明。佛知其所念，便往讚之，并爲說道，從不戲樂，不戲行、不戲得，非從戲樂、戲行、戲得，是名八大人念。　四《淨不動道經》，說三種淨不動道，三種淨無所有處道，一淨無想道，及說涅槃聖解脫。五《郁伽支羅經》，爲一比丘略說法要，謂四念處應與三定四共俱禪並修，亦修四無量心，必得果證。　六《娑雞帝三族姓子經》，爲阿那律等三年少說離欲法，乃至說授四輩生處記義。　七《梵天請佛經》，佛知梵天邪見，無常計常，往爲說法，并訶魔說，令梵天得正見。　八《有勝天經》，仙餘財主請阿那律飯，問大心無量心義。阿那律爲分別之，并說光天、淨光、徧淨光、差別因果。　九《迦絺那經》，八百比丘并世尊共爲阿那律作衣。佛勑阿那律爲衆說法，從信心出家、持戒、護根、棄蓋、得禪，乃至證六通三明，是名迦絺那法。　十《念身經》，爲諸比丘廣說念身法，成就十八功德。　十一《支離彌梨經》，拘絺羅訶質多羅象子比丘，不恭敬，不善觀，并爲其親友比丘說種種退失法喻，於後象子果捨戒還俗。十二《長老上尊睡眠經》，因目連晝眠，佛爲說除睡法，并說究竟梵行法。十三《無刺經》，因諸比丘知聲爲定刺，佛爲更說犯爲戒刺，嚴飾爲護根刺，乃至欲恚癡三刺，惟阿羅訶離之。　十四《眞人經》，佛爲比丘說恃善法者，爲不眞人法。不自貴賤他，爲眞人法。　十五《說處經》，爲阿難說教訶、訓誨年少比丘說處，謂應說五盛陰、內六處、外六處、六識身，更樂覺想思愛，六界、緣起、念處、正斷、如意、四禪、四諦、四想、四無量、四無色、四聖種、四果、五熟解脫想、五解脫處、五根、五力、五出要界、七財、七力、七覺、八正、又說頂法、及頂退法。

穢品第八，　一《穢經》，舍梨子分別內有穢，內無穢，各有二種，不知如眞者，皆最下賤，知如眞者，皆最勝，爲說買銅盤喻，又說盛糞盛食喻。　二《求法經》，佛說比丘宜求法，莫求飲食，又說上中下弟子隨師、不隨師功過。舍梨子因即廣明三可毀，三可稱法，及說中道斷欲、斷貪等，又有中道謂八聖道。　三《比丘請經》，目連說比丘應請諸尊教我、訶我，莫難於我，及說成就戾語法，與善語法者，過失功德并說照鏡之喻。　四《知法經》，周那說比丘知法，不知法者，猶貧稱富，及富稱貧。五《周那問見經》，佛爲周那說漸損法、發心法、對法、昇上法、涅槃法。　六《青白蓮華喻經》，佛說有法從身滅，有法從口滅，有法但從慧見滅，謂能修身戒心智，如蓮水生水，長而不著水。　七《水淨梵志經》，佛因水淨梵志，告諸比丘。有二十一穢汙於心者，必至地獄，謂邪見、非法欲、惡貪、邪法、貪、恚、睡眠、掉悔、疑惑、瞋纏、不語結、慳、嫉、欺誑、諛諂、無慚、無愧、慢、大慢、憍傲、放逸、若不汙心，必至善處，兼爲梵志說淨洗以善法偈令梵志悟。　八《黑比丘經》，因黑比丘喜鬭諍，佛爲說不可愛及可愛法，亦說惡馬良馬喻。　九《住法經》，佛說比丘，於善法有退、有住、有增，須自觀知善、不善法，求斷、求增，如救頭然。　十《無經》，舍梨子說淨法衰退及轉增之由，又述斷惡修善，如救頭然之喻。

因品第九，　一《大因經》，佛爲阿難廣明緣起甚深，又明七識住，及二處，於此知如眞者，名慧解脫兼修八解脫者，名俱解脫。　二《念處經》，說三世諸佛，皆斷五蓋，住四念處，修七覺支而證道。因廣明四念處觀。　三《苦陰經》上，因異學亦言知斷欲斷色斷覺，比丘以此白佛，佛爲分別欲味、欲患、欲出要，色覺亦爾。　四《苦陰經》下，釋摩訶男生染恚癡法，佛爲說欲味欲患，若知如眞，不爲所覆，便得無上息。　五《增上心經》，比丘欲得增上心者，當數數念於五相，一念相善相應，二觀念惡患，三不念念，四以思行漸減念，五以心修心，受持降伏。　六《念經》，分別諸念作二分，欲恚害念作一分，無欲恚害念作一分。若生欲恚害念，須不受斷除吐，若生無欲恚害念，須速修習廣布，次應治內心，常住在內，止息一意得定，向法、次法，乃至證四禪斷諸漏。　七《師子吼經》，謂斷一切受，知欲受，戒受，見受，我受，以無明爲本，無明盡者，不復更受，此四受尊信此師，信此法，具戒德，敬同學，乃堪師子吼曰，此有第一第二三四沙門，此外更無沙門梵志。八《優曇婆羅經》，實意居士詣異學園，異學欲以一論滅瞿曇，如弄空瓶，佛至其園，爲說苦行穢不穢法，總名不了。亦說正解脱法，異學屈服，但以魔力所持，而不發心。九《願經》，因一比丘心願，佛與慰勞共語，說法得具足戒，而不廢禪，成就觀行於空靜處，佛乃廣說比丘所應願事。十《想經》，謂若計地是神，便不知地，不計地即是神，彼便知地，乃至一切悉皆如是。

林品第十，一《林經》上，料簡四種所住林，或不得正念等，雖有四事，不應住，或可得正念等，雖乏四事，不應去，或二俱不得，應夜半而去，莫與彼別，或二俱得，應盡命住。二《林經》下，四料簡與上同，此約得沙門義說。三《自觀心經》上，料簡止觀得不得，有四句不得者，方便令得，得者當求漏盡。四《自觀心經》下，觀增伺瞋恚乃至惡慧等，多少有無，有惡須斷，有善須求漏盡。五《達梵行經》，知漏、知漏因、知報、知勝如、知盡、知滅道，如是覺、想、欲、業、苦，一一知因，乃至知道是調達梵行，能盡一切苦。六《阿奴波經》，記提和達多入地獄，并爲阿難說大人根智，善知六種人。七《諸法本經》，欲爲諸法本更樂爲和，覺爲來，思想爲有，念爲上主，定爲前慧，爲上解脱爲，眞涅槃，爲諸法訖。八《優陀羅經》，說優陀羅不知癰本，雖生非非想處，還墮狸中，比丘應知身爲癰，愛爲癰本，六更觸處爲一切漏。九《蜜丸喻經》，先爲執杖釋說宗本法，執杖不是不非而去，次爲比丘略說，即入室坐，諸比丘轉問大迦旃延，然後白佛印可。十《瞿曇彌經》，大愛道三求出家，佛三止之。因阿難爲請乃制八尊師法，後又請求少年比丘禮敬老尼，佛爲說滅正法事第二小十一城誦訖。

大品第十一，一《柔軟經》，佛說在家時受用，但爲老病死而出家。二《龍象經》，佛說惟佛爲大龍，烏陀夷因作頌讚。三《說處經》，比丘有三說處，謂三世有，又以二種四處觀人，知可共說，不可共說。四《說無常經》，謂觀五陰無常，得證果。五《請請經》，佛因說戒時，唱言我是後邊身，汝等眞法子，身口意清淨，無枝亦無葉。舍梨子因作頌讚。六《瞻波經》，說戒時有犯戒者，佛默不說，目連牽犯戒者出，佛種種訶犯戒之罪。七《沙門二十億經》，二十億比丘精進而不證果，心生退悔。佛爲說彈琴喻，遂盡諸漏，向佛善說所證之義。八《八難經》，謂學道有八難，惟有一不難。九《貧窮經》，以無善法財喻貧窮，以惡行喻舉貸，以覆藏喻長息，以梵行所知爲責索，以頻生三惡念爲數往求索，以墮惡道喻被收縛。十《行欲經》，爲給孤居士說十種行欲人，非法三，法非法三，如法四。十一《福田經》，爲給孤居士說二種福田，謂十八學人九、無學人。十二《優婆塞經》，佛說優婆塞善護五戒，及念佛法僧戒，必得證果。十三《怨家經》，謂瞋恚是怨家，妨人七事，一妨好色、二妨安眠、三妨得利、四妨友朋、五妨名稱、六妨大富、七妨生善處。十四《教曇彌經》，曇彌罵責比丘，比丘皆去，諸優婆塞乃逐曇彌。佛爲曇彌說樹神喻，令彼住沙門法。十五《降魔經》，魔入目連腹中，目連喚出，爲說昔日波旬擾佛弟子招大苦報，汝即我甥，事魔乃怖，而降伏。十六《賴吒和羅經》，賴吒和羅居士子，聞佛說法，發心出家。父母不許，卧地不食，許已方起，出家證果，後還父家，不被財色所動，爲父母說法，次爲拘牢婆王說信如來，所說四事故出家，一此世無可依恃、二必趣老、三必無常、四無厭足。十七《優婆離經》，苦行尼揵與佛論議，立身罰最重。佛立意業最重優婆離居士，從尼揵處欲來難佛，反受佛化，證果斷邪，不聽尼揵入門。十八《釋問經》，天王先遣五結樂子以琴歌見佛，次來問法，佛爲說因思有念，因念有欲，因欲有愛不愛，因愛不愛有慳嫉結，生大苦陰，及說八正道，護六根等，天王證初果，發願來生出家。十九《善生經》，善生居士奉父遺命，敬禮六方，佛爲說離四惡業、四惡行，六非道、四似親，應知四善親，及內法六方，謂東爲父母，南爲師尊，西爲妻子，北爲婢使，下爲友臣，上爲沙門、梵志。二十《商人求財經》，先說往古商人入海墮羅刹國，乃至乘天馬時，若稍念男女情愛，即便墮落，次正說比丘若計根塵陰界是我者，必皆被害。二十一《世間經》，明如來知苦斷集，證滅修道，自覺覺他，從成道至涅槃，所說皆實。二十二《福經》，明往昔七年行慈福報，勸人修福。二十三《息止道經》，謂初學比丘常應念骨相、青相、腐相、食相、骨鎖相，除欲恚病。二十四《至邊經》，謂欲盡苦，甘行乞食，而復不修沙門法行，如墨浣墨，如血除血，從冥入冥。二十五《喻經》，謂無量善法以不放逸爲本，如地、如沉水，栴檀青蓮、須摩、象迹、師王，乃至如如來等。

梵志品第十二，　一《雨勢經》，未生怨遣雨勢大臣問佛跋耆國事，佛爲說彼國行七不衰法，必當得勝，大臣去後，因爲比丘說七種七不衰法，及說六慰勞法。　二《傷歌羅經》，此摩納始謂作齋行，無量福迹，學道行一福迹，阿難三問而屈服之，佛爲說三輪示現法，摩納歸信。　三《算數目犍連經》，此梵志以堂及算法爲喻，問佛法中次第，佛爲分別說之，次問何緣有得究竟、不得究竟者，佛爲說問路之喻。　四《瞿默目犍連經》，佛涅槃後，阿難往此田作人所，彼問可有比丘與佛等者，適遇雨勢大臣來到，重復問之，阿難荅以無有此人，次說有法可依，及有十德可敬，又說訶貪等四伺，讚四禪四伺，雨勢去後，又荅三種解脫，無有勝如。　五《象迹喻經》，異學卑盧爲生聞梵志說象迹喻，以讚於佛，生聞見佛，佛爲具足說此法喻，謂從出家護根，除蓋成四禪，證無漏，方爲極大象迹。　六《聞德經》，爲生聞說博聞誦習差別功德，謂從捨家乃至證滅。　七《何苦經》，荅生聞所問，在家出家苦樂之事，及荅饒益天人法，觀善惡知識如黑白月。　八《何欲經》，生聞梵志，問刹利、居士、婦人、偸劫、梵志、沙門，各何欲、何行、何立、何依、何訖，佛一一荅之。　九《鬱瘦歌羅經》，此梵志向佛說四種奉事，及四種自有財物，佛展轉破之，謂如強與他肉而取其直，次正作虛空、慈心、洗浴、取火等喻，明四姓平等。　十《阿攝和經》，諸梵志自恃其種獨淨，遣阿攝和與佛辯之，佛亦爲說虛空，乃至取火等喻，又說父母驢馬等喻，以屈之第三念誦訖。　十一《鸚鵡經》，佛爲此摩納分別在家、出家事，摩納述梵志所施設五法功德，佛詰以現知、現覺義，彼則瞋恚，佛爲說五法障礙，謂欲、恚、身見、戒取、疑，及說法從心起。　十二《鬚閑提經》，此異學見佛臥室而起敬，聞佛名而毀訾，見佛說離欲法喻，而出家證果，所謂喻者，癩人炙火，盲著垢衣也。　十三《婆羅婆堂經》，婆私吒及婆羅婆二人，皆梵志種出家，被諸梵志訶責，佛爲說劫初漸立四姓事，及說善惡業報無差別。　十四《須達多經》，爲此居士說施心差別，非關麤妙之物，次較勝田，從凡人、四果、支佛、如來，不若作四方僧房，又不若受歸戒修慈心，及作無常觀。　十五《梵波羅延經》，佛荅今之梵志，久已越梵志法，無復學者。　十六《黃蘆園經》，佛在園中，有百二十歲老梵志來責佛不敬一切，佛言，若如來起迎請坐者，彼人必當頭破七分。梵志又訶佛無味、無怖不入胎，佛言，於五欲無味、無怖，證四禪三明，故不入胎，梵志乃終身自歸。　十七《頭那經》，爲頭那說五種梵志法，一如梵、二如天、三不越界、四越界、五旃陀羅。　十八《阿伽羅訶經》，此梵志問梵志經典何所依住，佛言依於人住，展轉問人、稻麥、地、水、風、空、日月、四王，乃至大梵。依忍辱溫良，忍辱溫良，又依涅槃，涅槃無依。　十九《阿蘭那經》，諸比丘共論人命極少，宜力行善，佛讚印之，并說昔時阿蘭那梵志出家，說無常法利益無量，即佛往因也。　二十《梵摩經》，梵志梵摩先遣摩納優多羅觀佛三十二相，及觀威儀。優多羅發心出家，次後梵摩自來見佛，諦觀諸相，信心歸依，證那含果。

根本分別品第十三，　一《分別六界經》，佛於陶師屋中爲弗迦羅娑利比丘說六界聚、六觸處、十八意行、四住處法。　二《分別六處經》，爲比丘說六處、六更樂、十八意行、三十六刀，斷彼成就是，無量說法，內三意止，調御士趣一切方法。　三《分別觀法經》，佛略說如是觀，心灑散，不住內，不受而恐怖，如是觀，心不灑散，住內，不受不恐怖，說已入室，衆比丘請大迦旃延廣說之，謂根著塵，則心灑散，著四禪八定，則不住內，不離五陰，則恐怖反是，便不灑散等。　四《溫泉林天經》，天勸三彌提尊者，受持跋地羅帝偈，尊者問佛，佛說偈曰，愼莫念過去，亦勿願未來，過去事已滅，未來復未至，現在所有法，彼亦當爲思，念無有堅強，慧者覺如是，若作聖人行，孰知愁於死，我要不會彼，大苦災患終，如是行精勤，晝夜無懈怠，是故常當說。跋地羅帝偈說已，入室，比丘請大迦旃延廣釋，迦旃延約根塵釋之。　五《釋中禪室尊經》，又一天問盧夷強耆尊者偈，并義。尊者問佛，佛爲說偈，并約五陰釋義。　六《阿難說經》，阿難以偈及義爲比丘說，佛讚印之。　七《意行經》，佛爲比丘說八定，及八天處二俱等等，及說滅定爲最勝。　八《拘樓瘦無諍經》，佛爲比丘分別諍無諍法。　九《鸚鵡經》，鸚鵡摩納父轉生爲白狗，見佛而吠，佛言汝不應爾，謂汝從護至吠。狗瞋極臥地，鸚鵡怒而見佛，佛爲說其成驗，再來見佛，佛爲說業報差別之法。　十《分別大業經》，異學與三彌提論三業義，周那與阿難，以此問佛，佛訶其不善分別，次正說三報受時差別，及臨終善惡念不同，雖天眼所見，不宜執一非餘，惟佛知其所以然耳，兼說奈果生熟四料簡，以喻於人。

心品第十四，一《心經》，有一比丘問，誰將世間去，誰爲染著，誰起自在。佛言，一切唯心，多聞聖弟子不隨心，而心隨多聞。次又問多聞義，智慧義，黠慧廣慧義。佛言，順梵行爲多聞，知四諦爲智慧，能利人爲廣慧。二《浮彌經》，浮彌爲王子說梵行得果，或願、或無願、或願無願、或非有願非無願義。佛爲浮彌說四喻，搆角及乳，抨水及酪，壓沙及麻，取火毋濕及乾，喻邪梵行正梵行，得果不得。三《受法經》上，現在未來苦樂四料簡也，婬欲，現樂後苦。強制煩惱，現苦後樂。外道苦行，現苦後苦。歡喜修行，證三果，現樂後樂。四《受法經》下，亦四料簡，而約苦樂心，修十善行十惡論。五《行禪經》，料簡四種行禪，一熾盛而謂衰退，二衰退而謂熾盛，三知衰退四知熾盛，八定皆爾。六《說經》，分別八定中皆有退、住、進，及漏盡義，修者應知。七《獵師經》，以四種鹿羣，喻沙門梵志三不脫魔境，一能脫之，謂修四禪、四無量、四空斷漏者。八《五支物主經》，此物主先詣異學文祁子處，文祁子立四事爲第一義，謂身不作惡、口不惡言，不行邪命，不念惡念，物主以此白佛。佛言，此則嬰孩皆第一義，若多聞聖弟子，當知善戒不善戒，善念不善念，何由生，何由滅，知已具足八正道，乃至正解脫、正智，是名第一義，質直沙門。九《瞿曇彌經》，大愛道以金縷衣供佛，佛令施比丘衆，三勸不從。佛爲阿難說七施衆、十四私施，皆得大福報，乃料簡施受淨、不淨四句。十《多界經》，阿難作是思惟，一切恐怖及災患等，皆從愚癡生，不從智慧。佛爲廣申明之，次問，云何名愚癡，云何名智慧。佛言，不知界、處、因緣、是處非處者，爲愚癡。知者，爲智慧。界者，眼等十八，地等六，欲無欲等六。樂、苦、憂、喜、捨、無明亦爲六。覺、想、行、識爲四。欲、色、無色。三。色、無色、滅。三。過、現、未。三。妙、不妙、中。三。善、不善、無記。三。學、無學、俱非。三。漏、無漏。二。爲、無爲。二。共名六十二界。處者，十二處。因緣者，十二緣生。是處非處者，若因若果。

雙品第十五，一《馬邑經》上，說沙門法須身行清淨，口行清淨，意行清淨，命行清淨，守護諸根，正知出入，斷除五蓋，成就四禪，趣向漏盡。二《馬邑經》下，謂應息貪伺、恚伺，乃至邪見，成就四無量心，乃至漏盡。三《牛角娑羅林經》上，舍梨子與阿難等各說發起此林之法，佛皆讚之，并說不解趺坐，乃至漏盡，是名發起此林。四《牛角娑羅林經》下，阿那律等三人在此林中。佛往問之，各言，安隱并說上人之法。佛讚歎之，長鬼天等展轉讚歎，乃達梵天。五《求解經》，佛說求解於如來正知、如來法第四分別誦訖。六《說智經》，爲比丘說與梵行成立人問答法。七《阿夷那經》，因異學阿夷那爲比丘略說知法非法，義非義，令學如法如義。諸比丘請阿難廣釋，謂邪見乃至邪智爲非法，因此生不善惡法爲非義，正見等爲法，所生善法爲義。八《聖道經》，正定爲一道，有習、有助、有具，共七支正見最在前。一一釋已，并正解脫、正智爲十支。約邪、正、斷、修，成四十大法品。九《小空經》，從不念人想，不念村想，不念無事想，次第至不住無想心定。十《大空經》，因衆比丘集加羅差摩精舍。佛爲阿難說遠離法，及說修內空、外空、內外空、不移動法，又說正知法，讚不放逸法，分別煩師、煩弟子、煩梵行法，又誡弟子不恭敬順行者，名於師行怨事，能恭敬順行者，名於師行慈事。

後大品第十六，一《迦樓烏陀夷經》，烏陀夷念世尊恩深，讚斷過中食，佛印可之，深訶不順此戒，謂爲小事者，如彼癡蠅。二《牟梨破羣那經》，此比丘與比丘尼數共集會，護過瞋諍，佛呼而誨之，謂以信捨家，應修無欲，如調馬、治林於時非時等，五言道。皆習慈心、悲喜捨心，如大地不可壞，如恒河不可沸，如虛空不可畫，如治皮無瓦聲，乃至應數數念利鋸刀喻，則所遊皆安，堪證學無學道。三《跋陀和利經》，佛讚歎一坐食法，跋陀和利固辭不堪，夏三月竟，復來見佛。佛種種訶之，爲說出要，又荅其苦治不苦治之問，次說清淨馬喻法。四《阿濕具經》，此比丘與弗那婆修二人，不遵佛戒，過中暮食，佛呼而責之，爲說樂覺、苦覺、修不修義，及說修行不放逸義。五《周那經》，周那述尼犍諍事於阿難，阿難問佛，佛爲說六諍本，七滅法，六慰勞法。六《優波離經》，問荅七滅諍等，如法不如法事。七《調御地經》，王童子不信阿夷那和提所說法，阿夷那和提白佛，佛爲說山下不見園林喻，及說調野象喻。八《癡慧地經》，說癡慧各三相，謂思、說、作也。各受現法三苦樂，謂惡名、治罰、惡死，爲三苦。善名，無罪。善死，爲三樂。又有地獄、天宮苦樂果報。九《阿梨吒經》，阿梨吒説欲不障道，諸比丘諫而不捨，佛呼而責之，謂比丘於法尚應知如筏喻，況執非法。十《嗏帝經》，嗏帝執此識往生不更異，諸比丘諫而不捨，佛呼責之，爲比丘細明十二因緣生滅。

哺利多品第十七，一《持齋經》，爲毘舍佉説放牛尼犍齋無福，應持聖八支齋，更修五念，念佛如沐首，念法如浴身，念僧如浣衣，念戒如磨鏡，念天如煉金。二《晡利多經》，爲此居士説八支斷俗事，一離殺、二離盜、三離婬、四離妄、五離貪、六離恚、七離嫉惱、八離增上慢，更有八支，謂欲如骨、如小肉、如手把炬、如火坑、如毒蛇、如夢、如假借、如菓樹，離欲得禪，盡漏作證，居士悟道。三《羅摩經》，於此梵志家爲諸比丘説聖求、非聖求，隨説未成道時，先學二定，次坐菩提樹求得正覺，度五比丘事。四《五下分結經》，説依道、依迹斷結，猶如入林求實，亦如度河度山水。五《心穢經》，説比丘須找心中五穢，謂疑佛、疑法、疑戒、疑教、疑梵行者，又須解心中五縛，謂身縛、欲縛、説縛、聚會縛、昇進縛，次應修五法，謂四如意足，及堪任。六《箭毛經》上，此異學説瞿曇有五法，令諸弟子恭敬不離，謂麄衣、麄食、少食、麄卧具、晏坐。佛言，不以此五法，更有五法，謂無上戒、無上慧、無上知見，説四諦宿命漏盡通。七《箭毛經》下，爲此異學説天眼、宿命通事。彼述邪師所説上色，佛展轉以螢、火、星、月、日、天光等破之，及爲説四禪道迹。八《鞞摩那修經》，亦爲此異學破上色邪見，又爲説置前世、後世，但令質直無諂誑，隨教化，必得知正法，如火不益油，柴不益薪，必期於滅，異學悟道出家。九《法樂比丘尼經》，毘舍佉問，此比丘尼荅。問荅已，尼往白佛，佛印可之。十《大拘絺羅經》，舍利弗問此尊者荅。

例品第十八，一《一切智經》，佛爲波斯匿王説四姓勝如義，阿難與大將論遣退天義，年少與大將互推謬説義。王因多事，讚佛而去。二《法莊嚴經》，波斯匿信佛種種法靖，而稱述之。王去之後，佛令比丘受持此説。三《鞞訶提經》，波斯匿以佛身行問於阿難，阿難具荅行不行義，王喜以衣布施，阿難白佛，佛印可之。四《第一得經》，佛言，一切變易有異法，從人王乃至十一切處，多聞聖弟子總不欲之，況下賤法，惟應廣布八正道耳。五《愛生經》，梵志兒死愁憂，見佛。佛言，愛生便生愁苦，梵志不悟。波斯匿王聞之，以告末利夫人，夫人所説同佛，王遣人問佛，佛爲廣説，人還白王，夫人更爲王詳説，王乃信佛自歸。六《八城經》，阿難爲此居士説十二禪，居士信心施食及房。七《阿那律陀經》上，尊者爲諸比丘説四禪及漏盡，爲賢死賢命終。八《阿那律陀經》下，又説見質直，得聖戒，修念處，四無量，四空定，得漏盡，爲不煩熱死，不煩熱命終。九《見經》，阿難爲異學説如來不一向説有常、無常等。十《箭喻經》，鬘童子欲如來一向説世有常等，佛訶責之，爲諸比丘説拔毒箭喻。十一《例經》，佛説欲斷無明，別知無明，乃至老死者，應修念處正。

著録

法經《**衆經目録**》**卷三**　《中阿含經》五九卷《中阿含經》六十卷右二經同本異譯。

道宣《**大唐内典録**》**卷七**　《中阿含經》六〇卷一千一百四十七紙東晉僧伽提婆於楊都譯。

智昇《**開元釋教録**》**卷一三**　《中阿含經》六〇卷僧肇《長含序》云《中含》四分五誦。

佛説七知經

法經《**衆經目録**》**卷四**　《七知经一卷》一名《七智經》出第一卷出《中阿含經》。

道宣《**大唐内典録**》**卷七**　《七知經》《中阿含》別品殊譯。

智昇《**開元釋教録**》**卷一三**　《七知經一卷》或士《七智經》　吳月支優婆塞支謙譯。

右出《中阿含經》第一卷與《初善法經》同本異譯。

智旭《閱藏知津》卷二八　《佛說七知經》　吳月支國優婆塞支謙譯。即知法知義等，《中阿含·善法經》同本。

佛說園生樹經

智旭《閱藏知津》卷二八　《佛說園生樹經》，宋北印土沙門施護譯。《中阿含·晝樹度經》同本。

佛說鹹水喻經

僧祐《出三藏記集》卷七　《鹹水喻經》一卷，安公云，出《中阿含》。《舊錄》云，《鹹水譬喻經》。

法經《衆經目錄》卷三　《鹹水喻經》一卷，《中阿含》別品異譯。

智昇《開元釋教錄》卷一三　《鹹水喻經》一卷或云《鹹水譬喻》。《僧祐錄》云安公失譯經今附《西晉錄》右出《中阿含經》第一卷，與《水喻經》同本異譯。

智旭《閱藏知津》卷二八　《佛說鹹水喻經》失譯人名，附西晉錄，即《中阿含·七水喻經》。

佛說薩鉢多酥哩踰捺野經

智旭《閱藏知津》卷二八　《佛說薩鉢多酥哩踰捺野經》，宋中印土沙門法賢譯。說劫盡七日出時相狀，警人精進，早求解脫。《中阿含·七日經》同本。

佛說一切流攝守因經

智昇《開元釋教錄》卷一三　《一切流攝守因經》一卷，後漢安息三藏安世高譯。右出《中阿含經》第二卷，與《漏盡經》同本異譯。

智旭《閱藏知津》卷二八　《佛說一切流攝守因經》後漢安息國沙門安世高譯。說智者見者得流盡，不智者不見者流不盡，及說七種斷流。《中阿含·漏盡經》同本。

佛說四諦經

僧祐《出三藏記集》卷二　《四諦經》一卷安公云，上二經出《長阿含》。漢恆帝時，安息國沙門安世高所譯出。其《四諦》、《口解》、《十四意》、《九十八結》，安公云，似世高撰也。

智昇《開元釋教錄》卷一三　《四諦經》一卷，後漢安息三藏安世高譯。右出《中阿含經》第七卷，與《分別聖諦經》同本異譯。

智旭《閱藏知津》卷二八　《佛說四諦經》，後漢安息國沙門安世高譯。《中阿含·分別聖諦經》同本。

佛說恒水經

智昇《開元釋教錄》卷一三　《恆水經》一卷亦云恆河喻經西晉沙門釋法炬譯。右出《中阿含經》第九卷與《瞻波經》同本異譯。

智旭《閱藏知津》卷二八　《佛說恆水經》西晉沙門釋法炬譯。《中阿含·瞻波經》同本。

佛說本相倚致經

道宣《大唐內典錄》卷七　《本相倚致經》二紙後漢安世高譯。

智昇《開元釋教錄》卷一三　《本相倚致經》一卷亦云《大相倚致》後漢安息三藏安世高譯。

智旭《閱藏知津》卷二八　《佛說本相倚致經》後漢安息國沙門安世高譯。

佛說緣本致經

道宣《大唐內典錄》卷七　《緣本致經》三紙上二經同本別出。

智昇《開元釋教錄》卷一三　《緣本致經》一卷失譯，今附《東晉錄》出《中阿含經》第十卷，與《本際經》同本。

智旭《閱藏知津》卷二八　《佛說緣本致經》失譯人名附《東晉錄》。即《中阿含・本際經》。

佛說輪王七寶經

智旭《閱藏知津》卷二八　《佛說輪王七寶經》三紙半宋北印土沙門施護譯。《中阿含・七寶經》同本。

佛說頂生王故事經

僧祐《出三藏記集》卷四　《頂生王故事經》一卷，新集所得，今並有其本，悉在經藏。

法經《衆經目錄》卷三　《頂生王故事經》一卷一名文陁竭王經《中阿含》別品異譯。

道宣《大唐內典錄》卷七　《頂生王故事經》五紙，一名《文陁竭王經》，出《本經》第十一卷。

智昇《開元釋教錄》卷一三　《頂生王故事經》一卷或直云《頂生王經》，西晉沙門釋法炬譯。

智旭《閱藏知津》卷二八　《佛說頂生王故事經》西晉沙門釋法炬譯。

佛說文陀竭王經

費長房《歷代三寶紀》卷九　《文陁竭王經》一卷　晉安帝世中天竺國三藏法師曇摩讖，或云無讖，涼言法豐，賫《大涅槃》前分十卷并菩薩戒等，到姑臧。止於傳舍，慮失經本，枕之而寢，夜有人牽讖墮地上，警覺謂盜，如此三夕，乃聞空中有聲語曰，此是如來解脫之藏，何爲枕之，讖乃慙悟，別安高處，果有盜者夜數提舉竟不能勝，明旦讖持不以爲重，盜謂聖人悉來拜謝。時沮渠蒙遜僭據涼土稱河西王，聞讖德名呼與相見，一面交言禮遇甚厚，仍請宣譯涼土英俊沙門慧嵩親承筆受，西州道俗將數百人，欣覩明能，縱橫問難。讖釋疑滯，清辯若流，仍出寶坊諸經戒等六十餘萬言，《涅槃》三分之一，前後首尾，來往追尋，涉歷八年，凡經三度，譯乃周訖。雖四十卷，所闕尚多，冀弘法王咸令滿足，一覩圓教，甫隆化哉。涼譯經竟，當宋武帝永初二年。

僧祐《出三藏記集》卷三　《文陀竭王經》一卷，今並有其經。

智昇《開元釋教錄》卷一三　《文陁竭王經》一卷，北涼天竺三藏曇無讖譯拾遺編入。　出《中阿含經》第十一卷，與《四洲經》同本。

佛說頻婆娑羅王經

智旭《**閱藏知津**》**卷二八**　《佛說頻婆娑羅王經》宋中印土沙門法賢譯。王來見佛及佛令優樓頻螺迦葉釋衆疑事，即《中阿含・頻婆娑羅王迎佛經》。

佛說鐵城泥犁經

費長房《**歷代三寶紀**》**卷四**　《鐵城泥犁經》一卷僧祐律師《出三藏記》撰古舊二錄，及道安失源，并新集所得失譯諸經，部卷甚廣，讎挍群目，蕪穢者衆，出入相交，實難詮定，未覩經卷，空閲名題，有入有源，無入無譯，詳其初始，非不有由，既涉年遠，故附此末，冀後博識脱覿本流布，還取正以爲有據，澄澄法海，使靜濤波焉。

道宣《**大唐内典錄**》**卷三**　《鐵城泥犁經》孝武帝世西域沙門竺曇無蘭，晉言法正，於揚都謝鎮西寺。蘭取世要略大部出，唯二經是僧祐錄載，自餘離見別錄，雖並有正本，既復別行，故悉列之，木有所據。

智昇《**開元釋教錄**》**卷一三**　《鐵城泥犁經》一卷，東晉西域沙門竺曇無蘭譯拾遺編入。出《中阿含經》第十二卷，與《天使經》同本。

智旭《**閱藏知津**》**卷二八**　《佛說鐵城泥犁經》東晉西域沙門竺曇無蘭譯。說五使并地獄苦狀。

佛說古來世時經

法經《**衆經目錄**》**卷三**　《古來世時經》一卷，《中阿含》別品異譯。

智昇《**開元釋教錄**》**卷一三**　《古來世時經一卷》失譯，今附《東晉錄》，出《中阿含經》第十三卷與《說本經》同本異譯。比於本經此文稍略。

智旭《**閱藏知津**》**卷二八**　《佛說古來世時經》失譯人名，附《東晉錄》。阿那律說往昔施支佛飯福報，佛讚歎之，并爲比丘說未來輪王及彌勒事，以衣施彌勒，令轉施衆僧，即《中阿含・說本經》。

大正句王經

智旭《**閱藏知津**》**卷二八**　《大正句王經》上下合卷宋中印土沙門法賢譯。即《中阿含・蜱肆王經》。

佛說阿那律八念經

費長房《**歷代三寶紀**》**卷四**　《阿那律八念經》一卷，西域沙門支曜，靈帝世中平年於雒陽譯，其七部是吳錄所載。

法經《**衆經目錄**》**卷三**　《阿那律八念經》一卷，《中阿含》別品異譯。

道宣《**大唐内典錄**》**卷一**　《阿那律八念經》，西域沙門支曜以靈帝世於雒陽譯。

智昇《**開元釋教錄**》**卷一三**　《阿那律八念經》一卷一名《禪行劍意經》，或直云《八念經》，後漢西域三藏支曜譯。出《中阿含經》第十八卷，與《八念經》同本異譯。

智旭《**閱藏知津**》**卷二八**　《佛說阿那律八念經》後漢西域沙門支曜譯。

佛說離睡經

法經《**衆經目錄**》**卷四**　《離睡經》一卷，出《中阿含經》。

智昇《**開元釋教錄**》**卷一三**　《離睡經》一卷，西晉三藏世法護譯。拾遺編入出《中阿含經》第二十卷，與《長老上尊睡眠經》同本異譯。

智旭《閱藏知津》卷二八　《佛說離睡經》，西晉月支國沙門竺法護譯。佛爲目連說離睡法，即《中阿含・長老上尊睡眠經》。

佛說是法非法經

僧祐《出三藏記集》卷二　《是法非法經》一卷，漢桓帝時，安息國沙門安世高所譯出。其《四諦》、《口解》、《十四意》、《九十八結》，安公云，似世高撰也。

法經《衆經目錄》卷三　《是法非法經》一卷，後漢世安世高譯。《中阿含》別品異譯。

道宣《大唐内典錄》卷七　《是法非法經》四紙後漢安世高譯。

智昇《開元釋教錄》卷一三　《是法非法經》一卷，後漢安息三藏安世高譯。出《中阿含經》第二十一卷與《眞人經》同本異譯。

智旭《閱藏知津》卷二八　《佛說是法非法經》後漢安息國沙門安世高譯。說恃善生慢爲非法，不慢爲是法，即《中阿含・眞人經》。

佛說求欲經

僧祐《出三藏記集》卷四　《求欲經》一卷抄《阿含》，新集所得，今並有其本，悉在經藏。

法經《衆經目錄》卷三　《佛說求欲經》一卷，《中阿含》別品異譯。

道宣《大唐内典錄》卷七　《佛說求欲經》一十一紙《中阿含》別品殊譯。

智昇《開元釋教錄》卷一三　《求欲經》一卷，西晉沙門釋法炬譯。出《中阿含經》第二十二卷與《穢經》同本異譯。

智旭《閱藏知津》卷二八　《佛說求欲經》西晉沙門釋法炬譯。即《中阿含・穢經》。

佛說受歲經

僧祐《出三藏記集》卷四　《受歲經》一卷抄《阿含》。新集所得，今並有其本，悉在經藏。

法經《衆經目錄》卷三　《受持經》一卷，出《中阿含經》。

智昇《開元釋教錄》卷一三　《受歲經》一卷，西晉三藏竺法護譯拾遺編入。出《中阿含經》第二十三卷初與《比丘請經》同本異譯。

智旭《閱藏知津》卷二八　《佛說受歲經》西晉月支國沙門竺法護譯。即《中阿含・比丘請經》。

佛說梵志計水淨經

僧祐《出三藏記集》卷四　《梵志計水淨經》一卷抄《阿含》新集所得，今並有其本，悉在經藏。

智昇《開元釋教錄》卷一三　《梵志計水淨經》一卷失譯今附東晉錄，拾遺編入出《中阿含經》第二十三卷，與《水淨梵志經》同本異譯。

智旭《閱藏知津》卷二八　《佛說梵志計水淨經》失譯人名，附東晉錄，即《中阿含・水淨梵志經》。

佛說大生義經

智旭《閱藏知津》卷二八　《佛說大生義經》，宋北印土沙門施護譯。阿難思念緣生法義甚深，問佛，佛爲廣說逆從老死推至識支，即《中阿含・大因經》。

佛說苦陰經

僧祐《出三藏記集》卷四　《苦陰經》一卷新集所得，今並有其本，悉在經藏。

法經《眾經目錄》卷四　《苦陰經》一卷，出《中阿含經》。

道宣《大唐内典錄》卷一　《苦陰經》，僧祐律師出三藏記撰古舊二錄及道安失源幷新舊所得失譯諸經，卷部甚廣，讎挍群目，蕪穢者衆出入相交，實難詮定，未覩經卷，空閱名題，有入有源，無入無譯，詳其初始，非不有由，既涉遠年，故附此末，冀後慱識脱覿本流布，還正取以爲有據，瀅澄法海，使靜濤波焉。余又勘入藏見錄，止得二十五卷，如別叙之餘闕本未獲。

智昇《開元釋教錄》卷一三　《苦陰經》一卷失譯，在後漢錄，拾遺編入，出《中阿含經》第二十五卷，與《前苦陰經》同本異譯。

智旭《閱藏知津》卷二八　《佛說苦陰經》四紙餘失譯人名，在後漢錄。即《中阿含·苦陰經》上。

佛說苦陰因事經

費長房《歷代三寶紀》卷六　《苦陰因事經》一卷出中阿含惠帝世沙門釋法炬出初炬共法立同出，立死後炬又自出，多出大部與立所出每相參合，廣略異耳，《僧祐錄》全不載，既見舊別諸錄依聚繼之，庶知有據，以未正僞焉。

法經《眾經目錄》卷三　《苦陰因事經》一卷，出第二十五卷，出《中阿含經》。

智昇《開元釋教錄》卷一三　《苦陰因事經》一卷，西晉沙門釋法炬譯。（拾遺編入）出《中阿含經》第二十五卷與《後苦陰經》同本。

智旭《閱藏知津》卷二八　《佛說苦陰因事經》，西晉沙門釋法炬譯。即《中阿含·苦陰經》下。

佛說釋摩男本經

法經《眾經目錄》卷三　《釋摩男本經》一卷一名《苦陰因事經》，出第二十五卷吳黃武年支謙譯。

道宣《大唐内典錄》卷七　《釋摩男本經》四紙一名《五陰因事經》，出第二十五卷吳黃武年支謙於武昌譯。

智昇《開元釋教錄》卷一三　《釋摩男本經》一卷一名《五陰因事經》吳月支優婆塞支謙譯。

智旭《閱藏知津》卷三八　《佛說釋摩男本經》，吳月支國優婆塞支謙譯。亦即《苦陰經》下。

佛說樂想經

僧祐《出三藏記集》卷四　《樂想經》一卷抄，新集所得，今並有其本，悉在經藏。

法經《眾經目錄》卷四　《樂想經》一卷，出《中阿含經》。

智昇《開元釋教錄》卷一三　《樂想經》一卷西晉三藏竺法護譯。拾遺編入出《中阿含經》第二十六卷，與《想經》同本異譯。

智旭《閱藏知津》卷二八　《佛說樂想經》，西晉月支國沙門竺法護譯。說外道計一切爲樂，佛不計不樂，即《中阿含·想經》。

佛說漏分布經

僧祐《出三藏記集》卷二　《漏分布經》一卷，漢桓帝時，安息國沙門安世高所譯出。其《四諦》、《口解》、《十四意》、《九十八結》，安公云，似世高撰也。

法經《**衆經目錄**》**卷三**　《漏分布經》一卷，後漢世安世高譯。《中阿含》別品異譯。

道宣《**大唐内典録**》**卷七**　《漏分布經》，後漢桓帝時安世高於雒陽譯。

智昇《**開元釋教錄**》**卷一三**　《漏分布經》一卷後漢安息三藏安世高譯出《中阿含經》第二十七卷，與《達梵行經》同本異譯。

智旭《**閱藏知津**》**卷二八**　《佛說漏分布經》，後漢安息國沙門安世高譯。說五陰苦集乃至八正道法，即《中阿含・達梵行經》。

佛說阿耨颰經

智旭《**閱藏知津**》**卷二八**　《佛說阿耨颰經》東晉西域沙門竺曇無蘭譯。

佛說諸法本經

僧祐《**出三藏記集**》**卷三**　《諸法本經》一卷，今並有其經。

法經《**衆經目錄**》**卷三**　《諸法本經》一卷，《中阿含》別品異譯。

智昇《**開元釋教錄**》**卷一三**　《諸法本經》一卷吳月支優婆塞支謙譯出《中阿含經》第二十八卷初，與《諸法本經》同本異譯。

智旭《**閱藏知津**》**卷二八**　《佛說諸法本經》，吳月支國優婆塞支謙譯。說欲爲諸本，即《中阿含・諸法本經》。

佛說瞿曇彌記果經

費長房《**歷代三寶紀**》**卷一〇**　《瞿曇彌記果經》一卷，孝武帝世沙門釋慧簡於庶野寺出。

僧祐《**出三藏記集**》**卷四**　《瞿曇彌記果經》一卷抄新集所得，今並有其本，悉在經藏。

法經《**衆經目錄**》**卷三**　《瞿曇彌記果經》一卷，《中阿含》別品異譯。

智昇《**開元釋教錄**》**卷一三**　《瞿曇彌記異經》一卷宋沙門釋慧簡譯出《中阿含經》第二十八卷，與《瞿曇彌經》同本異譯。

智旭《**閱藏知津**》**卷二八**　《佛說瞿曇彌記果經》，劉宋沙門釋慧簡譯。即《中阿含・瞿曇彌經》。

佛說瞻婆比丘經

僧祐《**出三藏記集**》**卷四**　《瞻婆比丘經》一卷抄新集所得，今並有其本，悉在經藏。

智昇《**開元釋教錄**》**卷一三**　《瞻婆比丘經》一卷或大瞻波西晉沙門釋法炬譯。（拾遺編入）出《中阿含經》第三十九卷，與《瞻波經》同本異譯。

智旭《**閱藏知津**》**卷二八**　《佛說瞻婆比丘經》，西晉沙門釋法炬譯。即《中阿含・大品瞻波經》。

佛說伏婬經

費長房《**歷代三寶紀**》**卷六**　《伏婬經》一卷，惠帝世沙門釋法炬出初炬共法立同出，立死後炬又自出，多出大部，與立所出每相參合，廣略異耳，僧祐錄全不載，既見舊別，諸錄依聚繼之，庶知有據，以考正僞焉。

僧祐《**出三藏記集**》**卷四**　《伏婬經》一卷抄《阿含》新集所得，今並有其本，悉在經藏。

法經《**衆經目錄**》**卷四**　《伏婬經》一卷，出《中阿含經》。

智昇《**開元釋教録**》**卷一三**　《伏婬經》一卷西晉沙門釋法炬譯拾遺編入出《中阿含經》第三十卷，與《行欲經》同本異譯。

智旭《**閱藏知津**》**卷三八**　《佛説伏婬經》，西晉沙門釋法炬譯。即《中阿含・大品行欲經》，爲阿那邸祇居士分別求財及受用勝劣不同非法求財、蕩然無禮之謂婬。

佛説魔嬈亂經

費長房《**歷代三寶紀**》**卷四**　《魔嬈亂經》一卷，僧祐律師《出三藏記》撰古舊二録及道安失源并新集所得失譯諸經，部卷甚廣，讎挍群目，蕪穢者衆，出入相交實難詮定，未覩經卷，空閱名題，有入有源無入無譯，詳其初始非不有由，既涉年遠故附此末，冀後博識脱覯本流布，還取正以爲有據澄，澄法海使靜濤波焉。

法經《**衆經目錄**》**卷三**　《魔嬈亂經》一卷一名《弊魔試目連經》，一名《魔王入日捷蘭腹經》。

智昇《**開元釋教録**》**卷一三**　《魔嬈亂經一卷》一名《弊魔試目連經》，一名《魔王入目連蘭腹經》，失譯在後漢録。

智旭《**閱藏知津**》**卷二八**　《佛説魔嬈亂經》，失譯人名，附後漢録。

佛説弊魔試目連經

《**弊魔試目連經**》**一卷**　見《舊録》，出阿毗曇魏文帝世，月支國優婆塞支謙，字恭明，一名越。漢末遊洛，受業於支亮。亮字紀明，明受業於支讖，讖已見漢録。世稱天下博知不出三支。謙該覽經籍，莫不精究，世間技藝多所綜習，遍學異書，通六國語。其爲人細長黑瘦，眼多白而精黄，時人爲之語曰，支郎眼中黄，形軀雖細，是智囊。爲漢末分亂避地歸吴，孫權聞其才，惠召見，悦之即拜爲博士，使輔導東宮，與韋曜諸人共盡匡弼，甚有裨益。但謙生自西域故，吴志不載，任其力而不録其功，此史家過，豈帝者之心。夫爲天下之君感，得天下之用，才士堪世務則爵之於朝，垂名竹帛，何華戎之限隔而爲代典不述乎。且葉公子高性愛於龍，天龍遂爲之降。既不禮待戎夷之民，而望其君附化難矣，然市死馬之骨以要駿驥，置九九之術用俟賢才。斯盖帝嚢包羅，呑納刊之，自古今獨削哉。謙以大敎雖行，而經多梵語，未盡翻譯，自既妙善方言，乃更廣取衆經，舊本，譯爲吴言。從黄武首歲，迄建興末年，其間首尾三十餘載，所出《維摩》、《大般泥洹》、《法句》、《瑞應》、《本起經》等。僧祐《三藏集記》録載唯有三十六部。慧皎《高僧傳》述止云四十九經。房廣檢括衆家雜録，自《四十二章》已下，並是別記所顯雜經，以附今録。量前傳録三十六部或四十九經，似謙自譯。在後所獲，或正前翻，多梵語者。然紀述聞見，意體少同，録目廣狹，出沒多異，各存一家，致惑取捨。兼法海淵曠，事萬聚滯，既博搜見，故備列之。而謙譯經典，得聖義，辭言文雅，甚有碩才。又依《無量壽經》及《中本起》製菩薩連句梵唄三契聲，于今江淮間尚行兼注《了本生死》等經。并序。

智昇《**開元釋教録**》**卷一三**　《弊魔試目連經》一卷一名《魔嬈亂經》吴月支優婆塞支謙譯。拾遺編入出《中阿含經》第三十卷，與《降魔經》同本。

智旭《**閱藏知津**》**卷二八**　《佛説弊魔試目連經》，吴月支國優婆塞支謙譯。即《中阿含・降魔經》。

佛説賴吒和羅經

僧祐《**出三藏記集**》**卷二**　《賴吒和羅經》一卷，《別録》所載，《安録》無。或云《羅漢賴吒和羅經》魏文帝時，支謙以吴主孫權黄武初至孫亮建興中所譯出。

法經《**衆經目錄**》**卷三**　《賴吒和羅經》一卷出第三十一卷吴黄武年支謙譯。

道宣《**大唐内典録**》**卷七**　《賴吒和羅經》，吴時黄武年支謙譯。

智昇《**開元釋教録**》**卷一三** 《賴吒和羅經一卷》一名《羅漢賴吒和羅經》吳月支優婆塞支謙譯出《中阿含經》第三十一卷，與《賴吒惒羅經》同本異譯。

智旭《**閲藏知津**》**卷二八** 《佛説賴吒和羅經》，即《中阿含・賴吒和羅經》。

佛説護國經

智旭《**閲藏知津**》**卷二八** 《佛説護國經》，宋中印土沙門法賢譯。佛從俱盧城至覩盧聚落，護國長者子願樂出家，父母不許，絶食苦求，既出家已，十夏依佛，乃還本處，住樹下爲俱盧大王説法，令歸依三寶，亦即《賴吒和羅經》。

佛説帝釋所問經

智旭《**閲藏知津**》**卷二八** 《佛説帝釋所問經》，宋中印土沙門釋法賢譯。即《中阿含・釋問經》。

佛説善生子經

費長房《**歷代三寶紀**》**卷二** 《善生子經》一卷，惠帝永寧年中沙門支法度出，捴見《寶唱録》。

道宣《**大唐内典録**》**卷二** 《善生子經》一卷，惠帝永寧年中沙門支法度出，捴見《寶唱録・度世品經》六卷。

智昇《**開元釋教録**》**卷一三** 《善生子經》一卷西晉沙門支法度譯拾遺編入出《中阿含經》第三十三卷，與《善生經》同本異譯。

智旭《**閲藏知津**》**卷二八** 《佛説善生子經》，西晉沙門支法度譯。即《中阿含・長阿含・善生經》。

佛説數經

費長房《**歷代三寶紀**》**卷六** 《數經》一卷，出《雜阿含》，惠帝世沙門釋法炬出，初炬法、立同出，立死炬又自出，多出大部，與立所出每相參合，廣略異耳，《僧祐録》全不載，既見舊別諸録，依聚繼之，庶知有據，以考正僞焉。

僧祐《**出三藏記集**》**卷四** 《數經》一卷抄《雜阿含》新集所得，今並有其本，悉在經藏。

法經《**衆經目録**》**卷四** 《數經》一卷，經出《雜阿含經》。

智昇《**開元釋教録**》**卷一三** 《數經》一卷，西晉沙門釋法炬譯。拾遺編入出《中阿含經》第三十五卷，與《算數目揵連經》同本異譯。

智旭《**閲藏知津**》**卷二〇八** 《佛説數經》，西晉沙門釋法炬譯。

佛説梵志頞波羅延問種尊經

費長房《**歷代三寶紀**》**卷七** 《梵志頞波羅延問種尊經》一卷，孝武帝世西域沙門竺曇無蘭，晉言法正，於楊都謝鎮西寺簡取世要，略大部出，唯二經是《僧祐録》載，自餘雜見《別録》雖並有正本，既復別行，故悉列之，示有所據。

智昇《**開元釋教録**》**卷一三** 《梵志頞羅延問種尊經》一卷，東晉西域沙門竺曇無蘭譯。拾遺編入右出《中阿含經》三七卷，與《阿攝和經》同本異譯。

智旭《**閲藏知津**》**卷二八** 《佛説梵志頞波羅延問種尊經》，東晉西域沙門竺曇無蘭譯。即《中阿含・阿攝和經》。

佛說須達經

法經《衆經目錄》卷三　《須達經》一卷，《增一阿含》別品異譯。

道宣《大唐内典錄》卷七　《須達經》，南齊永明年求那毗地於楊都譯。

智昇《開元釋教録》卷一三　《須達經》一卷，一名《須達長者經》蕭齊天竺三藏求那毗地譯。出《中阿含經》三九卷，與《須達哆經》同本。

智旭《閱藏知津》卷二八　《佛說須達經》，蕭齊中天竺沙門求那毘地譯。即《中阿含·須達多經》。

佛說長者施報經

智旭《閱藏知津》卷二八　《佛說長者施報經》，宋中印土沙門法天譯。佛爲給孤獨說，過去長者明彌羅摩，行大施，會因展轉較量功德，不如歸戒慈心。亦即《須達多經》。

三歸五戒慈心厭離功德經

智昇《開元釋教録》卷一三　《三歸五戒慈心厭離功德經》一卷，失譯。今附《東晉錄》，拾遺編入。

智旭《閱藏知津》卷二八　《三歸五戒慈心厭離功德經》，附《東晉錄》。亦即《須達多經》少分。

佛爲黃竹園老婆羅門說學經

僧祐《出三藏記集》卷四　《佛爲黃竹園老婆羅門說學經》一卷抄《中阿含》新集所得，今並有其本，悉在經藏。

法經《衆經目錄》卷三　《佛爲黃竹園老婆羅門說學經》一卷出第三十卷出《中阿含經》。

智昇《開元釋教録》卷一三　《佛爲黃竹園老婆羅門說學經》一卷，《僧祐錄》中失譯經，今附《宋錄》，拾遺編入。右出《中阿含經》第四〇卷，與《黃蘆園經》同本異譯。

智旭《閱藏知津》卷二八　《佛爲黃竹園老婆羅門說學經》，失譯人名，今附《宋錄》。即《中阿含·黃蘆園經》。

佛說梵摩喻經

法經《衆經目錄》卷三　《梵摩喻經》一卷，《中阿含·別品》異譯。

道宣《大唐内典錄》卷七　《梵摩喻經》，吳時支謙譯。《中阿含》別品殊譯。

智昇《開元釋教録》卷一三　《梵摩喻經》一卷，出《中阿含經》第四十卷，與《梵摩經》同本異譯。

智旭《閱藏知津》卷二八　《佛說梵摩喻經》，吳月支國優婆塞支謙譯。即《中阿含·梵摩經》。

佛說尊上經

法經《衆經目錄》卷三　《佛說尊上經》一卷，出《中阿含經》。

智昇《開元釋教録》卷一三　《尊上經》一卷西晉三藏竺法護譯。拾遺編入出《中阿含經》四三卷。

智旭《閱藏知津》卷二八　《佛說尊上經》，西晉月支國沙門竺法護譯。即《中阿含・釋中禪室尊經》。

分別善惡報應經

智旭《閱藏知津》卷二八　《分別善惡報應經》，宋中印土沙門天息災譯。三經皆即《中阿含・鸚鵡經》。

佛說兜調經

僧祐《出三藏記集》卷三　《兜調經》一卷安公云，出《中阿含》，今並有其經。

智昇《開元釋教錄》卷一三　《兜調經》一卷，今附《西晉錄》，拾遺編入出《中阿含經》第四四卷，與鸚鵡同本。

智旭《閱藏知津》卷二八　《佛說兜調經》，失譯人名，附《西晉錄》。

佛說鸚鵡經

僧祐《出三藏記集》卷四　《鸚鵡經》一卷抄《中阿含》新集所得，今並有其本，悉在經藏。

法經《衆經目錄》卷第三　《鸚鵡經》一卷，一名《兜言周經》，出第四十四卷，《中阿含》別品異譯。

智昇《開元釋教錄》卷一三　《鸚鵡經》一卷，亦名《兜調經》宋天竺三藏求那跋陁羅譯。

智旭《閱藏知津》卷二八　《佛說鸚鵡經》，劉宋中天竺沙門求那跋陀羅譯。

佛說意經

法經《衆經目錄》卷四　《意經》一卷，《中阿含經》。

智昇《開元釋教錄》卷一三　《意經》一卷西晉三藏竺法護譯拾遺編入右出《中阿含經》第四五卷，與《心經》同本異譯。

智旭《閱藏知津》卷二八　《佛說意經》，西晉月支國沙門竺法護譯。即《中阿含・心經》。

佛說應法經

法經《衆經目錄》卷四　《佛說應法經》一卷，出《中阿含經》。

智昇《開元釋教錄》卷一三　《應法經》一卷西晉三藏竺法護譯拾遺編入右出《中阿含經》四五卷，與後《受法》同本異譯。

智旭《閱藏知津》卷二八　《佛說應法經》，即《中阿含・受法經》下。

佛說分別布施經

智旭《閱藏知津》卷二八　《佛說分別布施經》，宋北印土沙門施護譯。即《中阿含・瞿曇彌經》。

佛說息諍因緣經

智旭《閱藏知津》卷二八　《佛說息諍因緣經》半卷即《中阿含・周

那經》。

佛說泥犁經

費長房《歷代三寶紀》**卷四** 《泥犁經》一卷一名《中阿含泥犁經》

僧祐律師《出三藏記》撰《古》、《舊》二録，及道安失源并新集所得失譯諸經，部卷甚廣，讎挍群目，蕪穢者衆，出入相交，實難詮定，未覩經卷，空閲名題，有入有源無入無譯，詳其初始非不有由，既涉年遠故附此末，冀後博識脱覿本流布，還取正以爲有據，瀅澄法海，使靜濤波焉。

道宣《大唐内典録》**卷三** 《泥犁經》，孝武帝世西域沙門竺曇無蘭，晉言法正，於揚都謝鎮西寺。蘭取世要，略大部出，唯二經是《僧祐録》載，自餘離見，別録雖並有正本既復別行，故悉列之，亦有所據。

智昇《開元釋教録》**卷一三** 《泥犁經》一卷，或云《中阿含泥犁經》，東晉西域沙門竺曇無蘭譯。出《中阿含經》五三卷，與《癡慧地經》同本異譯。

智旭《閲藏知津》**卷二八** 《佛說泥犁經》，東晉西域沙門竺曇無蘭譯。說惡人墮泥犁之苦，亦說五天使者問辭，即《中阿含·癡慧地經》。

佛說齋經

僧祐《出三藏記集》**卷二** 《齋經》一卷闕新集所得，今並有其本，悉在經藏。

法經《衆經目録》**卷三** 《齋經》一卷，一名《八關齋經》，一名《優婆夷墮舍迦經》，出第五十五卷，吴黄武年支謙譯。《中阿含》別品異譯。

道宣《大唐内典録》**卷七** 《齋經》四紙，一名《八關齋》，一名《優婆夷墮舍迦經》出第五五卷吴黄武年支謙譯。

智昇《開元釋教録》**卷一三** 《齋經》一卷一名《特齋經》吳月支優婆塞支謙譯。拾遺編入出《中阿含經》第五十五卷，與《持齋經》同本。

八關齋經

費長房《歷代三寶紀》**卷一〇** 《八関齋經》一卷異出本 孝武帝世北涼河西王沮渠蒙遜從弟安陽侯京聲，屬涼運終爲元魏滅，京聲竄竊南奔建康，晦志卑身，不交人世，常遊止塔寺，以居士自畢，絶妻孥、淡榮利，從容法侶，宣通正教，是以黑白咸嘉敬焉。所譯前件要衆經，既諷習久對衆弘宣，臨筆綴文，曾無滯。尋丹陽尹孟顗見而善之，深加賞接，資贍隆厚，見《高僧傳》。

僧祐《出三藏記集》**卷四** 《八關齋經》一卷異出新集所得，今並有其本，悉在經藏。

智昇《開元釋教録》**卷一三** 《八關齋經》一卷宋居士沮渠京聲譯。

智旭《閲藏知津》**卷二八** 《八關齋經》，劉宋居士沮渠京聲譯。說前五戒皆盡壽，第六齋去，乃一日一夜，與《齋經》大同小異，但無五念法門。

佛說八種長養功德經

智旭《閲藏知津》**卷第二八** 《八種長養功德經》，宋中印土沙門法護譯。署明發心受齋戒法，疑附齋法中行。

佛說鞞摩肅經

僧祐《出三藏記集》**卷四** 《鞞摩肅經》一卷抄《中阿含》新集所得，今並有其本，悉在經藏。

法經《衆經目録》**卷四** 《鞞摩肅經》一卷，出《中阿含經》。

智昇《開元釋教録》**卷一三** 《鞞摩肅經》一卷宋天竺三藏求那跋陁羅

譯拾遺編入右出《中阿含經》五十七卷，與《鞞摩那修經》同本異譯。

智旭《閱藏知津》卷二八 《佛說鞞摩肅經》，劉宋中天竺沙門求那跋陀羅譯。即《中阿含・鞞摩那修經》。

佛說婆羅門子命終愛念不離經

僧祐《出三藏記集》卷四 《婆羅門子命終愛念不離經》一卷抄《中阿含》。新集所得，今並有其本，悉在經藏。

智昇《開元釋教錄》卷一三 《婆羅門子命終愛念不離經》一卷後漢安息三藏安世高。拾遺編入右出《中阿含經》六十卷，與《愛生經》同本異譯。

智旭《閱藏知津》卷二八 《佛說婆羅門子命終愛念不離經》，後漢安息國沙門安世高譯。即《中阿含・愛生經》。

佛說十支居士八城人經

僧祐《出三藏記集》卷四 《十支居士八城人經》一卷抄《中阿含》。新集所得，今並有其本，悉在經藏。

法經《衆經目錄》卷三 《十支居士八城人經》一卷，《中阿含》別品異譯。

道宣《大唐内典錄》卷七 《十支居士八城人經》，《中阿含》別品殊譯。

智昇《開元釋教錄》卷一三 《十支居士八城人經》一卷，亦直云《十支經》後漢安息三藏安世高譯右出《中阿含經》第六十卷，與《八城經》同本異譯。

智旭《閱藏知津》卷二八 《佛說十支居士八城人經》，即《中阿含・八城經》。

佛說邪見經

僧祐《出三藏記集》卷四 《邪見經》一卷新集所得，今並有其本，悉在經藏。

法經《衆經目錄》卷三 《邪見經》一卷，出《中阿含經》。

智昇《開元釋教錄》卷一三 《邪見經》一卷，《僧祐錄》中失譯經拾遺編入右出《中阿含經》六十卷，與《見經》同本異譯。

智旭《閱藏知津》卷二八 《佛說邪見經》失譯人名，今附宋錄。即《中阿含・見經》。

佛說箭喻經

僧祐《出三藏記集》卷四 《箭喻經》一卷抄《阿含》。新集所得，今並有其本，悉在經藏。

法經《衆經目錄》卷四 《箭喻經》一卷，出《中阿含經》。

智昇《開元釋教錄》卷一三 《箭喻經》一卷失譯拾遺編入，今附《東晉錄》右出《中阿含經》第六十卷，與《箭喻經》同本異譯。

雜阿含經分部

雜阿含經

著　録

費長房《歷代三寶紀》卷一〇 《雜阿含經》五十卷。

僧祐《出三藏記集》卷二　《雜阿含經》五十卷，宋元嘉中於瓦官寺譯出。宋文帝時，天竺摩訶乘法師求那跋陀羅，以元嘉中及孝武時宣出諸經，沙門釋寶雲及弟子菩提法勇傳譯。

道宣《大唐内典錄》卷七　《雜阿含經》五十卷，一千三十紙宋求那跋陀羅於楊都譯。

智昇《開元釋教錄》卷一三　《雜阿含經》五十卷五帙宋天竺三藏求那跋陀羅譯。單重合譯右此部經説事既雜，故無品次誦等差別。僧肇《長含序》云雜合四分十誦

綜　述

智旭《閱藏知津》卷三〇　《雜阿含經》五十卷，宋天竺三藏求那跋陀羅譯。第一品不出名，然多就五陰廣破愛見。誦六入處品第二，皆就内六入、外六塵，及六識、六觸、六受、六想、六思、六愛等廣明無常、苦、空破於愛見。雜因誦品第三。弟子所説誦品第四。第五誦道品第一。品名多缺畧大約有小半與《中阿含》、《增一阿含》相同，而文順暢。

別譯雜阿含經

道宣《大唐内典錄》卷七　《別譯雜阿含經》二十卷，三百六紙。

智昇《開元釋教錄》卷一三　《別譯雜阿含經》二十卷二帙，失譯。經中子註有秦言字，雖不的知譯人姓名處是三參代譯，今附《秦錄》。

雜阿含經

僧祐《出三藏記集》卷四　《雜阿含經》一卷，《書錄》所載。

智昇《開元釋教錄》卷一三　《雜阿含經》一卷失譯在《魏吳錄》右出《雜阿含經》中異譯。此經首末有二十七經，初之三經出第四卷中，而先後不次，大處三觀經居其卷末，文句大同前經，此中稍廣，其《積骨經》亦在其中，未詳何以二經相涉，餘者散在廣文，自古群錄皆云失譯，尋閱文句與《七處三觀》辭理稍同，似是安高所出，未見《實錄》，且依舊爲失譯。

智旭《閱藏知津》卷二九　《雜阿含經》一卷，附《吳》、《魏》二錄。皆於大部中撮要譯出別行。

佛説七處三觀經

僧祐《出三藏記集》卷二　《七處三觀經》二卷，漢桓帝時，安息國沙門安世高所譯出。其《四諦》、《口解》、《十四意》、《九十八結》，安公云，似世高撰也。

法經《衆經目錄》卷三　《七處三觀經》二卷後漢世安世高譯《雜阿含別品》異譯。

智昇《開元釋教錄》卷第一三　《七處三觀經》一卷或二卷後漢安息三藏安世高譯。右出《雜阿含經》中異譯。此經首末有三十經，初是七處三觀，後名積骨，以初標名故也，其初《七處三觀經》出第二卷後，《積骨經》出第三十四卷，餘者散在諸文。

智旭《閱藏知津》卷二九　《佛説七處三觀經》上下同卷後漢安息國沙門安世高譯。出《雜阿含》二卷，及三、四卷。

五蘊皆空經

智昇《開元釋教錄》卷一三　《五蘊皆空經》一卷，大唐三藏義淨譯。新編入錄。右出《雜阿含經》第二卷，異譯。此《五蘊皆空經》、《根本説一切有部毗奈耶雜事》第三十九卷中雖有此經，不例別生，所以存而不廢，此乃律引契經，非是契經從律而生也。

智旭《閱藏知津》卷二九　《五蘊皆空經》，唐大薦福寺沙門義淨譯。

初爲五比丘說苦空無常義，亦出《雜阿含》第二卷。

佛說聖法印經

費長房《歷代三寶紀》卷二　《聖法印經》一卷，今並有其經。

法經《衆經目錄》卷三　《聖法印經》一卷晉元康年生法護譯《雜阿含》別品異譯。

智昇《開元釋教錄》卷一三　《聖法印經》一卷亦直云《聖印經》，亦云《慧印經》西晉三藏竺法護譯。右出《雜阿含經》三卷，異譯。

智旭《閱藏知津》卷二九　《佛說聖法印經》，西晉月支國沙門竺法護譯。說空無欲、無我、無常、清淨之業，出《雜阿含》第三。

佛說法印經

智旭《閱藏知津》卷二九　《佛說法印經》，宋北印土沙門施護譯。說三解脫門爲聖法印，出《雜阿含》第三卷。

五陰譬喻經

法經《衆經目錄》卷三　《五陰譬喻經》一卷，《雜阿含》別品異譯。

智昇《開元釋教錄》卷一三　《五陰譬喻經》一卷一名《水沫所漂經》，亦云《五陰喻經》後漢安息三藏安世高譯。

智旭《閱藏知津》卷二九　《五陰譬喻經》後漢安息國沙門安世高譯。沫、泡、燄、蕉、幻五喻也，出《雜阿含》第十卷。

佛說水沫所漂經

道宣《大唐内典錄》卷三　《水沫所漂經》，孝武帝世西域沙門竺曇無蘭，晉言法正於揚都謝鎮西寺，蘭取世要略大部出，唯二經是《僧祐錄》載，自餘離見《別錄》；雖並有正本，既復別行，故悉列之，亦有所據。

智昇《開元釋教錄》卷一三　《水沫所漂經》一卷，一名《河中大聚沫經》，東晉西域沙門竺曇無蘭譯。拾遺編入《雜阿含經》一十卷異譯。

智旭《閱藏知津》卷二九　《佛說水沫所漂經》二紙欠東晉西域沙門竺曇無蘭譯。

佛說不自守意經

法經《衆經目錄》卷三　《不自守意經》一卷一名《自守亦不自守經》，《雜阿含》別品異譯。

道宣《大唐内典錄》卷七　《不自守意經》一紙，一名《自守》，亦名一《自守意》《雜阿含》經別品異譯。

智昇《開元釋教錄》卷一三　《不自守意經》一卷或無意字吳月支優婆塞支謙譯。出《雜阿含經》一一卷異譯。

智旭《閱藏知津》卷二九　《佛說不自守意經》，吳月支國優婆塞支謙譯。說自守、不自守法，出《雜阿含》十一卷。

佛說滿願子經

智昇《開元釋教錄》卷一三　《滿願子經》一卷晉代失譯，今附《東晉錄》拾遺編入。右出《雜阿含經》一三卷異譯。

智旭《閲藏知津》卷二九 《佛説滿願子經》附《東晉録》。請略説法而往化惡國，出《雜阿含》一三卷。

轉法輪經

僧祐《出三藏記集》卷二 《輪法輪經》一卷或云《法輪轉經》 漢桓帝時，安息國沙門安世高所譯出。其《四諦》、《口解》、《十四意》、《九十八結》，安公云，似世高撰也。

智昇《開元釋教録》卷一三 《轉法輪經》一卷或云《法輪轉經》 後漢安息三藏安世高譯。出《雜阿含經》第一五卷異譯。

智昇《開元釋教録》卷一七 《轉法輪經》一卷，右一經檢無其本，諸經藏内皆以轉法輪論替之者誤也近於東都尋得正本，編入藏記。

智旭《閲藏知津》卷二九 《轉法輪經》後漢安息國沙門安世高譯。

佛説三轉法輪經

智昇《開元釋教録》卷一三 《三轉法輪經》一卷大唐三藏義淨譯，新編入録。

智旭《閲藏知津》卷二九 《佛説三轉法輪經》，唐大薦福寺沙門釋義淨譯。即最初爲五比丘説法，二經出《雜阿含》十五卷。

佛説八正道經

僧祐《出三藏記集》卷二 《八正道經》一卷安公云，上三經出《雜阿含》中。漢桓帝時，安息國沙門安世高所譯出。其《四諦》、《口解》、《十四意》、《九十八結》，安公云，似世高撰也。

法經《衆經目録》卷三 《八正道經》一卷後漢世安世高譯《雜阿含》別品異譯。

智昇《開元釋教録》卷一三 《八正道經》一卷後漢安息三藏安世高譯出《雜阿含經》第二十卷異譯。

智旭《閲藏知津》卷二九 《佛説八正道經》，後漢安息國沙門安世高譯。出《雜阿含》二八卷。

難提釋經

費長房《歷代三寶紀》卷六 《難提釋經》一卷，惠帝世沙門釋法炬出，初炬共法立同出，立死後，炬又自出，多出大部與立所出每相參合，廣略異耳，僧祐録全不載，既見舊別諸録依聚繼之，庶知有據，以考正僞焉。

僧祐《出三藏記集》卷四 《難提釋經》一卷新集所得，會並有其本，悉在經藏。

智昇《開元釋教録》卷一三 《難提釋經》一卷，西晉沙門釋法炬譯。

右出《雜阿含經》三〇卷異譯。大本有二經此中合爲一，其文稍廣，舊録在單本中，今編於此。

智旭《閲藏知津》卷二九 《難提釋經》，西晉沙門釋法炬譯。爲此釋説五法六念，出《雜阿含》三〇卷。

佛説馬有三相經

費長房《歷代三寶紀》卷四 《馬有三相經》一卷出雜阿含，西域沙門支曜靈帝世中平年於雒陽譯，其七部是《吳録》所載。

法經《衆經目録》卷三 《馬有三相經》一卷，《雜阿含》別品異譯。

道宣《大唐内典録》卷七 《馬有三相經》，《雜阿含經》別品異譯。

智昇《開元釋教録》卷一三 《馬有三相經》一卷，亦云《善馬有三相》後漢西域三藏支曜譯。

智旭《閱藏知津》卷二九 《佛說馬有三相經》，後漢西域沙門支曜譯。說官馬三善相。

佛說馬有八態譬人經

法經《衆經目錄》卷三 《馬有八態譬人經》一卷，《雜阿含》別品異譯。

道宣《大唐内典錄》卷七 《馬有八態經》，《雜阿含經》別品異譯。

智昇《開元釋教錄》卷一三 《馬有八態譬人經》一卷亦直云《馬有八態》後漢西域三藏支曜譯。出《雜阿含經》三三卷異譯。

智旭《閱藏知津》卷二九 《佛說馬有八態譬人經》，說惡馬八態，喻惡比丘，出《雜阿含》三十三卷。

佛說戒德香經

僧祐《出三藏記集》卷三 《戒德香經》一卷，今並有其經。

法經《衆經目錄》卷三 《戒德香經》一卷，《雜阿含》別品異譯。

智昇《開元釋教錄》卷一三 《戒德香經》一卷或云《戒德經》東晉西域沙門竺曇無蘭譯。出《增壹阿含經》一三卷地主品異譯。

智旭《閱藏知津》卷二九 《佛說戒德香經》，東晉西域沙門竺曇無蘭譯。說戒香順逆，普聞勝世間諸香，出《雜阿含》三八卷。

佛說戒香經

智旭《閱藏知津》卷二九 《佛說戒香經》，宋中印土沙門法賢譯。說戒香順逆普聞，勝世間諸香，出《雜阿含》三卷。

增壹阿含經分部

增壹阿含經

題解

僧祐《出三藏記集》卷九 《增壹阿含經序》，四阿含義同，《中阿含》首以明其旨，不復重序也。《增壹阿含》者，比法條貫，以數相次也，數終十，令加其一，故曰增一也。且數數皆增，以增爲義也。其爲法也，多錄禁律，繩墨切厲，乃度世檢括也。外國巖岫之士，江海之人，于四《阿含》多咏味茲焉。

有外國沙門曇摩難提者，兜佉勒國人也。齠齓出家，孰與廣聞，誦二《阿含》，溫故日新，周行諸國，無土不涉。以秦建元二十年來詣長安，外國鄉人咸皆善之，武威太守趙文業求令出焉，佛念譯傳，曇嵩筆受。歲在甲申夏出，至來年春乃訖。爲四十一卷，分爲上下部，上部二十六卷，全無遺忘。下部十五卷，失其錄偈也。余與法和共考正之，僧䂮、僧茂助校漏失，四十日乃了。此年有阿城之役，伐鼓近郊，而正專在斯業之中。全具二《阿含》一百卷，《鞞婆沙》、《婆和須蜜》、《僧伽羅剎傳》，此五大經，自法東流，出經之優者也。

四《阿含》四十應眞之所集也，十人撰一部，題其起盡爲錄偈焉。懼法留世久，遺逸散落也。斯土前出諸經，班班有其中者。今爲二《阿含》，各爲新錄一卷，全其故目，注其得失，使見經尋之差易也。合上下部，四百七十二經。凡諸學士撰此二《阿含》，其中往往有律語，外國不通與沙彌、白衣共視也。而今已後，幸共護之，使與律同，此乃茲邦之急者也。斯諄諄之誨，幸忽藐藐聽也。廣見而不知護禁，乃是學士通中創也。《中本起》，康孟祥出，出《大愛道品》，乃不知是禁經比丘尼法，甚慊切眞割而去之，此乃是大鄙，可痛恨者也。此二經有力道士乃能見，當以著心焉。如其輕忽不以爲意者，幸我同志鳴鼓攻之可也。

論說

智旭《閱藏知津》卷二六　《增壹阿含經》五〇卷符秦兜佉勒國沙門曇摩難提譯。序品第一。先偈讚述意，次彌勒菩薩告賢劫大士及諸天，共流布法，阿難以此法囑累優多羅尊者。大迦葉隨問，何以獨囑此增壹阿含，何以獨囑優多羅。阿難荅曰，增一即是一切法，優多羅曾受持七佛之法故也。　十念品第二。念佛、念法、念僧、念戒、念施、念天、念休息、念安般、念身非常、念死。　廣演品第三。廣說十念法門。　弟子品第四。佛說百比丘各有第一法。　比丘尼品第五。說五十尼功德。　清信士品第六。說四十優婆塞功德。　清信女品第七。說三十優婆斯功德。　阿須倫品第八。說阿須倫欲犯日而不能，喻波旬不能得如法比丘六根之便。次說如來一人出世，饒益多人，令人入道，有智慧光，消滅無明，現助道法。如來若沒，人民失蔭，若復出世，人民光澤，三惡減少，無能及者。　一子品第九。說一子一女喻，誡比丘善念專心，求於果證。次說不見一法疾於心者，次說不見一法眩惑於人，如女色者。次說亂想過失，不淨想力用。　護心品第十。謂無放逸修善法，及說施主果報，亦勸比丘修福、修信。　不還品第十一。說滅一法，成阿那含。謂欲也、恚也、癡也、慳也，次說心難降伏，則受苦。心易降伏，則受樂。次說財利爲害最重，提婆達因利養入泥犁。　一入道品第十二。說一入道能證泥洹，謂滅五蓋，思惟四意止，次勸修慈三業，說佛爲世尊，說瞻病功德，阿練若頭陀功德，讚迦葉年老不捨頭陀行，能令佛法久住於世，成就三乘道果，次說提婆達因利養障無上道，次明提婆達愚人不知善惡報，故作是說，何處有惡，惡從誰生，誰作此惡，而受其報，次更一番訶利養過。　利養品第十三。說修羅陀因利養退道，佛滅味欲而證道，摩利夫人說愛別離苦，以悟王心。佛及舍利弗爲長者說身心有患無患法，佛爲婆羅門說二十一結，必墮惡趣。一瞋、二害、三眠、四調、五疑、六怒、七忌、八惱、九嫉、十憎、十一無慚、十二無愧、十三幻、十四姦、十五僞、十六諍、十七憍、十八慢、十九妒、二十增上慢、二十一貪息，此二十一結，修慈悲喜護，便證三明，佛以偈荅帝釋，釋問須菩提病。　五戒品第十四。說殺等墮三塗，不殺等人天得道。　有無品第十五二法初。說有無二見過患，分別二施、二業、二恩智愚、二像貌、思惟二法，禮如來，禮法塔寺，二因緣起正見，謂受彼教誨，內思止觀。　火滅品第十六。難陀成道魔擾之而不動，爲波斯匿王說法，佛爲比丘說二涅槃，烏豬二喻，驢牛二喻，那律爲梵志說法，佛記羅云漸當得道。　安般品第十七。佛爲羅云說安般法，令證果位。說如來輪王出世甚難，支佛羅漢亦難，二法甚爲煩惱。邪見一切不可貴，正見一切可貴，欲無厭足，如頂生王善惡知識，如黑白月，貢高爲惡知識，不貢高爲善知識，周利槃特，及舍利弗，化世典婆羅門，提婆達勸太子弒父，佛爲比丘說當捨非法，行正法。　慚愧品第十八。讚慚愧二法，分別二無厭足，當習法施勿習食施，佛令迦葉受梵志婦食，俾其夫婦證果，降伏醉象，令大衆獲益。執難陀見天堂、地獄而令證果，爲大愛道說禮佛法，說二人謗佛，謂法說非法非法說法，二人獲福。謂稱譽應稱譽者，不稱不應稱者。　勸請品第十九。佛初成道梵王請轉法輪爲五比丘說捨苦樂二事，行八正中道，爲天帝說斷欲法，目連重往驗之，佛說二人無恐怖，師王，及羅漢。二法無智慧，不問，不精進。二法常貧賤，阻施，及不施。二法生貧家，不孝，不事勝。佛涅槃後，須深女問大拘絺羅優躍藍弗等二人，何時盡苦際。迦遮延爲婆羅門說老地壯地法，佛說二人難得，一說法，二聞法奉行。爲諸童子說應念返復，不忘小恩。　善知識品第二十。歎善知識功德，爲五百比丘訶惡知識過，受其懺悔而證道果。因曇摩留支說錠光佛時之事，爲比丘說師子似羊法。讚知返復人，訶懈怠法。勸修止觀，勸修恭敬精進，說無信及慳貪人，難與說法。供養父母，及一生補處菩薩得大果報。勸供養父母敎朱利槃特誦掃篲，悟除垢義。敎比丘除愛，則離愛怨二苦。　三寶品第二十一三法初。首明三自歸之德，次明三福業。一施，二平等，四無量心，三思惟，七覺支，次明三緣受胎，應方便求斷。次明欲起慈心，應緣三寶。次因瞿波離謗二尊者，墮大地獄，而勸修三善行。次明三法盡漏，謂諸根寂靜，飲食知節，不失經行。次明風痰冷三患，酥、蜜、油爲良藥。貪、瞋、癡三患不淨，慈心因緣爲良藥。次明三惡應捨，三善應修。次明欲色痛各有味、有過、有捨離法。次明應於三不牢要，求成牢要謂身命財。　三供養品第二十二，如來羅漢輪王應供養於三寶，所種善根不可盡，當以四念處滅三痛。三事宜覆，女人、咒術、邪見。三事宜露，日、月、佛法。應觀三有爲相，愚有三相三法，智有三相三法，即三業也。戒定慧三法不可覺知，覺則成道。三法可愛，而不可保，謂少壯、無病、長壽。三事速入惡趣，謂貪欲、睡眠、掉戲。三法無厭足，謂貪欲、飲酒、睡眠。　地主品第二十三。佛爲波斯匿王說作福無厭，宜如昔王帝釋試婆拘盧能說法，佛以琴喻化二十億耳比丘。佛爲波斯匿王說婆提長者因緣，勸行廣施。佛爲阿難說戒聞施三妙香。佛因提婆達爲比丘說不著利養能獲戒定慧法，說三不善根墮三惡，三善根生人天。分別三聚，謂邪、正、不定，分別三惡觀、三善觀果報。　高幢品第二十四。念三寶得無畏，猶諸天念三幢勝修羅。爲毘沙鬼說法救那優羅小兒。爲釋種說法王勝於輪王。爲比丘說無常。爲五比丘說法乃至度三迦葉，度釋種。爲比丘說三齋日，天王使者、太子、及自身，觀察世間應受八齋法。爲比丘說三事現在前，獲福無量，一信，二財，三持梵行者。爲鬪諍比丘說長壽王事。爲大將讚阿那律等三人。爲比丘說三結使過患，一身邪、二戒盜、三疑。爲比丘說三三昧。　四諦品第二十五四法初說知四諦者出苦，不知者墮五道中。說四法饒益，一親近善知識，二聞法，三知法，四法法相明。說如來出世，便成四未曾有法。說擔、持擔、擔因緣、捨擔。說四生應捨離。舍利弗說四人，謂有結無結，各論知與不知。佛說生熟四果似四種人，說鳥聲形四料簡，說雲雷雨四料簡，皆喻比丘。　四意斷品第二十六。說無放逸，修行四意斷，如地、如輪王、如月、如婆斯華。爲匿王說先闇後明等，四人爲比丘說老、病、死、愛別離，四不可喜。應覺四法，謂戒、定、慧、解脫。爲匿王說老、病、死、無常，猶四山來合。說諸行無常、苦、無我、涅槃休息。舍利弗爲衆說四辯。佛爲舍利弗說四不可思議事，謂世界、衆生、龍及佛土。因舍利弗目連滅度，佛爲阿難說四人應起塔，謂輪王、聲聞、支佛、如來。說婆迦梨比丘得四諦，魔欲覓其生處不可得。　等趣四諦品第二十七。佛敕人親近舍利弗，目連聞其廣演四諦義。佛說外道不能分別四受，謂欲受、見受、戒受、我受。佛爲長者說至心布施。及作房、三歸五戒慈心、厭離功德轉勝。佛爲比丘說日出喻，爲彌勒說四法具足六度。爲比丘說四無畏。說四衆多聞博古通今，爲第一。說四金翅鳥食四龍，而不能食事佛者，以如來行四等心故。說惠施有四功德不可稱量，謂知時、自手、淨潔極妙。說四人可敬，謂持信、奉法、身證、見到。　聲聞品第二十八。目連、迦葉、阿那律共化跋提長者。賓頭盧化老母難陀。佛因長者爲比丘說授三歸五戒法，許分分受。佛說日月四翳，喻欲、恚、癡、利養四結。佛爲童子說四種座，卑座、天座、梵座、佛座。佛令鹿頭梵志擊骨，辨男女病原，及所生處，惟不能辨阿羅漢骨。梵志因出家成道，說四界八界義。佛爲比丘說四大廣演之義，謂契經、律、阿毘曇、戒。或非經本，或是義說，或戒行與味相應，或眞是佛說。佛爲匿王說世間四事，先苦後樂，亦爲比丘說四事，先苦後樂，謂梵行、誦習、坐禪、數息，能得四禪四果之樂。佛說四果，一如黃藍花，一如芬陀利，一似柔軟，一柔軟中柔軟。　苦樂品第二十九。說先苦後樂等四人，說身樂心不樂等四人，說四梵福，一起塔，二治故寺，三和合聖衆，四請轉法輪。說四食宜捨離，說四辯宜求成就，說四事不可思議，當思四諦。說四神足，當修行。說四起愛法莫貪著，謂四事供養。說四姓出家，同名釋子，如四河入海，說四等心，名爲梵堂。　須陀品第三十。須陀沙彌隨佛問隨荅，佛讚印之，許其即爲比丘。老比丘舒腳眠，小沙彌正身坐，佛說眠者當生龍中，坐者當見四諦。阿那邠邸長者女修摩提嫁滿財長者子，令其家供佛僧，同悟道。　增上品第三十一。爲生漏梵志說閑居處修成道法。爲比丘說善知識應以四事教諸父母知親，謂恭敬三寶，受持戒律。爲比丘說四事行跡，謂苦樂各有愚惑速疾，應奉行苦速疾行跡。爲四梵志不免無常，說四法本，所謂無常、苦、無我、滅盡爲涅槃。說諸天四園四池。比丘亦四園、四池、四等爲園，四三昧爲池。說四蛇五持刀，六怨家喻。說身、口、意命善生善處，惡生惡處，修四禪得盡漏。說初苦行不得道，依戒、定、慧解脫，四賢聖道而成佛。爲天人說四流、四樂、四諦法。說比丘當修無常想。爲二弟子訶勝負心。　善聚品第三十二五法初說信等五根爲善聚貪等五蓋爲不善聚。說禮佛五功德。說佛以天眼見閻羅王將五天使，詰責罪人，及說地獄衆苦，誡諸比丘當滅五結，修行五根，說自恣時，衆僧清淨。印讚多耆奢造偈第一。說天子五衰相現，歸佛得免惡道。爲長者子，出家證道。尊者那羅陀爲文荼王說除憂經，謂除去五愁憂刺。佛說病人五法難差，五法易差。又說瞻病人五法難差，五法易差。佛爲師子大將說惠施五德，又爲比丘說惠施五功德。又說應時施有五事。　五王品第三十三。五國王各論一塵偏妙，佛言平等論之，隨所好則各妙，然各有過失，各有出要。佛爲月光長者記其子尸婆羅當出家，後果同五百童子出家，福德第一，并說其往因。佛兩番說五戰鬪人皆喻比丘。佛說掃地五事、掃塔五事。說長遊五難，不多遊五功德。說恆一處止，五非法。又說不一處住，五功德。佛因大火燒樹，說破戒受供，倍於猛火。　等見品第三十四。舍利弗說戒成就人，乃至阿那含人，皆當思惟五陰苦惱。敍流離王滅釋因果本末。佛說諸天有五衰相。說出家有五毀辱法，一髮長、二爪長、三衣垢、四不知時宜、五多有所論。鷄頭梵志以二金錢營供諸天助之，乃至出家成道。佛說世間五事最不可得，謂不喪、不盡、不老、不病、不死。說五人不可療治，一諛諂、二姦邪、三惡口、四嫉妬、五無反復。說修羅謂諸天非法，則被天縛。比丘興結使，則被魔縛。爲阿難說五陰名盡法。爲生漏梵志說使民減少因緣。邪聚品第三十五。說五事知是邪聚，應笑不笑，應喜不喜，應慈不慈，作惡不恥，聞善不著意，反是爲正聚相。說如來出現，必爲五事，一轉法輪、二度父母、三無信令信、四使發心、五授佛決。說五施無福，一刀、二毒、三野牛、四婬女、五神祠，五施福大，一園觀、二林樹、三橋梁、四大船、五住處。說女人以五力輕夫，夫以富貴力蔽之。魔以五塵力縛人，人以無放逸力勝之。說女人有五想，比丘亦應有五想，謂戒、聞、定、慧、解脫。說五時不應向人禮，塔中、衆中、道路、病卧、飲食。因度毘舍羅長者而說湯施之德。爲欲捨戒比丘說女人五難。多耆奢比丘觀五陰而斷欲證果，僧伽摩比丘七返降魔。　聽法品第三十六。說隨時聽法五功德。說作浴室五功德。說施楊枝五功德。說屠牛等人無善根。目連降二龍，佛往忉利爲母說法，優塡王造旃檀像，波斯匿王造金像，佛從天下，五王起大神寺。　六重品第三十七六法初。說六重法，謂身、口、意、三業慈同利、同戒、同見。說舍利弗所入三昧，目連不知名字，然目連其實神足第一。舍利弗等各說牛師子園快樂之法，佛咸印之。佛說呪願六德，施主成就信、戒、聞，彼物成就色、味、香。佛說比丘欲求佛教，欲得四事，欲求知足，欲多知識，欲求四禪，欲求八解，欲求天耳，欲求心通，欲得神足，欲知宿命，欲求天眼，欲求漏盡，皆當念戒德具足。舍利弗爲

比丘說六法入地獄，六法生天，六法至涅槃。佛爲比丘說第一空法，謂觀六入因緣生滅。佛爲生漏梵志說剎利乃至比丘所欲、所行、所著、所究竟，各各不同。又爲梵志說不修梵行事，薩遮尼犍子受佛化命終生天。力品第三十八。說凡常六力，小兒啼，女人恚，沙門梵志忍，國王慢，羅漢專精，佛大慈悲，應學大慈悲力。說應修無常想，不修者生三惡道，修者生人天，得涅槃。佛爲梵志說內外六塵、六入法。佛說未成道時思惟十二因緣，如見古昔王城。佛訶阿那律睡眠，阿那律不眠失目，證天眼。當補衣時，佛爲貫鍼，因說六法無有厭足，一施，二教戒，三忍，四法說義說，五將護衆生，六求無上道。佛降央掘魔，令寤如來，滅六見法，出家證果，以至誠言而救產難，忍打罵辱，并爲比丘說其往因。佛說諸山前後各有異名，唯仙人山更無異名。佛勅比丘專念修已，謂觀六情。佛勸修無常想，述古時女人因辟支說法，思惟六情無主，得生梵天。佛爲波斯匿王說正法治化，增六事功德。王亦讚佛，以六事應受禮拜。佛爲毘舍離除疫病苦，說二千五百寶蓋夙因所致。輸盧比丘尼降伏六師。佛說六情染著則流轉，思惟不淨，即成道迹。　等法品第三十九七法初。明七法得樂得果，謂知法、知義、知時、自知、知足、知入衆、觀察衆人。法者，十二部經。義者，如來機趣。時者，止觀語默等。自者，善能修已。足者，行住進止之宜皆知止足。衆者，剎利、梵志、長者、沙門等，語默法則。觀察衆人者，知其根原勝劣。說晝度樹七喩，喩賢聖弟子發心，出家、遊四禪、成無漏。說七事水喩，喩無善、退善、不進，及四果證。說王治七法，喩淨戒護根多聞方便四增上心四神足分別陰界入緣起法。說七神識住處。勅病比丘，均頭說七覺意而病愈。說輪王七寶、法王七覺。有比丘慕輪王快樂，佛令修梵行證果。有天語童眞迦葉，此舍七喩，迦葉問佛知義而證果，滿願子爲舍利弗說七車喩。　七日品第四十。說七日出時世界無常，及說成劫漸有四姓。說跋祇人修七法不爲外寇所壞，比丘亦有七不退轉法，魔不得便。說貪欲、瞋恚憍慢、癡、疑、見、欲七使，七覺治之。說七人可事可敬。一慈、二悲、三喜、四護、五空、六無相、七無願。說毘羅先長者七日應命終墮落，阿難度令出家，一日修十念生天上。說淨諸漏法，或緣見、或恭敬、或親近、或遠離、或娛樂、或威儀、或思惟。說七事增益功德，起僧藍、施牀座、施食、施雨衣、施藥、作井、作近道

舍。說思惟死想，宜於出入息中。爲波斯匿王說七保形等，非是梵行人。迦旃延廣演佛所說不著世，不住世義。 莫畏品第四十一。說斷三結，名不退轉義，敕摩訶男莫生怖畏，那伽波羅度長老梵志成道。佛敕比丘觀七處善，又察四法，謂慈、悲、喜、護、空、無相、願，及四念處。舍利弗爲北遊比丘說八道七覺法。迦葉不捨頭陀行，佛以法寶付囑之，幷付阿難。 八難品第四十二八法初。說地獄畜生、餓鬼、長壽天、邊地、根缺、邪見、無佛世，爲八難。說八大地獄因果，應修八正道離之。佛以父母力起石，令力士降伏。次說神力智慧，遠勝目連舍利。又度君荼羅比丘尼，又讚阿難有四未曾有法，又爲阿難說待女人法，罰車匿法。又度五百摩羅，及摩須跋。佛因阿須倫說八法如海。佛說八緣，天地大動。佛爲阿那律說戒勝於聞，及說八大人念，一少欲、二知足、三閒居、四戒、五三昧、六智慧解脫、七多聞、八精進。佛說八部衆，一剎利、二婆羅門、三長者、四沙門、五四王、六三十三天、七魔、八梵，佛以八法勝之。阿那閣邸長者八處惠施，佛讚歎之，幷爲說福田勝劣。佛說惠施八德，一隨時、二鮮潔、三親手、四誓願、五不望報、六求滅度、七施良田、八迴向衆生。佛說八邪趣泥犂，八正向涅槃。 馬血天子品第四十三。佛爲馬血天子說惟八正道，得盡世界邊際。佛說八關齋法，及發願功德，引古本生事爲證。佛因水漂木，說無八事，便漸至海，喻人得至涅槃。牧牛難陀因發心出家，幷問其義。佛言，此岸是身邪，彼岸身邪滅，中沒者欲愛，岸上者五欲，人捉求王福，非人捉求天，迴轉是邪疑，腐敗是八邪。佛因提婆達說利養能害八正道。佛爲比丘說栰喻敍昔降魔之事。佛說牧牛度水愚黠喻。佛度阿闍世王得無根信。佛說比丘應除世八法，說佛不著八法，說八人不住生死，謂四果四向。 九衆生居品第四十四九法初說九衆生居。說嚫願九德。施王三法，信、願不殺。物三法，色、香、味。受者三法，戒、慧、定。說惡比丘成九法不成道，一強顏、二耐辱、三貪心、四慳著、五健忘、六邪思、七隱匿、八無返復、九念不捨離。說孔雀九法，喻比丘九善法，一端正、二清徹、三庠序、四知時、五知節、六知足、七念不分散、八少睡、九少欲知返復。說女人九法繫縛男子，當念捨之。佛爲比丘說諸法之本，謂不著地等，乃至涅槃。佛躬看病比丘，敕比丘看病。佛說九人可敎，謂四果、四向，及種性人。佛爲滿呼王子，顯朱利槃特之德。佛爲阿難說善知識是全梵行。佛爲天帝說衆生性行不同。 馬王品第四十五。婆羅門獻女於佛，佛不受之。有一比丘欲受，佛爲說女人九惡，幷說往昔商人墮羅剎國，乘馬王度難因緣。佛爲舍利弗目犍連，說九法不得長大，九法有所成辦。佛說比丘應念少欲知足。佛爲惡魔說拘留孫佛時事，明世間四食，段、觸、思、識。出世五食，禪、願、念、解脫、喜。佛勸比丘應修慈心，如食金剛。佛爲舍利弗讚空三昧。佛應尸利掘長者火坑毒食之請，令其見諦。 結禁品第四十六十法初。說十事功德結戒。說聖賢所居之處，有十事。說如來成就十力，知五陰、四諦因緣生滅。說如來十力，四無所畏。說十念法，謂念佛、念法、念僧、念戒、念施、念天、念止觀、念安般、念身、念死。說比丘親近國家，有十非法。說國王十非法，十法。比丘亦十非法，十法。十法者，一持戒、二敬佛、三敬法、四敬僧、五少欲知足、六隨戒、七坐禪、八閒靜、九與善知識從事、十多聞。佛爲比丘說十論、十義、十演，一依食、二名色、三受、四諦、五根、六重、七神止處。八世法、九衆生居、十念。佛勸比丘修十想，一白骨、二青瘀、三胖脹、四食不消、五血、六噉、七無常、八貪食、九死、十不可樂。佛爲比丘訶欲想，令重修十想證果。 善惡品第四十七。說十惡墮落，十善生天，十念滅度。說十惡果報。說知善惡罪福，名知幻者。警世論比丘當論十功德論，亦警求四事者。亦警分別國主善惡者。亦警評論波斯匿王者。爲羅云施主說平等施法。爲均頭說十善除滅邪見，論壽命長短事。 十不善品第四十八。廣說十不善果報。說七佛略廣二戒因緣。說彌勒佛時事。說七佛事。爲師子長者說供僧福多，及讚平等行施。說金剛三昧力，鬼不能害，火不能燒。 牧牛品第四十九第四分別誦佛說牧牛得失，各十一法。比丘得失，亦各十一法。一知色，二知相。三知摩刷，謂離惡念，四知護瘡，謂護根。五知起烟，謂多聞說法。六知良田茂草，謂八正道。七知所愛，謂愛法寶。八知擇道行，謂行十二部經。九知渡處，謂四意止。十知止足，謂不貪食。十一恭奉長老比丘。佛說比丘應成就十一法，戒、定、慧、解脫、解脫見慧、根寂、知足、修法、知方便、分別義、不著利、幷讚十一苦行迦葉比丘。佛因十大弟子，幷提婆達，各將徒衆遊行，因說善惡各以類相從。象舍利弗還俗，重出家證果，爲諸人民說十一法，阿羅漢所不習，一捨戒、二不淨、三殺生、四盜、五殘食、六妄語、七羣黨、八惡言、九狐疑、十恐懼、十一受餘師及受胞胎。又分別五通六通不同。佛爲比丘釋十二因緣法，并爲阿難説其甚深。翅蜜梵志聞法請佛。施羅梵志出家證果。佛讚一坐食法。佛説有習行沙門，有誓願沙門，及説沙門法行，婆羅門法行。叙提婆達出家得神足，造逆墮地獄，悔心蒙授記，及目連往訊始末。佛説慈心十一果報，卧安、覺安、無惡夢、天護、人愛、不毒、不兵、水火盜賊俱不侵，得生梵天。

禮三寶品第五十，説禮佛寺十一法，禮法十一法，禮僧十一法，説過去轉輪王以法相繼事，勑阿難莫增減所受持法。説四人泥犁罪報相。説佛明知五趣，及涅槃因果。説雪山樹王事長大，人亦如是，當求信、戒、聞、施、慧。説婬欲決定障道，及説受持十二部經，須善知義，不知義者，如捉蛇尾，反被其害。知義者，如捉蛇頸。佛爲生漏梵志説三世劫，數無量。佛爲異比丘説辟支佛出名小劫，佛出名大劫。非常品第五十一。説生死中，墮淚多於恆水，流血亦多於恆水。勸修無常想。説音響王求得子成辟支，起塔供養事以證之。説比丘及尼，應除心五弊，斷心五結。五弊者，疑佛、法、僧、犯戒不悔，爲生天而修行。五結者，懈怠、眠寐、心亂、根不定、喜在閙。佛説比丘應精進持戒，勝犯戒衆，如王治國。佛説寧常睡眠，不於覺寤，亂想造業。佛説長者以金誘四子歸依三寶，得無量福報。舍利弗爲阿那邠邸長者説法，令其生天。佛説四種婦人法，令長者兒婦改過見道。佛爲舍利弗説生死苦，亦説生者宜在豪貴。大愛道般涅槃品第五十二。大愛道等五百比丘尼，及二沙彌尼滅度。佛自供養大愛道，以報養育之恩。婆陀比丘尼憶宿命而笑，因爲衆尼説之。佛爲比丘説生死劫長，應生厭患，一作大城芥子喻、一作天衣拂石喻。佛説隨時聞法五功德。佛爲師子大將説施主五功德。爲波斯匿王説福田有勝劣，施心宜平等，因波斯匿王殺庶母百子而悔過，爲説四苦難免，十惡報劇，應正法治化，莫以非法，佛爲王釋十夢，而王歸信。

著録

智昇《開元釋教録》卷一三　《增壹阿含經》五一卷。

僧祐《出三藏記集》卷二　《增一阿含經》三三卷秦建元二十年夏出，至二十一年春訖。定三十三卷，或分爲二十四卷晉孝武時，兜佉勒國沙門曇摩難提，以苻堅時入長安。難提口誦胡本，竺佛念譯出。

佛説阿羅漢具德經

智旭《閱藏知津》卷二六　《佛説阿羅漢具德經》，宋中印土沙門法賢譯。佛在祇園説百弟子之德，及説比丘尼、優婆塞、優婆夷之德。此與《增壹阿含・弟子比丘尼等品》同本。

佛説四人出現世間經

僧祐《出三藏記集》卷四　《四人出現世間經》一卷抄《阿含》新集所得，今並有其本，悉在經藏。

費長房《歷代三寶紀》卷一〇　《四人出現世間經》一卷出《雜阿含》。

智升《開元釋教録》卷一三　《四人出現世間經》一卷，宋天竺三藏求那跋陁羅譯拾遺編入。出《增壹阿含經》第一八卷四意斷品異譯。

智旭《閱藏知津》卷二六　《佛説四人出現世間經》三紙欠劉宋中天竺沙門求那跋陀羅譯。爲波斯匿王説先後醜妙，四人不同。出《增壹阿含・四意斷品》。

佛説波斯匿王太后崩塵土坌身經

道宣《大唐内典録》卷六　《波斯匿王太后崩塵土坌身經》一卷，惠帝世沙門釋法炬出，初炬法立同出立死炬又自出，多出大部與立所出每相參合，廣略異耳，《僧祐録》全不載。既見舊別，諸録依取繼之，庶知有據以考正僞焉。

智昇《開元釋教錄》卷一三　《波斯匿王太后崩塵土坌身經》一卷，西晉沙門釋法炬譯。出《增壹阿含經》第十八卷，《四意斷品》異譯。

智旭《閱藏知津》卷二六　《佛說波斯匿王太后崩塵土坌身經》，西晉沙門釋法炬譯。　說四恐畏如四山合逼，無能避者，亦名《除憂患經》，亦出《四意斷品》。

佛說給孤長者女得度因緣經

智旭《閱藏知津》卷二六　《佛說給孤長者女得度因緣經》，宋北印土沙門施護譯。出《增壹阿含·須陀品》。

須摩提女經

智昇《開元釋教錄》卷一三　《須摩提女經》一卷大月支優婆塞支謙譯，拾遺編入出《增壹阿含經》第二十二卷須陁品異譯比於本經此編文略。

智旭《閱藏知津》卷二六　《須摩提女經》一卷，吳月支國優婆塞支謙譯。

佛說三摩竭經

費長房《歷代三寶紀》卷五　《三摩竭經》一卷，魏明帝世天竺沙門竺律炎維祇難卒，後爲孫權於楊都譯。群錄不同或云將炎或云持炎或云律炎，未詳孰是，故備舉之。

法經《衆經目錄》卷三　《三摩竭經》一卷，《增一阿含》別品異譯。

智昇《開元釋教錄》卷二　《三摩竭經》一卷，沙門竺律炎，印度人也，解行清厲，內外博通，與維祇難同遊吳境，維祇卒後，以孫權黃龍二年庚戌於楊都譯摩登伽等經四部。其名羣錄不同，或云將炎，或云持炎，或云律炎，未詳孰是，故備列之。

智旭《閱藏知津》卷二六　《佛說三摩竭經》，吳天竺沙門竺炎律譯。

佛說婆羅門避死經

費長房《歷代三寶紀》卷四　《婆羅門避死經》一卷出《增一阿含》

僧祐《出三藏記集》卷四　《婆羅門避死經》一卷抄《阿含》新集所得，今並有其本，悉在經藏。

智昇《開元釋教錄》卷一三　《婆羅門避死經》一卷後漢安息三藏安世高譯拾遺編入出《增壹阿含經》第二十三卷《增上品》異譯。

智旭《閱藏知津》卷二六　《佛說婆羅門避死經》，後漢安息國沙門安世高譯。出《增壹阿含·增上品》。

食施獲五福報經

釋靜泰《衆經目錄》卷二　《食施獲五福報經》一卷，《雜阿含》別品異譯。

智昇《開元釋教錄》卷三　《食施獲五福報經》一卷。

智旭《閱藏知津》卷二六　《食施獲五福報經》亦名《佛說施色力經》東晉錄。　謂命色力安辯也，出《增壹阿含·善聚品》。

頻婆娑羅王詣佛供養經

智旭《閱藏知津》卷二六　《頻婆娑羅王詣佛供養經》，出《增壹阿含·等見品》。

佛說長者子六過出家經

智旭《閱藏知津》卷二六　《佛說長者子六過出家經》，劉宋沙門釋慧簡譯。出《增壹阿含·邪聚品》。

佛說鴦崛髻經

道宣《大唐内典錄》卷七　《鴦崛髻經》五紙一名《指髻經》西晉竺法護譯。

智昇《開元釋教錄》卷一三　《鴦崛髻經》一卷，西晉沙門釋法炬譯。出《增壹阿含經》第三十一卷力品此文稍廣。

佛說力士移山經

釋靜泰《衆經目錄》卷二　《力士移山經》一卷一名《移山經》，五紙晉世竺法護別譯。《增一阿含》別品異譯。

智昇《開元釋教錄》卷二　《力士移山經》一卷，西晉三藏竺法護譯。

智旭《閱藏知津》卷二六　《佛說力士移山經》，出《增壹阿含·八難品》。

佛說四未曾有法經

僧祐《出三藏記集》卷四　《四未曾有法經》一卷抄《阿含》新集所得，今並有其本，悉在經藏。

道宣《大唐内典錄》卷七　《四未曾有法經》二紙《增一阿含經》別品殊譯。

智昇《開元釋教錄》卷一三　《四未曾有法經》一卷，西晉三藏竺法護譯。出《增壹阿含經》第三十六卷八難品異譯本是一經別譯分二本經稍廣，此出不盡。

智旭《閱藏知津》卷二六　《佛說四未曾有法經》，說阿難同輪王四法亦出八難品。

佛說舍利弗目犍連遊四衢經

智旭《閱藏知津》卷二六　《佛說舍利弗目犍連遊四衢經》，後漢康居國沙門康孟詳譯。衆聲喧鬧，佛不許見，因諸天請佛召見之，出《增壹阿含·馬王品》。

七佛父母姓字經

費長房《歷代三寶紀》卷五　《七佛父母姓字經》一卷，古舊二錄失譯諸經，今結附此以彰遠年，無所依據。

彥琮《衆經目錄》卷二　《七佛父母姓字經》一卷一名《婦人無延請佛經》，《長阿含》別品異譯。

智昇《開元釋教錄》卷一三　《七佛父母姓字經》一卷一名《七佛姓字經》，曹魏失譯，出《增壹阿含經》第四五卷不善品異譯。

智旭《閱藏知津》卷二六　《七佛父母姓字經》曹魏失譯人名，出《增壹阿含·十不善品》。

佛說放牛經

智昇《**開元釋教錄**》**卷一三**　《放牛經》一卷亦云《牧牛經》姚秦三藏鳩摩羅什譯。出《增壹阿含經》第四六卷放牛品異譯此文稍廣。

智旭《**閱藏知律**》**卷第二六**　《佛說放牛經》，姚秦天竺沙門鳩摩羅什譯。出《增壹阿含·放牛品》，以放牛十一法，喻比丘十一法也。

緣起經

智昇《**開元釋教錄**》**卷一三**　《緣起經》一卷亦云《十二緣起經》大唐三藏玄奘譯，出翻經圖，出《增壹阿含經》第四十六卷《放牛品》異譯。

智旭《**閱藏知律**》**卷二六**　《緣起經》，唐大慈恩寺沙門釋玄奘譯。亦出放牛品，釋十二緣起義。

佛說十一想思念如來經

費長房《**歷代三寶紀**》**卷一〇**　《十一想思念如來經》一卷或云思惟念，文帝世中天竺國三藏法師求那跋陁羅，宋言功德賢，善大乘學，時人亦稱爲摩訶乘亦云衍。元嘉十二年來至楊都，帝深崇敬，彭城王劉義康、南譙王劉義宣幷師事之，勑住祇洹寺，仍請令譯《雜阿含》等。寶雲傳語，慧觀筆受，後隨譙王鎮撫荆州，復於辛寺又《出無憂王等經》，前後所翻凡百餘卷，多是弟子法勇傳語。譙王嘗請講《華嚴經》，跋陁自忖未善宋言，心懷愧歎，即專係心，旦夕禮懺，請觀世音乞求冥應，遂夢有人白服持劍，擎一人首來其前曰，何故憂耶。陁因稽顙具以意對。其人荅曰，無所多憂，即便以劍易於陁首，更安新頭，語令迴轉訖，因問曰，得無痛耶。陁荅不痛，豁然便覺心神喜悅。旦起，道義備領宋言，於是就講，辯注若流。後還楊都，屬帝讌會王公卑集勑見，跋陁未及淨髮，白首皓然，帝遥望見顧，謂尚書謝莊等曰，摩訶衍師聰明機解，但考期將至，朕試問之，其情必能悟人意也。跋陁上階，帝迎謂之曰，摩訶乘師今日不負遠來之意，自外如何，唯有一在。摩訶乘師。即應聲荅曰，貧道慕化遠歸帝京，蒙供養來垂三十載，天子恩遇銜愧甚深，但今七十老病之人，更無餘期，唯一死在。帝大賞悅，嘉其機辯，勑陁進近，御筵而坐，舉朝屬目，瑩而美之。兼工呪術，備在僧傳，不復委載，祐錄止云賢譯出經七十三卷，得知不盡，今案衆錄，悉具列之。

智昇《**開元釋教錄**》**卷一三**　《十一想思念如來經》一卷或云十一思惟宋天竺三藏求那跋陁羅譯拾遺編入。右出《增壹阿含經》第四八卷禮三寶品初異譯此十一想連有二經，初十一事文意勘同，後十一事尋之未見。

智旭《**閱藏知律**》**卷二六**　《佛說十一想思念如來經》，劉宋中天竺沙門求那跋陀羅譯。共二經，初明十一想，次明十一果報，出《增壹阿含·禮三寶品》。

佛說四泥犁經

僧祐《**出三藏記集**》**卷四**　《四泥犁經》一卷，新集所得，今並有其本，悉在經藏。

法經《**衆經目錄**》**卷四**　《四泥犁經》一卷，出《增一阿含經》。

智昇《**開元釋教錄**》**卷一三**　《四泥犁經》一卷或云四大泥犁東晉西域沙門竺曇無蘭譯。拾遺編入出《增壹阿含經》第四八卷禮三寶品異譯。本經稍廣

智旭《**閱藏知律**》**卷二六**　《佛說四泥犁經》一紙半東晉西域沙門竺曇無蘭譯。說提舍瞿波離等四人苦果，及出其因，亦出禮三寶品。

阿那邠邸化七子經

法經《衆經目錄》卷四　《阿那閤邸化七子經》一卷，《雜阿含》別品異譯。

智昇《開元釋教錄》卷一三　《阿那閤邸化七子經》一卷後漢安息三藏安世高譯出《增壹阿含經》第四九卷非常品異譯。

智旭《閱藏知津》卷二六　《阿那閤邸化七子經》，後漢安息國沙門安世高譯。出《增壹阿含·非常品》。

玉耶經

費長房《歷代三寶紀》卷七　《玉耶經一卷》或云《玉耶女經》孝武帝世西域沙門竺曇無蘭晉言法正於楊都謝鎮西寺簡取世要，略大部出，唯二經是《僧祐錄》載，自餘雜見，別錄雖並有正本，既復別行，故悉列之，示有所據。

法經《衆經目錄》卷三　《王耶經》一卷一名《長者諸佛說子婦不恭敬經》，一名《七婦經》。

道宣《大唐內典錄》卷七　《玉耶經》一名《長者諸佛說子婦無敬經》，一名《七婦經》，上二經同本別出。

智昇《開元釋教錄》卷一三　《玉耶經一卷》一名《長者詣佛說子婦無敬經》東晉西域沙門竺曇無蘭譯第二譯。

智旭《閱藏知津》卷二六　《玉耶經》東晉西域沙門竺曇無蘭譯。

阿遬達經

智旭《閱藏知津》卷二六　《阿遬達經》，劉宋中天竺沙門求那跋陀羅譯。說子報父母恩法。

玉耶女經

僧祐《出三藏記集》卷三　《玉耶女經》一卷或云《玉耶經》今並有其經。

智昇《開元釋教錄》卷一三　《玉耶女經》一卷或云《玉耶經》《僧祐錄》云安公失譯經今附《西晉經》初出，拾遺編入。

智旭《閱藏知津》卷二六　《玉耶女經》，西晉錄失譯人名。給孤長者兒婦不行婦禮，長者請佛爲說女人十惡，又說五善三惡之法，分別七種婦之差別，乃悔過求受十戒。一不殺生，二不偷盜，三不婬泆，四不妄語，五不飲酒，六不惡駡，七不綺語，八不嫉妬，九不瞋恚，十者信善得善，此優婆夷所行戒，亦出《增壹阿含·非常品》。

大愛道般涅槃經

智昇《開元釋教錄》卷一三　《大愛道般泥洹經》一卷，西晉河內沙門白法祖譯。

智旭《閱藏知津》卷二六　《佛說大愛道般涅槃經》，西晉河內沙門白法祖譯。

佛母般泥洹經

費長房《歷代三寶紀》卷一〇　《佛母般泥洹經》一卷，孝武帝世北涼河西王沮渠蒙遜從弟安陽侯京聲，屬涼運終爲元魏滅，京聲竄竊南奔建康，晦志卑身，不交人世，常遊止塔寺，以居士自卑，絕妻孥，淡榮利，從容法侶，宣通正教，是以黑白咸嘉敬焉。所譯前件雜要衆經，既諷習久，對衆弘宣，臨筆綴文，曾無滯導，丹陽尹孟顗見而善之，深加賞接，資贍隆厚，見《高僧傳》。

僧祐《出三藏記集》卷二 《佛母般泥洹經》一卷孝建二年於鍾山定林上寺譯出。一名《大愛道般泥洹經》 宋孝武帝時，僞河西王從弟沮渠安陽侯於京都譯出。前三觀先在高昌郡久已譯出。於彼齎來京都。

智昇《開元釋教錄》卷一三 《佛母般泥洹經一卷》，宋沙門釋慧簡譯。拾遺編入，出《增壹阿含經》第五十卷《大愛道般涅槃品》。

智旭《閱藏知津》卷二六 《佛母般泥洹經》，劉宋沙門釋慧簡譯。後附佛般泥洹後變記半紙，次第說十百年事。

舍衛國王夢見十事經

智昇《開元釋教錄》卷一三 《舍衛國王夢見十事經》一卷，《僧祐錄》云安公失譯經，今附《西晉錄》。拾遺編入出《增壹阿含經》第五十一卷《大愛道般涅槃品》。

智旭《閱藏知津》卷第二六 《舍衛國王夢見十事經》，失譯人名，附《西晉錄》。

佛說國王不黎先尼十夢經

智旭《閱藏知津》卷二六 《佛說國王不黎先尼十夢經》，東晉西域沙門竺曇無蘭譯。出《大愛道般涅槃品》。

本緣經部

佛本生經分部

六度集經

題　解

一如《大明三藏法數》卷一　六度亦名六波羅蜜，出《六度集經》第一卷，萬字函。

又卷一九　六度出《六度集經》，一檀那，梵語檀那，華言布施。施有二種，一者財施，謂以飲食、衣服、田宅、珎寶及一切資身之具悉能施之；二者法施，謂從諸佛及善知識聞說世間、出世間善法，以清淨心轉爲他說也。二尸羅，梵語尸羅，華言性善，謂好行善道，不自放逸，此據義而譯也。正翻止得，謂止惡得善也。又翻爲戒，謂戒能防止身口所作之惡也。三羼提，梵語羼提，華言忍辱。忍辱有二種：一者生忍，謂於恭敬供養中不生憍逸，於嗔罵打害中不生怨恨也；二者法忍，謂於寒熱風雨饑渴等法惱害之時，能安能忍，不生嗔恚憂愁也。四毘梨耶，梵語毘梨耶，華言精進。精進有二種：一者身精進，謂若勤修善法，行道禮誦，與夫講說，不自放逸也；二者心精進，謂若勤行善道，心心相續，不自放逸也。五禪那，梵語禪那，華言靜慮，專心斂念，守一不散之謂也。禪有二種：一者世間禪，謂色界無色界，凡夫所修禪也；二者出世間禪，謂聲聞、緣覺、菩薩所修禪也。六般若，梵語般若，華言智慧，謂照了一切諸法皆不可得，而能通達一切無礙，爲諸衆生種種演說也。

著　錄

僧祐《出三藏記集》卷二　《六度集經》九卷或云《六度無極經》，或云《度無極集》，或云《雜無極經》。魏明帝時，天竺沙門康僧會以吳主孫權、孫亮世所譯出。

費長房《歷代三寶紀》卷五　《六度集經》九卷一云《六度無極經》，一云《度無極經》，一云《雜無極經》，見《竺道祖錄》及《三藏記》。

智昇《開元釋教錄》卷二　《六度集經》八卷或九卷，或云《六度無極經》，或云《度無極集》，或云《雜無極經》，見《竺道祖吳錄》及《僧祐錄》。會以權太元元年辛未於所創建初寺譯《六度》等經七部，並妙得經體，文義允正。

玄逸《大唐開元釋教廣品歷章》卷一〇　《六度集經》，一部八卷。《六度集》第一，《佛說布施度無極經》。《六度集》第二，《布施度無極波耶王經》，《波羅柰國王經》二紙，《薩和檀王經》，《須大拏經》。《六度集》第三，《布施度無極經》凡十一章。《六度集》第四卷第四，《戒度無極經》凡十五章，《太子墓魄經》，《彌蘭經》，《頂生聖王經》，《普明經》。《六度集》第五卷第三，《忍辱度無極經》凡十三章，《摩天羅王經》、《槃達龍王經》，《孔雀王經》，《三裸國》，《六年守饑畢宿罪經》，《釋家畢罪經》。《六度集》第六卷第六，《精進度無極經》凡十九章，《蜜蜂王經》，《佛以三事笑經》，《小兒聞法即解經》，《親身濟價人經》，《以金貢太山贖罪經》，《調達教人爲惡經》，《殺龍濟一國經》，《彌勒爲女身經》，《女人求願經》，《以然燈受決經》。《六度集》第七卷第七，《禪度無極經》凡九章《六度集》第八卷第八，《明度無極經》凡九章，《戶呵偏王經》，《遮羅國王經》，《薩薩以明離鬼妻經》，《儒童經》，《摩調王經》，《阿離念彌經》，《鏡面王經》，《密微王經》，《梵皇經》。右吳太元元年，西域沙門康僧會於楊都建初寺譯，見竺道祖《吳錄》。

綜述

祩宏《禪關策進》 《六度集經》，精進度無極者，精存道奧，進之無怠，臥坐住步，喘息不替，心心相續，不自放逸。

王古《大藏聖教法寶標目》卷三 《六度集經》七卷，右施度二卷，說佛因地，不惜身命、國城、妻子種種行施因緣。戒度一卷，忍度一卷，精進度一卷，禪度一卷，明度一卷，皆雜集衆經中事類。佛昔因地戒、忍、精進、定、慧種種因緣。

智旭《閱藏知津》卷九 《六度集經》八卷，萬吳天竺沙門康僧會譯，皆如來往昔行菩薩道時六波羅密行也。

菩薩本緣經

綜述

澄觀《大方廣佛華嚴經隨疏演義鈔》卷五〇 又《菩薩本緣經》，說一切持王施二子者，經有三卷，今當第一，一半向後，至第二卷，一半向前。然其緣起，全似《須大拏》。

王古《大藏聖教法寶標目》卷八 《菩薩本緣經》四卷，右說佛昔因地以國城妻子布施種種緣。

著錄

智昇《開元釋教錄》卷一三 《菩薩本緣經》三卷僧伽斯那撰，或四卷，或三卷吳月支優婆塞支謙譯單本。

生經

綜述

王古《大藏聖教法寶標目》卷七 《生經》五卷，右類集五十五經，如《阿含》，總曰《生經》，別說人天諸趣善生善報，惡生惡報，業生三塗，修羅道證聖果等，種種因緣事相。

智旭《閱藏知津》卷三〇 《佛說生經》五卷西晉月支國沙門竺法護譯。一《那賴經》說佛昔爲仙人，名那賴，此云無樂，說法令方迹王斷愛，今復說法斷比丘欲想，今證果。二《分衛比丘經》，說此比丘昔爲鼈時，亦曾係意獼猴，而不遂所願。三《和難經》說和難釋子輒度人，昔時亦曾受博掩子所欺。四《邪業自活經》亦說和難釋子往事。五《是我所經》說慳鄙長者曾爲鳥名我所。六《野鷄經》說野貓巧誘野雞因緣，貓即旃遮比丘，雞即佛是。七《前世諍女經》說調達最初結怨之由。八《墮珠著海中經》說佛昔時抒海事。九《旃闍摩暴志謗佛經》，說尼謗佛夙緣。十《鼈獼猴經》亦說暴志昔爲鼈婦，調達爲鼈，佛爲獼猴。十一《五仙人經》說一仙人侍四仙人事，四仙人，即前後四佛，梵志即調達。十二《舅甥經》亦佛及舍利弗調達往事。十三《閑居經》爲梵志說出家閑居行。十四《舍利弗般涅槃經》說尊者雖入滅，五分法身不滅，人宜自求歸依，處於法地，歸命於法，不處他地，不歸餘人。十五《子命過經》爲喪子墮憂者說法，令悟無常。十六《比丘各言志經》與《中阿含》牛角娑羅林經上同。十七《迦旃延說無常經》。十八《和利長者問事經》，佛問長者四大諸法，長者一一能答。十九《心總持經》說大乘法而有咒。二十《護諸比丘咒經》。二十一《吉祥咒經》。二十二《總持經》大似華嚴經中略出少許。二十三《所欣釋經》說所欣釋今昔粗獷事。二十四《國王五人經》說舍利弗、阿那律、阿難、輪輪及佛往因，與今事同。二十五《蠱狐烏經》說調達與拘迦利昔爲狐烏，互相謬歎，今亦復然。二十六《比丘疾病經》即佛躬看病比丘事。二十七《審裸形子經》，外道遣人覓佛短，反受佛化，得見道迹，因説夙事。二十八《腹使經》阿難勸匿王於饑世供佛及僧，佛説其往因曾以腹使之語，利益衆人。二十九《弟子命過經》有弟子命過生天，見佛得道，其師憶之，佛爲安慰説法，并説昔時仙人愛小象緣。三十《水牛經》説昔時水牛王忍獼猴辱，而梵志殺此獼猴，今外道亦然。三十一《兔王經》説兔王捨身奉仙入事，仙人即錠光佛，兔王即釋迦也。三十二《無懼經》説昔人行道，死時無懼，得生内院。三十三《五百幼童經》童子行善遇水厄，生内院。三十四《毒草經》説大林毒草喻，警人勤去三毒。三十五《鼈喻經》。喻三界無安。三十六《菩薩曾爲鼈王經》説鼈王忍苦不害商人事。三十七《毒喻經》説子息不肯行毒以爲喻，喻人不宜行毒，宜去三毒，行六度等行。三十八《誨子經》説毋善誨子事，歎後世人子有從不從。三十九《負爲牛者經》説佛救牛因緣。四十《光華梵志經》説維衛佛時，梵志即是今佛，衆眷屬即今衆會。四十一《變悔喻經》居士出家，後又變悔，樹神現尼身以覺悟之，乃得證道。四十二《馬喻經》，馬能調長，則受快樂，佛調衆生，亦復如是。四十三《比丘尼現變經》，二尼現變化度惡人。四十四《孤獨經》説昔時孤獨人能作福，有子反受其累，以喻迷心，而生五陰六衰之患。四十五《梵志經》，佛爲梵志一家説法，令各得益，因説昔事亦爾。四十六《君臣經》説調達昔爲大猶王，佛爲密善財大臣。四十七《拘薩國烏王經》説四將昔爲四烏事。四十八《蜜具經》授梵志施蜜者緣覺記，并説其往因。四十九《雜讃經》，有比丘尼子出家，不順道法，母誨不從，父敕不順，後遇大苦，佛因説其曾爲烏時，亦遭此苦。五十《草驢馳經》，比丘妄授客比丘籌，後取衣鉢辱主乃去，佛説草驢馳梵志往因。五十一《孔雀經》説往時孔雀令烏無光，今佛令外道失彩。五十二《仙人撥劫經》，即往古仙人觸女失通事。五十三《清信士阿夷扇持父子經》，父不喜其子，子他出後，方思之，喚不肯歸，佛因説昔時獼猴師事。五十四《夫婦經》，夫不喜其妻，妻出家證果，後方喚之，佛因説其夙緣。五十五《譬喻經》，一説昔時比丘化油供佛緣，比丘即然燈佛，老母施油者即釋迦佛也，二説大魚救荒結緣事，三説首達謗惟先墮獄事，首達即釋迦，惟先即阿彌陀佛。四説梵志儒童爭座成怨事，梵志即調達，儒童即釋迦，梵志發惡願已，大修功德，乃得世世與佛相值，五説驢隨馬，則與馬相似，隨驢則仍似驢，誡人宜隨善知識，六説盜天像金頭，稱南無佛，即得取去，人方知天不如佛。七説狗優牀下聽經，得爲比丘尼證果。八説貧人乞得天帝瓶，墮地破之，便無所堪，喻人初聞佛法，能行精進，所願必得，後小懈怠，忘失經戒，譬如瓶破也。

雜有大乘法。

著錄

僧祐《出三藏記集》卷二《生經》五卷或四卷。

智昇《開元釋教録》卷二《生經》五卷初出，或四卷，大康六年正月十九日出，有五十五經，見《聶道眞録》及《僧祐録》。

佛説生經

道宣《大唐内典録》卷七《生經》五卷或四卷，一百七紙西晉竺法護譯。

智昇《開元釋教録》卷一三《生經》五卷有五十五經，或四卷西晉三藏竺法護譯第一譯兩譯一闕。

智旭《閲藏知津》卷三〇《佛説生經》五卷西晉月支國沙門竺法護譯。一《那賴經》。説佛昔爲仙人名那賴，此云無樂，説法令方迹王斷愛，今復説法斷比丘欲想，今證果。二《分衛比丘經》。説此比丘昔爲鼈時，亦曾係意獼猴，而不遂所願。三《和難經》。説和難釋子輒度人，昔時亦曾受博，掩子所欺。四《邪業自活經》。亦説和難釋子往事。五《是我所經》。説慳鄙長者曾爲鳥，名我所。六《野鷄經》。説野貓巧誘野雞因緣，貓即旃遮比丘，雞即佛是。七《前世諍女經》。説調達最初結怨之由。八《墮珠著海中經》。説佛昔時抒海事。九《旃闍摩暴志謗佛經》。説尼謗佛夙緣。　十《鼈獼猴經》。亦説暴志昔爲鼈婦，調達爲鼈，佛爲獼猴。　十一《五仙人經》。説一仙人侍四仙人事，四仙人，即前後四佛，梵志即調達。　十二《舅甥經》。亦佛及舍利弗調達往事。　十三《閑居經》。爲梵志説出家閑居行。　十四《舍利弗般涅槃經》。説尊者雖入滅，五分法身不滅，人宜自求歸依，處於法地，歸命於法，不處他地，不歸餘人。　十五《子命過經》。爲喪子墮憂者説法令悟無常。　十六《比丘各言志經》。與《中阿含·牛角娑羅林經》上同。　十七《迦旃延説無常經》。　十八《和利長者問事經》。佛問長者四大諸法，長者一一能答。　十九《心總持經》。説大乘法而有咒。　二十《護諸比丘咒經》。　二十一《吉祥咒經》。　二十二《總持經》。大似《華嚴經》中，略出少許。　二十三《所欣釋經》。説所欣釋今昔粗獷事。　二十四《國王五人經》。説舍利弗、阿那律、阿難、輪輪及佛往因，與今事同。　二十五《蠱狐烏經》。説調達與拘迦利昔爲狐烏互相謬歎，今亦復然。　二十六《比丘疾病經》。即佛躬看病比丘事。　二十七《審裸形子經》。外道遣人覓佛短，反受佛化，得見道迹，因説夙事。　二十八《腹使經》。阿難勸匿王於饑世供佛及僧，佛説其往因，曾以腹使之語，利益衆人。　二十九《弟子命過經》。有弟子命過生天，見佛得道，其師憶之，佛爲安慰説法，并説昔時仙大愛小象緣。　三十《水牛經》。説昔時水牛王忍獼猴辱，而梵志殺此獼猴，今外道亦然。　三十一《兔王經》。説兔王捨身奉仙人事，仙人即錠光佛，兔王即釋迦也。　三十二《無懼經》。説昔人行道，死時無懼，得生内院。　三十三《五百幼童經》。童子行善遇水厄，生内院。　三十四《毒草經》。説大林毒草喻，警人勤去三毒。　三十五《鼈喻經》。喻三界無安。　三十六《菩薩曾爲鼈王經》。説鼈王忍苦不害商人事。　三十七《毒喻經》。説子息不肯行毒，以爲喻。喻人不宜行毒，宜去三毒，行六度等行。　三十八《誨子經》。説毋善誨子事，歎後世人子，有從不從。　三十九《負爲牛者經》。説佛救牛因緣。　四十《光華梵志經》。説維衛佛時梵志，即是今佛，衆眷屬即今衆會。　四十一《變悔喻經》，居士出家後又變悔，樹神現尼身以覺悟之，乃得證道。　四十二《馬喻經》。馬能調良，則受快樂，佛調衆生，亦復如是。　四十三《比丘尼現變經》。二尼現變化度惡人。　四十四《孤獨經》。説昔時孤獨人能作福，有子反受其累，以喻迷心而生五陰、六衰之患。　四十五《梵志經》。佛爲梵志一家説法，令各得益，因説昔事亦爾。　四十六《君臣經》。説調達昔爲大猶王，佛爲密善財大臣。　四十七《拘薩國烏王經》。説四將昔爲四烏事。　四十八《蜜具經》。授梵志施蜜者，緣覺記。并説其往因。　四十九《雜讚經》。有比丘尼子出家，不順道法。母誨不從，父敕不順，後遇大苦佛，因説其曾爲烏時，亦遭此苦。　五十《草驢馳經》。比丘妄授客丘籌，後取衣鉢辱主乃去，佛説草驢馳梵志往因。　五十一《孔雀經》。説往時孔雀令烏無光，今佛令外道失彩。　五十二《仙人撥劫經》。即往古仙人觸女失通事。　五十三《清信士阿夷扇持父子經》。父不喜其子，子他出後，方思之，喚不肯歸，佛因説昔時獼猴師事。　五十四《夫婦經》。夫不喜其妻，妻出家證果，後方喚之，佛因説其夙緣。　五十五《譬喻經》。一説昔時比丘化油供佛緣，比丘即然燈佛，老母施油者即釋迦佛也。　二説大魚救荒結緣事。　三説首達謗惟先墮獄事，首達即釋迦，惟先即阿彌陀佛。　四説梵志儒童爭座成怨事，梵志即調達，儒童即釋迦。梵志發惡願已，大修功德，乃得世世與佛相值。　五説驢隨馬，則與馬相似，隨驢，則仍似驢。誡人宜隨善知識。　六説盗天像金頭，稱南無佛即得取去，人方知天不如佛。　七説狗伏牀下聽經，得爲比丘尼證果。　八説貧人乞得天帝瓶，墮地破之，便無所堪，喻人初聞佛法能行精進，所願必得，後小懈怠，忘失經戒，譬如瓶破也。

佛説菩薩本行經

綜述

玄逸《大唐開元釋教廣品歷章》卷一三　《菩薩本行經》一部三卷，《佛説菩薩本行經》卷上，《佛説菩薩本行經》卷中，《佛説菩薩本行經》卷下。右東晉失譯，見《開元錄》。

王古《大藏聖教法寶標目》卷五　《菩薩本行經》三卷，右説佛因地爲求佛法施捨身命、利益衆生、供養法師等種種苦行因緣。及五百羅漢各各自說往昔善行致生天得道因緣，但或掃塔，或散華，或施辟支佛一飯，或獻一草蓋，或以一偈讚佛等，皆致生天得道，無量福報。

智旭《閱藏知津》卷九 《菩薩本行經》三卷墨附《東晉錄》。一說往昔精進之行，以策懈怠；一爲波斯匿王說檀度事；一授婆羅門辟支佛記；一授牧羊人辟支佛記；一舍利弗度師質大臣出家，被弟遣賊斷臂證果夙世因緣；一婆多竭梨尊者自說夙因；一佛說往昔剜身求法事；一爲貧士須達說施田差別；一說如來降毒龍除國疫事，并說三千寶蓋夙因；一說讚佛有大功德；一度輔相婆羅門夫婦證果，并說其往因，共十一節。

著　錄

僧祐《出三藏記集》卷三 《菩薩本行經》一卷略，關中異經。

明佺《大周刊定衆經目錄》卷五 《菩薩本行經》一部三卷五十二紙

右西晉惠帝太康年聶道眞譯，出《長房錄》，以前二經同本別譯。

智昇《開元釋教錄》卷一二 《菩薩本行經》三卷（略）

大方便佛報恩經

綜　述

玄逸《大唐開元釋教廣品歷章》卷一三 《大方便報恩經》一部七卷一百三十七紙，凡有九品。《大方便佛報恩經》卷第一，《序品》第一，《孝養品》第二。《大方便佛報恩經》卷第二，《對治品》第三，《發菩提心品》第四。《大方便佛報恩經》卷第三，《論品》第五。《大方便佛報恩經》卷第四，《惡友品》第六。《大方便佛報恩經》卷第五，《慈品》第七。《大方便佛報恩經》卷第六，《憂波離品》第八。《大方便佛報恩經》卷第七，《親近品》第九。右漢代失譯，見僧祐《失譯錄》。

王古《大藏聖教法寶標目》卷五 《大方便佛報恩經》七卷，右佛於往昔動中孝養父母，乃至捨身命血肉救濟父母，爲報重恩及求無上菩提，累劫修積難行苦行，種種因緣。第六卷《優波離品》詳說受三歸依及持犯齋戒種種功德罪報，經末說三十二相因果法。

智旭《閱藏知津》卷九 《大方便佛報恩經》七卷，墨出《後漢錄》。《序品》第一，佛住耆闍崛山，阿難聞外道譏佛非孝，以是白佛，佛放面門光明，照十方界，集諸菩薩。《孝養品》第二，佛坐寶華，現淨身中五道色相，明一切衆生互爲親屬，如來皆念報其恩德，并說須闍提太子以身肉濟父母難。《對治品》第三，說轉輪聖王身剜千燈以求半偈。《發菩提心品》第四，佛爲喜王菩薩說發心乃名知恩，勸人發心乃名報恩，及說昔於地獄初發心事。《論議品》第五，佛昇忉利爲母說法，外道造諸誹謗，佛從天下，現往昔忍辱太子寶塔，并說摩耶夫人得爲佛母本緣，又說沙彌均提本緣。《惡友品》第六，佛以光照地獄，并說調達諸事，亦爲發其巧便。《慈品》第七，說舍利弗先入涅槃本緣，及說如來種種慈善化力。《優波離品》第八，佛勅尊者問戒中義，半與薩婆多毘婆沙初卷同。《親近品》第九，說佛往昔殺一惡賊救五百人，現在救惡瘡比丘，并說知恩報恩種種法要，亦說三十二相，亦說相好之因，然後囑累一切菩薩，一切菩薩各各發願。

著　錄

智昇《開元釋教錄》卷一二 《大方便佛報恩經》七卷失譯，在《後漢錄》，按《大周錄》中其七卷《報恩經》云與漢代支讖所譯單卷《大方便報恩經》同本。

悲華經

綜　述

玄逸《大唐開元釋教廣品歷章》卷八 《悲華經》一部十卷第四譯，

《寶唱錄》云名《悲蓮華經》，凡六品一帙，《悲華經轉法輪品》第一北涼沮渠蒙遜世曇無讖於姑臧譯，《悲華經陀羅尼品》第二，《悲華經大施品》第三卷第二，《悲華經大施品》下卷第三，《悲華經諸菩薩本受記品》第四之一，《悲華經諸菩薩本受記品》之二卷第四，《悲華經諸菩薩本受記品》之三卷第五，《悲華經諸菩薩本受記品》之四卷第六，《悲華經檀波羅蜜品》之五卷第七，《悲華經諸菩薩本受記品》之六卷第八，《悲華經檀波羅蜜品》第五，《悲華經檀波羅蜜品》之二卷第九，《悲華經檀波羅蜜品》之三卷第十；《悲華經入定三昧門品》第六。右北涼玄始年天竺沙門曇無讖於姑藏譯，是《竹道祖河西錄》，沙門惠嵩筆受。

王古《大藏聖教法寶標目》卷三

《悲華經》十卷，右說諸佛本願莊嚴清淨佛土，釋迦如來以大悲故，願出五濁惡世成佛度生。說釋迦佛因地布施身命，種種大悲行願，彌陀、阿閦、觀音、勢至、文殊、普賢本所發願，讀誦書寫此經乃至一偈，勝十大劫行六波羅蜜。

智旭《閱藏知津》卷九

《悲華經》十卷北涼中天竺沙門曇無讖譯。

《轉法輪品》第一，佛在王城崛山與大比丘僧六萬二千人俱，菩薩四百四十萬及梵天六欲天等，時彌勒等上首菩薩向東南方稱蓮華尊佛功德，寶日光明菩薩問佛因緣，佛荅其故，謂蓮華尊佛昨夜初成正覺，作大佛事。《陀羅尼品》第二，說彼東南世界相貌，及說過去日月尊佛授現佛記，授與解了一切陀羅尼門。說此事已，十方菩薩同來崛山，聽受陀羅尼門，皆得見彼蓮華佛刹。次有解脫怨憎菩薩問修集陀羅尼法，佛荅以四法、五法、六法、七歲中修，彌勒自言，於十恆沙劫前，已從娑羅王如來處得聞得修，以本願故，久在生死，待時成道，求佛授職。佛爲說諸章句，令衆獲益。又入遍一切功德三昧，度三惡道衆生，令生天人，爲諸天人示宿世因緣。《大施品》第三，寂意菩薩問佛出此濁世因緣，佛備述恆沙阿僧祇劫前事，謂刪提嵐世界善持劫中，無諍念輪王有大臣名爲寶海，生寶藏佛，王及千子諸小王等皆悉供養，未發大心。寶海求夢，知彼志劣，以夢白佛，勸彼諸人發無上心，各取淨土。《諸菩薩本受記品》第四，寶藏如來授輪王記，即無量壽佛，第一太子即觀世間，第二王子即得大勢，第三王子即文殊師利，第四王子即普賢佛，第五王子即今蓮華尊佛，第六王子即法自在豐王佛，第七王子即光明無垢堅香豐王佛，第八王子即普賢菩薩。次授十千懈怠人記，次記第九王子即阿閦佛，第十王子即香手菩薩，第十一王子即寶相菩薩。又授五百王子記，又授四百王子記，又授八十九王子記，又授八萬四千小王記，又授寶海八十子記，又授寶海三億弟子記，千童子記、侍者五人記。最後寶海發大悲願，諸菩薩等皆悉讚歎，六方諸佛送華供養，寶藏如來摩頂授記，并說菩薩四法懈怠，四法精進。一者願取清淨世界；二者願於善心調伏白淨衆中施作佛事；三者願成佛已，不說聲聞辟支佛法；四者願成佛已，壽命無量，是名四法懈怠。一者願取不淨世界；二者於不淨人中施作佛事；三者成佛已，說三乘法；四者成佛已，得中壽命，不長不短，是名四法精進。《檀波羅密品》第五，寶藏如來爲大悲菩薩說《諸三昧門助菩提法清淨門經》，大悲菩薩歷劫行、諸難行、苦行。《入定三昧門品》第六，十方諸佛皆我釋迦所化度者，皆遣菩薩來會供養，佛入三昧，令諸大衆皆入身毛孔中。復說十專心發於菩提，能入一切行門，乃至結名、結益、勸持，無怨沸宿大仙夜叉發願流通。

智旭《悲華經序》

大悲釋尊能爲難事，較十方三世佛偏稱勇猛，而《悲華》一經，叙述尤詳。此經亦名《大乘大悲芬陀利經》，謂攝取淨土，菩薩如餘華，唯大悲苦行，菩薩如芬陀利華也。然釋尊成佛，刹海微塵數劫，爲衆生故，於恆沙劫前示作寶海大臣。其長子成佛，名寶藏，既勸輪王千子及諸小王，供佛發心，各取淨土，後獨發悲誓，願取穢土。嗚呼！我輩垢重障深，久爲十方佛所擯棄，聚此五濁世間，自非釋尊徹底大悲，何由得聞出世法要。當知今日四衆弟子無非昔日飲大悲血，食大悲肉，受用大悲頭日髓腦及餘身分者也。釋尊捨無量血肉身分，令我輩成菩提種，我輩猶復不思報恩，尚可爲人乎。經云菩薩有四法懈怠，一願取淨世界，二願於淨衆作佛事，三願成佛，不說聲聞、辟支法。四願成佛壽命無量。有四種精進，一願取不淨世界，二不淨人中作佛事，三成佛說三乘法，四成佛得中壽。此經宗要，槩不出此。然懈怠菩薩如恆河沙，而精進菩薩迄今不滿十人，故釋尊雖自取穢土，仍勸穢土衆生求生極樂，苦口叮嚀，不一而足。吾輩信大悲語，即同大悲心。生極樂已，方可速入不淨世界，於不淨人中說種種法數。示生滅，爲第一精進菩薩。吳興唐宜之甫讀是經，不禁感泣。山東耿闇然適聞是經，便誓流通。此皆釋尊眞實眷屬，一切人中芬陀利華也。此經久行世間，五濁不難度盡，深心隨喜爲之序。

著　錄

僧祐《出三藏記集》卷二　《悲華經》一〇卷《別錄》或云龔上出，（略）晉安帝時，天竺沙門曇摩讖至西涼州，爲僞河西王大沮渠蒙遜譯出或作曇無讖。

法經《衆經目錄》卷一　《悲華經》十卷北凉沮渠蒙遜世曇無讖於姑臧譯《大悲分陁利經》八卷，右二經同本異譯。

明佺《大周刊定衆經目錄》卷三　《悲華經》一部一〇卷初出右北凉沙門道龔爲西河王沮渠氏譯，出《長房錄》。《悲華經》一部十卷第二出，又《寶唱錄》云名《悲蓮華經》，二百四十三紙，右北凉玄始年沙門曇無讖於凉都姑臧譯，出《長房錄》。

智昇《開元釋教錄》卷四　《悲華經》十卷第三出，與法護《閑居經》及《大悲分陁利》、曇無讖《悲華經》等同本，房云見《古錄》，似是先譯，龔更刪改，今疑即無讖出者是。（略）《悲華經》十卷第四出，與《大悲分陁利經》等同本，見竺道祖《河西錄》及僧祐《錄祐》云《別錄》或云龔上出。今疑道龔與讖同是一經，二處並載，恐未然也。

大乘本生心地觀經

論　說

來舟《心地觀經淺註本序》　余於齠齓知有此經，既入空門，間一繙閱。始知文言流暢，旨趣幽深，欲識玄微，輒茫然無是處，蓋不得義意所在云。遂徧參知識，親近講肆者無虛日，每大鈔諸經性相等論，無所不聽，獨此一經，不得而聞焉。何也？良由不得疏解故也。是以敎家不傳，人罔解義，因感慨繫念，意欲解釋，以利器未成，徒增慚愧耳。由是博覽群經，神會諸論，時將捉筆，猶爲講席所累，三十年來，未果其願。所謂法不虛應，應必有時。于癸酉春，客席之暇，仍再究神會，豁然貫通，悟知心地法門，截流到岸，一念薰修，即心是佛。所以經云此心地法門一經耳根，攝念觀心，薰菩提種，不久得成無上菩提。又云三界之中以心爲主，能觀心者究竟解脫，不能觀者究竟沉淪。是知心地觀門廼修行之關鍵，入道之樞機，故佛之成與不成，但在觀心之能與不能耳。良以一切衆生，俱有如來智慧德相之心地，以物欲妄想所蔽而不自知，故懷寶迷邦，抱珠乞丐，聖人觀之，誠爲可愍者也。於是世尊將欲啓發此心，指示令悟，先說四恩應報，欲明眞諦，故就世諦以正此心也。次說廣讚出家，既明世諦，故就眞諦以決其志也。無垢性阿蘭若調伏其妄，而攝持其眞也，樂遠離行，警策恐怖，治此心也，彌勒慈尊廣求觀門，修此心也。及乎波羅蜜三根九品，復警以眞師難遇，無上道一德四行，而皆會爲功德莊嚴。觀心助神呪，若萬病愈於阿伽，成佛託印，觀如風帆，揚於順水。菩提心，心即菩提。金剛甲，甲爲心用。自他兼利，一世功成，至哉！不可得而思議者，其惟頓敎法門歟。嗚呼！時丁末法，邪說多岐，權衡正見，賴有斯存。且又隱於藏函，未獲弘通。余故不揣膚受，謬爲疏解，聊一隙明，以光法施，敢望同志，共報佛恩云爾。

時，淸康熙三十五年歲次丙子孟秋，佛歡喜日，京都梅檀禪林傳賢首宗第二十八世雲中來舟序於觀旨法堂幷書。

綜　述

智旭《閱藏知津》卷七　《大乘本生心地觀經》八卷有御製序唐罽賓國沙門般若等譯。《序品》第一，佛住耆闍崛山與三萬二千比丘八萬四千菩薩及一切天龍八部、他方輪王、十六國王、夫人眷屬、四衆、四姓、外道、餓鬼、畜生、琰王、諸大衆俱，坐寶蓮華師子座上，入心瓔珞寶莊嚴王三昧，天雨華香，復入師子奮迅三昧，大千世界，六種震動，惡趣離苦，詣佛供養。如來於胸臆間及諸毛孔放金色光，普現十方五趣苦樂之相，及現三大阿僧祇劫因果本末之相，於是師子吼菩薩爲衆說偈，歎佛功德，請佛出定。《報恩品》第二，從三昧起，告彌勒菩薩，稱歎心地妙法，五百長者不愛苦行，讚二乘道。佛爲廣説世間四恩，一父母恩，二衆生恩，三國王恩，四三寶恩。佛有三身一自性身，二受用身，三變化身。受用又二，一自，二他法有四種教、理、行、果僧有三種一菩薩，二聲聞，三凡夫。凡夫又二，一具戒，二正見具足十義，得名爲寶。爲求菩提，有三種十波羅密。若修十種眞實波羅密多，乃名能報四恩。次有智光長者與不順子遠來聽法，佛爲重宣，令發大心。《厭捨品》第三，智光長者問出家不及在家，佛爲廣説出家最勝，訶在家過。《無垢性品》第四，廣明麁衣、乞食、陳藥、蘭若，四依、知足功德各十勝利。《阿蘭若品》第五，爲常精進菩薩説阿蘭若功德。《離世間品》第六，樂遠離行菩薩承佛威力，爲諸菩薩説阿蘭若行，佛讚印之。《厭身品》第七，爲彌勒菩薩説三十七觀，訶身不淨。《波羅密多品》第八，爲彌勒菩薩説阿蘭若能滿十波羅密。《功德莊嚴品》第九，爲彌勒菩薩説有一德應住阿蘭若處，謂觀一切煩惱根源即是自心，又有二種法及兩番二種人，不堪住阿蘭若。次明十一種四法，五種八法。《觀心品》第十，爲文殊師利説觀心法，并説觀心陀羅尼。《發菩提心品》第十一，爲文殊説自覺悟心有四種義，及説初觀菩提心，相并説眞言。《成佛品》第十二，爲文殊説三種大秘密法，謂心秘密、語秘密、身秘密，欲修習者，當著菩薩三十二種大金剛甲。《囑累品》第十三，明受持者得三業各十種清淨。

多羅惠王《大乘本生心地觀經序》 嘗觀佛之有經，其寓義也甚微，其闡道也至大。大則天地皆爲所包容，微則空色悉歸於一致。所以然者，端在勤修心地，以觀想於神化而無餘。是故大鈔諸經，性相等論，極洪慈之無際，示秘悟之多方，而心即是佛，佛即是心，斯言洵稱明鑒也。但口誦經藏，而輒凝迷津。身受法戒，而眞元不悟，懸擬菩提，昏如長夜，自非經篆之玄機，不足以開悟禪宗也，亦以奥義未窮，沉淪誤墮，則註經之有功於佛氏，豈淺鮮哉。廣度法師，博覽羣經，鈎深握要，體賢首之成訓，運一已之神明，萬理歸懷，不同浮響，應緣闡教，高豎法幢，三十年來，未嘗輟席，庶幾不辜其志，而躬膺大道矣。獨《心地觀》一經，旨趣淵源，渺無疏釋，法師所以持心攻苦，考諸經論，積之三載，而註解始成。丙子孟秋，將付剞劂，請序於予。予固知佛教精微，經言秘邃，如窺天而莫測其高也，如探海而莫窮其際也，又安得以管見而妄置一詞乎。及閲其註釋，理若珠聯，義同璧合，不禁拊心稱快，曰至矣，盡矣，經之纖悉畢出矣。參玄入道，較若指掌矣，使非修心地，以神其觀想，由觀想以融其心地，而無機不徹也。又烏能臻此，由是而益知經義之大，可以包容天地矣，經義之微，可以渾然色相矣，即舉大鈔諸典，性相旨趣，以及波羅蜜之三根九品，無上道之一德四行，而了然心佛，萬殊一貫。法師不誠大覺中人乎，敬具俚言，罔慚固陋，亦以表揚。佛訓道垂不朽，炳若日星，以俟衆生之自悟焉云爾。

康熙三十五年歲次丙子孟秋吉旦，原爵多羅惠王半龕主人敬題。

著錄

圓照《貞元新定釋教目錄》卷二二 《大乘本生心地觀經》八經，大唐罽賓三藏般若譯，洛京魏府已來並入《貞元》目內，此經一帙。

長壽王經

綜述

王古《大藏聖教法寶標目》卷五 《長壽王經》，右説佛因地爲國王，行慈愛民，棄國捨身事。

智旭《閲藏知津》卷九 《佛説長壽王經》四紙餘，南賢北羊附《西晉錄》，第二出。說佛昔爲長壽王，廣行布施，貪王伐之，誓不與戰。同子長生逃出，後愍貧人來乞，隨之而見貪王，王即殺之。殺時誡子愼勿報怨，子奉遺命，欲報仍止。

著錄

僧祐《出三藏記集》卷四 《長壽王經》一卷抄《出曜經》非安公所載考。

法經《衆經目錄》卷三 《長壽王經》一卷出第十七卷，略吳黃武年支謙譯，略是中阿含別品異譯。

智昇《開元釋教錄》卷一二 《長壽王經》一卷《僧祐錄》安公失譯經，今附《西晉錄》，右此《長壽王經》，《大周錄》等云出《阿含》，謹檢四《阿含》內並無此經，雖《增一》第十六中有長壽王緣起，文意全異，此乃大乘。故編於此。

金色王經

綜述

《金色王經翻譯記》 釋迦如來本生無量，且於一時作金色土，檀行因緣，自致成佛，說施法門，引彼爲證，因名此經爲《金色王》。魏尚書令儀同高公敦捨之心，往齊金色，爲開此門，普示一切，嚴宅上面出斯妙典。沙門曇林、瞿曇流支，興和四年歲次壬戌月建在酉朔次乙未癸丑日譯，乙卯畢功，三千五百一十四字。

王古《大藏聖教法寶標目》卷四 《金色王經》右說佛因地施辟支佛食，獲福報。

智旭《閱藏知津》卷九 《佛說金色王經》七紙 南忘北短元魏中天竺婆羅門瞿曇般若流支譯。 說佛昔爲金色王，遇十二年大旱，僅存一食，轉供辟支佛，天即雨飲食衆寶以濟閻浮提，出《菩薩本行集經》第二段。

著錄

法經《衆經目錄》卷一 《金色王經》一卷後魏世留譯。

費長房《歷代三寶紀》卷九 《金色王經》一卷正始四年出，出《法上錄》，云菩提流支後更重勘齊梁閒，南天竺國三藏法師曇摩流支，魏云法希，於洛陽爲宣武帝譯，沙門道寶筆受。

智昇《開元釋教錄》卷六 《金色王經》一卷初出，與瞿曇流支譯者同本，正始四年出，《法上錄》云菩提留支後更重勘《金色王經》一卷興和四年於金華寺出，沙門曇林筆受，第二出與曇摩流支出者同本，見《長房錄》。

佛說妙色王因緣經

綜述

王古《大藏聖教法寶標目》卷五 《妙色王因緣經》，右說佛昔因地爲國王求無上菩提，天帝下試，捨妻子、自身命求法因緣。

智旭《閱藏知津》卷九 《佛說妙色王因緣經》三紙欠 仝上唐大薦福寺沙門釋義淨譯。 佛在祇園，大衆諸根不動，聽聞法要。苾蒭請問其故，佛說往昔求法，捨子捨妻，并捨自身奉夜叉食，今獲此報。

著錄

智昇《開元釋教錄》卷九 《妙色王因緣經》一卷大足元年九月二十三日於東都大福先寺譯沙門釋義淨，以久視元年庚子至長安三年癸卯於東都福先寺及西京西明寺譯。 《妙色王因緣》略，北印度沙門阿儞眞那證梵文義，沙門波崙、復禮、慧表、智積等筆受證文，沙門法寶、法藏、德感、勝莊、神英、仁亮、大儀、慈訓等證義，成均太學助教許觀監護，繕寫進內，天后製新翻聖教序，今標經首。

佛說頂生王因緣經

綜述

呂夷簡《景祐新修法寶錄》卷四　九年十一月起譯經一部六卷，至天禧元年五月譯成全部。《佛說頂生王因緣經》一部六卷，大乘經藏收，無品目會分。佛在舍衛國祇樹給孤獨園說，此中所明世間貪欲，樂少苦多，以貪心故，不得解脫，唯諸智者於斯覺了。欲爲苦因，生死流轉，智者了故，應修福門。始以勝軍大王詣佛伸請修善提因，佛乃謂言福門爲勝，即以成劫之初頂生王事驗果推因，要略明顯。而頂生王者，曩昔因中營布施福施，輕心重福，廣行深種，一植而穫百千力，一陳而功億萬。響聲斯應，因果昭明。獨於人中具四神力，七寶千子統四大洲。後適天中，受天勝福，分帝釋之賢座，奪修羅之勝功。然而念起成差，貪心爲苦，由貪即墮，因苦生纏，纏故使心不得解脫。夫大覺聖尊出興化利，廣談眞教，誡以貪心，貪火若銷，心燈洞照，燭智明於長夜，注法雨於昏朝，沃潤大千，羣生蒙祐，故知福因有作。人天之富樂，昭彰貪念。聿興苦樂之果因，顯著人天樂果，其聚散也如雲。悲智深因。其堅實也如地，佛之悲念，俯被羣機，驗昔照今，舉緣垂化。大哉智者，誠諦警察者焉。

上一部，中天竺梵本所出。右三藏沙門施護譯，法護、惟淨同譯，沙門澄球、文一筆受，沙門啓沖綴文，沙門道一、紹溥、智臻、簡長、行肇、德雄、自初、智遠、重杲證義，尚書右丞趙安仁潤文，入內內侍省內侍殿頭李知和監譯。是月四日，監譯中使引三藏等詣崇政殿，捧所譯經具表上進。其詞曰：臣施護等言，臣等昨自大中祥符九年十一月起譯《佛說頂生王因緣經》一部六卷，上之三卷已進御，訖下之三卷，今圓成者，四華雨瑞，迦文初坐於道場，雙柰敷榮，唐奘繼翻於貝諜，矧屬膺乾之運，爰周正語之文，增足琅編，光隆慧命。臣施護等誠懽誠忭，頓首頓首。伏以覺皇御辯，七衆由是傾依。法鼓其鏜，四生於焉蒙益。而《頂生王經》者，始以勝軍伸請，咨菩提之妙因，爾乃善逝逗機，說頂生之往行福門，爲勝見分座，以知因貪毒忽生抑，隨念而即墮，宿昔之施心雖重，須臾之苦業成差，舉始括終，將因驗果，督兹警誡，緬被根緣。會開泰之亨辰，屬翻宣之克就，伏惟崇文廣武，感天尊道應眞佑德上聖欽明仁孝皇帝陛下，道躋皇極，政洽大同，緒舜三綱，敦湯一德，誕布彌文之化，茂宣來遠之風，六譯薦興，三寶增熾。臣等柴愚素甚，薙智非長，尤踈三絕之奇，居懷五失之懼。職兹經扃，累玷朝恩，今者暑燠，方中晏陰斯定，伏願皇威赫奕，與火德以俱明。福筭縣長，等曦輪而共永。庶因妙典，少導微衷，臣等無任虔祈禱頌，激切抃蹈之至。前件新譯經謹繕寫上進以聞。是日上慰撫恩，賜如例，其經詔付有司，入藏頒行。

智旭《閱藏知津》卷九　《佛說頂生王因緣經》六卷，今作二卷，南言北之宋北印土沙門施護等譯。佛在祇園因勝軍王請問，爲說往昔修布施行，從王頂生乃至統四大洲，詣忉利天，總經一百十四，帝釋謝滅。

著錄

僧祐《出三藏記集》卷四　《頂生王因緣經》一卷舊錄云《頂生王經》。

智昇《開元釋教錄》卷一五　《頂生王因緣經》一卷舊錄云《頂生王經》後漢失譯。

惟淨《天聖釋教總錄》卷二　《佛說頂生王因緣經》一部六卷，略三藏施護譯。

佛說月光菩薩經

楊億《大中祥符法寶錄》卷七 《月光菩薩經》一部一卷，大乘經藏收。佛在王舍城竹林精舍說，此中所明，舍利弗及大目乾連於佛之先入般涅槃，乃說釋迦因地爲月光天子徧施一切，發菩提心，令所化者得證寂滅，究意彼岸。

王古《大藏聖教法寶標目》卷一〇 《月光菩薩經》，右佛爲比丘述舍利弗、目揵連不忍見佛圓寂，先入滅度，夙生因緣。

智旭《閱藏知津》卷三一 《佛說月光菩薩經》五紙欠　南臨北盡宋中印土沙門法賢譯。　佛在竹林精舍因舍利弗、目犍連先入滅度，爲諸比丘說月光王捨頭因緣。

佛說德光太子經

綜　述

王古《大藏聖教法寶標目》卷五 《德光太子經》，右說菩薩種種行法，次說佛昔因地，捨國王太子位，從佛出家事。

智旭《閱藏知津》卷九 《佛說賴吒和羅所問德光太子經》一卷西晉月支國沙門竺法護譯。　佛在靈山爲賴吒和羅比丘說菩薩七種四法、五種四非法，次說往古吉義佛時，德光太子遠離放逸，見佛供養，護佛法藏事。

著　錄

僧祐《出三藏記集》卷二 《德光太子經》一卷或云《賴吒和羅所問光德太子經》，太始六年九月三十日出。

法經《衆經目錄》卷一 《佛說德光太子經》一卷一名《賴吒問光德太子經》，晉太始年竺法護譯。

智昇《開元釋教錄》卷一二 《德光太子經》一卷一名《賴吒和羅所問德光太子經》，西晉三藏竺法護譯。　右《德光太子經》，《大周錄》中編爲重譯，云與《須賴經》等同本異譯者，誤也。文意既異，故爲單本。

太子須大拏經

綜　述

王古《大藏聖教法寶標目》卷三 《太子須大拏經》，右與《六度經》第二卷中須大拏事本同譯別，說佛因地爲國王子，施白香象故，被逐入山，復施二子及妃等事。

著　錄

僧祐《出三藏記集》卷三 《太子須大拏經》一卷。

法經《衆經目錄》卷一 《太子須大拏經》一卷，晉世沙門法堅譯。

靜邁《古今譯經圖紀》卷三 沙門法堅，或云堅公，（略）以乞伏西秦太初年間於河南國爲乞佛乾歸譯（略）《太子須大拏經》一卷（略）如《須大拏經》等在江陵辛寺譯，庚爽筆受。

智昇《開元釋教錄》卷四 《太子須大拏經》一卷出《六度集》第二卷，異譯，於江陵辛寺出，庚爽筆受，或云《須達拏》，見《始興錄》及《寶唱錄》，應入晉世，隨人附秦錄。

佛說福力太子因緣經

綜　述

智旭《閱藏知津》卷三〇　《佛說福力太子因緣經》上中下合卷宋北印土沙門施護譯。阿難聞二百億阿尼樓陀，舍利子各言色相、精進、工巧、智慧、行業，多獲義利，以問世尊。佛言智慧爲最勝，而修福因又爲極勝，即說往時眼力王四子及最後一子事。

著　錄

惟净《天聖釋教總錄》卷二　《佛說福力太子因緣經》一部四卷。

菩薩睒子經

綜　述

王古《大藏聖教法寶標目》卷三　《菩薩睒子經》、《睒子經》，右二經本同譯別，出《六度經》第二卷《施度》中，說菩薩因地，孝行死而更生事。

智旭《閱藏知津》卷九　《菩薩睒子經》六紙欠　附西晉錄。說佛往昔孝奉瞽親之事，被箭重甦。

著　錄

僧祐《出三藏記集》卷三　《孝子睒經》一卷，或云《菩薩睒經》，或云《睒經》。

智昇《開元釋教錄》卷一二　《菩薩睒子經》一卷亦云《孝子睒經》，《僧祐錄》云《安公錄》中失譯經，今附《西晉錄》，第二譯。

佛說睒子經

綜　述

王古《大藏聖教法寶標目》卷三　《睒子經》出《六度經》第二卷《施度》中，說菩薩因地孝行死而更生事。

著　錄

費長房《歷代三寶紀》卷九　《睒子經》一卷一名《孝子睒經》，一名《菩薩睒經》，一名《佛說睒經》，一名《睒本經》，一名《孝子隱經》，凡六名，第二出，與羅什譯者小異，見《始興錄》。

智昇《開元釋教錄》卷一二　《睒子經》一卷乞伏秦沙門釋聖堅譯，第四譯出《六度經》第二卷《施度》中，異譯。

佛說師子月佛本生經

綜述

王古《**大藏聖教法寶標目**》**卷五** 《師子月佛本生經》，右佛說婆須蜜多菩薩往昔因緣，於然燈佛滅後墮彌猴身，見一羅漢坐禪，取袈裟披，擎香爐繞行供養，羅漢爲授三歸五戒，由受戒故，命終生兜率天，值遇一生補處菩薩，從是以後值佛無數。今當次補彌勒，號師子月佛，并八萬四千金色彌猴亦受佛記，種種因緣。

智旭《**閱藏知津**》**卷五** 《佛說師子月佛本生經》六紙半，仝上，新附《三秦錄》。佛住竹園，有婆須蜜多比丘緣樹上下，與八萬四千金色獼猴跳戲，大衆譏嫌。頻婆娑羅大王詣佛問之，佛言，比丘即是師子月佛補彌勒處，并說獼猴往因，授菩提記。

著錄

法經《**衆經目錄**》**卷一** 《師子月佛本生經》一卷，是單本失譯。

智昇《**開元釋教錄**》**卷二** 《師子月佛本生經》或無本字，《房》等諸錄云護公譯，詳文乃非今，爲失譯，編於秦錄。

又卷十二 《師子月佛本生經》一卷新爲失譯，附《三秦錄》其名《師子月佛經》，群錄並云西晉三藏竺法護譯，今詳二經文句並非謙、護所翻，似是秦涼已來什公等譯，今爲失源，附於秦錄。

佛說大意經

綜述

王古《**大藏聖教法寶標目**》**卷五** 《大意經》，右說佛往昔爲長者子入海求珠，作大施惠福報功德事。

智旭《**閱藏知津**》**卷九** 《佛說大意經》四紙半，劉宋中天竺沙門求那跋陀羅譯，佛在祇園自說因地抒海求珠事。

著錄

僧祐《**出三藏記集**》**卷四** 《大意經》一卷。

靖邁《**古今譯經圖紀**》**卷三** 《沙門求那跋陁羅》（略）以宋文帝元嘉十二年來至楊都，帝深重之，勅住祇洹寺，至宋元嘉二十年歲次癸未於楊都瓦官寺譯（略）《大意經》一卷惠觀等筆受，弟子法勇傳語，荆州刺史南譙王劉義宣。

前世三轉經

綜述

王古《**大藏聖教法寶標目**》**卷四** 《前世三轉經》，說佛因地以身布施事。

智旭《**閱藏知津**》**卷九** 《佛說前世三轉經》西晉沙門釋法炬譯。

佛在祇園笑而放光，阿難問其因緣，佛爲說本生事。初爲上色女，割二乳救食子者，次轉成男子，作國王，正法治國，復以身普施禽獸。後轉生爲婆羅門子，絕食以求出家，捨身以救乳虎。

著錄

僧祐《**出三藏記集**》**卷四**　《前世三轉經》一卷。

費長房《**歷代三寶紀**》**卷六**　《前世三轉經》一卷，（略）　惠帝世，沙門釋法炬出。初，炬共法立同出，立死後炬又自出，多出大部，與立所出每相參合，廣略異耳。

智昇《**開元釋教錄**》**卷二**　《前世三轉經》一卷初出，與《銀色女經》同本，見《長房錄》。

銀色女經

綜述

王古《**大藏聖教法寶標目**》**卷四**　《銀色女經》，說佛因地以身布施事。

智旭《**閱藏知津**》**卷九**　《佛說銀色女經》六紙餘　仝上元魏北天竺沙門佛陀扇多譯。與上經同，而事迹小異。

著錄

費長房《**歷代三寶紀**》**卷九**　《銀色女經》一卷，（略）　梁武帝世北天竺國三藏法師佛陁扇多，魏言覺定，徒正光六年至元象二年於洛陽白馬寺及鄴都金華寺譯。

智昇《**開元釋教錄**》**卷六**　《銀色女經》一卷元象二年於鄴都譯，第二出，與西法炬《前世三轉經》同本。

佛說過去佛分衛經

綜述

王古《**大藏聖教法寶標目**》**卷五**　《過去佛分衛經》，右說佛因地見佛出家事。分衛，此云乞食。

智旭《**閱藏知津**》**卷九**　《過去佛分衛經》，西晉月支國沙門竺法護譯。說佛因地，其母見佛乞食，發願生子出家，得授記事。

著錄

僧祐《**出三藏記集**》**卷二**　《過去佛分衛經》一卷舊錄云《過世佛分衛經》。

法經《**衆經目錄**》**卷一**　《過去佛分衛經》一卷晉世竺法護譯

靖邁《**古今譯經圖紀**》**卷二**　沙門竺曇摩羅察，此言法護（略）自晉武帝太始元年歲次丙戌訖于愍帝建興元年癸酉於江左所在翻譯，《過去佛分衛經》一卷清信士聶承遠筆受。

佛說九色鹿經

綜述

王古《**大藏聖教法寶標目**》**卷三**　《九色鹿經》，右出《六度經》第六卷《精進度》中，說佛因地爲鹿王捨身濟人事。

智旭《閱藏知津》卷九　《佛說九色鹿經》二紙欠　潔吳月支國優婆塞支謙譯。亦如來往昔行忍辱事，出《六度集經》。

著　錄

僧祐《出三藏記集》卷三　《九色鹿經》一卷

法經《衆經目錄》卷六　《九色鹿經》一卷出第六卷，（略）是《六度集》抄。

《九色鹿經》一卷吳月支優婆塞支謙譯，出《法上錄》。

智昇《開元釋教錄》卷十二　右二經出《六度經》第六卷《精進度》中，異譯。其《九色鹿經》《周錄》爲單本，誤也。

佛說鹿母經

綜　述

王古《大藏聖教法寶標目》卷五　《鹿母經》，右佛昔因地爲鹿母守信就死。

智昇《開元釋教錄》卷九　《佛說鹿母經》七卷　維西晉月支國沙門竺法護譯。說佛因地爲鹿母誤墮弶中，求出見子，全信赴死事。

著　錄

僧祐《出三藏記集》卷二　《鹿母經》一卷（略）　晉武帝時，沙門竺法護到西域得胡本還，自太始中至懷帝永嘉二年以前所譯出。

靖邁《古今譯經圖紀》卷二　沙門竺曇摩羅察，此言法護，自晉武帝太始元年歲次丙戌訖于敏帝建興元年爰暨江左所在翻譯，（略）《鹿母經》一卷，（略）清信士聶承遠筆受。

智昇《開元釋教錄》卷一二　《鹿母經》一卷，又群錄中更有《鹿子經》一卷，云是吳代外國優婆塞支謙所譯，即與前《鹿母經》文句全同，但立名殊，故不雙出。

一切智光明仙人慈心因緣不食肉經

綜　述

智旭《閱藏知津》卷五　《佛說一切智光明仙人慈心因緣不食肉經》南賢北信大乘單本　佛住寂滅道場，彌勒來見，梵志問其往因，佛言過去有彌勒佛說《慈三昧光大悲海雲經》，一切智光明婆羅門聞經發心，入山修行，絕糧七日，白兔母子捨身供之，仙人不食。仙即今之彌勒，白兔母子即今釋迦及羅睺羅。

著　錄

法經《衆經目錄》卷一　《一切智光明仙人慈心因緣不食肉經》一卷，（略）單本失譯。

智昇《開元釋教錄》卷四　《一切智光明仙人慈心因緣不食肉經》一卷，見入藏經，似是秦財譯出數本經中並有秦言之字諸失譯錄並未曾載，今附此《秦錄》，庶免遺漏焉。

佛傳分部

修行本起經

綜述

玄逸《大唐開元釋教廣品歷章》卷一九　《修行本起經》一部二卷第三譯，一名《宿行本起經》三十六紙，凡四品，《佛說修行本起經》卷上後漢竺大力譯，《修行本起經》現變品第一，《修行本起經》誡藝品第二。《佛說修行本起經》卷下，《修行本起經》游觀品第三，《修行本起經》出家品第四。右後漢西域沙門竺大力以獻帝建安二年三月於洛陽譯，見《始興錄》。

王古《大藏聖教法寶標目》卷七　《修行本起經》二卷，右說佛本修因地，降生王宮，出家成道，種種所示現事。

智旭《閱藏知津》卷二九　《修行本起經》二卷，南善北尺後漢西域沙門竺大力共康孟詳譯　說佛於過去普光佛所得授記已，生生行菩薩道乃至生兜率，示入胎、出胎、出家、降魔、成道、轉法輪，度五比丘、三迦葉、舍利弗、目犍連、大迦等事。一一結示往因，中有與仙人論破冥諦非想事。

卍觀《法界聖凡水陸大齋法輪寶懺》卷二　劉宋中天竺沙門求那跋陀羅譯，第二後漢西域沙門竺大力共康孟詳譯，第三吳月支國優婆塞支謙譯，第四西晉清信士聶道真譯。佛於過去普光佛得記，生生行菩薩道，乃至生兜率、入胎、出胎、出家、降魔、成道、轉法崙，及五比丘、三迦葉、舍利、目連、大迦葉等事，一一結示往因中有與仙人論破冥諦非想事。第二與第一同本，三四皆然。

著錄

僧祐《出三藏記集》卷三　《修行本起經》二卷，安公言南方近出，直云《小本起》耳，舊錄有《宿行本起》，疑即此經。

費長房《歷代三寶紀》卷四　《修行本起經》二卷，右一經二卷亦是曇果與康孟詳於迦維羅衛國賫梵本來，沙門竺大力以建安二年三月於雒陽譯，孟詳度爲漢文。釋道安云孟詳所翻，弈弈流便，足騰玄趣矣，見《始興錄》。

智昇《開元釋教錄》卷一　《修行本起經》二卷一名《宿行本起》，第三出，與《瑞應》、舊《本起經》等同本，見《始興錄》　右一部二卷，其本見在。沙門竺大力，以獻帝建安二年丁丑三月於洛陽譯《修行本起經》，其經梵本，並是曇果與康孟詳於迦維羅衛國齎來，康孟詳度語。

太子瑞應本起經

綜述

王古《大藏聖教法寶標目》卷七　《太子瑞應本起經》二卷　言右並說佛本修因地，降生王宮出家成道種種所示現事。

智旭《閱藏知津》卷二九　過去現在因果經四卷　南慶北尺劉宋中天竺沙門求那跋陀羅譯。說佛於過去普光佛所得授記已，生生行菩薩道，乃至生兜率，示入胎、出胎、出家、降魔、成道、轉法輪，度五比丘，三迦葉、舍利弗、目犍連、大迦葉等事。一一結示往因，中有與仙人論破冥諦非想事。

又　太子瑞應本起經二卷　南慶北尺吳月支國優婆塞支謙譯。

卍觀《法界聖凡水陸大齋法輪寶懺》卷二　一心奉請《過去現在因果

經》及《修行本起經》、《太子瑞應本起經》、《異出菩薩本起經》拜觀同上。
劉宋中天竺沙門求那跋陀羅譯，第二後漢西域沙門竺大力共康孟詳譯，第三吳月支國優婆塞支謙譯，第四西晉清信士聶道眞譯。佛於過去普光佛得記，生生行菩薩道，乃至生兜率、入胎、出胎、出家、降魔、成道、轉法輪，及五比丘、三迦葉、舍利、目連、大迦葉等事，一一結示往因，中有與仙人論破冥諦非想事。第二與第一同本，三四皆然。

著　錄

僧祐《**出三藏記集**》**卷二**　《瑞應本起經》二卷。

明佺《**大周刊定衆經目錄**》**卷八**　《太子本起瑞應經》一部二卷初出，亦云《端應本起》，亦名《中本起經》右後漢外國沙門康孟詳譯，出《長房錄》。《中本起經》一部二卷或云《太子中本起經》右後漢建安十二年竺曇果譯，《出長房錄》。《太子本起瑞應經》一部二卷三十五紙，一名《瑞應本起經》第二出，與康孟詳出者小異右吳建興年支謙於金陵譯，出《內典錄》。

智昇《**開元釋教錄**》**卷一**　《太子本起瑞應經》二卷亦云《瑞應本起》，第二出，與《過現因果經》等同本，房云見《三藏記》，然祐《三藏記》中孟詳出《中本起》，非《瑞應本起》。

又卷二　《太子瑞本起經》二卷

異出菩薩本起經

費長房《**歷代三寶紀**》**卷六**　《異出菩薩本起經》一卷或無起字　聶承遠子道眞惠帝之世始，太康年迄永嘉末。其閒詢稟諮承，法護筆受之外，及護歿，後眞遂自譯。前件雜經誠師護公眞當其稱，頗善文句，辭義分炳，此並見在別錄所載。

僧祐《**出三藏記集**》**卷四**　異出《菩薩本起經》一卷，右八百四十六部，凡八百九十五卷。新集所得，今並有其本，悉在經藏。

智昇《**開元釋教錄**》**卷一二**　《異出菩薩本起經》一卷或無起字西晉居士聶道眞譯拾遺編入。

智旭《**閱藏知津**》**卷二九**　《異出菩薩本起經》西晉清信士聶道眞譯。

過去現在因果經

僧祐《**出三藏記集**》**卷二**　《過去現在因果經》四卷宋元嘉中譯宋文帝時，天竺摩訶乘法師求那跋陀羅，以元嘉中及孝武時宣出諸經，沙門釋寶雲及弟子菩提法勇傳譯。

道宣《**大唐內典錄**》**卷七**　《過去現在因果經》四卷十六宋時求那跋陁羅於楊都譯。

智昇《**開元釋教錄**》**卷一三**　《過去現在因果經》四卷，宋天竺三藏求那跋陁羅譯第六譯。

智旭《**閱藏知津**》**卷二九**　《過去現在因果經》四卷劉宋中天竺沙門求那跋陀羅譯。　說佛於過去普光佛所得授記已，生生行菩薩道，乃至生兜率，示入胎、出胎、出家、降魔、成道、轉法輪、度五比丘、三迦葉、舍利弗、目犍連、大迦葉等事，一一結示往因，中有與仙人論破冥諦非想事。

佛本行集經

彥琮《**衆經目錄**》**卷三**　《佛本行集經》六十卷，大隋開皇年崛多譯。

智昇《**開元釋教錄**》**卷一三**　《佛本行集經》六十卷，隋天竺三藏闍那崛多等譯。右此《佛本行經》《大周錄》中編爲大乘重譯，云與七卷本行經同本異譯者誤也，彼是偈讚與此懸殊諸錄或在大乘經中或編集傳之內恐將乖僻，今移編此。

智旭《**閱藏知津**》**卷二九**　《佛本行集經》六十卷隋北天竺沙門闍那崛多譯。　《發心供養品》第一。《受決定記品》第二。《賢劫王種品》第三。《託兜率品》第四。《俯降王宮品》第五。《樹下誕生品》第六。《從園還城品》第七。《相師占看品》第八。《私陀問瑞品》第九。《姨母養育品》第十。《習學技藝品》第十一。《遊戲觀矚品》第十二。《捔術爭婚品》第十三。《常飾納妃品》第十四。《空聲勸厭品》第十五。《出逢老人品》第十六。《淨飯王夢品》第十七。《見病人品》第十八。《路逢死屍品》第十九。《耶輸陀羅夢品》第二十。《捨宮出家品》第二十一。《剃髮染衣品》第二十二。《車匿等還品》第二十三。《觀諸異道品》第二十四。《王使往還品》第二十五。《問阿羅邏品》第二十六。《答羅摩子品》第二十七。《勸受世利品》第二十八。《精進苦行品》第二十九。《向菩提樹品》第三十。《魔怖菩薩品》第三十一。《菩薩降魔品》第三十二。《成無上道品》第三十三。《昔與魔競品》第三十四。二《商奉食品》第三十五。《梵天勸請品》第三十六。《轉妙法輪品》第三十七。《耶輸陀因緣品》第三十八。耶輸陀，即耶舍此云上傘《耶輸陀宿緣品》第三十九。《富樓那出家品》第四十。即富樓那彌多羅尼子，此云滿慈子，亦云滿願子《那羅陀出家品》第四十一即迦旃延也《娑毘耶出家品》第四十二，《教化兵將品》第四十三，先明三歸得戒，次化提婆大婆羅門夫婦，證初果。《迦葉三兄弟品》第四十四，《優波斯那品》第四十五即三迦葉波之甥，亦有二百五十人，同出家證果。《布施竹園品》第四十六，《大迦葉因緣品》第四十七，《跋陀羅夫婦因緣品》第四十八即紫金光比丘尼也，《舍利目連因緣品》第四十九，《五百比丘因緣品》第五十，《斷不信人行品》第五十一，《說法儀式品》第五十二，《尸棄佛本生地品》第五十三，《優陀夷品》第五十四，《優波離品》第五十五，《羅睺羅因緣品》第五十六，《難陀出家因緣品》第五十七，《婆提唎迦等因緣品》第五十八，《摩尼婁陀品》第五十九，《阿難因緣品》第六十。

摩訶僧祇師名爲大事，薩婆多師名此經爲大莊嚴，迦葉維師名爲佛往因緣，曇無德師名爲釋迦牟尼佛本行，尼沙塞師名爲毘尼藏根本。

僧伽羅刹集經

綜　述

《僧伽羅刹所集佛行經序》　僧伽羅刹者，須賴國人也。佛去世後七百年生此國，出家學道，遊教諸邦，至揵陀越土。甄陀罽貳王師焉，高明絕世，多所述作，此土《修行道地經》其所集也。又著此經，憲章世尊自始成道，迄于淪虛，行無巨細，必因事而演，遊化夏坐，莫不曲備。雖《普耀》、《本行》、《度世》諸經載佛起居，至謂爲密，今覽斯經，所悟復多矣。傳其將終，我若立根，得力大士，誠不虛者，立斯樹下，手援其葉。而棄此身，使那羅延力大象之勢，無能移余如毛髮也，正使就耶維者當不燋此葉。言然之後，便即立終。罽貳王自臨而不能動，遂以巨絙象挽，未始能搖，即就耶維，燚葉不傷。尋昇兜術，與彌勒大士高談彼宮，將補佛處，賢劫第八。以建元二十年罽賓沙門僧伽跋澄齎此經本來詣長安，武威太守趙文業請令出焉，佛念爲譯，慧嵩筆受，正值慕容作難於近郊，然譯出不襄，余與法和對檢定之，十一月三十日乃了也。此年出《中阿含》六十卷，《增一阿含》四十六卷，伐鼓擊柝之中，而出斯一百五卷，窮通不改其恬，詎非先師之故迹乎。

著　錄

僧祐《出三藏記集》卷二　《僧伽羅刹集經》三卷秦建元二十年十一月三十日出　晉孝武帝時，罽賓沙門僧伽跋澄以符堅時入長安，跋澄口誦，毗婆沙佛圖羅刹譯出，又賓婆須蜜胡本，竺佛念譯出。

又卷一〇　《僧伽羅刹集經後記》　大秦建元二十年十一月三十日，罽賓比丘僧伽跋澄於長安石羊寺口誦此經，及毗婆沙佛圖羅刹翻譯，秦言未精，沙門釋道安、朝賢趙文業研覈理趣，每存妙盡，遂至留連，至二十一年二月九日方訖。

靖邁《**古今譯經圖紀**》**卷三**　沙門僧伽跋澄，以符秦建元十七年歲次乙酉來入関中，共釋道安等譯《僧伽羅刹集經》三卷略佛圖羅察傳語，沙門敏智及黃門郎趙文業筆受。

沙門曇摩難提，此言法喜，略以建元二十年歲次戊子，堅遣道安集義學僧，請難提譯略《僧伽羅刹集經》三卷，略沙門竺佛念度語，惠嵩筆受。

佛說十二遊經

綜　述

王古《**大藏聖教法寶標目**》**卷八**　《佛說十二遊經》，右說佛降生成道，十二年中於十六大國等處行化度人。

著　錄

僧祐《**出三藏記集**》**卷四**　《十二遊經》一卷舊録云《十二由經》《十二遊經》一卷異本，大同小異。

靖邁《**古今譯經圖紀**》**卷二**　沙門彊梁婁至者，此云喜，西域人也志情曠放，弘化在懷。以晉武帝太康二年歲次辛丑於廣州譯《十二遊經》一卷，沙門迦留陁伽，此云時水，西域人。弘喻有方懷道遊國。以晉孝武帝泰元十七年歲次壬辰譯《十二遊經》二卷。

沙門求那跋陁羅，以宋文帝元嘉十二年來至楊都，帝深重之，勑住祇洹寺，至宋元嘉二十年歲次癸未於楊都瓦官寺譯《十二遊經》一卷，惠觀等筆受，弟子法勇傳語。

明佺《**大周刊定眾經目錄**》**卷九**　《十二遊經》一卷，右西晉武帝代沙門彊良婁至於廣州譯，出《寶唱錄》。《十二遊經》一卷，王紙右東晉孝武帝沙門迦留陁伽譯，出《長房錄》。《十二遊經》一卷，右宋文帝代沙門求那跋陁羅譯，出《長房錄》。以前三經同本別譯。

智昇《**開元釋教錄**》**卷二**　《十二遊經》一卷初出右一部一卷本闕，沙門彊梁婁至，晉言眞喜，西域人。志情曠放，弘化在懷。以武帝太康二年辛田於廣州譯《十二遊經》一部，見《始興錄》及《寶唱錄》。

又卷三　《十二遊經》一卷第二出，與彊梁譯者少異，見《竺道祖》、《晉世雜錄》及《寶唱錄》。

右一部一卷其本見在。

沙門迦留陁伽，晉言時水，西域人弘喻有方，懷道遊國。以孝武帝太元十七年壬辰譯《十二遊經》一部。

中本起經

費長房《**歷代三寶紀**》**卷四**　《中本起經》二卷，釋道安云沙門曇果於迦維羅衛國得此梵本來至雒陽，建安十二年翻，康孟詳度語。

僧祐《**出三藏記集**》**卷二**　《中本起經》二卷或云《太子中本起經》漢獻帝建安中，康孟詳譯出。

道宣《**大唐内典錄**》**卷七**　《中本起經》二卷二十七紙後漢建安年康孟詳共竺大力譯。

智昇《**開元釋教錄**》**卷一三**　《中本起經》二卷

智旭《**閱藏知津**》**卷二九**　《中本起經》二卷，次名四部僧始起出《長阿含》，後漢西域沙門曇果共康孟詳譯。　《轉法輪品》第一，《現變品》第二，《化迦葉品》第三，《度萍沙王品》第四，《舍利弗大目連來學品》第五，《還本國品》第六，《須達品》第七，《本起該容齋品》第八，《瞿曇彌來作比丘尼品》第九，《無常品》第十，《自愛品》第十一，《大迦葉始來學品》第十二，《度奈女品》第十三，《尼犍問疑品》第十四，《佛食馬麥品》第十五。署叔如來行跡，文筆古雅。

佛及弟子因緣分部

佛說興起行經

費長房《歷代三寶紀》卷四　《興起行經》二卷，亦名《十緣經》見《吳錄》外國沙門康孟詳當獻帝世於雒陽譯。

僧祐《出三藏記集》卷四　《興起行經》二卷，新集所得，今並有其本，悉在經藏。

智昇《開元釋教錄》卷一三　《興起行經》二卷，後漢外國三藏康孟祥譯。

智旭《閱藏知津》卷二九　《佛說興起行經》三卷北作二卷。一名《嚴成宿緣經》後漢康居國沙門康孟詳譯。佛在阿耨達池爲舍利弗說夙緣十品，孫陀利奢彌跋、頭痛、骨節煩疼、背痛、木槍刺脚、地婆達兜擲石、婆羅門女旃沙謗、食馬麥、苦行。

佛說義足經

僧祐《出三藏記集》卷二　《義足經》二卷，魏文帝時，支謙以吳主孫權黃武初至孫亮建興中所譯出。

智昇《開元釋教錄》卷一三　《義足經》二卷有一十六經吳月支優婆塞支謙譯第一譯兩譯一闕。

智旭《閱藏知津》卷三〇　《佛說義足經》二卷吳月支國優婆塞支謙譯。桀貪第一。優填王第二，須陀利第三，殺女謗佛事。摩竭梵第四。鏡面王第五。盲人摸象喻老少俱死第六。彌勒難第七。勇辭梵志第八。摩因提女第九。異學捔飛第十。猛觀梵志第十一。法觀梵志第十二。兜勒梵志第十三。遵華色比丘尼第十四，佛從忉利天來事。子父共會第十五，佛與父王相見令證果事。惟樓勒太子第十六，即瑠璃王害釋種事。十六經各有義足偈，故總名義足經，而譯文甚爲難曉。

義足經

綜述

玄逸《大唐開元釋教廣品歷章》卷一九　《義足經》一部二卷，五十二紙，第一譯，兩譯闕一，或云《八雙十六輩卷》。《佛說義足經》卷上吳黃武年支謙譯，《八雙十六輩卷》《桀貪》第一卷，《優填王》第二卷，《須陀利》第三卷，《摩竭梵志》第四卷，《鏡面王》第五卷，《老少俱死》第六卷，《彌勒難》第七卷，《勇辭梵志》第八卷，《摩因提梵志》第九卷，《異學埆飛》第十卷，《佛說義足經》卷下，《猛觀梵志》第十一卷，《法觀梵志》第十二卷，《兜勒梵志》第十三卷，《蓮華色比丘尼》第十四卷，《子父共會》第十五卷，《惟樓勒太子》第十六卷，右吳支謙譯，見《竺道祖吳錄》。

王古《大藏聖教法寶標目》卷七　《義足經》二卷，右類集一十六經，總曰義足，所說種種緣起，善惡因果事理，法義具足故。

智旭《閱藏知津》卷三〇　《佛說義足經》二卷　吳月支國優婆塞支謙譯。《桀貪》第一，《優填王》第二，《須陀利》第三，殺女謗佛事。《摩竭梵》第四，《鏡面王》第五，盲人摸象喻。《老少俱死》第六，《彌勒難》第七，《勇亂梵志》第八，《摩因提女》第九，《異學捔飛》第十，《猛觀梵志》第十一，《法觀梵志》第十二，《兜勒梵志》第十三，《遵華色比丘尼》第十四，佛從忉利天來事。《子父共會》第十五，佛與父王相見，令證果事。《惟樓勒太子》第十六，即瑠璃王害釋種事。十六經各有義足偈，故總名義足經，而譯文甚爲難曉。

著錄

僧祐《**出三藏記集**》**卷二**　《義足經》二卷，魏文帝時，支謙以吳主孫權黃武初至孫亮建興中所譯出。

靖邁《**古今譯經圖紀**》**卷一**　優婆塞支謙，（略）以黃武二年歲次癸卯乃至建興二年歲次癸酉，正舊譯新，凡一百二十九部合一百五十二卷。然謙譯經典深得義旨，謂《義足經》二卷。

又卷二　沙門竺曇無蘭，此云法正，西域人也。以晉孝武帝太元六年歲次辛巳至太元二十年歲次乙未，於楊都謝鎮西寺譯出經一百一十一部合一百一十二卷，其中或有自譯，或從大部簡出，謂《義足經》二卷。

智昇《**開元釋教錄**》**卷一三**　《義足經》二卷有一十六經，吳月支優婆塞支謙譯第一譯，兩譯一闕。

又卷十五　《義足經》二卷，東晉西域沙門竺曇無蘭譯第二譯右前後兩譯，一存一闕。

五百弟子本起經

綜述

玄逸《**大唐開元釋教廣品歷章**》**卷二〇**　《五百弟子自說本起經》一卷，《五百弟子自說本起經》一卷西晉太安年竺法護譯。《大迦葉品》第一十九偈，《舍利弗品》第二十偈，《摩訶目揵連品》第三十五偈，《輪提陀品》第四淨除 十七偈，《須曼品》第五善念 十四偈，《輪論品》第六朋聽 十一偈，《凡耆品》第七取善 八偈，《賓頭盧品》第八乞聞門 十一偈，《貨竭品》第九善來 二十二偈，《難陀品》第十欣樂 十二偈，《夜邪品》第十一名聞 二十六偈，《尸利羅品》第十二三十偈，《薄拘盧品》第十三賣姓 十二偈，《摩呵醍品》第十四大長 十二偈，《優爲迦葉品》第十五八偈，《迦邪品》第十六提取 十五偈，《樹提衢品》第十七三十偈，《賴吒和羅品》第十八二十六偈，《貨提品》第十九二十七偈，《禪承迦葉品》第二十十一偈，《朱利槃特品》第二十一八偈，《醍醐施品》第二十二二十七偈，《阿那律品》第二十三無獵 九偈，《彌迦弗品》第二十四鹿子 十四偈，《羅雲品》第二十五十偈，《難提品》第二十六十偈，《颰提品》第二十七十九偈，《羅槃颰提品》第二十八十四偈，《摩頭和律致品》第二十九十一偈，《世尊品》第三十三十七偈。右西晉太安二年五月，沙門竺法護譯，見《聶道眞》等。

王古《**大藏聖教法寶標目**》**卷七**　《五百弟子自說本起經》，右諸阿羅漢各自說得果本起，種種因行，佛亦自說果報。

智旭《**閱藏知津**》**卷三〇**　《五百弟子自說本起經》一卷西晉月支國沙門竺法護譯。前二十九品諸弟子各說本因，第三十品佛說九惱本因似未完。

著錄

僧祐《**出三藏記集**》**卷二**　《五百弟子本起經》一卷舊錄云《五百弟子自說本末經》，或云《佛五百弟子自說本起經》。

智昇《**開元釋教錄**》**卷二**　《五百弟子自說本起經》一卷。

又卷一三　《五百弟子自說本起經》一卷或無自說字，亦云本末，西晉三藏竺法護譯。

五百弟子自說本起經

法經《**眾經目錄**》**卷三**　《五百弟子自說本起經》一卷晉太康年竺法護譯原本一譯，其間非不分摘卷品別譯獨行，而大本無虧，故宜定錄。

智昇《**開元釋教錄**》**卷一三**　《五百弟子自說本起經》一卷西晉三藏竺法護譯。

智旭《閱藏知津》卷三〇　《五百弟子自説本起經》一卷西晉月支國沙門竺法護譯。前二十九品諸弟子各説本因，第三十品佛説九惱本因似未完。

撰集百緣經

綜　述

智旭《閱藏知津》卷三一　《撰集百緣經》十卷，南愼北承吳月支國優婆塞支謙譯。《菩薩授記品》第一，《報應受供養品》第二，《授記辟支佛品》第三，《出生菩薩品》第四，《餓鬼品》第五，《諸天來下供養品》第六，《現化品》第七，《比丘尼品》第八，《聲聞品》第九，《諸緣品》第十。每品十緣，故有百緣。

著　錄

彥琮《衆經目錄》卷二　《撰集百緣》七卷，吳世沙門支謙譯。

道宣《大唐内典錄》卷七　《撰集百緣經》十卷，一百三十五紙吳時支謙於建業譯。

大莊嚴論經

題　解

普瑞《華嚴懸談會玄記》第二一　言《大莊嚴論》者，即《種性品論》云種性有體，由四種差別，一由界，二由信，三由行，四由果。由界差別者，衆生有種種界差別，應知三乘種性有差別。由信差別者，衆生有種種性，信可得於三乘，隨信一乘，非信一切，若無性差別，則無信差別。由行差別者，衆生行行，或有能進，或有不能進，若無性差別，則亦無行差別。由果差別者，衆生菩提有上中下因果相似故，若無性差別，則亦無果差別次下論釋有性竟，次釋無性，有二種謂，時邊、畢竟，即下疏引者是。今同《楞伽》，皆順相宗引也。

綜　述

玄逸《大唐開元釋教廣品歷章》卷一七　《大莊嚴論》一部十卷或十五卷，馬鳴菩薩造，二百二十紙，單本，或加經字，嚴帙。《大莊嚴論經》卷第一，《大莊嚴論經》卷第二，《大莊嚴論經》卷第三，《大莊嚴論經》卷第四，《大莊嚴論經》卷第五，《大莊嚴論經》卷第六，《大莊嚴論經》卷第七，《大莊嚴論經》卷第八，《大莊嚴論經》卷第九，《大莊嚴論經》卷第十，《大莊嚴論經》卷第十一，《大莊嚴論經》卷第十二，《大莊嚴論經》卷第十三，《大莊嚴論經》卷第十四，《大莊嚴論經》卷第十五。右後秦三藏鳩摩羅什譯，見《費長房錄》。

紀　事

《古今圖書集成・神異・典釋教部紀事》卷一　《何點傳》，點字子晳，廬江灊人也。少時嘗患渴痢，積歲不愈，後在吳中石佛寺建講，于講所晝寢，夢一道人，形貌非常，授丸一掬，夢中服之，自此而差，時人以爲淳德所感。　引字子季，點之弟也。嘗至吳居虎丘西寺講經論學，徒復隨之東境，守宰經途者，莫不畢至，引常禁殺。有虞人逐鹿，鹿徑來趨，引伏而不動。又有異鳥，如鶴紅色，集講堂，馴狎如家禽取焉。初開善寺藏法師與引遇于秦望，後還都卒于鍾山。其死日，引在般若寺，見一僧授引香奩，并函書云呈何居士，言訖失所在，引開函乃是《大莊嚴論》，世中未有，又于寺內立明珠柱，乃七日七夜放光。太守何遠以狀啓，昭明太子欽其德，遣舍人何思澄致手令以褒美之。中大通三年卒，年八十六。

著錄

法經《眾經目錄》卷五 《大莊嚴論》十五卷馬鳴菩薩撰後秦世羅什譯。

靖邁《古今譯經圖紀》卷三 什以姚秦弘始四年歲次辛丑起譯《大莊嚴論》一部十五卷，叡、僧肇、道恆等筆受。沙門波羅頗迦羅以貞觀元年勅於大興善寺譯《大莊嚴論》一部十三卷沙門惠乘等證義，沙門玄謩等譯語，沙門惠明、惠賾、惠淨、法琳等筆受，左僕射房玄齡、詹事杜正倫、太府卿簫璟等並知監護。

智昇《開元釋教錄》卷一二 《大莊嚴經論》十五卷馬鳴菩薩造，或十卷，姚秦三藏鳩摩羅什譯，單本。

雜寶藏經

綜述

王古《大藏聖教法寶標目》卷八 《雜寶藏經》十卷，右集諸經古今事一百一十八緣，初說佛於往昔孝養父母等種種緣事，佛告諸比丘，有二種法能使人疾得人天，至涅槃樂。一供養父母，二供養賢聖。有二法速墮三惡，受大苦惱，謂於父母及賢聖所作諸不善。次集種種供養，佈施、獻華、然燈、造舍造塔，齋戒修行，皆得生天受福報事。及羅漢見沙彌後七日當命盡，遣歸道中，見水漂衆蟻救之，得命延長。及修塔修寺，設齋延壽，施食施衣，受種種福報。羅漢知宿命時作惡，五百生作狗緣。次說佛降伏曠野鬼神、鬼子毋，羅睺羅住胎六十等緣。

著錄

智旭《閱藏知津》卷三一 《雜寶藏經》八卷，南業北既元魏西域沙門吉迦夜共曇曜譯。十奢王緣第一，王子以肉濟父母緣第二等，共集一百二十一緣，勸人作福持戒，出生死，成菩提。

僧祐《出三藏記集》卷二 《雜寶藏經》十三卷闕宋明帝時，西域三藏吉迦夜於北國以偽延興二年共僧正釋曇曜譯出，劉孝摽筆受。

智昇《開元釋教錄》卷六 《雜寶藏經》八卷錄云十三卷未詳，今只有八卷，見道慧《宋齊錄》及《僧祐錄》。

毀譬喻經

綜述

王古《大藏聖教法寶標目》卷八 《雜譬喻經》二卷，《雜譬喻經》寫

右抄集諸經中善惡因果，種種譬喻事。

著錄

僧祐《出三藏記集》卷二 《雜譬喻經》一卷比丘道略所集晉安帝時，天竺沙門鳩摩羅什以偽秦姚興弘始三年至長安，於大寺及逍遙園譯出。

又卷四 《雜譬喻經》一卷凡十一事，安法師載，竺法護經目有《辭喻經》三百首，二十五卷，混無名目，難可分別，新撰得並列定卷，以曉覽者尋此衆本，多出大經，時失譯名，然護公所出或在其中矣。

費長房《歷代三寶紀》卷四　《雜譬喻經》一卷凡十一事，《祐錄》云失譯，令檢見別錄，故載之月支國沙門支婁迦讖，亦直云支讖，桓靈帝世建和歲至中平年於洛陽譯，河南清信士蓋福、張蓮等筆受。

智昇《開元釋教錄》卷一三　《誰譬喻經》一卷，後漢月支三藏支婁迦讖譯，拾遺編入，單本。《雜譬喻經》二卷一名《菩薩度入經》失譯，在《後漢錄》，單本，拾遺編入。《雜譬喻經》二卷比丘道略集姚秦三藏鳩摩羅什譯，拾遺編入，單本。

百喻經

題解

僧祐《出三藏記集》卷九　《百句譬喻經記》出經前記，永明十年九月十日中天竺法師求那毗地出。《修多羅藏》十二部經中抄出譬喻，聚爲一部，凡一百事。天竺僧伽斯法師集行大乘，爲新學者撰說此經。

綜述

王古《大藏聖教法寶標目》卷八　《百喻經》四卷　觀　右尊者僧伽斯那撰，以一百事喻說道法邪正，戒律持犯，修行善惡等事。

智旭《閱藏知津》卷四一　《百喻經》二卷　南令北群蕭齊中天竺沙門求那毗地譯。設一百喻，喻道法邪正等事。末結云，尊者僧伽斯那造，作癡鬘竟。

著錄

僧祐《出三藏記集》卷二　《百句譬喻經》十卷齊永明十年九月十日譯出，或五卷。右一部凡十卷，齊武帝時天竺沙門求那毗地於京都譯出。

智昇《開元釋教錄》卷六　《百喻經》四卷亦云《百句譬喻經》，或五卷，天竺僧伽斯那撰，永明十年九月十日譯，見《僧祐錄》。《祐》等並云，譯成十卷，此之四卷，百事足矣。

又卷一三　《百喻經》四卷僧伽斯那撰，或五卷蕭齊天竺三藏求那毗陁譯單本。

法句經分部

法句經

綜述

王古《大藏聖教法寶標目》卷八　《法句經》二卷右集佛偈以類分品。

智旭《閱藏知津》卷四一　《法句經》二卷　序中名《曇鉢偈》　南所北群尊者法救造，吳大竺沙門維祇難等譯。即《法喻經》中三十九品法句，凡七百五十二偈。

論說

僧祐《出三藏記集》卷七　《法句經序》第一三　曇鉢偈者，衆經之要義，曇之言法，鉢者句也。而《法句經》別有數部，有九百偈，或七百偈及五百偈。偈者結語，猶詩頌也。是佛見事而作，非一時言，各有本末，布在衆經。佛一切智，厥性大仁，愍傷天下，出興于世，開現道義，所以解人，凡十二部經，惣括其要。別有四部《阿鋡》，至去世後，阿難所傳，卷無大小，皆稱聞如是，處佛所，究暢其說。是後五部沙門各自鈔采經中四句、六句之偈，比次其義，條別爲品。於十二部經靡不斟酌，無所適名，故曰法句。夫諸經爲法，言法句者，猶法言也。近世葛氏傳七百偈，偈義致深，譯人出之，頗使其渾漫，惟佛難值，其文難聞。又諸佛興皆在天竺，天竺言語與漢異音，云其書爲天書，語爲天語，名物不同，傳實不易。唯昔藍調、安侯、世高、都尉、弗調譯胡爲漢，審得其體，斯以難繼後之傳者，雖不能密，猶尚貴其實，粗得大趣。始者維祇難出自天竺，以黃武三年來適武昌，僕從受此五百偈本，請其同道竺將炎爲譯。將炎雖善天竺語，未備曉漢，其所傳言或得胡語，或以義出音，近於質直。僕初嫌其辭不雅，維祇難曰佛言依其義不用飾，取其法不以嚴，其傳經者當令易曉，勿失厥義，是則爲善。座中咸曰，老氏稱美言不信，信言不美。仲尼亦云書不盡言，言不盡意。明聖人意，深邃無極。今傳胡義，實宜經達。是以自竭受譯人口，因循本旨，不加文飾，譯所不解，則闕不傳，故有脫失多不出者。然此雖辭樸而旨深，文約而義博，事鈎衆經，章有本故，句有義說。其在天竺始進業者，不學法句，謂之越叙，此乃始進者之鴻漸，深入者之奧藏也。可以啓曚辯惑，誘人自立，學之功微而所苞者廣，實可謂妙要者哉。昔傳此時，有所不出，會將炎來，更從諮問，受此偈等，重得十三品，并挍往故，有所增定，第其品目，合爲一部三十九篇，大凡偈七百五十二章，庶有補益，共廣聞焉。

《法句經疏》一卷 就法彰目，或人事並陳，或法喻雙說。今此經者人皆爲名，佛是能說之人，法是可談之理也。天竺梵音號曰佛陀，此出譯言，名爲覺者，無明如來獨秀重幽，孤明臣夜照達有無，解窮眞俗，覺行圓滿，導悟群生，故稱爲佛。暢四辨於舌端，敷八音於聽表，談法性則名義俱空，論善友則功窮後際，衆乃慶所過而懷之，如來愁之而感傷，遂使振及遐方，異出雲集，再揚深法，極樂無動，普光悟忍，於無生寶明，蒙記於十號。宜自金口，聞之彼意，故名爲說也。法者有其四種，謂理教行果，今言法句，則通收四門，法是所詮之旨，謂行理果，法句是能詮之教，謂金剛之說，今爲對詮明旨，所以故須局三爲法，軌生物解，因以名焉。法分自彰，顯在平教，文勢相屬，詮理義周，故名爲句。經者此土之言，梵云修多羅，良以此土之人貴重五經義少相以故，翻譯家以經字代修多羅。修多羅有五義，出自廣文。一者出生，出生諸義故。二者勇衆，義味無盡故。三者顯示，顯示諸義故。四者繩墨，分辯邪正故。五者結鬘，貫穷諸法故。經有二義，一法、二常。常者人雖古今，教儀恆定。法者五經顯治，道之得失，明人倫之是非也。多羅五義略舉六條，一謂湧泉，二稱繩墨，湧泉注而無竭。此義可以自常，繩墨則辨定正邪，玆義又當其法也。卷謂卷舒，文無二軸，稱之一也，故云《佛說法句經》一卷也。

著録

僧祐《出三藏記集》卷二 《法句經》二卷右一部凡二，卷魏文帝時天竺沙門維祇難以吳主孫權黃武三年賫胡本，武昌竺將炎共支謙譯出。

《法句經》二卷（略）又魏文帝時支謙以吳主孫權黃武初至孫亮建興中所譯出。

慧皎《高僧傳》卷一 維祇難，本天竺人，以吳黃武三年與同伴竺律炎來至武昌，賫《曇鉢經》梵本。《曇鉢》者即《法句經》也。時吳士共請出經，難既未善國語，乃共其伴律炎譯爲漢文。至晉惠之末有沙門法立更譯爲五卷，沙門法巨著筆，其辭味小華也。

明佺《大周刊定衆經目錄》卷五 《法句經》一部四卷，右後漢代安世高譯，出《長房錄》。

《法句經》一部二卷初譯，《吳錄》云五卷右吳黃武年代唯耆難於武昌郡譯，出《長房錄》。

《法句經》一部二卷第二譯，出《別錄》及《三寶錄》右吳代優婆塞支謙譯，出《長房錄》。《法句經》一卷，右吳代耆難共支謙譯，出《僧祐錄》。

智昇《開元釋教錄》卷二 《法句經》二卷初出，亦云《法句集》，尊者法救撰，與律炎、支謙共出，見《僧祐錄》，吳錄云五卷，未詳 《法句經》二卷第二出，亦《法句集》，見《別錄》及《僧祐錄》。

又卷一三 《法句經》二卷亦云《法句集》，尊者法枚撰吳天竺沙門維祇難等譯，第一譯，兩譯一闕。《阿毗曇毗婆沙論》第一云如《法句經》，世尊於處處方邑爲衆生故，種種演說。尊者達摩多羅此云法救，於佛滅後種種說中無常義者，立無常品，乃至梵志義者立梵志品，故知此經是法救撰。周《入藏錄》編在大乘經中及集傳內，前後重載，誤之甚也。

又卷一五 《法句經》二卷或一云法句集吳月支優婆塞支謙譯第二譯，右前後兩譯一存一闕。《法句經》四卷，後漢安息三藏安世高譯第一譯右與《法句喻經》同本，前後兩譯，一存一闕。

又卷一八 《法句經》二卷下卷《寶明菩薩》時聞多有一卷流行，集傳中《法句經》名目文異，此是人造。

法句譬喻經

綜述

智旭《閱藏知津》卷四一 《法句譬喻經》四卷，南籍北亦西晉沙門法炬共法立譯，共三十九品，大意與上經同，而次第不同，且少有解釋。

著錄

僧祐《出三藏記集》卷四 《法句譬喻經》一卷凡十七事，或云《法句譬經》。

智昇《開元釋教錄》卷二 《法句譬喻經》四卷一名《法句本末經》，或五卷，或六卷。西晉沙門釋法立共法炬譯第二譯，兩譯一闕。

又卷十三 《法句譬喻經》四卷

右與前《法句經》明同異者，前經但纂偈句，不兼長行。今此後經，兼說偈之由起，有某因緣，世尊方說。比前偈文，此略不備。又前後偈文互有增減。《周錄》編在大乘經中者，誤也。

出曜經

題解

僧叡《出曜經序》 《出曜經》者，婆須密舅法救菩薩之所撰也。集比一千章，立爲三十三品，名曰法句。錄其本起，繫而爲釋，名曰出曜。出曜之言，舊名譬喻，即十二部經第六部也。有罽賓沙門僧伽跋澄以前秦建元十九年，陟葱嶺，涉流沙，不遠萬里，來至長安。其所闇識，富博絶倫，先師器之。既重其人，吐誠亦深，數四年中，上聞異要，奇雜盈耳。俄而三秦覆墜，避地東周。後秦皇初四年，還轅伊洛，將返舊鄉，佇駕京師，望路致慨，恨《法句》之不全，《出曜》之未具，緬邈長懷，蘊情盈抱。太尉姚旻篤誠深樂，聞不俟駕。五年秋請令出之，六年春訖。澄執梵本，佛念宣譯，道嶷筆受，和碧二師師法括而正之。時有不怙，從本而已。舊有四卷，所益已多，得此具解，覽之晝然矣。予自武當軒衿華領，諮詢觀化，預參檢校，聊復序之。弘始元年八月十二日僧叡造首。

王古《大藏聖教法寶標目》卷八 《出曜經》三〇卷 右婆須蜜舅法救菩薩之所撰，集比一千章三十三品，名曰法句，錄其本起，繫而爲釋，名曰出曜。出曜者，舊名譬喻，即十二部第六部也本經序《出曜》者，從《無常品》至《梵志品》採衆經之要藏，演說布現，以訓將來，故名《出曜經》第六卷。

綜述

智旭《閱藏知津》卷四一 《出曜經》二十卷，前有僧叡序 南定篤初北 廣內尊者法救造，姚秦涼州沙門竺佛念譯。《無常品》第一，《欲品》第二，《愛品》第三，《無放逸品》第四，《念品》第五，《戒品》第六，

《學品》第七，《口品》第八，《行品》第九，《信品》第十，《沙門品》第十一，《道品》第十二，《利養品》第十三，《忿怒品》第十四，《惟念品》第十五，《雜品》第十六，《水品》第十七，《華香品》第十八，《馬喩品》第十九，《恚品》第二十，《如來品》第二十一，《聞品》第二十二，《我品》第二十三，《廣演品》第二十四，《親品》第二十五，《泥洹品》第二十六，《觀品》第二十七，《惡行品》第二十八，《雙要品》第二十九，《樂品》第三十，《心意品》第三十一，《沙門品》第三十二，《梵志品》第三十三。

出曜之言，舊名譬喻，即十二部經第六部也，共集如來法句千章，釋之以訓未來。

著録

僧祐《出三藏記集》卷二　《出曜經》十九卷晉孝武時，涼州沙門竺佛念以符堅時於關中譯出。

智昇《開元釋教録》卷四　《出曜經》二十卷亦云《出曜論》，或十九卷，符秦建元十九年出，見《二秦録》、《高僧傳》、《僧祐》、寶唱等録。

法集要頌經

綜述

楊億《大中祥符法寶縁》卷一七　《法集要頌經》一部四卷　法救尊者集，揔有三十三品。第一卷明顯一切行皆悉無常，是興衰法，有生即滅，勸以厭離，應修止觀，魔不得便，乃到彼岸。以彼思想爲欲根源，思既不生，欲何由起，因欲生過，復生怖畏，廣以喩明。智者應了，了即善調，乃能解脱。又貪受潤澤，思想滋蔓，以慧正觀，貪縛自壞。戒法清涼，爲甘露道，若生放逸，即趣死逕。有智之者，守其勝道，愚癡之人，失道喪眞。放逸不生，死輪自息。又愛處生憂，愛處生怖，若離愛念，憂怖不生。又復持戒，得三種福。若修善行，三業清淨，止其妄言及非法語。造諸惡行，定招苦報，如影隨形，必當自受。又信爲法要，能生諸善，其信清淨，能出有河。又離欲斷漏，梵行清淨，息心滅意，垢穢盡除。第二卷明顯四聖諦，是爲正道，見聖諦者，得入正道又人若貪利，是則無利，不著一切，是眞佛子。又能忍佗冤，説名爲智，若行忍者，諸冤自息。又起止覺思，坐臥不忘，能照世間，如月出雲。又念自覺悟，當求方便，修白淨行，度愛清淨。又勿輕小罪以爲無殃，勿輕小善以爲無福。水滴雖微，漸盈大器，善惡漸增，纖毫成廣。又如可意華色好無香，巧言亦爾，絡無果利。如可意華色好香絜，類諸善言，必獲好報。行忍和意，能斷諸苦，從是得定，如馬善調。瞋所纏縛，如暗失燈。於言寂默，無恚無害。又無等正覺不染世法，具一切智，神通圓滿，多聞善脩，正自正佗，已、心爲師，非佗師友。第三卷明雖説百偈，句義不正，不如解了一句之義，乃得解脱，乃至廣説種種事相。比較百年，不如一日親近善法，爲善知識。又苾芻攝意，無説無害，常行忍辱，是最圓寂。諸梵行人常當自觀，解苦根源，是明妙觀。諸惡莫作，諸善奉行，不畏死逕，如船截渡。又日光布明，悉照冥暗，諸行相應，脱一切苦。第四卷明愛法安隱，心法清淨。聖所説法，智者娛樂，心爲法本，心是妙門，護而不漏，入圓寂道。又必芻愛盡，護身念道，思惟靜安，正命無雜，今行淨因，後招淨果，無習惡法，是爲梵志。此之大旨，法救尊者廣集如來諸經要載，族類區分，列三十三之品目，指歸辯析，攝百千萬之行門，取要而言，斷染成淨，息除苦本，出離愛源，起智慧因，證解脱果也。

智旭《閱藏知津》卷四一　《法集要頌經》四經，南甚北隸尊者法救集，宋中印土沙門天息災譯。即《出曜經》三十三品法偈，皆是佛所説也。

著録

惟淨《天聖釋教總縁》卷二　《法集要頌經》一部四卷，三藏天息災譯。

譬喻經分部

佛說猘狗經

綜　述

王古《大藏聖教法寶標目》卷七　《猘狗經》　右說誹謗道師，當墮惡道。

智旭《閱藏知津》卷三一　《猘狗經》一紙半　敬吳月支國優婆塞支謙譯，說受戒而嫉妒其師者，如獅狗還嚙其主，及說不如法授戒，反入泥犁。

著　錄

僧祐《出三藏記集》卷四　《猘狗經》一卷與《[犭*樂]狗》同。

法經《衆經目錄》卷四　《猘狗經》一卷，一名《[犭*樂]狗嚙主經》，略出《生經》。

靖邁《古今譯經圖紀》卷一　優婆塞支謙，以黄武二年歲次癸夘乃至建興二年歲次癸酉正舊譯新，凡一百二十九部合一百五十二卷，然謙譯經典深得義旨，謂《猘狗經》一卷。

佛說群牛譬經

綜　述

王古《大藏聖教法寶標目》卷七　《群牛譬喻經》　右說驢効牛入牛群，爲牴殺，喻比丘無沙門行，微妙比丘擯出界外。

智旭《閱藏知津》卷三一　《佛說群牛譬經》一紙餘，西晉沙門釋法炬譯以群牛譬好比丘，以驢譬惡比丘。

著　錄

僧祐《出三藏記集》卷四　《羣牛譬經》一卷抄《阿含》。

法經《衆經目錄》卷三　《羣牛譬經》一卷，是《增一阿含別品》異譯。

費長房《歷代三寶紀》卷六　《群牛譬經》一卷《阿含》。惠帝世，沙門釋法炬出。初炬共法立同出，立死後炬又自出，多出大部，與立所出，每相參合，廣略異耳。

佛說大魚事經

綜　述

王古《大藏聖教法寶標目》卷七　《大魚事經》　右喻人貪欲故墮生死，如魚罹漁捕。

智旭《閱藏知津》卷三一 《佛說大魚事經》一紙餘 孝東晉西域沙門竺曇無蘭譯。借大魚勅小魚，以喻大比丘囑小比丘，若小比丘不守根門，如彼小魚隨綠就死。

著　錄

僧祐《出三藏記集》卷四 《大魚事經》一卷抄。

靖邁《古今譯經圖紀》卷二 沙門竺曇無蘭，此云法正，西域人也。以晉孝武帝太元六年歲次辛巳至太元二十年歲次乙未，於楊都謝鎮西寺譯出經一百一十一部，合一百一十二卷，其中或有自譯，或從大部簡出，謂略《大魚事經》一卷。

佛說譬喻經

題　解

智者《妙法蓮華經玄義》卷六 《譬喻經》者，法相微隱，要假近以喻遠，故以言借況，寄況以彰理也。

綜　述

王古《大藏聖教法寶標目》卷七 《譬喻經》右說怖人墮井，爲惡象、毒龍、四毒蛇等迫逼，喻生死五欲等。

智旭《閱藏知津》卷三一 《佛說譬喻經》一紙當唐大薦福寺沙門釋義淨譯。佛爲勝光王說空井、樹根、二鼠、四蛇、毒龍、蜜滴、蜂螫、火燒之喻。康法邃《譬喻經序》《譬喻經》者，皆是如來隨時方便四說之辭，敷演弘教訓誘之要，牽物引類，轉相證據，明善惡，罪福報應，皆可寤心，免彼三塗。如今所聞，億未載一，而前後所寫，多複重。今復撰集，事取一篇，以爲十卷。比次首尾，皆令條別，趣使易了，於心無疑。願率土之賢有所遵承，永升福堂，爲將來基。

著　錄

僧祐《出三藏記集》卷二 《譬喻經》安世高出《五陰譬喻》一卷，竺護出《譬喻三百首經》二十五卷，無別題，未詳其名，釋法炬出《法句譬》六卷，《未那毗陁》出《百句譬喻》十卷，康法邃出《譬喻經》十卷右一經五人出。

靖邁《古今譯經圖紀》卷三 沙門釋惠簡，以宋孝武帝大明元年歲次丁酉於鹿野寺譯（略）《譬喻經》一卷。

智昇《開元釋教錄》卷九 《譬喻經》一卷，景龍四年於大薦福寺，翻經院譯，沙門玄傘筆受，略沙門釋義淨，（略）至景龍四年庚戌於大薦福寺譯（略）《譬喻》，（略）吐火羅沙門達磨末磨、中印度沙門拔弩證梵義，罽賓沙門達磨難陀證梵文，居士東印度首領伊舍羅證梵本，沙門惠積、居士中印度李釋迦度頗多等讀梵本，沙門文綱、惠沼、利貞、勝莊、愛同、思恆等證義，沙門玄傘、智積等筆受，居士東印度瞿曇金剛、迦濕彌羅國王子阿順等證譯，修文舘大學士特進趙國公李嶠、兵部尚書逍遙公韋嗣立、中書侍郎趙彥昭、吏部侍郎盧藏用、兵部侍郎張說、中書舍人李乂、蘇頲等二十餘人次文潤色，左僕射舒國公韋巨源、右僕射許國公蘇環等監譯，秘書大監嗣號王邕監護。

又卷一八 《譬喻經》一卷宋慧蘭譯中有《譬喻經》一卷，時間無本與此名同，眞僞相濫，故兩存之。

灌頂王喩經

綜　述

楊億《大中祥符法寶録》卷一六　《灌頂王喩經》一部一卷　小乘經藏收。佛在舍衛國說，此中所明，佛謂苾芻言，若有苾芻發正信心，出家剃髮，被袈裟衣，修苾芻事，乃至盡壽，常所思念。又有苾芻修諸勝行，爲證滅故，斷諸集法，遠塵離垢，得法眼淨。又有苾芻諸漏已盡，心善解脫，慧善解脫，自知所證，已得成就。我生，已盡，梵行已立，所作已辦，不受後有。如是三種，當知，猶如刹帝利王於三時中各依次第，受王灌頂，隨生勝福。

上一部本中天竺語，龜茲國書。

著　録

惟淨《天聖釋教總録》卷二　《灌頂王喩經》一部一卷。

智旭《閲藏知津》卷三一　《佛說灌頂王喩經》一紙欠　南馨北夙宋北印土沙門施護譯，　說王有三時受灌頂法，常所思念。苾芻於出家，淨法眼，盡漏三時，亦常思念。

醫喩經

綜　述

楊億《大中祥符法寶録》卷一四　《醫喩經》一部一卷　小乘經藏收。佛在舍衛國說，此中所明，如來出世，爲諸有情說四聖諦，苦、集、滅、道是四法藥，能治衆生煩惱重病，如世良醫，應病與藥。如來大慈，應機設教，亦復如是。

著　録

惟淨《天聖釋教總録》卷二　《醫喩經》一部一卷，（略）三藏施護譯。

智旭《閲藏知津》卷三一　《佛說醫喩經》一紙餘，南馨北夙宋北印土沙門施護譯，　說醫王有四種，法王亦爾，說四諦法。

般若經部

大品般若經分部

大般若波羅蜜多經

論說

李世民《三藏聖教序》 盖聞二儀有像，顯覆載以含生，四時無形，潛寒暑以化物。是以窺天鑒地，庸愚皆識其端，明陰洞陽，賢哲罕窮其數。然而天地苞乎陰陽而易識者，以其有象也，陰陽處乎天地而難窮者，以其無形也。故知象顯可征，雖愚不惑，形潛莫覩，在智猶迷。況乎佛道崇虛，乘幽控寂，弘濟萬品，典御十方，舉威靈而無上，抑神力而無下。大之則彌於宇宙，細之則攝於毫釐。無滅無生，歷千劫而不古，若隱若顯，運百福而長今。妙道凝玄，遵之莫知其際，法流湛寂，挹之莫測其源。故知蠢蠢凡愚，區區庸鄙，投其旨趣，能無疑惑者哉。

然則不教之興，其乎西土，騰漢庭而皎夢，照東域而流慈。昔者分形分蹟之時，言未馳而成化，當常現常之世，民仰德而知遵。及乎晦影歸眞，遷儀越世，金容掩色，不鏡三千之光，麗象開圖，空端四八之相。於是微言廣被，拯含類於三途，遺訓遐宣，導羣生於十地。然而眞教難仰，莫能一其旨歸，曲學易遵，邪正於焉紛糺。所以空有之論，或習俗而是非，大小之乘，乍沿時而隆替。

有玄奘法師者，法門之領袖也。幼懷貞敏，早悟三空之心，長契神情，先苞四忍之行。松風水月，未足比其清華，仙露明珠，詎能方其朗潤。故以智通無累，神測未形，超六塵而迥出，隻千古而無對。凝心內境，悲正法之陵遲，棲慮玄門，慨深文之訛謬。思欲分條析理，廣彼前聞，截僞續眞，開茲後學。是以翹心淨土，往遊西域。乘危遠邁，杖策孤征。積雪晨飛，途間失地，驚砂夕起，空外迷天。萬里山川，撥煙霞而進影，百重寒暑，躡霜雨而前蹤。誠重勞輕，求深願達。周遊西宇，十有七年，窮歷道邦，詢求正教。雙林八水，味道飡風，鹿苑鷲峯，瞻奇仰異。承至言於先聖，受眞教於上賢，探賾妙門，精窮奥業。一乘五律之道，馳驟於心田，八藏三篋之文，波濤於口海。爰自所歷之國，總將三藏要文，凡六百五十七部，譯布中夏，宣揚勝業。引慈雲於西極，注法雨於東垂，聖教缺而復全，蒼生罪而還福。濕火宅之乾焰，共拔迷途，朗愛水之昏波，同臻彼岸。是知惡因業墜，善以緣昇，昇墜之端，惟人所託。譬夫桂生高嶺，雲露方得泫其花，蓮出淥波，飛塵不能汙其葉。非蓮性自潔而桂質本貞，良由所附者高，則微物不能累，所憑者淨，則濁類不能霑。夫以卉木無知，猶資善而成善，況乎人倫有識，不緣慶而求慶。方冀茲經流施，將日月而無窮，斯福遐敷，與乾坤而永大。

李治《三藏聖教序記》 夫顯揚正教，非智無以廣其文，崇闡微言，非賢莫能定其旨。盖眞如聖教者，諸法之玄宗，衆經之軌躅也。綜括宏遠，奥旨遐深，極空有之精微，體生滅之機要。詞茂道曠，尋之者不究其源，文顯義幽，現之者莫測其際。故知聖慈所被，業無善而不臻，妙化所敷，緣無惡而不翦。開法網之綱紀，弘六度之正教，拯羣有之塗炭，啓三藏之祕扃。是以名無翼而長飛，道無根而永固。道名流慶，歷遂古而鎭常，赴感應身，經塵劫而不朽。晨鍾夕梵，交二音於鷲峯，慧日法流，轉雙輪於鹿菀。排空寶盖，接翔雲而共飛，莊野春林，與天花而合彩。

伏惟皇帝陛下，上玄資福，垂拱而治八荒，德被黔黎，斂衽而朝萬國。恩加朽骨，石室歸貝葉之文，澤及昆蟲，金匱流梵說之偈。遂使阿耨達水，通神甸之八川，耆闍崛山，接嵩華之翠嶺。竊以法性凝寂，靡歸心而不通，智地玄奥，感懇誠而遂顯。豈謂重昏之夜，燭慧炬之光，火宅之朝，降法雨之津。於是百川異流，同會於海，萬區分義，總成乎實。豈與湯武挍其優劣，堯舜比其聖德者哉。

玄奘法師者，夙懷聰令，立志夷簡。神清齠齓之年，體拔浮華之世，凝情定室，匿跡幽巖，栖息三禪，巡遊十地。超六塵之境，獨步伽維，會一乘之旨，隨機化物。以中華之無質，尋印度之眞文，遠涉恆河，終期滿字，頻登雪嶺，更獲半珠。問道往還，十有七載，備通釋典，利物爲心。以貞觀十九年二月六日，奉勅於弘福寺翻譯聖教要文，凡六百五十七部。引大海之法流，洗塵勞而不竭，傳智燈之長燄，皎幽暗而恆明。自非久植勝緣，何以顯揚斯旨。所謂法相常住，齊三光之明，我皇福臻，同二儀之固。伏見御製衆經論序，照古騰今，理含金石之聲，文抱風雲之潤。治輒以輕塵足嶽，墜露添流，略舉大綱，以爲斯記。

綜述

玄則《大般若經初會序》 《大般若經》者，乃希代之絕唱，曠劫之遐津。光被人天，括囊眞俗。誠入神之奧府，有國之靈鎮。自非聖德遠覃，哲人孤出，則方音罕貿，圓敎豈臻。所以帝敘金照，皇述瓊振。事邈千古，理鏡三辰。爵矣斯文，備乎茲日。然則部分二四，昔徒掌其半珠。會兼十六，今乃握其全寶。竊案諸會別起，每比一部。輒復本以殊迹，各申一序。至如靈峯始集，宏韻首馳。控蕩身源，敷弘心要。何者，夫五蘊爲有情之封，二我爲有封之宅。宅我而舉，則渴焰之水方深。封蘊以居，則尋香之堞彌峻。焉識夫我之所根者想，想妄而我不存。蘊之所繫者名，名假而蘊無託。故即空之談啟，亡言之理暢。閱紛俗於非動，置蠢徒於不生。齊谷響於百名，儔鏡姿於萬像。筌宰失寄，而後眞宰獨融。規準莫施，而後沖規妙立。慮塗千泯，言術四窮。使夫淺躁投機，拘攣解桎。媲司南之有在，同拱北以知歸。義既天悠，辭仍海溢。且爲諸分之本，又是前古未傳。凡勒成四百卷八十五品矣。或謂權之方土，理宜裁譯。竊應之曰，一言可蔽，而雅頌之作聯章。二字可題，而涅槃之音積軸。優柔闡緩，其慈誨乎。若譯而可削，恐貽患於傷手。今傳而必本，庶無譏於溢言。況搦扎之辰，慨念增損。而魂交之夕，炯戒昭彰。終始感貽，具如別錄。其有大心茂器久聞歷奉者，自致不驚不怖，爰諮爰度矣。

唐 道世《法苑珠林》卷一一九 《大般若經》梵本二十萬頌，翻成六百卷，合有四處十六會，慈恩寺玄奘法師譯。 第一會在王舍城鷲峯山說，梵本一十三萬二千六百頌，右翻成四百卷七十九品單譯。

第二會在王舍城鷲峯山說，梵本二萬五千頌。右翻成七十八卷八十五品，重譯。當《大品》、《放光》、《光讚》三本總八十卷，今翻成七十八卷，依梵本同。

第三會在王舍城鷲峯山說，梵本一萬八千頌。右翻成五十九卷三十一品，單譯。

第四會在王舍城鷲峯山說，梵本八千頌。右翻成一十八卷二十九品，重譯。當《小品》、《道行》、《新道行》、《明度》四本，今翻成一十八卷，依梵本同。

第五會在王舍城鷲峯山說，梵本四千頌。右翻成一十卷二十四品，單譯。

第六會在王舍城鷲峯山說，梵本二千五百頌。右翻成八卷一十七品，重譯。當《勝天王般若》。

第七會在室羅筏誓多林給孤獨園說，梵本八百頌。右翻成二卷，無品，重譯。當《文殊般若》。

第八會在室羅筏誓多林給孤獨園說，梵本四百頌。右翻成一卷，無品。單譯。

第九會在室羅筏誓多林給孤獨園說，梵本三百頌。右翻成一卷，無品，重譯。當《金剛般若》。

第十會在他化自在天王宮末尼寶藏殿上說，梵本三百頌。右翻成一卷，無品。單譯。

第十一會在室羅筏誓多林給孤獨園說施波羅蜜多。梵本二千頌。右翻成五卷，無品，單譯。

第十二會在室羅筏誓多林給孤獨園說戒波羅蜜多。梵本二千頌。右翻成五卷，無品，單譯。

第十三會在室羅筏誓多林給孤獨園說忍波羅蜜多。梵本四百頌。右翻成一卷，無品，單譯。

第十四會在室羅筏誓多林給孤獨園說勤波羅蜜多。梵本八百頌。右翻成二卷，無品，單譯。

第十五會在王舍城鷲峯山說定波羅蜜多。梵本八百頌。右翻成二卷，無品，單譯。

第十六會在王舍城竹林園白鷺池側說慧波羅蜜多。梵本二千五百頌。

右翻成八卷，無品，單譯。

十六會序，右長安西明寺沙門玄則撰。

紀事

贊寧《宋高僧傳》卷二 釋玄覺，高昌國人也，西土種姓，未得聞焉。學慕大乘，從玄奘三藏研覈經論，亦於玉華宮參預翻譯。及《大般若經》向就，同請翻《寶積經》。奘辭，慨然。覺因夢一浮圖，莊嚴高大，忽然摧倒。遂驚起告奘。奘曰，非汝身事，此吾滅之徵耳。覺暗悲。安倣勸諸法侶，競求醫藥。覺後莫測終焉。

贊寧《宋高僧傳》卷四 釋普光，未知何許人也。明敏爲性，爰擇其木。請事三藏奘師。勤恪之心，同列靡及。至於智解，可譬循環，聞少證多，奘師默許。末參傳譯，頭角特高。左右三藏之美，光有功焉。初，奘嫌古翻俱舍義多缺然，躬得梵本，再譯眞文。乃密授光，多是記憶西印薩婆多師口義。光因著疏解。【略】又嘗隨奘往玉華宮，譯《大般若經》，厥功出乎裨贊也。時號大乘光。觀夫奘自貞觀十九年創譯訖麟德元年終於玉華宮，凡二十載，總出大小乘經律論七十五部一千三百三十五卷。十分七八是光筆受。或謂嘉光普光也。若驗從辯機，同參譯務，即普光是也。

贊寧《宋高僧傳》卷四 釋嘉尚，未知何許人也。慧性天資，瓌奇氣質。篇聚堅守，性相克攻。勤在維修，務於翻譯。遠棲心於奘三藏門。見宗廟之富，窺室家之好。久稽考《瑜伽師地》、《佛地》論旨，《成唯識論》深得義趣。隨奘於玉華宮譯《大般若經》，充證義。綴文多能傑出。及三藏有疾，命尚具錄所翻經論，合七十五部總一千三百三十五卷。又錄俱胝畫像一千幀，造十俱胝像，寫經放生然燈，令尚宣讀。奘合掌歡喜曰，吾心中願也，汝代導之，得沒而無悔焉。奘卒，著述疏鈔出雜集義門夥多。

道宣《續高僧傳》卷四 顯慶三年下敕爲皇太子造西明寺成，令給上房僧十人以充侍者。有《大般若》者，二十萬偈。此土八部，咸在其中。不久下敕，令住玉華。翻經供給，一準京寺。遂得託靜，不爽譯功。以顯慶五年正月元日，創翻《大本》。至龍朔三年十月末了，凡四處十六會說，總六百卷。般若空宗，此焉周盡。於間又翻《成唯識論》、《辯中邊論》、《唯識二十論》、《品類足論》等。至十一月表上此經，請製經序。於蓬萊宮，通事舍人馮義宣敕許之。

著録

智昇《開元釋教録》卷八下 沙門釋玄奘，本名褘，俗姓陳氏，陳留人也。漢太丘長仲弓之後。曾祖欽，後魏上黨太守。祖康，北齊國子博士，食邑周南，子孫因家，又爲緱氏人也。父惠英，潔有雅操，早通經術。形長八尺，美眉明目，拜江陵令。解纓而返，即大業年，識者以爲剋終隱淪之候故也。有四男，奘最小。幼而珪璋特達，聰悟不羣。年八歲，父坐於幾側，口授《孝經》。至曾子避席，忽整襟而起，問其故，對曰，曾子聞師命尚猶避席，某今奉慈訓，豈宜安坐，父甚悦，知其必成器。召宗人語之，皆賀之曰，此公之揚烏也，其早慧如此。自後備通經奧。【略】

天皇以法師先朝所重，嗣位之後，禮敬逾隆。中使朝臣問慰絶無。東國重於般若，前代雖翻，文不周備。衆人更請委悉重翻。然般若部大，京師多務，又人命無常，恐難得了，請就於玉華宮翻譯。即以四年冬十月往於玉華宮并翻經。大德及門徒等同去，其供給諸事一如京下，至彼安置肅城院焉。五年春正月一日起，首翻《大般若經》。梵本總有二十萬頌，佛於四處十六會說。文既廣大，學徒每請刪略，如羅什所翻，除繁去重。法師將順衆意，於夜夢中即有極怖畏事以相警誡。覺已驚懼，向諸衆說，還依廣翻。夜中乃見諸佛菩薩勝言祥事，覺而喜慶，不敢更刪。至龍朔三年十月二十日功畢絶筆，合成六百卷，合掌歡喜。告徒衆曰，此經於地有緣，玄奘來此玉華者，經之力也。向在京師，諸緣牽亂，豈有了時。今得終訖，並是諸佛冥加，龍天擁祐。此乃鎮國之典，人天大寶。徒衆宜各踴躍欣慶。於間又翻《成唯識論》《辨中邊論》《唯識二十論》《品類足論》等。至十一月二十二日，令弟子窺基奉表奏聞，請御製經序。至十二月七日，通事舍人馮義宣勅垂許。麟德元年正月一日，翻經大德及玉華寺衆慇懃啟請翻《大寶積經》，法師見衆情專至，俯仰翻數行訖，便攝梵本停住，告衆曰，此經部軸與《大般若》仝。玄奘自量氣力不復辦此。奘自貞觀十九年乙巳於弘福寺創啓梵文，訖麟德元年甲子終於玉華宮寺，凡二十載。總出大小乘經律論等合七十五部一千三百三十五卷。又別撰《西域記》一部。自《般若》翻了，唯自策勤行道禮懺，告翻經僧及門人曰，有爲之法必歸磨滅，泡幻形質何得久停。行年六十五矣，必卒玉華。於經論有疑者，今可速問。又謂門人曰，吾來玉華，本緣《般若》，今經事既終，吾生涯亦盡，若無常後，汝等遣我宜從省儉，可以籧篨裹送，仍擇山澗僻處安置，勿迎宮寺。不淨之身宜從屏遠。門徒等聞之，莫不哀哽。

雜録

《宋史・回鶻傳》 熙寧元年，入貢，求買金字《大般若經》，以墨本賜之。

樂史《太平寰宇記》卷一八三 《師子國》 唐天寶五載，使至，獻鈿金寶瓔珞及貝葉，寫《大般若經》。

羅濬《寶慶四明志》第十七 鳳巖寺，縣西四十里金川鄉，唐開成元年建。皇朝隆興初，主僧宗曉刺血書《大般若經》六百卷，翰林學士馮楫題跋。常住田三十畝，山五畝。

《欽定同文韻統》卷五 元奘所譯大般若經字母四十三字：哀洛跛者娜砢柁婆荼沙縛頞也瑟吒迦娑磨伽他闍濕縛達捨佉羼薩頞若剌他呵薄綽颰磨嗑縛蹉鍵攃拏頗塞迦逸娑酌吒擇。

摩訶般若波羅蜜經

題解

僧懷《發般若經題》 六人論義　所言《摩訶般若波羅蜜經》者，經題立名凡有三意，一以人，二以法，三人法雙舉。辨意思益，是以人名經。《法華》、《涅槃》是以法名經，《淨名》、《勝鬘》是人法雙舉，此經立名以法名經，離法無人，離人無法，云何得言此經以法爲名，《般若》是實法，人是假名，此是人家之法，非法家之人，猶如道諦是法寶攝，是故此經得受淩。名《摩訶般若波羅蜜》，此是天竺音，經是此土語，外國名爲修多羅，此言法本具含五義，一出生，二涌泉，三顯示，四繩墨，五結鬘。訓釋經字亦有三義。【略】以經字代修多羅者，修多羅名通經名別修多羅名所以通者，凡堅共有，所以爲通，經名別者，此土聖人所說名之爲經。所以爲別以經字代修多羅。欲令聞者即得信解。摩訶此言大。般若，此言智慧，波羅，此言彼岸。蜜，此言度，又云到。具語翻譯云大智慧度彼岸。言彼岸度者，盖是國語不同。此名爲非，彼以爲是，此以爲是，彼以爲非。隨俗之說，更無異義。此中有四意，一種德、二出體、三辨用、四明宗，大是稱德智慧是出體，度是辨用，彼岸是明宗。此中復有二意，一者法說、二者譬說。大者是法說，彼岸是譬說，即以彼岸譬於涅槃。

吉藏《大品經義疏》卷一 言《摩訶般若波羅蜜經》者，此有四句，一摩訶、二般若、三波羅蜜、四修多羅。雖有四句，只成一句。今離爲四句釋之。初云摩訶者，此是外國語，外國語通今明正，是中天竺語，故觀師云，秦言謬者定之以字，訓彼音失者，正之以天竺也。彼國云摩訶，或云摩醯，或云優婆，此言大。何以知之如摩醯首羅，此云大自在云云。然摩訶是外國語，此若爲翻譯解者，不同凡有三釋，一云摩訶，不可翻也。用叡師語云，不可翻者，即而書之，既即彼國語而書之，故知不可翻也。問既不可翻，何得云大勝多耶。解云，此是三義，訓釋非爲翻也。第二解云，摩訶以三義翻譯，論大勝多此解依大論。言摩訶，言大，或勝多云云。第三解云，以三義翻而有強弱，大翻則爲正勝多，即是義訓。何以知，然以數文證，一者，論釋摩訶比丘僧，摩訶言大，不言勝多，若勝多亦是正翻者，豈得獨言大耶。次釋摩訶薩埵，文云，摩訶言大，薩埵或道心，或衆生亦不言勝多也。三者，第十八卷云，摩訶秦言大，波若言慧。又《金光明經》第二，王子名摩訶提婆，偈中云大天，諸處文既並云大，不言勝多，故知大爲正翻，餘是義訓也。

摩訶翻爲大，問大有幾種解釋不同，招提師明有十種大，一者境大，即是眞諦無相境，亦名如法性，法性遍一切處，故經云無有一法出法性者，所以爲大也。如者一切皆如耳，故開善云，曠劫學於如今得如提流天下遍只是瓶處如也。二者人大，此法是大人法，行行此法故，故名爲人大也。三者體大，此是何法謂忘相，知即是般若，故爲大。四者用大。五因大，萬行中般若最大，六度中般若最大，故是因大。六果大者，此法能得大果報也。七者導大，能導一切萬行到佛果。八者離過大。謂寂滅四重五逆九力，用大謂能出生人天五乘。十者教大，此經通教三乘也。

論　説

僧叡《大品經序》摩訶般若波羅蜜者，出八地之由路，登十階之龍津也。夫淵府不足以盡其深美，故寄大以目之。水鏡未可以喻其澄朗，故假慧以稱之。造盡不足以得其涯極，故借度以明之。然則功託有無，度名所以立；照本靜末，慧日以之生；曠兼無外，大稱由以起。斯三名者，雖義涉有流，而詣得非心；跡寄有用，而功實非待。非心故以不住爲宗，非待故以無照爲本。本以無照，則凝知於化始；宗以非心，則忘功於行地。故啓章玄門，以不住爲始；妙歸三慧，以無得爲終。假號照其眞，應行顯其明，無生沖其用，功德旌其深。大明要終以驗始，漚和即始以悟終。蕩蕩焉，眞可謂大業者之通塗，畢佛乘者之要軌也。

夫寶重故防深，功高故校廣。囑累之所以慇懃，功德之所以屢增，良有以也。而經來兹土，乃以秦言譯之，典謨乖於殊制，名實喪於不謹。致使求之彌至，而失之彌遠；頓轡重關，而窮路轉廣。不遇淵匠，殆將墜矣。亡師安和尚鑿荒途以開轍，標玄指於性空，落乖蹤而直達，殆不以謬文爲閡也。亹亹之功，思過其半，邁之遠矣。

鳩摩羅什法師慧心夙悟，超拔特詣，天魔干而不能迴，淵識難而不能屈。扇龍樹之遺風，震慧響於此世。秦王感其來儀，時運開其凝滯。以弘始三年，歲次星紀，冬十二月二十日至長安。秦王扣其虛關，匠伯陶其淵致。虛關既開，乃正此文言；淵致既宣，而出其《釋論》。渭濱流祇洹之化，西明啓如來之心，逍遙集德義之僧，京城溢道詠之音。末法中興，將始於此乎。

大梁皇帝《注解大品序》機事未形，六畫得其悔吝；玄象既運，九章測其盈虛。斯則鬼神不能隱其情狀，陰陽不能遁其變通。至如摩訶般若波羅蜜者，洞達無底，虛豁無邊，心行處滅，言語道斷。不可以數術求，不可以意識知。非三明所能照，非四辯所能論。此乃菩薩之正行，道場之直路，還源之眞法，出要之上首。本來不然，畢竟空寂。大不能顯其博，名慧不能庶其用，假度不能機其通，借岸不能窮其實。若談一相，事絶百非，補處默然，等覺息行。始洒可謂無德而稱，以無名相作名相說。導涉求之意，開新發之眼，故有般若之字，彼岸之號。

頃者學徒罕有尊重，或時聞聽不得經味。帝釋誠言，信而有徵。此實賢衆之百慮，菩薩之魔事。故唱愈高和愈寡，知愈希道愈貴，致使正經沉匱於世。實由虛己情少，懷疑者多。虛己少則是我之見深，懷疑多則橫構之慮繁。然則雖繁慮紛紜，不出四種：一謂此經非是究竟，多引《涅槃》以爲碩訣；二謂此經未是會三，咸誦《法華》以爲盛難；三謂此經三乘通教，所說《般若》即聲聞法；四謂此經是階級行，於漸教中第二時說。舊義如斯，洒無是非。較略四意，粗言所懷。《涅槃》是顯其果德，《般若》是明其因行。顯果則以常住佛性爲本，明因則以無生中道爲宗。以世諦言說，是《涅槃》是《般若》；以第一義諦言說，豈可復得談其優劣。《法華》會三以歸一，則三遣而一存，一存未免乎相，故以萬善爲乘體。《般若》即三而不三，則三遣而一亡，然無法之可得，故以無生爲乘體。無生絶於戲論，竟何三之可會？所謂百花異色，共成一陰；萬法殊相，同入般若。言三乘通教，多執二文，今復開五意，以增所疑：一、聲聞若智若斷，皆是菩薩無生法忍；二、三乘學道，宜聞《般若》；三、三乘同學《般若》，俱成菩提；四、三乘欲住欲證，不離是忍；五、羅漢、辟支，從般若生。於此五義，不善分別，堅著三乘，敎同一門。遂令朱紫共色，珉玉等價。若明察此說，深求經旨，連環既解，弄丸自息。謂第二時，是亦不然。人心不同，皆如其面，根性差別，復過於此，非可局以一教，限以五時。般若無生，非去來相，豈可以數量拘，寧可以次第求？始於道樹，終於雙林，初中後時，常說智慧，復何可得名爲漸教？《釋論》言：『須菩提聞《法華經》中說，於佛所作少功德，乃至戲笑，漸漸必當作佛。又聞《阿鞞跋致品》中有退不退，又復聞聲聞人皆當作佛，是故今問爲畢定爲不畢定？』以此而言，去之彌遠。

夫學出離，非求語言，應定觀道，以正宗致。三乘不分，依何義說？相與無相，有如水火，二性相違，豈得共貫？雖一切聖人以無爲法，三乘入空，其行各異。聲聞以壞緣觀觀生滅空，緣覺以因緣觀觀法性空，菩薩以無生觀觀畢竟空。此則淄澠殊味，涇渭分流，非可以口勝，非可以力爭。欲及弱喪，去斯何適？值大寶而不取，遇深經而不求，亦何異窮子反走於宅中，獨姥掩目於道上。此迺惑行之常性，迷途之恆心。但好龍而觀畫，愛象而翫迹，荆山可爲流慟，法水所以大悲。經譬兔馬，論喻鹿犀，俱以一象配成三獸，用渡河以測境，因圍箭以驗智，格得空之淺深，量相心之厚薄。懸鏡在前，無待耳識，離婁既睇，豈勞相者？若無不思誼之理，豈有不思誼之事。放瑞光於三千，集奇蓮於十方，變金色於大地，嚴華臺於虛空。表舌相之不虛，證般若之眞實。所以龍樹、道安、童壽、慧遠，或以大權應世，或以殆庶救時，莫不服膺上法，如說修行。況於細人，可離斯哉！

此經東漸，二百五十有八歲，始於魏甘露五年，至自于闐。叔蘭開源，彌天導江，鳩摩羅什澍以甘泉。三譯五校，可謂詳矣。龍樹菩薩著《大智論》訓解斯經，義旨周備。此實如意之寶藏，智慧之滄海，但其文遠曠，每怯近情。朕以聽覽餘日，集名僧二十人，與天保寺去寵等詳其去取；靈根寺慧令等兼以筆功。探採《釋論》，以注經本，略其多解，取其要釋。此外或捃關河舊義，或依先達故語，時復間出，以相顯發。若章門未開，義勢深重，則參懷同事，廣其所見，使質而不簡，文而不繁，庶令學者有過半之思。

講《般若經》者多說五時，一往聽受，似有條理，重更研求，多不相符。唯《仁王般若》具書名部，世既以爲疑經，今則置而不論。僧叡《小品序》云：『斯經正文凡有四種，是佛異時適化之說，多者十萬偈，少者六百偈。』略出四種而不列名。《釋論》言《般若》部黨有多有少；《光讚》、《放光》、《道行》止舉三名，復不滿四。此土別有一卷，謂爲《金剛·般若》，欲以配數，可得爲五。既不具得經名，復不悉時之前後，若以臆斷，易致譏嫌。此非義要，請俟多聞。

今注大品，自有五段，非彼所言五時般若。勸說以不住標其始，命說以無教通其道，願說以無得顯其行，信說以甚深歎其法，廣說以不盡要其終。中品所以累教，末章所以三屬，義備後釋，不復詳言。設迺時曠正教，處無法名，猶且苦辛草澤，經歷嶮遠，翹心遏聽，澍意希夷，冀遲玄應，想像空聲。輕生以重半偈，賣身以尊一言，甘滐血而不疑，欣出髓而無悋。況復龍宮神珠，寶臺金鍱，難得之貨，難聞之法，遍布塔寺，充牣目前。豈可不伏心受持，虛懷鑽仰？使佛種相續，菩提不斷，知恩反復，更無他道。方以雪山，匹以香城，寧得同日語其優劣？率書所得，懼增來過，明達後進，幸依法行！

綜　述

僧叡《大品經序》　胡本唯《序品》、《阿鞞跋致品》、《魔事品》有名，餘者直第其品數而已。法師以名非佛制，唯存《序品》，略其二目。其事數之名與舊不同者，皆是法師以義正之者也。如『陰入持』等，名與義乖，故隨義改之。『陰』爲『衆』，『入』爲『處』，『持』爲『性』，『解脫』爲『背捨』，『除入』爲『勝處』，『意止』爲『念處』，『意斷』爲『正勤』，『覺意』爲『菩提』，『直行』爲『聖道』。諸如此比，改之甚衆。胡音失者，正之以天竺；秦言謬者，定之以字義。不可變者，即而書之。是以異名斌然，胡音殆半。斯實匠者之公謹，筆受之重慎也。幸冀遵實崇本之賢，推而體之，不以文樸見咎，煩異見情也。

紀事

僧叡《大品經序》 予既知命，遇此眞化，敢竭微誠，屬當譯任。執筆之際。三惟亡師『五失』及『三不易』之誨，則憂懼交懷，惕焉若厲，雖復履薄臨深，未足喩也。幸冀宗匠通鑒，文雖左右，而旨不違中，遂謹受案譯，敢當此任。以弘始五年，歲在癸卯，四月二十三日，於京城之北逍遙園中出此經。法師手執胡本，口宣秦言，兩釋異音，交辯文旨。秦王躬覽舊經，驗其得失，諮其通途，坦其宗致。與諸宿舊義業沙門釋慧恭、僧䂮、僧遷、寶度、慧精、法欽、道流、僧叡、道恢、道標、道恒、道裹等五百餘人，詳其義旨，審其文中，然後書之。以其年十二月十五日出盡。校正檢括，明年四月二十三日乃訖。文雖粗定，以《釋論》撿之，猶多不盡。是以隨出其論，隨而正之。《釋論》既訖，爾乃文定。定之未已，已有寫而傳者；又有以意增損，私以《般若波羅蜜》爲題者。致使文言舛錯，前後不同。良由後生虛己懷薄，信我情篤故也。

著録

智昇《開元釋教録》卷四 《摩訶般若波羅蜜經》四十卷亦名《大品般若經》祐云，《新大品經》第三出與《放光》等同本，或三十卷，或二十四，或二十七。弘始五年癸夘四月二十三日出，至六年四月二十三日訖。見《二秦録》及《僧祐録》。

又卷一一 《摩訶般若波羅蜜經》四〇卷亦名《大品般若經》，或三十卷，四帙姚秦三藏鳩摩羅什共僧叡等譯第三譯【略】與《大般若》第二會同本異譯。【略】又按姚秦僧叡《小品序》云，斯經正文凡有四種，是佛異時適化廣略之説也，其多者云有十萬偈，少者六百偈，此之大品即是天竺之中品也，準斯中品，故知與大經第二會同，梵文也龍樹菩薩造，智度論釋《大品經》。

又卷一九 《摩訶般若波羅蜜經》四〇卷亦名《大品般若經》，《僧祐録》云，《新大品》或二十四卷，或二十七卷，或三十卷六二三紙。

小品般若經分部

道行般若經

論説

道安《道行般若經序》 大哉智度，萬聖資通，咸宗以成也。地含日照，無法不周，不恃不處，累彼有名。既外有名，亦病無形，兩忘玄漠，塊然無主，此智之紀也。夫永壽莫美乎上乾，而齊之殤子；神偉莫美於凌虛，而同之涓滯；至德莫大乎眞人，而比之朽種；高妙莫大乎世雄，而喩之幻夢。由此論之，亮爲衆聖宗矣。何者？執道御有，卑高有差，此有爲之域耳。非據眞如，遊法性，冥然無名也。據眞如，遊法性，冥然無名者，智度之奧室也。名教遠想者，智度之蘧廬也。然存乎證者，莫不契其無生而惶眩；存乎迹者，莫不忿其蕩冥而誕誹。道動必反，優劣致殊，眩誹不其宜乎，不其宜乎！要斯法也，與進度齊軫，逍遙俱遊，千行萬定，莫不以成。衆行得字而智進，全名諸法參相成者，求之此列也。且其經也，進咨第一義以爲語端，退述權便以爲談首。行無細而不歷，數無微而不極，言似煩而各有宗，義似重而各有主。璅見者慶其邇教而悅寤，宏喆者望其遠標而絕目。陟者彌高而不能階，涉者彌深而不能測，謀者慮不能規，尋者度不能盡。既杳冥矣，眞可謂大業淵藪，妙矣者哉！然凡論之者，考文以徵其理者，昏其趣者也；察句以驗其義者，迷其旨者也。何則？考文則異同每爲辭，尋句則觸類每爲旨。爲辭則喪其卒成之致，爲旨則忽其始擬之義矣。若率初以要其終，或忘文以全其質者，則大智玄通，居可知也。從始發意，逮一切智，曲成決著，八地無染，謂之智也，故曰遠離也。三脱照空，四非明有，統鑑諸法，因後成用，藥病雙亡，謂之觀也。明此二行，於三十萬言，其如視諸掌乎。顛沛造次，無起無此也。

佛泥曰後，外國高士抄九十章爲《道行品》。桓靈之世，朔佛齎詣京師，譯爲漢文。因本順旨，轉音如已，敬順聖言，了不加飾也。然經既抄撮，合成章指音殊俗異，譯人口傳，自非三達，胡能一一得本緣故乎？由是《道行》頗有首尾隱者。古賢論之，往往有滯。仕行恥此，尋求其本，到于闐乃得。送詣倉垣，出爲《放光品》。斥重省刪，務令婉便，若其悉文，將過三倍。善出無生，論空特巧，傳譯如是，難爲繼矣。二家所出，足令大智焕爾闡幽。支讖全本，其亦應然。何者？抄經刪削，所害必多，委本從聖，乃佛之至誠也。安不量末學，庶幾斯心，載詠載玩，未墜于地。檢其所出，事本終始，猶令折傷玷缺，戢然無際。假無《放光》，何由解斯經乎？永謝先喆，所蒙多矣。今集所見，爲解句下。始況現首，終隱現尾，出經見異，銓其得否，舉本證抄，敢增損也。幸我同好，飾其瑕讁也。

綜述

志磐《佛祖統紀》卷三五　甘露五年，穎川朱士行時存俗姓講《道行般若經》講經之始，每歎譯理未周，乃發迹長安至于闐國，沙門西遊之始。得梵本《般若》，國禁不傳東土。士行請驗以火，無損，王信異乃許其傳。士行即寄經東歸因名《放光般若》。

紀事

慧皎《高僧傳》卷一　時梁州刺史張光以祚兄不肯反，服輔之所煞光，又逼祚令罷道祚執志堅貞以死爲誓，遂爲光所害，春秋五十有七。注《放光般若經》及著顯宗論等。光字景武，江夏人，後爲武都揚難敵所圍，發憤而死，時晉惠之世又有優婆塞衛士慶譯出《道行般若經》二卷。

佚名《道行經後記》　光和二年十月八日，河南洛陽孟元士。口授天竺菩薩竺朔佛，時傳言譯者月支菩薩支讖，時侍者南陽張少安、南海子碧，勸助者孫和、周提立。正光二年九月十五日，洛陽城西菩薩寺中沙門佛大寫之。

著録

智昇《開元釋教録》卷一一　與《大般若》第四會同本異譯，其西晉三藏竺法護譯《新道行經》但有其名而無其本諸藏縱有即與小品文同但題目異耳，故不重出，前後八譯，五存三闕。

志磐《佛祖統紀》卷三五　光和三年，西天沙門竺佛朔至雒陽譯《道行般若經》。

祖琇《隆興編年通論》卷一　嘉平元年，天竺沙門竺佛朔至洛陽譯《道行般若經》，棄文存質，深得經意。

王古《大藏聖教法寶標目》卷一　《道行般若波羅蜜經》十卷亦名《般若道行品》，或八卷，一帙。

智旭《閱藏知津》卷二三　《道行般若波羅蜜經》一〇卷，有道安序後漢月支國沙門支婁迦讖譯。共三十品，與《大般若》第四分同，而有《常啼》《曇無竭》二菩薩事。

摩訶般若鈔經

題解

道安《摩訶鉢羅若波羅蜜經抄序》　《摩訶大也鉢羅若智也波羅度也密無極經抄》天竺經無前題，前題皆云吉法。吉法竟是也。道安爲此首目題也。

論　說

道安《摩訶鉢羅蜜經抄序》 昔在漢陰十有五載，講《放光經》歲常再遍。及至京師，漸四年矣，亦恒歲二，未敢墮息。然每至滯句，首尾隱沒，釋卷深思，恨不見護公、叉羅等。會建元十八年，正車師前部王名彌第來朝，其國師字鳩摩羅跋提，獻胡《大品》一部，四百二牒，言二十千首盧。首盧三十二字，胡人數經法也。即審數之，凡十七千二百六十首盧，殘二十七字，都並五十五萬二千四百七十五字。天竺沙門曇摩蜱執本，佛護爲譯，對而撿之，慧進筆受。與《放光》、《光讚》同者，無所更出也。其二經譯人所漏者，隨其失處，稱而正焉。其義異不知孰是者，輒併而兩存之，往往爲訓其下，凡四卷，其一紙二紙異者，出別爲一卷，合五卷也。

譯胡爲秦，有五失本也：一者胡語盡倒，而使從秦，一失本也。二者胡經尚質，秦人好文，傳可衆心，非文不合，斯二失本也。三者胡經委悉，至於歎詠，叮嚀反覆，或三或四，不嫌其煩。而今裁斥，三失本也。四者胡有義說，正似亂辭，尋說向語，文無以異，或千五百，刈而不存，四失本也。五者事已全成，將更傍及，反騰前辭，已乃後說。而悉除此，五失本也。然《般若經》三達之心，覆面所演，聖必因時，時俗有易，而刪雅古以適今時，一不易也。愚智天隔，聖人叵階，乃欲以千歲之上微言，傳使合百王之下末俗，二不易也。阿難出經，去佛未久，尊者大迦葉令五百六通迭察迭書。今離千年，而以近意量裁。彼阿羅漢乃兢兢若此，此生死人而平平若此，豈將不知法者勇乎？斯三不易也。涉茲五失，經三不易，譯胡爲秦，詎可不慎乎！正當以不聞異言，傳令知會通耳，何復嫌大匠之得失乎？是乃未所敢知也。

前人出經，支讖、世高，審得胡本難繫者也。叉羅、支越，斲鑿之巧者也。巧則巧矣，懼竅成而混沌終矣。若夫以《詩》爲煩重，以《尚書》爲質樸，而刪令合今，則馬、鄭所深恨者也。近出此撮，欲使不雜，推經言旨，唯懼失實也。其有方言古辭，自爲解其下也。於常首尾相違句不通者，則冥如合符，厭如復折，乃見前人之深謬，欣通外域之嘉會也。於九十章蕩然無措疑處，毫芒之間，泯然無微疹。已矣乎！

南摸一切佛，過去、未來、現在佛，如諸法明。天竺禮般若辭也。明，智也。外國禮有四種：一嚂耶，二波羅南，三婆南，四南摸。南摸，屈體也，跪也。此四拜，拜佛、外道、國主、父母通拜耳。禮父母云南無薩迦，薩迦，供養也。

著　録

僧祐《出三藏記集》卷二 《摩訶鉢羅若波羅蜜經抄》五卷一名《長安品經》，或云《摩訶般若波羅蜜經》。僞秦苻堅建元十八年出右一部，凡五卷。晉簡文帝時，天竺沙門曇摩蜱執胡《大品》本，竺佛念譯出。

小品般若波羅蜜經

論　說

僧叡《小品經序》 《般若波羅蜜經》者，窮理盡性之格言，菩薩成佛之弘軌也。軌不弘則不足以冥羣異，一指歸；性不盡則物何以登道場，成正覺。正覺之所以成，羣異之所以一，何莫由斯道也！是以累教慇懃，三撫以之頻發；功德疊校，九增以之屢至。如《問相》標玄而玄其玄，《幻品》忘寄而忘其忘，《道行》坦其津，《難問》窮其源，《隨喜》忘趣以要終，《照明》不化以即玄。章雖三十，貫之者道；言雖十萬，佩之者行。行凝然後無生，道足然後補處，及此而變一切智也。《法華》鏡本以凝照，《般若》冥末以解懸。解懸理趣，菩薩道也；凝照鏡本，告其終也。終而不泯，則歸途扶疎，有三實之跡；權應不夷，則亂緒紛綸，有惑趣之異。是以《法華》、《般若》相待以期終，方便實化，冥一以俟盡。論其窮理盡性，夷明萬行，則實不如照，取其大明眞化，解本無三，則照不如實。是故歎深則《般若》之功重，美實則《法華》之用微。此經之尊，三撫三囑，未足惑也。

支道林《大小品對比要抄序》 夫《般若波羅蜜》者，衆妙之淵府，羣智之玄宗，神王之所由，如來之照功。其爲經也，至無空豁，廓然無物者也。無物於物，故能齊於物；無智於智，故能運於智。是故夷三脫於重玄，齊萬物於空同，明諸佛之始有，盡羣靈之本無，登十住之妙階，趣無生之徑路。何者？賴其至無，故能爲用。夫無也者，豈能無哉？無不能自無，理亦不能爲理。理不能爲理，則理非理矣；無不能自無，則無非無矣。是故妙階則非階，無生則非生。妙由乎不妙，無生由乎生。是以十住之稱，興乎未足定號；般若之智，生乎敎迹之名。是故言之則名生，設敎則智存。智存於物，實無迹也；名生於彼，理無言也。何則？至理冥壑，歸乎無名。無名無始，道之體也。無可不可者，聖之愼也。苟愼理以應動，則不得不寄言。宜明所以寄，宜暢所以言。理冥則言廢，忘覺則智全。若存無以求寂，希智以忘心，智不足以盡無，寂不足以冥神。何則？故有存於所存，有無於所無。存乎存者，非其存也；希乎無者，非其無也。何則？徒知無之爲無，莫知所以無；知存之爲存，莫知所以存。希無以忘無，故非無之所無；寄存以忘存，故非存之所存。莫若無其所以無，忘其所以存。忘其所以存，則無存於所存；遺其所以無，則忘無於所無。忘無故妙存，妙存故盡無，盡無則忘玄，忘玄故無心。然後二迹無寄，無有冥盡。是以諸佛因般若之無始，明萬物之自然；衆生之喪道，溺精神乎欲淵。悟羣俗以妙道，漸積損以至無，設玄德以廣敎，守谷神以存虛，齊衆首於玄同，還羣靈乎本無。

蓋聞出《小品》者，道士也。嘗游外域，歲數悠曩，未見典載，而不詳其姓名矣。嘗聞先學共傳云，佛去世後，從《大品》之中抄出《小品》。世傳其人，唯目之以淳德，驗之以事應，明其至到而已，亦莫測其由也。夫至人也，覽通羣妙，凝神玄冥，靈虛響應，感通無方。建同德以接化，設玄敎以悟神，述往迹以搜滯，演成規以啓源。或因變以求通，事濟而化息；適任以全分，分足則敎廢。故理非乎變，變非乎理；敎非乎體，體非乎敎。故千變萬化，莫非理外。神何動哉，以之不動，故應變無窮；無窮之變，非聖在物。物變非聖，聖未始於變。故敎遺興乎變，理滯生乎權，接應存乎物，理致同乎歸。而辭數異乎本，事備乎不同。不同之功，由之萬品，神悟遲速，莫不緣分。分闇則功重，言積而後悟，質明則神朗，觸理則玄暢。輕之與重，未始非分。是以聖人之爲敎，不以功重而廢分，分易而存輕。故羣品所以悟，分功所以成，必須重以運通，因其宜以接分。此爲悟者之功重，非聖敎之有煩。令統所以約，敎功所以全，必待統以適任，約文以領玄。領玄則易通，因任則易從。而物未悟二本之不異，統致同乎宗，便以言數爲大小，源流爲精麁。文約謂之小，文殷謂之大，順常之爲通，因變之爲舛，守數之爲得，領統之爲失。而彼揩文之徒，羈見束敎，頂著《阿含》，神匱分淺，才不經宗，儒墨大道，域定聖人，志局文句，詰敎難權。謂崇要爲達諒，領統爲傷宗，須徵驗以明實，効應則疑喪於事實，謂之爲常人。而未達神化之權，統玄應於將來，暢濟功於殊塗，運無方之一致。而察殊軌爲異統，觀奇化爲逆理，位大寶爲欣王，聚濟貨爲欲始。徒知至聖之爲敎，而莫知所以敎。是以聖人標域三才，玄定萬品，敎非一途，應物萬方。或損敎違無，寄通適會；或抱一御有，繫文明宗。崇聖典爲世軌，則夫體道盡神者，不可詰之以言敎；游無蹈虛者，不可求之於形器。是以至人於物，遂通而已。

明乎小大之不異，暢玄標之有寄，因順物宜，不拘小介。或以《大品》辭茂事廣，喩引宏奧，雖窮理有外，終於玄同。然其明宗統一，會致不異，斯亦大聖之時敎，百姓之分致。苟以分致之不同，亦何能求簡於聖哉？若以簡不由聖，豈不寄言於百姓。夫以萬聲鍾響，響一以持之；萬物感聖，聖亦寂以應之。是以聲非乎響，言非乎聖明矣。且神以知來，夫知來者，莫非其神也。機動則神朗，神朗則逆鑒，明夫來往，常在鑒內。是故至人鑒將來之希纂，明才致之不並，簡敎迹以崇順，擬羣智之分向。關之者易知希之者易行。而《大品》言數豐具，辭領富溢，問對衍奧，而理統宏邃。雖玄宗易究，而詳事難備。是以明夫爲學之徒，須尋迹旨，關其所往，究攬宗致，標定興盡，然後悟其所滯，統其玄領。或須練綜羣問，明其酬對，探幽研賾，盡其妙致。或以敎衆數溢，諷讀難究，欲爲寫崇供養，力致無階。諸如此例，群仰分狹，闚者絕希。是故出《小品》

者，參引王統，簡領羣目，筌域事數，標判由宗，以爲《小品》，而辭喻清約，運旨亹亹。然其往往明宗而標其會致，使宏統有所，於理無損，自非至精，孰其明矣。又察其津塗，尋其妙會，覽始原終，研極奧旨。領《大品》之王標，備《小品》之玄致，縹縹焉攬津乎玄味，精矣盡矣，無以加矣。斯人也，將神王於冥津，羣形於萬物，量不可測矣。宜求之於筌表，寄之於玄外。

綜述

僧叡《小品經序》 斯經正文凡有四種，是佛異時適化廣略之說也。其多者云有十萬偈，少者六百偈。此之《大品》也，乃是天竺之中品也。隨宜之言，復何必計其多少，議其煩簡耶？胡文雅質，案本譯之，於麗巧不足，樸正有餘矣。幸冀文悟之賢，略其華而幾其實也。

支道林《大小品對比要抄序》 惟昔聞之曰，夫《大》、《小品》者，出於本品，本品之文有六十萬言。今遊天竺，未適於晉。今此二抄亦興于大本，出者不同也，而《小品》出之在先。然斯二經雖同出於本品，而時往往有不同者。或《小品》之所具，《大品》所不載；《大品》之所備，《小品》之所闕。所以然者，或以二者之事同，互相以爲賴，明其本一，故不並矣。而《小品》致略玄總，事要舉宗，《大品》雖辭致婉巧，而不喪本歸。至於說者，或以專句推事，而不尋況旨；或多以意裁，不依經本。故使文流相背，義致同乖，羣義偏狹，喪其玄旨。或失其引統，錯徵其事，巧辭辯僞，以爲經體，雖文藻清逸，而理統乖宗。是以先哲出經，以胡爲本，《小品》雖抄，以大爲宗。推胡可以明理，徵大可以驗小。若苟任胸懷之所得，背聖教之本旨，徒常於新聲，苟競於異常。異常未足以徵本，新聲不可以經宗，而遺異常之爲談，而莫知傷本之爲至。傷本則失統，失統則理滯，理滯則或殆。若以殆而不思其源，困而不尋其本，斯則外不關於師資，內不由於分得。豈非仰資於有知，自塞於所尋，困蒙於所滯，自窮於所通。進不闇常，退不研新，說不依本，理不經宗。而忽詠先舊，毀呰古人，非所以爲學，輔其自然者哉！

夫物之資生，靡不有宗，事之所由，莫不有本。宗之與本，萬理之源矣。本喪則理絕，根朽則枝傾，此自然之數也，未紹不然矣。於斯也，徒有天然之才，淵識邈世，而未見《大品》，覽其源流，明其理統，而欲寄懷《小品》，率意造義，欲寄其分得，標顯自然，希邈常流，徒尙名賓。而竭其才思，玄格聖言，趣悅羣情，而乖本違宗，豈相望乎《大品》也哉！如其不悟，將恐遂其所惑，以罔後生。是故推考異同，驗其虛實，尋流窮源，各有歸趣。而《小品》引宗，時有諸異。或辭倒事同，而不乖旨歸；或取其初要，廢其後致；或筌次事宗，倒其首尾；或散在羣品，略撮玄要。時有此事，乖互不同。又《大品》事數甚衆，而辭曠浩衍，本欲推求本宗，明驗事旨，而用思其多勞，審功又寡。且稽驗廢事，不覆速急。是故余今所以例玄事以騈比，標二品以相對，明彼此之所在，辯大小之有先。雖理或非深奧，而事對之不同。故採其所究，精麁並兼，研盡事迹，使驗之有由。故尋源以求實，趣定於理宗。是以考大品之宏致，驗小品之總要，搜玄沒之所存，求同異之所寄。有在，尋之有軌爾。乃也貫綜首尾，推步玄領，究其槃結，辨其凝滯。使文不違旨，理無負宗，棲驗有寄，辨不失徵。且於希詠之徒，浪神游宗，陶冶玄妙，推尋源流，闕虛考實，不亦夷易乎！若其域乖體極，對非理標，或其所寄者，願俟將來摩訶薩，幸爲研盡，備其未詳也。

紀事

僧叡《小品經序》 有秦太子者，寓跡儲宮，擬韻區外。翫味斯經，夢想增至。準悟《大品》，深知譯者之失。會聞鳩摩羅法師神授其文，眞本猶存，以弘始十年二月六日請令出之，至四月三十日校正都訖。考之舊譯，眞若荒田之稼，蕓過其半，未詎多也。

著　録

智昇《開元釋教録》卷四　《小品般若波羅蜜經》十卷。

大明度經

道宣《大唐内典録》卷二　《明度經》四卷，一云《大明度無極經》，或六卷，見《道祖》、《魏》、《吴》等三録。

又卷六　《大明度經》六卷，或四卷，九十一紙吴時支謙黄武年譯。

智昇《開元釋教録》卷二　《大明度無極經》四卷第二出，或六卷，亦直云《大明度經》與《道行》、《小品》等同本見《竺道祖》、《魏》、《吴》録及《僧祐》等録。

又卷一一　《大明度無極經》四卷亦直云《大明度經》或六卷吴月支優婆塞支謙譯第三譯。

又卷一九　《大明度無極經》四卷亦直名《大明度經》或六卷九十四紙。

明佺《大周刊定衆經目録》卷二　《大明度經》一部四卷或六卷，或名《大明度無極經》一百六紙吴黄武年優婆塞支謙於涼州譯，出《長房録》。

天王般若經分部

勝天王般若波羅蜜經

紀　事

費長房《歷代三寶記》卷九　《勝天王般若波羅蜜經》七卷　周武帝世月婆首那生知俊朗，自魏達齊之梁逮陳，世學佛經，尤精義理，洞曉音韻，兼善方言。那先在鄴，齊受魏禪諸有蕃客，去留任情，那請還鄉，路經江左，因爾遂被梁武帝留，勑捴監知外國使命。太清二年，忽遇于填婆羅門僧求那跋陀，陳言德賢，有《勝天王般若》梵本，那因祈請，乞願弘宣，求那跋陀嘉其雅操，豁然授與。那得保持，以爲希遇。屬侯景亂，未暇及翻攜負西東，諷持供養。到陳天嘉乙酉之歲始於江州興業伽藍方果譯出，沙門智昕筆受，陳文凡六十日江州刺史儀同黄法氍爲檀越，越州僧正沙門釋慧恭三十德僧監掌始末具經後序不廣煩述，那雖一身而備經，涉歷魏齊梁相繼宣譯。

智昇《開元釋教録》卷七　五品，娑婆首那，陳言高空，中印度優禪尼國王之子，從魏之梁，譯業無載，大梁太清二年六月，有于闐沙門求那跋陀陳官德賢賫《勝天王般若》一部，梵文凡十六品，始泊建業，首那忽見德賢有此經典，敬戀眞懷，如對眞佛，因從祈法，畢命弘宣。德賢嘉其雅操，虚心授與，那得保持以爲希。遇屬侯大作亂，未暇翻傳，負載東西，諷持供養。民之所欲，天必從焉。遂屬陳朝覇於建業，首那負笈懷經，自遠而至江州，刺史儀同黄法氍渴仰大乘，護持正法，以文帝倩天嘉六年歲次乙酉七月辛巳朔二十三日癸卯那，勸請首那於州廳事略開題序，設無遮大會，四衆雲集五千餘人，匡山釋僧果及遠邇名德，並學冠百家，博通五部，各有碩難紛綸，靡不涣然冰釋。到其月二十九日還興業伽藍，揵搥既響，僧徒咸萃。首那躬執梵文，譯爲陳語。揚州阿育王寺釋智明暫遊彭匯，伏膺至教，耳聽筆疏，一言敢失，再三循環，撰爲七卷。訖其年九月十八日文句乃盡，江州僧正釋慧恭博通三學，始末監掌，具經前序及《長房》等録。那雖一身而備經，涉歷元魏梁陳，相繼宣譯，後不測其終。

道宣《廣弘明集》卷二八　天嘉六年，外國王子月婆首那來遊，匡嶺慧解，深妙靡測，聖凡奉持《勝天王般若經》一部，於彼飜譯，表獻京師。某校彼前名，冥合符契，惣三乘之通教，貫六度之測海，如開暗室以照優曇，十方衆生若貧人之獲寶，四部弟子等力士之得珠金晬寶印，始茲辰而一啓智慧實法，洎爾時而方具，故知如來付囑必俟仁王。般若興隆，期於聖運。弟子慕承洪緒，思弘大業，願此法門遍諸幽顯。

著　録

道宣《大唐内典録》卷九　《勝天王般若波羅蜜經》七卷一百二十一紙陳時外國王子月婆首那於九江郡譯。

智昇《開元釋教録》卷七　《勝天王般若波羅蜜經》七卷初出與《大般若》第六會同本七卷，其本見在。

金剛般若經分部

金剛般若波羅蜜經

題　解

世親《金剛仙論》　金剛般若波羅蜜者，總括八部之大宗，契衆經之綱要，其所明也唯論常果佛性及十地因，因滿性顯，則有感應應世，故説八部般若。以十種義，釋對治十，其第一部十萬，偈《大品》是。第二部二萬五千偈，《放光》是。第三部一萬八千偈，《光讚》是。第四部八千偈，《道行》是。第五部四千偈，《小品》是。第六部二千五百偈《天王問》是。第七部六百偈《文殊》是第八部三百偈即此《金剛般若》是此是八部之名。前之七部遣相未盡，但稱般若，此第八部遣相最盡，故別立金剛之名也。初第一部如來成道五年在王舍城説，次五部亦王舍城説，第七、第八部舍婆提城説，此《金剛般若》，唯須菩提蒙加設問，如來答也。十障者，一者無物相障，如《般若》中説，有爲無爲一切諸法乃至涅槃空，衆生不解，起於斷見，謂一切法無。此障對治，佛告須菩提，有菩薩摩訶薩行檀波羅蜜乃至般若波羅蜜，如是等。此經中對治者謂第三分。經云，菩薩不住於事行於布施等，此遣斷見也。二者有物相障，衆生聞如來説有菩薩行六波羅蜜，衆生計著，起於常見，便謂一切法有。此障對治，佛告須菩提，菩薩不見我爲菩薩及諸波羅蜜，如是等此經中對治者，謂修行分。經説，若菩薩起衆生相、人相則非菩薩，此遣常見也。三者非有似有障者，如來説色等諸法是有，若是有者不應復更説言諸法空也。此障對治，佛告舍利弗，色等諸法體相空，如陽炎，非有似有，如是等。此經中對治者，謂但凡夫之人貪著其事等，遣實有見也。此第三何異第一，上第一總明有爲無以一切法空，此第三偏明有爲法空。但疑者云，若諸法空者，何故可見而有用以爲異也。四者謗相障，上聞如來説色等諸法，體相空如陽炎，非有似有。衆生不解，便起謗意，謂佛性涅槃無爲之法。亦同有爲諸法，性空無體之無。若爾則無修行得果之者。此彰對治，佛告舍利弗，非空空，如是等此經中對治者，謂第六諸法空分中亦非無法相等，遣空見也。此第四障何異第一、第二。第一明有爲、無爲一切諸法空，第三偏明有爲法空，此第四唯明無爲之法妙有之體無萬相故空，不同有爲之法無性故空，以此爲異也。五者一有相障，聞如來説色是空，而衆生起心不異空更有色。此障對治，佛告舍利弗，空者非色，如是等此經中對治者，謂一合相者即是不可説等，遣即見也。六者異有相障，如來上説空者非色，衆生不解，謂異色別有空。此障對治，佛告舍利佛，不離空更有色，色即是空，空即是色，如是等此經中對治者，謂是故佛説一切法無我、無人、無衆生等，遣異見也。七者實有相障，聞如來上説萬法虚空，體是空者，何故佛説色等諸法是有。此障對治，佛告舍利弗，色等諸法但有名用，如是等此經中對治者，謂如來説微塵即非微塵，世界即非世界等，遣報教見。此第七何異上第一、第三、第四。此中明空不異，於上但難言方法，若是空者，如來何故説有，以此爲異也。八者異異相障，聞如來説色等諸法體相空，但有名用，衆生心、色等諸法，若是空者，不應有生住滅，若實有生住滅，則非是空。此障對治，佛告舍利弗，諸法不生、不住、不滅、不淨、不染，如是等此經中對治者，謂此分中第七分説，何以故離一切諸法即名諸佛如來等，此遣有相見。九者如名義相障，如來説色等諸法可見可觸，衆生起心。如名義，亦如是可見可觸。此障對治，佛告舍利弗，諸法有名假施設，如是等此經中對治者，謂實無有法名爲菩薩等，此遣依名，報義見。

十者如義名相障，如來上說色等法寂靜空，但有名假設，設若如是，衆生起心如義，名亦如是，有義故有名，若無義者云何有名。此障對治，佛告須菩提，菩薩不見一切名，以不見一切名故，不著一切義，如是等此經中對治者。謂第十一分中，一切有爲法如是醫燈幻等，此遣依義執名見。對此十障故，說八部般若，究竟一切智滿足。此十何故名障，已一一或體皆能礙於實解，故通名爲障也。言金剛者，從譬喻爲名，取其堅實之義。如世間金剛，有二義，一其體堅實能破萬物，二則萬物不能壞於金剛。明此果頭無爲法身金剛般若及十地智惠，亦有二義，一能摧魔怨敵，壞諸煩惱，二者諸魔煩惱不能俎壞，故名金剛。又凡夫二乘於此理敎不能解入，故亦名金剛也。般若者，乃是西國正音，此魏播云慧明，此金剛無相極理，體是西實，智慧能照達理原，了諸法相，顯明常住佛果，故曰般若也。

波羅蜜者，魏云到彼岸，明此經所詮之理是常住法身彼岸之體，能令衆生度生死河到涅槃彼岸，故名波羅蜜也。

經者，舊人相傳訓之曰常，依西國正本，云修多羅。若播其名者，外國云修多羅，此方播之爲本，此明理敎皆有本義。理爲本者，明所詮證法無爲之理，能與十二部經言敎爲本，故名理爲本也。敎爲本者，明尋此言敎能得證法故，名言敎與，證法爲本，故以敎爲本也。故今言經者，非播名也，但此中人義以經字，顯修多羅處，故言經也。

吉藏《金剛般若經序》 《金剛般若波羅蜜經》者，斯乃是三觀之虛明，一實之淵致。昔仙人苑內未燿此摩尼，今長者園中方灑茲甘露。良由小志先開，故早馳羊鹿；大心始發，方駕此白牛。斯乃正敎之洪範，蘊埵明訓，非雲非雨，德潤四生，非日非月，照明三界。統萬行，若滄海之納衆流；蕩紛異，若冬霜之凋百草。若具存梵本，應云跋闍羅般若波羅蜜修多羅，此土翻譯金剛智慧彼岸到經。明無累不摧，稱曰金剛；無境不照，目爲般若；永勉彼此，名波羅蜜；經者，訓法常也。

宗密《金剛般若經疏論纂要》卷一 《金剛般若波羅蜜經》 金剛者，梵云跋折羅，力士所執之杵，是此寶也，金中最剛，故名金剛。帝釋有之，薄福者難見，極堅極利，喻般若焉無物可能壞之，而能碎壞萬物。《涅槃經》云，譬如金剛，無能壞者而能碎壞一切諸物。無著云，金剛難壞，又云金剛能斷。又云金剛者，細牢故，細者，智因故，牢者，不可壞故，皆以堅喻般若體，利喻般若用。又眞諦記說六種金剛，一青色，能消災厄，喻般若能除業障。二黃色，隨人所須，喻無漏功德。三赤色，對日出火，慧對本覺，出無生智火。四白色，能清濁水，般若能清疑濁。五空色，令人空中行坐，慧破法執，住眞空理。六碧色，能消諸毒，慧除三毒，傍兼可矣。非堅利之本喻般若，正翻云慧，即照五蘊空相，應本覺之慧是也。若約學者從淺至深言之，則攝聞、思、脩三慧，總爲般若。故無著云，能斷者，般若波羅密中聞、思、脩所斷，如金剛斷處而斷故。又云細者智因故者，智因即慧也，依《智度論》，因位名般若，果位名智，則聞思脩皆名爲細，細妙之慧，佛智之因矣。般若能斷故，在因位佛果無斷，轉受智名，若依《大品經》若字通智慧二義，故智與慧名義少殊，體性無別。波羅密者，此云彼岸到，應云到彼岸，謂離生死此岸，度煩惱中流到涅槃彼岸。涅槃，此云圓寂，亦云滅度，一切衆生即寂滅相，不復更滅，但以迷倒妄見生死，名在此岸，若悟生死本空，元來圓寂，名到彼岸。若兼般若迴文，應云到彼岸慧。經者，梵音脩多羅，義翻爲契經。契者，詮表義理契合人心，即契理契機也。經者，《佛地論》云，能貫能攝故名爲經，以佛聖敎貫穿所應說義，攝持所化生，故後釋經文。

善月《金剛經會解》卷一 經《金剛般若波羅蜜經》，論無著曰，名金剛能斷者，有二義，謂金剛者細牢故，細者智因，牢者不可壞故。能斷者，謂般若聞思修所斷，如金剛斷處而斷故。又如畫金剛形，初後闊，中則狹，謂中狹者即淨心地，初後闊者謂信行地如來地，此顯示不共義也，餘論無文。

洪蓮《金剛經註解》卷一 僊遊翁集英曰，金剛者，金中精堅者也。剛生金中，百煉不銷，取此堅利，能斷壞萬物。五金皆謂之金，凡止言金者，謂鐵也。此言金剛，乃若刀劒之有鋼鐵耳，譬如智慧，能斷絕貪嗔癡一切顚倒之見。般若者，梵語梵語者西方之語也唐言智慧唐言者中國之言也性體虛融，照用自在，故云般若。梵語波羅蜜，唐言到彼岸。欲到彼岸，須憑般若。此岸者，乃衆平聲，生作業受苦，生死輪迴之地，彼岸者，謂諸佛菩薩究竟超脫，清淨安樂之地。凡夫即此岸，佛道即彼岸，一念惡即此岸，一念善即彼岸。六道如苦海六道者，天、人、阿脩羅、地獄、餓鬼、畜生無舟而不渡，以般若六度爲舟航度與渡同，六度見此後陳解渡六道之苦海。又西土俗語，凡作事了辦皆言到彼岸。經者，徑也，此經乃學佛之徑路，以金剛智慧徑到彼岸。

程衷懋《金剛經補註》卷一　金剛者，金中精堅者也，剛生金中，百鍊不消，取此堅利，能斷壞萬物，譬如智慧，能斷一切煩惱，轉爲妙用。般若者，梵語也，華言智慧，性體虛融，照用自在，故云般若，梵語波羅蜜，華言到彼岸，欲到彼岸，須憑般若。不著諸相，謂之彼岸，若著諸相，謂之此岸。又云，心迷則此岸，心悟則彼岸。經者，經也，見性之徑路也。道川禪師云，法不孤起，誰爲安名。頌曰，摩訶大法王，無短亦無長。本來非皂白，隨處見青黃。華發看朝艷，林凋逐曉霜。疾雷何太急，迅雷亦非光。凡聖猶難測，龍天豈度量。古今人不識，權立號金剛。《宗鏡》云，此一卷經，六道含靈，一切性中悉皆具足，只爲受身之後，妄爲六根六塵埋沒此段靈光，不知不覺，故佛發慈悲心，願一切衆生齊超苦海，共證菩提。所以說是經大意只是爲人解粘去縛，直下明了自性，究竟堅固，萬劫不壞，如金性堅剛也。

屠垠《金剛經註解鐵鋑錎》　金剛者，自性堅固，永劫不壞，況金性堅剛也，此金剛本性無形無相，世間希少，天上難尋，故云世間希。時今一切修行之人，終日茫茫著相持求，不知金剛一性之圓明，徒逞六根著相之貪欲，故云修行能有幾人知。前兩句言金剛本性，識者希少。

曾鳳儀《金剛經宗通》　通曰，此經名《金剛般若波羅蜜》，是第一波羅蜜，如來爲發大乘者說，爲發最上乘者說，非尋常智慧可倫也。且須菩提讚歎如來善護念諸菩薩，善付囑諸菩薩，唯菩薩位中能發阿耨多羅三藐三菩提心，所以護念之使常住，所以付囑之使度生，須得妙慧降伏其心，乃能證於如來無上菩提，故佛以金剛般若語之。緣資糧位，加行位，已證三空，得無生法忍。至通遠位，初地菩薩得分證眞如，尚餘俱生我執。至八地捨藏，尚餘俱生法執。此二種執，各有微細所知愚，極微細所知愚，至等覺位方斷。所以斷之者，唯有甚深金剛如幻三昧，足爲對治之法。初地所得，二地破之，二地所得，三地破之，地地增進，至等覺位即無可破。所謂金剛道後異熟空者，即此義也。又金剛十種深喻，所云如幻如夢，等與經末如露如電偈，因彼於報化法身尚以幻夢觀之，非甚深智能作如是觀乎。此須菩提所爲流涕歎所未聞也。《刊定記》云，金剛者，乃帝釋之寶杵，具極堅極利二義。何謂極堅，無物可能壞之。何謂極利，以能碎壞諸物也。若有一物能壞，即非極堅，一物不碎，即非極利。如銀鐵雖堅，遇火則融，刀劍雖利，斫石則缺，非極堅利也。般若有實相觀照二種，亦具堅利之義。堅則實相般若，以其雖經多劫流迸六道而覺性無壞，未嘗生滅，未嘗虧缺，故云堅也。利則觀照般若，謂此慧顯時，照諸法空，煩惱諸結無明惑暗無不斷壞，故言利也。由斯二義似彼金剛，故舉金剛之堅喻般若體，金剛之利喻般若用。法喻雙彰，故曰金剛般若也。梵語波羅蜜，此云到彼岸，謂離衆生生死此岸，度煩惱大河中流，到諸佛涅槃彼岸。然達生死本空，煩惱本無，即到彼岸，非眞有彼此之異。特到彼岸不無頓漸耳，頓則慧纔發時見五蘊空，一剎那間便到彼岸，以不歷多時，乃名爲頓。漸則雖能頓照法空，由有多生習性任運計執，未得念念相應，故須聽聞正法，思惟其義，策彼頓悟之慧覺察妄情，損之又損，以至於無，畢竟到於彼岸，但以經歷多時，故名爲漸。遲速雖殊，一種得名到彼岸慧也。梵語脩多羅，義翻爲契經，謂契理契機也。契理則說事如事，說理如理，契機則令聽者悟解，歡喜信受。經者，謂貫也攝也，貫穿所應說義，攝持所化衆生。佛滅度後二千餘年，衆生得聞正法，皆貫穿攝持之力也。

德清《金剛決疑》　金剛二字，解者都以堅利能斷爲義，此泛說也。然西域實有金剛寶，此寶最堅不可壞，且能壞一切物。謂取此寶以喻般若，能斷煩惱，此雖近理，總非佛意，特尋常宿習知見耳。蓋般若，此云智慧，乃是佛的心，所謂佛智慧也。波羅蜜，義云到彼岸，乃指此心極盡處也。今題云金剛般若波羅蜜，標此經所說，特顯佛一片金剛心耳。且金剛心乃佛修因證果之本心，今出世教化衆生全用此心。今教菩薩以金剛心爲本修因，爲入大乘之初門，故特示之以斷疑也。以此心不是世間衆生常情，故舉世不能知佛。且佛原不是世間人，而今平空走到人間來，則人人見而生疑矣。及其日用行事，件件不與人同，說話不同，規矩不同，事事法法與世間相反，故動而見疑。宜其諸天魔王皆欲害，調達阿闍皆要殺，而一切人皆生謗也，故曰我出世間，一切天、人、阿修羅、外道魔王皆當驚疑是也。不但天人生疑，即弟子中上首如迦葉等舉皆疑佛，以所說法乍空乍有，乍是乍非，或讚或斥，或奬或呵，全無一定之言，而諸弟子聞者皆疑而不信，故曰將非魔作佛惱亂我心耶。上首尚乃如此，則新學可知，以佛所說法難信難解故。然佛出世一番說法，則今已三十年矣。弟子猶且懷疑而不信，是則佛之含冤蓋已久矣。今日幸喜空生，有些見處，窺見世尊一斑，忽生讚歎，故世尊因其疑而決破之，乃披露自己一片金剛眞心，表白與他，使其了悟不疑，令諸聞者羣疑頓斷。故此經乃佛的示自心，以斷弟子學佛者之疑，不是說般若能斷衆生煩惱也。如其不然，但看經中一一皆是空生之疑，疑佛之心，佛表此心以破彼疑，何嘗說以智慧斷衆生煩惱耶。故此經題單是法，非以喻也，但斷得弟子疑，就斷得衆生煩惱。此經一味只是斷疑生信爲生，以學道之人以信爲本，以疑作障。故疑有三種，謂疑人，疑法，疑已。疑人謂認人不眞，即如弟子聞佛說色身，法身，大身小身，不知那箇是眞佛，此疑人也。且其說法方纔說有，卻又說空，方纔說空，卻又說不空，以其言不一，故最可疑，此疑法也。或有聞而能信，不疑於法，又見其法大，則疑自己根小，不堪領荷，不能修行，此疑已也。今此經中三疑都有，佛隨空生所疑處即便逐破，頓斷彼疑，所謂疑悔永已盡，安住實智中，此經之旨也。此經此方解者極多，都不合佛意，獨西域天親菩薩以《二十七疑分經》極是。但意出於聖人，而論傳此方，已經翻譯，且譯人有巧拙不同，言不達意反生滯礙，使學人難省。此微妙幽旨，非口所宣，一落言詮，便成渣滓，況著粗浮文字何以達妙。此註述之難於描寫佛心，不無救顰之醜，即如世人作行狀，但可述事，不能傳神，此其難也。故今《決疑》解妙在先，得空生之疑爲主，若疑情全露，則佛破疑之說不待解而自明矣。故此解先出疑在本文之前，節節安跡而破之，忘言領悟，自得其宗。

廣仲《金剛經鎞》卷一　金剛者，金中之剛，最堅至利，五金莫及，天帝所有之寶，力士所持之杵也。般若者，衆生之心，而有實相觀照之殊。實相者，心本無相，以遠離虛妄，眞實有體，不可破壞，無相之相強名實相，所謂本來面目是也。觀照者，心本非照，以遠離分別，眞明皎然，妍醜自現，無照之照強名觀照，所謂照本來面目是也。喻如珠體珠光，從體發光，光還照體，體用交輝，不一不異，波羅蜜者，云彼岸到，謂到眞空實際之彼岸也。金剛般若者，般若如金剛也，蓋言觀照之用全依實相體起，體既堅利，用亦堅利。堅故不爲一切所壞，利故能壞一切，猶如金剛，莫可嬰鋒，是故觸有有壞，觸空空敗，觸著中道，粉虀爛碎無明結業，擬之則當下冰消，生死涅槃觸處則隨鋒瓦解，是名金剛般若。而曰金剛般若波羅蜜者，即此般若壞迷悟聖凡之此岸，到非迷非悟廓然無聖之彼岸，壞空有中道之此岸，到非空非有中亦不安之彼岸，壞生死涅槃之此岸，到生死涅槃如夢衆生本來成佛、諸法如義之彼岸。如經謂般若波羅蜜，遠有所離，遠有所到是也。然即此即彼，非離此有彼，即離即到，非離後有到也。其說到者，從畢竟空中建立一切言說，正說之時非有說非無說，非可說非不可說，無有定法可說。如尊者不見一法名爲轉教，如來不說一法名爲轉輪是也。其用到者於絕思議內得心應手，左右逢源，提得便行，不存軌則。如德山用捧，臨濟行拳，道吾舞笏，石鞏張弓是也。說不到不可以爲教，用不到不可以爲宗，說用雖殊，總之一柄金剛王寶劍。如永嘉云，大丈夫秉慧劍，般若鋒兮金剛燄，非但空摧外道心，早曾落卻天魔膽，故名金剛般若波羅蜜。

如觀《金剛般若波羅蜜經筆記》　金剛是喻最堅最利，萬物不能加損，而能壞萬物者。般若是法，此云智慧。智有決擇之功，慧有照了之用，又智照諸法實相，慧了諸法無生。然有體有用，《肇論》云，諸法實相謂之般若，即金剛體堅。經云，信心清淨則生實相。又云，設化衆生謂之漚和，即金剛用利，經云，我應滅度一切衆生而無有一衆生實滅度者，又云，涉有未始迷虛，故常處有而不染。經云，不應住色生心，不應住聲香味觸法生心。又云，不厭有而觀空，故觀空而不證。經云，應無所住而生其心乃體外無用，用外無體，一念之力權實雙彰，不同二乘人空慧眼，故喻如金剛。波羅蜜，此云彼岸到，喻涅槃妙心，若有我法二執，則有分段變易二種生死，名爲此岸。乘般若之舟楫，渡我法之中流，離二種生死此岸，到菩提涅槃彼岸，故名波羅蜜。

智旭《金剛經破空論》　金剛者，喻也。般若波羅蜜者，法也。金中之剛，故名金剛。此寶貴重，以喻實相般若諸法中尊，其相堅固，物不能壞，以喻觀照般若愛見莫侵，其用猛利，能破一切，以喻文字般若能斷衆疑。復次實相尊重故，觀照文字亦復尊重，觀照不壞故，即是實相文字不壞，文字斷疑故，即是實相觀照斷疑。譬如體是至寶，故不爲一切所壞而能破一切也。不爲一切所壞，故能破一切而稱至寶也。能破一切，故名爲至寶，而物莫能壞也。一體三義，混之愈分，三義一體，派之愈合，實相常住爲體，體即法身，觀照契理爲宗。宗即般若，文字斷疑爲用，用即解脫，總此三法爲名。借此三義爲喻，此之三義，其性常然，諸佛菩薩不能令增，一切衆生不能令減，非悟非迷，無彼無此，惟其不屬迷悟，故篇爲迷悟作依，惟其性無彼此，故依之成彼成此。梵語波羅密，此翻彼岸到，亦翻度無極也。迷實相而爲苦道，迷觀照而爲煩惱，迷解脫而爲結業，是以非此說此，說名生死無極之海，悟苦道即法身，悟煩惱即觀照，悟結業即解脫，是以非彼說彼說名度無極也。復次前五度對波羅蜜，各有四句料簡，般若惟三句，一者非般若非波羅蜜，有爲諸福德是，二者是般若非波羅蜜，相似諸智慧是，三者是般若是波羅蜜，此經所顯三般若是。更無是波羅蜜非般若句，以五度若非般若，不能到彼岸故，以五度若到彼岸，咸名爲般若故，故但說般若即爲具說六度萬行，當知六度萬行皆如金剛，離句絕非而非斷滅。

智旭《**金剛般若波羅蜜經觀心釋**》 金剛者喻現前一念心也，譬如金剛體則無上至寶，相則純淨無雜，用則廣能利益。現前一念亦復如是，體即法界，相無塵染，用偏一切。復次現前一念，即是金剛。世間金剛之寶，假心爲喻，乃世寶似心，非心似世寶也。此現前一念金剛之心即三般若，法界眞體名爲實相，無塵染相名爲觀照，偏一切用名爲文字。達此一念三般若者名波羅蜜，以即三德究竟之彼岸故，此一念性亘古亘今常不變故，可軌持故，一切聖賢由此得成諸道果故，即名爲經。

觀衡《**金剛般若經略談**》 金剛般若波羅蜜經，此八字乃一經之總題。金剛是喻，即金剛寶最堅，萬物不能壞，最利，能壞一切物，般若是法，梵語般若，此云智慧，此慧之體本寂，即實相般若。此慧之用圓明，即觀照般若，實相之體，生死等法不能到故，喻之金剛最堅一切物不能壞。觀照之用，能空生死等法故，喻之金剛最利能壞一切物。此金剛般若，在大部中，名能斷分，則知今喻金剛，唯重能利能空一切法也。

元賢《**金剛略疏**》 金剛，寶名，其體最堅，一切物不能壞，其用最利，能壞一切物，故佛以之喻般若之德。般若，梵語此云智慧，其體即實相，雖流轉六趣而不損，猶金剛之堅也。其用即觀炤，能炤破一切而不留，猶金剛之利也。約其功能稱波羅蜜，波羅蜜亦梵語，此云彼岸到意。以生死爲此岸，煩惱爲中流，涅槃爲彼岸，全由般若爲之舟楫，乃能離生死岸，渡煩惱流而登涅槃岸也。經者，鏡心之文，載道之器，其義訓法訓常，亦訓徑。法者，十界同遵之正軌也。常者，萬古不易之常道也。徑者，出凡入聖之要路也。若今經即般若爲修行者之正軌，常道要路是名爲經也。此經大旨宗乎無相而以不住爲方便，復以夢幻泡影露電六觀爲方便中之方便，初破我相，次破法相，後破非法相，此三既破，即是實相，而實相無相究竟，無所得而已，證此無所得之法是謂如如，是謂無爲，是謂涅槃，是謂菩提，亦但有其名而已，向下備陳此旨觀者詳之。

圓杲《**金剛經音釋直解**》 金者，喻心之眞體也。人之心體，如百鍊之眞金，金經百鍊而金體不消，成衆器而金色不變。人之心體亦然，雜諸緣而心神不昧，溷衆類而心體常靈，故心同虛空，永固金隨，今古常精，故心以金喻之。剛者，喻心之眞智也，人之心智如剛利鋒刀，刀斷萬物而刀體常剛，經千磨而刀鋒愈利，心智亦然。智鑑諸塵，而智眼常明，了諸法而智心永寂，故智有裁決之能，如刀有斷截之義，是智以剛刀喻也。般若者，梵語，此云智慧。智慧者，心之眞慧也。慧光如鏡，諸形臨鏡而妍媸自現，鏡鑑諸形而織洪莫隱，心慧亦然，至隱能燭，至微能知，無塵不顯，無物不彰。慧有先見之明，鏡有洞明之體，故慧以鏡喻之。

波羅蜜者，梵語此云到彼岸也。岸者，土也，分於彼此，故有此岸彼岸。此岸者，心之妄也，遇緣即動見境，即生凡遇境。緣，生諸妄法，諸有業緣，輪轉此岸也，此只衆生業識感報之土也。衆生業盡此岸，即消矣彼岸者，心之果也。靈虛獨露，寂淨湛然，塵不能染法，不能緣果，人之士也，心常圓明湛寂此即彼岸矣。經者，心之路也。若人依此金剛般若而行，則直到無爲之岸也。以此觀之，則金剛般若波羅蜜經者，即是人之自己一個眞心也。迷之，則生死始。悟之，則輪迴息。今修行人，知此自心智，此自性知眞無妄，以智慧燈照破塵緣，了此妄法，立萬行而不著於心，遇諸緣而心常湛寂，如此修行疾登彼岸矣。偈云，金剛般若義，含多，有筏方能可渡河，心鏡未明休，懈怠，更須經上切磋磨。

張坦《**金剛經如是解**》 五金，皆謂之金，金剛者，如刀劍之有剛鐵，剛在金中，百鍊不消，取其堅利，能斷萬物，有如智慧能絕貪嗔癡一切顛倒之見。般若，梵語，唐言智慧。波羅蜜，梵語，唐言到彼岸。欲到彼岸，須憑般若。經者，徑也，載最上乘上菩提路。大鑑禪師《金剛序》云，金在山中，山不知是寶，寶亦不知是山，由無性故。人則有性，取其寶用得見。金師破山取礦，用火烹鍊，得成精金，四大身中性亦云爾。世界中有人我山，人我山中有煩惱礦，煩惱礦中有佛性寶，佛性寶中有智慧匠，用覺悟火烹鍊，見自性金剛了然明淨，是故以金剛爲喻也。《圓覺經》曰，譬如銷金鑛，金非銷故有，雖復本來金，終以銷成就，可知金剛不落空虛，煅煉原有功用。此經亦名小般若，乃大部六百卷中第五百七十七卷。名小般若者，謂一卷能涵大部之義，非般若有大小也，此經盛行於世，自黃梅五祖始。

徐昌治《金剛經會解了義》 金剛二字，顯佛一片金剛心，能斷疑也。以世間常情，不能知佛，及其日用行事，件件不與人同，未免見而生疑，即弟子中，亦疑佛所說法，難信難解，今幸空生，窺見世尊一班，忽生讚嘆，故世尊因其疑而破之，乃披自己一片金剛心。令諸聞者群疑頓斷，抑且能斷衆生煩惱，故彌勒二十七疑斷發無剩義。《佛說大般若經》六百卷，一十六會，此經第五百七十七卷，給孤獨園，第九會。金剛，乃護法力士所執之瑤，極堅極利，無物不破，以堅喻般若體，以利喻般若用。

般若云慧，乃不動智光，虛明褌照，即是人人共有的本覺眞性。

波羅蜜，云到彼岸，見性得度，即是彼岸，未得度者，即是此岸，其實彼岸乃固有之地，即此心極盡處也。衆生業識，苦海茫茫，然海必從岸注，猶煩惱原以慧生，轉無邊煩惱，爲無邊智慧，方到彼岸。是到原無到，迷者自不悟耳般若云智慧，破愚痴故智慧與愚痴俱無定體，悟此心，即愚痴是智慧迷此心，即智慧是愚痴。

經，徑也。到彼岸之徑路也。經者，能貫能攝，貫穿所應說義，攝持所化衆生，佛滅二千餘年，正法不至散失，經之貫穿也。衆生流浪六趣，遵敎咸歸正趣，經之攝持也。

通理《金剛新眼疏經偈合釋》 釋此經題，略作三法。一能所作對，二分別義相，三爲存古式。能所作對者，通題八字，能所具有四對，一能詮所詮對，二能到所到對，三能揀所揀對，四能喻所喻對，能詮所詮對者，謂理不自明，必得義以析之。義不自顯，必得經以詮之，是則經爲能詮，上七字爲所詮。能到所到對者，以梵言波羅蜜，此云彼岸到，譯隨梵言，爲語仍倒，若依此方順義迴文，合云到彼岸。是知般若爲能到，涅槃彼岸爲所到也。能揀所揀對中復具兩重，一揀諸經，二揀當會，揀諸經者，以佛說修多羅藏，通名爲經，若不揀別，恐濫前後所說，故以般若揀之。見者即知非餘經故，則般若爲能，餘經皆所，揀當會者，般若一會所說。經分八部，皆帶般若之名，若不揀別，恐濫餘部，故加金剛二字揀之。見者即知非《道行》、《光讚》等故，則金剛二字爲能，餘部皆所，能喻所喻對者，以般若理微，劣機難入，取像金剛，庶有發明。故《法華》云，諸有智者，要以譬喻而得開悟，是知金剛爲能喻，般若爲所喻，分別義相者，先釋所詮，次釋能詮，釋所詮中。首言金剛者，梵言跋折羅，亦云嚩左羅，天帝所有，力士所執，金中最剛，故以金剛名之。其體最堅，一切無能壞，其用最利，能壞於一切。如《涅槃》云，譬如金剛，無能壞者，而能碎壞一切諸物。無著云，金剛難壞，金剛能斷。又《晉武帝起居注》云，武帝十三年，燉煌有人獻金剛寶，生於金中，色如紫石英，狀如蕎麥，百鍊不銷，可以切玉如泥，是知堅利之極也。用此爲喻，喻下般若不知般若者，可以準思。般若正翻爲慧，《智度論》云，因位名般若，果位名智，是則慧爲智之因，智爲慧之果。《纂要疏》云，若依《大品經》，若字通智慧二義。故智與慧，名義少殊，體性無別，《刊定記》釋云，此明字界字緣，若字是字界，般那都爲緣，若以般爲緣，助於若字，則名爲慧。若以那爲緣，助於若字，則名爲智，常途亦有不分，以智即是慧，慧即是智，故般若二字，一往翻爲智慧。如《法華》云，我所得智慧，微妙最第一，是果中亦名爲慧。又云，色力及智慧，斯等皆減少，是因中亦名爲智。既有敎可憑，今亦不分，然譯主不翻，仍存梵言者，以尊重故。《金剛鎞》云，般若者，衆生之心，有實相觀照之殊。實相者，心本無相，以遠離虛妄，眞實有體，不可破壞，無相之相，強名實相，此亦即是心體。可同金剛之堅。觀照者，心本非照，以遠離分別，眞明皎然，有執皆破，無照之照，強名觀照，此亦即是心用，可同金剛之利，法喻合明，故云金剛般若，以斯命名，蓋欲衆生即金剛之堅利，識般若之體用。因中破執，依實相而起觀照，果中證理，依觀照而契實相，如珠發光，光照珠體，故知下之涅槃彼岸。即是究竟實相，晉無一法從外來者。《楞嚴》云，圓滿菩提，歸無所得，於此可見，波羅蜜，譯梵爲華，迴倒爲正，已於能所作對中明，今約此方正語釋之。《刊定記》云，彼岸即是涅槃，爲對生死之此，故號涅槃爲彼。到之一字，義兼事理，若於因中，信知本有實相般若，依之而起觀照般若，觀照功極，當下執空，頓悟實相般若，即是到於彼岸，此理到也。若於既悟之後，自覺習氣難除，雖曰執空，任運還起，對境逢緣，力不自由，由是重起觀照。抵對妄習，加以六度萬行，漸次磨礪，果到妄盡理圓，始稱究竟彼岸，此事到也。學般若者，切忌以悟爲證，自滯中途。《纂要》云，離生死此岸，度煩惱中流，到涅槃彼岸，今疏云，執空妄盡，即是度煩惱耳。又永康云，西域風俗，所作究竟，皆云到彼岸，據此則是稱讚般若。以此經所詮般若，於諸般若中，爲最勝故。釋能詮者，即是經字，梵語修多羅，或云修妬路，或云蘇怛覽，約義翻爲契經。契謂契理契機，以能上符佛理，下叶人心故，經謂貫穿攝持，以能貫穿所應說義，攝持所應度生故。若按西域修多羅，一名而召四實，謂聖教席經井索綫也。古德見此方聖教稱經，遂半取席經，爲順兩方聖教之義，又恐濫於儒道之經，故上以契字揀之，若通作梵言說者，應云欲底修多羅，以欲底翻爲契故，不翻井索及綫者，有二意。一別指彼物故，二此方不貴故，或言經者常義。謂過去諸佛已說，現在諸佛今說，未來諸佛當說，三世無能易故。或言經者法義，謂菩薩依之成佛，二乘依之迴心，衆生依之發意，一切皆應遵故。此經是佛所說，非餘四人，合卜所詮，理應信受，爲存古式者，復有四義，一辨虛實，二判離合，三成比量，四明題法。辨虛實者，但言金剛，不知所喻何法，但言經字，不知所詮何義，二皆爲虛，般若波羅蜜爲實。判離合者，經是能詮屬體，般若能生信發解起行證果屬用經上加即字持業釋也又金剛般若等，是所詮實法得勝之義。經之一字，是能詮虛文得劣之義，密下加之字，依主釋也。又經非般若，以能詮般若，名般若經有財釋地。又般若乃大部之名，此既別行，仍稱般若者，以相近故，隣近釋也。若謂般若有二，二即般若，亦通帶數。若謂金剛是喻，般若是法，舉法及喻，比類發明，亦通相違。成比量者，般若是有法，無能破者，能破一切宗，因云體最堅用最利故同喻如金剛異喻如餘金明題法者。立題之法，通有七種，謂人法喻三，單複具足，今是法喻爲題，經題竟。

徐發《金剛般若波羅蜜經郢說》《金剛般若波羅蜜經》般音撥若音惹，金，西方之精。剛，堅也。般若，梵義智慧也。波羅蜜，梵義彼岸，猶言至極處。此經宗旨言人心有至堅之智慧，皆可以造道而至于極也。蓋人心清淨，原有眞慧。但爲物欲所蔽，于是識蘊萌生，不得見道。若能空諸相而生于忍，如其眞慧，歸諸清淨，則離此到彼，離塵作佛矣。

仲之屏《金剛經註正訛》 此經釋迦文佛所說，阿難、迦葉述之以垂世者。金爲萬物之寶，其性最剛，遇火不變，喻人眞性歷劫不壞。般若，智慧也。波羅，彼岸也。智慧明了之心，能斷一切執著，便是金剛不壞之身。非精力如金之剛，即無此智慧，故曰金剛般若。心迷則此岸，心悟則彼岸。衆生流浪生死，不離此岸。若能勤修般若，離生死此岸，便到涅槃彼岸矣。無住般若，即爲涅槃彼岸，非般若外更有彼岸也。蜜訓和，以一性和合衆性也。經，訓徑，佛以言教明心之徑路，是超生死之捷徑。夫具善根者，始誦經，終悟理，得堅固力，金剛是也。具大智慧，般若是也。度生死海，登菩提岸，波羅蜜是也。全經俱詮般若妙義，故如來號爲《般若波羅蜜經》。

翁春《金剛般若波羅蜜經淺解》 金剛者，金中精堅者也。剛生金中，百煉不銷，利能斷物，譬如智慧能斷絕貪嗔癡一切顛倒之想。梵言般若，此云智慧。梵云波羅蜜，此云到彼岸，欲到彼岸，須憑智慧。經者，此經乃學佛之路徑也。

靈耀《金剛般若波羅蜜經部旨》卷一 般若即凡聖共有之心，而凡小迷之不顯者，由四相六塵之所染汙而不得起乎，金剛大用故也。今貫之以金剛，則眞空慧觀當前，不但破六凡四住，抑且蕩二乘疑執矣。凡前半卷明，住降離相，一切俱非處皆是也。波羅蜜即衍門實相，元無彼此到否，秖是對凡夫全迷，二乘執著，俱未開秘藏，未見寶渚者，名爲到彼耳。凡後半卷明發心平等一切俱是者，是也。良由總者總于別，別者別于總，總別雖二，所詮只一。故不可離去總題，別開解釋，況此經部旨，惟在蕩疑會法，不但別文顯著，即此總題，大義了然。金剛般若，大空蕩相也，平等彼岸，會一切皆摩訶衍也。總別顯映，驪珠宛抱，若曰即三般若，亦秘密藏，名分通別，義開五重，如常所明，茲不臚列。

度懈退，禪定度散亂，智慧度愚癡。各占六度之一，惟一般若，能生八萬四千智慧，則六度兼該，萬行俱備。佛言多梵語，姚秦三藏鳩摩羅什奉詔用中國語翻譯此經，指明後學，功誠大矣。

[講] 人亡真性，本是虛靈不昧，歷劫常存，惜為物欲昏蔽，所以沉淪於生死苦海，未能脫離。我佛慈悲，持說此經。猶乘筏渡津，以至彼岸也。所謂金剛者，蓋萬物能逃乎五行，而五行之中，惟金最堅利長久。木有時爾朽，水有時而涸，火有時而熄，土有時而崩。以金試之於木，則能成器用。沉之於水，則光湛常新。投之於火，則百煉愈精。埋之於土，則永劫不壞。其位在西北，能摧折一切萬物，人能用之於身，可以斬一已之邪魔，誅萬里之妖怪。儒有龍泉寶劍，安邦定國。道有青蛇寶劍，斷絕情慾。佛有金剛寶杵，降伏魔王。大易以乾為首，玄門以金丹為首，此經以金剛為首。得此般若經者，證西方無量壽果，西方，金方也。金之為義，大矣哉。故以金剛為喻。般若者，智慧也。人生日用間，圖名貪利，奸偽百出，至死心尚不足，自以為乖巧伶俐，不知溺於輪迴苦海，真癡愚人也。必以智慧，打破癡愚，獨稟乾剛，勇猛精進，明了自性，豈不到彼岸，與諸佛同享快樂哉。總之金剛，喻也。般若，法也。波羅蜜，證果也。

性起《金剛般若波羅蜜經註疏》 今先釋名題者，一總釋，二別釋。云總釋者，梵語具名《拔折囉般若波羅蜜脩多羅》，此方云《金剛智慧到彼岸經》。金剛是喻，般若等是法，是法喻雙彰之名目也。又經之一字，是通稱。金剛等七字，是別稱。即總別為名耳。二別釋者，分七義釋，一目三般若，二從體起用，三攝用歸體，四獨顯中道，五攝受餘名，六攝歸一心，七聞名得益。今初目三般若者，夫金剛本具堅利明三義，謂堅喻實相，利如觀照，明如文字，即順修證斷障之旨。何以故，由聽文字般若，剎那省悟，得入觀照了蘊處界法本來寂滅，斷十障證十如，而窮源實相金剛智慧到彼岸故，又即法身即金剛二字即般若即轉識成智即解脫即斷障證真到彼岸故耳，是三德密藏故，一即三，三即一，三一存亡不縱不橫不並不別耳。第二從體起用者，金剛是體，以妙體常恆不變易故，智慧是金剛性中相，以轉八識而成四智，得有為無漏自他受用妙體相故。波羅蜜是金剛性中妙用，以自性中念念流出八萬四千諸度行門，自他俱益到彼岸故，故

寂暎《金剛般若經演古》 金剛，天上之寶也，帝釋有之，薄福者難見，具堅利明三義，其體極堅，一切物不能壞。其用極利，能壞一切物。其相極明，能炤一切。所以《薩遮尼乾子經》云，帝釋金剛寶，能滅阿修羅，智碎煩惱山，能壞亦如是。故佛以喻三種般若，梵語般若，此云智慧，其體即實相般若，乃吾人本有之性，真常清淨，今古恆然。雖經多劫流轉生死，而曾無所損，是極堅義。其用即觀炤般若，亦是本有心光，不發則已，發則能斷惑著，無始以來無明煩惱，無所不壞，是極利義。約其功能，稱波羅蜜，此云到彼岸，謂乘般若舟航，離生死此岸，度煩惱中流，到涅槃彼岸。涅槃，此翻圓寂，亦云滅度，一切衆生即寂滅相，不復更滅，但以迷倒，妄見生死，名在此岸。若悟生死本空，元來圓寂，名到彼岸。若兼般若迴文，應云到彼岸慧，上七字是所詮，經字是能詮，具貫攝常法四義。貫者，如綫貫華，謂貫串所應知義。攝者，如經持緯，謂攝持所化衆生。常者，不易義，乃三世諸佛不易之常道。法者，軌則義，乃十方菩薩同遵之正軌，即文字般若。是極明義，學者苟能由文字般若而起觀炤，由觀炤般若而契實相，是謂金剛智慧到彼岸也。

成鷲《金剛經直說》 金剛表義也，西域有金剛寶，至堅至利，不可破壞，而能破壞一切物，故取此以喻般若真智歷劫不壞，能斷一切煩惱也。金剛為般若之體，般若為金剛之用，體用合一，彼此同歸。謂到彼岸，彼岸是覺地，此岸是迷津，衆生汩沒苦海，陷生死流不能自渡，金剛般若，如渡海之浮囊，中流之航筏，憑此得渡。佛說是經，欲人空卻四相，無能度之我，無所度之人，無此岸之衆生壽者，無彼岸之樂土福城，一大藏經，不離此義，故曰，經者徑也。直指人心見性成佛之徑路也。

石成金《金剛經石註》 《金剛般若波羅蜜經》般若音鉢惹，後凡又遇同此 [註] 金剛是金中之精堅者，剛生金中，百煉不銷，質極堅利，不為物破，而無物不破。譬如智慧，能絕衆生貪嗔癡，一切顛倒執著之見也。般若者，梵語，華言智慧，性體虛融，照用自在，故云般若。梵語波羅蜜，華言到彼岸，欲到彼岸，須憑般若。此岸者，衆生作業受苦，生死輪迴之地。彼岸者，謂諸佛菩薩，究竟超脫，清淨安樂之地。經者徑也，如一超直入也。

[論] 波羅蜜有六種，布施度慳貪，持戒度淫邪，忍辱度嗔恚，精進

《論》云一體大，謂一切法眞如平等不增減故。二相大，謂具足無量性功德故。三用大，能生一切世間出世間善因果故。又云一切諸佛本所乘故，一切菩薩皆乘此法到如來地故。第三攝用歸體者，謂諸菩薩念念求證菩提自修化彼斷障證眞轉識成智，得入金剛心到彼岸時，迥無異熟之相，似心月孤圓，究竟絶言詮故。四獨題中道者，夫金剛心印法中，本具體相用三，無二法故，由妙體應用隨緣不異相故，故得攝用歸體。夫攝用即體離諸相，體離諸相，即金剛心印迥無異相。名爲佛故，五攝受餘名者，金剛般若心法。原爲三世佛母諸藏本源，從一名流出諸名，所謂眞如涅槃菩提實相常住眞性楞嚴大定等持王三昧，金光明心地觀諸典之名，盡從金剛般若到彼岸七字妙義中一一流出，是以諸典之名，不出本題之目。本題之目，流出諸藏之名，直至溯流窮源，唯證乃知。實言語道斷，心行處滅，以文字性空究竟無所説故。六攝歸自心者，夫金剛心印之法，一切衆生身心之本體也。自他本具，物我無虧，從本以來靈明廓徹廣大恢弘，昭昭乎在心目間而相不可覓，晃晃乎在聲色內而理不可分，大而無外，小而無內，非徹法之慧目，離念之智燈，不能徹見自心如此之靈通也。故古德云，祇自本來舊相識，等閑挙著便訛訛。夜來一陣狂風起，吹落桃花知幾多。故臨濟纔未入室，即刻打出，若不被大愚挙破，濟未得徹，因挙破，濟言下坐斷心意識，得入金剛心印法耳。七聞名利益者，夫金剛心之法，雖生佛本具，須假熏習，若不熏習成種，奚得斷惑證眞轉識成智，故熏有漏善。成有漏種，熏無漏法，成無漏種，所謂金剛種入心，瓜豆云何得錯。故清涼云，見聞成種，八難超十地之堦，解行在躬，一生圓曠劫之果，是以尊者暫聞名即非名。頓悟大圓覺地，鳥聽色空無二，轉報疾證無生，可爲功不多施，即得頓超妙果，一念淨信得法圓成，是以釋迦歷事供佛尚不能喻，累修餘行豈可及哉。是故勉諸來學，痛發善心，若得手捧目觀非宿緣種，粉身求法，豈偶遇斯。嗟乎，方今之際，見而不能持，持而不解，解而不能修者，如人終日數寶，自無半錢，則何益哉。裴休相國云，諸天纔樂，修羅方嗔，餓鬼饑渴，畜生愚迷，惟人道修得聞正法，故人而不修者，則吾未如之何也已矣。以上總釋名題一科已竟。

行敏《金剛經如是經義》　金性堅剛，能破萬物，如人有智慧，能斷絶貪嗔癡一切諸相。梵語般若，華言智慧，性體昭融，善破一切煩惱，轉爲妙用。梵語波羅蜜，華言到彼岸，衆生作業受苦生死輪迴之地，謂之此岸。諸佛菩薩究竟超脱清淨安樂之地，謂之彼岸。凡夫即此岸，佛道即彼岸，一念惡即此岸，一念善即彼岸，六道如苦海，無舟不能渡，以般若六度爲舟航，渡六道之苦海，故云到彼岸。言人之智慧，如金之剛，便可脱離業障，至佛地位，故曰般若波羅蜜。經，徑也，學佛之捷徑，即成佛之道路。凡人欲到此路，當內修般若以至究竟，若但能誦説，心不依行，是身外覓佛，向外求經，終不悟理見性，故佛號爲《金剛般若波羅蜜經》，總是要人從凡悟聖，永息迷心也。

行敏《金剛般若波羅蜜經註講》　波羅蜜有六種，一布施，度慳貪。二持戒，度淫邪。三忍辱，度嗔怒。四精進，度懈退。五禪定，度散亂。六智慧，度愚癡。各占六度之一，惟一般若，能生八萬四千智慧，則六度兼該，萬行俱備。佛言梵語，中國莫識其義。宏始三年，姚秦迎鳩摩羅什。至長安，待以國師之禮，請什用中國語翻譯此經，指示後學。蓋人之眞性，本是虛靈不昧，歷劫常存，惜爲萬欲昏蔽，所以沉淪苦海，受報無窮。我佛慈悲，特説此經，猶乘筏度津，以至彼岸也。所謂金剛者，蓋萬物不能逃乎五行，而五行之中，惟金最堅利長久。木有時而朽，水有時而涸，火有時而熄，土有時而崩。以金試之於木，則能成器用。沉之於水，則光湛常新。投之於火，則百鍊愈精。埋之於土，則永劫不壞，其位在西北，能摧折萬物，人能用之於身，可以斬一已之邪魔，除萬里之妖孽。儒有龍泉寶劍，安邦定國。道有青蛇寶劍，斬絶情欲。佛有金剛寶杵，降伏魔王。大易以乾爲首，元門以金丹爲首，此經以金剛爲首。得此般若者，證西方無量壽果，西方金方也。金之爲義，大矣哉。故以金剛爲喻。般若者，智慧也，人生日用間，圖名貪利，奸僞百出，至死時，心尚不足，自以爲乖巧伶俐，不知溺於罪孽苦海，眞癡愚也。必以智慧，打破癡愚，獨秉乾剛，勇猛精進，明了自性，豈不到彼道岸，與諸佛同清淨身如哉。總之，金剛喻也，般若法也，波羅蜜證果也。此講章乃石公天基所註，於金剛般若波之義，所解甚明，故存原講。

孫念劬《金剛經彙纂》　《金剛般若波羅蜜經》經題有喻有法，此經合法喻爲題。　金剛是喻，般若是法，假喻彰法也。金中之剛，最堅最利，金取不變爲義，喻般若之體。眞常清淨，雖緜歷多生，流迸六道，不遷不變，即實相般若也。剛取斷截爲義，喻般若之用，此慧顯時，見五蘊諸法皆空，斷一切有漏惑業，即觀照般若也。梵語般若，華言智慧，乃不動智光離相之眞見，所謂佛智慧也。智慧不爲諸相所迷，而能剖破諸相。金剛似之，梵語波羅蜜，華言到彼岸，謂造道之極也。人著諸相，如入苦海涉中流，歷風波，最易沈溺，能有智慧，離一切相，心常清淨，即登彼岸，所謂涅槃是也。經，正也。至正無邪。經，常也，常道不易經，徑路也，盡人當行。

溥畹《**金剛經心印疏**》**卷一** 梵語跋折羅，此云金剛，具有三義，謂堅利明也。以此寶其體最堅，一切物不能壞，其用極利，能壞一切物。其相光明金中最剛，幫名金剛。有謂色如紫石英，狀若蕎麥棱，即力士所執之杵也。梵語般若此云妙智，亦翻妙慧，合而言之曰智慧，以智徹諸法實相，慧了諸法眞空。然義有三，謂實相、觀照、文字也。設取金剛三義，以喻般若三種者，一堅，喻實相般若之體，雖經多劫，昇沈三界，往返六道，未曾欠缺，故云堅也。二利，喻觀照般若之用，謂此顯時，能照萬法，當體全空，故云利也。三明，喻文字般若之相，以其能詮實相觀照，令得顯現，故云明也。由斯三義，故舉金剛以喻般若，則般若乃智慧之梵音，金剛即般若之正喻。以故華梵雙彰，法喻并舉。曰金剛般若，梵語波羅蜜，此翻彼岸到，乃順天竺之語。若依我國，當云到彼岸，意謂此經是到彼岸之智慧也。蓋被岸者，指涅槃而言，即離二種生死之此岸，流二障煩惱之中流，到二種轉依之彼岸也。經者，徑也，謂一切賢聖能依此修，即成佛作祖之捷徑也。梵語欲底修多羅，此云契經，謂詮顯義理，契合人心，乃契理契機之教，揀非此方儒道等經。若據諸經論釋，其義實繁，要而言之，不出於四，所謂貫、攝、常、法。以能貫穿所說之義，攝持所化之機，三世不易爲常，十界同遵曰法，具斯諸義，故稱爲經。然上七字爲所詮，屬別。下一字爲能詮，屬通。此於七種立題，爲喻法立題，二種立題，乃佛自立也。

陳玉篇《**金剛經闡說**》 金者，鐵也。剛生金中，百鍊不消，最堅利，能斷壞萬物，譬如智慧，能斷絕貪嗔癡一切顚倒之見。般若，華言智慧。波羅蜜，華言到彼岸。《華嚴》說六波羅蜜，一檀波羅蜜，即布施。二尸波羅蜜即持戒。三屬提波羅蜜，即忍辱。四毗梨耶波蜜，即精進。五禪波羅蜜，即禪定。六般若波羅蜜，即智慧。六者又名六度。經者梵語脩多羅。

建基《**金剛經科儀**》 《金剛般若波羅蜜經》，《宗鏡》云，只這一卷經，六道含靈，一切性中，皆悉具足。蓋爲受身之後，妄爲六根六塵，埋沒此一段靈光，終日冥冥，不知不覺故，我佛生慈悲心，願救一切衆生，齊超苦海，共證菩提。所以在舍衛國，爲說是經大意，只是爲人，解粘去縛，直下明了自性，免逐輪迴，不爲六根六塵所惑。若人具上根上智，不撥自轉，是胸中自有此經，且將置三十二分，於空間無用之地，亦不是過。如或未然且聽山埜與汝打葛藤去也。夫金剛經者，自性堅固，萬劫不壞，況金性堅剛也。般若者，智慧也。波羅蜜者，登彼岸義也。見性得度，即登彼岸，未得度者，即是此岸。經者，徑也。

正印《**金剛般若經略談**》 《金剛般若波羅蜜經》，此八字乃一經之總題，金剛是喻，即金剛寶最堅，萬物不能壞。最利，能壞一切物。般若是法，梵語般若，此云智慧，此慧之體，本寂即實相般若。此慧之用，圓明即觀照般若。實相之體，生死等法不能到故，喻之金剛，最堅，一切物不能壞。觀照之用，能空生死等法，故喻之金剛，最利，能壞一切物。

論說

僧肇《**金剛般若波羅蜜經注**》 夫理歸中道，二諦爲宗，何者。萬法之生，皆假因緣而有生滅流謝。浮僞不實，稱之爲俗也。因緣諸法，皆無自性。自性既無，因緣都忘。本自不生，今則無滅。體極無改，目之爲眞。眞俗爲二，理審爲諦，聖心正觀，鑒眞照俗，此當中道。法相之解，稱爲般若。般若慧也。金剛者，堅利之譬也。堅則物莫能沮，利故無物不摧，以況斯慧，邪惡不能毀，堅之極也。本惑皆破，利之義也。波羅蜜者，到彼岸也，生死爲此，涅槃爲彼，大士乘無相慧，捨此生死，到彼涅槃矣。經由津通義也，言由理生，理經言顯，學者神悟，從理敎而通矣。此經本體，空慧爲主，略存始終。凡有三章，初訖尊重弟子，明境空也，意在語境，未言於慧。第二正名辯慧，即明慧空，但語慧空，未及行人。

第三種問以下，明菩薩空也。三章之初，其文各現，前後相似，意不同矣。四時般若，此最爲初，言約義豐，幽旨難見，敢以野陋，輒爲注解，述其大略，非云曲盡，詳析究密，請俟明識者矣。

慧能《金剛般若波羅蜜經序》 夫《金剛經》者，無相爲宗，無住爲體，妙有爲用。自從達磨西來，爲傳此經之意，令人悟理見性。只爲世人不見自性，是以立見性之法。世人若了見眞如本體，即不假立法。此經讀誦者無數，稱讚者無邊，造疏及注解者凡八百餘家，所說道理各隨所見，見雖不同，法即無二。宿植上根者，一聞便了。若無宿慧，讀誦雖多，不悟佛意。是故解釋聖義，斷除學者疑心。若於此經得旨無疑，不假解說。從上如來所說善法，爲除凡夫不善之心。經是聖人之語，教人聞之，超凡悟聖，永息迷心。此一卷經，衆生性中本有，不自見者，但讀誦文字，若悟本心，始知此經不在文字。若能明了自性，方信一切諸佛從此經出。今恐世人身外覓佛，向外求經，不發內心，不持內經，故造此訣，令諸學者持內心經，了然自見清淨佛心，過於數量，不可思議。後之學者讀經有疑，見此解義，疑心釋然，更不用訣。所冀學者同見礦中金性，以智慧火鎔鍊，礦去金存。

我釋迦本師說《金剛經》在舍衛國，因須菩提起問，佛大悲爲說。須菩提聞法得悟，請佛與法安名，令後人依而受持，故經云：『佛告須菩提，是經名爲《金剛般若波羅蜜》，以是名字，汝當奉持。』如來所說金剛般若波羅蜜與法爲名，其意謂何？以金剛，世界之寶，其性猛利，能壞諸物。金雖至堅，羚羊角能壞。金剛喻佛性，羚羊角喻煩惱。金剛雖堅，羚羊角能碎，佛性雖堅，煩惱能亂，煩惱雖堅，般若智能破，羚羊角雖堅，賓鐵能壞。悟此理者了然見性。《涅槃經》云：『見佛性者不名衆生，不見佛性是名衆生。』如來所說金剛喻者，只爲世人性無堅固，口雖誦經，光明不生，外誦內行，光明齊等。內無堅固定慧，即亡口誦心行，定慧均等，是名究竟。金在山中，山不知是寶，寶亦不知是山，何以故？爲無性故。人則有性，取其寶用，得遇金師，鏨鑿山破，取礦烹煉，遂成精金，隨意使用，得免貧苦。四大身中，佛性亦爾。身喻世界，人我喻山，煩惱喻礦，佛性喻金，智慧喻工匠，精進猛勇喻鏨鑿。身世界中有人我山，人我山中有煩惱礦，煩惱礦中有佛性寶，佛性寶中有智慧工匠，用智慧工匠鑿破人我山，見煩惱礦，以覺悟火烹鍊，見自金剛佛性，了然明淨，是故以金剛爲喻，因爲之名也。空解不行，有名無體，解義修行，名體具備。不修即凡夫，修即同聖智，故名金剛也。何名般若？是梵語，唐言智慧。智者不起愚心，慧者有其方便。慧是智體，智是慧用。體若有慧，用智不愚；體若無慧，用愚無智。只爲愚癡未悟，故修智慧以除之也。何名波羅蜜？唐言到彼岸。到彼岸者，離生滅義。只緣世人性無堅固，於一切法上有生滅相，流浪諸趣，未到眞如之地，並是此岸；要具大智慧於一切法圓滿，離生滅相，即是到彼岸也。亦云心迷則此岸，心悟則彼岸。心邪則此岸，心正則彼岸。口說心行，即自法身有波羅蜜，口說心不行，即無波羅蜜也。何名爲經？經者徑也，是成佛之道路。凡人欲臻斯路，當內修般若行，以至究竟。如或但能誦說，心不依行，自心則無經。實見實行，自心則有經，故此經如來號爲《金剛般若波羅蜜經》。

延壽《宗鏡錄》 《金剛般若波羅蜜經》者，一切如來悟心之門也，了無明之妄。心即妙慧之眞心，故曰悟心。

善月《金剛般若經會解序》 讀《金剛》一經，使人之意也消。蓋其理玄，其性離，其行無著，其相非相，以是四者更相發明，宛轉反覆，卒歸於無我人衆生壽者而已矣。獨於勸持校量功德，每諄諄焉，即一經之大略也。乃知是般若無上密印，實俾人了悟性空，遣蕩相著。譬之如金剛，如火聚，如吹毛劍，如走盤珠，如捕風繫影不可控搏，如是而已。世多誦習而知者蓋寡。愚嘗慨斯文言徹旨密，喻雖重而非贅，徵屢設而非煩。雖三論之作，彌復難曉，殆似郭象之爲莊解也。於是取論以攷經，本經以證頌。論有苛甚者刪治之，義有缺如者附益之，合諸論以成一家之言，目曰《會解》。聊述管見，以求正云。噫！使直披其文，猶足以祛鄙吝而釋膠擾，況因解以得論，由論以了經，又豈特意消而已哉！時嘉定辛未閏月望絕筆，栢庭善月序。

曇應《金剛般若波羅蜜經采微》 決群疑而起行，益品彙以無私。陶育聖凡，範圍空有，寧越金剛般若哉。無著因定得偈，天親受頌成文。非兜率慈尊，孰開荒至教。但斯經也，詞源渺浩，義海沖深，僧佉阿僧法，此云無著重著論以抗行，吳興復撰疏而贊述，對經考論，已盡幽玄，尋疏證經，未爲全當。科判雖準繩有在，解釋則義理乖違，於是，不得已，管窺天台義意，撮論大塗。校彼伸明，是非別矣。仍取天親補助，及今古優長，故曰采微。蓋采摘他歷切衆妙，直注于經。庶閱者易解耳，旹紹興壬子仲春二十有三日寓思溪蘭若敘。

《金剛般若波羅蜜經》，釋經爲二，初釋題，二釋文，釋題者，懸覽一經大義，以釋首題。大義者，五重玄義，所謂名體宗用教相也。初釋名則喻法爲名，金剛是喻，般若等是法。金剛者，無著論釋有二意，一約金剛寶，二約畫金剛形。且約金剛寶者，此寶出天竺國，梵語跋折羅，亦名斫迦羅，此云金剛，謂金中精堅者也。剛生金中，百鍊不銷，可以切玉，取以堅利能斷壞萬物，如般若能斷萬惑，故以爲喻。吾祖云，般若如金剛，隨所擬皆碎。無著云，能斷者，般若波羅蜜中，聞、思、修所斷，如金剛斷處而斷，若爾，如大品等諸般若，莫不皆有能斷之力。何獨此經以金剛爲喻。答，良以此會之前，大品等席，佛悉令衆生，住是般若，故使佛種性不斷，而護念付囑。且聞者必疑，般若乃果，佛所住之法。衆生垢重當云何住，是折伏散亂，衆雖伏疑，未由開決，空生至此。爲衆斷疑故，述昔興歎問降住事，佛爲釋疑故答。則令住是般若者，如金剛能斷煩惱，故《論》云下去論云無著論也此小金剛波羅蜜，以如是名顯勢力，以如是金剛之名，顯般若勢力，故知絓是般若，皆有是力。此既諸般若之釋疑經，是故金剛二字文雖出此，義實通爲諸般若之作譬。由是持說者，福重功深。二約畫形者，如《論》云，又如畫金剛形，初後闊，中則狹，如是般若波羅蜜。中狹者，謂淨心地。初後闊者，謂信行地如來地，此顯示不共義也。《釋》曰，則力士金剛之杵，有摧物之功。可譬此經地位，是以一十六住，總名信行地，第十八上求佛地，名如來地。上求佛地中，復有六種具足，於第六心具足中，又有六義。如是則初後闊，中間唯第十七入證道一住處，名淨心地，所謂狹也，故如金剛形，而特言畫者以此間無此寶。但傳畫像故云耳。此意既擬地位，則別在茲經論。所謂顯示不共義者，則顯初意，與諸般若共也。般若者，或有翻名智慧，或無翻。以生善故，孤山謂，不云智慧者，良以般若天言，智慧人語，天言尊重，人語輕薄，意存生善，由來不翻。今言般若，必具三種，謂方便般若，觀照般若，實相般若。則總題以冠別文，故文文之下，皆具三種，可以意知。《疏》云，準大論有二種般若，謂世間般若，出世間般若。世間者，但於俗諦而求滿智。出世間者，即於布施持戒等，心無染著，乃至攝心散心，不可得故。當知三藏多修世間般若，如劬嬪大臣分地息諍，即其事也。摩訶衍門，正修出世間般若，以觀布施等因緣即空，性相叵得故，又衍門中，有共不共般若。復通部教，約部則方等般若名共，由共二乘故，《華嚴》名不共，此經不入二乘人手故，若約教則別在第四時。由般若部通三教，通教則三乘同學，名共教。別圓則二乘不聞，名不共教。荆溪云，故此二共俱共二乘，即部教二共也。此經正當約教，非約部義。問，約教則方等，具有四教，亦應受共不共名，何故別在第四時耶。答，荆溪云，以《方等》經，多順彈訶共義稍踈。問，共不共二種般若，爲一座同聞，爲異席說，若一座，別圓亦共二乘。若異席，般若通被三教。答，諸部般若，通被三教，則二乘同座。雖聞別圓，聞而不解。無受潤因，狀當聾啞。故釋籤云，諸部般若，以但不但二種中道不共之法，共二乘說，若爾，但是共說，不與共證。彼羅蜜，此翻到彼岸，又云度無極。或云事究竟。經者，通名也，梵語修多羅，義翻爲經。蓋經由聖人心口故稱經，無翻亦名經。蓋此方聖人所說，六籍稱經，以此代彼、法王所說，亦稱經也。天台解經，凡約三種，謂教、行、理。經云，書寫讀誦者，即教經也。信解受持者，即行經也。諸佛菩薩從此經出者，即理經也。雖約三種，首題稱經，唯能詮教經，行理即教下所詮也。天台云，外國稱修多羅，聖教之都名。荆溪云，一代教法，皆名爲經。此釋名竟。若餘四章，則實相爲體，一經所詮故，檀波羅蜜爲宗，檀義攝六，一經所修之要故，破人法二執爲用，文文蕩相故，摩訶衍爲教相，熟酥味故。若就首題，則總三般若爲名，觀照乃當其宗，實相方便，體用可知。所謂釋名，總此三法體宗用，分對三法，三一總別，斯之謂歟。

楊圭《金剛般若波羅蜜經序》

《金剛經》者，乃諸佛傳授之心法，而天人光明無盡藏也。靈山會上，拈華微笑，迦葉已了此一大事。是時佛本無經，經亦無說。然法無頓漸，人有利鈍；性無加損，乘有上下。由是見聞覺知，文字論說紛然，自此而熾。至唐時，解注已有八百餘家，心法隱於耳目之傳，殃及後代兒孫，莫此爲甚矣。竊以諸佛說法，不離自性，須知一切萬法，皆從自性起用。吾心地無非自性戒，心地無癡自性慧，心地無亂自性定。當見自心自性，自修自度，不從人得，即是自性釋迦、自心彌勒。先天地而不爲始，後天地而不爲終。所以一宿覺云：『法身覺了無一物，本原自性天眞佛。』山谷道人亦云：『公若知本原佛亦不相似，此又百丈竿頭進步下注腳也。』蓋性無生滅，氣有聚散，煉氣合性，則千聖同源，萬靈常在。經中所謂金剛不壞身者，此乃學佛之極功，初非有待於外，切忌從人腳跟走也。嘗謂諸佛無輪迴，聖賢無地獄。然未至於聖賢諸佛，隨人唱和，一切付之無有。此後世小人，敢於無所忌憚者。決裂於爲惡，趦趄於趨善。流轉六塵，拘攣四相。愛河漂浪之深，慾海沉溺之苦。形骸未變，而行甚虎狼；幽陰未墮，而魄沉鬼魅。乃知造物之無造，而四生六道之自造也。我佛大慈氏橫說縱說，感應無邊。如一月水萬竅風，聽其目取，悉皆充足。亦不過爲衆生解黏釋縛，妄幻掃除，眞實現前，還汝本來面目，而無一衆生可度也。雖然，道本無言，言之則粗；禪本無說，說之則末。所以德山棒、臨濟喝、愚三拳，天龍一指，無二法門付之亡言。纔舉話頭，且喫茶去。恁麼也不得，不恁麼也不得，恁麼不恁麼總不得。到這裏，懸岸撒手，口耳俱喪。纔有所重，便成窠臼，應無所住而生其心。蓋所重所住，皆爲禪病，諸佛祖所訶也。如上見成公案，會得時，活潑潑地；不會得時，只得弄精神。蓋好事不如無也。

或謂：『吾道自濂溪河洛諸公開其秘，朱張文宣二先生集其成，昭如日月，人病弗繇耳。子於是學，存養省察，亦有年矣。今乃遽然自叛其說，而於異學張本，以犯天下之不韙，何邪？』僕曰：『此一卷經，窮鄉委巷，匹夫匹婦，人人受持誦念，叩其理義，懵然不知下落。今掇拾諸解之英華，因其所向而順導之，使人人知佛之行。此亦覺則同覺成不獨成之意。』元城劉先生有言曰：『刍蕘之言，聖人擇焉，且佛法豈不及於刍蕘之言乎？』公因舉《法華經》云：或遭王難苦，臨刑欲壽終，念彼觀音力，刀尋段段壞。猶如割水吹光，水火之性不動搖。亦如遇諸毒苦，吾性湛然，此乃得觀音無畏之力。僕謂：『若參到無畏境界，則生死涅槃，猶如空華；得馬亡羊，無非夢幻。三境九幽，皆爲淨土；玉食糲飯，均是一飽。山林朝市，到處隨緣；逆境順境，總是樂國。心與般若相應，則六根四大，何聚何散？身與眞空相應，則刀割香塗，何苦何樂？此儒家謂之無入不自得，佛氏謂之隨順覺性也。又況國初以佛學名家者，不可勝舉。如王文正公、聶文元公、楊文莊公、文公，近世陳忠肅公、李忠定公，扶皇極，開太平，持危扶顛，排奸斥邪，風節凜然，與日爭輝，然亦何貶於儒道？文元公《法藏碎金》諸書，無非開佛心見。文莊公平日五鼓盥漱，誦《金剛經》者，三十年而不輟。文公與璉禪師遊，出其所得，撰《景德傳燈錄》，以淑後人。由是而觀，區區之迹，未可論人也。』或曰：『德山攜《金剛經鈔》，南游見龍潭，至夜入室，揭簾而出。潭乃點紙燭付之，方接吹滅，山當下大悟，盡焚其鈔。今子捃摭筌蹄，正所謂百年鑽故紙，無有出頭時。』答曰：『要熟須從這裏打過，如未造德山地位，便欲焚鈔，切恐子未夢見《金剛經》在。』一日舉似潘舜卿、龔德莊，大噓曰：『唯舜卿載初清修之士，不茹葷酒，深於此經，同共編集去取之功尤多。』圭捐金鋟梓，以廣法施云。宋紹定辛卯長至日，大中大夫、浦城縣開國男、食邑三百戶、賜紫金魚袋致仕楊圭謹識。

屠垠《金剛經註解鐵鋑錎小引》 其《金剛經》三十二分，皆釋迦佛與諸弟子問答之謂也。流傳中國，僧俗諷誦者益廣。每日敬誦，不提正念，惟圖多數，而紀功蹟。不知金剛二字包含意味無窮焉。夫金性剛堅，煅煉不損，是由喻於人之性也。長存如在，永劫不磨。雖去而復來，雖來而復去，往往來來，何日是了。不識修持，應無所住，何得正道。無去無來耶，故儒曰，天命之謂性，皆識其中。又曰，中者天下之正道也。知其中正之道，識其金性之剛堅。予幼失怙，少學不敏，甫時時齡，毋志栢舟，今逾四十六載，耆年七十有五，每思老母，操持苦節，報恩何及。予因家貧客遊天津，幸逢明師，諭我精持齋戒，方能報本。是即惺然，頓發鄙志，領受諭言，誠至齋戒，指我迷津，纔明眞性，報母之願有期矣。何以明其眞性，所云金剛二字，信其性然，是年冬初客旋姑蘇，夏林二君過訪，袖出金剛鐵鋑錎解視予，玩味深遠，句句在正，字字合中。是以復梓行世，凡誦金剛經者，必須細閱根由，方明出世之因，眞爲手鏡之用也云耳。順治戊子端月朔日柯山一止居士龔泰瑞麟生父沐手謹識

如觀《金剛般若波羅蜜經筆記自序》 蓋聞般若如大火聚，釋迦世尊從此大冶爐中，煅煉幾番。所以菩提場內，正覺初成，歎云：奇哉！奇哉！普見一切衆生，皆有如來智慧德相。但以妄想執着，而不證得。繇此觀之，則聖凡一體之旨可知矣。然我佛已悟，衆生尚迷。向水月場中，多方設化。如長風之吹萬竅，空谷之荅衆響。良繇機感千差，法門無量。

因指觀月，猶隔纖雲。洗凡聖之情塵，純談般若；斷我法之妄執，取譬金剛。空生以上求下化而興問端，世尊約自利利他以通疑滯。廣修六度，無度可修；普化四生，無生可化。菩提煩惱，類鏡像之妍媸；生死涅槃，等空華之濃淡。法身寂滅，無而不無；應化隨緣，有而不有。演説一偈，布施河沙身命，功不較多；受持全經，供養無量諸佛，福不爲廣。一念淨信，實相現前。非實非虛，超情離見。則知着衣持鉢，孰運神通；趺坐游行，憑誰道力。一經要旨，體用全彰。雖八萬法門，百千公案，何以踰此哉！

然離言妙性，不屬筌蹄；訓詁繁辭，猶爲剩語。前賢往哲，注疏科文，秋菊春蘭，各擅其美。觀游心講席，蓋亦有年。欲益將來，聊陳管見。緣兹像季，樂簡憚繁。撮先彦之玄微，附鄙衷之陋見，命曰筆記，以質諸方。然五百弟子各説身因，佛許無非正説。古語云：見聞爲種，八難超十地之階；解行在躬，一生圓曠劫之果，固有望於斯也。知我罪我，又何辭焉。時崇禎歲次丁丑佛生日，武原崇福菴沙門如觀撰。

元賢《金剛略疏序》　衆生汩没於生死海中，頭出頭没，無有出期，其故何哉？良以心鏡本淨，像色元虛，而衆生認以爲實，繇是起欣厭，生去取，造妄業而自甘招幻輪而忍苦。譬如夢中見虎，人與虎而俱非；眼裏生華，眼並華而交病。執之不捨，寧有已時！我佛憫之，爲説破有之法，名《大般若》。《般若》凡有八部，而《金剛》其一也。《金剛》凡有六譯，而秦譯其一也。文約而義豐，辭顯而理奥，實爲八部之精要。其指歸于破人法之妄執，了一心之實相，令諸衆生不取於相，如如不動而已。余弱冠時即知讀此經，求其義於諸疏，心殊厭之，以理本直也，而釋之以紆回；辭本顯也，而索之於隱昧。蓋多絆於二論之葛藤，而不能自脱者也。及有弗宗二論者，則又妄逞胸臆，越宗趣而違佛旨，識者呵之。故疏《金剛》者不下數十家，求其善疏，莫之或聞。辛巳之秋，余自婺反建，寓居寶善。時心石師作《金剛濆蒙》，一宗圭峰、長水而刪繁就要，以便初機，命余訂之。余雖從事其間，亦不過依他作解，因人成事而已，於己心終未能安，故《金剛》一疏反成不了之業。迨乙酉春改制後，倦於説禪，終日坦腹而卧，無以消閑，乃取是經日疏之。盡誅舊日葛藤，獨揭斬新日月。但理求其當，辭求其達，無紆回隱昧之弊而已。三易稿而疏成。

客有難余者曰：『古疏上祖慈尊，下宗二論，無片言隻字不有所本，今子棄之而弗從。豈子之智能超於諸大聖哉？』余曰：『是不然。子謂天親能背無著不？』曰：『不也。』『子謂無著能背内院不？』曰：『不也。』『子既謂三聖相承，如水傳器，則宜確守師説，如天台後學一字不敢移易可也。今觀天親立二十七疑，已非無著之意，無著分一十八住，亦非内院之言，則何其分道而馳若此哉？子若知無著、天親之必不背内院，則知余今日之必不背無著、天親也。』客謝而退，因並録之以弁簡首。石鼓主人釋元賢題。

圓旦《金剛般若波羅蜜音釋直解》　夫《金剛經》者，乃詮人妙心也。心也者，炳焕靈明，光吞宇宙，冲虛妙粹，照歷塵沙，豎窮三際，虛空未可並其悠，横遍十方天地，豈能同。其大亘今古無舊無新。處聖凡不增不減，是諸佛之樂土，乃衆生之本源也。非善現孰得究明此宗，微阿難誰能編集。是教經分三十二分，分分義契，菩提字佈五千餘言，言言談歸，般若三乘，四果之階梯，悉依此心而證。立九有四生之異類，皆由斯理以分流。唯此經者，其文至略，其義甚深，讀者雖多，悟之亦少。既悟後則頭非鏡裏，若醒來則珠在衣中，如窮子見父嚴飾珍寶現成，偷婆女見兒狂亂憂心頓歇。欲渡者，此即洪舟。求安者，此眞華屋矣。愚熟讀之，方究義也。蒐挹諸典，直解是經，去繁就簡，便誦者之易，知引淺至深，與學人之可入自知僭，竊之罪莫逃實，爲受持之者詮爾。

張坦《金剛經如是解自述》　金剛者，性喻也。性無形似，落言即非。天竺先生不得已而有言，於是名之以般若，名之以阿耨多羅三藐三菩提，猶謂文字日繁，本來不多，故於經首，拈出『如是』兩字。如是者，性體也。不變不異，何容解，何容不解？遇慧命人如須菩提者，深機相觸，秘義盡宣，曰：『如是住如是降伏。』又曰：『如是生清淨心。』其言布施也，曰：『應如是布施。』其言果報也，曰：『福德亦復如是。』其需解人也，曰：『如是知、如是見、如是信解。』是以深明佛法。擔荷如來，則曰：『如是人等。』無異人也。讚歎世尊，則曰：『如是世尊。』無異物也。其感極涕零，則曰：『得聞如是之經。』無異法也。三十二分實相妙智，不可思議者，語盡忘言，兀坐説偈，不過曰作如是觀而已。故知金剛本體，古佛聖賢如是，歌利凡夫亦如是，祇舍王城恆沙塔廟如是。五百世以前，五百世以後，阿僧祇世界亦無不如是。自黃梅首宣經旨，解者八百餘家，然親切道者，惟六祖一言了之，曰：『法非有無謂如，皆是佛法謂是。』揆其旨，不過以如是心，演如是經，成如是佛耳。

余持此經二十年，口頭薄業，苦無證入。迨遭刧灰，桎梏刀鋸，投荒沉獄，一袱隨身，夢寐護念，迄于生還。寓京師者又五年，乃取誦本，與素所與，默疑和尚閉關九年商量語及黃蘗山中所得西影禪師遺偈，入都來掩卷靜對，覺經上白文如如本體，躍躍紙上，特爲向來業識迷覆不見耳。此間，於長春寺聽御生說法，復入西山叩一齋，識其漫談，皆若得若失。乃信手隨錄，久遂成帙。雖與如是本體未必脗合，然八百家解者不如是，而我欲盡歸之如是。此亦如如本性，活活在我身中，不能自異於如來與凡夫者，寧我作如是解哉？名以般若，名以阿耨多羅三藐三菩提，佛說已多，而況無住無相無得無說之法，以如是覓如是，以如是解如是乎！故如而還之無如，是而還之無是，解而還之無解。余以此自悔自懺，因號無是道人焉。

譚貞默《金剛經如是解序》 初祖達摩西來，特稱《楞伽》四卷可以印心。究不若《金剛》一卷，常爲心印。是以黃梅五祖，首行倡導，宣其經旨。從而作解者，八百餘家。曹溪六祖，初既因文悟入，後復以之啓口，作《壇經》，更了以一言曰：『法非有無謂如，皆是佛法謂是。』應知此經，佛與須菩提，一句一棒，一字一喝，語言文字劃盡無餘，的的教外別傳，西來第一義。爲佛祖慧命所統，于群經中尊勝稱王。』信也。其文藏有三譯。元魏留支、陳天竺眞諦二譯，要不如姚秦鳩摩羅什所譯，辭特簡明，義無脫誤。是以震旦誦習，日月爭光。而注釋多門，意見差別。

愚自弱冠志學，即知三教會通。丙辰歲，以深生奇緣，皈依憨山大師，于東游之日，得受《金剛決疑》，以爲指歸。其大意謂，佛說法三十年，上首弟子猶是懷疑，此經隨空生所疑處，即便逐破。所謂疑悔永已盡，安住實智中。憨師現示肉身于曹溪，稱七祖。與六祖覿面，是能不隨分演說，眞契佛祖心印，並契宣尼一貫無言之大旨者。即南嶽之得金剛無礙智，中峰之能用世語入佛知見，不過是也。越今四十餘載，其間所聞演說，所見著述，描抹此經面目者，不知幾何？而乃得見坦公先生《如是解》。是直以鏡照鏡，諸相不立，以光接光，衆塵消隕。只提『如是我聞』四字，便攝全經，並攝全藏。若水入乳，若芥投針。梵語華言，拈來即合，引申觸類，無境不融。以至孔孟精微，和盤托出；老莊玄妙，徹底掀翻。頭頭盡獲家珍，無假揉和窠臼。自非降大任而投險艱出自困衡動忍，安能與箕疇岐易同放光明！更非宗教全彰，福慧兩足，從入泥入水中，履道坦坦，安得具金剛眼，得金剛心，代佛口宣無上甚深妙諦，現長者宰官身而爲說法！具眼者，謂是無垢再來，覆按時節因緣，當益信也。此解早已壽梓于吳門鎭海古刹，茲重梓藏冊，流通于楞嚴經坊。將紫栢、憨山兩尊者，同向寂光首肯，直歷刧勝因也。古德有云：『見聞爲種，八難超十地之堦；解行在躬，一生圓曠刧之果。』則以無是翁作《如是解》，即謂如如六如悉歸剩義，『如』之一字亦不喜聞可也。是萬法俱來絲毫不之第一義也。順治丁酉臘八日，擕李道一居士譚貞默槃談謹撰。

弘禮《金剛如是解序》 神功不可以碑記，溟渤不可以蠡測，無上妙道不可詮註，唯其詮注不及也。雖終日言而無言，終日迹而無迹，故迦文曰：我四十九年，不曾說著一字。又曰：但有言說，都無實義。譬之彈者意在雀，獲雀而彈斯委；餌者意在魚，得魚而餌自棄。若夫執餌彈爲魚雀，非作者咎，乃時人自昧耳。

無是張公究心《金剛》有得，不肯獨擅其妙，欲以公之天下。于致君澤民之餘，鈎索深賾而箋釋之，命曰《如是解》。歲在丁酉，以方伯蒞武林，出全秩屬序焉。余披讀已，顧謂二三子曰：『全經妙旨爲「如是」二字，一口道盡矣。他如品第文句，雖有數千餘言，不過二字之訓詁耳。後來循環下注者，華竺亡慮千人，要之如析空立界，各封己私，雖空性非離，而用力勞矣。惟天親無著立義明宗，破疑斷執，差達佛意。然猶不能離句絕非，直指第一義諦。斯解也，得之于心，不惜話於玄旨；形之于辭，匪寄意于私緣。冥中著彩，水面雕紋，有是事無是理，隨人所得而見之。其裨補于拘學也，厥功大哉！』山野不能文，抑亦法不換機，以致鋪錦之贊。但曰：世尊如是說，無是公如是解，山野如是序。只此三個如是！猶涂毒鼓響不容接，似太阿劍鋒不可攖，又如雲端鶴唳，石竅風鳴，既未可以理通，亦不許以意解。讀是經者，便如是將去。直與說者解者，同一金剛體性，同一無住三昧。詎必數盡行墨名言，始信無我人衆生壽者相哉！ 雖然認餌彈爲魚雀者，固謬矣。苟得一魚一雀，遂欲使天下人盡棄餌彈而勿用，吾知斯人亦不足以語道也。前哲不云乎，實際理地，不受一塵；佛事門中，不捨一法。夫然則雖家喻此經，戶傳此解，正金剛種子之光明顯發處也，庸何傷山野恬壓序引？是眞實語，是不誑不妄語，具眼者薦取。靈隱道人弘禮題。

徐昌治《金剛經會解了義自叙》 予於戊辰燕邸，考授別駕時，誦起《金剛經》，閱今三十五載。口爲誦而心無解，欲以不解解之。初非此可解，彼不可解。又非有可解，有不可解。竊歎義味，何如是深奥究竟！無淺，如何有深？無顯，如何有奥？大而世界此也，細而微塵此也。明明可舉似，明明無可舉似。繁而生類此也，約而四相此也。實實有係屬，實實無所係屬。法可說，而法原無法，並說亦無說。物可度，而物無其物，並度亦非度。上而授記，無授記。下而受持，無受持。中而演說四句偈，無從而演說。諸相不立，歸於無我。造作不生，泯於無爲。總之無可住之法，便無可住之心，有住而無住之心，即是不降而降之法。故護念非不諄切，而去來坐卧，先無定。付囑非不叮嚀，而夢幻泡影，誰是眞？予遍搜諸解，俱不過會文絜義，尋章摘句爾已。於其中，煩者汰之，訛者訂之，晦者醒之，倒者整之。前後呼應者，暢其詞。虛實轉變者，通其意。謂直遡靈山會上，覿面吐露，覿面禀承。世尊不說說，須菩提不聞聞，阿難結集於儼然未散時。而會取當日情境，余則何敢！若以堅利喻金剛，余則曰：堅莫堅於此心，利莫利於此信法之心。心光即是佛光，人人有現成般若。證佛不如證心，在在有捷徑六波羅蜜。至於非名是名，正第一義，難形容處，如云，日出西方夜落東，桃華雪白李華紅。何獨不然！ 時順治辛丑季春，徐昌治覲周父書於大業堂中。

通理《金剛般若經偈會本叙》 夫《金剛般若經》者，劈我法之巨斧，啓修證之要關也。其義深遠，其詞疏雜，非大智無以導其微，豈小慧可能搆其緒！所以慈氏頌之，無著受之，世親承之。乃致敎流印土，若金烏之焰赫扶桑；義闡神州，等玉兔之光浮雪嶺。義淨法師云：『無著菩薩，昔於睹史多天慈氏尊處，親受八十行頌。』又云：『《能斷金剛》，西方乃有多釋。』考其始也，此頌最先。是《金剛般若經》之有頌，而頌之出於慈氏者，有明證矣。然義師既知此頌是慈氏所傳，其所譯頌本，乃云無著造者，蓋命字之誤耳。且所譯之頌，與菩提留支所譯者校之，猶輸一籌，故令注疏家多取留支譯也。今撰新疏，亦用留本，但不同諸家隨意取舍，前後參差，務使經偈相對，勢如合璧，意旨互通，資並交盧，逐段銷釋。體皆如此，亦有無偈者，疏中各出其由，檢閱自知。第慮夫講者依疏並談，聽者執經無偈，遂令師啓雙戶，資獲半珠，得毋便於講而不便於聽乎？緣製會本，弁疏流通，庶後講者聽者，各有所憑。宛如兩鏡相對，一燈中然，不唯齊照互容，且彼此酷肖焉。將付剞劂，略述此以示鄙意云爾。時乾隆三十年歲次乙酉十一月望前三日，賢宗後學通理謹識。

徐發《金剛經郢說自序》 原夫理根於性，性必有所受之途；形區於命，命必有收造之府。眞一之雌，握筌藏領，良彌邃矣。是以聖靈言道，緲追聲臭之無；覺德開宗，捫絕色空之寂。自有入無，自無而入無無，猶之萬象生於太極，太極生於無極。本末精粗，理迹相並。循模歸化，候亦隨之，在昔先民闡之鑿矣。顧入無而不能出有，非脫穎之妙也。無極而不能立極，非凝獨之用也。故體無者，又貴徹於無非無。而宗極者，又環通乎物物極。物物極則一中非中，而隨時皆中。已發之和，即未發之中，體用一貫矣。無非無則執空非空，而色相歸空，不生之相，即不滅之空，根塵無二矣。大道所由同源而淵修亦遵共轍也。慨自淳風既邈，垓氣彌氛。建標之立，替眞於岸分；逐影之馳，矜得於樊籬。梟智之儒，入室而摻戈；流遁之夫，抱碧而衒玉。緣使眞言滯於競辯，宗諦雜於奇袤。是否貿亂，名實乖僭。贋璞盈前，精華愈竭。不惟姬孔失其傳，而迦文亦罕其嫡。

嗚呼！以水救水，以火救火。命之益多，疇能定乎？蓋心無垢淨，猶水無清濁。珠沉之則清，象入之則濁。清濁雖同一水，而不得言水外無象無珠。則所以澄之擾之者，即心也，非心也，非心也即心也。此《金剛般若波羅蜜經》，所以勤勤懇懇於降心無住，而爲萬法之宗也。第守法而不明無法，則本覺未圓，覺由識昧。故又歸宅乎舍法，然舍法而不先修行，則因地不立，果亦難成。故又發藥於斷滅。夫斷滅者，執空以爲空，見空而不見法，空即累法。不斷滅者，隨所見而皆空，以空治見，見即圓空。所以善舍得舍，舍爲登岸之津梁。而托舍求舍，舍即沉淪之墜石。善空成見，見即明鏡之加磨。而滅見爲空，空猶暗室之求照。故曰：一切有爲法，如夢幻燈翳。蓋自有爲以歸空，而非滅爲以貌空。至人靈響雙理，環結雲章昺鬱，較若列眉無如世之說者，但曰：無爲已耳，空相已耳。於是眞心向學而失之者，以寂滅爲空，以了獨爲無爲。名心向學而失之者，以不滅爲空，以任放爲無爲。至於江湖日下，而刑名貨利，結權甚傲，禽業獸毒，溷聚饕淫，無不可自標以菩薩之目矣。

嗟夫！佛之所以度人者，度人於出生死之門也。降心以淨其塵，無住以精其進，布施以濟其功，空相以究其竟，四者不可邊舉。若能淨能進，而不思究竟，半途之廢也。直取究竟，而不必精進，不揣其本，而齊其末也。喜施喜度，而不自了義，下品之檀也。能自了義，而不能利他覺他，非無上菩提也。梅子熟有時，風靜水自定。救此弊者，莫若專明解行，解行深到，究竟自圓。

予生也鈍，不能有知，然末法之懼，豈無懍乎！偶因持誦眞經，率爾遂多筌蹄，既不能超所見于語言文字之外，抑且贅其喙於章句演說之間。蓋絕理而譚宗，則吾豈敢；若因文以顯義，或有取焉。愚者千慮，必有一得。蒭蕘之言，聖人所擇。則勺海一掬之勤，鋪地一毛之効，或亦覺皇所在宥哉。第較諸舊疏，杜撰實多。知我罪我，當必相半。故不敢倚重于名題，並不敢借光於碩譽，良懼蒹葭冠玉，涉累鴻宗，聊自述其所見如此，以俟十方慧眼論定云。南湖圃人徐發。

仲之屏《金剛經注正譌序》 夫般若眞空，金剛妙義，使人悟自本性，達自本心。頓脫萬擾根塵，能虛一切身相。始爲詮注，咸從自心流出，圓明淨妙，渾如皎日，照耀多千佛土，澗悉無遺。然《金剛》一經，有五譯之異，獨秦鳩摩羅什創譯廣大流通，盛行於世。

吾鄉仲子士石，幼攻鄒魯衆聖典墳，晚訊竺乾諸經奧旨。每嘗讀誦《金剛般若經》，竟忘歲月。智慧從生，於夢幻泡影，審其虛妄不眞；於人我衆壽，了其根元無相。彙纂諸注，刪繁簡要。解義正譌，似懸金鏡於當臺。研孅悉露，如納衆流於巨海。洋溢淸澄，無論若緇與素，按覽咸明無上菩提矣。間得王際明廣文久躭禪學，校正參詳，裒諸善信，剞劂流行。倘遇再來大鑒，聞誦因無所住，忽悟本來，庶幾功用不淺。貴當領取言外，知歸自然，虛空消殞，求文字相了不可得，眞入不可思義。願讀者信受斯語，方有得焉。

徐來賓《金剛經注正譌序》 西竺梵書來我華夏，歷千七百餘禩矣。會其旨者，明性復元，代有明喆。意其文似無舛譌。如《金剛》一經，自鳩摩羅什譯之長安，名舍衛國。嗣是支流初譯于雒陽，名舍婆提。眞諦再譯於祇樹林。佛陀耶舍三譯於祇陀林。後玄奘又譯於誓多林。凡此五譯，其文其義，果同符協一與？如同符協一也，則一譯安用再譯？其否也，則此是彼非者，將何去何從？是誠啓譌之竇。即釋義自謝靈運、曇琛注後，越今數十百家。行世者，惟中峰、圭峰、長水三家言耳。然二峰之注，果優於謝子乎？長水之言，賢於二峰乎？否。意五經傳注，朱程是尙，要朱程亦屬射覆。若百世以下之人，能與百世以上之心，同符協一，又曷貴乎見知也？況於萬里外千載前之蟲書鳥篆，欲詮其心法，即令其人，再生自攷，不無今是昨非。而欲執我見期印前人之志，譬之逐影形，愈勞而影愈馳矣。無惑乎譌之日滋也。

竊願讀《金經》者，毋佞佛詆儒，毋重儒外佛，弗以儒傳佛，勿以佛泥儒；當以儒解儒，即以佛證佛矣。全部《金經》，約其指歸，只『應如是住』一語，與《虞書》『安汝止』之言，寧有差等！奈人強生分別，是猶土偶笑木偶也。樹若仲子，名儒也，於經、於史，無不擷其芳茹其英，篝燈研露之餘，旁獵《金經》，凡句讀之譌，音聲之譌，釋解之譌，一一正之。俾誦習者，燎若藜火，其功當與丁鴻《白虎觀攷正》、《五經同異》等，可云經獅律虎矣。然余竊有疑焉。如來說法鹿苑，以不立文字爲宗，余宗之素矣。今仲子以此書契，期證禪那，恐居余左。或云：慧業文人，應生天上。仲子具慧心慧舌，有此慧業，余之不立文字者，又居仲子之後，奈何？請以一言，正余之譌可否？康熙丙辰六月，同學徐來賓九一甫拜題。

趙嶽生《金剛般若波羅蜜經淺解跋》 世尊說法四十九年，經總三藏十二部五千卷。達磨西來，傳法二祖，以《楞伽經》四卷印心。五祖易以《金剛經》傳授，性相宗敎分途。性宗輒直指單傳，雲門至於罵佛，藥山示人不得讀經，此固爲大根器說法。而耳食之徒，遂眞擬《金剛經》亦可高束。

蘇長公謂：『近歲婦人孺子，抵掌嬉笑，爭談禪悅。』嗚呼！是病未瘳而廢藥，河未渡而舍筏也，不終於痼疾迷津乎！姑無論『應無所住』一語，即可立證直超。而《金剛因果錄》中有望空寫經遇雨不濕者，有持偈言虎舐惡瘡頓愈者，有持經題七字命盡立生兜率者。蓋般若爲諸佛母，深廣不可思議，當日靈山一會得度弟子，雖出生死，而疑根未拔，本智不現。及至般若會上，如來以金剛智而決斷之，直使聖凡情盡，生滅見忘，而本有智光豁然披露。以是義故，爲正法眼藏，寶函所在天人擁護。注解歷唐宋明，計八百餘家，獨天親列二十七疑，以顯教外之旨。憨山復有《決疑》一刻，叢林盛行。然初入者，尚苦旁注汗漫，義深語奧。獨此直解單行，續於本經，一覽如指掌果因。

竊念，余以疏慵之質，推排人間世到今五十餘年，髫歲泥首一經，屢遭按劍，翻然易轍。猥列簪裾，弩力戎行。勉立寸功，以報聖天子知遇。寅卯役祁門與潰池，對壘披堅，身冒矢石，登山涉江，呼吸生死，默膺庇覆，覆險而安。又以異夢驚疑，潛心白業。戊午量移皖上，瞻禮三祖道場。爲丙申舊游，地得不寒。五嶽之盟，亦憶慰夙因。偶獲是編，如覯良師益友，勇猛持誦，兼捐貲以廣布流通。又竊思如來一片金剛妙心，與千二百五十諸大比丘徒衆，朝夕給孤獨園，著衣持鉢，多方淘汰，既盡妙密鉗鎚。而就裏一兔毛頭，金剛藏光明，尚費金篦磨刮。矧此直解數行，烏能竟涅槃妙諦，但爲發心懽喜地，諸善男子引手遞入。從茲直解，以歷窮諸解。從茲一經，以遍悉諸經，乃至大乘了義，無一句可說，無一法可得。遙知十方諸佛，將各伸金色臂，展兜羅綿手，皆以相好莊嚴妙網光舒香流焰發，摩諸善男子頂，引入三世諸佛甚深智慧海，彈指間轉大法輪。則茲刻亦未始非顧衣見珠、得魚忘筌之一助也。因合十而述於卷末云。時康熙歲在辛酉嘉平月，奉佛弟子趙嶽生視公甫謹跋。

雲峰道人《金剛經注釋序》 夫自羲皇畫卦、倉頡造書，天地始開文字。自文字開而後有三教，是三教文字之祖，出於一原，尚已。迨其後，三教分而遂各爲一教之文字，要其立言之旨，總以盡性致命爲歸。用開人心明覺，闡大道宗源，以垂訓天下。初無異同，降而異端紛起，附會之徒各分門戶，互相犄角，彼此詆非是。使三教文字，本以正天下，天下反因之以擾。此不特如來皺眉，孔老亦爲蹙額。獨自性命之說，不能相岐。故三教書典，往往文字相異，立說自同。此如來《金剛》一經，直通於孔孟，高於老聃。蓋以是經之義，大要以覺性爲旨，一切求通覺性之論，似淺而深，似虛而實。其說原於天命，合於性善，而明於道德。五千言故，能使上智下愚，無不開悟發蒙，明心見性，此經之所以爲諸經祖也。但其間六塵四相福德布施之説，始終問答，不出於是。總見覺性因由不從後起，而借以啓人之迷，引人入道。若其功之至要，則不外降伏一言。其反於自然，尤著力無所住而生其心一語。故説是經者，不可以虛無寂滅之論，誣我如來正旨也。

辛丑二月望後，道人適訪道匡廬。子眞行者，亦復來游江右，遇我於竹林精舍。相與言世外事，了無剩義。而子眞力欲於塵寰中作度人想，道人因與偕至尉山。尉山，子眞舊游地也。其地山環水瀠，實可棲隱，道人喜而留之。中有二三弟子，頗好精進，子眞向與二三子有宿緣，遂以《金剛》一經，欲我解釋。道人始難之，既而見其有誠可終始竟事者，因請於如來，得慈悲旨，開壇設講，凡四十日告成。諸弟子復請道人爲之序。道人因念此經解者，什伯大半，多屬宗門語錄，釋氏公案，不得如來説經之要。故特以經中字義，就字參義。總以歸於正覺，不使見者聞者稍存疑闕。雖於釋氏之論，微有不同。然開如來之眞面目，以發如來之眞妙諦，則不出乎如是知、如是見、如是信解而已。要之釋教眞空，原於實理，未有其理不實而泛泛言空者。夫如來之言，眞空無相。原以覺性本無，虛靈無相可著。而後之解者，舍其正旨，掇其粗迹，一切經中，六塵四相福德布施，敷衍成篇，便同癡人説夢，何益於覺性？所以道人之解，獨重三藐三菩提一語也。蓋是語實一經之綱領，而合三教之源流，得其旨趣，則諸經之説，與三教之道一以貫通。初未嘗有疑玄難信者，爲後世藉口。但凡人耳提口授尚多所疑，況憑一乩之言，何以爲據？惟是不作誑語，不設浮辭，止有盡性致命之理，曉暢明白。庶乎不罪於如來，而亦可使從事孔老者，皆以道人爲非欺世之言耳。後有作者，能以道人之意，刊而布之，此解亦可當寰中一鑑也。時辛丑四月望前五日，雲峰道人乩書。

子真《金剛經注釋叙》 夫人之與僊，相隔於形而相合以神，其所得合者，非偶然也。必合之也有因，故能相聚而成功焉。我嘗論僊踪於世，若即若離，譬如風之有聲，觸物成響，不可執聲以爲風，又不可謂聲之非風也。然以爲無形而有聲者，事近於誕。則凡乩書之言，皆涉於虛渺而難稽。故周穆漢武，並好神僊之術，乃始而信，既而疑，終而盡返平生之所爲。則神僊之不足據，見於經傳者，亦大明矣。我敢自托於神僊，憑一乩以惑天下乎。然我則有說焉。夫憑一乩而言，不可知之，言述無可考之事者，幻也。若天壤間有書典，而神僊能讀之。書典中有奧義，而神僊能釋之。幻乎非幻乎？此我不敢自居於神僊，而好爲不可稽之言也。獨以如來《金剛》一經，參演成帙者，不但爲諸弟子言，直以剖天下後世之疑，而共證此解。蓋是解也，我得之於雲峰大師，而雲峰大師又得之於天竺國士，親受如來之敎，始得傳於乩書，我何嘗有參解之功哉！但不得不竊附於參解之末者，良以參解之法，有三難耳。一難在於解直而未得深也；二難在於言簡而未得詳也；三難在於蠲棄一切宗門語錄、釋氏公案，而未得動時俗之耳目也。試以經中摘要言之，即如祇園、恆河、須彌等名，舊本俱有圖樣，確指里數，而今皆删矣。如阿修羅、歌利王、轉輪王，俱有名號出處，今亦盡删矣。如三菩提，則從舊解正覺三昧，直以昧字，對覺字矣。四果菩薩，舊解須陀洹等，皆屬名號，今即作入流一往來解矣。涅槃作彼岸解，佛土作良土解，皆異於別解矣。先世及過去，未來現在，向作夙世今生解，今已顯然照字義解矣。種種名色可傳。而不可考者。無不删煩就約。或經文只一言。而參解必晰。或經文有彙言。而大略點過。此皆說是經之摘要處也。所以雲峰大師獨於世所未盡解者。明白通曉言之，則我之得參此經。其中不過什之二三。然我又有說焉，此經之得釋。幸遇大師於匡廬。亦幸遇諸弟子於新邑，乃得共襄厥功。夫雲峰大師之來。原以諸弟子之堅誠所致。但我於諸弟子言之。皆產於雲間。客於江右。向與我世有夙緣。得復合遇斯土。遂發是願。迎大師至新邑。開壇設講。閱四十日告成。其始則辛丑二月十九日。其終則四月初九日也。夫以四十日之中。大師之與諸弟子。僊凡雖隔。而神氣自通。所以不覺其成之速。而我與諸弟子。皆獲證如來之玅旨。得附大師之後。以傳其名。諸弟子亦不無有補焉。嗟乎。天人非遙。僊凡豈迴。能以覺性自存。便可作合於今日。則今日之得書是經於乩。以布刊於世者。不爲非無因矣。諸弟子惟相勗。而奉持解說之。不使天下後世。以神僊爲誕妄。亦庶幾共見如來眞面目也。時辛丑孟夏四月既望谷口子眞乩書於尉山故里

道霈《金剛經演古序》　原夫般若功德不可思議者，由其照破世出世間諸相，洞見性源故也。衆生隨順無明，長居此岸，流轉生死。菩薩隨順般若，立登彼岸，高證涅槃。蓋般若者，度苦海之慈航，破長夜之明炬。諸佛所師，諸天敬奉，可不信哉！

世尊二十年中，爲諸弟子，搜窮二我，直徹三空。微細淘汰，廣談般若。《大般若經》，凡四處一十六會，六百卷。《金剛般若》，當第二處，第九會，第五百七十七卷。傳至此土凡六譯，時所宗尚，皆弘秦本。天竺有無著菩薩，位登初地，因讀此經，罔測涯涘。乃入日光定，上升兜率，親從慈氏，稟受八十行偈，以釋此經。又將此偈，轉授弟天親菩薩，各造論解釋。天親約斷疑執以釋，無著約顯行位以釋。唐圭峰宗密禪師，撮二論之精要，科經唯約天親，釋義即兼無著，亦傍求餘論，採集諸疏，題云《疏論纂要》。有宋長水法師子璿，又作《刊定記》七卷釋之。此《金剛般若經》，眞源的派，列聖相傳，遡流及源，長水宗圭峰，圭峰宗二論，二論宗兜率，兜率親稟靈山。言言有據，字字無差，如取家劵而治祖業，復何疑哉！後學安於寡聞，此古疏記，有畢生未曾寓目者。甚至恣己臆見，輒形注釋，毫釐之差，天地懸隔，疑誤將來，其害匪細。寒輝闍黎，禪晏之暇，以是經爲印心之明鏡，涵泳古疏記有年。但其文簡古，不便初學，乃删繁取要，又從而敷演挑剔之，名之曰《演古》。俾讀者開卷了然，發四心而興萬行，破群疑而徹三空。其有功於學般若者甚大，故樂爲序諸卷首。時歲在丙辰正月燈節後三日，富沙釋道霈題。

范鋐《金剛經演古叙》　《金剛經》，雖白衣士有能誦之，即注解亦夥矣。若論般若大旨，無論誦者茫然，即注者亦未必盡得也。夷攷無著菩薩，位證初地，讀此經，罔測其義，至升兜率，稟彌勒指授，復轉示天親，始各造論解釋。而唐之圭峰，宋之長水，乃循流溯源，互有宣發。然皆辭旨精妙，非宿學難知。則金剛般若，豈易言哉！博地凡夫，以愚癡柔暗，浮沉苦海，非般若不能津渡。然非自發菩提心，焉能直契般若。特人之不肯耳。且般若慧光，照破萬有，洞徹性源，不但盡掃凡情，抑且不存聖解。故金剛般若，以無住爲宗，以摧壞一切爲用。誦者說者，不悟妙旨，徒爾尋言，恐去經愈遠矣。

余幼依上士，聞誦《金剛》而喜之。茲劇病更生，知生滅不富，用深儆策。方期一意法寶，闚測甚深。適寒輝禪師以《金剛演古》示余。演古者，即二論以及《纂要》、《刊定》諸書，演暢宣明，發古人未盡之秘，以成詮釋也。其中緒清意簡，理玄辭遠，纔一展玩，意念冰融。顧著書者，

皆自成一家言，而禪師獨曰演古。正以禪師注經，不更自立意解，以注還古人，是注法不立也。則知從上聖賢論疏，即論疏法亦不立也。繇是而解，如來廣說般若，即般若法亦不立也。就演古而約經義，其有裨于發四心，證三空，破群疑，嚴萬行，功德豈淺鮮哉！是書所在，皆應作禮圍繞，以諸華香，而散其處。會稽如現范鋐和南撰。

寂餤《金剛經演古後序》　《金剛般若經》者，乃佛祖傳心之秘要也，以著衣持鉢爲發起者，欲令知般若不離日用之間也。雖其中破相斷疑，而事行理觀，未嘗偏廢。其度生無度，無住生心，以無我等，修一切善法，非莊嚴，名莊嚴等，類皆正偏回互，不犯鋒芒，神而明之，存乎其人。故黄梅以是印心，曹溪聞而開悟，豈徒然哉！但此經義趣深遠，古今詮釋，殆且百家。惟西竺天親、無著，稟承兜率，以住一十八處，密示階差。斷二十七疑，潛通血脈，允合世尊無相大乘之旨。而此土則有青龍、大雲、資聖、塵外諸疏。或依或違，學者無所折衷。中唐圭峰宗密禪師，約無著七種義句以懸判，依天親斷疑問答以科釋，並采集諸疏，題曰《疏論纂要》，又爲《紀略》以釋，上符聖旨，俯逗群機，實像代之法匠也。五季石壁法師，襲用《紀略》，別爲《廣錄》，辭或繁長，學者苦之。有宋天聖間，長水子璿法師，重爲修治。剪煩削冗，黜僞存眞，命名《刊定記》。眞可謂內院之功臣，圭山之後裔也。斯文不墜，厥功懋哉！

余以己酉之夏，叨陪清衆於石鼓選佛場，因同諸友，商摧大意。山居晝永，時或披尋。但《纂要》文簡古而難通，《刊定》語詳悉而莫記。因會合兩部，刪煩取要，而融通之。其間敷演挑剔，不悖古德之意，竊命名曰《演古》。聊以自備遺忘，朝夕玩繹。其發四心而修六度，破二我而徹三空，端有藉是爲指南云。時己酉秋九月既望，後學寂焰書於石鼓選佛場。

成鷲《金剛直說序》　邁邁時運，凜凜其秋，大林落木，危綠飄丹。老景履霜，怵然興慨。掩室避風，哀如充耳。俄而商飈逸響，衆竅怒號，恍然有得於前。聞三世諸佛，是傳語人，觸類旁通，傳會其說。天何言哉！無故於太虛空中，發爲天籟、人籟、地籟之聲。佛何言哉！無故於大般若中，演作佛說、法說、僧說之教，皆傳語也。我佛世尊，爲一大事因緣，出現於世，直指人心，見性成佛。信口說出，三乘十二分教，五千四十八卷，一大藏經，無法可說，是猶天籟之傳語也。奈諸菩薩，地有高下，悟有淺深。乘示方便，護念付囑。大乘小乘，隨機接引，必如其量滿其願而後已。雖云直指，早已曲矣。是猶地籟衆竅之傳語也。佛滅度後，義解者流，人各一師，師各一說，藏通別圓，判爲四教，分門立戶，合喙爭鳴，是猶人籟比竹之傳語也。自有比竹以來，天籟不可復聞矣。此《金剛眞經》，佛與空生，於般若場中，啐啄同時，金針妙叶。正言之復反言之，翻覆不已，不爲異同。一言之復再言之，絮叨不已，不爲煩瑣。唯之不之，是之即之，建埽不已，不爲支離。或抑或揚，或印或破，酬唱不已，不爲漫衍，無非因乎衆生根器之有勝劣，諸菩薩造就之有頓漸，而施之教，直指曲成，隨緣善誘。是猶天籟之吹萬不同，合於地籟之衆竅。使其自己，咸其自取三世諸佛，所以稱爲傳語人者。以此之故，老病無聊，目誦心惟，於是乎有得。爰依經文，約略大義，著爲直說，以示吾徒，非敢雷同於比竹也。不直則道不見，我且直之。

石成金《金剛經石注自序》　西天佛經甚多，惟《金剛經》是如來微妙心法，乃禪宗之至寶也。予參悟多年，因著《金剛經石注》一部。愚注與衆不同，每節分注論講證四段，倣張居正《四書直解》例。先逐字破義，後以淺言直說，意在闡明佛旨。學者只須由此參悟，自得正果，而不錯矣。略曰：此經注解極多，大半隔靴撓癢，須要實悟眞參，纔得心明性朗。我今直說根源，不用狐思亂想，但能至誠受持，開卷瞭如指掌。書內文載讀法十條，闢妄十條，以及總旨、辨異，極簡極明。但此書每部計一百二十頁。予發願印送一萬部，奉送二年，已足如願。自愧力薄，不能又送。倘有善信，隨意買紙，予出印板聽刷，分文不取，共彙勝舉。凡求如願，功德不亞於河沙寶施也。

但願人人福壽長，此邵子語也。予於人情世事，無論大小雅俗，但有利益者，俱以淺言，刊書行世。正續共取初集，二三四集，亦可聽便，編定孝、弟、忠、信字號。但此書若能正續全得，庶可盡悉。善體略者，自必心賞神怡，福壽綿長矣。賜教者，可至揚州府西，升平街圈門內，便是小齋。

石成金《金剛經石注自叙》　西天經典甚多，惟《金剛經》是諸經之根。經中所說，悉成佛作祖之密旨。自唐、宋、元、明以來，注此經者，何止數百餘家。各皆極意剖析，總爲指引迷途，開悟後學，功甚大而慧甚普矣。諸家講注語義，各有是否，欲求其詳明折衷，竟亦寥寥。良由以語傳語，大都紙上鑽研，未從實地參悟而得，又何怪其然耶！殊不知，此經乃如來心法，衆生性源。佛本無經，經亦無說。因一切有情，淚於外誘，昧其本靈，顛倒昏迷，輪迴苦海，極可悲痛。是以如來作此眞空無相之說，不過爲衆生解粘釋縛，還其本來面目，何啻暗室明燈，冥空杲日，若能領悟，立證菩提，幸誠萬萬矣。今窮鄉委巷，但有善信之人，皆知讀誦《金剛》尊經，及叩其義理云何，則懵然不解其謂。雖有學者曾聽各師所講之論，常覽諸家所著之書，或屬言繁，或成義雜，徒令聞者見者，是非可否茫然不知適從。豈不以如來至妙之心法，緣此而未即明傳，深可浩歎哉！

愧予一介書生，自知本靈半爲外誘所淚然，而身雖在家，頗有出家之行，每於儒書之暇，最喜誦讀此經。是以究心於此者，已二十餘年。凡講此經之堂，無論遠近，予必先到。注此經之書，不拘淺深，予必悉觀。雖聞見甚多，奈異同不一，自尚未的，又何以曉示將來？獨有儒士王化隆所注，盡發如來精微，又且脈絡貫通，簡明確當，不繁不雜，功亦大矣。惜注中間，有與經文未透者，亦有與經文相左者，是猶玉中之瑕。予不揣愚昧，重加較正，刪其偏背，補其遺漏，另自直解，名之曰石汁。凡如來隻字片言，悉由予一己之愚見，參悟評定。期歲書成，因發願鐫傳，印送萬部，用廣如來之慈悲，大啓衆生之智慧。今而後得書諸善信，緣經求法，因法悟覺，令眞宗了徹，密諦通明，出生死途，登菩提岸。滅無量罪過，獲最勝福田。證果人天，永臻快樂。始信《金剛經》所說，悉是佛祖最上之密旨，而予之所言，眞實不虛也。在予此注，不過爲人指引途路之方向，令行者不臻錯入崎嶇迂回之境。他日有幸，或於如來會，不過結一指引之因緣已耳。願諸善信，早悟本靈，同歸西天極樂。上不負如來垂示之盛心，下不負予一點指引之微念，誠大快也。康熙四十一年歲在壬午仲陽月之吉旦，良覺居士石成金天基撰並書。

俞兆龍《金剛經法眼注疏序》 《金剛般若波羅蜜經》者，乃斷疑生信，絕相超宗之妙諦也。誠所謂言思道斷，心智路絕，本來具足之理。聖凡平等，無假旁參外求者，又何庸爲之詮注哉！但因根器不等，信解各別，故登高必自卑，行遠必自邇，不有梯航，何由跋涉？所以躋須彌之峻，探覺海之淵者，必藉循於經疏，始得聞思修證斷惑之階，以漸臻於不可思議之果德也。

今西天禪寺武林元公師原名妙德，先習賢首宗乘，乃京都懷師之嗣。後謁金山天濤雲師，得授磬山心印。因避香林叔諱，故別稱曰元峰，幼而穎慧師八歲雖依父習儒，敏慧達文，絕無染世之見長而慈明，立四願之弘誓，究一經之苦心師每日恆究宗泐《金剛斷疑》文一卷爲事探討淵賾，辨論圓通。爰取諸家金剛注疏，參考互證，審詳法眼，一切無如宗泐大師所注之爲諦當也。於是膏晷相繼，不間寒暑，分科釋義，一部宗注，總以泐師《斷疑》文意之旨，而爲其證也。俾經眉目了然，宗旨不昧，無非欲令後進者常如視掌，得以有所究明，而同歸於金剛心印法也。有志高賢，於斯樂修者，因注疏而漸通經旨，因經旨而頓悟佛性，則速得斷障證眞，咸達最上一乘。庶幾不虛元師精持廣利，一片婆心也。是爲序。時在乾隆歲次乙未中秋日，謹識於淨意軒中，石城俞兆龍熏沐和南。

曠休《金剛般若波羅蜜經如是經義》 《金剛般若》一經，乃揞法證性之妙道，無住生心之極功。義理深微，未易明了，雖有諸家註釋，各是其是，使後之學者，無所適從。心都子曰，亡羊由於路歧，失道由於多方，有以哉。休幼時聞諸長老云，惟如是經義一書，所解直捷痛快，三根普被，堪爲斯世津梁，於是偏搜諸方，五十年未獲。今秋道山師得殘本於普陀，惜字簍中，攜來雲林，休閒假之暫，閱見其文理洞徹，玄微般若，於是乎顯眞末世金錍也。蓋般若靈光，頭頭披露，衆生理沒已久，此解能開發道眼，故龍天珍惜秘藏，不肯磨滅。特默授與饑窘之士，如是妙法，如是慧燈，若不刊刻流通，則湮沒竟無傳矣。恨歲久冊頁剝落，後缺三分，遂至拱璧不完，茲板而出之。如天下大道場，及各庵院，有珍藏如是經義者，請加刻其三分，以補足之。庶香飯醍醐，同霑法味，化城稚子，共悟無生，功德果報，又豈心思口議所可髣髴比量也哉。

孫念劬《金剛經彙纂序》 《金剛》一經，括盡諸經奧義，一切諸佛及諸佛阿耨多羅三藐三菩提法皆從此經出，經已明言之矣。其大旨總在破除我執，以無住爲本體，以降伏爲入門。如法受持，能使人在欲忘欲，居塵出塵。不使我爲境用，而使境爲我用，誠煩暑中一服清涼散也。竝非一味談空，具有實用。乃有善信之人，但知讀誦此經，懵然不解其義。亦有學者究心經注，或屬言煩，或苦義略，是非可否，靡所適從。即或粗知經義，不究精微，止求持誦以釋愆，無有信心而修證，則於如來至妙之心法，遂無由夢見，而佛教亦緣此似明實晦。不深可歎哉！

念劬根鈍習深，苦纏蔽集，晚節末路，履蹈惟艱，嘗發憤於是經，不知而求其知，不解而求其解，以自祛其煩惑。爰取諸家注說，爲之剪訛削膚，提綱挈維。節要以存義，參互以明體。反覆以示蘊，專錄以啓奧，兩存以質疑，以爲是說也，殆庶幾近之。凡三閱寒暑而成，名曰《彙纂》，雖用力之勤，艱苦不辭，而謂於是經之大旨，已無不詳無不合，所不敢知也。賴藉衆力，鐫梓以公善信。上根之人，頓以明心。次根之人，漸以窮理。世之軋軋焉，惟利欲是溺，迷失本來，墮煩惱障而不知悟者，盍向淸冷中覓一波羅蜜乎？乾隆五十八年歲次癸丑三月望日，潔齋孫念劬謹識。

俞樾《金剛般若波羅蜜經注序》 自五祖始勸僧俗誦《金剛經》，謂但誦此經可以見性成佛，而《金剛經》遂爲世之所重。余嘗三復是經，竊謂經之大旨，在佛告須菩提應如是住如是降伏其心。住者住此心，降伏者降伏此心，皆即所謂阿耨多羅三藐三菩提心，非有二心也。住則實矣，降伏則虛矣。即住即降伏，是以無實無虛。此《金剛經》之大旨也。以儒理譬之，子貢問：『有一言而可以終身行之者乎？』子曰：『其恕乎？己所不欲忽施於人。』所謂應如是住也。子貢曰：『我不欲人之加諸我也，我亦欲無加諸人。』子曰：『賜也，非爾所及也。』所謂應如是降伏也。子曰：『衣敝緼袍，與衣狐貉者立，而不恥者，其由也與！不忮不求，何用不臧？』所謂應如是住也。子路終身誦之。子曰：『是道也何足以臧？』所謂降伏也。不住固無，所謂降伏而不降伏，又焉能住經中？『即非、是名』句凡數見，即非者降伏之謂，是名者住之謂。而世俗解是經者，則謂安住其眞心，降伏其妄心，分而二之，於全經之義俱失。乃明洪武間，僧宗泐奉詔注經，亦如此說，然則經義之晦久矣。

是經推論即住即降伏之旨，至於無法可得，無法可說，眞無上甚深之妙義也。而佛弟子懼其流傳中土，使人輕蔑佛法，遂於其中，妄有增益。輒謂受持讀誦此經，有無量無邊福德。雖亦護法之苦心，然使經文隔絶，意義不明，則亦不得爲無罪。如云一切賢聖皆以無爲法而有差別。此爲下文須陀洹諸文發端。自須陀洹以至如來，即所謂一切賢聖也。而中間忽入七寶布施之文，則文義隔絶矣。此後人附益之證一也。又如佛說非身是名大身，此是譬喻之詞。下文佛說般若波羅蜜即非般若波羅蜜，乃正意也。而中間又入七寶布施之文，則文義隔絶矣。此後人附益之證，二也。至如佛說經已，申以贊歎之言。如《楞嚴經》末云：『若有衆生，能誦此經，能持此咒，直成菩提，無復魔業。』固亦體例所有。乃此經則處處及之，經文未半，佛旨未宣，須菩提輒問衆生信不，世尊輒侈陳是經福德，抑何急遽乃爾！此後人附益之證，三也。經文既訖，自表經名，如《巨力長者經》末云：『阿難白佛言，此經當以何名？我等云何受持？佛告阿難：此經名曰《巨力長者所問大乘經》。』是亦體例所有。乃此經則於所謂第十三分中而即出之，未說經文，先說經名。須菩提之問，世尊之答，皆失叙矣。此後人附益之證，四也。又屢屢言及四句偈，不知何指，或以爲若『以色見我』四句，或以爲『一切有爲法』四句，然其文皆在後。是佛說四句偈時，未有此四句偈也。須菩提能不問此四句云何乎？嘗讀《楞枷經》，知所謂四句偈者，離一異、俱不俱、有無、非有非無、常無常，與《金剛經》之旨頗合，而實非《金剛經》所有之文。疑佛平時常以此四句，與《金剛經》並授諸弟子，後人遂牽連而及之。此後人附益之證，五也。有是五證，知《金剛經》實有後人附益之語，以莠亂苗，厥旨愈晦。又是經本不分章，今釐爲三十二分，云是梁昭明太子所定，未知然。不以意分，並妄設名目，實非善本，未足信從。

余以章句陋儒，桑榆暮景，窮而學佛。於西來大義，固無所聞。而於此經，竊有獨得之見，不揣固陋，爲之注釋，分爲上下二篇。上篇七節，下篇十一節，共十有八節。其附益之語，相沿既久，且亦自西土傳來，未敢芟薙，輒下一格書之。學者欲誦習全文，全文具在。若欲推尋旨趣，則刊落繁蕪，眞經自見。雖似前後複沓，實則脈絡分明。五祖所謂但誦此經，可以見性成佛者，亦可得其大概矣。光緒九年十月，曲園居士俞樾書於吳江舟中。

陳玉篇《金剛經闡說自序》 余觀注此經者，類皆高談元妙，騁其辭鋒，不顧經文之上下前後，往往自相矛盾，甚至求深愈晦，欲望其受持讀誦爲人解說鮮矣。余當此困心橫慮時，竊假得數部紬繹之，擇其說之顯而明者錄之，於經之段落意旨所在，竊不揣其固陋，而參以鄙見，總以經中橫說豎說，丁甯反覆，無非以明心見性爲不二門要著。不事藻詞，人人可以解說，庶有少益乎？

或云：『佛欲以明心見性示人，則直說法就是了，何以經中隨說隨掃，似又欲人向元微尋去矣。』余曰：『不不。此乃見佛之慈悲處。何以故？人之心性本明，因溺於四相六塵，以失其本來之明，佛不得已假之言說。若人能復其本來之明，則一切言說譬喻已屬添設。若不掃去，是顯然以佛法自居，佛所不願也。蓋欲人即說處思，復即掃處思，恍然悟本來之自性，佛乃不得已而說也，此正如來護念付囑之深意耳。嘉慶二十一年秋七月上浣，古閩白雲山人存吾氏手題於姑蘇會垣之淨信堂。

徐槐廷《金剛經源流》 釋教之興，肇於中古，昔有至人名然燈，轉大法輪，教化度脫。而佛法始著，迨周昭王甲寅歲四月八日，天竺迦維衛國淨梵王，誕生太子，即釋迦牟尼，三十二相，八十種好。以夙願故，舍國脩道，雪山六載，精思苦行，於臘月八日，覩明星出見，豁然頓悟，具六通識，爲三界尊，闡教西方，而佛法於是大盛。佛初詣鹿苑，後住祇阿林，講說大法，四十九年。是時，同聽法會者凡數千人，有大弟子迦葉尊者，得佛正法藏，佛親爲授記，是爲西土初祖。有慧命須菩提尊者，解空第一。有舍利弗尊者，智慧第一。皆能傳佛心要。二祖阿難尊者，多聞第一，於佛滅後，宣揚教典，《般若》全部六百卷，皆其所傳也。後漢明帝感夢金人，遣使天竺，訪尋佛法，白馬馱經，中土之有經典自此始。傳至二十八祖達摩尊者，以大神通，收攝三十六處邪魔外道，設洪誓願，自西印度歷恆河沙以至震旦，凡三周寒暑，達於南海。時梁普通七年庚子九月廿一日也，說法演教，宗門大啓。其傳授密旨，大抵從超悟得，明心見性，參悟本來，是爲東土初祖。自達摩西來，傳心印於二祖慧可大師，且以《楞伽經》四卷付之，云是如來心地要門，令諸衆生開示悟入。至五祖宏忍大師，始易以《金剛經》傳授，嘗勸僧俗，但持《金剛經》即自見性成佛，故曹溪六祖，聞經中應無所住而生其心句，遂傳五祖衣鉢。則《金剛經》之能成佛，信已。是經也，爲世尊第九會說法，佛說此甚深經典，蓋爲諸衆生解諸煩熱，化清涼境，拔諸苦惱，離火宅厄，濟諸幽魂，超地獄趣化諸六道，獲天人樂。誠昏衢之智燭，苦海之慈航也，學禪者果能掃除一切。冥心內觀，寂坐元默，惟歸於空。空無所空，洞達無礙，是爲參無上大乘。即或朝夕諷誦，信心受持，亦可以了夙世因，脫三塗苦，罪業消滅，獲福無窮矣。嗟乎，擾擾匆匆，晨雞暮鐘，證慧業於菩提，渡迷津以寶筏，西來大意，如是如是，至各書所載，持誦金剛經功效，捷於影響，茲不復贅。淨如居士雲鶴徐槐廷敬述。

靈耀《金剛般若波羅蜜經部旨序》 《金剛般若》義旨深圓，靈徵頗著，故解釋流通者，無慮數百家，雖蘭菊各擅，稽其起盡，轉轉因襲，十同八九。再三討覈，似乎佛語仍煩，脈絡少貫，每臨講授，終不釋然。方閱般若大部，探得旨歸，以臨此經，若合符契。蓋以眞空慧觀，蕩汰小疑，會八十一科皆摩訶衍。是般若部旨也，輒用隨文點出，義有餘裕，文無剩字，宛然驪珠相抱矣。惟是語氣粗直，略無文藻。文理明白處，即大章不舉；宗旨深隱處，雖一字必詳，正欲雅俗共解，經義易明耳。冠之以科者，務在文言皆有位置血脈，前後貫通，不使貫花仍散漫無歸，佛語滯煩重之累而已，敢言斯解之異於先賢哉！

訓映《刊行金剛般若經贊述序》 《般若》六百卷，以金剛爲精髓，所謂深妙玄約，群聖猶迷，非虛言也。在昔無著稟偈於彌勒，天親受旨乎賢兄，二論之出世，譬之猶雙懸日月燭照幽冥也。及法之東漸也，翻譯注疏，其類寔繁，傳說我三藏法師是常啼菩薩之後身，信乎其執破骨出髓之夙志，忘軀殉法，委運祈通。其譯諸經，託終於此法，以大呈嘉瑞，及其上遷也。亦誦眞文以逝，其有大因緣於《般若》。而獨得其宗旨者，可以見已。而於本經，最注意焉，是以疏主受旨，特述三注，曰玄記，曰贊述，曰會釋。而其直就經文爲釋者，獨贊述爲然。然人徒知有此書，而莫之或目也，況能研索之乎。越前藝公嘗有歎於此，欲上梓行世，搜索四方，得五本焉，既已參互校訂之矣。念我興福更有善本，癸酉之夏，來謀之余。余嘉其志，出一本相示，蓋學頭所歷傳，藝公大喜持去，至於季秋，再來告其讎對卒業，乞余題語，余深懼以鄙言冠祖典，不遜之罪，不可逃也，固辭不敢。乙亥之夏刻竣，復持至求予必一言，以證考訂無私，予感其篤志，且喜法之弘傳也，乃忘僭越，略敘來由，以塞其責云。

深厲《刻金剛般若經贊述序》 我曹衆生，從無始際，汨溺於生死海中，頭出、頭沒，靡有出期。大聖世尊，憫之宣暢摩訶衍法，於中演說破有之敎者。《摩訶般若經》，四處十六會說，而此《金剛般若》者，其第二處第九會說。實是覺海之要津，入道之寶戶也。是以支那日本諸大德，疏此經者，僧肇、淨影等無慮數十家，本朝鏤梓行世者亦頗多矣。唯大唐慈恩窺基法師，有疏二卷。東域錄中稱贊述者，傳本邦以來，蓋千有餘年，而未梓行于世，學者憾之，豈非缺乎。余同國社友丹山子法諱順藝者，天資聰敏，好學善篤，遊學本黌，有年于茲，慨此典未現流於世，探其善本，刻苦校讎，頗延歲月。旁加邦讀，付諸剞劂氏，將上木令余作序。余雖不敏，曷不喜此典流後代布海內乎，且茲經，天台宗祖智者大師，有疏一卷，華嚴宗祖至相大師，有疏二卷。三論宗祖吉藏法師，有疏四卷。今此書，即法相宗祖基法師之所撰，則四家大乘師之疏，得此而恰完矣。竊思，我社諸子，依此經疏研尋，則一乘三乘教義，性相二宗法門，坐而得之，是余深所冀也，丹山子此擧，亦茲意耳，因不恥鄙拙，聊述開刻之事緣，以辯其簡端云爾。

綜述

窺基《金剛般若經贊述》　《金剛般若波羅蜜經》，姚秦三藏法師鳩摩羅什譯，二明年主者。一明經二明論，經者然此《般若》上代已來總有五譯，出其年代具如玄記。然三藏貞觀十九年初從西至，最初翻譯其論也，對法爲先。至貞觀二十三年三藏隨駕玉華，先帝乖和頻崇功德，共藏譯論遍度五人，更問良因藏令弘讚，遂制般若之序，名《三藏聖教序》。其時太子亦製《顯揚論序》當許雜翻經論竝讚幽靈。既有違和不暇廣製也。于時帝問藏云，更有何善而可修耶。藏報云，可執筆以綴《般若》。

帝既許之。藏便譯出其夜五更三點翻譯即了，帝索讀之，即遣所司寫一萬本，既不重綴詞句遂疎，後欲重譯無由改採前布也。當爾積代梵本文竝付三藏，藏討諸本龜資梵文即羅什譯，同崑崙之本與眞諦翻等，然經文舛異，隨文乃知眞謬。題名不同，三藏獨名《能斷》即先所譯。無著論本亦名《能斷》，何意然也，彼意說金剛有三義，一所破義。無著論本云，正見行，邪見行。解云正邪雖異，還作是同。故行該兩種見，即喻金剛雖一能所有殊。雖曰金剛亦有物能破之，故如白羊角即破金剛也。二能摧義，無著云一者細是智因故，二牢者，不可壞故。解云聞、思兩慧能伏染故，漸生修慧，故名能摧，稱爲智因也。二牢者，即謂修慧，既是定心正能破障，故名牢也。或修慧中有有漏、無漏二別，以分細牢。或就無漏中有折伏道，斷惑道，二分亦行。然煩惱障，通理事兩觀伏，以欣上厭下伏故，所知障唯理觀伏可知也。又約無間解脫亦分細牢者，至佛果位解脫道中名斷者，三種斷中斷性斷類名斷，而非斷用及斷體。以非所斷不名爲斷體，已斷非正斷故不名爲能斷也。三者闊狹義。無著論云，如彩畫金剛形，兩頭寬而腰狹。解云，地前佛果喻寬，十地喻狹，以地地之中各修一行爲首故。或七地已前分是寬皆隨義準之。應知今若所破名金剛，金剛之般若能破摧名金剛，金剛即般若也。然經云，般刺若者，因中慧。言薩筏若者，此云一切智，是果中智也。言般刺愼若者，斷惑慧。即此中所標，故云能斷也。論者然今唐國有三本流行於世，一謂世親所制翻，或兩卷，或三卷成。二無著所造，或一卷，或兩卷成。三金剛仙所造，即謂南地吳人，非眞聖教也，此或十一卷，或十三卷成也。若唯學有以非空妄想之心更長，唯學空而非有，眞智無因而不生起，滅妄想於空門起眞心於有府，有空雙鏡說教有二種，一謂隨機如四諦二空等理，二謂顯理，而如說無相實相等。佛以一音等，《華嚴》云，如來一語中演出無邊契經海等。《法華》唯明攝入以彰一乘，《勝鬘》通據出生及攝入也。然《法華》云，若入行五波羅蜜，不及受持，聽聞《法華》者，約菩提涅槃總名一乘，故牛車喻於菩提。經云，吾爲汝等造作此車，故應當等心各與之，故《勝鬘》云，行六波羅蜜不及手捉經者，彼據眞如爲乘也，如彼經文具顯其相也。

宗泐《金剛般若波羅蜜經註解》　此經以喻法爲名，實相爲體，無住爲宗，斷疑爲用，大乘爲敎相。初釋喻法名者，金剛，喻也。般若，法也。金中精剛至堅至利，能碎萬物。此經能斷衆生疑執，取以爲喻故大品般若十六分中以此經名能斷分。波羅蜜是梵語，華言到彼岸，衆生在生死海中無有窮極，脩此般若到涅槃彼岸。蓋大乘菩薩達生死即涅槃，則非度而度，非到而到也。經者，訓法訓常，梵語脩多羅，此翻契經，謂契理契機故也。一一辯實相體者，即一實相理也。經云若人得聞是經，即生實相

三明無住。爲宗者，宗者要也。經云，應無所住，經中多以無住破著，故以無住爲宗也。四論斷疑爲用者，由經力用能斷妄執，故以斷疑爲用也。五判大乘爲教相者，經云爲發最上乘者，說故以大乘爲教相也。

此經乃姚秦三藏法師鳩摩羅什所譯，分三十二分者，相傳爲梁昭明太子所立，元譯本無，又與本論科節不同，破碎經意，故不取焉。今註一本天親等論，取其意而不盡用其語，以其語深難便初學故也。

道川《金剛般若波羅蜜經註》 初釋法喻名者。金剛，喻也。般若，法也。金中精剛，至堅至利，能碎萬物。此經能斷衆生疑執，取以爲喻，故大品般若十六分中，以此經名能斷分。波羅蜜，是梵語，華言到彼岸，衆生在生死海中，無有窮極，修此般若到涅槃彼岸，蓋大乘菩薩達生死即涅槃，則非度而度，非到而到也。經者，訓法訓常，梵語曰修多羅，此翻契經，謂契理契機故也。二辨實相體者，即一實相理也，經曰若人得聞是經，即生實相。三明無住爲宗者，宗者要也。經曰，應無所住，經中多以無住破著，故以無住爲宗也。四論斷疑爲用者，由經力用能斷妄執，故以斷疑爲用也。五判大乘爲教相者，經曰，爲最上乘者說，故以大乘爲教相也。此經乃姚秦三藏法師鳩摩羅什所譯，分三十二分者，相傳爲梁昭明太子所立，元譯本無，又與本論科節不同，破碎經意，今不取焉。今註一本慈氏天親偈論，取其意而不盡用其語，以其語深難便初學故也。

徐行善《金剛經科釋》 略釋經題。法譬標名，般若幽玄微妙，難測假斯，譬況以顯深法。金即三義，一寶中眞上，不可侵毁。二利用自在，摧破諸物。三表裏清淨，影現分明。剛是堅義，謂身命財身即法身，命即慧命，財即法財，功德助道用。譬三種般若，實相般若，理性常住。觀照般若，破五住惑。文字般若，解脫自在。如此三法，不縱不橫，非並非別，成祕密藏，佛三種身亦復如是。實相即法身，如大經金剛身品。觀照即報身，如金剛三昧破諸煩惱。文字即應身，隨機利益普現無邊。舊云，金剛譬十地後，心因圓之位。今言初心至後，即有六種金剛也。〇體者，若見諸相非相，即見如來是經之正體也。〇宗者，約實相之慧行，無相之檀如，人有目，日光明，照見種種色，是因見諸相非相，是果。此之因果同約實相。〇用者破執爲用，一切封著通名爲執，破諸相惑，顯出功能亦自無滯，即力用也。〇教相有五，一摩訶，二金剛，三天王問，四光讚，五仁王。廣略雖異，同名般若摩訶，以廣歷色心乃至種智，皆摩訶衍。此文略說金剛爲喻也，次廣解釋。言金剛般若者，此乃摧萬有於性空，蕩一無於畢竟，甚堅甚銳，名曰金剛。智名決斷，慧曰解知，萬像雖繁，物我無相，有爲斯絕，寂其機照，假名般若，西云跋闍羅，亦云斫迦羅，此翻金剛，云是利鐵，亦名破具。引大經云，佛告迦葉，汝今決斷，譬若剛刀，又云劫火起時一切皆銷，利銳者在下名金剛，際又云，往古諸佛，舍利變爲金剛如意珠，今通取堅利爲譬。舊云，體堅用利，體堅衆惑不侵，用利能摧萬物。今問體唯堅不利用，唯利不堅，亦應體則不利用，則不堅。此乃不堅不利，何謂堅利。《百論》云，眼非知意，非見別，既非見合，云何見。今依《中論》通此問，即無滯義，今言堅利者，不堅不利，假言堅利，如言苦以不苦爲義，無常以常爲義，空以不空爲義，此一例語不一不異。體堅用，亦堅用。利體亦利。既其不一假名，義辨若說體堅即說用，利此是假名義，一邊之說，離用無體，離體無用，用即寂，寂即用，無別有無，用之體，體主於用也。亦無別有無體之用，用主於體也。不二亦不異，有因緣故。亦可說一說異，爲破一說異，破異說一，假說一異，欲一無欲字令衆生悟非一非異，只名此因緣。不一不異，離斷常戲論戲論不得入，即是堅，能破斷常即是利也。問，何者爲般若如是堅利。答，一往性空爲般若，不斷不常，不一不異，性空畢竟空爲般若，萬相一無皆悉盡淨。《大論》云，般若有三種，實相、觀照、文字。實相即境理，第一義諦。觀照即行人智慧，智慧鑑此實相，說智及智處，皆名爲般若。文字能爲作詮，亦爲般若。故云無離文字，說乎解脫。一體三名，同祕密藏。問，有翻無翻。答，翻爲智慧。問，《大論》云，智慧輕薄，般若深重，云何相翻。《釋論》七十卷，釋須菩提五歎，不可稱，不可量，無等等，無有邊，如虛空解。不可稱句，云稱名智慧，此是稱量檀度，非智慧不能準量，故稱名智慧，般若定實相，此釋不可量。何意不可量，欲明佛所得般若明鑑實相，甚深窮邊極底，菩薩因中智慧，不能稱量，佛果地般若，此是因中智慧，輕薄不能稱量。果地般若，何得妄引，無翻耶。《大經》云，慧有三種，般若、毗婆舍那、闍那，同一氣類，隨名而辨。約人般若屬衆生，毗婆舍那一切聖人，闍那諸佛菩薩。就法者，毗婆舍那總相，般若別相，闍那破相。毗婆舍那翻正知見，此即是總相。知見離出慧，即是般若，屬衆生，衆生有慧，數故闍那。諸佛、十地菩薩有決斷義，故共爲一位耳。波羅蜜，亦阿羅蜜波羅伽等翻，度彼岸，亦彼岸到，亦度無極。此假名，無度爲度耳。佛已度智慧，度名一切智，菩薩未度亦不名度，度時亦不名度，不離已度未度，故而今言度此乃假名，說度一行度，二時度，三果度。六度善修滿足爲行度，三僧祇滿爲時度，得大菩提爲果度。彼岸者，生死爲此岸，涅槃爲彼岸，煩惱爲中流，八正爲船筏。又慳貪爲此岸，佛果爲彼岸，布施爲河中，正勤爲船筏。又取相爲此岸，無相爲彼岸，智慧爲河中，精進爲船筏，一往如此。又即生死涅槃俱爲此，非生死涅槃俱爲彼，故云遠離彼此岸，乃名波羅蜜。又前生死涅槃雙非中道，爲二非生死涅槃中道，爲不二二不二俱爲此，非二非不二俱爲彼，故遠離二邊及以中道，名波羅蜜修多羅，翻契經，經字訓法訓常，由聖人心口也。

洪蓮《金剛經注解》卷一　觀之《金剛般若波羅蜜經》，蓋可見矣，是經也。發三乘之奧旨，啓萬法之元微，論不空之空，見無相之相，指明虛妄，即夢幻泡影而可知。推極根原，於我人衆壽而可見，誠諸佛傳心之秘，大乘闡道之宗而羣生明心見性之機括也。夫一心之源，本自清淨，心隨境轉，妄念即生，如太虛起雲，輒成障翳。如寶鏡蒙塵，隨韜光彩，由此逐緣而墮幻，安能返妄以歸眞，惟如來以無上正等正覺，發慈悲至願，閔凡世之沉迷，念衆生之冥昧，爲說此經，大開方便。俾解黏而釋縛，咸滌垢以離塵，出生死途，登菩提岸，轉癡迷爲智慧，去昏暗即光明，是經之功德廣矣大矣。雖然，法由心得，非經無以寓夫法，經以人傳，非言無以著夫經。

程衷懋《金剛般若波羅蜜經補註》　夫至理無言，眞空無相，謂都寂默也。但不著言語，不著知解，即是無言無相，金剛之旨趣，本謂此也。是以旋立旋破，止要諸人，乃至無有少法可得，即不被一切諸境所惑，若得心地休歇，即謂之清淨心，亦謂之本來心，亦謂之到彼岸，亦謂之涅槃，亦謂之解脫，其實一也。

觀衡《金剛經略談》　此《金剛般若經》一卷，雖文義重沓，總不出須菩提所讚所請之義。所讚如來善護念諸菩薩，善囑所諸菩薩，所請善男子善女人發阿耨多羅三藐三菩提心，云何應住，云何降伏其心，是也。如來所答，先總答菩提心，以酬所請之意。然後展轉發明，使其信受清淨，即見所讚不虛也。

成鷲《金剛般若波羅蜜經直說》　凡一經必有一經宗旨，此《金剛般若波羅蜜經》當以無相爲宗。經中提唱所言四句偈者，凡十有四，確見指定無我相人相衆生相壽者相，以此四句偈，爲一經之宗旨也。諸家解註，多涉儱侗。歷代宗師不欲以實法與人，多從向上句，末後句，提唱宗綱，不肯說破。令初機禪人，從空摸索，向自己分中四句偈參取，直到山窮水盡時，忽然豁開金剛正眼，放出般若眞光，原來四句偈，是我本來面目。無我人衆生壽者等相，一部《金剛經》橫說豎說，權說實說，無非欲人空卻四相，收歸自已。般若分中，我人衆生壽者諸相，如水中捉月，鏡裏尋頭，了無可得。所以當日，天親菩薩，昇兜率宮，請益彌勒，如何是四句偈。彌勒云，無我相、無人相、無衆生相、無壽者相，是也。此是慈氏婆心親切，開口一句道破了。後來六祖大師，以摩訶般若波羅蜜爲是。傅大士云，若論四句偈，應當不離心，從上聖賢，千言萬語，無非欲人直下承當，識取無相眞宗。一部《金剛經》頓成剩語，後來解經，不一家言，或以色見聲求四句爲偈。或以夢幻泡影四句爲偈，未嘗不是。當知經中二偈不過欲人離卻色相，一切有爲法，識取無相之相，爲眞。有相之相，爲幻爾。細繹此經，一經如一分，一分如一句，一句如一字。且道這一字，從何處下註腳邪。昔日趙州禪師，每遇學人入室，令參無字爲話頭，這一無字，函蓋乾坤，森羅萬象，識得金剛宗旨，參禪悟道，始有少分相應也。教意，此經大意，專爲初地聖賢，大心菩薩已悟未悟，著相修行，不達無相本體而發，非爲一切凡外迷心邪見設也。經云，如來爲發大乘者說，爲發最上乘者說，兩種聖賢，實非尋常可比。已於大乘最上乘，發菩提大心矣。無奈人法二執，未能盡忘，四相未空，三心未了，未能降伏，未知住處，縱知住處，未免住在一處，不能無所住而生其心。世尊哀愍，爲說是經。首令空生發問。會上弟子一千二百五十人，禪定如飲光，多聞如慶喜，神通智慧，說法第一。一切賢聖僧，弗與焉者。蓋以是經，專爲解空而發也，初地聖賢，大心菩薩，未得心空及第，往往向外馳求。其最上者，日以度生爲念，必欲盡大地衆生，度令成佛而後已。孜孜兀兀，盡人提撕警覺，止知有能度者屬我，所度者屬人，一切含靈衆生，一切福德壽命，俱從人我起見。佛說此經，先從度生發端，良以法界衆生，度脫不了，自性衆生，總以無餘涅槃而滅度之。收歸四句偈中，千了萬當，故云無有衆生得滅度者，降伏其心，而使之住，莫先於此。心既住矣，不免住在一處，從衆生起見，或布施求福，或禮拜供養求福，或莊嚴佛土以求福，一切有爲法，無非著相修行，不若受持四句偈之爲實相也。復次住在一處，或證因果，或修六度，或開五眼，似有實相之可據。究竟不如我佛世尊，昔日在然燈會所親受記莂，於法實無所得。到此地位，方稱四相全空，萬德莊嚴，視彼種種布施，種種供養，種種禮敬，種種建立修福，皆是有爲之法，如夢幻泡影露電等耳。故云，爲發大乘者說，爲發最上乘者說，若爲衆生說，則教他布施，教他供養，教他禮拜莊嚴塔廟，以求福報，在所不免。四果六度五眼等法門，非是若輩境界，無勞建掃矣。

正印《紫竹林顓愚衡和尚語錄》卷一四　此《金剛般若》在大部中名能斷分，則知今喻金剛，唯重能利能空一切法也。此經從須菩提啟請已去至後不取於相，如如不動，通是用觀照般若之法。不取心佛衆生之相，又照心佛衆生無性，又照心佛衆生本寂，成一清淨菩提心。然現前心佛衆生有實、體、用，如何得知。無性本寂，而不取耶。後以金剛觀察深喻，喻之心佛衆生皆是有爲，如夢幻泡影，則心佛衆生諸法不待排遣，而自空矣。既是本空本寂，欲何所取是知行般若時，只是一味不取，則世出世法一無所有也。又諸法不是因，不取而後無，唯其本無因，妄取成有，但不取自還本來面目，是則金剛之名，即夢幻等。喻以夢幻等喻，喻空一切法，故稱金剛，喻經中先法。後喻題中先喻後法。《首楞嚴經》云，金剛王寶覺，如幻三摩提，如幻即金剛也，三摩提寶覺，即般若也。波羅蜜，此云彼岸到，即到彼岸，以梵語多倒故。蓋般若乃諸佛衆生共有之佛性，衆生不善用，用之見色爲色，粘用之聞聲爲聲，轉不能超聲色之外，逐境流轉名爲此岸。諸佛善用此佛性，用之照色色空。用之照聲，聲寂。能超聲色之外，達境唯心名爲彼岸。是此岸彼岸，非有兩地，同是一境，但超與不超名爲此岸，彼岸是轉，名不轉體也。般若妄見亦只一佛性，因覺不覺故別其名，亦無實性也。經之一字，即文句之假名，以貫攝爲義，是能詮言教，即文字般若也。依相言，則有喻、有法、有體、有用，差別名義合之故曰《金剛般若波羅蜜經》。依性言唯一，如如不動清淨菩提心，了無能所法喻體用之分也。

此《金剛般若經》一卷，雖文義重沓，總不出須菩提所讚所請之義。所讚如來善護念諸菩薩，善付囑諸菩薩所請善男子善女人，發阿耨多羅三藐三菩提心。云何應住，云何降伏其心是也。如來所答先總答菩提心，以酬所請之意。然後展轉發明，使其信受清淨，即見所讚不虛也。先總答菩提心，從佛告須菩提諸菩薩摩訶薩應如是降伏其心起，至須菩提菩薩但應如所教住止是也。其中初答降伏其心即發起大悲，能降伏我心。以大悲能度一切衆生，若無智運之，即墮生死，故以智運之，雖是滅度無量無數衆生，實無衆生得滅度者，何以故。下徵明其義。若菩薩有我相、人相、衆生相、壽者相，即非菩薩是悲不離智也。次答云何應住，即發起大智於一切法，應無所住，以無所住，能遠離一切相。若無悲運之，即墮涅槃，故以悲運之，雖是不住於相，而行布施饒益衆生。下徵明其義，謂何故。既行布施又不住於相，蓋菩薩不住相布施，其福德方是無漏。猶如虛空廣大，不可思量故也。後結答須菩提問，意謂汝問發菩提心，云何應住。菩薩發菩提心，但應如我所教而住，是眞實菩薩，是眞實阿耨多羅三藐三菩提心，是知菩提心無別自體，唯悲智和合故名菩提心。又大悲降伏我心，即不取心相。大智不住一切法，即不取衆生佛之相。既不取心佛衆生三相，是三相無有差別，同一清淨菩提心也。上既總答菩提心行相如此。下爲發明以見如來護念，付囑菩薩之善巧因，總標菩薩於法，應無所住行於布施。所謂不住色布施，不住聲香味觸法布施，雖分示六塵之法，未指陳六塵之法，所在何處。故下爲指明六塵在處即佛與衆生也。既六塵通該佛與衆生，不住六塵即不住佛相、衆生相，不住即不取也。不取佛相，即不取樂相，不取出世間法相。不取衆生相，即不取苦相，不取世間法相。從須菩提於意，云何可以身相見如來不起，至後須菩提當知是經義不可思議，果報亦不可思議止，是也。其中先不住佛相。佛有福慧二相，從須菩提於意，云何可以身相見如來不起，至如來常說汝等比丘知我說法如筏喻者法尚應捨何況非法止，是不住佛福相，即不取福果也。從須菩提於意云何如來得阿耨多羅三藐三菩提耶，如來有所說法耶起，至須菩提一切諸佛及諸佛阿耨多羅三藐三菩提法，皆從此經出，須菩提所謂佛法者即非佛法，是名佛法止，是不住佛慧相，即不取智果也。上護念菩薩不取如來福慧二果。恐疑，謂發菩提心爲求菩提道，今於佛福慧二相都不取，即菩提道亦無何用，發菩提心耶故。下引四果及佛菩薩皆以不取，而後證果因不取福慧二相，其福慧乃能廣大無漏，若取相即屬有漏，非菩提心也。初引聲聞不取四果，次引如來不取菩提，後引菩薩不取莊嚴。然後結成以一切聖賢都是不取，而後證果。是故菩薩發菩提心亦應如是，生清淨心不應住，色生心不應住，聲香味觸法生心即不應住。如來福慧二相生心應無所住，而生其心是眞清淨心也。文從須菩提於意云何須陀洹能作是念我得須陀洹果不起，至佛說非身是名大身止，是也。上開示結成以不取爲菩提心既明矣，即付囑信受，使傳持佛慧命，相續不斷。文從須菩提如恒河中所有沙數如是沙等恒河於意云何是諸恒河沙寧爲多不起，至若是經典所在之處即爲有佛若尊重弟子止，是也。此經是頓教不歷修證漸次，隨分一字一句義，皆圓滿故，即請經名，文從爾時須菩提白佛言世尊當何名此經起，至若復有人於此經中乃至受持四句偈等爲他人說其福甚多止，是也。上發明證成付囑此菩提心，了然明白，當機領解，陳自所解，如來復爲印證。又從爾時須菩提聞說是經深解義趣涕淚悲泣起，至如來說第一波羅蜜即非第一波羅蜜是名第一波羅蜜止，是也。已上護念付囑，總是護念菩提心不住如來福慧二相，下護念菩提心不住眾生相。從須菩提忍辱波羅蜜如來說非忍辱波羅蜜是名忍辱波羅蜜起，至如人有目日光明照見種種色止，是護念不住眾生相。又從須菩提當來之世，若有善男子善女人能於此經受持讀誦，即爲如來以佛智慧悉知是人，悉見是人，皆得成就無量無邊功德起。至當知是經義不可思議果報，亦不可思議。是付囑此不住眾生相，清淨菩提心，使傳佛慧命也，上發明菩提心，不取佛，不取眾生清淨行相。意義已周，恐疑，謂菩提心要上求佛果，下利眾生乃成菩提心，何故教佛與眾生皆不可取。若不取，佛與眾生則菩提心云何而生耶，是教離相，發菩提心則無菩提心可發矣，故須菩提重復請問善男子善女人發阿耨多羅三藐三菩提心。云何應住，云何降伏其心。前問，云何應住，云何降伏其心，意謂發菩提心，降伏何等心，故曰，云何降伏其心，住於何法，故曰云何應住。如來答，意謂發菩提心應降伏我心，應住於無相，是清淨菩提心。今問云何應住。謂菩提心要借外緣而生。云何應於無相而住。又菩提心要借內因而生，云何降伏我心。若無內因外緣，則菩提心無因而生矣。是前後問辭似同問意迥別，下如來所答亦是辭同意別。經云，佛告須菩提，善男子善女人發阿耨多羅三藐三菩提心，當生如是心。此句是總答，謂發菩提心，當要生如是清淨心，內降伏我心，外不住生佛名相，此重一當字，謂當要生如是清淨心，方名菩提心也。故云，我應滅度一切眾生已，而無有一眾生實滅度者，又釋明其義。經云，所以者何。實無有法發阿耨多羅三藐三菩提心者，以實無有法一句，釋明當如是生清淨心，謂若實有法，如來何故強要汝等不取以實無有法。眾生妄見，內取心相，外取生佛之相，故成迷倒。汝若不取即正知見，故名菩提心。是以實無有法爲正理，以不取內心內因，正不取生佛之相，外緣正因緣既正，能生正智，故名菩提心。是則一有所取，即背正理所生，皆顚倒見，非菩提心。故發菩提心者，應如是住，如是降伏其心。上答明其意，下引證，從須菩提於意云何如來於燃燈佛所有法得阿耨多羅三藐三菩提不起，至須菩提若菩薩通達無我法者如來說名眞是菩薩止，是以如來實無有法，得成菩提。菩薩實無有法莊嚴佛土，證成菩薩，應如是不住於相，應如是降伏我心，是名眞發菩提心也，上以實無有法一句，總答明菩提心應住降伏之義。未詳明實無有法是實無何等法，故下廣明實無有法之法，字從須菩提於意云何如來有肉眼不起，至須菩提菩薩所作福德不應貪著是故說不受福德止，通是廣明實無有法之義。以心佛眾生諸法既都實無所有，則了無一法可取，即達清淨實相以顯如來護念之善也。其中初明心無我文從須菩提於意云何如來有肉眼不起，至須菩提過去心不可得現在心不可得未來心不可得止，是也。又從須菩提於意云何若有人滿三千大千世界七寶，以用布施起，至後若有人以此《般若波羅蜜經》乃至四句偈等受持讀誦爲他人說於前福德百分不及一百千萬億分乃至算數譬喻所不能及止，是明佛無我也。其中初從須菩提於意云何若人滿三千大千世界七寶以用布施起，至得福德多，是明佛福因性無我。又從須菩提於意云何佛可以具足色身見不起，至是名諸相具足止，是明佛福果性無我。總此二章，通是明佛福性無我。又從須菩提汝勿作是念我當有所說法起，至如來說非眾生是名眾生止，是明佛智所說法無我。又從須菩提白佛言世尊佛得阿耨多羅三藐三菩提爲無所得耶起，至如來說善法即非善法是名善法止，是明佛智所證法無我。通此二章是明佛智性無我，并前福性無我，是護念菩提心實無有佛可取也，既護念不取佛福慧二嚴其心清淨，後付囑生信受持，故云須菩提若三千大千世界中，所有諸須彌山王等。又從須菩提於意云何汝等勿謂如來作是念，我當度衆生起，至凡夫者如來説即非凡夫是名凡夫止，是明衆生無我。上歷明心佛衆生三法皆實，無有是正明，實無有法護念菩提心不應取法，不應取非法，故得清淨。但未知有法，發心有何過，若有法，發心無過，即依有法發心亦可。何故，必竟要依實無有法發心耶，故下以有相見佛爲非反成上實無有法發心爲決定義，經從須菩提於意云何可以三十二相觀如來不起，至是人行邪道不能見如來止，是也。上來證明反成，總明心佛衆生三法實無所有，以破執實有我法之常見，又恐執實無有法不作福德成斷滅見故，下又破撥無因果之斷見，并上破常見，通是於心佛衆生三法上遠離斷常二見，成就無上正等正覺之心，此破斷見之文，從須菩提汝若作是念如來不以具足相故得阿耨多羅三藐三菩提若作是念起，至是故説不受福德止，是也。前從須菩提於意云何可以身相見如來不起，至是經義不可思議果報亦不可思議，通是破遍計性，遣人法二執，以不取心佛衆生等法，護念菩提心清淨離相。從須菩提重請善男子善女人發阿耨多羅三藐三菩提心，云何應住，云何降伏其心起，至是故説不受福德，通是破因緣性，明人法無我。以明心佛衆生三法無性，是菩提理趣，以理趣本無一法，成上菩提心行相，應不住不取也，既實無心佛衆生了無一法可得，即眞清淨事事法法同一，如如不動故示圓成性，以明人法一如。從須菩提若有人言如來若來若去，若坐若臥，是人解我所説義不起，至但凡夫之人貪著其事止，是顯圓成性如如之理。其中初以如來若來若去明法性身如，次以世界微塵無成壞相，明法性土如身土一如即如如體。從須菩提，若人言佛説我見、人見、衆生見、壽者見起，至一切有爲法如夢幻泡影如露亦如電應作如是觀止，是明圓成性，正智之照，其中初明現量智。從須菩提若人言佛説我見人見起，至於一切法應如是知，如是見，如是信解不生法相止，是也。如是知，如是見，如是信解，即如來現量正知正見，是究竟菩提心。次明比量智，從須菩提若有人以滿無量阿僧祇世界起，至後應作如是觀止，此用金剛觀察十種深喩，比心佛衆生有爲諸法如夢幻泡影，了無實性，以喩比觀，故名比量。觀察入理，故名正觀。以正觀之比智合上正智之現智，通是如如全體大用，是前破遍計性遠離人法二執，成就正智之大用。又破因緣性通達人法無我顯説如如之本體，是合如如正智爲圓成性，分圓成性爲實相、觀照二種般若。是圓成性，遠離遍計成就正智，遠離因緣成就如如，即如如正智合爲一阿耨多羅三藐三菩提心也。此經大旨盡於此矣，是知此經始終只是一阿耨多羅三藐三菩提心，如來善護念，善付囑，只是成就得一發字已。發者，護念發起清淨心。未發者，付囑發起信受。此就多分言，已發方堪付囑，未發更要護念，總之要成就一發字，是佛善巧也。

著録

僧祐《出三藏記集》卷二　《金剛般若經》一卷或云《金剛般若波羅蜜經》。【略】晉安帝時，天竺沙門鳩摩羅什以僞秦姚興弘始三年至長安，於大寺及逍遥園譯出。

智昇《開元釋教録》卷四　《金剛般若波羅蜜經》一卷亦云《金剛般若經》，佛在舍衛國者，初出，與元魏留支等出者同本，見《二秦録》及《僧祐録》。

又卷六　《金剛般若波羅蜜經》一卷永平二年於胡相國譯，是第二出，僧朗筆受，與秦世羅什及《大般若》第九會《能斷金剛分》等同本，見《法上録》。

又卷七　《金剛般若波羅蜜經》一卷第三譯與姚秦羅什元魏留支等出者同。

又卷一一　《金剛般若波羅蜜經》一卷，含衛國姚秦三藏鳩摩羅什譯第一譯。

《金剛般若波羅蜜經》一卷婆伽婆元魏天竺三藏菩提留支譯第二譯。

《金剛般若波羅蜜經》一卷祇樹林陳天竺三藏眞諦譯第三譯。

《能斷金剛般若波羅蜜多經》一卷，室羅筏，大唐三藏玄奘譯，出《內典録》第四譯。

《能斷金剛般若波羅蜜多經》一卷名稱城大唐天后三藏義淨譯新編入録第五譯。　右五經同本異譯，其第四本《能斷般若》貞觀二十二年沙門玄奘從駕於玉華宮弘法臺譯。後至顯慶五年，於玉華寺翻《大般若》，即當第九《能斷金剛分》，全本編入，更不重翻，準諸經例合入大部者即同別生，此録之中不合重載，爲與沙門義淨譯者名同，恐有差錯，故復出之三師造論同釋此經。

又卷一九 《金剛般若波羅蜜經》一卷含衛國第一譯。《金剛般若波羅蜜經》一卷婆伽婆第二譯。《金剛般若波羅蜜經》一卷祇樹林第三譯。《能斷金剛般若波羅蜜多經》一卷室羅筏第四譯。《能斷金剛般若波羅蜜經》一卷名稱城戰勝林，第五譯。

王古《大藏聖教法寶標目》卷一 《金剛般若波羅蜜經》一卷，秦鳩摩羅什譯第一譯。《金剛般若波羅蜜經》一卷，魏菩提留支譯第二譯。《金剛般若波羅蜜經》一卷，陳眞諦譯第三譯。《能斷金剛般若波羅蜜經》一卷，唐玄奘譯第四譯。《能斷金剛般若波羅蜜多經》一卷，義淨譯第五譯。右五經同本異譯，三師造論同釋此經，解在第九會。

般若心經分部

摩訶般若波羅蜜大明呪經

智昇《開元釋教錄》卷四 《摩訶般若波羅蜜大明呪經》一卷亦云《摩訶大明呪經》，初出，與唐譯《般若心經》等同本，見經題上。

又卷一一 《摩訶般若波羅蜜大明呪》一卷，姚秦三藏鳩摩羅什譯出經題第一譯，《拾遺》編入《般若波羅蜜多心經》一卷，大唐三藏玄奘譯出《内典錄》，第二譯右二經同本異譯前後三譯，二存一闕。其《般若心經》舊錄爲單本，新勘爲重譯。《仁王般若》等三經大義雖通，大都全本，大部中無支派，攝非從彼出。

錢謙益《般若心經略疏小鈔》卷一 《摩訶般若波羅蜜大明呪經》一卷，後秦鳩摩羅什第一譯。隨《法經》、《衆經目錄》，衆經別生分摩訶般若般若波羅蜜神呪經**一卷，出《大品經》。開元已後目錄皆**云《大明呪經》，唐玄奘本同本異譯，字句小有不同。

圓照《貞元新定釋教目録》卷十四 《普遍智藏般若波羅蜜多心經》一卷，其本見在。 三藏沙門達摩戰涅羅唐言法月東天竺國人也，【略】遂譯《普遍智藏般若波羅蜜多心經》，與古舊二經中無少異。姚秦譯，見名《摩訶般若波羅蜜大明咒經》。經中云，是大明咒，無上明咒，無等等明咒。經後略讃受持功德，能除十惡五逆等罪，文字少殊，大唐三藏玄奘譯者題云，《般若波羅蜜多心經》。正宗經云，是大神咒，是大明咒，是無上咒，是無等等咒。餘義無異。此之二經同本異譯，但有正宗，並無序分及流通分。今法月所譯三分具全，正宗經文不異，玄奘譯者承旨翻經利言譯語。

般若波羅蜜多心經

題解

慧淨《般若波羅蜜多心經疏》 首稱般若者，古釋有三，今解有五。一實相，謂眞理。二觀照，謂眞慧。三文字，謂眞教。四境界，謂諸法。五眷屬，謂萬行。要須福智具修，有空齊照，尋詮究旨，會理解生，慧性慧資，俱稱般若。波羅者，彼岸義、離義。蜜者，到義。由行般若波羅蜜，離諸鄣染，境盡有無，義洞眞俗，覺滿寂圓，斯昇彼岸。般若者，大經之總名。心者，此經之别稱。經者，爲常爲法，是攝是觀，常則道冠百王，法乃楷模千業。攝則集斯妙理，觀則悟彼群生，庶令必離苦津，終登覺岸。一卷者，首軸無二，名之爲一，開合卷舒，目之爲卷，故言《般若波羅蜜多心經》一卷。

釋提婆《註般若波羅蜜多心經》 《般若波羅蜜多心經》所言般若波羅蜜多者，即是梵音，此地翻般若爲智慧。波羅蜜爲彼岸。蜜多言支。都合即云智慧彼岸支。云何爲智慧，智能觀照，慧能證悟。彼岸者，涅槃爲彼岸，生死爲此岸，悟者即涅槃。迷者即生死，支者此觀門也。若無正觀要門，不知究竟安心之處，是故依行合於正道，故言支也。心者，此觀門即是衆智慧之要宗，趣涅槃城之眞路。經者，訓常訓逕，先聖莫不遊從，因是果圓解脱，故言經也。

明曠《**般若心經略疏**》　《摩訶般若波羅蜜多心經》者，就此題略有二別，梵漢語別故，摩訶般若波羅蜜多者，梵語也。心經者，漢語也。若具存梵語者，可言摩訶般若波羅蜜多質多蘇他覽。若偏存漢語者，可言大智慧到彼岸。心經言摩訶者，依《大智度論》有三種義，謂大、多、勝也。天臺大師言大者，空義。多者，假義。勝者，中義也。即是圓融三諦眞如實相之理，是即所觀之理也。言般若者，能觀之智也，即是三種般若也，三種般若者，實相般若、觀照般若、文字般若也。實相般若者，觀中道理之智也。觀照般若者，觀空諦理之智也。言文字般若者，觀假諦理之智也。因時名三智也。言三觀者，謂空、假、中觀也。言三智者，一切智、道種智、一切種智也。言波羅蜜多者，到彼岸之義也。煩惱與生死云此岸，菩提與涅槃云彼岸也。悟煩惱即菩提，生死即涅槃，名彼岸，迷菩提，念煩惱，迷涅槃，念生死，名此岸。言心者，要妙心也，即上所談圓融三諦理也。經者，說上諸義敎也。訓法訓常也。言法者，軌則義也，三世諸佛師依之成佛，故言常者。三世諸佛各至出世說而元常無易改故。

道隆《**般若心經注**》　摩訶者，梵語此曰大，諸佛衆生平等之自性也。日月不能照虛空無，容亘十方，無涯際徹，三世無際限，欲知此可盡已小心。小心者，妄想識情又有無取捨空不空生佛迷悟等二致也。若無小心即大心也，在眼曰見，在耳曰聞，小心衆生漆桶不會可憐生向外求咄，眉毛本在眼上。般若，般若者，梵語，此曰智慧。逐諸境界，心背眞故，不知無我，我即愚癡全體也。離愚癡謂智，有其方便謂慧。智者慧之體，慧者智之用也。衆生本來具足矣，三世諸佛，歷代祖師，天下老和尙繇之施妙用，現神通，下喝行棒，眞般若非文字蠢動，含靈本來眞性也，即今且道那箇是般若良久曰，日面佛月面佛。

波羅蜜多，波羅蜜多者，梵語，此曰彼岸。到無生死是彼岸，有涅槃是此岸，離生死出涅槃即清淨本覺也。故曰淨極光通，達寂照含，虛空卻來，觀世間猶如夢中事，即今見聞覺知，起居動靜歷歷分明，是夢耶，是覺耶？是生死耶？是涅槃耶？是垢穢耶？是清淨耶？諸人向自己命脈上自辨別，看良久曰白鳥入蘆華。

心經，心經者，大道也。無小礙，無差路，又無小法可得故無。心謂道，衆生不知隨境，分名相增長我見，是故不行大道。古人曰，大道透長安，到長安了當知王知了豈有他哉。且道即今起居動靜得誰恩力，野老不知堯舜力，鼕鼕擊鼓祭江神。

諸萬里《**般若心經註解**》　摩訶，大也。般若，智慧也。波羅，彼岸也。密，和也。多，衆也。心，本也。經，徑也。本諸心而經諸行也，然智慧非聰明，情識之謂也。識有生而有死，悟無得而無失，動則不被境瞞，靜則不滯莽蕩，方是智慧也。又何謂彼岸也。言迷生死者在此，超生死者在彼。原無涯岸，任心而分也。又何謂密多也，言煅成一味清淨眞心種性，和而無參雜也。心經者何，言靜乃心體，靜外無心，而心外無徑也，是命名之義也。

德清《**般若心經直說**》　此經題稱般若者何，乃梵語也。此云智慧，稱波羅蜜多者何，亦梵語也。此云到彼岸，謂生死苦趣猶如大海。而衆生情想無涯，無明不覺，駭浪奔騰，起惑造業，流轉生死，苦果無窮，不能得度，故云此岸。惟吾佛以大智慧光明照破情塵，煩惱永斷，諸苦皆盡，二死永亡，直超苦海，高證涅槃，故云彼岸。所言心者，正是大智慧到彼岸之心，殆非世人肉團妄想之心也。良由世人不知本有智慧光明之心，但認妄想攀緣影子，而以依附血肉之團者爲眞心，所以執此血肉之軀以爲我有，故依之造作種種惡業，念念流浪，曾無一念，回光返照而自覺者，日積月累，從生至死，從死至生，無非是業，無非是苦，何由得度。惟吾佛聖人能自覺本眞智慧，照破五蘊身心，本來不有，當體全空，故頓超彼岸直渡苦海，因愍迷者而復以此自證法門而開導之，欲使人人皆自覺悟。智慧本有，妄想元虛，身心皆空，世界如化，不造衆惡，遠離生死，咸出苦海至涅槃樂，故說此經。經即聖人之言教，所謂終古之常法也。

體如《**般若波羅蜜多心經發隱序**》　般若之爲教也，廣博充虛，周窮萬物。種種法門該詮此也，種種行因該修此也。括十界依正之森羅，收『色心』之二字；開無量方便之多途，照五蘊之一空。蕩人心之多執，遣六道之昏迷。曰境曰心，俱融不異；是凡是聖，咸共一如。正謂諸法從本來，常自寂滅相，豈可語言文字跂及者哉！昔日世尊升座，默然良久。文殊白衆云：諦觀法王法，法王法如是。此如來無說，海衆無聞。斯乃眞說般若之時也。奈何鈍淺之流，更煩世尊搖唇鼓舌，無風起浪，觀小大機，說漸頓教。由是開演五時之異，咸會一乘；設施九界之別，同臻佛界。然此經者，文最約而義最廣，難盡其奧，說者染指而已。釋其名，如人百體四肢，惟心最靈，故曰《心經》。又則般若是衆生本有之靈心，向被五蘊，覆積多劫，說此照見之方，開示悟入，意登彼岸，故曰心經。然此經者，自古及今，遞代以來，注述甚多，或泛然而混融，或盡蛇而添足。今之饒舌多附臆說，是中既以人法各四，派分演義，名曰發隱，而於足上又添足焉。敢露一班，覽者哂叱。時崇禎八年歲在乙亥五月下澣，比丘正相體如識。

大慧《般若心經際決》　般若者，即智慧也，此智慧於不思議中出現，收放總不離一微塵，何故以此，般若是本際施設，故世尊覩明星時便曰，奇哉一切衆生皆具如來智慧德相，豈是一刹那覩星外更有身心，凡聖淨穢國土一切有情同證而謂之曰，具也。波羅蜜多者，云到彼岸，到本際之彼岸是也。此本際是一切衆生自處舊居不從修得，今人妄謂有彼岸可到，直至徒勞。祇劫到於涅槃，元來寸步無移，可見正當直下歸源，不須向外求眞，否則必有彼此對待，不泯生死，於此經之宗趣失矣。此般若心者，聖凡所同稟共賦者也，以凡夫執著妄想故有種種差別，賢聖執著修行亦有種種差別，若論本法中凡聖心行總歸一刹那際，裏許施設，是故經云，一切賢聖皆以無爲法而有差別。經者，常也，貫通義也，此一經之文章前後句義，塵說、刹說、一語、一默、一動、一靜，眞常捷徑之法總歸一刹那際中，一道貫通也。按世尊入刹那際三昧時，不離菩提場而升忉利天乃至七處九會，亦不離菩提場，此即無時也。無時者，不歷須臾，不遺三世，隨緣赴感，不失本際故。

弘贊《般若心經添足》　經題八字，有通別二義，上七字是別，別於諸經，以諸經名號不同，故經之一字是通。通於諸經以如來所說同名經故，就別題中復有二義。上六字是所詮之法，心之一字是所引之喩，故此經以法喩爲名或言單法爲名，以心字是結集人借義彰要非正喩也。大乘爲教相，是深般若以空爲宗，是諸法空相涅槃爲趣，究竟涅槃實相爲體，色即是空觀照爲用。照見五蘊若通題釋以神鑒爲體，般若運到爲用。波羅蜜多若以因果釋般若爲因，無分別智波羅蜜多爲果。到彼岸般若之義有三，謂實相、觀照、文字。實相般若者，謂法身眞空之體，元無名相，今於無名相中建立假名而談實相，故名實相。以心源湛寂，無相而相，名爲實相，是所觀之眞性，即吾人虛靈不昧本覺眞心，非寂非照，理性常住，體離生滅、染淨、虛妄等法。觀照般若者，乃實相體所起之用，即能觀之妙慧，良由法性幽玄，非此莫鑒，諸佛以此而妙契法身，菩薩以此而頓證眞空，即吾人無分別智，非照而照，照了一切諸法，皆即眞空，無明即是實相，故云色即是空。文字般若者，文字是諸佛詮理之教，而文字性空，性空之體即是般若，故台教云文字是色，是色即實相。《天王般若經》云，總持無文字，文字顯總持，是以能顯了實相觀照二種般若之德，般若雖三，原同一相，所謂無相，無相即是大覺圓常，眞空之體，具此三名，如世丫字，若能一念正觀圓修，照了諸法皆空，是爲圓證究竟涅槃。梵語般若，華言智慧，智乃實相無分別之智慧，是無分別智中之妙慧，亦名淨慧，亦名無相慧，又慧即智，故《成實論》云，眞慧名智，此之智慧，體性圓融，照用自在，能窮諸法實性之邊底，是超情離見玄妙之絕稱，非同世智之智，聰慧之慧，世之智慧，從識心生，分別塵境，執取名言，發妄知見，爲有漏根，生死株不能破無明惑，顯實相理恐人濫此，故存梵音而不直翻華言。究其實則無物可當其體，無法可字其名，乃強名爲般若也。梵語波羅蜜多，此翻彼岸到，若順此方之文，則云到彼岸，是究竟諸法實際無餘之義，以生死爲此岸，煩惱妄念爲苦海中流，眞空之際爲彼岸，般若如般筏。故其行深般若者，照蘊空，無明滅，見煩惱即實相，生死即涅槃，越二死海，至三德岸，名到彼岸。其迷般若者，種種分別妄執，身心爲有，遂失慧光，不了諸法實相，名住此岸。故《華嚴》云我觀一切衆生俱有如來智慧德相，但以妄想執著而不證得。以要言之，但有纖情未盡，便隔彼岸，凡聖情忘，即彼岸到，無別以爲到也。心者，譬如人心，爲四大百骸之要，喩此經爲六百卷般若所歸之宗要。若達此經，則六百般若朗焉。有以此字爲中心之心，謂此經在六百卷之中心，謬也。或有以爲眞心之心，然六百般若皆談眞心，非獨此經以般若即心也，心有體用。實相是體，觀照是用，以用歸體，即名到彼岸。故《起信論》云，自心起信，還信自心，自心即體，起信即用，還信自心，即是以用歸體《華嚴別行鈔》云，智是理用，理體成智，還照於理，智與理冥，方曰眞智。眞智即實相般若，理即眞空之理，故經云，無有如外智能證於如，亦無智外如爲智所入，入是以用歸體，況性相空宗各異，寧容渾濫而六百般若皆一無相空宗，是般若即眞空體，故《涅槃》云，佛性者，名第一義空，第一義空，名爲智慧，故說智慧足矣，更不別說心性，若說心性，則成實法，一涉實法，便非空也，或謂是薩婆若心，原非經題，以心外無般若，般若外無心，心無形相，故說般若。是爲最玄最妙，何用更言心乎。經者，梵語修多羅，此翻爲契經，謂上契諸佛之理，下契衆生之機，今人尙略，故單言經。經即教也，是佛所詮之敎，而訓常訓攝。常以不變爲義，謂古今雖殊覺道不改，群邪不能沮，衆聖不能異。攝謂貫攝玄微，以開未悟，同出苦津而登覺岸，故有悟此經題，則彼岸到矣《別行鈔》云，若有解《華嚴經》題七字之義，即一部之功已過半矣。

智旭《般若心經釋要》 此直指吾人現前一念介爾之心，即是三般若也。夫心佛衆生三無差別，但以生法太廣，佛法太高，初心之人惟觀心爲易。是故大部六百餘卷既約佛法及衆生法，廣明般若，今但直約心法顯示般若，然大部雖廣明佛法及衆生法，未嘗不即心法。今文雖直明心法，未嘗不具佛法及衆生法，故得名爲三無差也。以吾人現前一念介爾之心，虛明洞徹，了了常知，不在內外中間諸處，亦無過現未來形迹，即是觀照般若。以吾人現前一念介爾之心，炳現根身器界乃至十界，假實國土，平等印持，不前不後，同時頓具，即是文字般若。蓋山河大地明暗色空等一切諸境界，性無非文字，不但紙墨語言爲文字也。以吾人現前一念介爾之心，所有知覺之性及與境界之性，無分無劑，無能無所，無是非是，統惟一法界體，即是實相般若。實相般若非彼岸非此岸，達此現前一念之實相，故生死即涅槃，名波羅蜜。觀照般若亦非彼岸非此岸，照此現前一念即實相，故即惑成智，名波羅蜜。文字般若亦非彼岸非此岸，顯此現前一念即實相，故即結業是解脫，名波羅蜜是故此心，即三般若。三般若祇是一心，此理常然不可改變，故名爲經。依此成行三世諸佛菩薩之所共遵，故名爲經，說此法門天魔外道不能亂壞，故名爲經。

續法《般若心經理性解》卷二 《般若波羅蜜多心經》 梵語般若，此云智慧，本來靈知照了也，因中慧心所，果上擇滅無爲無漏智也。梵語波羅蜜多，此云到彼岸，究竟事理底源也，因中定心所，果上非擇□無爲，一眞法界也。梵語阿賴耶，此云藏心，亦云紇哩陀耶，此云肉團心。《起信論》云，依如來藏故，有生滅心，所謂不生不滅，與生滅和合，非一非異，名阿黎耶識心。此心人人本具，心背般若，迷智慧性居生死岸，稱曰愚迷人天凡夫，心向般若，悟智慧性到涅槃岸，號曰覺悟三乘聖人。經者，法也，常也，十方同軌謂之法，三世不易謂之常。說此經者，欲令衆生斷妄想心，依斯文字，起深觀照證實相空覺本心源，同佛菩薩眞常法樂也如是本經自心常轉。

今釋《心經註疏序》 佛祖西來，不立文字，云何唄梵之書，富有五千？蓋不立文字，恐依藤附葛者，一滋言詮，便墮纏結，昧卻性宗。其五千唄梵，正大闡性宗，斬絕藤葛。要唄梵雖繁，其指歸不外《心經》一集。《心經》者，誠諸經統會之源也。其曰『不生不滅』，言過去未來性，固存存也。『不垢不淨』，言狂愚聖哲性，自惺惺也。『不增不減』，言壽殀福極性，本如如也。奈彼蝡蝡不解無始本旨，妄起生滅、垢淨、增減、諸想。由是五蘊六識，顛倒于中，則藤葛已甚，纏結已劇，欲證般若，是猶南馳而北轅。舍樹若仲子，匯唄梵五千之旨，全孕以經，爰爲注疏，注者釋彼藤葛，疏者解彼纏結。試讀此編，是印五千餘卷之要領，不立文字之秘藏。則知《心經》乃諸經之指歸，而注疏又《心經》之指歸也。具慧照者辨諸。康熙十四年冬仲下浣，今釋合十題。

仲之屏《般若心經註疏》 摩訶者，極大之稱，心體寥廓，四方上下所不能拘。般若者，心之智慧。波羅者，彼岸即涅槃也。言其巨細該貫，經緯分明。蜜者，包含萬法，猶蜜之醞釀太和，藏納萬卉也。蜜未成則爲華，味有鹹苦酸辛之別，色有青黃赤白之殊。到得成蜜，衆味融爲一味，諸色化爲一色。菩薩以般若性調伏身心，化衆習氣，歸一圓通，其恬適無異，因般若乃六波羅蜜之大總持，故曰多，多者衆也。一云波羅蜜三字相連，西方樹名波羅蜜，其果甘美，食之能消一切苦，一切即多義也。般若是圓覺妙心，故又直指爲心。經者，常也，此聖凡同具之常心，故稱《般若波羅蜜多心經》。

孫念劬《般若心經彙纂》 《心經》辭寡而道大，言微而旨深，實衆生長夜之明燈，諸佛之慧命也。參之而得其旨，則宰制一身，統馭萬變，自利利他，入世出世，無所不宜。究其關鍵，在照見五蘊皆空一句，爲全經之扼要。大抵道之不明，心之難治，總根於我相。如來知我相之毒害甚大，故即一性而開色心，即色心而開五蘊，即五蘊而開十二入、十八界，且詳之爲十二因緣。究其指歸，不出色心二法也，而心法之精，則以智得俱無爲究竟。奈凡夫無識，輒云佛教空虛不實，不知佛法乃眞實不虛，蓋所言正欲去愚迷之虛，立本性之實也。所言之空，乃相空耳，所存者本性也。性相不明，執諸幻相，遂愚及世人，禍及今古，恣情縱識，飄淪苦海，出沒無常，改頭換面，橫豎毛羽，寧有已哉。所以我佛欲人去愚迷之虛，立本性之實，說法指示，密譚實相，心光不發，則性海弗澄。心非異功，經非異教，以觀照爲宗，而歸於智得俱忘，則眞實了義也。夫見地明而不修觀行，何異有田不耕，觀行不修，必致心有罣礙，不得自在。無明熾燃，情識固結，而本有之智光埋沒盡矣。念劬早參教乘，幸未沈落坑塹，黑頭俄白，悲境奪歡，靜溯平生，宛如一夢，纂錄此經，不覺涕淚橫集。雖來日苦少，猶欲痛自鞭策，於末路而一拔長劫之情根焉。是編之纂，廣搜博採，亦久歷歲時，理精說備，觀者玩索而熏習之，不無小補，與《金剛經》並刻寡印五千零四十八卷，用廣流傳，以不負我佛慈悲普度之意。三教聖人，皆未外心以言教。無量衆生，皆可因教以成功。讀者因教明心，轉諸識以成正智，空幻相而悟眞宗，即心即佛，眞常無礙，妙覺圓明。尙何有苦厄之不度哉。乾隆五十九年歲次甲寅七月朔日述甫孫念劬謹識。

王澤泩《般若波羅蜜多心經句解易知》　摩訶，梵語也，華云大。般若亦梵語，華云智慧。波羅蜜多，亦梵語，華云到彼岸。是對衆生生死苦同於大海，而將如來涅槃樂立爲彼岸，須用智慧作船筏，方可渡過苦海，得到彼岸也。心者，乃大般若之中心，該六百卷之奧義。如人之一心，能統四肢百骸也。經者，徑也，入道之徑路也。言此經乃以廣大智慧，得到諸佛彼岸之徑路。而此一卷又《般若經》之中心，寔六百卷之扼要也。此經以單法爲名，空相爲體，觀照爲宗，度苦爲用，大乘爲教相。

敬止《般若心經註解》　世尊在靈鷲山中，入甚深光明，宣說正法三摩提。舍利子白觀自在菩薩言，若有人欲修甚深般若法門，當云何修學。觀自在遂說，此經即佛說大般若精要，傳至中華。今從玄奘所譯，般若者智慧也，波羅密多者，華言到彼岸，衆生由迷慧性，居生死曰此岸。菩薩因修般若，悟慧性到涅槃曰彼岸。心者，般若心也。此般若心，人人本具。說此經者，欲令衆生斷除妄心，顯發本性故也。經者，法也，常也，經路也。此經以單法爲名，實相爲體，觀照爲宗，度苦爲用，大乘爲教相，此五者經中所說之旨也。單法者，即般若波羅密多也。實相者，即諸法空相也。觀照者，即照見五蘊皆空妄也。度苦者，即度一切業報苦厄也。大乘者，即菩薩所行甚深般若也。

大顛《般若心經註解》　波羅者，到彼岸也。經云，渡河須用筏，到岸不須船，若一人發眞歸源，窮理盡性，親見本來面目，頓悟無生，便登彼岸，一得永得，一悟永悟，更不復生，輪迴永息，生死永斷，作一箇物外閑人，任性逍遙，寂然快樂。密之一字，喻於太虛能包萬法，太虛之中森羅萬象，情與無情總在太虛之內，萬法是心之異名。分爲八萬四千，廣則無窮無盡，心生種種法生，心滅種種法滅。這一箇字人人盡有，不能自見，說亦不信，喚作一字法門。衆生不信是心是佛，佛有多動方便，指衆生見自本性，青青翠竹盡是眞如，須是親見眞如，鬱鬱黃華無非般若，須是親見般若，夾山道，道無乎不在。又道見色便見心，衆生只見色不見心，若能窮究，步步行行，念茲在茲，穇著合著，忽然親見，名曰見性。此性不可以智知，不可以識識，須是左顧右盼，回頭轉惱處處逢渠，渠今正是我，我今不是渠，若能如是會，方得契如。如此性無形無相，於不見之上親見，於親見之上不見，離種種相，見自本性，是名妙道。經是衆生脩行之徑路，此經人人本有，亘古亘今，只爲衆生不悟，所以信之不及。若信於此舉心動念，有一眞人，常在赤肉團上出出入入，這裡親見此菩薩，優游自在行脩行也。欲行千里，一步爲初，看這一步從何而超，若知超處，便知生死之根源。深者徹骨處也。五蘊頓徹，絲毫不掛，如父母未生相似。般若云智慧，大智之人知有生，便知有死，當自坐觀生從何來，死從何往。若有人發此一念，便能親近知識，決擇生死之法。

無垢子《摩訶般若波羅蜜多心經注解》　摩訶，西天梵語也，東土翻爲大，且大者，廣無邊際之謂也。廣大無邊者，莫過虛空大道也。川老云，虛空境界莫思量，大道清幽理更長。又云，十萬無壁落，八面亦無門，大道無邊際，虛空難度量。道云，迎之不見其首，隨之不見其後。儒云，仰之彌高，鑽之彌堅，瞻之在前，忽然在後。諸賢聖皆如此稱揚廣大也。日月雖明，難比其光。乾坤雖大，難包其體。能生萬有，而不見其形。偏周沙界，而不覩其跡。雖是如此廣大玄妙，誰知更有一物過於此者。且道是何物，還識這箇〇麼，寬則包藏法界，窄則不立纖毫，顯則八荒九夷無所不至，隱則纖芥微塵無所不入。今者不避罪愆，分明漏泄乃人之本源也。偎師有云，爲甚此心開大道，只因元向道中來。世人不能返本者，蓋因錯認色身爲已，被六根所瞞，七情遮蔽，自失本眞，以致流浪生死也。要見本眞，麼尋不見覓不見十二時中逶身轉。

法身體若太虛空，性道元來總一同，只因逐妄迷眞性，所以輪迴六道中。

般若，西天梵語也，東土翻爲智慧。且智慧者，正知正解，審察之謂也。脩行之人須用智慧之力降伏身心，不令放肆以習靜定。道云，能以智慧之力攝伏諸魔精。《蓮經》云慧日破諸闇，能伏災風火。儒云，智能破邪，慧能破暗。且無智愚人作事麤惡，不肯三思，惟務廣學多聞，念在誇談講論，不究自家生死，好覔他人是非，不親眞實道人，愛近虛頭禪客，空談聖人經典，心地全不用功，圖名貪利，我慢貢高，只說眼下時光，不想腦後之事，如此之人乃聰明外道也。古德有云，外道聰明無智慧。儒師云，口說心不行，非是精細漢。儒云，先治身心，後治家國。且有智慧之人作事安詳，不肯造次，識因果，顧罪福，親近知識，參問至人，窮性命之根元，究生死之大事，制伏身心，收歛神氣，念念在道，息息歸眞。一日功成，行滿囚地，一聲透出三界，此虛空混爲一體。若到此地造化不能移易，陰陽不能陶鑄，四時不能遷，五行不能役，鬼神不能拘，劫火不能壞，作箇逍遙自在物外閑人。要見物外閑人麼，六座門頭常出入，雖然相近不相親，開著眼休得蹉過。

智慧聰明路兩差，聰明枝葉慧根芽，若改愚痴生智慧，多年枯木自開華。

波羅，西天梵語也，東土翻爲彼岸。此岸者生死之際也，彼岸者出生死之岸也，迷者此岸，悟者彼岸。世人若迷本性，即愚痴顚倒。認四大六根爲已，爭名競利，謀千年之活計，積萬劫之寃愆，背覺合塵，迷眞逐妄，忙忙而不知休息，念念而心境不除。忽朝大限到來，臨行手無所措，這裡脫下濕布衫，那裡穿上虱虱襖，去去來來，改頭換面似蟻循環，何日是了，生死苦海幾時得渡。如是之者，只在此岸。若有人猛然自悟從前所爲，所作盡是虛假。棄假循眞，窮根究本，常近至人，常親知識，求過岸之舟，覔方便之篙，渡過愛河苦海而登彼岸，得脫生死洪波，更不拖泥帶水，作箇脚乾手燥清淨自在閑人也。且道如何得達彼岸。他人難用力，自渡自家身。

智慧爲船精進篙，靈臺用力出波濤，翻身直上菩提岸，撒手歸來明月高。

蜜多，西天梵語也，東土翻爲無極。又蜜者，和也。多者，衆聚也。且無極者，至高至大，難極之謂也。釋云，無極。道云，太極。儒曰，皇極。皆謂〇此也。今分明說開蜜之一字亦比於大道虛空多者，謂萬彙也，譬道能包含萬類，有情無情，盡在大道之中，人之眞性一同亦能包藏萬法，萬法盡在一性之中，太虛之內有八萬四千異類種性，說不可盡，皆在人之一性之內，一性譬如蜜種性，喻於多情行人以一性均和種性，合而爲一，故曰蜜多。道云，識得一萬事畢。釋云，萬法歸一。儒云，吾道一以貫之，且道如何是一，還識這個。〇五行不到處，父母未生前，雖然說破不行，難到直須去盡塵垢方見。

一性爲蜜衆爲多，先將覺性普均和，坐成一片眞如性，一性圓明赴大羅。

心，心者，人之本源也。一切萬法盡在一心之內，有八萬四千等。動則，無窮無盡。定則，不變不移。釋云，心生種種法生，心滅種種法滅。道云，心死則性月朗明，心生則慾塵遮蔽。儒云，制之一心則止謀於多事則亂，是以古聖教學人收攝其心，歸於一處，喚作萬法歸一，又名一字法門，因人不信是心是佛，是心作佛，所以多種方便指示世人見自本性，豈不見古云，三點如星象橫鈎，似月斜披毛，從此得作佛也，由他是也，上天入地皆在自心所爲，非他處所得。經云，在於閑處收攝其心。又云，制之一處，事無不辦，不能歸一者因識心者。少亂性者多故失眞道矣。爲何不識其心，因其多惑其性，皆緣失神昏昧，逐境迷心，六根內盲著物亂性，不生智慧，愚暗之故也。若肯脩心窮性，命究生死，親近明師，參求法藥，療治心病，念茲在茲，步步行行，坐臥不忘語默動靜，不離這箇〇。忽然眉毛豎起，眼睛露出，便見本來面目。且道本來面目如何形狀。川老有云，火不能燒，水不能溺，風不能飄，刀不能劈，軟似兜羅，硬如鐵壁，天上人間古今不識。終朝常對面，不識是何人。

這輪心鏡本無塵，因塵難照本來眞，塵盡鏡明無一物，自然現出法王身。

經，經者，徑也。是世人脩行之路徑也。學人得此不疑，擬休要悞了工程，驀直便行，須有到家時節，只怕路頭不眞，差行錯認。且道向甚處去是，予今明說，向寸草不生處，纖塵不立處，無泥水，無坑坎，淨躶躶，赤灑灑，平穩穩處，去猛然逢著一顆，〇圓陀陀，光爍爍，亘古不壞如意光明寶珠，親手拈來得大利用，不受困苦。釋云，摩尼寶珠。道云，黍米玄珠。儒云，九曲明珠。要見此珠一心象外覔，休向世間求。這卷眞經本在心，自家藏寶不須尋，猛然檢著無生品，迸出明珠耀古今。

淨挺《心經句義》　般若，翻智慧。波羅蜜多，翻彼岸。到五時說敎，般若在第四時，所謂熟酥也。說般若四處，一靈鷲山，二給孤獨園，三他化天宮，四竹林園白露池。《般若經》十部，《大般若》部六百卷，此爲某心，猶《楞嚴》。蜜部以多、羅、吽、泮等語爲陀羅尼心耳。六波羅蜜般若最勝。經者，修多羅也。

王庭《雲溪俍亭和尚說心經小序》　達磨西來以楞伽心宗二語爲印，維心之爲宗旨，旨也《心經》，以心標名，僅無罣礙之文一見，餘俱言空不言心，維空之爲心體也。敎中人空、法空、空空等多言空，宗門即心、非心諸話，又言心不言空。多言空者，恐人或心外求空也。是豈有宗敎之殊乎哉！俍師茲說《心經》，于標悉文義外，逐節以宗門公案話，指證此說大行。使人讀是經者，無一語不可作話頭參究也。非惟此經，諸經盡然。言心言空可，言心不言空、言空不言心可，心與空俱不言可，舉三藏十二部統歸宗旨，無敎相可別。因文入悟者，世不知當幾人，良師之功未易量也。康熙八年冬仲，携李法弟王庭頓首題。

《心經直說總說》　《般若波羅蜜多心經》，乃大部《般若經》之樞要，成佛眞宗，無逾此矣。言心者，指衆生妙明心體，心即佛，佛即心，般若乃心之智，心是體，智是用，然體本具智慧之用，不爲境緣所奪，聲色所縛，故云到彼岸，心即法身。

論說

法藏《般若波羅蜜多心經略疏序》　夫以眞源素範，沖漠隔於筌蹄；妙覺玄猷，奧頤超於言象。雖眞俗雙泯，二諦恆存，空有兩亡，一味常顯。良以眞空未嘗不有，即有以辨於空；幻有未始不空，即空以明於有。有空有故不有，空有空故不空。不空之空，空而非斷；不有之有，有而不常。四執旣亡，百非斯遣，般若玄旨，斯之謂歟。若歷事備陳，言過二十萬頌；若撮其樞要，理盡一十四行。是知詮眞之敎，乍廣略而隨緣；超言之宗，性圓通而俱現。《般若心經》者，實謂曜昏衢之高炬，濟苦海之迅航，拯物導迷，莫斯爲最。然則般若以神鑒爲體，波羅蜜多以到彼岸爲功，心顯要妙所歸，經乃貫穿言敎，從法就喩，詮旨爲目，故言《般若波羅蜜多心經》。

慧淨《般若波羅蜜多心經疏》　夫以眞宗沖粹，妙絕名詮之表，正覺幽凝，高栖像繫之外，將求性相，二智不能照眞機，迹被淺深，三獸無以臻其極。然則即色非色，寄無色以爲原，即空非空，要假空而遣色，故知至虛無像，而爲衆像之宗。妙理無言，抑乃群言之本。斯蓋像出於無像，言出於無言，無言言者，蓋感物而言生，無像像者，亦因心而像著，無言言故，四辨所以弘宣，無像故，丈六所以垂跡。然則此《多心經》者，五乘之寶運，嚴萬德以成等，八藏之妙高，飾四珍而獨秀。

靖邁《般若心經疏》　夫至理沖微，蹄識修泯，五眼夷鑑，四智昧聆，豈以寢疾寄無說表玄，告滅訖不言彰妙。然眞俗雖殊，無相不異，動靜爰隔，離言斯同，同未始異，異未始同，未始異同，自同同異，未始同異，自異異同，異自異異，異不異同，同自同同，同不同異，同異未嘗一。眞俗未詎殊，而惑者言同即謂同其異，言異即謂異其同，遍計於是乎增益，圓成以之而損減，致使若水洪瀉，壞裏庶物，惑火炎熾，流灼羣品。惟無上法王，欲屏茲霄沴，幹圓鏡以幽燭，朗大明於玄冥。故使境不滯心，心無累境，境不滯心，境無相也。心無累境，心非見也。是以至人用無見之妙慧，照無相之眞境，心境未始異，緣照未曾同。亡庶執於滯情，夷物我於積慮，無上神呪，其在茲乎。言般若者，唐言淨慧。言波羅者，唐言彼岸。言蜜多者，唐稱爲到。然慧之與岸，名相本淪，豈復染淨彼此可得，寄美般若，強言之矣。遠相離邊，是以言心。故經說云，如衆生心識，體雖是有，而無長短、青黃等相。又曰，是身爲城，心王處中，故今舉之以顯中實也。然以慧爲名者，盡其照也。以岸爲稱者，極其功也。以心爲目者，窮其實也。照之不盡，不足以朗大明於種覺。功其不極，未可以敞幽室於玄都，實之不窮，安足以冥有無一眞俗也。文約義包，詞華旨妙，括羣籍之幽致，握庶典之玄樞，所以三藏諷味衿抱，往還遐阻，仗之無累，此雖先譯，而經目遺文。今茲重翻，於以無惑，邁以志學，爰即諷持，暨今耳順，罔敢由贊，敬因心翫，聊措短懷，非敢傳燈，以慕來津。

釋提婆《註般若波羅蜜多心經并序》 《般若波羅蜜多心經》者，乃是眞理之玄宗，法身之名稱。其體則不生不滅，不去不來，量等虛空，曾無變改。廣乃普周法界，無物不容；狹即芥子微塵，未足爲喻。顯即參羅萬像，隱即無色無名。生死苦樂輪遷，本性軸元不動。四生三有，大聖共稟無差，此城他邦，凡愚自舛。是知性湊則三際不易，識濁則今古相傕。業雜乃感果不同，何關本性有異！斯乃世徒乏志，不自修行，斷信續疑，放情散逸。所以輪迴六趣，受報無窮，苦樂交番，何曾蹔止！是故上界仁慈，不悲含識，廣演言教，無事無爲，接引溺群，令登已岸。今即世徒緣逼，無暇遍尋，遂只暗昧守昏，無由得曉。乃有仁義後胤，達世根源，撰錄《大般若》之要言，用顯幽秘之義，故號《般若波羅蜜多心經》也。文言雖促，義理遙長，若非久積勤功，莫能測其涯際。但爲妄情生滅，我見恆存，性外求眞，他方覓佛；遂使甘露徒膳，慧日虛明。此等縱屬佛生，未曾有益。提婆乃病愚已久，豈敢醫他；賢士願聞，那可緘嘿。今且略陳淺見，注寄文傍，將與理乖，請不依悔。

慧忠《般若波羅蜜多心經序》 夫法性無邊，豈藉心之所度；眞如非相，詎假言之所詮。是故衆生浩浩無窮，法海茫茫何極？若也廣尋文義，猶如鏡裏求形，更乃息念觀空，又似日中逃影。玆經喻如大地，何物不從地之所生；諸佛唯指一心，何法不因心之所立。但了心地，故號總持；悟法無生，名爲妙覺。一念超越，豈在繁論者爾。

張說《般若心經序》 萬法起於心，心，人之主；三乘歸於一，一，法之宗。知心無所得，是眞得；見一無不通，是玄通。如來說五蘊皆空，人本空也；如來說諸法空相，法亦空也。知法照空，見空舍法，二者知見，復非空耶？ 是故定與慧俱，空去中立，入此門者爲明門，行此路者爲超路，非夫行深般若者，其孰能證於此乎？ 秘書少監駙馬都尉滎陽鄭萬鈞，深藝之士也，學有傳癖，書成草聖，乃揮灑手翰，鐫刻《心經》，樹聖善之寶坊，啓未來之華葉。佛以無依相而說，法本不生；我以無得心而傳，今則無滅。道存文字，意齊天壤。國老張說，聞而嘉焉，贊揚佛事，題之樂石。

《大明太祖高皇帝御製般若心經序》 二儀久判，萬物備周，子民者君，君育民者，法其法也，三綱五常，以示天下，亦以五刑輔弼之有等。凶頑不循教者，往往有趨火赴淵之爲，終不自省。是凶頑者，非特中國有之，盡天下莫不亦然。俄西域生佛，號曰釋迦其爲佛也，行深願重，始終不二。於是出世間，脫苦趣，爲其效也。仁慈忍辱，務明心以立命，執此道而爲之意，在人皆在此，利濟群生。今時之人，罔知佛之所以每云法空，虛而不實，何以導君子，訓小人。以朕言之，則不然，佛之教，實而不虛，正欲去愚迷之虛，立本性之實。特挺身苦行，外其教而異其名，脫苦有情。昔佛在時，侍從聽從者，皆聰明之士，演說者乃三綱五常之性理也。既聞之後，人名獲福。自佛入滅之後，其法流入中國，間有聰明者，動演人天小果，猶能化凶頑爲善，何況聰明者，知大乘而識宗旨者乎。如《心經》每言空不言實，所言之空，乃相空耳，除空之外，所存者本性也。所以相空有六，謂口空說相，眼空色相，耳空聽相，鼻空嗅相，舌空味相，身空樂相，其六空之相，又非眞相之空，乃妄想之相，爲之空相，是空相，愚及世人，禍及今古。往往愈墮彌深，不知其幾。斯空相，前代帝王被所惑，而幾喪天下者，周之穆王，漢之武帝，唐之玄宗，蕭梁武帝，元魏主燾，李後主，宋徽宗，此數帝，廢國怠政。惟蕭梁武帝、宋之徽宗以及殺身，皆由妄想飛升，及入佛天之地，其佛天之地，未嘗渺茫，此等快樂，世嘗有之。爲人性貪而不覺，而又取其樂，人世有之者何。且佛天之地，如爲國君及王侯者，若不作非，爲善能保守此境非佛天者，何如不能保守而僞爲用妄想之心。即入空虛之境，故有如是。斯空相富者被纏，則婬欲並生喪富矣貧者被纏，則諸詐並作殞身矣。其將賢未賢之人被纏，則非仁人君子也。其僧道被纏，則不能立本性而見宗旨者也。所以本經題云《心經者》，正欲去心之邪念以歸正道，豈佛教之妄耶。朕特述此，使聰明者，觀二儀之覆載，日月之循環，虛實之孰取保命者何如，若取有道，保有方，豈不佛法之良哉，色空之妙乎。

智圓《般若心經疏并序》 夫至道無名，非名無以詮其道。眞空無說，非說無以識其空，繇是名於無名，說於無說。既機分利鈍之別，故教有詳略之殊，譬諸各結筌蹄，意在同獲魚兎，若乃了說無說達名無名，則二十萬頌之非多，一十四行之非少。然則，圓音既演雅誥，爰陳相，彼此之異，宜實本末，而相攝彼，則毛目委示，此則綱領總陳。是故廣之，不爲煩。略之，不爲寡。二途相抒一味，同歸至若。蕩滌群疑，開濟正理，豈止見色空之不二，抑亦知生佛以元同，無前後可以迎、隨豈心口所能思議。杳然無朕寂爾絶相，苦厄不度而度菩提，不得而得可謂反本之要道，破迷之前陳焉，敢擧台崖敎門、龍樹宗趣，輒成義疏，用廣發揮，庶貽厥孫謀俾虛室生白者矣。《般若波羅蜜多心經》釋經爲二，一釋題，二釋文。初又二，一總，二別。總又二，一列名，二引證。列名者，此經法喻爲名，蘊空爲體，圓照爲宗，度苦爲用，大乘爲教，引證者。經云，行深般若波羅蜜多時，照見五蘊皆空，度一切苦厄。既云，五蘊皆空，空即所照之境，故知蘊空爲體。既云，行深般若，則簡異偏淺，故以圓照爲宗。既云度一切苦厄，此即智冥於境，能破二死，故以度苦爲用名教可知別。釋爲五，一名者諸經皆有通別二名應以三義往簡，謂教行理各有通別字闕。理有通別故，教有通別，攬教爲名，名亦通別，以三簡之，旨在此矣。教者，詮辯各異故別，同出金口故通。行者，四門趣入故別，同歸一理故通。理者異名召理故別，理本無名故通，今經約教則詮辯。般若約行則多在空門，約理則以蘊空立稱。別名爲二，一法，二喻。就法又二，一別，二通。般若是別，名異諸法故波羅蜜多是通，名檀等同名，故般若此翻智慧。而有三種，一實相，謂所觀眞理，即經云諸法空相。二觀照，謂能觀妙慧，即經云依般若故心無罣礙。三文字，謂詮二之教，即觀自在對告身子顯蜜之説。此經正觀照以彰名。問《般若》云，智慧理教何得名邪。答理能發慧，教能詮慧，故得相從悉名。般若二通，名波羅蜜多，此云到彼岸，即由妙慧從生死此岸越煩惱中流，到涅槃彼岸也。二喻心，謂肉團心，此之略説統攝群言，譬方寸之心，於五藏中要也。通名經者，訓法、訓常。法乃群機所軌，常則百世不易。二體，體謂主質，蘊空爲一，經之主質也，經家標行。既云照見五蘊皆空，至菩薩正説，還以蘊空爲始，由達蘊空乃知諸法空也。而此眞空竪該因果，以一切賢聖皆以無爲法而有差別，故橫攝衆教，以般若是一法，佛説種種名故，空非橫竪而遍橫竪。問此觀蘊空與小何別。答，二乘析破方空，今即蘊是空，若爾與通豈異。答，通觀即空，空不具法，而此圓空具足，諸法不動自性，蘊空是眞，具法是俗，不動是中，雖觀即空，三諦具足，尚不與別次第同，況藏通乎。是故四教俱得蘊空但近巧拙，具法不具法之異耳。或云，二乘得人空，菩薩證法空者，乃與奪而言。三宗此經，圓照爲宗，實三觀圓修而正，以空中破著，菩薩以無所得心而證分果，如來以無所得心而證極果，故以圓照爲宗。四用以修般若，故能度分段，變易二死之苦，得苦提涅槃二果之樂，是經力用也。五教即第四熟蘇味教。此經四譯，一秦羅什譯，名《摩訶般若波羅蜜大明呪經》。二唐玄奘譯，名《般若波羅蜜多心經》。三般若譯，立題與奘師同。四法月譯，於題上更加普遍智藏四字，此二譯皆有序及流通。今釋第二本，此對利根菩薩略説般若也。大論明佛經通四人説，謂弟子、仙人、諸天、化人。觀自在是弟子也，説處即靈鷲山，雖部談三教而今經唯圓釋題竟。

弘麗《般若心經開度説》　修心萬行，智慧爲先，罔明般若，臨流失筏，故初祖西來，直指人心，見性成佛，以續慧命，五傳而至黄梅，則專指人，受持金剛般若，以般若之所建言，即初祖之所直指，宗教無有二也。但於教之所説到者，用到。爲祖心老婆，于宗之所用到者，説到。爲佛舌廣長，是以有宗教之殊名耳。慨自古人，分別如來禪，祖師禪，以行縱奪，迷言者流，遂尊奉祖師禪，爲極則，如來禪，置之不問，且所奉爲祖師禪者，非古之祖師禪，特不過機語新奇，文字別調，較之學語座主，如畫家焉，一畫禽鳥，一畫鬼怪，俱畫也。未嘗離丹青，能別有神伎也。何所詫異，且禽鳥，入素見之。畫之似不似，難以欺人，鬼怪人所罕見，畫之似不似，無所辨謬，故今宗風之衰，尤甚講壇也。望一誇宗禪者，了然於如來禪，正不可得也。設起潙山于今日，則將曰，祖師禪，許汝了也。如來禪，未夢見在，不將又高如來禪，而低祖師禪耶。法門如此，慧命誰寄，慧命無寄，今天誰度。山居無事，間拈大乘經教，以示參徒。蓋以且未説到，何能用到，苟欲説到，非廣長舌語不能，依經指示，聊以借用廣長舌語，進諸人于如來禪，以達祖師禪，亦非肯縱諸人於如來禪，不奪諸人於祖師禪也。若便有人，取此擔荷去，熱棒無情，未放汝在，今經因新發心弟子，名開度者，時在誦持。爲之指釋，故即以開度名之。竊取般若乃六度萬行之首，西乾四七，東震二三，之所傳持實在于此，苟欲開度來學，舍此奚將，本開度聽説，以開度標名，得當焉。新安沙門羅峯墮道人書。

真可《般若波羅蜜多心經要論》　《般若波羅蜜多心經》者，實衆生大夜之明燈，諸佛之慧命也。梵語般若，此飜智慧。梵語波羅蜜多，此飜到彼岸。蓋謂有智慧者，照破煩惱，不弱情波，生死超然，妙契本有。所謂登彼岸焉，心乃喻此經，如人一身雖有百骸，五藏心爲主耳。此經文雖簡略，實六百卷雄文之心也。經者，古今不易常然，徑路人得趨而進也。觀自在菩薩者，謂此菩薩以如上智慧，圓照空有，了無罣礙。肇公云，照不失虛則涉有而無，累虛不失照則觀空而不醉，即有無而離色空，所以能有能無，可空可色，故曰自在。若夫衆生執有二乘，尚無各偏所見，不能圓通，便不自在。夫智慧之與聰明，大相懸絕。聰明則由前塵而發，智慧則由本心而生，故聰明有生滅，而智慧無依倚也。所以不生滅耳。

真可《般若波羅蜜多心經說》 夫《心經》一書，乃世出世間聖賢豪傑之神術也。是以得其旨者，御大千而王天下。如黠童牧羊，鞭策指揮，之間，靡不得其所者也。究其關鍵，則照見五蘊皆空一句，又此經之心焉。今有人于此，志在聞道而欲兼善。一切舍是書而他求，所謂夜行而棄燭，非愚即狂矣。大抵道之不明，世之難治，皆根于我相。我相既立，見可欲者即欣然而悅之，悅之而不滿，所懷即勃然而怒矣。天機由是而塞，好惡由是而偏，以故本有智慧光明埋沒盡矣。以日用而觀之，則愛憎交戰于靈臺，情識浮沈于寵辱。以今古而觀之，七雄五伯之相戮，漢唐宋元之得失，雖復盡善不盡善，不可同年而語及乎。非武則亂不可定，非智則國不可守。要而言之，皆不出我相也。是以眞性日昧，妄想日濃，質樸日漓，世道日下，故曰，以智治國，國之賊有我，治人物之敵。夫賊之與敵雖父母施，之于子必不能行，寧惟不能行，將必反目而攻之矣。如來知我相之毒，天下其害甚大，所以即一念而開色心，即色心而開五蘊，即色塵而開十二處。又即五蘊而開十八界，使夫衆生悟知身執、心執，俱本于我相。我相根本又生于無明，支支相緣，苦集相起故，達無明之所由生者，則眞性自朗。達色心無性者，則一念不可得。達五蘊無性，則色心亦不可得。達十二處之所由生者，即如疱丁解牛，了無全牛矣。以十二處觀現前，此身亦無全身可得也。達十八界之所由生者，則知色心二法。外則析爲六塵，內則析爲六根，中則即將現前。分別歷歷覺知之心，又析爲六識。嘻非我佛大慈深悲，則我相之根，毒害之本，衆苦之垢，豈易拔易滌哉。滌垢如寒濤漱石，拔根如金剛破物。漱之不已。石必終，易破之不已，物必終空，石易終穿，物空我廢，所謂若虧其一，必喪其兩耳。夫物我既忘，則本心自露，故曰，靈光獨耀，迥脫根塵也。若夫將此光照出世，則覺路可登。照世間，則古道可復。余故曰《心經》一書，世出世之神術也。般若總部其名有八，文則六百餘卷，惟此經又六百卷，雄文之關鍵也。此經之關鍵，又照見五蘊皆空一句是矣。照見五蘊皆空，又本乎色心二法。色心二法，又本乎瞥起一念。瞥起一念，又本乎眞心。惟眞心初本澄湛，本無根塵物我而獨立于五蘊之先，絕無所感則一念瞥起，所由雖大智。高明之士扣其瞥起所由生竟無有能酬者也。小子于此亦疑之久矣，安得有破疑之大師，我以身肉充供，亦所甘心焉。

諸萬里《心經注解序》 夫虛空本無也。有氣而有形，有形而有心，有心而有言，有言而有經。則心者有而有，孰疑其爲無也。然而虛空心體仍然自在，故名曰無。而經中所言，從無眼界起，至以無所得，連綿一十三字，珠聯貫引，不可阻遏，迹復何有乎？人既無，法自應無，故曰諸法空相。人法俱空，則心本無心，而經亦無經。觀空入定，我與天一，而天反不勝其有矣。惟天不勝其有，所以爲天。而佛不勝其無，所以異天。善學者悟其與天同，又悟其與天異。則有而非有，無而非無，非有無，非非有無。斯動靜互根，而可以歸儒，可以入道矣。萬曆丁巳中秋日，來雲居士繼明諸萬里序。

謝觀光《般若波羅蜜多心經釋義序》 佛說《心經》，首尾五十三言。能了一十二部大藏經中之妙義，非他經可比，故謂之了義心經。經謂之心者，心所以主宰乎一身，而運用乎百骸者也。夫心之時義大矣哉！何後之注解者，與經文無所發明！惟唐高僧賢首，諱法藏者，所注《心經略疏》，及眞覺諱文才者，注《慧燈集》，盡《略疏》之詳。此二家之注，不離本文，義理切實。但言淡意清，科條繁細。初機學者，神流氣躁，一時觀之，無入頭處。其次如潛溪宋先生，會賢首、宗泐、孤山、古雲等諸師之解，而爲解者，其義雖明，不無闕略。噫！甚矣此經之不可以漫然注解，而注解者之難也。且佛經三藏，曰經、曰律、曰論。凡謂之經與律者，皆世尊金口宣揚，一入阿難尊者之耳，始終不訛一字。佛至雙林，勅阿難，將四十九年所說之法，彙集成經。凡諸經首，必用『如是我聞』四字，蓋示以述而不作之意也。又佛住世時，在會菩薩，如文殊、普賢、觀音、勢至等，爲十方無量菩薩之首，俱未見其說法。縱有所說，非佛之

言，阿難

王澤洷《般若波羅蜜多心經句解易知序》　《般若心經》者，大般若之中心，六百卷之綱要，五千大藏之骨髓，成佛作祖之根源也。然則欲了生死，脱輪迴者，舍是無徑矣。此所以誦持之盛，盈於環海歟。顧誦者雖多，明者實少，非是經之難曉，亦非衆生之多愚，患在注無善本，耳目淆亂故也。蓋此經自入中夏以來，注釋者不下數十餘家，然或借徑遺經，自抒胸臆，其與佛之本旨，相去不啻千里而遥。即有與經意合者，又或略説大意，字句鮮釋，初學難通，甚爲未便。間有鑒此弊而反之者，又或誇多鬭靡，遠引博徵，蕪詞愈繁，眞旨愈晦。覽者茫然，不知所謂，此明是經者之所由鮮其人也。洷憫是苦，爰發大願，誓成善注，用啓群蒙。於是廣搜衆疏，扃戸澄觀。抉擇務精，取舍惟愼。善者從之，不善斯改。研思三載，始克成編。如舊注科判瑣碎，概從節省，不煩不漏，亦淺亦粗，但取理明，無嫌詞鄙，蓋欲人人易曉也。書成，名曰《句解易知》，仍用余《金剛經解》之舊名而不易者，以余之素志然也。

夫達摩西來，不立文字，直指人心，見性成佛，是經猶糟粕，注更贅疣。而余之不憚疲勞，不辭譏謗，以作此蛇足語者，誠欲初機之士，一覺即如。如迷津之得寶筏，則苦海易渡，彼岸易登，脱輪迴而了生死者，未必不由此愈多也。惓惓之心實難自己。或曰：『子發明此一段大道理，殊勝人間富貴功名萬億倍也。』然余何敢云然，亦聊爲新學行遠自邇，登高自卑之一助耳。時乾隆廿九年甲申三月穀旦，歸一居士王澤洷謹序。

通容《般若波羅蜜多心經斲輪解》　般若，梵語，此云智慧。波羅蜜多，梵語，此云彼岸到義，取到彼岸。般若之義尊重智，慧之義輕薄，今依尊重不翻，故存梵語，以立名焉。且般若之義有其五種，一曰實相，二曰觀慧，三曰文字，四曰境界，五曰眷屬。言實相般若者，以所證之理，元本眞實，當體實相也。觀慧般若者，以能證之智，了諸法空，更無障礙，頓契心源也。文字般若者，以能詮教體，稱理無遺，非世俗文字不情之具也。境界般若者，以境緣了，無好醜，不興憎愛，了了常如也。眷屬般若者，以理與神御諸所有法，妙契寰中不悖不背，統爲一理也。今觀此經，實該五焉。蓋所證之理眞空，一法不存，如五蘊、六入、十二處、十八界、四諦、十二緣、六度等法，當體全空，元本實相即實相般若也。如觀自在菩薩，行深般若波羅蜜多時，照見五蘊等，即觀慧般若以能一念照見萬法根元，頓入無生即觀慧般若也。佛洎菩薩，能所神會，觀根逗教，隨時闡義就此一經文字，縱横作大利益，非世俗不情之具即文字般若也。如後文菩提薩埵依般若故，心無罣礙，無有恐怖，遠離顛倒夢想，究竟涅槃，則唯四眞無、四顛倒即境界般若也。如後文般若是大神呪、是大明呪、是無上呪、是無等等呪則知般若妙契三德，如環無端即眷屬般若也。解義現後。然般若唯一隨其功能有此五義，隨五義功能之上建立彼岸。蓋不明般若則無明妄想，名言習氣，恐怖顛倒，總言三惑，羈縻皆生死業望無。生死名爲此岸，一明般若無明，即非無明妄想，即非妄想名言，即非名言恐怖，即非恐怖，總言幻滅都盡，慧光渾圓。所謂生滅滅已，寂滅現前，對諸生滅名爲彼岸到此，則名之不得狀，亦不得以隨教途流布與世標準名之曰心，此心之妙不可知，知亦難識獨許悟入。若悟此心，身心一如，心外無餘，乃知如來所説一代時教、百千三昧無量妙門皆是此心分量。至于博地凡夫，經營產業，作務施爲，見色聞聲，莫若不是此箇消息，但欠一囮悟而已，故曰此心獨許悟入。經者，道也。以此經所詮心法可入大道，故又經者，常也。以此經所詮心法，古今不易之，常法也。按五重玄義，此經單法爲名，實相爲體，觀照爲宗，度苦爲用，大乘熟酥爲教相。

綜　述

靖邁《般若心經疏》　將解此經，略爲四句分別，一明始無如是終闕奉行所由。二明説般若意。三明教之宗旨。四分文解釋。

第一先明始無如是終闕奉行所由。問，尋夫玄籍格言，羣經靡異，首置如是等説，末繫奉行之言，遂使詳習之致剋諧，無盡之燈恆照，是以泥越之際，尚累茲人，辨脩多羅，故頌此旨。唯今至典，始無如是之説，終闕奉行之言，其故何也。答，原夫鹿苑桴玄，沖文未肆於貝疊，鵠林掩駕，羣聖方汗於金篇，故使八萬法藏，奏希音於五天。十二眞詮，擊玄旨於九有。然夫綜括衆經，大格唯二，一鳩羣會之説，如《華嚴》、《阿含》等。二纂一會之談。如《涅槃》、《法華》等。其餘列行之典或從多會經出，則始有如是終具奉行，如《仁王》、《十地》等，或從一會經來，則始無如是，終闕奉行，如觀音遺教等。今此經者，從摩訶般若一會所流，是以始無如是，終闕奉行矣。

第二明說般若意，意爲破除遍計所執。夫羣生所以隔塵勞之山，沈煩惑之海者，莫不皆由人法遍計之所累矣。故《中論》曰，有人言萬物從大自在天生，或韋紐天生，或世性生，自然生，及種種說我及有我所，如是等無量謬執，墮於無因及以邪因斷常等見，不知正法。欲斷如是諸邪見等，令知佛法，以大乘法說因緣相。所謂一切法不生不滅畢竟空無，如《般若波羅蜜》中說，佛告須菩提，菩薩坐道場時，觀十二因緣如虛空不可盡，既欲以大乘法說因緣相。因緣相者，即依他所起性，及圓成實性，此之二性。心言性相一切永亡，而羣生惑倒，於中迷謬，起於人法遍計所執，而此所執本來是無，故言不生不滅畢竟空無。問，依他起性，可是因緣。圓成實性，如何亦稱爲因緣耶。答，寄因緣門以明義故，雖眞如實際，亦說因緣，以圓成實不離因緣故。又《智度論》問曰，何因緣故說般若耶，譬如須彌山王及以大地，不以無事及小因緣而動，今佛有何大事而說《般若》。答，爲欲宣說菩薩行故，爲酬梵王先所請故，爲斷衆生諸疑結故。一切衆生爲結使病之所惱亂，無始已來無人治者，常爲外道邪師所誤。佛爲醫王，說般若藥而以療之，爲拔彼諸衆生等出於二邊入中道，故說《般若》。又爲長爪諸梵志等於佛法中生信心故，又說諸法之實相故，爲如是等種種大事，故說《般若波羅蜜經》。

第三明教之宗旨。謂以般若實相爲宗，般若即依他起性，實相即圓成實性，遍計所執。一向是無，如龜毛兔角。是故經云，無生無滅畢竟空無等。依他起性，俗諦故有，勝義故無。雖言俗有，性相名字畢竟亦無。勝義性者，心言性相本自無矣。爲遣俗有，假於勝義而以除之，俗有既夷，勝義亦泯，斯之二性可以智冥，難以情慮，是以般若實相境平等。然夫法絕羣境，聖泯衆知，絕羣境故，於外無緣，泯衆知故，於內無取，於外無緣，於內無取，則內外兩冥，心境俱寂，復何寄於眞俗哉。欲言其有，無狀無形，欲言其無，聖以之靈。夫言眞俗，如如，實際，法性，實相者，強謂之矣。

慧淨《般若波羅蜜多心經疏》 觀自在菩薩、行深般若波羅蜜多時。

此經唯有正宗、序分、流通，在大品經首末，即此下章廣明五蘊、十二入、十八界，空色生滅，垢淨增減，狀同龜毛。但有語言，實無相兒，乃至三乘境觀但空，若就妄而去。苦集滅道，十二因緣，六波羅蜜，是所乘之法。聲聞緣覺，及諸菩薩，是能乘之人。若有能乘人，即人執未亡。見有所乘法，法執仍在。若人法未除，此即凡夫情計，豈名菩薩，如人睡裏，夢見乘船度河，得至彼岸，忽爾睡覺，元在本處，河及船人，二俱不實。菩薩修道，了達人法俱空，已入七地，得無生忍，反觀能乘所乘，如夢如幻，是能菩提薩埵。依般若波羅蜜多，了達相見俱空，二障俱盡，而得涅槃。是故引三世諸佛爲證，皆依般若波羅蜜多，得阿耨菩提，即此經教利益廣大，欲令衆生，修行流布。將釋此經，略爲十門分別。

第一初入觀門緣起分，第二了蘊虛通度厄分。第三空色一如無二分，第四垢淨唯眞無妄分。第五十二入中如幻分，第六三處體同名異分。第七三乘境觀俱空分，第八舉勝明空離障分。第九大智乘因至果分，第十護難流通神呪分。此經三乘具足，文義深妙，若受持讀誦，當成佛果。名教不思議，不生不滅，乃至無智亦無得，皆契眞如妙體，名理不思議。謂起悲智，眞俗雙行，不被涅槃生死所拘，是故得名觀自在菩薩。名行不思議，能用智慧，出離煩惱所知二障等執，因圓果滿，得菩提涅槃二種妙果，即名果不思議。此教理行果，非心能思，出於心量之表，非口能議，離於言說之外，此教理行果，是故俱名不可思議。就前觀門像起分中，文開兩段，初先標能行人，次明所行法，若先標能行人，即是觀自在菩薩。次明所行法，即深般若波羅蜜也。就般若之中，約爲三分，第一文字，名淺般若。第二，依文發慧，名中般若。第三，照見五蘊體空，名深般若。一爲能照，即名深般若，二爲所照五蘊等法。就五蘊法中，一爲色法，堅濕煖動。二爲心法，受想行識。次明空色兩境，一俱不實。又明生滅垢淨增減，各無自性。後明十二入、十八界，乃至三乘境觀俱空。無無明，亦無無明盡，即無中乘所觀之境。無老死，亦無老死盡，即無中乘能觀之人，無苦集，即無小乘境。無滅道，即無小乘能觀之智。無智亦無得，即無大乘所觀之境。以無所得故，即無大乘能觀之智。觀者，慧也。能見人法二空之理者，即是有無齊遣，藥病兩忘，不緣於相，攝境歸心，心境俱泯，無有二相。由如虛空，見此理體，名爲自在。觀貪心虛妄，於布施門中，而得自在。觀罪性空寂，於持戒門中，而得自在。觀乃至愚癡性空，於智慧門中，而得自在。觀小乘權教，於四諦門中，而得自在。觀中乘漸教，於十二緣中，而得自在。觀大乘離執，於菩提涅槃門中，而得自在。觀色空，即眼自在。觀聲空，耳自在。乃至法虛空，即意自在。能觀心空，即內自在。所觀境不實，即外自在。內外無有一法可得，是故得名自在。行者若不用智慧，觀諸法空，攀緣心起，由心起故，取塵作業障，障其聖道，不名自在。乃爲煩鏁，無無明鏁，妄想鏁，名相鏁，貪嗔癡等諸煩惱鏁，諸衆生在五蘊，枉輪迴二十五有，循環來往，經歷三塗，備受諸苦，不名自在。若依前發慧了達人法皆空，煩惱所知二障俱盡，行名自在。

菩提薩埵者，西域名菩提是道。質諦薩埵名衆生，即是道心衆生。道者，通達義理，通爲虛通，達爲了達。虛通了達心境俱空，而無鄣礙。譬如世間之道，有荆棘聚林，坑穽等境，鄣人來往，不名爲道。菩薩若見有心外等境，而起貪瞋，六度不通，一切俱礙，亦不名爲道。菩提名智，薩埵名人，有智人。菩提言慧，薩埵名人，有慧人。智能鑒有即無有，慧能達空即無空，空有雙遣，名爲智慧。有智慧者，名菩提薩埵。今以菩下卻提，薩下除埵，義略而言之，故名菩薩。問曰，比來諸德，皆言觀自在菩薩，是觀世音，此說云何。答曰，是何與言，是何與言，一切菩薩，亦入初地，煩惱障盡，既入四地，法執亦亡，人法二空，與境齊證，悲智齊設，眞俗雙行，由有悲故。常處涅槃，不滯於空，由有智故，常處生死，不染煩惱，不被煩惱涅槃二法所物。一切菩薩，皆得自在，何必觀音獨稱自在。

行深般若波羅蜜多時者，爲用加行。以無漏智，照六根、六識、六塵、五蘊、十二入，觀心不間，與理相應，念念進趣，如人遠行，腳若不住，即至前所，菩薩修道所行諸度，心不間斷，得至佛果，是故名行。深者，了達人法俱空，色心齊遣，境觀兩亡，出於心量之表，離於言說之外，非口所宣，非心所測，非二乘境界，唯佛與佛，乃能知之，故名爲深。般若者，般有二義，一是清淨義，二是勝妙義。永離渾濁，曰清。遠塵離垢，曰淨。絕待無比，曰勝。心口不測，名妙。若含二義，一是智，二是慧，智如日，是本體，慧如光，是起用。體用雙言，故名智慧。見人見法，即是妄想，能了人法俱空，名爲智慧。起心動念，見有見無，見心見境，見空見色，見是見非，心外見有一切法，作二相差別者，俱是妄想。了達一切法，本來不生，本來不滅，無有二相，猶如虛空，見此理體，名爲智慧。波羅有二義，一是此岸義，二是彼岸義。此岸者，一是分段生死，凡夫此岸，二是變易生死，七地已前菩薩此岸。彼岸有五義，一教彼岸，二是理彼岸，三是境彼岸，四行彼岸，五果彼岸。教彼岸者，此經文相能筌一實相法，名教彼岸。即依此教，筌得人法二空之妙理，名理彼岸。常觀此理，心不間斷，名境彼岸。雙離二執即人執法執，雙離二死，分段生死，及變易生死，雙除二障，即煩惱障及所知障，雙證二空，即人空法空。雙修二行，即自利行，利他行，自利行用智，利他行用悲，悲智雙行，名行彼岸。猶行此行，得至菩提之妙果，名果彼岸。蜜多有二義，一離，二到。離者，離一切心量，及文字語言。到者，到眞如實相之理。問曰，生死爲此岸，涅槃爲彼岸，未審中間體性云何。答曰，若離變易，未到涅槃，於其中間，名劣無漏種，俱生煩惱，雖未滅盡，不能令於衆生。墮三惡道，習氣微弱故，名劣無漏種。既非二邊，亦名中道義。時者，即悟入之時，譬如千年闇室，明燈纔照，闇境則無，一切衆生從無始已來，被煩惱蔽障，作種種業行，熏在識中，成就無量三塗種子，若智慧返照，一念之間所有業障悉皆消滅。作意觀察，煩惱滅時，故言爲時。問曰，覺了觀心，可名般若，文字實相，俱非觀照，何得同稱般若。答曰，若無文字，衆生依何悟解，要假言鑿，方能覺照，是故文字稱爲般若。要因覺照，照及實相，能照所照，一體一合，是故實相亦名般若。故《論》云，說智及智處，俱名爲般若。智即般若是，智處者一所照之處，實相是，是故三處俱名般若。頌曰，小乘雖證人無我，法執迷情由未改。涅槃生死不能物，菩薩於中得自在。

向來所說，雖有能觀所觀，三種般若，差別不同，總明初入觀門緣起分。

照見五蘊皆空，度一切苦厄。

照者，慧也。如燈照暗，燈至而暗滅，慧生而無明盡。五蘊者，色受想行識。質礙名色，領納爲受，取相名想，造作名行，了別曰識。蘊者，積聚義，積聚色、受、想、行、識，以成其身。即三界四生，俱用一體。各由過去無明業受爲因，熏成善惡果報差別，而是無明業，愛家果，若生天上，及在人間，貧窮困苦，愛別離苦，怨憎會，苦求不得苦，生苦老苦，病苦死苦，皆依五蘊而起。八苦乃至三苦，三界受生，無不是苦，若能了達五蘊皆是虛妄，觀色如聚沫，受如水上漚，想如春時炎，衆行如芭蕉，觀識如幻化。二蕯中，觀其體性不可得，所言皆空。五蘊若是有，八苦即不虛。五蘊之達空，八苦依何有。譬如暴風，擊水成漚，即是漚非水，漚散作水，是水非漚，漚喻衆生。水喻佛性，擊眞成妄，名曰衆生。了妄名眞，苦無生處，故言照見五蘊皆空，度一切苦厄。問曰，三界有色蘊，即有色蘊，可言苦厄。無色界中無色蘊，應當無八苦。答曰，無色界中，雖無麤色，細色仍在，世尊涅槃時，無色界諸天，淚如細雨，若無有色，淚從何來。細色未亡，識種由在，雖居八定，見相未除，來往循環，未離八苦。頌曰，四大五蘊無非色，人我衆生本性空，若能發慧當心照，長辭苦厄出煩籠。

向來所舉，能照所照，五蘊色心差別不同，總明第二，了蘊虛空度厄分竟。

舍利子，色不異空，空不異色，色即是空，空即是色，受想行識，亦復如是。

色是形色也，堅濕煖動，即色蘊也，空即虛通，爲無自性故。言色不異空空不異色者，爲二乘人，滅色取空，不知空是自心，心外見有空境見境心礙礙，即名爲色，故言空不異色。色即是空者，菩薩了達色性自空，非色滅空，非是無色名空，非是因觀故空，非心盡故空，非是拆法故空，猶如兎角龜毛，本無體性，故言色即是空。空即是色者，若心外見空，即還被空礙，故言空即是色。空不自空，因色故有空，色不自色，因空故有色。以空知有色，以色知有空，離空無別色，離色無別空。諸佛或時說色，或時說無色，諸法實相中，無色無非色，空亦如此。《華嚴經》云，心能探盡色，絲盡，色非心，離心無盡，色離盡色無心。一切相待並準此，譬如有兩目俱睞，在路獨行，其道兩邊俱有深坑，其人不見，或落道東，或落道西，當欲入坑，不見正路。路逢一人，引向中道，一切衆生亦復如是。爲諸煩惱，蔽於慧目，妄執空執色。聞說色不異空，即執空是有。爲說空不異色，即執色是眞。爲說色即是空，還執空爲實有。爲說空即是色，還起色執不除。必竟逐語尋聲，爲此遣心未盡。今以四重，翻覆心境，方始窮源。譬如有人，兩目俱睞者凡夫二乘，慧眼未開，不見中道是，兩畔深坑者，執斷執常，執空執色，常起有無二邊惡見等是。路逢一人者，即諸佛如來是。教避深坑者，離二邊惡見，爲說菩提正路者是。至於空之與色，皆是自心所變，了知心境不二，故言色不異空。受、想、行、識亦復如是者，此是心法，色既翻覆四重，心法不異於色，略而不言，故云亦復如是。頌曰，空色假待曾何實，其中唯有一眞如，心境曉同如幻夢，逍遙獨步入無餘。

向來所舉空色，翻覆四重不同，總明第三空色一如無二分。

舍利子，是諸法空相，不生不滅，不垢不淨，不增不減。此破生、滅、垢、淨、增、減，無有二相。舍利子名身子，母名舍利，因母得名，故名舍利子。是諸法空相者，五蘊、十二入、十八界之類，體相俱空，故名空相。不生、不滅者，若見諸法有生，即有法滅。法本無生，何無有法滅。猶如翳眼妄見空華，即此空華，本無體性，但爲妄想，蔽於慧目。法體之上，而起妄心，有生滅，五蘊若是有，謂是有故可言生。了達五蘊空，空中何有生，五蘊若有生，謂有生故可言滅。五蘊本無生，無生何有滅，故言不生不滅。不垢不淨者，凡夫煩惱未除，貪瞋現在，而起我人即執，名爲垢。二乘煩惱已盡，貪瞋伏離而證人空，得名爲淨。垢若有可除，謂有可除得名淨，推尋垢體，本來空，即此空中何有淨，故言不垢不淨。不增不減者，眞如理體沉淪六道，未必減少，得出三界，不必增多，在纏名如來藏，出纏名爲法身，出入語言雖殊，眞如法體本來無別，以法性爲身，無有障礙，猶如虛空，無有損減。是故空中無色，無受、想、行、識。

此爲重破色心二法，齊舉五蘊皆空，恐不了爲此重舉色心若無自性，故言是故空中無色，無受、想、行、識。頌曰，生滅虛空緣心戀，淨識相違識不通，增減了知無損益，即與能仁法性同。

向來所舉三相差別不同，總明第四垢淨唯眞無妄分。無眼、耳、鼻、舌、身、意。無色、聲、香、味、觸、法。此爲破十二入。如幻緣生無有實，無眼、耳、鼻、舌、身、意者，此破六根空。云何是空，眼中，皮兒爲地大，目淚爲水大，煖性爲火大，動轉爲風大。問曰，地是眼不。答曰，是地非眼。水是眼不，是水非眼，火是眼不，是火非眼，風是眼不。是風非眼，四大各各別，名之爲自相，和合成眼根，名之爲苦相，未有四大，無自性眼根。既有四大，無他性眼根，無自無他，即眼根空。眼性既空，亦無無眼，自下五根並準此。無色聲香味觸者，六根若是有，所對六塵並不虛，推尋六根既是空，所對六塵明非有。云何名根，爲能生諸識故。云何名塵，能坌污淨心故。四塵成四大，四大成諸根，諸根對六塵，故立十二處。各各從緣生，是明無自性。問曰，前舉五蘊，或舉十二入，十八界，即此三相，有何差別。答曰，譬如網鳥之人，如其得鳥止藉一目，不可以一目爲羅。若能了凡證聖，止藉般若一法，不可以一法敎人。爲根有利鈍，證有淺深，是故世尊隨機接引，作種種方便，說三科法門，總令其悟入。頌曰，堅濕煖動爲根本，如幻緣生死暫停，內外兩邊雖有對，觀其體性若乾城。

向來所舉根塵，兩處不同，總明第五十二入中如幻分。無眼界乃至無意識界。

此爲破十八界。前舉根塵，兩處皆空，是明中間六識，各無自性。爲有根塵，發生六識。云何發生，答曰，因有色塵，發生眼根，眼識生，因有聲塵，發耳根，耳識生，乃至因有法塵，發意根，意識生。由不達塵，即妄想起。能爲一切煩惱根本，重入本識，成無量三界四生之種子，輪迴六趣，無有休已。云何名煩惱，及貪瞋癡。答曰，以眼緣色，名之爲煩，色來觸眼，目之爲惱。六識緣六塵，名之爲煩，六塵觸六識，目之爲惱。貪瞋癡者，以眼緣色故，好色即貪，惡色即瞋，分別好惡，名之爲癡。二根中諸煩惱著準此。問曰，欲作何觀行，得勉此貪嗔癡煩惱。答曰，行者若能證心，向內返照，諸根體性不可得，即名空門。諸塵是虛妄，即是識無生滅，即無願門。三處無無有，即名三空門，三處不被繫縛故，并名三解脫門。能通達六塵故，亦名六度門。諸識但寂滅，亦名眞如門。六識滅即無煩，六塵空即無惱，塵既不實，不見有好色可貪，不見有惡色可嗔，無可分別，心即無癡。若能與理相應，貪嗔癡俱滅，煩惱永盡，即名無餘涅槃。令言無眼、耳、鼻、舌、身、意，無色、聲、香、味、觸、法，無眼界乃至無意識界者，爲破執有我人衆生壽者，十八界者，差別義，六根緣六塵，各各差別，名十八界，以舉十八界，用破我者。若眼中有我，耳裏應無，一一根塵中，各各有我者，即一人上，合有十八箇我。若一一根塵中無我，即十八界並無，故知我無實體。眼緣色塵，耳緣聲塵，乃至身緣觸塵，此爲根。五塵並可見，意識緣法塵，其狀云何。答曰，五根對五塵，中間發五識，五根雖見聞覺知，不能分別，要藉同時意識分別，見青黃赤白方圓分量等，名爲法塵。同與五識，同緣五塵，於五塵中，虛妄分別，名爲法塵。問曰，意識能分別，未審意根有何功用。答曰，意根恆審思量爲用，有三熏習四差別。三熏習者，一名言熏習，二我愛熏習，三有支熏習。四差別者，一我慢，二我愛，三我見，四無明。常與四惑煩惱相應，能作一切善惡之種子。五識向外緣五塵，意識同緣五塵，亦向內緣，名遍計所執性。七識依六識分別，向內緣以成得塵，執受成種子。重入八識，一向內緣名緣，名依他起性。八識體是如來藏，根本是眞，亦名圓成實性，根識緣色，意識隨後分別，眼識即滅。七識執受意識亦滅，八識受熏七識亦滅。行者若能證心內照，眼不緣色塵，意識無可分別。入初地，即轉意識，爲妙覺察智。六識七識無可執受，七地轉七識，爲平等性智。八識不受熏，即如來藏，淨轉八識，爲大圓鏡智。亦轉五識，爲成所作智，即成所作智。妙覺察智爲化身，平等性智爲報身，大圓鏡智爲法身。束八識以成四智，即四智而成三身，前言無眼、耳、鼻、舌、身、意等者，爲色心兩法，分爲十八界，了達色即是空，三際緣心，俱不可得。此即色心本空，故知十八處，非有就妄而言，心外非無三處，若約理而說，並是一心虛變。頌曰，內外中間十八處，如言兔角本無形，大聖應機方便說，隨於用處立虛名。

向來所舉根塵三處差別不同，總明第六三處體同名異分。

無無明，亦無無明盡，乃至無老死亦無老死盡，此破中乘境。觀如幻如炎，推求體性，不可得故。無明及生老死，是世俗諦。無明及生老盡，名眞諦。凡夫無智，起心緣境，即名無明。二乘無悲，滅卻無明入涅槃，不入涅槃流，或不盡無明，故云無無明盡。凡夫無智故，有生老死，菩薩菩薩有大智，心境俱泯。不同俗諦故，即無無明，由有大悲，爲化衆生，照見五蘊皆空，即無有老死。二乘無悲，灰身滅智，盡卻生老死，菩薩有大悲，爲化衆生，同其事業，即不盡生老死，故云無無明。亦無無明盡乃至無老死，亦無老死盡，無明者，由無智慧明，即造諸行，行謂罪行，福行，不動行，殺生偸盜等。諸邪見法名罪行，禮佛、誦經、布施、持戒等名福行。坐禪得四禪八定伏心不起，名不動行。但行人所作善惡等業，怖心未來果報，即是有爲之法，終不勉生老病死，循環三界六道，種諸業之種子，熏在識中，與生死魔軍，交會之時，所戀生處境界現前，業命已盡，受中陰等身，經七日，託入母胎，攬父母精血，赤白和合，成其宍團，即爲名色。即四陰，受、想、行、識，色即四，堅、濕、煖、動，即名六處，眼、耳、鼻、舌、身、意等，覺知冷、煖、苦、樂等名之爲觸。既有領納，目之爲受，於母生愛，於父生憎，父精出時，謂是已有，名之爲愛。貪著前境，目之爲取，四大成就，名之爲有。四十九日已前等風次解，離其母腹，名之爲生。業命總盡，四大離散，名之爲死。此即十二緣，無明與行爲過去，識、名色、六入、觸、受、愛、取、有，此八支，在母腹稱現在，生死兩支名未來，無明與行爲能引，識、名色、六處、觸、受，此五果種子爲所引，愛、取、有此現在三支，感得未來生死。中乘之人，觀無明滅，即不造行，行亦滅，以無行故，即無種子識亦滅，識既滅故，乃至老死等滅，即出離三界不受後有。喻如諸子，乘於鹿車，出於火宅，中乘之理，有無明無明滅，有老死老死滅，般若觀照則不然，無明本來不有，亦無無明滅生，究竟不可得，亦無老死盡。

無苦集滅道。此爲破小乘四諦境。觀俱無實體，以見相未亡，令觀五蘊體寂，而證人空。舉此四諦，以明因果者，集道二諦是因，苦滅二諦是果。苦集二諦是俗，滅道二諦是眞。五蘊等法名苦果，無明愛業是集因。滅盡生死名槃果，戒定慧等爲道因。問曰，一切内外等法皆以先因後果，即乘因至果，若如此者，理合先説因而後説果。今此經中，先説五蘊苦果，後説集因，其何故也。答，今世尊説四諦，爲小乘根機下劣，不了人法二空，若先説集因，後言苦果者，以凡夫不得宿命智，不能了達過去無明愛業，令觀現在果，即知過去因。今日長命者，過去名不殺生來。今日短命者，過去殺生來。今日富貴者，過去布施持戒來。今日貧賤者，過去慳貪破戒來，一切因果皆如此。今舉果即知因，爲此先舉五蘊苦果，然後説因，若知五蘊是苦，即於現在五蘊苦果之上，不作集因，欲滅集因，要須修道，道者即三十七品。戒、定、慧等以助道法，因持戒故心能定，能定故即能發慧。三乘具足，即因果俱滅。滅盡因果，名曰涅槃。出離凡夫，故名眞諦。問曰，眞諦及四聖諦，有何差別。答，三乘共觀五蘊淺深，見解殊別。凡夫執五蘊是有，躭染六塵。六塵愛著生死，諸苦逼切，輪迴六道，名爲俗諦。爲斷除生死，滅盡貪愛，執相未亡，灰身滅智，而證寂滅，出於俗網，故名眞諦。四聖諦者，了達五蘊本空，苦無生處，名爲苦聖諦。妄想不生，無明愛業本來不有，集無和合，名集聖諦。於畢滅法中，了達一切法本來不生本來不滅，是名滅聖諦。能知人法俱空，色心俱遣，緣觀雙寂，境智兩亡，能緣所緣二俱不實，無有二相，猶如虚空，作此觀者，名爲道聖諦。問，舍利子，能是小乘法人，苦、集、滅、道是小乘法，此即人法俱載。無明乃至老死，此是十二因緣。是中乘法，何故不言中乘人，此則有法無人，其故何也。答，中乘者，辟支佛乘，辟支名緣覺，佛之言覺，覺五蘊從緣生，一一蘊中，推求體性不可得。而證人空，分別煩惱，並皆以斷盡，觀緣即覺，名爲緣覺。生於無佛世界，無師自覺，亦名獨覺。若在佛前，即名上根羅漢，不得稱爲獨覺。一世界中，無有二佛，大小雖殊，爲亂佛名，不得與佛同生一處，世尊初成道時，於鹿苑中，爲五比丘，三轉十二行法輪，第一示相轉。諸比丘，此是苦，此是集，此是滅，此是道。第二勸修轉，諸比丘，此是苦，汝須知。此是集，汝須斷。此是滅，汝須證。此是道，汝須修。第三引證轉，此是苦我已知，此是集我已斷，此是滅我已證。此是道我已修。見苦斷集，證滅修道，即出三界。喻如諸子乘於羊車，出於火宅，證得羅漢，是故經云，譬如有人引導衆人，欲向寶山，道路懸遠，經三百由旬，衆人疲懈，皆欲退還，導師多諸方便，權作化城，令其歇息。佛道懸曠，經無量劫，久受勤苦，不能成，遂生退心。世尊乃説苦集道，即是行人歇息之處，今言無苦、集、滅、道者，苦本不生，何苦之有。知集無和合，何斷之有。滅無所滅，何證之有。道本無形，何修之有。若有能人，即有所修道，既無能修人，亦無所道，此則人法俱空。證如如理，譬如有人，夢見怨敵相對，白刃相交，或夢見男女遠行，分離愛別。或夢見遺失財物，衣命不死。或夢見老病在牀，死時將逼。當爾之際，非常憂苦，既其睡覺，諸苦元無，一切衆生亦復如是。從無始已來，無明蔽障，長夜睡眠，六識昏沈，妄見諸苦，般若纔照，人法俱空，身既不存，何苦之有。舉苦一諦不實，故知三諦非眞，故云無苦、集、滅、道。問曰，諸佛説法，或從深向淺，或從淺向深，今説此經，先説中乘，次説小乘，後説大乘，其故云何。答曰，諸佛説法，常依二諦，常詮第一義諦，第一義諦之中，文字俱離，若三乘是有實，有實依次説，三乘俱不實，不實有何次，故《楞伽》云，初地則爲八，十地則爲初。何以故，無所有故，有何次。無智亦無得，以無所得故。

此爲破執有大乘心，無智無菩提之智德，無得無涅槃之斷德。問曰，菩提涅槃，是有情所歸之處。二乘小果言無，信有之矣，大乘極果，何得言無，答，菩提涅槃，是衆生妄心執有。妄心既遣，體離有無。但除其病，而不除法，即眞如妙體，出在有無之外，病即有情執心妄分別耳。故經云，無聲聞乘緣覺乘如來乘，乃至有心轉，諸乘非究竟。若彼心滅盡，無乘及乘者，無有乘建立。我説為一乘。若言涅槃是有，即法執未亡。若執有菩提。即人執未盡。菩提是體上之相，涅槃是相下之體。諸佛如來法眼清淨，見體不見相。菩薩法眼未明，見相不見體。涅槃云，十地菩薩見法性，如羅縠中視。今言無智亦無得者，雙破二執。雙證二空。悟菩提性寂，即除人執，了涅槃體如。即除法執。菩提涅槃是所觀之境。以無所得故，即是能觀無相之智。問曰。法緣人設，即法後人先。人依法修，即法先人後。前後雖別，人法須存。若有法無人，法將虛。有人無法，學者無憑。若人法兩亡，便成斷見。今言人法俱空，豈可同乎墫石佇貯資良決決拔深疑。答曰，非無人法，名曰為空。從衆緣生，無其體性。如水中月鏡像，相有體無。法之與人，亦復如是。言人空者，為除人我執。所言無法者，為除執法心。若無執二心，人法亦有何過。傾曰，明與無明二相□説苦斷集謂凡愚，人法性空非智得，假設三乘並是無。向來所舉三乘境觀漸次，大小不同。總明第七境觀俱空分。菩提薩埵，依般若波羅蜜多故，心無罣礙，無罣礙故，無有恐怖，遠離顛倒夢相，究竟涅槃。菩提薩埵者，道心衆生，般若智慧。波羅蜜多者彼岸到。心無罣礙，無罣礙故者，由前觀照。三乘境觀皆空，菩提涅槃，性相俱寂。蘊界入等體性恆空，故無罣礙。無罣礙故者，重疊前文，智慧觀照，然始覺了。無有恐怖者，不爲生之所恐，不爲死之所怖，故云無有恐怖。遠離顛倒夢想，究竟涅槃者，心外見法，名之爲顛，不知自心所作，名之爲倒。譬如有人悞食莨菪，毒氣入心，妄見空華，及針等事，不知爲毒所變。心外妄見針華，終日採華拾針，而無休息，不食莨菪之人，當見採華拾針，並皆怪咲，唱言狂顛。一切衆生，迷於本性，所見境界，不知從自心變，乃心外見有差別境界，即以心求境，智者見之，如狂拾針，而無有異，故言心外見法，名之爲顛，不了自心所作，目之爲倒。夢想者，爲有所得中作善惡業，名之爲夢，分別涅槃生死爲異，名之爲想。名相俱遣，名爲究竟，心境兩亡，名爲涅槃。頌曰，薩埵依空無罣礙，用智修眞至涅槃，遠離妄想除顛倒，眞謂收心向內觀。向來所舉菩薩能離所離，除妄證眞，差別不同。總明第八舉勝明空離障分。三世諸佛，依般若波羅蜜多故，得阿耨多羅三藐三菩提。過去、未來、現在爲三世。佛之言覺，自覺斷人執，覺他斷法執。凡夫不能自覺，二乘不能覺他。菩薩不能覺滿。異凡夫故自覺，異二乘故覺他，異菩薩故覺滿。如睡夢覺，如蓮華開不染污，二癡睡盡，名之爲佛。皆依般若波羅蜜多故，以具前釋，得阿耨多羅三藐三菩提，總云無上正遍知覺。又菩提言道，菩提有五種，一發心菩提，在十信立。二伏心菩提，在地前三賢位。三明心菩提，初地至七地。四出倒菩提，八地至十地。五無上菩提，在佛果，平等法中，無有上下，故言無上。凡夫非正非眞，二乘正而非眞，菩薩眞而非正，諸佛亦眞亦正。後三名正，菩提名道，凡夫非正非道，二乘正而非道，菩薩道而非正，諸佛亦正亦道。此是諸佛眞如法界身，與一切衆生同體，行者若能以無漏智慧，觀達煩惱妄想俱空，法界之身方顯。頌曰，過去未來三世諸佛，皆依般若得菩提，凡夫有虛修正慧，並與能人境智齊。

向來所舉，雖有因果先後不同，總明第九大智乘因向果分。故知般若波羅蜜多，是大神呪，是大明呪，是無上呪，是無等等呪，能除一切苦厄，眞實不虛，故説般若波羅蜜多呪即説呪曰者。一舉呪德，二舉呪勝，三舉呪用，四舉呪體。是大神呪者，四魔頓遣，三鄣俱亡，人法兩空，心境雙絶，神通自在，隱顯隨時，遇物變通，凡聖莫測，是故名神呪。是大明呪者，無明並盡，習氣頓除，無礙智光，妄想俱盡，故曰是明呪。舉呪德是無上呪者，超出三界，證大涅槃，十聖三賢，莫能測度，故曰是無上呪。是無等等呪者，證圓鏡智，照遍十方，由如日光，無有等侶，故曰無等等呪。舉呪勝，能除一切苦，眞實不虛者，從最清淨法界，是法身流出大智大定大慧名報身。即依報身，流出大悲成化身，能出生入死，敎化三界六道衆生，皆入無餘涅槃，故曰能除一切苦眞實不虛。舉呪用，故説般若波羅蜜多呪。即説呪曰，揭帝揭帝，波羅揭帝，波羅僧揭帝，菩提薩婆訶。東方提頭賴吒天王，南方毗留博叉天王，西方毗留勒叉天王，北方毗沙門天王。夫言修道之體，自識當身本來清淨，不生不滅，無有分別，自性圓滿清淨之心。此是本師乃勝念十方諸佛。問曰，何知自心本來清淨。答《地論》云，衆生身中，有金剛佛性，猶如日輪體明圓滿，廣大無遍，只爲五蘊重雲所覆，如瓶內燈光，不能照外。

釋提婆《註般若波羅蜜多心經》 觀自在菩薩，菩薩者，雖是梵音，文言不足，何以得然，但以梵語漢言方音有異，飜作漢語，文言稍不和韻，是以往日翻譯大德，於一名中，略除三字，終須解釋，是故知意而已。問，梵本眞言足者如何。答，即云菩提薩怛縛，此翻菩提爲道心，薩怛縛爲衆生。問，云何爲道心衆生。答，行者常觀諸法，不捨須臾，進止威儀未曾蹔息，四心普濟，而不見能所可收，爲物遷形，而善權施方便，無親無黨，常存一子之心，不曲不邪，而隨方化物，八風扇之不動，故名行道之人。行道之人，名中道之士，故名道心衆生。又道者乃是萬邦不擢之逕，心者即是內照證悟之方，內照外通相資，萬法由斯備矣。又圓明總悟，不復有進，目之爲佛，半月修滿之徒，詺之爲菩薩也。言自在者，然一切衆生皆有佛性，隱顯有異，一體不殊。觀照即自在，散亂即爲罔然。觀者非一，背爲邪見，故妄念滋多，妄念滋多，即隨因迸逸即無惡不爲，以造業故，隨業輪迴，業之所使，名不自在。又世間愚人常隨他語，不自推求，是非善惡，一聽他言，得失進，何曾自說，唯知貪幻欲於盲目，不知受實苦於將來。一害苦於萬人，日夜痛於大聖，是故道心衆生，常觀照故，不爲一切法與非法，乃至苦樂之所拘執，故言觀自在菩薩也。

行深般若波羅蜜多時。般若無底，故言深。觀照不絕，所以言行。時者，即是行人運慧悟理，契合之時，故言行深般若波羅蜜多時。

照見五蘊皆空。五蘊者，即色、受、想、行、識也，亦云陰。陰者，蔭覆之義。蘊者，蘊積之義也。然蔭性無遷，空無變改，蔭法生滅故，即色、受、想、行、識，他明乃蔭集。已曉即無生，於觀照之時，了無取捨，故照見五蘊皆空。

度一切苦厄。存情逐境不稱心，乃煩寃，契意生欣，欲心轉熾，此即苦樂交集。厄者何疑。合道之，於此門中，八風不動，故言度一切苦厄。

舍利子。舍利者，梵音，鳥名也。此翻諸家各悉不同，或云秋露子，或云眼珠子，或云身子，此皆承虛忘說。然舍利者，鴝鵒鳥者是。舍利弗母，眼似鴝鵒眼，圓而明淨，又復聰明多知，于時世人皆識因眼，故號爲舍利。既其所生，勝母聰明，世人共識，稱爲舍利弗。弗者，梵音，此翻爲子。故言舍利子，聰明第一，投佛出家，得阿羅漢果，佛與對談，故呼其名。

色不異空，即色從空而生，念念遷滅。滯心即有質，通情照觀，則畢竟無形，當知妄情非是究竟。凡夫滅色，始得言空，菩薩不妨參羅，了達色空一體，故言色不異空也。

空不異色，即空中生色，緣會故名色，緣散故言空。色不因空，不能生長，生空不因色，則不立名。欲顯其源，要須相藉，故言空不異色也。

色即是空，即色法妄質，色性體空性，不以滅色始空，故言色即是空。

空即是色，萬像參羅，皆從空出，言亦得言即色。注心觀空，見有空體，豈非空即是色。存吾之者，著空不空，忘我之人，無空無有，意顯清混，故言空則是色。受想行識亦復如是，一蔭既爾，餘四亦然，故言亦復如是。舍利子，是諸法相空，此則疊前所說，印一切法同空性相。

不生不滅，即於法性中，本自不生，今即無滅，無終無始，故言不生不滅。

不垢不淨，一切法生者是垢，滅者是淨，若我人見者，即有淨，有不淨。解脫之人，無淨，無不淨，故言不垢不淨也。

不增不減，他方入此無礙，則不增，廣濟有情不虧，名不滅，故言不增不減。是故空中無色，無受想行識，是五蔭屬諸識，緣生。緣生緣無自性，生必憑空，蔭受之時，空無增減，蔭識生滅，畢竟歸空。既了諸法皆空，即知本來無色，若知色本無色，即知受無所受，受無所受，想依何想，想既無想，行令誰行，行既不行，識欲何識。因於幻色，即起受心，因受心故，妄想即生，妄想生故，興諸業行。行有善惡，識有愛憎，愛憎之心，由於知見，今觀照知見根本性空，即識牙不生，識牙不生，即業種長謝，業種長謝，菩提果成，故言無色無受想行識。

無眼、耳、鼻、舌、身、意，無色、聲、香、味、觸、法。即眼能見色，得名爲眼。耳能聞聲，得名爲耳。鼻能聞香，得名爲鼻。舌能辨味，得名爲舌。身能受觸，得名爲身。意能觀法，得名爲意。若無色、聲、香、味、觸、法，即眼、耳、鼻、舌、身、意何所施。若無眼、耳、鼻、舌、身、意，即色、聲、香、味、觸、法亦不自說。以是各不能自起，皆是和合因緣，和合因緣，即生滅法，生滅法者，即是空，故言無也。又《起信論》云，所謂法者，是衆生心，法不自法，由心故法。當知是法，乃屬於心，此處似難，故須問答。問曰，既云法不自法，由心故法，心無定相，云何由心。答曰，心雖無相，而知一切法。又問，心既覺知，法有覺不。答曰，法若有覺者，還即是心，故佛者名覺，法名不覺，僧名和合，故知法不自法者，爲無情無分別也。由心故法者，心有情識，能分別故，邪正之理，自然即現。當知法不自法，由心故法，明知心亦不自心，由法故心。何以故。若無法者，心即無諸緣慮，以無緣慮故，則無法無心。當知分別者妄念也，無分別者，會法性也。此之無分別，非總無分別，是分別分別，是無分別，善知諸法，不逐世遷，故言無眼、耳、鼻、舌、身、意，無色、聲、香、味、觸、法。

無眼界，乃至無意識界。眼界者，即色也。乃至無意識界者，即聲、香、味、觸、法也。界者，即十八界也。何故言十八界，內有六根，外有六塵，中有六識，故言十八界。又眼只見色，不能聞聲。耳只聞聲，不能見色。鼻香舌味身觸意法，亦復如是。用皆有所，各不相知，故言界也。又眼識爲能觀，塵爲所觀，能所和合，善惡生焉。故知和合之法，皆是妄想因緣，妄想因緣即是生滅。愚者謂實，業種便生，智者了達根本，妄心不起，業種不生。業種不生，則永辭後有，故言無眼界乃至無意識界。

無無明亦無無明盡。妄心取相，確執不移，名曰無明。了達其源，無明乃盡。雖有盡與未盡，取捨相自遷流，於畢竟法身，曾無變改，故言無無明亦無無明盡。

乃至無老死亦無老死盡。以取相故，有始無終，名爲老死。因是厭患生死，脩心出苦，名爲老死盡。以上從無無明已來，明十二因緣，爲破緣覺疑故，何以故。爲行人了達法性，不逐世遷，不住靜亂苦樂相故，故言無老死亦無老死盡。

無苦集滅道，若躭著世欲，則有苦集之患，厭離世間，則有滅苦之道。菩薩於是中間，不見有苦集可捨，不見滅道可求。取捨心息，苦樂兩忘，說無四諦，斷聲聞疑，故言無苦集滅道。

無智亦無得，能觀者智也，所觀者得也。既以苦樂兩忘觀心不起，名之爲得無所得，此之一得，不同世得，爲破菩薩有所得故，故言無智亦無得。以無所得故，菩提薩埵依般若波羅蜜多故，心無罣礙。愚情逐境，動念爲罣，慧識澄神，即無所滯，故言無罣礙。

無罣礙故，無有恐怖，遠離一切顛倒夢想，即明世間執妄。所謂焰中見水，空中見華，乾闥婆城，如水龜毛，如走菟角，如石女生兒，世間五欲，榮華富貴等，亦復如是。愚者謂實，貪愛心生，苦惱便至，恐怖何疑，背正故名顛倒，無常故名夢想。智者了達夢想空幻本性無生，生由妄念，菩薩常諦，邪心不起，恐怖無從，正定心神，顛倒情息，故言無有恐怖遠離顛倒夢想。

究竟涅槃，即明一切法及行者身中佛性，本自不生，今則無滅，故言究竟涅槃。

三世諸佛依般若波羅蜜多故，得阿耨多羅三藐三菩提。三世者，即過去、未來、現在也。諸者言一切。佛者，梵音，此云覺，自覺覺他，覺了一切，故名爲佛。所言依般若波羅蜜多者，即是依智慧，到彼岸支。言得阿耨多羅三藐三菩提者，此云無上正真等正覺道，是故道心衆生，觀照不見有苦樂可得故，則無物能累，故言無上，所證非虛非邪，故言正真。於自他相，了無分別，而善覺一切諸根利鈍進退之志，故言等正覺果。證此果，皆由智慧，所言得者，如前釋得無所得，行此觀者，即遊解脫之逕，故言道也。

故知般若波羅蜜多是大神呪。神呪者，即是總持義也。智慧能持一切，故言總持。因是智慧，故證果非小，故言是大神呪。

是無上呪，於諸說中，此演爲最，故言是無上呪。

是無等等呪，世及二乘智，比量不能及，故言是無等等呪。

能除一切苦，即明此經能除生死輪轉之事，譬如明燈能破黑闇，亦如妙藥消除諸毒，復如金錍挑除眼瞙。舉要言之，譬如如意摩尼寶珠所求皆得所願皆成，若人能於此經，成思慧者，除諸惡報，滅三業鄣，亦復如是，故言能除一切苦，眞實不虛。觀行不邪，證果不謬，故言眞實不虛。

故說般若波羅蜜多呪，意在智慧，到彼岸支，能總持法，爲脩覺人，故須說也。

即說呪曰，意在欲說總持偈言，揭帝揭帝，言去去。

波羅揭帝，言彼岸去。

波羅僧揭帝，決定往彼岸。

菩提娑婆訶，言道心衆生。是知有道心者，即能內外推求，即眞理自現。達理性故，不爲生死所羈，生死既不能羈，此處即爲彼岸。若無道心，即不能談此妙道，以不行故，無由到於彼岸，爲欲勸進行人，故言揭帝揭帝，波羅揭帝，波羅僧揭帝，菩提娑婆訶。

續法《般若波羅蜜多心經理性解序》 觀音即我人，我人即觀音，不二法也。《心經》即自性，自性即《心經》，實一道也。般若心，蜜多心，該因徹果。五蘊空，諸法空，越聖超凡。空不異色，相作之用隨緣。色即是空，一眞之體不變不滅不生，騰今耀古。離夢離想，麗日明星。無眼識界，無意識界，泯自他之根相。是大神咒，是大明咒，絶生佛之假名。除一切苦，揭諦密力難思。得三菩提，薩訶神功叵測。如斯會取，眞看《心經》。向外馳求，非《心經》矣。蓋由菩薩心内衆生，墮自藏識風浪海中，昧卻良心，忘念本經，枉受苦惱，都無解脱。故勞衆生心内菩薩，坐我肉團蓮花峰頂，提起眞性，大轉法輪，度一切苦，成二果樂。心佛衆生，既無別體。佛經語心，豈有二致！故今釋經，並稱理解。觀音，表心王，舍利，表心所。五蘊，宗法相，界處，宗法性。依敎觀心，窮理盡性，心性解名，良有以也。欲明心者，請究斯文。不求見性，自負心矣。悲夫！時康熙癸未年十月十一成誕，慈雲敎觀沙門續法題。

王起隆《般若心經大意》 或又曰，儒禪淆濫，持世道者之憂也。子儒衣談佛，且爲分疏，非惟攙行之譏，實蒙二本之責，子自救不了。奚呶呶之贅歟，余應之曰，朝聞夕死，先聖之言也。此心此理，同先儒之言也，鄒子興氏，惡二本之夷之，亦惡執一之。子莫儒佛參同，大明於世界已久，不待今日也。自悲智慧尠劣，發蒙小言。其於闡揚性道類，置紙燈於二曜之下，戞瓦缶於八音之間，焉能爲有無哉。惟違心作誑，好名爲欺之語，自信操筆時，凜凜佛菩薩聖賢，舉頭鑒照，不敢隻字蹈焉。然則儒衣談佛罪，知不顧者，非二本也。惡執一也。儒禪諸書，有詳說，有反說，約《心經》、《金剛》約之約者，偶因酬答機緣謬，各述爲大意，目底法門龍戰，道術羊岐，原爲明道，用東魯之學疏經，匪云背儒，與西乾之徒，奪席從此，余且爲杜口毗耶矣。已未孟秋，東海止庵，王起隆識於楞嚴之般若堂。

紀　事

窺基《唐梵翻對字音般若波羅蜜多心經序》 梵本《般若多心經》者，大唐三藏之所譯也。三藏志遊天竺，路次益州，宿空惠寺道場内。遇一僧有疾，詢問行止，因話所之。乃難歎法師曰：『爲法忘體，甚爲希有。然則五天迢遞，十萬餘程，道涉流沙，波深弱水。胡風起處，動塞草以愁人；山鬼啼時，對荒丘之落葉。朝行雪巘，暮宿冰崖。樹掛猨猱，境多魑魅。層巒叠於葱嶺，縈似帶雪之白雲；群木簇於鷲峰，聳如參天之碧嶠。程途多難，去也如何？我有三世諸佛心要法門，師若受持，可保來往。』遂乃口受與法師訖。至曉，失其僧焉。三藏結束囊裝，漸離唐境。或途經厄難，或時有闕齋饈。憶而念之，四十九遍。失路即化人指引，思食則輒現珍蔬。但有誠祈，皆獲戩祐。至中天竺摩揭陀國那爛陀寺，旋繞經藏次，忽見前僧。而相謂曰：『遠涉艱險，喜達此方。賴我昔在支那國所傳三世諸佛心要法門。由斯經歷，保爾行途。取經早遂，滿爾心願。我是觀音菩薩。』言訖沖空。既顯奇祥，爲斯經之至驗。信爲般若，實爲聖樞。如説而行，必超覺際。究如來旨，巨歷三祇，諷如來經，能銷三障。若人虔誠受持者，體理斯而懃焉。慈恩和尚奉詔述序。

錢謙益《般若心經略疏小鈔》卷一 《般若波羅蜜多心經》一卷，唐玄奘第二譯，《慈恩傳》云，法師往蜀，見一病人，身瘡死穢，衣服被汙，愍將向寺，施與衣服飲食之具，病者慚愧，廼授法師此經，因常誦習，及往天竺，過莫賀延磧。古曰，沙河上無飛鳥，下無走獸，是時顧影惟一心，但念觀音菩薩及此經，逢諸惡鬼奇狀異類，繞人前後，及誦此經，發聲皆散，在危獲濟，實所憑焉。按《太平廣記》，奘師西行至罽賓國，道險不可過，遇一老僧，瘡痍膿血，牀上獨坐，口授《多心經》一卷，誦之，遂得山川平易，道路開闢，虎豹藏形，魔鬼潛跡，從佛國取經而歸。《廣記》引據唐人小説，當以《慈恩傳》爲正。

宋《王古法寶標目》云，什、奘二經同本異譯，於六百卷《大般若》中，此爲要略，大義雖通全本，大部中無，是枝派攝，非從彼出矣。《宋濂文句序》云，大部《般若》合六百卷，撮其樞要，實惟心經。此經凡三譯，今世所傳二百五十八言者，貞觀間三藏法師玄奘所譯，攝須彌於毫芒，斂溟渤於涓滴，其神功浩浩乎不可思議，是以歷代寶之，如摩尼珠，了空法塵，聿依佛智，皆不出乎是經，雖《法華》十萬餘言，《華嚴》四天下微塵數品，廣略固殊，旨義無二。奈何以小德小智之見，解窮神極微之典，輕測眞乘，妄談般若也哉。

《開元釋教錄》，《摩訶般若波羅蜜大明呪經》一卷亦云《摩訶心經》一紙
《般若波羅蜜多心經》一卷亦云《般若心經》一紙。

大明南北二藏，並列如上二本，不載餘譯。宋《法寶標目》，貞元譯，有《般若心經》、《普徧智藏般若波羅蜜多心經》。王古云，即是《般若心經》，與什法師、奘法師譯，小有增多。《至元法寶總錄》《貞元續錄》，《普遍智藏般若波羅蜜多心經》一卷，宋天竺三藏達磨戰濕羅譯，《般若波羅蜜心經》一卷，罽賓沙門般若具利言等譯，右二經與前《大明呪般若心》等經同本異譯。《祥符錄》所記，梵本《般若波羅蜜多心經》一卷，宋三藏慈賢譯，梵本同上經，一卷。唐天竺三藏大廣智不空譯。右二經同本異譯。《聖佛母般若波羅蜜多心經》一卷，宋天竺三藏施護譯，此經與《大明呪》等四經同本異譯。按貞元已後，是經重譯者皆是同本異譯。不空譯見《宋師會連珠記》。施護譯見《皇朝汾公注》，諸譯皆具三分，與什、奘二譯異。施獲本標《菩薩說經》則汾公所引證也。今依宋元目錄，次列貞元後諸譯之名，若慧燈記所引西夏蒙古翻本，及諸家所載五譯六譯者，文無可徵，以俟續考。

孫念劬《般若心經彙纂》 《心經》至東土，凡經五譯，第一後秦鳩摩羅什譯，名《摩訶般若波羅蜜大明呪經》字句與玄奘本，多寡稍有不同。二唐玄奘譯名《般若波羅蜜多心經》，即今所流通者。共五十四句二百六十八字五譯獨此流傳。三唐利言譯，名與奘師同。四宋法月譯。名《普遍智藏般若波羅蜜經》。五宋施護譯，名《佛說聖佛母般若波羅蜜多經》。藏本惟秦與玄奘二譯，餘譯不載五譯惟奘譯流通者，一順古，以文義尤善，古來皆崇，此本故二從用，奘師往回西域，惟憑此本遣魔障故，《神僧傳》云，奘師西行至罽賓國，道險不可過，遇一老僧，口授此經，令奘誦之，遂得山川平易，道路開通，虎豹藏形，魔鬼潛跡，得至佛國取經而歸。《慈恩傳》與此少異。

經有五義，一釋名，二辨體，三明宗，四論用，五判教相。夫法有名，名必詮體，顯體由宗，宗成有用，判以教相，則區以別矣。今題以法喻爲名，實相爲體，觀照爲宗，度苦爲用，大乘爲教相，五者皆經中之旨般若波羅蜜多是法，心字是喻，此經是般若中統要之妙義，喻人心藏爲主要統極之本。實相即諸法空相也，觀照即照見五蘊皆空也，度苦即度一切苦厄也。大乘即菩薩所行深般若也。諸經題不出人、喻、法三。單人，則佛說《阿彌陀經》等。單法，則《大般若》、《涅槃》經等。單喻，則《梵網經》等。人法兼，則《文殊問般若經》等，法喻兼，《妙法蓮華》經等。人喻兼，則《如來獅子吼經》等。人法喻三，則《大方廣佛華嚴經》等是也見義句詮實相般若，是萬行指歸，諸佛正印，故以爲體，諸法空相，即實相也。照五蘊空，是觀照般若，非照則實相不顯，故以爲宗。觀照是因，度苦是果，度苦是般若之力用，故以爲用。四教藏通別圓，此經拾藏，具通別圓三教，而文意在圓，不妨帶麤顯妙，故指蘊界處入等，皆即實相，辨教是約法，大乘似約人說。葢此法乃菩薩所行，三世佛所依，故云大乘耳。

著録

道宣《大唐内典錄》卷五 《般若多心經》【略】京師大慈恩寺沙門釋玄奘奉詔譯。

又卷六 《般若多心經》一紙。

智昇《開元釋教錄》卷八 《般若波羅蜜多心經》一卷見《内典錄》，第二出，與《摩訶般若大明呪經》等同本。貞觀二十三年五月二十四日於終南山翠微宮譯，沙門知仁筆受。

又卷十一 《摩訶般若波羅蜜大明呪》一卷，姚秦三藏鳩摩羅什譯出經題，第一譯，《拾遺》編入《般若波羅蜜多心經》一卷，大唐三藏玄奘譯出《内典錄》，第二譯右二經同本異譯前後二譯，二存一闕，其《般若心經》舊錄爲單本，新勘爲重譯。《仁王般若》等三經大義雖通，大uk全本，大部中無是支派，攝非從經出。

圓照《大唐貞元續開元釋教錄》卷一 《普遍智藏般若波羅蜜多心經》一卷，二紙。開元二十六年，東天竺國三藏沙門法月譯，沙門利言譯梵語筆受，今見在光宅寺，翰林待詔，其經本或有寄《般若經》部。

又卷一四 《普遍智藏般若波羅蜜多心經》，右一部一卷，其本見在。三藏沙門達摩戰涅羅唐言法月東天竺國人也。【略】遂譯《普遍智藏般若波羅蜜多心經》，與古舊二經中無少異，姚秦譯見名《摩訶般若波羅蜜大明

呪經》。經中云，是大明呪、無上明呪、無等等明呪。經後略讚受持功德，能除十惡五逆等罪，文字少殊。大唐三藏玄奘譯者，題云，《般若波羅蜜多心經》。正宗經云，是大神呪，是大明呪，是無上呪，是無等等呪，餘義無異。此之二經同本異譯，但有正宗並無序分及流通分。今法月所譯三分具全，正宗經文不異。玄奘譯者，承旨翻經，利言譯語。

智旭《閱藏知津》卷二三 《般若波羅密多心經》十六行半唐大慈恩寺沙門釋玄奘譯，舉世流通，文約義富。

王古《大藏聖教法寶標目》卷一 《摩訶般若波羅蜜大明呪》一卷，鳩摩羅什譯出經題，第一譯。《般若波羅蜜多心經》一卷，唐玄奘譯第二譯二經同本異譯《仁王般若》等三經大義雖通，大部全本，大部中無是支派，攝非從彼出。 右二經於六百卷《大般若》中此爲要略，若受持讀誦，有殊勝功德，菩提不遠。一切魔怨外道，毒藥蛇獸，諸惡鬼神，水火軍陣，刀箭風災不能爲害。唐三藏法師到流沙，逢無量鬼神，醜惡凶猛，唯念《般若》，聲發即皆散滅出《三藏法師傳》。

慶吉祥《至元法寶勘同總録》 《摩訶般若波羅蜜大明呪經》一卷，姚秦三藏鳩摩羅什譯。《般若波羅蜜多心經》一卷，唐三藏玄奘譯。右二經同本異譯，與蕃本對同。

仁王般若經分部

仁王護國般若波羅蜜多經

題解

真貴《仁王經科疏》卷一 《仁王護國般若波羅蜜多經》 代宗有國，重譯此經，意與黔黎共臻實相。故自叙云，懿夫護國實在茲經，竊景行於波斯，庶闡揚於調御，至若高張五忍，足明惻隱之深，永祛衆難，寔惟化淸之本，據此則般若之可護國也。不待條分縷析，數星擘兩，自然明如日月，潤同雲雨者矣。然佛經立題有人、法、體用。因果譬喻，單複不同，今從人、法、體用，亦隱法喻。釋有三對，一人法，謂《仁王護國》是奉持般若之人。《般若》等言乃擁護王國之法，即密證權化，仁心仁政之王，御天地宗社山河臣民之國，必依般若虛玄之妙門，爲超眞越俗之坦道，護國安邦之金湯，空心寂境之指南，絶愆滅禍之巨闞也。然通理事，槩而言之，所護國土即事能護般若即理故。二體用，就前法中須分體、用，謂般若是體，正翻云慧，即神悟玄微妙，證眞源照萬法空相，應本覺之慧也。然此有三種，一實相般若謂所觀眞性，即本覺也。此性如智同源，無明本盡，眞照圓明，諸幻俱離，乃名實相。故後文云自性淸淨名爲本覺。二觀照般若，謂能觀妙慧即始覺也。此智因果皆依，能所無二，存而不有，忘而不無乃云觀照，故後文云智照實性，非有非無。三文字般若，謂詮上之教，如經云我依文字般若而證諸法實相。又云總持無文字，文字顯總持。淨名云文字性空即是解脫。後文又云，一十二分，所有宣説，一切皆如，無非實相，乃至名爲修文字者，而能得證般若眞性，斯則理智教三，不一不二，爲護國妙法，一心萬行，孰可昧此。然有謂因名般若，果位名智，以般若能斷，故在因位。佛果無斷，轉受智名，一往如之，且《智論》亦云般若翻爲智慧，盖性宗二法總是般若之一心故，非如法相。因中名慧，果上名智，何則揀擇決斷，眼目殊稱，因果雖懸，妙體何異，所以若慧若智，隨舉皆得。波羅蜜多，是用此云彼岸到，彼岸約喻，謂此妙慧離生死此岸，越煩惱中流，至涅槃彼岸。此語似倒，若兼般若迴文，應云到彼岸慧，即揀不到彼岸之慧，故以爲名。淨名謂一切衆生，即寂滅相，不復更滅，但以迷倒妄見生死。名在此岸，若悟生死本空，元來寂滅，名到彼岸亦同後文，即離、即到、即此、即彼義耳。故知菩薩悲智俱修，空有雙照，以智導悲恆到也，以悲導智恆不到也，則到與不到兩途一致，亦猶華嚴謂菩薩不住彼岸，不住中流而能運載此岸衆生到於彼岸等。三教義，經字即教仁王等即養。經者，梵語修多羅，此云契經，契謂符諸佛理。叶衆生心，即契理合機之教，若揀不契理合機之教，即揀別依主，若契理合機依主得名，此乃詮仁王護國般若等義之教，依主釋也。若就下文文字，性空即是般若，即般若體持文字用，體持業用，持業釋也。

論說

唐代宗《仁王護國般若波羅蜜多經敘》 皇矣至覺，子於元元，截有海以般若之舟，剪稠林以智慧之劍，綿絡六合，羅罩十方，弘宣也深，志應也大，自權輿天竺，泳沫漢庭，行無緣之慈，納常樂之域，信其溥施。傾芥城而逾遠，仰天湛寂，超言象之又玄，五始不究其初。一得罔根其本，以彼取此，何其遼哉。朕恭嗣鴻休，丕承大寶，軫推搆以夕惕，方徹枕而假寐，夫其鎮乾坤，遏寇虐，和風雨著星辰，與物無爲，又人艱止，不有般若其能已乎。旹澡身定泉，宅心秘道，紬尋龍宮之藏，稽合鷲峰之旨，懿夫護國實在茲經。竊景行於波斯，庶闡揚於調御，至若高張五忍，足明惻隱之深，永祛衆難，寔惟化清之本。名假法假，心空色空，推之於無，則境智都寂，引之於有，迺津梁不窮，思與黎蒸，共臻實相，而緹緗貝葉，文字參差，東夏西天，言音訛謬致使古今翻譯淸濁不同，前後參詳，輕重匪一，其猶大輅，終繼事而增華，譬彼堅冰，始積水而非厲。先之所譯，語質未融，披讀之流，臨文三覆，凡諸釋氏良用慨然。先聖翹誠玉毫，澹慮眞境，發揮滿教，搜綴缺文，詔大德三藏沙門不空推教詳譯，未周部卷，三藏學究二諦，教傳三密，義了宗極，伊成字圓。褰裳西指，汎盃南海，影與形對，勤將歲深，妙印度之聲明，洞中華之韻曲，甘露沃朕香風襲予，既而梵筴遠賷，洪鍾待扣，佇延吹萬之籟，率訓開三之典。朕哀纏欒棘，悲感霜露，捧戴遺詔，不敢迨遑，延振錫之羣英，終爲山之九仞。開府朝恩，許國以身，歸佛以命，弼我眞教，申夫妙門。爰令集京城義學大德良賁等，翰林學士常袞等，於大明宮南桃園詳譯《護國般若》畢，并更寫定《密嚴》等經，握槧含毫，研精頤邃，曩者訛略，刊定較然。昔之沈隱鈎索煥矣，足可懸諸日月大燭昏衢，潤之雲雨橫流動植，伏願上資仙駕，飛慧雲於四天，迴出塵勞，躡金蓮於十地。朕理昧幽關，文慙麗則，見推序述，惋撫空懷。聊紀之於首篇，庶克開於厥後，將發皇永永，可推而行之，時旃蒙歲木堇榮月也。

淨源《仁王經疏》卷一 《仁王護國般若波羅蜜多經》 夫仁之爲德，有能仁焉，有至仁焉，至仁罰不仁，興利除害也。能仁以濟衆，兼愛無私也。以斯來于生民故曰。王者，天下之所歸往也。護者，加衛也。國者，疆域也。然護之爲義，亦有二焉，心安于道，行發于教，內護也。城塹三寶，澤及萬邦，外護也。是故經明百座之敷演，諸王之奉持，斯皆內外護之明効耳。梵語般若，此方云智慧，因果合辨也，在因爲三慧，所謂聞思修也。在果成三德，所謂智恩斷也。由是五方菩薩說呪以加持，即祕密般若也。十方諸佛發言而擁護，即顯了般若也。波羅蜜多，此譯到彼岸，謂離生死塗炭此岸，到涅槃富壽彼岸，故經文有離七難之苦，到五忍之樂焉。經者，以貫以攝訓法訓，常謂貫穿義。華攝化羣品，諸佛演之而無窮，百王奉之而不易，然則尊崇護國之典，莫若於華梵，故下文云，置經寶案，若王行時，常導其前，豈非諸佛演之而無窮，百王奉之而不易乎。或謂智者解題，折五重玄義，賢首釋經，闢十門妙旨。今述斯文，但略注經題，而不開懸談者何耶。答夫達節善變，弘之由人，至如孤山注四十二章，豈有玄義，碧海箋淨名奧典，亦無懸談，然心經略疏，雖有五門，總列一處，今疏三章，散在諸品，故曰弘之由人，良有謂乎。

淨源《注仁王護國般若經序》 夫儒典之述誠明，猶釋敎之談寂照焉。彼以聖人自誠而明，類妙覺即寂而照矣。賢者自明而誠，比等覺即照而寂歟。斯皆爲敎不同，而同歸乎善者也。矧茲聖誥雖控御三乘，而優遊中道，是故仁王勤請，祛七難以安民，至聖垂慈，敷百座而護國。恢五忍則祚昇覺帝，其唯寂照乎；歷十地則位登聖王，其唯誠明乎！昔人不究儒釋垂範，大同而小異，多以三學之文治乎心，謂之域外敎矣。六經之訓治乎身，謂之域內敎矣。由是寂照誠明之緼，前代未融耳。唯大廣智不空三藏，學究二諦，敎傳三密，通月邦之寂照，洞中華之誠明，推校詳譯，獨得其奧。故有唐睿文孝武皇帝，御製經序，載之詳矣。若夫依經辨理，文富義豐，則良賁法師解之於前。根道抵慧，辭簡旨要，則體元大士注之於後。然則廣疏盛行於三京，而其略注沉隱於二浙。淨源雖無似，行思坐誦，摭兩疏之舊章，苦志勞身，解三藏之新譯。庶乎揚十力之妙訓，報萬乘之鴻恩。夫然則由誠明而護國，豈唯樂熙寧於兆民，抑亦資忠孝於百辟者矣。

晁說之《仁王護國般若經疏序》 陳隋間天台智者，遠稟龍樹，立一

奉行之張本耳。紹定庚寅中元日，善月序。

真貴《仁王經科疏科文序》 聞夫眞際寂寥，絕染淨於色心之域，法性空廓，超修證於理智之階。冲虛靈鑑，妙粹凝常，獨露萬象而非多，卓立十方而匪異。良繇非一多之緣起，染淨齊峙以融通，惟修證之體空，因果兩忘而交徹，是以空有空，空不空，有空有，有不有，不有有，有非常，不空空，空非斷，非斷故乃眞空，非常故即妙有，然則妙有眞空之道，同時相容而互即，一念交攝以相含，至於含攝雙忘，容即兩立，玄同眞際，妙等法性，誠勝義諦中眞勝義性。逈出三乘，高超八部，乃此經窮微盡化之極譚，妙絕言思之玄唱也。故我世尊，象駕俄臨鷲嶺，龍天列侍獅床，聖衆雲擁道場，王臣風趨理窟，入定湛智海澄波，放光皎性天慧日。他方大士妙花、香、燈作供，此土世主，寶幢幡蓋投誠，變淨土於塵沙，現實臺於百億，佛踞金蓮流徧恆沙國土，共譚般若，攝歸一派靈源。斯王念請護國，吾佛言答護心，示離相以明眞，觀體空而行化，達身佛同一實相，標理事總一靈玄，乃護國之樞機，安邦之要徑也。既悟護果觀空，須達修因行化，故明性與無性，本一靈知。五十二位眞修，一十四門玄趣，寄位權化，伏斷證修，至於三假俱空，一相無實。頭頭聳般若妙光，步步踏實相理地，二護既明，一眞當顯，故諮二諦有無，意明本非一二。斯王偈讚，如來述成，爲行法所依理體，果德能照智用耳。二護理事抗行，般若體用無二，是以斯王重諮護國，如來復示眞慈，云國土衆生共業招感，禍福，人心別業變現，心正則天清地寧，心邪則災殃禍祟，欲使千災頓息，萬禍潛消，須百法師以持般若，嚴一道場供諸聖容，故帝釋修持頂生即退，普明講演班足棄榮者，良有以也。然諸王領解，各各依眞獻華，華變珍臺，佛佛共譚般若，或現一華多土，多土一華，大小染淨互相攝入，誠謂罄宏廓之幽宗，盡難思之海會。故知一念淨信之福，勝化證恆沙小乘，擧心受持之功，超施七寶大德者，信不誣矣。向譚護果，未盡行因，復於五忍十地詳示伏斷證修，度生數量，時劫短長，至令五方金剛，說呪往衛，意令因行大成，護國誠念究竟，是以依之護國，當念世道康和，仗之護果，頃刻菩提妙證。若夫祈皇圖而永固，祝聖壽以無彊，舍此般若，其孰與焉。然念請護國，先說護果者，蓋以護果正念，爲護國金湯，令國中七難潛消，五常彌布，即此護國深心，作轉凡妙藥，俾果上四大敎，九傳而至荆谿，荆谿後又九傳，而至新羅法融，法融傳理應，應傳瑛純，皆新羅人。以故此敎播於日本，而海外盛矣。屬中原喪亂，典籍蕩滅，維此敎是爲不可亡者，亦難乎其存也。然杲日將出，而曉霞先昇，眞人應運，而文明自見。我有宋之初，此敎乃漸航海入吳越，今世所傳三大部之類是也。然尚有留而不至，與夫至而非其本眞者。《仁王經疏》先至有二本，衆咸斥其僞。昔法智既納日本信禪師所寄辟支佛髮，答其所問二十義，乃求其所謂《仁王經疏》。信即授諸海舶，無何中流大風驚濤，舶人念無以息龍鼉之怒，遽投斯疏，以慰安之。法智乃求強記者二僧詣信，使讀誦以歸，不幸二僧死于日本。至元豐初，海賈乃持今《仁王疏》三卷來四明，於是老僧如恂因緣得之。其文顯而旨微，言約而意廣，以秦譯爲本，義勢似《觀心論疏》，實章安所記智者之說也。

恂道孤而寡偶，學古而難知，食貧而力不足，無以爲此經毫髮之重。每指而歎曰：『其來晚，學而艱如此，寧封野馬而飽蠹魚，不能下几案以視人。嗚呼此疏，曾不得輩行於三大部中，而匿光瘞彩，猶若海外之遠歟！』恂今年七十有六歲，乃一日抱之而泣曰：『殆將與吾俱滅邪？吾前日之志非也。』遇嵩山晁說之曰：『盍不爲我序而流通之。』說之自顧何足以與此，亦嘗有言曰：『智者若生齊梁之前，則達磨不復西來矣。』盡法性爲止觀，而源流釋迦之道，曩橐達磨之旨。今方盛於越中，異日會當周於天下，豈獨是書之不可掩哉！顧予老不及見之爲恨，姑序其所自云爾。政和二年壬辰四月癸卯序。

善月《仁王護國般若經疏神寶記序》 易於通經，難於作記，欺佛也。易於作記，難於通經，欺祖也。愚於佛祖之道不敢欺，而或有述焉，亦各適其緣爾。先是經疏始播於日本，卒授於海舶，其敎法之隆汚，往來之艱險如此。晁文元公之後景迂先生之序詳矣。方今聖君賢相主盟宗敎之秋，顧此經法實爲國寶，而獨得未記述，爲敎門缺典。一日昭慶講者行彬，抱負是書，謁余於靈山，賓次作而曰：『願得一記發揮。』余謝不敏，不得已，挾以東歸，暇日馨爐啓卷，三復其旨，顧謂或者曰：『難矣乎，非所敢知也。抑又年運衰矣，學荒志索，於此豈能及哉！』或者勉之曰：『此亦宗敎一盛事，使見義不爲，惡得爲勇乎？』余曰：『諾，姑試圖之，未敢以爲善也。』稿成，目之曰《神寶記》。云惟通人有以訂之，庶爲他日

智圓明，三身頓證，此則護國護果，無出乎忍地證修，相爲用矣，乃至玄微既闡當時，勝益應霑末世，如來預憂法滅王臣力能護持，諄諄示誡，切切叮嚀。時王領誨，泣揺三千，即誓行道，不制四衆，經名甘露法藥，信服卻病延年，受持功德福等虚空能護。

國王功高城壍，可謂一極悲心，大哀曠濟者也，大哉此經，三根普攝，五味俱含。仰夫秦譯幽秘，天台疏闡玄微，竊惟唐翻靈篇，後哲未窺其奥，加以言空言有而義圓，名同有空而體異，後昆有所未達，故責從之爲解。自神祖戊午夏，因禮清涼山回，驚聞奴賊跳梁，失陷撫順，蒿目之憂，流注寤寐，誓弘此典，上報國恩，不揆膚受，筆錄成篇。時門人敬賢忠公，關中人留心較梓，其志未滿，早作古人。去年己巳，虜薄都城，貴潛質山嚴，亦被圍困，重整先心，希殄災厄。仰蒙佛庇，法孫海潤，率徒寂妙等捨命忘軀，夜扶老體，同戒蜜觀，還居本寺。後有門人湛一朏公，營山人，精嚴教理，見圍厄已解，憶弘經念深，再四迫余，災木償願，遂再參詳，欲辭遠義通僭名科疏，庶覽者有秉燭之觀，無尋枝之厭，藉此以通經，經通而意得，意既得矣，則般若智體，昭昭然於心目之間，晃晃乎於色塵之內，如是則靈山不離當處，仁王即我聖皇。五忍朝中玉柱擎天，十地塞外金梁架海，四夷消氛於無何有鄉，八表歸心於大明上國，聊盡報國福民之葵誠。莊嚴聖教之丹悃也，疏成非敢布諸講肆，取哂高明，唯便八十老人，自備遺忘耳。時明崇禎三年，歲次庚午，佛成道日，京師慈慧寺開山嗣賢首宗第二十五代前欽依皇壇，承旨講經論，賜紫玉環比丘蜀東普眞貴謹序。

石萬程《仁王護國經科疏跋》 《仁王護國經》，從諸王請也。諸王睹佛光明，照徹三界，想斯殊勝，嘿動護國良因，求聞世諦妙義。我佛預知，不與言護國，先徵護果，次徵護因。二護既明，始乃護國。究竟護國無法，護果因即法，於世諦中，顯第一諦，於第一諦收世諦。噫嘻！如來之忠於國大也。果之護，在眞空法空，聖見無見。因之護，在一切伏忍，行盡本源。此於國何與？而佛殷殷言之。微哉！神哉！妙法不可思議，功德不可思議，爲國土法藥，即爲護國大用。受持者，如城壍牆壁，刀劍鉾盾，豈不信然。

愚庵法師精通宗教，說法多年，至老始解集此經，發願亦從護國起。予得而讀之，始自神祖戊午夏，虜驚初聞，失陷撫順。念無可報國恩者，誓弘此典，以志微忱。屬以嗣法參差，未即如願。值今上正位之二年，虜薄都城，一如世廟時事。賴聖明神武，指顧蕩平，四維燕若。師先從莊庵，巖翳榛中，遠避腥穢，憶昔心願，祈禱佛神冥佑。法孫海潤字雲外者，率徒寂妙等，夜護回寺且値虜宵遁，交錯同途，喜免辱命。於是淨几焚香，再詳昔稿，筆底滚滚涌泉，亦從忍定來也。解成，欲爲流通，予曰：『新聖人登極，轉大法輪，三教會歸，玉帛來集，磐石之安，與天齊量，奚用此經護爲？』師曰：『山僧荷國厚恩，涓埃莫報。此經護國，原佛意也，貴亦猶行佛之意也。敢云仰答高深，實惟踐斯本願。』予曰：『若是，可以行矣。』因序注經始末如此。

師少有夙悟，遍禮名山，信口禪機，尊宿吐舌。及長來京，漸藏鋒穎，結小棚爲茶庵，法教日盛，愚智咸欽。感動先朝，寸土變爲大地，塵沙化爲金刹。登講席者，四十餘載，垂老不倦，平等接人，開示無數。噫嘻！師願弘矣。注經先有《楞伽》、《唯識》、《佛醫》，佛事有《藥師科》、《圓覺燈》、《仁王經》，其最後近老年矣。師別有功行紀甚詳，玆姑述岸略。予以輯瑞，苦足病，偃息寺中，得入師室，頗聞玄緒。今黯然乞歸，慚負聖恩，酬報何日，有愧於愚法師多矣。謹跋。崇禎四年歲次辛未二月朔日，楚中湘二非居士石萬程齋沐拜書。

綜述

王古《大藏聖教法寶標目》卷一 《仁王護國般若波羅蜜經》二卷或一卷，佛爲十六國王等說法，欲滅時一切有情造惡業，故國土災難競起，日月星變，水火雨雹，賊盜饑疫，兵戈鬼神等種種災異，說救護法，國王眷屬，百官百姓皆當受持般若，七難即滅，皆得安樂。佛說菩薩行位、五忍、十五地等法，廣如本經。

智旭《閱藏知津》卷二三 《仁王護國般若波羅蜜多經》二卷有代宗序 唐北天竺沙門大廣智不空譯。序品第一，佛在鷲峰，初年月八日入大寂靜妙三摩地，放毛孔光普照，十方菩薩來集。觀如來品第二，說護佛果。護十地行。波斯匿王言，觀身實相觀佛亦然，佛印之。菩薩行品第三。二諦品第四。護國品第五。不思議品第六。奉持品第七，有金剛手菩薩所説咒。囑累品第八，文更順暢，最宜流通。《仁王護國般若波羅密經》二卷姚秦天竺沙門鳩摩羅什譯，與上經同，有智者大師疏。

紀　事

良賁《仁王護國般若波羅蜜多經疏》　此經凡有四譯，第一晉大始三年，月氏三藏法護譯爲一卷，名《仁王般若》。第二後秦弘始三年，三藏法師鳩摩羅什，秦云童壽於長安西明閣趙遙園譯，爲兩卷，名《仁王護國般若波羅蜜》。第三梁承聖三年，西天竺優禪尼國三藏波羅末陀，梁云眞諦，於洪府寶因寺譯爲一卷，名《仁王般若》，并疏六卷。然則晉本初翻方言尚隔，梁朝所譯隱而不行，秦時所翻流傳宇內。自古高德疏義寔繁，百座相仍崇護國矣。粵惟巨唐，肅宗皇帝重昌堯化，革弊救焚，至憂黎元澡心齋戒，請南天竺執師子國灌頂三藏名阿目佉，唐言不空，翻傳衆經以安社稷，茲願未滿仙駕歸。我今寶應皇帝再造乾坤，禮樂惟新，明白四達，恭嗣先訓，恩累請焉。永泰元年歳在乙巳，詔譯斯經，仍勅觀軍容使開府魚朝恩兼統其事於南桃園翻譯，起自月朔，終乎月望，於承明殿灌頂道場，御執舊經，對讀新本。詔曰，新經舊經理甚符順，所譯新本文義稍圓，斯則金言冥契於聖心，佛日再生於鳳沼，翻傳先後其在茲歟。三藏言善兩方，敎傳三密，龍宮演奧，邃旨聞天，佛日再中，眞風永扇。良賁學孤先哲，有點清流，叨接翻傳，謬膺筆受。幸揚天闕，親奉德音，令於大明宮南桃園修疏賛演，宸光曲照，不容避席，竊玄珠於貝葉，但益慙惶，捧白璧於丹墀，寧昇報効，仰酬皇澤，俯課忠勤，既竭愚誠，庶昭玄造矣。

著　録

圓照《大唐貞元續開元釋教録》　《仁王經》二卷經内題云《仁王護國般若波羅蜜多經》并御製序，三十五紙，【略】出大曆七年正月十六日，代宗勅下流行目中宣編入《一切經目録》准元奏狀一百一卷，勅下欠二卷，具定得九十八卷，於中三卷是《仁王疏》，今移在下疏目中，見定得九十七卷。

圓照《貞元新定釋教目録》卷一五　再譯《仁王護國般若波羅蜜多經》二卷，大興善寺三藏沙門不空所奏，此當第四譯也。此經自晉至唐凡有四譯，一晉武帝太始三年，月支三藏法護譯，爲一卷，名《仁王般若經》。二後姚秦興弘始三年三藏法師鳩摩羅什，秦言童壽，於長安草堂寺逍遙園西明閣譯，爲二卷，名《仁王護國般若波羅蜜經》，方言尚隔。三梁元帝承聖三年，西天竺優禪尼國三藏波羅末陁，梁云眞諦於洪府寶田寺譯爲一卷，名《仁王般若經》，隱而不行，三藏和上詳覽晉經，挍於梵本，文義脱略，華夷語乖，録表上聞，再請翻譯，此即第四譯也。

又卷二〇　《仁王護國般若波羅蜜經》二卷或一卷，姚秦三藏鳩摩羅什譯第二譯，三譯二闕。新譯《仁王經》二卷内題《仁王護國般若波羅蜜多經》御製序，大興善寺三藏沙門大廣智不空奉詔譯，貞元新入目録。

其他般若經分部

大乘理趣六波羅蜜多經

論　説

唐德宗《大乘理趣六波羅多經序》　大樸既散，有爲遂作，名利牽乎代，巧智喪乎眞。愛惡攻其性情，因緣豎其染習。内則百慮無節，外則六根競誘。天理滅而莫知，道源迷而忘返，淪溺苦海，劫盡還初。惟至人了萬物之宗，趣三界之表，廓獨立而不改，遍諸有而常然，故能開導群疑，濟拔流品。《六波羅蜜經》者，衆法之津梁，度門之圓極也。昔日月燈明如來爲菩薩説，歷劫曠遠，眞偈寂寥，文殊師利往於耆闍會中，嘗與彌勒菩薩語及斯事，成一切種智，會無量義因，唯佛能知，唯佛能說，教必有主，其在茲乎！是以釋迦如來，爲法而出，俟時而現，三身不異，故處代而常離，萬行無修，故隨方而自在。運慈悲之力，開護攝之門，因其六塵，示之六度，導于法分令證法身，結習紛綸，乘理而悟，是眞般若之旨也。故有慈氏善問，大音讚言，天垂寶花，雲集仙蓋，甘露流液，光明燭幽，使迷方淺深皆得自然之慧，恆沙億衆能通般若之智。嘗試論之，先儒有言，誠者自成而道自導也。夫誠己於內，則不勉而中，不思而得。誠物于外，則不言而應，不爲而成。其內者證法之身，其外者大悲之力，德產之致也密，化育之功也大。春風發吹，萬類咸滋，旭日昇晝，群陰盡釋。乾坤易簡之道，是則大同，神明幽贊之情，孰云區別？殊途一至，其理固然。

紀事

圓照《大唐貞元續開元釋教錄》卷一 《般若三藏續飜譯經記》曰，昔秦主姚氏有連理樹生於朝庭，龜茲羅什踐西涼而入貢，今我皇濬哲，有合蔓爪生於御苑，罽賓龍象汎南海以來朝，手持梵經六波羅蜜。大臣聞奏，帝俞其言，制委有司，精選碩德，就西明寺譯訖。奏聞者即三藏法師其人矣。【略】知《大乘理趣六波羅蜜經》與大唐國中根緣熟矣，東行半月方達廣州，洎建中三年屆于上國矣，至貞元二祀，訪見鄉親神策正將羅好心，即般若三藏舅氏之子也，悲喜相慰，將至家中，用展親親，延留供養，好心既信重三寶，請譯佛經，乃與大秦寺波斯僧景淨依胡本《六波羅蜜經》譯成七卷。時爲般若不閑胡語，復未解唐言，景淨不識梵文復未明釋敎，雖稱傳譯未獲半珠。啚竊虛名匪爲福，利錄表聞奏意望流行。聖上濬哲文明允恭釋典，察其所譯，理昧詞踈，且夫釋氏伽藍大秦僧寺居止既別，行法全乖，景淨應傳彌尸訶教，沙門釋子弘闡佛經，欲使教法區分，人無濫涉，正邪異類，涇渭殊流，若綱若網，有條不紊，天人攸仰四衆知歸，分命有司乃下制曰，中書門下牒，王希遷牒奉勅，釋敎深微，道俗虔敬。皆因梵本，法被中華。宜令王希遷與所司，精選有道行僧，就西明寺重更飜譯訖，聞奏，牒至準勅故牒。貞元四年四月十九日牒，及牒祠部準勅亦然，傳牒京城諸寺。大德罽賓國三藏沙門般若宣釋梵本，翰林待詔，光宅寺沙門利言譯梵語，西明寺沙門圓照筆受，資聖寺沙門道液、西明寺沙門良秀、莊嚴寺沙門圓照並潤文，慈恩寺沙門應眞。醴泉寺沙門超悟、光宅寺沙門道岸、西明寺沙門誓空並同證義，自六月八日欲翔經題，勅西街功德使句當，右神策軍使，營幕使元從興元元從鎭軍大將軍行右監門衛將軍知內侍省事上柱國，太原縣開國伯王希遷親奉。綸言與奉天定難功臣驃騎大將軍行右神策軍、大將軍知軍事檢校工部尙書兼御史大夫上柱國、武都郡王孟涉寶應功臣元從驃騎大將軍行右神策軍大將軍知軍事兼御史中丞上柱國靜戎郡王食實，封五十戶，馬有麟等送梵本經至西明寺飜譯，恩錢一百千茶三十釧，香一大合以充譯經院供養。開題名曰《大乘理趣六波羅蜜多經》也，其文十卷品十，亦然至八月六日本使奉宣。勅旨茶五十釧，香一大合賜譯經院，至宜領取。秋涼敬問，諸大德各得平安好在。又至二十四日翰林使張孝順奉宣。勅旨翰林院待詔官等宜命，每月假日兩度於西明寺禮謁翻經僧利言等，事了日停至二十九日，翰林學士左散騎常侍歸崇敬金部郎中吳通微、水部郎中徐岱、京兆醴泉縣承王不等同來瞻禮。洎九月二十日待詔徐承嗣郭紹楊絢楊季炎等二十餘人設供觀譯，十月中旬譯文周畢，十一月十五日繕寫復終，二十八日錄表進上。翻經大德西明寺主賜紫沙門良秀等言。伏以大雲含潤唯佛力之弘。玄穹造物惟帝功之大，伏惟陛下，德備三靈，威加萬寓，人歸壽域，道濟福城，特降聖慈，載敷像教，釋門覩惟新之運，緇侶荷再造之恩，良秀等誠歡誠喜，昨奉今年四月十九日恩勅飜譯《六波羅蜜經》，今精選有道行僧就西明寺飜譯訖開奏者，良秀與梵僧般若法師、道液、超悟等十人恭尋梵字對譯唐言，理奧必窮，文深悉究，品章有叙，音韻無遺，價類懸金，聲敷琢玉，僧目作禮，歡喜遍身，得逢聖朝重覩佛日。凡譯梵本九千五百頌共一十品，編成十卷，豈惟摩騰入漢爰啓金函，羅什歸秦方飜玉軸，以今況古實邁前修。竊以敎迹尊崇法音秘密，陛下蘊如來護念之慈，當國王付囑之地，光揚聖義，簡在天心，特乞殊恩爲此經製序幷宣附《開元目錄》。庶使人天迴向，拂輝日月之光，龍象禪林獨降雲雨之霈。昔日太宗述聖教之序，玄宗注《般若》之經，皆炳煥天文，發揮帝籍，其新譯《大乘理趣六波羅蜜多經》

謹隨表進，陛下嗣祖宗之休烈，滋福壽之耿光，上知成佛之因，下念從人之請，僧徒何幸曲望殊私。塵黷扆旒載深兢惕，無任荷恩之至，謹詣光順門奉表陳請以聞，沙門良秀等誠歡誠恐謹言。帝省經表令功德使王希遷奉宣勑旨，語諸大德師等，自夏徂冬翻譯經，誥功既云畢，慶慰良多，亦大婁羅想勞心也，冬寒敬問師等各得平安好，又宣恩旨，語諸大德此有少許絹及衣物各賜師等，且於右銀臺門待進止，至宣領取。時西明寺翻經大德沙門良秀等，請於西明寺爲國設無遮大齋慶經，右奉今年四月十九日聖恩，就西明寺翻譯《六波羅蜜多經》，伏以慈雲普潤，佛日載揚，蠢動之情，攸感交處，釋門道廣，緇侶力微。皇鑒曲臨，鴻私難荅，請以十二月一日奉爲國設無遮大齋，嚴肅道場，燃燈萬盞，轉誦《仁王護國般若》等經，庶藉勝因，上資聖壽，空披誠於塵露，實有荷於乾坤，不勝懇欵之至。謹詣光順門陳請以聞，如天恩允許，請降墨勑，依貞元四年十一月二十八日譯經，大德西明寺主賜紫沙門良秀等狀進，又宣勑旨賜般若法師絹一百疋，冬衣一副，餘之十人各五十疋，衣一副，檢校二人各三十疋，衣一副，以充嚫焉。三藏表謝，沙門般若言，伏以生自罽賓，十四離鄉，南遊天竺，聞所未悟。二十餘年巡禮聖蹤，雙林八塔，大小乘學，誓報四恩，遠慕支那，每思上達，無由進獻，昨因表兄右神策軍十將新平郡王羅好心身參戎衛，遂與奏聞得徹。聖聽實爲多幸，陛下崇敎，信受大乘，命以緇徒，許令翻譯，微增至願，斯以爲終，誓奉精修上資皇祚，謹詣光順門奉表陳謝以聞，沙門般若誠惶誠恐謹言。

唐德宗《大乘理趣六波羅蜜多經序》 朕虔奉丕圖保又蒸庶，思建皇極，以昇大猷，遐想靈蹤期於叶契。而舍城妙說，久秘梵文，徒懷瀉瓶，未啓遺夾。微言不昧，將或起予，於是罽賓沙門般若受旨宣揚，光宅寺沙門利言爲之翻譯，時大德則有資聖寺道液、醴泉寺超悟、慈恩寺應眞、莊嚴寺圓照、光宅寺道岸、西明寺圓照、章敬寺⿱巧言空、西明寺良秀等法門領袖，人中龍象，證明正義，輝潤玄文。知釋迦之寶城，識衆尊之滿字。以貞元四年歲次戊辰十一月二十八日，於西明寺譯成上進，凡一部十卷。龍神翼衛，如從金口之傳。梵衆護持，無異毫光之現。朕齋心滌慮，仰味宗源，聞所未聞，實爲希有。然以汲引之旨流布爲先，庶憑眞筌永濟浮俗。聊因暇日三復斯經，雖法海甚深，而波流不讓，舉其梗概，照悟將來。

著録

圓照《大唐貞元續開元釋教録》卷一 《大乘理趣六波羅蜜多經》一部十卷，般若三藏奉詔譯。

聖佛母小字般若波羅蜜多經

楊億《大中祥符法寶録》卷三 三藏沙門天息災譯，大乘經藏秘密部收。佛在王舍城鷲峯山爲聖觀自在菩薩說，此中所明以陀羅尼即般若波羅蜜多，由此出生諸佛菩薩及一切法，法從勝用故，稱佛母，令受持者近招福樂。遠趣佛乘。【略】般囉若者，智慧之對翻。陀羅尼者，摠持之詮理。以出生諸法，目之爲母。能成就萬行，尊之爲王。即色明空，空非斷滅。攝相歸性，性本眞常。由含識之覺源，即如來之法印。聞持生信，果利有歸。庶憑了義之勝緣，上助無疆之景祚。

王古《大藏聖教法寶標目》卷一〇 佛爲觀自在菩薩說陀羅尼，令衆生速獲菩提，無諸魔難。

智旭《閱藏知津》卷一三 佛在鷲峰山，聖觀自在菩薩請佛說此小字般若眞言，復說勝妙般若波羅蜜多陀羅尼。

法華經部

正法華經

綜述

佚名《正法華經記》 太康七年八月十日，燉煌月支菩薩沙門法護，手執梵經，口宣傳出《正法華經》二十七品，授優婆塞聶承遠，張仕明、張仲政、共筆受。竺德成、竺文盛、嚴威伯，續文承、趙友義、張子龍、陳長玄等共勸助歡喜。九月二日訖，大弟子陳愼力、龜兹居士帛元信共參校。元年二月《畢工記》又言，元康元年長安孫伯虎以四月十五日寫。

佚名《正法華經後記》 永熙元年八月二十八日，比丘康那律於洛陽寫《正法華品》竟，時與清戒界節優婆塞張季博，董景玄，劉長武、長文等手執經本，詣白馬寺，對與法護口校古訓，講出深義。以九月大齋十四日於東牛寺中施檀大會講誦此經，竟日盡夜，無不咸歡，重已校定。

著録

智昇《開元釋教録》卷二 《正法華經》十卷或雲《方等正法華經》十卷，有二十七品。太康元年正月十日出第二譯，淸信士張士明，張仲正，聶承遠等筆受。見眞祐二錄。

又卷三 《方等法華經》五卷，咸康元年譯，見竺道祖《晉世雜錄》，第四出，與法護《正法華》等同本。

又卷十一下 《正法華經》十卷。或云《方等正法華》，或七卷，一帙。西晉三藏竺法護譯，第三譯。

又卷十九上 《正法華經》十卷。或云《方等正法華》，或七卷，一帙，一百九十紙。西晉三藏竺法護譯。

佛説阿惟越致遮經

僧祐《出三藏記集》卷二 《阿惟越致遮經》四卷太康五年十月十四日出。

【略】晉武帝時，沙門竺法護到西域，得胡本還。自太始中至懷帝永嘉二年已前所譯出。

智昇《開元釋教録》卷二 《阿惟越致遮經》三卷初出，或四卷，或云《阿惟越致經》太康五年十月十四日於燉煌出，與《不退轉經》、《廣悼嚴淨經》同本異譯，見《眞》《祐》二錄。

僧祐《出三藏記集》卷七 《阿維越致遮經記》晉言《不退轉法輪經》，四卷，太康五年十月十四日，菩薩沙門法護於燉煌從龜兹副使美子侯得此梵書《不退轉法輪經》，口敷晉言，授沙門法乘使流布，一切咸悉聞知。

不退轉法輪經

僧祐《出三藏記集》卷三 《不退轉經》四卷或云《不退轉法輪經》。

【略】涼土異經。

智昇《開元釋教録》卷十一 《不退轉法輪經》四卷《僧祐錄》云安公涼土異經在《北涼錄》，第二譯。

佛說妙法蓮華經

題解

竺道生《妙法蓮華經疏》　夫微言幽賾，妙絕聆矚，致使採翫者寡，無哂者衆，豈非道而俗反者哉。余少預講末，而偶好玄□，俱文義富博，事理兼邃，既識非芥石，難可永紀。聊於講日，疏錄所聞，述記先言，其猶鼓生。又以元嘉九年春之三月，於盧山東林精舍又治定之，加採訪衆本，具成一卷，庶采悟君子，脫有省者，望領久繫□表，不以人微廢道也。

妙法，夫至像無形，至音無聲。希微絕朕思之境，豈有形言者哉。所以殊經異唱者，理豈然乎。寔由蒼生機感不一，啓悟萬端，是以大聖示有分流之疏，顯以參差之教，始於道樹，終于泥曰。凡說四種法輪，一者善淨法輪，謂始說一善，乃至四空，令去三塗之穢，故謂之淨。二者方便法輪，謂以無漏道品，得二涅槃，謂之方便。三者眞實法輪，謂破三之僞，成一之美，謂之眞實。四者無餘法輪，斯則會歸之談，乃說常住妙旨，謂無餘也。此經以大乘爲宗，大乘者，謂平等大慧，始於一善終乎極慧是也。平等者，謂理無異趣，同歸一極也。大慧者，就終爲稱耳，若統論始末者，一豪之善皆是也。乘者，理運彌載，代苦爲義也。妙者，若論如來吐言陳敎，何經非妙，所以此經偏言妙者，以昔權三之說非實，今云無三，斯則言當理愜，無昔虛僞，謂之妙耳。法者，體無非法，眞莫過焉。蓮花者，嗟茲經也。然器象之妙，莫踰蓮華。蓮華之美，榮在始敷。始敷之盛則子盈於內，色香味足，謂之分陀利。無三之唱，事同之也。虛談既亡，眞言存焉。誠言既播，歸一之實顯乎其中矣。經者，世之經緯，成自素帛。斯之經緯，顯乎行者眞光之綵也。

智顗《法華私記緣起》　序王所言妙者，妙名不可思議也。所言法者，十界十如權實之法也。蓮華者，譬權實法也。良以妙法難解，假喻易彰，況意乃多，略擬前後合成六也。一爲蓮故，華譬爲實施權文云，知第一寂滅以方便力故，雖示種種道，其實爲佛乘。二華敷譬開權，蓮現譬顯實。文云，開方便門示眞實相。三華落譬廢權，蓮成譬立實。文云，正直捨方便但說無上道。又蓮譬於本，華譬於迹，從本垂迹，迹依於本。文云，我實成佛來久遠若斯，但敎化衆生作如是說，我少出家得三菩提。二華敷譬開迹，蓮現譬顯本。文云，一切世間皆謂今始得道，我成佛來無量無邊那由他劫。三華落譬廢迹，蓮成譬立本。文云，諸佛如來法皆如是，爲度衆生皆實不虛。是以先標妙法，次喻蓮華，蕩化城之執敎，廢草庵之滯情，開方便之權門，示眞實之妙理，會衆善之小行，歸廣大之一乘，上中下根皆與記莂。又發衆聖之權巧，顯本地之幽微，故增道損生位隣大覺，一期化導事理俱圓，蓮華之譬意在斯矣。經者，外國稱修多羅，聖敎之都名。有翻無翻，事如後釋。記者釋曰，蓋序王者，叙經玄意，玄意述於文心，文心莫過迹本，仰觀斯旨衆義泠然。妙法蓮華即叙名也，示眞實之妙理叙體也，歸廣大之一乘叙宗也，蕩化城之執敎叙用也，一期化圓叙敎也，六譬叙迹本也。文略意周矣。

灌頂《法華私記緣起》　私序王夫理絕偏圓，寄圓珠而談理。極非遠近，託寶所而論極。極會圓冥，事理俱寂。而不寂者，良由耽無明酒，雖繫珠而不覺，迷涅槃道，路弗遠而言長。聖主世尊愍斯倒惑，四華六動開方便之門，三變千踊表眞實之地，咸令一切普得見聞。發祕密之奧藏稱之爲妙，示權實之正軌故號爲法，指久遠之本果喻之以蓮，會不二之圓道譬之以華，聲爲佛事稱之爲經，圓詮之初目之爲序，序類相從稱之爲品，衆次之首名爲第一。釋曰，談記是叙名，會冥是叙體，圓珠是叙宗，俱寂是叙用，四華六動是叙敎，本迹可知。此《妙法蓮華經》者，本地甚深之奧藏也。文云，是法不可示，世間相常住，三世如來之所證得也。文云，是第一寂滅於道場，知已大事因緣出現於世，始見我身令入佛慧，爲未入者四十餘年，以異方便助顯第一義，今正直捨方便但說無上道。所言妙者，褒美不可思議之法也。又妙者十法界十如之法，此法即妙，此妙即法，無二無別，故言妙也。又妙者，自行權實之法妙也，故舉蓮華而況之也。又妙者，即迹而本，即本而迹，即非本非迹或爲開廢云云又妙者，最勝修多羅甘露之門，故言妙也。釋曰，妙無別體，體上褒美者叙妙名也。妙即法界，法界即妙者叙體也，自行權實者叙宗也，本迹六喻者叙用也，甘露門者叙教也。

智顗《妙法蓮華經玄義》卷一 立名者，原聖建名，蓋爲開深以進始，咸令視聽俱得見聞，尋途趣遠而至於極，故以名名法，施設衆生。分別者，但法有麤妙，若隔歷三諦麤法也，圓融三諦妙法也，此妙諦本有。文云，是法住法位，世間相常住，唯我知是相，十方佛亦然。尚非不退菩薩入證，二乘所知，況復人天羣萌之類，佛雖知是不務速説。文云，我若讃佛乘衆生沒在苦，謗法不信故墜於三惡道。所以初教建立融不融，小根併不聞，次教建立不融大根都不用。次教俱建立以融斥不融，令小根恥不融慕於融。次教俱建立令小根寄融向不融，令大根從不融向於融。雖種種建立施設衆生，但隨他意語非佛本懷故。言不務速説也。今經正直捨不融但説於融，令一座席同一道味，乃暢如來出世本懷故，建立此經名之爲妙。結者，當知華嚴兼三藏，但方等對般若帶，此經無復兼，但對帶，專是正直無上之道，故稱爲妙法也。譬蓮華者，例有麤妙。云何麤，狂華無果，或一華多果，或多華一果，或一華一果，或前果後華，或前華後果。初喻外道空修梵行無所剋獲，次喻凡夫供養父母報在梵天，次喻聲聞種種苦行止得涅槃，次喻緣覺一遠離行亦得涅槃，次喻須陀洹卻後修道，次喻菩薩先藉緣修生後眞修，皆是麤華不以爲喻。蓮華多奇，爲蓮故華，華實具足可喻即實而權。又華開蓮現，可喻即權而實。又華落蓮成蓮成亦落，可喻非權非實。如是等種種義便，故以蓮華喻於妙法也。

雲法師《法華義記》卷一 釋迦如來初應此土，乃欲覺悟長迷遠同極聖，但以衆生宿殖善微，過去因弱，致使五濁障於大機，六蔽掩其慧眼。又嶮難長遠生死無際，是故不可頓明一乘因果大理。事不得已，故初詣鹿苑，開三乘異因，指別爲趣果。如是荏苒，至於《大品》明教度人，《菴羅》説法弘道。經年歷歲，猶明異因別果長養物機。於是八部四衆積年覩聖，曩日修福，遂令五濁障輕大乘機動。至今王城始稱如來出世之大意，破三乘定執之心，闡揚莫二之教同歸之理。于時且廢權於往日，談實於當今，明因則收羅萬善以爲一因，語果則復倍上數以爲極果。今言妙法者，妙名是絕麤之奇，語法則因果雙談。何者，昔日佛偏行六度爲因，感有爲無爲二種之果，若論無爲果，只斷分段結使，三界報亡爲之果。初言八十，後言七百阿僧祇住世，以已所得傳化未聞，小小益物作有爲果用，然此因此果未盡爲極之美稱之曰麤。今日明因，總括萬善爲同歸之路，將三乘行人，度五百嶮難遂到寶所，亦有二種果，斷絕三界内外兩因，滅除此彼二報無爲果極。有爲果用者，種智一朗佛果齊明，理而推之，于時則應入無餘涅槃至寂然之地。但大悲之意不限，度人之心無窮，近藉神通之力，遠由大衆萬行之感，遂能延金剛心留住於世。壽命無窮益物無崖，故能常應在三界之中，殊形入六道之内，使見色聞聲之徒生莫二之大福，是則因絕衆麤之名，果極唯精之極，是故因果兩法俱稱爲妙法。蓮華者，外譬一物必華實俱有，若談蓮家之華則如果家之因，若語華家之蓮則如因家之果，是故此經家要雙明一乘因果似若此華，故借譬受名，故云蓮華。經者，蓋是佛教之通名，聖語之別號。然經之爲義，本訓常訓法，當是不壞之稱，法是可軌爲目。欲明詮之教不可移易，先聖後聖不能改其長度，天魔外道不可沮壞此法，令其不害理故稱爲常。從之者，則離惡行善出凡登聖，故稱爲法也。然經中正明因辨果，但因果兩法喻若蓮華，今舉所明理以目此教，故言《妙法蓮華經》也。

次辨廣釋，前叙大意竟，次更細解。何者，今言妙法者，是因果相待之名，對昔爲論昔日因果俱麤，今日因果俱妙也。先明兩因，後辨二果。相待之名但今日稱妙備有三義，昔日稱麤亦備三義。言今日備三義者，一明今日因體長故稱妙，即對昔日因體短故稱麤。二者明今日因義廣故稱妙，即對昔日因義狹故稱麤。三者明今日因用勝故稱妙，即對昔日因用劣故稱麤。所言今日體長昔日因體短者，昔日止修三界治道爲因，不及三界外治道，且自當昔日之時，不道更有三界外之治道也。今日長者縱論，自發心以上迄金剛以還，三界内外治道，一切萬善以爲因體，此則今長故妙，昔短故麤。復言廣狹相對者，昔止言偏行六度不及其餘諸行，此則是狹義也。今日明因横論是善遍行，逢福盡修此是廣義，今廣稱妙昔狹稱麤。第三言用有勝劣相對義者，但煩惱有二種，一是四住地煩惱，二是無明住地煩惱。但昔日因力止斷四住煩惱不及無明住地煩惱，此是用劣之義也。今日非唯止斷四住煩惱亦斷無明住地煩惱，此是用勝之義也。是故今昔兩因麤妙如此也。今果對昔果亦各有三義。今果有三義者，一明今日果體長即對昔日果體短，第二義言今日果義廣即對昔日果義狹，第三義言今日果用勝即對昔日果用劣也。所以言今日果體長者，但昔言果止言壽命八十七百阿僧祇，今日明果壽命長遠復倍爲數，是故下經文言壽命無數劫久，修業所得，取五百那由他阿僧祇三千大千國土墨點取爲喩，言壽命復過於此，但昔日無有如此之壽，然羅漢辟支不無邊際智所延之壽，然終自無有長遠之期，是故以今日長遠之果對昔日短促之壽，昔麤今妙其義如此。第二言廣狹相對，但昔無爲果不足，只有斷分段生死無爲而已，今日斷兩種生死故，無爲爲具足也。昔日有爲果體有功德智慧，然功德未圓，智慧未備，唯照有量聖諦不照無量聖諦，亦可唯照三因三果，不照一因一果也，唯有盡無生智爲體義狹。功德未圓者，但慈悲三界內衆生，不及三界外衆生，故稱未圓也。今日明有爲果智照八諦，復照一因一果功德，爲論慈悲於內外衆生，故功德智慧圓而且備。然今廣故妙，昔狹故麤。第三明果用勝劣相對者，然此果更無別用，祇是殊形萬象神通益物，下文言神通力如是於阿僧祇劫常在靈鷲山及餘諸住處，非唯止在靈鷲益物，亦復分身十方度人，見形者三毒滅，聞聲者四倒除，但昔日之果不無小小說法，然不足是語，是故以今日神通無方益物之用勝，對昔日之用劣，昔劣今勝，劣者爲麤勝者稱妙，二名相待其意如此。又復作一種解，因果各判爲三，言因三者，一者體廣，二者位長，三者用高。體廣者，收羅五乘諸善爲因體得言廣也。位長者，今日明因位從發心以上極至金剛，治五百由旬嶮惡道，故言位長也。用高者，今日所感明因所感之果，果出於五百由旬上，能感之因用何容不高也，因正以感果爲用，所感已高能招事成不下。今日果備三義者，一者體廣，二者用長，三者位高。所以言體廣者，此有二義，一者功德圓，昔日不導一切衆生成佛，則慈悲功德不滿，今日明悉趣佛果故，所以稱廣也。五乘諸善相與成佛果上更有五乘習果之義，故稱廣也。智慧亦廣，今日更有照一乘因果之智故稱廣也。二用長者，果以何爲用，正以化物爲其用，所以住世至無量劫者，據欲神通益物所以用長也。位高者，今此佛果位在五百由旬之上，故稱位高也。迴換之意諦思可得，就此經所明長壽之義，但昔七百阿僧祇爲短，今復倍稱位長，然今者更無別長，只續昔七百阿僧祇爲長，如柱長五丈埋藏二丈唯出三丈，覩三丈爲短，又出二丈則有長義，但無別有長，正以今二丈續昔三丈有五丈之用也。壽命亦爾，昔七百爲短，今復倍爲長，但無別長續短成長，無異三丈是短是麤，今日復倍是長是妙也。此是無別長義。家義今明因三義，竝是顯一句中不在開三句中。明果三義，竝是顯遠句中，不在開近句中也。法者，非是軌則，故名法。法名自體，明所妙之法各有體。然法語通漫無的因果，表明因亦是法，果亦是法，故知此法妙因妙果法也。此位既以因果爲體，故借蓮華爲喩。經者，訓法訓常爲義也。若具存胡本應言薩達摩分陀利修多羅，外國云薩此方言妙。天竺云達摩此翻爲法，胡云分陀利此方云蓮華，外國云修多羅此方對經，今具存此土之音，故言《妙法蓮華經》也。所以知妙名翻薩者只是善，然惡既是麤鄙之法，善即是精妙可珍，如讚詠唱薩則是唱善，善即是妙。復言法翻達摩者，此則與三寶義中法寶相會，外國云達摩此方言法寶也，《大智論》云外國云分陀利此間言蓮華也。修多羅既是外國語，然經出之時翻譯之始仍用經字代修多羅。然經既訓法訓常，是故《大智論》解修多羅備有五義，一出生，二微妙發，三涌泉，四繩墨，五華鬘也。五義之中有涌泉繩墨，今取二義與法常相符。何者，涌泉無窮此與常義相會，繩墨之用本除斜取正，正而不斜可軌可則，此與法義相符，曲解經字如《大涅槃義記》所述也。若汎論衆經標題差別不同，略述所見可有五種。何者，一者單法標經，二者單人標經，三者人法兩標，四者但譬標經，五者法譬雙舉。單法者，則是《大般涅槃》者圓極佛果之法，故知單以果法標經名也。人標經者，則是《四天王經》《樹提伽經》也。人法兩存者，即是《維摩》《勝鬘經》也。但譬標經者，即是《成實》所云《斧柯喩經》也。法譬雙舉者，即是此《法華經》。上出妙法，下出蓮華爲譬，緣此得雙顯因果之義，夫水陸所生類雜無限，今的取水生蓮華以譬因果者，此華不有則已，有則華實必俱，用此俱義譬此經因果雙說也。

吉藏《法華統略》卷上 釋經題，具足應云《妙法蓮華敎菩薩法佛所護念經》今釋此一題。即爲四別，初論妙，次釋法，三解蓮華，四辨敎菩薩法。竺法護稱爲《正法蓮華》，羅什改正爲妙，本疏已詳，餘未盡者，今當略叙。然開一題爲一部，合一部爲一題。一題若成一部則成，一題若壞一部都壞。又一題若成釋迦一化便成，一題不成者，又一化不成。又一題若成，十方三世佛法則成，若不然者，一切不成。良由此經窮深極大。故後經云，如來所有一切之法，如來一切自在神力，如來一切秘要之藏，

如來一切甚深之事，皆於此經而演說之。故此經近攝能仁一化，遠該十方
佛法矣。然立妙名凡有四義，一者妙是顯至道之嘉名，二是伐累根之巧
稱，三窮讚美之淵府，四極引物之幽致。顯至道之嘉名者，夫至理不可
名，今立妙名者欲顯理無名也。故經云，是法不可示言辭相寂滅。《中論》
亦云諸法不可得，滅一切戲論，無人亦無處，佛亦無所說。肇公云，言之
者失其眞，知之者反其愚，有之者乖其性，無之者傷其體。但至人欲令物
識道無名，故於無名相中假立一妙名，令因此妙名得顯理無名。所以然
者，理若可名則非是妙，既其稱妙則知理不可名，故立妙名顯理無名矣。
又立妙名者，非但得顯理無名，復得顯名無名，所以然者，既稱妙名，寧
有名耶。故《維摩經》序云，非但妙顯無言，即言寂滅，如天女之詰身
子，汝乃知解脱無言，未悟言即解脱。若立正等名者，則不得顯理無名，
及顯名無名也。問所表之理絶言，能表之言亦絶，欲明何義。答所表之理
絶言，爲明於理，能表之言亦絶，爲辨於教。若然，非但一題成一切佛法
皆成。即一妙字成者亦可一切成矣。第二伐累根之巧稱者，前義爲顯理今
除累根。累根者，謂取著也，由取相故生煩惱，由煩惱故起業，由業故致
苦，是故《金光明》云，如從妄想思惟故生煩惱，則知著是六道之本，亦
是三乘之根，十方三世諸佛出世説法，正意爲伐羣生累根，累根若傾柯條
自壞，令六道反流三乘徙轍。故此經初品云，以無數方便引導衆生令離諸
著。滿願歎云，善哉世尊，拔出衆生處處貪著。《涅槃》亦云，住十地故
見不了了，無所住故見則了了，皆是其事。問曰，云何立於妙稱能伐累
根。答既稱爲妙，不可作四句百非取之，則受教之人，一切取相心滅。取
相心滅故，回六道之宗，改三乘之轍也。第三窮讚美之淵府者，佛道所以
超九十六道及二乘之道者，良由微妙故也。若不作妙名者，無由得顯佛道
超勝一切諸道。又十方三世佛但爲明佛道故出現於世，當知皆爲明妙道，
故此妙名於衆經之中最爲美矣。第四極引物之幽致者，若聞於妙法乃至書
於妙經，則起極敬之心，發難遭之念，便有五種法師獲六根清淨，故立妙
名矣。問曰，羅什立於妙以何文爲正，答乃處處有文故。方便品云，又告
舍利弗，無漏不思議甚深微妙法，我今已具得，唯我知是相，十方佛亦
然，明九道不知唯佛能知，故斯文爲正意也。

次釋法義，此經總唯一妙，別開二種，一者果妙，二者因妙。然既稱
爲妙，實不可論其因果乃至四句。故下文云，諸法寂滅相不可以言宣。
《文殊十禮經》云，諸佛虛空相，虛空亦無相，離諸因果故，敬禮無所觀。
但無名相中爲衆生故，強名相説，開因果法門。約果人所證名爲果妙，因
人所行稱爲因妙。就經初後分之，從初竟囑累，正明果妙，傍明因妙。從
藥王訖普賢，正明因妙，傍明果妙。初分經正明果妙，略有四種。一所乘
法妙二能乘人妙，三壽命妙，四國土妙，一一妙皆有四重。所乘四重麤妙
者，對昔二乘之法非究竟故非妙，一乘法究竟故爲妙。二者，三之與一皆
墮二邊，故不名爲妙。不三不一中道之法，故稱爲妙。三者經云遠離二邊
不著中道，則中之與偏並皆非妙，若中偏兩捨乃稱爲妙。四者二取爲二
是，二捨爲二非，既墮在是非則不名爲妙，若百是不能是百非不能非，方
乃爲妙。故大莊嚴王菩薩歎佛，非是非非，非得非失，非此非彼，非去非
來，即其事也。次明身麤妙，亦有四重。一對二乘所見生滅之身非妙，佛
所見無生滅身爲妙。二者生滅無生滅並非妙，非生無生乃稱爲妙。三者生
滅爲二，無生滅爲不二，二與不二並皆非妙，非二非不二乃稱爲妙。四是
二是不二爲二是，非二不二爲二非，既是是非悉皆非妙，不是不非乃稱
爲妙。第三壽命妙者，一對二乘伽耶之始雙林之終非妙，無始無終乃名爲
妙。二者始終無始終並爲非妙，非始終非不始終乃名爲妙。三者始終爲
二，無始終爲不二，二不二並非妙，非二不二乃稱爲妙。四者有是有非不
名爲妙，無是無非乃名爲妙。第四土麤妙者，一者對二乘所見迹身穢土非
妙，歎法身常寂光淨土爲妙。二者穢之與淨並皆非妙，不穢不淨乃稱爲
妙。三者垢淨爲二，非垢非淨不二，二不二皆非妙，非二不二乃名爲妙。
四者有是有非不名爲妙，退不著是，進不染非乃稱爲妙。問曰，此之四妙
爲是一體爲異體耶。答體更無二，隨義不同。如一體三寶，約覺義爲佛，
軌義稱法，和義爲僧，今亦爾也。理更無二，約運用自在，故名爲乘。至
人以此爲身，秤爲法身，無始終義，目之爲壽。聖所栖託稱之爲土。問由
來有此義不，答南方往諸法華師，似有乘麤乘妙無後三也。就乘麤妙中，
但有初重，無後三節。又初重義亦不成，所以然者，二乘爲麤，麤是無
常，一乘爲妙，妙亦無常。無常既同，有何麤妙，故初重亦不成也。今明
既分麤妙，則妙名爲常，麤是無常故得分麤妙也。又總論四種麤妙亦有四
重，一者以二乘爲麤，以累未盡，德未圓，故二乘爲麤，佛乘累盡德圓，

故佛乘爲妙。二者若麤若妙皆是二邊，所有爲麤非麤非妙是中道爲妙。三麤妙爲二，非麤非妙爲不二，二不二皆麤，非二非不二，乃名爲妙。四二不二非二非不二，皆是名言故皆麤，言忘慮絕方是妙也。問妙名爲在果，爲目因耶。答果累無不寂，德無不圓，可得稱妙，因義不然故妙正目果。問何以得知耶，答初從定起讚佛慧甚深，明六道不知三乘未達，則因人未知於妙，何猶有妙，故妙名目果。又經云，無漏不思議，甚深微妙法，唯我知是相，十方佛亦然，既唯佛能知則獨佛有妙。又大名主果，不在於因，妙亦如是。故下經云，菩薩求此乘故名摩訶薩，即知所求之果爲大，因人從果立名亦名爲大，故大唯是果也。問前分明因，後章辨果，可是相生先果後因，有何次第。答前因後果此相生次第，前果後因謂說門次第。所以然者，要先示妙果，欣此妙果方乃行因，是故先果後因。又此經正明三果權實，昔明三乘之果此是究竟，謂開方便門隱眞實義，今明二果爲方便，一果是眞實，故方便門開眞實相顯，是故先明於果後方辨因。

次釋蓮華，具如玄章，今爲抑毀法華之人，明此經辨因不足，明果猶無常，略引誠言驗此通爲謬。蓮華得生凡有二義，一者假緣，二有種子。衆生成佛亦具兩義，一者緣因佛性，二本有佛性。所言緣因佛性者，即是菩提心，由菩提心方得成佛。是故經云，諸佛兩足尊，知法常無性，佛種從緣起是故說一乘。二本有種子，即是本有佛性方得成佛，雖發菩提心，若本無佛性不得成佛。故經云，是法住法位，世間相常住，於道場知已，導師方便說，即是本有常住佛性也。故知此經具明緣正兩佛性，本始二有，則明因具足，果非無常。更釋，法華論釋蓮華二，一出泥水，二開敷微妙。出水二義，一出二乘泥水令離二乘心。二出二乘泥水，即是發菩提心。如諸菩薩出二乘心，菩提心現前，名爲坐蓮華座也。諸聲聞因菩薩出二乘心，即是坐蓮華座。然法華實無不有蓮華座菩薩座也，開義可知。又蓮華有出水不出水，眞如有垢無垢，無垢眞如如出水，有垢眞如名不出水。又有垢眞如有不染而染，染而不染，如蓮華在泥亦有染不染也。又斯教一乘之理，四十餘年在三乘泥水之下，而不爲三乘泥水所染。問他亦云，蓮華不有而已，有則華實俱含，此經不說而已，說則因果俱辨，與今何異。答今明唯有一理唯教一人。唯有一理是果，唯教一人是因，不異前分明因，後分辨果爲異也。次喻理教義者，教如華，理如蓮，蓮約一如理，一華喻教，教本表理，理一故教亦一，說無量義皆爲顯一理，故一切教皆是法華也。次釋教菩薩法。問題云教菩薩法佛所護念，教何等菩薩。答菩薩有二，一者直往，二回心入大。自昔已來化直往，今次教迴小入大。問昔亦教迴小入大以不。答寂滅道場頓化不得，故昔四種密化，今方三種顯教。四種密化者，一說人天乘，令入佛慧。故經云，我此九部法，隨順衆生說，入大乘爲本，以故說是經。次誘引方便，謂說二乘令入佛慧。故經云，衆苦所惱亂，爲是說涅槃，我說是方便令得入佛慧。三命說大乘令入佛慧，故有陶練小心之譬。問陶練有幾種，答依信解品，略明有二，一者以大行陶練，但封執小乘，不受大行。故經云，我等若聞淨佛國土教化衆生，而不喜樂。二者以大果陶練而保執小果不受大果。故經云，我等長夜於佛智慧無貪無著，而自於法謂是究竟。故寂滅道場已後法華之前，用四種密化令迴小入大。三種顯教者，即三周之說。以四種密化調柔其心，令小志得移大機成就，然後始得三周顯教令入佛。初以法說門顯教令入佛慧，次以譬說顯教令入佛慧，後以宿世因緣顯教令入佛慧，故三根咸悟，現前獲記，未來成佛。此四密三顯，該攝一化始終，教迴小入大之人，義無不盡。又昔五密教菩薩，今五種顯教菩薩。一者乘密，故云密遣二人。二者身密，即垢衣長者。三者壽密，伽耶成道。四者土密，在娑婆穢土。五者逆密，謂提婆示逆惡。今五顯謂乘眞實，身眞實，壽眞實，土眞實，逆眞實，此該攝一切教門。問此五種顯教既是法華五種之密，亦是法華以不。答法華教中說此顯密，故皆是法華。又昔密說法華今顯說法華，又昔是法華方便今是法華正體，又昔是法華之用，故從一佛乘起於密用，今收諸密以歸一乘。若爾則法華網羅衆教，衆教皆以法華爲宗，藥王稱最爲深大，豈不皎然。問迴小入大既有顯教，直往應有密化以不。答但有顯教無有密化。但顯教有今昔不同，是諸衆生聞我所說即入佛慧，謂昔顯教也。菩薩聞是法疑網皆除，今顯教也。問何故有二顯教，答有二教門及兩種菩薩，一者經云始見我身，聞我所說即便信受，謂華嚴教，具足明權實法門，此中菩薩即解權實便入佛慧。二者華嚴已後如大品之流未廢二乘，此中間菩薩聞法華開權顯實，則疑網得除也。又昔利根者，昔皆已悟，鈍根者至今方解。問何故迴小具顯密二教直往但顯教耶。答直往利根是故但顯教，迴小既鈍則前密後顯。故方便品云，菩薩有四早，聲聞有四晚。四早者，一菩薩早習大乘，故經云有佛子心淨柔濡亦利根，無量諸佛所而行深妙道。二早爲說大乘，故經云爲此諸佛子說是大乘經。三早與授記，故經云我記如是人來世成佛道。四早生歡喜，故經云此等聞得佛，大喜充遍身，聲聞四晚對此可知也。問今顯教菩薩既是法華，昔顯教亦是法華不。第二種顯教同令入佛慧故同是法華，則法華攝華嚴等一切大乘，深大之言其事彌顯也。又稱教菩薩法者，一者教昔菩薩令因權悟實，二者教今菩薩令因實悟權。教昔菩薩因權悟實者，昔於一佛，乘方便說五，欲令五乘之人因權入實，而執教之流聞五住五，不能因五悟不五，至此經開方便門示眞實相，始知五爲方便不五爲實，故得因權悟入於實。復一乘菩薩聞法華有一無三，但知理一於緣成五，又失方便教五，是故今明理雖是一而於緣成五，實雖是一，方便說五，如雲雨是一於草木成異令因實悟權故得入佛慧。問此是何物人耶，答猶是迴小向大之人，其根既鈍，昔聞三失一，今聞一失三，亦得二人，自有假名初心一乘菩薩，聞有一無三起此偏執，以教今昔二種菩薩令入佛慧，是故名菩薩。問波若教菩薩與法華教菩薩何異，答波若正教直往菩薩，法華正教迴小之人，問二經用何物教耶。答同用二慧教之，但二慧不同略明五異。一者因果不同，二前後爲異，三淺深差別，四空有義異，五有境無境不同。因果不同者，波若以因爲經宗，正是因中二慧以因爲宗，故論云，波若不屬佛但屬菩薩，又云在菩薩心名波若，在佛心變名薩波若，則知是因中二慧以因爲宗。法華明果德二慧，以果爲宗，唯此一事實，餘二則非眞，照佛果乘之實，名實慧，能起權用，目爲權智，故云佛力無所畏及佛諸餘法。佛力無所畏謂佛實智，及佛諸餘法即權智也，故知是果中二智也。問波若何故就因，法華約果。答昔未說菩薩行，今欲爲彌勒等說菩薩行，故說波若，是故波若正明因行，法華欲分三果權實，明佛乘是究竟，故是果。二乘非究竟，故是因，故以果智爲宗也。二前後異者，大品前明實慧，後辨方便，法華前明開方便門，後辨示眞實相。所以然者，波若爲體方便是用，故前明波若後辨方便。又波若劣方便勝，論云波若，淸淨，變名方便，故前明波若後辨方便。又波若爲六地，方便是七地。又波若超凡，方便越聖，故分前後。法華要前開方便門，然後始得示一乘眞實，是以命初題方便品，故前權後實。又要先破二乘是眞實相，故明二乘是方便，然後示一乘爲眞實。又以二乘爲方便是因，一乘爲眞實是果，前因後果此是教菩薩法之次第也。若從佛實智起於權用，亦是前實後權，但約化物次第先權後實。空有異者，波若照空爲實，照有爲權，法華明照佛果，空有皆是實，照二乘空有皆是權。則波若開空有二境，開空有兩慧，法華開權實兩慧，而合空有二境也。有境無境異者，波若有眞俗二境，空有二慧，法華則實智有境，權智無境，以無二乘究竟果故。問何故法華名教菩薩，而波若正屬菩薩不名教菩薩耶。答通而辨之，各互例也。法華但顯一理唯教一人，故明教菩薩法。題中具合二義，妙法華經謂唯顯一理，一教菩薩法謂唯教一人。波若雖屬菩薩而未癈三乘，不得云唯顯一理唯教一人，故不得云教菩薩法也。但歎美大士所行，顯小乘之劣，故有摩訶之稱。又云教菩薩法以三門教之，一攝耶歸正門，二攝異歸同門，三攝因歸果門。攝毒蟲惡鬼愛見二耶，歸聲聞緣覺兩正，故方便品具叙愛見，後明我爲說方便，說於盡苦道，示之以涅槃，即其事也。攝異歸同門者，攝二乘之異，同成菩薩，汝等所行是菩薩道也。攝因歸果門者，攝於菩薩令成佛道，即後分經是也。次教菩薩三種法輪，遺傍人喚子不得。令識根本法輪也，更遣二使，謂支末法輪教也。後委家財攝末歸本法輪也。問曰，後三與前三何異。答前三叙鹿薗已去至於法華，但明穢土教耳，後三長叙華嚴淨土教門，故前三但是二輪所攝，自上已來教菩薩所乘法竟。今次叙教菩薩能乘之人，迴小入大之流，不識佛身佛壽佛住處，故不識佛，何猶能解禮念歸依。所乘法中唯有三乘，能乘之人亦有三佛，一者法身，二者應身，三者化身。多寶明不滅，正示法身，分身是淨土之佛，名爲應身，釋迦居穢土稱化身。所乘法中三種破病，一者用一破二，故經云唯有一乘法無二亦無三也。次借二破三，緣覺第二之勝尙無，聲聞第三之劣寧有。三以權破實，三乘皆是方便非是眞實。將法例人者亦具三，一者將一破二，唯有一法身無有應化，應化非是實，故《金光明經》云，是二身者是假名有也。次將二況三，淨土分身之佛尙是化，穢土化身佛寧是實耶。又應身是本，本尙非眞，化身是末，末寧是實。三以權破實，明三身是實者方便說耳，身實無三也，解此三門則識佛矣。次將身例土，義亦同然，明能栖應身之佛既非是實，所住淨土寧是眞耶，淨土尙非是眞，穢國寧當是實，非應非化方是眞佛，不垢不淨乃爲實土，則識佛住處，名教菩薩法也。次教菩薩識佛壽命，既有三佛即有三壽，法身無始終其壽則長，應身淨土佛其壽則次，化身居穢其壽即短。故《涅槃》云，唯佛覩佛其壽無量，猶如夏日，菩薩見佛猶如春日，二乘所覩喻如冬日。今亦作三種破二乘執佛短壽，一者唯法身之壽爲實，餘二非眞。次將應況化應身之長尚其不實，化身之短寧是眞耶。三以權破實，說有三壽實，此是方便，非是實說。問昔爲二乘人說有三乘，亦得昔爲二乘說三身三土三壽以不。答此非類也，昔爲二乘說三乘，明佛乘即是化佛，故但化身化土及以化壽，垢衣長者即其事也。問昔爲菩薩說於身壽及以淨土與法華何異。答若三乘之人與菩薩共聞者，亦未分明如此經開權顯實，所以爲異，設令開身土及壽權實，三乘權終自秘之。問昔何處開身土權實，答且據《淨名》，佛身無爲無漏，謂眞身也。出於五濁，現行人法，示於身權，土亦然也。

窺基《妙法蓮華經玄贊》卷一　第三解經品得名者，且經題目妙法蓮華。經得名者，梵云薩達磨奔荼利迦素呾攬。薩者正妙之義，故法護云正法花，羅什云妙法蓮華。達磨法也。奔荼利者，白蓮華也。西域呼白蓮華爲奔荼利迦，故新經說青黃赤白四色蓮花，云殟鉢羅花，某拘陁花，鉢特摩花，奔荼利花，如次配之。蓮者，芙蕖之實。花者，華也，華美曰花也。素呾攬者經義應云妙法白蓮花經，所以下云放白毫光駕以白牛。白是衆色所依之根本，故一乘乃是諸乘本，故梵本無別白字，故惣云蓮華。然此經中鶖子三請惡人退席，已後方說一乘深旨，多依因果理智以名法花。開佛知見雙歎理智法報二身，二種無上令生欣趣。示佛知見，是法身理，示同令證悟佛知見，是報身智，勸其脩悟。此上三種歎顯佛果法報二身，涅槃菩提理智二訖。入佛知見是此二因，行一乘因趣極果故，等賜牛車是一乘因得如是乘與諸子等，日夜刧數自在遊戲是因乘故，滅去化城引至寶所是一乘果。《大般涅槃》名實所故，與辨中邊三種無上亦不相違。能詮之敎名權方便，所詮智惠名眞實乘。眞實乘中欲令二乘行因趣果，故說因果，名爲法花，故花本《論解》方便品言，自此已下明所說因果相，由此正取一乘行果名爲法華，若依《論解》《無量義經》十七名中，第十六名妙法蓮華，有二義，一出水義，所詮之理出離二乘泥濁水故。二開敷義，以勝敎言明眞理故。前爲理妙，後爲敎妙。又彼諸名第十四名亦名一乘，故知法花亦通敎理，欲令菩薩觀機授道，故說敎理，正名無量義，傍亦名爲法花。方便品云，諸佛智惠甚深無量，其智惠門難解難入。論自釋言有二甚深，一證甚深謂佛智惠所證智也，二阿含甚深謂智惠門即詮彼敎，欲拂二乘令生驚問，故從無量義處定起。初以敎理名爲法華，惣攬諸文據實而說，敎理行果俱是一乘，皆名妙法蓮花。敎理妙法如次前說，行妙法者，論釋入佛知見云，令證不退轉地示現與無量智業，故正是佛果之因乘也。譬喻品云，我身手有力當以衣裓几案從舍出之，復云唯有一門而復狹小，又云我雖能於此所燒之門安隱得出。大乘因行名之爲門，正所行處，故二乘之因悲智所誘名衣裓机案，隨宜出處故。上來三乘猶居分段三界宅，故未與車名。又云得如是乘令諸子等日夜刧數常得遊戲，與諸菩薩及聲聞衆乘此寶乘直至道場，故知出宅無漏因行正名一乘，自在無繫無所依求。故方便品云，盡行諸佛無量道法。論云，脩行甚深故知佛果能成之行亦名法花。果妙法者，《論解》開示悟云無上義，因同義，不知義，即是佛果涅槃菩提。下云諸法寂滅相不可以言宣，故知佛果眞理亦名一乘。又云說佛智惠故諸佛出於世，故知佛果正智亦名一乘。由此惣言大乘敎理行果俱有，出二乘濁水蓮花之德，敎有能敷妙理之功，理有所敷出水之力，行有因敷趣果之相，果有結實酬因之能故也。然則法藉喻明微猶著顯，故假奔荼利之花實況薩達摩之果因。法既囊括四義，花亦包羅四德。法四義者，契秘賾之微筌敎也，叶幽機之玄旨理也，剋上乘之奧業行也，圓至覺之眞宗果也，美不無不殫故稱爲妙。花四義者，菡萏菲披敷以見蓮，類敎論揚以悟旨，芙蕖秀出於靈沾，喻理顯超於小運。擧藕開而得實辟因嚴而果滿，標實結爲華本顯佛智爲乘源，故假喻蓮花斯有由矣，準此理應法四如花亦應爲勝。然觀經意雖具有四，方便品初意彰昔日敎權說三，今此會中實唯有一。佛所得法甚深難解，有所言說意趣難知，故以佛智對誘一乘，敎理二種取辭蓮花。拂彼二乘令眞聖者問取一乘，令假聖者避席而去，三請已後許其正說一大事因緣爲法花正躰，即取行果以爲法花，開示悟爲果入爲因行故。故《無量義》解蓮花有二義，初不可盡解頓悟菩薩性出二乘，後喻聲聞入衆中坐，顯彼依敎觀一乘理成漸悟故，亦如菩薩當坐蓮花，傍爲二乘兼說敎理。或《無量義經》爲菩薩說。對衆生性，欲以辨無量，欲令菩薩以敎理二返生機，故《論解》十七名中唯敎理二以解蓮花。此經化彼二乘發心求大，唯行果二以名蓮花。又復此。經化二乘者以歸於大，今知教權設三理躰唯一發心脩行終成佛果，故教理行果俱名蓮花，教行並開敷，理果俱出水故。下十七名中更當分別，若但以眞如爲其妙法一乘之體，蓮花二藏出水，開敷喻寬法狹，理必不然，况論釋名非解於此。法即是妙，是蓮之花，持業依主二釋如次亦可。大法之妙是依主釋，妙法如蓮花亦持業釋，今此不欲別釋蓮花，故非相連釋。若理爲妙經但是教，言妙法經即依主釋。妙法是教，經亦是教，言《妙法蓮花經》即持業釋。若妙法是理，經亦是理，言《妙法蓮華經》亦持業釋。妙法是教，經是理者，亦依主釋。依順躰義處中因，出世報，依人依法，依法依喻，以爲其名如宗輪記，序品等義並如音訊。

智度《法華經疏義纘》卷一 釋此經題五門分別。謂名，體，宗，用，教相。初名者是總，體宗用是別。雖有體等名爲妙，故別即總。雖是一妙名而具體等三，故總即別。別別於總總，總於別俱名妙法也。玄文寄教約行者，辨其次第耳。序品云，以是知今佛欲說《法華經》是名，助發實相義是體，雨法雨是宗，斷三乘疑悔是用，此約尋名得體，證體須宗，了極有用，用即斷疑，此從自行辨次第也。神力品寄教者，文云如來所有一切諸法是名自在，神力是用，祕要之藏是體，甚深之事是宗，此約化他門故用居第二，令他得體證體須宗，故云寄教也。一釋名，二辨體，三明宗，四明用，五判教。

初釋名者，夫名者，原聖建名蓋爲開深以進始，咸令視聽俱得見聞，尋途趣遠而至於極，故以名名法施設衆生，此從俗諦以立名也。肇云，名無召物之功，物無應名之用，蓋從眞諦釋也。道場觀云，應物說三三非眞實，終歸其一謂之無上，無上是妙，引經云是乘微妙清淨第一。又云，寄言談於象外而其體絕精麤，所以稱妙。光宅云，妙者一乘因果法也，待昔因果各有三麤，今敎因果各有三妙。已上叙舊訖。次今正解，先法次妙，此從義便。文云，我法妙難思，若從名便先妙次法。今從義便，故先解法。所言法者有三種，一衆生法，二佛法，三心法。言衆生者，經云爲令衆生開示悟入佛之知見，若衆生無佛知見何所論，開當知佛之知見蘊在衆生，即衆生法妙之文也。二佛法妙者，如經止止不須說，我法妙難思，佛法雖多不出權實，又云是法甚深妙，難見難可，了一切衆生類無能知佛者，即實智妙也。及佛諸餘法亦無能問者，即佛權智妙。此二法唯佛究盡，是佛法妙也。三心法妙者，如安樂行云，在於空閑處修攝其心，又觀一切法空如實相等是心法妙也。雖有此三，只是一法，故云心佛及衆生是三無差別。次釋妙字者又二，初約待絕二妙，次約迹本二門，各十妙。初二妙者，一相待妙，二絕待妙。言相待者，待昔半字爲麤，明今滿字爲妙。他有五對，一自行名半雙利名滿，二生空理名半法空理名滿，三生空智名半法空智名滿，四煩惱障名半所知障名滿，五分段名半變易生死名滿，亦是常無常大小相待爲麤妙也。文云，昔於波羅柰轉四諦法輪，分別說諸法五衆之生滅，今復轉最妙無上大法輪，即是待鹿苑麤爲法華妙也。二絕待是無分別，即邊而中無非佛法，亡泯清淨豈更佛法，待於佛法如來法界，故出法界外無復有法。可相形比待誰爲麤，形誰爲妙，能所俱絕。文云，止止不須說我法妙難思，妙悟之時洞知法界無法可論。今言絕者，約有門明絕也。此絕亦絕，約空門明絕也，是名絕待妙用。此二妙妙上三法各具二妙，廣如玄文云云。問何意以絕釋，答只喚妙爲絕，絕是妙之異名。如人稱絕能耳，又妙是能絕，麤是所絕，此妙有絕麤之功，故舉絕以名妙也釋一。

次釋迹本，二門各十妙。初迹十妙者，一境，二智，三行，四位，五三法，六感應，七神通，八說法，九眷屬，十利益。言境妙者，文云唯佛與佛乃能究盡，諸法實相，諸法是權境，實相是實境也。言智妙者，文云我所得智慧微妙最第一，又云以此妙慧求無上道。言行妙者，文云本從無數，佛具足行諸道，行此諸道已，道場得成果也。言位妙者，文云天雨四華表住行向地，開示悟入，乘是寶乘，遊於四方即是因位，直至道場即果位也。言三法妙者，文云佛自住大乘如其所得法定慧力莊嚴，大乘即眞性軌，定是資成軌，慧是觀照，軌即三法妙也。言感應妙者，文云於三七日中思惟如是事，又我以佛眼觀見六道衆生，即感應妙也。言神通妙者，文云今佛世尊入于三昧，是不可思議現希有事。言說法妙者，文云如來能種種分別巧說諸法，言辭柔軟悅可衆心。言眷屬妙者，文云但教化菩薩無聲聞弟子。言利益妙者，文云藥王汝見是大衆中無量諸天龍王夜叉乾闥婆阿脩羅，乃至聞妙法華經一偈一句一念隨喜者，我皆與授記當得阿耨多羅三藐三菩提，又云不令有人獨得滅度，皆以如來滅度而滅度之即利益也，廣如玄文。

次本門十者，一因，二果，三國土，四感應，五神通，六說法，七眷屬，八本涅槃，九本壽命，十本利益。彼釋有十門，今但取引證一門以示其相。言因者，文云我本行菩薩道時所成壽命今猶未盡，即本時行因妙。言果妙者，文云然善男子，我實成佛已來無量無邊百千萬億那由他劫，即本果妙也。言國土者，文云我於娑婆世界得三菩提教化示導是諸菩薩，又云自從是來我常在此娑婆世界說法教化此之國土，非復迹中娑婆即本國土也。言感應者，文云諸善男子若有衆生來至我所，我以佛眼觀其信等諸根利鈍，隨所應度，此即本時照機之智，是感應妙。言神通妙者，文云汝等諦聽如來秘密神通之力，又中間文云或示己身或示他身等，即本神通也。言說法者，文云阿逸汝，當知是諸大菩薩從無數劫來修習佛智慧，悉是我所化令發大道心，即本說法妙也。言眷屬妙者，文云是諸菩薩身皆金色三十二相，無量光明先盡在娑婆世界之下，此界虛空中住此等是我弟子，我從久遠來教化是等衆，即本眷屬妙也。言涅槃者，文云於是中間我說燃燈佛等，又復言其入於涅槃，又云今非實滅度，而便唱言當取滅度，中間既唱涅槃，例本亦有涅槃，即本涅槃妙也。言壽命妙者，文云自說名字不同，年紀大小，年即壽命，大小即長短，常無常也，中間既爾，本壽亦然，即本壽命妙也。言利益者，文云以種種方便說微妙法能令衆生發歡喜心，即中間利益，例本亦然。

次釋蓮華者爲四，一定法譬，二引舊釋，三出經論，四正解。言定法譬者，一云權實難顯，借喻蓮華譬於妙法，又七喻文多，故以譬標題，又解蓮華非譬當體得名，類如劫初萬物無名，聖人觀理準則作名，如蛛羅引絲倣之結網，蓬飛獨運依而造車，浮查汎流依而立舟，鳥跡成文依而寫字，皆法理制事耳。今蓮華之稱非是假喻，乃是法華法門清淨因果微妙，名此法門爲蓮華即是法華三昧，當體之名非譬喻也。此二解皆有理，今融二意若定是法蓮華，法則難解，故借外蓮華爲喻，若利根即名，解理不假譬喻，但作蓮華之解，中下未悟須譬，乃知以易解之蓮華喻難解之蓮華，故有三周說法逗上中下，約上是法名約中下是譬名，三根合論雙標法，譬如此解者，與誰爲諍。二引舊解，叡師序云未敷名屈摩羅，將落名迦摩羅，處中盛時名芬陀利。遠師云芬陀利伽是蓮華開發，然體逐時遷名隨色變，故有三名，如大經亦云，人中蓮華芬陀利華，二名並題者應有通別之異。今取蓮華是通芬陀利，是別稱也。道朗云翻爲白色，或翻爲赤色，或翻爲最香，如此皆開盛之義。光宅云餘華華果不俱，譬餘經偏明因果，此蓮華華果必俱，譬此經雙辨因果。

三引經論，初引《法華論》十七名中，第十六名妙法蓮華，《論》自解此名有二義，一出水義以不可盡出離二乘泥濁水，故復有義如彼蓮華出於泥水，喻諸聲聞入如來大衆中坐，如諸菩薩坐蓮華上，聞說如來無上智慧，清淨境界，證如來密藏，故二華開者，衆生於大乘中其心怯弱不能生信，是故開示諸佛如來淨妙法身令生信心，故今解論意，若言衆生見淨妙法身者，此以妙因開發爲蓮華也，若言入如來大衆中坐蓮華上者，此以妙報國土爲蓮華也。何者，盧舍那佛處蓮華藏海，共大菩薩即妙國土爲蓮華，彼論望今十妙乃是行位兩妙耳。次引《大集》云，憐愍爲莖，智慧葉三昧爲鬚，解脫敷菩薩蜂王食甘露，我今敬禮佛蓮華。若依《大集》，行位因果爲蓮華，菩薩處上即是因華禮佛，蓮華即是果華。故知因果依正，悉是蓮華之法，何須譬顯，爲鈍人者不解法性蓮華故，舉世華爲喻亦應無妨。

四正解，云此蓮華華果俱多可喻，因含萬行果圓萬德，故以爲喻。又解云，蓮華麤喻九界十如因果，此華妙喻佛界十如因果，此從相待得名。又解此華喻佛界本迹兩門，各有三喻。言迹三者，一華生必有蓮而蓮不可見，喻約實明權意在於實無能知者，文云我意難可測無能發問者。二華開蓮現而須華養蓮喻權中有實而不能知，今開權顯實意在於權。三華落蓮成喻廢三顯一，唯一佛乘直至道場，菩薩有行見不了，了如華開，諸佛以不行故見則了，了如華落蓮成迹門。又三譬本門者，一華必有蓮喻迹必有本，迹含本意在於本，雖在於本佛智難知，彌勒不識。二華開蓮現喻開迹顯本，意在於迹能令菩薩識佛方便，既識迹已還成於本，增道損生。三華落蓮成喻發迹顯本，既識本已，不復迷迹，但於法身修道圓滿上地。

次釋經字者，是通名也。具存梵音，應云薩達磨分陀利修多羅，薩翻云妙，或云正法。護云正，羅什云妙。正語通漫妙異諸經，故翻爲妙也。達磨翻法，分陀利蓮華，新云奔荼利迦者，白蓮華也。西域呼白蓮華爲分荼利迦，故新經說青黃赤白四色蓮華，云嗢鉢羅華，拘其陀華，鉢特摩華，奔荼利迦華，如次配青黃赤白四色，若爾白爲衆色本，喻一乘爲三乘本，青黄赤三應喻三乘，三乘即應體內方便是故不可。蓮者芙蕖之實，華者花也音呼瓜反華美也。修多羅或云修單那蘭多，或云修妬路，新云素怛覽，彼方楚夏此土翻譯不同。或云無翻，或云有翻。言無翻者，彼語多含此語單淺，不可以單翻複，應留本音。涌言經者，開善云非正翻也。此間聖說爲經，賢說爲子史，佛經聖說稱修多羅，菩薩稱論既不可翻，宜以此代彼，故稱經也。既不可翻而含五義，一法本亦云出生，二微發亦云顯示，三涌泉四繩墨，五結鬘，只作五義不可翻。今家又一中作三義，一教，二行，三義本云云。言教本者，金口所說一言爲本，流出無量言教，本。言義本者，尋一句詮於一義，尋無量句詮無量義，尋詮會入故名義本聞即得道。言行本者，示人無諍法導達通塞，如教修行入清涼池，故名行釋法本三義訖。二微發者，佛說言辭巧妙，次第詮量初中後善圓滿具足，如大海水漸漸轉深敎行義例上。三含涌泉者，從喻爲名，佛四悉說法文義無盡法流不絕，教行義皆如涌泉云云。四含繩墨者，佛以四悉正敎行義之繩，裁邪見教行義之木云云。五含結鬘者，結教行義如結華鬘令不零落，世界悉檀結教不零落，爲人對治結行不零落，第一義結義不零落。又云經訓常，解曰天魔外道不能改壞，名爲教常，眞正無雜，名行常凝然不動。名理常又訓法也，法可軌爲義，即教行理皆可軌故不可翻。二有翻者亦爲五，一翻爲經，經由爲義由聖人心口，故今亦教等爲由。二翻爲契，契緣契義云云。三翻法本者，即教行理等本。四翻綖者，綖貫持教行理令不零落。五翻善語教者，教善行善理善。上來初釋法字，次妙字，三蓮華字，四經字，總釋名竟。

栖復《法華經玄贊要集》卷一　言妙法蓮華經者，上之四字即是別名，唯此經故。經之一字即是通名，不異諸經故。初中分二，初妙法二字是法，蓮華二字是喻。妙法如蓮華，蓮華是能喻，妙法是所喻，故先解妙法後解蓮華。先總解妙法，二別解妙法。先總解妙法者何義，答即是甚深難解微妙希有無上殊勝，故言妙法。妙法者，是一切有情心心中有佛性，佛性即名爲妙法。本在有情妄想心猶如何等，如木中有火性，地中有水性，壁中有金性，鏡中有明性，即驗有情心心中有佛性。見即雖然不可見，佛性元居各自心，人人身中有佛性，佛性即妙法。妙法有二，一理妙法，二行妙法。理妙法所謂眞如，行妙法即是菩提，菩提者是圓滿報身。言理妙者，即清淨法身，即此法身是此經題妙法體，究竟窮其妙法處，各自心中法報身，既說有情各心中一一心中有妙法，未審遣修何觀行，即得心中妙法生。有人若要礦中金，鍊鑛之時金自現。有人若要木中火，鑽火之時火自生。有人若要鏡中明，磨鏡之時明自出。有人若要地中水，穿地之時水自來。應是有心有識人，人人若要心中佛，聞思惟修慧，斷煩惱障盡，心中佛自生。聞教思惟修學人，貪心嗔心癡心薄，一二三僧祇劫滿，法報化佛果周圓。欲得成佛，但修心修淨，則心生佛。善惡由心，心是主。修心決定得菩提，佛遣修心敢不修，實有心中妙法否，妙法在心元不見。何以修心妙法生佛道，佛性實居各自心，見則元來不可見，只爲甚深難解了。分明舉喻況蓮華，蓮華性在蓮子中，開破子時華不見，不以開時華不見。謂言蓮之裏沒蓮華，有人於彼有情心心中覓或佛時不曾見，不以覓時不見佛，謂言佛性不居心。一一衆生五蘊身，便共蓮華池不別，各各心中有煩惱，即同池內有淤泥，佛性只居煩惱中，便似泥中有蓮子，蓮子因緣未和合，長時且在淤泥中。若到因緣會遇時，蓮子裏蓮華自生長。我等心中有佛性，要須必假耳聞經句。聞經句是因緣，滋潤心中佛種，漸漸心中能悟解，只向心中佛自生。故將妙法喻蓮華，所即蓮華如妙法，妙法即一乘，一乘即寶所，寶所即妙法，妙法即名佛性，故云妙法。二云，妙法兩字屬佛身，俱合理智，通因通果，因理果理皆殊勝，因智果智悉幽玄。因果理性名法身，因果智相稱報佛，究竟窮其妙法體，是各身中法報身，故名妙法。妙法難解難明，蓮華則易知識，不識心中理及智，相似池中蓮與華。蓮者況果，表三身之果圓。華即喻因，彰萬善之因滿。蓮華淤泥不染，妙法煩惱不侵。蓮華既生淤泥，妙法亦混於煩惱。煩惱之中有佛性，淤泥池內有蓮華。蓮華緣會自開敷，妙法因圓必成佛。欲使人人識佛性，故將妙法況蓮華也。

三云，經亦得名中。三師解，初唯取行果名蓮華，行爲華，果爲蓮。第二師，唯取教理名蓮華，教爲華，理爲蓮。第三師，教理行果，總名蓮華也。教理行俱是華也，理果俱是蓮也，教行並開敷，理果俱出水也。經云諸佛智慧甚深無量，理出水也，入佛知見。經云盡行諸佛無量道法，論令證不退轉地，并第二周牛車，此乘此寶乘直至道場，行開敷也。開示悟三，并第三周寶所，即果出水也。教有能敷妙理之功德，理有所敷出水之力，行有因敷趣果之用，果有結實酬因之能故也。
先解妙法，後解法。且妙者，初依疏主十玄門中，五義解妙。後依北京瓚法師，十義解妙。一根本妙，二枝末妙，三攝末歸本妙，四絕待妙，五無麤妙。一根本妙者，謂華嚴會中明一乘因果究竟法身。彼云，欲令衆生生歡喜故，說王宮生，欲令衆生生戀慕故，示雙林滅也。上名麤，又經云，如來實不出世亦不涅槃。何以故，法身常住同法界故。亦同此經云，是法住法位，世間相常住義。又經云，如來如實知見三界之相，無有生死若退若出，亦無在世及滅度者，非實非虛等，名根本妙。二枝末妙，於一佛乘分別說三，三中之二目之爲麤，佛乘爲勝，故稱枝末妙。三攝末歸本妙，此經所詮一乘究竟圓滿，故稱爲妙。四絕待妙，上之三義皆以對麤稱妙，未辨不對於麤自體之妙。今約妙體，本自離言，強歎爲妙，何所有文。答《涅槃》云，不因少涅槃，名大涅槃。又《智論》云，十八空爲相待空，獨空獨空非相待空，既有待不待空，妙寧無待不待妙。羅什弟子慧觀著《法華經序》云，稱之爲妙而體絕精麤，寄華宣教而道玄象表。下云是法不可示，言詞相寂滅。什歎云，善男子，若非深入經藏，不能作如是說無待名絕。五無麤妙，即淨土法門。故香積佛品云，我土無有聲聞辟支佛名，是即無麤也。唯有清淨大菩薩衆，即是妙。《智論》云，七寶世界純諸菩薩亦同於此。

次依瓚法師十義妙，一對揚妙，二補翼，三說處，四長時，五法多，六名定，七中道，八威力，九利益，十挍量。一對揚妙者，餘經化衆生，唯現在一佛身說，此經通十方三世佛共說。三世者，多寶世尊是過去佛，經言爾時寶塔中，出大音聲，歎言善哉善哉等。釋迦如來是現在佛，八萬菩薩未來。又文殊即過去佛，慈尊即未來佛，本師即現在佛。又現在中通十方，故經云爾時一一方，四百萬億那由他國土諸佛如來，遍滿其中。是時諸佛各在寶樹下師子座，皆遣者問訊釋迦牟尼佛，各賫寶華滿掬而告之言，善男子，汝往詣耆闍崛山釋迦牟尼佛所，如我詞曰，少病少惱氣力安樂及菩薩聲聞衆。悉安隱否，以此寶華散佛供養而作是言，彼某甲佛與欲開此寶塔，諸佛遣使亦復如是。即是十方三世諸佛，共化一會衆生，不同餘經唯一佛化，故言對揚妙。二輔翼妙者，前後二十一衆初十五衆，一釋種清高衆者，經云與大比丘衆萬二千人俱等。二已圓未滿衆者，經云復有學無學二千人。三承恩入道衆，經云摩訶波闍比丘尼。四曩結深恩衆，經云羅睺羅母耶輸陀羅比丘尼。五聖難思衆，經云菩薩摩訶薩八萬人，皆於阿耨多羅三藐三菩提等。六帝釋臨天衆，經云爾時釋提桓因與其眷屬二萬天子俱。七屬護舒暉衆，經云復有名月天子、普香天子、寶光天子、四大天王與其眷屬萬天子俱。八小大自在衆，經云自在天子、大自在天子，與其眷屬三萬天子俱。九跨梶娑婆衆，經云娑婆世界主、梵天王、尸棄大梵等與其眷屬萬二千天子俱。十翳虛令灑衆，經云有八龍王、難陀龍王、跋難陀龍王等十一清歌雅樂衆。經云有四緊那羅王、法緊那羅王、妙法緊那羅王等。十二勝芳烈樂衆，經有四乾闥婆王、樂乾闥婆王、樂音乾闥婆王等。十三動山涌海衆，經云有四阿修羅王、婆稚阿修羅王、佉羅騫馱阿修羅王等。十四吞龍啖毒衆，經云有四迦樓羅王、大威德迦樓羅王、大身迦樓羅王等。十五仁王自在衆，經云韋提希子阿闍世王。後六衆者，一寶塔陵空衆，經云爾時佛前有七寶塔，高五百，縱廣正等二百五十由旬，從地涌出，住在空中等。二質影殊形衆，十方分身諸佛集在八方三變土田八方嚴淨等。三涌海承蓮衆，經云爾時文殊師利坐千葉蓮華大如車輪，俱來菩薩亦坐寶蓮華。四裂地星形衆，是諸菩薩聞釋迦牟尼佛所說音聲從下發來，一一菩薩皆是大衆唱導之首，各將六萬恆河沙眷屬等。五鸞歌迴發衆，經云于時妙音菩薩於彼國沒，與八萬四千菩薩俱共發來，所經諸國六種震動皆悉雨於七寶蓮華等。六御象遐方衆，經云爾時普賢菩薩以自在神通力威德名聞，與大菩薩無量無邊不可稱數，從東方來，所經諸國普皆震動等。是諸衆等，莫不雲奔鷲嶺霧擁靈山，同嗟昔處二權，共喜今聞一實。雖鹿園趍道之衆，雙樹聞經之徒，方此來能過也，故云輔翼妙。三說處妙，且諸經說處各各不同，或在虛空如《勝鬘》，佛於空中現，仰惟佛世尊，普爲衆生現。或唯在地，或居穢土，或處淨方來。若此經三處皆說，初居穢土以陳說，欲令捨權而厭俗，次居淨方以宣唱，欲使忻樂於寶方。後處空中，畢竟歸於眞性，是故稱說處妙。四長時妙，且說諸經時節各各不同，只如過去燈時佛，滿六十小劫，爲人演說，經云日月燈明佛，因妙光菩薩說大乘經，名《妙法蓮華》等。又妙光法師八十小劫，爲人演說，大通智勝如來八千劫未曾休癈。經云佛說是經於八千劫，十六王子，八萬四千劫，爲四部衆廣演此經。我今釋迦文佛，序正之中不言時節。涌出品內，菩薩讚歎滿五十小劫，及說三身壽量時節極長，是故名時長妙。五法多妙，且《華嚴》十萬頌，大梵本三萬偈，今所傳本纔七十千頌，未若此經。如威音如來說二十千萬億偈，大通如來說法時節既遠，久亦應長，日月淨明德如來所說《法華經》，六百八十千萬億那由他等偈。以此菩薩具數多意，欲顯其義廣，故云法多妙。六名定妙，且諸經名非一定，如《涅槃經》，俱留孫佛六萬歲出，名曰《法鏡經》，拘那含牟尼佛四萬歲出，名《甘露鼓經》，迦葉佛二萬歲出，名《分別空經》，釋迦牟尼佛百歲時出，名《涅槃經》，名皆不定。此經不爾，燈明佛、大通智勝佛、威音王佛、日月淨明德佛皆同名《妙法蓮華經》，云名定妙。七中道妙，如下云十方世界中唯有一乘法，無二亦無三。無二者無第二獨覺乘，無三者無第三聲聞乘。計二乘爲究竟，即是遍計所收，即是空也。唯有一乘法者，即是一乘理智二事，依圓有也。不有者即空識義，即二乘無，不空者即有義，即一乘有，不空不有遠離二邊，故云中道妙。八威力妙者，如龍宮海會等龍女道成，由經勝力。智積問文殊師利言，仁往龍宮所化衆生其數幾何。文殊師利言，其數無量。又言我於海中唯常宣說《妙法華經》等。又不輕品云，具聞威音王佛先所說《法華經》二十千萬億等。九利益妙者。十校量妙者，如藥本事品十二。喻挍量勝，經云藥王譬如一切川流江河諸水之中，海爲第一等，如清涼地等，故挍量妙也。上別解妙，一對揚，二輔翼，三說處，四時長，五多法，六名定，七中道，八威力，九利益，十挍量。

次解法者，可執義，可持義。夫言法者，必具斯義，且如世出世法，悉備持軌之義。水有濕性，火有煖性，是其持義。人聞水火，作濕煖解，即軌義。又如《因明論》中，佛弟子對聲論師言，聲是有法是持義，親證皆許。佛弟子以無常故爲宗，作無常解，是軌義。外道以常爲宗即作常解，是軌義。佛弟子聲是有法，定無常故宗因之所作性故，同喻如瓶盆，異喻如虛空即同品有異品非有。又所爲喻作取，無常遠作之性。外道量云，聲是有法，定常故。宗因云，所量性故，同喻如虛空，異喻瓶盆，亦同品有，異品非有廣如因明論說。然此法者，貫一切有爲無爲，若色若心，有漏無漏等法。今此言法者，唯取一乘相應教理行果四種，名之爲法。言教法者，即能詮之文，總攝三乘之教。教有根本方便，方便教者經云我此九部法，隨順衆生說，入大乘爲本，以故說是經。《勝鬘經》云，正法住正法滅，波羅提木叉等。根本教者，經云其智慧門難解難入是也。理法者，即二乘所證生空理，菩薩所證二空理，皆是所攝。經云是法住法位，世間相常住，於道場知已，導師方便說。《勝鬘經》云，聲聞知有作四聖諦，佛知無作四聖諦。《法華論》云，念觀者，聲聞人觀人無我等。行法者，即六度四攝七地四菩薩行，皆是行也。經云乘此寶車直至道場。又《勝鬘經》云，正法住正法滅，波羅提木叉，毗尼受具足戒，此六處爲大乘，故說教是行所依此處。故法華論聲聞人觀陰界入，厭苦離苦得解脫故。果法者，即法報二身。方便品中前三知見，及牛車寶所。壽量品中，皆明三佛出現於世。又云是法住法位，果法也。及彼二乘自昔所證，亦此所攝。故《勝鬘》云，四智不究竟，名向涅槃界。由上所引，教理行果，根本方便能成佛德，皆號一乘，咸有運載之功能故也。此之四法，皆具軌持，總名爲法。一乘相應，故名爲妙。此四法體上，有此一乘相應之妙用。法體能持此妙用，故言妙法。持業釋，問妙法是教，經亦是教，何名持業。答經即所說之經，是體，妙法即是聲名句文，名詮自性，句詮差別，文即是字，爲二所依，是經上之業用，故名持業。問妙法是理，何名爲教。答將理就教，俱得名教，能詮所詮，總得名理，能詮所詮，總得名教，理爲言生因也上解法解妙，後解法，初總解妙法，後別解妙法，解妙法二字畢。

次解蓮華者，問有何意趣將蓮華況法華耶。答佛遺修心敢不修，實有心中佛性否，佛性在心元不見，何以修心佛性生，佛性實居自心，見即元來不可見，只謂甚深難解了，世尊舉喻況蓮華。蓮華性在蓮子中，開破子時華不見，謂言蓮子沒蓮華，有人於彼有情心。心中不見佛不曾見，不以不見時不見佛，謂言佛性不居心，一一有情五蘊身，便與蓮華池不別。各各身中有煩惱，即同池內有淤泥。佛性只居煩惱中，便似泥中有蓮華。子華子因緣和合，長時且在淤泥中。若到因緣會遇時，蓮子裏蓮華自生長。衆生心中有佛性，要須必假耳聞經，耳聞經句是因緣，滋潤心中佛種性，漸漸心開能悟解，只向心中佛自生。故將妙法喻蓮華，亦即蓮如妙法。妙法本來是佛性，只在衆生妄念心，三世諸佛說經時，一一諸佛皆同說。欲使人解佛性，故將妙法喻蓮華。問何名蓮華，蓮華是何義。答言蓮華者，即是有名相法，爲衆生故，以名相説，欲令衆生因此名相悟無名相，是設意也。故《大品經》云，一切衆生皆是名相中行，今欲止其名相故借名相悟無名相。通而言之，妙法與蓮華，皆是其名。經云，説大乘經名妙法蓮華，別而言云妙法是無名之名，蓮華是無相而相，以此經題法喻雙舉，妙法是法，蓮華是喻，故名雙舉，故名妙法蓮華也。

又由十義將喻蓮華，一者此華從種生，喻此一乘必有其種，經云諸佛兩足尊，知法常無性，佛種從緣起，是故説一乘。二者此華從微至著喻於佛乘漸漸增長，經云漸漸積功德，具足大悲心，皆已成佛道。三者此華增長滿具出濁水故，喻功德無不圓，果無不盡。出離生死諸濁泥水，經云，如來已離三界火宅。四者此華雖出泥水而不捨離泥水，喻如佛雖出四流之外而不捨三界之中，經云，時宅主在門外立，聞有人言，汝諸子等先因遊戲來入此宅，稚小無知歡娛樂著，長者聞已驚入火宅方宜救濟。五者此華微妙鮮潔第一，如佛乘，五乘之中最爲第一。經云，是乘微妙清淨第一。六者此華爲凡聖之所稱歎，佛乘亦爾，爲世間出世間凡聖稱歎愛樂等，經云佛所悦可，一切衆生，所應稱讚。七者此華臺蘂具足，喻於佛乘萬德圓備，經云，無量億千諸力解脱，禪定智慧及佛餘法。八者此華諸佛菩薩而坐其上，大乘亦爾，爲諸佛菩薩而住其中，經云佛自住大乘，如其所得法，定慧力莊嚴，以此度衆生。九者此華開合有時，喻此一乘之法隱顯有時，經云所以未曾説，説時未至故，今正是其時，決定説大乘。十者此華劫初成時，大梵天王而坐其上，爲一切衆生之父，經云譬如大梵王，一切衆生之父，此經亦復如是，一切賢聖學無學及發菩提心者之父。又《普賢觀經》云，方等經是諸佛眼，諸佛因，是得具五眼，及方等生，是大法印，印涅槃海。所以方等經生三種身，三種身者，由方等經故，故悟實相斷諸煩惱，煩惱斷故即法身顯，法身顯故有報身，報身有故乃有化身。有三身故説十二部經，説十二部經故有法寶。有三寶故有世間出世間三善。三善者，人天并出世，故知《法華經》是世間出世間之本也，故喻蓮華也。

《爾雅》云，芙蕖又云芙蓉，通名蓮華。今佛取爲喻者，依本論師，解蓮華有二義。一出水義，出離小乘濁泥水故。二華開義，以勝教言開眞理故。前爲敎妙，後爲理妙。論中但解《無量義經》第十六名蓮華故，唯指教理二種，準下疏解。云蓮華二義，雖解《無量義經》，果秀因敷，未乖通理，即教行二種並有開敷，理果之中並能出水，即同此體通四法也。不同《無量義經》，然亦不乖蓮華二義。此中意言緣彼蓮華，有其二義。一者蓮是臺，此即是果也。二者華即是外華葉，此即是因。今言蓮華之時，雙説因果二義。此中教爲能詮是因，爲所顯是果，所以《易》云，筌者在魚，言者在意，即知華不開而臺不現，教不言而理不顯，因華開而見臺，教諭揚而悟旨。故下疏云，如門爲入室之所由，教爲顯理之處所。《書》云，誰人入門不由戶也。由此即因爲華，理蓮果。故論云，以勝教言開眞理故。經云，諸佛智慧甚深無量，其智慧門難解難入，此即教理蓮華也。二者行爲華而果爲蓮，蓮非一葉而能得佛果，非一行而獨成因。衆華葉而共長養一箇蓮臺，因萬行圓而同成佛果。由此即以開示悟入爲果，入佛知見爲因。總合二義，教行二種並名華，皆有開敷義。理果二種皆名蓮，皆有出水義，況詳四法，並皆超過二乘，並名出水。今者唯言理果出水者，良爲理果之上不具開敷，所以偏言出水。教行獨有開敷之義，所以偏言開敷。若教行無出水者，豈教行不超出二乘，故知且約一義而配。故下疏云，法既囊括四義，華亦苞羅四德。法四義者，契秘賾之微詮教也，叶幽根之玄旨理也，尅上乘之奧業行也，圓至覺之眞宗果也。美無不殫，故稱爲妙。華四義者，菡萏披敷以見蓮，類教論揚以悟旨，芙蕖秀出於靈沼，喻理頻超於小運，舉蕍開而得實，譬因嚴而果滿，標白華爲色本，顯佛智爲乘源，舉喻蓮華，斯有由矣。

問但名妙法即得，何要將喻蓮華共立題目。答下疏云，然法藉喻明，微由著顯。假奔茶利之華實，況薩達摩之果因。法既囊括四義，華亦苞羅四德。問若以蓮華有因果二義故，取爲喻者餘一切華皆應得喻妙法，何以有華有果故。答曰，諸華雖具因果，義乃不定，且如桃杏，華開滿樹，結果能有幾多。何以，蓮華個個盡能結果，法中論有因有果者，且如定姓二乘，行因取果如有果結。若不定姓二乘，捨小歸大皆爲一乘。汝等所行是菩薩道，即無二乘之果，便是有華而無果。又解有漏善而無果者，如善星比丘，佛怒富羅輪王業謝惡果者，闍王造逆，懺悔業止，皆是有因而無果。今此一乘六度萬行定當成佛，恰似蓮華個個結實，故取爲喻。又陸地諸華雖具因果，即無出水之功，水中有草雖出水，即闕他開敷之義，陸地有華雖開敷即闕他出水之義，今此一乘一則出水，出離少乘濁泥水故。二則華開開眞理故，轉化生故。故疏云，華兼秀發總衆美而彰蓮，體業俱陳法喻雙舉，由斯道理故取蓮華爲喻，斯有由矣。況云華葉則同菩薩道，蓮子還如諸佛身，要假衆多華葉，然後長養一個蓮臺，要須萬行齊修，然後方成佛果。一個蓮子落池內，一朵蓮華水上開。展轉相生無盡時，看即蓮華滿池發。一個衆生若成佛，爲衆又說《法華經》，此相生無盡，斯何異蓮華滿池發。《章僧錄》云，蓮華菡萏若開敷，香氣氤氳薰遠近，佛既轉凡成聖了，威德光明遍十方。若將手觸一蓮華，香惹遍身生喜悅。一念善心親近佛，罪障消除福德生。一切諸華悉是華，將比蓮華不香潔。菩薩二乘雖是聖，望我如來聖未圓。淤泥池內長蓮華，長得蓮華香郁馥。煩惱之中出佛性，出得佛身身最尊。既知蓮子裏有蓮華，便了心中有佛性。欲使人人生悟解，保知佛性在心中。聞思修慧善修行，戒定慧學勲觀察，佛意慈悲立此喻，指示一切修行人，各各認得自心中，一一心中皆有佛性，誘進衆生同出離，故將妙法喻蓮華。水深華亦出，水淺華亦出，二障雖淺深，眞如總皆出也。

又有四種蓮華，一者泥裏蓮華，喻凡夫身中妙法。蓮子泥中雖未出，必定生長白蓮華。衆生未解修行，且在凡夫流轉。今日聞經修學，還如泥裏蓮華。煩惱如彼淤泥，妙法還同蓮子。凡夫聞經心不退，一朵蓮華泥裏生。二者濁水蓮華，喻二乘身中妙法。蓮華出其泥裏，生在濁水之中。聲聞我執雖除，法執尚由未斷。法執猶同濁水，我執恰以清泥。出卻清泥在濁水，看看即是見蓮華。三者清水蓮華，喻菩薩身中妙法。蓮華出其泥裏，生在濁水之中。復出濁水之中，生彼清水之內。清水蓮華，勝彼前來兩種，況菩薩證理次深，至於凡夫及小聖，我法二執雙除斷，清泥濁水不霑華。出水在清水中看，即開敷水面上。菩薩修行不斷絕，何愁不證大菩提。四者出水蓮華，喻佛身中妙法。蓮華開敷水面上，本從蓮子長生芽，諸佛證大菩提。還是凡夫修得初法後喻解妙法蓮花了。

言經者，下疏云，爲常爲法，是攝是貫等。《雜心論》五義，結鬘，繩墨，出生，顯示，涌泉。又云，經者逕也，如人遠涉向他邦，事須知其有徑路，不知逕路徒費勤勞，虛過時光終無到日。修行之人亦復如是，欲得求釋梵，修行十善以化人。若欲得不失人身，持五戒而方得。若欲得願生兜率，須藉八戒以莊嚴。若欲早見彌陀佛，十念事須成熟。若欲得小乘羅漢，須依四諦以身安。欲得緣覺辟支，假藉緣生而進道。欲得此身當作佛，要依妙法苦修行。若也捨離此因緣，永失菩提佛徑路，故將逕字已解經，故云經者徑也。聞經必得菩提果，未有聞經不得果，未有得果不因經，則知經是果家因，因經必得菩提果，既也因經皆得果，人生須學《法華經》。

紀　事

朱棣《御制大乘妙法蓮華經序》　昔如來於耆闍崛山中，與大阿羅漢阿若憍陳如摩訶迦葉無量等衆，演說大乘眞經，名《無量義》。是時天雨寶華布濩充滿，慧光現瑞洞燭幽顯，普佛世界六種震動，一切人天得未曾有，咸皆歡喜讃歎，以爲是經乃諸佛如來秘密之藏，神妙叵測廣大難名，所以拔滯溺之沈流，拯昏迷之失性，功德弘遠莫可涯涘。泝求其源，肇彼竺乾流於震旦，爰自西晉沙門竺法護者初加翻譯，名曰《正法華》。暨東晉龜茲三藏法師鳩摩羅什重翻，名曰《妙法蓮華》。至隋天竺沙門闍那笈多所翻者，亦名《妙法》。雖三經文理重沓互陳，而惟三藏法師獨得其旨。第歷世既遠，不無訛謬，匪資刊正，漸致多疑，用是特加讐校，仍命鏤梓，以廣其傳。嗚呼如來愍諸衆生有種種性，種種欲，種種行，種種憶想分別，歷劫纏繞無有出期，乃爲此大事因緣現世，敷暢妙旨作殊勝方便，俾皆得度脫超登正覺，此誠濟海之津梁而燭幽之慧炬也。善男子善女人一切衆生，能秉心至誠持誦佩服頂禮供養，即離一切苦惱，除一切業障，解一切生死之厄。不啻如饑之得食，如渴之得飲，如寒之得火，如熱火得涼，如貧之得寶，如病之得醫，如子之得母，如渡之得舟，其爲快適欣慰，有不可言。噫道非經無以寓，法非經無以傳。緣經以求法，緣法以悟道，方識是經之旨清淨微妙第一希有。遵之者則身臻康泰，諸種善根圓滿具足，如蓮華出水不染淤泥，即得五蘊皆空六根清淨，遄躋上善，以成於正覺者不難矣。苟或沈迷膠固，甘心墮落絕滅善根，則身罹苦趣，輪回於生死之域者，其有紀極哉。雖然善惡兩途由人所趨，爲善獲吉，爲惡獲凶，幽明果報不爽錙銖。觀於是經者，尙戒之哉，尙勉之哉。

道宣《妙法蓮華經弘傳序》　《妙法蓮華經》者，統諸佛降靈之本致也。蘊結大夏，出彼千齡，東傳震旦三百餘載。西晉惠帝永康年中，長安青門敦煌菩薩竺法護者，初翻此經，名《正法華》。東晉安帝隆安年中，後秦弘始，龜玆沙門鳩摩羅什，次翻此經，名《妙法蓮華》。隋氏仁壽，大興善寺北天竺沙門闍那笈多，後所翻者，同名《妙法》。三經重沓，文旨互陳，時所宗尙，皆弘秦本。自餘支品別偈，不無其流，具如序曆，故所非述。夫以靈嶽降靈，非大聖無由開化；適化所及，非昔緣無以導心。所以仙苑告成，機分小大之別；金河顧命，道殊半滿之科。豈非教被乘時，無足覈其高會，是知五千退席，爲進增慢之儔；五百授記，俱崇密化之迹。所以放光現瑞，開發請之教源；出定揚德，暢佛慧之宏略。朽宅通入大之文軌，化城引昔緣之不墜。繫珠明理性之常在，鑿井顯示悟之多方。詞義宛然，喻陳惟遠。自非大哀曠濟，拔滯溺之沈流；一極悲心，拯昏迷之失性。自漢至唐六百餘載，總歷群籍四千餘軸，受持盛者，無出此經。將非機教相扣，並智勝之遺塵；聞而深敬，俱威王之餘勳。輒於經首，序而綜之，庶得早淨六根，仰慈尊之嘉會；速成四德，趣樂土之玄猷。弘贊莫窮，永貽諸後云爾。

僧叡《正法華經記》　太康七年八月十日，燉煌月支菩薩沙門法護手執胡經，口宣出《正法華經》二十七品，授優婆塞聶承遠、張仕明、張仲政共筆受，竺德成、竺文盛、嚴威伯、續文承、趙叔初、張文龍、陳長玄等共勸助歡喜。九月二日訖。天竺沙門竺力、龜玆居士帛元信共參校，元年二月六日重覆。又元康元年，長安孫伯虎以四月十五日寫素解。

佚名《正法華經後記》　永熙元年八月二十八日，比丘康那律於洛陽寫《正法華品》竟。時與清戒界節優婆塞張季博、董景玄、劉長武、長文等手執經本，詣白馬寺對，與法護口校古訓，講出深義。以九月大齋十四日，於東牛寺中施檀大會，講誦此經，竟日盡夜。無不咸歡，重已校定。

吉藏《法華玄論》卷一　次明翻譯緣起：此經凡有二本，一《正法華經》，晉長安竺曇摩羅刹此言法護之所譯出。二《妙法蓮華經》晉鳩摩羅什此云童壽於僞秦弘始五年四月二十三日，於長安逍遙園譯出大品，後於草堂寺譯出此經二十七品。此二本有今古文質廣略之異，而大意同矣。復有《大悲蓮華經》廣明慈悲之德，異上二經，是曇無讖所出，其中復有華首華嚴諸華經不一也。然晉有前後，昔在江右名爲西晉得五十二年，此經猶在外國。自元王渡江左稱爲東晉，至晉安帝義熙中，此經始度。然宋得六十年，齊得二十三年，梁得四十四年，合二百二十九年，從梁至今五十年將三百年矣。

次明講經緣起：法華既有新舊兩本，講者亦應二人焉。名僧傳云，講經之始起竺法護，護公既親譯斯經，理應敷闡。自護公之後釋安竺汰之流唯講舊本而已。及羅什至長安翻新《法華》，竟道融講之開爲九轍，時人呼爲九轍法師，九轍之文今所未見。講新《法華》始乎融也，自融已後曇影道生之流染翰著述者非復一焉。次乎齊代有清信優婆塞劉虬，與十許名僧依傍安林壹遠之例什肇融叡之流，撰錄衆師之長秤爲注《法華》也。爰至梁始，三大法師碩學當時名高一代，大集數論遍釋衆經，但開善以《涅槃》騰譽，莊嚴以《十地》《勝鬘》擅名，光宅《法華》當時獨步。但光宅受經於中興寺印法師，印本壽春人，俗姓朱氏，少遊彭城從曇度受論，次從匡山慧龍受學《法華》，而印講斯經自少至老凡得二百五十遍，春秋六十六，永明元年卒。光宅雲法師息慈之歲隨印在鍾山下定林寺聽《法華經》，下講竟往寺後石澗中，累石爲高座及以聽衆，於是自登石座覆述所聞，印未知之密聽，其所說一言靡遺，年至三十於妙音寺開《法華》《淨名》二經題，機辨縱橫，道俗歎伏，由是已來《法華》譽顯。

佚名《添品妙法蓮華經序》　《妙法蓮華經》者，破二明一之指歸也。降神五濁弘道三乘，權智不思，大悲難極。先設化城之迹後示繫珠之本，車雖有異雨實無差。記以正覺之名，許以眞子之位，同入法性，歸之於此。昔燉煌沙門竺法護於晉武之世譯《正法華》，後秦姚興更請羅什譯《妙法蓮華》，考驗二譯定非一本，護似多羅之葉，什似龜玆之文。余撿經藏備見二本，多羅則與正法符會，龜玆則共妙法允同，護葉尙有所遺，什文寧無其漏。而護所闕者普門品偈也，什所闕者藥草喻品之半，富樓那及法師等二品之初，提婆達多品普門品偈也。什又移囑累在藥王之前，二本陀羅尼並置普門之後，其間異同言不能極。竊見提婆達多及普門品偈，先賢續出補闕流行。余景仰遺風，憲章成範，大隋仁壽元年辛酉之歲，因普曜寺沙門上行所請，遂共三藏崛多笈多二法師，於大興善寺重勘天竺多羅葉本，富樓那及法師等二品之初，勘本猶闕，藥草喻品更益其半，提婆達多通入塔品，陀羅尼次神力之後，囑累還結其終，字句差殊頗亦改正，儻有披尋幸勿疑惑，雖千萬億偈妙義難盡，而二十七品本文且具。所願四辯梵詞遍神州之域，一乘祕教悟象運之機，聊記翻譯序之云爾。

佚名《法華傳記》卷一　部類增減第一，夫部類增減者，機樂有廣略，遂致部類增減。雖有增減不失其冥顯利。略爲七例，一者一會之經法用爲一部，如《十地》等。二者多會共爲一部，如《華嚴》等。三者經之初分用爲一部，如六卷《泥洹》等。四者具足二分爲一部，如《大涅槃》等。五者略本以爲一部，如《小品經》等。六者廣本以爲一部，如《大品》等。七者一品爲一部，如《觀世音經》。今此《法華》於中是具足本，若依梵本文應是略説。所以者何，此經是三身一體能所寂説。普賢觀云，釋迦牟尼佛名毘盧遮那遍一切處，其佛住處名常寂光，四波羅蜜所建立，法王開運，説《無量義經》已入義處定現奇特瑞，生大衆慇重，與文殊等八萬大士，舍利弗等萬億諸大聲聞，八龍四緊乾脩等，六天四禪，萬億轉輪聖王，國王王子國女雜民，不可説不可説海會衆，而所説也。始自如是終至而去，俱是妙法字字結妙。一文一句無非法界，一字一點無非是佛。上窮舍那功德，下點阿鼻依正，不即不離，體具微妙不可思議，此乃圓滿修多羅甘露法寶也。西方相傳，靈山八載結集之文應數一由旬城，若盡結集無處容受，無量無邊海會之衆，令其開解。正説領解述成授記歡喜説偈自界他方讚佛發誓，一一品各無量無邊字義成就，如大通佛説是《法華經》如恆河沙偈，宿王智佛説甄迦羅頻婆羅阿閦婆等偈，威音王説二十千億偈。今佛亦爾，芬陀利亦云説無央數偈。時有七寶塔踊現其前，寶塔已前有無央數偈。又涌出衆以諸菩薩種種讚法而讚於佛，千界塵數種種讚偈，誰知其偈數。覺愛三藏云，西方相傳佛説《法華》不可説，品品之內有多偈句。以須彌山聚筆大海水墨書，一一品一一句偈不可窮盡。佛常在靈山共大菩薩諸聲聞衆圍遶説法，天人充滿窮前後際無有休息，唯是無盡總持力所持，非是翰墨之所能記。但約一期機感，八載結爲一部，雖略結集葉數一由旬量，誦本最略滿方丈室，二十八品大綱目足。又如眞諦三藏云，《西域傳記》説龍樹菩薩逕海龍宮見此法華平等摩訶衍經，有大千界微塵偈四天下塵數品，具記錄奇瑞問答重重往覆，東方土相南西北方四維上下光中所現。又二百億燈明，一一説法華經儀，歎十方三世諸佛智慧大事因緣，化三乘人開悟一乘，菩薩聲聞本緣得記，佛説自領節節無盡重重不可説，自界他方發願弘持踴出讚詞果後方便十方來會等事，具如隱顯中。今長安所傳四本不同，一五千偈正無畏所傳是也，二六千五百偈竺法護所譯是也，三六千偈鳩摩羅什所傳是也，四六千二百偈闍那崛多所傳是也。三本是多羅葉，什本白氎也。此土所傳，尚有偈數增減，西方經何量。然相傳言，梵文唯有二十八品，文前皆無題目但云悉曇，此云吉法亦名成就，不成立名，皆在品末經終。而迴後在初者，蓋是譯經之人隨震旦法欲令因名字不同議部類。但護多本二十七品，名結其末，闕提婆品目。不同之事如下傳譯中，或分其品成部如下支派辨。廣略在器，部類增減，本法大義無虧矣。

隱顯時異第二，若依《文殊師利般涅槃經》，佛滅度後四百五十年文殊師利猶在世間。依《智度論》云諸大乘經是文殊結集。若依《集法傳》有三種阿難。阿難此云歡喜，持聲聞藏。阿難跋陀此云歡喜賢，持獨覺藏。阿難迦羅此云歡喜海。阿難昇高衆生三疑，一疑佛大悲從涅槃起既説妙法，二疑更有佛他方來住此説法，三疑彼阿難轉身成佛爲衆説法。今顯如是所説之法，我昔侍佛二十五年親所曾聞，非佛既起他方佛至轉身成佛，爲除此疑故諸經初皆言我聞。眞諦三藏云，微細律明阿難昇高集法藏時，身如諸佛具諸相好，下座之時還復本形。良由權行具足三德共傳大小，此經則是阿難海所結。若佛話經，文殊在座先唱題目，阿難昇高復述而集。《智度論》據之而言文殊結集諸大乘經，具結集已，即書文心葉收寶葉窟，天人龍神王臣大衆競興供養。佛去世後，賢聖隨隱，如大象去子隨去，九十五道紛亂起，十八異師專崇小典，摩訶衍經多分隱沒於世不行。此經結集已後隱藏不行，西方相傳大雪山中有寶塔收《法華》梵夾，具如眞諦三藏云。《西域傳記》説佛圓寂後五百年末，有一比丘深解大乘獲得無生，遍求深經，往至雪山開寶塔戶，披閲梵夾，於中而住守護受持。六百年初，南天國中有一梵士種，洞達四韋陀五明大義十八異經，名馳五天獨步諸國，名曰龍樹，捨邪歸正，出家具戒。九十日中議誦三藏既求深法無有得處，遂入雪山塔中，比丘以此經梵本授與龍樹，受誦愛樂頗知實義，周遊諸國廣求餘經。於閻浮提遍求不能具得，獨在靜室水精房中思惟此事。大海龍王見而愍之，接八大海於宮殿中發七寶函，以《華嚴》《法華》諸摩訶衍雲經《太雲》《華手》《般舟》諸方等深奧經無量妙法授之。龍樹受誦九十日，其心深入體得實利，龍王知其心問曰讀經未不。答曰汝諸函中經多無量，經劫不可盡，我所讀去已十倍閻浮提經。龍王言，如我宮中所有經典諸處此比不可數知，各各塵數不妨不礙不可思議。龍樹言，願得深經將還閻浮提，大弘佛教摧伏外道。龍王言，我宮有《華嚴不思議解脱經》三本，上本有十三世界微塵數頌四天下微塵數品，中本有四十九萬八千八百偈一千二百品，下本有十萬頌三十品。《法華平等大會經》，有十世界微塵數偈不可説品，自餘經典甚太廣博。龍樹言，我見妙典不可思議將如何傳。龍王言《不可思議解脱經》上中二本至非閻浮提之人力所受持，不可傳之。《法華深經》略本在閻浮提，廣本並祀在我宮中，即授下本《華嚴》並諸經一箱。龍樹既得一箱深入無生，龍樹逆出於南天竺大弘佛教，摧伏外道，廣摩訶衍，作三部大論千部別論。大論中多引《華嚴》《法華》等釋幽微旨。若準此傳記，既有大本並秘在龍宮隱而不傳。《西域志》云，昔于闐王宮有《法華》梵本六千五百偈。東南二千餘里有國名遮拘槃國，彼王累世敬重大乘，諸國名僧入其境者皆試其解，若小乘學則遣不留，大乘人請綺供養。王宮亦有《華嚴》《大集》《摩訶般若》《法華》《大涅槃》等五部大經，並十萬偈。王躬受持，親執戶鑰，轉讀則開，香華供養。又東南二十餘里，有山甚嶮難，峯上有石窟，口狹內寬，其內華嚴大集方等寶積楞伽方廣舍利弗陀羅尼華聚陀羅尼都薩羅摩訶般若大雲法華，凡一十二部皆十萬偈，國法相傳防護守掌。又云，罽賓國王宮有《法華經》，六千偈。今推在世興時，當於此土周穆四十五年乙丑，至于五十二年壬申，説訖入涅槃，圓寂後一千餘年都不修不行。一千二百三十年前，魏廢帝正元甲戌歲始傳五千偈，安置交州館。西晉姚秦齎持來至此，如傳譯辨，當知依機有生熟，隱顯時異。若依《法住記》，佛薄伽梵般涅槃時，以無上法付囑十六大阿羅漢幷眷屬，並令其護持使不滅沒。十六阿羅漢護持正法饒益有情，此州人壽極長至於十歲，佛法暫滅沒。後人壽漸增至四萬歲位，阿羅漢俱來人中顯説正法，乃至六萬歲時，無上正法流行世間，熾盛無息，至七萬歲時，無上正法永滅沒。然此經流通，多被末法，文中處處云末法及後五百歲時，若值遇時，忘寢與飡，莫空過時矣。

傳譯年代第三，謹按諸經目錄等，《法華》飜譯年代，略有六時。一者佛滅後一千二百三十年，前魏甘露元乙亥即吳五鳳二年也。七月七日，外國支彊梁接，言正無畏，於交州城，沙門道馨筆受，譯成六卷，名《法華三昧經》者是也。二者一千二百四十年，西晉太始元乙酉，月支國沙門曇摩羅蜜晉言法護姓支氏，歷遊西域解三十六國語及書，從天竺國齎持梵本來譯成六卷，名《薩蕓芬陀梨法華經》者是也。三者護更至太康七年丙午，廣譯成十卷，名《正法華經》者是也。永熙元年八月二十八日，比丘康那律於洛陽寫之竟，時與清戒界節優婆塞張季博董景玄劉長武長文等，手執經本詣白馬容對與法護，口挍古訓講出深義，以九月本齋十四日，於東牛寺中施檀大會，講誦此經竟日盡夜，無不咸歡，重已校定。四者一千二百八十四年，東晉咸康元乙未年，沙門支道林譯成六卷，名《方等法華經》者是也。五者一千三百五十三年，即姚秦弘始七甲辰，天竺沙門鳩摩羅什秦云童壽，於長安逍遙園，譯成七卷或八卷，名《妙法華經》者是也。什與護相去將二百餘年。六者一千五百五十年，即隋仁壽元辛酉，沙門笈多崛多於興善寺譯成七卷，名《添品法華經》者是也。經序云，考驗護什二譯，定非一本，護似多羅葉，什似龜茲之文。而護所闕者普門品偈，什所闕者藥草喻品之半，富樓那及法師等二品之初，提婆達多品，普門品偈也。什又移囑累。在藥王之前，二本陀羅尼並置普門之後，其間異同言不能極。普曜寺沙門上行所請，遂共三藏崛多笈多二法師於大興善寺重勘天竺多羅葉本，富樓那及法師等二品之初勘本猶闕，藥草喻品更益其半，提婆達多通入寶塔品，陀羅尼神力之後囑累還結其終，千萬億偈妙義難盡。重勘之時，略用三例，一者移品如神力囑累等，二者添文如藥草半普門偈等，三者改言如二品呪等。自餘諸文，全依什本，並無所改。就六譯中，三存三沒。於三存中，妙本最長，普賢夢授句逗，無文義謬。南山問天曰，什師一代所飜之經至今若新，受持轉盛何耶？答曰，其人聰明善解大乘，以下諸人並皆後人一代之寶也，絕後光前仰之不及，故其譯經以悟達爲先。得佛遺記之高位在三賢，自手出經，後至今盛誦，無有替廢，宜祥盛降歷代彌新，以此證量深會經旨。又文殊指授，今其那定特異常倫，豈以別室見機？頓忘玄致，殊不足涉言。

支派別行第四，謹按經録云，法華支派別行，西方何量，東土所傳蓋小。相傳西方梵文數一由旬，相應別行亦俱如是。今此地來者，《無量義經》一卷，此是序分，高帝世建元二年，天竺沙門曇摩伽陀耶舍齊言法生稱，於廣州朝亭寺，手自譯出，傳受人沙門慧表，永明三年賫至楊都。《觀普賢行法經》結一卷其終，宋元嘉元曇無蜜多亦云曇摩蜜多，宋言法秀，罽賓國人也，於揚都譯，後眞諦法師製別記，流行於世。若別行者，《佛以三車喚子經》一卷，魏代支謙譯，大部中譬喻品同本。《光世音經》一卷，西晉永嘉二年竺法護譯。《普門品經》一卷，東晉代沙門祇多蜜譯。《觀世音經》一卷，後秦羅什於長安逍遙園譯。《觀世音經》一卷，宋代安陽侯京聲於高唱譯。《普門重誦偈》一卷，梁武帝代北天竺乾闥國沙門闍那崛多。在益州龍泉寺，共梁譙王宇文譯。已上五經，大部中普門品同本，既有《普門品經》一卷十五紙，彼《大寶積》文殊會同本非《法華》別出。《妙法蓮華經提婆達多品》一卷，羅什譯，長安宮人除大部內別行。《妙法蓮華經提婆達多品》一卷，陳沙門眞諦，修補什本加潤色。又同品一卷，蕭齊永明年，沙門法獻于闐國得梵本來，與寶意於揚州瓦官寺譯。已上三本，大部中一品也。《法華光瑞菩薩現瑞經》三卷，沙門支彊梁於交州譯，大部中序品及壽量品等同本。《法華經》藥王菩薩等呪六首，大唐永徽年三藏法師玄奘譯。此等多是失本，唯有什公普門品於西海而別行。所以者何？曇摩羅懺此云法豐，中印人婆羅門種亦稱伊波勒菩薩，弘化爲志遊化葱嶺，來至河西，河西王沮渠蒙歸命正法，兼有疾患，以語菩薩，即云，觀世音此土有緣，乃令誦念，病苦即除，因是別傳一品流通部外也。又更有《法華三昧經》，是支派非別生。又有《薩曇分陀利經》一卷寶塔提婆品，少於世見行，而人不受持，古録注法護譯，唐朝録者附失譯録。又有《高王觀世音經》，雖有冥感不因傳譯，未足支派，亦非別生矣。

論釋不同第五，眞諦三藏云，西方相傳，説法華大教，流演五天竺，造優婆提舍，釋其文義五十餘家。佛涅槃後五百年終，龍樹菩薩造《法華論》，六百年初，堅意菩薩造《釋論》，並未來此土，不測旨歸。九百年中，北天竺丈夫國國師大婆羅門憍尸迦子婆藪槃豆，此云天親，亦製《法華論》，以六十四節法門釋其大義。中印度沙門勒那摩提，魏云寶意，學識優贍理事兼通三藏，凡誦一億偈，偈有三十二字，意存遊化，以宣武帝正始五年戊子初屆洛邑，譯《法華論》爲一卷，侍中崔光沙門僧朗等筆受。當翻經日，於洛陽內殿，菩提流支傳本，勒那扇多參明其後，三德乃徇流言，各傳師習不相詢訪，帝以弘法之盛略叙曲煩勅三處，各翻訖乃參校其間隱沒，互有不同致者，文旨時兼異綴，後人合之共成通部。又北印度沙門菩提流支，此云道希，新云覺愛，遍通三藏妙入總持，志在弘法廣流視聽，遂挾道霄征遠莅葱左。以魏永平之歲至止東華，宣武下勅慇懃敬勞，後處之永寧大寺供待甚豐，七百梵僧並皆周給，勅以流支爲譯經之元匠也。重譯成二卷，曇林受幷製序，題云《妙法蓮華經優婆提舍》，初有歸敬頌者是也，與寶意譯大同少異，彼題同云《妙法蓮華經優婆提舍》，而無歸命頌也，此土亦有作論者，如胡吉藏《玄論》等，不可具述矣。

智旭《閱藏知津》卷二四　妙法蓮華經七卷　姚秦天竺沙門鳩摩羅什譯　序品第一，佛在耆闍崛山先説《無量義經》，次入無量義定，眉光東照萬八千土，彌勒疑問，文殊述往事以釋之。　方便品第二，世尊出定告舍利弗，諸佛方便不可思議，唯佛與佛乃能知之，即止不説。舍利弗三請，五千增上慢者退席，乃唱唯一大事，所謂開示悟入佛之知見，一切皆當作佛實無三乘。　譬喻品第三，授舍利弗記，説火宅喻。　信解品第四，須菩提，迦旃延，大迦葉，目犍連，領解佛旨，説窮子喻。　藥草喻品第五，佛印四人所説而推廣之。　授記品第六，授大迦葉等四人記。化城喻品第七，先説大通智勝佛，時十六王子覆講結緣事，次説化城喻。五百弟子授記品第八，富樓那爲上首，五百弟子皆得受記，説繫珠喻。授學無學人記品第九，阿難羅睺羅爲上首。　法師品第十，佛因藥王菩薩告八萬大士持此經速得佛，幷説鑿井喻。　見寶塔品第十一，多寶佛塔從地湧出大聲讚善，釋迦如來以神力三變淨土，分身諸佛咸集與欲開塔，多寶如來分半座，與釋迦同坐，釋迦大聲唱告勸持。　提婆達多品第十二，説如來往昔求法，事阿私仙得聞妙法，今授提婆達多大菩提記，文殊入海弘經，龍女獻珠成佛。　持品第十三，藥王大樂説等，各各發願持經，佛授大愛道及耶輸記。又視八十萬億那由他諸菩薩，諸菩薩亦發願持經。　安樂行品第十四，文殊請問末世持經方法，佛以身口意誓願四安樂行荅之，兼説輪王髻珠喻。　從地湧出品第十五，六萬恆沙菩薩各將眷屬

從地湧出，大衆懷疑彌勒興問。如來壽量品第十六，佛自明成道已來甚
久，以釋衆疑，說醫王喻。分別功德品第十七，明在會聞法獲益之多，
及明五品弟子功德。隨喜功德品第十八。法師功德品第十九，明法師
得六根清淨。常不輕菩薩品第二十，明往古比丘以隨喜行，得淨六根速
成佛道。如來神力品第二十一，出廣長舌放毛孔光，謦欬彈指聲徧十
方。囑累品第二十二，三摩衆菩薩頂而囑付之。藥王菩薩本事品第二
十三，宿王華菩薩請問，佛爲說一切衆生喜見菩薩然身然臂事。妙音菩
薩品第二十四，佛放眉間光照東方世界，召此菩薩來作佛事。觀世音菩
薩普門品第二十五，無盡意菩薩請問，佛爲說十四無畏，三十二應，種種
功德。陀羅尼品第二十六，菩薩及天神等各說咒護法。妙莊嚴王本
事品第二十七，明往古淨德夫人淨藏淨眼二子，同化父王見佛。普賢菩
薩勸發品第二十八，佛爲普賢重示四法，普賢說咒護持。

此一部經乃如來究竟極談，具明施設一代時教，所以然之綍索，如家
業之有總帳簿，如天子之有九鼎也，非精研智者大師玄義文句不盡此經之
奧，仍須以荆谿尊者《釋籤》妙樂輔之。

《正法華經》十卷，西晉月支國沙門竺法護譯與上經同，但藥草品中
有迦葉問荅及生盲喻。《五百弟子授記品》初，有入海取寶喻。《法師
品》名爲《藥王如來品》，有寶蓋王及千子與善蓋太子法供養事。一切
咒皆翻梵成華，《囑累品》在最後。

《妙法蓮華經》八卷 前有序隋北天竺沙門闍那崛多共達摩笈多譯 多
用什師譯文，但《添藥草品》後生盲一《喻耳陀羅尼品》在第二十一，
《囑累品》在最後，《提婆達多品》合入見《寶塔品》，故止有二十七品。

窺基《妙法蓮華經玄贊》卷一 其品得名者，經有廿八品。謂序品，
方便品，譬喻品，信解品，藥草喻品，授記品，化城喻品，五百弟子受記
品，授學無學人記品，法師品，見寶塔品，提婆達多品，特品，安樂行
品，從地踴出品，如來壽量品，分別功德品，隨喜功德品，法師功德品，
常不輕菩薩品，如來神力品，囑累品，藥王菩薩本事品，妙音菩薩品，觀
世音普門品，陀羅尼品，妙莊嚴王本事品，普賢菩薩勸發品。於此諸品惣
爲四例，一義爲名有十五，二義爲名有十，三義爲名有一，不定爲名有
二。一義爲名有十五中復爲四例，從法爲名有四，方便品，信解品，持
品，陀羅尼品。從喻爲名有三，譬喻品，藥草喻品，化城喻品。從人爲名
有四，法師品，提婆達多品，常不輕菩薩品，妙音菩薩品。其法師品有法
之師從人名中法即是師以法爲師，從法名中隨應可悉。從事爲名有四，序
品，授記品，從地踴出品，囑累品。二義爲名有十中復有三例，從人法爲
名有八，授學無學人記品，如來壽量品，法師功德品，如來神力品，藥王
菩薩本事品，觀世音普門品，妙莊嚴王本事品，普賢菩薩勸發品。能所爲
名有一，分別功德品。因果爲名有一，隨喜功德品。三義爲名有一，五百
弟子受記品。五百者數，弟子者人，受記者事，故成三義。不定爲名有
二，一安樂行品，二見寶塔品，安樂之義通因果故，其見之義通見現故。
安樂在因，見者現也，即一義名中。若安樂在果，見者見也，即二義名
中，思準可悉。且依惣類以弁得得，名名所從至品當釋。第四顯經品癈立
者，案此經根本，秦姚興時鳩摩羅什所翻廿七品，無提婆達多品。沙門道
惠《宋齊錄》云，上定林寺釋法獻於于闐國得經梵本，有此一品，瓦官寺
沙門法意，以齊永明八年十二月譯出此品，猶未安置《法華經》內。至梁
末有西天竺優禪尼國沙門拘羅那陀，此云家依，亦雲婆羅末陀，此云眞
諦，又翻此品始安見寶塔品後。有燉煌沙門竺法護，於晉武之世譯《正法
花》，其提婆達多品亦安在見寶塔品後。什公本無之者，古傳云葱嶺已西
多有此品，已東多無，什公既在龜茲故無此品。若爾法獻於于闐國如何得
此品？于闐亦在葱嶺東故。又有解云，塔品命持而持品應命，言勢相接
而忽間以天授，則文勢疎斷，什公恐末業多或所以删之，若爾即取捨眞文
並由羅什，删繁好醜併在一人，斯爲未可。釋道安以翻經者多略經文，乃
作五失三不易云，結集之羅漢兢兢若此，末代之凡夫平平若是，改千代之
上微言，同百王之下末俗豈不痛哉。故天授品梵本皆有，又天授品題已重
法爲床以求經力勢大，龍宮踴出，經威速疾，龍女道成，讃勸於人，何不
此後即有持品。但知梵本有之而什公本闕，隨本翻譯故無此品。既非以東
西判定，亦不可以義越删之，但是什公梵本差脫，邊國訛鄙多脫錯故。又
此經中囑累品安在神力品後者，古有解言什公善得經意，所以不安經末置
在前者。囑累品中令分身佛各還本土，若安經末則至說經竟，婚令分身各
還本土，未還已前此土猶淨，妙音來日何事被誡於此土中勿生下劣之想。
又下方踴出既普稽首分身，東土妙音不應獨頂札多寶，觀音奉珠不應但爲

二分，分身諸佛何過不蒙。又囑累一品既明付囑，藥王等品受命和宜，以此而推不應居後，所以什公安於前也。上來所說乍雖可爾，窮其旨趣理有八連，一衆本相連難。晉時竺法護所譯《正法華》，及隨時崛多笈多二人所譯《添法華》中，此囑累品安在經末。二論經相連難，《法花論》中說備行力略有七種，一持力，法師品，安樂行品，勸持品示現。二說力，神力品示現。三行苦行力，藥王品示現。四教化衆生行苦行力，妙音品示現。五護衆生諸難力，觀世音品，陁羅尼品示現。六功德勝力，妙莊嚴王本事品示現。七護法力，普賢菩薩品及後品示現。既言七護法力普賢及後品示現，明知囑累合居經末。若不爾者，普賢品後更有何品。又神力品後即明藥王，餘皆依次，故知囑累合在經終。三諸教不同難，餘經囑累並在經終，何故此經獨在前說。四二事乖覺難，若以令分身佛還此土便穢，妙音來曰故被誡者，囑累品中亦令多寶塔還，何故觀音奉珠猶爲二分。五兩命不齊難，若分身多寶並各遣還，何故分身即還多寶佛塔猶在。若言令多寶塔還可如故，但是閇塔者若爾，何故《正法華》云可還本土。六塔無還處難，又分身諸佛釋迦命去初即言歸，多寶佛塔迄至經終更無還處。七淨穢有殊難，又以妙音被誡便非淨土，故知分身久已還國者，分身佛集之時五道亦盡何有靈山詣佛特散。又文殊海會將主此間，預在靈山忽有花現。何故各命侍者手捧蓮花普詣靈山，持散佛上變淨土時諸山皆無通爲佛國，八衆喜乖情難，又囑累品令分身佛還塔時不去，若非經末方囑累者，阿備羅等皆大歡喜何太早生，既非聞法寶以喜生，乃是見客佛去以歡喜深成可恠。但是先施神力故現淨土，由此土本穢恐妙音兼見本土穢相而生譏毀，所以□誡非妙音至分身已還而土便穢。如雖淨土還見靈山，變不唯淨兼見穢故。上見下故，何因不許二佛同坐妙音致禮，觀音奉珠札贈此二施主，別意不通餘佛，只如天授品中文殊龍宮而出，獨禮塔中二世尊足，此時分身未還本土，文殊于時不禮分身，故知歸奉意別，何得例使通歸，故知囑累合在經終，歡喜奉行並居後故。又觀音普門品本皆無偈，或有安者後人添足。俗每疑云若佛說者，云何偈言具足妙相尊偈荅無盡意。此乃經家結集爲偈，如《勝鬘》云，即生此念時佛於空中現等，從前偈後乘便爲偈以生後偈，中間文短長行不便，理亦應通。又有疑云若佛說者，何故偈云呪詛諸毒藥還著於本人，豈佛世尊返害生命。昔亦致或曾問先師慈音或大雲義，大師勘梵本既具此偈，正云撫呾利曳末那，應言慈意非慈音也，故定有之，有又無失乃是應宜而爲調伏，如巧獵師善取羆熊，亦如良醫善用返藥。初雖有損後必爲益，非後爲損而初益之。有頌既不乖宗，設無亦何逮狸。又隨時所添經中，莊嚴幢菩薩問無盡意觀音名所由，無盡意菩薩遍觀觀音過去願海，告莊嚴幢而說於偈。若爾云何偈言世尊妙相具，我今重問彼具足妙相尊偈荅無盡意，文既相連故知差舛。又彼經藥草喻品加其後半，論釋雨喻破執乘一，彼說乘同日光爲喻，《正法》《妙法》兩經俱無，論又不解四從三進，有爽通途，無順成理，彼經又以陁羅尼品安在神力品後，達二本經及論次第。又云富樓那及法師二品初皆脫少，既無誠文，理難依信。又云合有廿七品以天授品與寶塔同品，四本達三寔爲未可。第五彰品次第者，凡欲說法必先警覺群情機集緣和乃可應物宣暢，陳說之漸初名序序品。品既訖次辯正宗，衆既集而未閑，須陳宗以訓誘。法說一乘爲實，略開二運爲權。言一實而導彼歸途，顯二權而令斯返跡。智揚善巧妙應上根，語演神功津寘邃理，故次有方便品。上根領悟佛重述成方有授記，應有領述及授記品。良以□子獨□不可孤明，領述授記文少略故。譬喻品初寄其領述及爲授記中，根之類雖聞法說猶未能解，不因喻曉無以解生，故有譬喻品。智者因喻領惠隨生，故有信解品。雖少信解尚未深知，爲破疑情重成其意，故有藥草喻品。四大聲聞既深領解記其當果，故次有授記品。上中二性雖復解生，下根之徒殊無悟想，必假丁寧之說要資鄭重之訓，說過去結緣之始覺照其心，述彼所得涅槃本非眞滅，令歸寶所趣大涅槃，故次有化城喻品。高名之輩因說即解，應有信解復重淨心，良由三遍慇懃領解，文略印亦不廣不別生品先陳高名當果之相，故有五百弟子受記品。下位之籌時漸亦達，爲之授記，故有授學無學人記品。三根並悟說利巳周，將使遠代同規，歎人美法令弘大義，故有法師品。依法備學若法若人可師可範，故破小執而成大道，會權旨以入眞宗，信學既希歸崇亦數，多寶現塔分身佛集，勸長明信證說不虛，故有見寶塔品。雖他佛說證信此經，未顯自尊勸人歸仰，故顯身作國主爲重此經，於彼怨家爲牀求法，亦顯經威廣大度龍宮衆極多，法力速成化龍女以成道，故有提婆達多品。既現自他俱爲寶重，威和用速，慇懃勸勉聞經菩薩皆受教而願持，故有持品。若依論本言勸持品，此雖無勸，字因前勸而令持，故名勸持，理亦無爽。其有末代行者多越軏摸，今示儀方令易宣暢，法既易行自離傷毀，故有安樂行品。八恆菩薩間妙道以願持，佛時不許，明已有於和者遂有六萬恆沙菩薩久離傷毀，先願和宣勸發時會，故有從地踴出品。衆見踴出謂此化而非眞，父少子老疑非釋迦所化，今明我道久成所化故宜非少釋此疑難，故有如來壽量品。報佛之身現壽量而長遠，法身之躰亦方便以宣揚。故知釋迦由來化質，佛德深妙聞信者多，利益既和功德無量，今明時衆差別獲益，故有分別功德品。時宜所益雖已具陳，有能隨喜福亦不少，故有隨喜功德品。傍人隨喜尙獲福多，正能宣闡功德彌衆，故有法師功德品。法師持經必當作佛，毀法師者獲罪無量，引已爲證故有常不輕品。如來勸說福事俱多，恐衆生疑謂佛虛唱，欲顯已言而不謬，何得誑汝衆生，縱神力以示之，故有如來神力品。藥王昔者殉命持經，說彼本緣勸勉時會，故有藥王菩薩本事品。流行正法此彼之土皆通，藥王已此土加揚，故召妙音令他方傳授，故有妙音菩薩品。衆生持經多諸鄣難，必假普示諸門大悲救護，故有觀世音普門品。雖念觀音憑人救難，未持神咒仰法加威，欲今廣有威靈持經易可成□，故有陁羅尼品。持經之力不簡怨親，經福所資常生勝處，欲明古今相即以勸和於妙旨，故有妙莊嚴王本事品。雖此土他土皆有如經，未有此方他方俱爲勸□，故有普賢菩薩勸發品。讚勸既周，化緣已畢，慇懃付授遠使流通，故有囑累品。此依《正法花》及論，囑累品居後釋其次第，若神力品後即說囑累品，人情曲解未契通途。第六釋經本文者，古遵法師云，廿八品分爲二丈，初之一品明如來起化由序，餘廿七品辯其正化。序品陳其始由，正化明其利益，迄至經末皆有益故。吉藏師云，初一品名序分，次十五品半名正宗，至分別功德品初挍量，頌末以來明乘權實身權身實爲正宗。故鶖子三請明乘權實，彌勒三請明身權實，彼頌第二長行聞此壽量信解功德無有限量，及下十一品名流通分。淨法師云，初一品名序分，次十九品名正宗，神力品下有八品名流通。雖有此判不釋其所由也。今爲二解，初一品名序分，次八品名正宗，正說一乘授三根記，根本所爲皆已獲益，化彼二乘出濁水故。此經下云，今此經中唯說一乘，而昔於菩薩前毀呰聲聞樂小法者，然佛實以大乘敎化。又提婆達多品，智獲菩薩白多寶佛可還本土，故知事了方始請還，明知說一乘處正是經宗。若不說一乘但獲益處皆正宗者，普賢品中無量菩薩得陁羅尼，三千世衆微塵數菩薩行普賢道亦是不說一乘而獲益故，皆應正宗。若亦即古導法師乃爲指南。又事既未了，如何智獲中路請還，或幷法師品八品半爲正宗，以法師品初授餘現唑凡聖見聞隨喜者，當得菩提記故，持品雖授現唑比丘尼記，因請持經佛便與記，仍言前已惣與記訖更不說一乘，故非正宗。餘十九品惣名流通，讚證受命付令行故，或初序分如前無別，從方便品下至持品合十二品明一乘境，安樂行品從地踴出品此之二品明一乘行，如來壽量品下至常不輕品合此五品明一乘果，說境令知乘之權實，勸應捨權而取於實，聲聞悟此遂便得記。說行令知因之是非，勸應學是而除於非，學者由斯從地踴出。說果令知身之眞化，證之果因，勸識於化求證於眞，漸獲因果二位勝德，菩薩知此遂便道證，具顯果因所成勝德。神力品下皆名流通，示相付囑稟命行故，此等所由皆至下釋。

智度《法華經疏義纘》卷一　第二顯體者，前釋名總說文義浩漫，今須點理正顯經體，直辨眞性非無二軌，欲令易解是故直說。體者一部之指歸，衆義之都會也。非但會之至難，亦乃說之不易。玄有七門，今引初門爲顯經體。又四意，一出舊，二論體意，三正明體，四引證言。出舊者，北地師用一乘爲體，此語奢漫，又眞諦爲體此通小大，又一乘因果爲體，今亦不用因果二法未免事廣叙。二明體意者，釋論云小乘經若有無常無我涅槃三法印即是佛說修之得道，無是魔說也，大乘經但有一法印謂諸法實相名了義，經若無實相是魔說也，今取實相爲體也。三正明體者，三軌中眞性，十界中佛界，四諦中無作四諦，三諦中第一義諦，二諦中眞諦，廣簡如玄義。四引證者，序品云，今佛放光明助發實相義，又云諸法實相義已爲汝等說，又云唯佛與佛乃能究盡諸法實相，又云要當說眞實，又云爲說實相印等。

第三明宗者修行之喉衿，顯體之要蒭，如梁柱持屋，結網維，提網則目動，梁安則桷存，以喩顯法，準此可知。故知宗是要義，廣如玄文有云宗即是體，今難云何者，宗是因果因果爲二，體非因果體即不二，體二非體不二非宗。今正明宗者，迹門開佛知見，亦明弟子實因實果，亦明師權因權果，爲明弟子實因因正果傍，本門師弟亦有因果，正明師果果正因傍，故總因果爲正宗也。

第四明用者，用是如來之妙能，爲此經之勝用。如來以權實二智爲妙能，此經以斷疑生信爲勝用。迹門斷權疑生實信爲用，本門斷近疑生遠信爲用故四章中名是總，體宗用三是別。開總出別境妙是體，前四妙是宗，後五妙是用，宗中前三唯因位通因果三法唯果，故前五妙佛乘因果爲宗，後五前三能化後二所化，能所俱名爲用，合別入總，即體宗用攝入名中，俱得稱妙也，廣如玄文。

第五教相者，若弘餘經不明教相於義無傷，若弘《法華》不明教相者文義有闕。但聖意幽隱教法彌難，前代法師或祖承名匠，或思出袖衿，雖阡陌縱横莫知孰是。然義不雙立理無兩有，若深存所以復與修多羅合者錄而用之，無文無義不可信用，今依南岳大師心有所證，又勘同經論故天台述而從用也。文爲五，餘四章不引如玄今初大意者又四，初大意次藏部所攝，三翻譯時代，四教所被機。初大意者，佛於無名相中假名相説，若説餘經各赴緣所，益未明教意。如説《華嚴》初逗圓別之機，高山先照直明次第不次第修行地上之功德，不辨如來説頓之意。次説《四含》《增一》明人天因果中明眞寂深義，雜明諸禪定，長明破外道，不明如來曲巧施小之意。次説《方等》，折小彈偏歎大褒圓，慈悲行願事理殊絶，不明並對呵責之意。次説《般若》論通則三人同入，論別菩薩獨進廣歷陰入染淨虛融，亦不明共別之意。若《涅槃》在後，略斥三修粗點五味，亦不委説如來原始要終之意。凡此諸經皆是逗會他意，令他得益不談佛意，意趣何之今經不爾，絓是法門網目大小觀法種種規矩皆所不論，爲前經已説，故今經但説如來布教之元始中間取與漸頓，適時大事因緣究竟終訖。若宿殖純者初即頓與，直明菩薩位行功德言不涉小。文云始見我身聞我所説，即皆信受入如來慧等。次其不堪者，隱其神德以貧所樂法方便附近語令勤作。文云我若讚佛乘衆生沒在苦，如此之人應以此法漸入佛慧。次既得道已宜須彈斥，即如方等以大破小。文云苦切責之已示以所繫珠。次宜兼通半滿淘汰，如大品遣蕩相著會其宗途。文云將導衆人欲過嶮道，次過此難已定之，以父子付之，以家業拂之，以權迹解云權是迹門三乘迹是本門之近迹顯之，以實本解云實是迹門一乘本是本門之遠本當知此經唯論如來設教大綱，不委細網目大意訖。

慧觀《法華宗要序》 夫本際冥湛，則神根凝一。涉動離淳，則精麤異陳。於是心轡競策，塵想爭馳，翳有淺深，則昏明殊鏡。是以從初得佛，暨于此經，始應物開津，故三乘別流。別流非眞，則終期有會。會必同源，故其乘唯一，唯一無上，故謂之妙法。頌曰：

是乘微妙，清淨第一。於諸世間，最無有上。

夫妙不可明，必擬之有像。像之美者，蓮華爲上。蓮華之秀，分陀利爲最，妙萬法而爲言，故喻之分陀利，其爲經也明。發矇不可以語極，釋權應之所由。御終不可以秘深，則開實以顯宗致。權應既彰，則局心自廢。宗致既顯，則眞悟自生。故能令萬流合注，三乘同往。同往之三會而爲一，乘之始也。覺慧成滿，乘之盛也。滅景澄神，乘之終也。雖以萬法爲乘，然統之有主，舉其宗要，則慧收其名。故經以眞慧爲體，妙一爲稱。是以釋迦玄音始發，讚佛智甚深。多寶稱善，歎平等大慧。頌曰：

爲說佛慧故，諸佛出世間。唯此一事實，餘二則非眞。

然則佛慧乃一之正實，乘之體成，妙之至足，華之開秀者也。雖寄華宣微，而道玄像表，稱之曰妙，而體絶精麤。頌曰：是法不可示，言辭相寂滅。二乘所以息慮，補處所以絶塵，唯佛與佛乃能究盡。故恆沙如來，感希聲以雲萃。已逝之聖，振餘靈而現證。信佛法之奧區，窮神之妙境，其此經之謂乎，此經之謂乎！觀少習歸一之言，長味會通之要，然緬思愈勤，而幽旨彌潛。未嘗不面靈鷲以遐想，臨辭句而增懷。諒由枝說差其本，謬文乖其正也。有外國法師鳩摩羅什，超爽俊邁，奇悟天拔，量與海深，辯流玉散。繼釋蹤以嗣軌，秉神火以霜燭，紐頹綱於將絶，拯漂溺於已淪，耀此慧燈，來光斯境。秦弘始八年夏，於長安大寺，集四方義學沙門二千餘人，更出斯經，與衆詳究。什自手執胡經，口譯秦語，曲從方言，而趣不乖本。即文之益，亦已過半。雖復霄雲披翳，陽景俱暉，未足喻也。什猶謂，語現而理沉，事近而旨遠。又釋言表之隱，以應探賾之求。雖冥扉未開，固已得其門矣。夫上善等潤，靈液尙均，是以仰感矚果，俯慨未聞，故探述旨要，流布未聞。庶法輪遐軫，往所未往，十方同悟，究暢一乘。故序之云爾。

僧叡《法華經後序》 《法華經》者，諸佛之秘藏，衆經之實體也。以華爲名者，照其本也。稱分陀利者，美其盛也。所興既玄，其旨甚婉。自非達識傳之，罕有得其門者。夫百卉藥木之英，物實之本也。八萬四千法藏者，道果之原也。故以喻焉。諸華之中，蓮華最勝。華尚未敷，名屈摩羅。敷而將落，名迦摩羅，處中盛時，名分陀利。未敷喻二道，將落譬泥洹，榮曜獨足以喻斯典。至如《般若》諸經，深無不極，故道者以之而歸。大無不該，故乘者以之而濟。然其大略，皆以適化爲本。應務之門，不得不以善權爲用。權之爲化，悟物雖弘，於實體不足。皆屬《法華》，固其宜矣。尋其幽旨恢廓宏邃，所該甚遠。豈徒說實歸本，畢定殊途而已耶。乃實大明覺理，囊括古今。云佛壽無量，永劫未足以明其久也。分身無數，萬形不足以異其體也。然則壽量定其非數，分身明其無實，普賢顯其無成，多寶昭其不滅。夫邁玄古以期今，則萬世同一日。即百化以悟玄，則千途無異轍。夫如是者，則生生未足以言其在，永寂亦未可言其滅矣。尋幽宗以絕往，則喪功於本無。控心轡於三昧，則忘期於二地。經流茲土，雖復垂及百年，譯者昧其虛津，靈關莫之或啓，談者乖其準格，幽蹤罕得而履。徒復搜研皓首，並未有窺其門者。秦司隸校尉，左將軍安城侯姚嵩，擬韻玄門，宅心世表，注誠斯典，信詣彌至。每思尋其文，深識譯者之失。既遇鳩摩羅法師，爲之傳寫，指其大歸，眞若披重霄而高蹈，登崑崙而俯眄矣。于時聽受領悟之僧八百餘人，皆是諸方英秀，一時之傑也。是歲弘始八年，歲次鶉火。

湛然《法華大意》 將釋此一部妙典，二十八品，多有諸家，今暫歸天台宗。每品用三門解說，第一述每品大意，第二釋每品名，第三釋每品內文，略科斷。

第一述初品大意者，原夫浩浩性海，混動靜而凝眞。眇眇覺山，抱理事以布教。教海無盡，故扣諸萬機以垂影。機感萬差，猶馳走五乘以分鑣。然則許車長者，開三車，遍與一實之妙車，覓子慈天，集百屬，同付一家之財業。今此經者，開權顯實之玄門，果海圓實之格言，宏括衆經之綱紀，亘海之吞千潮，廣統群典之樞要，猶大虛之抱萬有。文苑芳馥，開三生六即之華，義林蓊鬱，結三軌四德之果。舒則一乘之義門區分，明映日月。卷則一極之玄樞凝眞，峻凌妙高。所以片片慈氏之問，普被塵國。明明能仁之訓，等霔現當。遂使乘此法輪，不起一處，普遊無邊法界。入彼法門，不移一念，忽現無盡劫海。可謂返流歸源之寶舟，盡迷趣覺之銀燭者矣，教大意蓋在此哉。

第二釋名者，今《妙法蓮華經》者，本地甚深之奧藏也，自行權實之妙法也。四華六動開方便之門，三變千涌表眞實之地。咸令一切普得見聞，是以先標妙法，次喻蓮華。蕩化城之執教，廢草菴之滯情。會衆善之小行，歸廣大之一乘。上中下根，皆與記莂。發秘密之奧藏，稱之爲妙。示權實之正軌，故號爲法。指久遠之本果，喻之以蓮。會不二之圓道，譬之以華。聲爲佛事，稱之爲經。圓詮之初，目之爲序。序義相從，稱之爲品。衆次之首，名第一。若存梵聲，可言薩達摩分陀利伽蘇怛攬。今順唐語，故道《妙法蓮華經》序品第一。

第三入文判釋者，夫顒顒普機，受如來旨，巍巍法雷，雨平等雨。今維經者，久遠實佛之所說，三世諸佛之至極經也。權現阿難所傳，胎辨羅什所譯也。宿明聽耳所請，乘白遍吉所護也。明知此間群生，應機於圓教，招感於靈聖也。一部典有八軸二十八品，大分爲三，初品爲序，次方便品，訖分別功德品十九行偈，凡十五品半，名爲正，三從偈後盡經，凡十一品半，爲流通。又一時分爲二，從初序品至安樂行十四品，爲迹門開權顯實。從從地涌出品訖經十四品，爲本門開近顯遠。二門各三，初迹門三者，序品爲迹門序，次方便品，至授學無學人記品，爲迹門正說，法師品訖安樂行品，爲迹門流通。次本門三者，初踴出品，訖彌勒已問佛今答之半品，爲本門序，次佛告阿逸多下，訖分別功德品初長行偈頌爲正，三偈後盡經名流通。今迹門三章，初序有通有別。初序有六，一所聞之法體，即如是是。二能持之人，即我聞是。三聞持之時，一時是。四聞持之所從，即佛陀是。五聞持之處，即王舍城耆山是。六聞持之伴，即與大比丘衆去是也。有二，從與大比丘衆萬二千下，訖阿闍世王與若干百千眷屬俱，第一明列衆。各禮佛足退坐一面八字，第二總結也。約列衆中有三，從與大比丘下，訖耶輸陀羅比丘尼亦與等，第一明聲聞衆。從菩薩摩訶八萬人下，訖菩薩摩訶薩八萬人俱，第二明菩薩衆。爾時釋提桓因下，訖阿闍世王等，第三明雜衆也。第二爾時世尊四衆圍繞下，訖品竟諸求三乘人。別序。約中五序，從爾時世尊四衆下，訖尊重讚歎，第一明集衆序。從爲諸菩薩說大乘經下，訖起七寶塔，第二明現瑞序。從爾時彌勒菩薩下，訖神通之相今當問誰，第三明疑問序。從爾時彌勒菩薩，訖偈終爲說何等，第四明發問序。約中有二，一長行，從於是彌勒菩薩欲重宣此義下。第二偈頌，有六十二行。分爲二，初有五十四行，頌上問從佛放一光，我及衆會下有八行頌請答。從爾時文殊師利語彌勒菩薩下，第五答問序。中有二，第一長行，第二偈頌。第一長行中有四，從彌勒下訖演大法義。第一明惟忖答，從諸善男子我於下，訖故現此瑞。第二明略曾見答，從諸善男子如過去下，訖求名菩薩汝身是也。第三明廣曾見答，從今見此瑞與本無異下，訖教菩薩法佛所護念。第四明分明判答，從爾時文殊說偈。第二偈頌，有四十五行。分爲二，初有四十一行，頌廣曾見。答從我見燈明下，有四行頌分明判答等。

《妙法蓮華經》方便品第二　今釋此品用三門，第一述大意，第二釋品名，第三入文判釋。第一大意者，夫巍巍佛智，推甚深無量於一宗之考。蕩蕩慧門，告難解難入於三乘之息。是以五甚深海，騏驎宇窮其底。八甚高峯，鳳凰難翔其頂。是故無問春雷，振四種法響於三乘之蟄。自說秋龍，灑七成甘雨於七權之魚。十如帝網，籠十界而重重。一乘頗梨，亘十刹隱隱。久後密唱，繫圓珠於五千衣裏。要當顯談，駕寶車於一大白牛。淺智千二，起疑念而迷所趣。深智一子，宣未了而問進退。能仁三止，沙汰五千。鶖子三請，精進十信。是以枝葉糟糠，忘繫珠而退法座。眞實普機，懷信財而住會席。於是赫赫法王，喻曇華而勸信。明明智行，作蓮華而發歡。是以一大金烏，照五姓而輝輝。四一銀兔，臨七人而皎皎。豈謂焦種趣寂，値法雨而更萌佛芽。畢死闡提，服妙藥而復甦後生。教經義緯，織成行錦於五佛機。智針行綫，縫飾果繡於三世帳。諸佛本懷，皆圓此部。出世大意，悉滿此章。破執而決疑，法華最第一。開迷而照覺，誰敢爭斯典哉。文約義豐，理深行普矣。勝可謂不思議妙法，難測量法門矣。此品大意，蓋如是歟。

第二釋名者，方者秘也，便者妙也。妙達於方即眞秘，點內衣裏無價之寶，與王頂上唯有一珠，無二無別，指客作入。是長者子，亦無二無別，如斯之言，是秘是妙。如經唯我知是相。十方佛亦然，止止不須說，我法妙難思，故以秘釋方，以妙釋便。正是今品之意，故言方便品。

第三入文判釋者，從此品下，訖分別功德品彌勒說十九行偈終，佛名聞十方廣饒益衆生等十五品半文，大段第二正說分也。若作二正，從此品下，訖授學無學人記八品，迹門正說分也。今且遂近就迹門正說，大分爲二。從此品初下，訖願爲此衆故，唯垂分別等，第一大段明略開三顯一。從爾時世尊告舍利弗汝已慇懃三請豈得不說等下，訖授學無學人記品七品半經文，第二大段明廣開三顯一。約略開三顯一段有二，從此品初下，訖偈竟佛以方便力示以三乘，第一明略開三顯一。約中有長行偈頌，長行中有二。從品初下，訖隨宜所說意趣難解，第一明諸佛權實二智。從舍利弗吾從成佛已來下，第二明釋迦權實二智。第二偈頌上二佛二智。從爾時大衆中有諸聲聞漏盡下，訖是等聞此法則生大歡喜。第二明疑生執動，騰疑請三遍。第二約廣開三顯一段，大分爲三。第一爲上根人，有法說周，即爾時世尊告舍利弗已下，訖第二卷諸天子偈竟，我所有福業今世若過世及見佛功德盡迴向佛道也。第二爲中根人有譬說周，爾時舍利弗白佛言，世尊我今無復疑悔下，訖授記品竟，我及汝等宿世因緣吾今當說汝等善聽，三品經文也。第三爲下根人有因緣說周，化城喻品初，告諸比丘乃往過去，訖學無學人記品竟，世尊慧燈明我聞授記音心歡喜，充滿如甘露見灌，三品經文也。約第一法說周大分爲五，謂法說，領解，述成，授記，歡喜也。約初法說段，有長行偈頌。約第一長行有三，從爾時世尊告舍利弗汝已下，訖汝今善聽當爲汝說，第一明如來許說。從舍利弗言唯然世尊下，訖願樂欲聞，第二明受旨。從佛告舍利弗如是妙法下，訖無有餘乘唯一佛乘，第三明如來廣說。約中有五，第一明四佛章門，廣上諸佛權實二智。第二明釋迦章門，廣上釋迦權實二智。約四佛章爲四，從如是妙法下，訖十方諸佛亦復如是，第一明總諸佛門。約中有六番義四種釋四一等釋。第二舍利弗過去諸佛以無數方便種種因緣下，明過去佛章門，約中。第三舍利弗未來諸佛當出於世下，明未來佛章門，約中。第四舍利弗現在十方無量百千萬億佛土中諸佛世尊下，明現在佛章門，約中。第二舍利弗我今亦復如是下，廣上釋迦如來權實二智，約中有六義四一等釋，今不釋。第二偈頌，有百二十一行，大分爲二。初有四行一句，頌上許答。次有百十六行三句，頌上正答。約中爲二，初有七十三行一句，頌上第一四佛章門，從今我亦如是。第二有四十三行半，頌上第二釋迦章門。約四佛章爲四，初有三十四行三句，頌上第一總諸佛門。從過去無數劫下，第二有二十七行半，頌上過去佛章。從未來諸世尊下，第三有六行半，頌未來佛章。從天人所供養下，第四有四行半，頌現在佛章。從今我亦如是下，釋迦章門中，有四十三行半，括一部妙，爲下七喻作本。

《妙法蓮華經》譬喻品第三　今將釋此品用三門，第一述一品大意，第二釋品名，第三入文判釋。第一述大意者，夫大智身子，領中下而說望。大悲世雄，應屈延而暢喻。而爲其喻也，三車設門外，稚子出火宅，是則述三乘引教。一車造露地，進子至道場，是則明一乘與教。先談火宅，然後與白牛車。三界火宅，群生所居。五蘊假室，有情所住。壽命柱根，潤四相而摧朽。地水牆壁，曝二耀而拘圻。憍慢八鳥，翔振翮於四儀遙原。瞋恚八蟲，鬪怒目於五境廣野。愚癡蜣蜋，迷四倒而馳走。貪欲狐狼，抱五塵而踐踰。邪見夜叉，撥因果而食人狗。戒取荼鬼，旋火宅而事嬉戲。身見大鬼，計我所而無慚愧。見取咽喉，著其命而作保。邊見牛頭左角，著斷常而滅因果。邊見右角，執前從而如蓬亂。五鈍禽獸，驚愕行者於朝夕。五利陋鬼煩擾智者於晝夜。唯有大慈釋尊，拔濟此難。大悲觀音，守護是畏。三界衆生，悉是佛子。六道含識皆心，□方諦求，更無餘乘，誰留三乘，十方佛土，唯有一乘，誰存五姓，謗人謗法，受殃三途，求友求法，攀祥於萬代。此品大意，蓋如是矣。

第二釋名者，譬者比況也，喻者曉訓也。託此比彼，寄淺訓深也。此品偏舉喻爲名，故言譬喻品。

第三入文判釋者，從品初下，訖偈竟轉無上法輪等，第二明法說周中領解段，約中有二。第一長行，明身子領解陳。第二偈頌，有二十五行，身子重陳。從爾時佛告舍利弗吾今下，訖教菩薩法佛所護念。第三明法說周如來述成段，從舍利弗汝於未來下，訖彼即是汝身宜應自欣慶。第四明法說周授記段，約中有二。第一明有長行如來授記，第二明有偈頌十一行半如來重宣。從爾時四部衆下，訖及見佛功德盡迴向佛道，第五明法說周中四衆領解段，約中有三。第一明長行四衆領解，第二明有偈六行半重頌上來三周中第一法說周了，從爾時舍利弗白佛言世尊我今無疑悔下，訖授記品，大段第二，明爲中根人譬說周。文有四品，初品正如來譬說開三顯一，信解品明四大聲聞領解，藥草品明如來述成，授記品明如來授記。約初中文有二，從爾時舍利弗白佛言，訖說其因緣令離疑悔，第一明身子請。從爾時佛告舍利弗我先不言下，訖偈竟汝當爲說等，第二明如來答。約中有三，從爾時佛告舍利弗我先不言下，訖諸有智者以譬喻得解，第一明如來發起。從舍利弗若國邑下，訖偈頌中我爲法王於法自在安穩衆生故現於世，第二明如來譬說。從汝舍利弗我此法印，訖偈竟汝當爲說妙法華經，第三明如來勸信。約第二譬說中有二，初長行，二偈頌。約長行中有二，從若國邑下，訖善哉善哉如汝所說，第一明開譬。從舍利弗如來亦復如是，訖於一佛乘分別說三，第二明合譬。約第一開譬中有二，從若國邑下，訖若十二十或至三十在此宅中，第一明總譬，約中有六譬。從長者見是大火從四面起下，訖善哉善哉如汝所言，第二明別譬，約中有四譬。約第二合譬中有二，從舍利弗如來亦復下，訖令得菩提，第一合總譬。從見諸衆生爲生老病死下，訖於一佛乘等，第二合別譬。佛欲重宣此義下，偈頌有百六十五行。爲二，初有百行，頌上長行，後有六十五行，明通經方法。上來長行，有開譬合譬。偈頌亦有二，初有六十五行半頌開譬，次有三十四行半頌合譬。上長行有總譬別譬，初有三十三行頌總譬，約中有六譬。次有三十二行半頌別譬，約中有六譬，次四譬。約合譬中有二，總譬合，別譬合。約第二通經方法，又名勸進，約中。

《妙法蓮華經》信解品第四　將釋此品用三門，第一述大意，第二釋品名，第三入文判釋。第一述大意者，夫跉跰窮子，還父家而預客作。中止慈父，付家業而定天性。是以二乘都無分，忽得如來家。二乘未具足，則成滿月鏡。一日之價，招羞於廢權門。三乘之賓，懷塵於實相逛。無漏大果，結小乘枝而離離。無上蓮華，咲羊鹿池而葩葩。圓教聲聞，以佛道聲，令聞一切。具詮羅漢，於諸世間，應受供養。法華以前，分段三德，顯於界內。法華以後，變易三德，示於界外。知恩報恩，闇先年。知德謝德，覺今時。誠知三乘別執，闇中亦闇。一乘圓融，明中亦明。此品大意，蓋如是矣。

第二釋名者，初聞略說，動執生疑。廣聞五佛，蒙籠未曉。今聞譬喻，歡喜踴躍。信發解生，疑去理明也。此品偏標法爲名，故言信解品。

第三入文判釋，此品譬說周中，第二四大聲聞領解段。文爲二，從爾時慧命下，訖瞻仰尊顔，第一明經家叙歡喜。從白佛言下，訖卷盡，第二明自陳領解。約中有二，一長行，二偈頌。約長行中有二，從而白佛言下，訖無量珍寶不求自得，第一明略領解。從世尊我等下，訖如佛所應得者皆已得之，第二明廣領解。約中有二，從世尊我等下，訖今此寶藏自然而至，第一明開譬。從世尊下，訖皆已得之，第二明合譬。約開譬中有二，從世尊我等下，訖以明斯義，第一明欲開，如文。從譬若有人下，第二廣譬，說中有五。從譬若訖無復憂慮，第一明父子相失譬。從世尊爾時窮子傭賃下，訖猶故貪惜，第二明父子相見譬。從即遣傍人下，訖常令除糞，第三明追誘譬。從過是已後，訖下劣之心亦未能捨，第四明委家業譬。從復經小時下，訖自然而至，第五明付家業譬。約第二合譬中有四。從爾時摩訶迦葉下，第二偈有八十六行半，爲二初有七十三行半頌上長行，次有十三偈歎佛恩深。約初中又爲二，初有二行。頌法說，後有七十一行半頌譬說。中爲二，初有四十一行頌開譬，次有三十半行頌合譬。

《妙法蓮華經》藥草喻品第五　將釋此品用三門，第一述大意，第二釋品名，第三入文判釋。

第一述大意者，茫茫智地，等大地而載五姓。森森群生，爭草木而異五乘。乃有一乘法雲，覆三千而清涼。一味教雨，澍五乘而殊茂。於是破有法王，隨群機而先說彼權。即是實佛，應熟機以後談此實。是乃假權三草，乘各身而歸本地。方便二木，迴各心而向眞道。最實大慧，吼獅子聲。便權小果，脫野干形。敗根迦葉，領三草於實菀。歷劫薩埵，悟二木於圓林。汝等所行是菩薩道，其調斯矣。此品大意，盖如是。

第二釋名者，土地是能生，而雲雨是能潤，草木是所生所潤。通皆有用，而藥草用強，有漏諸善，悉能治惡，無漏爲最。無漏衆中，四大弟子，以譬領佛譬，深會聖心。佛讃善哉，甚爲希，有述其得解，以喻其人，故言藥草喻品。

第三入文判釋者，此品譬說周中，第三述成段。約中爲二，從爾時世尊告摩訶迦葉下，訖說不能盡，第一略述其領解。從迦葉當知下，訖漸漸修學悉當成佛道，第二廣述其領解。約略中有二，第一雙述善哉，從如來復有下。第二述其領所不及，約廣中有二，一長行，二偈頌。約長行中有二，從迦葉當知下，訖一切種智，第一述成開三顯。一從汝等迦葉下，訖難解難知，第二明如來結歎。約開三顯一中有二，從迦葉當知，訖一切智慧，第一明法說中有二，從迦葉譬如下，訖一切種智，第二明譬說。中有二，第一譬說中有開譬，有合譬。約開譬中有二，從迦葉下，訖華菓敷實，第一明差別譬。從雖一地所生下，訖名有差別，第二明無差別譬，有三。約第二合譬中有二，從迦葉當知如來亦復如是下，訖各得生長，第一合差別譬，中有三。從如來說法一相一味下，訖一切種智，第二合無差別譬，中有三。汝等迦葉下，第二復宗稱歎。第二偈頌，有五十四行半。頌述領開三顯一，中有二。初有四行頌法說，中有二。次有五十行半頌譬說，中有二。初有十行半頌開譬，次有四十行頌合譬。約開譬中有二，初有九行頌差別譬，次有一行半頌無差別。約第二合譬中有二，初有三十五行頌合差別譬，中次有五行頌合無差別譬中。

《妙法蓮華經》授記品第六　將釋此品用三門，第一述品大意，第二釋品名，第三入文判釋。第一述大意者，夫斗藪迦葉，聞八相而更甦。神通目連，顧二乘而懷懼。所以如語釋迦，振天眼於來劫。實語世雄，期記莂於當生。於是解空善現，聞名相而慶實名鎊。提舍旃延，承金光而歡淨剎奇。第四目連既入蓮臺，五百弟子同坐華座，無爲深坑成八功池。而生佛蓮華，正位燋種，潤一味雨，萌佛性芽。赫赫妙法深號功，明明蓮華廣茂德。不退菩薩不思其邊，有漏凡愚何知其際。此品大意，盖如是矣。

第二釋名者，梵音和伽羅，此翻授記也。此品中，授記四大聲聞，偏舉法爲名，故言授記品。

第三入文判釋者，此品譬說周中，第四授記段。約中大段有二，從品初下，訖像法亦爾，第一大段，正明與中根人等記。從我諸弟子，訖汝等善聽，第二大段，明許爲下根人等說宿世因緣。約第一大段中有二，從品初下，訖光明世尊其事如是，第一明與迦葉記。從爾時大目犍連下，訖像法亦爾，第二明與三弟子記。約第一段中有二，一長行，二偈頌。約長行中有六，從品初下，訖無量大法，第一明行因。從於最後身下，訖天人師佛世尊，第二明得果。從國名下，訖名大莊嚴，第三明國劫名號。從佛壽下，第四明佛壽。從正法住世下，訖二十小劫，第五明正法像法久近。從國界下，訖皆護佛法，第六明國淨。從爾時世尊欲重下，第二偈頌，有十二行半。爲六，初有四行，頌行因。次半行，頌得果。次六行，頌國淨。次半行，頌佛壽。次一行，頌正法像法。次半行，總結。第二明三人授記，中有二，第一明請記，第二明與記。約第一中有二，第一明長行，經家敘。第二明偈頌，有七行，爲四。初有一行，正請。次二行半，明譬說請。次有二行半，明合譬請。次有一行，明結請。約第二授記中有三，第一明善吉授記，第二明迦旃延授記，第三明目連授記。各有長行偈頌，各有行因。得果，國劫，壽命，法住久近，皆悉如文。後我諸弟子下，訖汝等善聽，第三大段明許爲下根說。中有二，第一有一行半，明總說。次有一行，更明說宿世因緣。

《妙法蓮華經》化城喻品第七　將釋此品用三門，第一述一品大意，第二釋品名，第三入文判釋。第一述大意者，夫遠遠一聖，證正覺於十劫。顒顒二八，求出家於一世。自此以降，劫而難思。大千塵墨，不足喻其遠。億國塵算，安得況彼劫。于時大通正覺，放光振地。幽瞑衆生，仰奇生疑。八方梵天，尋光集會。上下大梵，見相來到。於是十方梵王，供華上殿，請說大法。十六王子，歎德仰化，欲演妙法。是以智勝法王，隨衆機而且轉諦緣。王子沙彌，覺機熟而說妙法。其會會衆，信大乘而聞一乘。一大正覺，入家室而樂禪悅。十六沙彌，昇法座而講妙法。傳燈之功，成正覺於十方。結緣之力，限入道於萬代。然則入寂灰身，餘國經生。證理歸滅，佛乘得度。悅悅化城，等尋香而忽滅。急急樓閣，同陽炎而隱泯。定性二乘，失旅次而退寶處。強識釋迦，得商人而還本宅。明明導師，息中路而致寶城。擾擾商人，憚遠險而不可退。此品大意，蓋如是矣。

第二釋名者，化者神力所爲也，城者防非卻敵之稱也。知無賊亦不須城，故言化城也。偏舉喻爲名，故言化城喻品。

第三入文判釋者，此下第三明爲下根人宿世因緣說。約中有三品，例前應有四段，今但有二段，此品正明宿世因緣。次二品明下根人等授記，領解述成，文少不足分品，故在授記段中。約初品中有二，從佛告諸比丘下，訖偈竟通達無量劫，第一明佛知見久遠。從佛告諸比丘大通智勝下，訖卷盡，第二明宿世結緣。約第一段中有二，長行，偈頌。約長行中爲三，從初下，訖甚大久遠，第一明所見事。從譬如下，下訖百千萬億阿僧祇劫，第二舉譬明久遠。從我以如來知見力下，訖今日，第三結見昔如今。從爾時世尊欲重下，訖偈頌，有七行，頌前三義。初有一行，頌所見事。次有四行，頌舉譬明久遠。次有二行，頌見昔如今。約第二正結緣中有二，長行，偈頌。約長行中有二，從佛告諸比丘大通智勝下，訖住於禪定八萬四千劫，第一明結緣由。從是時十六菩薩沙彌知佛入室下，訖此城非實我化作耳，第二明正結緣。約第一結緣由段中有二，從爾時佛告諸比丘下，訖哀愍而敷演無量劫集法，第一明結緣遠由，約中有多義。從爾時大通智勝如來下，訖住於禪定八萬四千，第二明結緣近由，約中。約第一正結緣中二，從是十六菩薩，訖是人若聞則便信受，第一明法說結緣，約中有多門。從譬如五百下，訖我化作耳，第二明譬說結緣，中有二。從譬如五百下，訖我所化作爲止息耳，第一明開譬，中有二。從諸比丘如來亦復如是下，訖我化作耳，第二明合譬，中有二。爾時世尊欲重下，訖第二偈頌，有四十九行半，大分爲二。初有二十二行半，頌第一結緣由。次有二十七行，頌第二正結緣。初中有十二行半，頌結緣遠由，中有多義。次有十行半，頌結緣近由。約第二正結緣中有二，初有八行，頌法說，中有多義，次有十九行，頌譬說。中有二，初有十一行半，頌開譬，中有多義。次有七行半，頌合譬，中有多義。

《妙法蓮華經》五百弟子授記品第八　將釋此品用三門，第一述一品大意，第二釋品名，第三入文判釋。第一述大意者，蓋聞圓圓內秘，列後周而排迹。融融外現，結下根而顯本。乃有滿慈子等，領四聞於三周憍陳如等，說一喻於一章。今斯富樓那，說法第一。表三世佛刹，利生第一。領無量衆，善清淨國。統恆沙三千於一土，寶明大劫。孕萬億四聖於一世，盤薄寶地。平山陵而墳溝壑，窮隆蒼天。朔宮殿而得相見，無女人而停胎生，無婬欲而期化生。智慧持身，出光無礙。神通隨心，飛行自在。四八相好，莊嚴其身。七寶鴈塔，遍滿其國。法喜之食，隨念飽心。禪悅之漿，應時滿身。滿子淨刹，難得可稱。於是金蘭醉客，問宿處而至親友家。連壁富主，裏寶珠而趣官事營。年代邈邈，忘其寶。今辰晳晳，見衣珠。此品大意，蓋如是矣。

第二釋名者，五百舉數也，弟子者標人也，授記示法也。此品舉數標人授記，故言五百弟子授記品。

第三入文判釋者，此下二品，因緣説周中。第二授記段中，大段有二，第一千二百人授記，第二二千人授記。約第一中有二，從品初下，訖深心本願，第一明經家序嘿念領解。從爾時佛告下，第二明如來述記。約第一中有二，第一明敍其得解歡喜，第二明敍即默念領解。約第一中有二，第一敍得解由，第二叙其得解歡喜。約第一由中有四，從從佛聞下，第一明由聞法譬説二周開三顯一。從又聞授諸等等，第二明由聞身子等五弟子得記。從復聞宿世下，第三明由聞宿世結緣事。從聞諸佛有大下，第四明由聞如來三達無礙見久如今。從得未曾有下，第二叙其得解歡喜，中有二。初明內解歡喜，從即從坐起下，明形狀恭敬。從而作是念下，第二正明嘿念領解。中有二，初明嘿念領解，中有口領解。從唯佛世尊下，第一明嘿念發迹請記。從爾時佛告下，第二明如來述記。中有二，一長行，二偈頌。約長行中有二，從爾時佛告諸比丘下，訖常懃精進教化衆生，第一明如來述其本迹。從漸漸具足菩薩之道下，訖起七寶塔遍滿其國，第二明如來其授記。約第一段中有三，從爾時佛告下，訖言論之辨，第一明就釋迦世行因發迹。從汝等勿謂下，訖教化衆生，第二約過去佛世行因顯本。從諸比丘下，訖教化衆生，第三明就三世佛時因行所得。約第二授記中，有七意。從爾時世尊欲重下，第二偈頌，有二十一行半，頌上發迹授記。初有十四行，頌發迹。次有七行半，頌授記。約發迹中有二，初有七行，頌總聲聞。次有七行，頌別滿願發迹。約授記中，有七意。從爾時千二百阿羅漢下，第二明千二百授記。中有三，從爾時千二百下，訖不亦快乎，第一明念請。從佛知此等下，第二明與記。中有二，一長行，二偈頌。約長行中有三，從佛知此等心之所念下，第一明總許千二百記。從於此衆中下，第二明別授陳如記。從其五百下，第三明別授五百記。約第二頌中，十一行半，爲二。初有九行半，頌陳如記。次有一行半，頌陳如及五百及五百記。次有一行，頌總一切聲聞記。從爾時五百阿羅漢下，第三明五百領解，中有二，長行，偈頌。長行中有二，初經家叙其歡喜，從世尊我等。第二明自陳領解，中有二。初明法説，從如無知者下。二明譬説，中有二。初從譬如有人下，第二正譬説。中有二，開譬，合譬。譬如下，訖無所乏短，第一明開譬，中有多事。從佛亦如是下，訖得未曾有，第二明合譬，中有多事。爾時阿若憍陳如等欲重下，第二偈頌，十二行半。爲二，初有一行半，頌其歡喜。次十一行，頌自陳領解。中爲二，初有一行，頌法説。次有十行，頌譬説。

《妙法蓮華經授》學無學人記品第九　將釋此品用三門，第一述大意，第二釋品名，第三入文判釋也。第一述大意者，夫阿難羅云，仰別記而舉望。無學聲聞，同他望而住立。所以勝幡淨國，等極樂而表奇。通王寶命，比彌陀而爭遠。多聞誓願水鏡，浮於空王之池。精進高行華菓，結於能仁之苑。寶華成道，等海慧而流芳。羅睺密行，同諸佛而表奇。無學二千，澄心觀佛。學滿三明，授決令喜。是品大意，盖如是也。

第二釋名者，研眞斷惑名爲學，眞窮惑盡名無學也。此品中，顯學無學人記，故言授學無學人記品。

第三入文判釋者，此品因緣説周中，第二授記段中，第二明授二千人記。中有二，一明請記，二明授記。約請記中有二，一明二人請起，二明二千人請。約二人請二，一明嘿念請記，二明發言請記。初云爾時阿難下第二明嘿念請記。從即從座起下，訖衆望亦足，第二明發言請記。從爾時學無學下，訖住立一面，第二明二千請記。從爾時佛告阿難下，第二明如來授記。中有二，第一明二人授記，第二明二千人授記。約二人授記中有二，一明阿難記，中有五。第一明長行授記，中有六意。第二明偈頌重記，從爾時會中下。第三明八千菩薩成疑，從爾時世尊下。第四明如來釋疑，從阿難面於下。第五明如來述歎。中有長行偈頌，可知。從爾時佛告羅睺下，第二明羅睺授記。中有長行偈頌，可知。從爾時世尊見下，第二明二千人授記。中有長行偈頌，如文。

《妙法蓮華經》法師品第十　將釋此品，用三門，第一述品大意，第二釋品名，第三入文判釋。第一述大意者，夫巍巍釋迦，振記聲而流歡。蕩蕩藥王，聞實相而懷樂。是以一句之功，賜無上位。一念之勳，封無邊國。捨淨業士星散沙界，如來專使月照億刹。毀佛之罪，輕爭毛葉。謗人之業，重競盤石。鏡智妙華，咲供養苑。種智寶菓，結受持林。法華第一龍，振三乘谷。巳今當説象，蹴一乘峯。風飛三説，而六宗靡旗。衆涌十妙，而亂轍。理智全身，託經卷而遊塵國。眞應權身，隨經處成正覺。高原求水，聞十如而近泥。乾土發哀，悟七喩而見水。慈悲芳室，混五姓而同庇。忍辱妙衣，著七人而俱位。法空廣床，不遮畢死而安坐。理姓平楊，不捨懈怠而信受。變化猛守，防刀杖於行者。清淨光身，許示現於寂漠。忘失章句，聞如來誨。空閑聽衆，得天龍聞。能說法師，蒙佛護而令大衆喜。所化弟子，隨師訓見恆沙佛。妙法圓宗，超超然獨秀。平等大慧，確確然堅固。此品大意，盖如是矣。

第二釋名者，此品明五種法師，一受持，二讀，三誦，四解說，五書寫也。此品偏舉人，故言法師品。

第三入文判釋者，此下有五品，是迹門流通分也。大分爲四，法師寶塔品，第一明弘經功深福重，勸流通。達多一品，第二明引往弘經，彼我兼益，已證功德深重。勸持一品，第三明八萬大士，此土願弘經，新得記者，他土欲弘經。安樂行一品，第四明外凡初心欣斯福，見聲聞畏憚，聞菩薩殯辱，自顧力蒭，因生退沒，佛爲此人說四安樂行。約第一段中爲二，第一法師品。明釋尊自說弘經功福，命覓流通。第二寶塔品，明多寶分身，且助且證覓流通。約第一法師品中有二，第一明有長行偈頌，歎美五種法師能弘經人。第二明有長行偈頌，歎美所持之法。約第一段有二，第一就稟道弟子門，明功深福重。第二就授道師門，明功深福重。約弟子門中有二，從初下，訖當得菩提，第一明佛在弟子功深福重。中有二，從藥王下，第一明簡出人類。從咸於佛前下，第二明簡出得記之緣。從佛告藥王下，第二明佛滅後弟子能持經功福重。中有二意云云。從若有人下，第二明授道師功深福重，中有長行有偈頌。約長行中有二，第一別明，第二明總逆順得罪得福。約中有二，從若復有人下，訖廣說此法，第一明現在弟子深功大福。中有五意云云。從若是善男子善女人我滅度後下，訖廣爲人說，第二明佛滅度後師功大，中有二意云云。從藥王若有惡人下，訖即得三菩提，第二總明五種法師逆者得重罪，順者得大福，中有三意云云。從爾時世尊欲重下，第二偈頌，有十六行。爲三，初有二行，不頌長行，別將勸自行化他耳，次有三行，頌上門通別，次有十行，頌別上師門功，深福重。次有一行，歎經尊妙。從爾時復告藥王菩薩，第二明有長行偈頌，歎所持法，及示弘經方法。約長行中，初明經法歎，中有五，從爾時佛復告下，訖況滅度後，明歎法。從藥王當知下，訖手摩其頭，第二明約人歎法。從藥王在在下，訖三菩提，第三明約處歎法。從藥王多有人下，訖菩薩之道，第四明約因歎法。從其有衆生下，訖菩提，第五約果歎法，中有五意云云。從藥王若有善男子下，第二明弘經方法。中有二，初明方法，中有二意云云。從藥王我於下，訖令得具足，第二明利益，中有五意云云。從爾時世尊欲重下，第二偈頌，有十八行半。爲三，初有一行，總勸，不頌長行。次有十六行半，頌上長行。次有一行頌，頌結勸云云。

《妙法蓮華經》見寶塔品第十一

將釋此品用三門，第一述品大意，第二釋品名，第三入文判釋。第一述大意者，夫七寶靈墳，踴會地而住天漢。五千龕室，鎊欄楯而居層階。加以無數寶幢，流虹幡而飄飄。萬億寶鈴，鳴伽音玲玲。金銀圓蓋，懸於中天。瑠璃支提，擢於四天。三十三天，雨天華而供養寶塔。八部龍神，奏伎樂而讚嘆塔婆。于時峨峨塔廟，出隱隱聲，以讚揚釋迦。正正多寶，吐沖沖辨，證成大慧。所以十六大衆，聞塔聲以悱悱。八部天人，發疑心而憤憤。兢兢大樂，舉衆疑而待法響。堂堂能仁，稱多寶而開會欝。仰仰樂說，欲見全身。赫赫大覺，談集分身。諄諄報佛，放毫光而照十方。浩浩分身，從侍者集中城。未熟天人，移他土而淨穢執。已熟衆生，接虛空而遮少心。雲集諸佛，與欲請開塔戶。本體釋尊，應請開摩尼戶。多寶如來，半座同位。釋迦世雄，入身同塔。燽燽兩尊，巋然居高。煌煌一塔，森然秀峙。十五強況，等妙高而秀六宗。一乘圓智，無濵海而勝三乘。暫持之功，諸佛所歎。讀持之力，住純善地。人天好眼，人天應供。憤憤悱悱，忉忉至至，難得可談。此品大意，蓋如是矣。

第二釋名者，見者通能所也，塔者梵語塔婆也，此唯佛所也，故言見寶塔品。

第三入文判釋者，此品大段，第一明弘經功深福重流通中，第二明多寶分身且證且助勸覓流通。中有長行偈頌，長行大段有三，初明寶塔踴現，二明分身遠集，三明釋迦唱募。約大段第一中有六，從初爾時佛前有七寶塔下，訖四天王宮，第一明塔現之相。從三十三天下，訖尊重讚歎，第二明諸天供養。從爾時寶塔下，訖皆是眞實，第三明多寶如來證誠稱歎。從爾時四衆下，訖卻住一面，第四明時衆驚疑，中有三意云云。從爾時有菩薩下，訖發是音聲，第五明大樂說菩薩問，中有三意云云。從爾時佛告下，訖善哉善哉，第六明佛答，中有三意云云。從是時大樂說下，大段第二明分身遠集。中有七，第一明大樂說請見多寶佛。從佛告下，訖今應當集，第二明應集分身。從大樂說白佛言下，訖禮拜供養，第三明大樂說請分身集。從爾時佛放下，訖亦復如是，第四明佛放光遠召。從爾時十方下，訖如來寶塔，第五明諸佛同來。從娑婆世界下，訖諸佛如來遍滿其中，第六明嚴淨國界，中有三云云。從是時諸佛下，訖皆在虛空，第七明與欲開塔，中有五意云云。從以大音聲下，訖付屬有正，大段第三，明釋迦唱募覓流通，中有三意云云。從爾時世尊欲重，第二偈頌，有四十八行半。大分爲三，初有三行半，頌多寶塔現。次有八行半，頌分身遠集。次有三十六行，頌釋迦付屬。中爲二，初有八行半，舉三佛勸流通，中有三意。次二十七行半，舉難持法中有五意云云。

《妙法蓮華經》提婆達多品第十二　將釋此品用三門，第一述大意，第二釋名，第三入文判釋。第一述大意者，夫浩浩圓海，騰智波而洗塵。眇眇覺山，吐行雲蔭熱。是以輸頭檀王，讓位表求法於千歲。沙竭龍女，轉身示成佛於一生。採菓汲水之功圓，位於四德。拾薪設食之德積，印於三點。床身給侍勞，經千百不怠。槌鐘求法勤，歷三祇無退。無怨妙記，忽授調達。頓漸深疑，定決智積。圓教力用，照日於沙界。頓教威勢，臨月於億葉。小乘五難，值龍女而霧卷。別教一疑，對覺母雲開。十方賢士，誰不資此妙典哉。無邊聖人，誰不歸斯圓教哉。便成正覺之鴻疑，渙焉此篇皆冰解。轉身自在之奇術，在然此章悉龜鏡。智積悱悱遠疑，望圓珠而霜消。身子憒憒曠障，對融金露零。彼智積身子，尙默然信受。此後賢後聖，何拒不信受。此品大意，蓋如是矣。

第二釋名者，提婆達多者，此翻天熱。此品偏舉人爲名，故言提婆達多品。

第三入文判釋者，此品迹門流通中，第二明引往弘經彼我兼益勸流通也。中大段有二，從品初下，訖蓮華化生，第一大段明昔日達多通經釋迦成道。從於時下方，訖品竟，第二大段明文殊通經龍女作佛。約第一大段中有三，第一明往昔師弟持經之相。從佛告諸比丘下，訖至不退轉，第二結會古今。從告諸比丘，訖蓮華化生，第三明勸信。約第一段中有二，長行偈頌。長行中有四，從初爾時佛告下，第一明求法時節，從於多劫中下，第二正明求法，中有四意云云。從時有仙人下，第三明求得法師。從

王聞仙言，第四時聞法奉行。從爾時世尊欲重下，第二偈頌，有七行半。爲五，初有半行，頌求法時節。次有一行半，頌正求法。次有一行半，頌求得法師。次有二行半，頌聞法奉行。次有一行半，結證勸信。從佛告諸比丘下，第二結會古今。中有三，初正結會。從由提婆達多下，第二明師弟功報俱滿。中有二，初明弟子自報已滿，中有三意云云。從佛告諸比丘未來世中下，第三明勸信云云。從於時下方多寶下，大段第二明今日文殊通經利益。中有二，第一明通經。中有五，初明智積請退。從釋迦牟尼下，第二明待通經利益之證。從爾時文殊下，第三明文殊即來。從智積菩薩下，第四明智積所問。從文殊師利言下，第五明文殊答，中有七意云云，從文殊師利言我於海中下，第二明利益，中有九意云云。

《妙法蓮華經》勸持品第十三　將釋此品用三門，第一述大意，第二釋名，第三入文判。第一述大意者，夫藥王大樂，奉勅命而發誓。無學有學，居異國而願傳。于時姨母憍曇，易色受記。雲母耶輸，作念聞決。於是王城法王，視萬億而勵心。沙界大士，從十方而祈班。所願著忍辱鎧，遮罵詈箭。被慈悲甲，卻惡口鉾。住慈悲室，障輕慢風。住空禪床，忘惡鬼辱。不惜易爛皛穢身，獲得難得金剛體。濁世擯出，不恨心裏。末世求法，先望說法。發誓開士山，峙三千。發願賢哲海，浩百億。一乘妙典，何國不講。圓教高文，何家不寫。像末佛子，誰可同彼願。濁世行者，誰不學此風哉。

第二釋名者，二萬菩薩，奉命弘經，故名持品。勸八十億弘經，故亦名勸。前後雙舉，故名勸持品。

第三入文判釋者，此品迹門流通中，第三明二萬菩薩忍力成者此土弘經，新得記者他方弘經。大段有二，第一大段明受持，第二大段明勸持。約第一大段中有三，從品初下，訖不惜身命，第一明二萬菩薩奉命此土持經。爾時衆中五百下，訖心不實故，第二明五百羅漢，八千聲聞發誓，他國流通。從爾時佛姨母下，訖他方國土廣宣此經，第三明諸尼請記授諸尼記也。從爾時世尊視八十下，大段第二明勸持。約中有二，長行中有五，從初爾時世尊視八十下，第一明佛眼視諸菩薩。從即從座起下，第二明諸菩薩請告勅。從復作是念下，第三明佛嘿然。從時諸菩薩，第四明菩薩知佛意。從便於佛前下，第五發誓通經。從即時諸菩薩下，第二偈頌，有二

十行。文分爲四，初有十七行，頌被忍衣弘經。次有一行，頌入如來室弘經。次有一行，頌坐如來座弘經。次有一行，總結請知云云。

《妙法蓮華經》安樂行品第十四　將釋此品用三門，第一述大意，第二釋品名，第三入文判釋。第一述大意者，夫妙德王子，問儀式於惡世。鷲峯法王，誡近處於像末。是以十種擾亂波息心海四箇樂行泉踴情山。第一眞典，名字難聞。最尊深經，天護常衞。輪王明珠，陵衆寶而獨秀。法王國經，逾諸經而高勝。讀經者無憂無病，誦經者不貧不陋。諸天童子，以爲給使。衆生樂見，如慕賢聖。無畏之志等師子，智慧之光如烏照。惡罵之徒口則閉，刀杖之毒何所害。微妙好夢，常現眠裏。無盡大利，恆集覺表。王中亦王，妙中亦妙，蓋斯安樂行矣。

第二釋名者，身無危險故安，心無憂惱故樂。身安心樂，故能進行，故名安樂行品。

第三入文判釋者，此品迹門流通段中，第四明初心菩薩示通經方法。中大段有二，第一大段明妙德問方法，大段第二明如來答。約大段第一有二，從品初下，第一明歎深行菩薩能弘經。從世尊菩薩下，第二問淺行菩薩云何惡世宣說是經。從佛告下，大段第二明如來答。約中有三，第一標四安樂行章門，第二明解釋修行方法，第三結行成之相。從佛告文殊下，訖安住四法，第一標四安樂行章門。從一者安住菩薩行處下，第二明解釋。標四安樂行章門中有四，一明身止觀慈悲安樂行，二明口止觀慈悲安樂行，三明意止觀慈悲安樂行，四明誓願止觀慈悲安樂行。約身止觀慈悲安樂行中有二，長行偈頌。長行中有二，從一者安住下，第一雙標行處近處二章門。從文殊師利下，第二解釋二章。中有二，第一解釋行處，第二解釋近處。約第一行處中有三，從初文殊下，第一標行處章。從若菩薩摩訶薩住忍辱地下，第二解釋行處章。從是名菩薩，第三結行處。從云何名菩薩摩訶薩下，第二明近處。中三，從云何下，第一標章。從菩薩摩訶薩不親近，第二解釋。中有三，第一明十惱亂。從常好坐禪下，訖修攝其心，第二明附定門助觀。從文殊師是名下，訖常樂觀如是法相，第三明附慧門助觀。從是名菩薩下，第三明結近處。從爾時世尊欲重下，第二偈頌，有二十八行三句。爲三，初有一行，頌標章。次二十二行，頌行處近處。次有五行三句，頌行成，中有多意云云。從又文殊師利如來滅後，第二明口止觀慈悲安樂行。爲二，第一明行法，第二明行成。初行法中有二，長行偈頌。長行有二，第一標章。從若口宣說下，第二釋行法。中有二，第一明止行，第二明觀行。止行中有四，從初若口，第一明不說他過。從亦不輕慢下，第二明不輕慢。從不說他人下，第三明不歎不毀。從又亦不生下，第四明不起怨嫌。從善修如是下，第二明觀行。從爾時世尊欲重，第二偈頌，有十六行半。爲三，初有二行，頌標章。次有九行半，頌行法。次有五行，明口安樂行成，中多意云云。從又文殊師利菩薩下，第三明意止觀慈悲安樂行，中有長行偈頌。長行中有三，第一標章。從無懷嫉妬下，第二釋行法。從文殊師利下，第三明行成。偈頌有六行，爲二，初有五行，頌止觀二行。次有一行，頌行成。從又文殊師利菩薩下，第四明誓願止觀慈悲安樂行。中有二，長行偈頌。長行中有二，第一明行法，第二明歎法。第一行法中有三，從初下，第一明標章。從於在家出家下，第二明行法。從文殊師利是菩薩下，第三結行成。從文殊師利是法華經下，第二歎經難聞。中有二，從初下，第一明法說。從文殊師利譬如下，第二明譬說。中有二，第一明開譬，中有多意云云。從文殊師利如來亦復如是下，第二明合譬，中有多意云云。從爾時世尊欲重下，第二偈頌，有十四行半。爲二，初有四行，頌行法。次有十行半，頌歎經。約第一行法中有三意云云。約第二中，有法說譬說等意。從我滅度後下第三二十三行偈，總結行成之相。中有三，初有一行半，結勸修四行。次有二十行半，擧三報明三障清淨。次有一行，總結上來十四品迹門三顯說了。

《妙法蓮華經》從地涌出品第十五　將釋此品用三門，第一述一品大意，第二釋品名，第三入文判釋。第一述大意者，夫他方大士□□□□說。此間釋尊，開所化而止請。於是淨行眷屬，裂大地而泉涌。慈氏等衆，表深疑而雲起。四行菩薩，問訊世尊而隨喜。一乘法王，開示佛慧而同鹹。補處彌勒，不知一人而發疑。地前賢哲，用何智術而測位。是以逸多大士，問涌出於誰化，久成實佛，顯諸力於自度。爾時歲促化長迷，忽然發心裏。父少子老喩，倉卒吐口表。非久遠智者，誰人決此疑哉。非本佛妙智，誰者示斯旨哉。大中亦大，一中亦一，蓋斯□□□歟。

第二釋名者，下方菩薩，爲發本門壽量，遠從地涌現，故言從地涌出品。師嚴道尊，鞠躬祇奉，如來一命，四方奔涌，故言從地涌出品。三世化道，惠利無壃。一月萬影，孰能思量。召過以示現，弘經以益當，故言從地涌出品。虚空湛然，無早無晚，惑者執迹，而暗其本，召昔示今，破近顯遠，故言從地涌出品。寂場少父，寂光老兒，示其藥力，咸令得知，故言從地涌出品。文云，是從何所來，以何因緣集。今以諸義釋品意，四悉檀因緣之解，故言從地涌出品。

第三入文判釋者，從此品下，訖普賢勸發品，十四品部大段第二，明開師門之近迹，顯佛之遠本。約中大分爲三段，從品初爾時他方國土諸來菩薩，訖汝等自當因是得聞半品，第一明本門序分。從爾時釋迦牟尼佛告彌勒下，訖分別功德品彌勒所説十九行偈佛名聞十方廣饒益衆生，第二明本門正説分。從爾時佛告彌勒菩薩下，訖普賢勸發品作禮而去，十一品半，第三明本門流通分。約序分段中有二，第一明涌出序，第二明疑問序。約第一踴出中有三，從品初下，訖當於此土而廣説之，第一明他方菩薩請弘經，從爾時佛告諸菩薩下，訖廣説此經，第二明如來不許。從佛説是時下，第三明下方涌出。中有二，第一明經家敘相，第二明問訊。約第一經家敘相，中有五意云云。從是諸菩薩從地涌出已下，訖能於如來發隨喜心，第二明諸菩薩問訊，中有五意云云。從爾時彌勒菩薩及八千恆河沙下，第二明疑問序。中有二，第一明此土菩薩疑。中有二，第一明長行疑念，從時彌勒菩薩下，第二偈頌，有九行半，正明問，中有五意云云。從爾時釋迦牟尼佛分身諸佛下，第二明他方疑問。中有二，一明侍者菩薩各陳疑問於巳佛，從爾時諸佛各告侍者下。二明諸佛各抑待彌勒之問如來之答，從爾時釋迦牟尼佛告彌勒菩薩善哉下。大段第二本門正説分，約中大分有二。第一明有長行，偈頌誡許，第二明正説。約長行有三意云云，偈頌有四行，中有三意云云。從爾時世尊説是偈已，第二明正説段，即是答問中。大分爲三段，從初此去訖壽量品竟，第一正明開近顯遠。分別功德品長行，第二明授法身記。十九行偈，第三明彌勒總申領解。約第一段中有二，第一明略開近顯遠，動執生疑，第二明廣開近顯遠，斷惑生信。約第一段中有二，第一正明略開近顯遠，第二明因疑更請。約第一段中有二，從爾時世尊説是偈巳下，訖我從久遠來教化是等衆，第一明有長行偈頌，如答彌勒上問，中有多意云云。從爾時彌勒菩薩摩訶薩下，第二明因疑更請。中有二，長行偈頌。長行中有二，從爾時彌勒菩薩下，訖三菩提，第一明動執生疑。從即白佛言下，訖品盡，第二明騰疑請。中有二，第一明法説請，中有多意云云。從譬如有人色美下，第二明譬説請。中有長行偈頌，中有開譬合譬等多意云云。

《妙法蓮華經》如來壽量品第十六　將釋此品用三門，第一述一品大意，第二釋品名，第三入文判釋。第一述大意者，夫華王釋尊，唱三誠於誠諦。補處慈氏，發四信於佛語。所以三佛菩提，騰波於壽量海。四種佛土，開華於鷲峯山。於是善逝巧喻，下微塵而散東國。彌勒別智，附界員□□塵數。八十假父，脱垢衣於權門。億俗眞考，餝珍服於寶室。八諦醫王，擣篩教藥，令服諸子。三身覺王，斟酌劫盡，令觀淨土。失心稚子，服遺藥而差心病。恣心狂子，聞久成而得本心。聖人遠哉，至感應。淨土異哉，澄心到。此品大意，蓋如是矣。

第二釋名者，如來是諸佛之通號，是上三佛之通稱，是別舉人。壽量者，詮量諸佛之功德，此別標法也，亦是詮量三佛之功德，此即正詮量本地三如來功德。人法雙舉，故言如來壽量品。

第三入文判釋者，此品本門正説答問中，第二明廣開近顯遠段。約中大段有二，第一明如來誡信，第二明如來正答。約第一段中有四，從品初下，第一明如來之誡。從是時菩薩大衆下，第二明菩薩三請。從復言唯願説之下，第三明菩薩重請。從爾時世尊下，第四明如來重誡。從一切世間天人下，大段第二明如來正答，約中有長行偈頌。長行中有二，第一明如來法説答，第二明如來譬説答。法説中有二，第一明三世益物，第二總結不虚。約第一明三世益物中有二，從一切世間下，訖能令衆生發歡喜心，第一明過去益物，中有多意云云。從諸善男子如來見下，訖雖不實滅而言滅度，第二明現在益物，中有多意云云。而此中有常住不滅四字，明未來益物也。從又善男子諸佛如來下，第二明總法三世益物不虚，中有二意云云。從譬如良醫下，第二明如來譬説答。中有二，開譬合譬。中有二，第一明良醫治子譬，譬上三世應化所宜。第二明治子實益譬，譬上三世利物不虚。約第一譬中有三，從初譬如下，訖遠至餘國，第一明良醫遠行譬，譬過去益物，中有二意云云。從諸子於後飲他毒藥下，訖即取服之毒病皆喻，第二明還巳復去譬，譬現在益物，中有六意云云。從其父聞子悉巳得差下，訖咸使見之，第三明尋便來歸譬，譬未來益物。從諸善男子於意云何下，訖不也世尊，第二明治子實益譬，譬三世益物不虛。從佛言我亦如是下，第二明合譬，中有三，初合過去益物譬，從以方便力下。次合現在益物，從亦無有能下。次合治子實益不虛譬，從爾時世尊欲重下。第二偈頌有二十五行半，頌上法譬。大分爲二，初二十行半，頌法說。次有五行，頌譬說。法說中爲二，初有十九行半，頌三世益物。次有一行，頌三世益物不虛。約初中三，初有四行，頌過去益物，中有多意云云。次有五行，頌現在益物，中有多意，次有十行半，別頌未來益物，中有多意。

《妙法蓮華經》分別功德品第十七　將釋此品用三門，第一述一品大意，第二釋品名，第三入文判釋。第一述大意者，夫恆沙大衆，聞長遠壽，增道損生。微塵衆生，見眞佛像，發無上心。是以中天寶華，散萬綵而雨會頂。雲漢沉水，流芬馥而薰鼻根。虛空天樂，振妙聲於衆耳。大梵衆瓔，垂輕妙於聖枝。衆寶香爐，遍於九方。菩薩幡蓋，懸於上方。龍華法王，讚一乘而信一味。信心持者，踰五倒而到五品。本佛十妙，把功德而施三千。普機十利，捧利益而馳億剎。此品大意，蓋如是矣。

第二釋名者，分別者，佛說壽量二世弟子得種種益，故言功德。淺深不同，故云分別。隨便故言分別功德品。

第三入文判釋者，此品本門正說中，大段第二明法身授記段中。大段爲三，從品初下，第一明經家總敘。從於時世尊下，訖發三菩提心，第二明如來分別本門增道損生。菩薩五十一位差別中有二，從十住位至三地，第一明約增道智德得記。從四地至等覺，第二明約損生斷德得記，在經文中可見云云。從佛說是諸菩薩下，訖讚歎諸佛，第三明時衆供養。從爾時彌勒菩薩從坐而起下，偈頌，有十九行，正說中大段第三，明彌勒總申領解由。爲三，初有二行，頌領解。次有九行，頌如來分別功德。次有八行，頌時衆供養。從爾時佛告彌勒菩薩摩訶薩下，訖普賢勸發品作禮而去，部大段第三說法流通段，並本門大段第三流通分也。凡有十一品半，大分爲二段，從此下，訖常不輕品，三品半，大段第一明弘經功德，重以勸流通。從如來神力品下，訖普賢勸發品，大段第二，明付屬流通也。約第一大段中有三，今此半品及隨喜功德品，第一明初品弟子因功德深，以勸流通。法師功德一品，第二明初品弟子果功德深，以勸流通。常不輕一品，第三引信毀罪福，以證流通。約第一此半品中有二，第一明現在四信弟子，第二明滅後五品弟子。約第一現在四信中有四，從爾時佛告彌勒下，第一明一念信解未能廣說，中有長行偈頌。約長行中有三，佛告彌勒阿逸多其有衆生下，第一舉其人。從所得功德下，第二明功德深。中有二，第一明總福無量。從若有善男子下，第二明校量功德多少。中有二，第一明舉五波羅蜜功德爲本，校量所得功德多少。從以是功德比前功德下，第二明正校量功德多少。從善男子有如是功德下，第三明位行不退。從爾時世尊欲重下，第二偈頌，十九行。追頌第一，不舉其人。次有五行半，頌第三行位不退。從阿逸多下，第二明現在第二品弟子解其言趣，中有二意云云。從何況廣聞是經下，訖能生一切種智，第三明現在第三品弟子廣聞廣說。阿逸多下，訖當知是爲深信解相，第四明現在第四品弟子具上三弟子功德，中有二意云云。上現在四弟子文了從又復如來滅後下，第二明滅後五品弟子功德。中有二，第一明總列五品弟子格量四品弟子功德，第二明後隨喜功德品別校量初品弟子功德。約第一中有二，長行偈頌。長行中有五，從初又後如來滅後下，訖當知已爲深信解相，第一明初品弟子直起隨喜心。從何況讀誦下，訖無量千萬億劫作是供養已，第二明第二品弟子加讀誦功德，中有二意云云。從阿逸多若我滅度後聞是經典下，訖及造僧坊供養衆僧，第三明第三品弟子加教化令讀誦書寫功德，中有二意云云。從況復有人能持是經下，訖疾至一切種智，第四明第四品弟子兼行六度功德，中有二意云云。從若人讀誦受持下，訖皆應供養如佛之塔，第五明第五品弟子正行六度功德，中有二意云云。從爾時世尊欲重下，第二偈頌，有十九行半。頌四品弟子中爲四，初有五行半，頌第二品弟子。次有三行，頌第三品弟子。次有四行，頌第四品弟子。次有七行，頌第五品弟子耳。

《妙法蓮華經》隨喜功德品第十八　將釋此品用三門，第一述一品大意，第二釋名，第三入文判釋。第一述大意者，夫逸多將聖，問隨喜福於滅後。能仁釋尊，酬展轉利於最後。一偈隨喜，奪二檀而獨秀。須臾聞經，舉兩報而居高。分座功德，期位於梵釋。勸聞經益，結相於大人。虛空應有邊，功德亘有際。此品大意，蓋如是矣。

第二釋名者，隨者隨順事理無二無別，喜是慶已慶他聞深奧法。順理有實功德，順事有權功德。慶已有智慧，慶他有慈悲。權實智斷，合而說之，故言隨喜功德品。

第三入文判釋者，此品第二別明格量，初品弟子功德。中大段有三，第一大段彌勒菩薩問，第二大段明如來答。從爾時彌勒菩薩下，大段第一明彌勒問，中有長行偈頌，如文。從爾時佛告彌勒下，大段第二明如來答。中有二，長行偈頌。長行中有二，從爾佛佛告彌勒下，訖無量無邊阿僧祇不可得比，第一明內心隨喜人功德深，中有五意云云。從又阿逸多若人爲是經下，訖爲人分別如說修行，第二明直外聽法功德深，中有四意云云。從爾時世尊欲重下，第二偈頌，有十八行。爲二，初有九行，頌內心隨喜，中有五意云云。次有九行，頌外聽經隨喜，中有四意云云。

《妙法蓮華經》法師功德品第十九　將釋此品用三門，第一述一品大意，第二釋品名，第三入文判釋。第一述大意者，夫堪忍法王，開六千功德於行者。精進菩薩，覺六根清淨於經力。八百功德，淨肉眼而令見障外。千二勝利，通肉耳而令聞遠響。父母生鼻，資經力而顯伏藏。有漏短舌，蒙教用而受上味。胎生肉身，沐一味水而成琉璃鏡。受胎意根，繫一乘鏡而融染淨理。一句一偈，達無邊義。一月一歲，吐無盡說。俗間經書，皆順正法。資生業等，悉成實相。灼灼哉眞教之力，煌煌哉實經之用。不退菩薩難思量，唯佛與佛所了知。此品大意，蓋如是矣。

第二釋名者，法師者，謂五種法師也。功德者，謂六根清淨也。法師舉人，功德標法，人法雙舉，故言法師功德品。

第三入文判釋者，此品流通中，第二明初品弟子功德深故，以勸流通。中大段有二，第一大段明總列六根盈縮功德數，第二大段明別作六章解釋。從初爾時佛告下，訖以是功德莊嚴六根皆令清淨，大段第一明六根盈縮功德。從是善男子下，訖品盡，大段第二明別作六章解釋。約六根章中，各有長行偈頌，皆悉如文。

《妙法蓮華經》常不輕菩薩品第二十　將釋此品用三門，第一述一品大意，第二釋品名，第三入文判釋。第一述大意者，夫謙下不輕，敬佛性而傳芳聲。上慢比丘，聞壽皷而攀覺果。是以常敬盡壽，聞空中聲，更延億歲。輕慢苾蒭，見妙法力，忽謝數過。罵詈之功，深沉無間。禮敬之業，高昇蓮臺。威音妙法，周虛空而傳聲。大勢芳聞，流沙界而敷教。實哉卑下之道，信哉禮敬之風。歷千齡何隔，涉萬代彌新。一乘佛子，可習能敬。三界群生，可信所敬。是品大意，蓋如是歟。

第二釋名者，常不輕菩薩者，舉人也。比菩薩內懷不輕之解，外敬不輕之境，身立不輕之行，口宣不輕之教，人作不輕之目，隨行得名，故言常不輕菩薩品。

第三入文判釋者，此品第三引信毀以證流通。中有二，長行偈頌。約長行中有三，第一雙指前品罪福，第二雙開今品信毀，第三雙明信毀果報。從初爾時佛告下，第一雙指前品罪福。中有二，從品初爾時佛告下，訖獲大罪報如前所說，第一明指罪如法師品說。從其所得功德下，第二明指福如法師功德品說。從得大勢乃往下，第二明雙開今品信毀。中有二，第一明事本，第二明本事。事本中有五，從乃往古昔下，第一明時節。從有佛名下，第二明佛名號。從劫名下，第三明劫國名。從其威音王下，第四明說法。從得大勢下，訖皆同一號，第五明佛壽命久近。從最初威音王下，第二明本事。中有三，第一明時節，從於像法中下。第二明雙標毀者信者，從得大勢以何因緣下。第三明雙示得失，中有二意云云。從是比丘臨欲終下，訖疾得三菩提，第三雙明信者毀者果報。中有二，第一明信者果報，中有二意。從得大勢彼時四衆下，訖常應受持讀誦解說書寫是經，第二明毀者果報，中有多意云云。從爾時世尊欲重下，第二偈頌，有十九行半。爲二，初有十五行半，頌信者毀者因果，中有五意云云。次有四行，頌勸持。

《妙法蓮華經》如來神力品第二十一　將釋此品用三門，第一述一品大意，第二釋品名，第三入文判。第一述大意者，夫踴出開士，仰尊顏而發願。舊住賢哲，覽神力而增悅。靈山法王，霞長舌於梵世。樹下諸佛，放毛光於法界。謦欬之聲，遍至十方。彈指之響，地振六種。是以十方之衆生，見娑婆法會。無邊之群生，聞虛空妙聲。人人加念佛，而散諸寶物。國國融鐵圍，而同一佛土。如來法力華咲文菀，如來藏芽菓結義林。是故經卷所住，忽成道場。卷帙所在，亦圓寂地。受持者，懸河之辨，如風無礙。讀誦者，圓鏡之智，如日除闇。爲屬累以盡神力，爲付屬以暢經能。此品大意，蓋如是矣。

第二釋名者，如來者，舉人也。神力者，用也。如來此中爲付屬深法，現十種大力，故名如來神力品。

第三入文判釋者，此品下有八品，大段流通中，第二明付屬流通。大分爲三，第一明此神力品屬累品，屬累流通。第二明藥王品下五品，化他流通。第三明普賢勸發品，自行流通。約第一段中有二，第一如來神力品，明菩薩受命弘經。第二屬累品，明如來摩頂付屬。約第一品中有二，長行偈頌。長行中三，第一明菩薩受命弘經，第二明佛現神力，第三明結要勸持。從爾時千世界微塵下，第一明菩薩受命。中有二，初明經家敘敬儀。從而白佛言下，第二明發誓弘經，中有三意云云。從爾時世尊於文殊下，第二明佛現神力。中有二，第一明所對之衆。從現大神力下，第二明正現十神力。即爲十段，第一明舌相。從一切毛孔下，第二明身毛孔放光。從一時下，第三明謦。從俱共下，第四明彈指。從是二音聲下，第五明地動。從其中衆生下，第六明普見大會。從即時諸天下，第七明空中唱聲。從諸衆生下，第八明大衆稱南無歸命。以種種華香下，第九明遙散諸物。從于時十方下，第十明十方佛土通如一佛土。從爾時佛告上行等菩薩大衆下，第三明結要勸持付屬。中有四，第一明稱歎付屬。從以要言之下，第二明結要付屬。從是故汝等下，第三明誡勸付屬。從所以者何下，第四明解釋付屬。從爾時世尊欲重下，第二偈頌，有十六行。爲二，初有四行，頌十種神力。次有十二行，頌結要付屬，中有多意云云。

《妙法蓮華經》屬累品第二十二　將釋此品用三門，第一述一品大意，第二釋一品名，第三入文判釋。第一述大意者，夫常寂法王，現神力以摩頂。圓機菩薩，奉囑累而發言。是以如來三智，流光於未來。弟子四訓，報恩於諸佛。大師三誡，深銘於心府。薩埵三言，高通於佛心。自行流通，畢於此篇。分身之客，還本土。化他流通，末於後章。多寶之主，獨留閉戶。三乘聖衆，見屬累而且歡。八部天人，聞付屬而且喜。此品大意，蓋如是歟。

第二釋名者，屬是佛所付屬，累是煩爾宣傳，此從聖旨得名，故言屬累品。

第三入文判釋者，此品屬累流通中，第二明如來摩頂付屬。中有三，從品初爾時釋迦牟尼佛下，第一明如來付屬。中有三，第一明如來正付屬。從所以者何下，第二明解釋付屬。從於未來世下，第三明誡訓付屬。從時諸菩薩摩訶薩下，第二明菩薩領受。從爾時釋迦牟尼下，第三明事畢唱散。中有二，第一明正唱散。從說是語時下，第二明大衆歡喜。

《妙法蓮華經》藥王菩薩本事品第二十三　將釋此品用三門，第一述一品大意，第二釋品名，第三入文判釋也。第一述大意者，夫宿王高問，顯苦行於沙劫。如來秀答，示經力於十喻。然則淨明德佛，澍妙法甘雨於一切衆生。喜見菩薩，翹精進經行於萬二千歲。是以薩埵喜見，獲得三昧，而燃愛身。諸佛善逝，讚揚眞供，而爲嘿然。淨德王家，忽示化生。淨明法院，還奉囑累。圓寂之涯，竭鵠林悲。高塔之前，臻臂燒信。于時求少苾蒭，向寶所以得足。闕根大士，屬誠諦而具身。三千威德，六種震動。六天應化，四華散下。一指之妙供，陵三千七寶。四句之法力，蔑四聖高德。十喻強軍，捧寶釼以遊法華院。八萬將兵，靡權魔歸蓮華闕。嚴嚴乎，妙法之力彌難仰。堂堂乎，念經之用何易測。十況曦昇，照大慧美。萬佛月臨，息女人勢。讚善者，現口出青蓮華香。持經者，當手取草坐道場。是品大意，蓋如是歟。

第二釋名者，藥王菩薩者，舉人也。本事者，標法。此品人法雙舉，故言《藥王菩薩本事品》。

第三入文判釋者，此下是大段第二屬累流通之中。三段之第二，明化他流通。中有五品，此品明藥王菩薩以本願弘大法，利衆生，輕生身，重佛法，亦得都判一部。方便品，明開三顯一，圓因已竟。安樂行品，明乘乘之法。壽量品明乘果已竟。此下六品，明乘乘之人也。今此品明藥王菩薩以苦行乘乘，中大段有四。第一明宿王華菩薩問，第二明如來答，第三明利益，第四明多寶稱善也。約第一大段中有三，從爾時宿王華菩薩下，第一明通問遊化。從世尊是藥王下，第二明別問苦行。從善哉世尊下，訖聞皆歡喜，第三明請答。從爾時佛告宿王華菩薩下，大段第二明如來答。中不答遊化問，但答苦行問。中有二，第一明答苦行，第二明歎經。約第一段中有二，第一明事本，中有三意。從爾時彼佛爲一切衆生下，第二明本事。有三，第一明佛爲說法。從是一切衆生下，訖過是已後其身乃盡，第二明修供養。中有二，第一明佛在世供養，中有四意。從一切衆生喜見菩薩下，第二明未來苦行。中有五，第一明生王家。從即爲其父而說偈言下，第二明本事。從大王我今當還供養下，第三明往佛所請供養。從爾時日月淨明下，第四明如來付屬，從爾時一切衆生，訖得未曾有，第五明受命任持法，中有四意。從佛告宿王華下，訖而供養者，第三明結會古今，中有二意。從若復有人以七寶滿下，第二明歎經。中有三，第一明歎能持之人。從宿王華譬如下，第二明歎所持之法。中有二，第一明歎法體，中有十喻。從宿王華此經能救，第二明歎法用。中有三，第一明拔苦用。從此經能大饒益下，第二明歎與樂用，中有十二事。從此《法華經》亦如是下，第三明結歎拔苦與樂用。從若人得聞此《法華經》下，第三明歎持經福深。中有二，第一明專聞品福。從宿王華若有人聞是藥王菩薩品下，第二明聞品福。中有三，第一明聞品福。從是時諸佛遙共讚言下，第二明校量所得功德。從是故宿王華下，第三明如來屬累。從說是藥王菩薩品下，大段第三，明聞品利益。從多寶如來於寶塔中下，大段第四，明多寶如來稱歎也。

《妙法蓮華經》妙音菩薩品第二十四　將釋此品用三門，第一述一品大意，第二釋品名，第三入文判釋。第一述大意者，夫靈山至覺，放一光而招開士。嚴國妙音，應光明以仰聖衆。是以春方遠客，先現華座於崛山。此方近主，忽疑寶華於何瑞。於是王子文殊，欲見座主。寶塔多寶，令來彼哲。路次諸國，六種振動。來到諸天，百千樂奏。遠來旅人，奉珠問訊。此會華德，見德疑因。遍照法王，開往因於樂器。華德菩薩，攀現果於自身。普門示現，略演此品。色身妙用，粗暢此段。此品大意，蓋如是矣。

第二釋名者，昔得一切衆生語言陀羅尼，今以普現色身，以妙音聲遍吼十方，弘宣此教，故名妙音菩薩品。

第三入文判釋者，此下二品，化他流通，第二明妙音菩薩觀世音菩薩住三昧乘，乘化他也。約此品中大段有六，第一明如來放光東召，第二明奉命西來，第三明十方弘經，第四明二土得益，第五明還歸本國，第六明聞品進道也。從爾時釋迦牟尼佛下，大段第一明如來放光召東。從爾時一切淨光莊嚴國中有一菩薩下，大段第二明菩薩奉命西來中有二，第一明發來之緣中有六，第一明經家敘福慧二種莊嚴之由。從釋迦牟尼佛下，第二明被照之主。從師白淨華宿王智佛下，第三明辭巳佛欲來此土。從爾時淨華宿王智佛下，第四明彼土佛誡勅。從妙音菩薩白其佛言下，第五明菩薩受旨。從於是妙音菩薩不起，第六明現相。中有六，第一明妙音欲來先現蓮華。從爾時文殊師利法王子下，第二明文殊見相發問。從爾時釋迦牟尼下，第三明佛答妙音欲來而現瑞。從文殊師利白佛言下，第四明文殊願來而請見。從爾時釋迦牟尼下，第五明釋迦推功多寶而能現。從多寶佛下，第六明多寶佛妙音命來。從于時妙音下，第二明妙音菩薩正發來中有六，第一明眷屬人衆經歷國土。從是菩薩目如廣大下，第二明菩薩相好。從入七寶臺下，第三明妙音菩薩問訊如來。從世尊我今欲見多寶下，第四明請見多寶佛。從爾時釋迦牟尼如來下，第五明世尊爲妙音菩薩通白多寶。從時多寶佛下，第六明多寶佛塔中稱善哉。從時華德菩薩下，大段第三明妙音菩薩十方弘經，中有二重問次答。約問中有二，第一問昔所種善根。從修何功德下，第二問今勝神力。從佛告華德菩薩下，第二明答中有二，第一明佛答昔所種善根問。從華德汝但下，第二明答今勝神力。中明現三十八身爲二。初有三十身，現凡夫身。從若應以聲聞下，後四身明現聖人。從爾時華德菩薩白佛言下，第二明第二重問答爲二，初菩薩問住何定。從佛告華德菩薩下，二佛答所住定。從說是妙音菩薩品時下，大段第四明此土他土得益。從爾時妙音菩薩下，大段第五明還歸本國。從說是妙音菩薩品時下，大段第六明聞品進道。

《妙法蓮華經》觀世音菩薩普門品第二十五　將釋此品用三門，第一述大意，第二釋品名，第三入文判釋。第一述大意者，夫一乘妙法，因法師而遠布。三界人師，資冥護而傳法。是以無盡高問，雷振敎谷。釋尊秀答，龍馳義峰。所以觀音之美聲，琴瑟能詮席。普門之妙形，經緯娑婆機。豈唯水火不能燒溺而已，亦則男女童子隨求可得。一時禮念，等六十而與福。三十分身，散十方而說法。無盡瓔珞，開三檀而施一客。利耶轉施，示二法而奉兩尊。巍巍乎衆賢之美難宣，蕩蕩乎諸聖之德何稱。此品大意，蓋如是矣。

第二釋名者，觀世音菩薩者舉人也。普門者，標法也。今此品人法雙舉，故言觀世音菩薩普門品。

第三入文判釋者，此品猶是明三昧乘乘弘經，兼誡弟子，亦名普現色身三昧，化他流通中大段有二，第一明問答，第二明聞品得益。約第一問答中有二，長行偈頌。長行中有二重問答。從爾時無盡意下，第一明經家敘。從而作是言下，第二明菩薩發言正問。從佛告無盡意菩薩下，第二明佛答中有三，第一明總答，第二明別答，第三明佛勸持菩薩名。約第一總答中，第一明受苦人數。從受諸苦惱下，第二明遭苦時。從聞是觀世音下，第三明聞名稱號。從觀世音菩薩即時下，第四明得解脫。從若有持是觀世音下，第二明別答中有三，第一明口機應，第二明意機應，第三明身機應。約口機應中有二，第一明七難，第二總結。約第一七難中，即爲七段。第一明火難中有四，初持名之益。從設入大火下，二明遭苦。從火不能燒下，三明火不能燒。從由是菩薩下，四總結。從若爲大水，第二明水難中有二。從若有百千萬億下，第三明黑風難。從若復有人臨當下，第四明被害難。若三千大千國土滿中，第五明羅刹難。從設復有人若有罪下，第六明杻等難。從若三千大千國土滿中，第七明怨賊難。從無盡意觀世音下，第二總結。從若有衆生多於婬欲下，第二明意機應中有二，第一明別三毒如文。從無盡意觀世音下，第二總結。從若有女人下，第三明身機應中有二，第一明二求中有二意。從無盡意觀世音下，第二總結。從是故衆生下，第三明勸持名中有三，初明勸持。從無盡意若有人下，二明格量功德。從無盡意下，三明總結。無盡意菩薩言下，第二明第二番問答中有二，一明菩薩問，二明如來答。約初中有三業問。從佛告無盡意菩薩下，第二明如來答中有三，初明別答中有三十九句，一一各明三業問。從無盡意菩薩下，訖度脫衆生，第二明總答。從是故汝等下，訖遊於娑婆世界，第三明勸供養中有六意。從爾時無盡意菩薩以偈下，第二偈頌，有二十六行。頌長行，大分爲二。初有十七行，頌觀世音力。次有九行，頌普門力。約初中有二，初有一行，頌菩薩問。次有十六行，頌如來答中有十意，約普門中八意。從爾時持地菩薩下，訖品盡，大段第二明聞品得益。

《妙法蓮華經》陀羅尼品第二十六　將釋此品用三門，第一述大意，第二釋品名，第三入文判釋。第一述大意者，夫藥王章句，護法師於五濁。勇世神呪，防鬼災於十方。加以二方天王，張呪網而守百由旬。十種羅刹，捧呪釼而誓作七分。夢中之惱尚制富單那，頭上之過，何怨嫌行者。赫赫持經之功，不畏諸難。明明修行之德，何願不成。此品大意，蓋如斯矣。

第二釋名者，陀羅尼者，此梵語也。此翻總持也，今此品，偏舉法爲名，今存梵音，故言陀羅尼品。

第三入文判釋者，此猶是化他流通中，明五衆惡世弘經多難，以呪護之，以總持乘乘，付屬流通。中大段有四，第一明菩薩問持經功德，第二明佛答甚多，第三明菩薩請神呪護，第四明聞品得益。從爾時藥王菩薩即從座起下，大段第一明菩薩問。從佛告藥王若有下，大段第二明佛答甚多。中有四，初明佛正格量大少。從於汝意云何下，二佛問多不。從甚多下，三明菩薩甚多。從佛言若善男子下，四明佛正格量於功德。從爾時藥王菩薩下，大段第三明菩薩請說呪守護。中有五，第一明藥王菩薩呪，第二明勇施菩薩呪，第三毗沙門天王呪，第四明持國天王呪，第五明十羅刹呪。約藥王菩薩呪中有四，初明請說。從即說呪曰下，二明正說呪。從世尊是陀羅尼下，明歎神呪。從時釋迦牟尼佛下，四明佛印可。從爾時勇施菩薩下，第二明勇施菩薩呪。中有四，初明請。從即於佛前而說呪曰下，明正說神呪。從世尊是陀羅尼下，三明歎呪。從若有侵毁下，四明佛印可。從爾時毗沙門下，第三明多聞天王呪，中有三意。從爾時持國下，第四明持國天王說呪護，中有三意。從爾時有羅刹女等下，第五明十羅刹女說呪護。中有五，初列名。從是十羅刹女下，二明說呪。從寧上我頭上下，三明歎呪。從羅刹女說此偈已下，四明羅刹等立誓。從佛告諸羅刹女下，佛印可。從說此陀羅尼品下，大段第四明聞品得益焉。

《妙法蓮華經》妙莊嚴王本事品第二十七　將釋此品用三門，第一述大意，第二釋品名，第三入文判釋。第一述大意者，夫嚴王邪執，感八變以迴心。淨德憒心，屬二緣而忽開。是以藏眼二子，舉兩難而喩一眼龜。嚴淨二親，聽一願而覺優曇華。於是雷音如來，灑法雨於妙莊。華德本身，受記莂於樹王。竊以求道近因，無過善友。成佛親緣，豈過知識。飮泉之因，蔭樹之緣，其謂斯矣。善知識能，粗顯此篇。此品大意，蓋如是矣。

第二釋名者，妙莊嚴王者，舉人也。本事者，表法也。今此品內，說彼妙莊嚴王本事，故言妙莊嚴王本事品。

第三入文判釋者，此品猶是化他流通中，明妙莊嚴王以誓願乘乘流通。中大段有六，第一明事本，第二雙標能所化，第三明能化方便，第四明所化得益，第五結會古今，第六明聞品得益。從爾時佛告諸大衆乃往古世下，大段第一明事本。從彼佛法中有王名妙莊嚴下，大段第二雙標能化所化，即所化一人，能化三人也。約中有二，第一明列能化所化名。從是二子有大神力下，第二明別二子福慧。從爾時彼佛欲引導下，大段第三明能化方便。中有三，第一明時至。從淨藏淨眼二子下，第二明論議。中有四，第一明二子等至母所白供養佛。從母告子言下，第二明母讓子等命化父王。從淨藏淨眼下，第三明子等生邪見家恨。從母告言下，第四母責子等合憂念父。從於是二子念其父故下，第三明子弟正勸化。從時父見子下，大段第四明所化利益。中有十，第一明信此子伏彼師。從於是二子下，第二明父王已信。從於是二子白父母言下，第三明重推父母。從彼時妙莊嚴下，第四明化功已大歎佛功德。從於是妙莊嚴下，第五明俱詣佛所，中有五意。從時雲雷音宿王華下，第六明與授記。從其王即時下，第七明出家修行。從即昇虛空下，第八明稱歎二子。從爾時雲雷音下，第九明佛述二子等行高。從妙莊嚴王即從虛空中，第十明王歎佛自立誓願。從佛告大衆於意云何下，大段第五結會古今。中有二，第一正結會。從藥王藥上下，第二明歎二菩薩。從佛說是妙莊嚴王下，大段第六明聞品得益。

《妙法蓮華經》普賢菩薩勸發品第二十八　將釋此品用三門，第一述一品大意，第二釋品名，第三入文判釋。第一述大意者，夫震方普賢，震萬國而來到。山中法王，吐四法而相應。是以六牙白象，負遍吉而安慰行者。六通遠客，教忘句而還令通利。三七精進，招乘象客。一妙章句，避煩惱主。書寫之功，高昇忉利。持經之德，秀遊兜率。讚供之力，現報利生。毀罵之用，將來繁痛。懲惡勸善之事，略開此篇。滿願餝行之業，粗畢此章。是品大意，蓋謂斯歟。

第二釋名者，普賢菩薩者，梵音邲輸颰陀，此翻普賢。勸發者，戀法之辭也。今人法並舉，故言普賢菩薩勸發品。

第三入文判釋者，此品第三明自行流通，又明普賢以神通乘乘。中大段有四，第一發來，第二勸發，第三明如來述發，第四明發益。從爾時普賢菩薩下，大段第一明經家敘發來。中有三，第一明上供之相。從又與無數諸天下，第二明下化之相。從頭面禮釋迦牟尼下，第三明修敬之義。從白佛言世尊我於寶威德上王佛國下，大段第二明勸發。中有二，第一明請問勸發，第二明誓願勸發。約第一請問中有二，第一明請問，第二明佛答。約第一請問中有二，第一明請正說勸發自行。從若善男子下，第二明更請流通勸發化他。從佛告普賢菩薩下，第二明佛答。中有三，第一明總標四法答。從一者下，二明別四法答。從善男子下，第三明結四答。從爾時普賢菩薩白佛言下，第二明誓願勸發。中有二，第一明護人，第二明護法。約護人中有六，第一明護其外難。中有二，初明總護。從若魔若子下，二約別舉十二非護。從是人若行下，第二明示身教其內法。有三，第一明行者慰誘。從是人若坐思惟下，第二明教經及與三昧。從世尊若後世下，第三明示教利喜及以說呪護之。從世尊若有菩薩得聞是陀羅尼下，第三明覆護以神呪。從若有受持者下，第四明示其勝因。從若但書寫是人命終下，第五明示其近果。從是故智者下，第六明總結信者功德。從世尊我今以神通力下，第二明護法。從爾時釋迦牟尼佛，下大段第三明如來述勸發。中有二，第一明述其護法。從普賢若有下，第二明述護人也。上有六章不述，第三覆護以神呪也。即爲五，第一述上第二示身，教其內法。從如是之人不復貪著下，第二述上第四示其勝因。從普賢若如來滅後下，第三述上第五示其近果。從若有人輕毀下，第四述上第一護其外難。從是故普賢下，第五述上第六總結信者功德。從說是普賢品下，大段第四明勸發之得益。中有二，第一明別聞一品得益。從佛說是經下，第二明總聞一部得益等。

窺基《妙法蓮華經玄贊》卷一　蓋聞至覺權眞乘物機而誕跡，靈樞擅妙應群品以揚聖。振融山而秀大千，騰委海而津八萬。靉慈雲而廣庇，驟法雨以遐清。滋兩木之分華，潤三草之殊茂。然以幼裔倦於綿險，始循誘於化城。稚子翫於羬軒，竟照晉於犪駕。由是摧十軍之聖后解髻上之明珠，建八諦之醫王授掌中之妙藥。藻掞衆筌之表，邃軼百宗之外。籠七地而孤榮九分，冠五乘而獨穎千古，大矣哉。揚一實而包惣太虛，振兩權而遺羅萬象，豈可以濱輪類其深旨，妙高方其峻躅者乎。首稱《妙法蓮華經》者，藻宏經之極唱，旌一部之都名。序品第一者，鏡義類之鴻標，顯異筌之別目。法含持軌，綰群祥以稱妙。花兼秀發，惣衆美而彰蓮。體業俱陳，法喻雙舉。半滿之途已曉，取捨之路方著。經者爲常爲法，是攝是貫。常則道軌百王，法乃德模千業，攝則集斯妙理，貫之御被庸生，庶令畢離苦津，終登覺岸。序者，由也，始也。陳教起之因由，作法興之漸始。品者，類也，別也，區玄旨而異類，派幽筌而彙別。第者，次也，居也。一者，極也，首也。經有二十八類篠貫眞宗，此品次居極首，故名第一。

經如是我聞贊曰，初釋經文略以六門料簡，一叙經起之意，二明經之宗旨，三解經品得名，四顯經品廢立，五彰品之次第，六釋經之本文。第一叙經起意者，略由五義，一爲酬因請，二爲破疑執，三爲彰記行，四爲利今後，五爲顯時機。酬因請中有二，一酬因，二酬請。初酬因有六，一酬行因，二酬願因，三酬求因，四酬持因，五酬相因，六酬説因。佛果不可虛成，必由業行方得。行不孤起，必願資生。行願雖復自興，無緣不能獨會。雖逢緣以求重，非率爾而果成。要由持學始能得果，得果既圓將陳應物。表經宗之深妙，先現大相之因。大相既彰，理須敷唱，故摽佛本出世爲一大事故也。由此酬因具斯六義，一酬行因者，《方便品》中准論釋經八甚深云，佛曾親近百千萬億無數諸佛，盡行諸佛無量道法，勇猛精進名稱普聞，成就甚深未曾有法。難解法者，如來能知，隨宜所説意趣難解，一切聲聞辟支佛所不能知。八甚深者，一受持讀誦甚深，二脩行，三果行，四增長功德心，五快妙事心，六無上，七人，八不共聲聞辟支佛所作住持甚深。經唯有六，無第六第八，至下當知。諸佛道法既盡行之，具行一乘種智之因方得佛果，故今酬因説斯妙法，勸脩因行。二酬願因者，方便品云，舍利弗當知，我本立誓願，欲令一切衆，如我等無異。如我昔所願，今者已滿足，化一切衆生皆令入佛道。《壽量品》云無自作是意，以何令衆生得入於佛道，盡成就佛身。若昔因中，若今果位，皆每發願令衆生猶如我身得入佛道，故酬本願而説此經。亦令衆生發此願故，行願相符臻出世故。三酬求因者，天授品云吾於過去求《法華經》無有懈倦，於多劫中常作國王求大菩提，曾不退轉，擊鼓宣令四方求法。時有仙人來白王言，我有大乘名《妙法蓮花經》，若不違我當爲宣説。王聞仙言欲喜踴躍，即隨仙人供給所須。乃至以身而爲牀座，身心無倦。奉事仙人，經於千歲，爲求法故，令無所乏。爾時王者今我身是，時仙人者今提婆達多是。以佛過去願行雖成，必由緣會，恆重此經，於善友所專事求之，故今豈説今生求重。四酬持因者，前八甚深中，第一佛曾親近百千萬億無數諸佛，名受持讀誦甚深。初依菩薩供五恆佛，第二依菩薩供六恆佛，第三依菩薩供七恆佛，第四依菩薩供八恆佛，值多善友長時受持。又釋迦如來過去自爲常不輕菩薩，於威音王佛滅後行不輕行，臨終之時聞虛空中説《法華經》二十萬億偈，悉能受持即得如上六根清淨，更增壽命二百萬億那由他歲，廣説此經，命終之後得值二千億佛，皆號日月燈明，常持此經以是因緣，又值二千億佛同號雲自在燈王，亦於諸佛法中受持此經，常獲如上六根清淨。其常不輕即我身是，故爲住時常持此經今者説之，勸常受持。酬相因者，既成佛已將説此經，先爲菩薩説《無量義經》。次入無量義處三昧，天雨四花地六振動，四衆瞻仰八部歡喜。放毫光以遠照，衆見此已疑生。彌勒發問，文殊告言，如我惟付，今佛世尊欲説大法，雨大法雨，吹大法螺，擊大法鼓，演大法義。我於過去曾見此瑞，放斯光已，即説大法，乃至廣説，今曰如來當説大乘經，名《妙法蓮華》。三世諸佛將説此經，必先有此種種大相，不同餘經，餘經無此初大相。故相既非常，故須説此。即將説此經，先現大相，先現大相者爲説此經故也。酬説因者，下云諸佛如來唯以一大事因緣故出現於世，乃至廣説，無聲聞弟子但教化菩薩，究竟今得一切種智，故三世諸佛成道究竟必説一乘。皆是因中方便求趣，修學雖滿未曾演説，今時機會不可虛然，故趣宿因説斯妙法。上來義類經文甚多，恐猒繁廣故略指述。後酬請者，如經中説菩薩初生即行七步，放大光明遍照十方，四顧親視作師子吼而説偈言，我生胎分盡，是最末後身，我已得解脱，當復度衆生。作是誓已，身漸長大，遊出四門，見老病死及沙門相。既問識已，欲捨親眷求無上果，中夜觀察見諸伎人后妃綵女狀如梟屍，深可猒患。即命車匿令被揵低諸天捧足夜半出城，行十四由旬到跋伽婆仙人所住林中，以刀剃髮持妙寶服，貿鹿皮衣，遣車匿歸，報父王已。於熙連河側六師外道所，爲降伏彼六年苦行，懃苦過彼日食麻麥，猒其非道遂食乳糜，受吉祥草，詣菩提樹，坐金剛座，以智惠力降伏魔軍，證大菩提永出三果。是時三千大千世界主及餘天等來詣佛所，請轉法輪，化佛讚揚勸且權説，時機未熟，且説方便未説實法。今既合宜，鶖子等請説乘權寶之境，文殊等請説乘安樂之行，彌勒等請説身眞應之果。故下經云，我始坐道場觀樹亦經行於三七日中常思惟是事，乃至尋念過去佛所行方便力，我今所得道亦應説三乘。作是思惟時，十方佛皆現梵音慰喻我，善哉釋迦文，隨諸一切佛，而用方便力。由是方便且説三乘，今機宜熟，鶖子等請演暢眞宗，顯斯一實。故下經云，汝已慇懃三請，吾今豈得不說。安樂行品中文殊發請世尊廣説四安樂行，壽量品中亦復如是，彌勒三請，佛言汝等當信解如來誠諦之語，三遍勸信方說身之眞應，故爲酬請說是《法華》。破疑執中有二，一破疑，二破執。破疑者，佛自成道唯記菩薩當得菩提，不說聲聞有得佛果，聲聞等疑永不作佛。故舍利弗深自感傷，失於如來無量知見，乃至廣說。而今從佛聞所未聞未曾有法，斷諸疑悔。諸小菩薩昔聞大乘亦疑菩薩獨得菩提，聲聞無分。或不定性諸小菩薩，疑佛菩提已亦無分，由是三乘俱有疑網。由此經云，聲聞若菩薩聞我所說法，乃至於一偈，皆成佛無疑。又云諸求三乘人若有疑悔者，佛當爲除斷令盡無有餘。又云菩薩聞是法疑網皆已除，千二百羅漢悉亦當作佛。此中破疑亦兼破悔。昔悔脩小不得作佛，今聞得作悔所以除，知小乃爲大之因故。疑通三乘，悔唯小有，以寬攝狹，但說破疑不說除悔。至後卷中當釋差別，故爲破疑說斯妙法。後破執者聲聞有二，一決定種性得聲聞果定入無餘身灰智滅。故諸經云餘人善根涅槃時盡菩薩善根不爾。二退已還發大菩提心初是定性後不定性，然《瑜伽》及《法華論》說聲聞有四，一決定種姓，亦名趣寂，二增上慢此是凡夫得第四禪謂阿羅漢。三退已還發大菩提心，亦名不定種性，且法花會得記，聲聞名退菩提心，舍利弗等皆是此類，故經自云，告舍利弗，我昔教汝志願佛道，汝今悉忘，而便自謂已得滅度。《優婆塞戒經》說，舍利弗修大乘道經六十刧因施眼故，大行難成，退求小果。鶖子亦言，世世已曾從佛教化。化城喻品說十六王子所教化衆生過去結緣之始，由是故名退菩提心，非不定姓皆是退類。亦有昔日未求於大，今者但從小果趣大不定性故。四者，應化應化非眞。攝大乘說，諸大菩薩及佛等化所如聲聞，引實聲聞向大乘故，富樓那等即其類也。《法華論》云，此中唯爲二聲聞記，謂退心應化。其趣寂者及增上慢，佛不與記根未熟故，菩薩與記雖復總，言汝行菩薩道當得作佛，論言與記今發心故，退菩提心正當根熟，爲說一乘正破其執，應化非眞無執可破，示相可爾。其增上慢既是異生根現未熟，故佛不與記，菩菩薩與記者，即常不輕爲具因記令信有佛性，後漸發心修大行故。其趣寂者，元無大性何得論其熟與不熟，應言趣寂由無大性，根不熟故佛不與記。菩薩與記具理姓因，漸令信大不愚法故，非根未熟後可當熟，故非菩薩與記令發趣大乘心，言當作佛。菩薩願心方便化之令生信意，如《般若經》我昔令入無餘涅槃非皆入盡。菩薩記於趣寂亦爾，若許趣寂同增上慢，不但不得名爲趣寂，甚違諸教義不相叶。由趣寂者與增上慢合一處說，翻譯之主同言根未熟令其發心。正義應言趣寂者根，不熟佛不與記，菩薩與記令發信。解大乘心故。增上慢者根未熟故佛不與記，菩薩與記令發趣向大乘心故。若趣寂者後亦作佛；違涅槃等處處教文。菩薩亦二，一者頓悟，二者漸悟。有二義，一者若從得二乘果發心向大名爲漸悟，由生數少或全無故。若從二凡而歸於大即頓悟攝，未曾悟證二乘果故，生數猶多不名漸悟，故《涅槃經》但說聖人八萬劫等，不說異生迴心劫數。二者但從曾發二心曾修二行來歸大者皆名漸悟，具彼姓故脩彼行故，聞思悟解亦名爲悟，何必證悟。況復亦有生數少者，謂已定生即此生時及一坐順決擇分等，經據劫定但說聖人，何妨異生有生數少者。此經所說一乘之理，論雖言爲二，聲聞說謂退心應化，法花一會正唯爲退菩提心。說兼亦爲應化，滿慈子等亦在會故。若準攝論合以十義說於一乘，義兼爲三，理亦無失，決定種姓不愚法。故不定種姓迴求大，故其應化者爲化記，故雖亦可爲二菩薩說，正宗唯爲漸悟者說。故下經云，菩薩聞是法，疑網皆已除，義兼頓悟於理未爽。《攝論》十義解一乘云，爲引攝一類及任持所餘，由不定種姓諸佛說一乘。所引攝一類即退菩提心，聲聞及任持所餘，即漸悟菩薩，退菩提心聲聞執著小果自謂究竟故。舍利弗言，我悉除邪見於空法得證，爾時心自謂得至於滅度。迦葉亦言，佛令我等出於三界得涅槃證，於菩薩法不生一念好樂之心，此皆昔時執著小意，即《攝論》云三種練磨心斷除四處障，緣法義爲境。四處者，一二乘作意，二諸疑離疑，三於所聞思法中言我能然餘不能爾，四於骨瑣乃至菩提執著分別。二乘作意者，執二果爲極故，爲斷此執而說此經，漸悟菩薩執佛菩提於已無分，欲生退敗還住二乘，爲任持此而不令退。又復頓悟諸小菩薩執唯已依大乘修行可得成佛，已住聲聞不得作佛，今破此執顯二乘非極，住二乘者亦得作佛，故說是經。由此攝論斷四處言一二乘作意，二言我能然餘不能爾，即此二種諸疑離疑即是前也。彰記行中有二，一彰記，二彰行。初彰記者，佛自成道未爲聲聞授菩提記，今爲授記故說是經。故下經云，我設是方便令得入佛慧。未曾說汝等當得成佛道，所以未曾說，說時未至故，今正是其時，決定說大乘。又迦葉言，又今我等年已朽邁，於佛教化菩薩阿耨多羅三藐三菩提法不生一念好樂之心，我等今於佛前聞授聲聞阿耨多羅三藐三菩提記，心皆歡喜得未曾有。又云，或說修多羅伽陀及本事本生未曾有，亦說於因緣譬喻并祇夜優婆提舍經。唯爲聲聞說此九部，不說授記方廣自說，故此以前未爲授記，今爲授記故說是經。後彰行者，今說菩薩一乘之行，一乘正是菩薩行。故下經云，有佛子心淨，柔軟亦利根，無量諸佛所，而行深妙道，爲此諸佛子，說是大乘經。又云，聲聞若菩薩，聞我所說法，乃至於一偈，皆成佛無疑。又云，舍利弗，諸佛如來但教化菩薩諸有所作常爲一事，故要由修福慧，照有空，尋教詮，究玄理，眞解起，悟一乘。又且一乘有因有果，因即七地四菩薩行，下隨所應並皆具配。果即佛位菩提涅槃，在三身中此皆攝盡。又三周說一乘明一乘境，安樂行品等明一乘行，壽量品等明一乘果。明境欲發聲聞心，明行令修菩薩行。因此方期佛果功德，故爲彰菩薩行，說是《法華經》。利今後中有二，一利今，二利後。初利今者，法華一會所有凡聖宜聞法華而得益故。此有二類，一果記利，二現證利。果記利者，即爲三機，世尊三周說一乘義，會二破二，以利益。今方便品下至譬喻品，鶖子得記八部喜讚已來爲第一周。經云諸佛世尊唯以一大事因緣故出現於世，乃至諸佛以方便力於一佛乘分別說三，故舍利弗聞是說已，譬喻品中深生領解，佛述成已便得授記。其譬喻品中舍利弗請下佛說譬喻，并信解品，藥草喻品，授記品爲第二周。譬喻品云，如來亦復如是爲一切衆生之父，乃至舍利弗以是因緣當知諸佛方便力，故於一佛乘分別說三。大迦葉等聞是說已，信解品中方生領悟，藥草喻品佛重述成，授記品中佛便爲大迦葉須菩提摩訶迦旃延大目犍連四人授記。其化城喻品，五百弟子授記品，授學無學人記品，爲第三周。化城喻品初說大通智勝佛事令其憶念，復云諸比丘若如來自知涅槃時到乃至但是如來方便之力，於一佛乘分別說三。富樓那等聞是說已，於五百弟子授記品中深生領解，佛述成已便爲五百弟子及學無學人授記，即是利今聲聞衆也。經出六處示現授記，一者別記，舍利弗及四大聲聞衆所知識，名號不同故與別記。二者同記，富樓那等五百人千二百人同一名故，俱時與記。三者後記，學無學等非衆所知識，共同一號就下根中後時與記。四無怨記，示現如來無怨惡故，與提婆達多記。五通行記，顯示女人在家出家修菩薩行皆證佛果，故與比丘尼及天女記，此上五記說今時益皆如來記。六其因記，常不輕菩薩禮拜讚歎言我不輕汝，汝等皆當作佛。示現衆生皆有佛性，故此之一種菩薩與記。說往時益，初三及第五利聞法華記，餘之二種非由聞此記。然前五記並名利今，即果記利也。然諸聲聞授記以後，受變易生，相狀體義至後當知。現證利者，復有多種，如提婆達多品雖龍宮湧出龍女道成皆由法華，非靈山會益，略而不說。唯有龍女成道演說法時，娑婆世界菩薩、聲聞，八龍天部，人與非人皆遙見彼龍女成佛，普爲時會人天說法，心大歡喜悉遙敬禮，無量衆生聞法悟解得不退轉，無量衆生得受道記，無垢世界六返震動，娑婆世界三千衆生住不退地，三千衆生發菩提心而得受記。合四位益，分別功德品有十一位得證，一位發心。佛說是如來壽量長遠時，六百八十萬億那由他恆河沙衆生得無生法忍，千倍菩薩摩訶薩得聞持陀羅尼門。復一世界微塵數菩薩摩訶薩得樂說辨才，一世界微塵數菩薩摩訶薩得百千萬億無量旋陀羅尼，三千大千世界微塵數菩薩摩訶薩能轉不退轉法輪，二千國土微塵數菩薩摩訶薩能轉清淨法輪，小千國土微塵數菩薩摩訶薩八生當得，四四天下四生當得，三四天下三生當得，二四天下二生當得，一四天下微塵數菩薩摩訶薩一生當得阿耨多羅三藐三菩提。復有八世界微塵數衆生皆發阿耨多羅三藐三菩提心，如說藥王品八萬四千菩薩得解一切衆生語言陀羅尼。說妙音品八萬四千人得現一切色身三昧，四萬二千天子得無生法忍，華德菩薩得法華三昧。說觀音品八萬四千衆生皆發無等等阿耨多羅三藐三菩提心。說陀羅尼品六萬八千人得無生法忍。說妙莊嚴王本事品八萬四千人遠塵離垢得法眼淨。說普賢勸發品恆河沙等無量無邊菩薩得百萬旋陀羅尼，三千大千世界微塵等菩薩行普賢道。前之五記記當得佛，此二十五類現證因位，並是利今，故說法華後利後者，散席以後因《法華經》所獲功德皆是利後。隨喜功德品說，第五十人一聞《法華經》能隨喜者，功德過於布施四百萬億那由他三千大千世界衆生金銀七寶，又勝令得阿羅漢果。若往僧坊須臾聽《法華經》者，生生常乘象馬車乘七寶輦輿及乘天宮。若復分坐令他聽者，生生常得帝釋坐處，梵王坐處。若復勸人往聽《法華經》者，生生常與陀羅尼菩薩共生一處終不瘖瘂，乃至當來見佛聞法信受教誨。法師功德品說，若善男子善女人受持是《法華經》，若讀若誦，若解說若書寫，是人當得八百眼功德，千二百耳功德，八百鼻功德，千二百舌功德，八百身功德，千二百意功德，以是功德莊嚴六根皆令清淨。乃至普賢品，云若有後世受持讀誦是經典者，是人不復貪著衣服卧具飲食資生之物，所願不虚亦於現世得其福報。是以《遺教經》言所應度者皆已度訖，其未度者皆亦已作得度因緣，故由説此而與未來作大利益。是名利後，故説是經。顯時機中有二，一顯時，二顯機。初顯時者，諸佛設教略有二種，一頓二漸。頓即被彼大機，頓從凡夫以求佛果，如《勝鬘經》所説一乘，一乘是權四乘實故。漸即被彼從小至大機，如此經中所説一乘。一乘是實二乘權故，此經多被從彼二乘以求佛果，多是漸教大乘所攝。古有釋言，教有五時，第一時者，佛初成道爲提謂等五百賈人但説三歸五戒十善世間因果教，即《提謂》等五戒本行經是，未有出世善根器故。第二時者，佛成道竟三七日外，十二年中唯説三乘有行之教，未爲説空，即《阿含》等小乘經是。第三時者，佛成道竟三十年中，説彼三乘同行空教，即《維摩》《思益》《大品》等是。第四時者，佛成道竟四十年中，説有一乘猶未分明演説佛性常住實相，尚説無常佛果以爲眞實，即《無量義》《法花》等是，以前未明一乘義故，此中猶未分明演説常住佛性故。第五時者，謂雙林中説諸衆生悉有佛性常住佛教，即《涅槃經》《大悲經》等是，乍觀可爾，理即不然。《提謂經》説五百賈人將受五戒，時先懺悔彼五逆十惡謗法等罪，得四大本淨五蔭本淨六塵本淨吾我本淨，時提謂等得不起法忍，三百賈人得柔順忍，二百賈人得須陁洹果，四天王等得柔順忍，三百龍王得信忍。自餘天等皆發無上道意，十億天人皆行菩薩十善，提謂長者滅三果苦得不起法忍，即是初地或第八地。又《普曜經》第二七日提謂等五百賈人獻佛麨蜜，佛與授記汝於來世當得作佛，名曰齊成。云何但言第一唯是世間教也，但爲此曰猶未分明説三乘者同所觀諦，故末名轉法輪，至五比丘時法輪方名轉。次第二時十二年中唯説有教者，覺愛難云，成道五年説《大般若》正明實相，又第七年爲八菩薩説《般舟三昧經》正明衆生五蔭本空，又第九年説《鴦掘摩羅經》，第十年中説《如來藏經》皆明涅槃佛性深理，又《提謂》、《普曜經》並明菩薩行，又與賈人授記成佛，明初成道已説大乘。又成道竟第二七日説《十地經》，又《大般若》云佛在鹿野轉四諦法輪，無量衆生發聲聞心，無量衆生發獨覺心，無量衆生發阿耨多羅三藐三菩提心，行六波羅蜜，無量菩薩得無生法忍，住於初地二地三地乃至十地，無量一生捕處菩薩一時成佛。云何但言第二唯就三乘有教，是知一兩普潤稟解不同，不可説佛教必有先後。今依古義且破二時，後餘三時並如古破。乍雖可爾理即不然，恐猒丈繁且略應止。依今新經，頓教大乘但唯一時，大機不從小起，教被唯一，故若漸次之教乃有三時，《解深密經》中佛爲勝義生菩薩，依於三性説三無性，皆是遍計所執性已。勝義生菩薩深生領解，廣説世間毗濕縛藥雜綵畫地熟蘇虚空諸譬喻已，世尊讚歎善解所説。勝義生白言，佛初於一時在波羅痆斯仙人墮處施鹿林中，唯爲發趣聲聞乘者以四諦相轉正法輪，雖是甚奇甚爲希有，一切世間無能轉者，而於彼時所轉法輪有上有容，是未了義，是諸諍論安足處所。世尊在昔第二時中，唯爲發趣修大乘者，依一切法皆無自性，無生無滅本來寂靜，自性涅槃，以隱密相轉正法輪，雖更甚奇甚爲希有，而於彼時所轉法輪亦□是有所容受，猶未了義，亦諸諍論安足處所。世尊于今第三時中，普爲發趣一切乘者，依一切法皆無自性，無生無滅本來寂靜，自性涅槃，無自性性，以顯了相轉正法輪，第一甚奇最爲希有。于今世尊所轉法輪無上無客，是眞了義，非諸諍論安足處所。依此經文《阿含經》等爲第一時，惣密説有，不明有者有其何性。《大般若》等爲第二時，惣密説空，不明空者亦空何性。《花嚴經》等爲第三時，顯了説有有依他圓成，亦顯了説空空所執性。故《善戒》等云，有爲無爲名爲有，我及我所名爲空。《金光明經》亦説三種法輪，謂轉照持。轉四諦法以空照有，非有非空可任持故。《涅槃》亦言，初有醫師教人服乳，由純服乳國人多死，後有醫師説乳爲毒教並令斷，國人並差。後王有疾問藥所宜，醫處藥方以乳和藥，王瞋問彼汝先所説乳爲毒藥，何故今者令和藥服。醫荅王言，前爲純服國人多死，由常服之，故説爲毒，恐不能斷，惣令斷之。案實理者，有病宜服，有病不宜，王今此病宜和藥服，正所應爾。佛言我法亦復如是。《法華》亦言我等内滅自謂爲足，唯了此事更無餘事，初時教也。我等若聞淨佛國土教化衆生都無欣樂，第二時教也。佛亦如是，現希有事知樂小者，以方便力調伏其心乃教大智，我等今日得未曾有，非先所望而今自得，第三時教也。即同《金光明》《解深密》等三時教也。若以偏圓機宜漸次，教但三時非一五等，不可難以一兩普潤三草不同。教被唯有一，其頓悟之機一果之證，即依此理無三時之教。若機成漸次，大從小生教定有三，應三説故。將理會教名爲一兩，將教就機説三乘法，或三或一理不相連。此經三周說一乘處，多被聲聞，先說《般若》已教其空，破彼有病，彼不愚法既信解已。今說第三時令其歸趣，亦化頓悟因得發心，流通分中證獲無生，如前所說亦通頓數，是知一雨滋益別故，爲顯第三時眞實之教，故說此經。後顯機者，依《涅槃經》唯有一機，故彼經云，師子吼者是決定說，一切衆生悉有佛性。又云衆生亦爾悉皆有心凡有心者悉皆當得阿耨多羅三藐三菩提。此經亦云，十方佛土中唯有一乘法無二亦無三，除佛方便說但敎化菩薩無聲聞弟子。乃至廣說，聲聞若菩薩聞我所說法皆成於佛，依此唯有一乘性。此經既說一乘被彼大乘根性。然性有二，一理性《勝鬘》所說如來藏是，二行性《楞伽》所說如來藏是。前皆有之後性或無，談有藏無說皆作佛。依《善戒經》《持地論》中唯說有二，一有種性，二無種性。彼經論云，性種性者無始法爾，六處殊勝展轉相續，此依行性有種性也。二無種性人無種性故，雖復發心懃行精進終不能得無上菩提，但以人天善根而成熟之，即無性也。此被有性非被於無，此依行性以說有無。巳下多依行性而說理性遍有故，依有非無勝劣異故。天親《攝論》亦言上乘下乘有差別故，菩薩聲聞各分三藏。又處處說如來十力中有根上下智力，此即上乘菩薩藏攝被上根故，依有非無，依異非同，以通就別。此經又言爲求聲聞者說應四諦法，爲求緣覺者說應十二因緣法，爲求菩薩者說應六波羅蜜法。此經說一乘，即爲求菩薩者說應六波羅蜜法。此經下文妙莊嚴王品八萬四千人遠塵離垢，亦可言被聲聞傍利益；故有無俱彰大小類別，依同非異以別攝通。《涅槃經》言，譬如病人有其三種，一者若遇良醫不遇良醫決定可差，即菩薩也。二者若遇即差不遇不差，即二乘也。三者若遇不遇決定不差，即一闡提。此經亦言輪王釋梵是小藥草，聲聞緣覺是中藥草，大小菩薩名大藥草，隨逆次第亦同涅槃。今此唯被菩薩性人先雖是聲聞後作菩薩故。又亦可言被彼聲聞，如前巳說，依有非無通別類異。又《大般若》善勇猛菩薩言，唯願世尊哀愍我等，爲具宜說如來境智，若有情類於聲聞乘性決定者，聞此法已速能證得自無漏地。於獨覺乘性決定者，聞此法已速依自乘而得出離。於無上乘性決定者，聞此法已速證無上正等菩提。若有情類雖未已入正性離生，而於三乘性不定者，聞此法已皆發無上正等覺心。諸論雖說聖亦迴心，今說不受變易生死以迴心者故，言未入正性離生。此經被彼大乘定性，聲聞定性，及不定性，如前已引，然無被彼獨覺機文，有無雙彰以通從別。又《勝鬘經》言，譬如大地持四重擔，一大海，二諸山，三草木，四衆生。如是攝受正法善男子，堪能荷負四種重任，謂離善知識無聞非法衆生，以人天善根而成熟之。求聲聞者授聲聞乘，求緣覺者授緣覺乘，求大乘者授以大乘。此被大乘可及聲聞非餘二性，依有非無通別類異，現當非有。《楞伽經》云佛告大惠有五種種姓證法，一聲聞乘性，二辟支佛乘性，三如來乘性，四不定乘性，五者無性謂一闡提。此有二種，一者焚燒一切善根即謗菩薩藏。二者憐愍一切衆生，化盡一切衆生衆願是菩薩也，若衆生不入涅槃我亦不入。大惠白言，此二何者常不入涅槃。佛言菩薩常不入涅槃，非焚燒一切善根者，以知諸法本來涅槃，不捨一切諸衆生故。此經被聲聞及如來乘性不定乘性及一闡提中大悲菩薩，非獨覺性及斷善根者，有無並說，通別類異，現斷畢無。又《大莊嚴論》云，有五種性初四同《楞伽》。第五有二種，一時邊，二畢竟。時邊即暫時，畢竟謂無因。此經被前四中餘獨覺及第五性，依有及無當成不成，通別類異。《瑜伽》又說，有五種性，前四同前，第五唯一謂無種性。此經被彼與《莊嚴》同。若以一乘爲宗，唯被有菩薩性不被唯聲聞性，一兩所潤三草各別，可被聲聞。《瑜伽》等云，無間道能遠塵，解脫道能離垢，證此勝智名法眼淨，即是見諦預流果等。故知非說一乘之處亦被聲聞，經會既有，故作此通，爲被機宜說是經也。第二明經宗旨，此方先德惣判經論有其四宗，一立性宗，《雜心》等是，立五聚法有躰性故。二破性宗，《成實論》是，破法有躰唯有相故。三破相宗，《般若》等是，破法相狀亦成空故。四顯實宗，《涅槃》《花嚴》《法華經》等是，顯於眞實中道藏故。此經即是第四宗也。且古經論宗臻極多，舊《四阿含》及《僧祇律》大衆部義，《三彌帝論》上座部義，《舍利弗阿毗曇》《梵網六十二見經》正量部義，《四分律》是法藏部義。此等經論復是何宗，然《文殊問經》及《宗輪》說小乘有廿部，謂大衆部，說部，說出世部，雞胤部，多聞部，說假部，制多山部，西山住部，北山住部，說一切有部，雪轉部，犢子部，法上部，賢胄部，正量部，密林山部，化地部，法藏部，飲光部，經量部，并大乘二合廿二宗。今依文判教，教但有三。若以類準宗，宗乃有八。教但三者，一多說有宗，諸《阿含》等小乘義是，雖多說有亦不違空。二多說空宗，《中》

《百》《十二門》、《般若》等是，雖多說空亦不違有。三非空非有宗，《花嚴》《深密》《法花》等是，說有爲無爲名之爲，有我及我所名爲空，故此等三教如前引文。宗有八者，一我法俱有宗，犢子部等。二有法無我宗，薩婆多等。三法無去來宗，大衆部等。四現通假實宗，說假部等。五俗妄眞實宗，說出世部等。六諸法但名宗，一說部等。七勝義皆空宗，《般若》等經，龍樹等說《中》《百論》等。八應理圓實宗，此《法華》等，無著等說中道教也。成實論義經部師宗，即當第四現通假實宗，雖差別義合廿二，據理全差莫過此八。然《花嚴》云如來以一語言中演就無邊契經海。《無垢稱經》言佛以一音演說法，衆生隨類各得解。《無量義經》言我成道來卌餘年，常說諸法不生不滅，不去不來，無此無彼，無得無失，一切相無相，但由衆生悟解不同，得諸果異。《法華》亦言一兩普潤，三草二木生長不同。《優婆塞經》言三獸渡河，得淺深別。《攝論》亦言如末尼天鼓無思成自事。故知諸教本無差別，由機不同遂分大小頓漸之教。此經且當大漸之教，此依化誘聲聞以歸於大名之爲漸。妙莊嚴王本事品中，八萬四千人遠塵離垢得法明淨，即初果等。壽量品中，八世界微塵數衆生發阿耨多羅三藐三菩提心。普門品中，八萬四千衆生皆發無等等阿耨多羅三藐三菩提心，可成頓教。故知頓漸無別教門，隨機以分，故此通也。半滿二教，滿宗所收，生法二空，通二教攝，有作無作可貫兩門，世俗勝義隨應分二，雖知尊旨宗義若斯，隨別所明一乘正爲宗也。故下文言，今此經中唯說一乘，而昔於菩薩前毀呰聲聞樂小法者，然佛實以大乘教化，故此定以一乘爲宗，一乘之義至方便品一大事因緣中當廣分別。

元曉《法華宗要》 將欲解釋此經，略開六門分別。初述大意次辨經宗三明詮用四釋題名五顯教攝六消文義初述大意者，《妙法蓮華經》者，斯乃十方三世諸佛出世之大意，九道四生滅入一道之弘門也。文巧義深，無妙不極。辭敷理泰，無法不宣。文辭巧敷花而含實，義理深泰實而帶權。理深泰者，無二無別也。辭巧敷者，開權示實也。開權者，開門外三車是權，中途寶城是化，樹下成道非始，林間滅度非終。示實者，示□生並是吾子，二乘皆當作佛，算數不足量其命，劫火不能燒其立，是謂文辭之巧妙也。言無二者，唯一大事，於佛知見開示悟入無上無異令知令證故。言無別者，三種平等，諸乘諸身皆同一揆，世間涅槃永離二際故，是謂義理之深妙也。斯則文理滅妙無非玄，則離麁之軌乃稱妙法。權華開敷實菓泰彰，無染之美假喻蓮花。然妙法妙絕，何三何一至久至冥，誰短誰長茲□□總入之不易。諸子瀾漫出之良難，是如來引之□權羨□車，於鹿苑示有□之麁身，駕白牛於鷲岳顯無限之長命，斯逌□一以破三，三除一捨。假□以□短，短息而□忘。是法不可示，言辭相寂滅。蕩然磨據，肅焉離寄，不知何以言之強稱妙法蓮花。是以分坐令聞之者，當受輪王釋梵之座。逕耳一句之人，並得無上菩提之記。況乎受持演說之福，豈可思議所量乎哉。舉是大意以標題目，故言《妙法蓮花經》也。

第二辨經宗者，此經正以廣大甚深一乘實相爲所詮宗。總說雖然，於中分別者，一乘實相略說有二，謂能乘人及所乘法。此經所說一乘人者，三乘行人，四種聲聞，三界所有四生衆生，並是能乘一佛乘人，皆爲佛子，悉是菩薩，以皆有佛性當紹佛位故，乃至無性有情亦皆當作佛故。如《寶雲經》言，菩薩發心便作是念，一切世界中少智衆生愚癡瘖瘂無涅槃分不生信心者，□□菩薩之所棄捨，如是衆生我皆調伏乃至坐於道場得阿耨菩提。發此心時，魔宮震動。又言，菩薩成佛衆願滿足。方便品說，三世諸佛但教化菩薩。譬喻品云，一切衆生皆是吾子故。又言，諸法從本來常自寂滅相，佛子□道已，來世得作佛，斯則無一衆生而非佛子，所以廣大。此衆生界即涅槃界，是故甚深。如論說言，三界相者，謂衆生界即涅槃界，不離衆生界有如來藏故，是謂能乘一佛乘人也。此一乘人所乘之法，略而說之有四種，一謂一乘理及一乘教，一乘之因一乘之果。一乘理者，謂一法界，亦名法身，名如來藏。如《薩遮尼揵子經》云，文殊師利白佛言，若無三乘差別性者，何故如來說三乘法。佛言，諸佛如來說三乘者，示地差別，非乘差別。說人差別，非乘差別。諸佛如來說三乘者，示小功德知多功德，而佛法中無乘差別。何以故，以法界法無差別故。《金光明經》言，法界無分別，是故無異乘，爲度衆生故分別說三乘。又此經言，諸佛如來能知彼法究竟實相。論釋此云，實相者，謂如來藏，法身之體，不變相故。又下文言，同者，示諸佛如來法身之性同諸凡夫聲聞辟支佛等，法身平等無有差別故。案云，如來法身如來藏性，一切衆生平等所有，能運一切同歸本原。由是道理無有異乘，故說此法爲一乘性，如是名爲一乘理也。一乘教者，十方三世一切諸佛，從初成道乃至涅槃，其間所說一切言教，莫不令至一切智地，是故皆名爲一乘教。如方便品言，是諸佛亦以無量無數方便，種種因緣譬喻言辭，而爲衆生演說諸法，是法皆爲一佛乘故。是諸衆生從佛聞法，究竟皆得一切種智故。是教遍通十方三世。無量無邊，所以廣大。故一言一句皆爲佛乘，一相一味，是故其深，如是名爲一乘教也。一乘因者，總說有二，一者性因，二者作因。言性因者，一切衆生所有佛性爲三身果而作因故。如常不輕菩薩品云，我不輕汝，汝等皆當作佛。論釋此言，示諸衆生皆有佛性故。又言，決定增上慢二種聲聞，根未熟故，佛不與授記，菩薩與授記。菩薩與授記者，方便令發心故。當知依此經意而說趣寂二乘，無性有情皆有佛性悉當作佛。言作因者，若聖若凡內道外道道分福分一切善根，莫不同至無上菩提。如下文言，或有人禮拜，或復但合掌，乃至擧一手，或復少傾頭。若人散亂心入於塔廟中，一稱□無佛皆已成佛道，乃至廣說。《本乘經》言，凡聖一切善不受有漏果，唯受常住之果。《大悲經》言，佛告阿難，若人樂着三有果報，於佛福田若行布施諸餘善根，願我世世莫入涅槃。以此善根不入涅槃，無有是處。是人雖不樂求涅槃，然於佛所種諸善根，我說是人必入涅槃。《尼健子經》一乘品言，佛語文殊，我佛國□所有僧伽尼乾子等，皆是如來住持力故方便示現此諸外道。善男子等，雖行種種諸異學相，皆同佛法一橋梁度，更無餘度故。案云，依此等文，當知佛法五乘諸善及與外道種種異善，如是一切皆是一乘，皆依佛性無異體故。如《法花論》顯此義，云何體法者，謂理無二體。無二體者，謂無量乘皆是一乘故。而下文言汝等所行是菩薩道者，謂發菩提心退已還發者，前所修行善根不滅同後得果故，者爲顯種子無上義故。且約發心善根而說，非謂餘善不得佛果，是故□違前所引文。由是言之，若凡若聖一切衆生內道外道一切善根，皆出佛性同歸本原，如是本來唯佛所窮，以是義故廣大甚深，如是名爲一乘因也。一乘果者，略說有二種，謂本有果及始起果。本有果者，謂法佛菩提。如壽量品云，如來如實知見，三界之相無有生死若退若出，亦無在世及滅度者，非實非虛非如非異。案云，此文就一法界顯一果體，非有體故非實，非無體故非虛，非眞諦故非如，非俗諦故非異。如《本乘經》云，果體圓滿無德不備，無理不周，無名無相，非一切法可得，非有體非無體，乃至廣說。又言，二體之外獨在無二故，是明法佛菩提果體。始起果者，謂餘二身，如論說言，報佛菩提者，十地行滿足得常涅槃證故。如經言，我實成佛已來，無量無邊百千萬億那由他劫故。應化菩提者，隨所應見而爲示現，謂出釋宮樹下成道及與十方分身諸佛，如寶塔品之所廣明。總而言之，一切衆生皆修萬行同得如是□菩提果，是謂一乘一乘果也。如方便品云，舍利弗當知，我本立誓願，欲令一切衆如我等無異，如我昔所願，今者已滿足，化一切衆生皆令入佛道。案云，此文正明如來所願滿足。所以然者，遍化三世一切衆生，如應皆令得佛道故，如《寶雲經》云，譬如油鉢若已平滿更投一滴終不復受，菩薩成佛衆願滿足亦復如是，更無減少一塵之願。《大雲密藏經》云，大雲密藏菩薩曰言世尊，唯願如來，爲未來世薄福衆生，演說如是深進大海水潮三昧。佛言，善男子，莫作是言，何以故。佛出世難，此《大雲經》聞者亦難，云何偏爲未來之，吾當遍爲三世衆生廣門分別。《花嚴經》云，如來轉法輪，於三世無不至。依此等文，當知諸佛初成正覺，一念之頃遍化三世一切衆生，無一不成無上菩提。如昔所願已滿足故，設有一人不成菩提，如昔所願即不滿故，雖實皆度而無盡際，雖實無際而無不度，以無限智力度無限衆生。故而此經下文言，我本行菩薩道所成壽命，今猶未盡復倍上數。論釋此云，我本行菩薩道今猶未滿者，以本願故，衆生界未盡願非究竟，故言未滿，非謂菩提不滿足故。所成壽命復位上數者，示現如來常命方便，顯多過上數量不可數知故。此論意者，爲明約今衆生未盡□如是時本願未滿，非謂菩提已滿，而其本願未滿亦非本願未滿，而說佛法已足。如《花嚴經》云，一切衆生未成菩提，佛法未足，本願未滿，是故當知願與菩提不滿，等則已滿則等滿，如是名爲一乘果也。合而言之，理教因果如是四法，更互相應共運一人到薩婆若。故說此四名一乘法，猶如四馬更互相應共作一運，故說四馬名爲一乘，當知此中道理亦爾。問理教及因共運衆生到薩婆若，此事可爾，果既到究竟之處，云何與三共運衆生。解云，此有四義，一者由未來世有佛果力，冥資衆生令生善心，如是展轉令至佛地，如《涅槃經》云以現在世煩惱因緣能斷善根，未來佛性力因緣故還生善根故。二者當果報佛現諸應化化今衆生令得增進。如《本乘經》云，自見己身當果，諸佛摩頂說法身心別行不可思議故。三者此經六處授記，記當得成阿耨菩提，由得此記，策心進修當果屬彼□得運彼故。下文言，各賜諸子等一大車，四者此經中説一切種智，無□不盡，無德不備，一切衆生同到此果。衆生緣此能詮所詮發心，勝進逕四十心遊戲神通化四生類，故説衆生乘於果乘，乘乘能運因地衆生。如下頌諸子是時歡喜踴躍，乘是寶車遊於四方。由方是四義，當知果乘與餘三法共運一人，人人四法因緣和合遠離諸邊不可破壞，除此更無若過若增，如是名爲廣大甚深究竟一乘眞實相也。所詮之宗略述如是。

第三明能詮用者，如法師品云，一切菩薩阿耨菩提皆屬此經，開方便門示眞實相，此文正明是經勝用。用有二種，謂開及示。開者開於三乘方便之門，示者示於一乘眞實之相。總説雖然，於中有三。先開次示，第三合明開示之用。先明開義即有二種，謂所開之門及能開之用。所開之門即三乘教，此名方便略有四義，一者佛方便智之所説教，依主立名名方便教。二者即三乘教巧順三機，持乘作名名方便教。三者爲一乘教作前方便，因是後説一乘正教，對後正教名爲方便。四者於一乘理權説方便非眞實説，是方便義對眞實説名爲方便。依此四義故名方便。此名爲門，有其二義。一者出義，諸子依此出三界故。二者入義，又依此教入一乘故。然門有二名，若言佛門人門，則門非佛人。若言板門竹門，則門是板竹。今三乘教名方便門者，同板竹門。門即方便，是故名爲方便門也。開方便門，方便有其二義。若望出義説三乘時，開而不閉。望其入義説三之時，閉而不開，雖出三界未入一乘故。今説一乘教言，三是方便，方開方便門令入一乘故。如下文言，當知諸佛方便力故，於一佛乘分別説三，此言正開方便之門，諸餘言語例此可知。次明示用，於中亦二，先明所示，次明能示。所示之眞實相，謂如前説。一乘人法，法相常住，道理究竟，天魔外道所不能破，三世諸佛所不能易，以是義故名眞實相。而非三非一，無人無法，都無所得，如是正觀乃名眞實究竟一乘。所以然者，諸有所得無道無果不動不出，故知如前非三是一。能乘所乘人法之相不出四句，是有所得。云何説此爲眞實相，解云，此言不然，所以者何，若言非三是一不出四句，故是有所得非究竟者，是則有得爲非，無得爲是，亦入四句故是有所得，亦非正觀。若言寄言説無所得，而非如言取於無得，是故無得不入四句者。他亦寄言假説一乘，而非如言取於一乘，所以一乘亦出四句。是故當知遂言俱非，不如言取二説無異。問若不取言皆爲實者，彼三乘教亦應是實。答通義皆許，而有別義，以三乘教下都無三理，一乘教下不無一理故。三是權，一乘是實。雖不無一而非有一，是故亦非有所得也。所示眞實其相如是，能示□用有其二種。一者則開之示，如前開三是方便時，即知一乘是眞實故，如開門時即見內物。二者異開之示，異前開三別説一乘，聞之得悟一乘義故，如以手□方見內物。如下文言，諸佛唯以一大事因緣故出現於世，如是等言是示眞實相也。第三合明開示用者，一開示中合有四義，一者用前三爲一用，前三乘之教即爲一乘教故。二者將三致一，將彼三乘之人同致一乘果故。三者會三歸一，會昔所説三乘因果還歸於本一乘理故。四者破三立一，破彼所執三乘別趣以立同歸一乘義故。此經具有如是四種勝用，故言開方便門示眞實相。問。用三爲一，將三致一，是二未知以何爲證。答。方便品言，佛以無數方便演説諸法，是法皆爲一佛乘故，此文正是用三爲一之證也。又言，是諸衆生從佛聞法究竟，皆得一切種智，此言正是將三致一之證也。問會三因果歸本一者，爲當三皆非實故歸於一實耶。爲當唯二非實故歸於一實耶。若如後者，何故經言，我有方便力開示三乘法。若如前者，云何復言唯是一事實餘二則非眞。答。或有説者，三皆非實如前文説。而言一實二非眞者，三中之一與無三之一俱是佛乘，通説是實，餘二不用開別言非實，由是義故二文不違。或有説者，唯二非實，如後文故。而説三乘皆方便者，於一實中加二非實合説爲三，是三非實，如人手内實有一菓方便言三，三非是實無三菓故。考而論之，一菓是實，二是方便，有一菓故。如《智度論》云，於一佛乘開爲三分，如人分一斗米以爲三，聚亦得言會三聚歸一，亦得言會二聚歸，會三會二猶是一義不相違也。或有説者，前後二文各有異意，不可一會。所以然者，三乘之教有其二種，一者別教，二通教。別教三乘三皆非實，皆是方便。以彼教説三僧祇劫唯修四度，百劫之中修相好業，最後身中修於定惠，菩提樹下成無上覺，如是因果以爲佛乘，是故佛乘亦是方便。若論通教所説三乘，佛乘是實，定餘二非眞，以彼教説於十地中具修六度萬行圓滿致薩婆若，此薩婆若果不與三世合。如是因果究竟眞實此爲佛乘，豈是方便。是故當知二文意異。我有方便力開示三乘法者，是顯別教所説三乘也。唯是一事實餘二則非眞者，是對通教所説三乘，其餘諸文皆作是通。問。若説別教三乘因果皆是方便故歸一者，爲歸一因爲歸一果。答。於一佛乘分別說三故，隨其本歸因歸果，是義□何聲聞緣覺若因若果皆於一因分別爲二。如經說言，聲聞緣覺若智若斷，皆是菩薩無生法忍，當知此二皆歸一因，歸一因故終致一果。彼教中說，佛乘因果分別佛地化身少分。如經說言，我實成佛已來，百千萬億那由他劫故，當知彼說佛乘因果同歸於此一乘果內。若有菩薩依彼教故望樹下佛發心修行，如是願行歸於一因，同彼二乘未至果故。通而言之，應作四句，一以方便因歸眞實因，謂菩薩因及二乘因。二以方便果歸眞實果，謂於樹下成無上覺。三以方便因歸眞實果，謂樹下佛前菩薩行。四以方便果歸眞實因，謂二乘人之無學果。總攝如是四句，以說會三歸一。問。方便教中有人天乘，何故不會此二唯會彼三。答。會三之言亦攝此二。所以然者，法花教中說，三乘有二。一者三車所譬，出喻品。二者三草所呪，出藥草品。此義云何，人天二乘合爲小乘，如小藥草。聲聞緣覺名爲中乘，如中藥草。依彼別教發心菩薩，說名爲大乘，如大藥草。會此三乘即攝五乘，然彼人天會因而不會果，果是無記，不作一因故。彼因善法有二功能，報因功能亦不會之，有受盡故，等流因用是今所會，無受盡故，會此因義入第一句。問會三歸一其義已顯，破三立一云何可知。答欲知此義，有廣有略。略而言之破四種三，一執三教定非方便，二執三人定是別趣，三執三因別感，四執三果別極。破此四種所執之相，遣其四種能執之見，是故建立一乘眞實。謂立一教故則破三教，立一人故則破三人，立一因故則破三因，立一果故則破三果。立一理性通破四三，以四一皆同一乘理故。略說如是，廣而論之，爲破十種凡聖執故，說七種譬及三平等，此義至彼第六門釋，第三明詮用竟也。第四釋題名者，具存梵音，應云薩達摩分陀利修多羅，此云《妙法蓮華經》。言妙法者略有四義，一者巧妙，二者勝妙，三者微妙，四者絕妙。言巧妙者，此經巧開方便之門，巧滅執三之見，巧示眞實之相，巧生已一之惠，以是四義而作眞軌故。言妙法言勝妙者，此經能宣一切佛法，能示一切神力，能顯一切秘藏，能說一切深事，以此四義最爲勝妙故名妙法。如神力品云，以要言之，如來一切所有之法，如來一切自在神力，如來一切秘密之藏，如來一切甚深之事，皆於此經宣示顯示顯說，故言妙法。言微妙者，此經所說一乘之果，無妙德而不圓，無雜染而不淨，無義理而不窮，無世間而不度，以是四義故名微妙之法。如譬喻品云，是乘微妙淸淨第一出諸世間爲無有上，故言妙法。言絕妙者，此經所說一乘法相，廣大甚深離言絕慮，以是四義故爲絕妙之法。如方便品云，是法不可示，言辭相寂滅，諸餘衆生類，無有能得解。故此四義中，巧妙勝妙之法當能詮用立名，微妙絕妙之義從所詮宗作目，合而言之，具含如是。巧勝微絕十有六種極妙之義，十方三世無二之軌，以是義故名爲妙法。妙法之名略釋如是。蓮花之喻有別有通。通者，此華必具華鬚臺實四種，合成殊爲美妙，喻於此經具四妙義合成一經，故名妙法。別而言之，即有四義。一者，蓮花之類有四種，中分陀利者是白蓮花，鮮白分明花開實顯，喻於此經了了分明開權顯實之巧妙也。二者，此花凡有三名，未敷之時名屈摩羅，將落之時名迦摩羅，已敷未衰處中之時開榮勝盛稱分陀利，喻於此經大機正發之盛時宣示顯說之勝妙也。三者，此花非直出離泥水，亦乃圓之香潔衆美具足，喻於此經所說佛乘出煩惱濁離生死海，衆德圓滿之微妙也。四者。此花非直荷廣蔤深，亦乃不着水滴不染塵垢，喻於此經所說一乘法門廣大道理甚深離言絕慮之絕妙也。由是四義有同妙法故，寄是喻以立題名也。

第五明教攝門者，是《法華經》何教所攝，爲是了義爲不了義。有說。此經是不了義，所以然者，大分佛教有三法輪。一者有相法輪，唯爲發趣聲聞乘者，依四諦相轉法輪故，如《阿含經》等。二者無相法輪，唯爲發趣菩薩乘者，依法空性轉法輪故，如《般若經》等。三者無相無上法輪，普爲發趣三乘者依諸法空，無自性性而轉法輪無上無容故，如《解深密經》等。此中前二是不了義，第三法輪是眞了義。是義具如彼論廣說，此《法華經》是第二攝，如偈說言，諸法從本來，常自寂滅相，佛子行道已，來世得作佛。故，是故當知第二無相法輪所攝，既屬第二，是不了義。此義即以二文爲證，一者即彼《解深密經》云，一向趣寂聲聞種性補特伽羅，雖蒙諸佛施設種種勇猛加行方便化道，終不能令當坐道場證得無上正等菩提。何以故，由彼本來唯有下劣種性故，一向慈悲薄弱故，一向怖畏衆苦故，乃至廣說。二者對法論言，衆生意樂。樂樂者，如爲不定種性者捨離下劣意樂故，記大聲聞當得作佛。又說一乘，更無第二。案云，彼經既是究竟眞實了義說，說言聲聞永不成佛，是知法花說諸聲聞當得作佛，是方便語不了義說。是故阿毘達磨□云，是隨衆生意樂而說，非是直說眞實道理，修多羅者，以文爲勝，阿毘達磨以理爲勝，由有如是二種明證，當知法花一乘之敎定非究竟了義說也。或有說者，《法花經》是究竟了義。所以然者，如來一代所說敎門，略攝不出三種法輪。何者爲三，一者根本法輪，二枝末法輪，三者攝末歸本法輪。根本法輪者，謂佛初成道花嚴之會□爲菩薩廣開一因一果法門，謂根本之敎也，但薄福鈍根之流深不堪聞一因一果故。於一佛乘分別說三，謂枝末之敎也。四十餘年說三乘之敎陶練其心，今至法花之會始得會三歸一，即攝末歸本敎也。如信解品明，長者居師子坐眷屬圍遶羅列寶物，即指花嚴根本敎也。喚子不得故密遣二人，脱珍御服着弊垢衣，謂隱一說三枝末敎也。如富長者知悉下劣□伏其心乃敎大智，謂攝末歸本敎也。是□諸門處處有文，當知此中初後二敎同是究竟了義之說。第二敎者，於一說三，皆是方便不了義說。爲成此義，明證有二，一者修多羅，二者阿毘達磨。修多羅者，略引三文一者如安樂行品云，此《法花經》能令衆生至一切智，一切世間多怨難信，先所未說而今說之，是諸如來第一之說，於諸說中最爲甚深，末後賜與如彼強力之王久護明珠今乃與之。二者化城品云，是諸佛方便分別說三乘，唯有一佛乘□處故說二。三者《勝鬘經》云，阿羅漢辟支佛，四智究竟得蘇息處，亦是如來是方便有餘不了義說，如是等文不可具陳，阿毘達磨者略引三處文。《法花論》云，決定增上慢二種聲聞根未熟故佛不與授記，菩薩與授記。菩薩與記者，方便令發心故。二者《智度論》說。問。阿羅漢先世因緣之所受身必應當滅，住在何處而具足佛道。答。得阿羅漢時，三界諸漏因緣盡故，更不復生三界，有淨佛立出於三界，乃至無有煩惱之名，於是國立佛所聞《法花經》具足佛道。三者《寶性論》云，問。說闡提無涅槃性常不入涅槃者，此義云何。爲欲示顯謗大乘因故，此明何義。爲欲迴轉誹謗大乘心不求大乘心，依無量時，故作是說，以彼實有清淨性故，依是等文，當知諸敎說有二乘定不成佛。及說無性有情等言，皆是方便不了義說。若說一乘更無第二，一切衆生皆當作佛，如是經典是眞了義。問。若立初師義者，後師所引文云何和會。彼師通曰，諸一乘敎所說諸文，皆爲護彼不定性者，皆是方便，故不相違。《法花論》文及《寶性論》亦爲述後方便敎意。《智度論》文說阿羅漢生淨土者，是約不定種性聲聞，由是道理亦不相違。問。若立後師義者，前所引證云何得通。彼師通云，《深密經》說終不能令當坐道場證得無上正等菩提者，是明決定當入無餘永不能令不入無餘直證無上正等菩提，是故說爲一向趣寂。然彼聲聞入無餘時，住八萬劫或住六萬四萬二萬，然後起心即入大生於淨土具足佛道。若論不定種性人者，唯住有餘依地入大，如《瑜伽論》分明說故，是故彼經亦不相違。《對法論》又說一乘敎爲方便者，是述三乘權敎之意而非究竟道理之說。如彼執三乘者說云，十五有漏□無記者，是約麁相境界而說，非是究竟眞實道理，是故當知彼《對法論》或有述於方便敎文，由是道理不相違也。問。二師所通一據相違，何者爲實何者爲勝。答。皆是經論，有何不實。所以然者，爲護一向趣寂者意，則如初師所通爲實。爲護不定種姓人意，則如後師所說爲實，皆當物機各得和通故。若就道理判其勝負者，彼師義狹而且短，彼說佛□不遍一切故，又說二□竟斷滅故。第二師義寬而復長，返前短狹其義可知，斯則以短狹義會寬長文，文傷□□會，用寬長義容短狹文，文狹則無傷義，則易會。由是道理後說爲勝，是故當知此《法花經》乃是究竟了義之敎也。今依是義以通諸文，諸文相違皆得善通。所以然者，以諸了義究竟敎內不無方便不了之言。如《解深密經》中說言，一切聲聞緣覺菩薩同皆共一此妙清淨道，皆同是一究竟清淨如，□是道理爲彼經宗，所以彼經是眞了義。而彼經說寂趣聲聞終不能得坐於道場，如是等文是方便說，爲護決定二乘意故，作是方便不了義說。由是道理，夫人性等說彼以爲不了義說，如是二文不相違也。又此《法花經》中說言，爲□□故，化作寶城，更止息已終引佛果，依是道理以說一乘，是爲經究竟了義。此經亦有不了義語□直說言唯有□□無二無三，是文爲□□定□□說無趣寂二乘之行，而實不無趣寂二乘之行，是故說無是方便語，由是道理《對法論》說爲方便者，亦有道理也。

吉藏《法華玄論》卷一〇　問佛以何因緣故說是《妙法蓮華經》，諸佛不以無事及少因緣而自發言，譬如須彌山王不以無事及少因緣而動，今有何等大因緣說是經耶。答諸佛住三事示現說十二部經，三事示現即是三輪，一他心輪，二神通輪，三說法輪。既住三事說十二部經，當知亦住三事說法華也。問以何義故住於三事說此經耶。答三事示現即是如來三業利物。他心輪謂意業利物，神通輪謂身業利物，說法輪謂口業利物。問此經何處明三輪耶。答如入無量義處三昧謂他心輪也，放光動地雨華現土者謂神通輪也，從三昧起廣說《法華經》終竟一經謂說法輪也。又總論敎門凡有二種，一者正果謂如來身，二者依果即國土等。若現諸佛依正二果謂神通輪，若說諸佛依正二果謂說法輪，應機而示此二謂他心輪。故壽量品云，或說已身或說他身謂說法輪也，或示已事或示他事謂神通輪也，序品之中盛明斯義也。又他心輪謂知病識藥，現通說法謂應病授藥。又應生福德爲之現通，應生智慧爲之說法，又現通則發起信心說，法則生物智慧，佛法大海信爲能入智爲能度，則佛法具矣。又神通輪冥密利物，說法輪顯現益緣，聖化雖多無離顯密。又神通輪方便發起，說法輪開宗授法。又神通輪拔苦與樂，說法輪滅惑生解。又神通輪顯佛功德業，說法輪顯佛智慧業。又神通輪濟三惡道令其離苦，說法輪勸三善道令其進行。又說法輪顯波若德，神通輪顯法身德，如大經四相品說。以有如是種種義，故住三事也。問昔用三輪與今何異耶。答譬喻品云，是時長者作是思惟，當以衣裓若以機案從舍出之，作是思惟謂他心輪，當以衣裓謂神通輪，若以機案謂說法輪。合譬中云，如來復作是念，若但以神通力及智慧力即其事也。但成道初時，即欲以三輪化物令入一乘而根緣未堪，今始得用故與昔不同也。問三輪有何次第。第三輪之中他心爲本，謂知病識藥然後乃現神通，說法輪應病授藥也，以他心爲本是以如來前入三昧，次現神通然後起定說法也。問初品之中具幾輪耶。答就佛爲論初品入定現瑞但有二輪，而彌勒之問文殊之答亦是說法輪也。從方便品起定說法竟於一經謂說法輪，其中有現通等事屬神通輪。問六通之中三輪是何等通耶。答就六通義三是示現三非示現。他心通即他心輪，如意通謂神通輪，漏盡通謂說法輪。問餘三通何以不名示現。答他心等三能令衆生即事信驗故名示現，天眼等三則不能爾故不名示現也，此通釋一經而正擬初品也。

復次欲說諸佛三種淨義故說是經，一者五戒十善以淨三途，二者說四諦十二因緣以淨三界，三者說方等一乘以淨二乘，具此三淨令諸衆生得出三界內外火宅，故說是經也。

復次欲明三引法門故說是經，一者如來出世之始竟法華之前，引九十六種邪見及在家衆生歸五乘正法。二者引五乘之異同歸一乘，即法華初段意也。三引一乘之因歸法身之果，此經後段意也。此之三引無敎不收無理不攝，今具明三引究竟法，故說是經也。

復次欲明權實二智相資成故說是經。所以然者，非權無以辨實，非實無以明權，由實起權，由權顯實。由權顯實故權資於實，由實起權故實資於權。三世諸佛智用雖多不出斯二，但迷宗之徒或執權而喪實，或守實而亡權。今欲開顯權實二智相資成，故說是經也。

復次欲說根本法輪故說是經，根本法輪者，謂三世諸佛出世爲一大事因緣，即說一乘之道。但根緣未堪故於一說三，即以一乘爲本三乘敎爲末，但大緣既熟堪受一乘，今欲還說根本法輪，故說此經也。

問佛初成道欲以一乘化物不得，華嚴敎明初成道爲諸菩薩亦說一乘，二經何異。答敎異釋不同，若如南方五時之說，北方四宗之論，皆云華嚴爲圓滿之敎，法華爲未了之說。今總難之，明初成道一乘化衆生不得，今說法華即是一乘化衆生得。若言今說法華義猶未了者，則佛初成道欲以一乘化物不得者，此應發始，即用不了義化物也。若佛初成道即欲以不了義化物者，此即乖父子恩情傷諸佛本意。若言初成道是了義化物，今說法華亦是不了義者，初成道可是一乘化物不得，今說法華應非一乘化物得也。又問以何義故而《法華經》義未了耶。救曰凡論滿敎謂因圓果極，此經未明常住，故果未滿。滿字具明緣正二因，此經但明緣因成佛，未明正因，故因未滿。答此經明衆生有佛性即是正因，假萬行爲一乘即是緣因，故因義具足。開近迹是無常，顯妙本爲常住，故果義究竟，此義後當說之，故不應言此經明義猶未了也。又佛種種因緣稱歎法華令人信受，若言敎稱半字理猶未圓者，則使聞經之徒不生崇仰，便於法華起輕劣心。上失光闡之福，下招誤物之罪，譬喻品末爲之寄心也。今所釋者，華嚴之與法華同明一因一果，敎滿理圓無餘究竟，但善巧方便起緣不同。領其大要凡十四種，一者華嚴謂始說一乘，法華終明一乘，始終乃異一乘無別。二者華嚴直說一乘，始無所會終無所開。法華對三明一，始辨開一爲三，終明會三歸一。三者華嚴爲發始學大緣說，法華爲二種緣說，一者爲前小後大緣說，二者爲發始學大緣說也。四者華嚴爲福德大利根人說，法華爲薄福鈍根人說。如初本學大，中途棄大留小，後還捨小後大故名鈍根也。五者華嚴謂平道敎，法華初則斥奪迷執然後方平道說也。問云何斥奪迷執後方平道說耶。答初斥三病爲說一乘，三病若消一乘亦廢，然後始知寂滅之道三一二夷，適緣不同大小雙用也。六者華嚴但明一乘實慧，法華具三一權實二慧，故開方便門示眞實相。問若爾華嚴應無二慧。答照一乘爲實慧鑑三乘爲權。華嚴教門但明一乘故唯有慧，就一乘中自開二慧，或約動靜雙用，或就空有二行，亦得具二慧也。七者華嚴是舍那迹本身說，法華是釋迦本迹身說也。八者華嚴加諸菩薩說，法華如來自說。九者華嚴但對菩薩說，法華雜對二乘菩薩說。十者華嚴竪論一乘開五十二位，法華横論一乘不開階級。問何故爾耶。答適化不同非可一類。但華嚴之緣本信一乘，故於一乘中歷位增進，故問階級不同。法華之緣本未信一乘，破其三病，始得信一乘，故未得次第歷位登昇也。又信一乘得發菩提心，修菩薩行學菩薩道入華嚴法門故，法華不須更問階位也。十一者明華嚴廣明一因一果，法華則略明一因一果。十二者華嚴淨土中說，法華穢土說。現塔中雖復變土令淨，而華嚴本是淨土非變而成淨，法華穢土中說也。十三者華嚴七處八會說，法華一處一會說。十四者華嚴一佛說，法華分身等十方佛多寶等三世佛共說。此舉七卷對彼五帙作此判了，非就法華大本論之也。釋論云，法華如大海水，何所不明耶。問以何故明法華對華嚴耶。答此經領解中廣序長者尊豪七珍具足眷屬圍遶諸人侍衛，此皆指華嚴初成時爲諸菩薩說大法事也，是故引華嚴以類法華，此義現信解品也。晚見法華論釋壽量品具三身，一法身，二報身，三化身，具有華嚴之意，以衆經皆說報身即是舍那故也，壽量義當廣說也。

復次欲示中道離二邊相故說是經，言二邊者據昔五乘有二種邊，一者人天乘爲世間邊，自餘三乘爲出世間邊。稟教之徒謂世間乘異出世乘，出世乘異世間乘，故名二邊。至法華教明一豪之善皆入一乘，無復世出世異乘，故名中道。又昔言有異大之小異小之大，復名二邊。法華教起會兹大小同入一乘，無復大小異乘，故名中道也。

復次欲斷二乘及菩薩疑故說是經，如言菩薩聞是法疑網皆已除，千二百阿羅漢悉亦當作佛也。問二乘菩薩有何等疑。答二乘之人有二種疑，一者舊疑，如身子云，三乘同入法性云何見諸菩薩受記作佛，二乘不作佛欲以問世尊爲先爲不先，未說法華有此疑也。又云初聞佛所說心中大驚疑，此新疑也。菩薩之人亦有二疑，一者始行之人昔日雖聞修菩薩行得成佛道，未知爲定成佛爲退作二乘，此舊疑也。今聞法華明無三有一心復生疑，若無三乘佛昔何故說有三耶，今欲斷聲聞菩薩二種疑故說是經也。晚見論釋三請文明聲聞菩薩皆有舊疑，現索章義說與今文符會。

復次欲明一切衆生皆有佛性故說是經。問以何義故，今說一乘乃言明佛性耶。答乘若有三可有三性，既唯有一乘則唯有一性。如《毗婆娑》云一切衆生有三乘性，隨成一乘則餘二非數緣滅。法華明一乘義則不然，故唯有一乘唯有一性。問此經但明一乘云何已辨佛性。答《中論》云雖復懃精進修行菩提道，若先非佛性，云何得成佛。長行釋云，如鐵無金性雖復鍛鍊終不成金。若法華未辨佛性但緣用成佛義者，既無佛性則無成佛理，亦如師子吼品廣難無性成佛義，以理推之必明佛性。問理推可爾有何文證。答此經始末多有佛性之文，方便品云開佛知見既得清淨即是一文。佛知見者，謂佛性之異名，衆生本有知見，爲煩惱覆故不清淨。法華教起爲開衆生有佛知見，此即是佛性義，若無佛性者教何所開耶。問若此經已明佛性，涅槃何須復說。答若已了悟者不須涅槃也。問何以知至法華即了悟不須涅槃耶。答《大經》菩薩品云，如《法華經》中八千聲聞得受記莂成大果實，如秋收冬藏更無所作，故知至法華時即知佛性已得了悟也。又過去二萬日月燈明佛說法華竟便入涅槃，故知聞《法華經》已究竟悟不須說涅槃也。又迦葉佛時雖有涅槃而不說之，故知法華是了義教。又壽量品云諸子有二，一不先心，二者先心。不先心者其法華時並皆得道，餘先心者待後唱滅方得領解也。晚見《法華論》明佛性義有七文，今略引二。初釋方便品唯佛與佛究竟諸法實相，諸法實相者謂如來藏法身之體不變故，佛性亦名如來藏，故云隱名如來藏，顯名爲法身。《大經》云，我者即是如來藏義。次第二文釋法師品，云知佛性水不違得成三菩提，此序方便品意竟。

復次欲結束融會，釋迦一化始終凡有七門，今三乘人未得悟者皆得領解，故說是經。一者序歎中道法身門，謂如來法身無一切累具一切德。無一切累不可爲有，具一切德不可爲無，非有非無即是中道法身。是故經云，如來於諸怖畏衰惱憂患無明闇弊永盡無餘，此謂無一切累也。而悉成就無量知見力無所畏等，此具一切德。所以明此二者，良以無患故能救物患，有一切德故濟物無德，是以將明起化故前歎化本也。二者大悲門，謂如來在法身地見二種衆生起大悲心，一者昔曾受佛化而先觀招苦，二者未經高道受三界煑燒。此二衆生具二切患無一切德，故有佛所無，無佛所有，爲此衆生起大悲心也。三者垂應門，既起大悲心故應入生死，爲度物起八相成道。是故經云而生三界朽故，火宅即其事也。四者實化不得門，既起大悲心爲物成道，而初成道時即欲以大悲拔其有累大慈濟其無德，但聖雖能授而凡不能受，故息於實化也。五者權化得門，雖一乘化之不從而大悲不捨，欲漸引諸子故於一說三，謂權誘門也。六者實化得門，小執將傾大機欲動故會三歸一，謂實化得門也。七者不虛門，許三與一似若相乖，以深見物機故無虛妄，謂不虛門也。束此七義可爲六雙，初一是自門，後六化他門，自他一雙也。前二是法身，後五爲應迹，本迹一雙也。復五之中初一節非但釋迦具斯七事，亦是舍那化即是釋迦化，二佛一雙也。復四之中初一頓化不得後三漸化得子，謂頓漸一雙也。後三之中初一說三後二明一，三一一雙也。後二之中初正明一次融會，一切諸佛教皆同然，三一不虛，謂教及會教一雙也。此釋譬喩意果方便品末也。

復次欲說如來十種大恩，今已悟之人心得堅明，未解之者因此改執，故說此經也。一者釋迦過去初發心時結四弘誓願欲普濟六道，法華之緣已入斯願，是爲第一通弘誓恩。二者過去世時曾爲此緣已說大法，而此衆生曾高大化，是爲第二別結緣恩也。三者此無量衆生罪重鈍根背化起惑流浪六趣，菩薩隨入生死方便誘化乃至今種五乘種子。自從背化已後訖未成道之前經無數劫隨逐化之，是爲第三隨逐化恩。四者釋迦雖久已成佛，爲此衆生大機將熟起，故更示成道。是故經云中止一城乃至脫珍御服著垢膩衣，謂隱本示迹恩。五者初成道時種種思惟方便救濟，或欲現涌，或欲說法，或勸或誡同入一乘，但佛慧甚深衆生根鈍，雖有欲化之功而無從救之理，是爲第五思濟恩。六者子雖捨父父不捨子，故隱窮深佛慧至道而開極淺人天之樂，謂隱深說淺恩。故文云冷水灑面令得醒悟，謂成道已後鹿苑之前說人天教也。七者五戒十善暫息三途，次虛指二乘令出五趣，謂權誘恩也。八者雖以小乘攝化而密欲以大法敎之，故說波若付財之敎，但根鈍之徒猶未悟解，是爲第八密化恩也。九者從波若已後法華之前，中間說諸方等，現菩薩神變或說大士法門，種種方皷動其情，令稍鄙小心欣慕大道，謂陶練小心恩，故文云復經小時即其事也。第十小志遂移大機將動爲說法華，會父子天性，今二乘之人令入一道，現在受記未來作佛，是爲第十畢竟恩也。問何以知具十恩耶。答信解品云，世尊大恩無量億劫誰能報者，故總序釋迦從初發意至于此會，始終屈曲積劫崎岖有斯十種恩也。此序信解品意兼身子等領解文也。晚見論云，欲顯佛乘與二乘異，故說窮子譬喩，佛乘如長者尊豪，二乘如窮子鄙賤。此欲令已解者於大小堅明，未悟者改三信一，與今釋符會也。

復次欲說所化人功德及能化人功德，故說此經。所化人功德者如密雲彌布其澤普洽，三草二木隨分受潤。雖隨分受潤而不覺知，能覺知者是爲希有。如來慈身普覆法界等潤五乘，衆生隨分受益而不覺知，若能覺知亦爲希有也。問云何不覺知耶。答有二種不知，一不知同，二不知異。不知同者，不知如來若形若敎爲開一道。不知異者，不知五乘衆生隨根成異。如草木不知一雲一雨謂不知同，不自知上中下差別謂不知異。今迦葉之流能知同異，今欲引歎中根之人述成其所領解故說此經。二者歎能化功德，今未解者開悟已曉者進德故說是經。故經云，如來復有無量功德，汝等若於無量億劫說不能盡也。問如來復有何等功德說不可盡。答上信解品云，過去結緣今日相會，蓋是一方之化未窮無方之迹。無方迹者，慈身法雨等益十方遍利三世，豈止此會三根人耶。又上兩周之說及二領解皆明，昔說三不說一，今說一不說三似若偏私，是故今明如來常等現身常等說法猶如雲雨。但三緣自聞三一緣自聞一耳。故《大經》云常行一乘，衆生見三以釋成上二周敎意，故說此品也。又上信解品明昔始結緣終于今會，隨逐根情崎岖屈曲，有若難心何能利物，是故今明如來若形若敎猶如雲雨，雖順物崎岖無心屈曲也。又有人疑若大慈平等，何故衆生有得聞法有不聞法，如以威德力令五千之徒從座而去，是故釋云天澤無私不在無根非佛大慈不平等也，此釋藥草喩品。晚見論破大乘人自謂言無聲聞明法雨普潤，隨根得果不應言無，此證上能化功德也。二示種子無上義，種子無上者如言汝等所行是菩薩道，明迦葉等曾發菩提心中忘斯意，今還發心行菩提道必當作佛，故是種子無上，此證上第一所化人功德義也。

復次佛法有二種，一顯示法，二秘密法。顯示法者，謂三乘敎明三種因得三種果故名顯示。秘密法者，謂三乘人皆得作佛。如《釋論》第百卷云，法華明阿羅漢受記作佛故名秘密法，昔來已說顯示法竟，今欲說秘密法故說此經。問何故三乘行因得果名顯示，三乘同作佛名秘密耶。答顯示法者方便教也，明三乘人各自行因皆得成果，此事易解。如外三種子各生三牙，其相易明故名顯示。秘密法謂甚深法，明無三乘唯有一乘，故名秘密。問若爾者三因三果此是秘密，何以故實無三乘。覆相説言有三種乘應是秘密，而道理唯有一乘無有三乘，應是顯示以非覆相説故也。答若以了義爲顯示不了義爲秘密者如後所判，今以淺近爲顯示甚深爲秘密如前所明，此義後當廣説也。問何故授二乘説作佛耶。答唯有一乘無有餘乘，唯有一佛性無有餘性，以皆有佛性故皆應作佛也。晚見論釋受記文。問聲聞人爲實成佛故與授記，不實成佛故與授記。若實成佛者菩薩何故積劫修行，若不實成佛將非如來虚妄授記。答授聲聞記者得決定心非成就法，故如來依平等法説於一乘。平等法者以如來法身與聲聞法身無異故與授記，非即具足功德故與授記，菩薩具足功故與授記。依此論明佛性名爲法身，故知二乘有佛性故與其授記也。問若爾一切衆生皆有佛性皆應授記作佛。答不然，佛性有二種，一正因，二緣因。一切衆生雖有正因，無有行解等善，故無緣因，無緣因故不得作佛。今二乘人内有正因，外聞《法華經》生信解等善即緣因，緣正具足故得授記。二者授二乘記，即是説《法華經》。《法華經》正明一因一果，今明二乘人已改二執發菩提心，今爲授記令二乘人現世行因未來作佛，以發心行行即是一因，未來作佛即是一果。又其人即是菩薩復是人一，説此一教名爲教一，故授二乘記，具説四一即是説《法華經》也。三者暢佛本心故授二乘記，何者明如來初成道時即欲開示悟入諸佛知見，但初成道時根性未堪，今如得記則暢佛本心，同大經心喜之義。四者授二乘記令諸菩薩不復退轉，所以然者，有二乘道可有退路竟無此理，何所退耶。又二乘是不作佛人今當作佛，菩薩本是成佛之人云何欲退耶。五者授二乘記，一切未發二乘心者皆不復發，所以然者，以證二乘尚自捨之，我等未得云何欲求，以有斯益故授聲聞記也。六者，授二乘記故一切未改二乘執者，因此而改伊是羅漢，既得授記我亦無學寧不作佛，遂改小心欣求大道。故信解品因身子得記，自序餘解即其事也。七者授二乘記，欲證一乘之旨，不虚無三之言是實，所以爾者上來雖唱三權一實，若二乘人不得記者此言空設。今二乘之人受記作佛，故知一乘是實三權不虚也。八者授二乘記即是説淨土法門，謂化主淨國土淨教門淨徒衆淨也。所以具四淨者，以悟一乘改其三執故其心淨，其心淨故國土淨，以此淨悟悟一切衆生即是教門及徒衆淨也，以身子心淨故佛説四淨之教也。九者以時衆聞二乘得記於淨土作佛故化往生，以有此益故授二乘記也。十者欲證二乘所解是實故授其記，夫得記者必由實解故也。以有如此十種義故所以授二乘記，總釋諸授記品竟。

復次欲説諸佛二種法故記是經也。一説現在法，二説過去法。上來二周已説釋迦一期出世始終方便利益衆生竟，今説釋迦過去利益衆生法門，故説是經也。問何因緣故有二種説耶。答衆生有三種，一者上根，二者中根，三者下根。上中二根直聞現在説法已得了悟，今欲爲下根衆生令得受道，故説過去始末法門也。二者爲釋疑故來，有人云應學二乘，所以然者，始行菩薩雖聞此經不得佛記，二乘聞經便得受決。若爾但學聲聞不必須行菩薩道。是故釋云此等聲聞於無量劫久行大行，但中忘斯意故作二乘非作二乘即得授記，即是總釋三根人得悟一乘因緣也。《法華論》云決定聲聞不得記，退菩提心聲聞方得記，與此義相應。三者聲聞唯有二種，一本學小乘，二退大爲小，譬喻品爲本學小乘人，今欲爲退大之人，故説是經。問何以知然。答譬喻品火宅之中本有三十子，即三乘根性欲求出宅爲説三乘，故知爲本乘人也。化城所明本欲求佛，中途懈退爲説小乘，故知二譬爲二人也。此就文訖，而義實通也。四者欲廣歎如來智慧明久遠，今二乘人心生欣慕改迷悟入故説是經。所以富樓那云，復聞如來神通之力即其事也。五者欲顯法華是古佛法，三世諸佛必皆説之，故云世尊法久後要當説眞實。問以何因緣故一切諸佛皆説涅槃耶。答一乘是佛因緣，無有諸佛不説佛乘。但説一乘自有二種，一者直説一乘，謂一因一果，如華嚴之□流。二者先説三乘後説一乘，即法華也。此二雖殊一乘無異，是故一切諸佛皆説法華涅槃教起，但爲斥無常病故常樂，若衆生無有無常之病即不須明常樂，是故佛或説涅槃或有不説也。問云法華文未説佛性之因法身之果，云何不須涅槃耶。答不須説也。所以然者，昔有五乘故有五性，今唯有一佛乘即唯有一佛性，故利根之人即知有佛性也。昔有五乘即五乘之果是無常，今唯一佛即佛果是常，故亦不須別説法身常也。但爲釋迦出於惡世間，一乘因果未悟故更廣説涅槃耳。六者説過去事示生死長遠，今二乘人深起厭心，汝於過去本求佛道，經爾時劫退住小乘，一何可愍，我已成佛汝應欣慕，二乘聞之遂發心求佛也。七者説宿世之事，下根聞之因得領解，說繫珠之譬曉諸未悟。八者三說既周廣發權行之迹，正令諸小行知菩薩難可思議，改志求佛也。以有如是八種義，故說化城品也。

復次欲說如實功德智慧故說此經。問云何名爲如實福慧耶。答如實福慧者，從實理生，以一乘是實故能生如實慧。實慧者，上三周說法生三乘信解，授記作佛，今欲說如實功德。如實功德者，謂受持讀誦書寫解說如說脩行生如實福難可格量，既信如實法得無過之福，毀如實法則獲莫大之罪，今欲示衆生如實罪福，故說是經也。二者諸佛說法有二種門，一直說門，二稱歎門。上三周說法名直說門，今歎經力經用名稱歎門。三者復有二門，一者一乘體門，二者一乘功用門。乘體門者上已說竟，今欲說乘功用門故說是經。乘用門者，謂能生福慧也。四者復有二門，一生慧門，二生信門。上三周說已生慧門，餘未信者今預經功德令生信心，謂生信門。五者復有二門，一自行門，二化他門。上來三周說法令三根人悟解故是自行門，今傳化未聞謂化他門也。六者復有二門，一受恩門，二報恩門。上來悟解是受恩門，今得悟之人傳示未悟助佛揚化謂報恩門。七者復有二門，一正說門，二流通門。上來是正說門，今示弘經之方謂流通門。釋此法師品兼釋諸品，明功德事流通門也。復次欲顯如來身方便身眞實，故說此經。問何等是身方便身眞實耶。答以法身爲眞實，迹身爲方便。但本迹二身凡有四種，一者生滅爲迹身無生滅爲本身，如多寶雖滅不滅顯釋迦雖生不生，不生不滅名爲本身，不生示生不滅示滅名爲迹身也。二者明本一而迹多，如集十方諸分身佛，欲明釋迦爲本諸佛爲迹。所以然者，諸佛平指爲迹，各以已身爲本，當知釋迦之與諸佛皆是迹耳，非釋迦非諸佛乃爲統一之本，故明本一而迹多也。三者舉釋迦及分身者，此就一佛明本迹義，如一佛法身爲本而垂一切迹。四者以爲多寶與釋迦並坐者，欲表十方諸佛同一法身，皆同一法身故垂一切迹。《攝大乘論》明二種平等，一別平等如一佛法身爲本垂一切迹，二通平等謂十方諸佛同一法身由來。或但執別先通，或但執通先別，皆非論意也。晚見《法華論》明多寶以現者示平等，故多寶如來已入涅槃復示現身，此顯自身他身佛性法身平等，證四義中第四義及第一義也。問若此品具明四種本迹義者，壽量品復何所明耶。答佛開本迹凡有二門，一神通輪門，二說法輪門。神通輪開本迹者，從見塔品至涌出品現十一種神通以開本迹。一者涌出塔表佛猶存之義。二者住空表隱顯無有滯礙。三者出聲，或謂直是塔而已未足以表猶存之義，故須出聲也。四者雖復有聲密恐無形非是佛聲，故開塔令身在其中矣。五分座同坐者，欲等生滅義往之等，今明雙樹之滅是迹而非眞，今之等往明王宮之生權而非實也。六者集佛明本一而迹多。七者變土，迹身既非實身迹土迹非實土，釋迦及化佛是迹身別有統一之本。淨穢二土皆是迹土非法身所栖，法身別處中道第一義土。八者接衆在空表虛心乃見法身。九者發調達之迹以表丈六爲權，調達非惡示惡類釋迦不生現生。十者顯龍女成佛，昔女身不能現身成佛今遂能成佛者，昔明如來身非常住，今始明佛身是常。十一明下方菩薩地覆不現地裂方顯，昔教覆故未顯法身，今教始開故得明也。此十一種皆是神通門，以開本迹也。二從彌勒之問釋迦之答，就說法輪以開本迹也。問初段開三顯一辨教之權實，何故但就說法輪今就神通輪耶。答教之權實但是說法輪，身之本迹屬神通輪，是故後門就神通輪。故下文云，汝今諦聽如來秘密神通之力。又云神通力如是於阿僧祇劫也。又如大經開法身密廣明神通，開波若密廣明說法，今亦然矣。又前現通即是密開本迹，後說法身即是顯開本迹，要前密開後方得顯開也。又密開本迹生物之信，顯開本迹生物之解。問辨本迹身何故具就二輪及顯密耶。答以果德甚深，絕因位境界宜就二義也。又前開三顯一中亦有顯密，廣說爲顯略說爲密。又前現塔雖表法身是常，未辨爲始證法身爲久證法身，故壽量廣明近遠之義，明無量劫來久證法身。又前開三顯一中亦有總別，初總明諸佛二智，次別明二智。今開近顯遠亦具總別二義，見塔品總明諸佛本迹，壽量別明釋迦二身。又前直明法身，後品廣釋疑難。又前但明法身未辨三世益物之用，後品廣明益物義也。又諸佛隨俗凡有二種，一者身，二者命。前明法身常住，後明壽同太虛。又前明無生滅，後辨無始終，無始終者逸多不見其始，補處豈測其終也。此總序寶塔品及壽量品竟，晚見論明三身具足豈非辨常之明據耶。

復次欲說菩薩要行故說是經。問何故說菩薩行，菩薩行有幾種耶。答菩薩有四種要行如前說也。問何因緣故明菩薩行。答上以三周開權顯實破三乘執即是發菩提心，發菩提心竟應修菩薩行。如華嚴善財童子於一一知識所皆云，我已先發菩提之心，而未知云何修菩薩行學菩薩道，故次發心即是明修行也。二者說菩薩行即是說《法華經》，《法華經》正明一乘，一乘即是菩薩行，故就菩薩行明一乘，故此經云教菩薩法佛所護念也。三者上來自説及證説即竟，欲示弘經模軌。模軌即是四行，故説菩薩行也。四者爲封言之徒聞上開權顯實明一辨三，便謂有三一有開有合，是故今明菩薩行諸法實相，無上中下，非一非三，非開非合，三一開合皆是方便化物，故説菩薩行。五者有人欲求佛道畏憚生死多諸患難，故退菩提心息諸斷行，今爲此人故明菩薩有四行，令身心安樂，其人聞已堅固不退，故説菩薩行。六者欲發起如來壽命之果故説菩薩行，下品明如來有不可思議之果，所謂生滅自在無礙，如此妙果必由妙因，是故今明菩薩行即是妙因也，安樂行品竟。

復次欲廣説諸菩薩智慧功德，宣通此法擁護衆生故説是經，如説藥王妙音觀音乃至普賢等功德智慧等。問何因緣故説諸菩薩功德智慧耶。答一乘有二種，一者諸佛大人之所乘，故名爲大乘。二者諸大菩薩之所乘，故故名爲大乘，如《十二門論》所辨。上説如來壽及佛知見等是諸佛大人能乘所乘，今欲明諸大菩薩之所乘故，故名大乘也。二者説諸菩薩功德智慧不可思議，令二乘人深生愧耻棄彼所宗，則未發二乘心者不復發心，故説菩薩行。三者凡夫二乘已發菩提心者修菩薩行，已修菩薩行者宜解行增進，故説菩薩行。四者《淨名經》云，或以諸佛而化佛事，或以菩薩而作佛事，佛事不同受悟多種。上來明佛作佛事竟，今欲明菩薩而作佛事，故説諸菩薩行也。五者欲歎此經功力故説諸菩薩行，諸大菩薩有不可思議功德智慧者皆由法華之所成就。若欲得如此功德者，當行《法華經》也。六者欲開秘密藏故説此經，聲聞法中説諸菩薩乃至一生補處菩薩猶是凡夫未斷煩惱，今明大乘法中諸菩薩得無生忍，煩惱清淨具六神通，出一切聲聞辟支佛上，令種種方便分形六道，利益衆生故説菩薩行。七者欲爲利益未來一切衆生，令得受持《妙法華經》使無留難。佛雖去世諸大菩薩常在世間利益一切，欲求請護無願不從故説菩薩行。此總釋藥王等諸品也，晚見論云，欲明護衆生諸難力者，故説觀音陀羅尼等品。示現功德力，故説妙莊嚴王品。依過去功德彼童子有如是力故護法身，故説普賢菩薩品。此釋與今略同，如是等觀諸品中意故説《妙法華經》也。《釋論》第百卷云，《法華經》無量無邊如大海水，以文無量義亦無量，故知説《法華經》因經亦復無量，今但略説也。問何故不次第論二十八品耶。答釋經文流通次第説之，今但序其宗要耳。問依何論作説耶。答《大智度》論云，觀諸品中意故明説波若因緣，今還依論意故作此釋，釋論是解經之模軌，欲釋大乘經者必須影之也。

又卷二　第四辨經宗旨

問此經以何爲宗耶。答説者甚衆，略陳所見有十三家。第一遠師云此經以一乘爲宗。一乘之法所謂妙法，如譬喻品云是乘微妙清淨第一，於諸世間爲無有上。評曰，未見遠師序本，相傳云爾。然尋經始終雖明一乘，而一乘具有因果，何得但用於因不取於果，此則得在於因失在於果。又且果門已備可得稱妙，因行未圓何得稱妙。以果妙故可得爲宗，因既不妙豈得爲宗也。

第二龍師云此經但以果爲宗。彼云妙法者如來靈智體也，陶練滓累衆麤斯盡故云妙也，動靜軌物故云法也。法既眞妙難以言辨，故借蓮華爲譬，所以果智爲宗也。評曰，光宅受經於印，印稟承於龍，龍爲法華之匠，然此釋以文義兩推，實符會經致。何以知之，開宗之始廣説之初皆歎佛慧，故云爲説佛慧故諸佛出於世。又云我所得智慧微妙最第一，故知一經始終皆明佛慧也。以理推者三乘智慧猶未圓滿，唯佛智慧乃稱究竟。既欲引三趣一，宜令皆學佛慧，則以佛慧爲宗也。然此慧照無不圓累無不盡，稱之爲妙，體可軌模名之爲法，唯此一慧爲實餘二非眞，稱爲一也。虚通自在縱任無礙目之爲乘，詳此釋意應無間然矣。但既有妙果必有妙因，考經始終因果斯備，若備以果爲宗即得在於果失在於因，義亦未允也。

第三宋道場慧觀法師序云，此經以妙一爲名眞慧爲體。妙一爲名者，三乘異流是即非眞，終期會歸其乘唯一，其乘唯一謂之妙法。頌曰，是乘微妙清淨第一，於諸世間爲無有上。眞慧爲體者，釋迦玄音始唱讚佛慧甚深，多寶歎善則稱平等大慧。頌曰，爲説佛慧故諸佛出於世，唯此一事實餘二則非眞。其序又云，會三歸一乘之始也，此明三乘同入一乘始得信解，故名爲始也。覺慧成滿乘之盛也，此明佛果成滿謂乘之盛。滅影澄神乘之終也，此明息迹歸本，明法身常恆，謂乘終也。慧觀作序竟以示羅什，什歎曰，善男子自不深入經藏，豈能作如是説。評曰，尋觀此釋名體具足因果圓滿，始終兩舉本迹雙明文旨允契，如什所歎也。

第四中興寺印師云，此經亦以一乘實慧爲體。下開宗中歎云，佛智甚深即是實慧。又云唯佛與佛乃能究盡諸法實相，諸法實相即是一乘妙境，故境智爲經宗。所以然者，非實境無以生實慧，非實慧無以照實境也，所以銘一乘。爲實相境者，體無三僞故稱實相也。評曰，印受經於龍，龍明佛慧爲宗，而印加之以境，故以境智爲宗。然經非無境智，但又闕因果，方之於觀亦未盡美矣。

第五光宅法師受學印公之經而不用印公之釋，云此經以一乘因果爲宗，故經有兩段。初開三顯一以明因，後開近顯遠以辨果也。評曰，光宅所明盛傳於世，末學推之。又既有因果之文應符經旨，今以文義推尋意猶未允。何者，後明開近顯遠可得是果，前辨開三顯一非專明因。所以然者，昔日明三則有因三果三，今日辨一則有因一果一。開昔因三果三皆是方便，顯今因一果一並爲眞實，何得開三顯一以辨因耶。又因果乃圓本迹未足如前評也。

第六師云，此經既開權顯實則宜以二智爲宗。開三即是明權，顯一所謂辨實。以下開近顯遠義亦例然，開近謂權顯遠爲實。未詳作者。評曰，權實二慧總貫一經誠如所說。考斯權實唯是果智，終以果爲宗同前評矣。又若以權實爲宗則應具以三一爲體，今不可以三一爲體，何得以權實爲宗。又初段開權顯實宜名權實二智，後章開近顯遠宜稱本迹二身，若皆用權實則身智相渾也。

第七師云既名妙法即以妙法蓮華爲宗。妙法者，即是佛所得根本眞實法性也。此法性不受惑染不與惑同，名之爲淨，以是淨故稱爲妙也，故用此爲題即以爲宗。蓮華者，如前引《大集經》取衆德爲華，不用世間蓮華也。評曰，尋此師學集出此方，謂第八識自性清淨亦名性淨涅槃以爲妙法，既云是佛所得還是果義，同前評也。又《攝大乘論》阿僧伽菩薩所造，及《十八空論》婆藪所造，皆云八識是妄識謂是生死之根。先代地論師用爲佛性謂是眞極。昔般若未度遠師已悟眞空涅槃不盡，生公照知佛性，諸地論師有慙先見之明矣。又此經所興不正明八識，八識之義別付餘解說耳。

第八師云此經以常住爲宗。所以然者，大論佛教所宗在常，是故此經以常爲宗。但教門未極止，是覆相明常耳。

第九師云此經以顯了明常故以常住爲宗。如下文云，常住不滅但與涅槃明常，廣略爲異耳。評曰，此二師雖有覆顯爲異而明常義同，然非無有常住之文，但常義是開近顯遠之意，非一經始末之說也。又釋論云《法華經》是秘密法，明羅漢授記作佛，非正明常義也。覆相之與顯了至壽量品自具詳之。

第十師云以萬善爲體但使是善，善必無杇皆當作佛也。評曰，萬善爲體猶是因義爲宗，得在於初章失在於後段，復同前評也。

第十一師云萬善爲體此大通漫，此經既明一乘但取乘之餝具宜用一乘爲體。乘餝具者如下云，其車高廣乃至駕以白牛，但取無漏大乘簡除有漏之法也。評曰，尋此釋用一乘爲體與初師不同，初師總明一乘。今但取無漏明義，既局非所用也。

第十二長安僧叡法師法華序云，尋經幽旨恢廓宏邃所該甚遠，豈但說實歸本畢殊途而已哉。乃大明覺理囊括古今，壽量定其非數，分身明其不實，普賢顯其無來，多寶明其不滅，此乃喪功於本無，忘期於二地也。評曰，叡公親承羅什，是傳譯之宗，製斯一序，故自冠絕衆師，與光宅一門數條碩異。初開三顯一以明因，叡公總云說實歸本。說實歸本者，一乘一因名爲眞實，非但初段正明於因，此一義不同也。光宅云次章明果猶是數量，叡公云壽量定其非數。非數者，常恆不變無有限數，二不同也。光宅云此經未明常唯一法身而垂萬迹，叡公云分身明其不實。不實者，釋迦之與分身，皆是應迹非是實身，則顯法身爲實，三不同也。普賢無來多寶不滅，乃至喪功於本無忘期於二地，此皆辨忘名絕相無住無得，不因不果，非始非終，不一不二乃至非常非無常，顯諸法實相不可言宣，四不同也。與光宅四異將慧觀三同，既其共稟什公，一車無二轍矣。

十三劉虯集注採安林壹遠什肇融恆八師之說，其序大意云，教凝於三一之表果玄於丈六之外，無名無相者此經之旨歸，自非道越三空智通十地者孰能辨，名於無名厝說於無說者哉。評曰，尋注意與叡觀等大同，同辨無依無得忘言忘相之說也。

問已聞異說未見今宗，爲異衆師爲同諸匠耶。答若以悟而言稟斯異說各蒙益者，則衆師釋無可爲非，若聞而不悟則衆師無可爲是，一師之意唯責在於悟耳，宜以悟爲經宗無論同異也。

問符經須錄背文宜棄，何故朱紫共貫之淸濁尙混流，唯悟爲宗未詳可領。答假設符經聞而不悟於緣非藥則應棄之，如其釋背佛經聞而受道則成甘露理應須錄，故甘毒無定唯悟爲宗。晚見《攝大乘論》與一師大致符會，菩薩於一切法無有定敎無有定身，唯利益爲定也。問若於緣取悟無不契道，論中何故顯正破邪。答爲緣不悟是故破邪，如其契道無非正說也。

問唯悟之言乃應會道，未知此說出在何文耶。答斯乃衆聖之本懷經論之宗領，非但會理亦有誠文。故大經云，一切諸法無有定相，若有定相是生死相是魔王相非佛法相，以無定相是故如來非道說道道說非道，常說非常非常說常，法若有定是應說是非應說非，而是非反論眞僞互說者，故知法無定相唯悟是從。又諍論中云，我諸弟子聞是說已不解我意，雖領正言乃成邪說。又《中論》云一切實一切非實亦實亦不實非實非非實，了者於四句皆是佛法，不了者四句皆是魔法。又釋論云，不得般若方便力故學阿毗曇門墮有見中，學空門墮無見中，學昆勒門墮空有見中，學非有非無墮愚癡論，得般若方便學此四句不墮四見。又《文殊問經》云，十八及本二皆從大乘出，無是亦無非我說未來起，斯二十部皆是如來赴緣方便，聞皆得道，故無非大乘。又《大集經》云，雖有五部皆不妨如來法界及大般涅槃。又求那三藏師偈云，諸論各異端修行理無二，偏執有是非達者無違諍也。以此而推用悟爲宗斯判宜允，此非但欲通一敎乃總貫衆經也。

問若唯悟爲宗子前何故評其得失耶。答若領先通無俟今問，如其未曉更爲折之。大判前言凡有三轍，一者於緣並悟則衆釋無非，二者聞悉失迷則異說無是，三者自有於此即悟於彼生迷。則此說成正彼言爲邪，故法無定相顯在於茲，唯悟是宗事彰今說也。

問若約緣悟爲正緣迷是邪，此言通漫自有是佛口說非佛口說。然佛說中有了義經不了義經，若爾者則應有正說邪說，今就文而判何釋符經耶。答如前所評得失已彰。問前明得失自是舊宗，今欲安心願聞異說。答夫欲安神好異者，蓋是入道之巨累通敎之尤毒，今當爲子陳之失心。有所安則情有所寄，情有所寄則名有所得，有所得者則有所縛，有所縛者蓋是衆累之府滅萬苦之林苑，子欲安神事招斯過。又云願聞異說，若云求異則異更有異，便異異無窮。古語云眞言歸於競，辨宗逾出於好異，可謂去城逾遠岐路逾多，乖之彌至失之彌甚。必欲會虛宗契玄寂者，宜自同於前冥異於後，內視不已見外聽不我聞，虛其心實其照者，即是聞所未聞，未曾有法如此，法者稱爲法華，法華大宗其意在此。

問若心有所依旣稱有所縛，情無所寄還復染無，其猶逃峯趣壑俱不免於患難。故下經云若有若無見具足六十二。答誠如所問，前爲借無以出有，有病既息無亦不留。釋論云如霜雹草死，草死而雹消，若能遠離二邊乃稱妙悟也。

問有無雙離乃可二見不生，今明非有非無即墮愚癡論也。答子初關滯有次轍染無，今雖兩是病消雙非疾起，可謂衆生處處著斯言驗矣。若能遠離二邊不著中道，蕭焉無寄理自玄會，返本之道著乎茲矣。問雖云衆生處處著，復云引之令得出，請示玄宗令虛心無寄。答經言是法不可示言辭相寂滅，今當示不可示，子宜聞無所聞。此經以實相正法爲宗，明因辨果，開權顯實皆是無名相，中假名相說爲其用也。問何以知實相正法爲宗。答如前所引，是法不可示即是實相也。又過去二萬億日月燈明佛云，諸法實相義已爲汝等說。又云諸法寂滅相不可以言宣。又云諸法從本來常自寂滅相，文處甚多非可具舉。又夫欲辨宗須觀經題，題云妙法者即是正法。正法者，如《華嚴》云，正法性遠離一切語言，道一切趣非趣，皆悉寂滅相。正法絶於名相，故乃名爲妙，若四句所及何妙之有耶。問若非因非果亦應非正非邪非虛非實，何故名爲實相正法耶。答實如所問，非邪非正非實非虛不知何以目之，爲欲出處衆生於無名相中假名相說，故強名正法耳。故大經云，低羅婆夷實不食油強名食油，皆有類也。問若言非因非果非虛非實者，斯乃眞諦四亡，復何開一乘妙旨。答即言非因非果亦非俗非眞非緣非觀，故釋論解般若云，因是一邊果是一邊，離是二邊名爲中道。又云，緣是一邊觀是一邊，離是二邊乃名中道。肇公《涅槃論》云法無有無之相故無數於外，聖無有無之智故無心於內。於外無數於內無心，彼已寂滅乃名涅槃，豈是眞諦。問云何因果爲用耶。答正法實非因果，爲衆生開因果法門故名爲用，權實亦爾。但今明因果異舊因果，所言因者具足二因，一者佛性，二者緣因，以衆生有佛性故修萬行方得成佛也。所言果者亦具二果，一無德不圓，二無累不盡，此義現《法華論》後當說之，故言正法爲體因果爲用也。

雲法師《法華義記》卷一 尋諸經宗旨要略有三，一者以因爲宗，二者以果爲宗，三者以因果爲宗也。以何故者，如勝鬘圓經單以因爲宗，語萬善之因明同歸之路，括五乘皆無異路。又有單果爲宗者，即是大小兩本，是故首稱涅槃，涅槃之號是極果總名，非是因地通目。今此法華則以因果爲宗，自安樂之前開三顯一以明因義，自踴出之後開近顯遠以明果義。夫欲識經旨歸，唯應諦思經題，是故《勝鬘經》昔呼目一乘極教經，初標宗矣。今此經首題稱言妙法，表明因亦是法，果亦是法，故用蓮華爲譬，雙顯因果二理也。然《勝鬘》雖明一體三寶此則爲因，故明果下唯結言說入一乘，不結一體三寶，此則單以因爲宗。然《涅槃經》亦言護法得金剛之身，不殺感長靈之報，雙明緣正兩因，具述佛果之業，此亦爲果故明因，終不以因爲宗。是故開宗之始辨義之初仍言禮，今施汝常命色力。今此經明因之處亦有果義，即言開佛知見。辨果之中亦有因義，即言久修業所得。前則爲因故明果，後即爲果故明因，故知因果雙說是經正宗。此意是光宅法師今述而不作也。尋諸經品目皆非佛語，何以故，然但佛說法時直爾散，明因辨果正是八音妙響說法度人，乃至無有文字紙墨，況復諸品。但隨根性有五時差別。于時時衆如說修行，但阿難比丘曩劫懷願親承金口，佛滅度後仍採拾三藏具述五時，致有書寫紙墨卷盈世界，欲令後代時人雖復不覩眞容親聽金口，覽卷尋文徹見始終說法大意。故作諸經品目，故知皆是出經者制，亦可密承聖旨述而不作。照然品義只以類例不同所明各異之義也。

著錄

僧祐《出三藏記集》卷二 《正法華經》十卷，二十七品。《舊錄》云，《正法華經》，或云《方等正法華經》。太康七年八月十日出。【略】 晉武帝時，沙門竺法護到西域，得胡本還。自太始中至懷帝永嘉二年已前所譯出。祐捃

又《新法華經》七卷 弘始八年夏於長安大寺譯出。【略】 晉安帝時，天竺沙門鳩摩羅什以僞秦姚興弘始三年至長安，於大寺及逍遙園譯出。

智昇《開元釋教錄》卷四 《妙法蓮華經》八卷《僧祐錄》云《新法華經》初爲七卷二十七品，後人益《天授品》成二十八，弘始八年夏於大寺出，僧叡筆受幷製序，第五譯，見《二秦錄》及《僧祐錄》。

智昇《開元釋教錄》卷二〇 《正法華經》十卷或云《方等正法華》或七卷一帙一百九十紙，西晉三藏竺法護譯。《添品妙法蓮華經》七卷二十七品《寶塔》、《天授》連之爲一，或八卷，一百五十八紙隋天竺三藏崛多笈多共譯。

佛說廣博嚴淨不退轉輪經

綜述

王古《大藏聖教法寶標目》卷三 《廣博嚴淨不退轉法輪經》六卷，說佛出五濁方便，說三乘化導衆生，令入一佛乘。他方淨土二十那由他劫，植衆德本，不如忍界從明至食，說法化愚，令受三歸五戒。況勸人出家，廣爲說法令出三界，佛說信行法行八輩四果辟支佛皆是不退轉菩薩微妙法門。次諸大阿羅漢說密語，我等具足五無間業，謂無明能生生死爲母，不正思惟及喜愛爲父，壞諸想諸行爲破僧，不壞凡夫法滅羅漢想名殺阿羅漢，滅如來想名出佛身血，知一切法如幻如影如響故。次說衆生若聞釋迦牟尼佛名者，皆於菩提得不退轉，況持一華以供養耶。如尼拘陀樹種子甚小漸次長大至蔭五百人，有東方佛刹來三大菩薩，頭面禮佛言，我等於此法中無有疑惑，我是如來，我是世尊，我是佛。爾時衆會皆作是念，無有二佛並出世間。何緣彼作是說，佛偈云，不住一切法，求寂滅菩提，亦不得菩提，是故名如來。詳如本國五百童女五千尼五千居士婦，聞法不復受胎爲女人皆生佛國，無量無邊不可思議，天龍八部人非人等皆於菩提得不退轉。

智旭《閱藏知津》卷二四 《廣博嚴淨不退轉法輪經》四卷劉宋枳園寺沙門釋智嚴共寶雲譯。文殊師利以神通力同舍利弗到十方世界供佛，集

一切菩薩同到祇園請轉不退法輪，說堅信堅法八人四果聲聞支佛密義，令諸衆會捨離諸想，其諸羅漢復作成就五逆，滿足五欲，遠離正見等密語。衆會驚疑文殊釋之，佛現舌相普授聞經不退轉記。波旬入會，佛復以密語遣之，大衆騰疑，佛爲解釋。次有三菩薩來，一自稱是如來，一自稱是世尊，一自稱是佛，衆又騰疑，佛爲解釋。於是衆菩薩各以偈讚，阿難請問較量功德，師子童女及比丘尼居士婦，發心受持捨離女身，乃至明不信罪報，大衆悔過，諸佛守護流通。

著　録

智昇《開元釋教録》卷一一　《廣博嚴淨不退轉輪經》四卷或六卷，宋涼州沙門智嚴共寶雲譯第三譯。

佛說法華三昧經

綜　述

智旭《閱藏知津》卷二四　《法華三昧經》半卷劉宋枳園寺沙門釋智嚴譯，衆會欲問佛，佛放口光徧十方，即不見佛身相，大衆各入三昧，觀察不可得。羅閱王辯通及女利行等來，佛從地湧坐蓮華上，利行問佛乃至得道，與衆問答，諸女發心皆出家，王亦出家得授記。

著　録

僧祐《出三藏記集》卷四　《法華三昧經》一卷【略】新集所得，今並有其本，悉在經藏。又《正法華三昧經》六卷疑即是《正法華經》之別名。

【略】名數已定，並未見其本，今闕此經。

智昇《開元釋教録》卷二　《法華三昧經》六卷，右一部六卷本闕，沙門支彊梁接，吳云正無畏，西域人，以孫亮五鳳二年乙亥，於交州譯《法華三昧經》，沙門竺道馨筆受，《長房》、《内典》二録編於曹魏之代，今依交州及始興地割入《吳録》。

智昇《開元釋教録》卷二　《法華三昧經》一卷法華支派，宋涼州沙門釋智嚴譯單本。

大法鼓經

綜　述

王古《大藏聖教法寶標目》卷五　《大法鼓經》二卷　佛與迦葉問答上乘義，種種譬喻，化城貧子等喻如《法華經》，後說離車童子降魔護法受記作佛。

智旭《閱藏知津》卷二四　《大法鼓經》二卷劉宋中天竺沙門求那跋陀羅譯。佛在祇洹，海衆雲集，說有非有法門，波斯匿王擊鼓吹貝而來。佛言我今當說《大法鼓經》，先命迦葉觀察衆會堪聞與否，乃有百千萬億阿僧祇分聲聞緣覺初業菩薩皆從座去餘一切住。然後廣讚迦葉命於此法少問其義，所謂如來常樂我淨不般涅槃，一切衆生皆有佛性，無有三乘實唯一乘，一切空經是有餘說，惟有此經是無上說，亦說化城窮子等喻。次囑迦葉於末世中護持此法，迦葉辭謝不堪。佛言迦葉於我滅後護持此法有四十年，若至正法餘八十年時，惟一切世間樂見童子能持。

著　録

僧祐《出三藏記集》卷二　《大法鼓經》二卷東安寺譯出。【略】宋文帝時，天竺摩訶乘法師求那跋陀羅，以元嘉中及孝武時宣出諸經，沙門釋寶雲及弟子菩提法勇傳譯。

智昇《開元釋教錄》卷五 《大法鼓經》二卷，東安寺出，見《道慧》、《僧祐》、《李廓》、《法上》等四錄，【略】沙門求那跋陀羅宋言功德賢譯。

佛說菩薩行方便境界神通變化經

智昇《開元釋教錄》卷一一 《菩薩行方便境界神通變化經》三卷，宋天竺三藏求那跋陀羅譯第一譯。

王古《大藏聖教法寶標目》卷三 《菩薩行方便境界神通變化經》三卷，上卷文殊說六波羅蜜等，各各十二功德進修行門，次二卷尼乾子說佛三十二相，三十二大悲行，三十七助道，四無畏，十八不共法等，與《尼乾子經》同而稍略。

智旭《閱藏知津》卷二四 《菩薩行方便境界神通變化》三卷 劉宋中天竺沙門求那跋陀羅譯。與上經《大薩遮尼犍子授記經》同，缺《王論品》，而於如來功德亦有缺略。

大薩遮尼乾子所說經

綜述

王古《大藏聖教法寶標目》卷三 《大薩遮尼乾子所說經》一〇卷 第一第二卷佛說一乘菩薩行方便境界奮迅法門，第三尼乾子與八十八千萬尼乾子俱遊行諸國，爲嚴熾王說十不善業果報，華嚴十地品第二同，說國王護衆生法，說轉輪聖王七寶功德。又復有七種次寶，七者，一劒，二海龍王皮，三牀，四園，五屋舍，六衣，七足所用寶。次說諸國王治國善惡法行，法行王能救護衆生善行政治用兵愛民等種種事甚詳，及說國王布施十五種功德。次說外道聰明智慧各有罪過。第六至第九說唯佛無諸過失，三十二相八十種好，三十七品菩提分法，六通四無礙智，十力四無畏，十八不共法等不思議法門。佛言尼乾子現行外道法，以一切無量種種身化無量衆生發菩提心，所供養佛不可量數，過無量數劫當得成佛，名實慧幢王，國土勝妙壽法長遠，此經是如來秘密藏，純淨妙藏，佛法印藏，三千大千世界衆生俱時成佛。有人滿足一劫供養禮拜，爾所諸佛所得功德不如有人受持讀誦書寫流布此法門，過彼無量無邊。

著錄

法經《衆經目錄》卷一 《大薩遮尼乾子經》八卷從魏世菩提留支譯。

道宣《大唐内典錄》卷九 《大薩遮尼乾子經》七卷或八卷一百三十一紙，後魏正光元年菩提留支於鄴都譯，右一經前譯云《菩薩行方便神化經》三卷，失譯人代，二本大同。

智昇《開元釋教錄》第六 《大薩遮尼乾子所說經》一〇卷或加受記無所說字，或七卷或八卷，一名《菩薩境界奮迅法門經》，正光元年於洛陽爲司州牧汝南王於第出，第二譯，與《神通變化經》同本。

金剛三昧經

綜述

王古《大藏聖教法寶標目》卷三 《金剛三昧經》二卷，諸菩薩問佛無生實際一味眞實法，佛說此經後付囑云，是經能入如來智海，持是經者則於一切經中無所希求，攝諸經要無量義宗種種心地法門。

智旭《閱藏知津》卷二四 《金剛三昧經》二卷出《北涼錄》。序品第一，佛於靈山先說大乘一味眞實法，即入金剛三昧，阿伽陀比丘說偈讚歎。無相法品第二，佛從三昧起更宣一味法，解脱菩薩更請爲末世衆生宣說入一味法。無生行品第三，心王菩薩問得無生忍義。本覺利品第四，無住菩薩問轉入唵摩羅義。入實際品第五，大力菩薩問荅。眞性空品第六，舍利弗問荅。如來藏品第七，梵行長者問荅。總持品第八，地藏菩薩問荅，并囑阿難受持。

著錄

僧祐《出三藏記集》卷三　《金剛三昧經》一卷【略】是涼土異經。

智昇《開元釋教錄》本卷一二　《金剛三昧經》二卷，或一卷，二十七紙，北涼失譯，新編入錄。

佛說濟諸方等學經

紀事

王僧孺《慧印三昧及濟方等學二經序讃》第一六　夫六畫相因，懸日月而無改；二字一吐，更天地而靡渝。雖書不盡言，言非書不闡；言不盡意，意非言不稱。是以諦聽善思，承茲利喜，俯首屈足，恭此受持。若讀若誦，已說今說，一音一偈，莫匪舟梁，一讃一稱，動成輪軌。況夫五力方圓，四攝無怠，開方便門，示眞實相，流方等之妙說，得菩提之至因。沐此寶池，照茲法炬，香雲靡靡，慧露傍流，出伽耶之妙城，發娑羅之寶樹。建安殿下含章基性，育德成體，慷聲溢於秋水，美義光於冬日。事高祖丘兔圃，名出前意後蒼。損己利人，忘我濟物，傍通兼善，無礙無私。若空谷之必應，如洪鍾之虚受，匡法弘道，以善爲樂。重以植顯因於永劫，襲妙果於茲生。託意紹隆，用心依止，妙達空有，深辨權實。而玉體不安，有虧涼暑，行仁莫顯，楚君日見其瘳；施德靡言，漢相方饗其樂。桂葉龜腦，固風寒之易銷，荔葩鸞骨，更騰飛之可羼。況復慧身方漸，善根宿樹，無勞湔腸滌胃，不待望色察聲。

有廣州南海郡民何規，以歲次協洽，月旅黃鍾，天監之十四年十月二十三日，采藥於豫章胡翼山，幸非放子逐臣，乃類尋仙招隱。登峯十所里，屑若有來。將循曲陌，先限清澗，或如止水，乍有潔流，方從揭厲，且就褰攬。未濟之間，忽不自覺，見澗之西隅有一長者，語規勿渡，規於時即留。其人面色正青，徒跣捨屨，年可八九十。面已皺斂，鬚長五六寸，髭半於鬚。耳過於眉，眉皆下被，眉之長毛長二三寸，隨風相靡。脣色甚赤，語響而淸。手爪正黃，指毛亦長二三寸。著赭布帔，下有赭布泥洹僧。手捉書一卷，遙投與規。規即捧持，望禮三拜。語規：『可以此經與建安王。』兼言王之姓字。『此經若至，宜作三七日宿齋。若不曉齋法，可問下林寺副公。』副法師者，戒行精苦，恬憺無爲，遺嗜欲，等豪賤，蔬藿自充，禪寂無怠。此長者言畢便去。行十餘步間，忽不復覩。

規開卷敬視，名爲《慧印三昧經》。經旨以至極法身無相爲體，理出百非，義踰名相，寂同法相，妙等眞如。言其慧冥此理，有若恆印，心照凝寂，故以三昧爲名。後又有《濟諸方等學經》，此下又題云：『天竺薩和韓曰僧迦與海虎王。』經旨以流通至教，軌法有體，所以誡示大士化物方法，言若濟諸蒼氓，宜弘方等之教。方等者，大乘之通名，究竟之弘旨。其軸題云：『燉煌菩薩沙門支法護所出，竺法首筆受，共爲一卷，寫以流通。』軸用淳漆，書甚緊潔，點製可觀。究尋義趣，或微或顯，稱在羅閱山著陀鄰尼行，無來無去，非住非止。斯蓋鷲嶽鶴林之別記，寶殿孤園之後述，不殊玉檢，靡異寶函，理出希微，辭深鉤致，是唯正說，曾匪異端。雖王遵之得《四十二章》，安淸之出《百六十品》，無以或異。

大王沐浴持奉，擎跪鑽習，多寫廣述，闡揚玄旨。孰匪醫王，即斯藥樹，不待眼瞬，無勞苦口，捨茲六術，屏此十巫。昔或授編書於圯上，受揣術於谷裏，乍有寓言，且或假夢，未有因應炳發，若此其至焉。受命下才，式旌上道，敢因滓賤，率此顓蒙。其辝曰：

雷音震響，錄簡青編。匪言曷敎，非迹靡傳。是資妙象，實寄幽筌。照之慧燭，濟以寶船。懇哉至矣，在應斯圓。覆其鍐鏈，浸此熙漣。救焚援溺，去蓋銷纏。灼灼應韓，英英河楚。松孤桂鬱，鸞栖鵬舉。照野光朝，潤山枯渚。濫源茲永，覆簣已多。鬱爲蕃幹，擢此天柯。寄誠梵表，託好禪阿。接足能仁，心直妙覺。用遺滯染，是祛塵濁。靡向非眞，何背非俗。一忘受想，將捐味觸。無德不訓，有感必召。吐彼神訣，示我玄要。旣躅旣已，留華及少。等以北恆，均之東耀。

祐少尋經律，竊闚諸部之奧，但一切變易，萬事遷訛，所以古今同異，觸類皆有，故魚謬爲魯，陶誤成陰。案晉末已來，關中諸賢經錄云，《慧印三昧經》，支謙所出。《濟方等大乘學經》，法護所出。《聖法印經後記》云：『晉元康四年，菩薩沙門支法護於酒泉出此經，弟子竺法首筆受。』而何規所得經本，二經同卷，題方等於法護，亂三昧於支謙，實由編寫成然，非爲誣濫。而一往觀覽，容生疑惑，聊記所憶，存之末塵，故出別記。

著錄

僧祐《**出三藏記集**》**卷二** 《濟諸方等經》一卷，或云《濟諸方等學經》。【略】晉武帝時，沙門竺法護到西域，得胡本還。自太始中至懷帝永嘉二年已前所譯出。

智昇《**開元釋教錄**》**卷二** 《濟諸方等學經》一卷天竺薩和檀日僧迦或無學字，初出，與《方廣總持經》同本，見《竺道祖錄》及《僧祐錄》。

大乘方廣總持經

綜述

王古《**大藏聖教法寶標目**》**卷三** 《大乘方廣總持經》，佛說謗佛法僧人必墮地獄多劫不能得出，佛說過去劫爲法比丘以惡毒心謗淨命比丘，揚其惡行八十劫中受地獄苦，又多生墮畜生中方得人身，常受貧厄瘖瘂無舌。法比丘者，則我身是。淨命比丘，彌陀佛是。由我過去愚癡無智受苦如是，當知隨順惡友求法師短，譏毀損害爲自傷損。

又《**大乘方廣總持經**》一卷隋北天竺沙門毘尼多流支譯 佛將涅槃入如法三昧，令大千界普偏莊嚴，大衆雲集，佛出舌相徧覆大千。勅彌勒問法決疑，於是淨居天等請佛說大乘方廣總持法門。佛告彌勒，一切法皆是佛說，不應橫生分別去取，執小廢大執大廢小，若謗法者罪則無量，因說彌陀及自往因致有佛國淨穢之別。又菩薩必具行六度，不可但言宜修般若。又菩薩不得謗他菩薩，其罪極重。

著錄

彥琮《**衆經目錄**》**卷一** 《大方廣摠持經》一卷，大隋開皇年毗尼多留支譯。

道宣《**大唐内典錄**》**卷五** 《大乘方廣惣持經》開皇二年七月譯，北天竺烏場國三藏法師毗尼多流支，隋言滅喜，旣不遠五百由旬，振錫巡方，來觀盛化，至止便於大興善寺譯出，給事李道寶、般若流支次子曇皮二人傳語，大興善沙門釋法纂筆受爲隋言幷整文義，沙門彥琮並制序。

智昇《**開元釋教錄**》**卷一一** 《大乘方廣惣持經》一卷，或無乘字，隋天竺三藏毗尼多流支譯第二譯。

無量義經

綜述

僧祐《**出三藏記集**》**卷九** 《無量義經》序第二二 《無量義經》者，取其無相一法，廣生衆教，含義不貲，故曰無量。夫三界羣生隨業而轉，一極正覺任機而通。流轉起滅者，必在苦而希樂，此叩聖之感也。順通示現者，亦施悲而用慈，即救世之應也。根異教殊，其階成七：先爲波利等說五戒，所謂人天善根，一也。次爲拘隣等轉四諦，所謂授聲聞乘，二也。次爲中根演十二因緣，所謂授緣覺乘，三也。次爲上根舉六波羅蜜，所謂授以大乘，四也。衆教宜融，羣疑須導，次說《無量義經》，既稱得道差品，復云未顯眞實，使發求實之冥機，用開一極之由緒，五也。故《法華》接唱，顯一除三，順彼求實之心，去此施權之名，六也。雖權開而實現，猶掩常住之正義，在雙樹而臨崖，乃暢我淨之玄音，七也。過此以往，法門雖多，撮其大歸，數盡於此。亦由衆聲不出五音之表，百氏並在六家之內。其《無量義經》，雖《法華》首載其目，而中夏未覩其說。每臨講肆，未嘗不廢談而歎，想見斯文。

忽有武當山比丘慧表，生自羌胄，僞帝姚略從子。國破之日，爲晉軍何澹之所得。數歲聰黠，澹之字曰螟蛉，養爲假子。俄放出家，便勤苦求道，南北遊尋，不擇夷險。以齊建元三年，復訪奇搜秘，遠至嶺南。於廣州朝亭寺遇中天竺沙門曇摩伽陀耶舍，手能隸書，口解齊言，欲傳此經，未知所授。表便慇懃致請，心形俱至，淹歷旬朔，僅得一本，仍還嶠北，賫入武當。以今永明三年九月十八日頂戴出山，見校弘通。奉覩眞文，欣敬兼誠，詠歌不足，手舞莫宣。輒虔訪宿解，抽刷庸思，謹立序注云。

自極教應世，與俗而差，神道救物，稱感成異。玄圃以東，號曰太一，罽賓以西，字爲正覺。東國明殃慶於百年，西域辨休咎於三世，希無之與修空，其揆一也。有欲於無者，既無得無之分，施心於空者，豈有入空之照。而講求釋教者，或謂會理可漸，或謂入空必頓。請試言之，以筌幽寄。

立漸者，以萬事之成，莫不有漸。堅冰基於履霜，九仞成於累土。學人之入空也，雖未圓符，譬如斬木，去寸無寸，去尺無尺，三空稍登，寧非漸耶？立頓者，以希善之功，莫過觀於法性。法性從緣，非有非無，忘慮於非有非無，理照斯一者，乃曰解空。存心於非有非無，境智猶二者，未免於有。有中伏結，非無日損之驗，空上論心，未有入理之効。而言納羅漢於一聽，判無生於終朝，是接誘之言，非稱實之說，妙得非漸，理固必然。既二談分路，兩意爭途，一去一取，莫之或正。尋得旨之匠，起自支安。支公之論無生，以七住爲道慧。陰足十住，則羣方與能，在迹斯異，語照則一。安公之辯異觀，三乘者始簣之因稱，定慧者終成之實錄。此謂始求可隨根而三，入解則其慧不二。譬喻亦云：『大難既夷，乃無有三，險路既息，其化即亡。』此則名一爲三，非有三悟明矣。生公云：『道品可以泥洹，非羅漢之名。六度可以至佛，非樹王之謂。』斬木之喻，木存故尺寸可漸，無生之證，生盡故其照必頓。案三乘名教，皆以生盡照息，去有入空。以此爲道，不得取象於形器也。

今無量義，亦以無相爲本。若所證實異，豈曰無相，若入照必同，寧曰有漸？非漸而云漸，密筌之虛教耳。如來亦云：『空拳誑小兒，以此度衆生。』微文接麁，漸說或允；忘象得意，頓義爲長。聊舉大較，談者擇焉。

著錄

智旭《閱藏知津》卷二四 《無量義經》一卷 前有劉虬序 蕭齊中天竺沙門曇摩伽陀耶舍譯

德行品第一，大莊嚴菩薩讚佛。說法品第二，大莊嚴問何法速成菩提，佛荅有一法門能令速成菩提，謂無量義從一法生。一法者，名爲實相。十功德品第三。

此說法華之前茅也故收入法華部中

僧祐《出三藏記集》卷二 《無量義經》，右一部，凡一卷。齊高帝時，天竺沙門曇摩伽陀耶舍譯出。

智昇《開元釋教錄》卷六 《無量義經》一卷第二出，見《僧祐錄》

右一部一卷其本見在

沙門曇摩伽陁邪舍，齊言法生稱，中印度人，悟物居情導利無捨。以高帝道成建元三年辛酉於廣州朝亭寺譯《無量義經》一部，邪舍手善隸書口解齊言傳受經人，武當山沙門慧表永明三年賫至楊都，繕寫流布。

智昇《開元釋教錄》卷一四 《無量義經》一卷，宋天竺三藏求那跋陁羅譯第一譯右一經前後兩譯一存一闕。

觀普賢菩薩行法經

綜　述

智旭《閱藏知津》卷二四　《佛說觀普賢菩薩行法經》一卷一名《觀普賢觀經》一名《出深功德經》劉宋罽賓國沙門曇摩蜜多譯　阿難迦葉彌勒同問如來滅後修行大乘法要，佛爲說普賢觀門及懺悔六根罪法，此與《法華》普賢勸發品相爲表裏，故智者大師《法華懺儀》全宗此經。

著　録

僧祐《出三藏記集》卷二　《觀普賢菩薩行法經》一卷或云《普賢觀經》，下注云，出《深功德經》中【略】宋文帝時，罽賓禪師曇摩蜜多，以元嘉中於祇洹寺譯出。

智昇《開元釋教録》卷一二　《觀普賢菩薩行法經》一卷云《出深功德經》中亦云《普賢觀經》宋罽賓三藏曇摩蜜多譯第三譯，三譯二闕。

智昇《開元釋教録》卷一四　《普賢觀經》一卷，一名《觀普賢菩薩經》東晉西域三藏祇多蜜譯第一譯《觀普賢菩薩經》一卷，姚秦三藏鳩摩羅什譯第二譯右二經同本前後三譯，一存二闕。

華嚴經部

大方廣佛華嚴經

題解

智儼《大方廣佛華嚴經搜玄分齊通智方軌》卷一　釋經題目者，《大方廣佛華嚴經・世間淨眼品》者，大謂體相用莫過故也，謂平等不增減體，具足性功德相，生世出世善因果用故。方者理正非耶。廣者法門理數具德盡其邊也。佛者覺也，此通十佛及三身佛。華有二種，一集果華不與果俱，如生死爲道具等乃至因位善根等也。二莊果華與果同時，如七淨華等及滿果位諸德，修生本有互嚴可知。嚴者莊飾也，又言大者，標以勝極之都目。故論云大勝高廣一體，而異名乘旨道富，參羅無外，謂之大本，非局然矣。言方者，圓通之致，處無不善，觸緣斯順，不擇物而施，故曰方。言廣者，沖而幽微而遠，淵而且慱，謂之廣也。言佛者，中國正音云佛陀此方稱覺者，以其朗達窮源，塵習永亡，懷明獨曜，暉光大夜，啓導群惑，自覺覺人，故曰佛陀。言華嚴者，此況法身行德之美故，體非眞無以彰其妙，功非極無以顯其勝，互相瑩發義並超殊，可謂自體圓通勝妙之極然矣，其猶衆綵奇珍纖飾金顏，特甚瓌麗世之無比，故就斯喻標名，故曰華嚴。經者眞淨之教，訓議常則，文詮理緯，顯用行心，故曰經也。世間淨眼者，謂時中器等三世間也，及能況之相，又體用差別，故現世無礙無染況淨眼。亦可如來未出世，無善導故如盲。佛今出世，現自他淨喻明眼耳。言世間淨眼者，此應名序，但今之時會，並是勝注入佛衆海數，德居淨域塵所不染，出自天眞，信非有爲，故託以顯至極圓道緣起之妙，不捨生死而無沾污，是以就事爲目故。曰世間淨眼。難測非喻莫曉，故設以擬狀。若於眼內外俱淨中表清徹，色像參羅並屬於一運，無小無大無遠無近不相妨礙，故可準況標之如眼，故下偈歎。世間淸淨猶如眼，義顯聖說然矣。品者語言理均，關類相從稱之爲品，此經有三十四品，此品貫之在首，故稱第一。經之都目，宗要之況旨明於此，故言道《大方廣佛華嚴經》。

法藏《花嚴經文義綱目》　然則大以苞含爲義，方以軌範爲功，廣則體極用周，佛乃果圓覺滿，花譬開敷萬行，嚴喻飾茲本體，經則貫穿縫綴，能詮之教著焉。從法就人寄喻爲目，故稱《大方廣佛花嚴經》。【略】第二別釋經題目者於中有二。先釋衆名，後解別目。前中諸聖教立此經名略有五種。初依《觀佛三昧經》及《涅槃經》。名此經爲《雜花經》。此隨喻爲名，以理行交雜緣起集成故。二《智論屬累品》名爲《不思議解脫經》，有十萬偈，此從法就用爲名。故《性起品》云，此經爲乘不思議乘菩薩設。又《智論》自指此經也。三梁朝《攝論》第十勝相云，百千經者，即花嚴十萬偈爲百千也，此從數爲名。四如下《離世間品》出生菩薩深妙義花等，彼當釋。此約法喻合目，五約十義立名等，如《性起品》。亦至彼當釋。二解別目中二，先總解後別釋。總者如《入大乘論》說。有五義，一爲衆生說對治法故，二有衆多乘故，三多莊嚴具故，四能出生無量大果故五除斷一切諸邪見故，名毘佛略。《雜集論》釋方廣者，菩薩藏相應言說名爲方廣，一切有情利益安樂所依處故，宣說廣大甚深法故。亦名廣破，以能廣破一切障故。亦名無比，無有諸法能比類故，此等皆是大乘差別名。由與七種大性相應等，乃至廣說。別釋者大方廣等是一部通名，世間淨眼是當品別目。前中有二，先開義後合釋。開者先舉所詮之義，後經之一字舉能詮之教，此依主釋，前中先明所喻，後花嚴二字是能喻。前中先明所依法，後佛一字顯能依人。前中先別明體用，後廣一字合辨體能。前中先大字明法體，後方字辨勝能。合釋中大者當體爲目，苞含爲義，方者就用爲名軌範爲義，廣者體用合明周遍爲義。此中大即方，大方即廣，皆持業釋。又大者古德解有三義，一常義，經云所言大者名之爲常。二是體性普周義，經云所言大者其性廣博。三是勝能義，經云能建大義名大涅槃。又具體相用三大也，今更尋下文略有十義，一境大，於中有二。一依報大，謂十蓮華藏，二正報大，謂十佛三業等，如舍那品等說。即所信境也。二心大，如《賢首品》初及《發心功德品》說。三行大，如

《離世間品》說，通修六位行也。四位大，如《明難品》已去至第六會說彼五位，謂信大，解大，行大，願大，證大，等也。五證大，如入《法界品》說通證六位法也。六因大有二，初生因，如前五位說。二了因，如《普賢品》等說。七果大，於中有二，一隨緣果，如《不思議品》等說。二自體果，如此經中果分不可說者是也。八體大，如《性起品》等說。九用大，謂念念益生頓成位等，如《小相品》等說。十法大，於中有三，一教大，謂一一名句皆遍一切十方法界，如下文說。二義大，稱無邊教所顯義是。三事大，謂一一塵等具一切者是。此上十義皆各總攝一切法盡，具足即入故稱大也。方有三義，一是方正義，謂此十義性離邪僻。二是方法義，謂此十義皆有模範軌則故也。三是醫方義，謂此十義皆能對治諸重障故。廣有二義，一遍一切處，謂凡一法門皆遍一切無盡世界乃至塵道及餘一切諸法之處，如下結通等說。二遍一切時，謂遍前後際，通於十世下至剎那等。此二有二種遍，一一重，二重重如帝網等。雖約一攝一切故名大，一遍一切故稱爲廣，而亦得前名廣後名大亦無違。佛者覺照爲名果滿爲義，此通十佛及三佛也，方廣是所得法。佛是能得人。又前是所覺境，佛是能覺智。此中境智有二義，一相成二相即，前中方廣之佛簡下乘佛，佛之方廣簡因位法。此二相成各有性無性緣起四句，思準之，人法相依皆依主釋，二相即者，或方廣即佛佛即方廣，以人法無礙故，令體相即亦具四句，思準之，此唯持業釋。華有三義，一微妙義，二感果義，三莊飾義。初一喻行體，後二喻行用，用中初喻生因，後喻了因。又初是生果華，不與果俱，如生死爲道具及因位善根等故。下文云，此經出生一切菩薩諸行功德深妙義華，若從此義應名菩薩方廣。又後莊果花與果俱，如果位善根，今此文中明佛方廣，故約果位但論佛花嚴耳。又別分微妙喻前法，後二譬前人，通論人法皆具此三，故成況也。嚴之一字通含能嚴所嚴，由是鎔融便成四句，或萬行如華爲能嚴，眞性爲所嚴。以理由修顯故。或眞性如華爲能嚴，修生諸行爲所嚴，以行從理起故，故《攝論》云，無不從此法身流，無不還證此法身，此之謂也。或俱融能所不二而二，以非眞流之行無以契眞，非飾眞之行不從眞起，良以體融行而因圓，行該眞而果滿，是故標爲佛華嚴也。或雙泯能所二而不二，以即眞之行非行，即行之眞非眞，是則理行雙絕能所俱亡，超情離相是謂花嚴。前二句花之嚴，後二句花即嚴，亦二釋可知。又方廣佛之花嚴，及即花嚴，亦二釋可知。經如前釋。世間是法，淨眼是喻。世者是時間者，是中。時中顯現故云世間。世間不同義有三種，一器世間有二，一道場地等別處，二蓮花藏世界通處。二智正覺世間亦二，一三身，二十佛。三衆生世間亦二，一同生，二異生。淨眼亦有三義，一洞徹義，況彼三法離相平等洞徹眞源。二照矚義，喻彼三法明達照了諸法門故。三現象義，譬彼三法互相影現及一切法涉入無礙緣起自在。爲顯彼三有此別異殊勝義故，是故別立此名不名序也。品者類也別地，又釋，如來未出世無善導故如盲，佛今創出世世間眼現，故言世間淨眼。是故佛涅槃時言世間眼滅也。餘如上說。

法藏《華嚴經探玄記》卷一 釋經題目者，略釋十名，一數名。二法名。三喻名。四義名。五德名。六事名。七開名。八具名。九合名。十品名。

初數名者，依梁《攝論》第十勝相云，百千經者，是《華嚴經》有十萬頌名百千經，此即從本數以立其名。二法名者，依《智度論屬累品》云，名《不思議解脫經》有十萬偈，又彼中自指是華嚴故，良爲此經所說之法皆一攝一切，無不悉是不思議解脫，故以爲名。三喻名者，依《涅槃經》及《觀佛三昧經》名此經爲《雜華經》，以萬行交飾緣起集成，從喻標名，猶雜華耳。四義名者，如下《離世間品》出生菩薩深妙義華等十義立名，至彼當辯。五德名者，如《性起品》末就十勝德以立其名，亦至彼當釋。六事名者，華嚴之稱梵語名爲健拏驃訶，健拏名雜華，驃訶名嚴飾。日照三藏說云，西國別有一供養具名爲驃訶，其狀六重下闊上狹飾以華實，一一重內皆安佛像，良以此經六位重疊，位位成佛正類彼事，故立此名，人天八會亦似彼應知。七開名者，此一名開爲十事五對，一通別一對，謂大方廣等一部通名，世間淨眼是當品別目。二就通中教義一對，謂大等是所詮義，經之一字是能詮之教。三就義中法喻一對，謂大等是法，華嚴爲喻。四就法中境智一對，謂大等是所證所覺，佛是能證能覺，亦是人法一對。五就境中簡持一對，謂大字是能簡，方廣爲所簡，即簡大異小，簡實異權，簡果異因故也。八具名者，大有十義，一境大，謂十蓮華藏及十佛，三業無邊依正爲所信境，如初會等說。二心大，謂依前大境起大心故，如《賢首品》及《發心品》說。三行大，謂依大心起大行故，如

《離世間品》等說。四位大，謂積大行成大位故，即五位圓通等，如第二會至第六會來說。五因大，謂行位普圓生了究竟，如《普賢品》等說。六果大，謂隨緣自體果德圓明，如《不思議品》等說。七體大，謂大用平等皆同眞性，如《性起品》等說。八用大，謂念念益生頓成行位，如《小相品》等說。九教大，謂一一名句皆遍一切，如下結通等說。十義大，謂所詮皆盡無邊法界，如一塵含十方，一念包九世，八會等說。此上十義，一一統收一切法盡莫不稱大。又有七義，如瑜伽等七種大性相應等，以釋大義。又依《涅槃經》更有三義釋大。經云，所言大者名之爲常。又言，大者其性廣博。又云，能建大義名大涅槃。又《起信論》亦以三義釋大，謂體相用等。次釋方廣亦有十義。一周遍義，謂言教廣遍諸塵方故。二普說義，謂普宣說一切法故。三深說義，謂說甚深法界海故。四備攝義，謂普攝無盡衆生界故。五廣益義，謂要令衆生得佛菩提大利樂故。六蕩除義，謂遍除二障及習氣故。七具德義，謂具攝無邊諸勝德故。八超勝義，謂獨絕超餘無比類故。九含攝義，謂通攝衆多異類法故。十廣出義，謂能出生佛大果故。然此十義如二論說《入大乘論》，一爲衆生說對治法故，二有衆多乘故，三多莊嚴具故，四能出生無量大果故，五除斷一切諸邪見故，名毗佛略。又雜集論釋方廣者，謂菩薩藏相應言說名爲方廣，一切有情利益安樂所依處故，宣說廣大甚深法故。亦名廣破，以能廣破一切障故。亦名無比法，無有諸法能比類故。次釋佛義亦有十種，如無著佛等，尋文具辯。次釋華嚴，問華有幾義，復何所表以華爲嚴，答華有十義所表亦爾。一微妙義是華義，表佛行德離於麁相故說華爲嚴，下竝準此。二開敷義，表行敷榮性開覺故。三端正義，表行圓滿德相具故。四芬馥義，表德香普熏益自他故。五適悅義，表勝德樂歡喜無厭故。六巧成義，表所修德相善巧成故。七光淨義，表斷障永盡極清淨故。八莊飾義，表爲了因嚴本性故。九引果義，表爲生因起佛果故。十不染義，表處世不染如蓮華故。次釋經字亦有十義，如《寶雲經》說，餘義同上。九合名者，大即當體爲目，包含爲義。方即就用爲名，軌範爲義是方法故。性離邪僻是方正故，能治重障是醫方故，遍虛空界盡方隅故。廣即體用合明，周遍爲義，謂一切處一切時一切法一切人無不周遍，皆重重如帝網。此中且就一攝一切名大，一遍一切稱廣，前廣後大，理亦不違，方即是廣大，即方廣皆持業釋，此是所得之法佛是能得之人，覺照爲名果滿爲義。此中人法境智有相依相即，相依者。智依境故方廣之佛簡下乘佛。境依智故佛之方廣，簡因位法。此二相依各有有力無力緣起四句，思之可見，皆依主釋。相即者，謂佛即方廣方廣即佛，人法無礙全體相即，空有四句亦準思之。此唯持業釋，既佛非下乘法超因位，果德難彰寄喻方顯，謂萬德究竟瓌麗猶華，互相交飾顯性稱嚴。此有二門，一諸德互嚴，亦有相依相即，各有四句存亡俱泯，皆持業釋思之可見。二理行互嚴，亦有相依相即，初相依四句者，一理由修顯故即行華嚴性也，二行從理起故即理華嚴行也。梁《攝論》云，無不從此法身流，無不還證此法身。三理行俱融不二而二，非眞流之行無以契眞，非飾眞之行不從眞起，良以體融行而因圓，行該眞而果滿，是故標爲佛華嚴也。四理行俱泯二而不二，以理之行故非行，行之理故非理，是即能所兩亡，超情離相，非嚴非不嚴是謂華嚴。相即四句，理行全收，準思可見，是知法喻交映昭然有在，餘如前釋。十品名者，世間是法，淨眼爲喻，世者是時，間者是中，時中顯現故云世間。世間不同有其三種，一器世間，爲所依處。二智正覺世間，爲能化主。三衆生世間，爲所化機。此品之內不越此三，故立斯名。器有二種，一場地別處，二華藏通處。智正覺亦二，謂三身，十身。衆生亦二，謂同生，異生。淨眼三義，一洞徹義，況器世間，內徹理故。下文云，法界不可壞蓮華世界海。二現像義，況智正覺，下文云。清淨法身無像而不現。三照矚義，況衆生世間。下文云，猶如淨眼觀明珠。又若通論此三世間各有淨眼三義，思準可知。又釋佛未出世無善導故如盲，如來創出世間淨眼現名世間淨眼，是故佛涅槃時言世間眼滅，品者類也別也，餘義可知。

澄觀《大方廣佛華嚴經疏》卷二　二對辯開合者，題中七字有十事五對。一教義，一對謂經之一字是能詮教，大等六字是所詮義。二就義中法喻一對，大方廣佛是法，華嚴是喻。三就法中人法一對，謂大方廣是所證之法，佛是能證之人，亦名境智一對，佛是智故。四就法中體用一對，大即是體，方廣是用。五就人中，借下華字，以喻其因，即因果一對，佛是果故。

三具彰義類者，謂大等七字義皆無量，竝十義釋之，以顯無盡。方廣更加合釋，佛有二十，嚴有三十爲百一十。又若釋大，七字皆大。若釋佛等，七皆佛等，特異昔人。

初大十義者，一體大，謂若相若用等皆同眞性而常遍故，即是大字。《涅槃》云，所言大者，名之爲常，此明體不變易，其猶混成，先天地生，物莫先定，故稱爲大。又云，所言大者，其性廣博，猶如虛空，此明體遍。二者相大，謂恆沙性德無不具故，互相即入微細重重，具十玄門，皆其相故。即經方字，方者法故。三者用大，謂業用周普如體遍故。即經廣字，《涅槃經》云，又言大者，能建大義，即是約用，良以涅槃無廣，廣與大同故，以廣釋大，方廣無大，大與廣合故，以大釋廣，今經具有故，廣大不同。四者果大，謂智斷依正並周法界故，即經佛字。五因大，謂發菩提心，起解修行，發願證人，精勤匪懈，成諸位故，即經華字。六者智大，謂大智爲主，運於萬行，遍嚴一切，無所遺故，即經嚴字。七者教大，謂一文一句，無不結通十方三際，重重無盡故，即是經字。八者義大，謂所詮法盡窮法界，乃至帝網，無所遺故，即總是大方廣佛華嚴所詮六字。九者境大，以上七字能所詮法，普以無盡諸衆生界爲化境故。十者業大，謂盡三際時，窮法界處，常將此法利益衆生，無休息故，亦通七字，《攝大乘》等七種大性不離於此。二方十義者方者，法也即前，十大皆名爲法，謂體法相法及用法等。

三廣十義者，廣者多也，用多繁興，包無不盡，則十皆多。又一通一切，名之爲大。一攝一切，名之爲廣。上已離釋，若合釋，方廣亦有十義。一廣絶義，非是心識稱量所能知故，即是大字，體絶衆相，不可思議。二廣超義，無有諸法能比類故，即是方字。三廣攝義，通義無邊異類法故，即是廣字。四廣知義，具足種知，破邪見障無不知故，即是佛字。五廣破義，破一切障，無有餘故。六廣治義，具攝無邊對治之法，爲能治故。七廣生義，能生無量廣大果故。上之三義，皆是華字，華是因故。八廣德義，具足二嚴諸功德故，即是嚴字。九廣依義，言教繁廣，爲主依故。十廣説義，宣説廣大甚深法故。上之二義皆是經字。此十方廣，二五九十出於《雜集》，餘六出於《入大乘論》，相參就經大等次第七字攝盡。

四解佛十義者，即是十佛。十佛即是十身，大即法界佛，名爲法身，方即本性佛，是爲智身。廣即威勢及隨樂佛，即威勢身及意生身。佛即正覺佛，名菩提身。華即願佛及三昧佛，即是願身及福德身。三昧是爲福之勝故，嚴即業報佛，是相好莊嚴身。經即住持佛，是力持身。總不離心，七字皆是心佛，即是化身，隨心化故。十身之義，已見上文。又依《佛地論》佛有十義。謂具一切智一切種智，離煩惱障及所知障，於一切法一切種相，能自開覺，亦能開覺一切有情，如睡夢覺，如蓮華開，故名爲佛。

五華有十義，一含實義，表於法界含性德故，對經大字。二光淨義，本智明顯故，對經方字。三微妙義，一一諸行同法界故。四適悦義，順物機故，上二對經廣字。五引果義，行爲生因起正覺故，對經佛字。六端正義，行與願俱無所缺故。七無染義，一一行門三昧俱故，上二對經華字。八巧成義，所修德業善巧成故，對經嚴字。九芬馥義，衆德住持流馨彌遠故，對於經字。十開敷義，衆行敷榮令心開故，總對七字。然華有二種，一草木華喻萬行因，然或與果俱，況圓融因，因果融故，或不與俱，況行布因，因果別故。二嚴身華，通金玉等，喻於神通及衆相等唯與果俱，前十義中，一五九十局於草木，餘通二華。

六釋嚴者，即上十華同嚴一佛，爲嚴不同，亦是十義。又上十華如次嚴前十佛，即是十義，故前釋華，已將十義，對前十佛。然總別無㝵，更有十義，一用因嚴果以成人故，是華嚴之佛，以佛妙果由因得故。二以果嚴因而顯勝，成果之後，令一一因皆無際故，是佛之華嚴。三以人嚴法而顯用，謂佛曠劫修因，方顯法身體用本具足故，即佛華嚴之大方廣。四以法嚴人以顯圓，若不得法之體用，因果不能圓妙故，即大方廣之佛華嚴。五以體嚴用以令周，謂用不得體，不周遍故，即大之廣。六以用嚴體，而知本，若無大用，不顯本之廣大，即廣之大。七以體嚴相而知妙，謂相若無體，不得即入重重故，即大之方。八以相嚴體以明玄，無相不顯體深玄故，即方之大。九以義嚴教超言念，由所詮難思能詮言離故，即大方廣佛華嚴之經。十諸因互嚴以融攝，如禪非智無以窮其寂，智非禪無以深其照等，合在華嚴二字之中。又上十嚴，皆有相資相即四句，且約理行互嚴以明。初約相資明四句者，一理由修顯故，以行華嚴理。二行從理發，則以理華嚴行。三理行俱融，不二而二非眞流之行，無以契眞，非起行之眞，不從行顯，良以體融行而因圓，行該眞而果滿，是故標爲佛華嚴也。四理行俱泯，二而不二，以理之行故非行，行之理故非理，是則能所兩亡，超情絕想，非嚴非不嚴，是謂華嚴相即四句，理行全收，準思可見，則法喻交暎，照然有在。

七釋經十義，一曰湧泉，注而無竭故。二曰出生，展轉滋多故。三曰顯示，顯示事理故。四曰繩墨，揩定正邪故。五曰貫穿，貫穿所說故。六曰攝持，攝持所化故。七者曰常，萬古常規故。八者爲法，千葉貞軌故。九者曰典，正理無邪故。十者曰徑，是出生死之徑路故，上來具顯義類竟。

第四別釋得名者，大者當體受名，常遍爲義，常則豎無初際，遍則横該無外，方以就法得名，軌持爲義雙持體相，軌生物解故。廣以從用得名，包博爲義，包則廣容，博則廣遍。佛以就人得名，覺照爲義，照則朗萬法之幽邃，覺則悟大夜之重昏。華以從喻得名，感果嚴身爲義，感果則萬行圓成。嚴身則衆德備體，嚴以功用受名，資莊爲義，謂資廣大之體用，莊眞應之佛身。經以能詮得名，攝持爲義，持性相之無盡，攝衆生之無邊。

論說

智儼《大方廣佛華嚴經搜玄分齊通智方軌》卷一　今分判文義以五門分別，一歎聖臨機德量由致，二明藏攝分齊，三辨教下所詮宗趣及能詮教體，四釋經題目，五分文解釋。

初歎聖臨機德量由致者，夫如來大聖自創悟玄蹤，發軫於無住，融神妙寂，志崇於菩提，故能殖道種於先際，積善業於無我，暈正智於金剛，朗如如於爾焰。是以妄想弗剪而霄翔累表，靈鑑弗瑩而圓明等覺，澄深我淨至寂所不隱，凝跡常樂無所而不施，生死涅槃夷齊同觀，德備圓通大智無障礙，解脫方便妙極然矣。

第二明藏攝分齊者，斯之玄寂豈容言哉，但以大悲垂訓，道無私隱故。致隨緣之說法門非一，教別塵沙，寧容限目，如約以辨。一化始終教門有三，一曰漸教，二曰頓教，三曰圓教。初門漸內所詮三故，教則爲三，約所爲二故，教則爲二。言其三者，一曰修多羅，此云綫亦名經，以綫能貫華經能持緯義用相似，但以此方重於經名不貴綫稱，是以翻譯逐其所重，故廢綫名存於經目，譬聖言教能貫穿法相，使不差失令法久住，經與綫相似，此從譬立名，即詮定教也。二毘那耶，此云滅，以身口意惡焚燒行者義同火然，戒能滅之故稱滅，此從功能彰目，教從所詮亦名爲滅，即詮戒教也。三者阿毘達摩，此云無比法，亦名對法，能破煩惱及分別法相，無分別慧最爲殊勝，更無有法能比此者，故曰無比法。此從無他得名，教從所詮亦名無比法，此即詮慧教也。名對法者，即阿毘是能對智，達摩是所對境法，即境用立名，此後二藏並從所詮得名也。問若然者，何故攝論云，爲說三種修學別立修多羅，爲成依戒依心學故立毘那耶，以此文驗，即經詮三行，戒詮二行，慧詮一行。答有二義，一尅性門，二兼正門，尅性如前說。兼正門有二義，一本末義經爲本教，餘二次第末也。二者兼正門，經中定爲正，戒慧兼也，律論亦爾，準可知耳。此經即修多羅藏攝也，所爲二故，教即爲二者，根有利鈍，法有淺深，故約聲聞鈍根，就分別性立於三藏，成聲聞行法故也，爲菩薩利根，約無分別第三無性，義立三藏，爲成菩薩行法故也。問經云，爲諸緣覺說因緣觀法，即緣覺亦有教，何故不立藏。答依《普曜經》，三乘教即立三藏，今依《攝論》及《地持》等，但假教即入聲聞藏，故不立也。此以二義明之，一聲聞聲聞，是人本來求聲聞道樂觀四諦，今遇佛說四諦法得道，先有種性，今復聞聲故曰聲聞聲聞。如經中說，求聲聞者如來爲說四眞諦法，據此爲言。二緣覺聲聞者，先求緣覺道，今遇佛說因緣教法。如經中說，求緣覺者如來爲說十二緣法，就此爲論，初義總相知法，後義別相知法，利鈍雖殊，同期小果，總爲一藏也。若上利根出無佛世，自悟因緣，而得道果，有行無教，據斯廢也，依《普曜經》，望理教別也。就聲聞中有其二種，謂初執性教及順破性等諸部執教。破性教者，分知法空，同依四諦趣於小果，故同入聲聞藏也。二菩薩藏內有二，一者先習大法，後退入小，今還進大故。經說言，除先修習學小乘者，我今亦今入是法中名漸入也。二者久習大乘今始見佛，則能入頓，故經說言，或有衆生世世已來常受我化，始見我身聞我所說，即皆信受入如來慧也，此經即入大乘教攝也。第二頓教攝者。故下經云，若衆生下劣其心厭沒者，示以聲聞道令出於衆苦。復有衆生，諸根少明利，樂於因緣法爲說辟支佛。若人根明利，饒益於衆生有大慈悲心，爲說菩薩道。若有無上心決定樂大事，爲示於佛身說無量佛法。以此文證知有一乘及頓教三乘差別。又依眞諦《攝論》，一者一乘，二者三乘，三者小乘也。問頓悟與一乘何別，答此亦不定，或不別，或約智與教別。又一淺一深也，一乘藏即下十藏也，相攝準之。第三言圓教者，爲於上達分階佛境者，說於解脫究竟法門，滿足佛事故名圓也，此經即頓及圓二教攝，所以知有圓教者。如下文云，如因大海有十寶山等準之。問此經何故上來通三乘分別及攝者，答爲此經宗通有同別二教三乘境見聞及修等故也，如《法華經》三界之中三車引諸子出宅，露地別授大牛之車，仍此二教同在三界爲見聞境。又聲聞等爲窮子，是其所引，故知小乘之外別有三乘，互得相引主伴成宗也，藏攝分齊訖。

三釋敎下所詮宗趣者有其二種，一總，二別。總謂因果緣起理實爲宗趣。別有四門，一敎義相對以辨宗趣，二境行，三理事，四因果。敎爲宗義爲趣，境爲宗行爲趣，事爲宗理爲趣，因爲宗果爲趣。次能詮敎體者有其五種，第一義者實音聲名味句，第二義者可似音聲名味句，第三義者不可似音聲名味句，第四義者唯識音聲名味句，第五義者眞如音聲名味句，故經云一切法皆如也。【略】

第五隨文解釋者，初總科簡敎之分齊，次別釋文分齊有二，一對耶顯正明其分齊，二約所詮義明其分齊，初對耶者有其四門，一約緣辨耶，如八時不應語等。二約業辨耶，如求其名利，自是非他，樂世有等。三約惑明耶，聞作聞解不得不聞，乃至依法不依人等。四約始終辨耶，如經云八大善人等當成不善故。二約就所詮明分齊者略有十門。一同時具足相應門，於中有十。一敎義具足，二理事具足，三解行具足，四因果具足，五人法具足，六分齊境位具足，七師弟法智具足，八主伴依正具足，九逆順體用自在具足，十隨生根欲示現具足。此等十門相應無有前後也。二因陀羅網境界門，此中具前十門，但義從喩異耳，餘可準上。三秘密隱顯俱成門，此亦具前十門，但義從緣異耳，餘可準上。四微細相容安立門，此亦具前十門，但義從相異耳，餘可準之。五十世隔法異成門，此亦具前十門，但義從世異耳，餘可準之。六諸藏純雜具德門，此亦具前十門，但義從世異耳，餘可準之。七一多相容不同門，此亦具前十門，但義從理異耳，餘可準之。八諸法相即自在門，此亦具前十門，但義從用異耳，餘可準之，亦可依性。九唯心迴轉善成門，此亦具前十門，但義從心異耳，餘可準之。十託事顯法生解門，此亦具前十門，但義從智異耳，餘可準之。上之十門玄並皆別異，若敎義分齊與此相應者，即是一乘圓敎及頓敎法門。若諸敎義分與此相應而不具足者，即是三乘漸敎所攝，餘義依下天王等法門，準之可解也。隨文解釋者，初略舉八種敎明互相成，及約三敎相明其次第，次隨文釋。其八敎者，一一乘三乘分齊，二眞應，三迴三入一，四空有，五凡聖相由，六常無常，七三乘同行，八辨法邪正，此之八義上下皆通，廣說略說相從成就本末二相，宜可準思。約三敎相成者，謂始於道樹，爲諸大行，一往直陳宗本之致，方廣法輪其趣淵玄，更無由藉以之爲頓。所言漸者，爲於始習施設方便，開發三乘引接之化，初微後著，從淺至深，次第相乘以階彼岸故，稱爲漸。所言圓敎者，爲於上達分階佛境者，說於如來解脫法門，究竟窮宗至極果行，滿足佛事，故曰爲圓，如窮之以實，趣齊莫二，等同一味究竟無餘，何殊之有，但以對治功用不等故，隨根器別其淺深。言分有三，其次第者就於一乘了義實說，約對治方便行門差殊，要約有三以明次第。一者據方便修相對治緣起自類因行以明三敎，漸即在初，頓中圓後，三義從漸說也，初漸以生信，次頓以成行，次圓以成體用耳，若約實際緣起自體因行以明時，頓初漸次圓後，初示頓以令修，次示漸彰爲物，後示圓果德備故也。若約窮實法界不增不減，無障礙緣起自體甚深秘密果道時，即初圓次頓後漸也。所以爾者，正以沖宗不遺於玄想，圓道不揀於始門。是以事雖近而至遠，相雖著而至密，淺至極深方窮故。初示圓令見聞，次彰頓令隨喜，後辨漸階位，顯德起信行也，此即約圓以明三耳。然敎乃可爾，論其旨也，正明如來法身無上菩提至極圓道，契窮實相德盈海奧，義興眞本顯明後際，語果彰之於無得，論因顯之於無發。故無相之相，其趣幽微凝同太虛，旨絶名相，可謂至道無言而玄籍彌布，眞容無像而妙相備嚴。入於佛慧具佛所行，德顯殊美踰越於世。故經首貫以佛華嚴之稱者，當以旨南之說，宗要在玆。隨文釋者，此一部敎大分有三，謂序正流通。若豎料簡，隨其八會有十義別，餘準可識。此經一部凡有七處八會，人中三，天上四名七處也，重會普光名八會也。此爲階法故有七八耳。此七八文相有無不同，略以十門分別。就八會內所以初明佛者，佛是化主，今攝物必以化主爲先故，初明也。二大聖說法有所栖託，次辨處也。三攝化有所，次明菩薩。四器雖具足，請若不滿，則不爲說故，次生疑。五法潤無崖，次辨集新衆。六微法不審不可即說，次辨入定。七欲辨法勝故明佛加。八顯法始終分齊，次明出不出異。九勝法既宣，次明法益，故辨動地雨華等也。十然功用既彰，化不偏屈，十方齊轉契合不虛故，次辨結會平等顯證述成。此十若離雨華等乃有十五，散華燒香放光作樂雨寶，攝五爲一也，今並攝在十耳。二對會釋有無者，七處佛三身中是何。此解有二，一局一通。局者八會俱非小見，故是報身。問既報非化，何以處與下同。答此爲先化流於末世，故寄世處以辨也。又問若寄世者，何故經云阿迦尼吒天成。答此有二義，一寄化顯報，即八會是。二寄報顯化，即色究竟是，爲彰欲界是化故約相是化，今論教意耳。通者三身具有，一一互成。又普賢文云，在我身內無障礙，又辨華藏世界海又寄道樹等，故知也，此約三乘辨。若約一乘即下十佛並皆通有也，分文三者，序正流通也。序者方便相，正者說體相，流通津用相。此《淨眼品》是序，盧舍那下辨正宗，經不來盡故無流通，所以知。《大論》云，不思議經有十萬偈，此唯有三萬六千偈，故知也。亦可有流通，衆生心微塵已下文是，但爲龍樹菩薩會事等處十萬，準省之故不足耳。若從文義以分，至文別辨耳。序文分二，初明證信，二天王設供等已下明其發起序，證信序文有二義。初二句四字局此證信，二一時下義有通，此約一義耳，又亦可二句義通一部而文局，初一時已下文通而義局也，約此義即有六句，一如是，二我聞，三一時，四佛，五住處，六同聞衆。初釋如是者，衆聖理教文義相應故也，亦可我傳文義如佛所說也，是聖教義也。又信順辭耳，我聞可知，一時者根授相應時也。時有三義，一平等時謂無沈浮顛倒，二和合時謂令聞能聞正聞，三轉法輪時謂正說正受。佛者可知，處者謂摩竭提寂滅道場，此是大聖所託，以一在釋一切在，國通場局，此云無害國寂滅表離障圓果淨寂德也。始成者有二義，一得道始，初七日時，二現世始，說法第二七日時也，由令他知成道始故。此文有二，初二句總開依正立宗，二別辨。別內分二，初釋依報，二如來處此下辨正報也。初即器世間也，文有三，初辨道場地，二其菩提樹下辨其道樹，三不可思議下明師子座。此立意者，地爲住行之本，樹爲衆德建立，座爲攝益之用。初場中有三子句，一辨道場體莊嚴具足，二佛神力下明果德資成，三無量善根下出其因行。初體文復有三，一總辨體，二衆雜寶華下六句辨自利德，三雨無盡寶下二利自他德也。自利六句中，初一句微妙圓淨，次一具德淨，次一色相淨，次一高顯淨，次一眷屬淨，次一隱映淨。利他二句內，初明津用淨，次一覆潤淨，此二句通自他。次佛神力下第二子句中有三句，初明變淨土令地廣博，二光明普照下德用也，三一切奇特妙寶積等者體攝衆德。就道樹文二子句，一有九句辨樹體莊嚴，二佛神力下辨果德資成。初文分三，初明樹體高勝能陰覆也，二清淨瑠璃下五句正辨莊嚴，三樹光普照下三句明利他用。此中有三業，初意次身次口。坐文分五。初明座體出過情量。二衆妙寶華下正辨莊嚴。三流光如雲下辨利他用，亦有三業初身次意後口。四如來光明踰等下，上果下加，有五句，一陰覆勝，二感化勝，三無礙勝，四疾遍勝，五具德勝。五無量衆寶下總結成也。第二辨正報文有二，初如來處等總釋，二了三世下別辨。第二別釋文有三，初明法身，二其身遍坐一切道場下明報身，三悉能普現一切衆會下明其化身。此約三乘判文，若依一乘此中即具十佛體德用，準以思攝。初法身文有三句，初辨身業德有二句，二妙音遍至下二句明口業德，三平等法相下三句辨意業德。二報身文分三，初身用有四句，一座分齊，二知根行，三除惑染，四生德也。二普放三世智海光明下三句辨口業，三力無畏下一句明其意業，三辨化身文。初身業有三句，一了達一切下二句意業。三一切光明下二句口業，就口業文分二，初辨放光能普現諸義，次諸佛世界下辨益分齊。第六同聞衆，即衆生世間文明大衆圓集，此作二門辨，一明諸會有無不同，二依文釋。有無分二，一大小，二雜類。大小者七會皆大，第八通小，所以者前爲顯頓教大乘體，第八爲入法界普攝小乘令入大，顯人力故。二雜類者唯前一後一，列雜類神王名，餘略不列，所以者，前爲表仰修信如稱法界人信解萬行相，後爲表稱法界攝法界人修入德滿相也。問若爾何故涅槃經攝衆類多，此少也，答彼望熟故遠說，此約始近論也，所以可知。又亦可始約初位爲分齊故不通小下，餘如下辨。第二釋文分三，初別如來法身淨土攝三十四衆，二爾時於佛師子座下復以法身淨土方便之力攝起一衆，始末合有三十五衆。初略列衆名，二列名歎德。初文分二，一辨菩薩等明無爲緣集衆，二諸神等明有爲緣集衆，下列名歎德準可知。初菩薩衆中分三，一擧數，二列菩薩名。此有三，初辨，次結，三歎德。與俱者有二，一佛與俱與之俱說，二傳法俱與之俱聞。普者德滿法界曰普，至順調柔曰賢。所以此中明菩薩名雜者有二意，一爲顯下麁細等雜世界故，二爲此衆通下八會序顯多類法故也，餘者可知。三歎德文有四，初總歎，二諸波羅蜜下別歎自分德，三無上智願下別辨能入他分德，四悉得諸佛下辨普賢行願自在攝化。總文分二，一皆是善友者顯人勝，盧舍那者此云廣博嚴淨。二辨自分文有三子句，一明自利行，二辨才大海下利他行，三住於一地下明以行成位，辨所攝分齊，云住於一地普攝一切諸地等者，就行相次第終至窮實。自體以論，略要有四，一者以於始故能生於後，終竟滿足，故名攝也。二者雖足初始，然皆能行於諸地所行，諸法無殊，故言攝也，而所成之行但在於自分之位，上下憂劣但以明昧爲異也。三者但是初始即攝一切諸地功德，故名攝也。四者非謂以初後故名攝，但是初始，即正是終故名攝也。就自利分三，謂總正助也。利他文有三，初一辨口業，次一身業，次三善知下意業。此中初知根，二知理法三知事法。他分文有四句，一明自利五句，一得願，二得教，三得果法，四得位德，五得定也。二於衆生海下利他二句，初立次釋也，三善入下二句善入法身，初立次釋也。四遍遊下二句爲物出生淨土，初世界海，次國土海也。第四普賢願行文有四，一得諸佛三世方便，二辨供養，三得普賢願，四攝生成智德。亦可對物攝勝，就有爲緣集文有三十三衆，從下向上列名所以者，爲表進行增微故，問此諸衆住何土中，答此衆一身住土四土之中，三土化土中之一分，此可思之。何故下讚佛文從上向下列者，爲彰尊位次第也。初力士衆分三，一擧數，二列名，三歎德。歎德文有三，初總，次五句別，一具願門，二具德門，三具定門，四具神力門，五具解脫門，即自利德也。三處一切衆生下二句利他，餘衆列名歎德可知。迦樓羅者金翅鳥也，緊那羅此云疑神，作樂也，摩睺羅伽此云莽神也，夜摩者此云時天，亦名妙善。兜率者此云知足，大梵者此由新離欲染也，摩醯首羅此云大自在天。文有三，前二可知。就歎德文有四子段，一總歎，二於一切衆生下別歎利他，三無量妙色下歎自利，第四覩佛姿顏乃至所以者何下，因事辨成二用所以。第三自利文分三，初明法身身業，次於十力中下明意業，處一切衆下口業。此文有五句，展轉可知，第四所以文有二，初明所依，二辨所以。所以中初問次答，答文有三，初辨所依緣，二於諸如來下明依緣成行，三各隨下結別所成，推功在佛。第二文中有六子句，一在信位爲佛攝生善根，二爲佛引入解位，三爲佛攝入證位已上，四從逮得無量功德下明得八地已上無功用勢力，五皆悉成就下辨十地已上普賢願行，六菩薩所行下結別所成。第三結功在佛文中分四，一結，二正推如來智光普照，三得成因乘解脫力入佛果海親辨所由，四於法門得自在成述已行滿，亦可四句展轉辨成，次就歎佛文十八衆內。此但略上隱顯，故明十八，大分爲二，一善海等各於一法門得自在。二第十八普賢菩薩於一切法門得自在，此中約緣起樓觀顯同生異生德門分齊，宜可思之，亦可前十七異生。後第十八普賢菩薩是其同生，就異生文有十七，初善海內有二，一擧法門自在即意業行供養，王身現在即身業供養，二說偈下辨口業供養，偈讚文總爲歎如來三業滿法界用，就中初六偈總歎佛三業在世勝，二有一切世間衆生下六三業在世起殊勝德用，次如來妙色身下二偈別歎身業，次如來音聲無礙下二別歎口業，次一切十方無邊佛下二辨佛意業，次二偈擧因釋成。二樂業光天偈歎佛寂用雙行德，文分三，初一總歎，次十六偈別擧，三無數無量劫下二擧因結成。三禪有七天，淨智有二十二偈，總歎如來身業功能，初六歎法身，次六歎報身，次六歎化身，次四總歎如來慈悲德二禪十天，二十偈總歎佛大方便行及所證法。初六偈總歎佛方便行，次六歎以法門攝化，次六歎八相成道化，次二擧因結成。初禪有十天，頌內十六歎佛寂用無礙自在德，初四歎佛身業，次四歎佛口業無礙，次四歎佛意業，次四總歎三業無邊。他化十天誦文有二十偈，歎佛後得智用，初四法身普益生善滅惡，次四佛口業用，次二意業用，次六總歎佛能滅惡生善，次四歎佛應機自在而無高心。化樂天有二十偈，中歎佛三身德，初六歎法身德用自在，次十四歎報身，十四中有四，初二辨佛口業，次六身業，交四歎佛本因，次二歎佛攝生自在。兜率有八天，頌中十六偈總歎佛周遍法界說法自在，初六總歎佛用無礙，次六歎佛除生三障德，次二歎佛能成衆生行益不空，次二歎衆圓集顯聖攝力耳。夜摩十天，頌十六總歎佛三業功德，初八意業，次二口業，次六身業。忉利有十天，頌有二十偈，總歎三世佛權實菩提智門，初四辨念佛者得遇聖緣，次八辨佛方便被物，次六歎佛成勝智身，令修入者成勝利益，次二結勸念佛滅三障也，即惑業報耳。日天有十，頌中二十二總歎佛智日功，初十二歎佛衆德莊嚴，次八歎佛勝智善巧，次二歎法深廣。月天有十，頌中十六總歎佛於癡闇中放智敎光成其觀行也，初十辨佛智光益生成證心不傾動，次六明放光智轉相敎示成其正觀，次下乾闥婆等四衆即四天王是也，從所領爲名故作此說。若從主名者，《大論》云，東方天名提頭賴吒，此云治國，領二部鬼神，一名乾闥婆，二名毘舍闍。南方天名毘樓勒叉，此云增長，領二部鬼神，一名鳩槃荼，二名辟茘多。西方天名毘樓博叉，此云雜語，領二部鬼神，一諸龍，二富多那。北方天名毘沙門，此云多聞，領二部鬼神，一夜叉，二羅刹。此所領即是經中八部鬼神，此即二十八天中一天。東方天有十，謂持國等，頌中有二十總辨慈悲方便示法事淨土成利他益也，初六歎佛攝生令見法身，次有八偈歎佛在淨土化生得果，次有六偈歎佛隨處益物。南方天有十，頌有二十偈，歎佛慈悲法門，初六歎佛大悲忍苦調伏衆生，次十四明佛悲德周遍十方用無相也，於中有二初十二辨慈悲相，次二辨用離相。西方天有十，頌中有二十，歎佛悲益故令生得法喜，初六偈辨佛悲力救生，次四歎佛在生死者令入法海，次四令在苦者得其淨土，次六偈歎佛在淨土中說妙法海成法供養。如《須彌藏經》說龍報有五種形，一善住龍爲象形，二難陀龍爲蛇形，三阿那婆達龍爲馬形，四婆樓那龍爲魚形，五摩那蘇婆帝龍亦名摩那斯，爲蝦蟇形，變形如律說，各領所形龍。北方天夜叉者輕捷，頌中有十六，歎佛爲拔苦故在世間，初八偈歎佛平等慈德，次六辨佛智身法身攝生趣正道，次二擧因結成，上三十三衆中名此爲鬼王者，八部中唯緊那羅龍毘舍闍是畜生，但夜叉羅刹力大故與鬼名，此中五皆鬼也。金剛力士有十，頌中有二十，辨佛法身三業難壞，初六歎佛身業自在，次六辨佛口業，次八歎佛意業，此上諸類並像現劣而體是勝故。《大集》云諸佛諸菩薩言，汝欲往釋迦佛所者當現作梵王等，故知也。又此華藏界豈有此實類也，意如《攝論》，次解第十八菩薩衆說偈歎佛，此唯列普賢不列餘名者，此形居道位，德標普門，彰一即一切一切即一故也。此文有二，初列名歎德，次偈頌表三業供養可知，上下二衆長行歎德是經家列，非當時文。就長行有二，初總，次所謂下別總文分二，初自分德，二能入如來下入他分德。別文分二，前八法門廣前自分，後二法門廣前他分。又此五對十句，二二自他利頌中二十偈，義分有六，初二歎佛住處及眷屬淨，次二歎佛土主淨，次二半歎利益圓淨，次有七偈半化用圓淨，次二歎佛果位勝出圓淨，後四體用淨，就七偈內初三半佛身業淨，次二偈口業淨，次一切三世下二偈辨佛意業淨，後四偈文分二，初一辨法身體淨，次三用淨即三業用也，即爲三耳。此中釋普賢分齊以八門明因陀羅，可以知之，一理，二土，三身，四教，五法，六行，七時，八事。事即塵等也，凡論大意，約文有二，一但有使習煩惱染業及報並入凡境，自外入聖境聖中有二，謂理量二法，此二各有二法。因陀羅網境界即理中量也，及量中之一分耳，此可思準之。次下大段第二不動而集衆，此上諸衆未必有動，但欲顯同體攝，故有此耳，又顯果位具因法故也，就中有八子段，一明出處，謂師子坐樓觀側。二擧數。三列十名，所以列雜名者，欲顯說增微多類法故。四設諸供養下列供具。五皆大歡下正供佛。六隨方而坐。七彼菩薩等下歎德。八說偈歎佛，前地總，此樓觀別住也。供具有五，散華燒香放光作樂雨寶，就歎德有十句，一自分因行門，二勝進證時，他分無礙，三眞佛境中無盡辨才，四得佛意業成不思之用，五得普門境佛身業普現，六總說悉能入三世智地，七總歎常無常二涅槃因力具足，八方便淨涅槃，九自淨常果因，十總結成法供養行。頌讃有十九偈分爲四，歎佛三業及坐道樹自在德，初三偈歎佛意業用，次十偈辨身在樹王自在，次二偈口業自在，次四歎座莊嚴大用自在，次下第三諸王興供養行亦可。第二發起序，就中分三初佛神力動地等，所言動者一方動，遍動者四方同時動，等遍動者八方動，此解十八動出《大論》，吼覺震是聲，餘者色也。下文有六種動，即東涌西沒等是也，諸經有異動，不出此二，準以思攝。二明興供養，三此世界中佛坐道場下結所得業。第二文分四，一總，二別，三結，四等餘方。諸王德業文有二，一正歎此王，二等餘世界。就正歎文有六句，前三自利，次一利他，次二自他行成滿入勝分。初一總說各隨樂所入法及能入方便法門，二依證出觀心生歡喜法門，三別說方便對治法，四通達諸方勇猛利他法門，五如來位境勝分已入，六諸佛所證無量法海皆已得度。結文二意可知，釋淨眼品已，總有四種生解法，以起下文除立破四荅善巧翻依等，一次第門，相形取解故。二總別門，如六相等，從相入實故。三攝取門，如依言攝義故也。四例聲門，七種例聲例文取義故。

《盧舍那佛品》第二　自此已下正明正宗，文有四門分別，一辨名，二來意，三明宗趣，四釋文。一釋名者，盧舍那此云廣博嚴淨，問此品辨依報何故從主名者，此土與主爲所依，正報強故舉人顯土。二來意者，何故此品來，既衆集已，次明所顯法故也。三辨宗趣者有二，一人，二法。人有二，謂能加及所加，各有體相用，下諸會並一約處會分異耳。能加體者以內證法智爲體，七日思惟慶喜以顯德相，加說爲用，所加助化人體者入定爲體，蒙加爲相，起說爲用，餘會昇沈優劣準之可解耳。法者四種淨土爲此會宗，又亦可法界及世界海爲宗也，其法用眞如爲體，別德爲相，益物爲用。第四分文釋者有二，一對會，二隨品。此盧舍那品果廣而因略，故屬果德。二名號下因廣而果略，故判因行。更有別判，如第二會初釋，二就品分者有三，初至光覺等來舉果勸樂生信分，二明難下明修因契果生解分，三離世間下辨依緣修行成德分。所以須爾者，爲衆生薄少善根信心難發故。此品內佛加普賢說淨土依果，第二會內文殊承力說佛三業明其正報，以此勝依正以起信心。既起信心已，次須爲說法令其起解故。《明難品》下廣辨行相勸依。已見法明白，次須勸依起行歸有所得故。《離世間》下明依緣成德分，亦可依會分文定耳，餘義可知。又依《瓔珞經》云，第一會明世界及法界海，第二會明淨土。此依經判，大妙，文有此意，甚須思簡，至文當知。次第二引證者，如《維摩經·佛國品》在先，如是非一可知。此品大分二，一總通釋，二別約文辨。初總有三，一能詮教，二所詮法，其法義不定，廣如四十無礙辨才等中釋。二別約文辨有二，初大衆生念陳疑，二爾時世尊知諸菩薩心下明其答相。因初請問料簡八會，諸問不同，即十門中第四也。此略有三，一辨有無，二明法門廣略前後，三辨問人多少不等。初有無者，初二會後三會初有問也，所以者初爲通問因果二法故。第二所以者復問行法初故，後三所以問修行中同異故。餘對文辨。次依文釋疑問中分二，初長行，後偈頌。長行有二，初舉能問人興念，二何等下正請，三唯願下結請，請中有二十三句問。又佛作頭成十四句分二，初二十一句問得果法，次一切菩薩下問因法就果文。準下五海十智答文有五子段，初十二句明三身果體差別，又若依一乘即體德用也，餘準之。次世界海一句辨淨土依果，三衆生海一句辨所化生，四法界方便一句辨化生法藥，五佛海下六句辨果德攝化作用之義。初十二文分三，初四辨法身德，二佛力下五句辨報佛德，三佛眼下三句明化身德，此約三乘定文耳。佛地者果位出生衆德故，佛境界者分局也，佛持者法身持衆德也，佛行者行業也，化身文眼耳等辨身業，佛光明等辨口業，佛智海辨意業。就佛海下六句化用文中，初三辨報佛化用，後三辨化佛作用。就因問分二，初一切菩薩所修行海者總也，次別別文分二，初大乘心等辨地前信樂等種爲因也，二出生諸度下辨地上行，即攝十度，波羅蜜即六波羅蜜，願即願方便，智即力智也。頌文有二，初長行，次偈頌，偈有十八，偈準《地論》此名口業也，就中分三，初六偈總讚請，次十一偈半頌上請文，次半頌上結。請前六文內分三，初一自利德圓，次三利他滿，後二根器樂聞。就十一句巧略故不可周盡，初八頌三身十二句，次一頌世界海下三句，次二頌上佛海等六句及因行等二句，次第二明答相。文分七，初辨放光集衆明其序分，二爾時普賢即入淨藏定下三昧分，三普賢入定已下辨加分，四大衆同聲下請分，五爾時普賢菩薩承佛神力已下明本分，六爾時普賢從定下辨起分，七爾時普賢菩薩欲令衆歡喜下明其說分。文分二，初廣集說儀，二如此四天下已下結通平等。初文有四，初放光，二集衆，三示衆令知說法者，四於彼有蓮華生下顯說儀則。次放光有二意，一現相表實，二起其信心。此文二意通下會耳，因此放初光即明，諸會放光集衆偈頌三義不同，此即十中第五番也。集衆說偈對文辨，諸會序內顯解行法及德位淺深不同，但第六七八三會無放光集衆，所以第六不放者，凡放光表往來衆集等，地前世間故有往還，地上證體無漏盡其性，處無可攝聚在異處也，但可共加顯深方說也。七八不放者起光本顯爲集衆彰法，後二法已先顯，今依修行，故不假也。然彼第八會正說中放光者，爲明果德攝益分齊不爲集衆也。又第七會證行境界法唯相應，辨信非言事能證成，故無光及衆集耳。又初會光爲集衆證經，二《光覺品》顯所依法淺深，通下爲則，三第三會已去，三會光爲顯當位得理分齊。又問第六會放光集衆俱無者，欲顯無漏德位不可以事彰故也。放光文分二，初面門是身業，二光中起聲說偈是口業。蓮華藏海因人非及故，須光加方可見也，所以面門放者表正向教道曠被說故。言面門者面之正容非別口也，所以一一齒者表能對資成功立也，就放光文中有五，初辨所依，次總列十門，三如是等下出光眷屬行，四後一一光下辨用，五顯光攝益。光十門分三，初六法身正報相，次二明淨土依相，次二明攝化相頌文十。九偈有三，初十歎佛德行善能開覺，次七勸詣導師興其供養，往佛所也，次二重歎佛德用內證諦海生物勝欲。就第二集新衆文中，先明諸會有無。二次分文有無四，一有無，二來處遠近，三本處佛號及菩薩名不等，四供養多少有無者，唯他化天說十地，及重會此二無新衆。有四意衆集，一爲表所攝機，二爲證法，三爲興供養，四明衆圓集如是等所以可知。其第八會定後集者，表知識方便善巧令自他入於法界，不爲顯法，亦可爲顯攝他用非證自義，仍是衆集爲證法耳。二辨來衆遠近者十百千等如文，餘義對文釋。集衆有四相，一處名彰法相，二佛名顯解，三菩薩名明位始終，四座名辨攝法利用。此但局新衆，餘即通也。就十方新衆文有五，一圓衆來此，二如是等下總結，三菩薩次第坐下各顯已所得法門顯有化德，四念念中於一一世界下明緣起力用自在化物，五明說偈。初文十中各有七分，一處海，二佛刹，三佛名，四彼菩薩名爲某佛開覺，五與侍俱來，六興供具供佛，七各據本方坐。第二結文十億佛刹等有十億菩薩來者，此是國土海體同不別，此衆生土名字不同者，爲表果德普通攝益現法差別不同故也。第三有六，一坐已，二毛孔出光，三光中出菩薩，四菩薩方便周遍諸塵，五一一塵中有佛刹，六一一刹中有佛現，此是實事非化權也。次第四文有三，初辨所化生，二以夢自在法門下辨能化之法，初辨次結，三於一念頃下辨化成益。就成益文有六句，一益人天，二益內凡，三益成十果向，四益令成十迴向已還，五益令得七地已還，六益成八地已上。五頌文有二，初十偈頌前十方菩薩久修勝行赴此，後十偈頌前次第坐下及益生文。前十中分三，初二偈辨菩薩自德，次有五偈辨能拔生離苦。次有三偈由德成故，能遍遊十方佛所顯其殊能，後十偈通頌上坐已下所得法門化德等文也，餘相可知。第三佛示普賢使知說法者令衆敬請文有四，一辨放光益意，次正放光此有五句可知，三光所照處正示，四從足下入攝用歸本，顯因果二融，第四出蓮華及菩薩。顯說儀中有三，初於場處華出，亦可相輪，此有七句，此顯攝化分齊，二從佛眉間出一大菩薩，約人顯教，三說偈讚歎明教分齊。就第二出菩薩中有七，初辨處，二明所出人，三列名，四眷屬，五出已敬繞坐，六退坐有二，七成就下歎所出人德。此有四句，第三偈有二，初勝音說六偈，歎佛化身應器自在，及顯法分齊，即顯教聲德。二師子焰光奮迅說十七偈，總歎盧舍那及普賢能同諸佛，及辨轉法輪相也，即顯教威耳。初頌分三，初二明化身充滿法界現生前意，次二現用說法亦教分齊，次二威德難思。第二奮迅音菩薩偈內，初三辨盧舍那自在轉法輪，次十四偈明三業轉，即緣具也。此明約緣顯三種法輪，初文有四，初半總顯，二半辨輪體，三一行明所應方處隨轉，四一行明義相耳。法輪有四種，一教，二行，三理，四事也。問此轉法輪與三乘三轉十二行輪何別，答此但一轉成其十行，所謂一轉無盡轉，廣如下說。又《佛本行經》云，佛於箕宿月初十五日內十二日昃過半人影難勝時北面坐，於鬼宿及房宿時，轉梵法輪也。就第二中，初六偈明意業化，次四偈辨身業化，次四偈辨口業化。又釋有七，初二總辨因果起化分量，二有二辨身業，三有二明其口業，四有二明意業，次二重辨身分齊，次二重口，次二重意，二明三昧分法體即敬承佛力，受加以發起，於內有二，一約諸會料簡，二釋文，料簡分四，即第六番也，一有無者入定爲表法深，唯第二會所對機淺，法不可深故，又是住方便無自位體，故不入定，法對機位故也。二重入不重入者，初會義重，餘會無也，亦可不重爲此本分定中說故，所以下別釋耳。三因果體別者第一第七及八明，是佛定，三四五六并菩薩定，何爲者，初爲無垢如藏是淨體故入淨藏定，第七會自利果行成熟故入佛華嚴定，此語望化主，若就行者修因華嚴果故，爲修從始故重普光。第八法界解脫利他果滿，故佛自入師子奮迅定，此亦約化主，若就修行表因人操境建志立身故。又此三會所顯法並通因果，故入果定耳。中間四會入因定，對文方釋。四能入人異者，七處入定中前六會明菩薩入，爲彰分契理故，亦明踴悅因人。第八佛自入定者，明法界解脫究竟果體唯佛能窮故，亦可舉佛顯法際故。又對佛顯諸人所知分齊故，餘意在下辨。次依文釋分三，初辨普賢入淨藏定，二照諸佛無礙，此中智斷分二也。三於此已下辨等諸佛所得定也，亦可結通也。第三入是三昧下明佛加分文二，一因是料簡諸會加被差別，即第七番也。二釋文，料簡有二，一辨有無，二辨諸佛遠近及多少名字有異。有無者二七八會，不明諸佛加何爲，凡加被爲果攝益，令下位下智得力堪說上法及勝進起行。第二辨機初不定防其進退故不入定，以表法決深故。又人不入定審見法，故不加也。第七會有二，一即此會行所依法與前不異故，二明行者起修麁細不定故也。第八會辨佛自入三昧，法界解脫之果大周圓極，故不假加。次佛名不同者顯德差別也。次依文釋分三，初口加與辨及加所爲，二爾時一切諸佛與下明意加與智。三爾時十方下明身加摩頂與其無畏。又此文分二，初辨入定故加，二所謂下辨加所爲，即是加相。初文有三，一爲加故諸佛現身，二彼諸如來下讚入深定有力能說，三是皆下明加讚所由也。口加文中分三，一總，次二句辨自他行體，次七句明利他行用。意加分三，初一總，次別辨十智，三何以故下釋成。初十智文，前三自利，後七利他，此與下十智多同。何故既說果德，佛不自說者，此爲表勝果下因堪剋故。又普賢得定故，長子故，衆首故，盡盧舍那佛願底故，本願故也，又自善根力故，準下於此應有。摩頂已即出，今略無出。下始明出，及益意可知耳，因此明諸會出定說法不同，即第八番也，先辨起定不同，諸會說法對文方辨。第八有入無出，表入法界無返故，第二會出入俱無，初會文不定也，亦可眞俗雙觀，或文家交錯，餘會具出入耳。第四段菩薩同聲重請普賢，即請分。文分二，初少長行怪不說意生後請文，普賢爲先唯自衆請未新舊共請請不滿故不說耳。頌請二十偈分二，初歎德請，二下二偈結請。前文有五，初二辨普賢久諸佛所修諸願行應依大願爲衆即說，次四辨普賢常見諸佛在塵道中應同示說故今應說，次六辨普賢久成定力遍知器海能廣爲說應同於彼願爲衆說。次四辨普賢三業，能雲雨利他何故不說。次二正擧性報二土是十力修得，勸應機爲說。下二結請，所以唯十地內具加請者爲成因證行法，餘即不爾也。

法藏《花嚴經文義綱目》 夫以茫茫性海緣象詎測其源，眇眇玄猷名言罕尋其際。有融圓智朗亘夜而闢重昏，無限大悲俯群機而臨萬剎，於是無象現象猶陽谷之昇太陽，無言示言若滄波之傾巨壑。是故創於蓮花藏界演無盡之玄綱，罕籠上達之流控引靈津之表，然後化霑忍土，漸布慈雲，灑微澤以潤三根，滋道牙而歸一楑。是知機緣感異聖應所以殊分，聖應雖殊不思議一也。《華嚴經》者斯乃集海會之盛談，照山王之極說，理致宏遠盡法界而亘眞源，浩汗微言等虛空而被塵國。於是無虧大小潛巨剎以入毫端，未易鴻纖融極微以周空界。故因陀羅網參互影而重重，錠光頗黎照塵方而隱隱。一即多而無礙，多即一而圓通。攝九世以入剎那，舒一念而該永劫。三生究竟堅固種而爲因，十信道圓。普德顯而成果。果無異因之果派五位以分鑣，因無異果之因總十身以齊致。是故覺母就機於東城六千疏其十眼，童子詢友於南國百十成以一生。遂使不起樹王六天斯屆，距移花藏十剎虛融，示寶偈於塵中齊暉八會，啓玉珠於性德七處圓彰。浩浩鏗鈜抗思議而逈出，魏魏煥爛隔視聽於聾盲。是故舍那創陶甄於海印二七之旦爰興，龍樹終俯察於虬宮六百年後方顯。【略】

二明教興意者，夫大教之興非無因緣，及非小因緣令此教起。故下文《性起品》云，以須彌山微塵等因緣故起此性起法輪。今略題十種，謂願力故，法爾故，爲本故，爲歸故，顯德故，顯位故，開發故，見聞故，成行故，得果故。初願力故者，謂佛與菩薩及彼機緣三位願力之所起，故下文云，盧舍那佛本願力，故普賢願力故。又云若有得聞者，當知本願力。又云開發大願故，因本願力之所出也。二法爾故者謂，汎諸佛初出興世將欲開顯所化蓮花法爾，皆於第二七日海印定中演出如是無盡法門。下文云法如是故，此則如大王路法爾常規。三爲本故者謂，將欲逐機漸施末教，故於最初先示此法以爲末本，以依此本得起。末故下文云，譬如淨法界與三乘法爲所依。又云猶如日出先照高山等。四爲歸故者謂，顯末教所歸處。故下文云，猶如衆水流歸大海等。五顯德故者謂，顯如來自所得法體相用，故體謂法界理智無礙，相謂十蓮花藏微塵數等，明謂毛孔現剎廣益機緣，普賢亦爾。六顯位故者謂，顯信等六位圓融相攝前後，是故一位即一切位，而前後歷然，下文云在於一地普攝一切諸地功德等。七開發故者謂，開發衆生性起心中法界無礙自在法門令顯現，故下文中破微塵出經卷等可知。八見聞故者謂，示此一乘無盡自在具足，主伴無礙法門，令物見聞成解脫分金剛種故，如性起品說。九成行故者謂，令衆生成普賢行，一行即一切行，初發心時便成正覺，具足慧身不由他悟等。十得果故者有二，初斷果謂除障故，即一障一切障如《普賢品》，一斷一切斷如《小相品》等廣說。二智果，謂具十身盡三世間，逆順自在依正無礙等。由此十義同一緣起無礙圓融自在力故，令此經教依無住本而建立也。【略】

第三明宗趣者於中有二，先總後別。總者古德出宗不同，如遠法師以花嚴三昧爲宗，又衍師等以法界爲宗等。今依光統師以因果緣起理實爲宗趣，因果是位，緣起是義，理實是體，以因果與理實不二故是緣起也。又因果約事，緣起會相，理實顯體，此中作二門，一約文或唯果，如《不思議品》及《舍那品》等。或唯因，如《明難品》至《僧祇品》及《普賢品》等。或俱，如七八二會。或俱非，如《性起品》。若細取一一會一一品亦一一文皆具因果，思之可見。二約義或因果俱因，以約緣起故此通一部，以果分不可說故。或因果俱果，以起即不起故。因相盡故，約理實也。或前俱果，因以是所起故。或後俱因，以是所依本故，由是緣起理實故。或因即果果即因，因非果果非因，因是因果是果，因非因果非果，如是無障無礙，人法教義等皆準此知。後別辨中有五對十句，一境行相對，以境爲宗用行爲趣。或反，此以修起智會同眞境故。問宗趣何別，答語之所表曰宗宗之所歸名趣，總中宗即趣，此中分辨也。二理事相對，以事爲宗理爲趣。或反，以依理得成緣起事故。三教義相對，教爲宗義爲趣。或反上，以義深令教實故。四因果相對，因宗果趣。或反上，以擧果意爲成因故。五人法相對，集衆人爲宗說法爲趣。或反上，以法成人故。

法藏《華嚴經探玄記》卷一　夫以法性虛，空廓無涯而超視聽，智慧大海深，無極而抗思議眇眇玄猷。名言罕尋其際，茫茫素範，相見靡究其源。但以機感萬差，奮形言而充法界，心境一味，泯能所而歸寂寥。體用無方，圓融叵測，於是無像現像，猶陽谷之昇太陽。無言示言，若滄波之傾巨壑。是故創於蓮華藏界，演無盡之玄綱，牢籠上達之流，控引令階佛境。然後化霑忍土，漸布慈雲，灑微澤以潤三根，滋道牙而歸一揆。是知機緣感異，聖應所以殊分，聖應雖殊不思議一也。《華嚴經》者，斯乃集海會之盛談，照山王之極說。理智宏遠，盡法界而亘眞源，浩汗微言，等虛空而被塵國。於是無虧大小，潛巨剎以入毫端。未易鴻纖，融極微以周法界。故以因陀羅網參互影而重重，錠光玻黎照塵方而隱隱。一即多而無礙，多即一而圓通，攝九世以入剎那，舒一念而該永劫。三生究竟堅固種而爲因，十信道圓普德顯而成果。果無異因之果，派五位以分鑣。因無異果之因，總十身以齊致。是故覺母就機於東城，六千疏其十眼，童子詢友於南國，百十圓成以一生。遂使不越樹王六天斯屆，詎移華藏，十剎虛融示寶偈於塵中，齊輝八會啓王珠於性德。七處圓彰，浩浩鏗鋐，隔思議而逈出。巍巍煥爛，超視聽於聾盲。是故舍那創陶甄於海印，二七日旦爰興。龍樹終俯察於虬宮，六百年後方顯。然即大以包含爲義，方以軌範爲功，廣即體極用周，佛乃果圓覺滿，華譬開敷萬行，嚴喻飾茲本體，經即貫穿縫綴，能詮之教著焉。從法就人寄喻爲目，故云《大方廣佛華嚴經》。《世間淨眼品》者，器等三種顯曜於時，光潔照明況於淨眼，法喻合擧故云世間淨眼。語言理一，格類相從，故稱爲品。此經有三十四品，此品建初故稱第一，故言《大方廣佛華嚴經·世間淨眼品》第一，餘義如下說。

將釋此經略開十門，一明教起所由，二約藏部明所攝，三顯立教差別，四簡教所被機，五辨能詮教體，六明所詮宗趣，七具釋經題目，八明部類傳譯，九辨文義分齊，十隨文解釋。

初教起所由者，先總辨，後別顯。總者，夫大教之興因緣無量，故智論之初，廣辨般若教起因緣，如須彌山不以無事及小因緣而能令動佛。亦如是大因緣故而有所說，所謂般若波羅蜜，流行世間廣益群品故也。《法華》亦云，如來爲一大事因緣故出現于世，所謂開示悟入佛知見等。此經下云，如來應供等正覺性起正法不可思議，所以者何，非少因緣成等正覺出興于世，以十種無量無數百千阿僧祇因緣，成等正覺出興于世。何等爲十，一者發無量菩提之心不捨一切衆生，如是等乃至廣說應知。次別顯者，略提十義以明無盡。何者爲十，謂由法爾故，願力故，機感故，爲本故，顯德故，顯位故，開發故，見聞故，成行故，得果故。初法爾故者，一切諸佛法爾皆於無盡世界，常轉如此無盡法輪，如大王路法爾常規，無停無息無窮未來際。是故下文《不思議品》云，一切法界虛空等世界，悉以毛端周遍度量，一一毛端處於念念中，化不可說不可說佛剎微塵等身，乃至盡未來際劫。一一化佛身有不可說不可說佛剎微塵等頭，一一頭有不可說不可說佛剎微塵等舌，一一舌出不可說不可說佛剎微塵等音聲，一一音聲說不可說不可說佛剎微塵等修多羅，一一修多羅說不可說不可說佛剎微塵等法，一一法中說不可說不可說佛剎微塵等句身味身。復不可說不可說佛剎微塵等劫說異句身味身，音聲充滿法界，一切衆生無不聞者。盡一切未來際劫常轉法輪，如來音聲無異無斷不可窮盡。解云，準此經文，於一毛端處於一念中出於如上業用，餘念念中皆亦如是。如一毛端處如是念念業用無盡，餘一一毛端次第周遍虛空法界等一切世界，各皆如是無盡無盡。此即處以毛端該於法界，時以剎那盡於劫海，謂於此處明頓起業用，謂於此時明常起業用此亦不待因緣。諸佛法爾，此經下文所說皆爾。問若爾何故，處唯八會時局二七耶，答《遮那品》云，一一微塵中佛國海安住，佛雲遍護念彌綸覆一切。又云，一毛孔中無量佛剎莊嚴清淨曠然安住，彼一切處盧遮那佛於衆海中演說正法。解云，況八會處而不該攝十方法界。又《發心品》云知無量劫即一念，一念即是無量劫。解云，況二七日時不攝無量劫海。《不思議品》云，一切諸佛於一微塵中普現三世一切佛刹，於一微塵中普現三世諸佛自在神力，於一微塵中普現三世一切衆生，於一微塵中普現三世一切諸佛佛事。解云，此中塵內三世通括一切前後際劫，是謂諸佛法爾常説故也。二願力故者，謂是如來本願力故，令此教法稱機顯現。是故《盧遮那品》云，十方國土中一切世界海，佛願力自在普現轉法輪。又云，盧遮那佛神力故一切刹中轉法輪，普賢菩薩願音聲遍滿一切世界海。解云，即是此經該於十方虛空法界等，一切世界及諸塵內諸刹土中同時説此經者，皆是本師願力所致，是故下諸會初皆云盧遮那佛本願力故。又《雲集品》頌云，無量無數劫此法甚難值，若有得聞者當知本願力。解云，此即由佛願力令衆得聞。又云，如來不出世亦無有涅槃，以本大願力顯現自在法。三機感故者，如來平等無有改易，隨應衆生現身説法，此有三義。一以佛果色聲清淨功德爲增上緣，應彼機感以成攝化。雲集偈云，有眼有日光能見微細色，最勝神力故淨心見諸佛此現身也。又《法界品》云，佛於過去行得一微妙音，無心於彼此而能應一切此説法也。二佛果無有色聲麁相，但以平等理智增上願力，機感相應有形言現。雲集偈云，三世一切佛法身悉清淨，隨其所應化普現妙色身。又云，一切諸如來無有説佛法，隨其所應化而爲演説法。三通上二義，有無無礙，以稱法界無障礙故。《舍那品》云，佛身充滿諸法界，普現一切衆生前，應受化器悉充滿佛，故處此菩提樹，一切佛刹微塵等爾所佛，坐一毛孔皆有無量菩薩衆，各爲具説普賢行。解云，正是此經所説分齊。四爲本故者，謂將欲逐機漸施末敎故，宜最初先示本法，明後依此方起末故。是故最初説此經法，然後方於鹿園等處漸説枝末小乘等法。又下《性起品》云，猶如日出先照高山等，如下立敎中引説。五顯德故者，謂顯佛果殊勝之德，令諸菩薩信向證得。此有二種，一依果謂蓮華藏莊嚴世界海。二正果謂如來十身通三世間等。竝如下文説，此二無礙有四句，一依內現依，如塵內現刹海。二正內現正，如毛孔現佛等。三正內現依，如毛孔現刹等。四依內現正，如塵內現佛等。是故隨擧一門即攝一切，無不皆盡，竝如下説，爲顯此果德故説是經。六顯位故者，爲顯菩薩修行佛因，一道至果具五位故。此亦二種，一次第行布門，謂十信十解十行十迴向十地滿後，方至佛地，從微至著階位漸次。二圓融相攝門，謂一位中即攝一切前後諸位，是故一一位滿皆至佛地，此二無礙廣如下文諸會所説。七開發故者，爲欲開發衆生心中如來之藏性起功德，令諸菩薩依此修學破無明㲉顯性德故。此亦有二種，一以言説顯示，令知有故。二敎其修行得顯現故。如下文破微塵出經卷等，具如彼説。八見聞故者，示此無盡自在法門，唯是極位大菩薩境，而令下位諸衆生等於此見聞，而得成彼金剛種子，不毀不盡，要當令其至究竟位故也，亦如《性起品》説。九成行故者，謂爲示此普法令諸菩薩成普賢行，一行即一切行，初發心時便成正覺，具足慧身不由他悟。又云，菩薩受持此法，少作方便疾得阿耨多羅三藐三菩提等。此亦二種，一頓成多行，二遍成普行，竝如下説。十得果故者。令得佛地智斷果故。亦有二種，一斷果謂除障故，即《普賢品》明一障一切障，《小相品》明一斷一切斷，廣如下説。二智果謂成德故，具足十身盡三世間，逆順自在依正無礙，如《大思議品》等説。此上略由顯示如是十義，令此經敎興起故也。

第二藏部明攝者，略顯十義以明收攝，一明三藏，二顯所攝，三辨二藏，四釋相違，五開種類，六定所攝，七一部收，八三部攝，九或九部，十具十二。初明三藏者，一名修多羅，或云修妬路，或云素呾覽，此云契經。契有二義，謂契理故，合機故。經亦二義，謂貫穿法相故，攝持所化故。貫穿者，世親釋云，謂能貫穿，依故相故法故義故名素呾覽。謂於是處，由此爲此而有所説名之爲依，眞俗諦相名之爲相，十善巧法等名之爲法，隨密意等以説諸法名之爲義。又無性釋爲貫穿縫綴，解云，貫穿是契入義，縫綴是契合義，謂以聖言貫穿義理，令不散失令不隱沒，縫綴連合，令成詮表令得久住。《佛地論》云，能貫能攝故名爲經，以佛聖敎貫穿攝持所應説義及所化生名爲契經，契理之經依主釋也，契經即藏持業釋也。又雜心五義，一涌泉，二出生，三顯示，四繩墨，五結鬘。正翻名線，何故稱經，謂線能貫華經能持緯，義用相似，但以此方重於經名不貴線稱，是故翻譯逐其所重廢線存經，從譬立名。二毘奈耶，此云調伏，調者和御，伏者制滅，調和控御身語等業，制伏除滅諸惡行故，此是所詮行，謂調伏之藏也。或翻名滅，滅有三義，一滅業非，二滅煩惱，三得滅果。或云尸羅，此名清涼，三業過非猶如火燃，戒能息滅故云清涼。《十誦律》中名爲性善，或云守信，如昔所受實能持故。或云波羅提木叉，此云隨順解脱，由持戒故順至解脱，亦名別解脱。

三名阿毘達摩藏，達摩名法。阿毘有七義，一名對法，此有二義，一對向，謂因智趣向涅槃果故。二對觀，謂果智觀證涅槃滅故。雖因智亦有對觀，然以仰進修故但名對向。世親《攝論》云，此法對向無住涅槃能説諸諦菩提分等諸妙門故。此約因智説，此唯所詮。二名數法，梁《攝論》釋云，諸法中隨一法或以名相或以別相或以通相等，數數顯此一法故名數法。三名伏法者，彼論云，此法能伏諸説，立破二能，由正説依止等方便故名伏。四名通法，此能通釋契經義故，契經稱法，此法能通彼，即法之通。梁《攝論》名解法，由阿毘達摩修多羅義易解故也。五名無比法，六名大法，七名擇法，此三唯約所詮。又《順正理》云，或契經名爲達摩，論能決了名爲對法，此即以教對教。同上通法，或云摩得勒伽，此云本母，以教與義，爲本爲母，亦名分別解脱。或云優波提舍，此云論義，《雜集》中名解釋也。此契經等上三種，皆含攝所詮出生義理，俱名爲藏。《莊嚴論》第四云，彼三及此二云何名藏，答由攝故，謂攝一切所應知義也。初藏通持業依主，後二藏唯依主，以從所詮爲名故，餘出體性及諸門分別，廣如別説。第二顯所攝者，此經何藏攝者，或唯契經攝，以非餘二故。或二攝，以有決擇義理對法收故。或三攝，下文亦顯諸戒行故。此約同教辨，或是下文十藏所攝，以主伴具足顯無盡故。此約別教，問三藏據教，十藏約義，如何以義而云攝教。答若小乘教義俱不融，三乘義融教不融，一乘教義俱融，是故得攝，如意言無分別觀入教攝等。三乘中已有況一乘耶，但標召表示即屬教攝，思之可見。第三約辯二藏者，謂聲聞藏菩薩藏，初者約聲聞小根，立三藏教，詮示聲聞理行果等，爲聲聞藏。二約菩薩大根，立三藏教，詮示菩薩所行等法，爲菩薩藏。《莊嚴論》第四云，此三藏由上下乘差別故，復説爲聲聞藏及菩薩藏。第四釋相違者，問經中亦云，爲求緣覺者説十二因緣，何故不名緣覺藏耶。答以諸緣覺亦唯斷我執，唯證生空，果成羅漢入滅不殊，望於菩薩俱是下乘，故不別説。問等俱是下，何故獨名聲聞藏。答以緣覺亦有出無佛世無教者故，聲聞不爾故偏得名。問小乘教中亦有詮示菩薩乘法，何不亦名菩薩藏耶。答以彼宗菩薩所斷所證所入涅槃亦與二乘無差別故。又以菩薩唯一不多故亦不説。問若爾何故，《普超三昧經·三藏品》及《入大乘論》，説彼三乘即爲三藏，一聲聞藏，二緣覺藏，三菩薩藏。答彼經論中皆云，大乘之中有此三藏故，非謂小也。問即據此文緣覺有藏，與《莊嚴論》如何會釋。答前據理果不異故合也，此約教行小別故分也，是故二説不相違也。第五開種類者，就聲聞藏中，準諸經論曲開三種，一諍論聲聞藏，謂契經四阿含，調伏五部，對法二十，互相違諍，所説不同，不妨聖果，是故總名爲諍論藏。二稱實聲聞藏，謂如瑜伽聲聞地及聲聞決擇，詮示聲聞行位果等，皆悉稱實與理相應，不同婆娑及諸異論，以補處所説非諸異論所能諍故，是故總名稱實聲聞藏。問此中所説既與小乘諸部不同，豈聲聞人有兩種耶。答此約教中説聲聞法盡理不盡故，開爲二，非謂聲聞亦有差別。三假立聲聞藏，如大乘經中爲引聲聞令迴心故，所立法門亦同聲聞名數而説，如無作四諦及道品等，如諸大乘經中説，不能繫引，既非菩薩所學。是故名爲假立聲聞藏。問此中名雖同小乘義實是大，何得總説爲聲聞藏，答只爲此義名爲假立。問諸聲聞人根熟迴心所學即是菩薩藏收，此假立藏於彼何用。答但聲聞迴心有二種，一勝二劣，勝者一往入大不藉此藏，劣猶怖大，是故方便同彼名數，令易信受故立此門。第二菩薩藏中，準諸聖教亦有三類，一小乘中菩薩藏，謂詮示菩薩依三十四心等次第成佛，亦不論於十地行位，仍復不同聲聞等者是也，如《婆娑》《俱舍》説。二大乘共教中菩薩藏，謂詮示菩薩次第行位，雖説有迴心直進不同，俱依十地行布漸次修至佛果，如《瑜伽菩薩地》及諸大乘經論中説。三不共教中菩薩藏，詮示菩薩依普賢行位五位圓融，謂一位即一切位，一行即一切行，圓極法界無礙自在，始終皆齊，一一位滿即成十佛主伴具足等。故《智論》云，般若波羅蜜有二，一者共，謂此大品經及餘方等經與諸聲聞共説故。二者不共，謂不思議經不與聲聞共説故。解云，此中共大之小非愚法，共小之大非別教，是故有三菩薩藏也。問菩薩聲聞二藏別故，即彼二人各別得果，菩薩藏中既分三位，應三種菩薩各別成佛。答成佛唯一，但機有淺深，教説三類，匪謂成佛體實有三，今就教開不約佛體。問若三説俱稱理，佛體亦成三，若成佛理是一，二説即爲虛。答於一成佛通有三義，一以本從末門，如小乘説，以同聲聞故。二開本異末門，如共教説，以與聲聞相對辨異故。三末盡唯本門，如不共教説，二乘聾盲無對異故。佛體圓融具斯三義，是故三說各異佛無若干，是故今菩薩藏中有此三類。第六定所攝者，此經何藏攝者，俱非前三聲聞藏攝，於後三種菩薩藏中正唯後攝，以《智論》中別指此經爲不共故。或三類中唯除初一後二俱攝，以此經中具普別故。或亦通彼假立聲聞藏收，以經中亦辨四諦等故。或亦總通二藏所收，以聲聞藏法竝依一乘法界所流味無別故。第七一部攝者，於十二部中或唯約方廣一部所攝，對法論說一切有情利益安樂所依處故，宣說廣大甚深法故，名爲方廣。又《瑜伽》說聲聞藏中無方廣故，或此經題目已顯現故。第八三部攝者，謂記別，自說，方廣，以《法華》中說，餘九部爲小乘故，此經非彼故唯三攝。第九或九部攝者，謂除因緣，譬喻，論義，以涅槃第三說護大乘者受持九部，除前三故。第十具十二者，一是契經攝，以《涅槃經》說始從如是終至奉行是契經故。二應頌，如下文具有重頌故。三記別，如下文，具有記成佛等故。四諷頌，如下文有直說頌等故。五自說，如下文從定起即說本分等。六緣起，如下文因請說故。七譬喻，如下文廣說喻故。八本事，如下說盧舍那等及普賢本所經本事故。九本生，如下說舍那等本生相故。十方廣一門可知。十一希法，如下文毛孔說法及座出衆寶柱現佛等。十二論義，如瑜伽八十一說，謂諸經典循環研覈，摩怛理迦，一切了義經皆名摩怛理迦，謂於是處世尊自廣分別法相等。如下文《明難品》等說，是故此經具有十二部攝也，餘義如下十二部經處說，藏部攝竟。

第三明立教差別者，略提十類，一叙古說，二辯是非，三述西域，四會相違，五明現傳，六定權實，七顯開合，八教前後，九就義分教，十以理開宗。初中，古來諸德立教多端，難以具顯，略叙十家，以成龜鏡。一後魏菩提留支立一音教，謂一切聖教唯是如來一圓音教，但隨根異故分種種，如經一雨所潤等。又經云，佛以一音演說法，衆生隨類各得解等。二陳朝眞諦三藏等立漸頓二教，謂約漸悟機，大由小起，所設具有三乘之教，故名爲漸，即涅槃等經。若約直往頓機，大不由小，所設唯是菩薩乘教，故名爲頓，即華嚴等經，後大遠法師等亦同此說。三後魏光統律師承習佛陀三藏立三種教，謂漸頓圓。光師釋意一爲根未熟，先說無常後乃說常，先空後不空等，如是漸次名爲漸教。二爲根熟之輩，於一法門具足演說一切佛法，謂常與無常空不空等，一切具說，更無由漸故名爲頓。三爲於上達分階佛境之者，說於如來無礙解脫究竟果德圓極祕密自在法門，故名爲圓，即以此經是圓頓所攝，後光統門下遵統師等亦皆宗承同於此說。四齊朝大衍法師等立四宗教，一因緣宗，謂即小乘薩婆多等部。二假名宗，謂成實論及經部等說。三不眞宗，謂諸部般若，說即空理明一切法不眞實等。四眞宗，謂華嚴，涅槃，明法界眞理佛性等故。五護身法師等立五宗教，謂此於前第四宗內，開眞佛性以爲眞宗，即涅槃等經。第五名法界宗，即華嚴明法界自在無礙法門。六陳朝南嶽思禪師智者禪師等立四教，一三藏教，亦名小乘教，如《法華》云不得親近小乘三藏學者，《智論》中說小乘爲三藏大乘名摩訶衍藏。二名通教，亦名漸教，謂大乘經中通說三乘通被三根等。又如大品中乾惠等，十地通三乘者是也。三名別教，亦名頓教，謂諸大乘經中所說法門，道理不通小乘等者是也。四名圓教，亦名秘密教，謂法界自在具足圓滿，一即一切一切即一，無礙法門，亦華嚴等是也。七唐朝海東新羅國元曉法師造此經疏，亦立四教，一三乘別教，謂如四諦教緣起經等。二三乘通教，謂如《般若經》《深密經》等。三一乘分教，如《瓔珞經》及《梵網》等。四一乘滿教，謂《華嚴經》普賢教，釋此四別如彼疏中。八唐吉藏法師立三種教，爲三法輪，一根本法輪，即《華嚴經》最初所說。二枝末法輪，即小乘等於後所說。三攝末歸本法輪，即《法華經》四十年後說迴三入一之教，具釋如彼。九梁朝光宅寺雲法師立四乘教，謂如《法華》中臨門三車即爲三乘，四衢道中所授大白牛車即爲第四乘。以臨門牛車亦同羊鹿俱不得故，若不爾者長者宅內引諸子時，云此三車只在門外，諸子出宅即應得車，如何出已至本所指車所住處，而不得故後更索耶，故知是權同羊鹿也，以是大乘中權教方便說故，具釋如彼《法華疏》中。十唐江南印法師敏法師等立二教，一釋迦經，名屈曲教，以逐機性隨計破著故，如涅槃等。二《盧舍那經》，名平道教，以逐法性自在說故，如《華嚴》等。彼師釋此二教略有四別，一主異，謂彼釋迦化身所說，此是舍那十身所說。二處異，謂彼說在娑婆世界木樹草座，此說在於蓮華藏世界寶樹金座。三衆異，彼與聲聞及菩薩說，此唯菩薩極位同說。四說異，謂彼但是一方所說，此要該於十方同說，廣釋如彼華嚴疏中。第二辨是非者。此上十家立教諸德，並是當時法將，英悟絕倫，如思禪師智者禪師等，神異感通迹參登位，靈山聽法憶在於今。

雲法師依此開宗講《法華》感天雨華等，並如僧傳等所顯。又此諸德豈夫好異，故分聖教，但以解該群典異軫呈根，言不得已，開宗別釋，務令聖說各契其宜。問此上十說誰是誰非，答依《成實論》，佛說內外中間之言遂即入定時，有五百羅漢各釋此言，佛出定後同問世尊，誰當佛意。佛言並非我意。諸人問佛，既不當佛意將無得罪。佛言雖非我意各順正理，堪爲聖教，有福無罪，況此諸說各有少多聖教爲證，是故不可全非棄耳。第三述西域說者，眞諦三輪，笈多四教，波頗五說，竝如別說。又法藏於文明元年中，幸遇中天竺三藏法師地婆訶羅，唐言日照，於京西太原寺翻譯經論。余親于時乃問西域諸德於一代聖教頗有分判權實以不，三藏說云，近代天竺那爛陀寺同時有二大德論師，一名戒賢，二稱智光，並神解超倫，聲高五印，群邪稽顙，異部歸誠，大乘學人仰之如日月，獨步天竺各一人而已。以所承宗別，立教不同，謂戒賢即遠承彌勒無著，近踵護法難陀，依《深密》等經《瑜伽》等論立三種教，謂佛初鹿園說小乘法。雖說生空然猶未說法空眞理，故非了義，即四《阿含》等經。第二時中雖依遍計所執自性說諸法空，然猶未說依他圓成唯識道理，故亦非了義，即諸部般若等教。第三時中方就大乘正理，具說三性三無性等唯識二諦，方爲了義，即《解深密》等經。又此三位各以三義釋，一攝機，二說教，三顯理，且初唯攝聲聞，唯說小乘，唯顯生空。二唯攝菩薩，唯說大乘，唯顯二空。三普攝諸機，通說諸乘，具顯空有。是故前二攝機教理各互有闕故，非了義。後一機無不攝，教無不具，理無不圓故爲了義。

第二智光論師遠承文殊龍樹，近稟提婆清辯，依《般若》等經，《中觀》等論亦立三教。謂佛初鹿園爲諸小根說小乘法，明心境俱有。第二時中爲彼中根說法相大乘，明境空心有唯識道理，以根猶劣未能令入平等眞空故作是說。於第三時爲上根說無相大乘，辯心境俱空平等一味，爲眞了義。又此三位亦三義釋，先攝機者，初時唯攝二乘人機。第二通攝大小二機，以此宗計一分二乘不向佛果。三唯攝菩薩，通於漸頓，以諸二乘悉向佛果無異路故。二約教者，初唯說小乘。次通三乘，後唯一乘。三約顯理者，初破外道自性等故，說緣生法定是實有。次即漸破二乘緣生實有之執，說此緣生以爲似有，以彼怖畏此眞空故，猶存假有而接引之。後時方就究竟大乘，說此緣生即是性空平等一味，不礙二諦。是故法相大乘有所得等屬第二教，非眞了義。此三教次第如智光論師《般若燈論》釋中，具引《蘇若那摩訶衍經》說，此云《大乘妙智經》，此昔所未聞也。第四會相違者，問此二說既各聖教互爲矛楯，未知爲可和會爲不可會耶。答無會無不會。初無會者，既並聖教，隨緣益物何俟須會，即是《智論》四種悉檀中各各爲人悉檀，亦是《攝論》四意趣中衆生樂欲意趣，於一法中或讚或毀，是故二說不須強會。二無不會者，有二門，一約教應機，二約機領教。前中但佛教門了與不了有其四位，一約攝機寬狹，二約言教具闕，三約益物大小，四約顯理淺深。初者若唯攝二乘不兼菩薩，或唯菩薩不兼二乘，各攝機狹故非了義，若寬攝三機周盡方了義。二者若唯說小不兼說大，或唯說大乘不兼小乘教，言各有闕故非了義，若言包大小具足三乘方爲了義，《深密經》等據上二門。戒賢所判亦有道理，三約益物大小者，若令一切衆生得小乘益，或令一切有情得大乘益，有得小益不能全令得究竟益，俱非了義。若能令彼一切衆生及入寂二乘，悉皆當得大菩提益，方爲了義。四顯理淺深者，若於緣起隨說實有，或雖破實猶存假有，既會相未盡顯理未極故，非了義。若說緣生即是性空不礙緣起融通無二，會緣既盡理性圓現，方爲了義。彼《妙智經》據上二門，智光所判甚有道理，是故二說各據別門互不相至，豈有相違。二約機領教者，問二說三教各初說小，華嚴初說如何會釋。答諸德三釋，一云此三法輪約漸悟機說，華嚴最初約頓悟機說。若爾《密迹力士經》初時具說三乘法，此爲屬漸爲屬頓耶，若是漸教應唯說小，若是頓教應唯說大，彼既具三極成違害，是故此釋亦難用也。一云若依顯了門，則有如前三法次第，若約秘密門，即諸說同時，若爾者即初時小顯而大密，何不以大顯而小密耶。又判此顯密出何聖教，理既不齊，復無聖教，故難依用，此上二釋此三法輪攝法不盡。初即漸而非頓，後即顯而非密。一云但是如來圓音一演，異類等解，就小結集唯說小乘，就大結集唯說大乘，就通結集具說三乘，若爾隨一結集俱無前後，何有如此三教次第，今解此難便會二說。汎論如來圓音說法大例有二，一爲此世根定者說，二爲此世根不定說。初中三節，一或有衆生此世小乘根性定者，見佛始終唯說小乘，如小乘諸部，結集三藏總無大乘。二或有衆生此世三乘根性熟者，見佛始終但說三乘，如《密迹力士經》。佛初鹿園說法之時，無量衆生得阿羅漢果，無量衆生成辟支佛道，無量衆生發菩提心。住初地等，乃至廣說，《大品大般若》亦同此說，以此義準後時所說，皆通具此三乘，如諸大乘經中所說。三或有衆生此世乘根性熟者，即初見佛於樹王下華藏界中依海印定，唯爲菩薩演說無盡圓滿自在無礙法門，具足主伴乃至終極亦同此說，以此法中通括九世攝前後故也。二爲不定根者，有二位，一此世小乘根不定故堪可進入三乘位者，即初聞唯小以爲不了，次聞唯大亦非是了，後聞具三方爲了義，《解深密經》就此根辯。二此世小乘根不定故堪可進入一乘位者，即初唯說小爲不了教，次通大小亦非了教，後會三歸一唯說一乘方爲了教，《妙智經》當此意也，由根不定有此二門，是故二師各述一門故不相違。由有如是此世根定及不定故，是故令彼教門或有前後，或無前後，準釋可知。第五明現傳者，當今諸德於大乘中自有二說，一立三乘大乘，以此宗許入寂二乘定不成佛，是故約彼五性差別具說三乘。二立一乘大乘，以此宗許入寂二乘亦並成佛，是故約此佛性遍有唯說一乘。前師引教成立云，如《大般若經》第五百九十二云，若有情類於聲聞乘性決定者，聞此法已速能證得自無漏地。於獨覺乘性決定者，聞此法已速依自乘而得出離。於無上乘性決定者，聞此法已速證無上正等菩提。若有情類雖未證入正性離生，而於三乘性不定者，聞此法已皆發無上正等覺心。又《解深密經》第二云，乃至更說法要，謂相無自性性，勝義無自性性，乃至諸聲聞乘種性有情，亦由此道此行迹故，正得無上安穩涅槃，一切聲聞獨覺菩薩皆共此一妙清淨道，皆同此一究竟清淨更無第二。我依此故密意說言唯有一乘，非於一切有情界中無有種種有情種性，或鈍根性或中根性或利根性有情差別。解云，此約三乘同一所觀無性道故，密意說此名爲一乘，理實三乘各證涅槃非是一也。又《瑜伽論》第三十七云，補特伽羅成就者，略說四種，有聲聞種性，以聲聞乘而成就之。有獨覺種性，以獨覺乘而成就之。有佛種性，以無上乘而成就之。無種性者，即以善趣而成就之，善戒地持皆同此說。又《解深密經》云，一向趣寂聲聞種性補特伽羅，雖蒙諸佛施設種種勇猛加行方便化導，終不能令當坐道場證阿耨多羅三藐三菩提，深密解脫亦同此說。《十輪經》第九卷亦說三乘各定差別，如是等文並非小乘，是大乘中許三差別，是故各爲三乘大乘教也。二後師引彼一乘大乘教者，《涅槃經》三十三云，一切衆生同有佛性，皆同一乘同一解脫，一因一果，同一甘露，一切當得常樂我淨是名一味。又《法華》第一云，十方佛土中唯有一乘法，無二亦無三，除佛方便說。又云，初以三乘引導衆生，然後但以大乘而度脫之。又第三云，我滅度後復有弟子不聞是經，不知不覺菩薩所行，自於所得功德生滅度想入於涅槃。我於餘國作佛更有異名，是人雖生滅度之想入於涅槃，而於彼土求佛智慧，《大智度論》第九十五亦同此說。又《法華論》中四聲聞內退菩提心及應化。此二聲聞佛與授記，決定及增上慢此二根未熟故，菩薩與授記，方便令發心。解云，既但云未熟不言無根，故知定當得佛菩提。又復云方便令發心，即是發菩提心也。又《入楞伽》第二第四第七皆同說二乘無實涅槃，但是三昧力住，後必當得無上菩提。《法華論》云，第四人者方便令入涅槃城故，涅槃城者，諸禪三昧城，過彼城已令入大般涅槃城，此同楞伽住三昧樂。離分段故假說涅槃，而實有彼變易身，故於淨土中行菩薩道。《勝鬘經》云，言諸二乘得涅槃者，是佛方便，唯有如來得般涅槃。又此經及《無上依經》《寶性論》《佛性論》皆說入滅二乘於三界外受變易身，又《密嚴經》中二乘必無灰斷永滅，如是等文亦是大乘。不許三乘決定差別，是故名爲一乘教。第六定權實者，或有說者，一乘是權三乘是實，以《深密經》第一時教唯爲發趣聲聞乘者，說即總無成佛。第二時教唯爲發趣修大乘者，說即總無不成佛，此二若過若不及，故俱非了義。莫若第三時教，有種性者成，無種性者不成，方爲了義。法華既當第二時教，即是密意權說，是故《勝鬘經》以一乘爲方便說，是故理實但約不定種性說爲一乘。《攝論》《莊嚴論》《顯揚論》等皆同此釋。又法華第三生滅度想入涅槃等，依《瑜伽》八十一並是變化聲聞示現入滅，《楞伽》《密嚴》皆同此會釋。《無上依經》《寶性》等論並是不定二乘向菩提者增壽變易，非謂入滅更起受身。瑜伽說本轉二識成就不成就四句中，第四俱不成就者，爲聲聞獨覺入無餘依涅槃界時。又八十云，無餘依涅槃界中唯有清淨眞如法界。依此等文，入涅槃已，身智俱滅，根識永無，豈有變易修行成佛，是故唯有一乘非極了義。《深密經》中第三時普爲發趣一切乘者說，名爲了義，故知三乘是盡理實教。又深密第二第四皆云一乘是密意說，故知是權也。或有說者，一乘是實三乘是權，謂《法華經》唯一佛乘是《深密經》三乘後說定性，二乘滅亦不存故，方便說三，實唯一故。若言法華是第二時教，爲引不定二乘，故說一切悉皆成佛，而猶未說定性不成，故非了者。若爾《法華》之時猶未說有定性二乘，何因彼論立四聲聞，彼定性言從何處得，若有定性豈得總成，若許總成何名定性。故知定性之言牒前深密所說，後至《法華》明悉全成佛，是故彼論順此經文，會前權說歸後實教，故知法華定在深密後說，妙智三教一乘在三乘後。梁論成立正法三中亦一乘在後，並同此說。法華中生滅度想入涅槃等，釋爲變化示現滅者，極違教理。違教者，若是變化聲聞即實是諸佛菩薩，豈可迷自所示涅槃乃生滅度之想。若作此釋元未讀經，違理者，若入涅槃是永斷滅，諸佛菩薩於所化前示現涅槃。若彼所化不定種性是勇猛者，不怖生死能修勝行，若有一類性怯弱者，怖畏生死學佛菩薩，先入涅槃擬欲於後行菩薩道，汝宗入滅既無有起，豈不誤彼一類衆生，此乃誤衆生何成引導，況復此文無不相干。又亦未見《勝鬘經》意乃輒斷一乘以爲方便，彼經云，若如來隨彼所欲而方便說謂二乘，即是一乘無有二乘，二乘入於一乘，一乘者即第一義乘。又彼經中廣破二乘云無涅槃。又云，此經斷一切疑，決定了義入一乘道，豈說一乘以爲方便。《解深密經》一乘是密意者，是未說《法華》之前故作是說，及後說法華時會前三乘皆是方便，瑜伽轉本俱滅，顯揚六義說一乘。《攝論》十義說一乘，皆同深密會釋，以此等論隨彼經造故。《法華論》說決定二乘亦受記等，是隨此本經造故，若不信一乘守權乖實甚爲可愍故，《百喻經》第二卷云，昔有一聚落，去王城五由旬，村中有好美水。王勅村人常使日日送其美水，村人疲苦悉欲移遠此村去，時彼村主語諸人言，汝等莫去，我當爲汝白王改五由旬作三由旬，使汝得近去來不疲。則往白王，王爲改之作三由旬，衆人聞已便大歡喜。有人語言此故是本五由旬，更無有異，雖聞此言信王語故終不肯捨。世間之人亦復如是，修行正法度於五道向涅槃城，心生疲倦，便欲捨離頓駕生死不能復進。如來法王有大方便，於一乘法分別說三，小乘之人聞之歡喜以爲易行，修善進德求度生死。後聞人說無三乘故是一乘，以信佛語終不肯捨，如彼村人亦復如是。解云，此經即是金口良斷，權實顯然，可息諸說耳。第七顯開合者，然此三乘一乘各有二種。三乘二者，一異時三乘，如《深密經》初時唯小乘第二唯大乘。二同時三乘，如第三時普爲發趣一切乘等，於此教中一乘相隱三乘相顯，是故就顯總名三乘。一乘二者，一破異明一，如《法華經》破二實滅，及《涅槃經》破無佛性，俱是對權會破方說一乘。二直體顯一，如《華嚴經》不對二乘無所破故，爲大菩薩直示法界成佛儀故。是故初說華嚴無權可會，終說涅槃會前諸權，是即非盡權無，以顯實是俱名一乘。又復更開各有三種，初三乘三者，一始別終同三，謂始約因修四諦緣生六度等別，終就得果三乘之人身智同滅，如《俱舍》等說，比約初時小乘教說。二始同終別三，謂同聞般若同觀無性，三乘之人各得自果，如前所引說。若據聖諦緣生六度行異，亦得名爲始終各別，此是第二第三時教說也。三近異遠同三，謂法華等初以三乘方便誘引，後同以大乘令得度等，一乘三者，一存三之一，如深密等說。二遮三之一，如法華等。三表體之一，如華嚴等。是故通說有其四句，一或唯三無一，如俱舍等。二或唯一無三，如華嚴等。三或亦一亦三，此有二位，初三實一權，如深密等。後一實三權，如法華等。四或非一非三，約理絕言故。大般若中舍利子問善現云，如來授諸天子記於三乘中何乘得記。善現答言，於法相中無一無三。云何問言於何乘得記，是故一乘三乘有存有泯，諸說不同，或聞唯破二乘即謂唯約不定種性，或聞無二亦無三即謂大乘實教亦破，或聞不破大乘即謂大乘權教亦存。今釋有二位，一約事破二乘實滅，二約教亦會大乘權教，大乘權教許入寂二乘不成佛故，但深破二乘即是破三，是故破二破三皆不相違。第八教前後者，今辯如來一代所說，約時顯教，大例有四，一本末差別門，二依本起末門，三攝末歸本門，四本末無礙門。初中本末同時始終一類各無異說，然有三位，一若小乘中即最初度彼憍陳那等，最後度於須跋陀羅，中間亦復唯說小乘唯益小機，如四《阿含經》及五部律《遺教》等說。二若約三乘即從始至終，皆說三乘通益三機，如前所引《力士經》《大般若》等諸大乘經，於中雖有權實不同皆具三乘。三若約一乘即從初至極，爲大菩薩唯說一乘，如最初時說《華嚴》等，其中不通二乘，復攝九世該於前後，是故至極更無異說。然此三類既依此世根定者說，此即諸教相望各通始終，竟無前後。二依本起末門者，有四類，一謂初時爲大菩薩說大乘，次說中乘，次說小乘，後說人天。如此經下《性起品》云，譬如日出先照一切諸大山王，次照一切大山，次照金剛寶山，然後普照一切大地。如來應供等正覺亦復如是，成就無量無邊法界智慧日輪，常放無量無礙智慧光明，先照菩薩摩訶薩等諸大山王，次照緣覺，次照聲聞，次照決定善根衆生隨應受化，然後悉照一切衆生乃至邪定，爲作未來饒益因緣。又此品中如三千界初始成時，先成色界諸天宮殿，次成欲界諸天宮殿，次成人處及餘衆生諸所住處。如來應供等正覺亦復如是。先起菩薩諸行智慧，次起緣覺聲聞及餘衆生一切善根。依此等文明佛初時説人後漸説小，約法以明依本起末，非約根器以無先學大後學小故。問法豈不別耶，答小乘之法定從大乘所流出故，《文殊問經》云，十八及本二皆從大乘出，《普超三昧》及《入大乘論》意並同此。三攝末歸本門者，依《無量義經》，初時説小乘，次説中乘，後時説大乘。依《解深密經》，初時唯小乘，第二時唯大乘，第三時具三乘。依《妙智經》，初時唯小乘，次具三乘，後唯一乘。此即《無量義經》合大開小，《深密》等合小開大，謂於大乘開於權實。然《深密》《妙智》既各聖教，不可取一捨一，是故合此二經總有四門。一初時小乘，二經同説。第二時唯大乘，唯《深密》説。第三時具三乘，此是《深密》第三《妙智》第二，第四時唯一乘，唯《妙智》第三時説。是故當知《妙智經》在《深密》後説。若謂《妙智經》此土未翻而不信者，彼《深密經》既當第三時教，然許定性二乘及無性有情並不成佛，具足三乘名一切乘者，是即《法華》、《涅槃》，既在《深密》後説。然定性二乘及無性闡提悉皆成佛，當知即是第四時名一乘教，是故與《妙智經》懸會無疑。又初小乘教，依法華等佛成道後三七日等説。依眞諦《三藏記》云，佛成道七年後説諸部般若，是第二時教。又云，三十八年後説《解節經》，當第三時教。今依《法華經》及《無量義經》，並云四十年後説《法華》等，故知是《深密》後説。眞諦此説必有聖教，若無聖教豈可自作年數，若不信此者，即《涅槃經》最居末後是即無疑。然此四時皆前權後實以後會前，法華涅槃會深密之三乘歸究竟一乘其義決定，是故此四從淺至深明攝末歸本之漸次也。四本末無礙門者，謂初舉照山王之本教，明非本無以起末，後顯歸大海之異流，明非盡末無以歸本，是即本末交映，與奪相資方爲攝生之善巧也。是故通論總有五位，一根本一乘教，此如華嚴説。二密意小乘教，三密意大乘教，四顯了三乘教，上三如《深密經》説。五破異一乘教，如《法華》《涅槃》等説。此上四門既圓通無礙，是即前後即無前後，無前後即前後，皆無障礙思準之耳。

第九以義分教，教類有五，此就義分，非約時事，一小乘教，二大乘始教，三終教，四頓教，五圓教。初小乘可知。二始教者，以《深密經》中第二第三時教同許定性二乘俱不成佛故，今合之總爲一教，此既未盡大乘法理，是故立爲大乘始教。三終教者，定性二乘無性闡提悉當成佛，方盡大乘至極之説，立爲終教。然上二教並依地位漸次修成，俱名漸教。四頓教者，但一念不生即名爲佛，不依位地漸次而説，故立爲頓。如《思益》云，得諸法正性者，不從一地至於一地。《楞伽》云，初地即八地乃至無所有何次等。又下地品中十地猶如空中鳥跡，豈有差別可得，具如諸法無行經等説。五圓教者，明一位即一切位一切位即一位，是故十信滿心即攝五位成正覺等，依普賢法界帝網重重主伴具足故，名圓教。如此經等説，若約所説法相等者，初小乘法相有七十五法，識唯有六，所説不盡法原，多起異諍，如小乘諸部經論説。二始教中廣説法相小説眞性，所立百法決擇分明故無違諍，所説八識唯是生滅法相名數多同小乘，固非究竟玄妙之説，如《瑜伽》《雜集》等説。三終教中少説法相廣説眞性，以會事從理故，所立八識通如來藏，隨緣成立具生滅不生滅，亦不論百法名數不廣，又不同小亦無多門，如《楞伽》等經《寶性》等論説。四頓教中總不説法相唯辯眞性，亦無八識差別之相，一切所有唯是妄想，一切法實唯是絕言，呵教勸離毀相泯心，生心即妄，不生即佛，亦無佛無不佛無生無不生，如淨名默住顯不二等是其意也。五圓教中所説唯是無盡法界，性海圓融緣起無礙，相即相入如因陀羅網，重重無際微細相容主伴無盡，十十法門各稱法界，具如下説。然此五教有開有合亦有五重，一或總爲一，謂唯是如來一大善巧攝生方便也。二或開爲二，謂一乘三乘教前諸教中雖有存三泯二不同，然皆通三乘趣入故名三乘教，後一直顯本法不通二乘故唯是一，即《智論》中名共教不共教，此亦同上印師等所立二教也。三或分爲三，謂小乘三乘一乘教，《智論》既將此經爲不與二乘共，故名爲不共，即是一乘，大品等爲通三乘同觀得益故名爲共，即是三乘。義準四阿含經既不共菩薩亦名不共，即是小乘。依此三位梁《攝論》第八云，如來成立正法有三種，一立小乘，二立大乘有本作三乘字。三立一乘，第三最勝故名善成立，此亦同《上妙智經》説。又眞諦三藏《部異執疏》第二卷中亦同此説。四或分爲四，此有二義，一於上共教中約存三泯二開兩教故爲四。一別教小乘，二同教三乘，如《深密》等三同教一乘，如法華等，四別教一乘，如《華嚴》等。二約歷位無位開漸頓二教故爲四，一小乘教，二漸教，三頓教，四圓教。五或散分爲五，於上漸教復分始終二教，此上五教非局判經，但多分而論，如上所指通諸經論，並可知第十以理開宗，宗乃有十。一法我俱有宗，謂人天位及小乘中犢子部等。彼立三聚法，一有爲法，二無爲法，三非二聚，即初二是法，後一是我。又立五法藏，一過去，二未來，三現在，四無爲，五不可說，此即是我以不可說是有爲無爲故。二法有我無宗，謂薩婆多等，彼說諸法二種所攝，一名，二色，或四所攝，謂三世及無爲或立五法，一心，二心所，三色，四不相應，五無爲，此即但有此法無別有我。三法無去來宗，謂大衆部等說，有現在及無爲，以過未法體用俱無故也。四現通假實宗，謂說假部等，彼說無有去來二世，於現在法中在蘊可實在界處，爲假隨應諸法假實不定，《成實論》及經部別師亦同此類。五俗妄眞實宗，謂說出世部等，彼說世俗法假以虛妄故，出世法實以非虛妄故。六諸法但名宗，謂一說部等，一切我法唯有假名都無實體，此又通於初教之始。七一切皆空宗，謂大乘初教，說一切法悉皆性空超於情表無分別故，如般若等皆辯。八眞德不空宗，謂終教諸經所說，一切法唯是眞如如來藏中實德攝故，眞體不空具性德故。九相想俱絕宗，謂頓教中絕言所顯離言之理，理事俱泯平等離念。十圓明具德宗，謂如別教一乘，主伴具足無盡自在所顯法門，上來分教開宗粗陳梗概廣引教理，具明義相如別記說。

第四教所被機者，通有十位，於中前五簡其非器，後五正顯所爲。前中五者，一違眞非器，謂不發菩提心不求出離，依傍此經求名求利莊飾我人，經非彼緣故非其器。下云，爲名利說法是爲魔業，又如不淨說法墮惡道等。二背正非器，謂詐現大心僞修邪善，近感人天終成佛，恐墮阿鼻地獄多劫受苦。如提婆達多爲闡提頂，又如八大善人當成不善，前據初時即可知，此就終時方顯。下云忘失菩提心修諸善根是爲魔業，經非此緣故亦非器。三乖實非器，謂雖不巧僞，然隨自執見以取經文，遂令超情至敎迴不入心故成非器。《地論》云，聞作聞解不得不聞。又如隨聲取義五種過失等，此上三位俱是凡愚衆生境界。下云，此經不入一切衆生之手，唯除菩薩，良以此經非是衆生流轉之緣，故不入手。四狹劣非器，謂一切二乘無廣大心亦非此器。下文云，一切聲聞緣覺不聞此經，何況受持，又舍利弗等五百聲聞皆如聾盲不聞不見。五守權非器，謂三乘共教諸菩薩等，隨自宗中修行未滿初阿僧祇亦非此器故。下文云，菩薩摩訶薩，雖無量億那由他劫行六波羅蜜修習道品善根未聞此經，雖聞不信受持隨順，是等猶爲假名菩薩。問《瓔珞經》等十千劫修十信行滿，何故此中無量億等不信此經。答以彼但於行布位中修行信等，於此圓融普賢十信一攝一切猶未聞信，由此故知二宗差別。若不爾者修行既經爾許時劫不信此經，何名菩薩摩訶薩也，簡非器竟。第二顯所爲中五者，一正爲者，謂是一乘不共教中普機菩薩，正是此經所爲之器，下文云，如是經典，但爲乘不思議乘菩薩摩訶薩說不爲餘人。解云，乘者運轉爲義，若依別門初運至十信，次轉至十住乃至佛果，次第相乘以階彼岸，名可思議。若依普門一位即一切位故，亦一運即一切運，名不思議乘。乘此乘者十信滿心即得六位，如《賢首品》等說。又十住等位皆亦如是，如下文諸會處說。又如善財一生具五位等，皆是普法相收故也。又《舍那品》云，非餘境界之所知，普賢方便皆得入。又普賢誡衆云，普眼境界清淨身我今演說，仁諦聽如是可知。問何故此法非餘境界，答以盧舍那周遍塵方普應法界一切群機，若彼別機稱自根器，但各見己所見聞自所聞，皆不是他所見不聞他所聞，此普賢機乃見一切所見聞一切所聞，皆盡盧舍那能化分齊，故云普眼境也。是故當知，普別二機感普別二法各不同也，二兼爲者，謂遺法中見聞信向此無盡法，成金剛種當必得此圓融普法。如下文呑服金剛喻又小火廣燒喻等，又如兜率天子從地獄出得十地無生忍，展轉利益不窮盡等，皆由宿聞此法爲本因故。又下文云，雖在於大海及劫盡火中，決定信無疑必得聞此經。三引爲者，謂彼如前共教菩薩，於彼教中多時長養深解窮徹行布教源，即當得此普賢法界。既云無量億那由他劫不信此經，即知過此劫數必當信受，以離此普法更無餘路得成佛故，經不說彼過此劫數猶不信故。問若彼地前過彼劫數必信受者，即知地上二宗不別，豈彼所信無十地耶。答於彼教中具有行布十地漸次乃至佛果，長養彼根器務令成熟，極遲之者至此劫數定當信入，如其疾者是即不定可準知耳。四轉爲者，謂諸二乘以根鈍故，要先迴入共教大乘捨二乘名得菩薩稱，然後方入此普賢法，故說此經唯爲菩薩不攝二乘。若不爾者餘大乘經有聲聞衆爲所被機，亦引二乘令其入大。唯獨此經衆無聲聞之機文無迴小之說，何成了義深廣之典。設第八會有聲聞者，爲寄對顯法表如聾盲非是所被，其六千比丘非是羅漢故不相違。是故當知，一切二乘總無頓入普賢法界，依究竟說無有二乘而不迴入共教菩薩，無彼菩薩而不入此普賢之法，是故展轉無不皆是此法之器。五遠爲者，謂諸凡愚外道闡提悉有佛性，以障重故久遠亦當得入此法。如《佛性論》及《寶性論》皆說，以一闡提謗大乘因，依無量時說無佛性，非謂究竟無清淨性。又如此經性起大樹於二乘闡提二處不生牙亦不捨生性等，又如日照生盲喻等，是故當知，一切衆生究竟無不皆入此法，以此普法衆生具有故。下文云，菩薩知一切衆生身中有如來菩提等。問若爾何故《瑜伽》等論，定性二乘及無性有情定不成佛。答此由教門有了不了故有諸說。若依小乘一切衆生總皆無有大菩提性，如小論說。若大乘初教即五性差別，一分有性一分無性，如瑜伽等。若依終教一切衆生悉有佛性，如《涅槃》等經《佛性》等論。若依頓教，衆生佛性一味一相，不可言有不可說無，離言絕慮，如《諸法無行經》等說。若依圓教，衆生佛性，具因具果，有性有相，圓明備德，如《性起品》如來菩提處說。

第五能詮教體者，通論教體，從淺至深，略有十門。一言詮辯體門，二通攝所詮門，三遍該諸法門，四緣起唯心門，五會緣入實門，六理事無礙門，七事融相攝門，八帝網重重門，九海印炳現門，十主伴圓備門。初中有二，先辨小乘，後顯大乘。前中依薩婆多宗諸德三說，一云但名句文身以爲教體，故《發智論》云，十二部經以何爲性，答名身句身文身次第住等。一云以聲善故是佛教體，名等無記是教作用。《婆娑論》第一百二十六云，佛教云何，答謂佛語言詞唱評論語音語路語表是佛教，乃至說者語業爲體。佛語何法，答謂名身句身文身，次第行列，次第安布，次第連合，此即總顯佛教作用。解云，評家正義音聲爲體，經部宗亦以音聲爲性。故《順正理論》第十四破經部云，汝不應立名句文身即聲爲體。又《無性攝論》破彼云，諸契經句語爲自性不應理故，初是法處後是聲處，亦又因前二說諸德合取以爲教體，餘如彼說。就大乘宗有四句，初攝假從實，唯聲爲體以名等依聲屈曲假立無別體故，《無性攝論》云，依弘誓願立菩薩聲。《雜集論》云，成所引聲謂諸聖說，二分假異實，以名等爲性故。《唯識論》第二云，若名句等不異聲者，法詞無礙境應無別，三假實合辯，亦聲亦名等。《維摩經》云，有以音聲語言文字而作佛事。《十地論》中說者以二事說，聽者以二事聞，謂音聲名字。問依此宗聲表善惡聲是無記，又名句文是自性無記，何得無記爲聖教體。答若有漏心變可是無記，若佛菩薩後得智說俱是善攝。《十地論》云，依止何事者謂音聲及善字，四假實雙泯，非聲非名，以即空故，言即無言故。《維摩》云，文字性離是即解脫，《十地論》中風喻音聲，畫喻名字，若動樹葉風及壁上畫是即可取，若空中風及空中畫皆不可取，大乘聲名當知亦爾，皆不可取以相盡故。此上四句爲一教體，是故空有無礙名大乘法，謂空不異有有是幻有，幻有宛然舉體是空，有不異空空是眞空，眞空湛然舉體是有，是故空有無毫分別。故《佛藏經》云，諸法如毫氂許不空者即諸佛不出世。又下云，諸法畢竟空無有毫末相，如是非一也。第二通攝所詮門者，非但如前取能詮教，亦漸通取所詮之義，以並是所知所解法故。瑜伽八十一云，諸契經體略有二種，一文、二義。文是所依義是能依，如是二種總名一切所知境界。解云，以義依文而得顯故。第三遍該諸法門者，謂一切諸法悉爲教體，此亦二種，一有爲法，二無爲法。以無不能令生開覺故，如下文華嚴寶地香樹雲閣法界法門無非佛事，如勝音菩薩及所坐蓮華，即通人法教義行位因果理事總能發生勝解行，故並爲教體，準思可知。第四緣起唯心門者，此上一切差別教法無不皆是唯心所現，是故俱以唯識爲體，然有二義，一本影相對，二說聽全攝。初中通辨諸教總有四句，一唯本無影，如小乘教，以無唯識變現等，故達摩多羅等諸論師多立此義。二亦本亦影，如大乘始教，衆生心外佛有微妙色聲等法，由聞者善根增上緣力擊佛利他等子爲因，於佛智上文義相生爲本性相教，由佛此教增上緣力擊聞法者有漏無漏善根種子，聞者識上文義相生爲影像相教也。《二十唯識論》云，展轉增上力二識成決定，護法論師等悉立此義。三唯影無本，如大乘終教，離衆生心佛果，無有色身言聲事相功德，唯有如及如如智，大悲大願爲增上緣，令彼所化根熟衆生心中現佛色聲說法，是故聖教唯是衆生心影像。故下文云，一切諸如來無有說佛法，隨其所應化而爲演說法。又云，如來法身不思議無色無相，無倫匹示現色像，爲衆生十方受化靡不見，如是非一，龍軍堅慧諸論師等並立此義。四非本非影，如頓教中非直心外無佛色等，衆生心內所現之佛亦當相空，以唯是識無別影故，色等性離無所有故，一切無言無言亦無故，是故聖教即是無教之教，如經云如來不出世亦無有涅槃。又《密嚴經》明佛常在法界無不出世等，龍樹等宗多立此義。此前四說總爲一教，圓融無礙皆不相妨，以各聖教從淺至深攝衆生故，思之可見。第二說聽全收者，亦四句，一離佛心外無所化衆生。況所說教，是故唯是佛心所現。此義云何，謂諸衆生無別自體攬如來藏以成衆生，然此如來藏即是佛智證爲自體，是故衆生舉體總在佛智心中。下文云，諸佛悉了知一切從心轉。又云，如來菩提身中，悉見一切衆生發菩提心，修菩薩行成等正覺，乃至見一切衆生寂滅涅槃亦復如是，皆悉一性以無性故。又云，三世一切劫佛刹及諸法諸根心心法一切虛妄法，於一佛身中此法皆悉現。又《佛性論》第二如來藏品云，一切衆生悉在如來智內故名爲藏，以如如智稱如如境故，一切衆生決定無有出如如境者，並爲如來之所攝持故名所藏，衆生爲如來藏，是故離佛心智無一法可得。二總在衆生心中，以離衆生心無別佛德故。此義云何，佛證衆生心中眞如成佛，亦以始覺同本覺故，是故總在衆生心中，從體起用，應化身時即是衆生心中眞如用大，更無別佛，《起信論》中盛明此義。又下文云，若人欲求知三世一切佛，應當如是觀，心造諸如來，三隨一聖教全唯二心，以前二說不相離故，謂衆生心內佛爲佛心中衆生說法，佛心中衆生聽衆生心佛說法，如是全收說聽無礙，是謂甚深唯識道理。四或彼聖教俱非二心，以兩俱形奪不竝現故，雙融二位無不泯故，謂佛心衆生無聽者故，衆生心佛無說者故，兩俱雙泯二相盡故。經云，夫說法者無說無示，亦其聽法者無聞無得。又此下文云，衆生所生非是生，亦無流轉生死中。又經云，如來不說法亦不度衆生如是等，是故此四於一聖教圓融無礙方爲究竟。第五會緣入實門者亦有二義，一以本收末，二會相顯性。初中以諸聖教皆從眞流，是故與眞性常不異，如海起潮不失鹹味，論中名爲眞如所流十二分教。又云，從最清淨法界等，流教法等，是故以本收末唯是眞如也。二會相顯性者，謂彼一切差別教法皆悉從緣起，從緣起故必無自性，無自性故即是眞如，是故空相本盡眞性本現唯是眞如故，經云，一切法即如也。又下文云，彼生滅法如如相也。第六理事無礙門者，亦有二義，一謂一切教法舉體眞如不礙事相歷然差別。二眞如舉體爲一切法，不礙一味湛然平等。前即如波即水不礙動相，後即如水即波不失濕體，當知此中道理亦爾，是故理事混融無礙唯一無住不二法門，《維摩經》中盛顯斯義。又此經云，知非有是有，有是非有，非相是相，相是非相，良由本以非有爲有，是故此有即是非有。聖教準此理事無礙，思之可見。第七事融相攝門者，亦有二義，一相在，二相是。初中先一在一切中，謂如一教法不礙在事全是眞理，眞理遍餘一切事中同理，教事亦如理遍，是故一切法中常有此一。依是義故，無一微細塵毛等處無佛說教。故此經云，一切佛刹微塵中盧舍那現自在力，弘誓願海振音聲調伏一切衆生類。二一切在一中，謂無分齊理既不改性而全是事，是故一事攝理無不皆盡，餘事如理在一事中，以理無際限不可分故，隨一事處皆全攝也，是故一中常有一切依是義。故此經云，於此蓮華藏莊嚴世界海之內一一微塵中見一切法界。又云，於一法中解衆多法，衆多法中解了一法。若具通說有其四句，初一在一中，謂別說一切差別事中，一一各有彼一法故。二一在一切中，謂通說一切悉有一故。三一切在一中，謂別說一中攝一切故。四一切在一切中，謂通說一切悉有一切故。又此常含一切之一即復恆在彼一切中，同時自在無障無礙，不動一方遍十方等，皆是此義，思之可見。既一切法悉爲教體，皆互相收圓融無礙方是此經教之體性。二相是者，先一即是一切，謂如一教事既全是眞理，眞理即爲一切事故，是故此一即是一切，一切即一，反上應知。此經云，若一即多多即一義味寂滅悉平等，通亦四句準前思之，良以全理之事與全事之理非一非異，由非一門故得相在也，由非異門故得相是也，深思可見。依是義故，一句即是一切句而無窮盡，一切亦爾。下文云，欲具演說一句法，阿僧祇劫無窮盡，如是自在是此教體。第八帝網重重門者亦二義，先辨一門，後類顯一切。前中如一句內即具一切，此一中一切復一即一切，如是重重具即不可窮盡，總是一句。二類顯者，如此一句餘一切句一一皆爾，是即無盡無盡具唯普眼所知，非是心識思量境界。下文云，於彼一一修多羅，分別諸法不可說，於彼一一諸法中，又說諸法不可說。又云，若於一小微塵中，有諸佛刹不可說，於彼一一佛刹中，復有佛刹不可說。解云，如是重重如因陀羅網，是謂此經圓宗教體。

第九海印炳現門者，亦有二義，一約果位，如前差別無盡教法，皆是如來海印定中同時炳然圓明顯現，設所化機亦同緣起在此中現，是故唯以此三昧海爲斯教體。如下文云，一切示現無有餘海印三昧勢力故。二約因位，要普賢等諸大菩薩方得此定，同前業用亦無差別，是故十信滿處普賢位中亦得此定。如《賢首品》說第十主伴圓備門者，謂此普法教不孤起，必主伴隨生。如下文普莊嚴童子聞佛說《一切法界無垢莊嚴經》，有世界微塵數修多羅以爲眷屬，如是等文處處皆有。此眷屬經有其二義，一同類，二異類。初同類者，如說十住十方各有十剎塵數菩薩來證，同名法慧，我等佛所亦說十住，大衆眷屬名味句身等無有異，是故當知一十住經十方各有十剎塵數修多羅等以爲眷屬，如一十住餘一切處所說十住皆攝爾許塵數眷屬。十住既爾餘十行等一一品會皆有證法，數量準釋可知。二異類者，謂隨一方一界爲一類機說一會法，既無結通十方等說，故非主經。然亦與主爲勝方便故爲眷屬，是故主經必十方塵道同時同說，伴經不爾隨方各別，是故一一主經各有塵數眷屬，是謂本末相資主伴圓備，教體門竟。第六宗趣者，語之所表曰宗，宗之所歸曰趣，然此大經宗趣難辨，略叙十說以顯一宗。一江南印師敏師等多以因果爲宗，謂此經中廣明菩薩行位之因，及顯所成佛果勝德，下文所說不離此二，故以爲宗。二大遠法師以華嚴三昧爲宗，謂因行之華能嚴佛果，此上二說但得所成行德遺其所依法界。三依衍法師，以無礙法界爲宗。四依裕法師，以甚深法界心境爲宗，謂法界門中義分爲境，諸佛證之以成淨土，法界即是一心，諸佛證之以成法身是故初品之內，初天王偈讚無盡平等妙法界悉皆充滿如來身。末後復明《入法界品》，故知唯以法界爲宗。此上二說但得所依法界遺所成行德。五依光統師以因果理實爲宗，即因果是所成行德，理實是所依法界，此雖義具然猶未顯。六今總尋名案義，以因果緣起理實法界以爲其宗，即大方廣爲理實法界，佛華嚴爲因果緣起，因果緣起必無自性，無自性故即理實法界，法界理實必無定性，無定性故即成因果緣起。是故此二無二，唯一無礙自在法門，故以爲宗。七別開攝法界，以成因果，謂普賢法界爲因，舍那法界爲果，是故唯以法界因果而爲宗趣。於中分別有十事五對，一所信因果，如初會中《舍那品》內先明蓮華藏世界果，後顯普莊嚴因。二差別因果，如第二會至《小相品》說，於中初二十五品說五位差別因。後三品說三德差別果。三平等因果，如《普賢品》說平等圓因，《性起品》說平等滿果，上二門是生解因果。四成行因果，如《離世間品》中二千行法內，先明因行後顯果行。五證入因果，如《入法界品》先祇洹林中現自在果，後善財童子辨證入因。因果五周一部斯畢，是故唯辨因果不失所依，但以因果爲宗理亦無咎，八會因果以同法界。法界法門略顯十事五對，一教義相對，舉此所說教法爲宗，意顯所詮義理爲趣。或反此，以辨義深教勝故。二理事相對，舉事法爲宗，意取理性爲趣。或反此，依理性方成事故。三境智相對，舉所觀境，意欲令成觀智行故。或反此以令修起智證同眞境故。四行位相對，舉所依之五位，意令依之修成勝行。或反此，以積行成位故。五因果相對，勸彼修因，意在證果。或反此，以舉果勸樂令修因故。此上五對通於一部，處處皆有故不別屬，是故唯辨法界不失所成，但以法界爲宗理亦無違。九法界因果分相顯示中，亦有十義五門。一無等境即理實法界，此有二位，一是出纏最淨法界，二是在纏性淨法界，此二爲所信所證故。二無等心，此亦二義，一大菩提心爲普賢行所依本故，二信悲智等隨行起故。三無等行，此亦二義，一差別行各別修故，二普賢行一即一切故。四無等位，此亦二義，一行布差別位比證不同故，二圓融相攝位，一位即具一切位故。五無等果，此亦二義，一修生果，二修顯果。此五門十義通收此經一部略盡，是故具以爲宗，義亦備矣。十法界因果雙融俱離，謂性相混融無礙自在亦有十義，一由離相故，因果不異法界，即因果非因果也。二由離性故，法界不異因果，即法界非法界也。三由離性不泯性故，法界即因果，以非法界爲法界也。四由離相不壞相故，因果即法界，以非因果爲因果也。五由離相不異離性故，因果法界雙泯俱融，迴超言慮也。六由不壞不異不泯故，因果法界俱存現前，爛然可見也。七由上存泯復不異故，超視聽之法恆通見聞，絕思議之義不礙言念也。八由法界性融不可分故，即法界之果統攝法界無不皆盡，因隨所依亦在果中，是故佛中有菩薩也。九即法界之因攝義亦爾，故普賢中有佛也。十因果二位各隨差別，一一法一一行，一一德一一位，皆各總攝無盡無盡諸法門海者，良由無不該攝法界圓融故也，是謂華嚴無盡宗趣，餘義如指歸等說。【略】

第九顯義理分齊者，然義海宏深微言浩汗，略舉十門撮其綱要。一同時具足相應門，二廣狹自在無礙門，三一多相容不同門，四諸法相即自在門，五隱密顯了俱成門，六微細相容安立門，七因陀羅網法界門，八託事顯法生解門，九十世隔法異成門，十主伴圓明具德門，然此十門同一緣起無礙圓融，隨有一門即具一切，應可思之。就初門中有十義具足，一教義具足，二理事，三境智，四行位，五因果，六依正，七體用，八人法，九逆順，十應感具足，謂衆生機感如來應赴。下云，一切衆生所樂示現雲，然此十對同時相應爲一緣起，隨一各具餘一切義，如初門既爾，餘廣狹等九門皆各具前十對，但隨門異耳，是故一一門中各有十百千等，思之可見。今且於一事法之上，辨此十對，餘可準知。如下文中，一蓮華葉表令生解爲教，即是所詮爲義，如下勝音菩薩蓮華處說。二華相爲事，華體是理，下云，法界不可壞蓮華世界海。三華是所觀亦即能觀，以此經中可以內行爲外事故。四行事之華結成位故。五因事之華攬成果故。六華臺所依亦入正故，如國土身等。七華體同眞用應機故。八全攬爲人恆是法故。九逆同五熱順十度故。十應赴群機亦能感故，如一華事既爾，餘一切事皆準知之，事法既爾，餘教義等一切皆然，準思可見，如具自十對既爾彼一華葉具前十門亦然。何者此蓮華葉具前十義，同時相應具足圓滿故，是初門也。二即彼華葉普周法界而不壞本位，以分即無分無分即分廣狹自在無障無礙。下云，此大蓮華其葉遍覆一切法界，是故或唯廣無際，或分限歷然，或即廣即狹，或廣狹俱泯，或具前四，以是解境故，或絕前五，以是行境故，下皆準此。三即此華葉舒己遍入一切法界中，即攝一切令入己內，舒攝同時既無障礙，是故鎔融，或有四句六句，準前思之。下云，以一佛土滿十方十方入一亦無餘。四此一華葉廢己同他舉體全是彼一切法，而恆攝他同己全彼一切即是己體，一多相即混無障礙，解行境別六句同前。下云，知一即多多即一等。五華能攝彼即一顯多隱，一切攝華即一隱多顯，顯顯不俱隱隱不竝，隱顯顯隱同時無礙，全攝俱泯存亡俱成，句數同前。下云，東方見入正受，西方見三昧起等。六此華葉中微細剎等，一切諸法炳然齊現。下云於一塵中微細國土曠然安住。七華葉一一微塵之中各皆竝現無邊剎海，剎海之中復有微塵，彼諸塵內復有剎海，如是重重不可窮盡，非是心識思量所及，如帝釋網天珠明徹互相影現，影復現影而無窮盡，下文如因陀羅網世界等。八見此華葉即是見於無盡法界，非是託此別有所表。下云，此華蓋等從無生法忍所起等。九即此一華既具遍一切處，亦復該一切時，謂三世各三，攝爲一念，故爲十世也，以時無別體依華以立，華既無礙時亦如之。是故下云，過去一切劫安，置未來今，未來一切劫迴置過去世。又云，無量劫即一念一念即無量劫等。十此圓教法理無孤起，必眷屬隨生。下云，此華有世界海塵數蓮華以爲眷屬。又如一方爲主十方爲伴餘方亦爾，是故主主伴伴各不相見，主伴伴主圓明具德，如一事華帶自十義，具此十門即爲一百門，餘都義等亦各準之，故成千門。如教義等望自類十義及同時等十門有此千門，彼同時等亦望自類十門及教義等亦成千門，準思可見。問有何因緣令此諸法得有如是混融無礙，答因緣無量難可具陳，略提十類釋此無礙。一緣起相由故，二法性融通故，三各唯心現故，四如幻不實故，五大小無定故，六無限因生故，七果德圓極故，八勝通自在故，九三昧大用故，十難思解脫故。初緣起相由故者，謂大法界中緣起法海。義門無量，約就圓宗略舉十門以釋前義，謂諸緣起法要具此十義方緣起故，闕即不成。一諸緣各異義，謂大緣起中諸緣相望要須體用各別，不相和雜方成緣起。若不爾者，諸緣雜亂失本緣法，緣起不成，此即諸緣各各守自一也。二互遍相資義，謂此諸緣要互相遍應方成緣起，且如一緣遍應多緣各與彼多全爲一故，此一即具多箇一也。若此一緣不具多一即資應不遍不成緣起，此即一一各具一切一也。三俱存無礙義，謂凡是一緣要具前二方成緣起，以要住自一方能遍應遍應多緣方是一故，是故唯一多一自在無礙。由此鎔融有六句，或舉體全住是唯一也，或舉體遍應是多一，或俱存，或雙泯，或總合，或全離，皆思之可見，此上三門總明緣起本法竟。四異門相入義，謂諸緣力用互相依持互形奪故，各有全力無全力義緣起方成。如論云，因不生緣生故，緣不生自因生故。若各唯有力無無力即有多果過，一一各生故。若各唯無力無有力即有無果過，以同非緣俱不生故。是故緣起要互相依具力無力，如闕一緣一切不成，餘亦如是。是故一能持多，一是有力能攝多，多依於一，多是無力潛入一。由一有力必不得與多有力俱，是故無有一而不攝多也。由多無力必不得與一無力俱，是故無有多而不入一也，如一持多依既爾，多持一依亦然。反上思之，是即亦無多不攝一一無不入多者也。如一望多有依有持，全力無力常全多在己中，潛己在多中，同時無礙。多望於一當知亦爾，俱存雙泯二句無礙思準之。五異體相即義，謂諸緣相望，全體形奪有有體無體義，緣起方成。以若闕一緣餘不成起，起不成故緣義即壞。得此一緣令一切成起，所起成故緣義方立。是故一緣是能起，多緣及果俱是所起，是即多爲一成多是無體，一能作多一是有體。由一有體必不得與多有體俱，多無體必不得與一無體俱。是故無有不多之一無有不一之多，一多既爾多一亦然。反上思之，如一望多有有體無體，故能攝他同已廢已同他同時無礙，多望於一當知亦爾。準前思之，俱存雙泯二句無礙亦思之可見。六體用雙融義，謂諸緣起法要力用交涉全體融合方成緣起，是故圓通亦有六句。一以體無不用故舉體全用，即唯有相入無相即義。二以用無不體故，即唯有相即無相入也。三歸體之用不礙用，全用之體不失體，是即無礙雙存，亦入亦即自在俱現。四全用之體體泯，全體之用用亡，非即非入圓融一味。五合前四句，同一緣起無礙俱存。六泯前五句，絶待離言冥同性海，此上三門於初異體門顯義理竟。七同體相入義，謂前一緣所具多一，與彼一緣體無別故名爲同體。又由此一緣應多緣故有此多一，所應多緣既相即相入，令此多一亦有即入也，先明相入，謂一緣有力能持多一，多一無力依彼一緣，是故一能攝多多便入一，一入多攝反上應知，餘義餘句準前思之。

八同體相即義，謂前一緣所具多一，亦有有體無體義故亦相即，以多一無體由本一成多即一也，由本一有體能作多令一攝多，如一有多空既爾多有一空亦然，餘義餘句竝準前思之。九俱融無礙義，謂亦同前體用雙融即入自在亦有六句，準前應知，此上三門於前第二同體門中辨義理竟。十同異圓備義，謂以前九門總合爲一大緣起故，致令多種義門同時具足也，由住一遍應故有廣狹自在也，由就體就用故有相即相入也，由一攝多時爲顯，令一入多爲隱，多攝一入亦爾。又就用相入爲顯，令就體相即爲隱，顯入隱亦然。又異門即入爲顯，令同體爲隱，同顯異隱亦爾。又由以異門攝同體中相入義故現微細門也。由異體相入帶同體相入故有重重無盡帝網門也。由此大緣起法即無礙法界法門故有託事顯法門也，由此融通自在。今依此法上所辨時法亦隨此無礙自在故有十世門也，由此法門同一緣起相帶起故，隨一門必具一切故有主伴門也，此之二門於前第三門中以辨義理。上來十義總是緣起相由門竟，餘門如指歸中說。

武則天《大周新譯大方廣佛華嚴經序》 《大方廣佛華嚴經》者，斯乃諸佛之密藏，如來之性海，視之者莫識其指歸，挹之者罕測其涯際。有學無學，志絶窺覦，二乘三乘，寧希聽受。最勝種智，莊嚴之迹既隆。普賢文殊，願行之因斯滿。一句之內包法界之無邊，一毫之中置刹土而非隘。摩竭陀國，肇興妙會之緣。普光法堂，爰敷寂滅之理。緬惟奧義，譯在晉朝，時逾六代，年將四百。然一部之典，纔獲三萬餘言，唯啓半珠，未窺全寶。朕聞其梵本，先在于闐國中，遣使奉迎，近方至此，既覩百千之妙頌，乃披十萬之正文。粤以證聖元年，歲次乙未，月旅沽洗，朔惟戊申，以其十四日辛酉，於大遍空寺，親受筆削，敬譯斯經，遂得甘露流津，預夢庚申之夕，膏雨灑潤，後覃壬戌之辰，式開實相之門，還符一味之澤。以聖曆二年，歲次己亥，十月壬午朔，八日己丑，繕寫畢功。添性海之波瀾，廓法界之疆域。大乘頓教，普被於無窮。方廣眞筌，遐該於有識。豈謂後五百歲，忽奉金口之言。娑婆境中，俄啓珠函之祕，所冀闡揚沙界，宣暢塵區，並兩曜而長懸，彌十方而永布，一窺寶偈，慶溢心靈，三復幽宗，喜盈身意，雖則無說無示，理符不二之門。然因言顯言，方闡大千之義，輒申鄙作，爰題序云。

澄觀《華嚴經疏序》 往復無際，動靜一源，含衆妙而有餘，超言思而迥出者，其唯法界歟。剖裂玄微，昭廓心境，窮理盡性，徹果該因，汪洋沖融，廣大悉備者，其唯《大方廣佛華嚴經》焉。故我世尊十身初滿，正覺始成，乘願行以彌綸，混虛空爲體性，富有萬德，蕩無纖塵。湛智海之澄波，虛含萬象，皦性空之滿月，頓落百川。不起樹王，羅七處於法界，無違後際，暢九會於初成。盡宏廓之幽宗，被難思之海會。圓音落落，該十刹而頓周。主伴重重，極十方而齊唱。雖空空絶迹，而義天之星象燦然。湛湛亡言，而教海之波瀾浩瀚。若乃千門潛注，與衆典爲洪源；萬德交歸，攝群經爲眷屬。其爲旨也，冥眞體於萬化之域，顯德相於重玄之門，用繁興以恆如，智周鑒而常靜。眞妄交徹，即凡心而見佛心。事理雙修，依本智而求佛智。理隨事變，則一多緣起之無邊；事得理融，則千差涉入而無礙。故得十身歷然而相作，六位不亂而更收。廣大即入於無間，塵毛包納而無外。炳然齊現，猶彼芥瓶，具足同時，方之海滴。一多無礙，等虛室之千燈。隱顯俱成，似秋空之片月。重重交映，若帝網之垂珠。念念圓融，類夕夢之經世。法門重疊，若雲起長空。萬行芬披，比華開錦上。若夫高不可仰，則積行菩薩曝腮鱗於龍門。深不可闚，則上德聲聞杜視聽於嘉會。見聞爲種，八難超十地之階。解行在躬，一生圓曠劫之果。師子奮迅，衆海頓證於林中。象王迴旋，六千道成於言下。啓明東廟，智滿不異於初心。寄位南求，因圓不踰於毛孔。剖微塵之經卷，則念念果成。盡衆生之願門，則塵塵行滿。眞可謂常恆之妙說，通方之洪規，稱性之極談，一乘之要軌也。尋斯玄旨，卻覽餘經，其猶杲日麗天，奪衆景之耀，須彌橫海，落群峰之高。是以菩薩搜秘於龍宮，大賢闡揚於東夏。顧惟正法之代，尙匿淸輝，幸哉像季之時，偶斯玄化。況逢聖主，得在靈山，竭思幽宗，豈無慶躍。

題稱《大方廣佛華嚴經》者，即無盡修多羅之總名。《世主妙嚴品》第一者，即衆篇義類之別目。大以曠兼無際，方以正法自持，廣則稱體而周，佛謂覺斯玄妙，華喻功德萬行，嚴謂飾法成人，經乃注無竭之涌泉，貫玄凝之妙義，攝無邊之海會，作終古之常規。佛及諸王，並稱世主，法門依正，俱曰妙嚴。分義類以彰品名，冠群篇而稱第一，斯經有三十九品，此品建初，故云《大方廣佛華嚴經》。

志寧《大方廣佛華嚴經合論序》 邈矣！曠古太素爲混沌之先，存而不論，道爲一生之始。洪儒之子浴歸沂水之濱，周聖孔明樂在先王之道。安有得於太空之量，現法界於一塵之中。耘除始終，蔑彼生滅。太虛不能齊量，無爲猶是假名。常用而常無，居有而非有。《華嚴經》者，蓋非羅漢結集，亦非小聖傳持。大本華嚴非佛不能知見，中本華嚴住地菩薩乃能知之，小本華嚴即十萬之偈。今之所傳只獲四萬五千餘偈，即八十卷經是也此準《華嚴經纂靈記》中說也。經云，此經不入二乘人手，若無大心凡夫，此之法門即當散滅。經有十玄六相，義如結綰衆絲，帝網天珠重重，各有條貫談端。舉一則萬燈齊歸，義海千殊爛如星布。以緣生爲旨，以法界性爲宗。法身與報化同時，體用別無二相。以華嚴爲游履，以菩提心爲家，以萬德萬行爲家業。以文殊爲種智，以普賢爲行華。以毗盧遮那爲結果之身，以四十二位而爲眷屬。演則彌綸法界，卷則巨海毛端。會萬象雖以云多，入塵毛尙有餘地。圓融行布，理事互參，行布圓融，主伴交現。如斷金之杖，一即是多，如斷杖之金，多即是一。隨觀一境，四種法界；圓頓現前。一地初登，百門妙義，聯綿俱集。證趣七地，功用方休。八地定力轉深，起智還由諸佛，風帆既便，任運而行，其勢不停，直至法雲之地。會中十地普眼初游，未見普賢，佛前十智十大聲聞不睹逝多之勝事，良由發心既小，大願未圓。等覺妙覺現前，爾乃二愚方盡此經。法界無始無終，佛身非有成與不成。大智無滅無生，常以利人爲本。普慧二百大問，普賢二千法訓。法界性本如如，出沒卷舒自在經云，如人化心化作佛，化與不化等無異，一切諸佛成菩提，成與不成無差別。善財童子成道只在一生，六千比丘發智不由多劫。白牛之駕將悟，即以超於大乘。金色世界現前，文殊之智全證。法華龍女成佛，只在剎那。妙峰見佛光明，初住理登正覺。但隨圓見，網取漸修，頓悟只在剎那，如牛食肥膩之草。

慧研《大方廣佛華嚴經合論序》 夫法界之眞源也，濬十重之藏海，涌萬德之華王。體用齊彰，身剎互含於影像，果因相入，智悲交煥於靈眞。原其無性妙光，若金波而粲影，幻生齊應，同衆水以分形。良由瞥循一照之精明，倏晦千光之圓鑒。返認創成於心體，雲點太淸；依心發動於輪迴，波搖玉海。故我毗盧遮那如來愍乎寢惑，布以身雲，於一切法而坐道場，於一切智而成正覺，說此《大方廣佛華嚴經》也。

繇是即閻浮之境界，統華嚴之莊嚴。星羅於五位神天，鏡寫於十方剎海。彫宮紺殿，含莫限之勞生；玉樹金臺，誕微塵之佛子。一念未移於蓮座，九天同發於雷音。神光開十會法門，寶澤潤三周因果。故此經初，世主雲集，同心嘿請，有三十七問，備陳體用因果法門，則一部雄文之宗極也。謂藏身爲體，行海爲用，以體起用，斷習爲因，以用全體，習盡爲果。中有神通之義，心境互彰者，則明因果相入，體用一揆。是以從心念法，明體起用，則菩薩神通，從境宣音，明用全體，則佛神通。咸諸妙門，同疇此間。若夫法無宗旨，人莫準憑，爰彰古佛之果因，以顯今人之證信。是以初會世尊，光騰皓齒，海衆雲舒，則示乎果也。次乃玉毫相中，誕諸佛子，則示乎因也。後以普賢承威，宣華藏海，則因全果也。然以毗盧印之，則明古佛果因，總答前法。又以智海無性，因覺妄而成凡，達妄原虛，即凡心而見佛。故第二會普光明殿，以佛果爲凡心信因。三會妙峰山，凡心相盡成佛住。四會夜摩天，以智從用成佛行。五會兜率天，智行相入成佛迴向。六會他化天，自他同體成佛地。七會三禪天，智行淸淨成佛華。八會普光明殿，自因成果爲佛出現。九會普光明殿，因果圓融即普賢常行。十會給孤園，諸位齊明，同彰法界，此則發心因果總答前法。次復圓悟一眞，恐迷修進，不盡千門之惑習，焉成萬行之智悲。故以善財特行軌範，初參文殊佛智，信因南詢諸友，發行治習，入慈氏閣，習盡成果，再面文殊。因果同時，便見普賢法界原行。此顯修道行門一周因果，良以三周十會之玄，稱三十七義之指歸。一字法門，書海墨而無盡；二乘權學，諒涯涘而莫窮。

故此教非貝巖所編，乃文殊結集，總三部。一部有十三千大千世界微塵數偈，一四天下微塵數品。一部有四十九萬八千八百偈，一千二百品。一部有十萬偈，四十八品。隱乎龍藏，未擅閻浮。逮從正法光餘，年將五百，則第十四代祖師龍樹運神海藏，觀前二部非世人所及，乃誦後部歸於五天。傳布千年，方垂華夏，東晉初譯，地涌靈泉。唐朝次翻，天降甘露。

陶愷《大方廣佛華嚴吞海集序》 《大方廣佛華嚴經》，具因果行位緣起理事，以不思議爲宗，無上乘也。以爲同也，而橫開百千法門，其總非同，以爲異也，而會歸實際理也，其別非異。即同即異，義極於融。故同中有異，鳥翔空而前後齊彰；異中有同，波生水而泯絕一致。萬法各住自位，有如水火陵滅而不相容；至理不隔纖毫，或若塵芥含容而無所礙。此非器界之所能通，而思議之所可及也。然而非文字無以明義，非名句無以成文。則錯綜而華貫，行布而星分，此經之所以爲經也。由文字名句以求之，則法法相似，地地有差。其多也百千萬億以爲數，乃至不可爲數，而未脫於有數也。其大也十方三際以爲量，乃至不可爲量，而未離於有量也。經之爲經，既託於文句，其妙不過如是而已。舉世間極大不可窮盡者，則喻以海焉。所謂十海，若世界、衆生、諸佛、業報、法界、根欲、法輪、願力、神變、佛化，皆生佛之極業，同名之海。而七處九會三十九品，悉波瀾其間，無有能出者。其源無首，其流無尾，其邊無旁，其下無底，則取海以爲喻，是亦天下之極稱歟。至求之天地之間，若形若器，能體融之義而曲當者，蓋亦莫若海也。是經也，行於支那，自晉義熙始，其文浩博，其義淵微，其道宏大。志劣者怠於編秩之多，智淺者瞢於旨意之妙，器狹者駭於果德之極。誦其文已難其人，而況通其義且踐修是道歟。譬猶海中之一物，方爲海所涵，詎能置海於度內耶。

觀衡《大方廣佛華嚴經綱要序》 《華嚴》大經者，乃毗盧遮那佛稱法界量，顯現自性因果本妙莊嚴究竟圓頓總持法門也。文豐義富，事涉宗玄，要而收之，不出四法界而已。蓋四法界者，一、理法界，此界也，以眞性法中本無生佛名言，豈有自他影像。世出世法，染淨因緣，當體全空，究竟清淨，不可思議，是謂理法界也。二、事法界，斯界也，即理法界，至虛而靈，淨極而妙，不動本然，循業發現。頓變相見二分，幻開迷悟兩途。情與非情，聖凡依正，熾然同異，究竟所有不可思議，是謂事法界也。三、理事無礙法界，是界也，即理外無事，事外無理。理不拒事，縛脫歷然，事不拒理，生滅寂爾。波濤萬殊，而全彰水體，水性一味，而遍示波瀾。空有並施，性相不二，不可思議，是謂理事無礙法界也。四、事事無礙法界，茲界也，合上三界，圓入一眞。理事既不相違，彼此自是無礙。以事入理，理無盡而事事無盡。以理收事，理無殊而事事無殊。舉一念而三世圓明，吹一毛而十方炳現。正中有依，一毛孔中有無量無邊世界。依中有正，一微塵裏有無窮無盡如來。一多互融，延促自在，不可思議，是謂事事無礙法界也。是則世出世間色心諸法，不出此四種法界。又此四界唯是一心，離心之外無法可言。此心亦是強名不可言議不可思議，即一眞大法界也。

如來證此法界性，示此法界相，廣此法界量，放此法界光，攝此法界機，彰此法界會，盡此法界理，演此法界經。是一經一名而有三部。品偈既廣，卷數勝多，人間難於秘藏，龍宮久爲密護。像法住世，龍樹大師博盡世間琅瑶，因搜海中寶藏。逢斯妙典無上眞乘，慨大法不聞，何以見自心現量。圓宗未會，豈能開法性光明？注神淵記，得下部之始終。竭力宣揚，廣上根之知見。初流布於于闐，次傳演於支那。自經出興，無論餘國，但此方禪教師將緇素明賢，發無礙辨才，得無師智慧，雄機大用，豎論橫談，生死涅槃自在無畏。立在毗盧頂上，超於威音劫前，從古至今，算數莫計，豈非皆從此經法化而出耶。或在諸餘經典，及師友因緣，一念相應，得見自性，亦須從此經印證，方能弘自性圓通。所以古人云，無不出乎此法界，無不還歸此法界。斯之謂歟。今古從此經，得大受用，得大自在，不可不知此經之所出耶，不可不知龍樹大師之所與也。

綜　述

武則天《大方廣佛華嚴經序》　蓋聞造化權輿之首，天道未分。龜龍繫象之初，人文始著。雖萬八千歲，同臨有截之區。七十二君，詎識無邊之義。由是人迷四忍，輪迴於六趣之中。家纏五蓋，沒溺於三塗之下。及夫鷲巖西峙，象駕東驅。慧日法王，超四大而高視。中天調御，越十地以居尊。包括鐵圍，延促沙劫。其爲體也，則不生不滅。其爲相也，則無去無來。念處正勤，三十七品爲其行。慈悲喜捨，四無量法運其心。方便之力難思，圓對之機多緒。混大空而爲量，豈算數之能窮。入纖芥之微區，匪名言之可述。無得而稱者，其唯大覺歟。

朕曩劫植因，叨承佛記。金仙降旨，大雲之偈先彰。玉扆披祥，寶雨之文後及。加以積善餘慶，俯集微躬。遂得地平天成，河清海晏。殊禎絕瑞，既日至而月書。貝牒靈文，亦時臻而歲洽。逾海越漠，獻賝之禮備焉。架險航深，重譯之辭罄矣。

大方廣佛華嚴經者，斯乃諸佛之密藏，如來之性海。視之者莫識其指歸，挹之者罕測其涯際。有學無學，志絕窺覦。二乘三乘，寧希聽受。最勝種智，莊嚴之迹既隆。普賢文殊，願行之因斯滿。一句之內，包法界之無邊。一毫之中，置刹土而非隘。摩竭陀國，肇興妙會之緣。普光法堂，爰敷寂滅之理。緬惟奧義，譯在晉朝。時逾六代，年將四百。然一部之典，纔獲三萬餘言。唯啟半珠，未窺全寶。朕聞其梵本，先在于闐國中。遣使奉迎，近方至此。既覩百千之妙頌，乃披十萬之正文。粵以證聖元年，歲次乙未。月旅沽洗，朔惟戊申。以其十四日辛酉，於大遍空寺，親受筆削，敬譯斯經。遂得甘露流津，預夢庚申之夕。膏雨灑潤，後覃壬戌之辰。式開實相之門，還符一味之澤。以聖曆二年，歲次己亥，十月壬午朔，八日己丑，繕寫畢功。添性海之波瀾，廓法界之疆域。大乘頓教，普被於無窮。方廣眞筌，遐該於有識。豈謂後五百歲，忽奉金口之言。娑婆境中，俄啟珠函之祕。所冀闡揚沙界，宣暢塵區。並兩曜而長懸，彌十方而永布。一窺寶偈，慶溢心靈。三復幽宗，喜盈身意。雖則無說無示，理符不二之門。然因言顯言，方闡大千之義。輒申鄙作，爰題序云。

法藏《華嚴經探玄記》卷二　第十隨文解釋者，今此三萬六千偈經，有七處八會，謂人中三處，天上四處爲七，重會普光爲八會。於中有三十四品，初一品是序分，盧舍那品下明正宗，流通有無以四義釋。一以衆生心微塵下二頌爲流通，以結歎勸信故。二爲經來不盡，闕無流通。三爲此經是稱法界法門說故總無流通。問若爾何得便有序分，答以有見聞通趣入，故有始爲序，以所入無極故無終流通，如修生佛果有始無終。若不爾者何故八會一一會末皆無流通，大般若經十六會中彼會會後皆別有流通，大集經中諸會末皆亦有之，此經不爾，故知別意有所表也。四以餘三乘等法，逐機差別利益衆生爲流通益相。又大遠法師分此經爲四分，初品名緣起淨機分，二舍那品名標宗策志分，三名號品下至第八會來名顯道策修分，四末後普賢所說偈名屬累流通分。今更尋下文總長分爲五，初品是教起因緣分，二舍那品中一周問答名舉果勸樂生信分，三從第二會至第六會來一周問答名修因契果生解分，四第七會中一周問答名託法進修成行分，五第八會中一周問答名依人入證成德分。流通有無以如上辯，此五分皆依前起後文次相生義理周足，是故不增減也。就初序分之中分爲二，初明此土中序分，二明十方無盡世界中序分，初中有三初有四字唯是證信，二一時下通二序，三動地下唯是發起。若通後說得有四句，或唯證信是初，或唯發起是後，或俱是中間，或俱非是下正宗。又初四字義通而文局，以文在初首義通八會故。一時下文通而義局，以下諸會皆有爾時等故文通也，今此局初故義局也。又依佛地論分爲五，一總顯已聞，二教起時，三顯教主，四教起處，五教所被機。依《法華論》等有六成就，一信，二聞，三時，四主，五處，六衆。

法藏《花嚴經文義綱目》　《世間淨眼品》者器等三種顯曜於時，光潔照矚況於淨眼，法喻合舉故云世間淨眼。語言理均格類相從，故稱爲品。此經有三十四品，此品建初故稱第一，故言《大方廣佛華嚴經·世間淨眼品》第一，餘義如下說。今總括此經七處八會，事義差別略開十門。一辨教起所因，二釋經題目，三明經宗趣，四說經時處，五辨定教主，六明衆數差別，七請說分齊，八所入三昧，九佛光加持，十正說品會。初教起所因中有二，先明教傳之相，後辨教興之意。【略】

第四說經時處中，先明時後顯處。時中作四門，一定分齊，二攝前後，三顯差別，四表示法。初定分齊者，菩提流支云，華嚴八會中前之五會是佛成道初七日說，第六會後是第二七日說，以《十地經》初云第二七日故。又有人說第八會是後時說，以彼文中有鶖子等五百聲聞，並後時度故。此等所判恐不順文，以初七日定不說法故。《十地論》言，何故不初七日說，思惟行因緣行故，既言思惟明知非說法，設有救言，只不說十地，非不說餘法者，則不得言思惟也。下論又釋，爲顯已法樂是故不說，故知初七日定非說耳。又第八會亦非後時，何得於一部經前已說半，中說餘經，後方更續，豈令佛無陀羅尼力不能一念說一切法，祇園鶖子竝是九世相入。下文云，過去一切劫安置未來今，未來一切劫迴置過去世。又云於一念中建立三世一切佛事，乃至廣說，如是等文處處皆有，豈鶖子祇洹而非此類，是知此經定是第二七日所說。二攝前後者有三重，一於此二七之時即攝八會，同時而說。若爾何故會有前後，謂如印文，讀時前後印紙同時。問若爾云何重會得成，答重亦同時，以無礙故，如燈光相入等，餘不動昇天等準釋可知。二即此時攝彼前後各無量劫無不皆盡，以是不思議解脫時故。三攝於重重無量念劫，如因陀羅網重重收攝故。三顯差別者，依《普耀經》第二七日於鹿野園，爲彼五人三轉四諦，此唯小乘。依《密迹力士經》第二七日鹿園爲於無量大衆轉法輪，時有得羅漢辟支佛道菩薩道等，此是三乘。依此經第二七日於樹王下爲海會菩薩轉無盡法輪，明是一乘。上三同時者，約法表本末同時，約人顯機感各異，依《法花》三七日，四分律六七日，《興起行經》七七日，五分律八七日，《智論》五十七日，十二遊經一年方說，此並末教機異宜聞各別，故致不同，本教機定故唯二七日，四表示法者。《十地論》云，時處等校量顯示勝，故此法勝故在於初時及勝處說。此有三義，一此經初時表本法勝故，二末教亦同表末不離本故，三顯本非末故，時定二七更無異說。第二說經處者作五門，一定其處，二辨融攝，三顯差別，四總表示法，五別顯處會。初定處者，問說此經處爲是淨土爲是染界，設爾何失二俱有過，何者若是淨土，何故上文云摩竭提國，下文復云如是此四天下閻浮提等，由此當知非是淨土。若染土者何故下文云此蓮花藏世界海，六種十八相震動等，明知此經非染土說。如此相違如何指定，答但依此經染淨二土鎔融相攝有其四句，或唯娑婆，以本從末故，此二如上辨。或雙現，以依華藏而有娑婆，染淨相分末依本。故如下文云，華藏世界中娑婆世界，此之謂也。或染淨雙絕，以就果海不可說故。此上四門合爲一土，鎔融無礙，隨說皆得。二辨融攝者，亦有三重，一此覺樹下即攝八會人中天上，是故皆云不離此也。二攝十方無餘刹土，皆悉不離此樹王下。三攝毛端微塵內等重重之刹，猶如帝網無有窮盡，以皆是此蓮花藏界之所攝故。第三顯差別者，然佛說經處有三種，一唯界內十六大國，化身說處，此通小乘及三乘教。二唯界外諸妙淨土十八圓滿受用土中，報佛說處，如《佛地經》等，此妙淨土非三界攝，而亦不離以遍一切處故，此通三乘及一乘說。三染淨圓融，如帝網無盡花藏界中十佛說處，依正渾融具三世間，此唯別教一乘說處。今所辨正唯後一，兼攝前二，以彼本末不相離故。四總表示法者，託此勝處表示法勝。《地論》云，此法勝故在勝處說，說有二門，一總二別。總有三重，一此樹下得菩提故不起此說，明表所說如所得故，非逐異機有改動故，如鹿園說等。二託圓融蓮華藏界，表示所說圓滿殊勝開敷故。三託此重重帝網之處，表示所說亦重重無盡，如不思議解脫等，此三通於八會故名總也。五別顯處會者有二，初約佛赴機會別有八，二約菩薩求法有五十四會。初中第一會在摩竭提國此云不害國寂滅道場菩提樹下，此一會處亦總亦別，貫通餘會得稱爲總。故下文云，菩提樹下須彌山頂等，是故此初則爲總處，如下所說，一切十句中皆初句爲總餘九爲別，此之謂也。總門表法如前已顯，別示此會說果德法，是故託此得果之處用以表示。第二會在摩竭提國普光法堂，西域相傳，此堂去菩提樹東南二三里許，在尼連禪河曲內，諸龍爲佛所造，如來於中放相輪光，遍照十方無邊世界，是故名此爲普光法堂，此中表說信行普周蔭初機故也。第三會在須彌山頂帝釋宮中妙勝殿須彌者此云妙高山，謂四寶所成，是故稱妙，挺出衆山故曰高，表此所說十住不退，窮至山頂超過凡小寄於妙勝故也。第四會在夜摩天宮寶莊嚴殿，夜摩名時或云善知，表說十行隨時進修勝德交飾故託茲殿。第五會在兜率陀天宮一切寶莊嚴殿，兜率此云喜足，表說迴向世間位滿成喜足行，攝德多聞寄一切寶殿。第六會在他化自在天宮摩尼寶藏殿，表說十地所證眞如非自所作，又表因圓窮欲界頂，證智摩尼出阿含光故，故託此殿。第七會重普光法堂，表此所說六位行法依前信等圓攝周盡，是故重會於此處也。第八會在舍衛國祇樹給孤獨園重閣講堂，爲表所顯法界法門，當體希奇功用濟物，用依體起似閣重重成，故託斯處也。問從人向上次應先至四天王，越彼而昇忉利，有何別意。答十信寄在人間，十住乃居山頂，信是外凡菩薩，住是不退賢人，欲表賢愚進退兩位懸殊故，寄越此四天王處。問兜率會了次臨化樂，越昇他化復有何意。答兜率位當迴向，世間修相已終他化行有十階，出世眞如今證，既世間出世間爲異，漏與無漏有殊，假修眞證絶懸故表超於化樂。問何須重會，復以何義唯會普光。答普光是起信之首，歷位至於他化，今明位中之行，行修從首理宜會此，但以位相約解寄會昇沈，行就理玄一位相攝故唯會此處。二約菩薩求法會者如善財童子，於覺城東娑羅林大塔廟處，文殊師利初爲諸大衆及善財童子一會說法。如是次第乃至末後，普賢菩薩於金剛藏道場所，爲於大衆及善財等，現法界身雲之法，爲末後第五十四會，是故通前總六十二會。此據一方說，若論結通十方世界，是則微塵微塵數虛空法界等諸會處也。

第五定教主者亦作五門，一定佛身，二明融攝，三顯差別，四表示法，五明業用。初定佛身者，問此八會佛是何等身。答有人釋云，是化身佛，以菩提樹下八相成道是化身故，不離昇天是重化故，以釋迦異名名盧舍那非別報身。故又有釋云，說此經佛是實報身，以是盧舍那法界身故居蓮華藏淨土中，故下第七會初歎佛有彼二十一種殊勝功德，是實報也，但以不離化故該此樹下，非是化身。今釋此佛準下文中是十佛之身，通三世間，以說十信及三賢等地前所見，非實報故。然居花藏非是化，故國主身等非前二，故具攝前二，性融通故，具足主伴如帝網故，是唯周遍法界十佛之身。第二融攝者有二，一直攝一切三世間盡，以具此三事方爲佛故三身二身，但是三中智正覺攝諸妙淨土及同生之身，無不皆是此中所攝。二於正報毛孔及依報塵中，皆重重具足，攝彼三世間等一切諸法如帝網現，準思可見。第三顯差別者，此一釋迦身隨應群機差別多種，或同凡而非聖，如見三尺黑象腳身及樹神身等此約人天位。或是聖而非凡，以同羅漢聖人身故。或亦凡亦聖，以是父母所生實報身故，四大成故同凡身也，具五分法身諸漏盡故是聖也。或非凡非聖，以是大乘三身攝故，非同小乘羅漢聖故。或是化非法報，以具八相在閻浮故。色頂別立彼實報故，如梵網經等說。此約初教，或是報非法化，即此身具二十一種殊勝德，受用身故如《佛地經》初說。此約終教，或是法非報化，以色即如故。經云吾今此身即是法身，此約頓教，或亦法亦報化如前三說，故或非法非報化，以是十佛故，通三世間故，具足主伴故，如此經下文說，此約圓教，是故此釋迦身圓融無礙，極難思也。第四表示法者，然說法之佛總有四位，一羅漢身佛表說小乘。二化身佛表說三乘，廣說地前略說地上。三報身佛表說三乘，廣說地上略說地前。四十身佛表於一乘，六位齊說，由此所說具足主伴無盡法故，佛亦同此十身無盡。第五明業用者，問下文云，不離菩提樹而昇忉利天等，云何不起而得昇天。答有人釋云，本釋迦身不離覺樹，重現化身以用昇天，此則本釋迦身竟無昇天，昇天之身非本釋迦，經意不然，故不可也。又有釋言，不起是法身，昇天是化用，此恐非理，豈可法身坐道樹耶。又有釋言，此昇天是不往而至，以往即不往故所以不起也，不往即往故所以昇天也，如不來相而來名善來等，若依此釋但是無昇相而昇天，非是樹下有不起之身故亦難用。今解此文略有八義，一約處即入門，謂以一處中有一切處故，是故此天宮等即本來在彼樹王下。故云不起也，然先未用此天宮處，今欲於中說法用故說爲昇也。又相即故不起門別故有昇也。二約佛，謂此坐樹王下之佛身即遍法界一切處故，是故佛身本來在彼忉利等處故不待起也，今欲用此忉利門中之佛故曰昇也，是故若起則不成昇也。三約時，謂由此樹下座上佛身即遍前後際等九世十世一切時故，是故此佛坐樹下時昇天去時到天處時，一一時皆遍法界，攝前後際盡。即知坐樹下時永無起時，故云不起也。若正去時亦如此故唯有去，無餘也，皆念念不相至各各收法界，如是緣起門無礙，恆不離四約法界門，謂此昇去無自性故即攝眞如法界，以彼樹下坐等亦不異眞故同眞如，在去門顯現故不起而昇也。五約緣起門，謂坐由行故坐，坐在於行中，行由坐故行，行在於坐中是故由行中坐，故昇天即不起也。由坐中行故不起而昇天也，行坐無礙故，即昇常坐即坐恆昇也。六約佛不思議德，謂即不起此坐即是行，即是臥即是住，即是到一切處即是作一切事，竝非下地所知。七約所表，謂表前位行成究竟堅固不壞故云不起前坐也，而有赴機用故云昇也。八約成會，謂後會必具前故，不捨前而成後，若捨前則壞緣起，是故不起前面昇後也。

第六衆數差別作十門，一明衆數，二新舊，三定器，四世出世，五界趣，六諸乘，七權實，八位地，九表法，十因果。初衆數多少者，謂此初會有五十五衆，始從普賢至摩醯衆爲三十四衆，復從善海還至普賢爲十八衆，帖前總爲五十二衆，海慧內衆并新集十方，及勝音衆帖前總爲五十五衆。第二會中有新舊二衆，帖前總五十七衆。三四二會各有天王菩薩二衆，帖前總爲六十一衆。第五會中昇天品內有五十二衆，及雲集衆，帖前總爲一百一十四衆。第六會中有同生異生二衆，及第七會一衆，帖前總爲一百一十七衆。第八會中菩薩聲聞天王三衆，帖前則爲一百二十衆，於中一一或以十佛世界塵數爲量。如是等皆無分齊，然此且約此一世界八會中說。若通十方虛空法界一切世界皆各有此無邊衆會，相入重重如帝網無盡即不可說不可說也，是謂花嚴海會之衆。二諸會新舊者，或唯舊無新如六七二會，或唯新無舊如三四五三會，或亦新亦舊如初二八三會，餘意各如下集衆中說。三定器者汎論列衆有三義，一是當機，二是影響，三是寄法。今此通三也。四世出世者有四義，或俱是世間以時中顯現故。又三世間中是一故，或並是，是出世。以其行德非世攝故，或亦世亦出，由具前二義故。又隨相論，初普賢等是出世，餘是世故，或非世亦非出，以是世出出世攝故，是故此衆通其三位具斯四句也。五界趣者於三界中除無色天，以隨相寄法非殊勝故，若《仁王經》亦有無色天等，五趣中除地獄衆，以彼極苦寄相顯法亦非勝故，若陀羅尼經亦有此衆。又無人王衆，以相顯非奇故。或菩薩即人衆也，或唯列王衆，如後十八衆說以表法自在故，或通王臣，如此三十四衆中說，以具主伴故。六諸乘者，《大智論》云，若小乘經初唯列聲聞衆，若大乘經初具列菩薩聲聞二衆，義準。若一乘經初唯列菩薩，所以知者，彼論以大品等爲共教，別指華嚴爲不共教，以不與聲聞共說故。又此上三門各有二說，初中二者，一若爲成小教得小果等，唯列聲聞，此是愚法小乘，如阿含等經說。二爲迴小乘顯所被機，唯列聲聞，是大乘迴心教，如《金剛波若經》初辨。二具二衆中亦二，一或先列聲聞。後列菩薩，此通始終頓三教，如《淨名》等經辨。二或先列菩薩，後列聲聞，此通頓教及同教，如《羅摩伽經》、《矩樓王經》、《和休經》等辨。三唯列菩薩，中二，一雖列菩薩主伴不具，是同教一乘，如《十一面經》等辨。二若主伴具足即別教一乘，如此經說。七權實者，若約三乘佛居此娑婆界，雜衆是實，以實報生故，菩薩是權，方便現故。如經云，彼諸菩薩隱其無量自在力等，或菩薩是實，以地前菩薩猶生此土故。雜衆是權，依《大集經》並是他方大菩薩等權形所作故。若佛居淨土菩薩唯實，實報生故，雜衆是化非實有故。論云受用土中實無此等衆生，欲令淨土不空故化作如是雜類衆生，若一乘中佛在此花藏界，菩薩雜衆或並是實，以是海印定現，實德攝故，或俱是權，以隨緣而現故，餘義思準。八明其位者，若約三乘此普賢等皆是十地已上菩薩，彼神王既多分是隨類生攝，即是八地已上。若一乘中如緣起際，諸位皆齊，是故一人具五位，位位皆遍收準之。九人法者，若三乘中但寄人顯法，仍人非是法。若一乘中此等諸人並是法界緣起法門，又此一衆即通三世間，以或作河池井泉水等國土身故，餘可知。十因果者，若三乘但是因位，若一乘中或皆是因，以未是佛故。或俱是果，以並是佛海印中現故，又乘解脫力入佛海故。或通因果，由前二義故。或俱非，以離性平等故，並如下歎德中辨。

第七諸會請問者作四門，一明有無，二顯所問法，三辨能問人，四問儀式。初有無者，於八會中初二後二有請問，餘會皆無，所以爾者。初會標果起因故有問，第二會初爲尋因至果故請問，但爲因中行位階降寄五會答也，以果位無優劣故當會答耳。然五會中諸品之內更有問者，並是當會所說法中隨說請問，非是別問大位之相。以第六會來唯答第二會初所請問故，第七會中明行熟因果，是故請問，謂行修無礙六位頓成故，當會答也。第八會中明稱性因果，是故請問，謂俱入法界無差別故，亦當會答也。二顯所問法者，初及第八具有果法，而分有因法，但所信攝化爲異，第二第七具問因法但行位爲異。三能問人不同者，初及第八各具同異二衆齊問，以所問法衆同依故，第二唯是菩薩同生衆問，以所入位同生勝故，第七唯普慧一人問，以造修之行名別成故。

四問儀式者有二，一約言念，二約通別。初中泛論請問有二，一言請二念請。答亦有二，一言說答二示相答。此二問答如次及交絡四句可知，爲成三慧有斯二例，初之二會及第八會唯是念請，答通二位，謂佛有示相答，菩薩有言說答，以對佛興請，上能知下不待言故，爲顯佛心能領疑身相現答，自在故也。第七會言請言答，以對普賢起問，還是普賢答故。二通別者，初及第八別問通答，第二第七別問別答，皆可知。

第八所依三昧者略作八門，一辨分齊，二有無，三明出入，四顯因果，五入定人，六業用，七入定意，八雙行非雙行。初明分齊者有二，先總後別，總者然此八會人法教義等，皆依如來海印三昧之所顯現故，《賢首品》云，一切示現無有餘海印三昧勢力故。二別顯者，第一會入一切如來淨藏三昧，以垢無不盡德無不苞名爲淨藏，標果異因名如來三昧。第二會不入定。第三會入菩薩無量方便三昧，巧解多端名無量方便，標因別果名菩薩三昧。第四會入善伏三昧，行能伏障令永不起名爲善伏。第五會入明智三昧，照理除闇故稱明智。第六會入大智慧光明三昧，入地正證，過小曰大，對治無明名慧光明。第七會入佛花嚴三昧，妙行開敷飾顯眞體，因嚴果滿名佛花嚴。第八會入如來師子奮迅三昧，謂顯佛果大用雄猛之狀，從喻標名故立斯號。此上七種業用異故立名差別，心一境性等持無別，是故通皆名爲三昧。第二有無者，唯第二會不入三昧，以所表法未成位故，餘會所表法位成故，若依海印諸會通有。第三出入者，唯第八會入已無出，表於法界有證無失，又顯佛果大用自在故不待出，餘會不爾。表起化應機故，不同佛果用故。第四因果分別者有四句，或唯果定，謂初會及第八以初說果法故，第八證理玄故，或唯因定，謂三四五六以彼唯說因位法故，《不思議品》等所說果法別有所依，非彼定故。或亦因亦果，謂第七會以花嚴攝因佛是果故，所表行深具因果故。或非因果，謂第二會總無定故。第五能入定人者，第一會普賢菩薩以普賢因圓堪顯佛果，第二會文殊師利表信無位故不入定，第三會法慧菩薩以表十住慧解法故，第四會功德林菩薩以表十行勝德建立故，第五會金剛幢菩薩表十迴向大願堅固獨標出故，第六會金剛藏菩薩以表十地無漏行深，破障智堅含攝具德故，第七會普賢菩薩表行深廣該於六位稱普賢故，第八如來入定以表法界解脫自在無礙唯佛窮故。第六業用差別者，通辨定用，有其三種，一發慧，二引通，三具二。此七定中或唯發慧，謂除初後所餘五會，以皆從定起智說故。或唯引通，謂第八會以顯如來身土無礙法界門故。或具二種，謂初會普賢定中說法，亦是通故。第七明入定意者，略有四意，一爲證法令說決定故，論云何故入三昧，顯示此法非思量境界故。二爲受加，佛力加持此爲器故。論云何故加，以得此三昧故。三成軌則，諸有說法要審而說方可信故。四表示法，以聞此定名解彼法故。此七定中初五具四，第七唯三，以行法依解不待加故。第八唯二，以佛無新證無受加故。第八雙行非雙行者有四句，或唯雙行，謂第八會在定起用無障礙故。或唯非雙行，謂除初二會所餘諸會以要出定方有說故。論云，何故出定，以定無言說故非雙行或俱，謂初會定中說彼五海十智故是雙行，後出定已方乃說彼十世界海故亦非雙或俱非，謂第二會總無故。

第九光加不同者，先辨放光亦作五門，一有無，二出處，三光意，四光體，五光用。初中八會之內，唯第七會不顯放光，以所依行法不異前故，但純熟爲異。二出處者初會二處，一從面門牙齒放光，表敎道遐舒。二從眉間毫相放光，表證道圓潔，第二會從足下相輪放光，表信行最卑故居足下，又表衆行依信而進，如身依足而有所趣，第三第四二會之中，皆從足指放大光明過前位故。增至足指，指有二義，一能距地有立住義，二能申展有進趣義。前表第三十住之法，後表第四十行之法。是故二會同此放光。第五會從兩膝放光，表行位過前漸增至膝，大願迴向屈申進詣以膝表示。第六會眉間豪放光，表十地正證。第八會亦眉間放光者，亦表法界法門普該證入故。三光意者，此諸放光略有四意，一爲現相表法，二驚起信心，三照觸救苦，四集衆遠召。四光體者亦有四種，一是事光如流星霞雲等，二是法光謂顯示法門故，三是理光謂非青黃赤白，不生滅故，四無礙光，前三無礙融現前故。五光業用者，八業二身如《十地論》說，第二明諸佛同加作四門，一有無，二加相，三加意，四能加之佛。初有無者於八會中第二及七八此三竝無加，第二位未成故不入定。故第七行法，依解不異前故。第八如來自入三昧不待加故，餘會非此。是故皆有二，加相者謂彼諸佛皆以三業同作加，故口加語業資其辨才，意加與智增其慧悟，身加與力令威過衆表同於如來三輪攝化。又口加與辨令能說，意加冥被以增威，身加摩頂而令覺。三加意者有六，一《地論》云，盧舍那佛本願力故加。二是彼菩薩善根願力故。三得彼三昧法如是故。四爲說此法故加，謂十地等諸位法也。五者十方諸佛各以三業加彼菩薩令說此法，即表諸佛同所宣說。六令彼大衆知佛加說，於彼所說生淨信故，四能加之佛名數者，初會之中有十方世界海諸佛。第三會十方各過千佛世界塵數刹外，有千佛世界塵數諸佛同名法慧。第四會十方各過萬佛世界塵數刹外，有萬佛世界塵數諸佛同名功德林。第五會十方各過百萬佛刹塵數刹外，有百萬佛刹塵數諸佛同名金剛幢。第六會十方各過十億佛土塵數刹外，有十億佛土塵數諸佛同名金剛藏。解云欲表三賢十聖位相漸增故，令佛數從小至多，皆同所加菩薩名者，《地論》釋云，令彼菩薩聞諸如來同己，名已增踴悅故，又彼諸位各說如佛名之法故不異名加。

第十所說法者略作四門，一約品，二約會，三約文，四約義。初約品者第一會中有二品，一《世間淨眼品》，二《盧舍那佛品》。第二會有六品，一《如來名號品》，二《四諦品》，三《光明覺品》，四《菩薩明難品》，五《淨行品》，六《賢首菩薩》品。第三會有六品，一《佛昇須彌頂品》，二《菩薩雲集說偈品》，三《菩薩十住品》，四《梵行品》，五《初發心菩薩功德品》，六《明法品》。第四會有四品，一《佛昇夜摩天宮品》，二《菩薩雲集讚佛品》，三《功德花聚菩薩十行品》，四《菩薩十無盡品》。第五會有三品，一《佛昇兜率天宮品》，二《菩薩說偈品》，三《金剛幢菩薩迴向品》。第六會有十一品，一《十地品》，二《十明品》，三《十忍品》，四《阿僧祇品》，五《壽命品》，六《菩薩住處品》，七《佛不思議法品》，八《如來相海品》，九《佛小相光明品》，十《普賢菩薩行品》，十一《寶王如來性起品》。第七會有一品，謂《離世間品》。第八會有一品，謂《入法界品》。頌曰：

二六六四三，十一各一一，是故於八會，品有三十四。

第二約會者有二，初攝因從果會別有八，二分因果有六十二會。初第一會中普賢定內觀五海說十智，言五海者初一切世界海，二一切衆生海，三法界業海，四欲樂諸根海，五三世諸佛海。言十智者，一一切世界海成敗智，二衆生界赴智，三法界智，四如來自在智，五轉法輪智，六力無畏不共法智，七光明讚嘆音聲智，八三種敎化衆生智，九無量三昧法門不壞智，十如來種種自在智。第二會中初品說佛身名普遍，次品說佛諦語遐周，次品明佛身意舒光廣擬開覺，上三顯佛果三輪差別攝用，次品說信位正解十種甚深，次品說信位淨行百四十願，末後一品說信位德成廣攝諸位乃至成佛。第三會中所說十住者，一發心住，二持地住，三修行住，四生貴住，五方便具足住，六正心住，七不退住，八童眞住，九法王子住，十灌頂住。第四會中說十行法，一歡喜行，二饒益行，三無恚恨行，四無盡行，五離癡亂行，六善現行，七無著行，八尊重行，九善法行，十眞實行。第五會中說十迴向法者，一救護衆生離衆生相迴向，二不壞迴向，三等一切佛迴向，四至一切處迴向，五無盡功德藏迴向，六隨順平等善根迴向，七隨順平等觀迴向，八如相迴向，九無縛無著解脫迴向，十法界無量迴向。

第六會中說十地法，一歡喜地，二離垢地，三明地，四炎地，五難勝地，六現前地，七遠行地，八不動地，九善惠地，十法雲地。第七會中普慧菩薩起二百句問，普賢菩薩句別答十故成二千法門。第八會中大衆起於六十句問，如來現於法界身雲，令諸菩薩皆入法界，舍利弗等五百聲聞雖在會中如盲如聾無所聞見，後顯善財隨位修行證入法界，上來攝助歸正，故以人會統收皆盡。第二分助異正散說，諸佛及諸菩薩赴機，顯法會別通有六十二者，初之八會如前所顯，次約菩薩赴機攝化有五十四會，總相科勒以爲五分。初有四十一位名寄位修行相，於中初覺城東文殊一會，令善財入法界信位。次於可樂國和合山功德雲比丘，令善財得普門光明三昧觀察正念諸佛法門，乃至第十師子奮迅城中，彌多羅女令善財得般若波羅密普莊嚴法門。已上十位令善財各得一種法門，滿足十住之位。次從救度國善現比丘，令善財得隨順菩薩燈明法門。乃至第十知足城中，出家外道名隨順一切衆生，令善財得至一切處法門。已上十位，各令善財得一法門滿足十行之位。次甘露味國青蓮華長者，令善財得入香法門，乃至第十摩竭提國道場地神名曰安住，令善財得菩薩不可壞藏法門。已上十住各令善財得一法門，滿足菩薩十迴向位。次從迦毘羅城婆娑陀夜天，令善財得光明普照諸法壞散衆生愚癡法門，乃至第十迦毘羅城釋迦女名瞿夷，令善財得分別觀察一切菩薩三昧海法門。已上十位，各令善財得一法門滿足菩薩十地之位。上來四十一總明寄位修行相竟。自下初從摩耶夫人，令善財得大願智幻法門，乃至第十德生童子，有德童女，令善財得菩薩幻住法門。已上十位，各令善財得一法門滿足菩薩第二會緣入實法門。自下海澗國大莊嚴林中嚴淨藏樓觀內，彌勒菩薩令善財得三世智正念思惟莊嚴法門。已上一位令善財入第三攝德成因相法。自下普門城邊文殊師利遙申右手摩善財頂，得見三千大千世界塵數知識，不違其敎，乃立善財於自所住處普賢道場法門，此一位令入智照無二相法法。自下於如來前金剛藏道場上，普賢菩薩令善財得十不可壞智慧法門，此一位令入顯因廣大相法。又此上所求諸善知識種類有五，一約位有五十四如前辨，二約主伴有一百一十也，三約同教見大千世界塵數知識，四約別教見十佛世界塵數知識，五約稱法約通十方無盡世界，則見虛空法界等不可說不可說諸善知識。第三顯文分齊者有六重，一約三分，初品是序分，二《盧舍那品》下是正宗，經來不盡故無流通。又釋此經總無流通，以前七會各無流通故，《大般若經》十六會末各別流通，此不同彼，故知此經總無流通，表顯法門無終盡故。二依正法師等作四分，初品是序分，二《盧舍那品》下至光明覺四品，經文名舉果勸樂分，三從《明難品》下至性起，二十七品經文明修因契果分，四七八二會明依人入證分。三正說有五分，初一品教起因緣分。二《盧舍那品》中一周問答是舉果勸樂生信分。三從第二會盡第六會有三十品，亦一周問答是修因契果生解分。四第七會中一周問答是託法進修成行分。五第八會中一周問答是依人入證成德分。以此經中唯有如此四翻問答，是故兼序，但得科爲五分不得異說。又四問答中初生信，二起解，三成行，四證眞故義圓足不增減也，四或爲五周因果。第一會中果廣而因略，是所信因果。第二會至小相品是修生因果，普賢性起是修顯因果。第七會中成行因果，第八會中入證因果。五或八會各一法。初一所信之境，二依境起信，三依信生解，四依解起行，五隨行起願，六行願證實，七練行純熟，八該攝法界，亦是義理圓滿故無增減也。六或分爲十，謂前五周因果之内初後二位先果後因，餘三皆先因後果，各分因果二位故爲十也。第四約義顯者，總標此經大意義理略作十門，一同時具足相應門，二因陀羅網法界門，三秘密隱顯俱成門，四微細相容安立門，五諸藏純雜具德門，六十世隔法異成門，七一多相容不同門，八諸法相即自在門，九唯心迴轉善成門，十託事顯法生解門。此上十門中各有十義，一人法，二教義，三因果，四理事，五解行，六分齊境位，七師弟法智，八主伴依正，九逆順體用，十隨生根欲示現。此等十義皆同時相應成一緣起，隨別義門入前十門，皆準思之。又更重釋前十門，初是諸緣契合義，是總也。約緣起全有力全無力義故有相容門也。約緣起空有義故有相即門也。緣起力用重重攝故有帝網門也，緣起有無各不竝，故有隱顯門也。約緣起同體門攝法故有微細門也。約所起法分前後際故有十世門也。約緣起諸門所收諸法各有純雜故有純雜門也。約緣起自性故有唯心門也。約緣起相用理觀如事故有說託事顯法門也。此十義通一部經思之。

智旭《閱藏知津》卷一 《大方廣佛華嚴經》六十卷東晉天竺三藏佛陀跋陀羅等譯。僅有三十四品，文義未全，故雖先譯，不復流通。

佚名《華嚴經章》 《光明覺品》第五，此品所以興者，上之二品廣□□□理旨之相，正明佛果，契實妙用周於法界，但義苞潤矚諒非玄悟，要由大聖神通道力微見其像，乃有寄心，是以如來從足下相輪放大光明，現眞實相含零有心無不啓悟，以是義故首標名曰《光明覺品》。

《明難品》第六，此品所以興者，上顯光明覺品現證之驗，但前菩提圓寂眞際之實，而顯在於法界名品。然法界名號者，是無相之相，相即之實，衆生海者，亦復如是。此旨沖妙難中之難，是以文殊師利，與諸方大士詳參爾迹且舉十種諮門，一一隨義說正答深旨得彰故曰《明難品》。

《淨行品》第七，此品所以興者，上明圓果微妙非因不對因，雖無量無非淨行故，次明《淨行品》。

《賢首菩薩品》第八，此品所以興者，文殊上明行要清淨，於中廣大深義其相未彰故，問賢首敷演其奧故，次第八明《賢首品》。

《佛昇須彌頂品》第九，此品所以興者，上明佛果眞實之德，略辨回行方便，會果之道，自下復明如來至寂虛凝而用周法界。何以知之，然不起道樹之於六天，乃十方亦復如是，後欲廣辨菩薩行位超昇有實出要故，次明《昇須彌品》。

《菩薩雲集品》第十，此品所以興者，前明十方法界一合之相，此品欲明平等眞寂一切皆是。是故大士十菩薩，皆據實觀窮玄乃名見佛泯於分別。何故然也，欲明菩薩發菩提心決定即是與佛無別故，次明《雲集品》。

《菩薩十住品》第十一，此品所以興者，前明眞寂無相妙絕，分別爲開大士菩提圓道，是故有心曉達其趣，創發弘誓心冥大寂安固不動，謂之爲住故，次明《十住品》也。

《梵行品》第十二，此品所以興者，上明心冥大寂安固不動成就住義，此明眞實證修決定勝集，初發心時便成正覺故，次明《梵行品》。

《功德品》第十三，此品所以興者，上明梵行是之至寂眞實之體，此品明功德是方便莊嚴，前彰行體清淨平等，此顯備用殊致義福塵沙故，次明《功德品》。

《明法品》第十四，此品所以興者，上明梵行功德體，義廣大發與佛同理宜勝進，是以惠菩薩問於法惠廣辨超昇增上之道，其相彰顯故，曰《明法品》也。

《昇夜摩天宮自在品》第十五，此品所以興者，前明十二種法是勝進之道，欲彰勇猛大士，冥心玄會不由階降故，次明《昇夜摩宮自在品》也。

《菩薩說偈品》第十六，此說偈起意法用，旨況與上相似，但名品行位處別爲異，準上可知。

《十行品》第十七，此《十行品》與前《十住》有何異相，十住明信解發心決定相應，今此十行明行成建立往待之義。何故知也，夫解明由行懃行成，由於解悟解行相須理數然矣，此爲發起次第故。又言解行者位也，所謂性眞明義，拘齊觀解行冥符同融一揆，於法界海臨玄靡注故言解行，亦名迴向，非謂先後之異。夫言行者，體道歸宗，安心虛寂土已，懷仁無不進達，雖復縱電於八荒之野，如不爲非緣所羇慈光等曜十方，同一統萬乘於倏忽，總衆相於一念不動，如大山王而常熾然，特進如斯之義相非量。何以故，前十住初發心諸佛說所不窮，況此行成建立，云何名言能盡品。次相接與十住義一，但行位爲異。

《十藏品》第十八，此品所興者，上辨十行超昇增上究竟徹到，至融無礙冥心眞境法界藏海故，明十種無盡之藏，爲成上辨十種之行，是故復明十種藏義。十藏者，一信藏，二曰戒藏，三曰慚藏，四曰愧藏，五曰受聞藏，六曰施藏，七曰惠藏，八曰正念藏，九曰持藏，十曰辨藏，是爲十。夫言藏者，蓋是法海之名，何故名藏，欲明宗無不統義無不苞德，備衆能理相恆爾故名藏，故次名《十藏品》。

《昇兜率天宮品》第十九，此品所以興者，上辨十種藏海，明理行始成勝進，轉妙眞解踰明解行冥府方便道備，正證無漏自然現前，是以寄一生之運，以表其義故次明也。

《十迴向品》二十一，幷《讚歎品》義勢相，此品所以興者，上明行成，由於理資眞解非行不顯解行，均融菩提道立誓與衆生同之，佛果雖未究竟不住意成，是故一豪之善自然趣同薩婆若海故。次明《迴向品》，此十迴向中有三文，初三就法明迴向，次三據道以明向，後三就乘明向，第十法界無量者，備上三義法界海行具足成就，趣證之義非言能盡，故云《法界無量迴向》。

《十地品》第二十二，此品所以興者，前迴向中明大士解達玄，原無有一法可起，志想行煩虛宗，乃至不見一相可存，是以行滿惠超成就實證理，現心用一切皆是故次明也。所言地者，決定生成佛知住持，又以常起四種大智□輪被化衆生，復自建立五種那羅延幢，以是義故名之爲地，故曰《十地品》也。

《十明品》第二十三，此品所以興，上辨十地大士德行彌輪道無不備故，以法性爲身圓照爲用，於一切法皆悉了達，爲彰此義故次辨《十明品》，就中大意不出三明寄六通廣之爲十。何以知然，下結云，菩薩住此知明悉得三世無閡智明，於中十一廣解其義可知，初名善知他心知明，了達一切衆生心相差別。第二無閡天眼智明，如來境界迴轉死此生彼悉能都見。第三入過去際無礙宿命智，明過明去一切衆生一切事，一切佛坐菩薩坐菩提樹乃至或正覺，一切諸佛從初發心修行。乃至得無餘涅槃，一切諸事悉能了知，第深入未來際劫無礙智明，前但明如來境界迴轉，此云諸事悉能了知，一切未來世中所有事與過去同。第五無礙清淨天耳知明，十方一切音聲乃至句味，悉能聞知皆不妄失。第六安住無畏神力智明，此是神通相。第七分別一切言音智明。第八出生無量阿僧祇色身莊嚴智明。第九一切諸法眞實智明。第十一切諸法定智明。

《十忍品》第二十四，此品所以興者，上辨圓照之明了達諸法，此顯實解平等正住無生安心，於理名之爲忍，隨相而明故云《十忍品》。

《阿僧祇品》第二十五，此品所以興者，上來廣辨諸佛菩薩德行彌博無量無邊不可思議，皆云阿僧祇，乃至不可說，以示其行況未釋所以，是故如來敷演此義故次明也。

《壽命品》第二十六，此品所以興者，上明德行彌廣不可稱說，欲明德以行成人以得立，人法成用道被無窮，道德既無窮盡，壽命義亦同然，是故次明《壽命品》也。

《菩薩住處品》第二十七，此品所以興者，欲明菩薩充滿德行，壽命無中無邊，法身平等以無住爲住，是以次明《菩薩住處品》。

《佛法不思議品》第二十八，此品所以興者，上來廣明菩薩德行既不可思議，而未知諸佛功德義，復云何故，次更明《不思議品》，就中明如來八種離聲者，一曰梵聲，二曰深聲，三曰遠聲，此三是聲體。次三就喻，一如鼓聲，其音洪韻，二如種聲，其音嚮亮，三如金零聲。其音清辨，餘有二聲疑，一曰鳥聲，二曰三尺鳥聲。

《相海品》第二十九，此品一時興者，上辨佛法不思議者，欲明體融無礙。此云海者，欲明相無不實融無礙故，則無體而不義相無不實故，則無義而不體體無不義故，則一體一切體義無不體故則一義一切義，是以體無體相義無義相體義融，於彼此衆用則無相不相，今據實相以彰妙德，故云《相海品》。

《小相品》第三十，此品與上者異，是拔別之名，好則隨緣如是，以表彰曰相情玩曰如，準此義以小欄別故云《小相品》。

《普賢菩薩行品》第三十一，此品所以興者，上明果德稱法界海，無中無邊，自非圓因窮於實際何由能契，是以圓果既彰，圓因須顯，故次明也。亦可言，即是果行寄因彰名，何以故，量周法界名之爲普，至順調柔謂之爲賢，菩提道用名之爲行，故言《普賢菩薩行品》。

《寶王如來性起品》第三十二，此品所以興者，上來廣辨圓因圓果，圓因稱於理實，圓果等於後際，因果妙絶之旨者，所謂眞性也，是故次明性起之義。然性用未如如不起，而眞性古今恆爾，以性用常起故，即用而彌寂，眞性古今恆爾故，即寂而喻彰，寂用既無障礙，寧有染淨之法而可得戒，是故眞性爲違順之原。緣集之本，妙用以之而興，妄相之而息，如興廢出在妄情，於我未曾而爲，無爲而爲如無不爲故，言性起寶王者，喻況也，如意自在名曰寶王，眞性亦爾，如來者，就圓顯以彰性故言如來，是故名曰《寶王如來性起品》也。

《離世間品》第三十三，此品所以興者，上辨眞性泯，於諸法一切空寂，萬相歸宗圓明獨曜，若唯寂無起便同太虛，云何得爲性體眞明，是故復明義，興後際法界等用，用備衆能故名世間，無相可得謂之爲離，非是有法可離名爲離也，故名《離世間品》。

《入法界品》第三十四，此品所以興者，上辨法界等用，義興後際。若不在已雖妙何益，是故次明入法界，義理相統目名爲法界，解融眞寂謂之爲入，契用無礙名之爲行，是佛眞子紹三寶種，即成流通不絶之義，故名《入法界品》。

静居《皇帝降誕日於麟德殿講大方廣佛華嚴經玄義》 此經七處。九會，三十九品，凡八十卷。第一菩提場會經六品，一《世主妙嚴品》五卷，二《如來現相品》一卷，三《普賢三昧品》，四《世界成就品》，兩品共一卷。五《華藏世界品》三卷，六《毗盧遮那品》一卷。第二普光明殿會經六品，七《如來名號品》，八《四聖諦品》，兩品共一卷，九《光明覺品》，十《菩薩問明品》，兩品共一卷。十一《淨行品》，十二《賢首品》，兩品共二卷。第三須彌山頂會經六品，十三《昇須彌山頂品》，十四《須彌頂上偈讃品》，十五《十住品》，三品共一卷。十六《梵行品》，十七《初發心功德品》，兩品共一卷。十八《明法品》一卷。第四夜摩天宮會經四品，十九《昇夜摩天宮品》，二十《夜摩宮中偈讃品》，二十一《十行品》，三品共二卷。二十二《十無盡藏品》一卷，第五兜率天宮會經三品，二十三《昇兜率天宮品》一卷，二十四《兜率宮中偈讃品》，二十五《十迴向品》，兩品共十一卷。第六他化自在天會經一品，二十六《十地品》六卷。第七重普光明殿會經十一品，二十七《十定品》四卷，二十八《十通品》，二十九《十忍品》，兩品共一卷。三十《阿僧祇品》，三十一《如來壽量品》，三十二《諸菩薩住處品》，三品共一卷。三十三《佛不思議法品》兩卷，三十四《如來十身相海品》，三十五《如來隨好光明功德品》，兩品共一卷。三十六《普賢行品》一卷，三十七《如來出現品》三卷。第八再重普光明殿會經一品，三十八《離世間品》七卷。第九逝多林會經一品，三十九《入法界品》二十一卷。

題云大方廣佛華嚴者，大方廣法也，佛華嚴人也。又大以體遍爲義，方廣用周得名，依體起用名大廣，佛者證説之人，華嚴修因嚴果，經詮彼義，故云《大方廣佛華嚴經》，此經總七處九會三十九品，共八十卷。

初會在菩提場阿蘭若法，經有六品，明佛果德，毗盧遮那初成正覺，十方衆主如大自在天王并菩薩等，共四十衆，同類眷屬各刹塵數咸至會中，故有《世主妙嚴品》。海會既集，佛現眞儀，則有《如來相品》眞相離相，非小菩薩之所能觀。故普賢大士，入自在定，證佛境界，則有《普賢三昧品》。佛有依報，就依報中，先辨能具因緣，則有《世界成就品》。次明所依刹海，則有《華藏世界品》。依報既彰，宏麗正果，屬在尊嚴，故有《毘盧遮那品》。又此第一會，爲信樂之境。

第二會不離菩提場，受龍宮請，名普光明殿會。經有六品，辨信者之心，佛應衆生，先現三業，約身業以立稱，則有《如來名號品》，約語業以闡教，則有《四聖諦品》，約意業以警衆，則有《光明覺品》。欲生正信，先須正解，故有《菩薩問明品》。解而不行，如說食求飽足，以立行以解，故有《淨行品》。因行以成德之，爲衆善之元，故有《賢首品》。此第二會雖明正信，未立慧根，如彼輕毛隨風無定。

第三不離菩提場，受天王請，昇忉利天宮會，經有六品。生正慧根，昇忉利天宮，化主赴衆，《忉利天宮偈讚品》助化讚德，此之二品。當會由常，《十住品》辨住中之解，《梵行品》明住中之行，《發菩提心功德品》彰住中之德，此之三品，當會正說。《明法》一品，當會□進，此會正慧既明。

第四不起菩提場，昇夜摩天宮會，經有四品。託彼慧根，生其正行，《昇夜摩天宮品》應物合如，《夜摩宮中偈讚品》德無不備，此之二品，當會興彼，《十行品》正辨成行，《十無盡藏品》攝行進。此後會，雖立根莖，而枝葉未布。

第五不起菩提揚，昇兜率天宮會，經有三品。明迴向願，遍衆生界普蔭無唯，《昇兜率天宮品》明於佛有感必□，《兜率宮中偈讚品》表於衆無德不稱，《十迴向品》即當會正說。言迴向者，迴自向他，迴小向大，迴事向理，由三迴向，證彼三身，前□五會，住極三賢。

第六不動菩提場，應他化自在天宮會，經有一品。登於十聖，明十地住。又賢者善也，聖者正也，所言三者，十住爲下賢，約慧斷惠以標名。十行爲中賢，約修進善以立稱。十迴向爲上賢，約自利利他爲勝願，故有三賢矣。然地有生成之義，表此無漏聖智，能生菩薩成佛果德，故如地也。背凡登聖，斷障證眞，創生佛家，故名歡喜。二離垢地者，淨修三業，如火鍊金，離誤犯戒垢，故名離垢。三發光地者，修證禪定，能現神通，發妙慧光，故名發光。四焰慧者，定能起慧，以三十七品無漏慧火，燒煩惱薪，故名焰慧。五難勝地者，眞俗二智，行相牙違，合令相應，故名難勝。六現前地者，般若正智，了十二因緣，拔無明根，入三解脫，法空眞理，明現在前，故名現前。七遠行地者，常住三昧，不礙起用，出過有無，下位莫測，前之六地，人天二乘猶許共行，今此獨起，故之遠行。八不動地者，證無生忍，不爲相用功行所動，蒙佛七勸，因起十身相作，及十自在，法駛流中任運而轉，不假作意，故名不動。九善慧地者，前證法體，今此起用，專學法王，宴寢語默，具四十無礙辨之衆生相，爲大法師，無求不應，故名善慧。十法雲地者，大法智雲能隔塵惑，諸佛法雨悉能受爲，復以法雨遍霑群品，故名法雲。又初二三地，同人天行，四五六地，同二乘行，第七一地，同大乘行，八九十地，入一乘行，故有十聖矣。

第七不動菩提場，重會普光明殿，經有十一品。前明三賢十聖，行位將終，今此因圓果滿也。《十定品》修十三昧，證有即非有。《十通品》十慧發明，知空即不空。《十忍品》定慧均平，空有一貫。《阿僧祇品》能數既多，算不可及，明之德廣也。《如來壽量品》豎窮來際，《菩薩住處品》横遍十方。此上六品並是菩薩地位功德，即等覺因，成下之五，文理雙融，妙覺果滿，將成妙覺，先證妙法，故有《佛不思議法品》。妙法既立，必成妙身，故有《十身相海品》。大相既成，次明好德，則有《隨好光明功德品》。津梁既備，濟渡爲功，益物無偏，則有《普賢行品》。普賢在心，須呈果相，則有《如來出現品》。

第八不離前處，再會普光明殿，經有一品，名離世間。謂前七會，以差別法，而生其解。當會約仗解成圓融行，所以普慧菩薩起二百問，普賢菩薩二千行答，雖修諸行之法，無性非相，既遷恆在世間，名離世間。

第九不動寂滅道場，而現逝多林會，經有一品，名《入法界》。謂前離世間，今入法界，明證也。佛入師子頻申三昧，欲令大衆頓證普門故，所以文殊大士出善住閣，行化南方，於福城東古佛塔所，會進多衆，發菩提心。唯有善財童子，歷一百一十城遇善知識，各得三昧解脫門。終至普賢菩薩，於一一毛端，頓證解脫，含同果海。

又此九會，第一會舉所信之佛，第二會能信之心，第三會依信生解，第四會依解起行，第五會依行發願，第六會三賢位極，聖地將登。第七會中攝因成果，第八會有無雙泯，非眞妄之可分。第九會境智一如，豈筌蹄之所及。又總言之，初會舉依正兩報，爲所信佛。第九會明其信者，能成佛人，則初末兩會，合是一義。則題中佛字也，從第二會至第八會，則彼佛因。則題中華字也，因有階降，故中七會以則之果無分限，唯一佛以證之。嚴者以願行之華因，嚴彼法身之佛果也。又佛華嚴是能傳法之人，大方廣是所傳教之法，以法成人，先云大方廣也。以人傳法，故云佛華嚴也。人中攝因成果，唯佛也。法中攝用歸體，唯大也。大是所證之法界，佛是能證之大智，佛之與大如光空。空外無光，大外無佛，空光一體，佛冥契不可分也。心緣莫到，言說不及，能詮此義，故以爲經。此乃因理故成教，因教以見理。經云，如因日光照，還見於日輪，因佛智慧光，見佛所行道，以佛常故，經法亦常，所以然者，未曾有日捨於光明。經云，閻浮提人，隔須彌山，見日出沒，日中住者，常隨於日，無有出沒。凡隔無明，見佛隱現，諸大菩薩常隨於佛，無有隱現，日輪是體，光明爲用，未曾有體而不具用。由有光用，行者見道，所作成辦，佛法亦爾。則體演法爲用，未曾有佛而不說經，由聞思法，知出離道，修戒定慧，悉得成就。經云，如有大經卷，量等三千界，在於一塵內，一切塵亦然，有一聰慧人，淨眼普明見，破塵出經卷，廣饒益衆生。故云《大方廣佛華嚴經》，但文義深，難可備陳，隨分見聞，濫爲稱讚，儻一句一偈，與理相應。

李通玄《大方廣佛華嚴經中卷卷大意略敘》

第一卷世主妙嚴品第一佛成道。在摩竭提國，說法於菩提場中，往劫與佛同修故，令衆海雲集。

第二卷，傍生品類，上界諸天，如來果海之中，各分證解脫。

第三卷，四王八部，雜類諸神，皆以妙請之詞，歌詠難思之法。

第四卷，形色萬類，部從千般，各說解脫之門，偈讚如來功德。

第五卷，如來不思議力，菩薩皆從座起，流天地，降於徵祥，海會供無邊諸佛。

第六卷如來現相品第二大衆同與念請，如來現相以酬，光聲召於有緣，十方新衆雲集。

第七卷普賢三昧品第三，世界成就品第四普賢入藏身三昧，如來以聖力加持，起定說十海法門，廣明世界成立。

第八卷風輪持於大水，大海湧於蓮華，安布刹種香河，重疊世界於中海。

第九卷世界成就品，華藏世界品第五，右旋十海，遞相接連，交絡重重，如天珠網。

第十卷毗盧舍那品第六，所管刹海，隨直至於輪圍法界等，華藏莊嚴，擧果勸同生信樂。

第十一卷，毗盧舍那往劫曾爲太子威光，供十須彌山微塵數諸如來，令獲十蓮華藏世界之果海。

第十二卷佛名號品第七，四聖諦品第八，如來名號多種，逗生幾器不同，四生聖諦，隨方以立名，各令聞法而證悟。

第十三卷光明覺品第九，菩薩問明品第十，文殊與九首菩薩，問明十種甚深，皆顯性相融通，破一切衆生疑執。

第十四卷淨行品第十一，賢首品第十二，淨行起無邊大願，文殊令善用其心，賢首彰德行，詠收顯信有無涯大用。

第十五卷賢首品，毛光照益三昧，擧喻表玄旨幽深，歎經難思而勸持，諸佛摩頂而隨喜。

第十六卷昇須彌頂品第十三，偈讚品第十四，十住品第十五，須彌偈讚，彰佛德不離而昇天，十住解門，辨菩薩入位之宗趣。

第十七卷梵行品第十六，初發心功德品第十七，梵行令了境空寂，不生二解之心，發心現功德無涯，初念便成正覺。

第十八卷明法品第十八，明法說三寶不斷，下能安樂人天，十行十種法門，上求昇進之位。

第十九卷昇夜摩天宮品第十九，偈讚品第二十，十行品第二十一，夜摩偈讚，彰佛德之不窮，兼顯十行之法門，廣論菩薩之巧妙。

第二十卷十行品，無著等眞之四行，明自利利他之兩門，端證已來難思偈頌，再收於前德。

第二十一卷十無盡藏品第二十二，十無盡藏，三世諸佛同遵，不唯屬十行之法門義，亦過迴之勝進。

第二十二卷昇都率天宮品第二十三，上昇都率，化主赴緣，覩佛神光，天王獲益。

第二十三卷偈讚品第二十四，知足之天偈讚，十迴向之初，顯菩薩悲智無涯，長劫救衆生苦。

第二十四卷十迴向品第二十五，堅心不壞等，諸佛之法門，行願彌綸，迴善逝於時處。

第二十五卷，善因含果，立無盡之藏名，善根合眞，即同如性之不盡。

第二十六卷，從施車馬乃至以身，大因十段長文，内外咸捨。

第二十七卷，菩薩捨連膚頂髻，乃至救於殘形，以萬行莊嚴其身，成十種丈夫之相。

第二十八卷，始終覩佛出現六十種大施之門，前後三卷長文，總收堅固迴向。

第二十九卷，所順衆生無相，能隨心行，亦如二施，廣阿僧祇，願生具足於財法。

第三十卷，百門之德，一如貫之，行善等於虛空，亦同性相之彌廣。

第三十一卷，由無相惑縛著，得解脱迴向之名，六種微細智門，願證普賢之德。

第三十二卷，羅一身於法界，收萬像於毛端，迴等法界之善根，成普賢塵刹之大用。

第三十三卷，依正二果，皆以無數寶嚴結歎，勸修普賢位之功滿。

第三十四卷十地品第二十六，他化摩尼寶殿，創開十地法門，三加五請，方陳首明初地之相。

第三十五卷，離垢地菩薩，修三聚十善之法門，八定五通，發無邊妙慧之焰相。

第三十六卷，能證智之慧焰，進修菩提分之法門，寄聲聞四諦觀門，顯菩薩勝地之相。

第三十七卷，般若現前，十種觀緣起之法，遠行時久，七地超前後之功。

第三十八卷，不證無生之理，由佛致七勸之橋，大悲觀衆生十種之稠林，大智流菩薩才辨而演去。

第三十九卷，雲雨自他之廣德，小分未等於如來，於中因果相參，多喻校量不測三禪天第七會闕文。

第四十卷十定品第二十七，極果必由初信，是故重會法堂，普賢承命以宣揚，方定陳十定之勝用。

第四十一卷，遍住國土三昧，爰及十種莊嚴，說菩薩自在神通，顯普賢無盡功德。

第四十二卷，差別自在三昧起入之用無他分，四口而波濤心，流四辨而演說。

第四十三卷，無礙大輪三昧，遍法界而爲勝能，如天衆王之化，類等覺而同妙覺。

第四十四卷十通品第二十八，十忍品第二十九，卷舒自在辨才，辨十種之身，神通法喻，雙明陳十忍之相。

第四十五卷阿僧祇品第三十，壽量品第三十一，菩薩住處品第三十二，僧祇壽量，表佛德之不窮，感應隨方，示菩薩之住處。

第四十六卷不思議法品第三十三，大衆懷疑念請，未知德相云何，青蓮縱辨以返酬，談佛不思議之果法。

第四十七卷，始終廣大佛事，修乎解脱之門，高建勇健之法幢，宣暢圓音之遠徹。

第四十八卷如來十身相海品第三十四，隨好光明功德品第三十五，十身相海與隨好光明，皆顯德用難思因深果遠。

第四十九卷普賢行品第三十六，普賢行品，一惑爲百萬障門，偈頌別明十行。參而不雜。

第五十卷如來出現品第三十七，如來出現，法喻多門，十身含納而融通，一理濟平而映徹。

第五十一卷，口辨瀉圓音之相，酬明智水之潛流，破微塵而出大經，剖凡心現聖智。

第五十二卷，境行與成等正覺，轉法輪及涅槃，親近見聞不空，成金剛不壞之堅種。

第五十三卷離世間品第三十八，菩薩處世不染，即《離世間之品》，現普慧雲興於問端，普賢瓶瀉以酬答。

第五十四卷，始從十種欣慰，乃至無等住門，三百餘段長文，以酬十行之相。

第五十五卷，十種無常之意，後彰自在等門，其中旨趣無邊，述前迴向之位。

第五十六卷，首題十種無礙，至大師子吼之顯文，頗有無數法門，廣前十地之德。

第五十七卷，斷十種餘習，後論勝進之心，廣有三十三門，通明離垢之行等。

第五十八卷，始從菩薩淨施，下至降生十門，其中行願而不窮，酬因果滿之相矣。

第五十九卷，隆生母胎之八相，偈勸修持之，一心二千出離之行門，一部修成之分矣。

第六十卷入法界品第三十九，如來不離逝多林中，入師子頻申三昧，菩薩覩法界之神變，聲聞皆聾盲而不知。

第六十一卷，普賢以能開十句，如來展白毫一光，文殊徒從而南行，皆顯定門之果德。

第六十二卷，大聖誡善財求友南行，訪德雲海雲與善住法門，幽奧而不測。

第六十三卷，遇彌迦與解脫長者，證旋陀羅尼之妙門，後見海幢比丘，覩身毛所現之勝事。

第六十四卷，禮休捨瞿沙之友，纔執手而遊覽十方，勸詣勝熱之刀山，投火聚而獲三昧。

第六十五卷，始從慈行童女，後至明智居士，其四人善友，皆寄十行之法門。

第六十六卷，寶髻普眼之長者，無厭大光之國王，不動談禮佛之往因，法門含逆順之深意。

第六十七卷，遍行化六趣之形類，鬻香主五分之法門，無上勝將四攝以度人，師子尼處于座談法。

第六十八卷，婆須及觀音菩薩，大天與安住地神善友，修迴向之法門，婆珊云初地之聖位。

第六十九卷，夜神普德，授遊步解脫之敎門，喜目身雲，供多佛而勢彌遠。

第七十卷，普救縱毫光一道，善財獲清淨三輪，問答明歷事於多尊，遠劫遇良友而開通。

第七十一卷，寂靜與守護城，爲善財開解脫之門，一一並深廣難思，重重皆結會今古。

第七十二卷，開敷樹華之友，說解脫名，太喜光明輪王，設法施之作場，夜神會修目之古事。

第七十三卷，大願法門，善財覩勝妙之邑，父王見佛，太子免刑戮之愆。

第七十四卷，妙德靈神，主十種受生之藏，摩耶母腹現三千神變之奇。

第七十五卷，善財訪於瞿波德神，示求友之誡，遇佛爲姻之往事，同修行願之勝緣。

第七十六卷，摩耶爲諸佛之母儀，願處言行之典則，其衆藝主光之善友，皆會緣入定之所由。

第七十七卷，童子童女，誡善財事友百重法，慈氏慈念，偈讃令歸於本師。

第七十八卷，善財感遇而啓言，彌勒具德而能容，經有三百餘段，顯菩提心勝而功高。

第七十九卷，善財入於閣門，見塵刹無邊之劫事，法喻問答而退席，當成道果而再期。

第八十卷，文殊展手而如持，善財功證於極果，普賢摩頂而偈勸，慎勿疑於此經。

湛然《大方廣佛華嚴經願行觀門骨目》卷上 第一會菩提場中說經六品十一卷。《世主妙嚴品》第一此經共有三十九品，唯《阿僧祇品》、《如來隨好光明功德品》是佛自說，餘皆加諸菩薩說，佛在摩竭提國阿蘭若法菩提場中始成正覺，又云，佛神力故，令此道場一切莊嚴悉於中現。曰既異壽量久成，不同阿含，菩提樹下任運在迹，別圓敎也。又云，諸佛神力所加，一念之頃悉包法界，曰加異自力，亦在敎道。又云，於一切法成最正覺，智入三世，身滿世間，遍一切土，列衆中十佛世界微塵菩薩圍繞，皆是如來共集善根諸雜衆，皆云，成就大願。具菩薩行等，一一皆云，有佛世界微塵數。或云，不可思議數無量數等，各得諸佛不思議解脫法門。

如來現相品二卷六，欲說勝法，先現勝相，相依理成，還爲理表，故先現之作理標幟，諸菩薩及一切世間主作是思惟，云何諸佛地境界加持所行力無所畏三昧，無能攝取眼耳鼻舌身意光聲一一皆有云何諸佛字。頌中云，佛眼云何無有量等，佛知其念，面門齒間放光，光中說偈，十方菩薩皆悉來集，諸菩薩光中說偈云，即以利益諸衆生，而爲自行清淨業。又云，一一塵中無量身，復現種種莊嚴刹，三世所有一切刹，一刹那中悉能現，又如來白毫相中有菩薩而說偈曰，佛身充滿於法界，普現一切衆生前，隨緣赴感靡不周，而恆處此菩提座，如來一一毛孔中，一切刹塵諸佛坐，菩薩衆會共圍繞，演說普賢之勝行此品只是具明如來相好，以一具多以正攝依。

《普賢三昧品》三卷七，爲述相由故，入藏身指因表果，明相有在。爾時普賢而於佛前坐師子座，承佛神力入于三昧，名一切諸佛毗盧如來藏身，普入一切，佛平等性同於虛空法界海，出一切諸三昧法，普能包納十方法界，三世諸佛智光明海皆從此生，含藏一切佛力解脫，諸菩薩智能令一切國土微塵普能容受無邊法界，如此普賢十方虛空法界亦然，佛眼所見佛力能到佛身所現一切國土，所有微塵一一塵中，有世界海微塵數佛刹，一一刹中有世界海微塵數佛，一一佛前有佛刹微塵數普賢菩薩，皆入此三昧，一一普賢皆有十方諸佛而現其前，同聲讚云，一切諸佛共如於汝，十方諸佛同時摩頂。爾時普賢從三昧起，即是從十種三昧門起，第五從一切衆生舍宅三昧門起，偈云：

所現國土皆嚴淨，一刹那中見多劫，

普賢安住一切刹，所現神通勝無比。

《世界成就品》四既具能化，必有所被，故示所見爲所化境。爾時普賢以佛神力遍觀察一切世界海，衆生海，諸佛海，衆生業海，根欲海，佛法輪海，一切三世海，願力海，神變海。觀已告諸菩薩，佛知一切世界海成壞，清淨智不可思議，乃至神變海智不可思議遍歷一切。頌云，一切刹土入我身，所住諸佛亦復然，普賢行願無邊際，我已修行得具足。普賢又告諸菩薩言，三世諸佛說世界海有十種事，所謂世界海起具因緣所依住形狀、體性莊嚴清淨佛出興劫住劫轉變差別無差別門具如初句。若廣說者與世界海微塵數等。又有十因緣故已成當成現成，所謂佛神力故，法應如是故，衆生業故，菩薩智故，衆生菩薩同集善根故，菩薩嚴淨佛土願力故，菩薩成就不退行願故，菩薩清淨勝解自在故，如來善根所流及諸佛成道時自在熱力故，普賢自在願力故，廣說亦有世界海微塵數。頌云，一一身包一切刹，一念普現於三世，佛以方便悉入中，此是毗盧所嚴淨。又云，有種種所依形相體乃至差別門。

《華藏世界品》五卷八，雖示所化正報之人，須知依報所現之土。普賢告大衆言，此華藏世界海是毗盧遮那如來昔於世界海劫修菩薩行時，一一劫中親近世界海微塵數佛，一一佛所淨修世界海微塵數大願嚴淨世界。須彌山塵數風輪持。頌云，華藏世界所有塵，一一塵中見法界，寶光現佛如雲集，此是如來刹自在，又有世界海大輪圍山，山中有地，皆金剛所成衆寶莊嚴，此世界海大地中，有不可說佛刹微塵數香水海，衆寶莊嚴底岸等，一一香水海各有四天下微塵數香水河，衆寶摩尼以爲岸等，諸佛因行皆現其中，一一河各有世界塵數莊嚴，此華藏世界海皆以世界海微塵數清淨功德之所莊嚴。又此不可說佛刹微塵數香水海中，有不可說刹微塵世界種安住，一一種有不可說佛刹微塵世界，於世界海中依住形狀等不同。頌云，十方所有廣大刹，悉來入此世界種，雖現十方普入中，而實無來無所入，以一刹種入一切，一切入一亦無餘，體相如本無差別，無等無量悉周遍，一切國土微塵中，普見如來在其所，此香水海在華藏中，如天帝網分布而住，最中者名無邊妙華光香水海，如是十方各以二十重佛刹微塵世界圍繞。頌曰，華藏世界海，法界等無別，莊嚴極清淨，安住於虛空。

《毗盧遮那品》六卷十一，既其通示能所依正，仍須別辯一方偏迹，擧偏知圓示別識總。普賢菩薩告大衆言，乃往古世過世界微塵劫復倍是數，有世界海名普門光明，此世界海中有世界名勝音，依摩尼華海住，須彌山微塵數世界而爲眷屬。其形正圓，其地無量莊嚴，三百重寶圍繞，寶雲覆上如須彌山，衣服飲食隨念而至，彼勝音世界中有香水海，名清淨光明，中有大蓮華須彌山出現，名華焰普莊嚴幢山。上有林名摩尼華，衆寶莊嚴，百萬億那由他城周匝圍繞，種種衆生於中止住。林東有城名焰光明，人王所都，百萬億那由他城周匝圍繞，彼勝音世界最初劫中有十須彌山，微塵數如來出興。第一佛名一切功德山須彌勝雲，王名喜見善慧，統領百萬億那由他城，夫人婇女三萬七千，王子五百，大威光爲首，有十千夫人。太子見光，以昔所修善根力故，證十種法門，已說偈，以佛神力其聲遍滿勝音世界，其王聞已與夫人俱來至佛所，八部眷屬皆悉來集，聞法獲益，大威光得無量智光明。佛滅後有波羅蜜善根莊嚴佛出世，爾時大威光童子見佛，即得念佛三昧名無邊海藏門等十千法門，值第三第四佛，獲益已還歸本處已上從普賢三昧來皆普賢菩薩說。

第二會光明殿說，六品四卷。《如來名號品》七卷十二，雖知一方偏示之別理須遍達十方之別，菩提場中始成正覺，於普光明殿坐蓮華藏師子之座，妙悟皆滿，與十佛刹微塵數菩薩俱，皆一生補處，悉從他方而來集此，爲令衆生永斷一切煩惱故，說十住、十行、十向、十藏、十地、十願、十定、十通、十頂，及說如來地境界、神力所行力、無畏三昧，神通自在無礙眼耳鼻舌身意辯才智慧勝願皆云如來。爾時世尊知諸菩薩心之所念，現神通已各於十方過十佛刹微塵數世界各有一世界佛，與十佛刹微塵菩薩俱來佛所，東方世界名金色，上首菩薩名文殊，乘佛威力觀諸菩薩而作是言，諸佛子，佛國土、佛住、佛刹莊嚴，佛法性，佛刹清淨，佛說法，佛出現，佛刹成就，佛菩提皆不可思議，何以故，佛於十方知諸衆生，隨其所應說法調伏。如來於此娑婆諸四天下，種種身名色相，修短壽量，處所，諸根生處，諸業觀察皆云種種，皆令衆生所見不同。如來於此四天下中或名一切義成，或名圓滿月，或名釋迦牟尼，毘盧遮那等，十千名號如是。四天下十方各一世界各十千名，此娑婆世界百億四天下，有百億萬種種名。又於娑婆外十方各有一世界，各有百億萬種種名號，十方盡虛空界種種不同。

《四聖諦品》八既了別人應知別法，爾時文殊師利菩薩告諸菩薩，諸佛子，苦聖諦此娑婆世界中或名罪，或名逼迫，或名變異攀緣聚刺等。集聖諦或名繫縛，滅壞，愛著，義妄，覺念等。滅聖諦或名無諍、離塵、寂靜等。道聖諦或名一乘、趣寂、導引等。如是十方世界一一各有四百億十千名號。

《光明覺品》九卷十三，欲宣其法，先動其情，橫滿虛空，竪窮色頂，明其人法，所被分齊，爾時世尊足下放光，照百億四天下乃至百億色究竟天。佛神力故皆見如來，十佛刹微塵數菩薩圍繞，十方各一大菩薩，各與十佛刹微塵數菩薩俱，文殊師利爲首。爾時一切處文殊師利各於佛前同時說偈，爾時光明過此世界十方各十佛刹微塵數世界，各有四天下乃至色究竟，一切處文殊說偈亦然，盡法界虛空界亦如是。

《菩薩問明品》十欲破無明，先啓其萌，能問所問俱是大人。故云，菩薩衆位之初，故首爲稱。爾時文殊問覺首菩薩言，佛子，心性是一，云何種種差別。所謂善趣、惡趣，諸根滿缺、受生同異、端醜苦樂，心不知業，業不知心，受不知報，報不知受，心不知受，受不知心，因不知緣，緣不知因，智不知境，境不知智。覺首答曰，諸法無作用，亦無有體性，是故彼一切各各不相知。譬如河中水湍流競奔逝，各各不相知，諸法亦如是，眼耳鼻舌身心意諸情根，以此常流轉而無能動者，法性本無生，示現而有生，是中無能現，亦無所現物，若實若不實，若妄若非妄，世間出世間，但有假言說。文殊問財首菩薩，佛子，一切衆生非衆生，云何如來隨其時，命身行解言論心樂方便思惟觀察各有隨其，於如是衆生中爲現其身敎化調伏。財首以偈答曰，分別觀內身，此中誰是我，若能如是解，彼達我有無。文殊問寶首菩薩，一切衆生等有四大，無我無我所，云何而有受苦受樂，端醜內外現報後報，然法界中無美無惡。寶首以偈曰，譬如淨明鏡，隨其所對質，現像各不同，業性亦如是，亦如胎藏中，諸根悉成就，體相無來處，業性亦如是，亦如地獄中，種種諸苦事，彼悉無所從，業性亦如是。文殊問德首菩薩言，如來所悟唯是一法，云何乃說無量諸法，現無量刹，化無量衆，演音示身知心，現通震界等皆云無量。德首偈答，譬如火性一，能燒一切物，火焰無分別，諸佛法如是，海波風吹雨地亦如是，又如地界一，能生種種芽，非地有殊異，諸佛法如是。文殊問目首菩薩言，如來福田等一無異，云何而見衆生布施果報不同，所謂種種色、形家根財主眷屬官位功德智慧皆云種種，如來於彼，其心平等無異思惟。目首偈答，譬如大地一，隨種各生芽，於彼無寃親，佛福田亦然，亦如水一味，因器有差別，亦如淨明鏡，隨色而現像，如阿伽陀藥，能療一切病下二句大同。文殊問勤首菩薩言，佛教是一衆生得見，云何不即斷一切煩惱，然其五陰三界三毒無有差別，是則佛教於諸衆生，或有利益或無利益。答曰，由進怠不同而令種種。文殊問法首菩薩，如佛所說，若有衆生受持正法，悉能斷除一切煩惱，何故復有受持正法而不斷者隨諸煩惱。法首答曰，如人水所漂，懼溺而渴死，於法不修行，多聞亦如是，如人設美饍，自餓而不食，如人善方藥，自疾不能救，如人數他寶，自無半錢分，如人生王宮，而受餒與寒，如聾奏音樂，悅彼不自聞，如盲續衆像，示彼不自見下二句竝同。文殊問智首菩薩，於佛法中以智爲首，如來何故或讃施戒，乃至智慧，及以四無量心，然終無有唯以一法能成菩提。智首偈答，佛知衆生心性分各不同，隨其所應度如治而說法，慳者爲讃施等諸法。文殊問普賢菩薩，諸佛唯以一道而得出離，云何今見佛土不同，賢首偈答，文殊法常爾，法王唯一法，一切無礙人，一道出生死，一切諸佛身，唯是一法身，一心一智慧，力無畏亦然，一切諸佛刹，莊嚴悉圓滿，隨衆生行異，如是見不同，佛刹無分別，無憎亦無愛，但隨衆生心，如是見有殊。十首次問文殊言，我等說已，仁者當說如來所有境界，何等是佛境界因，度入智法說知證現廣皆如初句。文殊亦以十偈答，如來深境界，其量等虛空，一切衆生入，而實無所入。如來深境界，所有勝妙因，億劫常宣說，亦復不能盡餘九皆以究竟無差別答。由是答故，娑婆十方盡虛空界，以佛神力故，悉皆明見十種差別，所謂法差別業世間身根受生持戒果犯戒果國土果下九句同初。

《淨行品》十一卷十四，雖善其趣，非行不前，去俗進道故，名爲淨，淨彼行故，行假茲淨，彼此俱得淨行之號，智首問文殊言，佛子，云何得無過失。身語意業，不害不可毀不壞不退轉不可動殊勝清淨無染智爲先導具如初句。云何得生處具足，種族家色相念慧行無畏覺悟皆云具足。云何得勝慧第一，最上最勝無量無數不思議無與等不可量不可說皆云慧。云何得因力，欲力方便力緣力所緣力根力觀察力奢摩他力毘盋舍那力思惟力及十種善巧七覺六度經具列十七覺，加空無相無願，六度加慈悲喜捨。佛十力八部守護。云何得與衆生爲依，救歸趣炬明照導勝導普導如初句。云何於一切衆生中爲第一，大勝最勝妙極妙上無上無等無等等加爲。文殊告智首菩薩言，爲欲饒益世間天人問如是義，若諸菩薩善用其心則獲一切勝妙功德，於諸佛法心無所礙，住去來今諸佛之道，隨衆生住恆不捨離，當如普賢色像第一，一切行願皆得具足，而爲衆生第二導師，皆由發此一切大願。始從居家入僧伽藍，修行諸儀皆發大願。偈云，菩薩在家，當願衆生下二十偈第二句同，知家性空，免其逼迫。孝事父母，善事於佛，護養一切，妻子集會，怨親平等，永離貪著。若得五欲，拔除欲箭，究竟安隱。伎樂聚會，以法自娛，了伎非實。結跏趺坐，善根堅固，得不動地。若擧於足，出生死海，具衆善法。整衣束帶，檢束善根，不令散失。大小便時，棄貪瞋癡，蠲除罪法。洗滌形穢，清淨調柔，畢竟無垢。以水洗面，得淨法門，永無垢染。見修園圃，五欲圃中，耘除愛草。見歡樂人，常得安樂，樂供養佛。見苦樂人，獲根本智，滅除衆苦。見疾病人，知身空寂，離乖諍法。若見沙門，調柔寂靜，畢竟第一。若飯食時，禪悅爲食，法喜充滿。洗浴身體，身心無垢，內外光潔。盛暑炎毒，捨離衆惱，一切皆盡。若洗足時，具神足力，所行無礙。以時寢息，身得安隱，心無動亂。睡眠始寤，一切智覺，周顧十方。若諸菩薩，如是用心，則獲一切，勝妙功德。

《賢首品》十二盡十五賢位之初，故云賢首，即是初住，近方便也。聖中之賢，故名爲賢，賢家之首，故名賢首。爾時文殊說無濁亂清淨行大功德已，欲顯示菩提心功德故，以偈問賢首菩薩曰，我今已爲諸菩薩，說佛往修清淨行，仁亦當於此會中，演暢修行勝功德。賢首乃說七百一十五行七言偈答。初一句誠云，善哉仁者應諦聽，次十五句歎菩提心。自謙云，彼諸功德不可量，我今隨力說少分，猶如大海一滴水。次二句標發心因緣云，菩薩發意求菩提，非是無因無有緣。次九行正明發心因緣，以三寶菩提衆生國土以爲所緣，能信之心以爲自因，偈云，於佛法僧生敬信，以是而生廣大心，不求五欲及王位，富饒自樂大名稱，但爲永滅衆生苦，利益世間而發心，常欲利益諸衆生，莊嚴國土供養佛，受持正法修諸智，證菩提故而發心。次信爲道元下十四行歎信心勝妙。次若常下廣歎發心，從始至終，諸行相生以至果用，次廣述因果諸用。

第三會忉利天宮說，六品三卷。《昇須彌山頂品》十三不動而昇赴機得處。爾時如來威神力故，十方一切世界，一一四天下閻浮提中，悉見如來坐菩提樹。爾時如來不離此座，昇須彌山向帝釋殿。爾時帝釋遙見佛來，以佛神力莊嚴此殿置師子座，諸供養具一一莊嚴，及所圍繞皆有十千，皆稱善來，請佛入殿。佛即受請，十方皆然。以佛力故，殿中所有樂音自息，帝釋自憶過去佛所種諸善根，而說二十偈以歎十佛，謂過去七佛等一一皆云，是故此處最吉祥，十方世界亦復如是。世尊坐已，此殿忽然廣博寬容，十方世界亦復如是。

《須彌山頂偈讚品》十四既登山已，欲說法性還依法性，以歎於人人勝法，尊投心有在，爾時十方各有一大菩薩，各與佛刹微塵數菩薩俱，從百億佛刹微塵數世界外來，文列十慧菩薩，法慧爲首，各列彼十界及界中十佛，各各化作毗盧遮那師子之座，各坐其上，十方各集亦復如是。世尊兩足放百千億妙色光明普照十方，此衆皆見，十慧各説十偈歎佛。一、一切慧偈曰，假使百千劫，常見於如來，不依眞實義，而觀救世者，是人取諸相，增長癡惑網，繫縛生死獄，盲冥不見佛，法性本空寂，無取亦無見，性空即是佛，不可得思量。若知一切法體性皆如是，斯人則不爲煩惱所染著。凡夫見諸法，但隨於相轉，不了法無相，以是不見佛。三、勝慧偈云，了知一切法，自性無所有，如是解法性，則見盧舍那。因前五蘊故，後蘊相續起，於此性了知，見佛難思議。四、功德慧偈云，我昔受衆苦，由我不見佛，故當淨法眼，觀其所應見，無見即是見，能見一切法，於法若有見，此則無所見。五、精進慧偈云，世間言語法，衆生妄分別，知世皆無生，乃是見世間，若見見世間，見則世間相，如實等無異，是名眞見者。法性本清淨，如空無有相，此亦無所修，能見大牟尼。六、善慧偈曰，智者説無盡，此亦無所説，自性無盡故，得有難思盡，所説無盡中，無衆生可得，知衆生性爾，則見大名稱。七、智慧偈曰，此人無慧眼，不能得見佛，有諍説生死，無諍即涅槃，生死及涅槃，二俱不可得。八、眞實慧偈云，寧受地獄苦，得聞諸佛名，不受無量樂，而不聞佛名。現在非和合，去來亦復然，一切法無相，是則佛眞體，若能如是觀，諸法甚深義，則見一切佛，法身眞實相。知以一故衆，知以衆故一，諸法無所依，但從和合起。九、無上慧偈云，如來光普照，除滅衆暗冥，是光非有照，亦復非無照，此中無有二，亦復無有一。大智善見者，如理巧安住，無中無有二，無二亦復無，三界一切空，是則諸佛見。

《十住品》十五正説眞位，此十居初，初安聖境，故名爲住。智斷相應，且略云十，爾時法慧承佛神力，入菩薩無量方便三昧，以三昧力，十方各千佛刹微塵數世界之外，有千佛刹微塵數諸佛同名法慧，普現其前，告法慧言，善哉善哉，汝能入是三昧，千刹塵佛共加於汝。又是遮那往昔願力及汝所修善根力故，入此三昧令汝説法，爲增長佛智故，深入法界故，善了衆生界故，所入無礙故，所行無障故，得無等方便故，入一切智性故，覺一切法故，知一切根故，能持説一切法故。所謂發起諸菩薩十種住，是時諸佛即與法慧無礙等十種智，十方諸佛申手摩頂，法慧定起告諸菩薩言，佛子，菩薩住處廣大，與法界虛空等。列十名已，初釋初住云，此菩薩緣十種難得法而發於心，所謂十力應勸學十法，所謂勤供養佛樂住生死，主導世間令除惡業，以勝妙法常行教誨，歎無上法學佛功德，生諸佛前恆蒙攝受，方便演説寂靜三昧，讚歎遠離生死輪迴，爲苦衆生作歸依處，治地住中發十種心，修行住中行十種觀，生貴住中成就十法，具足方便住十法利生。正心住聞十種法，心定不動，不退住聞十種法堅固不退，童眞住住十種業，王子住善知十法，灌頂住成就十智，一一住中各勤修十法，十方所説文句義理，無有增減。

《梵行品》十六卷十七，重述聖因，因秖是行故，名爲行，行體離染故，名爲梵，正念天子白法慧言，一切世界諸菩薩衆依如來教，染衣出家，云何而得修習梵行。法慧言，應以十法而爲所緣，所謂三業及佛法僧戒。如是一一觀察皆空寂故，知佛法平等故，具一切佛法故，名爲清淨梵行。復應修十種力，一一力中有無量義，悉應諮問，聞已應起大慈悲心，觀察衆生，思惟諸法，無有休息，不求果報，了知境界如幻化等，於諸法中不生二解，一切佛法疾得現前，初發心時即得阿耨菩提，知一切法即心自性，成就慧身不由他悟。

《發心功德品》十七挙劣顯勝，以初例後此位所開名之，爲發所開之體，故總云心心之勝能，故云功德，爾時帝釋白法慧言，發心功德其量幾何。答言，此義甚深，難知難説，難分別難信解，難證難行，難思惟難度量，難趣入，雖然我承佛力而爲汝説。假使有人供養十阿僧祇世界衆生，以一切樂具住於一劫然後教令淨持五戒，得福多不，答言甚多。法慧言，比發心功德百分千分乃至優波尼沙陀分亦不及一，如是供養百劫已令持十善，經千劫已令住四禪，百千劫已令住四無量心，經億劫已令住四無色定，經百億劫已令住初果，經千億劫已令住二果，經百千億劫已令住三果，經那由他億劫已令住四果，經百千那由他億劫已令住支佛問答如前，法慧言，比發心功德百分乃至優波尼沙陀分不及其一。何以故，一切諸佛發心不爲如是等故，爲佛種不斷故，乃至第十知一切佛境界平等故發菩提心。又云，且置前喩，假使有人於一念頃過東方阿僧祇世界，如是盡阿僧祇劫，此諸世界無有能知其際者，第二人於一念頃過前人所經世界，如是經於阿僧祇劫，乃至第十人乃至十方如是世界，可知其際，發心功德不知其際。何以故，不爲住爾所世界，但爲了知十方世界，麁世界即妙世界，妙世界即麁世界，仰覆大小，廣狹一多，淨穢相即亦爾。一切世界一毛端中，一切世界中一毛端，一體性一世界中出生一切，一切無性一念知一切廣大世界故發菩提心。又云，菩薩不爲知十方一切劫成壞故，爲知成壞劫盡無餘故，所謂長短劫，平等一多，有佛無佛，一佛多佛，有量無量，有盡無盡，一念與不可說不可說與一念，一切劫與非劫等平等亦爾，爲欲一念中盡知三際世界成壞劫故發菩提心。欲知衆生種種差別等亦復如是，皆以如前十方十人爲喻。供養十方諸佛，喻亦如前，度衆生喻亦如是發心所緣是所觀境，境具三諦，無性空，一切假，平等中。《明法品》十八卷十八，重歎所得，故云明法。明謂所證法則方法，依方有契故云明法。爾時精進慧菩薩白法慧言，初發心菩薩成就如是大功德，三世佛攝受決定至菩提，於佛教中云何修習，使願行滿足，衆生得度紹三寶種。法慧言，如是問者同於如來，我承佛力爲說少分。菩薩發心應離十種放逸，得十種清淨，復修十法，令諸佛歡喜，又修十法，令速入諸地，具足如是大功德已，漸入佛地，是菩薩於一念中悉遍知一切諸法，唯除如來，無能勝者，無見頂者。文中廣列諸佛功德，歎此菩薩，又云成就三世如來智。

第四會夜摩天宮說，四品三卷。《昇夜摩天品》十九卷十九同昇須彌品，爾時如來威神力故，十方世界一一四天下南洲及須彌，皆見如來處衆說法，莫不自謂皆對於佛餘大同前須彌頂。

《夜摩偈讚品》二十卷，爾時佛神力故，十方各一大菩薩各與佛刹微塵數菩薩俱，餘大如前。但菩薩中以功德林爲首，十林爲異，佛名號集會等皆同，一一林各以十偈歎佛。第六、精進林菩薩偈云，衆生非衆生，二俱無眞實，如是諸法性實義俱非有，生亦名法性。七、力林菩薩云，分別此諸蘊，其性本空寂，空故不可滅，此是無生義。衆生既如是，諸佛亦復然，佛及諸佛法，自性無所有。八、行林菩薩云，身亦非是佛，佛亦非是身，但以法爲身，通達一切法，若能見佛身，清淨如法性，此人於佛法，一切無疑惑。若見一切法，本性如涅槃，是則見如來，究竟無所住。九、覺林菩薩云，譬如工畫師，分布諸彩色，虛妄取異色，大種無差別，大種中無色，色中無大種，亦不離大種，而有色可得。心中無彩畫，彩畫中無心，然不離於心，有彩畫可得，彼心恆不住，無量難思議，示現一切色，各各不相知。譬如工畫師，不能知自心，而由心故畫。諸法性如是，心如工畫師，能畫諸世間，五蘊悉從生，無法而不造。如心佛亦爾，如佛衆生然，應知佛與心，體性皆無盡。若人知心行，普造諸世間，是人則見佛，了佛眞實性。心不住於身，身亦不住心，而能作佛事，自在未曾有。若人欲了知，三世一切佛，應觀法界性，一切唯心造。十、智林菩薩云，所取不可取，所見不可見，所聞不可聞，一心不思議。有量及無量，二俱不可取，若有人欲取，畢竟無所得。譬如隨意珠，能現一切色，無色而現色，諸佛亦如是。又如淨虛空，非色不可見，雖現一切色，無能見空者。諸佛亦如是，普現無量色，非心所行處，一切莫能覩。

《十行品》二十一卷依眞修習故名爲行，無差而差故置林稱，爾時功德林菩薩承佛神力，入菩薩善思惟三昧，入已，十方各過萬佛刹微塵數世界諸佛皆號功德林而現其前，告功德林，十方諸佛同加於汝餘如前。及列釋十名行相，初歡喜行，爲大施主，爲護衆生習諸佛行廣釋事施。如是行施，利益衆生，而無我想。但觀法界衆生界，無邊際法，空法，無所有法、無相法、無體法、無處法、無依法、無作法，作是觀時，不見受施財物果報。次觀三世一切衆生身皆滅壞，為說平等不壞法性。二饒益行，護持淨戒廣釋事戒。復作是念，我當隨順一切如來，具諸佛法，住無上平等處，等觀衆生。三無違逆行，安住佛法，了身空寂，無我我所，若苦若樂皆無所有，攝受衆生，趣向涅槃。四無屈撓行，修諸精進，於一切世界中，令諸衆生究竟涅槃。五離癡亂行，成就正念，最上清淨，善知音聲，生住滅相心不惑亂，三昧增廣。六善現行，能知三業皆無所有，善巧方便現無生相，成熟調伏教化衆生。《十行品》卷二十一。第七無著行，廣明念念入阿僧祇世界，嚴淨阿僧祇世界，詣佛承事等，皆云僧祇，如是菩薩深入法界，住於佛住，說無所說，一一毛端處盡未來劫修菩薩行，入於法界而無所著，遍於法界行菩薩行。八難得行，此菩薩成就難得善根，難伏最勝不可壞無能過。不可思議無盡。自在力大威德，與一切佛同一性皆云善根，深入衆生界，如法界無有二相，無有增減以一切法法界無二故。教化衆生，不說二法，以法界中無有一法向諸乘故，諸法無二無不二故，譬如虛空求不可得，然非無虛空。九善法行，得陀羅尼，大悲堅固普攝衆生，於一切世界變身金色，妙音具足而作佛事。十眞實行，展轉深妙，到一切佛法海實相源底。

《十無盡藏品》二十二卷二十一行相寬博故云無盡，含攝不貲故云藏也，爾時功德林菩薩告諸菩薩言，有十無盡藏，三世諸佛已說今說當說，謂信藏、戒、慚愧、聞、施、慧、念、持辯，一一皆十。信謂信一切法空、無相、無願、無作、無分別、無所依、不可量、無有上、難超越、無生如初句。如是信已，聞十種不思議，心不怯弱。所謂聞佛法不思議，心不怯弱。一切佛生界衆生界虛空界涅槃界過去未來現在入一切劫如初句。何以故，此菩薩堅信智無邊無盡故，心不退轉故。戒藏亦十，所謂普饒益戒，不受、不住、無悔恨、無違諍、不損惱、無雜穢、無貪求、無過失、無毁犯文中廣釋。慚無始惡，愧現世惡，聞謂廣知因緣四諦三乘等。施有十，所謂分減施、竭盡施、內施、外施、內外施、一切、過、現、未、究竟，分減者凡有所食，施於身中八萬戶蟲，竭盡者，乃至盡命，內謂身分。外謂外財，內外謂二俱，一切者己身妻子乃至七寶輪王位。過去者如過去佛菩薩所行，我亦如是，未來亦然。現在者，聞四天王乃至色究竟二乘位，聞已不著。究竟者聞有所須，經阿僧祇劫，令菩薩身不具，不生悔心，但觀身中種子，乃至究竟不淨。慧者所謂如實知四諦因緣，謂於五陰一一陰了，知四諦十二支，支支四諦三乘，一一皆了四諦。如云知聲聞，知聲聞法，知聲聞集，知聲聞涅槃，皆如實知。以不可壞故，念謂念過去不可說生，念不可說佛名號，念不可說佛出世，念不可說修多羅乃至論議，念不可說衆會演法根性煩惱三昧，持謂持諸佛所說修多羅，餘如念中說。辯謂爲衆生說，如上念持經於不可說劫。

第五會兜率天宮說，三品十二卷。《昇兜率品》二十三卷二十二，大旨同前夜摩品，爾時佛神力故，十方一切世界一一四天下餘如前，供具衆集倍於前。

《兜率偈讚品》二十四卷二十三大旨同前。金剛幢菩薩下同云，色身非是佛，音聲亦復然，亦不離色聲，見佛神通力，衆生及諸法，了達皆無礙，普現衆色像，遍於一切剎。堅固幢，云何有智慧人於佛得見聞，不修清淨願，履佛所行道。勇猛幢云，如人獲寶藏，永離貧窮苦，菩薩得佛法，離垢心清淨，設於無數劫，財寶施於佛，不知佛實相，此亦不名施。譬如虛空界，不生亦不滅，諸佛法如是，畢竟無生滅。光明幢云，了法性空寂，如幻而生起，所行無有盡，導師如是現。三世一切佛，法身悉清淨，隨其所應化，普現妙色身。智幢云，一切國土中，普現無量身，其身不在處，亦不住於法。譬如淨滿月，普現一切水，影像雖無量，本月未曾二。如是無礙智，成就等正覺，普現一切剎，佛體亦無二。星宿幢云，衆生妄分別，是佛是世界，了達法性者，無佛無世界。法幢云，若有諸衆生，未發菩提心，一得聞佛名，決定成菩提。若有智慧人，一念發道心，必成無上尊。愼莫生疑惑，如來自在力，無量劫難遇，若生一念信，速證無上道。設於念念中，供養無量佛，未知眞實法，不名爲供養。雖盡未來際，遍遊諸佛剎，不求此妙法，終不成菩提。

《十回向品》二十五趣理漸極故名迴向，堅固難動義之如幢，爾時金剛幢菩薩入智光三昧，各過十方十萬佛剎微塵數世界外，有十萬佛剎塵佛同號金剛幢餘如前，列十迴向名釋。初救護衆生迴向，具行六度四無量等，迴此善根饒益衆生，令至究竟永離衆苦，令得一切智，以入一切法平等性故，等視衆生，如日天子出現世間，不以乾闥婆城、阿修羅手、閻浮提樹、崇巖邃谷、塵霧煙雲等物之所覆障，隱而不現二十四卷。二不壞迴向，發一念心，求一切智，得不壞信，心常迴向出世之道，積集善根，得法實相，具菩薩行，於一切相皆無所著，明見眞實善巧迴向。三等一切佛迴向，順三世佛迴向之道，善巧方便永拔一切取著根本。四至一切處迴向，修諸善根功德之力至一切處，普遍開示，普攝衆生，稱可佛心等二十五卷。五無盡功德藏迴向，懺除業障，所起善根迴向，莊嚴一切佛土，無有分別等，得十無盡藏。六隨順堅固一切善根迴向，此菩薩或爲帝王臨御大國，威德廣被靡不歸順，發號施令，悉依正法，周行率土，於法自在，見者咸伏，不刑不罰，感德從化，以四攝法攝諸衆生，具足修行一切布施二十六卷止二十八卷。廣說施願，偈云，了達諸法眞實性，而於法性無分別，知法無性無分別，此人善入諸佛智，法性遍在一切處，一切衆生及國土，三世悉在無有餘，亦無形相而可得二十九卷。七隨順一切衆生迴向，積集善根，普施衆生，成滿佛智三十卷。八眞如相迴向，智常觀察一切衆生，心恆憶念善根境界，以等眞如平等善根迴向衆生無有休息卷三十一。九無著無縛解脫迴向，以此心成就普賢行願大迴向心卷三十二。十等法界無量迴向，廣行法施起大慈悲安立衆生，於菩提心常行饒益，長養善根，平等迴向皆如法界卷三十三。菩薩於一切佛剎中，一方一處一毛端量，皆有無邊不可說菩薩，成就智慧。充滿而住，盡虛空界，皆悉如是，皆以同體善根迴向故。

第六會他化自在天宮說，一品六卷。《十地品》二十六卷三十四，生成深廣故立地名，該攝事理故名爲藏，權實俱實眞俗咸眞，爾時世尊在他化自在天宮，與大菩薩衆俱，其諸菩薩不退菩提，從他方來集，住一切菩薩智所住境，入如來智所入處，十方各過十億佛刹微塵數世界外，各有十億佛刹塵佛同名金剛藏而現其前，讚金剛藏菩薩乃能入是智光三昧，如向諸佛共加於汝餘如前兜率品。十方諸佛與其身智，各申手摩頂。金剛藏菩薩從三昧起，普告諸菩薩衆，佛子，諸菩薩願善決定無雜不可見，廣大如法界，究竟若虛空，盡未來際一切佛刹救護衆生，爲佛所護入三世佛智地，列十地已，默然。解脫月三請，諸大菩薩同聲共請，世尊眉間出清淨光，名菩薩力焰明，百千阿僧祇光明以爲眷屬，遍照十方，息諸惡趣，照佛衆會。一切諸佛所加說法，菩薩之身作是事已，於上空中成大光明雲網臺而住，欲令大衆增淨信故而說偈，說已，廣讚地上功德，佛子，住此歡喜地，念諸佛故生歡喜心，念佛法故，念諸菩薩故，念菩薩行故，念清淨諸波羅蜜故，念諸菩薩地殊勝故，念菩薩力不可壞故，念如來教化衆生故，能令衆生得利益故，念一切如來智方便故如初句。復作是念，我轉離一切世間境界故，親近一切佛故，遠離凡夫地故，近智慧地故，永斷惡趣故，與衆生作依止故，見一切如來故，生佛境界中故，入一切菩薩平等性中故，遠離一切怖畏毛竪等事故亦如初句。何以故，此菩薩離五怖畏故，於一一法皆云廣大如法界等卷三十五。菩薩起十種深心，入第二離垢地，性自遠離一切殺生，有命之者生慈念心等，乃至上上十善，證十力四無畏一切佛法。又云，殺生之罪墮於地獄畜生餓鬼，若生人中得二種報，一者短命，二者多病。以願力故，見多百千億那由他佛作轉輪王。三發光地，得無量神力，以一身爲多身，多身爲一身，作三十三天王卷三十六。四焰慧地，修諸觀行，作須夜摩天王。五難勝地利益衆生，示現世間，伎藝自數文字方藥吉凶休咎，咸善觀察一無錯謬，漸令安住無上佛法，多作兜率陀天王卷三十七。六現前，地恒以大悲不捨衆生，般若波羅蜜現前名無障礙智光明，多作善化天王。七遠行地，功用行滿，智慧自在，雖行實際而不作證，多爲自在天王卷三十八。八不動地，得無功用法，深入如來所行境界，於無量國土修菩薩行，多作大梵天王。九善慧地，起四無礙辯，於無量佛所演說法音，周遍法界，多作二千世界主，大梵王卷三十九。十法雲地，神通智慧說不可盡，此地菩薩以自願力，起大悲雲，震大法雷，通明無畏以爲電光，福德智慧而爲密雲，現種種身周旋往反，於一念頃遍微塵國，演大法摧魔怨，霔甘露雨滅除一切衆惑塵焰，能現無量自在神力，大衆聞此墮在疑網，時金剛藏入一切佛國土體性三昧，大衆自見在金剛藏身內。大千世界莊嚴之事說不能盡。又見菩提樹高廣嚴好等，現已還令各在本處，住此地菩薩，多作摩醯首羅天王。

湛然《大方廣佛華嚴經願行觀門骨目》卷二　第七重會普光明殿說，十一品十三卷。《十定品》二十七卷四十，此十種定以稱理故，一一皆從理具而起，故凡所入恆具恆空，恆在法性，即體而用，體用不二，六即言之皆可修入。爾時世尊存摩竭提國阿蘭若法菩提場中始成正覺，於普光明殿入刹那際諸佛三昧，恆住一相，所謂無相，與十佛刹塵數菩薩俱，靡不皆入灌頂之位，具菩薩行等于法界，更列一百菩薩名等，十佛刹塵數菩薩皆與毘盧遮那如來同修菩薩行。次普眼菩薩問佛，普賢菩薩及住普賢所有行願，諸菩薩衆成幾三昧解脫，而於菩薩諸大三昧或入或出。佛略讚普眼已告言，普賢菩薩今現在此，已能成就不可思議自在神力等。諸菩薩聞普賢名，得無量三昧，其心寂靜等。普眼白佛，普賢菩薩今在何處。佛言，今在道場，親近我住，初無動移。普眼及諸菩薩觀察不見其身及座。佛言，普賢菩薩住處甚深不可說故，普賢菩薩獲無邊智慧門，入師子奮迅定，得無上自在用，入無礙際，生佛十力，以法界藏爲身，於一念頃悉能證入三世佛智，故汝不見。普眼聞說，得十千阿僧祇三昧，以三昧力復更欲見亦不能覩。佛言，若有得見普賢菩薩承事。聞名思惟憶念生信，勤觀始趣向正求覓，興誓願相續不絕，皆獲利益無空過者。佛言，汝等宜更禮敬，殷勤專至觀察十方，想普賢身現在其前周遍法界，深心信解厭離一切，誓與普賢同一行願入眞實法，普現世間知衆生根，若能如是，當見普賢。普眼如教，普賢爲現，令諸菩薩皆悉得見，在此衆中坐蓮華座，亦見從十方來，亦見在彼說法，菩薩見已，如見十方諸佛。以佛威神，以菩薩信解普賢本願力故，自然無量供養，放光照不可說世界，令不可說菩薩入普賢行，不可說菩薩成普賢行，不可說菩薩悉得圓滿普賢行願，成就菩提從前至此始結得道。次普眼讚普賢菩薩，如來印述。佛告普賢，汝爲普眼等說十三昧，列十大三昧已。言，若成就者，則名爲佛、如來、十力導師、一切智等廣說不思議功能。爾時普賢承如來旨，觀普眼等，分別廣說有十種無盡法，住此三昧超過世間。譬如比丘住不淨觀，菩薩亦爾，觀察法身見諸世間普入其身，於中明見一切世間及世間法皆無所著，是名第一普光明三昧。妙光明三昧者，能入大千微塵大千，一一世界現大千塵身，一一身放大千塵數光，一一光現大千塵數色，一一色照大千塵數界，一一界調伏大千塵數衆生，界種不同染淨等別而無雜亂。譬如日影照諸寶山，其影各各展轉互入，菩薩住此三昧不壞世界，不住內外無所分別，而能於諸界長短等相，入諸界中事宛然可見。

《十定品》卷四十一，三遍往諸國土神通三昧者，於十方塵界入此三昧，長短不同，刹那乃至不可說劫，若法若非時法不生分別。四清淨深心行三昧者，知佛身數等衆生，於諸佛所而作供養，恭敬尊重頂禮，擧身布地問法稱揚，於一念頃悉能了知亦不分別，住世涅槃等從定而起憶持不忘。五知過去莊嚴藏三昧者，能知諸劫諸刹諸佛說法，佛說中心樂諸根，調伏佛壽次第不失故，於三昧能入百劫，乃至不可說劫。六智光明藏三昧，能知未來一切諸法，於一念頃能知一切劫。七了知一切世界佛莊嚴三昧，悉能次第遍入十方世界，見佛出興神力衆會，衆會大小等四天下，乃至充滿不可說佛刹微塵數佛刹，亦見自身在彼說法，及以一切所作佛事，及見佛身不同，色量各別，得十種速疾，十種法印等。

《十定品》卷四十二，八一切衆生差別身三昧，能於一切無著，能於諸身更互起入諸趣身，起入一四天下乃至不可說不可說佛刹塵衆生身，起入一身多身，更互起入現種種光等。九法界自在三昧，一一毛孔入此三昧能知一切卷四十三。十無礙輪三昧，一切無礙。普眼白普賢，得如是法同於如來，何不名佛，何不名十力，一切智等，何故修普賢行願猶未休息，何故不能究竟法界捨菩薩道。普賢告曰，此菩薩則名爲佛，於如來所修菩薩行無有休息，名爲菩薩，如來諸力皆悉已入則名十力，乃至觀察展轉增勝名爲菩薩。雖證普眼境界增長名爲菩薩，於一切佛刹而成正覺，或於一念而成正覺，或須臾一時一日半月一月，乃至不可說劫而成正覺。

《十通品》二十八卷四十四，定從體立，通從用生，體用不二，準前可知。是故理有方能事用，事由於理，故六即中名理通具，普賢言，一他心通，知不可說佛刹塵界六道心、三乘心、八部心、難處心等九界。二天眼通者，以無礙清淨天眼智通，見不可說不可說佛刹塵界中衆生，死此生彼，善惡趣罪福相，乃至八部皆見無謬。三宿命通者，知過去不可說不可說佛刹塵劫衆生，生處、姓族、苦樂、因緣、品類、國土、趣生、形相、行業、結使、心念等差別，悉知諸佛名號出興衆會、父母、侍者、弟子、城邑、出家、成道、說法、涅槃、調伏衆生、法住、塔廟、己身發心亦復如是。四知盡未來際劫智通，知不可說不可說佛刹塵數界中衆生，及界因果，行業善惡，悉知乃至佛名字等如前。五無礙清淨天耳，圓滿廣大聰徹，不可說不可說世界中所有音聲所聞如前。六住無體性無動作往一切佛刹智通，凡有所聞一切世界、佛名、相貌、種種國土等，皆悉不動而往。七分別一切衆生言音智通，不可說不可說佛刹塵數界中，衆生種種言辭，聖非聖等，皆能了知。八無數色身智通，入於法界能現其身作種種色，所謂無邊色，無量色，清淨色，莊嚴色，普遍色，具相色，文列百例。九一切法智通，知一切法無有名字，無有種姓，無來無去，非異非不異等，不可言說，而以方便分別安立。十一切法滅盡三昧智通，於念念中入一切法滅盡三昧，亦不退菩薩道，不捨菩薩事。佛子，如此十通，餘一切菩薩不能思議。

《十忍品》二十九竝是無生之異名，從法從喻，從理從用，故立十名，名下釋義，悉從所依。忍名從因，地非果故，得眞因定，故立斯號，普賢言，菩薩有十種忍，得此忍者到於一切菩薩無礙忍地，一切佛法無礙無盡。所謂音聲忍、順忍、無生法忍、如幻忍、如焰忍、如夢忍、如響忍、如影忍、如化忍、如空忍。音聲忍者，聞諸佛法不驚不怖，深信悟解憶念修習。順忍者，謂於諸法思惟觀察，平等無違正住修習。無生法忍者，不見少法生滅，若無生滅則無差別無處，寂靜離欲，無作無願，無住無去無來。如幻忍者，知一切法從因緣生已，了達諸法一多相即，了達諸法法界平等，譬如幻士，幻作種種非有而有。知因緣性無有動轉，如焰下，五義勢大同，住是十忍，諸法具足。

《阿僧祇品》三十卷四十五，初地已上，入佛所知意正爲明數，非數故名佛所知，非數而數，下位不測以由正證，非數非非數，故偏一切法，爾時心王菩薩白佛言，故佛所說阿僧祇無量，乃至不可說不可說爲云何耶。佛言，汝欲令諸世間入佛所知而問是義，百洛叉爲一俱胝，俱胝俱胝爲一阿庾多，阿庾多阿庾多爲一那由他，乃至不可說不可說，一百二十四重。佛爲心王菩薩而說頌曰，不可言說不可說充滿一切，不可說不可言說諸劫中說不可說，不可盡不可言說諸佛剎，皆悉碎粖爲微塵，一塵中剎不可說，如一一切皆如是，此不可說諸佛剎一念碎塵，不可說念念碎塵悉亦然，盡不可說劫恆爾，此塵有剎不可說，此剎爲塵說更難，以此諸塵數諸劫一塵十方不可說，爾劫稱讚一普賢，無能盡其功德量。於一微細毛端處，有不可說諸普賢。一切毛端悉亦爾，如是乃至遍法界，一毛端處所有剎，其數無量不可說，盡虛空量諸毛端，一一處剎悉如是。國土佛、名佛、身佛、色光明，光中華、華中葉、葉中色、色中葉、葉中光、光中色、色中光、光中月，月中光、光中日、日中色、色中光、光中座、座中嚴、嚴中具、具中光，光中色，色中淨光，光中妙光，此光復現種種光，光中妙寶如須彌，一一光中復現寶，寶現衆剎，一剎爲塵，一塵色相一一皆云不可說。又約所說利生等，三百餘重不可說。最後云，如是三世無有邊，菩薩一切皆明見。

《壽量品》三十一由證非量，非無量故，得能量，能無量，今此且從迹量邊，故以諸量爲其目，爾時心王菩薩告，諸菩薩言，娑婆一劫爲極樂一日一夜，袈裟幢等更有九重。如是以劫而爲一日一夜，最後云，乃至過百萬阿僧祇界，最後世界一劫於勝蓮華界賢勝佛剎爲一日一夜，普賢等諸同行大菩薩充滿其中竝語佛剎末云已曾成佛。

《諸菩薩住處品》三十二竝是法身示迹之處，或是古佛現作因人，令末代人斯心有在，覩迹慕本發意修行，爾時心王菩薩告諸菩薩，東方有處名仙人山，從昔已來諸菩薩衆於中止住，現有菩薩名金剛勝，與其眷屬三百人俱，常在其中而演說法。南方勝峯山法慧菩薩，與五百人俱。西方金剛焰山菩薩，名精進無畏行，與三百人俱。北方香積山菩薩名香象，與三千人俱。東北方清涼山菩薩，名文殊師利，與一萬人俱。海中有金剛山，菩薩名法起，與千二百人俱。東南方支提山菩薩名天冠，與一千人俱。西南方光明山，菩薩名賢勝，與三千人俱。西北方香風山，菩薩名香光，與五千人俱廣如初文。大海中有莊嚴窟，從昔已來諸菩薩住。毘舍離南有住處，名善住根，摩度羅城有滿足窟。俱珍那城住處名法座清淨，彼岸城有目眞隣陀窟。摩蘭陀國住處名無礙，龍王建立。薩遮國住處名出生慈。震旦國有那羅延窟。疏勒國有牛頭山。迦葉彌羅國住處名次第增長。歡喜城有尊者窟。菴浮梨摩國住處名見億藏光明。乾陀羅國名苫婆羅窟。一一皆云，從昔已來，諸菩薩衆於中住止九處有人十三處不出人。

《佛不思議法品》三十三卷四十六，前因人土爲所依，今擧果德法爲所託，依止不二，身土何殊，不二而二，以分能所，爾時大會中諸菩薩念諸佛國土云何不思議，諸佛本願、種性、出現、佛身、音聲、智慧、自在無礙解脫如初句。爾時如來加青蓮華藏菩薩，令滿普賢大願，知見一切佛法，告蓮華藏菩薩言，諸佛世尊有無量住處，所謂常住大悲住等。又有十種普遍法界，所謂一切諸佛有無邊際身，色相清淨普入諸趣而無染著，無障礙眼於一切法悉能明見，無障礙耳悉能解了一切音聲，有無邊際鼻能到諸佛自在彼岸，有廣長舌出妙音聲周遍法界，身應衆生心咸令得見，意住於平等法身無礙解脫，示現無盡大神力，清淨世界隨所樂見，菩薩行願圓滿如初句。諸佛又有十種念念出生智，又有十種不失時。謂成正覺成熟緣記菩薩隨心現等。又有十無比、十種智、十普入法、十難信、十大功德、十究竟卷四十七十佛事，乃至更有二十餘重十，皆是如來之妙德也。

《如來十身相海品》三十四卷四十八，前辨所依土，法今明所現身相，土法即身，能所何別，身即是法相即無相，爾時普賢告諸菩薩，今爲汝說如來相海。佛子，如來頂上有三十二大人相，一一皆悉周遍十方，如是乃至左足指端，第九十七一一皆云周遍法界。毘盧遮那有如是等十華藏世界海微塵數大人相，一一皆以妙相莊嚴。

《如來隨好光明功德品》三十五相之眷屬，麁細無非法界故爾，爾時佛告寶手菩薩言，如來有隨好名圓滿王，出大光明名爲熾盛，七百萬阿僧祇光明而爲眷屬。我在兜率時，放大光明名光幢王，照十佛剎塵界，彼界地獄遇光息苦，得十種清淨六根咸生兜率。彼天有鼓名甚可愛樂，彼天生已此鼓發聲，汝以心不放逸，於如來所種諸善根，昔近善友，遮邪威力於彼生此，次足下千輻輪名光明普照王亦如前。

《普賢行品》三十六卷四十九，果滿由行，感果示因，皆由計我能治行，生行雖衆多，不出二種，差及無差，一切相入，爾時普賢告諸菩薩，如向所演但隨衆生根器，以諸衆生無智計我廣說諸障。明諸障已，次明修行十法。謂不棄衆生等，即得具足十種清淨，謂通達甚深法清淨等。次得十種廣大智，謂知一切衆生心行等。次得十種普入，毛道與一切世界，一切衆生身與一身，不可說劫與一念，一切佛法與一法，不可說處與一處，一切根與一根，一切根與非根，一切想與一想，一切音與一音，一切三世與一世，皆更互相入。次十種勝妙心，次得十種善巧智等。

《如來出現品》三十七卷五十，稱理而現，故引願力，爾時世尊放白毫光名如來出現，無量百千億那由他阿僧祇光明以爲眷屬，其光遍照十方盡虚空法界。作佛事已，入如來性起妙德菩薩頂，此菩薩一心向佛，而說偈讃佛，於口放光名無礙無畏，入普賢口，菩薩身座過於本時百倍。次性起問現相意，普賢答，偈云，法性無作無變易，猶如虚空本清淨，諸佛性淨亦如是，本性非性離有無，法性不在於言論，無說離說恆寂滅，十方境界性亦然，一切文辭莫能辨。普賢言，於無量處見如來身，何以故，不應於一法、一事、一身、一土、一衆生見如來身，應遍一切見如來身，譬如虚空遍至一切色非色處，非至非不至。何以故，虚空無身故，佛身亦爾，遍一切處、一切衆生、一切國土、一切法，非至非不至，身無身故。爲衆生故示現其身，是名佛身第一相。次廣說譬喻，如虚空日輪等。又云，譬如月輪有四奇特，一者映蔽一切星宿光明，二者隨時示現虧盈，三者多處現影，四者見者皆對目前。如來亦爾，映蔽一切聲聞緣覺，隨其所宜示現壽命，淨心衆生菩提器中影無不現，衆生皆謂唯現我前卷五十一品同。普賢說如來音聲十種相，次說如來心十種相卷五十二品同。普賢云，如大海水皆從龍王心念所起。如來亦爾，一切智海皆從大願之所起也。又南洲二千五百河，西洲五千河，東洲七千五百河，北洲一萬河，其水多不，答言，甚多。普賢言，復有八十億諸大龍王，一一展轉，其水倍倍於前，皆流入海，又娑竭太子宫殿中水出復倍於前，娑竭龍王宫中水涌出入海復倍於前，其水紺琉璃色涌出有時，是故大海潮不失時，如來智海復過於是。譬如金翅鳥王飛行虚空，以清淨眼觀察海内諸龍宫殿，以左右翅鼓揚海水，悉令兩闢，知龍男女命將盡者而搏取之。如來亦爾，知諸衆生根已熟者，以止觀翅鼓生死海而撮取之，乃至文中一一廣釋，皆云，云何知應正等覺音聲、心意識、境界行、成正覺、轉法輪、般涅槃、見聞親近所種善根如初。於十方界現大神通，十方各八十億佛剎微塵同名諸佛，同說此法等，皆遮那本願之力。

第八再會普光明殿說，一品七卷。《離世間品》三十八卷五十，三世間不同故，辨雜行，爾時如來在菩提場普光明殿，坐師子座妙悟皆滿始成異名，二行永絶等，與不可說百千億那由他佛剎塵數菩薩，皆住一生，從他方來，稱歎佛德。爾時普賢入佛華莊嚴三昧，從三昧起，普慧菩薩問，何等爲菩薩依，何等爲奇特想，何等爲善知識，行勤精進心得安隱，何等戒，何等成就衆生，入界，入劫等二百問，普賢廣答皆有深義。答奇特想中云，於一切行生自行想，願亦如是。答心安隱中有十種，皆以自行，令他得之心則安隱。答戒中有十種戒，全是利他，所謂不捨菩提心戒，遠離二乘地戒，觀察利益衆生戒等。有十種自知受記，所謂以殊勝解發菩提心，永不厭捨諸菩薩行，住一切劫行菩薩行，修一切佛法，於一切佛教一向深信，修一切善根皆令成就，置一切衆生於佛菩提，於善知識和合無二，於善知識起如來想，恆勤守護菩提本願句下皆有自知受記。十種入入諸菩薩，十種入入諸如來，十種入衆生行，十種入世界，十種入劫乃至十種佛，謂成正覺佛，願、業報、住持、涅槃、法界、心、三昧、本性、隨樂，十種發菩提心因緣，竝以衆生爲首卷五十四。有十種園林，生死是菩薩園林無厭捨故，化物不疲，住劫攝行，淨土住止，魔宫降他，思法觀理，行行紹繼，一切佛法轉法輪行，一念成道卷五十五。有十種發無量無邊廣大心，於一切佛所觀一切衆生界，觀一切剎一切世一切法界，觀察一切法皆如虚空，一切菩薩廣大行，正念三世一切佛，觀不思議諸業果報，嚴淨一切佛剎，遍入一切諸佛大會，觀察一切如來妙音皆云發廣大心。○卷五十六菩薩有十種無礙用，所謂衆生無礙用，國土、法、身、願、境界、智、神通、神力、力如初句。於身無礙用有十，以一切衆生身入己身無礙用，己身入一切衆生身，一切佛身入一佛身，一佛身入一切佛身，一切剎入己身，以一身示現三世衆生，一身示現無邊身，入三昧一身示現等衆生數身，成正覺於一衆生身現一切衆生身，於一切衆生身現一衆生身，一切衆生現法身，法身現一切衆生身如初句○卷五十七菩薩有十種習氣，菩提心習氣，善根、化生、見佛、受生、行、願、諸度、思惟平等法、境界差別。十種眼，肉眼見諸色故，天眼見衆生心故，慧眼見衆生根故，法眼見實相故，佛眼見佛十力故，智眼見諸法故，光明眼見佛光明故，出生死眼見涅槃故，無礙眼所見無障故，一切智眼見普門法界故。十種耳，聞讃聲不貪著，聞毀聲不瞋恚，聞說二乘不求不著，聞菩薩道歡喜踴躍，聞地獄苦起大悲心，聞說人天知其無常，聞讚諸佛加行圓滿，聞說六度四攝發心修行，聞十方音聲達深妙義，初心後心常聞正法不捨衆生。有十種鼻，聞臭不嫌，聞香不著，聞香及臭其心平等，聞非香臭安住於捨，聞衆生依正知其業行，聞諸伏藏皆能辨了，聞六道生知其過行，聞聲聞行住一切智，聞菩薩行用平等心，聞諸佛智不捨菩薩行。有十種舌，開示一切衆生行，舌開示無盡法門舌，讚一切佛功德舌，演暢無礙辨才舌，開闡大乘助道舌，遍覆十方虛空舌，普照一切諸刹舌，普使衆生悟解舌，悉令諸佛歡喜舌，降伏魔外至涅槃舌。有十種身，人身化於人。非人身化三惡，天身化三界，學身現學地，無學身示現羅漢地，獨覺身化獨覺地，菩薩身成就大乘故，如來身智水灌頂故，意生身善巧出生故，無漏法身，以無功用道示現一切衆生身故。有十種意，上首意發起善根故，安住意深信難動故，深入意隨順解了佛法故，內了意知衆生心樂故，無亂意諸惑不雜故，明淨意客塵不染故，觀衆生意無一念失時故。善擇所作意未曾一處生過故，密護諸根意調伏無散故，善入三昧意入佛三昧故。行住坐臥處各十有十種師子吼，所謂唱言，我當必定成佛，是菩提心大師子吼。我當令一切衆生未度者度等四，是大悲大師子吼。我當令不斷三寶，是報佛恩大師子吼。我當嚴淨一切刹，是究竟堅誓大師子吼。我當除一切惡道及諸難處，是自持淨戒大師子吼。我當滿足諸佛三業及相莊嚴，是福德無厭大師子吼。我當除滅一切天魔及諸魔業，是修正行斷諸煩惱大師子吼。我當除我我所淨三空門，是無生忍大師子吼。最後生菩薩示生王宮出家成道，是如說行大師子吼五十八卷。六度各十法相通漫多屬別門，四無量各十亦爾。有十種求法，直心、精進、一向、斷他惑、益自他、入智慧、出生死、爲利物、斷他疑、滿佛法。十魔，十魔業，十捨魔業。十種魔所攝持，謂懈怠心魔所攝持，志樂狹劣，少行生足，受一非餘，不發大願，樂寂斷惑，永斷生死，捨菩薩行，不化衆生，疑謗正法。十種佛所攝持，謂初發菩提心佛所攝持，不失菩提心，覺魔事能離，聞如說修行，知苦不厭惡，觀深法得果，說小不取證，觀無爲不住，至無生受生，證智起於行。菩薩住兜率天，有十種所作業，於兜率天將下生時現十種事卷五十九。菩薩示現處胎有十事，爲成就小心劣解衆生，不欲令彼起念，菩薩自然化生故，爲成熟父母眷屬、宿世同行善根等。示生微笑行七步，現處童子地現處王宮，出家苦行詣道樹，坐道場降魔成佛轉法輪，般涅槃各有十事。

第九會給孤獨園說，一品二十一卷。《入法界品》三十九卷，六十知識雖衆，不出法界。法界無二，任運差別，差別知識爲法界用，無差別知識爲法界體，爾時世尊在室羅伐國逝多林給孤園大莊嚴重閣，與菩薩五百人俱，普賢文殊而爲上首，列一百四十菩薩等，皆悉成就普賢行願。廣歎德已。爾時世尊知諸菩薩心之所念，以大悲身，以方便力充滿虛空，入師子頻申三昧已，一切世間普皆嚴淨，大莊嚴閣忽然廣博無有邊際衆寶莊嚴，佛神力故，其逝多林忽然廣博，與不可說佛刹微塵數諸佛國土其量正等，衆寶莊嚴。何以故，如來有不可思議自在用故。十方各不可說佛刹微塵世界海外，各一世界，各一佛，各一菩薩，與世界海塵數菩薩俱來，各現神變。以佛力故，於一佛所一念之頃，普見十方無所迷惑，於刹那頃悉能往詣，如是等菩薩滿逝多林。爾時舍利弗等諸大聲聞在逝多林，皆悉不見如來神力，如來嚴好，境界遊戲神變，尊勝妙行，威德住持淨刹，亦復不見不思議菩薩境界，菩薩大會等皆悉不見。以善根不同故，本不修習見佛善根，本不讚說十方世界佛刹功德諸佛神變，於生死中發菩提心，令他住菩提心，令如來種性不斷等，種種皆悉本無故。以是緣故不能見聞念等，依聲聞乘而出離故。如恒河岸無量餓鬼，爲渴所逼求水不得，雖住河邊而不見河，設有見者但見枯竭。聲聞亦爾，譬如有人於大會中，夢見須彌山頂種種莊嚴天人受樂，亦自見身如彼諸天會人同處，而彼不見彼不夢故。聲聞亦爾，譬如雪山具種種藥，良醫乃見，則非捕獵放牧者見。譬如比丘於大衆中入遍處定，其餘大衆皆悉不見。如人生已，則有二天恒相隨逐，一曰同生，二曰同名，天常見人，人不見天。爾時毘盧遮那願光明菩薩等十菩薩，各說十偈，皆勸聲聞，令觀如來及諸菩薩，皆說如來及以菩薩不思議事理。唯最初菩薩中有一行偈，斥聲聞人云，一切諸緣覺及彼大聲聞，皆悉不能知菩薩行境界。此諸偈意多明圓因圓果作用等卷六十一。爾時普賢菩薩普觀衆會，以等法界方便，等虛空界方便，等衆生界方便，等一切法光影方便，爲諸菩薩以十種法句，說此師子頻申三昧，廣明依正自在勝用。爾時如來欲令諸菩薩安住此三昧，眉間白毫放大光明，名普照三世法界門，普照十方一切世界諸佛國土，廣明如來神用竟。乃云，文殊承佛神力，欲重宣此逝多林中諸神變事，而說偈言，汝應觀此逝多林，以佛威神廣無際，一切莊嚴皆示現，十方法界悉充滿等。二十六行頌前所見，時諸菩薩以佛三昧光明照故，即時得入如是三昧，得不可說大悲門，廣於十方而作佛事，調伏衆生。爾時文殊從善住閣出種種供養佛已，辭退南行往於人間。爾時尊者舍利弗承佛神力，見文殊師利與諸菩薩出逝多林人間遊行，作如是念，我今當與共往南方。時舍利弗與六千比丘出自住處，來詣佛所，具白世尊，世尊許已，右繞而出，往文殊所。此六千比丘是舍利弗自所同住，出家未久，所謂海覺比丘，善生、福光、電生、淨行、天德等竝非小乘所列。此等六千，悉曾供養無量諸佛，深植善根，解力廣大，信眼明徹，其心寬博，觀佛境界，了法本性，饒益衆生，常樂勤求諸佛功德，皆是文殊說法敎化。舍利弗令諸比丘觀文殊師利清淨身相及衆會具足等，諸比丘聞，心意清淨，信解堅固，擧身踴躍，憂苦悉除，具菩薩根，得菩薩力入深境界。白言，大師將引我等往勝人所，時舍利弗將至文殊所已，白言，此諸比丘願得奉覲，諸比丘白文殊言，願我悉得仁者所得，文殊以十事勸之，令行菩提道，諸比丘聞即得無礙眼三昧，見一切佛境界，悉見諸佛種種依正，知十方世界衆生前後十生，憶彼界中過未十劫，念彼如來十本生事，成道、轉法輪、神變、說法、各有十種，又即成就十千三昧，文殊乃勸諸比丘住普賢行故知所得未入普賢行。○卷六十二文殊勸已，南行至福城東，住莊嚴幢娑羅林中，說普照法界修多羅，時無量百千億龍生人天中，一萬龍於阿耨菩提得不退轉，無量衆生於三乘中各得調伏。福城中優婆塞、優婆夷、童子、童女數各五百，皆來集已，五百童子中善財爲首。文殊於是觀察善財得名因緣等，知因緣已，又知童子已曾供佛，深種善根，成佛法器。文殊觀察已，而爲說法，說一切佛積集法，相續次第法，衆會清淨法，法輪法，法身法等如初句。令其發心，聞已勤求阿耨菩提。說偈讚歎自責等，文殊印述令親近善友，向菩提行親近善友，是具一切智最初因緣。善財問，云何學菩薩行修菩薩行，趣行淨入成就隨順憶念增廣，令普賢行速得圓滿，文殊更勸近善知識，從此南行有勝樂國，妙峯山有德雲比丘云云。德雲比丘告善財言，我得自在決定解力，信眼清淨智光照耀，普觀境界離一切障，善巧觀察普眼明徹，具清淨行往詣十方國土，供養諸佛持諸佛法等。善男子，我唯得此憶念一切諸佛境界智慧光明普見法門，豈能了達諸大菩薩無邊智慧清淨行門，廣明念佛法門，於一念中見一切刹一切諸佛，次令南行。海門國海雲比丘，善財一心念善知識教及以法門，至海雲所，見已云云。問，云何捨凡夫地入如來地等。海雲言，我住此十二年來，常以大海爲其境界，思惟大海廣大無量，甚深難測，漸次深廣。如是觀時，大海有蓮華現，華中佛現，爲我說普眼法門，我唯知此普眼法門。善住比丘住楞伽道邊，海岸聚落，善財至已，見此比丘，從空中來往，語善財言，我已成就無礙解脫門，見一切衆生心行等，皆無障礙，供養諸佛皆得自在卷六十三。至達里鼻荼國，城名自在，有人名彌伽大士，所得菩薩妙音陀羅尼光明法門。次南行至住林聚落，有解脫長者，所得如來無礙莊嚴解脫門。次南行至閻浮提畔摩利伽羅國，有海幢比丘，所得般若波羅蜜境界清淨光明門卷六十四。漸次南行至海潮住處普莊嚴園林，有休捨優婆夷，所得離憂安隱幢解脫法門。次南行至那羅素國，有毘目瞿沙，語善財言，我得菩薩無勝幢解脫。善財言，其相云何，時毘目仙人以右手摩善財頂，執善財手，即見十方各十佛刹塵數界佛相好威儀。善財因此得毘盧遮那藏三昧，攝諸陀羅尼。次到伊沙那聚落，勝熱婆羅門所，得菩薩無盡輪解脫法門卷六十五。次到師子奮迅城，有慈行童女，是師子幢王女，是女於王宮中坐毘盧藏殿。善財見已問女，女言，汝觀我所住宮殿，觀已，乃見一一壁柱鏡相形珠寶鈴樹纓絡等中，悉見法界，一切如來從初發心成道說法現入涅槃，此是般若波羅蜜普莊嚴法門，我思惟時，得一切陀羅尼門。次到三眼國，善見比丘語善財言，我年既少，出家又近，我此生中於三十八恆河沙諸佛所淨修梵行，或一佛所一日一夜，或七日七夜乃至不可說劫，於一念中十方界衆生，恭敬供養，佛菩薩行海，諸根海等，皆悉現前，得菩薩隨順燈解脫法門。次到名聞國，自在主童子與十千童子在河上戲砂，得一切工巧大神通智光解脫法門。海住城具足優婆夷語善財言，我得菩薩無盡福德藏解脫法門，於一小器隨一切衆生所欲，出於四事，不可窮盡，十方皆然。大興城明智居士，居市四衢十千眷屬，皆令發心善根增長，所得隨意出生福德藏解脫法門卷六十六。次到師子宮城法寶髻長者所，得菩薩無量福德寶藏解脫法門。次至藤根國普門城，普眼長者治一切病，病差已，具與一切四事，如應說法具足諸行，所得一切普見諸佛歡喜法門。次到多羅幢城，無厭足王如法治國，十千大臣共王理事，十萬猛卒種種治人，語善財言，我此土衆生殺盜乃至邪見，作餘方便，不能令其見已生厭發心，所得如幻解脫法門。次至妙光城，大光王於四衢道以一切資生攝取衆生，所得大慈隨順世間三昧解脫法門。次到安住王都，有不動優婆夷，以堂宇中一切金色光明攝生，所得菩薩難摧伏智慧藏解脫法門卷六十七。次至都薩羅城，遍行外道是出家外道，城東有山名曰善得，於彼山上徐步經行，十千梵衆之所圍繞，所得至一切處解脫法門。次到廣大國，鬻香長者名優鉢羅華，所得調和香法。次到樓閣城，見船師名婆施羅，在城門外與百千商人無量大衆，海岸上住說大海法，所得大悲幢行。次到可樂城，長者名無上勝，在其城東大莊嚴幢無憂林中，無量商人百千居士圍繞說法，所得至一切處菩薩行清淨門。次到輸那國迦陵城月光園，比丘尼名師子頻申，所得成就一切智解脫法門卷六十八。次至險難國，寶莊嚴城市鄽北宅中，有女名婆須蜜多，所得離貪欲際解脫法門。次至善度城，居士名鞞瑟胝羅，所得不般涅槃際解脫法門。次至補怛洛迦山，菩薩名觀自在，語善財，我已成就大悲行解脫法門，我住此門，常在一切諸如來所，普現一切衆生之前，各以一法攝之，以同類形而共居止。次有正趣菩薩從東方來，觀自在菩薩令善財至正趣所，得普門速疾解脫法門。次至墮羅鉢底城大天神所，得雲網解脫法門。次至此閻浮提摩竭提國菩提場中，有主地神其名安住，所得不可壞智慧藏解脫法門。次至迦毘羅城，主夜神名婆珊婆演底，所得破一切衆生暗法光明解脫法門卷六十九。次至此閻浮提摩竭提國菩提場中，主夜神名普德淨光，所得寂靜禪定樂普遊步解脫法門。次近有夜神名喜目觀察，所得不思議大勢力普喜幢解脫法門卷七十。次至此衆會中，普救衆生妙德主夜神，所得普現一切世間調伏衆生解脫法門卷七十一。於此不遠有主夜神，名寂靜音海，所得念念出生廣大喜莊嚴解脫法門。次至此菩提場如來會中主夜神名守護一切城增長威力，所得甚深自在妙音解脫法門卷七十二。次至此佛會中，主夜神名開敷一切樹華，所得廣大喜光明解脫法門卷七十三。此道場中主夜神，名大願精進力救護一切衆生，所得敎化衆生令生善根解脫法門卷七十四。此閻浮洲有一園林名嵐毘尼，有神名妙德圓滿，所得示現受生自在解脫法門卷七十五。次至迦毘羅城瞿波釋種女，所得觀察一切菩薩三昧海解脫法門卷七十六。次至摩耶夫人，所得大願智幻莊嚴解脫法門。次至忉利天正念王天主光女，所得菩薩無礙念清淨莊嚴解脫法門。次至迦毘城，童子師名遍友言，此有童子名善知衆藝，學菩薩字智，得菩薩解脫，唱四十二字入般若門。次至摩竭提國婆呾那城賢勝優婆夷，所得無依處道場解脫法門。次至南方沃田城長者堅固解脫，所得無著念清淨莊嚴法門。次至此城中妙月長者，所得淨智光明解脫法門。次至南方出生城，長者名無勝軍，所得無盡相解脫門。次至此城南有法聚落，婆羅門名最寂靜，所得菩薩解脫名誠願語卷七十七。次至南方妙意華門城，童子名德生，童女名有德，告善財言，我證菩薩解脫名爲幻住。於此南方有國名海岸，有園名大莊嚴，中有廣大樓閣，彌勒菩薩安處其中，爾時善財向海岸國，自憶往世不修禮敬，憶念往音無量諸過對治而行，得無量法門已，於毘盧遮那莊嚴藏大樓閣前思惟觀察，入遍一切處智慧身平等門，普現其身，在一切佛前菩薩前，善知識前，塔廟前，乃至一切三乘聖衆前，十方一切衆生前，盡未來際等，善財童子入如是智，端心潔念於樓閣前擧體投地，從地而起一心瞻仰目不暫捨，繞無量匝作是念言，此大樓閣是解空無相願者之所住處，具列一切法，皆云之所住處。爾時善財以無量稱揚讚歎法而讚閣中諸菩薩已，一心願見彌勒菩薩，乃見彌勒從別處來，無量八部大衆圍繞來至閣所。善財見已五體投地，是時彌勒觀察善財指示大衆，歎其功德而說偈言，汝等觀善財智慧心清淨，爲求菩提行而來至我所等，一百一十四行偈讚已，善財聞已歡喜踴躍，以文殊之力，衆華瓔珞忽然現手以散彌勒，彌勒摩頂偈讚善財，善財又以偈讚彌勒卷七十八。善財白言，一切如來授尊者一生記，若一生已超一切菩薩所住處，具足一切菩薩地等。彌勒問衆，見不歎言已，於福城受文殊敎，展轉南行經由一百一十善知識已，然後而來至於我所，告善財言，汝爲饒益一切衆生故發菩提心，菩提心者能生一切諸佛法故，菩提心者猶如良田能長衆生白淨法故，如是總一百一十八句讚歎菩提之心。又以一百五譬以譬圓菩提心，如是說已，復讚於善財所有行願菩提心等，勸入此閣卷七十九，於是善財右遶彌勒白言，惟願爲我開此閣門，彌勒彈指其門即開，命入入已還閉，見其樓閣同於虛空種種莊嚴，於一處中見一切處，一切諸處悉如是見，具見種種不可思議自在境界。爾時彌勒即攝神力入樓閣中，彈指告言，善男子，起法性如是，此是菩薩知諸法智因緣聚集所現之相如幻夢等。善財起已，又復告言，汝住菩薩不可思議自在解脫，此解脫門名入三世一切境界不忘念智莊嚴藏，此門中有不可說解脱門，一生菩薩之所能得。善財問言，此莊嚴事何處去耶。彌勒答云，於來處去。問，從何處來。答，從菩薩智慧神力中來，依菩薩智慧神力而住，無有去處亦無住處，非集非常，遠離一切。次明無來無去。善財言，大聖從何處來，彌勒言，菩薩無來無去如是而來，無行無住如是而來。次述從一切法處來。善財問，何者是菩薩生處。答言，有十種菩提心是菩薩生處，生菩薩家故云云。第八十善財童子受彌勒教，漸次遊行一百十城已，至普門國蘇摩那城住其門所，思惟文殊隨順觀察，是時文殊遥申右手，過一百一十由旬按善財頂，爲其說法，令入普賢行道場。文殊師利還攝不現，於是善財思惟觀察，一心願見文殊師利，及見大千塵數知識親近供養，渴仰欲見。普賢菩薩即於金剛藏菩提場師子座前一切寶蓮華藏座上起，等虚空界廣大心見十種瑞相，又見十種光明相已，普攝諸根，一心求見。於時善財即見普賢在如來前坐師子座，諸菩薩衆會中最爲殊特，一一毛孔出塵數光，遍虚空一切世界，滅衆生苦生大歡喜。又念念中出種種香雲，遍法界虚空界廣作佛事，見已即具十波羅蜜。普賢摩頂即得一切佛刹微塵數三昧門，遍見普賢，於十方界一一塵中悉皆如是。次普賢說偈，復爲諸菩薩說一百九十行偈歎佛。

智旭《閲藏知津》卷一　《世主妙嚴品》第一，佛在菩提場中，初成正覺，一切器世間主，衆生世間主，正覺世間主，皆悉雲集。各得解脱法門，各有上首，同時各說十頌。復於師子座莊嚴具中，各出微塵數菩薩，亦各說頌。復興不可思議諸供養雲，如此華藏莊嚴世界海，如是一切法界海，亦復如是。　《如來現相品》第二，菩薩於供養具中出問法頌，佛從齒間放光，照十方各一億世界海，出頌集衆。又從眉間放光，顯示十方，從足下入，即時有大蓮華，忽現佛前，佛毫相中出一菩薩，名一切法勝音，并塵數眷屬坐此蓮華，與十方菩薩各各說頌。　《普賢三昧品》第三，普賢菩薩入一切諸佛毘盧遮那如來藏身三昧，十方諸佛現前讚歎，與智摩頂。從三昧起，大衆獲益。如來毛孔放光頌讚，一切菩薩亦皆讚請。　《世界成就品》第四，普賢菩薩說世界海十種事。　《華藏世界品》第五，普賢菩薩說世界海中一切世界種，一切世界及佛名號。　《毘盧遮那品》第六，普賢菩薩說往古大威光太子本行。　《如來名號品》第七，佛在普光明殿以神通力，集十色世界十智佛所，文殊等十菩薩，文殊即唱名號差別法門。　《四聖諦品》第八，文殊隨說四諦名號差別。　《光明覺品》第九，佛放兩足輪光，悉照十方世界，一切處文殊菩薩說頌。　《菩薩問明品》第十，文殊與覺首等九菩薩，互相問答發明法要。　《淨行品第》十一，智首菩薩啓問，文殊菩薩答以一切事中發願法門。　《賢首品》第十二，文殊菩薩啓問，賢首菩薩廣頌信心功德法門。　《升須彌山頂品》第十三，如來不離一切菩提樹下，上升須彌，帝釋莊嚴殿座請佛，并說十頌。　《須彌山頂上偈讚品》第十四，法慧等十菩薩，從百刹塵數外十華世界十月佛所而來，佛放兩足指光，十慧菩薩各說偈頌。　《十住品》第十五，法慧菩薩入無量方便三昧，十方各千刹塵數同名諸佛現前讚歎，與智摩頂，乃出定說十住法，說已，十方各萬刹塵數世界六種震動，各十刹塵數同名菩薩來爲作證。　《梵行品》第十六，正念天子問，法慧菩薩說觀察無相法。　《初發心功德品》第十七，天帝釋問，法慧菩薩廣說喻以顯之，十方各萬刹塵數世界又六種震動，又有萬刹塵數同名諸佛現身讚歎。　《明法品》第十八，精進慧菩薩問，發心菩薩云何修習，法慧菩薩答以住十種不放逸法等。　《升夜摩天宫品》第十九，如來不離一切菩提樹及須彌頂，而升夜摩，天王化座請佛，亦說十頌。　《夜摩宫中偈讚品》第二十，功德林等十菩薩，從十萬刹塵數外十慧世界十眼佛所而來，佛放兩足上光，十林菩薩各說偈頌。　《十行品》第二十一，功德林菩薩入菩薩善思惟三昧，十方各萬刹塵同號諸佛現前讚歎，與智摩頂，乃起定說十行法，說已，十方各刹塵世界震動，各十萬刹塵同名菩薩來爲作證。　《十無盡藏品》第二十二，亦功德林菩薩所說。　《升兜率天宫品》第二十三，如來不離一切菩提樹及須彌頂夜摩宫而升，兜率天王敷座嚴飾，請佛，亦說十頌。　《兜率宫中偈讚品》第二十四，金剛幢等十菩薩，從萬刹塵數外十妙世界十幢佛所來集，佛放兩膝輪光，普照十方令互相見，十幢菩薩各說頌讚。　《十回向品》第二十五，金剛幢菩薩入菩薩智光三昧，十方各十萬刹塵數同名諸佛現前讚歎，與智摩頂，乃起定說十回向法，說已，十方百萬刹塵數世界震動，各百萬刹塵數同名菩薩來爲作證。　《十地品第》二十六，佛在他化自在天宫，與金剛藏等不可說大菩薩俱，金剛藏菩薩入菩薩大智慧光明三昧，十方各十億刹塵數同名諸佛現前稱歎，與智摩頂，乃出定唱十地名，還復默然。解脱月菩薩三請金剛藏菩薩，二止之，解脱月第三請，在會菩薩亦同聲頌請，佛放𦣱間光普照十方，十方佛亦各放𦣱間光普照此會，皆於虛空中成大光明雲網臺，出頌勸說，乃唱地義，說已，十方各十億塵剎震動，各十億塵剎同名菩薩來證。《十定品》第二十七，佛在普光明殿入剎那際諸佛三昧，與十剎塵數菩薩俱，普眼菩薩請問普賢菩薩三昧，佛令自問普賢，時大會皆不得見普賢身座，乃至入十千阿僧祇三昧觀察亦不能見。佛令更禮普賢并徧十方觀察發起大願，應可得見，大衆遵誨，普賢現身，雨十千雲，世界震動，光明徧照，佛自唱十大三昧名，勅普賢菩薩說之。《十通品》第二十八，《十忍品》第二十九，皆普賢菩薩所說。《阿僧祇品》第三十，心王菩薩問，如來自荅。《壽量品》第三十一，《諸菩薩住處品》第三十二，皆心王菩薩所說。《佛不思議法品》第三十三，衆會心念不思議法，佛即加持青蓮華藏菩薩，向蓮華藏菩薩廣說佛所住法。《如來十身相海品》第三十四，普賢菩薩略說九十七種大人之相。《如來隨好光明功德品》第三十五，佛告寶手菩薩，菩薩將下生時放光照地獄衆，蒙光生天，聞天鼓音，乃至證十地位等。《普賢行品》第三十六，普賢復告大衆，極陳瞋心障道，應勤修十法，能具十種清淨等。十方各十不可說百千億那由他剎塵世界震動，雨種種雲，各十不可說剎塵數同名菩薩來爲作證。《如來出現品》第三十七，佛放白毫相光普照十方，右繞十匝，入如來性起妙德菩薩頂，菩薩即起，請問大法。佛復口放光明，普照十方，右繞十匝，入普賢菩薩口，普賢身座即過本時百倍，甫唱法門名字，大地悉皆震動，妙德再以頌問，普賢具演其義，於是十方各十不可說百千億那由他剎塵數世界震動，雨種種雲，各八十不可說百千億那由他剎塵數同名諸佛現前讚歎，授菩薩記，又各有十不可說百千億那由他剎塵數同名菩薩來爲作證，普賢復說勸持之頌。《離世間品》第三十八，佛在普光明殿，與十不可說百千億那由他剎塵數菩薩俱。爾時普賢菩薩入佛華莊嚴三昧，一切世界十八相動，從三昧起，普慧菩薩致二百問，普賢菩薩酬二千荅。十方世界震動光照，一切諸佛現前讚喜。《入法界品》第三十九，佛在給孤獨園，與普賢文殊等五百大菩薩及五百聲聞無量世主俱，心念請法，佛乃入師子頻申三昧，樓閣及林忽皆廣博，與不可說剎塵數世界量等備極莊嚴。爾時十方各有不可說剎塵數菩薩雲集，與供現通，諸大聲聞總不知見，善根異故。十方各一上首菩薩說頌讚佛，普賢菩薩以十種法句，開發顯示照明演說師子頻申三昧，佛欲令諸菩薩安住此三昧故，復放白毫相光普照十方，令諸菩薩普見法界佛事，即以不可說剎塵三昧，入佛神變海方便門，出生大神變莊嚴雲。文殊菩薩觀察說頌宣明，時諸菩薩皆得塵數大悲門，不離佛所悉於十方種種示現利益衆生。文殊亦出自所住處，辭佛南行，舍利弗與六千共行弟子，承佛神力見文殊衆會，發心同遊人間，令海覺等六千比丘，得覩文殊，成就佛法。文殊行至福城之東，住莊嚴幢娑羅林中大塔廟處，觀善財童子夙因，爲說大法，善財即隨文殊求菩薩道。文殊指示，令參知識，始從德雲比丘，終至普賢菩薩。

紀事

智儼《大方廣佛華嚴經搜玄分齊通智方軌》卷一　此經本外國凡有十萬偈，昔晉道人支法領，從于闐國得此三萬六千偈，以晉義熙十四年，歲次鶉火三月十日，於楊州謝司空寺，天竺禪師佛度跋陀羅手執梵文，譯胡音爲晉，沙門釋法業親從筆授，時吳郡內史孟顗，右衛將軍褚叔度爲檀越，至元熙二年六月十日出訖胡本，至大宋永初二年辛酉之歲十二月二十八日校畢。

智昇《開元釋教録》卷九　沙門實叉難陁，唐云喜學，于闐國人，智度弘曠，利物爲心，善大小乘，兼異學論。天后明揚佛日，敬重大乘，以華嚴舊經處會未備，遠聞于闐有斯梵本，發使求訪，并請譯人實叉與經同臻帝闕，以天后證聖元年乙未，於東都大內大遍空寺，譯《花嚴經》，天后親臨法座，煥發序文，自運仙毫首題名品，南印度沙門菩提流志，沙門義淨同宣梵本，後付沙門復禮、法藏等於佛授記寺譯。

法藏《花嚴經文義綱目》　初中教傳之相者，西域相傳，此經結集已後收入龍宮，佛滅度六百年後龍樹菩薩往龍宮，見此大不思議經。上本有十三千大千世界微塵數偈，四天下微塵數品。中本有四十九萬八千八百偈，一千二百品。下本有十萬偈三十八品。龍樹遂將此下本出至天竺國，造不思議論，亦十萬偈以釋此經。今耶舍三藏所翻《十住毘婆沙論》是彼一品也。爰有東晉沙門名支法領，從于闐國但得此三萬六千偈，并請得大乘三果菩薩禪師名佛䭾跋陀羅，此云覺賢，俗姓釋迦氏，即甘露飯王之苗裔來至晉朝。以安帝義熙十四年歲次鶉火三月十日，於楊州謝司空寺別造護淨華嚴法堂，於中譯出此經。時堂前有蓮花池，每日有二青衣童子，從池而出掃灑研墨暮還歸池，經了便止。相傳釋云，以此經久在龍宮，慶此傳通故令龍王給侍耳，後因改此寺名興嚴寺也。有晉沙門釋法業、惠嚴、惠觀等親從筆受，法業因此出義記，名《花嚴旨歸》二卷。有吳郡內史孟顗，右衛將軍褚叔度等爲檀越。至元熙二年六月十日譯出訖，至大宋永初二年十二月二十日與梵本再校勘畢。當時五十卷成，後人亦有融作六十卷者，於《法界品》內先有所欠八九紙文，今大唐永隆元年三月內，有中天竺三藏法師地婆訶羅，唐言日照，奉勑與沙門道成等十大德，於西京太原寺譯出補之，沙門複禮筆受，其經感通及覺賢神迹等，竝如新集《花嚴傳》中辨。

法藏《華嚴經探玄記》卷二　第八部類傳譯者，亦有十義，一恆本，二大本，三上本，四中本，五下本，六略本，七論釋。八翻譯，九支流，十感應。初恆本者，下《不思議品》云，一切法界虛空界等世界，悉以一毛周遍度量，一一毛端處於念念中不可說微塵等身，盡未來際劫常轉法輪。解云，此通樹形等異類世界，各毛端處念念常說，無有休息，此非可結集，不可限其品頌多少，亦非下位所能受持。二大本者，如下海雲比丘所受持《普眼經》，以須彌山聚筆四大海水墨，書一品修多羅不可窮盡，如是等品復過塵數，此是諸大菩薩陀羅尼力之所受持，亦非貝葉所能書記。三上本者，此是結集文中之上本也，故西域相傳，龍樹菩薩往龍宮見大不思議解脫經有三本，上本有十三千大千世界微塵數頌，四天下微塵數品。四中本者，有四十九萬八千八百偈一千二百品，此上二本竝祕在龍宮，非閻浮提人力所受持，故此不傳。五下本者，有十萬頌三十八品，龍樹將此本出現傳天竺，即《攝論》百千爲十萬也，《西域記》說，在于闐國南遮俱槃國山中具有此本。六略本者，即此土所傳六十卷本，是彼十萬頌中前分三萬六千頌要略所出也，近於大慈恩寺塔上見梵本《華嚴》有三部，略勘竝與此漢本大同，頌數亦相似。七論釋者，龍樹既將下本出，因造大不思議論，亦十萬頌以釋此經，今時《十住毗婆沙論》是彼一分，秦朝耶舍三藏頌出譯之，十六卷文纔至第二地，餘皆不足。又世親菩薩造《十地論》，偏釋十地一品，魏朝勒那三藏及菩提留支於洛陽各翻一本，光統律師自解梵文，令二三藏對御和會合成一本，見傳者是。金剛軍菩薩及堅慧菩薩各造十地釋，竝未傳此土。又魏朝此土高僧靈辯法師，於五臺山頂戴華嚴膝步殷懃足破血流遂經三載冥加解悟，於懸瓮山中造此經論一百餘卷，現傳於世。後勅請法師入內，於式乾殿講此大經。八翻譯者，有東晉沙門支法領，從于闐國得此三萬六千偈經，并請得北天竺大乘三果菩薩禪師名佛䭾跋陀羅，此云覺賢，俗姓釋迦氏，即甘露飯王之苗裔，曾往兜率天就彌勒問疑。以晉義熙十四年歲次鶉火三月十日，於揚州謝司空寺，別造護淨法堂，於中譯出此經。時堂前有一蓮華池，每日有二青衣童子，自池之出堂灑掃供養，暮還歸池。相傳釋云，以此經久在龍宮，龍王慶此傳通躬自給侍，後因改此寺名爲興嚴寺。沙門法業及慧嚴慧觀等親從筆受，時有吳郡內史孟顗，右衛將軍褚叔度等爲檀越主。至元熙二年六月十日出訖，至大宋永初二年十二月二十日，與梵本再校勘畢，於法界品內從摩耶夫人後至彌勒菩薩前所闕八九紙經文。今大唐永隆元年三月，內有天竺三藏地婆訶羅，唐言日照，有此一品梵本，法藏親共校勘至此闕文，奉勅與沙門道成、復禮等譯出補之。九支流者，謂此大經隨力受持分成多部，《兜沙經》一卷是第二會初。《菩薩本業經》一卷是《淨行》一品。《小十住經》一卷是《十住品》。《大十住經》四卷，《漸備一切智德經》四卷，竝是十地品。《如來性起微密藏經》兩卷是《性起品》。《顯無邊佛土經》一卷是《壽命品》。《度世經》六卷是《離世間品》。《羅摩伽經》三卷是《入法界品》。近於神都共于闐三藏翻《華嚴修慈分》一卷《不思議境界分》一卷，《金剛鬘分》十卷，此分翻未成三藏亡歿。今現於神都更得于闐國所進《華嚴》五萬頌本，并三藏至神都現翻譯，其慈恩寺梵本與舊漢本竝同無異，新來梵本品會及文句有少不同，明此大經數本故也，此竝大經支流隨器分流。

第十感應者，宋主請西來三藏令講此經，其人恨以方音未通，恐說不盡旨，乃入道場祈請纔盈七日，遂夢以漢首易己梵頭，因即洞解宋言，講授無滯。又九隴山尼敬重此經，專精轉讀二十餘載，遂感目覩毛端剎海。又五臺山尼常誦此經，從曛至曉一部斯畢，口中光煇遍燿山谷。

又北齊炬法師崇重此經，闕於師受，專讀祈解，十五餘年遂夢善財授聰明藥，因即開悟，造疏十卷，講五十餘遍。又定州中山修德禪師翹誠護淨鈔寫此經，後開函放光照一百二十里。又閹人劉謙之因於五臺山專讀此經，遂復丈夫形。諸如此例事極繁廣，具如五卷《華嚴傳》中說。

慧苑《續華嚴經略疏刊定記》卷一　此經前後翻譯補闕，四本不同。初本者，晉義熙十四年，此天竺三藏佛度跋陀羅，此云覺賢，於揚州謝司空寺，翻梵本三萬六千頌，成漢經五十卷。或六十卷。沙門法業筆受，慧嚴慧觀潤色。　第二本者，大唐永隆元年，中天竺三藏地婆訶羅，此云日照，於西京大原寺，譯出《入法界品》內兩處脫文，一從摩耶夫人後至彌勒菩薩前，中間脫天主光等十善知識。二從彌勒菩薩後，至普賢菩薩前，中間脫文殊師利申手過百一十由旬按善財頂等半紙餘文。大德道成律師、薄塵法師、大乘基法師潤色，依六十卷本爲定。　第三本者，證聖元年，于闐國三藏實叉難陀，此云喜學，於東都佛授記寺，再譯舊文兼補諸闕，計益九千頌，通舊總翻四萬五千頌，合成漢本八十卷，大德義淨三藏，弘景禪師，圓測法師，神英法師，寶法法師，華嚴和上等同譯，復禮法師綴文。　第四本者謂前第三本中，雖繕數處，然復漏脫，日照三藏所補入《法界品》內文殊手按善財頂處一段要文，由此遂令前文虛指於後，後經來無所因，謂前七十七及七十九中，皆云彌勒善財詣文殊所，後文既闕，便將善財違彌勒命，又前七十九中，彌勒告善財言，文殊師利爲汝說一切功德，既漏此文，及使彌勒記言無驗。又八十初云，善財一心願見文殊師利，見三千大千世界塵數知識者，此文失次，居然可見。謂上句既云願見文殊師利，次句忽云見三千等，此語斷緒無來由故。是故知上以新舊兩經，與梵本讎校，還將日照補文，安喜學脫處遂得斷文再續缺義復全，今之所傳，即此第四本也。

澄觀《新譯華嚴經七處九會頌釋章》卷一　此經八十卷，四萬五千偈，七處九會說，三十九品章。釋曰此謂簡持義，爲簡餘經名爲此經，又爲簡舊經，彼晉朝經卷有六十，今爲簡彼名此經等。此經前後翻譯補闕，四本不同，今此第三。證聖元年，于闐國三藏實叉難陀此云喜學，於東都佛授記寺再譯舊文，兼補諸闕計益九千頌，通舊總翻四萬五千頌，合成漢本卷八十軸。義淨等六大德同譯，復禮法師綴文，更有餘釋如策林說，四萬五千偈者晉朝譯經三萬六千偈，更益九千頌。故若通論經本，合有六本，一恆本，二大本，三上本，四中本，五下本，六略本。初恆本者，案藏法師疏第一卷云，此通樹形等異類世界，各毛端處念念常說無有休息，此非可結集，不可限其品頌多少，亦非下位所能受持，廣如《不思議品》說。二大本者，如下海雲比丘所受持普眼經，以須彌山聚筆四大海水墨，書一品修多羅不可窮盡，如是等品復過塵數，此是諸大菩薩陀羅尼力之所受持，亦非貝葉所能書記。三上本者，此是結集文中之上本也，故西域相傳龍樹菩薩往龍宮，見《大不思議解脫經》有三本，上本有十三千大千世界微塵數頌，四天下微塵數品。四中本者有四十九萬八千八百偈一千二百品，此上二本竝祕在龍宮，非閻浮提人力所受持，故此不傳。五下本者，有十萬頌三十八品，龍樹持此本出現傳天竺，《西域記》說在于闐國南遮俱槃國山中，具有此本。六略本者，即此土所傳六十卷本，是彼十萬頌中前分三萬六千頌要略所出也，今此四萬五千偈亦然六本中略本攝也，廣如彼說。

著録

僧祐《出三藏記集》卷二　《大方廣佛華嚴經》五十卷沙門支法領於于闐國得此經胡本，到晉義熙十四年三月十日，於道場寺譯出，至宋永初二年十二月二十八日都訖。

道宣《大唐内典録》卷九　《大方廣佛華嚴經》六十卷或五十卷東晉義熙年，佛陀跋陀羅於楊都譯。右一經，前後異譯，一十四部，所謂《度世》、《漸備》、《信力》、《十住》、《興顯》、《羅伽》、《住法》、《本業》、《兜沙》、《佛藏》等，並抄略本部，支品流行。文或出沒，義理無異，故非所録。

智昇《開元釋教録》卷三　《大方廣佛華嚴經》六十卷初出，元五十卷，後人分爲六十，沙門支法領從于闐得梵本來，義熙十四年三月十日，於道場寺出，元熙二年六月十日記法業筆受。見祖、祐二録。

又卷九　《大方廣佛華嚴經》八十卷第二出。與東晉覺賢譯者同本。證聖元年三月十四日，於東都大內大遍空寺譯，天后親受筆削，至聖曆二年十月八日，於佛授記寺功畢。

圓照《貞元新定釋教目錄》卷一一　《大方廣佛花嚴經》六十卷或五十卷東晉天竺三藏佛陁跋陁羅等譯。大本初譯。

右此經惣七處八會，合三十四品，會列如左。第一寂滅道場會，合二品四卷。第二普光法堂會，合六品三卷。第三忉利天宮會，合六品三卷。第四夜摩天宮會，合四品三卷。第五兜率天宮會，合三品十卷。第六他化天宮會，合十一品十三卷新經開爲二會第七普光法堂重會，一品七卷。第八給孤獨園會，一品十六卷。《大方廣佛花嚴經》，八十卷八帙。

大唐天后代于闐三藏實叉難陁等譯，新編入錄，大本再譯。

右二經同本異譯，其部譯經惣七處九會，合三十九品，會列如左。第一會菩提場中說，合六品十一卷。第二會普光明殿說，合六品四卷。第三會忉利天宮說，合六品三卷。第四會夜摩天宮說，合四品三卷。第五會兜率天宮說，合三品十二卷。第六會他化自在天宮說，合一品六卷。第七重會普光明殿說，合十一品十三卷。第八重會普光明殿說，合一品七卷。第九會給孤獨園說，一品二十一卷。

智昇《開元釋教錄》卷九　《大方廣佛華嚴經》八十卷，第二出，與東晉覺賢譯者同本。證聖元年三月十四日於東都大內大遍空寺譯。天后親受筆削。至聖歷二年十月八日，於佛授記寺功畢。【略】天后明揚佛日，敬重大乘。以《華嚴》舊經處會未備。遠聞于闐有斯梵本，發使求訪。幷請譯人實叉與經同臻帝闕。以天后證聖元年乙未於東都大內大遍空寺譯《華嚴經》，天后親臨法座，煥發序文。自運仙毫，首題名品。南印度沙門菩提流志、沙門義淨同宣梵本。後付沙門復禮、法藏等於佛授記寺譯，至聖歷二年己亥功畢。

又卷一九　《大方廣佛華嚴經》八十卷，九會說。新譯八帙一千三百二十七紙。唐天后代于闐三藏實叉難陀等譯。

趙希弁《郡齋讀書志》卷五上　《大方廣佛華嚴經》八十卷，普賢行願品一卷。右于闐國三藏沙門實叉難陀譯。

序云，天冊金輪聖祐皇帝製者，唐武后也。希弁嘗攷，晉義熙中六十卷，唐聖歷中八十卷。普賢行願品，乃正元十二年南天竺烏茶國王手書以進，通爲八十一卷。厥後李長者製爲合論四十卷。提舉坑冶鑄錢朝奉張大夫乃以經論合爲一書云。李忠定公綱曰，廣博妙圓，極諸經之閫奧，莫如《大方廣佛華嚴經》。精微條暢，爲華嚴之指南，莫如李長者所製合論。

陳振孫《直齋書錄解題》卷一二　《華嚴經》八十一卷，唐于闐實叉難陀譯。

《文淵閣書目》卷四　寒字號第一廚書目，佛書《華嚴經》一部，八十一冊。

佛說兜沙經

僧祐《出三藏記集》卷二　《兜沙經》一卷【略】漢桓帝靈帝時，月支國沙門支讖所譯出。其古品已下至內藏百品，凡九經，安公云，似支讖出也。

智昇《開元釋教錄》卷一　《兜沙經》一卷，後漢月支三藏支婁迦讖譯。右一經是《華嚴經·如來名號品》異譯舊經在第五卷，新經在第十二，比於大本，此經稍略。

智旭《閱藏知津》卷一　《佛說兜沙經》，後漢支婁迦讖譯，即《如來名號品》少分，及《光明覺品》少分。

諸菩薩求佛本業經

智昇《開元釋教錄》卷二　《諸菩薩求佛本業經》一卷或無諸字，是《花嚴·淨行品》異譯，見《長房錄》。

法藏《華嚴經傳記》卷一　《諸菩薩求佛本業經》一卷亦是《淨行品》也西晉清信士聶道眞譯。

智旭《閱藏知津》卷一　《佛說菩薩本業經》，吳優婆塞支謙譯，即《淨行品》兼《十住品》。《諸菩薩求佛本業經》，西晉清信士聶道眞譯，與上同本。

菩薩十住行道品經

僧祐《出三藏記集》卷四　《菩薩十住行道品經》一卷。新集所得，今並有其本，悉在經藏。

法經《衆經目錄》卷一　《菩薩十住行道品經》一卷是《十住品》，晉世竺法護譯。

普瑞《華嚴懸談會玄記》卷三八　《華嚴傳》文云，東晉西域沙門祇多密譯，一卷，名《菩薩十住經》已上諸譯並不云小也。開元目錄唯收二譯，一名《菩薩十住行道品經》一卷，一名《菩薩十住經》一卷，其《大十住經》四卷，即後秦羅什共罽賓三藏佛陁耶舍，秦言覺明譯，名《十住經》亦不云大也。

佛說菩薩本業經

僧祐《出三藏記集》卷二　《本業經》一卷，或云《菩薩本業經》。【略】魏文帝時，支謙以吳主孫權黃武初至孫亮建興中所譯出。

法經《衆經目錄》卷一　《菩薩本業經》一卷，是《淨行品》并《十住品》略，無偈。吳黃武年支謙別譯。

彥琮《衆經目錄》卷五　《諸菩薩本業經》一卷是《淨行品》重翻，闕本。晉佛陀跋陀羅譯。

智昇《開元釋教錄》卷三　《菩薩本業經》一卷，亦直云《本業經》，是《華嚴淨行品》，見《僧祐》《長房》二錄，《大周》入藏有，今闕且復存之。

智旭《閱藏知津》卷一　《佛說菩薩本業經》吳優婆塞支謙譯，即《淨行品》兼《十住品》。

漸備一切智德經

僧祐《出三藏記集》卷二　《漸備一切智德經》十卷或五卷，元康七年十一月二十一日出【略】今並有其經。

法經《衆經目錄》卷一　《漸備一切智德經》五卷是《華嚴經·十地品》，或十卷。晉元康年竺法護別譯。

智昇《開元釋教錄》卷二　《漸備一切智德經》五卷一名《十住》，又名《大慧光三昧》，或十卷。元康元年十一月二十一日出，是《華嚴·十地品》異譯，見《聶道眞》及《僧祐》二錄。

圓照《貞元新定釋教目錄》卷三　《漸備一切智德經》五卷一名《十住》，又名《大慧光三昧》，或十卷。元康七年十一月十一日出，是《花嚴·十地品》異譯，見《聶道眞》及《僧祐》二錄。

十住經

僧祐《出三藏記集》卷二　《十住經》五卷或四卷，定五卷。什與佛馱耶舍共譯出。【略】晉安帝時，天竺沙門鳩摩羅什以僞秦姚興弘始三年至長安，於大寺及逍遙園譯出。【略】《十住經》鳩摩羅什出《十住》四卷，佛馱跋陀出《菩薩十住》一卷，右一經二人異出。

法藏《華嚴經傳記》卷一　《十住經》四卷具是《十地品》後秦羅什共罽賓三藏佛陀耶舍，秦言覺明譯。

道宣《大唐内典錄》卷二　《十住經》十二卷【略】聶承遠子道眞，惠帝之世始太康年迄永嘉末，其間詢稟承，法護筆受之外，及護沒後，眞遂自譯前件雜經，誠師護公眞當其稱，頗善文句辯義分炳。此並在別錄所載。

佛說菩薩十住經

僧祐《出三藏記集》卷二 《菩薩十住經》一卷太安元年十月三日出【略】今並有其經。

法藏《華嚴經傳記》卷一 《菩薩十住經》一卷是《十住品》東晉西域沙門祇多密，晉言訶支譯。【略】《菩薩十住經》一卷是《十住品》西晉沙門竺法護譯。

智旭《閱藏知津》卷一 《佛說菩薩十住經》東晉沙門祇多密譯，亦即《十住品》。

等目菩薩所問三昧經

法經《衆經目錄》卷一 《等目菩薩所問三昧經》三卷或兩卷，晉世竺法護譯。

明佺《大周刊定衆經目錄》卷一 《等目菩薩所問三昧經》一部三卷，或二卷，一名《普賢菩薩定意經》右西晉竺法護譯，出《内典錄》。

顯無邊佛土功德經

智昇《開元釋教錄》卷八 《顯無邊佛土功德經》一卷見《内典錄》，是《華嚴經·壽量品》異譯，永徽五年九月二十七日於大慈恩寺翻經院譯，沙門大乘雲筆受。

智旭《閱藏知津》卷一 《顯無邊佛土功德經》，唐三藏法師玄奘譯，即《壽量品》，是如來自說。

佛說較量一切佛刹功德經

惟淨《天聖釋教總錄》卷下 《較量一切佛刹功德經》一部一卷，三藏法賢譯。

智旭《閱藏知津》卷一 《佛說較量一切佛刹功德經》，宋中印土沙門法賢譯，亦即《壽量品》，是不思議光王菩薩說。

佛說如來興顯經

僧祐《出三藏記集》卷二 《如來興顯經》四卷一本云《興顯如幻經》，元康元年十二月二十五日出【略】今並有其經。

法經《衆經目錄》卷一 《如來興顯經》四卷一名《興顯如幻經》，是《如來性起品》，晉元康年竺法護別譯。

法藏《華嚴經探玄記》卷一六 《寶王如來性起品》第三十二，初釋名者，寶王是摩尼寶珠，最可珍貴故名寶也。以能出寶自在故，寶中最勝故。衆寶所依故，故名王也。喻性起法亦具三義，謂出智義，最勝義，所依義。佛性論如來藏品云，從自性住來至來至得果，故名如來。不改名性，顯用稱起，即如來之性起。又眞理名如名性，顯用名起名來，即如來爲性起。此等從人法及法用題品目，又别翻一本名《如來秘密藏經》又一本名《如來興顯經》。

度世品經

僧祐《出三藏記集》卷二 《度世品經》六卷或云《度世》或爲五卷。元康元年四月十三日出。【略】今並有其經。

道宣《大唐内典錄》卷二 《度世品經》六卷【略】《吳》、《别》二錄，並直單注，元康年中出，不顯譯人，詳覽群錄未見指的，所以別件猶殊失譯。

智昇《開元釋教錄》卷一一 《度世品經》六卷或五卷西晉三藏竺法護譯。

右一經是《華嚴·離世間品》異譯舊經從三十八卷至第四十四，新經從第五十三卷至第五十九。

智旭《閱藏知津》卷一 《度世品經》六卷西晉月支國沙門竺法護譯。即離世間品，而末後有一段與如來問荅，乃大本中所無。

大方廣佛華嚴經入不思議解脱境界普賢行願品

論說

澄觀《貞元新譯華嚴經疏序》 大哉眞界，萬法資始，包空有而絕相，入言象而無迹。妙有得之而不有，眞空得之而不空，生滅得之而眞常，緣起得之而交暎。我佛得之，妙踐眞覺，廓淨塵習，寂寥於萬化之域，動用於一虛之中，融身刹以相含，流聲光以遐燭。我皇得之，靈鑒虛極，保合大和，聖文掩於百王，淳風吹於萬國，敷玄化以覺夢，垂天眞以性情。是知不有大虛，曷展無涯之照，不有眞界，豈淨等空之心。《大方廣佛華嚴經》者，即窮斯旨趣，盡其原流。故得恢廓宏遠，包納沖邃，不可得而思議矣。指其原也，情塵有經，智海無外，妄惑非取，重玄不空。四句之火莫焚，萬法之門皆入。冥二際而不一，動千變而非多。事理交徹而兩亡，以性融相而無盡。若秦鏡之互照，猶帝珠之相含，重重交光，歷歷齊現。故得圓至功於頃剋，見佛境於塵毛。諸佛心內衆生，心心作佛，衆生心中諸佛，念念證眞。一字法門，海墨書而不盡，一毫之善，空界盡而無窮。語其定也，冥一如之無心，即萬動之恆寂。海湛眞智，光含性空，星羅法身，影落心水。圓音非扣而長演，果海離念而心傳。萬行忘照而齊修，漸頓無得而雙入。雖四心被廣，八難頓超，而一極唱高，二乘絕聽。當其器也，百城詢友，一道棲神。明正爲南，方盡南矣，益我爲友，人皆友焉。遇三毒而三德圓，入一塵而一心淨。千化不變其慮，萬境順通於道。契文殊之妙智，宛是初心，入普賢之玄門，曾無別體。失其旨也，徒修因於曠劫，得其門也，等諸佛於一朝。杳矣妙矣，廣矣大矣。實乃罄諸佛之靈府，拔玄根之幽致。昇慧日以廓妄，扇慈風以長春。包性相之洪流，掩群經之光彩。豈唯明踰朝徹，靜越坐忘而已耶。

然玄籍百千，幽關半掩。我皇御宇，德合乾坤，光宅萬方，重譯來貢。東風入律，西天輪越海之誠；南印御書，北闕獻朝宗之敬。特迴明詔，再譯眞詮，光闡大猷，增輝新理。澄觀顧多天幸，欽屬盛明，奉詔譯場，承旨幽贊，抃躍兢惕，三復竭愚。露滴天池，喜合百川之味；塵陪華嶽，無增萬仞之高。大方廣者所證法也，佛華嚴者能證人也。極虛空之可度，體無邊涯，大也。竭滄溟之可飲，法門無盡，方也。碎塵刹而可數，用無能測，廣也。離覺所覺，朗萬法之幽邃，佛也。芬敷萬行，榮曜衆德，華也。圓茲行德，飾彼十身，嚴也。貫攝玄妙，以成眞光之彩，經也。總斯七字，爲一部之宏綱，則無盡法門，思過半矣。（中國佛教經論序跋集）

綜述

智旭《閱藏知津》卷一 《大方廣佛華嚴經·入不思議解脱境界普賢行願品》四十卷，即前經《入法界品》，而普賢菩薩既爲善財稱歎如來勝功德已，復說十大願王，導歸極樂世界。今時但取此最後一卷，續於前經八十卷後，並廣流通。然此一譯，文理俱優，不讓實叉難陀。而知識開示中，更爲詳明，切於日用，切救末世流弊，最宜一總流通。

紀事

圓照《貞元新定釋教目錄》卷一七 今我皇聖化感通，南天竺王獻梵經於上國，雖代有今古而信重無殊，論其感通不可同年語也。伏惟皇帝威加北狄，澤被東夷，南及八蠻，西洎天竺，有覺德行四國順之詩之，所言即其事也，故獻經願文曰，南天竺烏茶國深信最勝善逝法者，修行最勝大乘行者，吉祥自在作清淨師子王上獻。摩訶支那大唐國，大吉祥天子，大自在師子王，中大王手自書寫《大方廣佛花嚴經》百千偈中所說善財童子，親近承事佛刹極微塵數善知識行中，五十五聖者善知識，《入不思議解脫境界普賢行願品》謹奉進上。伏願大國，聖王福聚高大，超須彌山，智慧深廣，過四大海，十方國土通爲一家，書此經功德願集彼無量福聚，等虛空界一切世界海無盡衆生界，一切皆如善財童子得佛正見，具足智慧，見不思議眞善知識，咸生歡喜，得佛廣大普光明照，離諸貪著，成就無垢普賢菩薩最勝行願。伏願書此大乘經典進奉功德，慈氏如來成佛之時，龍花會中早得奉覲。大聖天王獲宿命智，瞻見便識，同受佛記，盡虛空遍法界，廣度未來一切衆生，速得成佛。【略】今此花嚴梵夾自彼烏茶國主手自書寫，乘航架海發使獻來，是知法王御曆不貴異貨珠珍，信重大乘，以佛法僧而爲上寶，斯乃拯拔淪溺，能證菩提，以貞元十一年歲次乙亥十一月八日，屆千長安進奉明主帝覽，所奏深生信焉，文字既殊事須飜譯，般若三藏即其人焉。【略】

自南天竺烏茶國王進奉大唐梵經兩夾，至于晦日勑下使司，令三藏法師與諸大德參詳題目，譯名進來。三藏乃以梵語翻作胡音，沙門智眞譯成漢語，以茲重譯。狀上使司梵本《大方廣佛花嚴經》惣有六夾，共有十萬偈，大唐已譯八十卷，當第二夾了。今南天竺國王所進當第三夾。有一萬六千七百偈。

右件經當舊譯八十卷《花嚴經》第九會在室羅筏城說，罽賓國三藏沙門般若宣梵文，翰林供奉光宅寺沙門智眞譯語，西明寺翻譯經沙門圓照筆受，使司得狀具以奏聞。上覽其由制令翻譯，頻使催迫無譯語人，訪知東都有善語者，三藏表狀伏請奏進，使司得狀具錄奏聞，天恩允從。【略】

是日也，爰剏經題名曰《大方廣佛花嚴經》卷第一《入不思議解脫境界普賢行願品》。至十四年二月二十四日進上，罽賓國三藏賜紫沙門般若宣梵文，東都天宮寺沙門廣濟譯語，西明寺賜紫沙門圓照筆受，保壽寺沙門智柔，智通迴綴，成都府正覺寺沙門道弘，章敬寺沙門鑒靈潤文，大覺寺沙門道章檢勘證義，千福寺沙門大通證禪義，大原府崇福寺沙門澄觀，千福寺沙門靈邃詳定。【略】

臣仙鳴言，伏見南天竺烏茶國王進《花嚴經》梵夾，恩旨令臣等句當罽賓國三藏沙門般若，與京城大德僧靈邃等同翻譯者，今譯成四十卷，爲一部義，與舊《花嚴經》第九會《入法界品》同。【略】

罽賓國三藏寄住上都醴泉寺賜紫沙門般若言，伏奉恩旨令與京城大德靈邃等，翻譯南天烏茶國王進《花嚴經》梵夾者，今譯成四十卷爲一部。妙理發明精義，弘闡緇侶雲集，士庶星繁，憶念盈衢，僃讚難紀，沙門般若誠歡誠慶，伏惟皇帝陛下天姿自內，聖訓柔遠，殊蕃異俗，同歸化源，至教旁通，玄德斯煥，遂乃烏茶王親扎梵夾，恭進中朝，非睿感發於至理，車書一同，豈越在滄溟流砂之外者，而能格至哉。爰自東晉未如今之聖唐美矣盛矣，雖漢明求月支之經，不足儔也，所翻譯洞盡舊《花嚴經》九會《入法界品》義詞微旨遠，取會理要蹟，開秘密之門，備窮解脫之藏，微僧行業虛劣難究道源，譯教何能，空慙帝力，伏惟昌運無爲哀以迷妄將弘慈氏之眞典，拯羣品於津梁，虔慶之誠伏增惶越，謹附右榮軍護軍中尉兼右街功德使霍仙鳴，謹奉表陳賀以聞，沙門般若誠惶誠恐謹言。

皇帝批曰，梵旨深玄，是資翻譯法師，閑承學業，精識洞幽，通具葉之微言廣蓮花之淨戒，用和眞教，允副予懷所賀知當進經已，受旨放還。【略】

沙門般若等，誠惶誠恐，誠歡誠懼謹言，是日謝恩表入，僧等退歸，喜大敎流行，勝矣美矣，準十五年九月八日，勑編入《貞元新定釋教目錄》。

澄觀《華嚴經行願品疏》卷二 傳譯者，自流東夏大有三譯，第一東晉沙門支法領，志樂大乘，捐軀求法，至遮拘盤國，請得華嚴梵本三萬六千偈，及請北天竺三藏佛度跋陀羅，唐言覺賢，同歸翻譯。覺賢即甘露飯王之苗裔，幼懷聰敏長而博達，得大乘三果，嘗取決於慈尊，靈應頗多，備於別傳，請於揚州謝司空寺，譯梵本三萬六千偈，成晉經六十卷，沙門法業等筆受，慧嚴慧觀等潤文，此爲大化之始也，義熙十四年，當如來涅槃已一千二百歲矣。第二，大唐證聖元年歲次乙未年，將四百，重迎梵本。于闐三藏實叉難陀，唐言喜學，詔於東都佛授記寺，再譯舊文，兼補諸闕，計益九千頌，通舊總四萬五千頌，合成唐本八十卷。沙門義淨，弘景禪師，圓測法師，神英法師，法寶法師，賢首法師同譯，復禮法師潤色。第三，今貞元十二年歲次丙子，詔罽賓三藏般若，於京師人崇福寺，譯成四十卷，即舊經《入法界品》，從證聖元年至貞元十二年，總一百二年，流傳此方。今當五百年之運矣，雖經數譯，或九會大本，或一品別行，或三藏持來，或遣使迎請，未有如今聖代。南天竺國王，親貢梵文，越十萬之煙波，踰千旬之險阻，紆彼御扎，獻我聖君，若非德合乾坤，道光三古，威臨八極化，洽萬方，孰能有斯光大休，烈難思圓極再闡神州。然夫教流非一緣矣，要在時清道泰，正化可行，大國中華，皇城鳳闕，明王聖帝崇重法門，輔佐賢良翼賛玄化，人多聰敏，道器可持，方有聖靈，潛運冥衞不憚勞苦，傳譯中華，音善兩方，義兼權實，明賢高識，啓發讚揚，內外悉心，潛顯兼衞，方令圓教流通未聞，緬想昔傳。事多闕略，具斯勝事，莫盛當朝。

著録

圓照《**貞元新定釋教目錄**》**卷二一**　新譯《大方廣佛花嚴經》四十卷，罽賓國三藏賜紫沙門般若奉詔譯貞元新入目錄。

大方廣佛華嚴經續入法界品

明佺《**大周刊定衆經目錄**》**卷二**　《大方廣佛華嚴經續入法界品》一卷。右大唐垂拱元年沙門地婆訶羅，於西京西太原寺譯，新編入錄。

智昇《**開元釋教録**》**卷一一**　《大方廣佛華嚴經續入法界品》或無續字。一卷，大唐中天竺三藏地婆訶羅譯出《大周錄》。右一經《續舊華嚴經入法界品》或有經本續入大部之中，在第五十七卷。

智旭《**閱藏知津**》**卷一**　《大方廣佛華嚴經續入法界品》，唐中印土沙門地婆訶羅譯，從天主光天女至德生童子，有德童女。

佛説羅摩伽經

僧祐《**出三藏記集**》**卷四**　《羅摩伽經》三卷【略】新集所得，今並有其本，悉在經藏。

道宣《**大唐内典録**》**卷二**　《羅摩伽經》三卷見《竺道祖》、《寶唱》、《法上》、《靈裕》等四錄。外國沙門安法賢譯，群錄並云，魏世不辯何帝年，今依編于《魏錄》之末，又別錄亦載，故不敢刪之。

圓照《**貞元新定釋教目錄**》**卷二一**　《羅摩伽經》三卷，乞伏秦沙門釋聖堅譯出《內典錄》。右一經是《華嚴·入法界品》異譯此《羅摩伽經》比於本品文闕不足，於其中間譯出少分。舊經從第五十一卷無上勝長者至第五十二卷初妙德救護衆生夜天所，其文即盡。新經第六十七卷半至第七十卷初。

又卷二十四　《羅摩伽經》三卷是《入法界品》少分。曹魏西域三藏安法賢譯，第一譯。《羅摩伽經》一卷，北涼天竺三藏曇無讖譯，第四譯。右兼本品前後五譯，三本在藏二，本闕。

法藏《**華嚴經傳記**》**卷一**　《羅摩伽經》三卷是《入法界品》文不足西秦沙門聖堅或云堅公譯。又魏安法賢譯一本，亦三卷。又北涼曇無讖譯一本，一卷成。右件經竝是此經第九會中出。

智旭《**閱藏知津**》**卷一**　《佛説羅摩伽經》四卷。乞伏秦沙門釋聖堅譯。即《入法界品》。從無上勝長者至普救衆生妙德夜神，共十二位善知識事，而內有呪語幾則。

澄觀《**大方廣佛華嚴經疏演義鈔**》**卷八**　言羅摩伽者，即入法界之梵語也，羅者離垢染義，摩者轉義，伽者一合義，謂離垢染轉即淨法界，一合即入義。

文殊師利發願經

僧祐《出三藏記集》卷二 《文殊師利發願經》一卷晉元熙二年歲在庚申於道場寺出。右十部，凡六十七卷。晉安帝時，天竺禪師佛馱跋陀至【略】京都譯出。

又卷九 《文殊師利發願經記》第一九晉元熙二年，歲在庚申，於揚州鬬場寺禪師新出。云：『外國四部衆禮佛時，多誦此經，以發願求佛道。』

智旭《閱藏知津》卷一 《文殊師利發願經》，東晉迦維羅衛國沙門佛陀跋陀羅譯，大略如普賢行願偈，而是五言。

普賢菩薩行願讚

智昇《開元釋教錄》卷二〇 《普賢菩薩行願讚》一卷，【略】興元元年八月一日於正覺寺新寫入藏，便作此目錄，已上并目一百四卷，用紙捻一千二百一十紙。

智旭《閱藏知津》卷一 《普賢菩薩行願讚》，唐北天竺沙門大廣智不空譯。即行願品中偈，後有速疾滿普賢行願陀羅尼。

大方廣普賢所説經

智昇《開元釋教錄》卷二〇 《大方廣普賢所説經》一卷別有一本，向三十紙，非是本經，應須簡擇五紙實叉難陀譯。

法藏《華嚴經傳記》卷一 《大方廣普賢所説經》一卷，說佛身內有不可說世界事，大周實叉難陀譯。【略】現本華嚴內，雖無此等品，然勘梵本，竝能具有，固是此經別行品會，爲梵品不題品次，不編入大部。

智旭《閱藏知津》卷一 《大方廣普賢所説經》佛在如來神力所持之處，普賢大衆之所圍繞，有十大菩薩各與眷屬忽集，衆問普賢此諸菩薩從何國來，普賢令其入定觀察竟不能知。三番請問，普賢示以觀察之法，乃見皆在如來身中廣大國土佛道場內來集。

大方廣總持寶光明經

楊億《大中祥符法寶錄》卷三 《大方廣摠持寶光明經》一部五卷，大乘經藏秘密部收。佛在王舍城鷲峯山說。第一卷，明佛言法界猶如虛空，無其處所亦無住著，乃至普賢說二字法門，法慧問十住等行。第二卷，明地搖六震，天雨衆華，現此殊微，大衆雲集，將宣寶光明摠持法門之因起也。第三卷，明信毀此經，各招何報，信奉者證菩提果，毀謗者爲地獄因。第四卷，明結偈，摠彰廣說大乘無量之法，諸行相等。第五卷，明時諸天人民，皆唱是言，此寶光明衆經中王，佛令阿難依教奉行，此摠意者以教理昭明義旨深邃，是如來之密說，契菩薩之上機，不可具宣祕中之祕也。

上一部中天竺梵本所出。右經三藏沙門法天譯，天息災證梵義，施護證梵文，沙門清沼筆受，沙門常謹綴文，沙門建盛參詳，沙門惠溫、守巒、道眞、寘顯、智遜、法雲、慧超、可環、慧達、善祐等證義。光祿卿湯悅，兵部員外郎張洎潤文。殿頭高品王文壽殿直。劉素監譯。是月十二日，監使引三藏等，詣崇政殿捧所譯經具表上進，其詞曰，臣法天等言，臣等今譯就《大方廣摠持寶光明經》一部五卷，伏以此經專談實相允契上根，當如來闡修證之要門，普賢假法界而陳請，由具德示寂常之至道，吉祥詢妙觀以申，誠原始要終，窮理盡性，綜一乘之奧義，超十地之漸階，大矣。

智旭《閱藏知津》卷一 《大方廣總持寶光明經》五卷宋中印土沙門法天譯。佛在鷲峰山中與無量大菩薩俱，普賢與佛問荅法界深義，妙吉祥請問寶光明總持法門，佛令轉問普賢，因問覺與覺者二字之義，舍利弗廣歎菩薩智慧不可角敵。次有法慧菩薩入定受加，出說十住法門。與《華嚴經・十住品》長行偈頌俱同。普賢菩薩讚歎印證。舍利弗自歎從來未聞，佛命其廣集諸天，重請妙吉祥說法，妙吉祥許已，大地震動，十方雲集乃相與問答。令衆獲益，普賢復問如來大悲之義，復請如來說寶光明總持陀羅尼，舍利弗又與妙吉祥問答妙法，住世幾何。妙吉祥復問佛持經之福，謗經之罪。普賢又問持經者當生何土，又問云何得此寶光明總持法，佛答以一法，謂不起煞意，又有二法，謂離於瞋恚，善言誘喻。阿難又問佛聞經之處，佛又爲普賢菩薩說偈。二卷有餘偈與《華嚴經・賢首品》大同。

大方廣佛華嚴經不思議佛境界分

明佺《大周刊定衆經目錄》卷二 《大方廣佛華嚴經不思議佛境界分》一卷或二卷十三紙。

右大唐永昌元年，于闐沙門提雲般若於神都魏國東寺譯，新編入錄。

智昇《開元釋教錄》卷九 《大方廣佛華嚴經不思議佛境界分》一卷或二卷，十二紙，永昌元年於魏國東寺譯，見《大周錄》，初出，與後實叉難陀所譯《不思議境界經》同本。

大方廣如來不思議境界經

智昇《開元釋教錄》卷一一 《大方廣佛華嚴經》大唐天后代于闐三藏提雲般若譯，《大方廣如來不思議境界經》一卷，大唐天后代于闐三藏實叉難陀譯。新編入錄，第二譯右二經同本異譯。

圓照《貞元新定釋教目錄》卷一三 《大方廣如來不思議境界經》一卷第三出，與提雲般若所出《境界分》同本。

智旭《閱藏知津》卷一 《大方廣如來不思議境界經》唐于闐國沙門實叉難陀譯。佛於菩提樹下成正覺時，十方諸佛現菩薩形爲觀音普賢等，無量菩薩現聲聞形，爲舍利弗等，及現作比丘尼八部神等。佛入三昧，名如來不思議境界，於諸相中，現十方佛刹。於諸好中，現往昔行門。於是德藏菩薩請問普賢菩薩此三昧何名，云何得之，普賢爲說三昧名義。佛放眉間光，使有功用菩薩悉見空中毛端量處。及一一微塵中皆有無量佛刹，皆有佛成正覺。亦見各各自身於諸佛處供養聞法，皆證如來不思議境界三昧。爾時德藏菩薩復問修何福德施戒智慧證此三昧，普賢菩薩荅云，供養三田，名福。不擇怨親善惡貧富，名施。自淨淨他，名戒。觀佛形像作現見想及達唯心，名智。

《大方廣佛華嚴經不思議佛境界分》十紙半仝前，唐于闐三藏法師提雲般若譯。與前經同本異譯，文頗艱澁。

度諸佛境界智光嚴經

彥琮《衆經目錄》卷二 《度諸佛境界智嚴經》一卷，梁曼陀羅共僧伽婆羅譯。

《如來莊嚴智慧光明入諸佛境界經》二卷，後魏世菩提留支譯。

《度諸佛境界智光嚴經》一卷，右三經同本異譯。

智昇《開元釋教錄》卷四 《度諸佛境界智光嚴經》一卷初出，與《佛華嚴入如來德智不思議境界經》等同本。舊云與《如來莊嚴智慧光明入一切佛境界經》等同本者，全乖也。

佛華嚴入如來德智不思議境界經

智昇《開元釋教錄》卷四 《度諸佛境界智光嚴經》一卷初出，與《佛華嚴入如來德智不思議境界經》等同本，舊云與《如來莊嚴智慧光明入一切佛境界經》等同本者，全乖也。

又卷一一 《度諸佛境界智光嚴經》一卷失譯，今附秦錄第譯右一經，《大周錄》云，元魏三藏菩提留支譯出《長房錄》，今按長房等錄，留支所譯無此經名，今爲失譯，附於秦錄。又云與《如來莊嚴智慧光明入一切佛境界經》及《度一切諸佛境界智嚴經》同本異譯者誤也，今尋文理，義旨全殊，名雖似同，所詮乃異，求其旨趣，乃與《佛華嚴入如來德智不思議境界經》等同本異譯，故移編此《佛華嚴入如來德智不思議境界經》二卷，隋天竺三藏闍那崛多等譯。出《内典録》，第三譯《大方廣入如來智德不思議經》一卷，大唐天后代于闐三藏實叉難陀譯。新編入録。第四譯。右三經同本異譯新舊四譯，一譯本闕。

圓照《貞元新定釋教目録》卷一〇　《入如來智不思議經》三卷見《翻經圖》，第二出，與《度諸佛境界智光嚴經》等同本，建德元年譯。

智旭《閲藏知津》卷一　《大方廣入如來智德不思議經》唐于闐國沙門實叉難陀譯。佛住法林菩提光明宫殿，與比丘及刹塵數菩薩不可説八部俱，文殊菩薩與問伏一切諸蓋菩薩演説如來不思議法，信者當得種種三昧及陀羅尼。《度諸佛境界智光嚴經》一卷《佛華嚴入如來德智不思議境界經》一卷隋北天竺沙門闍那崛多譯。二經並與前同本，先出，文筆不如。

大方廣入如來智德不思議經

智昇《開元釋教録》卷九　《大方廣入如來智德不思議經》一卷於東都佛授記寺譯，第四出，與《度諸佛境界智光嚴經》等同本。

智旭《閲藏知津》卷一　《大方廣入如來智德不思議經》，唐于闐國沙門實叉難陀譯。佛住法林菩提光明宫殿，與比丘及刹塵數菩薩不可説八部俱，文殊菩薩興問，伏一切諸蓋菩薩演説如來不思議法，信者當得種種三昧及陀羅尼。《佛華嚴入如來德智不思議境界經》一卷。隋北天竺沙門闍那崛多譯，二經並與前同本，先出，文筆不如。

信力入印法門經

費長房《歷代三寶紀》卷九　《信力入印法門經》五卷正始元年出。

【略】齊梁間，南天竺國三藏法師曇摩流支，魏云法希，於洛陽爲宣武帝譯，沙門道寶筆受。

法藏《華嚴經傳記》卷一　《信力入印法門經》五卷，元魏南天竺三藏曇摩流支魏云希法譯。右件經，古德相傳云，是華嚴別品，詳其文句，始終總無華嚴流類，近勘梵本，亦無此品請後人詳究。

智旭《閲藏知津》卷一　《信力入印法門經》五卷元魏南天竺沙門曇摩流支譯。佛在普光法殿，文殊請問清淨初地之法。佛以六十餘種五法荅之。次問普賢菩薩云何諸佛無障礙智乃至無障礙身。普賢歎其難見難知，文殊再請，乃具荅之。荅已，較量功德殊勝，能滅重罪，其不信者罪亦無量。

大方廣佛華嚴經修慈分

明佺《大周刊定衆經目録》卷二　《大方廣佛華嚴經修慈分》一卷。右大周天授二年，于闐沙門提雲般若於神都大周東寺譯，新編入録。

智旭《閲藏知津》卷一　《大方廣佛華嚴經修慈分》，唐于闐三藏提雲般若等譯。佛在鷲峰山中，十方梵天來集，彌勒菩薩請問，佛爲説慈心妙觀法門，宜急流通。

寶積經部

寶積分部

大寶積經

題　解

窺基《辯中邊論述記》卷三　此經蘊諸法珍，故言《寶積》，非從寶積菩薩以受經名。即舊已有二卷《寶積經》是，是今《大寶積經》一分。彼所言中道離何等邊，頌既因答邊，長行兼解《中邊》。

菩提流支《大寶積經論》卷一　問曰，汝欲釋《寶積經》，應先釋此法。問以何義故名爲《寶積》？荅曰，大乘法寶中一切諸法差別義攝取故，所有大乘法寶中諸法差別相者，彼盡攝取義故。名曰《寶積》一聚，二積，三陰，四合和，義一名異。是中一切大乘法中如來爲諸菩薩十六種相差別說法，何者十六種相一法邪行相，如是菩薩行邪行已，名爲行邪行相，二正行相，如是菩薩行正行已名爲行正行相，三行正行利益相，菩薩住正行已名法行等行善行，四行法行諸相差別，五於諸菩薩所生慈心相，爲令生敬重心行說相故，六菩薩住正行學戒相故，七聲聞戒與菩薩戒中說優劣勝如相故，八菩薩善學菩薩戒已，能與世間智等饒益他行差別相故，九受彼菩薩藏時敎修聲聞戒相差別，十不善學沙門相差別故，十一不學沙門相差別故，十二住假名行相差別故，十三住眞實行相差別故，十四如來方便化慶衆生相差別故，十五說微密語相差別故，十六於菩薩藏中得敎誨已，善信有益相差別故，大乘經中，如來爲諸菩薩說如是等十六種相差別法故，彼法門中此一切諸相現所說故，彼大乘法寶中所有諸相盡攝取故，此妙法門名爲《寶積》。

論　說

大唐太上皇製《大寶積經并序》　三藏沙門菩提流志者，南天竺國淨行婆羅門種，姓迦葉氏也。年十有二，外道出家，事波羅奢羅，學聲明、僧佉等論，並曆數呪術及陰陽等。年踰耳順，遽乃心歸，知外法之乖違，悟釋教之深妙，隱居名岳，積習頭陀。初就耶舍瞿沙三藏學經論，其後遍遊五天竺國。高宗天皇大帝聞其遠譽，挹其道風。永淳二年，遣使迎接。天后聖帝，應乾司契，當宇披圖，令住東都居福先寺，譯《佛境界》、《寶雨》、《花嚴》等經一十一部。

綜　述

王古《大藏聖教法寶標目》卷一　《大寶積經》一二〇卷，此經新舊重單合譯共四十九會，合成一部。歷代譯者摘會別翻而不終部帙。唐南印度菩提流支翻譯二十六會三十九卷，並流支新譯二十三會八十一卷，舊譯者止，勘同編入，共成一部列會如左：

第一《三律儀會》三卷，與舊《大方廣三戒經》同本異譯，從第一卷至第三卷。大迦葉問佛，若諸衆生求於佛法力無畏者，攝受何法而修行增長成熟諸如來，道證入菩提得不退轉？佛說，此經名演說三戒，亦名說菩薩、禁戒，亦名集一切佛法在家出家，菩薩修行法門，成就退失菩提法，詳如本經。

第二《無邊莊嚴會》四卷，從第四至第七卷。無邊莊嚴菩薩爲諸菩薩求一切智善巧地者，令得圓滿，不思議願及一生補處，所有善根等願佛開示如是法門。佛說此經是無邊辯才攝一切義善巧法門，由此能照了一切法，斷一切疑。

第三《密迹金剛力士會》七卷，從第八卷至第十四。密迹金剛說如來身、口、心三秘密，目連欲窮佛聲邊際，過西方九十九恆河沙佛土，終不能得其音，常近不遠，應持菩薩過上方百億恆河沙佛土，欲見佛頂相，亦不能見。樓至如來於賢劫千佛中，最後成佛，住壽長遠，所度弟子一切聖衆等，與九百九十九佛適等無異，不可限量，賢劫諸佛出世時，密迹常持金剛侍衛其金剛杵擲於虛空，復立于地，帝釋目連盡其神力，皆不能動。密迹說是不可思議法時，菩薩天人無央數發菩提心，得法眼淨，無生法忍諸佛世界六返震動，大光明照十方無量佛土。

第四《淨居天子會》二卷，舊譯名《菩薩說夢經》，新改名《淨居天子會》，當第十五及十六卷。佛說諸菩薩修行，有夢中所見一百八相。

第五《無量壽如來會》二卷第十一譯。與舊《無量清淨平等覺》、《大阿彌陀》、《無量壽經》等同本異譯，當第十七十八卷，《無量壽經》四十八願，《平等覺經》、《彌陀經》皆二十四願，文異理同，與《寶積經》第五、《無量壽會》同本異譯，皆說極樂國勝妙彌陀願力勸人往生。

第六《不動如來會》二卷第二譯。與舊《阿閦佛國經》等同本異譯，當第十九卷及二十卷，說妙喜世界，種種勝妙，不動佛行願功德。

第七《被甲莊嚴會》五卷，新譯從第二十一卷至第二十五。佛爲無邊慧菩薩說菩薩被大甲冑乘于大乘行于大道，持大法炬放大法光，擊大法鼓，霔大法雨，此大菩提法爲諸衆生作大饒益。

第八《法界體性無分別會》二卷，與姚秦童壽所譯《法界體性經》同本異譯，當第二十六二十七卷。文殊師利說法界體性無汙染淨，亦無向得無解脫者，是心體性空無有實，從妄想起非生住滅無縛無脫，無向無得，是經如佛光明一切普照。

第九《大乘十法會》一卷，與梁衆鎧所譯《大乘十法經》同本異譯，當第二十八卷。十法者，一信成就，二行成就，三性成就，四樂菩提心，五樂法，六觀正法行，七行法順法，八捨憍慢，九善解如來秘密之教記，聲聞得菩提言我背痛，言我老弊，問耆婆醫藥逐諸外道、捔勝、金槍、馬麥、提婆、宿怨、乞食、空鉢、木器合腹謗等皆是善巧方便，爲後世衆生利益故，十者心不希求聲聞乘獨覺乘，行是十法名住大乘，此經能施一切衆生慧目，大乘菩薩所當修，學當得菩提。

第十《文殊師利普門會》一卷，與舊《普門品經》等同本異譯，當第二十九卷。佛說，普入不思議法門，色聲香味觸法八部，三塗貪瞋，癡，善不善，有爲，無爲等，二十八三昧平等法門，若能受持則爲受持八萬四千法門，說是經時，七十二萬億那由他諸天一百八十萬人等發菩提心，九萬二千菩薩得無生忍，天魔憂苦涕泣如中毒箭，衆生聞是經決定得不退轉空我境界。

第十一《出現光明會》五卷，新譯從第三十卷至第三十四。月光童子問佛往，昔修何等業得此無量無邊種種色，光明佛爲說，如來因地善根資糧，圓滿成就相好光明等法門。

第十二《菩薩藏會》二十卷，從第三十五卷至第五十四。三藏法師自西域回首譯出此經，經初說王舍城五百長者問佛，觀何等相，棄捨家法，悟大菩提。佛言，我觀世間衆生爲十苦所逼，十惱害相，憎嫉，入十種惡見，稠林爲十種大毒箭所中，十不善道染汙纏縛我，以是等故，捨家趣無上道五百長者皆證阿羅漢。次說如來十種不思議法，一者如來身，二者音聲，三者智，四者光，五者戒定，六者神通，七者十力，八者四無畏，九者大悲，十者不共佛法。四無量心，六波羅蜜三十七品法門，四諦，十二緣，四攝等法。檀波羅蜜中說過去善，攝受如來，因地爲紡績人日以一縷微綫施佛願，未來世成等正覺由此福故，十五拘胝劫不墮惡道，千反爲輪王，帝釋累劫奉事。諸佛致成菩提第四十一卷，精進波羅蜜中說，過去熾然精進如來因地修行時，於千歲中不於彈指，頃起睡眠，及念欲樂心不起，稱量飲食鹹淡甘苦，心不觀授食，人面是男是女於樹下坐，不一仰觀樹相，於千歲中不曾起念，論世間無益之語，起如是妙行，修如是道迹。勇猛，精進，未曾休息四十七，釋迦如來因地作天帝釋，於贍部洲大疾疫劫化大身，令病苦衆生割截身肉食已，病愈以願力故，隨割隨生食其肉者，乃無一人墮於惡道，皆住三乘得不退轉，有如是力四十八，如是等微妙法門，不可具舉。佛言欲疾證得菩提者，當於如是大菩薩藏微妙法門猛利殷重讀誦修習，廣爲他說。此是諸菩薩等聖珍寶藏當勤修學，如我所證。

第十三《佛爲阿難說處胎會》一卷，與舊《胞胎經》同本異譯，當第五十五卷。

第十四《佛說入胎藏會》二卷，唐舊譯單本，當第五十六卷及五十七此《入胎藏會》本名《佛爲難陀說出家入胎經》，在《根本說一切有部毗奈耶雜事》第十一十二卷，三藏義淨析出別行。說人受生入胎種種事本同譯別，《入胎藏會經》初說佛種種方便，化難陀離欲出家事，經末說難陀往昔設浴供佛等緣，致金色身具三十相，短佛四指今得證果事，比舊經增多。

第十五《文殊師利授記會》三卷，與《文殊師利佛土嚴淨》同本異譯，從第五十八卷至第六十，說菩薩嚴淨佛土種種行願及普見如來佛刹種種勝妙功德。西方極樂世界莊嚴如一滴水，普見佛刹莊嚴如大海水，壽量衆會不可思議十方無量無邊佛刹中，一切如來皆是文殊之所勸教成就。

第十六《菩薩見實會》十六卷，從第六十一卷至第七十六，佛成道已還迦毗羅城將化父王時，國人迎佛，天龍八部圍繞禮敬，佛現神通，說法授諸天人非人及外道等菩提記，佛爲淨飯王等說六界差別法門七十三至七十六地水火風空識界，十八界，一切法皆空，諸根如幻，境界如夢，此法是一切菩薩之所修行，一切諸佛之所證得。次四轉輪王品說，佛往昔爲轉輪王，七寶具足，福力殊勝，與帝釋分座以貪欲故，從天墮沒以不放逸故，於帝釋所亦無貪著。說是經時，淨飯王等七萬釋種得無生忍，佛記皆當往生無量壽，佛國，後皆成佛。

第十七《富樓那會》三卷，舊譯本名《菩薩藏經》，亦名《大悲心經》同本異譯，從第七十七卷至七十九，說諸菩薩修行，布施，精進，忍辱，多聞，修慈，修喜等法，致不退轉。《大悲品》說佛昔因夜闇然，兩臂照道，救失路諸賈客爲大畜身，以血肉施諸衆生乃至一劫爲大力王，以身分割施婆羅門。八萬四千歲中爲惡魔罵辱心不瞋恨亦不言，我有何罪？無量百千萬世割肉刺血施諸衆生，如是種種難行苦行。

第十八《護國菩薩會》二卷，當第八十卷及八十一，護國菩薩問佛菩薩，修行王等於一切法，增長功德到究竟處而得自在，入一切智？佛爲說清淨無畏，喜捨調伏，退墮障，道繫縛等。法說，佛昔因爲國王、王子、商主、女人及爲鹿、馬、師、象、龜、猿、雉、兎等，受種種身，捨施身命利益衆生求無上道，略說五十餘緣，次說無量壽釋迦阿閦，佛昔爲國王王子，天神供養諸佛本緣。

第十九《郁伽長者會》一卷，與《法鏡經》及《郁迦羅越問菩薩行經》等同本異譯，當第八十二卷，說在家種種過患功德，出家菩薩修行功德之法。

第二十《無盡伏藏會》二卷，新譯當第八十三卷及第八十四卷，說菩薩五種伏藏成就殊勝功德，速證菩提。

第二十一《授幻師跋陀羅記會》一卷，與舊《幻士仁賢經》同本異譯，當第八十五卷。王舍城中，幻士以幻術變化，諸佛及僧供養，心中念悔，欲得滅沒，所化莊嚴等以佛神力令不滅沒。七日，佛言一切諸法如我之身及大千世界皆如幻化，爲跋陀羅說法授記。

第二十二《大神變會》二卷，新譯當第八十六卷及第八十七，說如來有大神變說法，教戒神通等事，後說商主天子授記成佛。

第二十三《摩訶迦葉會》二卷，當第八十八卷及第八十九，說破戒妄言得果，貪著、名利、嫉妒、瞋害種種罪，相教誡切至。

第二十四《優波羅會》一卷，與舊《決定毗尼經》同本異譯，當第九十卷，說菩薩，聲聞戒律持犯，開遮輕重，盡護、不盡護種種差別等法。

第二十五《發勝志樂會》二卷，與舊《發覺淨心經》同本異譯，當第九十一卷及九十二卷，說初業菩薩業鄙闇鈍，好世話，睡眠，戲論，廣營衆務，貪著所不應爲，忘失正念，行迷惑，捨由昔惡業，久墮地獄。故福慧微少。懺罪發願，後當得生彌陀佛國，當捨利養，當觀察憒，鬧世話睡眠營務戲論各有二十種過失。

第二十六《善臂菩薩會》二卷，舊譯，當第九十三卷及第九十四，佛說菩薩當具足六波羅蜜法。

第二十七《善順菩薩會》一卷，當第九十五卷。此經與過字函《須賴經》同本異譯，解在彼經。

第二十八《勤授長者會》一卷，當第九十六卷，佛爲五百長者，說發菩提心者所應學，應住，應所修行法門，於身、命、財、妻子、屋宅、飲食、車服一切樂具應無所著，應觀此身無量過患，四十四種可厭惡事。長者聞法得無生忍，受成佛記。

第二十九《優陀延王會》一卷，與舊《優塡王經》同本異譯，當第九十七卷新說三經互爲廣略，佛說耽著女色，欲染過患，苦切詳悉。

第三十《妙慧童女會》兼後一卷，與舊兩譯《須摩提經》及流志先譯《妙慧童女經》同本異譯，當第九十八卷，從初至半。王舍城長者女名妙慧，年始八歲。問佛云何得端正身，得富貴身，得眷屬不壞，得蓮華座化生佛前，從一佛土至一佛土，處世無怨，所言人信，離鄣清淨，能離諸魔，臨終諸佛現前。佛爲說四十行，童女受成佛記，即變成男子。

第三十一《恒河上優婆夷會》與前同卷，當第九十八卷，從半至末。說一切法如幻化如虛空，心尚不可得，何況心所生法。一切法皆無所得名眞修梵行往，昔千佛亦於此處說如是法。

第三十二《無畏德菩薩會》一卷，與《阿闍世王女阿術達菩薩經》等同本異譯，當第九十九卷。無畏德年始十二，見聲聞不起、不迎、不問、不禮。王問之云轉輪聖王迎小王不，帝釋迎餘天不，大海神禮河池神不，日月光神禮螢火不，如是等廣說二乘與大菩薩人種種差別，與舍利、目連、迦葉、須菩提問答妙法，見佛即轉女身，受成佛記。

第三十三《無垢施菩薩應辯會》一卷，與《離垢施女經》及《得無垢女經》同本異譯，當第一百卷。波斯匿王女，年始八歲，與大聲聞迦葉、舍利弗等，大菩薩文殊、觀音等問答法要，見佛問法即轉女身，受成佛記。

王古《大藏聖教法寶標目》卷第二　第三十四《功德寶華敷菩薩會》，當第一百一卷，從初至半。說持誦十方現在佛，名所得殊勝功德。

第三十五《善德天子會》與前同卷，與流志先譯《文殊師利所說不思議佛境界經》同本異譯，當第一百一卷，從半至末。文殊演說諸佛不思議甚深境界。

第三十六《善住意天子會》四卷，與《如幻三昧經》及《聖善住意經》等同本異譯，從第一百二卷至第一百五。文殊放大光明，召集十方諸菩薩衆不可計數，諸大弟子入四萬三昧而不能見，善住天子已曾供養多佛入深法，忍辯才無礙，文殊與俱見佛問法，是經說甚深法不施、不慳、不戒、不犯、不忍、不諍、不進、不怠、不禪、不亂、不智、不愚無几，夫無佛不因緣不無緣等法門，過去已有七十四億那由他，百千諸佛說此法，彌勒賢劫未來千佛亦爾又欲度造逆罪菩薩故，文殊持劍逼佛，佛爲說法，諸菩薩得無生法忍。

第三十七《阿闍世王子會》兼後三卷與舊《太子刷護》、《太子和休》二經同本異譯，當第一百六卷，從初至半。刷護和休王太子名也，問佛何因緣得端正，蓮華化生知宿命相好，智慧三昧，不生八難，生天上，得六神通等，佛隨問演說，王子與俱來五百同友受成佛記。

第三十八《大衆方便會》，右與《慧上菩薩問大善權經》等同本異譯，從第一百六卷半至一百八卷盡。慧上菩薩問佛說諸菩薩以一摶食，施給一切衆生一香一華，供養十方佛，禮敬一佛即禮敬十方佛，如是等種種善權方便法門以至八相成道，示現金槍馬麥十餘殃事等，皆是如來善權方便教化衆生。

第三十九《賢護長者會》二卷。舊譯本名《移識經》，新故名《賢護長者會》，從一百九至一百十卷，此二經本同譯別。賢護童眞問佛，衆生有識，如寶在篋，不顯不知，身謝識遷，如夢遷化，捨此受彼，獲當來報，受種種身，遷轉遷滅，往來苦樂等事。又大藥王子問佛識捨於身作何形像，佛爲種種譬喻顯說。

第四十《淨信童女會》兼後三會同卷當第一百一十一卷初。波斯匿王女問佛菩薩，正修行法得堅固力，安住生死，成熟衆生，六度，四無量，五神通，化生諸佛前轉女身降魔轉法輪等，佛爲說此經。

第四十一《彌勒菩薩問八法會》本名《彌勒菩薩所問經》，與《大乘方等要慧經》同本異譯，當第一百一十一卷中此八法會有釋論五卷，其要慧經文少略耳。說不退轉菩薩降伏魔怨，知一切法於諸世間，心不疲倦，速成菩提等。

第四十二《彌勒菩薩所問會》，與舊《彌勒菩薩所問本願經》等同本異譯，當第一百一十二卷末。佛說彌勒以善權方便安樂行晝夜六時禮佛懺悔勸請諸佛及願於來世人民，無垢穢奉行十善時成佛，釋迦佛以身命布施勇猛精進，願於五濁惡世成佛度生。

第四十三《普明菩薩會》一卷。與《摩訶衍寶嚴》、《佛遺日摩尼寶》二經同本異譯，當第一百一十二卷此舊《寶積經》有釋論四卷，佛說諸菩薩修行，求無上菩提，增進退失善惡邪正，種種行相及有三十二法，得稱菩薩。及說菩薩二乘差別，中道觀心等種種譬喻，眞實沙門像，似沙門諸善惡事相教戒切至種種法義，富備微妙，學佛者當常誦讀。

第四十四《寶梁聚會》二卷。當第一百一十三卷及一百一十四。佛說沙門善惡垢淨梵行非梵行種種事相，營事比丘於三寶物中所不應作受諸罪報住阿蘭若乞食受糞掃衣等教戒精切。比經名《選擇一切法寶》，亦名《安住聖種儀式》，亦名《寶聚》，亦名《寶藏》。

第四十五《無盡慧菩薩會》兼後二卷當第一百一十五卷初，說十波羅蜜入十地先相等法。

第四十六《文殊說般若會》與《大般若曼殊室利分》及衆鎧所譯《文殊般若》同本異譯，從第一百一十五卷中至一百一十六卷末，解在羽字，號《文殊所說般若經》。

第四十七《寶髻菩薩會》二卷。亦名《菩薩淨行經》，與《大集寶髻品》及康僧會所出《菩薩淨行經》同本異譯，當第一百一十七卷及一百一十八此《寶髻會》有釋論一卷，佛說六波羅蜜，三十七菩提分法，菩薩淨行等。

第四十八《勝鬘夫人會》一卷。與舊《勝鬘師子吼一乘大方便經》等同本異譯，當第一百一十九卷。勝鬘夫人，波斯匿王末利夫人之女，禮敬讚歎如來眞實功德，佛爲授記，號普光如來。佛言，此經成就無量無邊功德，一切聲聞緣覺不能究竟觀察知見，此經歎如來眞實第一義功德，大受大願攝受正法，入一乘如來藏，法身空義及自性清淨心等義，分十五章斷一切疑決定了義入一乘道。

第四十九《廣博仙人會》一卷。與舊《毗耶娑經》同本異譯，當第一百二十卷。毗耶娑五通仙人領眷屬五百仙人勤修苦行，不食而齋。有光明名聞問佛，云何布施死已得福，福在何處？有何形段？佛涅槃已供養塔等誰爲受者，得何福報？佛如所問爲說有三十三種垢染布施不得果報，及說種種上施若佛現在若已滅後供養得福無異。復有五種無上施，謂佛及僧及說法者及父母復說生死轉識及生諸天欲樂衰相等事。

智旭《閱藏知津》卷二　《三律儀會》第一三卷，佛住耆闍崛山王坐大蓮華，與入千大比丘，八千大菩薩，五百比丘尼，五百優婆塞，五百優婆夷及天龍八部俱，摩訶迦葉請問攝受何法修行，增長成熟諸如來道取諸功德，增長證入無上菩提得不退轉，佛告以求佛智慧力無畏者，無有少法爲其可得，無所依倚種諸善根，若有所得即爲著想，乃至備明執著過患，亦明法滅天人悲歡等事，後明在家菩薩種種三法。

《無邊莊嚴會》第二四卷，《無上陀羅尼品》第一，佛住迦蘭陀竹林，無邊莊嚴菩薩爲諸菩薩請問微妙法門，佛爲說如來之智，攝諸善巧，有所宣說，無不清淨。隨根成熟，法皆平等，自性清淨，如實了知，而無有法了不了者，以一切法皆假名說不可施設，亦無示現皆眞勝義，不住分別亦非不住，乃至如幻如夢無有高下，以此清淨弘誓攝衆生時，實無少法而可著故。復說法門陀羅尼句，廣說陀羅尼門理趣差別，智慧善巧。《出離陀羅尼品》第二說佛十力及說陀羅尼二章。《清淨陀羅尼品》第三，佛先以神通力令此衆會見十方佛及聞說法，次說四無所畏及說十四咒說頌竟勸持結益，然後無量辯才菩薩請問結名。

《密迹金剛力士會》第三七卷，竺法護譯，佛遊靈鷲山，與四萬二千比丘，八萬四千菩薩及天龍八部四衆人等說大士業，法名淨濟，金剛密迹稱歎方便、智度二業，當成佛道，寂意菩薩請密迹敷演如來秘要，佛亦勅之。密迹誡衆勿恐勿怖，先說四不思議。寂意入定散花作供，密迹乃說諸菩薩密，引古帝釋善自在，化作仁良蟲，以身肉普救國人病，明身秘密次明言密，引古寂然梵志，荅樓夷仙樹葉多少之數。樓夷，即舍利弗。寂然，即釋尊也。次說心密竟，大衆獲益地動雨華。雷音菩薩以神通力先於天樂讚歎法門，次來禮佛，傳雷音王佛問訊之命，衆會乃問密迹夙因，佛具述千佛探籌，樓由最後，及法意法念二弟，一願作金剛力士，侍衞千佛，一願作梵天，勸請千佛轉法輪。今密迹，即法意也。次說行佛道業三十二事。寂意，復問如來三密。密跡先說身密，引應持菩薩不見佛頂事證，又明佛不受食，諸天取去濟苦衆生等事，大衆獲益，天樂自鳴，世尊摩頂讚印。次說口密，具明六十種音，引大目連窮佛音聲不得邊際事證及說咒二十二首，廣明如來言辭不可限量，大衆獲益。次說心秘要現瑞獲益，又地裂出水，高灑世界表持經瑞，寂意復請密跡具說如來苦行，莊嚴道樹，降魔受供，轉法輪事，衆復獲益，佛讚印之。寂意又問寂然惔怕等義，佛詳荅之，衆又獲益。欲知密跡何時成佛，佛爲授記，密跡請佛於曠野國七日受供，佛於毘沙門宮應病演法，令各獲益，又爲護世四王說十法、八法、六事、四事、二事。爲密跡說菩薩十事，無瞋恚法，八法心無恐懼，四事而得自在，四事入於法門，八力致開士行。密跡宣咒，諸天偈歎。佛還靈鷲，阿闍世王來見，佛爲說密跡夙因，密跡以金剛著地，王及帝釋目連皆不能舉，因爲王說有十大法，逮得大力及說仁和八法，往來周旋四法。又荅世王信坐之問，荅賢王天子寂然之義，讚其從阿閦國來，入法室總持。密跡請佛建立法典，佛周觀四方說頌建立，并述往事以結成之。

《淨居天子會》第四二卷，竺法護譯，佛住耆闍崛山與大菩薩、比丘衆六萬人俱，佛於食後入三昧，震動大千，諸天來集。金剛摧天子說偈問法，佛爲說菩薩百八夢相，先標，次釋，後偈明菩提心無有退轉，衆生行不可思議。六萬天人得不退轉，十八那由他天人發菩提心，十千欲退菩薩捨除罪過，徑登補處，與彌勒同時成佛。

《無量壽如來會》第五二卷，佛住耆闍崛山與萬二千大比丘俱，及普賢文殊彌勒賢護等無量無邊菩薩皆來集會。阿難問佛，光瑞希有之故，佛爲說，往昔法處比丘四十八願，現成無量壽佛，廣讚極樂世界依正之妙，極勸發願往生。

《不動如來會》第六二卷，《授記莊嚴品》第一，佛在耆闍崛山與千二百五十比丘俱，舍利弗請問往昔菩薩發趣修行，被精進甲，功德莊嚴，佛舉不動菩薩所發種種弘誓荅之。《佛刹功德莊嚴品》第二，具明妙喜世界請莊嚴事。《聲聞衆品》第三，明不動國聲聞無數。《菩薩衆品》第四，明不動國菩薩更多。在家者少，出家者多，及明魔不爲擾。《涅槃功德莊嚴品》第五，明不動佛入涅槃後所作佛事，法住久遠。《往生因緣品》第六，明種種善根迴向，得生彼刹及勸囑流通。

《被甲莊嚴會》第七五卷，佛住迦蘭陀竹園，無邊慧菩薩說偈問法，佛亦說偈許荅，次正問被大甲冑，佛具荅之。初一番長行偈頌，列諸甲冑名。第二番長行偈頌，明此甲冑無相無名，不可破壞。第三番長行偈頌，明其乘於大乘。第四番長行偈頌，明其住八正道。第五番長行偈頌，明發趣攝取正道之法。第六番長行偈頌，明一一皆以慧爲先導。第七番長行偈頌，明其隨入一切法，大饒益衆生。第八番長行偈頌，引古旃檀香光明佛時，有轉輪王名一切義成，能求此法已成超無邊境界王佛。第九番長行偈頌，明於諸法得法光明，不墮諸見。第十番長行偈頌，因勝慧菩薩問明無所行而行。第十一番，勝慧說頌讚佛，誓願持法。第十二番，佛說偈讚成之，并說古偏照佛時，勇猛軍轉輪王聞法受持已，成無邊精進光明功德超勝王佛。次因無邊勝菩薩問，爲說長行偈頌，明無住而住，爲如理住。次因無邊慧問，爲說長行偈頌，明無所安立無畏發趣之義。又說往古月燈王佛時，雲音無邊音二大士聞此法門，皆已成佛。若有精勤修習者，當得一切法海印三昧，又能攝得阿字等諸三昧印。又說往古超過須彌光王佛時，勇猛軍勇猛力二大士受持此法，皆已成佛，一名無邊辯才，一名最勝光明，次有慧義菩薩歎法希有佛印成之，次加持付囑流通。

《法界體性無分別會》第八二卷，曼陀羅仙譯，佛在給孤獨園與八千比丘，萬二千菩薩，三萬二千天子俱，寶上天子念請文殊說法。佛勅文殊說法界體性因緣，文殊與舍利弗互相問荅，五百比丘得無漏心。文殊復與舍利弗問荅，發明無縛無脫，二百比丘不忍而去。文殊化作一比丘與之問荅，今得無漏。次與阿難發明比丘有增上慢、無增上慢之義。次荅寶上天子發明菩薩六度清淨，四念清淨，如實授記等義，及明菩薩得自在品，諸天發心世尊讚印。天子與文殊種種問荅，發明不生自在等義，五百菩薩皆得道記，次授寶上天子道記。魔王波旬與眷屬來，佛以神力令問文殊菩薩修畢竟行，善知方便行般若義。文殊荅之，又以神力令魔變作佛身，說於佛法，五百菩薩得無生法忍。又變舍利弗亦爲佛身，與魔問荅，比丘斷漏，諸天發心，有千菩薩從四方乘空來，發願受持守護此經，佛亦放光守護付囑流通。

《大乘十法會》第九一卷，佛陀扇多譯，佛住耆闍崛山與五百羅漢，無量無邊菩薩俱，淨無垢寶月王光菩薩問大乘義，佛以十法荅之。一信成就，二行成就，三性成就，四樂菩提心，五樂法，六觀正法行，七行法慎法，八捨慢大慢，九善解如來秘密之教，十心不悕求二乘，各有長行偈頌，魔外皆悟無生。

《文殊師利普門會》第十一卷，佛在耆闍崛山與八百比丘，四萬二千菩薩俱，又無垢藏菩薩與九萬二千菩薩從普花佛國而來，及他方此界無量無邊菩薩悉來集會。文殊請說普入不思議法門，佛爲說二十八三昧名，一一頌示。又說十四種三昧名及功用。

《出現光明會》第十一五卷，佛在耆闍崛山與五百比丘，八十那由他補處菩薩及四十那由他大士俱，月光童子問佛，昔修何業能得決定光明等一切光明。佛以偈荅，先五言偈荅光因，次七言偈荅光用，次四言偈說月光本事，次七言偈明愛樂，此經不愛樂此經差別，及顯受持功德，次五言偈明昔求經之行及懸知未來之事，次明八十種善根資糧成就出現光明。復有八十種法能成如來無礙解脫，月光偈讚發願，世尊微笑放光，彌勒偈讚廣問，世尊摩月光頂說偈付囑。月光請佛受食，佛入城時現大神變，空中宣百千頌，廣說妙法及說咒二章，既受供已，爲說行施資糧有八十種殊勝功德，次說欲成陀羅尼者應當遠離八十種人。

《菩薩藏會》第十二二十卷，玄奘譯，《開化長者品》第一，佛於室羅筏國安居竟遊摩竭陀國詣鷲峰山。賢守等五百長者見佛於路，頌讚相好問捨家因。佛荅以觀諸衆生十苦、十惱、十稠林、十毒箭、十愛、十邪、十不善業、十染汙法、十種纏縛，所以捨家。長者說頌，願聞妙法。佛廣說根塵蘊界因緣等法，無我不實，長者得法眼淨。次說一切熾然，長者即善來得戒證阿羅漢。《金毘羅天授記品》第二，護城藥叉名金毘羅，奉佛妙供，衆神各奉僧供，佛授金毘羅無上道記。金毘羅莊嚴道路隨佛至鷲峰山，佛命阿難敷大法座，命目連集諸苾芻大迦葉等同來法會。《試驗菩薩品》第三，舍利子問菩薩法，佛荅以菩提心及備信欲。《如來不思議性品》第四，詳說如來十種不可思議法。一信受如來不思議身，二不思議音聲，三智，四光，五尸羅及以等觀，六神通，七力，八無畏，九大悲，十不共佛法。《四無量品》第五，述過去大蘊如來爲精進行，童子說大慈等四波羅密。《陁那波羅密多品》第六，具明五十種清淨行施三十種上妙功德。《尸波羅密多品》第七，明才語意三種妙行，十種極深重心，十種發心，獲人中天上各四廣勝處法，乃至種種四法。次明五十種清淨尸羅，次明過去最勝衆佛之時，有得念菩薩常修梵行，已成娑羅王佛。次明菩薩行清淨戒，應於衆生起父母想訶欲過失。《羼底波羅蜜多品》第八，具明畢竟非畢竟忍。《毘利耶波羅蜜多品》第九，明十障礙法不應隨轉，當勤精進受持開演，此菩薩藏及明三業精進之相，次明在家出家菩薩各有五損減法，次說往古律儀童子精進行及法行苾芻精進行。《靜慮波羅蜜多品》第十，明菩薩依四禪發五通，遠勝二乘及得種種大定。《般若波羅蜜多品》第十一，先明四十一法趣入聞相，次明起正行相，次明如理方便作意，次明如理證入如理之句如理正觀，次復廣明十種善巧，次明妙慧及到彼岸義，次明五番十種功德。《大自在天授記品》第十二，結前大蘊如來爲精進行童子廣說四無量及六度已，又說四攝法，然不授菩提記，次值寶性如來轉名善慧長者，亦不得記，次值放光如來，轉名迷伽儒童，散華布髮乃得授記，證無生忍，皆即釋迦本生事也。於是那羅達多長者子，發大乘意與妻子眷屬樂工及城中千人民，廣興供養，立大乘誓，佛爲現大神變授三乘記及勸受持。

《佛爲阿難說人處胎會》第十三一卷，佛在給孤獨園，阿難日晡從禪定起與五百比丘見佛。佛爲說入胎因緣，胎中三十八七生長相貌，出胎七日後所生八萬戶蟲名字，結明五陰皆無常、苦、無我、我所，阿難得法眼淨，五百比丘漏盡意解。

《佛說入胎藏會》第十四二卷，義淨譯，度難陀出家，令見天宮地獄。爲說入胎住胎出胎諸苦，同前。又說三塗劇苦，教令修四念處，乃至重說偈已，難陀證阿羅漢，大衆疑問往因，佛爲具說本事。

《文殊師利授記會》第十五三卷，實叉難陀譯，佛在耆闍崛山與比丘千人，菩薩八萬四千，諸天七十二億及天龍八部諸大衆俱，向阿闍世王宮現大神通，爲摧過咎菩薩說大悲法及授道記。次應供還山，從禪定起天人雲集。舍利弗請問嚴淨佛刹之行，佛現神變更集十方無量刹中諸大菩薩，命彌勒敷大法座，昇座動地乃爲舍利弗說一法增至十法及說種種淨行，因果相稱結以三法，謂大願殊勝住不放逸，如所聞法起正修行，次授四萬菩薩道記。次有師子勇猛，雷音菩薩請問文殊何時成佛，得何佛刹？佛令自問文殊深顯第一，義諦法界實相之理，大衆獲益。次問發心久近，佛述雷音佛時普覆王事，已化二十億衆生皆成佛竟，次問將來佛刹莊嚴，佛勑文殊自說昔願，略有十節。佛因記其佛名普見，刹名隨順積集清淨圓滿，所有莊嚴遠勝極樂世界，如以大海比一滴水，唯東方普光常多功德海王佛刹名住最上願，與等無異，及有四大菩薩東光明幢，南智上，西諸根寂靜，北願慧，亦當得此淨刹。佛復以神力，令大慧見東方刹依正莊嚴，隨授八萬四千菩薩道記。有十六人猶如文殊，餘所得刹，皆如極樂，次四大菩薩皆來入會，文殊令諸菩薩各說一相法門，略敘一十四人。次問文殊久如成佛，佛明其刧數甚遠，無有疲倦。

《菩薩見實會》第十六十六卷，那連提耶舍譯，《序品》第一，佛在尼居陀林遺迦盧陀夷教化父淨飯王。《淨飯王詣佛品》第二，天龍八部同集佛所，王亦來禮，說偈問荅。《阿修羅王授記品》第三，毘摩質多等十一阿修羅王與六十那由他眷屬設大供養而得受記。《本事品》第四，大迦葉入如實三昧，憶念過去阿僧祇阿僧祇劫如來所修一切功德，以偈讚佛。佛爲說不可說劫之前，有佛號因陀幢王，以恆沙世界爲一佛刹，莊嚴清淨，國中衆生純正定聚。於是文殊菩薩從東方高威德王佛所而來，發明因陀幢王，即我釋迦。《迦樓羅王授記品》第五，《龍女授記品》第六，《龍王授記品》第七，《鳩槃荼授記品》第八，《乾闥婆授記品》第九，《夜叉授記品》第十，《緊那羅授記品》第十一，先有疑問，如來荅釋，乃設供授記。《虛空行天授記品》第十二，《四天王授記品》第十三，《三十三天授記品》第十四，《夜摩天授記品》第十五，歎佛能知二諦及廣設供佛與授記。《兜率陀天得授記品》第十六，推授記不可得，但是世諦言說，如夢不實倍設供養得記。《化樂天授記品》第十七，解一切法實際無二際，而得道記。《他化自在天授記品》第十八，自言尚不見實，況復見際，彼法非可知，非可識，非可捨，非可修，非可證而得道記。《諸梵天等授記品》第十九，離諸分別，定心清淨，以寂滅法說偈讚佛，而得道記。《光音天等得授記品》第二十，說照耀一切法三昧及偈讚佛而得道記。《徧淨天授記品》第二十一，說超過一切法三昧及偈讚佛而得道記。《廣果天授記品》第二十二，說無量門陀羅尼及偈讚佛而得道記。《淨居天子讚偈品》第二十三，共四百五十三人，各說偈讚。《遮羅迦波利婆羅闍迦外道品》第二十，四八千外道請問決疑，佛說從六道來受生習氣及說對治法，外道悟無生忍偈讚獲記。《六界差別品》第二十五，佛爲淨飯王說內外六界皆是假名，無來無去及說諸根如幻，境界如夢，順違中庸三種六塵，皆具三解脫門。《四轉輪王品》第二十六，一無量稱王，二地天王，三頂生王，皆以無厭足而取大苦。四尼彌王以不放逸而成大益說，此本生四王事已，勸淨飯王修不放逸，觀一切法無生陀羅尼門及不滅等六十七法門，七萬釋種得無生法忍，佛與授記皆生安樂世界，後皆成佛，次囑舍利弗受持流通。

《富樓那會》第十七三卷，鳩摩羅什譯，《菩薩行品》第一，佛住王舍城竹園，富樓那問菩薩多聞不退轉事。佛荅以四大希有事，精進一忍辱二正道三深心四。又四法生喜心，四法得離難。《多聞品》第二，明四法能集多聞。《不退品》第三，明四法能不退轉，說古那羅延法師及摩訶耐摩陀比丘弘法事，次說四法退失菩提成聲聞乘，四法不退心及善根，戒清淨一念成就二勤精進三多聞慧四。四法利益菩提，持戒一忍辱二精進三多聞四。四法具足身色財物眷屬，行慈一供佛二供法三供僧四。《具善根品》第四，明親近四法能攝一切善法，忍辱一出家二頭陀三近善知識四。《神通力品》第五，放毛孔光以經付囑阿難及讚竹園功德。《大悲品》第六，因目連問廣說因中大悲行。《荅難品》第七，因象手比丘問廣明衆生性空，佛亦不滅。《富樓那品》第八，歎述流通。

《護國菩薩會》第十八二卷，闍那崛多譯，婆伽婆在耆闍崛山與千二百五十比丘，五千菩薩及一切八部俱，喜王菩薩以偈讚佛觀於法界，護國菩薩比丘夏安居竟共諸初學比丘見佛偈讚，問菩薩法要。佛荅四法能成清淨之事，貞實無諂一行於平等二心念行空三如言而行四。四種無畏之法，得陀羅尼一值善知識二得深法忍三戒行清淨四。有四功德令心歡喜，見佛一聞法二捨一切三順法忍四。四法應棄捨，居家一利養二檀越三身命四。四種無悔之法，不破戒一住阿蘭二四聖種三多聞四。四調伏行，願值佛一供師長二樂空閑三頭陀忍四。四法淨菩薩行，無瞋恨一捨所有二不求果報三不見師過四。四墮落法，不恭敬他一背恩諂曲二多求名利三詐善揚德四。四障道法，懈怠一不信二我慢三瞋恚四。四種人不得親近，惡知識一執見人二謗法人三貪利養人四。四法受未來苦，輕慢智人一懷嫉妒心二於法無信三無忍求利四。四繫縛，經慢他一世俗定二行放逸三求利養四。次七言偈廣說佛本生妙行及歎末世不如法事，又明八種障菩提法，次明古成利慧佛時，福燄王子不放逸事，次結益囑持。

《郁伽長者會》第十九一卷，康僧鎧譯，佛在給孤精舍與千二百五十比丘，五千菩薩俱，郁伽等十長者各與五百長者見佛，問在家出家二種菩薩行法。佛先廣說在家三歸五戒法義及布施功德，厭離家想，六時悔過，隨喜勸請，希慕出家，供養衆僧。次說出家四聖種行，頭陀、淨戒、淨定、淨慧次問菩薩住在家地學出家戒，佛以五法荅之，施不望報一不習俗想二修禪不證三學慧行慈四護法勸他五。次授記其供養千佛化度衆生所有功德，百千出家菩薩所不能及。

《無盡伏藏會》第二十一卷，佛在耆闍崛山與千比丘，五百菩薩及天龍八部俱，電德菩薩問速成菩提之法，佛荅以五大伏藏，謂貪行伏藏，瞋行伏藏，癡行伏藏，等分行伏藏，諸法伏藏。於法伏藏中說過去寶聚功德聲佛時，廣授大王欲害無垢比丘事，深戒勿生害心。又勝生佛時，旃陀羅聞法得無生忍，牛聞法得生兜率，深明衆生根行難測，次荅月幢菩薩無功用智之問，地動雨花。

《授幻師跋陀羅記會》第二十一一卷，佛在耆闍崛山與千二百五十比丘，五千菩薩及天龍八部俱。幻師欲試佛故，詐言請佛於穢處化作道場。四王帝釋亦各化作莊嚴道場。幻師驚悔，欲攝所化而不能得。次日世尊現大神變，幻師悔過，見一切處佛身便獲念佛三昧，以偈問法，佛亦偈荅，幻師得順法忍。阿難啓佛加持，令彼幻莊嚴事七日不沒。幻師隨佛至山請問菩薩速至道場之行，佛說四十三種四法，幻師證無生忍得記。

《大神變會》第二十二二卷，佛在給孤獨園與千二百五十比丘，八千菩薩俱，商主天子問佛，幾種神變調伏衆生？佛荅以說法、教誡、神通三種。又問頗有神變能過此耶？佛令問文殊，文殊荅於無言說法而作言說，一切言說實無所說名大神變。舍利弗問商主往因，佛荅以過去等須彌佛時，淨莊嚴王本事。舍利弗歎文殊久修梵行，多供養佛，種諸善根，文殊爲說三種決定之義。佛又讚商主更爲說大神變，文殊又荅商主問菩薩智及荅四十二問，大衆獲益更荅種種密意之問及荅諸菩薩行之問，衆又獲益。佛又荅商主無生法忍之問，現瑞獲益受記勸持。

《摩訶迦葉會》第二十三二卷，月婆首那譯，婆伽婆在給孤獨園與五千比丘，八千菩薩俱，迦葉問出家者當云何學，云何行，云何修觀？佛爲說持戒念佛及說出家爲二事故，一爲現得道果，二爲見未來佛。次廣明沙門四賊及種種過，迦葉勸佛久住，佛以護法囑之。迦葉極言不堪，勸付彌勒菩薩。佛遂摩彌勒頂，大千震動。諸天勸助彌勒受持，更請世尊說當來惡以作苑誡，佛爲說之及說古智上佛時，樂精進菩薩本所修行，深顯法施功德。次明菩薩二十法業，四種畢定，四法離薩婆若，四法應急捨離。次明瞋餘菩薩得罪甚大，於是彌勒作師子吼，五百比丘自愧信施，難消退還歸俗，文殊先讚印之，次與如來問荅方便，今得盡漏。迦葉復請世尊說末世菩薩諂曲之過，佛說古妙華佛時，達磨善法二童子事，勸誡應修沙門二業，一修禪，二習誦，不應唯修供養福業，尤不應以破戒之身而著袈裟。次說古光明佛世大精進菩薩觀佛畫像法門。

《優波離會》第二十四一卷，佛在給孤獨園與千二百五十比丘，五萬菩薩俱，佛問誰能於後末世護持正法，成熟衆生。有五十五菩薩各自承當，舍利弗向佛稱歎，佛印述之，并說三十五佛悔除罪法。時優波離從禪定起，請佛廣說決定毘尼，佛爲分別聲聞菩薩持犯不同，次勅文殊說究竟毘尼，佛又廣荅聲聞菩薩增上慢相，說偈結持。

《發勝志樂會》第二十五二卷，佛在鹿苑與千比丘，五百菩薩俱，有諸菩薩業障深重，疑惑退轉。彌勒菩薩慰問令喜，有六十人隨勸詣佛，投地悲淚，佛慰令起，說其往昔誹謗法師，惡業多受衆苦，後亦當生極樂世界時，諸菩薩隨發十三弘誓，佛讚印之。彌勒因問末世菩薩成就幾法，安隱得脫？佛荅以二種四法，不求他過失，亦不舉人罪，離粗語慳悋，是人當解脫，當捨於懈怠，遠離諸憒鬧，寂靜常知足，是人當解脫。次明無希望心行法施時，成二十利，又二十利，次明末世種種過惡，次明慧行菩薩與初業菩薩不同之相，次明初業菩薩應當觀察利養之過，亦當觀察憒鬧過有二十，世話過有二十，睡眠過有二十，衆務過有二十。次明不修諸行，不斷煩惱，不習禪誦，不求多聞，非出家者。次明略說戲論過有二十，次明發十種心能生極樂世界。

《善臂菩薩會》第二十六二卷，鳩摩羅什譯，佛在王城竹園爲善臂菩薩廣說六波羅蜜法，常當具足。

《善順菩薩會》第二十七一卷，佛在給孤獨園與五百聲聞，十千菩薩俱，舍衛城有菩薩名善順，恆以五戒八齊敎化衆生，令修六度四等。帝釋種種試驗，不能令其破戒，偶得刧初金鈴價過南洲，謂唯波斯匿王最貧與衆往見而奉與之。王問誰證我貧，善順請佛爲證。佛與五百聲聞，十千菩薩及天龍八部從地涌出爲作證明，兼說三種無量功德資糧。復有三十二法能勤修者，則爲見於如來，人衆獲益。王以二衣施善順，善順不受。王求以足踏之，次即轉施貧苦，咸令得益。勸使見佛，兼爲王說菩薩法門眷屬。

《勤受長者會》第二十八一卷，佛在給孤獨園與千二百五十比丘，五百菩薩俱，城有長者名勇猛授，與五百長者見佛，請問求菩提者應云何學，云何住，云何修行？佛荅以大悲六度。次問云何觀察於身命財能無貪悋？佛教以觀身過患。又說四十四種觀身，長者得無生忍，說偈歎菩提心，佛爲授記。

《優陀延王會》第二十九一卷，佛在瞿師羅園與千二百五十比丘俱，舍摩夫人供養佛僧。帝女夫人讚於優陀延王，王極瞋怒，以箭三射。舍摩入慈三昧，箭還住王頂上空中，王乃驚悔。舍摩勸令見佛懺罪，因問女人過患。佛爲廣說丈夫四種愆過，王受三歸作優婆塞。

《妙慧童女會》第三十二會同卷，佛在耆闍崛山與千二百五十比丘，十千菩薩俱，王舍城有長者女妙慧，年始八歲，詣佛問法。佛爲說四十行。女發大願，動地雨花，衆變金色。次荅文殊諸問，文殊向佛讚之。佛因說其發菩提心，經三十劫然後佛始發心。女又發大誓願，即轉如三十歲知法比丘，衆會獲益。

《恒河上優婆夷會》第三十一，佛在給孤獨園，此優婆夷來禮佛足，與佛問荅第一深義，佛爲授記。

《無畏德菩薩會》第三十二一卷，佛陀扇多譯，婆伽婆住耆闍崛山與五百比丘，無量無邊菩薩及八千大菩薩俱，舍利弗等入城乞食，至阿闍世王宫殿。王女名無畏德，年始十二，安坐不起。王語令起，女即種種彈訶聲聞。舍利弗，目犍連往問，皆被屈服。又以誓願令諸聲聞得見香象世界，放香光明如來，次荅大迦葉問，荅須菩提問，荅羅睺羅問，荅父王問，人天獲益，然後下牀禮敬聲聞，施妙飲食，同至佛所，現丈夫身，佛與授記，并授其母月光夫人道記。

《無垢施菩薩應辯會》第三十三一卷，聶道眞譯，《序品》第一，佛遊給孤獨園與千比丘，萬二千菩薩俱，文殊等八大菩薩，舍利弗等八聲聞各發勝願入城乞食。波斯匿王女無垢施，年始八歲，與五百婆羅門出城浴洗天像，爲婆羅門說其初生七日即問三寶功德，乃趨菩薩聲聞處禮足，王亦隨至。《聲聞品》第二，女問八大聲聞，皆不能荅。《菩薩品》第三，女又次第問八菩薩已，須菩提語諸聲聞菩薩已得法食，不須乞食，遂同還佛所。女郎以偈問佛菩薩諸行。《菩薩行品》第四，佛爲說十八種四法，女即發誓奉行，震動世界，雨衆天花，天樂自鳴，變成十六童子，佛乃明其修菩薩行經六十劫，文殊乃發菩薩之心。《授記品》第五，佛爲授菩提記及授五百婆羅門記。

《功德寶華敷菩薩會》第三十四二會同卷，佛在耆闍崛山開敷功德，寶華菩薩問受持佛名速證菩提之義。佛爲說十方佛號及受持功德。東方無量功德寶莊嚴威德王如來，南方功德寶勝莊嚴威德王如來，西方一切法殊勝辯才莊嚴如來，北方積集無量辯才智慧如來。東南方千雲雷吼聲王如來，西南方最上妙色殊勝光明如來，西北方種種勝光明威德王如來，東北方無數劫積集菩提如來，上方虛空吼聲淨妙莊嚴光明照如來，下方一切法門神變威德光明照耀如來。

《善德天子會》第三十五，佛在給孤園與千比丘，十千菩薩并欲色諸天子俱，佛勑文殊爲天衆說諸佛甚深境界，所謂平等，無依，無數，無得等。次受善德天子請現大神變，往兜率天說四種法，生不放逸則能攝取一切佛法，一住於戒律而具多聞，二住於禪定而行智慧，三住於神通而起大智，四住於寂靜而常觀察及說八種八法。又說依不放逸，不損三樂，得離三苦，超三畏三有離三垢滿三學近三寶，離波羅蜜三障，得波羅蜜三件助。次示觀察正勤念處如意根力覺道等法。次以光照上方普賢佛刹，與持法炬菩薩同來見佛。

《善住意天子會》第三十六四卷，達磨笈多譯三，菩提流志譯一，《緣起品》第一，婆伽婆住耆闍崛山與六萬二千比丘，四萬二千菩薩及天龍八部俱，文殊入無諍除心三昧震動十方佛土。又入普光無垢莊嚴三昧，大集十方菩薩來到佛所皆入隱身三昧。迦葉、舍利弗、須菩提入二萬三萬四萬三昧，求之不見微相。文殊復遣化佛菩薩徧召諸天。《開寶義品》第二，文殊與善住意天子問荅，共談實義。《文殊神變品》第三，善住意先發後至，文殊後發先至。華臺諸化菩薩說偈讚佛衆益地動。《破魔品》第四，文殊入破散諸魔三昧，魔見衰相，恐怖歸佛。次說具二十法得是三昧，復有六種四法。《菩薩身行品》第五，十方菩薩從隱身三昧起各現其身，文殊問菩薩名義，佛荅以覺一切法。《破菩薩相品》第六，明初發心義，無生忍義，超越轉入諸地義。《破二乘相品》第七，明眞出家持戒頭陀禪行等義及明聽辯利智是嬰兒凡夫，得陀羅尼是愚癡凡夫，諸餘智人盡入頑鈍，五百比丘不信誹謗墮大地獄，佛記其從地獄出，速證涅槃，以聞如是甚深法門故。《破凡夫相品》第八，說殺三毒謗三寶等性惡法門。《神通證說品》第九，文殊爲善住意入如幻三昧及爲五百五通菩薩執劍害佛，以除彼分別心，令得無生法忍。《稱讚付法品》第十。

《阿闍世王子會》第三十七半卷，佛在耆闍崛山，王子名師子，與五百人見佛，問荅各十六頌，佛與授記。

《大乘方便會》第三十八二卷半，竺難提譯，佛在給孤園與八千比丘，萬二千菩薩俱，智勝問菩薩行於方便，佛具荅之。兼明衆尊王菩薩與女人同坐事，過去樹提梵志十二年攝受女人事，無垢比丘容女借宿事，受作菩薩度德增女事，於是阿難歎諸菩薩如須彌山，亦如藥王，迦葉亦說空澤大城之喻，以歎菩薩，次因德菩薩之間，佛爲具說示現八相十惱等一切方便皆爲化度衆生，非有實事。

《賢護長者會》第三十九三卷，闍那難多譯，佛在迦蘭陀竹園與千二百五十比丘俱，跋陀羅波梨長者與千眷屬向世尊前請問決疑。佛先爲阿難具說長者所受樂果，雖帝釋亦不能及唯眞月童子則又勝之。由於古樂光佛時，作大法師，開示未聞，以是法施因緣，九十一劫恆受福報，長者乃問衆生神識相貌名義及此世他世作受等義，佛具荅之。眞月童子問色及欲取見取戒取云何須觀？佛亦荅之。次有大藥王子菩薩問神識從此身移當有何色？佛荅如幻師火，如人水內影，如風輪無定無有定色，如衆生眼見虛空等及問荅受罪受福等事，次又荅賢護問聚、積、陰、移四種名義。

《淨信童女會》第四十三會同卷，佛在給孤獨園與五百比丘八，千菩薩及賢劫諸菩薩，文殊等六十人，賢護等十六，大士二萬兜率天子俱，波斯匿王女名淨信，詣佛問法，佛荅以十二種八法，又轉女身二種八法，淨信與五百童女俱得授記。

《彌勒菩薩問八法會》第四十一菩提留支譯，婆伽婆住耆闍崛山與千二百五十比丘，十千菩薩俱，彌勒問速成菩提之法，佛荅以成就八法，一深心，二行心，三捨心，四善知回向方便心，五大慈心，六大悲心，七善知方便，八般若波羅蜜。

《彌勒菩薩所問會》第四十二，佛在鹿林與五百比丘，一萬菩薩俱，彌勒問菩薩成就幾法離諸惡道及惡知識速證菩提，佛荅以增一至十法。彌勒以偈讚佛，阿難歎其辯才。佛明其十無數劫前，於燄光遊戲妙音自在王佛時，曾爲婆羅門子賢壽，悟無生忍便獲神通，本先四十劫前發心行道，由我勇猛精進行於二種十法，故能超之，次明彌勒往昔所行善巧方便安樂之道，次明見一切義太子施血，妙華太子施髓，月光國王施眼，本生苦行，次明佛與彌勒，二人本願不同。

《普明菩薩會》第四十三一卷，附《秦錄》勘同編入，佛在耆闍崛山與八千比丘，萬六千菩薩俱，佛爲迦葉說菩薩二十種四法，又說三十二法，又說如地如水等喻，又說中道眞實正觀，又說菩薩爲眞佛子，又說畢竟智藥，又說當來比丘如犬逐塊，又說二不淨心，一讀外道書，二畜好衣鉢。二堅縛，一見，二利養。二障法，一親近白衣，二憎惡善人。二垢，一忍受煩惱，二貪諸檀越。二雨雹壞諸善根，一敗逆正法，二破戒受施。二癰瘡，一求見他過，二自覆其罪。二燒法，一垢心受著法衣，二受他持戒供養。二病，一懷增上慢，二壞他大心。又說四種沙門，一形服，二威儀欺誑，三貪求名聞，四眞實。又說四種破戒似持，一說有我論，二身見不滅，三取相行慈，四見有所得。於是五百比丘得罪脫，三萬二千人得法眼淨，五百比丘從坐去。佛化二比丘隨與問答，令其解脫，來詣佛所，答須菩提種種諸問。又有五百比丘得解脫，三萬二千人得法眼淨。普明菩薩問云何住及云何學？佛言不取不著，發大精進，習大法船。

《寶梁聚會》第四十四二卷，道龔譯，《沙門品》第一，佛在耆闍崛山與八千比丘，萬六千菩薩俱，摩訶迦葉問沙門義，佛詳荅之，并說三十二垢，八覆，十二表式，八法，敬重袈裟及說破戒比丘不能消信施。《比丘品》第二，先正說比丘法，次說惡比丘龍壞正法。有十六種四惡法。《旃陀羅沙門品》第三，說惡沙門如旃陀羅，亦名敗壞，亦名篋，亦名構欄茶，亦名求利，亦名稗，亦名逋生稻，亦名形似，亦名失血氣。五百比丘捨戒還俗，佛記其信解懺悔得生兜率，在彌勒初會數中。《營事比丘品》第四，詳明營事之法。《蘭若比丘品》第五，詳明阿蘭若法，五百比丘漏盡解脫。《乞食比丘品》第六，《糞掃衣比丘品》第七。

《無盡慧菩薩會》第四十五半卷，佛在耆闍崛山與千二百五十比丘，一萬菩薩，十六在家菩薩，六十無比喻心菩薩，賢劫一切菩薩及無盡慧等六萬菩薩俱，無盡慧問菩提心義及依何義而得修行，佛荅菩提本無名字言說，若依言說敷演則以十波羅蜜爲十發心，一一波羅蜜皆以十法爲首及明十地先相，十地圓滿十度得十三昧，十陀羅尼，於是無礙光明師子幢天子歎佛及法，佛更爲說聽受此法門者必不退轉。

《文殊師利說般若會》第四十六卷半，曼陀羅仙譯，佛在給孤獨園與千比丘，十千菩薩俱，文殊晨朝詣佛，舍利弗等亦至佛問文殊欲見如來耶，文殊即説正觀如來法門，佛印許之。舍利弗與文殊問荅深義，佛亦與文殊互相問荅，深明修般若義，觀身實相，觀佛亦然等義乃至福田無差別相，大地震動，衆會獲益。次明入不思議三昧，如人學射，久習則巧，次明欲具一切佛法，當學般若。次明一行三昧乃至微笑放光，以爲無相法印。

《寶髻菩薩會》第四十七一卷，竺法護譯，佛在靈鷲山與四萬二千比丘，八萬四千菩薩及天龍八部俱，東方淨住佛國寶髻菩薩與八千菩薩俱以一寶蓋覆此忍土，雨花説頌，來禮佛足，請問清淨之行。佛總告以四事，一曰行度無極，二曰遵修諸佛道品，三曰具足神通，四曰開化衆生。次詳解釋六度，三十七品，五通及化衆生有二十事不厭生死。次説古普壞世佛時，有珍寶菩薩問饒益衆生嚴淨道場等義，佛以無放逸荅之。彼時珍寶，即今寶髻。次又説開化衆生有四四法。又説古離垢光佛時，有極妙精進菩薩以大忍力仰承佛，命往化業首太子，彼時菩薩即今世尊，彼時太子即今彌勒。次説菩薩一種四法，自在道業，寶髻以其髻中明月珠貢佛發願，佛爲授記。

《勝鬘夫人會》第四十八一卷，佛在給孤獨園，波斯匿王與末利夫人致書於女勝鬘，稱揚佛德。勝鬘發書尋繹遙空請佛，佛即現身。勝鬘説偈歎德，佛爲授記。勝鬘復發十弘誓願，感於天花天音，又發三願，佛讚印之。又説一大願攝恆沙願，所謂攝受正法更復演説廣大之義及大威力，佛讚印之。又説大乘了義，廣明二乘爲不了義以不出變易生死不斷無明住地故，唯一佛乘，一歸依，一寶諦爲了義耳，佛亦印之。次又説三種人入大乘道，一成就甚深法智，二成就隨順法智，三仰推唯佛所知，餘有隨已所取執著妄説違背正法者，一切天人應共摧伏。佛亦讚印。然後放光，昇空步還，告語阿難及與天帝，結名付囑。

《廣博仙人會》第四十九一卷，佛在恆河岸上與無量比丘俱，廣博仙人與五百同行來見。問云何爲施何者施義及施主施者等義，佛詳荅之，幷示三十二種不淨之施。次明五大施，又五大施，又五無上施，又九大施等，次荅中有識及明智識差別，次荅六道來生差別，僅説持鬘、四王、忉利三種生死時相，文來未盡。

紀事

徐鍔《大寶積經述》

《大寶積經》者，後漢迦葉摩騰、竺法蘭及今朝玄奘法師、菩提流志等，咸自西天竺所致也。如來昔在鷲峰，利建平等，金口注海，酌之而不竭，寶言如綸，振之而有緒。炯兹瑞憲，久翳鴻都，原壑屢非，市朝多變。歷代侚齊之主，競興參譯，跋陀授記之言，罕能丕就。洎我唐之有天下也，功橫鐵圍，化綿忉利，苑御千界，提封萬剎。張四攝之扉，廣納諸有，聘六道之驥，冥濟群惑。太上皇以澤深智海，掌耀禪珠，神皇帝以勛格梵空，胸懸法印。肅敷玄誥，照灑鴻波，歷選緇徒，明敭列宷，博考同異，聿興刊緝，勇振頽綱，嚴持絶紐。爰有沙門大德思忠，東天竺國婆羅門大首領臣伊舍羅等，譯梵文者，求善住緣，悟無生忍，博聞強識，精而譯之。復有天竺沙門波若屈多、沙門達摩，證梵義者，開忍辱場，破煩惱衆，弼諧神侶，明而辨之。復有沙門大德履方、宗一、普敬、慧覺等筆授者，命聞孔膠，威儀不忒，手握仙札，受而字之。復有沙門大德深亮、勝莊、塵外、無著、慧迪等證義者，國之大師，佛之右臂，探諸了義，演而證之。復有大德沙門承禮、雲觀、神暕、道本等次文者，庇影多林，息肩香窟，勤修精進，纂而次之。復有潤文官者，銀青光祿大夫閤王傅上柱國固安縣開國伯盧粲、銀青光祿大夫太子詹事崇文館學士兼修國史，上柱國東海縣開國公徐堅、朝議大夫守中書舍人崇文館學士，上柱國野王縣開國男蘇晉、朝議郎給事中內供奉崔璩等，位列鳳墀，聲流雞圃，分別二諦，潤而色之，復有銀青光。祿大夫守侍中兼太子左庶子兼修國史，上柱國鉅鹿縣開國公魏知古、兵部尚書上柱國郭元振、銀青光祿大夫檢校中書令上柱國范陽縣開國男張説、銀青光祿大夫行中書侍郎同中書門下三品監修國史上柱國興平縣開國侯陸象先等，朝踐瑣闥，夕遊珠域，護持四法，總而閱之。爾乃杖錫之士，端珪之俊，厤列定筵，林攢樂土。陰祥雲而演譯，倏換炎涼，吸甘露而勤求，載淹衡晷。大乘章句，義不唐捐，小品精微，拯無遺溺，能事畢矣，佛何言哉！今所新翻經，凡有四十九會七十七品，合一十二帙，以類相從，撰寫咸畢。以先天二年六月三十日，進太上皇，八月二十一日，進皇帝，禁闈曉闢，眞教上聞，仙寧克怡，宸襟允穆。竦鈞陣於白日，親御靈臺，落雲雨於彤霄，薦加殊尉。賢愚稽首，以爲利見仁王，眞俗歸心，以爲潛登覺道。次有清信佛弟子，前少府監丞李式顔等，皇朝金紫光祿大夫兵部尚書贈侍中隴西公迥秀子也。復有清信佛弟子，前右拾遺徐鐈等，皇朝銀青光祿大夫太子賓客昭文館學士高平公子也。咸屬彼穹降禍，私門墜構。陟遙岵而崩心，瞻冥途而獻福。於是胠篋探笥，檀波羅蜜，廣疊箇牋，首崇書寫，不變槐火，遽盈苔袟。然後裝之鏤軸，綴以瓊籤，羅彩簟而霓舒，播珠函而錦縟。方使猛風吹嶽，長存姤路之文，劫火燒天，不壞多羅之典。

智昇《續古今譯經圖紀》卷一　後至和帝龍興神龍二年景午，隨駕歸京，勑於西崇福寺安置，譯《大寶積經》一部一百二十卷，此經都有四十九會於中二十六會三十九卷，流志新譯，餘是舊經勘同編入，上代譯者摘會別翻而不終部帙。往者麟德元年，玄奘法師於玉華寺翻《大般若》竟，諸德慇懃請翻《寶積》，固請不已，遂啓夾譯之，可得數行，乃嗟歎曰：此經與此土群生未有緣矣！余氣力衰竭，不能辨也。因而遂輟。和帝命志續奘餘功，遂尋繹舊翻之經，考校新來之夾，上代譯者勘同即附。昔來未出，按本具翻，兼復舊義，擁迷詳文重譯。曁乎睿宗先天二年癸日，方始畢席，創發題日，於大內佛光殿，和帝親御法筵，筆受經旨，百僚侍坐，妃后同觀，求之古人無以加也。逮睿宗嗣曆，復於北苑白蓮花亭及大內甘露等殿，別開會首，亦親筆受，並沙門思忠及東印度大首領伊舍羅直中書度頗具等譯梵文，北印度沙門達摩，南印度沙門波若丘多等證梵義，沙門慧覺、宗一、普敎、履方等筆受，沙門勝莊、法藏、塵外、無著等證義，沙門承札，神暕、雲觀、道本等次文，太子詹事東海郡公徐堅，冏王傅固安伯盧粲，尚書右承東海男盧藏用，中書舍人野王男蘇瑨，札部郎中彭景直左補闕祁縣男王王署，太府承顔溫之，太常博士賀知章等潤色，中書侍郎平與侯陸象先，侍中鉅庶公魏知古等監譯，前太常卿薩崇胤，通事舍人弘農男楊仲嗣監護，繕寫既了將本進內，睿宗外愡萬方，內崇三寶。御筆製序摽於經首。

大唐太上皇製《大寶積經并序》　中宗孝和皇帝。循機履運，配永登樞。神龍二年，令住京下于崇福寺翻譯此經。俄屬靈祐虧微，綿區集禍，喬岳之仙長往，茂陵之駕不還。朕以庸虛，謬膺不構，敬遵前旨，昜就斯編。法師尋繹故文，發揮新句，炎涼不懈，曉夕忘疲。舊翻新翻，凡有四十九會，總其部帙，一百二十卷成，以先天二年六月八日，畢功進內。法師戒珠在握，慧炬明心，爲法門之棟梁，啓僧徒之耳目。伏願上資七廟，八百之祚長延，下及萬方，億兆之甿恆逸。遠邇寧謐，朝野歡娛，致澆俗於淳源，歸迷生於壽域。暫乘紫機之暇，聊題緗帙之前，所有會名，具於其目云爾。

著錄

僧祐《出三藏記集》卷四　《佛遺日摩尼寶經》一卷，新集所得，今並有其本，悉在經藏。

費長房《歷代三寶紀》卷四　《古品遺曰說般若經》一卷出方等部，一名《佛遺曰摩尼寶經》，一名《摩訶衍寶嚴經》，一名《大寶積經》，見《僧祐錄》。

智昇《開元釋教錄》卷一　《佛遺日摩尼寶經》一卷安公云出方等部，初出與寶經《普明菩薩會》等同本，一名《古品遺日說般若經》，一名《大寶積經》，一名《摩訶衍寶嚴經》，見《僧祐》、《長房》二錄。

又卷九　《大寶積經》一百二十卷單重合譯神龍二年創首，先天二年功畢，右此部經新譯舊譯四十九經合古沓反成一部，於中析取二十六會三十九卷爲菩提流志新譯，餘二十三會八十一卷並是舊譯，勘同編入已條餘錄，故不重存，其新譯會名具如《別錄》，初第十一卷寶積部中依次編列。

阿閦佛國經

僧祐《出三藏記集》卷二　《阿閦佛國經》一卷或云《阿閦佛剎諸菩薩學成品經》，或云《阿閦佛經》【略】漢桓帝靈帝時，月支國沙門支讖所譯出。其《古品》已下至《內藏百品》，凡九經，安公云，似支讖出也。

智昇《開元釋教錄》卷一　《阿閦佛國經》二卷建和元年譯，或一卷，初出，與寶積《不動如來會》等同本，見《朱士行漢錄》及《僧祐錄》，亦云《阿閦佛刹諸菩薩學成品經》，或無國字。

靖邁《古今譯經圖紀》卷一　沙門支婁迦讖，月支國人。【略】以桓帝建和元年歲次丁亥至靈帝中平三年歲次丙寅於洛陽譯《阿閦佛國經》二卷，【略】審得本旨，曾不加飾，可謂善宣法要，弘道之士。河南清信士孟福、張蓮等筆受。

王古《大藏聖教法寶標目》卷二　《阿閦佛國經》二卷，與《寶積經》第六《不動如來會》同本異譯，解在《寶積》。

法鏡經

題解

求那跋陀羅《雜阿含經》卷三〇　如是我聞，一時佛住舍衛國祇樹給孤獨園。爾時，世尊告諸比丘，我今當說《法鏡經》，諦聽，善思，當爲汝說，何等爲《法鏡經》。謂聖弟子於佛不壞淨，於法、僧不壞淨，聖戒成就是名《法鏡經》。

論說

康僧會《法鏡經序》　夫心者衆法之原，臧否之根，同出異名，禍福分流，以身爲車，以家爲國，周旋十方，稟無惓息，家欲難足，由海呑流，火之獲薪，六邪之殘，已甚於蒺棃，田之賊魚矣。女人佞等三彪，其善爲而信眞，斯家之爲禍也。尊邪穢賤清眞，連瑣瑣，謗聖賢，興獄訟，喪九親家之所由矣。是以上士耻其穢濁其廣，爲之慴慴如也。默思遁邁，由明哲之避無道矣。鬚髮毀容，法服彌爲，靖處廟堂，練情攘穢，懷道宣德，開導聵瞽，或有隱處山澤，枕石漱流，專心滌垢，神與道俱，志寂齊平無名，明化用也。群生賢聖競于清淨，稱斯道曰大明，故曰《法鏡》。

綜述

王古《大藏聖教法寶標目》卷二　《法鏡經》二卷或一卷，第一譯，《郁迦羅越問菩薩行經》一卷或云《郁伽長者經》或二卷，第四譯，六譯三闕。右二經與《寶積》第十九《郁伽長者會》同本異譯，解在《寶積》。

著錄

僧祐《出三藏記集》卷二　《法鏡經》一卷安公云出《方等部》。

又卷十三　玄與沙門嚴佛調共出《法鏡經》，玄口譯梵文，佛調筆受。理得音正，盡經微旨，郢匠之美，見述後代。

法經《衆經目錄》卷一　《郁伽長者所問經》一卷魏世康僧鎧譯。《郁迦羅越問菩薩行經》一卷晉世竺法護譯。《法鏡經》一卷，後漢世安玄共佛調譯。《法鏡經》二卷，吳黃武年支謙譯。右四經同本異譯。

智昇《開元釋教錄》卷二　《法鏡經》二卷或一卷，第二出，祐云見《別錄》，《安錄》中無，又長房等錄更有《郁伽長者經》二卷，亦云諸錄，即是此經，不合重載。

佛說決定毘尼經

論說

吉藏《法華義疏》卷一〇　所言三藏者，凡有三種。一者小乘三藏，二者大乘自有三藏，如《攝大乘論》說，三者大小合論三藏，謂聲聞藏、緣覺藏、菩薩藏。有人言《華嚴》等爲大乘慧藏，《決定毘尼經》爲大乘毘尼藏，《地持論》等爲大乘阿毘曇藏，今謂大乘經中自有三藏，不應引論也。

綜述

智旭《閱藏知津》卷三　《佛說決定毘尼經》一卷北云東晉錄失譯人名，南云燉煌三藏譯即第二十四《優婆離會》異譯，《三十五佛名禮懺文》紙半北天竺沙門大廣智不空譯，即前經中譯出別行。

著錄

僧祐《出三藏記集》卷二　《決定毗尼經》一卷一名《破壞一切心識》，右一部，凡一卷。衆錄並云於涼州燉煌出，未審譯經人名。傳云晉世出，未詳何帝時。

又卷四　《三十五佛名經》一卷出《決定毗尼經》。

智昇《開元釋教錄》卷三　《決定毗尼經》一卷一名《破壞一切心識》，初出，與《寶積・優婆離會》同本異譯，祐云衆錄並云於燉煌出，不顯譯人，傳云晉世出，未詳何帝時。

佛說大迦葉問大寶積正法經

楊億《大中祥符法寶錄》卷四　大乘經藏收。佛在王舍城鷲峯山說，第一卷明有四種法菩薩應知，一者入空解脫門，信業報無性。二者入無我無願解脫門，雖得涅槃，常起大悲，樂度衆生。三者於大輪迴巧施方便。四者於諸有情雖行給施，不求果報，如是乃至有二十二種四法等。第二卷明菩薩欲作佛事，智慧爲先，乃至廣說十二有支，無我無法，不生不滅等。第三卷明由智斷惑，非智先起而惑後亡，亦非惑先亡而智後起，亦非同時乃表惑智，俱無自性。第四卷明如人被縛，巧設方便而得解免，如苦有情作善相，應制止心猿，令得離縛。第五卷明涅槃法者非相非非相，本來無得，不生不滅等。揔彰此部經之大旨者，明炬一發，衆暗悉除，智起惑亡，其義如是。然而不即不離，非後非前，緣法自然，性不可得，乃至涅槃寂滅，非滅相之可求，諸法緣生，非有生而可得，其悟了者入涅槃門。

智旭《閱藏知津》卷三　《佛遺日摩尼寶經》一卷，後漢月支國沙門支婁迦讖譯，《佛說摩訶衍寶嚴經》一卷，晉代失譯師名《佛說大迦葉問大寶積正法經》五卷，今作二卷宋北印土沙門施護譯，三經皆即第四十三普明菩薩會異譯。

勝鬘師子吼一乘大方便方廣經

題解

慧遠《勝鬘經義記》卷一　《勝鬘師子吼一乘大方便方廣經》者，蓋乃標部別之名，衆經所以首題其名，欲示所明之法。此經所明，章別十五，始從欲佛終至勝鬘師子吼章，章雖十五，要分爲二，前十四章是自利行，後一利佗。今言勝鬘師子吼者，是第十五利佗行也。一乘方便及以方廣，是前十四自利行也。何故不次，前後一章標人顯德，標人在初，題接中便，故先舉之。言勝鬘者，外國名爲尸利摩羅尸利此翻名之爲勝，亦名爲首，亦名爲德，摩羅名鬘，鬘是華鬘，華鬘中上，故號勝鬘。此人何故名曰勝鬘？據相以求，一切世人，多依世事，以名其子。勝鬘父母，借彼世間殊勝之鬘以名其人，故號勝鬘。賢聖之名，雖依世事立，冥與德合，如彼純陀父母所立名解妙義，亦如維摩父母立字名無垢稱，如須菩提父母所立名曰空生，皆與德合，此亦如是。良以勝鬘肉脩德慧而自莊飾，如世華鬘故號爲鬘。德慧爲鬘，殊過世好，是以言勝。師子吼者，借喻名德，如世師子哮吼之時，有所摧伏。勝鬘外化能降惡人，是故就喻名師子吼。又復勝鬘宣說此經決定不怯如師子吼，是故就喻名師子吼矣。下一乘等相別如何，就前自行十四章中，初十三章是一乘體，眞子一章明信順益，此但舉前十三章，後一不論。言一乘者，即是第五一乘章也。大方便者，是前四章。大方廣者，是後八章。良以一乘是此經中所明之字，故先標之。乘是行用，行能運通，故名爲乘。隨化多乘，據實不殊，是以言一。經中說一，汎有四義，一簡別名一，二破別立一，三會別名一，四無別名一。言簡別者，如來於彼三藏教中，權說三乘。求聲聞者爲說四諦，求緣覺者爲說因緣，求大乘者爲說六度，宣說菩薩三阿僧祇修習有漏。云波羅蜜，於最後身，斷結成佛，爲簡別三，是故言一。言破別者，佛爲化人權說三乘，衆生聞之，執爲定實，佛爲破之，是故言一。故經說言，唯此一實，餘二非眞，其猶化城，非眞息處。言會別者，如下文說，於一乘中，開云諸集，會之歸本，是以言一。言無別者，就實論實，由來無別，是故言一。今此所論，會別名一，以於實中因無異趣果無別德，故云一耳。大方便者，是乘因行之修善巧，故號方便。方便不同，汎有四種，一進趣方便，如見道前七方便等。二權巧方便，如二智中方便智等，實無三乘權巧爲之。三施造方便，凡所造作善巧施爲，故號方便，如地持中所說十二巧方便等。四集成方便，諸法同體巧相集成，故曰方便。故《地論》云，此法善巧成名爲方便，今此所論，是其第三施造方便。又前四章漸增向果，亦得說爲進卻方便，方便中極。是故云大言方廣者，是一乘理。理正名方，苞含曰廣。此等所詮，經是能詮。外國正音名修多羅，此翻名綖，聖人言教，能貫諸法，如綖貫華，是故就喻名之爲綖，何不名綖乃名經乎，綖能貫華經能持理，其用相似，故號爲經，名依俗調。經者，常也，敎之一法。經歷古今，恆有日常，此經始終，文別有三，謂序正流通，初至嘆佛實功德來，是其由序。二從如來妙色身下，是其正宗。三放勝光下，是其流通化必有由，放光明序，由序既興，宜顯所明之法，故次正宗，聖者爲化，兼益末代，故次第三明其流通。

窺基《勝鬘經述記》卷一　言勝鬘者，二明字也。梵音云末利室羅，此云勝鬘。有三義，一云夫人種因久遠行果令生聰慧利根堪聞妙法，灌勝法在心是鬘者之女，故名勝鬘。二云然末利產生既多，上有瑠璃太子，能除釋種，下有金剛女，門亦不踰，中有勝鬘，形貌端政，才量難思，復爲用妃。末利深生敬重，是夫人愛勝之女，鬘過勝故名曰勝鬘。三云其母初爲賤餘，後始高尊，然女終始俱珍過母，母邊勝故名曰勝鬘也。問既標勝之足何須復道夫人耶？解云子尊不加於父，雖爲國后，然是女所以先標鬘爲與貴重人作軌則，復置夫人之德，若稱正名便違他國法也。

吉藏《勝鬘寶窟》卷二　勝鬘有四標四釋，如來四述四歎。佛告勝鬘下，此是第五一乘章，略作八門釋之。一來意門，一乘正是此經宗旨。又以一乘立名，故題云《勝鬘師子吼一乘大方便》。又一乘是三世諸佛出世本意，如《法華》說，三世諸佛，唯爲顯一理，唯爲敎一人，是故出世，爲此義故，須明一乘也。

論説

慧遠《勝鬘經義記》卷一　聖教萬差要唯有二，謂聲聞藏及菩薩藏。教聲聞法名聲聞藏，教菩薩法名菩薩藏。聲聞藏中所教有二，一聲聞聲聞，二緣覺聲聞。聲聞聲聞者是人本來求聲聞道，常樂觀察四眞諦法，成聲聞性於最後身，値佛爲說四眞諦法而得悟道，是人本來有聲聞種性。今復聞志而得悟道，是故說爲聲聞聲聞，如經中說，爲求聲聞者說四眞諦法，提斯爲言，緣覺聲聞者，是人本來求緣覺道常樂觀察十二緣法。成覺性於最後身，値佛爲說十二緣法而得悟道。是人本有緣覺種性於最後身聞聲悟道，是故說爲緣覺聲聞，如經中說，爲求辟支佛者，說十二緣法，就此爲論，聲聞聲聞根性是鈍，緣覺聲聞根性稍利，利鈍雖殊，同斯小果，藉教處等，是故對斯二人所說爲聲聞藏，此二之中，各復有二。一種性聲聞，亦名決定，二退菩提心聲聞。言種性者，是人本來專習小法成就小性，如來出世現欲小法，佛依根欲爲說小法，證得小果從本立稱，名種性聲聞。是人現在決定住小不能入大，是故亦名決定聲聞。退菩提心聲聞者，是人過去曾習大法，流轉生死，忘失本心，志求小果，値佛出世現欲小法，佛依根欲爲說小法，證得小果，是人過去有菩提心，今退住小，名退菩提心聲聞種性聲聞。於佛一化始終住小，不能入大，退菩提心聲聞始小終大，去住雖殊，以其當時受小處一，是故對斯二人所說爲聲聞藏也。菩薩藏中所敎亦二，一是漸悟，二是頓悟。言漸入者，即向退菩提心，聲聞始時住小終能入大，大從小乘謂之爲漸，故經說言，除先修習學小乘者，我今亦令入是法中，此是漸也。言頓悟者，有諸衆生久習大乘相應善根，今始見佛即能入大，大不由小謂之爲頓，故經說言，或有衆生世世以來，常受我化始見我身，聞我所說即皆信受，入如來慧如是頓悟。漸入菩薩藉淺階遠，頓悟菩薩一越解大，頓漸雖殊，以其當時受大處一故。對斯二人而說爲菩薩藏，聖敎雖衆要不出此，故龍樹云，佛滅度後，迦葉、阿難於王舍城結集三藏爲聲聞藏，文殊阿難於鐵圍山集摩訶衍經爲菩薩藏。地持亦云，佛爲聲聞菩薩行出苦道說修多羅，結集經者，集爲二藏，說聲聞行爲聲聞藏，說菩薩行爲菩薩藏。地持復云，十二部經唯方廣部是菩薩藏，餘十一部是聲聞藏。《涅槃》亦云，十二部經唯方廣部菩薩所持，餘十一部二乘所持，菩薩所持猶菩薩藏，二乘所持猶聲聞藏，故知聖敎無出此二，此二亦名大乘小乘半滿敎等，名雖變改其義不殊。今此經者，二藏之中菩薩藏收，爲根熟人頓敎法輪已知所在。

法雲《法華經義記》卷一　若汎論衆經標題差別不同，略述所見可在五種。何者，一者單法標經，二者單人標經，三者人法兩標，四者但譬標經，五者法譬雙擧。單法者，則是《大般涅槃》者圓極佛果之法，故知單以果法標經名也。人標經者則是《四天王經》、《樹提伽經》也。人法兩存者，即是《維摩》、《勝鬘》經也。但譬標經者即是《成實》所云斧柯喩經也。法譬雙擧者即是此《法華經》上出妙法下出蓮花爲譬，緣此得雙顯因果之義，夫水陸所生類雖無限，今的取水生蓮花以譬因果者，此花不有則已，有則花實必俱，用此俱義譬此經因果雙說也。尋諸經宗旨要略有三，一者以因爲宗，二者以果爲宗，三者以因果爲宗也。以何故者如勝鬘圓經單以因爲宗，語萬善之因明同歸之路，括五乘皆無異路。又有單果爲宗者即是大小兩本，是故首稱《涅槃》，涅槃之號是極果總名，非是因地通目。今此《法花》則以因果爲宗，自安樂之前開三顯一以明因義，自踴出之後開近顯遠以明果義。夫欲識經旨歸唯應諦思經題，是故《勝鬘經》昔呼目一乘極敎經初標宗矣。今此經首題稱言《妙法》，表明因亦是法，果亦是法，故用蓮花爲譬雙，顯因果二理也。然勝鬘雖明一體三寶此則爲因，故明果下唯結言說入一乘，不結一體三寶，此則單以因爲宗。然《涅槃經》亦言護法得金剛之身不殺感長靈之報，雙明緣正兩因具述佛果之業，此亦爲果故明因，終不以因爲宗，是故開宗之始，辨義之初，仍言禮今施汝常命色力。今此經明因之處亦有果義，即言開佛知見，辨果之中亦有因義，即言久修業所得。前則爲因故明果，後即爲果故明因，故知因果雙說是經正宗，此意是光宅法師今述而不作也。

寶亮《大般涅槃經集解》卷六八　眞實無有無漏果報，得知無漏，是散滅生死法，非復集諦，而解者稱此。無漏但不繫三界，由感變易果者，恐非聖意，而今大乘了義，佛自斷云，眞實無有無漏果報，豈更感生死果成於集諦，而《勝鬘經》，稱無漏業爲因，無明住地爲緣者，別自有意，不關用無漏爲集諦也。五陰是業煩惱家果，寄他無常苦報，上依善知識理緣中，發得此無漏解，故云是果，撿理而談，實非果也，或從心身到梵天邊者，亦是因中說果。心者是定因，此定能得梵天身。

綜　述

吉藏《勝鬘寶窟》卷一　此經言約義富，事遠理深，豈止勝鬘之一經，乃總方等之宗要。余翫味既重，鑚鑽累年，捃拾古今，搜撿經論，撰其文玄，勒成三軸，若少參聖旨則福施群生，如其有差請冥加授。玄意有五，一釋名題，二敘緣起，三辨宗旨，四明敎不同，五論經分齊。就釋名門更開三別，一立名意，二明通別，三正釋名。衆經所以立名者，然至理無名，聖人無名相中爲衆生故，假名相說，欲令衆生因此名相悟無名相，如懸峯可陟，要假繩梯，至道寂寥，寔由名相蓋是垂教之大宗，群聖之本意也，又所以立名，令依名識法，因法起行，因行得解脫果。龍樹呵五百部云，不知佛意爲於解脫故。《法華經》云，如來所演經典，皆爲度脱諸衆生故。又所以立名者，至人說法有略有廣，略則一題之名，廣則一部之教。演略爲廣，開一題成一部，括廣爲略，卷一部成一題也。又爲利根人，但標一題，猶如龍樹入彼海宮，觀經題目便能悟解，爲彼鈍人，聞略題目未解，尋廣文乃悟。又爲鈍根人，不能具受廣經，便略持一題，爲利根人堪能廣持故明一部。又爲欲簡別使衆部不同，是故諸經各題名字，欲令衆生因於衆題，各解諸法故明一部。又欲分邪正敎異內外差別故，首題名字，若韋陀廣主謂外道經名《般若》、《涅槃》內教之稱，亦如三墳五典，震旦俗書，大小二乘，天竺聖教，以如是等衆因緣故，是以聖教首題名也。次明立名通別門者，有人言，此經所明，章別十五，始從歎佛，終至勝鬘師子吼章。章雖十五，要分爲二，前十四章，是自利行，後一利他。今言勝鬘師子吼者，是第十五利他行。一乘大方便及與方廣是前十四自利行也。所以不次第者，彼後一章，標人樹德，標人在初，故前擧之。一乘者，即是第五。一乘大方便者，是初四章。方廣者，即是無邊聖諦等章，如此分配謂之別也。今所明者不同斯義，一就此經難之，二用淨名經爲類。一以此經難者，若言後有勝鬘師子吼章即用爲題者，後立經名中，今以此《勝鬘師子吼經》囑汝，亦應但付囑一章經也，然後既通付一部，知今題《勝鬘師子吼》，亦通題一經勝鬘師子吼既通一部，則一乘大方便等義亦同然。引淨名爲類者，如《維摩經》，一名不思議解脫，然彼非但諮不思議品以爲不思議解脫乃是通名一部，故肇師言，此經始自淨國，終于供養，其文雖殊，不思議一也，以彼類此。故知今言一乘，非唯諮一乘章以爲一乘。次明正釋名門者，今就一題，作五雙十義釋之。言五雙十義，初人法一雙，題《勝鬘》謂能說之人也。師子吼已下，明所說之法，謂人法一雙，師子吼者譬也，一乘大方便方廣者法也，謂法譬一雙。一乘者謂體實也，大方便者謂權用也，謂體用一雙。從勝鬘師子吼至一乘大乘大方便謂一經之別名也，方廣者，謂大乘經之通稱也，謂通別一雙。從勝鬘至方廣，謂所詮之理也，經者能詮之教，謂理故一雙。蓋是不二而二故開五雙，若二而不二，則十義無別，故下章云，無異攝受，無異正法也。今次第釋之，夫道不孤運，弘之由人，斯乃法身大士，託質女形，隱迹後宮，和光同俗，俗弘風靡之化，故現妃后之形，仰請於佛，闡揚大教，是以須題勝鬘之人也。又所以題人者，一佛自說，二弟子說，三諸天說，四仙人說，五化人說，今欲簡異佛說，故題勝鬘也。又衆經標題大明二種，一者，佛所說經，多從法爲稱，弟子所說者，多從人立名，佛若從人則諸部無別。今欲使諸部名別，故從法爲名，弟子若從法，則有濫師說。今欲使師資義分，故從人，是以師從法，欲明法別，資從人，爲明人異。但汎明從人凡有四種，一從能說人以受名，即如此釋經等。二從所說人而立稱，如《阿彌陀佛經》等。三從能問人以立名，如《文殊問般若經》等。四從所爲人以立名，如《提謂經》等。今此經從能說之人立名，如前所明。又女人穢陋，兼以五礙三監，遂能弘闡一乘，使七歲以上成佛，蓋是世所希逢，宜須題其盛威德，是以首題標其人名。言勝鬘者，外國名爲尸利摩羅，尸利此翻名之爲勝，摩羅名鬘，鬘謂華鬘。而言勝者，一釋云鬘中之上，故云勝鬘。勝鬘父母，借彼世間殊勝之鬘，以美其女，故號勝鬘也。又其人生時，人獻首飾之華，故因事立稱。波斯匿王，爲無兒息，祈神請福，後忽生一女，國民群寮，皆悉歡喜，各貢上寶華，彫麗珍飾，即從此事立名，故號勝鬘也。二云以女比華鬘，女勝於鬘故曰勝鬘。凡有二勝，一形勝，二德勝。形勝者，女貌絶倫，華鬘不並，如世云將華比面，則面勝於華也。德勝者，其女聰慧利根，通敏易悟，有勝世人，故云德勝。又波斯匿王，唯生此女，王之愛惜，爲光飾種胤，是女聰敏愛重，勝世寶彫飾於體，故云勝鬘。雖因世事爲子立名，冥與德合，如彼純陀父母所立名解妙義，《維摩》云無垢稱，須菩提號曰空生，皆世俗立名，而冥與德合，大士亦爾，內備諸德而自莊嚴，如世華鬘用爲首飾，故云勝鬘。《涅槃》云，德鬘優婆夷，故知以衆德爲鬘也。《古注》云，蓋法身同事之美名，攝物之麗稱也。徵之以事，四體唯首爲尊，飾嚴首唯鬘爲貴，比般若則證鑒居宗，暉照則備德兼美，斯乃借喩顯實，故獨標勝鬘者也。此釋意明外譬有三，一者四體，二者有頭，三者有鬘莊嚴於頭。合中，以因中諸行爲四體果地，平等大慧爲衆德之最，故名爲頭。自平等大慧以外餘果地一切諸德，莊嚴此慧，故名爲鬘也。馥法師云，勝鬘者，云大士以三乘爲法身，二乘冠其首飾，此意明三乘之解，猶未端嚴，一乘之慧方爲妙極故也。《維摩經》云，深心爲華鬘。竺道生注云，鬘既爲首鬘，束髮使不亂也。又釋深心者，深入實相之心也，所入實相，既其妙微則徹理之心。心亦端嚴，端嚴之慧居衆善之先，猶鬘之在首。問，華之與鬘有何異耶？答，《涅槃經》云，願諸衆生皆得佛華三昧，七覺妙鬘繫其首頭，故華之與鬘應是二物，若如《維摩》云深心爲華鬘，則以華爲鬘，應是一物。次論勝鬘住。舊說皆云是法身菩薩，但解法身不同，若依《智度論》，六地爲肉身，七地已上爲法身，什肇注淨名大意亦爾。有人言，依地經及此經義，七地已前爲色身，八地已上爲法身，則勝鬘應是八地已上法身。又如淨名天女辨屈身子，舊多云是八地法身，今勝鬘盛說，不愧於此，故知是八地法身。依《法華論解觀世音品》云，知法界者，謂知法性，法性者，謂眞如法身，則初地便得法身。又釋六根清淨中，地前菩薩是受於肉身，故經云雖未得無漏法性之妙體，則知登地便證法身，《攝論》等意亦爾。若依《涅槃經》，其名曰德鬘優婆夷，位階十地安住不動，爲衆生故，現受女身。爲王后者，欲母儀四海德範六宮，先導之以俗禮，後引之入佛慧即五生中，謂勝生身也。師子吼者，勝鬘是其舊名，師子吼是其新稱，勝鬘美其人也，師子吼者歎其說也，外國云呵梨，此云師子，漢書中說師子作黃色，然實應具五色，但見其黃色者耳，形容亦不過大，但以威猛能伏諸獸爲獸中王，馥法師引《思益經》解師子吼有其多義。略說三種，一如說修行，二無畏說，三決定說，所說如所行，所行如所說，無有虛說，故名師子吼。二無畏說者，世俗云，小聖見大聖，神氣盡矣，而勝鬘親於佛前，對於勝衆縱任辨才，闡揚妙法無所畏懼，故淨名云，演法無畏如師子吼，又無畏有二，一不畏他，二能令他畏。獸王震吼亦復如是，一不畏於百獸，二令百獸生畏，大士演法，義亦同然。不畏他者，勝人臨座而弘道綽然，謂不畏他也。能令外道驚愧，天魔慴懼，謂令他畏也。師子吼名決定說者，此借師子性情爲喻，如師子度河，望直而過，若使邪曲即是迴還，菩薩演教義亦如是，依究竟理說究竟教，若不究竟即便不說，故下文云，師子吼者，一向記說，一向記說，猶是決定說也。又菩薩說法，能上弘大道，下利群生，邪無不摧，正無不顯，故下文云，決定宣唱一乘了義，又能摧伏非法惡人，是故名爲師子吼也。又師子吼者有十一義，後當具說。次明一乘，大方便已下，明所說之法，至道無二，故稱爲一，運用自在，目之爲乘，依《法華論》，此大乘修多羅有十七種名。第十四名一乘經，以此法門顯示如來無上菩提究竟之體，破二乘非究竟故，此以究竟果德名曰一乘，下一章義亦同爾，故以汎論一義，凡有十種，法華疏內以具明之。今略叙宗要，一對昔三是故名一，如《法華》云，爲聲聞說四諦，爲緣覺說十二因緣，爲菩薩說六波羅密。爲對彼三，是故明一，故云唯有一理，無有三理，唯教一人，無有三人，又爲對二，是故明一，如《法華》云，唯此一事實，餘二則非眞。問，對二對三，言似相違，云何通會？答，此猶是一義，無相違也，三是通明，二是別說。三是通明者，三中之一，即是一乘，是彼二乘故名三。言二乘者，但明三中之二，此非眞實，三中之一，謂眞實也。問，何以得知三中之一唯實，餘二非眞？答，《法華經》云，但有一佛乘故，爲衆生說法，無有餘乘若二若三，二謂緣覺，三謂聲聞，故以知三中之一爲佛乘也。今擧一譬示之，如人手中唯執一菓，爲諸子故說有三菓，此是於一說三，故三是方便，亦得言唯有一菓，於一菓上說有餘二，故二是方便，一是眞實也，所以然者，唯有一菓無有三菓，而言三者，故三是方便，唯有一菓，無有餘二，而言有餘二者，故二是方便也。對二對三，類亦如是，猶是一義也。此具如《法華》廣說，二者破三明一，昔赴三緣，權說三教，然三乘之人執爲定實，今爲破之，是故明一，三者會三歸一，如下文說，於一乘中開出諸乘，今會之歸一，是故言一也，四者本來無別，所以言一，如《法華》云，諸法從本來，常自寂滅相。《法華論》云，三乘之人同一眞如法身，是故言一，五者三即是一。達觀之者，體悟三即是一相，六者覆三明一，所化衆生常有三一兩緣，是以如來具有三一兩教，如二鳥雙遊不相捨離，昔爲三緣覆一辨三，今爲一緣覆三以明一也，七非三非一，歎美爲一。如《大品》云，諸法如中，非但無有三乘，亦無獨一菩薩之乘，故知就理未曾三一，非一非三歎美爲一。所言大方便者，依《法華論》第十三名《一切諸佛大巧方便經》，天親釋云，依此法門成大菩提已，爲衆生說人天聲聞辟支佛等諸善法故，此意明大菩提一乘爲眞實，爲衆生說四乘爲大巧方便，依此文爲正解，所以此標二名者，一乘爲體方便爲用，一乘爲實，三乘爲權，欲明從體起用及會權歸實，結束佛教始終故明此二也。有人言，一乘明所說之體，大方便者，明此法化義窮善巧，故云方便。若汎釋，有五種方便，一進趣方便，如見道前七方便等。二善巧名爲方便，如十波羅蜜等。三善權方便，如無三說三等。四施造方便，凡所造作善巧施爲，故名方便，如地持所說十二巧方便等。五顯此一乘離相巧成，故名方便。方便中極故名爲大，此即用一乘爲方便也。復有人言，今此所論，是其第四施造方便。又前四章漸增向果，亦得說爲進趣方便。復有人云，乘有三義，謂性、隨、得。十五章中，初四、後二是乘隨義，第五是得義，餘七明性義，隨義進趣善巧，性義習成善巧，得義攝益作用善巧，故名方便。今謂若爾則方便攝十五章盡，復何用一乘，又一乘章明乘是果，可是乘得，如來藏可是乘性，法身等云何乘性耶？今所明者，如《法華論》既有二名便有兩義，一乘經既是無上菩提，《大巧方便經》即四乘教也，此即權實兩舉，體用雙明，義無增減，故有誠文，宜可依用。大方廣者，上來明別，今次辨通，如《大方廣佛華嚴》，亦如《大方等大集》，故知方廣是大乘經之通名也，所以須通者，或恐物疑勝鬘所說，非方等之例，是故今明勝鬘所說即是方廣。方廣者，依《法華論》第三名方大廣，謂無礙大乘門，隨順衆生根，住持成就故，此意通明大乘門無礙，故名方廣。言別釋者，理正曰方，文富稱廣，又一乘無德不包曰廣，離於偏邪稱方，《古注》云，眞解無偏爲方，理包無限稱廣。所言經者，自上已來明所詮之理，今明詮理之教，即是理教一雙也。如涅槃七善中釋知法知義，知法者謂十二部經，知義者謂十二部經所明之義，即理教之明證也。言經者，天竺名修多羅，此方隨義翻譯非一，傳譯者多用綖本二名，以翻修多羅，若依《分別功德論》及《四分律》，幷驗現今天竺僧諮縫衣之綖爲修多羅，則以綖翻修多羅。若依《仁王經》及留支三藏所云，則以本翻修多羅，若綖若本，並有文證，但驗方言，難可偏定。所言綖者，如世間綖有貫穿攝持之用，諸佛言教亦有貫法相攝人之能，與綖大同，故從喩立名。所言本者，以教能顯理，教爲理本，教能起行，故教爲行本。今行爲經言綖本者，蓋是翻譯之家隨方音便，故以經名代於綖本，類如毘含藏，正翻爲滅，若依根本翻名，應言《四分滅》、《十誦滅》等，但翻譯之家見此方俗法判罪教門名之爲律，是以佛法制罪教門亦爲律，故名《四分律》、《十誦律》等。此亦如是，若依根本翻名以爲綖本，應言涅槃綖法華綖等，亦是翻譯之家以見此方先傳國禮訓世教門名爲五經，是以佛法訓世教門亦稱爲經，故言《涅槃經》等，既隨俗代名，還依隨俗釋義，俗言經者常也。雖先賢後聖，而教範古今恆然，故名爲常。佛法亦爾，雖三世諸佛隨感去留，教範古今不可改易。第二說經緣起門，問，淨名經歎諸菩薩云，其見聞者無不蒙益，諸有所作悉不唐捐，今勝鬘既是法身大士，隨感以現形，適機而演教，如肇公云，法身無像，物感則形，冥權無謀，動與事會，今有何等大因緣故演說此經？答，意乃多途，略明二種，一爲踰闍國內七歲已上男女之流，宿昔共勝鬘結大乘眷屬，今欲使其善根成就，故假仰請佛起諸願行，乃至承佛神力說斯經。二者通爲一切學大乘人，使稟教之流，識大乘法十五條義，則疑無不滅，解無不生，但有進路而無退道，究竟一乘得成佛也。是以第十六名云，此經斷一切疑決定了義，即其明證。問，以何義故知有通別二種意耶？答，佛於踰闍國內像現虛空，勝鬘對佛演說斯教，佛去已後，勝鬘與王各化國內所有人民，令七歲已上皆學大乘法，是故當知有別爲也，佛還舍衞告命阿難及以帝釋，令於天上人間廣弘斯教，是故當知有通爲也。次明宗旨門，此中有二，一正明宗旨，二明同異。此經章雖十五，統其旨趣以一乘爲宗。所以然者，凡有二義，一者，凡欲識經宗，宜觀經題，若舒之章有十五，若卷之則歸乎一乘，是故用一乘爲經旨也。二者，如《法華》云，三世諸佛略明五乘，廣則八萬法藏，雖有廣略不同，而意唯爲顯一理，教乎一人。故《譬喩品》云，諸有所說，皆爲無上菩提，悉爲化菩薩故，今當復以譬喩更明此義，更明此義者，更明唯有一理，唯教一人，故知若法若譬若語若默諸有所作爲明一乘，法華既爾，此經亦然。問，若爾，一教便足，何煩兩經？答，般若一法，遂有五時，一乘無二何妨兩說，又雖復至道唯一，轉勢說法故有多門，如將適病人，迴變食味。又廣略有無互現，此經略說，法華廣明，此有二死五住之言，則法華無也，彼有三會及種種權實，則此教無也，餘有無事多，不可具叙，若約緣不同者，法華爲迴小入大人說。故《涌出品》云，除前修習學小乘者，如是等人我今亦令得聞是經入於佛慧，即明證也，此經爲直往菩薩說，阿踰闍國，謂無生國，此國常說無生，常有學大乘人習無生觀，故爲之直說一乘使成佛也。問，若爾，但應說一乘法，何故文中復辨三乘？答，爲一乘人令識權實，識權則無退路，解實直進不迴，又識權即能化他，解實則成自行，又此爲會三故辨三，非爲三緣而說三也。第二同異門者，人言此經亦以一乘爲宗，於境智二門，乘義是境，例如法華會三歸一，三一是二智之境。今明會五歸一，一是實智之境，今謂義不全爾，若三一是所觀之義，則名爲境，即能照之智亦是乘。故下文云，一乘即菩提，菩提即智也。大乘通境智，有人言於因果二門，乘義是因，因能趣果，今謂義不全爾乘具因果及非因果，如下會二乘歸一乘，即以因果義爲乘，若以三乘四智爲乘，即從因趣果義，縱任自在，嬉戲快樂，此是自運名乘。佛自住大乘，還以此法度他，即以運他名乘，此則因果俱運，則因果俱乘。非因非果乘者，非因非果言忘慮絕，故名大乘。《文殊十禮經》云，諸佛虛空相，虛空亦無相，離諸因果故，敬禮無所觀。問，非因非果云何名運？答，體悟非因果，令人出四句超百非，故是眞運，故以非因非果是乘體，因果是用。江南瑤法師云，此經以三義爲宗，論解惑所繫，辨明八諦，諦則如解之所解，如惑之所惑也，次辨解惑之本，故明自性清淨本無染，後則會二歸一乘。此言三義者，以聖諦爲解惑之境，即是一義，自性清淨是解惑之本，是其二義，一乘明滅惑修行得成極果，是其三義，古人雖不見乘三義，而初一是乘境，次一是乘性，後一是乘得，今亦不同此說。若取三義，乘性乘境乘得，此三攝乘義盡，古人不見論明此三義，所以不說之。今明此經有十五章，悉得是經名，並得是乘體，但案題爲宗，故以一乘爲正也。次辨教差別門有二，一明立教意，次明教門不同。論云，泥洹是眞法寶，衆生藉種種門入，門雖不同，大明二種，一藉事以受悟，如香積佛土，以香爲佛事。二因無言以登聖，如寂漠世界，外無示說，內無識慮。三因方言以改凡，如娑婆國土，隨物而現形，適機而演教，教雖萬差，考其大宗，同是無名相中強名相說，欲令衆生因言以悟無言也，但取相之徒，聞至理無言，教有於言，無言之理不得有言，有言之教不可無言，是則理教永分，生乎二見。《大品》云，諸有二者無道無果。《涅槃》云，明與無明愚者謂二。故下章云，堅執妄說違背正教，名爲外道腐敗種子，是故不應起理教二見。今所明者，所詮之理絕言，詮理之言常絕，故言滿十方不吐一名字，如天女之詰身子，汝乃知解脫無言，而未悟言即解脫，既云言即解脫，亦應解脫即言，言即解脫，雖言無言，解脫即言，雖無言而言，言而無言非定有言，無言而言非定無言，故非言非無言，亦非理非教，名心無所依，乃識理教意也。如《法華》云，我以無數方便引導衆生令離諸著。《像法決疑經》云，我從初出世乃至涅槃不說一字不度一人。《大集經》云，菩薩了一切法門疾得菩提。所謂一切法心無所著，肇法師云，其爲論也，言而無當，破而不執，儻然靡據，事不失眞，蕭焉無寄，理自玄會，家師朗和上每登高座，誨彼門人常云，言以不住爲端，心以無得爲主，故深經高匠，啓悟群生，令心無所著，所以然者，以著是累根，衆苦之本以執著故，三世諸佛敷經演論皆令衆生心無所著，所以令無著者，著者是累根，衆苦之本，以執著故，起決定分別，定分別故，則生煩惱。煩惱因緣，即便起業，業因緣故，則受生老病死之苦。有所得人未學佛法，從無始來任運於法而起著心。今聞佛法更復起著，是爲著上而復生著，著心堅固，苦根轉深，無由解脫，欲令弘經利人，及行道自行，勿起著心，此叙說教之大意也。次明教門不同，南土人云，教有三種，一頓教，二漸教，三無方不定教。頓教謂華嚴之流，漸教從趣鹿苑乃至涅槃，五時次第，目之爲漸，三無方之教，出前二種之外，即《勝鬘尊經》是也。故此經過大品，包法華，與涅槃齊極，雖以一乘爲體，而顯言常住，故得與涅槃理同。雖說一體三歸，而以一乘爲致故包法華之說，既義適兩教，故屬無方。又是別應於機，非雙林之說，故異涅槃，立三教者云，楞伽法鼓及以此經，並屬無方之教，但法鼓居此經之前，何以知之，法鼓在舍衛城爲波斯匿王說，王於佛所，始得大乘之信，方遣書報女，乃有今說，故知法鼓居此經之前。《楞伽經》第四卷云，我以神力建立，令勝鬘及二智滿足諸菩薩等，宣說如來藏及識藏。亦文云，勝鬘夫人承佛威神力說如來境界，以此故知楞伽在此經後也。在南海楞伽山頂，爲海中住大菩薩，明八識二死五住一乘無相常住如來藏等。法鼓對大迦葉說，明如來常住眞我之性，又明化城窮子等譬，事似法華，佛因波斯匿王擊鼓吹唄來佛所，因爲說法鼓，在此經前後義實如之，三教五時非今所用，北土彰於五時，立四宗教謂因緣假名不眞及眞，如是等義，《法華疏》內具論得失，從菩提留支度後至於即世，大分佛教爲半滿兩宗，亦云聲聞菩薩二藏。然此既有經論誠文，不可排斥，但衆生聞於二藏，則起大小二心。然須知至道未曾小大，赴大緣故而強名爲大，隨順小緣故假名爲小，欲令因此大小，了悟至理非大非小。然既不住於兩是，豈可心存於二非，識此大宗，則三藏無失。問，爲大小人說二藏者，何等是大小人耶？答，菩薩有二，一直往菩薩，二迴小入大。爲此二人說菩薩藏，爲直往人說，亦得名之爲頓，以不從小入於大故，爲迴小人說，目之爲漸，以其從小入於大故，此之頓漸如法華說，是諸衆生始見我身，聞我所說，即便信受入如來慧，此直往頓也。除前修習學小乘者，如是之人我今亦令得聞是經入於佛慧，即迴小漸也。說聲聞藏亦爲二人，一本乘聲聞，二退大取小。爲此二人說聲聞藏，今此經，二藏之中菩薩藏攝，二菩薩中直往所收，以彼七歲已上，未曾入小，頓聞大乘，是故名爲直往人也。問，大小二乘俱有三藏，此經於三藏中何藏所收攝？答，題既云經，經者謂修多羅，修多羅藏攝。問，何故非餘二藏所收答，修多羅通，又爲三藏之本通詮一切者，名修多羅本教，局詮戒行，名曰《毘尼》，重辨前二者，名《阿毘曇》，故婆沙云，種種雜說，名修多羅，廣說戒律，名曰《毘尼》，說總相別相，名《阿毘曇》。《涅槃經》云，此是契經甚深之義，此是戒律輕重之相，此是毘曇分別法句，故知此三，約能詮之教有其本末，約所詮有通局不同，是故此經初藏所攝。次明經分齊門，若依天竺，二種不同，龍樹釋般若不開章門，天親解涅槃預科分齊，震旦諸師亦有二說，如什肇注淨名不開於文，融朗解法華有其章段，今謂開與不開，可適時而用。又佛意在悟道但令得悟，則隨時用之。

智旭《閱藏知津》卷三　《勝鬘師子吼一乘大方便方廣經》一卷，劉宋中天竺沙門求那跋陀羅譯，即第四十八《勝鬘夫人會》異譯。

紀事

慧觀《勝鬘經序》一七　《勝鬘經》者，蓋是方等之宗極者也，所以存于千載。功由人弘，故得以元嘉十二年，歲在乙亥，有天竺沙門名功德賢，業素敦尚，貫綜大乘，遠載梵本，來遊上京，庇迹祇洹，招學鑽訪。才雖不精絕，義粗輝揚，遂播斯旨，乃上簡帝王。于時有優婆塞何尚之，居丹陽尹，爲佛法檀越。登集京輦敏德名望，便於郡內請出此經。既會賢本心，又謹傳譯，字句雖質，而理妙淵博，殆非常情所可厝慮。

時竺道生義學弟子竺道攸者，少習玄宗，偏蒙旨訓。後侍從入廬山，溫故傳覆，可謂助鳳耀德者也。法師至元嘉十一年，於講座之上遷神異世，道攸慕深情慟，有若天墜，於是奉訣墳壟，遂遁臨川三十許載。經出之後，披尋反覆，既悟深旨，仰而歎曰：先師昔義，闇與經會，但歲不待人，經襲義後，若明匠在世，剖析幽賾者，豈不使異經同文，解無餘向者哉！輒敢解釋，兼翼宣遺訓，故作注解，凡有五卷。時人以爲文廣義隱，所以省者息心玄門。至大明四年，孝武皇帝以其師習有承，勑出爲都邑法師。慈因得諮觀，粗問此經首尾，又尋其注意，竊謂義然。今聊撮其要解，撰爲二卷，庶使後賢，其見其旨焉。

慈法師《勝鬘經序》　《勝鬘經》者，蓋方廣之要路，超昇之洪軌。故其爲教也，創基覆簣，而雲峯已構，沖想一興，而淵悟載豁。言踰常訓，旨越舊篇，故發心希聖，而神儀曜靈，歸無別章，而歎德斯備，誠感聲發，而鸞號響集。然後勸心切戒，曠志僧那，善攝靡遺，大乘斯御。馳輪幽轍，長驅永路，期運剋終，誕登玄極，玄極無二，故萬流歸一。故曰三乘皆入一乘，所謂究竟第一義乘。一誠無辯，而義有區分，名由義生，故稱謂屢轉。三五之興，蓋由此也。爾其奧也，窮無始之前，以明解惑之本，究來際之末，捃泥洹之妙。文寡義豐，彌綸群籍，宇宙不足以擬其廣，太虛不能以議其量。淵兮其不可測也，廓兮其不可極也。將求本際之源，追返流之極者，必至於此焉。

司徒彭城王殖根遐劫，龍現茲生，依迹上臺，協讚皇極。而神澄世表，志光玄猷，開斯幽典，誠期愈曠。凡厥道俗，莫不響悅。請外國沙門求那跋陀羅手執正本，口宣梵音，山居苦節，通悟息心。釋寶雲譯爲宋語。德行諸僧慧嚴等一百餘人，考音詳義，以定厥文。大宋元喜十三年，歲次玄枵，八月十四日，初轉梵輪，訖于月終。公乃廣寫雲布，以澤未洽，將興後世，同往高會道場。故略叙法要，以染同慕之懷云爾。

慧皎《高僧傳》卷七　釋道猷，吳人。初爲生公弟子隨師之廬山。師亡後臨川郡山及見新出《勝鬘經》，披卷而歎曰，先師昔義闇與經同，但歲不待人，經集義後，良可悲哉，因注《勝鬘》以翌宣遺訓，凡有五卷文顯不行。宋文問慧觀頓悟之義誰復習之，荅云生弟子道猷，即勑臨川郡發遣出京，既至，即延入宮內大集義僧令猷申述。頓悟時，競辯之徒関責互起，猷既積思參玄，又宗源有本，乘機挫銳往必摧鋒，帝乃撫機稱快及孝武升位尤相歎重，乃勑住新安爲鎮寺師主。帝每稱曰，生公孤絕情照，猷公直轡獨上，可謂克明師匠元忝徽音。宋元徽中卒，春秋七十有一。後有豫州沙門道慈善《維摩》、《法華》，祖述猷義刪其所注《勝鬘》以爲兩卷，今行於世時比多寶寺慧整長樂寺覺世，並齊名比德整特精三論爲學者所宗世善於《大品》及《涅槃經》，立不空假名義。

又卷七　時道場寺又有僧馥者，本澧泉人，專精義學注《勝鬘經》。

道宣《續高僧傳》卷一三　釋神照，姓淳于，汴州中牟人。年九歲，隋亂眷屬凋亡，惟母及身萍流無託，未幾母崩，投造無詣，朝求木實夕宿屍所，行往見之莫不下泣。年十二，投尉氏明智律師而出家焉，于時載揚律藏，學徒雲集宇內初定粳粒未充，照巡村邑負糧周給，年經六祀，勞而無倦。供衆之暇，夜講《法華》、《勝鬘經》，雖久人無知者，受其聽律，每發奇思，前學之流驚其迥悟，又往鄴下休法師聽《攝大乘論》，一偏無遺講散辭還，休送出寺學門恠異。休顧曰，斯是河南一偏照也。後生領袖爾其知之，又往許州空法師所聽《雜心論》，纔始八卷，爲師疾而返，後因遂講之。初後通冠時，人語曰，河南一偏照英聲不徒召，爾後《涅槃》、《華嚴》、《成實》、《雜心》隨機便講，曾不辭退。又造像數百鋪，寫經數千卷，任緣便給，不爲藏蓄，新譯能斷金剛般若初至，披讀尋括，詞義似少一行，遂以情測注及後其本果與符同，時咸訝其思力也。貞觀中遘疾逾久而戒行無玷，卒於安業本寺，春秋五十有九。初平素曰，一狗將養所住恆隨及隣大漸長號哀厲，通宵向本出家寺往返二百餘里，遶寺號呼以告，彼衆素不知也。凶問後至方委狗徵及曙還返安業，撿坎之後長眠流淚不食而殂。

著錄

僧祐《出三藏記集》卷二 《勝鬘經》一卷丹陽郡譯出【略】宋文帝時，天竺摩訶乘法師求那跋陀羅，以元嘉中及孝武時宣出諸經，沙門釋寶雲及弟子菩提法勇傳譯。

又卷五 《勝鬘經》一卷，永元元年出，時年九歲。

費長房《歷代三寶紀》卷九 《勝鬘經》一卷亦云《勝鬘師子吼大乘大方便經》。

又卷一一 《抄勝鬘經》七卷，【略】並齊司徒竟陵文宣王蕭子良，愛好博尋躬自緝撰，倫忘擬歷不謂傳行。後代學人相踵抄讀，世人參雜惑亂正文，故舉本綱庶知由委。其外猶有二十餘經，並是單卷，文繁不復倫錄，但上題抄字者悉是其流，類例細尋始末自別，見《三藏記》及《寶唱錄》。

淨土分部

佛說無量壽經

題解

彭際清《無量壽經起信論》卷二 一釋題名者，梵語阿彌陀，此翻無量，以佛名經者，一切依正莊嚴，皆從佛出，纔舉佛名，攝無不盡故。無量壽佛又有十二號，見於經文，今獨名無量壽者，表不生不滅之體，兼約化儀而言於十方佛中壽極無量故，此經先後共有五譯，一名《無量清淨平等覺經》，後漢婁迦讖譯。一名《阿彌陀過度人道經》，吳支謙譯。一名《無量壽如來會》，見《寶積經》，唐菩提流志譯。一名《無量壽莊嚴經》趙宋法賢譯，今名無量壽者，曹魏康僧鎧譯，鎧外國人，以嘉平末至洛陽，譯經四部，此其一也。

了根《阿彌陀經直解正行》 此經本名《無量平等清淨覺經》，一名《無量壽佛經》凡前後諸師譯改經名，難以盡舉。自唐時，此經傳至中華，元奘法師譯名《稱讚淨土佛攝受經》，師係洛州陳氏子，童年出家，即善講論經律，時號神人。歲至二十一，自貞觀三年，往西域取經，備經險難，歷過一百五十國土，遂至舍衛，取經六百餘部，今此《彌陀經》亦在內焉，至貞觀十九年還京，師手譯者，計成千餘卷，今稱《阿彌陀經》者，即羅什師譯之名也。以經中正宗專持名號方法，衆所樂聞，舉此六字立題，人皆信受流通也。首云佛者，即釋迦佛也，是淨飯王之子，佛母摩耶夫人，降生於周昭王二十四年四月八日，童名悉達，年至二十五出家，赴象頭山習定，任其蘆穿膝，雀巢灌頂，饑飡麻麥如是苦行六年，夜覩明星，方獲大悟，即說法度人四十九年耳，住世壽至八十。涅槃後一千餘年，至漢明帝永平十一年，教流震旦，至今時又一千餘年矣，所云佛字之義，曰，覺佛說阿者，無也。彌陀者，量也，故又號曰無量壽佛。或問曰，阿彌陀佛是何時人耶？答云，諸佛皆有法報化三身，隨機應現，若論事者，雖應化聖人，事必有時，然此阿彌陀佛，是無量劫前及無量劫後，統屬現在說法，并可略舉言之，乃無量劫前，彼方有一國王，名曰法藏，捨位出家，所發四十八願，廣度衆生，即今阿彌陀佛，是法藏比邱所成之佛，而且阿彌陀佛隨時應現於世，所爲愚迷人衆，演習淨業自成阿彌陀佛之起居，莫可勝數，故而前朝後代皆有阿彌陀佛顯名出世，審此意者，何可定耶？又問曰，阿彌陀既是前劫中佛，乃釋迦佛云阿彌陀佛現在說法，莫非又同時耶？答云，昔有智覺菩薩云，《總持經》中說三十七佛，皆乃無量劫前毗盧遮那一佛化身，此毗盧佛道有五智，一曰，大圓鏡智，性也。二曰平等性智，體也。三曰妙觀察智，用也。四曰成所作智，信也。五曰清淨智，是毗盧佛用中用也。自當中央法界清淨智，次從四智，流出四方衆如來，其妙觀察智，更流出西方極樂世界，爲無量壽如來，則一佛雙現兩土，可知阿彌陀在釋迦佛之前無量劫矣。況此經中，我佛所說，阿彌陀佛成佛以來，於今十劫之證據，又問曰，果然如是，但此《阿彌陀經》是釋迦佛親口所說，因何亦云西方極樂世界阿彌陀佛現在說法耳？答云，我佛知其阿彌陀佛，應機說法無量，願度衆生無量，光明接引無量，蓮華化生無量，若今時人，一心執持一句阿彌陀佛名號，堅心不退，臨終決定往生西方極樂世界中，雖然佛不同時，可謂阿彌陀佛尚在矣，故不可以過現未三世中推論出世耳。但諸佛菩薩，千般說法，萬種化度，因何我等總不成佛，何故？夫佛及凡夫，同爲這一箇性靈而已，佛將拔苦願力，或應化世間入類度人，雖足無停息，其佛性照而常覺，覺而常照，古今動靜不異，所謂無量壽也。

論說

吉藏《無量壽經義疏》卷一　夫眞極恬然以虛寂爲宗，凝神萬境不慮而照，澄淨淵泊不形而應，然感機不同化不一揆故。形有巨細，壽有脩短，敎有精麤，土有淨穢，隆益萬殊，證悟非一。西方安養淨土人純殖國曠劫感聖亦長。彌陀世尊乘本誓願應形淨剎託壽，使五濁衆生清虛勝業，令三輩行人殖遐年之善，十念願成，命終則往九輩行立報謝，便至談彼國土七寶宮殿、金池玉樹互相映發，衣食自然，飯饌百味，說人則唯賢與聖，共相勳修，身色紫金自然化生，稟受虛無之身無極之體，栖心眞境常宣大乘，辨明法相快樂無極。

元曉《兩卷無量壽經宗要》　第二簡宗致者，此經正以淨土因果爲其宗體，攝物往生以爲意致，總標雖然於中分別者，先明果德後顯因行，果德之內略有四門一淨不淨門，二色無色門，三共不共門，四漏無漏門。第一明淨不淨門者，略以四對顯其階降，謂因與果相對故，一向與不一向相對故，純與雜相對故，正定與非正定相對故，所言因與果相對門者，謂金剛以還菩薩所住名果報土不名淨土，未離苦諦之果患故，唯佛所居乃名淨土。一切勞患無餘滅故，依此義故《仁王經》云，三賢十聖住果報，唯佛一人居淨土，一切衆生暫住報，登金剛源居淨土，第二一向與不一向相對門者，謂八地以上菩薩住處，得名淨土，以一向出三界事故，亦具四句一向義故，七地以還一切住處，未名淨土，以非一向出三界故，或乘願力出三界者，一向四句不具足故，謂一向樂，一向無失，一向自在。七地以還出觀之時，或時生起報無記心，末那四惑于時現行，故非一向淨，非一向無失，八地以上即不如是，依此義故，攝大乘云，出出世善法，功能所生起。釋曰，二乘善名出世，從八地以上，乃至佛地，名出出世，出世法，名世法對治，出出世法，爲出世法對治，功能以四緣爲相，從出出世善法功能，生起此淨土故，不以集諦爲因，乃至廣說故。第三純與雜相對門者，凡夫二乘雜居之處，不得名爲清淨世界，唯入大地菩薩生處，乃得名爲清淨世界，彼非純淨，此純淨故，依此義故，《瑜伽論》言，世界無量，有其二種，謂淨不淨，清淨世界中，無那落迦，傍生餓鬼，亦無欲界色無色界，純菩薩衆於中止住，是故說名清淨世界。已入第三地菩薩，由願力故，於彼受生，無有異生及非異生聲聞獨覺，若非異生菩薩得生於彼。解云，此第三地是歡喜地，以就七種菩薩地門，第三淨勝意樂地故，攝十三位，立七種地，具如彼論之所說故。第四正定與非正定相對門者，三聚衆生苦生之地，是爲穢土，唯正定聚所居之處，名爲淨土，於中亦有四果聲聞，乃至復有四疑凡夫，唯無邪定及不定聚耳，今此經說無量壽國，就第四門說爲淨土，所以然者，爲欲普容大小，兼引凡聖，竝生勝處，同趣大道故，如下文言，設我得佛，國中人民，不住正定聚必至滅度者，不取正覺。又言，設我得佛，國中聲聞，有能計量知其數者，不取正覺，乃至廣說，又《觀經》中說，生彼國已，得羅漢果等，乃至廣說故，論說云，女人及根缺，二乘種不生者，是說決定種性二乘，非謂不定根性聲聞，爲簡此故，名二乘種，由是義故，不相違也。又言女人及根缺者，謂生彼時，非女非根缺耳，非此女等不得往生，如韋提希而得生故。然《鼓音王陀羅尼經》云，阿彌陀佛，父名月上轉輪聖王，其母名曰殊勝妙眼等，乃至廣說者，是說化佛所居化土，論所說者，是受用土，由是道理，故不相違。上來四門，所說淨土，皆是如來願行所成，非生彼者自力所辨，不如穢土外器世界，唯由衆生共業所成，是故通名清淨土也。次第二，明有色無色門者，如前所說四種門中，初一門顯，自受用土，後三門，說他受用土，三門有色，不待言論，自受用土，說者不同，或有說者，自受用身，遠離色形，法性淨土。爲所住處，是故都無色相可得。如《本業經》說，佛子果體圓滿，無德不備，理無不周，居中道第一義諦，清淨國土，無極無名無相，非一切法可得，非有體，非無體，乃至廣說。《起信論》云，諸佛如來，唯是法身智相之身，第一義諦，無有世諦境界，離於施作，但隨衆生見聞皆得益，故說爲用。此用有二種，一者凡夫二乘心所見者，名爲應身。二者諸菩薩從初發意，乃至菩薩究竟地，心所見者，名爲報身。依此等文，當知所見有色相等，皆得他受用身，說自受用中，無色無相也。或有說者，自受用身，有無障礙微妙之色，其所依土，具有六塵殊勝境界。如《薩遮尼乾子經》云，瞿曇法性身，妙色常湛然，如是法性身，衆生等無邊。《華嚴經》云，如來正覺成菩提時，得一切衆生等身，得一切法等身，乃至得一切行界等身，得寂靜涅槃界等身。佛子，隨如來所得身，當知音聲及無礙心，亦復如是，如來具足如是三種清淨無量。《攝大乘》云，若淨土中，無諸怖畏，六根所受用法悉具有，又非唯是有，一切所受用具，最勝無等，是如來福德智慧，行圓滿因，感如來勝報依止處，是故最勝。依此等文，當知圓滿因之所感，自受用身，依止六塵也。或有說者，二師所說，皆有道理，等有經論，不可違故，如來法門無障礙故，所以然者，報佛身土，略有二門，若就正相歸源之門，如初師說。若依從性成德之門，如後師說。所引經論，隨門而說，故不相違，此是第二色無色門也。次第三明共不共門者，通相而言，土有二種，一者內土，二者外土。言外土者，是共果。言內土者，是不共果。內土之中，亦有二種，一者衆生五陰，爲正報土，人所依住，故名爲土。二者出世聖智，名實智土，以能住持後得智故，依根本智，離顛倒故。如《本業經》云，土名一切賢聖所居之處，是故一切衆生賢聖，各自居果報之土，若凡夫衆生住五陰中，爲正報之土，山林大地共有，爲依報之土，初地聖人，亦有二土，一實智土，前智住後智爲土，二變化淨穢，逕劫數量，應現之土，乃至無垢地土，亦復如是。一切衆生，乃至無垢地，盡非淨土，住果報故，總說雖然，於中分別者，正報之土，不共果義。更無異說依報之土，爲共果者，諸說不同，或有說者，如山河等，非是極微合成，實有一體，多因共感，直是有情異成各變，同處相似，不相障礙，如衆燈明，如多因所夢，因類是同，果相相似，處所無別，假名爲共，實各有異，諸佛淨土，當知亦爾，若別識變，皆遍法界，同處相似，說名爲共，實非共也。若有一土，非隨識別者，即成心外，非唯識理，如《解深密經》云，我說識所緣，唯識所現故，《唯識論》云，業熏習識內，執果生於外，何因熏習處，於中不說果，或有說者，淨土依果，雖不離識，而識是別，土相是一，由彼別識共所成故，如攬四塵以成一柱，一柱之相，不離四微，非隨四微成四柱故，當知此中道理亦爾，於中若就自受用土，佛與諸佛共有一土，猶如法身，諸佛共依故，若論他受用土相者，佛與諸菩薩等共有，如王與臣共有一國故，又二受用土，亦非別體，如觀行者，觀石爲玉，無通慧者，猶見是石，石玉相異，而非別體，二土同處，當知亦爾。如《解深密經》云，如來所行如來境界，此何差別，佛言，如來所行謂一切種，如來共有無量功德衆，莊嚴清淨佛土，如來境界，謂一切種，五界差別，所謂有情界、世界、法界、調伏界、調伏方便界。解云，此說自受用土，諸佛共有，非各別也。《瑜伽論》云，相等諸物，或由不共分別爲因，或復由共分別爲因，若共分別之所起者，分別雖無，由他分別所住持故，而不永滅，若不爾者，他之分別應無其果，彼雖不滅，得清淨者，於彼事中，正見清淨，譬如衆多修觀行者，於一事中，由定心故，種種異見可得，彼亦如是。解云，此說依報，不隨識別，若執共果隨識異者，我果雖滅他果猶存，即他分別，不應無異，故彼不能通此文也。《攝大乘論》云，復次，受用如是淨土，一向淨，一向樂，一向無失，一向自在。釋曰，恆無雜穢，故言一向淨，但受妙樂，無苦無捨，故言一向樂。唯是實善，無惡無記，故言一向無失。一切事悉不觀餘緣，皆由自心成，故言一向自在。復次，依大淨說一向淨，依大樂說一向樂，依大常說一向無失，依大我說一向自在。解云，此中初復次，顯他受用義，後復次，顯自受用義，義雖不同，而無別土，所以本論，唯作一說，故知二土，亦非別體也。問如是二說，何得何失？答曰，如若言取，但不成立，以義會之，皆有道理，此是第三共不共門也。次第四，明漏無漏門者，略有二句，一者通就諸法，顯漏無漏義，二者別約淨土，明漏無漏相，初通門者，《瑜伽論》說，有漏無漏，各有五門，有漏五者：一由事故，二隨眠故，三相應故，四所緣故，五生起故。無漏五者：一離諸纏故，二隨眠斷故，三是斷滅故，四見所斷之對治自性相續解脫故，五修所斷之對治自性相續解脫故。於中委悉，如彼廣說，今作四句，略顯其相，一者有法，一向有漏，謂諸染污心心所法等，由相應義，是有漏故，而無五種無漏相故。二者有法，一向無漏，謂見道時，心心所法等，由有自性解脫義故，而無五種有漏相故。三者有法，亦有漏，亦無漏，謂報無記心心所法等，隨眠所縛故，諸纏所離故，雖復無漏，而是苦諦，由業煩惱所生起故。四者有法非有漏謂甚深法不墮數故，次別明中，亦有二門：一有分際門，二無障礙門。有分際門者，若就諸佛所居淨土，於四句中唯有二句，依有色有心門，即一向是無漏，自性相續解脫義故，遠離五種有漏相故，若就非色非心門者，即非有漏，亦非無漏，非有非無故，離相離性故，若就菩薩，亦有二句，恰論二智，所顯淨土，一向無漏，道諦所攝，如《攝論》說，菩薩及如來唯識智，無相無功用，故言清淨，離一切障，無有退失，故言自在。此唯識智，爲淨土體故，不以苦諦爲體，乃至廣說故，若就本識所變之門，亦是無漏，以非三界有漏所起，樂無漏界，故是無漏。無明住地爲緣出故，名果報土，故是有漏，雖亦無漏而是世間，故於無作四諦門內，苦諦果報之所攝也。如經言，三賢十聖住果報故。《寶性論》云，依無漏界中，有三種意生身，應知彼因無漏善根所作，名爲世間，以離有漏諸業煩惱所作世間法故，亦名涅槃。依此義故，《勝鬘經》言，世尊，有有爲世間，有無爲世間，有有爲涅槃，有無爲涅槃，故此中說意生身，乃是梨耶所變正報，正報既爾，依報亦然，同是本識所變作故，然此梨耶所變之土，及與二智所現淨土，雖爲苦道二諦所攝，而無別體隨義異攝耳，如他分別所持穢土，得清淨者，即見爲淨，淨穢雖異，而無別體，當知此中二義亦爾，此約有分際門說也。次就無障礙門說者，應作四句，一者諸佛身土，皆是有漏，不離一切諸漏故。如經說言，諸佛安住三毒四漏等，一切煩惱中，得阿耨菩提，乃至廣說故。二者，凡夫身土皆是無漏，以離一切諸漏性故如經說言色無漏無繫受想行識，無漏無繫，乃至廣說故。三者，一切凡聖穢土淨土，亦是有漏，亦是無漏，以前二門不相離故。四者，一切凡聖穢土淨土，非有漏，非無漏，以無縛性及脫性故，如經說言，色無縛無脫，受想行識，無縛無脫，乃至廣說故，此是第四有漏無漏門也。上來四門合爲第一淨土果竟，次第二明淨土因者，淨土之因，有其二途，一成辨因，二往生因，成辨因者，說者不同，或有說者，本來無漏法爾種子，三無數劫修令增廣，爲此淨土變現生因，如《瑜伽論》說，生那落迦，三無漏根種子成就，以此準知，亦有無漏淨土種子，或有說者，二智所熏新生種子，爲彼淨土而作生因，如《攝論》說，從出出世善法功能，生起淨土，何者爲出出世善法，無分別智，無分別後得，所生善根，爲出出世善法，是本有即非所生，既是所生，當知新成。問，如是二說，何者爲實。答，皆依聖典，有何不實，於中委悉，如《楞伽經料簡》中說，次明往生因者，凡諸所說往生之因，非直能感正報莊嚴，亦得感具依報淨土，但承如來本願力故，隨感受用，非自業因力之所成辨，是故說無往生因，此因之相，經論不同，若依《觀經》說十六觀，《往生論》中說五門行，今依此經，說三輩因，上輩之因，說有五句，一者，捨家棄欲而作沙門，此顯發起正因方便。二者，發菩提心，是明正因。三者，專念彼佛，是明修觀。四者，作諸功德，是明起行，此觀及行爲助滿業。五者，願生彼國，此一是願，前四是行，行願和合，乃得生故，中輩之中，說有四句：一者，雖不能作沙門，當發無上菩提之心，是明正因。二者，專念彼佛。三者，多少修善。此觀及行爲助滿業。四者，願生彼國，前行此願，和合爲因也。下輩之內，說二種人，二人之中，各有三句，初人三者，一者，假使不能作諸功德，當發無上菩提之心，是明正因。二者，乃至十念，專念彼佛，是助滿業。三者，願生彼國，此願前行和合爲因，是明不定性人也。第二人中有三句者，一者，聞甚深法，歡喜信樂，此句兼顯發心正因，但爲異前人擧其深信耳。二者，乃至一念念於彼佛，是助滿業，爲顯前人無深信故，必須十念，此人有深信故，未必具足十念。三者，以至誠心，願生彼國，此願前行和合爲因，此就菩薩種性人也。經說如是，今此文略辨其生相，於中有二，先明正因，後顯助因。經所言正因，謂菩提心，言發無上菩提心者，不顧世間富樂，及與二乘涅槃，一向志願三身菩提，是名無上菩提之心，總標雖然，於中有二：一者，隨事發心。二者，順理發心，言隨事者，煩惱無數，願悉斷之，善法無量，願悉修之，衆生無邊，願悉度之，於此三事，決定期願，初是如來斷德正因，次是如來智德正因。第三心者，恩德正因，三德合爲無上菩提之果，即是三心，總爲無上菩提之因，因果雖異，廣長量齊，等無所遺，無不苞故。如經言，發心畢竟二無別，如是二心前心難，自未得度先度他，是故我禮初發心，此心果報，雖是菩提，而其華報，在於淨土，所以然者，菩提心量，廣大無邊，長遠無限，故能感得廣大無際依報淨土，長遠無量正報壽命，除菩提心，無能當彼。故說此心，爲彼正因，是明隨事發心相也。所言順理而發心者，信解諸法皆如幻夢，非有非無，離言絕慮，依此信解，發廣大心，雖不見有煩惱善法，而不撥無可斷可修，是故雖願悉斷悉修，而不違於無願三昧，雖願皆度無量有情，而不存能度所度，故能順隨於空無相，如經言，如是滅度無量衆生，實無衆生得滅度者，乃至廣說故，如是發心，不可思議，是明順理發心相也，隨事發心，有可退義，不定性人，亦得能發，順理發心，即無退轉，菩薩性人，乃能得發，如是發心，功德無邊，設使諸佛窮劫演說彼諸功德，猶不能盡，正因之相略說如是。次明助因，助因多種，今且明其下輩十念，此經中說下輩十念，一言之內，含有二義，謂顯了義，及隱密義，隱密義者，望第三對純淨土果，以說下輩十念功德，此如《彌勒發問經》言，爾時彌勒菩薩白佛言，如佛所說阿彌陀佛功德利益，若有十念相續不斷念彼佛者，即得往生，當云何念。佛言，非凡夫念，非不善念，非雜結使念，具足如是念，即得往生安養國土，凡有十念，何等爲十。一者，於一切衆生常生慈心，於一切衆生不毀其行，若毀其行，終不往生。二者，於一切衆生深起悲心，除殘害意。三者，發護法心，不惜身命，於一切法不生誹謗。四者，於忍辱中生決定心。五者，深心清淨，不染利養。六者，發一切種智心，日日常念，無有廢忘。七者，於一切衆生，起尊重心，除我慢意，謙下言說。八者，於世談話，不生味著心。九者，近於覺意，深起種種善根因緣，遠離憒閙散亂之心。十者，正念觀佛，除去諸根。解云，如是十念，既非凡夫，當知初地以上菩薩，乃能具足十念，於純淨土，爲下輩因，是爲隱密義之十念，言顯了義十念相者，望第四對淨土而說，如《觀經》言，下品下生者，或有衆生，作不善業，五逆十惡，具諸不善，臨命終時，遇善知識，爲說妙法，教令念佛，若不能念者，應稱無量壽佛，如是至心，令聲不絕，具足十念，稱南無佛，稱佛名故，於念念中，除八十億劫生死罪，命終之後，即得往生，乃至廣說，以何等心名爲至心，云何名爲十念相續者。什公說言，譬如有人於曠野中，値遇惡賊，揮戈拔劍，直來欲殺，其人勤走，視度一河，若得度河，首領難全，爾時但念，渡河方便，我至河岸，爲著衣度，爲脫衣度，若著衣衲，恐不得過，若脫衣衲，恐不得暇，但有此念，更無他意，當念度河，即是一念，此等十念，不雜餘念，行者亦爾，若念佛名，若念佛相等，無間念佛，乃至十念，如是至心，名爲十念，此是顯了十念相也。今此兩卷經說十念，具此隱密顯了二義，然於其中，顯了十念，與觀經意，少有不同，彼《觀經》中，不除五逆，唯除誹謗方等之罪。今此兩卷經中說言，除其五逆，誹謗正法，如是相違，云何通者，彼經說其雖作五逆，依大乘教，得懺悔者，此經中說不懺悔者，由此義故，不相違也。因緣之相，略說如是，上來所說因果二門，合爲第二簡宗體竟。

元曉《兩卷無量壽經宗要》　言大意者，然夫衆生心性融通無礙，泰若虛空，湛猶巨海，若虛空故其體平等，無別相而可得，何有淨穢之處，猶巨海故其性潤滑，能隨緣而不逆，豈無動靜之時，爾乃或因塵風淪五濁而隨轉，沈苦浪而長流，或承善根截四流而不還，至彼岸而永寂。若斯動寂皆是大夢，以覺言之無此無彼，穢土淨國本來一心，生死涅槃終無二際，然歸原大覺積功乃得，隨流長夢不可頓開，所以聖人垂迹有遐有邇，所設言教或中褒或至如牟尼世尊現此娑婆，誡五惡而勸善。彌陀如來御彼安養，引三輩而導生，斯等權迹不可具陳矣。今此經者，蓋是菩薩藏教之格言，佛土因果之眞典也。明願行之密深，現果德之長遠，十八圓淨越三界而迢絕，五根相好侔六天而不嗣，珍著法味遂養身心，誰有朝饑夜渴之苦，玉林芳風溫涼常適本，無冬寒夏熱之煩，群仙共會時浴八德蓮池，由是長別偏可厭之皓皺，勝侶相從數遊十方佛土，於茲遠送以難恩之憂勞，況復聞法響音入無相，見佛光悟無生，悟無生故無所不生，入無相故無所不相，極淨極樂，非心意之所度，無際無限，豈言說之能盡，但以能說五人之中佛爲上首，依正二報之內長命爲主，故言《佛說無量壽經》。

彭際清《無量壽經起信論》卷一 《無量壽經》者，如來稱性之圓教，衆生本具之化儀也。原夫眞如界內，解脫門中，本無一法而偏入微塵，普應羣機而畢竟空寂，特以衆生不了心源，妄纏苦聚，幻生幻滅，倏墜倏升，將欲拔輪迴之本，斷愛慾之因，不開念佛之門，孰識歸家之路，以是法王垂愍，願網宏張，攝諸佛所護之經，嚴衆生本淨之土，無邊覺海，全收塵刹波瀾，不盡慈雲，永沛大千雨露，遂使洪名舉處，頓竭罪源，一念圓時，疾登寶地，自他不隔，越十萬億刹而非遙，凡聖無差，即三十二相而同具，所貴是心作佛，即佛明心，會萬善以同歸，執一心而不亂，妙蓮華內，期母子之終逢，白毫相中，何苦樂之有間，從此握文殊之智印，滿普賢之願王，不動纖毫而獲諸三昧，匪移跬步而偏往十方，遂得記授菩提，位階不退，如斯方便，莫殫深恩，凡具靈知，普應信受，其或執有排空，滯情迷性，戀百年之幻質，昧萬古之徽猷，轉蛣蜣之丸，漫期狆舉，耀蜉蝣之羽，曾不終朝，流離窮子，認絕域爲家鄉，顚倒浮生，鎖眞覺於夢夜，縱使耳提面命，誰能覩指知歸。亦不破相窮空，執藥成病，拒慈尊於心外，棄樂土以如遺，惟知味靜躭閒，不顧埋眞背覺，如覩隙中過影，罔窮杲日之光明，但看勺水興波，不信歸墟之浩蕩，此則城東老母，障面徒勞，演若達多，失頭自怖者矣。嗚呼！人身難得，至道難聞，一息不來，已成隔世，三塗再出，知復何年。火宅炎炎，尙戀嬉遊之具，恆沙莽莽，難窮往返之身，祇因不了一心，遂至長淪浩劫，果欲橫超三界，何如直往西方，佛說淨土諸經，約有四五，語其該備，莫此爲先。惜乎諸師疏解，未及闡揚，王氏校刪，半多訛舛，不揣闇汶，略舉綱宗，旁引契經，會歸一寶，一明教體，二明教相，三明歸趣，四別釋經文，五迴向極樂。總名《起信論》者，破空有之邪執，明圓頓之正宗，廓諸師未被之機，救龍舒妄刪之失，庶幾開佛知見，示佛知見，悟佛知見，入佛知見，廣引羣生，同歸極樂云爾。

綜述

慧遠《無量壽經義疏》卷上 今此經者，二藏之中，菩薩藏收，爲根熟人頓教法輪。云何知頓，此經正爲凡夫人中，厭畏生死，求正定者，教令發心，生于淨土，不從小大，故知是頓，已知分者，次釋其名，今言《佛說無量壽經》者，蓋乃標經部別名也，諸經所以皆首題其名，爲示所明法，此經宗顯無量壽佛所行所成，及所攝化，故始舉之。但彼諸經得名不同，或但就法，如《涅槃》等。或唯就人，如《提謂經》、《太子經》等，或單就事，如《枯樹經》等，或偏就喻，如《大雲經》、《寶篋經》等。或有就時，如《時非時經》。或就處所，如《楞伽經》、《伽耶山頂經》等。或人法雙題，如《維摩經》、《勝鬘經》等。或事法並舉，如《彼方等大集經》等。或法喻並彰，如《華嚴》、《法華經》等。或人法雙舉，如《舍利子問疾經》等。如是非一，今此經者，就人爲名，初列人，凡有四種，一舉說人，如《維摩》等，二舉問人，如《文殊問》等，三舉所說之人，如《太子經》等，四舉所化之人，如《須摩提女玉耶經》等。今此經首，通舉能說及所說人，初言佛者，舉能說人，無量壽佛者，舉所說人，起說不同，凡有五種，如龍樹說，一佛自說，二聖資說，三諸天說，四神仙等說，五變化人說。此經佛說，爲簡餘四，是故舉佛。佛者，外國語也，此翻名覺，覺有兩義：一覺察名覺，對煩惱障，煩惱侵害，事等如賊，唯聖覺知，不爲其害，故名爲覺。此之一義，如涅槃釋。二覺悟名覺，對其智障，無明眠寢，事等如睡，聖慧一起，朗然大悟，如睡得悟，故名爲覺。所對無明，有其二種：一是迷理性結無明，迷覆實性，對除於彼，變妄契眞，悟實名覺，二事中無知，迷諸法相，對除於彼，悟解一切善惡無記三聚等法，故名爲覺。故《持地》云，於義饒益聚，非義饒益聚，非非義饒益聚，平等開覺，故名爲佛。義益是善，非義是不善，非非義是無記，於此悉知，故名爲覺。既能自覺，復能覺他，覺行窮滿，故名爲佛。言自覺者，簡異凡夫，道言覺他，別異二乘，覺行窮滿，分異菩薩，是故獨此偏名爲佛。口音陳唱，目之爲説，無量壽者，是其所説，此經宣説無量壽佛所行所成及所攝化。言所行者，宣説彼佛本所起願本所修行，言所成者，説今所成法身淨土二種之果，言所攝者，普攝十方有緣衆生，同往彼國，道法化益，名爲所攝，又今一切諸菩薩等，學其所行，得彼所成，同其所攝，名所攝矣。此等差別，不可備擧，攝德從入，是故但云説無量壽，佛名有二種，一通、二別。如來應供等，是其通名。釋迦彌勒無量壽等，是其別稱。別中立名，乃有種種，或從種性，如釋迦佛、迦葉佛等。或從色身，如身尊佛、身上佛等。或從音聲，如妙音佛、妙聲佛等。或從光明，如普光佛等、或從內德。或就譬説，如是非一。此佛從其壽命彰名，壽有眞應，眞即常住，性同虛空，應壽不定，或長或短，今此所論，是應非眞，於應壽中，此佛壽長，凡夫二乘不能測度知其限算，故曰無量，命限稱壽。云何得知是應非眞，如觀世音及大勢至授記經説，無量壽佛壽雖長遠，亦有終盡，彼佛滅後，觀音大勢至次第作佛，故知是應。經者外國名脩多羅，此翻名綖，聖人言説，能貫諸法，如綖貫華，故名爲綖。而言經者，綖能貫華，經能持緯，共用相似，故名爲經。若依俗訓，經者常也，人別古今，教儀常指，故名爲常。經之與常，何相開顧，將常釋經，釋言經者，是經歷義，凡是一法，經古歷今，恆有不斷，是其常義，故得名常。

著錄

僧祐《出三藏記集》卷二　《無量壽經》二卷一名《無量清淨平等覺經》。

又卷二　《新無量壽經》二卷永初二年於道場寺出【略】晉安帝時，天竺禪師佛馱跋陀至江東，及宋初於廬山及京都譯出。

又卷二　《新無量壽經》二卷宋永初二年於道場寺出。一錄云，於六合山寺出【略】宋武帝時，黃龍國沙門曇無竭遊西域譯出。

又卷二　《無量壽經》一卷闕【略】宋文帝時，天竺摩訶乘法師求那跋陀羅，以元嘉中及考武時宣出諸經，沙門釋寶雲及弟子菩提法勇傳譯。

又卷二　《無量壽經》，支謙出《阿彌陀經》二卷，竺法護出《無量壽》二卷或云《無量壽清淨平等覺》，鳩摩羅什出《無量壽》一卷，釋寶雲出《新無量壽》二卷，求那跋陀羅出《無量壽》一卷，右一經五人異出。

費長房《歷代三寶紀》卷四　《無量壽經》二卷初出，見《別錄》，元魏世沙門曇鸞論偈注解。

又卷五　《無量壽經》二卷第二譯，見竺道祖晉世《雜錄》及《寶唱錄》與世高出者小異【略】天竺國沙門康僧鎧齊王世嘉平年於洛陽白馬寺譯，《高僧傳》載直云郁伽長者等四經，撿道祖魏晉錄及僧祐《出三藏記》并《寶唱梁代錄》等，所列如前，自外二部並不顯名校閱群錄未見。

又卷五　《無量清淨平等覺經》二卷。

又卷五　《阿彌陀經》二卷。

又卷八　《無量壽經》一卷一名《阿彌陀經》，弘始四年二月八日出，是第五譯，與支謙、康僧鎧、白延、法護等出兩卷者本同，文廣略小異，見二《秦錄》。

又卷十　《新無量壽經》二卷於道場寺出，是第七譯，與支謙、康僧鎧、白延、法護、羅什法力等出者各不同，見道惠《宋齊錄》及《高僧傳》。

又卷十　《無量壽經》一卷孝建年出，是第八譯，見道慧《宋齊錄》，與康僧鎧、支謙、白延竺法護、羅什、竺法力、寶雲等所出本大同，廣略文異。

法經《衆經目錄》卷二　《無量壽經》二卷，晉永嘉年竺法護譯。

智昇《開元釋教錄》卷一　《無量壽經》二卷第四譯，見竺道，祖《晉世雜錄》及《寶唱錄》，與世高出者小異。又與《寶積・無量壽會》等同本。【略】右三部四卷其本並在。

沙門康僧鎧，印度人也，廣學群經義暢幽旨，以嘉平四年壬申，於洛陽白馬寺譯郁伽長者經等三部。《高僧傳》中云譯四部不具顯名。竺道祖《魏晉錄》、僧祐《寶唱梁代錄》等，及長房道宣靖邁三錄並云二部，餘二既不顯名，按閱未見，今更得一部，餘欠一經，撿亦未獲。

又卷二　《無量壽經》二卷一名《無量清淨平等覺經》，永嘉二年正月二十一日出，第六譯，與漢世高、支謙等所出本同文異，見《竺道祖錄》及《僧祐錄》。

又卷三　《新無量壽經》二卷宋永初二年於道場寺出，見《僧祐》、《寶唱》二錄，第八譯，與世高、支讖、支謙、僧鎧等所出同本。

又卷四　《阿彌陀經》一卷亦名《無量壽經》，弘始四年二月八日譯，初出，與唐譯《釋讃淨土經》等同本，見二《秦録》及《僧祐録》。

又卷五 《新無量壽經》二卷第十出，與世高《無量壽經》及《寶積無量壽》會等同本，見《眞寂寺録》。

又卷五 《新無量壽經》二卷永初二年於道場寺出，一録云於六合山寺出，第九譯，與《寶積無量壽》會等同本見道慧、僧祐等録。

又卷五 《小無量壽經》一卷或無小字，第二出，與羅什《阿彌陁》及唐譯《稱讃淨土》同本，孝建年出，一名《阿彌陁》，見道慧、僧祐二録，《高僧傳》云於荆州出，《房録》別存《阿彌陁經》者，誤也。

又卷十一 《無量壽經》二卷，曹魏天竺三藏康僧鎧譯第四譯【略】與《寶積》第五《無量壽會》同本異譯此第五會新舊十一譯，七譯闕，本天親菩薩依經義造論一卷。

又卷十四 《無量壽經》二卷，後漢安息三藏世高譯第一譯，《無量清淨平等覺經》二卷。曹魏西域三藏帛延譯第五譯。又長房等録帛延譯中更有《平等覺經》一卷，即是前經，無繁重載。《無量壽經》二卷，亦云《無量清淨平等覺經》。西晉三藏竺法護譯，第六譯。《無量壽至眞等正覺經》一卷，一名《樂佛土樂經》，一名《極樂佛土經》東晉外國沙門竺法力譯，第七譯。《新無量壽經》二卷。東晉天竺三藏佛陁跋陀羅譯，亦云宋永初二年出，第八譯。《新無量壽經》二卷。宋涼州沙門釋寶雲譯，第九譯。《新無量壽經》二卷。宋罽賓三藏曇摩蜜多譯，出《眞宋寺録》，第十譯。右七經與《大寶積・第五》《無量壽會》同本，此經前後經十譯，四本在藏，七本闕。

佛説大阿彌陀經

題解

窺基《阿彌陀經疏》 今言《佛説阿彌陀經》者，則越危城之要躅，載苦海之慈船，語事目前論生界表。《華手經》曰，佛者名爲覺，而諸衆生長寢生死不能覺悟，唯佛能覺，既自覺已能復覺他，故名爲佛。説者，《十住論》云，開示解釋義，阿彌陀者，此經下文自釋。問何故名阿彌陀，答爲含二義名阿彌陀，一無量光明故名阿彌陀，二無量壽命故名阿彌陀。經者，法也，常也，法即擧直以措諸枉，繩墨以譬之。常即汲引而無竭，涌泉以況之，故言經也。《佛地論》云，能貫能攝故名爲經，以佛聖教貫穿攝持所應説義故，言經也。

王日休《佛説大阿彌陀經序》 大藏經中有十餘經，言阿彌陀佛濟度衆生。其間四經本爲一種，譯者不同，故有四名：一名《無量清淨平等覺經》，乃後漢月支三藏支婁迦讖譯，二曰《無量壽經》，乃曹魏康僧鎧譯，三曰《阿彌陀過度人道經》，乃吴月支支謙譯，四曰《無量壽莊嚴經》，乃本朝西天三藏法賢譯。其大略雖同，然其中甚有差互，若不觀省者。又其文或失於太繁，而使人厭觀，或失於太嚴，而喪其本眞，或其文適中，而其意則失之。由是釋迦文佛所以説經，阿彌陀佛所以度人之旨，紊而無序，鬱而不章。予深惜之，故熟讀而精考，叙爲一經，蓋欲復其本也。其校正之法，若言一事，或此本爲安，彼本爲杌隉，則取其安者。或此本爲要，彼本爲泛濫，則取其要者。或此本爲近，彼本爲迂，則取其近者。或彼本有之，而此本闕，則取其所有。或彼本彰明，而此本隱晦，則取其明者。大概乃取其所優，去其所劣。又有其文碎雜而失統，錯亂而不倫者，則用其意，以修其辭，刪其重，以暢其義。其或可疑者，則闕焉而不敢取。若此之類，皆欲訂正聖言，發明本旨，使不惑於四種之異，而知其指歸也。又各從其事類，析爲五十六分，欲觀者易見，而喜於讀誦，庶幾流傳之廣，而一切衆生，皆受濟度也。予每校正，必禱於觀音菩薩求冥助，以開悟識性，使無舛誤，始末三年而後畢。既畢乃拜而自喜，目之曰《大阿彌陀經》。蓋佛與舍利弗説者，亦《阿彌陀經》，彼則其文少，故此言大，以別之。然佛説經，非若吾聖人所説也。吾聖人所説，或深其文而叢其意，使人索之而愈見其多，或簡其文而晦其意，使人思而後得。佛則不然，必欲詳陳曲布，使人人可曉，雖至愚下者，亦知其意焉。然而有辭直而意愈深者，經所謂須信佛語深是也，切不可以輕其辭而忽其意。

論說

法起《大阿彌陀經跋》 右龍舒居士王虛中日休，校正四譯經文，析爲五十六分。無量壽尊因地果海，綸次煥然，安樂世界眞景佳致，皎如指掌。披卷詳閱，端坐靜思，則七寶莊嚴，混成宇宙，聖賢海會，聲教儀刑，密移于此土矣。大哉壽尊之願力，奇哉淨域之境象，美哉虛中之盛心也。第十四分，增入阿闍世王太子與五百長者子一段緣起，則知如來法門廣大，不拒來者，凡具是志，歸斯受之。不意法藏之後，復見此人，塵劫之外，淨刹相望。彼既丈夫我亦爾，不應自輕而退屈。後學之士睹斯記莂，寧無聞風而興起者乎？至第三十九分，則現在會中二法王子，曠劫精勤，位鄰等妙，次補佛處，掌握化權。一曰普光功德山王，二曰善住功德寶王，後無央劫相繼出興，到此則安樂舊號，轉而爲衆寶善集莊嚴矣。此則備見於他經。約其依報住處，蓋在彼界第四兜率天宮，而此書之所未及言者。其第三十二分，二法王子於彼佛土，智慧威神，德業輝光，最爲第一，入則坐侍正論，出則揚化他方，於彼刹中不失現在。故圓通大士，元住海山。瓔珞童子，曾紹祖位。法起於此，願輪與彼行海，雖未之逮，而實有志焉。方法藏菩薩之發是願也，先佛世尊勉而謂曰：『譬如大海，一人斗量，歷劫不止，尚可見底。況人志心求道，精進不止，何求不得，何願不遂？』至哉斯言！與今釋尊所以勸駕阿闍王子五百同盟之意，則一而已矣。然第六分中，尚有一字闕文，所當校正而增修者，案釋尊所述，無量壽如來，本起因地，正以然燈出興之時，爲彼佛發心起行，劫數久近之準。蓋泝然燈而上，經涉五十三重過量劫數，乃至古佛世自在王。則然燈以往，當更增『次前』二字以別之。然後知其世數懸遠，位序著明。若但言次有某佛，則是沿然燈而下，所歷劫數四十九重，方至世自在王，則佛出之後先，發心之久近，舛誤多矣。故愚以謂，當于光遠佛以上，各加一『前』字，共加五十二『前』字，則五十三覺皇興世之序，無量壽如來因地之的，時分條理，井然不紊，事相顚末，了無舛差，傳之久遠，以詔無窮。眞可以會人天於聖域，閉惡道於永劫矣。余得此書，喜不能寐，手不停披，但讀至此猶有遺恨。是用齋心炷爇，對越玄元聖母，及紫府先生、白華老人，而題其後焉。虛中居士，神遷淨域，必已位登上地。天眼智證，必已洞燭。此間九原，可作同聲相應，必有契于斯文。

綜述

窺基《阿彌陀經疏》 註文之初略申七意。第一叙佛身，第二叙其土，第三叙不退轉，第四叙偏讚之心，第五叙體性，第六叙部類宗趣，第七判釋文義。

第一言叙佛身者，問諸往生者見佛何身？答見二種身。若登地菩薩見佛受用身，若地前菩薩凡夫二乘見變化身。問依何得知？答《攝論》云，若離應身，登地菩薩善根則不得成就，若離化身，聲聞緣覺及願樂位中菩薩所有善根亦不成就，故往生者見二種身。問西方有二彌陀耶？答約報即一，若化即百億彌陀。問彼報化兩身爲同處現生者皆見，爲別處現諸往生者但見一佛耶？答同一三千界內各見不同，若登地菩薩即見他受用身亦見百億化身，若地前人等但見一身。問若同處不異者，何故《入大乘論》云，諸佛色身於欲界成道，法性生身者住淨居天，其處即異，菩薩生者應生淨居，衆生生者應生欲界，云何同處？答上下雖殊，同是一報所生之境，但上人生者正見受用土無處非淨居，衆生生者即見化土在閻浮提。故《眞諦》云，諸菩薩於淨土見佛，此約報土一向純淨說，波頗三藏云，應佛淨土有凡夫、二乘、地前菩薩，報佛淨土唯大菩薩，如此經說彼佛有無量聲聞弟子及大菩薩者，此約化說。問衆生，生彼亦知是下界否，及知是化身否？答下界知之，佛謂眞佛。問彼佛有報化者，何故《大乘同性經》云如我今釋迦牟尼佛及西方阿彌陀佛皆是報身耶？答此約本身說，謂極樂國土是一報佛所王之土，然百億四天下中者即是化佛，亦釋迦蓮華藏世界中者即是報身，百億閻浮中者即是化佛。問彌陀何不但現一實之身令聖凡同見？答由機福力不同故，身現有其麁妙。問如彼觀經云彼佛身長六十萬億那由他恆河沙由旬，又《鼓音經》所說是刹利種者，此並是何身耶？答如彼觀經者是報身，鼓音經者即是化身。問何以知之？答準淨居天身量皆大，如來報身皆在淨居色究竟天，實報淨土故報身大也，若在閻浮提示有種姓父母生處及有得道菩提樹，如《無量壽經》說，其樹高四百萬里。《鼓音經》說，其所住城縱廣十千由旬。又《觀音授記經》云，彌陀滅後觀音補處，據上因緣此身即小，又去來生滅故知是化。問若是化者，衆生生彼即見化佛之身，至得初地之時復見何身？答若登地已上即見報身。問登地見報身者，爲滅前化相而見報身，爲復不滅而見報身？答即於前所見身相上而見妙身，如人服藥惺時即於針上見種種華草，如是地地見佛身相轉轉勝妙，唯佛與佛見常不異無增減相。

第二次問淨土有幾種？答有四種，一法性土，二自受用土，三他受用土，四變化土。問四土之中西方是何淨土？答若法性土者即是無垢眞如，自性清淨第一義空，本來湛然不假修成，爲一切法之所依止，無一佛出世間法不有，名性淨土，凡聖同有，凡夫尚隱，諸佛明顯，若自受用土從三大阿僧祇所修善根萬行所感，其土淨與諸佛亦不可見但可得聞，唯佛自受用。《佛地論》云，此自受用土周遍法界，無處不有，不可說言離三界處，不可得言即三界處。若他受用土者《佛地論》云，諸佛爲令地上菩薩受大法樂進修勝行，於後得智中以大悲故，於諸菩薩大圓鏡智相應淨識之上，依諸菩薩業力如來與作增上緣，隨其根宜現其淨土，或勝或劣改轉不定，地地優劣，如輪王所感，其土與衆生同處，所見即異。若化土者《佛地論》云，隨菩薩所宜，或在色界淨居天上，或在西方等，處所不定，今取相而言，西方有二土，若登地菩薩各見他受用土，若地前生者便見化土。問云何知見化土？答若報淨土諸佛平等無有優劣，若化土者隨衆生現而有差別故。《華嚴經》云，娑婆世界一劫當阿彌陀佛國一日一夜，彼國一劫當袈幢世界一日一夜。又《首楞嚴經》云，文殊未來於南方成佛名普現色身，其土勝阿彌陀國不可爲喻。又《觀音授記經》云，過去金光師子遊戲佛土及觀世音未來成佛佛土勝今阿彌陀佛土無量。又《準大阿彌陀經》等，其土既在欲界，上有六天復致優劣，故知是化。問衆生生彼爲生何土？答生化土。問若是化土，何故二乘女人不得生耶？答論據報土說，《平等覺經》云，衆生生彼始得初果，乃至後得阿羅漢果作大菩薩，或生於彼始發菩提心，既有凡夫及初發心菩薩者即是化土，若言二乘亦不生彼，即謂一向是報淨土者，彼觀經中三輩九品云何得生，此經下文彼佛有無量無邊聲聞弟子，何得不生也。又女人亦不得生者，此《阿彌陀經》等皆云。善女人聞說彼佛名執持不忘，必得往生，此云何通。又若彼土一向無女人故，即謂是報土者，《鼓音經》云，彼佛父名月上，母名殊勝妙顏，此豈無女人也。女人根缺不生者，由彼佛本願願生我國者皆作男子，六根具足端嚴勝天故。《清淨覺經》云，女人往生者則皆作男子，故言無女人及以根缺，非是此處女人此間根缺不得生彼。問若是化土，何故《攝論》云稱別時意？答，論言別時意者有二意，一以彼土增上樂處非少福能生，二見衆生多不修道空唯發願。有斯二意故道別時，即是《彌陀經》云不可以少善根得生是也，若六時念佛即三業無非，便是持於十善，或一日乃至七日由念佛故，一念即除八十億劫生死之罪，此即有多行又復願生行願相資。問若是化土，何故大論云非三界攝？答彼言非三界攝者，非謂出過三界，但謂異三界故，故《大論》云，地居故非色界，有形故非無色界，無欲故非欲界，故言非三界攝。又《佛地論》云，此是佛出三界淨識心所現，爲化地前諸有情類令其欣樂修行彼因，令聲聞等見，若謂非三界者即謂出過三界，與彼平等覺經相違。問若是化土，何故《解深密經》三地已上乃得生彼？答此約他受用土說，他受用有二，一爲登地已上現者，令登地已上人受用，二爲地前人現者，令願樂已前人受用，即化淨土。彼經據諸大菩薩生彼者約受用土說，非是西方一向是初地已上淨土，由有凡夫二乘亦得生故有化土及受用土。問若是化土，衆生生者初見何土後見何土？答初見化土後見受用土。問何處見此二土？答於一界中一相之土初見麁後見細，非滅前土而見後土，亦非異處見其二土，故《佛地論》云，釋迦如來說佛地經時，地前大衆見變化身居穢土說法，登地菩薩見受用身居佛淨土說法。問若生彼見化佛又居淨土，我此釋迦亦是化身，其土何以不淨，既自不同，明知彼淨土是報土，此穢土是化土？答依大論引目連問經，釋迦亦示目連己身淨土，又佛說言，一切諸佛皆有淨穢兩土，如釋迦牟尼有淨穢二土，今十方諸佛阿彌陀佛亦爾。問諸佛既同有淨穢二土，何故阿彌陀不見有穢，釋迦牟尼佛不見有淨？答由此衆生有樂見淨土者，但說淨土之名，又由衆生不苦則不求涅槃，所以釋迦於衆生惡業之上作增上緣，示現穢土令衆生厭，然非釋迦亦處其穢，故《涅槃經》

云，諸佛無有出於不淨土者，爲化衆生示現淨穢，故《維摩經》云，若諸衆生應以此緣得入律行者佛即爲現。問若彼土是化又居欲界者，亦應有須彌大海？答以佛本願力故，無諸山川江海四王忉利，以福力故依空即住。

第三次問彼是不退轉地，衆生生者皆不退轉，云何但以念佛發願而不斷惑即得往生？答彼言不退者，但以彼地勝緣強時長無間遂得不退，非亦生即是不退，言地勝者，衆生有宜安樂適悅即能發心，即有比丘願得七寶房舍臥具者是也，彼土既無三惡道，又無貧窮生老病死，國土清淨百寶莊嚴勝第六天，故是地勝，言緣強者，彼無五退具，如婆沙說，一無長病，二無遠行，三無常誦習，四無常營事，五無恆乖諍，此五因緣令心勞倦故多生退心，又無女人無婬欲無迷愛，於六塵境雖見聞觸心全不染，又無惡友常與諸菩薩每至平旦歷供諸佛，水流風樹皆演法音，以是緣強故令不作惡業更退三途，言時長者，娑婆一劫當彼一日一夜，又彼衆生壽命無量無邊阿僧祇劫，經爾許時修行，何爲不至不退轉位。言無間者，勝人勝法無間資持受最後身，斯何可退，又不退轉者有其三處，一若依瓔珞本業經，地前第七住名不退轉住，若修行者進退多在第六住末，若至第七住畢竟不退，是人入種性菩薩數。二者依《彌勒問論》及《智度論》云，菩薩若未至初地正位，雖無量劫修習善根，而未能得不退轉，若至初地，以見道力離身見等諸煩惱，故斷發菩提心相違退因，故更不退。三者依《資糧論》云，若菩薩得無生忍時即住不動地，必當作佛更不退轉，此即當於八地，以無生忍在七地故得無生忍已至八地中更不退轉。今準《觀經》，衆生生彼得不退轉者，但謂初地得生法二忍更不退轉，非取七地，究竟而論亦得成佛，何但七八地也。若言念佛非斷惑者，此非解煩惱性故不能斷，然能伏惑令其不起，且如人一心念佛，意地當更不起貪瞋嫉妒邪見也。由念佛故，轉無始惡業，生無量功德，遮無量惡業，止無量三不善根，又縱不斷煩惱，但生到彼地方斷煩惱，然後漸漸乃得不退，於理何過。

第四敘偏讚之心。次問十方更無淨土，何以獨讚西方？答非爲更無佛土，恐衆生境繫心亂，故《隨願往生經》云，此處衆生信向者少習邪者多，心意無定故令衆生專心有在，故偏讚也。又若言十方皆有淨土，衆生之心則便慢緩，若唯一處心即慇重。問彌勒下生此土亦淨，復是同界，佛勸生彼何勝此間？答此雖言淨由劣四天，當知西方勝過自在。又復此界有三惡道女色婬欲便利之穢，何得同彼，地既非勝終還退轉，所以讚彼。

第五敘體性。次問淨土以何爲體？答《攝論》云，唯識智爲體，謂佛及菩薩唯識智爲體，即《金剛般若論》云，智習唯識通，如是取淨土，若佛地論，以佛自在無漏心爲體，非離佛淨心外別有寶等淨色也。又釋者，是彼佛大慈悲願力無分別後得智爲體。

六次問此經部類多少宗趣所明？答窮括部類，有其四本，通明淨土即以淨土爲宗。一《觀經》，二《無量壽經》，三《小阿彌陀》，四《鼓音經》。又如晉時帛延譯《無量清淨平等覺經》，又有《大阿彌陀經》兩卷成，即與宋元嘉年中所譯《無量壽經》及前《清淨覺經》而同本異譯。準此《觀經》亦宋元嘉年中求那跋摩譯與彼全別，今尋撿四經，部部之內雖則俱明淨土，然旨趣不同，如此《觀經》教修淨土之業，即以定散二善爲宗，如《無量壽》等三經，如來觀衆生淨土機熟宜聞說時至，故釋迦顏色勝常，阿難因起發問，世尊顏色歡悅者，應念過去當來現在諸佛勝妙事也，佛讚阿難善哉能問，因爲廣說西方淨土之事，即以淨土爲宗，如此《小阿彌陀經》，又問何故名極樂，極樂之事未知虛實，如來因爲釋得極樂之名，及引六方諸佛證成非妄，此經即以斷疑證實爲宗，如《鼓音經》人疑彼佛爲天爲人是何趣類。又彼淨土增上報處，衆生多有業障，或惡魔留難，云何得生？如來爲辯彌陀是刹利之種，又教懺悔誦呪令轉業除魔，彼經即以轉業護難爲宗，上來即辯四經宗趣及部類多少。然四經前後者準其道理，先爲說令知，次教修淨業，次斷疑證實，彼護難不生，即《無量壽經》初，《觀經》第二，《小阿彌陀》第三，《鼓音經》第四。然以事推驗，即《觀經》爲初，《無量壽》爲二，何以知之？準說《觀經》時闍王猶爲太子，創奪父位，母時見害因請淨土，如來爲現西方教修定散二善，若至說《無量壽經》時，闍王已登位，太子作儲君，故《大彌陀經》等云，如來說西方事時，阿闍世王太子與五百長者持蓋獻佛，聞說彌陀二十四願，其太子當發願願如彼尊，佛記卻後皆得如彌陀佛，以此知居第二也。人云，阿闍世王太子者闍王身是，爾時由未篡位故爲太子來至佛所，今釋不然，若爾應除王字但言阿闍世太子，既標王及太子，明知即父子名殊，是故《無量壽經》當第二說，而《觀經》自爲夫人侍女，《無量壽經》

自爲人天大衆說也。問若觀經是初爲夫人說者，何故下經佛還靈山令阿難重演而衆無所請，明知大衆已曾聞故，由已聞故更欲令聞修生彼業，所以如來勅令重演定散二善，何得即以《觀經》爲初？答如來意令大衆知定散二善三世諸佛爲淨土因故令重說，又冀此經永傳末代，後若結集知阿難所傳不虛，所以令說，非爲已聞後不請而說，即當第二，其餘二經如前所釋可知。

七判釋文義。今判此經遵之往古亦爲三節，謂序正流通，然依大悲開五分，一信分，即彼經云，在在處處佛所說法，謂如是我聞等。二證分，即彼經云，在在處處大衆所集，謂與大比丘也。三緣起分，亦名發起分，即彼經云，隨其因緣，隨其由序也。此經略無人云，以爾時佛告舍利弗下爲發起，彼土何故名爲極樂下爲正宗分，今恐不然，但如來初略舉示，次廣分別，此總是正宗非發起分也。四正說分，即彼經云，隨其名句味種種廣爲人說等，即爾時佛告舍利弗下是也。五奉持分，即彼經云，佛說經已大衆歡喜頂戴奉持故，即佛說是經已是也，然諸經論中初之二分並爲證經非謬，開合無在，就初信分文復爲五，一信，二聞，三時，四主，五處。流支云，此之五句文爲證三義故佛敎之，一證是佛說令物生信，二表異外道經書阿嘔吉義，三爲息諍論知非結集者言。又《智度論》云，說時方人欲令衆生聞之生信，是故此五句名爲信分因緣，廣如彼論說。

紀事

祩宏《阿彌陀經疏鈔》卷一　此經宗趣沖深，未審當部等類，爲有幾種。初先明部者，部有二種，一謂大本，二謂此經。部者，以是總歸一部，而有詳略。詳爲大本，略爲此經。大本有六，一名《無量平等清淨覺經》，後漢支婁迦讖譯。二名《無量壽經》，曹魏康僧愷譯。三名《阿彌陀經》與今經同名，吳支謙譯。四名《無量壽莊嚴經》宋法賢譯。五出寶積第十八經，名《無量壽如來會》，元魏菩提流志譯。六名《佛說大阿彌陀經》，宋龍舒居士王日休者，總取前之四譯，參而會之。唯除《寶積》，彼所未及。然上五譯，互有異同。漢吳二譯，四十八願。止存其半，爲二十四。其餘文中，大同小異。王氏所會，較之五譯，簡易明顯，流通今世，利益甚大，但其不繇梵本，唯酌華文，未順譯法。若以梵本重翻而成六譯，即無議矣，故彼不言譯而言校正也。又其中去取舊文，亦有未盡，如三輩往生，魏譯皆曰發菩提心，而王氏唯中輩發菩提心，下曰不發，上竟不言，則高下失次，且文中多善根，全在發菩提心，而三輩不同，同一發心，正往生要旨，乃反略之，故云未盡。然今疏鈔所引，義則兼收五譯，語則多就王文，以王本世所通行，人習見故，餘五間取，而槩以大本標之，故上六種皆名大本。今此經者，名爲小本，文有繁簡，義無勝劣，判屬同部。

彭際清《無量壽經起信論》卷二　宋龍舒王氏日休，會通諸譯，別出一本，名《大阿彌陀經》。唯除《寶積》，彼所未見，從上諸譯，漢吳宋三本，文理未精，王氏本較爲暢達，近世通行，然有可議者，如序分中遊步十方以下，廣明菩薩行願，爲令行者發起大心，積集德本，究竟成佛，乃是此經開章要領，而王氏刪之至往生上下兩輩，一刪去發菩提心，一云不發胎生，一節刪去，疑惑佛智乃至勝智。前則乖成佛之正因，後則失往生之正智。他如敘次願文，後先舛錯皆當考正，寶積本義旨圓淨，而詳贍《爾雅》，不如康本，又刪去勸進往生以不之文，不見如來激勸之旨，故雲棲獨將康本刊行，且爲第其分次。今略仍舊第，有當合者合之，經中義句，間有繁複，謹參他本重加審定，但去其繁複，不敢更有增易，其四十八願先後數目，依雲棲本增入，庶幾盡善盡美，不使後人少留餘憾，讀者詳之。

著錄

智昇《開元釋教錄》卷一七　《無量壽如來經》二卷與舊《大阿彌陀經》等同本，在第五會。

佛說觀無量壽佛經

題解

慧遠《觀無量壽經義疏》卷一 次釋其名，初言佛者標舉說人，此翻名覺，覺有兩義：一覺察義對煩惱障，煩惱侵害事等如賊唯聖覺知不爲其害，故名爲覺，此之一義如涅槃說。二覺悟義對所知障，無明昏寢事等如睡，聖慧一起朗然大悟，如睡得寤，故名爲覺。所對無明有其二種，一性結無明迷覆實性，對除彼故覺法實性，故名爲覺。二事中無知於事不了，對除彼故覺知一切善不善等三聚之法，故名爲覺。故《地持》云，於義饒益聚非義，饒益聚非非義，饒益聚平等開覺，故名爲佛。既能自覺，復能覺他、覺行，窮滿稱之爲佛。言自覺者，簡異凡夫，言覺他者，別異二乘，覺行窮滿彰異菩薩，是故獨此名之爲佛。下次舉其所說之法，口音陳唱目之爲說，繫念思察說以爲觀，無量壽者，是所觀佛。觀佛有二，一眞身觀，二應身觀。觀佛平等法門之身是眞身觀，觀佛如來共世間身史應身觀，眞身之觀如《維摩經》見阿閦品說觀身實相，觀佛亦然。我觀如來前際不來，後際不去，今則不住，如是等也。要而論之，妙絕衆相，圓備諸義，妙絕衆相乃至無有一相可得，圓備諸義乃至無有一德不具，雖具衆德同體義分，猶如虛空無礙不動，無有彼此差別之相，以無彼此差別相，故諸根相好皆遍法界，如海十相同體周遍，以周遍故，用眼爲門，諸根相好及佛刹土一切衆生莫不皆悉一眼中，觀餘相好皆悉同然，其應身觀如彼觀佛三昧經，取佛形相繫想思察名應身觀，此佛應身隨化，現形相別，彼此不得一種，應身觀中有始有終，聞菩薩藏知十方界有無量佛繫想思察令心分了，以如是等麁淨信見名之爲始，以大神通親往禮覲，或復往生面覩供養名眞實見此以爲終，眞身觀中亦有始終，聞菩薩藏知佛法身繫心思察麁淨信見名之爲始，息除妄想內覺相應說以爲終，今此所論是應身中麁淨信觀矣。應身觀中有通有別，如彼《觀佛三昧經》說，汎取佛相而爲觀察，定無彼此名之爲通，觀察彌勒阿閦佛等說以爲別，今此所論是其別觀，別觀西方無量壽佛，然佛名號有通有別。如來應供正遍知等是其通號，釋迦彌勒阿閦佛等是其別號，別中立名乃有多種，或從種姓如迦葉佛釋迦佛等，或就色身如身尊佛身上佛等，或就音聲如妙音佛妙聲佛等，或就光明如妙光佛普明佛等，或就內德如功德佛智慧佛等，或就譬喻，喻別種種或從壽命。今此所觀從壽爲名，然佛壽命有眞有應，眞如虛空畢竟無盡，應身壽命有長有短，今此所論是應非眞，故彼《觀音授記經》云，無量壽佛，命雖長久，亦有終盡。故知是應，此佛應壽長久無邊，非餘凡夫二乘能測，故曰無量。命限稱壽，問曰此經非直觀佛亦觀刹土觀音勢至九品生等，何故偏名觀無量壽，觀佛爲主故偏舉之，又復諸事不可具名且舉觀佛。經者外國言修多羅，此翻名綖。或線聖人言說能貫諸法如綖貫花，是故就喻名之爲綖，而言經者綖能貫花，經能持緯其用相似故復名經。若依俗訓經者，常也。教之一法，逕古歷今，恆有曰常。

智者《觀無量壽佛經疏》卷一 第一釋名者，一切衆經皆有通別二名，通則經之一字，別則有七，或單人法譬，或複、或具。今經從能說所說人以立名，即教別同名爲經，即教通爲行不同。從一乃至無量即行別，同會常樂即行通，理雖無名將門名理，理隨於門四四十六，即名理，別門隨於理，即名理通，此約一化以明通，別更約一題，佛說即教，觀即是行，無量壽佛，即是理，教行理足任運有通別意，更就一字說者，《釋論》云，所行如所說，說即是教，如即是理，行即是行，佛即法身，觀即般若，無量壽，即解脫。當知即一達三，即三達一，一中解無量，無量中解一，於一字尙達無量義，況諸字況一題，況一經一切經耶。故經云，若聞者題名字，所得功德不可限量，若不如上解者，安獲無限功德耶，初釋佛者，佛是覺義，有六種，即《涅槃經》云，一切衆生即是佛，如貧女舍寶衆物具存，力士額珠圓明頓在，《如來藏經》擧十喩，弊帛裹黃金，土模內像，闇室瓶盆，井中七寶，本自有之非適今也。淨名云，一切衆生皆如也。寶篋云，佛界衆生界，一界無別界，此是圓智圓覺諸法，遍一切處無不明了，雖五無間皆解脫相，雖昏盲倒惑其理存焉，斯理灼然，世間常住，有佛不能益，無佛不能損，得之不爲高，失之不爲下，故言衆生即是佛。理佛也，如斯之理，佛若不說無能知者。《法華》云，一百八十劫，空過無有佛，世尊未出時，十方常闇瞑。《涅槃》云，於無量世，亦不聞有如來出世大乘經名。若佛出世方能聞智慧日，識三寶之光明，開甘露門，知十號之妙味，因説生解於寶適悦，故須達聞名身毛皆豎，昏夜大朗巨闕自闢，此名字佛也。觀行佛者，觀佛相好如鑄金像，心緣妙色與眼作對，開眼閉目若明若闇，常得不離，風佛世尊從大相海流出小相，浩浩瀁瀁如大劫水，周睟遍覽無非佛界，念一佛與十方佛等，念現在佛與三世佛等，一身一智慧力無畏亦然，念色身念法門念實相，常運念無不念時，念念皆覺是名觀行佛也，相似佛者，念佛相好身，得相似相應念佛法門，身得相似相應，念實相身，得相似相應，相似者，二物相類，如鍮似金，若瓜比瓠，猶火先煖涉海初平，水性至冷飲者乃知，渴不掘井聽説何爲，略舉其要，如法華中六根清淨，即是其相，名相似佛也。分證佛者，初發心住，一發一切發，發一切功德，發一切智慧，發一切境界。不前不後亦不一時，三智一心中得，得如來妙色身湛然應一切，開秘密藏，以不住法即住其中，以普現色身作衆色像，一音隨類報答諸聲，不動眞際群情等悦，應以三輪度者能八相成道具佛威儀，以佛音聲方便而度脱之，況九法界三輪耶，初住尚爾，況等覺耶，是名分證佛也。究竟佛者，道窮妙覺位極於茶故，唯佛與佛，乃能究盡諸法實相，邊際智滿種覺頓圓，無上士者，名無所斷，無上士者，更無過者。如十五日，月圓滿具足，衆星中王最上，最勝威德特尊，是名究竟佛義，佛有無量德，應有無量號，舉一蔽諸，華嚴有十萬號，又經有萬號，三世諸佛通有十號，淨名三號以劫壽説，不能令盡，何況諸號耶。説者悦所懷也，即十二部經八萬法藏，六度四等一切法門，又於一法中，作四門分別，於一一門巧作四悉檀利益，聞者歡喜讃用受行，信戒進念而得開發，貪恚愚癡豁爾氷消，革凡成聖入法流水，或三二一益，若都無益則樂默然，若一機扣，聖於一門施四益者，餘三門亦如是。爲一緣説一法既爾，諸緣諸法亦如是，觀者觀也有次第三觀，一心中三觀，從假入空觀，亦名二諦觀。從空入假觀，亦名平等觀。二空觀爲方便，得入中道第一義諦觀。心心寂滅自然流入薩婆若海，得命根，亦無連持，強指不遷不變名之爲壽，此壽非長量，亦非短量，無延無促，強指法界同虛空量，此即非身之身，無壽之壽，不量之量也。報身者，修行所感，《法華》云，我修業所得。《涅槃》云，大般涅槃修道得故。如如智照如如境，菩提智慧，與法性相應相冥，相應者，如函蓋相應。相冥者，如水乳相冥，法身非身非不身，智既應冥亦非身非不身，強名此智爲報身，法壽非壽非不壽，智既應冥亦非壽非不壽，強名非壽爲壽，法量非量非無量，智既應冥亦非量非無量，強名無量爲量也。應身者，應同萬物爲身也，應同連持爲壽也，應同長短爲量也。智與體冥能起大用，如水銀和眞金能塗諸色像，功德和法身處處應現，往能爲身非身，能爲常壽爲無常壽，能爲無量能爲有量，有量有二義，一爲無量之量，二爲有量之量。如七百阿僧祇及八十等，是有量之量，如阿彌陀實有期限，人天莫數是有量之無量，應佛皆爲兩量，逐物隨緣參差長短，然此三身三壽不可並別一異，即乖法體，即一而三即三而一，乃會玄文釋名竟，次辯體者，體是主質，《釋論》云，除諸法實相餘皆魔事，大乘經以實相爲印，爲經正體，無量功德共莊嚴之，種種衆行而歸趣之。言説問答而詮辯之，譬衆星之環北辰，如萬流之宗東海，故以實相爲經體也。書家解，禮者，訓體也。體有尊卑長幼，君父之體尊，臣子之體賤，當知體禮之釋，是貴極之法也。復次體是底也，窮源極底理盡淵府究暢實際，乃名爲底。《釋論》云，智度大海唯佛窮底，故以底釋體也。復次體是達義，得此體意通達無壅，如風行空中，自在無障礙，一切異名別説，皆與實相不相違背，《釋論》云，般若是一法，佛説種種名，故以體達釋經體也。次明經宗，初簡宗體，次正明宗，有人言，宗即是體，體即是宗。今所不用，何者宗既是二，體即不二，體若是二，體即非體，宗若不二，宗即非宗，如梁柱是屋之綱，維屋空是梁柱所取，不應以梁柱是屋空，屋空是梁柱，宗體若一，其過如是，宗體異者，則二物孤調，宗非顯體之宗，體非宗家之體，宗非顯體之宗，宗則邪倒無印，體非宗家之體，則體狹不周，離法性外別有諸法，宗體若異，其過如是。今言不異而異，故有宗。不一而一，故有體也。今此經宗，以心觀淨則佛土淨，爲經宗致，四種淨土，謂凡聖同居土，方便有餘土，實報無障礙土，常寂光土也。各有淨穢，五濁輕重同居淨穢，體析巧拙有餘淨穢，次第頓入實報淨穢，分證究竟寂光淨穢，娑婆雜惡荆棘瓦礫，不淨充滿同居穢也，安養清淨，池流八德樹列七珍，次於泥洹皆正定聚，凡聖同居上品淨土也。方便有餘者，修方便道斷四住惑，故曰方便。無明未盡，故言有餘。《釋論》云，出三界外有淨土，聲聞辟支佛出生其中，受法性身非分段生。《法華》云，若我滅後實得阿羅漢，不信此法，若遇餘佛，於此法中，便得決了，就中復有利鈍，指上爲淨，指下爲穢也。實報無障礙者，行眞實法感得勝報，色心不相妨，故言無障礙。純菩薩居無有二乘，《仁王經》云，三賢十聖住果報，即是其義。《釋論》云菩薩勝妙五欲，能令迦葉起舞。《華嚴》云，無量香雲臺，即其土淨妙五塵，就中更論次第頓悟上下淨穢等也。常寂光者，常即法身，寂即解脫，光即般若，是三點不縱橫並別，名秘密藏。諸佛如來所遊居處，眞常究竟極爲淨土，分得究竟上下淨穢耳，故以修心妙觀能感淨土，爲經宗也。次辯經用，用者力用也。生善滅惡爲經力用，滅惡故言力。生善故言用滅惡故言功，生善故言德，此皆偏舉具論必備也。苦是惡果，貪恚癡是惡因，惡因不除果不得謝，是故此經能令五逆罪滅，往生淨土，即是此經之大力用也。教相者，此是大乘方等教攝，赴機適化廣略不同，大本二卷，晉永嘉年中，竺法護譯，此本是宋元嘉時畺良耶舍於揚州譯，兩經皆在王舍城說，復有小本名阿彌陀。在舍衞國說，阿彌陀無量壽，彼此方言，二藏明義菩薩藏收，漸頓悟入此即頓教，正爲韋提希及諸侍女，並是凡夫未證小果，故知是頓不從漸入，題稱佛說，簡異四人弟子，諸仙諸天化人等說也。

善導《觀無量壽佛經疏》卷一　經言《佛說無量壽觀經》一卷，言佛者，乃是西國正音，此土名覺，自覺覺他覺行窮滿，名之爲佛。言自覺者，簡異凡夫，此由聲聞狹劣唯能自利闕無利他大悲故。言覺他者，簡異二乘，此由菩薩有智故能自利，有悲故能利他。常能悲智雙行，不著有無也。言覺行窮滿者，簡異菩薩此由如來智行已窮時劫已滿出過三位，故名爲佛。言說者，口音陳唱故名爲說，又如來對機說，法多種不同，漸頓隨宜，隱彰有異，或六根通說，相好亦然，應念隨緣，皆蒙證益也。言無量壽者，乃是此地漢音，言南無阿彌陀佛者，又是西國正音，又南者是歸，無者是命。阿者是無，彌者是量，陀者是壽，佛者是覺。故言歸命無量壽覺，此乃梵漢相對其義如此，今言無量壽者，是法。覺者是人，人法並彰，故名阿彌陀佛。

元照《觀無量壽佛經義疏》卷二　據經下文阿難請問佛立二名，初云此經名觀極樂國土無量壽佛觀世音菩薩大勢至菩薩，加一經字共二十字，此就心境爲名也。又云亦名淨除業障生諸佛前，更加經字共有九字，此從破障感報爲名也，就初名中觀之一字能觀智也，下十八字所觀境也，極樂國土即是依報攝前六觀，無量壽下即是正報攝後十觀，觀佛總前三觀，下二菩薩總攝七觀，故此一題十六皆足，次名中淨除業障總前十六觀行力用，觀成破障即見因也。生諸佛前即來果也，不指彌陀而言諸佛者，即下經云見無量壽佛者，即見十方無量諸佛等。今翻譯家止用初名仍從省約，但據諸佛深合經旨，天台疏云舉正報以收依報，述化主以包徒衆，觀雖十六言佛便周，此約舉要包攝前後釋也。遠師疏云此經以觀佛爲主，故偏舉之。此據經宗諸觀相從釋也，今詳兩釋後義最長，以正爲觀佛須先國土以爲由漸後因觀佛旁及徒衆以顯周遍，是以佛觀文中獨名念佛三昧也。題中上七字爲別題別在今文，下一字爲通題通及衆典，上二字標能說教主，下五字示所說行法，初能說中佛是十號之一，說謂悅可衆心，此方化主定是釋迦故但舉通號，下所觀境恐濫餘尊則通別齊舉，準《智度論》云經通五人說，一佛二聖弟子三諸仙四諸天鬼神五變化人，欲顯此經是佛自說簡非餘人令生信受，然一代時教律唯佛說特彰祕勝，經通餘人但須印可，然就經中淨土一法定是佛說明非小聖餘凡所知，是以他經或容不著，諸淨土經並須標簡，二所說法中上一字即能觀心，下四字即所觀境，初中大小觀法並指第六意識爲能觀體，五陰之中善行陰攝，行前三心體唯無記，必取行心成業方能感報招生，準下經文或名想念或號思惟，名異體同莫不皆指意思爲能觀耳，次所觀中梵云阿彌陀，此翻無量壽亦云無量光，即四十八願中二願光明壽命有能限量不取正覺，壽即表福，是解脫德，光即表智，是般若德，般若解脫共嚴法身，即同居淨土攝生教主，觀音補處實有壽限且據凡小莫數故言無量，佛者具云佛陀此翻覺者，覺有二義，一覺察義，四住如賊唯聖覺知不能爲害。二覺悟義，無明如睡聖慧一起如眠得悟，對彼二乘故名大覺，超彼等覺故名妙覺且據一相餘如別說，身相光明具如佛觀經者梵云修多羅此翻爲綫，貫穿理義攝持衆生，能貫能攝有如綫焉，即能詮教聲名句文，由教知理，依理起行，因行感果，理行果三出生於教，故知像末唯教有功，得道因緣出道基本，古人訶呰爲遺滯情，末學妄癡妄生輕蔑斷佛種子，壞佛法身，永墜邪坑，長遭難他，縱使執指爲月認筏爲堤亦爲解脫遠緣不失人天福報，況超拔爲利叵窮，古疏又云訓法訓常，由聖人金口，故云經也。

知禮《觀無量壽佛經疏妙宗鈔》卷一　佛等八字，備舉經目，皆是所釋，唯疏一字是能釋也。今之五章，釋其八字，義稍委悉，入文自見，若欲預知可陳梗概，經是通號，餘是別名。今且明別，佛說者，釋迦化主，四辯宣演也。觀者，總舉能觀，即十六觀也。無量壽佛者，舉所觀要，攝十五境也，且置能說，略明所說，能觀皆是一心三觀，所觀皆是三諦一境，毗盧遮那遍一切處，一切諸法皆是佛法，所謂衆生性德之佛，非自非他非因非果，即是圓常大覺之體，故《起信論》云，所言覺義者，謂心體離念，離念相者，等虛空界無所不遍，法界一相即是如來常住法身，依此法身說名本覺，故知果佛圓明之體，是我凡夫本具性德故，一切教所談行法，無不爲顯此之覺體，故四三昧通名念佛，但其觀法爲門不同，如一行三昧，直觀三道顯本性佛，方等三昧觀祖持顯，法華兼誦經，觀音兼數息，覺意歷三性，此等三昧歷事雖異，念佛是同，俱爲顯於大覺體故。雖俱念佛，而是通途，顯諸佛體，若此觀門及般舟三昧，託彼安養依正之境，用微妙觀，專就彌陀，顯眞佛體，雖託彼境，須知依正同居一心，心性遍周，無法不造，無法不具，若一毫法從心外生，則不名爲大乘觀也。行者應知，據乎心性觀彼依正，依正可彰，託彼依正，觀於心性，心性易發，所言心性具一切法造一切法者，實無能具所具能造所造，即心是法，即法是心，能造因緣及所造法，皆悉當處全是心性，是故今觀，若依若正，乃法界心，觀法界境，生於法界，依正色心，是則名爲唯依唯正唯色唯心唯觀唯境。故釋觀字，用一心三觀，釋無量壽用一體三身，體宗力用義並從圓，判教屬頓，五重玄義本是經中所詮觀法，大師預取解釋經題，欲令行者用此視法，入十六門而爲修證，故於序文，以主包衆，以正收依，觀佛既即三身，觀餘豈非三諦，寄語行者，觀雖深妙，本被初心，若能進功，何憂不就，縱未入品，爲因亦強，生至彼邦，得預大會，所見依正，微妙難思，速入聖階，度生亦廣，永異事善及小乘行，得往生者，如此土人宿圓修者，於諸座席見相殊常，聞法易悟以此類彼，功在妙宗，但爲戒福不精，無往生願故，在穢土聞法入眞，須懼娑婆不常値佛，縱遇善友色心不勝，難發我心，況塵境麁強，誠爲險處，故須外加事懺內勤理觀，正助雙行加願要制，必於寶剎速證無生，今解觀門其意在此。疏者疏也，決也，疏通決擇上之義趣，通而不壅，令其行者得意修之故也。次能說人號，備於別傳及諸章記，有未知者須尋彼文。二釋文，初釋序三，初叙經觀意二，初正明觀行二，初叙意二，初對垢立淨二，初法二，初明二報苦樂，欲論觀行，先示二報苦樂之相，文有四句，一一皆論淨穢相對，初句以所成國土苦樂相對，安養淨國，但受諸樂故名樂邦。堪忍穢土多受衆苦，義言苦域，次句以能成物體貴賤相對，彼純七珍，略言金寶，此多衆穢略語泥沙。次句以初生受質，垢淨相對，此土六道具有四生，今就人中多從胎藏，母食冷熱及饑飽時，兒在胎中，如處寒熱倒懸山壓地獄之苦，故云胎獄。彼土九品，八從蓮生，下品之人雖經多劫，大本中說，疑心修善，生彼胎宮樂同忉利況八九品不生疑惑，豈有苦耶。是故華池受生即樂，次句以生後遊處麁好相對，此則荆棘叢林，彼則金渠玉樹，然此四句雖一一句，苦樂相對，意則對穢顯彼淨相。又復應知，四句之文似唯顯示同居二土，據下明宗，具論四，土淨穢之相，以後驗此不專同居，當知四句一一通於四種淨穢，見思輕重，則感同居樂邦苦域，體析巧拙，則感方便樂邦苦域，次第頓入，則感實報樂邦苦域，分證究竟，則感寂光樂邦苦域，以例金寶泥沙，胎獄華池棘林瓊樹，亦復如是，一家制立，正文與序必不相違，但序總示，文宗別說，是故似異，問下三淨土既皆有相，則可論於金寶等事，寂光之淨已全無相。如何可說金寶華池及以瓊樹，答經論中言寂光無相，乃是已盡染礙之相，非如太虛空無一物，良由三惑究竟清淨，則依正色心究竟明顯。故大經云，因滅是色獲得常色，受想行識亦復如是。仁王稱爲法性五陰，亦是法華世間相常。大品色香無非中道，是則名爲究竟樂邦。究竟金寶，究竟華池，究竟瓊樹，又復此就捨穢究盡取淨窮源，故苦域等判屬三障樂邦，金寶以爲寂光，若就淨穢平等而談，則以究竟苦域泥沙而爲寂光，此之二說但順悉檀無不圓極，問佛無上報是即理之事，可論金等，究竟寂光是即事之理，豈有金等。若其同有事理既混，如何分於二土義耶，答佛無上報是究竟始覺，上品寂光是究竟本覺，始本既極豈分二體，應知二土縱分事理實非有無豈眞善妙有而非理邪，祕藏之理豈同小空，故此事理二名一體，以復本故，名無上報事也。以復本故，名上寂光理也，故妙樂云，修得四德，本有四德，二義齊等，方是遮那身土之相，況淨名疏，顯將寂光爲佛依報，故知定執報土有金寶等，寂光定無，斯乃迷名全不知義矣。二誠由下，明二因心行，誠實也，由從也。報之淨穢實從心行二因致感，心即迷了二心，行即違順二行，六道三教迷三德性，爲三惑染，故曰垢心。身口諸業違理有作，皆名惡行，此之心行感四穢土。沈下麁淺也，唯圓頓教了三德性，離三惑染，方名淨心，身口諸業順理無作，稱爲善行，此之心行感四淨土，高升深妙也。心雖本一，以迷了故，須分垢淨，行業雖同，以違順故，須開善惡，從此二因感報淨穢，應知圓人，以上寂光而爲觀體，凡聖因位皆即究竟，不同別人要心只齊一十二品，故分證穢，正在別教，問至理微妙不垢不淨，無取無捨，今立垢淨令人取捨，既乖妙理即非上乘，何得名爲修心妙觀顯一實相，答據名求義萬無一得，以義定名萬無一失，良以理外理內，小乘大乘，漸次圓頓，所立名言率多相似，須以邪正定其內外。次以空中甄其小大，復以漸頓分其別圓，則使名言纖毫不濫，方可憑之立乎觀行，是故今家評此等義，而用六句判於同異，所謂相破相修相即，各有二句，即六句也。今用此六判此相違，先以別義定其同名，所謂外道斷無不垢不淨見二乘空理不垢不淨證別教但中不垢不淨門，圓教祕藏不垢不淨理，復有四淨，外道欣厭執淨之見，二乘斷惑滅淨之證，別教離染漸淨之門，圓教即染頓淨之理，既知此已，乃可論於淨與不垢不淨相破之句，圓教頓淨破於別教二乘外道不垢不淨，圓教不垢不淨，破於三種之淨，相修句者，三種之淨，修於圓教祕藏不垢不淨，三種不垢不淨，修於圓教即染之淨，相即句者，圓教即染之淨，即是祕藏不垢不淨，祕藏不垢不淨，即是即染之淨。今之妙觀，即於染心觀四淨土，既照寂光，豈異祕藏不垢不淨邪，若謂今經捨穢取淨異於祕，藏雙非理者，何故韋提聞觀淨土，分證祕藏邪。應知今淨淨於垢淨，乃以垢淨平等之理，而爲於淨土，名偏義圓，斯之謂矣，但以機緣捨穢心強，宜以淨門淨一切相，故今談淨與不垢不淨，全不相違。又復應知，取捨若極，與不取捨亦非異轍，二喻，形端喻淨因，了性淨心，順理善行，影直喻果，四淨土也。源濁喻穢因，迷性垢心，違理惡行，流昏喻果，四穢土也。若翻上喻，形曲影凹，自可喻於逆修因果。若翻下喻，源淨流清，亦自可喻順修因果，今擧二喻各喻一種其義甚明，二故知下，就淨示修，上已對穢顯於淨相，故今就淨而明修法，前示二因，通云淨心及以善行，此明修相，故的指今十六妙觀三種淨業，於十六

境不照三諦，豈明妙觀修三種福爲三惑染，不稱淨業，妙觀是正，淨業爲助，正助合行，能感四種極樂國土，得見三身彌陀世尊。文從互說，觀論生土，業論見佛，依正既俱正助非隔，二然化下，示文二，初示教興二，初明興由革凡之化，要因近事，而爲鴻漸。詮理之教，必藉機緣，方得興起，近事爲漸通於諸化，今化別由殺逆之事欲令衆生厭濁世故，此教當機，是韋提希，華言思惟，善修觀故，二大聖下，明現土，佛是極聖，故稱爲大。佛慈下被，名之曰垂，託韋提請，布所證理，名乘機演法，曜玉相等者。經云，爾時世尊放眉間光，遍照十方無量世界，還住佛頂化爲金臺，如須彌山雖廣示等者。經云，十方妙國皆於中現，或有國土七寶合成，復有國土純是蓮華，乃至云，時韋提希白佛言，是諸國土雖復清淨，我今樂生極樂世界阿彌陀佛所，二使末下，示觀相二，初總標，使末俗等者。經云，如來今者教韋提希，及未來世一切衆生，觀於西方極樂世界，以佛力故，當得見彼清淨國土等，二落日下，別示十六觀法不出三類，即依報正報，及三輩往生。今順此三，撮要而示，文自爲三，初依報，初觀落日狀如懸鼓，令心堅住專想不移。此有二意，一令觀日心不馳散，二令心想正趣西方，故云用標送想之方。次觀清水，復想成冰，良以彼土瑠璃爲地，此地難想，且令想氷，氷想若成寶地可見，故云實表瑠璃之地。次示樹觀，而經但云其諸寶樹，七寶華葉無不具足，而無風吟天樂之事，乃取小本中語，成今樹觀之文，故彼經云，微風吹動衆寶行樹，及寶羅網，出微妙音，譬如百千種樂同時俱作，故云共天樂而同繁。次示池觀，經云，有八池水，從如意珠王生，分十四支，黃金爲渠，其摩尼水流澍華間，其聲微妙，演說苦空無常無我，諸波羅蜜等，故云將契經而合響，二觀肉下，示正報，先明觀音勢至二菩薩觀，以此二觀皆明肉髻故。經云，若有欲觀觀世音菩薩者，先觀頂上肉髻，次觀天冠，其餘衆相，亦次第觀之，勢至。經云，頂上肉髻如鉢頭摩華，於肉髻上，有一寶瓶，盛諸光明，普現佛事，餘諸身相如觀世音等無有異，斯是如來教示行者，想二大士觀法之要也。此二菩薩，次當補處，今爲近侍，故云瞻侍者也。次示彌陀觀，經云，觀無量壽佛者，從一相好入，但觀眉間白毫，極令明了，見眉間白毫者，八萬四千相自然當現，豈非教示觀法之門，故云念毫相而覩如來也。三及其下，示三輩觀，下疏判云，觀三品往生有二意，一令捨中

下修上品故，二令識位高下，即大本三品故，此之二意初策自行，次則觀他，故今略叙，就策自行，即修觀行人功有淺深，致使往生相分三品，故云及其瞑目告終等也。初明上品上生及上品中生，以經明上生乘金剛臺，中生坐紫金臺，故云上珍臺也。次文成下，明上品下生，經云，即見自身坐金蓮華，文成印壞者，大經二十七云，譬如蠟印印泥，印與泥合，印滅文成，以喻凡夫現在陰滅中有陰生，今借此文以喻往生菩薩此土陰滅彼國陰生，須知垂終自見坐金蓮身，已是彼國生陰故也，成論明極善極惡俱不經中陰，如稍矛離手也，上雖三品但是上輩，次總示三輩往生之者，俱出輪迴，言隨三輩者，非謂隨他，蓋是隨己所修，三輩行業皆能横截五道，永得不退也，大本云，往生安養國横截五惡道，五苦者，此方五道俱不免苦，天道縱樂還墮惡趣故，二可謂下，結歎觀行，微行者，歎三種業，雖是身口運爲之善，今順理修，皆成無作幽微無相之行也。妙觀者，歎十六觀，雖託安養依正之境，而皆稱性絶待照之，即不思議圓妙觀也，此之觀行能令修者達四淨土，縱具見思而能不退，誠爲至極之道要妙之術，如此歎結意令聞者尚之修之，不肖之徒，輕欺生死不求不退，於斯要術生謗障人，痛哉痛哉，二此經下，叙經宗體。心觀者，經以觀佛而爲題目，疏今乃以心觀爲宗，此二無殊，方是今觀，良以圓解全異小乘，小昧唯心佛從外有，是故心佛其體不同。大乘行人，知我一心具諸佛性，託境修觀，佛相乃彰，今觀彌陀依正爲緣，熏乎心性，心性所具極樂依正，由熏發生，心具而生，豈離心性，全心是佛全佛是心，終日觀心終日觀佛，是故經目與疏立宗。語雖不同，其義無別，又應須了，若觀佛者，必須照心，若專觀心，未必託佛，如一行三昧直觀一念，不託他佛而爲所緣，若彼般舟及此觀法發軫即觀安養依正，而觀依正不離心性，故曰心觀，須知此觀不專觀心內外分之，此當外觀以由託彼依正觀故，是以經題稱爲觀佛，若論難易今須從易。法華玄云，佛法太高，衆生太廣，初心爲難，心佛衆生三無差別，觀心則易今此觀法非但觀佛，乃據心觀，就下顯高，雖修佛觀不名爲難，是知今經心觀爲宗，意在見佛，故得二說義匪殊途。又應了知，法界圓融不思議體，作我一念之心，亦復舉體作生作佛，作依作正，作根作境，一心一塵至一極微，無非法界全體而作，既一一法全法界作，故趣舉一即是圓融法界全分，既全法界，有何一物不具諸法，如義例中，僻解師云，四教中圓，唯論心具一切諸法，身以依報則不論具，唯一頓頓方明三處皆具諸法，荆谿諭曰，四教中圓，何甞不云三處具法，稟今宗者，若云心具色等不具同彼謬立漸圓之見。望彼頓頓，天地相懸，尚劣於彼，何預今宗，以一切法一一皆具一切法故，是故今家立於唯色唯香等義。若其然者，何故經論多以一心爲諸法，總立觀境邪。良以若觀生佛等境，事既隔異，能所難忘，觀心法者近而復要，既是能造，具義易彰，又即能觀而爲所照易絶念故，妙玄云，三無差別觀心則易，縱觀他境亦須約心，此經正當約心觀佛也，實相爲體者，心觀之宗，方能顯發中道實相深廣之體。所以者何，若於心外而觀佛者，縱能推理但見偏眞，即如善吉觀佛法身，但證小理，今約唯心，觀佛依正當處顯發中實之體，中必雙照三諦具足，故云，此經心觀爲宗，實相爲體，文特於此，舉宗體者，成前叙觀，顯後叙題，成前者，以叙觀文雖具三觀四土之義，語且總略，恐失意者，謂但叙於同居淨土觀行之意故，叙觀畢，特示唯心妙觀之宗，以顯中道實相之體，實相既是常寂光土，若謂十六只觀應佛依正之相，豈能顯此實相寂光若於十六用圓三觀，尚能感得寂光極樂，豈不能感三土極樂，以此成前樂邦金寶等諸文義，皆明四種淨土因果也。顯後者，行人若得此宗體意，則知叙題能說之佛，所說觀境徒衆依報，及以通名如是諸義悉皆圓妙，非小非偏，方是今經首題名字，叙觀叙題兩楹之際，云乎宗體，其意在兹，三所言下，叙經題目二，初别題七字，具含能説所説能觀所觀，正文釋名備顯其義。今序但明以勝攝劣攬别爲總，立題之意也，以十六境佛境最勝，故云佛是所觀勝境，蓋十六觀不出依正及以徒主，若論依正，佛是正報，舉正收依，則攝日氷地樹等六觀也。若分徒主，佛是化主，述主包徒，則攝觀音勢至三輩等九觀也，故云觀雖十六言佛便周，故入正文以圓三觀釋乎能觀以妙三身釋所觀佛，佛既總攝，餘十五境，豈不一一皆是圓妙三諦三觀邪二經者下，通題，儒經講解，有兹二訓，萬代軌則，故訓法也，百王不易，故訓常也，佛經亦然，十界咸規，三世不易。復以由義而釋於經，由佛大聖金口，宣吐自證之法故，名爲經。法華玄義委解通名，當宗學人不可不究，二入文二，初取義釋題二，初標列，注云云者，令依諸部明於通釋五章之義妙玄最委，故彼文云，就通作七番共解，一標章，二引證，三生起，四開合，五科簡，六觀心，七會異。標章令易憶持，起念心故，引證據佛語，起信心故，生起使不雜亂，起定心故，開合料揀會異。等起慧心故，觀心即聞即行。起精進心故，五心立成五根，排五障成五力，乃至入三解脫，略說七重共意如此，今疏從略，但標五名也。

二隨釋五，初釋名二，初標，二一切下釋二，初對通略示二，初就三處論通別三，初約一化二，初釋二，初示諸題具通別，他釋經題皆以經字爲能詮教，餘字並是所詮之義，作此分之，甚違佛旨，且人法譬皆是名字，豈非能詮，那得一向屬所詮義，經字不可一向屬教，如妙經云，法華經藏深固幽遠無人能到，又云，爲佛護念植種德本，入正定聚，發救一切衆生之心，成就四法，必得是經，疏釋此四是開示悟入佛之知見，知見證理名爲得經，此二豈非以理爲經。《金光明》云，十方諸佛常念是經，豈令諸佛但念於教，此例蓋多，不能備引，故知諸師，以能詮所詮釋衆經題，失旨之甚，今家皆用通別釋題方無所失，二通則下，明通別有三種，今解諸經通別二名，俱是能詮俱是所詮，良以通別各自具於教行理故，勿謂二名但在於教，須知通別自有教名行名理名，如一別題，佛說是教，觀即是行，無量壽佛是理，豈非別教別行別理，以此三別對於經字，即是通教通行通理今於三中。初明教通別二，初正明一化通名者，頓說漸說施權開權律論之外，皆名爲經，故稱通也。別名者，別相乃多，今從三種，謂人法譬，單三複三，并具足一以成七別，單三者，單人，如阿彌陀經等，單法，如大般涅槃經等，單譬，如梵網經等，複三者，人法，如文殊問般若經等。法譬，如妙法蓮華經等。人譬，如如來師子吼經等。人法譬具足者，如勝鬘師子吼一乘大方便方廣經等。以此七別與通，合標一代佛法，二今經下，別指此經，本論一化，言此經者，以明七別，此屬單人，是故言也。雖屬單人而人自分，能說釋迦，所說彌陀，以此二人而爲別目，經同一化，故曰通名。據有觀字合是人法，能從於所，以人兼之，故略不示，然分通別，不同廣釋故未委悉，二爲行下，行通別，諸經有用一種之行而爲別名，以對通名，經即通行，若論別行，其數無量，卒難說盡，今以增數示於行人，似可領會，一如一行等，二如二智等，三如三觀等，四如四念等，五如五根等，六如六妙等，七如七覺等，八如八正等，九如九禪等，十如十度等，乃至百千萬億無量行也。此等別行皆趣涅槃，究竟四德略言常樂，約趣涅槃別行即通，故爲行經。彼釋籤中，乃以因果判行通別，須如其意，非謂至果其行方通，欲知意者，據各修因名爲行別，約趣一果，此別即通，斯乃別時論通，通時論別，豈唯行爾，教理亦然，如以機應對教通別，佛以一音演說法，衆生隨類各得解，各解則機別，一音則應通，各解不離一音，一音不妨各解，如金光明玄，以能詮文字爲教通，以能詮所以爲教別，所以即是四悉檀也。一一悉檀皆用文字，一一文字不離悉檀，如以名實對理通別，多名不離一實，一實不妨多名，故三通別皆悉同時，悉類樂中管色之韻，約聲則通，約曲則別，通別二用不相妨礙，三理雖下，理通別，名實相對名即是門，乃以四門彰一理也，亦是事別而對理通，良以諸經多用一事而彰於理，得理別名，如此經題以無量壽佛，名爲別理，以對通名經則通理，若於一化以通別理解經題者，莫若四門以爲別理，四門者有門，空門，雙亦門，雙非門，四門名通，須分四教，所謂三藏教，通教別教、圓教，四教各開有等四門，四四乃成一十六門，詮於別理成十六理，理尚非一，那得十六，然理無礙能應諸門，猶彼虛空其體實非方圓大小，以無礙故，故能隨彼方圓等物成無量相，從無量說即是別理，體是一空名爲通理，無通不別、無別不通、通別合標成一題目，二此約下，結五時之內，一一經題皆具通別，若不用此教行理判，徒分通別，全無所以也。然無量行會一常樂，四教四門同詮一理，若專方等未堪此聞，乃是預取法華之意。跨節而談，於佛滅後解釋諸經不約法華寧窮一化，二更約下，約一題，一化經目通別二名，具教等三關涉既廣，思修或難故，就即今所解經題，明教行理，宛然可見，此三皆別，以對經字，即是三通，故云任運有通別意，欲使行者，即此一題，就說解教，起能觀行見眞佛理，三更就下，約一字，一題雖約而涉三名，今示一字，解行證三悉得具足，此復爲二，初就說字兼含釋題，中說字最可顯於教行并理，故引釋論所行如所說句，以示說中含於行理，如者眞如也，如名不異，一眞覺性，物成無殊，三際平等，契此如理，方得心口說行不異，故《金剛般若》云，云何爲人演說，如如不動。《法華》云，諸法空爲座，處此爲說法，事相解如，二物相似，以爲不異，理觀解如，二物性一，方名不異，故釋經如是。三藏則以傳佛所說，似水傳瓶，名曰文如，衍教不爾，通以二諦相即爲如，別則唯聞中道爲如，圓以文字性離爲如，三教約此方曰文如，論就理觀心口理一，方得說行如如不異，此令說者行契如理也。二佛即下，就諸字互具釋佛復本源究竟覺，體非寂非照，故屬法身，觀字即是清淨智慧寂而常照，故屬般若無量壽是自在神通。照而常寂，故屬解脫。今將諸字，分對三德，深有所以，所以者何，向就一字明教行理，雖約說字義具於三，既約修辯，尙通前教，而又未明字字具三，故今特用涅槃三德，對於諸字，乃彰諸字性各具三，非前教人所能思說，良以三德性本圓融，一一互具故，直法身非法身，法身必具般若解脫，直般若非般若，般若必具解脫法身，直解脫非解脫，解脫必具法身般若，三德即是教行理三，般若是教，智在說故，解脫是行，用從緣故，法身屬理，是所顯故，佛字既是法身之理，即具二德及教行也，觀字既屬般若之教，亦具二德及行理也，無量壽既是解脫之行，亦具二德及理教也，若不然者，豈得即一達三即三達一，問本以一字具教行理。今何得以無量壽三字，方具於三，則不名爲約一字也，答以題諸字對三德釋，斯是妙談，貴在得意，欲令行者知三德性遍一切處，一字一句，一偈一品，一部一經，一時一化，乃至一切依正色心，多亦三德，少亦三德，一塵三德不小，剎海三德不大，故引華嚴云，一中解無量等也，若得此意，今之妙觀有造修分，應色一相可照三身，依報一塵即寂光土，故十六觀皆照三諦，其不信者則辜吾祖立茲法矣，二於一下，約一字以校量三初正校量，上窮妙旨，從廣至狹，今校功德，從少至多，一字尙詮大涅槃理，況一切經豈不圓遍，二故經下，引經證，如《金光明》及諸大乘，多作此說。三若不下，結今得，不明一字圓具三德，諸經所說一句一題，受持功德無量無邊，便成虛設也。自非道場得入三昧發旋總持，曷能妙說自在若斯，二初釋下，就別廣明，置通釋別也，文四，初釋佛字二，初正約佛名示六即二，初翻名標示，梵云佛陀，華言覺者，即說教主，別號稱曰釋迦牟尼。通號有十，今舉第九，故標佛也，既是極果，即究竟覺，《起信論》云，覺心初起，心無初相，遠離微細念故，心即常住，名究竟覺，此覺圓淨，無所對待，生佛依正鎔融總攝，十方三世亘徹無外，五住二死盡淨無餘，無量甚深永絕思議，強名妙覺，此之覺義有六種即，即者是義。今釋迦文，乃究竟是圓淨之覺，一切凡聖無不全體皆是此覺，雖全體是，且迷悟因果其相不同，故以六種分別此是，所謂理是，名字是，觀行是，相似是，分證是，究竟是，然若不知性染性惡，所有染惡定須斷破，如何可論全體是邪，全體是故，免於退屈，六分別故，免於上慢，六不離即，即不妨六，六即義成圓位可辯，問所言凡聖全體即佛，爲即自己當果之佛，爲即釋迦已成之佛，答自己當果，釋迦已成，二佛之體究竟不別，故諸果佛爲生性佛，迷則俱迷，見則俱見，故己他佛於今色心，皆可辯於六即義也。又復應知，六即之義不專在佛，一切假實三乘人天，下至蛣蜣地獄色心，皆須六即辯其初後，所謂理蛣蜣名字乃至究竟蛣蜣，今釋教主，故就佛辯，以論十界皆理性故，無非法界，一一不改故名字去，不唯顯佛，九亦同彰，至於果成，十皆究竟故蛣蜣等皆明六即，二涅槃下，就覺廣明六，初理即，六種即名皆是事理體不二義，而事有逆順，名字等五是順修事，唯理性一純逆修事，此逆順事，與本覺理體皆不二，其逆順名自何而立，以知不二，事皆合理，名之爲順，其不知者，事皆違理故名爲逆，名字等五，若淺若深，皆知皆順，若初理即唯迷唯逆，而迷逆事與其覺理，未始暫乖，故名即佛，所以者何，良由衆生性具染惡不可變異，其性圓明，名之爲佛，性染性惡全體起作，修染修惡更無別體，全修是性故得迷事無非理佛，即以此理起惑，造業輪迴生死，而全不知事全是理，長劫用理長劫不知，不由不知，便非理佛，以全是故，名理即佛，以不知故非後五即，然理即佛，貶之極也，以其全乏解行證即，但有理性自爾即也，又理即佛，非於事外指理爲佛，蓋言三障理全是佛，又復應知，不名障即佛，而名理即佛者，欲障後五有修德是。此之一位唯理性是也，又障即佛，其名猶通，以後五人皆了三障即是佛故，釋此爲三，初引諸經示即，初引大經迦葉品云，衆生即是佛，何以故，若離衆生不得三菩提故，如來性品，我者即是如來藏義，一切衆生悉有佛性，即是我義，如是我義，從本已來，常爲無量煩惱所覆，是故衆生不能得見，如貧女人舍內多有眞金之藏，家人大小無有知者，時有異人善知方便，乃至即於其家掘出金藏。又云，譬如王家有大力士，其人眉間有金剛珠，與餘力士捔力相撲，而彼力士以頭觸之，其額上珠尋沒膚中都不自知是珠所在，其處有瘡，即命良醫，欲自療治，乃至時醫執鏡以照其面，珠在鏡中明了顯現等，《如來藏經》十喻者，彼經十文，一法，九喻，一是所喻。九是能喻，以所從能，故云十喻。一法者，經云，佛告金剛慧菩薩，我以佛眼觀一切衆生，貪瞋癡諸煩惱中，有如來智，如來眼，如來身，結加趺坐，儼然不動，善男子，一切衆生雖在諸趣煩惱身中，有如來藏常無染污，德相具足如我無異，於此文後，即擧九事以喻其法，各有長行重頌，一萎華佛身喻，二巖蜂淳蜜喻，三糠繪粳米喻，四糞穢眞金喻，五貧家寶藏喻，六菴羅內實喻，七弊衣金像喻，八貧女貴胎喻，九焦模鑄像喻。弊帛者，經偈云，譬如持金像行詣於他國，裹以穢弊物，棄之在曠野，天眼見之者，即以告衆人去穢現眞像，一切大歡喜，我天眼亦爾，觀彼衆生類，惡業煩惱纏生厄備衆苦。又見彼衆生無明塵垢中，如來性不動無能毀壞者，土模者，《經偈》云，譬如大冶鑄無量眞金像，愚者自外觀但見焦黑土，鑄師量已冷，開模令質現，衆穢既已除，相好劃然顯，我以佛眼觀，衆生類如是，煩惱淤泥中，皆有如來性，闇室下，復出《涅槃經》云，如闇室中井，及種種寶，人亦知有，闇故不見，有善方便，然大明燈照之得見，是人終不生念是水及寶本無今有，涅槃亦爾。本自有之，非適今也，大智如來，以善方便，然智慧燈，令諸菩薩得見涅槃，今文但引闇井具寶，以證理即，不取人亦知有等文，諸喻皆爾，須知諸喻，理兼圓別，若言三障定覆佛性，破障方顯，此猶屬別，若全性成障，障即佛性，以不思議德，障消者則諸喻皆圓，方是今文理即之喻，故如來藏喻止觀顯別。今文顯圓，次淨名皆如，語尙涉通，今須圓解，次寶篋下卷勝志菩薩，向佛說偈，己界及法界，衆生界同等，己界即心法，法界即佛法，佛以法界而爲體故，對衆生界即成三法，心生在因，佛法在果，三無差別，故云一界無別界也。二此是下，就本覺明佛，前引諸經，雖云即佛，猶未的示覺了之相，且指三障體全是理，今示此理，當處照明，名爲本覺，佛義成也，此自分二初正示，言此是者，指上大經衆生即佛，諸喻寶物，淨名皆如，寶篋法界，此等皆是本性圓智，非三般若融即微妙，智不名圓，知一切法一一含受一切諸法，全法是智，全智是法，待對斯絕名圓覺諸法，諸法乃是生佛依正，三際十方，此等時處，既全是智，何有一處一物一塵，體不明了。然此明了非心意識所能及也，故《起信論》本覺義云，心體離念無所不遍，等虛空界本性明了，既其離念，安以情求所謂不思議智照等也，勿認六道漏心，三乘證智而爲本覺明了之相，妙覺之覺方是理佛，全修在性，斯之謂歟，二雖五下遮情，情執者云，諸有業縛無明惑暗，那言衆生即是佛邪，故遮之曰，雖業至無間，而皆當體是三解脫，雖見思昏倒而本覺，理未始不存惑業，全是性德緣了佛性，豈可更壞理佛，刀不自傷故，二斯下，對四事辯理，世間常住者，即十法界三十世間，一一皆住眞如法位，法位常故，世相亦常。然世本代謝而言常者，以一切法即眞實性，必不改故，故名爲常，若謂遷流不得言常，斯謂情見，良以生法即性故，常住異滅法即性故，常即性之常，非常無常不可思議，言偏意圓，故可得云一生一滅無非中道，唯生唯住，唯異唯滅。法華迹門顯所證云，世間相常住，於道場知已，本門乃云，如來如實知見三界之相，非如非異，故知世間即是三界常住，豈乖非如非異，本迹雖殊不思議一也。此理祕妙，佛能明見故，故云灼然。今我智者成祕妙觀，雖是肉眼而名佛眼，能見祕藏亦云灼然，故妙樂云，顯露彰灼稱爲眞祕，眞祕之理即世相常，世相常故，衆生即佛。此理妙故，有佛敎化不益一毫，空過無佛不損一毫，五即得之何足爲高理即失之未始暫下，對此四事示理佛也，二如斯下名字即此至究竟，皆修德也，須論損益及以高下，言名字即佛者，修德之始，聞前理性能詮名也，然有收簡，收則耳歷法音，不門明昧異全不聞，俱在此位，簡則未得圓聞，齊別內凡，倘屬理即，以七方便未解妙名，豈知即佛，此自分二，初帶喩示名字二，初不聞之失，理雖是佛全體在迷，佛出不聞經名絕聽，此乃卻指但理之失也，二若佛下，聞名之得，六即辯佛，故今名字唯約三寶及十號也。無明長夜佛出令曉，闡本智日乃識三寶照世光明，生死巨關，無佛長鎖，佛能於此開甘露門，令知十號是常住味，此光此味，乃從衆生心性流出，還使衆生解此光味即本性佛，因說等者，卻指貧女舍寶喻也，初既不知家有寶藏，唯受貧苦，因示得知，寶雖未掘預生適悅，此等法喻皆示於名有識知義，能知所知即名字佛，二故須下，引人明即佛，梵云須達多，此云善施，亦曰給孤獨，涅槃二十七云，舍衛有長者名須達多，爲兒娉婦，詣王舍城，宿珊壇那舍，見彼長者中夜而起，莊嚴舍宅，乃問，當請摩伽陀王耶。答云，請佛，須達初聞身毛皆豎。復問，今在何處。答曰，在迦蘭陀精舍，須達思念欲見，于時忽見光明如晝，尋道而出，城門自開，見佛聞法證須陀洹。疏云，巨關，即城門也，今明毛豎，即驚覺也。聞名生覺，即本性佛，若論大經追敍昔事，方證初果，驗聞名時，未能解了覺即本性，及前科中三寶十號，亦涉於小，今約跨節取意而談，五時示現身相名號說法度人，乃至聞者一念微解，一一皆是全性起修，當處無非本性佛法，如前一化增數諸行，皆會圓常，四教四門，唯詮一理，不從跨節，焉消彼文，況文出涅槃，部已開會，故約驚覺示名字佛。

彭際清《觀無量壽佛經約論》卷一　一釋題名者，諸佛法身，本無差別，從緣應感，乃有多涂。觀佛一門，語其根要，佛即性德，觀即修德，以性攝修，全修是性，自他兩寂，唯一眞心，坐斷十方，迴然超越，諸大乘經，廣詮斯指。此經以觀無量壽名者，專明極樂敎主依正莊嚴，慈悲方便，與他方諸佛不相混濫，欲令衆生一心迴向，捷出生死。觀有多門，隨機利鈍，攝以一佛，更無不盡，九品分張，萬流齊赴，不離報化而頓徹法身，不外同居而直登補處，此之方便，無等無倫。遇斯經者，誠宜發決定心，堅償何願，盡此報身，速生彼國。

論說

慧遠《觀無量壽經義疏》　夫樂邦之與苦域，金寶之與泥沙，胎獄之望華池，棘林之比瓊樹，誠由心分垢淨，見兩士之升沈，行開善惡，覩二方之麁妙，喻形端則影直，源濁則流昏，故知欲生極樂國土，必修十六妙觀。願見彌陀世尊，要行三種淨業，然化因事漸教藉緣興，是以矇王殺逆韋提哀請，大聖垂慈乘機演法，曜玉相而流彩，聳珍臺而顯瑞，雖廣示珍域而宗歸安養，使末俗有緣遵斯妙觀，落日懸鼓，用標送想之方，大水結冰，實表瑠璃之地，風吟寶葉共天樂而同繁，波動金渠，將契經而合響，觀肉髻而瞻侍者，念毫相而覩如來，及其瞑目告終。上珍臺而高踴，文成印壞，坐金蓮而化生，隨三輩而橫截，越五苦而長騖，可謂微行妙觀至道要術者哉。

綜述

王古《大藏聖教法寶標目》卷三　《觀無量壽佛經》右阿闍世王母韋提希夫人幽閉苦惱，願往生淨土，不樂復生濁惡世中，佛爲說極樂世界十六觀九品往生法門。

智旭《閱藏知津》卷三　佛在耆闍崛山，韋提希夫人被子幽閉，哀請世尊說生淨土之法，佛示以三種淨業十六觀門。天台智者大師有疏四明法智，尊者有妙宗鈔，深得經髓，宜精究之。

著録

僧祐《出三藏記集》卷四　《觀無量壽佛經》一卷【略】詳校羣錄，名數已定，並未見其本。

智昇《開元釋教錄》卷一　《觀無量壽佛經》此經已曾兩譯，一存一闕，僞顯錄中。【略】或翻譯有憑，或別生疑僞，今既尋知所據故非漢代失源，同舊重編恐成繁雜，令並刪也。《長房錄》云，已上一百二十五部一百四十八卷，並是僧祐律師《出三藏記》撰，《古》、《舊》二錄及《安錄》失源，幷新集所得失譯諸經卷部甚廣，讎挍群目蕪穢者衆，出入相交實難詮定，未覩經卷空閱名題，有入有源無入無譯，詳其初始非不有由。既涉遠年故附此末，冀後博識脫覩本流，希還正收以爲有據，瀅澄法海使靜波濤焉。今尋長房此言未可依據，委求同異如前所述。

又卷五　《觀無量壽佛經》一卷亦云《無量壽觀經》，初出見道慧《宋齊錄》及《高僧傳》。沙門畺良耶舍，宋云時稱西域人。性剛直寡嗜欲，善誦阿毗曇，博涉律部，其餘諸經多所該綜。雖三藏兼明，而以禪門專業，每一遊觀或七日不起，常以三昧正受傳化諸國，以元嘉元年甲子，遠冒沙河萃于建業，文帝義隆深加歎異，勑止鍾山道林精舍。沙門寶誌崇其禪法，沙門僧含請譯觀無量壽及藥王藥上，觀含即筆受。以此二經是淨土之洪因，轉障之秘術故，沉吟晓味，流通宋國，平昌孟顗承風欽敬資給豐厚，顗出守會稽固請不從，後移憩江陵。元嘉十九年西遊岷蜀，處處弘道禪學成群，後還卒於江陵，春秋六十矣。

又卷五　《觀無量壽佛經》一卷第二出，與畺良耶舍出者，同本見《寶唱錄》

又卷一二　《觀無量壽佛經》一卷亦云《無量壽觀經》，與前後經異本，宋西域三藏畺良耶舍譯第一譯，二譯一闕。

又卷一四 《觀無量壽佛經》一卷，宋罽賓三藏曇摩蜜多譯出《寶唱錄》，第二譯，右一經前後兩譯，一存一闕。

佛說阿彌陀經

題　解

性澄《阿彌陀經句解》 第一釋名者，諸經皆有通別二名，通則經之一字，別則有七。單三複三具足者一，今經乃屬單人佛，即此土教主能說釋迦之通，名阿彌陀，即彼土教主所說彌陀之別號。經同一化，故爲通也。初別名者，梵語佛陀。此翻覺者，又翻知者，《智論》云，知三世衆生數非衆生數，常無常等一切諸法。菩提樹下了了覺知，故名爲佛說者，悅也。孤山云得機設教，稱悅佛懷，故阿彌陀，翻無量壽佛，有二身謂法報應。一法身者，師軌法性以法爲身；二報身者，脩行感報以如如智照如如境也；三應身者，應同萬物爲身也。三義皆有身壽量三，今言其量必攝前二無量者，此是應身其實有量，但其壽長，人天莫數，故云無量。具如法華文句四句分別云云。然佛之三身三壽三量不可並別。一異法體融妙，即一而三，即三而一也。次通名者，梵語脩多羅，此翻契經契理契機，故訓法訓常，十界同遵，三世不易，故言經也。

智旭《阿彌陀經要解》 此經以能說所說人爲名，佛者此土能說之教主，即釋迦牟尼如來。乘大悲願力生五濁惡世，以先覺而覺後覺，無法不知無法不見，故名佛也。說者，悅所懷也，佛以度生爲懷，衆生機熟，佛爲應時說法令得度脫，故悅也。阿彌陀者，即所說彼土之導師，以四十八願接信願念佛衆生，令生極樂世界永階不退者也。梵語阿彌陀，此云無量壽，亦云無量光。以要言之，功德智慧神通道力依正莊嚴，說法化度，一一無量，聊舉壽命光明二事以爲言端耳。經者，訓法訓常，一切金口所宣通名爲經。今對佛說阿彌陀五字，即是通別合爲題也。教行理三各論通別，廣如台藏所明，自應尋之，茲不繁述。

袾宏《阿彌陀經疏鈔》卷二 先明總題使有綱領，故次之以總釋名題。《佛說阿彌陀經》［疏］題義有四，初能說佛，二正明說，三所說佛，四結說名，言此土釋迦牟尼佛，說彼土阿彌陀佛依正莊嚴信願往生之經也。統括大意，次乃離釋。

［鈔］統括者，先且略表全文，使血脈貫通，意義具足。次乃一一離而釋之，題止佛名，而言依正等者，《觀經》言佛便周，今舉佛名，攝無不盡故。

［疏］次離釋也。佛者，梵語具云佛陀，此云覺者。備三覺故，又云智者。無不知故，又佛者，十號之一，又佛地明十義佛，天台明六即佛，華嚴明十身佛，故佛者，天中天，聖中聖，凡單言佛者，即本師釋迦牟尼也。

［鈔］梵者，淨也，對華名梵，文質之謂也。具者，具足，梵語當云佛陀。不言陀者，省文也。譯以震旦之言，則云覺者，對迷者得名也。三覺者，自覺異凡夫，覺他異二乘，覺滿異菩薩。三覺俱圓，故曰自他覺滿之者。又離心名自覺，離色名覺他，俱離名覺滿，亦三覺義，又云智者，智即覺義，無不知者，《智論》云，知一切衆生數非數、常非常等，是智無不知，所謂得一切種智是也，即覺滿義也。十號者，萬德世尊，舉莫能盡，略而言之，如來至佛，共有十號，十號之中，佛當其一具茲十德，世出世間之所宗主，故名世尊。十義者，具二智，斷二障，覺二諦，得自他二利，如夢覺華開二喻，合之爲十義也。六即者，始乎理即，終乎究竟，蓋始則全覺全迷，中則覺而未盡，末乃無所不覺，今稱佛者，指究竟也。十身者，一正覺佛，至十隨樂佛，詳具離世間品，此十身佛，唯華嚴有之。然約其大要，不出覺滿之義，故曰十身初滿。正覺始成，名圓滿佛也。天中天者，天有四，一世間天，諸國王是。二生天，欲色無色諸天是。三淨天，四果支佛是。四義天，十住菩薩是，佛並超之是天而又天也。聖中聖者，聲聞緣覺菩薩，入聖域而未優，惟佛居極果，是聖而又聖也，即釋迦者，過去未來，須標某佛，釋迦見坐道場，一土之中，無二佛故，喻如前朝帝主，須稱國號，當今天子，直曰至尊，亦以一國之中無二主故，是知單言佛者，即悉達所成賢劫第四佛也。

〔疏〕說者，悅也，悅所懷故。四辯宣演故，十二部等，至四悉檀，皆是說義。

〔鈔〕悅所懷者，本願度生，得機而說，所懷暢悅，如大本。世尊欲說此經，先且諸根悅豫，顏色異常，況今持名念佛，得機而說，悅可知矣。四辯者，曰義，曰法，曰詞，曰樂說也。四皆無礙，名之曰說，《中論》云，諸佛依二諦，爲衆生說法，詞無礙智，以世智差別說，樂說無礙智，以第一義智善巧說，不言義法者，後後兼於前前，詞及樂說，攝義法故，十二部等。指所說也。悉檀者，合華梵云偏施以世界爲人對治第一義四門，作歡喜生善滅惡入道四益十二部經一切諸法，隨宜而說，無量方便，要歸作世界等四說，使人得歡喜等四益而已，鑒機授法，其文繁廣，略舉不悉。

〔疏〕佛說者，說揀五人故。

〔鈔〕五人者，一佛、二菩薩、三天、四仙、五化人。此五皆能說經，今顯此經是至聖立言，金口親出，不同菩薩在因，天屬凡類，仙雜外道，化人非眞也，如天子詔，不同百官宰相諸王等語也。

〔疏〕阿彌陀者，是標顯彼佛，梵語阿，此云無。梵語彌陀，此云量。言佛功德不可窮盡，故云無量。如經壽命光明，是無量中姑舉二事，攝餘功德也。

〔鈔〕無量者，有二義：一者衆多無有數量，二者廣大無有限量。復有二義：一者十大數中之無量，二者更無窮盡之無量姑舉二事者，以無量不止壽命光明也，詳如後文中辯。

〔疏〕經者，梵語脩多羅，此云契經，有通別二義，契復二義，經復多義，經雖多義，不出貫攝常法四義。

〔鈔〕通別者，佛所說教，總名脩多羅，是之謂通，析之則經名脩多羅，律名毗奈耶，論名阿毗曇，是之謂別，契復二義者，一者契理，則合道之言；二者契機，則逗根之教。今略契字，但名曰經者，省文也。經復多義者，華嚴疏引雜心五義，謂一出生，二顯示，三涌泉，四繩墨，五結鬘。佛地二義，謂一貫穿，二攝持，此方四義，謂一常、二法、三逕、四典，故云多義。不出四義者，指貫攝常法四字也。良以經字，西域正翻爲綫，綫有貫持義，貫則貫穿所說之理，持則攝持所化之生，此二足該出生五義，而此方經典，亦名曰經。經是綫義，此方不貴綫，故直取經字。而加以契，古稱最爲允當。又常者，古今不易。法者，近遠同尊。常則久而行之，有共繇義，即名爲逕。法則軌而正之，有定據義，即名爲典，亦二足該四，則彼方貫攝。此方常法，合而言之，四字之中，盡經義矣。

〔疏〕又經復有通別二義，經之一字，是爲通名，佛說阿彌陀五字，是爲別名，如教行理通別亦爾，此三即配三德，圓融具足，如天台所稱，聞首題名，功德無量，若配三大，則佛是體大，無量壽是相大，無量光是用大，如教中說。

〔鈔〕教行理者，本理立教，依教修行，從行顯理。諸經皆具教行理三，故名爲通，專指此經，則佛說是教。執持名號是行，阿彌陀是理，局此異餘，故名爲別。配三德者，理即法身，教即般若，行即解脫。又理通行教，法身即般若解脫，乃至行通理教，教通理行，舉一即三，例上可知，體相用者，體者，總體，言佛便周，故佛爲體。相者，體中所具之相體無盡，相亦無盡，故無量壽爲相，用者，體中所發之用，體無不照，用亦無不照，故無量光爲用，若通若別等，亦如上例。

〔疏〕諸經立名，皆以人法喻，或單或複，此經單人，人復有二，兩土果人故，實則三皆融通故。

〔鈔〕單複者，如《大方廣佛華嚴經》，具足人法喻三，《大方便佛報恩經》，人法無喻，《妙法蓮華經》法喻無人。《菩薩瓔珞經》，人喻無法。《大般若經》單法無人喻。《梵網經》，單喻無人法。今此經者，單人無法喻，他皆例此，兩土果人者，菩薩在因，如來在果，故佛號果人。今是此方之佛，說彼方佛故，融通者，舉一即三故，如今經雖屬單人，而法從人說，喻以人舉，言偏義圓，通融交徹，理固然也。

〔疏〕此經本名稱讚不可思議功德，一切諸佛所護念經，今名是什師改定，自有二義，一者佛攝無盡義故，二者彼佛人所樂聞故。

〔鈔〕攝義無盡者，如前云言佛便周，則一切功德皆從佛出，佛即不思議故，又彌陀萬德洪名，十方三世一切衆生之所喜樂，上至諸佛讚歎，下至鬼畜歸依，正謂不思議功德故。

〔疏〕云疏鈔者，疏以釋經，鈔以釋疏，冀易曉也。

〔鈔〕疏者，古云條陳也，又記注也。今謂經義得此，條陳而不隱晦，記注而不遺忘也，鈔者，古云略取也，又寫錄也。略取，則條陳之切要。寫錄，即記注之顯明。冀，望也。經難明，疏通之，疏難明，鈔出之，望人人曉了經義也。

［疏］稱理，則自性覺，是佛義，自性覺無量，是阿彌陀義，自性本始二覺，是兩土果人義，自性覺體徧照，是說經義，後皆例此。

［鈔］稱理者，以即事即理，所謂總該萬有，即是一心，則依報正報，何非自性，又即理者，事依理成，如淨名云，隨其心淨，則佛土淨。今經言一心不亂，即自性彌陀，惟心淨土，爲一經大旨也。冥理而談，云稱理也。覺是總義，覺體之中，廣大悉備，無窮無盡，是爲別義。本始有二，約先後，則彌陀古佛，此佛新成。是彼本此始，即自性本來是佛爲本，無明所覆，今方破惑證智爲始也，約因果，則此佛教令往生，乃得見阿彌陀佛，是此本彼始，即自性本有成佛之智爲本，依本智而求佛智，乃得成佛爲始也。本始互融，常覺不昧，輝天鑑地，耀古騰今，常說如是經，百千萬億座。問，疏鈔此經，正爲發揮持名功德，普勸諸人求生彼土也。何乃一一消歸自性，翻成極則之談，依然淨土是心，奚必捨此願彼。答，此正雙被二根，雙破二惑，如前序中所明，良以鈍根者，守事相而自足，觀此，使知事有理存，毋滯事而迷理。利根者，崇理性而著空，觀此，使知理在事中，毋越事而求理。又此經本爲託彼名號，顯我自心，與十六觀經同意，則欲悟心者，正應念佛求生，又菩薩猶宜近佛，如前教起中說，則已悟心者，亦正應念佛求生，何足疑也。又《維摩經》云，雖知諸佛國，及與衆生空，而常修淨土，教化於衆生，故患不悟自心耳，悟心，則無一法出於心外。即心即境，即境即心，往生淨土，願見彌陀，不礙唯心，何妨自性。又問，昔人謂華嚴極教，可得皆約觀行，明諸法門，方等而下，何得亦約觀行。古德答云，諸了義不了義教，皆是了義，以唯一心故，據此，則圓機對教，何教不圓，理心涉事，何事不理。

大佑《阿彌陀經略解》卷一 初釋名佛說者，釋迦教主四辨宣說也。梵語佛陀，華言覺者，十號之一，究竟覺了諸法實相，名圓滿覺說者，悅也。得機而說，稱悅佛懷，又經通五人，共說揀異，菩薩天仙化人，故云佛說。○阿彌陀此云無量壽。經云，彼佛壽命及其人民，無量無邊阿僧祇劫，以應身壽量，而天人莫知，其數況法報身耶，亦云《無量光經》云彼佛光明無量照十方國，無所障礙，又佛是通號，阿彌陀是別號。釋迦是此方教主，庶物咸知，故但舉通號彌陀是極樂導師，理須表顯，故彰別號。○經者，法也，常也。十界同遵，三世不易，由聖人金口所宣，故言經也。又經是通名，佛說等是別名，經有三種，謂教行理，依教修行，從行顯理佛是覺義，約修成就，故屬於行說，即是教阿彌陀。是理與衆典不同，則三經皆別以對經字，則三經皆通，理即法身，行即般若，教即解脫，三一圓融，不可思擇名，秘密藏故聞首題名字獲無量功德也。○此經本名《稱讚不可思議功德一切諸佛所護念經》，傳至中華，凡二譯，唐譯云《稱讚淨土佛攝受經》，今本隱略經題在六方佛後，即云汝等衆生當信是等，以此經正示持名方法，況彌陀聖號衆所樂聞，用此立題，人多信受，故得四海同遵，流通無盡，譯人之善巧也。

續法《阿彌陀經略註》 詳釋者，梵語佛陀，此云覺者，自覺覺他。始本究竟故，華嚴明十佛，楞伽明四佛，心地觀明三佛，即本師釋迦牟尼佛也。說者，梵語鉢底婆，此云辯說，四辯宣演故，又悅也，暢悅本懷故。說通五人：一佛、二菩薩、三天、四仙、五化人。今曰佛說，揀餘四也。梵語阿，此云無。梵語彌陀，此云量，謂佛功德不可思量故。因中教義、理事、智境、斷證、行願、位階、因修、果報、體用、逆順、果上智、願、名相、光明、壽命、眷屬、國土、神通、說法、應感、利益，皆無數量。《平等覺經》，翻爲《無量清淨稱讚淨土經》。云名無量壽，及無量光，且舉果位一二言也。萬佛名經，出十名，阿彌陀佛、阿彌幢佛、阿彌陀聲佛、阿彌稱佛、阿彌陀吼佛、阿彌積佛、阿彌陀勝佛、阿彌陀師子佛、阿彌陀住持佛、阿彌陀勝上佛，大本出十二名，無量光佛、無邊光佛、無礙光佛、無對光佛、炎王光佛、清淨光佛、歡喜光佛、智慧光佛、不斷光佛、難思光佛、無稱光佛、超日月光佛，十名、斷十使十惡十苦，十二名治十二時中六根、六塵、隨眠倒想。無量淨，體大也。法身佛，無始無終，無量壽，相大也。報身佛，有始無終。無量光，用大也。化身佛，有始有終。初即自性身，有大斷德，二空所顯，諸佛同等，二即受用身，有大智德，眞常無漏，諸佛同意，三即變化身，有大恩德，定通變現，諸佛同事，梵語欲底修多羅，此云契經，欲底。契也，左契彌陀佛理，右契衆生根行，中契釋尊六佛果懷。修多羅，經也，佛地論二義，一貫穿，貫所說理。二攝持，攝所化生。此方明四義，一常，古今不易也。二法，遠近同尊也。三徑，生佛徑路也。四典，聖賢典誥也。對辨開合，有四，一教義對。經，能詮教也。上五字，所詮義也。二境智對，佛說，智也。彌陀，境也。三體用對，阿者，言無，無生性體。彌陀，言量，無量相用，四人法。佛，人也。說，法也。

四門分配。經，教也。阿彌陀，理也。說，行也。佛，果也。六離合釋，佛之說，依主釋，佛說即阿彌陀，持業釋。佛說阿彌陀有經，有財釋，彌陀經，非天親論，相違釋，娑婆釋迦佛，說隣邦安養彌陀佛，隣近釋，一佛說阿彌陀佛依正二報，帶數釋諸經得名，單複不同，《維摩經》，單人也。《涅槃經》，單法也。《寶積經》，單喻也。《佛報恩經》，人法也。《金剛般若經》，法喻也。《佛頂首楞嚴經》，具足人法喻也。此經以單人爲題。準六方佛，應名稱讚不可思議功德一切諸佛所護念經，今是什師改定，然有二義，一上八字，即是稱讚彌陀功德利樂法故，二下八字，六方諸佛，亦是護念念彌陀佛諸衆生故，則一總題之中，該羅無盡諸法門矣。

論說

智顗《阿彌陀經義記》　夫至聖垂慈，照機應迹，開導六道，普濟十方，逐境昇沈，隨緣淨穢，斯則善權攝誘，引趣菩提。是故大覺彌陀昔弘誓力應形極樂，現處道場，三輩願生皆入定聚，色像殊勝，壽量難思，寶樹天華，咸能演法，淸風流水俱說妙音，聞唱苦空，證無生忍。釋迦聖主本願弘深，不捨慈悲，化茲穢境，五痛燒然，八苦煎逼，廣明誡勸，遍洽群品，示其妙術，十念往生。四衆奉行依教修觀，說有廣略時處不同，靈鷲宣揚三種淨業，舍衛敷演六方護念。阿彌陀天竺梵音，震旦譯言爲無量壽，化主極號以立嘉名。經者，訓常，由聖人口此即釋尊所說語西方事故言經也。即斯一教在文雖約明義實繁，總語西方安養國界。第一釋名，從人。標稱，依教修習往生彼國。第二辨體，法性眞如諦心觀察證常樂果。第三宗致，淨土機緣妙樂莊嚴化像迎攝。第四力用，破除愛見五住塵勞正習俱盡。第五教相，帶別挾通生熟醍醐總爲教相也，分文三段，序正流通，略無別序。通中具六，第一如是者決定之辭，大聖觀機，爲多瞋者略說深妙，爲多貪人廣開秘密，爲多無明者處中而說，言不虛發應物逗緣。我聞者，如來正法無量無邊，我所得聞猶如微滴，所不聞者喻大海水。一時者，有感斯應，機悟之辰，即於會革凡成聖。佛者正標化主，應供遍知四辯六通三明八解一音演說隨類聞曉在舍衛國者名聞物多有名賢，又饒珍寶覺徒商侶諸國共臻，復名爲無物不有。祇樹給孤獨園者，祇陀捨樹創起門坊，須達賑貧金布地共立精舍也，與大比丘僧者，大義三種，天王大人所敬故言爲大，遍知内外經教是故言多，超九十五上故名爲勝。比丘者此言除饉，在因三義，乞士怖魔破惡，果地三德應供殺賊不生。僧者四人已上和合羯磨事理無隔匡維正教，千二百五十人俱者。三迦葉衆共有一千，舍利目連二百五十，常隨聖尊爲證信衆，長老舍利弗智慧上首，翻鶖鷺子。大目揵連神力標名，此翻讀誦。摩訶迦葉亦言鉢羅，此翻龜氏，又曰光波。摩訶迦旃延善能淸論，此翻扇繩。摩訶俱絺羅辯才無滯，此翻大膝。離波多翻爲室宿，亦曰常作聲。周梨槃陀伽此土翻譯曰小路邊生。難陀尊者此翻欣樂。阿難陀者翻善欣悅。羅睺羅者此言障持。憍梵波提譯曰牛跡。賓頭盧頗羅墮翻走閉門。迦留陀夷翻大麁黑。劫賓那翻爲房宿。薄拘羅者翻曰善容。阿㝹樓馱翻爲如意。文殊師利此翻妙德。阿逸多者翻無三毒。乾陀訶提翻爲香意。當精進者此土方言，如是等者結菩薩衆。釋提桓因翻能天主，等諸天衆，總結同聞列衆序竟。

正說爲二，初明彼佛依正二果，次勸物往生，初復爲二，前標次釋，前標國界，後明化主，此經命章對舍利弗。餘經皆有諸主，此經無問自說，十二部中亦不具足無兩種偈，其餘諸部亦不全有。不對菩薩者，適化無方欲令凡夫小乘厭此欣彼也。標依果中前明近遠，從是西方過十萬億佛土有國名極樂，望賢首猶是下品，但比娑婆故言極樂。彼有三名，極樂對苦，安養從用，無量壽者逐人名國。次出正果號阿彌陀，其實有量，以餘人不能稱數，既云觀音補處下地，不知說無量耳。彼土何故下解釋，前明依果有三，初總次別後結，初總如文。七重行樹下別釋有四，一明寶樹池樓閣奇麗，二明天華天樂映顯莊飾，三明鳥宣道品，四樹奏樂音，其樹七重皆是四寶金銀瑠璃玻瓈等寶。七重羅網七重行樹微風徐動暢發和音，聞此聲時即入正位，八功德水充滿盈溢，輕淸冷軟美而不臭，飲時調適飲已無患。底布金沙，四面階道四寶合成，池中蓮華大如車輪，光色炫燿微妙香潔，上有樓閣，亦以四寶而嚴飾之。二明天樂，不撫而韻絃出無量法化之聲，聽發慈心，聞便悟道。晝夜六時雨曼陀羅，天華至妙以曼陀羅，色妙無比香氣芬馥，常以淸旦衣裓盛華，供養他方十萬億佛，即以食時還到本國，衣裓是盛華器，形如函而有一足，手擎供養，三雜色鳥白鶴孔雀鸚鵡鴝鵒。亦如此聞水禽之類，迦陵頻伽妙音淸高，可譬佛聲，共命兩頭而同一體生死齊等，故曰共命。此等衆鳥晝夜六時演暢五根五力七覺八道，妙音和雅，即道品中法門名義。初五根者信進念定慧，次明五力名不異前。根生有力別更號，七菩提分念擇進喜捨定等，八正道分正見正思正語正業正命正進正念正定，善修道品即得見諦至於無學，勿謂此鳥罪報所生，皆是彼佛欲令法音宣流變化所作。四明七重行樹及寶羅網，妙音譬如百千種樂同時俱作，自然皆生念佛念法念僧之心，悟無生忍，怡然快樂。

次辯正果文復有二，前明化主次辨徒衆。化主又二，初辨光明無量，次述壽命無限。《大品》云，欲得光明無量壽命無極，當學般若，就此徒衆前辨聲聞次明菩薩。前問前云有無數聲聞，後何得云衆生生彼國者，皆是阿鞞跋致。解云彼土二乘亦皆不退，二乘不退爲凡夫。菩薩不退，爲小乘也。從衆生聞者下第二勸物往生有三，初正勸往生，次引證勸，三結勸又二。初正勸，次示往生方法。就初又二，初正勸次釋勸意，舍利弗以少善下次示方法，問前云不可以少善，後那云一日七日心不散亂皆得生，答今不以時日多少，特由用心厚薄耳，若能七日一心不亂，其人命終阿彌陀佛以宿願力化佛迎接，心不顚倒即得往生。何以故臨終一念用心懇切即當得去也，我見是利即是釋意，應當發願一心修行，發願莊嚴行願相扶必當得往生也。如我今者下引證勸，非我獨歎彼佛正勸物往生，六方諸佛皆悉勸發稱揚讚歎恆河沙數各於其土往生彼國。若男女聞是經名，皆爲諸佛共所護念，皆得不退無上菩提心，故汝等當信我語及諸佛說，發願欲生皆不退轉往生彼國，彼諸佛等亦稱釋迦，能爲難事於娑婆雜惡五濁境界，爲諸衆生說難信之法，當得菩提，穢國障深五濁垢重，貪瞋是煩惱濁，五見爲見濁，二爲本攬此作因得有連持之命，於五陰假立衆生，此四經時名爲劫濁，穢國苦多其濁極重，同居淨土其濁即輕，因順餘方有其名字，無此迫惱號極樂耳。佛說經已下即流通段，說經既竟，四衆天人修羅等類歡喜信受，聖主難遇若優曇華，慶今得見，正法難聞而今聞，昔所未悟而今得悟，具此三喜是故欣悅，得之於懷踴躍無量也。

窺基《**阿彌陀經疏**》竊聞三寶之寶理超繫象之表，三乘之乘事涉名言之迹。原夫眞際之理平等性空，赴機啓權實之門，接凡施淨穢之土，識其路者即語默一途，迷其趣者則理事天隔，故身子以高下之累則鏡地而見丘陵。梵王以彼我俱亡則石田而觀寶礫，是知淨土之淨志潔開極樂之門，穢刹之穢心塵起純苦之域，良以物懷取捨，指懸鼓而可欣。人競是非斥溷囊而可厭，故使勵誠十念則高昇日宮篤崇三行則邇登蓮座。今言佛說阿彌陀經者，則越危城之要躅載苦海之慈船，語事目前論生界表，《華手經》曰，佛者，名爲覺。而諸衆生長寢生死不能覺悟，唯佛能覺，既自覺已能復覺他，故名爲佛。說者《十住論》云，開示解釋義，阿彌陀者，此經下文自釋，問何故名阿彌陀？答爲含二義名阿彌陀。一無量光明故名阿彌陀，二無量壽命故名阿彌陀。經者，法也，常也。法即擧直以措諸枉，繩墨以譬之，常即汲引而無竭，涌泉以況之，故言經也。《佛地論》云，能貫能攝故名爲經。以佛聖教貫穿攝持所應說義故言經也。

元曉《**阿彌陀經疏**》夫衆生心之爲心也，離相離性如海如空，如空之故無相不融，何有東西之處。如海之故無性是守，豈無動靜之時。爾乃或因染業隨五濁而長流，或承淨緣，絕四流而永寂。若斯動靜皆是大夢，以覺望之無流無寂。穢土淨國本來一心，生死涅槃終無二際。然無二之覺取之良難，迷一之夢去之不易。所以大聖垂迹有遐有邇，所陳言教或褒或貶，至如牟尼善逝現此穢土，誡五濁而勸往，彌陀如來御彼淨國，引三輩而導生。今是經者，斯乃兩尊出世之大意，四輩入道之要門。示淨土之可願讚妙德而可歸妙德可歸者，耳聞經名則入一乘而無反，口誦佛號則出三界而不還。何況禮拜專念讚詠觀察者哉，淨土可願者，浴於金妙蓮池則離有生之染因，遊玉樹檀林則。向無死之聖果，加復見佛光入無相，聞梵響悟無生，然後乃從第五門出，回轡生死之苑憩煩惱之林。不從一步普遊十方世界。不舒一念遍現無邊三世，其爲樂也可勝度乎，極樂之稱豈虛也哉。言佛說者，從金口之所出，千代不刊之敎。阿彌陀者，含實德之所立，萬劫無盡之名，能所合擧以標題目，故言《佛說阿彌陀經》也。第二辨經宗致者，此經直以超過三界二種淸淨，以爲其宗，令諸衆生於無上道得不退轉。以爲意致，何者名爲二種清淨，如論說言，此清淨有二種：一者器世間清淨，二者衆生世間清淨。乃至廣說故，然入此清淨有其四門：一圓滿門，唯佛如來得入此門，《如本業經》說，二一向門，入地已上菩薩得入此門。如《攝大乘論》說，三純淨門，唯有第三極歡喜地已上菩薩得入此門。如《解深密經》說，四正定聚門，唯無退者得入此門，無邪定聚及不定聚。如《兩卷經》說，通論極樂世界，具此四門，今此經宗二種清淨，正示第四正定聚門，不定聲聞，及說凡夫亦得生故，論說二乘種不生，決定種性不得生故。《聲王經》說，安樂世界阿彌陀佛有父母者，是變化女非實報女，論說女人不生彼者，無實女故，知變鳥此亦如是故。又復雖有父母而非胎生，寔是化生假爲父母。如彼經言，若四衆能正受彼佛之名號，以此功德，臨命終時阿彌陀佛，即與大衆往此人所，令其得見，見已尋生慶悅倍增功德，以是因緣，所生之處永離胞胎穢欲之形，純處鮮妙寶蓮華中自然化生，具大神通光明赫奕，當知父母假寄之耳。又彼經言，阿彌陀佛與聲聞俱，如來應供正遍知，其國號曰清泰，聖王所住，其城縱廣十千由旬，而《觀經》說，彼佛身高六十萬億那由他恆河沙由旬，城小身大不相當者，當知彼佛有衆多城，隨衆大小城亦大小，大城之中，示以大身，小城之中，現以小身。《聲王經》十千由旬者，是與聲聞俱住之城，當知佛身相當而住。《觀經》所說身高大者，當知其城亦隨廣大，與諸大衆俱住處故。如兩卷經及此經中，池中蓮華大小懸殊，隨池有大小其華亦大小，當知城身大小亦爾，其餘相違準此而通。或說，《聲王經》中說有父母，是顯彼佛所住穢土，是義不然，所以然者，彼經既說，實蓮華中自然化生，具大神通光明赫奕。又下文言有二菩薩，一名觀世音，二名大勢至。此二菩薩侍立左右，此等悉是淨土相故，不異《觀經》之所說故，當知彼經所說提婆達多，及魔王等，悉於淨土變化所作，不由此等爲非淨土，如化畜生非穢土故，且止乘論還釋本文，此下第三入文解釋，文有三分，序正流通。序分之中有其六句，於中前二是其標句。其後四事證成前二，言如是者，總擧所聞之法，表有信順之心，言我聞者，別提能聞之人，表無違諍之意，下四則引二對證成，明憶聞時處，成能聞之不謬，既有大師大衆，證所說之可信，於中委悉如常可知第六序大衆有三，先聲聞衆，次菩薩衆，後雜類衆，聲聞衆中，舍利弗者，此云身子目揵連者，此云讚誦。迦葉者，此云飲光。迦旃延者，此云扇繩。摩訶拘絺羅者，此云大膝。離婆多者，此云假和合。周利槃特伽者，此云蛇奴，或云小道難陀，此云慶喜。阿難陀，此云歡喜。羅睺羅，此云覆障，或云宮生。憍梵波提，此云牛呞。賓頭盧，此云耆年。頗羅墮，此云利根。迦留陀夷，此云黑上，此是悉達未出家時師也。劫賓那，此云房宿。薄拘羅，此云善容。阿冕樓馱，此云無貧，或云如意，菩薩衆中。阿逸多者，此云無能勝，乾陀訶提者赤色。餘則可知爾時佛告已下。

智圓《阿彌陀經疏》　夫心性之爲體也，明乎靜乎一而已矣。無凡聖焉，無依正焉，無延促焉，無淨穢焉，及其感物而動隨緣而變則爲六凡焉，爲三聖焉。有依焉，有正焉，依正既作則身壽有延促矣。國土有淨穢矣，吾佛大聖人得明靜之一者也，乃假道於慈託宿於悲，將欲驅群迷使復其本，於是乎無身而示身無土而示土，延其壽淨其土，俾其欣促其壽穢其土俾其厭，既欣且厭則漸誘之策行矣。是故釋迦現有量而取穢土，非欲其厭耶。彌陀現無量而取淨土，非欲其欣乎，此則折之，彼則攝之，使其復本而達性耳。故淨名曰，隨所調伏衆生而取佛土者，其是謂乎。雖寶樓金地無悅目之翫，而非惑蕩之色而能達唯心無境矣，雖風樹鳥聲有入耳之娛，而非沾滯之音而能念三寶有歸矣。夫如是則復乎明靜之體者，如轉掌耳。經云衆生生者，皆是阿鞞跋致是也。大矣哉聖人之善權也如此。是故群經森列而偏讚淨方，其有旨哉。《佛說阿彌陀經》者，其偏讚之謂歟，吾愛其辭簡而理明其文約而事備足，可以誘弱喪而擊童蒙焉，於是約龍樹之宗，準智者之說，依經辨理爲之義疏，若極深研幾則五豈敢。庶乎有助於眞風，爲益於後昆爾。

元照《阿彌陀經義疏》　一乘極唱終歸咸指於樂邦，萬行圓修最勝獨推於果號。良以從因建願秉志躬行，歷塵點劫懷濟衆之仁，無芥子地非捨身之處，悲智六度攝化以無遺，內外兩財隨求而必應，機興緣熟行滿功成。一時圓證於三身萬德總彰於四字，是以知識廣讚感獄火化爲涼風，善友教稱見金蓮狀同杲日，八十億劫之重罪廓爾煙消，十萬億刹之遐方倏如羽化，嗟乎識昏障厚信寡疑多，貶淨業爲權乘，嗤誦持爲麁行，豈非耽湎朽宅自甘永劫之沈迷，悖戾慈親深痛一生之虛喪，須信非憑他力截業惑以無期，一遇此門脫生死而無路，聞持頗衆正協於時緣，著述雖多，鮮窮於要旨，盡毫端而申釋敢斅前修，舒舌相以讚揚誓同諸佛，太虛可際，鄙志奚窮，敬勉同舟，深崇此道矣。

智旭《阿彌陀經要解》 原夫諸佛憫念群迷隨機施化，雖歸元無二而方便多門。然於一切方便中求其至直捷至圓頓者，莫若念佛求生淨土。又於一切念佛法門之中求其至簡易至穩當者，莫若信願專持名號。是故淨土三經並行於世，而古人獨以《阿彌陀經》別爲日課，豈非有見於持名一法普被三根，攝事理以無遺統宗教而無外尤不可思議也哉。古來註疏代不乏人，世遠就湮所存無幾，雲棲和尚著爲疏鈔，廣大精微，幽谿師伯述圓中鈔，高深洪博，蓋如日月中天有目皆覩。特以文富義繁邊涯莫測，或致初機淺識信願難階，故復弗揣庸愚再述要解，不敢與二翁競異，亦不敢與二翁強同譬如側看成峯橫看成嶺，縱皆不盡廬山眞境，要不失爲各各親見廬山而已。將釋經文五重玄義。

大惠《阿彌陀經已決》 梵語阿彌陀，此云無量壽，亦云無量光。佛說者，即此土我佛世尊，讚彼佛名號，本願殊勝，種種方便接引羣生，故無量者，約數言之，即壽無量，約理言之，即心無量。何以故，一切衆生住無量體中，纔起一念，一念中具生住異滅，即成四念，展轉有無量念，即在一念中流轉如是。一念具足，不可思不可說，神用光明炤十方國，名曰無量光。若衆生依無量體中，起一念時在此一念中，徧計即成多念，便有無量生死，此是流轉門，若在還滅門中，而心意識不可到，故曰無量，亦爲數之極，如是無量數逆而歸萬萬歸，千千歸，百百歸，一一不知歸於何處，故稱無量方始，聖凡心盡十方，皆爲淨土也。無量壽，即體也。無量光，即用也。此無量光一句，東西兩土盡空法界，總爲一句阿彌陀佛，更無剩法。何以故？心即無量，世界亦無量，所謂法界藏身阿彌陀佛。佛者，譯名覺也。蓋愚智皆具，奈何凡聖情隔不能入清淨覺耳。若聖凡俱泯，又爲斷滅，若混而不分，亦名矯亂，離此多言十法界，皆成圓滿覺，性方可說法應一切機，亦名一切種智。經者，如潤大地之水，未失本源流注故，所以佛佛始終教義，但用一個經之源貫通血脈耳，彼佛經無量劫。單說一個經字，即此一字一切法，具耶不具耶曰經，行十萬億即在飯食時，若諦觀實際淨土因緣者，豈文字可詮乎，離文字焉有是乎，惠雖脫舊言，新亦是過中語句，其餘名相舊釋已詳，置而不述者，今已訣但解。一句古彌陀，例於情與無情，皆無欠少。此經題六字，如是我聞等句，是經家貫通文勢耳。

續法《彌陀略註序》 即一念而成佛念，依一佛而見諸佛，非念佛之爲理門，其孰能勝於此。舉一名而具萬德，得一持而統百行，非持名之爲行道，其孰能超於此，在一方而覩六方，受一說而領衆說，非彌陀之爲教典，其孰能妙於此。聞一言而入不退，信一事而證菩提，非釋迦之爲果辯，其孰能臻於此。故我世尊，自寂場以至雙林，唯談一佛乘教，始華嚴而終法華，盛闡念佛法門，王城對韋提希也。是心是佛，是心作佛，諸佛身入生心時，佛身即衆生之心相，衆生心想佛身時，生心即諸佛之身光，祇園告舍利弗也。持名以一心一意爲趣，往生以三慧三福爲宗，依報以行願德性爲體，正報以菩提功果爲尊，既以自性爲彌陀，還以唯心爲淨土，心穢惡也，即苦娑婆。心淨善也，即樂安養。心邪迷也，即名衆生。心正覺也，即稱諸佛。寶鈴敎網，覆七菩提之樹，金剛戒繩，間八正道之階，種智蓮開于德水，實相閣迥于性空，法樂奏第一義天，覺花雨實際理地，六位鳥暢演五根，三意生行供萬佛，禪悅飫乎慧命，忍衣披乎法身，化道主光光相然，十劫不離於當念，補處聖生生不退，果海還徹於因源，七日一復于一心，三輩九升于九品，此心此理元同，本佛他佛交讚。當信是經義，不可思議，應知說法者，希有甚難，以是雲棲作疏鈔也。體佛體經，順機順理，言言契乎本性，法法歸乎自心，心王爲師，心數爲弟，眞諦即聲聞，俗諦即菩薩，始覺冥乎本覺，是我佛讚彌陀。本覺冥乎始覺，是諸佛讚釋迦，究竟覺滿，名曰佛說經已。周偏無住，謂之作禮而去，如是疏經，隨所在以開明，若此釋義，悉有文而龜鑑，廬山七祖以來，弘揚淨土一門，未有踰於斯作者也。秉此教修，無行不該，依此理證，無果不徹。續法叨沐良深，分燈酬報，隨文摘錄，題名略註，俾奕世弘傳，塵方廣演，從小學以究大學，將後進而證先進。念佛三昧者，念佛念心。淨業一行者，淨性淨土，已發願，今發願，願得不退心而入不退地。若今生若當生，生見無量壽而成無量光，四色華馥于蓮池，七樹果馨于𦇧網，普化含靈，齊遊樂國，以此實語心，首表而出之。

彭際清《阿彌陀經約論》 是經以一心爲宗，以持名爲行，以信願爲導，以不退爲程，以阿耨多羅三藐三菩提爲究竟。云何以一心爲宗，唯此一心，諸佛之本原。衆生之慧命，迷之故流浪三涂，悟之故直登彼岸。然迷悟雖殊，而本來不動，但離前塵虛妄相想，光明洞然，徧周沙界，盡未來際無有閒歇，故號之曰無量光，亦號之曰無量壽。是知無量光壽，不離衆生一切時中，擬議不到處，摸索不著處，特患諸人當面錯過耳，我釋迦尊慈悲方便，指西方極樂，普勸往生，開闡念佛法門，而以一心不亂爲的。所謂制心一處無事不辦，念極情空，本光自發，云何以持名爲行，《觀經》云，稱佛名故，念念中除八十億劫生死之罪，以名召德，法報化三，攝無不盡，故《文殊般若經》專以持名爲一行三昧。但此衆生無始情塵，如油入麪，若非發勇猛心，起精進行，怠玩因循，安能得入，所以剋期取效，自一日以至七日，必至于一心而後已，得此一心，佛不異心，心不異佛，坐臥經行，了無餘念，隨其心淨，則佛土淨，轉娑婆成極樂，只在當人，非爲分外。云何以信願爲導，經云，汝等皆當信受我語，及諸佛所說。信者，信有三世，信有西方淨土，信一念念佛，決定見佛，由見佛故，決定成佛。是謂依他起信。依他起信者，其力淺，信三世不離自心，自心具足西方淨土。信一念念佛，是念即佛，念念念佛，無念不佛，乃至離即離非，頓見眞如寂滅場地，是名正信，亦名淨信，亦名具足信。經云，衆生聞者，應當發願，願生彼國。願者，願我離苦得樂，願我舍穢得淨。此是聲聞緣覺之因，其願狹，唯發無上菩提之心，欲普令一切衆生離苦得樂，欲普令一切衆生舍穢取淨，是故雖生淨土，而不舍娑婆，雖處娑婆，而願與衆生同生極樂，是名正願，亦名宏願，亦名無上願。具如是信，如是願者，斯能一門深入妙莊嚴路。云何以不退爲程，經云，衆生生者，皆是阿鞞跋致，阿鞞跋致，此云不退，此土修行，多諸障難，菩薩聲聞，尚昧宿因，忘失本願，何況凡夫種少善根，報盡還墮，不依佛力，勝果難圓。《大智度論》云，菩薩作是念，我未得佛眼，如盲無異。若不爲佛所導引，則無所趣，錯入餘道。設聞佛法，異處行者，未知教化時節，行法多少，菩薩見佛，或眼見心清淨。若聞所說，心則樂法，得大智慧，隨法修行而得解脫。如是等值佛無量利益，豈不一心求欲見佛。又云，菩薩不貴轉輪聖王人天福樂，但念諸佛，常善修念佛三昧，故所生常值諸佛，是知諸發心人，欲決定成佛，須常不離佛，欲不離佛，莫先念佛。《觀經》云，無量壽佛，有八萬四千相，一一相有八萬四千好，一一好有八萬四千光明，一一光明，徧照十方世界。念佛衆生攝取不舍，是知佛光如鏡，衆生如影，對鏡之身，影無不現。故經云，是諸人等皆得不退轉于阿耨多羅三藐三菩提，以大光明中，決無退緣故。云何以阿耨多羅三藐三菩提爲究竟，阿耨多羅三藐三菩提，此云無上正等正覺。一切聲聞緣覺，自謂已證涅槃，終不希求佛果，故華嚴會上，無量法音，無邊佛事，不聞不見，以不發菩提心故，亦不令他住菩提心故，佛說法四十九年，多方淘汰，至法華會上，方傾盡本懷，開權顯實，諸大弟子悉蒙授記，衹爲此一乘法門，難言難解故，而善財童子已發大心，徧參知識，其卒也普賢以十大願王，導師極樂，爲欲圓滿普賢行願故，究竟成佛故，今以念佛因緣，發心見佛，以見佛故，決定成佛，視諸聲聞緣覺滯迹化城者，日劫相倍，不足云喻，是知此經亦頓亦圓，直與華嚴法華互相顯發，只爲究竟了無差別故，明乎究竟之指，方名受持是經，方名信受諸佛所說，方名供養十方如來，成就慧身，不由他悟，本自非動，何退之有。

綜述

袾宏《阿彌陀經疏鈔》卷一　大文分五，自初明性，乃至五請加，今初明性，此經蓋全彰自性，又諸經皆不離自性，故首標也。靈者靈覺，明者明顯，日月雖明，不得稱靈，今惟至明之中，神解不測，明不足以盡之，故曰靈明。徹者通也，洞者徹之極也。日月雖徧，不照覆盆，是徹而未徹，今此靈明，輝天地，透金石，四維上下，曾無障礙，蓋洞然之徹，靡所不徹，非對隔說通之徹，云洞徹也。湛者不染，寂者不搖，大地雖寂，不得稱湛，今惟至寂之中，瑩淨無滓，寂不足以盡之，故曰湛寂，恆者久也，常者恆之極也。大地雖堅，難逃壞劫，是恆而未恆，今此湛寂，推之無始，引之無終，亘古亘今，曾無變易，蓋常然之恆，無恆不恆，非對暫說久之恆，云常恆也，非濁者，云有則不受一塵，非清者，云無則不捨一法，無背者，縱之則無所從去，無向者，迎之則無所從來，言即此靈明湛寂者，不可以清濁向背求也。舉清濁向背，意該善惡聖凡有無生滅增減一異等，大哉二句，讚辭大者當體得名，具徧常二義，以橫滿十方，竪極三際，更無有法可與爲比，非對小言大之大也。眞者不妄，以三界虛僞，唯此眞實，所謂非幻不滅，不可破壞，故云眞也。體者，盡萬法不出一心之體，體該相用，總而名之曰眞體也。不可思議者，如上明而復寂，寂而復明，清濁不形，向背莫得，則心言路絕，無容思議者矣。不可思者，所謂法無相想，思則亂生。經云，汝暫舉心，塵勞先起，是也。又法無相想，思亦徒勞。經云，是法非思量分別之所能及，是也。故曰心欲緣而慮亡也，不可議者，所謂理圓言偏，言生理喪。經云，凡有言說，皆成戲論，是也。又理圓言偏，言不能盡。經云，一一身具無量口，一一口出無量音，如善天女，窮劫而說，終莫能盡是也。故曰口欲談而詞喪也。又此經原名不可思議，故用此四字總讚前文，蓋是至理之極名也。末句結歸，言如是不可思議者，當是何物，惟自性乃爾，言性有二，兼無情分中，謂之法性，獨有情分中，謂之佛性，今云自性，且指佛性而言也。性而曰自，法爾如然，非作得故，是我自己，非屬他故，此之自性，蓋有多名，亦名本心，亦名本覺，亦名眞知，亦名眞識，亦名眞如，種種無盡，統而言之，即當人靈知靈覺本具之一心也。今明不可思議者，惟此心耳，更無餘物有此不思議體與心同也。若就當經，初句即無量光，洞徹無礙故，二句即無量壽，常恆不變故，三四句即靈心絕待，光壽交融，一切功德皆無量故，五句總讚，即經云，如我稱讚阿彌陀佛不可思議功德，末句結歸，言阿彌陀佛全體是當人自性也。又初句明無不照，即用大，二句靜無不含，即相大，三四句迴絕二邊，即體大，五句總讚，所謂即三即一，雙泯雙存，辭喪慮亡，不可思議，末句亦結歸自性也。又初句言照，即解脫德，二句言寂，即般若德，三四句言寂照不二，即法身德，五句總讚，末句結歸，例上可知。又以四法界會之，則清濁向背，是事法界，靈明湛寂，是理法界，靈明湛寂而不變隨緣，清濁向背而隨緣不變，是理事無礙法界，不可思議，是事事無礙法界，以此經分攝於圓，亦得少分事事無礙故，末言自性，亦是結屬四法界歸一心也。

王古《大藏聖教法寶標目》卷三　《阿彌陀經》，什法師譯。《釋讚淨土佛攝受經》，奘法師譯。右本同譯別並佛說無量壽佛國勝妙莊嚴，種種功德勸人念佛往生彼國。

智旭《閱藏知津》卷三　佛在祇園，與比丘菩薩諸天大衆俱，無問自說。告舍利弗稱讚西方極樂世界，阿彌陀佛不可思議。依正功德，勸人發願求生，但以執持名號爲行，復引六方各恆沙佛出廣長舌，勸信流通。今時叢席皆奉之爲晚課，眞救世神寶圓頓上乘也。

著錄

僧祐《出三藏記集》卷二　《阿彌陀經》二卷內題云《阿彌陀三耶三佛薩樓檀過度人道經》。

費長房《歷代三寶紀》卷五　《阿彌陁經》二卷第三出，與漢世高、魏僧鎧譯者小異，內題云《阿彌陁三耶三佛薩樓檀過度人道經》，亦云《無量壽經》，見竺道祖《吳錄》。

法經《衆經目錄》卷一　《無量壽經》一卷宋元嘉年求鄉跋陁羅譯，右二經同本異譯。

又卷一　《阿彌陁經》二卷吳黃武年支謙譯。

智昇《開元釋教錄》卷四　《阿彌陁經》一卷亦名《無量壽經》，弘始四年二月八日譯。初出，與唐譯《釋讚淨土經》等同本，見二《秦錄》及《僧祐錄》。

又卷八　《稱讚淨土佛攝受經》一卷見《內典錄》，第三出，與羅《阿彌陁經》等同本，永徽元年正月一日於大慈恩寺翻經院譯，沙門大乘光筆受。

又卷一一　《阿彌陁經》二卷內題云《阿彌陁三耶三佛薩樓佛檀過度人道經》。吳月支優婆塞支謙字恭明譯第三譯。

又卷一二　《阿彌陁經》一卷亦名《無量壽經》，姚秦三藏鳩摩羅什譯第一譯，第二本闕。

又卷二〇　《小無量壽經》一卷，與藏中《阿彌陁經》文句全同。

涅槃經部

涅槃分部

大般涅槃經

題解

寶亮《大般涅槃經集解》卷一　案道生曰，夫眞理自然，悟亦冥符。眞則無差，悟豈容易。不易之體爲湛然常照，但從迷乖之事未在我耳。苟能涉求，便反迷歸極。歸極得本，而似始起。始則必終，常以之昧。若尋其趣，乃是我始會之非照今有，有不在今則是莫先爲大。既云大矣所以爲常，常必滅累復曰般泥洹也。般泥洹者正名云滅，取其義訓自復多方。今此經明常使伏其迷，其迷永伏然後得悟。悟則衆迷斯滅，以之歸名其唯常說乎。又菩薩住斯經者則已伏滅諸累，雖未造極便能示般泥洹，衆示無妙泥洹復以無不示爲大也。更用茲稱經，蓋是重美盡善矣。

案僧亮曰，此是如來神道之極號，常樂八味之都名。涅槃是異俗之音，音有楚夏，前後互出乃有三名，謂泥洹，涅槃，泥曰。言涅槃者，中正天竺之音也，名含衆義，此方無一名譯之存其胡本焉。般涅言不，亦名爲無。槃者名生，名滅，名因，名相也。生是八苦之本，佛既無之，不生也。壽與太虛等量，不滅也。不從作因得，故無因也。體無十相，無相也。無學地法，皆是其體。略說三相以標神道，一般若，二法身，三解脫。談般若，則三達之功顯，論法身，則應化之理同。言解脫，則衆德所以備也。語此三法，足明神道之極矣。大者明其常故，亦以大我大樂大淨故，後有釋也。如來始自道場終於雙樹，凡三說涅槃二是方便一眞實也。初開三究竟是一方便，但說解脫是涅槃，而身智是有爲也。二方便中，說《法華》破三究竟而身智故，是有爲耳。今雙樹之說身智即涅槃，謂究竟無餘之說也。經者，胡音脩多羅，脩多羅名含五義也。

案法瑤，夫涅槃者，蓋窮原之宗會，數盡之大歸。其爲體也，妙絕於有無之域，玄越於名數之分。言之不能盡，稱之不能訖。然非稱無以擬極，故寄稱以擬之。非言無以顯實，故因言以顯之。其爲目也，總莫之大，故稱苞衆理。名冠衆義，故曰一名之中有無量名也。是則宗音無以譯其稱，晉言無以代其號。故欲以此音而當者，失其旨，此名而對者，乖其致，是爲有稱之極言猶不能究，況無稱之極乎。是以涅槃至號，其義贍博，折而辨之，則彌論無窮，豈唯般若等三以極其致。但略而舉其要者，是以徑此三名入於涅槃，伊字之譬不亦宜乎。然則此三名殊而實同，非體異者也。如其體別，則涅槃同於因成假名法也。虛而非實，豈得稱曰常樂者哉。

案曇濟，夫大涅槃者，蓋是大聖神道之極號，八味之都名。此是垂終之道教，放言異唱故制名不同。成天竺之音義有苞含，此方無一言以當之故推義不一。亦言無生，復云無滅，亦言無爲，亦言無相。所以言無生者，永絕於四生。所以言無滅者，量齊太虛故稱無滅。所以言無爲者，不爲生滅之所爲故言無爲。所以言無相者，體絕十相故言無相也。涅槃者，敢無學地諸功德，盡爲涅槃體也。略舉三事，以稱遂焉。三事者，般若，法身，解脫。語般若，明智周萬境。辨法身，明備應萬形。稱解脫，明衆累不生。智周萬境，故三達之功顯。備應萬形，故能殊方並應。衆累不生，明神道苞含所以成也。所言大者，有大我故。下有文言，譬如有一祕方攝一切方，此經亦爾，多有苞含。所以爾者，從於鹿野終於雙樹。凡三說涅槃，一明初鹿野說，三乘各有別涅槃。二明三乘同一涅槃。三明眞教，破二方便，說身智即涅槃。以是故，多有所含故稱爲大。經者，胡言脩多羅，含有五義，一能生，二微發，三湧泉，四繩墨，五華鬘。或以文爲經，或以理爲經，或四十卷文字盡爲經體。所以言能生者，此文行者尋求，能生善根也。所以言微發者，善根漸增，如初以三歸次以五戒，如是乃至得道，故有微發之義也。所以言湧泉者，譬文表理不可窮盡，故如泉也。所以言繩墨者，繩本辨木曲直，明此經辨耶正之理，依文可知，故知

者，功德品云，謂大常大我大樂淨等，此是成涅槃之勝因，故據別而標美也。體無生滅故稱曰常，八用自在謂之爲我，寂然無苦目之爲樂，塵穢永盡名之爲淨，體相無邊便名爲大。此乃是讚嘆之辭，哀美之稱也。三歎其工用者，故師子吼品稱謂，歸依洲渚也，能使物免苦而永安，離河而登洲，越四流之淵海到無爲之彼岸也。若尋其名用理數忘言，故聖化獎被談德萬端。是以就開宗之始，借喻於伊字云，三點不縱不橫，異昔有餘無德之說，明具法身般若解脫也。然此三乃化道邊要，復貫通於諸德，亦表異因中之色心，顯佛果之勝用。無感不應，稱曰法身。矚境皆明，謂之般若。即體無累，便名解脫。明一一之德皆非涅槃，要總爲其體，故下名字功德品中借八味甜蘇爲嘆也。談眞俗兩體本同用不相乖，而闇去俗盡僞謝眞彰，朗然洞照故稱爲佛。此經既於出世法之中開出世之教，引外凡之近資接下愚之要道，斯理圓而益人體無爲而進德，但文博而旨幽乃寄述於後釋也。經者，以經由爲義，凡學者若不由此理教則無容得解，故以經之一字貫斯一部之文理也。

案智秀曰，斯蓋圓極至德之總名也，若備稱舊本，應云摩訶般涅槃那。夫道絕百非，而理歸一致。歸一致故則有識斯成，絕百非故則無言可極。然既因迹見名亦尋名知本，但名迹之興乃肇自天竺，在我大梁亦理應有稱。而弘道之近既發彰西域未測此方，何以譯翻。是以先賢後哲皆脩舊本，述而無作故題之經首。體德名也，夫名以名體，體故有德，體者圓極妙有之本也，德者波若解脫之流也。談德乃衆，論體唯一，名雖有殊實則無異。何者？即圓極之體有可軌之義，名爲法身，有靜照之功，號爲般若，有無累之德，稱之解脫。是則解脫之體能照，亦能照之體解脫，更無別體而有衆德也。故以涅槃總名冠目，圓體名總，體圓故，備含衆義矣。下經文名字功德品以衆義釋於名云，八味具足名大涅槃。八味者，一常，二恆，三安，四清涼，五不老，六不死，七無垢，八快樂也。尋此經致教之意，如來化始鹿園旨窮鷲岳，唯明道極灰盡善必菩提，未辨含情抱氣悉成無等，但說壽量長遠。復倍上數，未明正覺虛凝，湛焉不滅。今此經者，以至極妙有爲指南，常住佛性爲宗致。明闡提，則正因無改。辨法身，則圓果嶷然。所謂無餘之至教，究竟之極說也。經者，經由義也，天竺以詮理文，總曰脩多羅，脩多羅者，備含衆義。何者，如出生微發涌泉繩墨也。所以言結鬘者，華散在地不爲人用，以綖貫穿以成人首飾，若不以綖貫不爲人用，明若不以文辨理於人無用，以文辨理於人有用，故如綖也。雖有此義，今言經五義之中一也，得結鬘義也。

案僧宗曰，此累盡之都名，萬善之極稱也。大者一謂教大，二謂理大。何者？始於鹿園，訖至法華，辨因果未滿，明境行不周，所以爲小，此教圓備，所以稱大也。昔三乘涅槃非實究竟，是道理中小。今明法身般若在乎衆累之外，是道理中大，所以言大也。涅槃者，天竺正音此言解脫，謂脫於萬累者也。累患既息體備衆德，今略舉有三，可以貫衆。一法身，二般若，三解脫也。妙有清淨體無非法，故言法也。妙體介然異於太虛，故曰身也。澄神虛照鑒無不周，故曰般若。道高萬惑之表體無垢累，故稱解脫也。此三德者體一而義異，一體之上義目有三。而今所以唯錄取解脫，以標經者，有三義，一明理有萬惑之外。二者斥昔解脫。何者，以昔日小乘患身智起動，求滅此患情憑解脫，以身智俱盡是孤解脫，故知小也。今日所明，體備衆德帶法身般若以常存故，以稱大也。經者，謂三世諸佛，從凡至聖，莫不經由於此也。

案寶亮，夫至靈幽寂，體踰有無，凝照虛湛，妙過數表，其旨絕於生死，超有爲於言境，故大覺垂悲。以被苦爲本，但群品根異則教成五別。猶物迷障重未能安深，所以先開方便之說，資今圓常之旨也。衆生既蒙昔教以習心，便稍涉虛以入道，體常無常。二輪雙徹鑒生死爲不有之有，涅槃爲不無之無。既安眞而悟理，識苦空而斷迷，自非修行入道發理緣之知，則煩惑不遣生死難除。故今教之興，開神明之妙體也。辨生死以二苦爲本，明涅槃以常樂爲源。妙質恆而不動，用常改而不毀，無名無相，百非不辨。今涅槃之音，就用而得稱，是出世法之總名，貫衆德之通號，代生死之要目，美無餘之極說。障累既盡萬行歸眞，無德不滿衆用皆足，轉因字果，名大涅槃。故下文言，若一德不脩則不得稱大涅槃也。然斯之語，乃是方土之音，聖既出於彼國，此亦無名以正翻，但文中訓況指義釋而已也。然其德淵曠難可備擧，今略陳其樞要，理可有三，故哀歎品明，謂正法寶城，及秘密藏也，二標別德，三寄功用。其義云何，夫涅槃無體爲衆德所成，故取況寶城喩於斯旨，非二乘所守瓦礫而非寶也。既體備萬工亦何寶不滿，但昔教未明今說始彰，隱實顯權非秘密如何。二擧別德

繩墨之流也。至於經由之義，亦其一耳。但梁之墳籍，皆以經爲目，是以通方之士，簡繁從略舉要而稱焉。進不乖含總之一義，退且循俗而得簡也。

案法智曰，夫言象生，自數内形名，起於累中。至人神道，既無象無言，豈復有其形名者哉？圓道不可以遍稱，故以該德總名。强謂之涅槃，此天竺之音也。具存胡名，應言般涅槃那。外國此名有多義，茲土無音以反之，故存胡而名焉。既寄名爲其名，寄有言乎而以言。言理者，亦是寄言也。若可寄言，請試言之。源涅槃爲理，超注數之表，絶冥朕之外，語其幽徹斯在於本有者也。所言本有乃是玄指，未來隔世爲有耳，不言現在同世有也。若以未來爲有，則稟識之類，源本未造因時已自有之，故言本有也。若未造因時本自有之，則不待業緣爲其始，故非始造矣。既非始造，故說此未來不同三世，要待造業大得爲有也。雖本自有之，然未來未起，已來用故，故須了因。然方應欲顯其果體圓滿具足，故爲之置名。是則萬德之義，無非涅槃義也。故始開伊字，便寄三德以明涅槃，表異昔說也。何者？昔教以身智是有爲未脱果縛，須滅身智始是無爲，說此滅法爲無爲解脱也。若此滅法可得說爲解脱滅度無爲樂淨諸義，故對生死即說之，爲無餘涅槃也。是爲昔說涅槃亦有多義，但不得說身智耳，所以三事俱無也。今既無餘極教有異於昔，必須存三德即身智而爲解脱矣。存三德者，顯三德一體爲涅槃法。法皆有德，爲涅槃義也。三德體爲涅槃法者，經言法名自體故，以體爲法也。三德爲涅槃義者，以三德在法則法有三義，故三德義皆爲涅槃義也。言法身爲涅槃義者，法以法則爲用，身是體之異名，良以其體可法故名爲法身。今常住涅槃既有體可法，故以法身義爲涅槃義也。般若義爲涅槃義者，般若以鑒解爲功常住涅槃，既言有體則無知而無不知即是般若，故以般若義爲涅槃義也。解脱義爲涅槃義者，解脱以脱縛爲義常住涅槃，其體雖在然因縛果縛二俱解脱，故以解脱義爲涅槃義也。昔說涅槃既言身智二俱盡滅，所以二俱明之。其餘諸義二教通有，事同解脱略而不辨也，唯我義功在覺者。涅槃是法寶，人法既殊，無俟有釋也。若凡是萬德義皆爲涅槃義，則法是圓法名亦圓名，名法兩圓始盡至人神道之極致，故名涅槃也。復以大大之者，顯其名理俱極也。昔二事盡滅未是所以大，今明涅槃其體圓滿，理既應名名不失理，名理俱極始是所以大也。經者，唯金口所吐言理乃得稱經。弟子製作非佛印可，不得稱也。何者，經之字訓略有二義，一訓言常，其二言由。常者，夫至人智極而後言，言必稱理矣，衆聖莫能改言，故言常也。出凡入聖靡不由之，佛之所說既窮茲二，故得稱爲經也。弟子所說，理有所未鑒言有所未眞，既於常由二義有所未極，故不得稱爲經。是以《維摩》《勝鬘》雖有所說要須佛印可，方得稱經。

案法安曰，涅槃之爲名言乎，至極果也。此極果者，微過形聲妙絶筌寄，有累斯遣是德必備，故能超踰生滅凝然常存。何以言之，夫照法未窮，新知移其神，惑累爲因，故其起必謝。今此極果，體無塵翳，爲明因所生，嶷爾而常，不其宜乎。將以汲物乃寄言三德，以其唯法爲體號曰法身，惑累斯亡稱爲解脱，所照靡遺謂之般若。法身一名標其妙體，智斷兩稱舉其勝德，略言此三，則已總攝衆美矣。天竺一名合此三訓，此出一稱不窮其致，故仍彼胡音用標經首也。大者，夫涅槃之名名總衆義，從因地未滿預有斯稱，故加一大字使宗致曉然也。

案曇準曰，蓋是吉祥之靈府，生白之虚室也。撿因則行逾十地，覈果則妙極樞始，冥造弗能移玄運莫之動，一寂孔神，此以常爲宗也。然群美不可盡言，故偏寄三德。取其洞照虚明目之般若，應不搖寂字曰法身，結惑都亡謂之解脱。三義既彰，涅槃稱在。大是梁方之言，涅槃是西域通語，彼訓多含，此方無以偏譯，故直存胡本以爲題目。

標出叙中要義：

釋名第一　辨體第二　叙本有第三　談絶名第四　釋大字第五　解經字第六　覈教意第七　判科段第八　右八例

釋名第一

案僧亮叙曰，如來神道之極號，常樂八味之都名。而此異俗之音有楚夏之別，所謂涅槃，泥洹，泥曰也。涅槃乃中正天竺音也，名含衆義，此方無以爲譯。法瑤，曇濟，寶亮，曇愛，智秀，法智，法安，曇準悉同。而法瑤所叙如有不同云，故曰一名之中有無量名也。案尋此而言是，則涅槃之名非直止含衆義，亦含衆名也。又寶亮云，雖復同無翻譯，不云名含衆義，乃云訓況指釋義也。叙曰，聖既出彼，此方無以正翻，但文中訓況指義釋而已也。法安亦曰，訓出衆義也。道生曰，正名云滅，取其義訓自復多方。今此經明常使伏其迷，其迷永伏然後得悟，悟則衆迷斯滅，以之歸名其唯常說乎。又菩薩住斯經者，則已伏滅諸累，雖未造極便能示般涅槃，衆示無妙涅槃復以無不示爲大也。更用茲稱經，蓋是重美盡善矣。慧朗述法瑶曰，此言寂滅，謂即心識不可得之名也。又述曇纖曰，此言無累。僧宗曰，此言解脫，尋無累之與解脫，名殊而義一故，是離縛之謂耳。然而解之與脫俱是德名，無累之稱兼所去也。案僧肇論曰，此言滅度亦曰無爲，蓋是滅生死度彼岸，寂怕之謂也。會稽慧基，同彼云此言無爲，智藏法雲，同彼云此言滅度。明駿案雖無正翻譯，而非衆德之都名，乃是無累之總稱也。何者？下文曰，般涅言不，亦言無，槃那言生，亦言滅，於是具列無累之名，以爲訓釋也。

辨體第二

案道生曰，夫眞理自然悟亦冥符，眞則無差，悟豈容易。不易之體爲湛然常照，但從迷乖之事未在我耳，苟能涉求便反迷歸極。僧亮叙曰，無學地法皆是其體，佛略說三以標神道，一曰般若，二曰法身，三曰解脫也。法瑶叙曰，涅槃至號其義贍博，豈唯般若等三以極其致，但略舉其要。然則此三，名殊而實同，非體異者也。如其體別，則同因成假名之法，虛而不實豈得稱常。僧宗叙曰，累患既息體備衆德，略舉其三可以貫衆。然此三德體一而義異，就一體之上義目有三也。寶亮叙曰，障累既盡萬行歸眞，無德不滿，衆用皆足，轉因字果名大涅槃。然其德淵曠，難可備舉，略陳其要理可有三，一謂正法寶城，二標別德，三寄工用。何者？夫涅槃無體爲衆德所成，取況寶城以喻斯旨也。別德者，謂大常大我等，此是成涅槃之勝因也。工用者，謂歸依洲渚，能使物免苦而獲安也。智秀叙曰，體者圓極妙有之本也，德者般若法身解脫之流也。談德雖衆，論體唯一。何者？即圓極有可軌之義曰法身，有靜照之功曰般若，有無累之德曰解脫。是則即解脫之體可軌，亦可軌之體能照，更無別體而有德也。案舊所詳習，有二種解釋，一謂圓極果體，眞實妙有非如假名，但以有用而無體也。一謂涅槃無體，假衆德以成豈得不空耶。慧朗述法瑶曰，生死涅槃義分爲二，謂十二因緣顚倒故有。即因緣無性是名涅槃，豈待離煩惱已，有妙有可得而不空乎。故《般若經》云，設有法過於涅槃，亦說如幻如夢矣。又述纖愛宗等舊釋云，萬行得圓極之果，果體是實而隨德立義，非假衆義共成一體也。法安曰，涅槃雖假衆德爲體，而異五陰成人也。何者？人及五陰假實斯空，今涅槃雖空而衆德是實也。

叙本有第三

案道生叙曰，歸極得本而似始起，始則必終，常以之昧，若尋其趣乃是我始會之，非照今有。僧亮叙曰，般涅言不亦名爲無。槃者名生亦名爲因，不從作因所得，故無因也。寶亮叙曰，辨生死以八苦爲本，明涅槃以常樂爲源，妙質恆而不動，用常改而不毁，無名無相百非不辨，今涅槃之旨就用而得稱也。若談眞俗兩體本同，用不相乖，而闇去俗，盡僞謝眞彰，朗然爲佛也。法智叙曰，幽微難解在乎本有也。所言本有者，乃是玄指未來隔世爲有耳，不言現在世有也。稟識之類，源本未造因時已自有之，故言本有。是則不待業緣爲其始，故非始造矣。故說此未來不同三世，要待造業方得爲有也。雖然未來未起未爲已用，故須了因然後方應也。慧朗述法瑶曰，生死不斷由十二因緣，因緣無性即是涅槃，豈是始有也。

談絶名第四

案衆議曰，舊所詳習有五種解釋。第一妙極法身，寂怕無爲與眞如等際，一相無相豈言德所能及。雖復寄言以往辨，雖辨而絶言，猶因指以得月月非指也。第二夫言方而理圓，難以辨述，神道冥漠，可會而不可言也。譬輪扁之斲輪，不能傳妙於所授。世諦麁淺尚難可言，況眞諦深妙而可名乎。第三所謂絶言者，法身之地絶凡累之名耳，體是妙有尊勝，云何以尊勝之名而不得耶。第四夫名字是相累之法，若召相累之地則與所召相稱。若無相之地，雖因召而得終絶於召也。第五一切諸法本絶名字，以此而談豈直法身，亦可目生死爲涅槃，目涅槃爲生死。今名字已定，謂涅槃絶於生死之名，爲可貴耳。

釋大字第五

案道生叙曰，有不在今，則是莫先爲大。既云大矣，所以爲常，常必滅累。僧亮曰，大者明其常故，亦謂大我大樂，後文自有釋也。僧宗曰，謂教大理大也。教大者，此說之前辨因果境行並未周圓，今日所明究竟了義，故言大也。理大者，昔日三乘涅槃非實究竟，理中爲小，今日身智解脫，在乎累外，理中爲大，故言大也。寶亮曰，體相無邊名之爲大也。法智曰，理既應名名不失理，名理俱極故言大也。法安曰，昔日雖有涅槃體德未圓，不得稱大。今日體圓德備，故稱大也。

釋經字第六

案僧亮叙曰，經者胡音修多羅，名含五義也。僧宗叙曰，從凡至聖，經由此理也。寶亮曰，學者所由得解也。以此一字，貫一部之文理也。智秀曰，天竺以詮理之文總曰脩多羅，備含衆義如出生微發涌泉繩墨華鬘之流也。至於經由之義，蓋其一也。法智曰，有二訓，一曰常，謂稱理之言，衆聖莫能改也。二曰由，謂出凡入聖之所由也。法安曰，經者訓釋有二種，一曰常，二曰法也。外國脩多羅有衆多義，亦曰涌泉，亦曰繩墨。今以常義代彼涌泉，明流注而不竭也。以法義化彼繩墨，明規矩暮則軌靶不沒也。

覈教意第七

案僧亮叙曰，如來始自道場終於雙樹，三說涅槃而二是方便一是眞實。何者，初開三究竟謂一方便也。但說解脫，是涅槃身智，是有爲也。二方便中，雖說《法華》破三究竟，而身智故，是有爲也。今雙樹之說，身智即涅槃故，謂究竟無餘之說也。寶亮叙曰，群品根異則教成五別，猶物迷障重未能安深，所以先開方便之說資今圓常之旨。蒙昔教以習心，稍涉虛以入道，體常無常。二輪雙徹，鑒生死爲不有之有涅槃爲不無之無。既安眞而悟理，識苦空而斷迷，自非脩行八道發理緣之知，則煩惑不遣生死難除。故今教之興，開神明之妙體也。故開宗之始借喻伊字，不縱不橫異昔有餘無餘也。僧宗叙曰，今所以唯錄取解脫以標經者有二義，一明理在萬惑之外，二者斥昔解脫之執。昔日小乘患身智起動，求滅此患而憑解脫，是故用今之勝以代昔也。智秀叙曰，如來化始鹿園旨窮鷲岳，唯明道極灰盡善必菩提，未辨含情抱氣悉成無等，但說壽量長遠復倍上數，未明正覺虛凝湛焉不滅。今此經者以至極妙有爲指南，常住佛性爲宗致。明闡提則正因無改，辨法身則圓果凝然。所謂無餘之至教，究竟之極說也。

吉藏《涅槃經遊意》 第三釋名，此中復爲三，第一明異名，第二翻名，第三絕名。初明異名者，或云泥洹，或云泥曰，肇師云，彼國楚夏不同耳。大亮云，涅槃者異俗之音，音有楚夏，涅槃正中天竺之音也。或云，此三名目於三本，泥曰此是中本，泥洹是六卷經，涅槃則此大本。今謂未必然也，大本亦得名《大泥洹經》也。

次翻名且明摩訶義，此是外國音，此雖有三義，正翻爲大。《金光明》云，摩訶提婆此云大天。又今既標大意，何須更樹。但大有多義，依此經凡有六義，一常故大，所言大者名之爲常，然無常二得名大而終不及常。大薪大火，大薪不及火，常無常亦爾也。二者廣故大。所以然者，經云，所言大者其性廣博，廣博故大也。三者高故名大。經云，譬如大山，一切世人所不能上，故名大山。涅槃亦爾，聲聞緣覺及諸菩薩所不能上，是故名大。四深故大。經云，大名不可思議，一切世人所不能測，是故名大也。五者多故名大。經云，譬如大城，多諸珍寶故名大城。涅槃亦爾，多諸法寶故名爲大。六者勝故名大。譬如有人，於人中勝故名大。涅槃亦爾，勝於一切故名爲大也。雖有六大名不出二種，一體大，二用大。體大者，則是法性也。涅槃者，則諸佛之法性也。用大者，八自在我故名用大也。又有二大，一待大，二絕大。然此無二，只待則絕因緣則空故也。

次明涅槃義，前摩訶題既標大更無異釋，翻涅槃則衆解不同，或言無翻言有翻，今略出無翻四師有翻六。無翻四師者，第一大亮師明涅槃無翻。彼云，涅槃是如來神通之極號常樂八味之都名。涅槃是異俗之名，名有楚夏，前後互出乃有三名。涅槃正是中天竺之音，名含衆義，此方無一名以譯之，存其胡本焉。此遠述河西乃至大濟，皆同此說也。第二陞師亦云無翻。彼師序云，稱包衆理名冠衆義，一名之中有無量名，處音無以譯其稱，晉言無以代其號者，故不可翻。第三寶亮師亦云不可翻。彼序云，涅槃是出世法總名貫衆法之通號。然此之語乃方土之音，聖既出彼國，此亦無名以正翻，但文訓況指義釋而已。第四知秀師亦云不可翻。彼師序云，涅槃是圓極至住之總名也。然因迹見名，名知本，名迹之興肇自天竺，我大梁亦應有稱。但弘道之近既發軫西域，於未測此方以伊譯翻，是以前賢後哲皆順舊本述而不作，故題之經道。此四師並云涅槃不可翻，彼明不可翻有文有義，義者，涅槃是圓德，圓德立圓名故不可一名翻。二者有文者，三點成涅槃故不可一名翻也。今作五難難云，一作大非不等難，彼國有總名，此間無圓稱，如來但念彼土衆生不受此方，今殘彼有圓名解義，此無圓名則不解圓義故悲不爾，涅槃來於此土便成無益也。第二就今昔相決難，今昔皆涅槃應皆可翻，然今不可翻可是涅槃，昔可翻昔應非涅槃。昔不具足涅槃，今具足不可翻，昔不具足則可翻者，則難今具足可是涅槃，昔不具足應非涅槃。第三約摩訶難涅槃，涅槃是摩訶涅槃，涅槃既不可翻，摩訶是涅槃，摩訶涅槃亦不可翻。又摩訶含三義，翻摩訶者涅槃含三德，亦一解說翻涅槃也。若言摩訶非圓名涅槃是圓名者，此摩訶非涅槃摩訶，涅槃非摩訶涅槃也。涅槃含三德名既圓，摩訶含三義摩訶亦是圓名。皆不可翻也，皆可翻也。第四難涅槃不可翻，別涅槃一部並壞，涅槃發初晨朝唱告般涅槃，一切大衆皆悉悲惱，純陀云，雖知如來方便涅槃，而我等不能不懷悲惱。既是衆德，大衆及純陀何事悲苦。又現病品云，倚臥鶴樹間，下愚凡夫見尙言必涅槃。若是衆德，下愚豈能得見。若見衆德乃是上智，何故名下愚，故不可。第五總別難，彼有圓偏名彼有總別，此但偏名無圓名此但有別無總。此彼皆有總別名，彼此皆有圓偏名也。

次出有翻六師，翻者無量略明六師，第一道生法師翻爲滅，其義訓乃自多方正名爲滅，經論皆爾也。第二肇師翻之以滅度，秦言無爲亦言滅度。以虛無寂漠妙絕有爲名曰無爲，以其大患永滅超度四流故云滅度。他家不同，滅則語法度則目人，法本有今無人從此到彼。又云，實法人法皆滅，假名人法悉度也。又滅者凡聖皆滅度則簡異凡夫，凡夫滅已後生不得稱度，大聖一滅永不復生，故稱之曰度。第三太原宗師翻解脫。彼云，涅槃者累盡之通名萬善之號。涅槃是天竺之音此正言解脫，如經說也。乃至開善等，翻爲無累也。第四宣武寵師翻爲大寂定。經云，涅槃名大寂定也。第五仙師翻不生。梁武用對煩惱不名涅槃，煩惱不生乃名涅槃也。第六影師翻安樂。不安則名生死，安樂則是涅槃。北人云，般涅槃那翻入息。入有三種，一實論，謂息妄歸眞從因趣果，故名入。二者眞應相對，息化歸眞，名入。三但就應爲言，謂捨有爲入無爲，名入也。涅槃正翻爲滅，若隨義翻不生解脫等。

問若正翻滅，何故下文云滅諸結火名滅度，離覺觀故名涅槃。外國滅名不同，諸結火滅名彌留陀，離覺觀名涅槃那也。言息究竟解脫永蘇息。息有三，一息因果患，二息諸事業，諸事業者，文云雖得禪定智慧解脫不名畢竟，若能斷除三十七品所行之事乃名畢竟涅槃也。前諸師定言不可翻，具如前難。今復定言可翻，亦彼研覈叡師《大品序》云，秦言謬者定之以字義，胡音失者正之以天竺，不可變者則而出。今既出以涅槃則是不可翻，云何言可翻耶。今更別難爲兩意，來生肇等翻爲滅爲一難，來宗師等翻解脫無累爲一難。若言涅槃翻爲解脫，栖神無累何事憂悲耶。又云，滅諸結火名爲滅度，離覺觀故名爲涅槃。既涅槃滅度兩出別，知不以滅度翻涅槃。然生肇等師親承什師血共翻譯，豈當有謬而釋彈片耶。今明不破生肇，今古人彈其定翻者耳，若定言翻滅度則過之甚也。問汝今云何作此問者且反彼，汝言涅槃爲有名爲無名而問翻無翻耶，而未知有名無名而更問翻無翻，如未知兔頭有角無角而問兎角若爲長短耶，翻無翻亦爾，無名是本，翻無翻是末也。然此義有齊不齊，定其齊者，涅槃未曾名未曾無名未曾翻未曾無翻，則非名非無名非翻非無翻。故經云，大涅槃者不可得聞。何以故，非有爲故，非無爲故，非音聲故，不可說故。故知非名，亦可得聞。以聞故，故知非無名。所以涅槃非名，所以涅槃非無名，強立名，非但強立名亦強言無名，則非名非無名，施名施無名，亦非翻非無翻，強翻強無翻也。言不齊者，明涅槃非名無名強爲涅槃立名，就強名中論翻不翻。何者，涅槃別總故翻而無翻，涅槃總別故無翻而翻。不翻而翻亦名爲滅度，亦名無累解脫等。翻而不翻則三德圓滿無所不含，豈可以一義翻耶。故涅槃具總別義，故具有翻不翻也。

又就今昔論總別有四句義，自有總是別非，合曰三德涅槃也。自有別是而總非，如昔日涅槃，唯是斷無爲涅槃也。總別俱是者，昔別是今總是。俱非者，昔總非今別非也。次明今□涅槃，目論總別是非四句義。何者爲其相，一往就因緣爲論明總是別非，是是非也。言總則得別，道是則得非。若言總不得別，則別非總，別道是不得非，此是非非。今總是別總，總是別，即是即也。今別是總別，別非總，即非也。若論以意者，此言已是而人心有得，不能云，悟障孝之徒好依字，今復須示其文處。總是別非者，如哀歎品，三德縱橫皆非三德圓，其乃是也。別是總非者，如下文，佛名覺涅槃名解脫。又涅槃名果，果取斷不取智也。次總別無定，一切皆總皆別。若當涅槃總三德別有時，三德總涅槃別，一切皆是般若皆是解脫，有涅槃成秘藏。如四相品說，涅槃爲別也。大品云，攝一切善法入般若，是般若爲總也。然今因涅槃總別，則議涅槃別總必具此二義，若偏取一義則未識涅槃通意也。

第三明絕名，古來明眞諦與涅槃絕不絕凡有三說不同。一云二皆不絕，眞諦有眞如實際之名，涅槃有常樂我淨之稱。而言絕者乃絕生死世俗患累之名，若見美妙之名則不絕。第二明二種皆絕，眞如本自寂絕布微非名所及。涅槃亦爾，言語道斷心行處滅也。第三師云，眞諦絕涅槃不絕，是俗諦乃有則眞義尙論，涅槃終是俗諦，是績待二假。莊嚴明涅槃二諦攝，開善明是俗諦攝，故不絕。今次第難之，難第一家，眞諦涅槃皆不絕則違經文。經云，涅槃非名強爲之名。又云，非名非相非待非不待，云何言不絕耶。若言涅槃無生死之名爲絕者，亦應生死無涅槃名生死亦絕。若互無爲互絕者，亦應互無應互妙，不可互妙耶互絕耶。又肇師依《涅槃論》明涅槃無名，云何涅槃不絕。斯則乖闕河舊說，復違涅槃正文也。難第二解，明涅槃斷言語絕心行，無名無相所以是絕者，亦不然。若涅槃絕同眞諦絕者，亦應涅槃同眞諦頑，涅槃不可同涅槃眞諦頑者，則涅槃不可同眞諦絕。第三師云眞諦絕涅槃不絕者亦不然。若眞諦絕涅槃不絕者，眞諦妙涅槃不妙，眞諦空涅槃不空，二種皆空則二皆絕也。彼云眞諦妙無涅槃妙有，二種有無雖異而是妙。既皆妙則應皆絕，一絕絕一不絕則一妙一不妙也。

問今意云何耶。解云，若更有解還同足載耳。只除前來諸解注意自現，何煩別說耶。而今爲障學者未能體道無，今因指識月，藉教知理而心無所存。又云，無離文字說解脫相。又經云，乃知解脫無言未知言則解脫。二云乃知涅槃無名未知名則涅槃也。又此經下文云，如來涅槃非有爲非無爲，非名不名非待不待，則是非絕非不絕，何得而絕不絕耶？又涅槃之體有是不是有非不非，是是不能是非是亦不是，非非不能非是非亦不非，故非是非非能是能非，非絕非不絕能絕能不絕也。有人言，三論所釋但得眞諦一支義，我眞諦離四句絕百非。今明不爾，經既云，非物非不物則非眞非不眞，非俗非不俗，何關眞諦。問涅槃既非名非不名，是何物而能名能無名耶。解云，涅槃非物非不物相得，更問道何物耶。無物而物，而物所謂正道。故肇師云，涅槃者，名爲道也。涅槃無名，強爲立名，名爲涅槃。但下文明名有二種，一因緣名。二無因緣名。因緣緣名如舍利弗也。無因緣者，如坻羅婆夷，實不食油強名食油。涅槃亦爾，無有因緣強名涅槃也。問強爲涅槃直名爲對生死不對生死。解云，涅槃豈不對生死，故肇師云，出處異號應物假名也。難云，若爾則是因緣名何謂無因緣名。

解云，涅槃未曾名無名，未曾對不對，道因緣亦是強言因緣，一切強立名也。

次擧五類一況釋涅槃。五類者，一法界，二法性，三法身，四般若，五佛性。一況即是虛空，虛空具敎不絕義及總別義。言法界者，如《華嚴》云，佛子法界者界非故則不絕，絕名無名義而名法界，則絕不絕義，無名名義。法性者，正法性遠離一切語言道一切趣非趣，悉寂滅相，則不絕絕義，名無名而名爲法性，則絕不絕無名名義也。法身如金剛身品，般若如歎般若偈，念相離已除語言亦滅也。佛性者，如師子吼明佛性第一義空。所言空者，不見空與之不空也。擧虛空況者如六種品云，是故知虛空非有亦非無非相非可相也。

次明人法義，問涅槃是人名是法稱，爲具足名爲不具名耶。他云，涅槃是法名，既稱云涅槃，涅槃是至極之名窮原盡性之說，所以是具足也。今明涅槃非有爲非無爲，則非具足非不具足，非人非法，亦具足亦人名亦法。何者，三點員伊金剛寶瓶滿足無缺，故是具足。而涅槃是果，果斷德故不具足，涅槃是法不可解言。人者四德爲涅槃，我則是人也。又涅槃非但法，亦得是譬，云如實非有非無，王罪亦爾也。是闍王作逆佛慰喻之言是又《中論》云，無生亦無滅，寂滅如涅槃也。舊云，佛方廣華嚴具足人法涅槃。但是法非人者，無明法長人短義，明釋迦出穢土爲破我人之病，故明法長人短，舍那出於淨土界人法俱長。然釋迦人法具有四句，一法長人短，二人長法短，三俱短，四俱長。釋迦爲破我人病故明無人我而有法，故云無造無受者，善惡之累不忌也。又法通生死涅槃，故法長人短者，生死無人唯涅槃有人，生死無我唯涅槃有我也。此則具破衆生斷常二見，生死無人故不常，而有法故不斷。衆生若聞生死中有人則起常見，破常見故明生死一向無人。衆生若聞無法則言無因果罪福等則起斷見，爲破此見故云有法。雖無有人善惡之法不失，故明人短法長也。法短人長者此少難見，且一往明三我人同斷結惑同入灰斷，未辨法有終極。今曰涅槃及前人法明入壽等同太虛，正法終竟滅盡故法短也。俱長者，生死既有虛妄人亦有虛妄，人法皆長。又佛常、法常、比丘僧常，故長，如此長短爲顯不長不短也。

慧遠《大般涅槃經義記》卷一　今言大涅槃者，乃是標經別部名也。

經名不同乃有多種，或有當法，或復就人，或時隨事，或從喻況，或就人法，或從法喩，或隨事法，其例非一。今此經者從法爲名，法謂諸佛大涅槃果，故始擧之。此名不足，若依梵本名爲摩訶般涅槃那。摩訶名大，歎勝之詞。涅槃有三，謂聲聞緣覺及佛所得，簡別前二不加，是故言大。體實絕待，寄對顯之，大義有六。一常故名大，故下文言大名爲常。二勝故名大，如世勝人名爲大人。故下文言是人若能安住正法名人中勝，勝故名大，涅槃如是。三廣故名大，故下文言大名廣博體窮法界，名性廣博。四多故名大，故下文言譬如大藏多諸珍異，涅槃如是多有種種妙法珍寶，故名爲大。五高故名大，故下文言譬如大山人不能上，故名大山。涅槃如是，凡夫二乘乃至十住不能到故，名之爲大。六深故名大，如海淵深，名爲大海。故下文言大者名爲不可思議淵深難測，名不可思。大體不同，略有三種，一者體大，謂性淨涅槃體窮眞性義充法界。二者相大，謂方便涅槃過無不盡德無不備。三者用大，謂應化涅槃妙用曠周巧化無盡。故下文言大般涅槃能建大義，義猶用也。具斯三義，是故言大。所言般者，此翻名入。入義有三，一就實以論，息妄歸眞從因趣果，名之爲入。二據化辨入，示滅有因現亡身智，趣入無爲。三就眞應相對說入，息化歸眞。今此所論備具三義。言涅槃者，有人釋言非梵非漢直是佛語，若論佛語一切皆是豈獨涅槃，故下文言，種種異論文章呪術皆是佛說，雖是佛說不離方言，若離方言佛則無說，云何而言非梵非漢。有人復言，是天竺語名總萬德，此方更無一名能翻，故存梵本名曰涅槃。涅槃之體實備萬德，涅槃一名非盡萬德。若使涅槃名含萬德是則宣說萬德之時，不應隨德更立名字。欲說萬德更立別名，明知非總。若言此方無名能翻，此義不然。如下文中如來隨類普告衆生，今日如來將欲涅槃隨音異告，云何叵翻。今正相翻名之爲滅，隨義傍翻名別多種，或云不生，或云不滅，或稱不燃，或言不織，或曰寂靜，或名無爲，或云無相。如是非一，云何得知是滅非總。今此且以四義驗之，一就昔以求，如來昔於餘契經中，每常宣說生死因果盡無之處，以爲涅槃。今日涅槃名不異昔，何忽是總。二據終以驗，如來今於娑羅樹間，大音普告云今涅槃，衆生聞已咸皆悲惱，詣佛請住。若使涅槃名總萬德，是則宣唱萬德示人，衆生應喜，何故悲泣詣佛請住。以斯準驗，明知非總。三準定方言，其外國人見人死滅，咸皆稱言某甲涅槃。世人死滅，何德可總。四取文爲證，如下文中佛歎純陀能知如來云同衆生方便涅槃，世間衆生何曾有彼萬德涅槃可以示同。蓋乃如來同世盡滅，名示涅槃。又《法華》中日月燈佛說法華竟於夜後分入般涅槃。下偈頌云，佛此夜滅度如薪盡火滅，明知涅槃是滅非總。問曰，若言涅槃名滅，下文說言諸結火滅名爲滅度，離覺觀故名曰涅槃，是則涅槃與滅義異，云何而言涅槃名滅。釋言，外國滅有多名，所謂涅槃毘尼及與彌留陀等。以名多故，隨其異義各施異名，故滅覺觀說爲涅槃，諸結火滅更作異稱。此翻名滅，此方名少，涅槃毘尼彌留陀等同翻名滅，其猶外國菩提末伽此俱名道。何者是滅，滅有四義，一是事滅，滅生死因盡生死果。二是德滅，捨修安寂故名爲滅。又佛眞德離相離性，亦名爲滅。言離相者如淨醍醐，體雖是有而無青黃赤白等相。亦如一切衆生心識，體雖是有而無大小長短等相。涅槃亦爾，體雖是有而無一相無何等相。如下文說，謂無色聲香味觸相，無生住滅男女等相，乃至無有自相可取。言離性者，大涅槃中諸德同體共相集成，無有一德別守自性。如就諸德宣說常義，離諸德外無別有一常性可得，諸義齊然。故下文言，又非別異故成涅槃。三是應滅，隨化世間示滅有因，現亡身智。四是理滅，如經中說，一苦滅諦一切衆生畢竟寂滅即涅槃相，如是等也。理滅有二，一是相空，妄想諸法空無自實。二是眞空，如來藏中恆沙佛法離相離性。言離相者，如馬鳴說，謂非有相非無相，非非有相非非無相，非有無俱相，非自相非他相，非非自相非非他相，非自他俱相。如是一切妄心分別悉不相應，唯證境界。言離性者，是諸佛法同一體性互相集成，不離不脫不斷不異，以同體故無有一法別守自性。滅義雖衆，要唯此四，此四滅中理滅爲本。由見相空，成前事滅。由見眞空，成前德滅。依德起用，便有應滅。若以分相說前三滅，以爲涅槃。攝相論之，四滅俱是。問曰，此經具明諸義，何故偏言大涅槃乎。涅槃爲宗，故偏言耳亦可。諸義不可備彰，且擧涅槃那者名息，今略不擧。息有三義，一息生死有爲因果趣入無爲，名之爲息。二息修契實，名之爲息。故下文言，若能斷除三十七品所行之事，是名涅槃。三息化歸眞，名之爲息。此擧所詮，經爲能詮。外國正音名修多羅，此翻名綖，以能貫穿一切法相如綖貫華，是故就喩說之爲綖。而言經者，綖能貫華經能持緯，其用相似故復名經。若依俗訓，經者常也，教之一法，經古歷今恆有曰常。

灌頂《大般涅槃經玄義》卷上　夫正道幽寂無始無終，妙理虛玄非新非故。無始而言其始者，謂之無明生死。無終而語其終者，即是種智涅槃。無明生死本自有之，名之爲故。種智涅槃修因方克，目之爲新。此經乃於非始之始分別佛性三因之殊，還就無終之終辨於涅槃三德極果之別。若佛性之因非因涅槃之果非果，是則因如不異果如果如不異因如。若因如不異果如，非止涅槃之如非新，佛性之如亦復非新。若果如不異因如，非止佛性之如非故，涅槃之如亦復非故。是則佛性涅槃因果之如，皆是非新非故。非新非故之理即是法身，非新而新之果即是摩訶般若。既有非新而新種智之圓極，則非故之故無明生死患累究竟斯亡目之解脱。此則三德之義宛然，不縱不橫妙等伊字。但衆生利鈍不同，是以大聖赴緣之教亦有頓漸之别。頓則譬於忍辱之草牛食即得醍醐，漸則五味階級次第圓滿，或有不定根緣爲赴此機所說教門非頓非漸，喻之置毒於乳也。皆是能仁妙窮權實巧赴根緣，化他利物罄無乖爽。今此大經爲欲開通往昔教門，顯發如來方便密義，故於娑羅雙樹大師子吼。師子吼者，名決定說。決定說者，說一切衆生悉有佛性，如來畢竟不入涅槃。不入涅槃，即是入於無上大乘大般涅槃。此經若具依梵本，應云摩訶般涅槃那修多羅。摩訶言大，般涅槃那此翻滅度。釋此三字具依兩義，一别，二通。第一别釋者，大即法身。故此經云，所言大者其性廣博猶若虛空，其性即法性，法性即法身也。滅者即是解脱，解脱二種，煩惱生死永滅，免斯因果患累即解脱義也。所言度者，即是摩訶般若，故《大論》云，信爲能入智爲能度。當知别以三字標今經之目，即是三德之異名也。第二通釋大者，謂大法身，大般若，大解脱也。滅者即是三德皆寂滅也，度者即是三德皆究竟圓滿也。故通以三字標名，表三德皆大寂滅究竟也。別通之義雖殊，然並是用非果之果無上秘密之極果以標一教之首也。修多羅即是聖教之揔名，有翻無翻，事在別釋。若具依梵本應言摩訶般涅槃那，今翻爲大滅度。大若虛空不因小相，又其性廣博多所容受，又名不可思議諸佛之法界，是爲三義釋大也。滅者滅二十五有及虛僞物，又得二十五三昧種種示現，又生滅滅已寂滅爲樂，是爲三義釋滅也。度者，度於不度，又度於度，又度此彼之彼岸，亦度非彼非此之彼岸，譬如神龜水陸俱度，是爲三義釋度也。揔攬三法三目三點名大般涅槃，金剛寶藏滿足無缺，不縱不橫不並不別，微妙秘密以當其體，常住不變恆安清涼，不老不死以當其宗。置毒佛性偏五味中味味殺人，震大毒鼓雖無心欲聞，聞之皆死。八大自在我以當其用，常住二字無上醍醐與諸典別，決定之吼以當其教名，含體攝常宗毒用極教之相也。

玄義開爲五重：一釋名　二釋體　三釋宗　四釋用　五釋教釋名又五，謂翻，通，無，假，絶。翻者四說，謂無有，亦有，亦無，非有非無。初言無者，天竺五處不同，東南中三方奢切小殊，西北兩處大異。如言摩訶，摩醯，泥曰，泥洹，此則三方。如言洹隸槃那，般涅槃那，此則二方，類如此閒楚夏耳。有人以泥曰目雙卷，泥洹目六卷，涅槃目大本，是義皆不然。雙卷明八十無常，六卷明金剛不毀，豈可以方言簡義。《毗婆沙》云涅槃那，今經無那字，蓋譯人存略耳。《肇論》以摩訶涅槃爲彼土正音，古今承用。其各說者，凡有五家，一廣州大亮云，一名含衆名，譯家所以不翻，正在此也。名下之義，可作異釋。如言大者，莫先爲義，一切諸法莫先於此。又大常也，又大是神通之極號，常樂之都名，故不可翻也。二云名字是色聲之法，不可一名累書衆名，一義疊說衆義，所以不可翻也。三云名是義上之名，義是名下之義，名既是一義豈可多，但一名而多訓，例如此閒息字，或訓子息，或訓長息，或訓止住之息，或訓暫時消息，或訓報示消息，若據一失諸故不可翻。四云一名多義，如先陀婆一名四實，關涉處多不可翻也。五云秖先陀婆，一語隨時各用，智臣善解契會王心。涅槃亦爾，初出言涅槃，涅槃即生也。將逝言涅槃，涅槃即滅也。但此無密語翻彼密義，故言無翻也。二云有翻者，梁武云佛具四等，隨其類音溥告衆生，若不可翻，此土便應隔化，四等亦是不偏。引釋論般若尊重智慧，輕薄既得以輕代重何得不以眞丹單別，翻天竺兼含，既可得翻，且舉十家，一竺道生，時人呼爲涅槃聖，翻爲滅。引文云，聞佛唱滅悲哀請住，魔王所以勸令速滅。二莊嚴大斌，翻爲寂滅。引文云生滅滅已寂滅爲樂，前家止滅於生，後家滅生復滅於滅，故言寂滅。三白馬愛，翻爲祕藏。引文云，皆悉安住秘密藏中。四長干影，翻爲安樂。引文云，如人病差名爲安樂，安樂名涅槃。五定林柔，翻爲無累解脱，既無創疣即無累也。六太昌宗，翻爲解脱。引四相品云，涅槃名解脱。迦葉品云，慈悲即眞解脱，解脱即大涅槃。七梁武，翻爲不生。引文云，斷煩惱者不名涅槃不生煩惱乃名涅槃。八《肇論》云無爲，亦云滅度。九會稽基，偏用無爲一義爲翻也。十開善光宅，同用滅度。引文云，大覺世尊將欲涅槃。引六卷云，大牟尼尊今當滅度，彼此兩存正是翻也。例大本稱娑羅雙樹，六卷云堅固林，又引《法華》長行云，中夜當入涅槃，後偈云佛此夜滅度。又引《華嚴》云，古來今佛無般涅槃，除化衆生方便滅度。又引遺教，佛臨涅槃略說教誡。又云時將欲過我欲滅度，是爲十家明有翻也。三明亦可翻亦不可翻者，叡師云，秦言謬者，定之以方冊，梵音不可變者即而書之，匠者之公謹受者之重慎。今經翻摩訶爲大，般涅槃三字存梵音，是則一字可翻三字不可翻，梵漢雙題正應在此。四云大名不可思議，故非可翻非不可翻。今明漢人多不曉梵，即有衆說莫知孰是。世既咸用開善未能異之，今雖同其翻不用其義。同翻者，摩訶此翻爲大，般涅此翻爲滅，槃那此翻爲度，是爲大滅度也。有翻無翻四家竟，次出開卷四解。一云滅據法度據人，生死之法滅已還無，生死之人轉而作佛。二云滅名目無滅有還無故，度名目有從此至彼故，實法道邊人法俱滅，相續道中人法俱度。三云滅是有餘度是無餘，有餘涅槃既未究竟止可是滅，無餘永免方得是度。四云滅是本有今無之義，而加之以度者是永免之名。欲明凡夫之死亦得是滅，而非永免不得稱度。觀師難初解云，若生死之法滅無，生死之人附何而度。若生死假人轉得成佛，生死之法何不轉爲涅槃。今研初解是何等義，若依聲聞法者三果生死未併滅，假人不永度。若第四果凡法因雖滅凡法果未滅，假人猶未度。若灰身滅智假法俱寂，寂則不論度又不得作佛。若菩薩法者，凡法都不滅假人又不度，是誰法滅何等人度，如此往推非三藏義也。若依聲聞菩薩共法者，三乘之人同以無言說道，斷煩惱入第一義，即體生死法是涅槃法不論滅與不滅，即生死人是涅槃人不論度與不度。既無法可滅何用以滅目之，既無人可度用度目誰，如此推之則非通教義也。若獨菩薩法，非但滅生死之僞法，死滅涅槃之眞法。非但度生死之凡人，亦度出世之聖人。彼既誰不涉眞法，語不論聖人，以此往推非別教義也。若就佛法者，滅之與度不縱不橫無二無別，彼師分滅異度離法論人，如此往推非圓教義也。既非小非共，非菩薩非佛，並非先聖之法，言則不敢道也。今研第二解，若以滅目無以度目有者，若受此有無猶是苦諦，執此有無猶是集諦，修此有無猶是道諦，盡此有無猶是滅諦。滅諦之眞尚不可以有無名之，云何以有無名大涅槃，如此往推非三藏眞義。若以滅目無以度目有，若雙目生死生死本自不然，今則無滅生死，既無滅以滅目誰，生死本自不然，那得是有非有則無度，法亦無度者，度復目誰，既不可以滅度目於生死，云何以滅度目於涅槃，彊以疣贅累彼虛空，以此推之非是聲聞菩薩共法。若以滅目無以度目有者，此以名召法，以法應名名物尚存，爲見所縛，云何以見義釋大涅槃。若以滅目無門以度目有門者，爲目小門爲目大門。小門能通拙所通僞貧，住化城久已被棄，云何以拙能通釋大涅槃。若以滅目無以度目有，明眞俗二諦者，此是偏邪二邊，云何以二邊釋中道大涅槃，如此往推則非菩薩法也。若以滅目無以度目有，有不關無無不開有，滅非是度度異於滅，縱橫狼藉劫掠羣牛，不解攢搖漿猶難得況酥醍醐，如此往推則非佛法。既非小乘，非共乘，非菩薩乘，非佛乘，是何等義邪。今研第三解，若有餘涅槃既未究竟止可是滅，無餘永免方得稱度者亦應滅度，四住非是究竟滅度，塵沙方得稱度。又滅度塵沙亦非究竟滅度，無明亦非究竟滅度，究竟滅度方得稱度。以後望前前非究竟，第二第三亦非究竟，何得以初番滅度釋大涅槃。今研第四解，凡夫已有還無得是滅，亦應凡夫從此至彼便應是度。若凡夫非度，凡夫亦復非滅。若聖人已有還無亦得是滅，聖人從此至彼復應是度。若凡聖俱度俱滅若爲論異，若同凡聖則近陋非高廣，若異凡聖亦非高廣，非高故則非無上，非廣故則有邊涯，云何以此釋大涅槃。若具研四解應作四四十六番，今但十番而已，餘皆可知。明哲自解何俟多言，時人以開善爲長故遠研之，餘人置而不言耳。翻名已如前說，釋其大義者，大有三義，一理大，二智大，三用大。釋論謂大多勝，大取包廣，多取含攝，勝取秀出。今言法身法界徧一切處，是廣大義。報身智境照發相應不可窮盡，是含攝義。應身自在無能遏絕，是勝出義。於一大字三法具足，不縱不橫不可思議，名秘密藏。秘密藏者，即大涅槃。釋般涅爲滅，滅有三義，謂性滅，圓滅，方便滅。性滅者，理性至寂，非生非起，生起不能喧動，故名性滅。圓滅者，照無不偏，發無不足，明窮境極，故名圓滅。方便滅者，權巧妙能逗必會取必克，故名方便滅。如是三滅即三解脫，無縛無脫是性淨解脫，因果畢竟是圓淨解脫，巧順機宜無染無累是方便淨解脫。於一滅字三脫具足，不縱不橫不可思議故名三點。三點者，即大涅槃。釋槃那爲度，度有三義，謂實相究竟度，智究竟度，事究竟度。實相度者，諸佛之師也，非此非彼亦非中流，非能非所無始無終，故名實相度。佛師度故諸佛亦度，論云智度大道佛善來，智度大海佛窮底，即其義也。智度者，如如智稱如如境，函大蓋大照發相應，故名智度。論云，智度相義佛無閡，即其義也。事度者，自度度他，彼我利益無不究竟，慈悲誓願一切周悉，故名事度。如此三度即三般若，實相般若是一切種智與諸佛同體，觀照般若即一切智與諸佛同意，文字般若即道種智與諸佛同事。於一度字三智具足，不縱不橫不可思議，故名面上三目。三目者，即大涅槃。今作三番九義，淺深別異，各各不同者，雖復多含攝勝，未是今經正意。文云法身亦非，那可單作三身釋大。文云解脫亦非，那可單作三脫釋滅。文云般若亦非，那可單作三智釋度。故知單釋非今經意。意者，文云三法具足名大般涅槃。三法即三智，三智即三點，三法即九法，九法即三法。三法即九法是不縱，九法即三法是不橫。不並不別亦復如是。不三而三，不一而一，所以名秘密藏。攝一切法悉入其中，是諸佛體。是諸佛師都名揔號，乃爲具足稱大涅槃，意在此耳。一智三智三智一智，所以名一面三目，涅槃亦耳。一脫三脫三脫一脫，所以名爲伊字三點，涅槃亦爾。體意及事不得相離不得相混，不可言言不可思思，故名大涅槃。二釋通名者，涅槃之名偏布諸處，安樂一意亘十法界，皆稱安樂。梵行品云，寒地獄中若遇熱風以之爲樂，熱地獄中若遇寒風以之爲樂，如是安樂亦名涅槃。獼猴得酒則能起舞騰枝躍樹，秋水卒至河伯欣然，魚鼈噞喁歕沫戲沼，如是安樂亦名涅槃。餓鬼饑渴得水食飽滿則得安樂，如是安樂亦名涅槃。脩羅怖畏得歸依處則得安樂，如是安樂亦名涅槃。如貧得藏如病得差則得安樂，如是安樂亦名涅槃。檀提婆羅門飽食撫腹，我今此身即是涅槃，此計欲界果報法爲涅槃。阿羅羅仙得無想定，此計色界法爲涅槃。鬱頭藍弗得非想定，此計無色界法爲涅槃。文云斷欲界結則得安樂，乃至斷無色界結則得安樂，如是安樂亦名涅槃。此多用善因爲涅槃也。若三十三天常樂我淨，用善果爲涅槃也。若修二乘者，多貪欲人得不淨觀則得安樂，如是安樂亦名涅槃。乃至數息慈心念佛因緣亦如是，此計二乘方便法爲涅槃也。若斷三界煩惱，八萬六萬四萬二萬一萬住處則得安樂，如是安樂亦名涅槃。此計二乘果法爲涅槃也。釋論云，菩薩從初發心常觀涅槃行道，初心菩薩亦名涅槃。此文云，十住菩薩雖見不了了，亦名涅槃。諸佛法王聖主住處，乃得名爲大般涅槃也。涅槃之名隨情逐事浩蕩若此，蓋是通名也。達摩鬱多羅此翻法勝，解云煩惱滅名有餘涅槃。引經云，滅諸煩惱名爲涅槃，離於生死名無餘涅槃。引經云，離諸有者乃名涅槃，此就所滅釋二種涅槃也。二乘所得二涅槃，若於如來皆是有餘，唯佛乃是無餘。引《勝鬘》云，二乘是有餘如來是無餘，昔滅是盡今滅非盡。經云，不應生滅盡想，涅槃非滅，非滅故常也。若依鬱多之解，乃是通涅槃。今昔相對一塗之說，若擘肌分理義則不然。何者，二乘有餘無餘，所滅則異眞諦則同。若於如來皆是有餘唯佛是無餘者，若爾二乘既是有餘涅槃，子縛斷破無明入菩薩位見佛性，生死身謝即應同佛入無餘涅槃。何事被訶言非不斷煩惱不到彼岸，破除草庵，若此等皆無分者，云何對佛是有餘涅槃。又若二乘有餘無餘對佛而得是有餘涅槃者，自地獄已上至菩薩已還例應如此。若諸涅槃皆不可得，然二乘安是，故知鬱多羅之說不可依也。問安樂之名通十法界，佛性四德名復云何。荅經云，一切諸法中悉有安樂性，一切衆生悉有佛性，豈非佛性通耶。文云，二十五有有我不耶。荅言，有我寱言刀刀。又楊樹黃葉等豈非四德通耶，然名乃該通義不得混，應作三番四句料揀。初四句謂通別，亦通亦別非通非別。通者如向說，別者各有所以。六道以安身適性爲安樂，猶起煩惱惡因招生死苦果，安樂義不成。要斷煩惱使苦樂不復隨身，憂喜不復隨心，得有餘無餘灰身滅智，隔別生死入于涅槃者則與六道別也。菩薩從初心爲一切衆生觀涅槃行道，望二乘是別望佛猶通，即是亦通亦別也。諸佛究竟大般涅槃，非六道之通非二乘之別，即非通非別之安樂也。又安樂之名或是病非藥或是藥非病，或亦藥亦病或非病非藥。是病者，長者沒已劫掠羣牛犂乳自食，漿酪醍醐一切皆失。如來去後鈔竊正法常樂之名，如蟲食木偶得成字。不識是非，廣起傎倒沈淪生死，隨其流處有種種名，或辛或酸，故知三界四倒但是病而非藥。爲治此病，說四非常倒瀉斯病，病去惑盡名入涅槃。文云，三種病中無三種藥，三種藥中無三種病。此小涅槃但藥而非病，雖復病去而藥不亡，還執此藥而復成病。文云，其後不久王復得病，當知四非常亦藥亦病也。治此病故，還用常樂我淨而倒瀉之，故斥無常病說於新伊，是勝三修不同凡夫之倒病，不同二乘之偏藥，故名非藥非病。又新伊但是藥而非病，正法正性非藥非病之安樂也。又小而非大大而非小，亦小亦大非小非大。小者二乘也，雖斷煩惱猶有習氣，我身我衣我去我來，謂佛與已等，唯有常淨無有我樂，三寶差別則是習氣，所以爲小也。云何名大，諸佛如來豎出九界橫收一切，無邊底故常，大丈夫故常，能化度一切故常，不可思議故常，具八自在故我，斷苦樂故樂，大寂故樂，一切知故樂，身常故樂，有大淨故業淨身淨心淨，是故名爲大涅槃。菩薩望下爲亦大，望上爲亦小。凡夫六道不斷通惑故非小，無四德故非大。例前應就理爲非小非大，互顯令易解耳。前一番從地獄已上料揀，次一番從外道已上料揀，次一番從二乘已上料揀。問如此料揀六道二乘既非安樂，何故強說爲涅槃耶。荅通有四悉檀因緣，故則作通說。云何更別問耶，所以作通說者爲悦衆生故，引導生善故，破壞諸惡故，顯昔第一義故，通說無咎。又佛常依三諦說法，依俗故說六道安樂，依眞故說二乘安樂，依中故說佛菩薩安樂。又不離俗而有眞中，尙得即俗即眞即中，何意不得六道說通安樂是涅槃耶。龍樹云，因緣所生法，即空即假即中，是其義也。三釋無名者，先出舊解。一云眞如實際等是眞諦名，佛果涅槃常樂我淨等是俗諦名。而言涅槃無名者，無生死患累之名，而有美妙之名也。引互無爲證涅槃無生死之名，生死無涅槃之名耳。二云眞諦涅槃俱無名無相，名相所不及，言語道斷心行處滅。引《肇論》江河競注而不流，日月歷天而不周，豈有名於其閒哉。三云眞諦無名，佛果涅槃雖復冥眞猶是續待二假，故涅槃不得無名也。初家眞俗俱有名，第二家眞俗俱無名，第三家眞無名俗有名，應更有第四家執眞有名俗無名，未見執者，若定執此墮四倒見。若以四爲方便，正是三藏四門。何者，若引互無有美妙之名者，斷奠是三藏有門，能通是有所通是非有，何得用小乘能通釋大涅槃所通，指荒塗爲寶所，認臭目是明珠。大無所以，若是眞諦涅槃皆無名者，秖是三藏空門。若言眞諦無名佛果涅槃，猶是續待二假者，秖是三藏亦有亦無門。復應有計非有非無門者，未見其人也。然三藏涅槃，既非數法，尙不是一，何得有四。四者能通之門耳，不可以能通爲所通。縱令跨節是通教四門者，亦不可以通教能通爲通教所通，何得以共能通釋別所通。又跨節爲別教能通者，亦不得以別能通爲別所通，那得以別能通釋圓所通，將此望之，節節無意窈然大遠，故不用此無名釋大涅槃。問古來傳譯什師命世，升堂入室一肇而已，肇作《涅槃無名論》，其詞虛豁，洋洋滿耳，世人翫味，卷不釋手，意復云何？荅高僧盛德，日月在懷，既不親承，其門難見，鑽仰遺文管窺而已，觀其旨趣不出四句。其論云，有餘無餘涅槃者良是出處之異號應物之假名，若無聖人知無者誰，若無聖人誰與道游，即其有句也。寂寥虛豁不可以形名得，微妙無相不可以有心知，豈有名於其閒哉，即其無句也。果有其所以不有，故不可得而有，有其所以不無，故不可得而無耳。恍忽窈冥其中有精，本之有境則五陰永滅，推之無鄉則幽靈不竭，即其亦有亦無句也。然則有無絕於內，稱謂淪於外，視聽之所不暨，四空之所昏昧，而欲以有無題牓標其方域者，不亦邈哉，即其非有非無句也。然其作論談大意不在小，不可謂是三藏四句也。文云，超度有流言不涉界外之流，大患永滅不滅涅槃之患，故不可謂是別圓四句也。辨差中云，三車出於火宅，俱出生死無爲一也。此以三三於無，非無有三。如來結習都盡，聲聞結盡習不盡。盡者去尺無尺去寸無寸，脩短在於尺寸不在無也。智鑒有淺深，德行有厚薄，雖俱至彼岸而升降不同，彼岸豈異，異自我耳。以此推之，歸宗指極，在於三人同以無言說道，斷煩惱入涅槃。文義孱然何可隱諱，故知是通教四句也。夫通教詮理非有非數，而以有無四句爲通道之門，若執門求所通其失一也。又通教體法之觀，非如來本懷隨自意語，乃是俯提枝末隨他意語。故嬰兒行云，不知苦樂晝夜親疏等相，不能造作大小諸事，名曰嬰兒。不知苦樂是泯憂喜，不知晝夜是齊明暗，不知親疏是等憎愛，不作大小是亡巨細。三人同學體觀，喻之以嬰兒，俱證無爲喻之以入水，論其智德喻之以三獸，論其斷德喻之以灰斷，宗在他經要非此典，那忽將彼釋此其失二也。又法華敎起已破化城，一切諸菩薩疑網悉已除，千二百羅漢悉亦當作佛。佛開通教方便之門示眞實相，云何追欣三獸更建草庵，其失三也。又聾瞶之徒不在法華席者，於哀歎品中更爲分別，汝先所修悉是傎倒，我先所說亦非實語，斥故顯新指劣明勝，云何違經波動水浪捉瓦礫持作月形，其失四也。然網維既闕網目安寄，執佛法之遺棄謂是眞實，徒施於十演終非三德明矣。今言涅槃無名，涅槃者指三德涅槃也，無名者無六道安樂之名也。又無三藏有門見有得道，獲有餘無餘涅槃之名。亦無見空得道，亦無亦空亦有得道，亦無非空非有得道，獲有餘無餘涅槃之名也。又無三乘共行十地有門得道，獲有餘無餘涅槃之名也。

亦無空門，亦空亦有門，非空非有門，得道，獲有餘無餘涅槃之名也。又無別教有門得道，常住涅槃之名也。亦無空門亦空亦有門非空非有門得道，獲常住涅槃之名也。無如是等諸方便之名，從所離故故言無名，從所得故故言涅槃，此即圓教有門之意也。又非離諸名外別一涅槃，即諸名無名便是涅槃，故言涅槃無名，此圓教空門意也。又從所離故故言無名，從能離故故言涅槃，能所合稱故言涅槃無名，此圓教亦空亦有門意也。若有能所則大有名，何謂無名，今無能所稱爲涅槃無名，此是圓教非有非無門意也。門雖有四，涅槃非四也。無名之意超度爾許諸涅槃名，然後乃顯圓常四門大般涅槃。諸師都未嘗分別一兩節目即道無名，無何等名，名曰無名，疑誤後生今所不用也。故梵行品云，無緣慈者不緣衆生亦不緣法，緣於如來故名無緣。今亦例此，無六道之名，無四聖之名，而有祕藏涅槃之名，故言涅槃無名也。四釋假名者，德王初云，涅槃非名非相，云何而言可得見聞，不可見故無相，不可聞故無名。佛以佛眼佛耳尚不見聞，況復下地及與凡夫而能見聞。大悲方便動樹訓風舉扇喻月，能令機緣而得見聞，其見聞者實無見聞而言見聞。迦葉品云涅槃一名有無量名，亦名無生無出，乃至亦名甘露，亦名吉祥，凡列二十五種示其無量，悉爲衆生而假施設。文云如坻羅婆夷名爲食油，實不食油，無有因緣強爲立名，名爲食油，如經廣說。涅槃亦爾，無有因緣強爲立名，名爲涅槃。《智度》云，名假施設，受假施設，法假施設。實非色心而言色心是法假施設，於色心上更設五陰十二入十八界等是受假施設，於陰入界上更立張王李趙等是名假施設。亦如攬色香味觸是法假施設，於四微上更作根莖枝葉等，是受假施設，根莖之上更立楓柟棟柏等名，是名假施設。是大涅槃亦復如是，強指此實法名爲佛師，是佛祕藏是法假施設，於佛師上更復分別法身般若解脫三點是受假施設，於三點上更立名字大般涅槃是名假施設。或復呼爲洲渚窟宅，或復呼爲乳糜妙味，或復呼爲醍醐上藥，或復呼爲一闡提杖，或復呼爲一破戒明鏡譬說虛空不可得無障閡，如是豈非名假施設。當知從地獄已上至佛已還，皆言安樂者悉假名也。《大論》云，衆生無上者佛是，法無上者涅槃是。所以設此假名者，欲令衆生知名非名，名不在內亦不在外，亦不在中間亦不常自有。《大品》云，菩薩菩薩但有字，佛佛但有字，是字不住亦不不住，是字無所有故。涅槃亦爾，涅槃不在法身，文云法身亦非。又涅槃不在般若，文云般若亦非。又涅槃不在解脫，文云解脫亦非。三德中各各求皆不可得，三法合求亦不可得，故《智度》云若人見般若是則爲被縛，若不見般若是亦爲被縛，若人見般若是爲得解脫，若不見般若是亦得解脫。法身解脫亦如是，譬如幻化物不可見而見，見而不可見，是事爲希有。此經名爲微妙不可思議，但假名字名此三身爲祕密藏涅槃，但假名字名此三般若爲摩醯三目涅槃，但假名字名三解脫名三點涅槃，但假名字具足三法名大涅槃，但假名字引導衆生。譬如空拳，爲喜小兒，爲引小兒，爲止啼兒，爲教黠兒，其事辦已，散指舒拳，拳無拳矣。涅槃亦爾，以新伊悅之，以新伊引進之，以新伊破之，以新伊悟之，是爲假名四種利益。得利益已，寧復執名而起諍乎。假立有名既爾，假立無名，假立亦有亦無名，假立非有非無名亦如是。應說將跨來因緣，又如治噎法。五釋絕名者，有人以無釋絕，亡有而存無無則不絕，非今所用。有人以離釋絕，言涅槃之中無有諸有，此尚非小乘義，亦所不用。有人以滅釋絕，言滅諸煩惱悉無所有猶如火滅，存於涅槃者經稱是邪解邪難，此豈可用耶。有人引經云，如大香象頓絕羈鎖自恣而去，將此釋絕者，此乃三修比丘偏歎菩薩所絕一邊，義未具足，同上無名之意非今絕名也。若言語相逐對無說有，乃至對有無說非有非無等，待對不息言則不絕。若以心分別介爾動念心起想即癡，心亦不絕。心既不絕言那得絕，若知心是攀緣三界，攀緣三界生滅是無常苦空無我，息此攀緣心無所得，心絕故其言亦絕，此乃修習言語道斷心行處滅，非眞絕也。若入見諦苦忍明發世諦死時名生不生身子，云吾聞解脫之中無有言說，亦是解脫之中無有分別，此則眞證言語道斷心行處滅。蓋三藏絕意指此一絕，凡絕幾許，人法況復餘耶。然入眞時絕，出觀不絕。何者，眞俗異故，一絕一不絕待對宛然，云何名絕。若能道遠乎哉即事而眞，聖遠乎哉體之即神，見色與盲等聞聲與響等，其說法者無說無示，其分別者無所分別，無絕無不絕而名爲絕，此亦方便道中言語道斷心行處滅。若空慧相應入第一義，豁然清淨無能絕無所絕。無絕者無絕法，此通教絕名意也。此雖冥眞未冥中，雖斷通未斷別。《淨名》云，結習未盡，華則著身。下文云，無明未吐，迴轉日月。如瘧病者對界內說界外，想通惑對別惑是則不絕。若能以大涅槃心修行五行具十功德，是時一向專求大涅槃行，無復界內之心無復界內之說。如是方便，亦名言語道斷心行處滅，而未是冥中。若發中道所得功德不與聲聞辟支佛共，昔所不得而今得之，昔所不絕而今絕之，蓋是別教絕名意也。然證絕之時乃同圓極，而修時梯隥江河迴曲。何者，發心不能偏法界故，法界外更有法，故不名絕法。拙行不能行一，行是如來行，如來行外更有行，故不名絕行。非無上方便，方便上更有方便非絕方便。若圓發心觀大涅槃諸心法界，法界外更無復法界，獨一法界故稱絕法界。又如經復有一行是如來行，如來行外更無復行，故名獨絕行。又如經正直捨方便，但說無上道，尼俱耶洲直入西海猶如直繩，是絕方便。絕方便絕者，如經斷絕一切疑網心，故名爲解脫。三藏四門即是法界，即如來行即上方便。何者，生死即是涅槃，況聲聞法生決定心寧起疑網。通教四門亦即法界，共乘疑網斷故。別教四門即是法界，菩薩乘疑網斷故，是名斷絕一切疑網之心，名獨絕解脫。唯說一法界不說餘法界，唯思一法界不思餘法界，是爲方便道中言語，道斷心行處滅。是圓方便亦有四門，若謂一切法絕是法界唯一法界，此約有門絕名也。若謂法界尚無法界寧有其餘，此約空門絕名也。若謂法界，微妙一法即三法三法即一法，此就亦有亦無門絕名也。若謂法界不可思議，此就非有非無門絕名也。此皆方便道，若謂開示悟入，如以金錍決其眼膜，二指三指了了分明，是名究竟絕言。言滿法界而無一言，心滿法界而無一念，是爲圓教絕名意也。然諸經絕名其旨非一，《華嚴》云，如執虛空風如畫虛空中，說之已自難何況以示人。《淨名》云，諸法不相待，一念不住故。又諸菩薩言於言，文殊言無言，淨名杜口絕言。善吉云，我無所說不覺不得。龍樹云，若法爲待成，是法還成待，今則無因待，亦無所成法。今經云，譬如虛空不因小空名爲大也。涅槃亦爾，不因小相名大涅槃。云何小相，從二乘所證乃至生死安樂皆是小相，不因此小而名大也。又云譬如有法不可稱量不可思議乃名爲大，涅槃亦爾，不可稱量不可思議故名爲大。當知絕名涅槃其義顯矣，斯文甚多，逗緣亦異不可一槩，今以四句料揀，謂不絕，絕非絕非不絕，絕絕。云何不絕，如前六道安樂等。云何爲絕，如三藏通共等。云何非絕非不絕，如別四門等。云何絕絕，圓四門是也。云何絕絕絕，能絕所故言絕絕。從別教四門已下名爲所絕，從圓教四門名爲能絕。以能絕絕所絕，能絕亦絕，如前火木然於草已，亦復自然，當知絕名與無名爲異，義在此也，故言絕絕。次揔結釋名一章開爲五重，都是圓教四門意也。若大涅槃名眞善妙有，本自有之非適今也，此是有門義，故作翻名同名釋之。若大涅槃空迦毗羅城空，此是空門義，故作無名釋之。若大涅槃亦色非色此是亦空亦有門義，故作假名釋之。若大涅槃名爲中道遮二邊故，此即非空非有門義，故作絕名釋之。夫大涅槃者尙非是一，云何爲四。四者，門也。門以標理，有種種名，如天帝釋有千種名。解脫亦爾，多諸名字。名字功德品云，涅槃是名其餘稱歎是則爲字。若爾涅槃是揔而當機立之爲名，三點等及餘一切皆屬於字。若法身當機是揔已復爲名，涅槃及一切物以復屬字。若爾更互無定，雖復無定今既定以涅槃爲名。若定不定，若揔若別皆無待對，悉是不可思議，悉是大絕，故名絕大涅槃也。

論說

道朗《大涅槃經序》

《大般涅槃》者，蓋是法身之玄堂，正覺之實稱，衆經之淵鏡，萬流之宗極。其爲體也，妙存有物之表，周流無窮之內，任運而動，見機而赴。任運而動，則乘虛照以御物，寄言蹄以通化；見機而赴，則應萬形而爲像，即羣情而設教。至乃形充十方，而心不易慮；教彌天下，情不在己。廁流塵蟻而弗下，彌蓋羣聖而不高，功濟萬化而不恃，明踰萬日而不居。渾然與太虛同量，泯然與法性爲一。夫法性以至極爲體，至極則歸于無變，所以生滅不能遷其常。生滅不能遷其常，故其常不動；非樂不能虧其樂，故其樂無窮。或我生於謬想，非我起於因假。因假存于名數，故至我越名數而非無。越名數而非無，故能居自在之聖位，而非我不能變。非淨生於虛淨，故眞淨水鏡於萬法。水鏡於萬法，故非淨不能渝。是以斯經解章，叙常樂我淨爲宗義之林，開究玄致爲涅槃之源。用能闡秘藏於未聞，啓靈管以通照，拯四重之瘭疽，拔無間之疣贅。闡秘藏則羣識之情暢，審妙義之在己；啓靈管則悟玄光之潛映，神珠之在體。然四重無間，誹謗方等，斯乃衆患之疛痟，瘡疣之甚者。故《大涅槃》以無瘡疣爲義名，斯經以《大涅槃》爲宗目。宗目舉則明統攝於衆妙，言約而義備。義名立則照三乘之優劣，至極之有在。然冥化無朕，妙契無言，任之冲境，則理不虛運。是以此經開誠言爲教本，廣衆喻以會義，建護法以涉初，覩秘藏以窮源，暢千載之固滯，散靈鷲之餘疑。至於理微幽蟠，微于微者，則諸菩薩弘郢匠之功，曠舟船之濟，請難雲構，翻覆周密，由使幽途融坦，宗歸豁然。是故誦其文而不疲，語其義而不倦，甘其味而無足，飡其音而不厭。始可謂微言興詠於眞丹，高韻初唱于赤縣，梵音震響於聾俗，眞容巨曜於今日。而寡聞之士，偏執之流，不量愚見，敢評大聖無涯之典，遂使是非興於諍論，譏謗生于快心。先覺不能返其迷，衆聖莫能移其志，方將沉蔽八邪之網，長淪九流之淵。不亦哀哉！不亦哀哉！

天竺沙門曇摩讖者，中天竺人，婆羅門種。天懷秀拔，領鑒明邃，機辯清勝，内外兼綜。將乘運流化，先至燉煌，停止數載。大沮渠河西王者，至德潛著，建隆王業，雖形處萬機，每思弘大道，爲法城壍。會開定西夏，斯經與讖自遠而至，自非至感先期，孰有若茲之遇哉。讖既達此，以玄始十年，歲次大梁，十月二十三日，河西王勸請令譯。讖手執梵文，口宣秦言。其人神情既鋭，而爲法殷重，臨譯敬愼，殆無遺隱，搜研本正，務存經旨。唯恨梵本分離，殘缺未備耳。余以庸淺，預遭斯運，夙夜感戢，欣遇良深。聊試標位，叙其宗格，豈謂必然，闚其宏要者哉。

此經梵本正文三萬五千偈，於此方言數減百萬言。今數出者一萬餘偈。如來去世，後人不量愚淺，抄略此經，分作數分，隨意增損，雜以世語，緣使違失本正，如乳之投水。下章言，雖然，猶勝餘經，足滿千倍。佛涅槃後，初四十年，此經於閻浮提宣通流布，大明於世。四十年後，隱沒於地。至正法欲滅，餘八十年，乃得行世，雨大法雨。自是已後，尋復隱沒。至于千載，像教之末，雖有此經，人情薄淡，無心敬信。遂使羣邪競辯，曠塞玄路，當知遺法將滅之相。

吉藏《涅槃經遊意》　就此經有南北二本，廣略不同。北方舊本或有三十三或三十者，品唯有十三。南土文卷有三十六，有二十五品。其間文義浩博，豈可詳寫。故經云，一恆二恆始髣髴見之，三恆四恆乃能知一分之義。梁武皇帝云，涅槃者義高萬善，事絶百非，空空不能測其眞際，玄玄不能究其妙門。自非德均平等心會無生，金壚玉室豈易入哉。【略】第一說經大意者，此經之意復何窮，如河西五門，波藪七分，興皇八章，迦葉三十解問，如來次第解釋則三十解意。今直擧其樞要，陳其綱領。可然正道平等本自清淨，豈有生死異於涅槃。特由衆生虛妄執文求實，聞名仍不見其眞，或云涅槃是有，或意是無，或言二諦所攝，或意出二諦之外，或意出生死無常，或意涅槃常住，因此謬造種種異計，便成繫縛致有生死。前諸佛菩薩，爲引此妄情，假說涅槃。爲出處方便，空假立名。名無得物物無應名，名物既爾萬法安立。所以生死涅槃本無二相，但爲化此虛妄，如度虛空，實無衆生得滅度者，如此了悟名得涅槃，實無涅槃可得。但約此迷悟說凡說聖，假名生死強稱涅槃，令改凡成聖捨生死得涅槃。既悟此本來不二亦復不一，若於凡聖，生死，涅槃，作一異解者則障正道，名爲據語。今破此一異等見，名爲開道。約智開復有何道可開耶。從來云，如來之身非凡聖，是聖涅槃之法，是常非無常。今爲對此故明如來之身非凡非聖，凡聖悉是如來善巧，涅槃非常無常，常無常皆涅槃方便。何者共耶，常病重故設無常之藥，衆生執有爲涅槃故設無，身心皆盡乃爲妙極，物情不了，便謂佛身無涅槃斷滅。故經云，其復不久王復得病，須服乳藥。故今教爲對無常故設常住，則左右除病，迭代破執，執病若盡在藥皆除。涅槃之法竟何所有，雖無所有而無所不有，雖無所不有而無所有。有無既爾常無常亦然，非常非無常，常無常具足也。大師於此明四雙八隻義，一凡聖，二常無常，三隱顯，四半滿。

言凡聖者，涅槃實不開凡聖，但住大涅槃能建大義，或時爲凡，或時化聖。故佛初出世間同凡夫事，雖同凡而異解。凡初生則行諸方七步，云天上天下唯我爲尊。又云我生胎分盡，是最末後身，既自得解脱，復度衆生。此言已障是聖，但說此言已更爲嬰兒。乃至槃馬捔力等具同凡事，此則以凡覆聖。今日教起明久已，聖人方便現爲此事，則是以聖開凡。開覆之義具通今昔，昔開凡覆聖，今開聖覆凡。但者覆名今開稱，所以爾者，初爲緣未堪不得說是聖，但得說是凡，則凡覆聖。今始得說道我本是聖人以聖開凡，故前覆今道開也。人聞此開覆便作二解，聞昔覆謂言，別有一聖爲凡所覆，聞今開則謂卻除於凡別有聖出。今明不爾，昔本來是聖，爲緣未堪，不得說爲聖，唯得說爲凡，隱聖道不得說名之爲覆，豈別有一聖可覆。今只道昔凡則是聖詺之爲開，豈別有凡可除聖可開耶。故經云，顯發如來方便密教故，昔隱不說爲密也，今日顯說爲開密也。

凡聖既然，常無常亦爾。昔說無常隱常爲覆，今日顯說於常爲開。然昔說無常只說常爲無常，詺無常覆常。今日只說向無常者，常名爲開也。又且昔日名覆，今復名開。何者，昔說無常不爲無常，昔說無常爲開，今日常若無昔無常，何同顯今日常，是則昔無常爲今常。化方便故，昔無常今得是開也。此是片到明未是好開，至下文明常無常，爲顯非常非無常，常無常無常常具足，乃是開密也。如此凡聖常無常開無常，常無常無常常具足，乃是開密也。如此凡聖常無常開覆，並是大涅槃方便。如用若眞明凡覆聖聖開凡，常無常開覆未足爲奇，亦非妙用只爲畢竟無。如此凡聖常無常，而能在中爲凡爲聖，能常能無常開覆等事，乃是不可思議方便妙用耳。然此可有三道開覆，一以凡覆聖以聖開凡。二者凡聖是實覆涅槃凡聖方便，今明凡聖無並是涅槃妙用，名之爲開。三者凡聖覆非凡聖方便，今始得顯涅槃非聖非凡，凡聖具足名之爲開。凡聖既爾，常無常亦然也。但凡聖中復有凡始凡終，聖始聖終，凡終聖始，聖始凡終，何者，昔託王宮而生爲凡始，道場樹下成道爲凡終。成佛爲聖始，雙林入滅爲聖終。只聖始則凡終，凡終則聖始也。開凡終爲聖始，聖始則凡終者，可得聖終爲凡始，凡始則聖終不。解云，若通就實凡實聖則可例。何者，只起一有得斷常之心，無得正觀便斷，則凡始爲聖終。若無得正觀不觀，有得虛妄便起，則聖終爲凡始也。但此中如來一期凡聖方便，只得凡終爲聖始聖始爲凡終，不得聖終爲凡始凡始爲聖終。若進論，此間感息他方現生，則此土聖終他國凡始也。問凡有始終聖亦始終者，無常有始終常亦有始終不。常無常相對，無常有始終常無始終。亦應凡聖相對，凡有始終聖無始終。解云，小乘明凡聖皆是無常故皆有始終。大乘凡聖有二種，一者方便則凡聖皆無常，二者實義則無此凡聖者無始終也。問者說無常覆常爲覆，邪常之覆正常耶。若昔無常但覆邪常不覆正常者，昔說是凡但覆耶聖，不覆今正聖。昔正覆今日聖，亦昔無常正覆今常。又難，若昔無常覆今常不覆邪常者，昔無常除今常不除邪常，昔宜禁乳則昔通除常。又若無常覆今常者，未說今常，云何覆今常。前說無常可常覆無常，昔無常未有今常，何得言昔無常覆今耶。解此已如上，諸佛本是常，昔隱不得說常，但說無常，故言無常覆常也。

然此開覆則是如來藏義，何故名如來藏？爲當衆生藏如來名如來藏，爲當如來自藏名如來藏耶？然只此間則是解竟。然具此二義，一者衆生性顛倒隱覆如來性，故名如來藏。二者衆生不堪聞如來之性，隱而不說亦名如來藏。今教顯一切衆生皆有佛性，佛性是我義，衆生依方等大教臨度斷除顛倒，則顯如來藏，藏顯則名法身。顯衆生有佛性，則顯衆生是佛性根本。衆生是佛故有佛性，非佛則不得有佛性。如人姓張郎則有張姓，非張則不得有張姓，佛性亦爾。故論云，非衆生身內有佛非密，身外有亦非密，四並非密，衆生則是佛爲密也。有時難此義，何故有佛性非密則是佛爲密耶。有解云，有義則疎，是義則密。釋難衆生則是佛爲密，有性不密者，衆生則佛性義深，衆生有佛性不深。經云，衆生有佛性甚深，既有性爲深，何意有佛性非密，不見好解扶解孝奉落：疎密之語不言深不深者，如人二人相近，即言密，不得言深，若向何得言深淺？是亦如此。衆生即佛性，即相密。若單論佛性，即深。經云，衆生有佛性甚深，是約佛性爲言。衆生即佛者，是約衆生爲論。所以衆生外更無佛性故，即是佛性與衆生不疎爲密。是密義甚深，故有佛性甚深者乎。云問《地論》亦隱顯義與今何異。解云語雖同其意大異，彼有如來藏體，爲妄所覆名之爲隱，復則現出此體名之爲顯，如貧女寶藏暗室瓶瓮，則用此譬爲義。今則不爾，此譬爲破始有，故言本有豈可守斯爲定耶。今明只迷故名隱名藏，豈尙別有此體可隱，只悟故名顯，名法身無體可顯。迷故名隱，隱無所隱，悟故名顯，顯無所顯。只迷因緣故隱，悟因緣故名顯。如箜篌之喩無乎，無棍等因緣則無聲爲隱，無別聲可隱在內，若因緣具足聲則便出，無別聲可顯。如來藏隱顯亦爾，不了因緣故隱，顯又如此，隱顯並出於緣，緣未堪如此說故爲隱，今皆聞之故不隱，乃出於緣，法身更何隱顯也。

四次半滿義，他云，昔無常爲半今常爲滿。此有種種計不同，或云《般若》已上《法華》已來是無常半教，唯《涅槃》常住乃爲滿字，難云云。又彼明常無常云，斷明義生死，無常不通常，涅槃常不通無常，乃至金剛心無常不通常，佛果常不通無常。如此一握無常一握是常，無常一握既半，常是一握亦半。今一家有時對此牽生死無常至佛果常，牽佛果常至生死無常。令彼兩處互通，無常邊亦滿，常邊亦滿。一家云，半邊滿滿邊半，此非互語，半三斗三斗米，亦如山在南在山南，豈可爲一。今滿半半滿亦有異義，但此有爲意。一者滿半圓偏語，半滿積足語。滿半圓偏語者，明涅槃本來具足緣，未巧具聞圓旨，故説無常一邊名爲半字。故經問，云何解滿字及與半字義亦得道，云何解半字及與滿字義。但今得意明涅槃具足圓滿爲緣説半，故言滿半也。半滿是積足者，無常是半，常足爲滿。常亦爾，故定知半滿大師戲言耳。又滿半是圓偏語，如前半滿是對治語。何者，汝言常是滿者此半邊滿耳。有時明常無常名半邊滿，常無常雙用名滿邊半也。但一家釋半滿復有展轉明義，一無常爲半常爲半，無常爲半常爲滿。二常無常皆半，是常無常所病皆洗除盡名之爲滿。三者常無常用半，非常非無常體滿體用異故，此體用用體具足始爲滿。無常爲半常爲滿，別二邊高下。若非常非無常無常具足，別二邊雙遊也。大師明無常復有四種，一病藥，二開覆，三半滿，四二邊，此四句無常云何不別。解云，病藥無常者，以無常治常，常病既去，無常之藥亦除。如三修耶，常雖去猶存無常，故成尤疾。所以文云，王今病重故也，此一向須寫寫矣。開覆無常如前，以無常覆常，復是道無常者常不除無常也。半滿無常，昔説無常爲半今還明無常爲滿。又昔説無常不了故爲半，今明無常顯了，生死無常，佛果常住，字義具足爲滿也。二邊無常者，此二恆俱，豈得除無常明常。但二邊有前後尤有高下，充竝充等義。

第二明經宗旨，古來明宗體異，以常住爲宗文言爲體。今一家明只宗是體，豈異體別有宗。大師云，今解釋此茲國所無，汝何處得此義耶。云稟關河傳於攝領，攝領得大乘之正意者。若是諸師皆息推片不熟看經論，妄引候文失於圓旨。如文佛性者名第一義空，便種種解釋，或云從境爲名，或云即於眞諦。彼云，佛性是智，第一義空是境，但智即境，故云佛性名第一義空。又云，佛性是俗諦，但俗即眞，故云佛性名第一義空也。今明此語未足，佛性者名第一義空，智者見空及以不空，此始成一句耳，是故發初與他異。他明此經以常爲宗，今初辨常者，乃倒寫之用未是正意。常是藥用，豈會開正宗，前藥治前病後藥治後病。常是藥用，常爲宗者，無常是藥亦應以無常爲宗。彼云，後藥治後病後藥爲後經宗，前藥治前病前藥爲前經宗。今明前藥爲前經宗，前經有無量種，豈得併以無常爲經前宗。既不可無常爲宗，後經寧得以常爲宗。今對彼故以無得爲宗，汝以常爲宗，文何所出。我今依經文自云，無得者名大涅槃，故無所得此經宗也。又亦汝言涅槃定常不得無常，斯則常故常名有所得。有所得者乃名生死，何謂涅槃。彼云我亦有得無得義，至忘爲無得，彌存爲有得。今責汝妄不可爲存，存不可爲妄。眞絕不可待，俗待不可絕。還成有所得，何謂無得耶。又彼義眞諦中不得有樂不得有一乘也，我樂一乘並是世諦。又於汝證言生死無常涅槃是常，大衆聞之何事怪。故云涅槃不可定常，不可定無常，非待非不待，不可思議聞者怪也。只無所得故不可思議，無所得爲經宗也。他難云，汝以無得釋經宗爲是者，我亦以常釋經宗亦是。解云，常無常雖經説，而有病財無所得義則無過生。經云，雖不常住非念念滅，此已常無常兩除。次復明涅槃非常無常，常無常俱洗。如德王中説，何偏得以常爲宗耶。無得之義始終無行，故以爲宗也。問有得名生死無得名涅槃，則有得名無常無得名爲常，得無得還是常無常，云何捨常無常而用得無得耶。解云，若定用無得爲是還成有得，不名無所得。一無所依乃名無得，無得通常無常。何者，彼云生死無常涅槃常，如此常無常並有所得。今明常明無常，因緣假名字説，無有無常可有亦無有常之可得，一無所住故名無所得也。又他常無常智斷明義，生死無常涅槃常，前心無常後心常，故是有所得。今明諸法未曾常無常，或説常或説無常，諸法實相行常無常也。然無所得非但是此經宗，通是一切大乘之正意也。

元曉《涅槃宗要》　是經有其二門，一者略述大意，二者廣開分別。述大意者，原夫涅槃之爲道也，無道而無非道，無住而無非住，是知其道至近至遠，證斯道者彌寂彌暄。彌暄之，故普震八聲通虛空而不息。彌寂之，故遠離十相同眞際而湛然。由至遠，故隨教逝之綿歷千劫而不臻。由至近，故忘言尋之不過一念而自會也。今是經者，斯乃佛法之大海方等之祕藏，其爲教也難可測量。由良廣蕩無崖甚深無底，以無底故無所不窮，以無崖故無所不該。統衆典之部分歸萬流之一味，開佛意之至公和百家之異諍。遂使擾擾四生僉歸無二之實性，夢夢長睡並到大覺之極果。極果之大覺也，體實性而忘心。實性之無二，混眞忘而爲一。既無二也，何得有一眞忘混也。孰爲其實，斯即理智都忘名義斯絕，是謂涅槃之玄旨也。但以諸佛證而不位，無所不應無所不説，是謂涅槃之至教也。玄旨已而不嘗寂，至教説而未嘗言，是謂理教之一味也。爾乃聽滿字者咸蒙毛孔之益，求半偈者不傾骨髓之摧，造逆罪者信是經而能滅燋，善種者依茲教而還生之矣。所言《大般涅槃經》者，若也具存西域之音，應謂摩訶般涅槃那，此土譯之言大滅度，欲明如來所證道體周無外，用遍有情廣苞遠濟，莫是爲先依莫先義，故名爲大體大用無二無別。既無彼崖可到何有此崖可離，無所離故無所不離乃爲大滅，無所到故無所不到方是大度，以是義故名大滅度。所言經者，大聖格言貫十方而一揆，歷千代而莫二法，而且常故名爲經。正說之前先序時事，以之故言序品第一，故導大般涅槃經序品第一。二者廣開之內有其四門，初說因緣，次明教宗，三出經體，四辨教迹。第一說經因緣門者，問佛臨涅槃而說是經，爲有因緣爲無因緣。若無因緣亦應無說，若有因緣有爲幾種。答佛說是經無因無緣，所以然者，所說之旨絕於名言不開因緣故，能說之人離諸分別不思因緣故。無因強說是經，如此下文言，如拉羅婆夷名爲食油，實不食油強，爲立名字爲食油。是大涅槃亦復如是，無有因緣強立名字。又《攝論》云，若佛果是無分別智所顯離分別，衆生云何得作衆生利益事。如理無倒爲顯無功用作事，故重說偈言譬摩尼天鼓無思成自事，如是不分別種種佛事成。解云，若依是義無因緣而有所說，又復得言無因緣故亦無所說。如是經下文言，若知如來常不說法是名菩薩具足多聞。《二夜經》云，從初得道夜乃至涅槃夜是二夜中間不說一言字，以是證知無因無說。或有說者，有大因緣佛說是經。所以然者，如愚癡人都無因緣有無所作，智者不爾，有深所以乃有所作。如《智度論》云，譬如須彌山王不以無因緣及小因緣而自動作。諸佛亦爾，不無因緣而有所說。依是文意有因有說，若依是意說此經因有總有別，別而論之因緣無量。所以然者，大人發言必不徒說，一偈一句各有因緣，一言之內亦有衆緣。此經梵本有二萬五千偈，則有二萬五千因緣，隨其一偈皆有四句，則十萬句有爾許因緣。又一一句各有諸緣，由是言之有無量緣，別緣如是不可具陳。總因緣者，如來宜以大因緣而說是經，所謂欲顯諸佛出世之大意故。如《法花經》言，諸佛如來唯以一事因緣故出現於世，乃至廣說。又此經菩薩品云，若有人能供養恭敬無量諸佛，方乃得聞《大涅槃經》。所以者何，大德之人乃能得聞如是大事。何等爲大，所謂諸佛甚深祕藏如來之性，以是義故名爲大事。解云，今說是經之時正臨一化之終日究竟顯示諸佛大意，所謂總括成道以來隨機所說一切言教，悉爲示一味之道，普今歸趣無二之性，十方世一切諸佛悉同是意無二無別，是謂諸佛出世大意，是名如來其深祕藏。由有如是一大因緣，是故如來說是大經。如是總門一大因緣即攝別門無量因緣，以其衆緣不出一意。問彼初師義無因無說，此後師意有因有說，如是二說何得何失。或有說者，二說悉得，皆依經典不相妨故，雖非不然故說有無，無而非定然故不相違。說經因緣應如是知。第二辨教宗者，此經宗旨說者不同。有師說言，經文始終所詮衆義以爲經宗。對問而言，即有六六三十六義，所謂第一長壽因果乃至最後諸陰法門。或有說者，四種大義爲此經宗。何等爲四，一者大涅槃圓極妙果具足三事及與四德，二者一切衆生悉有佛性。煩惱覆故不能見，三者三寶佛性同體無二，四者闡提謗法，執性二乘悉當作佛，如是四義以爲其宗。或有說者，出世因果以其爲宗。果即菩提涅槃，因即佛性聖行。如能陀章開菩提果，哀歎章中開涅槃果，如來性品顯佛性因，聖行品中說行德因，其餘諸品重顯因果，故知無上因果爲宗。或有說者，當常現常二果爲宗。所謂一切衆生悉有佛性，是顯當常如來所證大般涅槃，是明現常聖行等，因即助顯於果非爲正宗。若據佛意欲使衆生各證當果，但當果未非恐難取信，是故自說所證將成物信，以是義故二果爲宗。但從現立題，故名涅槃也。或有說者，圓極一果爲是經宗。所謂諸佛大般涅槃，所以從宗而立題名。《瓔珞經》六種瓔珞爲宗，《大般若經》三種般若爲宗，當知是《涅槃經》一大涅槃爲宗。或有說者，諸佛祕藏無二實性以爲經宗。如是實性離相離性故，於諸門無障無礙，離相故不垢不淨，非因非果，不一不異，非有非無，以離性故亦染亦淨爲因爲果亦一亦異爲有爲無爲。染淨故，或名衆生或名生死，亦名如來亦名法身。爲因果故，或名佛性名如來藏或名菩提名大涅槃。乃至爲有無故，名爲二諦。非有無故，名爲中道。由非一故能當諸門，由非異故諸門一味，如是無二祕藏以爲是經宗旨。但其題目之中不能並偏存諸名，且隨時事立涅槃名。問六師所說何者爲實。答或有說者，諸說悉實，佛意無方無不當故。或有說者，後說爲實，能得如來無方意故，並容前說諸師義故。當知是二說亦不相違也。總說雖然，於中分別，且依二門以示其相，謂涅槃門及佛性門。涅槃之義六門分別，一名義門，二體相門，三通局門，四二滅門，五三事門，六四德門。名義門內翻名釋義，初翻名者諸說不同，或說無翻，或說有翻。有翻之說雖有諸宗，今出一義翻爲滅度。其文證者如《法花經》長行言，如來於今日中夜入當無餘涅槃。下偈頌曰，佛此夜滅度，如薪盡火滅。又此大經第一卷云，隨其類音普告衆生，今日如來將欲涅槃。六卷《泥洹》此處文言，悟惔寂滅大牟尼尊告諸衆生，今當滅度。以是等文當知滅度正翻涅槃也。無翻之説亦有諸宗，且出一義。彼師説言，外國語容含多名訓，此土語偏不能相當，是故不可一名而翻。其文證者如德王品第七功德文言，涅者不槃者識，不識之義名爲涅槃。槃言覆，不覆之義乃名涅槃。槃言去來，不去不來乃名涅槃。槃者言取，不取之義乃名涅槃。槃者不定，無不定義乃名涅槃。槃言新故，無新故義乃名涅槃。槃言障礙，無障礙義乃名涅槃。又下文言，善男子槃者言有，無有之義乃名涅槃。槃者名爲和合，無和合義乃名涅槃。槃者言苦，無苦之義乃名涅槃。此處略出是十種訓，上下諸文乃衆多，故知不可一語而翻。問若立後師義是，難云何通。謂有難曰，經説有翻耶得無翻，如言隨其類音，普告衆生今日如來將欲涅槃，豈隨蜂蟻六道之音得翻涅槃之名，而獨不得此國語翻。又當此處經文既翻云之滅度，豈可得云不能翻耶。彼師通曰，涅槃之名多訓之內且取一義翻爲滅度，即依此訓普告衆生，非謂其名只翻滅度，以是義故彼難善通。問若立初師義是，文云何通。如德王品菩薩難言，若使滅度非涅槃者，何故如來自期三月當般涅槃。師子孔品云，諸結火滅故名滅度，離覺觀故故名涅槃。以是文證明，知滅度非正翻於涅槃名也。彼師通曰，此等經文是翻譯家故漢互擧綺飾其文，若使令存外國語者，既言若使涅槃非涅槃者，又諸結火滅故名涅槃，離覺觀故名涅槃。如其令存此土語者，既云若使滅度非滅度者，下文例爾，由是義故不相違也。問二師所説何是何非。答或有説者，二説俱是，悉依經文而成立故。是義云何，涅槃之名即含二義，所謂密語及顯了語。依顯了語正翻滅度，如初師説。若依密語即含多訓，如後師訓。由是道理二説悉得。若依是意通彼難者，就顯了義有正翻，故隨其類音普告衆生。就其密語含多義訓，是故後文亦得善通。説言，若使滅度者擧顯了語死滅度也，非涅槃者取密語內不識義也。難意正言，若使死滅之滅度，義非不滅之涅槃義者，何故以是不識之名自期三月當般涅槃，以先樹下成道之時已得不識之涅槃故。要有煩惱乃識生死，故師子吼言，諸結火滅名滅度者，亦是顯了語之滅度。離覺覺故名涅槃者，取密語內無苦之義。入無餘時苦報滅已，方離覺覺分別心故。由是道理諸善説通也。次釋義者，且依顯了之語以釋有翻之義。此土釋之言大滅度，所言大者，古人釋云，莫先爲義，謂釋勝之時莫是爲先，非約時前後言無先也。依下經文大有六義，一者廣之莫先故名爲大。如經言，大者其性廣博猶如虛空無所不至，涅槃如是故名爲大。二者長之莫先故名爲大。如經言，所言大者名之爲長，譬如有人壽命無量名大歲夫。三者深之莫先故名爲大。如經言，大者名爲不可思議，一切世間聲聞緣覺，不能測量涅槃之義故名爲大。四者高之莫先故爲大。如經言，譬如大山一切世人不能得上故名爲大。涅槃如是，凡夫二乘及諸菩薩不能窮到故名爲大。五者多之莫先故名爲大。如經言，譬如大藏多諸珍寶。涅槃如是，多有種種妙法珍寶故名大。六者勝之莫先故名爲大。如經言，如世間中勝上主人名爲大人。涅槃如是，諸法中勝故名爲大。大義如是，所言滅者略有四義，事滅，理滅，德滅，擇滅。言事滅者，還無爲義，義當應化身，正智亦亡故名爲滅。如經言，佛此夜滅度，如薪盡火滅。如是事滅當體立名。言理滅者，寂漠爲義，謂從本來無動無起故名爲滅。如經言，一切諸法不生不滅本來寂靜自性涅槃。如是理滅寄全音。言德滅者，永離爲義，謂諸功德離相離性，不守自性互相一味，故名爲滅。如下文言，受安樂者即解脱，眞解脱者即是如來，如來即涅槃乃至廣説。如是德滅從義受名。言擇滅者，斷除爲義，佛智能斷一切煩惱故名爲滅。若依是義涅槃非滅，而受名者略有三義。一者從處得名，謂佛窮到無住之原，是處能斷一切煩惱，斷煩惱處故名爲滅。如經言，涅槃亦爾無有住處，宜是諸佛斷煩惱處故名涅槃。二者從因受名，謂智滅或能顯於理，理顯是果，智滅爲因，從因立名名理爲滅。如此經言，煩惱爲薪智惠爲火，以是因緣成涅槃食，令我諸弟子皆悉甘嗜。三者從果受名，謂智依理能滅煩惱，理爲滅因智是滅果，從果立名名理爲滅。如《佛性論》云，道依涅槃能使煩惱未來不生現在不滅，因中説果故名涅槃爲無生滅。滅義如是，所言度者略有二義，謂究竟義及到岸義。到岸義者顯顯斷義，煩惱滅者明非常義，煩惱離滅衆生得度，非常非斷故名滅度。究竟義者，滅德究竟故名滅度。度義如是。問若斷煩惱非涅槃者，何故德王菩薩品云，不見佛性而斷煩惱是名涅槃。大涅槃以見佛性故得名爲常樂我淨，故斷煩惱亦得稱爲大般涅槃。若斷煩惱稱涅槃者，何故彼品下文説言，斷煩惱者不名涅槃，不煩惱乃名涅槃，善男子諸佛如來煩惱不起是名涅槃。解云，前所引文爲簡涅槃大涅槃異，故擧二斷以顯斷處，非約能斷名爲涅槃。後所引文爲簡諸佛與菩薩異，菩薩斷處猶有餘惑，故不得受涅槃之名。諸佛斷處畢竟不生，所以得立涅槃之稱，是答德王菩薩難意。彼前難言，若言煩惱滅之處是涅槃者，諸菩薩等於無量劫已斷煩惱，何故不得稱爲涅槃。俱是斷處，何緣獨稱諸佛有之菩薩無耶。爲答是難，故依斷與不生簡別。通而言之，菩薩亦不生諸佛亦是斷。別門而言，斷除之稱遣於已生之辭遮於未起。遣已生者，望前之義義在不足，故説菩薩。遮未起者，望後之義義在究竟，故説諸佛。依是道理精別而言，斷煩惱者不名涅槃，不生煩惱乃名涅槃，以是義故不相違也。名義門竟。第二出體於中有二，先出體性，後簡虛實。出體性者諸説不同。或有説者，無垢眞如是涅槃體，始起功德非是涅槃，即能證智是菩提故。如經云，涅槃義者即是諸佛之法性也。又下文言，涅槃之體本自有之非適今也。《大品經》云，諸法性空即是涅槃。《占密經》云，煩惱生死畢竟無體求不可得，本來不生實更不滅，自性寂靜即是涅槃。如是等文不可具陳，故知眞如正知其是涅槃，斷滅煩惱所顯義門即説眞如名爲數滅，數滅即是無垢眞如。或有説者，果地萬德不問，本始總束爲一大涅槃體，如此經中總説三事即爲涅槃。又下文説八自在已總結而言，如是大我名大涅槃。《法花論》云，唯佛如來證大菩提，究竟滿足一切智惠名大涅槃。《攝大乘論》云，三身所顯無上菩提，既説三身皆是菩提，當知皆爲大涅槃體。如是二説皆有道理，所以然者，涅槃菩提有通有別。別門而説，菩提是果在能證德道諦所攝，涅槃果之是所證法滅諦所攝。通門而言，果地道諦亦是涅槃，所證眞如亦是菩提，例如生死有通有別。別而言之，内根始終名爲生死。如經言，生者新諸根起，死者諸根滅盡。通而論之，諸雜染法皆是生死。如經言，空者一切生死廣説乃至無我一切生死。對此生死以説涅槃，故知涅槃亦有通別。問若始有功德亦是涅槃，是是即涅槃亦有生因，若爾何故迦葉品云，三十七解脱門三十七品能爲涅槃作生因，作生因亦爲涅槃而作了因。善男子遠離煩惱即得了了見於涅槃，是故涅槃唯有了因無有生因。上下諸文之中皆説唯有了因，未曾言亦有生因。答始有功德雖是涅槃，涅槃之義存於寂滅，寂滅之德合於所了，是故説言唯有了因，如説菩提生因所生而亦有説了因所了。即是義準，當知涅槃了因所顯而亦得言生因所起，由是道理故不相違也。體相如是，次簡虛實。問生死之法是虛妄，虛妄故

空，是事可爾。涅槃之果眞如爲體，爲虛爲實爲空不空。答或有説者，涅槃之體性是眞決定不空。如此經云，眞解脱者即是如來，如來者即是決定。又下文言，空者一切生死，不空者謂大涅槃乃至廣説。《勝鬘經》説，三諦是有爲是虛妄，一苦滅諦是實乃至廣説。如是等文不可具陳，故知涅槃是實不空。而餘處説皆悉空者，是遣妄心所取涅槃説眞智所證涅槃。若使涅槃亦是空者，是即如來佛性皆空，十一空内入於何空，既非空攝當知不空。或有説者，生死涅槃皆是虛妄空無所得，佛法之義無有一法而不空者。如德王品云，般若波羅蜜亦空，乃至檀波羅蜜亦空，如來亦空，大般涅槃亦空，是故菩薩見一切法皆悉是空。《花嚴經》言，生死及涅槃是二悉虛妄，愚智亦如是二皆無眞實。如是等文不可具陳，當知悉空乃名平等。而餘處説生死虛妄涅槃不空等者，爲護淺識新發意者生驚怖故作方便説。如《大品經》化品言，若法有生滅相者皆是變化，若法無生無滅是非變化，所謂無誑相，涅槃是法非變化。須菩提言，如佛自説諸法平等，非聲聞作乃至非諸佛作，有佛無佛諸法性常空性空即是涅槃，云何言涅槃一法不如化。佛言，如是如是，諸法平等乃至性空即是涅槃，若新發意菩薩聞一切皆畢竟空乃至涅槃亦皆如化心即驚怖，爲是新發意菩薩故分別生滅者如化不生滅者不如化。須菩提言，世尊云何令新發意菩薩知是性空。佛告須菩提，諸法先有今無耶。依是文證，當知餘處説不空者皆是方便語不盡道理也。是涅槃空及佛性空十一空内何所攝者，空空所攝故説是空，唯佛所窮，十八空中畢竟空故。如前所引《槃若經》説，若使諸經所説涅槃皆空是遣妄心所取相者，是即諸經所説生死法空是遣遍計所執生死。若此不爾，彼亦不然。又若涅槃是實有者，即不能離實有之言，其能離實有言者即謂實有，宜是妄語，是故當知彼説實有唯説自心妄耶境界耳。問如是二説何得何失，答若如言取二説皆失，互相異諍失佛意故。若非定執二説俱得，法門無礙不相妨故。是義云何，若就德患相對之門，即生死是空涅槃不空，以妄心所取無境當知故説爲空，能取妄心不得自在故説無我，眞智所證道理稱心故説不空，能證眞智無礙自在故名大我。依如是門前師爲得，彼所引文是了義説。若就相待無自相門，則生死涅槃等無自性，以不空待空，我待無我，乃至無待待於有待故。如《起信論》云，復次一切染法淨法皆是相待無有自相可説。依如是文後説爲得，其所引文非不了説。

又大涅槃，離相離性，非空不非空，非我非無我。何故非空，離無性故。何非不空，離有性故。又離有相故說非我，離無相故說非無我。非無我故得說大我，而非我故亦說無我。又非空故得言實有，非不空故得說虛妄。如來祕藏其義如是，何蜜異諍於其間哉。體門竟。第三明通局門者，於中有二，先小後大。小乘之內二部異說，犢子部說通於凡聖，彼說涅槃有其三稱，謂學，無學，非學非無學。凡夫等智斷結所得涅槃名非學非無學，有學聖位所得無爲無學涅槃。若依薩婆多部所說涅槃之名唯在無學，無學人斷結所得無爲唯名滅等，不名滅等不名涅槃。如《智度論》云，離空處欲乃至非想地八種欲，彼名斷名滅名無欲名諦，不名斷智不名沙門果不名有餘涅槃不名無餘涅槃。盡無生智非想九種結斷，彼名斷名滅名無欲名諦名斷智名沙門果名有餘涅槃，不名無餘涅槃。阿羅漢陰界入不相續彼斷，名滅名無欲名諦名斷智名沙門果名無餘涅槃，不名有餘涅槃。若依大乘即有四句，一極通門，凡夫二乘菩薩與佛音有涅槃。如此經言，諸凡夫人依世俗道行斷結行名入涅槃。又言得少飲食亦名得涅槃乃至廣說，聖人涅槃不待言論。二簡凡聖門，聖有凡無。如《地持經》說，三乘聖人定有涅槃名爲正定，外凡定無名爲邪定，內凡不定名不定聚。三簡大小門，大有小無。《法花論》云，無二乘者謂無二乘所謂涅槃。今此經云，菩薩摩訶薩住大涅槃，諸佛亦爾故。四者簡因果門，因無果有，唯佛一人證得涅槃，是義具如德王說。通局門竟。第四明二滅門者，亦有二種，先明性淨及方便壞，後顯有餘無餘涅槃。初明性淨方便壞者，眞如法性本來無染故曰性淨，亦名本來清淨。涅槃即如如理凡聖一味，是故亦名同相涅槃。方便壞者，智悲善巧壞二邊著，由是轉依眞如顯現，從因立名名方便壞。由轉二著不住二邊故亦名無住處涅槃。如《攝論》云，諸煩惱惑滅名無住處涅槃，故即此涅槃不通凡住，故亦名不同相涅槃。如《地論》云，定者成同相涅槃，自性寂滅故。滅者成不同相方便壞涅槃，爾現智緣滅故。是二涅槃同一眞如，但依義門建立二種門耳。問性淨涅槃得涅槃名，爲在凡住亦名涅槃，爲聖所證乃名涅槃。若如後者方便所證即同方便壞涅槃義，若如前者自然所得諸凡夫人已入涅槃，又若凡夫已入涅槃即應聖入不入泥洹，如是錯亂云何簡別。答性淨涅槃得名有二，別門而說，如後問意在聖所證，所證之有其二義，對分別性證本來淨，望依他性證轉依淨。由是道理同是所證，二種別義不相雜亂。通相而論，如前問意亦在凡位，若依是義得言凡夫已入涅槃，又得說言聖人不入。依是義故《淨名經》言，一切衆生同涅槃相不復更滅。《起信論》言，一切衆生從本已來入於涅槃，菩提之法非可修相非可作相。《楞伽經》言，菩薩一闡提常不入涅槃，以能善知一切諸法本來涅槃故。當知諸佛法門非一，隨其所說而無障礙而不錯亂。所以然者，菩薩不入勝於凡夫已，以其善知本來涅槃故。凡夫已入不如聖人不入，未能知自入涅槃故。由是道理，無雜亂也。雖無雜亂而非簡別，所以然者，菩薩不入還同凡已，凡已入不異菩薩不入。以明與無明愚者謂二，智者了達其性無二故。雖復凡聖其性無二，而是凡聖不爲一性。以愚者謂二，智者了達故，當知凡聖生死涅槃不一不異，非有非無，非入非不入，非出非不出。諸佛之意唯在於此，但隨淺識顯設彼說耳。次明有餘無餘滅者，若依薩婆多宗義者，涅槃體一約身說二。如《智度論》說云，何有餘身界涅槃。答或有說者身有二種，一者有煩惱身，二者生身。阿羅漢無煩惱身而有餘生身，依此生身得涅槃，故名有餘身界涅槃。云何無餘身界涅槃，答阿羅漢已滅四太，諸根盡而入涅槃。此文未分明故下即問曰，此文不應作是說，身諸根覺性滅名無餘身界涅槃，應作是說，阿羅漢斷一切結盡入於涅槃是名無餘身涅槃界，此不說者有何意耶。答彼尊者依世俗言信經故而作是說，《雜心論》中亦同是說。問身智滅處何故非涅槃，答依此宗明數滅無爲體是善故名涅槃，身智現亡是無常滅，有爲故非涅槃。現在斷因未來生後報法不起，是非數滅無記故非涅槃，以智從報亦同此說。若依成實論宗，假名實法二心無處是有餘涅槃，心空及身未來不起是無餘泥洹，身智現滅亦非涅槃。故彼論云，二空心處滅定及無餘泥洹。問此論宗，無餘泥洹爲是數滅爲非數滅。答彼論宗說斷集因故，苦果不起亦是數滅智，雖非報其無常邊行苦所攝故，其報起亦入滅諦。若依譬喻部，說斷集因故苦報不起，雖是涅槃而非數，非非故是無記性，如婆娑云。或有說者，有餘身涅槃界是善是道果是諦攝，無餘身涅槃界是無記非道果非諦攝。若就大乘即有四門，一就化現，二約實義，三對大小，四依三身。化現門者同小乘二種涅槃，其義同前二宗所說，但彼謂實此似現耳。第二約實義者，就實言之是二涅槃同以轉依眞如爲體，但斷因所顯義門名爲有餘果，已所顯義門說名無餘。如《攝論》云，煩惱業滅故言即無種子，此顯有餘涅槃。果報悉滅故言一切皆盡，此顯無餘涅槃。又《瑜伽論》決擇分説，問若阿羅漢六處生起即如是住相續不滅無有變異，更有何等異轉依性而非六處相續而轉。若更無有異轉依者，何因緣故前後二種依止相以而今後時煩惱不轉聖道轉耶。答諸阿羅漢實有轉依，而此依轉依清淨眞如所顯，而彼眞如與其六處異不異性俱不可説。問又下言，無餘依中所得轉依當言是常當言無常。答當言是常，清淨眞如之所顯故，非緣生無生滅故。又問於無餘依般涅槃者，於色等法當言得自在當言不得邪當言能現在前。答當言不現在前，當言得一分能現在前，一分不現在前。謂諸如來於無餘般涅槃已能現在前，所餘不能令現在前乃至廣説。第三大小相對門者，二乘涅槃名爲有餘，如來所證名曰無餘。如《勝鬘》説，涅槃亦二種，有餘及無餘。有爲生死盡滅之處，所得涅槃名曰有餘，無爲生死盡滅之處所得涅槃名曰無餘故。第四依三身説二涅槃者，應化二身身智猶在名曰有餘，即離生死一切過患故名涅槃。如此經言，今我此身即是涅槃，故於法身中身智平等名爲無餘，離一切相畢竟寂滅故名涅槃。如《金鼓經》言，依此二身一切諸佛説有餘涅槃，依法身者説無餘涅槃。何以故，一切餘究竟盡故。若依此義即取三身爲涅槃體。又有一義，無垢眞如正是涅槃，但望二身説此眞如名爲有餘別餘故。若望法身説此眞如名曰無餘無別餘故。如《攝論》云，如緣覺不觀衆生利益事住無餘涅槃。菩薩即不如，是住波若波羅蜜不捨衆生利益事。般涅槃亦有餘亦無餘，於法身是無餘於應身是有餘，故言離住無餘涅槃，以不應彼處故。又復即此轉依眞如涅槃望於三身説無住處。所以然者，二身生滅不同眞如，是故不住於彼涅槃。法身離相無異眞如，故非能住於其涅槃，故對三身説爲無住。如經説言，依此三身一切諸佛説無住處涅槃。何以故，爲二身故不住涅槃，離於法身無有別佛。何故二身不住涅槃，二身假名不實，念念滅不住故，數數出現以不定故，法身不爾，是故二身不住涅槃。法身不二，是故不住於般涅槃。二滅門竟。第五明三事門者，四句分別，初出體相，次明建立，三明總別，四往復。出體相者，法身體者佛地所有一切功德，其體無二唯一法界。法界擧體以成萬德，萬德之相還同法界。法界之性不異萬德，隨擧一德無所不遍。如是一切白法圓滿，自體積集故名法身。其義具顯金剛身品。般若體者即此法身，性自明達無所不照故名般若。解脱體者即此法身，離諸繫縛無所障礙故名解脱。三德實殊不可説一，可相一味不説異，以之故名如來祕藏，是謂三法之體相也。次明建立三事所由，一體萬德無非涅槃，所以偏説此三法者，以對生死三種患故。何者，生死萬累不出三種，所謂苦果五陰身故建立法身，以除煩惱迷惑法故建立般若，離諸葉障繫縛因故建立解脱。又復對彼小乘入涅槃時灰身滅智，故説法身常存大智不滅，對彼小乘身智存時未免苦報習氣繫縛，故就身智立眞解脱。建立之由略説如是。第三明總別者，一性而言涅槃是總況，於伊字三法是別喻對。以三點總別成總其義有四，一者要具三法方成涅槃，獨擧一一即不得成，如一一點不成伊字。如經言，解脱之法亦非涅槃，摩訶般若亦非涅槃故。二者三法等圓乃成涅槃，雖具三數若有勝劣不得成故，如三點並必有右左。如經説言，三點若並即不成伊故。三者三法一時乃成涅槃，雖無勝劣若有前後不得成故，如三點縱必有南北，如經言縱亦不成故。四者三法同體乃成涅槃，如説虛空不動無礙，雖非前後而各別體不成總故，如彼三點雖非並縱各宜別處不成一字，如經言三點若別亦不成伊故。如是三法具此四義乃成涅槃，如世伊字故。三是別涅槃是總，一性雖然再論未必然，所以足者盡理而言四種功德皆總皆別。皆別義者，涅槃是寂義，法身是積集義，般若是照達義，解脱是離縛義，故知四種無非別也。皆總義者，如經言，若無法身苦報不盡何成涅槃，若無般若闇感不除豈得涅槃，若無解脱不免業繫。故非涅槃。如是餘三其義同爾。何者，若無涅槃生死未滅。何爲法身，若無般若煩惱所纏何名法身，若無解脱諸業所縛故非法身。法身般若解脱具三乃涅槃成，準前可解，故知總如説四種總別之義。一切功德皆亦如是，一即一切，一切即一，是故總別無所障礙不同。伊字是總非別，其中三點是別非總，唯取小分以爲譬耳。第四往復決擇門，問如是如來實德法身，當言有色當言無色。答或有説者法身無色，但有隨機化現色相。所以然者，色是質礙麁形之法，顛倒分之所變作，諸佛如來永離分別歸於理原。法界爲身，由是道理不須色，乃至凡夫至無色界離色分別故無色身，豈説如來還有色身。如《金鼓經》言，離法如如離無分別智，一切諸佛無有別法。何以故，一切諸佛智惠具足故。一切煩惱畢竟滅盡得佛淨地，以是法如如如如智攝一切佛法。又言，如是法如如如如智亦無分別。以願自在故衆生有感，故應化二身如日月影和合出生。《起信論》

云，諸佛如來唯是法身智相之身，第一義諦無有世諦境界離於施作，但隨施衆生見聞得益，故說爲用。此用有二種，一凡夫二乘心所見者爲應身，唯有二菩薩所見者名爲報身，乃至廣說。依此等文，當知實德永無色身，唯有隨根所現色耳。而此經說如來解脱是色等者，對惠眼根說色非實色。如智惠非眼而說惠眼，雖名爲眼實非色根。如是法身非色而說妙色，雖名爲色實非色塵。由是道理當知無色，餘處說色皆作是通。或有說者，法身實德有無障礙色，雖無質礙之義說色，而以方所示現說色，雖離分別所作麁色，而有萬行所感而得妙色。如說雖無分別識而得有於無分別識，如是雖無障礙之色而亦得有無障礙色。如此經言，捨無常色獲得常色。受想行識亦復如是，然色陰之色通有十入，對眼之色唯是一入，故彼不能會通此文。又小泥洹中純陀歎佛言，妙色湛然體常安隱，不爲時節劫所還，大聖廣劫行慈悲獲得金剛不壞身。《薩遮尼揵子經》言，瞿曇法身妙色常湛然體，如是法性身衆生等無差別。《攝大乘》云，爲顯異人功德故立自性身，依止自性身起福德智惠二行，二行所得之果謂淨土及法樂，能受用二果故名受用身。依此等文，當知二行所感實報有自受用身及自受用淨土，而餘處說法身無色者，約自性身說爲無色，是三身門之法身義。令三事門所說法身總取始有萬德爲體，是故說爲法身有色。問二師所報何失何得。答或有說者，定取一邊二說皆失，若非實報二義俱得。是義云何，佛地萬德略有二門，若就捨相歸一心門，一切德相同法界，故說唯是第一義身無有色相差別境界。若依從性成萬德門，色心功德無所不備，故說無量相好莊嚴。雖有二門而無異相，是故諸說皆無障礙。爲顯如是無礙法門，金剛身品廣說之言，如來之身非身是身，無識是識，離心亦不離心，無處亦處，無宅亦宅，非像非相，諸相莊嚴乃至說廣。當知如來祕藏法門說有說無皆有道理，三身門竟。第六四德分別略有四門，一顯相門，二立意門，三差別門，四和諍門。顯相門者，問說法身即備四德，四德之義有通有別。別而言之，常是法身之義，對彼完身是無常故。樂是涅槃之義，對彼生死是苦海故。我是佛義，以對衆生不自故。淨是法義，以對非法是染濁故。如哀歎品云，我者即是佛義，常者是法身義，樂者是涅槃義，淨者是法身義。樂者是涅槃義，淨者是法義，且約一邊如是配當，就實通論無所不當，如前三事總別門說是即四德是法身義，又此四德是涅槃義，望餘諸皆亦如是。如德王品云，以見佛性而得涅槃，常樂我淨名大涅槃。總說雖然於中分別者，四德之相各有二義。常德二義者，如來通達無二之性不捨有爲生死，以不見生死異涅槃故。不取無爲涅槃，以不見涅槃異生死故。依是二義離斷常，乃法身常德義也。《寶性論》云，依二種法如來法身有常波羅蜜。應知何等爲二，一者不滅一切諸有爲行，以離斷見邊故。二者不取無爲涅槃，離常見邊故。以是義故聖者《勝鬘經》說言，世尊見諸行無常是斷見非正見，見涅槃常住是常見非正見故。樂德二義者，謂離一切意生身苦及滅一切煩惱習氣，離意生身苦顯寂靜樂，滅煩惱習氣顯覺智樂。如論說云，依二種法如來法身有樂波羅蜜。何等爲二，一者遠離一切苦，以滅一切意生身故。二者遠離一切煩惱習氣，證一切法故。我德二義是謂離我見邊及無我見邊，非我非無我乃得大我故。如論說云，依二種法身有我波羅蜜。何等爲二，一者遠離諸外道邊，離虛妄我戲論故。二者遠離諸聲聞邊，以離無我戲論故。以是義故《楞伽經》云，離諸外道邊禁燒無我見，令我見熾燃如劫盡火燃。淨德二義者，通達分別性除滅依他性故。通達分別顯自性淨，滅依他性顯方便淨。如論言，依二種法如來法身有淨波羅蜜。何等爲二，一者本來自性清淨以同相故，二者離垢清淨以勝相故。問何故常與我對二邊顯一，而於樂淨德遺一邊說二。答是顯略門及影論門，其作論者以巧便術也。第二明其立四意者，萬德既圓何獨立四。立四之由略有四義，除四障故，翻四患故，對四倒故，離四於故。除四障者，凡聖四人各有一障，一者闡提謗法障於淨德，貪生死爲淨法故。二者外道著我障於我德，不了眞我執虛妄故。三者聲聞畏苦障於樂德，不知彼苦即是大樂故。四者緣覺捨心障於常德，捨於常利而取斷滅故。爲除如是四種障故，菩薩修習四種勝因。所謂信心般若三昧大悲，次第得證淨我樂常。如《寶性論》偈云，有四種障礙，謗法及著我怖畏世間苦捨離諸衆生。闡提及外道聲聞及緣覺，信等四種法清淨因應知。翻四患者，分段生死有四種患，謂無常苦無我不淨，爲翻如是四種患法故於涅槃建立四德，此義可見不勞引文。然何故四門開空無我，此中廢空立不淨者，四諦道理是正觀境以理爲勝，所以開空。今四患門是念處境爲對四倒，故立不淨也。對四倒者，謂聲聞四無倒行雖對治凡夫有爲四倒，而翻法身無爲四德，以不了五陰即是法身故。爲對治此無爲四倒，是故建立法身四德。如《寶性論》

云，如是四種顛倒對治，若依如來法身復是顛倒應知。偈言，於法身中倒故對治，此例說有四種法身功德乃至廣說。離四相者，變易生死有四種相，所謂緣相乃至壞相，離此四相故建立四德。何者，以離相無明染故立於淨德，以離因相業所繫故立於我德，離於生相微細苦故立其樂德，離於壞相無常滅故立其常德。如論說言，住無漏界中，聲聞辟支佛得大力自在。菩薩爲證如來功德法身有四種障，何等爲四，一者緣相，二者因相，三者生相，四者壞相。緣相者，謂無明住地與行作緣，如無明緣行，無明倒地緣亦如是故。因相者，謂無明住地，緣行此以爲因，如行緣識，無漏業緣亦如是故。生相者，謂無明住地緣無漏業因生，三種意生身亦如是故。壞相者，謂三種意生身緣不可思議變易生死，如依生緣故有老死，此亦如是故乃至廣說。問諸聲聞起四顛倒，爲在正觀時爲在出觀時。答正入觀時正證人空遠離一切名言分別，故於彼時不起四倒，觀後起此四倒。四倒之相有總有別，別起相者，彼計樹下成道之身，實是惑業所感之報故，謂無常苦無我等不了是化即眞，是即倒於法身四德。總起相者，總觀五陰苦無常等不達五陰即是法身，是即倒於法身四德。建立門竟。次第三明差別門者，四德差別乃有衆多，且依一略顯二四。謂於常我各說二種，樂淨之中各開四別。二種常者法常，佛常。法常義者，無生無滅是常身義。佛常義者，不老不死是常壽義。如下文言，如來長壽於諸壽中最上最勝，所得常法於諸法中最爲第一。此言常法即是法法，言長壽者是報身壽。又言，以法常故諸佛亦常。法即法身，佛是報佛，又諸佛者亦是化佛。依是義故《攝大乘》說，法身爲二身本，本覺常住，未來依於本相續恆在。如恆受樂如恆施食，二身常住應如是知。《寶性論》中依七種因成常命義，復以三譬顯常身義。七種因者，一因緣無邊故得常命，謂無量劫來捨身命財，攝取正法無窮無盡，既修無窮之因還得無盡之果。偈云，棄捨身命財攝取諸佛法故。二衆生無邊故得常住，謂初發心時結四弘誓，衆生若盡我願乃盡，衆生無盡我願亦無盡，爲究竟滿是本願故，窮未來際常住不盡。偈曰，爲利益衆生究竟滿本願故。三大悲圓滿故常者，若諸菩薩分有大悲尚能久住生死不入涅槃，何況如來純得清淨大悲圓滿豈能繫捨人滅盡耶。偈言，得清淨佛身起大悲心故。四神足圓滿故常者，世間有得神足力者尚能住壽四十小劫，豈況如來具四神足而不能住壽無量劫耶。偈言，修四如意足依彼力住世故。五妙智成就故常者，遠離生死涅槃分別體證無二不動不出，是故畢竟無有滅盡。偈言，以成就妙智離有涅槃心故。六三昧成就故常者，世間有人淨得禪定者尚能不爲水火刀箭所傷，何況如來常在深定而以外緣可得壞耶。偈言，常得心三昧故。七成就安樂故常者，既歸理原得大安樂安樂相應故得常住。偈言，成就安樂相應故。依此七因故得常壽。復以三喻顯常身者，一世法不染故常住者，如來法身常在世間四染不能染四相不能相。偈言，常在於世間不爲世法染故。二遠離死魔故常住者，如世門甘露令人久長生，金剛三昧滅煩惱魔，故證常果遠離死魔。偈言，得淨甘露處故離一切魔故。三本來不生故常住者，法身之體本來湛然，以非本無今有故非先有後無。偈言，諸佛本不生本來寂靜故，故彼論偈總結而言。初七種譬喻如來色身常，後三種譬喻善逝法身常。若依別門，常命是菩提德，常身是涅槃德。就通相門，常身常命皆是涅槃，其義如前出體門說。四種樂者，一斷樂受，以離三種分別受。二寂靜樂，遠離故無苦無樂乃爲大樂，諸行流轉行苦得大寂靜故爲大樂。三覺知樂，以離無知所受苦苦無所不知故爲大樂。四壞不樂，遠離無常衰老壞苦，得金剛身故爲大樂。別而論之，前之二種是涅槃樂，後二種者是菩提樂。通相而言，即無別異，以菩提涅槃無二無別故。如下文云，有大樂故名大涅槃，大涅槃無樂，以四樂故名大涅槃乃至廣說。二種我者，法我人我，言法我者是體實義。如哀歎品云，是眞是實，是依是常，不變易者是自在義。如德王品初偈中說，自在有八，一多少自在。如經言，能示一身以爲多身，身數多少猶如微塵，充滿十方無量世界，如來之身實非微塵，以自在故現微塵身。二大小自在。如經言，示一塵身滿三千界，佛身無邊實不滿於大千世界，以自在故滿大千世界故。三輕重自在。如經言，以滿大千世界之身，輕擧飛空，過恆沙等諸佛世界而無障礙，如來之身實無輕重，以自在故能爲輕重故。四一異自在。如經言，如來一心安住不動，所可示化無量形類各令有心，如來有時成造一事而亦衆生各各成辨，如來之身常住一立而令他立一切悉見故。五者對境自在故。如經言，如來一根亦能見色聞聲乃至知以自在，如來六根亦不見色不聞聲乃至不知法令根自在。六者得法自在。如經言，以自在故得一切，如來之心亦無得想。何以故，若是有者可知爲得，實無所有云何名得。若使如來計有得想，是即諸佛不得涅槃以無得故名得涅槃，以自在故得一切法，得諸法故名爲大我。是意正顯諸法非然而非不然，而不然故永無所得，非不然故無所不得，如是無障礙故名大自在。七者演說自在。如經言，如來宣說一偈之義，過無量劫義亦不盡，而不生念我說彼聽，一切法亦無有說，以自在故如來演說以名大我故。八者普現自在。經言，如來遍滿一切諸處猶如虛空，虛空之性不可得見。如來亦爾，實不可見，以自在故令一切見，是明有所現者即當有所不現，如來都無所不現也。別門而言，眞實我者是涅槃我，自在我者是菩提我。就實通論即無別異，是故經中總結之言，如是大我名大涅槃。四種淨者，一名果淨亦是有淨，以離二十五有果故。二名業淨亦是因淨，以離凡夫諸業因故。三名身淨，佛身常住故。四名心淨，佛心無漏故。前二離德後二修德，離修雖異齊是涅槃。如經言，以純淨故名大涅槃。云何純淨，淨有四種乃至廣說。故總而言之，如是四德不出三事，三事即入於二種我，二種我者一大涅槃，一即一切一切即一，是名如來祕密藏也。次第四明和相諍論，諍論之興乃有多端，而於當偏起異諍。法身常住化身起滅，於此二身諸說不同。唯於報身二執別起，別起之諍不過二途，謂執常住及執無常。執常之內亦有二家，一家說云，報佛功德有生無滅，生因所滅故不得無生，證理究竟故離相，離相故常住不變。第二家云，報佛功德雖生因得而離生相，雖是本無始有而非本無今有，既非今有亦非後無。由是道理遠離三際，離三際故凝然常住。然道後始成故非本有始，離三際故非有生。非有生故亦得無滅，無生滅故定是無爲常住不變。右未能得如是正見，不應定說有爲無爲。如純陀章云，唯當嘖自，我今愚癡未有惠眼，如來正法不可思議，是故不應宣說如來定是有爲定是無爲，若正見者應說如來定是無爲。長壽品云，常當繫心修心是二字佛常住，若有修習此二定者，當知是人隨我所行至我至處。而餘處說非常住者，皆就佛相非說報身。如德王品云，如來非常。何以故，身有分故，是故非常，云何非常，以有智故。常法無知猶如虛空，如來有心是故非常。云何非常，有言說乃至有姓，此故有父母，故有四儀，故有方所依。是七義說非常住，當知皆此就化相說。若人不知如是之意亦說報佛同是無常，即是邪見必墮地獄。如純陀言，外道邪見可說如來同於有爲持惑，比丘不應如是，於如來所生有爲想。若言如來是有爲者即是妄語，當知是人死入地獄，如人自處於己舍宅，乃至廣說。故不應說報佛無常，執常之家作如是說也。執無常者說言，報佛生因所生不得無滅，生者必滅一向記故。然依法身相續恆存，窮未來際永無終盡，不同生死念念磨滅，由是道理說爲常住，無老死故名不變易。如四相品云，如來成就如是功德，云何當言如來無常。若言無常無有是處，是金剛身，云何無常，是故如來不名命終。如來性品云，若言解脫猶如幻化，凡夫當謂得解脫者即是磨滅。有智之人應當分別，人中師子雖有去來常住不變。又聖行品云，復次善男子心性異故，名爲無常。所謂聲聞心性異，緣覺心性異，諸佛心性異，依此等文，當知報佛心是有，爲是生滅法，而初分說定是無爲。又言，修習常住二字隨我所行至我至處等文者，爲對聲聞無爲四倒故。約眞如法身而說爲常住，以彼聲聞不達法空，不知如來法身遍一切處無爲常住隨於物機現此色身，是故彼計如來色身惑業所感必歸磨滅。五分法身雖非有漏，而依色身亦是斷滅。爲欲對治如是病故，故說法身無爲常住。如《請僧福田經》中月德居士歎佛如來涅槃，以復法滅不久。如來告言，汝等居士應修如來常住二字，是常住法者，是一切衆生二乘六道闡提五逆人之法性，見法性者當得吾身如今無二。如此經言，修此二字隨我所行至我至處，故知是文正顯法身，而說慈心不殺等因之所得者，是明了因之所顯證。有人不知是意趣，妄執報佛亦無生滅遂同虛空知無爲。又若德王品說，如來非常住，七種因緣皆就化身說非常住，非說報佛。亦常者是即彼文亦以七因成非無常，皆就法身說非無常，不開報佛亦非無常。如彼文言，有生之法名曰無常，如來無生是故爲常。有限之法名曰無常，如來無生無姓故常。有常之法遍一切處，無常之法或言是處有彼處無，如來不爾是故爲常。無常之法有時是有無時爲無，如來不爾是故爲常。常住之法無名無色，虛空常故無名無色，如來亦爾是故爲常。常住之法無因無果，虛空常故無因無果，如來亦爾是故爲常。常住之法三世不攝，如來亦爾是故爲常。如是七因皆當法身。所以然者，彼說報佛生因所得即有因果非如虛空。若彼救言，隨順法身無生故常，報佛亦同無生故常，是故此因義通二身者。他亦爾，可言化身有知故非常，報佛有知亦非常住，是故此因義通二身。此若不通彼何得通。又彼強言雖是本無始有而非本無今有者，但有其言都無其實。所以然者，若如所言是即雖非，先有後無而是先有終無。若許終無終無即滅，若不許言既非後無何爲終無，既非今有何爲始有。又若非後無故滅盡者，即應是本無故有生起也。如是進退永不可救，是故彼義智者不用。執無常者作如是說。問二師所說何得何失，答或有説者皆得皆失。所以然者，若決定執一邊皆有過失，如其無障礙說俱有道理。如《楞伽經》云，如來應正遍知爲是常耶爲無常耶，佛言非常非無常，二邊有過故，乃至廣說。今此言雖不常住非念念滅，如是等文破其偏執，定取一邊不當道理。無障礙說二義皆得者，報佛功德離相離性。以離相故離生滅相，究竟寂靜無作無爲，故說常住。以離性故離常住性，最極暄動無所不爲，故說無常。然離性無二無別，離相不異於離性，故常住不妨於生滅也。離性不異於離相，故生滅不礙於常住也。由是道理二說皆得，於中委悉亦有多門，具如《楞伽經宗要》中說，然執無常家義有未盡意，謂說法身定是常故。若定常住即非作法，非作法故不作二身，是故法身亦非無爲。《楞伽經》言，若如來法身非作法者，言有修行無量功德，一切行者即爲虛妄。《攝大乘》說，法身五，於中言第三有爲無爲無二爲相，非惑業雜所生故，由得自在能顯有爲相故。釋曰，一切有爲法皆從惑業生，法身不從惑業生，故非有爲。法身由得自在能數數顯有爲相，謂應化二身故非無爲。是明法身雖非惑業所生有爲，而非凝然無動作物也。又報常家雖樂常住，而其常義亦有不足意。謂始有功德不遍於前位故，若此功德有所不遍即於法界有所不證。若於法界無所不證，即等法性無所不遍。如《花嚴經》言，如來正覺成菩提時住佛方便，得一切衆生等身，得一切法等身，得一切殺等身，得一切三世等身，得一切法界等身，得虛空界等身，乃至得寂靜涅槃界等身。佛子隨如來所得身當知音聲及無礙心復如是，如來具足如是三種清淨無量，是明如來成道後，所得色身，音聲及無礙心無所不等，無所不遍。既言等於一切三世，豈不遍金剛以前。然此道理諸佛祕藏非思量者之所不能測，但依佛言起作信耳。涅槃之義略判如是。第二明佛性義，佛性之義六門分別，一出體門，二因果門，三見性門，四有無門，五三世門，六會通門。出體門內亦有二重，先序諸說後判是非。昔來說雖有百家，義類相攝不出六種。第一師云，當有佛果爲佛性體。如下師子吼中說言，一闡提等無有善法。佛亦言，以未來有故悉有佛性。又言，以現在世煩惱因緣能斷善根，未來佛性力因緣故遂生善根。故知當果即是正因，所以然者，無明初念不有而

已，有心即有當果之性。故修萬行以剋現果，現果即成當果爲本，故說當果而爲正因。此是白馬寺愛法師述生公義也。第二師云，現有衆生爲佛性體。何者，衆生之用總御心法，衆生之義處處受生。如是御心之主必當能成大覺，故說衆生爲正因體。如師子吼中言，衆生佛性亦二種因者，謂諸衆生也。莊嚴寺是法師義也。第三師云，衆生之心異乎木石，必有厭苦求樂之性。由有此性故修萬行終歸無上菩提樂果，故說心性爲正因體。如下文言，一切衆生悉皆有心，凡有心者必當得成阿耨菩提。《夫人經》言，若無如來藏不得厭苦樂求涅槃故。此是光宅雲法師義也。第四師云，心有神靈不失之性，如是心神已在身內，即異木石等非情物，由此能成大覺之果，故說心神爲正因體。如來性品云，我者即是如來藏義，一切衆生悉有佛性即是我義。師子吼中言，非佛性者謂瓦石等無情之物，離如是等無情之物是名佛性故。此是梁武簫焉天子義也。第五師言，阿賴耶識法爾種子爲佛性體。如此經言，佛性者一切諸阿耨菩提中道種子。《瑜伽論》云，性種性者六處殊勝有如是相，從無始世展轉傳來法爾所得。此意新師等義。第六師云，阿摩羅識眞如解性，爲佛性體。如經言，佛性者名第一義空，第一義空名爲智惠。《寶性論》云，及彼眞如性者如六根聚經說，六根如是從無始來，畢竟究竟諸法體故。諸說如是。次判是非者，此諸師說皆是非。所以然者，佛性非然非不然故。以非然故諸說悉非，非不然故諸義悉是。是義志云何，六師所說不出二途，初一指於當有之果，後五同據今有之因。此後五中亦爲二倒，後一在於眞諦，前四隨於俗諦。俗諦四說不出人法，前一舉人後三據法。據法三義不過起伏，後一種子前二上心。上心之內隨義異說耳，然佛性之體正是一心，一心之性遠離諸邊，遠離諸邊故都無所當，無所當故無所不當。所以就心論，心非因非果非眞非俗，非人非法非起非伏。如其約緣論，心爲起爲伏作法作人，爲俗爲眞作因作果，是謂非然非不然義，所以諸說皆非皆是。總說雖然於中分別者，於一心法有二種義，一者不染而染，二者染而不染。染而不染一味寂靜，不染而染流轉六道。如下文言，一味藥隨其流處有種種味，而其眞味停留在山。《夫人經》言，自性清淨心難可了知。彼心爲煩惱所染，此亦難可了知。《起信論》中廣顯是義，此者眞諦三藏之義。第六師說，眞如佛性得於染而不染門也。前之五義皆在染門，何者，隨染之心不守一性，對緣望

果必有可生，可生之性不由熏成，是故說名法爾種子，第五師義得此門也。又即如是隨染之心，乃至轉作生滅，識位而恆不失神解之性，由不失故終歸心原，第四師義亦當此門也。又若隨染生滅之心依內熏力起二種業，所謂厭苦求樂之能因，此爲本當至極果，第三師義當此門也。如是一心隨染轉時，隨所至處總御諸法，處處受生說名受生，第二師義合於是門也。如是衆生本覺所轉必當得至大覺之果，而今來現說名當果，第一師義合於是門也。由是義故，六師所說雖皆未盡佛性實體，隨門而說各得其義。故下文說，如彼盲人各各說象，雖不得實非不說象。說佛性者亦復如是，不即六法不離六法，當知此中六說亦爾。出體門竟。第二明因果門，佛性之體非因非果，而亦不非因果性，所以舉體作因作果。果佛性者，佛之體性故名佛性。如迦葉品云，如來十力四無畏等無量諸法是佛之性。又下文言，如來已得阿耨菩提，所有佛性一切佛法常無變易，故無三世猶如虛空，如是等文明果佛性。因佛性者，作佛之性故名佛性。如師子吼中言，是因非果名爲佛性，非因生故是因非果。又下文言，衆生佛性亦二種因，正因者謂諸衆生，緣因者謂六波羅蜜，如是等文說因佛性。總說雖然於中分別者果有二種，所生，所了。所了果，謂涅槃果即是法身。所生果者，謂菩提果即是報佛。對此二果說二佛性，法佛性者在性淨門，報佛性者在隨染門。如師子吼中言，善男子我所宣說涅槃因者，所謂佛性之性不生涅槃，是故無因。能破煩惱故名大果，不從道生故名無果，是故涅槃無因無果，是文正顯法佛之性，唯約隱顯說爲因果也。迦葉品云，夫佛性者，不名一法不名萬法，未得阿耨菩提之時一切善不善無記法盡名佛性。非佛性者，所謂一切牆壁瓦石無情之物，離如是等無情之物是名佛性，是文正明報佛之性，以隨染動心，雖通三性而亦不失神解之性，故說此爲報佛性。但爲簡別怯佛性門遍一切有情無情，是故於報佛性不取無情物也。別門雖然就實通論者，性淨本覺亦爲二身之性，隨染解性亦作法身之因。何以知其然者，如《實性論》言，依二種佛性得出三種身。佛性論中顯是意言，佛性有二種，一者住自性性，二者引出佛性。爲顯住自性性故說地中寶藏爲譬，爲顯引出佛性故說掩羅樹芽爲譬。約此雨因故佛說三身果，一者因住自性佛性故說法身。法身有四種功德，是故說毀敗布裏眞金譬。二者因引佛性故說應身，是故說貧女如壞輪王譬。三者因引出佛性故復出化身，故說羅漢中佛像爲譬乃至廣說。此論意者，應得因中具三佛性，彼應得因如理爲體故。如性淨門中眞如佛性通爲三身而作正因，旣說性淨本覺雖非生滅而得與二身作正因，當知隨染解性雖非常住而與法身作正因性。如《不增不減經》言，即此法身煩惱纏無始世來，隨順世間波浪漂流去來生死名爲衆生，離一切垢住於彼岸，於一切法得自在力，名爲如來應正遍知，乃至廣說。《起信論》中爲顯是意故引喩言，如海水因風波動，水相風相不相捨離，如是衆生自性清淨心因無明風動心與無明不相捨離，乃至廣說。是意欲明法身雖非動相而離靜性，隨無明風擧體動轉，動轉之心不失解性。後復無明還至歸本，歸本之時還成法身，是故當知隨染動心正爲還靜法身之因。若依是門得說法身亦是作法，以修諸行始得成靜故。如《楞伽經》言，若如來法身非作法者，言有修行無量功德，一切行者皆是虛妄故。因果門竟。次第三明見性門者，謂至何位得見佛性。有人說言，佛性法界雖無二體而義不同，見位亦異。是故初地證見眞如法界，而未能見佛性之義，乃至十地猶是聞見，至妙覺位方得眼見。是說不了，違文義故。何者，處處皆說初地菩薩證見法身，法身佛性名異義一。而言雖證法身不見佛性者，不應道理違諸文。次當廣說如實義者，若於初地得證法界，即於此位已見佛性。若第十地未見佛性，亦於彼位未見法界。欲顯是義三重分別，一者究竟不究竟門，二者遍不遍門，三者證不證門。若就究竟不究竟門，唯於佛地得名眼見，此時究竟歸一心原證見佛性之全分體故。金剛以還未得眼見，宜是仰信但名聞見，以其未至一心之原不證佛性全分體故。如說佛性法界亦爾，餘一切境皆亦如是。若就第二遍不遍門，初地以上眼見佛性，遍遣一切遍計所執，遍見一切遍滿佛性故。地前凡夫二乘聖人有信不信齊未能見，以未能離一切分別，不能證得遍滿法界故。若依第三證不證門，二乘聖人得見佛性，一切凡夫未能得見。所以然者，二空眞如即是佛性，二乘聖人雖非遍見，依人空門證得眞如，故亦得說眼見佛性。如長壽品言，若於三法修異相者，清淨三歸即無依處，所有禁戒皆不具足。尙不能得聲聞緣覺菩提之果，何況能得無上菩提。是文欲明若二乘人入觀之時唯取三寶人法異相，不證三寶同體人空，即不能具無漏聖戒，亦不能得盡無生智。是即反顯彼能證見三寶一體故，亦能得二乘菩提。三寶一體即是佛性，準知亦說得見佛性。唯彼人雖實得見佛性，而未能知謂是佛性。如說眼識見青不知青，雖未能知謂是青色，而是眼識實見青色。二乘者見佛性當知亦爾，證不證門文義如是。遍不遍門之文義者，如《師子吼》中言，復次色者謂佛菩薩，非色者一切衆生，色者名爲眼見，非色者名爲聞見。《法花論》云，八生乃至一生得阿耨菩提者證初地得菩提故。以離三界分段生死，隨分能見眞如佛性名得菩提。《寶性論》僧寶品云，有二種修行，謂如實修行及遍修行。如實修行者，謂見衆生自性清淨佛性境界故。偈言，無障淨智者如實見衆生，自性清淨佛法身境界故。遍修行者，謂遍十地一切境界故，見一切衆生有一切智故。又遍一切境界者，以遍一切境界依出世惠眼，見一切衆生乃至畜生有如來藏，應知彼見一切衆生皆有眞如佛性，初地菩薩摩訶薩以遍證一切眞如法界故。偈言，無礙淨智眼見諸衆生性遍無量境界故，我今敬禮故。解言，此中如實修行即正體智，遍修行者是後得智，是知初地菩薩二智皆能證見眞如佛性。但正體智宜證眞如佛性實體名如實行，其後得智見諸衆生悉有佛性故名遍行。遍不遍門文義如是。究竟不究竟門文證者，師子吼中言，佛性亦二，言色者阿耨菩提，非色者凡夫乃至十住菩薩見不了。不了故名非色，色者名爲眼見，非色者名爲聞見。《瑜伽論》云，問一切安住到究竟地菩薩智等如來智等有何差別，答如明眼人隔於輕縠覩衆色像，到究竟地菩薩妙智於一切境當知亦爾。如知盡事業圓布衆采，唯後妙色未淨修治。已淨修治菩薩如來二智亦爾，如明眼人微闇見色離闇見色。二智亦爾，如遠見色如近見色，猶如輕翳眼觀極淨眼觀。二智差別當知亦爾，依此文證當知佛性境界菩薩未究竟，於一切境皆未究盡。未究盡故通名聞見，得因滿故亦名眼見。所以未窮知者略有五義，一者本識相應最綱妄想無明所識隔金剛眼，是故似隔輕縠也。二者萬行已備三智已得而唯未得大圓鏡智，如最妙色未淨修治。三者解脫二障故得淨未輕極微無明住地，是故不異微闇見色。四者有惑障習而非親障法空觀智故，如遠色。五者其知障氣雖是微薄近曉惠眼事同輕翳。依是五義未能窮照，故說如是五種譬喩，於中通難會相違文，具如二障義中廣說。第三重內文義如是，若知如是三重別義，諸文進退無所不通也。第四明有無者，有無差別略有二句，一就聖位，二約凡位。聖位有無先作五階，謂前五地爲第一位，以十度行配十地門，未得波若相同凡位故。六七八地爲第二位，雖有出入無出入異，齊於俗諦有功用故。第九地爲第三位，以於眞俗俱無功用故。第十地爲第四位，具足十度因行窮滿因故。如來地者爲第五位。就此五位說事有無，如迦葉品說，如來十力四無畏等無量諸法足佛是佛之性。即如是佛性即有七事，一常，二樂，三我，四淨，五眞，六實，七善。後身菩薩佛性有六，一常，二淨，三眞，四實，五善，六可見。九地菩薩佛性有六，一常，二善，三眞，四實，五淨，六可見。八住菩薩下至六地佛性有五事，一眞，二實，三淨，四善，五可見。五住菩薩下至初地佛性有五事，一眞，二實，三淨，四可見，五善不善。解言，此五位中通有十事，一善不善，二者可見，三少見幷佛地七。是十法在報佛因果非就法身眞如佛性，以彼處文相不得爾故。然此十事有無總束以爲五倒，一眞實淨三貫通五位，二者善之一事在上四位，三者可見一事在下三位，四者常之一事在上三位，五者我樂少見善不善四隨其所應局在一位。所以然者，我者即是佛義，樂者是涅槃義，佛與涅槃究竟之名，故說此二唯在果地。言少見者，爲前所說五對所顯，故此一事唯在十地。善不善者，相同凡夫未得純善，故此一事在一位。一位四事立意如是。所以常事在上三位者，任運現前是其常義，九地以上三位雖因果殊俱於眞俗得無功用，故說常事在上三位。所以可見在下三位者，十地因滿佛地果圓，因果雖殊同圓滿故，九地以下齊未圓俱足，應滿故說可見。所以善事在上四位者，六地已上已得般若，善巧利物故得善事。所以淨與眞實通於五位者，此中淨者是無漏義，初地以上得眞無漏，故說淨德通於五位。離妄爲眞義，在見分，不虛爲實義，當相分，無漏見相非妄非虛，故說此二亦通五位。然此十事有無之義但約一邊顯其階級，未必一向定爲然也。次約凡夫位說有無者，如迦葉品四句中說，或有佛性，一闡提有善根人無。或有佛性，善根人有一闡提無。或有佛性，二人俱有。或有佛性，二人俱無。解云，如是四句顯報佛，非就法身眞如佛，彼處文勢必應爾故。四句差別略有四義，顯二門故，別因果故，開四意故，遮二邊故。第一義者，爲顯二門故說四句。何者，前之二句約依持門說五種性，其後二句就緣起門顯因果性。謂初句言闡提人有者，不定性人斷善根時猶有，作佛法爾種子故。善根人無者，決定二來有善根時無，如前說作佛種子故。第二句中善根人有者，菩薩種性無斷善根本來具有，作佛種子故。闡提人無者，無性衆生斷善根時永無，如前菩薩種性故。故知此二句顯五種性也。第三句言二人俱有者，前二句內兩重二人皆有，緣起門中因性凡有心者當得菩提故。第四句言二人俱無者，即第三句所說二人齊無，緣起門中果性當時未得無上菩提故。故知此二句顯二果性。如此經意寬無所不苞，通取二門以說四句，初義如是。第二義者，宜就緣起一門而說，前立三句明因差別，最後一句顯果無二。何者，初句中言闡提人有善根人無者，是明一切斷善根人所有不善五陰亦作報佛之性。第二句言善根人有闡提人無者，是明一切有善根者所有善五陰亦爲報佛。第三句二人俱有者，謂前二人所有四種無記五陰皆能得作報佛正因，以彼一切三性五陰皆爲一心轉所作故，爲顯三性皆爲佛性故，作三句明因差別也。第四句言二人俱無者，謂前二人雖有三因而皆未得報佛果性，爲顯極果純一善性故，立一句顯無二也，二義如是。第三意者，爲四種意故說四句。第一句者抑引意說，引斷善根者除絕望心故，抑善根人持善夢惡故。第二句者勸請意說，既除夢惡勸修衆善，舉手低頭皆成佛道故。既除絕望心，識離諸惡，惡爲禍本，能障佛道故。第三句者生普敬意，無一有情不含當果，含當果者必成大覺故。第四句者起廣度意，雖有當果而無觀覺，無觀覺者長沒苦海故。此四意內所詮義者，第一句中約邪見說，第二句中約信心說，第四同望當果指當，有義說爲俱有，據現無義亦說俱無。三義如是。第四義者，爲離二邊故說四句。謂前二句別顯離邊，後之二句總顯離邊。言別顯者，謂初句言闡提人有，遮定無邊非據定有。第二句言闡提人無，止定有邊不著定無。如下文言，若有說言，斷善根者定有佛性定無佛性，是名置答。善男子我亦不說，置而不答，乃說置答。如是置答復有二種，一者遮止，二者莫著，以是義故得名置答。如就闡提遮止二邊，對善根人當知亦爾。言後二句總顯離邊者，第三句言二人俱有，是明佛性不同菟角，依非無義說名爲有。第四句言二人俱無，是顯佛性不同虛空，約不有義說名爲無。如下文言，衆生佛性非有非無。所以者何，佛性雖有非如虛空，虛空不可見，佛性可見故。佛性雖無不同菟角，菟角不可生，佛性可生故，是故佛性非有非無，亦有亦無。云何名有，一切悉有是諸衆生不斷滅，猶如燈炎乃至菩提故名有。云何無，一切衆生現在未有一切佛法，是故名無。有無合故，是名中道，是故佛性非有非無，乃至廣說。若依如是離邊之意，四句皆望當果佛性。若使四句齊望一果，總別二意有何異者。前二人說二句者，依遮詮義以遣二邊。後總二人立句者，依表詮門以示中道。中道之義通於二人，是故合說。二邊之執，隨人各起，所以別說。然佛說四句意趣衆多，今且略爾四種義耳。有無門竟。第五明三世非三世，略有二義，先就法身後約報佛。若就別門，法身佛性雖復因名，應得果名，至得其體平等，無生無滅，是故一向非三世攝，是義灼然不勞引證也。次約報佛因果性者，依下文說即有三句。一者如來圓果菩薩滿因，此二相對以顯不同。如來圓智窮於理原，等一法界遍三世際，故非過去現在未來。後身菩薩未至理原，雖復已得滿因，故已少見，未至極果，故未具見。未具見邊名爲未來，未成圓果故。已少見邊名爲現在，現得滿因故，猶未謝故非過去。如經言，如來佛性非過去非現在未來，後身菩薩佛性現在未來，少可見，故得名現在，未具見，故名爲未來故。問未具見義猶是現在有，何得說是名爲未來。又若菩薩現得少見故名現在者，是即如來現得其見，應名現在。答如來現得遍三世畢竟不爲時節所遷，故雖現得不在現世，菩薩少見未免生死猶墮時節，故爲現在。是通後難答前問者未具見義，雖是現有具見種子猶伏未起，由現起故名未來。如《瑜伽》說，未與果當來種子相續名未來果，當知此中道理亦爾。第二句者，宜就如來因果相對以明差別，立果望因，因皆未極，不離生滅，故隨三世。就果談一，法界無所不遍，故非三世。然其生滅德無不體理，故一一念皆遍三世。遍三世德莫不從因，故其周遍不過剎那。爾退剎那而遍三世不從周遍而爲一念，爲一念故隨於三世，遍三世故非過現未。是謂佛德不可思議，但應仰信非思量流。如經言，如來未得阿耨菩提時佛性因故亦是過去現在未來。果即不爾，有是三世有非三世故。問者是經文有是有非，即應二別不就一德。有是三世者化身色形是，有非三世者報佛內德是，亦如是二義灼然可見，何勞宜就實德而作難解之說。答如汝所見亦有道理，爲新學者應作是說。若非新學無定執者爲是等人應如前說，爲顯是義故。彼下文言，迦葉菩薩白佛言，世尊云何名因亦是過去現在未來，果亦過去現在未來，非是過去現在未來。佛言五陰二種，一者因二者果，是因五陰是過現未，是果五陰亦是過去現在未來，亦非過去現在未來。依是文證，當知宜就一果五陰亦是三世亦非三世。第三句者宜就菩薩因果相對以辨三世者，菩薩佛性未免生死，望後爲因，望前爲果，種子爲因，現行爲果，如是因皆隨三世未至理原，無非三世。如經云，後身菩薩佛性因故亦是過去現在未來，果亦如是。九地菩薩佛性因故亦是過去現在未來，果亦如是。九地菩薩佛性因故亦是過去現在未來，果亦如是，乃至廣說故。問第二句中明如來因乃取未成佛時因性，今第三句明菩薩果廣說當成時果性，何故此中不取當果。解云，不例立果望因，因是已修故得取。因在望果，果非已證，所以不取，是故宜就菩薩位內前後相望而說因果三世。三世門竟。第六會通，於中有二，初通文異，後會義同。通異文者，問如因果門所引文云，未得阿耨菩提之約一切善不善無記法盡名佛性，若依是文菩提之心六度等行皆是佛性，何故《師子吼》中言，正因者名爲佛性，緣因者發菩提心，如是相違云何會通。通者解云，以性攝行不攝故說一切盡名佛性，以行望性，有性非行故，分性行以說二因。又復性有二義，一是因義，二非作義。就因義故盡名佛性，約非作義行即非性，由是道理故不相違也。問如體相門所引文言，非佛性者所謂一切牆壁瓦石無情之物。又復迦葉品中說云，或云佛性住五陰中果，或言佛性性離陰而有，猶如虛空，是故如來說於中道，衆生佛性非內六入非外六入，內外合故名爲中道。若依後文，瓦石等物，外六入所攝而爲佛性，如是相違云何會通。通者解云，若依有情無情異門，瓦石等物不名佛性。若就唯識所變現門，內外無二合爲佛性。此是唯約報佛性說。又復前說文說報佛性，後所引文說法佛性，若作是說亦不相違也。問見性門內所引論說，初地菩薩無礙智眼見諸衆生悉有佛性，何故是經不能見。如德王品第九功德中言，住九地者見法有性不見佛性，住十住者見法無性方見佛性。又《師子吼》中言，十住菩薩唯能自知當得菩提，而未能知一切衆生悉有佛性。又言十住菩薩唯見其終不見其始，諸佛世尊見始見終，以是義故諸佛了了得佛性。又言十住菩薩唯見一乘，不知如來是常住法，以是義故，言十住菩薩雖見佛性而不明了。又言一切覺者名爲佛性，菩薩不得名一切覺，是故雖見而不明了。如是等文云何會通。通者解云，通相而言，爲顯究竟不究竟異故，說十地見不明了。若依隨分證見門者，初地菩薩亦得眼見。餘文進退隱顯門說。何者，爲顯十地是因滿位故，說得見，九地以還因未圓滿故，說不見。又復《起信論》說，六種染中第五能見心不相應染是九地障，未出此障故說九地見法有性。入第十地已出彼障，是故說言見法無性，且時一邊顯位階降。又說十住唯見終者衆生之未終乎，六識有情之本始，於一心菩薩通達六識之相而未證見一心之原，故言見終而不見始。又言自知當得菩提未知衆生有佛性者，是約遠近以說難易，謂自當果在第二念近故易知，衆生當果即天後邊遠故難知，是望當果佛性說也。又言十住雖見一乘，不知如來是常住法者，是約因果顯其難易。言一乘者正因佛性，如來常者是果佛性。十住因滿故見因性，未得圓果不見果性。即依是義故後文說言，菩薩未得名一切覺，是故雖見而不明了也。餘文相違，準此可通。次會義同者，於同類義有異文句，以義類而會諸文。佛性之義有無量門，以類相攝不出五種，一性淨門常住佛性，二隨染門無常佛性，是二種門皆說因性。三者現果諸佛所得，四者當果衆生所含，五者一心非因非果。依是五門以攝諸文，第一常住佛性門者，四相品云，唯斷取著不斷我見，我見者名爲佛，佛性者即眞解脫。如來性品云，我者即是如來藏，一切衆生悉有佛性即是我義。《師子吼》中言，佛性者名第一義空，第一義空名爲智惠，智者見空及與不空，愚者不見空與不空。又言觀十二緣智凡有二種，下中智者不見佛性，即是二乘。上智觀者不見了了，不了了見故，住十住地。上上智者即了了見，了了見故得阿耨菩提，以是義故十二因緣名爲佛性。佛性者名第一義空，第一義空名爲中道，中道者名爲佛性，佛性者名爲涅槃。又言究竟，究竟者一切衆生所得一乘，一乘者名爲佛性，一切衆生皆有一乘，無明覆故，不能得見。如是等文擧諸異名同顯性淨眞如佛性，三乘同歸故名一乘，十二之本故名因緣，離一切故名爲空性，有本覺名爲智惠，衆生中實故名爲義，自體自照故名我見。諸名雖異所詮體一，所以說是衆多名者爲顯諸經唯一味故。謂名我見名如來藏者是會《勝鬘》、《楞伽》等旨，又名爲空名智惠者是會諸部《般若》敎意，又名一乘者是會《法花經》等，又名眞解脫者是會《維摩經》等。爲顯是等諸經異文同旨故，於一佛性立是諸名也。第二隨染門中報佛性者，《師子吼》中言，佛性者名大信心。何以，信心故菩薩能具六波羅蜜。又言佛性者名慈悲喜捨，佛性者名四無礙知，乃至佛性者名灌頂三昧。迦葉品云，後身菩薩佛性有六，乃至初地佛性有五，皆是過去現在未來。又言未得菩提之時，善不善等盡名佛性，如是等文同顯隨染門內報佛性也。第三明現果佛性者，《師子吼》中言，佛性者亦色非色非色非非色，亦相非相非相非非相。云何爲色，金剛身故。云何非色，十八不共非色法故。云何非色非非色，無定相故。云何爲相，三十二故。云何非相，一切衆生相不現故。云何非相非非相，不決定故。迦葉品云，如來佛性即有二種，一者有，二者無。有者，所謂三十二相八十種好十力四無畏，乃至無量三昧是名爲有。無者，如來過去諸善不善無記，乃至五陰十二因緣是名爲無。是名如來佛性有無，如是等文同明現果。第四說當果佛性者，《師子吼》中言，譬如有人我有乳酪，有人問言汝有蘇耶。答我有酪實非蘇，以巧方便決定當得故言有蘇。衆生亦爾悉皆有心，凡有心者定當得成阿耨菩提，以是義故我常宣說一切衆生悉有佛性。迦葉品云，如汝先問，斷善根人有佛性者亦有如來佛性亦有後身佛性，是二佛性障未來故得名爲無，畢竟得故得名爲有。如是等文明當果佛性。第五明非因非果非常非無常性者，如德王品云，善有二種，有漏，無漏。是佛性非有漏非無漏，是故不斷。復有二種，一者常，二者無常。佛性非常非無常，是故不斷。《師子吼》中言，佛性者有因有因因，有果有果果。有因者即十二因緣，因因者即是智惠。有果者即是阿耨菩提，果果者即是無上大般涅槃。是等文同顯一心非因果性。所以然者，性淨本覺是無漏善，隨染衆善是有漏善，一心之體不常二門故非有漏非無漏。又佛果是常善，因是無常善，一心之體非因果非果故非常非無常。若心是因不能作果，如其是不能作果，良由一心非因非果故得作因亦能爲果，亦作因因及爲果果，故言佛性者有因有因因有果有果果。是故當知前說四門染淨二因當現二果，其性無二唯是一心。一心之性唯佛所體，故說是心名爲佛性。但依諸門顯此一性，非隨異門。而有別性，即無有異何得有一，由非一故能當諸門，由非異故諸門一味。佛性之義略判如是。上來所說涅槃佛性全爲第二廣經宗竟。第三明教體者，先叙異部後顯大乘。《迦退論》中以名句味以爲經體，故彼論說，十二部經名何等法，答曰名身語身次第住故。若依《雜心》有二師說，如界品，八萬法陰皆色陰攝，以佛語之性故，有說名性者行陰攝。若準《婆沙》第四十卷，以音聲爲教體者是佛陀提婆義，以名句味爲教體者是和須蜜義。《倶舍論》中又出是二，如界品云，有諸師執佛正教言音爲性，於彼入色陰攝。有諸師執文句爲性，於彼師入行陰攝。有人說言，《倶舍論》中有三師說，第三師義通取音聲名句爲體。如法界品下文說言，諸師異判如是，衆生有八萬煩惱行相，謂欲瞋癡慢等差別故。爲對治此行佛世尊正說八萬法陰，如八萬法陰相，五陰中色行二陰攝。以是文證，得知評家取此第三也。雖有是說而實不然，所以然者，彼不能顯論文分齊，監取異文作是妄說。彼論前文已出二師說攝陰竟，次說八萬法陰之量。一出三師義，此言諸師異判如是，已下正成第三評家之說，說法陰量已竟。次欲更說五分法身十一切入等諸門攝義，是故條前成後之言，八萬法陰相，五陰中色行二陰攝，此言總條前二師義，是故當知彼說謬異。當知小乘諸部之内出教體性唯有二說，更無第三也。若依《成實》相續假聲以爲教體，如彼論不相應行品云，有人言，名句字應是心不相應行。此事不然，□□□法入所攝。解云，此論師意假聲詮用更無□□□聲性色陰所攝，詮表之用意識所得唯□□□□所攝也。大乘之中音聲名句及所詮義□□□□雖無別體不相應行，而有假立不相應行□□句行□所攝。由是道理異彼二宗，是義具如《瑜伽論》說。又彼論攝決擇分言，云何爲體，謂契經體略有二種，一文，二義。文是所依，義是能依。云何爲文，謂有六種，一者名身，二者句身，三者語身，四者字身，五者行相，□者機請乃至廣說。是論意者欲顯教體無別，自□□緣含能生物解故，說諸緣爲教體耳。於中餘□□□□如《楞伽經疏》中說。第四明教迹者，昔來□□□南土諸師多依武都山隱士劉虯義云，如□□□□說無出頓漸，《花嚴》等經是其頓教。餘名漸□□□内有其五時，一佛初成道已，爲提胃等說五戒十善人天教門。二佛成道已，十二年中宣說三乘差別教門，未說空理。三佛成道已，三十年中說空無相波若《維摩》《思益》等經，雖說三乘同觀於空，未說一乘破三歸一。四佛成道已，四十年後於八年中說《法花經》，廣明一乘破三歸一，未說衆生皆有佛性。但彰如來壽過塵數未來所住復倍上數，不明佛常，是不了教。五佛臨涅槃說《大涅槃》，明諸衆生皆有佛性法身常住，是了義經。南土諸師多傳是義，北方師說《般若》等經皆了義，但其所宗各不同耳。如《般若經》等智惠爲宗，《維摩經》等解脱爲宗，《法花經》者一乘爲宗，《大涅槃經》妙果爲宗。皆是大解起行德究竟大乘了義之說，即破前說五時教言。如《大品經》往生品中，諸比丘聞說般若讚歎檀度，遂脱三衣以用布施。論中釋言，佛制三衣不畜得罪，何犯戒爲行施耶，以此在於十二年前佛未制戒，是以文證非局在於十二年後。又彼論云，須菩提聞說《法花》擧手低頭皆成佛道，是故今問退不退義，以是文證般若之敎未必局在於法花已前，破斷五時即爲謬異。又復若言般若敎中不破三乘淺化者，《大品經》中舍利弗問，若都不退定復不異，何故得有三乘差別不唯一乘。須菩提答，無二無三，若聞不怖能得菩提。此與《法花》無三言何別而分淺深耶。又若《般若》不說佛性淺者，《涅槃經》說佛性亦名般若波羅蜜，亦名第一義空所。般若及空即是佛性，何得說云不明佛性。又《大品》說眞如法性，論主釋云，法名涅槃不戲論法性名本分種，如黃石金性白石銀性，一切衆生有涅槃性，此與佛性有何差別而不說故是淺耶。又《法花論》云，所成壽命復倍上數者，此文示現如來常命，以巧方便顯多數量不可數知故。又言我淨土不毁而衆生見燒盡者，報佛如來眞淨土第一義諦之所攝故。既顯常命及眞淨土，而言是不了說者不應道理。問南北二說何者爲得爲失，答若執一邊謂一向爾者，二說皆失。若就隨分無其義者，二說俱得。所以然者，佛說般若等諸敎意廣大甚深淺通，復不可定限於一邊故。又如隨時天台智者問神人言，北立四宗會經意不，神人答言失多得少。又問成實論師立五敎稱佛意不，神人答曰小勝四宗猶多過失。然天台智者禪惠俱通擧世所重凡聖難測，是知佛意深遠無限，而欲以四宗科於經旨，亦以五時限於佛意，是猶以螺酌海，用管闚天者耳。敎迹淺深略判如是。

灌頂《大般涅槃經玄義》 第二釋涅槃體，先出舊解。莊嚴云，佛果涅槃出二諦外非眞俗攝。凡夫以惑因感果是浮虛世諦，假體即空故是眞諦。佛果非惑因所感故非世諦，不可復空故非眞諦。引《仁王經》云，超度世諦第一義諦，住第十一薩雲若地也。開善云，佛果涅槃還爲二諦所攝，體是續待二假故是世諦，即此二假可空故是眞諦，佛果靈智亦復冥眞也。冶城秀云，佛果涅槃非世諦，是眞諦微妙寂絕。故云世諦死時名生不生。龍光云，佛果涅槃具相續相待二假即世諦，乃即眞之義而不冥眞，若冥眞同頑境即無靈智，故非眞諦也。有人難此四解，若佛果出此二諦外，即應非有爲非無爲，汝義中那云佛果一向是無爲。若爲二諦所攝，佛果應是亦有爲亦無爲。若佛果是眞諦，眞諦不可說於衆生無用。若佛果是俗諦，佛果一向是有爲。此皆成論師說，自相矛盾都不愜人情，亦不稱《肇論》。論云，不可形名得，不可有心知，言之失其眞，知之反其愚，有之乖其性，無之傷其軀。肇意推之，慎在四見。佛法邊外尙非小涅槃門，況小涅槃體。尙非小涅槃門體，焉得是共別涅槃門體。尙不是共別門體，何得是大涅槃體耶。經云是諸人等，春陽之月，乘船游戲，失琉璃寶，即共入水，競捉瓦石歡喜持出，謂琉璃珠，都非眞寶，是珠澄渟清淨故在水中，猶如仰觀虛空月形超然獨遠，非衆人所執，亦非衆盲所觸。古來復約三聚論涅槃體言，佛地一向有心聚，一向無無作聚，色聚亦有亦無，無麤色有妙色，引經因滅是色獲得常色。六卷云，妙色湛然常安隱云云。又一解色是頑閡不可研進，故佛地無色無無作，唯有靈智獨存。經道色者能應爲無窮之色，又妙果顯現義說爲非色。引文願諸衆生滅一切色，入於無色大般涅槃。又分別兩界有色，一界無色。又四空無色者，無麤色耳。三界並有色，界外變易則無色。六地已還身在分段故有色，七地已上身在界外則無色。又七地是兩國中閒猶有光影色，八地已上則無色。又言金心猶有色。故經言意生身者，雖無一期壽命，但有念念生滅名爲變易，故言意生身。身者猶有色也，唯佛地無復色耳。無作者，金剛已前皆有無作，唯金心無心無無作也。有人難此義，若涅槃定有色，應有長短質像，須依食住處。若定無色，心無所依，豈可有心而無色。若色頑須離心是取相，何意不離。如是等釋皆是妄語，猶如盲跛見佛亦盲跛。王語諸臣，我庫藏中無如是刀，不須多難也。

古來復約三性，明涅槃體，言佛地，一向是善性，一向非惡性，無記性亦有亦無。光宅云，常住佛果有兩種無記，一知解無記，二果報無記。如棋書射御，闡提亦有故非是善，佛地亦有故非是惡，即是無記性也。果報者，如生死苦無常報既非是惡，只是無記，涅槃地常樂我淨亦非是善，直是無記。開善莊嚴並言，佛無無記唯一善性，知解無記有多釋。《莊嚴》云是善性，開善云通三性。在闡提是惡，在佛是善，在餘人是無記。言果報者，生死中多有異具故，果報可是無記。佛果報何以是無記，佛果唯一習果，無復報法豈得類此是無記，以習善既滿，併成習果也。夫三性者若有若無，只是世俗尙不是眞。何得用此釋涅槃體，此皆數論之極說安處佛體，如野人暴背獻至尊耳。今明涅槃體者，上來釋名論無，無一切方便，論絕絕能絕所，名下妙理寧可思議。德王云，大般涅槃非色非聲，云何而言可得見聞，古來諸師云何以色爲涅槃體。又經云，夫涅槃者不從因生，體非是果，古來諸師云何以佛果釋涅槃體。又涅槃之體無定無果，古來諸師云何謂涅槃體定是一法。當知其體非色非聲，非因非果，非一非異，非諸聲聞緣覺所知，亦非十住能了了見，不能默已。強作五種言之，一約性淨涅槃，二約法身德，三約一諦，四約不生不生，五約正性。初論性淨揔指一部，次論法身指哀歎，次論一諦指聖行，次論不生指德王，次論正性指師子吼迦葉等。不可備引，斑駁略周耳。性淨者淨有三種，一方便淨，二圓淨，三性淨。方便淨者，嘔和善巧權能逗物，住首楞嚴，建于大義，或一閻浮提，或一四天下，或一大千界，或十方土，隨諸衆生應可調伏種種示現。無生而生，王宮七步，無滅而滅，倚卧雙林。是以晨朝放光，大聲徧告正覺世尊將欲涅槃，若有所疑今速可問，爲最後問。所以三界躃踊，八部悲號，獻供塡空，流血灑地，高旛翳諸日月，廣蓋徧覆大千，如經廣說。乃至下者作九法界身，非生現生，非滅現滅，不前不後，一時等現，然於寂滅無所損減，於諸生死無染無累，故名方便淨涅槃也。圓淨者，因圓果滿畢竟成就，原其初基以大涅槃，心行如來行，持戒不殺擁護正法，廣宣流布，利益衆生，迴向大乘，感得金剛堅固之體，法身常身圓滿具足獲大涅槃，修道得故，安住於此祕密藏中，復能頒宣廣說一切悉有佛性，施與一切，常命色力安無礙辯，雖破煩惱亦無所破，雖圓智慧亦無能圓，雖施衆生，不得衆生及以施相，是名圓淨涅槃也。性淨者，非修非得非作業非與業，本自有之非適今也。沖湛寂靜不生不滅，雖在波濁，波濁不能昏動。猶如仰觀虛空，月形五翳不能翳，雖復隨流苦酢其味眞正，停留在山，雖沒膚中膿血之所不染，故名性淨涅槃也。此三涅槃不可相離即三而一，不可相混即一而三。雖復一三即非一三，雖非一三而復一三，會之彌分，派之彌合，横之彌高，豎之彌闊，微妙莫測不可思議，今欲分別令易解故。揔唱涅槃即是其名，專據性淨以當其體，指於圓淨即是其宗，方便善巧以爲其用，作此分別即是其教。雖復分別都是一法，所謂大乘。大般涅槃若得此意，無俟多言，其未解者更重復說耳。二約法身德者，德有三種，一法身德，二般若德，三解脱德。法身者，即是金剛堅固之體，非色即色非色非非色，而名爲眞善妙色。眞故非色，善故即色，妙故非色非非色。又眞即是空，善即是假，妙即是中。例一切法，亦復如是。以是義故，名爲佛法。名佛法界，攝一切法，名法身藏，名法身德也。般若德者，即是無上調御一切種智，名大涅槃明淨之鏡，此鏡一照一切照，照中故是鏡，照眞故是淨，照俗故是明。明故則像亮假顯，淨故瑕盡眞顯，鏡故體圓中顯，三智一心中得故，言明淨鏡。攝一切法故稱調御，是佛智藏名般若德也。解脱德者，即是如來自在解脱，其性廣博無縛無脱是廣博義，體縛即脱是遠離義，調伏衆生是無創疣義。如是解脱，攝一切法，亦名解脱藏，亦名解脱德。如是三德不可相離，文云法身亦非乃至解脱亦非。如是三德不可相混，文云，三點具足無有缺減，當知雖一而三，雖三而一，雖復三一而非三一，雖非三一而三而一，不可思議，攝一切法攝一切人。文云我及諸子四部之衆悉皆入中，微妙難思。爲若此今欲分別令易解故，揔唱祕藏以當其名，法身攝一切法，不縱不横以當其體，般若攝一切法，如一面三目，以當其宗，解脱攝一切法，如三點伊，以當其用。如此敷演，即是其教。非但經體義明，餘義亦顯云云。三約一諦者，世人解諦或境或智或教，非無此義。今用理釋諦，理當即境正，境正即智教皆正，以理釋諦其義爲允。有四種四諦，一生滅四諦，集是能生，苦是所生，能生生所生，所生還生能生，苦集迴轉，生死無已。道名能壞，滅是所壞，所壞亦壞能壞，能壞亦壞所壞，更互生滅，故稱生滅四諦。若論其相，逼迫生長能除所除等是也，如經。二無生四諦者，推苦集之本，本自不生，不生故則無苦集，既無所壞亦無能壞，故稱無生四諦。論其相者，解苦無苦而有眞諦。集道滅亦如是，如經三無量四諦者，分別挍計苦集滅道，有無量相非諸聲聞緣覺所知，如經四一實四諦者，解苦無苦而有於實，乃至解滅無滅而有於實。實者，非苦非苦因非苦盡非苦對而是一實，乃至滅亦如是，是名一實四諦，具如經。非離生滅四諦別有一實四諦，即達生滅而是一實四諦，無生無量亦復如是。一中有無量，無量中有一，不可思議不可説示，強欲分別令易解故，揔唱一實四諦即是名也，取一滅諦即是其體，故《勝鬘》云，一依者即一滅諦也。道諦以當其宗，取道諦所治以當其用，調御心喜說此眞諦即名爲教，雖差別說只是一無差別法耳。此中遺一章五約正性者，性有五種，謂正性，因性，因因性，果性，果果性。正性者，非因非因因，非果非果果，是名正性。因性者，十二因緣。因因性者，十二因緣所生智慧。果性者，三藐三菩提。果果性者，大般涅槃。今且約一事論之，五陰下所以即正因佛性，五陰即因性，觀五陰生智慧是因因性，此智慧增成是果性，智慧所滅是果果性。於陰既然，餘一切法亦爾。當知五性亦非條別，即一而五，即五而一，一而不混五，五而不離一。不可思議不可說示，強欲分別令易解故。指果果性爲名，指正性爲體，指因因性果性爲宗，指因性爲用。作此分別五性爲教，雖復分別，只是一法，更無差別。若人能如此解者，非但識體，於名宗用教，觸事泠然，爲未解者更論宗耳。

第三明涅槃宗者，有人言宗體不異，是義不然。何者，若論至理，二即不二，不二即二，此則宜然。若論名事，不二不可爲二，二不可爲不二。既立宗體，寧得是同。宗者要也，修行喉襟莫過因果。此經明因，略有三種，一破無常修常。如哀歎品，以常樂我，斥諸比丘無常，苦無我，虛僞不眞，冝應捨離，今當爲汝說勝三修。此是破無常修於常，能得常果顯於非常非無常。煩惱爲薪，智慧爲火，以是因緣成涅槃食，令諸弟子悉皆甘嗜。劣三修是煩惱薪，勝三修是智慧火，非常非無常是涅槃食，四衆安住祕密藏中，即是甘嗜。又云如來體之是故爲常。體者履也，履而行之。法常故佛亦常，亦是法非常非無常故，佛亦非常非無常也。問初爲純陀，直說一常，次明常住二字，次斥諸比丘，云勝三修何意增減。荅皆是今昔相對，昔說四非常揔是一無常，今論四德揔是一常，舉揔常破揔無常耳。昔說生死無常而復流動，今以常破生死，以住破流動，故舉二字以破二耳。諸比丘置事緣理，但修三想，今舉勝理破劣理，但用三修云云。二者以大涅槃心修從淺至深，次第行學，如聖行中專行五行，初謂戒定慧，居家如牢獄，梵行若虛空，從頭至足，其中唯有髮毛爪齒大小腸胃，觀察八苦五盛陰等。次解苦無苦而有眞諦，次分別挍計，苦集滅道無量無邊，次非苦非集非道非滅而有實諦，廣說如經。修是行已，得二十五三昧住大涅槃。況出諸佛功德不復可說，當知從淺至深成因克果。顯非因非果，始終莫不以常爲宗。德王品中亦如是，初觀四大如篋，五陰如害，六塵如賊，愛如怨詐，煩惱如河，八正如筏，運手動足截流而去，得到彼岸。戒定如動足，智慧如運手，涅槃是彼岸。《師子吼》中亦如是，初從少欲知足，乃至住大涅槃。又善修戒，不見戒因戒果戒一戒二等，是名善修，定慧等亦復如是。原始要終，皆宗常住，以常爲宗明矣。三者如聖行中云，復有一行是如來行，所謂大乘大般涅槃，大乘即是修因，涅槃即是得果，大乘爲因，何所不運，大涅槃果何所不克，一切無閡人，一道出生死，莫復過此。大略可知，不復委說。但此文中處處論行，或修十想或知根知欲，種種不同不出三種，初破無常而修常，即是以圓接小接通意也，次以大涅槃心修無常，次修於常，即是從漸入頓次第別意也，後即無常而修於常，即圓頓人也。雖三不同，悉以常爲因歸宗常果，住大涅槃等無有異。故文云因雖無常而果是常，即第二番意也，餘例可知云云。問明體一章即識五意，明宗亦爾不荅例然。宗有三義，一宗本，二宗要，三宗助。宗本者，諸行皆以大涅槃心爲本。本立道生，如無綱目不立，無皮毛靡附。涅槃心爲本故，其宗得立也。宗要者行之宗要，要在於常，行會於常，能顯非常非無常，如七曜之環北辰，似萬川之注東海，行以常爲要，亦復如是。宗助者，助名氣力也。常宗得成賴於資助，或人助或教助，或行助或道助，由助得力故言宗助。揔此三，宗是釋名，專論宗本即體意，專明宗要即宗意，專明宗助即用意。分別此三，異餘法門，即教意。

第四釋涅槃用者爲三，一本用，二當用，三自在起用。本用者，先出舊解，靈味小亮云，生死之中本有眞神之性，如敝帛裹黃金。像墮在深泥，天眼者捉取淨洗開裹，黃金像宛然，眞神佛體萬德咸具而爲煩惱所覆，若能斷惑佛體自現。力士額珠，貧女寶藏，井中七寶，闇室缾盆等喻，亦復如是，此皆本有此功用也。新安述小山瑤解云，衆生心神不斷，正因佛性附此，衆生而未具萬德，必當有成佛之理，取必成之理爲本有用也。開善莊嚴云，正因佛性一法無二理，但約本有始有兩時。若本有神助有當果之理，若能修行金心謝種覺起名爲始有，始有之理本已有之。引如來性，貧女頷珠闇室等證本有。引師子迦葉明乳中無酪，但酪從乳生，故言有酪，酪非本有必假醪煖。種植胡麻荅言有油，油須擣厭乃可得耳。又引佛性，三世衆生未來當有清淨莊嚴之身，此證當有雙取二文，意與瑤師不異。又引木石之流無有成佛之理，則非本有之用，衆生必應作佛。今猶是因，因是本有，果是始有，本有有始有之理，即是功用義也。有人難初義，若言衆生身中已有佛果，此則因中有果，過食中已有糞，童女已有兒，若已具佛果，何故住煩惱中坐不肯出耶，何故不放光動地。故文云，若言有者，何故默然正破此執耳。次難第二有得佛之理，此理若常爲相續常，爲凝然常，若相續常何謂本有，佛果之理若凝然常則因中有果，過同於前難。第三家若言本有具始有，亦應本有常住，復有無常，本有只得是常不得無常者，本有只本有那得有始有。又若本有有始有，亦應無常有於常，無常不得有於常，本有那得有始有。又本有有始有，則了因有生因，若了因了本有是常，生因生始有是無常，不得相有者，今本有那得有始有耶。鷸蚌相扼更互是非，由來久矣，今當宣明此義。若定執本有當有，非三藏通教之宗，乃是別圓四門意。本有是有門，當有是無門，雙取是亦有亦無門，雙遣是非有非無門。別家偏據不融門理兩失，爲圓家所破。何者，若執本有之用譬之樹木，工匠揆則任曲者梁用，直者桁用，長者稍用，短者箭用。本有之用亦復如是。佛即破之。草木生時無梁箭用，工匠所裁因緣獲用。若裁曲爲直，曲無梁用，展直爲曲直無桁用，割長爲籌長無稍用，折短爲薪短無箭用，何得苦執本有之用。經云三世有法無有是處，何得苦執本有當有，當本不立，勝用安在耶。若專難破復失適緣，何者理非本非當，非亦本當非非本當。有四利益，或言本有即是常用，或言當有即是無常用，或亦當亦本即常無常雙用，或非當非本，即雙非不用之用。本有常用攝一切法，何得無三門用，三門亦攝一切法，何得無本有常用。文云大般涅槃是諸佛法界，即其義也。是爲圓教赴緣，論此四用大獲利益不同舊義云云。二當有用者先出舊解，解有三，一云理出萬惑之外，須除惑都盡，乃可見之，譬十重紙裏住，雖除九重終不見柱，併盡乃見。二引《漸備經》明一切智慧皆漸漸滿，不可一期併悟也。三云眞諦可漸知，佛果可頓得。何者，即俗而眞，更非遠物所以眞可分知，佛果超在惑外，不即生死故不可漸知。有人難初義，若理不可漸見惑豈可漸除，既不見理由何除惑。若言理可漸見，夫理若是分可作分知。理既圓通若爲漸解，若初見稱後見與後無異不名漸見，若初不稱後不名頓見云云。若言見眞者須漸得佛須頓，是義不然。釋論云，若如法觀佛般若與涅槃，是三則一相。《華嚴》云，虛妄多分別生死涅槃異，迷惑聖賢法不識無上道。眞與涅槃既其不異，云何眞漸果頓耶。今明諸解更相馳逐，水動珠昏，然理非遠近。見理之智寧得漸頓，智若漸頓寧得稱理。如方入圓殊不相應，如理而解解如於理，不見相而見無所得即是得耳，有因緣故亦得漸頓。此中應有四句，漸漸，漸頓，頓漸，頓頓。漸漸尙非漸頓，況復頓漸。漸頓尙非頓漸，況復頓頓。《法華玄》廣說頓漸者無差別中差別耳，頓頓者差別中無差別耳。三種修三種見，明宗中意是也。漸頓修漸頓見者，是不定觀意也。漸更不同又開四句，漸修漸見，漸修頓見，漸修頓漸見，漸修非頓漸見。見此一句意，餘三句亦可解。四四十六句不同，當知顯體之用甚多，那只作一兩種解耶。文云王家力士一人當千，種種技藝能勝千故，一人當千。又云譬如大地草木爲衆生用，我法亦爾，當知用同草木比大力士，故知用不一也。舊論照境之用不同，問俗有三世流動，萬境去來，佛智若爲照之，若逐境去來則生滅無常，若不逐境去來則不與境相稱。由此一問七解不同，冶城嵩云，佛智乃無大期死滅，猶有念念流動逐境去來，此人臨終舌爛口中，浪語之過現驗也。二藥師解，佛智體是常住，用是無常逐境去來，此解亦違經。經云若正見者當說如來定是無爲，那忽體是無爲用是有爲。三光宅云，若無常之智照常住境而不逐境是常，今常住之智照無常之境，豈應逐境無常，此亦不可。四作九世照境義，明此境雖在未來，復有當現在當過去義，今遂來現在及過去我皆照竟，所以不生滅也。此亦不可，向在未來時猶是當現在未正現在，今遂來在現在即作正現在，照當知已息豈不生滅耶。五作逆照義云，如來道成正覺時，初一念併逆照萬境，從初流來至後成佛併皆照竟，後萬境自有去來我都不更新照，如天子初登極時併付制法，後人犯者隨輕重治不更復制也。此亦不可，佛智照境何嘗暫息，忽言初照後都不照，縱令如此終不與境相稱。六開善云，佛在因日導發初心已，能橫照數境，豎照數時，次入初地一念橫照百法，豎照百時，二地千法乃至佛地一念橫照萬法，豎照萬時，如懸鏡高臺。此亦不可，鏡照先無而後有，未免無常之難。七靈味更借虛空爲喻，萬物在空空不生滅物自去來。此亦不然，佛智靈知豈同頑空。今明三藏敎中二諦不相即，故二智各照，所以諸解喧喧若此。若通敎中二諦相即二智，二而不二尙無此諍。況復三諦即一諦，一諦即三諦，三智即一智，一智即三智，一照即一切照，一切照即一照，非一非一切不可思議，寧復有此微淺問荅耶。又開善解，佛智照眞與眞冥無復智境之異，智體與眞境都復不殊，約位分別，凡夫不冥不會，因中聖人會而不冥，佛果亦冥亦會。第二解云，佛智是靈知，眞諦是無知，二體既殊，豈可併有知同無知，但會之既極謂之爲冥，豈得有冥異會。《慧印三昧經》云，冥不冥寂不寂。《肇論》亦有用冥體寂之語。今難佛之眞智既其冥眞與眞不異，佛之俗智亦應冥俗與俗不異，佛雖知幻而非幻人，若爾佛雖知俗不可冥俗，佛雖冥眞不可同眞，不應作如此冥眞冥俗義。冥眞不出二乘，冥俗不出凡夫境界，云何得是佛智用耶。三自在起用，用偏法界廣不可委。文云譬如大地一切草木爲衆生用，我法亦爾。當知勝用無量無邊，且約三種，一不可思議用，二二鳥雙游用，三喜惡邪正雙攝用。不可思議用者，舊釋有七，一云令他見須彌入芥子，其實不入，唯應度者乃能見之。此解不可，若不入者何謂神通。二解實入，但佛神力蹙大令小開小令大。此亦不可，若爾乃以大容小，何謂以小容大。三解不知入與不入，既是不可思議，那可定判入與不入。此亦不可，佛果上地皆是不可思議，盡應不可解，餘者盡言可解，至此一義獨言不知耶。四若有則相妨，小大皆空故相容。此亦不可，若其皆空何所論入，亦無大小也。五大中有小，性小中有大性，以芥子之大性容須彌之小性。此亦不可，若執定性過同外道，又似毗曇，又還是大容於小，何謂以小容大。六《地論》解，大無大相，不無無相之大，小無小相，不無無相之小，以無相之小容無相之大，無相之大還入無相之小。此亦不可，大小本是相，既言無相那有大小，若有大小應是有相，若定無相還同空也。七興皇云，諸法本無大小，因緣假名相待，假說大爲小，假說小爲大，說大爲小小是大小，說小爲大大是小大，故得相容。此亦不可，大不自大待小爲大，小不自小待大爲小，此墮他性義。自性大小尚不能相容，他性大小那能相容。今明小不自小亦不由大，故小，大不自大亦不由小故大。因緣故小大亦不離大離小，不在內外兩中閒亦不常自有，不可思議，大亦如是。通達此理故，即事而眞。唯應度者見不思議須彌之高廣，入於不思議芥子之微小，是名以不思議之大入不思議之小，住首楞嚴能建大義，如經廣說云云。往明不思議用在於道後，其理實通，乃至善惡邪正等例如是。所謂四趣是邪人天爲正，又三界是邪二乘爲正，又二乘偏邪菩薩爲正云云。邪正兩用亦偏法界，四趣是惡人天是善，又三界悉是惡二乘是善，又二乘是惡菩薩爲善，此用亦偏法界。三界皆悉無常二乘是三無爲常，又二乘是無常菩薩是常，常無常用亦偏法界，其門略義廣也。常無常雙用者俱亡二邊，如鳥喻品中說，即是一時雙用也。前後倒瀉即是異時偏用，亘一時即並用，亘前後即單用，不必一種，用自在故，善惡雙用。如迦葉品中說，善星至惡尚能攝受令得出家，況復善者寧當不攝，或雙用或前後云云。三邪正善惡俱攝者，陳如品中說，邪即外道，正即陳如弘廣，邪即諸魔，正即阿難，平等皆攝巧施妙用，游諸世閒作大利益。若見此意即是自在之用，善巧四隨稱機利益，住首楞嚴種種示現不動法性，其見聞者無不蒙益，此義可知不俟多說云云。問此一章五意云何，答例前可解，若摠論三用即釋名意，若專本用即是體意，若專當用即是宗意，若專自在用即是用意，若分別三用即是教意。

第五釋教相者爲二，一增數，二經來緣起。增數者，謂一乳二字三修四教五味也。所言乳者，此名則通，外道言教亦稱爲乳。文云是時舊醫純用乳藥。二乘言教亦稱爲乳，《阿含》云，舍利弗是所生母，目連是乳母，二人說法生養四衆。後文亦云，聲聞緣覺佛性如乳，菩薩教行亦稱爲乳，故云手出香色乳，施令得飽滿。佛教亦稱爲乳，故目連騰請云，譬如犢子其生未久，若不得乳必死無疑。又云醫占王病定須服乳。乳名既通，若爲分別，舊醫偸教，竊取乳名，不解其義，而爲相續悅意轉動薄皮所誑，起四傎倒，毒亂心中，多所傷害，即邪教也。二乘乳者，佛以方便合三種藥，謂鹹苦酢，二乘之人用此方便，爲於四衆治彼邪乳，如以楔出楔，此以四非常教名爲乳也。菩薩乳者，以大慈大悲，隨諸衆生應以何法而得度脫隨而說之，或說方便法或說眞實法，或治邪常或治無常，稱彼機緣令得飽滿，是名菩薩教乳也。佛教乳者，究竟眞實如經，其犢調善不馳不住，不處高原亦不下溼，不食酒糟麥麩滑草，不與特牛同共一羣，故其乳多德最爲第一。正顯涅槃之教是最上乳也。又外道教如驢乳，亨之成糞，從其教者墮落三塗。二乘教如羊鹿乳，亨之成酪，從其教者外出生死。菩薩教如下品牛乳，亨之成酥，從其教者革凡成聖亦革聖成無上道。佛教如上品牛乳，從佛教者，即得安住祕密藏中。當知涅槃教乳最上最妙。問何故於一乳中多種分別，答此經意爾，如本有一偈四出證義，明無差別差別等，例作此說之無咎。又德王中不聞聞不生生等，皆作四句。今亦例爾，邪乳名乳，二乘名乳不乳，菩薩名不乳乳，佛是非乳非不乳，意高例盡子何須惑。二字者，世亦二字，出世亦二字，上上出世亦二字，今文亦二字，二字既通，復須分別。世二字者，如《瑞應》云，太子乘羊車詣師學書，師教二字謂梵佉婁，此二字應詮世間禮樂醫方技藝治政之法，故是世間二字也。又云梵字應如《金光明》中説出欲論，明修梵法歎梵報故，是出欲論也。佉婁字應是無量勝論，明十善法歎釋天報，善能攻惡故言勝論。揔而言之，世閒二字也。謝靈運云，梵佉婁是人名，其撮諸廣字爲略，如此閒倉雅之類，從人立名故言梵佉婁，雖復廣略還是世閒之二字。出世二字者，嬰兒行云，婆和二字所謂有爲無爲二字也。若出世與出世上上共爲二字者，即是半滿爲二字也。衆經同以鹿苑説爲半字，摩訶衍所説爲滿字，小大相對共爲二字。又諸師釋此滿字不同，地人云《涅槃》六行俱明是滿字，《法華》是大乘非滿字，由是無常此都非義，不須論難云云。興皇嘲諸師作五滿，半邊滿竪滿積足滿共滿具足滿，今不委論云云。今明半滿二字更爲五意，一直是半，二對半滿，三帶半滿，四廢半滿，五開半滿。如鹿苑無常此直半無滿，若方等之流，説無常逗小，又彈小褒大，此正對半明滿。若大品通三人共學是帶半明滿，若法華正直捨方便，是廢半明滿，亦有開權顯實，即開半明滿。若此經斥劣辨勝，即廢半明滿。一切衆生悉有佛性，須跋陀羅得羅漢果，即開半明滿。而復對破生死流動，明於常住二字，常破生死住破流動，此亦是廢半明滿。一切諸法中悉有安樂性，又是開半明滿。故知二字雖通，不可一槩。今之常住二字，於諸字中最尊最勝，其義可知。又結爲四句，二乘無常是半非滿，一乘是滿非半，若斥小帶小等是亦半亦滿，若世間非半又非滿，大意可知云云。二三修者有邪三修，劣三修，勝三修。邪三修謂世閒傎倒隨邪師教見相似相續謂爲常，適意可悦謂爲樂，轉動運爲謂是我，愚惑所覆如執掣電，如蛾如蠶追求無厭，如渴飲鹹唐無毫益，亦是厭下苦麤障，攀上勝妙出，故名邪三修。劣三修者，依半教破於邪執，無常鹹味破其執常，無樂苦味破其執甜，無我酢味破其執辞。三界皆無常，諸有悉非樂，一切空無，我無我所，能破欲染色無色染無明掉慢疑。如諸迹中，象迹爲最，於諸想中，無常爲最，如經廣説，是名劣三修。勝三修者，依佛勝教破於劣修，謂常樂我法身常恆無有變易，游諸覺華歡娛受樂，具八自在無能遏絶。如是修者，入祕密藏名勝三修。又邪修是世伊，劣修是故伊，勝修是新伊，大涅槃理即非新非故伊，今經即是新伊勝修最尊最上之教也。四四教者，此該佛一化，名相理趣，別有疏卒云云。三藏教者，謂戒定慧藏，爲彼嬰兒梯隥出苦畏憚長遠止息化城，即小乘法也。菩薩以大涅槃心修即成聖行，如

經浮囊白骨八苦等觀，即其文義也。通教者，三乘共學近遠俱通，若能前進亦可得去，即摩訶衍法也。菩薩以大涅槃心修即成聖行，如經解苦無苦而有眞諦，乃至解道無道而有眞諦，即其文義也。別教者，別在菩薩不與二乘人共，所行事理非彼境界，即獨菩薩法也。若以大涅槃心修即成聖行，如經苦有無量相，分別校計有無量種，非諸聲聞緣覺所知，乃至道亦如是，即其文義也。圓教者即事而理，一教一切教，一切教一教，非一非一切不可思議，隨佛自意是佛境界，非諸二乘下地所知。如經非苦非諦有實，乃至非道非諦有實，是名一實諦即其文義也。菩薩大涅槃心修即是圓心，圓心爲本行於衆行，從淺至深屆極而止，如放金剛到際則住，當知聖行之一意即是漸頓之教，亦名漸圓教。此乃文中一種耳，復有一行是如來行，所謂大乘大般涅槃者，即發軫仍頓仍圓，一切諸法悉入其中，衆流悉鹹無非性海，漸圓與頓圓更無別異，歷次第門故言漸耳。今經乃具二文，從勝受名即是圓頓之教，於諸教中最爲尊上也。若類通異名者，即是四藏。三藏是聲聞藏，通是雜藏，別是菩薩藏，圓是佛藏，上能攝下佛藏第一也。若例四句，三藏是聞聞，通是聞不聞，別是不聞聞，圓是不聞不聞，乃至生生等例可解。五五味者，即五種牛味正譬説教次第，不應以淺深意取。若謂初淺後深是義不然，文云醫占王病定須服乳，又云如得乳麋更無所須。無所須者即眞解脱，眞解脱者即大涅槃，此豈淺耶。文云如水乳雜卧至一月終不成酪，若以一滴頗求樹汁，投之於中即便成酪。衆生佛性亦復如是，若本有者何故待緣，如此酪譬不可淺也。文云譬如甜酥八味具足，是大涅槃亦復如是，當知此酥其況深矣。文云阿羅漢辟支佛猶如醍醐，如此醍醐不可言深。若初味定淺，後味定深，妨文害義，若作次第意釋者，則無過咎。牛者譬佛，大覺朗然圓明成就，如血變爲乳具足在牛，從牛出乳譬佛初説也，即寂滅道場從法界體流出法界法教諸菩薩，如日初出先照高山，故言從牛出乳也。次從乳出酪者，爲小機不堪如聾如瘂，隱其無量神德，示文六身覆如來藏，但説三藏以貧所樂法，隨宜方便令革凡成聖，故《華嚴》大後次説三藏之小，如從乳後即有於酪也。次從酪出生酥者，譬三藏之後以大訶小，挫其取證敗種壞根無生無用，先與後奪如亨酪作生酥也。次從生酥出孰酥者，譬方等之後，委業領財使諸聲聞轉教教菩薩也。次從孰酥出醍醐者，譬般若已，後付財定性與記作佛。故文云八

千聲聞於法華中得記作佛，見如來性如秋收冬藏更無所作，無所作者即究竟也。夫衆生不見佛性智手指撝，或作大說，或作小說，或訶責說，或教化說，或定天性說。衆生若見佛性則靜乎，雙樹指撝畢矣，息教二河法流竭矣。如牛出乳極至醍醐，諸佛布教極於見性，今經是最後之說喻彼醍醐。一切諸藥悉入其中歎於橫廣，在四味之上歎其豎高，故此經處處歎教不可思議，只是歎於上妙之乳常住二字，最後新伊極圓之教醍醐妙味耳。種種名目只是一法，一法者只是佛師諸菩薩，母佛菩薩辯所不能宣，凡夫千舌豈解揄揚，二乘百盲安能舞手者哉，五味義具在《法華玄》中說。又從增一至五，揔諸說者即釋名意，若專五所以是體意，若專五所以設諸名相是宗意，若專對破是用意，若分別其相是教意。準前可知，不復委釋云云。二經來緣起又二，一經緣起，二疏緣起。經緣起者，有雙卷，六卷大本。雙卷明八十入滅不辨常住，蓋小緣所感三藏教也。六卷與大本皆明常住，俱是大緣所感同座異聞，例如大小品耳。又云小本是法顯於天竺鈔，初分翻爲六卷，大本上帙是道猛齎來，斯乃廣略二文耳，世猶惑焉。若是異聞邪忽問詞荅旨兩本皆同，若是鈔者只應存略邪忽前後。大本則如來說偷狗，六卷迦葉問偷狗，大本偈說三歸，六卷長行說三歸。解云問詞荅旨所同處少不同處多，昔鈔梵文尚無前後，秦人翻譯逐意奚互，於二義無妨也。昔道猛亡身天竺唯齎五品還，謂壽命，金剛身，名字功德，如來性，大衆問等品。到西涼州值沮渠蒙遜割據隴後自號玄始，其號三年請曇無羅讖共猛譯五品得二十卷。遜恨文義不圓，再遣使外國更得八品，謂病行，聖行，梵行，嬰兒行，德王，師子吼，迦葉，陳如等品，又翻二十卷，合成四十軸，傳於北方，玄始五年乃得究訖。是時姚萇復號弘始，弘始非玄始，玄始五年即晉恭帝元熙元年。次入宋武劉裕得四年，次入宋文帝，文帝尚斯典，敕道場寺慧觀烏衣寺慧嚴，此二高明名蓋淨衆，康樂縣令謝靈運抗世逸羣一人而已，更共治定開壽命足序純陀哀歎，開如來性，足四相四依邪正四諦四倒文字鳥喻月喻菩薩凡十二品，足前合二十五品，製三十六卷，則一萬餘偈。讖云經義已足其文未盡，餘有三品，謂付囑，燒身，分舍利，二萬言未來秦地耳。小亮云，是羅什足品由來關中不聞涅槃，恐其言爲謬。經錄稱謝靈運足品相承信用，初三人欲刪略百句解脫，俱夢黑神威猛責數剛切，汝以凡庸改聖人言義其過大矣，若不止者以金剛杵碎之如塵，因不敢刪略。但去質存華，如啼泣面目腫改爲戀慕增悲慟，如嗚唼我口改爲如愛子法，故其文璀璨皆此例焉。經者通名也，如《法華疏》說，序品第一者亦如彼云云。二疏緣起者，余以童年給侍攝靜，攝靜授《大涅槃》，誦將欲半，走雖不敏願聞旨趣。於是負笈天台心欣藍染，登山甫爾仍逢出谷，不惟菲薄奉從帝庭。師既香塗二宮，光曜七衆，道俗參請門堂交絡，雖欽渴甘露如俟河清，詎可得乎。嘗面請斯典，降旨垂許，有期無日，逮金陵土崩，師徒雨散，後會匡嶺，復屬虔劉。爰西向江陵仍遭霧露，敕徵師江浦頂疾滯豫章，始舉飄南湖已聞東還台岳，秋至佛隴冬逢入滅，歎伊余之法障奚可勝言。昔五百羣盲七迴追佛，祇洹一狗聽兩鐘鳴唯疆唯沈無見無得，入山出谷浮墜涯江，希聞斯典竟不獲聞。日既隱於重崖，盲龜眠於海底，馮光想木詎可得乎。余乃埽墓植樹，更伏灰場口，誦石偈思愆畢世事不由己，迫不得止，戴函負封西考闕庭，私去公還經塗八載，日嚴諍論追入咸陽，值桃林水奔而夜亡其伴，又被讒爲巫收往幽薊，乘冰濟北馬陷身存，臨危履薄生行死地，悼慄兢兢寧可盡言。昔裹糧千里擔簦於東南，負罪三讒驅馳於西北。若聽若思二塗俱喪，情不能已尋諸舊疏，將疏勘經不與文會，怏怏終日恆若病諸。效羣盲之觸象，學獨夢之談刀，以大業十年十月十日盧于天台之南，管窺智者義意輒爲解釋。運丁隋末寇盜縱橫，海鬧山喧無處紙筆，匿影沃洲陰林席箭推度聖文，衣殫糧盡虧其次第，於是懷挾鄮志託命遂安，草本略通放筆仍病。縣令鄧氏呼講《淨名》，曳疾應之，事不兼舉，寄疏他舍，他舍被燒廓然蕩盡，冥持此本得免灰颺。重寄柵城，海寇衝突玉石俱磬，蕭亮提挾復獲安存。所謂焦不能燒賊不能得，再蒙靈異重厲微誠，更往遂安披尋補削，復值軍火食息無寧，乃卜安洲。安洲者，微瀾四繞絕人獸之蹤，峯連偉括兼二山之美，左臨水鏡澄徹鑒心，右帶蕖池紅葩悅目，倚竹泠風勝白牙團扇，萋蒨翠草加戴氏重席。雲霞鏤粿於松桂，五彩差其繪圖。猨麏和韻於蟬蛙，八音陋其絃管。雅有高致豐趣冥倫，仍蒔粟拾薪勤兼曉夜，暫染筆已來凡歷五載，何年不遭軍火，何月不見干戈，菜食水齋冰牀雪被，孤居獨處夢抽思乙，詞既野質意不會文，其玄義一卷釋文十二卷用紙七百張，有崖易治空海難徧，盲窺偏知敢稱圓識，特是不負本懷遽茲石火，卷舒常住之卷，酬報乎身手，贊歎解脫之法，仰謝於心口，纔耘毒草微養藥王，螳蛾螢熠非能抗曜也。

綜述

寶亮《大般涅槃經集解》卷一　案僧亮曰，經出未盡，現分可爲四別，第一勸問，第二問，第三答問，第四法輪證也。案曇愛曰，大分有十別，第一序說，即序品也。第二正說，從純陀品訖金剛身品也。第三流通說，從名字功德品訖四倒品也。第四佛性說，從如來性品訖月喻品也。第五歎經功能，從菩薩品訖現病品也。第六明依經修行，即五行也。第七出行體。有功德之義，以向佛果爲行義，由功而德爲功德義也。第八料簡上所明佛性，即師子吼品也。第九猶是料簡佛性，廣辨樹王下以來，及今日所明之旨，擧彼善星斷根之事，即迦葉品也。第十明流通，命憍陳如度十外道，從憍陳如品訖經也。案曇纖曰，大分此經爲兩別，前略後廣。就略門中，分爲五段，第一序品也。第二開宗，明常住因果，從陀品訖哀歎品。第三問，從長壽品訖問也。第四答，從讚迦葉入大衆問品後也。第五付囑，從爾時大衆白佛訖品也。就廣門中，分爲五段，第一廣果，即現病品也。第二廣因，即五行也。第三廣流通，即十功德品也。所以流離光遠來，正爲明弘通故也。第四廣佛性，即師子吼迦葉兩品也。第五廣付囑，從憍陳如品訖經文也。案曇濟曰，大判凡有三段，第一勸分，第二問分，第三答分。從如是我聞至迦葉發問，勸分也。從答問訖憍陳如，答分也。案僧宗曰，經之始末，凡有五別，第一由序，即序品也。第二略開常宗，從純陀品訖新舊醫也。第三廣明常住，從長壽品訖迦葉品也。所明因果境行，粗已周矣，將欲付囑。第四先破外道，從憍陳如品至阿難何在也。文旨既畢，應須付囑。是以第五顧命受持之人，從阿難比丘今何在？訖經也。

案寶亮曰，此經大致有四別，有一從此訖老少二人譬，勸問也。第二從多羅聚落迦葉以下，發問也。第三從佛讚迦葉以下竟迦葉，答問也。第四從憍陳如訖經，付囑流通也。所以第一通爲勸問者，此經正以問答爲宗，自雙樹以前所說半字，皆不了義，欲令衆生有疑應問也。

案道慧記曰，大判此經有十別，第一序說，即序品也。第二正說，從純陀訖金剛身也。第三流通說，從名字功德訖四倒也。第四佛性說，從如來性訖月喻也。明所以得常者，以本有佛性故也。第五歎經，即菩薩一品也。第六證成常住，明不食而現食，不病而現病，不滅而現滅，即現病品也。第七明所得，無病者由行故也，即五行十功德也。第八境界，明義爲成於行，即師子吼迦葉也。第九破外道說，即憍陳如品也。第十囑累說，從阿難何在？竟經文也。

案道慧又撰曰，此經有十別，第一序品也。第二開宗，即純陀品也，第三會通，即哀歎品也。第四流通，從長壽品訖現病品也。第五明因，即五行也。第六明果，即十功德也。第七明佛性，即師子吼品也。第八辨始終，即迦葉品也。第九破外道，即憍陳如品也。第十囑累，即顧問阿難也。案法安曰，此經分爲二別，初訖大衆問品爲前說也，末從現病品訖經爲後說也。就前說中有五段，第一經之由序，從序品訖卅五問。第二正明經體，從答問始訖名字功德也。第三明流通人法，從四相品訖四倒品也。第四明佛性，從佛性品訖月喻品也。第五歎經囑累，從菩薩品訖大衆問品也。就後說中分爲五分，第一由序，即現病品也。第二重明涅槃因果，即五行也。第三明流通功德，即十功德也。第四重明佛性，即師子吼迦葉也。第五重更囑累，憍陳如品竟經也。

案智秀曰，此經廣略有二別。第一略門，從序品訖大衆問品也。第二廣門，從現病品訖憍陳如品。就略門中有三段，第一由序，即序品也。第二正說，從純陀入大衆問品也，第三付囑，從大衆問品中，爾時大衆白佛訖品也。就廣門中有兩段，第一廣前正說，從現病品訖迦葉品也。第二廣前付囑，從憍陳如品訖經也。

案法智曰，此經大判有兩別，第一經家序說，即序品也。第二正說，從純陀品訖經也。所以無付囑者，傳譯未盡。就正說中分爲六段，第一純陀哀歎兩品，爲開宗。第二從長壽品訖現病品，可爲隨問說也。第三說五行，示聞經人脩行之法也。第四說十功德，明行人所得之功德也。第五師子吼迦葉，明因果佛性也。第六憍陳如，化外道說也。

案曇準曰，此經不出三別，第一序，即序品也。第二正說，從純陀品至阿難何在也。第三流通，從顧命阿難訖經也。又撰曰，此經有八別，第一序，即序品也。第二開宗，即純陀哀歎二品也。第三明緣因境及經功德，從長壽品訖四倒品也。第四明正因佛性，從如來性品訖現病品也。第五廣緣因行，從五行訖十功德也。第六廣正因性，從師子吼訖迦葉品也。第七廣明果相，即憍陳如品也，故云因滅無常色，獲得常住解脫色也。第八付囑，從阿難何在？竟經也。

明駿案大分此經可爲三別，第一叙述，即序品也。第二略說，從純陀訖大衆問品也。第三廣說，從現病品訖經文也。就略說中有三段，第一開宗勸問，從純陀訖老少二人譬。第二問答，從多羅聚落迦葉發問人大衆問品也。第三略付囑，從大衆問品中，爾時大衆白佛訖品也。就廣說中有三段，第一廣前開宗，即現病品也。夫食爲生本病爲滅因，前純陀品因食以明現生，此品因病以明示滅。第二廣前問答之旨，從五行訖憍陳如品也。此經所明，常住因果境之與行，今以五行十功德，廣行廣因也，師子吼迦葉，廣境也，憍陳如以廣常果，故云因滅無常色，獲得解脫常樂之色也。廣略所明因果境行，粗已周悉。將欲教洽未來，化傳永劫。若不摧彼異學挫伏迷元，千載之下終爲流通之病。是以第三度諸外道以滅邪群，使弘通大士身心無礙，故曰廣前付囑，從爾時諸外道以下，訖經文也。

智旭《閱藏知津》卷二五 大般涅槃經四十卷北涼中天竺沙門曇無讖譯

壽命品第一，佛在拘尸那城，力士生地，阿利羅跋提河邊，娑羅雙樹間，二月十五日臨涅槃時，大聲普告衆生，若有所疑今悉可問，爲最後問，面門放光徧照十方。爾時八十百千諸比丘，六十億比丘尼，一恆河沙菩薩，二恆河沙優婆塞，三恆河沙優婆夷，四恆河沙諸離車等男女大小，五恆河沙大臣長者，六恆河沙諸王眷屬，七恆河沙諸王夫人，八恆河沙諸天女等，九恆河沙諸龍王等，十恆河沙諸鬼神王，二十恆河沙金翅鳥王，三十恆河沙乾闥婆王，四十恆河沙緊那羅王，五十恆河沙摩睺羅伽王，六十恆河沙阿修羅王，七十恆河沙陀那婆王，八十恆河沙羅剎王，九十恆河沙樹林神王，千恆河沙持咒王，億恆河沙貪色鬼魅，百億恆河沙天諸采女，千億恆河沙地諸鬼王，千萬億恆河沙諸天子，十萬億恆河沙四方風神，十萬億恆河沙主雲雨神，二十恆河沙大香象王，二十恆河沙師子獸王，二十恆河沙諸飛鳥王，二十恆河沙水牛牛羊，二十恆河沙諸神仙人，一切蜂王，一切山神，海神，河神，皆悉集會。樹林變白，猶如白鶴。四天王，三十三天，乃至第六天，大梵天王，阿修羅王所設供養倍勝前，佛皆不受。魔王獻供并護法咒，佛受其咒不受其供。大自在天王設供倍前，東方虛空等佛遣無邊身菩薩來獻香飯，大地震動。南西北方諸佛世界亦有無量無邊身菩薩，所持供養倍勝於前。乃至毒蛇及惡業者一切來集，唯除摩訶迦葉阿難二衆，阿闍世王及其眷屬。佛面所出光明燿覆大衆，所應作已，還從口入，純陀與同類十五人俱，願設最後供養，佛即許之，爲說二施果報無別，一者受已得菩提，二者受已入涅槃。純陀因大衆勸，說偈請佛住世。佛以偈答純陀，次答文殊，不應以如來法同於諸行，乃至既去辦供，地大震動，衆會哀請，佛慰諭之令問所疑，并示秘密之藏猶如∴字，略斥無常苦無我三修，無有實義，爲說勝三修法，又我所有無上正法悉以付囑摩訶迦葉，當爲汝等作大依止，并說明醫禁乳用乳之喻，次勸問戒律所疑。比丘再辭不堪，於是迦葉菩薩承佛神力說偈問法。佛讚之曰，我初成道有諸菩薩曾問是義，如是問者則能利益無量衆生。次爲說菩提因業，得壽命長，佛視衆生同於子想愛念成就，諸毀禁者囑令苦治，無有惡心。如來長壽最爲第一，如彼醍醐賊不能得，法性無滅三歸無異。金剛身品第二，佛爲迦葉菩薩說如來身常住不壞，由於往昔護法因緣，今得成就是金剛身。名字功德品第三，釋大般涅槃名義。如來性品第四，分別開示四義，一自正，二正他，三能隨問答，四善解因緣義。迦葉菩薩言，世尊唯有密語無有密藏，咸令衆生悉得知見。佛讚印之，次說百句解脫之義，次說四人爲世間依，次明魔說佛說經律種種差別之相，次明知常住者知四聖諦。次明四顛倒相，次說貧女金藏喻，塗乳洗乳喻，力士額珠喻，雪山樂味藥喻。次明《方等經》者，猶如甘露，亦如毒藥，消則爲藥，不消爲毒。次明大乘無有三歸分別之相，次明無二之性即是實性，次說金鎞抉膜示一二三指之喻，又廣說十住菩薩見性少分之喻，又說夢語刀刀之喻，次明十四音名曰字本，應離半字善解滿字。次明二鳥雙遊之喻，次說月無出沒半滿之喻，日出三時長短之喻，次廣說喻明大涅槃經利益一切唯不能益一闡提人。次說先陀婆一名四實之喻，以喻如來密語難解，次明自知有佛性者名丈夫相，次爲文殊釋本無今有偈義。一切大衆所問品第五，佛面放光照純陀身受其供養。又化佛及僧受諸大衆供養，說偈慰喻。次廣明一切契經有餘無餘之義，爲欲調伏諸衆生故，現身有疾右脇而卧如彼病人。現病品第六，迦葉菩薩勸佛起坐，放光偏照利益一切，廣爲迦葉說祕密教，及說五人有病行處，所謂四果辟支非如來也。聖行品第七，爲迦葉菩薩說五種行，一聖行，二梵行，三天行，四嬰兒行，五病行。復有一行是如來行，所謂大乘《大涅槃經》。次即廣明聖行，護戒如護浮囊，得四念處住堪忍地觀四聖諦，乃至住無畏地得二十五三昧壞二十五有。次荅住無垢藏王菩薩，說從牛出乳喻，并說往昔捨身求半偈事。梵行品第八，爲迦葉菩薩說住七善法得具梵行，一知法謂知十二部經，二知義，三知時，四知足，五知自，六知衆，七知尊卑。復有梵行，謂慈悲喜捨。因即廣明如來慈善根力，令諸衆生見種種事，又爲重釋本有今無偈義，又釋一切世間不知見覺，菩薩悉能知見覺義，於中廣明六念法門，次敘阿闍世王見佛之事，次結示天行品者如雜華說。嬰兒行品第九，不能起住來去語言是名嬰兒，如來亦爾。光明偏照高貴德王菩薩品第十，佛告德王修行《大涅槃經》得十事功德。一者有五一所不聞者而能得聞，二聞已能爲利益，三能斷疑惑之心，四慧心正直無曲，五能知如來秘藏。二昔所不得而今得之，昔所不見而今見之，昔所不聞而今聞之，昔所不到而今得到，昔所不知而今知之三捨世諦慈得第一義慈。四有十事一根深難可傾拔，二於自身生決定想，三不觀福田及非福田，四修佛淨土，五滅除有餘，六斷除業緣，七修清淨身，八了知諸緣，九離諸怨敵，十斷除二邊五有五事一諸根完具，二不生邊地，三諸天愛念，四常爲天魔沙門利利婆羅門等之所恭敬，五得宿命智六得金剛三昧。七知四法爲大涅槃近因一親近善友，二專心聽法，三繫念思惟，四如法修行八除斷五事五陰遠離五事五見成就六事六念修集五事知定，寂定，身心受快樂定，無樂定，首楞嚴定，守護一事菩提心親近四事大慈，大悲，大喜，大捨信順一實一道大乘心善解脱貪恚癡心永斷滅慧善解脱於一切法，知無障礙九初發五事悉得成就一信心，二直心，三戒，四親近善友，五多聞十修集三十七品入大涅槃常樂我淨，爲諸衆生分別解說《大涅槃經》，顯示佛性。若四果辟支菩薩信是語者，悉得入大涅槃，若不信者輪迴生死。師子吼品第十一，佛告大衆恣汝所問吾當解說。師子吼菩薩請問以何義故名爲佛性，何故復名常樂我淨，若一切衆生有佛性有何故不見，十住菩薩住何等法不了了見，佛住何等法而了了見。佛讚其具二莊嚴并細答釋，於中具明觀十二緣智凡有四種，下者得聲聞道，中者得緣覺道，上者住十住地，上上者得無上菩提，是故十二因緣名爲佛性，即第一義空名爲中道，即名爲佛名爲涅槃，又凡有心者定當得成菩提，故說一切衆生悉有佛性。又不可以有退心，故言無佛性。若有修集三十二相業因緣者，得名不退菩薩。次明眞修戒定慧相，次荅拘尸那城人般涅槃之因，次荅何等比丘莊嚴雙樹之問，次荅涅槃無十相，故名爲無相色聲香味觸生住壞男女，時修習定慧捨相能斷十相。次荅成就十法能見涅槃無相，一者信心具足，二者淨戒具足，三者親近善知識，四者樂於寂靜，五者精進，六者念具足，七者輭語，八者護法，九者供給同學，十者具足智慧。次明能修身戒心慧是名智者，能令重業輕受。不修身戒心慧名爲愚癡，能令輕業重受。次說恆河七種人喻，衆盲觸象喻。次明菩薩當以苦行自試其心，次明大海有八不可思議，《大涅槃經》亦復如是。次荅如來示同胎生之故，師子吼說偈讚佛。迦葉菩薩品第十二，問善星比丘事佛爲荅之。問未來種種異說事佛具釋之。又明如是諍訟是佛境界，非諸二乘所知。若人於是生疑心者，猶能摧壞無量煩惱。若於是中生決定者，是名執著。次明斷善根者，非是下劣愚鈍之人，亦非天中及三惡道。次明佛性非有非無，亦有亦無。次明十二部經，或隨自意說，或隨他意說，或隨自他意說。次說恆河七衆生喻，次說佛性常故非三世攝，虚空無故非三世攝。次明修無常等十想者，能得涅槃，迦葉菩薩以偈讚佛。憍陳如品第十三，世尊告憍陳如色是無常因滅是色，獲得常住解脱之色，受想行識亦爾，苦空無我不淨亦爾。若離佛法，無有沙門及婆羅門，亦無沙門婆羅門法。爾時外道聞已瞋恚，共往阿闍世所求與瞿曇論議，王與外道同來佛所。先荅闍提首那婆羅門問，度令出家證果。次荅婆私吒梵志問，亦令證果即入涅槃。次荅先尼梵志問，善來得果。次荅迦葉梵志問，出家五日而證四果。次荅富那梵志問，善來得果。次荅清淨梵志問，出家十五日後得阿羅漢。次荅犢子梵志問，出家十五日後得於初果。復來問法，佛爲說奢摩他毗婆舍那，聞已修習得阿羅漢，寄謝於佛入般涅槃。次荅納衣梵志問，善來得果。次荅弘廣婆羅門問，并因憍陳如荅發廣大心，佛爲發迹顯本。次明阿難具足八種不可思議，勅文殊師利以咒攝歸，命其往語須跋陀梵志尋來見佛，問荅實相深義，大衆獲益無量，須跋得證四果。南本大般涅槃經三十六卷譯人同上劉宋沙門釋慧觀同謝靈運再治序品第一，純陀品第二，哀歎品第三，長壽品第四從壽命品分出爲四金剛身品第五，名字功德品第六，四相品第七，四依品第八，邪正品第九，四諦品第十，四倒品第十一，如來性起品第十二，文字品第十三，鳥喻品第十四，月喻品第十五，菩薩品第十六於如來性品分出爲十一切大衆所問品第十七，現病品第十八，聖行品第十九，梵行品第二十，嬰兒行品第二十一，光明遍照高貴德王品第二十二，師子吼品第二十三，迦葉品第二十四，憍陳如品第二十五此部文史精練，章安尊者依此作疏，但世罕流通，而舊本則久行世間矣。

紀事

佚名《大涅槃經記序》 此《大涅槃經》，初十卷有五品。其梵本是東方道人智猛從天竺將來，暫憩高昌。有天竺沙門曇無讖，廣學博見，道俗兼綜，遊方觀化，先在燉煌。河西王宿植洪業，素心冥契，契應王公，躬統士衆，西定燉煌。會遇其人，神解悟識，請迎詣州，安止內苑。遣使高昌，取此梵本，命讖譯出。此經初分唯有五品，次六品已後，其本久在燉煌。讖因出經下際，知部黨不足，訪募餘殘，有胡道人應期送到。此經梵本都二萬五千偈，後來梵本，想亦近具足。但頃來國家殷猥，未暇更譯，遂少停滯。諸可流布者，經中大意，宗塗悉舉，無所少也。今現已有十三品，作四十卷，爲經文句。執筆者一承經師口所譯，不加華飾。其經初後所演，佛性廣略之間耳，無相違也。每自惟省，雖復西垂，深幸此遇，遇此大典，開解常滯，非言所盡。以諸家譯經之致大不允，其旨歸疑謬後生，是故竊不自辭，輒作徒勞之舉，冀少有補益。諸參經師，採尋前後，略舉初五品爲私記。餘致準之，悉可領也祐尋此序與朗法師序及《讖法師傳》小小不同，未詳孰正，故復兩存。

僧祐《出三藏記集》卷一四 曇無讖，乃齎《大涅槃經》本前分十二卷，并《菩薩戒經》、《菩薩戒本》奔龜茲。龜茲國多小乘學，不信《涅槃》。遂至姑臧，止於傳舍。慮失經本，枕之而寢。有人牽之在地。讖驚覺，謂是盜者。如此三夕，聞空中語曰：『此如來解脫之藏，何以枕之！』讖乃慙悟，別置高處。夜有盜之者，舉不能勝，乃數過舉之，遂不能動。明旦，讖持經去，不以爲重。盜者見之，謂是聖人，悉來拜謝。河西王沮渠蒙遜聞讖名，呼與相見，接待甚厚。蒙遜素奉大法，志在弘通，請令出其經本。讖以未參土言，又無傳譯，恐言舛於理，不許即翻。於是學語三年，翻爲漢言，方共譯寫。是時沙門慧嵩、道朗，獨步河西，值其宣出法藏，深相推重。轉易梵文，嵩公筆受，道俗數百人疑難縱橫，讖臨機釋滯，未嘗留礙。嵩、朗等更請廣出餘經，次譯《大集》、《大雲》、《大虛空藏》、《海龍王》、《金光明》、《悲華》、《優婆塞戒》、《菩薩地持》，并前所出《菩薩戒經》、《菩薩戒本》垂二十部。讖以《涅槃經》本品數未足，還國尋求。值其母亡，遂留歲餘。後於于闐更得經本，復還姑臧譯之，續爲三十六卷焉。讖嘗告蒙遜云：有鬼入聚落，必多災疫。遜不信，欲躬見爲驗。讖即以術加遜，遜見而駭怖。讖曰：宜潔誠齋戒，神呪驅之。乃讀呪三日，謂遜曰：鬼北去矣。既而北境之外疫死萬數。遜益敬待，禮遇彌崇。會魏虜主託跋燾聞其道術，遣使迎請，且告遜曰：若不遣讖，便即加兵。遜自揆國弱，難以拒命，兼慮讖多術，或爲魏謀己，進退惶惑，乃密計除之。初讖譯出《涅槃》，卷數已定，而外國沙門曇無發云：此經品未盡。讖嘗慨然，誓必重尋。蒙遜因其行志，乃僞資發遣，厚贈寶貨。未發數日，乃流涕告衆曰：讖業對將至，衆聖不能救矣。以本有心誓，義不容停，行四十里，遜密遣刺客害之，時年四十九，衆咸慟惜焉。後道場寺慧觀志欲重求後品，以高昌沙門道普嘗遊外國，善能胡書，解六國語。宋元嘉中，啓文帝資遣道普，將書吏十人，西行尋經。至長廣郡，舶破傷足，因疾遂卒。普臨終歎曰：《涅槃後分》與宋地無緣矣！

師正《科南本涅槃經序》 吾佛大聖人最後雙林會上，爲末世比丘普及大地衆生明心見性，而說是經也。備明戒檢，廣開常宗。摩訶止觀，依之爲扶律顯常，喻之以贖命重寶。故經云，此經若在佛法則在，此經若滅佛法則滅，佛法命脈存亡繫焉。始於沮渠蒙遜請曇無讖及猛法師兩度翻譯，共十三品成四十軸，行之北方。至宋文帝敕嚴觀二師同謝康樂更共治定，開爲二十五品縮爲三十六軸，行之江南。其間說聽領悟甚衆，著述申明亦多，如僧傳所載也。去聖逾遙神根轉鈍，吾祖章安尊者約龍樹宗旨用天台義門，製疏科經深符佛意，荆溪刪補法道重明，自四明慈雲講唱孤山作記之後，寥寥絕聞，其故何哉。蓋由經文浩博疏義淵微，加之科未入經卒難尋討。師正刻志斯典有年于茲，宋之壬申，寓古源法師永清輪下爲座首，遂倣《法華》、《光明》體例，以疏科句分標經上。凡疏不牒者起盡難定，而與諸友往復徵折方丈主決，必歸於是。每夜集於猊峰軒下，經科疏記輪環讀之。預斯集者，大慈懷緫，報慈大成。大雲居簡，壽星文勝，龍華清正，園華懷坦。天竺法杭始於是秋之八月，終於明年之季春。無極東堂可度，重加讐訂，白雲古山僧錄道安，鋟梓流通，願與後人。受持讀誦如說而行，上不孤於佛祖下不負於己靈，壽祝一人功霑九有云，時至元歲在壬午聖制日序。

智圓《涅槃玄義發源機要》卷四　大本者，雖南北二本不同，同名大本，對六卷名小本也。同座異聞者，宜廣聞大本，宜略聞六卷。例大小品者，《般若》有大品小品，故以爲例。準諸經目錄，秦弘始五年四月二十三日，譯大品竟，二十七卷成者是也。竺法護於晉太康元年譯，上帙爲光讚，羅什又重譯爲十卷，名小品，是知小品亦是抄其前分。若然者，則次說爲是。以六卷但盡菩薩品故，斯乃廣略者。六卷則略抄前段，大本則廣有後文。世猶惑焉者，或云異聞，或謂廣略難可準定。故人尚疑如來說。偸狗等者，示其前後不同也。如來說則在後，迦葉問則在前，偸謂盜賊以喻見魔，狗喻愛魔。如四依品，說三歸在如來性品。秦人翻譯者六卷，東晉所翻大本，北涼所翻俱非秦代，而言秦人者，但姚秦彌譯最盛，故義學之家相承而用。揬互者，揬胡計切換也，或作係奚者，俱誤。昔道猛等者按《譯經圖紀》及《僧傳》並云曇無讖以玄始元年歲次壬子至姑臧，竇涅槃前分十卷，止於俗舍，遜聞讖名厚遇請譯。遂以玄始三年歲次甲寅起首，至玄始十年辛酉譯經律，緫二十三部，合一百四十八卷，慧嵩筆受。又《南山涅槃弘傳序》云，北涼沮渠氏，玄始三年有天竺三藏曇無讖者，涼言法豐，竇此梵本前分十卷，來達姑臧，僞主蒙遜珍賞隆重，於涼城內閑豫宮中。前後三翻成四十卷，終宋武帝永初二年。據此諸文乃是讖公竇至，不云道猛將還。沮渠蒙遜者，胡人，其先爲匈奴左沮渠，遂以官爲氏。蒙遜博覽群史，頗曉天文，殺段業自稱涼州牧，又破傉檀于窮泉，乘勝入姑臧，僭號西河王。隴右即隴西也，右或作后後並誤。自號玄始者，改元玄始也，是時下南經緣起也。經從北涼入于江南，後因治定，既與舊本品卷開合不同，遂號南本。姚萇殺符堅，改長安爲常安都之，改元白雀，後改建元。萇卒，子興立，改元皇初，後改弘始。今云，姚萇復號弘始者誤，應云姚興弘始，非玄始者，別其兩國年號也。玄始五年，即晉恭元熙元年者。恭帝者，即東晉第十一帝，都建康，在位一年，遜位于劉裕，是爲宋武帝，故云次入宋武裕也。恭帝元熙元年即是宋武永初元年，以當年改號故，宋武姓劉諱裕字德輿。得四年者，宋武在位三年而崩，長子義符立，是爲少帝。即位昏亂，太后廢帝爲滎陽王，在位二年。武帝第三子諱義隆即位，是爲文帝。以少帝於武帝三年當年即位，在位二年，至文帝元嘉元年，凡四年矣，故云得四年，此即大本始至南朝之年也。故《開皇錄》云，宋文帝世元嘉年初，遠于建康也，即北涼玄始九年也。此二高明者，謂德高智明乃美稱也。事跡如《梁傳》第七。康樂縣令者，《南史》第十八云，謝靈運少好學博覽群書，文章之美與顏延之，爲江左第一，縱橫俊發過於延之，深密則不如也。襲封康樂公今云縣令恐誤，抗世逸群等者，抗舉也，逸群猶出群也。《南史》云，以國公例除員外散騎侍郎不就，爲琅琊王大司馬行參軍，車服鮮麗衣物多改舊形制，世共宗之，咸稱謝康樂也。《開皇三寶錄》云陳郡處士謝靈運治定者，蓋靈運自稱處士也。靈運陳郡陽夏人，嘗爲永嘉太守，郡有名山水，公素愛好肆意遨遊，稱疾去職。於始寧縣修營故墅，傍山帶江盡幽居之美。因著山居賦，尋山登嶺常著木屐，上則去其前齒下則去其後齒。會稽太守孟顗事佛精懇，公謂之曰得道應須慧業，丈人生天應在靈運前，成佛必在靈運後，顗深恨之。今撫州城東南四里有翻經臺，唐顏魯公碑云，宋康樂侯謝公，元嘉年初於此翻譯《涅槃經》，因以爲號。問謝公但修定舊本，安稱翻譯。荅翻經之所有譯語者，筆受者，綴文者，證義者，潤色者，而通稱譯人。謝公治定乃是證義潤色之職也，故稱靈運翻經焉。開壽命下開壽命爲四品，復改壽命爲長壽，開如來性爲十品。凡十二品者，新開品目則有十二，幷舊壽命如來性共有十四，皆準六卷，中品名開之。故《三寶錄》云，靈運等以讖涅槃品數疎簡，初學之者難以措懷，乃依舊翻泥洹正本加之，文有過質頗亦改治，足前等者，幷舊大衆問等品也。北本但十三品成四十卷，南本二十五品成三十六卷，故北遠師名北本爲少品多卷經，名南本爲多品少卷經。有三品等者，至唐麟德中後分方來，尚闕分舍利，其後分中立品與識說不同者，和會如疏記第二十卷。由來關中者，關中秦地，羅什居關中不見大本，故知足品非羅什也。錄稱者，即梁《寶唱錄》及隋《開皇三寶錄》第十三云，豫州沙門范慧嚴，清河沙門崔慧觀，陳郡處士謝靈運等加品改治，故今依之，知小亮非也。初三人下此明事蹟，與《梁僧傳》及《開皇錄》不同者，恐是傳說有異，而彼二文咸云三十六卷，始有數本流行未廣。嚴後一夜忽夢一人形狀極偉，厲聲謂嚴曰，涅槃尊經，何以率爾輕加斟酌，嚴旣覺已懷抱惕然。旦乃集僧欲收前本，時有識者咸共止之，此蓋欲誡勵後人耳。若必乖理，何容即時方始感夢。嚴以爲然，頃之，又夢神人曰，君以弘經精到之力，於後必當得見佛也。

著　錄

僧祐《**出三藏記集**》**卷二**　《大般涅槃經》三十六卷僞河西王沮渠蒙遜玄始十年十月二十三日譯出【略】晉安帝時，天竺沙門曇摩讖至西涼州，爲僞河西王大沮渠蒙遜譯出或作曇無讖。

智昇《**開元釋教錄**》**卷四**　《大般涅槃經》四十卷或三十六卷，第五譯，玄始三年出，至十年十月二十三日訖，梵本具足有三萬五千偈，今所譯者止萬餘偈，三者始一耳，見竺道祖《涼錄》及《僧祐錄》。

佛說大般泥洹經

綜　述

僧祐《**出三藏記集**》**卷六**　今《大般泥洹經》，法顯道人遠尋眞本，於天竺得之，持至揚都，大集京師義學之僧百有餘人，禪師執本，參而譯之，詳而出之。此經云：泥洹不滅，佛有眞我。一切衆生，皆有佛性。皆有佛性，學得成佛。佛有眞我，故聖鏡特宗，而爲衆聖中王。泥洹永存，爲應照之本。大化不泯，眞本存焉。而復致疑，安於漸照，而排跋眞誨，任其偏執，而自幽不救，其可如乎？此正是《法華》開佛知見。開佛知見，今始可悟，金以瑩明，顯發可知。而復非之，大化之由，而有此心，經言闡提，眞不虛也。此大法三門，皆有成證。昔朱士行旣襲眞式，以大法爲己任，於雒中講《小品》，亦往往不通。乃出流沙，尋求《大品》。旣至于塡，果得眞本，即遣弟子十人，送至雒陽，出爲晉音。未發之間，彼土小乘學者乃以聞王，云：漢地沙門，乃以婆羅門書惑亂眞言。王爲地主，若不折之，斷絶大法，聾盲漢地，王之咎也！王即不聽。時朱士行乃求燒經爲證。王亦從其所求，積薪十車於殿階下，以火焚之。士行臨階而發誠誓：若漢地大化應流布者，經當不燒；若其不應，命也如何！言已投之，火即爲滅，不損一字。遂得有此《法華》正本於于塡大國，輝光重壤，踴出空中，而得流此。此《大般泥洹經》旣出之後，而有嫌其文不便者，而更改之，人情小惑。有慧祐道人私以正本雇人寫之。容書之家忽然火起，三十餘家，一時蕩然。寫經人於灰火之中求銅鐵器物，忽見所寫經本在火不燒，及其所寫一紙陌外亦燒，字亦無損。餘諸巾紙，寫經竹筒，皆爲灰燼。此三經者，如什公所言，是大化三門，無極眞體，皆有神驗，無所疑也。什公時雖未有《大般泥洹》文，已有《法身經》，明佛法身即是泥洹，與今所出，若合符契。此公若得聞此，佛有眞我，一切衆生，皆有佛性，便當應如白日朗其胸襟，甘露潤其四體，無所疑也。何以知之？每至苦問：佛之眞主亦復虛妄，積功累德，誰爲不惑之本？或時有言：佛若虛妄，誰爲眞者？若是虛妄，積功累德，誰爲其主？如其所探，今言佛有眞業，衆生有眞性，雖未見其經證，明評量意，便爲不乖。而亦曾問：此土先有經言，一切衆生皆當作佛，此當云何？答言：《法華》開佛知見，亦可皆有爲佛性。若有佛性，復何爲不得皆作佛耶？但此《法華》所明，明其唯有佛乘，無二無三，不明一切衆生皆當作佛。皆當作佛，我未見之，亦不抑言無也。若得聞此正言，眞是會其心府，故知聞之必深信受。同吾之肆學正法者，小可虛其衿帶，更聽往喻。如三十六國著小乘者，亦復自以爲日月之明，無以進於己也。而大心寥朗，乃能鄙其狂而偏執，自貽重罪。慧導之非《大品》，而尊重三藏，亦不自以爲照不周也。曇樂之非《法華》，憑陵其氣，自以爲是，天下悠悠，唯己一人言，其意亦無所與讓。今疑《大般泥洹》者，遠而求之，正當以一切衆生皆有佛性，爲不通眞照。眞照自可照其虛妄，眞復何須其照？一切衆生既有僞矣，別有眞性爲不變之本。所以陶練既精，眞性乃發，恆以大慧之明，除其虛妄。虛妄既盡，法身獨存，爲應化之本。應其所化能成之緣，一人不度，吾終不捨。此義始驗，復何爲疑耶！若於眞性法身而復致疑者，恐此邪心無處不惑。佛之眞我尚復生疑，亦可不信佛有正覺之照，而爲一切種智也。般若之明，自是照虛妄之神器，復何與佛之眞我？法身常存，一切皆有佛之眞性。眞性存焉，學不越涯，成不乖本乎？而欲以眞照無虛言，言而亦無，佛我亦無，泥洹是邪見也。但知執此照惑之明，不知無惑之性，非其照也。爲欲以此誣罔天下，天下之人何可誣也！所以遂不關默而驟明此照者，是惜一肆之上，而有鑠金之說，一市之中，而言有虎者三。易惑之徒，則將爲之所染。皆爲不救之物，亦不得已而言之，豈其好明人罪耶？實是蝮蛇螫手，不得不斬。幸有深識者，體其不默之旨，未深入者，尋而悟之，以求自清之路。如其已不可喻，吾復其如之何！

智旭《閱藏知津》卷二五　《大般泥洹經》六卷東晉平陽沙門釋法顯共覺賢譯共十八品，齊至如來現病而止，聖行以下皆未有，生公明闡提皆有佛性而見擯斥，想依此經。

紀事

僧祐《出三藏記集》卷八　六卷泥洹經記第十八摩竭提國巴連弗邑阿育王塔天王精舍優婆塞伽羅先，見晉土道人釋法顯遠遊此土，爲求法故，深感其人，即爲寫此《大般泥洹經》如來秘藏。願令此經流布晉土，一切衆生，悉成平等如來法身。義熙十三年十月一日於謝司空石所立道場寺出此《方等大般泥洹經》，至十四年正月一日校定盡訖。禪師佛大跋陀手執胡本，寶雲傳譯。于時座有二百五十人。

僧祐《出三藏記集》卷二　《般泥洹經》，支讖出《胡般泥洹經》一卷，支謙出《大般泥洹經》二卷，竺法護出《方等泥洹經》二卷，曇摩讖出《大般涅槃經》三十六卷，釋法顯出《大般泥洹經》六卷，又《方等泥洹經》二卷，釋智猛出《泥洹經》二十卷，求那跋陀羅出《泥洹經》一卷，右一經七人異出。其支謙《大般泥洹》與《方等泥洹》大同，曇摩讖《涅槃》與法顯《泥洹》大同。其餘三部並闕，未詳同異。

著錄

僧祐《出三藏記集》卷二　《大般泥洹經》六卷晉義熙十三年十一月一日道場寺譯【略】晉安帝時，沙門釋法顯以隆安三年遊西域，於中天竺、師子國得胡本，歸京都，住道場寺。就天竺禪師佛馱跋陀共譯出。

智昇《開元釋教錄》卷三　《大般泥洹經》六卷《經記》云《方等大般泥洹經》，或十卷，第四譯，義熙十二年十月一日於道場寺共覺賢出，寶雲筆受，至十四年正月二日訖，見《道眞》、《僧祐》二錄。【略】沙門釋法顯。

智昇《開元釋教錄》卷一一　《大般泥洹經》六卷或十卷，東晉平陽沙門釋法顯共覺賢譯第四譯，右一經是《大般涅槃經》之前分《盡大衆問品》，同本異譯見荼毗分，前後七譯，四譯闕本。

大般涅槃經後分

智旭《閱藏知津》卷二五　《大般涅槃經後分》二卷唐南海沙門若那跋陀羅與會寧等譯。憍陳如品之末，敘須跋陀羅焚屍現神變事。遺教品第一，佛囑阿難大衆護持大涅槃法，阿尼樓豆令阿難請問四事，佛荅以十二因緣正觀敎示，車匿尸波羅戒是汝大師，依四念處嚴心而住，一切經初當安如是我聞等語。次荅滅後供物不得餘用，次荅深心供養舍利如芥子許與現在供佛無異，次荅荼毗方法當依轉輪聖王，及荅荼毗處所起塔處所，并示辟支四果輪王塔式。止許帝釋一牙舍利，卻衣顯示金身放光三告，二十四反上昇虛空，殷勤勸論。應盡還源品第二，世尊三返，從超人諸禪定普爲大衆三返說法，於其中夜入第四禪，寂然無聲便般涅槃。八樹變白十方大暗，尸棄大梵釋提桓因樓豆阿難各以偈歎。機感荼毗品第三，金棺自舉遶拘尸城，待迦葉來棺開身顯，灌洗纏已棺門即閉，復現雙足，心胸火踴七日火盡。聖軀廓潤品第四，七國興兵圍拘尸城，烟婆羅門唱分八分，各各起塔。

佛說方等般泥洹經

綜述

智旭《閱藏知津》卷二五 《佛說方等般泥洹經》二卷西晉月支國沙門竺法護譯。哀泣品第一，阿難述夢，那律偈歎，大衆哀泣。四童子現生品第二，東方善思義菩薩示生作阿闍世王子，南方喜信淨菩薩示生作師子長者子，西方空無菩薩示生作須福長者子，北方神通華菩薩示生作師子王兵臣子，皆生即跏趺說偈，導一切衆見佛。四童子品第三，佛爲阿難宣唱四童子德。囑累品第四，四菩薩說偈慰阿難，佛以阿難羅云囑十萬比丘，又囑北方五百佛。度地獄品第五，佛身放無數光，光中現化佛說法。又放光度三類地獄，一令生忉利證初果，二令生兜率證三果，三令生梵世入泥洹。現諸佛品第六，佛放光照十方，同名諸佛同入泥洹者不可勝數，令此會皆得見亦聞所說經。佛國淨品第七，現此界清淨莊嚴不異安樂等刹。天菩薩品第八，諸天來會，阿那律說偈哀歎，十方菩薩同來興大供養。如來化說法品第九，阿難偈讚佛，佛先入三昧現無量化佛說法，後復說佛種種三昧勝用。

著錄

僧祐《出三藏記集》卷二 《方等泥洹經》二卷或云《大般泥洹經》，泰始五年七月二十三日出【略】晉武帝時，沙門竺法護到西域，得胡本還。自太始中至懷帝永嘉二年已前所譯出。

僧祐《出三藏記集》卷二 《方等泥洹經》二卷今闕。【略】晉安帝時，沙門釋法顯以隆安三年遊西域，於中天竺、師子國得胡本，歸京都，住道場寺。就天竺禪師佛馱跋陀共譯出。又，《方等泥洹經》，竺法護、釋法顯一經二人異出。

智昇《開元釋教錄》卷二 《方等般泥洹經》二卷初出，與隋譯《四童子經》同本，或無般字，或三卷，或云《大般泥洹經》，太始三年七月二十三日出，見《道眞》、《僧祐》二錄。【略】沙門竺曇摩羅察晉言法護譯。

四童子三昧經

綜述

王古《大藏聖教法寶標目》卷二 《四童子三昧經》三卷，佛於雙樹間將入涅槃，諸弟子衆皆大哀戀，有四童子皆大菩薩，從四方佛刹來現大神通會集供養，與佛阿難問答說法。時無量無邊人天菩薩得道得果得無生忍，佛放大光明度諸地獄極苦衆生皆即生天，乃至成阿羅漢，無央數人天菩薩皆得道進果以至立無上正眞道。魔波旬惱恨悲泣，今日所度雖佛壽一劫，所度不能過此，我界遂空。佛言所未度者如大地土，所度者如爪上土耳。及諸佛爲羅云說法安慰，佛言我所應度者皆已度訖，未度者皆已作得度因緣，我所應作皆已作竟。

著錄

彥琮《衆經目錄》卷二 《四童子經》三卷隋開皇年闍那崛多等譯。

道宣《大唐内典錄》卷六 《四童子經》三卷，四十二紙，一加三昧經隋開皇年崛多等於大興善寺譯。

智昇《開元釋教錄》卷七 《四童子三昧經》三卷，或直名《四童子經》，第二出，與法護《方等泥洹》同本，開皇十三年五月出七月訖，沙門僧琨筆受，見《長房錄》。

大悲經

綜述

王古《大藏聖教法寶標目》卷二　《大悲經》五卷。說佛將涅槃諸弟子哀戀，佛安慰阿難等說正法不滅。迦葉等及佛滅後，有諸大神通智慧威德。弟子流布佛法，汝勿憂愁。次說供養佛舍利如芥子，及作形像塔廟，乃至散一華於空中，若生一念敬信，果報福德不可思議，終當得至涅槃。佛執阿難手付囑法藏，令廣宣流布，令勿隱沒。第一卷說大梵天王念言，我能勝他他不如我，我是智者，三千大千世界中大自在王，造化衆生世界等。佛言非汝所造所化是業所化，此大千世界是佛土，梵王禮懺悔過。

智旭《閱藏知津》卷二五　《大悲經》五卷高齊烏萇國沙門那連提黎耶舍共法智譯梵天品第一，佛命阿難敷牀，右脅而卧，光掩大千。

著錄

法經《眾經目錄》卷一　《大悲經》五卷齊天統年耶舍共法智於相州譯。

智昇《開元釋教錄》卷六　《大悲經》五卷天保九年於天平寺出，《大周錄》云涅槃支流。

等集眾德三昧經

僧祐《出三藏記集》卷二　《等集衆德三昧經》三卷《舊錄》云《等集衆德經》，或云《等集三昧經》。【略】晉武帝時，沙門竺法護到西域，得胡本還。自太始中至懷帝永嘉三年已前所譯出。

智昇《開元釋教錄》卷二　《等集衆德三昧經》三卷初出，《舊錄》云《等集衆德經》或直云《等集經》，與《集一切福德經》等同本，或二卷，見《聶道眞錄》及《僧祐錄》。

集一切福德三昧經

智昇《開元釋教錄》卷四　《集一切福德三昧經》三卷與竺法護《等集衆德經》等同本異出，第三譯，見《眞寂寺錄》【略】沙門鳩摩羅什秦言童壽。

王古《大藏聖教法寶標目》卷三　《集一切福德三昧經》三卷毗舍離城淨威力士自念我成就大力，閻浮提中無與等者，我當往觀佛何如我也。佛欲降伏，令目連取佛爲童子，時與兄弟捔力射箭著鐵圍山，佛言是菩薩父母生力非神通力，若以神力當過無量諸佛世界，佛說人牛象師子力士諸天力諸菩薩力，各各增上十乃當一，以至十，十地菩薩力等一後身菩薩力，至成佛時超百千陪過於菩薩魔梵人天等，不可喻說。次復較量種種福德，復說成就莊嚴福德種種法義，復次佛諸菩薩問答解說此三昧法義。

智旭《閱藏知津》卷二五　集一切福德三昧經三卷姚秦天竺三藏鳩摩羅什譯。佛三月後當入涅槃，千世界主那羅延菩薩請問護菩薩法，佛爲說三昧名。時有淨威力士懷慢而來，佛以父母生力示之，發菩提心。那羅延重請三昧之義，佛以發無上心荅之。次明修此三昧應成布施，持戒，多聞三種莊嚴。次明成就種種四法，能證無生。次爲力士授菩提記，及諸大菩薩各說菩薩所行法門。此一切菩薩所宜急急受持，令三寶種永不斷絶。

菩薩處胎經

綜述

僧祐《出三藏記集》卷一　菩薩處胎經出八藏記第三。《菩薩處胎經》云：『迦葉告阿難言：「佛所說法，一言一字，汝勿使有缺漏。菩薩藏者集著一處，聲聞藏者亦集著一處，戒律藏者亦著一處。』爾時阿難最初出經，胎化藏爲第一，中陰藏第二，摩訶衍方等藏第三，戒律藏第四，十住菩薩藏第五，雜藏第六，金剛藏第七，佛藏第八。是爲釋迦文佛經法具足矣。』

王古《大藏聖教法寶標目》卷五 《菩薩處胎經》一卷，佛自兜率天降神入母胎，現處宮殿，爲諸方來供養菩薩廣説法要，化度無量衆。現入六道種種化身，度諸衆生。説無盡寶法藏，分别五種非實神通，菩薩得六通慧。復説佛宿命作日月天子五星二十八宿，及作人天神仙外道，更無量苦行，無過涅槃，可謂眞道。説八關齋，是諸佛父母。龍受八關齋戒，金翅鳥不能害。帝釋受之，脩羅戰不能勝。如是等法不可具載，佛涅槃後賢聖結集，最初出經，此爲第一。

智旭《閲藏知津》卷二五 《菩薩處胎經》五卷姚秦涼州沙門竺佛念譯。天宫品第一，二月八日夜半，佛卧金棺，以神足力示處母胎宫殿，集十方菩薩爲文殊説法。遊步品第二，與彌勒及分别身觀菩薩説法。聖諦品第三，爲大衆説十住四禪。佛樹品第四，化現寶樹説希有法。三世等品第五，荅喜見菩薩問，荅彌勒菩薩問。想無想品第六，爲彌勒菩薩説并荅迦葉問，有盲人模象喻。住不住品第七，荅無住菩薩問。八種身品第八，説八方佛刹事，并説西方有懈慢世界，執心不牢固者生之。全身舍利品第九，説諸佛舍利住在下方者。常無常品第十，荅觀見無常菩薩問。隨喜品第十一，荅東方頂王菩薩問。五道尋識品第十二，現無量骨瑣令彌勒敲至佛舍利，則不能尋究其識。諸佛行齊無差别品第十三，變一切菩薩盡作佛身，同音説法度無量衆，次荅無盡意菩薩問，明往古諸天發心即成正覺之事。行定不定品第十四，荅常笑菩薩問，令大衆不復願樂在家俗業。入六道衆生品第十五，荅自在菩薩問，令衆生知六道苦。轉法輪品第十六，放光感上方東南方菩薩來，次説有盡無盡法。五神通品第十七，荅妙勝菩薩問，令諸衆生捨俗五通得六通慧。議住品第十八，荅普光菩薩問，明識與身非有先後。普權品第十九，荅舉手菩薩問，明菩薩權變適化。無明品第二十，荅智清淨菩薩問，明黑業受黑報白業受白報，又明補處菩薩生卑賤家化度父母事。苦行品第二十一，明六年苦行無益思惟正道乃得佛。四道和合品第二十二，荅遍光菩薩問，明不二入。意品第二十三，荅根蓮華菩薩問，明意在去來今，去來今無意。定意品第二十四，荅持空菩薩問，明眞實四不思議。光影品第二十五，佛現光影令諸會者皆同一色，次荅賢光菩薩問，明佛光神德。破邪見品第二十六，説光明佛時授記事。文殊身變化品第二十七，顯發文殊過去舍利，現在他方作佛。八賢聖齋品第二十八，荅智積菩薩問，明過去化生龍受八戒齋，化金翅鳥王亦受八齋。五樂品第二十九，明往古帝釋憶佛功德降阿修羅。緊陀羅品第三十，信解脱菩薩過去本事。香音神品第三十一，世尊過去本生事。地神品第三十二，荅善業菩薩問，明六大以識爲王。人品第三十三，荅法印菩薩問，明人種法。行品第三十四，荅造行菩薩問，明如來不免九惱。法住品第三十五，囑彌勒菩薩傳布此經。復本形品第三十六，世尊還在金棺寂然無聲，迦葉趨到説偈哀歎。起塔品第三十七，分舍利，各起塔供養。出經品第三十八，大迦葉與優波離阿難五百羅漢，并集他方羅漢，八億四千衆同結法藏。一胎化藏，二中陰藏，三方等藏，四戒律藏，五十住菩薩藏，六雜藏，七金剛藏，八佛藏。

著　録

僧祐《出三藏記集》卷二 《菩薩處胎經》五卷一名《胎經》。或爲四卷。【略】晉孝武帝時，涼州沙門竺佛念，以苻堅時於關中譯出。

智昇《開元釋教録》卷二〇 《菩薩處胎經》五卷初云《菩薩從兜術天降神母胎説普廣經》，亦直云《胎經》，或八卷，或四卷，一百一十五紙姚秦涼州沙門竺佛念譯。

中陰經

綜　述

智旭《閲藏知津》卷二五 中陰經二卷姚秦涼州沙門竺佛念譯

如來五弘誓入中陰教化品第一，佛示涅槃碎身舍利入火燄三昧，離舍利七仞坐寶蓮華令大衆見放光普照，集一切中陰與彌勒論中陰法，次捨釋迦牟尼名轉名妙覺如來，放舌相光集十方菩薩而爲説法。妙覺如來將諸菩薩入中陰教化品第二，妙覺如來入中陰分身品第三，賢護菩薩問事品第四，道樹品第五，神足品第六，破愛網品第七，三世平等品第八，無生滅品第九，空無形教品第十，如來捨中陰身入虚空藏三昧，但以聲教不覩其形。有色無色品第十一。歡喜品第十二，佛見所度已畢將遊他方歡喜説偈。

著録

僧祐《**出三藏記集**》**卷二**　《中陰經》二卷闕。晉孝武帝時，涼州沙門竺佛念，以苻堅時於關中譯出。

道宣《**大唐内典録**》**卷六**　《中陰經》二卷二十七紙，前秦竺佛念於長安譯。

智昇《**開元釋教録**》**卷五**　《中陰經》一卷房云見《別録》。

又卷一四　《中陰經》一卷，宋居士沮渠京聲譯。

又卷一九　《中陰經》二卷，二十八紙。

圓照《**貞元新定釋教目録**》**卷六**　《中陰經》三卷見《秦録》、《高僧傳》、《僧祐録》。

又卷二九　《中陰經》二卷，三十八紙。

蓮華面經

綜述

王古《**大藏聖教法寶標目**》**卷五**　《蓮華面經》二卷。如來於入涅槃三月前入跋提河浴，告阿難言，汝可至心觀如來身三十二相，久遠乃現難出難見，日月有大威德光明在佛身邊悉蔽不現，釋梵諸天王等常讚歎佛光明殊勝，如來舍利如芥子，恭敬供養者，所得功德無量無邊阿僧祇不可數不可説。次説佛付囑八部天龍夜叉王等，護持佛法佛鉢舍利，佛涅槃以後至彌勒佛時，放大光明作大利益等事。

智旭《**閲藏知津**》**卷二五**　佛説蓮華面經上下全卷隋烏萇國沙門那連提黎耶舍譯。佛將入涅槃，勅阿難諦觀金身，爲説舍利弗所作佛事。又爲現將來壞法惡事，令生厭離。次至菩提樹下，諸天哀歎，佛爲懸記蓮華面破佛鉢，及破鉢所作佛事。

著録

彦琮《**衆經目録**》**卷一**　《蓮花面經》二卷，大隋開皇年耶舍譯。

智昇《**開元釋教録**》**卷七**　《蓮華面經》二卷開皇四年二月出，沙門慧獻筆受。【略】沙門那連提黎耶舍隋言尊稱譯。

佛臨涅槃記法住經

綜述

王古《**大藏聖教法寶標目**》**卷五**　《佛臨涅槃記法住經》，佛記涅槃後一千年中，法住盛衰次第，正法滅後，有國王、大臣、長者、居士等供養恭敬，讚歎護持，建立佛法，皆是不可思議菩薩願力，與諸有情作大饒益。

智旭《**閲藏知津**》**卷二九**　《佛臨涅槃記法住經》唐大慈恩寺沙門釋玄奘譯，説從初百年乃至第十百年事。

著錄

智昇《開元釋教錄》卷八 《佛臨涅槃記法住經》一卷見《翻經圖》永徽三年四月於大慈恩寺翻經院譯，沙門大乘光筆受【略】沙門釋玄奘譯。

般泥洹後灌臘經

綜述

智旭《閱藏知津》卷二九 《般涅槃後灌臘經》預問四月八口、七月十五日浴佛陳供之法，佛誡不得口許而負其物，此物衆僧應分或施貧窮孤老。

著錄

僧祐《出三藏記集》卷四 《灌臘經》一卷或云《般泥洹後四輩灌臘經》。【略】新集所得，今並有其本，悉在經藏。

智昇《開元釋教錄》卷一二 《般泥洹後灌臘經》一卷一名《四草灌臘經》，亦直云《灌臘經》，西天三藏竺法護譯。右此《灌臘經》，《大周》等錄皆爲重譯，云與《盂蘭盆經》等同本異譯者誤也，今尋文異故，爲單本。

佛滅度後棺斂葬送經

著錄

智昇《開元釋教錄》卷一三 《佛滅度後棺斂葬送經》一卷一名《比丘師經》，亦名《師比丘經》《僧祐錄》云安公失譯經今附《西晉錄》。

智旭《閱藏知津》卷二九 《佛滅度後棺斂葬送經》附《西晉錄》，阿難請問荼毘之法，佛言應如轉輪聖王，又懸記千年後鉢顯神變事。

王古《大藏聖教法寶標目》卷七 《佛滅後棺斂葬送經》，右說佛葬儀及佛鉢化緣。

迦葉赴佛般涅槃經

智昇《開元釋教錄》卷三 《佛般泥洹摩訶迦葉赴佛經》一卷，亦云《迦葉赴佛般涅槃經》【略】沙門竺曇無蘭晉云法正，四域人也。以孝武帝太元六年辛巳至太元二十年乙未，於揚都謝鎮西寺譯《採蓮違王》等經六十一部，見《長房錄》。

智旭《閱藏知津》卷二九 《迦葉赴佛般涅槃經》東晉西域沙門竺曇無蘭譯。迦葉趨赴涅槃悲哀說偈。

佛入涅槃密跡金剛力士哀戀經

綜述

王古《大藏聖教法寶標目》卷八 《佛入涅槃密迹金剛力士哀戀經》，密迹金剛力士哀戀世尊，歎佛種種功德而爲無常所壞，帝釋勸止，謂佛事周訖，乃入涅槃，汝等不應生大憂惱等。

智旭《閱藏知津》卷二九 《佛入涅槃密跡金剛力士哀戀經》，失譯人名，力士哀戀，帝釋慰止。

著錄

智昇《開元釋教錄》卷四 《佛入涅槃密迹金剛力士哀戀經》一卷

【略】似是秦時譯出，數本經中並有秦言之字諸失譯錄並未曾載，今附此秦錄庶免遺漏焉。

佛說當來變經

綜　述

王古《大藏聖教法寶標目》卷五　《當來變經》，右佛說法滅時種種惡事。

智旭《閱藏知津》卷二九　《佛說當來變經》，西晉月支國沙門竺法護譯，說當來壞法事，增一至五，幷示修持要法。

著　錄

僧祐《出三藏記集》卷四　《當來變經》一卷【略】晉武帝時，沙門竺法護到西域，得胡本還。自太始中至懷帝永嘉二年已前所譯出。

智昇《開元釋教錄》卷一二　《當來變經》一卷或二卷，《當來變識經》，西晉三藏竺法議譯。

佛說法滅盡經

僧祐《出三藏記集》卷四　《法滅盡經》一卷。新集所得，今並有其本，悉在經藏。

智昇《開元釋教錄》卷一二　《法滅盡經》一卷，《僧祐錄》中失譯經今附宋錄。

智旭《閱藏知津》卷二九　《佛說法滅盡經》僧祐附《劉宋錄》　佛在拘夷那竭國，當般涅槃，默無所說，光明不現。阿難三問佛爲說末世衆魔比丘不如法事，乃至袈裟變白。

遺教分部

佛垂般涅槃略說教誡經

綜　述

智旭《閱藏知津》卷二〇　《佛垂般涅槃略說教誡經》姚秦天竺沙門鳩摩羅什譯。

囑諸比丘以戒爲師離諸惡法，對治諸苦及諸煩惱，勤修出世大人功德，所謂無求，知足，遠離，精進，不忘，禪定，智慧，及不戲論。蓋是最後丁寧，不啻一字一血，宜深玩而力行之。

法經《衆經目錄》卷三　《佛垂般涅槃略說教誡經》一卷後秦弘始年沙門羅什譯。原本一譯，其間非不分摘卷品別譯獨行，而大本無虧故宜定錄。

智昇《開元釋教錄》卷一二　《佛垂般涅槃略說教誡經》一卷亦云《佛臨般》，亦名《遺教經》姚秦三藏鳩摩羅什譯有《釋論》一卷。右此《遺教經》，《舊錄》所載，多在小乘律中，或編小乘經內。今以眞諦法師譯《遺教論》，彼中解釋多約大乘，小宗不顯，故移編此。

智旭《閱藏知津》卷二九　《佛垂般涅槃略說教誡經》亦名《佛遺教經》姚秦天竺沙門鳩摩羅什譯。囑諸比丘以戒爲師，離諸惡法，對治諸苦，及諸煩惱。勤修出世大人功德，所謂無求、知足、遠離、精進、不忘、禪定、智慧、及不戲論。蓋是最後丁寧，不啻一字一血，宜深玩而力行之。

著錄

僧祐《**出三藏記集**》**卷二** 《遺教經》一卷或云《佛垂般泥洹略說教戒經》。【略】晉安帝時，天竺沙門鳩摩羅什以僞秦姚興弘始三年至長安，於大寺及逍遙園譯出。

智昇《**開元釋教錄**》**卷一二** 《佛垂般涅槃略說教誡經》一卷亦云《佛臨般》，亦名《遺教經》姚秦三藏鳩摩羅什譯有釋論一卷。右此《遺教經》舊錄所載多在小乘律中，或編小乘經內，今以眞諦法師譯《遺教論》，彼中解釋多約大乘，小宗不顯，故移編此。

大集經部

佛說無言童子經

綜述

王古《大藏聖教法保標目》卷二　《無言童子經》二卷。是《大集經》第十二卷《無言菩薩品》異譯同本。童子生不啼泣，乃至八歲無所言說。佛言，此童子是大菩薩。已曾供養無量無邊諸佛，得不退轉，當成無上道。我今說是《大集》經典，此童子於此中，當說經法利益無量衆生，湧身空中讚佛功德。問答法要，無量衆生發菩提心，數十萬菩薩得無生忍。金剛齊菩薩與六萬億諸菩薩，從東方佛土來。在釋迦佛身内坐蓮華臺聽汝。而於佛身無有逼觸，而佛身無增無減無礙，有如是等不可思議法門。

智旭《閱藏知津》卷四　《無言童子經》二卷西晉月支國沙門竺法護譯，即前經《無言菩薩品》第七。

紀事

靖邁《古今譯經圖紀》卷二　沙門竺曇摩羅察，此言法護。本姓支後改姓竺，月支國人。八歲出家甚有識量，天性純懿操行精苦，篤志好學萬里尋師，屈兹未久。而博覽六經遊心七藉，解三十六種書，詁訓音義無不備識，日誦萬言過目咸記，妙閑三藏奉經遊方，先居燉煌，後詣京洛。自晉武帝太始元年歲次丙戌，訖于敏帝建興元年。爰暨江左所在翻譯【略】《無言童子經》一卷。

靖邁《古今譯經圖紀》卷二　沙門支法度，於晉惠帝永寧元年歲次辛酉。譯【略】《無言菩薩經》。一卷

著錄

僧祐《出三藏記集》卷二　《無言童子經》一卷或云《無言菩薩經》。

費長房《歷代三寶紀》卷六　《無言童子經》一卷或二卷，亦云《無言菩薩經》，出《大集》，見《聶道眞錄》。

法經《衆經目錄》卷一　《無言童子經》二卷是《無言品》或名《無言菩薩經》，晉竺法護譯。

大乘大集地藏十輪經

綜述

王古《大藏聖教法保標目》卷二　《大乘大集地藏十輪經》十卷《大方等十輪經》八卷。同本異譯，佛說地藏菩薩，已於無量無數大劫五濁惡時無佛世界。成熟有情，具足不可思議殊勝功德。於十方諸佛國土，利益安樂一切有情，除一切病惱，憂苦逼切。滿一切求願，有人於一食頃歸依供養，諸所求願速得滿足。勝於百劫歸依，供養諸大菩薩。經說，末法惡時人敗根如坏器。空見如生盲，五欲如石田不苗，十惡如臭身垢穢，此經滅衆生煩惱，令三寶久住。佛言，我遺法弟子，下至非器，無戒行雖應罰治無令還俗，護持我法國王大臣宰官。長壽安樂，獲十種功德利益。十輪者，人王治國，選用臣僚，撫安民人，敎兵禦敵。修營事業，給養功藝，賞善罰惡等。有十王輪，法佛輪十種敎化衆生，斷十惡，修十善。安立聖道降伏魔怨，令修行人成無上道。

智旭《閱藏知津》卷四　《大乘大集地藏十輪經》十卷廣大慈恩寺，

沙門釋玄奘譯。

序品第一。薄伽梵於佉羅帝耶山，說月藏已，南方雲來，雨諸供養，演諸法聲，衆會手中，各各現如意珠，雨寶放光。見十方土，又見身各地界增強。堅重難舉。無垢生天帝釋問佛，佛爲廣歎地藏菩薩功德，菩薩尋與無量眷屬，現聲聞像，來禮佛足，讚歎供養。佛又因好疑問菩薩問。廣述地藏無量功德，衆會興供，地藏轉供世尊，兼說神咒，利益一切。十輪品第二。地藏問佛，云何於五濁世能轉佛輪。佛荅，由本願力，成就十種佛輪。能居此土，即十力也。一一喻如轉輪聖王。無依行品第三。天藏大梵請問禪，誦，營福，三業爲出爲墜。剎帝輪王爲沉爲昇。佛荅二種十無依行，隨有一行，不成三乘。次明出家破戒，猶能生人十種殊勝思惟，不宜非理辱害。次明五無間罪，四根本罪，謗三寶罪，皆非佛之弟子。宜極護持四根本戒。次因優婆離問，具明舉罪有十非法，又十非人，有五法舉，有七法滅。次因地藏願救末世，爲說末世有十惡輪。謂國王宰官等，護惡比丘，惱害淨，衆即名爲旃陀羅。乃至破戒，無戒。不應辱害。引古羅刹醉象敬重袈裟爲證。若能遠離十惡輪者，則得十法增長，離二十過。天藏乃說護國不退輪心神咒。　有依行品第四。金剛藏菩薩問，既言破戒非佛弟子，云何不許辱害，又他經處處獨讚大乘。今經云何說三乘法，悉皆不許隱沒。佛荅十種有情，難得人身。復有十種無依行法差別，有四種僧及四沙門，是故破戒雖非佛子，不應受供。猶有聖賢幢相，不得辱害。三乘並是如來度生方便，雖修大乘，不得廢二。次示十有依行，三乘所其。復有十有依行，獨覺大乘所其。次復廣示大乘無塵垢行輪，無取行輪，隨衆生根。說三乘法，戒淨慈悲，安樂一切，乃名大乘。懺悔品第五。衆會聞法，各懺先罪。佛爲說十種法，能令菩薩獲得無罪正路法忍。謂不著五陰，此世，他世，三界。次明已得法忍，許處王位。或行十善，或信三寶，亦可爲王。否則決當墮落。　善業道品第六。金剛藏問，云何於三乘人法，得無過失，乃至菩提行願，心無厭足。佛荅，十善業道，即菩薩十輪。廣說因果利益。　福田相品第七。復明菩薩十財施大甲胄輪，十法施大甲胄輪，淨戒大甲胄輪，安忍大甲胄輪，精進大甲胄輪，靜慮大甲胄輪，般若，及善巧方便，大甲胄輪。大慈大甲胄輪，大悲大甲胄輪，堅固大忍大甲胄輪，故爲一切聲聞獨覺作大福田。　獲益囑累品第八，衆各獲益無量，佛以此法付囑《虛空藏菩薩》。

紀　事

靖邁《古今譯經圖紀》卷四　沙門玄奘，河南洛陽人。俗姓陳氏，穎川陳仲弓之後。鳩車之齡落綵，竹馬之齒通玄，牆刃干霄風神朗月。京洛名德咸用器之，但以隨曆去湮四郊多壘碩德高僧第如西蜀法師，以志學之歲即焉詢道至止。未久半滿洞微，二江鑒徒莫不嘉駭，戒具云畢偏肆毗尼，儀止祥淑妙式群範。洎武皇定鼎，文軌攸同泝江甸友，途經鄢郢，于時漢陽王以磐石之寄番鎮荆楚，先聞高譽殷請敷揚，爰於荆府天皇寺，講攝大乘及阿毗曇等論。淮海名僧欽風雲萃，王及群公親詣法筵，法師折微通質妙盡理，原王公碩識得未曾有，其時大德法師智琰等，並江漢英靈解窮三藏，既覩法師妙辯無尋泣而歎曰，豈期以乘榆末光得遇太陽初輝乎。遂以縱心之年師奘雜禮法師。自是厥後閱筌蹄乎，九丘探幽旨于八藏，常慨教缺傳匠理翳譯人遂使如意之寶不全，雪山之偈猶半。於是杖錫裹足履險若夷，既辰梵境籌諮無倦，五明四含之典，三藏十二之筌，七例八轉之音，三聲六釋之句，皆盡其微畢究其妙。然彼小乘爰洎外道，各搆異論誹毀大乘，法師遂造制惡見論，制十八部小乘，破九十五種外道。幷造會中論，融會瑜伽中論之微旨，以靜大乘之糺紛。于時中印度國戒日大王惣統五印諸國。內外博綜才藝俊越，覩于斯論歎而言曰，雖有顯大摧邪之殊益，然彰我大夏之蔑。人吾方九旬大施，可因此會之其臧否，遂散馳衆傳告萬里。以來所屬諸國勑能論者畢萃，大衆僉集。法師以所造二論六千餘頌，書于大施場門云，其有能破一偈當截舌而謝之，日日捊皷命于論人。凡一十八日，莫敢當者。于時戒日等王大小乘師內外諸道，咸用駭怛法師討論。一十七周遊覽百有餘國，以貞觀十九年迴靶，上京見帝于洛。帝大悅，即命所將梵本六百五十七部，勑於西京弘福寺翻譯。仍勑左僕射房玄齡，廣召國內碩學，沙門，惠明，靈潤等五十餘人助光法化。井勑太子，左庶子，許敬宗等專知監譯。到二十二年，已譯之經奉以奏聞。于時太宗文皇帝，以悟達之懷縱，玄覽而爲序。天文絢發冠日月而揚輝，皇上以文思欽明，暢叡想而興記。聖藻光續掞雲霞而布彩，又以其年十二月皇上在春。譬大孝之慮軫聖善之懷，奉爲文德皇太后。敬造大慈恩寺及翻經院，殿宇宏壯，窮班爾之工，瑩飾姸華，極㳂繪之妙，于時西東兩宮大出幡像，勑九部樂及京城諸寺，寶幢幡蓋綺華妙香。幷萬年長安諸坊，寶車衆伎。送奘所將經像及慈恩大德僧等。住慈恩及翻經院時。皇帝親御安福門，以香華等供養。至二十四日，皇儲親臨慈恩，度僧千人大赦京城，暨顯慶元年勑左僕射于志寧。侍中許敬宗，中書令來濟，李義府，杜正倫，黄門侍郎薛元超等潤文。國子博士范義頵，太子洗馬郭瑜，弘文館學士高若思等助知翻譯。【略】《大乘大集地藏十輪經》一部十卷。

著錄

智昇《開元釋教錄》卷八 《大乘大集地藏十輪經》十卷見《內典錄》，是《大集》第十三分，與舊方廣十輪同本，永徽二年正月二十三日於西京大慈恩寺翻經院譯。至六月二十九日畢，沙門大乘光等筆受。

佛說菩薩念佛三昧經

綜述

王古《大藏聖教法保標目》卷五 《菩薩念佛三昧經》五卷，與《般舟三昧》等經文別。《十方等大集菩薩念佛三昧經》十卷，右二經，同本異譯。諸天勸請佛說念佛三昧，一切天龍夜叉，阿脩羅菩薩羅漢。人非人等，海衆，大集，不空，見菩薩，見大神，變妙莊嚴事聞佛，請法大弟子，目連迦葉舍利弗，羅睺羅彌勒菩薩等說大神通各師子吼。佛說是三昧，甚深經典。

智旭《閱藏知津》卷五 《佛說菩薩念佛三昧經》六卷劉宋天竺沙門功德直共玄暢譯。序品第一。佛住耆闍崛山，淨居天子於夜後分供佛，請說念佛三昧。佛默許之。天子去後，微笑聲欬，聲徧十方，天人畢集。佛出僧坊，遙見寶地。復更微笑，不空見菩薩問知其故。即入三昧，於彼寶地，化作法座，請佛往坐。佛更動地，出廣長舌，述彼淨居天子請說《念佛三昧》。不空見本事品第二。過去寶肩佛時，無量力王，與二王子，一名師子，二名師子意，同供養佛。佛入涅槃，師子投火說誓。佛於火中復起，作大利益，然後滅度。師子尋生梵天，歷侍普密王等諸佛。無量力王，即今世尊。師子意，即今彌勒。師子即不空見。佛說此已，還入僧坊靜室。右脇而卧。神通品第三。不空見以神通力，莊嚴此界。阿難徧問目連，舍利，迦葉，滿慈，羅睺，及須菩提。各師子吼，述已平日神通。各言今非已作，衆會各獲大益。彌勒神通品第四。彌勒入城乞食，以一食供恆沙諸佛。化彼長者發菩提心，大地震動。彌勒亦師子吼，自說往因。讚佛音聲辯才品第五。不空見從三昧起，爲衆說佛音聲辯才，衆會獲益。讚如來功德品第六。不空見說佛德已，心念如來降臨衆會。佛以神力，動地放光，來至大會。不空見復告阿難，廣歎佛德。如來神力證正說品第七。佛摩不空見頂，印其所說。不空見復說偈，述其所見三世佛事。不空見勸請品第八。問法興供述意請荅。讚三昧相品第九。顯示念佛三昧功能。正觀品第十。先觀五陰不實，深生怖畏，具足慚愧，修行止觀。三空，四念，及以四等，乃至十二頭陀，三十七品，十善，十力等法。次復相續念佛十號，相好，六通，五分，等法。又當續觀即蘊異蘊是如來耶。六根四大，亦復如是。又觀無上菩提，不以身得，不以心得，不離身心，得無上道。次明離我見法，放光授記。微密王品第十一。不空見問捨無慚愧得三昧法，佛述過去明相佛時，勝微密王聞法出家秉一二法。修此念佛三昧已，成蓮華上佛。三法品第十二。不貪，不瞋，不癡。觀一切法無常，苦，無我。供佛，勸人供。發願，讚佛德，讚相好。發願隨喜，三世佛所，求念佛三昧。勸持品第十三。說過去寶勝光佛滅後，樹王比丘流通此三昧寶王。有帝幢天轉輪王，夢中聞此三昧，出家修學，成高行佛。是故得聞此三昧者，決定成佛。諸菩薩本行品第十四。九萬百千億那由他菩薩發心，持說修行，佛笑印之。正念品第十五。佛說正念諸法實相，是名念佛。菩薩聞已，得無生忍，安住三昧。皆見十方恆沙諸佛。大衆奉持品第十六。菩薩天人興，供佛重現瑞讚持。

《佛說大方等大集菩薩念佛三昧經》十卷隋南天竺沙門達磨笈多譯。與上經同，而文周足。正觀品分爲三，於十號相好下，名思惟三昧品第十一。於放光授記，名示現微笑品第十二。神通品第十三，即微密王品。修習三昧品第十四，即三法；勸持兩品。但缺正念，奉持兩品。

紀事

僧祐《出三藏記集》卷一四 沮渠安陽侯者，其先天水臨成縣胡人，河西王蒙遜之從弟也。初，蒙遜滅呂氏，竊號涼州，稱河西王焉。安陽爲人強志疎通，敏朗有智鑒，涉獵書記，善於談論。幼稟五戒，銳意內典，所讀衆經，即能諷誦。常以爲務學多聞，大士之盛業也。少時嘗度流沙，到于闐國，於衢摩帝大寺遇天竺法師佛陀斯那，諮問道義。斯那本學大乘，天才秀出，誦半億偈，明了禪法，故西方諸國號爲人中師子。安陽從受《禪要秘密治病經》，因其胡本口誦通利。既而東歸，於高昌郡求得《觀世音》、《彌勒》二《觀經》各一卷。及還河西，即譯出《禪要》，轉爲漢文。居數年，魏虜託跋燾伐涼州，安陽宗國殄滅，遂南奔于宋，晦志卑身，不交世務，常遊止塔寺，以居士自畢。初出《彌勒》、《觀世音》二《觀經》，丹陽尹孟顗見而善之，請與相見。一面之後，雅相崇愛，亟設供饌，厚相優贍。至孝建二年，竹園寺比丘尼慧濬聞其諷誦《禪經》，請令傳寫。安陽通習積久，臨筆無滯，旬有七日，出爲五卷。其年仍於鍾山定林上寺續出《佛母泥洹經》一卷。安陽居絕妻孥，無欲榮利，從容法侶，宣通經典，是以京邑白黑咸敬而嘉焉。以大明之末遘疾而卒。時有外國沙門功德直者，不知何國人。以宋大明中遊方至荆州，寓禪房寺。沙門玄暢請其譯出《念佛三昧經》六卷，及《破魔陀羅尼》。停荆歷年，後不知所終。

道宣《大唐內典錄》卷四 《菩薩念佛三昧經》六卷或《念佛三昧經》，見道慧《宋齊錄》【略】孝武帝世，西域沙門功德直，以大明六年於荆州爲沙門釋玄暢譯。暢刊正文義詞旨婉密。而暢舒手出，香掌中流水，莫之測也。後適成都，止大石寺，即是阿育王塔所。乃手自作金剛密迹等十六神像，傳至今焉。

靖邁《古今譯經圖紀》卷三 沙門功德直西域人，道契既廣，善誘日新。以宋大明六年，歲次壬寅到荆州。爲沙門釋玄暢譯《菩薩念佛三昧經》六卷無量門破魔陁羅尼經。一卷暢刊正文義，詞旨婉密，而暢舒手出香掌中流水。莫之測也。

又卷四 沙門達摩笈多，隨言法密，南賢豆國人。雖學年慕道落彩。冠字之暮戒具。尋師遍歷大小乘國。聞見既廣藝業無多。遂發大心遊方利物。凡所至國難以講說爲懷。暨開皇十年來屆瓜州。文帝延入京寺，至止未久大通隨言，勑於大興善寺譯。【略】《大方等大集菩薩念佛三昧經》十卷從開皇十年至大業末歲。譯經一十八部，合八十一卷。並文義淸素華質顯正，沙門彥琮行矩等筆受。

著錄

僧祐《出三藏記集》卷二 《念佛三昧經》六卷宋大明六年譯出，或云《菩薩念佛三昧經》。

智昇《開元釋教錄》卷五 《菩薩念佛三昧經》六卷或直云《念佛三昧經》，或五卷，第一譯，與隋笈多出者同本，是《大集》別分，見道慧《宋齊錄》及《僧祐錄》。

又卷一一 《菩薩念佛三昧經》六卷或無菩薩字。宋天竺沙門功德眞共玄暢譯第一譯。【略】《大方等大集菩薩念》《佛三昧經》十卷。隋天竺三藏達摩笈多譯出《內典錄》第二譯。二經同本異譯其隋譯本比於前經，後闕二品文不足矣。

大方等大集經

綜述

僧祐《大集虛空藏無盡意三經記》 祐尋《舊錄》，《大集經》是晉安帝世天竺沙門曇摩讖於西涼州譯出，有二十九卷，首尾有十二段説，共成一經。第一《瓔珞品》，第二《陀羅尼自在王》，第三寶女，第四《不眴》，第五《海慧》，第六《無言》，第七《不可説》，第八《虛空藏》，第九《寶幢》，第十《虛空目》，第十一《寶髻》，第十二《無盡意》。更不見異人別譯，而今別部唯有二十四卷。尋其經文餘悉同，唯《不可説菩薩品》後，《寶幢》分前，中間闕，無《虛空藏所問品》五卷。又經唯盡《寶髻菩薩品》，復無最末《無盡意所説不可思議品》四卷，略無二品九卷，分所餘二十卷爲二十四卷耳。又尋兩本並以《海慧菩薩品》爲第五，越至《無言菩薩品》第七，無第六品，未詳所以。又檢錄，別有《大虛空藏經》五卷成者，即此經《虛空藏品》，當是時世有益，甄爲異部。又別有《無盡意經》四卷成者，亦是此經末《無盡意品》也。但《護公錄》復出《無盡意經》四卷，未詳與此本同異。

紀事

道宣《續高僧傳》卷六 釋曇鸞，或爲巒，未詳其氏。雁門人，家近五臺山，神迹靈恢，逸于民聽，時未志學，便往尋焉，備覿遺蹤，心神歡悦，便即出家。內外經籍，具陶文理，而於四論佛性彌所窮研，讀《大集經》，恨其詞義深密，難以開悟，因而注解。

王古《大藏聖教法寶標目》卷二 《大方等大集經》六十卷，佛成正覺十六年，菩薩海衆悉來大集。佛於無縁象王衆中，欲宣説菩薩法藏，令知諸佛深境界，故於欲色天二界中間，化七寶坊，如大千世界。諸天龍鬼神等并及十方佛刹諸菩薩衆，一時雲集。佛説菩薩種種莊嚴，種種光明，十六大悲。壞衆生三十二惡業。如來大悲行相因縁及如來三十二業，眞實慧根慧業等法。一至四。《寶女所問品》五至六，説實語義語，毗尼十力，四無畏，十八不共法，三十七助菩提，分三十二相，業因三十二障。大乘法三十二速成就大乘法，如是等無量寶聚。不眴菩薩品，説一切諸法，自在三昧等。

智旭《閲藏知津》卷四 《大方等大集經》三十卷北凉中天竺沙門曇無讖譯。

序品第一。佛在耆闍崛山，往古佛住大塔之中，與六萬八千比丘，無量諸菩薩俱。時成正覺，始十六年，知衆大集，堪任受持菩薩法藏。即入佛境神通實見衆生三昧。於欲色二界中間，出大坊庭，如大千界。從三昧起，放大光明，與諸大衆上升寶坊。六欲天王，各各偈讚隨侍。佛至寶坊，坐師子座，又入無礙解脱三昧，一一毛孔放光，普照十方無量世界。光中説偈，爲勸放逸諸菩薩故，光徧十方，還從頂入。十方各有一大菩薩，與十恆沙諸大菩薩俱來。右繞萬帀，供養讚歎，次第而坐。佛從定起，聲欬聲徹十方，人及非人，四禪天衆，一切畢集。復放眉間光，入諸菩薩頂。於是諸法自在功德華子菩薩，入瓔珞莊嚴三昧。出師子座，從三昧起，偈讚請佛登。座次有寶杖等十菩薩各入三昧，令衆得益。乃至召魔王，來令其請轉法輪。佛讚其譬如百年闇室，一燈能破。次有法自在王菩薩，廣讚如來境界不可思議，歎惜衆生捨大喜小。會中三十億那由他百千萬億天人，發無上心。陀羅尼自在王菩薩品第二。佛放白毫光明，入陀羅尼自在王菩薩頂。菩薩化大寶蓋以覆如，來偈讚問法。佛荅菩薩有四瓔珞莊嚴，一戒瓔珞莊嚴，二三昧瓔珞莊嚴，三智慧瓔珞莊嚴，四陀羅尼瓔珞莊嚴。一各有增一至十等事，次明有八光明能壞諸闇，淨菩薩行。一念光，二意光，三行光，四法光，五智光，六實光，七神通光，八無礙智光，一一光復各八種。次明修習大悲有十六事，一壞妄見，二壞四倒，三破憍慢，四壞五蓋，五拔沉沒，六斷七慢，七斷惡道，八斷繫縛，九斷惡友，十施智慧，十一施因緣智，十二斷所見，十三斷三有，十四壞魔網，十五示樂因，十六開涅槃門。次明修三十二善業，壞衆生三十二惡業，一智慧，二上解欲，三法自在，四正命，五正見，六不放逸，七壞麁獷，八一切施，九淨戒，十忍，十一進，十二定，十三智，十四正義，十五壞世行，十六斷煩惱，十七除我見，十八訓諸根，十九壞邪説，二十知思，二十一壞增上慢，二十二善口語，二十三知足，二十四恭敬父母師長，二十五修七，財二十六身念處，二十七燃慧燈，二十八出離道，二十九捨左道，三十捨愛著，三十一信三寶，三十二修六念。次廣答如來十六大悲，非諸聲聞菩薩所及。引古旃檀窟佛，度非非想天一人。入定八萬四千大劫，待其下生與授記已。方般涅槃，次復明如來三十二業，即是十力，四無所畏，及十八不共法。於是如來顧問大衆，誰能守護如是供具，及此寶坊，令不毀損。待彌勒成佛十六年後，供養彼佛，及賢劫中五百如來。爾時，諸法神通自在王菩薩，即承當之有一神通魔王，問其安置何器，菩薩令其諦觀我身，見其齊中有水王光世界，佛號寶優鉢羅，坐大寶山，宣說正法。魔王即發大菩提心，誓不退轉。次陀羅尼自在王菩薩，荅師子幢菩薩，廣說八陀羅尼。所謂淨聲光明陀羅尼，無盡器陀羅尼，無量際陀羅足，大海陀羅尼，蓮華陀羅尼，入無礙門陀羅尼，四無礙智陀羅尼，佛莊嚴瓔珞陀羅尼，佛讚印之。并說其曾於過去淨光明佛時，名爲光頂菩薩。問佛寶炬陀羅尼義，聞已，即得，故今能說。次有慧聚菩薩，請問得已不失之故。佛廣荅以安住慧根，造作慧業，大地震動。次有具足四無礙智菩薩，請問以何因緣，名爲慧聚。佛說過去功德，佛藏時，曾爲念意菩薩，不起於座，荅佛所問百億事義，大衆獲益，故得此名。次乃付囑流通。《寶女品》第三。世尊故在大寶坊，中有寶女手持白眞珠貫，隨誠言力，徧著佛及諸菩薩頂。衆歎希有，佛述成之。女問實語、法語、義語、毘尼語義佛，具荅之。十千菩薩得無生忍。女爲舍利弗說三十二菩薩寶心，悉無聲聞辟支佛心，又爲說四無礙智。舍利弗問其夙因。佛說過去分別見佛時，曾爲輪王，供佛發心，久已離男女身，今以方便示女身耳。寶女請問十力世尊，是即是離又何故說十，非一非百。佛說非即非離，能說十事，故名十力。雖說十力，一具無量，爲流布故，說言十力，因廣說十力，無畏，十八不共，皆從菩薩修行聽得。又荅三十二相業，因地動獲益。次荅修行法行問。次寶女爲舍利弗說不退印，地動獲益。佛又荅寶女大乘問，次說三十二障礙事，三十二速得大乘事，結益囑持。不眴菩薩品第四。東方普賢佛所，不眴菩薩來供養佛，讚歎問法。佛爲說一切法自在三昧，次明具足一至十法，能得三昧。大衆獲益，次不眴爲舍利弗說，無住義，無生忍義。佛讚印之。因說得心自在，即能得法自在三昧。次爲舍利弗說，不眴夙因。乃於過去自在王佛時，名爲法語比丘，久修久證此妙三昧，不眴又爲舍利弗說梵行法，大衆獲益，付囑流通。《海慧菩薩品》第五。大水盈滿，出生無量芬陀利華。大衆各自見在華上，華出大光。彌勒問何因緣。佛言，下方寶莊嚴土，海智神通佛所，有海慧菩薩，欲來聽法故，海慧即來。先入三昧，今此大衆得見彼土，次偈讚佛。請問淨印三昧，佛爲具說菩提心寶，三押不壞，具足六度。次說穿菩提心，次說三昧根本，所謂三業隨智，復有十淨，具三十法，得八不共。次明遠離滓濁，破壞四魔。次爲舍利弗說師子初產，小火燒薪等喻。復爲海慧說過去勤精進佛，示堅固莊嚴菩薩四法，一者發心，二者作心，三者觀心，四者如法住。既廣釋已，菩薩奉持，勤行精進，今成世尊。次有修悲梵天請問海慧，何名佛法。荅以一切法即是佛法，無有二相。菩薩有八種力，聞深佛法，不生怖畏，佛讚印之。兼明能護正法，有四四攝。次有功德寶光菩薩問護法義。佛舉過去大智聲力如來，荅法護菩薩所問護法之義。兼以付之山王等十九菩薩，各言能護。文殊師利言其悉是謬語，以世尊不得一法故。佛讚印之。文殊又說持經有十利益，大衆發心，地動出光，海慧復問世尊，何法攝取大乘。佛荅以百種一法，百三十種二法，五十六種三法，及障礙大乘三十七種四法。衆又獲益，大地震動，天人讚善。佛復偈歎大乘功德，又爲海慧廣說門句，法句，及金剛句，於是十方菩薩興供偈讚。慧聚菩薩申明佛出世義。佛舉然燈授記時，七種三淨，以印成之。海慧復問菩薩發何等願。佛荅以如本發願，及說種種方便智慧。次說過去無邊光佛，爲淨聲輪王說八種四法，王悟無生，出家修道。佛又爲說出家二十四益，并示以常淨自界，淨聲如法觀已，即得神通辨才。彼時淨聲，即今海慧。次又爲說，如法而說，如說而住之義。引古師子捨身救二猴子之事爲證。次有二十一菩薩各說如法住義，海慧復廣明魔業。佛廣說壞魔業道，波旬莊嚴四兵，來趣寶坊。海慧以神通力，持置東方破疑淨光佛國，令發大菩提心，又令此彼兩國，互得相見，互得大益，佛復說咒四章，付囑流通。《虛空藏菩薩所問品》第六。婆伽婆遊妙寶莊嚴甞堂，與比丘六百萬，菩薩不可說人俱。世尊分別大法方便，於時大千世界，忽皆不見。唯見微妙寶臺，反見高師子座。舍利弗請問因緣。佛言，東方一寶莊嚴佛所，有虛空藏菩薩欲來至此，菩薩尋與十二億衆俱來，供養讚歎，寶臺震動。乃問云何行六度與虛空等。凡三十問，佛一一荅之。於六度中，一一各有四法成就，又有八法能淨。於六念中，詳明念佛三身，及念天差別。於陀羅尼中，具明三十二修，於二十四辯，具明二十四種修因。既荅釋竟，大衆獲益，速辯菩薩問何因緣，名《虛空藏》。佛言過去普光明王。佛時，曾爲師子進菩薩，入定兩寶，即獲此名。於是衆會渴仰，欲見神力。遂承佛命，人稱一切衆生意三昧，兩法及財，大衆獲益。又以神力，釋生疑菩薩之疑。佛又述久遠過去淨一切願威德勝王佛時，曾爲衆天灌頂輪王，已得不退菩提心三昧，生疑因請虛空藏説三昧行業。虛空藏荅八萬四千諸三昧門，略舉八十三名。次舍利弗問生疑名，生疑自荅釋之。虛空藏復請佛説諸菩薩大誓莊嚴，及道莊嚴。次有寶德菩薩問虛空藏修出世聖道之義，反入於涅槃，行菩薩行之義。衆又獲益，如來讃印。虛空藏乃推功於佛力，寶德問其意旨，仍荅釋之。次又荅阿難問，於是五百聲聞，各脱鬱多羅僧，供虛空藏。虛空藏即遣此衣至東方袈裟幢世界，山王佛所，施作佛事。次有光明莊嚴梵天，雨花作樂供養。請問菩薩善根資糧，及出要智方便，佛廣荅之。天歎希有。謂能以四句義，總説一切菩薩行。虛空藏語梵天言，一句亦能總攝一切佛法。謂離欲句，空句等。略舉十四一句，一一皆能總攝佛法。如佛法，一切法亦然。以是等句，皆非句故。一切佛法非句，假名爲句。次有寶手菩薩，請問何謂安一切佛法根本。虛空藏荅以住菩提心，次以二法攝菩提心。次以四法攝二，八法攝四，十六攝八，三十二攝十六，六十四攝三十二，百二十八攝六十四。寶乎讃歎興供，波旬化作長者與佛問荅。佛勑十六菩薩，各説過魔戒行。波旬興供，虛空藏説咒，魔子亦勉強發心。佛爲懸授記莂申越長者疑悔盡除。六十八億菩薩發願持經，佛爲較量功德，并説咒術。四王帝釋亦各説咒，梵王，彌勒，阿難，及功德莊嚴菩薩。皆悉受持。佛與十方諸佛，同放大光囑累。《無言菩薩品》第七。王舍城師子將軍生一子，空中有天誡之，八歲不言。今以佛力，同其父母親屬，共到寶坊，現大神通，説偈讃佛。大衆獲益，典供，將欲問佛，先與舍利弗互相問荅，次問聞聲，及善思惟，生於正見。佛廣荅之。無言復荅舍利弗問得正見義。次乃問信，進，念，慧，四力，佛廣荅之。衆會得益。無言次荅蓮華菩薩倒見如見義，及菩薩義。佛讃其得慧燈三昧。因即廣明能攝六萬諸三昧門。譬如日出，能爲四事。又如寶珠，亦如虛空，亦爲一切法頂，衆又得益。動地興供。次於世尊齊中，出一金剛齊菩薩。傳東方慧橋如來命，問安聽法。及六萬億菩薩皆在佛身內坐聽法。次從一毛孔出，禮佛卻坐。金剛齊復與無言問荅，顯發無性，無聲，法界無二，深義無。言復入金剛三昧，令此世界悉爲金剛。金剛齊盡其神力，不能破一微塵。次明有四四法能得金剛三，昧無言次爲同來眷屬説四十事莊嚴菩提之心。十法常得親近諸佛菩薩，父及眷屬，得柔順忍。佛乃付囑受持。不可説菩薩品第八。世尊故在大寶坊中，不可説菩薩讃佛，入定問説大事，地動興供，衆獲大益。又即演説不誑如來之義。無畏菩薩因問云何名誑如來。不可説分別荅之。兼明無出之出，名佛出世，佛讃印已。無畏問誰常信者，寶女遂與廣相問。荅次爲舍利弗廣説譬喻，明聲聞與如來。於無差別。法界中而有差別。又荅無畏調伏問，報恩問。謂三十二業名菩提行，此能報恩。二人必死不治。謂聲聞緣覺，無畏以衣供養。寶女不受，復作種種問荅。次有勝意天子問説與不説之義。不可説化作比丘證信。復與勝意種種問荅，亦與舍利弗種種問荅，舍利弗深讃印之。佛亦讃舍利弗。不可説復與佛問難得受記義，八千菩薩得無生忍。昇空説偈，魔王化作比丘而來。不可説以神通力，令其懺悔。爲説十六種法，發菩提心。又説三十二法，向菩提心。又請世尊説不可説六波羅密，魔王歡喜，大衆發心。

寶幢分《魔苦品》第一。世尊在寶坊中，重述初成道時，優波提舍，及拘律陀。遇見馬宿比丘，聞法見諦，魔不能擾之事。往古品第二。仍述魔衆發心問法，荅以四法。不近惡友，速得菩提。於是地意菩薩請問不可説義可覺知否。佛言不可説智，即一切智。因反問以佛智。十五菩薩各各荅已。樂欲菩薩復與文殊問荅，佛讃印之。魔衆得無生忍，大會獲益。佛爲説過去業，謂往古香功德。佛説寶幢陀羅尼門，華目比丘，化無量衆，善行大臣，發惡誓願，華目今成世尊。善行今爲波旬，還得受記。魔調伏品第三。魔盡其力，欲害於佛。舍利弗，目犍連富樓那，須菩提入城四門，各調五百魔子。佛現蓮華，説偈遠聞。魔被五縛，詐心歸依，七走不脱，至心聽法。三昧神足品第四。佛欲入城，諸天競阻。佛以大聲慰之，心遊首楞嚴定。令諸衆生各見所事之像。光味仙人，與五百弟子，聞佛説偈，皆得寶幢三昧。讃佛得記。相品第五。佛入三昧，令王舍城有十二門，門一如來，諸魔天神，各興供養。於香花中，説偈周聞。佛又入佛莊嚴瓔珞三昧，令界清淨，十方雲集，説偈普益。次燈光味所造寶梯，坐蓮華上，勸發波旬，生歡喜心。波旬吐惡獻佛，佛變其氣成須曼華，徧供十方諸佛。集十方佛，及諸菩薩。《陀羅尼品》第六。十方諸佛同聲説《大集金剛法》心因緣《自在陀羅尼》。月光童子菩薩亦説神咒。菩提自在梵王，正語梵天，皆現女身說咒。佛又說咒以加護之。《護品》第七。善繫意菩薩變現八萬四千色身，調伏衆生。佛與授記。《授記品》第八。莊嚴華魔王，誓以女身廣度衆生。說咒護法，吉意菩薩述其本事。佛皆與記。《悲品》第九。十方諸佛爲莊嚴華反吉意二大菩薩說咒，二人受持。佛復勸諭波旬發心，波旬不發。《護法品》第十。佛以正法，付囑國王諸天，各發弘願。《四天王護法品》第十一，梵王帝釋四王各說一呪，疑心菩薩問魔悉來集否。佛言都集，又問有信心否。佛言皆有信心，唯除波旬眷屬千人，當來破壞三寶，至法滅時，乃得信心，亦當成佛。次有大白魔天說咒動地，護持佛法。曠《野鬼品》第十二。五百菩薩以大願力，現鬼畜身，調伏鬼畜。說二神咒。《還本品》第十三。十方諸佛欲還本界，動地雨花。月香如來荅梵天問。成就十法，能護正法。

虛空目分《聲聞品》第一。世尊故在大寶坊中，諸聲聞等猶生大慢，不得四果。佛舉瞻婆華鬘，發大誓願，出生四寶。寶出大光，鄉之虛空。鬘中說偈，衆悉來集。佛爲宣說雜四眞諦。華鬘徧往四方佛土，南方金剛光明功德如來，遣金剛山童子說法目陀羅尼來贈。西方智幢如來，遣勝幢童子說淨目陀羅尼來贈。北方發光明功德。如來遣勝意童子說，光目陀羅尼來贈。東方寶蓋光明功德如來，遣虛空聲童子說聖目，陀羅尼來贈。四童子變此世界令淨，與大衆來，供養偈讚，各傳佛命，地動龍集。正語天女說咒護法。佛爲憍陳如廣說法行。具明阿那般那，乃至八忍八智。亦說滅後六部差別，亦說奢摩他毘婆舍那。四念處，三解脫，四禪，四定，及出世定。是名法目陀羅尼。與金剛山所持來者無異。說是法已，舍利弗目犍連等，皆得四果。《世間目品》第二。佛放白毫相光，照十方土，人天畢集。頻婆娑羅請問十二月相。佛說雪山仙人共虎行欲，生十二子，父母忘後，歸依梵天，至十二年，感天與願佛說相法悉不譯出。《彌勒品》第三。彌勒心念說偈問佛，佛爲廣說十二因緣。是名淨目陀羅尼也。《四無量心品》第四。頻婆娑羅王問供養修四無量菩薩，得幾所福。佛言，具八事，無八怖，具足八大丈夫，次有淨光菩薩，與無勝菩薩，互相問荅，衆會獲益。《淨目品》第五，無勝意童子請問慈無量心，相體因緣果報。佛入調伏衆生無所畏懼三昧，放肉髻光，照無邊界，說偈，衆生悉集寶坊。佛爲說三種慈，并說修相。明星天子問慈心果，佛具荅之。天子於諸禪定，出入自在，說咒利生。佛因爲說十二菩薩現爲畜生，調伏衆生，居閻浮外四方海中，每方各三東，蛇馬羊。西，猪鼠牛。南，猴雞犬。北，師子兎龍。即令十二生肖也，并說求見咒法。《聖目品》第六，明星菩薩問修悲法。佛言，當觀八苦，明星得無生忍。衆獲多益。次說修喜，修捨。辟支《佛乘品》第七，無勝意問緣覺乘人所修慈，悲，喜，捨，佛荅以修法緣慈等。《聖目無礙智品》第八。虛空聲童子請問無緣梵行。佛入虛空幢三昧，面門放光，照十方界，大聲集衆，乃演說之。大衆獲益。護《法品》第九。文殊等九萬二千億童子，請佛願力加持法門。佛言，四方四佛，先已有願。今以此法付囑天龍鬼神，十方菩薩請佛制戒。佛言止，佛自知時。次問頻婆娑羅國法，隨制四重。及囑護佛法者，應擯治不如法惡比丘。《大衆還品》第十。佛復安慰諸天，一切衆生各發願。《寶髻菩薩品》第十一。東方淨住佛國，寶髻菩薩，與八千菩薩，賫妙寶蓋，覆千世界，來供養佛。讚聲徧滿大千，請問淨行法印。佛荅以十分之，一謂一者波羅密行，二者助菩提行，三者神通行，四者調衆生行。并說過去一切衆生樂念，如來亦說此法。時有實聚菩薩，復問莊嚴自身，莊嚴菩提樹法。彼佛荅以不放逸法。其時寶聚，即今寶聚。次又說四種四，法調伏衆生，及說過去廣光明佛時，淨精進菩薩，調伏財功德婆羅門事，寶髻即解髻珠供佛，佛與授記。

日密分《護法品》第一。世尊故在大寶坊中，蓮華光功德大梵菩薩，請說清淨法聚。佛令菩薩各入禪定放光，十方雲集。佛示生身，法身，二種供養。次明破戒受施，現在未來各四惡果。又明未來惡王使奪法師物者，現得二十種惡。捨身墮大地獄。借歷鬼畜，能護法者。功德甚大。《陀羅尼品》第二。東方五功德，佛遣日密菩薩。持眞陀羅尼，及蓮華陀羅尼來。南方山王佛，遣香像王菩薩，持隨空三昧陀羅尼，及大行陀羅尼來。西方高貴德王佛，遣光密功德菩薩，持斷業陀羅尼，亦名隨無願，及大神良咒來。北方德華密佛，遣虛空密菩薩，持淨陀羅尼來。分別說欲品第三。日密偈讚傳欲佛語，舍利弗受持是陀羅尼。分別品第四。四大菩薩各各入定放光。憍陳如請問愛與士夫行於生死。佛爲分別廣說如實陀羅尼，衆得大益。重問蓮華陀羅尼，佛不許說。次問如空行陀羅尼，佛爲說之。衆又得益。次問隨無願陀羅，尼佛爲說之。衆亦得益。次問一切世間不可樂想，食不淨想，佛爲說之。亦即是隨無願陀羅尼，衆又得益。舍利弗次問淨陀羅尼。佛說破四倒法，衆又大益。《不思議大通品》第五。頻婆娑羅王請問佛光，佛勅四衆各入三昧，佛亦自入佛境界三昧，一切世界，悉入佛身。一切衆生，獲大利益。波旬大苦，命空樹大臣，往勅諸龍，龍集大山，皆失勢力。復有戒梯大臣，先往佛所，佛令憶本誓願，得如法忍。龍受大苦，歸依光味大仙光味勸令歸佛。《救龍品》第六。佛趨須彌山頂，放光救龍王苦。大聲說諸法印，所謂無常，苦，無，我等。文來未盡。

智昇《開元釋教錄》卷一一 《大方等大集經》三十卷。北涼天竺三藏曇無讖於姑臧譯第三譯，三譯二闕謹按。梁沙門僧祐《大集記》云，有十二段說共成一經，第一《瓔珞品》，第二《陀羅尼自在王品》，第三《寶女品》，第四《不眴品》，第五《海慧品》，第六《無言品》，七《不可說品》，八《虛空藏品》，九《寶幢分》，十《虛空目分》，十一《寶髻品》，十二《無盡意品》，今檢經本與祐記不同。第一《陀羅尼自在王菩薩品》亦有經本分爲《瓔珞品》者，不然此是一段，不合分二，後《大哀經》即是此品第二《寶女品》，第三《不眴菩薩品》，第四《海慧菩薩品》，第五《虛空藏菩薩品》，第六《無言菩薩品》，第七《不可說菩薩品》，第八《寶幢分》，第九《虛空目分》，第十《寶髻菩薩品》，第十一《日密分》尋檢群錄，此《大集經》卷無定準，或云二十九，或云三十，或三十一，或三十二，或四十卷，今時《大集》多分三十，其《日密分》文不具足，合少一卷，其三十一卷者文應備具，今尋求未獲然僧祐記中無《日密分》，有《無盡意品》者不然，今以《無盡意經》雖是大集，別分非無讖譯。又非次第不合入中。其《虛空藏品》祐在不可說後未詳所以。今從《陀羅尼自在王品》至日密分總十一分。其《日藏經》與日密分同本異譯。亦是第十一分《日密》、《日藏》，初俱云說虛空目安那般那甘露門已，次說此經。又《日密分》既於《虛空目》後說，準義不合。隔《寶髻品》，今經本中有此品隔，未詳所以。又《日密》、《日藏》雖是同本，其《日密分》文極撮略，後文復闕，可少卷餘《月藏經》是第十二分或有經本題云《大乘大集經月藏分》第十二經，初又云化諸龍衆說《日藏經》已，次說此經《十輪經》是第十三分初云說《月藏經》已，次說此經，此《十輪》後第十四分，本在西方未流於此《須彌藏經》是第十五分經初題云《大乘大集經》須彌藏分第十五第十六分合是《虛空孕經》初云授功德天記別法已，次說此經，然《須彌藏經》因功德天問如來方說故，知此經合居其次。其《日藏經》初在迦蘭陀竹園說，次昇須彌頂。後因龍請往佉羅帝耶山，《月藏》等四經並在佉羅帝耶山說。次第如是，其《念佛三昧》、《賢護》、《譬喻王》、《無盡意經》等，雖是《大集》別分，既不知次第，難可編記。然隋朝僧就合《大集經》，乃將《明度五十校計經》題爲《十方菩薩品》，編《月藏》後，及《無盡意經》成五十八卷者非也。既無憑準，故不依彼其合《大集經》亦有六十卷成者，三十一、二兩卷重有《寶髻品》，足成六十，其《寶髻品》在《日密》前二十、七卷是，此復重編，未詳何意，又《日密》、《日藏》梵本不殊，重重編載，誤之甚矣若欲合者，前《大集》中除《日密分》有二十七卷，以《日藏分》替處續次《日密》、《日藏》梵本雖同，《日密分》中文略闕少，故以《日藏》替之次《月藏》，次《地藏十輪》唐譯十卷成者次《須彌藏》，次《虛空孕》，後之四經雖不知說次，以意合之，亦將無失。《虛空孕》後，次《念佛三昧》以宋朝譯六卷者，充其隋譯十卷者後，闕二品次《賢護》，次《譬喻王》，末《無盡意》，總成八十卷，亦將契矣其《無盡意經》初首題云《大集經》，中無盡意菩薩說《不可盡義品》第三十二品即分也，是第三十二分，然僧祐記中在《寶髻品》後，及僧就所合《大集》編之於末者，是非明矣。又有《善住意天子所問經》，詳其文義。合是《大集》別分，今已編入《大寶積》中，不可雙載，故此闕也。

大覺《四分律行事鈔批》卷一 《大集經》五部者。一曇摩□多部，二薩婆帝婆部，三迦葉毗部，四彌沙塞部，五婆蹉富羅部，六摩訶僧祇部。問此經，已列六部名。何因言五部，古來多釋，今且一解，僧祇既能廣博遍覽五部經書，明知不別執宗。是故據宗但唯言五部上來略。

著 錄

僧祐《出三藏記集》卷二 《方等大集經》二十九卷或云《大集經》，玄始九年譯出或三十卷，或二十四卷【略】晉安帝時，天竺沙門曇摩讖至西涼州，爲僞河西王大沮渠蒙遜譯出。或作曇無讖。

費長房《歷代三寶紀》卷九 《大方等大集經》三十一卷第三出，與漢世支讖所出二十七卷，秦世羅什所出三十卷廣略小殊，或二十九卷，或三十三不定者，由初出未勘定即抄寫，致本不同，今翻驗矣，見《竺道祖錄》。

道宣《大唐內典錄》卷三 《大方等大集經》三十卷第二出，與支讖出二十七卷小異，見李廓《今別錄》及二《雜錄》，並題新字，如舊明矣，今十六卷。

又卷九 《大方等大集經》六十卷或五十八卷，北涼曇無讖譯前三十卷。齊隋時耶舍譯後三十卷，右一經，前後一十四譯。所謂《大哀》、《空藏》、《寶髻》、《寶女》、《無盡意》、《阿差末》、《寶星》、《淨行》、《自在王》、《奮迅王》、《須彌藏》、《無言》、《童子》等，並錄本經之別品，後人隨部別今行，捻會通重本，未足開於後代。

智昇《開元釋教錄》卷四 《大方等大集經》三十卷，或加新字，或二十四卷。與支讖無讖所出者同本，見二《秦錄》及《李廓錄》。

虛空孕菩薩經

紀事

靖邁《古今譯經圖紀》卷四 沙門闍那崛多此言志德，北印度揵達國人，刹帝利種，少懷達量，長垂清範，遊涉行化，來達茲境，初以周武帝世。【略】《虛空孕菩薩經》二卷【略】總三十三部，合一百五十卷，沙門僧曇、道邃、僧琨、明芬、道密、學士費長房、劉憑等筆受。曉殊俗語，明深祕旨，凡所翻譯，不勞傳度，理會義門口圓詞體。

著錄

費長房《歷代三寶紀》卷一二 《虛空孕菩薩經》二卷開皇七年正月出，三月訖，沙門僧曇筆受沙門彥琮制序。

靜泰《眾經目錄》卷二 《虛空孕菩薩經》二卷三十一紙隋開皇崛多譯。

道宣《大唐內典錄》卷八 《虛空孕菩薩經》二卷。

又卷九 《虛空孕菩薩經》二卷。隋開皇年崛多譯。右一經，四譯，後秦佛陀耶舍出者，名《虛空藏神呪經》，宋時曇摩蜜多出，名《觀虛空藏菩薩經》，又別譯爲《虛空藏經》，廣略殊文，義同一揆。

智昇《開元釋教錄》卷七 《虛空孕菩薩經》二卷《大集》第十六分，第四出，與《虛空藏經》及《虛空藏神呪經》等同本，開皇七年正月出，三月訖，沙門僧曇筆受，彥琮製序，見《長房錄》。

虛空藏菩薩經

綜述

王古《大藏聖教法保標目》卷二 《虛空孕菩薩經》二卷，《虛空藏菩薩經》此後不開卷數者並是一卷，《觀虛空藏菩薩經》，《虛空藏菩薩神呪經》，右四經，同本異譯。說虛空藏菩薩，不可思議功德。能滿種種，求願救苦懺罪，密塗治圊廁等法。若見虛空藏，天冠如意珠，或珠，印印文有除罪字。或聞空中聲唱言罪滅，皆是罪滅相。禱疾病者，或夢得藥，或見像，或疾病即除，《虛空藏》或譯云《虛空庫》，又爲虛空孕，譯文不同其義一也。以此而推，觸類而長之。則凡於佛說，可以得意而忘言矣。

智旭《閱藏知津》卷五 《虛空藏菩薩經》一卷姚秦罽賓國，沙門佛陀耶舍譯。佛住佉羅底翅山，說破惡業障陀羅尼。西方勝蓮敷藏佛所，虛空藏菩薩，欲來供養。先現如意寶珠，照空大會，唯存佛光。除大菩薩，餘皆迷惑，梵頂菩薩問佛，佛說無斷常法，大衆復見如故。佛指西方，廣歎虛空藏功德，大衆渴仰。虛空藏復以神力，淨此世界。令衆手中各有寶珠，雨諸供具，現大實蓋，供養如來。現寶蓮華，而坐其上。彌勒致疑，藥王荅釋。佛讚藥王，重歎虛空藏神力。說求請呪，彌勒問頂上妙珠之因。佛具荅之。明其能除國王五根本罪，亦除大臣五根本罪，亦除聲聞五根本罪，亦除初心菩薩八根本罪，亦滿衆生一切所求。虛空藏次從座起，跪問何以能於五濁施作佛事。佛以虛空，自性清淨之義荅之。虛空藏即説無盡降伏師子奮迅陀羅尼。佛讃印其能滅重罪。令生佛國。《虛空孕菩薩經》二卷隋北天竺沙門闍那崛多譯。即前經異出，而小不同。《虛空藏菩薩神咒經》。劉宋罽賓國沙門曇摩密多譯。亦即前經同本，而有缺略。《觀虛空藏菩薩經》譯人同上。佛住佉陀羅山，優波離問，欲治罪者，云何作觀。佛言，先依決定毘尼，敬禮三十五佛。次想此菩薩頂，有如意珠，若見此珠，即見天冠中現三十五佛。珠中現十方佛，或得除罪字印臂，或聞空中唱罪滅，便堪入僧。或使知毘尼者得夢，須更懺悔。乃至八百日治厠，再三七懺，重與授戒。

紀事

靖邁《古今譯經圖紀》卷三　沙門求那跋陁羅，此言功德賢。中印度人，幼學五明四韋陁論。志性明敏，度量該博。後遇《雜心》，莫測涯際。方悟佛法崇深，投簪落彩。專精志業，博通三藏。慈和恭恪，事師盡札，捨小學大，則深悟幽旨。以宋文帝元嘉十二年，來至楊都。帝深重之，勑住祇洹寺。至宋元嘉二十年歲次癸未，於楊都瓦官寺，譯【略】《虛空藏菩薩經》一卷惣七十八部，合一百六十一卷。惠觀等筆受，弟子法勇傳語。荆州刺史南譙王劉義宣，嘗請講《華嚴經》。跋陁自愧，未善宋言。遂旦夕，禮懺求觀世音。忽夢有人，白服持劍，擎一人頭來謂陁曰，何故憂耶。陁以意對，荅曰，不須多憂。即便以劍易於陁首，更安新頭問曰，得無痛耶。荅云不痛。既悟心神喜悅。於是就講辯注若流，後還楊都。屬帝燕會王公畢集，帝欲試其機辯，并解人意不。帝見其白首，而謂之曰，師今日不負遠來之意，自外如何唯有一在。賢即荅言，慕化遠來天子，恩遇垂三十載。今年七十一，唯一死在。帝大悦，勑命近御而坐，兼工呪術，既善大乘，時人號曰摩訶乘。

李華《玄宗朝翻經三藏善無畏贈鴻臚卿行狀》　三藏沙門輸婆迦羅者，具足梵音應云戍婆誐羅僧賀唐音正翻，云淨師子，以義譯之，名善無畏。中印度摩伽陀國人，住王舍城那爛陀寺。本刹利種姓，刹帝利捨俗榮貴，依佛出家，神氣清虛。道業恢著，精通禪惠，妙達總持三藏門。一心遊入五天諸國，久播芳名，大悲利生。有緣東漸，塗至北印度境，響震摩賀支那。我皇授集賢良，發使迎接。以開元四年景辰，大賫梵夾，來達長安。初於興福寺南塔院安置，次後五年丁巳歲，於菩提寺譯《虛空藏菩薩經》。

著錄

僧祐《出三藏記集》卷二　《虛空藏經》一卷或云《虛空藏菩薩經》，三藏後還外國，於罽賓得此經，附商人送至涼州。【略】右四部，凡六十九卷。晉安帝時，罽賓三藏法師佛馱耶舍以姚興弘始中於長安譯出。

法經《衆經目錄》卷一　《觀虛空藏菩薩經》一卷宋元嘉年沙門曇摩蜜多於楊卅譯。《虛空藏菩薩經》一卷，《虛空藏經》一卷後秦世沙門佛陁耶舍譯。右三經同本異譯。

彦琮《衆經目錄》卷二　《虛空藏菩薩經》一卷，《虛空藏神呪經》一卷，後秦世佛陀耶舍譯。《虛空孕經二卷》。　大隋開皇年崛多譯，右四經同本異譯。

道宣《大唐内典録》卷三　《虛空藏菩薩經》五卷第二出，與西秦聖堅譯《方等王虛空藏經》同出《大集》【略】右二十四部，合一百五十一卷。晉安帝世，中天竺國，三藏法師曇摩讖，或云無懺。涼言法豐，賫大涅槃前分十卷，并菩薩戒等。到姑臧止於傳舍。慮失經本，枕之而寢。夜有人牽讖墮地，驚覺謂盜，如此三夕。乃聞空中聲曰，此如來解脱之藏，何爲枕之？讖乃慚悟，別安高處。果有盜者，夜數舉竟不能勝。明旦讖持不以爲重，盜謂聖人悉來拜謝。沮渠蒙遜僭據涼土，稱河西王，聞讖德名，呼與相見，一面交言，禮遇甚厚，仍請宣譯。涼土英俊沙門慧嵩親承筆。受西州道俗將數百，人欣覩明能，縱橫問難，讖釋疑滯，清辯若流，仍出《寶坊》諸經等六十餘萬言。《涅槃》三分之一前後首尾來往追尋，涉歷八年，凡經三度，譯乃周訖。雖四十卷，所闕尚多。冀弘法王咸令滿足，一覩圓教再隆化哉涼譯經竟，當宋武帝永初二年。

智昇《開元釋教錄》卷四 《虚空藏菩薩經》一卷初出，或無菩薩字，與《虚空孕經》等同本，是《大集》別分三藏。後還外國，於罽賓得此經，附商人，遂致涼州。見道慧《宋齊錄》及《僧祐錄》。

又卷五 《觀虚空藏菩薩經》一卷亦名《虚空藏觀經》，亦直云《虚空藏菩薩經》，見道慧《宋齊錄》，及《僧祐錄》。

又卷一四 《虚空藏菩薩經》一卷，宋天竺三藏求那跋陁羅譯第三譯。

右一經前後四譯，三存一闕。

大方等大集賢護經

綜 述

智旭《閱藏知津》卷五 《大方等大集賢護經》五卷隋北天竺沙門闍那崛多共笈多等譯。思惟品第一，佛在王城竹園，放光集衆。賢護問法，佛讚其德。爲說思惟諸佛現前三昧即般舟三昧也先說具諸方便功德，次說如聞阿彌陀佛在西方。便依所聞，繫念思惟，觀察不已，了了分明，終獲見之。如夢所見，無物能障。未得天眼，能見彼佛。亦無天耳，聞彼法音。如有三人各念婬女，夢與從事，寤已，來詣賢護，賢護爲彼方便說法，住不退轉，得菩提記。念佛三昧，亦復如是。又昔須波日佛時，有饑人夢得飽食，寤已還饑。因思諸法皆空如夢，悟無生忍。如是隨佛方所，即向彼方至心頂禮，渴仰欲見，專精思惟色相，亦即作彼虚空之想。住正思惟，得見彼佛光明清徹，如淨瑠璃。其形端正如眞金柱。　二昧行品第二，具四四法，得成三昧。　見佛品第三，敬師如佛，精勤修學，則見十方各多多佛，不假作意，自然現前。　正信品第四，當應勇猛發勤精進莫如海船，未到先破。莫如愚，人嫌赤梅檀。莫如癡人，毀摩尼寶。因即較量持經功德。　受持品第五，能受持者，已於無邊佛所，種諸善根。一切功德，不能格量。　觀察品第六，一心思惟佛坐說法，相好殊特，樂觀無厭。見如來已，當先諮問不見頂相。次第徧觀諸相，皆令明了。願我未來得具妙相，得清淨戒，具足威儀，定慧解脫等亦爾。復更思惟，菩提爲身得耶。爲心得耶。身如草石，心不可見，菩提無色，亦不可見。無漏無爲，無有以色證色。以心證心。無有證知，亦非無證。以如來身心，皆無漏故。五陰五分，及所說法。亦無漏故，如是觀一切法，則入寂定。無有分別，非無分別。何以故。定有分別，即是一邊。定無分別，復爲一邊。如是觀察知如來時，不可執著。　戒行具足品第七，出家應護十支戒行一清淨，二不缺，三不染，四不汙，五不濁，六不著，七不動，八不被□，九智□讚，十聖愛敬是也。在家應修布施，三歸，五戒，八齋，乃堪行此三昧。次記此經行世時節，多人發願。末世弘持，佛爲授記。稱讚功德品第八，具四法，得三昧現前，獲五功德。饒益品第九，過去無畏王佛時，須達多長者子持此三昧，成然澄佛。欲成此三昧王，當勤觀察彼四念處。　具足五法品第十，賢護請佛設供，隨佛入園。復問幾法能證三昧。佛荅，六種五法。　授記品第十一，然燈佛時，聞此三昧，即證三昧，得菩提記。　甚深品第十二，觀五陰不取著，觀念處不分別。一切法中無障礙，成就三昧。即得覩見阿僧祇，佛聞法受持。　十法八法品第十三，具十法爲他解斯三昧，當得八事。　不共功德品第十四，當成十八不共法，當受如來十力。　隨喜功德品第十五，四種隨喜隨過去，隨當來，隨現在，隨三世功德。不可格量。昔師子意佛時，梵德輪王隨喜功德已，成堅固精進佛。是故十由旬內，應往聽受，盡壽應隨法師不離。　覺寤品第十六，昔薩遮那摩佛後，和輪比丘說是三昧，佛爲國王。夢中聞告，寤遂出家。承事法師三萬六千歲，魔障竟不得聞。汝等當應急疾聽受，事師不懈。　囑累品第十七。

著 録

智昇《開元釋教錄》卷七 《大方等大集賢護經》五卷或六卷，題云《大方等大集經賢護分》，亦云《賢護菩薩經》，第七譯，與《般舟三珠經》等同本。開皇十四年十二月出，十五年二月訖，沙門明芬等筆受。

又卷一一 《大乘大集地藏十輪經》十卷第十三分。

自在王菩薩經

綜述

王古《大藏聖教法保標目》卷二 《自在王菩薩經》二卷。《奮迅王問經》二卷。同本異譯，說菩薩四自在法。一戒，二神通，三智，四慧，一切聲聞辟支佛之所無有。金剛齊菩薩安住於戒，八萬四千諸魔千歲隨逐。乃至不見一念心散可得怖惱。魔言，我於千歲求汝心，行不能知處。菩薩言，恒河沙劫，求之亦不能得。心不在內，不在外，不在中，如幻化，人尙無有心，沉心行處。魔等受化皆爲弟子，往昔金剛齊，即自在王菩薩是也。四自在中，各有如是微妙法門。

智旭《閱藏知津》卷五 《自在王菩薩經》二卷。姚秦天竺沙門鳩摩羅什譯。佛在給孤獨園，與二萬比丘，一萬菩薩俱。自在王問自在法。佛荅戒自在，五神通自在，陰智，性智，入智，因緣智，諦智，自在，無礙慧自在，及說菩薩十力四無所畏，十八不共法。

著錄

法經《眾經目錄》卷二 《菩薩戒自在經》一卷，《四自在神通經》一卷，二經出《自在王菩薩經》。

道宣《大唐內典錄》卷六 《自在王菩薩經》二卷羅什於長安譯。

智昇《開元釋教錄》卷四 《自在王菩薩經》二卷或無菩薩字，初出，與《奮迅王經》同本。弘始九年於尙書令姚顯第出，僧叡筆受幷製序，見二《秦錄》及《僧祐錄》。

又卷一一 《自在王菩薩經》二卷，姚秦三藏鳩摩羅什於逍遙園譯。

又卷一九 《自在王菩薩經》二卷或無菩薩字，三十四紙。

大集譬喻王經

綜述

王古《大藏聖教法保標目》卷二 《大集譬喻王經》二卷。舍利弗問，佛答，聲聞，獨覺，智慧，如一滴水。佛智，菩薩智，如大海水等。種種譬喻甚廣。

智旭《閱藏知津》卷五 《大集譬喻王經》二卷隋北天竺沙門闍那崛多等譯。爲奢利弗，以諸譬喻，說菩薩二乘智慧功德差別，勸人發心，迴向菩提，親近善友。

紀事

靖邁《古今譯經圖紀》卷四 沙門達摩笈多，隨言法密，南賢豆國人。雖學年慕道落彩，冠字之暮戒具。尋師遍歷大小乘國，聞見既廣，藝業無多。遂發大心，遊方利物。凡所至國，難以講說爲懷。暨開皇十年來屆瓜州，文帝延入京寺，至止未久大通隨言。勑於大興善寺，譯【略】《大集譬喻王經》二卷。【略】從開皇十年至大業末歲，譯經一十八部合八十一卷。並文義清素，華質顯正。沙門彥琮行矩等筆受。

著錄

費長房《歷代三寶紀》卷一二 《譬喻王經》二卷，開皇十五年五月翻，六月訖，沙門道邃等筆受。

靜泰《**衆經目錄**》**卷一**　《大集譬喻王經》二卷，隋開皇年闍那崛多共僧安及笈多等於大興善寺譯，皇朝奏行。

智昇《**開元釋教錄**》**卷七**　《大集譬喻王經》二卷或無大集字，是《大集》別品，開皇十五年五月出，六月訖。沙門道密等筆受，兼前《賢護經》並見《長房錄》。

僧伽吒經

綜　述

王古《**大藏聖教法保標目**》**卷四**　《僧伽吒經》四卷。佛說，聞此法門除五無間罪，於菩提得不退轉。一切善法皆得成就，所得功德之聚。如佛世尊，當得壽八十劫，九十五劫，自識宿命。六萬劫中爲轉輪王。於現在世，人所敬重，刀毒不傷，妖蠱不中。臨終見諸佛安慰之言，汝莫怖畏，將至佛國，聞此法門不墮惡道，不墮愚癡，不生邊地，若人施諸樂具，供養六十二億恆河沙諸佛，聞此法門其福正等，詳如本經。

智旭《**閱藏知津**》**卷五**　《僧伽吒經》四卷，北作三卷元魏優禪尼國王子月婆首那譯，與上同本先出，舊人不察，收入密部。

紀　事

靖邁《**古今譯經圖紀**》**卷四**　優禪尼國王子月婆首那，此云高空，生知俊朗，體悟幽微，專學佛經，尤工義理。洞曉音韻，兼善方言。以東魏帝善見元象元年歲次戊午訖，至興和二年歲次庚申，於鄴都司徒公孫騰之第譯《僧伽吒經》四卷【略】僧昉筆受。

著　錄

費長房《**歷代三寶紀**》**卷九**　《僧伽吒經》四卷元象元年於司徒公孫勝第出【略】梁武帝世，東魏中天竺，優禪尼國王子。月婆首那，魏言高空，於鄴城譯，僧昉筆受。

大集須彌藏經

綜　述

王古《**大藏聖教法保標目**》**卷二**　《大集須彌藏經》二卷。如來功德天地，藏觀音菩薩，及諸龍王等。各說神呪護持國土，利益衆生。

智旭《**閱藏知津**》**卷四**　《大集須彌藏經》二卷高齊烏萇國，沙門那連提黎耶舍共法智譯。《聲聞品》第一。功德天女請問禪波羅密，佛爲說出入息念。次第得入四禪，入三三昧，滿菩提分，若國上中有此福田，得十可愛樂法，得十殊勝利益。《菩薩禪品》第二。復說菩薩不墮二乘定聚，如實觀察，得一切法無語言空三，昧猶如地藏菩薩，自在出入，利益衆生。《滅非時風雨品》第三。功德天爲地藏，述其往昔誓願。及述過去因陀羅幢相王佛所，授作世水宅心陀羅尼。復求地藏起悲愍心，地藏令其請佛演說，水風、摩尼宮、陀羅尼。說已，大地震動，地藏亦說磨刀大陀羅尼。《陀羅尼品》第四。佛告須彌藏龍仙菩薩，令調惡龍。龍仙說咒，善住龍王廣歎袈裟功德。若有國王惱亂服袈裟者，則致荒亂。此非龍過，然亦立誓說咒。次諸龍王亦各立誓，復說四咒。乾闥婆仙亦說一咒，地藏復說幢杖大陀羅尼，無盡意復說幢蓋摩尼，願眼大陀羅尼。文殊亦說能懼尸利子利奴大陀羅尼，觀世音亦爲彌勒說，船華功德大陀羅尼。帝釋問佛，何因何緣，諸龍損壞世間資財。佛荅，貪力，瞋力，二種因緣。功德天以一斛器，盛諸種子，奉觀世音。觀音説咒加護，令其教化衆生。

著録

智昇《開元釋教録》卷六 《大集須彌藏經》二卷內題云《大乘大集經須彌藏分》第十五，或直云《須彌藏經》，天保九年於天平寺出。

又卷一一 謹按梁沙門僧祐《大集記》云，有十二段説，共成一經。第一《瓔珞品》，第二《陁羅尼自在王品》，第三《寶女品》，第四《不眴品》，第五《海慧品》，第六《無言品》，七《不可説品》，八《虚空藏品》，九寶幢分，十虚空目分，十一《寶髻品》，十二《無盡意品》，今撿經本與祐記不同。第一《陁羅尼自在王菩薩品》亦有經本分爲《瓔珞品》者，不然此是一段，不合分二，後《大哀經》即是此品第二《寶女品》，第三《不眴菩薩品》，第四《海慧菩薩品》，第五《虚空藏菩薩品》，第六《無言菩薩品》，第七《不可説菩薩品》，第八《寶幢分》，第九《虚空目分》，第十《寶髻菩薩品》，第十一《日密分》尋撿羣録，此《大集經》卷無定準，或云二十九，或云三十，或三十一，或三十二，或四十卷，今時《大集》多分三十，其《日密分》文不具足，合少一卷，其三十一卷者，文應備具，今尋求未獲然僧祐記中無日密分，有《無盡意品》者不然。今以《無盡意經》雖是《大集》别分，非無識譯，又非次第不合入中。其《虚空藏品》，祐在不可説後，未詳所以。今從《陁羅尼自在王品》至《日密分》惣十一分。其《日藏經》與《日密分》同本異譯，亦是第十一分《日密》、《日藏》初俱云，説虚空目安那般那甘露門已，次説此經。又《日密分》既於虚空目後説，准義不合，隔《寶髻品》，今經本中，有此品，格，未詳所以。又，《日密》、《日藏》雖是同本其《日密分》文極撮略，後文復闕，可少卷餘《月藏經》是第十二分，或有經，本題云《大乘大集經》月藏分第十二經，初又云化諸龍衆説《日藏經》已，次説此經《十輪經》是第十三分初云説《月藏經》已，次説此經，此《十輪》後第十四分本在西方，未流於此《須彌藏經》是第十五分。

又卷一九 《大方廣十輪經》八卷。

經集部

佛名經分部

賢劫經

題解

澄觀《大方廣佛華嚴經隨疏演義鈔》卷七〇 疏三愛見下先總明。初句下別釋。釋初句中先牒論。言三分下疏釋。三即愛見癡是業之因。疏文委具，而文有四節，一以二求，釋三分業。二慢通上三下。會通經論，經有四惑，論但說三故。又三求中，唯說二故。通意可知，三上三俱障下。以論障解脫言，釋經如箭，深入過患。四亦可知下。疏別立理，疏下句下，釋三業因緣不斷相。疏結中八萬，至《賢劫經》中亦有其相者，然隨好品，正明煩惱。賢劫自說八萬度門，而取所治亦是煩惱。故復引之，此經具名《賢劫定意經》。

論說

吉藏《維摩經義疏》卷六 《賢劫經》，有菩薩思惟。行何三昧，疾得八萬四千諸度。因以問佛，佛答，有三昧名了法本。菩薩行之。疾得八萬四千諸度，諸度者，佛功德有三百五十種門。一一皆以六度爲因，便有二千一百諸度，用此對治四大六衰之患。四大成衆生身，修諸度得淨法身，故治四大也。六衰者，六塵惡賊，令人善法衰滅。修行諸度，起入佛境，不畏六塵，故治之也。四大爲內，六衰爲外，此之內外，由煩惱起，故治三毒等分。各有二萬一千，合八萬四千，是名入一切諸佛法門。

綜述

王古《大藏聖教法保標目》卷五 《賢劫經十》三卷。佛說了，一切法本三昧。復詳列二千一百諸度無極，合八千四百諸度無極。一變爲十，乃至八萬四千諸三昧門，銷除八萬四千衆垢塵勞。是諸佛道深入無極，致一切智。復說賢劫千佛名號父母，弟子，光明壽量。說法所度，遺法年數。分布舍利

智旭《閱藏知津》卷五 《賢劫經》十卷，亦名《颰陀劫三昧經》，晉曰《賢劫定意》，西晉月支國沙門竺法護譯。

問三昧品第一，喜王菩薩請問。佛荅，以了諸法木三昧。成就二千一百，諸度無極事。致八萬四千諸三昧門，諸總持門。行品第二，四事品第三，明行四種四事，得此三昧。法師品第四，法供養品第五，諸度無極品第六，喜王與佛從三昧起，更請問法。佛乃唱二千一百度無極名。習行品第七，無際品第八，聞持品第九，神通品第十，三十二相品第十一，順時品第十二，三十七品第十三，寂度品第十四，十種力品第十五，四無所畏品第十六，十八不其法品第十七，方便品第十八，八等品第十九，已上其十三品，皆細釋諸度無極，各有六事。千佛名號品第二十，千佛興立品第二十一，明國土，光明，父母，子，侍，弟子，壽命，法住，各各不同。千佛發意品第二十二，明最初發心因緣。歎古品第二十三，囑累品第二十四。

紀事

靖邁《古今譯經圖紀》卷二 沙門竺曇摩羅察，此言法護，本姓支，後段姓竺，月支國人。八歲出家，甚有識量，天性糺懿，操行精苦，篤志

好學，萬里尋師，屈茲未久。而博覽六經，遊心七藉，解三十六種書。詁訓音義，無不條識。日誦萬言，過目咸記。妙閑三藏，奉經遊方。先居燉煌，後詣京洛。自晉武帝太始元年，歲次丙戌。訖于敏帝建興元年。爰暨江左所在翻譯，【略】《賢刼經》七卷合二百一十部，惣三百九十四卷。清信士聶承遠筆受。

又卷三　沙門鳩摩羅什婆，此言童壽，本印度人。父以聰敏見稱，龜茲王聞以女妻之，而生於什，什居胎日母增辯慧。七歲出家，日誦千偈，義旨亦通。至年九歲與，外道論義，辯挫其邪鋒。咸皆愧伏，年十二有阿羅漢奇之。謂其母曰，常守護之。若年三十五不破戒者，當大興佛法度無數人。又習五明論四韋陁典。陰陽星竿，必窮其妙。後轉習大乘，數破外道。遠近諸國，咸謂神異。母生什後，亦即出家。聰拔衆尼，得第三果。什既受具，母謂之曰，方等深教，將大闡秦都。於汝自身無利如何。什曰，菩薩之行，利物亡軀。必長跪，鑪鑊無恨。從此已後，廣誦大乘，洞其秘奧。西域諸王，請什講説。必長跪，座側命什蹋而登焉。符堅建元九年，歲在丁丑。太史奏云，有星現外國。當有大德智人入輔中國。堅曰，朕聞西有羅什襄陽，有道安，將非此耶。後果遣將軍呂光等率兵七萬，西伐龜茲。光與什同來，什在道數，言應變光盡用之。光於是即據西涼亦請什留。至姚秦弘始三年，興滅西呂方入長安。秦主興厚加禮之，延入西明閣及逍遙園別舘安置。勑僧磬等八百沙門諮受什旨，興卑萬乘之心，尊三寶之敎。於草堂寺共三千僧，手執舊經而參定之。莫不精究，洞其深旨。時有僧叡興甚喜焉。什所譯經叡並參正。什以姚秦弘始四年，歲次辛丑起譯【略】《賢刼經》七卷【略】凡譯九十八部經，合四百二十一卷，僧叡僧肇道恆等筆受。然什詞喻，婉約出言成章。神情鑒徹，傲岸出群。應機領會，鮮有其疋，且篤性仁厚，汎愛爲心。虚已善誘，終日無倦。

著　錄

僧祐《出三藏記集》卷二　《賢劫經》七卷《舊錄》云《賢劫三昧經》，或云《賢刼定意經》，元康元年七月二十一日出。

又卷七　《賢刼經》，永康元年七月二十一日，月支菩薩竺法護從罽賓沙門得是《賢刼三昧》，手執口宣。時竺法友從洛寄來。筆受者趙文龍。使其功德福流十方，普遂蒙恩，離於罪蓋。其是經者，次見千佛，稽首道化，受菩薩決，致無生忍，至一切法十方亦爾。

費長房《歷代三寶紀》卷八　《賢刼經》七卷弘始四年三月五日出。與法護所譯大同小異，曇恭筆受，見《二秦錄》。一名《賢刼三昧經》，一名《賢刼定意經》，凡三名。

道宣《大唐内典錄》卷六　《賢刼經》十三卷，一百九十五紙西晉元康年竺法護於長安譯。

智昇《開元釋教錄》卷二　《賢刼經》十三卷題云《颰陁刼三昧》，晉曰《賢刼定意經》永康元年七月二十一日出，趙文龍筆受，初出，或七卷，或十卷，見道眞、僧祐二錄，房等別存《颰陁刼三昧經》誤也。

佛説千佛因緣經

綜　述

智旭《閲藏知津》卷五　佛在耆闍崛山，與五千比丘、八萬四千菩薩俱。是諸菩薩各各自説過去因緣，聲徧大千，天龍八部皆悉集會。世尊從石室出入，大衆中，䟦陀波羅菩薩敷座，諸菩薩等瓔珞供佛，請問千佛過去因緣，佛爲説種種往因，經來未盡。

著　錄

智昇《開元釋教錄》卷一二　《千佛因緣經》一卷，姚秦三藏鳩摩羅什譯出《法上錄》。

佛說八佛名號經

綜　述

智旭《**閱藏知津**》**卷五**　因舍利弗問，爲說東方八佛名號，聞者得不退菩提，善說稱功德如來、因陀羅相幢星王如來、普光明功德莊嚴如來、善鬭戰難降伏超越如來、普功德明莊嚴如來、無礙藥樹功德稱如來、步寶蓮華如來、寶華善住娑羅王如來。

著　錄

費長房《**歷代三寶紀**》**卷一二**　《八佛名號經》一卷開皇六年五月出，六月訖。沙門道邃筆受，沙門彥琮制序。

道宣《**大唐內典錄**》**卷九**　《八佛名號經》三紙隋開皇年崛多譯，右一經，與宋求那跋陀所出《八吉祥經》同。

智昇《**開元釋教錄**》**卷七**　《八佛名號經》一卷，第五出，與《八吉祥神呪》、《八陽神呪經》等同本。月出六月訖沙門道邃等。

佛說寶網經

綜　述

智旭《**閱藏知津**》**卷五**　佛遊獼猴江邊，與六萬比丘，三十億菩薩，九十億諸天，九十九億龍王及阿須倫王民衆俱。維耶離城寶網童子，年始八歲，夢兜率天人頌歎佛德，啓白父母，見佛設供，請問法要。佛爲稱說六佛功德，東方寶光月殿妙尊音王佛、南方樹根華王佛、西方造王神通燄華佛、北方月殿清淨佛、下方善寂月音王佛、上方無數精進願首佛。

著　錄

費長房《**歷代三寶紀**》**卷八**　《寶網經》一卷。

法經《**衆經目錄**》**卷一**　《寶網經》一卷一名《寶網童子經》，晉世竺法護譯。

智昇《**開元釋教錄**》**卷二**　《寶網經》一卷，見聶道眞、僧祐二錄。

又卷一四《**寶網經**》**一卷**　姚秦三藏鳩摩羅什譯，第三譯。

佛說滅十方冥經

綜　述

智旭《**閱藏知津**》**卷五**　佛敎面善悅童子，念十方佛名，以除恐懼，受持《七佛名號所生功德經》。

著　錄

僧祐《**出三藏記集**》**卷二**　《滅十方冥經》一卷元熙元年八月十四日出。

費長房《**歷代三寶紀**》**卷六**　《滅十方冥經》一卷光熙元年八月十四日出，一本無滅字。見《聶道眞錄》。

法經《**衆經目錄**》**卷一**　《滅十方冥經》一卷晉元熙年竺法護譯。

智昇《開元釋教錄》卷二　《滅十方冥經》一卷光熙元年八月十四日出，或云《十方滅冥經》，見《聶道眞錄》及《僧祐錄》。

佛說諸佛經

智旭《閱藏知津》卷第二九　《佛說諸佛經》，宋北印土沙門施護譯。《佛本行集經》初品同本。

佛說佛名經

題解

宗密《圓覺經大疏釋義鈔》卷一三　《佛名經》者，是先德於一切經錄出佛、菩薩、羅漢等名，及懺悔之文，集爲一處。

綜述

智旭《閱藏知津》卷五　《佛說佛名經》十二卷元魏，北天竺沙門菩提留支譯。佛在祇園，無問自說，共計佛菩薩及辟支佛名，一萬一千九十三尊。

紀事

靖邁《古今譯經圖紀》卷四　沙門菩提流支，此云覺希，北印度人。遍通三藏，妙入惣持。志在弘法，廣流視聽。以魏宣武帝永平元年，歲次戊子至洛陽。武帝親慰勞，住永寧寺供給，七百梵僧以流支爲譯匠。即以其年，譯《十地經論》。初一日，武帝親自筆受。後付沙門僧辯、僧朗道湛、侍中崔光等筆受。從魏永平元年歲次戊子，至天平二年歲次乙夘，譯《佛名經》。

道宣《續高僧傳》卷二九　釋德美，俗姓王，清河臨清人也。年在童稚，天然樂善。口中所演恆鋪讚唄，擁塵聚戲，必先景塔。每見形像，生知禮敬。由是親故密而異之。知非紹續之胤也。任從師學，十六辭親，投諸林，野廣訪名賢，用爲師傅。年至十九，方蒙剃落。謹敬謙恪，專思行務。雖經論倫閱，而以律要在心。故四分一部薄通宗系。追求善友，無擇遐邇。絜然自厲，不群非類。開皇末歲，觀化京師，受持戒檢，禮懺爲業。因往太白山，誦《佛名經》一十二卷。每行懺時，誦而加拜。人以其捴持，念力，功格，涅槃。

著錄

道宣《大唐内典錄》卷六　《佛名經》十二卷後魏菩提留支，於鄴都譯。

法經《衆經目錄》卷一　《佛名經》十二卷後魏世留支，於洛陽。

彥琮《衆經目錄》卷一　《佛名經》十二卷。後魏世菩提留支，於相州譯。

智昇《開元釋教錄》卷一八　《佛名經》十六卷本經雖眞，以有僞雜編之，於此或三十二卷。時，俗號爲馬頭羅剎佛名，似是近代所集。乃取留支所譯十二卷者，錯綜而成。於中取諸經名目。取後辟支佛名，及菩薩名，諸經。阿羅漢名，以爲三寶次第，捴有三十二件。禮三寶後皆有懺悔。懺悔之下，仍引馬頭羅剎僞經，置之於後。乃以凡俗鄙語，雜於聖言。經言，抄前著後，抄後著前。前後著中，中著前後，此正當也。尋其所集之者，全是庸愚。只如第四卷中，云南無《法顯傳經》。在法寶中列此傳。乃是東晉平陽沙門法顯，往遊天竺自記行迹。元非是經，置法寶中，誤謬之甚。又如第九卷，云南無富樓那，南無彌多羅尼子。此是一人之名，分爲二唱。次云，南無阿難羅睺羅。此乃二人之名，合之爲一。如斯謬妄其數，寔繁不能廣陳。略指如右，群愚倣習邪黨共傳，若不指明恐穢眞教，故述之也。

諸佛本願經分部

佛說觀彌勒菩薩上生兜率陀天經

題解

興撰《三彌勒經疏》 第四釋題目者，此中三初通辨名，次別釋題名，後總解題名。此即初，謂準經下文，自有二名，初名《彌勒般涅槃經》，後名《觀彌勒菩薩上生兜率陀天發菩提心經》。有說，經首題名雖通，二名皆不周悉。何故，雖題目中，初名中彌勒菩薩之名，而無般涅槃。雖立後名中觀兜率陀天，而略發菩提心故。有說，初名即彌勒菩薩終沒之名，後名即彌勒菩薩生天之名。是故今將彼第二之名，以立經目，所以然者，經正體分中，具辨彌勒人死生天，其後分中具列二名故。因和上云，二解共不盡理，謂經題目及品目，未必佛說故。故應說此，經目有三名，於前二經中，加初題目故，謂初一經，家立後二，乃如來說。由此義故，題目與後二名義不同也。第二別釋題名者，言佛說，有唱能說主。言觀彌勒菩薩上生兜率陀天者，表能觀及所觀，謂物令修因故。然言略故但言觀耳，言經者契經，言佛者，具在梵音，可言佛陀，此云覺者。今此言佛者，即應化兩身，言說者具言遮。此反說，謂文義能起，此中有說。如來慈悲本願增上力，聞者識上現文義相，此文義雖親依自，善根力起。而就強緣，名爲佛說。有說，聞者善根增上力故，如來識上文義相生，此文義相，是佛利他善根所起，名爲佛說。今後說爲勝，謂佛果位，備有色心德故。故如來第八識，上兜率依正因果，文義相生，故名佛說也。觀者具言阿耶羅，此反觀，謂心懃彼妙界向趣，故觀也。彌勒者，亦名彌帝隸者，古所傳皆訛也。今正梵音云，梅怛利耶。此云爲慈，慈有二義。一從母慈故，二據自慈故。初慈即梅呾利尼，梅呾利尼是女聲，謂從母姓慈故因名慈氏。如《賢愚經》第六十云，初生便有三十二相，身紫金色，姿容挺特，輔相歡喜，召相師，相師既見貌轉讚其善，因欲立名，問云生時之相矣。文答云，其母素性不調，懷子以來，慈矜苦厄，相師占曰，此兒者，因立名名梅呾利耶，後慈即梅呾利曳耶，梅呾利是男聲。以自性修慈，如經說，佛云過去此贍部洲，有大國王，名達摩流波，此云法愛，爾時有佛，號曰弗沙，有一比丘，入慈心三昧，身相安靜，放光照耀。王問，此僧何定致此，佛言，入慈定，王倍生欣躍。云此慈定巍巍乃爾，我當修習生生不絕，彼時法愛王今慈氏，謂從彼發意，常號慈氏。久習性成佛亦稱彌勒，彌勒波羅門種姓，父姓母姓俱有慈，故名爲慈氏。復《婆須密經》云，阿羅彌勒。此云慈氏。語轉異而義，亦無違。又解。阿羅即阿逸多，阿逸多是名，彌勒是姓，姓字俱唱故。故不相違，言菩薩者，梵云菩提薩埵，此云覺有情。緣覺有情爲境故有財釋，或能求大覺有情，故依主釋今云菩薩者，語略也。彌勒即菩薩，故持業。彌勒之菩薩故依主釋，言上生者，昇勝名上，報起名生，謂寄彼勝天諸報新起故。是即八相中一相，言兜率陀天者，具言都史多提婆。此云知足天，亦名喜足天，謂理有妙樂，不沈不浮，而生喜足故。言經者，具存素怛攬，此云契經，謂當於道理，及合物機故。當理貫穿所應說義。合機故攝持，所化有情。是故親《光論》云，貫穿攝持，所應說義。所化有情，故名契經，總言《觀彌勒菩薩上生兜率陀天之經》，故依主釋也。後總解題名者，略有五門，一人法相對門，謂佛及彌勒名人，餘名法故。二教義相對門，謂說及經名教，餘名義。三心境相對門，謂觀名心，餘名境。四依正相對門，謂彌勒上生名正報，兜率陀天名依報。五通別相對門，謂佛說經，亦《通餘經》，故名通《觀彌勒等局在此經》，名別也。

守千《彌勒上生經瑞應鈔》卷上 夫其科者，本要別其義類，須是識其階降，譬如排其阪從，切要知其生所，而其名者，元在簡於他濫，當可了其增添，猶若續其枝葉，且與見其連隔。如今此中，只於疏題，除其卷目，有其四階，一者能釋，所釋，對初十一字，是其所釋。未有疏時，已有此名，故爲其一，疏之一字，是其能釋，疏是疏條解釋義故，造疏之後，加成其名，如是不可先以經字合疏字了。然後合於觀等五字，故作釋時，通連上字，依主釋也。於所釋中，復有第二，能詮所詮對。初之十字，是其所詮，經之一字，是其能詮，雖其經體，一文二義，而於要者，正在聽聞。又其相對，解釋之家，多云能詮，略其所詮，亦不相違。此字正是所説所聞，於其名中，濫於衆經，又要宗趣，故添所詮，共爲一名，亦依王釋，於所詮中，復有第三能觀所觀對，觀之一字，汎雖通所，今此題中，只要能觀，其次九字，是所觀也，此經雖亦説其彌勒上生之事及天宮等，然本只爲勸其九品行人忻生，故合釋時。以能所觀，倒墮依主，復於所觀九字之中，有其第四能生所生對，初之六字，是其能生，次之三字，是其所生，或以器界，名爲所生，如到家中，家名所到，然其天者，光潔自在，神用名天。知足者，天正在有情，此以器界，而得名者。全取他名，有財釋也。或舊天人名，知足天，一天總名，今此天主，生彼衆中，別到總中，名爲生彼。亦如處所，名所生義，此對立能所之稱。今此題中正辨能生，令人忻戀菩薩故也。由是亦作，倒墮依主，上解是約，從外向內。若約從前，向後解者。即可先作，能所觀對，次能所生，方能所詮。後能所釋，又或於彼，能生之中，立爲一對。舉人彰用對，彌勒菩薩舉其人也。上生之言，是彰其用，以其彌勒即是菩薩，彌勒菩薩即是上生，持業釋也。望下兜率天之三字者，倒墮依主，兜率天之彌勒菩薩上生故也。餘問如是離合兩重倒墮，餘皆隔之，只有其觀，云何可應經之所詮，答經詮具備，説正幷兼，離合揀濫，隔兼存正，觀倒如此，不相違也。問，經中具有九品之行，今此題中，何處見有？答，在觀字中。問，繫念思惟一義可爾，修功德等，云何名觀，答，修餘行時，亦恆觀故。所有諸行，並名觀，如唯識言，故下疏云，以觀爲首，並名爲觀，又如信戒現觀之名，作隣近釋，隣近亦有全取他名，然此正要九品之行，其行名正，正觀察爲助，不同現觀信戒爲助。助得正名，名爲現觀。何以故，彼説現觀，有其六種，故以現觀，而爲其正。此説造因，招感得生，須九品行正，爲招感。不可只以觀察之行，而能招彼殊勝身器，問，既於觀字，見其生因，云何不説行人能所，但説菩薩，能所生耶。答，經意是令觀、於菩薩，忻同生彼，而造其因，菩薩所生，便是行人之所生故。更不別説，其造因者，即是行者能生之身，既非別類，於所觀中，無由別説，如是題義，於經所詮無不具足，不相違也。上來且略，隨其自情，釋疏題已，所有離合，有異舊解。於來鑒者，宜詳韵焉，其餘參差，至文當辨。

論說

釋元曉《彌勒上生經宗要》 將説此經，十門分別，初述大意，次辨宗致，三二藏是非，四三經同異，五生身處所，六出世時節，七二世有無，八三會增減，九發心久近，十證果前後。

第一述大意者，蓋聞彌勒菩薩之爲人也，遠近莫量，深淺莫測，無始無終，非心非色。天地不能載其功，宇宙不能容其德，八聖未嘗窺其庭，七辨無足談其極，窈窈冥冥，非言非默者乎。然不周之山之高，其跡可跋。朝夕之池之深其，疆可涉。是知至人之玄，猶有可尋之跡，玄德之遼非無可之行。今隨跡疆之近蹤，誠論始終之遠趣，言其始也感慈定之光熾，發廣度之道心，浴八解之淸流，息□覺之苑林，四等之情，等閏四生，三明之慧，明導三界，論其終也。度苦海於法雲，發等覺於長夢，卻二障之重闇，照四智之明鏡，乘六通之實車，遊八極之曠野，千應萬化之術事，啻百億□□□。今此經者，斯乃略歎至人垂天之妙迹，勸物修觀之眞典也。彌勒菩薩者，此云慈氏覺士，賢劫千佛之內是其□□如來。弗沙佛時，無習慈定，熏修其心，遂成常性，從此已來，每稱慈氏，乃至成佛，猶立是名也。兜率陀者，譯言知足。欲界六天之中，是其第四□□□□欲情重，上二浮逸心多，此第四天。欲輕逸少，非沈非浮，莫蕩於塵，故名知足，□受用具。不待營作，隨念自然，故名爲天。菩薩從人昇天，故曰上生，行者靜慮思察名之爲觀，聞金口，演玉句，澍法雨之沃閏，成佛種之華菓。故言佛説，若人受持此經，觀察彼天，則能生妙樂之淨處，承慈氏之至人，登無退之聖階，謝有死之凡塵，举是大意，以標題目，故言《佛説觀彌勒菩薩上生兜率陀天經》云云。

次第二明經宗致者，此經正以觀行因果而爲其宗，令人生天，永無退轉，以爲意致，所言觀者，有其二種，一觀彼天依報莊嚴，二觀菩薩正報殊勝，專念觀察故名三昧，而非修慧，唯在聞思。此但名爲電光三昧，而無輕安，是欲界因也。所言行者。略有三種，一者聞大慈名，敬心悔前所作之罪。二者聞慈氏名，仰信此名所表之德。三者行於掃塔塗地，香華供養等諸事業。如下文說，此觀此行，合爲一根。所生之果，略有四種，一者牙莖離土之果，二者華葉蔭涼之果，三者妙華開敷之果，四者芳菓成就之果。第一牙莖離土果者，伏滅前來所作衆罪，是因初行所得果也。第二華葉蔭涼果者，不墮三途邊地耶見，因第二行所得果也。第三妙華開敷果者，謂得兜率依正妙報，因第三行之所得也。第四芳菓成就果者，於無上道得不退轉，依前二觀之所得也。所以然者，觀察菩薩依正報故。生彼天時，親承聖導，永不退於阿耨菩提。故依二觀，得第四果，由聞慈氏之名，信其仁賢之德，遠離不聞賢聖名處，恆隨正見，成就眷屬，故依聞名，得第二果，餘二因果，相當可知，知是觀行因果成就，無上菩提自然而至，是謂上生之果之所致也。

次第三明二藏是非者，諸說不同，或有說者，此上生經是小乘教，聲聞藏攝，所以然者，說阿逸多具凡夫身，未斷諸漏。又說彼果，爲十善報。以之故知非大乘教，或有說者。此經正是大乘之教。菩薩藏收，略以四文，而證此義。一者《智度論》說，聲聞藏中，無菩薩衆，猶如川流不容大海。菩薩藏中，有菩薩衆及聲聞衆，猶如大海，容於衆流。今此經中，既有聲聞及菩薩衆，故知是大而非小也。金剛般若序中，雖無初菩薩衆，後流通分列菩薩衆，是故不應以彼作難。二者經下，文中說牢度，大神禮十方佛發弘誓願，故知是大而非小也。以小乘教中無十方佛故，三者下文說言，晝夜六時，常說不退轉地法輪之行，逕一時中，成就五百億天子，令不退於阿耨菩提。此言實非小乘教所容，故知是大而非小也。四者聞說是經，他方來會十萬菩薩，得首楞嚴三昧，八萬億諸天發菩提心，準此得益菩薩行願，故知所聞是大乘教也。評曰，此教通被大小根性，如言愛敬，無上菩提心者，欲爲彌勒作弟子者，乃至廣說。故但小不容大，大能含小，故隨所宗，菩薩藏攝，所以後師所說是也。問若如後說，初所引文，云何和會解雲，所言具凡夫身等者，是擧小乘所執釋作問，而答文言身圓光中，有首楞嚴三昧波若波羅蜜字義。炳然者，是表菩薩位登十地，以此三昧在彼地故。又言十善報應者，欲明菩薩十善之報，實遍十方，非直在此。但應物機，局示彼天，以之故言十善報應，由是道理，彌合大教，如下文言，若我住世，一小劫中，應說一生補處菩薩報應及十善果者，不能窮盡。故知非直十善果義說名報應，亦示以淨報應於物機。依如是義，故言報應，非直實報名十善果，由是不違大乘道理也。問此中菩薩依正莊嚴，爲是萬行所感實報，爲是隨機所應化相。若如前者，非凡所見，是報非應。若如後者，不遍十方，是應非報。云何得言菩薩報應，解云，彼一一相，皆有分齊，不壞分齊，各遍十方，遍十方邊，非凡所見。其分齊邊，是凡所覩。然分齊即遍，遍即分齊，無障無礙，無二無別，如是功德，無非實報，隨分所見，無非應化，由是道理，故說報應。就實而言，因具萬行，果圓萬德，但今局說在天報應，故說其因直取十善也。

次第四明三經同異者，上生下生及成佛經，相望略有三種同異，一所爲同異，二所詮同異，三所攝同異，言所爲同異者，修觀行也有其三品，上品之人，或修觀佛三昧，或因懺悔行法，即於現身，得見彌勒，隨心優劣，見形大小，此如《觀佛三昧海經》及《大方等陀羅尼經》說也。中品之人，或修觀佛三昧，或因作諸淨業捨此身後，生兜率天，得見彌勒，至不退轉，是故《上生經》所說也。下品之人，修施戒等種種善業，依此發願，願見彌勒，捨此身後。隨業受生，乃至彌勒成道之時，要見世尊三會得度，是如《下生成佛經》說，是即上生所爲。爲中品人，餘二經者，爲下品人也。第二所詮有同異者，上生所詮，是天報應菩薩功德，餘二經者，詮於人報成佛等相，此後二經，互有廣略，其所詮理，大意同也。第三所攝有同異者，上生經者，菩薩藏攝，義如前說。餘二經者，聲聞藏收，所以然者，其成佛經，出《長阿含》，下生經文，深淺不異，又說成道，未明應現，依經得益，證小乘果，以之故知，非菩薩藏，然縫衣之時，短針爲要，雖有長戟，而無所用，避雨之日，小蓋是用，普天雖覆，而無所救，是故不可以小爲輕，隨其根性大小皆珍者也。

次第五明生身處所者，說處不同《華嚴經入法界品》中，彌勒菩薩告善財童子言，我於此閻浮提南界摩離國內、拘提聚落，婆羅門家種性中生，爲欲滅彼憍慢心故，化度父母及親屬故，於此命終，生兜率天，爲欲化度彼諸天故也。《賢愚經》第十二卷云，爾時波羅奈王，名波羅度達，王有輔相，生一男兒，三十二相，衆好備滿，輔相增悅，即召相師，令占相之，因爲立字，相師問言，自從生來有何異事，輔相答言，其母素性，不能良善，懷妊已來，悲矜苦厄，慈潤黎元，相師喜曰，此是兒志，因爲立字，號曰彌勒，其兒殊稱，令土宣聞，國王聞之，懷懼言曰，今此小兒，名相顯美，儻有高德，必奪我位，寧其未長，當豫除滅，作是計已，即勅輔相，聞汝有子，容相有異，汝可將來。吾欲得見，其兒有舅，名婆婆梨，在波梨富羅國，爲彼國師，於時輔相，憐哀其子，懼被其容，復作密計，密遣人乘，送與其舅，令彼長養乃至廣説。今此經言，波羅奈國劫波梨村波婆梨大婆羅門家本所生處，此三種説，云何相會，解云後二經文，文異意同，所以然者，《賢愚經》意，寄父表生，故言輔相生一男兒，此非的出其生之處，上生經文的明生處，彼土之法，婦懷妊已，還本家產，本家在於劫波梨村，知此二經文不相違也。《華嚴經》意，別顯異處，大聖分身，隨機異見，處處異生，不足致怪，由是道理不相違背也。

次第六明出世時節者，欲顯彌勒世尊，何劫何節幾時出世，言何劫者，在第十劫。《如藏論》云，二十住劫中，有五佛出世故，前五劫中無佛出世，第六劫中拘留孫陀佛出世，第七劫中拘那含牟尼佛出世，第八劫中迦葉佛出世，第九劫中釋迦牟尼佛出世，第十劫中彌勒佛出世，後十住劫中亦無佛出世。乃至廣説，言何節者，劫減時出，如論説云，爲劫上時諸佛出世，爲於劫下，偈曰，成佛於劫下，減八萬至百，云何不於劫上時出，此時衆生難教厭離，從百歲至十，厭離心重，最應易生。何故不出於此時中，五濁熾盛故，又云人壽無量時，乃至八萬歲，輪王出世，不減八萬時，何以故，減八萬時，非此吉祥福樂品故。問依此論文，輪王與佛出世時異，云何輪王與佛同世，解云，輪王生時，未減八萬，末及始減，故得相值。如《賢劫經》言，稍增至六萬歲時，有轉輪王，輪王相次，經第七王時，人壽八萬四千歲，彌勒出興，《大彌勒成佛經》亦云八萬四千。《阿含經》及《賢愚經》中，止論八萬，《俱舍論》云，長極八萬，短至十歲，案云，言八萬者，擧其大數，不至九萬，故言極八。又佛出時，始減數十，大數未闕，所以猶言八萬四千，若依此經，六萬歲時，亦有輪王，如何論説不減八萬者。經説增時，論説減時，由是道理，不相違也。言幾時者，經論不同。《賢劫經》言，人壽二萬歲時，第六迦葉佛出世。人壽增減至千二百歲時，釋迦始上兜率天，於天四千歲，人間得五十六億七千七萬歲，人壽百年時，下閻浮提。《雜心論》云，彌勒菩薩滅後生第四天，壽四千歲，一日一夜，當人間四百年，即準人間，合五十七億六百萬歲，然後下閻浮提，成等正覺《賢愚經》云，五十六億七千萬歲，《菩薩處胎經》亦同此説，一切智光仙人經云，五十六億萬歲，今《上生經》亦同此説。《定意經》云，彌勒五億七十六萬歲作佛。案云，彼天四千歲，準人間歲數，得五萬七千六百之萬年，此是以萬爲首，而數至於五萬七千六百。此中若依千萬爲億，即爲五十七億六百之萬歲，當於《雜心》之文，若依萬萬爲億之數，即爲五億七千六百之萬歲，近於《定意經》説，而言七十六萬歲者，算位誤取之耳，七千爲七十，六百爲六也，其餘三經，皆云五十餘億等者，並依千萬爲億之數。而隨翻譯之家，頗有增減之云耳，天人歲數，相配如是，而於其中，多有妨難，何者，《俱舍論》説，如是此壽長遠究竟極此八十千歲。是時諸人安坐受樂無所馳求，壽八十歲，住阿僧祇年，乃至衆生未造十惡，從起十惡集道時節，壽命因此十十歲減，度一百年，即減十歲，乃至廣説。今於彼天四千歲數，不滿人間阿僧祇年，況從百歲稍減至十，從十稍增至於八萬，乃至減時，準此而言。不得相當，是一難也。又依彌勒，百歲時上，至於八萬，減時下生，此於中劫。纔過其半，若論釋迦，人壽千二百歲時上，稍減至十，增至八萬，還減至百，方乃下生，此過一劫。倍長於前，而於二處，齊言於天四千歲，人間得五十餘億等。如是相違，是二難也。若言釋迦逕多死生，彌勒於彼逕少死生，非但受彼四千一生，故不違於半劫一劫者。即違經説一生補處，亦違五十餘億等文，是三難也。如是相違，云何和會，此中眞諦三藏解云。補處菩薩生於彼天，雖無中天，受多死生，所以然者，一由旬城所有芥子。百年去一，乃至盡時，是一兵刀劫量，是即人間四百年，爲彼一日一夜，一日一夜中，除四芥子，一月除百二十芥子，乃至四千年中，除五十七億六萬芥子，不過二三升。然釋迦菩薩下生之時，一由旬城，芥子已盡，彌勒菩薩下生之時，彼城芥子除其半餘，故知於彼逕多死生。而於剡浮，唯有一生，故説此爲一生補處，三藏法師作如是通，若依此義，通餘經論者，諸説五十餘億等文。直理當於彼天一生之數，不説上下之間唯有爾許之年，由是道理，故不相違也。若準論文，於彼天中，逕多死生，其有道理，如瑜伽論第四卷云，四大王衆天滿足壽量，是等活大那落迦一日一夜，則以此三十日爲一月，十二月爲一歲，彼壽五百歲，如是以三十三天壽量，成黑繩壽量，以時分天壽量。成衆合壽量以知足天壽量。成號叫壽量，以樂化天壽量，成大號叫壽量，以他化自在天壽量，成燒熱壽量。應知亦爾，極燒熱大那落迦，有情壽量半中劫，無間大那落迦壽一中劫，準此而言，彼知足天滿足壽量，是號叫大那落迦，一日一夜。即以此三十日爲一月，十二月爲一歲，彼壽四千歲，如是大號叫壽量。燒熱壽量，轉倍於前，極熱半劫，無間一劫，亦轉倍之，然今彌勒菩薩，在知足天，逕半劫餘，釋迦菩薩，在於彼天，逕一劫餘。且經號叫一壽量時已，逕彼天無數死生，況逕半劫及一劫乎。

次第七明二世有無者，慈氏出世，在於賢劫。賢劫千佛，諸經同說，過去未來二劫之中千佛有無，經說不同，如觀藥王藥上經中，釋迦佛言，我昔於妙光佛末法中出家，聞是五十三佛名，以心喜故，後轉教人，乃至三千人同音讚歎。一心敬禮，即時超越無數億劫生死之罪。其初千人者，華光佛爲首，下至毘舍，於莊嚴劫成佛，過去千佛是也。中千人者，拘留孫佛爲首，下至樓至，於賢劫中次第成佛。後千人者，日光如來爲首，下至須彌相佛，於星宿劫當得成佛，依此經文，三世有千佛也。大智度論第九卷云，前九十劫有三佛，後一劫有千佛，九十劫初劫有毘婆尸佛，第三十劫中有二佛，一名尸棄，二名鞞怒婆附，第九十一劫初有四佛，一名迦羅鳩飡陀，二名迦那含牟尼佛，三名迦葉佛，四名釋迦牟尼。賢劫經言，從拘留秦佛，至九百九十九佛。共出前半劫，後有樓至佛，獨用半劫，樓至滅後，更六十二劫，空過無佛，過爾有一佛興，號曰淨光稱王。壽十小劫，過此佛後，復三百劫，亦空過無佛。依此經論，去來二劫應無千佛，云何和會，解云，有無二說，皆實不虛。所以然者，隨機見聞，有無不定，故說有無，皆不相妨問，賢劫之量，以何爲限，樓至如來獨用半劫，爲一相續，故是一壽爲多，過去故爲多壽，解云，《金剛力士經》言，昔有轉輪聖王，千子發心，願求作佛，王欲試其誰先得佛，於是取千壽。以香湯洗之，令千子取，得第一者，最初成佛，如是至九百九十九佛，最後一子，爲第千佛，諸兄譏言，我等成佛化人已盡，汝後作佛，何所度邪。於是小子聞此悲泣，後復思惟，世界無邊，衆生不盡，我今發願，願我後作佛時，壽命與諸兄等。所度衆生，其數亦同，於是地動，佛與其記。是因緣故，獨用半劫，以啼泣故。名啼泣佛，於是諸兄即願作金剛神護樓至佛，《賢劫經》中亦同此說。依此經文，一壽之量，等諸兄等，言一壽者，數多爲一，一本所垂一名出故。賢劫量者，相傳說言，六十四劫爲一大劫，名賢劫等，所以然者，火水風劫一周轉訖，合六十四，以此爲限也。

次第八三會增減者，然通論一化說法之會，有無數會，何得唯云而說三會，度爾許者準度前佛所遺弟子，通論諸佛度先所遺，此亦未必唯在三會，或一二會，度先所遺。或有四五乃至十會，然今釋迦彌勒二佛，齊有三會度先弟子，但其所度有多小耳。如菩薩處胎經，佛語彌勒言，汝生快樂國，不如我累苦，汝說法甚易，我說法甚難，初說九十六億，二說九十四億，三說九十二億，我初說十二，二說二十四，三說三十六，汝所說三人，是吾先所化，九十六億人，受持五戒者，九十四億人，受持三歸者，九十二億人，一稱南無佛者，汝父梵摩淨將八萬四千，非我先所化，是汝所開度乃至廣說，案云，三會唯度小乘弟子，以皆證得阿羅漢果故。若論大乘根性之人，令得無生忍等果者，無非先佛之所化度，故無限於三四會等，於中委悉文處當說也。

次第九明發心久近者，佛本行經，第一卷云，昔有如來，號曰善恩，彌勒菩薩，於彼佛所，最初發心，彌勒菩薩，在於我前，四十餘劫，發菩提心，然後我發道心。昔有佛名示海幢如來，我於彼佛國，作轉輪王，名曰牢□，弓初發道心，智度論第二十四卷云，釋迦牟尼佛，與彌勒等諸菩薩，同時發心，精進力故，超越九劫，案云，釋迦彌勒各有衆多，同時前後，皆無妨也。問論說釋迦所超九劫，爲是大劫，爲是小劫，若是大劫，同劫成佛。何得言超，若是小劫，在前一劫，云何超九，若言釋迦應在彌勒之後九劫成佛，而今同在一劫成道，所以得言超九劫者，云何而言，同時發心。解云，此中所超，準是大劫所以然者，言超劫者，非就實行，但依獲準。示其超耳，謂三僧祇已滿之後。脩相好業，應逕百劫，而於九十一劫，修滿故，言超九也。論說第九十一劫中千佛出世，故知其九亦是大劫。然此二菩薩同時所發，是不定心。若論決定發心之時，彌勒發心九劫已後，釋迦乃發決定之心，故應在後九劫成道。而今超九，同在一劫。此論約彼最初發心，故言同時發心之耳，由是道理不相違背也。餘處所說超十二劫，準此應知也。

次第十明證果前後者，如十住結結經云，彌勒菩薩方習菩薩行乎，莫造斯觀。所以者何，慈氏積行恆沙數劫，先以誓願成等正覺。吾方習行而在其後，案此而言，彌勒之本在先證果，然釋迦證果經説不同，如因果經言，善慧菩薩，功行成滿。位登十地。在一生補處，生兜率天，名聖善白，梵網經言，我今盧舍那。方坐蓮華臺，周匝千華上，復現千釋迦，一華百億國，一國一釋迦，各坐菩提樹，一時成佛道，乃至廣説。案此而言，寄迹表本，善慧菩薩生兜率本在十地，釋迦如來坐樹下時，本方證果。又法華經壽量品云，我實成佛已來，無量無邊百千萬億那由他劫，乃至廣説，案此而言，釋迦證果，有久有近，彌勒成道，例亦應爾。良由多本共垂一迹，所以異言，莫不皆實，由是道理，不相違也。

綜述

智旭《閲藏知津》卷五　佛在祇園，放金色身光，并現化佛。唱千佛始末名，大衆雲集。佛出舌相，放千光明，現無量化佛。説諸陀羅尼法，彌勒菩薩聞已，得百萬億陀羅尼，門起住佛前。優波離請問，此人命終，生於何處，佛爲説兜率天中莊嚴之事，作此觀者，皆得往生彼天。隨侍下生，得菩提記。

著錄

僧祐《出三藏記集》卷二　《觀彌勒菩薩上生兜率天經》一卷或云《觀彌勒菩薩經》，或云《觀彌勒經》。【略】宋孝武帝時，西域沙門功德直至荆州，沙門釋玄暢請於禪房譯出。

費長房《歷代三寶紀》卷一〇　《觀彌勒菩薩生兜率天經》一卷，見《道慧》、《宋齊録》，及《三藏記》。

智昇《開元釋教録》卷五　《觀彌勒菩薩上生兜率天經》一卷亦云《彌勒上生經》，《祐録》云先在高昌郡譯出，於後齎還。

又卷一二　《觀彌勒菩薩上生兜率天經》一卷，宋居士沮渠京聲譯，單本，《上生經》雖是單譯，隨《成佛經》次第編此。

藥師琉璃光七佛本願功德經

題解

靈耀《藥師瑠璃光如來本願功德經直解》　首題乃一經之綱要，衆義之指歸。不可不深長思，不可不簡易示此經。佛示三名，一偏拔除業障，一屬證護流通，俱不能冠戴。初後存而不論可也，獨藥師瑠璃光如來本願功德一題，則範圍衆義，彌綸一經，總別相符，於斯爲美，尋名識旨，五義瞭然。若欲直示，則以人法爲名，諸佛甚深行處，爲體願行方便爲宗，與拔功德爲用。大乘生酥爲教相，初釋名，有通，有別，先解別名，藥師瑠璃光如來，是人名，本願功德是法名，而皆具足三法秘藏。藥師者，良由九界衆生，具足報病，業病，煩惱病，以欸如來，同體大悲故，不獲已得，得出世用，戒定慧，法藥遍療，衆療名之爲藥。報病者，衆生假四大以爲身，則一大不調，百一病起，四大不調，四百四病陡然而興。金光明復論，四時外感寒暑，違和身爲苦本，苦以逼身，廣之則成無量惱身惡疾，所謂天下無無罪衆生，故天下無無病衆生也。此則宜用世間，歸戒十善等，藥以治病，本更用金石，草木，之藥，以治病，表業病者，即衆生所搆殺，盜，婬，妄，五業十惡等罪，此係現行惡，因發於身口，七支架，造無邊大罪，宜用欲定，未到四禪八定等，藥以息身口粗惡煩惱病。又有三，一見思病，二塵沙病，三無明病，當用二十五王三昧中，即空藥以治見，思病，即假藥，以治塵沙病，即中藥以治無明病，然雖藥能治病，苟或用不得人，則藥反成害，縱是醍醐，亦成毒藥。如舊醫乳藥，魔外邪治，非徒無益，而又害之矣。今藥而稱，師者正重，能用藥人，夫能行不能説，國之用也。能説不能行，國之師也。能説能行，國之寶也。如來，則行説兼優，雖大醫不治小醫，拱手者，法藥一逗，沉痾頓起，誠爲人師國寶。故云，藥師在涅槃名新醫，在法華名良醫，或名藥王，或名醫王，大醫王等，寔名異而義同也。但佛治病時，十身隨現不滯一隅，如秦越人，醫無定術，若治報病，即現爲流水長者子，祇域神農，越人倉公等，精望、聞、問、切之妙，擅神聖工巧之名。識寒熱溫平之藥，察虛實寒熱之病，如三事出假，藥到病除，起膏肓於彈指。能肉骨而生死之者，方爲世間藥師。若治業病則現入深禪大定，爲三界天王，如天人，丈夫，觀世音，大梵，深遠觀世音，或爲三藏如來等，而諳練法藥對治衆，症多貪者，授以不淨，多瞋者授以慈悲，乃至一切處定之人，授以非非想藥，不令味住暗證。譬如御馬亦愛，亦策調護，得宜不同。數息不中，塚人不淨錯。施爐鞲者，即爲禪定。劣應之藥師，若治煩惱病，即現法報應身說，即空觀藥治見思病，即假觀藥治塵沙病，即中觀藥治無明病，如止觀破法遍中所用，方爲無上藥王。法華文句第十種良醫，方名藥師娑婆釋迦，東方正覺唯佛與佛乃能究用，非下地能擬。唯除一生所繫，差許仰窺耳，又復應知，既言藥師功在拔苦，宜名斷德之用矣，然病既差已，自爾，翛然累表，成解，脫德也。藥師而復彰瑠璃光之號者，三觀法藥得力，即能治三障之病，開三智大光明藏，所謂垢盡明生，淨極光通也。若世藥治報病而有光，則如經中樵夫擔薪入市內，一枝光明外現識者，售而檢出，乃藥樹王身遍治衆病。東土神農身如瑠璃，內外明徹，凡吃世間金石草木，八萬四千藥草，皆見入何經絡，治何病症，有毒無毒，以定本草爲眞丹，用藥鼻祖。秦越人。飲上池之水，能見垣一方，視病結癥，人有光也。不但人有其光，即藥力得効。自爾有光，如人長服補天，大造人參等藥，則面有白光，盲人遇藥，則得光明，此皆世間醫藥，得力治報病，而有光明者也。若出世戒定慧六度之藥，得力槩有光明，如比丘受戒，臨壇四羯磨，成十方諸佛，無作戒光，如雲如蓋注，入行人頂門，名爲得戒。天眼能見，若圓大戒，則梵網經，戒名第一義，光光非青，黃，赤，白，非色，非心，非因果法，此服戒藥，得力而有光，即定亦然，二十八天，皆從定生，而天天自有身光，或名少光，無量光，光音，不同總屬靜極光，通服定藥，得力而有光明也。若六度中，修之有光，如迦葉紫光尼，因施生光持戒者自有戒光，煥發忍極光，生精進光，發一切衆生喜見，菩薩燃身供佛光，燭法界名眞精進，禪定有光，如四天忉利，及上八定皆有光明。智慧之光甚多。若與今佛合志同方者，如涅槃經，琉璃光菩薩放青光，至釋迦座前，此光即名智慧，此服六度之藥，得力而有光也。若服三觀，上藥得力，而有光，則此光本是般若，最能照破暗病，有大光明，但得之者，淺深大小不同，日光明照見種種色，則夜遊者，伏匿作務者，興成大人，蒙其光用，嬰兒喪其睛明，是菩薩般若智光也。日既入已，則月能照夜，清涼朗燭，即涅槃月愛三昧也。夫日月有，若出則熠火無庸，倘遇死魄，傍死魄，聖賢月沒，則惟賴星光。古云春星帶草堂，即星光照夜明也，若三光掩曜，則藉燈明，千年暗室一燈能破，鑿壁分光，尙能作成人事，況然燈普照哉，燈或未燃，而中宵黑月，雲霧晦暝，則雖電光時促，亦能破暗。若光極小，而能照物。成功又如螢火之光也，藥師補處位，居亞聖，同心輔弼故，如日光，月光，而藥王藥上夙與藥師同業，同心，名星宿光。疇昔太子初生，身光不息，乃名然燈錠光，若世第一後心，一剎那引入見道時節，甚促是名電光三昧。波離螢光二乘，螢火以有法緣慈悲，隨世利物故，二乘之智，皆名螢火，不及日光也。如上所得光明，或折空，即空，即假分，中不同而只一般若智光。分破三惑，暗病以顯三諦妙理，所謂無爲法而有差別也，若極果藥師名瑠璃光，則與西方無量光同一徹晝夜以長明亘古今，而朗曜究顯大光明藏之般若德也。問既是同顯般若，何不同名無量光耶，答瑠璃具足，應云吠瑠璃，翻爲青帝寶。藥師在東方，東方屬青，故色宜青況，震方爲羣動之首，甲木又發生之象，以藥治病，貴乎起死回生，不當同金方，肅殺之號也。此由法題中，了因大願，發心而成之般若德。如來者即法身本體，乃法題中本字，蓋以境如如智，智如如境。境智冥一，境智雙忘，而隨緣感叩，來成正覺。廣治衆病，若成應身，如來則用戒定慧，析體即空，智藥以治衆生報業，見思之病，爲藏通藥師。若成報身，如來則用三事出假，道種智藥，以治衆生塵沙諸病，爲別教藥師。若成法身，如來則用一心三觀智藥，治衆生無明重病，爲圓教無上藥師也。由此三如來，方能用三智光藥，以治衆生三障之病，得三藥師之號，有此三智藥，徧治法界三障，方成三如來之身，三法相須缺一不可，合則雙美，離則兩傷矣。又三如來即法身本體，具三三般若，即般若瑠璃光，具三而三藥師，又功用解脫，具三三各具三離之成九，而一一三中互有主賓傍正不同，如傳佛心印。所明則雖九而三，三即是一合，離自在，成圓三德也。本願功德，即上三德果人所成，圓融三法亦由此圓融三法能成，三德果人本即法身正體，或名本眞，本性，本心，本覺，本源，本際，本體，本地，本來，本智，本願，本明，本根，本然，本法，本有，本如來藏，本地甚深不同，而只指至聖究盡圓滿德本。若欲依本造，修不無詮。次所謂本因，本果，本國，土本，壽命，本涅槃，本感應，本神通，本說法，本眷屬，本利益。書云，君子務本，本立而道生。故凡自行因果，化他能所均，不離斯法身大本也。十方菩薩，因究竟此本故，名如來，即別文中諸佛甚深行處是也。願即了因之宗，如上正因，經體雖十界本周，若無了因，發心則素法身，天人忽劣要須修成報智，始爲奇特。今以四弘誓願，六度熏，修福慧莊嚴，則本覺彰，而了因般若之光，亦稱本無盡，名瑠璃光矣。經云無量菩薩行無量菩薩願是也，功德二字，乃宗成妙用。世間謚法祖有功，而宗有德，則以滅惡拔苦爲功撫。字生善爲德，如來因中以王三昧力遍破三障之惡，遍生三德之善境智，冥後復以本功德藥遍治衆生三障病苦，普與衆生三德妙樂，凡經中聞名受持神呪等，項率以拔苦與樂爲言，而普令一切皆得脩然。累表之大解脫。夫病，去飛昇苦盡樂，證是法藥，得力而醫王奏功矣，故褒之以藥師之號也。是則由因中與拔功德而成藥，即由因中願行莊嚴而顯瑠璃光。由因中修不離性，萬行得本，而成果上如來也。非三德之妙法，不能成三法之妙人。非極果妙人，不能弘圓融三法人。法雖異秘藏，實同也。又復應知人能弘道，非道弘人，故人題居先，而法名殿之，問此經，既始終只一三法秘藏。胡宗體之言，少而功用之言多耶，須知如來歷劫修證，境智內冥，如人飲水，冷煖自知，不必委示，縱爲盲人，說乳何益。無目者，哉故不須多說，略點即足。至於同體大悲，果後方便只爲拔生之苦，與生之樂，是以功德妙用，理當委明也。況兩楹之間，點出與拔宗。本令解一一，無非宗成所起，全體大用，則行行無非實相，事事均會妙宗。故多亦三德，少亦三德，政不在語言多少間也。經者別名既同，一三法則通名經字，即教經，行經，理經，不言可知矣，具如妙玄觀經疏。若稽比經來由，則釋迦說於方等時中，而宋孝武時，鹿野寺沙門慧簡初譯，隋大業十一年，達磨笈多同翻經沙門法行等，於東都洛水南上林園翻經館重譯。至唐三藏法師玄奘，筆正流通，只有顯教而無密呪，至唐義淨三藏法師譯七佛經來，內有密呪，後人取義淨所翻神呪，及呪前數語，呪後乃至菩提等四百餘字，置玄奘本內，彌彰與拔用，周而顯密圓通矣，釋名竟。

綜述

智旭《閱藏知津》卷五 善名稱吉祥王佛八願，寶月智嚴光音自在王佛八願，金色寶光妙行成就佛四願，無憂最勝吉祥佛四願，法海雷音佛四願，法海勝慧遊戲神通佛四願，藥師琉璃光佛十二願，金色寶光妙行成就佛，有大力神咒，藥師琉璃光佛有大陀羅尼咒，又因少智諸天，心生疑念，七佛同來此土，說大神咒。復有執金剛菩薩，說二神咒。餘與流通本大同，理應流通此本，然亦不列八菩薩名。

紀事

行矩《藥師如來本願功德經序》 《藥師如來本願經》者，致福消災之要法也。曼殊以慈悲之力，請說尊號；如來以利物之心，盛陳功業。十二大願，彰因行之弘遠；七寶莊嚴，顯果德之純淨。憶念稱名，則衆苦咸脫；祈請供養，則諸願皆滿。至于病士求救，應死更生，王者攘災，轉禍爲福，信是消百怪之神符，除九橫之妙術矣。昔宋孝武之世，鹿野寺沙門慧簡已曾譯出，在世流行，但以梵宋不融，文辭雜糅，致令轉讀之輩多生疑惑。矩早學梵書，恆披葉典，思遇此經，驗其紕謬。開皇十七年，初獲一本，猶恐脫誤，未敢即翻。至大業十一年，復得二本，更相讎比，方爲指定。遂與三藏法師達磨笈多並大隋翻經沙門法行、明則、長順、海馭等，於東都洛水南上林園翻經館重譯此本。深鑒前非，方懲後失。故一言出口，必三覆乃書，傳度幽旨，差無大過。其年十二月八日，翻勘方了，仍爲一卷。所願此經深義人人共解，彼佛名號處處遍聞，十二夜叉念佛恩而護國，七千眷屬承經力以利民，帝祚遐永，群生安樂，式貽來世序云爾。

智昇《開元釋教録》卷九 沙門釋義淨，齊州人，俗姓張，字文明。髫齓之年辝榮落彩，於是遍詢名匠廣探群籍內外閑曉今古遍知，年十有五志遊西域，仰法顯之雅操，慕玄奘之高風。加以勤無棄時手不釋卷，弱冠登具逾厲堅貞。咸亨二年三十有七方叶夙懷，遂之廣府初結撫同志數滿十人，洎乎汎舶餘皆退罷。唯淨堅心轉熾，遂即孤行。備歷艱難，漸達印度。所至之境，皆洞言音。凡遇王臣，咸蒙禮重，鷲峯鷄足並親登陟。祇園鹿苑咸悉周遊，憩那爛陁禮菩提樹，遍師明匠學大小乘，所爲事周還歸故里，凡所歷遊三十餘國，往來問道出二十年，以天后證聖之元乙未仲夏，還至河洛。將梵本經、律、論，近四百部，合五十萬頌，金剛座眞容一鋪，舍利三百粒。天后敬法重人，親迎于上東門外，洛陽緇侶備設幢幡，兼陳鼓樂，在前導引，勑於佛授記寺安置，所將梵本，並令翻譯。【略】二年丙午隨駕歸京，勑於大薦福寺別置翻經院處之，三年丁未帝召入內，并同翻經沙門九旬坐夏，帝以昔居房部幽厄無歸，祈念藥師遂蒙降祉，賀茲往澤重闡洪猷，因命法徒更令翻譯，於大佛光殿譯成二卷。名《藥師瑠璃光七佛本願功德經》，帝御法筵手自筆受。

著錄

智昇《開元釋教録》卷九 《藥師瑠璃光七佛本願功德經》三卷，第四出，與隋笈多等出者同本，但寶略有異。神龍三年，夏於大內佛光殿譯時，帝親御法筵，手自筆受。

又卷一一 《藥師瑠璃光七佛本願功德經》二卷，大唐三藏義淨於大內佛光殿譯第四譯，與前灌頂第十二卷《拔除過罪生死得度經》同本，其三藏義淨所譯二卷者，更加《六佛本願》，及呪，錄文大同。奘法師譯者，其《舊藥師經》，群錄皆云，宋時庋野寺沙門慧簡所譯。尋撿其文即是灌頂第十二卷指出別行，更無異本。其《遙願往生經》，羣錄或云吳時支謙，或云西晉竺法護譯，其見流行者即是《大灌頂經》第十一卷普廣品，更無別本。此之二經既在大部之中，其別生流行者，刪之不錄。

所問經分部

文殊師利問菩薩署經

綜述

智旭《閱藏知津》卷一〇 舍利弗欲問法，佛言，若從文殊師利，但問怛薩阿竭署因緣法名，未悉得其事。今爲汝說之，舍利弗及目犍連等作禮，請問菩薩摩訶僧那僧涅。佛言，怛薩阿竭署者有四事，一者發意，二者阿惟越致，三者菩薩坐於樹下，四者具足佛法。及種種問荅以顯其義，次有迦葉等各呈學署法門，次有五百婆羅門來問法，各各述已瑞應。

著錄

費長房《歷代三寶紀》卷一三 《文殊師利問菩薩署經》一卷亦名《問署經》。

法經《衆經目錄》卷一 《文殊師利問菩薩署經》一卷一名《署經》，後漢靈帝世支讖譯經。

智昇《開元釋教録》卷一 《文殊師利問菩薩署經》一卷見《僧祐錄》及《吳錄》，安玄云出《方等》部。

又卷一二 《文殊師利問菩薩署經》一卷後漢月支三藏支婁迦讖譯。

佛說文殊悔過經

綜述

智旭《閱藏知津》卷三二 佛在耆闍崛山，新學菩薩狐疑所蔽，有如來齊光炤耀菩薩，爲之請問文殊。文殊爲說懺悔，勸助，請法，興供，廻向，發願，諸法。彼等皆得無生法忍，佛遙聞而讚歎之。

著錄

費長房《歷代三寶紀》卷八 《文殊悔過經》一卷。

智昇《開元釋教録》卷二 《文殊悔過經》一卷初出，或加師利字，亦云《文殊五體悔過經》見《僧祐録》。

又卷一二 《文殊悔過經》一卷，西晉三藏竺法護譯第一譯兩譯一闕。

又卷一四 《文殊悔過經》一卷，亦名《文殊懺悔經》，姚秦三藏鳩摩羅什譯，第二譯。

大方寶篋經

綜述

智旭《閱藏知津》卷八 佛在祇園，先演說法。文殊菩薩後到，與須菩提酬唱，令須菩提默然。於是舍利弗，目犍連，阿難陀，大迦葉，富樓那，各述文殊智慧辨才神力之事。

王古《大藏聖教法寶標目》卷三 文殊智慧辯才，神通威德，遊於諸佛國土，現種種殊勝等事。東方佛土有第一智慧弟子，住梵天說法，聲徧三千大千世界，聞文殊發大音聲，驚怖墜落，如旋嵐風吹於小鳥。復有佛土大火災起，世界充滿，文殊於彼火中作蓮華網而從中過，火所觸，和適快樂。聲聞神力如小鳥。文殊神力如金翅迅疾。又七日七夜雨不斷絶，諸比丘衆未得禪定者，饑羸困苦，文殊化一鉢食，置講堂上，千二百五十比丘，萬二千菩薩皆得飽足，鉢無減耗，魔化四萬比丘來入會中，亦皆受供鉢食，亦無減耗，悉皆降伏。又文殊三月竟夏不現。佛邊大迦葉問何所在耶，答云我在王宮婇女中，及諸婬女小兒中，迦葉念言，何緣此人與清淨僧衆爲臘，即撾揵椎，欲逐出文殊，即見十方不可計數佛邊各有文殊，各有迦葉，撾揵椎，欲逐出之。佛語迦葉，汝欲逐出何者文殊。迦葉慚愧，欲置揵椎于地，盡其神力而不能也。佛令禮文殊，乃得墮地。佛言，文殊三月敎化城中女人，宮中婇女及童男、童女各五百人，及無量人，得不退轉，成道得果，或生天宮，又說三十二德鎧法門，三萬二千天人皆發無上道意，是經亦名文殊所現變化降伏衆魔化諸異學，名曰寶藏。

著錄

費長房《歷代三寶紀》卷一〇 《大方廣寶篋經》三卷見《李廓録》。

又卷一三 《大方廣寶篋經》二卷。

智昇《開元釋教録》卷五 《大方廣寶篋經》三卷第四出，或二卷，與《文殊現寶藏經》等同本，見《李廓録》。

又卷一一 《大方廣寶篋經》三卷或二卷，宋天竺三藏求那跋陀羅譯，第四譯。

佛說文殊師利般涅槃經

綜　述

智旭《閱藏知津》卷五　佛在祇園，於後夜分，人定放光，照文殊房，作諸化現。阿難集衆，跋陀婆羅問其始末，佛爲略説觀文殊法，及説示滅起塔種種佛事。

著　錄

僧祐《出三藏記集》卷四　《文殊師利般涅槃經》，一卷。

智昇《開元釋教錄》卷一二　《文殊師利般涅槃經》一卷，西晉居士聶道真譯。

文殊師利問菩提經

綜　述

智旭《閱藏知津》卷九　佛初得道，在伽耶山，與千比丘，萬菩薩俱，入諸佛甚深三昧，諦觀諸法性相。文殊知之，即問云何發心，佛以無發是發義荅之，用淨光德天子問言，緣何事故，行菩薩道。文殊荅以大悲爲本，大悲以直心爲本，直心以等心爲本，等心以無別異行爲本，乃至正觀以堅念不忘爲本，其十六句。又四心能攝因，能攝果，一者初發心，二者行道心，三者不退轉心，四者一生補處心，廣作種種譬喻。次有定光明主天子問菩薩略道，文殊荅言，一者方便，二者智慧，又一者助道，二者斷道等。次有隨智勇行菩薩問菩薩義，菩薩智，文殊荅言，義名無用，智名有用，復語天子菩薩有十智、十發、十行、十思惟、十治法、十善地，二隨法行。

著　錄

僧祐《出三藏記集》卷二　《菩提經》一卷或云《文殊師利問菩提經》。

法經《衆經目錄》卷一　《文殊師利問菩提經》一卷後泰弘始年羅什譯，亦名《菩薩無行經》。

法經《衆經目錄》卷五　《文殊師利問菩提經論》二卷一名《伽耶頂經論》，後魏世菩提留譯。

智昇《開元釋教錄》卷四　《文殊師利問菩提經》一卷一名《菩提無行經》初出與《伽耶山頂經象頭精舍經》尋同本，見《僧祐錄》經圖中別載《菩提經》一卷者誤也。

文殊師利問經

綜　述

智旭《閱藏知津》卷三二　序品第一，佛住耆闍崛山，與比丘菩薩衆俱，菩薩戒品第二，與沙彌十戒同。不可思議品第三，明如來不入涅槃。無我品第四，涅槃品第五，般若波羅密品第六，有餘氣品第七，來去品第八，中道品第九，世間戒品第十，亦即沙彌十戒，出世間戒品第十一，明菩薩七聚，上出世間戒品第十二，觀第一義也，菩薩受戒品第十三，發菩提心也。字母品第十四，分別部品第十五，明佛滅後，僧祇上座二部，共出二十部，皆是大乘出無是亦無非，雜問品第十六，設爲外道種種邪難，求佛解釋。囑累品第十七，既囑累已，復廣明在家過患，出家功德。次明念佛三昧得見餘世界佛，次明用供養華咒法。

著録

費長房《歷代三寶紀》卷一〇　《文殊師利問經》二卷又監十七年，勅僧伽婆羅，於占雲譯袁曇允筆受，光宅寺沙門法雲詳定。

智昇《開元釋教録》卷一九　《文殊師利問經》二卷，亦直云《文殊問經》，梁扶南三藏僧伽婆羅譯。

善思童子經

綜述

智旭《閲藏知津》卷六　佛住菴婆羅波梨園，與八千比丘萬菩薩俱，化作天身，入毘耶離城乞食，至毗摩羅詰家，善思童子從高樓上投身禮佛，獻彼所執蓮華，誓成菩提，與舍利弗，富樓那，阿難陀互相問答，佛復爲說大善提路，無有一法而可得者，幷說不驚、不怖、不畏之法，童子證無生忍，佛爲授記。

王古《大藏聖教法寶標目》卷三　善思童子，維摩詰子也。乳母抱持在重閣上。見佛自湧身空中，投下而住空中獻華問，答說甚深法佛爲授記作佛。

著録

費長房《歷代三寶紀》卷一二　《善思童子經》二卷，開皇十一年七月出，九月訖，學士費長房筆受，沙門彥琮製序。

又卷一三　《善思童子經》二卷一名《維摩兒經》。

《大唐内典録》卷九　《善思童子經》隋開皇年崛多譯，初名《大方等頂王》，亦名《維摩詰子問經》，後又出云《大乘頂王經》文相大同。

智昇《開元釋教録》卷七　《善思童子經》二卷，第四出與《大方等頂王經》及《大乘頂王經》等同本，開皇十一年七月出，九月訖學士費長房筆受，沙門彥琮製序是《長房録》。

佛說月上女經

綜述

智旭《閲藏知津》卷六　佛在毗耶離草茅精舍，與五百比丘，八千菩薩衆俱，有一離車名毗摩羅詰，生美女，名爲月上。一切童子爭欲娶之，約七日後自行選擇。至第六日，手有蓮華，華有化佛，執華而出。說偈訶欲。引衆見佛。路荅舍利弗問，既到佛所復荅諸菩薩問，次以手中蓮華供佛，化成華帳，如是共出十華，共發十願，即得記轉男出家。記中先生天，次末世護法，次生兜率，次隨彌勒受持正法，次生阿彌陀佛國，次供養，十方諸佛，乃成月上如來。

王古《大藏聖教法寶標目》卷五　維摩居士女也，生時有大光明，故名月上。自說往因後詣世尊供養，與舍利弗諸菩薩問答法要，轉身爲男子，佛記後八萬億劫當得作佛，號月上如來。

著録

費長房《歷代三寶紀》卷一二　《月上女經》三卷開皇十一年四月出，六月訖學士劉憑筆受，沙門彥琮制序。

彥琮《衆經目錄》卷一　《月上女經》二卷，大隋開皇年崛多譯。

智昇《開元釋教錄》卷一九　《月上女經》二卷，隋天竺三藏闍那崛多等譯。

持世經

綜　述

智旭《閱藏知津》卷八　《四利品》第一，佛在竹園，持世菩薩問法，佛荅以八種四利，勤修諸法實相，亦善分別，諸法之相。三種四利，能求念力，四種四法，名得念力，七種四利，能修習一切法，分別章句慧，四種四法，轉身常得不斷念，乃至得大菩提。復有七種五淨智力，復有三法，一欲，二精進，三不放逸。《五陰品》第二，明菩薩正觀五陰方便，《十八性品》第三，明菩薩正觀十八界方便，《十二入品》第四，明菩薩正觀十二入《十二因緣品》。第五明菩薩善觀十二因緣，《四念處品》第六，明菩薩觀擇四念處，《五根品》第七，明菩薩善知諸根，《八聖道分品》第八，明菩薩善能知道，《世間出世間品》第九，明菩薩善知世間出世間法，得世間出世間法方便。《有爲無爲法品》第十，明菩薩善知有爲無爲法，得有爲無爲法方便。《本事品》第十一，說過去閻浮檀金須彌山王佛，時寶光菩薩精進持經，成一切義決定莊嚴佛。又無量光德高王佛法欲盡時，無量意菩薩精進持法，成無量光莊嚴王佛，於是跋陀婆羅伽羅訶達多菩薩等，發願持經，佛讚印之。《囑累品》第十二，佛以神力護念，令大千界香氣徧滿，授持經記。

王古《大藏聖教法寶標目》卷三　持世菩薩問佛，云何菩薩能知諸法實相，亦善分別諸法相，云何得念力轉身成就，不斷念乃至得無上菩提。佛爲隨問開示，初品荅所問種種法門，次五陰品次，十八性品，次十二入品，次十二因緣品，次四念處品，次五根品，次八聖道品，次世間出世間品，次有爲無爲法品，逐品法義，至詳至妙，及說過去諸佛本事此。經有種種大功德利益，乃至疾得無上菩提。

著　錄

僧祐《出三藏記集》卷二　《持世經》四卷或三卷。

費長房《歷代三寶紀》卷八　《持世經》四卷第二出與法護《持人菩薩所問經》本同譯異名，別文小廣，見二《秦錄》。

又卷一三　《持世經》四卷一名《法印經》。

法經《衆經目錄》卷一　《持世經》四卷亦同《法印經》，後秦弘始年羅什譯。

道安《大唐內典錄》卷九　《持世經》四卷一名《法印經》後秦弘始年羅什於常安譯，右一經西晉竺法護初譯稱《持人所問經》四卷，二本大同。

不思議光菩薩所說經

綜　述

智旭《閱藏知津》卷六　佛在祇陀林中，婬女棄一小兒於路空處，衆皆往觀，佛至其所，種種問荅，次令現通，諸天蒙光，皆悉來集，因名爲不思議光佛，爲波斯匿王說其往因，并授其記。

著　錄

費長房《歷代三寶紀》卷一三　《不思議光菩薩所說經》一卷亦名《無思議孩童菩薩經》。

佛説師子莊嚴王菩薩請問經

論　説

道宣《師子莊嚴王菩薩請問經序》　觀夫法王利見，權巧殊途，或聲光動人，或開智攝物。立儀列相，興像設之機緣；聚砂涂香，表乘時之淨養。斯德有歸，可略言也。有師子莊嚴王菩薩者，學周八藏，智越五乘，籍勝報而開教端，寄善權而行圖範。故使方壇外啓，圓場内羅，列八座而延八聖，陳四報而成四德。空有兩業，自此修明，大小諸乘，因兹增長。可謂總攝六度之玄略，統陳願行之明規。其道易而可修，其儀約而難隱。智有通塞，道涉窊隆，時運所歸，近聞東夏。逮龍朔三年冬十月，有天竺三藏，厥號那提，挾道間萌，來遊天府。皇上重法，降禮眞人，厚供駢羅，祈誠甘露。南海諸蕃，遠陳貢職，備述神藥，惟提能致。具表上聞，霈然下遣，將事道途，出斯奧典。文旨既顯，冀由來之所傳；道場不昧，起機緣之淨業。輒以所聞序之云爾。

綜　述

智旭《閱藏知津》卷五　佛在耆闍崛山，有師子莊嚴王菩薩，請問大會莊嚴之，因佛言，昔作方曼荼羅，供八菩薩所致。謂觀世音菩薩，彌勒菩薩，虚空藏菩薩，普賢菩薩，執金訓主菩薩，文殊師利菩薩，止諸障菩薩，地藏菩薩。

王古《大藏聖教法寶標目》卷五　八曼荼羅最勝法門，供養觀音、彌勒、虚空藏、普賢、執金剛、文殊、止諸障、地藏八大菩薩，有大功德利益，獲大福報，乃至降魔成佛。

法經《衆經目錄》卷一　《不思議光菩薩所説經》一卷一名《無思議光孩童菩薩經》。晉世竺法護譯。

智昇《開元釋教錄》卷四　《不思議光菩薩所問經》一卷第二出與竺法護《無思議孩童經》同本，見《長房錄》。

無所有菩薩經

綜　述

智旭《閱藏知津》卷六　佛在毘富羅山，與百千比丘百千菩薩及四衆八部俱，無所有菩薩，爲斷衆疑，隱身不現。種種問法，令難調怨讐害人者，信佛神通，乃至得記。次爲女人現身，令得成男。佛爲波斯匿王等，説此菩薩大方便力。

王古《大藏聖教法寶標目》卷五　無所有菩薩問佛，菩薩若有染有著，有繫有犯，如何遠離超越，成一切智，修習圓滿一切功德。佛説：此經令諸菩薩於一切法中無有障礙有難調伏。殺害人者，過去瞋恨，謗毀菩薩故，五百生中生生受毒蛇身，害無數衆生，死入大地獄。最後生刑殺人家，殺人飲血，廣造惡業，見佛光明勝妙發慙媿心，自歎惡劣，又聞佛與無所有菩薩問答空法，心智猛利，即得斷漏，除瞋恚分別，煩惱顛倒，受成佛記。無所有菩薩説法而不現身，以身相勝妙，惟除如來在三界中，無有勝者。諸女人見此菩薩身相，聞法皆變身爲男子。

著　錄

静泰《衆經目錄》卷一　《無所有菩薩經》四卷隋開皇年闍那崛多及笈多等，於大興善寺譯，皇朝奏行。

著錄

智昇《**開元釋教錄**》**卷九** 《師子莊嚴王菩薩請問經》一卷一名《八曼荼羅經》，龍朔三年於慈恩寺譯，見《大周錄》。

又卷一二 《師子莊嚴王菩薩請問經》一卷，大唐天竺三藏那提譯。

離垢慧菩薩所問禮佛法經

論說

道宣《**離垢慧菩薩所問禮佛法經序**》 惟夫幔幢難偃，三界由此輪迴；愛水未清，四懃因茲流湎。自非獨拔開士，出有至人，何能裂愛網而辟重關，質深疑而啓昏趣。有離垢慧菩薩者，道高初住，德跨八恆，假時俗之津途，發深識之嘉問。如來以無緣之勝辯，赴有待之幽情，斷五趣之蓋纏，籍五輪之禮念，所以五通五眼，自此增修，五位五生，承斯圓滿。蘊結中夏，千六百年，頽運有蹤，載聞東壤。洎龍朔三年，有天竺三藏，厥號那提，統括六異之宗，窮微四圍之典。九部八藏詞，無昧於自他，十諦一乘義，有歸於空色。並詳略名理，妙達宏致，來儀帝里，頻謁天庭。降厚禮於慈恩，將歸飛於海表。以此經群聖之發軫，凡衆之初心，乃出流布，傳於道俗。遂依繕寫，所在通之。恐未悉其來由，故因叙其緣致云爾。

綜述

智旭《**閱藏知津**》**卷五** 佛在給孤獨園，與五百比丘，無央數菩薩，及人天八部俱。離垢慧請問，於如來所，云何恭敬禮拜供養，佛先示五輪著地，應發五願。次示十方佛名，次示皈依、懺悔、勸請、隨喜、迴向，發願之法。

著錄

智昇《**開元釋教錄**》**卷九** 《離垢慧菩薩所問禮佛法經》一卷龍朔三年，於慈恩寺譯，見《大周錄》。

又卷一二 《離垢慧菩薩所問禮佛法經》一卷，大唐天竺三藏那提譯出《大周錄》拾遺編入。

阿難問事佛吉凶經

綜述

智旭《**閱藏知津**》**卷三〇** 佛荅以持戒敬信，則得吉。毀犯輕慢，則得凶。復問荅殺生，及惡意向師向善人二種惡報。復問荅末世俗弟子理生之事，阿難重頌請佛住世。

費長房《**歷代三寶紀**》**卷第九** 《阿難問事佛吉凶經》一卷一名《阿難分別經》，一名《分別經》，與弟子慢多爲耆域述經，同本異出，見《始興錄》 已上九經並《法上錄》載，亦云出《別錄》 未詳晉孝武世沙門聖堅於河南國爲乞伏乾歸譯，或云堅公或云法堅，未詳孰是，故俻列之，依驗群錄。一經江陵出，一經見趙錄，十經見《始興錄》，《始興》即《南錄》，或竺道相《晉世雜錄》，或《支敏度都錄》，或王宗或寶唱。勘諸錄名人似遊涉隨處出經，既適無停所，弗知附見何代，世錄爲正，今且依《法上錄》捻入乞伏西秦世錄云。

僧祐《**出三藏記集**》**卷四** 《阿難問事佛吉凶經》一卷或云《阿難問事經》新集所得，今並有其本，悉在經藏。

道宣《**大唐内典録**》**卷七**　《阿難問事佛吉凶經》，西秦乞伏仁世法堅譯。

智昇《**開元釋教録**》**卷一三**　《阿難問事佛吉凶經》一卷，或名《阿難問事經》亦《云事佛吉四經》後漢安息三藏安世高譯第一譯。

智旭《**閲藏知津**》**卷三〇**　《阿難問事佛吉凶經》後漢安息國沙門安世高譯。佛荅以持戒敬信則得吉，毁犯輕慢則得凶，復問荅殺生，及惡意向師向善人二種惡報，復問荅末世俗弟子理生之事，阿難重頌，請佛住世。

著録

僧祐《**出三藏記集**》**卷四**　《阿難問事佛吉凶經》一卷或云《阿難問事經》。

費長房《**歷代三寶紀**》**卷四**　《阿難問事佛吉凶經》一卷。

又卷九　《阿難問事佛吉凶經》一卷一名《阿難分別經》，一名《分別經》與弟子慢多爲《耆域述經》同本異出，見《始興録》，已上九經並《法上録》載，亦云出《別録》，未詳。

法經《**衆經目録**》**卷三**　《阿難問事佛吉凶經》一卷西秦乞伏仁世法堅譯。

智昇《**開元釋教録**》**卷一三**　《阿難問事佛吉凶經》一卷，後漢安息三藏安世高譯，第一譯。

佛說阿難四事經

綜述

智旭《**閲藏知津**》**卷三一**　一慈心俯育人畜，二悲心周給窮苦，三不食肉持五戒，四敬沙門，行此四事，如供佛無異。

著録

僧祐《**出三藏記集**》**卷二**　《阿難四事經》，一卷。

法經《**衆經目録**》**卷三**　《阿難四事經》一卷吳黃武年支謙譯。

佛說阿難分別經

道宣《**大唐内典録**》**卷七**　《佛說阿難分別經》六紙一名《分別經》上二經同本別出。

智昇《**開元釋教録**》**卷一三**　《阿難分別經》一卷，乞伏秦沙門釋聖堅譯第三譯。

智旭《**閲藏知津**》**卷三〇**　《阿難分別經》乞伏秦沙門釋聖堅譯。皆《阿難問事佛吉凶經》同本。

佛說大迦葉本經

道宣《**大唐内典録**》**卷七**　《大迦葉本經》，西晉竺法護譯。

智昇《**開元釋教録**》**卷一三**　《大迦葉本經》一卷，或無大字西晉三藏竺法護譯。

智旭《**閲藏知津**》**卷三〇**　《佛說大迦葉本經》西晉月支國沙門竺法護譯。佛爲大迦葉說制心法。

佛說摩訶迦葉度貧母經

智昇《**開元釋教録**》**卷一三**　《摩訶迦葉度貧母經》一卷，宋天竺三藏求那跋陁羅譯。

智旭《閱藏知津》卷三一　《佛説摩訶迦葉度貧母經》劉宋中天竺沙門求那跋陀羅譯。迦葉度最貧母生天，天帝釋化作貧人以供迦葉。

佛爲阿支羅迦葉説自他作苦經

智昇《開元釋教錄》卷一六　《佛爲阿支羅迦葉説自他作苦經》一卷，祐錄云抄陳錄云抄雜含。

智旭《閱藏知津》卷三〇　《佛爲阿支羅迦葉説自他作苦經》後漢安息國沙門安世高譯。

爲説苦非自作、他作、共作、無因作、見諦得道，牛觸死、入滅。

羅云忍辱經

智昇《開元釋教錄》卷一三　《羅云忍辱經》一卷，直云《忍辱經》西晉沙門釋法炬譯。

智旭《閱藏知津》第三〇　《佛説羅云忍辱經》西晉沙門釋法炬譯。因羅云受打，佛乃廣讚忍辱之道。

佛説沙曷比丘功德經

智昇《開元釋教錄》卷一三　《沙昌比丘功德經》一卷，西晉沙門釋法炬譯。

智旭《閱藏知津》卷三〇　《佛説沙曷比丘功德經》西晉沙門釋法炬譯。即莎伽陀比丘也，佛讚説其降龍功德并非實醉，有似大乘發迹顯本之意。

佛爲年少比丘説正事經

智昇《開元釋教錄》卷一三　《佛爲年少比丘説正事經》一卷，西晉沙門釋法炬譯。

智旭《閱藏知津》卷三一　《佛爲年少比丘説正事經》西晉沙門釋法炬譯。因上座比丘如法攝受年少比丘，佛讚歎之。

比丘避女惡名欲自殺經

静泰《衆經目錄》卷二　《比丘避女惡名欲自殺經》一卷，《雜阿含》别品異譯。

智昇《開元釋教錄》卷一三　《比丘避女惡名欲自煞經》一卷，西晉沙門釋法炬譯。

智旭《閱藏知津》卷三一　《比丘避女惡名欲自殺經》西晉沙門釋法炬譯。比丘因惡名欲□林中自殺，正住天神説偈曉之，即得道果。

比丘聽施經

法經《衆經目錄》卷三　《比丘聽施經》一卷，一名《聽施比丘經》《雜阿含》别品異譯。

智昇《開元釋教錄》卷一三　《比丘聽施經》一卷，一名《聽施比丘經》東晉西域沙門竺曇無蘭譯。

智旭《閱藏知津》卷三一　《佛説比丘聽施經》東晉西域沙門竺曇無蘭譯。聽施比丘不樂法，佛方便爲説，曉道徑不曉道徑之喻。

犍陀國王經

智旭《閱藏知津》卷三〇 《犍陀國王經》後漢安息國沙門安世高譯。婆羅門譖殺毀樹者，牛不害折角者，王乃從此信佛，佛因說其往因。

智昇《開元釋教錄》卷一三 《揵陁國王經》一卷或無國字後漢安息三藏安世高譯。

佛說未生怨經

智昇《開元釋教錄》卷一三 《未生怨經》一卷，吳月支優婆塞支謙譯。

智旭《閱藏知津》卷三〇 《未生怨經》吳月支國優婆塞支謙譯。說瓶沙王受害事，與律中大同小異。

阿闍世王問五逆經

智昇《開元釋教錄》卷一三 《阿闍世王問五逆經》一卷，西晉沙門釋法炬譯拾遺編入，第二譯，兩譯一闕。

智旭《閱藏知津》卷三〇 《阿闍世王問五逆經》西晉沙門釋法炬譯。預記王當一墮獄即出，二十劫不墮，三惡道最後成辟支佛，名無穢。

佛說萍沙王五願經

彥琮《衆經目錄》卷二 《萍沙王五願經》一卷，一名《弗迦沙王經》《雜阿含》別品異譯。

智昇《開元釋教錄》卷三 《萍沙王五願經》一卷，一名《弗沙迦王經》吳月支優婆塞支謙譯。第一譯二譯二闕右此《萍王五願經》《大周》等錄皆云出《中阿含》，撿彼文無，且縮於此。

智旭《閱藏知津》卷三〇 《萍沙王五願經》吳月支國優婆塞支謙譯。先敘萍沙王五願，後敘弗迦沙王出家，宿窯家，佛夜爲說法，證三果，次日命終。

佛說淨飯王般涅槃經

法經《衆經目錄》卷三 《淨飯王般涅槃經》一卷北涼安陽候沮渠京聲譯。

智昇《開元釋教錄》卷一三 《淨飰王涅槃經》一卷，宋居士沮渠京聲譯第二譯兩譯一闕。

智旭《閱藏知津》卷三一 《佛說淨飯王般涅槃經》劉宋居士沮渠京聲譯。佛及難陀、阿難、羅云，親送淨飯王喪，以彰孝道。

佛說琉璃王經

智昇《開元釋教錄》卷一三 《瑠璃王經》一卷，西晉三藏竺法護譯第二譯兩譯一闕。右此《琉璃王經》《大周》等錄云出《增一阿含》，其增一二十六中雖有琉璃王錄超，文意全異，故編於此。

智旭《閱藏知津》卷三〇 《瑠璃王經》西晉月支國沙門竺法護譯。說滅釋種墮地獄始末。

佛說末羅王經

綜　述

智旭《閱藏知津》卷三〇　爲移石人說四力，一精進力，二忍辱力，三布施力，四父母力，又生、老、病、死，爲四力。

智昇《開元釋教錄》卷第一三　《末羅王經》一卷，宋居士沮渠京聲譯。

智旭《閱藏知津》卷第三〇　《佛說末羅王經》劉宋居士沮渠京聲譯。爲移石人說四力，一精進力，二忍辱力，三布施力，四父母力，又生、老、病、死爲四力。

著　錄

僧祐《出三藏記集》卷三　《末羅王經》，一卷。

智旭《閱藏知津》卷一三　《末羅王經》一卷，宋居士沮渠京聲譯。

佛說旃陀越國王經

綜　述

智旭《閱藏知津》卷三〇　王小夫人懷孕，大夫人以金賂婆羅門，譖殺埋之。見於塚中得產，其母半身不朽，飲乳三年，至六歲時，佛度出家，證阿羅漢，乃以神通。化其父王令歸三寶，佛因具說夙緣，無數人聞之得道。

智昇《開元釋教錄》卷三〇　《旃陀越國王經》一卷，或無國王字宋居士沮渠京聲譯。

智旭《閱藏知津》卷三〇　《佛說旃陀越國王經》王小夫人懷孕，大夫人以金賂婆羅門，譖殺埋之兒於塚中得產，其母半身不朽，飲乳三年，至六歲時，佛度出家，證阿羅漢，乃以神通化其父王，令歸三寶，佛因具說夙緣，無數人聞之得道。

著　錄

僧祐《出三藏記集》卷三　《梅陀越國王經》，一卷。

智旭《閱藏知津》卷五　《旃陀越國王經》一卷或無國王字，房云見《別錄》。

又一三　《旃陀越國王經》一卷宋居士沮渠京聲譯。

佛說摩達國王經

智昇《開元釋教錄》卷一三　《摩達國王經》一卷宋居士沮渠京聲譯。

智旭《閱藏知津》卷第三〇　《佛說摩達國王經》羅漢比丘以宿業爲王養視官馬，七日後現神通化王歸佛，證初果。

佛說梵摩難國王經

綜　述

智旭《閱藏知津》卷三〇　王子均鄰儒出家證果，爲父說法，亦證初果。佛因敕衆僧臨飯時，說僧跋。僧跋者，衆僧飯皆悉平等。

著録

費長房《歷代三寶紀》卷一四 《梵摩難國王經》一卷。

智旭《閱藏知津》卷一三 《梵摩難國王經》一卷，《僧祐録》云安公失譯，今附《西晉録》，拾遺編入。

普達王經

綜述

智旭《閱藏知津》卷三〇 夫延國王禮沙門足，諸臣諫之，王命覓一切頭賣之，惟人頭不可賣，乃至丐者亦不肯受，因勸人生信心，遙請佛來國說法，佛并說其夙緣。

著録

僧祐《出三藏記集》卷三 《普達王經》一卷。

智旭《閱藏知津》卷一三 《普達王經》一卷，《僧祐録》云安公失譯。

佛說五王經

智昇《開元釋教録》卷第一三 《五王經》一卷，失譯。今附《東晉録》。

智旭《閱藏知津》卷第三〇 《佛說五王經》失譯人名，附《東晉録》。

五王共相友善，四王各說世樂，惟普安王說出世樂，因引四王見佛，佛爲說世間八苦，遂同出家修道。

佛說長者子懊惱三處經

智昇《開元釋教録》卷一三 《長者子懊惱三處經》一卷，一名《長者懊惱經》亦云《三處惱經》後漢安息三藏安世高譯。

智旭《閱藏知津》卷三一 《長者子懊惱三處經》後漢安息國沙門安世高譯。說長者子於天中、人中、龍中一時令三處哭泣。

佛說逝童子經

綜述

智旭《閱藏知津》卷九 逝年十六，佛詣其門，逝勸母行施。母慳，佛現威神，逝勸母與其自分飲食及衣，持用供佛，求無上道，佛與授記。

著録

僧祐《出三藏記集》卷四 《逝童子經》一卷與《菩薩逝經》大同小異。

費長房《歷代三寶紀》卷六 《逝童子經》一卷第三出亦名《長者制經》，亦直云《制經》，亦云《菩薩竺經》，亦直云《逝經》，五本大同別譯，爲異名殊耳。

法經《衆經目錄》卷一 《逝童子經》一卷晉世沙門支法度譯。

智旭《閱藏知津》卷二 《逝童子經》一卷第四出。

佛說阿鳩留經

綜述

智旭《閱藏知津》卷三一 賈客阿鳩留不信後世，於曠野樹下得遇豪薜荔，乃深信因果，勤行布施，後得生天，然不如施迦葉者。

著錄

僧祐《出三藏記集》卷三 《阿鳩留經》，一卷。

智旭《閱藏知津》卷一三 《阿鳩留經》一卷，《僧祐錄》云，《安公古經》。今附《漢錄》拾遺編入。

佛說須摩提長者經

綜述

智旭《閱藏知津》卷三一 長者子死痛苦，佛說一切法無常，以開喻之。

著錄

費長房《歷代三寶紀》卷五 《須摩提長者經》一卷。

智昇《開元釋教錄》卷二 《須摩提長者經》一卷一名《會諸佛前亦名如家所說示現衆生》，見《長房錄》。

又卷一三 《須摩提長者經》一卷，吳月支優婆塞支謙譯。

佛說長者音悅經

綜述

智旭《閱藏知津》卷三一 長者得四吉祥，佛往歎之。令其植福，後得四不吉祥。尼犍往歎。乃得痛打，佛因說其夙緣。

著錄

僧祐《出三藏記集》卷三 《長者音悅經》一卷或云《音悅經》，或云《長者悅音不蘭迦葉經》。

智旭《閱藏知津》卷五 《長者音悅經》一卷第二出，與支謙出者同本，房云見《別錄》。

又卷一三 《長者音悅經》一卷，吳月支優婆塞支謙譯其《長者音悅經》《周錄》之中編在大乘藏內，今尋文理移之於此。

又卷一五 《長者音悅經》一卷，宋居士沮渠京聲譯第二譯。

菩薩生地經

綜　述

智旭《閱藏知津》卷九　差摩竭釋種長者子，問云何疾得佛。佛荅以二種四事，即解味寶瓔珞供佛，化成寶蓋。出五百化人，亦興供養，長者子得受記。

著　錄

僧祐《出三藏記集》卷四　《菩薩生地經》，一卷。

法經《衆經目錄》卷一　《菩薩生地經》一卷一名《若摩竭經》，吳黃武年支謙譯。

智昇《開元釋教錄》卷二　《菩薩生地經》一卷初出見《竺道相》、《吳錄》及《僧祐錄》。

佛說越難經

智昇《開元釋教錄》卷一三　《越難經》一卷一名曰《難長者經》一名《難經》，聶承遠譯。第一譯三譯二闕西晉清信士。

智旭《閱藏知津》卷三一　《佛說越難經》西晉清信士聶承遠譯。越難長者大富而慳，死作盲乞兒，乞食至其家，爲子所打，佛因之說偈。

佛說呵鵰阿那含經

智昇《開元釋教錄》卷一三　《呵鵰阿那含經》一卷，一名荷鵰或作苛字東晉西域沙門竺曇無蘭譯。

智旭《閱藏知津》卷三一　《佛說呵鵰阿那含經》東晉西域沙門竺曇無蘭譯。佛讚呵鵰優婆塞有八事而不欲人知。

盧至長者因緣經

智旭《閱藏知津》卷三〇　《盧至長者因緣經》失譯人名，今附《東晉錄》。長者生平最慳，節會日飲醉自歌，帝釋化作相似人以惱亂之乃令見佛證初果。

佛說佛大僧大經

綜　述

智旭《閱藏知津》卷三一　王舍固有富者，名爲厲，求生二子。一名佛大，二名僧大，僧大出家，佛大貪其弟婦，弟婦不從。佛大遣賊往殺僧大，僧大臨死，截四肢，得四果，弟婦哭死，得生天，佛大遂墮地獄。

王古《大藏聖教法寶標目》卷七　二人兄弟也，其一出家證羅漢果，其一以婬殺故墮地獄，弟婦守貞生天。

著錄

僧祐《**出三藏記集**》**卷三** 《僧大經》，一卷或云《佛大僧大經》。

費長房《**歷代三寶記**》**卷一〇** 《佛大僧大經》一卷二見名。

智昇《**開元釋教錄**》**卷一三** 《佛大僧大經》一卷宋居士沮渠京聲譯。

佛說耶祇經

綜述

智旭《**閱藏知津**》**卷三一** 迦奈國婆羅耶祇，捨外道歸佛。受五戒，不能持，向佛還戒。佛默不荅，有五鬼神來競害之。佛放光救令得蘇，懺悔更受戒，即得初果，仍出家，證四果。

王古《**大藏聖教法寶標目**》**卷七** 婆羅門先事外道，後從佛受道，復悔還戒，佛爲化度，證羅漢果。

著錄

僧祐《**出三藏記集**》**卷三** 《耶祇經》，一卷。

智昇《**開元釋教錄**》**卷一三** 《耶祇經》一卷，宋居士沮渠京聲譯。

佛說德護長者經

綜述

智旭《**閱藏知津**》**卷九** 佛住耆闍崛山，外道嫉妬。勸德護長者於七重門各作火坑，復以毒藥，置飲食中，請佛應供。月光童子向母月雲歎佛功德，母亦爲子歎佛功德。一千綵女，聞皆歡歎。長者勑語家人營辦火坑毒食，月光廣說佛不受害。佛將受請，放光普召十方無數菩薩，同來應供。月光童子，月上童女，及德生女。智堅童子，又皆向父說偈讚佛。佛至其家，長者見大神力，慚愧懺悔，佛以實語滅諸毒藥，授月光及長者等大菩提記內云，月光於末法時，脂那國內作大國王，名曰大行，念諸衆生信於佛法。又以大信心威德力，供養我鉢，受持一切佛法，造無量法塔。

王古《**大藏聖教法寶標目**》**卷四** 說童子父名申日，信奉外道，以火坑毒食試佛，童子諫父，佛爲降伏受度事。

著錄

費長房《**歷代三寶紀**》**卷一二** 《德護長者經》二卷，開皇三年六月出，沙門□□筆受，一名《尸利崛多長者經》，與《申日兜本經》、《月光童子經》體大同名異。

道宣《**大唐内典錄**》**卷九** 《德護長者經》隋開皇年耶舍於長安譯，初晉竺法護翻出，名《月光童子經》一卷，又別譯，云《申日經》文同故略。

智昇《**開元釋教錄**》**卷一二** 《德護長者經》二卷，隋天竺三藏那連提耶舍譯，第四譯四譯一闕。上之三經雖是同本而廣略全異。□有增減，又支謙譯中，有《申日經》一卷，云與《月光童子經》同本異譯令撿尋文句，二經不殊，父名申日子號月光，約父子名以分二軸，兩本既同故不變出。其《申日經》或在小乘藏中，云出阿含，其《增壹阿含》中，雖有尸利崛多長者緣起，無月光童子事編在彼中，亦將誤也。

佛說辯意長者子所問經

綜　述

智旭《閱藏知津》卷一〇 苔生天乃至佛會，各有五事，共說五十法要。次於請食時，一乞人發惡意，即感惡報。一乞人發善意，即得善報爲國王，還供佛僧。

著　録

費長房《歷代三寶記》卷九 《辯意長者子所問經》一卷，一名《長者辯意經》。

法經《衆經目録》卷三 《辯意長者子所問經》一卷，魏太安年竺法護譯。

彦琮《衆經目録》卷一 《辯意長者子所問經》一卷，後魏世法場譯。

道宣《大唐内典録》卷四 《辯意長者子所問經》，右梁武帝世天監年中元魏沙門釋法場於雒陽出，見沙門《法上録》。

佛說光明童子因緣經

智旭《閱藏知津》卷第三〇 《佛說光明童子因緣經》四卷，今作二卷宋北印土沙門施護譯。王舍城善賢長者妻懷妊，長者問佛，佛記其生男受天福，出家證果。長者悞信外道語，以毒藥摩妻腹，妻死焚之，佛與大衆往視，子從火中坐蓮華生，佛命頻婆娑羅王取以爲子，後仍歸長者家，能辨白氎新舊，受天福樂，畏阿闍世，遂求出家，證果。佛爲比丘說其夙因。

佛說摩鄧女經

僧祐《出三藏記集》卷四 《摩鄧女經》一卷抄。與《摩鄧女》同。新集所得，今並有其本，悉在經藏。

道宣《大唐内典録》卷七 《摩鄧女經》二紙一名《摩登女經》又一名《阿難爲蠱道女或經》。

智昇《開元釋教録》卷一三 《摩鄧女經》一卷，一名《阿難爲□道女惑經》後漢安息三藏安世高譯第一譯。

智旭《閱藏知津》卷三〇 《摩鄧女經》後漢安息國沙門安世高譯。爲此女說眼、鼻、口、耳、聲、步不淨而證果。

佛說摩鄧女解形中六事經

智昇《開元釋教録》卷一三 《摩鄧女解形中六事經》一卷，失譯，今附《東晉録》第五譯。

智旭《閱藏知津》卷三〇 《摩鄧女解形中六事經》附《東晉録》，《摩登伽經》第一品異出。

佛說奈女耆域因緣經

智旭《閱藏知津》卷三〇 《佛說奈女耆域因緣經》後漢安息國沙門

安世高譯。

說柰女生柰樹上，後與萍沙王生耆域爲世名醫。

五母子經

智昇《**開元釋教錄**》**卷一三**　《五母子經》一卷，吳月支優婆塞支謙譯第一譯。

智旭《**閱藏知津**》**卷三一**　《五母子經》吳月支國優婆塞支謙譯。

沙彌憶五世令母哭事，而笑。

佛說七女經

綜述

智旭《**閱藏知津**》**卷一〇**　拘留國婆羅門七女，喜自貢高，有分儒達居士爲之問佛，訶其不好，并說往昔國王七女因緣。

王古《**大藏聖教法寶標目**》**卷七**　佛說過去世波羅柰國王有七女，遊塚間，觀死屍，各說無常法偈。帝釋來讚，喜問所求願，七女答，欲得無根無枝無葉樹，無形無陰陽地，於深山大呼，耳不聞響。天不能答，往見迦葉佛，聞法受記，後皆作佛，即踊身空中，變爲男子。

著錄

僧祐《**出三藏記集**》**卷二**　《七女經》一卷安公云，出《阿毗曇》。

費長房《**歷代三寶紀**》**卷五**　《七女經》一卷，安云出《阿毗曇》，一云《七女本經》，初出。

道宣《**大唐内典錄**》**卷七**　《七女經》，吳黃武年支謙譯。

佛說龍施女經

綜述

智旭《**閱藏知津**》**卷九**　佛遊奈園，須福長者女名龍施，浴時，遥見佛相，發菩提心，魔變作父相，勸令修小乘，心堅不動，魔教令從樓投身而下，彼即如命投下，變成男子，得受道記。

著錄

僧祐《**出三藏記集**》**卷二**　《龍施女經》一卷《別錄》所載，《安錄》無。

費長房《**歷代三寶紀**》**卷六**　《龍施女經》一卷《舊錄》云《龍施本經》第二出。

法經《**眾經目錄**》**卷一**　《龍施女經》一卷晉世竺法護譯。

又卷一　《龍施女經》一卷吳黃武中支謙譯。

佛說老女人經

綜述

智旭《**閱藏知津**》**卷六**　佛在樂音處，與八百比丘，萬菩薩俱。有窮貧老女，請問生老病死，五陰、六根、四大等，從何所來。去至何所，佛荅來無所從，去無所至，兼說緣生衆喻，老女開解，佛爲出其往因，幷記其往生極樂，後成佛道。

著錄

僧祐《出三藏記集》卷二 《老女人經》一卷安公云，出《阿毗曇》。

費長房《歷代三寶紀》卷五 《老女人經》一卷出阿毗曇，《吳錄》直云《老女經》或云《老母經》，見《三藏記》。

又卷一三 《老女人經》一卷亦名《老母六英經》再譯。

法經《衆經目錄》卷一 《老女人經》一卷吳世支謙譯。

佛說轉女身經

綜述

智旭《閱藏知津》卷八 佛住耆闍崛山，有婆羅門，名須達多，妻名淨日，懷一女胎，其胎令掌聽法。欲有所問，佛放光明，普照大千，令此衆會皆見此女在胎問法，問已，從右脇出，立蓮華臺，釋提桓因奉以天衣瓔珞，女報之曰，菩薩有十種衣服瓔珞而自莊嚴，所謂不失菩提心，不忘深心，大慈大悲等。不受此願，求小智之衣。於是東南方淨住世界無垢稱王如來遣衣與之女，著衣已，即具五通放光動地，禮佛問法。佛爲說三十種四法，三萬二千天人，發菩提心，次與舍利弗問荅名字之義。佛與命名爲無垢光，又與舍利弗問荅女身之義，次問得離女身之法。佛以增一至十法荅之，兼明女身種種苦惱，五百比丘尼發菩提心，願離女身，七十五居士婦瓔珞供佛，化爲寶臺，各有佛坐。大衆圍繞，婦見神變，發菩提心，堅修梵行，即禮佛足，不轉女身，誓不起地。佛爲說十六法，大地震動，七十五居士亦來，先以善來得度諸女，遂成男子。昇空說偈，復勸居士發菩提心，自乃請從彌勒菩薩如法出家，次無垢光勸母發菩提心，自亦發誠實語，轉成男子。

著錄

費長房《歷代三寶紀》卷一〇 《轉女身經》一卷。

道宣《大唐内典錄》卷六 《轉女身經》，南齊尼法化誦出。

又卷九 《轉女身經》，右一經四出，與《腹中女聽經》、《胎藏經》、《無垢賢女經》並同。

智昇《閱元釋教錄》卷五 《轉女身經》一卷第四出，與《元垢賢女經》等同本，見《李廓錄》。

又卷一二 《轉女身經》一卷宋罽賓三藏曇摩蜜多譯。

佛說樂瓔珞莊嚴方便經

綜述

智旭《閱藏知津》卷八 佛在耆闍崛山，須菩提夢佛爲說當聞未曾有法。次日白佛已，乞食，遇一女人，酬唱佛法，此女稱揚佛以二十事而行乞。又明菩薩以樂欲調伏衆生，又爲須菩提現男子身，又現諸餘佛土食時差別，又說應供之義，令常隨天發大道心，次施須菩提食，須菩提轉施不汙一切法菩薩。其日須菩提不食，晡時至佛所，佛爲說此女人名，及爲女人授記。

王古《大藏聖教法寶標目》卷三 轉女身菩薩與須菩提、舍利弗問荅法義，說三十種沙門法，大乘諸行相貌法，有二十無過患，利益衆生事。故如來乞食，菩薩能隨宜機變，順衆生樂欲，而調伏之，化令進道，及說菩薩八種瓔珞莊嚴，以自嚴飾，化度一切衆生，得無礙辯。佛說轉女身菩薩方便成熟，無量衆生受記成佛。

著録

僧祐《出三藏記集》卷四 《樂瓔珞莊嚴方便經》一卷一名《轉女身菩薩經》，沙門法海譯。或云《樂瓔珞莊嚴女經》。

又卷五 《抄樂瓔珞莊嚴方便經》，一卷。

費長房《歷代三寶紀》卷一〇 《樂瓔珞莊嚴方便經》一卷，一名《大乘瓔珞莊嚴經》一名《轉女身菩薩問荅經》與晉世竺法護《順權方便經》同本異出。

法經《衆經目録》卷一 《樂瓔珞莊嚴方便經》一卷，沙門法海譯。

智昇《開元釋教録》卷一四 《樂瓔珞莊嚴方便經》一卷，宋沙門法海譯第四譯。

有德女所問大乘經

綜述

智旭《閲藏知津》卷八 佛在鹿林，與彌勒入城乞食，有德女問佛所轉法輪，佛以十二緣生答之，仍致問難，佛乃爲說第一義諦，無有諸業，亦無諸有，而從業生，及以種種衆苦惱事。譬如諸佛所作化人，化人復更化作種種諸物。於是有德女稱歎供養，佛爲授菩提記。

著録

智昇《開元釋教録》卷九 《有德女所問大乘經》一卷，見《大周録》，長壽二年於大同東寺譯。

又卷一二 《有德女所問大乘經》一卷，大唐天后代天竺三藏菩提流志譯出《大周録》。

佛說心明經

綜述

智旭《閲藏知津》卷九 佛在靈山行分衛，梵志婦畏其夫，僅以一杓飯汁施佛。佛爲授記，作佛幷其夫亦出家證果。

王古《大藏聖教法寶標目》卷五 梵志婦施佛飯汁一杓，獲授記事。說佛不以七事笑，不以欲，不以瞋，不以癡，不放逸，不利欲，不榮貴，不爲富饒，笑授菩薩，聲聞，辟支佛等記，乃笑光入項、入面、入肩、入臍、入膝、入足，各各差別。

著録

僧祐《出三藏記集》卷二 《心明女梵志婦飯汁施經》一卷或云《心明經》。

法經《衆經目録》卷一 《心明經》一卷，晉世竺法護譯。

佛說賢首經

綜述

智旭《閲藏知津》卷九 佛在摩竭提國清淨法座處，大會說經，傢沙國王夫人颰陀師利，此云賢首願聞十方佛菩薩刹土名，佛爲說之，缺上方名次問離女身法，佛荅以十事增一至十。

著　錄

僧祐《出三藏記集》卷三　《賢首夫人經》一卷，或云《賢首經》。

費長房《歷代三寶紀》卷九　《賢首經》一卷一名《賢首夫人經》見始興錄。

智昇《開元釋教錄》卷一二　《賢百經》一卷，乞伏秦沙門釋。

佛說婦人遇辜經

著　錄

智昇《開元釋教錄》卷一三　《婦人遇辜經》一卷，一名《婦遇對經》乞伏秦沙門釋聖堅譯。

智旭《閱藏知津》卷三〇　《佛說婦人遇辜經》乞伏秦沙門釋聖堅譯。婦人親戚一時亡絕，見佛得道。

佛說堅固女經

綜　述

智旭《閱藏知津》卷九　佛在祇園，說女人應離諸過而發大心，堅固優婆夷，即於佛前發大菩提。舍利弗與之問荅，佛授道記。

著　錄

静泰《眾經目錄》卷一　《堅固女經》一卷，隋開皇年耶舍譯。

智昇《開元釋教錄》卷七　《堅固女經》一卷開皇二年十二月出，沙門慧獻筆受，亦牢固女，上八部並見長房錄。

佛說大乘流轉諸有經

綜　述

智旭《閱藏知津》卷八　佛在竹林，影勝王問，云何有情先所造業，久已滅壞，臨命終時皆悉現前。又復諸法體悉空無，所造業報而不散失，佛以夢見美女，覺後憶現影像荅之。智者當觀察眼不見於色，意亦不知法，是名勝義諦。

著　錄

智昇《開元釋教錄》卷九　《大乘流轉諸有經》一卷大足九年九月二十三日於東都大福先寺譯。

又卷一二　《大乘流轉諸有經》一卷大唐天后代三藏義淨譯。

無垢優婆夷問經

綜述

智旭《閱藏知津》卷三〇　荅掃佛塔地，乃至禪四梵行，歸戒，功德差別。并現舌相，以決其疑。

著錄

費長房《歷代三寶紀》卷一四　《無垢優婆夷問經》一卷。

道宣《大唐内典錄》卷四　《無垢優婆夷問經》興和四年出。

智昇《開元釋教錄》卷一三　《無垢優婆夷問經》一卷，元魏婆羅門瞿曇般若流支譯。

優婆夷淨行法門經

綜述

智旭《閱藏知津》卷九　修行品第一，佛住舍衛國歡喜殿中，毗舍佉母與千五百清信女，來問優婆夷淨行。佛先說其往昔常樂聞法因緣，次荅示十九淨行，又荅十行法五十八法，三大行，四取佛地行，四安住觀，三十二不淨觀，七縛著，三善行，八大人念。修學品第二，荅示五十修學，六種光明修學，三十二相有二十行，并示八十種好。瑞應品第三，荅示菩薩生時十六種奇特瑞相，又有三十二瑞相，一時俱現。

著錄

費長房《歷代三寶紀》卷一三　《優婆夷淨行經》二卷亦云《淨行經》。

道宣《大唐内典錄》卷七　《優婆夷淨行經》【略】後漢安世高譯。

智昇《開元釋教錄》卷四　《優婆夷淨行法門經》二卷或無經字，亦直云淨行經。

又卷一二　《優婆夷淨行法門經》二卷，《僧祐錄》云安公涼土異經。

佛說八師經

綜述

智旭《閱藏知津》卷三一　梵志邪旬問佛，何師佛以八師荅之，殺、盜、邪、婬、妄、語飲酒，老病死。

王古《大藏聖教法寶標目》卷七　不殺、不盜、不淫、不妄言、綺語、兩舌、惡口、不飲酒，覩老病死苦，修道離苦，是爲八師。

著錄

僧祐《出三藏記集》卷二　《八師經》，一卷。

費長房《歷代三寶紀》卷五　《八師經》一卷見竺道祖《吳錄》。

法經《眾經目錄》卷三　《八師經》一卷吳世支謙譯。

智昇《開元釋教錄》卷一五　《八師經》一卷，東晉西域沙門竺曇無蘭譯。

佛說孫多耶致經

綜述

智旭《閱藏知津》卷三一 梵志自謂日三浴，噉果，飲水，行勝沙門。佛爲說二十一惡行，不得受好衣食，及說洗心垢法，彼即出家得道。

著錄

費長房《歷代三寶紀》卷五 《孫多耶致經》一卷或云《梵志孫多耶致經》，道安云出《中阿含》。

智昇《開元釋教錄》卷二 《孫多邪致經》一卷安公云出《中阿含》撿無。

又卷一三 《孫多耶致經》一卷或上加克志字，吳月支優婆塞支謙譯。

佛說黑氏梵志經

智昇《開元釋教錄》卷一三 《黑氏梵志經》一卷，吳月支優婆塞支謙譯拾遺編入。

智旭《閱藏知津》卷三〇 《黑氏梵志經》吳月支國憂婆塞支謙譯。閻羅王聽梵志說法，悲其七日當死，死當墮落，梵志懼而見佛證果。

長爪梵志請問經

智昇《開元釋教錄》卷一三 《長爪梵志請問經》一卷，大唐天后代三藏義淨譯新編入錄。

智旭《閱藏知津》卷三〇 《長爪梵志請問經》唐大薦福寺沙門釋義淨譯。佛爲梵志說八支戒所獲佛身果報，梵志遂受八支齋戒。

思益梵天所問經

題解

圓澄《思益梵天所問經簡註》卷一 凡經題，或人，或法，或單，或兼此經。人法兼舉之類歟，問主名思益梵天者，思乃三慧之一門，梵者淨也，天者主也，以淨爲主，以思爲助，益彼修證。所謂學不加思，無由契入者矣。梵天乃能問之主，絕待一心，乃所詮之法，能所合稱，故云《梵天所問經》者，道也。條貫通途，使行人有所進脩也。

論說

圓澄《思益梵天所問經簡註序》 夫眞心本淨，法性原虛，由不守自性而變現，隨緣迷逐無明，而罔知返本，是以大覺世尊嗟，衆生之沉滯，憫六道之循環，於是起同體之悲，設無爲之化。雖則湛湛忘言而圓音落落，空空無物而妙相重重。如月印寒空而百川並赴，春回大地而萬化均資。本無來往，寧越後，先良由羣機不等，致使巧說多方，或圓彰法界之宗，或漸開事理之轍，或破有譚空，或呵空讚妙無，非方便一時，曾無定說，若夫黜意識絕言。思泯聖凡超階級，直指人心，頓同佛體。其惟《思益梵天所問經》歟此經四卷，二十四品，以人法兼舉爲名根本，智光爲體，諸法正性爲宗，破疑蕩執爲用，大乘生酥爲教相，互興問答，始末一如。大意以無說爲說，無聞爲聞，無發心之爲發心，無證果是名證果，遠離虛妄逈，出有無雷揮電掃而織跡，不存事極理玄而眞心，獨朗然則楞伽亦名頓教。何以偏讚此經，蓋由彼帶相宗，此原性理雖云即相明心，何似了心見道。彼因達摩付囑舉世弘持，此爲久匿藏中，絕無人識。所以徒知楞伽可尙安識，此法最尊爾來段。當末季法運將隆根熟，在時知音始遇有大居士，愼軒黃君，秉護法心，不忘付囑，運慈悲念刻，此流通。余客，京師大史陶君大開寶藏，施我衣珠披閱。再三粗明大旨，聊爲簡註。不避效顰文採肇公論，依長者心祈勝善歟，此通途挈領提綱俟，諸知識若也親契佛心，不由文字洞明已，事豈在言詮，其或離波求水，智者知狂認影，迷頭愚夫亦詎不拒言，不著言，拈來盡是，即此物，非此物，用處休疑，心融意解，予復何言，識節知時。君當自擇。

綜　述

智旭《閱藏知津》卷三一　如來光明品第一佛在迦蘭陀竹林，與六萬四千比丘七萬二千菩薩及天龍八部俱，網明菩薩讚佛光明，佛爲說種種光明之名，能利衆生，幷放光明召東方思益梵天，同萬二千菩薩來會，日月光佛囑以十法遊於娑婆國土，於毀於譽。心無增減[一]，聞善聞惡心無分別[二]，於諸愚智等以悲心[三]，於上中下衆生之類意常平等[四]，於經毀供養心無有二[五]，於他闕失莫見其過[六]，見種種乘皆是一乘[七]，聞三惡道亦勿驚畏[八]，於諸菩薩生如來想[九]，佛出五濁世生希有想[十]。　四法品第二，思益菩薩問二十事，佛一一答以四法。菩薩正問品第三，網明菩薩問何謂正問，菩薩具荅邪問、正問不同，五百比丘不解，網明重啓，思益說涅槃者，但有名字，猶如虛空，不可得取，五百比丘漏盡解脫，思益復問種種名義，佛具荅之。　四諦品第四，佛爲思益說眞聖諦，不得一法是實是虛。　歎功德品第五，思益廣歎信解此法功德。　如來五力說品第六，謂一者言說，二者隨宜，三者方便，四者法門，五者大悲。　如來大悲品第七，說如來以三十二種大悲，救護衆生。　幻化品第八，網明問思益荅佛讚印之，舍利弗歎仰之，普華菩薩及網明菩薩，皆與舍利弗問荅，令舍利弗默然。　菩薩光明品第九，佛因大迦葉問，勑網明放爪指光普照十方，令諸大衆與佛無異，下方四菩薩來不知何是眞佛，發誠實語。佛乃昇空，令得作禮。　菩薩受記品第十，因迦葉問，授網明菩薩記。因思益問授記義，具明過去不得記，及得記因緣。謂依止所行，故不得記，出過一切諸行，具足六波羅密。故得受記。若菩薩能捨諸相，名爲檀波羅密，能滅諸受持，名爲尸波羅密。不爲六塵所傷名，爲羼提波羅密，離諸所行名，爲毗梨耶波羅密。不憶念一切法名，爲禪波羅密，能忍諸法無生性，名爲般若波羅密。　薩婆若品第十一，爲思益梵天說薩婆若義，荅網明菩薩家清淨義。　菩薩無二品第十二，思益梵天與文殊問荅，又有等行天子與文殊問荅。　名字義品第十三，一切菩薩各各說菩薩名義。　論寂品第十四，思益問等行及問文殊正行正位義。　如來二事品第十五，謂聖說法及聖默然惟如來有此二法。　得聖道品第十六，文殊問等行荅文殊問思益荅。志大乘品第十七，等行問發行大乘佛以偈荅。　發菩提心品第十八，文殊白佛，若菩薩起二相，發菩提心，是不行菩提道。思益問行菩提行，文殊荅行一切法而於法無所行，釋梵四王散華讚護。佛言，惟有如說修行，是名能報師恩。　師子吼品第十九，釋提桓因讚歎菩薩能師子吼不退轉，天子復說師子吼義。　梵行牢強精進品第二十，授不退轉天子記，及說牢強精進法，謂於諸法不起精進相。　海喻品第二十一，以大海喻諸菩薩有十二事。　建立法品第二十二，明一切法無說，無示，無有護念。是法終不可滅，不可護念，又明不求菩提，不願，不貪，不樂，不念，不分別，菩提乃得授記。　如來神咒品第二十三，囑累品第二十四。

王古《大藏聖教法寶標目》卷七　佛放光明，照三千大千世界，普及十方無量佛土。東方過七十二恆河沙佛土，國名清潔，佛號日月光如來，有菩薩梵天，名曰思益。白佛，欲詣娑婆世界，佛言：應以十法遊於彼土，於毀譽心無增減，於善惡心無分別，於諸愚智等以悲心，於上中下衆生之類，意常平等，於輕毀供養，心無有二，於他闕失，不見其過，見種種乘皆是一乘，聞三惡道，亦勿驚畏，於諸菩薩生如來想，佛出五濁，生希有想，於此國中百千萬劫，淨修梵行，不如彼土從旦至食，無瞋礙心，其福爲勝。

著錄

費長房《歷代三寶紀》卷八　《思益經》四卷亦云《思益梵天所問經》，弘始四年十二月一日，於逍遙園出，第二譯與法護所出《勝思惟經》本同，出異見二《秦錄》。叡制序。

智昇《開元釋教錄》卷四　《思益梵天所問經》四卷。

又卷一一　《思益梵天所問經》四卷，姚秦三藏鳩摩羅什譯。

佛說須真天子經

綜述

智旭《閱藏知津》卷九　問四事品第一，佛遊祇園，與千二百五十比丘，一萬菩薩，及諸天四衆人俱。須眞天子共發三十二問佛，一一荅以四事。　荅法義品第二，須眞復以三十二事，問於文殊文殊，一一荅之。　法純淑品第三，亦須眞問文殊荅。　聲聞品第四，須眞勸諸大弟子，各與文殊問荅。　無畏品第五，亦須眞問文殊荅，明菩薩得無所畏。　住道品第六，亦須眞問，文殊荅明菩薩得住於道。　菩薩行品第七，亦須眞問文殊荅。　分別品第八，亦須眞問文殊荅。明菩薩得持法要，得入四果三乘，亦得入凡夫三毒等法，亦得入生死入滅度法。　頌偈品第九，亦須眞問文殊偈荅，智慧相善權相。　道類品第十，亦須眞問，文殊荅，荅竟佛囑彌勒阿難受持流通。

紀事

佚名《須真天子經》記五　須眞天子經記第五《須眞天子經》，太始二年十一月八日於長安青門内白馬寺中，天竺菩薩曇摩羅察口授出之。時傳言者安文惠、帛元信，手受者聶承遠、張玄伯、孫休達。十二月三十日未時訖。

著錄

僧祐《出三藏記集》卷一　《須眞天子經》二卷泰始二年十一月出。

又卷二　《須眞天子經》二卷或云《須眞天子問四事經》。太始二年十一月初八日出。右一部，凡二卷。晉武帝世，天竺菩薩沙門曇摩羅察口授出，安文慧、白元信筆受。

費長房《歷代三寶紀》卷六　《須眞天子經》一卷，太始二年於長安青門内白馬寺出，安文惠、白元信傳語，聶永遺、張玄伯、孫休達筆受，亦云《問四事經》，見竺道祖，晉世《雜錄》。

又卷九　《須眞天子經》一卷，見《吳錄》，又云羅什出似再譯。

法經《衆經目錄》卷一　《須眞天子經》二卷，晉太始年竺法護譯。

智昇《開元釋教錄》卷二　《須眞天子經》三卷，初出或二卷，或加所問二字，亦云《問四事經》。

又卷一四　《須眞天子經》一卷，北涼天竺三藏曇無讖譯。

佛說魔逆經

綜述

智旭《閱藏知津》卷九　佛在祇園，大光天子問文殊師利曰，云何爲菩薩魔事，文殊具荅之。又問善哉無善哉，法亦具荅之。魔來亂法，文殊令其身被五縛，又令變像如佛，說諸妙法，開示五百弟子，次有須深天子，與文殊問荅。

紀事

佚名《魔逆經》記一五　魔逆經記第十五太康十年十二月二日，月支菩薩法護手執梵書，口宣晉言，聶道眞筆受，於洛陽城西白馬寺中始出。折顯元寫，使功德流布，一切蒙福度脫。

著錄

僧祐《出三藏記集》卷二　《魔逆經》一卷太康十年十二月二日出。

費長房《歷代三寶紀》卷六　《魔逆經》一卷太康十年十二月二日出，見《聶道眞錄》。

法經《衆經目錄》卷一　《魔逆經》一卷晉太康年竺法護譯。

智昇《開元釋教錄》卷二　《魔逆經》一卷太康十年十二月二日於洛陽城西白馬寺出，聶道眞筆受，見《僧祐錄》及經後記。

佛說四天王經

僧祐《出三藏記集》卷二　《四天王經》一卷宋文帝時，沙門釋智嚴，以元嘉四年共沙門寶雲譯出。

智昇《開元釋教錄》卷一三　《四天王經》一卷宋涼州沙門釋智嚴共寶雲譯。

智旭《閱藏知津》卷三一　《佛說四天王經》劉宋枳園寺沙門釋智嚴共寶雲譯。說六齋日，四王下巡人間善惡，而生喜感。

商主天子所問經

綜述

智旭《閱藏知津》卷九　佛在耆闍崛山，商主天子請文殊師利說法，文殊爲說一百十九智，又作種種問荅，又說種種菩薩行，又問佛無生忍義，佛爲授菩提記。

王古《大藏聖教法寶標目》卷五　文殊爲商主等諸天子說諸菩薩入一切智智，達一切法彼岸，速滿足六度，於一切智當修行法勝妙法門。

著錄

智昇《開元釋教錄》卷七　《商主天子所問經》一卷，或無所問字，開皇十五年八月出九月訖學士費長房等筆受，是《長房錄》。

又卷一二　《商主天子所問經》一卷或無所問字，隋天竺三藏闍那崛多等譯。

天請問經

綜述

智旭《閲藏知津》卷三〇　《天請問經》唐大慈恩寺沙門釋玄奘譯。說福非火所燒，少欲最安樂等。共九問九荅，皆切於開示衆生者。

著録

智昇《開元釋教録》卷八　《大請問經》一卷見《内典録》，貞觀二十二年三月二十日於弘福寺翻經院譯，沙門辯機筆受。

又卷一三　《天請問經》一卷大唐三藏玄奘譯，出《内典録》右《賢者五福天請問》二經，《大周》等録皆編大乘經中，今尋文理頗涉小宋故移編此。

佛説嗟韈曩法天子受三歸依獲免惡道經》

智旭《閲藏知津》卷三〇　《嗟韈曩法天子受三歸依獲免惡道經》天子應墮豬身，帝釋教以三歸，乃生兜率陀天。

天王太子辟羅經

智昇《開元釋教録》卷一二　《天王太子辟羅經》一卷或無天王字亦云譬羅《僧祐録》云，安公関中異經今隋秦録拾遺編入。

智旭《閲藏知津》卷三一　《天王太子辟羅經》安公關中異經今附《秦録》。太子自說昔爲國王，欲造大鼓，智臣爲行施事。

龍王兄弟經

智昇《開元釋教録》卷一三　《龍王兄弟經》一卷一名《難龍王經》，一名《降龍王經》吳月支優婆塞支謙譯第一譯，兩譯一闕。

智旭《閲藏知津》卷三〇　《佛説龍王兄弟經》吳月支國優婆塞支謙譯。即目連降伏二龍事。

佛説海龍王經

綜述

智旭《閲藏知津》卷八　行品第一，佛遊靈鷲山，與八千比丘萬二千菩薩及天龍八部俱，龍王問菩薩法，共四十九句，佛一一廣荅之。分別品第二，大衆獲益龍王獻珠。六度品第三，無盡藏品第四，總持品第五，總持身品第六，以法門爲身也。總持門咒品第七，咒作華言，翻譯諷誦者，得三十二無畏。分別名品第八，授決品第九，說汙戒比丘，多生龍中，威首龍子，得受佛記。請佛品第十，十德六度品第十一，與十善業道經同。燕居阿須倫受決品第十二，無焚龍王受決品第十三，寶錦受決品第十四，龍王女也，與迦葉尊者論義。天帝釋品第十五，爲勸阿須倫使不相戰。金翅鳥品第十六，佛以皀衣護諸龍等，有四金翅鳥，惶怖趣佛，佛誨令持戒，令識宿命，不復爲惡。舍利品第十七，龍欲供佛全身舍利，須菩提謂其不可，諸龍子歎，佛境界非聲聞所知。法供養品第十八，佛出龍宮，爲海神說十德莊嚴大海，龍子名受現，化作宮殿，送佛還靈鷲山。空淨品第十九，阿闍世王與龍王辨受決實義。囑累受持品第二十，諸菩薩各說受持之法，佛皆印之并說神咒，亦翻作華言。

王古《大藏聖教法寶標目》卷四 海龍王供佛問法，請佛入宮，化作三道寶街，從海邊至海底，金銀瑠璃，甚微妙好。如佛昔從忉利天下閻浮提，佛入龍宮，化海衆生無量無邊，佛言犯戒律者，不捨直見，不墮地獄，此類多生龍中，釋迦佛法中，有九百九十億居家，出家者，皆生龍中，佛以一衣徧分龍衆，使免金翅鳥怖。佛衣雖一，而億萬龍衆受用無盡，及爲龍王諸眷屬等說法授記。

著錄

僧祐《出三藏記集》卷二 《海龍王經》四卷或三卷太康六年七月十日出。

費長房《歷代三寶紀》卷六 《海龍王經》四卷太康六年七月出，或三卷，見《聶道眞錄》。

又卷九 《海龍王經》一卷。

又卷一三 《新海龍王經》四卷。

法經《衆經目錄》卷一 《海龍王經》四卷晉世竺法護譯。

又卷一 《新海龍王經》四卷北涼世曇無讖譯。

智昇《開元釋教錄》卷四 《海龍王經》四卷或加新字，第二出，與竺法護出者同本，玄始七年出，見《竺道祖》、《河西錄》及《僧祐錄》。

佛爲海龍王說法印經

智昇《開元釋教錄》卷一二 《佛爲海龍王說法印經》一卷大唐三藏義淨譯新編入錄。

智旭《閱藏知津》卷三一 《佛爲海龍王說法印經》唐大薦福寺沙門釋義淨譯。即無常、苦、無我、寂滅、四印也。

禪經分部

佛說大安般守意經

題解

釋道安《安般注序》第三 安般者，出入也。道之所寄，無往不因；德之所寓，無往不託。是故安般寄息以成守，四禪寓骸以成定也。寄息故有六階之差，寓骸故有四級之別。階差者，損之又損之，以至於無爲；級別者，忘之又忘之，以至於無欲也。無爲故無形而不因，無欲故無事而不適。無形而不因，故能開物；無事而不適，故能成務。成務者，即萬有而自彼；開物者，使天下兼忘我也。彼我雙廢者，守于唯守也。故《修行經》以斯二法而成寂。得斯寂者，舉足而大千震，揮手而日月捫，疾吹而鐵圍飛，微噓而須彌舞。斯皆乘四禪之妙止，御六息之大辯者也。

夫執寂以御有，崇本以動末，有何難也！安般居十念之一，於五根則念根也。故撰《法句》者，屬《唯念品》也。昔漢氏之末，有安世高者，博聞稽古，特專阿毗曇學。其所出經，禪數最悉，此經其所譯也。茲乃趣道之要徑，何莫由斯道也！魏初康會爲之注義。義或隱而未顯者，安竊不自量。敢因前人，爲解其下，庶欲蚊翮以助隨藍，霧潤以增巨壑也。

論說

又卷六康僧會《安般守意經序》 夫安般者，諸佛之大乘，以濟衆生之漂流也。其事有六，以治六情。情有內外。眼、耳、鼻、舌、身、心，謂之內矣。色、聲、香、味、細滑、邪念，謂之外也。經曰諸海十二事，謂內外六情之受邪行，猶海受流，餓夫夢飯，蓋無滿足也。心之溢盪，無微不浹，怳惚髣髴，出入無間，視之無形，聽之無聲，逆之無前，尋之無後，深微細妙，形無絲髮，梵釋仙聖所不能照明。默種于此，化生乎彼，非凡所覩，謂之陰也。猶以晦曀種夫粢芥，闓手覆種孳有萬億，旁人不覩其形，種家不知其數也。一朽乎下，萬生乎上，彈指之間，心九百六十轉，一日一夕，十三億意，意有一身，心不自知，猶彼種夫也。

是以行寂，繫意著息，數一至十，十數不誤。意定在之。小定三日，大定七日，寂無他念，泊然若死，謂之一禪。禪，棄也，棄十三億穢念之意。已獲數定，轉念著隨，蠲除其八。正有二意，意定在隨，由在數矣！垢濁消滅，心稍清淨，謂之二禪也。又除其一，注意鼻頭，謂之止也。得止之行，三毒、四趣、五陰、六冥諸穢滅矣。煚然心明，踰明月珠，淫邪污心，猶鏡處泥穢垢污焉。偃以照天，覆以臨土，聰叡聖達，萬土臨照。雖有天地之大，靡一夫而能覩，所以然者，由其垢濁，衆垢污心，有踰彼鏡矣！若得良師剗刮瑩磨，薄塵微曀，蕩使無餘。舉之以照，毛髮面理，無微不察，垢退明存，使其然矣。情溢意散，念萬不識一矣。猶若於市，弛心放聽，廣採衆音，退宴在思，不識一夫之言。心逸意散，濁翳其聰也。若自閑處，心思寂寞，志無邪欲，側耳靖聽，萬句不失，片言斯著，心靖意清之所由也。行寂止意，懸之鼻頭，謂之三禪也。還觀其身，自頭至足，反覆微察，內體污露，森楚毛豎，猶覩膿涕。於斯具照天地人物，其盛若衰，無存不亡，信佛三寶，衆冥皆明，謂之四禪也。攝心還念，諸陰皆滅，謂之還也。穢欲寂盡，其心無想，謂之淨也。得安般行者，厥心即明，舉明所觀，無幽不覩。往無數劫，方來之事，人物所更，現在諸剎，其中所有世尊法化，弟子誦習，無遐不見，無聲不聞。怳惚髣髴，存亡自由，大彌八極，細貫毛釐，制天地，住壽命，猛神德，壞天兵，動三千，移諸剎，入不思議，非梵所測。神德無限，六行之由也。

世尊初欲說斯經時，大千震動，人天易色，三日安般無能質者。於是世尊化爲兩身，一曰何等一曰尊主，演于斯義出矣。大士、上人、六雙、十二輩，靡不執行。

謝敷作《安般守意經序》第四　若乃制伏麁垢拂剗漏結者，亦有望見貿樂之士，閉色聲於視聽，遏塵想以禪寂，乘靜泊之禎祥，納色天之嘉祚。然正志荒於華樂，昔習沒於交逸，福田矜執而日零，毒根迭興而罪襲。是以輪迴五趣億劫難拔，嬰羅欲網有劇深牢。由於無慧樂定不惟道門使其然也。

至於乘慧入禪，亦有三輩：或畏苦滅色，樂宿泥洹，志存自濟，不務兼利者，爲無著乘。或仰希妙相，仍有遺無，不建大悲，練盡緣縛者，則號緣覺。菩薩者，深達有本，暢因緣無。達本者有有自空，暢無者因緣常寂。自空故，不出有以入無，常寂故，不盡緣以歸空。住理而有非所縛，非縛故無無所脫。苟厝心領要，觸有悟理者，則不假外以靜內，不因禪而成慧。故曰阿惟越致，不隨四禪也。若欲塵翳心慧不常立者，乃假以安般息其馳想，猶農夫之淨地，明鏡之瑩剗矣。然則耘耨不以爲地，地淨而種滋；瑩剗非以爲鏡，鏡淨而照明。故開士行禪，非爲守寂，在遊心於玄冥矣。肇自發心，悲盟弘普，秉權積德，忘期安衆。衆雖濟而莫脫，將廢知而去筌矣，是謂菩薩不滅想取證也。此三乘雖同假禪靜，至於建志厥初，各有攸歸。故學者宜恢心宏模，植栽於始也。

紀事

《出三藏記集》卷一三　以漢桓帝之初，始到中夏。世高才悟機敏，一聞能達，至止未久，即通習華語。於是宣譯衆經，改胡爲漢，出《安般守意》、《陰持入經》、《大小十二門》及《百六十品》等。

《佛說大安般守意經序》　有菩薩名安清，字世高，安息王嫡后之子，讓國與叔，馳避本土，翔而後集，遂處京師。其爲人也，博學多識，貫綜神摸，七正盈縮；風氣吉凶，山崩地動；鍼脈諸術，覩色知病；鳥獸鳴啼，無音不照。懷二儀之弘仁，愍黎庶之頑闇，先挑其耳，卻啓其目，欲之視明聽聰也。徐乃陳演正眞之六度，譯安般之秘奧，學者塵興，靡不去穢濁之操，就清白之德者也。

余生末蹤，始能負薪，考妣殂落，三師凋喪，仰瞻雲日，悲無質受，眷言顧之，潸然出涕。宿祚未沒，會見南陽韓林、穎川皮業、會稽陳慧，此三賢者，信道篤密，執德弘正，烝烝進進，志道不倦。余從之請問，規同矩合，義無乖異。陳慧注義，余助斟酌。非師所傳，不敢自由也。言多鄙拙，不究佛意，明哲衆賢，願共臨察。義有肬腨，加聖刪定，共顯神融矣。

著　錄

道宣《大唐内典録》卷二　《大安般守意經》二卷道安云小安般見《士行》《僧祐》《李廓録》。

又卷七　《大安般守意經》二卷或一卷三十紙，後漢安世高譯。

智昇《開元釋教録》卷一　《大安般守意經》二卷，或二卷或無守意字或直云安般。安公云小安般兼注《解祐録》別載《大安般》一卷《房録》更載《安般》一卷，並重也見《士行》《僧祐》《李廓》三經。

陰持入經

綜　述

智旭《閱藏知津》卷三〇　《陰持入經》二卷後漢安息國沙門安世高譯。說五陰、六入等法相及說三十七品等。

又道安《陰持入經序》　陰持入者，世之深病也。馳騁人心，變德成狂，耳聾口爽，耽醉榮寵，抱癡投冥，酸號三趣。其爲病也，猶癩疾焉，入骨徹髓，良醫拱手；猶癲蹶焉，來則冥然，莫有所識。大聖悼茲，痛心内發，忘身安，赴塗炭，含厚德，忍舞擊。觀羅密於重雲，止罝網于八極，洪癡不得振其翼，巨愛不得逞其足。探善心於毫芒，拔兇頑於虎口。以大寂爲至樂，五音不能聾其耳矣；以無爲爲滋味，五味不能爽其口矣。曜形濁世，拯擢難計，陟降教終，潛淪無名。諸無著等，尋各騰逝。大弟子衆深懼妙法混然廢沒，於是令迦葉集結，阿難所傳，凡三藏焉。該羅幽廓，難度難測也。世雄授藥，必因本病，病不能均，是故衆經相待乃備。非彥非聖，罔能綜練。自茲以後，神通高士各爲訓釋，或攬撰諸經以爲行式。譬瓔璣歟，擇彼珠珍，以色相發，佩之冠之，爲光爲飾。喻繪事歟，調別衆彩，以圖暉烈。諸明叡者，所撰亦然。此經則是其數也。

有捨家開士，出自安息，字世高。大慈流洽，播化斯土，譯梵爲晉，微顯闡幽。其所敷宣，專務禪觀，醇玄道數，深矣遠矣，是經其所出也。自非知陰入之弊，人莫知苦，是故先聖照以止觀，陰結日損，成泥洹品。自非知機，其孰能與於此乎！從首至于九絕，都是四十五藥也。以慧斷知，入三部者，成四諦也。十二因緣訖淨法部者，成四信也。其爲行也，唯神矣，故不言而成；唯妙矣，故不行而至。統斯行者，則明白四達，立根得眼，成十力子，紹胄法王，奮澤大千。若取證則拔三結，住壽成道，徑至應眞。此乃大乘之舟楫，泥洹之關路。于斯晉土，禪觀弛廢，學徒雖興，蔑有盡漏。何者？禪思守玄，練微入寂，在取何道，猶覘于掌。墮替斯要，而悕見證，不亦難乎！

安來近積罪，生逢百罹，戎狄孔棘，世乏聖導。潛遯晉山，孤居離衆，幽處窮壑。竊覽篇目，淺識獨見，滯而不達，夙宵抱疑，諮諏靡質。會太陽比丘竺法濟、幷州道人支曇講，陟岨冒寇，重爾遠集。此二學士高朗博通，誨而不倦者也。遂與析槃暢礙，造茲注解。世不值佛，又處邊國，音殊俗異，規矩不同，又以愚量聖，難以逮也。冀未踐緒者，少有微補，非敢自必，析究經旨。

又陳氏《陰持入經序》　密依自惟，宿祚淳幸，生遠八難之矇瞽，值覩三尊之景輝。洪潤普逮，群生蒙澤，使密鉛鋌之質，獲廁圭璧之次。雖覩神化，稟懷淨誠，然以魯鈍之否，學不精勤，夕夜怵惕，懼忝大道，命疾電耀，躬臨薄冰，疑滯之性，學不通窈。今以螢燭之耿，裨天庭之日。蓋《陰持》者，行之號也，與《安般》同原而別流。安侯世高者，普見菩薩也，捐王位之榮，安貧樂道，夙興夜寐，憂濟塗炭，宣敷三寶，光于京師。於是俊人雲集，遂致滋盛，明哲之士靡不羨甘。厥義鬱鬱，淵泓難測，植之過乎清乾，橫之彌於八極。洪洞浩洋，無以爲倫。密覩其流，稟玩忘饑。因間厠緦，爲其注義，差次條貫，縷釋行伍。令其章斷句解，使否者情通，漸以進智，才非生知，揚不盡景，猶以指渧之水，助洪海之潤。貴令暫覩之者，差殊易曉。唯願明哲留思，三人察其訛睡，幸加潤暢，共顯三寶，不誤將來矣。

著録

僧祐《出三藏記集》卷二　《陰持入經》一卷漢桓帝時，安息國沙門安世高所譯出。其《四諦》、《口解》、《十四意》、《九十八結》，安公云，似世高撰也。

法經《衆經目錄》卷三　《陰持入經》二卷後漢世沙門安世高譯。並是原本一譯，其閒非不分摘卷，品別譯獨行，而大本無虧，故宜定錄。

智昇《開元釋教錄》卷一三　《陰持入經》二卷或作除字誤也或一卷後漢安息三藏安世高譯。

佛説禪行三十七品經

法經《衆經目錄》卷三　《禪行三十七品經》一卷，雜阿含別品異譯。

智昇《開元釋教錄》卷一三　《禪行三十七經》一卷，或加品字後漢安息三藏安世高譯。

智旭《閲藏知津》卷三一　《佛説禪行三十七品經》後漢安息國沙門安世高譯。明少時修三十七品，亦非愚癡食人信施，何况能多。

禪行法想經

僧祐《出三藏記集》卷二　《禪行法想經》一卷魏文帝時，支謙以吳主孫權黄武初至孫亮建興中所譯出。

智昇《開元釋教錄》卷一三　《禪行法想經》一卷後漢安息三藏安世高譯。

智旭《閲藏知津》卷三一　《禪行法想經》一彈指間思惟死想等，不是愚癡食人信施。

修行道地經

論説

《修行道地經序》　造立《修行道地經》者，天竺沙門，厥名衆護。出於中國聖興之域，幼學大業洪要之典，通盡法藏十二部經，三達之智，靡不貫博。鈎玄致妙，能體深奥。以大慈悲弘益衆生，助明大光照悟盲冥。叙尊甘露蕩蕩之訓，權現眞人，其實菩薩也。愍念後賢庶幾道者，儻有力劣不能自前，故總衆經之大較，建易進之徑路。分別五陰成敗所趣，變起幾微生死之苦，勸迷勵惑，故作斯經。雖文約而義豐，深喻遠近，防制奸心。但以三昧禪數爲務，解空歸無衆想爲宗，眞可謂離患之至寂，無爲之道哉！

綜述

《閲藏知津》卷三八　《集散品》第一，《五陰本品》第二，《五陰相品》第三，《分別五陰品》第四，《五陰成敗品》第五，《慈品》第六，《除恐怖品》第七，《分別行相品》第八，《勸意品》第九，《離顛倒品》第十，《曉了食品》第十一。

著錄

僧祐《出三藏記集》卷二　《修行經》七卷二十七品，《舊錄》云，《修行道地經》，太康五年二月二十三日出。

費長房《歷代三寶記》卷四　《修行道地經》七卷或六卷，初出，漢永康元年譯支敏度制序。見《寶唱錄》及《別錄》，或云《順道行經》。

法經《眾經目錄》卷三　《脩行道地經》六卷後漢世安世高譯。

智昇《開元釋教錄》卷一三　《修行道地經》六卷或直云《脩行經》或七卷。西晉三藏竺法護譯，第三譯，三譯一闕。右二經同本異譯，佛圓寂後七百年中西域沙門衆護所撰，衆護者是此方言，天竺梵首名僧伽羅剎，舊錄編入經者，理不然也，與後《僧伽羅剎集經》撰人不殊。何得一載正經一編集內，例既如此，故附此中。

佛說身觀經

法經《眾經目錄》卷四　《身觀經》一卷出《雜阿含經》。

智昇《開元釋教錄》卷一三　《身觀經》一卷西晉三藏竺法護譯。拾遺編入。右九橫等四經《大周錄》云出《雜阿含》是異譯本，其《身觀經》云是別生，撿文並無，故編於此。

智旭《閱藏知津》卷三一　《佛說身觀經》西晉月支國沙門竺法護譯。說身不淨，無可愛樂。後附偈頌，七言，七首，五言，十首，皆妙絕。

禪秘要法經

智旭《閱藏知津》卷三〇　《禪秘要法經》三卷姚秦天竺沙門鳩摩羅什譯。一爲迦絺那難陀說繫念觀，左腳大指法。　次爲大衆說第一繫念額上。第二觀白骨。第三津膩慚愧觀。第四肨脹膿血及易想觀。第五觀薄皮。第六厚皮蟲聚觀。第七極赤淤泥濁水洗皮雜想。第八新死想。第九具身想。第十節節解觀。第十一白骨流光觀。第十二四大觀，亦名八十八使境界。第十三結使根本觀。第十四易觀法及地大觀，大觀外四大，亦名漸解學觀空。第十五四大觀。第十六四大觀。第十七身念處觀。第十八一門觀，具見七佛等。第十九觀佛三昧，亦名灌頂法。第二十數息觀，爲禪難提比丘說。第二十一煖法觀，爲槃直迦說。第二十二觀頂法。第二十三觀助頂法方便。第二十四火大觀。第二十五火滅觀。第二十六正觀，得須陀洹道。第二十七眞無我觀，滅水大想，向斯陀含。第二十九水大觀，得斯陀含。第三十風大觀，成阿那含，次爲阿祇達說往昔因緣，教修慈心、及說賢聖空相應心境界，分別十一切入相，阿難請問經名，并示四法，及囑修者愼勿輕與人知。

治禪病秘要經

智旭《閱藏知津》卷三〇　《治禪病秘要經》二卷北涼安陽侯沮渠京聲譯。

治阿練若亂心病七十二種法。尊者舍利弗所玄問出雜阿含阿練若雜事中　治噎法。治行者貪婬患法。治利養瘡法。治犯戒法。念七佛，念三十五佛，念諸菩薩，念大乘心觀於空法。想佛捉水灌頂，復想墮獄稱三寶名，蒙光救拔，然後八百日苦役，七日觀白毫相，又教作毒蛇觀，更作苦役，更觀一佛，更修不淨觀，成又誦戒經八百徧，然後復淨。治樂音樂法。治好歌唄偈讚法。

治入地三昧見不祥事驚怖失心法。　治水大猛盛因是得下法。　治風大法。　治因火大頭痛眼痛耳聾法。　初學坐者鬼魅所著，種種不安，不能得定，治之法尊者阿難所問。

此經雖云出阿含部，而多有大乘法要。

三昧經分部

佛説佛印三昧經

綜述

智旭《閱藏知津》卷三〇　佛在耆闍崛山，入於三昧光，照十方，大衆雲集。彌勒，舍利弗，向文殊問佛身所在。文殊令入三昧觀之，皆不能見須臾，佛現乃問其義。佛言，住深般若佛印故也。

著錄

僧祐《出三藏記集錄》卷四　《佛印三昧經》一卷。

智昇《開元釋教錄》卷一二　《佛印三昧經》一卷後漢安息三藏安世高譯。

如來獨證自誓三昧經

綜述

智旭《閱藏知津》卷九　佛遊句潭彌國，十方菩薩見靈瑞華。各承佛旨，來詣此土，以華供養。佛笑放光，爲賢儒菩薩説笑三緣，又爲明見光賢菩薩説出家法，梵王爲佛三證，迦葉自誓得戒等。

著錄

僧祐《出三藏記集》卷二　《獨證自誓三昧經》一卷或云《如來獨證自誓三昧經》。

費長房《歷代三寶記》卷一三　《獨證自誓三昧經》一卷亦名《如來自誓三昧經》。

法經《衆經目錄》卷一　《獨證自誓三昧經》一卷晉世竺法護譯。

智昇《開元釋教錄》卷一四　《如來獨證自誓三昧經》一卷東晉西域三藏祇多蜜譯。

大樹緊那羅王所問經

綜述

智旭《閱藏知津》卷八　佛住耆闍崛山，與六萬二千比丘，七萬二千菩薩，及天龍八部俱。天冠菩薩偈讚問法，佛以三十二種四法荅之。大樹緊那羅王，與其眷屬彈琴詣佛，令天衆及山川等，乃至大阿羅漢，皆悉起舞，唯除不退菩薩。天冠菩薩問大樹緊那羅王何不成佛，大樹語以菩薩十二無滿足法，大樹請問寶住三昧，佛荅以修習生起八十種寶，於世間寶，出世間寶，皆得自在。天冠問佛，大樹云何以伎樂音，教化衆生，佛具荅之。大衆以佛神力，各有天華，供散大樹。大樹以右手接，無一墮地，即以供佛。佛令成一寶蓋，覆千世界，現諸華臺，釋迦佛像，讚大樹德。大樹復入莊嚴寶蓋三昧，以妙寶蓋，各覆諸如來像。復請佛及大衆至彼香山，受七日供。演説淨六度及方便法，各三十二，又爲大樹之子，於樂音中演諸問荅。又爲大樹之妻，并諸女輩，説增一至十。捨女身成無上道之法，又許大樹之子無垢眼，當於樂音中出六十四護菩提音，令不放逸。次乘大樹所作寶車還靈鷲山，爲阿闍世王等說三十二種菩薩法器，并說菩薩有憂悒無憂悒法，各四四種。次以偈荅阿闍世王菩提行問，乃遣大樹還其所居。又爲瞿夷天子說四四法，能得無生法忍，又爲阿難說菩薩法施，有三十二功德名稱，次四天王說咒護持。

著錄

費長房《**歷代三寶記**》**卷一三**　《大樹緊那羅王所問經》四卷。

法經《**衆經目錄**》**卷一**　《大樹緊那羅王所問經》四卷後秦弘始年羅什譯。

智昇《**開元釋教錄**》**卷四**　《大樹緊那羅王所問經》四卷亦云說不可思議品，或直云《大樹緊那羅經》第二出，與支讖《伅眞陁羅經》同本，見《長房錄》。

成具光明定意經

綜述

智旭《**閱藏知津**》**卷九**　佛在迦維羅衛國，勅阿難集一切衆，有貴姓子善明，與同輩五百人見佛，發心請佛。佛受其請，次問佛之妙德，從何致之。佛言，有定意法，名成具光明，當淨行百三十五事，及爲說往因，爲授道記。

著錄

僧祐《**出三藏記集**》**卷二**　《成具光明經》一卷或云《成具光明三昧經》，或云《成具光明定慧經》。右一部，凡一卷。漢靈帝時，支曜譯出。

費長房《**歷代三寶記**》**卷四**　《成具光明經》一卷，或雲《成具光明三昧》或云《成具光明定意》，見士行、支敏度、僧祐、慧皎等四錄。

法經《**衆經目錄**》**卷一**　《成具光明定意經》一卷，後漢世支讖譯。

佛說法律三昧經

綜述

智旭《**閱藏知津**》**卷三二**　佛於摩竭提國，先說十二自燒，次爲阿難說雖發大意，有四事墮落，次因舍利弗自責昔非，爲說大乘法要。次爲勇聲菩薩，分別聲聞，禪緣覺禪，如來禪，五通仙人禪、之不同。

著錄

僧祐《**出三藏記集**》**卷三**　《法津三昧經》一卷。

費長房《**歷代三寶記**》**卷五**　《法律經》一卷。

智昇《**開元釋教錄**》**卷一**　《法律三昧經》一卷初出見《法上錄》。

又卷一二　《法律三昧經》一卷亦直云《法律經》，吳月支優婆塞支謙譯。

佛說無極寶三昧經

綜述

智旭《**閱藏知津**》**卷八**　佛在竹園與千二百五十比丘九十億菩薩俱，竹園四面周帀地生文陀般華，華上各有佛坐，荅有菩薩。皆如文殊，問法，百日之中，六道受樂。佛入寶如來三昧，感動十方諸佛，各遣菩薩來會。及天龍八部，皆來集會。舍利弗與寶來菩薩，及文殊彌勒等種種問荅法要，羅閲祇王，請諸菩薩受供說法與佛遙相酬唱。

著錄

僧祐《出三藏記集》卷二 《無極寶經》一卷《別錄》所載，《安錄》先闕。或云《無極寶三昧經》。永嘉元年三月五日出。

費長房《歷代三寶記》卷六 《無極寶三昧經》一卷永嘉元年三月三日譯，是《聶道眞錄》及別錄。

法經《衆經目錄》卷一 《無極寶三昧經》一卷晉永嘉年竺法護譯。

超日明三昧經

綜述

智旭《閲藏知津》卷九 佛遊奈園，與二萬八千比丘，八萬菩薩衆俱，講大乘業無極之慧，善寶長者與千人俱，以七寶華供佛。佛令成蓋光照十方，集諸大衆，普明菩薩偈讚佛已，問三昧法。佛言，行八十事逮得超日明定，離垢目菩薩問三乘學佛分別荅之。淨敎長者子問菩薩行，佛以增一至十法荅之，唱十三昧名字，正見居士請問法要，佛荅以有四事法，常不離佛。離垢目菩薩廣問十三昧義，佛一一細荅，每一三昧，各一嘉瑞，各與一波羅密相應，即是十地之義。慧施長者女，共五百人發無上心，轉成男子，授菩提記。慧英菩薩與文殊菩薩及佛問荅深義，阿難問佛菩薩道本，及問遲疾。佛言，亦有亦無，因述本生，精進不懈，致先得佛。日天子請佛，次日受供。佛還奈園，解法長者，調意菩薩蓮華淨菩薩，解縛菩薩，寶事菩薩，恩施菩薩，帝天菩薩，水天菩薩，大導師菩薩，龍施菩薩，大光菩薩，各各問法，佛各荅之。

著錄

僧祐《出三藏記集》卷二 《超日明經》二卷《舊錄》云，《超日明三昧經》。右一部，凡二卷。晉武帝時，沙門竺法護先譯梵文，而辭義煩重。優婆塞聶承遠整理文偈，刪爲二卷。

費長房《歷代三寶記》卷六 《超日明三昧經》三卷太始七年正月譯，祠出或兩卷，或直云《超日明經》，是《聶道眞錄》。

法經《衆經目錄》卷一 《超日明三昧經》二卷晉太始年竺法護譯。

智昇《開元釋教錄》卷二 《超日明三昧經》二卷第二出，或直云《超日明經》或三卷，此經護公先出梵文，而辝義煩重，承遠詳整，文偈刪改勝前，見《高僧傳》及《僧祐錄》。

月燈三昧經

綜述

智旭《閲藏知津》卷五 佛在靈山，月光童子問法，佛荅一法速得菩提，謂於衆生起平等心，救護心，無礙心，無毒心，證得諸法體性平等無戲論三昧，從彼三昧，成就二十一種十法。得種種美名。說已大衆獲益，次說三昧四十義，次說古聲德佛事，次明於此三昧最初所行，以大悲心爲首。次明應知入三忍法，次說古無所有起佛事，於是月光請佛及僧，佛詣其家受供養已，月光默念作偈問法，佛告以一法相應速成菩提，謂如實了知一切法體性離相無相。次明應修習顯示三昧智，月光偈讚佛德，佛亦偈荅授記，乃還靈山童子隨來更問法要。佛言，成就四法能速得此三昧，若如說行得四功德，應善巧知於不思議佛法，應諮請，應深信，應求，應聞而不怖。次加持乾闥樂音，宣此不思議法。次明應知色身，及以法身。次明七十四種四不可思議，次明應成善巧方便，所謂隨喜他善。次明應住不放逸行，次明六度、多聞、法施、住空、宴坐、空閑、乞食、各得十利。亦得見佛藏，得聞法藏，得智藏。得三世智慧藏，謂得五通。次明應修神通本業，謂攝一切善法，而不取著。次又明古聲德佛時事，次明欲求三昧，應修法施、財施，四種迴向而迴向之。應奉事持戒持三昧人，乃至以身分血肉，除其病患，因説往昔，血肉供法師事。次有阿難問苦行事，佛説古善華月法師因緣。懺悔品第二，明古勇健得王，瞋心殺善華月法師，後極悔過，猶墮三塗，從三塗出，今成世尊。校量功德品第三，讚歎品第四，彌勒説偈。本因品第五，先偈説古衆自在佛事，次勸修身戒清淨身業，清淨身行，口戒，意戒，各具一切佛功德法。次釋初品中美名，凡三百句，是爲大方等大集一切諸佛説月燈正行，一切諸法體性平等無戲論三昧。

紀　事

靖邁《古今譯經圖紀》卷一　沙門安清，字世高。安息國太子，王薨讓國於□，出家遊方。以漢桓帝建和二年至止。未久，大善漢言。初，自稱前身出家。有一同學性多瞋恚。高曰，卿以此故當受惡，形我必相度。乃與辭曰，吾往廣州，以償宿對。既至番禺，路逢少年，拔刀向高。高笑而言曰，故來相償耳，遂引頸受刃，於是還復高身。譯經如故，久之乃曰，須度昔日同學。遂行達䢼亭湖廟，廟神嚴烈舩人祈廟。降呪呼高曰，昔與子同學，今壽盡旦夕，恐此醜形穢於江湖，當死山西澤中，又懼墮地獄，今有絹千匹，及雜寶等願爲營塔。欲現醜，形恐衆人懼。高曰，但現無苦。神遂出，頭乃是大蟒，高向之胡語，并爲讚唄，蟒悲泣而退。高時達豫章，即爲造寺，創基之始，有一年少，高前受呪願訖因忽不見。高曰，彼得離惡形也，後人山西澤中見一死蟒頭尾數里。今尋陽郡有蛇村是也。高又往廣州，尋前世害已，年少尚在。共説宿緣。曰，猶有餘報，當往會稽畢之。隨高至彼市，中有亂，相打誤，著高頭而死。尋于衆錄序，高之事牙有出沒。將以神迹，難知見聞異耳。自桓帝建和二年，歲次戊子。至靈帝建寧三年，歲次庚戌譯出。

又卷三　沙門釋先公，於宋世譯《月燈三昧經》一卷。

又卷四　沙門那連提耶舍，此言尊稱。比印度烏長國人。以幼出家，數近靈迹。是以天梯石臺之所，龍廟寶塔之方，並親頂禮，僅無遺逸。雖入鬼國，鬼莫敢傷。設往亂邦，賊徒息擾。既常遊化，感及玆境，以齊文宣帝天保八年，歲次丁丑，至天統四，年歲次戊子，共達摩闍那，於鄴都譯。《月燈三昧經》一十一卷【略】沙門僧琛明芬等度語。沙門智鉉，及學士費長房等筆受。面首形俾，特異常倫。頂起肉髻，聳若雲峯。目正處中，上下量等。耳高而長，輪埵成具。

著　錄

僧祐《出三藏記集》卷四　《月燈三昧經》，一卷。

費長房《歷代三寶記》卷四　《月燈三昧經》一卷出大月《燈三昧經》。

又卷九　《月燈三昧經》十一卷天保八年於天平寺出。

又卷十　《月燈三昧經》一卷一名《文殊師利菩薩十事行經》一名《逮慧三昧經》，一卷，宋世不顯年，未詳何帝，譯群錄直注云沙門釋先公出，見《趙錄》及《法上錄》亦載。

法經《衆經目錄》卷一　《月燈三昧經》十一卷齊天統年耶舍共法智於相州譯。

智昇《開元釋教錄》卷五　《月燈三昧經》一卷沙門釋先公於宋世譯，月燈經一部群錄注云，宋世不顯譯年未詳何帝。

又卷一四　《月燈三昧經》一卷後漢安息三藏安世高譯，第一別譯。

佛説首楞嚴三昧經

綜　述

智旭《閱藏知津》卷六　佛在耆闍崛山，與大比丘僧三萬二千人俱，菩薩摩訶薩七萬二千，及天龍八部，皆來集會。時堅意菩薩請問三昧法，佛唱首楞嚴名，一切衆會各敷妙座，各見如來坐其座上，等行梵王問何佛是寶，佛言一切皆是眞實，次攝神力以百句義釋此三昧。次說學射之喩，次有持須彌山釋現三昧力，次有現意天子現三昧力，次佛放眉光照於魔宮，使大衆皆見魔王被五繫縛。次有魔界行不汙菩薩化度魔女，魔尋見佛，佛與授記，因說四種授記不同。次爲二百魔女授現前記，次說住三昧神力，次堅意菩薩問文殊師利菩薩福田及多聞等諸義。次授淨月藏天子道記，次文殊師利自說往昔曾三百六十億世，示現作辟支佛，於是二百菩薩還發大心，誓得十力。次令彌勒菩薩現三昧力，次摩訶迦葉解知文殊師利久已成佛，佛即說其過去名爲龍種上佛，佛昇虛空，光照十方，十方諸佛同說此法，亦同放光，交互相見，次明佛壽甚長次明受持者，有二十不思議功德。

王古《大藏聖教法寶標目》卷四　佛說是三昧，非九地已下菩薩，及二乘人所知。唯受職菩薩之所能得，不以一事，一緣，一義，可知。一切禪定解脫三昧，神通無礙，智慧無所不攝，如海會百川，得此三昧。故一切三昧皆悉隨之，故名首楞嚴會中諸大菩薩證此三昧者，各現種種大自在。

著録

彥琮《衆經目錄》卷一　《首楞嚴三昧經》二卷或三卷後秦弘始年羅什譯。

智昇《開元釋教錄》卷四　《首楞嚴三昧經》三卷或二卷，亦直云《首楞嚴經》第九出，與方等《首楞嚴勇健定》等同本，見《僧祐錄》。

佛說觀佛三昧海經

綜述

智旭《閱藏知津》卷五　六譬品第一，佛住尼拘樓陀精舍。僧自恣竟，父王閱頭檀，姨母憍曇彌，欲來見佛。佛令徧集比丘菩薩，及天龍八部等衆，父王爲後世衆生，請問云何觀佛身色相好光明，佛入徧淨色身三昧，微笑放光，說師子在胎喩，栴檀生伊蘭林中喩，金翅鳥王心喩，多勒果喩，波利質多羅樹喩，阿修羅幻力喩，皆喩念佛三昧。　序觀地品第二，言衆生樂觀佛相，各有不同，或順，或逆等。　觀相品第三，一明觀如來頂，二明觀如來髮，三明觀髮際，四明觀白毫相，從初生乃至成佛，敘事最詳。五明觀額廣平正，六明觀眉，七明觀眼睫，八明觀耳，九明觀方頰車，十明觀師子欠，十一觀鼻，十二觀髭，十三觀脣，十四觀廣長舌，十五觀頸相缺瓫骨滿相胸臆卍字印相，十六悉現具足身相，大衆所見，各各不同，其見如炭如墨等者，由昔惡業，各各殷重懺悔乃見好相，十七明觀放常光相，十八明觀眉間光明，十九復明額廣平正，面上三輪，髮際等相。二十復觀鼻出光明，二十一復觀面門光明，二十二復觀耳出五光，二十三復觀頸出二光，二十四復觀缺骨滿相光明，二十五復觀胸卍字相腋下摩尼珠皆放光明，二十六觀寶臂指縵掌輪各放光明，二十七觀齊相，光照十方，二十八因父王請，現心內境。　觀佛心品第四，具明大慈悲心，專緣地獄等罪苦衆生，幷廣叙地獄苦事。　觀四無量品第五，使大衆見佛，心中有無數佛乘大寶船，往來五道救苦衆生，大慈大悲大喜大捨。　觀四威儀品第六，行佛，住佛，坐佛，卧佛也，於中具明度老婢事，上忉利天爲母說法事，伏曠野鬼將事，降毒龍事，降力士事。　觀馬王藏品第七，明宮中爲諸女所現相舍衛國度婬女所現相，波羅奈國度婬女所現相伽耶城爲尼犍所現相。　本行品第八，先明念佛三昧能滅大罪，次文殊菩薩，十方十佛，四方四佛，財首菩薩，釋迦如來，阿難尊者，各言本修念佛三昧。　觀像品第九，彌勒爲末世衆生請問，佛爲廣說觀像除罪方法。　念七佛品第十，　念十方佛品第十一，密行品第十二，言得三昧者，當密身口意，莫起邪命，莫生貢高，次復說種種喩，以喩念佛三昧，結名受持，阿難復問無見頂相，佛入頂三昧海，現大勝相，衆倍獲益。

著録

僧祐《出三藏記集》卷二　《觀佛三昧經》，八卷。

費長房《歷代三寶記》卷七 《觀佛三昧經》八卷一名《觀佛三昧海經》，見竺道祖《晉世雜□錄》或云宋世出。

法經《衆經目錄》卷一 《觀佛三昧經》八卷宋永初佛陁跋陁羅於揚州譯。

智昇《開元釋教錄》卷一四 《觀佛三昧經》一卷姚秦三藏鳩摩羅什譯。

佛說金剛三昧本性清淨不壞不滅經

綜述

智旭《閱藏知津》卷八 佛在毗耶離大林精舍，與五千比丘，萬八千菩薩，及天龍八部俱，自詣法座敷尼師壇，次第入十三三昧而起，放徧身光，入面出頂，彌勒問法佛言，入首楞嚴三昧，修百三昧，乃入金剛三昧成佛。

著錄

僧祐《出三藏記集》卷四 《金剛清淨經》一卷或云《金剛三昧本性清淨不壞不滅經》。

智昇《開元釋教錄》卷一 《金剛三昧本性清淨不壞不滅經》，亦云《金剛清淨經》，《長房》等錄云吳代支謙譯，漢後失譯，錄中復載。今詳此經，非是漢代失源，復非支謙所出，似是姚秦以來什公等譯，今且爲失源編於《秦錄》。

入定不定印經

綜述

智旭《閱藏知津》卷一〇 佛在鷲峰，妙吉祥問菩薩退不退行。佛言，有五種行，一羊車，行二象車，行三日月神力行，四聲聞神力行，五如來神力行。前二有退，名不定。後三不退，名定。

著錄

智昇《開元釋教錄》卷六 《不必定入定入印經》一卷初出與唐義淨《入定不定印經》同本，興和四年九月十九日於尙書令儀同高公第譯，沙門曇林筆受，見《經前序記》。

又卷九 《入定不定印經》一卷第二出，與元魏瞿曇流支所出，《不必定入定入印經》同本，久視元年五月五日譯畢。

又卷一一 《不必定入定入印經》一卷元魏婆羅門瞿曇般若流支譯，出序記第一譯，右《經初序記》云，魏興和四年歲次降婁月建在戌朔次甲子壬午之日，瞿曇流支沙門曇林於尙書令儀同高公第譯九千一百九十三字，諸錄皆云菩提留支譯者誤也，今依序記爲正。

力莊嚴三昧經

綜述

智旭《閱藏知津》卷八 佛在祇園，於後夜入力莊嚴三昧，文殊師利等二十童子，各禮佛足。分往十方佛土，各同十方菩薩來集。佛從定起，坐師子。文殊先問佛十種智難信，佛以六喻明之。智輪菩薩問十智義，佛爲釋十智因緣，得成十力。次明三世諸佛，皆觀菩提樹七日七夜，如此方便，即是不可思議諸佛如來甚深境界。次種種問答，明諸佛不思議境界，即一切衆生境界，是一境界，無二無別。依六根六塵，而示平等無差別義。

著　錄

費長房《歷代三寶記》卷一二　《力莊嚴三昧經》三卷開皇五年十月出，費長房筆受。

彦琮《衆經目錄》卷一　《力莊嚴三昧經》三卷大隋開皇年耶舍譯。

寂照神變三摩地經

綜　述

智旭《閱藏知津》卷八　佛在靈山，海衆駢集，賢護菩薩問法，佛答以寂照三摩地，能令菩薩一切諸法，皆得圓滿經來未盡。

著　錄

智昇《開元釋教錄》卷八　《寂照神變三摩地經》一卷見《翻經圖》龍朔三年十二月二十九日於玉華寺玉華殿譯，沙門大乘光筆受。

又卷一二　《寂照神變三摩地經》一卷，大唐三藏玄奘譯，出《翻經圖》。

般舟三昧經

綜　述

王古《大藏聖教法保標目》卷二　《般舟三昧經》三卷《拔陂菩薩經》、《大方等大集賢護經》五卷第七譯。右三經同本異譯，前後七譯，四譯本闕梵語拔陂，此云賢護，說念佛三昧功德。佛言，此經是諸菩薩眼，是菩薩父母，受持隨喜，獲無量無邊福德，速成無上菩提。

智旭《閱藏知津》卷五　《般舟三昧經》三卷伐一名《十方現在佛悉現在前立經》。後漢月支國沙門支婁迦讖譯。即前經先出，而文古澁。

紀　事

靖邁《古今譯經圖紀》卷一　沙門支婁迦讖，月支國人，操行純深性度開敏。稟持法戒，諷誦群經，志在宣弘遊方化物。以桓帝建和元年歲次丁亥，至靈帝中平三年歲次丙寅，於洛陽譯【略】《般舟三昧經》二卷。【略】惣二十一部，合六十三卷，審得本旨曾不加飾，可謂善宣法要，弘道之士。河南清信士孟福張蓮等筆受。

又卷二　沙門竺曇摩羅察，此言法護，本姓支，後段姓竺，月支國人。八歲出家，甚有識量，天性純懿操行精苦，篤志好學萬里尋師，屈茲未久，而博覽六經遊心七藉，解三十六種書，詁訓音義無不倫識，日誦萬言過目咸記。妙閑三藏奉經遊方，先居燉煌，後詣京洛。自晉武帝太始元年歲次丙戌，訖于敏帝建興元年，爰暨江左所在翻譯，【略】《般舟三昧經》二卷【略】合二百一十部，惣三百九十四卷，清信士聶承遠筆受。

著　錄

僧祐《出三藏記集》卷二　《般舟三昧經》一卷《舊錄》云，《大般舟三昧經》。光和二年十月初八日出。

又卷七　《般舟三昧經》，光和二年十月八日，天竺菩薩竺朔佛於洛陽出。菩薩法護。時傳言者月支菩薩支讖，授與河南洛陽孟福字元士，隨侍菩薩張蓮字少安筆受。令後普著。在建安十三年於佛寺中校定，悉具足。後有寫者，皆得南無佛。又言，建安三年，歲在戊子，八月八日於許昌寺校定。

又卷一三　支讖，本月支國人也。操行淳深，性度開敏，稟持法戒，以精勤著稱。諷誦羣經，志存宣法，漢桓帝末，遊于洛陽。以靈帝光和、中平之間，傳譯胡文，出《般若道行品》、《首楞嚴》、《般舟三昧》等三經。又有阿闍世王、《寶積》等十部經，以歲久無錄，安公校練古今，精尋文體，云『似讖所出』。凡此諸經，皆審得本旨，了不加飾，可謂善宣法要，弘道之士也。後不知所終。

沙門竺朔佛者，天竺人也。漢桓帝時，亦齎《道行經》來適洛陽，即轉胡爲漢。譯人時滯，雖有失旨，然棄文存質，深得經意。朔又以靈帝光和二年於洛陽譯出《般舟三昧經》，時讖爲傳言，河南洛陽孟福、張蓮筆受。時又有支曜譯出《成具光明經》云。

費長房《歷代三寶紀》卷四　《般舟三昧經》二卷光和二年十月八日譯。初出見《聶道錄》、《吳錄》，及《三藏記》，舊錄云《大般舟三昧經》。

法經《衆經目錄》卷一　《般舟三昧經》一卷是後十品後漢世支讖別譯。

彦琮《衆經目錄》卷一　《般舟三昧經》三卷或二卷晉世竺法護譯。

道宣《大唐内典錄》卷一　《般舟三昧經》二卷《舊錄》云《大般舟三昧經》，一卷第二出見《高僧傳》。

澄觀《大方廣佛華嚴經隨疏演義鈔》卷八六　云是心作佛，是心是佛。諸佛正遍，知從心，心想生。緣生非實故，能所見空無往來也，疏般舟下引證。此經有三卷，一題云《般舟三昧經》。一名《十方現在佛悉在前立定經》。

法相經分部

觀察諸法行經

綜　述

智旭《閱藏知津》卷八　無邊善方便行品第一，佛更遊鷲丘，與千比丘，八十俱致菩薩，及天龍八部俱。喜王菩薩七日斷食不卧，精進求法，請問三摩地。佛爲說決定觀察諸法行，共五百三十五句。先世勤相應品第二，佛又爲說六十句法及說十六字門，并說過去辯才瓔珞莊嚴雲鳴出吼顯音佛時，有說法菩薩名無邊功德辯幢遊戲鳴音。復有王子，名福報清淨多人所愛鳴聲自在，從彼菩薩聞此三摩地寶，今成無量壽佛。又說過去淨面無垢月妙威藏佛時，有顯妙廣身長者子，供佛聞法，捨家修道。十千歲中不坐，不卧，今於南方成善意喜樂如來。又復偈說末世過患喜王等，三千菩薩，立誓護持正法，佛讚印之。更說過去廣淨厚金普無疑光威王佛滅度後，有說法者，名無邊寶振聲淨行聚，被衆驅出，住大林中，勸化多人。無憂普欲喜音轉輪聖王得信樂已，弘此三摩地，今皆成佛，說法者，即無量壽佛，轉輪王，即不動佛。受記品第三，佛爲喜王說增一至十法具足，得此三摩地，七千衆生，法眼清淨，七千衆生，發無上心，皆得不退轉記。三萬菩薩，得無上忍，佛放身光，徧十方界，皆有蓮華。見佛坐上喜王問法，既攝神力，遂明一切諸法，皆無來去，如燄幻等。佛又告喜王，過去寶光威輪王佛時，寶月轉輪王生一童子，名曰法上，同王覲佛問法，佛以伽陀說此三摩地，得不退轉。法上童子，即今喜王。輪王寶月，即今慈氏。喜王又問菩薩何法有，何法無，佛答以無一百五十惡法等，又總略說一切不善法諸菩薩無，一切善法諸菩薩有。

王古《大藏聖教法寶標目》卷五 佛說五百三十五菩薩法行，皆由三摩地心觀察，故則能了知何等法應親近，應念修，應多作，不應親近，不應念修，不應多作等種種法門。

著録

費長房《歷代三寶紀》卷一二 《觀察諸法行經》四卷開皇十五年，四月二十四日翻，五月二十五日訖，學士費長房筆受。

智昇《開元釋教錄》卷一二 《觀察諸法行經》四卷隋天竺三藏闍那崛多等譯。

諸法無行經

綜述

智旭《閱藏知津》卷七 佛在耆闍崛山，與五百比丘九萬二千菩薩俱，師子遊步菩薩偈問一相之法，佛先止次荅，大衆獲益，次說往古高須彌山王佛滅後，淨威儀比丘守護正法。有威儀比丘不能信解，生不善心受地獄苦，於是文殊請問滅業障法，及問觀四諦、四念處、八正道、五根、七覺支等，佛一一荅之。又請說陀羅尼，佛爲說一切法皆不動相種性法門，文殊亦說種種不動相乃至荅諸天子，云我見貪欲尸利，瞋恚尸利等，次有華戲慧菩薩請問入音聲慧法門，佛亦先止次荅，次勑文殊自說往因，過去師子吼鼓音王佛滅後，喜根比丘善說諸法實相，勝意比丘持戒得定，行頭陀行，不信深法，墮大地獄。喜根今於東方寶莊嚴國，成勝光明威德王佛，勝意今爲文殊。

著録

僧祐《出三藏記集》卷二 《諸法無行經》，一卷。

又卷五 抄《諸法無行經》，一卷廬山沙門釋慧遠以論文繁積，學者難究，故略要抄出。

費長房《歷代三寶紀》卷八 《諸法無行經》二卷或一卷，見二《秦錄》。

法經《衆經目錄》卷一 《諸法無行經》二卷後發弘始年羅什譯。

道宣《大唐内典錄》卷九 《諸法無行經》，後秦羅什譯。

右一經再譯隋崛多所翻，爲《諸法本無經》三卷詞力未足，同本故略。

智昇《開元釋教錄》卷五 《諸法無行經》一卷第二出，與羅什所出二卷者，及諸法本無經同本，房云見《別錄》。

又卷一四 《諸法無行經》一卷宋天竺三藏求那跋陁羅譯，第二譯

佛藏經

綜述

智旭《閱藏知津》卷三二 諸法實相品第一，爲舍利弗說晝空等十喻，喻如來說一切法無生無滅，無相無爲，令人信解。倍爲希有。念佛品第二，明無有分別，無取無捨，是眞念佛。念法品第三，念僧品第四，淨戒品第五，明破戒比丘，成就十憂惱箭，必墮惡道。淨法品第六，明迦葉佛預記釋迦佛法中多受供養，故法當疾滅。譬如諸盲爲賊所誑，墮於深坑。往古品第七，明大莊嚴佛滅後，衆分五部，一解正法者，即今滿慈子。四說邪法者，久墮地獄，今出爲調達等。淨見品第八，明釋迦曾於過

去歷侍多佛，以有所得故，不獲受記。至錠光佛時，悟無生忍乃得受記。了戒品第九，明三種人不喜聞此經，一被戒，二增上慢，三不淨説法，及貪著我者，次明白毫相光一分，能供如法修道比丘，比丘不必悉慮四事，但當一心辦道。囑累品第十，具明末世不如法事，并囑累竟，魔王憂惱啼哭，以佛預爲之防，不能破正法故，佛更説偈，以結前義。

著録

僧祐《出三藏記集》卷二 《佛藏經》三卷一名《選擇諸法》，或爲二卷。

費長房《歷代三寶紀》卷八 《佛藏經》三卷亦名《選擇諸法經》，或四卷。弘始七年六月十二日出，見《二秦録》。

法經《衆經目録》卷五 《佛藏經》四卷後秦弘始年沙門羅什於長安譯。

瓔珞經分部

菩薩瓔珞經

綜述

智旭《閲藏知津》卷七 《普稱品》第一，普照菩薩問菩薩法，凡二十二句。佛荅當以十德瓔珞其體。《識定品》第二，《寶王菩薩請問瓔珞戒品》，佛荅以具戒施忍。由達唯識，《莊嚴道樹品》第三，《龍王浴太子品》第四，《法門品》第五，略説瓔珞八萬法門中數十名，持者當得十無礙功德，次廣明六根瓔珞法門。《識界品》第六，豪賢菩薩問議境界，次敕諸菩薩各説空慧無著行，次感十方佛各説空慧偈已，忽然不現，以決衆疑。《諸佛勸助品》第七，説十無盡藏法門。十方諸佛，同聲説頌印之。《如來品》第八，説十地各各四神足法，《音響品》第九，《因緣品》第十，《心品》第十一，《四聖諦品》第十二，一無量聖諦，二行盡聖諦，三速疾聖諦，四等聖諦。《成道品》第十三，料簡三世各三種成道。《生佛品》第十四，《本末品》第十五分別五陰本末空，《無量品》第十六，《非有識非無識品》第十七，説佛三昧所知無量，次明月照光菩薩四果，乃至九地中所修三世禪行，次佛自説有情於無情，無情於有情法。《隨行品》第十八，尊復尊梵天請問佛，荅以偈廣明諸度無極。《光明品》第十九，《無想品》第二十，《無識品》第二十一，《受迦葉勸行品》第二十二，佛放舌光，十方諸佛各遣菩薩來會，佛揀聲聞不在聖例，迦葉等脱衣號泣，佛慰喻之。《有行、無行品》第二十三，諸菩薩各説有行、無行，大迦葉亦説有行無行，佛不許可。阿若拘隣亦説有行、無行，佛許可之。舍利弗問荅料簡，次目連等亦各説有行無行。《有受品》第二十四，《無著品》第二十五，説無著行，授明觀菩薩記，并説八種記法。次授帝釋記，次令目連除魔心垢，懸記在彌勒時得決。《淨智除垢品》第二十六，爲淨一切地菩薩，説種種知他心三昧，廣至知億佛世界。《無斷品》第二十七，明種種五法及六度，互具六度。《賢聖集品》第二十八，一切菩薩各説六度，清淨具足，法慧眼菩薩與文殊菩薩更相酬唱，演種種法門。《三道三乘品》第二十九，佛爲舍利弗分別三道，各有二乘。《供養舍利品》第三十，佛爲須菩提説供舍利，供色身，供法身，優劣不同。《譬喻品》第三十一，因退席人，説師子、木雀喻。《三世法相品》第三十二，佛爲劫賓㝹説三世受化差別，大衆有疑，十方佛各來説得，令衆悟解。《清淨品》第三十三，爲邠耨文陀尼子，分別清淨不清淨法。《釋提桓因問品》第三十四，《本末行品》第三十五，爲衆首瓔珞菩薩説退、不退，超、不超法。《聞法品》第三十六，文殊問有轉，無轉法，佛分別荅之。《淨居天品》第三十七，佛爲淨居天説三世常無常義，及説菩薩總持、賢聖辯才，并授其記。《十方法界品》第三十八，佛述初成道時，一切菩薩勸轉法輪。《十智品》第三十九，爲彌勒菩薩説十無量智門。《應時品》第四十，爲法妙菩薩説十種應時之行。《十不思議品》第四十一，爲道勝子說十法。《無我品》第四十二，爲心智菩薩說十無我行。《等乘品》第四十二，爲心智菩薩說十無我行。《等乘品》第四十三，偈荅淨眼。《三界品》第四十四，淨施王與佛酬唱菩薩受記，及六十二見皆空平等。次有究竟菩薩，問淨施王淨施王荅而不悟，更令文殊師利，乃決其疑。

王古《大藏聖教法寶標目》卷五　佛略說四十二位賢聖名字，因果，行相，六入，明門，謂十住、十行、十向、十地、無垢地、妙覺地，明觀法門，亦名六堅，六忍，六慧，六觀瓔珞者，謂銅寶、銀、金、瑠璃、摩尼、水精，如是六位菩薩，以百萬阿僧祇功德瓔珞，嚴持二種法身。

著　錄

僧祐《出三藏記集》卷二　《菩薩瓔珞經》，十二卷。

又卷四　《菩薩瓔珞本業經》二卷或云《菩薩瓔珞經》。

費長房《歷代三寶記》卷八　《菩薩瓔珞經》一十四卷建元十二年七月出。見《二秦錄》及《高僧傳》，或十三卷。

法經《衆經目錄》卷一　《菩薩瓔珞經》十四卷前秦建元年沙門竺佛念於長安譯。

智昇《開元釋教錄》卷四　《菩薩瓔珞本業經》二卷或直云《瓔珞本集經》，初出見《長房錄》。

又卷五　《瓔珞本業經》二卷第三出見始興及法上錄。

佛說華手經

綜　述

智旭《閱藏知律》卷七　序品第一，大衆雲集，大迦葉亦來，佛分半座令坐。大千震動，迦葉謙讓，幷說法要讚佛。　神力品第二，佛又命迦葉坐，以神力普集大衆，令目連敷座，目連化作大座，佛言，如來不於變化座上說法，復命無量緣菩薩敷座，一切菩薩各以上衣積成高座。佛說神力，令諸菩薩各於衣中，見將來成佛之事。筆德藏法王子，請問大法，佛放口光，舉身謦欬，徧至十方世界。　網明品第三，東方菩薩見光聞聲，承佛命來，以華作佛事。　如相品第四，東方不虛行力菩薩，持華來會，乃至佛與跋陀婆羅菩薩論如來義。　不信品第五，佛與跋陀婆羅菩薩論末世不信法事。　念處品第六，佛爲跋陀菩薩說末世宜修四念處觀。　發心即轉法輪品第七，此東方菩薩名也，亦因光聲而來，佛乃說其往因。　現變品第八，此菩薩擲十方世界，俱置本國，佛更以神力令諸世界互相擊碎，以警諸天計有常者。　如來力品第九，功德品第十，爲堅意菩薩說持經功德。　發心品第十一，東方光明威德聚菩薩持須彌肩佛之命，亦來集會獻華，供養佛以華付彌勒。彌勒轉付七萬七千菩薩菩薩，俱發大願。仍奉於佛，佛乃廣讚發心功德。　無憂品第十二，佛爲彌勒說眞菩薩，心當如往昔無憂太子。　中說品第十三，敘東方諸菩薩見光，聞聲而來集者。　總相品第十四，廣敘東方佛菩薩名。　上清淨品第十五，亦廣敘東方佛菩薩名。　散華品第十六，東方觀佛定善根莊嚴菩薩，聞此世界佛名遙散華來。　衆相品第十七，亦廣敘東方佛菩薩。　諸方品第十八廣敘，餘九方佛菩薩，見光聞聲而來集會。　三昧品第十九，佛次第入五十七種三昧諸天偈讚。　求法品第二十，佛從三昧起，爲舍利弗說菩薩求法之要，舍利弗更請法要。　歎德品第二十一，佛爲舍利弗說菩薩難事。　驗行品第二十二，佛爲舍利弗說二種三事，驗菩薩心。　得念品第二十三，說往昔得念王子，不被失念魔所惑。　正見品第二十四，佛爲舍利弗說菩薩正見。　歎敎品第二十五，亦說如來本生。　毁壞品第二十六，說毁壞菩薩心之罪報。　衆雜品第二十七，選擇居士及其愛妻聞法證果。　衆妙品第二十八。　逆順品第二十九，　不退行品第三十，　爲法品第三十一。　歎會品第三十二。　上堅德品第三十三，堅意比丘，以衣供佛，發大誓願。衣中見諸神變，阿難問其因緣。佛言且待須臾，堅意比丘，請問法門。佛先說其昔爲上堅德王，曾問是法。　法門品第三十四，正荅堅意之問。　囑累品第三十五，以法門囑菩薩菩薩，發願弘通，次付囑阿難迦葉皆辭不堪。

王古《大藏聖教法寶標目》卷四 佛與諸大比丘，諸菩薩等，夏安居已。三千大千世界八部雲集，及他方諸佛會中一生補處菩薩等各持華奉供佛。說是斷衆生疑經，知一切衆生深心，令入法海。說諸菩薩行及淨佛國，化衆生業，成就諸波羅蜜法門，有種種因緣。

著錄

費長房《歷代三寶記》卷一三 《華手經》十一卷。

法經《衆經目錄》 《華手經》十卷後秦弘始年沙門羅什於長安譯。

智昇《開元釋教錄》 《華手經》十三卷或爲華首，一名攝諸善根經，亦名攝諸福德經，或十卷，或十一卷，或十二卷弘始八年譯，見二秦錄，及《僧祐錄》。

佛說寶雨經

綜述

智旭《閱藏知津》卷八 佛於伽耶山，放頂光明，遍照十方，攝入面門。授月光天子記，當於支那國作女主，東方蓮華眼佛世界，止一切蓋菩薩來，問一百一事。佛每事荅以十法，荅竟，世界六種震動，無情有情，同興供養十方諸佛，放眉間光，入如來頂，長壽天女。得記流通。

著錄

智昇《開元釋教錄》卷六 《寶雲經》七卷初出興陳代《須菩提大乘寶雲經》及唐達摩流支《寶雨經》等同本異譯，見《東錄》及《續高僧傳》。

又卷九 《寶雨經》十卷見《大周錄》，第三出，與梁曼陁羅所出《寶雲經》等同本。長壽二年於佛授記寺譯，沙門處一等筆受。

又卷十一 《寶雲經》七卷，梁扶南三藏曼陁羅仙共僧伽婆羅譯，第一譯。

佛說大乘百福相經

綜述

智旭《閱藏知津》卷一〇 佛在舍衛國普妙宮中，文殊師利請問如來福德之量，佛爲明十善福，輪王福，帝釋福，自在天福，初禪福，二禪福，摩醯首羅福，辟支福，後身菩薩福，如來毛孔福，八十隨好福，八十隨相文福，三十二相福，大法言音福，展轉增勝。又明有二種法，生如來身，一者勝願力，二者方便力。

佛說一閻浮提衆生十善，福聚數滿百倍，成一轉輪聖王，王四天下，自在福如是百倍，成一天王帝釋，福聚又增滿百倍，成一第六他化自在天王，福又百千倍，成一梵王，福此上漸漸倍增，成大千世界主大梵天。福又無量億百千倍，成一最後身菩薩，福又無量億百千倍，成如來一毛孔。福復百千倍，成一隨好，福復百千倍，成三十二相中一相，福三十二相，福，聚始成如來，隨類教化一切衆生音聲福，聚如是威光熱力皆不可思議，及所修因地行願法門。

著錄

智昇《開元釋教錄》卷九 《大乘百福相經》一卷初出見《大周錄》，永淳二年於西大原寺歸寧院譯。

又卷一二 《大乘百福相經》一卷大唐中天竺三藏地婆訶羅譯。

如來藏經分部

大方等如來藏經

綜　述

智旭《閱藏知津》卷七　佛在耆闍崛山，成佛十年。與百千比丘，六十恆河沙菩薩及天龍八部俱，以三昧力，現衆蓮華，皆未開敷，華內皆有化佛。須臾昇空舒榮，須臾萎變，化佛各放無數光明。金剛慧菩薩問何因緣，佛爲説一切衆生，皆有如來藏性，共説九喻，一萎花中佛，一巖樹蜂蜜，三繪中秔粱，四不淨處金，五貧家寶藏，六菴羅果種，七弊物中金像，八貧女貴胎，九模中金像。

王古《大藏聖教法寶標目》卷四　衆生煩惱身中有如來藏，與佛無異，有九譬喻，如華開見佛，蜂去得蜜，糠除成米，金出不淨，如貧女妊聖王，如開模出金像，過去常放光明王佛説是經，諸菩薩衆聞者，除文殊、觀音、勢至、金剛慧四菩薩餘皆已成佛道，末説聞持此經功德。

著　錄

僧祐《出三藏記集》卷二　《大方等如來藏經》一卷《舊錄》云《佛藏方等經》【略】晉惠、懷帝時沙門法炬譯出。其《法句喻》、《福田》二經，炬與沙門法立共譯出。

費長房《歷代三寶紀》卷七　《大方等如來藏經》一卷元熙二年於道場寺出，是第二譯，見道祖，晉世雜錄。與法立出者小異。

法經《衆經目錄》卷一　《大方等如來藏經》一卷晉義熙年佛陁跋陁羅譯。

道宣《大唐內典錄》卷六　《大方等如來藏經》，東晉義熙年佛陀跋陀羅於揚都譯。

佛説不增不減經

綜　述

智旭《閱藏知津》卷八　佛在耆闍崛山，舍利弗問衆生界爲有增減，爲無增減，佛爲廣訶增減邪見，次示如來藏不思議三無差別義。

著　錄

費長房《歷代三寶紀》卷九　《不增不減經》一卷正光年於洛陽譯，或二卷。

法經《衆經目錄》卷一　《不增不減經》一卷後魏世留支譯。

智昇《開元釋教錄》卷一二　《不增不減經》一卷或云二卷者誤也，元魏天竺三藏菩提留支譯。

佛説無上依經

綜　述

智旭《閱藏知津》卷一〇　校量造佛功德品第一，佛住竹林與比丘菩薩優婆塞優婆夷諸大衆俱，阿難問造佛功德，佛廣爲較量顯勝，如來界品第二，明如來界性不可思議，煩惱所隱，名衆生界，修善提道。說名菩薩，出離釋十二因緣甚深之義乃性相二宗要典。

王古《大藏聖教法寶標目》卷四　阿難問造高閣及四事供養，施四方僧與起佛塔供養舍利二種福德何者爲多，佛言供養微塵數世界四果辟支佛，不如佛涅槃後取舍利如芥子大，造塔如阿摩羅子大露槃，如棗葉大，此功德甚多，於前若不回向菩提，所獲福德如世界微塵，數作諸天王，況轉輪王，下卷說如來三十二相八十種好，種種勝妙功德，因果不可思議。

著錄

費長房《歷代三寶紀》卷九　《無上依經》一卷永定二年於南康淨土寺出。

法經《衆經目錄》卷一　《無上依經》二卷陳世沙門眞諦於廣州譯。

智昇《開元釋教錄》卷六　《無上依經》二卷。

又卷七　《無上依經》二卷準經後記云，梁代譯今編梁錄入《長房內典》等錄，復有正論釋義等一十三部一百八卷，今以並是經論義疏，眞諦所撰，非梵本翻，故刪不錄，又《內典錄》中，梁陳二代俱載起信論者，非也。

又卷一二　《無上依經》二卷，梁天竺三藏眞諦譯，全本第二譯，出經後記。右此《無上依經》謹按《長房》等錄，並云陳永定二年丁丑眞諦三藏於南康郡淨土寺出，其經後記乃云，梁紹泰三年太歲丁丑九月八日三藏眞諦於平固縣南康內史劉文陁請令譯出。今尋諸家年曆差互不同，長房年曆但至承聖五年丙子梁國即絕甄鸞及王道珪年紀至紹泰二年丙子歐爲太平元年，太平二年丁丑改爲永定元年。陳霸先立號爲陳國又有年紀不知何人所撰，彼云承聖三年甲戌改爲大定元年遠。於後梁凡經八載方改年號。然四家年曆並無紹泰三年，四本既並不同，未詳孰互正說，或可梁紹泰三年丁丑即是陳初永定元年也。曆中但紀後號不載前名，今者且依經記爲梁代譯也。

金光明經分部

金光明經

題解

智顗《金光明經玄義》卷一　釋題爲五，一釋名，二辨體，三明宗，四論用，五教相。就此五章，大分爲二。初總釋，二別釋。總釋又二，初生起，二簡別生起者。此娑婆國土，音聲爲佛事，或初從善知識所聞名，或從經卷中聞名，故名在初，以聞名故。次識法體，體顯次行，行即是宗，宗成則有力。力即是用，用能益物。益物故，教他聞名是自行之始，施教是化他之初。有始有終，其唯聖人乎。五章生起，次第如此。簡別者，簡是料簡也。問若略則唯一，若廣則無量。今此五章，進不是廣，退不成略，何故五耶。答非略非廣，非略故不一，非廣故不多。廣則令智退，略則義不周。我今處中說，令義易明了。五章中當其義如此，別者分別也，前一章總三字，共爲名，次三章派三字以爲別，後一章兼於總別，而明教相也。又顯體一章明理，餘四章明事。又前三章是因，後二章是果。又前四章是行，後一章是教。又前四章是自利行，後一章是利他行。又前四章是聖默然，後一章是聖說法。如此等種種分別料簡，今顯譬中當。分明包富如囊中有寶，不探示人。人無知者，此皆爲分別中作譬也。囊中有寶爲總三字作譬，探以示人爲別三字作譬，囊中有寶爲理一章作譬，探以示人爲明事章作譬，其餘例皆可知也。二別釋者，別釋五章也。今先解釋名章，若依四卷題，但作三字，無帝王兩字。若依經文有經王之義，若說，若不說，俱亦無妨。今釋名爲五，一通別，二翻譯，三譬喻，四附文釋，五當體釋。言通別者，夫教有通別，依教明行。行有通別，從行顯理。理有通別，且置行理。但明教通別者，夫理無名字，名字名理，如虛空無丈尺，丈尺約虛空。《天王般若》云，總持無文字，文字顯總持。若從能顯之文字，是名則通。若從能顯之所以，此名則別。云何爲通，如聖所說，一經，一時，一處，一部，一偈，一句，一言皆是文字，從此文字通稱爲經。云何爲別，別則有四，一令世諦不亂歡心悦耳，二逗化所宜開發宿善，三對其業障令惡滅罪除，四點示道理。霍然妙悟，悦宜對悟，各各所以，其致不同，稱之爲別。譬如鹽梅相和，成種種滋味。組織交横，成種種文繡。從別所以故有金光明三字，標今教異於諸教，從通文言故有經之一字，衆經通稱也。今經通別合標故，言《金光明經》。二翻譯者，眞諦三藏云，具存外國音，應言修跋拏婆頗婆鬱多摩因陀羅遮閦那修多羅。修跋拏，此言金。婆頗婆，此言光。鬱多摩，此言明。因陀羅，此言帝。遮閦那，此言王。修多羅，此言經。外國又稱佛陀羅，此間所無。又略帝王兩字，但存三字者，漢人好略譯者省之，但翻爲《金光明經》也。餘師翻不及此委悉也。三譬喻者，舊經師以三字譬三德。金譬法身，光譬般若，明譬解脱。若大師云，數論但明眞應二身，若以二釋三於論不便。若取經文，經文無一處明三德。若別作義，解何義不通，而獨譬三德，既違已論，又不會經非今所用。地人云，金質之上自有光明之能，譬於法性從體起用，自有般若解脱之力。但作體用二義，不須分光明異也。若大師云，地論幸明三佛，三佛釋題於義自便，而棄三身從體用者，則非論意。若取經文新舊兩本，並説三身不道體用，亦違已論。復不會經進退何之今所不用。眞諦三藏云，三字譬三種三法，一譬三身，二譬三德，三譬三位譬。三身者，金體眞實以譬法身光用，能照以譬應身明能偏，益以譬化身。次譬三德者，金有四義，一色無變，二體無染，三轉作無礙，四令人富。金以譬法身常淨我樂四德。光有二義，一能照了，二能除闇。以譬般若照境除惑明有二義，一無闇，二廣遠，以譬解脱衆累永盡溥益有緣。次三位者，金性先有如道前正因位，光融體顯如道中了因位，明無瑕垢如道後縁因位。彼家《料簡》云，法身是實，二身不實，法身具四德。般若解脱，各具二德，正因是本有，了因是現有，緣因是當有。大師謂三三之釋，三義不了。一因果不通，二乖圓別，三不稱法性。云何因果不通，夫三身三德本是果上圓滿之名，而今分置三德殘缺不足。何者，若法身是道，前爲是果上之法身，爲是性德之法身。若是果上之法身，不應在道前，若是性德之法身，性德何獨有法身。亦應有性德之般若，性德之解脱，云云。若言般若是道中，爲是何等之般若。若是果上之般若，不應在道中。若是分得之般若，何意無分，得之法身解脱云云。若解脱在道後，道後衆善溥會，何獨有解脱。以是觀之因果不通，乖圓別者，若作圓說，法身常樂我淨，此自可知云云。般若與法身相冥，法身既具四德，般若寧無四德耶。解脱脱果縛故樂。脱因縛故淨。無因果縛故我。非因非果故常。圓說圓滿，無有缺減。眞諦若作別說，應依此經。經云，法身是常，是寶。寶即我德也。應身智慧清淨即淨德也。化身三昧清淨即樂德也。三藏說法身獨具四德二身，各具二德故，皆乖圓別也。不稱法性者，且引一經，如《淨名》云，衆生如彌勒如，一如無二如，此性德法身也。一切衆生即菩提相，不可復得此性德般若也。一切衆生即涅槃相，不可復滅此性德解脱也。如此三義豈非本有道前之位，豈獨有金而無光明耶。又《華嚴》云，初發心時便成正覺，所有慧身不由他悟，清淨妙法身湛然，應一切妙。法身是法身德，慧身是般若德，應一切即應身是解脱德。此之三身地地轉增如月漸滿，豈非道始因中之位那得因中，祇有般若耶。道後具三德如上說，此事可知，當知道前圓性德，道中圓分德，道後圓究竟德。那忽分割一處唯一耶。豈非蹙靈鳳於鳩巢迴神龍於兎窟辱鱗羽之壯勢，非法性之圓談。天台師尋其經，意義則不然。何者經言，法性無量，甚深理無不統，文稱經王，何所不攝，豈止於三三九法耶。當知三字偏譬一切横法門。乃稱法性無量之説，偏譬一切豎法門。乃稱法性甚深之旨方合經王一切偏收，若長若廣教無不統，此義淵博，不可以言想，且寄十種三法以爲初門。復爲三意，一標十數，二釋十相，三簡十法。言標十數者，謂三德，三寶，三涅槃，三身，三大乘，三菩提，三般若，三佛性，三識，三道也。諸三法無量，止取此十法，其意云何，此之十法該括始終。今作逆順兩番生起，初從無住本立一切法。夫三德者，名祕密藏，祕密藏顯由於三寶，三寶由三涅槃，三涅槃由三身，三身由三大乘，三大乘由三菩提，三菩提由三般若，三般若由三佛性，三佛性由三識，三識由三道。此從法性立一切法也。若從無明爲本立一切法者，一切衆生無不具於十二因緣。三道迷惑翻惑生解，即成三識。從識立因，即成三佛性。從因起智，即成三般若。從智起行，即成三菩提。從行進趣，即成三大乘。乘辦智德，即成三身身，辦斷德，即成三涅槃。涅槃辦恩德利物，即成三寶。究竟寂滅入於三德，即成祕密藏也。是爲逆順次第，甚深無量義。復云何無量義者，是一法門具九法門，三德尊重即是三寶，三德不生不滅，即是三涅槃，三德具足諸法聚集名爲三身運載荷負即是三大乘，不可異趣名三菩提，覺了清淨名三般若，是如來種名三佛性分別不謬是名三識，即事通理故名三道，是爲一三法門，具九三法門，亦具一切三法門悉例可知。又皆具一切一法門，一切二法門，一切三法門，四法門，五法門，六法門，七法門，八法門，九法門，十法門，百法門，千法門，萬法門，億法門，一恆沙，二恆沙，百千萬億恆沙，法門亦應可知。經云，一法門無量法門以爲眷屬，一中解無量，是爲法性橫廣無量之義也。甚深義者，寄三位顯之，如十法門共論者，三道三識是本有位，三德三寶是當有位，其餘是現有位，是名法性甚深，豎高之義亦成。又一法門具九法門，取其三道三識是本有位，取三德三寶是當有位，取其餘者爲現有位，甚深義亦成。又一一法門具六即位，理即是本有位，究竟即是當有位，其餘即是現有位，巷深義亦成，是爲法性豎高甚深之義也。當知金光明三字，偏譬一切橫法門，故言無量。偏譬一切豎法門，故言甚深。乃稱法性之文，方合經王之旨。次釋十種三法相者，十名如前已列，十相今當分別。若分別色相青黃同異者，應用肉眼。若分別法相深淺同異者，應用智眼。今時行者既無智眼，應用信解分別同異之相。初明三德相者，云何三云何德，法身般若，解脫是爲三，常樂我淨是爲德。法者，法名可軌，諸佛軌之而得成佛。故經言，諸佛所師所謂法也，身者聚也，一法具一切法無有缺減，故名爲身。經言，我身即是一切，衆生眞善，知識，當知身者聚也。般若者覺了諸法集散非集非散，即是覺了三諦之法。解脫者，於諸法無染無住，名爲解脫。是名爲三，云何爲德，一一法皆具常樂我淨，名之爲德。法身無二死爲常，不受二邊爲樂，具八自在爲我，身業淨口，業淨，意業淨爲淨，無以爲類，疆寄世金以譬之，世金不變不染轉變富貴，譬法身四德也。般若任運具四德，如智宜如境故。《大品》云，色淨故般若淨，例此即得色常，色樂，色我，諸義皆成。又云，色大，故般若大，色無邊，故般若無邊，此是法性廣大，般若亦廣大。例此應云色深奧故般若亦深奧，此是法性豎高，般若亦豎高，當知般若亦具四德明矣。解脫亦具四德，夫解脫者，諸惡永盡，即無常，無樂，無我，無淨，皆已盡也，亦是衆善溥會，即常樂我淨溥會也。《大經》云，眞解脫者即是如來，如來即是法身，當知解脫同如來常樂我淨也。又《大經》云，三點具足名大涅槃，點是文字，當知法身般若解脫皆文字也，故知三點悉備四德，故言具足。三因即是三智，三智各具四德，三德具足名祕密藏，具足之文必具四德也，當知四德具足即是其相。若得此一章意，餘九可解，不能默已。更復略言，云何三，云何寶。佛法僧是爲三，可尊，可重，名爲寶，至理可尊，名爲法寶，覺理之智可尊名佛寶，毗盧遮那徧一切處即事而理此和可尊名僧寶。此之三寶，皆常樂我淨，常樂我淨故乃可尊，可重，當知三德與三寶無二無別。既以金光明喻三德，還以金光明譬三寶也。云何三，云何涅槃，性淨圓淨方便淨是爲三，不生不滅名涅槃，諸法寶相不可染，不可淨，不染即不生，不淨，即不滅，不生，不滅名性淨涅槃。修因契理惑畢竟不生，智畢竟不滅，不生不滅名圓淨涅槃。寂而常照機感即生，此生非生，緣謝即滅，此滅非滅，不生不滅，名方便淨涅槃。當知此三涅槃，不生不滅即是常，常故名樂，樂故名我，我故名淨，涅槃既即常樂我淨，即是三德可尊可重故，即是三寶無二無別，既以金光明喻三德，三寶，還以金光明喻三涅槃也。云何三，云何身，法報應是爲三，三種法聚，故名身。所謂理法聚名法身，智法聚名報身，功德法聚名應身。然理無聚散義言聚散，始從初心顯出正理乃至究竟理聚方圓，始從初心終至究竟顯理之智智聚方圓始從初心終至究竟，功德之聚方圓，故以三法聚爲三身，當知三身皆常樂我淨，即是三德。可尊可重即是三寶，不生不滅即是涅槃。無二無別，既以金光明譬三德等，還以金光明譬三身也。云何三大乘，運荷名乘，理性虛通任運荷諸法，故名理乘。隨乘者，智隨於境如蓋隨函，故名隨乘。得乘者，得果得機，得果故自解脫，得機故令他解脫，故名得乘。當知三乘皆常樂我淨，即與三德無二無別，既以金光明譬三德，還以金光明譬三大乘也。云何三菩提，一眞性菩提亦名無上菩提，此菩提以理爲道，二實智菩提亦名清淨菩提，此菩提以智慧爲道，三方便菩提亦名究竟菩提，此菩提以善巧逗會爲道，當知三菩提皆常樂我淨，與三德無二無別，既以金光明譬三德，還以金光明譬三菩提也。云何三般若，般若名智慧，實相般若非寂非照即一切種智，觀照般若非照而照，即一切智。方便般若，非寂而寂，即道種智。當知三般若皆常樂我淨，與三德無二無別，既以金光明譬三德，還以金光明譬三般若也。云何三佛性，佛名爲覺性名不改，不改即是非常，非無常，如土內金藏天魔外道所不能壞，名正因佛性，了因佛性者，覺智非常，非無常。智與理相應，如人善知金藏，此智不可破壞。名了因佛性，緣因佛性者一切非常非無常，功德善根資助覺智，開顯正性，如耘除草穢掘出金藏，名緣因佛性，當知三佛性一一皆常樂我淨，與三德無二無別，既以金光明譬三德，還以金光明三字譬三佛性也。云何三識，識名爲覺了，是智慧之異名爾，菴摩羅識是第九不動識，若分別之即是佛識，阿梨耶識即是第八無沒識，猶有隨眠煩惱與無明合別而分之是菩薩識，《大論》云，在菩薩心，名爲般若，即其義也，阿陀那識是第七分別識，訶惡生死欣羡涅槃別而分之是二乘識，於佛即是方便智波浪是凡夫第六識無俟復言，當知三識一一皆常樂我淨，與三德無二無別，既以三德譬金光明，還以金光明譬三識也。云何三道，過去無明，現在愛取三支是煩惱道，過去行現在有，二支是業道，現在識名色六入觸受未來生老死，七支是苦道，道名能通，此三更互相通從煩惱通業，從業。通苦，從苦。復通煩惱，故名三道。苦道者謂識名色六入觸受，《大經》云，無明與愛是二中間名爲佛性，中間即是苦道，名爲佛性者名生死身爲法身，如指冰爲水爾，煩惱道者謂無明。愛取名此爲般若者，如指薪爲火爾，業道者謂行有乃至五無間皆解脫相者，如指縛爲脫爾當知三道體之即眞常樂我淨，與三德無二無別，既以金光明譬三德，還以金光明譬三道也。若見此十法門，若同若異亦是一法門，作一切法門，相若同若異相相明了，即百法千法萬法，恆沙塵數亦如是。《華嚴》云，一法門無量法門而爲眷屬。《首楞嚴》和香丸，大品裏珠法華一地所生，涅槃大海水浴，皆是其義。問若一法即是諸法者，唯說一法何用餘法耶。答佛爲悅一切人，宜一切人，對一切人，悟一切人。若偏說之多有利益，一說尚令生種種解，偏讀諸異論，即知智者意，故種種說令得一切解。麤言及耎語，皆歸第一義，皆是示人無違諍法，即此義也。三料簡者，初料簡三德，若指太子相好體爲法身，法身在前，樹王下時，明無漏慧三十四心爲般若，般若在中，八十滅度燒身不受，後身爲解脫，解脫在後，異而且縱。法身時無般若，般若時無解脫，解脫時無般若法身，此即三法各異，斯乃阿含三藏數家所用，此之三意，悉不得稱常樂我淨也。若指空境爲法身，法身是本有，照眞之慧爲般若。般若是今有，子果兩縛盡爲解脫，解脫是當有，異而且縱，斯乃三乘通教中所說。前代探明大乘人所用，亦不得稱常樂我淨。若如眞諦師明，法身具四德般若解脫各二，此乃橫而且異，乃別教一途所明，而眞諦師偏用，當知法身可稱爲德，般若解脫無德可稱，不會無量甚深之高廣，亦不得稱爲經王。今所明三德如上說，一一皆具常樂我淨，論廣則無量，論高則甚深，若諸學人聞諸經之王，四佛所護，不解此意，如牛羊心眼不足論道也。料簡三寶者，若指樹王得道爲佛寶，轉生滅四諦法輪爲法寶，度陳如等五人，先得眼智明覺者爲僧寶，由是三寶故到于今，即有相從三寶者，此乃《阿含》中所明階梯三寶，亦是數論宗用也。若指樹王得道爲佛寶，所說無生四諦爲法寶，二乘菩薩修眞無漏斷結成聖理和爲僧寶者，此亦三乘通教中所說，探明大乘人所用，此兩種三寶，並無常樂我淨。若指華王世界坐蓮華臺成道爲佛寶，所說恆沙佛法無量四諦爲法寶，四十一賢聖爲僧寶，此則異前，雖非階梯未是同體，亦非金光明所譬三寶也。料簡三涅槃者，若饑得食病得差，獄得出獼猴得酒，旃遮婆羅門飽食指腹，皆是世人暢情爲涅槃爾若計非想定無想天爲涅槃者，此是邪見妄謂爲涅槃爾，若多貪欲人得不淨觀爲涅槃者，斯乃四善根方便行人涅槃也。若三界煩惱盡，證有餘涅槃焚身灰智入無餘涅槃菩薩未得此涅槃，此即《阿含》中析法二乘之涅槃。若三乘人同盡子果兩縛，即是通教中共涅槃。若指中道如理爲性淨涅槃，中道智爲圓淨涅槃，同緣出世薪盡火滅，爲方便淨涅槃，三種各別互不相關，是爲別教涅槃。若言但有性淨方便淨兩涅槃，不明緣因涅槃，各別不融者還是別教，非今經所譬涅槃也。料簡三身者，若取樹王下佛爲眞身，神通變化獼猴鹿馬爲應身，不明三身者，此小乘析法意爾，若取即事而眞爲眞身，化用爲應身，不明三身者，此體法中意爾。問若爾樹王下丈六，既非佛復非鹿馬，爲是何身。答一往應同人像此屬應身。又一解，例如大乘心中智合中理爲法身，今亦如是，體是人像即是眞空，此屬眞身。若依眞諦師云，法身，眞實，二身不眞實，此則三身體相各異，乃是別教中一途，非今所用。若言三身皆眞實，至理是法身，契理之智是報身，起用是應身，應身是實佛所化，皆實不虛。《大經》云，不淨觀亦實亦虛非實，不淨作不淨想是爲虛，能破貪心是爲實，應身例爾，非本體故爲虛，能利益故爲實，今取實邊不取虛邊，故言三身皆實，是今所用。若復圓論三身，皆實皆虛亦實亦虛皆非實非虛，當約三身並作四句，如《別記》云云。問三字譬三身，亦得譬一身二身四身無身不。答佛赴緣以三字名經，義家作三身解釋。若得意者作四三二一無義，亦復何咎，下經中悉有其文。若作四身者，新本云釋迦牟尼能種種示現，此則開出應化，是爲四身。若作三身者，即有《三身分別品》專論其義。若作二身者，佛眞法身猶若虛空，應物現形，如水中月。若作一身者，新本云，一切諸佛以眞法爲身。若作無身者，如來行處淨若虛空，而復游入善寂大城，虛空中則無一二之數，此是無身之文。問若爾，云何以金光明譬四身，二身，一身，無身耶。答若以義名譬盈縮由義爾。若譬四身者取光明之上有煜爚之燄，文云金光晃曜，此是譬四身之文。若譬三身如即所用。若譬二身，金是正體光明只是功能以此爲譬。若譬一身，但舉於金以爲正譬，光明既是技末非正所論。若譬無身者至寶以無貪爲金，楊震四知，亦以無貪爲金。今以世之至寶，譬出世之至理，彌會文義也。料簡三大乘者，若約因緣六度大乘者，此還是三人名別義同也。若約三人同用無生斷煩惱，三人同乘一乘，此則通教中乘也。若理隨得三乘，體相別異不同者，此則別教中乘也，三種並爲得乘方便所攝也。《正法華》中明象乘，足三爲四，羊鹿牛乘爲得乘所攝，象乘即是理乘，如今之所明三乘也。《華嚴》中明四乘，三乘亦爲得乘所攝，佛乘正是今之三乘義也。料簡三菩提者如請觀音云，修三種清淨，三菩提心，此即緣三乘人心而修心也，乃是方便菩提所攝。若緣眞如實理發菩提心者，或緣如來智慧說法發菩提心者，或緣如來神通變化。發菩提心者，亦非今所用。文殊問般若云，無發是發菩提心，又若一發一切發，是發菩提心，又若非一非一切，而一而一切，是發菩提心。如此菩提心即一而並今所用，於一而論三，於三而論一爾，云云。料簡三般若者，問般若至忘至寂，云何分別諸法耶。答一切智觀慧眼見，見法皆非法道種智觀法眼見，見非法皆是法，一切種智觀佛眼見，見法非法非非法雙照法非法。若三智三眼一時圓觀，一切法寂滅相，種種行類相貌，皆知五眼具足成菩提，汝所問者乃是眇眼所見，偏觀所觀，與則是曲見奪則墮尼犍也。料簡三佛性者，眞諦師云，正性在道前，了性在道中，緣性在道後，此一往別說推理不然。《華嚴》云，一中具無量。《大品》云，一心具萬行。《淨名》云，舉足下足具於佛法矣。《法華》云，一切智願猶在不失。《涅槃》云，金剛寶藏具足無缺，但有深淺明昧之殊爾。料簡三識者，分別說者則屬三人，此乃別教意，非今所用。若依《攝論》如土染金之文，即是圓意，土即阿陀那，染即阿梨耶，金即菴摩羅，此即圓說也。問如經云，依智不依識，既云三識此那可依。答經言，不依識者，是生死識，今則不爾，今言依識者，是智之異名，名清淨識，又道前通名爲識，道後轉依即是智慧未詳。料簡三道者，問界內可有十二輪轉三道迷惑，界外復云何。答《寶性論》云，生界外有四種障，謂緣相生壞，緣即無明，爲行作緣即煩惱道也，相即結業，即業道也，生即名色等，是苦之初，壞即老死，是苦之終，即苦道也。有此四障障於四德，緣障、淨相障我生，障樂壞，障常，四障破四德顯也。第四依經文立名者，上來舉譬，多是義推，依文立名顯然可解。何者義推疎遠依文親近，以己情推度是故言疎，彼義例此，是故言遠，用佛口說是故言親，即此經文是故言近，豈可棄親近而從疎遠耶。始從《序品》，終乎《讚佛品》，品之中若不說金光明名，即說金光明事。或一品說名不說事，或一品說事不說名，或一品名事兼明，或一品名事獨說，或一品重說名重說事，故知品品不空，篇篇悉有爲此義，故依文立名也序品云，是金光明諸經之王，創首標名彌爲可用。次壽量品，四佛俱集王舍城，放大光明照王舍城，及此三千大千世界，發起其事。懺悔品信相夢見金鼓，其狀姝大，其明溥照，過夜至旦向佛說之。讚歎品金龍尊王，奉貢金鼓，發大誓願，願我當來，夜則夢見晝如實說。空品云，故此尊經略而說之，尊經即金光明也。四王品六番問答，問問之中，重說其名，答答之內，重明其事，又以手擎香鑪時，香煙變爲香蓋，金光不但偏此大千，亦偏十方佛土云云。《大辯功德》已下標名舉事其例甚多，若信相所夢，是現在金光明之事，龍尊發願，是過去金光明之事，香蓋偏滿，是未來金光明之事。一部名事偏十八品，一處起煙十方光蓋，非但現在亘通三世，若名若事，縱橫高廣，無量甚深，爲若此也，而不用此標名義推。譬喻無有一文，無而彊用有而不遵，明識者審之無俟多云。又諸經例多如稻稈斧柯象步城經等說，其事指所說事仍即爲名。又如說稻稈事斧柯事象步事等，即名爲稻稈斧柯象步經事也。第五當體得名者，有師云，眞諦無名世諦有名寄名名於無名，假俗而談眞爾。成論云，無名相中假名相說。今反此義俗本無名隨眞立名，何者如劫初廓然萬物無字，聖人仰則眞法俯立俗號，如理能通，依眞以名道，如理尊貴，依眞以名寶，如理能該羅，依眞以名網，如理能起應，依眞以名響。《華嚴》中云，耕田轉來衣裳作井，皆聖人所爲。大經云，世諦但有名無實義，第一義諦有名有實義，以此而推，眞諦有名更何所惑，龍樹四依菩薩隨義理爲立名字義即第一義理即如理也。淨名云，從無住本立一切法，經論咸然豈可不信，今言法性之法，可尊可貴名法性爲金，此法性寂而常照名爲光，此法性大悲能多利益名爲明，即是金光明之法門也。菩薩入此法門，從法爲名，即是金光明菩薩，佛究竟此法門，即有金燄光明如來，金百光明照藏如來等。若爾何故名釋迦。釋迦此有通別名，從通即名金光明，允同諸佛，從別即受釋迦之稱爾。故讚佛品云，如來之身金色微妙，其明照曜曜即是光，此是讚佛法體，非讚世金也，當佛法性爲金，非借世金也。三身品云，與諸佛同體，與諸佛同意，與諸佛同事。同體者，是同法性金也。同意者，同法性光也。同事者，同法性明也。故《華嚴》云，一切諸如來，同共一法身，一身一智慧，力無畏亦然。一身即是同金，智慧即是同光，力無畏即是同明，於一法體三義具足，非假世金寄況佛法。故樹神云，無量大悲宣說如是妙寶經典，當體並是妙寶，此寶具足光明，非借世金以譬法也。

慧沼《金光明最勝王經疏》卷一　諸佛如來及弟子衆，即便爲說令其聞悟，彼既聞已正念憶持，發心修行即斷十一障，得入十一地，乃至擧喩，譬如眞金鎔銷冶鍊，此喩修行，既燒打已無復塵垢，此喩得果，即所修行亦得喩金，亦如光明。故四天王護國品云，我等四王藥叉眷屬擁護是經及說法師，以智光明而爲助衞等，此即修行。能修行者亦得名爲最王，如王子位等。又人天八部所有諸王能行此經，亦王中勝名最勝王。故觀察品云，當令彼王於諸王中最爲第一等，斯即依行。四依果者如前舊釋，依於三身三德者，是此意欲顯教理行果四種皆勝俱得名經。由依勝教能顯勝理，依於勝理能起勝行，由勝行故能得勝果，故通依四以立經名。二依三寶釋經名者，此經或依佛寶立名，以明三身及壽量故。或依法寶立名，以通教理行果故。或依僧寶立名明十地行，能行假者是僧寶故。或通依三寶以立經名故，八卷經夢懺願云，我當安止住於十地，十種珍寶以爲脚足，成佛無上功德光明，能安住者僧，所住十地是法，所成者佛功德光明通於三種。三寶光明如何名勝，且佛光明如滅業障品云，依妙靜慮從身毛孔放大光明，無量百千種種諸色諸佛刹土悉現光中，十方恆河沙校量辟喩所不能及，五濁惡世爲光所照，是諸衆生作十惡業五無間罪，誹謗三寶不孝尊親，輕慢師長婆羅門衆應墮地獄餓鬼傍生。彼各蒙光至所住處，乃至云，因光力故皆得安樂，端正殊妙色相具足，福智莊嚴得見諸佛。此中有十二種勝餘光明，一因勝，從妙靜慮，二能起發勝，佛身故，三自性勝，百千色，四能現勝，諸佛土，五校量勝，喩不及，六慈悲勝，照五濁，七滅惡勝，作十惡業至婆羅門衆，八拔苦勝，應墮地獄，乃至云，至所住處，九與樂勝，因光力故皆得安樂，十莊嚴勝，端正殊妙色相具足，十一菩提資糧勝，福智莊嚴，十二親近勝，得見諸佛，法僧光勝引文可知。三依菩提涅槃釋經名者，壽量三身是菩提。有多復次說大涅槃是涅槃義，以金光明配菩提，三身配涅槃義，三事義同於古，引文可知。四依法喩釋經名者或是喩名，以金有光明寶中最勝，如人天王人天中最勝，最勝通二處，此經如彼故從喩名。或法喩名，金光明是喩，最勝王是法。故付屬品云，我親從佛聞無量衆經典，未曾聞如是深妙法中王，或復光明通於法喩，以法光明光明中勝故。蓮華喩讚歎品云，願我身光等諸佛，福德智慧亦復然，一切世界獨稱尊，威力自在無倫匹。五依人法釋經名者，或金光明是人，故授記品云，其子銀光還於金光明世界當得作佛，號金光明。又釋，金光明是法名，以其國界名金光明故。又夢懺悔品云，夢見金鼓放大光明，於此光中得見十方無量諸佛。又第三云，放金色光遍十方界，是經威力，或通人法，由前二文影略說故。雖理事殊俱得名法，理亦得通人法喩名，正意法喩以爲經名。依六釋者，此最勝王經或法光明即如金光明。或法最勝即如王名金光明最勝王，竝持業釋，不欲別解金光明及最勝王，故非相違。不欲詮金光明，故非有財釋。金光明最勝王是所詮理，經者是能詮教，即是依主，若俱是教金光明即經是持業釋，俱理亦然。中間差別更有多門，恐煩不述。

吉藏《金光明經疏》　法身幽寂壽無長短，至人絕慮有感必通，大權方便任機應說。是以四佛現室宣常住之旨，菩薩感夢說懺悔之方，因兼二善總該萬行。果昇靈覺壽等虛空，所以十地遵修此理。四王歎護經德，依經講說障難消散。託法願求福樂隨心，故此經以正法中道爲體。三點四德爲宗，若具存天竺正音，應言佛陀槃遮修拔那婆羅婆修修多羅也。佛陀云覺者，槃遮云說，而略兩目。修拔那婆羅婆修者，此云金光明。修多羅者此云含五義，以經義代之，經者訓法訓常，亦經由也，故云《金光明經》也。

《金光明經》者，乃是究竟大乘菩薩藏攝，是頓教所收。論其宗極表三種三法，一表三身佛果，二表涅槃三德，三表三種佛性。表三身者，金體眞實譬法身佛，光用能照譬應身佛，明能遍益猶如化身。第二譬三德者，以金體四義譬法身四德，色無變如常，體無染如淨，轉作無礙如我。令人富貴如樂也。次光有二義，能照能除如般若。次明有兩義，無闇廣遠如解脫總無衆患。第三表三種佛性者，金體本有如道前正因，光用始有如道內了因，明是無闇如道後至果。以金等三義譬三種三法，故言《金光明經》也。

論　說

智顗《金光明經玄義》卷一　此金光明甚深無量，太虛空界，尙不喩其高廣，況山斤海滴，寧得盡其邊崖。日輪赫奕，非嬰兒之所瞻仰。大舶樓櫓，豈新產者之所執持。諸佛行處過諸菩薩所行清淨，況二乘心口安可思說，凡夫徒欲言之。言則傷其實，徒欲不言，默則致其失。一俱不可，欲以言之言亦不可，欲以默之默亦不可，故《大品》中《梵志》云，非內觀故得是菩提，非外觀故得是菩提，非亦內亦外觀故得是菩提。經言皆不可思說。又生生不可說，生不生不可說，不生生不可說，不生不生不可說，有因緣故亦可得說者，以金爲名，名蓋衆寶之上。以法性爲體，義則如來所游莊嚴。菩薩深妙功德以爲宗，照曜諸天心生歡喜以爲用。故文號經王，教攝衆典，故唯貴爲名，唯極爲體，唯深爲宗，唯大爲用，唯王爲教。所以不二之體常爲四，佛世尊之所護持，三世十方亦復如是。一切菩薩，徧他方以遙禮，樹神善女，親雨淚以稱揚，諸天覆之以天威，地祇潤之以地肥，大辯加之以辯道，功德益之以財寶。諸有悉乾枯，三塗除熱惱，舉要言之，一切世間未曾有事，悉皆出現，是以金龍尊王三世讚歎，地神發願以護說者，上聖旣爾，豈況人乎。敢託斯義，輒欲興言，冀涓露入海禽鳥向山，實藉片緣同均鹹色。

又卷二　問舊云，此經從譬得名，云何矯異而依文耶。答非今就文而害於譬，若苟執譬復害於文，義有二途應須兩存故，前云義推疎遠依文親近。若鈍根人以譬擬法，若利根人即法作譬。下文云，如深法性安住其中，即於是典金光明中，而得見我釋迦牟尼。又《空品》云，爲鈍根故起大悲心，鈍人守指守株寧知兎月，利人懸解不須株指云云。次觀心釋名者，何故須是，上來所說專是聖人聖寶非已智分，如鸚鵡學語，似客作數錢，不能開發自身寶藏。今欲論道前凡夫地之珍寶，即聞而修故明觀心釋也。《淨名》曰，諸佛解脫當於衆生心行中求。《釋論》云，有聞有智慧是所說應受，即此意也。問心有四陰，何以棄三觀一。答夫天下萬物唯人爲貴，七尺形骸唯頭爲貴頭，有七孔目爲貴，目雖貴不如靈智爲貴，當知四陰心爲貴。貴故所以觀之，心貴故心即是金。夫螢火自照，燈燭珠火雖復照，他光不及遠，星月之光與暗共住。日光能照天下，不能照理。心智之光能發智照理，故心是光。若心癡暗體則憔悴，心有智光膚色充澤。故《大品》云，般若大故色大，般若淨故色淨，亦能充益受想行等，心即明也，又知心無心名爲光，知想無想，知行無行名爲明。又知四陰非四陰名爲光，知色陰非色陰名爲明。又知五陰非五陰名爲光，知假人非假人名爲明。又知正報非正報名爲光，知依報非依報名爲明。又知依正非依正名爲光，知一切法無一切法名爲明。得此意者，即觀心金光明也。上約十種三法論金光明，今觀心王即觀苦道，觀慧數即煩惱道，觀諸數是業道。心王是金，慧數是光，餘數是明。如《淨名》曰，觀身實相觀佛亦然者，若頭等六分各各是身，此即多身，若別有一身則無是處，各各非身合時亦無。若頭等六分求身叵得，現在不住故不可得，過去因滅亦不可得，未來未至亦不可得。如是橫竪求身，畢竟不可得。即是無此無亦不可得，亦有亦無亦不可得，非有非無亦不可得，但有名字名之爲身，如是名字不在內，非四陰中故，不在外，非色陰中故，不在中間，非色心合故，亦不常自有，非離色心故，當知名無召物之功。物無應名之實，假實旣空名物安在。如此觀身是觀實相，實相即是金，實相觀智即是光，緣身諸心心數寂不行者即是明也。觀身是假名，假名既如此觀，色受想行識亦如是，即爲苦道觀也。次觀煩惱道者，煩惱與業皆是身回，今且取煩惱爲身因而起觀也。《淨名》云，不壞身因而隨一相者，應作四句分別，誰身因果俱壞，誰身因果俱不壞，誰壞果不壞因，誰壞因不壞果。云何是身果，父母所生頭等六分是也。云何身是因，貪恚癡身口意業等是也。今且置三業觀貪恚癡等四果，以無常苦空觀智破貪恚癡，子縛斷名壞身因，不受後有名壞身果。凡俗之流，名衣好食，長養五陰。縱心適性放逸貪恚癡。自惱惱他，一身死壞，復受一身因果相續，無有邊際，是名因果俱不壞。如犯王憲付旃陀羅，如怨對者自害其體身既爛壞。四陰亦盡，是爲壞果，貪恚癡身因轉更熾盛，彌綸生死無得脱期，是爲第三句也。餘三果亦以無常觀智，斷五下分因縛，五下分果身猶未盡，是名壞身因不壞身果。如此四句存壞不同，皆不隨一相。隨一相者，所謂修大乘觀，觀一念貪恚癡心，心爲自起，爲對塵起，爲根塵共起，爲離根塵起，皆無此義。非自非他，非共非無因，亦非前念滅故起。非生非非生，非滅非非滅，如是横豎求心叵得。心尚本無何所論壞，是名不壞身因，而隨一相隨一相者即是隨金，隨相智即是隨光，諸數寂滅即是隨明。既得不壞一句，而隨一相了壞身因，亦隨一相壞身果，不壞身果，亦隨一相皆亦如是云云。次觀業道者，如《淨名》云，舉足下足無非道場，具足一切佛法矣。觀舉足時爲是業舉爲是業者舉爲業業者共舉，爲離業業者舉。若業舉不關業者業者，舉不關於業，各既無舉合亦無舉。合既無舉離那得舉，舉足既無下足亦無，觀行既然，住坐卧言語執作亦復如是，是爲觀業實相名爲金，此觀智名爲光，諸威儀中心數悉寂名爲明，是爲三道辯金光明。夫有心者，即具法界法性金光明，能如此解了，但是名字金光明，常依此觀，念念不休，心心相續，即是觀行金光明。若蒙籠如羅縠中視未得分明，閉目則見開眼則失，此是相似金光明。若了了分明閉目開目俱見者，是分證金光明。若妙覺果圓究竟明了，名究竟金光明也。次觀心明三識，論金光明者，諦觀一念心，即空即假即中，即是觀心識於三識。何者意識託緣發意，本無識緣何所發。又緣中爲有識爲無識。若有識緣即是識，何謂爲緣，若無識那能發識。若意緣合發二俱無，故合不能發，離最不可，當知此識不在一處從衆緣生，從緣生法我説即是空，於此空中假作分別，是惡識是善識，是非惡非善識，種種推畫強謂是非識。若定空不可作假識，若定假不可作空，當知空非空假非假，非空非假雙亡二邊。正顯中道，一念識中三觀具足，識於三識，亦不得三識觀。故《淨名》云，不觀色不觀色如，不觀色性，乃至不觀識不觀識如，不觀識性。雖不得識不得識如不得識性，雙照識識如識性宛然無濫，以照識性故是菴摩羅識，照識如故是阿黎耶識亦照亦滅故是阿陀那識，是名觀心中三識金光明。六即位如上説，次觀心明三佛性金光明者，觀一念心起，即空即假即中，是見三佛性。何者心從緣起，是故即空，強謂有心是故即假，不出法性是故即中，此釋已顯，更引經證之。《淨名》云，何謂病本，所謂攀緣。何謂攀緣，謂緣三界，證其假也。何謂息攀緣，謂心無所得此證即空，我及衆生病，皆非眞非有，此證即中。《華嚴》云，心佛及衆生是三無差別，此證觀心即三佛性也。又《般舟三昧經》云，我心如佛心，如佛心，如我心，如不見我心，爲佛心，不見佛心爲我心，而見阿彌陀佛，如瑠璃中見像，如饑夢食，如夢婬從事，如觀骨光等喻，皆是證即空即假即中之文。讀此經文，宜須細意。若併作如讀是即空也，示如許多心紛紜，是即假也，見阿彌陀是即中也。又我心如佛心如者，以有我佛如等分别之異，所以是即假，從不見我心爲佛心去，是即空也，而見阿彌陀是即中也。又以夢食喻之，夢食不飽譬即空，夢食百味譬即假，皆不出法性譬即中，餘譬類如此。又釋云，我心佛心者是假名，假名分别我佛之異也。我心如佛心如凡聖俱空，不得我心不得佛心，豈有我心作佛心，佛心作我心，亡假也。不得我心如不得佛心如，豈有我心如作佛心如，亡空也。是爲雙亡空假，正顯中道，而見阿彌陀者，雙照二諦也。常見佛餘者，安不見耶。此又是證觀心即空即假即中之文。觀心即中是正因佛性，即空是了因佛性，即假是緣因佛性。是爲觀心三佛性是金光明六即位如前説，復次佛者覺智也，性者理極也，能以覺智照其理極境智相稱合而言之名爲佛性。今觀五陰，稱五陰實相名正因佛性，觀假名，稱假名實相，名了因佛性，觀諸心數，稱心數實相，名緣因佛性。故經云，佛性者，不即六法，不離六法，此之謂也。觀五陰實相故名金，觀假名實相故名光，觀心數實相故名明。六即位如前思得，此大好故附此後也。次觀心三般若，金光明者，諦觀一念之心即空即假即中，即是三般若。何者一念心一切心一切心，一心非一非一切，一念心一切心者，從心生心，雜雜沓沓長風駛

何者。《華嚴》云，心如工畫師，造種種五陰，若心緣破戒事，即地獄身，緣無慚愧憍慢恚怒等，即畜生身，緣諂曲名聞，即餓鬼身，緣疾妬諍競，即修羅身，緣五戒防五惡，即人身，緣十善防十惡，緣禪定防散亂即天身，緣無常苦空無相願，即二乘身，緣慈悲六度，即菩薩身，緣眞如實相，即佛身。登難墜易多緣諸惡身故，故知諸身皆由心造，譬如大地一能生種種芽，若觀五受陰，洞達空無所有，從心所生一切諸身，皆空無所有，如翻大地草木傾盡，故言即空。若即空者，永沈慶寂，尚不能於一空心能短一身。云何能得游戲五道，以現其身，不得應以佛身得度者，爲現佛身，應以三乘四衆天龍八部種種身得度者，皆悉示現同其事業，爲此失故，故言即假同六道身。如此觀身墜在二邊，非善觀身。善觀身者，大經云，不得身八尺之形也，不得身相五胞形也，不得身因飲食將養也，不得身果酬五戒也，不得身聚陰入界也，不得身一假實成身，不得身二四大成身也，不得身此已一身也，不得身彼彼遺體也，不得身識念念無常也，不得身等身中空也，六道皆等有身也，不得身修依身能修法也，不得修者即行人也，亦不得身如身相如，乃至身修如修者如亦不得。身性身相性，乃至身修性修者性畢竟清淨。爲此義故，故言即中。言即中者，即是法身。即空者，即是報身。即假者，即是應身。是名觀心三身金光明，六即如前。次觀心三涅槃金光明者，諦觀心性本來寂滅，不染不淨染故名生，淨故名滅，生滅不能毁故常，不能染故淨，不能礙故我，不能受故樂，是爲性淨涅槃。若妄念心起，悉以正觀觀之，令此正觀與法性相應，妄念不能染不能毁，不能礙不能受。常樂我淨者，即是圓淨涅槃。又以正觀觀諸心數心數法，不行心數法，不能毁不能染，不能礙不能受者，名方便淨涅槃。是名觀心三涅槃金光明，六即如前。次觀心三寶金光明者，諦觀一念之心，即空即假即中，即是三寶。何者不覺名法寶，覺名佛寶，和名僧寶。三諦之理不覺故是法寶，三諦之智能覺故是佛寶，三諦三智相應和故是僧寶，無諦智不發無智諦不顯諦智不和，不能大用利益衆生，三種皆可尊可重，是故俱稱爲寶。六即如前，復次中諦不覺名法寶，眞諦不覺名佛寶，俗諦不覺名僧寶，知即中離二邊名法寶，知即空名佛寶，知即假名僧寶，即中事理和名法寶，即空事理和名佛寶，即假事理和名僧寶，即中名爲金，即空名爲光，即假名爲明，是爲觀心三寶金光明，六即如前。次觀

流不得爲喻，日夜常生無量百千萬億衆生，六道輪迴十二鉤鎖，從闇入闇，闇無邊際，皆心之過也。故言一念心一切心，是則凡夫所迷沒處。一切心一心者，若能知過生厭，皆自持出如小火燒大積薪，置一小珠澄清巨海，能觀心空，從心所生一切諸心無不即空。故言一切心一心，如此一心乃是二乘所迷沒處，非究竟道雙亡二邊故，煩惱非一非一切。大經言，依智不依識，識但求樂，凡夫識妄求樂，二乘識求涅槃樂，是故雙亡不可依止智則求理，如是觀者，即是一心三智，即空是觀照般若一切智，即假是方便般若道種智，即中是實相般若一切種智，是三智一心中得即空即假即中無前無後不並不別，甚深微妙，最可依止，是爲觀心三般若金光明，六即如前。次觀心三菩提金光明者，諦觀一念之心即空即假即中，即是三菩提心。何者一心一切心交橫繚亂，如絲如沙如蠶如蛾，爲苦爲惱。若知即空眞諦菩提心，度妄亂心數之衆生，通四住之壅，是爲即空發菩提心。即假發菩提心者，空雖免妄亂。經云空亂意衆生而智亂，甚盲闇復是三無爲坑，是大乘寃鳥未具佛法，不應滅受而取證也。若眞即假俗諦菩提心，度沈空心數之衆生，通塵沙之壅，分別可不分別時宜，分別藥病分別逗會，不住無爲故言即假發菩提心，空是浮心對治，假是洗心對治，由病故有藥，藥存復成病，病去藥止，宜應兩捨，非空非假雙亡二邊，即發中道第一義諦菩提心。度二邊心數之衆生，通無明之壅，以不住法住於中道故，言即中發菩提心。說時如三次第觀即不然，一心中三菩提心，若觀即中是緣金，發無上菩提心若觀即空是緣光，發清淨菩提心若觀即假是緣明，發究竟菩提心，是爲觀心三菩提金光明，六即如前。次觀心三大乘金光明者，諦觀一念之心，即空即假即中是三大乘。何者雖觀一念心而實有四運，此心迴轉不已，所謂未念欲念念念已，從未念運至欲念，從欲念運至念，從念運至念已，復更起運，運運無窮，不知休息。如閉目在舟不覺其疾。觀一運心即空即假即中，一一運心亦復如是。從心至心，無不即空即假即中，是則從三諦運至三諦，無不三諦時，是名以運，運運若隨四運運入生死，若隨三運運入涅槃；即空之觀乘於隨乘運到眞諦，即假之觀乘於得乘運到俗諦，即中之觀乘於理乘運到中諦。三乘即一乘，是乘微妙清淨第一，觀音普賢大人所乘故，故名大乘。是爲觀心三大乘金光明六即如前。次觀心三身金光明者，諦觀一念心，即空即假即中，即是三身，

心三德金光明者，諦觀一念之心，即空即假即中，即空故一空一切空，無假無中而不空，空無積聚而名爲藏，藏具足故名之爲德。即假故一假一切假，無空無中而不假，假攝諸法亦名爲藏，藏具足故名之爲德。即中故一中一切中，無空無假而不中中，攝一切法亦名爲藏，藏具足故稱之爲德。雖言一中有無量，無量中有一，了彼互生起展轉生非，實智者無所畏，當知一不爲少衆不爲多，非一非多不失一多，不可思議，不縱不橫，不並不別。諸佛以即中爲體，故名法身。以即空爲命，故名般若。以即假爲力，故名解脱。一一皆常樂我淨無有缺減，故稱三德。一一皆是法界多所含藏，故稱祕密藏。故《淨名》云，諸佛解脱，當於一切衆生心行中求，當知我心亦然，衆生亦然，彼我既然諸佛亦然，心佛及衆生是三無差別，得此意者，即中是金，即空是光，即假是明，此爲觀心三德金光明，六即如前。世間有行空，人執其癡空不與佛修多羅合，聞此觀心而作難言，若觀心是法身，應觸處平等，何故於經像生敬紙木生漫敬慢，既異則非平等，非平等故，法身義不成，既無平等，平等智不成。則無報身不能將此化他應身義不成，不如我於經像紙木平等，平等皆如如名法身，有此平等智是報身，將此智化他是應身，我三身義皆成用汝觀心何爲若逢此難者，當以三事反難答之。一者汝謂於紙木經像平等爲如者，何意於七廟敬木像，天子符勑而生畏敬，於佛經像而生輕慢畏慢，既起諸使沸亂，何處有平等法身義耶。二者汝於同師同學生愛生護，於異師異學生慢生恚，愛慢從癡生三毒熾然，諸惡更甚，寧復有智慧報身耶。三者汝耽癡空無慧方便，尚不悦人情，況會至理，矜高自著是增上慢人，汝師所墮汝亦隨墮，毒氣深入，若爲將此邪氣化他，和光應身復在何處。我以凡夫位中觀如實相，爾豈與汝同耶。今更釋帝王者，眞諦三藏云，法身攝華嚴，華嚴以法身爲體故，報身攝《般若》、《般若》明智慧故，應身攝涅槃，涅槃明百句解脱四德等故，此是彼師明帝王統攝之義。今明帝王應具三義，謂帝慧王也，帝則貴極至尊至重，慧則神謀聖策，王則萬國朝會，備此三義稱帝慧王，此經亦爾。如來游於無量甚深法性，過諸菩薩所行清淨，即是至尊極貴義，若有聞者，則能思惟無上甚深微妙之義，開甘露門，入甘露城，處甘露室，令諸衆生食甘露味，以智慧刀裂煩惱網，即是聖智雄略義。諸佛護持莊嚴，菩薩，諸天恭敬，護世讚歎，能令地獄諸河焦乾，乃至一切世間未曾有事，悉具出現，即是萬國朝會，多致利益義。將此三義歷十種三法門，若道即法身是貴義，煩惱即般若是慧義，業即解脱是朝會義。乃至法身德即貴義，般若德即慧義，解脱德即朝會義。一一法門悉備三義，一一法門皆是經王也。既得此意即論攝法，攝法有三，先攝法門，次攝經教，三攝六即位。初攝法門者，三道攝一切惑，三識攝一切解，三佛性攝一切因，三般若攝一切智，三菩提攝一切發心之行，三大乘攝一切發趣之位，三身攝一切佛果智德，三涅槃攝一切佛果斷德，三寶攝一切佛恩德，三德攝一切理是爲橫攝法門。第二攝教者，三道是三障，即三障是三解脱，攝不思議解脱、淨名教，三識攝《楞伽》、《地持》、《攝論》等，三佛性攝《涅槃》，三般若攝《大品》等五時教，三菩提攝諸《方等經》，三大乘攝《法華》，三身攝《華嚴》，三涅槃三寶三德等，皆攝《涅槃》，此舉當道諸經，絓是八萬法藏，皆應攝爾云云。第三攝位者，苦道有一切五陰，煩惱道有五住惑，業道有一切業乃至云云。三道是三障障覆六位，若即三種之非道，通達三種之佛道者，六位所顯則攝諸位也。乃至三德亦有六位，三德既備攝六位寧不備收耶。其間則例自可知云云。所以作三番攝者，合帝慧王三義攝法門合貴義，攝教合慧義，攝位合王義。又攝法門是橫攝，攝位是竪攝，攝教是橫竪雙攝，統攝之義既明，經王之義顯矣。次觀心明經王者，觀心即中是貴義，觀心即空是慧義，觀心即假是朝會義，是爲觀心中經王也。觀心論位者，衆生本有理性金光明，心但有名，即名字金光明，念念修觀即觀行金光明，觀心淳厚即相似金光明，會入法流即分證金光明，盡邊到底即是究竟金光明。若不修觀徒聞何益，如遙羡寶山，足不涉路，安可得乎，爲此義故，須觀心一番令聞慧具足也。次釋通名者，如《法華玄義》中說云云。第二辨體爲三，一釋名，二引證，三料簡。釋名者，體是質是主質，何爲主質之體，法身法性是經體質，若依義者法身爲體質，若依文者法性爲體質，法身法性只是異名，更非兩體。欲令易解是故雙題爾，法性語通。今以佛所游入法性爲體質也。文云。是時如來游於無量甚深法性，過諸菩薩所行清淨，故知此體不與下地菩薩及二乘等共，非通法性也。但是佛所游入一切種智，以此爲根本，無量功德共莊嚴之種種衆行而歸趣之，言説問答共詮辨之，類衆星之環比辰，如萬流之宗東海，故以法身法性，爲此經正體之主質也。故書家解禮者，體也，體有尊卑長幼，君父之體尊，臣子之體賤。當知體禮之釋，與經法性意同，如來所游佛所護持，故知此體是貴極之法也。復次體是底義，窮源極底，理盡淵府光揚實際。乃名爲底。《釋論》云，智度大海唯佛窮底，此與今經法性甚深意同，當知法性高深豎窮佛海，故以底義釋體也。復次體是達義，得此體意通達無壅，如風行空中自在無障礙，一切異名別説，皆與法性不相違背。《釋論》云，般若是一法佛説種種名，隨諸衆生類爲之立異字。又云，若如法觀佛般若與涅槃，是三則一相，其實無有異，此與今經法性無量意同，當知法性廣大無涯，横收法界徧無所隔，故以達義釋體也。二引證者序品云，如來遊於無量甚深法性，《鬼神品》云，若入是經即入法性，如深法性。二文既云深法性，即知簡異二乘菩薩所得法性也。《空品》云，故此尊經略而説之，説於空即如也。《讚佛品》云，知有非有本性空寂，當達此等，皆體之異名，悉會入法性，法是軌則性是不變，不變故常一，此常一法性諸佛軌則，故云法性爲此經體也。三料簡者，問法性定是空，爲非是空。答法性過諸菩薩所行清淨，淨於四句不應，以空有求之，雖非四句，或時赴緣作四句説之。文云，兩足世尊行處亦空。新本云，是第三身是眞實有。又云，前二種身是假名有。又云，非有非無，此有四句，四門意也。門乃有四悟理非數，佛示人無諍法，不應執此相競。舊本明空，新本明有以體達義釋之，二文不乖即此意也。第三明宗者，宗謂宗要也，説者或以果爲宗，或以因爲宗，或雙用因果爲宗。今尋《壽量品》，雖明施食不殺之因，乃將因擬果，果是正意。《三身分別品》雖復問因，佛答三身還是果爲正意，今此意但用佛果爲宗，何者？法性常體甚深微妙，若欲顯之，非果不克，當知果是顯體之樞要，如提綱目整，則以果爲宗，意在此也，更附經重顯此義。文云，釋迦如來所得壽命，釋迦是果，人壽量是果法，果人克果法宜乎法性，法性既非有非無，非常非無常，果人果法亦非常非無常，法性既能常能無常，果人果法亦能常能無常。四佛釋疑，擧山斤海滴地塵空界，無能筭計，知其數量明其能常八十滅度是能無常。此見八十滅度之無常，不能計校其常，尚不能知其常焉。能知其非常非無常，若不約果此義難明，既擧果宜理顯體義彰，以果爲宗，其義如是又説果義不同。或約無上菩提智德明果，或約大般涅槃斷德明果，若擧智德衆善溥會任運知有斷德。若擧斷德諸惡水盡，任運知有智德，互擧一邊不可偏執也。今經擧壽量明果，壽量是果報，果報語總，總於智斷，智斷亦總果上三身果，上三身既與法性冥，法性非常非無常，三身亦非常非無常，法性既能常能無常，三身亦能常能無常，若能無常即化身壽命也。對無常而論常，能常即報身壽命也。報化與法性冥，法性既非常非無常，不可筭數。報化亦非常非無常，不可筭數。云何見迹短，而言佛壽定短，此不識果能顯體之意。又如佛非鹿馬，能現鹿馬，鹿馬定是佛耶。鹿馬是佛化所爲，非佛身也。法性能長短，長短非法性也。若見此意，果能顯體常義亦成，非常非無常義亦成，無常義亦成，果爲宗要義亦成。若不爾者，諸義皆不成。舊用山斤海滴之文是無常，謂虚空分界是虚空無爲。復引《捨身品》中求常樂住處者，是三無爲爲常，無生死故爲樂也，皆以小意曲解大乘，如此解者一切皆不成，非宗要也。第四明用，用謂力用也。滅惡生善爲經力用，滅惡故言力，生善故言用，滅惡故言功，生善故言德，此皆偏擧具論畢備也。夫一切種智是果上之德，果智由於無量功德之所莊嚴，滅除諸苦與無量樂，苦是惡業果，貪恚癡是惡因。惡因不除，果不得謝。聖人意先令滅惡因，故《懺悔品》居先，樂是善果，懺讚是因，懺罪讚聖，惡滅善生。故《讚歎品》居後，亦是互擧爾。將此勝用莊嚴果智，智備體顯顯名金，果備名光力成名明，益他曰教也，但懺品滅惡非不生善，讚品生善非不滅惡，互説一邊爾，空品雙導，懺不得空惡不除滅，讚不得空，善不清淨。文云，一切種智而爲根本，即其義。

智顗《金光明經文句》卷一 此四卷文，揔有十八品。舊來分割盈縮不同，江北諸師以《初品》爲序。《壽量》下訖捨身爲正，讚佛爲流通。正文又三《壽量》下是正説，四王下大誓護經，除病下大悲接物。江南諸師以《初品》爲序，《壽量》下爲正，四王下十三品爲流通。眞諦三藏分新文二十二品，《初品》爲序，《壽量》下至捨身十九品爲正，後兩品爲流通。眞諦釋云，《壽量》明師果，懺歎兩品明弟子因，《授記》是弟子果，除病是師因，四王下正論力用。前師果弟因既爲正，後師弟因果何得爲流通邪。今師謂，分文本是人情，人情咸謂，序未辨道，流通歎末，不得論師弟因果，是義不然。夫三段者，不可杜斷隔絶，序本序於正通。序則有三義，正本正於序通。正亦三義，通本通於正序。通亦三義，上中下語皆善故。又衆生得道根性不定，何容序無滋味流通歇末邪。既不歇末說師弟因果亦應何妨。如序中說正亦應無妨，流通中有正意，彌是督勵宣行不乖經意。又《法華》中明阿私仙是師因，持品授弟子果記，諸師咸判是流通，此有其例，於義無妨。與奪由人不須苦執也。今從如是我聞入《壽量》訖天龍集信相菩薩室爲序段，從爾時四佛下訖《空品》正說段，從《四王品》下訖經流通段。序者，序將有利益。正者，正當機辨道。流通者，流名下注通名不壅。欲使正法之水從今以注當，聖教筌罤不壅於來世。經曰，上中下語皆善，即此義也。疑者云，序分何得入正品中，衆經例爾，如《維摩》無序品，序在正說中。《大品》正說在序品中，《涅槃》序分入正品中，衆經皆然，不以爲疑，何獨或此斯乃出經者意。爲四佛斷疑孤然而起其文嶄絕，引序分安《壽量》中，今從義便不得齊品分割也。序有三義，一次緒，二叙述，三發起。次緒者，居一部之初冠，衆說之首，故言次緒。敘述者，敘於方將述於當益。故言叙述。發起者，發其信心，起於教也。一段經文含此三義，故題爲序品。品者，梵語稱爲跋渠，此爲品也，品是類義。此中文句氣類相從，節之爲跋渠。例如律中有篇聚，毗曇有犍度，爾從如是下是次緒，從是時如來下是叙述，從其室自然廣博嚴事下是發起次緒之序，舊云五事。地人開佛是爲六事。此經天龍集信相室，不聞前序不聞後夢，亦得是同聞亦得是非也。同聞衆少不次第云云。此之五六亦名印定序，三世諸佛經初皆安如是，故亦名通序，與諸經同亦爲通名作本，故亦名經後序。結集者，所置故，亦名經也。《四王品》已下，護經使宣通還是生善，攘災令去還是滅惡，攝此諸文，故言以滅惡生善爲用也。第五判教相者，舊明此經非會三，非褒貶非無相，不列同聞衆，不在五時次第而明常住者，是偏方不定教。是義不然，若不列同聞非次第者，列同聞衆應是次第，鴦掘摩羅列同，聞與衆經不異，論褒貶與《維摩》意同。論家何故不預次第，若列衆不列衆皆非次第者，亦應列衆不列衆俱是次第云云。若言未應明常而明常，是偏方不定者。陀羅尼云，王舍城波羅奈祇陀林三處與聲聞記，此亦是未應會三而會三，得爲次第未應明常而明常，何故不定耶。又《法華》、《般若》、《淨名》、《方等》咸論常住得是次第，此經明常獨居不定何耶。又一師言，此經與《法華》同，是第四時，山斤海滴與塵沙義齊故是，義不然。新本云，舍利繫縛色，如來常住身無有舍利事，何得山海而翳金光，塵沙而蔽寶所。眞諦三藏云，此經是《法華》之後《涅槃》之前，九十日說。引《涅槃》云，佛告波旬，卻後三月吾當涅槃，信相聞斯故知八十應滅，是義亦不然。唱滅之旨，非獨告魔定在三月。《法華》云，如來不久當般涅槃。普賢觀亦云，當般涅槃。諸經唱滅非但一文，何必九十日耶。縱令三月，爲屬第四時，爲屬第五時，若屬第四時，《法華》已捨方便，此中何得更許三乘同懺。若屬第五時，何得復言在前三月進退無據兩楹不攝云云。今既不同舊，若爲判教，若安無相而時異，若入會三而未別案。下文云，曾聞過去空閑之處，有一比丘，讀誦如是方等大乘，既言方等豈非文耶？方等之教通於三乘。新本云，欲生人天，欲得四果支佛，欲得佛，皆應懺悔滅除業障，安處方等其義無疑，而難者言。新本云，法界無異乘，此害於通義。然方等滿字通別通圓，此旨非妨，難者以不列同聞爲疑，胡本尙多，何必止四卷七軸，或其文未度爾，如此斟酌五味明義則第三生酥攝。若四藏明義則雜藏攝，四教明義則通教攝，通教之中即得論帶別明圓也。前序，遺囑令安故亦名破邪序，對破外道阿堰故，亦名證信序，令聞者不疑故。天台師云，揔此六說都是四悉檀意也，諸佛諸經同是世界悉檀也，經前經後爲利來世是爲人悉檀也，對破外道是對治悉檀也，信順無疑是第一義悉檀也。舊解，如名不異，是曰無非。阿難所傳文句似瀉水分缾與佛一種，故不異稱如。文下之理允當無謬，故無非曰是，略而言之，文如理是。肇師云，如是者信順之辭也，信則所聞之理會，順則師資之道成。眞諦三藏云，如是者決定也，數決定理決定。佛說此經有若干文句。若多成增謗，若少成減謗。阿難傳之如瀉水不多不少，故數決定。佛說無相之理不有不無，若有墮增若無墮減。阿難傳之無增無減，故理決定。龍樹解，如是者信順之辭也，信者言是事如是，不信者言是事不如是。此之四解各據一悉檀意。舊解語揔不顯文詮何等理爲如，何等理爲文所詮爲是。既不顯了，只是世界悉檀意。肇師據信順是爲人。三藏文理決定爲對治。龍樹信順如是爲第一義云云。今作通別二釋，佛如法相而說，阿難如聞相而傳，故言如也。佛如法相而辭。阿難如海量而受，故言是也云云。別釋者，外曰阿堰稱吉，文乖其理故非如，理異其文故非是，不可見阿堰在初而中後皆吉也，文如非理故言如，理如其文故言是。今謂，三藏經初云如是，二諦各異故非如，理淺故非是，摩訶衍二諦相即故言如，理深故言是今謂三人同聞而各解，故非如證入優劣故非是唯菩薩所聞者爲如，菩薩所到者爲是。今謂，離邊明中之文則非如，出二諦之外有中道則非是，文字性離即是於如故言如，一切法即佛法名之爲是。初破邪明正即三藏經如是，次破異明同即通教經如是，次破淺明深即別教經如是，次破離明中即圓教經如是，此經既是方等，通被根性不同，作種種說無咎。觀心解者，觀與境冥故爲如，境即正觀故爲是。經言，如此觀者即是正觀，若他觀者名爲邪觀，即其義也。我聞者，舊云阿難不師心，親承佛旨，故曰我聞。眞諦曰，我是器義，一散心名覆器，無聞慧故。二忘心名漏器，雖得而失無思慧故。三倒心名穢器，非而謂是，無修慧故。阿難無三過，唯是善好器，親承有在？故言我聞。《釋論》云，耳根不壞，聲在可聞處，作心諦聽，因緣和合故稱聞，阿難與聽衆述佛遺旨，親承不謬，故言我聞，師釋我有四義，謂我我，我無我無我我，我無我而不二眞我，義配四根性人云云。聞亦四義，謂聞聞，聞不聞，不聞聞，不聞不聞，配四教法人云云。有四種阿難，謂歡喜阿難，賢阿難，典藏阿難，海阿難，爲四種緣立四種名，歡喜阿難是我我用聞聞，親承丈六身佛持三藏法，故言我我聞聞。賢阿難是我無我用聞不聞，親承丈六尊特合身佛持通法，故言我無我聞不聞。典藏阿難是無我我用不聞聞，親承尊特身佛持別法，故言無我我不聞聞。海阿難是我無我而不二用不聞不聞，親承法身佛持圓法，故言我無我而不二用不聞不聞。此經通三乘說聽一音各解，故須分別云云。觀解者，若作攀上厭下觀，是爲我我聞聞。若作析體兩種從假入空觀，皆是我無我聞不聞。若作從空出假觀，是無我我不聞聞。若作中道觀，是眞我不聞不聞。一時者，肇師云，法王啓運嘉會之時也。三藏云，高時下時皆是若過，若不及不堪聞法，唯有平時即是一時也。私謂，高時慢心不行，下時耽荒五欲，不耽不慢是平時也。師釋，衆生感法，佛慈赴教，機應之時也，亦是發眞見諦之時也，亦是法眼明朗照世之時也，亦是佛眼照中之時也云云。而言一者，若前思後覺斯二非一，思覺妄斷豁悟之時，故言一時也。觀解者，從假入空與眞一時，從空入假與機一時，中道正觀與法性一時云云。佛者，眞諦云，佛有三義，一切智異外道，慈悲異二乘，平等異小菩薩，餘人無此。《釋論》明佛是第九號，佛名爲覺，覺世間出世間常無常數非數等，朗然大悟，故名爲佛。天台師云，佛者，依一切智有丈六佛，依道種智有丈六尊特佛，依一切種智，有法身佛，三佛不得一異，非一異而一異爾。觀解者，空觀覺知諸法一相，假觀覺知諸法種種相，中觀覺知諸法無一異相亦一異相云云。住者，佛是能住，王舍城是所住處。眞諦明住法有八，一住大千界內，二住依止處王城也，三住五分法身壽命現在也，四住威儀利物，五天住住禪定，六梵住住四等慈悲，七聖住住三三昧，八大處住住第一義也。《釋論》四住攝八也，天住梵住攝其天住定住，聖住攝其五分命住，佛住攝其大處住。又有迹住王舍城，攝其界內依止威儀三住。天台師云，丈六身佛住眞諦也，丈六尊特合身佛，雙住眞中也，尊特身佛雙住俗中也，法身佛住中道也。觀解，空觀住眞，假觀住俗，第一義觀住中。王舍城者，《釋論》大出因緣，初立五山中七燒七造，王來居此，故言王舍。又云，他舍被燒王舍不燒，後悉排云是王舍即得免燒，自是已來呼爲王舍，觀解五陰爲舍心王居之，故言王舍。耆闍崛山者，《釋論》翻鷲頭。眞諦云，曲鳥山在王舍城東南，毗富羅山在西南，仙人山在西北，黑土山在東北，白土山在中央。中央三由旬平正即王城也。觀心山者，靈即神智是般若也，鷲即萬德是解脱也，山即不動是法身也，常爲心王所觀即是觀之住處也，令一切心數同入其中也。此經闕同聞衆者謂時有五，處有四，耆山衆不聞信相室說，信相室衆不聞夢中說，夢中衆不聞夢覺已說，衆非一座故不列同聞。若爾阿難不應稱我聞，然雖不聞佛更爲說。又其得佛覺三昧能自通達，得稱我聞也。從是時如來下是叙述序，叙下十七品故，亦名別序，簡異餘經亦爲別名作本故言別也。別義爲七，一從是時如來下一行半是入定別，二從是金光明下訖二十七行偈是叙述別，三從《壽量品》下是懷疑別，四從大士如是下是瑞應別，五從信相見佛下是騰疑念別，六從四佛告下是止疑別，七從欲色界天下是集衆別。生起者，佛常在定，而群機扣佛佛欲應之，故示軌儀，如來常寂猶尚樂定，入游法性出敘經王。信相聞深法，疑法既是常人壽那短，是故懷疑菩薩福力疑能感應，應故四佛現佛現，即騰疑，騰疑故佛即止疑，當兩法兩故大衆雲集，七事異他經故言別也。已說七別竟，或時作三別，一從是時下名叙述序，二從《壽量品》下名現瑞序，三從時四如來下是衆集序云云。言叙述序者，敘後十七品，初五行敘《壽量品》爲三，初兩行敘果德，次一行敘懷疑，次兩行敘斷疑，細作可尋，次一行半敘《懺悔品》破惡生善之意云云。次一行半敘《讚歎品》生善破惡云云。次六行敘《空品》破惡中破三障惡云云。從《護世》、《四王》下是敘其品可解。大辯者，是敘其品。尼連鬼母，是敘《功德天品》。同是女天故，地神是敘其品。大梵三十三天是敘《散脂品》，散脂是將梵釋是主，敘主即得臣將也。緊那羅等是其領敘其領得其管也。我今所說諸佛祕密者，是敘正論善集兩品。說世秘密可以治國，出世祕密可以詣道，故知敘兩品也。若得聞經去是敘《鬼神品》、《鬼神品》中純明聽法功德爲八部所護云云。著淨衣服下兩行敘《授記品》，三大士十千天淨心殷重淨若虛空，故獲授記也。若得聽聞下敘《除病》、《流水》等品，聞名服藥悉得病除，則是善得人身，復能修行布施福業是善得人道，魚聞佛名善得天身，天道即此意也。正命是敘《捨身品》，虎殆血肉即得解脫，豈非正命也。若聞《懺悔》下一行敘《讚佛品》，佛有三世，諸菩薩多是先佛即過去佛也，又是未來佛也，爲此菩薩所讚即爲佛所讚也，叙述之意止可彷佛，不得遠自分明云云。問誰作叙述。舊云集經者，若爾是論非經，又乖經文。文云，我令當說，或云是信相若爾信相已能玄敘，何事致疑，又非集經者那忽作序。師云，是佛自作，難者言，若爾便是正經，那得稱序，此無所妨，菩薩尙能安禪合掌說千萬偈，況如來口密神力赴機，何所不爲。文云，我今當說懺悔等法，此是明證《大品》中化佛說六波羅蜜，亦得稱序。此其例也釋。入定爲三，初一句一字明能游人，二三字兩句明所游法，後兩句結也。是時者，眞諦云，有五種三時，一欲說正說說已，二破外道去來時立現在有說有聽時，三下種成熟解脫時，四正師正教正學時，五佛欲說衆欲聽不高不下平平時。今但論如來知機，堪可得道時。若慧眼得道智與眞宜時，若法眼得道，智與俗宜時，若佛眼得道，智與中宜時，佛欲履歷法性，觀知衆生，於何時得道。故言是時也。如來者，十號之初也，三藏解如來，文多不載，今言，智照理與諸佛等故言如，慈悲與諸佛等故言來，諸佛應住祕密藏中，何故出世，只爲慈悲故來。《成論》云，乘如實道，來成正覺。《大經》云，從十一空來，就智論來，從六波羅蜜來，就行論來《釋論》明如法相，解爲如如法相，就爲來今明如三諦法相，解名如如三諦法相，說名來故言如來也。游者，游涉進入之義爾。夫法性者，非入住出，故《小般若》云，如來者，無所從來，亦無所去，故名如來。何得言游邪，良以慈悲導物教我而入，故言游也。令衆生食甘露味，亦應言住，爲衆生宣說亦應言出。故《法華》云，善入出住百千三昧即此義也。無量甚深者，將明游入簡顯其體高廣，體包法界，故言無量。徹到三諦，故言甚深，非是二乘下地，菩薩之所，逮及故言無量甚深也。法性者，所游之法也，諸佛所軌名之爲法，常樂我淨不遷不變名之爲性，非是二乘以盡無生智所照之理爲法性也。二乘法性淺，故非甚深，有限故，非無量。今之如實智所照之理橫包法界豎徹三諦，故言無量甚深爾。又無量者，非別有一法名爲無量，毗盧遮那偏一切處，一切諸法，皆是佛法，皆佛法故即皆法性，佛皆游之，故言無量。又非別有一法名爲甚深，即事而眞無非實相，一色一香莫非中道，皆中道故，即是甚深。例如《釋論》解四無量心云，緣東方衆生名廣緣，四方名大緣四維上下名無量，準此而言緣眞諦法性，名廣緣，俗諦法性，名大緣，中道法性，名無量。若緣中道即是三智一心中緣三諦一諦，此境無量，唯佛無量，智乃能緣之，如函蓋相稱，非二乘下地測其涯底。諸佛行處者，正顯佛智無量甚深，佛智無量甚深，故行處亦無量甚深，行處無量甚深，故佛智亦無量甚深。舉函顯蓋，舉蓋顯函，正在此也。過諸菩薩所行清淨者，正簡也。菩薩居未及之地，智之所行未能深廣。故《地持》云，菩薩得九種禪，初名自性禪，若入此禪，即入實相，法性清淨之境。二乘不聞其名，況有其行。若入第九清淨淨禪。一切通別感累若正者習皆盡故，言清淨淨禪。自下地去皆有餘習，佛住十地頂，若入此禪過諸菩薩。《淨名》云，心淨已度諸禪定，即此義也。亦是舉其高位，簡法性甚深也。是金光明下叙述序，若敘正說流通十七品意，已如上說，今更論叙述五重玄義。初十二行半敘名體宗用，次十四行半即敘流通弘宣此典，即是敘教相也。就初一句敘名，次一句敘體，次三行敘宗，次九行敘用，護世下去敘教相也。觧者或言金光明一句猶是敘體，如鑛石中金，金體乃非光非明，不妨約金論內外用，法性非宗非力，亦依法性起於宗力，當知此句正是敘體。今明理乃當然，分文則屬敘名也。經王上已說，今更述之，三藏云，三德攝三，《涅槃》正斷二乘斷見，《般若》正遣凡夫有著，《華嚴》正化始行菩薩，今經通爲八位人，故稱王也。此語難解，涅槃爲菩薩說，甚深微妙行處，豈止爲二乘。《般若》云，法身佛爲法身菩薩說法，其聽法衆非生死人，豈止遺凡夫有著。《華嚴》說初地乃至說十地，豈止爲始行菩薩，作此偏說，無智之人於諸經起輕慢，此義不可。今言經王者，若取文爲經，即是三種俗諦，若取理爲經，即是三種眞諦，若取文理合爲經，即是三種中道。若說餘諦是經而非王，若說中道是經復是王。於九種經中而得自在，但經王是一隨緣設教，名字不同。《華嚴》云，法身方等爲實相。《般若》稱佛母，《法華》爲髻珠，《涅槃》名佛師，皆是法性異名，通爲諸經作體譬，如諸姓應運迭興，龍師鳥官隨時覇立，百代雖異而統王是一，法性亦爾。宜聞《大品》佛母爲王，餘名廢息。宜聞《法華》寶所爲王，餘名廢息。法性爲金光明之王，亦復如是。若作此觧，上不違佛經王之旨，下不增長衆生我慢。微妙者，他釋因微果妙，今不爾，因果俱微妙，因中性德深而難見名爲微，不縱不橫名爲妙，果中修德亦復如是。四方四佛護持者，四方者四門也。四佛者，四門果上覺智也。釋迦覺智與四佛同，諸佛果智冥於法性，法性得顯名爲法身，法身不動名之爲持，法性常故諸佛亦常，法常佛常，壽命亦常，常故無量，信相推迹或本，四佛令其達本悟迹，名之爲護。此一句種種義，法性四門法性四德即體義，果智顯體即宗義，護念信相斷疑復是用義，而敘宗爲正意也。觀心解者，四方是四諦，四佛是四諦智。東是方首，如集是苦因。又東甲乙是春生，生即集諦也。從東次南，亦猶生而有長，先春次夏故南方是苦諦也。長後秋收，又白帝屬金，金能決斷，西方即道諦也。從秋收至冬藏，衆事都息。北方如滅諦，苦集因果皆謝無用也。觀此四諦，生眼智明覺，持理不失護倒不起，故名護持也。又觀四方是四德，觀東方常爲破無常，觀無常爲破常，觀非常非無常破常無常，乃至觀北方無我爲破我亦如是。此觀持德不失護倒不起，故名護持也。觀東方集諦常，非常非無常不動，故名阿閦。觀南方苦諦樂無去無來，法性實相實相尊貴，故名寶相。觀西方道諦畢竟清淨，法性壽命與虛空等，故名無量壽。觀北方滅諦永寂爲我入祕密藏，祕密藏故名微妙聲云云。我今當說下九行偈是敘用，文爲四。初三行明能破之勝法，次三行半明所破之惡罪，次一行半擧行法勸脩，次一行結成。初三行明能破勝法者，謂境法法性也，行法懺悔讃歎也導法，一切種智也，故言懺悔等法知非一種也。若相資爲論行資智，智顯理理顯故，能盡衆苦苦盡故，法身顯智圓故，報身顯功德無上故，應身顯。若圓論者，三法不縱不橫而脩，三身亦不縱不橫而顯，雖圓別之殊，俱是能破之勝法也。觀舊文語略，新本具有三周說法之文，四佛說常果上根得益，婆羅門說法身無舍利，中根得益，佛分別三身下根得益。今敘中云，我今當說懺悔等法，即是敘下三周之法能破惡也。次從諸根不具下敘述《空品》文爲二，初三行半明所破之惡，次二行半明能破之方。初又爲三，諸根不具下破報障愁憂，一句破煩惱障惡星災異，下破業障餘經對緣云報障難傳，因時可救果無如何。此經三障皆可轉，一往釋此三障由破五戒，破五戒是業障，受三塗人天等身是報障，煩惱爲根本是煩惱障。今直就人道中明犯五戒報者，諸根外缺壽命內夭，此兩句是殺生報，昔損他身分今諸根殘毀，昔斷他命今壽損減。經云，殺生因緣得二種果報，多病短命，即其事也。若貧窮困苦是外無依報，諸天捨離是內無福德，此兩句是犯盜戒。經云，有同生同名天龍輔佐之，功德天發顧利益之，盜人無此事也。又先富後貧者，必是龍棄天捨也。若親厚內鬬王法外加，此兩句是犯淫戒。經言，人護則人瞋法護則法壞，昔侵其人今骨肉鬬訟，昔毀他法今王法所加，即其事也。各各忿諍此應有兩句，或是翻者脫落，或是略爾。內則各各忿諍，外則人人不信。此一變是犯妄語，昔不實欺他今常被欺忿，昔語無實今人無信者，外耗財物，內虧禮度，此是飮酒報。昔慢財費日今多損耗，昔乖撙節今惰聾騃。經言，嫌恨猛風吹罪心火，常令熾然，即其事也。問釋大乘經，何得以五戒對義。荅開合五戒大有所關。《提謂經》云，五戒者，天地之大忌，上對五星下配五岳中成五藏，犯之者違天觸地，自伐其身也。又對五常，不殺對仁，不盜對義，不淫對禮，不飮酒對智，不妄語對信。又對五經，不殺對《尙書》，不盜對《春秋》，不淫對《禮》不妄語對《詩》，不飮酒對《易》。又對十善，殺盜淫是身三，妄語攝口，四飮酒攝意三，俗不能護口，略制一不妄語。《釋論》云，說重者是妄語則已攝三，飮酒是邪命自活增益恚癡，出世以智慧爲首，生死以三毒爲根。若能禁酒是防止意地三毒，長養出世智慧也。是爲開五戒出十善，十善是舊法輪王所用，亦名性罪性善，都是一切罪之根本。又五戒對五陰，不殺即色陰，不盜即受陰，不淫即想陰，不妄語即行陰，不飮酒即識陰，五陰開四念處，念處開三十七品，三十七品開三脫門，三脫門開涅槃，故云色能發戒，受受禪定，想慧悟虛通，行發解脫，識即知見。當知五戒能成五分法身，辨二乘之法也。又五戒亦是大乘法門，提謂經云，五戒是佩長生之符不死之印，即常德也。出入無亂往還無閡，即淨德也。統御一身，即我德也。以立道根，即樂德也。此是五戒對四德，束五戒爲三業，即對三無失三不護三輪不思議化三密三軌三身三佛性三般若三涅槃三智三德等無量三法門。橫豎無邊際與虛空法界等，亦是無盡藏法門，亦是無量義三昧。舉要言之，即是一切佛法也。復次害命名事殺，不害命名事不殺。法門解者，析法名理殺，體法名理不殺，當知不殺之戒種種不同，論其果報亦復不同。若作意防護如馬著勒如牧牛執杖者，報在人道百二十年，唯得肉眼無有四眼。若任運性成如河注海者，報在六天，極長者九百二十六億七千萬歲，唯得天眼未得三眼。若加脩客戒無常苦無我等慧者，報在變易，壽七百阿僧祇，唯得慧眼未得二眼。若加脩常無常等慧，報在蓮華藏海受法性身，分得五眼分得常壽，比佛猶是諸根不具，壽命損減況前諸根諸壽邪。若圓教人持事不殺戒，又持理不殺戒，不壞於身而隨一相，不斷癡愛起於明脫，體陰界入無所毀傷。若子若果不生不滅，成就智慧居常寂光土，常壽湛然五眼具足，得根自在耳見眼聞，得命自在脩短自任，是則名爲究竟持戒，諸根具足命不損減也。又圓教人何但持之是戒，唯殺唯慈，亦作事殺亦作理殺。如仙豫大王殺五百婆羅門，與其見佛之眼，與其十劫之壽。又作法門殺者，析蕩累著淨諸煩惱，如樹神折枝不受怨鳥，如劫火燒木灰炭雙亡。故《鴦掘》云，我誓斷陰界入，不能持不殺戒，一切塵勞是如來種，斷此種盡乃名爲佛，成就金剛微妙法身，湛然應一切，唯殺唯慈，垂形九道，隨其所宜示長短命，任其所見用缺具根而化度之。前諸戒行淺近隘塞，非是通途。圓戒宏遠徑異會同，故名究竟持不殺戒也。不殺之戒人天已上極佛已還，曠大縱橫其義如是。云何而謂是小乘數耶。復次不與取名事盜，與取名事不盜。法門解者，如佛言曰，他物莫取名法門不盜，菩提無與者而取菩提，是名法門盜。不盜之戒種種不同，若持戒作業求可意果，可意果者無常連朽悉是他物，臭如糞果害如毒食，有智之人所不應求，設使得之，心不甘樂。云何殷勤飲苦食毒而自毀傷，貧窮四姓即此三界洄復困苦，豈過有流，三障障佛第一義天之所捨離，是名爲盜非不盜也。又二乘之人，以四諦智觀身受心法，厭惡生死欣求涅槃。涅槃心起，爲自爲他爲共爲無因，介爾心生即取他物，即非時取證即不待說所因，焦種不生，見苦斷集脩道造盡非求法也。謂有涅槃成涅槃見，若有著空者，諸佛所不度，身長三百由旬而無兩翅，墮三無爲坑，受若死若死等苦。《法華》云，饑餓羸瘦體生瘡癬，豈非貧窮困苦邪。《淨名》云，不見佛不聞法不入衆數，豈非第一義天遠離邪。此猶名盜非不盜也。若別教菩薩次第行次第學次第道，從淺至深捨一取一，來已更復來去，已更復去，悉是辱於來去相，亦是不與而取，取已而捨，亦是貧窮，捨已更取，數數去取即是困苦，不即與第一義相應，即是遠離，此猶名盜非不盜也。圓人觀諸法實相，受亦不受，不受亦不受，亦受亦不受，亦不受非受，非不受亦不受，不受亦不受，不取是菩提。障諸願故，是法平等無有高下，不高故不取，不下故不捨。如是觀者，觀如來藏具足無缺，是如意珠，隨意出寶，即脩羅琴，任意出聲，即是大富，大富故無取，無取故即第一義，第一義故天不遠離也，是名究竟持不盜戒也。圓人復有盜法門，菩提無與者而取菩提，如海吞流不隔萬泒，如地荷負擔四重檐，衆生悉度煩惱悉斷，法門悉知佛道悉成，此義可知不能多說。前諸戒行淺而且塞，非是通途，圓戒宏遠徑異會同，故名究竟持不盜戒也。復次男女身會名事淫，不會名事不淫。法門解者，若心染法是名爲淫，不染法名爲不淫，不淫之戒種種不同，若關禁七支，如猴著鎖，擎一油鉢過諸大衆，割捨觸樂求於未來淨潔五欲，如市易法以銅鑄博金錢，此乃增長欲事非不欲也。若爲生天故持戒，如羝羊相觸將前而更卻。帝釋共八十億那由他天女縱逸嬉戲，看東忘西欲猶不足，化爲老脩羅納舍脂，使諸天亡身失首。又見仙人入定汙弄其女，仙從定起，釋羞自化爲羝羊，仙人咒之，千根著身無能卻者，後來懺謝變爲千眼，是亦增欲非不欲也。若斷欲界麤弊之欲，染著色無色界禪定之樂，如水魚蟄蟲墮長壽天，是爲一難，貪著禪味名爲大縛，是染欲法非不欲也。若憎惡生死如怨如蛇，愛翫涅槃如親如寶，棄之直去涉路不迴，諸有色聲不能染屈，如八方風不能動須彌，若聞菩薩勝妙功德，甄迦羅琴聲迦葉起舞不能自持，隨嵐風至破須彌如腐草，是染欲法非不染也。若菩薩惡生死如糞穢，惡涅槃如怨鳥，捨於二邊志存中道，起順道法愛生名頂墮，是菩薩旃陀羅，既無方便，此慧被縛不能勝怨，已所脩治爲無慧利，是染欲法非不欲也。圓人觀一心三諦，即空即假即中。

即空何所染，即假何所淨，即中何所邊，即空即假何所中，即空故無我人十六知見依正等愛，即假故無空無相願等愛，即中故無佛菩提轉法輪度衆生等愛。三諦清淨名畢竟淨，是淨亦淨。經言，唯佛一人具淨戒，餘人皆名汙戒者。圓人行於佛法，即究竟持不淫戒也。圓人又有染愛法門，如和須蜜多女人，見人女天見天女，見者得見諸佛三昧，執手者得到佛刹三昧，欱者極愛三昧，抱者冥如三昧，各各皆得法門。亦如魔界行不汙戒菩薩，變爲無量身，共無量天女從事，皆令發菩提心。如維摩詰，若入後宮，後宮中尊化正宮女，先以欲鉤牽後令入佛道，斯乃非欲之欲，以欲止欲，如以屑出屑將聲止聲。前諸行淺塞非是通途，圓戒宏遠徑異會同，是名究竟持不淫戒也。復次不見言見，見言不見，名事妄語。法門解者，未得謂得，未證謂證，名爲妄語。妄語多種，諸欲求時苦，得時多怖畏，失時懷憂惱，諸欲無樂時，凡夫癡人於下苦中横生樂想，豎我慢幢打自大鼓，謂色即是我，我即是色，色中有我，我中有色。執有與無鬬，執無與有鬬。依止斷常起六十二戲論，破慧眼不見於眞實，增見長諸非，吾我毒甚盛，備口四過，略標妄語爾。三十三天黄葉生死謂是眞金，非想自地具細煩惱，謬計涅槃，此非妄語，誰是妄語邪？二乘之人競執瓦礫歡喜持出，生滅度想，生實未盡，寧得滅度，生安隱想，所作未辦，寧得安隱。《淨名》云，佛爲增上慢人，說離淫怒癡名爲解脱，其實未得一切解脱，未得謂得，豈非妄語邪？佛爲別教人以四門說實相，執於一有隔礙三門，乃至執非有著無而隔有無，夫實相者言語道斷心行處滅，云何以字，字於無字，云何以數，數於無數，豈非妄語邪？圓人如實而觀如實而說。如實觀者，非内觀得是解脱，非外觀非内外觀，非離内外觀，亦不以無觀得是解脱。如實說者，一切實一切不實，一切亦實亦不實，一切非實非不實，如是皆名諸法實相。經言，諸佛皆實語佛語實不虛，能以一妙音徧滿三千界隨意之所至，隨諸衆生類各各皆得解，即是以佛道聲令一切聞也。圓人亦有妄語法門，無車說車誘戲童子，無樂說樂止彼啼兒，若有衆生，因虛妄說得利益者，佛亦妄說。經言，我是貪欲尸利，我是瞋恚尸利愚癡尸利，然實非也。我是天是人，實非天人。我是龍鬼，實非龍鬼。將虛以出虛，令得不虛爾。前諸行淺近隘塞圓行深遠，夷坦無礙徑異會同，故能如此是名究竟持不妄語戒也。復次若縠若草昏心眩亂者名事酒，法門解者，迷惑倒見名之爲酒，倒見多種，夫酒爲不善諸惡根本。能生三十六種之失，招於五百世中無手，慢刑失禮發出伏匿，眠卧糞穢搶揬水火，過患如此，人猶尚之，晋世引滿稱藝能，魏朝清濁爲賢聖。畢卓自署爲酒徒，鄭泉自誓爲酒壺，竹帛載之古今歌之，不應作而作，不應歌而歌，非醉酒是何。《釋論》云，有二法師，爲王說五戒罪福。王難云，飲酒招狂飲者甚多，狂者何少邪？法師舉手指諸外道而已，更言餘事。外道㑥張云，王難甚深，是禿高座更不能答。王云，法師荅竟狂亦不少，指汝等是將護不彰爾。此即世人之辭也。又貪如海納流無有滿時，瞋如火益薪展轉彌熾，癡如膠黏結如冰足水，八萬塵勞煩惱其心，無暫停住，掣電蛇舌颮㶇獼猴，五欲攪作，無時不醉。《大經》云，從昔已來常爲聲色所醉，流轉生死，三界人天通有此醉也。若二乘之人雖斷九十八使四住煩惱，無明未吐，如半瘧人。大經引醉歸之人，世間無常樂而言我淨，如來實我淨而言無常樂，如彼醉人見日月轉，此二乘醉也。菩薩之人無明未盡不了了見，菩薩行故見不了了。如遠望大舶遙觀鵝鴈，夜覩畫像遠視人杌亦如醉。人朦朧見道如是等無量譬喻顯，於菩薩未得明了。故迦葉云，自此已前我等悉名邪見人也，此菩薩醉也。圓人行如來行，具煩惱性能知如來祕密之藏，雖有肉眼名爲佛眼，所可見者更不復見。故文云，入深法性，即於此典金光明中而得見我釋迦牟尼。《大經》云，了了見佛性猶如妙德等，是則五住正習一時無有餘。酒法既除，何所可醉？是爲究竟持不飲酒戒也。圓人亦有飲酒法門，《鴦掘》云，持眞空缾盛實相酒，變化五道宣揚哮吼，波斯匿醉轉更多恩，末利后飲，佛言持戒，入于酒肆自立其志，亦立他志，夫得其門者逆順俱當，失其柄者操刀傷手。前諸行淺近隘塞，圓行宏遠徑異會同。故能如此，是名究竟醉醒無二也。上觀四諦智名四佛，觀五佛云何觀，觀五戒實相覺智清淨，即是觀心中見五佛也。次破煩惱障，指愁憂恐怖一句是也，上來諸事或約内身或約外報，是報障義便，此一句專明心爲煩惱障便。

慧沼《金光明最勝王經疏》卷一 將釋此經先以五門分別。一叙經之起因，二彰經之宗體，三明經之時利，四辨經之得名，五依文科釋。第一經之起因復有其二，一通起因，二別起因。通謂通諸經，別謂局此教。初通因者，夫一切如來離諸分別，心證定海智等如如，物我俱亡形聲雙寂。

然因修宿願任感機緣，若圓鏡之現形等虛巖之發響，故有應化垂迹振隨類音。教雖萬差起緣唯二，一由如來大悲所流，二由有情性欲所感。然諸教中隨擧不定，如《無量義經》，但擧由生性欲所感故彼經云。法無量者以諸衆生性欲無量，教其所說法亦復無量。《法華經》第一云，我今亦復如是。知諸衆生有種種欲深心所著，隨其本性以種種因緣譬喻言辭、方便力故而爲說法。此經夢見《懺悔品》云，住壽不可思議劫隨機說法利群生。天親《攝論》云，且約由悲云大悲所流十二部經。無性攝論即約機性云，自善根力識心所起。《二十唯識》合說，起因頌云，展轉增上力二識成決定。釋云，謂餘相續識差別故，令餘差別相續識生，此言相續者身。差別者教，此意由佛身識現名句義，令聞者識名句義生，此由生根熟爲能感。如來大悲爲能應，多據大悲，利他所以又有二緣。一爲法久住，二爲利有情故。《法華經》第二云，種種因緣以無量喩照明佛法開悟衆生，照明佛法爲令法久住是大智。開悟衆生爲利有情是大悲，此經亦爾。《懺悔品》云，住壽不可思議劫隨機說法，利群生大悲。如付屬品云汝等誰能發心守護廣宣流布，能令正法久住世間大智也，或可令法久住意利有情爲大悲也。或可利益群生令法久住爲大智也。亦令聞者修於二利，令法久住修自利，爲益有情修利他故。《瑜伽論》八十二云，若具如是五分說法如五分樂，能令自他生大喜樂，又能引發自他利益。釋此五分如《仁王般若疏》中具明。又有三緣，一令生欲樂，二令修行，三令斷障，即明。衆生欲聞之法莫過三種，一願求勝果幷利有情，二所修之行，三所除之障。如《般若經》善現所問，既云諸有發趣菩薩乘者云何住等，明知發趣所餘之乘亦有三種，人天乘中雖不斷種，亦能制伏三惡道障得生人天故各有三。此由機感又有四緣。一未離苦者欲令離苦，未得樂者欲令得樂，未能發心斷惡修善者欲令斷惡修善，未成佛者願早成佛，此由悲願故。《法華經》第三云，未度者令度，度是離苦義。未解者令解，解者故。若已斷疑有樂福德，而心未成就，諸菩薩等聞多福德。於《般若經》起信解故，已成就心者入甚深義故，已得不自輕賤者。由貪受持修行有多功德不復退轉故，已得順攝及淨心者於法自入，及見生喜故，能令未來大乘教法久住者故，此意即爲於住修伏有疑之者請說除疑，雖得除疑心樂福德而根未熟，謂於此經持讀之者無多功德故。說校量持經福多令生信解既生信解成就心者，而能入解甚深之義。既入深義知自堪能修行得果不自輕賤，貪多功德受持，修行不復退轉，既久不退。至決擇位漸入見道，名得順攝及淨心者，於法自悟及見他入生歡喜故，由此能令法久住不滅。今者此經亦有六義，如如來壽量品妙幢菩薩云，亦復思惟，釋迦如來無量功德，唯於壽命生疑惑心。云何短促唯八十年，四佛爲說，即有疑者令得斷疑。又下文云，於百千大劫修行六度而無方便，不如聞此經所生福。又《無染著陀羅尼品》云，若阿僧企耶三千大千世界滿中七寶奉施諸佛，及以上妙衣服飲食種種供養經無數劫。若復有人於此陀羅尼乃至一句能受持者，所生之福倍多於彼。此意即局心樂福德而根未熟，謂持此經無多功德故，說校量持經福多，令生信解受持讀誦。如《空性品》云，時諸大衆聞佛說此甚深空性，有無量衆生悉能了達四大五蘊性俱空。六根六境妄生繫縛等，即能入解甚深之義。依《空滿願品》云，有三千億菩薩於阿耨菩提得不退轉，即是已入深斷惡修善義。未安者令安，安者令得樂義，未涅槃者令得涅槃，即未成佛願成佛義。即是如次依四弘願化生次第。《法華》第三云，衆生常苦惱盲冥無導師，不識苦盡道不知求解脫。乃至云，今佛得最上安穩無漏道，我等及天人爲得最大利。此意常苦惱是苦諦，盲冥無導師是集諦，不識苦盡道道諦，不知求解脫滅諦。明先不解，今佛出世示悟使解，令知苦斷集證滅修道，又有五緣，如《思益經》第二云，若人能於如來所說文字，言說章句通達隨順。乃至云，能知如來以何說法，以何隨宜說，以何方便說，以何法門說，以何大悲說，梵天若菩薩能知如來以是五力說。是菩薩能作佛事，以何說法即談法體，以何隨宜即隨機所應，以何方便即示教利喜。於無名言而方便說諸善巧等，以何法門謂於一法諸門辨說，以何大悲謂三十二種大悲。如言諸法無我而諸衆生不能信解。如來於此而起大悲說令信解，廣如彼說，初四即爲大智。第五即爲大悲，又初四所起，第五能起，此即衆生爲能感如來爲能應，由雖迷愚不信不解，然有善根感佛爲說，隨此經中所說之法，即爲衆生不能信解，佛起大悲而爲演說。如不能解如來壽命，如來悲愍而爲說之。準知即是若干大悲上之三門觀文分別屬恐煩不擧。又有六緣，如無著《般若論》說，何故上座須菩提問釋有六因，爲斷疑故，爲起信故，爲入深法故，爲不退轉故，爲生喜故，爲正法久住故，故世尊答亦爲斯六。彼論釋意，若有疑者得斷疑法，知自堪能修行得果不自輕賤，貪多功德受持不退。《空性品》云，願捨輪迴正修，出離深心慶喜如法奉持，即名已得順攝，在四善根，何以得知，既云願捨輪迴，明未登地。又云正修出離深心慶喜，即求住唯識眞勝義性名正修出離，多喜勤故深心慶喜。《淨地陀羅尼品》云，説是法時，三萬億菩薩摩訶薩得無生法忍。依《空滿願品》云，無數國王臣人遠塵離垢得法眼淨，此即入淨地，由此自喜見入亦喜，故亦能令正法久住。如下諸品願流通者，皆此所攝。由此亦成轉法輪義，何者？自既聞法除疑得入，乃至得聖成其初轉，見他得入心生歡喜，復令正法久住流布，即是令他除疑入法乃至得聖，是故得名轉法輪也。又約八義謂欲説大法等義準引解，略指少文，餘者準知，上通起因。別起因者，準《智度論》釋經起因，隨此經中所説之法即是起因。如説壽量，三身，差別，懺悔，淨地，各各多法皆別起因，然佛説法文義包含一文義中各現無量，今且略明有其六義，一明菩提涅槃無漏之果，二明除去不善之因，三身令脱不善之報，四者令修菩提涅槃無漏之因，五者令修有漏善因，六者令得人天之樂。世出世中無漏果勝，諸佛出世爲斯大事，故先明之令欣樂故。次欲令求學教懺悔除不善因，不善因亡不善果滅，不爾不能求無上果，既悔除彼不善因果。次應修習無漏果因，然此因中有其緣正，有漏之行無漏助緣，有漏正因故。次第五明有漏因，有漏因得人天樂報故。次第六明有漏果。又復有情種性差別，爲有大乘性明前二義。爲決定小乘及無種性明後二門，又久修者能得前二，初修之者能得後二，不善因果通爲二明，以有無性及近遠修皆能行故。又不善因若不先悔不可發心緣無上覺，此且略依《六門陀羅尼經》明起因故，壽量三身品明無漏果。懺悔滅障明除不善所有因果，《淨地品》已下明無漏因。四天王《觀察品》下，通明有漏無漏因果得無生忍。遠塵離垢得法眼淨等是無漏因果，望前爲果，據後是因，持呪求福得財飲食，此等亦是有漏因果，引文可知。二明經之宗體者，初明經宗，後明經體。言經宗者傳眞諦釋云，此經示三身本有顯四德無生，開果果忘緣解如如眞實。又有説云，此經菩提涅槃因果爲宗，究暢本始二果備顯緣正兩因。二俱有過，初云三身本有據因可爾，説果即非，何者？豈報化身未修已得，如在因位名如來藏，非名法身故。四德無生據法身説，理即爲正，約報化説非定無生。如《涅槃經》説，如來有八自在我等，據遍計説理亦無違。有説言暢本始二果明緣正兩因，理亦有失。何者，眞如雖是本有，在因不得名果，報化必在修成，何名本始二果。又因雖有緣正，舊説多以眞如爲三身之正因，此不應理。如《能顯中邊慧日論》中廣辨。今辨經宗略有二解，一云，唯以菩提因果爲經正宗。何以故，但説壽量及三身差別。又此經第四卷，但問菩提心因佛答但説十度之行。又《付囑品》云，汝等當知我於無量無數大劫勤修苦行獲甚深法，菩提正因已爲汝説，故知但以菩提因果爲經正宗。一云亦説涅槃因果爲宗故，《壽量品》中以三復次各十義故名爲涅槃。又辨如來十種行已云，善男子如是當知，如來應正等覺説有如是無邊正行，汝等當知，是謂涅槃眞實之相。又《十方菩薩讃歎品》云，常爲宣説第一義令證涅槃眞寂靜。佛説甘露殊勝法能與甘露微妙義，引入甘露涅槃城令受甘露無爲樂。問，若其涅槃亦經宗者，何故《壽量品》下重明三身，最淨地已下明菩提因，及《付囑品》世尊自云菩提正因，何不重明涅槃因果。答二因不別故合説之，但望其果因分生了，因體既同，故不別説。果不重説者，以法身體即是涅槃故。《壽量品》云，如來法身體是眞實名爲涅槃。又云，空性即是眞法身故名爲涅槃。問，若爾法身即涅槃者二義何別。答，言法身者據功德依義邊，言涅槃者取息苦等義，故二有別，又影略故不重説之。任意取捨，然雙取勝。何以故？説《壽量》三身，即以菩提爲宗，既説涅槃，何故不取涅槃爲宗。若云經内但説獲甚深法菩提正因不言涅槃正因，故知但取菩提爲宗者。若爾涅槃離菩提因別修何法爲涅槃因，故菩提因亦涅槃因。又菩提果望於涅槃亦得名因，如《瑜伽論》九十五説轉法輪相，有五種相，一爲得所得所緣相故，二爲得所得之方便，方便者即三轉相皆名方便，方便即因，前爲後因，既第三轉亦名方便。明知菩提望證涅槃亦得名因，故不別説。次明經體者，初出教體次辨聚集，出教體中總有五門，一攝相歸性體，二攝餘從識體，三攝假從實體，四性用別論體，五總攝諸法體。此五門中初辨五體，次明得失。初辨體中，前之四門如本法苑總聊簡義林廣説。五總攝諸法體者，據實亦是性用別論門。今更廣明，以未説故。《瑜伽》八十一云，云何爲體？所謂契經略有二種，一文二義，文是所依，義是能依，如是二種總名一切所知境界。又云，如是建立諸經文義體已故，得名爲總攝諸法體。言文義者論云，文有六種，一者名身，二者句身，三者文身，四者語，五者行相，六者機請，此中正文唯文身是。餘名文者，名句從所依，語從能依。行相約所顯幷能說者，機請據能起，相從名文故。論云，如是六種皆顯於文，由能顯義，是故名文。義有十種，一者地義謂九定地及十地等，二者相義謂諸法體相，三者作意義謂諸作意等，四者依處義謂事依處時依處數取趣依處，五過患義謂可呵法，六勝利義謂可讚法，七所治義謂雜染法，八能治義謂清淨法，九略義，十廣義。此中依所詮及所爲竝名爲義，十俱所詮，依處之中補特伽羅亦是所爲。爲此有情說諸法故且取所詮，六文十義俱經體者有其三義，一剋性體，二所依體，三所爲體。文爲能詮義是所詮，就能詮中，名句二法體是能詮即剋性體，文及語二是所依體。故成《唯識》云，名詮自性，句詮差別，文即是字，爲二所依，語者是聲，由帶名句名之爲語。故成《唯識》云，語不異能詮故，從能依名能詮體，行相通二，謂剋性所依，但約所詮及能說者辨其行相，故行相體即聲名句文。故通二種，機請名文是文所爲，或爲請起文故說機請名爲文者是所爲體，所詮體中補特伽羅依處。通是剋性及於所爲，亦爲此補特伽羅說彼伽羅，說彼伽羅即是所詮，依處少分餘九竝是剋性所詮。此言義者非唯道理，但所詮者幷得名義。故總攝體有此三義，然三科法相出體性者，竝是性用別論門收，此之五門偏據大乘，三科法相通三乘故略不具述，辨得失者如《唯識》義燈說。次辨聚集者，廣如法苑總章義林及《唯識》義燈辨。三明時利復分爲二，初明時後明利，時中復二，初明世尊起說經時，後明弟子翻譯年代。初佛說時復分爲二，初辨時不同，二辨教時攝。辨時不同者，如法苑中總章義林及《能斷般若疏》幷《慧日論》等廣明。上明世尊起說經時，二明教時攝者是第三時。何以知者？下文亦說十二行法輪。又《滿願品》云，八千億天子國王臣民遠塵離垢得法眼淨，準《瑜伽論》得預流果，無間道遠塵，解脫道離垢，故通爲一切乘。後弟子翻譯年代者，此經述三身之祕賾，談四德之玄樞，涉彼岸之龍輿，出炎莊之象駕，所以累袪三障，行備二因，護王國之堅城作降魔之劍甲。由此十方剎土頂戴流行。故斯振旦已經五譯，曇無讖三藏創傳於北涼，耶舍法師後周復翻於歸聖寺內，眞諦重翻於建鄴，闍那更譯於隋朝。雖各依梵本竝竭專誠，但爲貝葉傳文時有脫漏，致令譯者增減不同。三藏義淨法師明悟秀出標奇於救蟻之年，風鑒挺生拔萃於進具之岸，四章三藏皎越朝曦，五篇七略明逾夕月。志懷舟濟情切紹隆，殉道忘疲何辭折骨，周遊西夏二十餘年，天藏龍宮備皆探賾。尋諸梵本考較無遺，振錫東歸奉勅翻譯。長安二年次在壬寅，受筆斯經精勤莫輟。至長安三載次在癸卯十月四日，修飾畢周寫成十卷三十一品，文圓理具華質得中，始得髻珠同開寶塔。凡聖欣慶上簡帝心，聲教所覃勅令抄寫。其間闕具義至方明，斯即弟子翻譯時代。二種不同竝是辨時，第二辨利者，利謂利益，此經爲利何等機性，於中分二，初辨機性不同，後明所利機性。辨不同者，諸教之中說機差別各各有異。如《涅槃經》但說一機，故彼經云，凡有心者皆當作佛，此經一會多宜聞有，談有藏無言皆作佛，《法華》亦同。故云若有聞法者無一不成佛等。若《善戒經》、《地持論》等說有二機，一謂有性，二謂無性。故彼經云，性種性者從無始來展轉相續。法爾所得六處殊勝此有性也。又云，無種性人無種性故，雖復發心行菩薩道，終不能得無上菩提，此無性也。顯了說也。若《法華經》說有三機，序品云，爲求聲聞者說應四諦法，爲求辟支佛者說應十二法，爲諸菩薩說應六波羅蜜，亦隱無性。由於此會多對不定聲聞而說云皆作佛，更有多類，如慈恩樞要《法華經疏》及《慧日論》、《能斷般若疏》述。明所利機性者，初明所利之機，後明得利多少。明所利機略有二解，一云，唯備大乘根性。通定不定性有聲聞故，何故不備定性聲聞等耶？答，準《法華經》及《大寶積經論》云。所以聲聞問者，爲聲聞人所作事。故此經初問，既是妙幢菩薩，又但問如來壽量廣說三身故知，但爲菩薩根性，而下得利云遠塵離垢等者，準《大莊嚴論》得入初地亦云得法眼淨，不唯聲聞故。一云，既第三時教通備五乘，會列聲聞復有遠塵離垢，準《瑜伽論》得預流果文無定說故可通備。然正宗內但爲菩薩，四天王品已下可通備餘，以皆令得人天果故。二解後勝，許是第三時法輪所攝故，後明得利多少者復分爲二。初明得現利，次明得後利。現利即坐得益，後利即佛說之後得。現利有二，一得果利二得因利。果有兩種，一出世果二世間果。出世果者總有七類，五是大乘二是小乘。依《空滿願品》有一云，爾時會中有五十億苾芻。行菩薩行欲退菩提心，聞如意寶光燿菩薩說是法時，皆得堅固不可思議滿足上願，更復發起菩提之心，即爲授記。汝諸苾芻過三十阿僧祇劫當得作佛，劫名難勝光王，國名無垢光，同時作佛皆同一號名願莊嚴間飾王如來。《授記品》有四，初授

《妙幢菩薩記》云，汝於金光明世界當成阿耨多羅三藐三菩提，號金寶山王如來。二云，時此如來法皆滅盡時彼長子名曰銀幢，即於此界當得作佛，名曰金幢光如來。三云，時此如來所有教法悉皆滅盡，次子銀光當得作佛，號曰金光明如來。四云，是時十千天子聞三大士得授記已。復聞如是《最勝王經》，心喜清淨無垢如空，爾時如來知是十千天子善根成熟即與授記，汝等當來於最勝因陀羅高幢世界得成阿耨多羅三藐三菩提，同一種性又同一名號，曰面目清淨優鉢羅香山十號具足。如是次第十千諸佛出現於世。六《淨地陀羅尼品》云，無量無邊苾芻苾芻尼得法眼淨此得初果，若據大乘得法眼淨是初地位，即因利攝，且依《瑜伽》說是小果。七依《空滿願品》云，說是品時有八千億天子無數國王臣人，遠塵離垢得法眼淨。二世間果者，略舉十七類，《如來壽量品》中云，三千大千世界所有衆生，以佛威力受勝妙樂無有乏少，若身不具悉蒙具足，盲者能視，聾者得聞。瘂者能言，愚者得智，若心亂者得本心，若無衣者得衣服，被惡賤者人所敬。有垢穢者身清潔，於此世間所有利益未曾有事，悉皆顯現。此有九益。一得樂具，二具諸根，三得舌用，四得智慧，五不失心，六得衣服，七得敬仰，八身清淨，九得雜益。《四天王護國品》末云，說是法時無量衆生皆得大智，聰叡辨才攝受無量功德之聚。離諸憂苦發喜樂心善明衆論，此中八益，如文可知，已上世界登出離道不復退轉速證菩提，此出世因利，二得因利中復二，初得出世因後得世間因，出世因利有十五類。一《壽量品》有二云，爾時會中三萬二千天子皆發阿耨菩提之心。二又云，說是《如來壽量品》時，無量無數無邊衆生皆發阿耨菩提之心。三《懺悔品》云，若有善男子善女人，聞是寶王大光照如來名號者，於菩薩地得不退轉，至大涅槃時會既聞明得此益。四品末云，時諸大衆聞佛說已皆蒙勝益歡喜奉行。五《淨地陀羅尼品》云，說是法時三萬億菩薩摩訶薩得無生法忍。六又云，無量諸菩薩不退菩提心。七又云，無量無邊苾芻苾芻尼得法眼淨。八又云，無量衆生發菩薩心。九《蓮華喻讚品》云，大衆聞是說皆發菩提心，願現在未來常依此懺悔。十《重顯空性品》云，時諸大衆聞佛說此甚深空性。有無量衆生悉能了達四大五蘊體性俱空，六根六境妄生繫縛，願捨輪迴正修出離。十一依《空滿願品》云，說是法時有三千億菩薩，於阿耨菩提得不退轉。十二又云，會中有五十億苾芻，行菩薩行欲退菩提，聞如意寶光耀菩薩說是法時，皆得堅固不可思議滿足上願，更復發菩提之心。十三《四天王護國品》云，無量無邊衆生登出離道不復退轉速證菩提，具如前引。十四《流水品》云，汝等皆應勤求出離勿爲放逸，大衆聞已悉皆悟解，由大慈悲救護一切，勤修苦行方能證獲無上菩提，咸發深心信受歡喜。十五《捨身品》云，說是往昔因緣之時，無量阿僧企耶人天大衆皆大歡喜，歡未曾有悉發阿耨菩提之心，後明得現世因利者，《懺悔品》云，若有女人聞是佛名者，臨命終時得見彼佛來至其所。既見佛已究竟不復更受女身，既爲衆說時諸女人聞此佛名亦現得因，於當來世不受女報。次明得後世利者，即鷲峯會說此經已。後依修學所得利者竝是後利，略舉少分，一明聞經益。《四天王護國品》云，若有衆生聞是《金光明經》者，即於阿耨菩提不復退轉。二明讀誦益，《大辯才天女品》云，辯才天女白佛言，世尊若有法師說是《金光明最勝王經》者，我當益其智慧具足莊嚴言說之辯，若彼法師於此經中文字句義，所有忘失皆令憶持，能善聞悟復與陀羅尼總持無礙。三明受持益，《無染著陀羅尼品》云，若有十阿僧祇三千大千世界滿中七寶奉施諸佛，及以上妙衣服飲食種種供養經無量劫，若復有人，於此陀羅尼乃至一句能受持者所生之福倍多於彼。何以故？此無染著陀羅尼甚深法門是諸佛母故，此意由經能生諸佛故名佛母。四明流通益，《三身品》云，若所在處講說是經，於其國土有四種益。一者國王軍衆強盛無諸怨敵。離於疾疫壽命延長，吉祥安樂正法興顯。二者中宮后妃王子諸臣和悅無諍，離於諂佞王所愛重。三者沙門婆羅門及諸國人，修行正法無病安樂無枉死者，於諸福田悉皆修立。四者於三時中四大調適，常爲諸天增加守護，慈悲平等無傷害心，令諸衆生歸敬三寶修習阿耨菩提之行。又《三身品》明聞經益云，若有善男子善女人，於此《金光明經》聽聞信解，不墮地獄、餓鬼、傍生、阿蘇羅道。常處人天不生下賤，恆得親近諸佛如來聽受正法，常生諸佛清淨國土，所以者何？由得聞此甚深法故。是善男女則爲如來已知已記，當得不退阿耨菩提，於此甚深微妙之法，一經耳者，當知是人不謗如來，不毀正法，不輕聖衆。一切衆生未種善根令得種故，已種善根令增長成就故，一切世界所有衆生皆勤修行六波羅蜜多。又《懺悔品》明流通益云，若有四衆，隨在何處爲人講說是金光明微妙經典。於其國土皆獲四種福利善根，一者國王無病離諸災厄，二者壽命延長無有障礙，三者無諸怨敵兵衆勇健，四者安穩豐樂正法流通。又云，於其國中大臣輔相有四種益，一者更相親穆尊重愛念，二者常爲人王心所愛重，亦爲沙門婆羅門大國小國之所遵敬，三者輕財重法，不求世利，嘉名普暨衆所欽仰，四者壽命延長，安穩快樂，沙門婆羅門亦得四勝利。一四事無乏，二安心思惟，三依山林得安樂住，四隨願得滿。人民皆得豐樂無諸疾疫，商估往還多獲寶貨具足勝福，已外諸品說得利益雖無量種類不過此。利益既多，諸有聞者應如法學。四明經之得名者，復分爲二，初汎論釋名，次釋此經目。初中有二，初汎論釋名，次辨釋意，此廣具如《法華義決》及《唯識義燈》。次釋經目者，初釋經都名。次別釋品目，釋經都名，初依古次述今，依古釋者，傳眞諦云，外國言修跋拏此曰金，婆頗婆此曰光，欝多摩此言明，因陀羅此曰帝，邏閦那此曰王。故西土出本云《佛陀經》、《金光明經帝王經》也。此意《佛陀經》從所詮爲名，金光明法喻合名，亦從功用號《帝王經》，但從喻稱言《金光明》者。此三字表經三種三爲體，一三身，二三德，謂般若解脫法身。三三位，即道前道中道後，道前即住自性佛性，道中即引出佛性，道後即至得果佛性。準舊解亦即應得因、加行因、因滿因，如次配前三種佛性。初三身者，一金體本有眞實以譬法身，二光明能照以譬應身，三明能遍益以喻化身。二譬三德者，一金譬法身有四義，一色無變如常，二體無染如淨，三轉作萬物無礙如我，四令人富貴如樂。次光有二義，一能照了二能除闇，如《般若》，次明有兩義，一無闇二廣遠，如解脫。總無衆患，三譬三位者，金是本有如道前正因，此意用如以爲三佛。光是始有如道中了因，此意對緣起修功能始起，非體本有。故望果德名爲了因，明是無闇如道後之果，三身中法身宜取眞實義。二身不實也，以是功能始起名假。三德中法身宜取無染等四義，具四方是法身也。三位中法身宜明本有義，對緣與果是始有也，此意道後約修行明談。如本性不有三別故，剋取體取本有義，即道前。如此三次第前後者，有因緣修故得果，得果故有三德，三德圓故以三身化物，此意由有三位之中，道前如故爲正因。道中修滿至道後，位具足三德，三德圓故方可三身化物。逆爲次第，此三種之三三位爲正體，故壽量一品明果在道後，三身一品明因在道前，懺悔已下明在道內也。此意經中正明三位爲經正宗也，三帝王者有三義，一明法身攝《華嚴》，《華嚴》以法身爲體，二明智慧貫《波若》，《波若》智慧爲體，三明四德收《涅槃》，《涅槃》常等爲正體也。此意由貫斯三故曰《帝王經》。有三種正，一正說十二部文，二正行文下所學之行，三正果四德之法也。正說出正行，正行出正果。一能顯，二能行，三能到，故同曰經。今此言經正是初一，次述今者梵音舊訛，今者正云蘇跋那婆娑欝多摩囉闍蘇怛纜，蘇跋那此云金，婆娑娑此云光，言光明者遂言便也。欝多摩此云最勝，囉闍此云王，蘇怛纜此義云綖索經，應言《金光最勝王經》。金王二字一向是喻，光明最勝竝通法喻。今於此目略爲五釋，一依教理行果四法解釋，二依三寶，三依菩提涅槃，四依法喻，五依人法。一依教等者，此能詮教如似光明，故《無垢稱序品》云，演法寶光。《瑜伽》四十四云，欲聽法時作五種想，第一作寶想，極難得故。二作眼想，得俱生慧目故。三作明想，已得廣慧於一切種等照義故。四作大果勝功德想，能得涅槃及三菩提，無上妙迹因性義故。五作無罪大適悅想，於現法中未得涅槃及三菩提，於法如實簡擇止觀，無罪大樂因性義故。取第三義以能顯理如似光明，雙擧光明者意顯二空，或復福智，或菩提涅槃各有因果，不爾光明隨擧於一，何假二耶？教中最勝如似於王，故《付囑品》云，我親從佛聞無量衆經典，未曾聞如是深妙法中王，何等是勝？如經中說諸勝妙事，恐煩不引，披者應叙，故但取金及王爲喻，且取金喻略擧四義，一性本有，二極難得，三爲金輪，四寶中勝。一性本有者，喻此教法眞如所流，攝相歸性故皆本有，又諸佛說無初際故。二極難得者，序品云，我當說是經甚深佛行處，諸佛祕密教千萬劫難逢。《付囑品》云，汝等當知，我於無量無數大劫勤修苦行，獲甚深法菩提正因，已爲汝說。又如貧者終不能得，要有福因故，《大辯天女品》云，此《金光明最勝王經》，爲彼有情已於百千佛所種諸善根當受持者，於贍部洲廣行流布乃至而演說之。三爲金輪者，如輪王出用金爲輪，能降未伏能鎮已伏，此經亦爾。《懺悔滅障及淨地品》說斷諸障如降未伏。諸品中說聞已證得不過轉者如鎮已伏，其理極成，煩不引文。四寶中勝者，如七寶中金第一故，故但取金喻於此經法寶中勝亦復如是。取王喻者亦略擧四義，一能摧怨敵義，二能集諸寶義，三能遍化生義，四令位不絕義。且如輪王有此四義，一有千子及主兵臣故能降敵，喻於此經有懺悔法，及行十度滅除十障二十二無明等。二能集諸寶義故，諸論說集福德王定，此經《滿願品》云，若王在世七寶不滅，王若過去世一切七寶自然而盡，是金光明微妙經典。若現在世大正法寶皆悉不滅，又如輪王既出於世七寶應現。此之經王既演說已，七聖財寶悉皆顯現。三能遍化生義者，如金輪王遍化四洲，此之經王遍化四生。《壽量品》云，三千大千界所有衆生，以佛威力受勝妙樂無有乏少等故。四令位不絕義，如金輪王必定傳位使不斷絕，此經亦爾，能令佛種相續不絕故。《授記品》與妙幢菩薩及以二子而授記別，十千天人因聞此三得授記別，起慇淨心亦得授記故喻於王。二依理者，《三身品》云，由三淨故名極清淨，一煩惱淨，二苦淨，三相淨，譬如眞金鎔銷冶鍊，既燒打已無復塵垢，爲顯金性本清淨故，金體清淨非謂無金。乃至云，爲顯佛性本清淨故，非謂無體此喻理也。眞如本有自性清淨障隱不現，離障時顯，非始有淨，以眞如理勝故，如王爲依持故有餘功德。三依行者，《三身品》云，如諸善男子白佛言，世尊何者爲善？何者不善？何者正修得清淨行？【略】次別釋品名復分爲四，一列品名，二明別得名，三明有無開合，四明次第。初列品名者，謂序品、壽量品、三身品、夢見懺悔品、滅業障品、淨地陀羅尼品、蓮華喻讚品、金勝陀羅尼品、重顯空性品、依空滿願品、四天王觀察人天品、四天王護國品、無染著陀羅尼品、如意寶珠品、大辯才天女品、大吉祥天女品、大吉祥天女增長財物品、堅牢地神品、僧慎爾耶藥叉大將品、王法正論品、善生王品、諸天藥叉護持品、授記品、除病品、長者子流水品、捨身品、十方菩薩讚歎品、妙幢菩薩讚歎品、菩提樹神讚歎品、大辯才天女讚歎品、付囑品。二明別得名者三十一品分爲二類，一法爲名有二十，二法爲名有十一。初中復四，從事爲名有三，謂序品、捨身品、付囑品。從法爲名有十，謂壽量品、三身品、夢見懺悔品、滅業障品、淨地陀羅尼品、重顯空性品、依空滿願品、無染著陀羅尼品、授記品、除病品。從喻爲名有一，如意寶珠品。從人爲名有六，大辯才天女品、大吉祥天女品、堅牢地神品、僧慎爾耶藥叉大將品、善生王品、長者子流水品。二法名中復分爲二，法喻爲名有二，蓮華喻讚品、金勝陀羅尼品。人法爲名有九，四天王觀察人天品、四天王護國品、大吉祥天女增長財物品、王法正論品、諸天藥叉護持品、十方菩薩讚歎品、妙幢菩薩讚歎品、菩提樹神讚歎品、大辯才天女讚歎品。三有無開合者，初明有無不同。西涼曇無讖所譯有十八品，闕十三品，五品開出猶闕八品。梁眞諦譯者有二十二品，加三身品、淨障品、最淨地品、依空滿願品。除開出者猶少四品。隋闍那崛多出二十四品，加銀主陀羅尼品即今無染陀羅尼品，及囑累品，除開出者仍少兩品。大唐中興三藏法師勘諸梵本譯其脱略具獲諸品及其品名，更加金勝陀羅尼品、如意寶珠品，舊本所無。二開合有異者，舊本觀察人天品、護國品合名四天王品。大吉祥天女品、大吉祥天女增長財物品合爲功德天女品。十方菩薩讚歎品、妙幢菩薩讚歎品、菩提樹神讚歎品、大辯才天女讚歎品，合名讚佛品。今各開之，據其人殊或事別故成三十一品。四明次第者，如來說法必有所由，若衆集緣和，機器符會，虔誠渴仰願樂欲聞，有此因由方可陳說。故有初序品，衆既集而渴仰，須應物以宣揚，衆意希樂無上果因。故假妙幢等而爲開請因，斯爲說菩提涅槃。故有《壽量品》起，雖總開說未差別知，故別說涅槃菩提，據總別異應別說涅槃三身，以涅槃文少雖更別說通入壽量。三身文廣因虛空藏請方爲別說，有三身品起既知勝果不可虛成。必待修因方能剋會，將修勝行先須改責前非宿善能悔往愆。是故佛加妙幢令得夢悔其前非，故有夢見懺悔品，雖有夢中除過未爲明了。故心滅障惡在勝因，是故因如來放光驚覺帝釋。因玆啓請願說懺洗之方。佛爲廣陳故，次《懺悔品》起，既悔先非已應修正行故。師子相發扣幽機，如來大悲次第陳說，發心修行斷障證眞神呪護持，故有《淨陀羅尼品》。此等勝業肇因妙幢，衆欲願知何能如是。故佛爲說往昔因緣曰，其過去名金龍主，以蓮華喻讚歎諸佛，藉斯勝業故能發揚壽量創啓懺方，故有《蓮華喻讚品》。既由供讚諸佛爲因故教持呪令恆見佛，故有《金勝陀羅尼品》。雖復廣明因果令願修行，未顯二空蕩其情執。又前諸品多據俗諦勸物起修，明其二空依勝義諦令除封著。前隨諸義雖略明之，今更廣陳令得開悟，故有重顯《空性品》。已前多明有行，恐滯住有而不證眞。今者廣顯二空，復恐滯空而不修行，欲令依方便而起行，即諸行而觀空，依勝空而證眞，即觀空而習有，雙泯空有都無所著，方成勝行能證菩提。故有依《空滿願品》，上明爲於即席廣明菩提涅槃因果。果求因習眞俗雙觀，能事既周現座得益。欲使法流後代有識修行，末代多有障緣恐難修習，若不加其衞護助以衆緣，即生有障而不能修。法無人修何由布世？故假四王之福力八部之加威，人天敬重始得流布，故有《四天王觀察人天品》。又經行之處利益良多，所至處方咸應敬養。敬養令法增長廣，天神喜而加護。故有《四天王護國品》。然恐學者染著諸境退大菩提，故說神呪，能誦之者令無染著，生死輪迴求無上果而心不退。故《無染著陀羅尼品》起。雖令無退猶有難緣，恐怖諸横來侵妨其修習，故說神呪除怖狂死無怖修行，故有《如意寶珠品》。既不退離怖能自修行，菩薩爲懷必須弘法濟物，弘法濟物必假身，安具足四辨，故辯才天女說呪護助。兼敎洗浴得辯身安，故有《大辯才天女品》。雖得身安具辯必藉四事，資緣若闕緣求事妨弘濟。次敎小用功力多具資緣，故有《大吉祥天女品》，持經之者雖自豐四事不假外求，聞者亦須供養，行學貧乏心求不遂，勝福無因得生，故敎福足之方令依得流聖敎，故有《大吉祥天女增長財物品》。雖復財豐五穀恐非香美，欲令流經之處地味精芳，故有《堅牢地神品》。又復通經利物要假智慧，了俗達眞常生善道，爲敎得此二因，故有《僧愼爾耶藥叉大將品》。又復國王勢力能爲損益，若不正理災變多生，衆長邪心難聞此敎，須敎王正理弘揚此經，故有《王法正論品》。雖說多行恐不依行，舉昔自因勸勉時會，故有《善生王品》。雖舉昔事以勸時會，恐不專心，勤勵行學，復說修學之軌，舉前諸事更廣功能，重曉大會堅崇其意，故有《諸天藥叉護持品》。爲顯經利廣大獲益殊多，聞者得證菩提記，益明其授記，若不授記衆疑不能決定行學，故說當記令仰修行，故有《授記品》。十千天子暫得聞經佛與授記，衆生疑惑，植何善本得菩提記，如何世尊令爲說法，故說往因，有《除病品》及《流水品》。衆聞世尊過去療病濟魚施水，謂修少行即得菩提，佛爲廣明，非但爾許更多無量，略舉一代苦行叙虎，故有《捨身品》。大衆聞深妙法復聞苦行等因，大會靡不歡喜，故先他土菩薩讚揚，故有《十方菩薩讚歎品》。他土讚訖此方菩薩及天地神等亦復同讚，故有《妙幢菩薩等三讚歎品》。說讚事訖委記令行，大衆奉持，故有《付囑品》。此依九品爲經正宗，略舉大意明其次第，中間差別非無異義，依二十八品爲經正宗。次第準悉，五依文科釋者經有三十一品，依眞諦判分爲三分。初之一品是序分十九品爲正說，後兩品屬流通，嘆佛品中明他方大士還他土而歎彼佛。次文方明此土大士嘆此方佛，說法既了他土菩薩還他方說此品，故非正說，故此品是大衆領解歎能說人耳。非經正意，後之一品如來付囑所弘之法，正是流通，問他方歸讚合在囑累後明，何故《囑累》居《嘆佛品》後。解云應爾，但出結集者，合此兩品共一處。故《囑累》奉行在最後也。今準新翻，初他方菩薩讚此如來，非是往彼而讚彼佛，今爲二解，一云，初之一品同於今古，從《壽量品》盡依《空滿願品》。此之九品明經正宗。餘二十一品竝是流通。何以故？妙幢等情欲聞菩提涅槃果及於因，世尊爲説壽量無盡，是明菩提，陳如疑情壽命無窮如何復說入般涅槃，請說涅槃眞實之義，不爾四佛已爲妙幢說示涅槃之所以訖，何故陳如復請舍利？故是爲明涅槃之義發斯請問，故舊本云。如如來說如是之義我已聞知，爲請如來廣開分別眞實之義故，求舍利開方便門，今本下文廣說涅槃眞實之義，舊本闕無。既聞佛說壽量無邊，佛有三身未知差別。復欲修學請佛，爲陳若不明其差別，不知證之果因故。佛先陳三身差別。次敎修學，修學正則斷惡修善，斷惡即懺悔滅障，修善即依五位三祇修十勝行，行依境起，須知俗眞後更重明二空之性。空有雙習依空滿願，所以行備果圓，故經正宗意在於此。《四天王觀察人天品》等下，即但觀彼持讚流通，所有處方加其守護，增財益辯助智除災說自勸他。意令行學菩薩聞讚如來付之故竝流通，雖下方有授妙幢等菩提之記，意明經益，得記當成勸發時衆依言修學，不爾應前說《壽量品》乃至《蓮華喻讚品》訖即與授記。何故待說《諸天藥叉護持品》後，由此故知屬流通分。然傳眞諦法師云，若四天王已下判是流通者此過謬也，何也？壽量明釋迦果，何故但是正說，授記明弟子果，何故屬流通，善集捨身明釋迦了因，何忽但是流通。懺悔空等明弟子了因，何故是正說。又《三身品》通明兩家正因，何故但在正說。故從壽量乃至捨身總是正宗。今者釋云，壽量雖明釋迦之果正是所求，授記雖明弟子之果意爲傳經，說益勸衆，故在流通。《懺悔》等品雖正是因爲弟子說，說果正擬令使行因，《淨地》等品通諸佛因，不唯今日弟子。故《懺悔》等得在正說，《捨身》等品說過去事，舉自勸他非是今會始自行學，故囑流通。不爾《蓮華喻讚》，讚佛功德即是正宗，菩薩讚佛何故即屬流通。又若《四天王》等品，世尊命護彼等，依命護持即是正宗。《付囑》亦是令行，何乃屬流通，由此《授記》雖明來果，捨身明其往因，爲勸而來故流通攝。

綜述

宗曉《金光明經照解》卷上　《玄序》曰，此金光明甚深無量，雖太虛空界，尚不喻其高廣，豈山斤海滴寧得盡其邊涯，是諸佛所游過菩薩所行，以金爲名，名蓋衆寶之上。以法性爲體，義則如來所游莊嚴菩薩深妙功德以爲宗，照曜諸天心生歡喜以爲用。文號經王，教攝衆典，常爲四方四佛之所護持，三世十方亦復如是。一切菩薩徧佗方，以遙禮四鎮天王親雨淚以稱揚諸天覆之，以天威地神潤之，以地肥大辯加之，以智慧功德益之，以珍財若有聞者則能思惟，無上微妙甚深之義，開甘露門，入甘露城，令諸衆生食甘露味，以智慧刀裂煩惱網，三塗除惱熱，諸有悉乾枯。舉要言之，一切世間未曾有事，悉具出現。敢託斯義，輒欲興言冀涓滴入海，禽鳥向山，實藉片緣同均鹹色也。欲觀斯經，首題五重玄義。

一金光明爲名，又五一示通別佛說諸經皆是文字，是通金光明三字，是別逗化所以不同故。二明翻譯，梵語修跋拏，此翻金，婆頗婆，此翻光，鬱多摩此翻明，修多羅，此翻經。三約譬喻，古師以金光明三字譬三德，或譬三三天台廣破之，然後自約處中十種三法，以釋三字。所謂道識，性般若菩提大乘，身涅槃三寶，德此之十法該括，始終義含逆順橫竪偏譬一切三法，方稱無量甚深法性之旨。四依經立名，上來舉譬多是義。推依文立題，方爲親切。故序云，是金光明諸經之王，創首標名，彌爲可用。五當體受稱法性可尊可貴，名金，寂而常照名光，大悲能多利益名明，即是金光明當體法門，非借世金以譬法也。問舊云，此經從譬得名，云何矯異而依文耶。答非今就文而害於譬，若苟執譬復害於文。義有二途應須兩存，若鈍根人以譬擬法，若利根人即法作譬。下文云，即於是典，金光明中而得見我。又云，爲鈍根故，起大悲心，鈍人守株守指利人不須株指。

如上天台五義，釋名先達案七種，立題判其所歸，多云單譬斷奠此經單法爲名，而不失譬喻。釋者唯四明法師也。故《拾遺記》曰，應知此經，三字別題，是法非譬經，敘如來游於無量甚深法性，乃住此定而便唱云是金炎明諸經之王，豈非直指法性。名金光明不云法性，如金光明而下文所立譬喻。一釋蓋以諸師解金光明，爲世物象其實不知法相圓融。大師欲示金光明海諸法融備故，順諸師以三字譬具足以況十種三法格佗譬法不周，然雖順佗以譬顯法，其如經題是法非譬故，後自立附文當體二釋，斥彼義推譬喻疎遠，依經就法方爲親切，或議四明單法定題得何意趣，今謂拾遺深領玄文縱奪之旨，所謂天台先縱古師約義廣演譬喻格佗譬法不周次，則奪歸附文當體單法定題，依文親近也。

二，法性爲體，體是一經之主，質也。此經若依義，則以法身爲體，若依文，則以法性爲體。法性語通，今以佛所游入法性爲體也。此體種種衆行而歸，趣之類衆，星之環北辰，如萬流之宗東海，故以法性爲此經之正體。當知體禮之，釋與經法，性意同如來之所游是貴極之法故。復次體是底義，得此體者，窮源極底故。復次體是達義得此體者，通達一切異名別說故。

三，三身常果爲宗。宗者要也，此經專用佛果爲宗要，良由法性甚深微妙，若欲顯之非果不克，當知果是顯體之樞要，如提綱則目整也。經云，釋迦如來所得壽命，釋迦是果人，壽量是果法，果人克果法，冥乎法性四佛，斷疑舉山斤等，無能知其數量，明其能常八十是無常，其常尚不能知焉，能知其非常非無常，若不約果佛，此義難明。故以三身常果爲此，經之宗要也。

四，滅惡生善爲用，用謂力用也。此經滅惡故言力生，善故言用，此且偏舉耳苦是惡果，三毒是惡因，惡因不除，苦果不謝。聖人先令滅惡因，故《懺悔品》居先，樂是善果，懺讚是善因，惡滅善生，故《讚歎品》居後。但《懺悔品》滅惡非不生善，《讚歎品》生善非不滅惡，《空品》則導成滅惡生善，《四王》已下護經流通竝是生善滅惡，是故此經以滅惡生善爲力用也。

五方等生酥爲教相，教是聖人被下之言，相謂分別同異。論此經之教相，若安般若而時異，若入會三而味別案。經云，有一比丘讀誦《大乘方等》經典，既言方等，豈非文耶？方等之教，通於三乘，人修如此則五味明義，當第三生酥，味攝四藏明義，則雜藏收四教明義，則當通教通教之中即得論於帶別明圓也。疏釋已廣說空云，此經屬方等，後分乃指般若爲已廣說空。今云方等者，結集經家以氣類相同向前集之也。

《拾遺記》通示五重玄義曰，玄謂幽微難見，義謂理趣深有所以其幽微。義而有五重，一經始終能詮之，名所召之體即體之宗宗成力用，此四言教通局相狀大師搜抉如是，五義解釋一題欲令學者預知經旨，然後尋文，使成智行。斯是道場持因靜發稱會佛心演茲奧義。故不與暗證及尋文者同日而語也。

智旭《閱藏知津》卷六　《金光明最勝王經》十卷，前有聖教序唐大薦福寺沙門釋義淨譯。

序品第一，佛入甚深法界，大衆雲集，佛觀察說頌。《如來壽量品》第二，妙幢菩薩疑佛壽短促四方四佛於室中現，爲說佛壽無量妙幢，與諸大衆往鷲峰見佛，四佛亦到鷲峰，遣侍者勸說此經。佛許可之，有婆羅門名法師授記預求舍利，有童子名一切衆生喜見以偈荅之。妙幢因問若無舍利及般涅槃，云何經中說有涅槃及流布舍利事。佛荅以三種十法說有涅槃，又應知十種希有如來之行。分別三身品第三，虛空藏菩薩啓問，佛荅以化應法三身實義。夢見《懺悔品》第四，妙幢夢金鼓出大音聲，說懺悔偈，次日述之於佛。《滅業障品》第五，佛先放光息苦，次爲帝釋廣說懺悔、勸請、隨喜、廻向四法滅，除四種重障。四重障者一於菩薩律儀犯極重惡，二於大乘經心生誹謗，三於自善根不能增長，四貪著三有無出離心四法如次治之。《淨地陀羅尼品》第六，師子相無礙光燄菩薩問菩提心義。佛先以勝義諦荅之，次明十度爲因各依五法成就，次明波羅密義，次明十地先相，次釋十地名義，次明十地及佛地各有二無明爲障，次明十地行十波羅密，次說十咒護於十地。蓮華喻讚品第七，佛爲菩提樹神說過去金龍主王，以蓮華喻讚於諸佛今感金鼓妙夢。《金勝陀羅尼品》第八，佛爲善住菩薩說咒并持法。《重顯空性品》第九，偈說二空境觀。《依空滿願品》第十，實光耀天女問修行法，佛示依於法界修平等行天女領解轉成梵身佛授道記，并五十億苾蒭重發大心皆得授記。《四天王觀察人天品》第十一，發弘護願。《四天王護國品》第十二，有多聞天王如意寶珠咒法。《無染著陀羅尼品》第十三。《如意寶珠品》第十四，佛觀世音金剛秘密主各說一咒，梵天王帝釋各說一咒，四天王共說一咒，龍王說一咒。《大辯才天女品》第十五。《大吉祥天女品》第十六。《大吉祥天女增長財物品》第十七。《堅牢地神品》第十八。僧愼爾耶藥叉大將品第十九。王法正論品第二十。《善生王品》第二十一，佛昔爲王請寶積法師說此經王。諸天藥叉《護持品》第二十二。《授記品》第二十三，授妙幢并二子及十千天子記。《除病品》第二十四，說流水長者子作醫本事。《長者子流水品》第二十五，說救十千魚得生天事。《捨身品》第二十六，說往昔薩埵王子捨身濟餓虎事。《十方菩薩讚歎品》第二十七。《妙幢菩薩讚歎品》第二十八。《菩提樹神讚歎品》第二十九。《大辯才天女讚歎品》第三十。《付囑品》第三十一。

此經於三譯中最在後而文義周足，亦猶華嚴之有唐譯也，最宜流通。

《金光明經》四卷，前有釋宗顯序。北涼中天竺沙門曇無讖譯。

有十八品，按此經同前而來未盡，但因智者依此譯說《玄義》及《文句》故舉世流通。

《合部金光明經》八卷。隋大興善寺沙門釋寶貴對志德等合入。共二十四品。彥悰序云，此經有三本，初涼世曇無讖譯爲四卷止十八品今存，次周世耶舍崛多譯爲五卷成二十品今亡，後逮梁世眞諦三藏譯三身分別業障滅陀羅尼最淨地依空滿願等四品，足前出沒爲二十二品，重尋梵本，得囑累品及銀主陀羅尼品。

紀事

非濁《三寶感應要略錄》卷二　中印度有一中國講《金光明最勝王經》感應出《西國傳》。

中印度有國，名奔那代彈那。如來滅後八百年中，國芒蕪五穀不登。王臣士民饑餓，疾疫流行，妖死滿路。王問臣曰，何方便將救此苦。智臣白王言，除國妖孽，不如佛經，王將修行佛教。王曰，何經典。臣曰，昔摩揭陀國，救責難依講《金光明最勝帝王典》。王將講聽彼典，王即請法師，一夏講經得五返。時夢諸童子，執竹杖追打惡鬼驅出國，即時疾疫頓息。又夢有大力鬼神掘地，甘水涌出滿一切田，即稼苗殷盛，五穀豐稔，未出一年國民富，以爲年式矣。

溫州治中張居道冥路中發造《金光明》四卷願感應出《滅罪傳》。

昔溫州治中張居道，因適女事，殺豬羊鵝鴨等。未踰一句，得重病便死，經三夜活，即說由緣。初見四人來，懷中拔一張文書以示居道，乃是豬羊等同詞共訟曰，豬等雖前身積罪令受畜身，自有年限，遂被居道枉相屠害，請裁後有判差司命追過。即打縛將去，直行一道向北，至路中使人曰，未合死，當何方便而求活路。怨家詞主三十餘頭，專在王門底，悔難可及。居道曰，自計所犯誠難免脫，乞樂一計。使人曰，汝爲所殺生，發心願造《金光明經》四卷，當得免難，即承教再唱其言。少時望城門見閻魔廳前，無數億人，哀聲痛響不可聞。使唱名王以豬等訴狀樂之，居道述願狀。所殺者乘此功德，隨業化形，王歡喜再歸生路，聞此因緣，發心造經一百餘人。斷肉止殺不可計數矣更有安固縣承妻脫苦緣，煩故不述之。

天皇后供養《金光明最勝王經》感應出《皇后傳》。

三藏法師義淨齊州人，姓張字文明，志遊西域，所歷三十餘國。天后證聖元年，還至河洛，天后受佛記敬法重，長安三年十月四日，於西明寺譯《毘沙門婆畜》，惠表惠治等筆受，同月十五日，即於西明寺而供養，即施百尺幡二口，四十九尺幡四十九口，絹百疋香花等供具，皆用七寶而爲莊嚴。爾時紫雲蓋寺，經卷放光，大地微動，天雨細花，自非受佛記，誰後五百年中，得此感應矣。

宗曉《金光明經照解》卷上　敘曰，斯經雖部屬方等，非醍醐。比而受持者，衆乃與《法華》侔盛，但梵夾東來，備歷諸朝翻譯，而經五師及中間，合六本，不同今世所傳。即北凉曇無讖師所譯最爲舊物，奈何而在藏外，別行先賢不曉。部類之異多將合本改足讖譯，或累經傳寫魚魯成訛，遂致在處板籍有異。至於脫文長句者，有之乖字異者，有之本既不純，取捨莫準往往披誦之，人眯目其間者多矣。【略】

夫翻譯者，學佛之喉衿釋義之元首也。良以吾佛誕生迦維衛國，設教滿于五天，五天語言書體皆本乎劫初光音梵天下生爲人種，時作乃與此土蒼頡所造之字不同，故須梵僧持來一一易成華言，方堪講誦流衍。如昔三朝僧史十科選佛竝以翻譯，冠首亦此意耳茲經梵本是一此土，或翻，或合乃有六本。

一，中天竺沙門，曇無讖師，於北涼沮渠蒙遜朝玄始年中，翻譯一部四卷，成文一十八品，題曰《金光明經》。靖邁《譯經圖紀》云，讖師翻譯之。時嘗言，此經篇品未足，此即最初古譯舊經，今世所行之本也。

二，中天竺沙門，耶舍崛多，此翻稱藏同闍那崛多，於後周武帝朝譯一部五卷，號《金光明更廣壽量大辯陀羅尼經》。智昇《釋教錄》云，此五卷經非是全譯，但於讖本續加《壽量品》《大辯天品》也。

三，西天竺沙門，波羅末陀，此翻眞諦，奉梁武帝詔，於大清元年譯一部七卷二十二品，號《金光明帝王經》。南山《內典錄》云，此本於讖譯全加四品，謂《三身分別品》《業障滅品》《陀羅尼最淨地品》《依空滿願品》。以此四品足讖本十八成二十二品也。

四，北天竺沙門，闍那崛多，此翻志德，同達磨笈多，於大隋開皇十七年譯一卷，號《金光明銀主陀羅尼品·付囑品》，《釋教錄》云，讖師眞諦崛多三師所譯竝無此二品，德師檢挍梵本，有之是，故譯出。

五，大隋大興善寺沙門，寶貴，於開皇十七年覽前四譯，共文重疊，即以讖譯爲本，旁採諸譯芟繁補闕，合成一部八卷，其時獨留此本入藏，餘本重者竝已刪去。故《釋教錄》云，貴師以讖本十八品，耶舍續《壽量品》《大辯天品》眞諦所譯四品，志德所譯二品，總二十四品，八卷，成文。號《合部金光明經》。《自序》云，此經翻譯已足。

六，大唐齊州沙門，義淨親往五天證聖元年迴歸河洛，奉則天皇帝勅譯出一部十卷三十一品，題曰《金光明最勝王經》。此經比前諸譯文相稍廣採賾，其意亦大同小異耳。

以上六本但是五譯，以合部非翻梵故，於今之世則存三本。據湖福大藏俱存二本，一者《合部》在化字函，二者《最勝王經》在場字函。雖只二本，實具五譯。以合部通收諸品故，三者藏外別行本即今所解古譯讖經故《天竺台教目錄》云，北涼讖譯《金光明經》四卷別行於世，未曾入藏是也。

或曰，藏中既有諸譯於世何故，唯講誦讖經耶。今以二義伸之一，智者闡化陳隋開皇十七年歸寂不見唐譯，亦應未睹《合部》，所以唯講讖經者。諒於諸譯義有所適，莫焉二此經始自北涼迄今千有餘載，披誦之盛，感驗惟多，得非讖譯，上冥佛意，下契機緣乎。故北山神清曰，北涼微國也，觀乎聖師無讖宣譯，其國非小。如《楚書》曰，楚國無寶，唯善是寶。斯言愚竊韙之。

著錄

僧祐《出三藏記集》卷二　《金光明經》四卷玄始六年五月出。晉安帝時，天竺沙門曇摩讖至西涼州，爲僞河西王大沮渠蒙遜譯出。或作曇無讖。

法經《衆經目錄》卷一　《金光明經》七卷北涼曇無讖譯，後三卷陳時眞諦譯。

智昇《開元釋教錄》卷四　《金光明經》四卷。

又卷七　《金光明經更廣壽量大辯陁羅尼經》五卷於歸聖寺譯，智僊筆受，此五卷《金光明經》非是今譯，但於曇無讖四卷經中續壽量大辯二品，命在刪繁錄。【略】沙門耶舍崛多，周言稱藏優婆國人，共小同學闍那崛多，於武帝時爲大冢宰宇文護於四天王寺及歸聖寺，譯《金光明經》等三部。又《金光明經銀主陁羅尼品囑累品》一卷。又《合金光明經》八卷，右一部八卷其本見在，沙門釋寶貴大興善寺僧也，開皇十七年丁巳《合金光明經》一部。

又卷二　《金光明最勝王經》十卷大唐天后代三藏義淨譯。新編入錄，第五筆。

《金光明經》八卷，二十四品。隋大興善寺沙門寶貴合出，右二經同本異譯。其《序》略云，而《金光明》見有三本。初在涼世，有曇無讖譯爲四卷，止十八品。其次周世，闍那崛多譯。爲五卷，成二十品。後建梁世，眞諦三藏於建康譯《三身分別業障滅陁羅尼最淨地依空滿願》等四品，足前出沒爲二十二品。寶貴每歎此經秘奧後分如何竟無囑累，舊雖三譯，本疑未周，長想梵文願言，逢遇大隋馭寓新經，即來帝勑所司，相續翻譯。至開皇十七年，法席小間，因勸請北天竺犍達國三藏法師，此云志德，重尋後本果有《囑累品》，復得《銀主陁羅尼品》。在京大興善寺即爲翻譯，并前先出合二十四品，寫爲八卷。學士成都費長房筆受，通梵沙門日嚴寺釋彦琮校，練撰錄者曰，此《合部經》文義俻足，其無讖四卷，眞諦七卷，崛多五卷，並皆有闕，故此三經無繁重載，謹按《長房》等錄，同武帝代天竺三藏耶舍崛多譯出一本，名《金光明經》，《更廣壽量大辯陁羅尼經》，五卷成部，今詳此名乃非全譯，但於無讖四卷經中續演二品，其《壽量品》更續其文，《大辯品》中更廣呪法，餘品之中亦有續者，故云《更廣壽量大辯陁羅尼經》。故六卷合經《序》云，《壽量》《大辯》，又補其闕，以此證知但是續闕，非是別翻。又經《序》云，闍那崛多譯爲五卷，房等諸錄乃云，耶舍崛多者此二三藏，乃同師當時，共翻互載皆得其合部經，有六卷本。與此八卷，明同異者，其六卷經一品顚倒，比校新經八卷者，是又二經，囑累文意全別。六卷囑累乃興法華囑累大呪相似，未詳所以。今勘八卷之者，亦與新經扶同二本沙殊不可雙載。故存八卷，爲正編之入藏。後尋覽者，幸無或焉惑，兼此合經，總成五譯，兩本在藏，三本入刪繁錄。

解深密經分部

解深密經

題解

圓測《解深密經疏》卷一　題云《解深密經》者，一部總名。序品第一者，品內別目。解謂解釋，深即甚深，密者秘密。此經宗明境行及果三種無等。解釋如是甚深之義，名《解深密經》者，梵音名素怛纜，此云經也。若依俗典，經者常也經古歷今教義恆定，目之爲常，或翻爲綖。《四分律》云，綖貫華定不失落。大唐三藏翻爲契經，謂契合，契當道理、合有情機。經亦二義，一者貫穿，二者攝持。貫穿所應說義，攝持所化有情，具斯二義，故名契經。辨得名者，解經兩字，是能詮敎深密之言，顯所詮理，從能所詮，以立經目，此即深密之解經也。

論說

窺基《大乘法苑義林章》卷二　《解深密經》多詮慧學。

李贄《華嚴經合論簡要》卷一　《解深密經》爲不空不有宗。如來說於有敎空敎之後，說此一部之敎，和會有無二見，爲不空不有。即說九識爲純淨無染識，如瀑水流生多波浪。諸波浪等以水爲依，五六七八等識，皆以阿陀那識爲依故，如彼波浪以水爲依。《深密經》云，如善鏡面若有一影生緣現前，唯一影起，若二若多影生緣現前，有多影起。非此鏡面轉變爲影，亦無受用滅盡可得。此明五六七八識所依第九淨識處也。又云，如是菩薩雖由法住，智爲依止，爲建立故。此經意欲令於識處便明識體本唯眞智故，如彼瀑流不離水體而生波浪。又如明鏡依彼淨體無所分別含多影像，不礙有而常無故如是自心所現識相不離本體無作淨智，所現影相，都無自他內外等執。任用隨智，無所分別，以破空有二繫，爲不空不有故。

圓測《解深密經疏》卷一　將欲釋經，四門分別。一教興題目，二辨經宗體，三顯所依爲，四依文正釋。

第一教興及題目者。竊以眞性甚深，超衆象而爲象。圓音秘密，布群言而不言。斯乃即言而言亡，非象而象著，理雖寂而可談，即言而言亡。言雖弘而無說，故嘿不二於丈室，可談故辨三性於淨宮。是故慈氏菩薩，說眞俗而並存。龍猛大士，談空有而雙遣。然則存不違遣，唯識之義彌彰，遣不違存。無相之旨恆立，亦空亦有。順成二諦之宗，非有非空。契會中道之理，故知迷謬者說空而執有，悟解者辨有而達空，佛法甚源豈不斯矣。但以接引多方，入理非一，是故法王說三法輪。初爲發起聲聞乘者波羅柰國施鹿林中，創開生死涅槃因果。此即第一四諦法輪，次爲發趣菩薩乘者，鷲峯山等十六會中，說諸般若，此即第二無相法輪。後爲發趣一切乘者，蓮華藏等淨穢土中，說《深密》等。此即第三了義大乘，是即如來教興之意也。【略】

言宗體者，體即總明能詮教體，宗言別顯諸教所詮。然諸聖教，大唐三藏，五門出體，一攝妄歸眞門，謂諸聖教。名句文身，及以音聲，用如爲體。故《維摩》等云，一切衆生皆如也，一切諸法亦如也。一攝相歸識門，略有二義，一三分明義，自體名識，見相二分通名爲相。故《成唯識》第一卷云，變謂識體轉似二分，見相俱依自體起故。又第二云，識所變相，雖無量種，而能變識，類別唯三。若依此釋，相謂相狀，見相皆是自體分識之相狀故。二二分明義，見分名識，相分爲相。故《成唯識》云，或復內識轉似外境。若依此釋，相分名相，相不離見，說名唯識，總說意云，名句文身及以音聲識之相故，名爲識也。

三以假從實門，如瑜伽等，名等是假，聲即是實，故離聲外無別名等。又解，此上三門，各開二門。初二門者，一攝妄歸眞門，唯眞非妄，二眞妄差別門，是妄非眞，名等四法非眞如故。次二門者，一攝相歸識門，唯識非相，二識相差別門，且依此土，名等四法，唯相非識，名等皆是相分攝故。後二門者一以假從實門，唯實非假，二假實差別門，通假及實，名等是假，聲即實故。第四三法定體門，三法即是蘊處及界三科法門故。《雜集論》名三法品，薩婆多宗評家正義，用聲爲體故。三科中色蘊聲處聲界所攝。依經部宗，假實二聲以爲教體。五蘊門中，色蘊所攝。處界門中，聲處法處聲界法界。法數門中當廣分別，今依大乘，聲及名等四法爲性。於五蘊中，色行二蘊，處界門中，聲處法處聲界法界名等三法意識境故。第五法數出體，四門分別，一法數出體，二本影有無，三聚集顯現歷心差別，四辨音一異。

言法數出體者，且辨邪教。數論外道，聲諦爲體，依勝論宗，聲德爲性。順世外道，四大爲體，一切皆用大爲性故。聲論諸師，用聲爲體，明論聲常能爲定量詮諸法故。今依內宗，諸說不同。薩婆多宗總有七十五法，義如常釋。然彼教體，《雜心》、《俱舍》及《毗婆沙》皆有二說，一云如來法蘊色蘊爲性，以是聲故。一云行蘊，名句字故。由斯義故，此地諸師解不同。有其三說，一云音教以爲正義，以聲是善，名句文身是無記故。故《雜心》云，經律阿毗曇，是名俗正法，三十七道品，是說第一義。長行釋云，俗正法者，言說正法一云名等以爲正義。以能詮表所說義故。故《發智論》云，十二部經，以何爲性。答名身句身文身次第住，乃至廣說，一云通用音聲名等爲體。由前所說二種義故。今依新翻《俱舍》第一，具申兩釋，謂說音聲，或說名等，而無別判。正理第三，叙兩師說，亦同《俱舍》，兼有問答。故彼論云，語教異名，教容是語，名教別體。教何是名，彼作是釋。要由有名乃說爲教。是故似教體即是名，所以者何，詮義如實，故名佛教。名能詮義，故教是名。由是佛教定名爲體，舉名爲首，以攝句文。顯宗第三，同順正理，三藏解云，西方諸師，傳作此釋。《俱舍》《正理》，皆有兩說，各有所歸。所以者何，令物歡喜，音聲爲勝，若約詮法，名等即勝。故知所對不同，各有準據，由斯兩說，皆是正義。今詳諸論，隨文相判，《正理》論意，名等爲正。故彼結云，是故佛教定名爲體。準此《俱舍》亦同《正理》。以彼不破義不違故，或可後師自結所立，非正理師刊定勝劣。若依《婆沙》，評家正義，音聲爲正。故《大婆沙》第一百二十六云，問，如是佛教，以何爲體，爲是語業爲是名等。答，應作是說，語業爲體。問，若爾次後所說當云何通如說佛教名何法答謂名身句身文身，次第行列，次第安布，次第連合。答後文爲顯佛教作用，不欲開示佛教自體，謂次第行列安布連合名句文身，是佛教用。有說佛教名等爲體。問，若爾此文所說，當云何通，如說佛教云何。答，謂佛語言，唱詞評論，語音語路，語業語表，是謂佛教。答依展轉因，故作是說。如世子孫展轉生法，謂語起名，名能顯義，如是說者，語業爲體。佛意所說他所聞故，具說如彼。問，豈不《正理》依《婆沙》等如何不依評家正義。答曰，衆賢理長爲勝，故別生理，名等爲正。解云，彼宗聲爲體者，法數門中，唯用音聲一法爲體。名等爲體者，即用名等三法爲體。若合說者，合用四法爲體。謂聲名等，評家正義用聲一法爲體。依經部宗，以聲爲體。故《順正理》第十四卷破經部云，汝不應說名句文身即聲爲體，無性攝論第一亦爾。彼云，諸契經句語爲自性，且不應理。然依彼宗，有三師說，一云，十二處中，聲處爲性，離聲無別名句字故。一云，法處相續假聲以爲自性，唯是意識所緣性故。一云，通用假實二聲爲體，前二義故。如何經部宗有此三說。三藏解云，以經爲量，釋諸義者，皆名經部。故經部宗有此三說，彼宗法數，諸說不同，一云離心無別心法。若依彼說，有十九法，謂色中有十四，謂五根五境及四大種。心唯是一，無心法故。不相應法唯有一數，謂諸無作無爲有三，謂虛空，擇滅非擇滅。如是有十九種法，於中但用聲處爲體，相續假聲無別體。故自餘諸。說，一切法義中，當具分別。今依大乘，兩說不同，一龍猛宗，無文正判，法數多少。準《智度論》明諸法相大分同於薩婆多宗，總有七百六十一法，何以得知者薩婆多宗明七十五法。《十住毗婆沙》立有七百不相應法。故知除十四不相應，加七百不相應法，故有七百六十一法更勘餘論。由斯即用十一色中音聲爲體，故《智度論》三十三云，六通阿羅漢，佛說法時，雖不在座，以天眼見佛，天耳聞法，若神通力所不及處，不得見聞，準此佛教，用名爲體。二彌勒宗總有百法，如《百法論》。然出教體，諸教不同，有處唯聲。如《維摩經》等。佛以一音演說法，衆生隨類各得解。又《無量義經》云，能以一音，普應衆聲。又《大界經》云，如來一語說法中，演說無量契經海。又此經第五云，如來言音，略有三種，一者契經，二者調伏，三者本母。《相續》、《深密》二經皆云佛語有三，一脩多羅語，二毗尼語，三摩德勒伽語。《顯揚》等論，即說聖教名爲聲量。有處但用名等爲體，如《仁王經》云，此經名句百千佛說。又此經第四云，一者於無量說法無量法句文字後後慧辨陀羅尼自在愚癡。二者辨才自在愚癡。解云，無量說法者，義無礙境。無量法句文字者，法無礙境。後後慧辨者，辭無礙境。辨才自在者，辨說無礙境。故知聖教名等爲體。故《成唯識》第二卷云，若名句文，不異聲者，法辭無礙境應無別，準知名等以爲自性，有處合說聲及名等。如《仁王經》云，十二部經如名句文聲。又《維摩經》第三卷云，有以音聲語言文字而作佛事，如是乃至諸佛威儀進止，諸所施爲，無非佛事。《無垢稱經》亦同《維摩》。又《十地論》第一卷云，說者以此二事說，聞者以此二事聞。具如彼說。解云，言二事者，謂聲及名等，有處文義合說爲體。如《瑜伽論》八十一云，論契經體。略有二種，一文，二義。文是所依，義是能依。如是二種，總名一切所知境界。所以如是諸教異者。三藏解云，據實皆用名等爲體，而諸聖教，各據一義，故不相違。所以者何以假從實，用聲爲體。離聲無別名句等故，以體從用。名等爲體，能詮諸法自性差別二所依故假實相藉合說爲體。隨闕一種，說不成故，生解究竟必由文義。是故諸說互不相違。

第二本影有無。有其二義，一本影有無，二說法差別。本影有無者，如來聖教，四法爲體。所謂音聲名句文身，如是四法，如來自說，名爲本質，聞者識變名之爲影。如是本影有無差別。總約諸宗，有其四句，一有本無影，諸說不同，且依諸部，有其三說，一薩婆多宗，一切佛聲唯是有漏，亦說名等定唯無記，若廣分別。如《婆沙》等。二大衆部，一說部說出世部，雞胤部等，皆作是說。諸佛世尊，皆是出世，無有漏法，諸如來語，皆轉法輪，佛以一音說一切法。三多聞部說，佛五種音是出世間，所謂苦空無常無我涅槃寂靜。引聖道故，所餘諸聲，皆是世間。如是等部皆作是說，唯本非影，彼宗不明唯識義故。二有影無本者，諸那伽犀那，此云龍軍，即是舊翻三身論主。彼說佛果唯有眞如及眞智，無色聲等麤相功德。堅慧論師，及金剛軍，皆同此釋，堅慧論師，即是舊翻《寶性論》

主。五印度北也，三本影俱有者，月藏菩薩亦名護月。及親光等，皆作是説。一切如來具有三身色聲等德，《金光明》云，如來能轉三種法輪，謂轉照持，如是等教，誠證非一。或能聞者識變似彼，故知俱有本質影像。四本影俱無者，清辨菩薩，依勝義諦立一切法其性皆空，或可護法就勝義諦，作如是説，如來聖教，本影俱無，勝義諦中，無言等故，雖有如是四句差別。大唐三藏及護法宗有其二義。一就實正教，唯本非影，本即如來正所説故。二兼正俱説，通於本影，皆由如來説力起故。問，若正教佛自説者，《楞伽》等説如何會釋。四卷《楞伽》第三卷云，我從某夜得最正覺，乃至某夜入般涅槃。於其中間，不説一字，亦不已説當説，不説是佛説。又《大般若》第五百六十七云，衆生各各謂佛獨爲説法，而佛本來無説無示。又五百七十一云，諸佛菩薩，從始至終，不説一字。解云，不説有其三義，一依眞如離言説等種種相故，故言不説。是故四卷《楞伽》第三卷云，何因説言不説是佛説，佛告大慧，我因二法故，作如是説。云何二法，謂緣自得法及本住法。又十卷《楞伽》第五卷云，一者依自身内證法，二者依本住法，廣説如彼。解云，經意，於一眞如，有其二義。一内自所證，二有佛無佛性相常住。如是眞如，離言説故，名爲不説。故彼四卷頌云，爾時世尊欲重宣此義，而説偈言：

我某夜成道，至某夜涅槃。於此二中間，我都無所説。緣自得法住，故我作是説。彼佛及與我，悉無有差別。

十卷第五，大同前頌第五句云，内身證法性。又《仁王經》云，無聽無説如虚空，法同法性，聽同説同，一切法皆如也。又天親菩薩《波若論》云，若人言如來説法，則爲謗佛，不能解我所説法故。此義云何，偈曰：

如佛法亦然，所説二差別。不離於法界，説法無自相。

論自釋云，二差別者，所説法及義。解云，論意，化身如來，離眞如外無別自相。如佛離眞如外無別自相。所説教法及所説義，亦復如是。二約諸佛所説無異，故言不説。故《波若論》云，如經言，須菩提，如來無所説法故。此義云何，無有一法唯獨如來説餘佛不説故。三約墮文字法，故言不説。是故四卷《楞伽》第四云，如來不説墮文字法，文字有無不可得故。除不墮文字，若有人言，如來説墮文字法者，此則妄説，法離文字故。是故諸佛及諸菩薩，不説一字，不答一字，乃至廣説。又彼復云，大慧，若不説一切法者，教法則壞。教法壞者，則無諸佛菩薩緣覺聲聞。若無者誰説爲誰。十卷第六大同此説，故不繁述。準上經文，雖不能説墮文字法，而能宣説不墮文字三藏聖教。故《維摩》云，夫説法者無説無示，其聽法者無聞無得。譬如幻士爲幻人説法，當建是意而爲説法。又問，兼正俱説通本影者，如何會釋，無性菩薩《攝大乘論》彼文但用聞者識上聚集顯現，以爲自性。解云，護法不依彼論以爲定量，故不成難。又解，護法同無性説，彼無性意，許有三身色聲等德，亦能説法。故彼論云，受用變化，即是後得智之差別。問，若爾如何聞者識上聚集顯現，以爲教體，而不説言見者識上所現色身以爲化身。解云，影略互顯，據實，身教皆有本影，故不相違。問，等是影略，如何不説見者識相以爲二身。解云，不必須通，不離難故。又解，教爲生解，聞者識相，親能生解，身出佛體，由斯且説佛色心等。問，聞者識上所變教體，爲是有漏，爲無漏耶。大唐三藏釋云，西方兩釋。一云無漏心變，定唯無漏，有漏心變，自有二義，横剋而言，名爲有漏，以有漏心所變境故。若從法界所流義邊，名爲無漏，無性論宗，多依此釋。一云有漏心所變者，定是有漏。若無漏心所變相者，定唯無漏。雖有兩説，大唐三藏護法菩薩意存後説。故《成唯識論》第十卷云，見相二分，有漏無漏，定是同性。善等三性，不必同性，三性因緣，雜引生故。問，有漏變正教，正教成有漏，無漏變邪教，邪教應無漏。解云，許亦無失，無漏變故。問，教有邪正殊，皆通漏無漏。或可人有凡聖異，皆通聖非聖。解云，許亦無失，以能變心通二種故。言説法差別者，自有二種，一約三身者，二依諸知約三身。問，依何身而能説法。答，薩婆多宗，佛有二種，一者生身佛，謂父母所生有漏身，二法身佛，謂五分法身，生身説法，而非法身，入觀位中不説法故。依經部宗，亦有二身，皆能説法。彼宗無漏能發音聲説聖教也。今依大乘，具有三身，説與不説，有其四句。一，一説二不説，謂受用身，爲受法樂，能自説故，非法身者無言説故。亦非化身，非眞説故。或可化身非餘二身無言説故，無所爲故，雖他受用對機説法，而實是化。二，二説一不説，謂佛法身，及受用身，内證聖行境界故，受用法樂故，或可，受用變化，皆能説法，而非法身，無言説故。三，三皆説法，如十卷《楞伽》第二卷説，法身説法者，内證聖行境界故，報佛説法者，説一切法自相同相故，化佛說法者，說六度等乃至廣說。四卷《楞伽》第一卷說，大同前說。四，三皆不說，所以者何，眞如法身無言說故，自受用身無所爲故，變化身等非眞說故。然《佛地論》且依說義，略叙三說，故《佛地論》第一卷云，受用變化二佛土中。今此淨土，何土所攝，說此經佛，爲是何身，有義、化土化身說法，有說，受用土受用身說法。廣說如彼，如實義者，釋迦牟尼說此經時，地前大衆，見變化身，居此穢土，爲其說法。地上大衆，見受用身，居佛淨土，爲其說法。所聞雖同，所見各別，具說如彼，準如實義。於三身中，二身說法，而非法身，依土差別者。依《楞伽經》有十種說法，一語言說法，乃至第十動身說法。故十卷經第四卷云，大慧，復言世尊有語言說，應有諸法。若無諸法應無言說。佛告大慧，亦有無法而有言說，如兔角等。大慧，兔角非有非無，而有言說，故汝所難此義已破。大慧，非一切佛土言語說法。何以故，有佛國土，直視不瞬口無言說，名爲說法四卷《楞伽》云瞻視顯法。有佛國土，直示相名爲說法四卷《楞伽》或有作相。有佛國土，但動眉相名爲說法四卷《楞伽》或有揚眉。有佛國土，唯動眼相名爲說四卷《楞伽》或有動精。有佛，土嘆名爲說法四卷亦同。有佛國土，欠名爲說法四卷亦同。有佛國土，咳名爲說法四卷云或謦咳。有佛國土，念名爲說法四卷經云或念刹土。有佛國土，動身名爲說法四卷云或動搖。又《維摩經》第三卷云，有以光明而作佛事，或以菩薩，或佛化人，或菩提樹，或以衣服臥具，或以飯食，或以園林臺觀，或以三十二相八十隨好，或以佛身，或以虛空，或夢喻等，或以音聲語言文字，而作佛事。或有佛土，寂漠無言無說無示無識無作無爲，而作佛事。如是阿難，諸佛威儀進止，諸所施爲，無非佛事，若廣分別。如《無垢稱》第五卷說，所以如是諸教異者。依大乘宗，汎論說法，略有四義。一語言說，如《佛地論》，二身說法，而非法身，二生解說法，亦通法身。如《楞伽經》。三依土差別，十種說法，如《楞伽經》。四諸佛進止諸所施爲，乃成無量，如《維摩》等，各有所據，故不相違。或可，佛事顯利益事，非唯說法。問上諸說皆有名等爲不定耶。解云，不定，法身說法及虛空等能生解故，名爲說法，而無名等。諸無爲法，無分位故，若其無說無示等者，寂嘿心上，假立名等，於理無失，有爲心等，有分位故。

三聚集顯現歷心差別者，如《攝大乘》無性釋云，貫穿縫綴，故名爲經。此中即是隨墮八時，聞者識上，直非直說，聚集顯現，以爲體性。解云，八時有其二釋，一云八時即八轉聲，謂於七轉，加呼召聲，如言係補盧沙，此八轉聲，後當分別。謂佛說法，於八轉中，隨用一聲，故云隨墮八時。一云依聲明論，晝夜各有四時，合有八時，如來說法，於八時中，隨墮一時，故云隨墮八時。直非直說，有其三釋，一云詮自性故，名爲直說。詮差別故，名非直說。一云，長行名爲直說，偈頌爲非直說。一云，十二部中，契經爲直說，餘十一部爲非直說。此中意說，隨墮八時，聞者識上，十二部經名字句等，聚集顯現，以爲教體。問，何等名爲聞者識心，如何說爲聚集顯現。解云，依《瑜伽論》且約六識分別五心。故彼第一卷云，復次由眼識生三心可得，如其次第，謂卒爾，尋求，決定心，初是眼識，二在意識，決定心後，方有染淨，此後乃至等流眼識善不善轉，而彼不由自分別力，乃至此意不趣餘境。經爾所時，眼意二識，或善或染，相續而轉。如眼識生，乃至身識亦爾。解云，五中，初後通六，次三唯意，又前三是無記，後二通善惡。又卒爾五識後，必有尋求心。尋求心後，或散不散。散即復起卒爾五識，不散即起第三決定。乃至等流，又意識卒爾，自有二種，一五識同時卒爾意識，二獨頭意識卒爾墮心。故《瑜伽論》第三卷云，又意識任運散亂緣，不串習境時，無欲等生，爾時意識，名卒爾墮心，唯緣過去境，五識無間，所生意識，或尋求，或決定，唯應說緣現在境。若此即緣彼境生，釋家四說。一云意識任運，不依前三心次第，故名散亂。汎爾漫緣不串習境時，有五遍行，無別境五，爾時意識，名卒爾墮心，唯能緣過去曾所緣境。若說五識無間所生意識，或尋求心，或決定心唯應說緣前五識種類現在境。若此尋求決定二心即緣彼五識種類境生，餘三師說，如五心章，此中且依前五種心，以明聚集，言聚集者。如契經說，諸行無常，有起盡法，生必滅故，彼寂爲樂。解云，此即契經比量破執常者，諸行無常宗，有起盡法者是同法喻。舉燈光等，生必滅故者是因。由是道理，彼寂涅槃，以爲勝樂。且約初句，以辨聚集，於中具有四聲四字四名一句及所詮義。於此義中，西方諸師，且作三釋。有云，說諸字時，卒爾耳識，同時意識，及尋求心，唯有聲相。所以者何，五俱意識，是現量故，不緣名等，若尋求心，尋五識等所緣境故，不緣名等。雖此三識所變聲上皆有名等，如生等相，而不緣故，不說聚集。決定心後有三種相，謂聲名字，至說行時，卒爾耳識，同時意識，及尋求心，唯得行聲，準前可知。決定心等，亦得九種，準前可知，說常字時，卒爾心等得常聲。決定心後，得十四種，謂四聲四字四名一句及所詮義。由此極少，經十六心，乃得具足。謂從四字，皆有四心，謂卒爾耳識同時意識，尋求決定，若不散者，起染淨心。如理應思，有義，卒爾耳識，同時意識，不緣名等，義如前說，是現量故，尋求已去，即非現量，由斯亦得聲名字等。四尋求心，如其次第，得三六九及以十四，準前應知。若依此釋，經十二心，方得具足，決定心等，所得多少，如理應知。有義，耳識同時意識，亦緣名等。若不爾者，尋求意識，尋何等名，由斯道理，說諸字時卒爾耳識，唯得諸聲。同時意識，得聲名等。於此義中，分成兩釋。一云四卒爾心，各唯得三，所以者何，說常聲時，不緣諸等聲及名字，五識同時卒爾墮心，皆現量故。若許緣者，應有散心現量緣過去故，其尋求心，方得圓滿。尋求等心，所得多少，如第二說，一云五識同時意識，容非現量，故得緣過去名等。若依此釋，即以心中具足聚集。問，若如前說，五俱意識，定是現量，如何亦說緣名等耶。解云，現量亦然，名等自相。而因明理門說不緣名，義相繫故。或有但由等流耳識所列發故，而顯現者，未必要待卒爾耳識之所列生方能聚集。上來且說未轉依位卒爾心等聚集顯現，若轉位，於一念中具足顯現，如理應思，廣釋五心，具如前章。

四辨音一異門。問，如來說法為一音不。答，諸說不同，若依《異部宗輪論》有二十部，分成兩釋，一大衆部，一說部，說出世部，雞胤部，皆作此說。諸如來語，皆轉法輪，佛以一音說一切法，眞諦《記》云，如來言音，自有二種，一從口出皆是法輪。二威德所顯，不從口出，不關法輪，如問阿難從何處，來等如佛說法時前後悉見佛面，對其說法，此亦佛威德所顯云云。二一切有部，及經部等，皆作此說，非如來語皆轉法輪，非佛一音能說一切法，乃至廣說。《大毗婆沙》第七十九，亦有兩說。同部執論，彼云。問，佛以聖語，說四聖諦。能令所化皆得解不，設爾何失。二俱有過，所以者何，若言能者，毗奈耶說，如何會釋。世尊有時，為四天王，先以聖語，說四聖諦。四天王中，二能領解，二不領解。世尊憐愍饒益彼故，以南印度邊國俗語，說四聖諦，二天王中，一能領解，一不領解。世尊憐愍饒益彼故，復以一種箴戾羊語，說四聖諦。時四天王，皆得領解。若不能者，伽他所說。當云何通，如有頌言：

佛以一音演說法，衆生隨類各得解。皆謂世尊同其語，獨為我說種種義。

一音者謂梵音，乃至廣說。答有二說，一有作是說，佛以聖語說四聖諦，皆能領解。而四天王，意樂有異。為滿彼意，故佛異說，乃至廣說。復次世尊，欲顯於諸言音皆能善解，故作是說。謂有生疑，佛唯能作聖語說法，一切言音，未必自在，為決彼疑，佛以種種言音說法。復次有所化者，依佛不變形言，或依變形言，乃至廣說。是故，世尊說三種語。二云，佛以一音說四聖諦，不令一切皆能領解。世尊雖有自在神力，而於境界，不能改越。如不能令耳見諸色眼聞聲等。問，若爾前頌當云何通。答，不必須通，非三藏故，諸讚佛頌言多過實。如分別論者讚說世尊，心常在定，乃至廣說。復次，如來言音，遍諸聲境。隨所欲言，皆能作之。謂佛若作支那國語，勝在支那中華生者，具說如彼。復次，佛語輕利速疾迴轉，雖種種語而謂一時。謂佛若作支那語已，無間復作礫迦國語。乃至復作博羅語，以速轉故，皆謂一時如旋火輪，非輪輪相。前頌依此，故亦無違。復次，如來言音雖有多種，而同有益，故說一音。解云，《婆沙》自有二說，一云一音能令得解，此當部執大衆部等。言一音者，謂梵音也。而三遍說，有三種意，一滿彼意故，二斷彼疑故，三隨所化者。依不變形言反變形言。一云，不得一音皆令得解。此當部執說一切有部等計，而伽陀說能令解者，不必須通，非三藏故，言過實故。如分別論者，云世尊心常在定等，復以三義，會一音義，一隨處第一，故名為一。二速疾似一，故名為一。三利益同，故名為一。今依大乘一音能說，故《無量義經》云能以一音，普應衆聲。又《大不思議經》云，如來說法一語中，演說無邊契經海。《無垢稱》云，佛以一音演說法，有情隨類各得解。又《佛地論》第六卷云，成所作智，隨諸衆生意樂差別，現化語業，說種種義，斷諸疑惑，謂發一音，表一切義，定諸有情隨類獲益。如契經言，佛一音演說諸法，衆生隨類各得開解。或有怖畏，或有歡喜，或生厭離，或復斷疑，此是如來本願所列不思議，力所發化語。一音能斷一切衆疑，如是等說，不可具述。然一音者，是一梵音。故《無量義經》云，稽首歸依梵音聲。又《智度論》八十六云，欲爲衆生法說解一切衆生語言音聲，以梵音聲，而爲說法。問，此如來一音所說，爲是本質，爲影像耶。若本質者，無性攝論，如何會釋，若影像者，隨能聞者，即成多種，如何言一。解云，護法等宗，就實正教，唯本非影，兼正俱說。通本及影，而言一者，同一梵音。難約聲辨順違同一聲。或可，約色辨青黃，青黃應成一。解云，許亦無失。如《雜集》說，迦末羅病，損壞眼根，見青爲黃，此亦如是。由佛神力。於一色等，各各異見。故《佛地論》第六卷云，成所作智，若作化身，亦令衆生一質異見，利樂事成。問，神力得自在，同質得異見，或可神力得自在，異質得同見。解云，大乘四句皆成，一同質異見，如一化身，衆生各各所見不同。二異質同見，如一化身，諸佛共變，據實衆多而見爲一。故《成唯識論》第十卷云，他受用身，及變化身，隨諸如來所化有情，有共不共。所化共者，同處同時，諸佛各變爲身爲土，形狀相似，不相障礙，展轉相雜，爲增上緣，定所化生自識變現，謂於一土有一佛身，爲現神通說法饒益，於不共者，唯一佛變，諸有情類，無始時來。種姓法爾，更相繫屬。或多屬一，或一屬多。故所化生，有共不共。不爾多佛久住世間，各事劬勞，實得無益，一佛能益一切生故。三同質同見，四異質異見，諸宗共許，義顯可知。問，約色辨青黃青黃得成，可約心辨八識應成一。解云，色聲是麤法，同質得異見，心法細難知，不應說爲一。又一音等，即是如來三密之中身語密也。言身密者，如《智度論》第一卷云，佛初轉法輪時，應持菩薩，從他方來，欲量佛身，上過虛空無量佛土。至華上世界，見佛身如故，說偈讚歎。又《密迹經》云，佛有三密，身密語密意密。一切諸天人，皆不解不知，有一會衆生，或見佛身黃金色，白銀色，諸雜寶色，或見佛身一丈六尺，或見一里十里百千萬億，乃至無邊無量遍虛空中。如是等名爲身密。言語密者，有人聞佛聲一里，有聞十里百千萬億無數無量遍虛空中，有一會人，或聞說布施，或聞說持戒忍辱精進禪定智慧。如是乃至十二部，八萬法聚，各各隨心所聞，是名語密。是時目連，心念欲知佛聲近遠，即以神足力，往至西方光明幢世界，去此九十六恆河沙世界，自聞佛聲，如近無異。其佛身長四十里菩薩身長二十里，所食鉢器，其高一里，其佛與大衆方食。大目犍連行鉢際上，彼土大衆，恠問世尊，此人頭蟲，從何處來，被沙門服，行鉢際上。乃至彼佛告目連曰，汝過恆河沙劫，尋佛音聲，終不可得。目連還來佛前悔過。言意密者，如來成道至滅度日，於其中間，如來無疑，亦不迴轉心無思行等。廣說如彼，及《智度論》第九，如上所說，皆是如來不思議。若思議者心則狂亂，如大般若五百六十七。《顯揚》十七說，所詮宗者，略有四種。一存妄隱眞宗，如薩婆多等，雖說四諦，不立眞如。二遣妄存眞宗，如經部師，遣諸妄法，存法性空。三眞妄俱遣宗，如清辨等，雙遣一切有爲無爲。四眞妄俱存宗，如護法等，存立二諦三性等義。如是等義，至文當說，或可諸宗略有三種一約時辨宗，二部別顯宗，三隨病別宗。約時辨宗，有其三種，一四諦法輪，如四阿笈摩，雖有諸部，四諦爲宗梵音阿笈摩，此翻云傳故《瑜伽論》八十五云，佛及南印度立五阿笈摩，弟子展轉傳來于今，故名笈摩，謂四阿笈摩外，別立百部《阿笈摩經》四阿笈摩者，一《雜》二《中》，三《長》，四《增壹》，廣如《瑜伽》八十五釋。二無相大乘，如諸般若，遣所執性，無相爲宗。三了義大乘，如此經等，用三性等，爲所詮宗，三種法輪，至第二卷，當廣分別。問，諸般若宗明無相，此經了義，淺深何異。清辨解云，《深密》等經，辨有所得淺而非深。諸部般若，顯無所得爲最甚深。護法等說，二時所說，無相之理，理無淺深。而說深密爲了義者，約三性義，決判諸經有道，理顯了說故，名爲了義。非無相中有淺深，故說了義也。問，如何得知諸部般若爲第二時。解云，此義如第二卷經記中說，二部別顯宗者，約時雖三，而一一時皆有多部，隨一一部，所詮各別。如《法華》等。一乘爲宗，《無垢稱》等。不可思議解脫爲宗，《涅槃經》等。佛性爲宗，《華嚴經》等。四十二賢聖觀行爲宗，此經一部，三種無等，爲所詮宗。一境無等，即是二諦及三性等。二諦即是三乘通境，三性等理唯菩薩境。二行無等，所謂止觀及十度等，止觀即是三乘通行。行十度唯是菩薩行門，三果無等，即是智斷及三身果。智斷即是菩提涅槃。此通三乘，三身唯是菩薩所得。如是等部，所詮各別。不可具述三隨病別宗者。雖隨部別各詮一義，而諸有情，迷蘊處等八萬四千法門。故諸部中，隨其所說，蘊界處等，爲所詮宗。今此一部四種宗中，眞妄俱存宗，約時辨宗了義爲宗，隨部別宗，三種無等爲所詮宗，隨病別宗，即用二諦及三性等，爲所詮宗。

第三顯所依爲，自有二種，一顯教所依，二顯教所爲。言所依者，聖教雖多，總相不出二藏三藏十二部經。十二部經，至第三卷，當廣分別。二藏三藏，至第五卷，自當解釋。具如別章。故不繁述，然此一代如來聖教，此國諸師，意趣不同。有說一教，所謂一音，義如上說。或說二教，所謂漸頓，頓即《華嚴》，餘皆是漸。漸中《涅槃》以爲了義，餘皆不了誕法師等作如是說。或說三教，所謂通教別教圓教光統法師等作如是說，慧光法師是國統故名光統也。或說四教，一三藏教小乘三藏。二者通教，謂《波若》等。三者別教，謂《涅槃》等。四者圓教，謂《華嚴》等。或說五時教及七階教武都山隱士劉虬云，《華嚴》等教以爲頓教，漸中五時或開七階言五時者，一佛初成道，爲提謂波利，說五戒十善。即是人天教門。佛成道已，十二年中，說三乘差別教。如次應知，四諦緣起及六度行，未說空理。三佛成道已，三十年中，說空宗《般若》、《維摩》思益，未說一乘破三皈一。四成道已，三十年後，於八年中，說《法華經》辨一乘義，破三皈一，未說佛性，未明佛常。是不了教。五佛將滅度，一日一夜說《涅槃經》，悉有佛性法身常住，是了義教，言七階者，第二時中，開三乘教，遠法師破云，所說年月皆無正文也。

今述西方諸師所立，有說一教，所謂一音，如羅什等。或說二教，所謂半滿，如曇無讖。或說三教，如大唐三藏，依《深密》等所說四諦無相了義。如上已說，而說一音及半滿等，各據一義，互不相違。所說《華嚴》及《楞伽》等，皆第三了義所攝。而言三時所說教者，約義淺深廣略義說，非約年歲日月前後說三時也。或說四教，所謂四諦無相，或說法相，如《楞伽》等，或說觀行，如《華嚴》等。眞諦三藏，作如是說。或說五教，一者四諦，二者無相，三者觀行，四者安樂，如《涅槃經》以說常樂涅槃果故。五者守護，如《金光明》等，說諸神王護國事故，婆頗三藏，作如是說。今此一部，二藏之中，菩薩藏攝，三藏教內。達摩藏收，十二部中，論議經攝，三時教中，了義教收。四教之內法相觀行，五教門中，觀行門也。言所爲者，自有二種，一者總明諸教所爲，二者別明此教所被。諸教所爲，具有五性。所謂三乘不定無性，故《善戒經》第二卷云，衆生調伏，有其四種，一者有聲聞性，得聲聞道，二者有緣覺性，得緣覺道，三者有佛性，得佛道，四者有人天性，得人天樂。《地持》第二，亦同《善戒經》。彼云，人成就者，略說四種，有聲聞性，以聲聞乘而成就之，有緣覺性，以緣覺乘而成就之，有佛種性，以無上乘而成就之，無種性者，則以善趣而成熟之。如是四人，諸佛菩薩，以此四事而成熟之。《瑜伽》三十七，亦同《地持》。解云，不定不離三乘，乘乘之內，菩薩性攝，故不別說。又準此文，三法輪外，理應別有人天教門，就勝說故，且說三時法輪，或可攝在苦集教中。別明此教所被機者，於五種性，但爲菩薩及不定性說此契經。故下經云，阿陀那識甚深細，一切種子如暴流，我於凡愚不開演，恐彼分別執爲我。又解，此經通爲四性，唯除無性。故下經云，爲欲發趣一切乘者故，說第三了義大乘。所以者何，諸部《波若》，但爲菩薩，說諸空義。此經宗明一切諸法有無道理。故三乘者，皆得勝利。或可，此經通爲五性，通說人天一切乘故。五性義中，當更分別。

《深密》總有五卷，開品爲八，六十八紙一序品，二勝義歸相品，三心意識相品，四一切法相品，五無自性相品，六分別瑜伽品，七地波羅蜜多品，八如來成所作事品。然此四本，有同異者，略有二義，一題名有異，二文義圓足。言名異者，四本不同，一《相續解脫》，二《深密解脫》，三者《解節》，四《解深密》。解深密者，若依梵音，涅謨折那刪地。言涅謨折那，此翻名解，刪地，翻爲深密，釋其名義。如前已前。言解節者，如眞諦記，解即解釋，節謂堅結，堅是堅固，結縛，楯如木節及人骨節。並有堅固拘結纏縛。此經所明甚深密義，難可通達，難可解釋，故非凡夫新行菩薩所能解了。故說此義，名爲堅結。此經能解，故名解節。解節之義，凡有五種，一深密義，如法身等，難可通達，名爲義節，此經能釋，故名解節。二者無明習氣心惑，凡夫二乘所不能破，故說此惑名爲堅結，由緣眞實，能滅此惑，故說眞實名爲解節。三者智慧，緣此眞實，亦說此智名爲解節，從境得名也。四者此經文句，名爲解節，從所顯得名。五者一切三乘教中，所有微細難可了義，聚在此經，分明解釋，故說此經名爲解節。若具分別，如《眞諦記》所言《相續解脫》、《深密解脫》，未見說處。準義釋者，涅謨折那。含有二義，一者解釋義，如上已說，二者解脫義。故二本經皆云解脫。言刪地者，含有三義，一者深密義，二者堅結義，如上已釋，三者相續義。是故二經，一名《相續解脫》，二名《深密解脫》。此上二釋，準眞諦而可了知。言相續者，謂所知障，堅結相續，難可解脫。今一部釋甚深義，便能解脫煩惱相續。故名《相續解脫經》。即當眞諦記中第二煩惱解節義言深密解脫者由智慧力，緣深密理，解脫煩惱。故言《深密解脫》，即當第三智慧解節也，雖有此釋，據實，即是譯家謬也。言文義圓足者，如《解深密》，具有八品，而差別者，《解節》唯有最初二品，闕無後六。《相續解脫》當後二品，闕無前六。《深密解脫》有十一品，於勝義諦，開爲四品，由斯與此文義圓足。然《解深密》諸所說處，文義明淨，至文對釋，故今釋此大唐一本。

綜述

遁倫《瑜伽論記》卷二〇　此經有四翻，一流支翻名《深密解脫經》，二求那跋陀羅翻名《相續解脫經》，三眞諦翻名《解節經》，四玄奘翻名《解深密經》。梵本一音具含三義，一兩物相續義，二骨節相連義，三深密義。歷代三藏各取一義，故譯名不同。就別引經文中。先長行廣辨。後以頌叙。就長行中有三問答，初問答中言最勝子者佛是最勝，明彼菩薩是最勝之子名最勝子。舊云佛子，答意佛爲衆生假說有爲無爲，而無隨名。有爲無爲眞實法體，故言無二。答言一切法有二，一者有爲，二者無爲者，開二門也。是中有爲非有爲非無爲，無爲亦非無爲非有爲，此初答也。第二問答言有爲者乃是本師假施設句者，諸法本離名言，佛爲衆生假說有爲，名假施設。又解，劫初梵王等立諸法名，名爲本師。問若如後說者，何故《深密》解說云如來名字。解云，外道稱自師名如來，故無有過。若《解說經》云，大師言若是，本師假施設句，即是遍計所集言辭所說等者，但以衆生隨名起執，於佛假施設句執有定法，故言是遍計所集乃至不成實故。非是有爲，言無爲者亦墮言辭者。佛爲衆生假立無爲，亦墮言辭假施設句，墮名起執非無爲也，設離有爲無爲小有所說其相亦爾者。

智旭《閱藏知津》卷六　《解深密經》五卷，唐大慈恩寺沙門釋玄奘譯。序品第一，薄伽梵住超過三界所行之處，與無量大聲聞俱，及無量菩薩從種種佛土而來集會。勝義諦相品第二，如理請問菩薩問，解甚深義密意菩薩答，具明有爲非有爲非無爲，無爲亦非無爲非有爲，但是本師假施設句，如幻事等法涌。菩薩向佛述東方外道之所思議，佛爲說勝義超過一切尋思境相。善清淨慧菩薩向佛述修解行地菩薩之所疑惑，佛爲說勝義超過諸行一異性相，佛告善現，有情界中幾懷增上慢幾離增上慢，善現答以懷者甚多離者甚少，佛爲說徧一切一味相。心意識相品第三，廣慧菩薩問佛齊何名爲於心意識秘密善巧菩薩。佛言，於內各別如實不見阿陀那及識，不見阿賴耶及識，不見積集及心，不見六根六塵六識，是名勝義善巧菩薩。一切法相品第四，德本菩薩問佛，何名於諸法相善巧菩薩，佛爲說徧計依他圓成三相，如實了知。無自性品第五，爲勝義生菩薩說三種無自性性，密意，勝義生言，初鹿林中轉四諦法輪，雖甚希有猶未了義。第二時中依一切法皆無自性，以隱密相轉正法輪，雖更希有猶未了義。今第三時以顯了相轉正法輪，最爲希有是眞了義。分別瑜伽品第六，佛荅彌勒菩薩種種諸問，謂奢摩他毗鉢舍那四種所緣境事，及緣別法緣總法三三摩地，知法知義聞思修三慧及總空性相等。地波羅密品第七，佛荅觀自在菩薩所問十一地義，及十波羅密義。如來成所作事品第八，佛荅文殊師利所問法身解脫身義，及荅言音差別相，一切智者相，如來心無加行生起相，成正覺轉法輪入涅槃骨無二相，乃至穢土淨土，何事易得何事難得。

《深密解脫經》五卷，有曇寧序。元魏北天竺沙門菩提留支譯。與上經同而第二品分作四品。

《佛說解節經》一卷，陳優禪尼國沙門眞諦譯。即前經勝義諦相品分作四品。

《相續解脫地波羅密了義經》半卷，劉宋中天竺沙門求那跋陀羅譯。即前經地波羅密品。

《相續解脫如來所作隨順處了義經》半卷，即前經如來成所作事品。

紀事

圓測《解深密經疏》卷一　此經一部，自有三種。一者廣本，有十萬頌，二者略本，千五百頌。然此略經，梵本唯一，隨譯者異乃成四部。一者宋時元嘉年中，中印度僧舊云天竺。求那跋陀羅宋云功德賢。在於潤州江寧縣東安寺，翻出一本，名《相續解脫》，唯有一卷，或兩卷成，總十七紙。於一卷內，有二題目，初十紙半，名《相續解脫地波羅蜜了義經》一卷，後有六紙半，名《相續解脫如來所作隨順處了義經》，雖無品目，如其次第，當《解深密》最後二品。二者後魏延昌二年，北印度僧菩提留支魏云道希在於洛陽嵩高山少林寺，翻出一本。名《深密解脫經》，有其五卷，品有十一，六十七紙一序品，二聖者善問菩薩問品，三聖者曇無竭菩薩問品，四聖者善清淨慧菩薩問品，五慧命須菩提問品，六聖者廣慧菩薩問品，七聖者功德林菩薩問品，八聖者成就第一義菩薩問品，九聖者彌勒菩薩問品，十聖者觀世自在菩薩問品，十一聖者文殊師利法王子菩薩問品也。三者陳朝保定年中，西印度內，優禪那國三藏法師拘那羅陀陳云親依，或名眞諦，此三藏入漢國歷三朝，謂周梁陳，於西京故城內四天王寺，更翻一本。名《解節經》，唯有一卷，有其四品，紙九張半，當《解深密》初之二品，無序品名，開勝義諦，以爲四品一不可言無二品，二過覺觀境品，三過一異品，四一味品也。若依眞諦翻譯目錄云，陳時天嘉二年，於建造寺譯《解節經》一卷，義疏四卷。四者大唐貞觀二十一年三藏法師玄奘，在於西京弘福寺更翻一本，名《解深密經》。

著錄

智昇《開元釋教錄》卷八 《解深密經》五卷。

又卷一 《深密解脫經》五卷元魏天竺三藏菩提留支譯今本初譯。

《解深密經》五卷大唐三藏玄奘譯，出《內典錄》，今本再譯。

《解節經》一卷陳天竺三藏眞諦譯， 右一經是《解深密經》初五品異譯出第一卷。

《相續解脫地波羅蜜了義經》一卷亦名《解脫了義》，亦云《相續解脫經》，宋天竺三藏求那跋陁羅譯。

右一經是《解深密經》後二品異譯出四五二卷。

右四經同本異譯二是全本，二是初譯。

福田經分部

佛說諸德福田經

綜述

智旭《閱藏知津》卷三一 帝釋問良田，佛以五淨德名曰福田，即沙彌五德也。又七法廣，施名曰福田，謂興立佛圖等，於是四比丘，一比丘尼，夫帝釋，及如來，各說宿行所得果報。

王古《大藏聖教法寶標目》卷四 佛說八福田，一者衆僧有五淨德，名曰福田，爲良爲美，爲無旱喪，供之得福。又有七法，廣施行者得福，即生梵天。一者興立佛圖僧房堂閣，二者園果浴池樹木清涼，三者常施醫藥療救衆病，四者作堅牢船濟度人民，五者安設橋梁過度羸弱，六者近道作井，渴乏得飲。七者造作圊廁，施更利處，是爲七事得梵天福。佛會中阿羅漢比丘，比丘尼，天帝釋等，各各說往昔因緣。道邊作小精舍，供給止息僧福報，爲帝釋輪王，施一呵棃勒果供衆僧九十一劫無病瓶酪施豪尊榮貴，施沐浴無病身眞金色。一柰奉佛，累劫端正，不生胞胎，施珠瓔爲天帝釋，施圊廁累劫無病無諸穢垢。

著錄

僧祐《出三藏記集》卷二 《福田經》一卷或云《諸德福田經》。右四部，凡十二卷，晉惠、懷帝時沙門法炬譯出。其《法句喻》、《福田》二經，炬與沙門法立共譯出。

佛說父母恩難報經

法經《衆經目錄》卷四　《父母恩難報經》一卷一名《報父母恩經》，出《中阿含經》。

智昇《開元釋教録》卷一三　《父母恩難報經》一卷亦云勲報，後漢安息三藏安世高譯拾遺編入。

智旭《閲藏知津》卷三一　《佛說父母恩難報經》後漢安息國沙門安世高譯。與《孝子經》大同小異，可並流通。

佛說盂蘭盆經

題解

智旭《佛說盂蘭盆經新疏》　初就事釋名者，即是盂蘭盆。法供之名也，盂蘭乃是梵語，正云烏藍婆拏，此翻救倒懸，謂三塗劇苦，無可喻陳，借喻倒懸，此法一興，倒懸斯解，名之爲救，盆字是華言，乃貯食之淨器，一切碗鉢，通名爲盆，後人不達，作一大盤，衆食盡著於中，普同供養，此則大違律制。衆僧不饗，以凡聖雖殊，俱不觸僧伽食器故。今言盂蘭盆者，謂以種種淨潔碗鉢，貯種種淨潔美食，供十方僧，能救慈親，猶如倒懸之苦，倒懸是所救，盆是能救，能所合稱，名盂蘭盆，又以所從能，即名此盆爲救倒懸盆也。夫分段變易，皆名苦報。何但餓鬼，方稱倒懸。凡夫四倒，二乘四倒皆倒因也，欲界無禪定之食，三有乏無漏之漿，偏眞缺俗諦，法財權位，失中道實味，皆倒果也。碗鉢爲盆，百味五果爲食，解餓鬼倒懸，攝心爲盆，十支爲食，解欲界倒懸，念處爲盆，四諦行觀爲食解三界倒縣，宏願爲盆，六度萬行爲食，解四枯倒懸，一心爲盆，不思議觀爲食，解二邊倒懸，引伸觸類，總以碗鉢百味，爲正因緣境，若無事境，理觀無寄，若無理觀，事功不深。倘見此說，便欲廢事，則目連始得六通，亦既成就念處盆，四諦食，何故母猶不脫鬼倫耶。佛說二字，具如常解，經是通名，亦如常釋，此不繁述，次觀心釋名者，淨戒爲器，無作四諦，不思議觀慧爲食。供養自性一體三寶，圓解八倒之懸，頓履一實之地，無明父，貪愛母，當下即成明脫，智度母，方便父任運入無功用，故名盂蘭盆也。

論說

智旭《佛說盂蘭盆經新疏》　此經以法供爲名，自性三寶爲體，孝慈爲宗，拔苦與樂爲用，大乘爲教相。原夫人世福田，莫尚乎三寶，出世道法，莫先乎孝慈，欲報深恩，莫要乎與拔，欲成濟度，莫大乎盂蘭，是以目連道滿，首思乳哺之恩。大聖垂慈，廣示法供之式，時必擇夫自恣，德乃藉於衆僧，僧寶所存，法輪斯在，法輪轉處，佛常現前，舉一即三，最勝無比，圓音一唱，慈親已脫於苦輪，錫類重沓，芳軌永貽於緇素，誰無父母。如何弗思，況復垂訓殷勤，敎令念念常憶，自非觀心起行，焉能事理變彰。一字法門，非海墨之所罄，四輩齊奉，豈淺近之津梁。略述五重，用探奥旨，就五重中，又各二番明義，一就事，二觀心。

綜述

智旭《閲藏知津》卷九　佛爲目連說七月十五日，供自恣僧法，度其母脫餓鬼苦。

著錄

費長房《歷代三寶記》卷一四　《盂蘭盆經》一卷。

道宣《大唐内典録》**卷七**　《盂蘭盆經》一紙又別本五紙云，《淨土盂蘭盆經》未知所出。

智昇《開元釋教録》**卷一二**　《盂蘭盆經》一卷亦云《盂蘭經》，西晉三藏竺法護譯。

佛説孝子經

智昇《開元釋教録》**卷一三**　《孝子經》一卷亦云《孝子報恩經》《僧祐經》云安公失譯經今附《西晉録》，拾遺編入。

智旭《閲藏知津》**卷三一**　《孝子經》失譯人名。明供養不若勸親爲善去惡。

佛説最無比經

綜　述

智旭《閲藏知津》**卷一〇**　佛爲阿難較量三歸功德，不可思議，次及十善八關，五戒十戒，式叉摩那戒尼戒，比丘戒，乃至發菩提心功德，以次轉勝不可思議。

王古《大藏聖教法寶標目》**卷四**　佛説供養大千世界諸佛上妙樂具，起塔高廣，所獲福德不如起淨信心受三歸依，受三歸依不如一念頃受持十善，受十善不如一晝夜持八戒，受盡形大戒，其福轉勝前所獲福，百千萬分不及其一。

著　録

智昇《開元釋教録》**卷八**　《最無比經》一卷見《内典經》第二出，與隋譯《希有校量功德經》同本，貞觀二十三年七月十九日於大慈恩寺翻經院譯，沙門大乘光筆受。

又卷一二　《最無比經》一卷大唐三藏玄奘譯出《内典録》，第二譯。

佛説大乘造像功德經

綜　述

王古《大藏聖教法寶標目》**卷五**　佛在天宫安居三月，爲母説法。優陀延王渴仰思佛故，發願造像，毗首羯磨天工巧無匹，變身爲匠者，即以是月初八日，弗沙宿合毗婆訶底出現之時，佛初誕生時起作，不日而成。佛於三道寶階從天而下，兩邊階道皆黄金，成中道瑠璃，足所踐處布以白銀，諸天七寶而爲間飾，諸天翼從威德熾，盛光明赫奕，如滿月在空，衆星共遶，如旭日初出，彩霞紛映，梵王執白蓋在右，帝釋持白拂侍左，諸天乘空隨佛而下，側塞虚空，音樂妙香，雨華積至于膝半，路四天王獻供殊妙。劫初已來所未曾有，佛告優陀延王，汝於我法中，初爲軌則，更無有人與汝等者，令諸衆生得大信利，已獲無量福德，廣大善根。天帝告王，佛在天上讚王造像功德，諸天悉亦隨喜，宜自欣慶。佛説若有人以雜綵績飾，或金銀銅鐵鉛，錫鎔鑄或雕刻織繡，或白灰丹土，若泥若木，乃至極小如一指大，獲種種福報功德無量無邊，不生邊小國土，下劣種性，不淨邪見，貧窮之家。生人天中，圓滿超衆無諸病苦，不爲毒藥，兵仗諸横緣所傷害，不受苦報。及説女人受男身，男子受女身。黄門二形不男，邊夷受生等因緣。若造佛像，皆免所滅種種罪，所獲種種福詳如本經。

智旭《閱藏知津》卷一〇 佛往忉利天上，優填王初造佛像，佛從天下，王問功德，佛深讚之，彌勒因問滅業障事，佛一一細荅。

著錄

智昇《開元釋教錄》卷九 《大乘造像功德經》二卷或一卷，天授二年於大周東寺譯，見《大周錄》。

又卷一二 《大乘造像功德經》二卷或一卷，大唐天后代于闐三藏提雲般若譯出《大周錄》。其《大乘造像功德經》，《大周錄》云與《造立形像福報經》同本異譯者誤也，文意既殊，故爲單譯。

佛說浴像功德經

綜述

智旭《閱藏知津》卷一〇 佛在鷲峯山頂，清淨慧菩薩請問佛涅槃後，宜作何供養，佛言，供舍利如芥子得十五功德，浴佛形像，應用香水，作壇沐浴功德無量。

紀事

智昇《開元釋教錄》卷 又至景龍四年庚戌，於大薦福寺譯。浴像功德，數珠功德，如意心，尊勝，拔除罪障，出家入胎，五蘊皆空，三轉法輪，《譬喻療痔病》等經。根本說一切有部苾芻尼毗柰耶，毗柰耶雜事，二衆戒經，毗柰耶頌，雜事攝頌，尼陁那目得迦攝頌，唯識寶生，觀所緣

釋等已上二十部八十八卷。

著錄

僧祐《出三藏記集》卷四 《浴像功德經》一卷。

智昇《開元釋教錄》卷五 《浴像功德經》一卷與新譯者梵本同，未詳同別。

又卷九 《浴像功德經》一卷神龍元年正月二十二日於東都大福先寺譯，婆羅門李無諂譯語，初出與後義淨出者同本。

又卷九 《浴像功德經》一卷第二出，與寶思惟出者同本，景龍四年四月十五日於大薦福寺翻經院譯。

又卷一二 《浴像功德經》一卷，大唐天竺三藏寶思惟譯。

又卷一二 《浴像功德經》一卷，大唐三藏義淨譯。

佛說造塔功德經

紀事

夫塔者梵之稱，譯者謂之墳。或方或圓，厥制多緒，乍琢乍璞，文質異宜。並以封樹遺靈，扃鈐法藏，冀表河沙之德，庶酬塵劫之勞。豈伊弓劍衣冠，言申永慕，禹陵孔壁，用顯緘藏而已哉！將有量等大千，覆三界而高梵世；取均菴果，偶棗葉而譬針鋒。洪纖兩途，福應無二，大小千計，淨心終一。何只黃金白玉，架迥爭暉，火齊水精，浮空競彩。夕振祥飈之響，入鏤鐸以流清；晨霏仙露之甘，上雕盤以凝泫。至乃位隆三果，動重四禪，高升有頂之宮，行屆無災之地，斯敎之弘旨也。此經以永隆元年冬十一月十五日，請天竺法師地婆訶羅，與西明寺沙門圓測等五人，於弘福道場，奉詔宣譯。至其年十二月八日，終其文義。庶斯法寶周給大

千，俾彼慧燈照融三界云爾。

智旭《閱藏知津》卷一〇 佛在忉利天，爲觀世音菩薩說內分別，一四句偈義，諸法因緣生，我說是因緣，因緣盡故滅，我作如是說。如是偈義，名佛法身。汝當書寫，置彼塔內，何以故，一切因緣及所生法性空寂故，是故我說名爲法身。

著錄

智昇《開元釋教錄》卷九 《造塔功德經》一卷見大周錄，永隆九年於東大原寺譯。

又卷一二 《造塔功德經》一卷，大唐中天竺三藏地婆訶羅譯出《大周錄》拾遺編入。

佛說温室洗浴衆僧經

題解

釋慧遠《温室經義記》 次釋其名，初言佛者，標別說人佛，外國語，此翻名覺。覺有兩義，一者覺察，如人覺賊，二者覺悟，如人睡寤。自覺覺他，覺行窮滿，故稱爲佛。陳唱名說，溫室洗浴是所說也。和嚅名溫，蔭障名室，此明洗處。備具七物，沐湯形垢故曰洗浴，但言洗浴即攝七物，此是說具，衆僧所洗，外國正音名曰僧伽，此云和衆，行德無乖名之爲和，和者非一目之爲衆，衆是漢名，僧是胡稱。胡漢幷擧故曰衆僧，問曰，耆域請佛及僧溫室洗浴，今此何故偏言，洗僧不論佛也。釋有三義，一義釋云，僧有二種，一三歸僧，簡因異果，二應供僧，佛亦在中。今此所謂是應供僧，通攝如來，故不別說。第二義者，所集之經流通末代，未來無佛故不說之。第三義者，據施主心，佛僧通洗，論其受者，僧有所須，佛則無假，今就受者故云洗僧。經者外國名修多羅，此翻名綖，綖義似經，故存經稱。

論說

釋慧遠《温室經義記》 此經開首，須知六要，一知教大小，教有二藏，備如常辨，此經大乘菩薩藏收。二須知教局漸及頓，小教名局，大乘法中從小入者名之爲漸，不藉小入名之爲頓，此經是漸。三知教有三藏之別，此經是其修多羅藏。四知經宗趣，此經福德檀行爲宗。五知經名字，經名不同。備如常釋。今此經者人法爲名，佛是人也，說洗僧經是其法也。六知說人，說有五種，一者佛說，二聖弟子說，三諸天說，四神仙等說，五變化說，此經是其佛所說也。

綜述

智旭《閱藏知津》卷三一 耆域請佛及僧洗浴，佛言，當用七物除去七病得七福報。

著錄

僧祐《出三藏記集》卷二 《溫室經》一卷《舊錄》云，《溫室洗浴衆僧經》。

法經《衆經目錄》卷一 《溫室洗浴衆僧經》一卷晉世竺法護譯。

智昇《開元釋教錄》卷一二 《溫室洗浴衆僧經》一卷亦直云《溫室經》，後漢安息三藏安世高譯。

佛說施燈功德經

綜述

智旭《**閱藏知津**》**卷一〇** 佛在舍衛給孤獨園，告舍利弗，佛有四種勝妙善法，爲一切衆生無上福田。若七衆以燈供養，其福不可思議。於現在世，得三種淨心，於臨終時，得三種明，又復得見四種光明，便生三十三天，於五種事而得清淨，還生人中，出家持戒，又得四種可樂之法，得四種清淨。又若住於大乘施燈明者，世世得八種可樂勝法，得八種無量勝法，又以燈施說法者，得於八種無量資糧，又見他施如來燈，生隨喜心者，得八種增上之法。次歎五種法最爲難得，一得人身，二信樂法，三得出家，四具淨戒，五得漏盡，次說偈較施燈福德，唯發大菩提心者爲最。

著錄

費長房《**歷代三寶記**》**卷九** 《燃燈經》一卷亦名《施燈功德經》，上二經並天保九年於天平寺出。

法經《**衆經目錄**》**卷一** 《施燈功德經》一卷一名《然燈經》齊世耶舍譯。

佛說燈指因緣經

智昇《**開元釋教錄**》**卷一三** 《燈指因緣經》一卷，姚秦三藏鳩摩羅什譯。

智旭《**閱藏知津**》**卷三一** 《佛說燈指因緣經》，姚秦天竺沙門鳩摩羅什譯。說長者子燈指先富中貧，後又大富，皆由宿因。

佛說布施經

智旭《**閱藏知津**》**卷三一** 《佛說布施經》宋中印土沙門法賢譯。佛在給孤獨園說三十七種布施，感果不同，幷爲國王說布施，及十善法。

佛說五大施經

智旭《**閱藏知津**》**卷三一** 《佛說五大施經》宋北印土沙門施護等譯。能持五戒，是爲五種大施。

佛說出家功德經

綜述

法經《**衆經目錄**》**卷一** 《出家功德經》一卷，吳世支謙譯。原本一譯，其閒非不分摘卷品別譯，獨行而大本無虧，故宜定錄。

道宣《**大唐内典錄**》**卷六** 《出家功德經》四紙吳時支謙譯。

智昇《**開元釋教錄**》**卷一三** 《出家功德經》一卷，失譯。今附三秦錄，《拾遺》編入右《出家功德經》有三本流行，餘二雖有廣略並從賢愚抄出，云佛在王舍城迦蘭陁竹園中就，今並載別生錄中，此本佛在毗舍離國爲梨車子鞞羅羨那說其復云鞞羅羨那秦言勇軍，雖不知譯人姓名，必是秦朝譯也。

智旭《**閱藏知津**》**卷三〇** 《佛說出家功德經》，失譯人名，附二

《秦錄》。佛聞鞞羅羡那王子樂音，記彼七日命終，阿難勸今一日一夜出家，命終之後，七返生六欲天，當得辟支佛道。阿難因問，放人出家之福，障人出家之罪，佛具荅之。

著　錄

費長房《歷代三寶記》卷五　《出家功德經》一卷，見《吳錄》。

智昇《開元釋教錄》卷二　《出家功德經》今有兩本，一是泰譯，附於參錄，一從《賢愚》抄出，今附別生錄中。

又卷一三　《出家緣經》一卷一名《出家因緣經》，後漢安息三藏安世高譯。

又卷一七　《出家功德經》一卷，右一經出《賢愚經·出家功德品》，初《長房錄》云，吳代優婆塞支謙譯者謬也。

緣生經分部

佛說分別緣生經

智旭《閱藏知津》卷第三〇　《佛說分別緣生經》宋中印土沙門法天譯。

佛初成道思念世間苦樂諸法，無有能了知者，梵王便來證成，佛更爲梵王說十二緣生之法。

十二緣生祥瑞經

智旭《閱藏知津》卷三〇　《十二緣生祥瑞經》，宋北印土沙門施護譯。以十二月一日，各從一有支算起，斷種種吉凶，事後說十二生肖。

業道經分部

正法念處經

紀　事

《正法念處經叙》　夫域中之名四等，道之所生萬殊。名蓋衆名之假，生非有生之實。然則修促共盡，小大同期。而金字絲編，湘交素篆，分途列道，門張戶設。既昧斷惑之境，未接息言之路。詎能探神測妙，苞總無邊。有聖將應，靈因曠遠，志遺髮膚，施單城國。及繁星駐彩，夕馬騰空，出四門以結念，處三夜而圓果。十力在己，八解俱照，智兼一切，慈洽萬方。既而法吼傍震，甘露降灑，鷲山祇樹之下，鹿苑連河之地，衆出恆沙，徒繁林竹。反窮迷於升極，啓重昏於鐙炬。雖鶴林興慕，檀薪已然，教義不忘，風聲踰被。壽陵仰丹素之工，淸臺寫金玉之質。水骨流暉，園閻加等，遺契餘旨，薄傳前載，幽宗絕唱，方備茲辰。

使持節大將軍領中書監攝吏部尙書、京畿大都督渤海王世子高公，道風虛邁，神衿峻遠，負日月於中衢，擊雷霆於上路。德表生民，作舟梁於夷夏；器含群物，制天淵於廟堂。殊流共委，酌而不竭，異軫同騖，仰以知歸。黃扉南闢，鈴閣東啓。則有高士通才，幽人偉器，愧其漢爵之重，鄙其南嶽之游。曳裾高步，自得門下，俱申前趣之禮，並應卻行之眷。蓋以書奏多方，術呈異等，或披卷而止，或一貫獨得，每留神釋典，洞叩玄門。以夫照壁瀉瓶，遺文必舉，非徒九部，寧止十二。邈矣西方，路超百宿，精力苦心，不憚重繭。故能法藏流行，異聞俱湊。爰有舍城妙說，時將感通，法螺良藥，嚮授斯在。從善業之本，極身念之際。標品有七，明義者五。至如違俗絕世，托想菩提，眷彼天人，深嗟鬼畜。鑒茲因果，冥心是緣，篤誠修行，又悟前旨。載懷依仰，形殊理一，大覺下臨，昭然獨曉。四攝六通，網羅群智，讚揚妙德，事屬斯文。直以風殊俗舛，詞翰乖絕，傾耳注目，隔若山河。將恐靈教有虧，玄旨多墜。

有婆羅門人瞿曇流支，比丘曇林、僧昉等，並鈎深索隱，言通理接，延居第館，四事無違，乃譯明茲典，名《正法念處》。起自興和歲陽玄默，終於武定淵獻之季，條流積廣，合七十卷。微言不昧，弘之在我，大崇覺典，克宣靈迹。此乃濟四部於法橋，刷六塵於定水，心殷業重，無德而言。雖龍樹不追，馬鳴日遠，申法尊道，夫豈異昔？所以緇素擊節，雅俗傾首，義有存焉，永法三界云爾。

王古《大藏聖教法寶標目》卷七　《正法念處法門經》七十卷，皆佛說，初十善業道品一至二，說十業、善惡因果、苦樂等。次生死品三至五卷半，說一切世界衆生無始已來生死輪轉，諸修行人當隨順正法，思惟觀察三界諸趣，次第捨漏捨不善法，修行善法，正住正觀。地獄品五卷半至十五，說一百三十六種地獄種種苦報事相，及元造惡業因緣。餓鬼品十六至十七，說三十六種餓鬼種種苦報，壽命長短，增減業行，種類差別。畜生品十八至二十一，說五道中畜生最多，有三十四億，種類差別及阿修羅衆與大鬬戰甚詳。觀天品二十二卷至六十三卷，說諸天光明、身量、壽命、飲食、服器、宮殿、園林勝妙，欲樂放逸，福盡墮滅，隨業流轉天界，因緣事相種種甚詳。天宮有壁鏡、樹鏡，現諸業果，夜摩天上有六佛塔，有無量勝妙功德，利益天人無量。又說比丘十三障礙法，教戒切至六十四至七十。若人供養說法師，即爲供養現在世尊。以聞法故，憍慢者心得調伏，貪著者信布施，麤穬者心調柔，愚癡者得智慧。迷因果者得正信，邪見者入正見，殺盜婬得遠離，終得涅槃，故說法恩甚爲難報。一者母，二者父，生身故，恩不可報。若令父母住於法中，名少報恩。三者如來度脫生死無上大師，此恩難報。若於佛法深心，得不壞信，名報佛恩。四者說法師，供養此四種人，得無量福，於未來世能得菩提六十一卷。又聞法有三十二種功德六十三卷。身念處品六十四至十，說內外循身觀等種種法，及四部洲衆生生死苦樂因果種種事相。此經說三塗諸天事最詳最廣。天品中說夜摩天王、鵝王菩薩、孔雀王菩薩說諸佛教戒，天人種種法門，文義富妙。

智旭《閱藏知津》卷三〇　《正法念處經》七十卷元魏中天竺婆羅門瞿曇般若流支譯。

十善業道品第一，因外道說佛法與彼無別，新學比丘不能荅，告舍利弗，舍利弗令問佛，佛爲具說十不善果報差別，及說十善世出世果。生死品第二，說比丘應觀察生死過患，次第修十地行等。地獄品第三，說十惡因，感得種種地獄苦報差別，善能觀察，乃至得十三地。餓鬼品第四，說三十六種餓鬼因果差別，觀察得十五地。畜生品第五，說畜生品類差別最多，及說修羅與天鬬戰事，觀察得十七地。觀天品第六，觀察四王及三十三天，得十八地，又觀夜摩天有三十二處，隨業受果樂盡苦生，有夜摩天王及鵞王、孔雀王、諸天鳥等，說種種訶放逸法。身念處品第七，說內身觀四大調與不調、戶蟲行業、諸風作用等。作外身觀四洲衆生苦樂因果、生死不斷，觀已厭離。

《妙法聖念處經》八卷作四卷，宋中印土沙門法天譯。

說十善法及厭離行等，訶酒過失及十惡等，讚歎護戒，及說天上諸偈。大意與《正法念處經》同。

著録

費長房《歷代三寶記》卷九　梁武帝世，北天竺國三藏法師佛陀扇多，魏言覺定，從正光六年，至元象二年，於洛陽白馬寺及鄴都金華寺譯元魏鄴城。《正法念處經》七十卷興和元年，於鄴城大丞相高澄弟譯，曇琳僧昉等筆受。

法經《衆經目錄》卷三　《正法念處經》七十卷後魏世留支譯。

智昇《開元釋教錄》卷一三　《正法念處經》七十卷，元魏婆羅門瞿曇般若流支譯右此《正法念經》，《大周錄》中編爲重譯。云與《善時鵝王經》同本異譯者誤也，其《善時鵝王經》從此經抄出，彼是別生，此爲單本。

妙法聖念處經

智旭《**閱藏知津**》**卷第三〇** 《妙法聖念處經》八卷今作四卷宋中印土沙門法天譯。說十善法，及厭離行等。訶酒過失，及十惡等。讚歎護戒，及說天上諸偈。大意與《正法念處經》同。

佛說分別善惡所起經

綜述

王古《**大藏聖教法寶標目**》**卷七** 五道善惡因果報應，後偈說因果詳博，及酒有三十六失。

智旭《**閱藏知津**》**卷三〇** 《佛說分別善惡所起經》一卷，後漢安息國沙門安世高譯。明十善、十惡所有果報，中明飲酒三十六失，後有偈頌善惡二報。

著錄

僧祐《**出三藏記集**》**卷四** 《分別善惡所起經》一卷。

法經《**衆經目錄**》**卷三** 《分別善惡所起經》一卷一名《十善十惡經》。

智昇《**開元釋教錄**》**卷一三** 《分別善惡所起經》一卷後漢安息三藏安世高譯。

佛說處處經

僧祐《**出三藏記集**》**卷四** 《處處經》一卷，新集所得，今並有其本，悉在經藏。

智昇《**開元釋教錄**》**卷一三** 《處處經》一卷，後漢安息三藏安世高譯。

智旭《**閱藏知津**》**卷三〇** 《佛說處處經》一卷，後漢安息國沙門安世高譯。似律中雜雜因緣。

佛說十八泥犁經

僧祐《**出三藏記集**》**卷四** 《十八泥犁經》一卷，抄新集所得，今並有其本，悉在經藏。

法經《**衆經目錄**》**卷四** 《十八泥犁經》一卷，諸經所出，既未見經本，具附前三百四十二經，並是後人隨自意好於大本內抄出別行，或持偈句便爲卷部，緣此趣末歲廣妖濫日繁，今宜攝入，以敦根本。

智昇《**開元釋教錄**》**卷一三** 《十八泥犁經》一卷或云《十八地獄經》後漢安息三藏安世高譯。

智旭《**閱藏知津**》**卷三〇** 《佛說十八泥犁經》，後漢安息國沙門安世高譯。說十八地獄受苦，及壽命長遠。

佛說罵意經

智昇《**開元釋教錄**》**卷一三** 《罵意經》一卷，後漢安息三藏安世高譯。

智旭《**閱藏知津**》**卷三一** 《佛說罵意經》後漢安息國沙門安世高

譯。多似律中語，及雜説一切善惡法。

佛説堅意經

著　錄

智昇《開元釋教録》卷一三　《堅意經》一卷，一名《堅心王意經》，一名《堅心經》後漢安息三藏安世高譯第一譯，兩譯一闕。

智旭《閲藏知津》卷三一　《佛説堅意經》囑比丘雖受人謗，當如水火，又囑人一心聽經。

佛説鬼問目連經

僧祐《出三藏記集》卷二　《鬼問目連經》一卷，新集所得，今並有其本，悉在經藏。

智昇《開元釋教録》卷一三　《鬼問目連經》一卷，後漢安息三藏安世高譯。

智旭《閲藏知津》卷三〇　《鬼問目連經》，後漢安息國沙門安世高譯，出《雜藏經》。

佛説四願經

綜　述

智旭《閲藏知津》卷三一　爲純陀説人間四願，皆不可保。復説思想識等法門，前後文不相蒙，頗似錯簡。

王古《大藏聖教法寶標目》卷七　四願不可常保，一謂空愛身命，死則委去。二謂財產官祿，三謂親屬知識，四謂不能守意，正行，婬於五樂。

著　錄

僧祐《出三藏記集》卷二　《四願經》一卷。

費長房《歷代三寶經》卷五　《四願經》一卷見《竺道祖》、《吳錄》及《三藏記》。

法經《衆經目錄》卷三　《四願經》一卷，吳黃武年支謙譯。

佛説四自侵經

綜　述

智旭《閲藏知津》卷三一　先説夙夜不學，老不止婬，得財不施，不受佛言。爲四自侵，次説一切警策之語。

著　錄

僧祐《出三藏記集》卷二　《四自侵經》一卷安公云出《阿毗曇》。

法經《衆經目錄》卷三　《四自侵經》一卷晉世竺法護譯。

佛説所欲致患經

智昇《開元釋教録》卷第一三　《所欲致患經》一卷，西晉三藏竺法護譯第一譯，兩譯一闕。

智旭《閱藏知津》卷三一　《佛説所欲致患經》西晉月支國沙門竺法護譯。佛爲比丘代荅外道之問。

佛説慢法經

費長房《歷代三寶經》卷六　《慢法經》一卷，惠帝世沙門釋法炬出，初炬共法立同出，立死後炬又自出，多出大部，與立所出每相參合，廣略異耳，《僧祐錄》全不載。既見舊、別諸錄，依聚繼之，庶知有據，以孝正僞焉。

僧祐《出三藏記集》卷四　《慢法經》一卷抄。新集所得，今並有其本，悉在經藏。

智昇《開元釋教錄》卷一三　《慢法經》一卷，西晉沙門釋法炬譯第二譯，拾遺編入。

智旭《閱藏知津》卷三〇　《慢法經》西晉沙門釋法炬譯。

佛説頒多和多耆經

智昇《開元釋教錄》卷一三　《頒多和多耆經》一卷，《僧祐錄》云安公失譯經，今附《西晉錄》。

智旭《閱藏知津》卷三一　《佛説頒多和多耆經》失譯人名，附《西晉錄》。梅檀調弗天啓請於佛，佛爲諸弟子説布施八事，及説愚人不知布施，有十因緣。

佛説五苦章句經

綜　述

智旭《閱藏知津》卷三一　一説五道苦，二説八惡處，三説十二重城，三棘籬六賊等，四説諸重擔，五説香臭二木喻，及説四生四諦等，又説五天使者等。

王古《大藏聖教法寶標目》卷七　佛言三界五道生死不絶，有五苦八難。五苦者，一諸天苦壽盡，劫衰相現，雖壽大劫要當皆死。二人道苦，雖轉輪聖王，不免生老病死，衆生未脱三界，苦惱災變死有萬端。三曰畜生苦，四曰餓鬼苦，五曰地獄苦，廣如經説。八難地者，三塗三，四邊地，五長壽天，六盲聾瘖瘂，手足殘跛。七世智辯聰，學世經典，信邪倒見，屠殺畋獵，不信三尊，死入地獄。從冥入冥，無有脱時，肆心放意，誹謗聖道，八生在佛前佛後，佛言三惡道，是一切衆生家，暫得爲人爲天，如作客日少，歸家日多。沙門已得出家，如何不能放捨重擔，謂著吾我、人，貪瞋、癡、慢，專求利養，自大輕人，外似如法，不制六情毁戒犯欲，如此種種皆汝重擔，如梅檀香，貴於閻浮金，又療人病，服之即愈，一切衆生莫不願得，有人賣之，而無買者。佛説經法，留在世間，無人視者，如束旃檀賣之，而無買者。父母夫婦、兄弟、知識、奴婢，有五因緣，一曰怨家，二曰債主，三曰償債，四曰本願，五曰眞友，給孤獨長者，家有五福德因緣，一曰時節不失禮敬，二曰身教長者起時内外小大，無不隨者。三曰口言所作福事皆從其教。四曰一味衣食平等，奴婢亦然。五曰和順上下，不相違戾，以是五福家中。奴婢，牛馬、六畜、蜎飛、蠕動，死皆生天。門内經聲不絶，不與諸惡共作因緣，亦是長者本願所致。佛言三界，五道罪垢苦惱，非天授非人與。亦非鬼神、沙門、梵志、所與。所作罪福如影隨形，如響應聲，不失毛髮。此經教戒切，至明備學者，宜數誦讀。

著錄

僧祐《出三藏記集》卷三　《五苦章句經》一卷一名《淨除罪蓋娛樂佛法經》，或云《五道章句經》。

智昇《開元釋教錄》卷三　《五苦章句經》一卷初出，一名《諸天五苦經》，一名《五道章句經》，一名《淨除罪蓋娛樂佛法經》。

又卷五　《五苦章句經》一卷第二出，與曇無蘭出者同本，房云見《別錄》。

又卷一三　《五苦章句經》一卷，東晉西域沙門曇無蘭譯。

又卷一五　《五苦章句經》一卷，宋居士沮渠京聲譯，第二譯。

佛說自愛經

綜述

智旭《閱藏知津》卷三一　佛受舍衛國王四街道請，說三種自愛之法。有兩商人見之，一人心念讚佛，一人心念毀佛，毀者，隨即轢死，讚者，尋得作國王。請佛至其國內供養，佛爲說最重五罪，一不忠孝，二惡心向羅漢，三謗佛四破僧，五毀盜三寶物。

著錄

僧祐《出三藏記集》卷三　《自愛不自愛經》一卷《舊錄》云《自愛經》。

智昇《開元釋教錄》卷一三　《自愛經》一卷或云《自愛不自愛》，東晉西域沙門竺曇無蘭譯。

佛說中心經

智昇《開元釋教錄》卷一三　《中心經》一卷亦云《中心正行經》，東晉西域沙門竺曇無蘭譯拾遺編入。

智昇《開元釋教錄》卷一三　《佛說中心經》與《阿含正行經》同本別譯，東晉西域沙門竺曇無蘭譯。

先由目連神通，化彼移山梵志，令得信心。佛乃爲說五賊、五欺諸法。

佛說除恐災患經

綜述

智旭《閱藏知津》卷三一　佛住王舍城，維耶離大疫，請佛往救，受才明長者家十六日供，次受奈女供，廣說佛受寶蓋往因，才明眷屬往因，奈女往因。

著錄

僧祐《出三藏記集》卷九　《除恐災患經》一卷第二出，與魏世白延出者小異，見《始興》及《寶唱》二錄。

法經《衆經目錄》卷一　《除恐災患經》一卷，魏世沙門白延譯。

道宣《大唐內典錄》卷九　《除恐災患經》，魏時帛延譯。

智昇《開元釋教錄》卷一二　《除恐災患經》一卷，乞伏秦沙門釋聖堅譯。

佛說雜藏經

綜　述

僧祐《出三藏記集》卷二　《雜藏經》一卷，晉安帝時，沙門釋法顯以隆安三年遊西域，於中天竺、師子國得胡本，歸京都，住道場寺。就天竺禪師佛馱跋陀共譯出。其長、雜二《阿含》、《綖經》、《彌沙塞律》、《薩婆多律抄》，猶是梵文，未得譯出。

道宣《大唐內典錄》卷第七　《雜藏經》東晉佛陁跋陁羅共法顯於楊都譯。

智旭《閱藏知津》卷三〇　《雜藏經》東晉平陽沙門釋法顯譯。前半皆鬼問，目連荅。後半更有多種因果，又有現在國王出家等種種緣，又一華獻佛、羅漢及彌勒，亦不知其果報邊際，俟成佛乃知之。

著　錄

費長房《歷代三寶紀》卷七　《雜藏經》一卷與《鬼問目連》、《餓鬼報應》、《目連說地獄》、《餓鬼因緣》四本，同是一經異出，見《寶唱錄》。

法經《衆經目錄》卷三　《雜藏經》一卷，晉世沙門佛陁跋陁羅共法顯譯。

智昇《開元釋教錄》卷一三　《雜藏經》一卷與前後經文理稍別，東晉平陽沙門釋法顯譯。

又卷一五　《雜藏經》一卷，宋天竺三藏求那跋陁羅譯。

餓鬼報應經

法經《衆經目錄》卷三　《餓鬼報應經》一卷。

智昇《開元釋教錄》卷一三　《餓鬼報應經》一卷一名《目連說地獄餓鬼因緣經》，失譯，今附《東晉錄》第三譯。

智旭《閱藏知津》卷三〇　《餓鬼報應經》，失譯人名，附《東晉錄》。

佛說輪迴五道罪福報應經

智旭《閱藏知津》卷三〇　《佛說輪轉五道罪福報應經》，劉宋中天竺沙門求那跋陀羅譯。佛在迦維羅大樹下，說罪福報應，慈悲懺法中廣引之。

佛說護淨經

智昇《開元釋教錄》卷一三　《護淨經》一卷，失譯。今附《東晉錄》。

智旭《閱藏知津》卷三一　《佛說護淨經》，失譯人名，附《東晉錄》。

因見大池中蟲，乃說食不淨食之報。并示護淨之法，亦明齋法，得六十萬世餘糧，似結集家結攝語。

佛說因緣僧護經

智旭《閱藏知津》卷三一　《佛說因緣僧護經》失譯人名，今附《東晉錄》。龍變形受具戒，佛遣之歸。五百商人入海諸僧護爲說法師，逮至海中，龍王乞去，授四龍子四《阿含經》。商人還時，僧護出海同還。路中相失見地獄中五十六事，次至五百仙人處，寄宿一夜，度令證果，還來見佛，問佛因緣，佛一一荅之。

沙彌羅經

僧祐《出三藏記集》卷三　《沙彌羅經》一卷闕中異經。

智昇《開元釋教錄》卷一三　《沙彌羅經》一卷，《僧祐錄》云安公《關中異經》。在三秦錄第二譯（略）其《沙彌羅經》《大周錄》云曇無讖譯，出《長房錄》，今撿房錄中無周錄，誤也。

智旭《閱藏知津》卷三一　《沙彌羅經》，失譯人名，安公云關中異經。

佛說五無返復經

智昇《開元釋教錄》卷一三　《五無返復經》一卷一名《五返覆大義經》宋居士沮渠京聲譯。

智旭《閱藏知津》卷三一　《佛說五無返復經》，劉宋居士沮渠京聲譯。羅閱祇梵志遊學舍衛國，見耕者子死，而父不哭，乃至舉家不哭，問佛決疑。

佛說十二品生死經

僧祐《出三藏記集》卷四　《十二品生死經》一卷，新集所得，今並有其本，悉在經藏。

道宣《大唐内典錄》卷七　《十二品生死經》一卷，宋天竺三藏求那跋陁羅譯。

智旭《閱藏知津》卷三〇　《佛說十二品生死經》，劉宋中天竺沙門求那跋陀羅譯。從聖至凡，生死有十二品不同，以勸誡人。

佛說未曾有因緣經

綜述

智旭《閱藏知津》卷三一　舍利弗爲和尙，目犍連爲阿闍梨，度羅睺羅作沙彌，不樂聽法，因波斯匿王，爲說野干墮井本緣，明聽法功大。次爲王授十善法，次說四檐轝石女往因，次聽五百比丘還戒，次諭羅睺羅修學智慧，次爲祇陀說五戒開遮方便，亦爲波斯匿王說末利夫人功德，次教令以十善道展轉教化。如一燈然無量燈，名報師恩，名報三世佛恩。此經雖說發菩提心，六度、四等、十善、化人、無生法忍等事，而依生滅四諦說法，故屬《阿含》。

王古《大藏聖教法寶標目》卷四　佛子羅云出家，幼少不樂聽法，佛爲化度說經，上卷說，佛往劫爲野干，以聞法不修行故，墮旁生，爲天帝說十善法，八萬諸天發菩提心，諸天供養禮敬，死生兜率天。下卷說五女婢昔世因緣，濫受信施，累劫受苦償債等事。

著錄

僧祐《出三藏記集》卷五　《未曾有因緣經》二卷或云《未曾有經》。

費長房《歷代三寶紀》卷七　《未曾有因緣經》二卷。

法經《衆經目錄》卷一　《未曾有因緣經》二卷，沙門曇兼譯。

智昇《開元釋教錄》卷一四　《未曾有因緣經》二卷，姚秦三藏鳩摩羅什譯出《法上錄》，第一譯。

佛說諸行有爲經

智旭《閱藏知津》卷三一　《佛說諸行有爲經》，宋中印土沙門法天譯。佛在給孤獨園說一切行遷流，乃至佛亦不免棄捨此身。

佛說較量壽命經

智旭《閱藏知津》卷三〇　《佛說較量壽命經》，宋中印土沙門天息災譯。說娑婆一切壽命長短之數。

名數經分部

佛說法集經

綜　述

智旭《閱藏知津》卷八　佛在虚空界法界差別住處，最勝樓閣妙寶臺上，與千二百五十阿羅漢及菩薩、天龍等，說入一切修行次第法門經。時無所發菩薩、奮迅慧菩薩與諸眷屬，於別樓閣寶堂上坐。奮迅慧發十八問，無所發荅以各有十種法行，七萬六千菩薩得無生法忍。奮迅慧又問諸波羅密相應法集，無所發又荅之。乃至種種問荅，又令六萬二千菩薩得無生法忍，八千天子得法眼淨。無所發又言菩薩應修行實諦法集，不捨菩提心，不捨諸衆生等，六萬菩薩得不退轉地，無量天女得法眼淨。奮迅慧又問菩薩心念處智，無所發荅以無生智業及十種念處，所謂身、受、心、

佛說八無暇有暇經

綜　述

智旭《閱藏知津》卷三一　有八無暇，一地獄，二餓鬼，三畜生，四長壽天，五邊地，六聾瘂，七邪見，八無佛世。惟一有暇，可修道業，試人勿致後悔也。

王古《大藏聖教法寶標目》卷七　八無暇謂三塗生，長壽天生，邊地六根不具，信邪倒見，不值善導，言八難之時，無有閑暇，可修道業。

著　錄

智昇《開元釋教錄》卷九　《八無暇有暇經》一卷大足元年九月二十三日於東都大福先寺譯。

又卷一三　《八無暇有暇經》一卷，大唐天后代三藏義淨譯。

佛說身毛喜竪經

智旭《閱藏知津》卷三〇　《佛說身毛喜竪經》，宋譯經院沙門惟淨等譯。善星捨離佛法，以多種緣謗佛法。僧舍利子聞之，白佛，佛爲廣說佛法，所謂九次第定、十力、四無畏等，及說樹下證果之相，龍護尊者請名奉持。

法、佛、法、僧、戒、捨、天，一一釋竟。二大菩薩與諸眷屬俱詣佛所，佛讚印之。舍利弗問以何義，故名無所發，無所發荅之，八萬菩薩得無生法忍，六萬天子得法眼淨，五千比丘轉發大心，佛與授記，無所發問佛善知可取能取法，佛荅以見一切法如夢幻等，乃至成就柔和恭敬質直等心，則能得彼如來妙法。無所發又復申述如實修行不放逸義，名爲微妙法集。次有舍利弗目犍連，富樓那，迦旃延，大迦葉，須菩提，阿那律，羅睺羅，優波離，阿難陀，各說勝妙法集，佛各印之。次有彌勒菩薩，見者愛樂菩薩，善目菩薩，善生菩薩，大導師菩薩，光明幢菩薩，解脫月菩薩，大海慧菩薩，觀世音菩薩，堅意菩薩，善護菩薩，虛空菩薩，文殊師利菩薩，各說勝妙法集。佛總印讚，若人聞此法門，能信、能忍，不生於謗。我授是人無上道記。於是無所發脫頸上寶瓔珞，奉散如來，住虛空中作大寶帳，并說偈讚佛。佛爲授記，須菩提復與無所發問荅，說甚深法。七萬六千衆生發菩提心，二百比丘心得解脫。復有善思惟天子問佛，佛荅以成就深直之心，發無上意，名爲根本住處，六度止觀，三十七品等，名爲菩薩境界，及菩薩行。菩薩安隱，菩薩寂靜，菩薩常在三昧，菩薩到一切處，菩薩調伏，菩薩得滅，一一荅竟。善思惟復申述最上妙法，佛讚印之，唱募流通，於是無所發，觀世音，彌勒，見愛樂導師，文殊師利，各任護持，佛更讚印結勸，兼記法門所行之處。

著　錄

費長房《歷代三寶記》卷九　《法集經》八卷延昌二年於雒陽出，僧朗筆受，或六卷。

法經《衆經目錄》卷一　《法集經》六卷後魏世沙門菩提留支於洛陽譯。

智昇《開元釋教錄》卷六　《法集經》六卷或七卷，或八卷。

佛說決定義經

智旭《閱藏知津》卷三〇　《佛說決定義經》，宋中印土沙門法賢譯。佛在祇園爲諸苾蒭說五蘊、五取蘊、十八界、十二處、十二緣生、四聖諦、二十二根、如來十力、四無所畏、四禪定、四無色定、四無量行、四無礙智、四三摩地想及三十七品。

佛說法乘義決定經

智旭《閱藏知津》卷三〇　《佛說法乘義決定經》上中下合卷，宋西夏沙門金總持等譯。佛在祇園，有一比丘名甚深勇猛請問，鹿野苑中所說法乘，決定之義。佛爲廣說五蘊、五取、十二處、十八界、十二緣生、四聖諦、二十二根、五三摩地、四禪、四無色定、四無量心、四三摩地、四念處、四正斷、四神足、五根、五力、七覺支、八聖道、十六心念、四果十力、四無所畏、四無礙辯、十八不共法、三十二相，及行所感八十種好。

本事經

綜　述

智旭《閱藏知津》卷二九　一法品第一，無明蓋，貪愛結，一劫身骨，心意染汙，墮惡趣。心意清淨，昇善趣。皆由自業，意爲前導惡善。破僧，僧和，一結斷時餘亦斷，所謂我慢，不放逸，捨貪、捨欲、捨瞋、捨恚、捨癡、捨覆、捨惱、捨忿、捨恨、捨嫉、捨慳、捨嗜、捨慢、捨害。念佛、念法、念衆、念戒、念施、念天、念休息、念安般、念身、念死。知貪、知瞋、知癡、知覆、知惱、知忿、知恨、知嫉、知慳、知耽、知慢、知害、知一切。修慈、外強緣，無如善知識。內強緣，無如正作意。惠施果報，犯戒報，持戒報，妄語，無慚愧，有慚愧，最勝有情八，邪見過、正見益，心速疾迴轉。

二法品第二，根門不守護，飲食不知量，守護根門飲食知量，惟作罪不修福，惟修福不作罪，樂苦二速行。二邊行，惡戒惡見，善戒善見，作不作各二，法智類智，世間智出世智，不眞出家眞出家。於惡應了知，應厭背，不淨斷貪慈悲斷瞋，有餘涅槃，無餘涅槃。有見無有見二總，隨證有餘，或不還果。有慚有愧，靜慮聽法，聖尋求，非聖尋求，慚愧不害尋思，永斷尋思。力、法、二輪，奢摩他，毘鉢舍那，慧，及解脫，無明，慧明，爲惡善上首。斷無明愛，轉於法輪。剃髮，乞求，二苦。二有情墮地獄，一破戒，二謗他，父母恩難報，業智無欺誑，父母應供養，財施法施，財祠祀法祠祀，法言宴默。言説宴默，各有善惡，思擇力修習力，業壽相隨，短壽長壽行，所緣行相，作意行相，生死相乖無間，不調伏死，調伏死。雜染法，清淨法，有見，無有見，互爲怨害。世間正見，出世正見。

三法品第三，劣勝，解妙勝，解有情，三世各相親近。三因三緣，能感後有，無明、愛業、貪欲、耽著、受用、不見過患，三因緣，生多過患。三欲天，不出生死，三似驢鳴，增上三學。調善戒、法、慧。無學戒、定、慧，三種樂事，應持淨戒。三種香，不如戒香。等子，勝子，劣子，應修三善根。四念處等，三尋思能令退失，一親里，二利養，三妬勝。又一事業，二談話，三睡眠。淨信、施物、福田，三法和合現前，生無量福。三不堅，易三堅，身、命、財。三無漏根，三有情應親近，一劣三學，二等，三勝。身，不淨觀。息，隨念。行，無常。苦，無我。老、病、死，三怨賊。施、戒、修，三福業。佛、法、僧，最勝。三大師。一佛，二無學，三有學。三時諸天集會歡喜，一發心出家，二如法持戒，三依法證果。三事天勝於人，長壽、端嚴、快樂，然亦無常。

著　　錄

道宣《大唐內典錄》卷七　《本事經》，唐永徽年玄奘於長安譯。

智昇《開元釋教錄》卷八　《本事經》七卷見《內典錄》，永徽元年九月十日，於大慈恩寺翻經院譯，至十一月八日畢，沙門靜邁、神昉等筆受。

佛説三品弟子經

綜　　述

智旭《閱藏知津》卷一〇　佛在祇園，爲阿難説在家弟子，有上、中、下輩，功德罪業不同。

著　　錄

僧祐《出三藏記集》卷四　《弟子學有三輩經》一卷或云《三品弟子經》。

智昇《開元釋教錄》卷一二　《三品弟子經》一卷，亦云《弟子學有三輩經》，吳月支優婆塞支謙譯。

佛説四輩經

綜　述

智旭《閲藏知津》卷一〇　佛在祇園，自説末世弟子能壞佛道，於是舍利弗作當機，聽佛説四輩弟子法非法事。

著　録

僧祐《出三藏記集》卷四　《四輩經》一卷《舊録》云《四輩弟子經》，或云《四輩學經》。

智昇《開元釋教録》卷一二　《四輩經》一卷或云《四輩弟子經》，西晉三藏竺法護譯。

佛説四不可得經

綜　述

智旭《閲藏知津》卷一〇　因四仙人避無常而不能免，佛爲比丘説四不可得，及説菩薩初中竟善。

著　録

僧祐《出三藏記集》卷二　《四不可得經》一卷。

費長房《歷代三寶記》卷四　《四不可得經》一卷或無可字。

法經《衆經目録》卷一　《四不可得經》一卷，晉世竺法護譯。

四品學法經

綜　述

智旭《閲藏知津》卷四〇　一戒行備具，二多知經法，三能化度人，號眞學爲上品，純行五戒，號承法爲中品，但持四戒，號依福學，爲下品。一身所護法，二供養法，三於同學法。號散侍，爲外品。

著　録

僧祐《出三藏記集》卷四　《四品學法經》一卷抄。

智昇《開元釋教録》卷五　《四品學法經》一卷或無經字，房云見《別録》。

又卷一三　《四品學法經》一卷，宋天竺三藏求那跋陁羅譯。

大乘四法經

綜述

智旭《閱藏知津》卷一〇 佛在祇園，文殊師利菩薩以寶蓋供佛，明菩薩供養無有厭足，及説種種四法，又説三十五住菩提法，應離十慢。

著錄

智昇《開元釋教錄》卷九 《大乘四法經》一卷初出，見《大周錄》，永隆九年於東太原寺譯。

又卷九 《大乘四法經》一卷與前日照三藏出者名字雖同，經體全異。

又卷一二 《大乘四法經》一卷，大唐中天竺三藏地婆訶羅於東太原寺譯出《大周錄》，第一譯。

又卷一二 《大乘四法經》一卷，大唐天后代于闐三藏寶叉難陁譯。

佛説四無所畏經

智旭《閱藏知津》卷三〇 《佛説四無所畏經》宋北印土沙門施護譯。佛在祇園説四無畏，及八大衆中無畏。

佛説四品法門經

智旭《閱藏知津》卷三〇 《佛説四品法門經》，宋中印土沙門法賢譯。佛在祇國，阿難請問世間所有驚怖等事，愚人所有，智者即無。佛言，愚人不了界法，不了處法，不了緣起法，不了處非處法，智人善了此四品法。

佛説賢者五福經

綜述

智旭《閱藏知津》卷三一 明説法得五種福，一長壽，二大富，三端正，四名聞，五聰智，并出其因。

著錄

僧祐《出三藏記集》卷四 《賢者五福經》一卷。

智昇《開元釋教錄》卷三 《賢者五福經》，西晉白法祖譯。

佛説十二頭陀經

綜述

智旭《閱藏知津》卷一〇 佛在給孤獨園，食已，至阿蘭若處，趺坐微笑。摩訶迦葉請問笑緣，佛言，阿蘭若處，十方諸佛皆讚歎，無量功德，皆由此生，三乘聖道，皆由此得。行此法者，有十二事，一在阿蘭若處，遠離二著。二常行乞食，三次第乞食，四受一食法，五節量食，六中後不飲果蜜等漿，七著弊納衣，八但三衣，九塚間住，十樹下止，十一露地坐，十二但坐不臥。更宜繫心一處，觀五蘊空，比丘菩薩，依教諦觀身相，各獲果證。帝釋、文殊發願護持。

著録

僧祐《**出三藏記集**》**卷四**　《十二頭陀經》一卷。

費長房《**歷代三寶記**》**卷一四**　《十二頭陁經》一卷一名《沙門頭陁經》。

智昇《**開元釋教録**》**卷一二**　《十二頭陁經》一卷，宋天竺三藏求那跋陁羅譯。

佛説四十二章經

題解

永祥《**佛説四十二章經註**》　此一題之中，有人有法，有能有所，人法雙題，能所合目，故曰《佛説四十二章經》。此是總標，向下別釋。佛説者，乃我佛金口之宣揚，縱無礙之辯才，談合機之妙法，故曰佛説。又佛者，梵語佛陀，華言覺者，十號之一，究竟覺了諸法實相，名圓滿覺。又説者悦也。得機而説，稱悦佛懷，所謂震圓音而警衆，揚妙義以符機，故爲説也。四十二章者，章，篇也，言此經四十二篇，使人人捨惡趣善，斷障除惑，超凡入聖，到菩提岸，故爲四十二章也。經者，具串攝常法也，謂串穿義理，攝化機宜，三世不遷，十界同軌，故爲經也。是故佛即人也，四十二章即法也。經之一字，是能詮之文，上六字是所詮之義，是以人法雙題，能所合目，故曰《佛説四十二章經》。

智旭《**佛説四十二章經解**》　經題七字，通別合舉，人法雙彰。經之一字是通名，一切大小乘修多羅藏，同名經故。佛説四十二章六字，是別名，異衆經故，就別名中，佛爲能説之人，四十二章爲所説之法。佛者，梵語，具云佛陀，此翻覺者，謂自覺覺他，覺行圓滿，自覺不同凡夫，覺他不同二乘，覺滿不同菩薩，即是釋迦牟尼如來萬德慈尊，娑婆世界之教主也。説者，悦所懷也。佛以度生爲懷，機緣未至，默然待時，機緣既熟，應病與藥也。四十二章者，約數標名，蓋從一代時教之中，摘其最切要最簡明者。集爲一冊，以逗此土機宜，所以文略義廣，該通四教，未可輒判作小乘也。

論説

玄悟《**四十二章經序**》　伏聞無上法王，爲一大事因緣，出現世間，隨機接物，演河沙妙義。設無量行門，運神通四十九年，度衆生百千萬億，將般涅槃囑累國王大臣，宣揚正法續佛慧命，斯乃爲未來世衆生作無窮之利益，大慈遠被其至矣乎。欽惟聖上道貫百王，智周庶品，每萬機之暇，弘崇三寶，景仰一乘，思所以答列聖在天之靈，皇太后鞠育之恩，既創建大招提，博施諸貝典，又以爲《四十二章經》，乃釋迦如來初成正覺，大弟子衆記諸聖言，沙門釋子、臣寮士庶，率可遵行。適有以前代注本爲進者，特勅有司一新板本，遍頒朝野，將使或緇或素，若見若聞，頂戴奉行，咸登覺地，其深心願心廣大心，非聰明叡智孰與，於此詔頭陀僧臣溥光爲之序。臣溥光幸在空門，忝爲佛子，夙承隆眷，不敢以固陋辭，竊惟能仁所演，三藏十二分，一切脩多羅數等塵沙，如華嚴、般若、寶積、大集、涅槃等部，文富義博，事備理周，在龍宫海藏，爛若日星。而騰蘭東邁，獨持此經，適符漢明西迓聲教之運，而大振玄風于天下後世，是其可以常情卜度擬議哉。意其必有冥數，潛通諸佛密證爲震旦。萬世五乘之大本。五性之通達，妙道至理，存乎其間者歟。研其義味，蓋爲佛者在日用修進之際，造次顛沛，不可須臾離之要旨乎。明明天子流布宣揚，其猶捧佛日而曲照昏衢，霧法雨而普滋群槁，上不負如來之囑累，下廣開叔世之津梁，娑婆界中莫大之良因也。昔唐太宗勅書手十人録遺教經，遍付諸用伸勸勉方之，今辰其有間矣。臣歎詠不足，無任歡喜踴躍。焚香再拜，書于經之首云。

續法《四十二章經疏鈔序》 六道之所以爲凡者，欲而已矣。三乘之所以爲聖者，道而已矣。是故狥道則升，貪欲則墜。然道之與欲，俱出吾心，心念道也，道理長而欲情消，心念欲也，欲情強而道理弱，則知自心之動念也，豈可以不識哉。吾佛出世，大事因緣，在於識自心，達佛理，斷愛欲，修道行，以是正覺始成。即說三乘之教，雞園初唱，便空二執之障，直指心源，廣明理性，務在得中而守眞，愼勿信意以思想，然後欲愛乾枯，會其至道，心地澄清，復於本有。是則此經說也，其功不亦大乎，經雖美矣，奈之何，自西天白馬馱來，優鉢火中開後，竺法摩騰，最先譯出。漢明帝緘之石室蘭臺，晉魏朝固興像教，所宗尙者，皆餘法門。而此一典，不能傳布，唐宋及今未見善本，亦未曾聞解此章者。猶祕之海藏龍宮，豈不惜哉。嗟夫，三藏十二部，皆佛語也，譬如食蜜，中邊皆甜，何得舉後遺前，棄本逐末，將此妙法，存而不論。雖欲從之，末由也已，予於坊間，偶得善本，遂乃稟雲棲之遺訓，隨文註釋。遵賢首之義門，懸演宗承，欲令微塵剎土，無非四十二章。欲不斷而自斷，恆沙世界，總爲五百餘言，道也證而自證。縱文身不到，聞熏處盡作法身，或淺智不解。疑信時亦成佛智，竺法之教光，於今猶放，摩騰之神變，厥後還彰，此述作之眞實心也。略叙本致，普告後之覽者。

綜述

智旭《閱藏知津》卷四一 此西來教典之始也，《古今譯經圖記》云，《四十二章經》本是外國經抄，騰以大化初傳，人未深信，蘊其妙解，不即多翻，且撮經要，以導時俗。

王古《大藏聖教法寶標目》卷七 漢明帝夢金人，身長丈六，項佩日輪，光明赫奕，飛在殿前，乃詔郎中蔡愔等十八人，往天竺尋訪佛法。永平十年，遂與摩騰同來，帝甚賞接，所將像馱以白馬，因建寺曰白馬，譯出此經，是漢地經法之祖也。自此釋教相繼雲興，以大化初傳，人未深信，蘊其妙解，不即多翻，且撮經要，以導時俗。

紀事

失佚《四十二章經序》 昔漢孝明皇帝夜夢見神人，身體有金色，項有日光，飛在殿前。意中欣然，甚悅之。明日問羣臣，此爲何神也？有通人傅毅曰：『臣聞天竺有得道者，號曰佛，輕舉能飛，殆將其神也。』於是上悟，即遣使者張騫、羽林中郎將秦景、博士弟子王遵等十二人，至大月支國寫取佛經《四十二章》，在第十四石函中，登起立塔寺。於是道法流布，處處修立佛寺，遠人伏化，願爲臣妾者不可稱數。國內清寧，含識之類蒙恩受賴，于今不絕也。

費長房《歷代三寶記》卷四 《後漢錄》者，光武皇帝第二子莊繼立，謚爲孝明帝。至永平七年，夜夢金人身長丈六，項佩日輪，飛空而至，光明赫弈，照於殿庭。旦集群臣，令占所夢，通人傅毅進奉對云，臣聞西方有神名佛，陛下所見將必是乎。帝以爲然，欣感靈瑞，詔遣使者羽林中郎秦景博士弟子王遵等一十四人，往適天竺。於月支國過，攝摩騰寫得佛經四十二章，并獲畫像。載以白馬，還達雒陽，因起伽藍，名白馬寺，諸州競立，報白馬恩。長安舊城青門道左，二百餘步中興寺右，即是白馬寺之遺基。於即翻譯《四十二章經》，緘置蘭臺石室閣內，自爾釋教相繼雲興，沙門信士接踵傳譯。

著錄

僧祐《出三藏記集》卷二 《四十二章經》一卷《舊錄》云，孝明皇帝《四十二章》，安法師所撰錄闕此經。右一部，凡一卷。漢孝明帝夢見金人，詔遣使者張騫、羽林中郎將秦景到西域，始於月支國遇沙門竺摩騰，譯寫此經還洛陽，藏在蘭臺石室第十四間中。其經今傳於世。

費長房《歷代三寶記》卷四 後漢《四十二章經》一卷。

又卷五 《四十二章經》一卷第二出，與摩騰譯者小異，文義允正，辭句可觀，見《別錄》。

彥琮《**衆經目錄**》**卷二**　《四十二章》一卷，後漢永平年竺法蘭等譯。

道宣《**大唐内典錄**》**卷一**　後漢明帝世，中天竺國婆羅門沙門迦葉摩滕所譯，或云竺攝摩滕，羣錄互存，未詳孰是，先來不譯，故備叙之。以永平十年，隨漢使蔡愔東返至雒邑，於白馬寺翻出此經，依錄而編，即是漢地之經祖也。舊錄云，其經本是天竺經抄，云出大部，撮引要者，似孝經十八章也。《道安錄》云，出在《舊錄》，及士行《漢錄》僧祐《出三藏集記》又載。但大法初傳，人少歸信。使摩滕藴其深解，不復多翻，後卒雒陽，載其委由，備朱士行錄及《高僧傳》諸雜錄等。《寶唱錄》云，竺法蘭所出者，此或據其同來時耳。

智昇《**開元釋教錄**》**卷一五**　《四十二章經》一卷，吳月支優婆塞支謙譯第二譯。

數珠經分部

佛說得道梯磴錫杖經

智昇《**開元釋教錄**》**卷一三**　《得道梯橙錫杖經》一卷亦直云《錫杖經》失譯，今附《東晉錄》。

智旭《**閱藏知津**》**卷三一**　《佛說得道梯隥錫杖經》附《佛說持錫杖法》，共五紙，欠失譯人名，附《東晉錄》。此與律制錫杖迥異，已於毘尼集要杖法中略辯之。

佛說木槵經

智旭《**閱藏知津**》**卷三〇**　《佛說木槵經》，失譯人名，附《東晉錄》。波瑠璃國王遣使求佛法要，佛示以木槵百八，稱佛陀達磨僧伽名，并分別功德淺深。

諸雜經分部

佛說孛經

綜　述

智旭《**閱藏知津**》**卷三一**　佛住祇園，有孫陀利女之謗，至第八日，單先匿王察知其情，佛乃爲說往昔行菩薩道時，其名曰孛，身爲國師，受四臣及夫人謗，久後方明，今復如是。

著　錄

僧祐《**出三藏記集**》**卷二**　《孛抄經》一卷今《孛經》一卷即是。

法經《**衆經目錄**》**卷六**　《孛經抄集》一卷吳黃武年支謙譯。

道宣《**大唐内典錄**》**卷三**　《孛經》第二出，與吳支謙異譯。

智昇《**開元釋教錄**》**卷一四**　《孛經》一卷，乞伏秦沙門釋聖堅譯第三譯。

佛說出家緣經

綜　述

智旭《**閱藏知津**》**卷三一**　爲難提優婆塞說犯五戒過，前四事各十惡，飲酒三十五惡。

著　録

僧祐《出三藏記集》卷四　《出家緣經》一卷。

智昇《開元釋教録》卷一　《出家緣經》一卷一名《出家因緣經》，見《長房録》。

佛說法受塵經

僧祐《出三藏記集》卷二　《法受塵經》一卷，漢桓帝時，安息國沙門安世高所譯出。其《四諦》、《口解》、《十四意》、《九十八結》，安公云，似世高撰也。

智昇《開元釋教録》卷一三　《法受塵經》一卷，後漢安息三藏安世高譯。

智旭《閱藏知津》卷三一　《佛說法受塵經》後漢安息國沙門安世高譯。誡諸男，勿染女，女勿染男。

佛說佛醫經

智昇《開元釋教録》卷一三　《佛醫經》一卷亦云《佛醫王經》，吳天竺沙門竺律炎共支越譯。拾遺編入，單本。

智旭《閱藏知津》卷三一　《佛說佛醫經》，吳天竺沙門竺律炎共支越譯。說人身中四大得病因緣，及九橫、四飯、食多五罪、財屬五家。

佛說時非時經

智昇《開元釋教録》卷一三　《時非時經》一卷或直云時經，外國法師者羅嚴譯莫知帝代，出經後記。右此《時非時經》，群録皆云西晉沙門法炬所譯，經後題云外國法師若羅嚴手執胡本口自宣譯，涼州道人于闐城中寫記，今依經記爲正，既莫知於帝代，且附《西晉録》中。

智旭《閱藏知津》卷第三一　《佛說時非時經》西晉外國沙門若羅嚴譯。分別十二月各有時與非時。

佛說見正經

綜　述

智旭《閱藏知津》卷三一　見正比丘疑無後世，佛借大樹作喻說法，乃至爲說種種譬喻，除其斷常二見。

著　録

僧祐《出三藏記集》卷三　《生死變化經》一卷或云《生死變識經》，一名《見正比丘經》，或云《見正經》。

費長房《歷代三寶記》卷一四　《見正經》一卷，一名《生死變識經》。

智昇《開元釋教録》卷一三　《見正經》一卷，東晉西域沙門竺曇無蘭譯。

佛説貧窮老公經

綜　述

智旭《閲藏知津》卷三一　年百二十，而甚貧窮，欲來見佛，釋梵斷之，佛令阿難唤來，説其夙因，出家證果。

著　録

僧祐《出三藏記集》卷四　《貧窮老公經》一卷或云《貧老經》。

費長房《歷代三寶記》卷一四　《貧窮老公經》一卷或無公字。

智昇《開元釋教録》卷二　《貧窮老公經》一卷，初出，見《法上經》。

又卷一三　《貧窮老公經》一卷一名《貧老經》宋沙門釋慧簡譯第二譯，兩譯一闕。

又卷一五　《貧窮老公經》一卷，西晉沙門釋法炬譯出《法土録》，第一譯。

佛説進學經

綜　述

智旭《閲藏知津》卷三一　一孝順，二仁慈，三惠施，四捨俗，又聖默然，及聖説法，又財法二施，法施爲最。

著　録

僧祐《出三藏記集》卷三　《進學經》一卷或云《勸進學道經》。

智昇《開元釋教録》卷五　《進學經》一卷第二出，與支謙等出者同本，房云見《别録》。

又卷一三　《進學經》一卷，宋居士沮渠京聲譯。

佛説略教誡經

智昇《開元釋教録》卷一三　《略教誡經》一卷，大唐三藏義淨譯新編入録。右此《略教誡經》，有云出《根本説一切有部毗奈耶雜事》第十九卷者，誤也，彼中雖有略教文意，與此懸殊，既非别生，故編於此。

智旭《閲藏知津》卷三一　《佛説略教誡經》，唐大薦福寺沙門釋義淨譯。讚少欲知足，訶惡比丘三種不善思惟。

佛説無上處經

智昇《開元釋教録》卷一三　《無上處經》一卷，失譯今附《東晉録》。

智旭《閲藏知津》卷三〇　《佛説無上處經》即指三寶，爲三無上處。

佛說無常經

綜　述

智旭《閱藏知津》卷三一　說老、病、死三法不可愛，後附五言頌十二首，七言頌四首，并臨終方訣二紙。

著　錄

僧祐《出三藏記集》卷四　《無常經》一卷抄。

法經《衆經目錄》卷五　《佛說無常經》一卷出第一卷。

智昇《開元釋教錄》卷九　《無常經》一卷亦名《三啓經》，大足元年九月二十三日於東都大福先寺譯。

又卷一三　《無常經》一卷，大唐天后代三藏義淨譯。

佛說信解智力經

智旭《閱藏知津》卷三〇　《佛說信解智力經》，宋中印土沙門釋法賢譯。說佛五力、十力。

佛說解憂經

智旭《閱藏知津》卷三〇　《佛說解憂經》，宋中印土沙門法天譯。先有偈讚偈述，次長行，乃佛在祇園爲諸比丘說一切無常，應求解脫。

佛說栴檀樹經

僧祐《出三藏記集》卷三　《栴檀樹經》一卷今有此經古典經。

智昇《開元釋教錄》卷一三　《栴檀樹經》一卷《僧祐錄》云安公古典經，《法上錄》云羅什譯者非也，今《附漢錄》。

智旭《閱藏知津》卷三一　《佛說旃檀樹經》，失譯人名，附漢錄。窮人依旃檀樹神得活，後報王伐此樹，身死樹下。佛微笑放光，說其夙緣。

佛說內藏百寶經

綜　述

智旭《閱藏知津》卷一〇　文殊問漚和拘舍羅所入事，佛答以隨世間習俗而入，示現若干種種諸事，其實佛無種種事也。

王古《大藏聖教法寶標目》卷四　說世尊於東方天王佛土，與諸佛會集說法。文殊師利欲往彼土，見佛聞法，天王如來神力移立鐵圍山頂，令講無極深妙之法，爲將來諸菩薩衆顯大光明，離意女佛前入定，以文殊神力不能出定。佛言，棄陰蓋菩薩乃能出此女定，文殊與離意女棄陰蓋菩薩等問答種種要妙法義。

著　錄

僧祐《出三藏記集》卷二　《內藏百品經》一卷安公云出方等部，《舊錄》云《內藏百寶經》，遍校羣錄，並云『內藏百寶』，無『內藏百品』，故知即此經也。

法經《衆經目錄》**卷一**　《內藏百寶經》一卷，後漢靈帝世支讖譯。

智昇《開元釋教錄》**卷一二**　《內藏百寶經》一卷，亦云內《藏百品經》，後漢月支三藏支婁迦讖譯，第一譯，兩譯一闕。

又卷一四　《內藏經》一卷，後漢安息三藏安世高譯，第二譯。

諸佛要集經

綜　述

智旭《閱藏知津》**卷六**　佛遊奈叢樹間，與五千比丘、二萬菩薩俱，因諸四部弟子不能專心聽法，乃囑阿難宣傳法教。於石室中布蒭草坐，晏坐三月，變身往詣東方普光世界天王佛所，與諸如來説要集法。文殊勸諸菩薩同往，請菩薩皆不往，文殊獨往，天王如來移置鐵圍山頂，文殊即於山頂修四意止，四萬二千天子來觀聽法，各證無生法忍，直俟諸佛説要集竟，各還本土。天王如來放右掌光，入文殊頂，文殊與諸天子同到佛所，見離意女在佛前坐，入於普月離垢光明三昧。因問何故移我而不移女，并問此女本末。佛言，待女出定，汝自問之。文殊盡其神力，不能令女出定，因問誰能令出定者，佛言，唯有如來及棄諸陰蓋菩薩能令出定，説此語已世界六種震動，文殊求佛請此菩薩從下方來，勅令出女子定。菩薩謙讓於佛，佛乃令女出定，與文殊酬唱法要，佛遂發明文殊本從此女發心，此女又從棄諸陰蓋菩薩發心，假使滿世界文殊，不及此女所得三昧，假使滿世界此女，不及棄諸陰蓋所得三昧，假使滿世界棄諸陰蓋，不及如來舉足下足事，然而天王如來，亦此菩薩之所開化。十方無量諸佛從其開化，已滅度者不可計，現成佛者不可計，説此法時，普光世界獲益無量，此土遙聞亦獲大益釋迦佛敕彌勒受持流通。

著　錄

僧祐《出三藏記集》**卷二**　《要集經》二卷或云《諸佛要集經》，天竺曰《佛陀僧祇提》。

法經《衆經目錄》**卷一**　《諸佛要集經》二卷晉世竺法護譯。

智昇《開元釋教錄》**卷一四**　《諸佛要集經》二卷，西晉淸信士聶道眞譯第二譯。

佛説菩薩行五十緣身經

綜　述

智旭《閱藏知津》**卷一〇**　佛在耆闍崛山，爲文殊菩薩説前世功德，令致相好。

著　錄

僧祐《出三藏記集》**卷二**　《五十緣身行經》一卷《舊錄》云《菩薩緣身五十事經》，或云《菩薩行五十緣身經》。

費長房《歷代三寶記》**卷六**　《菩薩行五十緣身經》一卷見竺道祖《晉世雜錄》。

法經《衆經目錄》**卷**　《菩薩行五十緣身經》一卷，晉世竺法護譯。

佛說象腋經

綜述

智旭《閱藏知津》卷一〇　佛在靈山，與五百比丘六萬菩薩俱，舍利弗說偈歎安樂德。佛放身光集衆，觀文殊而微笑，文殊啓問，佛唱經名，阿難請說，佛讚許之。文殊啓問，佛爲說六度及六三昧。次明欲入此經，如入虛空，六十增上慢，比丘欲從座去，舍利弗留之，更請問佛，佛爲解釋，令大衆獲益。增上慢者得證，於是文殊重問云何學、云何行、云何住、云何修進？佛以偈答。次明信解者得二十功德，并說往古金剛幢菩薩，以咒療衆生病。

著錄

費長房《歷代三寶記》卷六　《無所悕望經》一卷亦云《象步經》，亦云《象腋經》見《聶道眞錄》。

道宣《大唐内典錄》卷六　《象腋經》十五紙，上二經同本別譯西晉竺法護譯。

智昇《開元釋教錄》卷五　《象腋經》一卷第四出，與《無所希望經》等同本，見《李廓錄》。

又卷一二　《象腋經》一卷宋罽賓三藏曇摩蜜多譯第四譯右二經同本異譯。

又卷一四　《象腋經》一卷，後漢月支三藏支婁迦讖譯出《法上錄》第一譯。

佛昇忉利天爲母說法經

綜述

智旭《閱藏知津》卷九　佛遊忉利，止夏三月，與八千比丘，七萬二千菩薩俱。月氏天子，問法得記。大目犍連勸發諸天供養世尊。佛爲略說十方現身施化之事，非聲聞緣覺所知。又明一切佛身，皆同幻化，有供養者，福祐亦等。

著錄

費長房《歷代三寶記》卷六　《佛昇忉利天爲母說法經》一卷太始年出，亦云《佛昇忉利天品經》，見《聶道眞錄》。

又卷六　《道神足無極變化經》二卷第二譯，或三卷四卷，即是竺法護所出《佛昇忉利天爲母說法經》同本別名，文小異，見竺道祖《晉世雜錄》。

法經《衆經目錄》卷一　《佛昇忉利天爲母說法經》卷上少下卷，晉太康年竺法護譯。

智昇《開元釋教錄》卷一四　《佛昇忉利天爲母說法經》一卷，宋罽賓三藏曇摩蜜多譯第三譯。

大莊嚴法門經

綜　述

智旭《閱藏知津》卷八　佛在耆闍崛山，與五百比丘八千菩薩俱，文殊化現殊勝身色衣服，度婬女勝金色光明德，令得順忍。此女化現死壞惡相，使上威德長者恐怖。詣佛聞法，亦得順忍，佛爲二人次第授記。

著　錄

費長房《歷代三寶記》卷一二　《大莊嚴法門經》二卷開皇三年正月出沙門智鉉筆受，與《文殊師利神力經》、《勝金色光明德女經》、《大淨法門經》體大譯同名異。

彦琮《衆經目錄》卷二　《大莊嚴法門經》二卷，大隋開皇年崛多譯，右二經同本異譯。

道宣《大唐内典錄》　《大莊嚴法門經》二卷，二十六紙隋開皇年耶舍譯。

佛説諸法勇王經

綜　述

智旭《閱藏知津》卷一〇　佛在竹林，有新出家比丘問果報施恩事。佛以入僧數，修僧業，得僧善利，三法荅之。次問發大乘心而出家者，具三法否？佛言，不在三法，比丘三致疑問。佛三止之，次放白毫相光照大千界，集諸大衆。舍利弗復致三請，佛爲説阿耨達池喻，廣顯發心功德，謂無人能報恩者，唯除漏盡，及發大心耳。次較持經功德，及爲發心者説性空法。魔軍落地，佛亦敕其持經。

著　錄

費長房《歷代三寶記》卷九　《一切法高王經》一卷與《諸法勇王經》同本異出別名。

又卷一〇　《諸法勇王經》一卷，見《李廓錄》。

道宣《大唐内典錄》卷六　《諸法勇王經》十七紙，上二經同本別譯。

智昇《開元釋教錄》卷一　《諸法勇王經》一卷，初出，見《法上錄》。

又卷一二　《諸法勇王經》一卷，宋罽賓三藏曇摩蜜多譯，第二譯。

又卷一四　《諸法勇王經》一卷，後漢月支三藏支婁迦讖譯，出《法上錄》，第一譯。

弟子死復生經

綜　述

智旭《閱藏知津》卷一〇　優婆塞先事外道，後奉佛戒。死去十日復生，述宣中所見之事，化一家皆見佛得果。

著　錄

僧祐《出三藏記集》卷四　《弟子死復生經》一卷或云《死已更生經》。

智昇《開元釋教錄》卷一三　《弟子死復生經》一卷或云《死亡更生經》宋居士沮渠京聲譯，拾遺編入。

佛說懈怠耕者經

綜　述

智旭《閱藏知津》卷一〇　耕人遙見佛來，發心欲見。尋退，欲俟閒時，佛放光集衆，說其已過六佛，今又懈怠。彼人聞已，乃趨見佛，悔過聞法，得不退轉。

著　錄

僧祐《出三藏記集》卷四　《懈怠耕者經》一卷《舊錄》云《懈怠耕兒經》。

費長房《歷代三寶記》卷一四　《解怠耕者經》一卷亦云作《佛形像經》。

智昇《開元釋教錄》卷一三　《懈怠耕者經》一卷，宋沙門釋慧簡譯。

大乘遍照光明藏無字法門經

綜　述

智旭《閱藏知津》卷七　佛住耆闍崛山，與無量菩薩，及比丘僧，乃至十方恆沙世界諸天龍俱，勝思惟菩薩請問二字之義。佛言，菩薩有九種一法應除滅，謂欲食、瞋恚、愚癡、我執、懈怠、睡眠、染愛、疑惑、無。明有一法應守，護謂己所不欲，勿勸他人。如自愛命，則不應殺等。次明無有一法是如來所覺所證，以一切法本無有實，從因緣生，因緣亦如電光，念念不住故，次明持此經者，得生淨土，見阿彌陀，及諸聖衆，亦見靈山聖會。

王古《大藏聖教法寶標目》卷四　佛答勝思惟菩薩，問菩薩所應斷除三毒、我執、懈怠、睡眠、無明等。應當守護一法，謂己所不欲，勿施於人，及如來所證知法。

著　錄

智昇《開元釋教錄》卷九　《大乘遍照光明藏無字法門經》一卷第四出，即與次前《雜文字經》同本，日照重出。

又卷一二　《大乘遍照光明藏無字法門經》一卷，大唐中天竺三藏地婆訶羅重譯，右三經同本異譯《大周錄》云與《大方廣寶篋經》同本異譯者誤也，前後四譯，一譯闕本。

謗佛經

綜　述

智旭《閱藏知津》卷一〇　佛在耆闍崛山，時有十菩薩，曾七年勤修陀羅尼，心苦不靜，捨戒還家，不畏行菩薩，爲彼請佛開化。佛說其過去謗法師，久受種種惡報，幷七百世勤修無苑因緣等。次爲說陀羅尼，令仍出家，七日住於慈悲無常念佛三昧，一心持之，得見十方千佛，惡障盡滅，獲陀羅尼，得不退轉。次重誡人於善惡法師，失命身死，不應見其過，而以應具四種淨法釋之，末略示修此陀羅尼法。

著　錄

費長房《歷代三寶記》卷九　《謗佛經》一卷第二出，與晉世法護《決定總持經》同本異出，別名亦直云《決定總持經》。

法經《衆經目錄》卷一　《謗佛經》一卷，後魏世留支譯。

智昇《開元釋教錄》卷一二　《謗佛經》一卷，元魏天竺三藏菩提留支譯第二譯。

大威燈光仙人問疑經

綜　述

智旭《閱藏知津》卷八　佛成道未久，大衆雲集。佛入寶捨三昧，出無量化身，十方化佛皆集，十方世界猶如一會，勝分菩薩説偈問法，大威光仙人止之。自問所疑，佛爲決疑，遂發大願求一切智，一切仙人亦同發願。佛悉授菩提記，復出舌相，説持經功德，仍以此經囑累文殊菩薩。

著　錄

彦琮《衆經目錄》卷二　《大威燈光仙人問疑經》一卷，隋三藏闍那崛多譯。

智昇《開元釋教錄》卷七　《大威燈光仙人問疑經》一卷。

大方廣師子吼經

綜　述

智旭《閱藏知津》卷九　佛在日月宫中，與九十百千俱胝比丘，無量菩薩俱，遣勝積菩薩往北方歡樂世界法起佛所聽法，勝積至彼，禮佛足已，卻住一面，法起如來故問汝從何來？勝積默無言。説，大衆生疑。法起如來微笑放光，十方雲集，電鬘菩薩問笑因緣，法起如來略説諸法實相，本無言説。淨身菩薩問言，若無所説是眞説者，瘖默不言，皆應説法。佛言，瘂默不瘂默，亦皆説法。而不知法，如生盲人處日光中，而不見日。衆生所有音聲語言，皆人四無礙智。欲求法者，於自身求，欲求菩提，以五藴求。於是大千震動，佛更出廣長舌相已，昔告大衆，釋迦牟尼，即我法起。

著　錄

智昇《開元釋教錄》卷六　《如來師子吼經》一卷正光六年於洛陽出，第一譯，與唐日照《方廣師子孔經》同本。

又卷九　《大方廣師子吼經》一卷，第二出，與《如來師子吼經》同本，見《大周錄》，永隆元年於東太原寺譯。

又卷一二　《大方廣師子吼經》一卷，大唐中天竺三藏地婆訶羅譯出《大周錄》，第二譯。

佛說出生菩提心經

綜　述

智旭《閱藏知津》卷九　佛在竹林精舍，迦葉大婆羅門，夢大蓮華中有月輪，又見丈夫放光普照，次日問佛，佛爲說一切智利，及說偈勸發菩提心。次分別三種菩提，次示四攝法，次示天行、梵行、聖行，次說破魔衆會陀羅尼。

著　錄

道宣《大唐内典錄》卷六　《出生菩提心經》十一紙，隋開皇年崛多於興善寺譯。

智昇《開元釋教錄》卷七　《出生菩提心經》一卷。

占察善惡業報經

題　解

智旭《占察善惡業報經玄義》　第一釋名者，經題七字，六別一通，別七例中。今單從法，占察二字約能觀法，善惡業報四字，約所觀法，釋此能所二法。復有兩番，初略，次廣。初略釋者，占以瞻視爲義，察以詳審爲義，各有事理。事者依於大士所示三種輪相，至誠擲視，名之爲占，審諦觀其相應與否，名之爲察，或自除疑或除他疑，但當學習此法，不得隨逐世間卜筮法也。理者依于大士所示一實境界，二種觀道，如實正向，名之爲占，依於大士所示巧說深法，離相違過，諦審思惟，名之爲察，由是自善進趣，令他亦善進趣，自離怯弱，令他亦離怯，弱是名理占察也。善惡者，十善十惡，依身口意而名爲業，業秖是思，由善惡思，發身口意種種事業，意兼惑業，身口唯業，今以第一輪相，占視善惡多少，察其相應與否，復以第二輪相，占視業力強弱，亦須察其相應與否。又以第三輪相，占視三世果報，亦須察其相應與否，具如經文廣明，自身所有善惡業報，依此三種輪相而占察之。決了疑悔，爲他亦然，故名占察善惡業報也，復次，有善惡惑，有善惡業，有善惡業所感果報，惑業果三，皆是因緣所生，凡屬因緣生法，無不即空、假、中。今依一實境界，解了即空，假中名之爲占。復依二種觀道，證悟即空、假、中，名之爲察，或依進趣方便，知其即空、假、中，啓迪正信名之爲占。復依巧說深法悟，其即空、假、中，永離怯弱，名之爲察，故稱占察善惡業報也，初略釋竟。

論　說

智旭《占察善惡業報經玄義》　夫三界惟心，心外無法，理具事造，實非兩重，但迷之則三障，宛然悟之，則三德法爾。迷悟無性，隨俗假名，眞實指歸。二而不二，不二而二，迷悟似分，迷既迷其所悟，悟即悟其所迷。此《占察善惡業報經》，乃指迷歸悟之要津也，占察者，能觀之智，善惡業報者，所觀之境。能觀無非一心三智，所觀無非一境三諦，消除疑障，堅固淨信，開示進趣方便，安慰令離怯弱，所以釋迦大聖，勸當機而啓請，地藏慈尊乘悲願而演說，事理變明，淺深同益，可謂照昏衢之寶炬，救痼疾之神丹。

綜　述

王古《大藏聖教法寶標目》卷五　地藏菩薩說，上卷以木輪占察三世善惡因果業報，一百八十九種等事。下卷說一切諸法，依心爲本，廣說大乘進趣方便深要法門。說是究竟實義時，十萬億衆生發菩提心，九萬八千菩薩得無生法忍，佛深讚喜。

智旭《占察善惡業報經玄義》 此《占察善惡業報經》，乃指迷歸悟之要津也。占察者，能觀之智，善惡業報者所觀之境，能觀無非一心三智。所觀無非一境三諦，消除疑障，堅固淨信，開示進趣方便。安慰令離怯弱，所以釋迦大聖，勸當機而耑請。

智旭《閱藏知津》卷五 《占善惡業報經》二卷，出《六根聚經》中隋外國沙門菩提登譯。婆伽婆住耆闍崛山，示廣博嚴淨無礙道場，說甚深根聚法門，堅淨信菩薩爲末世衆生請問方便，佛令轉問地藏菩薩，地藏爲示三種輪相，占察三世，善惡業報，兼示懺悔之法，次示一實境界。二種觀道，及示善巧說法，安慰怯弱，離相違過，此誠末世救病神丹，不可不急流通。僭述玄疏，及行法，以公同志。

著錄

法經《衆經目錄》卷二 《占察善惡業報經》二卷，前二十一經多以題注參差衆錄。文理復雜，眞僞未分，事須更詳，且附疑錄。

智昇《開元釋教錄》卷七 《占察善惡業報經》二卷，右一部二卷其本見在，沙門菩提登，外國人也，不知何代譯《占察經》一部。《長房錄》云，此經撿錄無目，而經首題云，菩提登在外國譯，似近代出，今諸藏內並寫流傳。而廣州有一僧行塔懺法，以皮作二枚帖子，一書善字，一書惡字，令人擲之。得善者好，得惡者不好，又行自撲法，以爲滅罪。青州亦有一居士同行此法，開皇十三年有人告廣州官司云是其妖，官司推問，其人引證云，塔懺法依《占察經》，自撲法依諸經中，五體投地如大山崩，廣州司馬郭誼來京，向岐州具狀聞奏，勅不信《占察經》道理。令內史侍郎李元操共郭誼就寶昌寺問諸大德。沙門法經等報云，《占察經》目錄無名及譯處，塔懺法與衆經復異，不可依行。勅云，諸如此者不須流行，今謂不然，豈得以已管窺而不許有博見之士耶？法門八萬，理乃多途，自非金口所宣，何得顯斯奧旨。大唐天后天冊萬歲元年，勅東都佛授記寺沙門明佺等，刊定一切經錄，以編入正經訖，後諸覽者幸無惑焉。

又卷一二 《占察善惡業報經》二卷，外國沙門菩提登譯。

稱讚大乘功德經

綜述

智旭《閱藏知津》卷一〇 佛住法界藏殿，德嚴華菩薩問，何等是新學菩薩惡友，應須遠離？佛言，無如樂二乘人，乃至寧墮地獄，不應起二乘作意。次明謗大乘罪，及釋大乘名義。

著錄

智昇《開元釋教錄》卷八 《稱讚大乘功德經》一卷。

又卷一二 《稱讚大乘功德經》一卷，大唐三藏玄奘譯出《內典錄》，第一譯。

大方廣圓覺修多羅了義經

題解

釋行霆《圓覺經類解》 經題十一字，以八義釋之。一約體用，二法義，三能所，四名義。五立名，六取捨，七問難，八總收。第一體用者，於中又有從體起用，及攝用歸體，謂大之一字，屬體。方廣二字，屬用。

此從體起用也，其次圓覺二字，屬體上大方廣三字，屬用。此攝用，歸體也。第二法義者，欲釋諸經論，必須明釋法義，依法解義義，即分明以義照法，法即顯著。今經題中，圓覺二字，屬其法，大方廣三字，屬其義，謂當體虛明，廣大常住，本覺法上，有此之大義，方義，廣義。其次經之一字，屬其教法。上修多羅了義五字，是歎教法勝能之義也。第三能所者，謂《修多羅了義經》，六字屬能詮之文，大方廣圓覺五字，屬所詮之義，就能詮中又有總、別，修多羅屬總，謂總指一代時教，了義經三字，屬別，謂別歎此《圓覺經》，謂此乃是一代時教中諸部宣說，勝諦決了究竟之義，非是宣說世俗因果不了之義，所以云修多羅。總指諸部了義者，則歎斯文。第四名義者，又分爲二，初唐後梵，謂《大方廣圓覺了義經》八字，即此方唐言也。修多羅三字，即西域梵語也。大以當體得名，常徧爲義，當體覺性無邊，強名爲大，常則豎通三際，徧則橫徧十方。方以就法得名，軌持爲義。軌則軌生物解，使衆生悟入佛之知見。持則任持自性於生死海中，而此性不曾生滅。廣則從用得名，包博爲義，包則無外，博則普徧，圓以不偏得名，滿足周備爲義。覺以不昏得名，虛明靈照爲義，此皆就唐言釋名義也。其次修多羅，此飜契經，契謂契合，合機，合理也。經者有貫串義，有攝持義，謂貫串諸佛所說之法，攝持一切衆生之機，故稱《大方廣圓覺修多羅了義經》也。第五立名者，且諸經得名，或佛自立，或結集人立，或兼斯二者立。今經題目，據下賢首章中有其五名，一名大方廣圓覺陀羅尼，二名修多羅了義，三名祕密王三昧，四名如來決定境界，五名如來藏自性差別，以此推之，是知此經之名，乃佛自立也。第六取捨者，經中雖有五名，首題唯取其二者，良以宗本體、用，是法義之宏綱，詮指功能乃言像之皎鏡。事周義盡，須建五名以要標題，且存兩號，遂存前二，略去後三，此譯人巧意也。第七問難者，又分爲二，初難本題，後難別題，難本題曰修多羅與經，但唐梵之文有異，今雙置題目，豈非重疊耶？答，上則總指諸部，此則唯目。當經對總，歎別故非重也。次難題中又分爲二，初難法義，後難三大難。法義云，且《大方廣華嚴經》，彼經題目以大方廣三字爲法，佛華嚴三字爲人，今經何故卻以大方廣三字爲義耶？答彼經對人，故稱法，此經對法故稱義也。難三大云《華嚴經》說。三《大起信論》說，三大與今經說，三大是同是別耶？答配屬三大約法，則同釋義。隨宗則別，《起信論》就凡上建立三大爲宗，《華嚴經》就玄上及事上建立三大爲宗凡一字皆具十義，今經就本覺體上建立三大爲宗，故不同也。所以《起信》約凡以爲心《圓覺》約佛以標名。《華嚴》不遂機宜，直顯一眞法界也。又《起信》大分約因位說，《圓覺》與《華嚴》大分約果位說。第八總收者，意謂此二十八紙能詮之文，乃是吾佛大聖人，於一代時教諸部中，時爲頓機之者，直說決了究竟眞實常住之義，欲使後代順佛法修行之人，誦此能詮之文，解此所詮之理，如說修行，於一切處決疣，潰癰挑痾去毒，遣障除疑，證自己廣大虛明，眞實常住。圓覺之體，於此體上，發起如是大義，如是方義，如是廣義，從此超凡入聖，一得永常，盡未來際，自利利他，受用無盡也。

論說

裴休《大方廣圓覺經疏序》 夫血氣之屬，必在知。凡有知者，必同體。所謂眞淨明妙，虛徹靈通，卓然而獨存者也。是衆生之本源，故曰心地。是諸佛之所得，故曰菩提。交徹融攝，故曰法界。寂靜常樂，故曰涅槃。不濁不漏，故曰清淨。不妄不變，故曰眞如。離過絕非，故曰佛性。護善遮惡，故曰總持。隱覆含攝，故曰如來藏。超越玄閟，故曰密嚴。統衆德，而大備爍羣。昏而獨照，故曰圓覺，其實皆一心也。背之則凡，順之則聖，迷之則生死始悟之，則輪迴息親而求之，則止觀定慧推而廣之，則六度萬行引而爲智，然後爲正智。依而爲因，然後爲正因，其實皆一法也。終日圓覺，而未嘗圓覺者，凡夫也。欲證圓覺，而未極圓覺者，菩薩也。具足圓覺，而住持圓覺者，如來也。離圓覺，無六道。捨圓覺，無三乘。非圓覺，無如來。泯圓覺，無眞法，其實皆一道也。三世諸佛之所證，蓋證此也。如來爲一大事出現，蓋爲此也。三藏十二部，一切修多羅蓋詮此也。然如來垂教，指法有顯密立義，有廣略乘時，有前後當機，有深淺，非上根圓智，其孰能大通之？故如來於光明藏與十二大士密說，而顯演潛通，而廣被以印定，其法爲一切經之宗也。圭峰禪師得法於荷澤嫡孫，南印上足道圓和尚，一日隨衆僧齋于州，民任灌家，居下位以次受經，遇圓覺了義卷，未終軸感悟流涕，歸以所悟，告其師。師撫之曰，汝當大弘圓頓之敎，此經諸佛授汝耳。禪師既佩南宗密印，受圓覺懸記，於是閱大藏經律，通《唯識》、《起信》等論，然後頓轡於華嚴法界，宴坐於圓覺妙場，究一雨之所霑，窮五敎之殊致，乃爲之疏解。凡《大疏》三卷，《大鈔》十三卷，《略疏》兩卷，《小鈔》六卷，《道場修證義》一十八卷，竝行於世，其敘敎也。圓其見法也，徹其釋義也，端如析薪其入觀也，明若秉燭。其辭也極於理而已，不虛騁其文也，扶於敎而已，不苟飾，不以其所長病人故。無排斥之說，不以其未至蓋人故，無胸臆之論，蕩蕩然實十二部經之眼目，三十五祖之骨髓，生靈之大本，三世之達道，後世雖有作者，不能過矣。其四依之一乎？或淨土之親聞乎？何盡其義味如此也？或曰道無形，視者莫能覩，道無方，行者莫能至，況文字乎！在性之而已，豈區區數萬言而可詮之哉！對曰，噫！是不足以語道也，前不云乎統衆德而大備爍羣，昏而獨照者，圓覺也。蓋圓覺能出一切法，一切法未嘗離圓覺。今夫經律論三藏之文，傳于中國者五千餘卷。其所詮者何也？戒定慧而已。修戒定慧而求者何也？圓覺而已。圓覺一法也，張萬行而求之者，何衆生之根器異也？然則大藏皆圓覺之經，此疏乃大藏之疏也，羅五千軸之文而以數卷之疏通之，豈不至簡哉！何言其繁也！及其斷言語之道，息思想之心，忘能所，滅影像，然後爲得也，固不在詮表耳。嗚呼！生靈之所以往來者，六道也。鬼神沈幽愁之苦，鳥獸懷獝狘之悲。修羅方瞋，諸天正樂，可以整心慮，趣菩提，唯人道爲能耳。人而不爲，吾未如之何也已矣。休常遊禪師之閫域，受禪師之顯訣，無以自効，輒直讚其法而普告大衆耳，其他備乎本序云。

宗密《大方廣圓覺經大疏》　元亨利貞，乾之德也。始於一氣，常樂我淨，佛之德也。本乎一心，專一氣而致柔，脩一心而成道。心也者，冲虛妙粹，炳煥靈明，無去無來，冥通三際，非中非外，洞徹十方，不滅不生，豈四山之可害！離性離相，奚五色之能盲！處生死流，驪珠獨耀於滄海，踞涅槃岸，桂輪孤朗，於碧天，大矣哉！萬法資始也，萬法虛僞，緣會而生，生法本無，一切唯識，識如幻夢但是一心。心寂而知，目之圓覺，彌滿淸淨，中不容他故。德用無邊，皆同一性。性起爲相，境智歷然，相得性融，身心廓爾。方之海印，超彼太虛，恢恢焉，晃晃焉，迥出思議之表。我佛證此，憫物迷之，再歎奇哉！三思大事，既全十力，能摧樹下魔軍。爰起四心，欲示宅中寶藏。然迷頭捨父悟有易難。故仙苑覺場，敎興頓漸，漸設五時之異。空有迭彰，頓無二諦之殊，幽靈絕待。今此經者，頓之類歟，故如來入寂光土，凡聖一源，現受用身，主伴同會。曼殊大士創問本起之因，薄伽至尊首提究竟之果，照斯眞體，滅彼夢形，知無我人，誰受輪轉？種種幻化，生於覺心，幻盡覺圓，心通法徧，心本是佛，由念起而漂沈，岸實不移。因舟行而驚驟，頓除妄宰，空不生華，漸竭愛源。金無重鑛，理絕修證。智似階差，覺前前非，名後後位，況妄忘起滅，德等圓明者焉。然出廐良駒，已搖鞭影，薶塵大寶，須設治方。故三觀澄明，眞假俱入，諸輪綺互，單複圓修，四相潛神，非覺違拒，四病出體，心華發明。復令長、中、下期克念攝念而加行。別徧互習，業障惑障而銷亡。成就慧身，靜極覺偏，百千世界佛境現前，是以聞五種名，超刹寶施福，說半偈義，勝河沙小乘，實由無法不持，無機不被者也。噫！巴歌和衆，似量騰於猿心，雪曲應稀，了義匿於龍藏。宗密髫專魯誥，冠討竺墳，俱溺筌罤，唯味糟粕。幸於涪上，針芥相投，禪遇南宗，敎逢斯典，一言之下，心地開通。一軸之中，義天朗耀。頃以道非常道，諸行無常，今知心是佛心，定當作佛。然佛稱種智，修假多聞，故復行詣百城，坐探羣籍。講雖濫泰，學且師安，叨沐猶吾之納，謬當眞子之印，再逢親友，彌感佛恩，久慨孤貧，將陳法施，採集般若，綸貫華嚴，提挈毗尼，發明唯識，然醫方萬品，宜選對治。海寶千般，先求如意，觀夫文富義博，誠讓雜華，指體投機，無偕圓覺，故參詳諸論，反復百家，以利其器，方爲疏解。冥心聖旨，極思研精，義備性相，禪兼頓漸。使游刃之士無假傍求，反照之徒不看他面，斯其志矣。大者絕諸邊量，方廣正而含容，圓者德無不周，覺者靈源不昧，修多羅總指諸部了義者，別歎斯文。經者貫穿義，華以之攝化羣品，故云《大方廣圓覺修多羅了義經》也。

道恕《圓覺疏鈔隨文要解序》　《圓覺修多羅了義經》者，乃是稱性之顯訣，一乘之要軌也。詮旨淵玄，非言象所測，文義隱奧，絕二乘思議。大哉覺性，圓裹十方，因果鎔融，眞妄交徹。然而衆生不覺不知，跌踼迷康，宛受貧苦，縱然發意，欣求者四病紛擾，三觀眩惑，緜是不能、如實證圓覺。唯有如來全得其大用，乘時啓運，利見天下。雖四心等觀，而由三根各殊，故頓漸悟修之，所以別也。此經如來入寂光土，現受用身，與曼殊、剛藏等，登眞諸大士，頓顯如來因地法行，及衆生淨覺。心源說聽，冥符理事，究盡實知，大乘了義之經焉。圭峰定慧禪師，稟南宗之心印，預清涼之親聞，每翫茲典，以爲棲神之宅，且著疏鈔數萬言。廣略竝行，其見法也明，玄心獨悟。其敘理也圓，儁神絕待。力事弘宣，發揮眞要，是以聲溢九州，譽飛四海，負笈爭趨，懷鉛來遠者，由水之就下。於戲盛哉！王矣不可得而稱焉。宋有清遠法師，祖述圭峰，用力疏鈔，楷定衆師之邪正，甄別百氏之是非，搜索華嚴廣部之說，感悟賢首清涼之旨，贊揚圓覺，就即折衷，凡成十有二卷，號曰《隨文要解》義豐辭約舉，至要而無遺解，至妙而已盡。所謂耀滄海之驪珠，題碧天之桂輪者，其惟隨文要解乎？要解之爲書，未行于世。余幸韞櫝，有年于茲，屬日龍寶寺，實養闍棃來請，曰爲世之涉獵，十圓覺者授梓。欲廣其傳，嘉其志，而遂許諾之，并加訓點以附焉。庶幾學者，由要解以達疏，由疏以通經，直契佛意，故爲之序。

通理《圓覺經析義疏大義》 具足大方廣，籠羅世、出世法，名之爲圓。貫通本始妙，照徹凡非凡心，目之曰覺。非名色之可色，詎音聲所能聲。結集者不得已而聲之，強云如是我聞。又不得已而色之，強云一時婆伽婆。入於神通大光明藏，三昧正受。諭茲則圓覺不離當處，佛果無容外求，其如凡外，夢沉長夜。夢重夢而醒期莫由，權小華，起翳睛，華再華而淨眼靡現。故勞婆伽至尊於不二境，現諸淨土，併致法身清衆。依淨覺天，起大悲雲，主伴重重，同住如來平等法會，古德目此爲六種成就，亦即以此爲證信敘焉。或謂本經敘闕發起，私曰不然，試看文殊師利創問如來本起因地，次請菩薩發清淨心，後及末世修行，不墮邪見，佛亦鄭重其機，裁分兩義，謂總標眞宗，別答前問。總標眞宗者，總冠下文，信解修證，皆不離此眞宗也。先示體，則曰無上法王。有大陀羅尼門，名爲圓覺。次彰用，則曰流出一切清淨眞如。菩提涅槃，及波羅密等，別答前問者，向下一一別答前來文殊之問也。答初問，則曰一切如來本起因地，皆依圓照清淨覺相，永斷無明，方成佛道。次徵釋云何無明，謂一切衆生從無始來種種顚倒，妄認四大爲自身相，六塵緣影爲自心相，如彼病目見空中華及第二月。由此妄有輪轉生死，故名無明。修圓覺者，知是空華，即無輪轉，亦無身心受彼生死。末總結云，是則名爲因地法行，隨答次後二問，則曰菩薩因此發清淨心，末世依修不墮邪見。據此則普賢等十章，皆依此文殊章而發起也。敘分既竟，正宗當陳。遵照《華嚴疏》例，大章分爲四分，第一，三問三答，生信分。第二，兩問兩答，開解分。第三，四問四答，教修分。第四，一問一答，示果分。生信分，中三問三答者，第一即普賢章也。據普賢有略問，有詳質，有結請略問者，由前佛答文殊，謂本起因地，皆以圓照清淨覺相。普賢意以圓覺清淨境界，非修行不能契入，但不知云何修行方能契入也。說質者，承前章，知是空華，即無輪轉等義來。空華即幻，故曰設知如幻者則身心亦幻。若更用身心，歷事進修，則是以幻還修於幻，則幻幻云何修耶？又既知如幻，更歷事修，必令諸幻盡滅。若必盡滅，則無有心，向後憑誰修行？云何復說修行如幻，又既知如幻，本來不用修習，若不修習，則於生死中常居幻化，既無觀行，曾不了知如幻境界，又無事修，令妄想心如何解脫？結請中承上不修有如是之失，正顯決定應修，但不知作何方便漸次修習乃能永離諸幻？答中先云種種幻化生於覺心以爲義本。次云衆生幻心，還依幻滅。諸幻滅盡，覺心不動，正釋前疑。末云知幻即離，不作方便，離幻既覺，亦無漸次，以酬其請。復總結云，依此修行，乃能永離諸幻，亦是答前云何修行之問也。按普眼有三請四義，由上章佛答普賢離幻法門，教以知幻即離，不作方便，離幻即覺，亦無漸次。普眼意以有正方便，思惟修行者，或可悟入，若無此者，未免迷悶，故連申三請。初正請有四義，初問修行漸次，二問云何思惟，三問云何住持，四問作何方便。二反請，若彼衆生無正方便思惟，聞佛說此三昧，心生迷悶，即於圓覺不能悟入。三結請，願興慈悲，爲我等輩及末世衆生，假說方便。答中先明二空觀。滅除諸幻，以便進修，答正請中前三義。後示法界觀，令其悟入，更進深玄，答正請中後一義，果能從此悟入，住持大圓覺場，同佛受用，無庸再請，其奈疑情不了，又勞剛藏出座也。按金剛藏菩薩因前章本來成佛之語，遂代衆致難有三，一云衆生本來成佛，何故復有一切無明，此以眞難妄，不應復有也。二云無明衆生本有，何故復說本來成佛，此以妄難眞，不應說成也。三云異生本成佛道，後起無明，一切如來何時復生煩惱，此以本覺難妙覺，還應起惑爲衆生也。初難顯自語相違，以衆生本成，是佛自語，復有無明，違自語故。次難顯世間相違，以無明本有，世間共計，復說本成，違世間故。三難顯總成非量，以異生本覺，非始覺，終無成理，如來妙覺既已成，不復再迷，三覺不明，故成非量，至觀如來立法立喻，備悉開通，未復斥以虛妄浮心，多諸巧見，如是分別，非爲正問。新學聞此，自應於大涅槃生決定信，至下章彌勒謝前自知，齊此已前，爲三問三答，生信分竟。第二兩問兩答開解分中，第一即彌勒章也，由上章佛答金剛藏，云欲入如來大寂滅海，乃至云先斷無始輪迴根本等，彌勒意以輪迴由於愛欲，愛欲起於六識，生滅無常，何能爲本，故初問云何當斷輪迴根本，其意以斷，則須從賴耶邊起。又根本既在賴耶，種性應兼出世。故次問於諸輪迴有幾種性。若輪迴局在分段，而變易即稱無輪。無輪自應上修，故三問修佛菩提，幾等差別，設有差別，即兼邪正，除邪歸正，教化良難。故四問迴心塵勞，當設幾種教化方便，至觀如來應問而答，備悉周詳，新學聞之，其間不無微解，況夫如來偏憐，末世衆生，教以於大圓覺，起增上心，當發菩薩清淨大願，莫値外道，及與二乘等，現前新學，亦應有所感發，所以不結解分者。以正結解分，須待下之清淨慧菩薩章也。由上章佛教末世衆生，於大圓覺起增上心，淨慧意以起增上心，必是求佛所證。若爾則諸來法衆，理應先聞，故請爲諸來法衆，重宣法王圓滿覺性，言重宣者，顯前非不宣，今爲末世衆生，令代傳也。但圓滿覺性，非可遽得，故又問衆生菩薩世尊，所證所得，云何差別，至觀如來，答初請有三，一約本覺以顯自性平等，二約不覺，及始覺，以明執幻成差。三約妙覺，仍顯究竟平等，如是則諸來法衆，於法王圓滿覺性，亦略以悉其槩矣。答次問有四，一謂勞慮永斷，得法界性，即彼淨解，爲自障礙，是名凡夫，隨順覺性。二謂一切菩薩，見解爲礙，雖斷解礙，猶住見覺。是名菩薩未入地者，隨順覺性，三謂有照，有覺俱名障礙，是故菩薩常覺不住。是名菩薩已入地者，隨順覺性，四謂一切障礙，即究竟覺。乃至云法界海慧，照了諸相，同如虛空，是名如來隨順覺性，然末世聞此，雖可隨順修習。但任運成礙，不覺則難入佛乘，若果是頓圓之機，只須居一切時，不起妄念，於諸妄心，亦不息滅。住妄想境，不如了知，於無了知，不辯眞實，聞此而不生驚畏，是則名爲隨順覺性。況復現前法衆，親見如來三業殊勝，面命耳提，於諸法王圓滿覺性，未有不黑夜觀火，白日看山者矣，齊此已前，爲兩問兩答開解分竟。第三、四問四答，教修分中。第一即威德自在章也，按前信解二分，雖皆開示圓覺，卻未指示觀門，良以圓頓行人，根性猛利，言言見諦，句句明宗，若必令依觀分門，反成鈍置。故世尊於未悟之前，卻祇散漫開示，今於既悟之後，大用繁興，不假理觀，略有二失，一自恃根性，妄慧照而悞落有爲，二不念尊貴，遇患難而易生退屈。大威德知時知機，說喻以請，而云譬如大城者，即喻圓覺妙心。清淨法身之所依故，外有四門者，喻諸菩薩，欲證圓覺，隨機分門，四法界皆可修故。然四法界，即三觀所照之境，以是之故，如來應其所求，而示之以三種觀門，至觀三種觀門，最初皆云悟淨圓覺，明知其是悟後事也。又奢摩觀中，而云以淨覺心，取靜爲行，明是理法界境。三摩觀中，而云以淨覺心，起諸幻化，明是事法界境。禪那觀中，而云以淨覺心，不取幻化及諸靜相，乃至云永得超過礙無礙境，受用世界。及與身心，明是理事無礙，事事無礙，二法界境。末總結云，此三法門，皆是圓覺，親近隨順，一切圓證，即成圓覺。據此則始終，惟一圓覺也。此明三觀行相，下明單複修習，辯音章中，菩薩名辯音者，應是往昔因中，修習輪觀，成就無礙智慧，發起無礙辯才。今來輔佛揚化，仍以辯音爲名，聞前章佛答威德，三觀行相，甚爲希有。良以觀門雖同，根性不一，故聞此諸方便。一切菩薩於圓覺門，有幾修習，至觀如來答處，有單修，有統修，有圓修，單修則三觀皆能究竟，統修中，則二觀所統，復各有三，一疊複修，二具足修，三齊零修，疊複修，則先後兩不相違。具足修中除能統，則中後隨宜，齊零修中，合能所，則隨便俱得。至論圓修，則以圓覺慧，圓合一切，無離覺性，二十四輪，同歸三觀之中。一力圓修，共成二十五種，末復教以各安標記，隨手結取，驗知宿根，先後一門而入，然既稱輪觀，還應就此一門。輪替偏修，如是則無障不銷，無行不成，修分中，還餘兩章，今且約淨業章言之，按淨業菩薩，因前章云，一切如來圓覺清淨，故此興問。若此覺心本性清淨，因何染污，使諸衆生，迷悶不入，至觀如來答處，而分迷識迷智。二種四相，迷識四相者，一切衆生，從無始來，妄想執有我、人衆生，及與壽命，由此便生憎愛二境。依於憎愛，造種種業，由妄業故，妄見流轉，謂人間天上也。厭流轉者，妄見涅槃，謂聲聞、緣覺也，由此不能入清淨覺，此約凡夫二乘，爲識所迷。動念息念，皆歸迷悶，迷智四相者，由有無始本起無明，轉成賴耶。爲已主宰，相續求道，皆不成就，以四相未脫故。如彼衆生，微有所證，不忘能證之智，是即爲智所迷，名爲迷智我相，設悟能證爲我，雖不認證，而於能悟不忘，是又爲智所迷，名爲迷智人相。爲對彼我故，說名爲人，至又能了彼證悟，爲我爲人。雖二皆不取，乃存有所了，是又爲智所迷，名爲迷智衆生相，謂了此了彼，生生不已故，若更能覺彼能了，及與所了，而獨以能覺爲眞，殊不知此覺，即是一切業智，猶如命根，是最後爲智所迷，名爲迷智壽者相，於此四相，不復迷執，即入淨覺，若更於中，起心照見一切覺者，皆爲塵垢障淨覺故。然此雖分四相，其實惟一我執，故後文處處發明，不離於我，又有我者，一切煩惱因之而生，是爲大患，急須斷除，觀後偈云，一切諸衆生，皆由執我愛，無始妄流轉，愛憎生於心，諂曲存諸念，是故多迷悶，不能入覺城。其意自見，此下即是普覺章也。按普覺請問有五，由上章勸依正修文云，末世衆生，希望成道，無令求悟，惟益多聞，但當精勤降伏煩惱，乃至云，求善知識，不墮邪見。普覺意以末世衆生，去佛漸遠，賢聖隱伏，邪法增熾，初心道眼不明，眞似難免悞認，故初問，使諸衆生，求何等人，蓋求佛於衆多人中，指出求何等。人爲善知識，又既求其人，必依其法。故次問依何等法，蓋求佛說出，於彼所說法中，當依何等之法，而爲軌持，又既依其法，必行其行，故三問，行何等行，蓋求佛說出，於彼所行行中，當以何等之行，而爲專習，又既行其行，必有所得。故四問，去何等病，蓋求佛說出，於彼所得，眞似道中，當去何等似病，而存眞藥，又既得其道，還須發度生心，故五問，云何發心，蓋求佛說出，於權實頓漸偏圓中，當云何而發度生之心，至觀如來答處，答初問，則曰求善知識。欲修行者，當求一切正知見人，不住人天，不著聞緣，答次問，則曰身現塵勞，心恆清淨，示有諸過，常讚梵行，答三問，則曰應當供養不惜身命，見彼示逆，不生惡心，答四問，則曰所證妙法，應離四病，一作，二任，三止，四滅，答五問。則曰一切衆生，我皆令入究竟圓覺，於圓覺中，無取覺者，末總結云，末世衆生，果其如是發心，自不墮諸邪見，齊此已前，爲四問四答，教修分竟。第四，一問一答，示果分中，即圓覺菩薩章也。菩薩名圓覺者，謂已證圓滿覺性，示居因門，乃過來人也。恐末世衆生，於修因證果之際，悞正難分，故特爲出衆啓請，而云我等今者，已得開悟，謂我等親於佛前，蒙佛開示，於生信發解

起行，已得開悟，至於證果，自應無悞，無庸更問矣。第慮夫，末世衆生，未得悟者，云何安居，修此圓覺清淨境界，按佛答通相方便。此前應有二義，一隨分思察，二剋期修習，今二俱不問，而獨問云何安居者，扶戒律故，修此圓覺清淨境界者，爲所依之法體也。至問三種淨觀，以何爲首者，亦爲末世未悟，意求如來，於事相中，另開方便，爲三觀之入手處也。至下如來答處自知，按如來開示，有通相方便，有別相方便。有鈍根修證。通相方便有四，一隨分思察，二剋期修習，三夏首安居，四示無悞取，隨分思察者。謂主持伽藍，匡徒領衆，有緣事故。不能專修，聽其隨分思察，如前普眼章中所說。剋期修習者，若復無有他事因緣，當立限期，長期百二十日，約上根一期事辦，以四箇月爲限也。中期百日，約中根恐過長力倦，無若合中，促長期於兩旬日也。下期八十日，約下根一期不成，還容再修，於中期仍減兩旬，如是則下根者種，中根者熟，上根脫故。夏首安居者，謂剋定之期限未終，安居之夏首已至，若入衆安居，則修習之心約妄立。若固守剋期，而安居之毗尼有違，如來懸念，預示以當作清淨菩薩止住，心離聲聞，不假徒衆，示無悞取者，謂求菩薩道，入三期者，非彼從佛所聞。一切境界，如事水事火事天，奉時奉方奉塵，乃至二十五冥諦等，取之而修必招奇損。故示之以終不可取，別相方便亦四，一奢摩方便，二三摩方便，三禪那方便，四偏修即佛，奢摩方便者，按前威德自在章所說，三觀皆約悟後之修，今約末世未悟，修奢摩時，最初從何下手，故云先取至靜，謂先觀一切衆生，染著五欲，造種種業，從此眼不著色，耳不取聲，鼻不染香，舌不貪味，乃至意不攀緣，則至靜矣。此即以至靜爲方便，其次又以末世未悟，欲修三摩，最初從何處下手，故云先當憶想，諸佛菩薩，我當師之友之，倣修倣證，此即以倣修倣證爲方便。又其次，亦以末世未悟，欲修禪那，最初從何處下手，故云先取數門。蓋即以數息觀爲方便，良以奢摩中，先取至靜，不得意則墮落無爲，滯於聲聞緣覺三摩中，倣修倣證。不得意則流注有爲，雜於凡夫外道，今則攝修證，於數門，有爲不落，化至靜於計息。無爲亦超，威德章禪那成時，超出礙無礙境，此數門乃其漸耳，偏修即佛者，謂三種妙觀，皆爲成佛正因，末世未悟，不得其門而入，今既蒙各示方便，應即以方便深修，或觀，觀皆能究竟。或三觀，次第圓成。或前後交互，或單雙齊零，或圓

慧普照，圓合一切。如前二十五輪，名爲徧修，但辦懇心，必成巨益，即名如來出現，此名別相方便。鈍根修證者，謂雖在末世，遇有根性通利者，如上所説三觀，周徧修習，依因致果，不待言矣。設有根性遲鈍，屢修屢廢，皆由習業所障，應當勤求懺悔，此觀不得，復習彼觀，心不放捨，漸次求證。此又世尊懸念末世，爲後後際衆生，重結無盡未來緣也。正宗分畢，次當流通，即賢善首章也。據賢善首菩薩請問有五，一問此教名字，二問云何奉持，三問修習功德，四問云何護持，五問流布至地，如來答中文雖隱顯，義實相通，初云是經名大方廣圓覺。乃至如來藏自性差別，汝當奉持，此顯答初二問也。次云依此修行，漸次增進，至於佛地，此隱顯答三五問也。隱流布功德顯修習至地向下一句，勝大千寶施，半偈超河沙小乘，正顯功德，無漏難思，至於頓悟漸修，聞信宣説，即是流布，亦通奉持，末云汝善男子，當護末世，是修行者，無令惡魔，及諸外道，惱其身心，令生退屈，此答第四護持問也。於時即有火首金剛，大梵須彌護國天王，大力鬼王，各領眷屬，陳白佛言，我等守護，是持經人，令不退轉，由是觀之，此經自應永遠流通，而無壅滯也。

釋通潤《**大方廣圓覺脩多羅了義經近釋**》 體無不徧曰大，法無不備曰方，用無不具曰廣，故清涼云，大以曠兼無際，方以正法自持，用則稱體而周，具此三義故，名圓覺。脩多羅此云契經，謂契理契機故，契經中有了義不了義，如來爲人天二乘説不了義教，以器小不能擔荷大法，故説唯佛一人獨得覺性，爲菩薩乘説了義教，以根大能擔荷大法。故説一切衆生皆得作佛，然對機説教雖各不同，而契理契機，實無有二，此經直顯一切衆生本來成佛，名爲圓覺，直截分明，毫無隱覆，此則契經中了義契經，非不了義契經也，然圓覺二字義，匪一途故。下文約十二義以發明，而義始備，如文殊章云，有大陀羅尼名曰圓覺，又云，彼知覺者猶如虛空，此則直指衆生心體如如不動，了了常知者爲圓覺也。普賢章云，一切衆生，種種幻化，皆生如來圓覺妙心，此指根身器界，及界內界外二種無明，併種種幻智，皆從圓覺妙心流出。此約出生凡聖染淨二法，名圓覺也。普眼章中，顯四大，六根，六塵，六識，乃至十力，四無所畏，悉皆清淨，徧滿不動，始知衆生本來成佛者。此約凡聖染淨，悉皆具足，如來平等圓滿覺性，根根塵塵周徧法界，名圓覺也。金剛藏章，一切如來妙圓覺性，本無菩提及與涅槃，亦無成佛及不成佛，無妄輪迴及非輪迴者，此約染淨聖凡纖塵不立，名圓覺也。彌勒章中，由本貪欲，發揮無明，顯出五性差別，不等依二種障，而現深淺者，此約衆生，皆證圓覺本無差別，由隨染緣而有二障，故有六凡，由隨淨緣而證二空。故有四聖，於無差別處而現差別，以顯不變隨緣，如摩尼之現五色，爲圓覺也。清淨慧章，若遇善友，教令開悟，淨圓覺性，發明起滅。即知此生，性自勞慮，勞慮永斷，得法界淨。此名凡夫，隨順覺性等者，此約五性差別，不等實無差別，以顯隨緣不變，名圓覺也。威德章，若諸菩薩悟淨圓覺，以淨覺心取靜爲行，名奢摩他，起變化行名三摩提，隨順寂滅名爲禪那。乃至辯音章中，單複圓修等者，此約一心三觀，即空即假即中，名圓覺也。淨諸業障章，直顯衆生覺性本淨，皆由耽著我、人、衆生、壽者，四相，生愛，生憎，爲障爲礙，不能入清淨覺。必須斷盡四相，一切寂滅覺性，始圓名圓覺也。普覺章，所問求何等人，依何等法行，何等行除去何病。云

釋德清《**大方廣圓覺脩多羅了義經直解**》 此經以單法爲名，一眞法界，如來藏心爲體，以圓照覺相爲宗，以離妄證眞爲用，以一乘圓頓爲教相，以單法爲名者。論云，所言法者，謂衆生心，圓覺二字，直指一心以爲法體，此有多稱，亦名大圓滿覺，亦名妙覺明心，亦名一眞法界，亦云如來藏清淨眞心，楞伽云寂滅一心，即起信所言一法界大總相法門體，稱謂雖多，總是圓覺妙心，唯此一心，乃十法界。凡聖迷悟依正因果之本，爲諸佛之本源，號爲法身。爲衆生之心地，故名佛性，一切諸法，皆依此心建立故，單以法爲名，其大方廣，乃此心法所具體相用三大之義。然大即體大，謂此一心，包法界而有餘，擴太虛而無外，横該豎遍，大而無外，故名大也。方即相大，又方訓法也，謂此一心爲衆生之佛性，以有此性軌。則一聞佛性，便能生解。長劫輪迴，持而不失，故曰軌物生解，任持自性，以無相眞心，而爲有相之法則。故方爲相大也，廣即用大，以稱此心體周遍無遺，無刹不現，無物不周故，爲用大也。以此法義圓備一心，以此經中直指此心，爲生佛迷悟脩證之本。故云單法爲名也，脩多羅，是梵語，此云契經，以凡是佛所説之經，通名契經，謂是契理契機之教，但應機有大小，爲小乘人説者，名不了義經。爲大乘人説者，名了義經。謂顯了究竟之極談，以題

中通指此經，乃經藏中了義之經，非不了義經也。上十字，乃一經所詮之法義，下一經字，乃別指當經能詮之文字也。一眞法界，如來藏心，爲體者，經云，入於神通大光明藏，即如來藏清淨心體平等不二。故曰一眞，又云，如法界性究竟圓滿，是則名爲因地法行，首稱大陀羅尼門，即一法界大總相法門體，爲諸佛之因地菩薩之行本故。以此爲一經之體也，以圓照覺相爲宗者，經云，一切如來本起因地。皆依圓照清淨覺相，永斷無明，方成佛道，故以爲一經之宗也，離妄證眞，爲用者。經云，知是空華，即無輪轉，又云，知幻即離，離幻即覺，故以此爲用也。一乘圓頓爲教相者，以此經純談覺性，圓脩三觀。頓證一心，雖列二十五輪，但是一心轉換，並無階級次第故。以圓頓爲教相也，然此五重，乃天台釋經之軌則。攝盡全經之旨趣故，學者開卷了，此則思過半矣。

綜述

智旭《閱藏知津》卷一 婆伽婆入神通大光明藏三昧，現諸淨土與大菩薩十萬人俱，文殊普賢等十二菩薩，次第請問因地修證法門，佛一一荅之。

王古《大藏聖教法寶標目》卷四 佛言此經百千萬億恆河沙諸佛所說，三世如來之所守護，十方菩薩之所歸依，十二部經清淨眼目，亦名如來決定境界，名爲頓敎大乘。頓機衆生從此開悟，亦攝漸修一切群品，布施七寶，積滿大千世界，不如聞此經名，及一句義，敎百恆河沙衆生，得羅漢果，不如有人宣說此經，分別半偈，圭峯禪師作大、小疏鈔，《修證儀》，裴相作序，盛行于世。

著錄

智昇《開元釋教錄》卷九 《大方廣圓覺修多羅了義經》一卷，右一部一卷，其本見在。沙門佛陁多羅，唐云覺救，北印度罽賓人也，於東都白馬寺譯《圓覺了義經》一部，此經近出不委何年，且弘道爲懷，務甄詐妄，但眞詮不謬，豈假具知年月耶。

又卷一二 《大方廣圓覺脩多羅了義經》一卷，大唐罽賓沙門佛陁多羅譯。

楞伽阿跋多羅寶經

題解

法藏《入楞伽經玄義》 第七釋題目者，略以十義釋，一翻名，二指事，三顯用，四顯德，五表法，六辨行，七表玄，八開釋，九合辨，十解品。初翻名者，梵言楞伽，此云難入，亦云險絕。復云可畏，亦曰莊嚴。阿伐哆陀羅，此云下入，以梵語中，下入，上入，悉有別名唯從上下入，別有此名如入菩薩等，解四卷者，翻爲無上，此甚訛也。勘諸梵本及十卷中，都無寶字，十卷中翻爲入者，當名也。二指事辨者，有二義，此摩羅耶山居南海中，孤峙創成故名險絕，二山頂有城，迴無門戶。名爲難入，非直山無入路，亦乃城絕戶扉。唯有神通者，飛空下入，方預其中，故名此城以爲難入。佛及大衆應機降跡，故名爲入。即從天及處用以題名，羅刹居中，復名可畏。衆寶校飾，復曰莊嚴，三顯用者，有二義。一城爲難入，佛能入之，二羅刹難化，入中化之，果用垂降，至此二難故云，入難入也。四顯德者，謂一心眞性，周絕四句。逈超情表，猶崖城絕戶。故云，難入。垂言巧辨，宣示悟入，故云能入，此即教入義，而義現也。五表法者，有三義，一城表理玄，二羅刹表障重，三入顯行成，行成離羅刹之障，證難入之城，對法論中轉依略有三義，一轉成，謂行成也。二轉離，謂滅障也。三轉顯。謂證理也，此中三義，當知亦爾六辨行者，謂眞理性融，掩絕圖度。聖智玄悟，妙證相應，故云，入難入也。此則以智入理也，七表玄者，謂自覺聖智，舉體是眞，更無餘智，能證此眞故名難入，還令即眞之智，證此即智之眞。此即無入入，入而即無入，名難入也。八開釋者，開此一題，爲六義三對，一通別一對，謂入楞伽經，是一部通名，勸請品是當篇別目。二就前通中教義一對，入楞伽是所依所詮，經之一字是能起能詮，三就所詮之中，境智一對，謂楞伽是所入之境。入是能詮之智，是故開之有此三對。九合辨者，謂難往之入故，即依處難顯佛力也。且依義顯教，依理顯德。依境顯行，皆依主釋也。難即入故，境智不殊。持業釋也，入之難及，入即難二，翻前可知，二合教義者，謂詮入楞伽之經則教依義立，或依入楞伽城，方宣此教。則經名依處而立，皆依主釋也。若文字性離，是則解脫，教即義故持業釋也或處能表義，經即處故，亦持業釋。十釋品名者，勸謂勸發，請謂求請，即請佛親降，其處，勸演內證法輪，又亦勸請是一悟，謂諸佛降赴，諸佛說法，品中明此，故以爲名問準餘經應題序品，何不爾耶，答若望爲經，由致理是序品。但以品內事，別或題異號，如華嚴妙嚴等，何故四卷都名佛語，心品者，準下文此經一部，俱是楞伽心也。佛語者，準梵語，正翻名爲佛教，於佛教楞伽中，此爲中心要妙之說，非是緣慮等心，如般若心等，此是滿部之都名，非別品目。

武則天《新譯大乘入楞伽經序》　題標說經之所，曰楞伽者，此云難往也。謂衆寶所成，光映日月，遊空夜叉所居。此城在摩羅山頂，其山高峻，下瞰大海，傍無門戶，得神通者，堪能升往，乃表心地法門，無心無證者，方能入也。下瞰大海，表其心海，本自清淨。因境風所轉，識浪波動，欲明達境心空，海亦自寂，心境俱寂，事無不照，猶如大海無風，日月森羅，煥然明白，此經直爲上根，頓說種子業識，爲如來藏。異彼二乘滅識趣寂者故，亦爲異彼權教，修空菩薩空增勝者故，直明識體本性全眞，便明識體即成智用，如彼大海無風，即境像便明，心海法門，亦復如是。言經者，梵音修多羅，此云契經也，契謂契法契機，若獨契其法，則法不應機，獨契其機，則機不達法，經謂常也，以貫攝爲義，顯乎前聖後聖所說，皆然故言常。持諦理而不忘，故云貫。總群生而教之，故曰攝。又云如織經焉，緯而成之，在乎其人。

德清《楞伽補遺》　楞伽阿跋多羅寶經者，楞伽寶名，具云釋迦毗楞伽，此云能勝，義云堅固，阿跋多羅，此云無上，謂此楞伽，乃無上寶也。聞之梵師云，此寶八楞，視之渾圓，其體光明瑩徹，最極堅固，不可鑽穿，世間之寶無過勝者，目能勝一切，故云無上寶也。西域南海，有楞伽寶山，居大海濱，目山純此寶所成故。山以寶名，山高五百由旬，山頂有城，亦名楞伽寶城，無門可入，爲夜叉王所據，山形下細上大，因名不可往，有神通者乃能入。此經發起因，佛于大海龍宮，說法七日，迴過山下，顧謂衆曰，過去諸佛，皆于此山，說自證境界，我亦當說，時夜叉王，目神力故，知佛言念，故往請佛，入城演說。此經，是則山目寶名，經目處名，通取爲喻，乃單喻爲題也。然單約喻明經者，第一義如來藏心，亦名寶明妙性，又云寶覺明心，是爲堅固法身不動智體，名自覺聖智，寂滅一心，名大寂滅海，亦云智海，覺海，寶明空海，下經云藏識海，謂衆生本具如來藏清淨法身。迷之而爲藏，識變成五蘊之衆生，自覺聖智，變爲妄想煩惱，寶明空海，成生死之業海，夜叉乃惡鬼飛行而食人肉者，故山高五百由旬，居大海中，而爲煩惱生死夜叉所據也。佛在此山，說自證境界者，謂目自覺聖智，而觀識藏，即如來藏，生死即涅槃，煩惱即菩提，現前五蘊身心即是如來常住法身，頓證一心，更無別法，此乃最上乘，非心識思量境界，唯許上上根人一悟頓悟，不悟則不許，意識湊泊故。山名不可往，有神通者，乃能入故。寶乃無上之寶，處乃不可往之處，通喻此經顯示第一義心，乃離心意意識境界，爲無上法門也。此經發明五法三自性皆空，八識二無我俱遣，直顯離心意意識境界，故達磨指此爲心印。是則全經旨趣，在此一題，目喻發明，及夜叉王發起因緣，已盡甚深妙義矣。約天台五種釋題，此經目單喻爲名，寂滅一心如來藏性爲體，自覺聖智爲宗，專破二乘外道邪執故，目摧邪顯正爲用，目無上頓教大乘爲教相，以此經顯示五性三乘無性，闡提皆許成佛，爲法華開顯之前茅，故判爲法華先導也。

釋德清《觀楞伽阿跋多羅寶經記》　記曰，舊註，楞伽，山名，此云不可往，又云城名，以山頂有夜叉王城故，山居南海濱，阿跋多羅，此云無上寶，貴重義，以通喻此經，是不可往無上寶經，非也。受公謂自覺聖智之境，非邪智可造，故云不可往，隨色摩尼之珠，非世寶可比，故云無上，謂不可往處，有此無上寶也。此亦未盡然，華嚴論云，世尊於南海摩羅耶山之頂，楞伽城中，說法。其山高五百由旬，下瞰大海，無路可上，其城乃衆寶所成，光映日月，無門可入，得神通者，堪能升往。表心地法門，無修無證，方能升也。此說固爾，愚居五臺時，曾遇一梵師，于闐國人，髮長丈餘，不言其壽，但云入此土三十餘年，精於禪觀，兼明教乘，且善方言，愚請同住阿蘭若三年，每於談次，以經中所有梵語已明者，嘗請試之，所說皆與古譯洽合，愚因問及楞伽經，師乃驚曰，遮裡亦有此經耶，此是不可說不可得之法也，我土國王寶之，因問有多少卷，余曰傳者四卷，師笑曰，來未盡耳，此經有四十卷，此才十分之一，及扣經中旨趣，言言皆發明離心意識境界，不可具述，因問楞伽山在何處，師曰此山在天竺國之南海中，又問何以楞伽爲名。師曰楞去聲呼伽乃寶名，其狀八楞，視之渾圓，體極堅固，不可鑽穿，常放光明，世間之寶，無有過上者，故阿跋多羅，此云無上。以山純此寶，是山以寶名，故曰楞伽阿跋多羅寶山，山頂有城，此寶天成，無門可入，而爲夜叉鬼王所據，佛在此山頂城中，說此經故，經以處名耳，又問此山人能到否，師云，人不能到，以其此山下細上大，每於陰雲黑夜，或波濤洶湧，其山形益顯露分明，光明愈盛，若海湛空澄，天無雲翳，海空一色，其山即不見，然彼土僧有修禪者，于海岸經行，望之以入觀耳，是則按華嚴論，準此梵師言，則山以寶名，經以處名，深有意焉。緣起經云，難入未會有會中，說隨他緣起陀羅尼智，名爲楞伽王識，蓋約處表法，又見深玄，然教稱智海，性海，覺海，心海，至若寶明空海。此經云藏識海，且又以生死喻海，涅槃喻海，喻山，五蘊亦喻山，況夜叉，云可畏鬼，乃飛行而食生物者。然吾佛特住此海中，寶山夜叉、王城而說此經，顯示自覺聖智境界，其經所詮者，乃五法三自性，八識二無我，即處觀法，其旨微哉，何則，經云，藏識海常住，境界風所動，五百由旬，而爲煩惱生死夜叉所據耳，然至昏雲黑夜，或波濤洶湧之際，而山形愈顯露者，所謂妄想興而涅槃現。夜叉鬼王請佛說法者，所謂煩惱起而佛道成，抑益顯此寶明妙性，雖住生死大海五蘊山中，不爲煩惱所奪，不爲生死波流，不爲境界風動，無明黑暗，暗不能昏，長夜冥冥，靈光獨露耳。且云海湛空澄，山即不現者，愈見智海圓澄，萬象森羅炳然齊印，身心世界當下銷融，生死涅槃應時平等，至此魔佛皆空，二俱不可得矣。噫，信乎此爲自覺聖智無上尊頂法門也。且義翻此經名不可往，唯神通者能至，意顯此法門，非心行處，唯上上根人，一入頓入，不許捫摸湊泊，不入，亦不許思量攀緣，但只於境界波濤，煩惱黑暗中觀之，而已。不觀，則不知生死海中，有此物也。此經爲根熟者，頓說業識種子，爲如來藏。名頓教大乘，古德云，楞伽說五法三自性皆空，八識二無我俱遣，故遠磨大師指此爲心印，馬大師云，楞伽以佛語心爲宗，無門爲法門，是以宗門師匠教人，直須離心意識參，出凡聖路學，而說者但只標名立法，不知空遣，奈何益使後之學者，臆度祖師心印亦如是，而已悲夫。

通潤《楞伽阿跋多羅寶經參訂疏敘》 凡經題目，立名不一，有以人彰名，有以法彰名，有以人法彰名，有以法喻彰名，以人彰名者，如淨名月上女等，法彰名者，如圓覺涅槃等，人法彰名者，如勝天王般若等，法喻彰名者如金剛般若等，此經則以處彰名也。楞伽城名，此翻不可往，在南海摩羅耶山頂，阿跋多羅，此云無上，以此山此城皆是無上衆寶所成故。魏譯云，住大海畔摩羅耶，山頂上楞伽城中，彼山種種寶性所成，諸寶間錯光明赫奕，如百千日照耀金山，內外明徹，日月光輝不能復現，皆是古昔諸仙聖賢，思如實法，得道之處。世尊於海龍王宮說法，從大海出，舉目觀見摩羅耶山，楞伽大城，即便微笑，而作是言，昔諸如來皆於此城，說自所得聖智，證法非諸外道邪見，乃至二乘所修境界，我今亦爲摩婆那王開示此法。時摩婆那夜叉王，以佛神力，聞佛音聲，見海波浪，觀其衆會，藏識大海境界，風動轉識、浪起，發歡喜心，請佛說法，然則此經是摩婆羅夜叉王。爲發起故，即其所居之處彰名也。有者云，楞伽寶名文殊般泥洹經，云文殊身如紫金山，其冠毗楞伽寶之所嚴飾，有五百種色，一一色中，日月星辰，諸天龍宮，世間衆生，所希見事，皆於中現，又首楞嚴三昧經，釋提桓因云，我於須彌山善法堂上，著釋迦毗楞伽摩尼瓔珞，以是光明，一切天衆身，皆不現釋迦毗楞伽，此云能勝，宗鏡亦云，此城是衆寶所成，以表寶積三昧，則楞伽亦是寶名，但未必是八楞耳，若準二譯，皆名入楞伽經，則古翻不可往，其義尤切，以無門可入，故無路可通故，夜叉所據故，諸佛所住故，菩薩所遊故，先德云，十方無壁落四面，亦無門，又云但有路可上，更高人也。行世間種種事業，凡涉思門語，路皆可擬議，若大性，自性，第一義者，不可以有心求，不可以無心得，不可以言語造，不可以寂默通，纔涉思惟，便成剩法，纔涉唇吻，便落窠臼，必須離心意識，參絕聖凡路，學始有少分，相應故，達磨大師云，楞伽以佛語心爲宗，無門爲法門，而龐居士亦云，楞伽寶山高四面，無行路，惟有達道人，乘空自來去所謂，無門可入，無路可通也。故華嚴論云，世尊於南海山摩羅耶山之頂，楞伽城中說法，其山高五百由旬，下瞰大海，無路可上，其城乃衆寶所成，光映日月，無門可入，得神通者，堪能升生。又此城久爲夜叉所據，而一旦請佛轉法輪者，正顯衆生自性。楞伽城中日用。時時有夜叉出現，亦時時有佛轉輪，時時菩薩遊履，但爲妄想所纏，無明所噬，靜沉死水，動落今時故，將諸佛覺場，翻成夜叉宮殿，若使一念回光，則夜叉宮殿，全是諸佛道場，菩薩實地毫無間隔，所以云，昨夜夜叉心，今朝菩薩面，菩薩與夜叉，不隔一條線，所謂凡聖同居，龍蛇混雜故，知夜叉所據，諸佛所住，菩薩所遊，皆在一處也。問此山高聳險絕，即二乘神通尚不能到，何故夜叉得據此山，答此表圓頓法門，唯圓頓根方能得入，若使根性猛利，雖極惡如夜叉不動無明，頓入法界，全身坐在寶山，故廣額屠兒，放下屠刀曰，我是千佛一數，若根性遲鈍，悠悠緩緩，即使移山動石，坐臥虛空，秖是止宿草菴處，於門外故，知欲通此，路入此門住，此山者，秖論根性，利鈍信力，淺深不簡，善惡也。

焦竑《楞伽阿跋多羅寶法經精解評》　註曰，楞伽是城名，華言不可往，其城在南海摩羅山頂，無神通者不可往，佛於此處說法，即佛境界，以處表法，阿跋多羅者，華言無上，亦云入，寶者至貫之物，以喻此經尊貴，故云法喻爲名也。經者貫也，謂貫通諸義也，第一義心爲體者，即如來藏自性，清淨第一義心也，了妄顯性爲宗者，謂達妄顯眞，離性執也。斥小辨邪爲用者，謂破小乘之偏執，摧外道之邪見也，方等大乘爲教相者，謂經通三乘，義從圓頓也。楞伽山名也，達磨以付慧可曰，吾觀震旦所有經教，惟楞伽四卷，可以印心。

論　說

武則天《新譯大乘入楞伽經序》　蓋聞摩羅山頂，既最崇而最嚴，楞伽城中，實難往而難入，先佛弘宣之地，曩聖修行之所。爰有城主，號羅婆那，乘宮殿以謁，尊顏，奏樂音而祈妙法，因鬘峯以表興，指藏海以明宗，所言入楞伽經者，斯乃諸佛心量之玄樞。群經理窟之妙鍵，廣喩幽旨，洞明深義，不生不滅，非有非無，絕去來之二途。離斷常之雙執，以第一義諦，得最上妙珍，體諸法之皆虛，知前境之如幻，混假名之分別，等生死與涅槃，大慧之問初陳，法王之旨斯發，一百八義。應實相而世離間，三十九門，破邪見而宣正法，曉名相之並假，祛妄想之迷衿，依正智以會如如，悟緣起而歸妙理，境風既息，識浪方澄，三自性皆空，二無我俱泯，入如來之藏，遊解脫之門。

釋函昰《楞伽阿跋多羅寶經心印》　楞伽山名，此山純以楞伽寶成，故以寶名山，山在南海，夜叉所居，因其王請佛說法，山上又即以山名經。棗栢大士云，此經於南海中楞伽山說，如來道經山下，羅婆那夜叉王，與摩帝菩薩，乘華宮殿，來請如來，入山說法，其山高峻，下瞻大海，傍無門戶，得神通者，堪能昇往，表心地法門，無修無證者，方能昇也。下瞻大海，表心海淸淨，因境風轉，識浪波動，達境元空，心海自寂，心境俱寂，事無不照，猶大海無風，日月參羅，煥然明現，此經爲根熟菩薩，頓說種子業識爲如來藏，異於二乘，滅識趣寂，亦異般若修空菩薩，樂空增勝，直明識體，本性全眞，便成智用，如彼大海無風，斯境像是徹，心海不搖境風非別，但能了眞，即識成智。棗栢固深悉楞伽宗趣也，此經初譯，自劉宋求那跋陀羅，成四卷，名楞伽阿跋多羅寶經，至元魏菩提流支，復譯成十卷，名入楞伽，唐實叉難提與復禮等，譯成七卷，名大乘入楞伽，唐譯簡切，終不如宋譯高古奧渺，故自古至今，猶從初譯，梁武時，達磨大師航海至魏，壁坐少林，因授可祖法曰，此土唯楞伽四卷，可以印心幷，以付汝，自是楞伽，遂爲宗門秘密。今禪者空疎，至有生平，未嘗展卷，可歎也。求之義學，惟洪武初宗泐，如玘，奉詔合疏，萬曆末，德清筆記，崇禎中，智旭義疏，外此不少槩見。達磨大師嘗曰，此經五百年後，翻爲名相之學，諦審斯語，良深慚悚，大師蓋謂吾宗失傳，豈異人事哉。昰自順治辛丑，先華首示寂，明年，先大日相繼謝世，壬癸兩載，生趣頓盡，促居雷峯，旋徙芥菴，乘茲夙志，兼酬禪問，聊以自悅，未敢示人，唯念道法濫觴，所謂見性，幾同神我，透脫一路，無異冥初，不自生，非不生，聖言具在，乃有不達緣起。究墮撥無，任情壞法，較之拘滯名相，功罪又相徑庭也。此經直指種子業識，爲如來藏，實有迷悟，不則以流注爲自心，反成生識之過。疏中深切著明，惟先血脈，所引經論，但取入理之近，互相發明，至於機語，猶切矜重，夫機以轉有言之關捩，教以導無言之指歸。正在深談，不辭明破，而徒以剿絶之語，溟涬眞詮，誣罔名言，烏焉成馬，此時禪病，所爲眞贗難辨也。我大師首創無言，并傳四卷，區區隱慮，昰請與天下後世，仰奉慈旨爾。

廣莫《楞伽阿跋多羅寶經參訂疏敍》 楞伽一經，我佛直語此心之妙。而決擇名數，使不混淆於魔外也。夫此心也者，眞醇融粹虚，徹靈明。超羣數而非無，涉衆名而非有，生佛一體，物我同根，豈四句之可擬，羣情之能測哉。由諸衆生，迷乎自心，執夫外性，遂起勝妙。微塵，有無，一異，神我等見，實皆妄計也。世尊逐一斥破，顯出自覺聖智，謂本然具足，不從他得，此與達磨直指人心，見性成佛同義。因屬二祖云，楞伽四卷，可以印心，意在此歟。或謂達磨，別傳心印，不立文字，故稱直指。以教擬禪，殆非義矣。不知此經，亦遺言説之指，明實義之月，非不立直指而何，即如禪者，言即言非，門庭施設，曲拈情解，業已枉矣。直指之稱安在哉，蓋直指以明實，拈情以達權，曾不相違耳。此經化儀，亦復如是。則禪教固異名，而同體也。先儒蔣之奇，宋濂輩，以達磨之禪爲禪定。爲六度之一，此則非唯不會達磨之禪，亦復不知此經之義矣。此經品名佛語心，心，即達磨直指之心也，達磨直指之心，即世尊拈華示迦葉所云涅槃妙心也，尋源會宗，有自來矣。第此經文義奇奧，讀解良難，望崖而退者有之，所幸古遺註釋，學者因之得入，然猶不能深詣，而遠尋宗旨，緣舊註未詳故也。如經云，五法三自性八識二無我，即八識一種，與雜華密嚴等經，唯識瑜伽等論，相爲符證，舊註往往略之，不亦惜乎。

蔣之奇《楞伽經序》 之奇嘗苦《楞伽經》難讀，又難得善本，會南都太子太保致政張公施此經，而眉山蘇子瞻爲書而刻之板，以爲金山常住。金山長老佛印大師子元持以見寄，之奇爲之言曰：『佛之所說經總十二部，而其多至於五千卷。方其正法流行之時，人有聞半偈得一句而悟入者，蓋不可爲量數。至於像法末法之後，去聖既遠，人始溺於文字，有入海算沙之困，而於一眞之體，乃漫不省解。於是有祖師出焉，直指人心，見性成佛，以爲教外別傳。於動容發語之頃，而上根利器之人已目擊而得之矣。故雲門至於罵佛，而藥山至戒人不得讀經，皆此意也。由是去佛而謂之禪，離義而謂之玄，故學佛者必詆禪，而諱義者亦必宗玄，二家之徒更相非，而不知其相爲用也。且禪者，六度之一也，顧豈異於佛哉！』之奇以爲，禪出於佛，而玄出於義；不以佛廢禪，不以玄廢義，則其近之矣。冉求問聞斯行諸，孔子曰：『聞斯行之。』子路問聞斯行諸，曰：『有父兄在，如之何其聞斯行之。』求也退故進之，由也兼人故退之。說豈有常哉？救其偏而已。學佛之敝至於溺經文、惑句義，而人不體玄，則言禪以救之；學禪之敝至於馳空言，玩琦辯，而人不了義，則言佛以救之。二者更相救而佛法完矣。

昔達磨西來，既已傳心印於二祖，且云吾有《楞伽經》四卷亦用付汝，即是如來心地要門，令諸衆生開示悟入。此亦佛與禪並傳，而玄與義俱付也。至五祖始易以《金剛經》傳授，故六祖聞客讀《金剛經》而問其所從來，客云：『我從蘄州黄梅縣東五祖山來，五祖大師常勸僧俗但持《金剛經》即自見性成佛矣。』則是持《金剛經》者始於五祖，故《金剛》以是盛行於世，而《楞伽》遂無傳焉。今之傳者，實自張公倡之。之奇過南都謁張公，親聞公說《楞伽》因緣。始張公自三司使翰林學士出守滁。一日，入琅邪僧舍見一經函，發而視之，乃《楞伽經》也。怳然覺其前生之所書，筆畫宛然，其始神先受之甚明也。之奇聞羊叔子五歲時，令乳母取所弄金環，乳母謂之，汝初無是物，祜即自詣鄰人李氏東垣桑木中探得之。主人驚曰：『此吾亡兒所失物也，云何持去？』乳母具言之，知祜之前身爲李氏之子也。白樂天始生七月，姆指之無兩字雖試百數不差，九歲暗識聲律，史氏以爲篤於互章。蓋天稟然，而樂天固自以爲宿習之緣矣。人之以是一眞不滅之性，而死生去來於天地之間，其爲世數，雖折天下之草木以爲籌筯，不能算之矣。然以淪於死生，神識疲耗，不能復記，惟圓明不昧之人知焉。有如張公以高文大冊再中制舉，登侍從，秉鈞軸，出入朝廷踰四十年，風烈事業播人耳目，則其前身嘗爲大善知識無足疑者。其能記憶前世之事，豈不謂信然哉！故因讀《楞伽新經》而記其因緣於經之端云。

綜述

智旭《閱藏知津》卷六　一切佛語心品之一，佛住楞伽山頂，與大比丘僧及大菩薩衆俱，大慧菩薩以偈問百八句，佛以偈領，并爲出所未問，總以一切句非一切句荅之，次荅諸識生住滅有二種，次明七種性自性，七種第一義，次荅心意意識，五法自性相，次明上聖智三相，次荅所問聖智，事分別自性。經次荅淨除自心現流頓漸之問，次荅常不思議非同外道之問，次明五無間種性，及菩薩一闡提。次明三自性，次明二種無我相，次荅離建立誹謗見，次荅一切法空，無生，無二，離自性相。之問，一切佛語心品之二，荅如來藏不同外道所說之我，次荅修行者。大方便，次荅一切諸法緣因之相，次荅言說妄想相心經之問，次荅自覺聖智所行之問，次明四種禪次荅般涅槃問，次明二種自性相，二種神力建立，次荅緣起不同外道因緣之問，次荅常聲爲惑亂次明一切法如幻，次明當善觀名句形身及四種計論，次荅四果差別通相之問，次明有二種覺次明當善四大造色，次明當說諸陰自性相，次明外道有四種涅槃，次說妄想自性分別通相，次荅自覺聖智相及一乘之問。一切佛語心品之三，說三種意生身，次荅五無間不入地獄之問，次荅佛知覺問，次荅諸佛四等，謂字等語等法等身等，次荅不說是佛說問，次荅離有無有相問，次荅宗通相問，次荅不實妄想問，次荅善語義問，次明智識相，次明外道九種轉變論，次荅一切法相續義解脫義，次荅一切法妄想自性非性問，次明一切法不生不應立宗，次荅智不得問，次分別說通及宗通，次荅勿習近世間論問，次答外道妄想涅槃非順涅槃。一切佛語心品之四，荅如來爲作爲不作等問，次荅不生不滅是如來異名問，次荅不生不滅無奇特問，次荅外道七種無常非是佛法，次荅滅正受次第相續問，次荅如來非常非無常，次因誰生誰滅之問。明如來藏是善不善因，次荅五法，自性識二種無我究竟分別相次答如恆河沙問次荅一切法刹那問，次荅六波羅密有三種分別，次荅種種相違問難，次荅不食肉義。

達磨大師指此可以印心故獨流通於世。

王古《大藏聖教法寶標目》卷三　佛在南海瀕楞伽山頂，昔諸如來皆於此城，說自所得聖智，證法非外道邪見，及二乘修行境界。我今亦當開示此法，時大慧菩薩，致一百八問佛，隨所問答，說諸佛正覺性，自性第一義，心成就世間出世間上上法心，意識生、住、滅相等，一百八法。傳燈錄僧那禪師曰，我初祖兼付《楞伽經》四卷，謂我師二祖，曰，吾觀震旦，唯有此經，可以印心，仁者依行，自得度世，又二祖凡說法，竟乃曰，此經四世之後，變成名相，深可悲哉。我今付汝，宜善護持。

著錄

僧祐《出三藏記集》卷二　《楞伽阿跋多羅寶經》四卷道場寺譯出。

費長房《歷代三寶記》卷九　《入楞伽經》一〇卷。

又卷一〇　《楞伽阿跋多羅寶經》四卷。

法經《衆經目錄》卷一　《楞伽阿跋多羅經》四卷宋元嘉年求那跋羅譯。

又卷一　《大楞伽經》十卷後魏世菩提留支譯。

智昇《開元釋教錄》卷四　《楞伽經》四卷初出，與宋功德賢、元魏菩提留支、唐實叉難陁等所出同本，見《長房錄》。

又卷九　《大乘入楞伽經》七卷第四出，與宋功德賢等出者同本，久視元年五月五日於東都三陽宮內初出，至長安四年正月五日繕寫功畢。

又卷一四　《楞伽經》四卷，北涼天竺三藏曇無讖譯，第一譯。

無盡意菩薩經

綜述

王古《大藏聖教法保標目》卷二　《阿差末經》七卷昔曰《無盡意》《無盡意菩薩經》六卷。二經同本異譯。東方不眴世界現住普賢如來刹土。無盡意菩薩與六十億菩薩俱來，先現大光明神變，舍利弗問無盡意，說初發心，六度，四無量，六通，四無礙智，四攝，四依，三十七助道等法門。一一皆不可盡。說是法時，次第有七十那由他，又七十六那由他，天人。又六十七百千衆生發菩提心，七萬六千又五百二千菩薩，得無生法忍三萬二千菩薩，得日燈三昧，十方諸佛皆同讚喜。此八十無盡法悉能舍受一切佛法，是諸菩薩不退轉印速能成就無上菩提。

智旭《閱藏知津》卷五 《無盡意菩薩經》四卷劉宋枳園寺沙門釋智嚴共寶雲譯。佛遊寶莊嚴堂，說《大集經》，東方大金色光，照此世界，出大蓮華。無盡意菩薩，與六十億眷屬俱，讚禮於佛。舍利弗問所從來，菩薩荅以不來不去。次復問佛。佛荅，從不眴國普賢佛所來。兼明彼諸淨土菩薩，唯修念佛三昧，悟無生忍。無盡意以三昧力，令此衆會得見彼土，遙申禮供普賢如來，亦令彼衆得見此土，遙申禮供。舍利弗問，誰字仁者爲無盡意。荅言，一切諸法不可盡故。即廣說八十無盡法門，所謂發心無盡，淨心無盡，六種四行無盡，心畢竟無盡，六波羅密無盡，大慈，大悲，大喜，大捨，無盡，五通無盡，四攝無盡，四無礙智無盡，四種依法無盡，修習助道無盡，懺悔，隨喜，勸請等三十七品無盡，定慧無盡，總持辯才無盡，撰集四法無盡。無常，苦無我寂滅，一道無盡，方便無盡。

紀事

靖邁《古今譯經圖紀》卷三 沙門釋智嚴涼州人，弱冠出家，精勤爲業。納衣宴坐，蔬食永歲。不受別請，分衛自資。晉義熙十三年，宋武伐姚泓還，始興公王恢。從駕觀山，見嚴禪思，即請還都。然嚴道化所被幽顯咸伏。先於西域得經，梵本未譯。以宋文帝元嘉四年，歲次丁夘，於楊都枳園寺，共寶雲等譯，《普曜經》八卷《無盡意菩薩經》六卷【略】惣一十四部，合三十六卷。然嚴未出家前，曾受五戒，有所虧犯，後受大戒，疑不得戒。遂汎海至印度國，諮問羅漢比丘，時羅漢不決爲詣彌勒，彌勒荅云，得戒嚴甚喜焉。

著錄

費長房《歷代三寶紀》卷一〇 《無盡意菩薩經》六卷亦云《阿差末經》，見《李廓錄》。

智昇《開元釋教錄》卷五 《無盡意菩薩經》六卷。

又卷二〇 《無盡意菩薩經》六卷初題云《大集經》中《無盡意所說不可盡義品》第三十二，亦云《阿差末經》，或直云《無盡意經》智嚴寶、雲等譯。

智昇《開元釋教錄略出》卷一 《無盡意菩薩經》四卷，宋涼州沙門智嚴共寶雲譯。

費長房《歷代三寶紀》卷六 《阿差末經》四卷永嘉元年十二月一日譯，是第二出，或五卷、七卷，出《大集》或云《阿差末菩薩經》，見《聶道眞錄》及《別錄》。

法經《衆經目錄》卷一 《阿差末經》七卷是《無盡品》，或四卷晉永嘉年竺法護譯。

道宣《大唐内典錄》卷六 《阿差末經》七卷或四卷，是《無盡意品》，九十二紙，西晉永嘉年竺法護於長安譯。

明佺《大周刊定衆經目錄》卷二 《阿差末經》一部四卷初譯，一名《阿差末菩薩經》，右吳黃武三年天竺沙門維祇難於武昌譯，出《長房錄》。

又卷一五 《阿差末經》一部十四卷。

智昇《開元釋教錄》卷一九 《阿差末經》七卷晉曰《無盡意》，或四卷，或五卷，或云《阿差末菩薩》。

費長房《歷代三寶紀》卷六 《無盡意經》四卷太始元年第二出，與《阿差末》同本別譯。出《大集》，見《聶道眞》。

法經《衆經目錄》卷一 《無盡意經》十卷宋明帝世沙門法眷於廣州譯《無盡意經》四卷亦是《阿差末經》晉太始年竺法護譯。

大哀經

綜　述

王古《大藏聖教法保標目》卷二　《大哀經》八卷。右是《大集經・初陀羅自在王菩薩品》異譯卷初至第五卷半，此與《大集經》互有廣略。佛放光明，十方佛刹諸大菩薩來集。佛說無盡法門，戒定光明莊嚴，大悲哀愍衆生，無量劫來教化度脱無有厭倦。如來三十二事業，菩薩八大總持等法，智積菩薩問何謂智本，何謂慧業，佛爲分別解說。十方佛刹六返震動，及記魔波旬。至佛法滅時生大歡喜，墮阿鼻地獄受大苦故，念佛教故，心得淨信，即於地獄命終，生三十三天，復積善根，以至涅槃。

智旭《閱藏知津》卷四　《大哀經》八卷西晉月支國沙門竺法護譯，即前經初二品，分作二十八品。

紀　事

靖邁《古今譯經圖紀》卷二　沙門竺曇摩羅察，此言法護，本姓支，後改姓竺，月支國人。八歲出家，甚有識量，天性純懿，操行精苦，篤志好學，萬里尋師，屆玆未久，而博覽六經，遊心七藉，解三十六種書，詁訓音義無，不備識，日誦萬言，過目咸記。妙閑三藏，奉經遊方，先居燉煌，後詣京洛。自晉武帝太始元年歲次丙戌，訖于敏帝建興元年。爰曁江左所在翻譯。（略）《大哀經》七卷（略）合二百一十部，惣三百九十四卷清信士聶承遠筆受。

著　錄

《如來大哀經記》未詳作者　元康元年七月七日，燉煌菩薩支法護手執胡經（經名《如來大哀》）口授，聶承遠、道眞正書晉言，以其年八月二十三日訖。護親自覆校。當令大法光顯流布，其有覽者，疾得總持，暢澤妙法。

費長房《歷代三寶紀》卷六　《大哀經》七卷元康元年出，或八卷，或六卷，是《大集》一品，見竺道祖《晉世雜錄》。

道宣《大唐内典錄》卷六　《大哀經》八卷，是《大集陁羅尼自在王菩薩品》，或十卷，一百一十九紙，西晉元康年竺法護於長安譯。

智昇《開元釋教錄》卷二　《大哀經》八卷舊錄云《如來大哀經》，元康元年七月七日出，八月二十三日訖，有二十八品，是《大集》初品別譯，或六卷，或七卷，見竺道祖《晉世雜錄》，及《僧祐錄》。

寶女所問經

綜　述

王古《大藏聖教法保標目》卷二　《寶女所問經》四卷，是《大集經寶女品》異譯出第五卷半後至第七卷解在《大集》。

智旭《閱藏知津》卷四　《寶女所問經》四卷譯人同前。即前經寶女品，第三分，作十三品。

紀事

文才《肇論新疏》卷下 天女曰，不出魔界而入佛界。彼經《弟子品》云，不斷煩惱而入涅槃。《天女下》即《寶女所問經》第四。寶女偈答，舍利弗云，如魔之境界，佛境界則平等相應爲一類，以是印見印。

著錄

智昇《開元釋教録》卷二 《寶女所問經》三卷太康八年四月二十七日出，是《大集寶女品》異譯，成四卷，亦直云《寶女問慧經》，亦云《寶女三昧經》，見道祖、僧祐二録。

又卷一一 《寶女所問經》三卷亦云《寶女問慧經》或四卷。西晉三藏竺法護譯。右一經，是《大集經寶女品》異譯出第五卷半後至第七卷半前。

智昇《開元釋教録略出》卷一 《寶女所問經》四卷，西晉三藏竺法護譯。

密教經典部

大日經分部

大毘盧遮那成佛神變加持經

題解

海雲《兩部大法相承師資付法記下》 經題名《大毘盧遮那成佛神變加持經》，梵云摩訶，此翻云大。毘盧遮那，此云光明遍照或云大日遍照，正梵語應云吠無每反盧左曩毘盧遮那者古譯也，依《金剛頂義決》中解，此毘盧遮那義翻爲無邊廣眼聚如來。眼者智也，言此法身如來智惠十眼無邊際故，神德智惠，萬德已圓，如虛空界量無邊際，過數量故也。或云《毘盧遮那成道經》，梵云吠盧左曩三母弟婆灑多素怛囕二合，此云《大日遍照尊經》。

又 時毘盧遮那如來在金剛法界宮，與普賢等諸大菩薩，十佛刹微塵數金剛手祕密主等十佛刹微塵數諸執金剛、護世主天等，其數無量不可稱說，皆是毘盧遮那如來自受用身海，廣大法界之所加持也。經明修眞言行菩薩修無上菩提心，超越一百六十種忘念心，住大菩提心，一念相應，度三僧祇劫，初發心時即得阿耨多羅三藐三菩提心。此經依二種修行，菩提心爲因，大悲爲根，方便爲究竟。次明十緣生句，謂明修眞言行菩薩了諸法如幻，從緣所生故。又依勝義、世俗二諦，若依勝義修行，建立法身曼荼羅，是故此經中說先拼虛空中曼荼羅，是故本尊法身遠離形色，猶如虛空，住如是三摩地。若依世俗修行，依四輪以爲曼拏羅，本尊聖者若黃色，住地輪曼荼羅其形方，名金輪，聖者若白色，住水輪曼荼羅其形圓，名水輪，聖者若赤色，住火輪曼荼羅其形三角，聖者若青色、若黑色，住風輪曼荼羅其形如半月，大曼荼羅安於八葉蓮華臺，五佛四菩薩安於臺葉中。曼荼羅外又三種曼荼羅，一一切如來曼荼羅，二釋迦牟尼曼荼羅，三文珠師利曼荼羅，總名爲大悲胎藏曼荼羅。弟子受灌頂法，少曼荼羅極微細委曲，餘部所不代。此中修行供養，兼存二種，事與理是也。此經中說一百二十五種護摩爐，護摩火天有四十四種，就中一十二種火爲最勝。其中極妙有五種智火，爲初爐形。及木有乳菓苦練，所用不同，東西南北所願各殊，內外護摩亦依五輪。求四種事，速疾成就，息災、增益、降伏、敬愛，所謂火天各各不同，寂靜、熙怡、忿怒、喜怒，次第應智。苦依廣敎，行相極多，今且略叙《大毘盧遮那大敎王經》少分意趣。

論說

一行《大毗盧遮那成佛經疏》卷一 大毘盧遮那成佛神變加持者，梵音毘盧遮那者，是日之別名，即除暗遍明之義也。然世間日則有方分，若照其外不能及內，明在一邊不至一邊，又唯在晝，光不燭夜。如來智慧日光則不如是，遍一切處，作大照明矣，無有內外、方所、晝夜之別。復次日行閻浮提，一切卉木叢林，隨其性分各得增長，世間衆務因之得成。如來日光遍照法界，亦能平等開發無量衆生種種善根，乃至世間、出世間殊勝事業莫不由之而得成辦。又如重陰昏蔽，日輪隱沒，亦非壞滅，猛風吹雲，日光顯照，亦非始生。佛心之日亦復如是，雖爲無明煩惱戲論重雲之所覆障而無所減，究竟諸法實相三昧圓明無際而無所增，以如是等種種因緣，世間之日不可爲喻，但取其少分相似故，加以大名，曰摩訶毘盧遮那也。成佛者，具足梵音應云成三菩提。是正覺正知義。謂以如實智，知過去、未來、現在，衆生數、非衆生數，有常、無常等，一切諸法皆了了覺知，故名爲覺，而佛即是覺者，故就省文，但云成佛也。神變加持者，舊譯或云神力所持，或云佛所護念，然此自證三菩提出過一切心地，現覺諸法本初不生，是處言語盡竟心行亦寂，若離如來威神之力，則雖十地菩薩尚非其境界，況餘生死中人。爾時世尊往昔大悲願故，而作是念，若我但住如是境界，則諸有情不能以是蒙益，是故住於自在神力加持三昧，普爲一切衆生示種種諸趣所憙見身，說種種性欲所宜聞法，隨種種心行開觀照門。然此應化，非從毘盧遮那身或語或意生，於一切時處，起滅邊際，俱不可得。譬如幻師以呪術力加持藥草，能現種種未曾有事，五情所對悅可衆心，若捨加持，然後隱沒。如來金剛之幻亦復如是，緣謝則滅，機興則生，即事而眞，無有終盡，故曰神力加持經。若據梵本，應具題云大廣博經因陀羅王，因陀羅王者，帝釋也，言此經是一切如來祕要之藏，於大乘衆教威德特尊，猶如千目爲釋天之主。今恐經題，大廣故不具存。

綜述

智旭《閱藏知津》卷一 入眞言門住心品第一，秘密主問得一切智方便，佛言菩提心爲因，悲爲根本，方便爲究竟，及廣釋其義。入漫荼羅具緣眞言品第二，息障品第三，普通眞言藏品第四，一切菩薩各說眞言世間成就品第五，悉地出現品第六，成就悉地品第七，轉字輪漫荼羅行品第八，密印品第九，字輪品第十，祕密漫荼羅品第十一，入秘密漫荼羅法品第十二，入秘密漫荼羅位品第十三，秘密八印品第十四，持明禁戒品第十五，阿闍梨眞實智品第十六，布字品第十七，受方便學處品第十八，明十善戒法、說百字生品第十九，百字果相應品第二十，百字位成品第二十一，百字成就持誦品第二十二，百字眞言法品第二十三，說菩提性品第二十四，三三昧耶品第二十五，說如來品第二十六，世出世護摩法品第二十七，說本尊三昧品第二十八，說無相三昧品第二十九，世出世持誦品第三十，囑累品第三十一，右六卷畢供養念誦三昧耶法門眞言行學處品第一，增益守護清淨行品第二，供養儀式品第三，持誦法則品第四，眞言事業品第五右第七卷。

崔牧《大毗盧遮那成佛神變加持經序》 我本師內澄寂場，光宅忍界，乘一如而利見，苞法化以冥周。權實兩行，普門無極；秘用之妙，孰測其幽致哉！《毗盧遮那神力加持經》者，蓋諸佛不思議境界，深密妙用之靈府也。大本十萬頌，梵方秘而密藏。今所譯者，昔北天竺國界內有一小國，號爲勃嚕羅，其國城北有大石山，壁立千雲，懸崖萬丈，於其半腹有藏秘法之窟。每年七月即有衆聖集中，復有數千猿猴持經出曬，既當晴朗，翳翳見之，將昇無階，似觀雲鴈。屬暴風忽至，乃吹一梵夾下來，時採樵人輒遂收得，睹此奇特，便即奉獻於王。王既受之，得未曾有。至其日暮，有大猿來索此經，斯須未還，乃欲殞身自害。善巧方便，殷勤再三云，經夾即還，但欲求寫。見王詞懇，遂許通融云，且爲向前受攝，三日即來卻取。王乃分衆繕寫，及限卻還。王唯太子相傳，其本不流于外。近有中天大瑜伽阿闍梨遠涉山河，尋求秘寶，時王睹闍梨有異，欣然傳授此經。以其旨趣幽玄，卒難精覈，乃與諸聖者簡繁摭要，集爲二千五百頌。自法軫東流，滿珠畢備，此經宗旨秘而未傳其致也。理蘊於詞，意絕文外，若不從師受學，無得迹達其門。苟非其人，制妄傳授，未經灌頂，禁其輒開。凡進修行道者，非唯迷復稠林，抑有魔邪斬繞。所以望途整駕，脫輪中逵。故如來運神力以密封，加秘印以保綏。又以幽緒難尋，假眞言以道引；玄契絕代，寄字母以悟之。事理表筌，無非實相，即融返照，皆爲行門。窺其庭者，心凝於妙境，惑障不得扆其神；智印於無行，魔邪不能動其行。故得安步於佛地，貞嬉乎道場。凡有學從功省，而易就者也。若異斯觀，未之或知。有中天竺三藏厥號善無畏，洞達七藏，全明總持，德洽西域，化流殊方，研服此經，深窮奧旨。中宗孝和皇帝承風迎請，至開元丁巳歲，三藏乃持梵秘典杖錫來儀。時朝野翕然，咸從請益。爰有大禪師一行，智絡群籍，神凝大方，掘靈珠以動時，秉虛鏡而藻物。屬開元神武皇帝致問道之禮，屈冥黃閣，聖敬日深。禪師以三藏懷寶遠來，受詔咨稟，因請宣譯。沙門寶月雅妙梵言，精詣至理。三藏臨文誡懼，每章三復。然先代名賢傳譯者衆，或文華而意近，或詞拙而義微。意近則滯於常習，義微則玄旨難曉。禪師存實去華，令質文有體，譯爲六卷，又別譯《供養次第法》一卷。重請三藏和上敷暢厥義，隨錄撰爲《記釋》十四卷。又三藏和上躬親粉繪乎起聖衆極圖一卷，兼地契及手印圖一卷。都集漫荼羅圖一鋪。詞旨深簡，分折源流，幽贊之功靡究於此。故今如說修習者，扇玄風而遐舉；欽玩其味者，漱靈津以洗心。非夫深解圓位，積功智地，孰能希夷於旨隆，矯翰於寥廓哉！于時歲次戊辰開元十六年也。

溫古《毗盧遮那成佛神變加持經義釋序》 持明藏宗分條流，傳譯久矣。世之學者多存有相，罕契中道，其瑜伽行法隱而未明。夫法流不通，弘道者之憂也。此《毗盧遮那經》廼秘藏圓宗，深入實相，爲衆教之源爾。厥有中天竺三藏字輸婆迦羅僧訶，唐號善無畏，業該八藏，名冠五天，傳受此經，寔爲宗匠。頃有詔迎之，常爲扈從。禪師一行，命世之生也，明鑒縱達，智周變通，今上屈之，久宴中掖，具如國史所載。聞三藏蘊法寶之囊，思起予之請，承詔與三藏譯出此經，仍爲筆受。譯語比丘寶月，練諸教相，善解方言。非禪師不能扣其幽關，非三藏莫能敫其至賾。此中具明三乘學處，及最上乘持明行法，欲令學者知世間相性自無生故。因寄有爲，廣示無相，一一推覈，以盡法界緣起耳。當知無量事迹，所有文言，結會指歸，無非秘密之藏者也。分爲三十一品，尚慮持誦者守文失意。禪師又請三藏解釋其義，隨而錄之，無言不窮，無法不盡，舉淺秘兩釋，會衆經微言。支分有疑，重經搜決，事法圖位，具列其後，次文删補，目爲義釋，勒成十四卷。以梵文有一二重缺，纖芥紆回。開元十五年禪師沒化，都釋門威儀智儼法師，與禪師同受業於無畏，又閑梵語。禪師且死之日，屬伩法師求諸梵本，再請三藏詳之。法師闕其文墨，訪本未獲之，頃而三藏棄世，咨詢無所，痛哉！禪師臨終，歎此經幽宗未及宣衍，有所遺恨。良時難會，信矣。夫經中文有隱伏，前後相明，事理互陳，是佛方便，若不師授，未尋義釋，而能游入其門者，未之有矣。溫古嘗接諸賢末肆，預聞此經，至於絶待妙行，非敢窺測，不揆愚昧，注心歸仰，輒以疏拙之思，敘其本末焉。

紀事

海雲《兩部大法相承師資付法記》下　此經梵夾有三本，廣本十萬偈，若依梵本具譯，可有三百餘卷，已來廣本在西國，不到此土。梵經略本四千偈經，更有略本二千五百偈。中天竺國大阿闍梨集今時所傳者四千偈，釋迦沙門三藏善無畏，開元七年奉詔譯，沙門一行筆授，即《大毘盧遮那成佛神變加持經》是也，言此經是毘盧遮那如來神通變化之所加持也。依梵本譯成六卷，又總集一部，教持念次第，共成一卷，成七卷，共成一部，編入大藏經。

智昇《續古今譯經圖紀》卷一　無畏與沙門一行於彼簡得數本梵經，並總持妙門先未曾譯，至十二年，隨駕入洛，於大福先寺安置，遂爲沙門一行譯《大毘盧遮那成佛神變加持經》一部七卷，其經具足梵本有十萬頌，今所出者，撮其要耳。

著錄

智昇《開元釋教錄》卷九　《大毗盧遮那成佛神變加持經》七卷，第七一卷是念誦法。

又卷一二　《大毗盧遮那成佛神變加持經》七卷，大唐中天竺三藏輸波迦羅共沙門一行譯新編入錄。

又卷二〇　《大毗盧遮那成佛神變加持經》七卷亦云《大毗盧遮那成佛經》沙門一行譯。

大毘盧遮那成佛神變加持經略示七支念誦隨行法

圓照《大唐正元續開元釋教錄》卷一　《大毗盧遮那成佛神變加持經略示七支念誦隨行法》一卷。

圓照《貞元新定釋教目錄》卷二二　《大毗盧遮那成佛神變加持經略示七支念誦隨行法》一卷，大興善寺三藏沙門大廣智不空奉詔譯，貞元新入目錄。

智旭《閱藏知津》卷一五　《大毘盧遮那成佛神變加持經略示七支念誦隨行法》於彼經第七卷中略出，有七咒印。

大日經略攝念誦隨行法

圓照《大唐正元續開元釋教錄》卷一　《大日經略攝念誦隨行法》一卷亦名《五支略念誦要行法》。

圓照《貞元新定釋教目錄》卷二三　《大日經略攝念誦隨行法》一卷亦名《五支略念誦要行法》大興善寺三藏沙門大廣智不空奉詔譯，貞元新入目錄。

智旭《閱藏知津》卷一五　《大日經略攝念誦隨行法》亦名《五支略攝念誦要行法》有五咒印。

金剛頂經分部

金剛頂一切如來真實攝大乘現證大教王經

綜　述

智旭《閱藏知津》卷一五　《金剛頂經一切如來眞實攝大乘現證大教王經》二卷，唐北天竺沙門大廣智不空譯。深妙秘密金剛界大三昧耶修習瑜伽儀第一，金剛界大曼拏羅毘盧遮那一切如來族秘密心地印眞言羯摩部第二，三昧耶部第三，供養部第四，即《佛說一切如來眞實攝大乘現證三昧大教王經》第一分修習儀軌也。

不空《都部陀羅尼目》卷一　此經梵本十萬偈，略本四千偈，廣本則有無量百千俱胝那庾多微塵數偈。如《金剛頂義決》中說，南天竺國有大鐵塔，中有金剛界曼荼羅，聖者形像鐵鑄所成，其塔中有梵夾，廣如床，廣八九尺，高下五六尺盡是《金剛界大教王廣梵本經》，則知此經廣本有無量百千俱胝那庾多微塵數偈，不可以凡心測量。如《法華》化城喻品云，說是《法華經》如洹河沙偈。又《藥王本事品》說甄迦羅、頻婆羅阿閦婆等偈，隨根演教，廣略不同，即如《花嚴經》三本，上本有十三千大千世界微塵數偈，四天下微塵數品，中本有四天下微塵數偈，第三本十萬偈，即花嚴八十卷經等是也，即如《金剛頂經》梵夾，經略本四千偈，中本十萬偈，廣本則有無量百千俱胝那庾多微偈，又如《華嚴經》說普賢修多羅佛刹微塵數修多羅而爲眷屬。昔姚秦時羅什三藏將此《梵網經》云是大本《菩薩戒經》略，譯成兩卷，云是此經中淺略行相。又至大唐開元年中，三藏金剛智從南天竺國將得金剛界十萬偈梵夾經。時大海中過大惡風，三船中所有寶物舍利功德盡投於海中，時十萬偈梵夾經誤忘亦投於海中。三藏爾時作息災法，遂得風止，故知十萬偈經與此土緣薄，故此經王沈沒大海。次至大唐天寶九載，三藏不空阿闍梨自往五天，遍求勝法，行至南天竺國得遇長年普賢阿闍梨，遂再諮求，重學金剛界法，將得十萬偈經故金剛界前後所學者有少不同，所以大興善寺三藏和尚代宗皇帝灌頂之師每與皇帝講金剛界甚深義味，常在內道場翻譯聖教，門下學徒授持明灌頂者數盈千萬，昇堂預翻譯者三十餘人，入室傳阿闍梨灌頂者數唯五人如前文已叙。

不空《都部陀羅尼目》卷一　《金剛界毘盧遮那梵本經》百千偈即十萬偈也，說經處有十八會名目列數次第如十八會指歸說也，四大品，一金剛界，二降三世，三遍調伏，四一切義成就此四種皆金剛界所攝。一切法要以四智印攝，所謂大印，三摩耶印，法智印，羯磨智印。又一一曼荼羅皆具六曼拏羅，一所謂大曼拏羅，二三昧耶曼荼羅，三法曼荼羅，四羯磨曼荼羅五四印曼荼羅，六一印曼荼羅。唯降三世曼荼羅具十曼，餘皆具六。其經說五部，一佛部毘盧遮那佛以爲部主，四波羅蜜菩薩以爲看屬，二金剛部阿閦佛以爲部主，四大菩薩以爲看屬，三寶部寶生佛以爲部主，四大菩薩以爲看屬，四蓮華部阿彌陀佛以爲部主，四大菩薩以爲看屬，五羯磨部不空成就佛以爲部主，四大菩薩以爲看屬，內外供養及四攝成三十七。又說四種法身，一自性身，二受用身，三變化身，四等流身。四種地位，一勝解行地，二普賢行願地，三大普賢地，四普遍照輝地。地前三賢爲勝解行地，從初地至十地爲普賢行願地，等覺菩薩爲大普賢地，佛名普遍照耀地。四種念誦，一聲念誦，二語念誦亦名金剛念誦，謂舌端微動脣齒合，三三摩地念誦謂住定與觀智相應，四勝義念誦思第一義諦，如久之理。四種求願法謂息災，增益，降伏，敬愛，并攝召成五。又《瑜伽經》中明四種眼如經說，四種座法如經說，五種大願如經說。又《一切如來教集瑜伽》中說一百二十種護摩爐，爐中執印標幟各異，所求迅速成辨世出世間果報。諸會浩汗，內曼拏羅尊位三十七，并賢劫十六大菩薩表賢劫中一千佛，或賢劫千佛皆在曼荼羅四方，圍繞大曼荼羅成五十三，并外二十天成七十三，內院地水火風天成七十七，四角有四忿怒明王或宣標幟形成八十一聖者身，已上總名金剛界大曼荼羅王內五十三聖者屬灌頂尊，餘天等皆各外金剛部，不入灌頂位。金剛界曼荼羅并外金剛部尊身共八十一，皆是金剛界光明遍照如來之眷屬，以表十方三世盡虛空遍法界持微塵刹海一切如來身以爲其體，是亦十方三世諸佛般若波羅蜜母悉能出生一切諸佛菩薩金剛薩埵性所成就諸菩薩等，亦能出世甚深祕密百千萬億修多羅藏，皆是毘盧遮那如來性海功德，亦能出世花藏莊嚴世界海有情世間及器世間，皆是毘盧遮那如來體性周遍故，一身充滿一切刹。故云此教門難逢難遇，故從上傳法者經數百年。

不空《都部陀羅尼目》卷一　金剛者，堅固義也，以表一切如來法身堅固不壞，無生無滅，無始無終，堅固常存不壞也。界者，性也，明一切如來金剛性遍一切有想身中本來具足圓滿普賢毘盧遮那大用自性身海性功德。故修瑜伽者，又以大樂普賢金剛慾箭三摩地破彼無明住地二障種現及二乘種，摧碎無餘，於一念頃證大日毘盧遮那位。此經又名《金剛頂》者，如人之身，頂最爲勝，此教於一切大乘法中最爲尊上，故名金剛頂梵云縛曰嚕（二合）瑟抳（二合）沙，此云金剛頂。又是金剛界光明遍照如來現等覺身，示現三密五智，令一切有情證大圓鏡智，成大菩提也。

不空《都部陀羅尼目》卷一　瑜伽本經都十萬偈，有十八會，初會經名《一切如來眞實攝》。其經説五部，佛部毘盧遮那佛以爲部主，金剛部阿閦佛爲部主，寶部寶生佛以爲部主，蓮花部阿彌陀佛以爲部主，羯磨部不空成就佛以爲部主。彼五部主各有四菩薩以爲眷屬，前右左背而安列。四內供養，各屬四部，次第應知，四外供養亦屬四部。四門鉤索鎖鈴，四部次第應知。又有四方賢劫中十六大菩薩，表賢劫中一切菩薩。又外有五類天，一一類有四天，總有二十天，并妃后。復有五類成二十，五類者上界四天，住虛空四天，遊虛空四天，地居有四天，居地底四天。瑜伽部曼荼羅有四，一金剛界，二降三世，三遍調伏，四一切義成就。此四曼荼羅表毘盧遮那佛內四智菩薩，謂金剛，灌頂，蓮花，羯磨爲四智。又四智謂大圓鏡，平等性，妙觀察，成所作爲四智矣。又一一曼荼羅建立六曼荼羅，所謂大曼荼羅，三昧耶曼荼羅，法曼荼羅，羯磨曼荼羅，四印曼荼羅，一印曼荼羅。唯降三世曼荼羅具十曼荼羅，餘皆具六曼荼羅。一切印契一切法要，以四智印攝盡。大智印，以五相成本尊瑜伽，三昧耶印以二手和合金剛縛發生成印，法智印名本尊種子法身三摩地一切契經文義，羯磨智印以二手金剛拳如執持器仗幖幟，如身威儀形。又瑜伽中四種眼敬愛法，熾盛眼鉤召，忿怒眼降伏心殺害煩惱也，慈悲眼除毒息怨敵也。又《一切如來教集瑜伽》中一百二十種護摩，依二十五種爐於護摩爐中。契印幖幟各異，所求迅速成辨世間出世間成就果報。諸會浩牙文義稍多，恐文繁，且略指方隅。

著録

圓照《貞元新定釋教目録》卷二九　《金剛頂瑜伽眞實大教王經》三卷，經內題云《金剛頂一切如末眞實攝大乘現證大教王經》，大興善寺三藏沙門大廣智不空奉詔譯，貞元新入目録。

金剛頂瑜伽中略出念誦經

智旭《閱藏知津》卷一　《金剛頂瑜伽中略出念誦經》四卷。

又卷一五　《金剛頂瑜伽中略出念誦經》四卷，唐南天竺沙門金剛智譯。從卧起時印咒，乃至觀五佛出生，一切金剛菩薩及入壇灌頂等法。

玄逸《大唐開元釋教廣品歷章》卷一四　《金剛頂瑜伽中略出念誦經》卷第一。此是金剛薩埵三摩地一切如來菩提心智第一，此是不空王大菩薩三摩耶一切如來鉤召智第二，此是金剛弓大菩薩三摩地奉事一切如來智第三，此是金剛踴躍摩訶薩三摩耶一切如來作善哉智第四，此是寶生如來部金剛藏大菩薩三摩地一切如來灌頂寶智第一，此是金剛光明大菩薩三摩地一切如來圓光第二，此是金剛幢菩薩三摩地一切如來檀波羅蜜智第三，此是金剛愛摩訶菩提薩埵一切如來微笑希有智第四，《金剛頂瑜伽中略出念誦經》卷第二，此是蓮華部金剛眼大菩薩三摩耶一切如來觀察智第一，此是金剛覺摩訶薩提薩埵三摩地如一切如來智慧第二，此是金剛道場摩訶菩提薩埵纔發心能轉一切如來法輪智第三，此是蓮華部金剛語言摩訶菩提薩埵三摩地一切如來離語言戲論智第四，羯磨部中金剛毗首羯磨大菩薩三摩地一切如來所作事業智第一，金剛丈大菩薩三摩地一切如來慈護甲冑智第二，此是金剛暴惡大菩薩三摩地一切如來大方便智第三。金剛拳大菩薩三摩地縛一切如來身口意智第四，如來部中金剛波羅蜜一切如來金剛三摩耶智第一。如來部中寶波羅蜜一切如來金剛寶灌頂三摩耶智第二。如來部中法波羅蜜三摩耶所生加持金剛三摩耶智第三。一切如來三摩耶羯磨波羅蜜一切如來作佛事業智第四，一切如來喜愛密供養菩薩三摩地一切如來安樂悅意智第一，一切如來寶鬘灌頂供養一切如來覺分智第二，一切如來歌詠供養菩薩三摩地一切如來偈頌三摩耶智第三，一切如來儛供養一切如來無上供養羯磨智第四，一切如來香供養能令滋茂菩薩三摩地所生金剛攝智第一，一切如來金剛花供養菩薩三摩地一切如來寶莊嚴具供養三摩耶智第二，一切如來燈光明供養莊嚴菩薩三摩地，名如來光明偏法界智第三，一切如來塗香供養三摩耶菩薩三摩地是一切如來戒三摩地慧解脫知見香等智第四，一切如來鉤菩薩三摩地一切如來三摩耶鉤召智第一，一切如來金剛羅索大菩薩三摩地引入一切如來智第二，一切如來三摩耶鉤鏁摩訶菩提薩埵三摩地一切如來三摩耶縛智第三。一切如來攝入摩訶菩提薩埵三摩耶所生金剛三摩地名如來金剛攝入智第四，金剛頂瑜伽中略出念誦經卷第三，金剛頂瑜伽中略出念誦經卷第四。右大唐開元十一年南天竺國三藏金剛智於京資聖寺譯，東天竺伊舍羅譯語，見《開元錄》，嵩岳沙門溫古筆受。

金剛頂經瑜伽十八會指歸

圓照《大唐貞元續開元釋教錄》卷上　《金剛頂瑜伽十八會指歸》一卷。

圓照《貞元新定釋教目錄》卷二二　《金剛頂瑜伽十八會指歸》一卷 經內略無十八字，大興善寺三藏沙門大廣智不空奉詔譯，貞元新入目錄。

智旭《閱藏知津》卷一五　《金剛頂瑜伽經十八會指歸》，說十八會修行教法大意。

王古《大藏聖教法寶標目》卷九　《金剛頂瑜伽經十八會指歸》，右說金剛頂瑜伽十八會修持法要。

金剛頂經瑜伽修習毗盧遮那三摩地法

智旭《閱藏知津》卷一五　《金剛頂經瑜伽修習毗盧遮那三摩地法》一卷，唐南天竺沙門金剛智譯。說禮佛、五悔、修供、觀心等法。

金剛頂瑜伽三十七尊禮

圓照《大唐貞元續開元釋教錄》卷三　《金剛頂瑜伽三十七尊禮》一卷 經內題云《金剛頂經金剛界大道場毗盧遮那如來自受用身內證智眷屬法身異名佛最上乘三摩地禮懺文》。

圓照《貞元新定釋教目錄》卷二九　《金剛頂瑜伽三十七尊禮》一卷，經內題云《金剛頂經金剛界大道場毗盧遮那如來自受用身內證智眷屬法身異名佛最上乘三摩地禮懺文》，貞元新入目錄，大興善寺三藏沙門大廣智不空奉詔譯。

智旭《閱藏知津》卷一五　《金剛頂瑜伽三十七尊禮》，說禮佛菩薩名號及懺悔發願文。

佛説一切如來真實攝大乘現證三昧大教王經

綜述

智旭《閲藏知津》卷一一　《佛説一切如來眞實攝大乘現證三昧大教王經》三十卷南作十九卷，北作十七卷，南如松北盛川，宋北印土沙門施護等譯。金剛界成曼拏羅廣大儀軌分第一，大毘盧遮那如來在色究竟天王宫，與九十九俱胝大菩薩衆俱，爲坐菩提場一切義成菩薩示現受用身，告以觀察自心三摩地是眞實智忍。次説四大明，又以金剛大灌頂法而爲灌頂乃成正覺，詣須彌山頂金剛摩尼寶峰樓閣中，次第入諸三昧，出生金剛手，金剛鈎，金剛弓，金剛喜，金剛藏，金剛光，金剛喜，金剛喜，金剛眼，金剛慧，金剛場，金剛語，金剛尾濕嚩，金剛慈友，金剛暴怒，金剛拳等諸大菩薩，阿閦如來，寶生如來，觀自在王如來，不空成就如來，亦各説大明出金剛像。大毘盧遮那如來復入四三昧，出生四大明妃，四如來，亦出四大明妃。大毘盧遮那如來復入四三昧，出生金剛鈎，金剛索，金剛鎖，金剛鈴，四菩薩身。次以彈指相普徧召集一切如來，以百八名勸請稱讚具德一切如來增上主宰自金剛薩埵無始無終大持金剛者持金剛者。聞勸請已，説金剛界大曼拏羅頌，次説弟子入壇法等。金剛秘密曼拏羅廣大儀軌分第二，金剛智法曼那羅廣大儀軌分第三，金剛事業曼拏羅廣大儀軌分第四，現證三昧大儀軌分第五，降三世曼拏羅廣大儀軌分第六，謂降大自在天那羅延天等，忿怒秘密印曼拏羅廣大儀軌分第七，金剛部法智三昧曼拏羅廣大儀軌分第八，金剛部羯磨曼拏羅廣大儀軌分第九，大金剛部廣大儀軌分第十，三世輪大曼拏羅廣大儀軌分第十一，一切金剛部金剛曼拏羅廣大儀軌分第十二，一切金剛部法三昧曼拏羅廣大儀軌分第十三，一切金剛部羯磨曼拏羅廣大儀軌分第十四，調伏一切世間大曼拏羅廣大儀軌分第十五，蓮華秘密印曼拏羅廣大儀軌分第十六，智曼拏羅廣大儀軌分第十七，大曼拏羅廣大儀軌分第十八，一切義成就大曼拏羅廣大儀軌分第十九，寶秘密印曼拏羅廣大儀軌分第二十，智曼拏羅廣大儀軌分第二十一，羯磨曼拏羅廣大儀軌分第二十二，一切如來眞實攝一切儀軌隨應方便廣大教理分第二十三，一切如來眞實攝諸部儀軌秘密法用廣大教理分第二十四，一切如來眞實攝一切儀軌最上秘密廣大教理分第二十五，一切如來眞實攝一切儀軌勝上教理分第二十六。金剛手菩薩説法儀竟，以百八名稱讚勸請一切如來。於是一切如來及金剛手，降三世，觀自在，虚空藏，金剛手各説一頌。一切如來及金剛手皆從大毘盧遮那心入已，如理而住。爾時世尊從須彌山頂詣菩提場，執吉祥草，敷草而坐，乃至轉處諸天所獻微妙勝座，以百八名讚歎金剛手菩薩。譯師跋云，此經一部，梵本四千頌，譯成三十卷。總二十六分，自第一分至第五分終並大乘現證三昧攝，第六分至第十四分終並金剛三昧攝，第十五分至十八分終並法三昧攝，第十九分至第二十二分終並羯磨三昧攝，自下四分並諸部秘密教理所攝起。

著録

呂夷簡《景祐新修法寶録》卷二　《佛説一切如來眞實攝大乘現證三昧大教王經》一部三十卷，大乘經藏祕密部收，總有二十六分。此經毗盧遮那如來起自受用身，處色究竟天摩足寶殿，爲諸菩薩説祕密法，此中所明毗盧遮那如來具足金剛眞實加持種種最勝三昧邪智，獲得一切如來殊勝寶冠法王最上微妙灌頂，成就一切智智，種種事業出生薩埵加持金剛三摩地，令諸菩薩入毗盧心，合爲一體，即受灌頂乃至圓滿最上悉地，令諸有情適悦快樂速得菩提，設有違毀正法及造五逆惡者，以加持力故，於佛密印欲求成就現生具足堅固體性及諸功德。復明一切如來同讚金剛手菩薩説一百八殊異勝名，乃至明觀察煩惱，本性清淨，譬如蓮華菡萏開敷。作敬愛事及釋迦世尊示現於此生死長夜隨順世間作諸化事降伏魔軍，成等正覺，於諸有情廣爲利益。原夫寂光妙土，湛性地以圓常。徧照法身，與法界而同等。曁乎靈光内照，神化外施，自毗盧心起。金剛智始以開明自性終至處于道場，五方如來同承灌頂，四種祕印一體加持，舒徧眞如現成正覺。性清淨故，諸法亦然。勝利益因成諸事業即此三昧，乃設多門，一切如來眞智互攝三十六分，能詮允被於上機三十七尊所證齊歸於一性，祕中之祕，三摩地以圓成深固。復深三昧邪之自在大哉密印，廣利羣生，觀想受持，速臻聖果者也。上一部中天竺梵本所出。右三藏沙門施護譯，法護惟淨同譯，沙門澄珠文一筆受，沙門脩靜啓沖綴文，沙門道一紹溥重珣智臻簡長行肇德雄自初證義，兵部侍郎趙安仁潤文，入內內侍省內侍殿頭李知和監譯，是年十一月二十三日與《福力太子因緣經》四卷同進，事迹如右。

佛說秘密三昧大教王經

《大明重刊三藏聖教目錄》卷二 《佛說秘密三昧大敎王經》四卷。

智旭《閱藏知津》卷一四 《佛說秘密三昧大敎王經》四卷，宋北印土沙門施護譯。一切如來大乘現證三昧金剛儀軌會，世尊在三十三天與一百六十萬俱胝那庾多大菩薩衆及金剛明妃金剛執侍天王天女等俱，金剛手菩薩說秘密心明及曼拏羅頌等。金剛破惡大儀軌會，亦金剛手菩薩說。轉字輪曼拏會，妙吉祥菩薩，諸欲自在菩薩，歡喜王菩薩，虛空藏菩薩，大光菩薩，寶幢菩薩極，喜根菩薩，聖觀自在菩薩，金剛輪菩薩，金剛法菩薩，金剛無言菩薩，金剛巧業菩薩，金剛護菩薩，降諸魔菩薩，一切如來金剛拳菩薩，各說大明及曼拏羅儀軌，金剛手菩薩又說大明及曼拏羅儀軌。於是一切如來以偈問金剛手金剛手，次第荅十三問。又告梵釋諸天，令其各說心明儀軌。

佛說無二平等最上瑜伽大教王經

智旭《閱藏知津》卷一 《佛說無二平等最上瑜伽大敎王經》六卷。

智旭《閱藏知津》卷一一 《佛說無二平等最上瑜伽大敎王經》六卷，宋北印土沙門施護譯。無二平等最勝大儀軌王影像分第一，佛在他化自在天宮，十方諸佛雲集，不見金剛手菩薩。佛同說偈，菩薩現身，諸佛皆向作禮，勸請說法。菩薩乃說法要，於是普賢菩薩雨一切供養供金剛手菩薩，一切如來復雨一切供養供普賢菩薩。普賢即現佛身，說三摩地法門。智部三摩地分第二，眞實攝部三摩地分第三，法部三摩地分第四，迦摩部三摩地分第五，三昧最上智一切成就分第六，一切佛甚深秘密供養分第七，一切如來智證最上秘密分第八，金剛薩埵一切秘密三昧分第九，一切三昧成就禪定曼拏羅分第十，大禪定分第十一，出生大禪定分第十二，勝大明教最初事業分第十三，辦事分第十四，大徧照如來一切大明金剛出生分第十五，一切大明三昧分第十六，一切如來一切大明遣魔分第十七，一切如來秘密金剛薩埵承事分第十八，一切如來大明如意寶分第十九，集一切大明三摩地分第二十，一切如來身語心清淨自性金剛大智分第二十一。

一切祕密最上名義大教王儀軌

《天聖釋教總錄》卷二 《一切祕密最上名義大敎王儀軌》一部二卷，三藏施護譯。

楊億《大中祥符法寶錄》卷一四 《一切祕密最上名義大敎王儀軌》一部二卷，大乘經藏祕密部收，析出別譯。上卷所明瑜伽行者依彼大敎先當歸依十方諸佛，然後廣明觀想儀軌，宜說大明祕密法印，觀諸衆生即是自身，與無我智妙相應故，方能降伏一切魔界。下卷所明戲鬘歌舞香花燈塗鉤索鎖鈴諸菩薩相即攝十度諸功德法現，四菩薩各說大明，揔攝祕密身語意業，諸供養中爲眞供養，依法而修一切成就，斯乃從悲智心起神通用印明聖力感應克彰實不思議之祕要也。

一切如來大祕密大未曾有最上微妙大曼拏羅經

惟淨《天聖釋教總錄》卷二　《一切如來大祕密王未曾有最上微妙大曼拏羅經》一部五卷，三藏天息災譯。

楊億《大中祥符法寶錄》卷六　《一切如來大祕密王未曾有最上微妙大曼拏羅經》一部五卷，大乘經藏祕密部收。佛在忉利天善法堂中說，揔有七品。第一卷明如來入定放光照諸世界，金剛手菩薩勸請宣說祕密法儀，佛乃廣說擇地，結界，建壇作法，受灌頂，陳供養，辯爐相，用明句，悉依本部作相應事。第二卷明佛爲祕密主，是大阿闍梨，弟子事師同諸佛。想雖修祕密不見是相，無相無性，不生不滅。又復受學瑜伽法者，先通儀軌，然受印明，依法傳通，克獲成就。又阿闍梨者，正信三寶，入衆善門，廣了軌儀，洞明師法。又說三界即心，三界即智，心本無相而不可取，智如月輪，徧照一切，心同蓮華，體本清淨，於祕密行門應如是通達。第三卷明其護摩，爐數有五百，相如蓮華及吉祥果，其或六角，又或四方，如杵如寶，如輪如鉤，隨其法儀制度各異。又明作法，火燄徵祥，印契呪明，如應所作。第四卷明先行之法，謂阿闍梨攝受弟子儀範，次第先想自身即毗盧體，次想諸佛入弟子身，發菩提心，廣度含識，然當依法懺悔，清淨後如本儀供養聖賢。第五卷明鈴杵相分，隨部不同，但五股作，即表五智，其或三亭，七亭，九股，七股，如蓮華相及衆寶形，四種法中隨應施作，一一杵量，悉有印明。又說造塔有多種，物謂金銀銅檀木香泥，先擇勝地結界，遣魔以妙呪明，加持清淨，然後依法建塔，安像等。揔彰此部經之大旨者，如來入定，放光警集機感金剛手，勸請讚說，顯示軌儀，其中演清淨之正因，入瑜伽之妙行，印相，明句，護摩，出生揔攝四明，四種祕密者也。

智旭《閱藏知津》卷一一　《一切如來大祕密王未曾有最上微妙大曼拏羅經》五卷，今作三卷，宋中印土沙門天息災譯。相應行曼拏羅儀則品第一，佛在忉利天善法堂入於三昧，放三處光，金剛手菩薩請問密法。灌頂品第二，阿闍梨品第三，護摩法品第四，先法攝受弟子品第五，鈴杵相分出生儀則品第六，造塔功德品第七。

佛說瑜伽大教王經

智旭《閱藏知津》卷一　《佛說瑜伽大教王經》五卷。

智旭《閱藏知津》卷一一　《佛說瑜伽大教王經》五卷，宋中印土沙門法賢譯。序品第一，大徧照金剛如來在淨光天大樓閣中，與阿閦等四佛及菩薩賢聖天龍八部圍繞，世尊顧視金剛手菩薩，放光普照，還入佛身。金剛手菩薩請問因緣，世尊入大智變化瑜伽大教王三摩地，從三摩地出已，說瑜伽大教王經。曼拏羅品第二，眞言品第三，三摩地品第四，眞言大智變化品第五，印相大供養儀品第六，觀想菩提心大智品第七，相應方便成就品第八，護摩品第九，囑累品第十。

佛說幻化網大瑜伽教十忿怒明王大明觀想儀軌經

智旭《閱藏知津》卷一　《佛說幻化網大瑜伽教十忿怒明王大明觀想儀軌經》一卷。

智旭《閱藏知津》卷一一　《佛說幻化網大瑜伽教十忿怒明王大明觀想儀軌經》一卷，宋中印土沙門法賢譯。佛在淨光天，放大光明，金剛手菩薩請說。

佛說大悲空智金剛大教王儀軌經

智旭《閱藏知津》卷一　《佛說大悲空智金剛大教王儀軌經》五卷，今作三卷。

又卷一一 《佛說大悲空智金剛大教王儀軌經》五卷，今作三卷，宋中印土沙門法護譯。金剛部序品第一，大幻化普通儀軌三十二分中畧出二無我法，拏吉尼熾盛威儀眞言品第二，一切如來身語心聖賢品第三，賢聖灌頂部品第四，大眞實品第五，行品第六，說密印品第七，大相應輪品第八，淸淨品第九，灌頂品第十，金剛藏菩薩現證儀軌王品第十一，熾盛拏吉尼所說成就品第十二，說方便品第十三，集一切儀軌部品第十四，金剛工出現品第十五，金剛空智熾盛拏吉尼畫像儀式品第十六，飲食品第十七，教授品第十八，持念品第十九，俱生義品第二十。

蘇悉地經分部

蘇悉地羯囉經

智昇《開元釋教錄》卷九 《蘇悉地羯羅經》一卷。

又卷一二 《蘇悉地羯羅經》三卷，大唐中天竺三藏輸波迦羅譯新編入錄。

不空《都部陀羅尼目》卷一 若《蘇悉地經》，教中依三部，所謂佛部五佛頂等，蓮花部種類甚多，金剛部金剛薩埵等，變化無量。有三種三昧耶，佛部，蓮花部，金剛部，有三部心眞言，爾那爾迦半音呼一阿嚧力二嚩日囉二合地叨二合三。部主有三種，金輪王佛頂佛部主，蓮花部主馬頭觀自在，金剛部主三世勝金剛。三種部母，佛部佛眼以爲部母，蓮花部白衣觀自在以爲部母，金剛部忙麼鷄菩薩以爲部母。三種明妃，佛部無能勝菩薩以爲明妃，蓮花部多羅菩薩以爲明妃，金剛部金剛孫那利菩薩以爲明妃。三種忿怒，不動尊佛部忿怒，忿怒鉤蓮花部忿怒，軍茶利金剛部忿怒。有四種界，金剛橛地界，金剛牆八方界，金剛網上方界，密縫阿三莽儗儞界。又有四種界，結護曼茶羅，金剛索護東方，金剛幢幡護西方，金剛迦利護南方，金剛峯護北方。又大界名商羯羅，設佛頂護輪王等隣近，不被障礙。此經中修眞言者，成就世間悉地，依時依處。時者謂三時，處謂本尊像前。有供養五種，除閼伽，一者塗香，二者花鬘，三者燒香，四者飲食，五者燈明，白北黃東黑南赤西，隨息災，增益，降伏，敬愛。所求應知成就者十八種物隨身，廣如經說。

三時澡浴，三時換衣。一月分爲四時，從月生一日至八日應作息災，從九日至十五日應作增益，從十六日至二十三日應作降伏，從二十四日至月盡日爲敬愛法。《蕤呬耶經》亦同蘇悉地，說分布曼荼羅及絣地法，此經中極微細，不可具錄。

智旭《閱藏知津》卷一四 《蘇悉地羯羅經》三卷，北作四卷。請問品第一，忿怒軍茶利菩薩請問執金剛。眞言相分第二，執金剛明此經五種莊嚴，一大精進，二明王，三能除障，四能成就諸勇猛事，五能成就一切眞言。若有持誦餘眞言法不成就者，當令兼持此經根本眞言。分別阿闍梨相品第三，分別持誦眞言相品第四，分別同伴相品第五，揀擇處所品第六。分別戒法品第七，具明種種不應爲事，亦有淨水，淨土，洗浴，漱口等，一切眞言。供養華品第八，塗香藥品第九，分別燒香品第十，然燈法品第十一，獻食品第十二各藏內元落卻三品，分別成就品第十六，奉請品第十七，供養品第十八，光顯品第十九，本尊灌頂品第二十，祈請品第二十一，受眞言品第二十二，滿足眞言品第二十三，增力品第二十四，護摩品第二十五，備物品第二十六，成諸相品第二十七，取物品第二十八，淨物品第二十九，物量品第三十，灌頂壇品第三十一，光物品第三十二，分別悉地時分品第三十三，圓備成就品第三十四，奉請成就品第三十五，補闕少法品第三十六，被偷成就物卻徵法品第三十七，成就具支法品第三十八，此亦密宗要典。

蘇悉地羯羅供養法

智旭《閱藏知津》卷一五 《蘇悉地羯羅供養法》三卷，今作二卷，唐中印度沙門善無畏譯。說護身，灑身，塗地，除萎華，三摩耶灌頂，結髮，獻水，乃至五淨等。各有眞言，手印，三部或通，或別之不同。

王古《大藏聖教法寶標目》卷五 《蘇悉地羯羅供養法經》三卷。說嚴淨神室澡浴供具，數珠神線草鐶寶座，護身結界誦持求願法。

蘇婆呼童子請問經

智昇《開元釋教錄》卷九　《蘇婆呼童子經》三卷唐云《妙臂童子》，亦云《蘇婆呼律》，或二卷。

又卷一二　《蘇婆呼童子經》三卷或云《蘇婆呼律》，或二卷，大唐中天竺三藏輸波迦羅譯新編入錄。

又卷一九　《蘇婆呼童子經》三卷亦云《蘇婆呼請問經》，或云《蘇婆呼律》，或云《蘇磨呼》，或二卷。

智旭《閱藏知津》卷一四　《蘇婆呼童子經》三卷，唐中印度沙門輸迦波羅初譯。與上經同，而較詳，但文稍不及，亦宜參看。

王古《大藏聖教法寶標目》卷五　《蘇婆呼童子經》三卷。童子請問執金剛菩薩，世間受持眞言不得成就，爲法不具耶，爲無力耶，有罪耶，爲眞言字有加減耶，菩薩爲說受持眞言壇場供養除障分別金剛杵等，成就遮難種種法門。

不空《都部陀羅尼目》卷一　此經中說辨求成就人護摩，杵金銀銅鐵石水精佉陀羅木等無量種各不同杵，五股，三股一股，長十六指爲上，十二指爲中，八指爲下，乃至一指節者爲下。此經中說，不持金剛杵念誦者無由得成就。金剛鈴者，是般若波羅蜜義金剛杵者。

妙臂菩薩所問經

王古《大藏聖教法寶標目》卷一〇　《妙臂菩薩所問經》四卷。妙臂菩薩問金剛手菩薩，有人持誦眞言清淨精勤而不成就，金剛手爲說持誦法及成就不成就之事。

智旭《閱藏知津》卷一四　《妙臂菩薩所問經》四卷，今作二卷。得勝師助伴速獲悉地分第一，妙臂菩薩以持誦眞言者得成就不成就義問金剛手菩薩，金剛手荅言，修眞言行求成就者，當須離諸煩惱，起於深信，發菩提心，重佛法僧，信重於我，歸命大金剛族。遠離十不善業，常離愚迷邪見，當須入彼三昧耶大曼拏羅，承彼聖力加護，仍須發勇猛心，發菩提心，唯信於佛，不信外道天魔等。先須求依戒德清淨福德最勝阿闍梨，譬如種田，須依好地，若有宿業，須取勝地，作塔安像，供養，讚歎，懺悔，持誦。又須具助伴，如車二輪。選求勝處分第二，分別數珠持心離障分第三。菩提子，金剛子，蓮華子，木槵子及硨磲諸寶等爲珠，凡持誦時，眞言印契，收攝其心，貪，瞋，癡等若盛，應作不淨，慈悲，緣起等觀。一切善法，皆悉迴向無上菩提，如衆流皆歸於海。又不應爲小妨大，又應遠離八法，又不得契供養殘食及鬼神殘食。金剛杵頻那夜迦分第四，先分別跋折羅法，次明作障頻那夜迦，有其四部，唯大明眞言能退之。又持誦，供養，護摩等時，若不依法及闕儀則，或復行人心有疑惑，或復談說世俗間事，彼作障者，即得其便。次說護身之法，令不得便。分別悉地相分第五，不應於眞言曼拏羅加減傳授，亦不得以此法彼法而相迴換，當具二法，悉地乃成，一者行人具足戒德，正勤精進，不貪嫉，不悋惜，者眞言文句滿足，聲相分明。復次持誦不得大急，亦勿遲緩，使聲和暢，勿高勿默，又不得心緣異境及與人雜語，令誦間斷。知近悉地分第六，欲起首悉地，先須具持八戒四日，或三日，或二晝夜，仍須斷食，方求悉地。說成就分第七，召請鉢天說事分第八，說諸遮難分第九，說勝道分第十，即八正道。分別諸部分第十一，說八法分第十二。成就共有八法，上三，中三，下二，不應求下品也。

此密宗要典。

佛說陀羅尼集經

綜述

王古《大藏聖教法寶標目》卷四　《陀羅尼集經》十二卷，右唐永徽年中天竺三藏譯。此經本出《金剛大道場經》、《大明呪藏》六萬偈中之少分也，撮要而譯。第一卷佛部上《大神力陀羅尼經》、《釋迦佛頂三昧陀羅尼品》，種種印壇，求願，降伏等法。第二卷佛部下，說諸佛頂印呪等法，藥師瑠璃光佛，阿彌陀佛印呪，持誦得往生事，及數珠跋折囉功能法相等法。第三般若波羅蜜經心呪印壇等法，第四第五第六卷，觀世音印呪，壇場諸法。第六卷半後諸大菩薩法會，勢至文殊彌勒地藏普賢虛空藏等印呪法。第七第八第九金剛部，大笑火頭青面金剛等金剛諸印呪法。第十第十一諸天部，摩利支天功德天及釋梵四王日月星宿諸部神王，各各獻佛助成三昧印呪，佐護衆生法。第十二卷諸佛大陀羅尼，都會道場灌頂普集壇法。

誦眞言功德力，如日月之光，念佛功德如夜燈之光，若日日供養誦明，兼念佛功德，如須彌之高，大海之深。若唯念佛名，不兼誦明，如香山之小，阿耨達池之淺。若日日供佛誦明滅罪，如火燒草木，功德不可思議。第三卷末。

智旭《閱藏知津》卷一四　《大神力陀羅尼經・釋迦佛頂三昧陀羅尼品》一卷。一切佛部一卷，內有《阿彌陀佛大思惟經》、《大輪金剛陀羅尼》，誦三七遍即當入一切壇，不成盜法。金剛杵功能法相品，般若波羅密多部一卷。觀世音部三卷半，十一面觀世音神呪，千轉觀世音菩薩心印呪，觀世音毘俱知菩薩三昧法印呪品，馬頭觀世音菩薩法印呪品。諸大菩薩法會印呪品半卷。金剛部三卷。諸天部二卷摩利支天經，功德天法。諸天等獻佛助成三昧法印呪品，諸佛大陀羅尼都會道場印呪品一卷。

著　錄

智昇《開元釋教錄》卷八　《陁羅尼集經》十二卷，右一部，一十二卷，其本見在。

又卷一二　《陁羅尼集經》十二卷，大唐中天竺三藏阿地瞿多譯，出《大周錄》，單重合譯。

智昇《開元釋教錄》卷一二　右出《金剛大道場經》、《大明呪藏》之少分也，撮要而譯。此集之中天般若呪經等，有別行者，錄不具願，人多生綖，恐非正典今爲除疑故，別篠未列之如後。

第一卷佛部卷上，《大神力陁羅尼釋迦佛項三昧陁羅尼品》，第二卷佛部卷下，初畫一切佛頂像法，次有二十六印幷呪，諸佛呪印法，第三阿彌陁佛大思惟經序分呪印法，幷說持誦得往生事又數珠法，第四大金輪陁羅尼，第五□折囉切能法相品。第三卷，《摩訶般若波羅蜜多心經》佛，在舍衛國，說大般若理趣中呪及般若心呪皆在此中，於中第十二印幷呪名般若無盡藏，注云是一印呪，筏梨耶思蠅伽法師譯。卷末復有大輪金剛陁羅尼，若誦此呪，即當入壇及得用印，不成盗法。第四卷觀世音卷上，《十一面觀世音神呪經》。第五卷觀世音卷中，初有二印及呪千囀觀世音菩薩呪，次有六印及呪觀世音雜呪印，第三十二臂觀世音菩薩一印幷呪，第四不空羅索觀世音四印幷呪，第五畫觀世音像法，第六觀世音毗俱知菩薩三昧法印呪品也。第六卷觀世音等諸菩薩卷下，初阿耶揭唎婆觀世音菩薩法印呪，唐云馬頭。第二諸大菩薩法會印呪品，大勢至菩薩，文殊師利菩薩，彌勒菩薩，地藏菩薩，普賢菩薩，虛空藏菩薩等，並有印呪法。第七卷金剛部卷上，初金剛藏大威神力三昧法印呪品，第二金剛藏眷屬法印呪品，諸眷屬金剛說呪幷印。第八卷金剛部卷中，初金剛阿蜜哩多軍荼利菩薩自在神力呪印品，第二拔折羅吒呵娑即呪法，唐云大籠金剛。第九卷金剛部卷下，初金剛烏極沙摩法印呪品，唐云不淨潔金剛，即火頭金剛是，第二天青面金剛呪法。第十卷諸天卷上，初《摩利支天經》，第二功德天法，中天竺國菩提寺僧阿難律木又師迦葉師等於法行寺翻，流行於唐國。第十一卷諸天卷下，諸天等獻佛助成三昧法印呪品，大梵摩天帝釋摩醯首羅四天王　日天　月天，星宿天，地天，火天，閻羅天，一切龍王呪印，幷祈雨法那羅延天，乾闥婆，緊那羅，摩吁囉伽，孔雀王，師子王，伽魯荼，大辦天神王，焰摩檀陁，水天，風天，阿修羅王，遮文荼天法，一切毗那夜迦法，一切藥叉法，一切羅刹法，右大梵摩天等皆獻呪印。

第十二卷，諸佛大陁羅尼，都會道場印呪品是灌頂普集會壇法。

智昇《開元釋教錄》卷八　沙門阿地瞿多，唐言無極高，中印度人，學窮滿字，行潔圓珠，精練五明，妙通三藏，加以大士利生。無怯鄒國，志弘像教，罔懼難險，遂西踰雪嶺，東越沙河，載曆艱難，來儀帝闕，以天皇永徽三年壬子正月廣將梵本來屆長安，勑令慈門寺安置。沙門大乘琮等一十六人，英公鄂公等一十二人請高於慧日寺浮圖院，建陁羅尼普集會壇，緣壇所須並皆供辦，法成之日屢降靈異，京中道俗咸歎希逢。沙門玄揩等遂固請翻其本，後以四年癸丑至五年甲寅於慧日寺，從金剛大道場經中撮要鈔譯，集成一十二卷，沙門玄指等筆受。于時有中印度大菩提寺僧阿難律木叉師迦葉師等，於經行寺譯功德天法，編在集經第十卷內，故不別存也。

護摩儀軌分部

金剛頂瑜伽護摩儀軌

智旭《閱藏知津》卷一五　《金剛頂瑜伽護摩儀軌》一卷，唐師子國沙門釋智藏譯。總說五類護摩儀軌不同，一息災，二增益，三降伏，四鉤召，五敬愛。

王古《大藏聖教法寶標目》卷九　《金剛頂瑜伽護摩儀軌》。廣說護持多種，如《大瑜伽經》。今略說五種，謂息災，增益，降伏，勾召，敬愛。護摩爐形量方圓，大小深闊，畫五部壇位，各有種種法相，面向方位，加持時分建壇擇地，供養印呪法各差別。此三世佛祕密法門，皆須精曉，勤敬修習無不成就。

受戒法分部

受菩提心戒儀

圓照《大唐貞元續開元釋教錄》卷三　《受菩提心戒儀》一卷，經內題云《最上乘教受戒懺悔文》，普賢瑜伽阿闍梨集。

智旭《閱藏知津》卷一五　《受菩提心戒儀》普賢瑜伽金剛阿闍梨集，唐北天竺沙門大廣智不空譯。先歸命，次供養，次懺悔，次三歸，次受菩提心戒。共五法，有偈頌，長行，兩番明之。偈頌中五法各有咒，長行後列五佛名。此以大菩提心受普賢金剛職，爲一切秉密教者受持之本，學者皆應簡閱。

諸佛儀軌分部

諸佛心陀羅尼經

智昇《開元釋教錄》卷八　《諸佛心陁羅尼經》一卷，見《內典錄》，永徽元年九月二十六日於大慈恩寺翻經院譯，沙門大乘雲筆受。

智旭《閱藏知津》卷一三　《諸佛心陀羅尼經》唐大慈恩寺沙門釋玄奘譯。佛於如來境爲菩薩說，彙門云，與上經同。

諸佛心印陀羅尼經

智旭《閱藏知津》卷一三　《諸佛心印陀羅尼經》宋中印土沙門法天譯。佛在兜率天，說二咒，聞者不生魔界，速證菩提。

王古《大藏聖教法寶標目》卷一〇　《諸佛心印陀羅尼經》，右佛在兜率天，說此陀羅尼，利益天人，世出世財豊足。非人不害，不生魔界。

阿閦如來念誦供養

智旭《閱藏知津》卷一五　《阿閦如來念誦供養法》，初有偈，總攝行法，後一一別出。

佛說大乘聖無量壽決定光明王如來陀羅尼經

智旭《閱藏知津》卷一三　《佛說大乘聖無量壽決定光明王如來陀羅尼經》，宋中印土沙門法天譯。佛向妙吉祥菩薩說西方無量壽佛陀羅尼能，增壽命，得大利益。

佛說無能勝幡王如來莊嚴陀羅尼經

楊億《大中祥符法寶錄》卷三　《無能勝幡王如來莊嚴陀羅尼經》一部一卷，三藏沙門施護譯，大乘經藏祕密部收。佛在忉利天帝釋宮中，爲帝釋說。此中所明無能勝陀羅尼，不可思議，功莫大焉。凡受持者，戰陣得勝，讀誦者所作皆成。

諸佛頂儀軌分部

菩提場所說一字頂輪王經

圓照《大唐貞元續開元釋教錄》卷一　《菩提場所說一字頂輪王經》五卷。

圓照《貞元新定釋教目錄》卷二二　《菩提場所說一字頂輪王經》五卷，大興善寺三藏沙門大廣智不空奉詔譯，貞元新入目錄。

智旭《閱藏知津》卷一一　《菩提場所說一字頂輪王經》五卷，唐北天竺沙門大廣智不空譯。

一字佛頂輪王經

智昇《開元釋教錄》卷九　《一字佛頂輪王經》五卷，亦云《五佛頂》，或四卷。景龍三年夏於西崇福寺譯，弟子般若丘多助宣梵本，其年冬譯畢。

智昇《開元釋教錄》卷二〇　《一字佛頂輪王經》五卷，亦云《五佛頂經》，或四卷，大唐南天竺三藏菩提流志譯，新編入錄。

智旭《閱藏知津》卷一一　《一字佛頂輪王經》六卷，一《五佛頂經》，唐南印度沙門菩提流志譯。

序品第一，佛在菩提樹下與大苾芻，大菩薩，天仙神鬼等俱。金剛密跡主菩薩請佛說咒。佛入大三摩地，放大光明，徧照十方佛刹及諸五趣三界，現大轉輪王相，說一字佛頂輪王咒已。大千震動，魔宮火起，地獄苦息。觀世音金剛主二大菩薩悶絕躃地。佛復說一切佛眼大明母咒，觀世音金剛主即醒起身。次說白傘蓋頂輪王咒，次說光聚頂輪王咒，次說高頂輪王咒，次說勝頂輪王咒。畫像法品第二，分別成就法品第三，分別密儀品第四，分別秘相品第五，成像法品第六，印成就品第七，共說五十四印咒。大法壇品第八，供養成就品第九，世成就品第十，護法品第十一，說大難勝奮怒王咒，又說難勝奮怒王心咒。證學法品第十二，護摩壇品第十三。

王古《大藏聖教法寶標目》卷五　《一字佛頂輪王經》五卷。說此諸咒王，是無礙最勝大明咒法，及結界，建壇，畫像，供養，澡浴，誦持，輪結印明，入三摩地，證神通，除業障，降伏魔怨，種種求願，殊勝成就等法。

一字奇特佛頂經

智昇《開元釋教錄》卷二〇　《一字奇特佛頂經》三卷。

圓照《貞元新定釋教目錄》卷二九　《奇特佛頂經》三卷，經內題云

《一字奇特佛頂經現威德品》，貞元新入目錄，大興善寺三藏沙門大廣智不空奉詔譯。

王古《大藏聖教法寶標目》卷九　《一字奇特佛頂經》三卷，右說持誦有種種殊勝功德。

一字頂輪王瑜伽經

圓照《貞元新定釋教目錄》卷二二　《一字頂輪王瑜伽經》一卷，經內題云《瑜伽訖沙羅烏瑟尼沙訖羅眞言安怛那儀則一字頂輪王伽經》，大興善寺三藏沙門大廣智不空奉詔譯，貞元新入目錄。

王古《大藏聖教法寶標目》卷九　《瑜伽翳迦一字頂輪王瑜伽經》，右說建道場持誦儀軌功德。

智旭《閱藏知津》卷一五　《瑜伽翳迦訖沙囉烏瑟尸沙斫訖羅眞言安怛陀那儀則一字頂輪王瑜伽經》，槩不出咒印，皆指本部及餘部。

大陀羅尼末法中一字心呪經

智昇《開元釋教錄》卷九　《大陁羅尼末法中一字心呪經》一卷，神龍元年於大福先寺譯，李無諂譯語。

又卷一二　《大陁羅尼末法中一字心呪經》一卷，大唐北天竺三藏寶思惟譯，新編入錄。

王古《大藏聖教法寶標目》卷五　《大陀羅尼末法中一字心呪經》，右說此陀羅尼勝妙功德，印畫壇場，種種求願，降伏呼召等法。

一切如來說佛頂輪王一百八名讚

楊億《大中祥符法寶錄》卷一七　《一切如來說佛頂輪王一百八名讚》一部一卷，此中讚佛爲最上師，作世間主，有大慈悲，具大名稱，號大自在佛頂輪王等，視衆生具無邊智，然以佛有河沙勝德，不可稱量，要略而言，揔攝一百八名者矣。

王古《大藏聖教法寶標目》卷一〇　《一切如來說佛頂輪王一百八名讚》，右讚一篇，說佛一百八名。

佛頂尊勝陀羅尼經

智昇《開元釋教錄》卷九　《佛頂尊勝陁羅尼經》一卷，初出，與日照等出者同本，儀鳳四年正月五日譯畢，右一部一卷其本見在。

又卷一二　《佛頂尊勝陁羅尼經》一卷，大唐朝散耶杜行顗奉制譯，出《大周錄》，第一譯。

《佛頂最勝陁羅尼經》一卷，大唐中天竺三藏地婆訶羅譯，拾遺編入第二譯。

《佛頂尊勝陁羅尼經》一卷，大唐罽賔沙門佛陁波利譯，出《大周錄》，第三譯。

《最勝佛頂陁羅尼淨除業障經》一卷，大唐中天竺三藏地婆訶羅於東都再譯，拾遺編入。

《佛頂尊勝陁羅尼經》一卷，或加呪字，大唐三藏義淨譯，新編入錄，第五譯。右五經同本異譯。

智昇《開元釋教錄》卷九　清信士杜行顗，京兆人，儀鳳中任朝散郎行鴻臚寺典客署令。顗明諸蕃語，兼有文藻，天竺語書亦窮其妙。于時有罽賔國僧佛陁波利，賫梵經一夾，詣闕奉獻。天皇有詔，令顗翻出，名爲《佛頂尊勝陁羅尼》，寧遠將軍度婆及中印度三藏法師地婆訶羅證譯，是時儀鳳四年正月也。此杜譯者，有廟諱國諱皆隱而避之，即世尊爲聖尊，世界爲生界，大勢爲大趣，救治爲救除。譯訖奉進，皇上讀訖顧謂顗曰，既是聖言，不須避諱。杜時奉詔以正屬有，故而寢焉。荏苒之間，杜君長逝，未遑改正其經遂行。後日照三藏奉詔再譯，名佛頂最勝陁羅尼，《大周錄》云《佛頂尊勝陁羅尼》，日照三藏譯者誤也。

《佛頂尊勝陀羅尼經》杜行顗等譯，三十五句。

唐高宗儀鳳元年西域僧佛陀波利來禮五臺，願見文殊。忽見一老人謂曰，漢地衆生多造罪業，唯有《佛頂尊勝陀羅尼經》能滅除惡，師可以此經來流傳漢土，廣利群生，拯濟幽明，報諸佛恩。語已，忽然不見。僧遂西還，永淳二年取經回至京。高宗詔日照三藏與司賓寺典客杜行顗，同譯此陀羅尼。八十八殑伽沙俱胝百千諸佛同共宣説，爲救善住天子七返傍生之苦，爲救三塗六道十惡五逆一切衆生種種生死危急苦難，夭者增壽，病者脱苦。書高幢上或窣堵波中，結壇呪土，有種種殊勝功德，衆生墮惡趣者悉得解脱，救拔幽顯，最不思議。大曆中僧法照入金剛窟文殊聖寺，見佛陀波利云，《佛頂尊勝陀羅尼經》佛陀波利譯三十四句，即前經本，日照譯。進高宗祕藏禁中，波利泣請曰，捐命取經，本期普濟，願請梵本，帝還之，乃訪西明寺僧順貞同翻，遂有兩譯，其實一也。

《最勝佛頂陀羅尼淨除業障經》三藏地婆訶羅譯三十六句，亦同前本而序説善住天子因果等事加詳。

《佛頂最勝陀羅尼經》，與前本同譯，別僧彦琮序，四十八句。

《佛頂尊勝陀羅尼經》，義淨譯，五十三句。

佛頂尊勝陀羅尼經序　《佛頂尊勝陀羅尼經》者，婆羅門僧佛陀波利。儀鳳元年，從西國來至此漢土，到五臺山次，遂五體投地，向山頂禮曰：如來滅後，衆聖潛靈，唯有大士文殊師利，於此山中汲引蒼生，教諸菩薩。波利所恨生逢八難，不覩聖容，遠涉流沙，故來敬謁，伏乞大慈大悲普覆，令見尊儀。言已悲泣雨淚，向山頂禮。禮已舉首，忽見一老人從山中出來，遂作婆羅門語謂僧曰：法師情存慕道，追訪聖蹤，不憚劬勞，遠尋遺迹。然漢地衆生多造罪業，出家之輩，亦多犯戒律。唯有《佛頂尊勝陀羅尼經》，能滅衆生一切惡業，未知法師頗將此經來不？僧報言曰：貧道直來禮謁，不將經來。老人言：既不將經來，空來何益？縱見文殊，亦何得識？師可卻向西國，取此經將來，流傳漢土，即是遍奉衆聖，廣利群生，拯濟幽冥，報諸佛恩也。師取經來至此，弟子當示師文殊師利菩薩所在。僧聞此語，不勝喜躍，遂裁抑悲淚，至心敬禮，舉頭之頃，忽不見老人。其僧驚愕，倍更虔心，繫念傾誠，迴還西國，取《佛頂尊勝陀羅尼經》。

至永淳二年迴至西京，具以上事聞奏大帝，大帝遂將其本，入内請日照三藏法師，及敕司賓寺典客令杜行顗等，共譯此經。敕施僧絹三十匹，其經本禁在内不出，其僧悲泣奏曰：貧道捐軀委命，遠取經來，情望善濟群生，救拔苦難，不以財寶爲念，不以名利關懷，請還經本流行，庶望含靈同益。帝遂留翻得之經，還僧梵本。其僧得梵本，將向西明寺，訪得善解梵語漢僧順貞，奏共翻譯，帝隨其請。僧遂對諸大德共順貞翻譯訖，僧將梵本遂向五臺山，入山於今不出。今前後所翻兩本，並流行於代，其中小小語有不同者，幸勿怪焉。

至垂拱三年，定覺寺主僧志靜，因停在神都魏國東寺，親見日照三藏法師，問其逗留，一如上説。志靜遂就三藏法師，諮受神呪，法師於是口宣梵音，經二七日，句句委授，具足梵音，一無差失。仍更取舊翻梵本勘校，所有脱錯悉皆改定。其呪初注云最後別翻者是也。其呪句稍異於杜令所翻者，其新呪改定不錯並注其音訖，後有學者幸詳此焉。至永昌元年八月，於大敬愛寺見西明寺上座澄法師，問其逗留，亦如前説，其翻經僧順貞見在住西明寺。此經救拔幽顯最不可思議，恐有學者不知，故具錄委曲，以傳未悟。

佛頂尊勝陀羅尼經釋引　佛教西來，經論東譯，當知大有因緣，非無由而起者。《般若》藉奘師而弘，《華嚴》假賢首而闡。《尊勝咒經》，非文殊大聖，不能興起。非波利尊者，不能請翻。定覺靜師，敘已詳矣。皇清御極時，雲棲彰上人，祥符尊勝幢中。錄斯咒經，募刻未就。今里内張開士佐平，忽睹異光，七月朔決疑於予。予勸速印施以廣流傳。古德頌云，波利尊者禮五臺，卻被文殊化道言，東土若無尊勝咒，衆生難以脱塵埃。是知咒經，大有益於天下後世者也。予講經律論餘，兼翻密部咒章，細檢尊勝，前後十譯。唐儀鳳元年，波利尊者初來朝禮五臺。儀鳳四年，取經還至西京。一、調露元年，波利與朝散朗杜行顗譯。二、永淳元年，詔命日照三藏與杜行顗共譯。三、光宅元年，波利與順貞奏共譯。四、垂拱三年，志靜與日照三藏宣譯。五、義淨三藏復譯，雖五番重沓，只是一經。因善住天子，七日命終，啓請帝釋，禮佛放光，爲説是咒。六、唐三藏不空，譯尊勝念誦儀，即前五中之咒耳。七、宋三藏法天，譯名《最勝佛頂陀羅尼經》，但咒無文。八、法天三藏重譯，名曰《佛說一切如來烏瑟膩沙最勝總持經》，文咒俱有，然兩處咒句，較唐多一倍。因釋迦世尊，在極樂善法堂，無量壽如來，爲觀音菩薩說。九、不動上師，以此修潤，集入施食儀軌。十、明仁孝皇后，夢感《佛說第一希有功德經》。前之六譯，提攜六道出三途也。後之四譯，接引四生登九品也。總之是咒，爲生天樂土本矣。今之所行，唐四譯也。依經所說，法益良多，晝夜誦念，感八勝果，香花禮供，具四句稱。病苦者，滅除疾厄；短壽者，增益天年。薄福享用者，現得消受；極惡命終者，出離三途。鳥獸聞聲，更不復墮。風塵映影，證大菩提。一書一持，成二利於善道；一憶一聞，獲十益於佛天。明驗若此，特爲流通。正如一寶藏中，取出無盡如意珠寶，散於天下後世衆生，信知開士，成就世間以最上第一希有之法，洵有大因緣哉！凡見聞隨喜者，宜依教奉行之。康熙庚辰年十月十一日六辛誕辰，浙杭東林慈雲灌頂沙門續法槃譚。

佛頂尊勝陀羅尼念誦儀軌法

圓照《**大唐貞元續開元釋教錄**》**卷三**　《佛頂尊勝念誦法》一卷。

圓照《**貞元新定釋教目錄**》**卷一五**　《佛頂尊勝念誦法》一卷經內題云《佛頂尊勝陁羅尼念誦儀軌》。

智旭《**閱藏知津**》**卷一五**　《佛頂尊勝陀羅尼念誦儀軌》，明結壇等法及四成就法。

最勝佛頂陀羅尼經

楊億《**大中祥符法寶錄**》**卷六**　大乘經藏祕密部收，析出別譯。此中但存祕密呪句，不翻文義，良以祕密故，不譯也。若持誦者獲大功德，書寫供養，宣通流布，所得勝利不可較計。

王古《**大藏聖教法寶標目**》**卷一〇**　《最勝佛頂陀羅尼經》，右陀羅尼，前後別無經文。

佛說大白傘蓋總持陀羅尼經

智旭《**閱藏知津**》**卷一二**　《佛說大白傘蓋總持陀羅尼經》一卷，元天竺沙門啣㖔銘得哩連得囉磨寧及眞智等譯。出有壞住三十三天，與大比丘，并大菩提勇識，及天生帝釋等集，入普觀頂髻三昧，從頂髻中出現如是總持密咒法行，後有讚歎禱祝偈。

佛說一切如來烏瑟膩沙最勝總持經

智旭《**閱藏知津**》**卷一二**　《佛說一切如來烏瑟膩沙最勝總持經》，宋中印土沙門法天譯。

無量壽佛於極樂國爲觀自在菩薩說咒及說成就法，能令衆生生於極樂世界。

諸經儀軌分部

佛說大孔雀明王畫像壇場儀軌

圓照《**大唐貞元續開元釋教錄**》**卷三**　《佛說大孔雀明王畫像壇場儀軌》一卷。

圓照《**貞元新定釋教目錄**》**卷二九**　《佛說大孔雀明王畫像壇場儀軌》一卷，貞元新入目錄，大興善寺三藏沙門大廣智不空奉詔譯。

智旭《**閱藏知津**》**卷一三**　《佛說大孔雀明王畫像壇場儀軌》，唐北天竺沙門大廣智不空譯，應與前經並流通。

孔雀王呪經

智昇《開元釋教錄》卷一二　《孔雀王呪經》一卷，亦名《大金色孔雀王經》開結界場法具，姚秦三藏鳩摩羅什譯，第四譯。
《大金色孔雀王呪經》一卷，失譯，今附秦錄拾遺編入，第五譯。
《佛說大金色孔雀王呪經》一卷，失譯，亦附秦錄拾遺編入，第六譯。
《孔雀王呪經》二卷，梁扶南三藏僧伽婆羅譯，第七譯。
《大孔雀呪王經》三卷，大唐三藏義淨於東都內道場譯，新編入錄，第入譯。

右五經同本異譯，新舊八譯，五存三闕，前六文略，後二稍廣。

又卷一四　《大孔雀王神呪經》一卷，東晉西域三藏帛尸梨蜜多羅譯，第一譯。《孔雀王雜神呪經》一卷，東晉西域三藏帛尸梨蜜多羅譯，第二譯。《孔雀王呪經》一卷，東晉西域沙門竺曇無蘭譯，臺譯。右三經同本，前後八譯，五存三闕，前六本略，後二本廣，其尸梨蜜再出《雜神呪經》應是異本，既未觀其經，難爲指定。

王古《大藏聖教法寶標目》卷四　《孔雀王呪經》，《大金色孔雀王呪經》，《佛說大金色孔雀王呪經》，《孔雀王呪經》二卷，《大孔雀呪王經》三卷，義淨譯。

五經同本，别譯，前略後廣。佛時，一年少比丘析薪爲毒蛇螫，悶絶于地，吐沫翻目。阿難疾走告佛，佛說此呪，令往救治，即得消除。此呪於一切恐怖厄難，疾病憂惱，饑饉囚繫，悉得解脫，有大神力，求者皆驗，五天諸國南海十洲無問道俗二乘皆尊敬讀誦，求請蒙福，交報不虛。舊經文闕，致此土未甚流布，義淨本畫像壇場軌式具備，利益無邊。

智旭《閱藏知津》卷一三　《佛說大孔雀咒王經》三卷，唐人薦福寺沙門釋義淨譯，亦與前同，而華梵音聲稍别。《佛說大孔雀王神咒經》，東晉西域沙門帛尸梨蜜多羅譯。《佛說大孔雀王雜神呪經》，東晉西域沙門帛尸梨蜜多羅重譯。《大金色孔雀王咒經》一卷，姚秦北天竺沙門鳩摩羅什譯。已上三經皆即前經中之少分。

大雲輪請雨經

智昇《開元釋教錄》卷七　《大雲輪請雨經》二卷。

又卷一一　《大雲輪請雨經》一卷，內題，云《大雲經請雨品》第六十四，周宇文氏天竺三藏闍那耶舍等譯，第一譯。《大雲輪請雨經》二卷，隋天竺三藏那連提耶舍譯，第二譯。《大方等大雲請雨經》一卷，內題云《大方等大雲經請雨品》第六十四，隋天竺三藏闍那崛多等譯，出《內典錄》，第二譯。右三經同本異譯。

王古《大藏聖教法寶標目》卷三　《大雲輪請雨經》二卷，《大雲請雨品》二卷。

佛在龍宮，諸大龍王與八十四億百千那由他龍王等俱來集會，廣興供養。佛爲說除滅諸龍一切苦惱，降澍甘雨，誦陀羅尼，念五十四如來名，結壇祈求等法，二經本同譯别。佛言，若一七二七日，遠至三七日，必降甘雨，除不專念無慈心人及穢濁者，海水潮來尚可盈縮，此言眞實決定不虛。

智旭《閱藏知津》卷一二　《佛說大方等大雲請雨經》一卷，隋北天竺沙門闍那崛多等譯。佛在龍宮，龍興供養，并發大願，請問滅苦法要。佛說，慈心爲最，并爲說咒及如來名，說請雨法。《大雲請雨經》一卷，宇文周中天竺沙門闍那耶舍等譯。《大雲輪請雨經》二卷，北作一卷，隋烏萇國沙門那連提黎耶舍譯。《大雲輪請雨經》二卷，北作一卷，唐北天竺沙門大廣智不空譯。已上三經並與前同。

大方等大雲經

綜　述

《大方等大雲經》四卷　北涼中天竺沙門曇無讖譯。

大雲初分大衆犍度第一，一切大衆從禪定起，俱集靈山，大雲密藏菩薩雲興諸問，如來讚許，當說常樂我淨之法。所謂《大雲經》，總持大海，三昧大海，如來法師，諸佛法城，法界甚深，常住不變，不可思議，常樂我淨。此經中有四百不可思議解脫法門，及無量法門，亦說妙咒，令降甘雨，震動世界，致諸妙供。三昧犍度第二，陀羅尼犍度第三，密語犍度第四，轉生有藏犍度第五，得轉生死業煩惱犍度第六，智在入犍度第七，解脫轉福德藏法門犍度第八，解脫有德轉藏犍度第九，轉功德行犍度第十，大雲虛空生犍度第十一，電光轉犍度第十二，電轉犍度第十三，神通犍度第十四，寶泡犍度第十五，金剛智犍度第十六，無盡犍度第十七，正行犍度第十八，師子吼犍度第十九，師子吼神通犍度第二十，善方便犍度第二十一，神通犍度第二十二，金翅鳥犍度第二十三，大捨犍度第二十四，無畏犍度第二十五，入行犍度第二十六，至心犍度第二十七，勇力犍度第二十八，善犍度第二十九，神通犍度第三十，智犍度第三十一，智寶藏犍度第三十二，施犍度第三十三，福田犍度第三十四，正法犍度第三十五。已上即是釋初品中法門，各出其差別名字也，每一犍度各有一天女天子等供養偈讚。如來涅槃犍度第三十六，健行梵王問法，無盡意天子荅之，大雲密藏請說四百三昧義，佛讚許之。先說祈雨神咒，次釋甚深淨水大海三昧等名義，及其勝用。次有善德婆羅門，疑問提婆達及六羣事，大雲密藏荅之，善德思求如來舍利供養，一切衆生樂見童子荅之，善德開解，淨光天女問此二人來處，佛爲說其往因，并爲授記。增長犍度第三十七，南方諸天子來問經名，佛荅以三名，一大雲，二大般涅槃，三無想，并授記。末法中事乃至安樂世界，無量壽佛遣無邊光菩薩來此法會，佛即授淨光天女大菩提記。

此經分分皆有大雲，初分四字當知經來未盡。

著録

僧祐《出三藏記集》卷二　《方等大雲經》四卷，或云《方等無想大雲經》。或爲六卷。玄始六年九月出。【略】晉安帝時，天竺沙門曇摩讖至西涼州，爲僞河西王大沮渠蒙遜譯出。或作曇無讖。

智昇《開元釋教録》卷四　《大方等大雲經》六卷，一名《大方等無相大雲經》，一名《大雲無相經》一名《大雲密藏經》或云《方等大雲經》或四卷或五卷，於內苑寺譯，第二出，見僧叡《李廓》《僧祐》三録。【略】沙門曇無讖或云曇摩懺。

又　《大方等無相經》五卷，亦名《大雲經》或四卷與曇無讖《方等大雲》同本，初出，見《長房録》【略】沙門竺佛念。

仁王般若念誦法

圓照《大唐貞元續開元釋教録》卷一　《仁王般若念誦法》一卷。

王古《大藏聖教法寶標目》卷九　《仁王般若念誦法經》，右佛說仁王般若道場儀軌十法。

智旭《閱藏知津》卷一二　《仁王般若念誦法》，唐北天竺沙門大廣智不空譯，佛爲波斯匿王說念誦仁王般若經持明之法。

守護國界主陀羅尼經

圓照《大唐貞元續開元釋教録》卷三　《守護國界陀羅尼經》一部十卷，右上一部十卷，罽賓國三藏沙門般若共牟尼室利三藏等共譯。

智旭《閱藏知津》卷一二　《守護國界主陀羅尼經》十卷，唐罽賓國沙門般若譯。

序品第一，佛在菩提樹下，與七千比丘，八萬四千菩薩，無量天龍八部衆俱，文殊師利菩薩伽陀讚佛。陀羅尼品第二，佛入普隨順衆生心行三昧，令諸衆生見聞各別。又於頂上放白色光，普照世間。口中放青色光，照東方界。右肩放金色光，照南方界。背上放紅色光，照西方界。左肩放五色光，照北方界。照已，各攝還歸本處。復入無有名字不可思議諸佛境界三昧，令此大地六種震動。一切法自在王菩薩請問因緣，佛以有四因緣荅之。復問諸佛境界三昧，何法爲因？何爲根本？云何修習？云何究竟？佛言，此深三昧以菩提心爲因，大慈悲爲根本，方便修習無上菩提以爲究竟。又明一切智體當何所求？一切智智當於何生？佛言，當於心求，從心而生，乃至此心同虛空相，此虛空性即心性。故如其心性即菩提性，如菩提性即陀羅尼性，是故此心，虛空，菩提、陀羅尼性，無二無二分，無別無斷。又問，是義甚深，難通達，難趣入，若滿足菩薩位人，則得利益，若未得成菩薩功德，則無利益。佛言，若欲成就無上菩提，應先發起大慈悲心，普爲衆生歸依三寶，受菩薩戒，至誠懺悔，運想供養，勸請諸佛，迴向隨喜，願滅諸障。并說迴向陀羅尼曰，唵一娑麽二合囉娑麽二合囉二微麽引曩三娑引囉四摩訶斫迦羅二合引五嚩上六吽長聲七。佛又普告大衆，重爲未成就者，以善方便，隨順世諦，譬喻言辭，說一乘法。觀想此身，次第成就五如來身。而此不可思議三昧，或有衆生諸根不具，或具五無間業，旃陀羅，悉可修習趣入。除五種人，一者不信，二者斷見，三者常見，四者邪見，五者懷疑，如是五人，無慈悲故。若有暫修此三昧者，身心安輕，能生五種三昧，一刹那三昧，二微塵三昧，三漸現三昧，四起伏三昧，五安住三昧，乃至無數三昧，無數陀羅尼門，皆悉現前。次明八陀羅尼，能令菩薩總持佛法，辯才無盡，衆生樂聞，一大聲清淨自在陀羅尼門，二無盡寶篋陀羅尼門，三無邊漩澓陀羅尼門，四海印陀羅尼門，略說四十二字印，五蓮華莊嚴陀羅尼門，六能入無著陀羅尼門，七漸漸深入四無礙智陀羅尼門，八一切諸佛護持莊嚴陀羅尼門。大悲胎藏出生品第三，文殊師利問，大悲復以何法爲根本？佛言，以衆生受苦爲本，苦以煩惱爲本，煩惱以顛倒邪見爲本，邪見以虛妄分別爲本，虛妄分別非有根本，無有色相，難知難斷，菩薩爲是起大悲心，勞謙忘倦。復起十六大悲之心，一斷身見，二破邊見，三除四倒，四除我我所計，五裂蓋網，六破六著，七除七慢，八遠邪徑，九離貪愛，十除瞋恨，十一令捨惡友，近善知識，十二令斷名利，十三令除邪見，十四令出三界生死牢獄，十五令絕魔罥欲纏，十六令閉三惡，入涅槃門，住是十六大悲，即能建立三十二種不共事業。入如來大悲不思議品第四，爲文殊說如來大悲海門一滴之相，乃至二乘之悲，如割皮膚，菩薩悲心，如割脂肉，如來大悲，深徹骨髓。因舉往古栴檀舍佛，爲調伏非非想天一衆生故，留身八萬四千大劫以度脫之，方入涅槃。入如來不思議甚深事業品第五，廣明三十二種正覺甚深事業，即十力，四無所畏，十八不共法也。菩薩瓔珞莊嚴品第六，爲文殊師利說菩薩四種瓔珞，一戒，二定，三慧，四陀羅尼，各各增一至十。大光普照莊嚴品第七，又說八種大光普照，一念，二意，三解，四法，五智，六諦，七神通，八修行。前七各有八種，修行有九種。般若根本事業莊嚴品第八，爲般若峰菩薩，廣說般若母，及般若所生事業，爲無畏辯才菩薩，說般若峰得名往因。陀羅尼功德軌儀品第九，爲金剛手菩薩，說唵字三和合義，謂婀烏莽。金剛手問，諸佛等視衆生，云何但言守護國主？佛言，譬如醫嬰孩病，令母服藥。次說金剛城大曼荼羅軌儀法則，金剛手次說陀羅尼供養及念誦法，佛讚助之。兼明陀羅尼具足六度，又明六年苦行，不得菩提，於月輪中作唵字觀，乃成菩提。阿闍世王受記品第十，王問，陀羅尼及曼荼羅既有無量功德，何以國中災難無量？佛出其過，兼說迦葉佛時，訖哩枳王所得二夢，皆釋迦佛末法時兆。王又問曰，諸惡衆生入三塗等，云何得知？誰人曾見？佛言，當墮地獄，有十五相，當生餓鬼，有八種相，當生畜生，有五種相，當生人天，各有十相。王窮思念，是實是虛，忽見地獄種種惡相，方乃決定歸佛法僧，誓持五戒，以菩提心迴向衆生。佛讚慰言，譬如團鐵，投水沉沒，若爲鉢器，置水則浮。有智慧人，如彼鉢器，不沉苦海。如來囑累品第十一，文殊師利廣歎陀羅尼門，佛爲較量持經功德，唱募流通。七十俱胝菩薩，四天王，釋提桓因，大梵天王，兜率陀天子，商主天子，魔王波旬，蘇夜摩天王，慈氏菩薩，大迦葉波，各各發願，佛讚印之。文殊師利請問經名，佛言，具千名字，略舉十名。文殊復問，乃決定說今一名。

按此經所談法相義理，與《大集經》第二《陀羅尼自在王菩薩品》全同，但次第稍異耳，文理兼暢，最宜流通。

佛說守護大千國土經

王古《大藏聖教法寶標目》卷一〇《佛說守護大千國土經》三卷，

右佛說大明王呪，保護大千國土及釋梵天王等說，呪保護衆生。

智旭《閲藏知津》**卷一二**　《佛説守護大千國土經》三卷。佛住鷲峰山南，時毘耶離城災難競起，乃以神力集一切天龍等衆，先四天王各説一咒。次佛説一切明神咒，諸惡鬼神同來歸命。四天王復各説讁罰鬼神咒，大梵王亦説一讁罰鬼神咒，佛乃下至毘耶離城，爲大梵王現大明王身，説大明王陀羅尼。復説大明王心陀羅尼及説密印，於是城中免離災難。飛鳥出聲讚佛功德，佛更説結界持咒之法，大梵王又説護諸童子之法。

成就妙法蓮華經王瑜伽觀智儀軌

圓照《大唐貞元續開元釋教録》**卷三**　《成就妙法蓮華經王》《瑜伽觀智儀軌》一卷，右通前《仁王》等經，緫五部共十卷，同第十帙。

智旭《閲藏知津》**卷一五**　《成就妙法蓮華經王瑜伽觀智儀軌》一卷，先有歸命二十八品頌，次明欲成就此法者，須具四緣，一親眞善知識，二聽聞正法經王，三如理作瑜伽觀，四隨法行修於奢摩他毘鉢舍那。

廣大寶樓閣善住祕密陀羅尼經

智昇《開元釋教録》**卷九**　《廣大寶樓閣善住祕密陁羅尼經》三卷，神龍二年九月十五日於西崇福寺譯畢，東天竺伊舍羅等譯語，沙門雲觀筆受。

王古《大藏聖教法寶標目》**卷五**　《廣大寶樓閣善住祕密陀羅尼經》三卷，右説寶樓閣陀羅尼殊勝功德，種種印呪，求願持誦等法。

牟梨曼陀羅呪經

智昇《開元釋教録》**卷一二**　《牟梨曼陁羅呪經》一卷。

王古《大藏聖教法寶標目》**卷五**　《牟棃曼陀羅呪經》，右誦持此呪有大功德，自一百八徧至百萬徧各有種種應驗，消一切災病罪障，滿一切祈求志願，結印，結界，建壇場護摩爐等種種法式。

菩提場莊嚴陀羅尼經

圓照《大唐貞元續開元釋教録》**卷三**　《菩提場莊嚴經》一卷，經內題云《菩提場莊嚴陀羅尼經》。

智旭《閲藏知津》**卷一三**　《菩提場莊嚴陀羅尼經》一卷，佛住廣博大園，因毘鈕達多婆羅門求子，爲説陀羅尼，種植一切善根，能滿一切意願。

出生無邊門陀羅尼經

智昇《開元釋教録》**卷九**　《出生無邊門陁羅尼經》一卷。

卷一二　《無量門微密持經》一卷，一名《成道降魔得一切智經》，吳月支優婆塞支謙譯，第一譯。

《出生無量門持經》一卷，或云《新微密持經》，東晉天竺三藏佛陁跋陁羅譯，第五譯。

《阿難陁目佉尼呵離陁經》一卷，或云《出無量門特經》，宋天竺三藏求那跋陁羅譯，拾遺編入，第六譯。

《無量門破魔陁羅尼經》一卷，或直云《破魔陁羅尼經》，宋西域沙門功德直共玄暢譯，第七譯。

《阿難陁目佉尼訶離陁隣尼經》一卷，元魏天竺三藏佛陁扇多譯，第八譯。

《舍利弗陁羅尼經》一卷，梁扶南三藏僧伽婆羅譯，第九譯。

《一向出生菩薩經》一卷，隋天竺三藏闍那崛多等譯，第十譯。

《出生無邊門陁羅尼經》一卷，大唐至相寺沙門釋智嚴譯，新編入録，第十一譯。

右八經同本異譯，《長房》等錄中覺賢經數，更有《新微密持經》一卷，即是《出生無量門持經》，是功德賢經數。復有《出無量門持經》一卷，即是《阿羅陁目佉尼呵離陁經》是，既是重載故，不別存，新舊十一譯，三譯闕本。

王古《大藏聖教法寶標目》卷四　《舍利弗陀羅尼經》，《出生無量門持經》，《無量門微密持經》，《無量門破魔陀羅尼經》，四經本同譯別。右佛爲十方海會菩薩說，是決定大乘一切功德甚深法藏，能滿一切願，有種種勝妙功德。

《阿難陀目佉尼呵離陀隣尼經》，《阿難陀目佉尼呵離陀經》，《出生無邊門陀羅尼經》，《向出生菩薩經》，四經本同譯別。右佛說此陀羅尼殊勝祕密微妙法門，能滿菩薩一切行大功德藏。阿彌陀佛往昔因地爲國王太子，聞是經已，奉持精進，七千歲中不睡，脇不至席，不念愛欲財寶，不問他事，常獨處止意不傾動。復爲教化世間人民，令八十億萬那行人皆得阿惟越致。

智旭《閱藏知津》卷一三　《佛說無量門微密持經》半卷，吳月支國優婆塞支謙譯咒，譯作華言。

《佛說出生無量門持經》半卷，東晉迦維羅衛國沙門佛陀跋陀羅譯咒，亦譯作華言。

《阿難陀目佉尼訶離陀隣尼經》，元魏北天竺沙門佛陀扇多譯。華梵雙具，止有四十八句。

《阿難陀目佉尼訶離陀經》，劉宋中天竺沙門求那跋陀羅譯，止有華言四十八句。

《佛說無量門破魔陀羅尼經》，劉宋天竺沙門功德直共玄暢譯。

《舍利弗陀羅尼經》，蕭梁扶南國沙門僧伽婆羅譯。

《出生無邊門陀羅尼經》，唐于闐國沙門釋智嚴譯，咒有八十九句。

《佛說出生無邊門陀羅尼經》，唐北天竺沙門大廣智不空譯。

已上八經並與前同本。

一切如來正法秘密篋印心陀羅尼經

楊億《大中祥符法寶錄》卷四　大乘經藏祕密部收。佛在摩誐陀國無垢園中說，因無垢妙月婆羅門於自舍中飦佛及僧，佛因適，中塗逢故塔廟乃放光明，普偏照耀，於其光中出聲讚佛。佛即繞塔，脫衣以覆，又以方便雨淚悲感。是時十方諸佛同時出現，亦各雨淚，塔中舍利現諸佛掌。時金剛手問塔因緣，佛言一切如來全身舍利在此塔中，正法心印陀羅尼乃至八萬四千法門悉從中出。佛因廣讚此陀羅尼有大功德，若受持者得成聖果。

王古《大藏聖教法寶標目》卷一〇　佛受無垢妙光婆羅門請，中路有大舊塔，如來旋繞供養，塔中諸佛全身舍利幷陀羅尼，能滅惡業，除惡鬼毒獸，究竟佛果。

智旭《閱藏知津》卷一二　宋北印土沙門施護譯。佛在摩竭提國，應無垢妙光婆羅門請，中路見一舊塔，旋遶供養，悲泣雨淚，十方諸佛亦皆雨淚，金剛手菩薩請問其故，佛乃說此心咒，勸人造塔供養。

無垢淨光大陀羅尼經

智昇《開元釋教錄》卷九　《無垢淨光大陁羅尼經》一卷，右一部一卷，其本見在。

沙門彌陁山，唐言寂友，覩貨邏國人也，幼小出家，遊諸印度，遍學經論，於楞伽俱舍最爲精妙，志弘像法，無悋鄉邦，杖錫而遊來臻皇闕，於天后代共實叉難陁譯《大乘入楞伽經》。後於天后末年共沙門法藏等譯《無垢淨光陁羅尼經》一部，譯畢進內辞帝歸邦，天后厚遺，任歸本國。

王古《大藏聖教法寶標目》卷四《無垢淨光大陀羅尼經》。

婆羅門七日當命終，墮大地獄，禮佛求救，佛爲說此延壽滅罪陀羅尼，令修古佛舍利壞塔，安此陀羅尼於輪橖中供養，得延壽滅罪，有種種儀法，橖塔中柱也，造塔當檢用。

智旭《閱藏知津》卷一三　《無垢淨光大陀羅尼經》一卷。唐覩貨邏國沙門彌陀山等譯。

佛在迦毘羅城精舍，劫比羅戰荼婆羅門七日後當命終，有善相師荅之，因恐懼來見佛。佛敕令修理古塔，念誦神咒，增長命根，生極樂國，乃至成佛，遂廣說造塔及咒法。

佛頂放無垢光明入普門觀察一切如來心陀羅尼經

楊億《大中祥符法寶録》卷四　《佛頂放無垢光明入普門觀察一切如來心陀羅尼經》一部二卷，大乘經藏祕密部收。佛在覩史天宮說，上卷所明佛爲梵釋天衆說六度法。時忉利天有一天子，名摩尼，藏無垢方受天樂，忽有藥叉名炬口，天謂言，七日汝當命終，墮於惡道。彼天即告帝釋，天主帝釋乃爲白佛求救。佛說神咒，令彼受持，獲免惡道。下卷所明此大神咒有勝功力，造塔安置，旋繞供養，依法所作，獲福無邊，復說無垢普門如來心咒等。

智旭《閱藏知津》卷一二　《佛頂放無垢光明入普門觀察一切如來心陀羅尼經》上下合卷，宋北印土沙門施護譯。

佛在覩史天宮說六波羅密法，有忉利摩尼，藏無垢天子被炬口天藥叉所警，謂七日後必定無常，惶怖求救於帝釋。帝釋領彼見佛，佛爲說二咒，并說夙緣，亦說壇法，又說持此咒者，此界命盡，猶如蛇蛻，即便往生安樂世界，不受胞胎，於蓮花中自然化生。

金剛光焰止風雨陀羅尼經

智昇《開元釋教録》卷九　《金剛光焰止風雨陁羅尼經》一卷。

王古《大藏聖教法寶標目》卷五　《金剛光焰止風雨陀羅尼經》，右說降伏諸惡毒龍，惡風暴雨，保護衆生及苗稼華果等，種種神咒加持法。

諸菩薩儀軌分部

聖觀自在菩薩心真言瑜伽觀行儀軌

智旭《閱藏知津》卷一五　《聖觀自在菩薩心眞言瑜伽觀行儀軌》，出《大毘盧□那成道經》。

先觀成本尊聖觀自在菩薩身，修諸咒印，次觀行布字法，令己身與本尊身如彼鏡像，不一不異。次思惟四字義等，此中所明事理，其文義最精顯可玩。

瑜伽蓮華部念誦法

圓照《大唐貞元續開元釋教録》卷三　《瑜伽蓮華部念誦法》一卷。

智旭《閱藏知津》卷一五　《瑜伽蓮華部念誦法》，唐北天竺沙門大廣智不空譯，亦觀自在觀門。

金剛恐怖集會方廣軌儀觀自在菩薩三世最勝心明王經

圓照《貞元新定釋教目録》卷一五　《觀自在菩薩最勝明王經》一卷，經內題云金剛恐怖集會方廣軌儀觀自在菩薩三世最勝心明王經序品第一。

智旭《閱藏知津》卷一四　《金剛恐怖集會方廣軌儀觀自在菩薩三世最勝心明王經》一卷。

序品第一，佛在寶峰大山宮殿，觀自在菩薩說心眞言及頭頂眼等，共十五眞言。成就事品第二，成就如意寶品第三，療一切病品第四，一切有情敬念品第五，義利成就品第六，成就軌儀品第七，普通成就品第八，成就心眞言品第九。

呪五首經

智昇《**開元釋教錄**》**卷八** 《呪五首經》一卷，見翻經圖，麟德元年正月日於玉華寺玉華殿譯，沙門大乘光筆受。

智昇《**開元釋教錄**》**卷一二** 《呪五首經》一卷，大唐三藏玄奘譯。出翻經圖，單重合譯。《呪五首》者，能滅諸罪，千囀陁羅尼呪一，六字陁羅尼呪二，七俱胝佛所說神呪三，隨一切如來意神呪四，觀自在菩薩隨心呪五。其千囀呪亦有別寫以爲一經，既在此中，故不別出。《大周錄》中分爲五經者非也。

王古《**大藏聖教法寶標目**》**卷四** 《呪五首經》，右奘法師譯。一千囀陀羅尼，二六字呪，三七俱胝佛呪，四一切如來隨心呪，五觀自在隨心呪。

千轉大明陀羅尼經

楊億《**大中祥符法寶錄**》**卷六** 《千轉大明陀羅尼經》一部一卷，大乘經藏祕密部收。佛在忉利天宮波利質多羅樹下，帝釋天主因以白佛，欲說是呪，佛勑許宣後復印可。若持誦者，能摧一切邪呪，邪法，息除一切病苦，災橫。

王古《**大藏聖教法寶標目**》**卷一〇** 《千轉大明陀羅尼經》，右帝釋天王對佛自說，此陀羅尼能除一切鬼神惱害，及病毒，軍衆，水火，惡獸，惡夢。

觀自在菩薩說普賢陀羅尼經

圓照《**大唐貞元續開元釋教錄**》**卷一** 《觀自在菩薩說普賢陁羅尼經》一卷。

智旭《**閱藏知津**》**卷一四** 《觀自在菩薩說普賢陀羅尼經》，唐北天竺沙門大廣智不空譯。

佛在靈鷲山，觀世音菩薩說一根本咒，一結界咒，一奉請咒。

《清淨觀世音菩薩普賢陀羅尼經》，唐大總持寺沙門釋智通譯。與上經同，而有畫像，入壇，受持法。

阿唎多羅陀羅尼阿嚕力經

智旭《**閱藏知津**》**卷一四** 《阿唎多羅陀羅尼阿嚕力經》一卷，佛在給孤獨園，觀自在菩薩說眞言曰，唵阿嚕力迦半音呼之娑嚩二合引訶引，此是一切蓮華部心。次說種種曼荼羅法，畫像法，護摩法，持者生極樂國。

六字神呪王經

智昇《**開元釋教錄**》**卷六** 《六字神呪王經》一卷，第二出與《六字呪王經》同本。

又卷一二 《六字呪王經》一卷，失譯，今附《東晉錄》，第一譯。《六字神呪王經》一卷，失譯。

右二經同本異譯。

王古《**大藏聖教法寶標目**》**卷四** 《六字呪王經》，《六字神呪王經》，右二經本同譯，別說滅一切惡毒呪厭延壽解難法。

佛說大護明大陀羅尼經

智旭《**閱藏知津**》**卷一三** 《佛說大護明大陀羅尼經》，宋中印土沙門法天譯。佛在沒哩際疏聚落往吠舍離城，說咒爲除災難。

聖六字增壽大明陀羅尼經

楊億《大中祥符法寶錄》卷八　《聖六字增壽大明陀羅尼經》一部一卷，大乘經藏祕密部收。佛在舍衛國祇樹給孤獨園說，此中所明阿難有疾，佛爲宣說六字大明，使令受持，消除疾苦。又復此明增益壽命，而此呪者，有六威德，大師同共宣說。又以呪言呪，綫繫患人手，令得安隱山，可令動海可使竭，說此呪明故，不虛妄也。

智旭《閱藏知津》卷一三　《聖六字增壽大明陀羅尼經》，宋北印土沙門施護譯。佛在祇園，阿難有病，佛詣彼，說咒救之。

佛說大乘莊嚴寶王經》四卷

楊億《大中祥符法寶錄》卷三　大乘經藏祕密部收。佛在舍衛國祇樹給孤獨園說，第一卷明觀自在菩薩現光瑞相，入大地獄，救度有情。第二卷明觀自在菩薩入金銀地中，示八聖道後證六字大明，獲揔持門，令諸有情斷貪瞋等。第三卷明佛爲除蓋鄣菩薩廣說觀自在菩薩諸三摩地。第四卷明六字大明有大勝力，若受持者速獲悉地。此揔意者，先顧觀音之神力，具彰利益之悲心。除蓋鄣伸請於前，薄伽梵廣明於後。宣六字之呪句，增益法成。現三密之靈通，悉地行滿。揔而言之，即祕密神通不思議之用也。上部中天竺梵本所出，三藏沙門天息災譯。【略】伏以此經理契上根，文詮妙義，莊嚴表德，祕密爲宗。究其道也，滅跡匿端。體其名也，入流亡所。慈心爰啓，乃咨善逝之尊。悲願聿興，遂見普門之力。廣設方便，以趣菩提，惟妙敎之傳，通賴聖朝之顯發。

王古《大藏聖教法寶標目》卷一〇　《莊嚴寶王經》四卷，右佛說觀自在菩薩，救阿毗地獄，極苦衆生及餓鬼等諸趣罪苦，六字神呪不可思議功德。

智旭《閱藏知津》卷一三　宋中印土沙門天息災譯。佛在舍衛國有無量菩薩及八部男女集會，從大地獄出大光明，徧照園中現大莊嚴，除蓋障菩薩請問因緣，佛爲說聖觀自在菩薩歷劫救苦之事及說所住種種三昧之名，又說身諸毛孔希有功德，普賢菩薩行十二年不得邊際，次求六字大明陀羅尼，并見波羅奈城法師，最後佛告阿難，具說伽藍中所造惡業，所招惡報，此亦生淨土之捷徑。

讚觀世音菩薩頌

智昇《開元釋教錄》卷九　《讚觀世音菩薩頌》一卷，見《大周錄》，右一部一卷，其本見在。沙門釋慧智，父印度人也，婆羅門種，因使遊此而生於智，少而精勤，有出俗之志。天皇時因長年婆羅門僧，奉勅度爲弟子，本既梵人，善閑天竺書語。又生唐國，復練此玉言音。三藏地婆訶羅提雲若那寶思惟等，所有翻譯，皆召智爲證兼令度語。智以天后長壽二年癸巳，於東都佛授記寺自譯《讚觀世音頌》一部。

又卷一三　《讚觀世音菩薩頌》一卷，大唐天后代佛授記寺沙門釋慧智譯。出《大周錄》，單本拾遺編入。

王古《大藏聖教法寶標目》卷八　《讚觀世音菩薩頌》，右讚淨聖種種功德。

聖觀自在菩薩一百八名經

楊億《大中祥符法寶錄》卷四　大乘經藏祕密部收。佛在補陀落迦山聖觀自在菩薩宮中說，此中所明觀自在菩薩具一百八名。若有聞者，無數劫中不墮惡趣，滅無間業，得宿命智，乃至圓諸辯才，獲妙聲相，臨終得生西方淨土等。【略】中天竺梵本所出，三藏沙門天息災。

王古《大藏聖教法寶標目》卷一〇　《聖觀自在一百八名經》，佛在補陀山觀自在宮宣說百八名，文皆眞言。

智旭《閱藏知津》卷一三　宋中印土沙門天息災譯。佛在補怛洛迦山說，持者亦生極樂世界。

千眼千臂觀世音菩薩陀羅尼神呪經

智昇《**開元釋教錄**》**卷八**《千眼千臂觀世音菩薩陁羅尼神呪經》二卷或一卷，貞觀中在內譯初出，與唐流忘《千眼千手身經》同本，沙門波崙代序。

智昇《**開元釋教錄**》**卷一二**《千眼千臂觀世音菩薩陁羅尼神呪經》二卷或一卷，大唐捴持寺沙門釋智通譯，拾遺編入，第一譯。

王古《**大藏聖教法寶標目**》**卷四**《千眼千臂觀世音菩薩陀羅尼神呪經》二卷，右唐貞觀中智通翻譯，旋懇祈徵應，感現聖證。此陀羅尼能滅罪，治病，降伏魔怨，滿足一切祈願。請雨，止雨，種種殊勝功德，有二十五種印呪法，大身呪，九十四句，與大悲心呪本別。

千手千眼觀世音菩薩姥陀羅尼身經

智昇《**開元釋教錄**》**卷九**《千手千眼觀世音菩薩姥陁羅尼身經》一卷第二出與唐智通譯二卷者同本，景龍三年夏於西崇福寺譯，弟子般若丘多助寧梵本。

智昇《**開元釋教錄**》**卷一二**《千手千眼觀世音菩薩姥陁羅尼身經》一卷或云《千臂千眼》，大唐南天竺三藏菩提流志譯，新編入錄，第二譯。

右二經同本異譯其初譯本貝業交錯，文少失次。

王古《**大藏聖教法寶標目**》**卷四**《千手千眼觀世音菩薩姥陀羅尼身經》，右二經本同譯別，觀世音說利益一切衆生持誦壇印，攝召降伏，除災增壽，能滿種種求願。日月蝕時呪蘇一百八偏，結印印蘇食，令人日誦萬偈。

千手千眼觀世音菩薩廣大圓滿無礙大悲心陀羅尼經

智昇《**開元釋教錄**》**卷八**《千手千眼觀世音菩薩》右一部一卷，其本見在。沙門伽梵達摩，唐云尊法，西印度人也。譯《千手千眼大悲心經》一卷，然題云西天竺伽梵達摩譯，不標年代，推其本末，似是皇朝新譯。但以傳法之士隨緣利見，出經流布，更適餘方。既不記年號，故莫知近遠，昇親問梵僧，云有梵本，既非謬妄，故載斯錄，準千臂經序，亦云智通共出。

智昇《**開元釋教錄**》**卷一二**《千手千眼觀世音菩薩廣大圓滿無礙大悲心陁羅尼經》一卷，大唐西天竺沙門伽梵達摩譯拾遺編，單本。

右此心經雖是單本，隨前身經編之於此。

智旭《**閱藏知津**》**卷一四**《千年千眼觀世音菩薩廣大圓滿無礙大悲心陀羅尼經》一卷。唐西天竺沙門伽梵達摩譯。佛在補陀洛迦山，觀世音菩薩於大會中密放神通光明，總持王菩薩請問於佛。佛云，是觀世音菩薩爲欲安樂衆生，故密放光。觀世音菩薩即啓白於佛，然後說呪，次爲大梵天王說呪，形貌相狀及修行法。佛又爲阿難說種種求願治病方法及略說四十手功德，日光菩薩月光菩薩亦各說一呪，護持行人。此即流通本大悲呪也，四明尊者依經設立行法，自宋至今，如說修者，效驗非一，所貴深信篤行，自修自證，倘涉世諦流布，則名盛而實衰矣，可不愼哉。

十一面神呪心經

智昇《**開元釋教錄**》**卷七**《十一面觀世音神呪經》一卷。

又卷八《十一面神呪心經》一卷見《內典錄》，第二出典周耶舍崛多等出者同本，顯度元年三月二十八日於大慈恩寺翻經院譯，沙門玄則筆受。

又卷一二《十一面觀世音神呪經》一卷，周宇文氏，天竺三藏耶舍崛多等譯，第一譯。《十一面神呪心經》一卷，大唐三藏玄奘譯出《內典錄》，第二譯。右二經與前《陁羅尼集經》第四卷《十一面神呪經》同本異譯，而《集經》中即法稍廣。

王古《**大藏聖教法寶標目**》**卷四**《十一面觀世音神呪經》，《十一面神呪心經》。二經與前《陀羅尼集經》第四卷《十一面神呪經》同本異譯，《集經》中印法廣備，此經觀世音說種種持呪，求願殊勝法。

如意輪陀羅尼經

智昇《開元釋教錄》卷九　《如意輪陁羅尼經》一卷第四出，與實叉難陁等出者同本，此法稍具，景龍三年夏於西崇福寺譯，弟子般若丘多助宣梵本。

又卷一二　《觀世音菩薩秘密藏神呪經》一卷，大唐天后代于闐三藏實叉難陁譯新編入錄，第一譯。

《觀世音菩薩如意摩尼陁羅尼經》一卷，大唐天竺三藏寶思惟譯新編入錄，第二譯。

《觀自在菩薩如意心陁羅尼呪經》一卷，大唐三藏義淨譯新編入錄，第三譯。

《如意輪陁羅尼經》一卷，大唐天竺三藏菩提流志譯新編入錄，第四譯。

右四經同本異譯上四本經雖有廣略，據其梵本，並譯未盡，義淨出者其法最略。

又卷一九　《如意輪陁羅尼經》一卷。

智旭《閱藏知津》卷一四　《如意輪陀羅尼經》一卷，此經出《大蓮華金剛三昧耶加持秘密無障礙經》唐南印度沙門菩提流志譯。

序品第一，《破業障品》第二，《誦念法品》第三，《印法品》第四，共三十印，《壇法品》第五，《佩藥品》第六，《含藥品》第七，《眼藥品》第八，《護摩品》第九，《囑累品》第十。

《觀世音菩薩秘密藏神呪經》，唐于闐國沙門實叉難陀譯。

《觀世音菩薩如意摩尼陀羅尼經》，唐迦濕密羅國沙門寶思惟譯，二經並與上同而稍略。

《觀自在菩薩如意心陀羅尼咒經》，唐大薦福寺沙門釋義淨譯。亦即前經第一品也，此咒即流通十小咒中第一首。

王古《大藏聖教法寶標目》卷四　《如意輪陀羅尼經》，唐三藏菩提流支譯。右四經本同譯別，誦者除災集福，消罪愈病，五無間業皆得清淨，百千種願悉得如意，降伏鬼神，見佛菩薩資具豐足色力安盛，種種呪藥護摩等法。

觀自在如意輪菩薩瑜伽法要

智昇《開元釋教錄》卷九　《金剛頂瑜伽中略出念誦法》四卷亦云經《金剛頂經曼殊室利菩薩五字心陁羅尼品》一卷，《觀自在如意輪菩薩瑜伽法要》一卷上三經並出梵本《金剛頂經》，撮要抄譯，非全部也。

又卷一二　《觀自在如意輪菩薩瑜伽法要》一卷，大唐南天竺三藏金剛智譯。

王古《大藏聖教法寶標目》卷五　《觀自在如意輪菩薩瑜伽法要》，右說種種印呪求願修行法。

不空羂索神變真言經

智昇《開元釋教錄》卷九　《不空羂索神變眞言經》三十卷當第四出，舊譯單卷者，即是此經初品，神龍三年夏於西崇福寺譯，弟子般若丘多助宣梵本，至景龍三年卷功畢。

王古《大藏聖教法寶標目》卷四　《不空羂索神變眞言經》三十卷，右佛在補陀洛山，與九十九億俱胝大菩薩及天龍八部居。觀世音菩薩說是神呪，是一切諸佛菩薩大寶光聚。若造極惡業，應墮阿毗地獄，經無數劫，受無間苦，能懺悔持誦，罪悉得滅。不墮地獄，唯五逆罪現世輕受病苦，何況淨信輕罪受持無不成就，若種種災厄怖畏惡夢不祥悉得消滅，有無量殊勝利益，壇場手印，持誦祈願，呪藥治病，降伏攝召，諸天種種神變及求佛菩薩天神龍女藥精現身等法。

不空羂索神呪心經

智昇《開元釋教錄》卷七　《不空羂索呪經》一卷。

王古《大藏聖教法寶標目》卷四　《不空羂索神呪心經》，奘法師譯。

右二經本同譯別，說持誦者獲種種殊勝功德，呪藥治病，除災滅業，種種求願等法。本經後序云，此經者，三際種智之格言，十地證眞之極趣也，裂四魔之徧罟，折六師之邪幢，運諸子之安車，詣道場之夷路者也。印度諸國咸稱爲如意神珠名不空者，謂擲羂取獸，時或索空，玆教動桴罔不玄應，故爾。

葉衣觀自在菩薩經

智昇《開元釋教錄》卷二〇　《葉衣觀自在菩薩經》一卷。

智旭《閱藏知津》卷一四　《葉衣觀自在菩薩經》，佛住極樂世界，金剛手菩薩啓請觀世音菩薩說葉衣觀自在菩薩陀羅尼。

王古《大藏聖教法寶標目》卷九　《葉衣觀自在菩薩經》，右皆說持誦祈願種種法。

佛說大方廣曼殊室利經

智昇《開元釋教錄》卷二〇　《大方廣曼殊室利經》一卷。

王古《大藏聖教法寶標目》卷九　《大方廣曼殊室利經》，右說持呪，畫像，印壇，祈願等法。

智旭《閱藏知津》卷一四　《佛說大方廣曼殊室利經觀自在菩薩受記品》第一　一卷唐北天竺沙門大廣智不空譯。

世尊復徧觀察淨居天宮，讚歎觀自在菩薩授成佛記。觀自在菩薩頂禮佛足，讚如來已，還就本座，入普光明多羅三昧，從右目童放光，流出妙女，普告衆生誓度苦海，徧遊世界。還至佛所，禮觀自在，持青蓮華，瞻仰而住。觀自在菩薩乃說偈說呪。

《曼荼羅品》第二，《畫像品》，第二《畫像品》，發遣聖者陀羅尼，一髻羅刹陀羅尼能令用功少成就疾，亦是多羅菩薩使者。

《佛說大方廣曼殊室利經觀自在多羅菩薩儀軌經》，即前經重出。

觀自在菩薩隨心呪經

智昇《開元釋教錄》卷一二　《觀自在菩薩隨心呪經》一卷亦云《多唎心經》大唐揔持寺沙門釋智通譯新編入錄。

右此《觀自在隨心呪》，前《呪五首經》及《雜呪經》中《觀世音初隨心呪》，幷《集經》第五，並先譯出，故編於此。

王古《大藏聖教法寶標目》卷四　《觀自在菩薩隨心呪經》，右觀音說是呪有不可思議威力，多所饒益，怨對惡障巧畏一切皆息，能滿種種求願等法。

讚揚聖德多羅菩薩一百八名經

楊億《大中祥符法寶錄》卷四　《讚揚聖德多羅菩薩一百八名經》一部一卷，大乘經藏祕密部收，析出別譯。此中所明金剛手菩薩請問觀自在菩薩，自說一百八名稱揚多羅菩薩具大聖德。多羅菩薩者，即觀自在也。其一百八名，只以梵言成讚，不翻文義。

王古《大藏聖教法寶標目》卷一〇　《讚揚聖德多羅菩薩一百八名經》，右說觀自在一百八名眞言，持者如意消災增福。

智旭《閱藏知津》卷一五　《讚揚聖德多羅菩薩一百八名經》，宋中印土沙門天息災譯。前後皆有偈，持者亦得生極樂。

廣大蓮華莊嚴曼拏羅滅一切罪陀羅尼經

王古《大藏聖教法寶標目》卷一〇　《廣大蓮華莊嚴曼拏羅滅一切罪陀羅尼經》，右梵壽王入寺，悞戴佛頂華鬘頭疼，佛令觀自在說眞言及幀法持誦法，所有破用常住財物，一切過罪，悉皆除滅，及說無憂皇后嫉妬果報事。

智旭《閱藏知津》卷一四 《廣大蓮華莊嚴曼拏羅滅一切罪陀羅尼經》，宋北印土沙門施護譯。佛在鹿野苑中，梵壽國王偶至一寺，寺僧用佛頂華鬘迎之。王受戴頭上，忽然頭痛，醫不能療。其妹勸令見佛，佛說其故，且先說妹等夙緣，次有大意菩薩請問用常住物果報。佛言，決墮阿毘地獄，又問救濟之方，佛乃三請觀自在菩薩說咒，幷請說畫像，念誦及曼拏羅儀軌。

大樂金剛薩埵修行成就儀軌

圓照《大唐貞元續開元釋教錄》卷上 《大樂金剛薩埵修行成就儀軌》一卷。

智旭《閱藏知津》卷一五 《大樂金剛薩埵修行成就儀軌》出《吉祥勝初教王瑜伽經》爲令菩薩不受勤苦，安樂相應，以妙方便速疾成就，故說。

金剛頂瑜伽他化自在天理趣會普賢修行念誦儀軌

圓照《貞元新定釋教目錄》卷一 《金剛頂瑜伽他化自在天理趣會普賢修行念誦儀軌》一卷，此一卷元進數中元欠者。

智旭《閱藏知津》卷一五 《金剛頂瑜伽他化自在天理趣會普賢修行念誦儀》，禮四佛，修慈悲喜捨等，顯普賢身智。

佛說普賢菩薩陀羅尼經》二卷

楊億《大中祥符法寶錄》卷五 大乘經藏祕密部收，析出別譯。此明普賢菩薩於一眞界現無數身，猶若塵沙徧一切刹，諸佛摩頂，勸讚普賢，今說佛母最上神呪，於是放光宣說明句，若修行者依法誦持，得入普賢門，圓成種智果。

王古《大藏聖教法寶標目》卷一〇 《普賢陀羅尼經》，持者能枯竭煩惱，值遇諸佛，成就一切智。

智旭《閱藏知津》卷一三 宋中印土沙門法天譯，普賢菩薩入三昧，一切佛摩頂讚之，乃放光說咒。

最上大乘金剛大教寶王經

楊億《大中祥符法寶錄》卷八 《最上大乘金剛大教寶王經》一部二卷，大乘經藏祕密部收。佛在廣嚴城菴羅樹園說，上卷所明佛放大光，踰於日月，阿難請問此光因緣，佛即爲說，時有天子，名印㮈囉部帝，欲聞深法，佛乃爲其宣說四種最上之法，謂聲聞，緣覺，二乘，方廣，大乘，最上金剛大乘等。聞者必獲無生法忍。下卷所明佛勅金剛手菩薩觀彼天子發誠諦心，欲請菩薩宮中供養。時金剛手菩薩應機赴請，因爲廣說大乘祕密甚深之法，欲令王等證無生忍。復有沙門婆羅門等，及四印度王悉集宮中，隨喜聽法，是時菩薩於六年中王宮說法示教，既終，隱身不現。此之大旨者通標四乘，具包衆法，攝祕密甚深之義，入瑜伽解脫之門，二諦融明，三空互入，祕密主應機設法，印度王證悟無生，理致淵微，教乘彰顯，寔曰最上大乘祕門相應法中深旨者也。

王古《大藏聖教法寶標目》卷一〇 《最上大乘金剛大教寶王經》二卷。佛爲印㮈囉部帝王說四種乘及說夙因，今金剛手菩薩爲王說金剛大乘。

智旭《閱藏知津》卷一四　《最上大乘金剛大教寶王經》上下合卷宋中印土沙門法天譯。

佛在廣嚴城，口放光明，印㮈羅部帝天子請法，佛先爲說往緣，次敕金剛手菩薩授以祕法，兼說弟子八事及二諦等。

大乘金剛髻珠菩薩修行分

智昇《開元釋教錄》卷九　《大乘金剛髻珠菩薩修行分》一卷見《大周錄》，亦名《金剛髻菩薩加行品》，是《花嚴眷屬經》，長壽二年於大周東寺譯。

又卷一一　《大乘金剛髻珠菩薩修行分》一卷亦名《風髮菩薩加行品》大唐天后代天竺三藏菩提流志譯出《大周錄》單本。

王古《大藏聖教法寶標目》卷二　《大乘金剛髻珠菩薩修行分》，右說佛於往昔經無量劫承事諸佛，修習法門。

智旭《閱藏知津》卷一一　《大乘金剛髻珠菩薩修行分經》一卷唐南印度沙門菩提流志譯。

普思義菩薩請問，云何修行悟入此三摩地。佛爲說，往昔金剛髻珠王化生悉陀太子，於法界摩尼山日光明王佛所聞此法界繒髻與金剛如來心品三摩地已，經無量劫常憶念之，未曾忘失。次明聞經之福，次荅外道苦行所招惡果，檢校人錯用僧物所招惡果，不敬師長所招惡果，十惡所招惡果，不從師受三摩耶法自作法咒所招惡果，普思義以偈重宣其義。

聖金剛手菩薩一百八名梵讚

楊億《大中祥符法寶錄》卷一七　《聖金剛中菩薩一百八名梵讚》一部一卷。以百八名爲二十會，顯金剛手功德勝能，揔於五部爲祕密主，以是梵言讚彼功德，令諸衆生讚誦獲福，其準詔入藏，見至道元年十月。

智旭《閱藏知津》卷一五　《聖金剛手菩薩一百八名梵讚》，宋中印土沙門法賢譯。共二十會，純是梵語。

虛空藏菩薩能滿諸願最勝心陀羅尼求聞持法

智昇《開元釋教錄》卷九　《虛空藏菩薩能滿諸願最勝心陁羅尼求聞持法》一卷出梵本《金剛頂經》《成就一切義品》，略譯少分。

智旭《閱藏知津》卷一四　《佛說虛空藏菩薩能滿諸願最勝心陀羅尼求聞持法》出《金剛頂經》《成就一切義品》唐中印土沙門輪迦波羅譯。佛從諸波羅密平等三摩地起，說咒并壇法印法。

聖虛空藏菩薩陀羅尼經

楊億《大中祥符法寶錄》卷四　《聖虛空藏菩薩陀羅尼經》一部一卷，大乘經藏祕密部收。佛在喜樂山頂天宮不遠仙人住處說，此中所明七佛聖尊各說神呪，彰祕密言，除疾疫苦。若受持者，當作護摩，決定速能獲諸悉地。

王古《大藏聖教法寶標目》卷一〇　《聖虛空藏菩薩陀羅尼經》，右佛在喜樂山，二比丘爲部多所執，身有疾病，虛空藏菩薩請問，佛集七佛及虛空藏各說明呪，除病去災，延壽命法。

智旭《閱藏知津》卷一三　《聖虛空藏菩薩陀羅尼經》，宋中印土沙門法天譯。二比丘裸形叫喚，虛空藏問佛，佛召七佛各說一咒，虛空藏亦說一咒，亦與上經同。

持世陀羅尼經

智昇《開元釋教錄》卷八　《持世陁羅尼經》一卷見《內典錄》，永徽五年十月十日於大慈恩寺翻經院譯，沙門神察筆受。

王古《大藏聖教法寶標目》卷五　《持世陀羅尼經》右說持誦神呪，貧之者，富疾病者，安罪障者，消除危懼者，安樂。

王古《大藏聖教法寶標目》卷一〇　《持世陀羅尼經》，佛因持世菩薩問，說陀羅尼并壇印法，求富貴及耕種等諸願。

智旭《閱藏知津》卷一三　《佛說持世陀羅尼經》，唐大慈恩寺沙門釋玄奘譯。佛在建傑迦林，妙月長者諸問除貧愈病滅罪安危之法，佛爲說陀羅尼。

佛說大乘聖吉祥持世陀羅尼經

楊億《大中祥符法寶錄》卷三　《大乘聖吉祥持世陀羅尼經》一部一卷，三藏沙門法天譯，大乘經藏祕密部收。佛在憍睒彌國大棘林中，爲妙月長者等說，此中所明顯祕密言有殊勝力，聞持讀誦，見招富樂之世財，解釋宣通，當感吉祥之勝福。因妙月之請問，命阿難以證成持益世財，故名持世。

聖持世陀羅尼經

楊億《大中祥符法寶錄》卷四　《聖持世陀羅尼經》一部一卷，大乘經藏祕密部收，析出別譯。此中所明，是陀羅尼有大功力，能作一切勝成就事，乃至廣說儀軌行相觀想法門等。

智旭《閱藏知津》卷一三　《聖持世陀羅尼經》，宋北印土沙門施護譯。先說持法，次說諸呪諸印。

佛說大乘八大曼拏羅經

王古《大藏聖教法寶標目》卷一〇　《大乘八大曼拏羅經》，右佛爲寶藏月光菩薩說作八大曼拏羅，持誦八大菩薩根本心大明。

智旭《閱藏知津》卷一三　《大乘八大曼荼羅經》，宋中印土沙門法賢譯。佛在補陀落迦山，寶藏月光菩薩請說，先於中心安佛，次安八大菩薩，所謂觀自在慈氏虛空藏普賢金剛手曼殊室哩除蓋障地藏，共有九呪。

佛說持明藏瑜伽大教尊那菩薩大明成就儀軌經

智旭《閱藏知津》卷一五　《佛說持明藏瑜伽大教尊那菩薩大明成就儀軌經》四卷，今作二卷龍樹菩薩於持明藏略出，宋中印土沙門法賢譯。大明成就分第一，觀智成就分第二，造幀像分第三，作曼拏羅法分第四，護摩法分第五，持誦法分第六，即持準提咒法也。

六字神呪經

智昇《開元釋教錄》卷九　《六字神呪經》一卷或云《六字呪法經》，第四出，長壽二年於佛授記寺譯。

又卷一二　《六字神呪經》一卷或云《六字呪法》大唐天后代天竺三藏菩提流志譯，新編入錄第四譯。右一經與上《集經》第六卷中《文殊師利菩薩呪法》及《呪五首經》、《六字陁羅尼》，并《雜呪》中《六字陁羅尼呪》同本異譯。

王古《大藏聖教法寶標目》卷四　《六字神呪經》，右與前《集經》第六卷中《文殊呪》及《呪五首》同《雜呪》。

曼殊室利菩薩呪藏中一字呪王經

智昇《開元釋教錄》卷九　《曼殊室利菩薩呪藏中一字呪王經》一卷

第二出，與寶思惟出者同本，長安三年十月四日於西明寺譯。

又卷一二 《文殊師利根本一字陁羅尼經》一卷亦名《一字呪王經》大唐天后代天竺三藏寶思惟譯。新編入錄，第一譯。

《曼殊室利菩薩呪藏中一字呪王經》一卷，大唐天后代三藏義淨譯新編入錄，第二譯右二經同本異譯。

王古《大藏聖教法寶標目》卷四 《文殊師利根本一字陀羅尼經》，《曼殊室利菩薩呪藏中一字呪王經》，二經同本異譯。佛說此呪守護衆生，一切如來祕密心大神呪王，更無過者，有大神力，文殊常來擁護。此呪尚能攝得文殊，況餘賢善。能消一切災障，惡夢怨敵，五逆四重十惡罪業一切不祥，能成辦一切善事，滿一切願，二徧護同伴，三徧護一宅，四徧護一城，五徧護一國及說呪種種藥病等法。

文殊師利寶藏陀羅尼經

智昇《開元釋教錄》卷九 《文殊師利寶藏陁羅尼經》一卷景龍四年於西崇福寺譯，弟子般若丘多助宣梵本。

智旭《閱藏知津》卷一四 《文殊師利寶藏陀羅尼經》一卷，亦名《文殊師利菩薩八字三昧法》唐南印度沙門菩提流志譯。

佛在淨居天，光照文殊頂。文殊復以光照金剛密迹主頂，金剛請問，法滅之後，云何文殊廣利衆生？佛言，當於東北方大振那國五頂山，遊行居住，有秘密心呪，幷畫像壇印等法。先說十八大陀羅尼，次說八字秘密心陀羅尼曰，唵阿末囉吽卻唽囉，次說畫像法壇法印法。

文殊所說最勝名義經

智旭《閱藏知津》卷一五 《文殊所說最勝名義經》上下合卷宋西夏沙門金總持等譯。此與經部內《佛說最勝妙吉祥根本智最上秘密一切名義三摩地分》相同，而最初歸命文殊及金剛手，似即觀彼經以成行法，故仍從彙目，入儀軌中。

大方廣菩薩藏文殊師利根本儀軌經

智旭《閱藏知津》卷一四 《大方廣菩薩藏文殊師利根本儀軌經》二十卷，南作十二卷，北作十卷宋中印土沙門天息災譯。

序品第一，佛住淨光天上，放眉間光，照於開華世界，開華主佛所妙吉祥童子，令來會中，彼佛先爲說三眞言。次來至釋迦佛會，入於三昧，普召一切佛菩薩等同來集會，妙吉祥略說眞言行義法句，從一法乃至八法。《菩薩變化儀軌品》第二，《曼拏羅儀則品》第三，上品《幀像儀則品》第四，中品《幀像儀則品》第五，下品《幀像儀則品》第六，第四《幀像儀則品》第七，第一《成就最上法品》第八，第二《成就最上法品》第九，第三《成就最上法品》第十，第四《淨行觀想護摩成就法品》第十一，《數珠儀則品》第十二，一金剛子，二印棕囉子，三菩提子，四槵子。西枝北枝東枝者皆好，唯南枝者，決不可用。《護摩品》第十三，《曼拏羅成就法大輪一字明王畫像儀則品》第十四，《一切法行義品》第十五，《法義品》第十六，《隨業因果品》第十七，《陰陽善惡徵應品》第十八，《略說大輪一字品》第十九，《略說一字大輪王畫像成就品》第二十，《一字根本心眞言儀則品》第二十一，《妙吉祥心麼字唵字成就法儀則品》第二十二，《妙吉六字心眞言品》第二十三，《地位時節儀則品》第二十四，《執魅者儀則品》第二十五，《如來藏大法寶法界相無數功德祥瑞品》第二十六，《生無量功德果報品》第二十七，《說印儀則品》第二十八，經文未盡。

金剛手光明灌頂經最勝立印聖無動尊大威怒王念誦儀

圓照《大唐貞元續開元釋教錄》卷上 《金剛手光明灌頂經最勝立印聖無動尊大威怒王念誦儀軌法品》一卷。

智旭《閱藏知津》卷一四 《金剛手光明灌頂經最勝立印聖無動尊大威怒王念誦儀軌法品》，唐北天竺沙門大廣智不空共徧智譯。金剛手菩薩說，聖者無動心及立印結界護摩等法。

底哩三昧耶不動尊威怒王使者念誦法

智旭《閱藏知津》卷一二 《底哩三昧耶不動尊威怒王使者念誦法》一卷唐北天竺沙門大廣志不空譯。佛爲執金剛說念誦悉底哩眞言，成就事業法。

聖閻曼德迦威怒王立成大神驗念誦法

圓照《大唐貞元續開元釋教錄》卷上 《聖閻曼德迦威怒王立成大神驗念誦法》一卷。

智旭《閱藏知津》卷一四 《聖閻曼德迦威怒王直成大神驗念誦法》，唐北天竺沙門大廣智不空譯。佛於淨居天宮，命文殊師利菩薩說威怒王勝根本眞言。

聖迦抳忿怒金剛童子菩薩成就儀軌經

圓照《大唐貞元續開元釋教錄》卷上 《聖迦抳忿怒金剛童子菩薩成就儀軌經》三卷。

智旭《閱藏知津》卷一四 《聖迦抳忿怒金剛童子菩薩成就儀軌經》三卷，北作二卷，出《蘇悉地經》大明王教中第六品唐北天竺沙門大廣智不空譯。金剛手菩薩已說蘇悉地諸眞言軌則律儀教法，又爲未來國王正法治國，生清淨信，尊敬三寶者，又爲外道不信因果毁謗三寶者，說息災增益愛敬降伏等法，令知佛法有大威德神通自在，知諸菩薩具一切智，是故說此無比大威德聖迦抳忿怒之法。

聖無能勝金剛火陀羅尼經

楊億《大中祥符法寶錄》卷五 大乘經藏祕密部收。佛在妙高山寶峯樓閣中說，一時天龍八部爲大力聖者作諸恐怖，俱來佛所，說怖畏事，佛勑金剛手菩薩說金剛火祕密神呪與作救護，普令安慰，後復隨宜廣爲宣說四諦、緣生、十度之法，令其知法者離著趣眞也。【略】中天竺梵本所出，右經三藏沙門法天譯。

王古《大藏聖教法寶標目》卷一〇 《聖無能勝金剛火陀羅尼經》，佛在妙高峯法會，有天龍夜叉等爲大力聖者降伏而來，唱言怖畏，佛勑金剛手說安慰陀羅尼。

智旭《閱藏知津》卷一二 佛在妙高山敕金剛手菩薩說咒，安慰天龍夜叉等。

佛說妙吉祥瑜伽大教金剛陪囉嚩輪觀想成就儀軌經

智旭《**閱藏知津**》**卷一四**　《佛說妙吉祥瑜伽大教金剛陪囉嚩輪觀想成就儀軌經》一卷宋中印土沙門法賢譯。曼拏羅分第一，一切成就法分第二，觀想分第三，畫像儀軌分第四，護摩法分第五，觀想成就分第六。

佛說出生一切如來法眼遍照大力明王經

智旭《**閱藏知津**》**卷一二**　《佛說出生一切如來法眼徧照大力明王經》，宋中印土沙門法護譯。世尊在摩訶母質隣那山大寶樓閣中說一咒，又說一咒。魔王恐怖，欲興惱害。金剛手現身降之，復說一咒，又說無量勇猛力眞言。次說壇法，次魔王歸命。次須菩提問受持法，佛又說一咒，次文殊師利問緣行無常之義，次觀世音及秘密主各問此經名義。

毘沙門天王經

智昇《**開元釋教錄**》**卷五**　《毗沙門天王經》一卷。

智旭《**閱藏知津**》**卷六**　《毘沙門天王經》，唐北天竺沙門大廣智不空譯。與前經第十二品多聞天王如意寶珠咒法同。

佛說大吉祥天女十二名號經

智旭《**閱藏知津**》**卷一三**　《佛說大吉祥天女十二名號經》，佛住極樂世界爲觀自在菩薩說，此咒能除貧窮一切不祥。

大吉祥天女十二契一百八名無垢大乘經

圓照《**大唐貞元續開元釋教錄**》**卷下**　《大吉祥天女經》一卷經內題云《佛說大吉祥天女十二契一百八名無垢大乘經》。

圓照《**貞元新定釋教目錄**》**卷二二**　《大吉祥天女經》一卷經內題云《佛說大吉祥天女十二契一百八名無垢大乘經》大興善寺三藏沙門大廣智不空奉詔譯，貞元新入目錄。

智旭《**閱藏知津**》**卷一三**　《佛說大吉祥天女十二契一百八名無垢大乘經》，唐北天竺沙門大廣智不空譯。佛住安樂世界向無畏觀自在菩薩，說三十八吉祥如來名號，及十二契一百八名無垢讚歎眞言。

無能勝大明王陀羅尼經

楊億《**大中祥符法寶錄**》**卷四**　大乘經藏祕密部收，析出別譯。此中所明顯茲神呪有大力能，能勝於他，他無能勝，神通智用，彰持誦之深功、祕密靈光，入瑜伽之妙理。【略】中天竺梵本所出，三藏沙門施護譯。

王古《**大藏聖教法寶標目**》**卷一〇**　佛說陀羅尼，爲人天作諸利樂，一切障礙及鬼神暴惡無能破壞。

末利支提婆華鬘經

圓照《**貞元新定釋教目錄**》**卷一五**　《末利支提婆華鬘經》一卷。

王古《**大藏聖教法寶標目**》**卷九**　《末利支提婆華鬘經》，右佛說末利支天常在日前行，日不見彼，彼能見日，王難賊難，行路曠野，晝夜水火鬼難毒難中救護衆生，印壇持誦，滿種種願，鬼蠱蟲蛇種種瘡病解厄，求財，除睡，縛賊等法。

智旭《閱藏知津》卷一四 《佛說末利支提婆華鬘經》一卷唐北天竺沙門大廣智不空譯，佛在祇園，因舍利子問，故說。

佛說大摩里支菩薩經

智旭《閱藏知津》卷一四 《佛說大摩里支菩薩經》七卷，南作五卷，北作四卷宋中印土沙門天息災譯。佛在給孤獨園，先爲苾芻說菩薩名及咒，次說種種護摩儀軌。

大藥叉女歡喜母并愛子成就法

圓照《大唐貞元續開元釋教錄》卷上 《大藥義女歡喜母并愛子成就法》一卷。

智旭《閱藏知津》卷一四 《大藥叉女歡喜母并愛子成就法》，佛在竹林，大藥叉女名歡喜者，說自心陀羅尼及愛子陀羅尼成就法，饒益有情。

佛說穰麌梨童女經

智旭《閱藏知津》卷一四 《佛說穰麌梨童女經》，唐北天竺沙門大廣智不空譯。佛在祇園，爲苾芻說香醉山童女所宣陀羅尼，能治世間一切諸毒。

佛說聖寶藏神儀軌經

楊億《大中祥符法寶錄》卷五 大乘經藏祕密部收。佛在楞伽國說，上卷所明如來普爲諸大菩薩宣說寶藏夜叉神王根本大明及彼印相，下卷通明諸部呪句，建壇法用供養軌儀，乃至所修持誦次第，依法作者，一切成就。

王古《大藏聖教法寶標目》卷一〇 佛說眞言印等儀軌，持者得財寶，人所愛重，乃至成佛。

智旭《閱藏知津》卷一五 宋中印土沙門法天譯，明求者得大富，饒益有情，及成就牟尼一切事。

摩登伽經

智昇《開元釋教錄》卷二 《摩登伽經》三卷見《法上錄》，與支謙共出，與舍頭諫經等同本，或二卷，第四譯。

王古《大藏聖教法寶標目》卷七 《摩登女經》，《摩登女解形中六事經》，《摩登伽經》三卷，《舍頭諫經》。四經本同譯別，前二經但是後經一品。說摩登女慕阿難欲以爲夫，佛爲說法受度及說其本因地，有二十八宿等占候災禍種種法。

智旭《閱藏知津》卷三〇 《摩登伽經》二卷吳天竺沙門竺律炎共支謙譯。

《度性女品》第一，說一咒護阿難，又說六句神咒。《明往緣品》第二，帝勝伽欲聘蓮華實女爲息。《示眞實品》第三，破五祠邪，示眞菩提法。《衆相問品》第四，帝勝伽說三章二十一句咒，三章八句咒。《說星圖品》第五，說二十八宿事。《觀災祥品》第六之一，說人生所逢星紀善惡之相，六之二說月在衆星所應爲事及地動等吉凶。《明時分別品》第七，說四時晝夜長短等法及出古今夙習因緣。

《舍頭諫經》一卷西晉月支國沙門竺法護譯。此云虎直，阿難昔名也，即摩登伽經異出。

《摩鄧女經》，後漢安息國沙門安世高譯。爲此女說眼鼻口耳聲步不淨而證果。

《摩鄧女解形中六事經》，附東晉錄。同上二經皆《摩登伽經》第一品異出。

舍頭諫經

道宣《**大唐内典錄**》**卷七**　《舍頭諫經》二十六紙一名太子二十八宿經，一名《虎耳太子經》西晉永嘉年竺法護譯。

智昇《**開元釋教錄**》**卷一三**　《舍頭諫經》一卷一名《太子二十八宿經》一名《虎耳經》西晉三藏竺法護譯。第四譯

智旭《**閲藏知津**》**卷三〇**　《舍頭諫經》一卷西晉月支國沙門竺法護譯。此雲虎直阿難，昔名也。即《摩登伽經》異出。

佛說鬼子母經

智昇《**開元釋教錄**》**卷一三**　《鬼子母經》一卷，《僧祐錄》云安公失譯經今附《西晉錄》。

智旭《**閲藏知津**》**卷三〇**　失譯人名，附《西晉錄》。鬼子母喜盜食人間兒子，佛令比丘取其多子藏之，化令見佛受法，立願保護世間。

除一切疾病陀羅尼經

智昇《**開元釋教錄**》**卷二〇**　除一切疾病陀羅尼經》一卷。

王古《**大藏聖教法寶標目**》**卷九**　《除一切疾病陀羅尼經》。佛說陀羅尼，除宿食不消，霍亂風黃，痰癊痔瘻，淋瀝上氣，嗽瘧寒熱，頭痛著鬼，悉得除差。

智旭《**閲藏知津**》**卷一四**　《佛說除一切疾病陀羅尼經》，唐北天竺沙門大廣智不空譯。佛在給孤獨園向阿難說。

能淨一切眼疾病陀羅尼經

圓照《**貞元新定釋教目錄**》**第二九**　《能淨一切眼陁羅尼經》一卷，經内題云《能淨一切眼疾病陁羅尼經》，貞元新入目錄，大興善寺三藏沙門大廣智不空奉詔譯。

王古《**大藏聖教法寶標目**》**卷九**　《能淨一切眼疾病陀羅尼經》，右佛說此陀羅尼，令眼無垢，翳一切疾病。

大吉義神呪經

智昇《**開元釋教錄**》**一二**　《大吉義神呪經》二卷或四卷元魏昭玄統沙門釋曇曜譯出《法上錄》。

王古《**大藏聖教法寶標目**》**卷五**　《大吉義神呪經二卷》。佛說結呪界法擁護衆生，辟卻摧伏一切惡毒鬼神羅刹夜叉等，并種種求願法，諸天龍王各各說降伏惡毒利益衆生呪法。

大方等陀羅尼經

智昇《**開元釋教錄**》**卷四**　《大方等陁羅尼經》四卷或無大字，一名《方等檀持陁羅尼經》，或直云《檀持陁羅尼經》，見竺道祖《晉世雜錄》及《僧祐錄》

右一部四卷其本見在。

沙門釋法衆，高昌郡人，亦以永安年中於張掖爲河西王蒙遜譯《大方等陁羅尼經》一部《寶唱錄》云，在高昌郡譯，未詳孰是。

王古《大藏聖教法寶標目》卷四　《大方等陀羅尼經》四卷，右佛言，我去世後此《方等經》在閻浮提如日月照明世間，衆生遭恩得見四方，能滅一切大罪業報。身有白癩，一心懺悔，若不除差，無有是處。此是一切衆生之大珍寶，能令衆生得究竟樂，四重五逆佛海死屍，依小乘經，如斷多羅樹畢竟不生，無懺悔處。依大乘經，聽許洗浣，此經如呪枯生果，如死者還生，如囚聞赦，如病得醫，如貧得寶，如行到家。經云，於一劫中教化一切令登補處，格其功德，不及香華供養。此經功德，況能依法修行者耶？經中詳説修懺行道滅罪增壽善惡夢應種種事相，南岳思禪師七載修行，遂淨六根。天台智者，《方等三昧行法》一卷，説修行此法，至詳至妙。

智旭《閱藏知津》卷一二　《大方等陀羅尼經》四卷北涼高昌郡沙門釋法衆譯。

初分第一，佛在祇林爲文殊師利唱摩訶袒持等諸陀羅尼名，大衆獲益。雷音比丘在林中入定，袒茶羅魔王擾之，東方寶王如來遣華聚菩薩將呪來護，魔百發心護法，説十二神王名，華聚菩薩，雷音比丘，與一切魔，一切天及婆藪仙人，地獄衆生，同來釋迦佛所。佛爲舍利弗説婆藪名義及示現方便之事，亦説往昔本緣，今魔方便。授記分第二，授雷音比丘記及五百大弟子記，并諸天記。舍利弗與文殊師利反覆論授記義，佛爲五百比丘説治魔法。夢行分第三，爲文殊師利説十二夢王七日行法，華聚菩薩發大誓願，毘沙門天王亦發大願。護戒分第四，説七衆滅破戒罪，各有呪。不思議蓮華分第五，現優曇鉢羅華，華中有無量佛。舍利弗以神通遶至八十七日，百千萬分不周其一。佛從座起，以華奉供蓮華中，佛説一神呪，囑授八十萬恆河沙大士，華尋不見，大衆生疑佛爲解釋，并説諸喻，付囑流通。

按此經在法華後説，亦可收入法華部中，但以壇法尊重，故歸密部。南岳大師行此三昧而證圓位，今有方等三昧行法垂世。

大威德陀羅尼經

智昇《開元釋教錄》卷七　《大威德陁羅尼經》二十卷開皇十五年七月出，十六年十二月訖，沙門僧琨等筆受《長房錄》。

王古《大藏聖教法寶標目》卷四　《大威德陀羅尼經》二十卷，佛爲阿難説陀羅尼法本，過去諸佛已説廣利益諸天人等故，令衆生受安樂故，廣説三界諸趣善惡事相種種法，令諸衆生增智增念增慧增辯。

智旭《閱藏知津》卷一〇　《大威德陀羅尼經》二十卷，北作十六卷

佛爲阿難説陀羅尼法本，先列種種根數，次一一法中示多種名多種義，亦廣説末世惡比丘事及示菩薩住母胎中樓閣莊嚴。

金剛場陀羅尼經

智昇《開元釋教錄》卷一二　《金剛上味陁羅尼經》一卷，元魏天竺三藏佛陁扇多譯，第一譯。

《金剛場陁羅尼經》一卷，隋天竺三藏闍那崛多等譯，第二譯。

右二經同本異譯。

王古《大藏聖教法寶標目》卷四　《金剛上味陀羅尼經》、《金剛場陀羅尼經》右二經本同譯別，説諸趣十二緣等法，皆陀羅尼門。

智旭《閱藏知津》卷一〇　《金剛場陀羅尼經》一卷隋北天竺沙門闍那崛多譯。

佛於靈山妙色聚落入一切法平等相三昧，諸比丘皆不見佛所在，諸天亦爾。次見在金窟，以神通力使諸菩薩去地而坐。其大菩薩各入三昧，令衆獲益。佛騰空微笑放光，文殊請問，佛乃説金剛場陀羅尼法，無一切善不善，有爲無爲，乃至一切諸法一切平等同故。欲是陀羅尼，惱是陀羅尼，凝是陀羅尼，乃至天龍八部女相男相地獄等，皆是陀羅尼，又説入無

二法門，無明乃至生是陀羅尼。

《金剛上味陀羅尼經》一卷，元魏北天竺沙門佛陀扇多譯，與上經同。

諸佛集會陀羅尼經

智昇《**開元釋教錄**》**卷九**　《諸佛集會陁羅尼經》一卷天授二年於大周東寺譯，見《大周錄》。

王古《**大藏聖教法寶標目**》**卷五**　《諸佛集會陀羅尼經》，說持呪增長壽命，消除災難。

智旭《**閱藏知津**》**卷一二**　《諸佛集會陀羅尼經》

佛在恆伽河邊爲衆生除死怖。彈指集十方佛，同聲說咒。金剛密跡及四天王亦各說咒，次說壇法。

《佛說一切如來金剛壽命陀羅尼經》，唐南天竺沙門金剛智與智藏譯。與上經同，而無壇法。

息除中夭陀羅尼經

楊億《**大中祥符法寶錄**》**卷四**　大乘經藏祕密部收。佛在殑伽河邊說，此中所明佛起悲心，爲諸羣品欲除中夭之横夭，宣無上之門，說祕密言，託加持力，十方諸佛同共讚揚，若能誦持，息除中夭。

王古《**大藏聖教法寶標目**》**卷一〇**　佛爲四天王集十方諸佛說陀羅尼，息除中夭及老病，四天王亦各說呪。

東方最勝燈王如來經

智昇《**開元釋教錄**》**卷七**　《東方最勝燈王如來經》一卷。

又卷一二　《持句神咒經》一卷，吳月支優婆塞支謙譯，《陁鄰尼鉢經》一卷，東晉西域沙門竺曇無蘭譯拾遺編入，第三譯《東方最勝燈王如來經》一卷，隋天竺三藏闍那崛多等譯出《內典錄》，第四譯。

右三經同本異譯前二本略，後經稍廣。前後四譯，三存一闕。其最勝燈王經，舊錄爲單本，新勘爲重譯。

王古《**大藏聖教法寶標目**》**卷四**　《持句神呪經》，《陀鄰尼鉢經》，《東方最勝燈王如來經》。

三經本同譯別，諸佛菩薩各說神呪，利樂衆生，有種種求願法。

聖最上燈明如來陀羅尼經

楊億《**大中祥符法寶錄**》**卷四**　大乘經藏祕密部收。佛在舍衛國祇樹給孤獨園說，此中所明因無邊華世界最上燈明如來遣二菩薩來此世界，如彼佛勑宣祕密言，於此界中作利益事，令有情類依法受持，息除一切擾惱鄣難。由是會中無能勝等菩薩、天王亦隨喜，說祕密章句，最後如來亦說神呪。

王古《**大藏聖教法寶標目**》**卷一〇**　《最上燈明如來陀羅尼經》，右最上燈明如來遣菩薩來說陀羅尼，擁護利益，安樂有情。佛與文殊等幷四天王亦說陀羅尼，增長有情佛力，息除災難。

六門陀羅尼經

智昇《**開元釋教錄**》**卷八**　《六門陁羅尼經》一卷見《內典錄》，貞觀十九年七月十四日於，弘福寺翻經院譯，沙門辯機筆受。

王古《**大藏聖教法寶標目**》**卷五**　《六門陀羅尼經》，右說持呪六願，利益自他。

勝幢臂印陀羅尼經

智昇《**開元釋教錄**》**卷八** 《勝幢臂印陁羅尼經》一卷見《內典錄》，初出，與《妙臂印幢陁羅尼》同本，永徽五年九月二十九日於大慈恩寺翻經院譯，沙門大乘雲筆受。

王古《**大藏聖教法寶標目**》**卷四** 《妙臂印幢陀羅尼經》、《勝幢臂印陀羅尼經》，右二經本同譯別，能滅五逆十惡等罪，終不更受諸惡趣，生得種種樂。

智旭《**閱藏知津**》**卷一三** 《勝幢臂印陀羅尼經》，唐大慈恩寺沙門釋玄奘譯。因大梵王及觀世音請問，故說此咒，持者更不受惡趣生。

《妙臂印幢陀羅尼經》唐于闐國沙門實叉難陀譯，與上經同。

八名普密陀羅尼經

智昇《**開元釋教錄**》**卷八** 《八名普密陁羅尼經》一卷見《內典錄》，永徽五年九月二十七日於大慈恩寺翻經院譯，沙門大乘雲筆受。

王古《**大藏聖教法寶標目**》**卷五** 《諸佛心陀羅尼經》、《拔濟苦難陀羅尼經》、《八名普密陀羅尼經》，右三經並說持誦種種功德。

百千印陀羅尼經

智昇《**開元釋教錄**》**卷九** 《百千印陁羅尼經》一卷。

王古《**大藏聖教法寶標目**》**卷五** 《百千印陀羅尼經》，右說若造一塔，寫此經安置塔中，所得功德如造百千塔等無有異。

智旭《**閱藏知津**》**卷一三** 《百千印陀羅尼經》，唐于闐國沙門實叉難陀譯。共有三咒，應書供塔中。

增慧陀羅尼經

楊億《**大中祥符法寶錄**》**卷八** 《增慧陀羅尼經》一部一卷，大乘經藏祕密部收，析出別譯。此中所明大慧菩薩爲童子相菩薩宣說明句，欲令世間諸愚癡者，依法誦此陀羅尼，故於六月中即獲聰利儻，信發一念乃報起多門，顯此呪明有大功力。

王古《**大藏聖教法寶標目**》**卷一〇** 《增慧陀羅尼經》，右大慧菩薩爲童子相菩薩說陀羅尼，誦者增益智慧，明記不忘。

智旭《**閱藏知津**》**卷一四** 《增慧陀羅尼經》，宋北印土沙門施護譯。大慧菩薩住須彌山頂，童子相菩薩請說此咒。

佛說聖莊嚴陀羅尼經

智旭《**閱藏知津**》**卷一三** 《佛說聖莊嚴陀羅尼經》，佛在迦毘羅城，羅睺童子臥時被惡羅刹所嬈，佛爲說咒護之，又說結界陀羅尼，慈氏梵王亦各說咒，佛更勅一切天龍鬼神，各說自明。

大寒林聖難拏陀羅尼經

楊億《**大中祥符法寶錄**》**卷四** 大乘經藏祕密部收。佛在王舍城中說，此中所明因羅睺羅游寒林中，於大塚閒爲鬼魅所著，悲泣流泪，具以白佛，佛爲授斯大明而作擁護。若一切有情能念誦者，咸彰利益，又若設諸供養，結印誦明一百八徧，可一踰善那境界之內，人、非人等皆悉遠離。

智旭《**閱藏知津**》**卷一四** 宋中印土沙門法天譯。羅睺羅於寒林中多被擾惱，佛爲說咒。

拔濟苦難陀羅尼經

智昇《開元釋教錄》卷八　《拔濟苦難陁羅尼經》一卷見《内典錄》，永徽五年九月十日於慈恩寺翻經院譯，沙門大乘光筆受。

智旭《閱藏知津》卷一三　《拔濟苦難陀羅尼經》一名《勝福往生淨土經》唐大慈恩寺沙門釋玄奘譯。

佛在逝多林，不可説莊嚴菩薩請問救濟苦衆生法，佛爲説不動如來，滅惡趣王如來二咒。

智炬陀羅尼經

智昇《開元釋教錄》卷九　《智炬陁羅尼經》一卷天授二年於大周東寺譯，見《大周錄》。

王古《大藏聖教法寶標目》卷五　《智炬陀羅尼經》，右日月宮中諸佛會集，同聲所説，後有救拔五逆罪，謗正法人，破阿鼻地獄衆生，令解脱法。

智旭《閱藏知津》卷一二　《佛説智光滅一切業障陀羅尼經》，佛在日月天子宮説佛菩薩名及咒，普賢菩薩言，二十一日六時持誦，至心懺悔，能破壞阿毘地獄，復説一咒以擁護之。

《佛説智炬陀羅尼經》，唐于闐國沙門提雲般若等譯。

佛在日月宮中，四方佛皆來集。日月天子請陀羅尼，諸佛菩薩同聲説咒，普賢菩薩讚勸受持。與上經同。

消除一切閃電障難隨求如意陀羅尼經

楊億《大中祥符法寶錄》卷四　大乘經藏祕密部收。佛在舍衛國精舍中説，此中所明佛謂阿難陀，我欲悲愍利益一切羣生獲得安樂，宣説消除一切閃電障難隨求如意陀羅尼，及説四方電名，然後觀自在菩薩、金剛手菩薩等并餘梵釋四王亦各隨喜，宣説神呪。

王古《大藏聖教法寶標目》卷一〇　《消除一切閃電隨求如意陀羅尼經》，佛及觀自在、金剛手、大梵、四天王各説呪，除閃電、中天、一切毒。

智旭《閱藏知津》卷一三　宋北印土沙門施護譯。佛在舍衛國向阿難説四方電名，并説神咒，觀自在、金剛手、梵王、帝釋四王亦各説咒，佛又敕龍王等而説一咒。

佛説如意寶總持王經

智旭《閱藏知津》卷一三　《佛説如意寶總持王經》，宋北印土沙門施護譯。佛在覩史多天宮，妙住菩薩請問，有善男子，一心受持此如意寶總持章句，何因不見不聞去來現在世尊？佛言，以住福業故，又疑未斷故，此雖受持而非受持，住有爲心，無善巧智，無方便故。若能心無疑惑，決定專注，是則名爲眞實持者。

此經雖不説神咒，乃持神咒者之總訣也。

佛説一切如來安像三昧儀軌經

智旭《閱藏知津》卷一二　《佛説一切如來安像三昧儀軌經》。

世尊入一切如來金剛安像三昧，從三昧起，説塑畫雕造安像慶讚儀軌。有一菩薩白言，佛身無相，猶若虛空，徧一切處，云何今説令安佛像。佛言，我爲久修行者説，彼法身無相無爲，徧一切處，不生不滅。今爲初發心衆生，令彼得福，説安像慶讚結淨之法。先揀吉星吉日，於結界勝地清淨之處陳設傘蓋幢幡香華燈果，令阿闍梨依法儀軌一心召請，觀想沐浴，安耳髮髻指甲髭鬚等，乃至香花燈食等種種供養，並須如法。

律藏部

聲聞律典分部

彌沙塞部和醯五分律

題解

僧祐《出三藏記集》卷三　《彌沙塞律》三十四卷

彌沙塞者，佛諸弟子受持十二部經，不作地相，水、火、風相，虛空識相，是故名爲彌沙塞部。此名爲《五分律》。

綜述

王古《大藏聖教法寶標目》卷七　《五分律》三十卷，右宋景平元年，佛陀什等所譯，即化地部毗柰耶藏。佛圓寂後三百年，中從說一切有部之所出也，與《十誦律》、《根本毗柰耶》多相涉。此律分作五分，分謂部類劑限不同故，第一分十卷波羅夷法，第二分尼波羅夷法，十一至十四。第三分十五至二十二，受戒法衣法藥法食法等。第四分第二十三至二十四，滅諍法等。第五分二十五至三十，初破僧法雜法等。

智旭《閱藏知津》卷三三　《彌沙塞部五分律》三十卷劉宋罽賓國沙門佛陀什竺道生共譯。初分，比丘律十卷。第二分，尼律四卷第三分，初受戒法。二布薩法，三安居法，四自恣法，五衣法，六皮革法，七藥法，八食法，九迦絺那衣法共八卷第四分，初滅諍法，二羯磨法共二卷。第五分，初破僧法，二臥具法，三雜法，四威儀法，五遮布薩法，六別住法，七調伏法，八毘尼法，明比丘尼受戒事。九五百集法。十七百集法共六卷。

紀事

僧祐《出三藏記集》卷三　《彌沙塞律》三十四卷比丘釋法顯於師子國所得者也。《法顯記》云：顯本求戒律，而北天竺諸國皆師師口傳，無本可寫。是以遠涉，乃至中天竺，於摩訶乘僧伽藍得一部律，是《摩訶僧祇》，復得一部抄律，可七千偈，是《薩婆多衆律》，即此秦地衆僧所行者也。又得《雜阿毗曇心》，可六千偈。又得一部《綖經》，二千五百偈。又得一部《方等泥洹經》，可五千偈。又得《摩訶僧祇阿毗曇》。法顯住三年，學梵書梵語，悉寫之，於是還。又至師子國二年，更求得《彌沙塞律》梵本。

法顯以晉義熙二年還都，歲在壽星，衆經多譯，唯《彌沙塞》一部未及譯出而亡。到宋景平元年七月，有罽賓律師佛大什來至京都。其年冬十一月，瑯琊王練、比丘釋慧嚴、竺道生於龍光寺請外國沙門佛大什出之。時佛大什手執胡文，于闐沙門智勝爲譯，至明年十二月都訖。

著錄

僧祐《出三藏記集》卷二　《彌沙塞律》梵文，未譯晉安帝時，沙門釋法顯以隆安三年遊西域，於中天竺、師子國得胡本，歸京都，住道場寺。就天竺禪師佛馱跋陀共譯出。

又卷二　《彌沙塞律》三十四卷即釋法顯所得胡本，以宋景平元年七月譯出。已《律錄》【略】宋滎陽王時，沙門竺道生、釋慧嚴，請罽賓律師佛馱什於京都龍光寺譯出。

智昇《開元釋教錄》卷五　《五分律》三十卷亦云《彌沙塞律》或三十四卷，別錄云二十四卷，恐謬。見道慧《宋齊錄》及《僧祐錄》。

彌沙塞羯磨本

綜述

王古《大藏聖教法寶標目》**卷八**　《彌沙塞羯磨本》，右優波離問戒律種種事。

著錄

僧祐《出三藏記集》**卷二**　《彌沙塞律》三十四卷即釋法顯所得胡本，以宋景平元年七月譯出。已入《律錄》。

《彌沙塞比丘戒本》一卷與律同時出。

《彌沙塞羯磨》一卷與律同時出。

右三部，凡三十六卷。宋滎陽王時，沙門竺道生、釋慧嚴，請罽賓律師佛馱什於京都龍光寺譯出。

費長房《歷代三寶紀》**卷一〇**　《彌沙塞羯磨》一卷，見《竺道祖錄》。右三部合三十六卷，廢帝滎陽王世，罽賓三藏毗尼師佛陁什，宋言覺壽，少受業於彌沙塞部，專精律品兼達禪要。壽以景平元年七月到於楊都，先是法顯於師子國得彌沙塞律梵本，未及翻譯，而顯遷化。京邑諸僧聞佛陁什既善此學，於是衆議請令出之。即以其年冬十一月集龍光寺，譯爲三十四卷，什執梵文，于塡沙門智勝傳語，龍光寺沙門竺道生，東安寺沙門慧嚴等。更互筆受，參正文理，儀同侍中瑯琊王練爲檀越，至二年十二月方訖，仍於大部抄出戒心幷羯磨等文，並行於世。

智昇《開元釋教錄》**卷九**　《五分羯磨》一卷題云《彌沙塞羯磨本》。右一部一卷，其本見在。沙門釋愛同俗，姓趙氏，本天水人。代襲冠冕，同弱齡出家後以律學馳譽，講《彌沙塞律》遠近師稟。昔宋朝罽賓三藏覺壽

五分戒本

綜述

性祇《毗尼日用錄》**卷一**　《五分戒律》，一波羅夷法，二尼波羅夷法，三受戒衣藥食法等，四滅諍法，五破僧雜法等。

著錄

法經《衆經目錄》**卷五**　《五分戒本》一卷宋景平年佛陁什共智勝譯

【略】右一十六律並是衆律一譯定本。

費長房《歷代三寶紀》**卷一〇**　宋《彌沙塞律》三十四卷，《彌沙塞戒本》一卷，《彌沙塞羯磨》一卷。三部合三十六卷，廢帝滎陽王世，罽賓三藏毗尼師佛陁什，宋言覺壽，少受業於彌沙塞部，專精律品，兼達禪要，壽以景平元年七月到於楊都，先是法顯於師子國得彌沙塞律梵本，未及翻譯，而顯遷化京邑諸僧聞佛陁什，既善此學，於是衆議請令出之，即以其年冬十一月集龍光寺，譯爲三十四卷，什執梵文，于塡沙門智勝傳語，龍光寺沙門竺道生，東安寺沙門慧嚴等，更互筆受，參正文理，儀同侍中瑯琊王練爲檀越，至二年十二月方訖，仍於大部抄出戒心幷羯磨等文，並行於世。

道宣《大唐内典錄》**卷七**　《彌沙塞戒本》，或云《五分戒本》，宋景平年佛陁什於揚都譯。

静泰《衆經目錄》**卷一**　《彌沙塞戒本》一卷或名《五分戒》，同本。

譯《彌沙塞律》，因出《羯磨》一卷，時運遷移其本零落，尋求不獲學者無依，同遂於大律之內抄出《羯磨》一卷，彼宗學者盛傳流布。

又卷一七 《五分羯磨》一卷亦云《彌沙塞羯磨》大唐沙門釋愛同撰。

右《四分戒本》下，並小乘律合六部十卷，然並撰述有據時代盛行，故補先闕編之見錄。

摩訶僧祇律

綜述

王古《大藏聖教法寶標目》卷七 右摩訶僧祇者，大衆也，此根本調伏藏，即大衆部毗奈耶也。佛圓寂後，尊者迦葉，集千應眞，於王舍城竹林石室之所結也。《開元釋教錄》云，自《摩訶僧祇律》已下四十五帙，四百四十六卷，爲聲聞調伏藏者。經云，勝故，祕故，佛獨制故，如契經中，諸弟子或諸天說法律，則不爾，一切佛說，有十事利益故。諸佛制戒，一攝僧故，二令僧一心故，三令僧安樂故，四折伏高心故，五有慚愧人得安穩住故，六不信者令得信故，七已信者令增長故，八遮今世惱漏故，九未生諸漏令不生故，十佛法得久住爲諸天人。

智旭《閱藏知津》卷三三 《摩訶僧祇律》四十卷。初明四棄法五卷二明十三事，三明二不定法共三卷。四明三十事四卷，五明九十二事八卷餘，六明四事七明衆學事，八明滅諍法共一卷半，九雜誦跋渠，明受戒治罪，乃至一切僧中雜事共十一卷。十威儀法二卷，比丘尼毗尼五卷。

著錄

僧祐《出三藏記集》卷二 《摩訶僧祇律》四十卷已入《律錄》【略】

右十一部，定出六部，凡六十三卷。晉安帝時，沙門釋法顯以隆安三年遊西域，於中天竺、師子國得胡本，歸京都，住道場寺。就天竺禪師佛馱跋陀共譯出。其長雜二阿含、《綖經》、《彌沙塞律》、《薩婆多律抄》，猶是梵文，未得譯出。

又卷二 《摩訶僧祇律》一部梵本，未譯出。

右二部，定出一部，凡二十卷。宋文帝時，沙門釋智猛遊西域還，以元嘉中於西涼州譯出《泥洹經》一部，至十四年齎還京都。

又卷二 《摩訶僧祇律》、釋法顯、釋智猛，一經二人異出。

智昇《開元釋教錄》卷三 《摩訶僧祇律》四十卷。

又卷一三 《摩訶僧祇律》四十卷或云三十卷四帙東晉天竺三藏佛陀羅共法顯譯，單本。右一經，是根本調伏藏，即大衆部毗奈耶也。佛圓寂後，尊者迦葉集千應眞，於王舍城竹林石室之所結也。

四分律

題解

僧祐《出三藏記集》卷三 《曇無德四分律》四十卷，或分爲四十五卷。曇無德者，梁言法鏡，一音曇摩毱多。如來涅槃後，有諸弟子顛倒解義，覆隱法藏。以覆法故，名曇摩毱多，是爲《四分律》。

法礪《四分律疏》卷一 凡欲開發經題，須爲三要。言三要者，第一舉宗攝教，第二知教指歸，第三正釋律初題目。言舉宗攝教者，聖教雖衆，略要三種。所言三者，第一修多羅藏，第二毗尼藏，第三阿毗曇藏。言修多羅藏者，所謂經，言毗尼者，謂諸戒律，言阿毗曇者，即是諸論。今茲律典，三藏□中，乃是第二毗尼藏攝。

第二辨教宗者，此律所明，□義通論，兼詮定慧。故下文言，云何增戒學，所謂□□學增心學增慧學，是名增戒學。良以止作俱戒故，□以宗求，其唯戒學，分別戒學，兩番料簡。第一受戒法門，第二隨戒行相。言受戒者，創發要期，斷惡修善，建志成就，納法在心，目之爲受，言隨戒者，受興於前，持心後起，義順受體，説之爲隨，就受隨二門，各開爲兩，謂受門二者。爲彰戒法有爲，不能孤起，藉因託緣，然後方發，故明能發之緣，既有其緣，必所得。故次第二所發戒體，言受緣者，寔以位陛聖凡，報殊男女，託緣不同。案此律辨五種受戒，一曰善來，二稱上法，三名三歸，四曰八敬，五者羯磨，斯之五名備如常釋。第二言受體者，據要而論，不出二種，一者作戒，二無作戒。言作戒者，方便身口，造趣營爲，稱之爲作。二無作者，一發續現，四心三性，始末恆有，不藉緣辨，號曰無作。斯之二種，□□懸防，同稱爲戒，若也作戒，以色爲體，言無作者，非□□心。第二次辨隨戒二門者，第一專精不犯，第二犯已能悔。言專精者，上行之流，一往順教，惡離善行，稱曰專精。但持有二種，一明止持，二明作持，言止持者，念智捨等，護防身口，不造諸惡，稱之爲止。止而無違，順受光潔，故曰止持。言作持者，奉順聖教，作法作事，對事作法，稱之爲作，作而順受，故號作持。第二犯能悔者，不謹之人，放縱身口，違禁興過，不脩善行，汙本所受，名之爲犯，慚愧追謝，還令復本，亦名爲持。雖非一往善成，然亦毀而還復。第二白法，故名犯已能悔持，然犯有二。一者作犯，現違聖教，廣造諸過，稱爲作犯。二者止犯，不依教奉修，止而有違，故名止犯。對斯二犯，悔而還復，並稱爲持，上來已辨教之宗旨，其唯受隨。第三釋經初題，言四分律藏者，是其總名。初分已下別已標擧，就總名中，□四分者，爲異於餘部，異部餘故，乃是佛涅槃後，五部□一部之別名。言律藏者，爲簡於餘藏，簡餘藏故，便是毗尼之都號。然大聖如來，從波羅柰，終訖泥洹，隨根制戒，輕重差殊，緩急有異。佛涅槃後，優波離等撰佛遺言，載傳竹帛，次第任持，乃至毱多，一百餘年，並以秉宗無二，所化衆生不相是非，但爲一部大毗尼藏，備傳於世。然優波毱多有五弟子，各執一見，以爲指準，至傳聖教不能均融齊一，於是離分，遂爲五典，各自相傳，並流季世。究其宗旨，無非佛説，如破金杖爲金用，總別之教，咸可受持。本一今別，義興於此，據斯以論，明四分名者，於五部内，一部之別名，若就能秉，應言《曇無德律》，此名法護，今約所誦彰名，故言四分。大僧戒本以爲初分，尼律已下第二分，安居已下第三分，房舍已下第四分。言律者，行用差分，略論四種，一能外防身口，稱之爲戒。内善調伏，名之爲律。據果知

因，字曰波羅提木叉，此言解脱，故遺教經。戒是正順解脱之木，業結無處，逍然無爲，目曰毗尼，此方稱滅，但行不自宣，藉教以顯，斯之律典備有四名，不可並班，且標其律，一部之教，藴積衆旨，故稱爲藏，此釋總名。

志鴻《四分律搜玄錄》卷一　今古釋題，皆有廣略二判。言略者，福云四分律者，擧本宗之都目，删繁等者，旌述作之殊名，梵云折埵理，此番爲四分。四者數也，分者支也，總緒四支，合成一部，故云四分，梵曰毗尼，此譯爲律。律者法也，七支晐淨，負青松之歲寒，六禁貞明，無白珪之點缺，嚴肅可觀，故稱爲法。四分離中之別稱，律者總内之通名，總別雙標，名《四分律》。

懷素《四分律開宗記》卷一　題云《四分律藏》，總顯詮名，初等諸言，别標分位，然總詮内，名義有殊，何者。四分即離中別秤，律藏迺總内通名。言四分者，大僧戒本以爲初分，尼律已下以爲二分，安居已下以爲三分，房舍已下以爲四分，合茲四分，成之一部，此即爲異餘部，異餘部故，五部之内，一部別名。

大覺《四分律行事鈔批》　《四分律》者，蓋是法尚先師傳稟之教也。此教之目，名義有殊，何者。如四分，即離中之別稱，律則總内之通名，非別無以顯總。故先標四分之目，非總無以顯別，故後顯律之名，言離中別稱者，四分是五部之内，一部之別名也。若論能秉彰名，應言曇無德，此云法尚，又云法護，亦云法鏡，今就所乘題目，故云四分。據本文分者，比丘戒本爲初分，尼律下至受説二法爲第二分，從安居法下至法犍度爲第三分，房舍法下有二犍度，并大小持戒犍度，及條部律。五百七百兩結集，及諸增一等文，訖此律部爲第四分，故曰四分也，律者法也，從教爲名。

論　説

竺佛念《四分律序》　夫戒之興，所以防邪檢失，禁止四魔，超世之道，非戒不弘，斯乃三乘之津要，萬善之窟宅者也。然群生愚惑，安寢冥

室，宛轉四流，甘履八苦，開惡趣之原，杜歸眞之路，遊遊長夜，莫能自覺。時有出家庶幾玄微者，徒懷遠趣，迷於發足，是以如來，悼群瞽之無目，覩八難以增哀，開戒德之妙門示涅槃之正路，始於毘耶離初結玆戒。凡有二百五十八篇，以此七罪科分，昇降相從輕重位判，斯皆神口之所制禍福之定楷者也。然律藏淵曠，卷舒無常，略而至三，廣則無量，此二百五十，蓋因時人之作也。足以啓矇，足以階道，三寶之隆，以之爲盛，先聖之道斯爲美矣。自大教東流，幾五百載，雖蒙餘暉，然律經未備，先進明哲，多以戒學爲心。然方殊音隔，文義未融，推步聖蹤，難以致盡，所以怏怏終身，西望歎息。

吉藏《勝鬘寶窟》卷一 言經者，天竺名修多羅，此方隨義翻譯非一，傳譯者多用綖本二名，以翻修多羅。若依《分別功德論》及《四分律》，并驗現今天竺僧諸縫衣之綖爲修多羅，則以綖翻修多羅。若依《仁王經》及留支三藏所云，則以本翻修多羅。若綖若本，並有文證，但驗方言，難可偏定。所言綖者，如世間綖有貫穿攝持之用，諸佛言教亦有貫法相攝人之能，與綖大同，故從喻立名。所言本者，以教能顯理，教爲理本，教能起行，故教爲行本。今行爲經，言綖本者，蓋是翻譯之家隨方音便，故以經名代於綖本。類如毘尼藏，正翻爲滅，若依根本翻名，慶言四分滅。十誦滅等，但翻譯之家見此方俗法判罪教門名之爲律，是以佛法制罪教門亦爲律，故名《四分律》、《十誦律》等。

元照《四分律刪補隨機羯磨疏科》卷一 原夫大雄御寓，意惟拯拔一人，大教膺期總歸爲顯一理。但由群生著欲，欲本所謂我心，故能隨其所懷，開示止心之法。然則心爲生欲之本，滅欲必止心元，止心由乎明慧，慧起假於定發，發定之功非戒不弘，是故特須尊重於戒。故經云，戒爲無上菩提本，應當一心持淨戒，持戒之心要唯二轍，止持則戒本最爲標者，作持則羯磨結其大科，後進前修妙宗斯法。故律云，若不誦戒羯磨，盡形不離依止，自慧日西隱，法水東流，時兼像正人通淳薄。初則二部五部之殊，中則十八五百之別，末則衆鋒互擧各競先驅人，或從緣法無傾墜。然則道由信發，弘之在人，人幾顛危法寧澄正，所以羯磨聖教綿歷古今，世漸增繁徒盈卷軸，考其實錄多約前聞，覆其宗緒，略無本據，師心制法者不少，披而行誦者極多，輕侮聖言動絓刑網，皆務異同之見，競執是非之迷，不思反隅更增昏結，致使正法與時潛地矣。故佛言，若作羯磨不如白法。作白不如羯磨法，作羯磨如是漸令正法疾滅，當隨順文句勿令增減違法毘尼，當如是學慈誥，若此妄指寔難，昔已在諸關輔撰《行事鈔》，具羅種類雜相畢陳，但爲機務相詶卒尋難了，故略擧羯磨一色別標銓題。若科擇出納興廢是非者，彼鈔明之此但約法被事，援引證據者在卷行用，然律藏殘缺義有遺補，故統關諸部撮略正文，必彼此俱無則理通決例，並至篇具顯便異古藏迹。夫羯磨雖多要分爲八，始從心念終乎白四，各有成濟之功，故律通標一號，今就其時用顯要者類聚編之，文列十篇，義通七衆，豈敢傳諸學司，將以自明恆務也。

道宣《四分律刪繁補闕行事鈔》卷一 夫律海中深津通萬象，雖包含無外而不宿死戶，騰岳波雲而潮不過限。故凡厠豫玄門者，克須清禁無容於非，沐心道水者慕存出要無染於世，故能德益於時迹超塵網，良由非法無以光其儀，非道無以顯其德，而澆末淺識庸見之流。雖名參緇服，學非經遠，行不依律，何善之有。情既疎野，寧究眞要，封懷守株志絕通望，局之心首而言無詣，意雖論道，不異於俗，與世同流事乖眞趣，研習積年猶迷闇託，況談世論，孰能體之。是以容致濫委以亂法司，肆意縱奪專行暴剋，尚非俗節所許，何有道儀得存，致令新學困於磐石。律要絕於羈靮，於時正法玄綱寧不覆墜耶，故知興替在人也。深崇護法者，復何患佛日不再曜，法輪不再轉乎。今略指宗體行相，令後進者興建有託，夫戒者以隨器爲功，行者以領納爲趣，而能善淨身心稱緣而受者，方克相應之道。若情無遠趣差之毫微者，則徒染法流，將何以爲道之滓器，爲世良田義復安在，是以凡欲清身行，徒遠希圓果者，無宜妄造，必須專志攝慮令契入無滯。故經云，雖無形色而可護持，斯文明矣，何者，但戒相多途非唯一軼，心有限取之不同，若任境彰名乃有無量，且據樞要略標四種，一者戒法，二者戒體，三者戒行，四者戒相。言戒法者，語法而談不局凡聖，直明此法必能軌成出離之道，要令受者信知有此，雖復凡聖通有此法，今所受者就已成而言名爲聖法，但令反彼生死仰厠僧徒。建志要期高栖累外者，必豫長養此心使隨人成就，乃可秉聖法，在懷習聖行居體，故得名爲隨法之行也。二明戒體者，若依通論，明其所發之業體，今就正顯直陳能領之心相，謂法界塵沙二諦等法以已要期施造方便，善淨心器必不爲惡，測思明慧冥會前法，以此要期之心與彼妙法相應，於彼法上有緣起之義，領納在心名爲戒體。三言戒行者，既受得此戒秉之在心，必須廣修方便，撿察身口威儀之行，克志專崇高慕前聖，持心後起義順於前名爲戒行。故經云，雖非觸對，善修方便可得清淨，文成驗矣。四明戒相者，威儀行成隨所施造動則稱法，美德光顯，故名戒相，此之四條並出道者之本依，成果者之宗極。故標於鈔表令寄心有在，知自身心懷佩聖法，下爲六道福田，上則三乘因種。自餘紹隆佛種興建法幢功德不可思議，豈唯言論能盡，直引聖説成證，令持法高士詳而鏡諸。就中分二，初明順戒則三寶住持辨比丘事，二明違戒便覆滅正法翻種苦業，但諸經論歎戒文多，隨部具舒，相亦難盡，今通括一化所説正文且引數條，餘便存略。初中分二，前約化教，後就制門。初又分四，一就小乘經者。如般泥洹經明，佛垂滅度，世間無師，阿難啓請。佛言，比丘若能奉戒者是汝大師，若我在世無異此也，遺教等經並同斯示，然發趣萬行戒爲宗主。故經云，若欲生天等，必須護戒足。又如大地能生成萬物，故經云，若無淨戒，諸善功德不生。又云，依因此戒得有定慧。又經云，戒者行根住持，即喻如地能生成住持也。二小乘論如成實云，道品樓觀以戒爲柱，禪定心城以戒爲郭，入善入衆要佩戒印，是故特須尊重於戒。解脱道論戒品中具多讚美，文繁不出須者看之。戒則不羸毘婆沙云，具戒足者，戒言尸羅，亦言行也，亦云守信，亦名爲器。尸羅言冷，無破戒熱及三惡道熱故，亦名善夢，持者常得善夢故，亦名爲習，由善習戒法故，亦名爲定，若住戒者心易得定故，亦名爲池，群聖所浴故，亦名纓絡，老少中年服常好故，亦名如鏡，由戒淨故，無我像現故，又名威勢，如來在世有威力者是尸羅之力故，餘如驅龍事，五百羅漢不能逐之，有一羅漢，但以護戒力故便即驅出，以輕重等持也。又戒名爲頭，能見苦諦諸色，乃至知色陰等法故，能善護故言守信也，能至涅槃城故言行也，功德所依名器也。尊者瞿沙説曰，不破義是尸羅義，如人不破足能有所至，行者不破尸羅故能至涅槃。三大乘經者，《華嚴》云具足受持威儀教法，行六和敬善御大衆，心無憂悔，去來今佛所説正法不違其教，能令三寶不斷法得久住。《大集》云，十方世界菩薩請佛，爲五滓衆生制於禁戒，如餘佛土爲法久住故，佛後許之便制禁戒。《薩遮尼犍》云，若不持戒乃至不得疥癩野千身，何況當得功德之身。《月燈三昧》云，雖有色族及多聞，若無戒智，猶禽獸，雖處卑下少聞見，能淨持戒名勝士。《涅槃》云，欲見佛性證大涅槃，必須深心修持淨戒，若持是經而毀淨戒，是魔眷屬，非我弟子，我亦不聽受持是經。《華嚴》偈言，戒是無上菩提本，應當具足持淨戒，若能堅持於禁戒，則是如來所讚歎，故重引之令誦心首。四大乘論者，《智論》云，若求大利當堅持戒，一切諸德之根出家之要，如惜重寶如護身命，以是戒爲一切善法住處，又如無足欲行，無翅欲飛，無船欲度，是不可得。若無戒者欲得好果，亦不可得；若棄此戒，雖山居苦行，飲水服氣，著草衣，披袈裟等受諸苦行，空無所得。人雖貧賤而能持戒，香聞十方，名聲遠布，天人敬愛，所願皆得。持戒之人壽終之時，風刀解身筋脈斷絶，心不怖畏。《地持》云，三十二相無差別因，皆持戒所得。若不持戒，尚不得下賤人身，況復大人相報。《十住毘婆沙》中有讚戒戒報二品，廣列深利，具如彼説，第二就制教中分兩，先明律本者，僧祇中云，欲得五事利益，當受持此律。何等五也，一建立佛法，二令正法久住，三不欲有疑悔請問他人，四僧尼犯罪者爲作依怙，五欲遊化諸方而無有閡，是爲篤信善男子五利。四分持律人得五功德，一者戒品牢固，二善勝諸怨，三於衆中決斷無畏，四有疑悔者能開解，五善持毘尼令正法久住。又得十利，如攝取於僧等。《十誦》云，佛法幾時住世，佛答言，隨清淨比丘説戒法不壞名，法住世，乃至三世佛亦爾。二依律論中，《明了論》解云，本音毘那耶，此略言毘尼也。有五義，一能生種種勝利，謂引生世出世善，二能教身口二業清淨及正直，三能滅罪障，四能引勝義，在家者引令出家，乃至引到梵住，聖住，無餘涅槃，五勝人所行事，謂最勝人是佛，次獨覺及聲聞是勝人等皆行其中，若凡夫行者亦是勝人，方能行此事。《薩婆多》云，毘尼有四義，餘經所無。一戒是佛法平地，萬善由之生長。二一切佛弟子皆依戒住，一切衆生由戒而有。三趣涅槃之初門。四是佛法纓絡，能莊嚴佛法，具斯四義功強於彼。《善見》云，佛語阿難，我滅度後有五種法令久住。一毘尼者是汝大師。二下至五人持律在世。三若有中國十人邊地五人如法受戒。四乃至有二十人如法出罪，五以律師持律故佛法住世五千年。《五百問》云，佛垂泥曰，阿難悲泣，佛問何以悲泣，乃至佛言，我不滅度，半月一來，又言，佛有二身，肉身雖去法身在世，若敬法者念法者便敬佛念佛，若持五戒即見法身，若護法者便爲護佛，如飲水殺蟲之喻，又如半月說戒即見我也。《薩婆多》又云，何故律在初集，以勝故，秘故，秘故，如諸契經，不擇時處人說而得名經。律則不爾，唯佛自說要在僧中故勝也。又如《分別功德論》云，由勝密故，非俗人所行故，不令見。《大莊嚴論》云，愚劣不堪護持此戒也。二明違戒法滅者，還約二敎雜明。《十誦》云，像法時有五滅法，一比丘小得心已便謂已聖，一白衣生天出家人入地獄，三有人捨世間業而出家破戒，四破戒人多人佐助，五乃至羅漢亦被打駡。又有五種怖畏，一自不修身戒心慧，復度他人令不修身戒等法。二畜沙彌。三與他依止，四與淨人沙彌共住不知三相，謂掘地斷草溉水。五雖誦律藏，前後雜亂。四分中五種疾滅正法，一有比丘不諦受誦律。喜忘文句，復敎他人文既不具其義有闕。二爲僧中勝人上座一國所宗，而多不持戒，但修不善，後生倣習放捨戒行。三有比丘持法持律持摩夷，而不敎道俗，即便命終令法斷滅。四有比丘難可敎授不受善言，餘善比丘捨置。五互相駡詈，互求長短，疾滅正法，十誦諸比丘廢學毘尼便讀誦脩多羅阿毘曇，世尊種種訶責，乃至由有毘尼佛法住世等，多有上座長老比丘學律。《雜含》云，若長老上座中年少年初不樂戒不重戒，見餘樂戒者不隨時讚美，我不讚歎，何以故，恐餘人同其見長夜受苦故。《中含》云，犯戒有五衰。一求財不遂，設得衰耗，衆不敬愛，惡名流布，死入地獄。涅槃中由諸比丘不持戒故畜八不淨財，言是佛聽，如何此人舌不卷縮，廣如彼說。《摩耶經》云，樂好衣服縱逸嬉戲，奴爲比丘，婢爲比丘尼，不樂不淨觀毀謗毘尼，袈裟變白不受染色，貪用三寶物等，是法滅相。《智論》云，破戒之人人所不敬，其處如塚，又失諸功德譬如枯樹。惡心可畏，譬如羅刹。人所不近，如大病人。難可共住，譬如毒蛇。雖復剃頭染衣，次第捉籌，實非比丘。若著法衣鉢盂則是熱鐵葉洋銅器，凡所食噉呑熱鐵丸飲洋銅汁，則是地獄之人，又常懷怖懼，我爲佛賊，常畏死至，如是種種破戒之相不可稱說，行者應當一心持戒。問曰，有人言，罪不罪不可得名爲戒者，何耶。答曰，非謂邪見麁心，言無罪也，若深入諸法相行空三昧，慧眼觀故言罪不可得。若肉眼所見與牛羊無異也，今誦大乘語者，自中，七種集法。若量影破竹作聲作煙吹貝打鼓打犍稚。若唱諸大德布薩說戒時到，亦不言比丘爲之。出要律儀引聲論翻犍巨寒反稚音地。此名磬也，亦名爲鐘。上具列文，今須義設，凡施法事，先斟量用僧多少，依數鋪設座席，然後準文鳴鐘。具如集僧法中，雖人並爲之，多無楷式，若依三千威儀經，則大有科要多少節解之法，但時所同廢，雖易而難，今通立二法總成大準，謂約僧多少就事緩急量時用之，若尋常所行，生稚之始必漸發聲漸希漸大，乃至聲盡方打一通，如是至三名爲三下，佛在世時但有三下，故《五分》云，打三通也，後因他請方有長打，其生起長打之初亦同三下，中間四稚聲盡方打，如是漸漸歛稚，漸稠漸小乃至微末，方復生稚同前三下。此古師以經律參挍共立此法，亦有清衆畫樣鐘所者，然初欲鳴時，當依經論建心標爲必有感徵，應至鐘所禮三寶訖具儀立念。我鳴此鐘者爲召十方僧衆，有得聞者並皆雲集共同和利，又諸有惡趣受苦衆生令得停息，故付法藏傳中罽膩吒王以大殺害故。死入千頭魚中，劍輪繞身而轉隨斫隨生，若聞鐘聲劍輪在空，如是因緣遺信白令長打使我苦息，即《增一阿含》云，若打鐘時一切惡道諸苦並得停止，此並因緣相召，自然之理不亡，余親承，有歛念者被鬼神送物云云。世有濫用知鐘者，此非聖言，諸經論但云打擊檛等，知淨之語不通於俗及以自爲，早須廢捨。二明來處通局者，初明處之分齊，二明用之通局。初中力既弱不堪此戒，自恥穢行多不承習，有引此據不解本文故，曲疏出，廣如第十五卷中，四分破戒五過。一自害，爲智者所訶，惡名流布臨終生悔恨，死墮惡道。《十誦》有十法，正法疾滅，有比丘，無欲鈍根雖誦句義，不能正受，又不解了，不能令受者有恭敬威儀，乃至不樂阿練若法，又不隨法敎。不敬上座，無威儀者令後生不受學毘尼，致令放逸失諸善法，好作文頌莊嚴章句樂世法，故正法疾滅甚可怖畏。

讀體《毗尼止持會集》卷一　今宗《曇無德四分律》者，葢是南山聖師之所宗故。自唐以降皆弘通故，二百五十戒相悉具足故，犍度有歸無紊亂故。余今宗之，復何疑焉。

一律制嚴詳，譯文重沓，初機簡閱不無浩繁之歎，今爲便覽，故節要文，然於義理并無增損。

一戒因事制，有緣方興，故於條下先出犯緣，須知栴檀林中曾無散木，靈山會上豈有凡夫，斯皆大權示現，密護僧倫，請佛制戒，助揚法化。如閱讀者，當生欽信，愼勿眇視以取慢尤，故《善見毗婆沙律》云，若長老聞此不淨行，愼勿驚怪，何以故。如來憐愍我輩，爲結戒故說此惡言，若不說者，云何得知波羅夷偷蘭遮突吉羅。若法師爲人講聽者，愼勿露齒笑，若有笑者驅出，何以故，佛憐愍衆生，金口所說，汝等應生慚愧心聽，何以笑。

一諸部飜譯，音雖不同，義實無別，由其五天各異語有重輕，今皆倣古所述，或註文下，或贅卷末。以省檢討。

一五篇戒相，各有根本等流性罪遮罪並所起煩惱，性謂本性是罪，遮謂因制方犯，又性罪惟染心中作，若遮罪通染不染，惟《薩婆多論》明其本流，獨《善見律》判其性遮。據《律攝》中出其煩惱，今於每戒下，有無咸依藏錄。一無私增，若準義推，例亦可曉。

一每戒之下約有八科，一制戒緣起，二依律釋文，三結罪重輕，四兼制餘衆，五應機隨開，六會採諸部，七經論引證，八附事便考。然此八科有無不定，臨文自見。至於戒條正文，書皆頂格，餘者俱下一字。若用本部，但《標律》云，或第幾分等字，若用他部，則別標名以識之，便於稽考藏函。

一律有止作二持，止持惟顯開遮之法，作持方攝誦戒之規。有依佛陀耶舍所譯說戒別本而成集者，斯乃用別集廣止作不分。今此集專覈止持一門，故但明二百五十戒相，所以卷首不錄布薩偈文和白等法。至於作持說戒篇中，自當錄附釋之，庶無糅於止作也。

一經通餘說，律唯佛制，等覺已下猶非所堪，況諸小聖輒敢措詞。良以如來行果極圓，窮盡衆生輕重業性。是故毗尼唯佛制立，自餘下位但可依承，不同經論許容他說，故余欽此無敢穿鑿，釋義出事皆如律藏成文，重治輕開咸遵金口所說。

性祇《毗尼日用錄》　《四分律》，初分說比丘戒，二分說比丘尼戒并受戒犍度，三分說安居犍度，四分說房舍犍度。

綜　述

王古《大藏聖教法寶標目》卷七　《四分律》六十卷，和婦姚秦佛陀耶舍等譯。序偈云，衆經億百千，戒爲最第一。如王治正法，如醫治衆病。若有捨戒者，於佛法爲死，持戒如護命，守之無毀失。譬如得王印所往無罣礙，小毀則不定，大毀入三惡。

智旭《閱藏知津》卷三三　《四分律》藏六十卷，姚秦罽賓國沙門佛陀耶舍共竺佛念譯。

第一分比丘戒二十一卷。

第二分比丘尼戒，受戒犍度，說戒犍度共十五卷。

第三分安居犍度，自恣犍度，皮革犍度，衣犍度，藥犍度，迦絺那衣犍度，拘睒彌犍度，瞻波犍度，訶責犍度，人犍度，覆藏犍度，遮犍度，破僧犍度，滅諍犍度，比丘尼犍度，法犍度共十三卷。

第四分房舍犍度，雜犍度，五百結集法，七百結集毘尼，調部毘尼，毘尼增一共十一卷。

紀　事

竺佛念《四分律序》　暨至壬辰之年，有晉國沙門支法領，感邊土之乖聖，慨正化之未夷，乃亡身以狙險，庶弘道於無聞，西越流沙，遠期天竺，路經于闐，會遇曇無德部體大乘三藏沙門佛陀耶舍，才體博聞，明鍊經律三藏方等，皆諷誦通利，即於其國，廣集諸經，於精舍還，以歲在戊申，始達秦國，秦主姚欣然，以爲深奧冥珍嘉瑞，而謂大法淵深濟必由戒，神衆所傳，不可有闕，即以其年，重請出律藏，時集持律沙門三百餘人，於長安中寺出。即以領弟子慧辯，爲譯校定，陶鍊反覆，務存無樸，本末精悉，若覩初制，此土先所出戒，差互不同。每以爲惑。以今律藏檢之，方知所以，蓋由大聖遷化後，五部分張，各據當時所聞，開閉有以，於是師資相傳，遂使有彼此之異，會囊推之，雖復小小差互，終歸一本，何以明之。如《薩婆多部律》，著涅槃僧，著三衣，分爲多名，餘部亦爾。此律藏，總爲一名，齊整而已，高下參差，乃是齊整之義說，以是推之，五部之差舛，亦可領想，諸尋求不以爲惑。今律藏晝然，正敎明白，可以濟神，可以無惑。而今之學者，多修文飾之印，不以戒學爲先，由使佛藏有鳥鼠之喻，衆集有猨猴之況，斯之苦切亦以極矣。凡我之徒，宜各勗勵，明慎執持，令大法久住焉。

僧祐《出三藏記集》卷三　《曇無德四分律》四十卷，或分爲四十五卷蓋罽賓三藏法師佛陀耶舍所出也。初耶舍於罽賓誦《四分律》，不齎胡本，而來遊長安。秦司隸校尉姚爽欲請耶舍於中寺安居，仍令出之。姚主以無胡本，難可證信，衆僧多有不同，故未之許也。羅什法師勸曰：『耶舍甚有記功，數聞誦習，未曾脱誤。』於是姚主即以藥方一卷，民籍一卷，並可四十許紙，令其誦之三日，便集僧執文請試之。乃至銖兩、人數、年紀，不謬一字。於是咸信伏，遂令出焉。故肇法師作《長阿含》序云：

秦弘始十二年，歲上章掩茂，右將軍司隸校尉姚爽於長安中寺集名德沙門五百人，請罽賓三藏佛陀耶舍出律藏《四分》四十卷，十四年訖。十五年，歲昭陽奮若，出《長阿含》，涼州沙門佛念爲譯，秦國道士道含筆受。余以嘉運，猥參聽次，雖無翼善之功，而預親承之末。略記時事，以示來賢。

又答江東隱士劉遺民書，末云：

法師於大寺出新至諸經，法藏淵曠，日有異聞禪師於瓦官寺教習禪道，門徒數百，夙夜匪懈，邕邕肅肅，致可欣樂。三藏法師於中寺出律，本末精悉，若覩初制。毗婆沙於石羊寺出《舍利弗阿毗曇》胡本，雖未及譯，時問中事，發言奇新。貧道一生，預參嘉會，遇兹盛化，自不覩釋迦祇洹之集，餘復何恨！而恨不得與道勝君子同斯法集耳。故撮舉肇公書序，以顯其證焉。

志鴻《四分律搜玄録》卷一　初者，案靜邁法師《譯經圖記》，前後合兩譯，前覺明，後支法領，但以諸説年月不同。《譯經圖記》中即云，覺明弘始五年譯，法領再譯，即云弘始十一年，準前《高僧傳》，弘始十二年譯，至十五年方畢。謂時前後不同，不可通會。準僧傳云，佛陀耶舍，此云覺明，是罽賓人，婆羅門種，來至長安逍遙園，四事供養，悉不受之，分衛一食。耶舍，髭赤，善毗婆沙，時人號爲赤髭論主。即以弘始十二年，譯出《四分律》，至十五年畢座。後法領譯者，飾宗云，晉國支法領，乃西越流沙，路經于闐，遇曇無德部，體解大乘。三藏沙門佛陀耶舍，耶舍先來，法領即於其國，廣集異經，以歲在戊申，始達秦國，即以其年，重請出律藏，時集持沙門三百餘人，於長安中寺出之。準傳及圖，並云，覺明譯本有四十五卷，幷《四分戒本》一卷，法領後譯開爲六十卷也。

著録

費長房《歷代三寶紀》卷一四　《四分律》六十卷。

法經《衆經目録》卷五　《四分律》六十卷，後秦世沙門佛陁耶舍共竺佛念譯。

彦琮《衆經目録》卷一　《四分律》六十一卷，後秦世佛陀耶舍共竺佛念譯。

道宣《大唐内典録》卷七　《四分律》六十卷，一千一紙後秦弘始年佛陁耶舍於常安譯。

智昇《開元釋教録》卷四　《四分律》六十卷，亦云《曇無德律》本譯四十五卷，或云四十卷，或云四十四卷，今亦有七十卷者。弘始七年於寺中出慧辯傳譯，見《晉世雜録》及《祐録》、《僧傳》等。【略】沙門佛陁耶舍，秦言覺名，或云覺稱，耶舍是名稱義，《高僧傳》中翻爲覺明藏稍乖也。罽賓國人，婆羅門種世事外道，有一沙門從其家乞，其父瞋怒令人毆之，父遂手腳攣躄不能行止，乃問於巫師。對曰，坐犯賢人鬼神使然也。即請此沙門竭誠悔過，數日便瘳。因令耶舍出家爲其弟子，時年十三，嘗從師遠行於曠野逢虎，師欲走避，耶舍曰，此虎已飽必不侵人，俄而虎去，前行果見餘肉，師密異之。至年十五，誦經日得五六萬言，所住寺常於外分衛廢於誦習。有一羅漢，重其聰敏，恒乞食供之。十九誦大小乘經數百萬言，然性簡慠頗以知見自處，謂少堪已師，故不爲諸僧所重，但美儀正善談笑，見者忘其深恨。年及受戒莫爲臨壇，所以向立之歲猶爲沙彌。乃從其舅學五明諸論，世閒法術多所通習。二十有七方受具戒，恒以讀誦爲務手不釋牒，每端坐思義，不覺虛中而過，其專精如此。後至沙勒國，時太子達摩弗多秦言法子見其容貌端雅，問所從來，耶舍訓對清辯，太子悦之，仍請宮内供養，待遇隆厚。羅什後至，徒其受學，甚相尊敬什隨母東歸，耶舍留止，頃之王薨，太子即位。時苻堅遣呂光攻龜兹，龜兹王急求救於沙勒，王自率兵救之，使耶舍留輔太子，委以後任。救軍未至而龜兹已敗，王歸具説羅什爲光所執，乃歎曰，我與羅什相遇雖久，未盡懷抱，其忽羈虜相見何期，停十餘年王薨。因至龜兹法化甚盛，時什在姑臧遺信要之，裹糧欲去，國人請留復停歲餘。後語弟子云，吾欲尋羅什，可密裝夜發勿使人知。弟子曰，恐明旦追至不免復還耳。耶舍乃取清水一鉢，以藥投中呪數十言，與弟子洗足即便夜發。比至旦行數百里，問弟子曰，何所覺耶。荅曰，唯聞疾風之響，眼中淚出耳。耶舍又與呪水洗足住息。明旦國人追之，已差數百里不及，行達姑臧，而什已入常安，什聞其至姑臧，勸興迎之，興未納。頃之命什譯出經藏，什曰，夫弘宣法教宜令文義圓通。貧道雖誦其文，未善其理，唯佛陀耶舍深達經致，今在姑臧，願下詔徵之。一言三詳然後著筆，使微言不墜取信千載也，興從之即遣使招迎，厚加贈遺悉不受，重信敦喻方至常安，興自出侯問，別立新省於逍遙園，四事供養，並不受。至時分衛一食而已，于時羅什出《十住經》，一月餘日疑難猶豫，尚未操筆，耶舍既至，共相徵決辭理方定，道俗三千餘人皆歎其賞要。舍爲人髭赤，善解毗婆沙，故時人號曰赤髭毗婆沙。既爲羅什之師，亦稱大毗婆沙，四輩供養衣鉢卧具滿三間屋，不以關心。興爲貨之於城南造寺，耶舍先誦《曇無德律》，司隸挍尉姚爽或云姚爽請令出之，興疑其遺謬，乃試耶舍，令誦羌藉藥方各四十餘紙，三日乃執文覆之，不誤一字，衆服其強記。即以弘始十年戊申，譯《四分律》并《長阿含》等經，至十五年癸丑方訖。涼州沙門竺佛念譯爲秦言，道含筆受，譯畢解坐，興親耶舍布絹萬疋，悉皆不受。佛念道含布絹各千疋，名德沙門五百人皆重嚫施，耶舍後還罽賓，不知所終。

又卷一三 《四分律》六十卷或四十五或七十卷六帙姚秦罽賓三藏佛陀耶舍共竺佛念等譯。右一經，即法密部毗奈耶藏。佛圓寂後三百年中，從化地部之所出也。

四分僧戒本

題解

智旭《重治毗尼事義集要》卷一 《四分戒本》者，謂是《四分律》之《比丘戒經》也。此出曇無德部，梵語曇無德，翻爲法密。其律共有四分，第一分，明比丘事。第二分，明比丘尼事及受戒説戒法。第三分，明安居自恣等法。第四分，明房舍等雜法。今此戒本，即第一分中，如來因事所結戒經也。

綜述

弘贊《四分戒本如釋》卷一 夫戒本者何，乃比丘之規矱，涅槃之津要。規矱失則心慮無整，津要迷則彼岸難到，故如來首自鹿苑，終乎鶴樹，諄諄誨囑。俾依木叉爲師，視同如佛。今人背遺囑，詆毗尼，何異逆子而抗慈父？善星而侮聖言。背遺囑是非佛也，詆毗尼是非法也。見持戒者，而嘲嗤是非僧也。三寶既非而且毀，奚名釋子。蓋戒法乃對治無明業種之醍醐，修證五分法身之妙術。業種不斷，因流瀰漫，法身不圓，解脱無日。違此而修，縱得妙悟禪定現前，終是魔業。經有明言，非人臆語，今時妄修謬證，置木叉于言外，取已見爲自規尺，自不能持。欲他而同已僻，毁法滅律，無堪視之。予因覩此，每勸初學，著目毗尼，使定慧有址，正法而得久住，第律文旨奧，止持作犯名種性相，閱者無不茫然，乃忞自庸。力取戒本如律釋之，故曰如釋，釋而未盡，附餘部以悉之。遙爲律之首鑰，以學者而跽通蹊徑。文蹄雖約，而義階實周，其有欲登舍那殿閣者，可向此跨上一足。

又卷一 一此戒本，藏本有二。一是後秦佛陀耶舍尊者所譯，二乃唐懷素律師依四分藏中集出。而四分律藏一部，卷有六十，亦耶舍尊者所翻，此方上德悉共尊行。自秦至唐，多人疏業，恨不一存，稽宋代來，尠有作者。今時初學習律，每以事相爲艱，多釋卷高閣，故律學漸廢。持犯無不昧然。釋子要法，而成故典矣。余因覩此，懼正法滅無多日，乃舉四分藏中華梵文句奥者，標而釋之，號曰《四分律》名義標釋。卷成二十有八，僅爲律之通徑，亦以便後疏義，不滯於文。然疏工頗宏，非日能就。欲使初學急知持犯，爰取戒本如律釋之，而律文繁廣，不能一一仍其藏本，乃删繁揭要，而義實全。至於開遮持犯，毫釐不敢增略，如來法王，知諸衆生業性所宜與戒，尚非菩薩羅漢所堪，況容凡愚有所添損，理本如如。故云如釋，而所釋本，仍依律藏及素師所集。中有文句簡質，恐初學難順，乃取翻譯本一二字以易明之。然於每戒下附餘部律文并諸論傳，意欲互相發明旨趣，及補所未備，全非取輕替重，以開易遮。律各有旨，無容湊泊，偷心不絕，何名信戒？行者，但於自部中持，無勞自生穿鑿，其中事理通途文義委悉者，用之非過，若欲廣明，須閱全藏始得。倘爲師範，必要廣學精研，樂簡厭繁，律敎乃有大訶。

著錄

僧祐《出三藏記集》卷二 《曇無德戒本》一卷右四部，凡六十九卷。晉安帝時，罽賓三藏法師佛馱耶舍，以姚興弘始中於長安譯出。

智昇《開元釋教錄》卷一三 《四分僧戒本》一卷或云《曇無德戒本》或無僧字，姚秦罽賓三藏佛陁耶舍譯，單本右此戒本，初無稽首頌有入堂等偈者是其《四分僧尼戒》乃有數本流行，而皆不依正文妄生增減，今留姚秦耶舍譯本及太原祖師依文纂者，餘皆簡棄不載錄中。

曇無德律部雜羯磨

綜述

王古《大藏聖教法寶標目》卷八 《曇無德律部雜羯磨》，右優波離問戒律種種事。

著錄

智昇《開元釋教錄》卷一 《四分雜羯磨》一卷，右三部四卷其本並在。

沙門康僧鎧，印度人，也廣學群經義暢幽旨。以嘉平四年壬申，於洛陽白馬寺譯郁伽長者經等三部，《高僧傳》中云，譯四部不具顯名，竺道祖魏《晉錄》、《僧祐》、《寶唱》、《梁代錄》等，及《長房》、《道宣》、《靖邁》三錄並云二部，餘二既不顯名，挍閱未見，今更得一部，餘欠一經，撿亦未獲。

羯磨

題解

志鴻《四分律搜玄錄》卷一 三顯人法差別者，問此四分是人名、法名耶。答，四分是其法名，若從能秉人，應云曇無德。今癈人從法，故言四分。若人法雙標，即如羯磨題云，《四分律曇無德羯磨》者是。曇無德者，是梵語，準《費長房錄》，魏云法藏，十八部中名法護，二十部中名法密，《戒心疏》中名法尙，《羯磨疏》中名法鏡，或云法正等。

著録

費長房《歷代三寶紀》卷五 《曇無德羯磨》一卷，右一卷《曇無德》者，魏云法藏。藏師地梨荼，由是阿踰闍弟九世弟子，藏承其後，即《四分律》主也。自斯異部興焉，此當佛後二百年中，後安息國沙門曇諦，以高貴鄉公正元二年，屆乎洛汭。

法經《衆經目錄》卷五 《曇無德羯磨》一卷魏正元年，安息沙門曇諦於洛陽譯。《四分羯磨》一卷宋元嘉年求那跋摩於楊州祇桓寺譯。右二律同本異譯。

智昇《開元釋教錄》卷一 《曇無德羯磨》一卷題云《羯磨》一卷，出《曇無德律》，以結大界爲首見竺道祖《魏錄》。

右一部一卷其本見在，沙門曇無諦，亦云曇諦，魏云法實，安息國人，善學律藏妙達幽微，以高貴鄉公正元元年甲戌屆于洛汭，於白馬寺譯《曇無德羯磨》一部。

四分比丘尼羯磨法

綜述

求那跋摩《四分比丘尼羯磨法》卷一 《四分比丘尼羯磨法》一卷，按此羯磨一卷，宋本與國本則同，丹本將二本獨異何耶。今撿丹本，與懷素所集文義大同。又其起盡有倫叙可觀，知是跋摩所譯正本，故取之入藏，彼國宋二本甚是錯亂。凡尼出家始終之例，初求出家，次受十戒學法，二歲受具足戒，久後方乞畜衆羯磨度人授戒，乃其序也。二本於受六法請和尙文，重用沙彌請十戒文，此一亂也。以乞畜衆文繫乎受大戒前，二亂也。凡尼受戒，先於尼僧中受，後至大僧而受，二本即云，二部僧聽，不分先後，三亂也。其學戒六法中，四分即以非時食與飲酒爲第五六，而二本乃以摩觸八事爲五爲六，四亂也。首題既云《尼羯磨》，二本即有《比丘度沙彌法》、《沙彌受十戒法》、大僧受具戒法等，五亂也。《開元錄》云，宋求那跋摩譯，二本但云，女人出家法，六亂也。故知二本是乃後代無稽之人臆度亂鈔耳，不可依用，今故逆之。

王古《大藏聖教法寶標目》卷八 《四分比丘尼羯磨》，右優波離問戒律種種事。

著録

智昇《開元釋教錄》卷五 《四分比丘尼羯磨法》一卷。

又卷一三 《四分比丘尼羯磨法》一卷，宋罽賓三藏求那跋摩譯。

僧祐《出三藏記集》卷二 《曇無德羯磨》一卷或云《雜羯磨》【略】。

右四部，凡十三卷。宋文帝時，罽賓三藏法師求那跋摩於京都譯出。

費長房《歷代三寶紀》卷一四 《四分雜羯磨》一卷。

智昇《開元釋教錄》卷一 《四分雜羯磨》一卷題云《曇無德律部雜羯磨》，以結戒場爲首新附，右三部四卷其本並在。沙門康僧鎧，印度人，也廣學群經義暢幽旨。以嘉平四年壬申，於洛陽白馬寺譯《郁伽長者經》等三部，《高僧傳》中云，譯四部不具顯名，竺道祖魏《晉錄》，《僧祐》，《寶唱》，《梁代錄》等，及《長房》，《道宣》，《靖邁》三錄並云二部，餘二既不顯名，校閲未見，今更得一部，餘欠一經，檢亦未獲。

費長房《歷代三寶紀》卷一〇 《四分羯磨》一卷。

右七部合三十八卷，罽賓國三藏法師求那跋摩，宋言功德鎧。元嘉年來達乎建鄴，文帝引見勞問慇懃。帝因言曰，弟子常欲持齊不殺，迫以身殉物不獲從志，法師既不遠萬里來化此圓，將何以教之？跋摩曰，夫道在心不在事，法由己非由人。且帝王與疋夫所修各異，疋夫身賤名劣言令不威，若不剋己苦躬將何爲用。帝王以四海爲家萬民爲子，出一嘉言則士女咸悅，布一善政則人神以和。刑不夭命，役無勞力，則使風雨適時寒暖應節，百穀滋繁乘穊欝茂，如此持齋亦大矣。不煞亦衆矣。寧在闕半日之飡全一禽之命，然後方爲弘濟耶。帝乃撫機歎曰，夫俗人迷於遠理，沙門滯於近教。迷遠理者謂至道虛說，滯近教者則拘攣篇章。至如跋摩法師所言眞謂開悟明達，可與談於天人之際矣。乃勑住祇洹寺供給隆厚，譯出前件經論記等常。於定林寺安居，時有信者採花布席，唯摩所坐花采更鮮，衆咸驚異，後還祇洹奄然而化，摩未終前預作遺文。偈頌三十六行，自說證第二果，付與弟子阿沙羅云，吾歿之後可以此文示天竺僧幷此土人也。又摩亡時徒衆並見一物其狀若龍，長一疋許，在尸側直上空，其遺偈云，前頂禮三寶，淨戒諸上座。

法經《衆經目錄》卷五　《四分羯磨》一卷【略】。

十誦律

綜述

王古《大藏聖教法寶標目》卷七　《十誦律》六十一卷，右初誦四波羅夷法名異分，若犯一事，非沙門非釋子失比丘法，故名異分。次僧殘不定捨墮墮法，波羅提提舍尼法，衆多學法，止諍法，名不異分。若犯是事，故名比丘，故名釋子不失比丘法，故名不異分。初誦一至六，戒婬盜殺等法。二誦七至十三，衣鉢等法。三誦十四至二十，戒用蟲水，九十波逸提，說罪滅諍等法。四誦二十一至二十八，受具布薩，自恣安居，皮革醫藥衣等法。五誦二十九至三十三，施衣懺悔驅擯故出精苦切依止羯磨等法。三十四卧具，三十五諍事法。六雜誦三十六至四十一，種種制戒。七誦四十二至四十六，尼戒。八誦四十七至五十，增一法。九誦五十四，優波離問事。十誦五十五至五十八，善誦。五十九說結集事，六十毗尼雜品。

波羅夷者名爲墮法，名爲惡法，名斷頭法，名非沙門法，不共住者。如先白衣時犯行婬，如針鼻缺不可復用，如人命盡不可復活，如石破不可復合，如斷多羅樹心不可復生，名非梵行法，懈怠法，狗法，可惡法。

智旭《閱藏知津》卷三三　《十誦律》五十八卷，姚秦罽賓國沙門弗若多羅鳩摩羅什共譯。

初誦六卷四事至三十事之前十事。第二誦七卷，三十事之後二十事至九十事之前四十事，第三誦七卷九十事之後五十事乃至七滅諍法。第四誦八卷，受戒足法第一，布薩法第二，自恣法第三，安居法第四，皮革法第五，醫藥法第六，衣法第七。

第五誦七卷，迦絺那衣法第一，俱舍彌法第二佛在俱舍彌時諸羯磨事，瞻波法第三，佛在瞻波國時諸羯磨事。苦切羯磨法第四梵云那般茶盧伽法，二篇悔法第五，順行法第六，遮法第七，卧具法第八，諍事法第九廣明滅諍法。

第六雜誦五卷，第七誦尼律五卷。第八誦增一法四卷，第九誦優波離問四卷，第十善誦四卷。

紀事

僧祐《出三藏記集》卷三　薩婆多部《十誦律》六十一卷

薩婆多部者，梁言一切有也。所說諸法，一切有相。學內外典，好破異道，所集經書，說無有我所，受難能答，以此爲號。昔大迦葉具持法藏，次傳阿難。至于第五師優波掘，本有八十誦，優波掘以後世鈍根，不能具受故，刪爲十誦。以誦爲名，謂法應誦持也。自茲已下，師資相傳五十餘人。至秦弘始之中，有罽賓沙門弗若多羅，誦此《十誦》胡本，來遊關右。羅什法師於長安逍遙園，三千僧中共譯出之。始得二分，餘未及竟而多羅亡。俄而有外國沙門曇摩流支，續至長安。於是廬山遠法師慨律藏未備，思在究竟。聞其至止，乃與流支書曰：

佛教之興，先行上國，自分流已來，近四百年，至於沙門德式，所闕猶多。頃西域道士弗若多羅者，是罽賓持律，其人諷《十誦》胡本。有鳩摩耆婆者，通才博見，爲之傳譯。《十誦》之中，始備其二。多羅早喪，中塗而廢。不得究竟大業，慨恨良深。傳聞仁者齎此經自隨，甚欣所遇，冥運之來豈人事而已耶！想弘道爲物，感時而動，叩之有人，必情無所悋。若能爲律學之衆留此經本，開示梵行，洗其耳目，使始涉之流，不失無上之津；參懷勝業者，日月彌朗。此則惠深德厚，人神同感矣！幸望垂懷，不孤往心。一二悉諸道人所具，不復多白。

曇摩流支得書，方於關中共什出所餘律，遂具一部，凡五十八卷。後有罽賓律師卑摩羅叉來遊長安，羅什先在西域，從其受律。羅叉後自秦適晉，住壽春石澗寺，重校《十誦律》本，名品遂正，分爲六十一卷，至今相傳焉。

著錄

僧祐《出三藏記集》卷二　《十誦律》六十一卷，已入《律錄》。

法經《衆經目錄》卷五　《十誦律》五十九卷，《十誦律》六十一卷，

右二律同本異譯。

道宣《大唐内典錄》卷三　《十誦律》五十八卷弘始六年十月十七日於中寺出見二參錄。

右晉安帝世罽賓三藏律師弗若多羅，秦言功德華，以戒節見稱，歷遊行化，羅既至止，姚興即召常安名德六百餘僧，延請多羅憩於中寺，誦出《十誦》梵本，羅什度爲秦文，三分獲二，未竟而多羅卒，衆咸痛惜，什後又共曇摩流支，秦言法希，續譯都訖。

智昇《開元釋教錄》卷四　《十誦律》六十一卷。

又卷一三　《十誦律》六十一卷六校。

前五十八卷姚秦三藏弗若多羅等共羅什譯後毗尼序三卷，東晉三藏卑摩羅叉續譯。

右一經即說一切有部毗奈耶藏，佛圓寂後三百年，初從上座部之所出也此《十誦律》中毗尼序三卷，或有經本編在第九誦後，第十誦前，從第五十五卷至五十七卷者，錯也今撿古本皆在其末，今者依古爲正。

十誦比丘尼波羅提木叉戒本

僧祐《出三藏記集》卷二　《十誦比丘尼戒本》一卷或云《十誦比丘尼大戒》《十誦律羯磨雜事》一卷。右二部，凡二卷。宋明帝時，律師釋法穎於京都撰出。

智昇《開元釋教錄》卷五　《十誦比丘尼戒本》一卷。

右一部一卷其本見在。沙門釋法穎，俗姓索氏燉煌人。十三出家，爲法香弟子，住涼州公府寺與同學法力俱以律藏知名，穎伏膺已。後學無再請記，在一聞研精律部，博涉經論。元嘉末至建業止新亭寺，孝武以穎學業兼明，勅爲都邑僧正，後辞任還多寶寺，常習定閑房。亦時開律席，後移住長干寺以明帝或太始年中，集出《十誦尼戒》一部，兼出羯磨流行於代。

又卷二〇　《十誦比丘尼戒本》一卷，《十誦比丘尼戒本》一卷。

右二經姚秦羅什譯。

薩婆多毘尼毘婆沙

綜述

王古《大藏聖教法寶標目》卷八　《薩婆多毗尼毗婆沙》九卷，右此解《十誦律論》，大解律中九十事，及悔罪衆學滅諍等法。

著錄

費長房《歷代三寶紀》卷一四　《薩婆多毗尼毗婆沙》八卷。

法經《衆經目錄》卷五　《薩婆多毘尼毘婆沙》八卷，是衆律失譯。

道宣《大唐內典錄》卷九　《薩婆多毗尼毗婆沙》九卷一百八十二紙，失譯人代。

根本說一切有部毘奈耶

綜　述

義淨《根本說一切有部毘奈耶》卷一　稽首大悲尊，能哀愍一切，面滿如初日，目淨若青蓮。佛生調伏家，弟子衆調伏，調伏除衆過，敬禮法中尊。佛說三藏教，毗柰耶爲首，我於此教中，略申其讚頌。如樹根爲最，條幹由是生，佛說律爲本，能生諸善法。譬如大隄防，瀑流不能越。戒法亦如是，能遮於毀禁。諸佛證菩提，獨覺身心靜，及以阿羅漢，咸由律行成。三世諸賢聖，遠離有爲縛，皆以律爲本，能至安隱處。若此調伏教，安住於世間，即是諸如來，正法藏不滅。戒是能安立，如來正法燈，離此即便無，安隱涅槃路。佛遊於世間，隨處說經法，律教不如是，故知難值遇。如地載群生，能長諸卉木，律教亦如是，能生諸福智。佛說由律教，能生衆功德，奉持得解脫，毀破生惡趣。象馬若不調，制之以鈎策，律教亦如是，不調令善順。如城有隍塹，能禦諸怨敵，律教亦如是，能防於破戒。譬如大海水，能漂於死屍，律教亦如是，能除諸破戒。律是法中王，諸佛之導首，苾芻喩商旅，此爲無價珎。破戒逾蚍毒，律如阿伽陁，盛壯意難調，以律爲轡勒。律於善道處，常與作橋梁，亦如惡趣海，能與爲舩栰。若行於險路，戒爲善導者，若昇無畏城，以戒爲梯隥。大師最勝尊，親說於律教，此二無差別，咸應歸命禮。佛及聖弟子，咸依律教住，於戒生恭敬，故我歸命禮。我依律讚歎，此說應尊重，於初首歸依，吉祥事成就。毗柰耶大海，涯際淼難知，差別相無窮，豈我能詳悉。大師律教海，甚深難可測，我今隨自能，略讚於少分。世尊涅槃時，普告諸大衆，汝於我滅後，咸應尊敬戒。故我申讚頌，欲說毗柰耶，仁等應至心，善聽調伏教。

《別解脫經》難得聞，經於無量俱胝劫，讀誦受持亦如是，如說行者更難遇。諸佛出現於世樂，演說微妙正法樂，僧伽一心同見樂，和合俱修勇進樂。若見聖人則爲樂，并與共住亦爲樂，若不見諸愚癡人，是則名爲常受樂。見具尸羅者爲樂，若見多聞亦名樂，見阿羅漢是眞樂，由於後有不生故。於河津處妙階樂，以法降怨戰勝樂，證得正慧果生時，能除我慢盡爲樂。若有能爲決定意，善伏根欲具多聞，從少至老處林中，寂靜閑居蘭若樂。合十指恭敬，札釋迦師子，別解脫調伏，我說仁善聽。聽已當正行，如大仙所說，於諸小罪中，勇猛亦勤護。心馬難制止，勇決恆相續，別解脫如銜，有百針極利。若人違軌則，聞教便能止，大士若良馬，當出煩惱陣。若人無此銜，亦不曾喜樂，彼沒煩惱陣，迷轉於生死。

王古《大藏聖教法寶標目》卷七　《根本說一切有部毗柰耶》五十卷，右武后時義淨等譯，其《序》云，佛說律爲本，能生諸善法。如樹根爲本，枝幹由是生律，能遮毀禁，如堤防暴流。三世諸賢聖，遠離有爲縛，皆以律爲本，能至安隱處。若比調伏教，安住於世間，即是諸如來，正法藏不滅。離此即便無，安隱涅槃路，能生衆功德，如地載群生，不調令善順，如象馬鈎策。律能防破戒，如城禦怨敵。律是法中王，諸佛之導首。善道之橋梁，若海大船筏，險路之善導，直昇無畏城。佛及聖弟子，咸依律教住。佛云我滅後，戒是汝導師，仁等應至心，善聽調伏教。毗柰耶序述制緣起，所應學處，凡百餘條末，有七佛說戒經偈。

著　錄

智昇《開元釋教錄》卷九　《根本說一切有部毗柰耶》五十卷。

根本說一切有部苾芻尼毘奈耶

綜　述

王古《大藏聖教法寶標目》卷八　右佛制尼學處百八十法，又第四、

第五部衆學法，七滅淨法，《七佛說戒經》，偈與前五十卷《毗奈耶事》多相涉而詳略有異。

著録

智旭《開元釋教録》卷九 《根本說一切有部苾芻尼毗奈耶》十卷景龍四年於大薦福寺翻經院譯。【略】沙門釋義淨。【略】又至景龍四年庚戌，於大薦福寺譯《浴像功德》、《數珠功德》、《如意心》、《尊勝》、《拔除罪障》、《出家》、《入胎》、《五蘊皆空》、《三傳法輪》、《譬喻》、《療痔病》等經，《根本說一切有部苾芻尼毗奈耶》、《毗奈耶雜事》、二衆戒經、《毗奈耶頌》、《雜事攝頌》、《尼陁那目得迦攝頌》、《唯識寶生》、《觀所緣釋》等，已上二十部八十八卷。吐火羅沙門達磨末磨，中印度沙門拔弩證梵義，罽賓沙門達磨難陁證梵文，居士東印度首領伊舍羅證梵本，沙門慧積居士，中印度李釋迦度頗多等讀梵本，沙門文綱、慧沼、利貞、勝莊、愛同、思恆等證義，沙門玄傘、智積等筆受，居士東印度瞿曇金剛、迦濕彌羅國王子阿順等證譯，修文館大學士特進趙國公李嶠、兵部尚書逍遙公韋嗣立、中書侍郎趙彥昭、吏部侍郎盧藏用、兵部侍郎張說、中書舍人李乂蘇頲等二十餘人，次文潤色，左僕射舒國公韋巨源、右僕射許國公蘇環等監譯，秘書大監嗣號王邕監護。

根本說一切有部毗奈耶出家事

圓照《貞元新定釋教目録》卷一三 《根本說一切有部毗奈耶出家事》五卷內欠一卷【略】右此上從《藥事》下七部共五十卷，並從大周證聖元年，至大唐景雲二年以來，兩京翻譯未入《開元釋教録》，今捜撿乞入《貞元目録》於內由欠三卷爲訪本未獲，且附闕本録中收，切依前遺失，兼誤爲別生，故重標於此耳，右六十一部二百三十九卷《法華論》下二部九卷失本。

明。髫亂之年辭榮落彩，於是遍詢名匠廣採群籍，內外閑曉今古遍知。年十有五志遊西域，仰法顯之雅操，慕玄奘之高風，加以勤無棄時手不釋卷，弱冠登具逾厲堅貞。咸亨二年三十有七方叶夙懷，遂之廣府初結誓同志數滿十人，洎乎汎舶餘皆退罷，唯淨堅心轉熾，遂即孤行倫歷艱難漸達印度。所至之境皆洞言音，凡遇王臣咸蒙禮重，鷲峯鷄足並親登陟，祇園鹿苑咸悉周遊，憩那爛陁禮菩提樹遍師明匠學大小乘。所爲事周還歸故里，凡所歷遊三十餘國，往來問道出二十年，以天后證聖之元乙未仲夏還至河洛，將梵本經律論近四百部合五十萬頌。金剛座眞容一鋪，舍利三百粒。天后敬法重人，親迎于上東門外，洛陽緇侶倫設幢幡兼陳鼓樂在前導引。沸授記寺安置所將梵本並令翻譯，初共于闐三藏實叉難陁翻花嚴經久視已後方自翻譯。即以久視元年庚子，至長安三年癸夘，於東都福先寺及西京西明寺，譯《金光明最勝王》、《能斷金剛般若》、《入定不定印》、《彌勒成佛》、《一字咒王》、《莊嚴王陁羅尼》、《善夜》、《流轉諸有》、《妙色王因緣》、《無常》、《八無暇有暇》、《長爪梵志》等經，《根本說一切有部毗奈耶》、《尼陁那目得迦》、《百一羯磨》及《律攝》等，《掌中》、《取因假設》、《六門教授》等論，及龍樹勸誡頌，已上二十部一百一十五卷，北印度沙門阿你眞那證梵文義，沙門波崙復禮慧表智積等筆受證文，沙門法寶法藏德感勝莊神英仁亮大儀慈訓等證義，成均大學助教許觀監護，繕寫進內。

根本說一切有部毗奈耶安居事

圓照《貞元新定釋教目録》卷一三 《根本說一切有部毗奈耶安居事》一卷【略】右此上從《藥事》下七部共五十卷，並從大周證聖元年，至大唐景雲二年以來，兩京翻譯未入《開元釋教録》，今捜撿乞入《貞元目録》於內由欠三卷爲訪本未獲，且附闕本録中收，切依前遺失，兼誤爲別生，故重標於此耳，右六十一部二百三十九卷《法華論》下二部九卷失本。

又加七部五十卷，內元欠三卷。沙門釋義淨，齊州人，俗姓張，字文明。髫齓之年辤榮落彩，於是遍詢名匠廣採群籍，內外閑曉今古遍知。年十有五志遊西域，仰法顯之雅操，慕玄奘之高風，加以勤無棄時手不釋卷，弱冠登具逾厲堅貞。咸亨二年三十有七方叶夙懷，遂之廣府初結誓同志數滿十人，洎乎汎舶餘皆退罷，唯淨堅心轉熾，遂即孤行備歷艱難漸達印度。所至之境皆，洞言音，凡遇王臣咸蒙禮重，鷲峯鷄足並親登陟，祇園鹿苑咸悉周遊，憩那爛陁禮菩提樹遍師明匠學大小乘。所爲事周還歸故里，凡所歷遊三十餘國，往來問道出二十年，以天后證聖之元乙未仲夏還至河洛，將梵本經律論近四百部合五十萬頌，金剛座眞容一鋪，舍利三百粒。天后敬法重人，親迎於上東門外，洛陽緇侶備設幢幡兼陳皷樂在前導引，佛授記寺安置所將梵本並令翻譯，初共子闐三藏實叉難陁翻花嚴經久視已後方自翻譯。即以久視元年庚子，至長安三年癸夘，於東都福先寺及西京西明寺，譯《金光明最勝王》、《能斷金剛般若》、《入定不定印》、《彌勒成佛》、《一字咒王》、《莊嚴王陁羅尼》、《善夜》、《流轉諸有》、《妙色王因緣》、《無常》、《八無暇有暇》、《長爪梵志》等經，《根本說一切有部毗奈耶》、《尼陁那目得迦》、《百一羯磨》及《律攝》等。《掌中》、《取因假設》、《六門教授》等論，及龍樹勸誡頌，已上二十部一百一十五卷，北印度沙門阿你眞那證梵文義，沙門波崙復禮慧表智積等筆受證文，沙門法寶法藏德感勝莊神英仁亮大儀慈訓等證義，成均大學助教許觀監護，繕寫進內。

又《根本說一切有部毗奈耶安居事》一卷十二紙【略】。

右此上從《藥事》下七部共五十卷，並三藏沙門義淨從大周證聖元年至大唐景雲三年已來兩京飜譯，未入《開元釋敎錄》，搜檢入《貞元目錄》。於內由欠三卷，訪本未獲已上七部四十七卷共五帙，亦右開本錄中收爲本未足故且記此。

根本說一切有部毗奈耶隨意事

圓照《貞元新定釋教目錄》卷一三　《根本說一切有部毗奈耶隨意事》一卷【略】右此上從《藥事》下七部共五十卷，並從大周證聖元年，至大唐景雲二年，以來兩京翻譯未入《開元釋敎錄》，今搜撿乞入《貞元目錄》於內由欠三卷爲訪本未獲且附闕本錄中收，切依前遺失兼誤爲別生故重標於此耳右六十一部二百三十九卷《法華論》下二部九卷失本。

又加七部五十卷，內元欠三卷。沙門釋義淨，齊州人，俗姓張，字文明。髫齓之年辤榮落彩，於是遍詢名匠廣採群籍，內外閑曉今古遍知。年十有五志遊西域，仰法顯之雅操，慕玄奘之高風加以勤無棄時手不釋卷，弱冠登具逾厲堅貞。咸亨二年三十有七方叶夙懷，遂之廣府初結誓同志數滿十人，洎乎汎舶餘皆退罷，唯淨堅心轉熾，遂即孤行備歷艱難漸達印度。所至之境皆洞言音，凡遇王臣咸蒙禮重，鷲峯鷄足並親登陟，祇園鹿苑咸悉周遊，憩那爛陁禮菩提樹遍師明匠學大小乘。所爲事周還歸故里，凡所歷遊三十餘國，往來問道出二十年，以天后證聖之元乙未仲夏還至河洛，將梵本經律論近四百部合五十萬頌，金剛座眞容一鋪，舍利三百粒。天后敬法重人，親迎于上東門外洛陽緇侶備設幢幡兼陳皷樂在前導引，沸授記寺安置所將梵本並令翻譯，初共子闐三藏實叉難陁翻花嚴經久視已後方自翻譯。即以久視元年庚子，至長安三年癸夘，於東都福先寺及西京西明寺，譯《金光明最勝王》、《能斷金剛般若》、《入定不定印》、《彌勒成佛》、《一字咒王》、《莊嚴王陁羅尼》、《善夜》、《流轉諸有》、《妙色王因緣》、《無常》、《八無暇有暇》、《長爪梵志》等經，《根本說一切有部毗奈耶》、《尼陁那目得迦》、《百一羯磨》及《律攝》等，《掌中》、《取因假設》、《六門教授》等論，及龍樹勸誡頌，已上二十部一百一十五卷，北印度沙門阿你眞那證梵文義，沙門波崙復禮慧表智積等筆受證文，沙門法寶法藏德感勝莊神英仁亮大儀慈訓等證義，成均大學助教許觀監護繕寫進內。

又卷二五　《根本說一切有部毗奈耶隨意事》一卷【略】從《出家事》下五部十卷同帙又從《藥棗》下七部五十卷拾遺補貞元新入目錄。

右七部五十卷，大唐三藏義淨從大同證聖元年至大唐景雲二年譯畢。準長安四年十二月十四日勑及景雲二年閏六月二十六日勑編入經目，今《開元釋敎錄》中無今欲拾遺補闕編入《貞元新定釋敎目錄》，爲訪本未足且附此闕本錄。

根本說一切有部毘奈耶皮革事

圓照《貞元新定釋教目錄》卷一三　《根本說一切有部毗奈耶皮革事》二卷，【略】右此上從《藥事》下七部共五十卷，並從大周證聖元年，至大唐景雲二年，以來兩京翻譯未入《開元釋教錄》，今搜撿乞入《貞元目錄》於內由欠三卷爲訪本未獲，且附闕本錄中收，切依前遺失兼誤爲別生，故重標於此耳，右六十一部二百三十九卷《法華論》下二部九卷失本。

又加七部五十卷，內元欠三卷。沙門釋義淨，齊州人，俗姓張，字文明，髫齔之年辝榮落彩，於是遍詢名匠廣採群籍，內外閑曉今古遍知。年十有五志遊西域，仰法顯之雅操，慕玄奘之高風加以勤無棄時手不釋卷，弱衬登具逾厲堅貞。咸亨二年三十有七方叶夙懷，遂之廣府初結誓同志數滿十人，洎乎汎舶餘皆退罷，唯淨堅心轉熾，遂即孤行備歷艱難漸達印度。所至之境皆洞言音，凡遇王臣咸蒙禮重，鷲峰鷄足並親登陟，祇園鹿苑咸悉周遊，憩那爛陁禮菩提樹遍師明匠學大小乘。所爲事周還歸故里，凡所歷遊三十餘國，往來問道出二十年，以天后證聖之元乙未仲夏還至河洛，將梵本經律論近四百部合五十萬頌，金剛座眞容一鋪，舍利三百粒。天后敬法重人，親迎于上東門外洛陽緇侶備設幢幡兼陳鼓樂在前導引，佛授記寺安置所將梵本並令翻譯，初共子闐三藏實叉難陁翻花嚴經久視已後方自翻譯。即以久視元年庚子，至長安三年癸夘，於東都福先寺及西京西明寺，譯《金光明最勝王》，《能斷金剛般若》，《入定不定印》，《彌勒成佛》，《一字咒王》，《莊嚴王陁羅尼》，《善夜》，《流轉諸有》，《妙色王因緣》，《無常》，《八無暇有暇》，《長爪梵志》等經，《根本說一切有部毘奈》，《耶尼陁那目得迦》，《百一羯磨》及《律攝》等，《掌中》，《取因假設》，《六門教授》等論，及龍樹勸誡頌，已上二十部一百一十五卷，北印度沙門阿你眞那證梵文義，沙門波崙復禮慧表智積等筆受證文，沙門法寶法藏德感勝莊神英仁亮大儀慈訓等證義，成均大學助教許觀監護，繕寫進內。

又卷二五　《根本說一切有部毗奈耶皮革事》二卷，《貞元新入目錄》二十五紙。【略】從《出家事》下五部十卷同帙，又從《藥事》下七部五十卷拾遺補《貞元新入目錄》。

右七部五十卷，大唐三藏義淨從大周證聖元年至大唐景雲二年譯畢。準長安四年十二月十四日勑及景雲二年閏六月二十六日勑編入經目，今《開元釋教錄》中無今欲拾遺補闕編入《貞元新定釋教目錄》，爲訪本未足且附此闕本錄。

根本說一切有部毘奈耶藥事

圓照《貞元新定釋教目錄》卷一三　《根本說一切有部毗奈耶藥事》二十卷【略】，右此上從《藥事》下七部共五十卷，並從大周證聖元年，至大唐景雲二年，以來兩京翻譯未入《開元釋教錄》，今搜撿乞入《貞元目錄》於內由欠三卷爲訪本未獲，且附闕本錄中收，切依前遺失兼誤爲別生，故重標於此耳右六十一部二百三十九卷。《法華論》下二部九卷失本。

又加七部五十卷，內元欠三卷。沙門釋義淨，齊州人，俗姓張，字文明。髫齔之年辝榮落彩，於是遍詢名匠廣採群籍，內外閑曉今古遍知。年十有五志遊西域，仰法顯之雅操，慕玄奘之高風加以勤無棄時手不釋卷，弱衬登具逾厲堅貞。咸亨二年三十有七方叶夙懷，遂之廣府初結誓同志數滿十人，洎乎汎舶餘皆退罷，唯淨堅心轉熾，遂即孤行備歷艱難漸達印度所至之境皆洞言音，凡遇王臣咸蒙禮重，鷲峯鷄足並親登陟，祇園鹿苑咸悉周遊，憩那爛陁禮菩提樹遍師明匠學大小乘所爲事周還歸故里，凡所歷遊三十餘國，往來問道出二十年，以天后證聖之元乙未仲夏還至河洛，將梵本經律論近四百部合五十萬頌，金剛座眞容一鋪，舍利三百粒。天后敬法重人，親迎于上東門外洛陽緇侶備設幢幡兼陳鼓樂在前導引，佛授記寺安置所將梵本並令翻譯，初共子闐三藏實叉難陁翻花嚴經久視已後方自翻譯。即以久視元年庚子至長安三年癸夘，於東都福先寺及西京西明寺，譯《金光明最勝王》，《能斷金剛般若》，《入定不定印》，《彌勒成佛》，《一字咒王》，《莊嚴王陁羅尼》，《善夜》，《流轉諸有》，《妙色王因緣》，《無常》，《八無暇有暇》，《長爪梵志》等經，《根本說一切有部毗奈耶》，《尼陁那目得迦》、《百一羯磨》及《律攝》等，《掌中》、《取因假設》、《六門教授》等論，及龍樹勸誡頌，已上二十部一百一十五卷，北印度沙門阿你眞那證梵文義，沙門波崙復禮慧表智積等筆受證文，沙門法寶法藏德感勝，莊神英仁亮大儀慈訓等證義，成均大學助教許觀監護繕寫進內。

又卷二五　《根本說一切有部毗奈耶藥事》二十卷【略】貞元新入目錄二帙二百九十二紙，從出《家事》下五部十卷同軼又從《藥事》下七部五十卷拾遺補貞元新入目錄。右七部五十卷，大唐三藏義淨從大周證聖元年至大唐景雲二年譯畢。準長安四年十二月十四日勅及景雲二年閏六月二十六日勅編入經目，今《開元釋教錄》中無今欲拾遺補闕編入《貞元新定釋教目錄》，爲訪本未足且附此闕本錄。

根本說一切有部毗奈耶羯恥那衣事

圓照《貞元新定釋教目錄》卷二五　《根本說一切有部毗奈耶羯耻那衣事》一卷，從《出家事》下五部十卷同軼，又從《藥事》下七部五十卷拾遺補，貞元新入目錄。右七部五十卷，大唐三藏義淨從大同證聖元年至大唐景雲二年譯，畢準長安四年十二月十四日勅及景雲二年閏六月二十六日勅編入經目，今《開元釋教錄》中無，今欲拾遺補闕編入《貞元新定釋教目錄》，爲訪本未足且附此闕本錄。

根本說一切有部毗奈耶破僧事

圓照《貞元新定釋教目錄》卷一三　《根本說一切有部毗奈耶破僧事》二十卷內欠二卷【略】。右此上從《藥事》下七部共五十卷，並從大周證聖元年，至大唐景雲二年，以來兩京翻譯未入《開元釋教錄》今搜撿乞入《貞元目錄》於內由欠三卷爲訪本未獲且附闕本錄中收，切依前遺失兼誤爲別生，故重標於此耳，右六十一部二百三十九卷《法華論》下二部九卷失本。

又加七部五十卷，內元欠三卷。沙門釋義淨，齊州人，俗姓張，字文明。髫齓之年辞榮落彩，於是遍詢名匠廣採群籍，內外閑曉今古遍知。年十有五志遊西域，仰法顯之雅操，慕玄奘之高風加以勤無棄時手不釋卷，弱籿登具逾厲堅貞。咸亨二年三十有七方叶夙懷遂之廣府初結誓同志數滿十人，泊乎汎舶餘皆退罷，唯淨堅心轉熾，遂即孤行備歷艱難漸達印度。所至之境皆洞言音，凡遇王臣咸蒙禮重鷲峯鷄足並親登陟，祇園鹿苑咸悉周遊，懇那爛陁禮菩提樹遍師明匠學大小乘。所爲事周還歸故里，凡所歷遊三十餘國，往來問道出二十年，以天后證聖之元乙未仲夏還至河洛，將梵本經律論近四百部合五十萬頌，金剛座眞容一鋪，舍利三百粒。天后敬法重人，親迎于上東門外洛陽緇侶備設幢幡兼陳鼓樂在前導引，於授記寺安置所將梵本並令翻譯，初共子闐三藏實叉難陁翻花嚴經久視已後方自翻譯。即以久視元年庚子，至長安三年癸夘，於東都福先寺及西京西明寺，譯《金光明最勝王》、《能斷金剛般若》、《入定不定印》、《彌勒成佛》、《一字咒王》、《莊嚴王陁羅尼》、《善夜》、《流轉諸有》、《妙色王因緣》、《無常》、《八無暇有暇》、《長爪梵志》等經，《根本說一切有部毗奈耶》、《尼陁那目得迦》、《百一羯磨》及《律攝》等《掌中》、《取因假設》、《六門教授》等論及龍樹勸誡頌，已上二十部一百一十五卷，北印度沙門阿你眞那證梵文義，沙門波崙復禮慧表智積等筆受證文，沙門法寶法藏德感勝莊神英仁亮大儀慈訓等證義，成均大學助教許觀監護，繕寫進內。

又卷二五　《根本說一切有部毗奈耶破僧事》二十卷《貞元新入目錄》二帙三百二十九紙【略】，從出《家事》下五部十卷同帙又從《藥事》下七部五十卷拾遺補。貞元新入目錄。

右七部五十卷，大唐三藏義淨從大周證聖元年至大唐景雲二年譯畢。準長安四年十二月十四日勅及景雲二年閏六月二十六日勅編入經目，今《開元釋教錄》中無今欲拾遺補闕編入《貞元新定釋教目錄》，爲訪本未足且附此闕本錄。

根本說一切有部毘奈耶雜事

綜述

王古《大藏聖教法寶標目》卷八　《毗柰耶雜事》四十卷，右四十卷中總有八門九十頌，有種種制學處緣法。佛諸弟子勝光等，諸國王及勝鬘行雨夫人瑠璃王誅釋子墮地獄，難陀出家證果，目連舍利子入滅，訶利底母愛兒等，緣末數卷記佛降生，入涅槃，結集等事。

著錄

智昇《開元釋教錄》卷九　《根本說一切有部毗柰耶雜事》四十卷景龍四年於大薦福寺翻經院譯。【略】，沙門釋義淨齊州人【略】，淨所新翻並令摽，引二年丙午隨駕歸京，勅於大薦福寺別置翻經院處之。三年丁未帝召入內，并同翻經沙門九旬坐夏。帝以昔居房部幽厄無歸，祈念藥師遂蒙降祉，賀茲往澤重闡洪猷，因命法徒更令翻譯，於大佛光殿譯成二卷，名《藥師瑠璃光七佛本願功德經》，帝御法筵手自筆受。又至景龍四年庚戌，於大薦福寺譯，《浴像功德》，《數珠功德》，《如意心》，《尊勝》，《拔除罪障》，《出家入胎》，《五藴皆空》，《三轉法輪》，《譬喩》，《療痔病》等經，《根本說一切有部苾芻尼毗柰耶》，《毗柰耶雜事》，《二衆戒經》，《毗柰耶頌》，《雜事攝頌》，《尼陁那目得迦攝頌》，《唯識寶生》，《觀所緣釋》等。已上二十部八十八卷，吐火羅沙門達磨末磨中印度沙門拔弩證梵義，罽賓沙門達磨難陁證梵文居士東印度首領伊舍羅證梵本，沙門慧積居士中印度李釋迦度頗多等讀梵本，沙門文綱慧沼利貞勝莊愛同思恆等證義，沙門玄傘智積等筆受，居士東印度瞿曇金剛迦濕彌羅國王子阿順等證譯，修文館大學士特進趙國公李嶠，兵部尙書逍遙公韋嗣立，中書侍郎趙彥昭，吏部侍郎盧藏用，兵部侍郎張說，中書舍人李乂蘇頲等二十餘人次文潤色，左僕射舒國公韋巨源右僕射許國公蘇環等監譯，秘書大監嗣號王邕監護。

根本說一切有部尼陀那目得迦

綜述

王古《大藏聖教法寶標目》卷七　《一切有劫尼陀那》五卷。《一切有部目得迦》五卷。

右種種制學處，多與前部相涉而詳略有異。

著錄

智昇《開元釋教錄》卷九　《根本說一切有部尼陁那目得迦》十卷或八卷。長安三年十月四日於西明寺譯。

又卷一三　《根本說一切有部尼陁那目得迦》十卷或八卷，一大唐天后代三藏義淨譯，新編入錄。右四經與《十誦律》俱是說一切有部，然其文理與《十誦律》非無有異，未詳所以。

根本說一切有部百一羯磨

綜述

王古《大藏聖教法寶標目》卷八　《根本說一切有部百一羯磨》十卷

右梵語羯磨此云時到，亦云辦事，謂集僧出家授戒，出白衆罪悔過，折伏諫擯等法。百一者舉其大數與大律，數雖不同，無違妨也。

著錄

智昇《開元釋教錄》卷九 《根本說一切有部百一羯磨》十卷長安三年十月四日於西明寺譯。【略】沙門釋義淨，齊州人，【略】，即以久視元年度子至長安三年癸夘，於東都福先寺及西京西明寺，譯《金光明最勝王》、《能斷金剛般若》、《入定不定印》、《彌勒成佛》、《一字呪王》、《莊嚴王陁羅尼》、《善夜》、《流轉諸有》、《妙色王因緣》、《無常八無暇有暇》、《長爪梵志》等經，《根本說一切有部毗柰耶尼陁那目得迦》、《百一羯磨》及《律攝》等，《掌中》、《取因假設》、《六門教授》等論，及《龍樹勸誡頌》，已上二十部一百一十五卷。北印度沙門阿你眞那證梵文義，沙門波崙、復禮、慧表、智積等筆受，證文，沙門法寶法藏德感、成莊、神英、仁亮、大儀慈訓等證義，成均太學助教許觀監護繕寫進內，天后製《新翻聖教序》，令標經。

又卷一三 《根本說一切有部百一羯磨》十卷，大唐天后代三藏義淨譯，新編入錄。

根本說一切有部戒經

綜述

王古《大藏聖教法寶標目》卷八 《根本說一切有部戒經》略，僧律，四波羅夷，十三僧殘，二不定，三十捨墮尼薩耆波夜提，九十波夜提。四悔過波羅提提舍尼衆學法，七滅諍法，尼律，八波羅夷，十九婆尸沙，一百四十一波夜提，餘尼薩耆波夜提。衆學滅諍法，數同佛制，半月布薩說戒，即此本也。

著錄

智昇《開元釋教錄》卷九 《根本說一切有部戒經》一卷景龍四年於大薦福寺翻經院譯。【略】又至景龍四年庚戌，於大薦福寺譯《浴像功德》、《數珠功德》、《如意》、《心尊勝》、《拔除罪障》、《出家入胎》、《五蘊皆空》、《三轉法輪》、《譬喻》、《療痔病》等經，《根本說一切有部苾芻尼毗柰耶》、《毗柰耶雜事》、二衆戒經，《毗柰耶頌》、《雜事攝頌》、《尼陁那目得迦攝頌》、《唯識寶生》、《觀所緣釋》等，已上二十部八十八卷。吐火羅沙門達磨末磨，中印度沙門拔弩證梵義，罽賓沙門達磨難陁證梵文，居士東印度首領伊舍羅證梵本，沙門慧積居士，中印度李釋迦度頗多等讀梵本，沙門文綱慧沼利貞勝莊愛同思恆等證義，沙門玄傘智積等筆受，居士東印度瞿曇金剛迦濕彌羅國王子阿順等證譯，修文館大學士特進趙國公李嶠，兵部尚書逍遙公韋嗣立、中書侍郎趙彥昭、吏部侍郎盧藏用、兵部侍郎張說、中書舍人李乂蘇頲等二十餘人次文潤色，左僕射舒國公韋巨源、右僕射許國公蘇環等監譯，秘書大監嗣號王邕監護。

根本說一切有部苾芻尼戒經

綜述

王古《大藏聖教法寶標目》卷八 《根本說一切有部苾芻尼戒本》僧律，四波羅夷十三僧殘，二不定，三十捨墮尼薩耆波夜提，九十波夜提，四悔過波羅提、提舍尼，衆學法，七滅諍法尼律，八波羅夷，十九婆尸沙，一百四十一波夜提，餘尼薩耆波夜提。衆學滅諍法，數同佛制，半月布薩說戒，即此本也。

根本說一切有部略毘奈耶雜事攝頌

綜　述

王古《大藏聖教法寶標目》卷八　《根本說毗柰雜事攝頌》，右以少偈頌收戒律，廣文總括宏綱使，易記憶，西域尊者毗舍佉等造。

紀　事

義淨《根本說一切有部略毘奈耶雜事攝頌》卷一附注　《根本說一切有部略毘奈那雜事攝頌》一卷，大唐景龍四年歲次庚戌四月辛巳朔十五日景申，三藏法師大德義淨宣釋梵本，並綴文正字。

根本薩婆多部律攝

綜　述

王古《大藏聖教法寶標目》卷八　《根本薩婆多部律攝》十四卷，右尊者勝友造。於佛戒律中以略顯廣，明舉持犯輕重種種學處，并佛略教，非遮非許，清淨不清淨等諸所有事，皆明其義，與諸部毗柰耶等，多相參照。

著　錄

智昇《開元釋教錄》卷九　《根本說一切有部苾芻尼戒經》一卷景龍四年，於大薦福寺翻經院譯。【略】沙門釋義淨齊州人。【略】又至景龍四年庚戌，於大薦福寺譯。《浴像功德》、《數珠功德》、《如意心》、《尊勝》、《拔除罪障》、《出家入胎》、《五蘊皆空》、《三傳法輪》、《譬喻》、《療痔病》等經，《根本說一切有部苾芻尼毗柰耶》、《毗柰耶雜事》，二衆戒經，《毗柰耶頌》、《雜事攝頌》、《尼陁那目得迦攝頌》、《唯識寶生》、《觀所緣釋》等，已上二十部八十八卷。吐火羅沙門達磨末磨，中印度沙門拔弩證梵義，罽賓沙門達磨難陁證梵文，居士東印度首領伊舍羅證梵本，沙門慧積居士，中印度李釋迦度頗多等讀梵本，沙門文綱、慧沼、利貞、勝莊、愛同、思恆等證義，沙門玄傘、智積等筆受，居士東印度瞿曇金剛、迦濕彌羅國王子阿順等證譯，修文館大學士特進趙國公李嶠、兵部尚書逍遙公韋嗣立、中書侍郎趙彦昭、吏部侍郎盧藏用、兵部侍郎張說、中書舍人李乂、蘇頲等二十餘人次文潤色，左僕射舒國公韋巨源、右僕射許國公蘇環等監譯，秘書大監嗣號王邕監護。

根本說一切有部毘奈耶尼陀那目得迦攝頌

智昇《開元釋教錄》卷一三　《根本說一切有部毗奈耶尼陁那目得迦攝頌》一卷，大唐三藏義淨譯，新編入錄單本。

又卷二〇　《根本說一切有部毗奈耶尼陁那目得迦攝頌》一卷《尼陁那》在先，《目得迦》在後。

著錄

智昇《開元釋教錄》卷九 《根本薩婆多部律攝》二十卷尊者勝支集，或十四卷，久視元年十二月二十三日於東都大福先寺譯。

又卷一三 《根本薩婆多部律攝》二十卷尊者勝友集，或十四卷二帙，大唐天后代三藏義淨譯，新編入錄單本。

根本說一切有部毗奈耶頌

綜述

王古《大藏聖教法寶標目》卷八 《根本說一切有部毗柰耶頌》五卷，右以少偈頌收戒律，廣文總括宏綱，使易記憶，西域尊者毗舍佉等造。

紀事

智昇《續古今譯經圖紀》 沙門釋義淨齊州人【略】，至景龍四年庚戌於大薦福寺譯【略】，《根本說一切有部毗柰耶頌》一部五卷。

著錄

智昇《開元釋教錄》卷九 《根本說一切有部毗柰耶頌》五卷。

又卷一三 《根本說一切有部毗奈耶頌》五卷，尊者毗舍佉造，大唐三藏義淨譯新編入錄單本。

解脫戒經

綜述

僧昉《解脫戒經序》 戒律者，建定慧之妙幢，殄闇惑之明燈，度危嶮之蹊徑，開憺怕之梁津，寶殿之功罔初弗起，踰越重閣非梯靡昇。正法住滅，驗之常典，大聖泯暉，邁餘千紀，法澤遐流猶未周備。令文學之徒異論競興，薄俗之士訕音滿世，余聽斯談輒闚慈範，味攬玄言乃矚大集。聖所嗟歎言迦葉毘，妙觀我人善摧惱結，閑邪辯正極聖沖典，每尋斯文慨五數闕，敢以追訪獲斯戒本，雖未廣具，敬以洗心剪世浮辭，大魏武定癸亥之年，在鄴京都，侍中尚書令高澄請爲出焉。羯磨中，外國云若僧到時漢地迴文言時到，僧忍聽，言僧至我作法時莫遮我所作故言聽外國耳聽遮聽言音字別漢用一字所以致或。

著錄

費長房《歷代三寶紀》卷九 《解脫戒本》一卷興和二年出，僧昉筆受，出《迦葉毗律》。

智昇《開元釋教錄》卷六 《解脫戒本》一卷出迦葉毗部。武定元年，在鄴都符中尚書令高澄謂出，見經前序僧昉筆受，并製序，亦見《長房錄》。【略】婆羅門瞿曇般若流支，魏云智希，中印度波羅㮈城淨志之種。少學佛法妙閑經旨，神理標異領悟方言。以孝明帝熙平元年遊寓洛陽，後京師遷鄴亦與時從。以孝靖帝元象元年戊午至武定元年癸亥，於鄴城內在金華昌定二寺及尚書令儀同高公第內，譯得《無垢女》等經一十八部，沙門僧昉曇林，居士李希義等筆受。

律二十二明了論

綜述

王古《大藏聖教法寶標目》卷八　《律二十二明了論》，右分別解釋律中所立名義。

著錄

費長房《歷代三寶紀》卷九　《律二十二明了論》一卷。周武帝世，西天竺優禪尼國三藏法師拘那羅陁，陳言親依，又別云眞諦。起陳氏永定元年丙子，至太建初己丑，凡十四年，既懷道遊方隨在所便譯，並見曹毗三藏歷傳云，闍梨太建元年正月十一日午時遷化，年七十一，遺文並付神足弟子沙門智休，領受三藏寺沙門法海。未集闍梨文本已成部軸云，闍梨外國經論並是多羅樹葉書，凡有二百四十縛，若依陳紙墨翻寫應得二萬餘卷，今之所譯止是數縛多羅葉書，已得二百餘卷，通及梁代減三百卷，是知佛法大海不可思議，其梵本花嚴涅槃金光明將來，建康已外多在嶺南廣州制旨王園二寺，冀不思議弘法大士，將來共尋，庶令法燈傳照，不隱輝於海隅。

智昇《開元釋教錄》卷七　《律二十二明了論》一卷亦直云《明了論》出，正量部《波羅提木叉論》中，覺護法師造，光大二年正月二十日於廣州譯沙門慧愷筆受。

又卷一三　《薩婆多毗尼毗婆沙》九卷失譯今附《秦經》單本。

《律二十二明了論》一卷亦直云《明了論》。

陳天竺三藏眞諦譯，單本上二經十卷同帙其《明了論》出正量部《被羅提木又論》中，其大論未譯凡有六千頌，彼部法師阿那含人，厥名覺護，依律毗婆沙及足等造於中與律相應者略成一卷謂《明了謂》，此論解釋律藏中二十二條貞實要義，能除正法人迷闇心，通達律義故稱明了，隨沙門《法經錄》及《長房》入藏錄中並分爲兩部律二十。二卷編在律中。《明了論》一卷載於論錄，又律二十二乃是《明了論》半題，彼存二十二卷誤之甚也，誤之甚也。

善見律毘婆沙

綜述

王古《大藏聖教法寶標目》卷八　右律毗婆沙名善具足，分別戒相不雜他語，於律中因緣根本所說義味具足，善能分別一切律藏，無有障礙，故名具足第十八卷，舍利弗與優波離問答律義甚詳。

紀事

僧祐《善見律毘婆沙記》卷一一　《善見律毗婆沙》記第十五

齊永明十年，歲次實沉，三月十日。禪林比丘尼淨秀，聞僧伽跋陀羅法師於廣州共僧祎法師譯出胡本《善見毗婆沙律》一部十八卷。京師未有，渴仰欲見。僧伽跋陀羅其年五月還南，憑上寫來。以十一年，歲次大梁，四月十日得律還都，頂禮執讀，敬寫流布。仰惟世尊泥洹已來年載，至七月十五日受歲竟，於衆前謹下一點，年年如此。感慕心悲，不覺流淚。

道宣《大唐内典錄》卷四　《善見毗婆沙律》十八卷見道慧《宋齊錄》及《三藏記》，武帝世，外國沙門僧伽跋陁羅，齊言僧賢。師資相傳云，佛涅槃後優波離既結集律藏訖，即於其年七月十五日，受自恣竟，以香花供養律藏，便下一點置律藏前，年年如是。優波離欲涅槃時，付弟子陁寫俱，陁寫俱欲涅槃付弟子須俱，須俱欲涅槃付弟子悉伽婆，伽婆欲涅槃付弟子目犍連子帝須，目犍連子帝須欲涅槃付弟子旃陁跋闍，如是師師相付至今三藏法師。三藏法師將律藏至廣州，臨上船返還去，以律藏付弟子僧伽跋陁羅。羅以永明六年，共沙門僧猗於廣州竹林寺譯出，此《善見毗婆沙》。因共安居，以永明七年庚午歲七月半受自恣竟，如前師法，以香花供養律藏訖，即下一點，當其年計得九百七十五點，是一年，趙伯休梁大同元年於廬山值苦行律師弘度，得此佛涅槃後衆聖點記年月訖。齊永明七年，伯休訪弘度去，自永明七年以後，云何不復見點，弘度荅云，自此已前，皆是得道聖人，手自下點，貧道凡夫，止可奉持，頂戴而已。不敢輒點，伯休因此，舊點下推。至梁大同九年癸亥歲，合得一千二十八年，長房依伯休所推，從大同九年至今開皇十七年丁巳歲，合得一千八十二年，若然則如來滅度始出千年，去聖尚邇，深可歡慶，願共勵誠同宣遺法。

著　錄

僧祐《出三藏記集》卷二　《善見毗婆沙律》十八卷或云《毗婆沙律》，齊永明七年出。

右一部，凡十八卷。齊武帝時，沙門釋僧猗於廣州竹林寺，請外國法師僧伽跋陀羅譯出。

智昇《開元釋教錄》卷一三　《善見律毗婆沙》十八卷，或云《毗婆沙律》，亦直云《善見律》，蕭齊外國沙門僧伽跋陁羅譯，單本。

毘尼母經

綜　述

王古《大藏聖教法寶標目》卷八　《毗尼母論》八卷右毗尼此名滅滅諸惡法，故母論者廣攝律義，故律藏外諸義一切經要皆在此中，如衆流入海制戒因本皆在此中。

著　錄

彥琮《衆經目錄》卷一　《毗尼母經》八卷。

智昇《開元釋教錄》卷四　《毗尼母經》八卷亦云《毗母論》【略】似是秦時譯出數本經中並有秦言之字。諸失譯錄並未曾載，今附此《秦錄》，庶免遺漏焉。

通前舊失譯經七部七卷及新附安公關中異經等，惣四十一部合八十六卷，並爲三秦失譯云。

又卷一三　《毗尼母經》八卷亦云《毗尼母論》失譯今附《秦錄》單本。

《大比丘三千威儀經》二卷亦云《大僧威儀經》或四卷。後漢安息三藏安世高譯，單本上二經十卷同帙其《毗尼母經》，《大周錄》云，東晉太安年律蘭譯比《法上錄》，謹按帝王代錄於東晉代無太安年，其太安年乃在西晉惠帝代其《法上錄》尋之未獲年代既錯未可依憑，又撿文中有翻梵語處皆曰秦言，故是秦時譯也，今爲夫原編於《秦錄》。其《三千威儀經》，《僧祐》失譯錄中分爲兩部，各二卷房等諸錄並云，兩本合之成其四卷，今只有二餘二冀存。

鼻奈耶

題　解

讀體《毗尼止持會集》卷一　毗奈耶，此飜調伏，謂調練三業，治伏過非，亦名鼻奈耶。鼻飜去，奈耶飜眞，去若干非而就眞，故曰眞也。降伏此心息此心忍不起，故曰眞也。降伏戒也，息定也，忍智也，亦名毗尼。飜滅，又云調御，使心行調善也，此教於三學中，所詮戒學。

道宣《**大唐内典錄**》**卷七**　《鼻奈耶》十卷，前秦竺佛念道安等，於長安譯。

智昇《**開元釋教錄**》**卷四**　《鼻奈耶律》十卷一名《誡因緣經》，亦云《鼻奈耶經》，亦云《戒果因緣經》，沙門曇景筆受，見安公經序，符秦建元十四年壬午正月十二日出。

戒律小經分部

舍利弗問經

綜　述

王古《**大藏聖教法寶標目**》**卷八**　右佛說涅槃後律，分爲五部因緣，舍利弗問佛制律，或開或遮疑義，及八部鬼神何故生於惡道，而見佛聞法等事。

著　錄

費長房《**歷代三寶紀**》**卷一四**　《舍利弗問經》一卷。

法經《**衆經目錄**》**卷五**　《舍利弗問經》一卷，【略】是衆律失譯。

智昇《**開元釋教錄**》**卷三**　《舍利弗問經》一卷【略】，前三十六部四十二卷，並是入藏見經，莫知譯主，諸失譯錄闕而未書，似是遠代之經，故編於晉末，庶無遺漏焉。

通前舊失譯經二部三卷，惣四十部四十八卷，並爲東晉失源云。

綜　述

釋道安《**鼻奈耶序**》　阿難出經，面承聖旨，五百應眞更互定察，分爲十二部，於四十九年之誨無片言遺矣。又抄十二部爲四《阿含》、《阿毗曇》、《鼻奈耶》，則三藏備也。天竺學士罔弗遵焉，諷之詠之，未墜於地也。其大高座沙門則兼該三藏，中下高座則通一通二而已耳，經流秦地，有自來矣。隨天竺沙門所持來經，遇而便出於十二部，毗曰羅部最多，以斯邦人莊老教行。與方等經兼忘相似，故因風易行也。道安常恨三藏不具，以爲闕然。歲在壬午，鳩摩羅佛提齎《阿毗曇抄》、《四阿含抄》，來至長安。渴仰情久，即於其夏出《阿毗曇抄》四卷，其冬出《四阿含抄》四卷。又其伴罽賓鼻奈，厥名耶捨。諷鼻奈經甚利，即令出之。佛提梵書，佛念爲譯，曇景筆受，自正月十二日出，至三月二十五日乃了。凡爲四卷，與往年曇摩寺出戒曲相似，如合符焉。於二百六十事疑礙之滯，都謏然焉，上聞異要，煥乎可觀焉。二年之中於此秦邦三藏具焉。然世尊制戒必有所因，六群比丘生於貴族，攀龍附鳳，雖貪出家，而豪心不盡，鄙悖之行，以成斯戒。二人得道，二人生天，二人墮龍。一入無擇明恃貴不節，自貽伊戚。向使中門家子，遇佛出學，雖不能一坐成道，何由如此之困乎？然此經是佛未制戒時，其人所犯穢陋行多，既制之後，改之可貴。天竺持律不都通視，唯諸十二法人堅明之士，乃開緘縢而共相授。耶捨見囑見誨諄諄，人可使由之，不可使知之，其言切至乃自是也。而今而後，秦土有此一部律矣。唯願同我之人，尤愼所授焉。未滿五歲，非持律人，幸勿與之也。

著　錄

費長房《**歷代三寶紀**》**卷一四**　《鼻奈耶》十卷。

法經《**衆經目錄**》**卷五**　《鼻奈耶》十卷前秦世竺佛念譯。

優波離問佛經

綜 述

王古《**大藏聖教法寶標目**》**卷八** 《優波離問佛經》，右優波離問戒律種種事。

紀 事

靖邁《**古今譯經圖紀**》**卷一** 失譯人名一百二十三部合一百四十八卷，並出《古》、《舊》二録及道安失譯，幷僧祐《三藏記》費長房《三寶録》並紀於《漢録》後，雖不知譯人經是正經，讎挍梵文允合眞理，還依《舊録》附之【略】，《優波離問佛經》一卷。

著 録

僧祐《**出三藏記集**》**卷四** 《優波離問佛經》一卷。

費長房《**歷代三寶紀**》**卷四** 《優波離問佛經》一卷【略】並是僧祐律師《出三藏記》撰《古》、《舊》二録，及道安失源幷新集所得失譯，諸經部卷甚廣，讎挍群目無穢者衆，出入相交實難詮定，未覩經卷空閱名題，有入有源無入無譯，詳其初始非不有由既涉年遠故附此末，冀後博識脫覯本流布，還收正以爲有據澄，澄法海使靜濤波焉。

智昇《**開元釋教錄**》**卷一** 《優波離問佛經》一卷或云《優波離律》。

佛說犯戒罪報輕重經

綜 述

王古《**大藏聖教法寶標目**》**卷八** 《佛說犯戒罪輕重經》右佛說犯衆學戒，九百千歲墮地獄，犯波羅提提舍尼，三億六十千歲，犯波逸提，二十四億四十千歲，犯偸蘭遮，五十億六十千歲，犯丘尼誹謗如是毗尼者，非吾弟子，是魔朋侶，世世學道不成，不出三界。

紀 事

靖邁《**古今譯經圖紀**》**卷一** 沙門安淸字世高安息國太子，王薨，讓國於叔，出家遊方。【略】自桓帝建和二年歲次戊子，至靈帝建寧三年歲次庚戌譯出。【略】《犯戒罪報輕重經》一卷。

靖邁《**古今譯經圖紀**》**卷二** 沙門竺曇摩羅察，此言法護，本姓支。【略】自晉武帝太始元年歲次丙戌，訖于敏帝建興元年，爰曁江左所在翻譯，【略】《犯罪經》一卷。

著 録

費長房《**歷代三寶紀**》**卷四** 《犯戒罪報輕重經》一卷。【略】安息國王太子名淸字世高，次當嗣王，讓位與叔，旣而捨國，剃落出家，懷道遊方弘化爲務。孝桓帝世建和二年，振錫來儀至乎洛邑，少時習語大通華言，慨法化微廣事宣譯。到靈帝世二十餘年，其《釋道安錄》僧祐《出三藏集記》慧皎《高僧傳》等，止云世高翻三十九部，義理明析文字允正，辯而不華，質而不野，凡在讀者皆亹亹然而不倦焉。房廣詢求究撿衆錄紀述，世高玄有出沒，將知權迹隱顯多途，或由傳者頗致乖舛，量傳所載三十九部，或但路出自燉煌來屆止京邑，靈帝之末關中擾攘，便渡江南，達人見機在所便譯，得知他處闕而未傳，又其傳末果云，而《古》、《舊》錄所載之者，此並世高刪正前譯，不必全翻。今捻羣篇，備搜雜記，有題注者，多是河西江南道路隨逐因緣從大部出，錄目分散未足致疑，彼見故存此寧不纘，敢依集編緝而維之。寘廣法流知本源注，欲識其迹具諸傳詳。

又卷一四 《犯戒罪報輕重經》一卷亦直云《犯罪經》。

道宣《大唐内典錄》卷九 《犯戒罪報輕重經》一名《犯罪經》【略】

智昇《開元釋教錄》卷一五 《犯罪經》一卷 西晉三藏竺法護譯。陳眞諦於臨川郡譯。

佛說目連所問經

綜述

王古《大藏聖教法寶標目》卷一〇 《目連所問經》右目連問佛，犯戒所入地獄，比諸天歲數差別。

智旭《閱藏知津》卷三三 《佛說目連所問經》宋中印土沙門法天譯。

著錄

僧祐《出三藏記集》卷四 《目連所問經》一卷【略】詳校羣錄，名數已定，並未見其本。今闕此經。

智昇《開元釋教錄》卷五 《目連所問經》一卷【略】並是梁代沙門《僧祐錄》中新集失譯諸經，然僧祐本錄祐所新集，惣一千三百六部一千五百七十卷。今細撿括餘九百九十九部，一千二百三十卷，多是諸別生經，或《長房》等失譯錄中已載，及有《代錄》之中摽其譯主。除此之外有三百七部三百四十卷，撿括《長房》等錄，皆未曾載。今新集於此以爲失源，然《祐錄》中但云失譯，不標年代。今且附於《宋錄》之末，庶免遺漏焉。

佛說迦葉禁戒經

綜述

王古《大藏聖教法寶標目》卷八 《迦葉禁戒經》，右說眞沙門持戒行道，不惜壽命，不求供養。有不行沙門法者，不名沙門，如貧人稱名大富，如醫師不自愈病，如摩尼珠墮不淨中，如死人著金銀珍寶。

紀事

靖邁《古今譯經圖紀》卷三 安陽侯沮渠京聲蒙遜從弟【略】，魏滅涼後南奔建康以宋孝武帝孝建元年達至京邑，即以孝建二年歲次乙未，揚都竹園寺及鍾山定林上寺，又譯【略】、《迦葉禁戒經》一卷。【略】，丹陽尹孟顗見而奇之資贍隆厚，其所譯之經諷誦既久，對衆弘宣文無滯尋。

著錄

僧祐《出三藏記集》卷三 《迦葉戒經》一卷或云《迦葉禁戒經》。

費長房《歷代三寶紀》卷七 《迦葉禁戒經》一卷，一名《摩訶比丘經》，一名《眞僞沙門經》。右一經一卷，晉末未詳何帝年云沙門釋退公出見《始興錄》。

又卷一〇 《迦葉禁戒經》一卷【略】孝武帝世，北涼河西王沮渠蒙遜從弟安陽侯京聲，屬涼運終爲元魏滅，京聲竄竊南奔建康，晦志卑身不交人世，常遊止塔寺以居士自卑，絶妻孥淡榮利，從容法侶宣通正教，是以黑白咸嘉敬焉。所譯前件雜要衆經，既諷習久對衆弘宣，臨筆綴文曾無滯，尋丹陽尹孟顗見而善之，深加賞接，資贍隆厚見《高僧傳》。

智昇《開元釋教錄》卷三 《迦葉禁戒經》一卷。

右一部一卷本闕，沙門釋退公譯《迦葉禁戒經》部云於晉，未詳何帝之年。

又卷一三 《迦葉禁戒經》一卷一名《摩訶比丘經》，亦名《眞僞沙門經》，宋居士沮渠京聲譯，第二譯兩譯一闕。

又群錄中更有《眞僞沙門經》一卷，云是宋代沙門慧簡所譯，與《迦葉業戒經》同本，撿尋文句與《業戒經》首來全同既無異文故不雙出。

又卷一七 《眞僞沙門經》一卷《長房錄》云，一名《摩訶比丘經》，亦名《迦葉禁戒經》，右一經即《迦葉禁戒經》之異名文句全同，或云宋代鹿野寺沙門慧簡譯者謬也。

大比丘三千威儀經

綜述

王古《大藏聖教法寶標目》卷八 《大比丘三千威儀經》二卷說行住坐卧衣服飲食等種種規繩詞簡事詳，委曲精盡。

紀事

靖邁《古今譯經圖紀》卷一 沙門安清字世高安【略】有出沒將以神迹難知見聞異耳，自桓帝建和二年歲次戊子，至靈帝建寧三年歲次庚戌，譯出【略】，《大僧威儀經》四卷。

著錄

静泰《衆經目錄》卷一 《大比丘三千威儀經》二卷。

道宣《大唐内典錄》卷九 《大比丘三千威儀》二卷十二【略】後秦佛陁耶舍於常安譯。

智昇《開元釋教錄》卷一 《大比丘三千威儀經》二卷或四卷亦云《大僧威儀經》房云見別錄，按僧祐《失譯錄》中分爲二部，部各二卷，別錄中舍今只有二卷，餘三莫存。

又卷一三 《大比丘三千威儀經》二卷亦云《大僧威儀經》或四卷後漢安息三藏安世高譯。

上二經十卷同帙其《毗尼母經》，《大周錄》云，東晉太安年符蘭譯出《法上錄》，謹按帝王代錄於東晉代無太安年，其太安年乃在西晉惠帝代其《法上錄》尋之未獲年代既錯未可依憑，又撿文中有翻梵語處皆曰秦言，故是秦時譯也。今爲夫原編於《秦錄》，其《三千威儀經》、《僧祐失譯錄》中分爲兩部，各二卷，房等諸錄並云兩本合之成其四卷，今只有二，餘二冀存。

費長房《歷代三寶紀》卷四 《大僧威儀經》四卷右二經，並見別錄，新附別有異出，本小不同，祐失譯分爲兩部二卷，即此別錄合者是。

沙彌十戒法并威儀

論説

失譯《沙彌十戒法并威儀》 沙彌十戒法并威儀序。

夫乾坤覆載，以人爲貴，立身處世，以禮儀之。本君臣父子非禮不立，防邪止姦非禮不禁，和國崇婚非禮不定，遜悌鄉邑，非禮不通，師徒朋友非禮不敬，吊喪問疾非禮不行。昔先賢垂範，永以爲軌則，喪祭之儀世務之急，是以信行之機旦夕之要，今世浮遊，或輕或重，或深或淺，不諧法則，以致譏論。

著錄

智昇《**開元釋教錄**》**卷三**　《沙彌十戒法并威儀》一卷亦云《沙彌戒儀戒本》【略】，並是入藏見經，莫知譯主，諸失譯錄闕而未書，似是遠代之經，故編於晉末，庶無遺漏焉。通前舊失譯經二部三卷，總四十部四十八卷，並爲東晉失源云。

沙彌威儀

紀事

靖邁《**古今譯經圖紀**》**卷一**　失譯人名，並出《古》、《舊》二錄及道安失譯并《僧祐三藏記》、《費長房三寶錄》並紀於漢錄，後雖不知譯人，經是正經，讎挍梵文允合眞理還依舊錄附之後漢。

又卷三　沙門求那跋摩，此言功德鎧，罽賓國人，即其國王之少子。洞明九部博曉四含，深達律品妙入禪要，誦經百餘萬言，罽賓王薨衆請紹位，恐爲戒障遂林栖谷飲，孤行山野遁迹人世，儀形感物見者發心。以宋文帝元嘉年中達于建業，文帝慇懃問曰，弟子常欲齋而不殺，迫以身殉物不獲從志，法師將何以教之？ 跋摩曰，夫道在心不在事，法由己非由人，且帝王與疋夫所修各異，疋夫身賤名劣言令不威，若不尅己苦躬將何爲用？ 帝王以四海爲家，兆民爲子，出一嘉言則士女咸悅，布一善政則人神以和。刑不夭命役無勞力，則使風雨適時寒暖應節。百穀滋繁桑麻欝茂，如此持戒齋亦大矣。不煞亦衆矣寧在闕半日之食全一禽之命，然後方爲弘濟耶。帝大悅曰，跋摩法師開悟明達，可與談於天人之際矣，勑住祇桓寺供給隆厚。即以元嘉年，於楊都譯《菩薩善戒經》二十卷、《雜阿毗曇心論》十二卷、《四分比丘尼羯磨》一卷、《優婆塞五戒略論》一卷、《三歸及《優婆塞戒》一卷、《沙彌威儀》一卷。

著錄

僧祐《**出三藏記集**》**卷四**　《沙彌威儀》一卷。

費長房《**歷代三寶紀**》**卷七**　《沙彌威儀經》一卷【略】是僧祐《三藏集記》新集失譯，見有經本者，凡八百四十六部合八百九十五卷，已外散入諸代世錄，所餘附此爲晉下失源。

法經《**衆經目錄**》**卷五**　《沙彌威儀》一卷宋世求那跋摩譯。

沙彌十戒儀則經

綜述

楊億《**大中祥符法寶錄**》**卷四**　《沙彌十戒儀則經》一部一卷，小乘律藏收，析出別譯，此中所明，佛說沙彌十種戒法，及事師儀軌，令其奉持不失正行。

智旭《**閱藏知津**》**卷三三**　《佛說沙彌十戒儀則經》宋北印土沙門施護譯。攝頌沙彌戒品威儀，共計七十二頌。

著　録

僧祐《出三藏記集》卷四　《沙彌十戒經》一卷《舊録》云，《沙彌戒》。

費長房《歷代三寶紀》卷四　《沙彌十戒經》一卷《舊經》直云《沙彌戒》【略】並是僧祐律師《出三藏記》撰《古》、《舊》二録，及道安失源幷新集所得失譯，諸經部卷甚廣，讎挍群目蕪穢者衆，出入相交實難詮定，未覩經卷空閲名題，有入有源無入無譯詳其初始非不有由既涉年遠故附此末，庾後博識脫覿本流布，還收正以爲有據澄，澄法海使靜濤波焉。

智昇《開元釋教録》卷三　《沙彌十戒法幷威儀》一卷亦云《沙彌戒儀戒本》，【略】前三十六部四千二卷，並是入藏見經，莫知譯主，諸失譯録闕而未書，似是遠代之經，故編於晉末，庶無遺漏焉。

通前舊失譯經，二部三卷惣四十部四十八卷，並爲東晉失源云。

沙彌尼戒經

紀　事

靖邁《古今譯經圖紀》卷二　僧祐《三藏集記》及費長房《三寶録》並云，是晉代失譯源經，謂【略】《沙彌尼戒經》一卷。

著　録

僧祐《出三藏記集》卷四　《沙彌尼戒》一卷。

費長房《歷代三寶紀》卷四　《沙彌尼戒》一卷，【略】並是僧祐律師《出三藏記》撰《古》、《舊》二録，及道安失源幷新集所得失譯，諸經部卷甚廣，讎挍群目蕪穢者衆，出入相交，實難詮定，未覩經卷空閲名題，有入有源，無入無譯，詳其初始，非不有由。既涉年遠，故附此末。庾後博識脫覿本流布，還收正以爲有據澄，澄法海使，靜濤波焉。

智昇《開元釋教録》卷一　《沙彌尼戒經》一卷或無經字。

沙彌尼離戒文

智昇《開元釋教録》卷三　《沙彌尼離戒文》一卷【略】，入藏見經，莫知譯主，諸失譯録闕而未書，似是遠代之經，故編於晉末，庶無遺漏焉。

通前舊失譯經，二部三卷，惣四十部四十八卷，並爲東晉失源云。

佛説優婆塞五戒相經

綜　述

王古《大藏聖教法寶標目》卷八　《優婆塞五戒相經》戒殺，盜，婬，妄語，飲酒，可悔不可悔，有罪無罪，僧伽婆尸沙，二百三十億四十千歲，犯波羅夷，九百二十一億六十千歲。佛言，若比丘比罪等事理精詳。

智旭《閲藏知津》卷三三　《佛説優婆塞五戒相經》一卷，劉宋中天竺沙門求那跋摩譯。佛在迦維羅衛國，淨飯王請爲優婆塞分別五戒，可悔不可悔者，令識戒相，使無疑惑。佛言，我久欲與優婆塞分別五戒，若受持不犯，當成佛道。若犯而不悔，常在三塗。因於比丘衆中，次第説五戒輕重可悔不可悔相。

著　錄

僧祐《**出三藏記集**》**卷二**　《優婆塞五戒略論》一卷一名《優婆塞五戒相》。**【略】**宋文帝時，罽賓三藏法師求那跋摩於京都譯出。

智昇《**開元釋教錄**》**卷五**　《優婆塞五戒相經》一卷一名《優婆塞五戒略論》，元嘉八年於祇。

又卷一三　《優婆塞五戒相經》一卷一名《優婆塞五戒略論》，宋罽賓三藏求那跋摩譯第一譯，兩譯一闕。

右已上經律正調伏藏，已下論等爲順前宗故名眷屬。其戒心羯磨但依文纂要，無增減故列之於前，其律攝等據其本文，屢有增減輒編於後。

又卷一五　《優婆塞五戒經》一卷一名《五相經》宋居士沮渠京聲譯，第二譯。

佛說戒消災經

論　說

智旭《**在家律要廣集**》**卷一**　《佛說戒消災經》終。原集《消災經》，蕅祖有略釋一卷，今節錄其五重元義，以明大意也。此經以法爲名，無常無我寂滅三印爲體，依止眞善師友爲宗，消災證果爲用，酪味爲教，相法爲名者，戒是能消之善法，災是所消之惡法，也經雖止列五戒，義實無量，以沙彌，比邱，菩薩戒等，皆以五戒爲根本故。定共，道共，攝善，攝生，皆從五戒所含具故。今大姓家子，止存四戒，神猶畏走。鬼婦及男子，方秉五戒，鬼即遠去。況十戒乃至攝生戒耶？災即二種一者外災，主人所事三鬼神，及亭中噉人鬼是也二者內災，四百九十八人。聞佛說經，意中罔罔者是也，若信歸戒之德，則一切皆消，故名戒消災也。三印爲體者，無常無我二印，印於生死，寂滅一印，印於涅槃。以諸法無常，故福禍靡定，以諸法無我，故善惡隨意轉變。以達此無常無我，故心開意解，悟寂滅理，證阿羅漢也。△依止眞善師友爲宗者，如一縣奉行戒善，即是佛爲師也。以大姓家子飲酒醉臥，即是違師友教，故有逐出之災，謹守四戒，尚不忘師友德故致三神之畏。主人賴此客爲師友，秉歸戒而求見佛，四百九十八人，賴二人爲師友，再見佛而證道果。故云凡人求道，要當得其本師，及其善友，故有明師良友，當盡心依止也△消災證果爲用者，依持戒力，能消外災。依定共道共力，能消內災。內外災消，道果自成也。△酪味爲教相者，且約當分，屬生滅四諦法門。鬼神等災是苦諦，迷惑不信是集諦，歸戒十善是道諦，得阿羅漢是滅諦。若約開顯，則同屬無上醍醐。若約秘密及不定教，則置毒酪中，即能殺人。節錄元義竟，原集更作四番解釋經文。第一就事解釋，第二約理解釋，第三約無量因緣釋，第四約圓頓觀心釋，具載原集，茲不錄。

綜　述

王古《**大藏聖教法寶標目**》**卷八**　《佛說戒消災經》，右說持歸戒人，鬼神畏避，不敢害犯。

智旭《**閱藏知津**》**卷三三**　《佛說戒消災經》，吳月支國優婆塞支謙譯。

持歸戒人，鬼神畏避，二人受五戒，同四百九十八人見佛，皆得證果。

紀　事

靖邁《**古今譯經圖紀**》**卷一**　優婆塞支謙，字恭明，月支國人也**【略】**，以黃武二年歲次癸夘，乃至建興二年歲次癸酉，正舊譯新凡一百二十九部合一百五十二卷，然謙譯經典深得義旨，謂**【略】**，《戒消伏災經》

一卷。

著錄

僧祐《出三藏記集》卷四　《戒消災經》一卷《舊錄》云，《戒消伏》。

道宣《大唐内典錄》卷九　《戒消災經》四紙，陳眞諦於臨川郡譯。

大愛道比丘尼經

題解

法雲《法華經義記》卷一　摩訶言大也，波闍波提言愛道，謂《大愛道》也。第二言比丘尼，此即談其人類，明其出家女人類也。與眷屬六千人俱此是第三，叙其眷屬少多也。

綜述

王古《大藏聖教法寶標目》卷八　《大愛道比丘尼經》二卷，右佛說，比丘尼當受八敬法，復受十戒行十事等，乃受五百具足大戒。佛正法當住千歲，以阿難大愛道累請度尼，故減五百歲，然佛言，若女人作沙門，精進持戒不犯，毛髮現身化成男子，復說受請受食行路入室出戶種種戒法，當除滅八十四態法。佛般泥洹後當有二千比丘尼。末世時有八萬比丘尼，奉持是法律，皆得阿羅漢。其餘者卻後百三十劫，當復奉是法律，得阿羅漢。

著錄

費長房《歷代三寶紀》卷一四　《大愛道比丘尼經》二卷。

智昇《開元釋教錄》卷四　《大愛道比丘尼經》二卷亦云《大愛道受戒經》，《舊錄》云《大愛道經》【略】右四十七部四十九卷唯初四部六卷，有本餘者並闕。

《僧祐錄》云，安公涼土異經，《長房》等錄闕而不載，今還附入涼錄，以爲失譯。祐載安公涼土異經惣五十九部，於中五部房錄已載，今更出四十七部，通前五十二部，餘有七部一十四卷。謹按《長房》等錄，皆有所憑，即非失譯，是故此錄刪之不存，故具條件列之如左。

又卷一三　《大愛道比丘尼經》二卷失譯。

僧祐《出三藏記集》卷三　《大愛道受戒經》二卷《舊錄》云《大愛道》。或云《大愛道比丘尼》今有此經。

佛說苾芻五法經

綜述

王古《大藏聖教法寶標目》卷一〇　《苾芻五法經》，佛說苾芻五戒法。

智旭《閱藏知津》卷三三　《佛說苾芻五法經》宋中印土沙門法天譯。說五法得離依止等，及說戒七種差別。

著錄

惟淨《天聖釋教總錄》卷二　《苾芻迦尸迦十法經》一部一卷，《苾芻五法經》一部一卷。上三經三藏法天譯。

佛說苾芻迦尸迦十法經

綜述

王古《大藏聖教法寶標目》卷一〇　《苾鄒迦尸迦十法經》，佛爲比丘說十種法戒，爲在會及未來而爲師範。

智旭《閱藏知津》卷三三　《佛說苾芻迦尸迦十法經》說具足慚愧多聞等十法，得爲人師。

著錄

惟淨《天聖釋教總錄》卷二　《苾芻迦尸迦十法經》一部一卷。《苾芻五法經》一部一卷，《目連所問經》一部一卷，上三經三藏法天譯。

佛說五恐怖世經

綜述

王古《大藏聖教法寶標目》卷七　《五恐怖世經》，說後世比丘等不修道可恐怖事。

智旭《閱藏知津》卷三三　《佛說五恐怖世經》，劉宋居士沮渠京聲譯。說末世不遵戒律，諸恐怖事。

著錄

僧祐《出三藏記集》卷三　《五恐怖世經》一卷《舊錄》云，《五恐怖經》。

費長房《歷代三寶紀》卷一〇　《五恐怖世經》一卷。

又卷一四　《五恐怖世經》一卷一名《大厥彌經》。

僧祐《出三藏記集》卷三　《摩訶厥彌難問經》一卷或云《大厥彌經》。

智昇《開元釋教錄》卷一　《摩訶厥彌難問經》一卷或云《大厥彌經》。

【略】，並是《僧祐錄》中集安公古典經，既云古典明是遠代，今者編於漢末以爲失源。安公本錄古典惣有九十二經，今以餘之十經撿尋群錄，或標譯主，或是別生，彼中既載，故此除之。

佛阿毘曇經出家相品

綜述

王古《大藏聖教法寶標目》卷八　《佛阿毗曇經》二卷。出家相品說一千阿僧祇世界，衆生所有功德，成佛一毛孔。如是偏身毛孔，功德成一好，如是八十種好，功德增百倍，成如來一相，三十相功德增千倍，成一毫相千毫相，功德增百倍，成無見頂相。次說十二因緣，四諦等，法義甚詳，次說佛爲衆演法受具，乃至廣說滅惡法，度人，出家等事。

紀事

靖邁《古今譯經圖紀》卷四　沙門波羅末陀，此言眞諦，亦云拘那羅陀，此曰親依，西印度優禪尼國人。景行澄明器宇淸肅，風神爽拔悠然自遠，群藏廣部罔不措懷，藝術異解偏素諳練，歷遊諸國隨機利現。以梁武帝泰淸二年歲次戊辰，現帝於寶雲殿，帝勅譯經，即以泰淸二年譯，承聖三年歲次甲戌，於正觀寺譯《金光明經》七卷，《彌勒下生經》一卷，《仁王般若經》一卷，《十七地論》五卷，《大乘起信論》一卷，《中論》一卷，《如實論》一卷，《十八部論》一卷，《大涅盤經》、《本有今無偈論》一卷，《三世分別論》一卷，總一十部合二十卷。屬侯景紛糺，乃適豫章始興南康等，雖復栖遑譯業無輟，即汎舶西歸業風賦命飄還廣州，屬廣州刺史穆國公歐陽頠延，住制旨寺，請譯經論。自陳永定元年歲次丙子，訖陳泰建元年己丑歲，更譯《佛阿毘曇經》九卷。

法藏《大乘起信論義起》卷一　眞諦三藏譯。第九翻譯年代者，《譯經紀》云，沙門波羅末陀，此云眞諦，亦云狗那羅陀，此曰親依，西印度優禪尼國人。景行澄明，器宇淸肅，風神爽拔，悠然自遠，群藏廣部罔不措懷藝術異解，偏素諳練，歷遊諸國隨機利見，以梁武帝泰淸二年歲次戊辰見帝於寶雲殿，帝勅譯經。即以太淸二年，訖承聖三年歲次甲戌，於正觀寺等譯《金光明經》、《彌勒下生經》、《大乘起信論》等，總一十一部合二十卷，此論乃是其年九月十日，與京邑英賢慧顯智愷曇振慧旻等，并黃鉞大將軍大保蕭公勃等，於衡州建興寺所譯。沙門智愷筆授，月婆首那等譯語，幷翻論旨玄文二十卷，屬侯景作亂，乃適豫章始興南康等，雖復栖遑，譯業無輟。即汎舶西歸，業風賦命，還飄廣州，屬廣州刺史穆國公歐陽頠延住制止寺，請譯經論。自陳永定元年歲次丙子，至訖泰建元年已丑歲，更譯《佛阿毘曇經論》及《俱舍攝論》等，總陳梁二代，勅譯經論，四十四部一百四十一卷。然眞諦或鋪坐具跏趺水上，若乘舟而濟岸，接對吏君，而坐具無污，或以荷藉水，乘而度之，如斯神異其例甚多。

著錄

費長房《歷代三寶紀》卷九　《佛阿毘曇經》九卷【略】周武帝世，西天竺優禪尼國三藏法師拘那羅陁，陳言親依，又別云眞諦。起陳氏永定元年丙子，至太建初已丑，凡十四年，既懷道遊方隨在所便譯。並見曹毗三藏歷傳云，闍梨太建元年正月十一日午時遷化，年七十一，遺文並付神足弟子沙門智休，領受三藏寺沙門法海，未集闍梨文本已成部軸云，闍梨外國經論並是多羅樹葉書，凡有二百四十縛，若依陳紙墨翻寫應得二萬餘卷，今之所譯止是數縛多羅葉書，已得二百餘卷，通及梁代減三百卷，是知佛法大海不可思議，其梵本花嚴涅槃金光明將來，建康已外多在嶺南廣州制旨王園二寺，冀不思議弘法大士，將來共尋，庶令法燈傳照不隱輝於海隅。

智昇《開元釋教錄》卷七　《佛阿毗曇經》二卷亦云《論錄》云九卷，今尺二軸未詳，所以又《內典錄》中，更載《佛阿毗曇》一卷，非也。

又卷一三　《佛阿毗曇經》二卷亦云《佛阿毗曇論》陳天竺三藏眞諦譯，單本上二經二十卷二帙其《佛阿毗曇論》群錄並云九卷，未詳，所以今只有二卷，《舊錄》編在大乘論中，今者尋其文理，多說度人受戒等事，與此相應故，移編此。

費長房《歷代三寶紀》卷一三　《佛阿毗曇論》二卷。

法經《眾經目錄》卷五　《佛阿毗曇論》二卷，陳世眞諦譯。

佛說目連問戒律中五百輕重事

題解

永海《佛說目連五百問戒律中輕重事經釋》　釋題十四字，通別合稱。上十三爲別，下一爲通。就別題中，統括其義，謂佛説目連五百問，是七衆戒律中輕重事之經也。若別釋之，有五重義，名體宗用敎相。名者，人法爲名。人者，佛與目連。法者，五百問等。梵語佛陀，華言覺者，謂覺了諸法性相之者，又覺具三義。一者自覺，悟性眞常，了惑虚妄。二者覺他，運無緣慈，度有情界。三者覺滿，窮源極底，行滿果圓。説者，悦也，謂佛由此戒。證於菩提，欲以妙行益物，今得機而説，暢悦所懷，故名佛説。梵語目連，此云採菽氏。以上古仙人，好食於菽，仍以爲姓，其名尼俱律陀。此云無節樹，以父母禱樹神而生，故以爲名。問者，評也，言戒有持犯輕重之疑，數有五百，一一問而決也。戒者，梵語尸羅，秦言性善，言性本自善，無所染污，戒體然也。亦云波羅提木叉，此云保解脱，謂保持三業，離諸縛也。律者，法也，從敎爲名，斷割重輕，開遮持犯，非法不定故。中者，內也。輕重者，輕是第三篇，至第五篇。重是初篇二篇。事者，由也，緒也。言輕重事，是篇聚之因由，亦是泥犁之頭緒也。謂目連所問，非定慧中事，乃戒律中隱攝未制輕重之事，佛説開遮之緣，輕重之事，故曰人法爲名，體者，無作爲體，謂衆生靈明妙心，本來無作，由隨於根境之緣，作諸惡業，致使無作眞心，染於妄想，而不證得。若欲返妄歸眞，須受尸羅妙行，故於情非情境上，發心斷一切惡之殊勝思，受所引誓不婬等，即名爲色。此心所及所引色，於境量上，不起一念，有作心之勝用，是發無作心體，由是勝用，了證靈明無作妙心之體，故名無作爲體。宗者，信心慚愧爲宗。宗者，主也趣也。慚者，不自作惡。愧者，發露向人，若人雖信戒心，苟無慚愧，或故作或覆藏，尚不滅業與果，況證無作之體，故信心之後，以慚愧爲主，能證無作戒心爲趣，故名爲宗。用者，離苦得樂爲用。用者，力用也。苦者，三界生死之苦。樂者，三乘出世之樂，謂既稟戒獲體。且慚愧者，當有何益？故明持戒有慚，當離世間輪迴之苦，必獲出世涅槃之樂，故名爲用。敎相者，三乘酪味爲敎相。敎者，乃聖人被下之言，相者分別同異，謂戒是如來初説華嚴乳味時，不動寂場，而遊鹿苑，分別説三，酪味之敎而爲相，故名爲敎相。通題經者，梵語素怛囉，此云契經，謂契理合機之敎。又貫攝爲義，謂貫穿所應説義，攝持所化之機，通別合稱，故名《佛説目連五百問戒律中輕重事經》。

論　説

性祇《佛説目連五百問經略解序》　原夫此經二卷，律宗該攝，文辭昭著，義趣幽深，乃初心入道之樞機，末運修行之關鍵也。第失譯人之名目，有疑非佛之親宣，噫若非采菽氏之大權示現，五百請何易咨詢。自弗釋迦文之至聖深慈，半千酬恐難報答，矧乎經中言言盡明學處，句句咸暢毗尼，必也聖賢之所自斷，非常人之所能，奚惑之有哉。當知此正如來異妙方便，助發實相義者，寧不思之乎。倘固疑而不信者，謗法之尤，恐難追逭也，願吾儕深信深入，愼勿憚其名相多端，忽而不學，定宜熟覽斯文，謹潔身心，依而奉行者，庶不失於戒體，抑且嚴護威儀，因戒生定，因定發慧，三學圓明，無上菩提必亦由茲而成就也。然而文雖顯著，恐蒙學初心猶未諳其旨趣，近有幾家疏註，文雖頗足，而亦未盡其詳，故吾不得已，而重箋釋之，目爲略解，以便後昆，用廣流傳，無遏絶焉。

永海《佛説目連五百問戒律中輕重事經釋序》　聞夫《五百問經》者，廼末世持律之要輔也，良以衆生雖具覺性，由三毒而發於身口，根塵互縛，生六識而造於七支，有作業垢現前，無作靈明隱昧，故致輪迴。莫知已矣，是以如來出現，唯爲一事，開示衆生佛之知見。但由衆生，根鈍障重，作諸過非，不獲暢於本懷。且開權乘之敎，滅業必假尸羅，斷惑須憑禪智，遂往鹿苑，而説三乘之三藏。又於龍城，而制四果之四分，七衆通該，二部總攝，輕重皆有開遮，止作咸資定慧。五篇七衆周圓，三千八萬具足，時有大權尊者，名曰目連。遠惟末世比丘，無慚無愧，輕慢佛語，犯衆學戒，雜用三寶物，當墮何處，於所問事，數有五百，一一諮詢，願爲演説。佛大悲心，念其現末二衆，有習有漏，俾尊聖禁，明篇聚因。於所答諸戒，分十七事，犯其六聚，墮泥犁中，如六天壽。條條決了，熟覽其文者，識因果分明，而不妄謂理無差錯。研窮其義者，知受戒如法，而不謬稱普利圓融。分五戒十戒是輕是重，了歲坐懺悔事除不除，詳明開遮之正制，深解止作之精嚴，非惟廣闢緇流之見，亦生淨信之心，是知離業妙行，輔律良規，更無過於斯矣。故云持律護茲而佐，始能謹守浮囊有智慧，便得第一道也。然此問戒，慨古德之未疏，慮後學之多違，近雖數解流通，義猶隱略，令好尚者，得益不深，由是淸涼搦管，覽於經律。若文義相應者，標其問下，逮住都門之愍忠寺，開演律學，幾歷寒暑，稿謄數次，期自觀覽。有弟子輩，念欲刊行，冀稟持者，普修梵行，遂命梓刻板，以廣傳通。所願見聞解義，共爲出世之良因，隨喜信行，永作菩提之善種。夫然者，豈淺小之功哉。

綜述

王古《大藏聖教法寶標目》卷八　《目連問戒律中五百輕重事經》，右佛說戒律中罪犯輕重事理精詳。

智旭《閱藏知津》卷三三　《佛說目連問戒律中五百輕重事經》一卷，《西晉錄》失譯人名。

唯首品即犯戒罪輕重，并目連所問二經。下諸品，與五部律，及諸律論，俱多矛盾，曾於毘尼集要卷首稍辨之。

菩薩戒分部

梵網經

題解

僧肇《梵網經》卷一　夫《梵網經》者，蓋是萬法之玄宗，衆經之要旨，大聖開物之眞模，行者階道之正路。是以，如來權敎，雖復無量，所言要趣，莫不以此爲指南之說。是以秦主，識達圜中，神凝紛表，雖威綸四海，而沾想虛玄，雖風偃八荒，而靜慮塵外。故弘始三年淳風東扇，於是，詔天竺法師鳩摩羅什，在長安草堂寺及義學沙門三千餘僧，手執梵文，口翻解釋，五十餘部，唯《梵網經》一百二十卷六十一品。

綜述

王古《大藏聖教法寶標目》卷五　《梵網經》二卷，此經梵本有一百一十二卷六十一品，此是第十菩薩心地一品也。羅什法師參定三乘經論五十餘部，惟《梵網經》最後誦出別書，出此心地一品，什每誦持以爲心首，當時三百餘人同誦此一品。此經佛說十重四十八輕戒，三世如來同說，三世菩薩之所當學。

紀事

鳩摩羅什《梵網經》卷一　夫宗本湛然，理不可易，是以妙窮於玄原之境。萬行起於深信之宅，是以天竺法師鳩摩羅什，誦持此品以爲心首。此經本有一百十二卷六十一品，什少踐於大方，齊異學於迦夷。弘始三年淳風東扇，秦主姚興，道契百王玄心大法，於草堂之中，三千學士，與什參定，大小二乘五十餘部，唯《梵網經》最後誦出。時融影三百人等，一時受菩薩十戒，豈唯當時之益，乃有累劫之津。故與道融別書出，此心地一品，當時有三百餘人誦此一品，故即書是品八十一部，流通於後代持誦相授，囑諸後學好道君子，願來劫不絕共見龍華。

義寂《菩薩戒本疏》卷一　大乘菩薩戒本，次釋題者，爲顯宗趣故題略名。爲顯體相故別廣文。言大乘菩薩戒本者，若具存本名，應云《梵網經》盧舍那佛說《菩薩十重四十八輕戒心地品》第十，後人爲單存戒本故，改云《大乘菩薩戒本》。先釋本名，大本《梵網經》此地未翻，若翻應有一百二十卷六十一品，唯第十《菩薩心地品》，什法師誦出，融公筆受。凡上下二卷，上卷說菩薩階位，下卷明菩薩戒法，所以大本名《梵網經》者。梵網謂梵王網，如因陀羅網，其義相似佛觀法門，隨機無量其理一統，如梵王網孔雖無量其網唯一，故從喻事名梵網也，此是一部通名。若就戒本釋梵網者，如梵王網孔多網一，法王戒法當知亦爾，雖復隨事輕重多條，清淨尸羅終歸一道，是故從喻名曰梵網。又戒爲梵行，亦是法網，故云梵網。如云天網恢恢疎而不漏，戒法亦爾，攝諸衆生不漏生死故。經説云，張大教網亘生死流，漉人天龍置涅槃岸，蓋斯謂也。盧舍那佛説者，標教主也，盧舍那此云淨滿，障垢無不淨，衆德無不滿，故云淨滿也。上卷心地舍那自説。今此戒本釋迦所説，推功在本故云彼説。菩薩十重四十八輕戒者，二百五十戒通三乘，此五十八唯制菩薩，簡通取別故標菩薩，十事根本，犯失戒，故制重名。六八枝條，唯垢心行，故立輕稱，孝順制止故稱爲戒，所言大乘菩薩戒本者，今此十重四十八輕，約法則唯大乘所制，就人則唯菩薩所持。戒本者，今此戒經爲戒行本也，又此戒行是菩提本，如經云，戒此無上菩提本，應當一心持淨戒，又此略説爲廣本也。一品。其中《菩薩心地品》第十，專明菩薩行地。是時，道融道影三百人等，卽受菩薩戒，人各誦此品，以爲心首，師徒義合，敬寫一品八十一部，流通於世，欲使仰希菩提者，追蹤以悟理故，冀於後代同聞焉。

明曠《天台菩薩戒疏》卷一　題云《梵網經》，盧舍那佛説《菩薩心地十重四十八輕戒品》第十者，梵則從人當體離染爲名，網就喻彰功能立號，意明諸佛對機設教，藥病多端如大梵王因陀羅網，故云《梵網》。經謂經教，詮量分別常住佛性故名爲經。

書玉《梵網經菩薩戒初津》　《梵網經》者，是諸佛之本源，衆生之自性，戒網之宏網，律宗之要關也。我佛世尊，往返八千，應化百億，無非爲一大事因緣故。出現於世，總攝化機，頓明佛性，略開法門心地，顯示自性圓明，能令衆生纔登戒品，位同大覺者，無尚此經矣。釋其名，則佛觀梵天王網，爲説無量世界猶如網孔，此喻教門之廣大也。究其實，則光明金剛寶戒，本來箇箇圓成，此喻生佛之一體也。良以衆生迷眞逐妄，不能顯發無上菩提，故如來從天宮而下人間。向凡夫而開佛戒，説衆生心內之佛法，度諸佛心內之衆生，爲妙海王子，頓制菩薩五十八戒。若生，若佛，皆入佛性戒中。是色，是心，總歸本源心地。大哉，菩薩戒也，爲一切戒之本歟，無教不收，無機不攝也。余從秉受已來，以此戒經，奉爲日課，第恨慧性疎淺，義理難明，幸得學戒之心，無時暫息。焚膏繼晷，詳閱諸書，又以法海洪深，卒難測量，因而略採數語，爲作津梁，不意日久歲深，積成八卷，題云《梵網初津》。然理雖未盡，事相無殊，聊備自明，以資持誦，非敢望傳於來學也。

太賢《梵網經古跡記》卷一　《梵網經》一部都名也，盧舍那佛説《心地法門品》第十者，此品別名也。梵者能淨之義，網者攝有情義，謂此經者乃至有頂生死大海拘持有情，終致無上寂滅之岸，無盡饒益諸饑渴類。如世網故，爲顯此義故，諸梵王持羅網幢供佛聽法。佛因此説世界差別猶如網孔，佛教門亦如是。世界別者，須彌樹形覆世界等遍涉入故。佛教門者，雖一味法蘊界處等法門別故，是則如梵主網孔多網一，法王戒法當知亦爾，雖塵沙門終歸一道，萬行一門所謂得意，得意而行皆稱法性，是故從喻名《梵網經》。

著　錄

僧祐《出三藏記集》卷四　《梵網經》一卷與《護公錄》所出《梵網六十二見》大同小異。

費長房《歷代三寶紀》卷八　《梵網經》二卷弘始八年於草堂寺，三千學士最後出此一品，梵本有一百一十二卷六十一品。譯訖融影等三百人一時共受菩薩十戒，見經前序僧肇筆人。

法經《衆經目錄》卷三　《梵網六十二見經》一卷。

彦琮《衆經目錄》卷一　《梵網經》二卷，後秦世羅什譯。

道宣《大唐內典錄》卷一　《梵網經》二卷初出見《吳錄》。【略】天竺國沙門康孟詳獻帝時於雒陽譯。

智昇《開元釋教錄》卷一　《梵網經》二卷初出見《吳錄》或三卷。略，沙門康孟詳，其先康居國人，有慧學之譽。以獻帝興平元年甲戌至建安四年已夘，於洛陽譯遊四衢寺經六部。安公云，孟詳所翻弈弈流，便是騰玄趣也。

又卷一二　《梵網經》二卷，姚秦三藏鳩摩羅什譯第二譯前本闕。

瓔珞經

綜述

智旭《閱藏知津》卷七 《菩薩瓔珞經》十三卷今作二十卷姚秦涼州沙門竺佛念譯。《普稱品》第一，普照菩薩問菩薩法，凡二十二句，佛荅，當以十德瓔珞其體。《識定品》第二，寶王菩薩請問瓔珞戒品，佛荅以具戒，施，忍，由達唯識。《莊嚴道樹品》第三，《龍王浴太子品》第四，《法門品》第五，略說瓔珞八萬法門中數十名，持者當得十無礙功德，次廣明六根瓔珞法門。《識界品》第六，豪賢菩薩問識境界，次敕諸菩薩各說空慧無著行，次感十方佛各說空慧偈已，忽然不現，以決衆疑。《諸佛勸助品》第七，說十無盡藏法門，十方諸佛，同聲說頌印之。《如來品》第八，說十地各各四神足法。《音響品》第九，《因緣品》第十，《心品》第十一，《四聖諦品》第十二，一無量聖諦，二行盡聖諦，三速疾聖諦，四等聖諦。《成道品》第十三，料簡三世各三種成道。《生佛品》第十四，《本末品》第十五，分別五陰本末空。《非有識非無識品》第十六，《無量品》第十七，說佛三昧，所知無量，次明月照光菩薩，四果乃至九地中，所修三世禪行，次佛自說有情於無情，無情於有情法。《隨行品》第十八，尊復尊梵天請問，佛荅以偈，廣明諸度無極。《光明品》第十九，《無想品》第二十，《無識品》第二十一，《受迦葉勸行品》第二十二，佛放舌光，十方諸佛，各遣菩薩來會，佛揀聲聞不在聖例，迦葉等脫衣號泣，佛慰喻之。《有行無行品》第二十三，諸菩薩各說有行，無行，大迦葉亦說有行無行，佛不許可，阿若拘隣亦說有行無行，佛許可之。舍利弗問荅料簡，次目連等亦各說有行無行。《有受品》第二十四，《無著品》第二十五，說無著行，授明觀菩薩記，并說八種記法，次授帝釋記，次令目連除魔心垢，懸記在彌勒時得決。《淨智除垢品》第二十六，爲淨一切地菩薩，說種種知他心三昧，廣至知億佛世界。《無斷品》第二十七，明種種五法，及六度互具六度。《賢聖集品》第二十八，一切菩薩各說六度清淨具足法，慧眼菩薩，與文殊菩薩，更相酬唱，演種種法門。《三道三乘品》第二十九佛爲舍利弗分別三道各有三乘。《供養舍利品》第三十，佛爲須菩提說供舍利，供色身，供法身，優劣不同。《譬喻品》第三十一，因退席人，說師子木雀喻。《三世法相品》第三十二，佛爲劫賔㝹說三世受化差別，大衆有疑，十方佛各來說偈。令衆悟解。《清淨品》第三十三，爲邠耨文陀尼子，分別清淨不清淨法。《釋提桓因問品》第三十四，《本末行品》第三十五，爲衆首瓔珞菩薩，說退不退超不超法。《聞法品》第三十六，文殊問有轉無轉法，佛分別荅之。《淨居天品》第三十七，佛爲淨居天說三世常無常義，及說菩薩總持賢聖辯才，并授其記。《十方法界品》第三十八，佛述初成道時，一切菩薩勸轉法輪。《十智品》第三十九，爲彌勒菩薩說十無量智門。《應時品》第四十，爲法妙菩薩說十種應時之行。《十不思議品》第四十一，爲道勝子說十法。《無我品》第四十二，爲心智菩薩說十無我行。《等乘品》第四十三，偈荅淨眼。《三界品》第四十四，淨施王與佛酬唱，菩薩受記，及六十二見皆空平等，次有究竟菩薩問淨施王，淨施王荅而不悟，更令問文殊師利，乃決其疑。

著錄

費長房《歷代三寶紀》卷七 《瓔珞經》十二卷或十四卷【略】右二十五部合四十六卷，西域沙門祇多蜜，晉言訶友譯，諸錄盡云，祇多蜜晉世出，譯名多同計不應虛。若非咸洛應是江南，未詳何帝，一部見僧祐《出三藏集記》，已外並出《雜別諸錄》所載。

智昇《開元釋教錄》卷三 《瓔珞經》十二卷。

又卷一四 《瓔珞經》十二卷一名現前報或十四卷，東晉西域三藏祇多蜜譯第一譯，右一經前後兩譯一存一闕。

菩薩瓔珞本業經

綜　述

王古《大藏聖教法寶標目》卷五　佛略説四十二位賢聖名字因果行相，六入明門，謂十住、十行、十向、十地、無垢地、妙覺地。明觀法門，亦名六堅、六忍、六慧、六觀。瓔珞者，謂銅、寶、銀、金、瑠璃、摩尼、水精，如是六位菩薩，以百萬阿僧祇功德瓔珞嚴持二種法身。

智旭《閲藏知津》卷三二　《集衆品》第一，佛重遊道場，樹下放四十二光，集十首菩薩，從十林刹十精進佛所來，及集一切諸天衆等。《賢聖名字品》第一説十住、十行、十迴向、十地、等覺、妙覺名字，皆華梵雙舉。又説住前十心，信念、精進、定慧、戒、迴向、護法、捨願。又説二十四願偈，亦説十不可悔戒。《賢聖學觀品》第三，謂十住名習種性，十行名性種性，十向名道種臣，十地名聖種性，次等覺性，次妙覺性。又名六堅，又名六忍，又名六慧，又名六定，又名六觀，又名六寶瓔珞。一銅寶，二銀寶，三金寶，四瑠璃寶，五摩尼寶，六水精寶，并説六位所修諸行。《釋義品》第四，仍釋前十信及四十二位之義。《佛母品》第五，荅敬首菩薩問二諦義，并説小、中、大劫差別。《因果品》第六，明十波羅密，各有三緣，及説七財、四攝、四辯、四依等爲因，二種法身爲果。《大衆受學品》第七，佛復放光集衆，囑文殊及善財等七大菩薩各領大衆受學，因分別三種受戒及受戒儀式，由受戒故，次第入於住行向地等妙覺中。《集散品》第八，三勸大衆發菩提心，乃至再囑須受菩薩戒，已方可爲，説此大法門。此亦仍似華嚴部攝，智者大師依此判別圓位次，今因始終申明十重戒法，故南北皆歸律藏。

著　錄

僧祐《出三藏記集》卷四　《菩薩瓔珞本業經》二卷或云《菩薩瓔珞經》。

費長房《歷代三寶紀》卷一〇　《菩薩瓔珞本業經》二卷。

費長房《歷代三寶紀》卷一〇　《瓔珞本業》二卷，《佛藏大方等經》一卷亦云《□明顯經》，右二經合三卷。宋世不顯年，未詳何帝譯，群錄直注云，沙門釋道嚴出，見《始興錄》及《法上錄》並載。

法經《衆經目錄》卷一　《瓔珞本業經》二卷前秦世竺佛念譯，【略】原本一譯，其閒非不分摘卷品，別譯獨行而大本無虧故亘定錄。

靜泰《衆經目錄》卷一　《菩薩瓔珞本業經》二卷，前秦世竺佛念譯。

道宣《大唐内典錄》卷四　《菩薩瓔珞本業經》二卷，【略】文帝元嘉四年，涼州沙門釋智嚴弱冠出家，遊方博學，遂於西域遇得前經梵本，賫至揚都於抧園寺共寶雲出，嚴之神德備《高僧傳》不復妄載。

智昇《開元釋教錄》卷四　《菩薩瓔珞本業經》一卷，宋沙門釋智嚴譯，第二譯。

智昇《開元釋教錄》卷一四　《瓔珞本業經》二卷一名《菩薩瓔珞經》，宋沙門釋道嚴譯，第三譯。

受十善戒經

綜　述

王古《大藏聖教法寶標目》卷五　《受十善戒經》佛説受八戒，是諸佛爲在家人制出家法，及説十業善惡因果報應等事。

智旭《閲藏知津》卷三二　《佛説受十善戒經》一卷《開元録》拾遺單本。《十惡業品》第一，佛爲舍利弗説十惡業名，并示以授十善戒法，身三口四意三，三番歸依而受。次授八戒齋法。《十施報品》第二，頌歎不殺功德，次説殺生十報，略歎不盜功德，次説偷盜十報，讚歎不婬有五功德，次説婬有十過，頌歎不妄語等功德，次説口四過惡業。

著録

僧祐《出三藏記集》卷四　《受十善戒經》一卷。

費長房《歷代三寶紀》卷四　《受十善戒經》一卷【略】並是僧祐律師《出三藏記》撰《古》、《舊》二録，及道安失源幷新集所得，失譯諸經部卷甚廣，讎挍群目無穢者衆，出入相交實難詮定，未覩經卷空閲名題，有入有源無入無譯，詳其初始非不有由，既涉年遠，故附此末，冀後博識脱覩本流布，還收正以爲有據澄，澄法海使静濤波焉。

佛説菩薩内戒經

綜述

王古《大藏聖教法寶標目》卷五　《菩薩内戒經》文殊問佛，初發意菩薩以何功德開化衆生，佛説懺罪受戒，十二時戒法，十住功德。

智旭《閲藏知津》卷三二　《佛説菩薩内戒經》一卷，劉宋中天竺沙門求那跋摩譯。佛以十五日説戒時，文殊請問初發意道俗菩薩，當作何功德。佛爲説十二時戒法，一歸依懺悔，誓行六度，發三願及行十法則。二受四十七戒，三受佛法身般若各二十因緣，四受二十因緣，行之自知宿命，五受四禪法，六受般若三昧法，七受菩薩三昧法，八受月三昧，平心行之，九六根去惡爲善，以六度敎化一切，十外如地内如水，十一願一切衆生各得其樂，十二修六妙門，不住三乘果。次説十住菩薩，各有十功德。文多梵語，頗難解會。

著録

費長房《歷代三寶紀》卷一三　《菩薩内戒經》一卷。

法經《衆經目録》卷五　《菩薩内戒經》一卷。

智昇《開元釋教録》卷一二　《菩薩内戒經》一卷，宋罽賓三藏求那跋摩譯出《法上録》單本。

優婆塞戒經

綜述

王古《大藏聖教法寶標目》卷五　《優婆塞戒經》六卷，賢右佛爲長者子説是經，廣明三歸八戒五。戒供養三寶，六波羅蜜，四無量心，三種菩提，修三十二相業等法門。義豐慧廣，非惟爲在家菩薩修行龜鏡，亦出家菩薩之軌範也，趣菩提者，所當精勤修學。

智旭《閲藏知津》卷三二　《優婆塞戒經》七卷，北凉中天竺沙門曇無讖譯。《集會品》第一，善生長者述外道禮六方法，佛告以六波羅密，兼示以一切法無性，發菩提心，持八重六重，名出家在家菩薩。《發菩提心品》第二，《悲品》第三，《解脱品》第四，《三種菩提品》第五，謂聲聞菩提，緣覺菩提，諸佛菩提，亦名從聞思修得。《修三十二相業品》第六，《發願品》第七，《名義菩薩品》第八，《義菩薩心堅固品》第九，《自利利他品》第十，《自他莊嚴品》第十一，《二莊嚴品》第十二，即福德，智慧。《攝取品》第十三，《受戒品》第十四，明在家六重二十八輕戒，須六月中淨四威儀，乃於二十僧中授之。《淨戒品》第十五，明受戒後種種法要，三法，四法等。《息惡品》第十六，《供養三寶品》第十七，《六波羅密品》第十八，《雜品》第十九，具明布施如法，不如法清淨不清淨事。《淨三歸品》第二十，《八戒齋品》第二十一，《五戒品》第二十二，《尸波羅密品》第二十三，《業品》第二十四，即十善十惡，《羼提波羅密品》第二十五，《毘離耶波羅密品》第二十六，《禪波羅密品》第二十七，《般若波羅密品》第二十八。

著錄

費長房《歷代三寶紀》卷九 《優婆塞戒經》十卷。

法經《眾經目錄》卷五 《優婆塞戒經》十卷。

道宣《大唐內典錄》卷三 《優婆塞戒經》十卷。

智昇《開元釋教錄》卷四 《優婆塞戒經》七卷。

清淨毘尼方廣經

綜述

智旭《閱藏知津》卷三二 《清淨毘尼方廣經》一卷姚秦天竺沙門鳩摩羅什譯。佛住耆闍崛山，寂調伏音天子思見文殊，佛放白毫藏光，從寶相佛國召來，與十千菩薩俱。文殊與天子問荅第一義諦，及彼十聲聞所證大法，有四衆各五百人，及五千天子，因欲往彼土作聲聞衆，而發大心，得往生記。又問荅聲聞菩薩律行不同，及種種法門，因明菩薩住五無間，成無上道，謂從初發意中間，大心，大慈悲，大捨，分證，滿證，皆悉無間，直至成佛。於是問荅持此經衆義，又總約大悲，別約六度，明煩惱成菩提義。佛乃讚印，及釋迦葉疑，後文殊以神力敎示彼土菩薩，於此土衆生而發大願。

著錄

費長房《歷代三寶紀》卷一三 《清淨毗尼方廣經》一卷。

法經《眾經目錄》卷五 《清淨毗尼方廣經》一卷晉世竺法護譯。

《文殊師利淨律經》一卷晉世竺法護譯。

《寂調音所問經》一卷沙門法海譯。

右三戒經同本異譯。

智昇《開元釋教錄》卷一二 《清淨毗尼方廣經》一卷，姚秦三藏鳩摩羅什譯出《法上錄》第三譯。

寂調音所問經

綜述

王古《大藏聖教法寶標目》卷五 《清淨毗尼方廣經》，《寂調音所問經》，《文殊師利淨律經》。三經本同譯別，寂調音天子問，文殊答大乘法義菩薩聲聞不同行相等種種譬喻。

智旭《閱藏知津》卷三二 《寂調音所問經》一卷 一名《如來所說清淨調伏經》，劉宋沙門釋法海譯。

著錄

費長房《歷代三寶紀》卷一〇 《寐調音所問經》一卷一名《如來所說清淨調伏經》□晉世竺法護《文珠行律》。

法經《眾經目錄》卷五 《清淨毗尼方廣經》一卷晉世竺法護譯。

《文殊師利淨律經》一卷晉世竺法護譯。

《寂調音所問經》一卷沙門法海譯。

右三戒經同本異譯。

道宣《大唐内典錄》卷四　《寂調音所問經》一名《如來所說清淨調伏經》，與法護出《文殊行律經》同本，右二卷宋世不顯帝年譯，《群錄》注云，沙門釋法海出，見《始興法上錄》。

菩薩藏經

綜述

王古《大藏聖教法寶標目》卷一　《第十七富樓那會》三卷右舊譯本名《菩薩藏經》，亦名《大悲心經》，同本異譯。從第七十七卷至七十九，說諸菩薩修行布施精進忍辱多聞，修慈修喜等法，致不退轉。《大悲品》說，佛昔因夜闇然兩臂照道救失路諸賈客，爲大畜身，以血肉施諸衆生，乃至一劫，爲大力王。以身分割施婆羅門。八萬四千歲中爲惡魔罵辱。心不瞋恨，亦不言我有何罪，無量百千萬世割肉刺血施諸衆生，如是種種難行苦行。

又卷五　《菩薩善戒經》九卷，維佛說諸菩薩修習六度萬行，三昧六通，供養三寶，兼利自他，修相好業，三十七助道品，從初發心至究竟地，一切菩薩修學行相法門，又名《菩薩藏經》。

又　《舍利弗悔過經》、《菩薩藏經》、《大乘三聚懺悔經》，三經皆舍利弗問佛懺悔滅罪、速得菩提。佛爲說滅一切業障、懺悔、勸請、隨喜、迴向等法，校量所獲福報。

智旭《閱藏知津》卷三二　《菩薩藏經》蕭梁扶南國沙門僧伽婆羅譯。佛在祇園，舍利弗問懺悔、隨喜、勸請、迴向之法，佛具荅之。初明十世界十佛，令結壇受持，後明過去大光明聚如來時，佛爲竭伽陀天女受持此經，即轉女身，若女人聞此如來名者，即不更受女身。

紀事

靖邁《古今譯經圖紀》卷二　沙門竺曇摩羅察，此言法護，本姓支，後改姓竺，月支國人。八歲出家甚有識量，天性純懿操行精苦，篤志好學萬里尋師，屆茲未久，而博覽六經遊心七籍，解三十六種書，詁訓音義無不備識。日誦萬言過目咸記，妙閑三藏奉經遊方，先居燉煌後詣京洛。自晉武帝太始元年歲次丙戌，訖于愍帝建興元年，爰曁江左所在翻譯。【略】《菩薩藏經》三卷。

又卷三　沙門鳩摩羅什婆，此言童壽，【略】至姚秦弘始三年，興滅迺召方入長安，秦主興厚加禮之，延入西明閣及逍遙園別館安置，勅僧䂮等八百沙門諮受什旨，興卑萬乘之心尊三寶之敎，於草堂寺共三千僧，手執舊經而參定之，莫不精究洞其深旨。時有僧叡興甚嘉焉，什所譯經叡並參正，什以姚秦弘始四年歲次辛丑，起譯【略】《菩薩藏經》三卷。

著錄

僧祐《出三藏記集》卷二　《菩薩藏經》三卷一名《富樓那問》，亦名《大悲心》或爲二卷【略】晉安帝時，天竺沙門鳩摩羅什以僞秦姚興弘始三年至長安，於大寺及逍遙園譯出。

費長房《歷代三寶紀》卷六　《菩薩藏經》三卷【略】月支國沙門曇摩羅察，晉言法護，本姓支，歷遊西域，解三十六國語及書，從天竺國大賚梵本婆羅門經，來達玉門，因居燉煌，遂稱竺氏。後到洛陽及往江左。起武帝世太始元年至懷帝世永嘉二年，其閒在所遇緣便譯，清信士聶承遠執筆。

又卷一一　《菩薩藏經》一卷，正觀寺扶南沙門僧伽婆羅，梁言僧養，亦云僧鎧。幼而穎悟十五出家，偏學阿毗曇心，具足以後廣尋律藏，聞齊國弘法，隨舶至都，住正觀寺，爲求那跋陁弟子。復從跋陁研精方等，愽涉多通，乃解數國書語。值齊氏季末道教陵夷，婆羅絜靜身心外絕交故，大梁御寓搜訪術能，以天監五年被勅，於楊都壽光殿及正觀寺、占雲館三處譯上件經，其本並是曼陁羅，從扶南國賷來獻上，陁終沒後，羅專事翻譯。

智昇《開元釋教錄》卷四　《菩薩藏經》三卷。

又卷一一　《第十七富樓那會》三卷，姚秦三藏鳩摩羅什譯。

右舊譯重本。本名《菩薩藏經》，亦名《大悲心經》，與西晉竺法護所譯《菩薩藏經》同本異譯，從第七十七卷至第七十九晉譯本闕。

佛説舍利弗悔過經

綜述

王古《大藏聖教法寶標目》卷五　《舍利弗悔過經》、《菩薩藏經》、《大乘三聚懺悔經》，三經皆舍利弗問佛，懺悔、滅罪、速得菩提，佛爲説滅一切業障，懺悔、勸請隨喜、迴向等法，校量所獲福報。

著錄

僧祐《出三藏記集》卷二　《舍利弗悔過經》一卷太安二年五月二十日出。

費長房《歷代三寶紀》卷四　《舍利弗悔過經》一卷【略】安息國王太子名清字世高，次當嗣王讓位與叔，既而捨國剃落出家，懷道遊方，弘化爲務。孝桓帝世建和二年，振錫來儀至乎洛邑，少時習語大通華言，慨法化微廣事宣譯。到靈帝世二十餘年，其《釋道安錄》僧祐《出三藏集記》慧皎《高僧傳》等，止云世高翻三十九部。義理明析，文字允正，辯而不華質，而不野，凡在讀者皆亹亹然而不倦焉。房廣詢永究檢衆錄紀述，世高玄有出沒，將知權迹隱顯多途，或由傳者頗致乖舛，量傳所載三十九部，或但路出自燉煌來屆止京邑。靈帝之末關中擾攘，便渡江南，達人見機在所便譯，得知他處闕而未傳，又其傳末果云，而《古》、《舊》錄所載之者，此並世高刪正前譯不必全翻，今捴羣篇。倫搜雜記，有題注者，多是河西江南道路隨逐因緣從大部出，錄目分散未足致疑，彼見故存此寧不繢，敢依集編緝而維之，冀廣法流知本源注，欲識其迹具諸傳詳。

法經《衆經目錄》卷五　《舍利弗悔過經》一卷亦直云《悔過經》。

道宣《大唐内典錄》卷六　《舍利弗悔過經》一名《悔過經》西晉竺法護譯。

智昇《開元釋教錄》卷二　《舍利弗悔過經》一卷亦直云《悔過經》，西晉三藏竺法護譯，第二譯。《舍利弗悔過經》一卷，姚秦三藏鳩摩羅什譯，出《法上錄》，第三譯，右前後三譯，一存二闕。

大乘三聚懺悔經

綜述

王古《大藏聖教法寶標目》卷五　《大乘三聚懺悔經》舍利弗問佛，懺悔滅罪速得菩提，佛爲説滅一切業障懺悔勸請隨喜迴向等法，校量所獲福報。

紀事

道宣《大唐内典錄》卷五　《大乘三聚懺悔經》見《唐錄》北天竺犍達國三藏法師闍那崛多，隋言至德，又云佛德。周明帝世，武城年初，共同學耶舍崛多。隨本師主摩伽陁國三藏禪師闍那耶舍，賷經入國，師徒同學悉習方言，二十餘年，崛多最善。周世在京及往蜀地，隨處並皆宣譯新經，或接先闕文義咸允，時遭魔難世迫王威。建德三年逢毁二教，夏之七衆俱俗一衣，崛多師徒亦被誘逼，既元結契捐命遊方，弗憚苦辛弘化爲業，值法陵滅遂爽本心，既是梵人不從華服，秉古志節乞求返邦，國家依聽以禮放遣，我脂郫者，實是閻浮之陸海也，爲諸遐裳殊服異形咸所奔湊，其非樂土。寧感致斯慕化而來，來者容納，思鄉欲去，去者不違，還向北天，路經突厥，遇值中面，他鉢可汗，慇重請留，因往復日。周有成壞，勞師去還，此無廢興，幸安意住，資給供養當使稱心，遂爾併停十有餘載。師及同學悉彼先殂，唯多獨在，時屬相州沙門寶暹道邃智周僧威法寶僧曇智照僧律等十有一人，以齊武平六年，相結西遊，往還七載，凡得梵經二百六十部。迴到突厥，聞周滅齊併毁佛法，進無所歸退則不可，遷延彼國遂逢志德，如渴值飲若暗遇明，仍共尋閱所得新經請翻名題勘舊錄目。頻覺巧便，有殊前人律等內誠各私慶幸，獲寶遇匠得不虛行，同誓焚香共契宣譯。大隋受禪佛法即興，周等賚經先來應運，開皇元年季冬屆止。勅旨付司訪人令翻，崛多四年方果入國，處處興善將事弘宣，五年勅旨，即令崛多共婆羅門沙門若那竭多開府高恭恭息都督天奴和仁又婆羅毗舍達等道俗六人，令於內史內省翻梵古書及乾文等。于時廣濟寺，唯獨耶舍一人舍譯經，至七年別勑崛多，便兼翻經兩頭來往。到十二年翻書訖了，合得二百餘卷，進畢，爾時耶舍先已終亡，仍勑崛多專主翻譯，仍移法席就大興善，更召婆羅門沙門達摩笈多并遺高天奴高和仁兄弟等同翻。又增置十大德沙門，僧休，法粲，法經，慧藏，洪遵，慧遠，法纂，僧暉，明穆，曇遷等，監掌始末銓定指歸，其十四部，本行集經，七十六卷，並是餘處。十一年前崛多自翻，沙門彥琮製序，皆是其十七部，法炬等八十九卷，十二年來在大興善寺禪堂內出，沙門笈多高天奴兄弟等助，沙門明穆沙門彥琮重對梵本再更覆勘整理文義，其外尚有九十餘部見在。續翻訖隨附錄，仰惟如來金口所唱，異類各蒙悟解，譬如日月耀天，迦葉阿難親承梵音結集布乎皮牒，猶如炬燭朗夜，後漢迄今國俗殊別，宣譯著在文言，狀如螢燈照室，所奠石火之繼太陽以影傳光，津液法流露潤含識，庶無斷絶，若論眞僞本末，可得同年而比挍哉。

著　錄

靜泰《**衆經目錄**》**卷一**　《大乘三聚懺悔經》一卷，隋開皇年，闍那崛多及笈多等於大興善寺譯，皇朝奏行。

道宣《**大唐内典錄**》**卷五**　《大乘三聚懺悔經》，亦是崛多笈多二師於興善續出，《長房錄》闕名。今挍現入藏經有之，故附此第。

佛說淨業障經

綜　述

王古《**大藏聖教法寶標目**》**卷五**　《淨業障經》，比丘無垢光犯戒憂悔，見佛求哀，佛說此經，復爲授記未來成佛，復說往昔勇施比丘犯淫殺戒，遇彌勒菩薩說法，得無生忍，勇施今已成佛，號寶月如來，是經能破一切惡業結縛，除一切闇障。

智旭《**閱藏知津**》**卷三二**　《佛說淨業障經》一卷開元附《秦錄》。佛住毘舍離菴羅樹園，無垢光比丘入城乞食，被婬女所咒，犯根本戒，生大憂悔。見文殊師利菩薩將至佛所，佛爲說無性之法，發心得記，因廣說淨業障法，又說過去無垢光佛滅後，有勇施比丘犯根本戒，得聞深法，頓發大心，今已成佛。

著　錄

費長房《**歷代三寶紀**》**卷一三**　《淨業障經》一卷。

法經《**衆經目錄**》**卷五**　《淨業障經》一卷【略】，並是衆律失譯。

智昇《開元釋教錄》卷四　《淨業障經》一卷【略】，並是見《入藏經》似是秦時譯出，數本經中並有秦言之字諸失譯錄並未曾載，今附此《秦錄》，庶免遺漏焉，通前舊失譯經七部七卷，及新附安公関中異經等，惣四十二部，合八十六卷，並爲三秦失譯云。

又卷一二　《淨業障經》一卷失譯今附《秦錄》單本上二經十卷同帙其《淨業障經》、《法上錄》云，竺法護譯詳其文句與護公譯經文勢全異，故爲失譯。

善恭敬經

綜述

王古《大藏聖教法寶標目》卷四　《正恭敬經》、《善恭敬經》，右二經說弟子事師儀範及罪報。

紀事

靖邁《古今譯經圖紀》卷四　沙門佛陁扇多，此言覺定，北印度人。神悟聰敏內外博通，持善文言尤工藝術，以魏孝明帝正光六年歲次乙巳。至元象元年歲次戊午，於洛陽白馬寺及鄴都金花寺譯【略】《正法恭敬經》一卷【略】，梁籥氏都建康。

著錄

彥琮《衆經目錄》卷二　《正恭敬經》一卷，後魏世佛陀扇多譯。《善恭敬經》一卷，大隋開皇年崛多譯。二經同本異譯。

智昇《開元釋教錄》卷七　《善敬經》一卷。

費長房《歷代三寶紀》卷一三　《正恭敬經》一卷亦名《威德陁羅尼中說經》亦名《恭敬師經》再譯。

法經《衆經目錄》卷一　《正恭敬經》一卷。

智昇《開元釋教錄》卷六　《正恭敬經》一卷。

佛說大乘戒經

楊億《大中祥符法寶錄》卷八　《大乘戒經》一部一卷，大乘律藏收。佛在舍衛國祇樹給孤獨園說，此中所明諸苾芻等求解脫者，寧捨身命，不壞律儀。破毀者，沈淪惡道。守護者，當得見佛，又毀戒者，如無目人對鑑，亦然意令苾芻奉持戒律，出離輪迴，斷諸染，因趣成佛果者也。

王古《大藏聖教法寶標目》卷一〇　《大乘戒經》佛說戒爲最勝不可犯。

智旭《閱藏知津》卷三二　《佛說大乘戒經》一卷，宋北印土沙門施護譯。佛在祇園說，文簡義切，最宜流通。

佛說八種長養功德經

綜述

呂夷簡《景祐新修法寶錄》卷四　《佛說八種長養功德經》一部一卷，大乘律藏收支流，別行無篇，聚分類佛爲八戒弟子，說受戒法。夫防非止惡，通曰戒修。自利兼佗，別開乘行，其小行者，滌纖瑕於已，其大行者，恢廣利於佗。此八戒中自佗兼濟始，即戒珠，自潔終，即果滿，嚴心說法，利生俱臻，勝趣者也。

著錄

惟淨《天聖釋教總録》卷二 《佛說八種長養功德經》一卷，三藏法護譯。

菩薩戒羯磨文

論說

智旭《菩薩戒羯磨文釋》卷一 菩薩戒羯磨文釋。彌勒菩薩說，唐三藏法師玄奘譯，明菩薩弟子智旭釋。此文出《瑜伽師地論》，本地分中《菩薩地》之戒品。凡受菩薩戒者，最宜知之，故奘師譯出別行也。按地論百卷，共爲五分。一本地分，二攝決擇分，三攝釋分，四攝異門分，五攝事分。就初本地分中分爲十七地。一五識身相應地，二者意地，三者有尋有伺地，四者無尋唯伺地，五者無尋無伺地，六者三摩呬多地，七者非三摩呬多地，八者有心地，九者無心地，十者聞所成地，十一者思所成地，十二者修所成地，十三者聲聞地，十四者獨覺地，十五者菩薩地，十六者有餘依地，十七者無餘依地。就第十五菩薩地中，復分四持。就初持中，分十八品。第十戒品《菩薩戒本經》及羯磨文咸出其中。言菩薩者，梵語具云菩提薩埵，此翻覺有情，謂能發起大智大悲，智則上求佛道，悲則下化有情。又設無大悲，則不成佛道，設無大智，則難度有情。悲智雙行，悲智不二，故名爲菩薩也。戒有三聚，一攝律儀戒，無惡不止，二攝善法戒，無善不行，三饒益有情戒，亦名攝衆生戒，無生不度，梵語羯磨，或翻作法，或翻辦事，或翻爲業，以義求之。即是白衆作法，辦如法之事業也。文分爲三，受戒羯磨。第一懺罪羯磨，第二得捨差別，第三受戒羯磨第一又分爲二，初明從師受，二明像前受。初中有四，初啓白請證，二正授戒法，三總結畢儀，四揀擇非器。初中二，初求許，二正白。初又二，初求，二許。

綜述

智旭《閱藏知津》卷三二 《菩薩戒羯磨文》彌勒菩薩說，唐大慈恩寺沙門釋玄奘譯。受戒羯磨第一，懺罪羯磨第二，得捨差別第三出《瑜伽師地論》。

紀事

靜邁《菩薩戒羯磨文》卷一 菩薩戒羯磨序，沙門靜邁製。夫瀛溟沖廓，總川逝而朝宗，法性惟玄，統品物而都會，是知無說顯道崇毘耶之息言，絶聽雨花，宗摩竭之掩室，自非德本宏邈，孰能究其弘致者哉。有三藏法師，是稱玄奘，弱齡軼俗，凝神氣於白雲，壯志遊眞，晰智暉於玄妙。潄其源者隨迎而不如，測其流者游泳而不測，大龜啓滅之歲，捐軄鞢而整花田，須陀問道之年，鏡戒珠而嬉行地，爰以炎隋季祀三聚創膺，深惟蹄旨。悟有餘說，悼靈章之紊譯，愴神理之紕傳，故能出玉門而遐往，戾金河而殉妙。爰有大正法藏，是號戒賢，道格四依，稱流五印，凡厥藏海取質若人，故以所旌戒標洪謩，遂於摩揭陀國，欽承函杖，見所未見，聞所未聞。雖薩陀之遇曇無，蔑以加也，因固請受菩薩律儀，一稔三祈肇允殷望，法師以菩薩淨戒，諒一乘之彝倫，授受宏規，信十地之洪範，特所吟味，匪替喉衿。以大唐貞觀二十有三年，皇上御天下之始月魄日，於大慈恩寺奉詔譯周羯磨戒本。爰開兩軸，蓋菩薩正地之流澌也，邁以不敏猥厠譯僚，親稟洪規，證斯傳焰，動衷形說，式讃大猷，聊紀譯辰，以備攸忘。其證義，證文，正字，筆受，義業，沙門明琰等，二十許人各司其務同資敎旨。

著錄

智昇《開元釋教錄》卷八　《菩薩戒羯磨文》一卷見《內典錄》出《瑜伽論本地分》中《菩薩地》，貞觀二十三年七月十五日於大慈恩寺翻經院譯，沙門大乘光筆受。

菩薩戒本

綜述

王古《大藏聖教法寶標目》卷五　《菩薩戒本》出《地持戒品》中《慈氏菩薩說》、《菩薩戒本》出《瑜伽論本地》中《彌勒菩薩說》。

智旭《閱藏知津》卷三二　《菩薩戒本》一卷唐大慈恩寺沙門釋玄奘譯。與上經同，而中有開性罪之八條。

紀事

靖邁《古今譯經圖紀》卷三　沙門鳩摩羅什婆此言童壽【略】以姚秦弘始四年歲次辛丑起譯【略】《菩薩戒本》一卷【略】僧叡僧肇道恆等筆受，然什詞喻婉約出言成章，神情鑒徹傲岸出群，應機領會，鮮有其疋，且篤性仁厚汎愛爲心，虛已善誘終日無倦。沙門曇摩懺，或云曇無讖，此云法豊【略】，以玄始三年歲次甲寅起譯至玄始十年辛酉譯，【略】《菩薩戒經》一部【略】惠嵩筆受，道俗數百人問難，識釋疑滯清辯若流，涅槃三譯乃訖。

著錄

僧祐《出三藏記集》卷二　《菩薩戒本》一卷，《別錄》云，燉煌出。【略】晉安帝時，天竺沙門曇摩讖至西涼州，爲僞河西王大沮渠蒙遜譯出或作曇無讖。

費長房《歷代三寶紀》卷八　《菩薩戒本》一卷【略】安帝世天竺國三藏法師鳩摩羅什。

法經《衆經目錄》卷五　《菩薩戒本》一卷後秦弘始年羅什譯。《菩薩戒本》一卷北涼世曇無讖與惠嵩等譯。右二《戒經》同本異譯。

靜泰《衆經目錄》卷一　《菩薩戒本》一卷唐世玄奘譯。

智昇《開元釋教錄》卷四　《菩薩戒本》一卷初出見《長房錄》今疑此《菩薩戒本》即《梵網》下卷是。

又卷四　《菩薩戒本》一卷出《地持成品》中第二，出與大唐奘法師所出戒本等同本，《別錄》云燉煌出見《僧祐錄》。

又卷八　《菩薩戒本》一卷見《內典錄》第三譯出《瑜伽論本地分》中《菩薩地》與無等出者同本貞觀二十三年七月二十一日於大慈恩寺翻經院譯大乘光筆受。

菩薩受齋經

綜述

王古《大藏聖教法寶標目》卷五　《菩薩受齋經》右說菩薩齋戒法及受齋日數解齋法。

智旭《閱藏知津》卷三二　《菩薩受齋經》西晉清信士聶道眞譯。先明三歸悔過，次明當護十念，次明有十戒，次明解齋法迴向淨土。

紀事

靖邁《古今譯經圖紀》卷二　沙門支法度，於晉惠帝永寧元年歲次辛酉譯《文殊師利現寶藏經》二卷、《十善十惡經》一卷、《誓童子經》一卷、《善生子經》一卷，總四部合五卷。優婆塞聶道眞，即聶承遠息，父子淸悟皆以度語爲業，於晉武帝太康年至懷帝永嘉末年，諮詢法護爲之筆受，及護沒後眞遂自譯，五十四部經合六十六卷，謂【略】，《菩薩受齋經》一卷。

著錄

僧祐《出三藏記集》卷四　《菩薩受齋經》一卷。

費長房《歷代三寶紀》卷六　《菩薩受齋經》一卷【略】聶承遠子道眞，惠帝之世始太康年迄永嘉末，其間詢稟諮承，法護筆受之外，及護歿後眞遂自譯前件雜經。誠師護公眞當其稱，頗善文句辞義分炳，此並見在別錄所載。

法經《衆經目錄》卷五　《菩薩受齋經》一卷【略】並是衆律失譯。

智昇《開元釋教錄》卷一四　《菩薩正齋經》一卷，東晉西域三藏祇多蜜譯第五譯與《菩薩受齋經》同本，前後三譯，一存二闕。

優婆塞五戒威儀經

綜述

王古《大藏聖教法寶標目》卷五　《優婆塞五戒威儀經》，右說種種戒法。

智旭《閱藏知津》卷三二　《菩薩優婆塞五戒威儀經》一卷劉宋中天竺沙門求那跋摩譯。

與上經同，而後附有禮佛，發願，受繩床，等諸法。

著錄

靜泰《衆經目錄》卷一　《優婆塞五戒威儀經》一卷。

智昇《開元釋教錄》卷一二　《優婆塞五戒威儀經》一卷，宋罽賓三藏求那跋摩譯出《寶唱錄》單本。右此《優婆塞五戒威儀經》，羣錄編在小乘律中者誤也，初是《菩薩戒本》，後是《受菩薩戒文》，及捨懺等法既非小宗故移編此。

菩薩五法懺悔文

綜述

王古《大藏聖教法寶標目》卷五　《菩薩五法懺悔文》，說懺悔、勸請、隨喜、迴向、發願，謂之五法。

智旭《閱藏知津》卷三二　《菩薩五法懺悔經》一卷開元附梁錄。

五悔各作偈語，而無序及流通，蓋西土聖賢撰述也。

著錄

智昇《開元釋教錄》卷六　《菩薩五法懺悔文》一卷。

靜泰《衆經目錄》卷一　《菩薩五法懺悔文》一卷亦名《菩薩五法懺悔經》【略】，右一十四部二十五卷，除《五陰論》，餘並入藏經房等失譯錄中闕而不載，尋其文句非是遠代，故編梁末以爲梁代失源云。

論藏部

六足論分部

阿毗達磨集異門足論

綜　述

靈泰《成唯識論疏抄》卷二　《集異門足論》，此論中即集諸異事而作法門，明諸法也。

智旭《閱藏知津》卷四〇　《阿毘達磨集異門足論》二十卷，亦名《說一切有部集異門足論》尊者舍利子說，唐大慈恩寺沙門釋玄奘譯。緣起品第一，世尊遊力士生處，住其所造初成臺觀，命舍利子代宣法要。舍利子承命，結集法毗奈耶。一法品第二，有三門。二法品第三，有二十七門。三法品第四，有五十門。四法品第五，亦五十門。五法品第六，有二十四門。六法品第七，有二十四門。七法品第八，有二十三門。八法品第九，有十門。九法品第十，略有二種。十法品第十一，略有二種。讚勸品第十二，佛從卧起讚善勸持。

著　錄

智昇《開元釋教錄》卷一三　《阿毗達磨集異門足論》二十卷尊者舍利子說，大唐三藏玄奘譯。

阿毗達磨法蘊足論

題　解

世親《阿毗達磨俱舍論》卷一　八萬法蘊，一一量等，《法蘊足論》謂彼一一有六千頌，如對法中《法蘊足》說，或說法蘊、隨蘊等，言一一差別，數有八萬。謂蘊、處、界、緣起、諦、食、靜慮、無量、無色、解脫、勝處、遍處、覺品、神通、無諍、願智、無礙解等。一一教門名一法蘊。如實說者，所化有情有貪瞋等八萬行別，爲對治彼八萬行故，世尊宣說八萬法蘊。如彼所說，八萬法蘊皆此五中二蘊所攝，如是餘處諸蘊、處、界類亦應然。

論　說

普光《俱舍論記》卷一　《法蘊足論》有六千頌，此約文定量，第二師約所詮義定量。說一義門名一法蘊，謂隨所詮蘊等，言一一差別數有八萬，能詮法蘊，其數亦然。隨說一一教門名一法蘊。所謂五蘊、十二處、十八界、十二緣起、四諦、四食、四靜慮、四無量、四無色定、八解脫、八勝處、十遍處、三十七覺品、六神通、無諍、願、智、四無礙解等。謂等取所餘法門，第三正義，約用定量。隨除一惑名一法蘊，謂由有情貪、瞋等行八萬別故，爲治彼行，世尊宣說不淨等觀八萬法蘊，八萬法蘊，皆此五蘊中色、行二蘊所攝。如前兩說有釋，此是第三解者，不然依大數說但言八萬，若具足說有八萬四千。眞諦師解云：十隨眠爲十，一一各有九隨眠爲方便，一一具十即成一百，一百各有前分，後分，并本成三百，置本一百就前後二百中，一一以九隨眠爲方便，并本二百合成二千。足本一百爲二千一百又約多貪、多瞋、思覺、愚癡、著我五。品品有二千一百成一萬五百。已起有一萬五百，未起有一萬五百，合二萬一千。又以三毒等分四人，各有二萬一千，合成八萬四千。

綜述

釋光《俱舍論記》卷四 《法蘊足論》，衆多異名，隨其所應皆此十攝，又解隨煩惱名衆多差別，或多或少，頭數何定，或説十種，且據顯相以論，或更説多隨事別説。餘論既説衆多，不可限其頭數。

智旭《閱藏知津》卷四〇 《阿毘達磨法蘊足論》十二卷北作十卷。有靖邁後序。尊者大目乾連造，亦名《説一切有部法蘊足論》唐大慈恩寺沙門釋玄奘譯。學處品第一，明優婆塞五戒。預流支品第二，明四種法行：一親近善士，二聽聞正法，三如理作意，四法隨法行。證淨品第三，明四不壞淨：一佛證淨，二法證淨，三僧證淨，四聖所愛戒。沙門果品第四，明四聖果。通行品第五，明四通行：一苦遲通行，二苦速通行，三樂遲通行，四樂速通行。聖種品第六，明於衣食卧具，知足及樂斷樂修聖種。正勝品第七，明四正勤。神足品第八，明欲勤心觀四三摩地。念住品第九，明身受心法四觀。聖諦品第十，明四聖諦。靜慮品第十一，明四禪法。無量品第十二，明慈悲喜捨定。無色品第十三，明四空定。修定品第十四，明四修定：一得現法樂住，二得殊勝智見，三得勝分別慧，四得諸漏永盡。覺支品第十五，明七覺支。雜事品第十六，明永斷一一法皆能保彼，定不退還謂貪瞋癡乃至苦憂擾惱等。根品第十七，明二十二根。處品第十八，明十二處。蘊品第十九，明五蘊。多界品第二十，明界處蘊緣起及處非處善巧。緣起品第二十一，明十二因緣法。

著錄

智昇《開元釋教錄》卷一三 《阿毗達磨法蘊足論》十二卷尊者大採菽氏造，大唐三藏玄奘譯。

阿毗達磨識身足論

綜述

智旭《閱藏知津》卷四〇 《阿毘達磨識身足論》十六卷，亦名《説一切有部識身足論》提婆設摩阿羅漢造。目乾連蘊第一，沙門目連作如是説，過去未來無，現在無爲有，今依諸契經種種破之。補特伽羅蘊第二，補特伽羅論者作如是説，定有補特伽羅性空論者，依諸契經種種破之。因緣蘊第三，問答諸法互爲因緣義。所緣緣蘊第四，問答諸所緣義。雜蘊第五，明起染離染等義。成就蘊第六，廣明十二心成就不成就等差別，十二心者，欲界繫有四心，一善，二不善，三有覆無記，四無覆無記，色無色界繫各有三心，除不善幷學心、無學心爲十二。

著錄

智昇《開元釋教錄》卷一三 《阿毗達磨識身足論》十六卷，大唐三藏玄奘譯出《内典錄》單本。一論佛圓寂後一百年中，尊者提婆設磨唐云天寂，阿羅漢造。

阿毗達磨界身足論

題解

靈泰《成唯識論疏抄》卷二 《界身足論》，界者即十八界。且如彼十八界爲首，且明蘊處也。身者即《發智論》，此明十八界，是彼《發智論》家之腳足也。

綜述

智旭《閱藏知津》卷四〇 《阿毘達磨界身足論》三卷，北作二卷。亦名《說一切有部界身足論》尊者世友造。本事品第一，明十大地法十大煩惱，十小煩惱，五煩惱，五見，五觸，五受根，五法，六識身，六觸，六受，六想，六思，六愛。分別品第二，分別相應，不相應等。略說十六門，廣有八十八門。後有釋基序。

紀事

普光《俱舍論記》卷一 佛滅至三百年初，筏蘇密多羅造《品類足論》六千頌即是舊《衆事分阿毘曇》也。又造《界身足論》，廣本六千頌，略本七百頌筏蘇密多羅，此云世友，非《婆沙會》世友，同名異體。

著錄

智昇《開元釋教錄》卷一三 《阿毗達磨界身足論》三卷大唐三藏玄奘譯出《翻經圖》單本。右一論佛圓寂後三百年中，尊者世友造。

阿毗達磨品類足論

題解

靈泰《成唯識論疏抄》卷二 《品類足論》，即雜明衆多品類諸法。若舊翻譯名爲《衆事阿毗曇論》，今新譯爲《品類足》也。

綜述

智旭《閱藏知津》卷四〇 《阿毘達磨品類足論》十八卷，亦名《說一切有部品類足論》辯五事品第一，一色、二心、三心所、四不相應行、五無爲，辯諸智品第二，辯諸處品第三，辯七事品第四，辯隨眠品第五，辯攝等品第六，辯千問品第七，舉二十門各爲五十問荅，辯決擇品第八。《衆事分阿毗曇論》十二卷，劉宋中天竺沙門求那跋陀羅其菩提耶舍譯，即前同本異出，止有七品。

著錄

智昇《開元釋教錄》卷一三 《阿毗達磨品類足論》十八卷，大唐三藏玄奘譯出《内典錄》，第二譯。右一論佛圓寂後三百年中，尊者筏蘇蜜多羅唐云世友造。《衆事分阿毗曇論》十二卷，宋天竺三藏末那跋陁羅共菩提耶舍譯，第一譯。右二論同本異譯。

發智論分部

阿毘曇八犍度論

題解

智禮《金光明經文句記》卷一 毗曇者，具云阿毗曇，此云無比法，即論藏也。犍度，此云法聚，亦以氣類相從之法，聚爲一段也。如《八犍度論》。謂一業犍度明三業，二使犍度明百八煩惱，三智、四定、五根、六大、七見、八雜。

論說

僧伽跋澄《鞞婆沙論》卷一 問曰：誰作此經？荅曰：佛。何以故？荅曰：甚深智微妙法性一切智境界。誰有此界？無餘唯佛也。問曰：若爾者，云何作？荅曰：尊者舍利弗問，佛荅。復有說者，五百比丘問，佛荅。復有說者，諸天問，佛荅。復有說者化問，佛荅。何以故？荅曰：此法應爾，如知隨當說。無能問者，彼時世尊化作化端正極妙，宗教悅可。剃除鬚髮，被僧迦梨。叉乎而問世尊。荅如彼《因緣經》所說也。問曰：若爾者，何以故說尊者迦旃延作此經？荅曰：彼尊者誦習轉教他人廣施設，此誦習廣施設，謂之造也。或曰：彼尊者迦旃延作此經。問曰如甚深智微妙法性一切智境界。誰有此界？無餘唯佛。云何彼作？荅曰：彼尊者本學利作誓願，於五千佛修阿毗曇。令我於當來三耶三佛施設阿毗曇章句。是故彼妙智觀已作此經。問曰：若爾者，佛阿毗曇何者是？荅曰：彼佛說道處處方處處城，種種教化故。彼尊者迦旃延子，過去佛法中以願智觀一向略作犍度品，數立章門。於中種種不相似立雜犍度，說結立結犍度，說智立智犍度，說行立行犍度，說四大立四大犍度，說根立根犍度，說定立定犍度，說是立見犍度。如佛說一切法句，彼尊者曇摩多羅於過去佛法中願智觀一向略。若說無常得立無當品。至說梵志立梵志品。如是彼佛說道處處方處處城，種種教化故。彼尊者迦旃延子，過去佛法中，以願智觀一向略作犍度品數立章門。於中種種不相似立雜犍度，說見立見犍度。復次一切佛世尊出世說三藏，契經、律、阿毗曇。問曰：契經、律、阿毗曇何差別？一說者無差別，何以故？荅曰：犍一智海出故無差別，大悲出故無差別，欲饒益一切衆生放無差別，入一解脱門故無差別，或曰有差降。契經說種種，律說戒，阿毗曇說相。或曰契經依力，律依大悲，阿毗曇依無畏。或曰契經說增上意，律說增上戒，阿毗曇說增上慧。問曰：若爾者，契經亦說增上戒、增上慧，律亦說增上意、增上慧，阿毗曇亦說增上意、增上戒。此何差別？荅曰：若契經說增上戒者，當知律。若說增上慧者，當知阿毗曇。如律說增上意者，當知契經。若說增上慧者，當知阿毗曇。如阿毗曇說增上意者，當知契經。若說增上戒，當知律。是爲契經、律、阿毗曇差別。問曰：何以故彼作經者立此經？荅曰：饒益他故。勤者、聞者、受者、持者、思者、量者、觀者無量結惡行須叟除。或復依此度法性。譬如人欲益他故於問冥處燃明。有眼者令見色。如是彼作經者，饒益他故立此經。若有意智者，彼依此度法性。佛世尊亦饒益他故，說十二部經契經、律、阿毗曇。何以故？荅曰：設衆生有因力不緣他力而開解，如是衆生不知差降。如緣他力而開解，如是衆生知有差降。猶如此中優鉢羅鉢頭摩拘牟頭分陁利。池中必有優鉢羅至分陁利華。如日天子未出光不照時，華不敷不舒不香。如日天子出光照時華敷舒香如是衆生因力不緣他力而開解，如是衆生不知差降。如緣他力而開解，如是衆生知有差降。敷信也，舒根力覺道也，香戒也。

綜　述

鳩摩羅什《大智度論》卷二　問曰《八乾度阿毗曇》、《六分阿毗曇》等從何處出？答曰：佛在世時，法無違錯。佛滅度後，初集法時亦如佛在。佛後百年，阿輸迦王作般闍于瑟大會諸大法師論議異故。有別部名字從是以來，展轉至姓迦旃延婆羅門道人，智慧利根，盡讀三藏内外經書。欲解佛法故，作《發智經八乾度》。

僧祐《出三藏記集》卷一〇　阿毗曇者，秦言大法也。衆祐有以見道果之至賾，擬性形容執乎眞像，謂之大也。有以道慧之至齊，觀如司南察乎一相，謂之法。故曰大法也。《中阿含》世尊責優陁耶曰：汝致詰阿毗曇乎？夫然，佛以身子五法爲大阿毗曇也。戒定慧名無滿也。佛般涅槃後，迦旃延義第一也以十二部經浩博難究，撰其大法爲一部《八犍度》四十四品也。其爲經也，富莫上焉，邃莫加焉。要道無行而不由，可不謂之富乎？至德無妙而不出，可不謂之邃乎？富邃洽備故，故能微顯闡幽也。其説智也周，其説根也密。其説禪也悉，其説道也具。周則二八用各適時，密則二十迭爲賓主。悉則昧淨遍游其門，具則利鈍各別其所以。故爲高座者所咨嗟，三藏者所鼓儛也。其身毒來諸沙門，莫不祖述此經憲章鞞婆沙詠歌有餘味者也。然乃在大荒之外，葱嶺之表。雖欲從之末由見也。以建元十九年，罽賓沙門僧迦禘婆，誦此經甚利，來詣長安。比丘釋法和請令出之佛念譯傳，慧力、僧茂筆受，和理其指歸。自四月二十日出，至十月二十三日乃訖。其人檢按譯人頗雜義辭龍地同罽金鍮共肆者，彬彬如也。和撫然恨之，余亦深謂不可，遂令更出。夙夜匪懈四十六日而得盡定。損可損者四卷焉。至於事須懸解起盡之處，皆爲細其下。胡本十五千七十二首盧。四十八萬二千三百四言秦語十九萬五千二百五十言。其人忘因緣一品云言數可與十門等也。周攬斯經，有碩人所尚者三焉。以高座者尚其博，以盡漏者尚其要，以研機者尚其密。密者龍象翹鼻，鳴不造耳。非人中之至恬，其孰能與於此也。要者八忍九斷，巨細畢載。非人中之至練，其孰能致於此也博者衆微衆妙，六八曲備。非人中之至懿，其熟能綜於此也。其將來諸學者遊槃於其中，何求而不得乎。

智旭《閱藏知津》卷四〇　《阿毘達磨發智論》二十卷，亦名《説一切有部發智論》尊者迦多衍尼子造，唐大慈恩寺沙門釋玄奘譯。

雜蘊第一蘊梵名，犍度世第一法納息一納息，梵名跋渠，智納息二，補特伽羅納息三，愛敬納息四，無慚納息五，相納息六，無義納息七，思納息八。結蘊第二，不善納息一，一行納息二，有情納息三，十門納息四。智蘊第三，學支納息一，五種納息二，他心智納息三，修智納息四，七聖納息五。業蘊第四，惡行納息一，邪語納息二，害生納息三，表無表納息四，自業納息五。大種蘊第五，大造納息一，緣納息二，具見納息三，執受納息四。根蘊第六，根納息一，有納息二，觸納息三，等心納息四，一心納息五，魚納息六，因緣納息七。定蘊第七，得納息一，緣納息二，攝納息三，不還納息四，一行納息五。見蘊第八，念住納息一，三有納息二，想納息三，智納息四，見納息五，伽陀納息六。《彙門標目》云，佛滅後三百年造，乃對法藏之根本也。

《阿毘曇八犍度論》三十卷，有道安序。符秦罽賓國沙門瞿曇僧伽提婆共竺佛念譯。

著　録

道宣《大唐内典録》卷三　《阿毗曇八犍度三十卷》。【略】罽賓三藏法師僧伽提婆，或云提和，此盖梵之楚夏耳，秦言衆天。晉簡文帝世苻氏建元年中入乎長安，宣流法化。初僧伽跋澄出，婆須蜜及曇摩難提譯《中增》、《二舍》及腊《三法度》等。時屬戎難，譯未詳悉。道安去世，未及改正，後山東清帖，提婆乃與道安同學釋法和俱適洛陽。四五年間研講前經，居華稍久，轉洞秦言，方知先出多有乖失。法和慨難遭之法出而未善。乃更屈提婆重譯前經。如是少時，後姚興法事甚威。法和西歸，提婆南度。故前後本文有小不同。

智昇《開元釋教録》卷一三　《阿毗曇八犍度論》三十卷，迦旃延子造，成二十卷三帙。苻秦罽賓三藏僧伽提婆，共竺佛念譯，第一譯。《阿毗達磨發智論》二十卷迦多延尼子造，二帙。大唐三藏玄奘譯。出《内典錄》第二譯。

上二論同本異譯，即是説一切有部對法藏之根本。佛圓寂後三百年中，論師迦多衍尼子之所造也。後代傳人本有廣略。此《發智論》文義異足，傳習之者號爲身論。以餘六論，各辯一支。有異於身，故名爲足。次編於後，諸部繼焉。

毘婆沙論分部

阿毗達磨大毗婆沙論

論説

道挻《毗婆沙經序》　《毗婆沙》者，蓋是三藏之指歸，九部之司南。司南既準，則群迷革正，指歸既宣，則邪輪輟駕。自釋迦遷暉，六百餘載，時北天竺有五百應眞，以爲靈燭久潛，神炬落耀，含生昏喪，重夢方始。雖法勝、迦旃延撰《阿毗曇》以拯頽運，而後進之賢尋其宗致，儒墨競構，是非紛如。故乃澄神玄觀，搜簡法相，造《毗婆沙》，抑止衆説。或即其殊辯，或標之銓評，理致淵曠，文蹄艷博。西域勝達之士，莫不資之以鏡心，鑒之以朗識。而冥瀾潛灑，將洽殊方，然理不虚運，弘之由人。

大沮渠河西王，天懷遐廓，標誠沖寄。雖迹纏紛務，而神棲玄境，用能丘壑，廊館林野。是使淵叟投竿，巖逸來庭，息心升堂，玄客入室。誠詣既著，理感不期。有沙門道泰，才敏自天，沖氣疏朗，關博奇趣，遠參異言。往以漢土方等既備，幽宗粗暢，其所未練，唯三藏九部。故杖策冒險，爰至葱西，綜攬梵文，義承高旨，並獲胡本十萬餘偈。既達涼境，王即欲令宣譯。然懼環中之固，將或未盡，所以側席虚衿，企矚明勝。天竺沙門浮陀跋摩，周流敷化，會至涼境。其人開悟淵博，神懷深邃，研味鑽仰，踰不可測。以乙丑歲四月中旬，於涼城内苑閑豫宮寺，請令傳譯。理味沙門智嵩、道朗等三百餘人，考文評義，務在本旨，除煩即實，質而不野。王屢迴駕，陶其幽趣，使文當理詣，片言有寄。至丁卯歲七月都訖，合一百卷。會涼城覆沒，淪湮遐境，所出經本，零落殆盡。今涼王信向發中，探練幽趣，故每至新異，希仰奇聞。更寫已出本六十卷，送至宋臺，宣布未聞。庶令日新之美，敞于當時；福祚之興，垂于來葉。挻以微緣，豫參聽末。欣遇之誠，竊不自默，粗列時事，以貽來哲。

綜述

智旭《閲藏知津》卷四〇　《阿毘達磨大毘婆沙論》二百卷，唐大慈恩寺沙門釋玄奘譯。五百大阿羅漢造，廣釋《説一切有部發智論》。《阿毘曇毘婆沙論》八十二卷，北作八十卷，有釋道挻序。北涼沙門浮陀跋摩共道泰譯。與前本同，僅存三犍度。《鞞婆沙論》十四卷，迦旃延子造，符秦罽賓國沙門僧伽跋澄譯。説阿毘曇八犍度第一，鞞婆沙三結處第一，三不善根處第二，三有漏處第三，四流處第四，四受處第五，四縛處第六，五蓋處第七，五結處第八，五下結處第九，五上結處第十，五見處第十一，六身愛處第十二，七使處第十三，九結處第十四，九十八使處第十五，小章竟。解十門大章，二十二根處第十六，十八界處第十七，十二入處第十八，五陰處第十九，五盛陰處第二十，亦名五取陰，亦名五受陰，唯是有漏。六界處第二十一，色無色法處第二十二，可見不可見法處第二十三，有對無對處第二十四，有漏無漏處第二十五，有爲無爲法處第二十六，三世處第二十七，善不善無記處第二十八，欲界色界無色界繫法處第二十九，學無學非學非無學法處第三十，見斷思惟斷不斷法處第三十一，四聖諦處第三十二，四禪處第三十三，四等處第三十四，四無色處第三十五，八解脱處第三十六，八除入處第三十七，即八勝處也。十一切入處第三十八，八智處第三十九，三三昧處第四十，廣説大章竟。中陰處第四十一，出阿毘曇結使犍度人品非次。四生處第四十二。

紀事

道安《鞞婆沙序》 阿難所出十二部經，於九十日中佛意三昧之所傳也。其後別其逕，至小乘法爲《四阿含》，阿難之功於斯而已。迦旃延子撮其要行，引經訓釋，爲阿毗曇四十四品，要約婉顯，外國重之。優波離裁之所由爲毗尼，與《阿毗曇》、《四阿含》並爲三藏，身毒甚珍，未墜於地也。其後曇摩多羅刹集《修行》，亦大行於世也。又有三羅漢：一名尸陀槃尼，二名達悉，三名鞞羅尼，撰《鞞婆沙》，廣引聖證，言輒據古，釋阿毗曇焉。其所引據，皆是大士眞人，佛印印者也。達悉迷而近煩，鞞羅要而近略，尸陀最折中焉。其在身毒，登無畏座，僧中唱言，何莫由斯道也。其經猶大海與，深廣浩汗，千寶出焉；猶崑岳與，嵬峨幽藹，百珍之藪，資生之徒，於焉斯在。兹經如是，何求而不有乎？

有秘書郎趙政文業者，好古索隱之士也。常聞外國尤重此經，思存想見，然乃在崑岳之右，艽野之西，眇爾絶域，末由也已。會建元十九年，罽賓沙門僧伽跋澄諷誦此經，四十二處，是尸陀槃尼所撰者也。來至長安，趙郎饑虛在往，求令出焉。其國沙門曇無難提筆受爲梵文，弗圖羅刹譯傳，敏智筆受爲此秦言，趙郎正義起盡。自四月出，至八月二十九日乃訖。胡本一萬一千七百五十二首盧，長五字也，凡三十七萬六千六十四言也。秦語爲十六萬五千九百七十五字。經本甚多，其人忘失。唯四十事，是釋阿毗曇十門之本，而分十五事爲小品迴著前，以二十五事爲大品而著後。此大小二品，全無所損。其後二處是忘失之遺者，令第而次之。

趙郎謂譯人曰：『《爾雅》有釋古、釋言者，明古今不同也。昔來出經者，多嫌胡言方質，而改適今俗，此政所不取也。何者？傳胡爲秦，以不閑方言，求知辭趣耳，何嫌文質？文質是時，幸勿易之，經之巧質，有自來矣。唯傳事不盡，乃譯人之咎耳。』衆咸稱善。斯眞實言也。遂案本而傳，不令有損言遊字，時改倒句，餘盡實錄也。余欣秦土忽有此經，挈海移岳，奄在兹域，載玩載詠，欲疲不能，遂佐對校，一月四日，然後乃知大方之家富，昔見之至狹也。恨八九之年，方闚其牖耳。願欲求如意珠者，必牢裝強伴，勿令不周滄海之實者也。

著錄

僧祐《出三藏記集》卷二 《阿毗曇毗婆沙》六十卷丁丑歲四月出，至己卯歲七月訖。

右一部，凡六十卷。晉安帝時，涼州沙門釋道泰共西域沙門浮陀跋摩，於涼州城内苑閑豫宮寺譯出。初出一百卷，尋值涼王大沮渠國亂亡，散失經文四十卷，所餘六十卷，傳至京師。

智昇《開元釋教錄》卷四 《阿毗曇毗婆沙論》六十卷，其本見在。

沙門浮陀跋摩，或云佛陀跋摩，涼言覺鎧，西域人也。幼而履操明直，聰悟出群，習學三藏，偏善毗婆沙，常誦持此論以爲心要。承和年中達於姑臧。先有沙門道泰志用強果，少遊□右，遍歷諸國，得《毗婆沙》梵本十有萬偈。還至姑臧，側席虛襟，企待明匠。聞跋摩遊心此論，請爲翻譯。時蒙遜已薨，子茂虔襲位。以虔承和五年丁丑四月中旬，於涼州城内閑豫宮寺請跋摩譯焉，泰即筆受，沙門慧嵩、道朗興義學僧三百餘人考正文義，至七年己夘七月方訖。凡一百卷，沙門道挺爲之製序。有頃魏太武帝西伐姑臧涼上崩亂，經書什物皆被焚蕩，遂失四十卷，今唯有六十存焉。跋摩避亂西反，不知所終。序云，乙丑歲出，即蒙遜玄始十四年也，丁夘歲訖，即玄始十六年也，與《錄》不同，未詳何以。

又卷一三 《阿毗曇毗婆沙論》六十卷，或八十四卷或一百九卷。北涼天竺沙門浮陀跋摩共道泰等譯，第一譯。

右此論創譯百卷成部，沙門道挺製序，屬魏併涼，失四十卷，今唯六十卷在，但畢第三揵度下五揵度，時闕其本。新譯之者八藴並足，其八十四卷本及一百九卷者，後人分此六十卷成，非是元來不闕。

《阿毗達磨大毗婆沙論》二百卷，大唐三藏玄奘譯，出《内典錄》第二譯。

右上二論同本異譯，即釋上《發智論》。佛圓寂後四百年中，五百大阿羅漢等於迦濕彌羅國造。

毘典沙綱要論分部

舍利弗阿毗曇論

題解

龍樹《大智度論》卷二　佛在時，舍利弗解佛語故，作阿毗曇。後犢子道人等讀誦，乃至今名爲《舍利弗阿毗曇》。

綜述

智旭《閱藏知津》卷四〇　《舍利弗阿毗曇論》二十二卷，北作三十卷，有道標序，姚秦天竺三藏曇摩崛多共曇摩耶舍譯。

問分入品第一，界品第二，陰品第三，四聖諦品第四，根品第五，七覺品第六，不善根品第七，善根品第八，大品第九，優婆塞品第十。

非問分界品第一，業品第二，人品第三，智品第四，緣品第五，念處品第六，正勤品第七，神足品第八，禪定品第九，道品第十，煩惱品第十一。

攝相應分攝品第一上，相應品下。

緒分遍品第一，因品第二，名色品第三，假結品第四，行品第五，觸品第六，假心品第七，十不善業道品第八，十善業道品第九，定品第十。

紀事

道標《舍利弗阿毗曇論序》　阿毗曇，秦言無比法，出自八音，亞聖所述。作之雖簡，成命曲備，重徽曠濟，神要莫比。眞祇洹之微風，反衆流之宏趣。然佛後闇昧，競執異津，或有我有法，或無我有法，乖忤淳風，虧曚聖道。有舍利弗，玄哲高悟，神貫翼從，德備左面，智參照來。其人以爲是非之起，大猷將隱。既曰像法，任之益滯。是以敢於佛前所聞經法，親承即集，先巡堤防，遮抑邪流，助宣法化。故其爲經也，先立章以崇本，後廣演以明義。之體四焉：問分也，非問分也，攝相應分也，序分也。問分者，寄言扣擊，明夫應會。非問分者，假韵默通，惟宣法相。攝相應分者，總括自他，釋非相無。序分者，遠述因緣，以彰性空。性空彰則反迷至矣，非相無則相與用矣，法相宣則邪觀息矣，應會明則極無遺矣。四體圓足，二諦義備，故稱無比法也。此經於先出阿毗曇，雖文言融通，而旨各異制。又載自空，以明宗極，故能取貴於當時，而垂軌於千載。明典振於遠維，四衆率爾同仰。是使殉有者袪妄見之惑，向化者起即隆之勳。迢迢焉，故冥宗之遺緒也；亹亹焉，故歸輪之所契也。此經標明曩代，靈液西畛，淳教彌於閬風，玄門扇於東嶺。

唯秦天王，沖資叡聖，冥根樹於既往，實相結於皇極。王德應符，闡揚三寶，聞茲典誥，夢想思覽，雖曰悠邈，感之愈勤。會天竺沙門曇摩掘多、曇摩耶舍等義學來遊，秦王既契宿心，相與辯明經理。起清言於名教之域，散衆微於自無之境。超超然，誠韵外之致；愔愔然，覆美稱之實。於是詔令傳譯。然承華天哲，道嗣聖躬，玄味遠流，妙度淵極，持體明旨，遂贊其事。經師本雖闇誦，誠宜謹備，以秦弘始九年，命書梵文，至十年尋應令出。但以經趣微遠，非徒關言所契，苟彼此不相領悟，直委之譯人者，恐津梁之要，未盡於善。停至十六年，經師漸閑秦語，令自宣譯。皇儲親管理味，言意兼了，復所向盡，然後筆受。即復內呈，上討其煩重，領其指歸，故令文之者修飾，義之者綴潤並校，至十七年訖。若乃文外之功，勝契之妙，誠非所階，未之能詳。並求之衆經，考之諸論，新異之美，自宣之於文，惟法住之實，如有表裏。然原其大體，有無兼用，微文淵富，義旨顯灼。斯誠有部之永塗，大乘之靡趣，先達之所宗，後進之可仰。標以近質，綜不及遠，情未能已。猥參斯典，希感之誠，脫復微序，庶望賢哲，以恕其鄙。

著錄

僧祐《出三藏記集》卷二 《舍利弗阿毗曇》二十二卷或二十卷。

右一部，凡二十二卷。晉安帝時，外國沙門毗婆沙爲姚興於長安石羊寺譯出。

尊婆須蜜菩薩所集論

綜述

王古《大藏聖教法寶標目》卷八 《尊婆須蜜論》十卷。

右婆須蜜菩薩大士，次繼彌勒作佛，師子如來也。從釋迦文降生爲大婆羅門，父命觀佛侍佛四月已出家。佛涅槃後，撰此論一十品，十四揵度。該羅深度，博盡諸法。撰論已入三昧，如彈指頃昇神兜率，與次補光談如來柔仁如來皆集彌勒天宮。

紀事

佚名《婆須蜜集序》 婆須蜜菩薩大士，次繼彌勒作佛，名師子如來也。從釋迦文降生鞞提國，爲大婆羅門梵摩渝子，厥名鬱多羅。父命觀佛，尋侍四月，具覩相表、威變、容止，還白所見。父得不還。已出家學道，改字婆須蜜。佛般涅槃後，遊教周妬國、槃奈國，高才蓋世，奔逸絶塵，撰集斯經焉。別七品爲一犍度，盡十三犍度，其所集也。後四品一犍度，訓釋佛偈也。凡十一品十四犍度也。該羅深廣，與《阿毗曇》並興外國。傍通大乘，特明盡漏，博涉十法，百行之能事畢矣。尋之漭然，猶滄海之無涯，可不謂之廣乎？陟之瞪爾，猶崑岳之無頂，可不謂之高乎？寶渚極目，厭夜光之珍；巖岫舉睫，厭天智之玉。懿乎富也，何過此經？外國升高座者，未墜於地也。集斯經已，入三昧定，如彈指頃，神升兜術。彌妬路、彌妬路刀利及僧伽羅刹適彼天宮，斯二三君子，皆次補處人也。彌妬路刀利者，光炎如來也。僧伽羅刹者，柔仁佛也。茲四大士集乎一堂，對揚權智，賢聖默然，洋洋盈耳，不亦樂乎！

罽賓沙門僧伽跋澄，以秦建元二十年，持此經一部來詣長安。武威太守趙政文業者，學不厭士也，求令出之。佛念譯傳跋澄、難陀、禘婆三人執胡本，慧嵩筆受。以三月五日出，至七月十三日乃訖，胡本十二千首盧也。余與法和對校修飾，武威少多潤色。此經說三乘爲九品，特善修行，以止觀遲十六最悉。每尋上人之高韻，未嘗不忘臭味也，恨闕數仞之門晚，懼不悉其宗廟之美，百官之富也。

著錄

僧祐《出三藏記集》卷二 《婆須蜜集》十卷建元二十年三月十五日出，至七月十三日訖。【略】晉孝武帝時，罽賓沙門僧伽跋澄，以苻堅時入長安。跋澄口誦《毗婆沙》，佛圖羅刹譯出。又齎《婆須蜜》胡本，竺佛念譯出。

阿毗曇心論

題解

慧遠《阿毗曇心序》 《阿毗曇心》者，三藏之要頌，詠歌之微言，管統衆經，領其宗會，故作者以心爲名焉。有出家開士，字曰法勝，淵識遠鑒，探深研機，龍潛赤澤，獨有其明。其人以爲《阿毗曇經》源流廣大，難卒尋究，非贍智宏才，莫能畢綜，是以探其幽致，別撰斯部。始自

《界品》，訖于《問論》，凡二百五十偈，以爲要解，號之曰心。

論說

慧遠《阿毗曇心序》 其頌聲也，抶象天樂，若雲籥自發，儀形群品，觸物有寄。若乃一吟一詠，狀鳥步獸行也；一弄一引，類乎物情也。情與類遷，則聲隨九變而成歌；氣與數合，則音協律呂而俱作。拊之金石，則百獸率舞；奏之管絃，則人神同感。斯乃窮音聲之妙會，極自然之衆趣，不可勝言者矣。

又其爲經，標偈以立本，述本以廣義。先弘內以明外，譬由根而尋條，可謂美發於中，暢於四肢者也。發中之道，要有三焉：一謂顯法相以明本，二謂定己性於自然，三謂心法之生，必俱遊而同感。俱遊必同於感，則照數會之相因；己性定於自然，則達至當之有極；法相顯於眞境，則知迷情之可反。心本明於三觀，則覩玄路之可遊。然後練神達思，水鏡六府，洗心淨慧，擬迹聖門。尋相因之數，即有以悟無，推至當之極，每動而入微矣。

綜述

智旭《閱藏知津》卷四〇 《阿毘曇心論》四卷，尊者法勝造。東晉罽賓國沙門瞿曇僧伽提婆共慧遠譯。界品第一，行品第二，業品第三，使品第四，賢聖品第五，智品第六，定品第七，契經品第八，雜品第九，論品第十。

紀事

佚名《阿毗曇心序》 釋和尚昔在關中，令鳩摩羅跋提出此經。其人不閑晉語，以偈本雜譯，遂隱而不傳。至於斷章，直云修妬路。及見提婆，乃知有此偈。以偈檢前所出，又多首尾隱沒，互相涉入，譯人所不能傳者彬彬然，是以勸令更出。以晉泰元十六年，歲在單閼，貞于重光。其年冬，於潯陽南山精舍，提婆自執胡經，先誦本文，然後乃譯爲晉語，比丘道慈筆受。至來年秋，復重與提婆校正，以爲定本。時衆僧上座竺僧根、支僧純等八十人，地主江州刺史王凝之，優婆塞西陽太守任固之爲檀越，並共勸佐而興立焉。

著錄

僧祐《出三藏記集》卷二 《阿毗曇心》十六卷或十三卷，苻堅建元末於洛陽出。【略】《阿毗曇心》四卷晉太元十六年在廬山爲遠公譯出。

智昇《開元釋教錄》卷一三 《阿毗曇心論》四卷，尊者法勝造，或無論字。東晉罽賓三藏瞿曇僧伽提婆譯。《法勝阿毗曇心論經》六卷，大德優波扇多造，或七卷。高齊天竺三藏那連提耶舍共法智譯，單本。上二論十卷同帙。《雜阿毗曇心論》十一卷，亦云《雜阿毗曇毗婆沙》，尊者法救造，或十四卷。宋天竺三藏僧伽跋摩等譯，第四譯，四譯三闕。右上三論俱名《阿毗曇心》。然其所釋廣略有異。《雜阿毗曇心論》第一卷，初注云諸師釋法勝《阿毗曇心》義，廣略不同，法勝所釋最爲略也，優被扇多有八千偈釋，又有一萬二千偈釋，此二論名爲廣也。和修槃頭以六千偈釋，又論初頌云，敬禮尊法勝，所說我頂受，我達摩多羅，說彼未曾說。故上三論初四卷者是法勝本論，次六卷者是優波扇多釋故，彼論末云大德優波扇多，爲利益弟子故，造此《阿毗曇心論》故，知此即釋法勝論，非法勝造而論外題有法勝字者。或恐不然論卷中題無此二字。《羣錄》皆云《法勝阿毗曇》或云，別譯法勝阿毗曇後《雜心論》是法救造，比前二論文義稍廣。

雜阿毗曇心論

綜　述

智旭《閱藏知津》卷四〇　《雜阿毘曇心論》十一卷，北作十六卷。劉宋天竺沙門僧伽跋摩等譯。尊者法救造，梵稱達磨多羅，亦釋前論而加序品，又加第十擇品，而以論品爲第十一。較優波扇多者爲詳。

紀　事

佚名《雜阿毗曇心序》　如來泥洹數百年後，有尊者法勝，於佛所說經藏之中，抄集事要爲二百五十偈，號《阿毗曇心》。其後復有尊者達摩多羅，覽其所製，以爲文體不足，理有所遺，乃更搜採衆經，復爲三百五十偈，補其所闕，號曰《雜心》。新舊偈本凡有六百，篇第之數，則有十一品。篇號仍舊爲稱，唯有《擇品》一品全異於先。尊者多羅復即自廣引諸論，敷演其義，事無不列，列無不辯，微言玄旨，於是昭著。自兹之後，道隆於世，涉學之士，莫不寶之，以爲美談。於宋元嘉三年，徐州刺史太原王仲德請外國沙門伊葉波羅於彭城出之。《擇品》之半及《論品》一品，有緣事起，不得出竟。至元嘉八年，復有天竺法師名求那跋摩，得斯陀含道，善練兹經，來遊揚都，更從校定，諮詳大義。余不以闇短，廁在二集之末，輒記所聞，以訓章句，庶於覽者，有過半之益耳。

著　錄

僧祐《出三藏記集》卷二　《雜阿毗曇心》十三卷今闕。【略】晉安帝時，沙門釋法顯以隆安三年遊西域，於中天竺、師子國得胡本，歸京都，住道場寺。就天竺禪師佛馱跋陀共譯出。

又卷二　《雜阿毗曇心》十三卷今闕。右一部，凡十三卷。宋文帝時，西域沙門伊葉波羅，以元嘉三年爲北徐州刺史王仲德於彭城譯出，至《擇品》未竟。至八年，更請三藏法師於京都校定。

又卷二　《雜阿毗曇心》十四卷宋元嘉十年於長干寺出，寶雲傳譯，其年九月訖。【略】宋文帝時，天竺三藏法師僧伽跋摩於京都譯出。

智昇《開元釋教錄》卷一五　《阿毗曇心》十六卷，或十三卷。苻秦罽賓三藏僧伽提婆譯，第一譯。

《雜阿毗曇心》十三卷。東晉沙門法顯共覺賢譯，第二譯。

《雜阿毗曇心》十三卷，根本十卷，續成十三卷或十四卷。宋外國沙門伊葉波羅等譯，第三譯。

前後四譯，一存三闕。

俱舍論分部

阿毗達磨俱舍論

題　解

普光《俱舍論記》卷一　釋題目者，阿毘達磨，形二藏以立名。俱舍，標一部之別稱。阿毘言對，能所對故。達磨，名法，持生解故。俱舍名藏，攝依彼故。論謂言論，教誡學徒。

圓暉《俱舍論頌疏論本》 阿毘，此云對。達磨，此云法。俱舍，此云藏。謂無漏慧，名之爲對。對有二義，一者對向，謂對向涅槃，二者對觀，謂對觀四諦。法有二種，一勝義法，謂是涅槃，二法相法，通四聖諦。釋法名者，一則軌生物解，二乃能持自性，故名爲法。言對法者，謂無漏慧，名之爲對，四諦涅槃，名之爲法，此無漏慧，名對法者，法之對故，名爲對法。是依主釋，依光法師對與法俱通能所，下文當釋。藏有二義，一者包含，二者所依。言包含者，猶如篋篋，此論包含《發智論》等諸勝義言，故名爲藏。《發智論》等名爲對法，俱舍名藏，而非對法。然今此論，名對法藏者，對法之藏故，名對法藏。依主釋也。言所依者，正理釋云，藏或所依，猶如刀藏。引彼義言，造此論故，以對法藏，名對法藏。光法師釋云，鞘名刀藏，刀所依故，言刀名藏，取鞘藏名，以有藏故，名爲刀藏。彼《發智》等，是此所依，所以然者，謂引彼義言，造此論故。彼《發智》等，名爲對法，此論所依故，亦即是藏。今《俱舍論》，名對法藏者，全取本論對法藏名。有對法藏故，名對法藏。是有財釋，寶法師云，藏或所依，猶如刀藏，此正理文，但釋藏義。未辨有財，正理下文，以對法藏故，名對法藏。此文方釋有財，光法師說刀名藏，作有財釋，謬之甚矣。釋對法藏中，無持業釋者，謂世親論主，不欲自取其功推能於本故也。

論說

圓暉《俱舍論頌疏論本》卷一 粵燭天下之幽者，其惟赫日乎。鼓萬物而成者，其惟飄風乎。匡大敎而濟時者，其惟菩薩乎。爰有大士，厥號世親。弘道於五天，製論於千部。光我師之正躅，解外道之邪紛，功無得而詳也。千部之內，《俱舍論》是其一焉，斯乃包括六足，呑納八蘊。義雖諸部，宗唯以正。故得西域學徒，號爲《聰明論》也。至如七支無表之說，作傳律之丹青，三科蘊界之談，與弘經爲潤色，光光佛日，寔在茲焉。

綜述

圓暉《俱舍論頌疏論本》卷一 初明論緣起者有二，一明本緣起，二明別造意。本緣起者，自迦葉遁形於鷄足，末田乞地於龍宮，雖大義少乖，而微言尚有。洎乎尊者鞠多，道不繼於三聖，摩訶提婆，亂眞言於五緣。二部分宗，諍興於摩揭提國，五百羅漢，飛來於迦濕彌羅，一切有宗興玆國矣。佛涅槃後，四百年初，健馱羅國，有王名迦膩色迦，其王敬信尊重佛經，味道忘疲，傳燈是務，有日請僧入宮供養。王因問道，僧說莫同。王甚怪焉，問脇尊者曰，佛敎同源，理無異趣，諸德宣唱，奚有異乎。尊者答曰，自五夢不祥，雙林現滅，百有餘載。諸部肇興，雖復萬途，津梁一揆，是故大聖，喻折金杖，況以爭衣。爭衣則衣終不破，斫金則金體無殊。是故依之修行，無不皆成聖果。王聞此語，因爲問曰，諸部立範孰最善乎。我欲修行，願尊者說。尊者答曰，諸部懿典，莫越有宗。王欲修行，宜遵此矣。王曰，向承嘉旨，示以有宗，此部三藏，今應結集。須召有德，共詳議之。於是萬里星馳，四方雲集，英賢畢萃，凡聖極衆，既多煩亂，不可總集爲遂簡凡僧。唯留聖衆，聖衆尙繁，簡去有學，唯留無學。無學復多，不可總集，於無學內，定滿六通，智圓四辯，內閑三藏，外達五明，方堪結集，故以簡留。所簡聖衆，四百九十有九。王曰，此國暑濕，不堪結集，應往王舍城中，迦葉結集之處，不亦宜乎。脇尊者曰，王舍城中，多諸外道，酬答無暇，何功造論。迦濕彌羅國，林木鬱茂，泉石清閑，聖賢所居，靈仙遊止，復山有四面，城唯一門，極堅固矣，可結集矣。於是國王，及諸聖衆，自彼而至迦濕彌羅。到彼國已，緣少一人未滿五百，欲召世友，然世友識雖明敏，未成無學，衆欲不取。世友顧聖衆曰，我見羅漢，視之如唾，久捨不取，汝何尊此，而棄我乎。我欲證之，須臾便獲，遂於僧衆，便立誓言，我擲縷至空，縷下至地，願我便證阿羅漢果。縷未下空，諸天接住，語世友曰，大士方期佛果，次補彌勒，三界特尊，四生攸賴，一何爲此小緣，而欲捨斯大事。於是聖衆，聞此空言，頂禮世友，推爲上座，於是五百聖衆。初集十萬頌，釋素怛纜藏，次造十萬頌，釋毘奈耶藏。後造十萬頌，釋阿毘達磨藏，即《大毘婆沙》是也。世友商確，馬鳴採翰。備釋三藏，懸諸千古。法雲重，布於遐方。佛日再暉於沙界，傳燈之盛，斯之謂焉。五百羅漢，既結集已，刻石立誓，唯聽自國，不許外方，勅藥叉神，守護城門，不令散出。然世親尊者，舊習有宗，後學經部，將爲當理。於有宗義，懷取捨心，欲定是非，恐畏彼師情懷忌憚。潛名重往，時經四載，屢以自宗，頻破他部。時有羅漢，被詰莫通，即衆賢師，悟入是也，悟入怪異，遂入定觀知是世親，私告之曰，此部衆中，未離欲者，知長老破，必相致害。長老可速歸還本國，于時世親至本國已，講《毘婆沙》。若一日講便造一偈，攝一日中所講之義。刻赤銅葉，書寫此偈。如是次第，成六百頌，攝《大婆沙》。其義周盡，標頌香象。擊鼓宣令云，誰能破者，吾當謝之。竟無一人能破斯偈。將此偈頌，使人齎往迦濕彌羅。時彼國王，及諸僧衆，聞皆歡喜，嚴幢幢蓋，出境來迎。標頌香象，至國尋讀，謂弘己宗，悟入知非，造衆人曰，此頌非是專弘我宗，頌置傳說之言，似相調耳，如其不信，請釋即知。

於是國王，及諸僧衆，發使往請。奉百斤金，以申敬請。論主受請，爲釋本文，凡八千頌，寄往果如悟入所言，此是第一明本緣起也。

第二明造論意者，大意有三，一爲衆生斷煩惱故，二欲令智者慧解深故，三弘持正法，令久住故。斷煩惱者，欲令衆生出三有故。有情沈淪，由惑未滅，欲求出離，須斷惑緣。斷惑正因所謂淨慧，論正詮慧，論主因之故製斯論。故下文云，何因說彼阿毘達磨。擧頌答曰，由惑世間飄有海，因此傳佛說對法故，知造論爲斷煩惱。

第二生慧解者，斯論乃四含幽鍵，六足玄關，法相川源，義門江海，文清清兮，玉潤理明明兮，月花啓學人之昧心。《發智》者之明慧。故下文云，我於方隅，已略說，爲開智者慧毒門。如身少破，著少毒藥，須臾毒氣，遍滿身中，此論亦然。開少慧門，諸有智人，能深悟入，如似毒門，名慧毒門，《聰明論》名，因茲起也。

第三弘持正法者，自青蓮罷笑，白毫掩色。邪徒紛糺，正法陵遲。雨衆三德之談，米齋六句之說。殘我花苑，泊我清流。論主方欲掃彼邪雲，光斯佛日，製論之意其在茲乎。故下文云，上來所說，種種法門，皆爲弘持世尊教法。又三藏教興，皆有四意。故《婆沙》云，說素怛纜藏，依力等流。一爲衆生得增上心，學論道故。二爲衆生，種種雜說故。三令衆生種善根故。四爲衆生未入正法，令入正法故。說毘奈耶藏，依悲等流。一爲衆生得增上戒學論道故。二爲衆生說諸學處故。三爲衆生已種善根者，令相續成就故。四令已入正法者，受持正法故。

說阿毘達磨藏，依無畏等流。一爲衆生得增上慧學論道故。二爲分別諸法自相共相故。三爲已成就者令得正解脫故。四爲已受持學處者，通達諸法眞實相故。又依《婆沙》，有七意造論。一爲饒益他故，爲令有情於佛聖教，無倒受持，便得悟入甚深法性，譬如有人爲饒益他，於黑闇處燃大明燈，令有目者見種種色。二爲破無明闇故，如燈破闇能發光明，造論亦爾，破無明闇，發智慧明。三爲顯無我像故，譬如鏡而極善，磨瑩種種相現，論亦如是，分別法相，令無我像分明顯現。四爲度生死河故，如牢船筏百千衆生，依之無畏，度至彼岸，論亦如是，佛及有情，依之無畏，到涅槃岸。五爲照契經等故，如人執炬則見衆色，而無迷亂，論亦如是，照契經等義，而無迷亂故。六爲觀察善等諸法故，如別寶人識金剛等寶，論亦如是，分別善等諸法故。七爲顯諸大論師，不傾動故，如妙高山，踞金輪上，一切猛風不能傾動，諸大論師亦復如是。輕毀邪論，不能摧伏故。

第二明論宗旨者，自教迹區分，部成十八，所立宗旨，固非一家。如一說部，大衆部，鷄胤部，說出世部，此四奉宗，一切諸法，無非是假，但有言說。若經部宗，立一切法，少分實有，多分是假。若薩婆多宗，一切有法，爲所奉宗，計有不同，總有四說，一類，二相，三位，四待。言類者，尊者法救。作如是說，由類不同，三世有異，謂從未來，至現在時，捨未來類，得現在類，若從現在，流至過去，捨現在類，得過去類。但類不同，非體有異。如破金器作餘物時，形雖有殊金色無異。言相者，尊者妙音，說相不同，三世有異，謂法在過去，正與過去相，合而不名爲離現未相，以過去相顯但名過去也，現在正與現在相，合而不名爲離過未相，未來正與未來相，合而不名爲離過現相，隨顯得名，準過去說。言位者，尊者世友，說位不同，三世有異，未作用位，名爲未來，正作用位，名爲現在，作用謝位，名爲過去，至位位中，作異異説，如運一籌置在一位名一，置百位名百，置千位名千，歷位有别籌體無異。言待者，尊者覺天説待不同，三世有異，待謂觀待，前觀於後，名爲過去，後觀於前，名爲未來，觀待前後，名爲現在，如一女人，名女名母，觀母名女，觀女名母。論主評云，法救執法有轉變故，應置數論外道朋中，以數論宗，執法有轉變故也。妙音所立，世相雜亂，三世皆有，三世相故。覺天所立，世還雜亂，一世法中，應有三世，謂過去世，有多刹那，前後刹那，應名去來，中名現在，未來現在，類亦應然，故此四中。第三世友，立世最善，依經部宗，過未無體，唯現世有。今詳世親著論宗旨，有其兩種，一者顯宗，即一切有，故下文云迦濕彌羅議理成，我多依彼釋對法，既言依彼釋對法藏，故知此論，有部爲宗。二者密宗，所謂經部，故下文云，經部所説，不違理故，此一部論，多將經部，破薩婆多，故知世親，密意所許，經部爲宗，此上不同，第二明宗旨竟。

第三明藏所攝者，藏有三種，一素怛纜藏，此翻爲綖，或名爲經，正詮於定。二毘奈耶藏，此稱調伏，正詮於戒。三阿毘達磨藏，此言對法，正詮於慧。於此三中，此論即是阿毘達磨藏攝。問爲唯一藏攝，亦通餘二。答《順正理》第一云，諸有素怛覽，及毘奈耶所有窮理問答，皆是此中阿毘達磨藏攝。

第四明翻譯不同者，此論翻譯，總有兩時。初即陳朝，後居唐代。陳朝三藏真諦法師有於嶺南，譯成二十二卷。大唐三藏，永徽年中，於慈恩寺譯成三十卷。翻譯不同，非無所以，由前譯主未善方言，致使論文義在差舛，至如無爲是因果，前譯言非，現法無非得，昔翻云有，大唐三藏音善兩方，譯義無差，綴文不謬，由使懷疑之客，得白玉於青山，佇決之賓，獲玄珠於赤水。由是此論，譯有兩時。

第五略釋品題者，阿毘此云對，達磨此云法，俱舍此云藏。謂無漏慧，名之爲對，對有二義，一者對向，謂對向涅槃。二者對觀，謂對觀四諦。法有二種，一勝義法，謂是涅槃。二法相法，通四聖諦。釋法名者，一則軌生物解，二乃能持自性，故名爲法。言對法者，謂無漏慧，名之爲對，四諦涅槃，名之爲法。此無漏慧，名對法者，法之對故，名爲對法。是依主釋，依光法師對與法俱通能所，下文當釋。藏有二義，一者包含，二者所依。言包含者，猶如簣篋，此論包含《發智論》等諸勝義言，故名爲藏。《發智論》等名爲對法，俱舍名藏，而非對法，然今此論，名對法藏者，對法之藏故，名對法藏，依主釋也。

言所依者，正理釋云，藏或所依，猶如刀藏。引彼義言，造此論故，以對法藏，名對法藏。光法師釋云，鞘名刀藏，刀所依故，言刀名藏，取鞘藏名，以有藏故，名爲刀藏。彼《發智》等，是此所依，所以然者，謂引彼義言，造此論故。彼《發智》等，名爲對法，此論所依故，亦即是藏。今《俱舍論》，名對法藏者，全取本論對法藏名，有對法藏故，名對法藏，是有財釋。寶法師云，藏或所依，猶如刀藏，此正理文，但釋藏義，未辨有財，正理下文，以對法藏故名對法藏，此文方釋有財。光法師説刀名藏，作有財釋，謬之甚矣。　釋對法藏中，無持業釋者，謂世親論主，不欲自取其功，推能於本故也。

第六廣釋文義者，就中有二。一别釋品名，二依文正解。　就别釋品名，復分爲二。一正釋品名，二明品先後。言正釋品名者，族義持義性義名界，此品廣明，故名分别。　問此品亦明蘊處，何故以界標名。答此品廣，以二十二門，分别十八界故。以界標名，蘊處不爾，故不標也。二明品先後者，此頌上下，總有八品，一界品，二根品，三世間品，四業品，五隨眠品，六賢聖品，七智品，八定品。破我一品，無别正頌，故此不論。初二品總明有漏無漏，後六品别明有漏無漏。總是其本，所以先説，依總釋别，所以後説。　就總明中，初界品，明諸法體，根品明諸法用，體是其本，所以先説，依體起用，故次明根。就别明六品中，初三品别明有漏，後三品别明無漏。有漏可厭，所以先説，厭已令欣無漏，所以後説。就别明有漏中，世品明果，業品明因，隨眠品明緣。果麁易厭，所以先明，果不孤起，必藉於因，故次明業。因不孤起，必待於緣所以後明隨眠。就别明無漏中，賢聖品明果，智品明因，定品明緣，果相易欣，所以先説，果必藉因，故次明智，智必待緣，故後明定。

王古《大藏聖教法寶標目》卷八　《俱舍論》三十卷，右天親菩薩造。俱，皆也。舍，此云藏，則庫藏之總名也。出諸經音義。此論博綜群籍，備摧異説，天竺大小乘學依此爲本。本序論有九品，一分别界品，説四大六入十八界等。二分别根品，説眼耳鼻舌男女命意等，二十二根。三分別世品，廣說有情世間及器世間各多差別三界種種事相。次四分別業品，前言世別皆由業生，此明種種善惡諸業，業由隨眠，方得生長。次五分別隨眠品。次六分別賢聖品，說諸賢聖道相。次七分別智品。次八分別定品。次九破執我品，謂有我執，無容解脫。

智旭《閱藏知津》卷四〇 《阿毘達磨俱舍論》三十卷。尊者世親造，唐大慈恩寺沙門釋玄奘譯。分別界品第一，分別根品第二，分別世品第三，分別業品第四，分別隨眠品第五，分別賢聖品第六，分別智品第七，分別定品第八，破我執品第九。

紀事

普光《俱舍論記》卷一 蓋《俱舍論》者，筏蘇槃豆之所作也。筏蘇名世，槃豆名親，印度有天俗號世親，世人親近供養，故以名焉。菩薩父母，從所乞處爲名也。舊譯爲天，此翻謬矣，若言天應號提婆也。菩薩學通內外，博達古今，名振五天，聲流四主。故能潛名數載討廣說之教源。製論一時播芳名於萬古，密申傳說有部懷疑。請釋頌本文方祛宿滯。斯論，乃文同鉤鏁結引萬端，義等連環始終無絕，採六足之綱要，備盡無遺，顯八蘊之妙門如觀掌內。雖述一切有義，時以經部正之。論師據理爲宗，非存朋執。遂使九十六道，同翫斯文，十八異部，俱欣祕典。自解開異見部製群分，各謂連城，齊稱照乘。唯此一論，卓乎逈秀，猶妙高之據宏海，等赫日之暎衆星。故印度學徒，號爲《聰明論》也。往有三藏眞諦法師，已於嶺表譯茲論訖，但爲方言未融，時有舛錯。至如現法非得先哲同疑，常非果因前賢莫辨。如斯等類難可備詳略舉，一二三以彰。今譯，和上三藏法師，志存弘傳誓遊西域，搜揭奧典盡鷲嶺之遺言，研機法門窮上賢之餘說，既而遍觀其聖跡，問道復周，旋軔上京奉詔翻譯。此論，以永徽年中於大慈恩寺譯，文義周備，妙理無虧，傳彼梵言務存其本，庶使懷疑之侶渙若氷消，佇決之徒實忘飡寢。

著錄

法經《衆經目錄》卷五 《俱舍論》二十二卷陳世眞諦譯。

智昇《開元釋教錄》卷一三 《阿毗達磨俱舍釋論》二十二卷婆藪槃豆造。陳天竺三藏眞諦譯，第一譯。《阿毗達磨俱舍論本頌》一卷尊者世親造，或三卷大唐三藏玄奘譯。出《內典錄》，第二譯，眞諦譯者闕本。《阿毗達磨俱舍論》三十卷，尊者世親造，三帙。大唐三藏玄奘譯。出《內典錄》第二譯。

右二論及頌同本異譯。

阿毗達磨順正理論

題解

法寶《俱舍論疏》卷一 《正理破》此名《俱舍雹》。衆賢論師欲定宗趣，菩薩能仁避而不對。衆賢寄盡謝過，幷附《俱舍雹》屈菩薩評定云，若其無理請便火焚，若有行當願爲流傳。論主披檢將爲有理，改《俱舍雹》名《順正理》，準此菩薩豈有偏執，故知此中理長爲是，非定一宗。

慧立《大唐大慈恩寺三藏法師傳》卷二 衆賢覽而心憤，又十二年覃思，作《俱舍雹論》二萬五千頌，八十萬言。造訖，欲與世親面定是非，未果而終。世親後見其論，歎有知解，言其思力不減《毗婆沙》之衆也。雖然甚順我義，宜名《順正理論》，遂依行焉。

綜述

智旭《閱藏知津》卷四〇 《阿毘達磨順正理論》八十卷，亦名《說一切有部順正理論》尊者衆賢造。辯本事品第一，明蘊處界三種攝法。辯差別品第二，明二十二根差別及破無因一因不平等因，辯心心所及不相應行等及辯六因四緣。辯緣起品第三，明三界五趣七識住九有情居四生及辯中有相，十二因緣相，有情世間相，器世間相。辯業品第四。辯隨眠品第五。辯賢聖品第六，辯智品第七。辯定品第八。

《阿毘達磨藏顯宗論》四十卷即順正理論廣文略出而加序品。

著錄

智昇《開元釋教錄》卷一三 《阿毗達磨順正理論》八十卷，尊者衆賢造。大唐三藏玄奘譯。出《内典錄》單本。《阿毗達磨顯宗論》四十卷，尊者衆賢造。大唐三藏玄奘譯。出《内典錄》單本。右二部論與《俱舍論頌》同釋異，並衆賢造。衆賢尊者先述正理文廣難尋，後造《顯宗略》而易曉所以重釋。

中觀論部

中論分部

中論

題解

僧叡《中論序》 《中論》有五百偈，龍樹菩薩之所造也。以中爲名者，照其實也。以論爲稱者，盡其言也。實非名不悟，故寄中以宣之。言非釋不盡，故假論以明之。其實既宣，其言既明，於菩薩之行，道場之照，朗然懸解矣。

曇影《中論序》 斷常諸邊紛然競起，時有大士厥號龍樹，爰託海宮，逮無生忍，意在傍宗，載隆遺教，故作論以折中。其立論，意也則無言不窮，無法不盡然。統其要歸，則會通二諦。以眞諦故無有，俗諦故無無。眞故無有，則雖無而有。俗故無無，則雖有而無。雖有而無，則不累於有。雖無而有，則不滯於無。不滯於無，則斷滅見息。不存於有，則常等氷消。寂此諸邊故，名曰中。問荅析微，所以爲論，是作者之大意也。亦云中觀，直以觀辯於心，論宣於口耳。

吉藏《中觀論疏》卷一 今既釋序，略明五意。一者斯論定佛法之偏正，判得失之根原，是以龍樹標中論名也。二者斯文論中實之理，從所詮理實得名，故云中論。《業品》云，此論所明義離於斷常見，故云中論。三者龍樹所作凡有三論，一《無畏》之廣，次十二之略，今是折中之說，故秤中論。四者以文表義，斯論前無緣起，後略餘勢但有正文，以文表義理，故秤中論。五者龍樹大士是中道人，中道人所製作，從人立名，故秤中論。【略】中是所詮之理，論是能詮之教。斯無理不攝，無教不收。

又《三論玄義》 次別釋中論名題門。此論立名有廣有略。所言略者，但稱中論。故叡法師序云，《中論》有五百偈，龍樹菩薩之所造，而後但釋中論兩字，故名爲略。問何故？但稱中論不題觀耶。答中是所論之理實，論是能論之教門。若明理教，故義無不周也。所言廣者，加之以觀。

論說

吉藏《中觀論疏》卷一 答所詮之中則三種中道。世諦中，眞諦中，非眞非俗中。能詮之教即論此三中。是以無教，不收無理不攝。所言廣本具三者。中，諸佛菩薩所行之道。觀，謂諸佛菩薩能觀之心。諸佛觀辨於心，宣之於口，秤之爲經。菩薩觀辨於心，宣之於口，目之爲論。要具斯三義乃圓足，玄章內已釋之。但中有三。一者對斷常之偏明中，此是對偏中。二者盡偏中。立於中名，欲盡於偏病，故名盡偏中。又一意亦爲偏病盡得有於中也。問盡偏、對偏及絕待中，此三何異？答玄意已明，今重略叙。盡偏中者，蓋是洗淨斷常，故強名爲中，雖盡於偏而有於中，如經云，衆生起見凡有二種，一斷二常。無常無斷乃名中道。對偏中者，此約所詮之理對破偏病，故名爲中。絕待中者凡有二種。一者如涅槃云，有小涅槃有大涅槃。小涅槃者，待苦說樂。大涅槃者，絕此苦樂乃名大樂。此之絕待猶是待義。二者此絕待涅槃不可說其苦樂，不知何以美之，強名爲樂，乃秤大樂，方是絕待樂。中義亦然。須深見此意。

又《三論玄義》 問，何故但稱中論不題觀耶？答，中是所論之理實，論是能論之教門。若明理教故義無不周也。所言廣者，加之以觀。故影法師《中論序》云，寂此諸邊名之爲中，問答拆徵稱之爲論。又云，觀者直，以觀辨於心論宣於口耳。問，何故具題三字耶？答，因中發觀，由觀宣論，要備三法義乃圓足也。次第門。問，此三字有何次第耶？答，【略】有二種次第。一者能化次第，二者所化次第。能化次第者，中謂三世十方諸佛菩薩所行之道，故前明中。由此道故，發生諸佛菩薩正觀，故

次明觀。由內有正觀，故佛宣之於口，名之爲經。四依菩薩宣之於口，目
之爲論也。約所化悟入次第者，稟敎之徒，因論識中，因中發觀。若望於
佛，因教識理，因理發觀也。次制立門，所以但明三字不多不少者，略有
三義。一者諸佛菩薩凡有二德，一者自行，二者化他。中之與。觀，謂自
行也。論之一字，即是化他。自行化他，義無不攝，故但標三字。二者，
化於衆生，要必具三。一者有所悟之理，二者因理發觀，三者由觀宣論，
故但明三也。三者以中對觀，是境、智之名。以觀對論，爲行說之稱。因
中發觀，故以中爲境。以觀爲智，如說而行爲觀，如行而說爲論。以義唯
此四，故名字但有三名也。次論通別門，通而爲言，三字皆中，皆觀皆
論。所言皆中者，理實不偏，故理名爲中。因中理發觀，觀非偏觀，觀亦
名中。因中觀宣論，論非偏論，論亦名中。三字皆觀者，中是義相觀，觀
是心行觀，論是名字觀。亦如三種般若，中是實相般若，觀是觀照般若，
論是文字般若。三種皆論者。論是能論，故名爲論。餘二所論，亦名爲論
也。就別而言，理實不偏，與其中名，智是達照，當其觀稱。論是言教，
故目之爲論。次明互發盡門，就中有中發觀，觀發中，緣盡觀，觀盡緣。
所言中發觀者，如《涅槃經》云，十二因緣不生不滅，能生觀智，譬如胡
瓜，能發熱病也。觀發中者，衆生本謂因緣是生是滅，不知是中，以正觀
檢生滅不得，方悟因緣是中，此則因觀發中。緣盡於觀，觀盡於緣者，凡
夫二乘及有所得偏邪之緣，盡菩薩正觀之內，故名緣盡於觀。觀盡於緣
者，邪緣既盡，正觀亦息，故名觀盡於緣。緣盡於觀，故非緣。觀盡於
緣，故非觀。非緣非觀，不知何以美之，強名正觀也。問，既得緣盡觀，
觀盡緣，亦得中盡觀，觀盡中不。答，亦得爾也，中是智境，觀是境智。
境不自境，因智故境。智不自智，由境故智。由智故境，境不自境，由境
故智，智不自智。不自智則非智，不自境則非境，故是境盡於智，智盡
於境。問亦得緣發於觀，觀發於緣不？答，由邪緣故，得顯正觀，即是
緣發於觀。由正觀故，顯緣是邪，謂觀發於緣耳。次明別釋三字門，總論
釋義，凡有四種。一依名釋義，二就理教釋義，凡有四種。一依名釋義，
二就理教釋義，三就互相釋義，四無方釋義也。依名釋義者，中以實爲
義，中以正爲義。中以實爲義者，如涅槃釋本有今無偈云，我昔本無中道
實義，是故現在有無量煩惱。叡師中論序云。以中爲名者，照其實也。
照，謂顯也。立於中名，爲欲顯諸法實，故云照其實也。所言正者。《華
嚴》云，正法性遠離，一切言語道，一切趣非趣，悉皆寂滅相。此之正
法，即是中道，離偏曰中，對邪名正。肇公物不遷論云。《正觀論》曰，
觀方知彼去，去者不至方。故知中以正爲義也。理教釋義者，中以不中爲
義。所以然者，諸法實相，非中非不中，無名相法，爲衆生故，強名相
說，欲令因此名，以悟無名，是故說中，爲顯不中。問，中以不中爲義，
出何文耶？答，《華嚴》云，一切有無法，了達非有無。若爾，一切中偏
法，了達非中偏，即其事也。所言互相釋義者，中以偏爲義，偏以中爲
義。所以然者，中偏是因緣之義，故說偏令悟中，說中令識偏。如經云，
說世諦，令識第一義諦。說第一義諦，令識世諦也。四無方釋義者，中以
色爲義，中以心爲義。是故《華嚴經》云，一中解無量，無量中解一。故
一法得以一切法爲義，一切法得以一法爲義。問，中有幾種，答，既稱爲
中，則非多非一，隨義對緣，得說多一。所言一中者，一道清淨，更無二
道。一道者，即一中道也。所言二中者，則約二諦辨中，謂世諦中，眞諦
中。以世諦不偏，故名爲中。眞諦不偏，名爲眞諦中。所言三中者，二諦
中及非眞非俗中。所言四中者，謂對偏中、盡偏中、絕待中、成假中也。
對偏中者，對大小學人斷常偏病，是故說對偏中也。盡偏中者，大小學人
有於斷常偏病，則不成中。偏病若盡，則名爲中。是故經云，衆生起見，
凡有二種，一斷二常。如是二見，不名中道。無常無斷，乃名中道。故名
盡偏中也。絕待中者，本對偏病，是故有中。偏病既除，中亦不立。非中
非偏，爲出處衆生，強名爲中，謂絕待中。故此論云，若無有始終，中當
云何有？經亦云，遠離二邊，不著中道，即其事也。成假中者，有無爲
假，非有非無爲中，由非有非無，故說有無。如此之中，爲成於假，謂成
假中也。所以然者，良由正道未曾有無，爲化衆生，假說有無，故以非有
無爲中，有無爲假也。就成假中有單複疎密橫豎等義，具如中假義說，如
說有爲單假，非有爲單中，無義亦爾。有無爲複假，非有非無爲複中。有
無爲疎假，非有非無爲疎中，不有有爲密假，有不有爲密中。疎即是橫，
密即是豎也。次釋中不同，得有四種。一外道明中，二毘曇明中，三成實
明中，四大乘人明中也。外道說中者。僧佉人言，泥團非瓶非非瓶，即是
中義也。衛世師云，聲不名大，不名小。勒沙婆云，光非闇非明。此之三

師，並以兩非爲中，而未知所以爲中耳。毘曇人釋中者，有事有理。事中者，無漏大王不在邊地，謂不在欲界及非想也。理中者，謂苦集之理不斷不常也。成實人明中道者，論文直言離有離無，名聖中道。而《論師》云，中道有三，一世諦中道，二眞諦中道，三非眞非俗中道。四大乘人明中者，如攝大乘論師明，非安立諦，不著生死，不住涅槃，名之爲中也。義本者以無住爲體中，此是合門。於體中開爲兩用，謂眞俗，此是用中，即是開門也。又中假師云，非有非無爲中，而有而無爲假也。

【略】

次明中論以二諦爲宗。所以用二諦爲宗者，二諦是佛法根本，如來自行化他，皆由二諦。自行由二諦者，如《瓔珞經佛母品》，明二諦能生佛，故二諦是佛母。蓋取二智爲佛，二諦能生二智，故以二諦爲母。即是如來自德圓滿由於二諦，化他德由二諦者，如來有所說法，教化衆生，常依二諦。故中論云，諸佛依二諦，爲衆生說法也。問，何以知自他兩德並由二諦耶？答《十二門論》云，以識二諦故，即得自利他利及以共利，即其事也。以二諦是自行化他之本，故申明二諦，以爲論宗，即令一切衆生具得自他二利也。問，何人迷二諦，論主破迷申二諦耶？答，有三種人迷於二諦。一者小乘五百部，各執諸法有決定性，聞畢竟空如刀傷心，此人失第一義諦。然既失第一義諦，亦失世諦。所以然者，空宛然而有，故有名空有，方是世諦。彼既失空，亦是迷有，故失世諦。故五百部執出如來二諦之外。二者方廣道人，謂一切諸法如龜毛兔角，無罪福報應，此人失於世諦。然有宛然而空，故空名有空。既失空有，亦失有空。如斯之人，亦失二諦。又諸外道亦失二諦，如有見外道，迷於眞諦。空見外道，迷於世諦。又凡夫著有，故迷眞諦。二乘滯空，迷世諦也。第三，人得二諦名，而失二諦旨，斯執甚多。今略出二種，或言二諦一體，或言二諦異體，並不成二諦之義。具如疏初序之。今破此之失，申明二諦，故用二諦爲宗也。問，何以得知此論用二諦爲宗耶？答，略有三種。一者瓔珞經佛母品，明二諦不生不滅，乃至不來不去。今論正明八不，故知即是辨於二諦，故以二諦爲宗。二者青目序論意，明外人失二諦，龍樹菩薩爲是等故，造此中論，即知破外迷失，申明二諦，故以二諦爲宗也。三者關內曇影《中論》序云，此論雖無理不窮，無言不盡，統其要歸，會通二諦。今還述舊釋，故知二諦爲宗也。問，既名中論，何故不用中道爲宗，乃以二諦爲宗耶？答，即二諦是中道，既以二諦爲宗，即是中道爲宗。所以然者，還就二諦以明中道，故有世諦中道、眞諦中道、非眞非俗中道。但今欲名宗兩擧，故中諦互說，故宗擧其諦，名題其中。若以中道爲名，復以中道爲宗者，但得不二義，失其二義故也。問，經何故立二諦耶？答，此有兩義。一者欲示佛法是中道故，以有世諦，是故不斷，以第一義，是故不常，所以立於二諦。又二慧是三世佛法身父母，以有第一義故生般若，以有世諦故生方便，具實慧、方便慧，有十方、三世佛，是故立二諦。又知第一義是自利，知世諦故能利他，具知二諦，即得共利，故立二諦。又有二諦故，佛語皆實，以世諦故說有是實，第一義故說空是實。又佛法漸深，先說世諦因果教化，後爲說第一義，又成就得道智，者，說第一義，無有說世諦。又若不先說世諦因果，直說第一義，則生斷見，是故具明二諦也。

【略】

問，中論何故傍破外耶？答，凡有四義。一者欲顯中觀，無法不窮，無言不說。若一法不窮，一言不盡，則戲論不滅，中觀不生，是故內外並皆破之。二者內人立義與外道同，故須破外。三者外道立義與內人同，故須破外。四者欲顯中實非內非外，不正不邪，故須破外。問，百論破外亦有收取義不？答，亦有四句。一者破而不取，即是外道邪言，障中迷觀，於緣無益有損。二者取而不破，外道偸竊如來遺餘善法，今並收之。如賊盜牛，即其證也。又外道各邪心推盡，冥智與內同，如蟲食木，偶得成字，亦取而不破。三者亦破亦取，外道偸竊佛教，不識旨歸，今破其迷教之情，收取所迷之教。四者不破不取，即顯道門未曾內外也。

問，既有四論，何故常稱三論耶？答，略有八義。一者三論各具三義。一破邪，二顯正，三言教。以同具此三義，故合名三論。二者三論具合，方備三義，中論明所顯之理，百論破於邪執，十二門名爲言教。以三義相成，故名爲三論。三者中論爲廣論，百論爲次論，十二門爲略論。三部具上中下三品，故名三論。四者一切經論凡有三種。一但偈論，即是中論。二但長行論，所謂百論。三亦長行亦偈論，即《十二門論》。以三部互相開辟，而共相成。五者此之三部，同是大乘通論，故名三論。六者此三部同顯不二實相，故名三論。七者同是四依菩薩所造。八者同是像末所作。但欲綱維大法也。

以智度論對三論，則智度論爲别論，三論爲通論。就三論中自有三别，即爲三例，《百論》爲《通論》之廣，《中論》爲《通論》之次，《十二門》爲《通論》之略。所以然者，百論通破障世、出世一切邪，通申世、出世一切正，故名通論之廣。中論但破大小二迷，通申大小兩教，不破世間迷，申世間教，故爲通論之次。十二門但破執大之迷，申大乘之教，爲通論之略。問，何故爾耶？答，外道邪興，遍障世、出世、大、小一切教，故提婆遍破衆邪，備申衆教，是以論明始自三歸，終竟二諦，無教不申，無邪不破。中論爲對大、小學人封執。二教故但破二迷，但申二教，是以論文有大、小二章之説。《十二門論辨》觀行之精要，明方等之宗本，故正破大迷，獨申大教，是以論文命宗，但説略解摩訶衍義。問，十二門亦備破小乘外道，云何言但破大迷，但申大教也？答。雖備破衆病，而正意爲申大乘，故論文前明略解大乘，而後則言末世衆生，薄福鈍根，雖尋經文不能通了，即知尋大乘失旨，但小乘外道障彼大乘，故須破之耳。又欲令小乘外道同入大乘，故須破之。

一切諸法，雖並是假，領其要用，凡有四門。一因緣假，二隨緣假，三對緣假，四就緣假也。一因緣假者，如空有二諦，有不自有，因空故有，空不自空，因有故空，故空有是因緣假義也。二隨緣假者，如隨三乘根性，説三乘教門也。三對緣假者，如對治常，説於無常，對治無常，是故説常。四就緣假者，外人執有諸法，諸佛菩薩就彼推求，檢竟不得，名就緣假。此四假總收十二部經八萬法藏。然四論具用四假，但智度論多用因緣假，以釋經立義門故，中論十二門多用就緣假，百論多用對緣假。

【略】

著於四論，略明二種。提婆菩薩震論鼓於王庭，九十六師一時雲集，各建名理，立無方論。提婆面折邪師，後還閑林，撰集當時之言。以爲百論。龍樹菩薩潛帷著筆，探取外情，破病申經，故造中論。問，何故爾耶？答，龍樹聲聞天下，外道小乘不敢與交言，故潛帷著筆以造論也。提婆既爲弟子，物情所不畏憚，故與之交言，故後集以爲論。次明三論所破之緣有利鈍不同門，今略擧中百二論明衆生得悟不同，凡有四種。一自有一種根緣，聞百論始捨罪福，終破空有，當此言下得悟無生。二有諸外道，雖聞提婆當時所破，言理俱屈，猶未得悟，後出家竟，稟受佛經，方乃得悟，此中根人也。三有諸外道。聞提婆之言，不了尋經，翻更起迷，爲中論所破方得悟，此下根人也。四有諸外道。初稟提婆之言，乃至尋中論亦未得解，後因十二門觀玄略方乃得悟也。

著　録

僧祐《出三藏記集》卷二　《中論》四卷。【略】晉安帝時，天竺沙門鳩摩羅什以僞秦姚興弘始三年至長安，於大寺及逍遥園譯出。

智昇《開元釋教録》卷四　《中論》四卷。

順中論

題　解

吉藏《中觀論疏》卷一　《順中論》是天親所作。言順中論者，廣引大品等經證釋八不，八不則是中道，依文釋義，故云《順中論》。《順中論》云龍勝菩薩，非龍樹也，今宜會之，以龍成其勝道，故云龍勝。

綜　述

湛然《止觀輔行傳弘決》卷一　《付法傳》云，龍樹造《大無畏論》有十萬偈，《中論》從彼略出，大綱有五百偈，長行並是諸師注解。關中影法師云，有數十家注，《中論》最下。河西朗云，有七十餘家。眞諦云，西方有廣略二本，此間所傳略本耳。元康師云，此恐不爾。此間已有四本。一青目注，名爲中論，後秦羅什所譯。二無著注，名順中論，後魏菩提流支譯，但得兩卷，餘者未出。三羅睺法師注，亦名中論，梁眞諦譯，但得《因緣》一品。四分別明菩薩注，名般若燈論，唐波頗三藏譯，有十六卷。河西旣云七十餘家，豈以諸師爲非獨存青目爲是，況青目最劣遺蕩亘依故云也。

著録

王古《大藏聖教法寶標目》卷六 《順中論》二卷。右龍樹造，無著菩薩釋。破空有二邊之執是般若波羅蜜多初品空義。

費長房《歷代三寶紀》卷九 梁武帝世，北天竺國三藏法師菩提流支，魏云道希，從魏永平二年至天平年，其閒凡歷二十餘載，在洛及鄴譯。

智昇《開元釋教録》卷六 《順中論》二卷已上五部七卷，長房尋録並云菩提留支所譯，今按經初本譯序記並云瞿曇留支，非菩提也，今移在瞿曇録中。

又卷一二 《順中論》二卷無著菩薩釋，龍樹造，元魏婆羅門瞿曇般若流支譯，出序記，單本。右《順中本論》序記云，魏尚書令儀同高公延，國上賔瞿曇流支在第供養，正通佛法對譯，曇琳出斯義論，武定元年歲次癸亥八月十日揮辭景寅，凡有一萬二千七百二十七字，諸録皆云菩提留支譯者，誤也。今依序記爲正。

般若燈論釋

題解

慧賾《般若燈論釋序》 般若燈論者，一名中論，本有五百偈，龍樹菩薩之所作也。借燈爲名者，無分別智，有寂照之功也。擧中標目者，鑑亡緣觀，等離二邊也。然則燈本無心，智也亡照，法性平等，中義在斯，故寄論以明之也。

綜述

慧賾《般若燈論釋序》 若夫尋詮滯旨，執俗迷眞，顛沛斷常之間，造次有無之內，守名喪實，攀葉亡根者，豈欲爾哉。蓋有由矣。請試陳之。若乃搆分別之因，招虛妄之果，惑業熏其內識，惡友結其外緣，致令慢聳崇山，見深滄海，恚火難觸，詞鋒罕當，聞說有而快心，聽談空而起謗，六種偏執，各謂非偏五百論師，爭興異論，或將邪亂正，或以僞齊眞，識似悟而翻迷，教雖通而更壅，可謂捐珠翫石，棄寶負薪，觀晝怖龍，尋跡怯象，愛好如此，良可悲夫。龍樹菩薩救世挺生，呵嗜慾而發心，閱深經而自鄙，蒙獨尊之懸記，燃法炬於閻浮，且其地越初依，功超伏位，既窮一實，且究二能，佩兩印而定百家，混三空而齊萬物，點塵劫數，歷試諸難，悼彼群迷，故作斯論。文玄旨妙，破巧申工，被之鈍根，多生怯退。有分別明菩薩者，大乘法將，體道居衷，遐覽眞言，爲其釋論。開祕密藏，賜如意珠，略廣相成，師資互顯。至若自乘異執，欝起千端，外道殊計，紛然萬緒，驢乘競馳於駕駟，螢火爭耀於龍燭，莫不標其品類，顯厥師宗。玉石旣分，玄黃已判，西域染翰，乃有數家，考實析微，此爲精詣。若含通本末，有六千偈，梵文如此，翻則減之。我皇帝神道邁於羲農，陶鑄侔於造化，一六合而貫三才，攝四生而弘十善，崇本息末，無爲太平，守母存子，不言而治。偏復留心釋典，遐想至眞，以爲聖教東流，年淹數百，而億象所負，闕者猶多，希聞未聞，勞於寤寐。中天竺國三藏法師波羅頗蜜多羅，唐言明友，學兼半滿，博綜群詮，喪我怡神，搜玄養性，遊方在念，利物爲懷。故能附杙傳身，擧煙召伴，冒氷霜而越葱嶺，犯風熱而渡沙河。時積五年，塗經四萬，以大唐貞觀元年歲次娵訾十一月二十日，頂戴梵文，至止京輦。昔秦徵童壽，苦用戎兵，漢請摩騰，遠勞蕃使，詎可方茲感應，道契冥符。家國休祥，德人爰降，有司奏見，殊悅帝心。其年有勅安置大興善寺，仍請譯出寶星經一部。四年六月，移住勝光。乃召義學沙門慧乘，慧朗，法常，曇藏，智首，慧明，道岳，僧辯，僧珍，智解，文順，法琳，靈佳，慧賾，慧淨等傳譯。沙門玄謨，僧伽及三藏同學崛多律師等同作證明，對翻此論。尚書左僕射邢國公房玄齡，太子詹事杜正倫，禮部尚書趙郡王李孝恭等，並是翊聖賢臣。佐時匡濟，盡忠貞而事主，外形骸以求法。自聖君肇慮，竟此弘宣，利深益厚。寔資開發監譯勅使右光禄大夫太府卿蘭陵蕭璟，信根篤始，慧力要終，寂慮尋眞，虛心慕道，賛揚影響，勸助無輟。其諸德僧，夙興匪懈，研覈幽旨，去華存實，目擊則欣其會理，函丈則究其是非，文雖定而覆詳，義乃明而重審。歲次壽星十月十七日，撿勘畢了。其爲論也，觀明中道而存中失觀，空顯第一，而得一乖空。然則司南之車，本示迷者，照膽之鏡，爲鑑邪人，無邪則鏡無所施，不迷則車不爲用，斯論破申，其由此矣。雖復斥內遮外，盡妄窮眞，而存乎妙存，破如可破。蕩蕩焉，恢恢焉，迎之靡測其源，順之罔知其末。信是瑩心神之砥礪，越溟嶮之舟輿，駭昏識之雷霆，照幽塗之日月者矣。此士先有中論四卷，本偈大同。賓頭盧伽爲其注解，晦其部執，學者昧焉。此論既興，可爲明鏡，庶悟玄君子，詳而味之也。

法琳《辯正論》卷四 佛滅度後七百年間，有出家菩薩。厥名龍樹，深達實相得無生忍，爲報佛恩開演《中論》。付法藏云，其人於像法中，然正法炬折邪見幢。《外國傳》云，智慧日已頹，斯人今再曜，世昏寢已久，斯人寤令覺中論凡五師注釋，分別明菩薩即一人也。此菩薩多聞總持智深志固，以本願力不捨群生，住修羅宮待見彌勒，屬以去聖時遠，衆論紛然。致令雪山採藥多收毒草，深水求珠競持瓦礫，誠恐一理不窮反增邪見，一言不盡翻起異端，乃纘述龍樹偈文，爲兹《般若燈論》。其爲論也，訶斥內外，賛揚眞俗，窮無生理究實相源，照無不寂寄名《般若》，執無不破喻曰明燈，蓋方廣之中心，諸佛之行處矣。嗟乎後之學者，便息百城之遊，永無五失之謬。論凡二十七品，爲十五卷。若內人立義皆標人名，無名者例稱自部。若外人立義亦標人名，無名者例稱外人。《縛解品》已前慧賾執筆，《觀業品》已後法琳執筆。於是起四年夏訖六年冬，勘定既周，繕寫云畢，所司詳讀乃奏聞，勅令所司各寫十部，散付諸寺任共流通。

著録

道宣《大唐内典録》卷五 《般若燈論》一部一十三卷。西天竺國沙門波羅頗蜜多，唐言先智，以貞觀初年，賫梵葉本至止京輦。奏聞乃勑左僕射房玄齡太府卿蕭璟給事杜倫監護翻譯，又選京邑大德沙門玄摸度語，沙門慧賾慧淨法琳綴文，沙門慧乘慧朗智首曇藏僧珍靈佳慧明法常僧辯等證義，于斯時也，大集梵文，將事廣傳陶津後代，而恨語由唐化弘匠不行，致使梵寶無由分布。故十載之譯三部獻功可悲深矣。

又卷九 《般若燈論》十五卷二百四十二紙唐貞觀三年，波頗蜜多於勝光寺譯。

智昇《開元釋教録》卷八 《般若燈論釋》十五卷龍樹菩薩本，分別明菩薩釋，見《内典録》。貞觀四年六月於勝光寺出，至六年十月十七日畢，沙門慧賾製序。

大乘中觀釋論

綜述

呂夷簡《景祐新修法寶録》卷六 此中總明謂即諸法不生不滅，不斷不常，不一不異，不來不去，何故？無生謂無生性及無滅等。此復云何？謂以諸法本不自生，不從佗生共生，無性不無因生。何以故？生法無性，生已復生亦復無性。若從佗生，又佗法不能生自眼等，故知自既不生，佗性亦爾。若言共生，共生亦無性，以二法共生有過失故。若法無因而自生者，即與阿含教理相違。若無因緣而能生果，此無道理。以要言之，如下頌云：非有亦非無，緣義和合爾。故知勝義諦中諸有物體總聚差別，皆悉無性。善巧智中有所生義，此無過失，斷常一異去來亦然。良以性本湛然名言觀智所不及，中無定位思惟分別以皆空。眞空既常假名，斯立標中觀而成論，示言迹以表詮得象總言泯虛歸，實大論淵旨，其在茲乎。然而託其中以遺邊，邊若離而中廢。中邊不立取捨。奚存無取，捨中熾然，開示覺照實義，設以中言，照覺對祛即無言境，所以世俗皆有勝義，皆空有，且非常空，且非斷，是知假因緣而稱有，有本性空，離性相以名空，空非相滅，滅空爲病，取有成纏，三空空而本不空，萬有有而何嘗有，有空雙照，性相俱融，生滅斷常，本際窮而無迹，去來一異眞智照，以無方大覺聖尊總斯濤淨論。初歸信祈萬德之覺尊，品次彰明，統一眞之要義，諸佛出世妙啓權方，欲使含生同歸性地。達佛心者體生佛之一致味。佛心者滯空有以差分，其或照悟本靈，開通實際，解不言之常說，知妙用以無爲，即有常空。去去去而無去，即空常有。來來來以無來，來去一如。染染染而奚狀，存亡萬化。生生生以無從，是故託以言詮，顯談中觀。龍樹大士製本論而啓端，安慧智雄造末釋而暢理。本末互顯，探賾精微，落落義天，廓太虛而煥若。滔滔智海，湛性水以凝然。大矣，斯文利生津濟。確乎，實融眞俗之指歸。窮其源，破中邊之滯執深。固幽遠，寔大乘之奧旨者歟。

著録

呂夷簡《景祐新修法寶録》卷六　天聖五年十二月起譯論一部一十八卷，至八年四月譯成全部。《大乘中觀釋論》一部一十八卷，安慧菩薩造，凡二十七品，大乘論藏收。上一部中大竺梵本所出。右三藏沙門惟淨法護譯，沙門文一筆受，沙門簡長綴文，沙門法凝、禪定、令操、善慈、惠眞、遇榮、鑒玉、志純、鑒深、清才、慧濤、潛政證義，樞密副使刑部侍郎夏竦潤文，入內內侍省內侍高品陳文一監譯。

大智度論

論說

僧叡《摩訶般若波羅蜜經釋論序》　夫萬有本於生生，而生生者無生，變化兆於物始，而始始者無始。然則無生無始，物之性也。生始不動於性，而萬有陳於外，悔吝生於內者，其唯邪思乎？正覺有以見邪思之自起，故阿含爲之作，知滯有之由惑，故般若爲之照。然而照本希夷，津涯浩汗，理超文表，趣絕思境。以言求之，則乖其深，以智測之，則失其旨。二乘所以顚沛于三藏，雜學所以曝鱗于龍門者，不其然乎！

是以馬鳴起於正法之餘，龍樹生於像法之末。正餘易弘，故直振其遺風瑩拂而已。像末多端，故乃寄迹凡夫，示悟物以漸。又假照龍宮，以朗搜玄之慧，托聞幽秘，以窮微言之妙。爾乃憲章智典，作茲釋論。其開夷路也，則令大乘之駕，方軌而直入，其辯實相也，則使妄見之惑，不遠而自復。其爲論也，初辭擬之，必標衆異以盡美，卒成之終，則舉無執以盡善。釋所不盡，則立論以明之，論其未辯，則寄折中以定之。使靈篇無難喻之章，千載悟作者之旨。信若人之功矣。

有鳩摩羅耆婆法師者，少播聰慧之聞，長集奇拔之譽，才舉則亢標萬里，言發則英辯榮枯。常杖茲論爲淵鏡，憑高致以明宗。以秦弘始三年歲次星紀，十二月二十日，自姑臧至長安。秦王虛襟，既已蘊在昔見之心，豈徒則悅而已。晤言相對，則淹留終日，研微造盡，則窮年忘倦。又以晤言之功雖深，而恨獨得之心不曠，造盡之要雖玄，而惜津梁之勢未普。遂以莫逆之懷，相與弘兼忘之慧，乃集京師義業沙門，命公卿賞契之士，五百餘人集於渭濱逍遙園堂。鑾輿佇駕於洪涘，禁禦息警於林間，躬覽玄章，考正名於梵本，諮通津要，坦夷路於來踐。經本既定，乃出此釋論。論之略本有十萬偈，偈有三十二字，並三百二十萬言。梵夏既乖，又有煩簡之異，三分除二，得此百卷，於大智三十萬言，玄章婉旨，朗然可見，歸途直達，無復惑趣之疑，以文求之，無間然矣。故天竺傳云：像正之末，微馬鳴、龍樹，道學之門，其淪胥溺喪矣。其故何耶？寔由二未契微，邪法用盛，虛言與實教並興，嶮徑與夷路爭轍。始進者化之而流離，向道者惑之而播越，非二匠其孰與正之？是以天竺諸國爲之立廟，宗之若佛。又稱而詠之曰：智慧日已頹，斯人令再曜；世昏寢已久，斯人悟令覺。若然者，真可謂功格十地，道侔補處者矣，傳而稱之，不亦宜乎！

幸哉！此中鄙之外，忽得全有此論。梵文委曲，皆如初品。法師以秦人好簡，故裁而略之。若備譯其文，將近千有餘卷。法師於秦語大格，唯識一往，方言殊好，猶隔而未通。苟言不相喻，則情無由比。不比之情，則不可以托悟懷於文表，不喻之言，亦何得委殊塗於一致。理固然矣。進欲停筆爭是，則交競終日，卒無所成。退欲簡而便之，則負傷於穿鑿之譏。以二三唯案譯而書，都不備飾，幸冀明悟之賢，略其文而挹其玄也。

著録

道宣《大唐内典録》卷六　《大智度論》一百卷二千四十三紙，後秦弘始年羅什於常安譯。

又卷九　《大智度論》一百卷二四十三紙，後秦弘始年羅什於常安西明寺閣上譯。

智昇《開元釋教録》卷四　《大智度論》一百卷或云《大智度經論》亦《雲摩訶般若釋論》或七十卷，或一百一十卷弘始四年夏於，逍遥園出，七年十二月二十七日記，見《二秦録》及《僧祐録》。

又卷一二　《大智度論》一百卷或一百一十，或七十卷，二帙。姚秦三藏鳩摩羅什譯，單本。龍樹菩薩造釋。《摩訶般若波羅密經》什法師云，若具足翻，應有千卷，秦人識弱，故略之十分存一。

圓照《貞元新定釋教目録》卷六　《大智度論》一百卷或云《大智度經論》，亦云摩訶般若釋《論》或七十卷，或一百一十卷，弘始四年夏於逍遥園出，七年十二月二十七日訖，叡製序，見《二秦》及《僧祐録》。

十二門論分部

十二門論

題解

僧叡《十二門論序》　十二門論者，蓋是實相之折中，道場之要軌也。十二門者，總衆枝之大數也。門者，開通無滯之稱也。論之者，欲以窮其源盡其理也。若一理之不盡，則衆異紛然，有或趣之乖，一源之不窮，則衆塗扶疏，有殊致之迹。殊致之不夷，乖趣之不泯，大士之憂也。是以龍樹菩薩開出者之由路，作十二門以正之。正之以十二，則有無兼暢，事無不盡。

論説

吉藏《十二門論疏》卷一　第一釋名門者。論名有三：一者十二，二者門，三者論。問，何故不多不小但明十二？答意乃無窮，略明五義。一者，此之十二無理不通，無累不寂，隨病設藥，一方事圓，故但明十二。二者雖復八萬法藏，略攝但有十二部經，今通釋十二部經，故論亦十二。問何以知然？答十二部經但爲顯於一理，此十二門亦但爲通理，以通理故則識一切教，是故當知釋十二部經明於十二。三者衆生迴流生死有十二因緣，此論亦觀十二因緣畢竟空寂，則十二緣河傾佛性河滿，故但明十二。四者十二是一數之極，如《淨名經》天女答身子云：吾止此室十有二年，求於女相竟不可得。龍樹亦爾。就十二門求生死戲論本來皆空，故但明十二。五者不應致問。若問，是事則一切難生，但應忘指取月，寧復求詮多小。

次釋門然自有。經爲論門，論爲經門。經爲論門者，即是經資於論。由稟佛經發生二智。然後造論，故經爲論門。論爲經門者，謂論申於經。以稟教生迷，邪言覆教，破除邪言，佛教申明，故論爲經門。問一切諸論悉是經門以不。答有所得大小諸論非但不能通經，翻爲翳障，故非經門。四依所作無所得論能通佛經，乃名爲門耳。問諸大乘論悉能通經，皆是經門，何故此論偏受門名。答諸大乘論悉明中道而中論受名。今亦然也，雖並通經而以能通受稱。但門具二義：一者開通無滯，二者遮閉衆非。故《法華經》云，唯有一門而復狹小。一門序其開通狹小明乎遮閉，以九十六術不能出苦，唯有一理可以超累，故云一門。又乘無有五，故稱爲一虛通無礙，所以稱門。在家起愛外道著見所不能入故稱狹也，斷常二見有所得菩薩。亦未得遊目之爲小。又不容人天機故狹，不受二乘機故小。又言語道斷故名爲狹，念想觀除稱之爲小。橫絶百非故名爲狹，豎超四句目之爲小。問今釋十二云何乃引《法華》？答斯論正解大乘，法華唯明一極，經論符會宜應引之。問爲用理爲門以教爲門。答具含二義。理爲門者凡有三義：一，至理虛通，當體稱門，二，理能通生觀智，則境爲智門，三，理能通教，則體爲用門。教稱爲門亦具三義：一者，無礙之教當體虛通，故名爲門，二，教能通理教，爲理門，三，因教發觀，則境爲智門。問悟理發觀云何從教生耶？答慧有三種，聞慧則藉教而生，思修因理而發。是故教理俱發觀。問十二稱門爲是理門爲是教門？答有人言，用理爲門，今謂不然。後文云，當以十二門入於空義。理無十二云何名十二門。又既稱。從十二門入於空義，云何從理更入理耶？又說能化之義從理出教，可以理爲教門。今正令所化悟入，云何用理爲門。今所釋者，以教爲門凡有二義：一者，教有十二，名十二門，二者，因教入理，故爲理門。問教具幾義能爲理門？答略明三義。一者，破除迷倒，謂遮閉衆非。二，能顯於正理，則開通無滯。三，發生觀解。此之三義由事言教，是故稱門。問今言觀因緣門，因緣爲是門爲非門。因緣若是門，觀有果無果等亦是門。若爾，云何破其有果無果？因緣若非門，云何論云初是因緣門？答此十二門可具四義。一者所破義，如有果無果等，此是門之遮閉義，二者所申義，謂假名因緣，三者通理義，謂因緣無自性即是寂滅，故以空因緣爲因緣空門。故論云，十二入於空義。四者由此空因緣顯於因緣空能通生二智，故因緣名門。問以空因緣爲因緣空門者，爲空因緣生二智，爲因緣空生二智。答由空因緣生實慧方便，悟因緣空生方便實慧，即是二諦發生二智。二智是三世佛之父母，二諦爲祖父母。是故此論明衆聖之根本也。問前云十二種言教爲門，今復言因緣爲門，爲因緣與言教爲異不異。答由言教識因緣，由因緣通實相，故離因緣無別教，離教無別因緣，亦不得即因緣是教，亦非教即是因緣，但得名因緣教教因緣耳。問今正以何爲門？答十二門論師但謂以教爲門，今檢論文具以因緣與教爲門，但要由因緣教方識教因緣然後悟入實相，是故二種合爲門。問此論辨門與淨名入不二法門有何異耶？答理無二轍，但約教不同略有三異。一者，此論正以教爲門，淨名以理爲門，一道清淨故稱不二，眞極可軌所以云，法至妙虛通，因之爲門。問何以知淨名用理爲門？答彼稱入不二法門，蓋是悟入理，故目理爲門。問既以理爲門何由悟理？答藉不二之教通不二之理，故教爲理門。問若爾，具以理教爲門，云何但言以理爲門？答義有傍正如前釋之，品題入不二法門，非是入不二之教，正是入不二之理，故理是正入，而非不由教復教爲理門。二者此論總以一極之教用教爲理門，則門無階級。彼淨名乃就淺深次第，凡有三階：一者，諸大士等寄言明不二之理，未辨不二之理無言，所謂淺也，二者，文殊明不二之理無言，而由言於無言以爲次也，三者，淨名鑒不二無言，而能無言於不二以爲極也。三者，經明因緣二即是不二，非破二明不二。論具二種：一者破有所得因緣，二者申假名正因緣義，故與經不同。所以然者，佛在世利根聞因緣即悟二無二，故不須破。末法鈍根學正因緣成邪因緣，要須破邪因緣。方得申正因緣，故經論爲異。問破邪因緣是門不？答由破邪因緣得申正因緣，故破邪因緣是門家之門也。

龍樹自有三論。初造《無畏論》，十萬偈，次從《無畏論》撰其要義，五百偈，名爲《中論》。十二門有二釋：一云同《中論》，從《無畏》出，二云就《中論》内擇其精玄爲十二門。所以有此三部者，一者示說法有其三門：一廣說，二略說，三不廣不略處中說。二者衆生根性有上中下，是故說法有廣略中。三者廣略從情豐約，異悟不必廣配，上根略據下品。

又一切論有四。一者前深後淺，即《中論》。初明大乘爲深，後辨小教爲淺。此明十方三世諸佛出世意有傍正，正爲大乘故興，傍爲小緣故出，《中論》申此意也。二者前淺後深，即《百論》。前明捨罪，後明捨福。前明生空後明法空。此示三世佛出世令物修行，自淺至深，百論申此意也。三者始終俱深，即十二門。此示三世佛爲諸菩薩顯説甚深之法。十二門申此意也。四初後俱淺。如小乘之論也。

問云何言十二門入空耶？答明我今以十二事顯明於空令物悟入。初是因緣門。論有三分。初分竟前，今是第二。正明十二門入於空義，以爲論體。問《中》、《百》二論並皆開之，此《十二門》爲開不開。答一師相承多不開之。凡有二義，一者此《十二門》因備婉轉始終相成故不須開，二者一一門皆無法不窮無言不盡，故諸門後皆云，有爲空故無爲亦空，有爲無爲尚空，何況我耶。此即門門皆説諸法空故，故不須開。今亦得云開者，凡有二義。一者此論既秤但解釋空，宜就三空分之。初三門明於空門，次四門明於無相門，後五門明無作門，論文實有此意。二者此論既明諸法實相，爲令衆生悟無生忍，宜就無生分之，可爲六雙。初十一門破異法生不得，最後一門求即法生無從。即法異法生不可得，則一切無生令衆生悟無生忍，此一雙也。就異法中又二，初十門明前因後果及因果一時生義無從，第十一門明前果後因亦不可得，三時無生則生義盡矣，此第二雙也。初又二，九門明法無生，第十門明人無生。人法無生，謂第三雙也。初又二，初八門求一切法相不可得，次一門撿諸法性義無從，即內性外相一切空，爲第四雙也。初又二，前三門求所相法無從，次四門撿能相不可得，則能相所相俱空，第五雙也。前又二，初門總求因緣生不可得，次兩門別求因緣生。不可得，謂總別一雙。此皆一途大格，其不盡者至門門初當。委述之，一一門爲三，初長行發起，二偈本正明門體，三總結。此三即是標釋結也，長行發起如前釋之。

吉藏《三論玄義》卷一　次明《十二門論》宗者。此論亦破內迷申明二諦，亦以二諦爲宗，但今欲示三論不同，宜以境智爲宗。所言境智者，論云，大分深義所謂空也。若通達是義即通達大乘，具足六波羅蜜無所障礙。大分深義謂實相之境，由實相境發生般若，由般若故萬行得成，即是境智之義，故用境智爲宗也。

著錄

僧佑《出三藏記集》卷二　《十二門論》一卷。晉安帝時，天竺沙門鳩摩羅什以僞秦姚興弘始三年至長安，於大寺及逍遙園譯出。

智昇《開元釋教錄》卷四　《十二門論》一卷。

百論分部

百論

題解

僧肇《百論序》　《百論》者，蓋是通聖心之津塗，開眞諦之要論也。佛泥日後八百餘年，有出家大士厥名提婆，玄心獨悟，儁氣高朗，道映當時，神超世表，故能闢三藏之重關，坦十二之幽路，擅步迦夷，爲法城塹。于時外道紛然，異端竟起，邪辯逼眞，殆亂正道。乃仰慨聖教之陵遲，俯悼群迷之縱惑，將遠拯沉淪，故作斯論。所以防正閑邪，大明於宗極者矣。是以正化以之而隆，邪道以之而替，非夫領括衆妙，孰能若斯論有百偈，故以百爲名。

論説

吉藏《三論玄義》卷一　問《百論》復云何？答《百論》通破障大小之邪，通申如來大小兩正，故是大小通論，但始終爲明大乘故，屬大乘通論耳。

次明《百論》宗者，《百論》破邪申明二諦，具如《空品》末說，亦應以二諦爲宗，但今欲與《中論》互相開避，《中論》以二諦爲宗，《百論》用二智爲宗，即欲明諦智互相成也。問《百論》何故用二智爲宗耶，答提婆與外道對面擊揚，鬪一時權巧智慧，但提婆權智，巧能破邪，巧能顯正，而實無所破，亦無所顯，故名實智。一論始終明此二智，故以二智爲宗。《中論》不與內諍一時權巧，但共同學二諦之人諍二諦得失，故以二諦爲宗。則《中論》用所申爲宗，《百論》用能申爲宗，欲明佛與菩薩能所共相成也。

《百論》申大小兩教，與《中論》何異？答《百論》總申大小，然《中論》別申二教，又《百論》從淺至深，《中論》從深至淺。問何故爾耶？答《百論》爲迴邪入正，始行之人故，始自三歸終入方等，故從淺至深。《中論》示諸佛本末之義，大乘爲本小乘爲末，故從深至淺也。

綜述

僧叡《百論序》 理致□玄，統羣籍之要，文旨婉約，窮制作之美。然至趣幽簡，尠得其門，有婆藪開士者明慧內融，妙思奇拔，遠契玄蹤，爲之訓釋，使沉隱之義彰於徽翰，風味宣流被於來業，文藻煥然，宗塗易曉。其爲論也，言而無黨，破而無執，儻然靡據，而事，不失眞蕭焉。無寄而理自玄會，返本之道著乎兹矣。有天竺沙門鳩摩羅什器量淵弘，儁神超邈鑽仰累年，轉不可測常味，詠斯論以爲心要。先雖親譯，而方言未融，至今思尋者，躊躇於謬文，摽位者乖迕於歸致。大秦司隸校尉安成侯姚嵩，風韻清舒，冲心簡勝，博涉內外，理思兼通。少好大道，長而彌篤，雖復形羈時務，而法言不輟，每撫兹文，所慨良多。以弘始六年歲次壽星，集理味沙門與什，孝挍正本，陶練覆疏，務存論旨，使質而不野，簡而必詣，宗致盡爾，無閒然矣。論凡二十品，品各五偈，後十品其人以爲無益，此土故，闕而不傳，㝨明識君子詳而攬焉。

吉藏《百論序疏》 但《百論》有二序，一叡師所制，二肇公所作。興皇和上每講常讀肇師序，正爲其人言巧意玄，妙符論旨，親覩時事，所以稟承。又叡師序是弘始四年前翻，什師初至，方言未融，爲此作序，猶未中詣。肇師序即是此文，六年重翻，文義既正，作序亦好，所以恒讀肇公序也。

古疏傳云：注《百論》，眾人非一，合集論之有十餘家也，有二人注最行於世，一波數，二僧佉那次天親也，有婆藪下第二正出注人，外國亦名和順。

紀事

鳩摩羅什譯《提婆菩薩傳》卷一 有一邪道弟子凶頑無智，恥其師屈，形雖隨衆，心結怨忿，嚼刀自誓，汝以口勝伏我，我當以刀勝伏汝，汝以空刀困我，我以實刀困汝。作是誓已，挾一利刀伺求其便。諸方論士英傑都盡，提婆於是出就閑林，造《百論》二十品，又造《四百論》以破邪見。其諸弟子各各散諸樹下坐禪思惟，提婆從禪覺經行。婆羅門弟子來到其邊，執刀窮之曰，汝以口破我師，何如我以刀破汝腹。

著錄

僧祐《出三藏記集》卷二 《百論》二卷弘始六年譯出。晉安帝時天竺沙門鳩摩羅什以僞秦姚興弘始三年至長安，於大寺及逍遙園譯出。

中觀綱要分部

壹輸盧迦論

綜述

王古《大藏聖教法寶標目》卷六 《壹輸盧迦論》右龍樹造。說一切法自體性空，故無有常。一切佛緣覺聲聞於空法中而得出離，非於諸行斷常法中而得解脫。

著　録

費長房《歷代三寶紀》**卷九**　《伊迦輸盧迦論》一卷。【略】梁武帝世，東魏南天竺國波羅㮈城婆羅門瞿曇般若流支，魏言智希，從元象初至興和末，在鄴都譯。時菩提流支雖復前後亦同出經，而衆録目相傳抄寫，去上菩提及般若字唯云流支譯，不知是何流支。迄今群録交涉相參，謬涉相入難得詳定，後賢博採幸願討之。

智昇《開元釋教録》**卷一二**　《壹輸盧迦論》一卷龍樹菩薩造，元魏婆羅門瞿曇般若流支譯。

大乘破有論

綜　述

楊億《大中祥符法寶録》**卷一三**　大乘論藏收。此中所明，一切法性從無性生，亦非無性，體即是常。非住世間，非出世間，非因非果，猶如空華。若能於此如實了知，方名智者入第一義諦。

著　録

楊億《大中祥符法寶録》**卷一三**　《大乘破有論》一部一卷。龍樹菩薩造，中天竺梵本所出。右經論，三藏沙門施護譯，沙門惟淨證梵文，沙門清沼，致宗筆受，沙門仁徹、啓沖綴文，沙門繼隆、希晝、道一、紹溥、修靜、瓊玉、重珣、文秘證義，給事中梁周翰潤文，殿頭高品鄭守鈞監譯。

六十頌如理論

綜　述

楊億《大中祥符法寶録》**卷一四**　大乘論藏收，此中所明，二取執心皆由著我，以著我故，滯於生死，當知法性本來清淨，性本無性，同歸涅槃，眞空妙理，猶如幻化，令出斷常，俱止中道。斯乃聖教之要樞，上乘之妙鍵也。

著　録

楊億《大中祥符法寶録》**卷一四**　《六十頌如理論》一部一卷。龍樹菩薩造【略】中天竺梵本所出。右經論，三藏沙門施護譯，沙門惟淨證梵義，法護證梵文，沙門清沼致宗筆受，沙門啓沖、希晝綴文，沙門仁徹、繼隆、道一、紹溥、修靜、重珣、瓊玉、文祕證義，右諫議大夫參知政事趙安仁潤文，內供奉官張廷訓監譯。

大乘二十頌論

綜　述

楊億《大中祥符法寶録》**卷一四**　大乘論藏收此中所明，第一義諦無生隨轉，而無自性，佛與衆生本來一相，如虛空故，煩惱菩提皆悉平等，無有二性，非有非空，如幻如夢，非住世間，非住涅槃。此論性相交徹，理趣淵深，蓋妙法藏中之鈐鍵也。

著録

楊億《大中祥符法寶録》卷一四 《大乘二十頌論》一部一卷。龍樹菩薩造，中天竺梵本所出，右經論三藏沙門施護譯，沙門惟淨證梵義，法護證梵文，沙門清沼筆受，沙門啓沖、希晝綴文，沙門仁徹、繼隆、道一紹浦、修靜、重珣瓊玉、文祕證義，右諫議大夫參知政事趙安仁潤文，入內內侍高班羅自賓監譯。

大丈夫論

綜述

智旭《閱藏知津》卷三八 《大丈夫論》二卷，南都北靜提婆羅菩薩造，北涼沙門釋道泰譯。共有二十九品，廣說悲心行施相貌功德。

著録

法經《衆經目録》卷五 《大丈夫論》二卷提婆菩薩撰。北涼世沙門道泰譯。

智昇《開元釋教録》卷四 《大丈夫論》二卷提波羅菩薩造，見《翻經圖》。沙門釋道泰，才敏自天，冲氣疎朗，博聞奇趣，遠參異言。往以漢土方等既備，幽宗粗暢，其所未練唯二藏九部，故杖策冒險爰至忩西。綜覽梵文，義承高旨，并獲婆沙梵本十萬餘偈及諸經論東歸，於涼。遂遇浮陁跋摩，共翻《毗婆沙論》，泰後自譯《大丈夫論》等二部。

大乘掌珍論

綜述

智旭《閱藏知津》卷三八 《大乘掌珍論》二卷，南都北性清辯菩薩造，唐大慈恩寺沙門釋玄奘譯。廣釋眞性有爲空四句義，破諸異執，顯眞勝義。

著録

道宣《大唐内典録》卷五 《掌珎論》一部兩卷京師大慈恩寺沙門釋玄奘奉詔譯。

智昇《開元釋教録》卷八 《大乘掌珎論》二卷。

瑜伽論部

瑜伽行派論分部

瑜伽師地論

題解

最勝子《瑜伽師地論釋》 今說《瑜伽師地論》者，名義云何？謂一切乘境行果等所有諸法，皆名瑜伽。一切並有方便善巧相應義故，境瑜伽者，謂一切境無顛倒性，不相違性，能隨順性，趣究竟性，與正理教，行果相應故，名瑜伽。此境瑜伽雖通一切，然諸經論，就相隨機，種種異說。或說諸法四種道理名爲瑜伽，觀待作用，法爾證成，惣攝一切正道理故。或說二十四不相應行中一名瑜伽，因果相稱，無乖違故。此二並如決擇分等處處廣說。或說雜染清淨無性名爲瑜伽，除違契順最爲勝故。如《大梵問契經》等說，諸瑜伽師觀無少法可令其生及可令滅，亦無少法欲令證得及欲現觀。謂於一切雜染無性瑜伽中行，觀無少法可令其生及可令滅，及於一切清淨無性瑜伽中行，觀無少法欲令證得及欲現觀。或說究竟清淨眞如名爲瑜伽，理中最極一切功德共相應故，如《入楞伽契經》中說，若觀眞義，除去分別，遠離瑕穢，無有能取，亦無所取，無解無縛，爾時在定當見瑜伽，不應疑慮。《大義經》中說，從一法增至百法，皆名瑜伽。法門雖別，義無違故。《廣義經》中說，蘊、界、處、縁起、諦等皆名瑜伽，攝一切境，順機宜故。於如是等諸經論中說一切境皆名瑜伽，惣具四性，順四法故，行瑜伽者，謂一切行更相順故，稱正理故，順正教故，趣正果故，說名瑜伽。此行瑜伽雖通諸行，然諸經論就相隨機，種種異說，如辯《瑜伽師地經》中，正修諸行說名瑜伽，惣攝一切相應行故。《月燈經》中修三十七菩提分法，說名瑜伽，此於一切順果行中最爲勝故。於《大分別六處經》中辨奢摩他、毗鉢舍那平等運道，說名瑜伽，如是正觀衆行主故。《海慧經》中修三摩地說名瑜伽，住心發行此最強故，《顯揚論》等信、欲、方便、精進四法，說名瑜伽，作意或智說名方便，此四通生一切行故。聞所成地別辨九道說名瑜伽。會理除惑，位別勝故，謂世、出世、加行、無間解脫、勝進、軟中上道修所成地，惣辨修習，諸對治道說，名瑜伽。爲樂略者惣說修故，有處說縁諸地所攝，無顛倒智，名爲瑜伽，縁諸地法無顛倒智行中勝故，有處復說方便善巧或唯方便名爲瑜伽，作意與智發行勝故。或就最初發悟勝故。《功德實性契經》中說諸縁起觀名爲瑜伽，縁起觀智於出生死最爲要故，《正行經》中說正見等八支聖道名爲瑜伽，趣涅槃城此爲勝故，《毗柰耶經》說修戒等名曰瑜伽，戒定慧學因中勝故；《大義經》中說修一切世、出世行分位差別皆名瑜伽，正行階位相符順故，如是皆說共聲聞行名爲瑜伽，通證三乘行中勝故。《慧到彼岸契經》中說觀空作意名爲瑜伽，發起大行此最勝故。如彼經言，菩薩所有大瑜伽者謂空作意，菩薩由此空作意故，不墮聲聞及獨覺地，乃至能淨諸佛土等。即彼經中復說般若波羅蜜多名勝瑜伽，導大乘行此殊勝故。如彼經言，菩薩所有諸瑜伽中慧度瑜伽最上、最勝，廣說乃至是無等等。何以故？如是般若波羅蜜多是爲無上瑜伽法故。餘處說此慧度所攝無分別定名爲瑜伽，能發一切勝功德故。餘處復說，菩薩所有殊勝慧悲平等雙轉名爲瑜伽，能證無住大涅槃故。如是等說諸不共行名爲瑜伽，能證無上佛菩提故。於如是等諸經論中說一切行皆名瑜伽，具上所說四種義故。果瑜伽者，謂一切果更相順故，合正理故，順正教故，稱正因故，說名瑜伽。此果瑜伽雖通諸果，然諸經論就相隨機，種種異說。《分別義經》說，力無畏不共佛法名曰瑜伽，能伏諸魔、制諸異論，勝餘乘故。《殊勝經》中說佛所證無住涅槃名爲瑜伽，盡未來際無所住故。《大義經》中說如來地無分別智及以大悲名爲瑜伽，自利利他，常無盡故，《辨說瑜伽師地經》中佛地功德皆名瑜伽，窮於法界無斷盡故。《分別三乘功德經》中三乘果德名爲瑜伽，皆與正理等相應故《讚佛論》說三身三德皆是瑜伽，一切果德不相離故。《集義論》說果位所攝有爲無爲諸功德聚皆是瑜伽。等至究竟和合位故。於如是等諸經論中一切果德皆名瑜伽，具上義故。如是聖教亦名瑜伽，稱正理故，順正行故，引正果故。有義正取，三乘觀行說名瑜伽，數數進修，合理順行，得勝果故。境果聖教，瑜伽境故，瑜伽果故，詮瑜伽故亦名瑜伽。如是此論瑜伽兩字尚遍攝動，聖言大海，何況具說《瑜伽師地》？恐難受持故，且略說三乘行者，由聞思等次第習行，如是瑜伽隨分滿足，展轉調化諸有情故名瑜伽師。或諸如來證瑜伽滿，隨其所應，持此瑜伽，調化一切聖弟子等，令其次第修正行故，名瑜伽師。地謂境界所依所行，或所攝義，是瑜伽師所行境界，故名爲地。如龍馬地，唯此中行，不出外故。或瑜伽師依此處所增長白法故名爲地，如稼穡地，或瑜伽師地所攝智依此現行，依此增長故名爲地，如珎寶地。或瑜伽師行在此中受用白法故名爲地，如牛王地。或諸如來名瑜伽師，平等智等行在一切無戲論界，無住涅槃，瑜伽中故，是彼所攝故名爲地。或十七地攝，屬一切瑜伽師故，如國王地。是故說名瑜伽師地。問荅決擇諸法性相故名爲論。欲令證得瑜伽師地而說此論故以爲名，如《對法論》。或復此論無倒辨，說瑜伽師地故以爲稱，如《十地經》。或復此論依止此地故以爲號，如水陸花，由是論名《瑜伽師地》。

論説

窺基《瑜伽師地論略纂》卷一 此論，文義繁廣，不可解盡理源。其問難文義違宗緒，分段皆備解釋，餘皆略之。論初十七地已前自有釋論一卷，故即略而不廣，妨難及不盡之處。【略】具攝一切文義略盡，後之四分皆爲解釋十七地中諸要文義，故亦不難《瑜伽師地》。由是此論用十七地以爲宗要，宗是所主所尊所崇所重義故。【略】雖復通明諸乘境等，然說論者問答決擇諸法性相，意爲菩薩令於一切皆得善巧，修成佛果，利益無盡。是故此論屬菩薩藏阿毘達磨，欲令菩薩得勝智故。由是此論雖明菩薩、聲聞二藏，唯菩薩藏攝，雖亦具詮戒定慧等。然於三藏唯阿毘達磨藏攝，準此六藏說攝可知。【略】

論中總有五分，初五十卷名《本地分》，略廣分別三乘根本十七地義。次三十卷名《攝決擇分》，略攝十七地中深隱要義而決擇之。次二卷名《攝釋分》，略攝解釋十七地中諸經儀則。次二卷名《攝異門分》，略攝十七地經中，諸法名義，略攝釋之。後十六卷名《攝事分》，略攝十七地三藏中衆要事義略攝釋之。此五分名如自解釋。初明三乘本境行果十七之義類，名《本地分》。此分之中有十七地，五識身相應居首，故名第一。釋此別名至下當悉。

釋論文者，此論唯有正宗，無初後分，本地分中大文分二，初問答標列十七地名，後隨別釋十七地義。然以標列文少，寄五識地初明之，不以在此地標，便屬五識身地。初文有五，一問，二答，三徵，四顯，五結。顯中有二，謂頌長行，若依釋論分爲四文，初總問答，二更徵舉，三列名，四總結。問起三因，但答十七。釋第三徵，何等十七，及解頌文，釋十七地別名，皆如論釋。

嗢拕南者，此云集施。拕南，施也，嗢是集義，以少略言集合多法，施諸學者令易受持，故名集施。三摩地俱非者，釋雖解之，然猶未盡，意顯等引地等，體通五蘊。單言三摩地，不言俱者，唯一定數，不能顯得體通五蘊，故說俱言。顯與等引地寬狹同故，但以橫通五蘊體同，不以竪通三界義同。何故不言三摩呬多非，而言三摩地俱非，如下釋妨中解，彼所立者，所建立義，即所立成也，如是具者。釋有二義，一近指前行，謂由如是聞等地行故，得具三乘及二滅果。二遠總指，謂由如是上來所說境行諸地故，得成三乘及二滅果，故如是言通有無餘。然此總以四門分別，一名，二體，三境行果。瑜伽配十七地，四釋妨難，列名如論，解名出體並如釋文。

釋解五識，從根立名。有三義，一不共，二親，三同時。《對法唯識》云，隨根立名，具五義故。身有三義，形礙依身，依體聚義。決擇分言，五識所依有形礙故，由此名身。若爾眼等何不名身，獨身名身。前四依身，身爲所依，故獨名身。若爾心亦依身而轉，何不名身。有色界中心依身轉，無色不爾，眼等必依身根方有，故可名身。又依體聚義故並名身。如六思身六識身等，前二不共，此乃通名。相應有三義，一依義，二時等，依等，處等，事等，三攝屬義。

意地三義，一六根中意，二六識中意，三第七意攝，如次配之。然六識亦得名身，此第二釋。猶如心受，唯名爲意不與身名者。自體依聚識可名身，所依非色故名心受。初後二解，略故不說，身相應言，由此不說心識二地。

有尋等地有三義，有評家，第二師云，中間靜慮尋已離欲者，如欲界入不淨觀，暫析伏貪非六行離，釋論稍難，至第四卷，釋地名中，當廣顯之。第三師釋，初師所引文中，唯說上界三無心，不說下地無心悶眠者，略解麁相，義彰可知，彼卷未自解，五重無心中當具顯。

等引有三義，一等能引，二引於等，三等所引。若依正義，前二唯有心，後一通無心，等引非等引。總攝一切有心無心定位所有功德，故頌言俱。俱言即顯相應義故，相應三義如前已說。地體亦有三義，有評家，有無心地有五義，有實義釋名如釋，如是即顯五識身地。隨其所應，有無漏位通，以有漏無漏五蘊爲性，以俱有依通七八故。此論文略不取無爲，望其五識，無攝屬故，勢疎遠故，意地通以一切有爲無爲諸法爲體。第六意識能遍緣故，有尋等三地，皆唯以有爲通有無漏，隨其上下三地，所有諸法爲體，論依上下地，出三地體，不說無爲三地故。或隨所應，彼地所證亦通無爲，三摩呬多地，通以上二界地有心無心，有漏及無漏五蘊功德，以爲體性。論云，三摩地俱，俱即相應攝屬之義。釋論又云，如是二地，總攝一切有心無心定位所有功德。非三摩呬多地，不唯在欲。亦通上二界，唯有漏有爲五蘊爲性。釋論雖言翻前易了，觀彼地本論文，有漏七作意，皆是此地。論云，或不清淨故，名不定地。唯得世間定，未永害隨眠諸心心所故。以上界及欲界，一切有漏法，以爲自性，有心無心二地。論有五翻釋，就實義中，無心地唯無爲無餘涅槃爲體，有心地通以有爲無爲諸法爲體。不說有餘涅槃，爲無心地體故。此依二乘，若在佛位，其無心地，亦通二滅，亦通有爲，菩提猶在，無有漏心名無心故，餘之四門準文釋義。

聞思二地，若說二乘，隨其所應，以有漏無漏五蘊爲體。釋論解云，如是三地，用三慧品心心所等，及所得果，以爲自性。無爲非是二乘二慧親所得果，故非地體。無漏由彼二慧熏種，故爲地性。若依菩薩，二所成地亦通無爲。《十地經》說，八地已上一切菩薩所聞諸法，能堪，能思，能持。天親解云，此則三慧如次配之，嫣於無漏相續修慧，即成聞思，聞思此念內成無爲故爲地體，修慧理通，故不待說取所成果爲地體故。泰師云，八地已去，體唯取修慧，義說聞思，聞思唯有漏。又即修慧外聞名聞，內思名思，修證名修，與聞思相似，借彼名故說爲聞思，聞思唯有漏。景師云，八地已上有有漏心，故成聞思，不爾云何淨土聽法，不起無記不善二心，於曾得法不起加行，於未曾得，聞思爲先亦有加行，無加行者，謂所曾得。靈雋師傳西方云，合有兩解，一同前義，二同後義。今取八地已上，無漏相續，菩薩利根，一修慧中能起三用，即名二慧，理亦無失。如下地中喜樂二受，雖各別體，初二禪中，即便同體，四地已前，眞俗二智體雖各別，五地已後即許同體，故二乘等二慧別體。八地已上其體乃同，餘說聞思唯有漏者，據二乘說，聲聞獨覺菩薩三地，隨其所應，各取自種子現行。有漏無漏，有爲無爲，隨順自乘善法爲體。不定種姓，所修成法爲後乘因，亦無過失。釋解聲聞名中，唯有自乘，無波羅蜜聲聞名。《法華經》中，以佛道聲，令一切聞，即爲二矣。

有餘依地，二乘無學所有，有漏無漏諸法爲性，無餘依地，二乘唯以眞如爲性，餘依無故。佛身有餘，前後兩解，無餘三解。今取正義，佛身有爲功德，有餘依攝，無爲功德，無餘依攝，如論具陳。此中所述十七地體，論及釋文有者，依論釋解之，文若不合，依理及唯識等文準取，亦無咎矣。

第三境行果，瑜伽配十七地，前九地是三乘境，次六地是三乘行，後二地是三乘果。觀境起行，方證果故。境九爲四，初二地是境體，一切皆以識爲體故，不離識起故，識最勝故。次三地是境相，下上麁細境相異故。次二地是用，定散二時作用別故。後二地是位，有心無心兩位別故，或九爲三，前五如前。後之四地合名爲用，作用位次二二別故，前體依相方始得起，位次別故，又即前體類別爲二，易知難知爲前後。麁細成三，三品爲前後。定散爲兩，勝劣爲前後。有無心二，顯隱爲前後。故總成境次第如是。行六地中，初三通行三乘，皆修三慧行故，初中後起以爲前後，後三別行，機隨修法成自乘故。劣勝小大方便根本，以爲前後，果二地中。若依二乘，因亡果喪，果立二門，以爲前後。若至佛身，菩提涅槃分成兩異，以爲前後。

第四釋妨難者，五識云身相應，意識不說身相應，並不言心地識地，並如釋論出體中解。第一問，何故五合立地，與意離立，亦如釋解。然釋論云，五識同無分別，意地翻此，豈第八識亦分別體，由此更爲下翻釋。

第二問，何故但言有尋無尋地，不言有定無定地，而言三摩呬多及非耶。答三摩呬多此云等引，體通有心無心，不須言有，其尋等唯是一分不定心所，不通無心，彼以有言表通五蘊故。

釋論中，等持對等引爲四句，爲第三俱，言或等持俱，亦等引地，謂諸靜慮，及諸無色有心定位心心所等。除三摩地，三摩地體，唯一別境定數故也。但以尋伺推度不推度麁細位別，體非三學，無勝利益，故以有言顯其分位。定體是學，有勝利益，但言定非地，即顯差別，不須說有以同尋伺，心體亦無殊勝利益，非學法故，亦以有言辨其差別，說爲有心及無心地。第三問，何故頌中不言三摩呬多非，而言三摩地俱非，有何意也。答意顯等持等引異故，但是等引皆通五蘊功德，恐謂等持亦通五蘊，故言三摩地俱。顯有俱言方通五蘊，等持唯是一定數，故與等引不同，故列其名頌，與長行別也。其理雖爾，設言等持俱，亦與等引長短不同。等引乃是上二界五蘊，等持俱言，體通三界諸五蘊故，由此但應如前義釋。第四問，何故心所乃有衆多，唯以尋伺及定有無，以明分位作用等別，不以慧非慧癡無癡等分位作用，辨差別耶。答理例應然，但以略標增勝位別故無說餘，謂有尋等上下地位麁細別故，等引非等引，上下定散界差別故。此二增強故略偏立。由斯釋論云，此中存略且說十七，非依餘法不得立地，以瑜伽師，用一切法爲依緣故。第五問，何故不言善心不善心地，但言有心無心耶。答總勝故，別劣故。第六問，三乘所行有亦福行，何故但說三慧爲地。答以慧爲首攝一切故，由此論名彼所成地，出世行中慧偏勝故。第七問，何故五乘不說人天，但說三乘。答說極勝乘，不說劣故，說有姓乘非無姓故。第八問，何故有四涅槃及與菩提，唯說二依。答通三乘故，但說二滅，無住唯是大乘果故，自性本成故，又即攝盡故，但言二依不言二涅槃，即攝菩提總言二依，不說二滅即攝四盡，其自性清淨涅槃，本舊自有，非今始得，不說爲果，釋初標文已。

法成《**瑜伽師地論分門記**》 最勝子菩薩將釋此論，先立三門之義，方釋論正文。言三門義者，一歸敬等門，有六行頌分爲五門，一歸敬三尊，謂初一頌。二歎說門，謂次一行頌。三讚造論門，謂次兩行頌。四讚論功門，謂次一行頌。五造論意門，謂次一行頌。第一所爲門分十，一久住並益門，二隱不隱門，三破無見有見門，四成就大小門，大離倒生信門，六利略廣門，七立正破邪門，八破增損門，九不相違有差別門，十位果差別門。第三所因門分三，一明教初興由，二明二宗起由分二。一明勝義皆空宗興由，二明唯識中觀興由分二。一明造論因，二歎論功。三明教所被分二，一大，二小。

曇曠《**大乘百法明門論開宗義記**》**卷一** 最勝子《瑜伽釋》云，令說此論所緣云何？謂諸有情無始時來，於一切法處中實相，無知疑惑，顛倒僻執，起諸煩惱，發有漏業，輪迴五趣，受三大苦，如來出世，方便爲說種種妙法，處中實相，令諸有情知一切法。如是如是空故非有，如是如是有故非空，了達諸法非空非有，遠離疑惑、顛倒、僻執，起處中行，永斷諸障，得三菩提，證寂滅樂。

綜　述

最勝子《**瑜伽師地論釋**》 今說此論，所爲云何？謂有二緣，故說此論。一爲如來無上法教久住世故，二爲平等利益安樂諸有情故。復有二緣故說此論，一爲如來甘露聖教已隱沒者，憶念採集，重開顯故，未隱沒者問答決擇，倍興盛故。二爲一切有情界中有種姓者，各依自乘修出世善，得三乘果，出生死故。無種姓者依人天乘修世間善，得人天果，脫惡趣故。復有二緣故說此論，一者或有於多說空，不了義經，如言計著，撥無一切，憎背有教，爲令隨悟諸法有相，解經密意，捨無見故。二者復有於多說有不了義經，如言計著，執有一切，猒怖空教，爲令隨悟，諸法無相，解經密意，捨有見故。復有二緣故說此論，一爲成就菩薩種姓補特伽羅，唯依大教遍於諸乘文義行果，生巧便智，斷一切障，修一切善，證佛菩提，窮未來際，自他利樂，無休廢故。二爲成就二乘種姓及無種姓補特伽羅，亦依大教各於自乘文義行果，生巧便智，斷煩惱障，伏諸蓋纏，修自分善，得自乘果，出離三界諸惡趣故。復有二緣故說此論，一者或有宿習無知，猶豫顛倒，執著外道，小乘邪教故，於大乘不能信解，爲善分別大乘法相，令其信解，了達決定，離顛倒故。二者復有聞諸契經種種意趣，甚深難解，其心迷亂，誹毀不信爲善開示，令生信解，饒益彼故。復有二緣故說此論，一爲攝益樂，略言論，勤修行者，採集衆經廣要法義，略分別故。二爲攝蒸樂，廣言論，勤說法者，於一一法開木無邊差別義故。復有二緣故說此論。一爲開顯諸法實相，問荅決擇，立正論教。二爲滅除一切妄執，問荅決擇，破邪論故。復有二緣故說此論，一爲顯了遍計所執，情有理無，依他起性，圓成實性。理有情無，令捨增益損減執故。二爲顯了世間道理，證得勝義法門差別，令修二諦無倒解故。復有二緣故說此論，一爲開闡隨轉、眞實二種理門，令知二藏，三藏法教不相違故。二爲開闡因緣、唯識、無相、眞如四種理門，令修觀行有差別故。復有二緣故說此論，一爲示現境界差別，令知諸法自性相狀位差別故。二爲示現修行差別，令知三乘方便根本果差別故。如是等類所爲諸緣處處經論種種異說，當知皆是此論所爲。

今說此論所因云何？謂諸有情無始時來，於一切法處中實相，無知疑惑，顚倒僻執，起諸煩惱，發有漏業，輪迴五趣，受三大苦。如來出世，隨其所宜方便，爲說種種妙法，處中實相，令諸有情知一切法，如是如是空故非有，如是如是有故非空。了達諸法非空非有，遠離疑惑、顚倒僻執。隨其種姓起處中行，漸次修滿，隨其所應，永滅諸障，得三菩提，證寂滅樂。佛涅槃後，魔事紛起，部執競興，多著有見。龍猛菩薩證極喜地，採集大乘無相空教，造《中論》等，究暢眞要，除彼有見。聖提婆等諸大論師，造《百論》等，弘闡大義。由是衆生復著空見。無著菩薩位登初地，證法光定，得大神通，事大慈尊，請說此論，理無不窮，事無不盡，文無不釋，義無不詮，疑無不遺，執無不破，行無不修，果無不證。正爲菩薩，令於諸乘境行果等皆得善巧，勤修大行，證大菩提，廣爲有情常無倒說，兼爲餘乘，令依自法修自分行，得自果證。如是略說此論所因。

智旭《閱藏知津》卷三七　《瑜伽師地論》百卷，許敬宗序，彌勒菩薩說，唐大慈恩寺沙門釋玄奘譯。《本地分》第一。一者五識身相應地，二者意地，三者有尋有伺地，四者無尋惟伺地，五者無尋無伺地，六者三摩呬多地，七者非三摩呬多地，八者有心地，九者無心地，十者聞所成地，十一者思所成地，十二者修所成地，十三者聲聞地，十四者獨覺地，十五者菩薩地，十六者有餘依地，十七者無餘依地。如是略說十七，名爲《瑜伽師地》。

五識身相應地第一，謂五識身自性、所依、所緣、助伴作業。自性謂了別五塵，所依謂五淨色根及前滅意種子阿賴耶識。所緣謂五塵境，助伴謂相應心，所作業謂了別自境自相現在一刹那。又隨意識轉，隨善染轉，隨發業轉，又復能取愛非愛果。復次要眼不壞，色現在前，能生作意。正復現起，所生眼識，方乃得生，餘四亦爾。應觀所依，如所乘，所緣如所爲事，助伴如同侶，業如自功能。又所依如家，所緣如自受。用助伴如僕使，業如作用。

意地第二，意自性謂心意識，彼所依謂等無問依，種子依。彼所緣謂一切法，如其所應，彼助伴謂五十三心所有法。彼作業謂望餘識身有勝作業，有七種分別所緣。一有相分別，善名言者所起分別。二無相分別，不善名言者所有分別。三任運分別，隨境勢力任運而轉。四尋求分別。五伺察分別。六滌汙分別，顧戀過去，希樂未來，執著現在。若欲恚害等，隨一煩惱，隨煩惱相應。七不染汙分別，若善，若無記，謂出離分別，無恚分別，無害分別，或隨與一信等善法相應，或威儀路，工巧處及諸變化。所有分別，如是等類，名分別所緣。有三種審慮所緣。一如理所引，二不如理所引。三非如理非不如理所引。若醉若狂、若夢若覺、若悶若醒、若能發身語業、若能離欲、若離欲退、若斷善根、若續善根、若死若生等。

種子若《煩惱品》所攝名爲粗重，亦名隨眠。若異熟所攝及餘《無記品》所攝，唯名粗重，不名隨眠。若信等《善法品》所攝種子不名粗重，亦非隨眠。法差別分別有六百六十。

有尋有伺等三地，略以五門施設建立：一界，二相，三如理作意，四不如理作意，五雜染等起。界建立有八相：一數，二處，三有倩量，四有情壽，五有情受用，六生，七自體，八因緣果。數者，三界。處所者，欲界三十六處。八大地獄、八寒地獄、餓鬼處、非天處、四大洲、八中洲、六欲天、魔宮、即他化攝，而高勝。色界十八處無想、即廣果攝，復有超過淨居大自在住處，十地菩薩得生其中。無色界四處所，或無處所。相施設建立有七種：一體性、二所緣、三行相、四等起、五差別、六決擇、七流轉。如理作意建立有八種：一依處、二事、三求、四受用、五正行、六聲聞乘資糧方便、七獨覺乘資糧方便、八波羅密引發方便。不如理作意十六種：一因中有果論，二從緣顯了論，三去來實有論，四計我論，五計常論，六宿作因論，七計自在爲作者論，八害爲正法論，九有邊無邊論，十不死矯亂論，十一無因見論，十二斷見論，十三空見論，十四妄計最勝論，十五妄計清淨論，十六妄計吉祥論。雜染施設建立三種：一煩惱，二業，三生。

三摩呬多地第六。總標故，安立故，作意差別故，相差別故，略攝諸經宗要等故。總標有四：一者靜慮，謂四靜慮，二者解脫，謂八解脫三者等持，謂空無願無相三。又有尋有伺等三，又小大無量三，又一分修具分修二，又喜俱行樂俱行捨俱行三，又四修定，又五聖智，又聖五支，又有因有具聖正三摩地，金剛喻三摩地，有學無學非學非無學等三摩地。四者等至，謂五現見三摩鉢底。已見諦者，修此等至，是故名爲現見等至。八勝處，十遍處，四無色，無想，滅盡定。安立者，謂唯此等名等引地，非於欲界心一境性。由此定等無悔歡喜安樂所引。欲界不爾，非欲界中於法全無審正觀察。作意差別者謂七種根本作意及餘四十作意。所緣差別者，略有四相：一所緣相，二因緣相，三應遠離相，四應修習相。由四因緣入初靜慮，乃至有頂。謂因力、方便力、說力、教授力。

非三摩呬多地第七，略有十二種相：有心無心二地品第八、第九。一地施設建立門，二心亂不亂建立門，諸倒亂心，名無心地。三生不生建立門，入因緣故，心或生或不生，名無心地。四分位建立門，六位無心。五第一義建立門，淮無餘依涅槃界，名無心地。

聞所成地第十。謂於五明處，名句文身義中，無倒解了，一內明處，一由事施設建立相，二由想差別施設建立相，三由攝聖教眞相，四由佛教所應知處相。二醫方明處，一於病相善巧，二於病因善巧，三於已生病斷滅善巧，四於已斷病後更不生方便善巧。三因明處，一論體性，二論處所，三論所依，四論莊嚴，五論負墮，辯論經出離，七論多所作法，體性有六種：一言論、二尙論、三諍論、四毀謗論、五順正論、六教導論，處所亦六種，所依有十種。所成立義有二，一自性，二差別。能成立法有八：一立宗、二辯因、三引喩、四同類、五異類、六現量、七比量、八正教。又同類者復五種：一相狀相似、二自體相似、三業用相似、四法門相似、五因果相似，異類翻此。現量有三種：一非不現見、二非已思應思、三非錯亂境界。又一色根現量、二意受現量、三世間現量、四清淨現量，比量有五種：一相比量、二體比量、三業比量、四法比量、五因果比量。正教量者：一不違聖言、二能治雜染、三不違法相。莊嚴有五種：一善自他宗、二言具圓滿、三無畏、四敦肅、五應供。負墮有三：一捨言、二言屈、三言過。出離者：一觀察得失、二觀察時衆、三觀察善巧及不善巧。多所作者：一善自他宗故，於一切法能起談論。二勇猛無畏故，處一切衆能起談論。三辯才無竭故，隨所問難能善酬答。四聲明處，一法施設建立相、二義施設建立相、三補特伽羅施設建立相、四時施設建立相、五數施設建立相、六處所根栽施設建立相。五工業明處營農乃至音樂十二工業。

思所成地第十一。一由自性清淨故，二由思擇所知故，三由思擇諸法故。

修所成地第十二。一者修處所、二者修因緣、三者修瑜伽、四者修果，如是四處，七支所攝，一生圓滿。依內有五，依外有五。二聞正法圓滿，若正說法，若正聞法。三涅槃爲上首，四能熟解脫慧之成熟，毘婆舍那支成熟，奢摩他支成熟。五修習對治，六世間一切種清淨，一得三摩地，二三摩地圓滿，三三摩地自在。七出世間一切種清淨，一入聖諦現觀，二離諸障礙，三爲欲證得速疾，道慧作意思惟諸歡喜事。四修習如所得道，五證得極諸淨道及果功德。

聲聞地第十三。初瑜伽處種性地第一，種性自性，種性安立。住種性者所有諸相。住種性補特伽羅。趣入地品第二，自性、安立諸相。已趣入補特伽羅。出離品第三，由世間道而趣離欲，由出世道而趣離欲。若此二道所有資糧。第二瑜伽處，補特伽羅品類差別二十八種，由十一差別道理，建立補特伽羅。有四種所緣境事，有四教授，有三勝學，有十種隨順學法，對治十種違逆學法，有四種瑜伽，有四瑜伽，一信、二欲、三精進、四方便。有四作意，有四種瑜伽所作，有三種瑜伽師，有二種修，一想修、二菩提分修。有四修果，即預流等，有六種補特伽羅異門，略有八種補特伽羅，略有四種建立因緣，略有四魔，有無量種處所作事，由三因緣發趣，空無有果，一由諸根未積集故。二由教授不隨順故，三由等持力微劣故。第三瑜伽處，安住正念，往詣師所師既慶慰，四種審問，四種處所，四種尋求，五處安立。一護養定資糧處，二遠離處，三心一境性處，四障清淨處，五修作意處。第四瑜伽處，由七作意，離欲界欲，由七作意，證出世果。

獨覺地第十四，一種性、二道、三習、四住、五行。

菩薩地第十五，初持瑜伽處種性品第一持、二相、三分、四增上意樂、五住、六生、七攝受、八地、九行、十建立。發心品第二一自性、二行相、三所緣、四功德、五最勝，自他利品第三一自利處、二利他處、三眞實義處、四威力處、五成熟有情處、六成熟自佛法處、七無上正等菩提處，眞實義品第四一者依如所有性諸法眞實性，二者依盡所有性諸法眞實性，復有四種，一世間極成眞實，二道理極成眞實，三煩惱障淨智所行眞實，四所知障淨智所行眞實，威力品第五一聖威力，二法威力，三俱生威力，成熟品第六一成熟自性，二所成熟補特伽羅，三成熟差別，四成熟方便，五能成熟補特伽羅，六已成熟補特伽羅，菩提品第七一煩惱障斷故畢竟離垢，一切煩惱不隨縛智，二所知障所故，於一切所知無障無礙智，力種性品第八具多勝解，求五明處，求聞正法，法隨法行，於法正修止觀八種教授，四攝法，施品第九一自性施，二一切施，三難行施，四一切門施，五善士施，六一切種施，七遂求施，八此世他世樂施，九清淨施，戒品第十一自性戒至九清淨戒，忍品第十一九忍如上，精進品第十二九精進如上，靜慮品第十三九靜慮如上，慧品第十四九慧加上，攝事品第十五四攝事亦各九種如上，供養親近無量品第十六一設利羅供養，二制多供養，三現前供養，四不現前供養，五同作供養，六教他供養，七財敬供養，八廣大供養，九無染供養，十正行供養，成就八支，能爲善反，衆相圓滿，具五種相。能爲善友，所作不虛成就五相，令善友性。作信依處，由五種相，於所化生，爲善友事。由四種相，方得圓滿，親近善友，作五種想。應從善友，聽聞正法，於說法師，由五種處，不作異意。略有三種修四無量，一有情緣無量，二法緣無量，三無緣無量。菩提分品第十七，二種慚愧，二種堅力持性，五因緣故心無厭倦。善知五明處論善知世間，修正四依，修四無礙，二種菩提，資糧大乘。三十七品，四行名止，四行名觀，十二種善巧方便，四種妙陀羅尼，五種正願三三摩地，四種法嗢陀南。無常、苦、無我、涅槃寂靜。菩薩功德品第十八，五希奇法五不希奇法而名成就甚希奇法，五種其心平等，五種非饒益事，五種常當欣讚，五加行，五順退分，五順勝法，五種相似相功德實是過失，五種眞實功德，十處無倒調伏有情六位記別，三種決定，五處定所應作，五處常所應作十最殊勝，四種施設建立，四種如實偏智，五無量能起善巧作用。說法有五大果勝利，七大性共相應名爲大乘八法具攝大乘十種菩薩。第二持隨法瑜伽處菩薩相品第一，有五眞實菩薩相。分品第二，一善修事業，六波羅密。二方便善巧，有十種三饒益於他，依四攝事。四無倒迴向，以前三門迴向菩提。增上意樂品第三，發起七相憐愍，有十五種增上意樂能作十事。住品第四，一種性住，二勝解行住，三極歡喜住，四增上戒住，五增上心住，六覺分相應增上慧住，七諸諦相應增上慧住，八緣起流轉止息相應增上慧住，九有加行有功用無間缺道運轉無相住，十無加行無功用無間缺道運轉無相住，十一無礙解住，十二最上成滿菩薩住由能攝持菩薩義故，說名爲地能爲受用居處義故說名爲住。第三持究竟瑜伽處生品第一，略有五種攝一切生一除災生，二隨類生，三大勢生，四增上生，五最後生。攝受品第二，略有六種，於諸有情無倒攝受，一頓普攝受，二增上攝受，三攝取攝受，四長時攝受，五短時攝受，六最後攝受。地品第三，一種性地，二勝解行地，三淨勝意樂地，四行正行地，五決定地，六決定行地，七到究竟地。行品第四，一波羅密多行，二菩提分法行，三神通行，四成熟有情行。建立品第五，諸佛有百四十不共法三十二相八十隨好，四一切種清淨，十力，四無所畏，三念住三不護，大悲，無忘失法，永害習氣，一切種妙智，第四持次第瑜伽處發正等菩提心品。有餘依地第十六，一地施設安立，二寂靜施設安立，三依施設安立。

無餘依地第十七，一地施設安立，二寂滅施設安立，三寂滅異門安立。

攝決擇分中五識身相應地意地，由八種相證阿賴耶決定是有，謂若離阿賴耶則依止執受最初生起有明了性有種子性，業用差別，身受差別處無心定命終時識皆不應理。略說阿賴耶識由四種相建立流轉，由一種相建立還滅，一建立所緣轉相，了別內執受故，了別外無分別器相故。二建立相應轉相，與五遍行心法，恆共相應。三建立互爲緣性轉相，阿賴耶識，一爲轉識種子二爲轉識所依，又諸轉識，一於現法中能長養阿賴耶種子故，二於後法中爲阿賴印得生攝植被種子故。四建立識等俱轉轉相，或一俱轉乃至或七俱轉。是謂由四種相建立流轉，阿賴耶識是一切雜染根本。由趣入通達修習作意建立轉依，是謂由一種相建立還滅。廣明蘊善巧，界善巧，處善巧，緣起善巧，處非處善巧，根善巧。有尋有伺等三地磎摩名爲法王，由能饒益諸衆生故。煩惱由五種相建立差別，一自性故，二自性差別故，三染淨差別故，四迷斷差別故，五對治差別故。業由五相建立差別，一事、二想、三欲樂、四煩惱、五方便究竟。生雜染義略有十一，一一向樂主，一分諸天。二一向苦生諸那落迦，三苦樂雜生一分諸天人鬼傍生，四不苦不樂生一分諸天，五一向不清淨生欲界異生，六一向清淨生已得自在菩薩，七清淨不清淨生色無色界異生，八不清淨清淨處生欲界般涅槃法有暇處生，九清淨不清淨處生色無色界異生，十不清淨不清淨處生欲界異生，不般涅槃法，設般涅槃法無暇處生，十一清淨清淨處生色無色界諸有學者，王過失有十，王功德有十，王衰損門有五王方便門有五，王可愛法有五，能引王可愛法有五。八苦各由五相，下中上三十差別。三摩呬多地多隨煩惱染汙相續不能正證心一境性一有諂、二有誑、三有詐、四無慚愧、五不信、六懈怠、七忘念、八不定、九惡慧、十慢緩、十一狠雜、十二趣向前行、十三捨遠離軛、十四於諸學處不甚恭敬、十五不顧沙門、十六唯希活命，不爲涅槃而求出家。釋隨身念經，釋二解脫，釋法因緣經，釋眠纏。五種定相違法，一犯戒，二無間加行，三無殷重加行，四有沉沒，五他所擾惱。有三種遠離，一住處遠離，二見遠離，三聞遠離。有五厚重過失能爲定障，一忿、二慢、三欲貪、四隆迦耶見、五不能堪忍。四靜慮各有五種所治。初五支，二四支，三五支，四四支。非三摩呬多地。

有心地諸心差別而轉，略由五相，一由世俗道理建立故，二由勝義道理建立故，三由所依能依建立故，四由俱有建立故，五由染淨建立故。無心地心不生因，略有七種，一緣闕故，二作意闕故，三未得故，四相違故，五斷故，六滅故，七已生故，聞所成慧。由五處觀察所歸，乃可歸依，一由身業清淨故，二由語業清淨故，三由意業清淨故，四由於諸有情起大悲故，五由成就無上法故。欲造論者要具六因，一欲令法義當廣流布，二欲令種種信解有情由此因緣隨一當能入正法故，三爲令失美種種義門重開顯故四爲欲略攝廣散義故，五爲欲顯發甚深義故，六欲以種種美妙言辭莊嚴法義生淨信故。思所成慧地略說有四種思議，一事思議，二有非有思議，三因果思議，四乘思議。修所成慧地略有十六種修，謂聲聞乘相應作意修，大乘相應作意修，影像修，事邊際修，所作成辦修，得修，習修，除去修，對治修，少分修，遍行修，動轉修，有加行修，已成辦修，非修，所成法修，修所成法修。聲聞地，略有十種聲聞，謂清淨界聲聞，已遇緣聲聞，雜染界生聲聞，清淨界生聲聞，末法時生聲聞，賢善時生聲聞，未得眼聲聞，已得眼聲聞，清淨眼聲，聞極清淨眼聲聞。略有七處攝毘奈耶及別解脫，一教敕，二開聽，三制止，四犯處，五有犯，六無犯，七出罪。菩薩地有十發心，謂世俗處發心，得法性發心，不決定發心，決定發心，不清淨發心，清淨發心，羸劣發心，強盛發心，未成果發心，已成果發心。有餘依及無餘依二地。攝釋分文是所依義是能依。文有六種，一名身，二句身，三字身，四語，五行相，六機請。義有十種，一地義，二相義，三作意等義，四依處義，五過患義，六勝利義，七所治義，八能治義，九略義，十廣義。釋略有五，一法，二等起，三義，四釋難，五次第。

攝異門分，言瑜伽者，受持、讀誦、問難、決擇、正修、加行。

攝事分中契經事行擇攝第一，處擇攝第二，緣起食諦界擇攝第三，菩提分法擇攝第四，調伏事總擇攝，本母事序辯攝。

紀事

窺基《瑜伽師地論略纂》卷一　佛滅後第一百年，因彼大天諍於五事。大天名高德大，果證年卑，王貴欽風，僧徒仰道，既而卓牢無侶，遂爲時俗所嫉，謗之以造三逆，加之以增五事。大天頌言，餘所誘無知，猶豫他令入，道因聲故起，是名眞佛教。

大天解言，諸阿羅漢煩惱、漏失二事俱無，爲魔所誘，或以不淨塗污其衣，乍如漏失，諸師謗言，大天凡愚，境惑生染，夜生思想，不淨染衣，推道魔嬈，遂爲乖角。大天解言，諸見諦者，煩惱理疑，雖皆斷盡，疑杌爲人，事疑猶在。諸師謗言，大天凡愚不解眞教，說諸聖者尚有惑疑，遂爲乖角。大天解言，無知有二，謂染不染，諸阿羅漢，染者皆盡，不染猶在。諸師謗言，大天凡愚不解眞教，說阿羅漢有不染無知，遂爲乖角。大天解言，舍利子等諸利根者，尚因善友令其入道，餘因令入其事不惑。諸師謗言，大天凡愚不解經教，云舍利子等，諸利根者他令入道，尚不自知證阿羅漢，況汝等耶遂爲乖角。大天解言，諸宿習者，修已多生，臨證果時，因佛言教說苦空等，聞便入道證獲聖果，故佛言下多現證果，亦有厭苦，自說厭聲，聖道便起。諸師謗言，大天造逆不斷善根，恐當墜墮，夜數稱苦，弟子謂其染疾，晨省問其安危。答曰無疾。他遂問言，何爲稱苦。彼乃答言，昔時年少入道隨心，今年已邁道生難隨，若不說苦聲深厭，聖道無由得起，既生此謗，乖角紛紜。故言滅後魔事紛起，競名譽利今古所同，虛中搆架，是凡共有，說事涉疑迹，何得無此紛紜，故諸小乘因分別部。黃金數段，白疊片分，佛懸記之，從斯始矣。然論雖有此之本因，無其末因，自正法東漸，年載極遙，雖聞《十七地論》之名，不知十七者何也。地持但是菩薩一地，《決定藏論》是決擇分初。自餘漢土皆未之有，大師以貞觀二十二年於北闕弘法院方始翻之。其雜糅釋文一卷，永徽元年於大慈恩寺翻出。

著録

智昇《開元釋教録》卷一二 《瑜伽師地論》一百卷，彌勒菩薩説。大唐三藏玄奘譯，出《内典録》單重合譯。右此《瑜伽論》，梁代三藏眞諦譯者名《十七地論》只得五卷，緣礙遂輟北涼三藏曇無讖譯《地持論》，但成十卷。乃是本地分中菩薩地。此《瑜伽論》當第三譯，前之二本部帙不終。大曹譯者方具脩矣。

又卷一四 《十七地論》五卷，梁天竺三藏眞諦譯，重本。右與《瑜伽論》同本異譯，即闕其本，十七地中未知與何地相應。

《菩薩地持經》八卷

綜述

僧祐《菩薩善戒菩薩地持二經記》 祐尋舊録，此經十卷，是宋文帝世三藏法師求那跋摩於京都譯出。經文云，此經名善戒，名菩薩地，名菩薩毗尼摩夷，名如來藏，名一切善法根本，名安樂國，名諸波羅蜜聚，凡有七名。第一卷先出優波離問受戒法，第二卷始方有如是我聞，次第列品乃至三十。而復有別本，題爲《菩薩地經》。檢此兩本，文句悉同，唯一兩品分品、品名，小小有異，義亦不殊。既更不見有異人重出，推之應是一經。而諸品亂雜，前後參差，《菩薩地》本分爲三段：第一段十八品，第二段有四品，第三段有八品。未詳兩本孰是三藏所出正本也。

又《菩薩地持經》八卷，有二十七品，亦分三段：第一段十八品，第二段四品，第三段五品。是晉安帝世，曇摩讖於西涼州譯出。經首禮敬三寶，無如是我聞，似撰集佛語。文中不出有異名。而今此本或題云《菩薩戒經》，或題云《菩薩地經》，與三藏所出《菩薩善戒經》，二文雖異，五名相涉，故同一記。又此二經明義相類，根本似是一經，異國人出，故成別部也。並次第明六度，品名多同，製辭各異。祐見《菩薩地經》一本，其第四卷第十《戒品》，乃是《地持經》中《戒品》，又少第九《施品》，當是暴曬誤雜。後人不悉，便爾傳寫，其本脱多，恐方亂惑，若細尋内題，了然可見。若有《菩薩地經》闕無第九《施品》者，即誤是本也。

著録

智旭《閱藏知津》卷三七 《菩薩地持經》八卷，北涼中天竺沙門曇無讖譯。即瑜伽本地分中第十五菩薩地異譯。缺第四。

僧祐《出三藏記集》卷二 《菩薩地持經》八卷或云《菩薩戒經》，或云《菩薩地經》。玄始七年十月初一日出。【略】晉安帝時，天竺沙門曇摩讖至西涼州，爲僞河西王大沮渠蒙遜譯出或作曇無讖。《菩薩地持經》曇摩讖出《菩薩地持》八卷，三藏求那跋摩出《菩薩善戒》十卷，右一經二人出。

成唯識論分部

成唯識論

題解

窺基《成唯識論述記》卷一 《成唯識》者，舉宏綱旌一部之都目。

復言論者，提藻鏡簡二藏之殊號。成乃能成之稱，以成立爲功。唯識所成之名，以簡了爲義。唯有識大覺之旨隆。本頌成中道之義著。唯謂簡別，遮無外境，識謂能了，詮有內心，識體即唯，持業釋也。識性識相皆不離心，心所心王以識爲主，歸心泯相，總言唯識。唯遮境有，執有者，喪其眞識簡心空滯，空者乖其實。所以晦斯空有，長溺二邊，悟彼有空，高履中道。三十本論名爲唯識，藉此成彼，名成唯識。唯識之成，以彰論旨三摩娑釋依士立名，蘇漫多聲，屬主爲目。論則賓主云烈，旗鼓載揚，幽關洞開，妙義斯賾，以教成教，資教成理，即成是論，持業釋也。以理成理，因理成教，是成之論，依士釋也。

窺基《成唯識論掌中樞要》卷一　釋題目者，梵云毗若底丁爾反，識也磨怛利多唯也。悉底成也奢薩怛羅論也，應云識唯成論。順此唐言《成唯識論》。梵云《成唯識論》於女聲內以呼之。或云，毗若底磨怛剌多毗輸度迦，淨也，奢薩怛羅應云《識唯・淨論》，今云《淨唯識論》。此論弟十卷末解云，此論三分成立，唯識故，此論名《成唯識論》。即本論名唯識，釋論名成。然依世親《三十論》本，於題目下別注之。云此論，亦名《成唯識論》。此《三十論》教成立唯識也。如《說無垢稱經》，佛告淨名云，此經名《說無垢稱》，不可思議解脫法門經。然經題云《說無垢稱經》，題下別注云，亦名《不可思議解脫》，此亦如是。別亦名成，且如天親所造《二十唯識》下末頌云，我已隨自能略成唯識義，亦名《成唯識論》。然今護法所造之釋多與本論立名不同。《二十唯識》釋名《唯識道論》。此論名成釋論之稱故，論末云此本論名《三十唯識》。又云此論三分成立唯識故，知唯識是本論之名，今釋名成。成非本稱，但取本論正名，不取別注名也。或有唯本非釋名，如升《中邊論》或有唯釋非本名，如《唯識道論》。或有本釋二名，如《雜集論》。今唯釋名或是通名，其成唯識，唯識之成。蘇漫多聲弟六屬主者，即八轉聲，其此聲論并此聲中。蘇字居後，漫多是後義，即是蘇字居後聲也。底彥多聲有十八轉，升此聲中。底字居後，彥多是後義。即是底字居後聲也。爲簡此聲言蘇漫多，煞三磨娑六合釋中依主釋也。煞者六也，三磨娑合也，即六合釋也。初離後合故，因論生論。一字既無詮表，如何煞言乃是六也。今依梵本，有沙吒多三字，合之方成煞言，故非一字有詮表也。成乃能成之稱，以成立爲功，唯識所成之名。

以簡了爲義者，安教立理名之爲成。識謂能了，詮五法故。唯有三義，識詮五有，唯簡二空，唯謂簡持，有心空境是唯義也。簡去境持取心故說簡持是唯義也。亦是決定義，及顯脈義。識謂了別，詮并作用是識義也。了別於境是識用故，此言唯者安惠一分唯，難陁二分唯，陳那三分唯，於中有實有般二說，護法四分唯，論中多依三分，教雖有四分。釋唯識名，如章中解，合有十義釋成唯識。一經言唯識論，解名成二本論名唯識。釋論名成，三經及本論俱稱唯識，今釋名成。四宗稱唯識，因喻曰成。論本略舉所立名宗，今義廣成故名因喻。具述所以引同異法以成所立。《二十論》云，安立大乘三界唯識。陳那釋云，因喻成宗，名爲安立。此中名成義同也，五躰名唯識，義釋名成。本論略標其躰未釋差別，今廣明義具顯差別，故名爲成。六略名唯識未解深義，廣曰能成具陳指實，此後二觧依《瑜伽論》攝釋分解。凡解經法，初躰後義，初略後廣故。七以教成教。八以教成理。九以理成教。十以理成理。問，此後四釋依阿得知。答，論末頌云，已依聖教及正理。又云此論三分成立唯識故，知能成通教及理論。初頌云，我今釋彼說，彼說即本論所立之教。或所說之理，二義皆通。論末又云，以三十頌顯唯識理，得明淨故。頌云分別唯識性相義，義即是理，故知所成亦通理教。論者，《俱舍》云，教誡學徒義故，稱爲論。《瑜伽》釋云，問荅次釋諸法性相故稱爲論。初解依非，利衆生故。後解依智，并諸法故。成唯識即論成唯識之論，準義應悉。何故此論名成唯識不名成餘，亦成餘義故。解云，欲令證得唯識理智而成立之。如《瑜伽師地論》，此通教理，從當唯識爲名。或復今者無倒成立唯識妙理，如《成實論》。亦通理教，從所詮爲名。或破執實心外有境，不能信學唯識妙理而成立之，如《成假論》。亦通教理，成是立義。或復此論依於唯識甚深理智而成立之，如《木陸花對法論》等，依彼起故。或恐唯識妙理散滅，今者略攝庚散義故而成立之，如《攝大乘》。又一切法中心家爲勝，如《花嚴經》云，心如工畫師，畫種種五蘊，一切世間中，無法而不造等，所以成立。問準下正宗，或分爲二。一因二果，或分爲三。如疏中觧，或分爲四。初一頌半摠摽綱要分，弟二十四頌半廣陳能變分，第三有九頌結釋外難分，弟四有五頌依修獲盖分。或分爲五，前弟三分中開一頌爲重陳能變分，如是諸釋即是成立隨所應義。何故但名《成唯識論》。荅，從初所明爲名，彼依識所變故，如《瑜伽論》。又從初二陵爲名，中分亦有唯識言故，謂是諸識轉變等也。或從初中後所明爲名。弟三段云，乃至未起議永住唯識住等故。或後二段意欲別釋初略摽故，或雖所明通一切法無非唯識故，不稱餘。又本欲成立唯識之義故，此上立成唯識名之意趣也。

論說

沈玄明《成唯識論后序》　原夫覺海澂玄，涵萬流而濬宗極，神幾闡妙，被衆象而凝至眞。朗慧日而鏡六幽，泄慈雲而清八寓。演一音而懸解，逸三乘以遐騖。體陳如之半器，津有有於鹿園，照善現之滿機，繹空空於鷲嶺。雖絕塵於常斷，詎遺筌於有空，顯無上之靈宗，凝中道於兹教。逮金河滅景，派淳源而不追，玉牒霏華，緒澆風而競扇。於是二十八見，迷桑雁於五天，一十六師，亂雲牛於四主。半千將聖，兹惟世親。寔賢劫之應眞，晦生知以提化。飛光毓彩，誕暎資靈。曜常明於八蘊，藻初情於六足。秀談芝於俱舍，摽說有之餘宗，攝玄波於大乘，賁研空之至理。化方昇而照極，湛沖一於斯頌。《唯識三十偈》者，世親歸根之遺製也。理韜淵海，泛浮境於榮河，義鬱煙飈，麗虹章於玄圃。言含萬象，字苞千訓，妙旨天逸，邃彩星華。幽緒未宣，冥神絕境，孤明斂暎，秘思潛津。後有護法、安慧等十大菩薩，韞玄珠於八藏，聳層構於四圍，宅照二因，棲清三觀。升暉十地，澄智水以潤賢林，鄰幾七覺，皎行月而開重夜。優柔芳烈，景躅前修，箭涌泉言，風飛寶思。咸觀本頌，各裁斯釋，名曰《成唯識論》，或名《淨唯識論》。空心外之二取，息滯有之迷塗，有識內之一心，遣歸空之妄執。晦斯心境，苦海所以長淪，悟彼有空，覺岸於焉高蹈。九十外道，亂風轍而靡星旗，十八小乘，軔兢軒而扶龍轂。窮神體妙，詣賾探機，精貫十支，洞該九分。顧十翼而搏仙羽，頫九流以濬瓊波。盡邃理之希微，闡法王之奧典。稱謂雙絕，筌象兼忘，曜靈景於西申，閟虹光於震旦，濟物弘道，眇歸宗德。

粤若大和上三藏法師玄奘，體睿含眞，履仁翔慧，九門禪宴，證靜於融山，八萬玄津，騰流於委海。叠金牆而月曜，峻玉宇而霞騫，軼芳粹於澄蘭，孕風華於龍翼。悼微言之匿彩，嗟大義之淪暉。用啓誓言，肆兹遙踐，泳祥河之輟水，攀寶樹之低枝，循鏤杠以神遊，躪霙峰而安步，昇紫階而證道，瞰玄影以嚴因。探奧觀奇，徒蒼龍於二紀，緘檀篆貝，旋白馬於三秦。

窺基《成唯識論述記》卷一　初發論端，略以五門解釋。一辨教時機，二明論宗體，三藏乘所攝，四說教年主，五判釋本文。第一辨教時機，於中有二，初辨說教時會，後辨教所被機。辨說教時會者，如來說教隨機所宜。機有三品不同，教遂三時亦异。諸异生類無明所盲，起造惑業，迷執有我。於生死海淪沒無依。故大悲尊初成佛已，仙人鹿苑轉四諦輪，說《阿笈摩》除我有執，令小根等漸登聖位。彼聞四諦雖斷我愚，而於諸法迷執實有。世尊爲除彼法有執，次於鷲嶺說諸法空，所謂《摩訶般若經》等，令中根品捨小趣大。彼聞世尊密義意趣說無破有，便撥二諦性相皆空爲無上理。由斯二聖互執有空，迷謬競興未契中道。如來爲除此空有執，於第三時演了義教《解深密》等，會說一切法唯有識等，心外法無，破初有執，非無內識，遣執皆空。離有無邊，正處中道，於眞諦理悟證有方，於俗諦中妙能留捨。又今此論爰引六經，所謂《華麗》、《深密》、《如來出現功德莊麗》、《阿毗達磨》、《楞伽》、《厚嚴》，十一部論，《瑜伽》、《顯揚》、《莊嚴》、《集量》、《攝論》、《十地》、《分別瑜伽》、《觀所緣緣》、《二十唯識》、《辨中邊》、《集論》等爲證。理明唯識三性十地因果行位了相大乘，故知第三時中道之教也。如《瑜伽論》第七十六，《解深密經》廣說其相。此約機理漸教法門以辨三時。若大由小起，即有三時年月前後，《解深密經》說唯識是也。若頓教門，大不由小起，即無三時前後次第，即《華嚴》中說唯心，是初成道竟最第一說，此約多分。今論所明二種皆是。若對不定姓，大由小起，即第三時教。若唯被菩薩大不由小起，即頓教也。此顯頓漸無別，定教入法界品，五百聲聞亦在座故。如《樞要》說，辨教所被機者。依《瑜伽》等有五種姓，一菩薩，二獨覺，三聲聞，四不定，五無姓。此論第三云，入見菩薩皆名勝者，證阿賴耶故正爲說。又見道前已能信解，求彼轉依故亦爲說。又云，無姓有情不能窮底，故說甚深趣寂，種姓不能通達，故名甚細。由此論旨，唯被大乘及不定姓趣菩薩者。非被獨覺、聲聞、無姓三種機也。故所被機必唯上品，所顯幽旨亦離二邊。浩汗包括，難可詳矣。依《楞伽經》被五種姓，依《大般若》被四種姓，《莊嚴論》等與此稍异。如《樞要》說二明論宗體。於中有二，初明論宗，後彰論體，皆如《樞要》說。明論宗者，諸愚夫類從無始來，虛妄分別，因緣力故，執離心外定有眞實能取所取。如來大悲，以甘露法，授彼令服，斷妄狂心，棄執空有，證眞了義。《華嚴》等中說一切法皆唯有識。天親菩薩爲利有情，令法久住，依如上教製《三十頌》，明唯識理。文義周圓，離於廣略。後護法等，依上經論，采撮精要，廣釋頌文，名《成唯識》，故此即以唯識爲宗。識有非空，境無非有，以爲宗也。雖具明諸法，皆不離識也。明論體者，依《瑜伽論》攝釋分初第八十一，說經體有二，一文、二義。文是所依，義即能依。由能詮文義得顯故。龍軍論師、無性等云，謂佛慈悲本願緣力，其可聞者，自意識上文義相生，似如來說。此文義相雖自親依善根力起，而就本緣名爲佛說，佛實無言。此若依本，乃無文義。唯有無漏大定智悲。若依自識，有漏心現，即似無漏文義爲體。無漏心現，即眞無漏文義爲體，此即如來實不說法。故《大般若》四百二十五，《文殊問經》等，佛皆自說我成佛來，不說一字。汝亦不聞，論說聚集，顯現爲體，此即無性佛地，一師，作如此解。護法，親光等云，或宜聞者本願緣力，如來識上文義相生，實能所詮文義爲體。若依本說，即眞無漏文義爲體。故《瑜伽論》六十四卷引《升攝波葉喻經》云，我未所說，乃有爾所。《二十論》說展轉增上力，二識成決定。是故世尊實有說法，言不說者，是密意說。此論根本既是佛經。故出體者應如經說。此釋雖二，然此論主無不說法，取後解也。總論出體，略有四種、一攝相歸性皆如爲體，故經說言一切法亦如也，至於彌勒亦如也。二攝境從心一切唯識，如經中說三界唯心。三攝假隨實，如不相應色心分位。《對法論》說是假立故也。四性用別論，色心假實各別處收，《瑜伽論》說色蘊攝彼十處全等，上來第二，第四體說自識所變，則是第二攝境從心，并言佛說。乃是第四性用別論。聞者似法，說者眞教。俱淨法界，平等所流。約本爲言，此教亦以眞如爲體。此即第一攝相皈性。能說能聽所有名等聲上屈曲，離聲無體，故教從實體即是聲，此即第三攝假隨實。《對法論》云，成所引聲謂諸聖說，雖出四體所望不同。以理而言，不相違背。今此論體，若從所聞有漏心變，或從能說有漏文義，唯屬依他相，名等攝。若無漏心變，或無漏說，正智所攝通圓成實。無漏有爲通二性故，此所詮體，謂唯識境、正行及果。若能詮體即聲名等。經體雖二，今取能詮聲、名、句等。正教體故，問《對法論》十八界中十五有漏，如何聲等亦無漏攝。名、句、文三自性無記，如何可說通無漏善。答依隨轉門，二乘等身，說十五唯有漏，名等唯無記。依今大乘，若唯如來後得說法聲、名、句文，眞善無漏。《十地論》說，說者、聽者俱以二事，一善聲，二善字。《能斷金剛般若論》說我法唯善，汝唯無記。此論第二云，法詞二無礙解，境有差別，法緣名等，詞緣於聲。又《解深密經》及《瑜伽》七十八說，第九地斷二種愚。一於無量所說法無量名、句、字、陀羅尼自在愚。下此論第九云，無量名、句、字是法無礙解。又此論及《佛地》云，十八界通無漏善，故爲教體於理無違。問，若明教體一切唯識，如何乃言佛菩薩說。答，無性釋云，彼增上生故作是說。《二十唯識》天親解云，展轉增上力，二識成決定。謂餘相續識差別故，令餘相續差別識生，展轉互爲增上緣故。問，過去未來既非實有，非有爲法生已便住，如何聽教聚集解生。答，隨墮八時聞者識上，直非直說聚集顯現，以爲體性。謂八時中聞者識上有直非直二種，言說聚集現故。如《瑜伽論》八十一說，諸行無常，有起盡法。生必滅故，彼寂爲樂。如言諸字，率爾心已必起尋求。續初心起，雖多刹那，行解唯一，總名尋求。未決定知諸所目故。如《瑜伽論》第三卷說。又一刹那五識生已從此無間必意識生，故復言行。時由先重習連帶解生，有三心現，謂率爾、尋求及決定。決定知諸目一切行。故《瑜伽》說尋求無間。若不散亂決定心生，若散亂時生即不定。雖知自性然未知義，爲今知故復說無字。於此時中有先三心，於無字上但有其二，謂率爾、尋求。未決定知無所無故，即役決定後卻起尋求。論但定說率爾、尋求定無閒生。尋求以後許亂起故，復言常時五心並具。其義可。解由前字力展轉重習連後字，生於最後時方能解義。緣律等心方乃得轉，故雖開過未而教躰亦成。若新新解皆有率爾，四字之上皆定有二心，謂率爾、尋求。即於末後有十二心一時聚集。第一有二，第二有三，第三有二，第四有五，故有十二既於初字有率爾心。於後後字有尋求決定。末後乃有染淨等生。五心方具名爲聚集，故唯識教其理成立，更有別我。如《攝要》說此中出躰雖有四門。《佛地論》中唯有二種，一攝境從心，二性用別質。無性意取攝境役心，護法意說性用別質。教躰即是能說聳等。不爾教躰便成有漏或染無記，三寶、眞如亦皆如是。故護法釋善順論宗不違唯識，能說法者識上現故。至下第十論自當解。三藏、乘所攝，於中有二，初藏所攝，後乘所攝。藏所攝者，依《瑜伽》等說有二藏，一菩薩藏，二聲聞藏。然獨覺敎少於聲聞，役多爲藏，名聲聞藏。或說三藏，一素呾纜，二毗奈耶，三阿毗達摩。或說六藏，菩薩、聲聞各有三故。獨覺更無別戒律等，故無三藏可得成九。此於二藏菩薩藏取上乘攝故，三藏之中對法藏攝研覈推尋諸法相故，六藏之內菩薩藏中對法藏攝乘所攝者，或說一乘如法花等。或說三乘，一菩薩，二獨覺，三聲聞。處處經論，皆同說故。或唯說二乘，一者大乘，二者小乘之教或說五乘，三乘如前第四人乘，第五天乘不定種姓。初三乘攝此論正是一乘所攝，三乘之中菩薩乘攝。五乘之內。第一乘取，此對諸部。十二分教相攝分齊，如《樞要》說。

王肯《成唯識論集解序》　《成唯識論》之難究也，不獨糅百爲十，詞約義豐而已。是雖正釋《三十論》，而實攝《攝論》、《集論》、《雜集論》、《二十論》、《廣百論》、《辨中邊》、《寶生》、《顯識》、《轉識》、《五蘊》、《掌珍》、《手杖》、《佛性》、《佛地》、《俱舍》、《金七十》、《勝宗十句》諸論，無慮數百卷。雖《瑜伽》、《顯揚》至多，然但可以證此論，而不可以攝此論。嗚呼淵矣！博矣！蔑以加矣！況其中立正義摧邪見，每用三支比量，觸處而是。而今世講師，透徹因明者絕少，若又不熟究諸論，融浹於心，遽解此論，其不郢書而燕說者幾希。如首卷破勝論實德業三句二比量，緣彼宗計瓶衣等物，身根所觸，眼根所見，是五識境，現量所得。即身觸眼見是因，現量所得是宗，色聲是喩。故以有質礙無質礙二宗共一因，出其不定之過，此計不出《勝宗十句論》，而出《廣百論》中。又如次卷破三有爲相，後約三世破，爲小乘執生在未來，而過去現在都無生用，故以來同去破之，此執不出於《百論》，而出《俱舍》及《清涼鈔》中。如此之類不可枚舉，目力一不到，率爾下筆，則有自誤誤人之咎。嗚呼！可不愼哉！

余既潛心此論，攷求諸典，有所標識，而闕疑尚多。後聞巢松、緣督諸師，結侶焦山，遍檢大藏，

綜述

窺基《成唯識論掌中樞要》卷一　諸有情類無始時來，於法實相無知僻執，起惑發業，輪迴五趣。如來出世隨，宜爲說，處中妙理，令諸有情了達諸法非空非有，遠離疑執，起處中行，隨應滅障，各自修滿，得三菩提，證寂滅樂。佛涅槃後，因彼大天，部執，競興，多著有見。龍猛菩薩證極喜地，採集大乘無相空教，造《中論》等，究暢眞要，除彼有見。聖提婆等諸大論師造《百論》等，弘闡大義，由是衆生復著空見。無著菩薩亦登初地，證法光定，得大神通，事大慈尊，請說此論。理無不窮，事無不盡。文無不釋，義無不詮，疑無不遣，執無不破，行無不修，果無不證。正爲菩薩令於諸乘境行果等皆得善巧。勤修大行，證大菩提，廣爲有情常無倒說。兼爲餘乘令依自法修自分行，得自果證，所以中宗五分盛行於四主。相應十丈傳流於五印。

時有筏蘇畔徒菩薩，唐言世親，無著菩薩同母弟也。位居明得，道隣極喜，亦博綜於三乘，乃遍遊於諸部。知小敎而非極，遂迴趣於大乘。因聞誦《華嚴十地品》、《阿毘達磨》、《攝大乘品》，悔謝前非，流泣先見，持刀截舌，用表深衷。其兄處遠三由旬，遙舒一手，止其自割，說以利害：汝雖以舌謗法，豈截舌而罪除。早應讃釋大乘，以悔先犯。菩薩敬從兄諾，因歸妙理。兄乃囑以《十地經》，制以《攝大乘本》，令其造釋。故此二論菩薩創歸大乘之作既而文蘊玄宗，情恢奧旨，更爲宏論，用暢深極，採撮幽機，提控精邃，遂著《唯識三十頌》，以申大乘之妙趣也。萬象含於一字，千訓備於一言，道超群典，譽光衆聖。略頌既畢，廣釋方陳，機感未符，杳從冥往。後有護法等菩薩，賞翫頌文，各爲義釋。雖分峯崑岫，疏幹瓊枝，而獨擅光輝，穎標芳馥者，其惟護法一人乎！菩薩果成先劫，位剋今賢，撫物潛資，隨機利見。春秋二十有九，知息化之有期，厭無常以禪習，誓不離於菩提樹，以終三載之年，禪禮之暇，注裁斯釋。文邁旨遠，智曠名高，執破畢於一言，紛解窮於半頌。文殊水火，則會符膠漆。義等江湖，則疏成清濁。平郊弭弭，聳層峯而接漢。堆埠峨

峨，夷穹隆以坦蕩。俯鑽邃而無底，仰尋高而無際。踈文淺義，派演不窮。浩句宏宗，陶甄有極，功逾千聖，道合百王。時有玄鑒居士，識鳳鷄之歛羽，委麟龍之潛迹，每罄所資，恆爲供養，深誠固志，物竭積年。菩薩誘掖多端，答遺茲釋，而試之曰，我滅之後，凡有來觀，即取金一兩，脫逢神穎，當可傳通。終期既漸奄，絕玄導，菩薩名振此洲。論釋聲超彼土，有靈之類誰不懷欽！朝聞夕殞，豈恪金璧。若市趨賢，如岳疊貨。五天鶴望，未輒流行。大師叡發天資，識假修謁，無神迹而不瞻禮，何聖教而不披諷，聞斯妙理，慇俯諦求。居士記先聖之遺言，必今賢之是屬，乃奉茲草本，並五蘊論釋。大師賞翫猶覩聖容，每置掌中，不殊真說。自西靡玉牒，東馳素馬，雖復廣演微筌，賞之以爲祕決，及乎神柄別館，景阻炎輝，清耳目以淵思，蕩心靈而繹妙。乃曰：今者方怡我心耳！宣尼言，我有美玉，蘊櫝藏之，誰爲善估，我今沽諸。基夙運單舛，九歲丁艱，自爾志託煙霞，加每庶幾緇服，浮俗塵賞，幼絕情分。至年十七，遂預緇林，別奉明詔，得爲門侍。自參預三千，即欣規七十，必諧善願，後承函丈，不以散材之質，遂得隨伍譯僚事，即操觚飡，受此論。初功之際，十釋別翻，昉、尙、光、基四人同受潤飾、執筆、撿文、纂義。既爲令範，務各有司。數朝之後，基求退迹，大師固問，基慇請曰：自夕夢金容，晨趨白馬，英髦間出，靈智肩隨。聞五分以心祈，攬八蘊而遐望，雖得法門之糟粕，然失玄源之淳粹。今東出策賚，並目擊玄宗，幸復獨秀，萬方穎超，千古不立，功於參糅，可謂失時者也。況群聖製作，各馳譽於五天。雖文具傳於貝葉，而義不備於一本，情見各異，稟者無依，況時漸人澆，命促惠舛。討支離而頗究，攬初旨而難宣。請錯綜群言以爲一本，指定眞謬，權衡盛則，久而遂許，故得此論行焉。大師理遺三賢，獨授庸拙。此論也括衆經之祕，苞群聖之旨，何滯不融，無幽不燭仰之不極，俯之不測。遠之無智，近之有識。共有隱括五明，披揚八藏，幽關每權，玄路未通。囑猶豪毳岳盈，投之以炎爍，霜氷澗積，沃之以煨景。信巨夜之銀燁，昏旦之金鏡矣。雖復本出五天，然彼無茲糅釋，直爾十師之別作鳩集猶難，況更摭此幽文，誠爲未有，斯乃此論之因起也。

窺基《成唯識論別抄》卷一 唯識體即是教，故持業釋，釋或此本論，是成立佛經唯識理之教，名《成唯識》即依主釋。以末從本，亦有二釋，末論遠詮佛經，亦有持業及以依主，亦無有失。二明宗體，先宗者，略有五種，一隨機說宗，二部別說宗，三約別明宗，四約時辨宗，五約四悉檀辨宗。初者如八萬四千法門，隨衆生病濟拔教化，或說六度四攝，如對多貪教化不淨等，其類非一。第二部別說宗者，如諸教所詮各異，如《法華》一乘爲宗，《涅槃》佛性爲宗，雖明餘義然非正明，猶以正明以之爲宗。第三者謂約三藏以判，或就大小，以取執言隨藏。四謂約時者，如深密等說三時教等。五四悉檀者，依《智度論》第一，有此四種理，悉檀者翻爲義宗，四者，一世界，二各人爲人，三對治法門，四第一義。前三爲俗，後一爲眞，世界者，謂世俗如說，五種陰成衆生，若林成捨等，各各者，如經或說有我或說無我，爲除斷見反以我見，如次應知，三所對根機差別也，即即能治病，有勝功能，名爲對治。第四唯明眞如理也。問《瑜伽》六十四，四重二諦，四悉檀等如何相攝。解云，彼論前三，亦世俗攝，彼處二空眞如從詮相說，即《智度論》第三對治也。此論五種宗中，如次配尋可知。問《楞伽》云，不說墮文字法者，爲約遍計所執文字，爲約依他。解云，此約遍計所執文字，能詮所詮，決定相屬，言所論法定屬能詮，執名爲墮也。五種性義，四門分別。一釋名，二辨體，三文證，四會聖教。釋名者，先通後別，言五者是數種姓名類義族義，即六釋中帶數釋也。言別名者，謂聲聞乃至無種性，聲聞者因聲悟道，故名聲聞，此即聲聞此種姓，依主釋也，觀緣起法而得悟道，故名緣覺。菩提種姓者，依《佛地論》三釋，謂求菩提敎他有情，此即上求菩提下度有情，故名菩提種姓，依主不異於前。不定者，謂即身中具有三乘種姓，互相望成四句，一小對中唯有二姓，二以對小大，三以中對大，四具有三姓，然四句中，唯取第四，成不定性所以亦者。言不定迴心定成正覺，內彼前三無常成義故，《攝大乘》云，爲引攝一類，及任持所餘，由不定種姓故，佛說一乘。問若爾，只應唯除中小相對，以小及中以相對大，何故不具取三。解云，若論不定，必須三句，既有小機，名有中性。故《法華》云，無二亦無三，而不別言無中無下，由具三種，隨緣悟入。故云不定，亦依主釋也。又解以小及中對大姓者，亦成不定，唯此等釋取三句，成不定。後解爲勝，無種姓者，謂即身中無有三乘種子，唯有有漏善等法種，於善惡輪趣受生，名無種性也。然五種總是依假者，且如聲聞亦非取假者，總依五蘊諸法而立，而言聲聞，癡總談別說耳聲聞。故云聲聞餘聞假者，隨義別立也。如理應思，二辨體思者，三乘及不定種姓，總爲無漏種子，以爲其體。若百法中尅性唯慧，若約相應俱有，如理應思，第五性者，無種性言非是無漏，如說無明，別有眞體，此亦應然，即以所依有漏五蘊爲體，或更釋二障種子爲體，以彼障法相對立故，若準此釋，亦慧爲體。別性相流如何前，若論五種性者，性即種子者，即五五蘊之上建立假人，此即通取種及五蘊，以爲體也。三取文證，如《瑜伽》第二及《菩薩地》等，如下應知。如《瑜伽》第二云，復次一切種子識，若般涅槃法者，一切種子皆悉具足。若不般涅槃法者，便闕三種菩提種子。又三十云，謂所成就補特伽羅，略有四種，一者住聲聞種性於聲聞乘，應可成就補特伽羅，三者住佛姓種於無上乘，應可成就補特伽羅，四住無種姓，於往善趣，應可成就補特伽羅。諸佛菩薩，於此四事，應當成就。又菩薩他世五卷云，住無種姓補特伽，無種姓故，雖有發心及行加行而爲依止，定不堪任無上正等菩提，準此等文，三乘已外別有無性。《解深密》說三時教者，依有種姓故作是說，舊善戒經亦同此人心成就，略有四種，有聲聞姓，以聲聞乘而成就之，有緣覺性，以緣覺乘而成就之，有佛種姓，以無上乘而成就之。無種姓者，則以善趣而成就之。如是四人，諸佛菩薩，以四事而成就之。《大論》三十七亦同。第四會教者，《法華經》云，十方世界唯有一乘法，無二亦無三，除佛方便說，若有三乘定性，如何會耶。解云，此對不定種姓，故作此說。又《不增不減經》云，衆生界不增減不生滅，知無有畢竟入涅槃者。若有定姓入無餘依，彼經應言衆減。解云，彼經約衆生界理性而言，眞如之理，無增減故。又解，彼云衆生界不增減，而不說云衆生不增減，界言總說，衆生界際，非約衆生而說，故不相違。若有無性者，涅槃云何言有心者成佛能。解云，此約小分而說。又解，此約有大乘無漏及不定姓無漏心種而言，不說云一切有心者皆得成佛，經意秘密，故不相違。

就第一所敬田中，有心者二，初辨所說敬分濟，後釋論文。所敬分齊者三藏解云，依此文中略作四門，廣開十義。四門，一謂人法，二謂菩提涅槃，三三寶，四三寶及初門中人。言十義者，前之三門各有三釋第四門中唯有一釋，總合爲十。初門三釋者言唯敬滿分淨人，作敬識性，今舉識生顯能證人。內第三句云釋彼說故，此則依於觀智及餘蘊上建立假者，以之爲人，不取實法。二云，唯敬識性，不敬於人，雖舉二人，顯所證法也。三云，通敬人法，俱是最勝，前可敬故。問，人謂假者，法即識性，人之所依，能觀之智，人法二種何所攝耶。釋云，此有二解，一云人攝，非所證理，理假者依故。二云法攝，內非假者，是所得故，第二門中有三釋者，一云，此敬涅槃滿分淨言，顯能證智。二云，但敬涅槃說識性，即是所證涅槃，舉能證時，有滿分淨，顯所證滅有分圓滿。三云，菩提涅槃二種俱敬，所得所證並殊勝故。第三門三釋者，一云，俱敬佛僧，非敬法寶，頌中說言滿分淨故，惟舉於法，表人所證，非正所敬也。二云，俱敬於法而非佛僧，唯識性言是所證故，舉滿分淨，欲顯法寶唯識性理，有能證者，因早位殊，非謂佛僧正所敬。三云，此頌悲具敬三寶，並是最勝，可歸敬故。問，佛僧二寶並皆是人，即第一門有何差別。釋云，初門中人，於實法上，假立於人，即假者目之爲人，此佛僧並取實法，法身眞如二身正智，以爲佛體，僧名和合，即理實二和以爲僧體，問若取理事和合以爲僧體，即應非敬。解云，復是假成所敬，如擇滅涅槃，即第二問中所敬也，第四門唯有一釋，謂敬三寶及初門中唯取於人，爲第十釋，此即第三門全，第一門中一分也。

就述造云，本論中三師別釋，文即爲三。初釋中略爲有二種，一明異生行，謂迷謬二空，二聖人行，謂生解爲斷已下總是第二。二者，一因謂迷謬二空，二即果位，謂生解斷障也。又解，因位即是迷謬二空，生解斷除，果位即是菩提涅槃也。復有二種三，所謂生解斷果爲三，二約三性以爲迷謬二空，於生正解，顯所執性生解爲斷，二重障者已下，明遣染分依他，復明二早證圓成實。復有二四，初四即是五道之爲四地，前二位合之爲一，名勝解行位，見修無覺如爲三，次四約六轉依，以亦爲四地，前生解即是損力益能轉，生解斷障即通達轉，由我法執已下，釋修習轉。復證二果圓滿轉，證大涅槃非不劣轉也。復有二五，初約五位，迷謬二空，種姓住生正解故，即是第二勝解行住。生解斷障清淨，增上意樂住，內我法執下，明正行住。後二勝果，明究竟住。次五即仁王五忍，初生正解，地前伏忍生解斷障，第二信忍，初二三地四五六地，即是順忍七八九地即無生忍，十地佛地即寂滅忍，故分爲五種，如此多種不同。其中取捨忍便思之，爲於二空此二迷謬境。問九總說空，爲是我法，爲有爲無。解云，空無我法，故名爲空。此即空性，夫論無我，略有四種。一外道所執實我，計常遍等，自體是無。故云無我。故《菩薩地》云，有爲無爲名爲有，我及我所名爲無。二者，於苦諦法執色等蘊，以之爲我，可唯有緼而無有我，此則名爲別無我理，此據諸有漏法中無所執實我。故下論云，別空非我，屬苦諦故，如於中無有馬等，問與外道執常遍之我有何差別。解云，彼約我體則無名名爲無我，此就唯蘊而無有我，故有異也。三者，通空無我，通一切有爲無爲，於中皆無有我，非唯有漏苦諦上無，由通諸法，皆非有我，故云通無我也。四者，無我所顯故云無我，即以無我所顯眞如，從詮爲名，亦名無我，從空所顯，亦名爲空，據實道理，是空之性。今此論中於空顯據所而說空，無我之性，準此應知問，由執迷二空，斷執餘障斷，異生伏事性障，迷執已，應已末鄣，既無本執滅除故。又問，第六俱生脩惑，地地之中第九品斷，前之八品，唯斷迷事貪嗔慢等，末至九品時，迷事諸惑應非得斷，以彼迷理本執在故，或可斷八迷事。本執且除，末惑既亡，本執除故。解云，斷惑自有二種，一者除本末自然亡，如論所明，斷二執時，餘鄣隨滅。二從淺向深，先麤後細，如異生斷及那含不，先斷迷事，後斷二執，各據一義，亦不相違。又解，此難不然，隨於何法證理斷執之時，自斷迷理，餘鄣斷故，不可以彼迷事貪慢等鄣，例迷理執之障。又解，脩惑本末不定，若見斷者，先本斷，末隨，亡今此所明，是見非修也。

第二火辨親勝等，釋造論意，略爲二意，謂證識性生實解故。釋云，全達二空證勝義識性，名之爲空，此即空性，依他八識及見相分，空無所執，亦名爲空，於唯識理如實知故。此即雙於二空如實知故。又解，證二空所執於唯識理如實知，證圓成，了依他。又解，爲生二智，令達二空，生根本智，如實知故，即生後得，了俗之智也。

第三護法釋造論意，如廣記說，可知。

釋頌之中，不異先判上三句，通難標宗，釋此頌文，三師別釋，義各不同。初安慧師宗，分成兩釋。一云，見相自體，俱從種生，以無體故。解云，雖無別種，然由無始虛妄熏習，執法自生體時，內熏習力，變似我法，說從種生，非謂有別種子而生，名種生自體。依他二分所執。一云，唯自體分有實體故，說從種子生，二分所執，本來無體，但無始已來，虛妄熏習，自體生時，有二分起，即所執性，即依彼宗以釋頌文。由彼假說我法者，或世間聖教二種不同，且世間以釋頌者，謂自體分虛妄熏習。種子生時，變似見相，遍計所執都無自體，依此執爲實我實法，見相所執都無自性體。我法此果無，依於無假。或有別無依總無，謂即我法各別，依於所執，見相二分，以無體故。總說爲無，或可總無依別無，謂我法二種，總說爲無，見相二中，或隨依一，謂之別也。依說依義如前記說，次依聖教所說我法釋頌者。此亦依於見相分，施設我法，亦得說爲無，依於無假，總別對唯上可知。若爾世間聖教二種何別，同依於無故。解云，雖同依無，義意即別，世間我法，唯計所執，畢竟無體，故名世間。聖教我法，爲對遣彼世間我法，故於見相假名施設。故《厚嚴經》云，爲對遣愚夫所執實我法故，於識所變假說我法名，彼依識所變者，謂依識所變遍計所執見相二分故。說依世間，聖教，唯上應知。又解，彼依識所變者，世間我法，依識所變見相二分，聖教我法，但言依識，義依識體而施設故。問，安慧宗見相二分，既無實體，施設世間我法可爾，聖教依他我法，如何得有依也。

第二難陀依二分義釋，謂依所變依他相分，執爲我法，故說依言世間執實。初性所攝因，此即說名無依於有假，聖教所說我法二種，此即依他義依於體，總別相對，準理應知。

第三護法釋頌尋常如廣記說。

安慧等三師，同引《厚嚴經》，爲對遣愚夫等頌，各約自宗以釋。如安慧釋云，於識所變世間我法，據識聖教我法也。又解，俱依所變說二我法，如前我主，由假說者，此有二義，一云約說，二云約義初說者。遍計所執我法二種，俱由倒情橫計爲實依，依彼倒情隨起言說，謂爲實有，所說我法畢竟無實，如空華等。二約義者，唯有倒心，橫計爲有，此所執我法，從本來無，如空華等。問，若爾義之與說俱約倒心，所執無體，以爲二種，說義何別。解云，倒心所執，由約所說無體有，但能說即爲約說，由自體上畢竟我法實無，名爲義也。聖教我法，亦有二種，一由言說，安立施設相見二分，似我法二種相現，名爲約說，二由依他體上，自有似我法相，不由言說安立方爲有，即是約義，猶如庶愛安立似水，自體非水，如其次第，約說就義分其二也。然初計度爲我法中，所說我法，依於倒心，所執我法，此即說爲無依，無倒心所執，依於色心等，即此說爲無依於有。然所說我法二相，各別倒情所執，總是一無，此即別無依於總無，或可言說我法是一，無顛倒之心，人法別執，此即總無依別無。有情橫執義中，無依於見，此即無依於有，總別相對，準上應思，聖教之中，約言就義者，義依於體假，依他見相，目之爲體似，我法相，名之爲義。我法若別，自依相見，言說安立，此即就說別義依總，或可總雙於見相唯說爲法，或唯說我，此即總義依別體就義我法依見相，總別相對，準上應思，此能變唯三者，簡大乘一類師立一意識。或簡小乘立六識，或簡大乘唯八識。而類唯三也，異熟對多四句分別，第七恆審了知了境，相麤者或了境而非相麤，七八二識，或有麤相而非了境，六心所或有了境，亦相麤，謂六識心王，或俱非七八心所。

夫論說我略有五義，一主如主，宰如臣，王有自在之用，臣有割斷之能義同我故。二主謂自性，宰是差別，三主是我體，宰是我用，四主即是我宰即所也，五約法用，主之與宰自在割斷，俱是法之作用。法謂軌持，軌者即生解，持者持自性，名不捨自性。四對分別，一無法有法體，軌唯有法持且通無。二自性差別，軌唯差別持且通二。三有爲無爲對，軌唯有爲，持通二種，四先陳後說體，先陳者是持即是有法後說名軌，即是宗法，如聲是無常等也。又解，彼四對說無體，法亦名爲軌，豈可龜毛體是無法，不能生解。色心自性，類此亦然，無爲亦然，無分別智，豈無軌義。先陳唯有法也，預流來等，等即更等獨覺菩薩及如來等，有說約地差別以解等言，理且不然，約地義別，不離因果二位人故。言有情命者等，依世親《般若論》，我有四名，一謂我，二衆生，三命者，四壽者。我爲總名，餘約三世爲三，約過去世名曰衆生，受多生故，約現在世名爲命者，以能任持一期法故，約未來世名爲壽者，以於未來更受衆生故。若依《瑜伽》八十三，有八種名，一我，二有情，三意生，四摩納縛迦，五養育者，謂能增長後有業故，六補特伽羅，七命者，八生者。初我者，論自釋云，於五取蘊，我、我所見，現前行故。解云，謂執我者，以一蘊爲我，餘蘊爲所，故有我見，及我所見現前也。言有情者，謂諸堅聖如實了知；唯有根識等法，更無有餘能執我者，謂根識外別有於我，能有於情能見聞等，名爲有情。又復於彼諸塵境界，能起愛著，名意有情。意生者，謂云此是意種類者，意云愛生故。摩納縛迦者，依止於意，或爾下者摩納縛迦，此云儒童，美容小兒，意云此我猶如小兒，其性不定，或高或下，於劣已而起爾慢於勝已者，即生卑下，養育者能資長後有在業故，謂能爲後世因。長養後有故，能作一切士夫業故者，約於現在世養身事業。補特伽羅者，名數取趣故。七命者，謂壽和合現存話故，意云，謂有實我與壽和合，得現存話故。八生者，謂具生等所有法故，意云，若依瑜伽第十有十，若依能般若有九，前八中加士夫，若依《大般若》四百一十卷，有十三名，於前九中，更加作者受者知者見者。《大般若》四百二卷中有十七名，加使作者使受者使知者使見者，所以加此經論異者。世親般若，約我總別，義分爲八，而不約世所以唯八。更加士夫者，八中通用故同士夫。說十三者，明其別用，五根名見者，意根名知者，意明由我依彼，六根取境不同，故分二，止我作業受果，名作者受者說十七，更加別用之中能使眞我，即說名爲使作及受知見也。使見者等，即是離蘊神我，我能更令彼六根，取境差別故也。思之，蘊處界等者，於脩多羅，次第求蘊處界。一一差別次第，而尋常知毗尼，即顯以緣求隨制戒，必有所由，阿毗達磨以性相求，但顯性相道理而已也。等諸善巧，《婆娑》第六，四種處界，緣起處非處。問，何故名善巧。解云，此等法門，善巧之智，安立法門，從因受名，或此法能生善巧之智，從果受稱，處界者。止何故名巧，由對病故，處除迷色起我見者，界除遍迷色心病者，緣起說因緣生起等法，處非處者，善因業果名處，惡因業果名非處。有處加蘊者，除迷心所病者。加根者，二十二根。加諦，即世出世因果也。乘者，一乘三乘之義也。世者，明世世道。理者，爲無爲，可知。

王古《大藏聖教法寶標目》卷六　《成唯識論》十卷，右護法、安慧菩薩等十師造，此論能成就天親《三十頌論》，令義理圓成，故名《成唯識論》。盡邃理之微，闡法王之奧，爲令學者破空有迷謬執，生正解，斷重障，證眞解脫故。

紀事

沈玄明《成唯識論后序》 我大唐慶表金輪，禎資樞電，奄大千而光宅，御六辯以天飛。神化潛通，九仙贍寶，玄猷旁闡，百靈聳職。凝旒邃拱，沓通夢於霄暉，揆組摛華，煥騰文以幽贊。爰降綸旨，溥令翻譯。敕尚書左僕射燕國公于志寧、中書令高陽公許敬宗等潤色，沙門釋神泰等證義，沙門釋靖邁等質文。肇自貞觀十九年，終於顯慶之末。部將六十，卷出一千。韜軼蓬萊，池湟環渤，載隆法寶，大啓群迷。頌德序經，並紆宸藻，玄風之盛，未之前聞。粵以顯慶四年，龍棲叶洽，玄英應序，厥閏惟陽。糅茲十釋四千五百頌，彙聚群分，各遵其本，合爲一部，勒成十卷。月窮於紀，銓綜云畢，精括詁訓，研詳夷夏。調驚韶律，藻挾天庭，白鳳甄奇，紫微呈瑞。遂使文同義異，若一師之製焉。斯則古聖今賢，其揆一也。

三藏弟子基，鼎族高門，玉田華冑，壯年味道，綺日參玄。業峻林遠，識清雲鏡。閑儀玉瑩，陵道邃而澄明，逸韵蘭芳，掩法汰而飛辯。緒僊音於八梵，舞霄鶴以翔禎，摛麗範於九章，影桐鸞而絢藻。昇光譯侶，俯潛叡而融暉，登彩義徒，顧猷暢而高視。秀初昕之琁景，晉燭玄儒，矯彌天之絕翰，騰邁眞俗。親承四辯，言奬三明，疏發戶牖，液導津涉。纘功資素，通理寄神，綜其綱領，甄其品第，兼撰義疏，傳之後學。庶教蟠黃陸，跨合璧於龜疇，祥浮紫宮，掩連珠於麟籀。式罄庸謏，叙其宗致云。

窺基《成唯識論述記》卷一 爰有護法等十大菩薩，澂情七轉，激河辨而贊微言。遊神八藏，振金聲而流妙釋。淨彼眞識，成斯雅論，名曰《成唯識論》，或名《淨唯識論》。義苞權實，陵鷲巘而飛高，理洞希夷，掩龍宮而騰彩。總諸經之綱領，索隱涵宗。括衆論之菁華，掇奇提異，風飛三量，而外道靡旗，泉涌二因，則小乘亂轍。故以儀天地而齊載，孕日月而融明，豈只與潢河爭流，雷霆競響而已。在昔周星閟色，至道鬱而未揚，漢日通暉，像教宣而遐被。譯經律義，繼武聯蹤，多覩葱右之英，罕聞天竺之秀，音韻壤隔。混宮宇於華戎，文字天懸。昧形聲於胡晉，雖則髣髴糟粕，未能曲盡幽玄。大義或乖，微辭致爽。鴻疑頑滯，霧擁雲凝，幽絢屢彰，其詳可略。惟我親教三藏法師玄奘，含章拔萃，燭榑景於靈臺，蓄德居宗，涌談漪於智沼。鶩三輪之寶躅，迥晉金沙，澄八解之眞波，遼清玉井，忘軀殉法，委運祈通。冥契天眞，微假資習，匪摛靈而顯異，固蘊福而延祥。備踐神蹤，窮探祕府，先賢未覿，咸貫情樞。曩哲所遺，並包心極，誓志弘撫，言旋舊邦。德簡帝心，道延天藻，遂此寶偈南贊。金牒東流，暢翳理於玄津，蕩疑氛於縟思，顥標三藏，殫駕一人，擢秀五天，陵揜千古。

明昱《成唯識論俗詮叙》 原夫三界唯心，師心乘時應物，萬法唯識，因識觸妄迷眞。是識是心，識海澄而心水靜，即眞即妄，眞源寂而妄波寧。心德既均，語默行藏成化，識情有異，禪律性相分宗。隨機之別，至聖善巧於名言，入道之通，此方獨利於聲教。是以諸佛菩薩，肇世興緣，遺在語而不在默也。蓋補處慈尊，祖於深密，説《十七地經》，親授無著，而無著昆仲相承。天親約爲三十頌，頌詞雖略，理貫《瑜伽》。故始破我法二執，次明能變三名，唯一頌半，大義了然罄矣，況三十頌耶？第緣義豐文儉，披者易於記誦，難於解釋。故護法等，衍頌造論，間有成淨、唯識兩名出。而譯師諱淨標成者，以相見自證和合，成立唯識故也。唯遮境有，識簡心空，較言指歸，審明要會，故總命名《成唯識論》焉。良由凡小妄執，聖者立宗，顧片言隻字，遏競者之横流，半偈全機，起當人之正信。至於分徽漫演，抑謬揚眞，引事發明，盤根究短，延促之機，足徵神穎。復明諸識隨緣，有喻濤奔浪斂，法喻兩陳，令人易曉。更興五種問答，執辯風馳，成立宗因，精研相性，導引多方，終歸唯識。漸亡百計，始悟玄猷，即彰五位，使知趨進，並修六度，積爲資糧，次運四心，通爲加行。刹那見道，分別二障頓除，歷劫修因，俱生無明漸伏。斷十重障，證十眞如，因盡果圓，名爲究竟。然頌論之作，廣約隨機，會理因言，豈容默也。

顧若羣《成唯識論自攷録序》 萬法雖賾，不離能變，能變維何？識而已矣。識與心異乎？生滅不生滅，和合一異，蓋難言之。然三藏浩浩海也，七爲其浪，而八王五十一所，各有二角一頭。從自證體，起相見用，則各以能緣託彼質，變自相爲所緣，蒲萄暎色，卷荷暎聲，皆非能變外實有。凡小外萬法，以遍計執，昧圓成實，不悟依他，緣生無性，全妄即眞。此經論大綱，性相合轍，而學者岐之，飲水分河，嘻亦太甚矣。《成唯識論》號曰相宗，然如來《入楞伽》、《解深密》等，諸大乘修多羅，其濫觴也。婆藪盤豆始陷小乘，計心外有法，阿僧迦患之，爲禮足內苑而有《瑜伽師地》百卷之論，唯識大義始暢。婆藪盤豆悔於厥心，遂束以妙伽陀三十，而句身約矣。親勝、火辯、護法、難陀十師，競加箋釋，人私十卷，靡定一尊。唐奘師西學五天，應護法遙記，取十論折衷之，摘其頷珠，辯其鱗爪，又束百以十，而十師之説，如出一人。糅衆香爲丸，貫雜華成鬘，則今所宗《成唯識論》是也。

著錄

智昇《開元釋教錄》卷一二　《成唯識論》十卷護法等菩薩造，釋上三十論，大唐三藏玄奘譯。

唯識三十論頌

題解

普泰《八識規矩補註序》　昔天親慮末學心力減而不永，遂撮《瑜伽》之文，述三十頌，精擇而從略，欲人之易入，目曰《唯識三十論》。

紀事

明昱《成唯識論俗詮》卷一　按《婆藪槃豆傳》云，北天竺富婁沙富羅，此云丈夫國。彼土有國師婆羅門，姓嬌尸迦，有三子，同名婆藪槃豆，此云天親。原爲帝釋遣弟生閻浮提，名毗搜紐天王，降阿修羅故，有此苗裔，故名天親。雖同一名，復立別名顯之，第三子，於薩婆多部出家，得阿羅漢果，別名比隣持跋婆，此云母兒。長子是菩薩根性，亦於薩婆多部出家，於後修定，即得離欲，思惟空義，不能得入，欲自殺身，賓頭盧阿羅漢。在東毗提訶，觀見此事，從彼方來，爲説小乘空觀，如教觀之，即便得入，意猶未安。因此乘神通往兜率陀天，問彌勒菩薩，爲説大乘空觀。還閻浮提，如説思惟，即便得悟，於思惟時，地六種動，既得大乘空觀。因此別名阿僧伽，譯爲無著。爾後數上兜率陀天，諮問彌勒大乘經義，隨有所得，還閻浮提，爲餘人説。聞者多不生信，無著法師，即自發願，我今欲令衆生信解大乘，惟願大師下閻浮提，解説大乘，令諸衆生，皆得信解。彌勒即如其願，於夜時下閻浮提，放大光明，廣集有緣衆，於説法堂，誦出《十七地經》，隨所誦出，無著法師，隨解其義，經四月夜，解《十七地經》方竟雖同一堂聽法，唯無著法師得近彌勒菩薩，餘人但得遙聞，因此衆人皆信大乘。第二子婆藪槃豆，亦於薩婆多部出家，博學多聞，遍通墳籍，神才俊朗，無可爲儔，戒行淸高，難以相匹。兄弟皆兼別名，菩薩但名婆藪槃豆，後住阿踰闍國，遍通十八部義，妙解小乘，執以爲是，不復信有大乘宗教。無著菩薩見弟聰明過人，識解深廣，該通內外，恐彼造論，破壞大乘，示疾遣使召弟，天親菩薩隨使還國，與兄相見。諮問疾因，兄曰，我今心病，由汝而生，聞汝不信大乘，恆生毀謗，必墮淪溺，故我愁苦，命將不全。天親菩薩聞已，且疑且懼，即殷懃請兄方便開示，菩薩顯達，殊有深識，即便解悟大乘宗旨，於是就兄廣學大乘，悉得通達，憶昔毀謗，深自克責。詣兄陳過，欲自截舌，以謝其罪，兄止之曰，汝昔用舌善巧，毀謗大乘，欲滅此罪，還用此舌善巧，讚嘆大乘耳。因此廣造諸大乘論，及《唯識三十論》，即此三十頌也。

著錄

智昇《開元釋教錄》卷一二　《唯識三十論》一卷出親菩薩造，大唐三藏玄奘譯。

顯識論、轉識論

綜　述

智旭《閱藏知津》卷三七　《顯識論》顯識品十一紙餘，從《無相論》出。明三界但有二種識，一者顯議即是本識，二者分別識，即是意識。顯識起分別，分別起熏習，熏習起顯識，故生死流轉。又云一執著分別性，熏習增長阿梨耶識。二觀習眞實性，熏習能除執著，損壞阿梨耶識此內以第七名陀那識，執梨耶議作我境故。

《轉識論》明識轉有二種：一轉爲衆生，二轉爲法。此二實無，但是識轉，作二相貌。次明能緣有三種：一果報識即阿梨耶，二執識即阿陀那，三塵識即六識及明相應心所等。

著　錄

智昇《開元釋教錄》卷一二　《顯識論》一卷內題云《顯識品》，從《無相論》出。天竺三藏眞諦譯。《轉識論》一卷即出前《顯識論》天竺三藏眞諦譯。

唯識二十論分部

唯識論

綜　述

《唯識論序》　《唯識論》者，乃是諸佛甚深境界，非是凡夫二乘所知。然此論始末明三種空，何者爲三？一者人無我空，二者因緣法體空，三者眞歸佛性空。我空者，我本自無，但凡夫之人愚癡顛倒於五陰中，妄計爲有。何以知無？凡夫依心識妄想分別，於五陰因緣法中見我爲有，然此我想於五陰中實不可得。若爾般若觀此五陰中一二離二實體不可得，猶如兎角。若有此我於一中住者，應於一中見，應於異中見，應於和合中見。云何一中無我者，以有常無常過故。若有我與五陰一者，五陰無常，我亦應無常。復有我欲與陰一者，我是常，故陰亦應常。我若與陰二者一邊，即同前無常，一邊即同前常。若離二邊者，此亦不然。離於二邊，別相不可得，是故實無人我。如是知者，名入人無我空。

因緣法體空者，謂諸色等因緣法，以隨俗因緣起。云何隨俗因緣起。世人見牛起於牛想，不起馬想。見馬起於馬想，不起牛想。色等法中亦復如是。見柱起柱想，不起色想，見色起色想，不起柱想。如薪火相待無實薪。以離於薪更無實火，以離於火更無實薪。於薪更無實火，以離於火更無實薪，於薪更無實火能作薪因，以離於火更無實薪能作火因。而見火說假名薪，見薪說假名火，以相待成故。如是能成所成，而不離能成，因而有所成，不離所成因而有能成。如彼薪火能成，所成亦實無，是名因緣法體空。

眞如法空者，所謂佛性清淨之體，古今一定。故經云佛性者名爲第一義空。所言空者，體無萬相，故言其空。無萬相者，無有世間色等有爲法，故無萬相，非是同於無性法，以其眞如法體，是故經云，去八解脫者名不空空，是故不同無法空也。若如是觀，是名解眞如法空。

唯識論言唯識者，明但有內心，無色香等外諸境界。何以得知。如人目有膚翳，妄見毛輪揵闥婆城等種種諸色，裏無前境界，但虛妄見有如是諸衆生等外諸境界，故言唯識。若爾但應言破色，不應言破心。此亦有義。心有二種，一者相應心，二者不相應心。相應心者，謂無常妄識，虛妄分別，與煩惱結使相應，名相應心。不相應心者，所謂常住第一義諦，古今一相，自性清淨心。今言破心者，唯破妄識煩惱相應心，不破佛性清淨心，故得言破心也。

著録

唐智昇《開元釋教録》卷六 《唯識論》一卷。一名《破色心》，或云《唯識無境界論》。在金華寺出，天親菩薩造。第一譯與陳眞諦《惟識論》及唐譯《二十唯識論》並同本。見長房錄。

又卷七 《唯識論》一卷，天親菩薩造。初云《修道不共他》。在臨川郡譯第二出，與元魏般若流支等出者同本。

又卷一二下 《唯識論》一卷。一名《破色心》。初云《唯識無境界》。元魏婆羅瞿曇般若流支譯第一譯。《唯識論》一卷。初云《修道不共他》。上二論並天親造，陳天竺三藏眞諦譯第二譯。

又卷一九下 《唯識論》一卷，一名《破色心》。初云《唯識無境界經》，或云《唯識無境界論》。十九紙，元魏般若流支譯。

唯識二十論

題解

窺基《唯識二十論述記》卷一 《唯識二十論》者，筏蘇畔徒菩薩之所作也。題叙本宗有二十頌，爲簡三十，因以名焉。【略】梵云毘若底此云識，摩呾喇多此云唯，憑始迦此云二十，奢薩呾羅此云論，順此方言，名《唯識二十論》。唯者獨但簡別之義，識者了別詮辨之義，唯有內心，無心外境，立唯識名，至下當釋。識即是唯，故言唯識，是持業釋。復言二十，是頌數名，合名《唯識二十論》者，帶數釋也，論如常釋，釋義及難，至文當叙，舊論但名唯識論者，譯家略也。

論説

失佚《大乘唯識論序》 唯識論者，乃是諸佛甚深境界，非是凡夫二乘所知。然此論始末明三種空，何者爲三？一者人無我空，二者因緣法體空，三者眞歸佛性空。我空者，我本自無，但凡夫之人愚癡顛倒，於五陰中妄計爲有。何以知無？凡夫依心識妄想分別，於五陰因緣法中見我爲有，然此我相於五陰中實不可得。若爾，般若觀此五陰中一二離二，實體不可得，猶如兎角。若有此我于一中住者，應於一中見，應於異中見，應於和合中見？云何一中無我者？以有常無常過故。若有我與五陰一者，五陰無常，我亦應無常。復有我若與陰一者，我是常故，陰亦應常。若我與陰二者，一邊即同前無常，一邊即同前常。若離二邊者，此亦不然，離於二邊相不可得，是故實無神我。如是知者，名入人無我空。因緣法體空者，謂諸色等因緣法，以隨俗因緣起。云何隨俗因緣起？世人見牛起於牛想，不起馬想；見馬起於馬想，不起牛想。色等法中亦復如是，見柱起柱想，不起色想，見色起色想，不起柱想。如薪火相待無實，以離於薪更無實火，以離於火更無實薪。於薪更無實火，以離於火更無實薪。於薪更無實火能作薪因，以離於火更無實薪能作火因。而見火説假名薪，見薪説假名火，以相待成故。如是能成所成，而不離能成，因而有所成，不離所成，因而有能成，如彼薪火，能成所成亦實無，是名因緣法體空。眞如法空者，所謂佛性清淨之體，古今一定，故經云：佛性者，名爲第一義空。所言空者，體無萬相故。言其空無萬相者，無有世間色等有爲法。故無萬相，非是同于無性法，以其眞如法體。是故經云：去八解脫者，名不空空。是故不同無法空也。若如是觀，是名解眞如法空。《唯識論》言：唯識者，明但有內心，無色香等外諸境界。何以得知？如人目有膚翳，妄見毛輪、犍闥婆城等種種諸色，實無前境界，但虛妄見有如是諸衆生等外諸境界，故言唯識。若爾但應言破色，不應言破心。此亦有義，心有二種：一者相應心，二者不相應心。相應心者，謂無常妄識虛妄分別，與煩惱結使相應，名相應心。不相應心者，所謂常住第一義諦，古今一相，自性清淨心。今言破心者，唯破妄識煩惱相應心，不破佛性清淨心，故得言破心也。

綜述

澄觀《大方廣佛華嚴經隨疏演義鈔》卷六五　言《二十唯識》者，亦名《唯識二十論》有二十偈故。世親菩薩造，唐三藏譯。最初即云安立大乘三界唯心，以契經說三界唯心，心意識了別，名之差別。此中說心意兼心所。唯遮外境，不遣相應，內識生時似外境現。如眼有翳，見髮蠅等，於中都無少分實義。釋曰，此亦明唯心義。復有一卷《唯識論》，天親菩薩造，後魏瞿曇般若流支譯。細尋乃有《二十唯識》同本異譯，而文稍顯。著先列二十偈，初偈云，唯識無境界，以無塵望見，如人目有翳，見毛月等事。偈竟問云，初偈明何義？答曰，凡作論有三義，者立義，即是初句。二者引證即第二句。三者譬喻，即下二句，下文，廣釋。亦明外相無實，唯心現故，名攝相歸見。

紀事

窺基《唯識二十論述記》卷一　《唯識二十論者》，筏蘇畔徒菩薩之所作也。題叙本宗有二十頌，爲簡三十，因以名焉。昔覺愛法師，魏朝創譯，家依三藏，陳代再翻。今我和上三藏法師玄奘，校諸梵本，覩先再譯。知其莫閑奧理，義多缺謬，不悟聲明，詞甚繁鄙，非只一條，難具陳述，所以自古通學開而靡究，復以大唐龍朔元年，歲次辛酉六月一日，於玉花慶福殿，肇翻此論。基受旨執筆，其月八日，詳譯畢功，刪整增訛，綴補紕闕，既覩新本，方類世親，聖旨創興於至那，神容重生於像季，哲鑒君子，當自詳之。然此論本，理豐文約，西域註釋，數十餘家。根本即有世親弟子，瞿波論師，末後乃有護法菩薩。護法所造，釋名《唯識導論》，印度重爲詞義之寶。爰至異道嘗味研談，我師不以庸愚命旃厥趣，隨翻受旨，編爲述記。每至盤根錯節之義，叙宗迴復之文，旨義拾釋，以備提訓，更俟他辰。方冀翻釋，工虧化畢未果便終，遂使玄源見擁而無披，幽靈守昏而永翳。可謂，連城易託，法寶難規，淺義疎文從玆絕矣。

著錄

智昇《開元釋教錄》卷一二　《唯識二十論》一卷世親菩薩造，大唐三藏玄奘譯出《翻經圖》，第三譯。右三論同本異譯《周錄》不言同本，新勘爲重譯。

攝論分部

攝大乘論

題解

道基《攝大乘論釋序》　《攝大乘論》者，蓋是希聲大教，至理幽微，超衆妙之門，閉邪論之軌。大士所作，其在茲乎！若夫實相宗極，言亡而慮斷；眞如體妙，道玄而理邈。壯哉法界，廓爾無爲，信矣大方，超然域外。是以王城三止，寶殿三加，至人垂範，良有以也。佛去世後千一百餘載，群機將扣，感而遂通。北天竺國有二開士，結師資而接武，連花萼以承芳。無著闡於紘綱，所以俊撰論本，婆藪揚其名理，所以克精注述。諸論宗歸，所明各異。《法華》論旨，引三車而共轍，《鞞沙》幽致，開十住以同階。至如此論，衆名坦蕩，似王路之無枝，藏識常流，璧洪川之長注。三性殊旨，混爲一心，六度虛宗，俱棲彼岸。躡十地之龍級，淤三學之夷路。涅槃無處，運悲慧之兩融，菩提圓極，齊眞應之一揆。言攝大乘者，攝謂能攝，蘊積苞含，攝藏名攝。言大乘者，理必絕待，假大稱之，名曰大乘。其義郭周，體性該博，謂爲大也。所行功德，能至能證，名之爲乘。論者，無著菩薩之所製造，窮源盡理，淸微朗暢，謂爲論也。

綜述

智旭《閱藏知津》卷三七 《攝大乘論本》三卷。無著菩薩造，唐大慈恩寺沙門釋玄奘譯。總標綱要分第一，標十相殊勝殊勝語。所知依分第二，明阿賴耶識及意。所知相分第三，明三性相：一依他起相，二徧計所執相，三圓成實相。入所知相分第四，明三種練磨其心及四尋思四如實徧智。彼入因果分第五，明六種波羅蜜多。

彼修差別分第六，明菩薩歡喜等十地。增上戒學分第七，明三聚戒。增上心學分第八，明六種差別：一所緣、二種種、三對治、四堪能、五引發、六作業。增上慧學分第九，明無分別智離五種相。果斷分第十，明轉依有六種。彼果智分第十一，明佛三身。

《攝大乘論》二卷，元魏北天竺沙門佛陀扇多譯。與上同而不分品。

《攝大乘論》三卷，陳優禪尼國沙門眞諦譯。亦與上同分作十品。

著錄

智昇《開元釋教錄》卷一二 《攝大乘論》三卷無著菩薩造，陳天竺三藏眞諦譯，第二譯。

《攝大乘論》二卷無著菩薩造，元魏天竺三藏佛陁扇多譯，第一譯。

《攝大乘本論》三卷無著菩薩造，大唐三藏玄奘譯出《內典錄》，第三譯。

右三本論同本異譯。

辯中邊論分部

辯中邊論

題解

窺基《辯中邊論述記》卷一 佛滅度後九百年間，無著菩薩挺生於世，往慈氏所，請說大論，因緣如別處說。慈氏爲說此論本頌，名《辯中邊頌》。無著既受得已，便付世親，使爲廣釋。故此長行世親所造，名《辯中邊論》。辯者顯了分別異名，中者正善離邊之目，邊者邪惡有失之號，即是明顯正邪論也。若爾何故不名邪正，乃號中邊？今言中邊，顯處中道，離二邊執，契當正理，故標此名。

綜述

窺基《辯中邊論述記》卷一 簡偏說有偏，說空教，彼雖正善而非是中，故言中邊，不云邪正。言中邊者，所明理名。復言辯者，能顯教稱，謂此論教明正邪，理具辯中邊。中邊之辯，蘇漫多聲中第六轉攝，六離合釋中依士釋也。舊云世親所造，非也。《中邊分別論》者，言不順此也。云相品者，所詮爲名，即三性之相此中明也。然所明中亦非唯相，如歸敬頌及次總標七義頌等，皆非是相。從宗多分以立品名，故名相品。如無上乘品，有釋名分，此等七品先後增減，如下應知。然初二品是境，次三品是行，後二品是果，是七品意。又初歸敬，世親所爲，自此下頌皆慈氏說，彌勒本有一百一十三頌，初一總攝，後一結釋，中爲正宗。世親釋有七百頌，皆以不長不短，八字爲句，三十二字爲頌。然世親未迴□，頌十四字爲一句，五十六字爲一頌。即舊眞諦已譯於梁朝，文錯義違，更譯茲日，諸不同處至下當知。

著　錄

智昇《開元釋教錄》卷一二　《辯中邊論頌》一卷彌勒菩薩造，大唐三藏玄奘譯出《內典錄》單本。

《中邊分別論》二卷婆藪槃豆造，或三卷。陳天竺三藏眞諦譯，第一譯。

《辯中邊論》三卷世親菩薩造，大唐三藏玄奘譯，出《內典錄》第三譯。

右二釋論同本異譯。

大乘莊嚴論分部

大乘莊嚴經論

綜　述

李百藥《大乘莊嚴經論序》　《大乘莊嚴論》者，無著菩薩纂焉。菩薩以如來滅度之後，含章秀發，三十二相具體而微，八千億結承風俱解。宏通正法，莊飾經王，明眞如功德之宗，顯大士位行之地，破小乘執著，成大乘綱紀。其菩提一品最爲微妙，轉八識以成四智，束四智以具三身，詳諸經論所未曾有，可謂聞所未聞，見所未見。聖上受飛行之寶命，總步驟於前王。屈天師之尊，智周萬物，應人皇之運，道照三明。慈慧外宣，神機內湛，端扆而役百靈，垂拱而朝萬國。彌綸造化之初，含吐陰陽之際，功成作樂，既章韶舞，治定制禮，言動翠華。金輪所王，封疆之固惟遠，芥城雖滿，龜鼎之祚無窮。光闡大猷，開導群品，凡諸內典，盡令翻譯。

摩伽陀國三藏法師波羅頗伽羅蜜多羅，唐言明友，即中天竺剎利王之種姓也。以得大唐貞觀元年十二月入京。法師戒行精勤，才識明敏，至德鄰於初果，多能亞夫將聖。繼澄、什之淸塵，來儀上國。標生、遠之逸氣，高步宏門。帝心簡在，皇儲禮敬。其博聞強記，探幽洞微，京城大德莫不推許。粵以貞觀四年，恭承明詔，又敕尚書左僕射邢國公房元齡、散騎常侍行太子左庶子杜正倫、詮定義學法師慧乘、慧朗、法常、智解、曇藏、智首、道岳、惠明、僧辨、僧珍、法琳、靈佳、慧賾、慧淨、元謨、僧伽等，於勝光寺共成勝業。又敕太府卿蘭陵男蕭璟監掌修緝。三藏法師云：外國凡大小乘學，悉以此論爲本，若於此不通，未可宏法。是以覃思專精，特加研究。慧淨法師聰敏博識，受旨綴元。元謨法師善達方言，又兼義解，至心譯語，一無紕繆。以七年獻春之始，撰定斯畢，勒成十有三卷，二十四品，敕太子右庶子安平男李百藥序之云爾。

智旭《閱藏知津》卷三八　《大乘莊嚴經論》十三卷，有李百藥序。無著菩薩造，唐中天竺沙門波羅頗迦羅密多羅譯。

緣起品第一。成宗品第二，以八因成立大乘眞是佛說。歸依品第三，明大乘歸依，有四種大義：一者一切遍義，二者勇猛義，三者得果義，四者不及義。種性品第四，明種性有九種差別：一有體，二最勝，三自性，四相貌，五品類，六過惡，七功德，八金譬，九寶譬。九義各有四種差別。發心品第五，明發心有四種大：一勇猛大，二方便大，三利益大，四出離大。有四種差別：一信行發心，二淨依發心，三報得發心，四無障發心。以大悲爲根，以利物爲依止，以大乘法爲所信，以種智爲所緣。爲求彼故，以勝欲爲所乘。欲無上乘故，以大護爲所住，住菩薩戒故，以受障爲難，起異乘心故，以增善爲功德，以福智爲自性，以習諸度爲出離，以地滿爲究竟。二利品第六。眞實品第七，明第一義相。神通品第八。成熟品第九。菩提品第十，明得一切種智。明信品第十一，明信相差別，有十三種。述求品第十二。弘法品第十三。隨修品第十四。教授品第十五。業伴品第十六，明菩薩起業以方便爲伴。度攝品第十七，明六波羅密十義：一制數，二顯相，三次第，四釋名，五修習，六差別，七攝行，八治障，九功德，十互顯，及明四攝行。供養品第十八。親近品第十九。梵住品第二十，明慈悲喜捨。覺分品第二十一。功德品第二十二。行住品第二十三。敬佛品第二十四。

著録

智昇《開元釋教録》卷一二 《大乘莊嚴經論》十三卷無著菩薩造，或十五卷。大唐天竺三藏波羅頗蜜多羅譯。

集論分部

大乘阿毘達磨集論

題解

窺基《大乘法苑義林章》卷一 《大乘阿毘達磨集》者，大乘阿毘達磨，此乃根本佛經之名，集通能所，能集即論，所集即經。今以彼大乘對法爲集，名大乘對法集。

綜述

智旭《閲藏知津》卷三七 《大乘阿毘達磨集論》七卷，無著菩薩造。《本事分》中三法品第一，蘊、界、處。攝品第二，有十一種：相、界、種類、分位、伴、方、時、一分、具分、更互、勝義。相應品第三，有六種不相離、和合、聚集、俱有、作事、同行。成就品第四，有三種種子、自在、現行。決擇分中諦品第一四聖諦，法品第二十二分聖教，得品第三一建立補特伽羅有七種，二建立現觀，有十種。論議品第四，有七種義、釋、分別顯示、等論、攝、論執秘密。

著録

智昇《開元釋教録》卷一二 《大乘阿毗達磨集論》七卷無著菩薩造，大唐三藏玄奘譯。

成業論分部

大乘成業論

綜述

智旭《閲藏知津》卷三七 《大乘成業論》一卷，明身、語、意三業及有表、無表業，是假非實，唯依思立，及由異熟識受熏持種而得成就。業成就論一卷元魏烏萇國沙門毘目智仙譯，與上同本。

著録

智昇《開元釋教録》卷一二 《業成就論》一卷天親菩薩造，元魏天竺三藏毗目智仙等譯出《序記》，第一譯。

右論《序記》云，魏興和三年，歲次大梁七月辛未朔二十五日，驃騎大將軍開府儀同三司御史中尉渤海高仲密，敬請三藏法師烏蔓國人，中天竺國婆羅門人，瞿曇流支，釋曇林等，在鄴城內金等寺譯。四千八百七十二字，序中三藏雖不列名，準制即是毗目智仙。《羣錄》直云瞿曇流支譯者，誤也。今依《序記》爲正。

《大乘成業論》一卷世親菩薩造，大唐三藏玄奘譯出《內典錄》第二譯。

右二論同本異譯。

如來藏論分部

佛性論

綜述

文才《肇論新疏游刃》卷一 《佛性論》，天親所造。解《如來藏經》，成立一乘佛性之義，一切諸見者謂斷常一異等。

智旭《閱藏知津》卷三七 《佛性論》四卷天親菩薩造，陳優禪尼國沙門眞諦譯。第一緣起分，如來爲除五種過失，生五功德，故說一切衆生悉有佛性。第二破執分破小乘品第一，破外道品第二，破大乘見品第三。第三顯體分三因品第一，三性品第二，如來藏品第三。第四辯相分自體相品第一，明因品第二，顯果品第三，事能品第四，總攝品第五，分別品第六，階位品第七，遍滿品第八，無變異品第九，無差別品第十。

著錄

智昇《開元釋教錄》卷一二 《佛性論》四卷，天親菩薩造，陳天竺三藏眞諦譯，單本。

究竟一乘寶性論

綜述

法藏《大乘法界無差別論疏》 堅慧菩薩者，梵名娑囉末底，娑囉，此云堅固，末底云慧。菩薩者，具云菩提薩埵。諸論通釋，有其三義，一從境爲名，以此二法是所緣境故，如骨觀等。菩提云覺，即所求佛果。薩埵名有情，即所度衆生，以智悲內起，是以外緣二境。一云，菩提是所求佛果，薩埵是能求行者，謂求菩提之薩埵，即境智和合目。一云，菩提同前，薩埵云勇猛，謂有志有能。於大菩提勇猛求故，謂此論主，有稱理求佛堅固正慧，故以爲名。三藏云，西域相傳，此是地上菩薩，於佛滅後七百年時，出中天竺大剎利種，聰叡逸群，備窮俗典，出家學道，慧解踰明，大小乘教，無不綜練。但以行菩薩行，留意大乘，以已所遊平等法界，傳示衆生，方爲究竟廣大饒益。是故造《究竟一乘寶性論》及《法界無差別論》等，皆於大乘捨權歸實，顯實究竟之說矣。

智旭《閱藏知津》卷三八 《究竟一乘寶性論》五卷，元魏中天竺沙門勒那摩提譯。教化品第一，佛寶品第二，法寶品第三，僧寶品第四，一切衆生有如來藏品第五，無量煩惱所纏品第六，爲何義說法品第七，身轉清淨成菩提品第八，如來功德品第九，自然不休息佛業品第十，較量信功德品第十一。初一卷是論本偈經，次四卷如次論釋。

著錄

法經《衆經目錄》卷五 《寶性論》四卷後魏世菩提留支譯。

智昇《開元釋教錄》卷一二　《究竟一乘寶性論》四卷或三卷，或五卷，元魏天竺三藏勒那摩提譯，第二譯，兩譯一闕。

大乘法界無差別論

題解

法藏《大乘法界無差別論疏》　大乘，簡別其宗。法界，辨定其義。無差別，顯其意趣。論者剖析所詮，謂釋大乘中法界無差別義，故以爲名。又大者，當體爲目，包含爲義。乘者，就喻爲名，運載爲功。體用合舉，故云大乘。大有三義，一體大，謂眞如平等，不增減故。二相大，謂具足無漏性功德故。三用大，謂能生一切世間、出世間善因果故，此依《起信論》。又有七義，如《莊嚴論》等。乘亦三義，一理性爲所乘，妙智爲能乘，佛果爲乘至處，此依《佛性論》也。二以無分別爲所乘，萬行爲能乘，亦佛果爲所至。三以理智萬行俱是所乘，菩薩假者以爲能乘，佛位人法爲乘所至，故《攝論》云，乘大性，故名爲大乘，亦大亦乘，名大乘。此通依主持業二釋可知。法有三義，一持義，謂自性不改故。二軌義，謂軌範生解故。三對意義，是意識所知故。界亦三義，一因義是界義，謂依生聖法故。《攝論》云，法界者，謂是一切淨法因故。《中邊論》意，亦同此説。二性義是界義，謂法之實性。《起信論》云，眞如者即是一法界大總相法門體。又云法性眞如海，故云也。三分齊義是界義，謂諸法分齊各不相雜，故名爲界。前二皆法之界故，名爲法界。後一法即界故，名爲法界也。無差別者亦有三義，一約位，謂凡夫染位，菩薩染淨，諸佛極淨，三位雖殊，法界之性實無差別。二約法，謂十種無差別，如下文説。三約行，謂因唯一乘，果唯一味，是故因果法界各無差別。論者剖析深義，解釋佛經，令其妙理指掌現前，簡異本經，故稱爲論。

論説

法藏《大乘法界無差別論疏》　詳夫性海虛凝，迥架名言之表，寂門圓應，潛該相用之源。故由常湛妙因，作濤浪之淵府，緣生幻果，依涅槃之起滅。出入冥會，動靜相和，理不乖事，不轉性而成物，事不乖理，不壞物而歸性。是則性非自性，多門所以立焉。物非他物，一相所以存焉。乃知含孕太虛而不增其量，隱秘纖芥而不減其形者，實唯法界無差別之緣起乎！將以智求，即乖其實，欲以情測，即失其眞。如來示滅，茲道陵替，後之學者，或守權乖實矣。

有堅慧菩薩，傑出中天，位登證實，聲高五印。思欲光揚萬行，匡贊一乘，罄己所知，略示群品。其爲論也，理超謂迹，以菩提心、涅槃界爲因果之勝地，清淨土、功德山爲緣性之本轍。善苗擢葉，即返流以契本。白法開華，自還源而造極。亘煩惱海，不思議而一味，滿衆生界，豈斷常而萬殊。若虛空在雲，無以蔽其寥廓，如摩尼處垢，不足染其清明。文略義玄，喻近意遠。開夷路也，平等朗然而不變，則勇進者乘眞而直入，辨實相也，緣起紛然而不作，則羸退者知迷而率服。豈煩衆異妄見之蹐剝，而重嬈其心哉！作者之致，庶幾於顏子矣。然大乘即簡異小，甄別所宗，法界無差別，簡實異權，標其玄奧。論即解釋精微，一卷言無二軸，餘義下當別辨。【略】初教起所因者，先通，後別。通者，如《瑜伽》六十四云，欲造論者，要具六因。一欲令法義當廣流布故。二欲令種種信解有情由此因緣，隨一當能入正法故。三爲令失沒種種義門重開顯故。四爲欲顯略攝廣散義故。五爲欲顯甚深義故。六欲以種種美妙言詞，莊嚴法義生淨信故。今別辨此論，略有十因。一爲助佛揚化，光輝佛日，令法久住，報佛恩故。二爲末世鈍根，於佛深經不能開悟，方便解釋令法解故。三爲外道輩訕謗佛法，引導令彼起淨信故。四諸部小乘不信大者，巧示大乘令信受故。五於大乘中守權教者，解釋深旨，令彼捨權歸此實故。六略攝如來廣大甚深玄奧之義，令易入故。七爲顯眞實大菩提心，是佛根本要妙所依，令彼含識起行求故。八解釋經中衆生心內如來藏法，令彼決定信有此故。

九爲釋經中永無二乘，唯有一乘爲究竟故。十爲顯佛果法身，與諸衆生如來藏法，一性無二，因果平等，唯一味故。第二藏所攝者有二，先約三藏，謂一契經藏，二調伏藏，三對法藏。於此三中，對法藏攝。二約二藏，一菩薩藏，二聲聞藏。於此二中，菩薩藏攝，以所依經及所釋義，皆悉非是二乘法故。

第三顯教分齊者有二門，一叙諸說，謂戒賢，智光各立三教等，並如《華嚴疏》中說。二述現宗，謂現今東流一代聖教，通大、小乘及諸權實，總有四宗，一隨相法執宗，謂《阿含》等經，《婆沙》等論。二眞空無相宗，謂《般若》等經，《中》、《百》等論。三唯識法相宗，謂《深密》等經，《瑜伽》等論。四如來藏緣起宗，謂《楞伽》、《密嚴》等經，《起信》、《寶性》等論。釋此四宗，略舉四義，一約乘者，初唯小乘，次一具三乘，謂此二乘宗，同許定性二乘不成佛，後唯一乘，以此宗許入寂，二乘亦成佛故。智光三教，及《梁論》第八，並同此說。二約識者，初二唯說六識，後二具說八識，於中初說六識有，後說六識空，後二中，初說八識唯是生滅，後說八識通如來藏，具生滅不生不滅。三約法者，初唯說有，二唯說空，三說亦空亦有，謂此宗許遍計所執空，依他圓成有。四說非空非有，謂此宗許如來藏隨緣成阿賴耶識，即理徹於事也。許依他緣起，無性同如，即事徹於理也。以理事交徹，空有俱融，雙離二邊故云也。此四約法，就多分說，四約人者，初是小乘諸師達磨多羅等所立，二是龍猛、聖天等所立，三是無著、世親等所立，四是馬鳴、堅慧等所立。餘隨宗義別，並準可知，此論正當第四宗攝。第四教所被機者，於上四宗中，初小乘宗，一切衆生皆非此爲，以彼宗中總無人向大菩提故。次依第二、第三宗，於一切衆生內，半爲半不爲，謂五種性中，菩薩種性及不定性，是此所爲。餘三定性，即非此爲，以各無因故。第四宗中，明一切衆生皆此所爲，以悉有佛性，並當成佛。《涅槃經》中，除草木等無心，爲非佛性。凡諸有心，悉有佛性。《佛性論》中，言一分無性爲不了義。《寶性論》等，爲謗大乘因，依無量時故，說無佛性，非謂究竟無清淨性。《楞伽》五性中，無種性人亦當得佛，以如來不捨諸衆生故。如此等文，廣如別說。定性二乘入涅槃後，要皆當得發菩提心。《法華》第三，生滅度想入於涅槃，而於彼土求佛智慧，是故唯以佛乘而得滅等。《法華論》決定聲聞根未熟故，菩薩授記方便令發心等。又云，彼以諸禪三昧爲涅槃，本無實涅槃，入楞伽，三昧酒所醉等，乃至云，酒消然後覺，得佛無上身。《密嚴》第一頌云，涅槃若滅壞，衆生有終盡，衆生若有終，是亦有初際，應有非生法，而始作衆生。解云，此亦是聖教，亦是正理，若入寂二乘，灰斷永滅，則是衆生作非衆生，若令衆生作非衆生，則應有非衆生而始作衆生。《唯識論》中，說有漏生於無漏，則難勿無漏法還生有漏，今亦例同，既衆生入滅同非衆生，勿非衆生法而還作衆生，況復此是聖言，彼非佛說。又《勝鬘經》、《無上依經》、《佛性論》、《寶性論》皆同說三界外。聲聞緣覺及大力菩薩，受三種變易身。又《智論》九十三引《法華》第三釋云，有妙淨土，出過三界，阿羅漢當生其中，是故定知入滅二乘。滅麁分段名入涅槃，實有變易在淨土中，受佛教化行菩薩道，若不爾者。未迴心時既無變易。迴心已去，即是漸悟菩薩，不名二乘，故知於三界外所受變易。小乘以爲涅槃，大乘深說，實是變易，本無涅槃。《勝鬘》云，聲聞緣覺，實無涅槃，唯如來有涅槃故。此論下云，應知唯有一乘道，若不爾者，異此應有餘涅槃故，同一法界，豈有下劣涅槃。勝妙涅槃耶。以此當知二乘之人既無涅槃，無不皆當得菩提故，一切衆生皆是所爲也，餘義如別說。

第五能詮教體者有五門。一隨事門，二遍通門，三歸識門，四同性門，五無礙門。初中有四句，一或唯以名句文爲性，謂以音聲但是所依，非正體故。《唯識論》云，若名等不異聲者，法詞無礙，境應無別，二或唯以音聲爲性，謂名句等依聲屈曲，假立無體故。《雜集論》云，成所引聲，謂諸聖說，無性《攝論》第二云，依弘誓願，立菩提聲，三或具二爲性，謂以耳意兩識，緣聲處法處二境，方得聞解故。《淨名經》云，有以音聲語言文字而作佛事。又《十地論》云，說者以二事說，聽者以二事聞，謂音聲名字等，四或俱非聲名以爲其性，謂二事即空故，文字性離故。《淨名經》云，夫說法者無說無示，其聽法者無聞無得。《十地論》中，文字猶如彩畫虛空，音聲猶如空中風相，俱無所得，如是說法，即是不說，說也。此四句中，別取前三，通於小乘，具此四句，唯在大乘。又此四句合爲一教，以無異法故，有無無礙故。二遍通門者，謂色等六境，及餘一切法，皆可軌生物解，悉爲教體，或默然等。如《淨名經》及《楞伽》等說，可準知之。三歸識門者，謂前聲等一切教法，皆悉名是識所現故，是故就實，無不唯識，謂說者識中名言種子生起現行，成言說事，爲增上緣，令聞者識上文義相現，方爲教法。《攝論》十一識中言說識經云，我說識所緣，唯識所現故，《起信論》云，若離心念，則無一切境界之相，並準可知，四同性門者，謂則前門能變境識，當相從緣，即無自性，無不皆是一眞如性。《起信論》云，唯依心現，本不離眞如。又云，是故一切法，從本已來，離言說相，離名字相，離心緣相，畢竟平等，無有變易，不可破壞，唯是一心，故名眞如。以一切言說，假名無實，但隨妄念，不可得故，準之。五無礙門者，於前四門，心境理事，混融無礙，同一緣起，存亡自在，不相障礙，以爲教體。以前四門所引聖教，皆不相違故，義不相離故，法體無二故，思準之。

第六所詮宗趣者，於中先宗後趣，宗中尋名，即以法界無差別義以爲宗。分別此義，略作二門，一定其義，二辨開合。初中有三門，一約染淨門，二約權實門，三約理事門。初中，若就染門，隨流生死，違眞性故，名差別法界。下文引《不增不減經》云，即是法身爲本際，無邊煩惱藏所纏，從無始來，生死趣中，生滅流轉，說名衆生界等。又下文與煩惱俱，名空如來藏，顯成惑染差別法界。二約淨門，反流出纏，順眞性故，名無差別法界。《起信論》云，若人修行一切善法，自然歸順眞如法故，此則萬行契眞，冥同一味。《起信》又云，始覺即同本覺，是故名爲無差別法界。今此論正辨此義，故以爲宗。二權實門者，就淨法中，若約三乘權教所辨，許定性二乘不向大故，是則三乘因果差別，亦名差別法界。若約一乘實教所說，一切二乘無不皆得大菩提故，是則名爲無差別法界。此論正顯此義，故以爲宗。依此二義，《涅槃經》第十云，迦葉菩薩云，我今始知差別無差別義，差別者，聲聞如乳，緣覺如酪，菩薩之人如生熟酥，如來佛性猶如醍醐。無差別者，聲聞獨覺於未來世，悉是其常，譬如衆流皆歸於海。是故此論但明彼經，無差別法界也。三約理事門者，就此一乘法界之中，若約隨事行果緣起相異，及理事非一，故名差別法界。今此論正明此義，故以爲宗。二明開合者，先開法界，後合無差別，前中亦二，一法，二界。法謂依生聖法也，界謂本有眞性也。法亦二義，一因位行法，二果位德法也。界亦二義，一因位名如來藏，二果位名法身。二合顯無差別者，亦有四義，一約界，謂如來藏與法身無二無別，以無異性故。二約法，謂因位行法與果位德法無二無別，以轉因成果無異法故。三約法界，謂修生本有亦無差別，以法身隨緣同彼法故，修生無性即法身故，因位法界，當知亦爾。四約圓融，謂總前四義，令二法界無礙緣起，因果混同，通爲自在法界，無差別義也。二趣者，顯說此法，爲令衆生於此信受，生解起行，證契成果，稱眞法界，起無思大用，橫遍十方，竪該三際，無斷無絕，是其意也。

綜述

智旭《閱藏知津》卷三八 《大乘法界無差別論》六紙，堅慧菩薩造，唐于闐國沙門提雲般若譯。明菩提心，略說有十二種義。

紀事

法藏《大乘法界無差別論疏》 堅慧菩薩者，梵名娑囉末底，娑囉，此云堅固，末底云慧。菩薩者，具云菩提薩埵。諸論通釋，有其三義。一從境爲名，以此二法是所緣境故，如骨觀等，菩提云覺，即所求佛果，薩埵名有情，即所度衆生，以智悲內起，是以外緣二境。一云，菩提是所求佛果，薩埵是能求行者，謂求菩提之薩埵，即境智和合目。一云，菩提同前，薩埵云勇猛，謂有志有能，於大菩提勇猛求故，謂此論主。有稱理求佛堅固正慧。故以爲名，三藏云，西域相傳，此是地上菩薩，於佛滅後七百年時，出中天竺大刹利種，聰叡逸群，備窮俗典，出家學道，慧解踰明，大小乘教，無不綜練。但以行菩薩行，留意大乘，以已所遊平等法界，傳示衆生，方爲究竟廣大饒益。是故造《究竟一乘寶性論》及《法界無差別論》等，皆於大乘捨權歸實，顯實究竟之說矣。

第九翻譯由致者，有于闐國三藏法師提雲般若，此云天慧。其人慧悟超倫，備窮三藏，在於本國獨步一人，後爲觀化上京，遂齎梵本百有餘部，於垂拱年內屆至神都，有勑慰喻，入內供養，安置魏國東寺。令共大德十人翻譯經論，仍令先譯《華嚴》，余以不敏，猥蒙徵召，既預翻譯，得觀寶聚，遂翻得《華嚴不思議境界分》、《華嚴修慈分》、《大乘智炬陀羅尼經》、《諸佛集會陀羅尼經》，已上各一卷成。《造像功德經》二卷、《法界無差別論》一卷，沙門慧智等譯語，沙門法華筆授，沙門復禮綴文，沙門圓測、慧端、弘景等證義。其餘經論，並未及譯，三藏遂便遷化，瘞於龍門，與日照三藏同處，勑甚優禮，道俗欽慕，如喪考妣焉。

著　錄

智昇《開元釋教錄》卷一二　《大乘法界無差別論》一卷堅慧菩薩造，大唐天后代于闐三藏提雲般若譯。

五蘊論分部

大乘五蘊論

綜　述

智旭《閱藏知津》卷三七　《大乘五蘊論》七紙，世親菩薩造，唐大慈恩寺沙門釋玄奘譯。明五蘊攝九十四法，及十二處、十八界，總攝百法，對治三種我執，謂一性我執，受者我執，作者我執。如其次第，以蘊、處、界治之。

著　錄

智昇《開元釋教錄》卷一二　《大乘五蘊論》一卷世親菩薩造，大唐三藏玄奘譯出《內典錄》，第二譯，初譯本闕。

又卷一四　《大乘五陰論》一卷婆藪盤豆菩薩造，失譯出陳朝《大乘寺藏錄》，第一譯，新附《梁錄》。右《陳錄》云陳太建四年五月，沙門慧布北將來。前後兩譯，一存一闕。

百法輪分部

大乘百法明門論

題　解

窺基《大乘百法明門論解》卷一　大者揀小爲義，乘者運載得名。名義互言，百，數也。法謂世出世之法。故心法八，心所五十有一，色乃十一，不相應二十有四，無爲法六，故爲大乘百法也。明乃菩薩無漏之慧，以能破暗故，門以開通無壅滯爲言。論乃揀擇性相教誡學徒之稱。本地分中者，乃《瑜伽論》五分之一。略錄名數者，於六百六十法中，提綱挈領取此百法名件數目。此論主急於爲人，而欲學者知要也。又會六釋云，大乘者，是能詮教，唯聲名句，文四法故劣。百法乃所詮事理通一百法故勝，將勝就劣，以劣顯勝。云大乘之百法，依士釋也。又百法是所緣，乃舉全數故勝。明是能緣之慧，即別境五中之一法爾故劣。將劣就勝，以勝顯劣。云百法之明。依主釋也，又明是能緣即別境中慧故劣。門是所緣通舉百法故勝，將勝就劣，以劣顯勝，云明之門。依士釋也。又門是所詮事理。乃通指百法故勝。論是能詮敎唯聲名句文故劣，將劣就勝，以勝顯劣，云門之論依主釋也。又論爲體，乃聲名句文。門爲用，於論上有不壅滯之功能。以體就用攝用歸體，云門即論，持業釋也。又論乃體，則取聲名句文四法大乘爲用，此論體上有揀小運載二義，故云大乘。以體就用攝用歸體，云大乘即論，持業釋也。又大乘通敎理，行果是所詮故，勝論是能詮唯敎故劣，將劣就勝，以勝顯劣，云大乘之論，依主釋也。又大等六字是所詮故勝，論是能詮唯敎故劣，將劣就勝以勝顯劣，云大乘百法明門之論，依主釋也亦可謂帶數依主。又大乘等五字，通一百法屬所詮故勝，門論二字乃能詮故劣，將劣就勝以勝顯劣，云大乘百法明之門論，依主釋也。亦帶數依主釋也。又大乘是能詮敎體，門論是用，此敎體上有妙旨悟入之義門，決擇性相敎誡學徒，斷惡生善之功用，故名論。將體就用攝用歸體。云大乘即門，論持業釋也。

論說

普泰《修補大乘百法明門論後序》　《百法》者，散於群經，具於《瑜伽論》，至世親師始出之以成論，乃逗機之敎也。蓋敎爲機設，機之色心優劣，暨年數之賒促不齊，致使聖賢施敎廣略有異，而大旨無殊焉。然而《瑜伽》總百軸，而於初三軸，翻覆展演六百六十餘法，奚翅二萬言！而此論僅一紙，言不滿五百，而該括無遺，則詞甚簡而義愈備，文不華而理愈精。至於入道之門，修斷之序，染淨理事之交陳，則充然大備。於斯非具四無礙辨大總持門者，其能與於是乎？嗟夫！大賢憫物心切，務使人易知易從，而吾人爲法者，固不可不知也。至於森然而諸法章，泯然而二我盡，則三乘聖賢之位可階矣。逗機之敎，豈加於是哉！

或曰：聖凡天淵，恐不易致。若子之言，不幾於大而無返乎？曰：予以聖賢之語，原聖賢之道爲言耳。聖賢之道，由性而行之者也。聖賢乃盡夫性，凡愚乃具夫性，究盡具之分雖殊，而察盡具之性無異。性既均而不以道，責己責人者，彼己皆欺也。欺己之罪小，欺人之罪大，欺人之罪，又不若欺後多人之罪爲尤大。後之人視前人，苟簡爲說鈴，而展轉相襲，是使後人復欺後人也。若是則聖賢二利之道而不化，爲名言章句者幾希。嗚呼！予寧冒大言之罪，而避欺人之罪，欲其無罪又何逃乎？

大乘光《大乘百法明門論疏》卷一　尋夫三界有情，五趣漂溺，循環不息，輪迴無替者，莫不以斷常空有紛糺于懷，所以菩薩降生垂範利物，爲除空有兩執故，開空有二門。前明百法有體，爲遣執空。後明人法二空，爲除有見，所以有體，世諦非無。所以言空，眞諦何有。隨病說藥，病息藥亡。執藥成病，悟病成藥。非空非有，即有即空。既絕百非，又亡四句。然因詮顯旨故假論以時，既不說而說，亦聽無所聽，論之興也其在茲乎。

曇曠《大乘百法明門論開宗義記》　夫遍知委照，渾眞俗於心源。深慈普洽，演半滿於言派。寔由性相更會，萬法歸於一如。文義互融，八藏馳於四辯。曷空有之異轍，奚廣略之殊途。究其本者，必同味於百川。滯其末者，競分流於五謗。是以小乘漂於有，有部執煩興。勝義溺於空，空諍論紛起，尚驅妄境，未越昏衢，徒向眞風，虛霑法雨。故我補處彌勒大闡瑜伽，杜兩見門，開一實道。然以理該事，博旨散言彌弘，前修倦於傳通，後進疲於就業。爰有菩薩厥號世親，位極三賢，德隣十聖，製論千部，聲高五天。妙契佛心，雅扶言記，乃軫時僥代薄，根淺性微。怖法海而長暎，怯義山而永阻。遂乃摭精華於廣部，綰宗要於略文，誘彼初機，纂斯小論，欲使留連至教，漸染眞宗。示弱喪於歸方，引疲徒於捷逕，前明百法之有，後顯二我之空，首末交輝，終始相映。邊執既遣，中觀肇彰，識浪由是湮微，眞源賴之澄廓，至矣哉！此論之幽趣也。【略】開發論宗，五門分別，一明所因，二顯所緣，三彰所宗，四辯所歸，五解所立。所因有二，一所依因，二所爲因。所依因者，復有五種，一依了敎，謂依建立阿賴耶識，了敎大乘而立論故。二依圓理，謂依三性顯說有空，處中理門而作論故。三依勝境，具依五法雙據二空，一切甄明而起論故。四依妙行，以本後智發深慈悲，弘法利生而興論故。五依大果，要成佛果具說圓宗，依佛滿智而爲論故。所爲因者亦有五門，一入大法，謂以略標廣散義宗，易入大乘離怯懈故。二起勝解，諸法無我遠離二邊，令其遍達離偏見故。三生圓照，具明眞俗雙顯有空，令得中道起圓照故。四令進趣，具說染淨所斷證修，令正修行無錯謬故。五令成就，若分若滿或化或眞，轉依皆成無缺減故。辯所因竟。

顯近緣者，論起所緣復有二種，一造論所緣，二傳譯所緣。造論緣者，此論既從《本事分》出，所緣不離《瑜伽師地》。故最勝子《瑜伽釋》云，令說此論所緣云何，謂諸有情無始時來，於一切法處中實相，無知疑惑顛倒僻執，起諸煩惱發有漏業，輪迴五疑，受三大苦，如來出世方便爲說種種妙法處中實相。令諸有情知一切法，如是如是空故非有，如是如是有故非空，了達諸法非空非有，遠離疑惑顛倒僻執，起處中行永斷諸障，得三菩提證寂滅樂。佛涅槃後六百歲來，部執競興多著有見，謗大乘法毀滅眞宗。龍猛菩薩證極喜地，採集大乘無相空教，造《中論》等究暢眞要，除彼有見。聖提婆等諸大論師，造《百論》等弘闡大義，由是衆生復著空見。至佛滅後九百年初，無著菩薩位證初地，得法光定發大神通，事大慈尊請說此論，理無不窮事無不盡，文無不釋義無不詮。疑無不遣執無不破，行無不修果無不證，離前二見住中道理，起處中行速證涅槃。無著菩薩有異母弟，位階加行身號世親，即佛所記付法藏中第二十二傳法主也。本習小乘遍通異部，造論五百隱蔽大乘。無著愍之託疾命誘，中路聞誨方信大乘，改軌弘揚造論五百，具如別傳，此但粗明，以《瑜伽論》義廣文繁，學者難尋莫知旨趣，遂造此論略亦方隅，即是造論之緣起也。傳譯緣者，大唐貞觀有大三藏遍覺大師，身號玄奘。俗姓陳氏，洛邑人也。遊五印度境學三藏，玄文名立業成來歸本土。文帝待以國師之禮，乃詔令其翻譯經論，盛得高蹤具如別傳，此論即我三藏大師，貞觀二十三年於京大慈恩寺譯，總是第二論所緣竟。次下第三論所宗者，統論諸宗不過三種，外道小乘大乘別故，外道所宗雖九十六。然今類攝爲十六宗，故《顯揚論》總標頌曰：

執因中有果，顯了有去來。
我常宿作因，自在等害法。
邊無邊憍亂，見無因斷空。
計勝淨吉祥，名十六異論。

彼論長行廣明立破，今略舉之顯宗計相。一因中有果宗，則雨衆等所說，求此果時唯取此因，唯從此生不從餘故。二從緣顯了宗，即聲論等所執，彼說聲等體常本有，緣至即顯非自出故。三去來實有宗，則時論者所說，去來同現皆實有故，小乘有部亦同此執。四計我實有宗，謂獸主等所知起色受相行識覺時，別有薩埵我等覺故。五諸法皆常宗，伊師迦等所說，極微等法一切常住，以前後際物相續故。六因定宿作宗，即離繫子等所說，苦樂等果定宿因作，見行善惡倒受果故。七自在所作宗，如不平等論說，欲行善等事皆違返，由世間事作者別故。八害爲正法宗，愛肉梵志說，於天祠中害生祠祀皆得生天，由呪力故。九邊無邊等宗，爲得世靜慮者，憶壞成劫觀上下傍，治前所執有邊等故。十不死憍亂宗，謂愚無智者計，懼問失名不敢正對推不死天憍亂答故。十一諸法無因宗，彼見欻爾大風卒起，暴河彌漫，後見正息宛然無故。十二死後斷滅宗，邪思論者所立，若有後身，何有作業，我體既空業果無故。十三因果俱空宗，得世定通者，見行善惡得果皆差，梵行入定後身無故。十四妄計最勝宗，即執梵志論者說，婆羅門最勝白色，梵王種胤性梵行故。十五妄計清淨宗，如下劣戒見者，執鷄狗等諸戒清淨，四河水淨浴除罪故。十六妄計吉祥宗，歷算論者所說，於日月星常行，供養不失度時，所欲成故。此十六種所執邪論，皆依無明邪思所起，背內眞理皆名外道，六師皆有此十六法，故總說爲九十六種，次小乘宗有二十部，今應總該而爲頌曰：

異部有二十，本二末十八。
本上座大衆，末初從大衆。
有一說出世，鷄胤及多聞。
說假制多山，西山北山住。
上座名雪轉，流出一切有。
犢子法賢冑，正量密林山。
化地幷法藏，飲光經量部。

雖所計殊分二十部，於中類束以爲六宗，一我法俱有宗，謂犢子部等許有五蘊十二處等，及依蘊等別有我故。二有法無我宗，一切有部等說，三世蘊等而皆實有，補特加羅實我無故。三法無去來宗，大衆部等說，蘊處戒等現法即有，去來蘊等皆是無故。四現通假實宗，說假部等說現在蘊實積聚法故，處界則假和合法故。五從妄眞實宗，說出世部等執，出世可實非虛妄故，世間非實皆虛妄故。六諸法假名宗，一說部等執，世出世間亦皆非實，但是假名無性相故。此等皆依初時教起，故所執宗爲小乘矣。

後大乘宗而有二種，一勝義皆空宗。即《十二門論》、《智度》、《中》、《百》、《般若燈論》、《掌珍論》等。依般若等無相空教，說一切法不離二諦。若世俗門諸法皆有，乃至許有我法心境，與諸小乘義無差別。若勝義門諸法皆空，乃至不立唯識眞如，與應理宗所說全別。然其二諦其體不異，以從緣生說名世俗，即緣無性名勝義空。故說二諦體無差別。由迷勝義執有世俗，縱勤修行終滯生死，由悟勝義了世俗空，故能不著速證涅槃。故說般若爲究竟理，遣一切相無所得故。《解深密》等爲不了義，不遣依圓有所存故，彼經自說爲了義者，以對淺根義易了故，非理究竟名爲了義。二應理圓實宗，即《攝大乘論》、《瑜伽》、《顯揚》、《雜集》、《唯識》、《中邊》等論。依《深密》等諸了義經，說一切法世俗勝義不一不異，非有非空。具如五法前後相望立爲四重世俗勝義，一虛實，二諦，瓶軍林等虛爲世俗，蘊處界等實爲勝義。二理事二諦，蘊等事法麁爲世俗，四諦道理細爲勝義。三淺深二諦四諦安立淺爲世俗，二空眞如深爲勝義。四詮旨二諦，二空眞如帶詮世俗，一眞如法界亡詮勝義，相對立故非一。無別體故非異，妄所執故非有，體不無故非空，故說《深密》爲極究竟，得中道故。《般若》等經爲非了義，就偏說故。此中具說二種宗義。若說法性圓融法門即爲三宗，如《起信疏》，今此論者即大乘中應理圓實究竟宗收，前明百法顯有依他圓成，後說二空顯無遍計所執。既離二邊契會中道，二邊既離中道亦亡。心無所依都無所得，由無所得無所不得，是謂究竟圓實宗也。辯所宗竟。

顯所歸者，所歸不同有其四種，歸藏歸乘歸時歸分，言歸藏者即二藏等，然藏不同總有二種，一約人辯唯有二種，一菩薩藏，二聲聞藏。獨覺智證與聲聞同，教既不多入聲聞藏，藏者攝也，隨攝二人理行果義，各攝益故。二隨所詮立爲三藏，謂前二中各有三藏，一素怛攬此云契經，貫穿縫綴，所詮定學契理契機攝益他故。二毘奈耶此云調伏，所攝戒學調和三業，制伏惡行而攝益故。三阿毘達磨，此云對法，所攝慧學，對向涅槃對觀四諦而攝益故，此義廣如《起信疏》述。此論即是菩薩藏中阿毘達磨，顯示菩薩理行果義生勝智故。言歸乘者，或說一乘，如《法花》云，唯說一乘無二三故。或說二乘，如《攝論》說，上乘下乘有差別故。或說三乘，如《法花》云，爲求聲聞等者說應四諦等法故。或說四乘，如《勝鬘經》，更加無聞非法，衆生人天善根而成熟故。或說五乘，如《大般若》，更加三乘性不定者，聞此法已發大心故。然此五乘義有開合，故諸經論所說有異，此亦具如《起信疏》述。今此論者即是一乘所收，二乘等中上乘所攝，所說五法及二無我，非是二乘世間法故。言歸時者，古立教時多少不定，謂從一時乃至五時，皆無正據，恐繁不叙。今依教量立教三時，如《深密經》，正說意云，初第一時爲小根者，唯約有義說四諦，教破人我執，即四《阿含》等說有隱空名未了義。於第二時爲大乘者，多就空義說無相，教破法我執，即《般若》等說空覆有，亦未了義。後第三時普爲諸乘顯說三性中道之教令悟眞實，即《深密》等具顯有空名眞了義。然此三時對不定性，大由小起漸次而說，若頓悟機則不爾故，亦非年月定判後先，但以義類相從而說。《花嚴》初說非初時故，更有別義。《起信疏》明，今此論者依第三時，了義大乘。第三時攝所引經說諸法無我有空，雙顯不偏說故。言歸分者，若依諸經有十二分，謂如舊說十二部經，部謂部分，經即是教，恐濫部袟改置此名。十二分名而作頌曰，

契經應諷頌，受記自說緣。
譬喻本事生，廣希法論義。

廣釋名義如餘處明，既許三藏俱得教名，故此即是論義分攝。若依論說即有十分，即《瑜伽論》十支義也。此中分者是支義故，此即是論故歸十支。一略陳名數支，即此論是。二粗釋體義支，即《五藴論》。三廣辯名義支，即《雜集論》。四總包衆義支，即《顯揚論》。五莊嚴體義支，即《莊嚴論》。六綰攝大義支，《攝大乘論》。七離僻處中支，《辯中邊論》。八攝散歸觀支，《分別瑜伽論》。九摧破邪山支，《二十唯識論》。十高建法幢支，《成唯識論》。又瑜伽論總有五分，一本地分，略廣分別十七地義。二攝決釋分，略攝決擇十七地中深隱要義。三攝釋分，略攝解釋諸經儀則。四攝異門分，略攝經中所有諸法名義差別。五攝事分，略攝三藏衆要事義。今此即是本地分收，依此分中錄名數故，明所歸竟。

解所立者，於中有二，初釋所立題目，後釋所立文義。解題有二，初正釋題目，後顯論所依。正釋有二，初離後合，離釋有四，一釋大乘，二顯百法，三解明門，四辯論字。凡爲釋名皆依六釋，方於名義而得顯然。故於此中先明六釋，而此六釋總名離合，謂要二法各有別體，合爲一名。

如言金藏，金與藏別故名爲離。同目一物故名爲合，若唯一法無離合義，不名六釋。如言無爲，無爲無離即無合故，其六者何。一持業釋，謂若有法依自業用而得其名。如言藏識，以識能藏體持業故。二依主釋，謂若有法依他士主而得其名，如言眼識是眼之識名依主釋。三有財釋，謂若有法從所有物得其名，如他心智，智有他心，名從物故。四相違釋，謂若有法體用各殊同立一名，如言衆生，衆之與生體用別故。五隣近釋，謂若有法名非本體，從隣得名，如言念住，體雖是慧，住由念故。六帶數釋，謂若有法若體若用約數而顯，如言五眼，照境體用數有五故，即既顯六釋。次將釋名，言大乘者，謂菩薩乘，剋用理智而爲其體，皆該周故名之爲大，並能運故稱之爲乘，理智相對互爲大乘。大之乘故依主釋也。理智當體各言大乘，大即乘故持業釋也。或兼教果即有四法，隨應皆有，綺互相望持業依主準前應知，此約菩薩所乘之法，若兼能乘菩薩人者，大之乘故依主釋也。偏就能乘菩薩人者，大即乘故持業釋也。此即總合釋大乘義，若《瑜伽論》等皆約法體，以七大義別釋大名，虛空藏經即約諸喻，擧諸佛法別釋乘義，恐繁不叙，《起信疏》明，言百法者，名如下列，心法有八，心所有法有五十一，色法有十一，不相應行有二十四，無爲有六，法謂軌持。百者數也，法有百數帶數釋也。言明門者，明者是慧，慧能照法，法因慧顯，故慧稱明。門者通也，謂前百法通生明慧入佛境界至解脱處，故説爲門。是明之門依主釋也。百法即明門持業釋也，小乘唯明七十五法，今大乘宗廣明百法，故言大乘百法明門。所言論者，問徵微釋論量正理教誡學徒，故稱爲論。然論不同有其二種，一隨釋論，隨經律論而造解釋，如《智度》等。二《集義論》，採集諸義通釋諸經，如《瑜伽》等。今此通是二種論收，以釋經言法無我故，採集百法通解釋故。已顯別釋，言合釋者，大乘即是廢所依宗，百法乃是論所顯理，論即百法能詮之教，然即大乘通其教理，其百法論亦通教理，以教對教。以理對理，大乘即百法等，皆持業釋也以教望理，以理望教，大乘之百法等，皆依主釋也，更有別義，恐繁不明，正釋題竟。

論所依者，然《瑜伽論》雖有五分。於中即無本事分名，若《對法論》有本事分，於中不明百法之義，然於今者以義取文。事謂體事，地謂依持，即彼體事有依持義，故地與事名異義同。有説本事廣論未譯，但録名者是妄言也。以本地分義散文繁，於正法體未爲百定，恐初學者迷法相門，怖文義海不能趣入，略録名數以示方隅，但云文略非義略也，此擧初地所觀法故。故《唯識論》説，極喜地於多百門以得自在。多百門者，《瑜伽論》云，刹那能入百三磨地，淨天眼見百世界中，以威神力動百世界，往百世界供百如來，放大光照百世界，現身百類化百有情，若欲留身住壽百劫，前後百劫各見分明，化百菩薩已爲眷屬，正思正説百法明門，今此即當第十法也。

綜述

窺基《大乘百法明門論解》 此於《瑜伽師地論》本地分第一中略録名數，而名爲《大乘百法明門》者，蓋小乘立七十五法，但明補特伽羅無我。猶妄計有心外實法，今大乘明此百法，皆不離識，不惟實我本空，亦復實法非有，若於一一法中照達二空，則一一皆爲大乘證理之門也。

王古《大藏聖教法寶標目》卷六 《大乘百法明門論》。右天親造，一切法略有五種：一心法，略有八種。二心所有法，略有六種，偏行有五，別境有五，善有十一，煩惱有六，隨煩惱有二，十不定有四。三色法，略有十一種。四心不相應法，略有二十四種。五無爲法，略有二種。

紀事

窺基《大乘百法明門論解》 北天竺富婁沙富羅，此云丈夫國，有國師婆羅門姓嬌尸迦，生三子，同名婆藪盤豆，此云天親，乃帝釋之弟毘搜紐天王之後，雖同一名，復有別號。長曰阿僧迦，此云無著，乃菩薩根性。季子別名比隣持跋婆，此云母兒，蓋比隣持此云母。跋婆云子，亦云兒，中子博學多聞，遍通墳籍，神才俊朗，戒行淸白，無與儔匹，兄弟皆兼別號故。法師但名婆藪盤豆，不相濫也，依《瑜伽論》廣造諸論，以釋大乘，發揮非空非有中道之教。

著錄

智昇《開元釋教錄》卷一二 《大乘百法明門論》一卷世親菩薩造，大唐三藏玄奘譯。

所緣論分部

觀所緣緣論

題解

明昱《觀所緣緣論會釋》 觀者察義，所緣者有境義，緣者能引生識義，謂觀察所緣之境，亦能引生於識，方是所緣緣也，故論中云，帶彼相起，及從彼生。《釋論》云，凡是境者，理須生其似自相識，隨境之識，彼是能生，彼是所緣，故知所緣緣者，唯一色等法，具足有境引生二義，而餘乘別執極微者，縱許引生，闕有境義。別執和合者，縱許有境，又無引生，故論主令彼觀察二義斯備，方可立宗。

論說

智旭《觀所緣緣論直解》 觀之一字，是能觀之智，即第六識與正解等諸善心所，藉正教正理以爲定量，令於所觀不倒不錯也。所緣緣三字，是所觀之境，即心王心所之相分也。蓋凡心王心所，皆藉四緣而生，一親因緣，即是種子，二等無間緣，即前念現行，三所緣緣，即各識自所變之相分，四增上緣，即六根及餘一切心心所等。今於四緣之中，獨論觀所緣緣，又於一切所緣緣中，獨約前五識言者，蓋現量五塵境界，凡外小乘愚惑不了，妄計以爲心外實法，所以生取捨想，起貪瞋癡。今用正理比度較量，既非極微，又非和合，則心外更無一法爲所緣緣，而所緣緣，惟是自識所變相分明矣。既惟自識所變相分，又何容生取捨想，起貪瞋癡哉。此則破我法二執之神劍，斷煩惱妄想之利斧也。論字如常可解，論中先叙極微和合二執，是似能立門，次明彼俱非理以下，是眞能破門，後明內色如外現等，申於正義，是眞能立門。此皆由陳那菩薩，以根本智證眞現量，故能以後得智立眞比量，開曉後人，名之爲論。吾人讀此論者，藉此正教爲量，二六時中，恆於五塵如理觀察了，知無心外之極微，亦無心外之和合相。一切所見所聞所覺所觸，惟是自識所變相分，即此爲識所緣，即此助生於識，是名大乘唯心識觀初門。

綜述

王古《大藏聖教法寶標目》卷六 《觀所緣緣論》，右陳那菩薩造，心爲能觀，緣境爲所觀，心境非一，故言所緣緣。如眼觀色，境色是所緣，眼識爲能緣等。《無相思塵論》，右陳那菩薩造，意識細境，非緣外境，故名無相。識心分別至鄰虛位，極微細，故名思塵。

紀事

王野《觀所緣緣論釋記序》 陳那菩薩深窮緣性，洞徹見源，標眞殄謬，明心外無境。經部師等，以外色極微和合爲所緣緣，斥其互闕一支，俱不應理。菩薩申義，內色如外現，爲識所緣緣，許彼相在識，及能生識故。古大乘師略於挾帶，則本智緣眞如時，爲所緣緣，似有失。而小乘正量部，不許變帶，則眼識緣色時，所緣緣義不成。菩薩理善成立，二支斯備，如是了達，方知心外無境，凡所見法，是見心也。

著　録

智昇《開元釋教録》卷一二　《無相思塵論》一卷或直云《思塵論》。

陳天竺三藏眞諦譯出《翻經圖》，第一譯。

《觀所緣論》一卷陳那菩薩造，大唐三藏玄奘譯出《内典録》，第二譯。

右二論同本異譯《周録》不言同本，新勘爲重譯。

論集部

因明論分部

因明正理門論

題解

神泰《因明入正理門論述記》 泰法師撰初言因明者，五明論中論，即是諸因明論之通名也。正理門論者，此論之別目也。初言因者，有其二種，一者生因，二者了因。今此所辨正説了因，兼辨生因。就了因中復有三種，一者義因，謂通是宗法，所作性義。二者言因，立論云者，所作性言，三者智因，諸敵論之者，及證義人，解前義因及言因，心心數法，通名爲智，此之三因。並能顯照，聲無常，如燈照物，故名明也。此即因是境名，明是智稱，又即此明智，能照因境，了得本宗，故云因明。此即因即是明爲言説，名因明者，一從因明生，即因明其名因明。二生因明故名因明，從果名因明也，若因義即因明境，故名因明。又釋，因者即前智境具，明者辨也，謂此論辨明此因，故名因明。此因明二字，法比量論云物名。言正理者，智能照理，從名理因，理者起言故，言亦名理。智所照境，亦名爲理，理有耶正，簡耶云正。理此正理，用此論爲門，方能悟解，故名正理門。又解，正理者，即集量等五十餘敘名也，此論爲彼門故，名正理門。

綜述

窺基《因明入正理論疏》卷一 《因明正理門論》正理者，諸法本眞之體義。門者，權衡照解之所由。商羯羅主，即其門人也。豈若蘇張之師鬼谷，獨擅縱横，游夏之事宣尼，空聞禮樂而已。既而善窮三量，妙盡二因。啓以八門，通以兩益。考覈前哲，規模後顈。總括綱紀，以爲此論。此云衆大師行至北印度境，迦濕彌羅國法救論師寺，逢大論師僧伽耶舍，此云衆稱。特善薩婆多，及因，聲明論。創從考決，便曉玄猷。後於中印度境，摩揭陀國，復遇尸羅跋陀菩薩等，重討幽微，更精厥趣。披枝葉而窮其根柢，尋波瀾而究其源穴。雖前修而桂悟，未烈我師之芳閑。旋踵弘揚，因訓初學。庶使對揚邪正，司南有軌，斯乃此論之因起也。

智周《因明入正理論疏抄》 疏《因明正理門論》者陳那本論之名，故知叙所因，不準此論所由也。通叙因明之本因，乃至此論因起，又商羯羅主，即其門人已，下方明此論因也。

王古《大藏聖教法寶標目》卷六 《因明正理門論》力陳那菩薩造，本同譯別，詳略有異。唐譯後序云，此論抗辯標宗，摧邪顯正，因談照實明彰顯理。入言趣本正以離邪，西方時彥鑽仰突深。

智旭《閱藏知津》卷三七 《因明正理門論本》一卷大域龍樹菩薩造，譯人同上，爲欲簡持能立能破義中眞實，故造斯論。

紀事

延壽《三支比量義鈔》 劫初足目，創標眞似。爰暨世親，再陳軌式。雖紀綱已列，而幽致未分，故使賓主對揚，猶疑立破之則。有陳那菩薩，是稱命世，賢劫千佛之一佛也。匿跡巖藪，棲巒等持。觀述作之利害，審文義之繁約。於時巖谷振吼，雲霞變彩，山神捧菩薩足，高數百尺，唱言，佛説因明，玄妙難究。如來滅後，大義淪絶。今幸福智攸邈，深達聖旨。因明論道，願請重弘。菩薩乃放神光，照燭機感。時彼南印土，按達羅國王，見放光明，疑入金剛喻定，請證無學果。菩薩曰，入定觀察，將釋深經。心期大覺，非願小果。王言，無學果者，諸聖攸仰，請尊速證。菩薩撫之，欲遂王請。妙吉祥菩薩，因彈指警曰，何捨大心，方興小志，爲廣利益者，當轉慈氏所說瑜伽。匡正頹綱，可製因明，重成規矩。陳那敬受指誨，奉以周旋。於是覃思研精，乃作《因明正理門論》。

著録

道宣《大唐内典録》卷六　《因明正理門論》十二紙上八論並貞觀二十一年玄奘從駕於翠微宮内譯。

智昇《開元釋教録》卷八　《因明正理門論本》一卷。

又卷九　《因明正理門論》一卷大域龍菩薩造，第二出與奘法師譯者同本，景雲二年於大薦福寺翻經院譯，沙門玄傘智積等筆受。

又卷一二　《因明正理門論本》一卷大域龍菩薩造，唐三藏玄奘譯出《内典録》第一譯。

因明入正理論

題解

窺基《因明入正理論疏》卷一　正理者，諸法本眞之體義。門者，權衡照解之所由。

唐云《因明正理入論》，今順此方言，稱《因明入正理論》。依此標名，合爲五釋。一云，明者，五明之通名。因者，一明之別稱。入正理者，此論之別目。因體有二，所謂生了。二各有三，廣如下釋。今明此因義，故曰因明。所明者因，能明者教。因之明故，號曰因明，依主釋也。入者，達解。正理者，諸法本眞，自性差別。時移解昧，旨多沈隱。餘雖解釋，邪而不中。今談眞法，故名正理。由明此二因，入解諸法之眞性，即正理之入，亦入正理之因明，並依主釋也。明體是教，因明即論，持業釋也。簡藏爲名，無重言失。二云，因明者，一明之都名。入正理者，此軸之別目。因謂立論者言，建本宗之鴻緒。明謂敵證者智，照義言之嘉由。非言無以顯宗，含智義而標因稱，非智無以洞妙，苞言義而舉明名。立破幽致，稱爲正理。智解融貫，名之爲入。由立論者，立因等言，敵證智起，解立破義。明家因故，名曰因明，依主釋也。由言生智，達解法之幽致名入。正理之入，亦入正理之因明，並依主釋。三云，因者言生因，明者智了因。由言生故，未生之智得生。由智了故，未曉之義今曉。所曉宗稱正理，所生智名爲入。因與明異，俱是因名。正理入殊，咸爲果稱。由言生因故，敵者入解所宗。由智了明故，立者正理方顯。應云正理之入，入正理之因明。並依主釋也。立論雖假言生，方生敵論之智。必資智義始有言生。敵者雖假智了，方解所立之宗。必藉義言，方有智了。故雖但標言生智了，即已兼說二了二生。攝法已周，略無餘也。四云，因明者，本佛經之名。正理者，陳那論之稱。陳那所造四十餘部，其中要最正理爲先。入論者，天主教之號。因謂智了，照解所宗。或即言生，淨成宗果。明謂明顯，因即是明，持業釋也。故瑜伽論第十五言，云何因明處，謂於觀察義中，諸所有事。所建立法，名觀察義。能隨順法，名諸所有事。諸所有事，即是因明。爲因照明觀察義故，正理簡邪，即諸法本眞自性差別。陳那以外道等，妄説浮翳，遂申趣解之由，名爲《門論》。天主以旨微詞奧，恐後學難窮，乃綜括紀綱，以爲此論。作因明之階漸，爲正理之源由。窮趣二教，稱之爲入。故依梵語《因明正理入論》，依主釋也。五言，因明正理，俱陳那本論之名。入論者，方是此論之稱。由達此論，故能入因明正理也。或因明者，即入論名。正理者，陳那教稱。由此因明論，能入彼正理故。或因明者，能入所入論之通名。入正理者，能入所入論之別稱。由此因明能入論故，達解所入因明正理。或此應云。因即是明。正者即理，並持業釋。此五釋中，第一因之明，第二明之因，第三因與明異，第四因即是明，第五屬在何教。正理亦五，一諸法眞性，二立破幽致，三所立義宗，四陳那本論，二總通前四。由此一一別配，但爲五解。綺互釋之，合成二十五釋。恐文繁廣，故略不述。然依初解，教亦因明。依後四釋，教是彼具，亦名因明。論者，量也，議也。量定眞似，議詳立破，決擇性相，教誡學徒，名之爲論。依後四釋，既是所詮，論者是教。即因明入正理之論，依主釋也。欲令隨證，因生之明，而入正理，故說此論，如中觀論。或此辨說因明正理之能入，立此論名。如《十地經》，或依能入正理因明，而說此論，如水陸花，故以爲號。商羯羅主菩薩造者，梵云商羯羅塞縛彌菩提薩埵訖栗底。商羯羅者，此云骨瑣。塞縛彌者，此云主。菩提薩埵，義如常釋。訖栗底者，造。唐音應云骨瑣主菩薩造。外道有言，成劫之始，大自在天，人間化導，二十四相。匡利既畢，自在歸天。事者顧戀，遂立其像，像其苦行，悴疲饑羸，骨節相連，形狀如瑣。故標此像，名骨瑣天。劫初雖有千名，時滅猶存十號。此骨瑣天，即一名也。菩薩之親，少無子息。因從像乞，便誕異靈。用天爲尊，因自立號，以天爲主，名骨瑣主，即有財釋。此論是彼之所造也。

第三明妨難者。一問，何故不名宗明喻明。但稱因明。稱因有三相，名義寬故。又諸能立，皆名爲因，非唯一相。宗由此立，總名因明。二問，眞因眞明，可說因明，似因似明，應非因明。答擧眞攝似，或已攝故，或兼明之，非正明故。三問量立量破，可名因明。過破似破，應非因明。答是因明類故，或似眞俱因明，名略已攝故。四問，立破有言智，可是因明。現比無智言，應非因明。答見因亦明，見因證明，自證亦因，故皆因明。五問智生，智了可名因明。二了，二生非智，應因非是明。答是明之因，或皆順照，成宗義故。六問因喻能立，可說因明。宗非能立，應非因明。答由不決定，故所立非。從定爲名，故無有失，又能因能明，正是因明，所因所明，兼亦因明。又今者所立唯宗，能立雖唯因喻，言不違古，宗亦因明。七問何故不名果明，但名因明。答果有果之明，非果皆即明。因有因之明，是因皆即明。果明不定，義亦有濫。因明兩定，義亦無濫，故名因明。本欲以因成果義故，不欲以果成因義故。

論說

文軌《因明入正理論疏》　因明者，五明之一明也。竊尋五明論名，傳之尚矣，然聲明辨以詞韻，方異不可而翻，醫方工巧二明俗事，人多不譯，今古所翻經論多是內明，所收於中如實論等並即因明所攝，而或者管窺乃言舊無新有，或尋之不曉便云外道論門，此猶捧土以塞孟津而不知其量，且內明之用也。爲信者而施之，因明之用也。爲謗者而製之，夫至理沖邈，非淺識所知，故於奧義之中，諸見競起，或謗空而撥有，或躭斷而翫常，或計法自生，或執相由起，或言我作業，或言賔是因，或言過未無，或言三世有，遂使道分九十六種，部折二十不同，並謂握隋候之珠冠舊王之寶。然法門不二豈有殊歸，一理若眞諸宗便僞，故欲觀形好醜則鑑以淨鏡清池，定理正邪，必照以因明現比故，雜心論云，因明論方便，是即爲法辨，所以大聖散說因明。門人纂成別部，或以如實存號，或以正理標名，故世親習舊五支。鞭骨彰德陳那，創勒，三令吼石，表能其於大業追蹤遺芳。難紀有商羯羅主菩薩者，生知至理，善鑒物機，爰撮廣文，製茲略論，欲使始學之徒，識方隅之反，昇堂之衆有知十之由。惟今三藏法師，器逾瑚璉，道邁舟航，既嗟群闇爲心，遂以五明成念，乃問道西域，留意茲文，旋踵東華，頗即翻譯軌。以不敏之文，甞道膚淺，幸同入室，時聞指掌，每記之以汙簡書之。大帶所恨，今之學者立義非宗，難無定例，不崇因明之大典，翻慕委巷之庸談，乃謂八並八轉爲機樞，四門中非爲高論，或學初章中假之法，或依龍遊虵勢之文，此並詞理渾殽無分勝負，問答峰起孰定是非。但以語後者，優不以理，前者爲正，學徒不悟，習以生常，豈若因明總攝諸論可以權衡立破，可以楷定正邪，可以褒貶是非，可以鑒照現比。譬之日月，既明爝火自滅，霖雨已降，溉灌無施。所言因明入正理論者，因以利果爲義，未生之智令生。明以鑒照爲功，未顯之義令顯。顯者，文稱正理。生者，題標爲入，此即入與正理俱是果名，若因若明並爲因稱。生果親賴多言，因名即兼收義智。顯果正由鑒達，明名亦傍及義言，果既體非多，言入理唯收智。義論者，評也，即評以八門。論以兩悟，以言盡理，故稱爲論，故云《因明入正理論》。

智周《因明入正理論疏前記》卷一　夫《因明入正理論》者，商羯羅主菩薩造，玄奘三藏譯，基師爲之疏。淄洲相尋，雖撰述纂斷，尤暢八門要旨，未令於疏文。分釋繇旃，學者虛功，難以成業者乎。爰樸揭其門人也，覃思研精，而考決前哲宗統，亹而以彰，灼前後二記，重披二因，玄猷妙曉，自他兩益。嗟乎，豁乎，予遊聽南都之日稟于誂本，於西京之高範相伯珍玩，年于玆矣於其書也。義理冲邃，芒乎而闢昧乎而閟也。況歷代已尙文字，殫殘碩疑，縵縵未能卒今成虧乎？調適者間亦多焉，而今使稍采本衡正其一二，繼憑嬴以流于世，亦乞天下之辨者再訂焉，謂魚處於陸濡以沫矣，若到大成必爲一濡云爾。

真界集解《因明入正理論解》　因明入正理論者。此六字爲一論之題目。論之一字是能詮文。上五字是所詮義。謂因明正義由論彰顯。是則義由論顯。論逐義名，文義雙彰，能所合目，故曰《因明入正理論》。就上五字中。上二字是能入因智。下二字是所入正理。入通能所。斯出因智眞故，得入正理也，故淸涼云。因者即萬法生起之因。明者即觀法本因之智。謂世間種種言論，及圖書印璽。地水火風萬法之因，皆悉明了。通達無礙。又楞嚴云，如來發明世出世法。知其本因，隨所緣出。乃至現前種種松直棘曲。鵠白烏玄。皆了元由。斯皆以智照明萬法本因。故曰因明。永明云。正理者，諸法本眞之體義。謂若迷性覺隱晦靈明。不達諸法正因，故致情宗糺轍。今絕狂愚之妄說，杜邪倒之疑心，則入諸法本眞。斯即自悟入正理也。又因明入正理者。謂因乃立者三支中因。以宗因喩不相離故。明即敵者所生之智。以聞立者理引發故，故起信記云。一眞如性是有法。定能隨緣故爲宗。因云是有爲法平等所依故，同喩如虛空。又下論云，聲是有法。定無常故爲宗。因云所作性故，同喩如瓶。又《瑜伽》云，云何名因明處。謂於觀察義中諸所有事故。釋曰。所建立法。名觀察義。能隨順法？名諸所有事。諸所有事即是因明。斯皆由因照明所建立法。令諸聞者。於所比義，有正智生，了無常等，斯即悟他入正理也，故云由宗因喩多言。開示諸有問者未了義故，問夫立論量，三支圓滿，果明不舉，獨唱因明。答因爲量主故。故大鈔云，就比量中，有許未許，爲成未許，必有能成。即能成是因。所成是果。宗由因顯，義得分明，故唱因明。理無違妨。又此論者，謂徵析邪宗。審明正理，故云《因明入正理論》。

慧沼《因明入正理論義纂要》　第一解者，明但是教，即五明之總名。因即生了，是一明之別稱。復含言生之與智義，今此正理，即二因之少分取義非餘。因明生了達解正理，名之爲入，由明此二因，入解諸法之眞性，即入屬正理，彼因與明能生此入，入於正理故，因及明屬正理之入，故云亦入正理之因明。又入正理，不約立敵以分，汎明因此詮因之教，入解正理。雖復此論亦名因教，亦詮二因故，然是通名，唯正理入，是此別目。第二第三解，細思取別。第四五解，又約人屬教，立者言生，敵者智了，並名爲因，各望果故。了即照解所宗，言即顯彰所立，俱復稱明，各顯了故。餘文自顯，今於第三解下，更助二解。一云，或因明者，並立論者詮因喩，言能生敵論者了宗之智，復能明顯自所立宗，論體離復不殊，望義別故，因明兩別，亦因亦明，故持業釋。入者敵論者之智，因立論言爲因爲明，能有證入，正理者即所立宗義，由彼因明能生敵智，入此正理，正理之入，入亦因明，並依主釋。二云，因明與入並通立敵，敵者之智能照所宗，名之爲明宗果義彰，復賴敵智故名爲因，因即是明，持業釋也。宗義顯邊名明，能證解邊名入，因明即入，亦持業釋。由立者言。正能爲因生於明入，明入之因亦名明入，因從果名，如菩提因亦名菩提，正理如前，於第五解下更助一解，或因明正理，並佛本經之名。入者即天主論稱，以能入彼根本佛說因明正理，或因明者，通內外道之名。正理者根本佛說之號，入乃此論之目，天主欲令趣入於佛所說正理故，或因明者，佛根本名，入正理者，天主論稱，應云正理入，能入因明正理故。依結略中正理，加二正理佛根本名，或天主論稱，總成七釋，以歷於前五解因明，成三十五釋。若細分別總解因明，有十一釋，此以正理歷而明之，成七十七，若綺互單重，數即更廣。

明昱《因明入正理論直疏》　因者，格諸法之比量。明者，照諸法之正智，非正智無以照諸法本因，非比量無以格諸法自相，是以據比量正智能入諸法正理也。故論主以極成有法，極成能別爲宗，徧是宗法爲因顯因同品爲喩，豈非因明入正理乎蓋因者，是比量義。而有三支以三支，比量爲因，名因言生智了爲果名明，趨進得本名入，簡別徧邪名正，諸法自相名理，賓主較言名論，故云《因明入正理論》。

智旭《因明入正理論直解》 因明二字，是能入。正理，二字，是所入。因者，諸法所以然之故，乃三支比量中之一支。三支，謂宗因喻也。宗非因不顯，喻非因不立，因最有力，故標因明。因既明，則能立能破，能破，則邪無不摧。能立，則正無不顯，摧邪，則徧計之我法俱破。顯正，則依圓之眞俗並立。眞俗二種正理，由因明而得入，故《名因明入正理》也。論者，辯明判決之謂，而有二種，若疏決經文，名爲釋論，若依經立義，名爲宗論，今是宗論也。

綜述

馮夢禎《因明入正理論題辭》 諸法本因曰正理，徹諸法本因曰正智，理由智顯，宗假因明，因智爲能入，正理爲所入，菩薩證眞現量眞比量，故有眞能立眞能破。以智照理，以自悟他，故曰因明入正理。

智旭《閱藏知津》卷三七 《因明入正理論》五紙後序一紙，南自北沛 商羯羅主菩薩造，唐大慈恩寺沙門釋玄奘譯。明眞能立，眞能破，眞現量，眞比量，及似能立等。共八門以辯悟他自悟二益。

著録

靜泰《衆經目録》卷一 《因明入正理論》一卷六紙唐世並是玄奘譯。

《開元釋教録》卷八 《因明入正理論》一卷見《内典録》商羯羅主菩薩造，貞觀二十一年八月六日於弘福寺翻經院譯，沙門知仁筆受。

回諍論

綜述

《序迴諍論翻譯之記》 《迴諍論》者，龍樹菩薩之所作也。數舒盧迦三十二字，此論正本凡有六百。大魏都鄴興和三年，歲次大梁建辰之月，朔次癸酉，辛卯之日，烏萇國人，刹利王種三藏法師毘目智仙，共天竺國婆羅門人瞿曇流支，在鄴城内金華寺譯，時日所費二十餘功，大數凡有一萬一千九十八字，對譯沙門曇林之筆受。驃騎大將軍開府儀同三司御史中尉勃海高仲密啓請供養，且記時事，以章以聞，令樂法者，若見若聞，同崇翻譯矣。

智旭《閱藏知津》卷三八 《迴諍論》一卷，南華北逸後魏烏萇國沙門毗目智仙等譯。先述外人難一切法無體，則語言亦無體，如何能遮一切法。次申正義，一切法因緣生，語言亦因緣生，同皆無體，如以幻人，還遮幻人，若人信於空，彼人信一切，若人不信空，彼不信一切。

著録

法經《衆經目録》卷五 《迴諍論》一卷後魏世瞿曇留支譯。

道宣《大唐内典録》卷四 《迴諍論》元象元年出曇林筆受。

智昇《開元釋教録》卷一二 《迴諍論》一卷龍樹菩薩造，元魏天竺三藏毗目智仙等譯，出序記，單本。

方便心論

綜　述

智旭《**閱藏知津**》**卷三八**　《方便心論》一卷　南邑北逸造者同上　後魏西域沙門吉迦夜與曇曜譯。《明造論品》第一，此論分別有八種義，一譬喻，二隨所執，三語善，四言失，五知因，六應時語，七似因非因，八隨語難。《明負處品》第二，《辯正論品》第三，《相應品》第四，問答相應有二十種。

著　録

僧祐《**出三藏記集**》**卷二**　《方便心論》二卷，宋明帝時，西域三藏吉迦夜，於北國以僞延興二年共僧正釋曇曜譯出，劉孝摽筆受。

智昇《**開元釋教錄**》**卷六**　《方便心論》一卷。

如實論

綜　述

王古《**大藏聖教法寶標目**》**卷六**　《如實論》如無乖異，實非妄倒，義理直實。

智旭《**閱藏知津第六卷**》**卷三八**　《如實論》一卷　南華北逸天親菩薩造，陳優禪尼國沙門眞諦譯。《反質難中無道理難品》第一《道理難品》第二《墮負處品》第三，《明墮負處》，有二十二種。

著　録

法經《**衆經目錄**》**卷五**　《如實論》一卷陳世眞諦譯。

道宣《**大唐内典錄**》**卷四**　《如實論》武帝末世至承聖年，西天竺優禪尼國三藏法師波羅末陁，梁言眞諦。

入大乘論分部

入大乘論

綜　述

智旭《**閱藏知津**》**卷三八**　《入大乘論》二卷　南都北靜堅意菩薩造，北涼沙門釋道泰譯。義品第一，明大乘方爲具足三藏，得成大果。譏論空品第二，明十地成就福果智果，及明佛生羅睺羅是化非實。順修諸行品第三，明佛法身在淨居受職成道，非閻浮提成佛，及明應禮初發心閱藏知津菩薩。

王古《**大藏聖教法寶標目**》**卷六**　《入大乘論》二卷右堅意菩薩造，欲爲衆生遮苦因故，爲救偏執邪見，顛倒思惟，不解實義，不順佛智，謗正法得大罪報者，如是得生聞修思，乃至具足一切智故。

紀事

道宣《集神州三寶感通錄》卷三 《大乘論》，賔頭盧羅睺羅等十六無學及九十九億羅漢皆於佛前受籌住法，又依別傳，住在四大洲及小洲并天上，至人壽六萬歲時，中雖少隱，後還興復，諸聖人冥爲利益，故今山內聖寺神僧，鍾聲香氣往往值遇，皆不虛也，後明顯益，略述如左。

著錄

法經《衆經目錄》卷五 《大乘論》二卷堅意菩薩撰北凉世道泰譯。

智昇《開元釋教錄》卷四 《入大乘論》二卷堅意菩薩遣，見唐舊錄亦見《內典錄》及翻譯圖。

大乘集菩薩學論

智旭《閱藏知津》卷三八 《大乘集菩薩學論》二十五卷，今作十一卷法稱菩薩造，宋中印土沙門法護等譯。《集布施學品》第一，《護持正法戒品》第二，《護法師品》第三，《空品》第四，《集離難戒學品》第五，《護身品》第六，《護受用福品》第七，《清淨品》第八，《忍辱品》第九，《精進波羅密品》第十，《說阿蘭若品》第十一，《治心品》第十二禪定波羅密多附《念處品》第十三，《自性清淨品》第十四，《正命受用品》第十五，《增長勝力品》第十六，《恭敬作禮品》第十七，《念三寶品》第十八。

集大乘相論

王古《大中祥符法寶》卷一三 《集大乘相論》一部二卷。覺吉祥菩薩造，大乘論藏收。上卷所明諸大乘法從菩提心生大悲相應，即當了知諸法無我，此所知相即蘊處界及八聖道，一切諸法皆菩提相。下卷所明四聖諦，六神通乃至廣及眞如法界，皆是四智相應觀察當知諸法即菩提心，隨順大悲最上法門斯之論也。通該衆義廣攝羣詮雙顯二空，獨明眞際皆極妙之機要也。

智旭《閱藏知津》卷三八 《集大乘相論》上下共十四紙　南書北星覺吉祥智菩薩造，宋北印土沙門施護譯。釋五蘊，十二處，十八界，十二緣生，十波羅密，十地，十八空，三十七菩提分，四聖諦，四靜慮，四無量，四等至，八解脫，三摩鉢底先行，三解脫門，六神通，陀羅尼，十力，四無所畏，四無礙解，大慈大悲，十八不共法，四聲聞果，了知一切相，眞如實際，無相法界。

處道四宗論分部

提婆菩薩破楞伽經中外道小乘四宗論

綜述

智旭《閱藏知津》卷三八卷 《提婆菩薩破楞伽經中外道小乘四宗論》元魏北天竺沙門菩提留支譯。先列僧佉計一，毗世計異，尼犍子計俱，若提子計不俱，次一一破之。

著錄

費長房《**歷代三寶紀**》**卷九** 《破外道四宗論》一卷。梁武帝世，北天竺國三藏法師菩提流支譯。

玄逸《**大唐開元釋教廣品歷章**》**卷一七** 《提婆菩薩釋楞伽經中外道小乘涅槃論》後魏代菩提留支譯，右後魏三藏菩提留支譯見《費長房錄》。

提婆菩薩釋楞伽經中外道小乘涅槃論

綜述

智旭《**閱藏知津**》**卷三八** 《提婆菩薩釋楞伽經中外道小乘涅槃論》四紙半仝上譯人同上。先明所計涅槃，有二十種，如來爲遮是等邪見，故說涅槃因果正義，次列其名，一一問答示相。

著錄

費長房《**歷代三寶紀**》**卷九** 《破外道涅槃論》一卷梁武帝世，北天竺國三藏法師菩提流支。

玄逸《**大唐開元釋教廣品歷章**》**卷一七** 《提婆菩薩破楞伽經中外道小乘四宗論》一卷。後魏代菩提流支譯。右後魏三藏菩提留支譯，出《費長房錄》。

隨相論

綜述

王古《**大藏聖教法寶標目**》**卷八**《**隨相論**》**二卷** 右說諸法不能自生，藉緣方起，如小兒藉扶方起，人不能自生，藉貪愛及業父母因緣方生，如地水生穀芽，若無人功置穀子，地中芽終不生。衆生作善惡業，方牽生果，各隨其相故。

智旭《**閱藏知津**》**卷四〇** 《隨相論》二卷，南既北筵德慧法師造，陳優禪尼國沙門眞諦譯，解四諦十六行相，破外道我執。

著錄

彥琮《**衆經目錄**》**卷一** 《隨相論》二卷三十四紙陳世眞諦譯。

智昇《**開元釋教錄**》**卷七** 《隨相論》一卷或云求那摩《諦隨相論》德慧法師造或二卷。

立世論分部

彰所知論

綜述

幻輪《**釋鑒稽古略續集**》 《彰所知論》帝師爲太子說，佛智大師沙羅巴譯。初《器世界品》備載大地及水火風輪，妙高七金，四洲輪圍，日輪月輪，星宿宮，三界諸天等。次《情世界品》，備列地獄、餓鬼、旁生、人道、修羅、天道成住壞空四劫始終之相，及釋迦祖承歷代輪王之事，後道果無爲五法等。

紀事

智旭《閱藏知津》卷四〇　《彰所知論》二卷，南作一卷，前有廉復序大元帝師登合思巴造元釋教總統沙門沙羅巴譯。《器世界品》第一，《情世界品》第二內釋十二緣生，約分位者，一一支中，皆有五蘊但是從勝爲名，《道法品》第三，《果法品》第四，《無爲法品》第五，後有克巳。序

廉復《彰所知論序》　夫出三界者惟佛，佛以大事因緣故出現於世，憫化群生，此亘古不磨之善也。大元帝師洞徹三乘，性行如春，仁而穆穆，不可量。裕皇潛邸，久知師之正傳，敬詣請師，敷教於躬，師篤施靜志。弘揚帝緒，大播宗風，彰其所知，造其所論，究其文理，推其法義，皎如日月，廣於天地，蓋如來之事非聖者孰能明之！總統雪巖翁英姿間世，聽授過人，久侍師之法席，默譯此論，見傳於世。公昔與予會閫，交情相照，愛同昆仲，公固肯予爲序。予抗塵幻海，絕筆踈硯，豈足發正教之光耶！公笑之曰，汝何謙哉！予不敢辭，遂序焉。

成實論分部

成實論

僧祐《出三藏記集》卷二　《成實論》十六卷，凡二百九十四卷晉安帝時，天竺沙門鳩摩羅什，以僞秦姚興弘始三年至長安，於大寺及逍遥園譯出。

費長房《歷代三寶紀》卷八　《成實論》二十卷或十六卷，弘始八年出，曇略筆受，見《二秦錄》，此論佛滅後八百餘年訶梨跋摩造。

智昇《開元釋教錄》卷四　《成實論》二十卷。

僧祐《高僧傳》卷六　釋僧叡，魏郡長樂人也。少樂出家，至年十八始獲從志，依投僧賢法師爲弟子，謙虛內敏學與時競。至年二十二博通經論，嘗聽僧朗法師講放光經，屢有機難，朗與賢有濠上之契謂賢曰，叡比格難，吾累思不能通，可謂賢賢弟子也。至年二十四，遊歷名邦處處講說，知音之士負袠成群。常歎曰，經法雖少足識因果，禪法未傳厝心無地，什後至關，因請出禪法要三卷，始是鳩摩羅陀所製。末是馬鳴所說，中間是外國諸聖共造。亦稱菩薩禪，叡既獲之日夜修習，遂精鍊五門善入六淨，僞司徒公姚嵩深相禮貴。姚興問嵩，叡公何如。嵩答，實鄴衛之松栢，興勅見之公卿皆集，欲觀其才器，叡風韻浧流含吐彬蔚，興大賞悅，即勅給，俸卹吏力人輿興後謂嵩曰，乃四海標領，何獨鄴衛之松栢，於是美聲遐布遠近歸德，什所翻經，叡並參正。昔竺法護出正法華經，受決品云，天見人人見天，什譯經至此乃言，此語與西域義同，但在言過質。叡曰，將非人天交接兩得相見。什喜曰，實然，其領悟標出皆此類也。後出成實論令叡講之。什謂叡曰，此諍論中有七變處文破毘曇，而在言小隱，若能不問而解可謂英才，至叡啓發幽微果不諮什而契然懸會。什歎曰，吾傳譯經論得與子相值，真無所恨矣。

四諦論

綜述

智旭《閱藏知津第》卷四〇　《四諦論》四卷北作三卷，南漆北逸婆藪跋摩所造，陳優禪尼國沙門真諦譯。《思擇品》第一，《略說品》第二，《分別苦諦品》第三，《思量集諦品》第四，《分別滅諦品》第五，《分別道諦品》第六。

王古《**大藏聖教法寶標目**》**卷八** 《四諦論》四卷。婆藪菩薩造，說苦集滅道法。

著　録

法經《**衆經目録**》**卷五** 《四諦論》四卷陳世眞諦譯。

明佺《**大周刊定衆經目録**》**卷一〇** 《四諦論》一部四卷七十紙右陳代三藏眞諦，於廣州南康郡譯，出《長房録》。

智昇《**開元釋教録**》**卷一三** 《四諦論》四卷婆藪跋摩造陳天竺三藏眞諦譯單本。

解脱道論

綜　述

王古《**大藏聖教法寶標目**》**卷八** 右阿羅漢優波底沙造，以十二品演說，分別因緣、戒、頭陀、定、求善友、分別行、行處、行門、五神通、分別慧、五方便、分別諦。後，偈六無邊無稱不可思，無量善才善語，言於此法中誰能知，唯坐禪人能受持，微妙勝道爲善行，於教不惑，離無明。

智旭《**閱藏知津卷**》**卷四〇** 《解脱道論》十二卷 南藁北階納羅漢優波底沙梁言大光造，蕭梁扶南國沙門僧伽婆羅譯。《因緣品》第一，《分別戒品》第二，《頭陀品》第三，《分別定品》第四，《覓善知識品》第五，《分別行品》第六，謂欲行，瞋行，癡行等相不同，分別行處品第七，行門品第八，謂修十一切入，十不淨想，十念，四無量心，四大觀，食不耐想等四十八行。五神通品第九，分別慧品第十，五方便品第十一，謂陰方便，入方便，界方便，因緣方便，聖諦方便。分別諦品第十二。

著　録

法經《**衆經目録**》**卷五** 《解脱道論》十三卷梁世僧如婆羅譯。

費長房《**歷代三寶紀**》**卷一一** 《解脱道論》十三卷天監十四年於館譯。

明佺《**大周刊定衆經目録**》**卷一〇** 《解脱道論》一部十三卷或十二卷一百九十八紙婆羅，於楊都占雲館譯，出《長房録》。

三彌底部論

綜　述

智旭《**閱藏知津**》**卷四〇** 《三彌底部論》三卷 南隸北晝失譯人名，今附三秦録。大意破我人知見，明中陰不無，而文不甚聯絡。

著　録

智昇《**開元釋教録**》**卷一三** 《三彌底部論》三卷或無部字或云四卷失譯。

因緣論分部

辟支佛因緣論

《大唐内典録》卷五　《辟支佛因緣論》二卷二十紙東晉太元年僧伽提婆於廬山譯。

王古《大藏聖教法寶標目》卷八　《辟支佛因緣論》二卷辟支佛觀老病死四時改變，知一切法皆無常、苦空、無我，因緣而覺故，亦名獨覺，神通變現，飛空自在，不樂説法，以神足化人，作勝福田。

緣生論

論説

智昇《開元釋教録》卷七　《緣生論》序原是一心，積爲三界，癡流漫遠，苦樹鬱高，欲討其際，難測其本。理極實相之門，筌窮假名之域，五因七果，十有二分，緣生之法，總備於此。凡則迷而起妄，聖則悟以通眞，下似免浮，上如象度。大哉妙覺，淵乎洞盡。十地與雙林俱暢，聞城共稻芉咸敷，至若此經，獨苞彼例，彼所未説，此乃具演。攀緣爲首，對治爲末。總則一十一門，別則百二十問。其旨微而密，其詞約而隱。經之綱目，攝在兹焉。并有聖者鬱楞迦附此經旨作論，顯發其論也。遍取三乘之意，不執一部之筌，先立偈章，後興論釋。偈有三十，故亦名三十論也。大業二年十月，南賢豆國舊名天竺者訛也三藏法師達磨笈多，與故翻經法師彦琮，在東都上林園，依林邑所獲賢豆梵本，譯爲隋言。三年九月，其功乃竟。經二卷，論一卷。三藏師，究論閑明，義解沉密。琮法師博通經論，兼善梵文，共對葉本，更相扣擊，一言靡遺，三覆逾審，辭頗簡質，意存允正，比之昔人，差無尤失，眞曰法燈，足稱智藏，願窮後際，常益世間云爾。

著録

道宣《大唐内典録》卷五　《緣生論》，北天竺烏場國三藏達摩崛多隋言法藏《緣生論》一卷。隋大業年摩笈多於東京上林園譯。

智昇《開元釋教録》卷七　《緣生論》一卷聖者鬱楞伽造，隋天竺三藏達摩笈多譯，出《内典録》單本。

止觀門論頌分部

止觀門論頌

綜述

智旭《閲藏知津》卷四〇　《止觀門論頌》四紙欠，南華北匿世親菩薩造，唐大薦福寺沙門釋義淨譯，七十七頌，明修不淨觀法門。

王古《大藏聖教法寶標目》卷六　《止觀門論頌》世親菩薩造，七十頌論，修習定慧，是入聖妙門。

著録

智昇《開元釋教録》卷九　《止觀門論頌》一卷世親菩薩造，景雲二年於大薦福寺翻經院譯，沙門玄傘等筆受。

又《止觀門論頌》一卷世親菩薩造，大唐三藏義淨譯新編入錄單本。

寶行王正論

綜述

智旭《閱藏知津》卷三八 《寶行王正論》一卷皆五言偈，南邑北逸陳優禪尼國沙門眞諦譯。《安樂解脱品》第一，謂十善名安樂，《惑盡名解脱雜品》第二，明十惡過患，廣訶女身不淨，歎佛三十二相。《菩提資糧品》第三，明相好六通等因。《正教王品》第四，《出家正行品》第五，說出家者，應捨粗惑，修七聖財。及說十地大意，并教發願方法。

王古《大藏聖教法寶標目》卷六 《寶行王正論》，說一切國王御國治民善惡功罪，違理順理苦樂因果，修集相好敬愛正法等，種種法門。

紀事

費長房《歷代三寶紀》卷九 《寶行王正論》一卷。周武帝世，西天竺優禪尼國三藏法師拘那羅陁，陳言親依，又別云眞諦。起陳氏永定元年丙子，至太建初已丑，凡十四年，既懷道遊方隨在所便譯，並見曹毗三藏歷傳。云闍梨太建元年正月十一日午時遷化，年七十一。遺文並付神足弟子沙門智休領受，三藏寺沙門法海未集。闍梨文本已成部軸，云闍梨外國經論並是多羅樹葉書，凡有二百四十縛，若依陳紙墨翻寫，應得二萬餘卷。今之所譯止是數縛多羅葉書，已得二百餘卷，通及梁代減三百卷。是知佛法大海不可思議，其梵本《花嚴》、《涅槃》、《金光明》將來，建康已外多在嶺南，廣州制旨、王園二寺，奠不思議弘法大士，將來共尋，庶令法燈傳照不隱輝於海隅。

著錄

法經《眾經目錄》卷五 《寶行王正論》一卷陳世眞諦譯。

手杖論

綜述

智旭《閱藏知津第》卷三八 《手杖論》尊者釋迦稱造，唐大薦福寺沙門釋義淨譯，破世異執，有新生有情。

王古《大藏聖教法寶標目》卷六 《手杖論》論，言世間一類有情，爲無慧解便生邪執，由此沉淪，爲憐愍此等愚蒙，作《手杖論》。

著錄

道宣《開元釋教錄》卷九 《手杖論》一卷尊者釋迦稱造，景雲二年大薦福寺翻經院譯，沙門玄傘等筆受。

又《開元釋教錄》卷一二 《手杖論》一卷尊者釋迦稱造，唐三藏義淨譯，新編入錄，單本。

菩提心論分部

菩提資糧論

綜述

王古《大藏聖教法寶標目》卷六 《菩提資糧論》六卷龍樹菩薩造，說諸菩薩求無上菩提，皆以般若波羅蜜多爲母，諸佛皆由此出生故，六度萬行三十二相，出生之業及種種菩薩之行，微妙法門，詞約義廣，理圓事備，求一切智者之妙門大路。

智旭《閱藏知津》卷三八 《菩提資糧論》六卷聖者龍樹本，比丘自在釋，隋南天竺沙門達摩笈多譯。明般若波羅密爲菩提初資糧，布施波羅密爲第二資糧，次明持戒，忍辱，精進，禪那，方便，願力及智。次明慈、悲喜、捨及五悔勝行，勿於他菩薩起瞋心，勿謗所未解甚深經，善修三解脱門，應勤精進，持戒，習定，修三十七菩提分法種，三十二大人相業，及諸種種菩薩行等。

著錄

靜泰《衆經目錄》卷一 《菩提資糧論》六卷龍樹菩薩造，六十七紙隋大業年達摩笈多，於東京上林園譯，皇朝奏行。

道宣《大唐内典錄》卷六 《菩提資糧論》六卷六十七紙隋大業五年笈多於東都上林園譯。

道宣《大唐内典錄》卷七 《菩提資糧論》六卷。北天竺烏場國三藏達摩崛多隋言法藏。

菩提行經

惟淨《天聖釋教總録》卷二 《菩提行經》一部四卷三藏天息災譯。

楊億《大中祥符法寶録》卷一七 《菩提行經》一部四卷法賢譯龍樹菩薩集，第一卷明讚菩提心勝過一切世出世間。凡所作善，迴向眞如，滅除罪垢，救度有情。又復以菩提心供養如來及諸法寶、普賢文殊諸大菩薩，妙香華果，園林浴池，寶樹寶衣，運心普施。又明持戒先要護心，若得心安，諸非自止，即明施戒之次第也。第二卷明施戒爲首，忍辱乃圓。於諸衆生等心觀察，於憎嫌境生歡喜心，乃至情與非情不起瞋恚。寒熱蚊蚋不饒益事，爲求菩提悉能忍受。又明忍辱居先，精進，然起念輪迴苦惱，思佛果清涼，故行忍進之二度也。第三卷明因前精進，增長禪那。離憒重鄗，止散亂緣，修奢摩佗，除煩惱熱，漸次功成，方圓極果。第四卷明因止禪那，發生般若。揀擇爲性，斷染成功，出生死源，達眞常理，此則修六度行，爲萬善因，迴向有情，同獲利樂，共證菩提之妙果也。

菩提心觀釋

惟淨《天聖釋教總録》卷二 《菩提心觀釋》一部一卷三藏法天譯。

楊億《大中祥符法寶録》卷一七 《菩提心觀釋》一部一卷法天譯。此中所明釋菩提義，論菩提心，說二智門，顯三空理，出生諸法，性本無生，觀照諸塵，照而常寂，詞旨淵邈，詎可稱量者哉！其準詔入藏，見淳化五年正月。

王古《大藏聖教法寶標目》卷一〇 《菩提心觀釋》釋發菩提心體功德，如虚空無邊際。

智旭《閱藏知津》卷三八 《菩提心觀釋》二紙餘 南履北臨宋中印土沙門法天譯。略釋菩提心非性非相，無生無滅，非覺非無覺等。

廣釋菩提心論

綜　述

楊億《大中祥符法寶錄》卷一五　《廣釋菩提心論》一部四卷，蓮華戒菩薩造，大乘論藏收。第一卷明諸有菩薩若欲速證一切智者，應當平等生大悲心，從悲發生大菩提心。一切佛法皆由大悲而爲根本，以方便智行，四攝法起，善巧，心修二利行。第二卷明從悲起智，發菩提心，於一切時常行是行。復說菩薩有六過失，當以八法而爲對治，所有最上三摩地法即得成就。第三卷明次第應修諸禪定門，離諸愛欲所有喜樂，內心清淨，住正相應，有尋有伺是初禪定，如是次第說定行相。第四卷明菩薩於法而不取著，亦無斷見，於身語意諸行業中不捨衆生，內心發起大悲增上，利樂衆生。下文結云，如上所說菩提心義，於諸教中略集要文爾。

著　錄

惟淨《天聖釋教總錄》卷二　《廣釋菩提心論》一部四卷三藏施護譯。

起信論分部

大乘起信論

題　解

淨影慧遠《大乘起信論義疏》卷一　《大乘起信論》者，蓋乃宣顯至極深理之妙論也，摧邪之利刀，排淺之深淵，立正之勝幢。是以諸佛法身菩薩皆以此法爲體。凡夫二乘此理爲性。改凡成聖，莫不由之。是故釋尊爲表此法以殊勝故，超過巨海、須彌山等，於鐵圍上楞伽城中十頭羅刹宮殿之中說此法也。【略】今此論者二藏之中菩薩藏，攝三藏之中是第三阿毘曇藏，亦名摩德勒伽藏，此云行境界。亦名摩夷，此云行母。此論所明八識之理爲體，行法爲宗。諸菩薩等依於此理得起修行，依行成德，故言菩薩摩德勒伽藏也。所言大者，物莫能過目之爲大，既言至極，焉有勝己，故言名大。所言乘者運載爲義，乘有二種，一法，二行，言法乘者能運他用，無自運義，即是理法，言行乘者自運運他，故名爲乘。今此論中具明理行，故有二種乘，總而言之亦名一乘。無異趣故，亦名佛乘，佛所乘故此皆是。名雖有異，其實不改，故言大乘也。所言起者，成立爲義。所言信者，決定爲義。此信有二釋，一云就十信位中令起眞常，證信也。二云即是妙法師說，是勸信也。論主是其不足之人，所說之法甚深極理。恐其不順，作煩惱緣，故言我所說大乘法應當起信，不應誹謗。故論末中我今隨分總持說竟，應當敬信。若人能信是法，功德無盡。何以故？理無盡故。若人誹謗，獲大罪苦，始終意同，豈容異乎！如菩提心論中勸發品在初建也，爲說六度故，先勸發心，爲修行也。此亦如是，爲說深理故先勸起信也。問何故要先勸起信者，此信乃是入佛法之首故。《華嚴經》云，信爲道源功德母。又論中云，信心如手，有手之人入海，寶藏隨意拾取。無手之人雖遇寶藏，不得拾取。信心亦爾，若有信人入佛法寶，隨分修行，得解脫樂。若無信人，雖遇佛法，空無所獲，故要起信。所言論者，簡異佛經之辭也。若通言之，一切皆論，謂五明論是也。一切皆經，謂五經是也。若別言之，佛所說者名之爲經。若餘人說，佛所印可，亦名爲經。如《維摩》、《勝鬘》等是也。若佛滅度後聖人自造解釋佛經，名之爲論，凡夫所造名爲義章。今此論者，佛滅度後菩薩所造，名之爲論。論者所謂賓主相談，因之爲論，故言《大乘起信論》也。

元曉《起信論疏》卷一　言起信者，依此論文，起衆生信，故言起信。信以決定謂爾之辭，所謂信理實有，信修可得，信修得時有無窮德，此中信實有者，是信體大。信一切法不可得故，即信實有平等法界。信可得者，是信相大。具性功德熏衆生故，即信相熏，必得歸原。信有無窮功德用者，是信用大，無所不爲故。若人能起此三信者，能入佛法。生諸功德，出諸魔境，至無上道。如經偈云，信爲道元功德母。增長一切諸善根，除滅一切諸疑惑，示現開發無上道。信能超出衆魔境，示現無上解脱道，一切功德不壞種，出生無上菩提樹。信有如是無量功德，依論得發心，故言起信。所言論者，建立決了可軌文言，判説甚深法相道理，依決判義，名之爲論。總而言之，大乘是論之宗體，起信是論之勝能，體用合舉，以標題目，故言大乘起信論也。不包故，謂之大。由此乃能運生萬法，運凡至聖，運因成果，故名爲乘。由此依心，能所詮證，教理行果，皆名大乘。依大乘心之所起故。言起信者，起爲發起，謂大乘教是能發起信，謂忍樂心淨爲相，是所發起由大乘教，於勝理果發信心行故，名起信。所言論者，決判爲義，決斷分判理行果義，令物生解，故名爲論。總而言之，能令衆生於此大乘起信之論，名《大乘起信論》。

論説

元曉《大乘起信論別記》 將釋此論，略有二門，一者述論大意，二即依文消息。言大意者，然夫佛道之爲道也，簫焉空寂，湛爾冲玄，玄之又玄之出萬像之表。寂之又寂之猶在百家之談。非像表也，五眼不能見其軀。在言裏也，四辯不能談其狀。欲言大矣，入無内而莫遺。欲言微矣，苞無外而有余。將謂有耶，一如由之而空。將謂無耶，萬物用之而生。不知何以言之強爲道。其體也曠兮，其若大虛而無私焉。蕩兮其若巨海，而有至公焉。有至公故，動静隨成。無其私故，染淨斯融。染淨融故，眞俗平等。動静成故，昇降參差。昇降差故，感應路通。眞俗等故，思議路絶。思議絶故，體之者乘影響而無方。感應通故，祈之者超名相而有歸。所垂影響，非形非説。既超名相，何超何歸！是謂無理之至理，不然之大然也。自非杜口開士，目擊丈夫，誰能論大乘於無乘、起深信於無信者哉！所以馬鳴菩薩無緣大悲，傷彼無明妄風，動心海而易漂。愍此本覺眞性，睡長夢而難悟。同體智力，堪造此論。贊述如來深經奧義，欲使爲學者暫開一軸，遍探三藏之指。爲道者永息萬境，遂還一心之源。其爲論也，無所不立，無所不破，如《中觀論》、《十二門論》等。遍破諸執，亦破於破，而不還許能破所破。是謂往而不遍論也。其瑜伽論攝大乘等。通立深淺。判於法門，而不融遣自所立法，是謂與而不奪論也。今此論者。既智既仁，亦玄亦傳，無不立而自遣，無不破而還許。而還許者，顯彼往者，往極而遍立。而自遣者，明此與者窮與而奪，是謂諸論之祖宗，群諍之評主也。所述雖廣，可略而言，開二門於一心，栝摩羅百八之廣誥，示性淨於相染，普綜踰闍十五之幽致。至如鵠林一味之宗，鷲山無二之趣，金鼓同性三身之極果，《花嚴》、《瓔珞》四階之深因，《大品》、《大集》曠蕩之至道，《日藏》、《月藏》祕密之玄門。凡此等輩衆典肝心，一以貫之者，其唯此論乎！故下文云，爲欲總攝如來廣大深法無邊義故，應説此論。然以此論言邇理遐，文少義多，從來釋者尠得其宗。良以各守所習而牽文，不能虛懷而尋旨，由是不近論主之意，或望源而述流，或把葉而云幹，或割領而補袖，或折枝而帶根。今直依此論文屬當所述經本，略舉綱領，爲自而記耳，不敢望宣通世。

綜述

智愷《大乘起信論序》 夫《起信論》者，乃是至極大乘甚深祕典，開示如理緣起之義。其旨淵弘寂而無相，其用廣大寬廓無邊，與凡聖爲依，衆法之本。以其文深旨遠，信者至微。故於如來滅後六百餘年，諸道亂興，魔邪競扇，於佛正法毁謗不停。時有一高德沙門名曰馬鳴，深契大乘，窮盡法性，大悲内融，隨機應現，愍物長迷，故作斯論。盛隆三寶，重興佛日，起信未久，迴邪入正，使大乘正典復顯於時。緣起深理，更彰於後代，迷群異見者捨執而歸依，闇類偏情之黨棄著而臻湊。自昔已來久蘊西域，無傳東夏者。良以宣譯有時，故前梁武皇帝遣聘中天竺摩伽陀國取經，并諸法師，遇值三藏拘蘭難陀，譯名眞諦，其人少小博採，備覽諸經，然於大乘偏洞深遠。時彼國王應即移遣，法師苦辭不免，便就汎舟，與瞿曇及多侍從，并送蘇合佛像來朝。而至未旬，便值侯景侵擾，法師秀採擁流，含珠未吐，慧日暫停而欲還反，遂囑值京邑，英賢慧顯、智韶、智愷、曇振、慧旻，與假黄鉞大將軍太保蕭公勃，以大梁承聖三年歲次癸酉九月十日，於衡州始興郡建興寺，敬請法師敷演大乘，闡揚祕典，示導迷徒，遂翻譯斯論一卷，以明論旨，玄文二十卷，《大品》玄文四卷，《十二因緣經》兩卷，《九識義章》兩卷。傳語人天竺國月支、首那等，執筆人智愷等，首尾二年方訖。馬鳴沖旨更曜於時，邪見之流伏從正化。余雖慨不見聖，慶遇玄旨，美其幽宗，戀愛無已。不揆無聞，聊由題記。儻遇智者，賜垂改作。

著錄

費長房《歷代三寶紀》卷一一 《大乘起信論》一卷大同四年在陸元哲宅出，武帝末世至承聖年西天竺優禪尼國三藏法師波羅末陀，梁言眞諦，遠聞蕭主菩薩行化，搜選名匠，軌範聖賢，懷寶本邦，來適斯土。所齎經論樹葉梵文凡二百四十夾，若具足翻應得二萬餘卷，多是震旦先所未傳。屬梁季崩離，不果宣吐，遇緣所出，略記如前。後之所翻，復顯陳錄載序，其事多在曹毘三藏傳文。

法經《衆經目錄》卷五 《大乘起信論》一卷人云眞諦譯，勘眞諦錄無此論，故入疑，右一論是衆論疑惑。

道宣《大唐内典錄》卷四 《大乘起信論》大同四年在陸元哲宅出。

靜邁《古今譯經圖紀》卷四 沙門波羅末陀，此言眞諦，亦云拘那羅陀，此曰親依，西印度優禪尼國人。景行澄明，器宇清肅，風神爽拔，悠然自遠，群藏廣部罔不措懷，藝術異解，偏素諳練。歷遊諸國，隨機利現。以梁武帝泰清二年歲次戊辰，現帝於寶雲殿，帝勅譯經。即以泰清二年譯。承聖三年歲次甲戌，於正觀寺譯金光明經七卷【略】《大乘起信論》一卷。

智昇《開元釋教錄》卷六 《大乘起信論》一卷初出，與唐實叉難陀出者同本，承聖二年癸酉九月十日於衡州始興郡建興寺出，月婆首那等傳語，沙門智愷等執筆并製序，見論序，沙門波羅末陀梁言眞諦翻。

《開元釋教錄》卷九 《大乘起信論》二卷第二出與眞諦出者同本，沙門實叉難陀譯。

其他論分部

那先比丘經

綜述

王古《大藏聖教法寶標目》卷八 《那先比丘經》二卷。國王彌蘭悉知異道，能答九十六種經人問難，無能勝者。那先阿羅漢與王問答，王大敬伏，以所問答爲經種種論難譬喻。王言，沙門言在世作惡，臨死念佛得生天殺一生，死即入泥犁中。我不信是語。那先言，如人持小石置水上便沒，持百枚大石置船上，以船力故不沒，人作惡，以念佛力故生天，作惡不知佛經故，便入泥犁。王言，羅漢飛上梵天，如人屈伸臂頃，不信行數千萬億里如是疾耶。那先言，王念大秦國事。王言，我念已。那先曰，反復八萬里，何太疾耶？王稱善哉。如是等詳如本經。

《閱藏知津》卷四一 《那先比丘經》三卷，南業北聚失譯人名附《東晉錄》。佛滅度後，有彌蘭王，向那先比丘種種問難，比丘一一荅之。

著錄

僧祐《出三藏記集》卷四 《那先經》二卷《那先經》一卷異出本。詳校羣錄，名數已定，並未見其本，今闕此經。

道宣《大唐内典錄》卷七 《那先比丘經》二卷或一或一卷三卷三十紙後漢安息三藏安世高譯。

智昇《開元釋教錄》卷三 《那先比丘經》二卷或云那先經或三卷初出

見僧祐失譯錄。

佛三身讚

綜述

楊億《大中祥符法寶錄》卷一七 《佛三身讚》讚法報化三身功德，迴向羣生，願證菩提，同歸正道者也。

王古《大藏聖教法寶標目》卷一〇 《佛三身讚》幷迴向讚共四首，西域賢聖撰，又曼殊室利菩薩吉祥伽陀梵文一首。

著錄

惟淨《天聖釋教總錄》卷二 《佛三身讚》一部一卷三藏法賢譯。

佛一百八名讚

綜述

楊億《大中祥符法寶錄》卷一七 《佛一百八名讚》一部一卷此中所明，首標六頌，歸命之詞，長行文中，廣陳讚歎，雖如來聖德，本絕稱量，然彊名立言，文含衆義，摠攝塵沙之德，咸歸百八之名，詞旨淵沖，目曰讚唄。

著錄

惟淨《天聖釋教總錄》卷二 《佛一百八名讚》一部一卷三藏法天譯。

佛吉祥德讚

紀事

王古《大中祥符法寶錄》卷一七 《佛吉祥德讚》一部三卷施護譯，寂友尊者造。上卷所讚如來應迹出現，諸身以普徧，眼觀諸有情生於王宮，居最上族。天人修羅咸所供養，具足無邊，勝妙功德，於三界中最勝最尊。中卷所讚如來具足三十二相，足下平滿，現千輻輪，如是相好一一殊特，諸漏巳盡，覺了無餘，善說平等第一義諦，能使衆生了知一性。下卷所讚如來具足二利功德，能師子吼，出生善法，於如實性最勝清淨，善化衆生，說法無閒，安住一切相應法門，得大涅槃，受最上樂，其準詔入藏，見大中祥符元年十一月。

著錄

惟净《天聖釋教總錄》卷二 《佛吉祥德讚》一部三卷三藏施護譯。

八大靈塔梵贊

綜　述

楊億《大中祥符法寶錄》一七　《八大靈塔梵讚》戒日王製，以彼梵言讚歎如來八大靈塔，使歸信者功德無量。

著　錄

惟淨《天聖釋教總錄》卷二　《八大靈塔梵讚》三藏法賢譯。

賢聖集伽陀一百頌

楊億《大中祥符法寶錄》卷一七　《賢聖集伽陀一百頌》一部一卷此明集人，首以偈頌讚歎三寶。次乃依經集諸要義，謂讚歎供養，造像設食布施等事所感報應，果利有差，然以所修，要求出離，得佛菩提，方爲圓證，其準詔入藏，見雍熙四年十月。

智旭《閱藏知津》卷四一　《賢聖集伽陀一百頌》五紙餘，南甚北英宋中印土沙門天息災譯，集一切伽陀，說供施佛僧福報。

史傳部

結集史分部

撰集三藏及雜藏傳

綜　述

王古《大藏聖教法寶標目》卷八　《撰集三藏及雜藏經》，右迦葉、阿難等結集法藏，魔波旬來嬈法集，阿難、迦葉化人、狗、蛇三尸，繫魔頸，降伏之，遂成法藏。

智旭《閱藏知津》卷四一　《撰集三藏及雜藏傳》七紙餘，南籍北漆失譯人名，附《東晉錄》。

大意與後經同，而是四言偈述，兼釋三藏與雜藏事。

著　錄

智昇《開元釋教錄》卷三　《撰集三藏及雜藏傳》一卷亦云《撰三藏經》及《雜藏經》是入藏見經，莫知譯主。諸失譯錄闕而未書，似是遠代之經，故編於晉末，庶無遺漏焉。

迦葉結經

綜　述

王古《大藏聖教法寶標目》卷八　《迦葉結集經》，略記諸大阿羅漢結集法藏緣。

智旭《閱藏知津》卷四一　《迦葉結經》八紙欠，南籍北聚後漢安息三藏安世高譯，說佛滅度，迦葉舉阿難九過及結集三藏事。

著　錄

僧祐《出三藏記集》卷二　《迦葉集結經》一卷舊錄云《迦葉結經》。

法經《眾經目錄》卷六　《迦葉集經傳》二卷一名《迦葉結經》，晉世沙門竺法護譯。

靖邁《古今譯經圖紀》卷一　沙門安清，字世高，略自桓帝建和二年歲次戊子至靈帝建寧三年歲次庚戌，譯出《迦葉結經》一卷。

智昇《開元釋教錄》卷二　《迦葉結集傳經》一卷或無傳字，舊錄云《迦葉結經》，或云《結集戒經》，祐云《迦葉集結經》，第二出，見《道真》、《僧祐》二錄。

大阿羅漢難提蜜多羅所說法住記

綜述

王古《大藏聖教法寶標目》卷八　《大阿羅漢難提蜜多羅所說法住記》右唐言慶友，說十六大阿羅漢幷眷屬等名數、住處、護法、應供等事。過刀兵刧至人壽七萬歲時，方入涅槃。釋迦法滅，幷記人能於釋迦佛法中，於三寶所種諸善根，種種因緣，得預彌勒三會，獲涅槃果。

智旭《閱藏知津》卷四一　《大阿羅漢難提密多羅所說法住記》六紙半，南甚北漆唐大慈恩寺沙門釋玄奘譯。說十六大阿羅漢名，幷眷屬、數目、住處，及明末法之中，於三寶所種善根者，三會得度。

著錄

靖邁《古今譯經圖紀》卷四　沙門玄奘，暨顯慶元年勅左僕射于志寧，侍中許敬宗，中書令來濟、李義府、杜正倫，黃門侍郎薛元超等潤文，國子博士范義頵，太子洗馬郭瑜，弘文舘學士高若思等助知翻譯，譯《大阿羅漢難提蜜多羅所說法住記》一卷。

智昇《開元釋教錄》卷八　《大阿羅漢難提蜜多羅所說法住記》一卷

見《內典錄》，永徽五年閏五月十八日於大慈恩寺翻經院譯，沙門大乘光筆受。

十六大羅漢因果識見頌

題解

法住法滅史分部

《十六大阿羅漢聖蹟附》詳于法住記　梵語阿羅漢，華言無學，謂其生死已盡，無法可學。又云無生，謂其斷見思惑盡，無復三界受生。又云應供，謂其應受人天供養。又云殺賊，謂其能殺煩惱之賊，以其皆具三明六通無量功德，故稱爲大。此阿羅漢承佛勑故，以神通力延自壽量，住於世間，守護正法，至今猶未入滅。若遇世間設大施無遮會時，即同諸眷屬蔽隱聖儀，同於凡流，密受供養，令施者得勝果報，饒益有情，是爲十六大阿羅漢也三明者，天眼明、宿命明、漏盡明也。六通者，天眼通、天耳通、宿命通、他心通、神足通、漏盡通也。

一者賓度羅跋囉惰尊者，梵語賓度羅，華言不動，字也梵語跋囉惰，華言捷疾，姓也。此尊者與千阿羅漢多分住在西瞿耶尼洲梵語瞿耶尼，華言牛貨。

二迦諾迦伐蹉尊者，梵語迦諾迦伐蹉無翻，此尊者與五百阿羅漢多分住在北方迦濕彌羅國。

三迦諾迦跋釐惰闍尊者，梵語迦諾迦跋釐惰闍無翻，此尊者與六百阿羅漢多分住在東勝身洲。

四蘇頻陀尊者，梵語蘇頻陀無翻，此尊者與七百阿羅漢多分住在北俱盧洲。

五諾距羅尊者，梵語諾距羅，華言鼠狼山，此尊者與八百阿羅漢多分住在南贍部洲梵語贍部，亦云閻浮提，華言勝金洲。六跋陀羅尊者，梵語跋陀羅，華言好賢，此尊者與九百阿羅漢多分住在躭沒羅洲。

七迦哩迦尊者，梵語迦哩迦無翻，此尊者與千阿羅漢多分住在僧伽茶洲。

八伐闍羅弗多羅尊者，梵語伐闍羅弗多羅無翻，此尊者與一千一百阿羅漢多分住在鉢剌拏洲。

九戌博迦尊者梵語戌博迦無翻，此尊者與九百阿羅漢多分住在香醉山中。

十半托迦尊者梵語半托迦無翻，此尊者與一千三百阿羅漢多分住在三十三天三十三天即忉利天也。

十一囉怙羅尊者梵語羅怙羅，華言執日，此尊者與一千一百阿羅漢多分住在畢利颺瞿洲。

十二那伽犀那尊者，梵語那伽犀那無翻，此尊者與一千二百阿羅漢多分住在半度波山。

十三因揭陀尊者，梵語因揭陀無翻，此尊者與一千三百阿羅漢多分住在廣脅山中。

十四伐那婆斯尊者，梵語伐那婆斯無翻，此尊者與一千四百阿羅漢多分住在可住山中。

十五阿氏多尊者，梵語阿氏多無翻，此尊者與一千五百阿羅漢多分住在鷲峯山中。

十六注茶半托迦尊者，梵語注茶半托迦無翻，此尊者與一千六百阿羅漢多分住在持軸山中。

綜述

范仲淹《十六羅漢因果識見頌并序》 余嘗覽釋教大藏經，究諸善之理，見諸佛菩薩施廣大慈悲力，啓利益方便門，大自天地山河，細及昆蟲艸木，種種善諭，開悟迷徒。奈何業結障蔽深高，著惡昧善者多，見性識心者少，故佛佛留訓，祖祖垂言，以濟羣生，以成大願。所以隨函類衆聖之詮，總爲大藏，凡四百八十函，計五千四十八卷。錄而記之，俾無流墮。余慶曆初任知政事時，西虜背惠，侵擾邊遇，勞師困民，以殄兇醜。聖人愛民卹士，命余宣撫河東沿邊居民、將士，塗中寓宿保德氷谷之傳舍，偶於堂簷罅間得故經一卷，名曰《因果識見頌》。其字皆古隷書，乃藏經所未錄，而世所希聞者也。余頗異之，啓軸而觀，乃十六國大阿羅漢爲摩拏羅多等誦佛說因果識見，悟本成佛大法之頌也。一尊七頌，總一百一十二頌，皆直指死生之源，深陳心性之法，開定慧眞明之宗，除煩惱障毒之苦。濟生戒殺，誘善祛邪，正漸法序，四等功德。說頓教，陳不二法門，分頓漸雖殊，合利鈍無異，使羣魔三惡不起於心，萬法諸緣同皈於善。余一句一嘆，一頌一悟，以至卷終，胸臆豁然，頓覺世緣，大有所悟。儻非世尊以六通萬行，圓明惠鑒之聖，則無以至此。方知塵世之中有無邊聖法，大藏之內有遺落寶文。謹於府州承天寺命僧歸依，別錄藏之。厥後示諸講說高僧，通證耆達，皆未見聞，莫不欽信。後於戊子歲有江陵老僧惠喆見訪，因話此頌，諸聖祕密世所希聞。喆傳之，於武陵僧普煥處寶之三十餘年未逢別本，余因求副本，正其舛駁，以示善知，故直序其事，以紀其因。時戊子仲春，高平范仲淹序。

著錄

志磐《佛祖統紀》卷四五 慶曆元年，【略】范仲淹宣撫河東，寓宿保德傳舍，獲故經一卷，名《十六羅漢回果識見頌》，藏經所未錄也。仲淹遂爲之序，云此頌文一尊者七首，皆悟本成佛之言也。余讀之，一頌一悟，方知塵世有無邊聖法。大藏有遺落眞文，回以傳江陵沙門慧喆，俾行於世家集。

部派史分部

異部宗輪論

綜述

王古《大藏聖教法寶標目》卷八 《異部宗輪論》，說佛涅槃後，諸部各異所從出生。

智旭《閱藏知津》卷四〇　《異部宗輪論》七紙餘作一卷，南滦北席世友菩薩造，唐大慈恩寺沙門釋玄奘譯。說佛滅百年後，異執漸起，分爲二十部別。

著錄

靖邁《古今譯經圖紀》卷四　沙門玄奘，顯慶元年，勑左僕射于志寧，侍中許敬宗，中書令來濟、李義府、杜正倫，黃門侍郎薛元超等潤文，國子博士范義頵，太子洗馬郭瑜，弘文舘學士高若思等助知翻譯。譯《異部宗輪論》一卷。

智昇《開元釋教錄》卷八　《異部宗輪論》一卷。

異部宗輪論述記

題解

基辯《異部宗輪論疏敘》　《異部宗輪論》也者，世友菩薩之所作也。宗謂異部所崇之理。輪謂顯能摧之用，譬諸王之有輪寶，而能無不駈寇殄怨也。於乎賢劫之應眞，何翅爲學小乘者，亦愍澆末之世，人作異競，遂令大乘之玄軫枉于殊途也。我慈恩大師爲之疏，盖亦在此乎。可謂此書也亦記路之的標也。奈何輓近法與世降，雖其脂轄大乘者，取道隘也，軏輗折阪，蹉焉跎焉，猶失輗軏。然疇知闇闇然，談心性本淨，全同大衆部，喋喋乎，說因緣假有，尚混說假部，是豈有它，取標之不正也，不可不慎焉。而今行之疏本，錯簡多多，讀者或病，基辯曾住南京之日，得善本一卷，韞匵重襲以自珍焉。屬日有近事廣流者，志存法住，以促公世，勸誘丁寧，不啻連城。基辯常有意弘法，何空求善賈爲。遂附梓云庶後進之子能無癈之，則終以見照乘之光，亦方無行大乘於隘地之失云爾。時，明和九年龍集壬辰春正月，南京留學傳法相宗沙門釋基辯撰。

綜述

《鍥異部宗輪論述記敘》　如來泥洹後，雖世間眼滅，而迦葉、末田等傳持法藏，微言尚存焉。經百有餘年，暨乎鞠多之學無所稟。大天之辯亂眞詮，乖競肇興，部黨爲二，所謂大衆、上座是也。從此以降，上座破成十一部，大衆分爲九部，以如是見網爲纏，使其學者眩亂，□無緒泣，大路有岐矣。世友大菩薩挺生于四百歲後，熾然慧炬，作世明燈。又嘆緇流澆浮，甲是乙非，蜂起溪分，因造此論，以解紛指歸焉。且傳度支那國者，陳眞諦始譯，竝製疏。唐三藏糾正前譯，重出新翻。基公編爲述記，剔抉古師之未了，於舊疏繁文筆則筆，削則削，實大作也，何止讀小論有裨而已哉。於大乘教中爲攘斥部執，撮略而出一二者，亦不必攬此成文，則寧得知其起盡耶。繇旃卒加倭訓壽梓，欲布遐邇，冀好古之徒思折杖爭衣之喩，又擇取沙中眞金矣。旹元祿九年丙子仲夏穀旦，奥州仙臺龍寶住持比丘長與寶養書于洛之東山智積輪下僑居。

十八部論

綜述

王古《大藏聖教法寶標目》卷八　《十八部論》，說佛涅槃後，諸部各異所從出生。

著錄

智昇《開元釋教錄》卷四　《十八部論》一卷初出，與《部異執論》等同本。房等並云眞諦譯者，非也。

又卷六　《長房》、《内典》等錄有《十八部論》一卷，亦云諦譯。今尋文句，非是諦翻，既與《部執》本同，不合再出。

又卷一三　《十八部論》一卷，新爲失譯，附《秦錄》第一譯。右《十八部論》，按尋羣錄，並云梁代三藏眞諦所譯。今詳眞諦三藏已譯《十八部論》，不合更譯《部異執論》。其《十八部論》初首引《文殊問經》分別部品，後次云羅什法師集，後方是論。若是羅什所翻，秦時未有《文殊問經》，不合引之，置於初也。或可準《別錄》中《文殊問經》編爲失譯，秦時引證，此亦無疑。若是眞諦再譯，論中子註不合有秦言之字，詳其文理，多是秦時羅什譯出。諸錄脱漏，致有疑焉。其眞諦《十八部疏》即《部異執疏》，是雖有斯理，未敢指南。後諸愽聞，請求實錄。

智旭《閱藏知津》卷四〇　《十八部論》六紙半，南漆北席失譯人名。《部異執論》八紙餘，南漆北席陳優禪尼國沙門眞諦譯。二並是《異部宗輪論》同本異出。

部執異論

題解

惠沼《成唯識論了義燈》卷一　如舊云《部執異論》，部執是恭敬名，異是毁訾名。部是衆義，名聖弟子爲部。執是取義，皆取佛說三藏之中所說法義，然執名乃通能所，正以所執之法爲執，能執之人是聖弟子，所執之法皆是佛法。今以部名目聖弟子衆，以執名目佛所說法，故部執是恭敬名，所恭敬者不過人之與法。部是人名，執是法名，分破是異義，人法皆分破，故名爲異。聖弟子衆各相朋黨，即是人異。取執之義又各不同，即是法異，人相黨故。人起諍執，法不同故，法相非斥，故立異名，故異是毁訾名，然今此論是恭敬名。

綜述

王古《大藏聖教法寶標目》卷八　《部執異論》皆說佛涅槃後諸部各異所從出生。

著錄

智昇《開元釋教錄》卷七　《部執異論》一卷亦名《部異執論》，第二出，與《十八部論》及《宗輪論》同本。

又卷一三　《部執異論》一卷亦名《部異執論》，陳天竺三藏眞諦譯第二譯。

阿育王傳分部

阿育王傳

綜述

王古《大藏聖教法寶標目》卷八　《阿育王傳》七卷與《阿育王經》本同譯別。第三卷後載優波毱多廣行化度等事。

智旭《閱藏知津》卷四一　《阿育王傳》五卷，南基北漆西晉安息國沙門安法欽譯。《本施土緣》第一，勝德小兒以土施佛，佛爲授記。《阿育王本緣》第二，先作地獄，後因比丘現化，改惡修善。造舍利塔，廣修供養。《阿恕伽王本緣》第三，化弟宿大哆，生信證果。《半庵摩羅果緣》第四，王臨終時，僅以半果爲最後施。《駒那羅緣本》第五，即法益王子壞目因緣。《阿育王現報因緣》第六，以珠與受持八戒夫人，比丘口香，婦女犯禁，問法得果，沙彌食婆羅門，度令出家，賣人頭，調伏邪見，臣下賤婢施一錢，得轉生報，庫中缺如意珠，賓頭盧純酥澆飯，修福禳衰相，修福勝龍王。《優波毱多因緣》第七，佛預授記，并結集三藏等事。《摩訶迦葉涅槃因緣經》第八，《摩田提因緣》第九，《商那和修本緣》第十，《優波毱多因緣》第十一，廣明化度，令證果事。

著　錄

法經《衆經目錄》卷六　《阿育王傳》五卷梁天監年沙門僧伽婆羅於揚州譯。

費長房《歷代三寶紀》卷一一　《阿育王傳》五卷天監年第二譯，與魏世出者小異。正觀寺扶南沙門僧伽婆羅，梁言僧養，亦云僧鎧。【略】以天監五年被勑於楊都壽光殿及正觀寺、占雲館三處，譯上件經。其本並是曼陁羅從扶南國賣來獻上，陁終沒後，羅專事翻譯。勑令沙門【略】寶唱、慧超、僧智、法雲及袁曇允等筆受。

智昇《開元釋教錄》卷二　《阿育王傳》七卷或加大字，亦云《大阿育王經》或五卷，初出，與梁譯《育王經》同本，光熙年譯，見《竺道祖錄》。

又卷一三　《阿育王傳》七卷亦云《大阿育王經》或五卷。西晉安息三藏安法欽譯，第一譯。二傳同本異譯。佛圓寂後一百年餘，育王出世，方有此傳。《大周錄》中編在大乘經中者，誤也《長房》等錄復云僧伽婆羅更出《育王傳》五卷者，誤也。前經即傳，不合重載。

阿育王經

綜　述

王古《大藏聖教法寶標目》卷八　《阿育王經》十卷，說佛行化，路中有小兒沙中戲，以沙爲糗，捧內佛鉢以爲一轍地王，於佛法中廣作供養。佛記涅槃後百年，鐵輪阿育王廣興供養，起八萬四千舍利塔。後育王登位。造地獄，多所殺害。有阿羅漢於鑊湯中現十八變，王大驚異。羅漢說佛所記，王能役使龍鬼，夜叉，於一日中安置八萬四千塔已，作廣大供養、布施等事。第六卷後，說優波笈廣度弟子事。

智旭《閱藏知津》卷四一　《阿育王經》十卷，南作五卷，北作六卷。蕭梁扶南國沙門僧伽婆羅譯。即前本《阿育王傳》別出，而次第小異，詳略亦各不同。

著　錄

僧祐《出三藏記集》卷五　《大阿育王經》一卷云佛在波羅奈者。

費長房《歷代三寶紀》卷六　《大阿育王經》五卷光熙年出，見竺道祖《晉世雜錄》。

靖邁《古今譯經圖紀》卷二　沙門安法欽，以晉武帝太康二年歲次辛丑訖，惠帝光熙元年歲次丙寅於雒陽譯《大阿育王經》五卷。

又卷四　沙門僧伽婆羅，【略】以梁天鑒元年歲次丙戌至普通元年歲次庚子，勑於楊都壽光殿、正觀寺、瞻雲舘三處譯《阿育王經》十卷，初武帝自筆受，後付沙門寶唱、惠超、僧智、法雲等筆受。

明佺《大周刊定衆經目錄》卷五　《大阿育王經》一部五卷，西晉惠帝代光熙年，安息國沙門安法欽於洛陽譯。《大阿育王經》一部十卷或無大字，梁天監十一年，沙門僧伽婆羅於楊都壽光殿帝自執筆譯，出《長房録》。以前二經同本別譯。

智昇《開元釋教録》卷六 《阿育王經》十卷或加大字，第二出，與西晉安法欽《育王傳》同本異譯，天監十一年六月二十日於楊都壽光殿譯，見《寶唱録》。

天尊說阿育王譬喻經

綜述

王古《大藏聖教法寶標目》卷八 《阿育王譬喻經》，初說育王作福，以金鑄像，與海龍王較福力輕重事。後復有種種喻，說善惡事。

著録

智昇《開元釋教録》卷三 《阿育王譬喻經》一卷題云《天尊說阿育王譬喻經》古經呼佛以爲天尊，即佛說也。【略】是人藏見經，莫知譯主。諸失譯録闕而未書，似是遠代之經，故編於晉末，庶無遺漏焉。

阿育王太子法益壞目因緣經

綜述

《阿育王子法益壞目因緣經序》 禽原夫善惡之運契，猶形影之相須，受對明驗，凡三差焉，現也，中也，後也。播九色之深恩，以悅天妃之耳目，孤禽投王而全命，形受五無之忉酪，斯現報也。群徒潛淪於幽壑，神陟輪飄而不改，身酸歷世之殃釁，不曉王子之喪目，斯中報也。阿蘭縱禍於無想，嬰佩永惑於始終，爲著翅之，暴狸飛沉，受困而難計，斯後報也。故聖人降靈必有所由，非務不豫，青白明矣。玄鑒三世，弱喪之流，深記來變，壞形之累，趣使引入百練之室。自如來逝後，阿育登位，綱維閻浮，光被流洽，圖形神寺，八萬四千，羅漢御世，汎濟億數，國主師宗，玄化滂涌，萬民仰載而不已，神祇欽賴而愈深。然王子法益宿殖洪業，生在王宮，容貌殊特，後復受對，靡知緣起。會天竺沙門曇摩難提出斯緣本，秦建初六年歲在辛卯，於安定城二月十八日出，至二十五日乃訖，梵本三百四十三首，盧洽傳爲漢丈一萬八百八十言。今譯晉音，情義實難，或離文而就義，或正滯而傍通，或取解於誦人，或事略而曲備，冀將來之學士，令鑒罪福之不朽，設有豪釐潤色者，盡銘之於萌兆，故叙之焉。

著録

王古《大藏聖教法寶標目》卷八 《阿育王太子息壞目因緣經》二卷 禽右說育王太子業報壞目本緣事。

僧祐《出三藏記集》卷二 《王子法益壞目因緣經》一卷或云《阿育王息壞目因緣經》，晉孝武時，涼州沙門竺佛念以符堅時於關中譯出。

費長房《歷代三寶紀》卷八 《王子法益壞目因緣經》一卷第二出，與曇摩難提譯者小異，或云《阿育王息壞目因緣經》。

靖邁《古今譯經圖紀》卷三 沙門曇摩難提，此言法喜，【略】以建元二十年歲次戊子，堅遣道安集義學僧，請難提譯【略】《阿育王太子法益壞目因緣經》一卷，【略】沙門竺佛念度語，惠嵩筆受。【略】沙門竺佛念，【略】於符姚二代爲譯人之宗，然念自符秦建元十年歲次戊寅訖至姚秦，譯【略】《王子法益壞目因緣經》一卷。

智昇《開元釋教録》卷二〇 《阿育王息壞目因緣經》一卷字題云《阿育王太子法益壞目因緣經》或云《阿育王太子壞目因緣》，無經字。

印度祖師傳分部

馬鳴菩薩傳

綜　述

王古《大藏聖教法寶標目》卷八　《馬鳴菩薩傳》【略】略與付洟傳事迹相類。

著　録

彦琮《衆經目録》卷二　《馬鳴菩薩傳》一卷，二紙後秦世羅什譯。

靖邁《古今譯經圖紀》卷三　沙門鳩摩羅什婆，【略】什以姚秦弘始四年歲次辛丑起譯【略】《馬鳴傳》一卷【略】僧叡、僧肇、道恆等筆受。

龍樹菩薩傳

綜　述

王古《大藏聖教法寶標目》卷八　《龍樹王菩薩傳》【略】略與付洟傳事迹相類。

著　録

彦琮《衆經目録》卷二　《龍樹菩薩傳》一卷四紙，後秦世羅什譯。

靖邁《古今譯經圖紀》卷三　沙門鳩摩羅什婆，【略】什以姚秦弘始四年歲次辛丑起譯《龍樹菩薩傳》一卷，【略】僧叡、僧肇、道恆等筆受。

提婆菩薩傳

彦琮《衆經目録》卷二　《提婆菩薩傳》一卷，三卷後秦世羅什譯。

靖邁《古今譯經圖紀》卷三　沙門鳩摩羅什婆，【略】什以姚秦弘始四年歲次辛丑起譯。《提婆菩薩傳》一卷，【略】僧叡、僧肇、道恆等筆受。

王古《大藏聖教法寶標目》卷八　《提婆菩薩傳》龍樹弟子，【略】略與付洟傳事迹相類。

婆藪槃豆法師傳

綜　述

王古《大藏聖教法寶標目》卷八　《婆藪盤豆法師傳》右梵語也，此云天親，并說無著菩薩等事。

著　録

法經《衆經目録》卷六　《婆藪槃豆傳》一卷，陳世沙門眞諦譯。

靖邁《古今譯經圖紀》卷三　沙門鳩摩羅什婆，什以姚秦弘始四年歲次辛丑起譯《婆藪槃豆傳》一卷，僧叡、僧肇、道恆等筆受。

智昇《開元釋教錄》卷一三　《婆藪槃豆法師傳》一卷此曰天親，陳天竺三藏眞諦譯拾遺編入，第二譯，兩譯一門。

付法藏因緣傳分部

付法藏因緣傳

綜　述

王古《大藏聖教法寶標目》卷八　《付法藏因緣傳》六卷元魏西域三藏同譯。略記自世尊付法，迦葉展轉付受，至師子尊者傳法因緣。

智旭《閱藏知津》卷四一　付法藏因緣經本名傳六卷，南藏北集後魏西域沙門吉迦夜共曇曜譯。婆伽婆囑摩訶迦葉一，迦葉囑阿難二，阿難付摩田地及商那和修三，商那和修付優波毱多，降伏天魔，度人無量，稱爲無相好佛四。優波毱付提多迦五，提多迦付彌遮迦六，彌遮迦付佛陀難提七，佛陀難提付佛陀密多八，佛陀密多付脇比丘九，脇比丘付富那奢十，富那奢付馬鳴大士十一，馬鳴菩薩付比丘羅十二，比羅付龍樹大士十三，龍樹菩薩付迦那提婆，由毀神眼，故無一目十四，迦那提婆付尊者羅睺羅十五，羅睺羅付尊者僧伽難提，以偈試阿羅漢云，轉輪種中生，非佛非羅漢，不受後世有，亦非辟支佛。羅漢往問彌勒，乃能知之十六，僧伽難提付僧伽耶舍十七，僧伽耶舍付鳩摩羅馱十八，鳩摩羅馱付闍夜多，世尊所記最後律師十九，闍夜多付婆修槃陀二十，婆修槃陀付摩奴羅與尊者夜奢分化南北二十一。次有尊者名鶴勒那夜奢二十二，復有比丘。名曰師子，爲彌羅掘國王劍斬其頭唯乳流出，相付法人，於是便絕二十三。結歎善知識功德，說白象聞法起慈及優婆塞分別買髑髏事。

著　錄

僧祐《出三藏記集》卷二　《付法藏因緣經》六卷闕，宋明帝時，西域三藏吉迦夜於北國以僞延興二年共僧正釋曇曜譯出，劉孝摽筆受。

費長房《歷代三寶紀》卷九　《付法藏因緣傳》六卷，或四卷，因緣廣異，曜自出者。

智昇《開元釋教錄》卷六　《付法藏因緣傳》六卷，或無因緣字，亦云《付法藏經》，或四卷，或云二卷，見《道慧宋齊錄》第三出，與宋智嚴、魏曇曜出者同本，亦見《僧祐錄》。